美国高中主流理科教材

科学发现者

第二版 2023修订版

生物

[美] 奥尔顿·比格斯 等 著

林 静 王 燕 李红菊 马小凤 王 燚 傅梦媛 王淑卿 宋诗迎 译

生命的动力

Biology

The Dynamics of Life

上册

浙江教育出版社·杭州

The McGraw·Hill Companies

McGraw Hill Education

Send all inquiries to:
McGraw–Hill Education
8787 Orion Place
Columbus, OH 43240–4027

ISBN: 978–0–07–894586–1
MHID: 0–07–894586–0

Printed in the United States of America.

12 13 14 15 DOW 20 19 18 17 16

About the Authors

Alton Biggs has been a biology educator in Texas public schools for more than 30 years. He has a BS and an MS in biology from Texas A & M University—Commerce. Mr. Biggs was the founding president of the Texas Association of Biology Teachers in 1985, received the National Association of Biology Teachers' (NABT) Outstanding Biology Teacher Award for Texas in 1982 and 1995, and in 1992 was the president of the NABT.

Whitney Crispen Hagins teaches biology at Lexington High School in Lexington, Massachusetts. She has a BA and an MA in biological sciences from Mount Holyoke College and an MAT from Duke University. In 1998, she received NSF funding for the development of molecular biology activities. In 1999, she was a Massachusetts NABT Outstanding Biology Teacher Award recipient. In 2005, she was awarded the Siemens Foundation AP Award for Math and Science Teachers for Massachusetts. She works with the Wisconsin Fast Plant Program to develop curriculum, and she enjoys sharing ideas and activities at national meetings.

William G. Holliday is a science education professor at the University of Maryland (College Park), and before 1986, a professor at the University of Calgary (Alberta, Canada). He served as president of the National Association for Research in Science Teaching and later as an elected board member to the National Science Teachers Association. He has an MS in biological sciences and a PhD in science education. Dr. Holliday's multifaceted teaching experience totals more than 40 years.

Chris L. Kapicka is a retired faculty member from Northwest Nazarene University in Nampa, Idaho. She has a BS in biology from Boise State University, an MS in bacteriology and public health from Washington State University, and a PhD in cell and molecular physiology and pharmacology from the University of Nevada Medical School. In 1986, she received the Presidential Award for Science Teaching, and in 1988, she was awarded NABT's Outstanding Biology Teacher Award.

Linda Lundgren has more than 25 years of experience teaching science at the middle school, high school, and college levels, including ten years at Bear Creek High School in Lakewood, Colorado. For eight years, she was a research associate in the Department of Science and Technology at the University of Colorado at Denver. Ms. Lundgren has a BA in journalism and zoology from the University of Massachusetts and an MS in zoology from The Ohio State University. In 1991, she was named Colorado Science Teacher of the Year.

Ann Haley MacKenzie currently teaches at Miami University in Oxford, Ohio, where she works with future high school science teachers and teaches a life science inquiry course. She is the editor of *The American Biology Teacher* for the National Association of Biology Teachers. Dr. MacKenzie has a BS in biology from Purdue University, an MEd in secondary education from the University of Cincinnati, and an EdD in curriculum and instruction from the University of Cincinnati. She is a former Ohio Teacher of the Year and Presidential Award Winner for Secondary School Science.

William D. Rogers is a faculty member in the Department of Biology at Ball State University in Muncie, Indiana. He has a BA and an MA in biology from Drake University and a Doctor of Arts in biology from Idaho State University. He has received teaching awards for outstanding contributions to general education, and he has also received funding from the American Association of Colleges and Universities to study different approaches to science teaching.

Marion B. Sewer is an assistant professor at the Georgia Institute of Technology and a Georgia Cancer Coalition Distinguished Scholar. She received a BS in biochemistry from Spelman College in 1993 and a PhD in pharmacology from Emory University in 1998. Dr. Sewer studies how the integration of various signaling pathways controls steroid hormone biosynthesis.

Dinah Zike is an international curriculum consultant and inventor who has developed educational products and three-dimensional, interactive graphic organizers for more than 30 years. As president and founder of Dinah-Might Adventures, L.P., Ms. Zike is the author of more than 100 award-winning educational publications, including *The Big Book of Science.* She has a BS and an MS in educational curriculum and instruction from Texas A & M University. Dinah Zike's *Foldables* are an exclusive feature of McGraw-Hill textbooks.

Contributing Writer

Thomas Matthiesen
Tissue Engineer
Chicago, IL

Thomas Matthiesen wrote, consulted, and provided photographs for Chapter 34's Cutting Edge Biology feature.

Teacher Advisory Board and Reviewers

Teacher Advisory Board

The Teacher Advisory Board gave the authors, editorial staff, and design team feedback on the content and design of the Student Edition. We thank these teachers for their hard work and creative suggestions.

Chuck Cambria
Springfield North High School
Springfield, OH

Sara Haughn
Pickerington High School Central
Pickerington, OH

Michelle M. Lewis
Lancaster High School
Lancaster, OH

Daniel J. Regelski
New Albany High School
New Albany, OH

Pamela J. Schumm
Wawasee High School
Syracuse, IN

Danielle S. Scrase
Sycamore High School
Cincinnati, OH

Sharon Seckel
Canal Winchester High School
Canal Winchester, OH

Paula Weaver
Seymour High School
Seymour, IN

Reviewers

Each teacher reviewed selected chapters of *Glencoe Biology* and provided feedback and suggestions for improving the effectiveness of the instruction.

Beth Adams, EdS
Cartersville High School
Cartersville, GA

Michele Wonser Altavilla
Elk River High School
Elk River, MN

Elaine Asmus
Snake River High School
Blackfoot, ID

Shelley Barker
Danville High School
Danville, IL

Stephanie L. Baron
Patrick Henry High School
San Diego, CA

Rochelle Battersby
Sanford F. Calhoun High School
Merrick, NY

Ann Blackwell
Travelers Rest High School
Travelers Rest, SC

Fran S. Bouknight
Brookland-Cayce High School
Cayce, SC

Kimberly A. Brown
East Ridge High School
Chattanooga, TN

John H. C. Chipley
Palma High School
Salinas, CA

Melissa C. Donham
Little Rock Central High School
Little Rock, AR

William A. Donovan, Jr.
Amesbury High School
Amesbury, MA

Erica Dosch, BSN, MEd
Connetquot High School
Bohemia, NY

Julie Ertmann
University City High School
University City, MO

Mark Fife
Centerville High School
Centerville, OH

Sasha Hammond
Yakima School District
Yakima, WA

Kenneth L. Harms
Tigard High School
Tigard, OR

David Iott
Holden High School
Holden, MO

Rebecca Jackson
Summerville High School
Summerville, SC

Clinton A. Kennedy
Cascade JR/SR High School
Cascade, ID

Kristen Holly Kent
Pioneer Valley High School
Santa Maria, CA

Deborah L. Krause, EdD
West Orange Public Schools
West Orange, NJ

Kimberly Lane-Hinton
Whitney Young Magnet High School
Chicago, IL

Samantha A. Long
Carlisle High School
Carlisle, PA

Charlotte Parnell
Sullivan High School
Sullivan, MO

Cynthia A. Pousman
Davidson Fine Arts Magnet School
Augusta, GA

Rebekah R. Ravgiala, EdD
Merrimack High School
Merrimack, NH

Gail Raymond
Anchorage School District
Anchorage, AK

Kathryn A. Roberts
Lakeside Public High Schools
Hot Springs, AR

Tracy Rojo
Tucker High School
Tucker, GA

Pamela D. Sherley
Chicago Public Schools
Chicago, IL

Gary R. Smith
Pinelands Regional High School
Tuckerton, NJ

Sue Whitsett
Fond du Lac High School
Fond du Lac, WI

Karen Ann Wickersham
Troy High School
Troy, MI

Consultants

Content Consultants

Content consultants each reviewed selected chapters of *Glencoe Biology* for content accuracy and clarity.

Larry Baresi, PhD
Associate Professor of Biology
California State University, Northridge
Northridge, CA

Janice E. Bonner, PhD
Associate Professor of Biology
College of Notre Dame of Maryland
Baltimore, MD

Renea J. Brodie, PhD
Assistant Professor of Biological Sciences
University of South Carolina
Columbia, SC

Luis A Cañas, PhD
Assistant Professor
Department of Entomology/OARDC
The Ohio State University
Wooster, OH

John S. Choinski, Jr., PhD
Professor of Biology
Department of Biology
University of Central Arkansas
Conway, AR

Dr. Lewis B. Coons, PhD
Professor of Biology
The University of Memphis
Memphis, TN

Cara Lea Council-Garcia, MS
Biology Lab Coordinator
The University of New Mexico
Albuquerque, NM

Dr. Donald S. Emmeluth, PhD
Department of Biology
Armstrong Atlantic State University
Savannah, GA

Diana L. Engle, PhD
Ecology Consultant
University of California Santa Barbara
Santa Barbara, CA

John Gatz, PhD
Professor of Zoology
Ohio Wesleyan University
Delaware, OH

Alan D. Gishlick, PhD
National Center for Science Education
Oakland, CA

Yourha Kang, PhD
Assistant Professor of Biology
Iona College
New Rochelle, NY

Mark E. Lee, PhD
Assistant Professor of Biology
Spelman College
Atlanta, GA

Judy M. Nesmith, MS
Lecturer—Biology
University of Michigan—Dearborn
Dearborn, MI

Hay-Oak Park, PhD
Associate Professor
Department of Molecular Genetics
The Ohio State University
Columbus, OH

Carolyn F. Randolph, PhD
President NSTA
2001–2002
Assistant Executive Director
The SCEA
Columbia, SC

David A. Rubin, PhD
Assistant Professor of Physiology
Illinois State University
Normal, IL

Malathi Srivatsan, PhD
Assistant Professor of Biology
State University of Arkansas
Jonesboro, AR

Laura Vogel, PhD
Associate Professor of Biological Sciences
Illinois State University
Normal, IL

VivianLee Ward, MS
Director of CyberEducation; Codirector of Fellows Program; Project Director
Access Excellence @ the National Health Museum
Washington, DC

Safety Consultants

Safety Consultants reviewed labs and lab materials for safety and implementation.

Jack Gerlovich
School of Education
Department of Teaching and Learning
Drake University
Des Moines, IA

Dennis McElroy
Director of Curriculum
Assistant Director for Technology
School of Education
Graceland University
Lamoni, IA

Reading Consultant

Dr. Douglas Fisher provided expert guidance on prototypes, Real-World Reading Links, and the reading strand.

Douglas Fisher, PhD
Professor of Language and Literacy Education
San Diego State University
San Diego, CA

Standardized Test Practice Consultant

Dr. Ralph Feather provided expert guidance on effective standardized test practice questions.

Ralph Feather, PhD
Assistant Professor of Education
Bloomsburg University of Pennsylvania
Bloomsburg, PA

Lab Tester

Science Kit performed and evaluated the Student Edition labs and additional Teacher Edition material, providing suggestions for improving the effectiveness of student instructions and teacher support.

Science Kit and Boreal Laboratories
Tonawanda, NY

译前言

培养学习者的科学素养是国内外公认的科学教育目标，其内涵的界定一直包含两种视角：一种是朝向科学自身的，关注科学概念、科学本质、科学探究、科学伦理等科学的过程与结果；另一种是朝向科学现实应用的，注重让学习者从社会公民会遇到的与科学相关的情境中去理解科学的角色和作用，理解科学与社会、人类、技术、环境等之间的关系。侧重第一视角的科学教育，更多的是从科学家、科学实验室的角度，让学习者体验与理解何谓科学，掌握科学的基本知识与过程方法等。侧重第二视角的科学教育，则是从社会公民、现实世界的角度，培养学习者作为社会公民而非科学家的科学素养，更体现科学素养作为大众科学教育目标的本意。

在当前的国内外科学教育实践中，能很好整合第二视角的科学课程与教材并不多见。所以，当看到美国麦格劳-希尔(McGraw-Hill)教育出版(亚洲)公司出版的第二版《生物》时，甚为欣喜，认为很有必要介绍给国内广大科学教育工作者及学习者，欣赏一下从公民科学素养角度来教授生物学的美国高中生物教材。

第二版《生物》虽然基本保留了第一版各单元名称，但全书行文风格与具体内容已经完全不同于第一版，所以无法从第一版的译稿中修订出第二版，只能重新翻译第二版全书。全书各单元每一节的开篇，都有联系学习者实际的点睛之语。例如，在讲进化的化石证据时，书中写到“你知道吗，当你在夜晚仰望群星时，你就是在回望过去。这是因为星星距离我们太过遥远，以至于你看到的星光，实际上是星星在数千年前甚至是数百万年前发出的。同样，当你观察岩石时，你也是在回望过去。岩石是数千年前甚至是数百万年前形成的。岩石可以告诉我们，过去地球是什么样子的，它有时还能告诉我们，那个时代生活着哪些生物”。书中各单元在图文并茂阐述生物学内容后，会设置实验活动、测评、复习指南、标准化测试等丰富多样的学习栏目，还会介绍相关内容领域的职业生涯，例如微生物学家、古生物学家是做什么的，怎么工作的，等等。相信无论是教师还是学生，翻阅第二版，都将是一个阅读津津有味、科学素养深受启迪的愉悦学习过程。

本书的文字翻译工作历时一年多，编辑进行文字加工和配图工作也历时一年多，现在最终出版为上册、中册、下册和指导手册。其中上册的第一单元由李红菊翻译，第二单元和第三单元由马小凤翻译；中册的第四单元和第五单元由王燕翻译，第六单元由王燚翻译；下册的第七单元由王燚、傅梦媛翻译，第八单元由李红菊翻译，第九单元由傅梦媛翻译；王淑卿翻译了第1章和下册最后的技能手册；指导手册由宋诗迎翻译。本人对全书译稿进行统稿与校订。因时间与译者水平有限，译文中难免会有错误及不妥之处，敬请读者批评指正。

林　静

总目录

目录

第一单元
生态学

第二单元

细　胞

第三单元 遗传学

第四单元

生物多样性的演化史

第五单元
细菌、病毒、原生生物和真菌

第八单元
脊椎动物

第九单元 人体生理

制作指南

请按以下步骤制作折叠式学习卡。

多层视图式学习卡

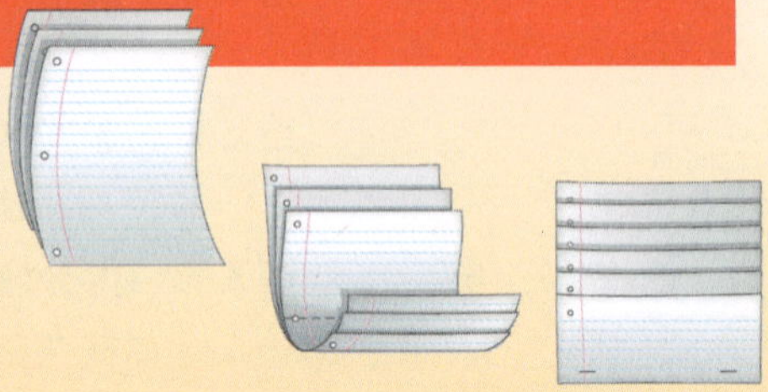

1. 取三张纸，在垂直方向上每张纸之间分别间隔 1.3 厘米，注意对齐纸张边缘。
2. 将三张纸向上折叠，形成六张从上到下均匀排列的学习卡。
3. 将纸张对折整齐，沿着折痕用订书机装订，并给每张学习卡标上序号。

三栏式学习卡

1. 将一张纸按垂直方向折成三等分。
2. 将纸张展开铺平，分别给每一份标上序号。

三片式学习卡

1. 将纸张沿着水平方向对折，前面纸张的边缘要比后面纸张的边缘短2厘米。
2. 将纸张沿垂直方向折成三等分。
3. 将纸张展开，只沿前面纸张的折痕剪开，分别给每一份标上序号。

两片式与四片式学习卡

1. 将纸张沿水平方向对折成两半，即两片式学习卡。
2. 若是制作四片式学习卡，则在制作两片式学习卡的基础上将纸张沿垂直方向再次对折成两半。
3. 将纸张展开，只沿前面纸张的折痕剪开，分别给每一份标上序号。

四门式学习卡

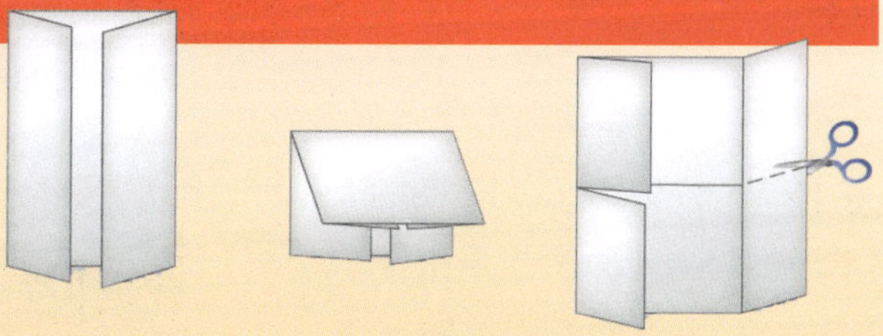

1. 将纸张横放并找到其中心线，将左右边缘对齐中心线折叠。
2. 将纸张上下边缘对齐折叠。
3. 将纸张展开，沿着最左和最右两扇“门”的水平折痕剪开，分别给每一扇“门”标上序号。

概念图学习卡

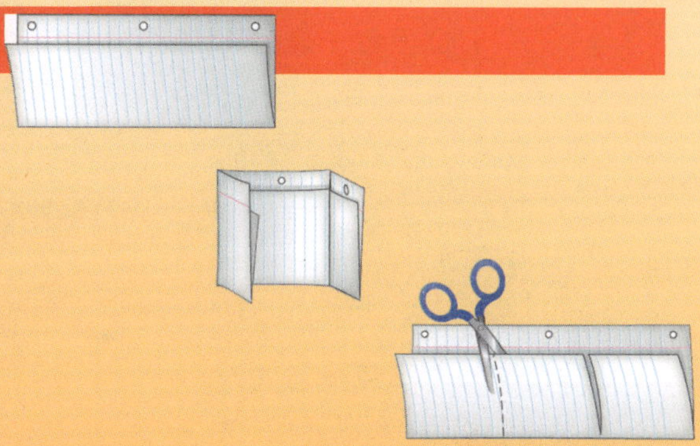

1. 将纸张垂直放置，将底部边缘向上对折，底部边缘要比顶部边缘低2厘米。
2. 将纸张沿垂直方向折成三等分。
3. 将纸张展开，只沿垂直折痕将位于前面的纸张剪开，分别给每一份标上序号。

词汇学习卡

1. 取一张纸，将纸张沿垂直方向对折一次。
2. 将位于前面的纸张按照每三行为一份进行裁剪，分别给每一份标上序号。

表格式学习卡

1. 将纸张水平放置，沿水平方向折成三等分。
2. 沿垂直方向将其折成五等分。
3. 将纸张沿水平方向展开，沿着折痕画线，分别给每一份标上序号。

科学探索

格伦科生物（Glencoe Biology） 有许多工具可用来指导你的学习。下面列出的是部分资源。请完成科学探索来发现更多的资源！

- **内容聚焦** 位于每一章的开头以及“复习指南”栏目。
- **大概念** 位于每一章的开头。
- **主要概念** 位于每一节的开头。
- **本节预览** 位于每一节的开头，包括核心问题、术语回顾、关键术语。
- **折叠式学习卡** 可供你整理笔记。

1 旅行的起点是摩洛哥的卡萨布兰卡（Casablanca, Morocco）。通过海关时，需要你回答几个问题：本书共有多少个单元？总共包含多少章？

2 出发前往塞拉利昂（Sierra Leone），研究当地的热带雨林。利用索引找一找本书中有关热带雨林的信息。

3 在本书中找到两处有实验安全标志的地方。

4 你已经穿过了与人类文明隔绝的热带雨林。

5 在旅途中，你看见了一个指示牌，告诉你距离南非的开普敦（Cape Town，South Africa）还有多少千米。

6

你乘坐缆车前往南非开普敦的桌山山顶(Table Mountain)。总结回顾一章内容的栏目的名字是什么。

7

格伦科生物有五个主题。第 18 章的主题是什么?

8

你乘坐骆驼穿越撒哈拉沙漠(Sahara Desert)。撒哈拉在阿拉伯语中意为“最大的沙漠”。

9

你偶遇一家位于埃及开罗(Cairo, Egypt)的网吧。你现在能通过网络获得有关格伦科生物的什么资源?

10

尼罗河(Nile River)代表一个水生生态系统。本书中题为“水生生态系统”的一节的“主要概念”是什么?

11

你勘察了肯尼亚(Kenya)的大裂谷(the Great Rift Valley),当地曾出土过一些早期的人类化石。在本书的哪一页可以看到人类进化的时间轴?

祝贺你!你已经完成了穿越非洲的旅行,并且发现了格伦科生物中可以帮助你进行生物课堂学习的方法。请翻页进入下一个冒险旅程!

第1章

生命研究

起步实验

为什么观察至关重要?

科学家采用有计划、有组织的方法来解决问题。这一方法的一个关键要素是需要通过细致观察,收集重要信息。

步骤

1. 阅读并完成实验室安全表。
2. 从花生罐中取出一颗带壳花生。仔细观察花生,并记录。
3. 观察过程中,不要更换花生或给花生做标记。将花生放回到花生罐中。
4. 将花生罐中的花生混合,根据观察记录找到观察过的那颗花生。

分析

1. 哪些现象最有利于你找出你观察过的那颗花生,哪些观察对找出花生的帮助最小?
2. 将观察**分类**。
3. **说明**本次实验中细节观察至关重要的原因。推断观察在生物学中至关重要的原因。

折叠式

学习卡

制作一张折叠式学习卡,用它记录有关生物学家的笔记。

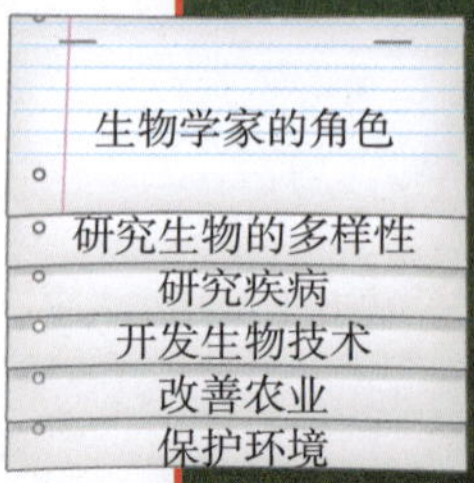

内容聚焦 科学探究

科学探究是科学的本质特征。

大概念 生物学是研究生命的学科。

第1节

本节预览

核心问题

- 生物学是什么?
- 学习生物学有什么用途?
- 生物具有哪些特征?

术语回顾

环境:围绕在生物体周围的情况和条件。

关键术语

生物学
生物体
结构层次
生长
发育
繁殖
物种
刺激
应激性
稳态
适应

生物学入门

主要《概念　所有生物都具有生命的基本特征。

联系实际　以橡树、非洲猎豹、草、蛇、涡虫和鲨鱼为例,它们有哪些共同点?各自又具有哪些独一无二的特点?你是怎么知道的?

生命的科学

1960年,珍妮·古道尔(Jane Goodall)来到了位于非洲坦桑尼亚(Tanzania)的贡贝溪国家公园(Gombe Stream National Park),专门从事黑猩猩的研究工作。在此之前,黑猩猩的世界一直是个谜。长期以来,珍妮·古道尔的好奇心、决心以及毅力使得黑猩猩群体接受了她的存在,这样一来,她就能够近距离地观察黑猩猩的行为了。

在研究生物或者提出有关生物如何与环境相互作用的问题时,人们就在学习**生物学(biology)**,即有关生命的研究。"生物"一词起源于希腊语中的词语*bio*(意为生命)和*logos*(意为研究)。

在生物学中,你将会学习生命的起源和历史、曾经在地球上生存过的生物、生物的结构与功能、生物之间如何相互作用等。这将有助于你理解人类在保护自然环境和生物中扮演着怎样的重要角色。

你是否在森林中徒步旅行过,并好奇为什么各种树的叶子形状不同?你是否见过一只蚂蚁快速爬过人行道冲向面包屑,并好奇蚂蚁怎么知道面包屑在那儿?当你思考这些问题时,你就是在提出一些与生命有关的问题。

■ **图1-1**　珍妮·古道尔多年来从事实地研究,观察黑猩猩的行为。
预测　*你观察黑猩猩的行为时,可能会提出哪些问题?*

生物学家做些什么?

设想一下,你是用显微镜发现细胞的第一人,或是发现首批带有羽毛印迹的恐龙化石的第一人,那该是多么有趣的一件事。研究像**图1–2**中的双斑螣等生物如何获取食物的是谁?人类将来是否会战胜艾滋病病毒?其他行星或者宇宙中其他地方是否存在生命?生物学家是研究生物学的人,他们通过实验和实地调查获得科学发现并寻求解释。在本书中,你会知道生物学家是做什么的,同时也会了解与生物学相关的职业。

研究生命的多样性 1960年夏天,珍妮·古道尔第一次前往非洲,在黑猩猩生存的自然环境中研究黑猩猩。珍妮·古道尔在野外研究黑猩猩,看到了之前人们从未观察过的黑猩猩行为。例如,她看到黑猩猩将树枝上的树叶脱去,然后用树枝从土堆中钓取白蚁。在此之前,科学家曾以为只有人类会使用工具。珍妮·古道尔在她关于黑猩猩日常出行的详尽笔记、草图和地图中,记录了黑猩猩如何生长发育、如何寻找食物等。通过珍妮·古道尔的研究,我们能更好地认识并保护黑猩猩。

研究疾病 玛丽克莱尔·金(Mary-Claire King)从另一个不同的角度研究黑猩猩,她研究黑猩猩遗传学。1973年,她证实黑猩猩与人类之间的基因组相似度为99%。这一发现改变了生物学领域。她对遗传学的理解推动了更多研究的进行,这些研究有助于我们理解疾病的工作原理以及如何治疗疾病。

很多生物学家研究疾病。"是什么导致了疾病?""身体如何对抗疾病?""疾病如何传播?"等问题常常引导着生物学家的研究。生物学家已经研制出了天花、水痘和白喉的疫苗。近年来,一些生物学家正在研发HIV疫苗,还有来自世界各地的生物学家都在研究新的疾病治疗方法,如降低胆固醇水平、对抗肥胖、降低心脏病的风险以及预防阿尔茨海默病。

研究技术 当你听到"技术"这个词的时候,你可能会想到计算机、手机以及DVD播放机。然而,技术的定义要比这广泛得多。技术被定义为运用科学知识解决人类需求并拓展人类能力的途径。**图1–3**展示了"仿生"手如何帮助失去了一只手的人。

图1–2 双斑螣生活在印度尼西亚海岸的海床下方。它能从沙子下方快速向上游,并捕捉猎物。

观察 *这种鱼如何在猎物面前隐藏自己?*

图1–3 "仿生"义肢是一种新技术,可以帮助人类拓展能力。

■ **图1-4** 乔安妮·乔瑞研究植物对光照的反应。

再如查尔斯·德鲁(Charles Drew)的工作,也是一个有关技术的例子。他是一名医生,最早研发出将血浆与血细胞分离的办法,并安全储藏、运输,用于输血。他的研究使得血库在"二战"中挽救了许多士兵的生命,至今仍帮助着无数的病人。

今天的生物学家继续发现新方法以挽救生命。例如,生物工程领域的生物学家运用生命系统的功能研究来设计假肢等机械装置。此外,生物技术领域的生物学家研究细胞、DNA以及生命系统,从而研发新的药物。

改善农业 一些生物学家研究转基因植物在贫瘠土壤中生长或抗虫、抗真菌感染和抗霜冻的可能性。还有一些生物学家试图提高农作物产量,改善农业问题,从而为日益增长的世界人口提供食物。

乔安妮·乔瑞(Joanne Chory)是一名植物学家,她研究白芥植物对光的敏感性以及芥子植物暴露在不同光源、不同时长和其他条件下的反应,如**图1-4**所示。她进行的关于植物生长素和光照的研究,将有助于提高庄稼产量,或帮助庄稼在通常无法生长的地区生根发芽。

保护环境 环境生物学家试图通过保护动植物来防止生物灭绝。一些生物学家研究濒危物种在人工饲养条件下的繁殖策略。还有一些生物学家在自然保护区工作,为濒危物种营造安全的生活和繁殖场所。

李·安妮·马丁内斯(Lee Anne Martinez)是一名生态学家,她帮助非洲农村地区的人们建造堆肥式厕所。这种厕所无须用水,就可将排泄物输入土壤中,作为农业肥料。

生命的特征

你是否尝试过定义"活着的"一词?如果你看到一只灰熊从河中抓到一条三文鱼,显然你会断定熊和三文鱼都是活着的。那么火是活着的吗?火可移动,能变大,有能量,能复燃,但是火为什么和熊、三文鱼不同呢?

生物学家通过长期的观察得出结论:一切生物都具有某些生命特征(**见表1-1**)。**生物体(organism)**指的是任何具备或曾经具备这些生命特征的物体。

由一个或者多个细胞组成 你是否患过链球菌性咽喉炎?链球菌性咽喉炎很可能是由脓性链球菌(**见图1-5**)引起的。细菌是单细胞生物——只有一个细胞,但细菌和人体的皮肤细胞或植物叶中的细胞一样,表现出了所有的生命特征。人和植物是多细胞生物——具有多个细胞。

■ **图1-5** 脓性链球菌是一种单细胞生物,会感染人的咽喉、鼻窦以及中耳。

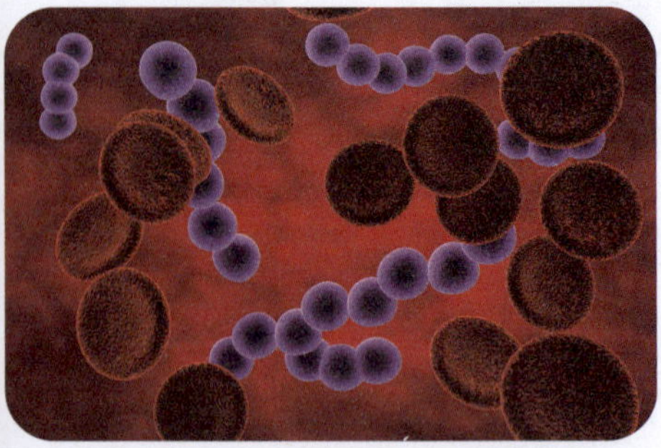

表1-1	生物体的生命特征	
生命特征	例　　子	描　　述
由一个或多个细胞组成	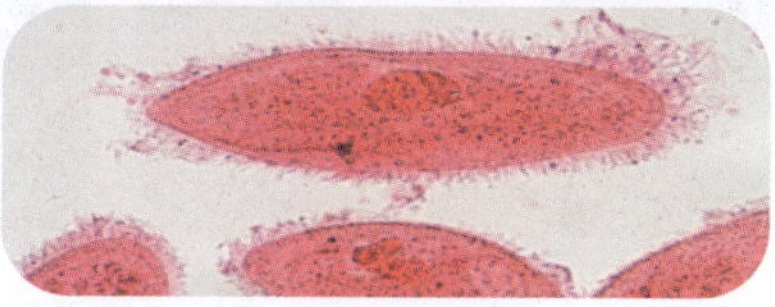	一切生物体都由一个或多个细胞组成。细胞是生命的基本单位。有些生物体，如草履虫，是单细胞生物体
具有结构层次		生物体具有一定的结构层次，由原子和分子逐步复杂化形成各种不同的组织结构。生物体内的每一组织结构都有其特定功能。食蚁兽鼻吻部的结构与其内含长舌头的功能有关
生长与发育	 	生物体通过生长增加体重，通过发育获得各种功能。例如，蝌蚪生长发育为成年蛙
繁殖		生物体通过繁殖，将生命特征代代相传。例如，考拉通过繁殖延续该物种的生命
应激性		生物体对内部或外部刺激做出的反应叫作应激性。左图中的猎豹追捕羚羊就是对食物需要的反应，而羚羊对此的反应是逃跑
需要能量		所有生命过程都需要能量。许多生物体，如老鼠，通过摄食获得能量。有些生物体通过自己制造食物来获得能量
维持稳态		生物体通过稳态这一过程维持其内环境的稳定。例如，人通过出汗来防止体温过高
具有适应性		适应性是逐代产生的可遗传的变异，有助于提高物种的存活率。例如，热带兰的根部逐步适应了少土环境的生活

■ **图1-6** 在短短不到一个月的时间里，这些知更鸟就从嗷嗷待哺的雏鸟生长发育为可以展翅高飞的成鸟。

推测 *知更鸟在其他方面的发展情况。*

细胞是一切生物体结构和功能的基本单位。例如，心肌细胞具有的结构有助于心脏不断地将血液泵至全身。类似地，植物的根细胞不仅有助于固定植物，还能帮助植物从周围土壤中吸收水分及溶解在水中的矿物质。

物体具有结构层次 你所在高中校园里，有学生、教师、行政人员、后勤人员等，他们有着各自的角色和职责，以特定的组织方式共同组成了学校这个大家庭。例如，学生按年级划分为：一年级学生、二年级学生、三年级学生等。

生物体的**结构层次（organization）**，是指生物体细胞以有序的方式分布排列。**表1–1**中的草履虫是单细胞生物，每一个细胞都包含了执行各项生命活动的结构，这些结构都由原子和分子组成。**图1–6**中的知更鸟是多细胞生物，同样具有由分子和原子组成的各种结构。在多细胞生物中，结构和功能相似的细胞形成组织，各种组织进一步形成具有一定功能的器官，执行消化、繁殖等功能。器官进一步组成系统，系统间相互协作，支撑起完整的生物体。

生长与发育 大部分生物体始于一个细胞。通过**生长（growth）**，生物体的质量开始增加，并形成了各种新的细胞和结构。即使是肉眼不可见的细菌，同样也会生长。请想一想，你是怎样一步步长成现在这个体形的。

迷你实验 1

观察生命的特征

是否具有生命？ 在本实验中，你将会观察数个物体并判断这些物体是否具有生命。

步骤

1. 阅读并完成实验室安全表。
2. 创建一个四列数据表，各列的标题分别为：物体、预测、生命特征、证据。
3. 教师将会提供数个物体供你观察。将待观察物体的名称填入表格内，分别预测每一个物体是否具有生命。
4. 仔细观察每一个物体，并与实验小组成员讨论该物体可能具有的生命特征。
5. 用**表1–1**判断每一个物体是否具有生命。在表中列出证据。

分析

1. **对比与比对**你的预测和观察。
2. **解释**难以确定一些物体是否具有生命的原因。

知更雏鸟（**见图1–6**）在刚出生的前几周还不会飞行。和大部分生物一样，知更雏鸟也有生长发育的过程，并由此获得了飞行的能力。**发育（development）**，是生物体生命过程中自然发生的变化过程。

繁殖 大部分生物都是**繁殖（reproduction）**的结果。从个体的角度看，繁殖能力并不是生物个体的基本特征。例如，一些宠物被绝育以防止意外生育。尽管这些宠物不能繁殖，但它们依然是具有生命的生物。但对一个物种而言，需要通过繁殖得以繁衍生存。**物种（species）**是指一群可以相互交配并可繁殖出具有生育能力后代的生物体。如果一个物种中的所有个体都不能繁殖，那么当该物种中最后一个个体死亡时，就意味着这一物种正式灭绝了。

应激性 生物体的外环境是指其周边的所有事物，包括空气、水、土壤、岩石与其他的生物体。相对应地，生物体的内环境是指位于其体内的所有事物。任何外环境或者内环境中会引起该生物做出某种反应的事物或行为，都称为**刺激（stimulus）**。生物体对刺激做出的反应称为**应激性（response）**。例如，一只鲨鱼在海洋中闻到血腥味，就会快速做出反应，游向血源并攻击该生物体。植物也会对环境做出反应，但较其他生物体而言，植物对环境的反应相对慢一些。如果你将一盆室内植物置于阳光充足的窗边，该植物会对光做出反应，朝向光生长。**图1–7**中的捕蝇草对刺激做出了怎样的反应？

能够对环境做出反应，这对于生物体的安全和生存来说至关重要。如果一个生物体不能对危险或潜在的敌人做出反应，那么该生物体就可能无法生存到能繁殖的时期。

与生物学相关的职业

生物教师 对生物学充满热情，是许多人成为生物教师的原因之一。除了生物学的课程之外，想要成为生物教师，你还要学习一些其他课程，如课堂管理、教学方法以及其他发展教学技能所需的课程。

图1–7 在自然界，捕蝇草生长在缺少某种养分的土壤中。捕蝇草通过捕食昆虫，摄入所需的营养物质。

解释 *为了获得食物，捕蝇草对刺激做出了怎样的反应？*

■ **图1-8** 滴水叶尖的结构是对多雨环境的一种适应。

需要能量 生物体需要能量来维持生命活动，这些能量来自食物。大多数植物和部分单细胞生物能利用太阳的光能来制造食物，从而为自身的生命活动提供能量。一些单细胞生物可以转化某些化学物质的能量，制造属于它们自己的食物。

无法为自身制造食物的生物体（如动物和真菌等）则通过摄食其他生物体来获得能量。生物体获得的能量，只有一小部分用于生长、发育以及维持稳态，大部分能量被转化成了热能，并以热的形式散失到环境中。

维持稳态 为维持生命而进行的生物体内环境的调节机制，称为**稳态（homeostasis）**。所有生物体都具有稳态，如果一个生物体的内环境或外环境中发生任何影响其正常状态的情况，那么就需要恢复正常状态。若不能恢复稳态，则生物体有可能死亡。

链接 地球科学 运动员如果要去一个高海拔的地方进行比赛，那么通常都会提早一段时间到达那里开展训练，以使身体适应当地稀薄的空气。在高海拔地区，空气含氧量较少，因此，可供运动员体内血红细胞运输给体细胞及组织的氧气就减少了，影响了运动员身体的稳态。为了恢复稳态，运动员的身体会产生更多的红细胞。红细胞数量增加，有助于运动员获得足够的氧气以运输给体内的细胞。

具有适应性 热带雨林中许多树木的树叶都呈滴水叶尖形（**如图1–8所示**）。滴水叶尖使得水珠能够更轻易、更快速地流走。只有及时地运走多余的水分，植物才能保持叶面干燥，避免霉菌生长，存活的概率也就更大。因此，滴水叶尖是植物对热带雨林环境的一种适应。**适应（adaptation）**是一种物种长时间应对变化而获得的可遗传的特性。像热带雨林的树叶长出滴水叶尖这样的适应性有利于物种存活，能够通过基因传递给后代。

第1节 测评

要点梳理

- 生物学家研究生物的结构、功能、历史以及生命的许多其他方面。
- 所有生物都具有生命的基本特征，科学家依照这些特征来判断某一生物是否存活。

要点理解

1. **主要概念** **描述**四个用于判断某一物体是否具有生命的特征。
2. **解释**细胞是生物体基本单位的原因。
3. **陈述**学习生物学的好处。
4. **区别**应激性和适应。

第2节

本节预览

核心问题

- 科学探究的特征是什么?
- 科学与伪科学之间的差别是什么?
- 为什么说科学素养至关重要?

术语回顾

调查:通过仔细搜寻或考查来发现事实。

关键术语

科学
理论
规律
同行评审
伦理标准

科学本质

主要概念 **科学是一个基于寻求解释的探究过程。**

联系实际 如果你读到新闻标题"在野营地发现外星人",你该怎样判断是否应该相信该新闻标题?你又如何知道何时应该相信电视、网络、报纸或杂志上的广告呢?怎样找到科学依据?

科学是什么?

或许你从小学就开始学习科学课程,但是你是否将科学与音乐、艺术或者数学进行过比较呢?**科学(science)**是对自然界进行研究,并基于此建立起来的知识体系。科学几乎存在于生活的每一件事中。科学的本质,或者说科学的基本特征是科学探究,即获得解释的过程。科学探究既是一个创造的过程,也是一个基于客观观察与实验的过程。

说起科学家时,许多人想到的可能是一个穿着白色实验服在实验室工作的人。这是一种误解,其实科学家可以在不同的地点工作,如**图1-9**中的科学家。

科学家从相关调查中获得的证据足以支持一个观点时,他们就会将这个观点视为一个**理论(theory)**。理论是对某一自然现象的解释,并且这一解释已经获得了长期观察和实验的支持。在生物学中,两个最为普遍认可的理论是:细胞学说和进化论。这两个理论都是基于无数的观察和调查,都有广泛的支持证据,都使生物学家能够做出准确的推测。

科学**规律(law)**描述的是自然界在某种情况下的特定关系。例如,质量守恒定律指的是变化发生前后物质的总质量不变。质量守恒定律并没有解释这一现象发生的原因,但是它揭示了变化发生前后物质质量的关系。需要注意的是,理论和规律有着本质的区别,理论不会成为规律,规律也不会成为理论。

图1-9 科学家正在火山熔岩旁收集样本。

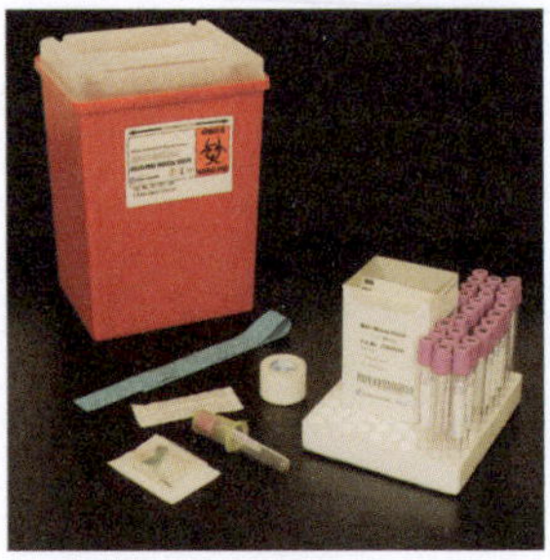

血液提取试剂盒

卷尺

测径规

图1-10 布尔博士及其团队使用上图所示的工具来收集研究数据。

观察并得出结论 杰姬·布尔博士(Dr. Jackie Buell)是一名科学家,她就职于俄亥俄州立大学。布尔博士的研究重点之一就是运动营养。你认为马拉松运动员、大学橄榄球运动员和高尔夫球运动员每天所需的食物类型、能量都是一样的吗?经过多位科学家的努力,我们现在可以计算出每人每天所需的能量。我们也知道了我们需要什么类型的营养物质、维生素和矿物质,以及其他有关营养的信息。

课题选择 杰姬·布尔博士进行了一项关于大学橄榄球队线锋运动员的研究,进一步加深了我们对运动营养的理解。她还调查了代谢综合征。患有此类综合征的人有着患腹部肥胖、血压升高的风险,因此更容易诱发心脏病、中风与糖尿病。

你如何看待杰姬·布尔博士的研究?许多人认为所有的大学运动员都很健康,因为他们进行运动,并且他们做的很多事都与医生推荐的健康生活方式相符。运动员们对自己的身体状况也非常满意,其中患有代谢综合征的运动员可能意识不到他们存在患心脏病或卒中的风险。

然而,杰姬·布尔博士的研究表明,参与调查的70名大学橄榄球线锋运动员中,多达34名运动员有患代谢综合征的风险。这一信息不仅有助于提高运动员的健康意识,而且还可进一步用于治疗参与研究的运动员。对于医生来说,他们可能会更加谨慎地看待运动员的健康问题。此外,运动员也可以获得与饮食和运动相关的信息,帮助自身降低患病的风险。

阅读检测 **解释**为什么有些人认为所有的运动员都很健康。

数据收集 你认为杰姬·布尔博士及其团队会收集哪些数据来研究实验对象的代谢综合征呢?首先,他们会测量实验对象的身高、体重、血压和腰围。此外,他们也搜集血液样本、家族健康史以及日常锻炼和营养习惯的相关信息。他们使用如**图1-10**所示的工具来收集数据。

一旦数据收集完成,他们会分析这些数据,从而判断哪一名运动员有患代谢综合征的风险。杰姬·布尔博士在她的研究中确定了5个导致代谢综合征的危险因素。在血液样本中,如果发现有3个、4个或5个危险因素,那么该运动员就被判断为患有代谢综合征。杰姬·布尔博士利用这一证据得出结论:人们不应该仅仅因为他们是运动员,就认为他们很健康。

知识拓展 如何知道某种信息具有科学依据?大多数科学领域中的研究都立足于对已知事物进行再评估。再评估通常会带来新知识,然后科学家又会对新知识进行评估。不断追求新知识是促使科学前进的动力。

伪科学指的是那些尝试模仿科学、通常受文化或商业目标驱动的研究领域。星象学、天宫图、通灵解读、塔罗牌占卜、面相学等都是伪科学。这些伪科学没有提供具有科学依据的有关自然界的解释。

在伪科学中，研究寥寥无几。即便进行了研究，这些研究也只是简单地证明现有的知识，而不是拓展知识基础。伪科学观点通常不提出新的问题，也不欢迎进一步进行研究。

科学家已经通过研究确认了代谢综合征，知道了与代谢综合征有关的危险因素可以导致心脏病和其他健康问题。杰姬·布尔博士将这一信息运用到运动员，特别是大学橄榄球线锋运动员身上。人们通常认为运动员很健康，但是她通过研究表明，运动员可能患有代谢综合征。你认为科学家接下来可能会研究什么呢？

接受挑战的理论 科学家欢迎讨论彼此的观点。他们经常参加学术会议及研讨会，在会上讨论新的科学发展与发现。科学家之间经常会出现不同的意见。面对这种情况时，他们会进行更多的研究来确定哪一种观点有科学依据支持。

科学通过不断接纳新发现的信息而取得进步。正如我们前面提到的，人们通常认为运动员患心血管疾病和其他健康问题的风险很小，因为他们经常锻炼并且生活方式十分健康。然而，杰姬·布尔博士挑战了这一观点。她的研究表明，在接受调查的运动员中，患代谢综合征的概率较大，这使得运动员有患心血管疾病、糖尿病和卒中的风险。

质疑结果 科学家对与当前科学理解不一致的观察或数据总是表现出很浓厚的兴趣。这种不一致通常会带来进一步的研究调查。例如，早期生物学家将蝙蝠归为鸟类，原因是两者都有翅膀。进一步的研究表明，蝙蝠的翅膀与哺乳动物的四肢更相似（**图 1-11**）。这使得科学家仔细观察老鼠和蝙蝠的解剖结构、基因与蛋白质。这一关系得到了确认，科学家证实：蝙蝠与哺乳动物更相近，而不是与鸟类更相近。但在伪科学中，与现有观点不一致的观察或数据总是遭到摒弃或无视。

阅读检测 **描述**应该怎样对待与现有科学理解不一致的观察或数据。

与生物学相关的职业

科学作家 科学作家的目标之一就是将科学信息传递给公众。科学作家可以写新闻故事、使用说明书、新闻稿，也可以对其他科学家的书面材料进行编辑加工、归纳总结。

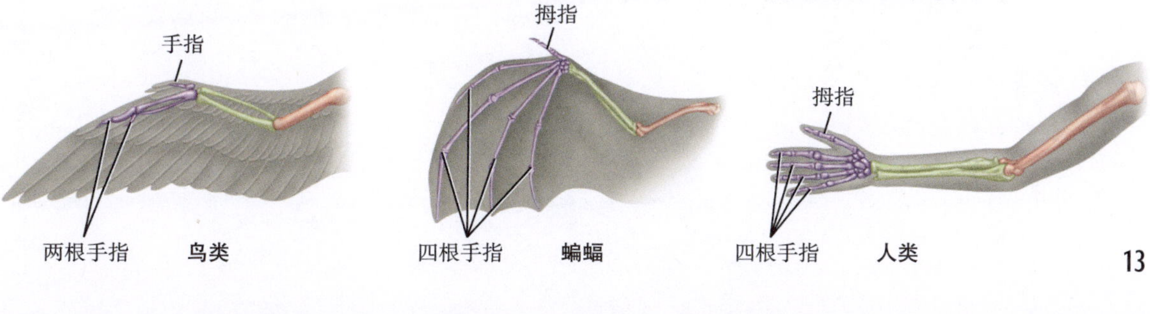

■ **图 1-11** 蝙蝠翅膀的结构与人类手臂的结构更相似，而不是与鸟类翅膀的结构更相似。

检验说法 生物学家使用标准的实验程序进行研究。通过公正的调查与严谨的实验，生物学家获取了数据。基于大量的数据与观察，他们提出观点、得出结论。当然，如果科学家不公正地影响了调查或实验的结果，那么就会产生偏见。伪科学常常提出无法被检验的说法，这种说法通常是事实与观点的混合体，带有严重的偏见。

基于研究中所有运动员的14组数据，杰姬·布尔博士总结出了研究报告。她先对数据进行分析，然后得出结论。利用数据来检验和支持观点，是将科学与伪科学区分开来的一个重要方法。

同行评审 最后，杰姬·布尔博士的研究成果在公布之前，需要经过同行（在同一研究领域工作的科学家）的审查。**同行评审（peer review）**指的是实验的程序与结果由同一领域的其他科学家评估的过程。同行评审赋予学术论文较高的可信度，很大程度上避免了科学期刊上刊登虚假信息。

科学家发表论文后，其他科学家就可以方便地检验其论文的价值大小。例如，你可以在**数据分析实验**中检验杰姬·布尔博士的数据。

阅读检测 **推断**科学家使用同行评审的原因。

数据分析实验

基于真实的数据*

制作与使用图表

图表怎样帮助我们解释数据？右表显示了俄亥俄州立大学橄榄球线锋运动员所呈现的患代谢综合征的危险因素数量。一个运动员所呈现的危险因素越多，他患代谢综合征的可能性就越大。根据美国大学生体育协会（NCAA）的管理规范，该大学的线锋运动员分成三级：Ⅰ级、Ⅱ级、Ⅲ级。

代谢综合征危险因素的数量

危险因素数量	级别			总计
	Ⅰ	Ⅱ	Ⅲ	
0	0	1	0	1
1	3	5	5	13
2	10	6	6	22
3	7	8	10	25
4	2	6	0	8
5	0	1	0	1

*数据来源：Buell, Jackie L., et al. 2008. Presence of Metabolic Syndrome in Football Linemen. *Journal of Athletic Training* 43(6):608-616.

思考

1. **识别**哪一个级别的样本规模最大。
2. **判断**哪一个级别的参与者具有三个及三个以上危险因素数量的比例最大。
3. **制作**一张线形图，显示危险因素的数量以及具有这些危险因素的运动员的数量。
4. **假设**你是治疗这些运动员的医生，你会给予他们什么建议？

日常生活中的科学

人们对科学的兴趣无处不在。我们在看犯罪类电视剧时，会经常看见法医的身影，而法医所掌握的法医学知识是将科学运用到与法律相关的事物上。媒体中也充满着各种各样与科学有关的信息：流感、最新医学进展、新物种的发现、改善或拓展人类生活的技术。显然，科学并不仅局限于实验室，科学研究的结果也不仅仅局限于科学期刊和会议报告。

科学素养 为了评估报刊书籍、互联网以及电视上的巨大信息量，我们每一个人都必须具备科学素养。一个具备科学素养的人会将对科学的理解和科学研究过程结合起来。

我们每天面对的许多问题都与生物有关。药物、酒精、香烟、艾滋病、心理疾病、癌症、心脏病以及饮食紊乱为生物研究提供了广泛的研究课题。诸如全球变暖、环境污染、森林开采、化石燃料的使用、核能、转基因食物、保护生物多样性等问题是当今人类及其子孙后代都会面临的问题。与此同时，基因工程、克隆技术（产生基因相同的个体）、基因筛检（对人进行遗传性疾病筛检）、安乐死（对无法救治的病人停止治疗或使用药物，让病人无痛苦地死去）、人体冷冻法（将人或动物的尸体冷冻，寄希望于其未来能够复活）等都隐含着与**伦理标准（ethic）**相关的问题。伦理标准指的是一整套道德原则或价值观。道德问题必须以社会重视的价值为基础，由社会公众一同来解决。

科学家所从事的是一个科学技术不断扩展的事业。作为一个具有科学素养的个体，你可能是一个眼光独到的消费者，能够参与到重要问题的讨论中并支持那些能体现你观点的政策。你也可能在陪审团任职，会见到不少DNA证据（**图1-12**）。你需要理解这些证据，明白其含义，并决定审讯的结果。

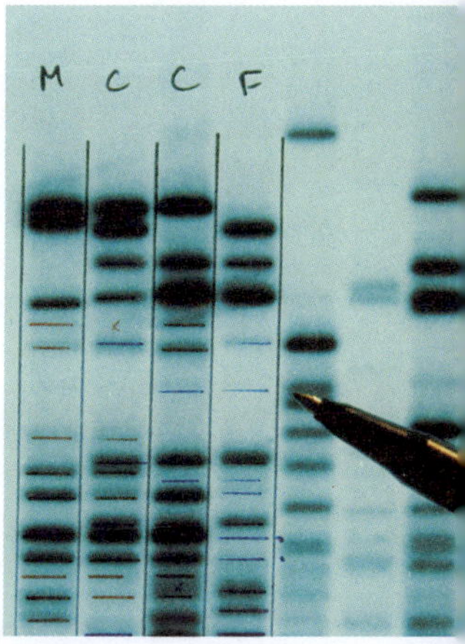

■ **图1-12** DNA分析可能排除一个嫌疑人，因为他的DNA与犯罪现场的DNA不相符。

第2节 测评

要点梳理

- 科学是对自然界的研究，科学源于科学探究。
- 伪科学不以标准的科学研究为基础。
- 科学素养对人们的日常生活至关重要。
- 伦理标准是指引领社会、影响科学的道德准则。

要点理解

1. 主要概念 **描述**科学探究的特征。
2. 给科学下定义。
3. **对比与比对**科学和伪科学。
4. 向同学**说明**科学素养的重要性。

批判性思维

5. **组织**一张概念图，绘制科学的特点。

科技 **写作**

6. 为校报写一篇文章，以杰姬·布尔博士的研究为例来解释科学的本质。

第3节

本节预览

核心问题

- 观察和推断有什么区别?
- 控制变量、自变量和因变量有什么区别?
- 生物学家用于研究的科学方法有哪些?
- 国际单位制为什么十分重要?

术语回顾

理论:取得长期、大量的观察与实验的支持,是对自然现象的一种解释。

关键术语

观察
推断
科学方法
假设
实验
对照组
实验组
自变量
因变量
常量
数据
SI

■ **图1-13** 科学家可能使用野外指南帮助他们辨认自然界中观察到的事物,比如下图中的游隼。

科学方法

主要概念 **生物学家在研究时运用特定的方法。**

联系实际 为了寻找问题的答案,你会做些什么?你会询问他人、查阅资料、调查、观察吗?你所使用的方法是随意的,还是有序的呢?长期以来,科学家已经创立了寻找答案的标准。

提出问题

试想一下,你在附近看到了一只不认识的鸟。为了更了解它,你也许会计划观察这只鸟一段时间。科学探究始于**观察(observation)**——一种以有序的方法直接收集信息的方法。通常,观察过程中需要观察者做好信息记录工作。例如,面对这只新发现的鸟,你可以给它拍照,或者给它画一幅肖像,你还可以记下有关其行为的详细笔记,包括它进食的时间和食物的种类。

科学探究还包括提出问题以及处理诸多来源可靠的信息。将你已知的信息与刚学到的知识结合起来,从而得出具有逻辑的结论的过程,科学家称之为**推断(inference)**。例如,如果你看到了一张与你在附近观察到的那只鸟儿相似的照片,你或许会推断出这两种鸟的种类相近。**图1-13**所示的鸟为游隼,你可以参考野外指南来做出推断。

科学方法 生物学家的研究场所广泛而不单一。例如,一些生物学家经常在实验室工作,而另一些生物学家则主要在大自然中进行户外工作。不论在哪里工作,生物学家都使用相似的方法收集信息、解决问题。有时候,这些方法被称为**科学方法(scientific method)**。**图1-14**对科学方法进行了说明。虽然科学家在运用科学方法的方式上千变万化,但他们在整个研究过程中都会进行观察与推断。

图解科学方法

图1-14
科学家通过一系列有序步骤来研究问题的方法，称为科学方法。有时候答案并无对错，科学家找寻的是那种能提供更全面信息的答案。依据问题与收集的信息，科学家形成最初的假设。进行实验后，假设可能成立，也可能不成立。

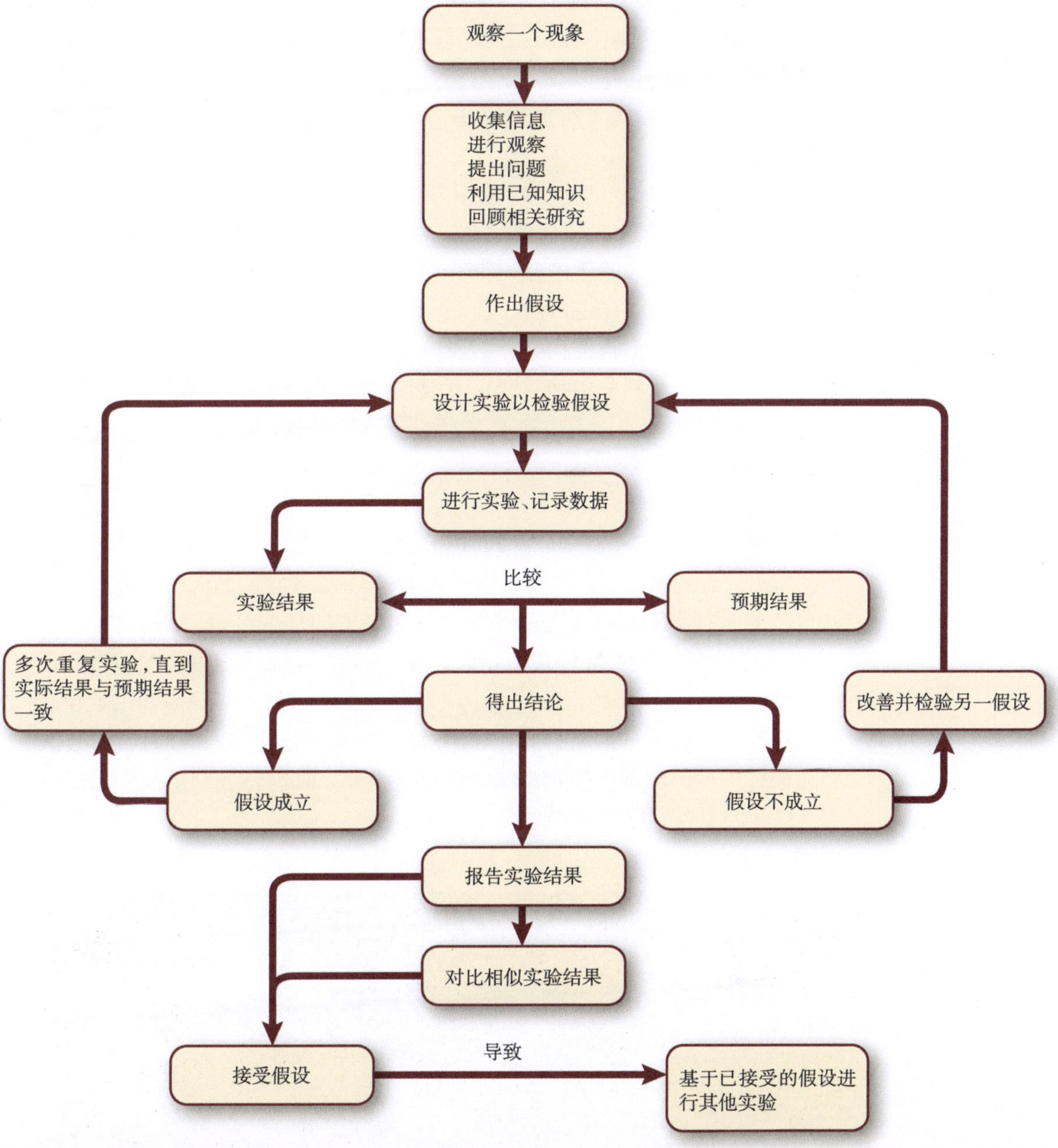

起步实验

回顾 根据已学习的关于观察和推断的内容，你现在会如何回答本章开头"起步实验"中的问题？

提出假设

想象力、好奇心、创造力和逻辑性都是生物学家开展研究的关键因素。在1969年，美国空军请求罗纳德·威利博士（Dr. Ronald Wiley）进行一项研究：在高速驾驶飞机时，飞行员应如何提高自身对重力加速度影响的耐受能力。当时，研究人员已经发现，锻炼者采用静力锻炼法进行锻炼时，肌肉会收缩起来，血压也由此升高。罗纳德·威利博士提出假设：飞行员在演习过程中如果使用静力锻炼法使血压升高，或许可以提高其对重力加速度的耐受能力并预防晕厥。**假设（hypothesis）**是对某种情况做出的可验证的解释。

在罗纳德·威利博士提出假设之前，他基于自身的经验、查阅过的资料、与美军飞行员间的讨论以及之前的调查做出了推断。他确实发现使飞行员的血压升高可以帮助飞行员承受重力加速度，但他同时也获得了意外的发现。

在研究过程中，罗纳德·威利博士发现静力锻炼法会降低飞行员的静息血压。现今，健身专家常常向那些希望降低血压的健身者们推荐举重锻炼和肌肉增强锻炼。这种偶然或意外发生的幸运之事，我们称之为机缘巧合。在科学中，有很多机缘巧合的例子。

当许多调查数据都支持某一假设时，人们通常会认为该假设合理有效，同时该假设还会为科学界所接受。如果该假设没有得到其他调查数据的支持，那么研究人员将会对其进行修正，并进行深入调查。

数据收集

试想一下，你正在美国阿拉斯加州度假，并注意到了当地有很多不同类型的海鸥。看到它们在高高的悬崖上筑巢时，你思考它们如何在繁殖季节维持自己的能量水平。许多生物学家和你思考着同样的事情，他们进行了实验，实验中的海鸥是如**图1-15**所示的黑腿三趾鸥。在进行**实验（experiment）**时，生物学家会在一个特定的环境中调查某一现象，从而检验所提出的假设。

对照实验 生物学家推断：如果黑腿三趾鸥在筑巢时获得额外的食物，它们将会拥有更多的能量。生物学家的假设是黑腿三趾鸥将会利用额外的能量来产更多的蛋、养育更多的雏鸟。

■ **图1-15** 右图所示为阿拉斯加沿岸的黑腿三趾鸥聚居地，其中有几对共同筑巢的雌雄配偶。

生物学家发现共同筑巢的雌雄三趾鸥彼此之间非常相似，于是他们设计了一项实验。实验中的**对照组(control group)**用作对比。研究者将未获得额外食物喂养的三趾鸥设为对照组。**实验组(experimental group)**指的是暴露在检测因素下的一组实验对象。此处获得额外食物喂养的三趾鸥为实验组。

实验设计 科学家在设计实验时，每一次只可以改变一个因素。这称为**自变量(independent variable)**，因为该变量为被检测因素，并且该因素可能影响实验结果。在三趾鸥的实验中，额外食物为自变量。在实验过程中，科学家会测量因变量的因素。**因变量(dependent variable)**为自变量变化的结果，依赖于自变量的变化。三趾鸥能量水平的变化为因变量，其能量水平变化通过测量其产蛋数量而得出。**常量(constant)**为整个实验中恒定不变的因素，而自变量与因变量在实验中会发生变化。

数据收集 在检验假设的过程中，科学家会进行数据收集。**数据(data)**是从观察中获得的信息，既可能是定量的，也可能是定性的。

以数字形式呈现的数据称为定量数据。数字数据可以是对时间、温度、长度、质量、面积、体积或密度的测量。

定性数据是对我们通过感官感知的事物的描述。通常，人们对定性数据的解释各不相同，因为每一个人对事物感知的方式都不一样。然而在许多情况下，定性数据却是唯一可收集的数据。

调查 生物学家会进行其他类型的科学探究。他们可以调查生物的行为，也可以发现或辨别新物种。一些生物学家用电脑制作生物体自然行为和系统的模型。在这样的调查中，其步骤包括观察和数据收集，而不是控制变量。

公制 为了使交流更简便，大多数科学家在收集数据开展实验时使用国际单位制，通常被称为**SI**。在生物学中，你最常用到的国际单位制为：米(用于衡量长度)、千克(用于衡量质量)、秒(用于衡量时间)。

迷你实验 2

迷你实验

控制变量

生物学家如何设置实验条件？在实验中，生物学家会设计出用于调查问题的实验步骤。通过控制变量与观察实验结果，生物学家可以了解到实验中各因素之间的关系。

实验步骤

1. 阅读并完成实验室安全表。
2. 建立一个数据表，数据表各栏的标题分别为：对照组、自变量、常量、假设、因变量。
3. 取一张打印的迷宫图。你负责完成迷宫图，让另一位同学计时，并将时间记录在表格中。你完成迷宫所用的时间为实验的对照组。
4. 选择一种方式来修改实验条件，但同样是完成这张迷宫图。
5. 在“对照标准”一栏列出每一次实验中保持不变的因素。
6. 提出假设：自变量会如何影响完成迷宫图的时间。
7. 在教师同意你的方案之后，进行实验。将完成迷宫图所需的时间作为因变量。
8. 在时间允许的范围内，重复第3到第7步。
9. 将数据制成曲线图，并利用曲线图分析自变量与因变量之间的关系。

实验分析

1. **解释**该实验中对照组的重要性。
2. **误差分析** 如果你多次重复完成该迷宫图，你就在无意识中引入了另一个变量，该变量有可能影响完成迷宫图所需要的时间。去除该变量，是否有助于解决问题？请做出解释。

术语

结论

经过调查后得出的判断、决定或观点。

数据分析

在分析过调查数据之后，生物学家通常会提出如下问题："假设是否成立？""是否需要更多的数据？""实验方案上是否需要改进？"通常，为了得到一致的结果，必须多次重复调查。

在寻求解释的过程中，生物学家通常会将实验数据背后的模式通过简单易懂的形式表现出来。其中一个简单方式是如**图1-16**所示的表格或曲线图，**图1-16**呈现了变色龙在一段时间内的体重变化。曲线图常常能让人一眼就发现数据背后的规律。图中所示的变色龙的体重变化情况就非常有规律，首先连续三天上升，然后持平三天，再持续上升。

生物学家经常以团队的形式开展工作，因此经常组织会议讨论正在进行的调查，分析实验数据，解释实验结果。研究团队不断检查其研究计划，从而确保避免偏见，重复实验，收集到规模足够大的实验样本。分析实验数据可能会得出假设成立的结论，同时也可能会衍生出其他假设或是需要进一步扩大实验，或是得出对自然的一个普遍规律。即使假设不成立，研究仍是有价值的。

结论报告

生物学家在科学期刊上发表论文。当然，在正式发表之前，科学家的发现或结论首先要通过同行评审。审稿人会对论文的原创性、科学方法使用能力以及准确性进行审查。在审查过程中，审稿人可能会发现实验推理或实验步骤有误，或者建议作者提出其他解释或结论。如果论文的价值获得一致认可，那么该论文就会被期刊录用，供公众阅读，同时供其他科学家参考。

阅读检测 **推断** 假设是如何指导数据收集与数据解释的？

变色龙体重变化

日期	体重（克）
4.11	2.4
4.14	2.5
4.17	2.5
4.20	2.6
4.23	2.6
4.26	2.7
4.29	2.7

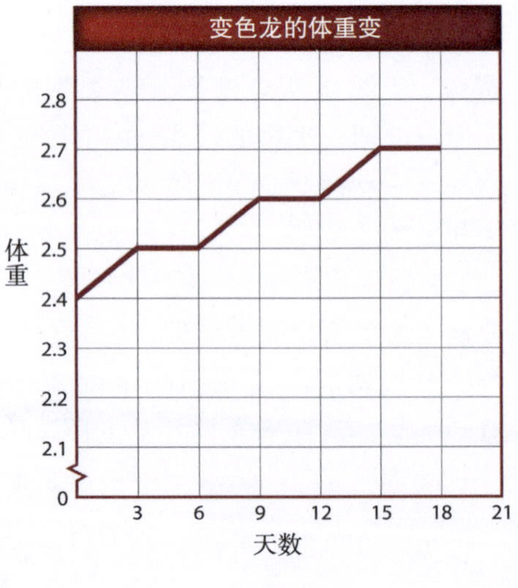

■ **图1-16** 将表中的数据点画到曲线图上后，画一条最优拟合曲线。
推断 *你认为该变色龙在第21天的体重会是多少？*

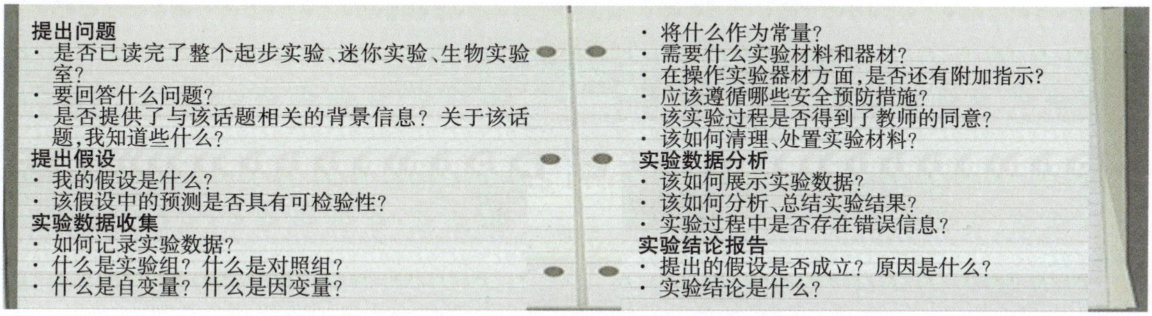

图 1–17 在运用科学方法的基础上，提出有意义的问题和假设，谨慎进行实验。在实验报告上列出实验过程、记录实验数据、报告实验结论。

学生科学探究

在生物学的学习过程中，会有很多机会进行调查与实验。你也可能获得实验任务，包括一系列需要遵循的实验步骤，也可能由你自行设计实验步骤。不论是设计实验报告，还是设计整个实验过程及实验报告，务必要问自己一些如**图 1–17**所示的问题。

实验安全 在进行生物实验的过程中，警告声明与安全标志会提醒你实验可能存在的安全隐患。安全标志指的是为提醒你注意某一特定危险而设计的标志。在开始实地调查或实验活动之前，仔细阅读每一个实验室安全标识的含义。与此同时，请了解教室内所有安全器材的摆放位置，并学会其使用方法。

第 3 节 测评

要点梳理

- 仔细观察指的是以有序的方式收集信息。
- 实验包括一个对照组与一个实验组。
- 国际单位制包括米、千克、秒等。

要点理解

1. 主要概念 **描述**生物学家的某项研究是如何从一个观点发展为一篇研究论文的。
2. **陈述**为什么观察不是推断。
3. **说明**为什么国际单位制十分重要。
4. **区分**对照组、自变量和因变量。

批判性思维

5. **设计**一个实验，检验香水和醋哪一个对蚯蚓的吸引力更大。

生物中的数学

6. 已知 1 千克等于 1000 克，1 毫克等于 0.001 克，那么 1 千克等于多少毫克？

生物学前沿

骨密度测量

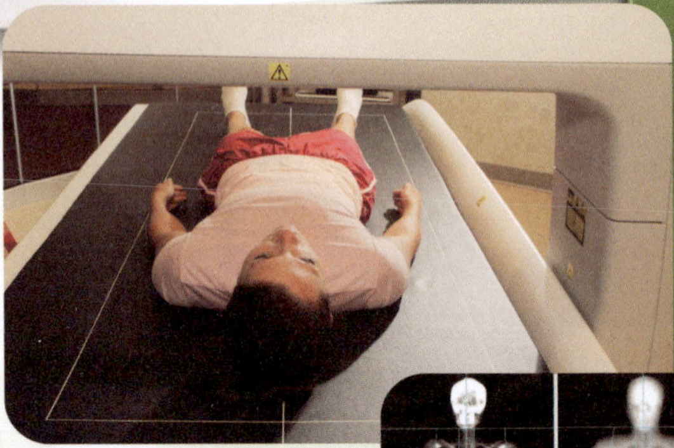

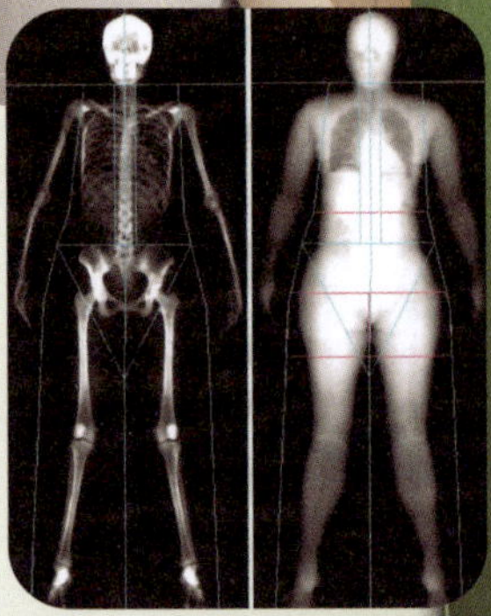

上方图片：DXA有一个可移动的机器臂，该机器臂纵向扫描待检测者的身体。

右方图片：DXA扫描，显示身体成分与骨质密度。

或许家人会告诉你每天都需要喝牛奶或者吃奶制品以摄入钙，你知道为什么要这么做吗？钙是构成骨骼与牙齿的重要元素。人体也需要钙元素来协助心脏跳动，保证神经系统及肌肉系统的正常运作。

钙元素与骨密度有何关联？ 你如果没有从饮食中摄取足够的钙元素，那么身体就会吸收骨骼与牙齿中的钙元素，因为人体中的钙元素主要储藏在骨骼与牙齿中。人体中85%～90%的骨量是在青春期获得的。青少年时期应该摄入足够的钙元素，这非常重要，因为这样才能确保你在青春期结束后会有强壮的骨骼。骨骼是否变脆、变弱，你并不是马上就能知道，因此在其他各个年龄阶段同样需要摄取足够的钙元素。

体内钙元素减少时，人体会更容易发生骨折、龋齿、患骨质疏松症等。骨质疏松症指的是骨密度降低的症状。当骨密度降低时，骨头就会变脆、充满空穴，更容易发生骨折。

如何测量骨密度？ 双能X射线骨密度仪（DXA）能够测量骨密度，医生可以拿到一张准确反映待检测者骨骼中钙元素含量的X光片。与密度低的骨骼相比，密度高的骨骼含有更多的钙元素，因而更结实。

DXA的工作原理是什么？ X射线与可见光相似，但X射线的波长更短。对密度不同的组织，X射线的反射也会有差异。当使用传统的X射线时，骨头在照片上呈白色，软组织要么不会显现出来，要么呈现为灰影。

DXA会发射不同波长的X射线，而密度不同的骨骼对各种波长的X射线的反射程度也不同，这就是DXA检测人体骨密度的基本原理。DXA也可以将信息传导到计算机中，由计算机程序对数据进行分析整理，并将数据以曲线图与图像的形式呈现给医生查阅。

通过DXA提供的数据，医生与科学家能够帮助病人预防或治疗低骨密度和骨质疏松症。对存在患骨质疏松症风险的人群而言，常规DXA扫描能有效监测骨质的流失情况。

科技 写作

生物技术 查阅医疗研究领域中除DXA之外的另一项生物技术的相关信息，并展示在海报或小册子上。

生物实验室

如何保鲜切花?

背景信息: 鲜花刚从花园中剪切下来时,看上去很健康,气味芳香。过了一段时间,花朵会枯萎,花瓣也开始凋落,水位线以下的叶子和茎逐渐腐烂。

问题: 为了延长切花的保鲜期,可以采取哪些措施?

实验器材

鲜切花　水

花瓶　剪刀

安全注意事项

设计与实施实验

1. 阅读并完成实验室安全表。
2. 研究可以延长切花生命的方法。在研究过程中,还应当留意某一方法可以延长切花生命的原因。
3. 基于研究,提出假设。该假设必须能通过收集、分析具体数据进行检验。
4. 设计实验来检验假设。实验中必须包含一个自变量与一个因变量,确定一个对照样本。列出所有作为常量的因素。
5. 制作数据表格。
6. 在进行实验前,确保实验计划得到教师的同意。
7. 实施实验。利用图表整理实验数据。
8. 实验材料的清理与处置。合理处置实验所用的植物材料。接触实验植物材料后,应彻底将手洗干净。将所有实验器材清理并放回原位。

实验分析和结论

1. **描述**你用于检验假设成立与否的策略。你为何选择该策略?
2. **解释**你是如何确立对照样本的。
3. **解释**如何对实验数据进行分析。
4. **分析**实验中的自变量与因变量之间存在什么关系。
5. **得出结论**　基于实验数据,描述一个延长切花新鲜度的方法。
6. **误差分析**　评论自己的实验设计,是否可能在实验中引入了其他变量?请进行解释。如何控制这些变量?

科技 **写作**

小册子(宣传册)　对比本组与其他组所检验的延长切花新鲜度的方法。基于整个班级的实验结果,制作一个标题为"延长切花的美丽"的小册子。小册子中应包含延长切花生命的小窍门。将其分发给可能用得上该小册子的人员。

第1章 复习指南

内容聚焦 科学探究 生物学家在生命研究中，使用科学方法进行实验与调查。

大概念 生物学是研究生命的学科。

第1节 生物学入门	
生物学 生物体 结构层次 生长 发育 繁殖 物种 刺激 应激性 稳态 适应	**主要概念** **所有生物都具有生命的基本特征。** ● 生物学家研究生物的结构、功能、历史以及生命的许多其他方面。 ● 所有生物体都具有生命的特征，科学家依照这些特征来判断某种生物是否存活。
第2节 科学本质	
科学 理论 规律 同行评审 伦理标准	**主要概念** **科学是一个基于寻求解释的探究过程。** ● 科学是对自然界的研究，科学源于科学探究。 ● 伪科学不以标准的科学研究为基础。 ● 科学素养对人们的日常生活至关重要。 ● 伦理标准是指引领社会、影响科学的道德准则。
第3节 科学方法	
观察 推断 科学方法 假设 实验 对照组 实验组 自变量 因变量 常量 数据 SI	**主要概念** **生物学家在研究时运用特定的方法。** ● 仔细观察指的是以有序的方式收集信息。 ● 实验包括一个对照组和一个实验组。 ● 国际单位制包括米、千克、秒等。

第1章 测评

第1节

术语回顾

参考“复习指南”，选择正确的名词术语，替换下列画线的词语。

1. 生育后代是一种生命特征，能让物种得以延续。
2. 机体内部控制使得生物体维持系统平衡。
3. 生命的研究包括了解自然界。

要点理解

根据下图回答第4题。

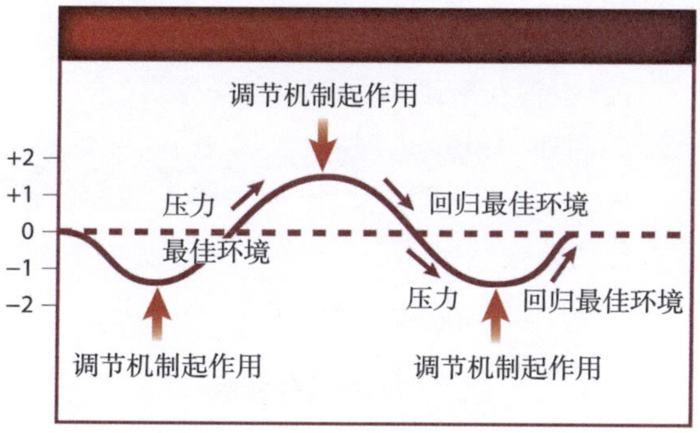

4. 该图表的标题应为(　　)。
   - A. 细胞基础　　B. 生长
   - C. 稳态　　D. 繁殖
5. 下列关于适应性的描述，最佳答案是(　　)。
   - A. 物种繁殖
   - B. 对刺激做出短期行为改变
   - C. 对环境因素做出遗传变化
   - D. 随着年龄增长，生物体积发生变化

回答问题

6. **开放式回答**　在具有生命的生物中，能量扮演着什么角色？较其他生命特征而言，能量是否更重要？请说明理由。

批判性思维

7. **主要概念**　请评价珍妮·古道尔、乔安妮·乔瑞与查尔斯·德鲁三位科学家的成就如何增强了人们对生命特征的理解。
8. **对比与比对**应激性与适应性。从日常生活中举例回答该问题。

第2节

术语回顾

在“复习指南”中找到与下列叙述对应的术语。

9. 指导做出科学与医学相关决定的道德原则或价值观。
10. 在科学中，结合了许多观察、经得起检验的解释，如进化论、板块构造学说、生源说。

要点理解

11. 对科学理论的描述，下列最佳选项为(　　)。
    - A. 对某一事件的可能的解释
    - B. 一整套道德价值观或道德原则
    - C. 对物体之间关系的描述
    - D. 长期的、经过多个实验支持的解释
12. 下列关于科学探究的说法正确的是(　　)。
    - A. 科学探究对占星学提出疑问
    - B. 科学探究只可由一个人进行
    - C. 科学探究抵制改变，不接受批评
    - D. 科学探究是可验证的

回答问题

13. **简答**　请区别伪科学与科学。

批判性思维

14. **主要概念**　请评价：“科学家只通过实验来证明他们已经相信的想法。”

第3节

术语回顾

请解释下列各题中两个术语之间的区别。

15. 观察、数据
16. 对照组、实验组
17. 自变量、因变量

要点理解

18. 下列选项中，(　　)是对"青蛙体长4厘米"的描述。
A. 定量数据　B. 推断
C. 对照组　D. 定性数据
19. 下列选项中为可验证的解释的是(　　)。
A. 因变量　B. 自变量
C. 假设　D. 观察

回答问题

使用下表回答第20题。

黑腿三趾鸥的平均体重与新陈代谢率(FMR)

	数量	平均体重(克)	FMR
雌性黑腿三趾鸥(实验组)	14	426.8	2.04
雌性黑腿三趾鸥(对照组)	14	351.1	3.08
雄性黑腿三趾鸥(实验组)	16	475.4	2.31
雄性黑腿三趾鸥(对照组)	18	397.6	2.85

20. **简要回答** 观察表格中的数据。在研究过程中，实验人员对实验组的黑腿三趾鸥进行人工喂食，而对照组的黑腿三趾鸥自行捕食。请描述人工喂食对雌雄黑腿三趾鸥能量消耗及新陈代谢率的影响。

批判性思维

21. **简要回答** 向一位不想使用国际单位制的科学家说明使用国际单位制的好处。

22. **主要概念** 调查学生对近期上映的电影的看法。调查内容包含10个问题，调查人数为50。将调查数据制成图表，向班级报告调查结果。

总结性评价

23. **大概念** 生物学是对生命的研究。就感兴趣的一个生物学领域写一段话，内容包括：领域名称、对该领域的了解、还想了解该领域的什么内容。
24. **生物中的数学** 测量你家与学校之间的距离时，你会使用哪个国际制单位？
25. **科技写作** 假如你所在的学校有一份报刊，旨在鼓励市民培养科学素养，介绍诸如癌症、环境、伦理问题、艾滋病、吸烟、肺病、克隆、基因疾病、饮食失调等话题。请你为该报刊撰写一篇小短文。

DBQ 资料分析题

根据下列数据回答第26、27题。

库克湾下游的三个海岛栖息地的鱼类相对数量

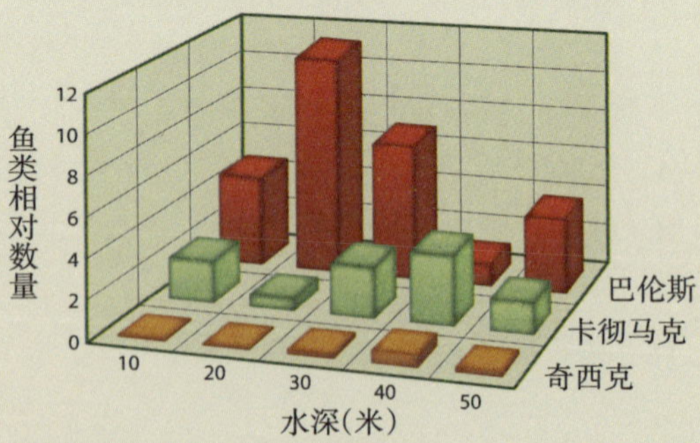

数据来源：U.S. Geological *Survey. Seabirds, forage fish and marine ecosystems.*

26. 请指出鱼类相对数量最多的地区的水深。
27. 请指出哪一个海岛栖息地在水深40米处的鱼类相对数量最多。

标准化测试

选择题

1. 多数科学发现源于直接观察。下列选项为直接观察的是(　　)。
   A. 蚂蚁通过将化学物质散发到空气中进行交流
   B. 鸟类通过磁场判断方向
   C. 蝴蝶会采食花蜜
   D. 鱼类通过特殊的传感器感受震动

利用下列文字与表格回答第2题。

一位学生读到:部分种子在发芽前必须暴露在寒冷环境中。该学生想用一种植物的种子进行测试,检验种子经过冷冻后是否更容易发芽。该学生将种子放入冰箱,每隔一段时间取出部分种子,让种子发芽。该学生在下列表格内记录了实验结果。

经过冷冻的种子的发芽率	
置于冰箱内的时间(−15℃)	发芽率
30天	48%
60天	56%
90天	66%
120天	52%

2. 根据实验结果判断,为了使种子发芽率达到最高,应该将种子在冰箱内放(　　)天。
   A. 30
   B. 60
   C. 90
   D. 120

简答题

3. 请陈述科学家将国际单位制作为测量标准单位的一个好处。

开放题

用下列图片回答第4题。

4. 观察图片,列出科学家可能就图中生物进行探究的5个问题。
5. 对比与比对科学假设与科学理论。

论述题

一位研究者使用黏合剂与胶水进行实验,以寻找黏性更强的新型黏合剂。1968年,该研究者发明了一种黏性较弱的黏合剂。该种黏合剂能够粘在纸上,但非常容易掉落,且不在纸上留下黏合剂的痕迹。由于该研究者是尝试寻找黏性更强的黏合剂,因此他认为此次实验结果失败。几年后,他想到一个点子:往纸上刷一层这种黏性较弱的黏合剂,意味着人们可以将笔记粘在纸上,稍后也能轻易地将笔记从纸上撕掉。今天,便利贴被人们广泛使用。

利用上文中的信息,以论文的形式回答下列问题。

6. 最初的黏合剂实验被视为一次失败的尝试。请说明以开放的态度评估实验结果的重要性。

考点提示						
测试题号	1	2	3	4	5	6
对应章节	1.3	1.3	1.3	1.1	1.3	1.2

第一单元

生态学

内容提要

科学探究　科学家运用探究的方法来了解自然世界。

生物多样性　生物在对各种不同环境的适应过程中，形成了生物多样性。

能量　光合作用储存的能量满足了各个层次生命体的需要。

稳态　生物体利用周围环境的资源维持自身的稳态。

发展　顶极群落是经过系列的演替发展而成的。

与生物学相关的职业

野生动物学家　研究生物之间的相互作用及其环境的科学家，如右上图所示的野生动物学家正在研究青蛙。

第2章

生态学原理

起步实验

观察果蝇

我们所认识的世界，其实是由许多较小的世界组成的一个庞大世界。在这个庞大世界中，不同类群的生物之间、生物与环境之间总是在发生着相互作用。通过本实验，你将有机会观察到一个小世界的精彩样本。

步骤

1. 阅读并完成实验室安全表。
2. 创建一张数据表，记录观察结果。
3. 教师已经为你准备好了一个容器，里面装着数只果蝇（黑腹果蝇），容器底部有供果蝇食用的食物。观察容器中有多少只果蝇。
4. 对果蝇进行为期一周的观察，并记录其变化。

分析

1. **总结**观察结果。
2. **评估**以上方法是不是研究生物种群的合理方法。

折叠式 学习卡

制作一张三联式学习卡，如右图所示，整理你在阅读水循环和碳循环时的笔记。

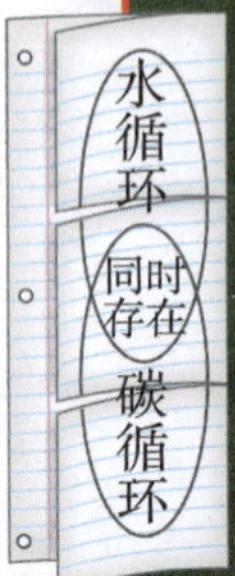

内容聚焦 能量

来自太阳的能量会流经所有的生物体和物质循环过程。

大概念 生物与非生物之间的物质循环过程需要能量参与。

第1节

生物体及其相互关系

本节预览

核心问题

- 非生物因素和生物因素之间有哪些区别?
- 不同层次的生物群落之间存在哪些联系?
- 某种生物的栖息地与生态位之间有什么区别?

术语回顾

物种:自然条件下,可以交配并产生具备生育能力的后代的一群生物。

关键术语

生态学
生物圈
生物因素
非生物因素
种群
生物群落
生态系统
生物群系
栖息地
生态位
捕食
共生
互利共生
共栖
寄生

主要概念 **在群落和生态系统中,生物因素和非生物因素之间以复杂的方式相互影响。**

联系实际 人们的基本需要,如食物、房屋和衣服等,依靠谁来提供呢?人类可不是唯一一种依靠其他生物来满足生活需要的生物。事实上,所有的生物都是相互联系的。生物之间的这种联系对生物的生存非常重要。

生态学

通过观察生物在自然环境中的活动,科学家可以了解生物与环境以及不同生物间的相互联系。每一种生物,不管它生活在哪里,都依赖于环境中的非生物因素和生活在同一环境中的其他生物。例如,绿色植物为许多生物提供了食物来源及生存场所。以植物为食的动物也为其他动物提供了食物来源。不管是在贫瘠的沙漠、热带雨林还是在草原中,生物之间、生物与环境之间普遍存在相互作用和相互联系。**生态学(ecology)**是一门研究生物与生物之间以及生物与环境之间相互作用的科学。

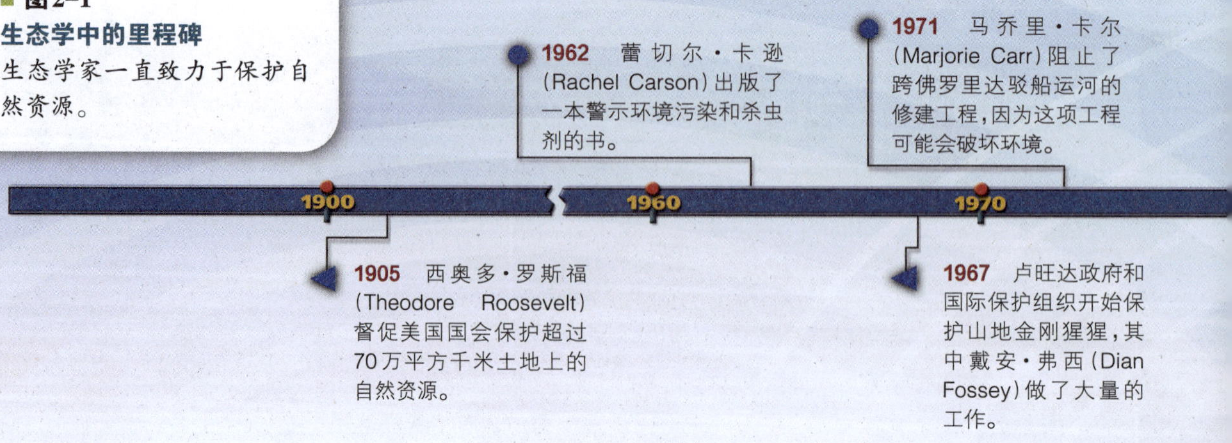

■ **图2-1**
生态学中的里程碑
生态学家一直致力于保护自然资源。

■ **图2-2** 生态学家时常在野外和实验室工作。这两位生态学家正在野外进行研究。

对生物及其环境的研究并不是新近开展的。早在1866年,德国生物学家欧内斯特·赫克尔(Ernst Haeckel)就首次提出了生态学的概念。自此,生态学上有了许多重大的里程碑式的发现,如**图2-1**所示。

研究生态学的科学家称为生态学家。生态学家运用多种工具和方法进行观察、实验和建立模型。例如,**图2-2**所示的生态学家正在水域附近进行研究。其结果可能为以下问题提供解答线索:为什么一些生物能够生活在水中?为什么一些生物饮水后会生病甚至死亡?什么样的生物能够生活在水中或水域附近?生态学家也通过观察生物来了解生物与环境之间的相互关系。

借助科学模型,科学家可以在实验室里对一些科学假设进行可视化的实验验证。模型的研究范围可大可小,既可以是一个过程,也可以是整个系统。例如,在野外环境中研究生物,生态学家需要关注许多变量,这给研究带来了一定的困难。运用模型开展研究,生态学家就能控制研究中的变量个数,并逐步引入新的变量以全面了解每个变量的作用。

阅读检测 **描述**你附近的一些生物及其生活环境,记得用生态学家的眼光进行筛选。

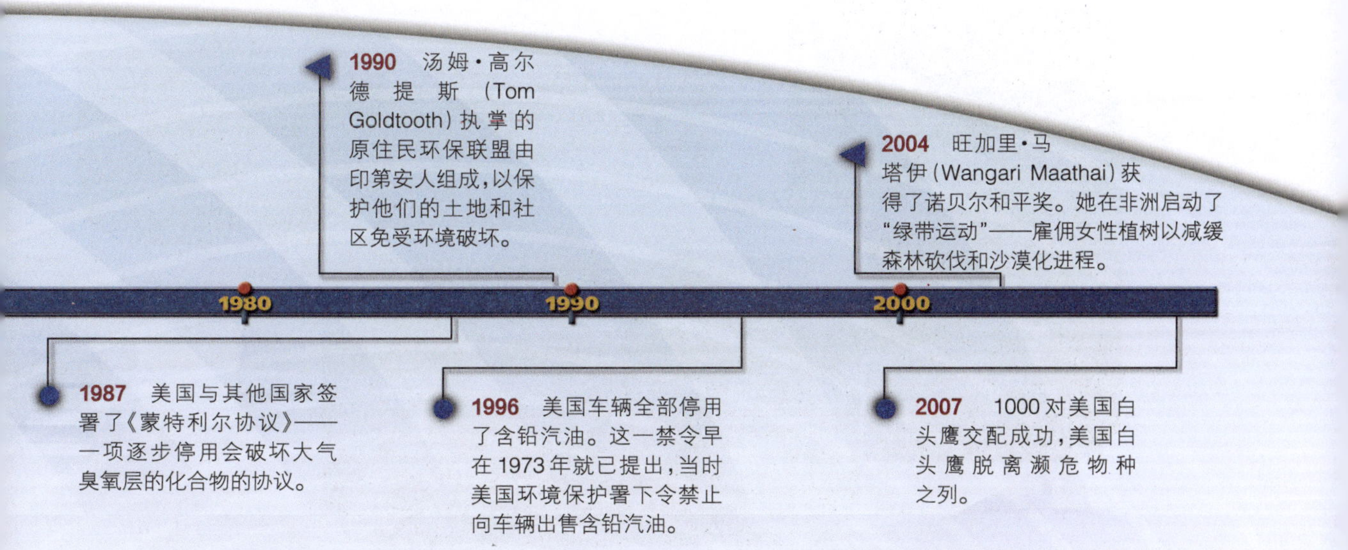

■ **图2-3** 这张由太空中的人造卫星拍摄的高亮地球照片，呈现了组成生物圈的大部分区域。

生物圈

生态学家是在生物圈范围内研究生物及其生活环境的科学家。顾名思义，**生物圈（biosphere）**是指地球表面有生命的地方。**图2-3**是从太空拍摄的地球照片，它说明了用“生物圈”这一术语的原因。“bio”代表“生命”，“sphere”指看起来像球体的一种几何形状。从**图2-3**来看，你就可以明白生物圈其实就是一个“生命的球体”。

但是，“生命的球体”只是帮助你理解“生物圈”概念的一种简单说法，并不是非常准确。因为生物圈只包括地球上有生命的那部分区域，是环绕地球的一个薄层。它的顶部延伸到大气层距地面几千米的地方，底部延伸到距海平面几千米的深海，生物圈包括陆地、淡水和海水，以及地表以下有生命的所有地方。

图2-4展示了生物圈多样性的一面。从雨林到沙漠再到珊瑚礁，多种多样的生物生活在多样化的地域中。生物圈还包含能够在多种地域环境中生活的生物。生态学家研究生物及其适应性，以及栖息环境中的影响因素。这些影响因素分为两大类：生物因素和非生物因素。

阅读检测 给生物圈这一术语下定义。

■ **图2-4** 热带雨林、沙漠和珊瑚礁都是生物的家园。生活在生物圈各个地方的植物、动物和微生物，与当地的生物和非生物因素相适应。

■ **图 2–5** 逆流而上的鲑鱼是溪流中的生物因素。水中的其他生物，比如青蛙和藻类植物，也属于生物因素。
解释 *生物是如何依赖其他生物生存的。*

生物因素 影响某种生物生活的其他生物，都称为**生物因素（biotic factor）**。想一想，**图 2–5** 中鲑鱼栖息地中的生物因素有哪些。这些生物因素包括生活在水中的所有生物，比如鱼、藻类、青蛙和微生物。另外，生活在溪流附近的陆地生物也可能是影响鲑鱼的生物因素。迁徙动物，比如经过这一区域的鸟类，也属于生物因素。生物之间的相互关系，对于生活在同一区域的所有生物的正常生活都是必要的。比如，雌性鲑鱼需要与雄性鲑鱼一起完成繁殖工作。另外，鲑鱼以一些生物为食，同时，它们也是其他生物的食物来源。

非生物因素 **非生物因素（abiotic factor）**是指生态环境中的无机部分。对于生物圈中不同的生物，非生物因素不同，但生活在同一地区的生物可能共享相同的非生物因素。这些因素包括温度、空气或水流、太阳、土壤、降水以及可能的营养成分。生物的生活依赖于非生物因素。比如，对某种植物来说，重要的非生物因素可能是降水总量、光照总量、土壤类型、温度范围和土壤中的营养成分等。**图 2–5** 中影响鲑鱼的非生物因素可能是水温、pH 和盐度。

生物与环境中的非生物因素相适应。如果一种生物迁移到非生物因素不同的地方，并且不能快速适应新环境，就可能面临死亡。如果一株在沼泽中正常生长的繁茂绿色植物被移植到干旱的沙漠，它就可能会死亡，因为它不能适应沙漠中的非生物因素。

阅读检测 **对比与比对**周边环境中一种植物或动物的非生物因素和生物因素。

与生物学相关的职业

生态学家 生态学的研究领域非常广。世界上的生物及其与生活环境的关系都是生态学家研究的方向。每位生态学家一般只专攻一个特定的领域，比如海洋生态学。

生态学研究的层次

对于大部分的生态学研究来说，生物圈范围太大并且太过复杂。为了研究生物圈内的关系，生态学家将生物圈划分为不同的层次或者更小的区块。生态学研究的层次随着生物的数量及生物之间的关系增长而变得复杂。生态学层次包括：

- 生物个体
- 种群
- 生物群落
- 生态系统
- 生物群系
- 生物圈

图2-6展示了生态学的各个层次。

生物个体、种群和生物群落 生态学研究的最低层次是生物个体。在**图2-6**中，一条鱼代表单个生物。在同一时间，生活在一定地域的同种生物个体的总和，称为**种群（population）**。图中一群同类的鱼就组成了一个种群。在同一种群中，每个生物个体常常竞争相同的资源。当资源充足时，种群就会开始增长。但是，通常会有一些因素限制种群变得过于庞大。比如，当种群已经增长到超过环境的容纳量时，种群的数量就开始下降，直到达到环境能容纳的个体数量。

种群之后，生态学研究的层次是群落。**生物群落（biological community）**是指在同一时间生活在同一区域内相互联系的不同种群的总和。同一群落中的生物，不一定都是竞争关系。特定海域内动植物种群的集合，包括其中的所有鱼群，就代表了一个生物群落。

生态系统、生物群系和生物圈 群落的下一个生态学研究层次是生态系统。**生态系统（ecosystem）**是由生物群落及其非生物环境所构成的统一整体。如**图2-6**所示，生态系统中包含了各种生物及非生物因素，如水温和光照。虽然**图2-6**所示的生态系统范围较大，但生态系统的范围也可以很小，比如一个鱼缸或小泥坑。生态系统的边界在某种程度上也比较灵活，可以自由改变，甚至会相互重叠。

生态学研究的另外一个层次是生物群系。**生物群系（biome）**是指具有相同气候条件及相似类型群落的生态系统的集合。如**图2-6**所示的是海洋生物群系。地球上所有的生物群系组合在一起，就形成了最高层次的生态系统——生物圈。

阅读检测 除了**图2-6**中展示的海洋生物群系外，请**推断**生物圈中还有哪些生物群系。

学习小贴士

提问环节 与同伴一起学习**图2-6**中生态学的研究层次，相互提问以加深对这一主题的认识。

起步实验

回顾 根据学习的有关种群的知识，现在你将如何回答本章开头“起步实验”中的问题？

图解生态学研究层次

图2-6

为了更好地研究生物圈中的相互关系，科学家将生物圈划分为不同的层次。最简单的层次是生物个体，逐级往上的层次包括：种群、群落、生态系统、生物群系，直到最复杂的生物圈。

生物圈 生态学研究的最高层次是生物圈，它是地球表面存在生命的一个薄层——从高空到深海。

生物群系 生物群系是具有相同气候条件、群落类型相似的生态系统的集合，如佛罗里达群岛海岸的珊瑚礁。

生态系统 生物群落（如珊瑚礁群落）以及所有影响生物群落的非生物因素（如海水），组成生态系统。

群落 生活在同一时间、同一区域的所有生物种群，如鱼类、珊瑚虫以及海洋植物，共同构成了生物群落。

种群 一群能彼此交配、生活在同一地域的同种生物个体的总和，如一群斑纹鱼就是一个种群。

生物个体 一个单独的生物，比如一条斑纹鱼就属于生物个体。

■ **图2-7** 这些树是生活在这里的生物群落的栖息地。

生态系统内的相互关系

在一个生态系统中，生物之间的相互关系是非常重要的。群落的存在增加了任何单个种群的存活率，因为资源利用的方式更加多样化。如果你近距离地观察森林里的一棵树，如**图2-7**所示，你将发现：不同的鸟以不同的方式利用树上的资源。比如，一种鸟可能吃树叶上的昆虫，而另一种鸟吃树皮里的昆虫。正是由于鸟类利用了不同的资源，从而提高了鸟类群体的存活率。

图2-7的树也是某种生物栖息地。**栖息地(habitat)**是生物生存的地方。对于单个生物来说，它的栖息地可能就是一棵树，一辈子都待在这棵树上。但如果一种生物会从一棵树迁移到另一棵树生活，那么该生物的栖息地就是一片树林了。

生物不仅有栖息地，还有生态位。**生态位(niche)**是指生物在其生活环境中的角色或时空位置。生物的生态位可以表示某种生物如何满足对食物、栖息场所及繁殖的需求。也有人将生态位描述成生物对生存空间、温度、湿度的需要，或适宜的交配与繁殖条件。

阅读检测 **对比与比对**栖息地与生态位。

种间关系

在生物群落中，生活在一起的生物之间经常相互影响。这些种间关系与非生物因素一起构成了生态系统。种间关系包括为了基本的食物、栖息场所和配偶而存在的相互竞争关系，也包括生物之间的相互依赖关系。

竞争 当两种或两种以上生物同时利用一种资源时，就会产生竞争。资源是生物生存所必需的，可能包括食物、水、空间和光照等。如**图2-8**所示，在干旱时期，水对于许多生物来说都是稀缺资源。通常较强壮的个体会直接跟较弱的个体竞争，结果是前者生存下来而后者死亡。也有一些个体可能会寻找另一处水源。当水源充沛时，所有的生物都能分享到水源，竞争就不会那么激烈了。

捕食 许多生物通过吃其他生物获取食物。一种生物以其他生物为食的行为称为**捕食(predation)**。其中，捕食其他生物的是捕食者，被捕食的生物是被捕食者。如果你看见一只猫捕捉一只鼠，那么你看见的就是捕食者在捕捉被捕食者。

■ **图2-8** 在干旱时，动物竞争水源；当水源充足时，动物则分享水源。

七星瓢虫和螳螂等昆虫也会捕食其他昆虫。捕食害虫的生物，我们常常称为益虫。在有机农业方面，人们可以依靠益虫来控制害虫的数量，从而尽量避免使用农药。

并不只有动物是捕食者，有个别植物也是，如捕蝇草。捕蝇草的叶子特化为昆虫和其他小动物的“小陷阱”。捕蝇草会释放出一种甜蜜、黏性的物质吸引昆虫，当昆虫落在叶片上时，叶片就会合拢。然后，捕蝇草分泌一种物质，在几天的时间内消化掉昆虫。

共生关系 一些生物的生存依赖于与其他生物之间的相互关系。两种或多种生物生活在一起的紧密联系称为**共生(symbiosis)**。共生分为三类：互利共生、共栖和寄生。

互利共生 两种或两种以上的生物生活在一起，彼此互惠互利，这种关系称为**互利共生(mutualism)**。如**图2-9**所示的地衣，是真菌和藻类互利共生的例子。图中的树只为地衣提供栖息地，使地衣能获得充足的阳光。藻类为真菌提供有机物，而真菌为藻类提供栖息地。真菌和藻类间的联系为彼此提供了最基本的需要——食物和栖息地。

■ **图2-9** 藻类和真菌通过互利共生关系形成地衣。

解释 *为什么形成地衣的两种生物属于互利共生关系。*

数据分析实验

基于真实的数据*

分析数据

温度会影响原生动物的增长率吗？ 研究人员曾研究温度对原生动物增长率的影响，他们假设：原生动物的增长率将随温度升高而增加。

数据和观察

右图展示了温度对豆形虫和草履虫增长率的影响。

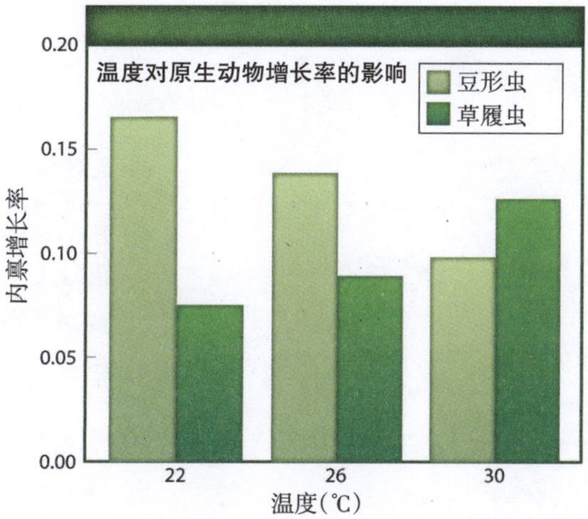

批判性思维

1. **描述**两个物种种群数量增长的差异。
2. **评价**研究人员可能采取的下一步研究计划。

*数据来源：Jiang，L. and Kulczycki，A. 2004. Competition，predation，and species responses to environmental change. *Oikos* 106：217–224.

内禀增长率：在没有任何环境因素(食物、领地和其他生物)限制的条件下，由种群内在因素决定的稳定的最大增殖速度称为种群的内禀增长率。

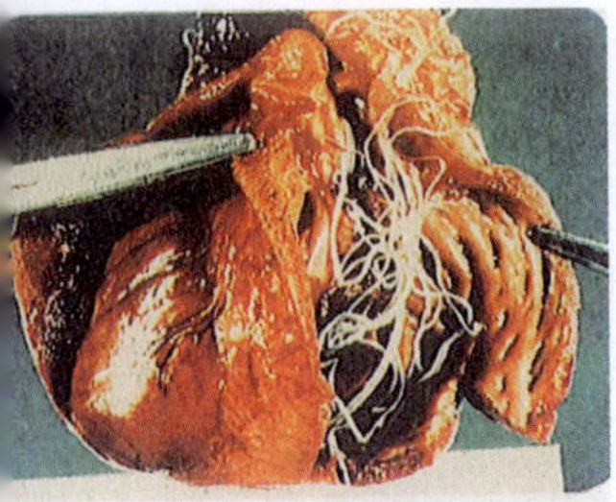

■ **图2-10** 这个来自狗的心脏感染了一种名为心脏蠕虫的体内寄生生物。体内寄生生物依靠寄主获取营养物质和生存场所。

共栖 再观察**图2-9**，思考地衣与这棵树之间的关系。地衣从这种关系中获得更多的阳光，但不会对树造成伤害，这种关系就称为共栖。**共栖（commensalism）**关系对一种生物有益，而对另一种生物既没有益处也没有害处。

共栖关系的另一个实例就是小丑鱼和海葵间的关系。小丑鱼是一种热带海洋鱼类，体形较小。它在海葵带刺的触手间穿梭游动但不会伤害海葵。海葵保护小丑鱼免受捕食者的捕食，小丑鱼还吃少量海葵吃剩下的食物。这也是一种共栖关系，因为小丑鱼从海葵那里获取食物和保护，但并不伤害海葵，而海葵并没有从这种关系中得到任何明显的好处。

寄生 在另一种共生关系中，如果一方受益而另一方受害，那么就称之为**寄生（parasitism）**。寄生可能是体外寄生，比如蜱和跳蚤，也可以是体内寄生，比如细菌、绦虫和蛔虫。**图2-10**所示的心脏蠕虫表明寄生可能造成很大的危害。在美国的许多地方，宠物狗都接受了避免心脏蠕虫感染的处理。心脏蠕虫（寄生生物）通常不会杀死寄主，但它可能会危害寄主或影响寄主的身体健康。在寄生关系中，如果寄主死亡，寄生生物不能快速找到下一个寄主，同样会死亡。

另一种寄生类型是巢寄生。褐头燕八哥就属于典型的巢寄生例子，因为它们依赖其他鸟类筑巢并帮助它们孵卵。一只褐头燕八哥将卵产在另一种鸟的巢里并"遗弃"了这些卵。作为寄主的鸟会孵化褐头燕八哥的卵并精心喂养其雏鸟，但后者常常会将寄主的卵或寄主的雏鸟推出鸟巢，只使它们自己生存下来。在一些地区，褐头燕八哥与夜莺的寄生关系，使夜莺的种群数量显著降低。

第1节 测评

要点梳理

- 生态学是研究生物与环境关系的一个生物学分支。
- 生物因素和非生物因素构成生态系统，并影响生态系统中群落的存活。
- 生态系统的研究层次包括生物个体、种群、群落、生态系统、生物群系和生物圈。
- 共生是存在于两种或多种生物间的紧密联系。共生关系有三种类型。

要点理解

1. 主要概念 **对比与比对**生物因素和非生物因素。
2. **描述**当地生物群系中某一生物体所属的结构层次。
3. **说出**两种或两种以上生活在你家的生物种群。
4. **区分**你周边某种生物的栖息地和生态位。

批判性思维

5. **设计**一个实验，判断树懒与在树懒皮毛中生活的绿藻之间的共生关系。

科技 写作

6. 写一个短小的故事，表现生物之间的相互依存关系。

第2节

生态系统中的能量流动

本节预览

核心问题

- 什么是生态系统的生产者和消费者?
- 生态系统中的能量流动是如何发生的?
- 什么是食物链、食物网和生态金字塔?

术语回顾

能量:引发变化的动力来源;能量不会凭空产生或消失,只能相互转化。

关键术语

自养生物
异养生物
植食动物
肉食动物
杂食动物
食腐动物
营养级
食物链
食物网
生物量

主要概念 **自养生物能捕获能量,同时为食物网中的其他生物提供可利用的能量。**

联系实际 吃下香蕉后,你就能为身体补充能量。你可能会惊讶于这样的事实:太阳才是你体内能量的真正来源。那么,太阳的能量是如何进入香蕉中的呢?

生态系统中的能量

研究生态系统中生物间相互作用的方式有很多,其中一种是追踪生态系统中的能量流动。不同生物获取能量的方式并不相同。依据生物在生态系统中获取能量的方式的不同,生态学家将生物划分成两大类:自养生物和异养生物。

自养生物 在生态系统中,所有的绿色植物以及能自己制造食物的生物是主要的生产者,称为**自养生物(autotroph)**。自养生物是指能够捕捉太阳能或利用无机物制造食物的一类生物。含有叶绿体的生物能通过光合作用吸收太阳能,并利用太阳能将二氧化碳和水转变成有机物。在没有太阳的地方,一些细菌能利用硫化氢和二氧化碳制造有机物作为食物。自养生物是所有生态系统的基础,因为它们为生态系统中的其他生物提供了可利用的能量。

异养生物 **异养生物(heterotroph)**通过吃其他生物获取能量。我们也常常将异养生物称为消费者。其中,只吃植物的异养生物称为**植食动物(herbirore)**,比如牛、兔、蝗虫等。以其他异养生物为食的异养生物称为**肉食动物(carnivore)**,如**图2-11**中的猞猁。

图2-11 猞猁是一种异养生物,图中的猞猁刚刚抓捕了另一种异养生物。**识别** *这两种动物的其他分类方法。*

除了植食动物和肉食动物外，还有一类称为杂食动物的生物。单从名字上就可以猜出，**杂食动物（omnivore）**既能吃植物，又能吃动物。熊、知更鸟以及人类，都属于杂食动物。

在生态系统中，以动物尸体为食的异养生物称为**食腐动物（detritivore）**。它们将有机物分解后返还到土壤、空气及水中，再被其他生物体所利用。食腐动物包括寄生虫及生活在水底的多种水生昆虫，它们以死亡的动植物碎屑为食。分解者与食腐动物相似，能通过分泌消化酶分解死亡的生物。真菌（如**图2-12**所示）、细菌等属于分解者。

所有的异养生物在吃其他生物时，都在进行一定程度的分解作用。但分解者在这方面的表现更为突出，它们是大自然的重要工具，能分解有机物，使得营养物质能被生产者重新利用。换言之，如果地球上没有食腐动物和分解者，也许废弃的有机物将不能被分解，也就不能再重新被其他生物利用了。

图2-12 图中的蘑菇能从朽木中获取食物和能量。这类真菌是分解者，它们能回收利用死去生物中存在的有机物。**解释**为什么分解者对一个生态系统非常重要。

阅读检测 **对比与比对**四种不同类型的异养生物。

能量流动模型

生态学家使用食物链和食物网作为生态系统的能量流动模型。就像其他模型一样，食物链和食物网能够将生态系统的能量流动既具体又简约地表达出来。食物链和食物网的每一环节称为**营养级（trophic level）**。在生态系统中，自养生物是第一营养级，异养生物组成了其余的营养级。除第一营养级外，其他每一个营养级的生物都从上一个营养级获取能量。

迷你实验 1

建立一个食物网

在生态系统中，能量是如何从一种生物转移到另一种生物的？食物链表示生态系统中能量流动的一条路径。食物链相互交叉成网状，就形成了食物网。

步骤

1. 阅读并完成实验室安全表。
2. 运用下列信息，建立草原生态系统中的食物网。

- 红狐以浣熊、克氏原螯虾、蝗虫、红三叶草、草原田鼠和灰松鼠为食。
- 蝗虫、麝鼠、红狐和草原田鼠都能吃红三叶草。
- 草原田鼠、灰松鼠和浣熊都吃白色橡树的某部分。
- 克氏原螯虾吃绿藻和碎屑，它们也是麝鼠和红狐的食物来源。
- 浣熊以麝鼠、草原田鼠、灰松鼠和白色橡树为食。

分析

1. **识别**食物网中的植食动物、肉食动物和食腐动物。
2. **描述**当所有的白色橡树都因病死亡时，麝鼠将受到怎样的影响。

食物链 **食物链(food chain)**是表示生态系统中能量流动的一个简易模型。如**图2-13**所示为一个典型的草原生态系统食物链。箭头表示能量流动的方向,能量一般从自养生物开始,向异养生物传递。绿色植物利用来自太阳的能量为自己制造食物;蝗虫通过摄食植物获得能量;鼠吃蝗虫,获得能量;最后,蛇吃鼠也获得了能量。每种生物都从其所捕食的生物中利用了一部分能量,用于细胞生命活动所需(比如产生新细胞或建构组织),其余能量散失到周围环境中,并且不能再被这些生物所利用。

食物网 单条食物链往往不能表现生物之间复杂的捕食关系,因为大多数生物不止以一种生物为食,如鸟吃多种种子、水果和昆虫。表示一个生态系统中捕食关系的最常用模型是食物网。**食物网(food web)**是表示许多食物链彼此交错连接、能量在多种生物之间流动的模型。如**图2-14**所示为沙漠群落中的食物网,展示了生物之间的捕食关系(图中省略了生产者)。

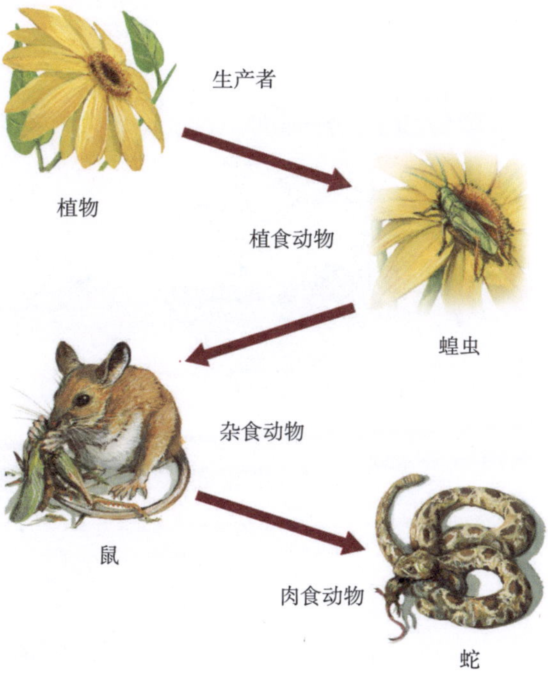

■ **图2-13** 食物链是表示生态系统中能量从一种生物流动到另一种生物的简易模型。

■ **图2-14** 食物网模型中,能量在多种生物间沿多条途径流动。

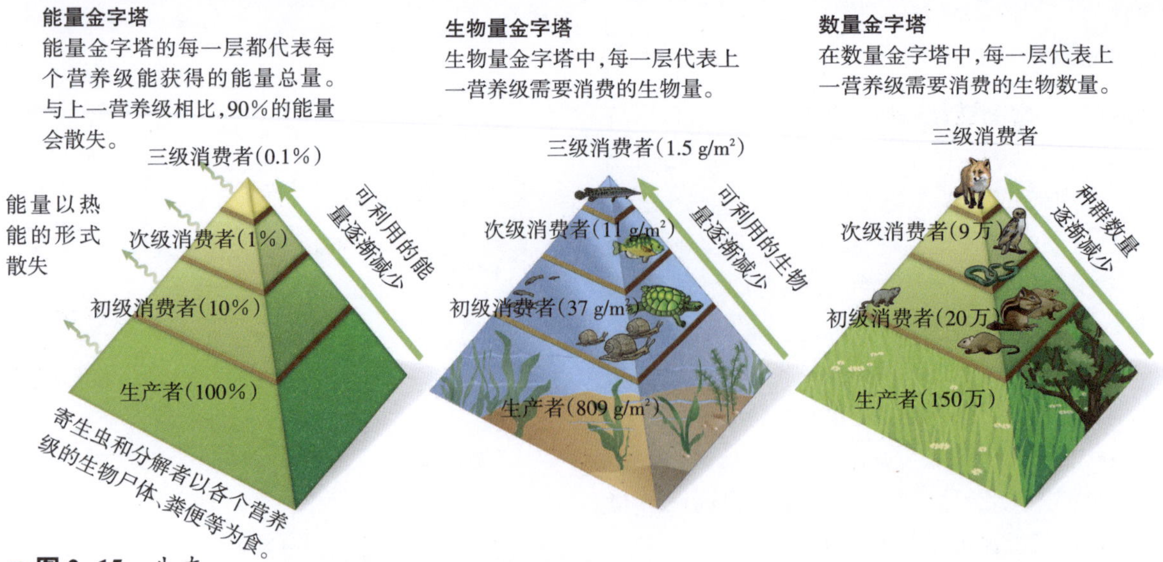

■ **图 2-15** 生态金字塔是表示生态系统营养级的模型。

生态金字塔 生态学家用来表示生态系统能量流动的另一种模型是生态金字塔。生态金字塔是表示生态系统中每一个营养级能量、生物量或者生物数量相对总量的示意图。

从**图 2-15** 中可以看到，在能量金字塔中，只有10%的能量能流到下一营养级。这是因为每一级生物所获取的能量，大部分都用于自身参与细胞新陈代谢或以热能的形式散失到环境中。通常，**生物量（biomass）**，即每一个营养级有机物的总质量，在营养级中是逐级减少的。由上图所示的数量金字塔可知，每一营养级的生物相对数量也减少，因为可以供生物生存利用的能量减少了。

第 2 节　测评

要点梳理

- 自养生物从太阳中获取能量，自己制造食物。
- 异养生物包括植食动物、肉食动物、杂食动物和食腐动物。
- 食物链或食物网的每一环节称为营养级。
- 食物链、食物网及生态金字塔是用于表示生态系统中能量流动的模型。

要点理解

1. **主要概念** **对比与比对**自养生物和异养生物。
2. **举例说明**一条简单食物链的流量流动，该食物链中狮子是最高级消费者。
3. **区分**一条宠物狗是自养生物还是异养生物，是植食动物、肉食动物还是杂食动物，并解释。
4. 如果太阳产生的能量越来越少并最终耗尽，**评价**对地球上的生物造成的影响。

批判性思维

5. **创建**一个当地生物的食物网。

生物中的数学

6. 某食物链由草、毛毛虫、虎甲、蜥蜴、蛇和走鹃等成员组成，请你绘出该食物链相应的能量金字塔。假定草含有100%的能量，在每一营养级散失及流到下一营养级的能量分别是多少？

第3节

物质循环

本节预览

核心问题

- 营养物质是如何从生态系统的非生物部分转移到生物部分的？
- 为什么营养物质对于生物体非常重要？
- 什么是营养物质的生物地球化学循环？这些物质循环具有怎样的相似性？

术语回顾

循环：一系列事件有规律、重复地发生。

关键术语

物质
营养物质
生物地球化学循环
固氮作用
反硝化作用

主要概念 **组成生物体所必需的营养物质可以通过生物地球化学过程实现循环。**

联系实际 你会将空的易拉罐收集起来，提供给回收站吗？如果你已经这么做了，那么想必你也知道玻璃、铝及纸这类资源是可以重复利用的。环境中的自然过程使营养物质能够循环，从而被其他生物所利用。

生物圈中的循环

为了维持生态系统的功能，能量被转化成了可利用的形式。生态系统需要源源不断的能量供应，但物质在生物圈中是可以循环利用的。

质量守恒定律说明：物质既不能被创造，也不能被消灭。地球上的物质循环过程是通过生物圈来实现的。**物质（matter）**是占据空间并具有质量的任何东西，其中包含了生物体执行正常的功能所需的营养物质。**营养物质（nutrient）**是一种生物必须从环境中获取的化学物质，以维持生命活动的需要。生物体正是由碳、氮、磷等营养物质以及水组成的。

生物圈中营养物质的循环既包括生物体内的物质循环，也包括环境中的物理过程（如风化）。风化将大块岩石分解成小块岩石，小块岩石逐渐变成土壤供植物和其他动物利用。生物圈中物质的交换过程称为**生物地球化学循环（biogeochemical cycle）**。顾名思义，这些循环过程涉及三大元素：生物体、地质作用和化学过程。

链接化学 在大部分的生态系统中，植物从空气、土壤和水中获取所需的营养物质，其中既有单质，又有化合物。植物将一些单质和化合物转化成能利用的有机分子。如**图2-16**所示的生态系统中，营养物质在生物之间流动。草从空气、土壤和水中获取物质，将它们转化成能利用的营养物质。同时，草为奶牛提供了营养物质。如果一种生物以奶牛为食，那么奶牛所含有的营养物质就会转移到下一个消费者。营养物质从生产者传递到各级消费者。在每一个营养级，分解者都能分解营养物质，并返还到物质循环中。

阅读检测 **解释**为什么营养物质循环对生物非常重要。

■ **图2-16** 营养物质在生物圈的生物间循环。在这个例子中，草是获取太阳能的生产者，是能量流动的起点。
***解释**图中的营养物质是如何在生物圈中持续循环的。*

与生物学相关的职业

水文学家 水文学家研究有关水的过程，比如水在自然界的分布，大坝或河流中的水流过程，城市饮用水系统及下水道的水流，等等。

水循环 生物体的生存离不开水。水文学家研究地下、大气及地球表面以湖泊、小溪、河流、冰川、冰帽和海洋中存在的水。让我们跟着**图2-17**，一起来追踪生物圈中的水循环吧！

链接地球科学 水分会不断地从水体、土壤和生物体蒸发到大气中。大气中的水，称为水蒸气。水蒸气在大气中上升并开始冷却。冷却的水蒸气聚集在空气的微尘周围，凝集变成小水滴，就形成了云。水将以降雨、冰雹和雪等降水形式从云中降落到地面上。如**图2-17**所示，地下水和地表径流汇入小溪、河流、湖泊和海洋，然后再被蒸发到大气中，继续参与水循环。大约90%的水蒸气来源于海洋、湖泊和河流的水分蒸发；约10%来源于植物的蒸腾作用，水蒸气由植物的表面散失到空气中。

所有生物都依赖于淡水生存。即便是生活在海洋中的生物，也是依靠流向海洋的淡水生存的。这些淡水可以防止海水的盐度过高，并保持海洋的体积基本不变。淡水只占地球总水量的3%，并且仅有31%的淡水能被生物体所利用，余下69%的淡水以固体冰川的形式存在，不能被生物体直接利用。

阅读检测 **识别**水循环的三个过程。

■ **图2-17** 水循环是水在生物圈中不断循环的自然过程。
识别地球上最大的蓄水地。

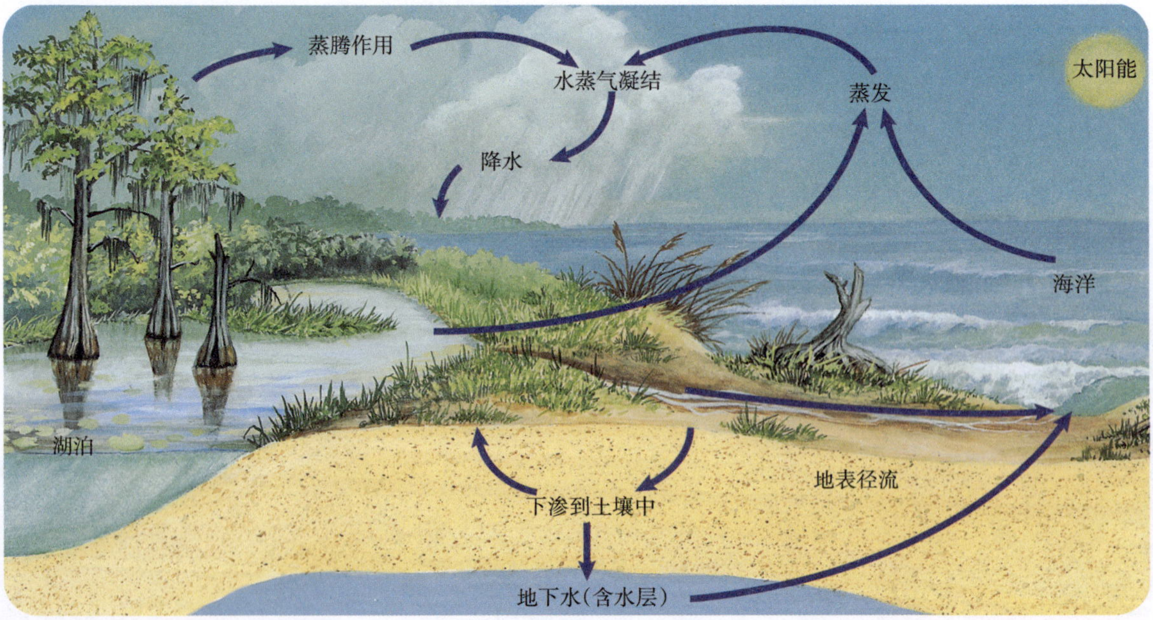

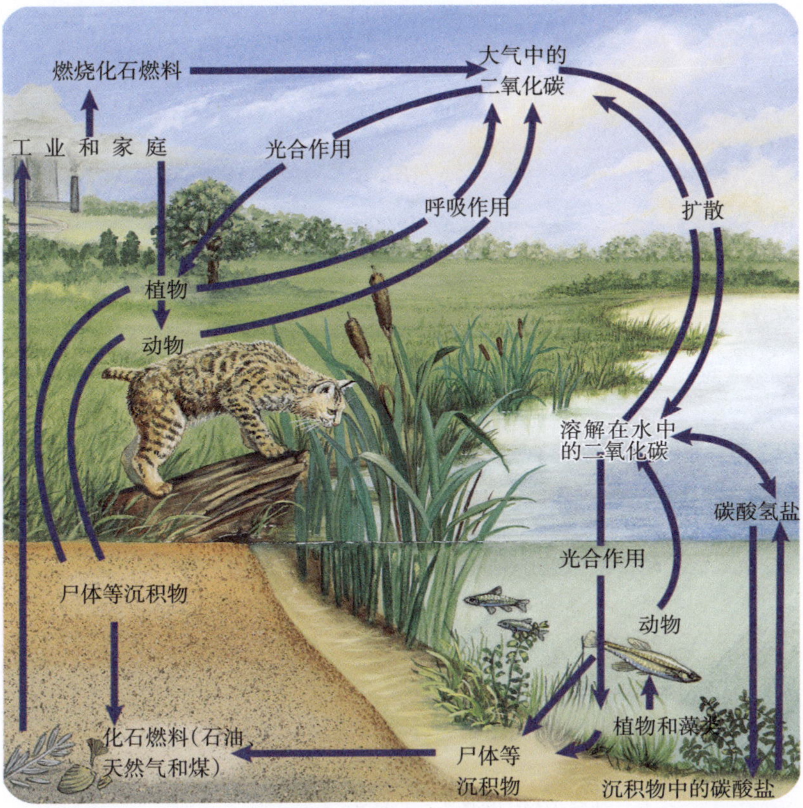

■ **图 2–18** 这张图展示了碳和氧是如何在生态系统中循环的。

描述 *碳是如何从生态系统的非生物部分转移到生物部分的。*

碳和氧循环 所有生物都是由含碳的分子组成的。碳原子形成一些重要分子的骨架,比如蛋白质、糖类和脂肪。氧是另一种对生命过程非常重要的元素。许多对生命而言非常重要的分子,通常都包含碳原子和氧原子,如二氧化碳和简单的糖类。

一起看一看**图 2–18** 所示的循环。绿色植物和藻类通过光合作用,将二氧化碳和水转化成糖类,释放出氧气。糖类是食物网中所有生物的能量来源。自养生物和异养生物会通过呼吸作用,将二氧化碳释放到空气中参与循环。碳和氧在生物体内的循环相对较快。

当有机物被埋入地下并转变成泥炭、煤、石油或天然气时,碳循环的周期将变得很长。碳可能以化石燃料的形式被埋在地下长达几百万年。当化石燃料燃烧时,碳被释放出来,变成大气中的二氧化碳。

除了形成化石燃料外,碳和氧还能与钙结合形成碳酸钙。如**图 2–19** 所示的白色峭壁,主要由碳酸钙组成。浮游生物及珊瑚虫、蛤蜊、牡蛎等动物的外壳也含有碳酸钙。这些生物沉入海底,形成了大面积的石灰岩沉积。碳和氧被保存在这些沉积物中,直到岩石暴露出来并被风化、侵蚀,才释放出其中所含的碳和氧。

■ **图 2–19** 英国多佛港的白色峭壁,几乎完全由碳酸钙或石灰岩组成。这些峭壁中的碳和氧在碳循环和氧循环中的周期较长。

■ **图2-20** 氮在生物圈中不断循环，被重复利用。

氮循环 氮是组成蛋白质的一种元素。在空气中，氮气的含量最高。植物和动物并不能直接利用空气中的氮气，但生活在水里、土壤和一些植物根里的细菌能捕获氮气，并将氮气转化为植物能利用的含氮化合物，这一过程称为**固氮作用（nitrogen fixation）**。一些氮气也能通过闪电固定，闪电释放的能量将氮气转化成硝酸盐。当给草地、庄稼或其他区域施化肥时，氮也会进入土壤中。

植物吸收土壤中的含氮化合物并将其转化成蛋白质，使氮元素进入了食物网，如**图2-20**所示。消费者通过吃含氮的植物或动物获得氮。生物重复利用这些氮元素，制造组成自身的蛋白质。由于食物网中氮的供给依赖于生物所固定的氮的总量，因此氮常常是限制生产者生长的重要因素。

在**图2-20**中，氮以几种方式回归到土壤中。动物排出尿液，氮会返回水或土壤中，并被植物重新利用。当生物死亡后，分解者能将蛋白质及其他化合物中的氮转化成氨气。土壤中的微生物能将氨气转化成能被植物利用的含氮化合物。最后，土壤中的某些细菌通过**反硝化作用（denitrification）**，将含氮化合物转化成氮气返回到大气中。

迷你实验 2

检测硝酸盐

不同的水源中，硝酸盐的含量是多少？硝酸根离子是一种易溶于水的含氮离子，我们可以通过实验的方法检测出这一离子。硝酸盐是无机氮的常见形式，植物比较容易利用。

步骤

1. 阅读并完成实验室安全表。
2. 制作数据表格，用于记录你在实验中的观察结果。
3. 从教师所提供的不同水源中，获取水样。
4. 利用硝酸盐检测试剂盒，检测每一种水样中的硝酸盐含量。
5. 按照教师的指示，处理实验样品。

分析

1. **判断**样品中是否含有不同量的硝酸盐，并进行解释。
2. **识别**人类的哪些活动可能增加水中的硝酸盐含量。
3. **推断**硝酸盐含量高可能引起什么问题。

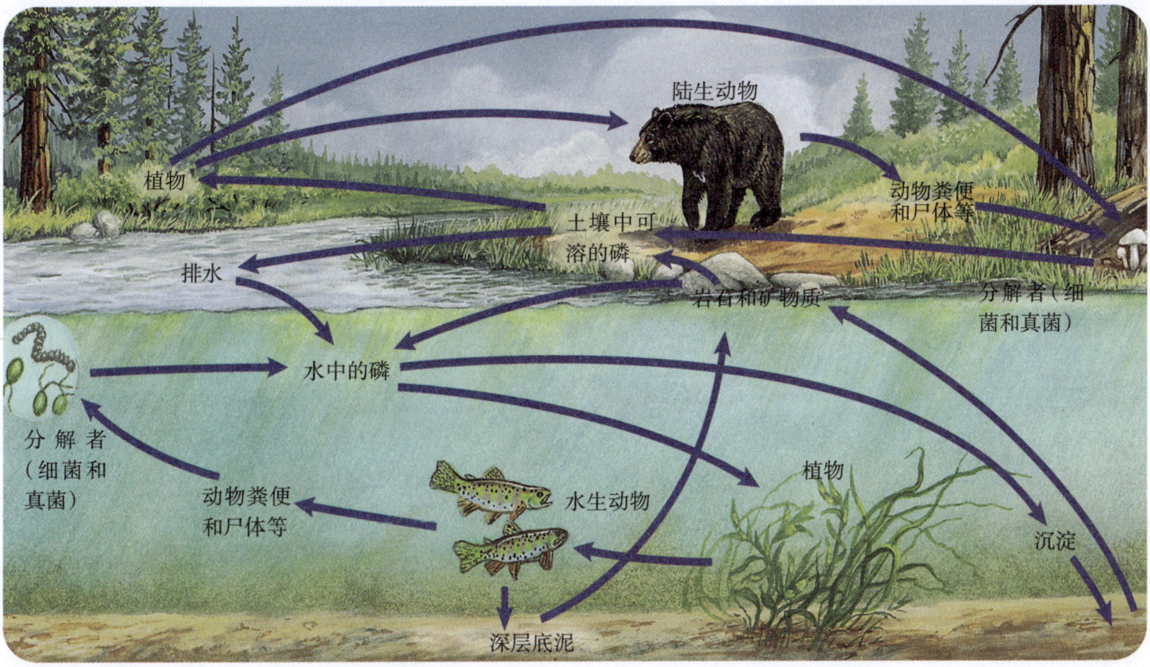

磷循环 磷是生物体生长和发育的基本元素。**图2-21**表示了磷的两种循环途径——短期循环和长期循环。在短期循环中，土壤里磷酸盐溶液中的磷被生产者吸收，再从生产者传递到消费者。当生物体死亡或排出废弃物时，分解者将磷返还到土壤中被重新利用。但如果磷沉淀形成岩石，那么就从短期循环进入长期循环了。在长期循环中，含磷的岩石被侵蚀或风化后，磷缓慢地释放进入循环当中。在土壤和水中，以磷酸盐形式存在的磷含量较少。因此，磷是限制生产者生长的因素之一。

图2-21 磷循环分短期循环和长期循环。

第3节 测评

要点梳理

- 生态系统中的重要营养物质在非生物部分与生物部分之间的转换是生物地球化学循环的重要方面。
- 碳循环和氧循环彼此紧密地交织在一起。
- 生物固氮的能力有限。
- 磷和碳都存在短期循环和长期循环。

要点理解

1. 主要概念 **说出**四类重要营养物质的生物地球化学循环过程。
2. **对比与比对**两类物质循环。
3. **解释**营养物质对于某种生物的重要性。
4. **描述**磷是如何在一个生态系统的生物部分和非生物部分间转换的。

批判性思维

5. **设计**一个实验，测定使草坪生长良好的肥料使用量。肥料通常包含了氮、磷和钾等营养元素。制作一张表格，用表格中的数字表示肥料中每种营养物质的含量。你将如何设计实验来确定肥料的合理使用量？

生物与社会

大坝，建还是不建？

美国葛兰峡谷地区是漂流、垂钓、徒步和玩皮划艇的好地方。同时，葛兰峡谷大坝也是饱受争议的大坝——葛兰峡谷大坝所在的位置。1956～1963年，大坝修建于亚利桑那州的科罗拉多河上，拦截了来自鲍威尔湖的湖水并使水量减少。

经济效益 葛兰峡谷大坝为许多乡镇社区提供了电力资源，也为加利福尼亚州、新墨西哥州、亚利桑那州和内华达州提供了水资源。鲍威尔湖是美国西南部旅游人数最多的目的地之一，这为当地人提供了许多就业机会。每年数以万计的游客去鲍威尔湖旅游，进行徒步、划船、钓鱼和游泳等活动。

■ 葛兰峡谷大坝每年为数以万计的游客提供休闲娱乐的场所，但它也影响到了科罗拉多河的生态系统。

对动植物的影响 大坝的建立为当地带来了经济效益，但同时也对科罗拉多河的生态系统有负面影响。因为大坝改变了当地鱼类的栖息地，鲭鱼、鲢鱼和科罗拉多叶唇鱼已经濒临灭绝。

目前，在鲍威尔湖沿岸，占主导地位的是称为红柳（又名柽柳）的一种非本地、半沙漠化的灌木丛。红柳比沙洲柳、古丁柳、佛利蒙三角叶杨等当地植物更有竞争优势。红柳能逐渐将盐分收集到自身的组织中，并最终将盐释放到土壤中，导致土壤不再适宜当地植物生存。

对温度的影响 在大坝建设之前，科罗拉多河的水温在冬天低至冰点，而夏天高达29℃。但自从大坝建立，下游的水温一年四季基本维持在7～10℃。这一温度不会影响非本地的虹鳟鱼产卵，却会影响本地物种的进食。

美国垦务局已经提议在葛兰峡谷大坝上安装一个温度控制设备以调控水温。环保人士提出，这项措施可能无法解决当地物种面临的问题，因为这些物种适应了自然河流生态系统中的水温变化。

葛兰峡谷大坝对科罗拉多河地区的生态系统带来了负面影响，但它也为当地带来了经济效益。如何权衡利弊？生物学家几乎每天都需要面对类似的现实问题。

生物学中的辩论

合作 组成几个小组开展辩论：在科罗拉多河上修建大坝的利弊。在辩论前，需要开展一些相关的研究。

生物实验室

野外调查：探究栖息地的大小与物种多样性

背景：生态学家认为，保护生物多样性的关键是为多种多样的生物提供适宜的栖息地。

问题：扩大栖息地，将会给栖息地中的生物多样性带来哪些影响？

实验器材

选择你设计的实验中要用到的材料。

安全注意事项

警示：在前往实验地点的过程中，遵守所有的安全要求。警惕现场情况，避免被动物蜇伤、咬伤，或被有毒的植物划伤。

设计与实施实验

1. 阅读并完成实验室安全表。
2. 为回答上述问题，提出一个可以检验的假设。
3. 写出你的实验步骤。列出为了验证假设需要用到的材料。
4. 确定你的实验可以进行定量测量，收集到的数据后面应该添加计量单位后再进行表述。
5. 设计并创建恰当的数据记录表。
6. 只有在征得教师的认可后，方可开展实验。
7. 在恰当的实验地点，开展实验。

实验分析和结论

1. **数据作图** 将实验数据作成图，如果可能，将数据分类组合作图。
2. **分析** 分析收集到的各组数据，你能发现什么规律？请解释。
3. **得出结论** 根据你的数据记录，最初的假设成立吗？
4. **误差分析** 将你的观察和结论与全班同学的进行比较。你们的观察和结论一致吗？如果不一致，怎样解释这种差异？如何验证你的结果？
5. **判断** 当栖息地扩大时，种群和生物多样性会等比例地放大吗？扩大栖息地会使栖息地生物的生存变得更加容易还是艰难呢？
6. **提出假设** 如果在其他栖息地进行这个实验，你预测结果会一样吗？请进行解释。
7. **批判性思维** 预测一下，从现在算起的10年后，结果会保持一致吗？20年后呢？请解释你的答案。

技能应用

汇报 绘图表示在本实验中可能存在于栖息地的至少1条食物链，并解释。

第2章 复习指南

内容聚焦 **能量** 自养生物通过光合作用将来自于太阳的能量转化成有机物中的化学能。自养生物制造的能量是食物网和生态金字塔的基础。

大概念 生物与非生物之间的物质循环过程需要能量参与。

第1节 生物体及其相互关系

生态学
生物圈
生物因素
非生物因素
种群
生物群落
生态系统
生物群系
栖息地
生态位
捕食
共生
互利共生
共栖
寄生

主要概念 **在群落和生态系统中，生物因素和非生物因素之间以复杂的方式相互影响。**

- 生态学是研究生物与环境关系的一个生物学分支。
- 生物因素和非生物因素构成生态系统，并影响生态系统中群落的存活。
- 生态系统的研究层次包括生物个体、种群、群落、生态系统、生物群系和生物圈。
- 共生是存在于两种或多种生物间的紧密联系。共生关系有三种类型。

第2节 生态系统的能量流动

自养生物
异养生物
植食动物
肉食动物
杂食动物
食腐动物
营养级
食物链
食物网
生物量

主要概念 **自养生物能捕获能量，同时为食物网中的其他生物提供可利用的能量。**

- 自养生物从太阳或某些化学物质中获取能量，自己制造食物。
- 异养生物包括植食动物、肉食动物、杂食动物和食腐动物。
- 食物链或食物网的每一环节称为营养级。
- 食物链、食物网及生态金字塔是用于表示生态系统中能量流动的模型。

第3节 物质循环

物质
营养物质
生物地球化学循环
固氮作用
反硝化作用

主要概念 **组成生物体所必需的营养物质可以通过生物地球化学过程实现循环。**

- 生态系统中的重要营养物质在非生物与生物部分之间的转换是生物地球化学循环的重要方面。
- 碳循环和氧循环彼此紧密地交织在一起。
- 生物固氮的能力有限。
- 磷和碳存在短期循环和长期循环。

第2章 测评

第1节

术语回顾

参考“复习指南”，选择正确的名词术语，替换下列画线词语。

1. 某种生物生活的场所叫作<u>生态位</u>。
2. 在同一时间生活在同一地方，能相互杂交的一群生物，称为<u>生物群落</u>。
3. 与非生物环境相互作用的生物群落的集合，称为<u>生物圈</u>。

要点理解

4. 下列生态系统的研究层次中，能包括所有其他层次的是（　　）。
   A. 群落　　B. 生态系统
   C. 生物个体　　D. 种群
5. 对于森林里的一棵树来讲，可能存在的非生物因素是（　　）。
   A. 正在吃树叶的毛毛虫
   B. 吹过树枝的风
   C. 在树枝上筑巢的鸟
   D. 在根部生长的真菌

根据下图回答第6题和第7题。

6. 上图中的昆虫正在收集花粉和花蜜为食，同时也帮助植物繁殖后代。这种关系可以描述为（　　）。
   A. 捕食　　B. 共栖
   C. 互利共生　　D. 寄生
7. 下列术语中，最恰当地描述了蜜蜂收集花粉的角色的是（　　）。
   A. 生态位　　B. 捕食者
   C. 寄生　　D. 栖息地

根据下图完成第8题。

8. 这条蛇属于（　　）。
   A. 植食动物　　B. 肉食动物
   C. 杂食动物　　D. 食腐动物

回答问题

9. **简要回答** 解释栖息地与生态位的差异。
10. **主要概念** 描述你所生活的环境中，非生物因素如何影响生物因素，请举出实例。
11. **与生物学相关的职业** 总结为什么大多数生态学家不研究生物圈这一层次。

批判性思维

12. **识别**居住地附近的某个生态系统中的捕食关系、竞争关系和共生关系的实例。
13. **解释**为什么像真菌和藻类等生物，在形成互利共生关系后具有更强的生存优势。

第2节

术语回顾

说明下列术语之间的关系。

14. 异养生物、杂食动物、肉食动物
15. 食物链、食物网、营养级
16. 分解者、异养生物、肉食动物
17. 自养生物、食物链、异养生物

第2章 测评

要点理解

18. 能量最初进入池塘生态系统的方式是(　　)。

A. 通过藻类植物的生长

B. 通过太阳光

C. 通过死亡的鱼腐烂

D. 通过田野的水流入

19. 下列关于生态系统中能量的说法中,正确的是(　　)。

A. 大部分生态系统所需的能量最终来源于太阳

B. 在生态系统中,能量通常以光的形式散失

C. 能量从异养生物流向自养生物

D. 越接近食物链顶端,生物具有的能量越多

利用下图,回答第20题和第21题。

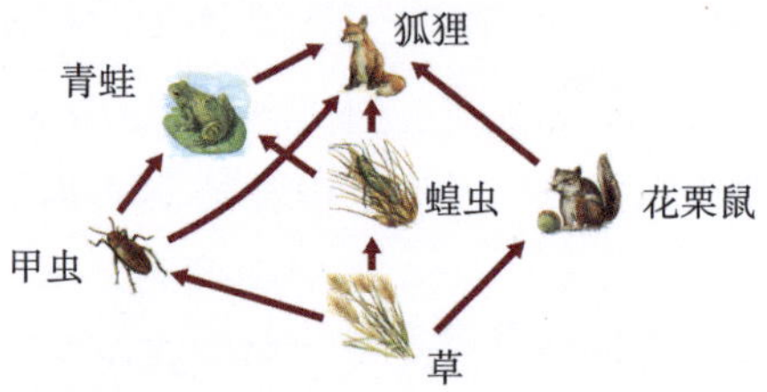

20. 这幅图表示的是(　　)。

A. 食物网　　**B.** 食物链

C. 生态金字塔　　**D.** 能量金字塔

21. 图中是自养生物的是(　　)。

A. 青蛙　　**B.** 蝗虫

C. 狐狸　　**D.** 草

22. 下列生物是食腐动物的是(　　)。

A. 猫　　**B.** 老鼠

C. 向日葵　　**D.** 克氏原螯虾

回答问题

23. **主要概念** 创建一个包含当地生物的食物网,并解释这个食物网中自养生物的重要性。

24. **内容聚焦 能量** 描述相比于食物链,食物网为什么是解释能量流动的更优模型。

25. **简要回答** 在一个具有三个营养级的食物链中,如果输入自养生物的能量是1000焦,那么食物链总共散失的能量大约是多少?

批判性思维

26. **应用信息** 制作一张不同于本地生态系统的食物网海报。在这个食物网中,要包括尽可能多的生物种类。

第3节

术语回顾

下列表述均存在错误。参考“复习指南”,选择相应的名词术语,替换每个句子中的斜体字。

27. 氮是生物生长所必需的物质,因此被认为是一种重要的*硝酸盐*。

28. 细菌将氮气转化为可利用的氮的过程,叫*反硝化作用*。

29. 在全球范围内,化学物质从非生物环境到生物体的运动,称为*岩石圈过程*。

要点理解

30. 细菌及闪电将氮气转化成植物能利用的化合物的过程,称为(　　)。

A. 氨化作用　　**B.** 氮循环

C. 反硝化作用　　**D.** 固氮作用

利用下图,回答第31题。

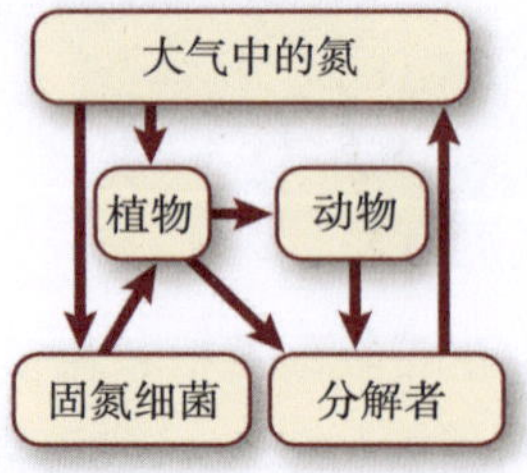

31. 下列选项中,含氮浓度最高的是(　　)。

A. 动物　　**B.** 大气

C. 细菌　　**D.** 植物

32. 下列两项过程均需要碳和氧的参与的是（　　）。
A. 煤的形成和光合作用
B. 光合作用和呼吸作用
C. 燃料燃烧和露天焚烧
D. 死亡和分解

33. 下列过程中，磷会进入长期循环的是（　　）。
A. 有机材料被埋入海底
B. 磷酸盐释放到土壤中
C. 动植物排出废弃物
D. 雨水侵蚀山峰

回答问题

34. **简要回答** 阐明下列陈述的含义：对于狐狸等肉食动物来讲，草与鼠一样重要。

35. **简要回答** 物质守恒定律表明：物质既不能被创造也不会被消灭。这一定律与生态系统中的碳循环有着怎样的联系？

36. **主要概念** 解释氮循环中分解者的作用。

批判性思维

利用如下所示的插图，回答第37题和第38题。

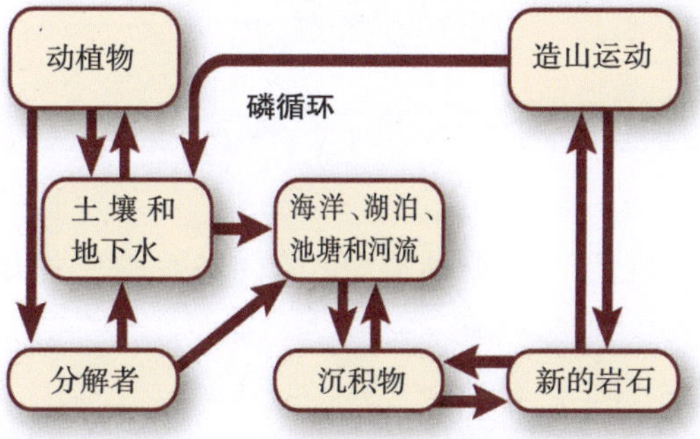

37. **解释插图** 预测落基山脉区域的造山运动对周边峡谷的磷含量水平的影响。

38. **解释** 分解者如何为土壤、地下水、海洋、湖泊、池塘及河流提供磷？

总结性测评

39. **大概念** 从本章的食物网中选择某种特定的生物，设想来自太阳的能量如何直接或间接地影响该生物的生命活动。

40. **科技 写作** 写一首包含本章术语和概念的诗。

41. **总结**异养生物与自养生物的差异。

DBQ 资料分析题

下列信息是关于佛罗里达州的一座古老沙丘——威尔士湖山脊（Lake Wales Ridge）的。阅读资料并回答问题：

生活在威尔士湖山脊的动物包括蓝尾鼹鼠蜥蜴、佛罗里达州灌丛鸦、沙石龙子（它会在松软的沙子里穿行，看上去像是在“游泳”一样）。山脊上的其他动物有东部靛蓝蛇（2.4米长，是北美最长的无毒蛇）、佛罗里达黑熊、佛罗里达穴蛙、佛罗里达鼠、佛罗里达松蛇、佛罗里达沙丘鹤、佛罗里达蜥蜴、哥法地鼠龟、谢尔曼狐松鼠及短尾蛇。

哥法地鼠龟非常重要，因为它的洞长达9米，能为许多其他常见动物及一些珍稀物种提供庇护所。当大火在该地蔓延或出现极端温度时，这些洞也成为许多动物临时的庇护所。

数据来源：Mohlenbrock，R. H. 2004-2005. Florida high. *Natural History* 113:46-47.

42. 构建一个至少包含以上5种生物的食物网。

43. 解释哥法地鼠龟怎样在火灾中使用它挖掘的洞。

标准化测试

选择题

1. 下列属于生态系统的是(　　)。
   A. 生活在深海入口的细菌
   B. 一片森林中的生物因素
   C. 一个池塘中的生物和非生物
   D. 斑马和狮子种群

根据下图回答第2题和第3题。

2. 上述图示中，使碳脱离长期循环的部分是(　　)。
   A. 溶解的CO_2
   B. 燃料燃烧
   C. 光合作用和呼吸作用
   D. 火山喷发

3. 上述图示中，与碳从生态系统的非生物部分转移到生物部分有关的是(　　)。
   A. 溶解的CO_2
   B. 燃料燃烧
   C. 光合作用和呼吸作用
   D. 火山运动

4. 下列选项中，是基于多次观察和实验而对自然现象做出科学解释的是(　　)。
   A. 因素
   B. 假设
   C. 结果
   D. 理论

5. 摩尔是(　　)的国际单位。
   A. 某种物质中粒子的数量
   B. 组成某种物质的化合物
   C. 某种物质中元素的数量
   D. 某种物质的总质量

6. 设想两种以树叶为食的动物，它们生活的栖息地由于极度干旱导致许多植物死亡。下列可以描述这两种生物可能的关系的术语是(　　)。
   A. 共栖　　B. 竞争
   C. 互利共生　　D. 捕食

根据下图回答第7～9题。

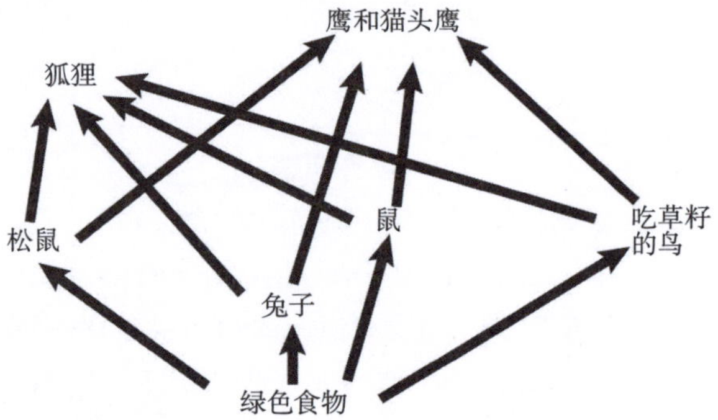

7. 上述食物网包含的生物量最多的是(　　)。
   A. 狐狸
   B. 绿色植物
   C. 鼠
   D. 兔

8. 上述食物网包含的生物量最少的是(　　)。
   A. 狐狸
   B. 绿色植物
   C. 鼠
   D. 兔

9. 狐狸为了保持体温，能量会发生的变化是(　　)。
   A. 能量被狐狸的分解者吸收
   B. 能量散失到周围环境中
   C. 通过食物的新陈代谢，能量仍然留在狐狸体内
   D. 当狐狸被捕食，能量会进入下一个营养级

简答题

根据下图回答第10题和第11题。

10. 一种蠕虫生活在如图所示的环境中，则影响它的两个生物因素和非生物因素分别是什么？

11. 解释上图中与下列生物地球化学循环有关的内容。

A. 氮循环

B. 氧循环

C. 碳循环

12. 区分“理论”这一术语的日常概念与科学概念之间的异同。

13. 评论科学知识是如何改变的，科学知识的总量如何增长，并解释为什么科学知识可能还会持续增长。

14. 假如没有分解者和食腐动物，请描述森林生态系统可能会发生怎样的变化。

15. 设想在地球深处发现了某些未知生物，请提出两个问题，以供生物学家进行研究。

开放题

根据下图回答第16题和第17题。

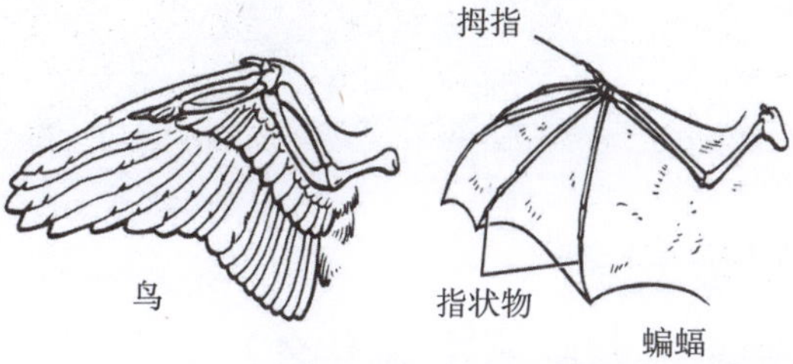

16. 一些人认为，蝙蝠和鸟的亲缘关系非常近，因为它们都有翅膀。请评估上图可以如何被用来批判“蝙蝠和鸟的亲缘关系非常近”这一观点。

17. 设想你提出了一个假设：蝙蝠和鸟的亲缘关系并不是非常近。你想要通过比较蝙蝠和鸟飞行的方式来证实这一假设，请设计一个实验来进行检验。

论述题

当地球上不同种类的物质或元素成为生物圈的一部分时，也就是进入了短期或长期的生物地球化学循环。进入长期循环的物质的总量影响着人类及地球上其他生物对该物质的利用。

利用上文中的信息，以论文的形式回答下列问题。

18. 选择一种你所知的能同时进行长期和短期循环的物质或元素。撰写一篇论文，清晰地描述它是如何进行短期和长期两种类型的循环的，以及这些循环如何影响人类及其他生物对它的利用的。

考点提示																		
测试题号	1	2	3	4	5	6	7	8	9	10	11	12	13	14	15	16	17	18
对应章节	2.2	2.3	2.3, 2.1	1.2	1.2	2.1	2.2	2.2	2.2	2.1	2.3	1.2	1.2	2.2	1.3	1.2	1.3	2.3

第3章

群落、生物群系和生态系统

起步实验

你的“生物学地址”是什么？

从生态学角度来说，每个人也占据一个“生物学地址”。生态单元大小不一，小到你的身体本身，大到整个生物圈，它们之间相互交织、错综复杂。“生物学地址”就标明了你作为一个生物体，在其中所处的位置。

步骤

1. 你如何理解群落和生态系统这两个术语？
2. 描述你所属的生物群落及生态系统。

分析

1. **比较** 你如何向来自另一个国家的人描述本地的植物与动物？
2. **观察** 群落及生态系统通过演替过程不断变化。在过去的100～150年间，你所在的生物群落经历了怎样的变化？

折叠式

学习卡

制作如图所示的折叠式学习卡，用来做演替的笔记。

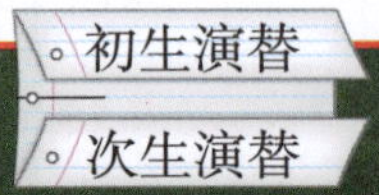

内容聚焦 发展

动植物群落不断发展，推动了群落演替。

大概念 限制因素和耐受度是决定陆地生物群系和水生生态系统成型的重要因素。

第1节

群落生态学

本节预览

核心问题

- 不适宜的非生物因素和生物因素，是怎样影响物种生存的？
- 耐受度如何影响生物的分布？
- 初生演替和次生演替各分为哪几个阶段？

术语回顾

非生物因素：某种生物的生活环境中非生命的部分。

关键术语

群落
限制因素
耐受度
群落演替
初生演替
顶极群落
次生演替

主要概念 **所有生物都受到环境因素的影响或限制。**

联系实际 无论生活在哪里，聪明的你总会有办法来适应周围的环境条件。如果外面寒冷，你就会穿上外套，戴上帽子和手套。熊也有这样的适应性，比如，天生拥有温暖的皮毛来御寒。

群落

当你描述生活的社区时，很可能会提及你的家庭、学校的同学以及其他生活在附近的人。生物学上的**群落（community）**指的是同一时间生活在同一地区的所有种群的集合。因此，你所在的群落也同样包括植物、其他动物、细菌和真菌。不同群落包含的生物的种类不一定相同，比如，城市群落与乡村群落大不一样，沙漠群落与极地群落也是天差地别。

你已经知道，生物是相互依存的。你还了解了一些非生物因素以及它们是如何影响生物个体的生存的。那么，非生物因素又是如何影响群落的呢？试想土壤这一非生物因素，如果土壤变得太酸，一些生物可能就会死亡甚至灭绝。这可能影响其他生物的食物来源，从而导致生物群落发生变化。

生物有着各自的生存法宝来适应所生活的环境。比如，狼的厚厚皮毛使它们能在严酷的寒冬生存，仙人掌的保水能力让它经受住了沙漠的干旱考验。可以说，生物体能生活在某些生态系统而不是其他生态系统中，取决于该生态系统中的生态因素的种类及数量。比如，**图3-1**所示为沙漠绿洲中的植物，离水源地越远的地方，植物的数量越少。

图3-1 沙漠中的生物主要生活在绿洲一带。

限制因素 限制生物数量、繁殖或分布的非生物因素或生物因素统称为**限制因素（limiting factor）**。非生物限制因素包括阳光、气候、温度、水、营养物质、火、土壤化学性质及空间。生物限制因素包括所有生物，比如其他植物及动物。值得一提的是，限制某个种群增长的因素，可能使另一个种群兴盛。如**图3-1**中的沙漠绿洲，水是所有生物的限制因素，但温度又是另外一种限制因素。只有那些能够抵抗白天太阳的炙热和夜晚的寒冷的生物，才能在沙漠环境中很好地生存下来。

耐受度 不论哪一种环境因素，总有生物能生存的上限和下限。比如，硬头鳟生活在从加利福尼亚到阿拉斯加清凉干净的沿海河水中，它们生活的理想水温范围是13～21℃，如**图3-2**所示。但是，硬头鳟在9～25℃的水中也能存活。这个温度范围会给硬头鳟带来一些生理压力，比如不能生长或繁殖。而一旦水温低于9℃或高于25℃，硬头鳟便会死亡。

你是否有过在炎炎夏日里昏昏欲睡、强按住性子参与一项无聊活动的经历？当面对非生物因素或生物因素时，生物能够生存的能力称为**耐受度（tolerance）**。再仔细观察**图3-2**，硬头鳟能承受一个特定的温度范围。具体地说，硬头鳟的水温承受范围是9～25℃。大家注意，生活在水温最适宜区域中的硬头鳟数量最多。在最适宜生存与耐受极限之间的区域会给硬头鳟带来生理压力。在该温度范围，只有非常少量的硬头鳟生存。如果水温超过了25℃的最高限制，或者比9℃更低，就没有硬头鳟分布。因此，当水温超过了耐受度，水温就是硬头鳟的限制因素。

阅读检测 **描述**限制因素与耐受度之间的关系。

■ **图3-2** 硬头鳟受到生活环境中水温的限制。

推断 *除水温外，哪一种非生物因素还可能限制硬头鳟的生存？*

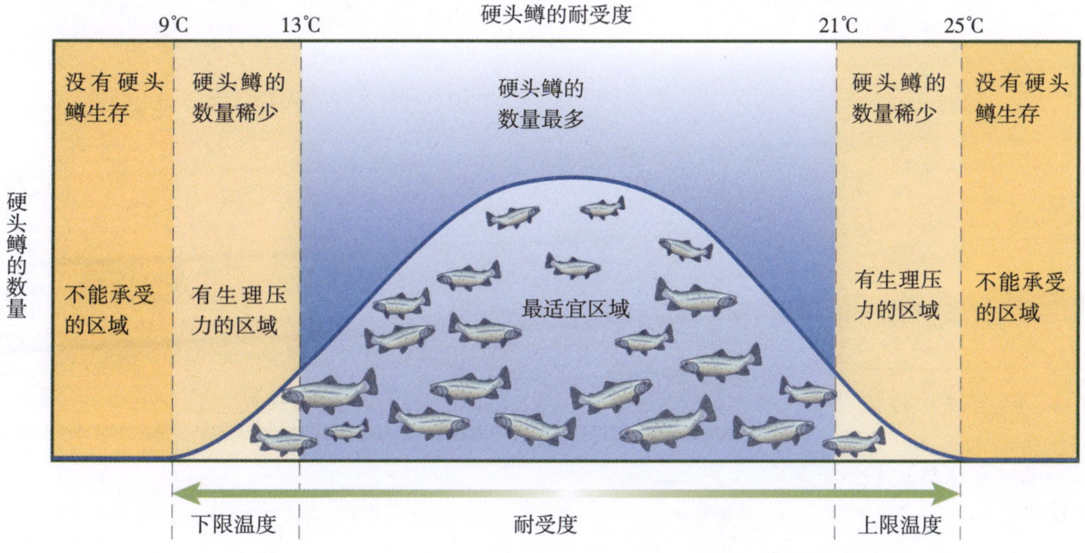

折叠式 学习卡

将本节内容整理到折叠式学习卡中。

群落演替

生态系统时常处于不断的变化之中，其中有些可能是小的改变，比如，森林里倒下了一棵树，也有可能是巨大改变，比如发生了一场森林大火。生态系统中的群落也可能由此改变。例如，对于森林群落来说，森林大火可能是有益的，甚至是必要的，它使营养物质返还到土壤中。生长极快的一些杂草，种子需要被火炙烤后才能发芽。此外，一些生态系统需要依靠火去除垃圾碎片。如果常年没有发生大火，那么逐渐堆积的垃圾碎片所引起的大火，将烧光所有的树木。一场森林大火可能会彻底改变栖息环境，让一些物种不再适宜生存，也使得另一些物种在烧焦的新环境下繁盛起来。

术语

初生

等级、重要性、价值或顺序处于第一。

由于非生物因素和生物因素的改变，在生态系统中一个群落取代另一个群落的过程，称为**群落演替（ecological succession）**。群落演替分为两种类型：初生演替和次生演替。

初生演替 在凝固的熔岩流或者悬崖裸露的岩石上，没有土壤存在。如果你分别取一些样品并放在显微镜下观察，你可能观察到的唯一生物是细菌，也可能是随风飘来的真菌孢子或花粉粒。在完全没有表层土壤的裸露岩石上，建立生物群落的过程称为**初生演替（primary succession）**，如**图3-3**所示。初生演替最初进行的速度通常都非常缓慢。

几乎所有植物的生长都需要土壤。但土壤是如何形成的呢？通常，最初在岩石上生长的生物是地衣——真菌和藻类互利共生的结合体。地衣与某些苔藓植物一起，成为最早出现的生物，被称为先锋物种。这些先锋物种分泌一些酸性物质使岩石分解，帮助土壤形成。

■ **图3-3** 初生演替的第一步是形成土壤。一旦土壤开始形成，演替将逐渐向顶极群落发展。

当先锋生物死亡，腐烂的有机体与一些岩石沉积物，共同组成了土壤发展的第一阶段。此时，蕨类等小型植物、真菌和昆虫等生物开始出现。这些生物死亡，产生的土壤更多。通过动物、水或风带来的种子，开始在新形成的土壤中生长。最后，当土壤足够肥沃时，就可以生长灌木和乔木。

一个成熟的群落可能从裸露的岩石发展而来，如**图3-3**所示。在一个稳定成熟的群落中，物种的组成几乎不会再改变，该群落即为**顶极群落（climax community）**。目前，科学家意识到群落不断受到气候变化等外界的干扰。因此，不太可能出现真正意义上的顶极群落。

次生演替 群落可能受到一些外界干扰，比如火灾、洪水或暴风雨。在外界干扰过后，新的植物或动物可能占据栖息地。随着时间的推移，会逐渐重新形成成熟群落。**次生演替（secondary succession）**是原有生物群落被移除后，土壤仍保持完整状况时，发生的有序、可预见的变化。最初在这片受干扰地区生长的主要是植物，它们是开启次生演替的先锋物种。

数据分析实验

基于真实的数据*

解释数据

草原土壤中的无脊椎动物如何影响群落的次生演替？ 研究人员做了一个实验：在人工控制的草原群落中，添加土壤无脊椎动物；分别在4个月、6个月和12个月测定不同植物的生长情况；生长情况以幼苗的生物量——草原杂草质量的总和表示。

数据和观察

下面的直方图展示了一段时间中植物生物量的变化。

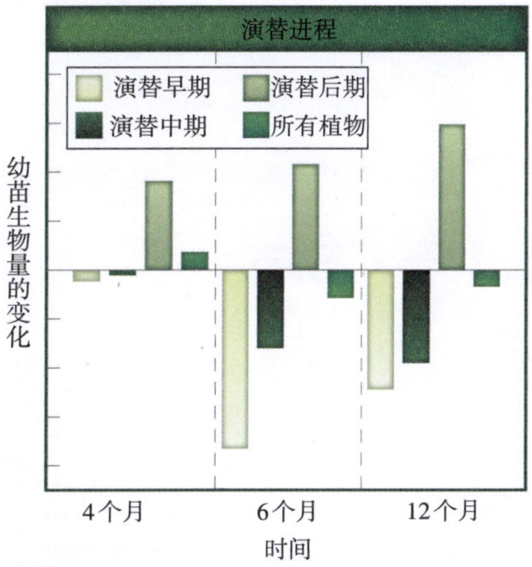

批判性思维

1. **推断** 幼苗生物量的变化呈负值，反映了什么情况？
2. **总结** 土壤中的无脊椎动物对哪个阶段的群落演替积极影响最大？对哪个阶段的群落演替消极影响最大？

* 数据来源：De Deyn，G. B. et al. 2003. Soil invertebrate fauna enhances grassland succession and diversity. *Nature* 422：711–713.

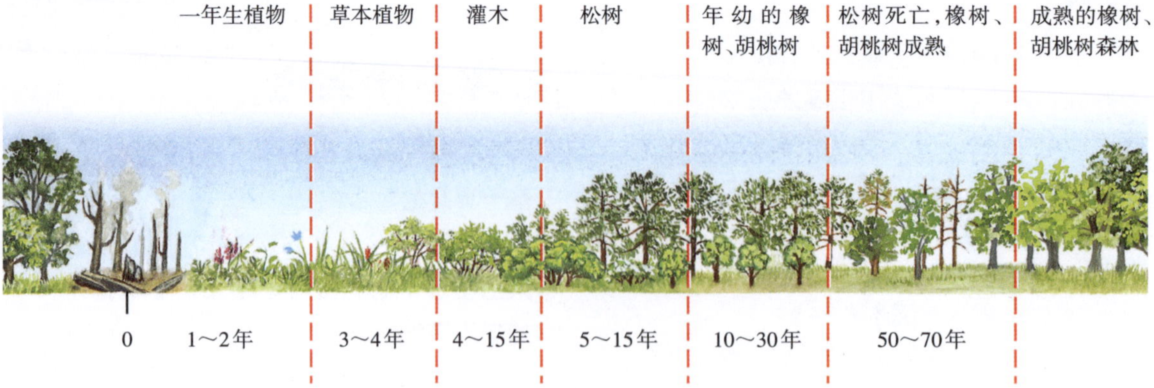

■ **图3-4** 一场火灾后，森林可能遭受严重破坏。但是，森林将通过一系列的变化重新发展为成熟群落。

与初生演替一样，在次生演替过程中，栖息在该区域的生物群落会逐渐变化。**图3-4**展示了一场森林火灾后群落中物种组成的变化。次生演替的时间通常比初生演替短，因为原有的土壤条件基本还存在，并且一些物种尽管数量可能减少但仍然存在。同样，邻近的没有被干扰的区域可以为次生演替提供种子及动物资源。

演替的终点 群落演替是受到诸多因素影响的一个复杂过程。对于受到干扰的群落，科学家也无法准确预测演替的终点。自然界的群落总是在以不同的速度改变着，而演替过程又非常缓慢而漫长。同时，人类的活动也会影响现存的物种。正因为这些因素的影响，预测地球上很多区域的演替是否已经到达了顶极群落，是相当困难的。

第1节 测评

要点梳理

- 在一个群落中，种群的增长受到非生物因素和生物因素的双重限制。
- 对于环境中的每一个限制因素，生物都有一定的耐受度。
- 在没有土壤的裸岩或裸露砂土上进行的演替称为初生演替。
- 群落持续进行演替，直到物种组成几乎不再发生变化。
- 成熟群落受到干扰后，将发生次生演替。

要点理解

1. 主要概念 **识别**温度如何成为北极熊的限制因素。
2. **预测**不适宜的非生物因素和生物因素如何影响某个物种的生存。
3. **描述**环境耐受度如何影响某个物种的分布范围。
4. 一片废弃多年、长满了灌木的农田处于群落演替的哪个类型？

批判性思维

5. **解释图3-2**并预测硬头鳟在22℃的小溪中大体的生长趋势。

生物中的数学

6. 利用如下数据作图，确定鲶鱼的水温耐受度。每个括号里的第一个数字表示摄氏温度，第二个数字是小溪中鲶鱼的数量：(0，0)；(5，0)；(10，2)；(15，15)；(20，13)；(25，3)；(30，0)；(35，0)。

第2节

陆地生物群系

本节预览

核心问题

- 纬度与三种主要气候区域有着怎样的联系?
- 影响陆地生物群系分布的主要非生物因素是什么?
- 如何依据气候和生物因素区分陆地生物群系?

术语回顾

生物群系:具有相同气候条件、群落类型相似的生态系统的集合。

关键术语

天气
纬度
气候
苔原
北方森林
温带森林
林地
草原
沙漠
热带草原
热带季雨林
热带雨林

主要概念 **陆地生态系统主要依据其内部所含的植物群落分为不同的生物群系。**

联系实际 如果你生活在美国东部,居住的地方可能围绕着落叶阔叶林。如果你生活在美国中部,附近可能有一片大草原。特定的生态系统具有特定的植物群落。

纬度和气候的影响

不管你居住在哪里,都会受到天气和气候的影响。**天气(weather)**是一个特定时间和地点的大气条件。你所在地区天气变化的原因是什么?这些天气类型给生活在地球不同区域的生物分别带来了哪些影响?开启群落之门的一把金钥匙在于意识到纬度和气候条件的重要性。

链接地球科学 **纬度** 北半球或南半球任一点与地球球心的连线和地球赤道面所成的线面角就是**纬度(latitude)**。纬度的范围从0°到极点的90°。如**图3-5**所示,与极点相比,直射赤道的阳光更强烈。因此,地球不同区域的表面温度存在差异。生态学家将这些区域分为寒带、温带和热带。

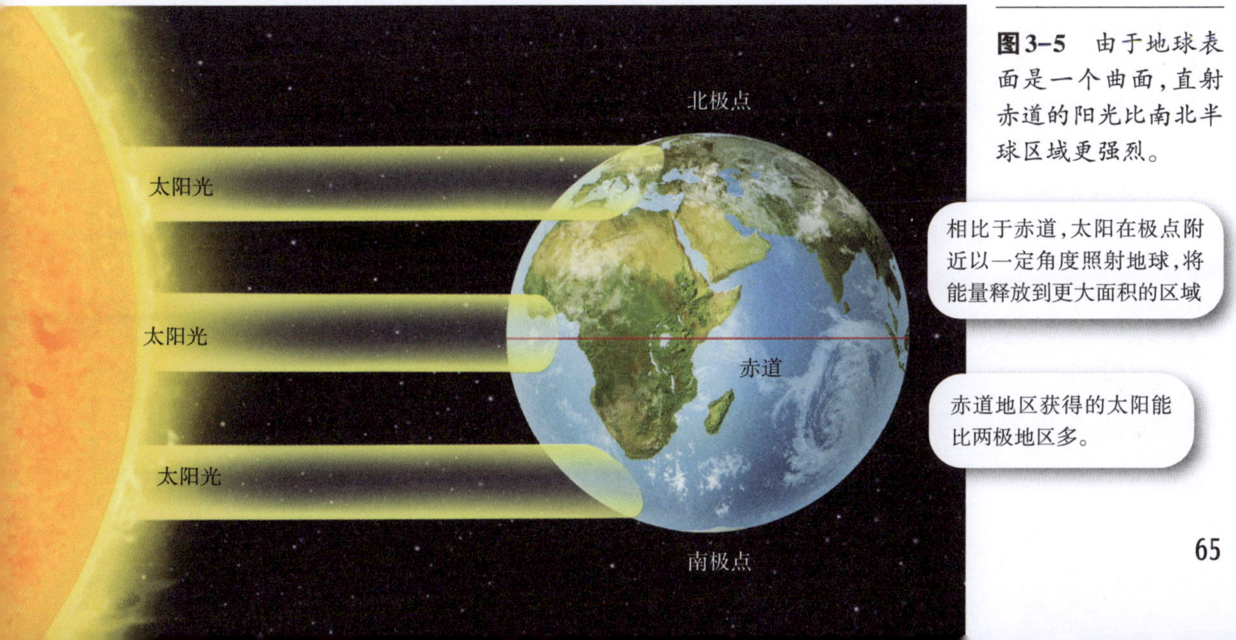

图3-5 由于地球表面是一个曲面,直射赤道的阳光比南北半球区域更强烈。

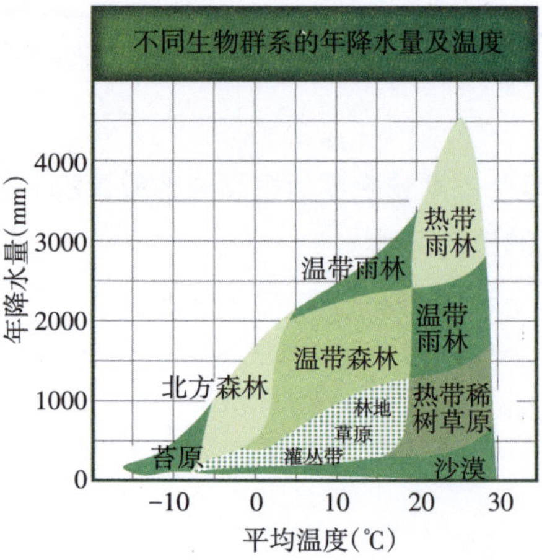

■ **图3-6** 温度和降水量是影响一个地区植被类型的两个主要因素。

分析 *一个地区的年降水量是2000 mm、年平均温度为10℃,你认为该地区属于哪一个生物群系?*

气候 某一地区天气的长期平均状况,包括平均气温和平均降水量,称为该地区的**气候(climate)**。一个地区的纬度对气候有非常大的影响。如果纬度是影响气候的唯一因素,生物群系将会环绕地球平行分布。然而,其他因素诸如海拔、陆地板块和洋流等也会影响气候。**图3-6**展示了温度和降水量如何影响某个区域的生物群落。在**迷你实验1**中,你可以研究温度与纬度之间的关系。

生物群系是具有相同气候条件、群落类型相似的生态系统的集合。这一点不难理解,相似的动植物群落是适应某一特定的气候类型而产生的。同一生物群系中的生态系统可以跨越很大区域,但具有相似的植物群落。即使温度或降水量的差异微小,也可能影响生物群系的组成。参考**图3-7**,了解地球洋流及季风对气候的影响。**图3-7**同时表现了人类影响气候的两种可能方式——臭氧层空洞及全球变暖。全球变暖的部分原因是温室效应。

主要的陆地生物群落

生物群系主要通过植物的特征进行分类,同时兼顾温度及降水量特征。动物种类也是生物群系的一项重要特征。本节将描述几种主要的陆地生物群系。

迷你实验 1

建立一个气候模型

温度与纬度有怎样的联系? 在赤道,气候非常暖和。但是,当纬度改变并向赤道以南或以北逐渐增大时,温度将发生改变。这形成了环绕地球的不同的纬度气候带。

步骤

1. 阅读并完成实验室安全表。
2. 放置一盏灯,使光直接照向地球仪的赤道。
3. 预测当你远离赤道,向北或南移动温度计时,温度会怎样变化。
4. 准备一份数据表格,记录你的观察结果。
5. 按照教师的指导,利用温度计获取不同纬度的温度读数。**警告:灯泡会非常烫!**
6. 在数据表格中记录温度计读数。

分析

1. **创建模型** 运用收集到的数据作图,建立气候带模型。
2. **原因及结果分析** 为什么从赤道向北或向南移动时,温度计的读数会改变?

图解全球气候影响

图3–7

地球的某些部分从太阳获取的热量更多。地球上的风及洋流在调节气候及地球上的热平衡方面起着重要作用。许多科学家认为，人类对大气圈的影响扰乱了这种平衡。

地球上的风

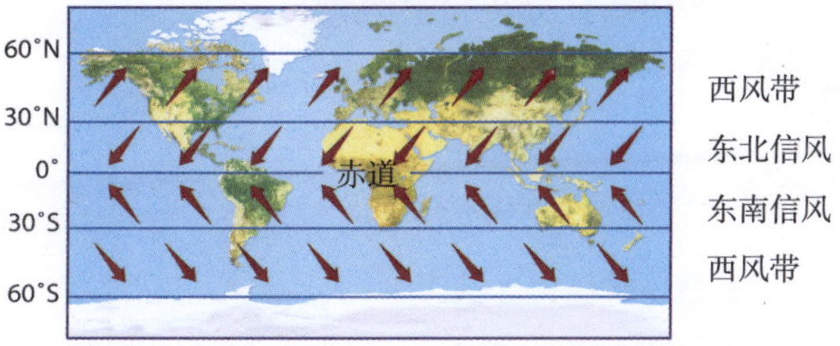

风是由于温度不均衡产生的。独特的全球风系统将冷空气运送到较温暖的区域，也将温暖的空气吹向较冷的区域。

地球洋流

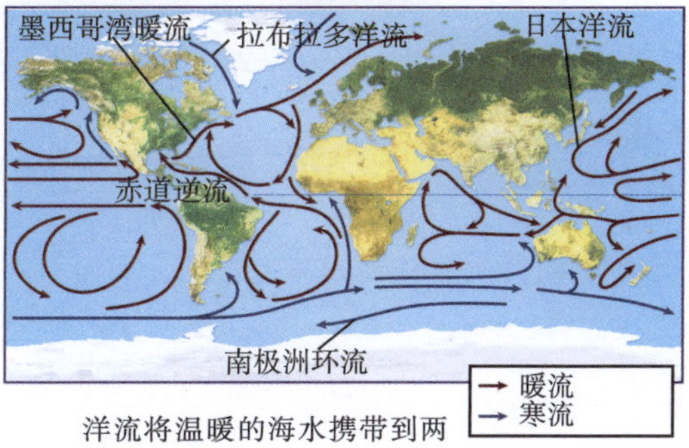

洋流将温暖的海水携带到两极。水冷却下来，慢慢下沉到海底并移向热带区域。

温室效应

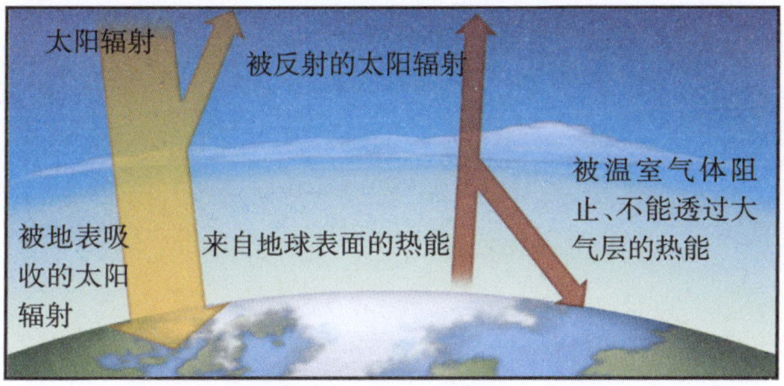

温室效应使地表温度升高。大气层中的某些气体，如自然产生的水蒸气，减少了由地球辐射至太空的总能量。其他主要的温室气体还包括二氧化碳和甲烷。

人类对大气圈的影响

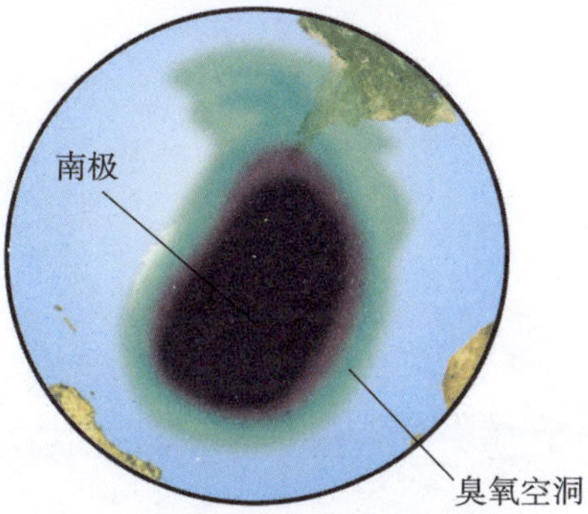

臭氧层是大气中的保护层，能够吸收绝大部分来自太阳的有害紫外线。关于大气的研究表明：氟氯烷导致了南极上空臭氧浓度的季节性减少，形成了南极臭氧层空洞。

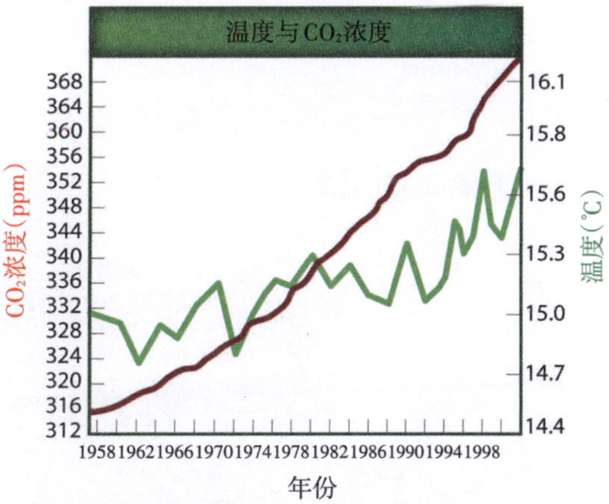

大气中的二氧化碳（CO_2）浓度逐年增大，这主要是由于化石燃料的燃烧而引起的。随着空气中二氧化碳浓度的增大，全球的平均温度也不断升高。

■ **图3-8** 苔原
平均降水量：每年150～250 mm
温度范围：－70～12℃
植物种类：较矮小的草、灌木
动物种类：驯鹿、北极熊、鸟类、昆虫、狼、北极兔、麝牛
地理位置：北极的冰盖以南
非生物因素：夏季潮湿，永久性冻土，一年的绝大部分时间寒冷而黑暗

苔原 在极地冰盖以下，成片的苔原穿越欧洲北部、北美洲及亚洲西伯利亚。**苔原（tundra）**生物群系中植物稀少，在其表面以下有一层永久的冰冻土壤称为永久冻土。虽然夏天地面会解冻几厘米深，但持续的冰冻循环和解冻使树根不能生长。**图3–8**为一些适应苔原环境的动物及浅根系植物。

北方森林 苔原往南是一大片密集的常绿森林，延伸穿越了北美洲、欧洲和亚洲，称为北方森林。如**图3–9**所示为**北方森林（boreal forest）**，也称为北方针叶林或泰加林。相比于苔原，北方森林的夏季更长，气温稍高，其地面也比苔原温暖得多。因此，北方森林没有永久冻土层。

■ **图3–9** 北方森林
平均降水量：每年300～840 mm
温度范围：－54～21℃
植物种类：云杉和冷杉、落叶乔木、小型灌木
动物种类：鸟类、驼鹿、河狸、鹿、狼獾、猞猁
地理位置：北美洲的北部、欧洲和亚洲
非生物因素：夏季短而潮湿；冬季较长，寒冷且干燥

■ **图3–10** 温带森林
平均降水量：每年750～1500 mm
温度范围：−30～30℃
植物种类：橡树、山毛榉木、枫树、灌木
动物种类：松鼠、兔子、臭鼬、鸟、鹿、狐狸、黑熊、蛙、蛇
地理位置：北美洲东部的北方森林以南、亚洲东部、澳大利亚及欧洲
非生物因素：四季分明；夏季热，冬季冷

温带森林　温带森林覆盖了加拿大东南部的大部分区域、美国东部、欧洲大部、亚洲及澳大利亚的部分区域。如**图3–10**所示，**温带森林（temperate forest）**大部分由落叶阔叶树组成，这些树在秋季落叶。红色、黄色或金色的树叶飘落下来，将营养返还到土壤中。温带森林有明显的春、夏、秋、冬四个季节。在春天，温暖的天气及降水将开启植物的又一轮生长周期。

温带林地和灌丛　开阔的**林地（woodland）**混杂着灌木的群落，出现在年降水量比温带森林少的地区。林地生物群系分布在地中海周边地区、北美洲和南美洲的西部海岸、非洲南部及澳大利亚。灌木占优势的生物群系称为灌丛。**图3–11**展示了林地和灌丛群落。

■ **图3–11** 温带林地和灌丛
平均降水量：每年380～1000 mm
温度范围：10～40℃
植物种类：常绿灌木、橡树
动物种类：狐狸、长耳野兔、鸟、山猫、郊狼、蜥蜴、蛇、蝴蝶
地理位置：地中海周边地区、北美和南美洲的西部海岸、非洲南部及澳大利亚
非生物因素：夏季非常炎热干燥，冬季寒冷潮湿

■ **图3-12** 温带草原
平均降水量：每年500～890 mm
温度范围：−40～38℃
植物种类：草、草本植物、花
动物种类：羚羊、野牛、马、狮子、鹿、鼠、郊狼、狐狸、狼、鸟、蛇、蝗虫、蜘蛛
地理位置：北美洲、南美洲、亚洲、非洲和澳大利亚
非生物因素：夏季炎热，冬季寒冷，降水量中等，可能发生火灾

温带草原 如**图3-12**所示的生物群系是**草原(grassland)**，它有肥沃的土壤，生长着茂盛的青草。由于气候干旱、食草动物及发生火灾等原因，草原不能发展为森林。火灾能毁坏大部分的灌木和树，但因为有地下茎和芽，火灾并不能完全清除掉多年生的草本植物。温带草原分布于北美洲的中纬度地区、南美洲、亚洲、非洲和澳大利亚。亚洲有大草原(steppes)，北美洲有北美大草原(prairies)，南美洲有潘帕斯大草原(pampas)和亚诺斯大草原(llanos)，非洲有热带稀树草原(savannas)，澳大利亚的草原则称为牧场(rangeland)。

沙漠 除欧洲外，所有大陆都存在沙漠。水分的年蒸发量高于年降水量的地区统称为**沙漠(desert)**。你可能想象，沙漠是一个充满沙丘的荒凉之地，但许多沙漠并不符合这一描述。如**图3-13**所示，沙漠也可能是动植物多样性非常丰富的地方。

■ **图3-13** 沙漠
平均降水量：每年20～260 mm
温度范围：高达20～49℃，低至−18～10℃
植物种类：仙人掌、约书亚树、多肉植物
动物种类：蜥蜴、野猫、鸟、乌龟、鼠、羚羊、沙漠蟾蜍
地理位置：除欧洲外的所有大陆
非生物因素：温差大，降水量少

■ **图3-14** 热带草原
平均降水量：每年500～1300 mm
温度范围：20～30℃
植物种类：草和散生树木
动物种类：狮子、鬣狗、猎豹、大象、长颈鹿、斑马、鸟、昆虫
地理位置：非洲、南美洲和澳大利亚
非生物因素：夏季炎热多雨，冬季寒冷干燥

热带草原 **热带草原(tropical savavna)**的特征是生长着草及散生树木，在气候方面比其他一些热带地区的降水量少。热带草原生物群系分布在非洲、南美洲及澳大利亚。**图 3-14** 所示为热带草原常见的植物和动物。

热带季雨林 **图 3-15** 所示为热带季雨林。**热带季雨林(tropical seasonal forests)**也称为热带旱生林，分布在非洲、亚洲、澳大利亚、南美洲和中美洲。在某种程度上，热带季雨林与温带落叶林相似，因为在旱季所有的树都会以落叶的方式来保存体内的水分。

阅读检测 **对比与比对**热带沙漠与热带季雨林。

■ **图3-15** 热带季雨林
平均降水量：每年大于2000 mm
温度范围：20～25℃
植物种类：落叶及常绿树、兰科植物、苔藓
动物种类：大象、老虎、猴子、树袋熊、兔子、蛙、蜘蛛
地理位置：非洲、亚洲、澳大利亚、南美洲和中美洲
非生物因素：季节性的降水

■ **图3-16** 热带雨林
平均降水量： 每年2000～10000 mm
温度范围： 24～27℃
植物种类： 阔叶的常绿植物、竹子、蕨类植物、兰科植物
动物种类： 黑猩猩、孟加拉虎、大象、红毛猩猩、蝙蝠、犀鸟、树懒、眼镜蛇
地理位置： 南美洲和中美洲、亚洲南部、非洲中部偏西、澳大利亚东北部
非生物因素： 全年湿润、炎热而潮湿

热带雨林 如**图3-16**所示，**热带雨林（tropical rain forest）**生物群系的特征是气候温暖，年降水量大。热带雨林分布于南美洲和中美洲、亚洲南部、非洲中部偏西、澳大利亚东北部。热带雨林是物种最丰富的陆地生物群系。高大的阔叶树枝繁叶茂，上面长满了苔藓、蕨类植物和兰科植物，这些阔叶树构成了热带雨林的树冠层。较矮的树和灌木等植物，如蕨类和匍匐植物，形成了热带雨林的另一层——林中落叶层。

其他陆地区域

你可能注意到，陆地生物群系的名录中没有包括一些重要的区域。确实如此，生态学家从这份名录中删掉了许多重要的山脉名称。山脉遍布整个世界，却并不符合生物群系的定义，因为它们的气候条件及动植物分布随高度不同而有差异。极地区域也不是真正的生物群系，因为极地都是冰川而不是具有土壤的真正陆地区域。

高山 如果攀登一座山，你可能会注意到，随着山高度的增加，温度和降水等非生物因素也会发生变化。这些变化使得一座山上可能存在多种群落。如**图3-17**所示，生物群落会随着山高度的增加而变化，在较高山峰的顶端可能存在与苔原类似的群落。

学习小贴士

总结 复习本节所描写的陆地生物群系。选择1～2个生物群系，用两句话概括该生物群系的内容。

■ **图3-17** 当攀登一座山峰或纬度不断增大时，温度会降低，同时气候也会发生改变。**描述** *山峰高度与纬度的关系。*

■ **图3–18** 在极地地区生活着数量惊人的生物，包括这些南极的企鹅。

极地 极地在高纬度地区与苔原相接，这些地区全年都很寒冷。曾经记录的最低温度是在南极洲——位于南极的大陆，−89℃。在北极地区，是冰雪覆盖的北冰洋和格陵兰岛。极地被厚厚的冰覆盖着，看上去似乎不可能存在生命。但是，正如**图3–18**所示，南极聚居着大量的企鹅。除此之外，鲸和海豹常常在海滩"巡逻"，捕猎企鹅、鱼或虾。北极地区甚至生活着更多的物种，包括北极熊和北极狐。据历史记载，人类也曾在北极居住。虽然在冬天北极的平均温度为−30℃，但在夏天北极一些地区足够暖和，能满足植物生长的需要。

与生物学相关的职业

气候学家 与研究当下天气情况的气象学家不同，气候学家研究长期的气候类型，并确定气候变化如何影响生态系统。

第2节 测评

要点梳理

- 纬度影响太阳照射地球的角度，从而影响陆地生物群系。
- 纬度、海拔、洋流和其他非生物因素共同决定了气候类型。
- 两个主要的非生物因素决定了陆地生物群系。
- 地球上有9个主要的陆地生物群系，但有两个陆地区域（高山和极地）不符合这种分类体系。

要点理解

1. 主要概念 **描述**9个主要的陆地生物群系。
2. **描述**决定陆地生物群系的两个非生物因素。
3. **总结**当你从赤道往南极走时，三个主要区域之间的气候变化。
4. **指出**温带草原与热带草原之间的差异。
5. **比较与比对**热带季雨林与温带森林的气候和生物因素。

批判性思维

6. **提出假设** 为什么热带雨林的生物多样性最丰富？

科技 写作

7. 热带雨林以每年17万平方千米的速度减少，这几乎占地球森林面积的2%。根据这一信息撰写一本宣传册，描述地球上存在多少热带雨林以及它们可能在什么时候彻底消失。

第3节

本节预览

核心问题

- 决定水生生态系统的主要非生物因素是什么？
- 什么是过渡型的水域生态系统？它们为什么这么重要？
- 海洋生态系统有哪些区带？

术语回顾

盐度：对水体中含盐量的一种测量。

关键术语

沉积物
潮汐带
湖沼带
浮游生物
深水区
湿地
河口
潮间带
透光带
无光带
底栖生物带
深海底带

水生生态系统

主要概念 **水生生态系统根据非生物因素进行分类，比如水流、深度、离海滩的距离、盐度和纬度。**

联系实际 想一想你居住地附近的水域：它有哪些特征？它有多深？它是淡水还是海水？多个世纪以来，水成为世界文化的中心。

地球上的水

当提及地球上的水，你可能会回忆起在海边的一次旅行，或者某节学习海洋的地理课。你可能听说过其他大型水域，如亚马孙河及美国大盐湖。地球的颜色主要是蓝色的，是因为这个星球的大部分区域被水覆盖。生态学家因为水所承载的生物群落而认识到水的重要性。在本节课，你将了解到关于淡水生态系统、过渡型水生生态系统及海洋生态系统的内容，以及影响这些生态系统的非生物因素。

淡水生态系统

主要的淡水生态系统包括池塘、湖泊、小溪、河流及湿地。这些生态系统中的动植物适应盐度低的淡水环境，而不能在盐度高的地方生存。如**图3-19**左边的饼图所示，地球上大约只有2.5%的水是淡水。**图3-19**右边的饼图表示这2.5%的淡水中，68.9%存在于冰川中，30.8%是地下水，只有0.3%存在于湖泊、池塘、河流、小溪和湿地。有趣的是，几乎所有的淡水生物都生活在这0.3%的淡水中。

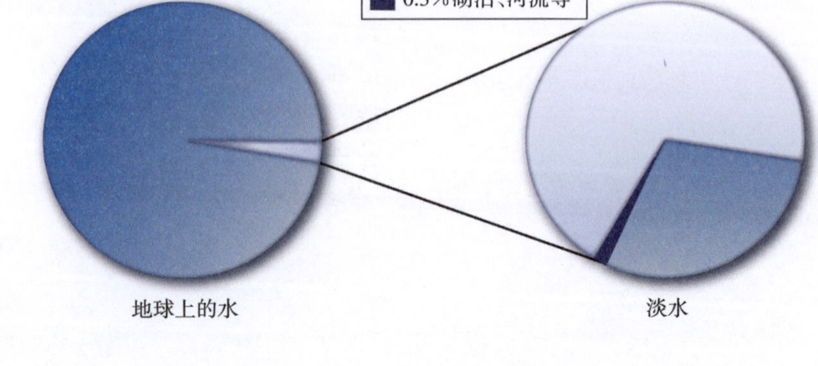

■ **图3-19** 地球水体的绝大部分是咸水。大部分淡水被固定在冰川中。

■ **图3–20** 高山溪流的水清澈而冰冷，富含氧气，养育了许多种昆虫的幼体及冷水鱼。河流变得越来越宽阔，水越来越深、流速越来越缓慢。在入海口，许多河流会分成多条水道，形成湿地或河口湾。

河流和小溪 如**图3–20**所示，河流和小溪中的水朝着一个方向流动，它们从“源头”出发，流向入海口，从入海口流向更广阔的水域。河流和小溪中的水也可能来源于地下水或冰雪消融产生的水。地形的坡向和坡度将决定水流的方向和速度。地形陡峭时，水流迅速，许多沉积物随水流流动。**沉积物(sediment)**是被水、风或冰川掩埋封存的物质。地形平坦时，水流速度下降，这些沉淀物又沉积下来形成泥沙。

从源头流向入海口的过程中，河流和小溪的特点会发生变化。水与风之间的相互作用，激起水面浪花，使大量的氧气溶解到水里。水与岩石的相互作用使岩石侵蚀，水里的营养物质增多；水与岩石的相互作用也会改变河流或小溪的流向。

流速较大的河流和小溪中，水流和湍流避免了有机物和沉积物的积累。正是由于这个原因，通常在与**图3–21**类似的快速流动的水体中，生活的生物较少。

在河流及小溪中生活的生物，其中一个重要特征是能禁受住持续的水流冲击。当水被岩石或砂坝阻挡变慢时，植物常常能在河床扎根生长。幼鱼隐藏在这些植物中，并以浮游生物和水生昆虫为食。

在流速缓慢的水中，昆虫的幼虫是美洲鳗鲡、褐色大头鲶及鳟鱼等许多鱼类的主要食物。螃蟹和寄生虫等，有时也在平静的水中生活。在流速缓慢的水中生活的动物还包括蝾螈、蝌蚪和青蛙等。

阅读检测 **描述**决定河流和小溪的主要非生物因素。

■ **图3–21** 河流和小溪快速流动，湍流的搅动使许多植物不能扎根。

图 3-22 湖泊和池塘的温度随季节而变化。在春天和秋天，深水处能从水面获得氧气，水面能从深水处获得无机营养物质。

比较 *生活在热带浅湖与中纬度浅湖中的生物类型。*

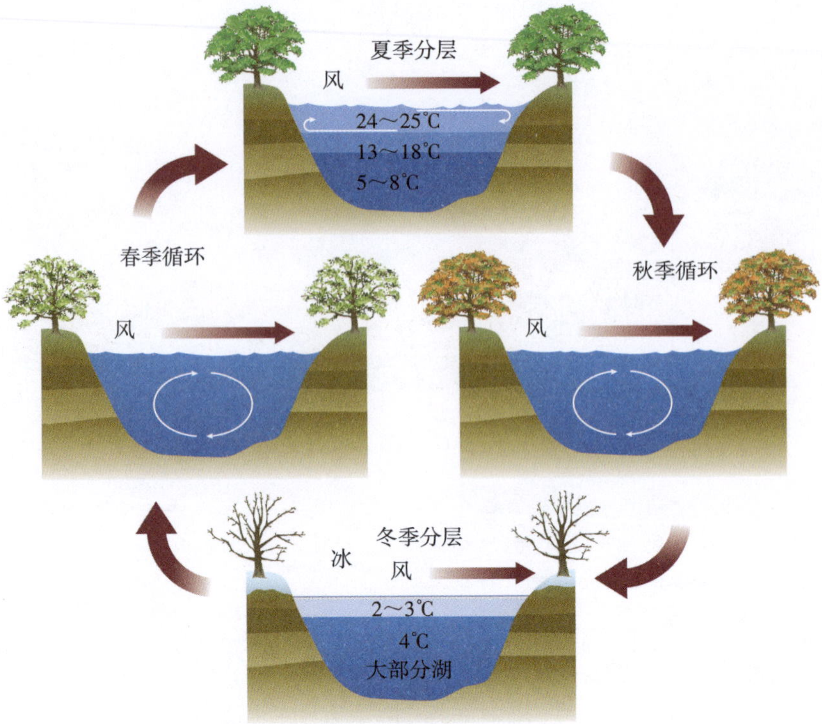

湖泊和池塘 内陆的静止水体称为湖泊或池塘，其中有的只有几平方米，有的大到成百上千平方米。一些池塘可能只在每年的几个星期或几个月充满水。**图 3-22** 展示了在温带地区，池塘或湖泊的温度随季节的变化情况。

在冬季，湖泊和池塘中的大部分水温度相同。而在夏季，水的上部比下部更温暖，密度更小。在春季和秋季，随着水温变暖或变凉，上下部的水温高低将发生转变。通常由于风的作用，水的上下层相互混合，水温变得一致。这种混合使氧气得以循环，底部的营养物质也被带到了表面。

位于高山上的湖泊常缺少营养，我们称之为贫营养湖。由于缺少有机物和营养物质，高山上的动植物数量较少。位于低海拔位置的湖泊常富含营养，我们称之为富营养湖。与高山上的情形正好相反，这里的有机物和营养物质非常充足，动植物种类也因此变得非常丰富。除了自然因素外，人类的农业活动和城市活动使一部分湖泊出现了富营养化。

根据进入水体的阳光的总量，湖泊和池塘分为三个区域带。靠近岸边的区域称为**潮汐带(littoral zone)**。这一区域的水较浅，阳光可以照到水体的底部。水生植物和藻类等许多生产者生活在这些浅水中。丰富的阳光和生产者使潮汐带成为光合作用很强的区域。许多消费者也生活在这一区域，如我们熟悉的青蛙、乌龟、寄生虫、甲壳类动物、昆虫幼虫、鱼等。

湖沼带(limnetic zone)是光照充足、浮游生物占主导地位的开放水域。**浮游生物(plankton)**是生活在淡水或海洋生态系统中自由漂浮的光合自养生物。许多淡水鱼类生活在湖沼带,因为在湖沼带容易捕食到浮游生物等作为食物。

能够穿过湖沼带、进入湖泊深处的光非常少,这一区域称为**深水区(profundal zone)**。因此,深水区比其他两个区域温度和含氧量都更低。在这种严酷的环境下,只生活着数量非常少的生物。**图3–23**表示了池塘和湖泊的区域带和生物多样性。

■ **图3–23** 湖泊中,大部分生物生活在潮汐带和湖沼带。许多底栖生物依赖于从水体上层散落下来的营养物质和饵料。

迷你实验 2

组织一场科学辩论

环境应该受到干扰吗? 人类面临的最大挑战之一是平衡不断增长的全球人口需求与野生生物及全球环境质量需求。想象这样一种场景:政府人员正在考虑一个提案,修建一条横穿当地的池塘和湿地的公路。这条公路将提供通往商业区的捷径,并对镇经济有极大的促进作用。但修建公路也意味着必须抽干池塘及周围的湿地并进行填埋。许多人支持修建公路的提案,然而也有一些人反对。最终将怎样折中呢?

步骤

1. 准备一张表格,记录正方和反方的观点。
2. 确定正、反方观点:填埋池塘、修建公路;保留池塘不建公路,或者是在别处建公路。

分析

1. **制订**一个计划,支持其中一种行动方案。为了实现目标,你会采取哪些行动?准备与班里其他同学分享你的计划并进行解释。
2. **批判性思维** 为什么人们常常很难做出涉及环境的决定?

■ **图3-24** 沼泽是湿地的一种类型，明显的特征是潮湿、有腐烂的植物碎屑，并且苔藓占优势地位。

过渡性水生生态系统

许多地方的水生生态系统看起来并不像小溪、池塘或海洋。事实上，许多水生生态系统是两种或多种不同环境的结合。生态学家称这些区域为过渡性水生生态系统，它们是陆地与水域，海水与淡水相交界的地方。湿地和河口是两种典型的过渡性水生生态系统。

湿地 像草本类沼泽、林木类沼泽及泥炭类沼泽这种被水浸透并长有水生植物的地方，叫作**湿地（wetland）**。生长在这种潮湿环境下的生物种类有：浮萍、睡莲、香蒲、莎草、丝柏和柳树。人们熟悉的沼泽是潮湿、多水的植物腐烂区域，生活着多种生物，如**图3-24**所示的赛达伯格沼泽。不难想象湿地具有丰富的生物多样性，许多两栖动物、爬行动物、鸟类（如鸭子和鹭）和哺乳动物（如浣熊和水貂），都生活在湿地中。

河口 如**图3-25**所示，另一个重要的过渡性水生生态系统是河口。河口是生物多样性最丰富的生态系统之一，能与之相比的只有热带雨林和珊瑚礁。**河口（estuary）**是河流或小溪中的淡水与海洋中的海水汇合而形成的生态系统。河口是转换站，从淡水变成海水，从陆地变成海洋，这里生活着极其多样的生物。藻类、海草和沼泽草是主要的生产者。各种各样的寄生虫、牡蛎和螃蟹等动物，依赖于富含有机物的碎屑为食。

在热带河口还能见到红树林以及由这些树木参与组成林木类沼泽，如美国佛罗里达州的大沼泽地国家公园。河口是许多海洋鱼类和无脊椎动物幼体的孵育地，比如虾。鸭和鹅等水禽，依靠河口生态系统筑巢、捕食，也将这里作为迁徙的途中休息区。

■ **图3-25** 低潮线以上的耐盐植物在温带地区的河口中占据优势地位。

推断 *热带地区的河口与此有何不同。*

咸水沼泽是与河口类似的过渡性水生生态系统。在咸水沼泽，低潮线以上占据优势地位的是耐盐植物，被水淹没的地方生活着海草。海草养活了种类不同的动物，如虾和贝类。

海洋生态系统

链接地球科学 地球有时候被称为“水球”，因为海洋生态系统对地球有着显著的影响。比如海洋中的藻类，通过光合作用利用大气中的二氧化碳，制造了大气中约50%的氧气。除此之外，海水蒸发贡献了大部分的降水——雨和雪。就像池塘和湖泊一样，海洋也被分为不同的区域地带。

潮间带 **潮间带（intertidal zone）**是海洋与陆地相接的较窄地带。生活在这一带的生物，时而被潮汐海浪淹没，时而暴露在沙滩上，它们早就适应了这种不断变化的环境。如**图3-26**所示，潮间带还可进一步分为不同的垂直带。飞沫带在大部分时间是干的，只有在海浪较大时才会被海水溅到，几乎没有植物和动物能够生活在这种环境中。上潮带只在大浪时被水淹没。它们比飞沫带获得的水分多，因此生活着一些动植物。中潮带每天都受到两次严重的干扰，即被海水完全淹没或完全暴露在空气中。中潮带的生物必须适应这种环境。除偶尔潮汐很低时，下潮带一直被水淹没。潮间带中，最适宜生物生活的区域是下潮带。

阅读检测 **描述**潮间带环境的变化。

■ **图3-26** 潮间带可进一步分为不同的区域，不同区域中生活着不同的生物群落。

对比与比对 *图3-23和图3-26所呈现的区域带。*

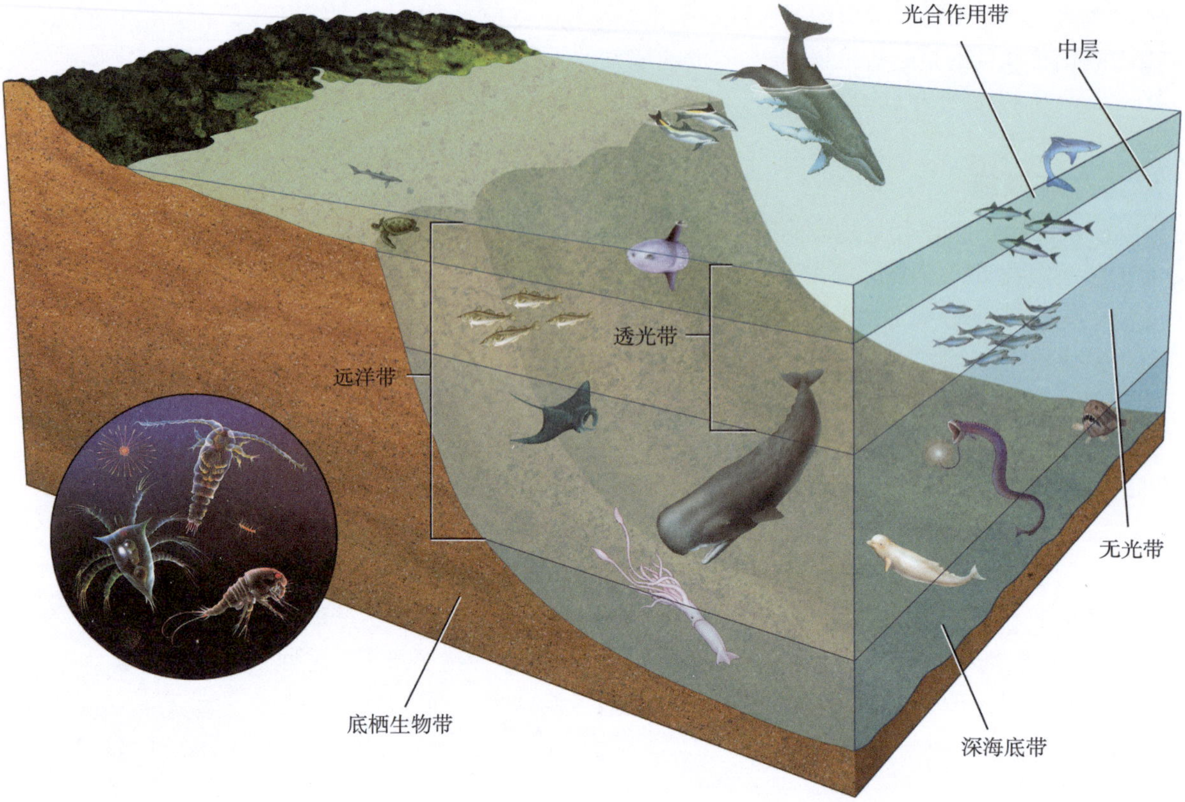

■ **图 3-27** 生产者生活在透光带，消费者生活在远洋带、深海底带和底栖生物带。

开放性海洋生态系统 如**图 3-27** 所示，开放性海洋生态系统包括远洋带、深海底带和底栖生物带。远洋带中，水深200米以内的区域称为**透光带(photic zone)**，也称为光亮带。透光带足够浅，因此阳光能够透过。但随着深度的增加，光亮不断减少。生活在透光带的自养生物包括海洋表层的海藻和浮游生物，动物有种类繁多的鱼、海龟、水母、鲸和海豚等。透光带生活的大部分动物以浮游生物为食，而其他生物以较大型的生物为食。如**图 3-27** 所示，透光带又分为光合作用带和中层。

透光带下面的区域，阳光不能穿过，是**无光带(aphotic zone)**。远洋带的这一区域保持着持续的黑暗和寒冷，但这里有海洋暖流和寒流混合的导热层。显而易见的是，那些依靠光才能生存的生物不能在无光带的导热层中生存。

底栖生物带(benthic zone)是海洋底部，含有沙子、淤泥及死亡生物的区域。在较浅的底栖生物带，阳光可以穿过到达海洋底部。在底栖生物带，生活着多种鱼类，如章鱼和鱿鱼等。随着深度增加，底栖生物带的阳光逐渐减少，温度也逐渐降低，生物多样性随之减少。但深海热泉区域是个例外，那里生活着虾、蟹以及多种管状蠕虫。

海洋最深的区域称为**深海底带(abyssal zone)**。这一区域的海水非常冷，大部分生物依靠上层区域散落下来的食物生活。但在海底中，沿着板块交界处，深海热泉喷射出大量的热液、硫化氢及其他物质。科学家已经在这些地方发现了能够利用硫化物制造能量的细菌群落。这些生物处于食物链的最底层，而蛤、螃蟹等无脊椎动物以及鱼类等脊椎动物则处于食物链的上层。

近岸海域和珊瑚礁 世界上最大的珊瑚礁之一位于佛罗里达州的东南沿岸。珊瑚礁属于物种多样性非常丰富的生态系统，广泛分布在温暖的浅海中。珊瑚礁是沿海陆地的天然屏障，保护海岸线不被侵蚀。生活在珊瑚礁上的生物主要是珊瑚虫。一提到珊瑚虫，你可能会想到坚硬的骨骼结构，但这只是珊瑚虫这类小生物分泌的外骨骼。珊瑚虫是一种身体柔软的无脊椎动物。

大多数珊瑚虫与虫黄藻有共生关系。虫黄藻为珊瑚虫提供食物，反过来，珊瑚虫为虫黄藻提供保护及获得阳光的空间。珊瑚虫也会利用触手捕食水里的浮游生物。生活在珊瑚礁上的其他生物包括微生物、蛞蝓、章鱼、海胆、海星和鱼类。**图3-28**仅仅展示了佛罗里达珊瑚礁中生物多样性的一个小角。

正如所有的生态系统一样，珊瑚礁对于环境的变化也很敏感。一些自然事件引起的变化可能会破坏珊瑚礁，如海啸使海中沉积物增加。人类的活动，如围海造田及开采碳酸钙，也会破坏或摧毁珊瑚礁。今天，生态学家会监管珊瑚礁及其环境，以保护这些脆弱的生态系统。

■ **图3-28** 佛罗里达州海岸的珊瑚礁，是世界上最大、生物多样性最丰富的珊瑚礁之一。

第3节 测评

要点梳理

- 淡水生态系统包括池塘、湖泊、小溪、河流和湿地。
- 湿地和河口属于过渡性水生生态系统。
- 根据非生物因素不同，海洋生态系统分为不同的区带。
- 河口和珊瑚礁是生物多样性非常丰富的生态系统。

要点理解

1. 主要概念 **列举**水生生态系统的非生物因素。
2. **应用**池塘的相关知识。在季节性有水的池塘中生活的生物，能够在全年都有水的池塘中生活吗？请进行解释。
3. **描述**河口的某项生态功能。
4. **描述**开放性海洋生态系统的区带。

批判性思维

5. **推断**深海底带与透光带的自养生物有怎样的差异。

生物中的 **数学**

6. 2004年11月，葛兰峡谷大坝的泄洪闸开放，以提高科罗拉多河的水位。泄洪量超过1161立方米/秒，这是每天正常流量的4倍。根据这一信息，平常每天通过大坝的正常水流量大约是多少？

野外调查

地球上的最后一个野生环境

职业：野生动物保护学家

想象一下，你正在茂密的森林中徒步，没有公路或人行道，身边只有那永无穷尽的灌木丛和长长的藤蔓。听上去像个噩梦吗？对于野生动物保护学家迈克·费伊(Michael Fay)博士来说，这样的地方简直就是天堂。

“大断面”计划 费伊是一位野生动物保护学家，他研究人类活动如何影响生态系统。在中非工作时，费伊注意到一大片没有被人类活动干扰的完整森林廊道，从非洲的中部一直延伸到大西洋。费伊设想沿这条廊道的长边行走，研究所谓的“地球上的最后一片野生环境”。他将这一历史性的工程称为“大断面”计划。

穿越非洲心脏 “大断面”计划从1999年开始。在15个月的旅途中，费伊的团队徒步行走了3200千米，穿过了刚果共和国、喀麦隆共和国和加蓬共和国。正是由于费伊的工作，13个国家公园在刚果共和国成立。

“大断面”计划的工作数据 “大断面”计划以数据测量的方式来确定人类的影响。应用卫星和现场数据，动物保护学家设计了一个全球地图——“人类的脚印”，其中描述了人类在中非的影响范围。

“大断面”项目的成功为后续的“大飞越”计划赢得了资助，即在小型飞机上飞越非洲11万千米。2004年，费伊开始了为期8个月的航行。飞机上安装了高分辨率的数字摄像机，这台摄像机与全球定位系统(GPS)相连，希望在“大断面”项目的实施过程中建立数据库。

与生物学相关的职业

口头报告 通过研究了解更多有关费伊的工作。做一份口头报告，描述成功实施“大断面”计划所需的技能和知识。

生物实验室

野外调查：生态瓶

背景：生态学家通常只能研究生物圈的某一部分。虽然只是部分，但也是包含生物（如食物链和食物网）与无机环境（如水循环和矿物质循环）相互作用的一个统一整体。其中最便于生态学家展开研究和调查的对象，是比生物圈小的层次，如群落和生态系统。

问题：通过研究一个微型生态系统，我们能了解什么？

实验器材

玻璃瓶或干净的塑料罐

池塘水

池塘泥

适当的食物及挑选好的生物

其他适用于该实验的材料

安全注意事项

警示：在递取装有池塘水的瓶或罐时，注意安全。

设计与实施实验

1. 阅读并完成实验室安全表。
2. 按要求准备一份观察记录表。
3. 进行头脑风暴，思考并写下制作微型池塘群落的每个步骤。在正式实施前，要获得教师的认可。
4. 选择你所制作的微型群落的某个方面，并设计恰当的实验进行评估。比如，你可以测试阳光对该生态系统的影响。
5. 实施实验。

实验分析和结论

1. **解释**为什么要按步骤逐项实施实验。如果在实验过程中，同时将所有的东西倒入瓶中，可能会有什么后果。
2. **识别**实验中的自变量和因变量。
3. **设计实验**　你设计的实验能够控制单一变量吗？请进行解释。
4. **分析并得出结论**　你所制作的群落与自然界的池塘群落有怎样的差异？
5. **误差分析**　如何判断你的实验设计是有效的？解释可能的误差来源。

科技 写作

交流　写一个小故事，描述生态瓶中某小型动物可能的生活情况。

第3章 复习指南

内容聚焦 **变化** 群落演替的不同阶段会出现不同的物种。

大概念 **限制因素和耐受度是决定陆地生物群落和水生生态系统成型的重要因素。**

第1节 群落生态学

群落
限制因素
耐受度
群落演替
初生演替
顶极群落
次生演替

主要概念 **所有生物都受到环境因素的影响或限制。**

- 在一个群落中，种群的增长受到非生物因素和生物因素的双重限制。
- 对于环境中的每一个限制因素，生物都有一定的耐受度。
- 在没有土壤的裸岩或裸露砂土上进行的演替称为初生演替。
- 群落持续进行演替，直到物种组成几乎不再发生变化。
- 顶极群落受到干扰后，将发生次生演替。

第2节 陆地生物群系

天气
纬度
气候
苔原
北方森林
温带森林
林地
草原
沙漠
热带草原
热带季雨林
热带雨林

主要概念 **陆地生态系统主要依据其内部存在的植物群落分为不同的生物群系。**

- 纬度影响太阳照射地球的角度，从而影响着陆地生物群系。
- 纬度、海拔、洋流和其他非生物因素决定了气候类型。
- 两个主要的非生物因素决定了陆地生物群系。
- 地球上有9个主要的陆地生物群系，但有两个陆地区域（高山和极地）不符合这种分类体系。

第3节 水生生态系统

沉积物
潮汐带
湖沼带
浮游生物
深水区
湿地
河口
潮间带
透光带
无光带
底栖生物带
深海底带

主要概念 **水生生态系统根据非生物因素进行分类，比如水流、深度、离海滩的距离、盐度和纬度。**

- 淡水生态系统包括池塘、湖泊、小溪、河流和湿地。
- 湿地和河口属于过渡性水生生态系统。
- 根据非生物因素不同，海洋生态系统分为不同的区带。
- 河口和珊瑚礁是生物多样性非常丰富的生态系统。

第3章 测评

第1节

术语回顾

从斜体字中选择正确的术语，将每个句子补充完整。

1. 物种几乎没有改变的某个森林区域，称为*顶极群落/初生演替*。
2. 鱼池中氧气的含量是影响鱼类数量的*耐受度/限制因素*。
3. *群落演替/次生演替*描述的是小山坡经历破坏性泥石流后所发生的事件。

要点理解

4. 开放性海域的透光层缺少铁，限制了浮游生物的数量。那么，铁属于海洋浮游生物的(　　)因素。

   A. 干扰　　B. 耐受
   C. 限制　　D. 生物

下图描述了一种生物对某特定因素的耐受度，请利用图回答第5～7题。

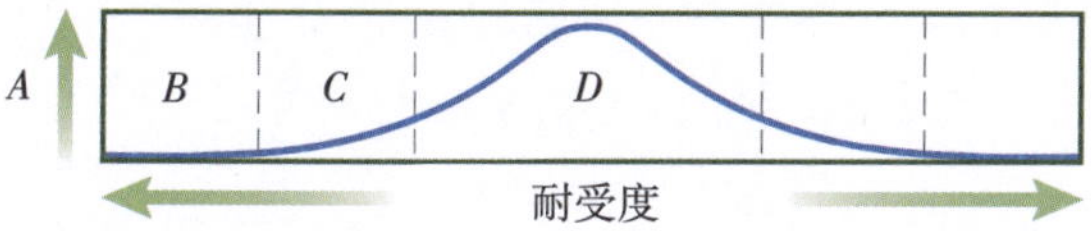

5. 如图所示，表示生物不能耐受该因素的区域是(　　)。

   A. *A*　　B. *B*
   C. *C*　　D. *D*

6. 图中的"*D*"表示(　　)。

   A. 不能耐受的区域
   B. 有生理压力的区域
   C. 最适宜区域
   D. 最高限制

7. 图中有生理压力的区域是(　　)。

   A. *A*　　B. *B*
   C. *C*　　D. *D*

8. 下列最可能生长着先锋物种的是(　　)。

   A. 顶极森林　　B. 珊瑚礁
   C. 被干扰的草原　　D. 新形成的火山

回答问题

9. **与生物学相关的职业** 国家公园和野生动物部门引进了一些有虹鳟鱼生活的水体，包括河流和湖泊。这些虹鳟鱼可以存活但不繁殖后代。从耐受度的角度，讨论可能的原因是什么。

利用下图，回答第10题。

10. **简要回答** 描述次生演替与初生演替的差异。
11. **主要概念** 解释为什么在生态学中限制因素和耐受度两个概念很重要。

批判性思维

12. **内容聚焦 变化** 推断并解释草原上一场大火后，生物多样性会增加还是减少。
13. **概括**群落演替的阶段与顶极群落间的差异。

第2节

术语回顾

参考"复习指南"，选择最符合下列每个定义的名词术语。

14. 大气现象。
15. 某个地区多年的平均天气状况。
16. 水分蒸发量超过降水量为典型特征的生物群系。

第3章 测评

要点理解

17. 下列最能描述一座高山群落分布的是(　　)。

A. 常绿森林一直生长直至林线，但在林线以上没有植被分布

B. 随高度不同出现几种群落的分层，直至最高峰顶的冰川

C. 随着高度升高，高大的树木替代为低矮的树木，最终在山顶替代为草

D. 在最高峰顶存在类似苔原的群落，在低海拔地区存在沙漠

利用下图，回答第18题。

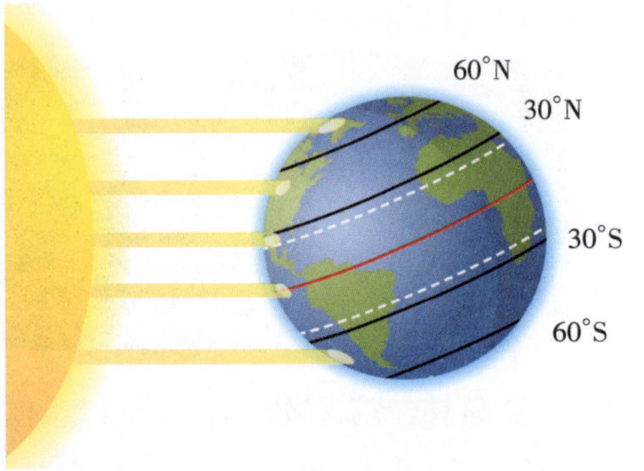

18. 单位面积获得光能总量最少的区域是(　　)。

A. 60°N的北边和60°S的南边

B. 30°N的南边和30°N的北边

C. 北回归线和南回归线之间

D. 温带的南边和北边

19. 具有相似的顶极群落的大面积地理区域，称作(　　)。

A. 集合物　　**B.** 群落

C. 演替　　**D.** 生物群系

20. 在美国有分布并曾养育了大量吃草的牧群的生物群系是(　　)。

A. 北方森林　　**B.** 温带森林

C. 草原　　**D.** 热带草原

21. 生物多样性最丰富的陆地生物群系是(　　)。

A. 苔原　　**B.** 草原

C. 沙漠　　**D.** 热带雨林

回答问题

根据下图回答第22题。

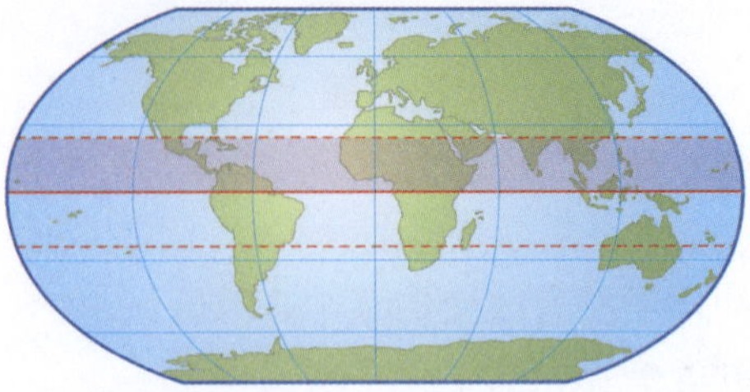

22. 开放式回答　描述一个有可能在上图阴影区域分布的生物群系。

23. 开放式回答　在2004年12月，一座巨大的冰山消融导致大量的小企鹅死于饥饿。该事件源于冰架在温度升高的地方发生解体。这些小企鹅的父母们失去了食物来源。在这个例子中，温度如何成为企鹅生存的限制因素？

批判性思维

24. 主要概念　指出为什么陆地生物群系是通过植物特征，而不是通过动物进行分类的呢？

25. 归类　生物群系所属的类型：该生物群系夏季温暖甚至炎热，冬季凉爽或寒冷，年平均降水量为500～890毫米。

第3节

术语回顾

参考“复习指南”，选择正确的名词术语，替换画线的部分。

26. 淡水和海水相遇的地方，为多种生物提供了栖息地。

27. 海洋中阳光充足的区域是所有能进行光合作用的生物生存的场所。

28. 海洋的海岸线区域生活着分层的群落，这些群落根据被潮汐淹没的时间长短进行分层。

要点理解

29. 地球上绝大部分的水分布在(　　)。

A. 地下水　　B. 河流

C. 海洋　　D. 冰川

根据下图回答第30题。

30. 湖泊的(　　)可能是浮游生物最丰富的区域。

A. 潮汐带　　B. 湖沼带

C. 深水区　　D. 不透光区

31. 下列描述最符合岩石海滩的潮间带的是(　　)。

A. 占主导地位的低能量群落可能是河口

B. 群落适应于潮水袭来引起的沙子移动

C. 群落从高潮线到低潮线分层

D. 群落中的生物常常需要溶解在水中的氧气

回答问题

32. 简要回答 光如何成为海洋中的限制因素?

33. 简要回答 描述河口的特征。

34. 开放式回答 描述一种在深海底带生活的生物具有的适应性特征。

批判性思维

35. 预测干旱对一条河流(如密西西比河)的影响。

36. 主要概念 根据潮汐的影响,比较潮间带和透光区。

总结性测评

37. 大概念 解释限制因素和环境耐受度对某个生物群落或生态系统的重要性。

38. 科技写作 选择一个非本地的生物群落,写一篇论文,解释在该生物群系中,生活着哪些你可能喜欢或不喜欢的生物。

DBQ 资料分析题

"单位面积的叶质量(简称LMA)测量的是叶片展开时,被光照射的单位叶面积的干重质量。LMA较高的植物叶片往往意味着厚度更厚或组织的密度更高,或同时具备这两个特征。"

"至少一个世纪前植物生态学家就强调:植物的叶片特征与气候有广泛的联系。尤其生活在干旱和半干旱地区的植物叶片,大多为皮革质,LMA较高。LMA较高的叶片,每单位叶面积需要耗费更多的能量。但在不同物种之间,构建每单位叶面积所需的能量几乎没有差异:蛋白质含量高的叶片(尤其是低LMA的叶片),脂质和木质素等其他复杂化合物含量就低,而无机盐等简单化合物的含量则高。至少对于常绿植物来讲,高LMA的叶片具有叶片厚、细胞小且细胞壁厚等特征,这是叶片对极端干旱条件下行使功能或延缓叶片死亡的一种适应。"

数据来源:Wright, I. J. et al. The worldwide leaf economics spectrum. *Nature* 428:821-828.

39. 从上述资料中,你认为生活在热带雨林的树叶,含有大量的脂质吗?从能量投入的角度解释你的答案。

40. 请解释LMA较高的叶片是如何适应干旱条件的。

标准化测试

选择题

1. 如果科学以“发现”为特征,那么技术以(　　)为特征。
   A. 应用
   B. 信息
   C. 制造
   D. 论证

利用如下图示,回答第2~3题。

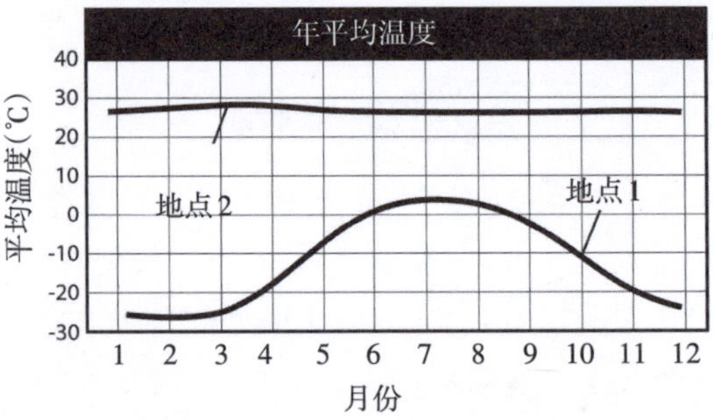

2. 根据上图,可用来描述地点2的术语是(　　)。
   A. 海洋
   B. 极地
   C. 温带
   D. 热带

3. 设想地点2全年几乎无降水,那么该地区属于(　　)。
   A. 沙漠
   B. 苔原
   C. 温带森林
   D. 热带雨林

4. 下列过程属于生物圈中物质的长期循环的是(　　)。
   A. 分解者对有机物的分解
   B. 岩石中矿物质的形成和侵蚀
   C. 生物体食物中的化合物形成
   D. 陆地上的淡水通过地表径流流入其他水体中

利用如下图示,回答第5题。

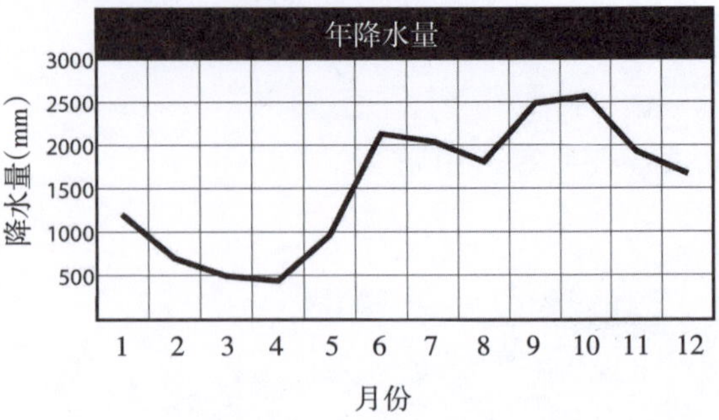

5. 如图所示的数据信息可能采集于(　　)。
   A. 沙漠
   B. 苔原
   C. 温带森林
   D. 热带雨林

6. (　　)是多个国际单位的基础。
   A. 二进制
   B. 英语
   C. 十进制
   D. 数字

7. 下列生物中,属于分解者的是(　　)。
   A. 通过无机物制造食物的一种细菌
   B. 吸入水并过滤食物的一只蛤蜊
   C. 从朽木上获取营养的一种真菌
   D. 通过光能制造食物的一种植物

8. 下列描述为科学观点与日常看法的区别的是(　　)。
   A. 日常看法通常是理性的、有逻辑的
   B. 日常看法依赖于研究和证据
   C. 科学观点通常是可测量和可重复的
   D. 科学观点依赖于奇闻轶事和传言

简答题

9. 苔原与北方森林有哪些相似性和差异性？利用维恩图，组织这两个生物群系相似性与差异性的相关内容。

10. 在初生演替中，先锋物种的作用是什么？

11. 举两个例子，说明人体是怎样体现出生命特征的？

12. 设想某种昆虫只生活在某种特定的树上。昆虫吸食树的汁液为食，并产生一种化学物质保护这种树不受真菌的侵蚀。那么，昆虫与树之间是什么关系？

13. 为什么在海洋的透光区和无光区会发现不同的动物？

14. 设想一位花匠了解到花园中的土壤含氮量低，描述两种方式，用于增加花园中植物可利用的氮的数量。

15. 解释通过初生演替建立顶极群落与通过次生演替建立顶极群落有怎样的差异。

16. 为什么适应能力是生物体的一项重要特征？

开放题

利用如下图示，回答第17题。

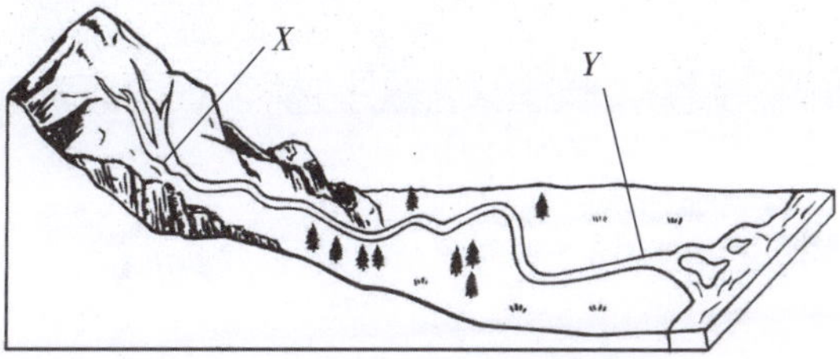

17. 根据上图所示的信息，你能推断点 X 和点 Y 的淡水生态系统之间有哪些主要的差异。

18. 设想一种外来生物被引入某个生态系统中。你认为该生物可能与生态系统中的其他生物形成哪种相互关系？

论述题

设想一个茂盛、无人居住的温带森林。在经历几个炎热、干旱的月份后，森林大火开始在森林地区蔓延，但肯定不会到达人类居住的地区。一些人试图让政府介入控制大火，但一些人则认为：应该让大火继续燃烧，以便开启这片森林的自然演替进程。

利用上文中的信息，以论文形式回答以下问题。

19. 你支持哪一方的观点，要求基于学习内容提供有关生态系统演替的证据。

考点提示																			
测试题号	1	2	3	4	5	6	7	8	9	10	11	12	13	14	15	16	17	18	19
对应章节	3.2	3.2	3.2	2.3	3.3	1.2	2.2	1.3	3.2	3.1	1.1	2.1	3.3	2.3	3.1	1.1	3.3	3.3	3.1, 3.2

第4章

种群生态学

起步实验

生态学家研究生物种群，也研究种群之间及种群与环境中非生物因素之间的相互关系。但确切地讲，什么是种群？如右图所示的一头鹿是不是一个种群呢？

步骤

1. 阅读并完成实验室安全表。
2. 在分配的小组内，猜测如下术语的含义：种群、种群密度、出生率、死亡率、迁出、迁入、生态承载力。

分析

1. **推测**是否可能存在只有一个个体的种群。并做出解释。
2. **分析**你对以上术语做出的定义，确定这些术语间是否存在关系，并做出解释。

折叠式 学习卡

制作一个如图所示的折叠式学习卡，用它做“种群”的相关笔记。

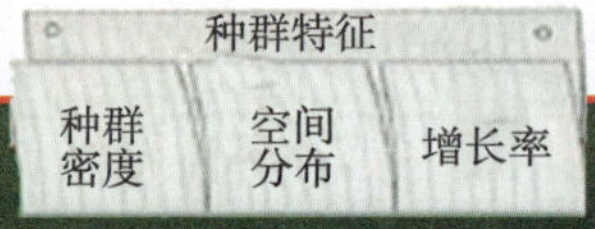

内容聚焦　稳态

种群的稳态受到许多因素影响。

大概念　种群增长是种群在环境中维持稳态的关键因素。

第1节

本节预览

核心问题

- 种群有哪些特征？种群是怎样分布的？
- 非密度制约因素与密度制约因素有什么差异？
- 种群数量增长的不同模型之间有哪些相似性？
- 环境容纳量如何影响种群的繁殖速度？

知识回顾

种群：在同一时间，生活在同一区域的同种生物的总和。

关键术语

种群密度
空间分布型
非密度制约因素
密度制约因素
种群自然增长率
迁入率
迁出率
环境容纳量

种群动力学

主要概念 **种群可以用种群密度、空间分布型和种群增长率来描述。**

联系实际 你曾经观察过蜂巢或蚁穴吗？生态学家研究的课题之一就是从这些纷繁复杂的特征中找寻所有种群共同的特征。

种群的特征

同种生物组成的一个群体称为种群。所有种群都具有一定的特征，如种群密度、空间分布型和增长率。这些特征可以用于区分包括细菌、动物和植物在内的所有生物种群。

种群密度 种群的特征之一是**种群密度(population density)**，种群密度是指单位面积内某种生物的个体数量。例如，**图4-1**中的牛背鹭，其种群密度在离水牛较近的地方比离水牛较远的地方大。在水牛附近，每平方米大约有3只牛背鹭。但离水牛约50米的远处，牛背鹭的种群密度几乎为0。

空间分布型 种群的另一个特征是**空间分布型(dispersion)**——种群中的个体在某区域内的空间配置格局。**图4-2**展示了三种主要的分布类型——均匀分布、集群分布和随机分布。黑熊是典型的均匀分布；美洲野牛为集群分布，也称为兽群；白尾鹿为随机分布，空间配置格局不可预测。在影响生物空间分布的诸多因素中，其中一个非常关键的因素就是食物等资源的分布情况。

■ **图4-1** 在距离水牛越近的地方，牛背鹭的种群密度就越大。

说出 *这些鸟的空间分布型。*

图解种群的特征

图4-2

种群密度描述了在某个特定区域中某种生物个体的数量。空间分布型描述了种群中的个体在该区域是如何分布的。种群范围描述了某个种群的分布区域。

黑熊

空间分布型：雄性的美国黑熊通常在几百平方千米大的区域里均匀分布。雌性美国黑熊与雄性美国黑熊分享着相同的区域，只是活动的范围略小一些。

密度：每几百平方千米一头

美洲野牛

空间分布型：美洲野牛是集群分布的，称为兽群。

密度：2000年，在黄石公园的北部为4头/平方千米。

白尾鹿

空间分布型：白尾鹿在适宜的栖息地里随机分布。

密度：在美国东北部的一些地区为10只/平方千米。

术语

分布

某个物体坐落的位置或某个物种生活及繁殖的地方。

白尾鹿的分布很广，覆盖了美国的绝大部分区域。

种群范围 没有任何一个种群能覆盖生物圈的所有栖息地。一些物种的种群范围非常有限，如**图4–3**所示的夏威夷旋蜜雀只在夏威夷的一些岛屿上分布。还有一些物种的分布范围比较广，如**图4–3**所示的游隼，在除南极外的所有大陆都能发现其踪影。**图4–2**记录了动物的分布情况。

你已经了解到，生物只有适应所在环境的生物因素和非生物因素，才能存活下来。如果某一区域不具备该物种生存所需的非生物环境，那么它可能就无法扩展自己的种群范围。气温变化的幅度、湿度水平、年降水量或光照都有可能使某个新的地理区域不适宜该物种生存。另外，捕食者、竞争者及寄生生物等生物因素的威胁，也可能使物种在新区域内到处碰壁。

阅读检测 **描述**导致某个物种可能无法扩展其种群范围的两个因素。

种群的限制性因素

限制性因素是阻止种群数量无限增长的生物或非生物因素。某个限制性因素的减少，如食物来源，常常会改变某个地区中能存活的生物个体的数量。换句话说，如果食物供应量增大，就有可能导致种群数量增多；反之，如果食物供应减少，那么种群数量也可能随之减少。

非密度制约因素 限制性因素可以分为两类：非密度制约因素和密度制约因素。环境中凡是与单位面积的种群数量无关的因素，都称为**非密度制约因素（density-independent factor）**。这些因素通常是非生物因素，其中包括了天气等自然现象，如干旱、洪水、极端炎热、寒冷、龙卷风和飓风等。

夏威夷旋蜜雀

游隼

■ **图4–3** 夏威夷旋蜜雀只生活在夏威夷的一些岛屿上，而游隼在全世界范围内均有分布。

树冠火带来的损毁

有控制的地表火损毁

图4-4展示了火对某个物种的影响实例，大火烧毁了这片美国黄松森林。有时，火会蔓延至树顶，称为树冠火。树冠火产生的酷热会毁坏许多成熟的美国黄松，而黄松是美国西部森林中的优势树种。在这个例子中，火烧死了大量树木，从而限制了美国黄松的种群数量。但是，火势较小、发生更频繁的地表火对美国黄松种群有相反的影响。地表火使一些消耗营养物质但生长较矮的植物减少，从而形成了更健康的成熟的美国黄松森林。

人类无意的景观改变，也可能影响种群。例如，在过去的100年间，人类在科罗拉多河修建大坝、引水、防水工程等活动，极大地减少了河流的水流量并改变了河流的水温。另外，外来鱼类的引入改变了河流的生物因素。这些改变使一种小型鱼类弓背鲑的数量急剧减少。20世纪60年代，弓背鲑的数量下降到非常低的水平，面临从整个科罗拉多河彻底消失的威胁。

空气、土壤及水源污染，是人类活动的结果，它们同样限制着种群数量的增长。污染使一些资源变得有毒，从而使可利用的资源大量减少。

密度制约因素 环境中凡是与单位面积种群数量有关的因素，都称为**密度制约因素（density-dependent factor）**。密度制约因素通常是生物因素，如捕食、疾病、寄生及竞争等。密歇根州北部的苏必利尔湖有一座皇家岛，科研人员曾对岛上的狼和鼠的种群进行过一项有关密度制约因素的研究。

■ **图4-4** 树冠火是限制种群增长的非密度制约因素。但是，火势较小的地表火可以促进黄松森林群落中黄松的生长。

解释 *为什么这两种有关火的情况影响黄松种群的结果不同。*

与生物学相关的职业

生态学家 生态学家研究种群的特征，如种群增长、种群大小、种群分布以及种群的遗传。他们利用研究结果来预测种群的未来发展态势，并提出减少负面影响的措施。

■ **图4-5** 对皇家岛上狼与鼠两个种群的长期研究，反映出了随着时间延长，捕食者与被捕食者之间的数量关系。

推断 *1995年，哪些因素可能导致鼠的数量大幅度增加？*

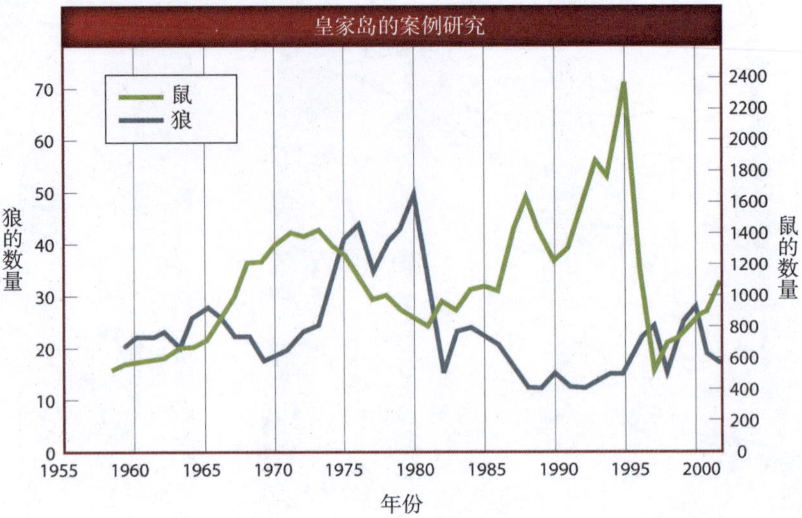

折叠式学习卡

将本节内容合并整理到你的折叠式学习卡中。

在1947～1948年冬天，皇家岛上还没有狼。1948年冬天，两只狼穿过了苏必利尔湖的冰面到达皇家岛上。在接下来的10年里，狼的种群数量大约增长到了20只。**图4-5**展示了种群生态学专家进行长期研究后的部分结果。请注意，你将从中观察到一个种群数量的增加或减少对另一个种群的影响。例如，沿着图中狼的数量变化曲线看，当狼群的数量下降时，鼠的数量就会上升。

疾病 另一项密度制约因素是疾病。在种群数量增加且种群密度较高时，往往容易暴发疾病。当种群密度较高时，生物个体之间的接触更加频繁，疾病容易从一个个体传到另一个个体。因此，疾病易在种群中迅速扩散。疾病对人类的影响，具有与原生生物、植物及其他动物种群相类似的特点。

竞争 当种群密度增大时，生物之间的竞争也会加剧。当种群达到一定数量，食物或空间等资源变得有限时，种群中的生物个体必须竞争这些有限的资源。竞争可能发生在同一物种内，也可能发生在利用相同资源的两种不同生物之间。竞争有限的资源，可能会引发饥饿或使部分生物离开该地区去寻找其他的资源，从而使种群数量逐渐下降。当种群数量下降到一定水平后，竞争将变得不那么激烈。

图4-6所示的旅鼠是为资源而不断竞争的一个种群实例。旅鼠是生活在苔原生物群系中的一种小型哺乳动物。当食物充足时，它们的种群数量呈指数增长。但当食物匮乏时，大量的旅鼠会饿死，种群数量随之明显下降。

寄生 当种群密度增大时，寄生生物以类似于疾病的方式，限制种群数量增长。寄生生物是一种密度制约因素，它常常在种群密度较高时影响种群的增长。

■ **图4-6** 旅鼠是一种哺乳动物，在食物充足时可以大量繁殖后代。但当食物减少时，旅鼠会挨饿甚至大量死亡。

种群增长率 种群的重要特征是种群增长率。**种群自然增长率(population granth rate)**表示某个种群的增长速度。种群生态学专家必须知道或者至少估算出种群的其中一个特征——出生率。种群的出生率是指在特定的时期内,生物个体出生的数量。生态学家同样需要知道种群的死亡率——在特定的时期内种群死亡的个体数量。

生物个体的迁出或迁入也很重要。**迁出率(emigration)**是生态学家描述生物个体从某个种群中离开的专业术语。**迁入率(immigration)**是生态学家描述生物个体进入某个种群的专业术语。在大多数情况下,迁出率与迁入率基本持平。因此,出生率和死亡率通常是决定种群增长率的重要因素。

有一些种群,年复一年都趋向于保持几乎相同大小的规模。另一些种群根据栖息地的条件变化,种群大小会发生相应的变化。为更好地理解为什么种群会以不同的方式增长,你应该理解种群增长的两种模型——指数增长模型和逻辑斯谛增长模型。

指数增长模型 如**图4–7**所示,如果没有环境的限制,鼠的种群数量将会怎样增长呢?假设两只成年的雌鼠和雄鼠生产一窝幼鼠。同样假设两只幼鼠在一个月后能够繁殖下一代。如果所有的子代个体都能成活到具有繁殖能力,种群的初始增长是缓慢的。这一缓慢增长阶段称为延迟期。随着能够繁殖后代的个体总数增加,种群数量开始快速增长。仅仅2年后,鼠的种群数量就可能超过300万只。

链接数学 观察**图4–7**,一旦鼠开始快速繁殖,图形变为"J"形。"J"形增长曲线表示指数增长。指数增长也称为几何级数增长,其种群的增长速度与种群的大小成正比。在一些限制性因素减缓种群增长前,所有种群都呈指数增长。值得注意的是,种群对资源的利用即使在延迟期也呈指数增长。正因为如此,资源会很快变得匮乏,使种群的增长开始减缓。

逻辑斯谛增长模型 许多种群的增长类似于**图4–8**所示的模型,而不是**图4–7**所示的模型。注意:两个图形在某些时间段看起来非常相似。但是,**图4–8**所示的曲线为"S"形。"S"形曲线是典型的逻辑斯谛增长曲线。在指数增长后,种群增长减缓或停止在环境容纳量,称为逻辑斯谛增长。当种群的出生率低于死亡率,或迁出率高于迁入率时,种群便停止增长。

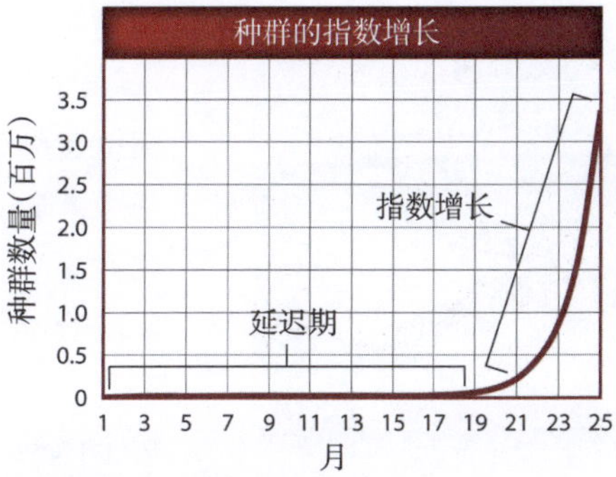

图4–7 如果两只成年鼠能够顺利繁殖,那么种群数量的趋势为:开始增长缓慢,随后快速增长。

图4–8 当种群停止增长时,曲线呈现"S"形,它呈现的是种群的逻辑斯谛增长。种群大小在环境容纳量附近保持稳定。

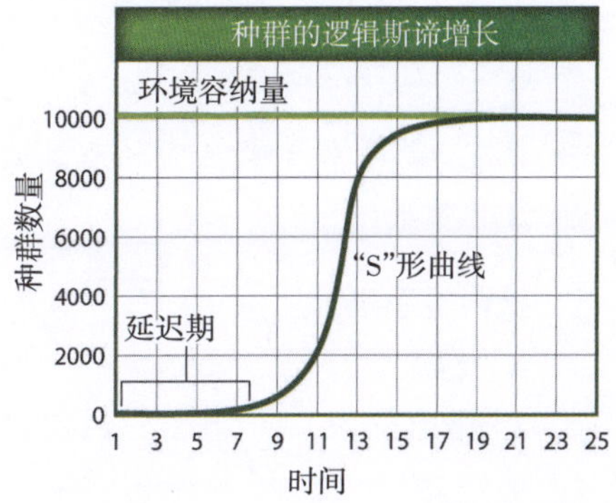

■ **图4-9** 蝗虫是选择r-策略的实例，在短暂的生命周期中产生大量的后代。

推断 *在蝗虫的生活环境中，有哪些特定的因素可能波动变化？*

环境容纳量 在**图4-8**中，注意逻辑斯谛增长曲线最终在环境容纳量的水平线位置保持稳定。环境所能长期维持的种群个体的最多数量，称为**环境容纳量（carrying capacity）**。环境容纳量受到能量、水分、氧气及可利用营养物质的限制。当种群在资源充足的环境中生活时，出生率高于死亡率。此时种群将快速到达甚至超过环境容纳量。当种群数量接近环境容纳量时，资源就变得有限。如果种群数量超过环境容纳量，死亡率就会高于出生率，因为资源不足以支持所有生物个体的存活。随着生物个体的死亡，种群数量逐渐减少到环境容纳量之下。环境容纳量这一概念，可以用于解释大多数种群趋于稳定的原因。

繁殖模式 如**图4-8**所示，种群的数量在达到环境容纳量前处于增长状态。但是，现实生活中的种群必须考虑其他一些因素。不同物种在生命周期的每一个繁殖周期——从繁殖阶段开始，产生的后代数量是有差异的。根据繁殖模式的不同，动植物可分为不同类别。

一种繁殖模式称为速度策略或r-策略。r-策略使生物体适应某种波动的生物因素或非生物因素，这些波动的因素可能是食物或温度变化。如**图4-9**所示，采取r-策略的生物通常是一些小型生物，如果蝇、鼠或蝗虫，这些生物往往生命周期短暂但能繁殖出大量后代。

数据分析实验

基于真实的数据*

识别原因和结果

寄生生物影响寄主的种群大小吗？ 1994年，科学家第一次关注到一种由支原体引起的严重眼部疾病。科学家在美洲家朱雀身上观察到这种疾病。志愿者们分别收集了3年中被支原体感染的美洲家朱雀的数量以及美洲家朱雀总数。此图表示了至少占种群数量20%的美洲家朱雀被感染的地区中，美洲家朱雀的相对丰度的变化情况。

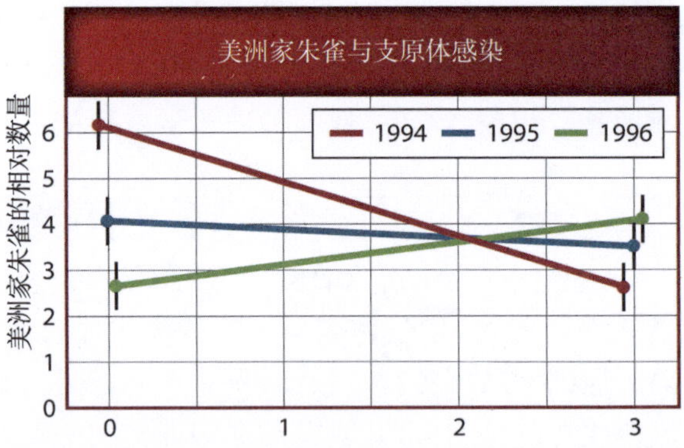

批判性思维

1. **比较**三个地区的数据。
2. **提出假设** 为什么美洲家朱雀的数量在1995和1996年基本稳定？
3. **推断** 支原体对限制美洲家朱雀的种群数量是否有效？请解释。

*数据来源：Gregory, R., et al. 2000. Parasites take control. *Nature* 406:33–34.

■ **图4-10** 大象采取k-策略，一生只繁殖很少后代，但给予后代许多照顾。

r-策略是在短时期内产生尽可能多的后代，以在某些环境因素中占据优势。它们通常不花费或花费很少的能量照顾幼体。r-策略的种群通常受到非密度制约因素的控制，其种群数量通常不能维持在环境容纳量附近。

自然界的一些环境波动性较大、无法预测，而另一些环境的变化却完全可以预测。**图4-10**中的大象种群数量维持在环境容纳量，年复一年几乎不变。环境容纳量策略或称为k-策略，是某些生物体对这些环境的适应。采取k-策略的生物一般体形较大、生命周期长、孕育的后代少，并且种群数量平衡在环境容纳量。k-策略的形式是只产生少量的后代，亲代提供充足的能量、资源和时间来照顾子代，后代因此有了更好的机会存活至生殖年龄。采取k-策略的生物种群通常受密度制约因素的控制。

术语

波动

使某一测量值发生动荡变化，或以不可预测的方式从一个状态跳跃到另一个状态上。

第1节 测评

要点梳理

- 植物、动物和细菌等生物种群都有共同的特征。
- 种群的分布有三种基本形式：随机分布、均匀分布和集群分布。
- 种群的限制因素分为非密度制约因素和密度制约因素。
- 种群在其生活环境中倾向于在环境容纳量附近保持稳定。

要点理解

1. 主要概念 **对比与比对**种群的空间分布型、种群密度和种群增长率。
2. **总结**环境容纳量和限制因素的概念。
3. **画草图**表示种群的分布型。
4. **分析**外来物种对本地物种的影响。

批判性思维

5. **设计**一个可行的实验方案，判断果蝇种群属于哪类种群增长模型。

科技 **写作**

6. 写一篇新闻报道，描述干旱等某一类型天气如何影响本地区的某个动物种群。

第2节

本节预览

核心问题

- 人口增长受哪些因素的影响?
- 人口增长的趋势有哪几种?
- 典型的稳定型、缓慢增长型和快速增长型国家的年龄结构是怎样的?
- 人口持续增长可能带来哪些后果?

术语回顾

环境容纳量:环境所能长期维持的种群个体的最多数量。

关键术语

人口统计学
人口过渡
人口零增长
年龄结构

人　口

主要概念　人口增长随时间发生变化。

联系实际　如今,大部分国家的孩子顺利长到成年的概率比以前高很多。

人口增长

研究人口种群大小、人口密度、人口分布、人口流动、人口出生率及死亡率的学科称为**人口统计学(demography)**。**图4-11**所示为人口统计学家估计的过去几千年来地球上的人口数量情况。

如**图4-11**所示,在过去的几千年间,人口数量一直处于相对稳定的状态,这种状况一直持续到最近。从图中还可以看到,在1300年爆发黑死病后人口的恢复情况,据估计,黑死病导致当时欧洲约$\frac{1}{3}$的人口死亡。以目前每年8000万人的速度增长,2050年世界人口将突破90亿。

■ **图4-11**　过去,地球上的人口相对稳定,直到近些年人口才开始以指数速度增长。

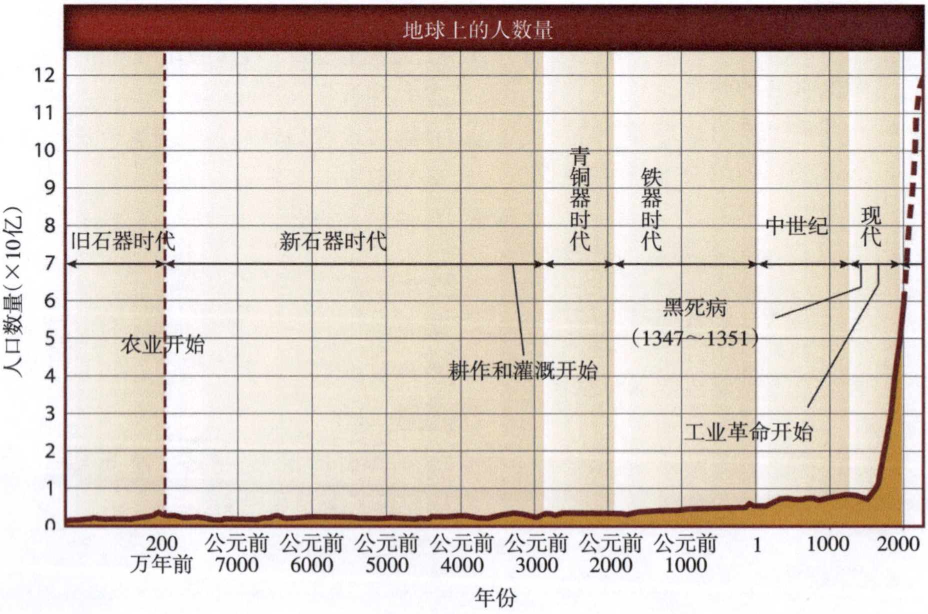

技术进步 在几千年的时间里，环境条件使人口数量保持在环境容纳量之内的相对稳定状态。人类逐渐学会了以某些方式来改变自然环境，这些方式似乎改变了人口的环境容纳量。例如，农业及畜牧业增加了人类的食物供给；技术和医学进步减少了人类死于寄生虫或其他疾病的数量，从而增加了人类生存的机会。此外，人类住所的发展也使人类在气候变化面前不再那么脆弱。

阅读检测 **解释**为什么人类住所的发展提高了人口的存活率。

人口增长速度 虽然人口仍在增长，但其增长速度已经减缓。**图4–12**表示从20世纪40年代后期到2009年人口的增长百分比。这张图也包括了到2050年预计的人口增长百分比。注意，在20世纪60年代人口增长速度锐减，其主要原因是饥饿导致东南亚国家约6000万人死亡。从这张图也可看出，人口增长速度在1963年达到顶峰，增长百分比超过2.2%。到2009年，人口增长的百分比已经下降到1.2%以下。人口模型预测：到2050年，人口增长速度将在0.6%以下。人口增长速度的下降，主要是因为艾滋病等疾病的传播及一些国家开始主动地控制人口数量。

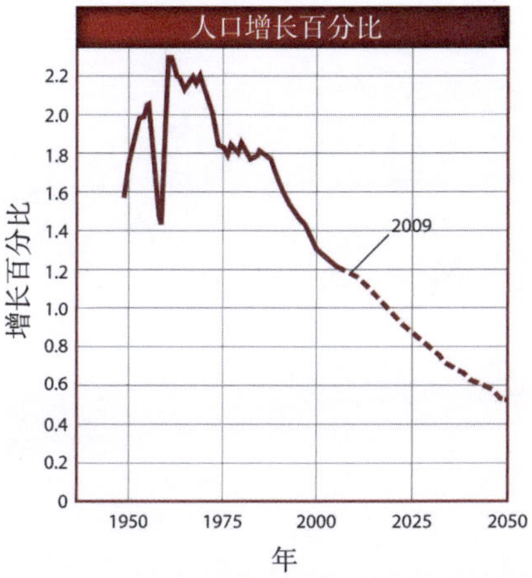

图4–12 这张图展示了从20世纪40年代到2009年，全球人口的增长速度及2050年预计的人口增长速度。

判断 *2025年人口的大致增长百分比。*

迷你实验

评估因素

哪些因素影响人口的增长？技术进步使人口快速增长。但是，人口增长速度在不同国家并不平衡。

步骤

1. 这张图展示了影响人口增长的其中一个因素。利用数据，预测从现在到2050年该因素将如何影响各个国家的人口。
2. 利用头脑风暴法探讨：影响这些国家人口增长的一系列因素、事件或条件，并预测每一个因素对人口增长速度的影响。

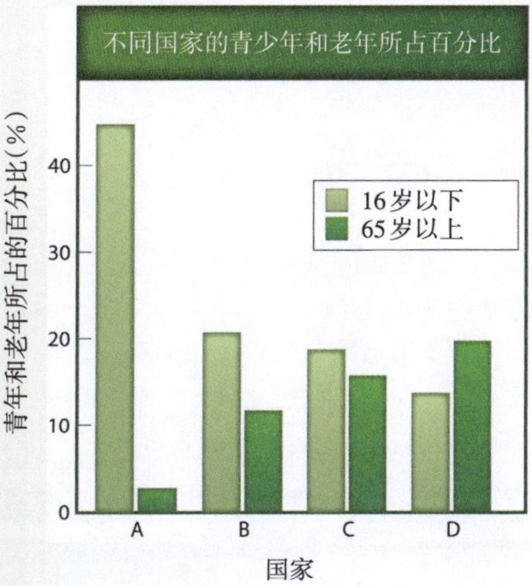

分析

批判性思维 在你看来，哪些因素或哪组因素对人口增长的影响最大？请解释。

人口增长趋势

图4–12中对人口趋势的预测略微有些不可靠，因为疾病、战争等因素将会改变人口趋势。**图4–13**表示了曾经改变人口趋势的一些历史性事件。**图4–12**也容易被误解，因为人口增长在所有国家都不一样。但是，经济基础相似的国家通常具有相似的口增长趋势。

例如，在20世纪，美国等发达国家的人口增长趋势已经改变了。发达国家的工业和技术能力强，人们的生活水平较高。在历史上，美国的出生率和死亡率都很高。一个家庭生育的孩子较多，且人们在40岁之前死亡是很平常的事。同样，许多孩子在成年之前就死亡了。而现在，美国的出生率急剧下降，平均寿命高于70岁。这种从高出生率、高死亡率到低出生率、低死亡率的人口变化，称为**人口过渡（demographic transition）**。

链接数学 怎样比较发达国家和发展中国家的人口自然增长率？举个例子，我们来比较2008年美国和中美洲的一个小国家——洪都拉斯的人口。

在下面的例子中，人口的出生率、死亡率和迁移率按每1000人进行计算，因此必须将最终的答案除以10。

人口自然增长率的计算公式是：

出生率－死亡率＋迁移率＝人口自然增长率

美国的出生率为14.1‰，死亡率为8.3‰，迁移率为2.9‰，则美国的人口自然增长率为0.87％。洪都拉斯的出生率为26.9‰，死亡率为5.4‰，迁移率为－1.3‰，则洪都拉斯的人口自然增长率为2.02％。

起步实验

回顾 根据你所学的关于人口的知识，现在你会怎样回答本章开头“起步实验”中的问题？

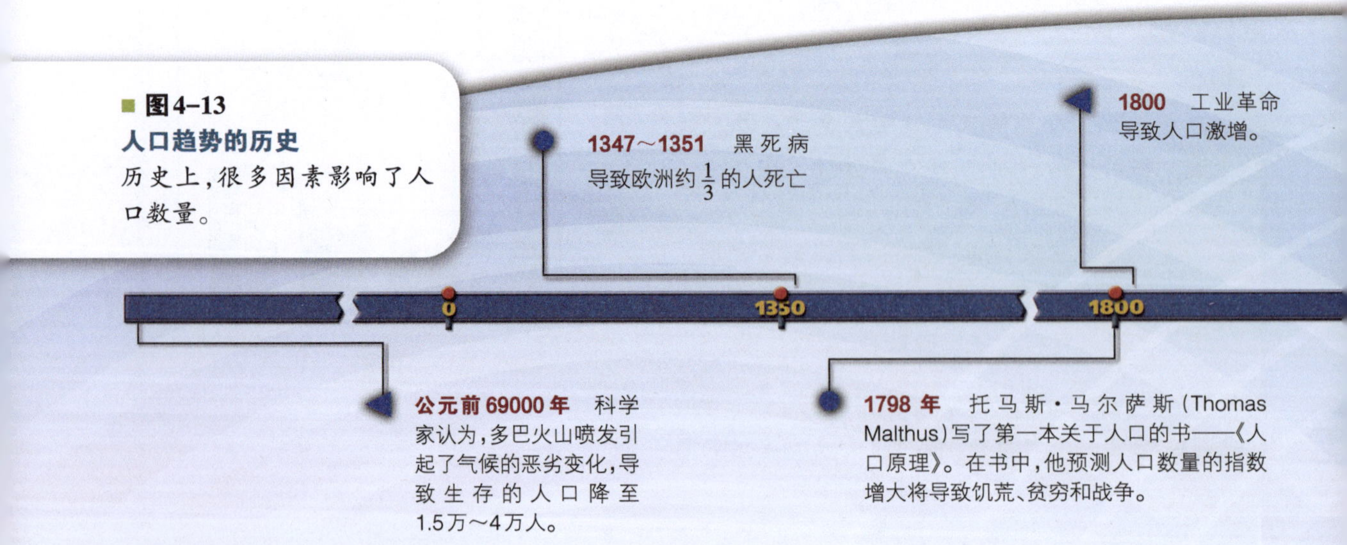

■ **图4–13**
人口趋势的历史
历史上，很多因素影响了人口数量。

表 4-1　各个国家的人口增长率

国家	人口增长率(%)
阿富汗	2.63
巴西	0.98
保加利亚	-0.81
德国	-0.04
洪都拉斯	2.02
印度	1.58
印度尼西亚	1.18
肯尼亚	2.76
尼日尔	2.88
尼日利亚	2.38
美国	0.88

与发达国家相比，发展中国家对世界人口的增长贡献更大。如**表 4-1** 所示，从现在到2050年发展中国家尼日尔将是人口快速增长的国家之一。在同一时期，工业发达国家保加利亚的人口预计将减少500万～700万。

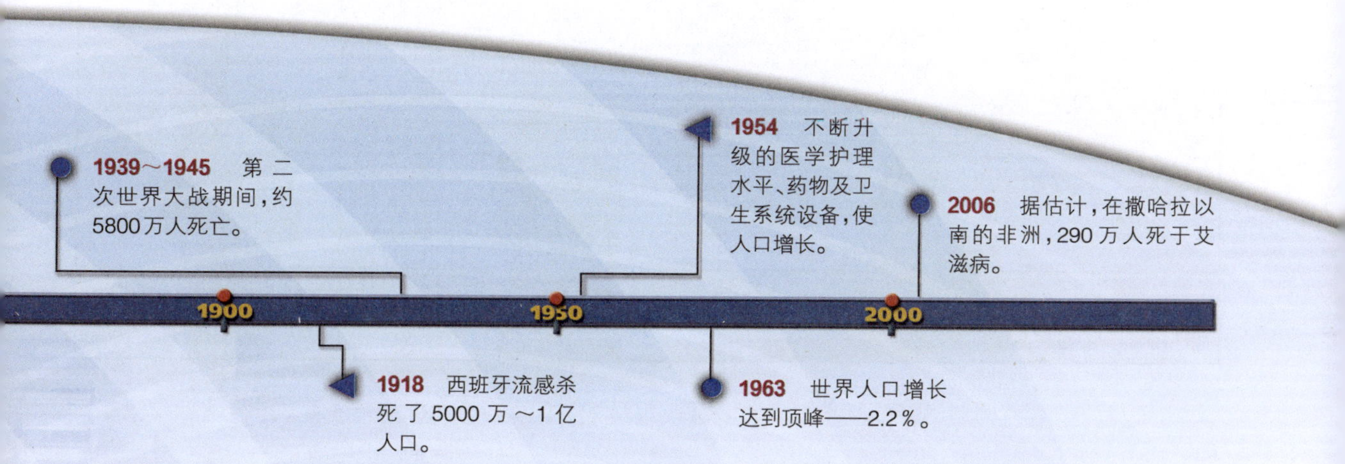

学习小贴士

互动读书 当你阅读时，在便签纸上写下三个有关人口动力学的问题。这些问题应该以"为什么、怎么样、哪里或什么时候"开头。利用这些笔记，问你的同伴一个有关本章内容的问题。

人口零增长 人口数量可能经历的另一个趋势是人口零增长。当人口出生率与迁移率之和等于死亡率时，就会出现**人口零增长（zero population grouth）**。人口零增长意味着人口停止增长，因为出生率与死亡率相同。一旦世界人口达到零增长，年龄结构最终应该更平衡，即儿童、成年人和老年人口的数量几乎相等。

年龄结构 种群的另一个重要特征是**年龄结构（age structure）**。人口的年龄结构是指繁殖前期、繁殖期和繁殖后期三个年龄段男女性人口的数量比例。20岁以前，属于繁殖前期，虽然在此之前人类已具有繁殖能力。20～44岁属于繁殖期，大于44岁属于繁殖后期。

分析**图4–14**中三个典型国家的年龄结构图，它们的地理位置如**表4–1**所示。这三种年龄结构是世界上许多国家年龄结构的典型代表。注意快速增长型、缓慢增长型及负增长型的国家整个图的形状。世界人口的年龄结构看上去更像快速增长型。

阅读检测 **对比与比对图4–14**所示国家的年龄结构。

图4–14 截至2009年，三类典型的国家中，繁殖前期、繁殖期和繁殖后期人口的相对数量。

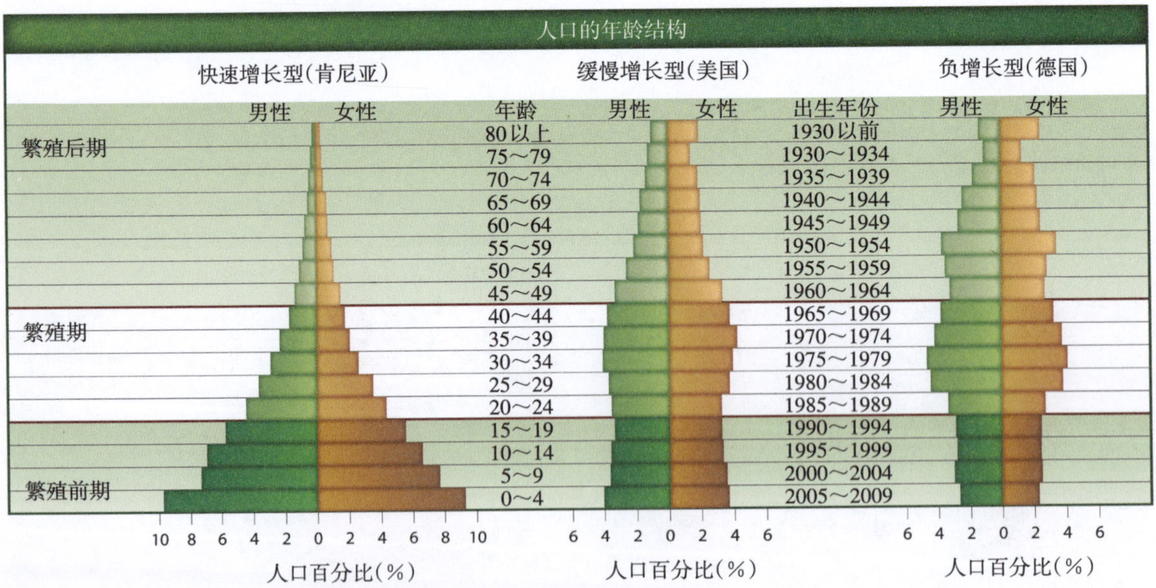

人口承载量 计算人口增长率不只是数学练习。科学家关心人口数量是否达到或超过人口承载量。正如第1节所学，所有种群都有环境容纳量，人类也不例外。许多科学家建议应该降低人口增长率。在许多国家，家庭成员自愿进行人口控制。如果不加以控制，那么人类将与大多数种群一样，居住空间将会变得过度拥挤，从而引发疾病和饥荒。幸运的是，至少在目前，人类已经利用技术提高了地球的环境容纳量。技术进步及人口计划将使人类保持在环境容纳量以内。

保持人口在环境容纳量以下的另一个重要因素，是人均能利用的生物圈的资源总量。如**图4-15**所示，目前发达国家比发展中国家利用的资源更多。这张图显示了维持一个人生存预计所需的土地总量，包括用于生产食物、林业产品和建筑房屋的土地以及吸收化石燃料燃烧产生的二氧化碳的林地。像印度这样的国家，工业化越来越发达，人口增长很快，人类对资源的消耗也在增加。总有一天，地球上支持总人口生存所需的土地资源可能会超过可利用的土地总量。

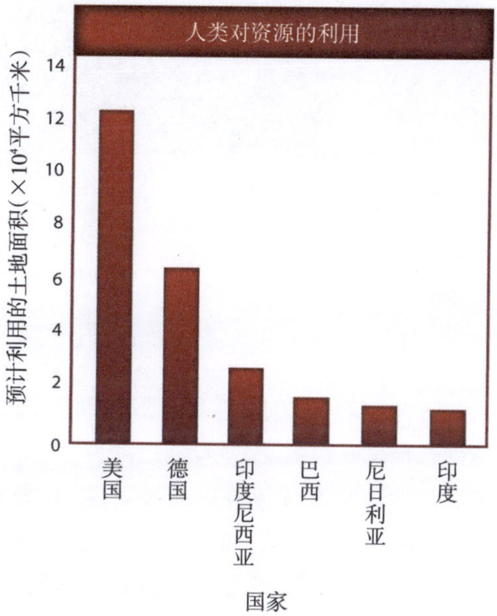

图4-15 在世界范围内人均利用的资源总量有所差别。这些国家的地理位置请参见**表4-1**。

第2节 测评

要点梳理

- 发达国家和发展中国家的人口增长速度不同。
- 当人口的出生率和迁入率等于死亡率和迁出率时，种群会出现零增长。
- 在某些国家，年龄结构是影响人口增长的一个因素。
- 地球究竟有多大的人口承载量尚没有明确的定论。

要点理解

1. 主要概念 **描述**人口随时间的变化。
2. **描述**稳定型、缓慢增长型和快速增长型国家年龄结构之间的差异。
3. **评估**某个种群指数增长的结果。
4. **总结**现代人口开始快速增长的原因。

批判性思维

5. **预测**一种新出现的疾病对发展中国家和发达国家的短期和长期影响。

生物中的 数学

6. 利用如下的百分比建立一幅年龄结构图：0～19岁，44.7%；20～44岁，52.9%；45岁及以上，2.4%。这个国家的人口增长属于哪种类型？

生物学前沿

北极熊生态学

2006年末，美国鱼类与野生动物保护局指出：北极熊已经被1973年通过的美国《濒危物种保护法》列为濒危物种。从那时起，科学家就开始运用一种新方法来研究世界上最大的陆生捕食者的生态需求，不是通过追踪北极熊本身，而是通过追踪北极熊生活的栖息地——不断退却的冰块。这些冰块对于北极熊的生存至关重要。

斯科特·卑尔根(Scott Bergen)是一名野生动物保护协会的生态学家，他与其他科学家一起利用卫星及气象资料，预测在不久的将来哪些地方仍然有海冰。北极熊的保护工作将集中在这些栖息地。

近60%的北极熊居住在加拿大。

北极熊的需求 北极熊只居住在北极圈内，包括美国(阿拉斯加)、加拿大、俄罗斯、丹麦(格陵兰岛)及挪威这些国家。每年冬天形成的海冰为北极熊的活动提供了通道，同时创造了一个理想的捕猎环境。北极熊依靠这些季节性形成的海冰，追踪它们最喜爱的猎物——环斑海豹和髯海豹。随着海冰减少，北极熊成功捕食这些游泳迅速的海洋哺乳动物的能力也随之下降。

严峻的事实 科学家计划结合过去30年的卫星及气象资料，包括全球气候变化的预测，推断出保护北极熊最有效的措施。

科学家认为，他们能够利用地理信息系统，确定短期的季节影响和大规模的气候现象(如北极及北大西洋涛动)及其对北极大型动物的影响。一位参与该项目的科学家声称：“一些北极熊能否生存下来，取决于人类在下一年所做的决定。”

科技 写作

建议书 调查一个物种入选濒危物种保护名录的条件。然后选择一个物种，写一份建议书，强调该生物入选濒危物种保护名录的重要性。

生物实验室

同种植物不同个体之间存在竞争吗?

背景:生态学家常常通过比较植物种群个体的生物量来研究植物之间的竞争。在这个实验中,你将研究种内竞争——同种植物不同个体之间的竞争。正如大多数生态学研究那样,你需要几周时间收集资料。

问题:不同密度的植物种群会由于竞争而生长情况不同吗?

实验器材

万寿菊种子或萝卜种子

9厘米高的塑料罐6个

干净的盆栽土

尺子

浅托盘

小铲子

胶带

记号笔

天平(精确到0.1克)

喷壶

安全注意事项

设计与实施实验

1. 阅读并完成实验室安全表。
2. 根据教师的指导,在几个罐子中撒上种子。你的目标是必须使6个罐子中的植物密度分别如下:2、4、8、16、32和64。
3. 将罐子放在浅托盘中,置于有阳光的窗台或阳光下。在整个实验过程中,保持土壤一直处于湿润状态——但不能湿透。
4. 在种子发芽后,拔除多余的植物以确保每个罐子中植物的密度与计划相吻合。
5. 作出假设:植物密度将对每个罐子中种群的平均生物量产生的影响。
6. 建立一张数据表。在接下来的5~6周,每周观察一次植物的生长情况,并记录。
7. 在实验的最后阶段,平齐土壤割下每株植物,并立即称量同一罐子中所有植物的生物量。计算每个罐子中每株植物的平均生物量。
8. **清洁与整理** 清洗并将所有可重复利用的材料放回原处。在浇水或与植物触碰后,务必洗手。实验完成后,在教师的指导下处理这些植物。

实验分析和结论

1. **数据作图** 作图表示植物平均生物量与植物密度之间的关系。根据数据点,画出一条趋势线。密度对每个罐子中植物的平均生物量具有什么影响?这张图支持你的假设吗?
2. **推断** 作出第二张图,比较每个种群的总生物量与植物数量。
3. **批判性思维** 基于实验结果,推断人口密度对人口增长有怎样的影响。
4. **误差分析** 哪些误差来源可能影响了实验结果?

数据分享

墙报展示 利用实验结果的作图,制作一份墙报。给每个罐子中的植物拍照并将照片放入墙报中。为每一张照片添加标题,解释并总结你的研究结果。在教室或学校的走廊展示你的墙报。

第4章 复习指南

内容聚焦 稳态 环境容纳量、竞争、疾病及其他因素会限制种群的大小，并使种群维持在相对稳定的状态。

大概念 种群增长是种群在环境中维持稳态的关键因素。

第1节 种群动力学

种群密度
空间分布型
非密度制约因素
密度制约因素
种群自然增长率
迁入率
迁出率
环境容纳量

主要概念 **种群可以用种群密度、空间分布型和种群增长率来描述。**

- 植物、动物和细菌等生物种群都有共同的特征。
- 种群的分布有三种基本形式：随机分布、均匀分布和集群分布。
- 种群的限制因素分为非密度制约因素和密度制约因素。
- 种群在其生活环境中倾向于在环境容纳量附近保持稳定。

第2节 人口

人口统计学
人口过渡
人口零增长
年龄结构

主要概念 **人口增长随时间发生变化。**

- 发达国家和发展中国家的人口增长速度不同。
- 当人口的出生率和迁入率等于死亡率和迁出率时，种群会出现零增长。
- 在某些国家，年龄结构是影响人口增长的一个因素。
- 地球究竟有多大的人口承载量尚没有明确的定论。

第1节

术语回顾

参考“复习指南”，选择正确的名词术语，替换下列画线词语。

1. 从外界加入某个种群的数量能够显著地增大种群的大小。
2. 干旱是一个与种群密度无关的因素。
3. 如果没有长期的限制条件，种群将可能持续地呈指数增长。

要点理解

利用如下所示的图片，回答第4～6题。

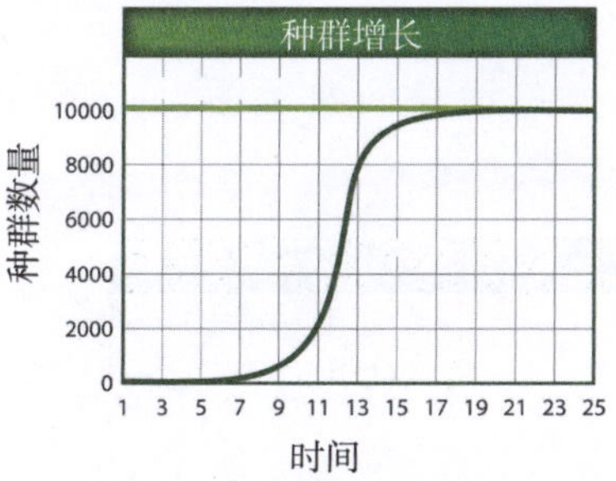

4. 如图所示为种群增长模型的(　　)。
   A. 指数增长　　B. 延迟期
   C. 逻辑斯谛增长　　D. 直线增长
5. 图中的水平线称为(　　)。
   A. 环境容纳量　　B. 指数增长
   C. 几何级数增长　　D. 直线增长
6. 图中第1～7段时期表示(　　)。
   A. 加速阶段　　B. 指数增长
   C. 环境容纳量　　D. 延迟期
7. 如果天使鱼每年产卵几次，生下成百上千条幼鱼。以下有关说法正确的是(　　)。
   A. 天使鱼的生殖类型属于k-策略
   B. 天使鱼的生殖类型属于r-策略
   C. 天使鱼的死亡率可能较低
   D. 天使鱼为子代提供许多照顾
8. 如果一个鱼缸里容纳了80升水，养了170条孔雀鱼。孔雀鱼种群的大概密度是(　　)。
   A. 1条孔雀鱼/升　　B. 2条孔雀鱼/升
   C. 3条孔雀鱼/升　　D. 4条孔雀鱼/升
9. 下列哪一种是非密度制约因素？
   A. 严重的干旱　　B. 一种肠道寄生虫
   C. 一种致命的病毒　　D. 严重的过度拥挤

利用如下所示的照片，回答第10～11题。

10. 这只鸟的眼睛感染了疾病，它的寿命极有可能因此缩短的原因是(　　)。
    A. 这只鸟不能交配
    B. 这只鸟不能找到食物或水
    C. 这只鸟会将疾病传染给其他鸟
    D. 这只鸟不能在多变的温度条件下生存
11. 图示疾病扩散相对较快的原因可能是(　　)。
    A. 一种非生物因素　　B. 食物供应减少
    C. 种群密度较高　　D. 免疫力提高
12. 牧场上的一群动物、聚集在一起的鸟及一群鱼，其分布类型属于(　　)。
    A. 集群分布　　B. 随机分布
    C. 均匀分布　　D. 不可预测

回答问题

13. **简要回答**　雌性大西洋露脊鲸在10岁时具有生殖能力，其寿命超过50岁。每隔3～5年，大西洋露脊鲸产下一头幼鲸。设想一头大西洋露脊鲸从10岁开始繁殖，每4年产下一头幼鲸，并在50岁时产下最后一头幼鲸。那么，这头雌性大西洋露脊鲸在一生中共产下多少头幼鲸？

14. **简要回答** 如果美国和加拿大共有约1240万平方千米的土地，约5.24亿人口。那么，美国和加拿大的人口密度是多少？

15. **简要回答** 环境容纳量如何影响进行k-生殖策略的动物？

16. **开放式回答** 写出两种不同的非密度制约因素，并说明它们是如何影响某个特定种群的。

17. **开放式回答** 写出两种不同的密度制约因素，并说明它们是如何影响某个特定种群的。

18. **简要回答** 解释竞争是如何限制种群增长的。

批判性思维

19. **预测** 一头雄性犀牛和一头雌性犀牛被放归野生动物保护区后，预测种群增长曲线的形状。

利用如下所示的照片，回答第20题。

20. **推断** 说明图中动物的生殖策略，并解释。

21. **主要概念** 负鼠是社会性动物，它们通常在自然界相遇就会交配。那么，负鼠可能的分布型是怎样的？

22. 选出下列生物中采取r-生殖策略的物种：米诺鱼、长颈鹿、人类、蜣螂、细菌、鹰和美洲狮。

第2节

术语回顾

参考“复习指南”中的名词术语，判断下列句子描述的术语。

23. 出生的个体数量与死亡的个体数量相等的一个种群。

24. 一个种群中，繁殖前期的个体数量占20%，繁殖期的个体数量占50%，繁殖后期的个体数量占30%。

25. 研究人口的大小、人口密度、人口出生率及死亡率。

要点理解

利用历史上人口增长的曲线图，回答第26、27题。

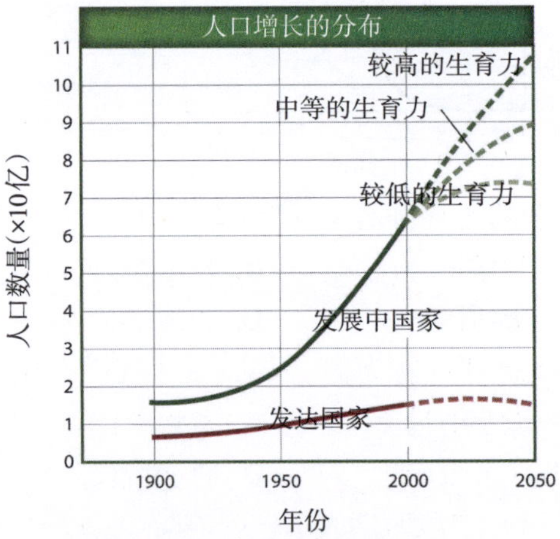

26. 预计2050年发达国家的人口是(　　)。

A. 15亿　　B. 73亿

C. 90亿　　D. 105亿

27. 到2050年，发展中国家较低生育力与较高生育力之间的人口差距大约是(　　)。

A. 15亿　　B. 17亿

C. 32亿　　D. 90亿

28. 参考**图4-11**，人口从(　　)开始快速增长。
A. 200万年前　**B.** 公元前6500年
C. 公元前1800年　**D.** 1500年

29. 2008年，日本的人口出生率是8‰，人口死亡率是9‰，那么日本的人口自然增长率是(　　)。
A. 0.01%　**B.** 1%
C. −1%　**D.** −10%

30. 2008年，格鲁吉亚的人口出生率是11‰，人口死亡率是10‰。那么，2008年格鲁吉亚的人口自然增长率是(　　)。
A. 0.1%　**B.** 0.11%　**C.** 1.1%　**D.** 11%

回答问题

31. **开放式回答**　你认为出生率还是死亡率对于人口数量更重要？并进行解释。

32. **内容聚焦**　**稳态**　当种群的出生数量等于死亡数量时，某个种群的数量为什么仍有可能保持增长？

33. **主要概念**　看**图4-11**，识别旧石器时代和中世纪之间的人口增长处于哪个阶段。

批判性思维

34. **提出假设**　你认为欧洲发达国家——瑞士的年龄结构图是什么形状的？

利用下图，回答第35题。

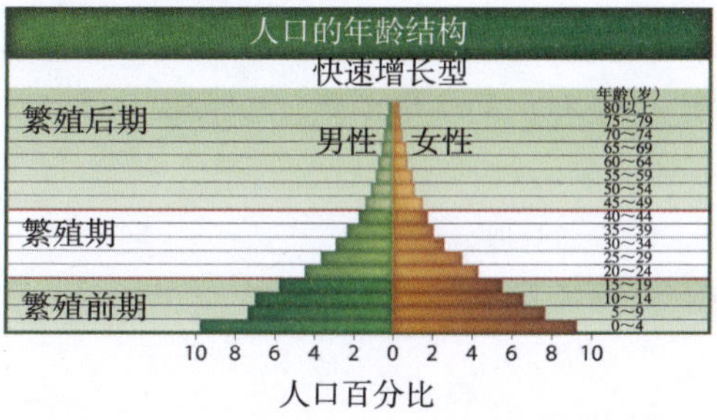

35. **描述**　这种类型年龄结构的人口具有哪些优势和不足？

总结性测评

36. **大概念**　想象一个群落，群落中的某个种群已经增长非常迅速。你能调整什么因素，使该群落兴盛且稳定吗？

37. **科技**　**写作**　向你所在学校的报社编辑写一封信，针对当地人的活动对动物种群产生的影响表达自己的观点。

DBQ 资料分析题

在大西洋的西北部曾经生活着大量的北方露脊鲸。但到1900年，北方露脊鲸的数量大量减少。如今，估计仅有300头北方露脊鲸幸存。

利用下图，回答如下问题：

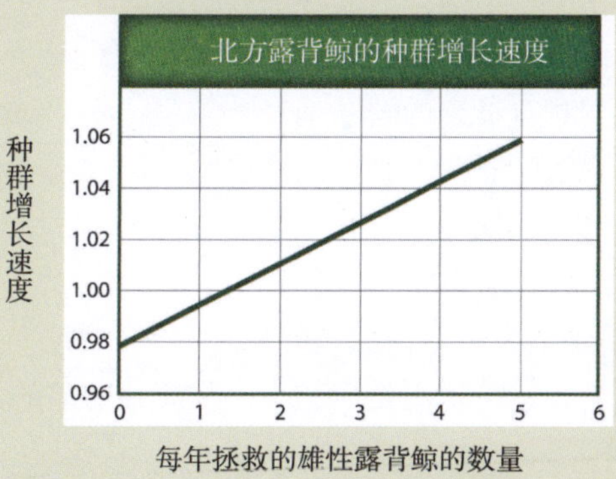

数据来源：Fujiwara, M., et al. 2001. Deography of the endangered North Atlantic right whale. *Nature* 414: 537–540.

38. 如果每年拯救6头雌性北方露脊鲸，请预测北方露脊鲸种群的增长速度。

39. 当试图恢复北方露脊鲸的种群数量时，保护雌性个体并不是唯一可考虑采取的措施。写一份行动草案，列举两条可能有帮助的其他措施。

标准化测试

选择题

1. 对科学家来说，科学争论的主要益处是(　　)。

A. 挑战已经被接受的理论

B. 引起争议

C. 获得研究资助

D. 发表研究成果

根据下图回答第2题。

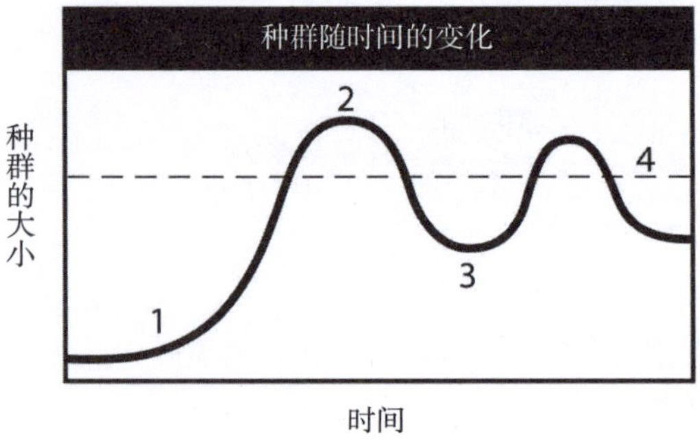

2. 图示中表示栖息地的环境容纳量的是(　　)

A. 1　　**B.** 2　　**C.** 3　　**D.** 4

3. 营养相对贫乏的湖的是(　　)

A. 蜿蜒的河流形成的一个湖

B. 火山口的一个湖

C. 接近河口的一个湖

D. 藻类大量繁殖使鱼虾死亡的一个湖

4. 下列植物特征不是生物学家的研究对象的是(　　)。

A. 美丽

B. 化学变化过程

C. 生长速度

D. 繁殖

5. 森林大火后，森林最初的变化的是(　　)。

A. 建立顶极群落

B. 由风带到该地的种子长成新植物

C. 形成新的土壤

D. 出现先锋物种

利用如下图示，回答第6题。

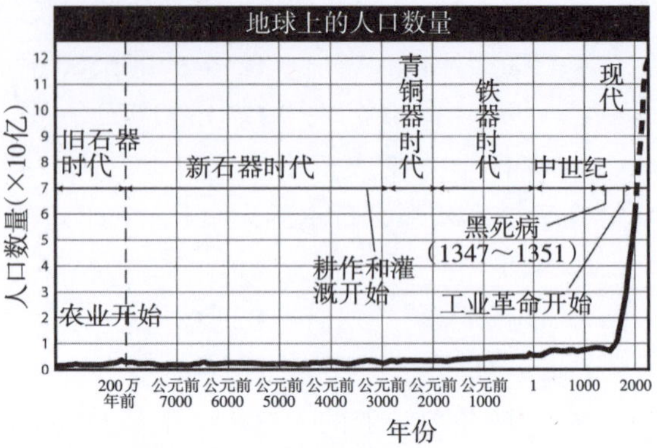

6. 下列事件中，使人口数量增长变缓的是(　　)。

A. 黑死病

B. 农业

C. 工业革命

D. 耕作和灌溉

7. 设想一种生物是绦虫的寄主，那么，下列描述对绦虫有利的是(　　)。

A. 由于绦虫寄生引起寄主死亡

B. 绦虫从寄主那里吸收足够多的营养维持生存但不伤害寄主

C. 寄主使用对抗绦虫的药物

D. 绦虫寄生使寄主虚弱

8. 生活在潮间带的某种生物，具有的适应性特征是(　　)。

A. 在完全黑暗的条件下生存的能力

B. 在极度寒冷的水中生存的能力

C. 在流水中生存的能力

D. 在没有水的环境中生存24小时的能力

9. 下列因素与种群密度有关的是(　　)。

A. 传染性的致命病毒

B. 向河流排放有毒的废弃物

C. 大雨及洪涝

D. 森林大火

简答题

利用如下图示，回答第10～11题。

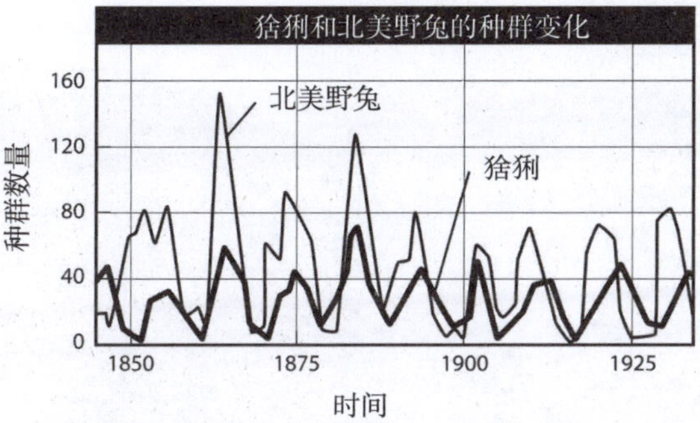

10. 评估猞猁种群快速增长后，北美野兔的数量将发生什么变化？

11. 猞猁以北美野兔为食。如果一种疾病杀死了所有的北美野兔，请预测猞猁种群将发生什么变化。

12. 利用时事或历史事件知识，举一个例子说明忽视生物学将对人类造成不利影响。

13. 对比与比对密度制约因素与非密度制约因素如何调节种群的增长。

14. 如果一个种群的最适生存温度范围为21℃～32℃之间，那么当温度由21℃升高到50℃时，请描述该生物可能发生的变化。

15. 举一个森林火灾等环境因素影响种群的例子。

16. 解释某个种群与某个生态系统间有怎样的联系。

开放题

根据下图示回答第17题。

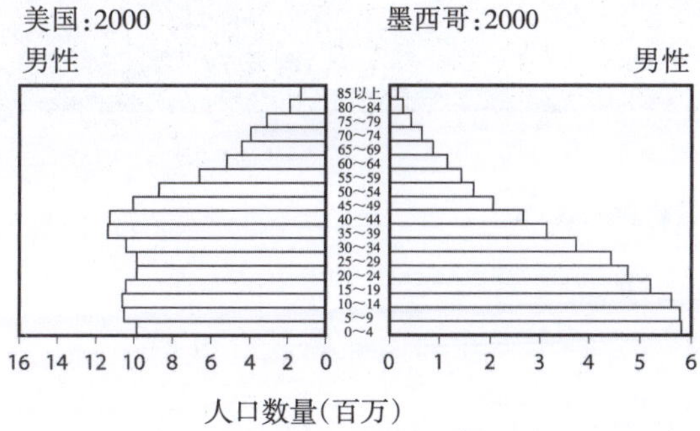

17. 说出以上两个地区人口的最大差异，并解释原因。

18. 生活在温带森林的许多脊椎动物会在冬天冬眠。你认为这一适应性特征如何帮助它们在该生物群落中生存？

论述题

作家卡丽·P·斯诺（Carrie P. Snow）说过："技术……是一件古怪的东西。它一方面带给你巨大的礼物，另一方面又在背后捅你一刀。"

——卡丽·P·斯诺，纽约时报，1971年3月15日

利用上文中的信息，以论文的形式回答下列问题。

19. 你要参加一场有关技术有利还是有害的辩论。利用已有知识，选择其中一方并写出辩论的关键要点。

考点提示

测试题号	1	2	3	4	5	6	7	8	9	10	11	12	13	14	15	16	17	18	19
对应章节	1.2	4.1	3.2	1.2	3.1	4.2	2.1	3.3	3.1	4.1	4.1	1.1	4.1	3.2	4.1	2.1	4.2	3.2	1.2

第5章

生物多样性及其保护

起步实验

这里生活着哪些生物?

一些栖息地的生物寥寥可数，而有些栖息地的生物却不可胜数。在这个实验中，你将会推断出每种环境中物种的相对数量。

步骤

1. 阅读并完成实验室安全表。
2. 选择社区中你所熟悉的三个地点，如树林、排水沟、田野、公园、池塘。
3. 根据你认为能够找到动物、植物的数量降序排列三个地点，即按照物种数从多到少排列。

分析

1. 用自己的话给“生物多样性”**下定义**。
2. **解释**你是如何排列所选的三个地点的。
3. **描述**可用来确定各个栖息地有多少物种数量的科学方法。

折叠式 学习卡

制作一个折叠式学习卡，用不同的标签做有关生物多样性的笔记。

内容聚焦 多样性

生物圈包含各种各样的生物群落和生态系统。

大概念 生物群落和生态系统的稳定性依赖于不同生物个体间复杂的相互关系。

第1节

生物多样性

本节预览

核心问题

- 生物多样性包括哪三个方面?
- 为什么生物多样性很重要?
- 生物多样性有什么直接价值和间接价值?

知识回顾

基因:控制生物性状的基本功能单位,能由亲代传给子代。

关键术语

灭绝
生物多样性
基因多样性
物种多样性
生态系统多样性

主要概念 **生物多样性能够维持生物圈的结构和功能完善,并为人类提供直接和间接价值。**

联系实际 思考片刻,设想某个食物网中所有的长耳大野兔突然死亡将带来什么影响。食物网中的其他生物将会怎样?某个物种从地球上消失的事件重要吗?另一个物种能填补它的生态位吗?

生物多样性是什么?

食物网中某个物种彻底消失的事件并不是文学家的想象。当某个物种的最后一名成员死亡后,整个物种从生物圈中最终消失的过程,称为**灭绝(extinction)**。物种灭绝使生物圈中物种的多样性下降,从而影响整个生物圈的结构和功能。**生物多样性(biodiversity)**是指在一定时间和一定地区所有物种及其遗传变异和生态系统的复杂性总称。生物多样性提高了生态系统的稳定性,有助于生物圈的健康运行。生物多样性包括三个方面:基因多样性、物种多样性和生态系统多样性。

基因多样性 种群多种多样的基因或可遗传的性状,构成了该种群的**基因多样性(genetic diversity)**。**图5-1**展示了亚洲瓢虫共有的一些特征,如身体的大致结构。颜色差异体现了基因多样性的其中一个方面。这些瓢虫还有其他特征差异,但不如颜色差异这样明显。这些特征可能包括:对某种疾病的抵抗力、患上某种疾病后的恢复能力,或者失去之前的食物来源后获得新的食物来源的能力。与不具备上述特征的瓢虫相比,具备这些特征的瓢虫更有可能生存下来并繁衍后代。

当环境条件变化或疾病暴发时,杂交种群中的基因多样性增加了一些生物个体生存下来的机会。

■ **图5-1** 这些亚洲瓢虫——异色瓢虫的不同体色,表现出明显的遗传多样性。

提出 除体色外,不同瓢虫之间的一些其他差异性特征。

■ **图 5-2** 许多物种在这片土地上聚集，使这片土地成为物种多样性丰富的栖息地。

物种多样性 在生物群落中，物种的数量及每个物种的相对丰度称为**物种多样性（species diversity）**。如**图 5-2** 所示，这一区域生活着多少种不同的生物？该栖息地是生物多样性较高的典型地区，因为其中生活的生物种类繁多。生物圈中生物多样性的分布并不均匀，从两极地区到赤道，生物多样性逐渐增加。如**图 5-3** 所示为从阿拉斯加到北美洲中部的鸟类数量的变化。

阅读检测 **对比与比对**基因多样性和物种多样性。

折叠式 学习卡

从本节中提取信息，整理到你的折叠式学习卡。

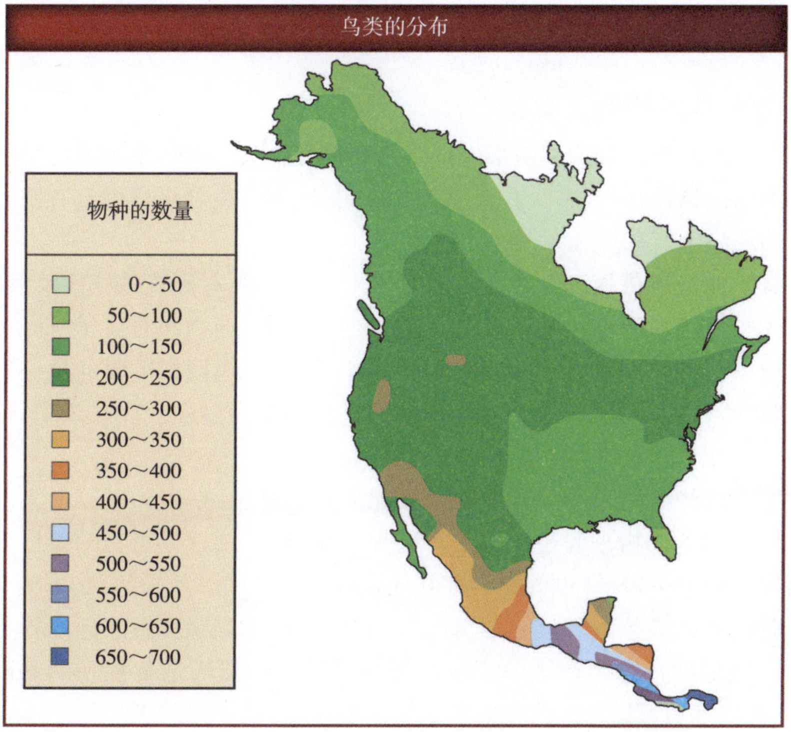

■ **图 5-3** 这幅图展示了北美洲北部和中部的鸟类分布。当向热带地区移动时，生物多样性就会增加。**估算**本地区的鸟类数量。

阿拉斯加的戴尔盘羊(白大角羊)

秘鲁的热带鸟类

■ **图5-4** 生物圈包含多种生态系统，这些生态系统的非生物因素不同，从而养育了多种不同的生物。

生态系统多样性 生物圈中包含多种多样的生态系统，称为**生态系统多样性(ecosystem diversity)**。生态系统由相互联系的多个生物种群及非生物因素组成。生物间的相互联系影响着生态系统的稳定性。同时，地球的不同区域拥有不同的非生物因素，这些非生物因素支持了不同类型的生命。如**图5-4**所示，阿拉斯加某个生态系统的非生物因素养育了戴尔盘羊，而南美洲的某一生态系统的非生物因素养育了热带鸟类。与这两个生态系统相似，地球上大部分生态系统都养育了不同的生物群落。

阅读检测 **解释**为什么在一个功能完善的生物圈中，生态系统多样性会培育出物种多样性。

生物多样性的重要性

人们有充分的理由来保护生物多样性。为了保护子孙后代可利用的生物物种，许多人在努力工作。另外，保护生物多样性具有重要的经济价值、审美价值和科学价值。

直接的经济价值 保护生物多样性对于人类具有直接的经济价值。人类依赖从动植物中获取的食物、衣服、能量、药物和居住场所。保护那些能被人类直接利用的物种显然很重要，但同样重要的是保护其他一些并不能被人类直接利用的物种的基因多样性。在未来，这些物种可能为人类提供所需要的基因。

这些物种之所以具有未来可能需要的基因，是因为世界上大部分的粮食作物来源于少数几个物种。相对来讲，这些植物的遗传多样性的水平较低，也因此具有其他物种所共有的一些问题，比如缺少对疾病的抵抗力。但多数情况下，与粮食作物亲缘关系较近的物种仍然生存在野生环境中。这些野生品种成为所需遗传性状的基因“蓄水池”，可以用于改良本地作物品种。

大刍草

玉米

如**图5-5**所示，玉米的近亲——大刍草，对侵害玉米这种经济作物的病毒有抵抗能力。利用野生的大刍草，植物病理学家培育了抗病毒的玉米品种。如果自然界不存在大刍草，这种基因多样性就可能消失，生物学家也就不能培育出抗病毒的玉米品种了。

另外，生物学家开始了解怎样将控制生物性状的基因从一个物种转移到另一个物种。这一过程称为基因工程。借助基因工程，生物学家已经培育出了能抵抗一些害虫的作物，或营养价值更高、更耐腐烂的作物。虽然在大部分动植物的野生品种身上，科学家还没有发现具有特殊价值的基因，但如果这些野生动植物灭绝了，那么人类将不可能再利用这些基因。基因工程可提高目前没有明显经济价值的物种的重要性，因为这些物种的经济价值也许会在不久的未来得到体现。

阅读检测 **解释**为什么保护生物多样性对人类的食物供给非常重要。

链接健康 目前使用的许多药物都来源于植物或其他生物。你可能知道，1928年，亚历山大·弗莱明(Alexander Fleming)发现了青霉素，这种杀菌能力强的抗生素来自培养的霉菌。古希腊人、印第安人和其他一些人从柳树中提取止痛药水杨苷。如今，科学家在实验室合成了水杨苷的另一种形式——阿司匹林。**图5-6**展示了一朵马达加斯加长春花，最近发现这种花的一种提取物，有助于治疗某些类型的白血病。这种提取物已经用于药物生产，它将一些白血病患者的生存率由20%提高到了95%。

科学家不断地从植物及其他生物中发现新的提取物，以帮助治疗人类疾病。还有许多生物有待人们去发现，尤其在地球上的某些偏远区域，这些生物是否能提供有用的提取物及基因也有待进一步研究。

图5-5 大刍草植物包含能够抵抗多种病毒的基因，这些病毒会影响玉米这种经济作物的生长。这些基因已被用于培育抗病毒的玉米品种。

图5-6 用马达加斯加长春花提取物制成的药物可以用于治疗某些类型的白血病。

总结 *从医学角度看，为什么保持生物多样性很重要？*

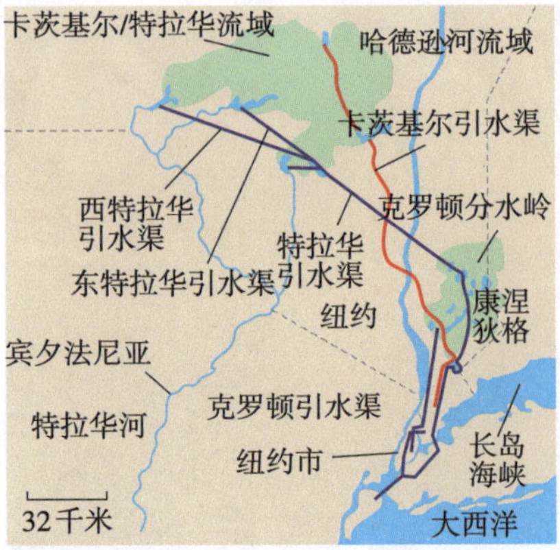

■ **图5–7** 纽约市的饮用水由卡茨基尔流域和特拉华流域提供。

推断 *人类的哪些活动可能影响并降低流域的水质?*

间接的经济价值 功能完善的生物圈为人类及地球上的其他生物提供了多种服务。例如,绿色植物为大气圈提供了氧气,并清除二氧化碳。自然过程能为人类提供安全的饮用水。生物与非生物之间的物质循环,为所有生物提供了营养物质。你即将了解到,功能完善的生态系统能够有效对抗洪水和干旱,生成并保持肥沃的土壤、分解有毒物质和废弃物,并调节当地气候。

有时候,人们很难衡量一个功能完善的生物圈所提供的服务的经济价值。但是,一些科学家和经济学家正试图让这种难以言说的关系量化。20世纪90年代,纽约市面临如何提高饮用水质量的问题。纽约市绝大部分的饮用水是由如**图5–7**所示的流域提供。流域是指某块特定的陆地区域,它容纳的水和地下水都流向同一个地方。当时,卡茨基尔流域(Catskill)和特拉华流域(Delaware)的水质已不再符合饮用水的标准,不能再为纽约市提供合格的饮用水。

纽约市当时面临两种选择:花费超过60亿美元建立一个水源过滤系统,或者花费约15亿美元保护并清洁这两条流域。在这个案例中,哪个决策更经济很清楚。维持一个功能完善的生态系统,比利用人工技术完成同样的功能花费更少。

迷你实验 1

调查生物多样性面临的威胁

当地的自然栖息地面临哪些威胁? 调查出这些威胁,并探讨一些能用于警示他人的办法。

步骤

1. 阅读并完成实验室安全表。
2. 与你的同学一起,选择威胁当地生物多样性的一种因素,研究它是如何影响顶极群落的。
3. 利用头脑风暴思考消除这种威胁的方式。
4. 与你的同学一起,整理当地栖息地面临的威胁及可能的解决方案。

分析

1. **评价** 对于栖息地面临的威胁,公众最需要知道的信息是什么?
2. **推断** 想象你执行了一项计划,去消除栖息地面临的某种威胁。现在是100年之后了,生态系统会变成什么样?发生了哪些变化?现在生活着哪些物种?

■ **图5-8** 太浩湖的翡翠湾(Emerald Bay in Lake Tahoe)是一个景色优美的地区。太浩湖曾经保留了原始风貌而且非常纯净，但城市化使其水土流失量加剧，其他形式的污染损害了环境的健康。许多组织为了保持太浩湖美丽的自然风貌而共同努力。

这个例子展示了自然界的经济价值，比如为人类提供安全的饮用水，它比运用技术获得同等服务的花费更少。一些科学家认为自然的方式应该成为获取这些服务的首选。研究表明，保护结构与功能完善的生态系统获得的服务，将永远比应用技术获得同样的服务花费少。

审美价值和科学价值 保持生物多样性及生态系统的结构与功能完善，另外需要考虑的两个因素是它们所提供的审美价值和科学价值。如**图5-8**所示的生态系统，很难说美丽的事物或者值得研究的事物值多少钱。当然，为了让更多的人了解这背后的意义，科学家也在寻找相应的方式，凸显保护及研究环境的价值所在。

第1节 测评

要点梳理

- 生物多样性对于维持生物圈的结构和功能非常重要。
- 生物多样性包括三个方面：基因多样性、物种多样性及生态系统多样性。
- 生物多样性具有审美价值、科学价值，及直接和间接的经济价值。
- 保持生物多样性可以保护未来可能需要的基因库，这非常重要。
- 与人工技术相比，结构与功能完善的生态系统能够为人类提供更低廉的服务。

要点理解

1. 主要概念 **解释**为什么生物多样性对生物圈非常重要。
2. **总结**生物多样性的三个方面。
3. **概括**为什么保持生物多样性对人类具有直接的经济价值。
4. **区别**生物多样性的直接经济价值和间接经济价值。
5. **评估**保护生物多样性对未来医学发展的重要性。

批判性思维

6. **设计行动计划** 为社区中正在进行的建筑工程(如建超市、房屋维修、建设城市公园或高速公路等)设计行动计划，在计划中提出保护生物多样性的措施。

科技 **写作**

7. 写一份简洁的报告，解释保持狗、猫、牛和鸡等家养动物的基因多样性的迫切性。报告中要包含该做法的优势和不足。

第2节

本节预览

核心问题

- 生物多样性面临哪些威胁?
- 目前的生物灭绝速度与背景灭绝速度有什么不同?
- 单个物种的减少如何影响整个生态系统?

术语回顾

食物网:表示多条相互联系的食物链及物质、能量在生物之间流动的模型。

关键术语

背景灭绝
大灭绝
自然资源
过度开发
生境碎片化
边缘效应
生物放大
富营养化
入侵物种

生物多样性面临的威胁

主要概念　人类的一些活动降低了生态系统中的生物多样性,已有证据表明,生物多样性降低可能对生物圈产生严重的长期影响。

联系实际　用砖砌成一个结构,你能移去某块砖但使整个结构不崩塌吗?同样地,如果从食物网中移除某个物种,食物网就可能崩溃。

灭绝速度

自然环境下,生物也会灭绝,古生物学家通过这些灭绝生物的化石来研究它们。物种灭绝的渐进过程称为**背景灭绝(background extinction)**。一些生物的活动、气候变化或自然疾病等都可能改变原先稳定的生态系统。科学家并不关注物种灭绝的自然进程,他们更担心近期生物灭绝率的突然增高。一些科学家预测,动植物的 $\frac{1}{3}$ ~ $\frac{2}{3}$ 将在21世纪的下半叶灭绝,而且大部分灭绝将发生在赤道附近。

一些科学家估计,目前的生物灭绝速度大约是正常背景灭绝速度的1000倍。他们甚至认为:我们正在见证一个生物大灭绝的时期。**大灭绝(mass extinction)**是绝大部分生物在相对短的一个时期内灭绝的过程。如**表5-1**所示,最后一次大灭绝大约发生在6500万年前,当时生存的最后一批恐龙从地球上彻底消失了。

表5-1　五次最近的大灭绝

	奥陶纪	泥盆纪	二叠纪	三叠纪	白垩纪
时间	约4.44亿年前	约3.6亿年前	约2.51亿年前	约2亿年前	约6500万年前
举例	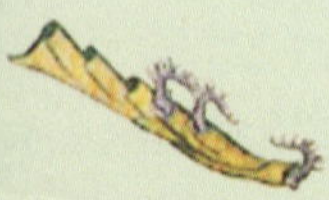 笔石类	 恐鱼类	 三叶虫	 犬颌兽	 菊石

表5-2	1600年以来灭绝的生物数量					
类别	大陆	岛屿	海洋	总数	已知物种的大致数量	灭绝物种所占百分比(%)
哺乳类	30	51	4	85	4000	2.1
鸟 类	21	92	0	113	9000	1.3
爬行类	1	20	0	21	6300	0.3
两栖类*	2	0	0	2	4200	0.05
鱼 类	22	1	0	23	19100	0.1
无脊椎动物	49	48	1	98	1000000	0.01
开花植物	245	139	0	384	250000	0.2

*自20世纪70年代中期开始，两栖动物急剧减少，许多两栖动物处于灭绝边缘。

链接历史 物种的加速灭绝开始于几个世纪前。**表5-2**展示了1600年以来的物种灭绝的数量。许多物种的灭绝发生在岛屿上，例如在过去的500年中，60%的哺乳动物灭绝及81%的鸟类灭绝就发生在岛屿上。

生活在岛屿上的物种尤其脆弱，容易灭绝，主要是由于以下原因。首先，这些物种在没有天敌的情况下独立进化。结果，当狗、猫、鼠等捕食者或人类进入本地物种生活的区域时，该种群没有能力逃脱。其次，当外来物种被引入一个新环境时，其可能携带了某种本地物种不能抵抗的疾病，因而常常造成本地物种死亡。另外，岛屿上的生物种群相对较小，动物个体很少在岛屿之间迁移，这也使岛屿上的生物更脆弱，容易灭绝。

阅读检测 **解释**为什么生活在岛屿上的生物比其他生物更脆弱，更容易灭绝。

威胁生物多样性的因素

科学家指出，目前较高的生物灭绝速度与以往的生物大灭绝不同，它是由一个单一物种——人类的活动造成的。历史上的生物大灭绝后，新的物种进化出来并恢复了生物多样性。但这一次，恢复的情况与之前大不相同。人类改变地球环境的速度比一些物种进化出新的特征以适应新环境的速度更快。进化中的生物可能无法获得所需的自然资源。这些**自然资源(natural resource)**是指包括矿物质、化石燃料、核燃料、植物、动物、土壤、清洁的水源、干净的空气及太阳能。

■ **图5-9** 由于过度开发，虎猫和包括白犀牛在内的所有犀牛，处在灭绝的边缘。

虎猫

白犀牛

■ **图5-10** 过度砍伐热带雨林会对全球生物多样性有直接影响。

自然状态下的热带雨林

过度砍伐后的热带雨林

过度开发 目前，生物灭绝速度加快的一个原因是**过度开发(overexploitation)**，或过度利用具有经济价值的物种。例如，曾经在北美中部平原漫步的大群野牛，由于肉和皮可以售卖，且野牛本身可用于娱乐活动，因此遭到捕杀，徘徊在灭绝边缘。历史上生存的野牛数量一度达到5000万头；到1889年，只剩下不足1000头。

旅鸽是过度开发利用的另一个例子。曾经，旅鸽数量极大，迁徙时可以遮蔽整个北美的天空。不幸的是，它们遭到过度捕杀，被迫离开原有的栖息地。到20世纪初期，旅鸽灭绝了。

如**图5-9**所示的虎猫，从美国得克萨斯州到阿根廷均可见，但今天正处于灭绝的边缘。虎猫的数量急剧下降，是因为它的栖息地不断丧失及皮毛可供商业售卖。**图5-9**还展示了犀牛五个品种之一的白犀牛，也处于灭绝的边缘。因为牛角可以作为药材售卖，所以白犀牛被大量捕杀。从历史上看，过度开发是物种灭绝的主要原因。但如今，引起物种灭绝的首要原因是栖息地的丧失和破坏。

✔ **阅读检测** **解释**过度开发与物种灭绝之间的关系。

栖息地丧失 导致物种栖息地丧失的原因可能有如下几种。如果一片栖息地被干扰或破坏，本地物种便不得不迁移或死亡。例如，人类砍伐热带雨林，并以农作物或牧场替代本地植物。

栖息地破坏 如**图5-10**所示，砍伐热带雨林对全球生物多样性有直接影响。如前所述，热带地区的生物多样性最为丰富，据估计，地球上超过一半的物种生活在热带雨林。如此大面积地砍伐这些原始森林，将使地球上许多物种因为栖息地丧失而灭绝。

图 5–11 某个物种种群数量的减少可能影响整个生态系统。当斑海豹和海狮数量减少后，虎鲸将吃掉更多的海獭。海獭数量下降导致海胆数量增多，海胆吃海藻，所以海胆增多使海藻的数量大量减少。

栖息地的干扰 一些栖息地可能未被破坏，但受到了干扰。例如，20世纪70年代在阿拉斯加沿海发生了一连串的事件，说明食物网中一个成员数量下降是如何影响其他成员数量的。正如**图 5–11** 所示的一连串事件，某个物种的减少可能影响整个生态系统。当某个物种在整个生态系统中扮演重要角色时，它被称为关键物种。可能因为过度捕捞，各种鱼类种群的数量下降，导致了海狮和斑海豹种群数量减少。也有科学家推测：全球气候变暖也是导致这些生物数量减少的重要原因。不管何种原因，海狮和斑海豹的数量减少就像是推动多米诺骨牌的第一张牌，开启了一连串反应，影响了海洋生态系统中的许多物种。

阅读检测 说出**图 5–11** 例子中的关键物种。

生境碎片化 一个生态系统被分割成小片的区域，称为**生境碎片化(habitat fragmentation)**。这种情况下，种群通常会选择待在小片范围内，因为它们不能或不愿意穿越人为制造的障碍物。生境碎片化影响了许多物种的生存。

首先，地域越小，所能养育的物种越少。其次，生境碎片化减少了一个地区的物种与另一个地区的物种杂交的概率。因此，生境碎片化一段时间后，基因多样性常常减少。变小的种群，孤独的生境，基因多样性的下降，都让物种抵御疾病或应对变化的环境条件的能力下降。

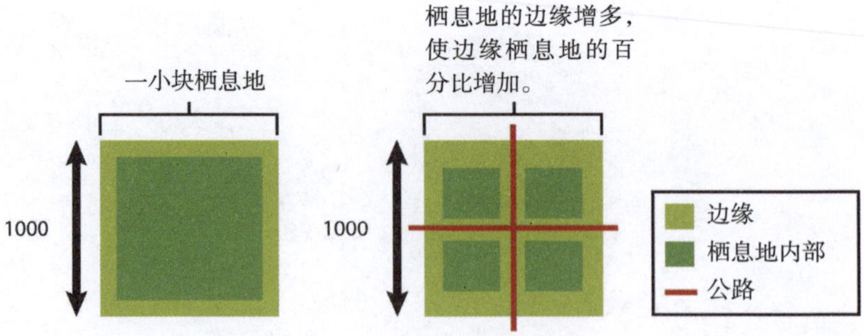

■ **图5-12** 栖息地越小，边缘栖息地的百分比越大。

■ **图5-13** 有毒物质的浓度随食物链中营养级的升高而升高。

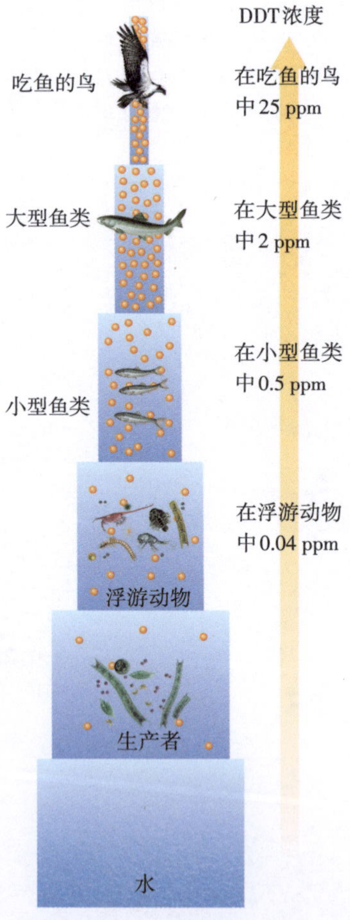

第三，将大面积的生态系统切割成小块，增加了边缘栖息地的数量，从而导致边缘效应，如**图5-12**所示。**边缘效应（edge effects）**是沿着生态系统边缘产生的、有差异的环境条件。例如，接近公路的森林边缘具有与森林内部不同的非生物因素，如温度、风及湿度。尤其是热带森林的边缘温度更高，风更大但湿度降低了。在茂密的森林中繁盛的物种可能在森林边缘死亡。捕食者和寄生虫在生态系统的边缘更加活跃，这使生活在边缘的物种更容易受到攻击。不难看出，边缘效应并非对所有物种都不利，一些物种可能适宜在边缘环境生存并茁壮成长。

阅读检测 **解释**当生境碎片化时，边缘效应如何影响更大面积的区域。

污染 污染和大气变化威胁着生物多样性和生物圈的稳定性。污染会改变空气、土壤和水的组成。它的种类很复杂，其中包括人类制造的原本不存在于自然界中的多种物质。科学家曾在食物网中发现DDT（双对氯苯基三氯乙烷）等杀虫剂和PCB（多氯联苯）等化学物质。当生物喝水或吃含有有毒物质的其他生物时，会消化掉一些物质，并通过新陈代谢将代谢物出体外。但是，DDT和PCB等有毒物质会在生物体的组织中逐渐积累起来。

由于生物放大作用，最高营养级的肉食动物受有毒物质积累的影响最大。**生物放大（biological magnification）**指随着食物链或食物网营养级别的升高，有毒物质积累的浓度增大的效应，如**图5-13**所示。当有毒物质进入食物网时，浓度相对较低；当它向更高营养级扩散时，生物体内有毒物质的浓度就会增大。

目前的研究表明，有毒物质可能会干扰一些生物正常的生理活动。例如，DDT可能是导致美国白头鹰和游隼处于灭绝边缘的重要原因。DDT是一种杀虫剂，在20世纪40～70年代用于控制侵害庄稼并携带疾病的一种农业害虫。实践证明，DDT是一种非常有效的杀虫剂，但也有证据显示：DDT使以鱼为食的鸟卵壳变薄、易碎，导致孵化中的雏鸟死亡。2004年联合国正式宣布禁用DDT。

酸雨 影响生物多样性的另一项污染是酸雨。当化石燃料燃烧时，二氧化硫被释放到大气中。另外，汽车发动机燃烧化石燃料时，会将氮氧化物释放到空气中。这些化合物与空气中的水或其他物质发生化学反应，生成硫酸或硝酸。硫酸和硝酸最终以雨、冰雹、雪或雾的形式降落到地面，形成酸雨。酸雨能除去土壤中的钙、钾及其他营养成分，使植物不能利用这些营养物质。如**图5–14**所示，酸雨损害了植物组织并减缓植物生长。同时，如果湖泊、河流或小溪中的酸度过高，也会导致鱼及其他生物死亡。

富营养化 水体污染的另一种形式称为富营养化，它破坏了鱼类及其他生物的栖息地。当化肥、动物粪便、污水或其他富含氮、磷的物质进入水体，就可能发生**富营养化(eutrophication)**，使藻类快速繁殖。藻类的快速生长及死亡后的分解过程需要消耗大量的氧气，使水中的其他生物窒息而死。有时，藻类还会释放出对其他生物有毒的物质污染水质。富营养化是一种自然进程，但人类活动常常会加快其发生的速度。

森林被破坏

鱼被杀死

图5–14 酸雨破坏植物组织，如果浓度过高，还会杀死水中的鱼。

推断 *美国的哪些地区可能存在酸雨问题？*

迷你实验 2

调查落叶层样地

如何计算生物多样性？ 科学家通过统计一片样地的生物多样性情况，利用该数据估计类似地区的生物多样性。

步骤

1. 阅读并完成实验室安全表。
2. 在教师提供的落叶层样地上，计数并记录肉眼可见的物种。通过《野外指南》，查找不认识的物种。
3. 在数据表格中记录你的观察结果。
4. 利用如下公式，计算多样性指数(IOD)，其中“单个物种”是观察到的不同物种，“总个体数”是观察到的每个个体的总数。

$$\text{IOD} = \frac{\text{单个物种} \times \text{总样本数}}{\text{总个体数}}$$

分析

1. **分类** 样地中能观察到哪些本地物种和外来入侵物种？
2. **推断** 外来入侵物种对本地物种的可能影响。这些外来入侵物种具有侵略性吗？你是如何知道的？
3. **提出假设** 在过去的200年中，当地的多样性指数是否发生过变化？

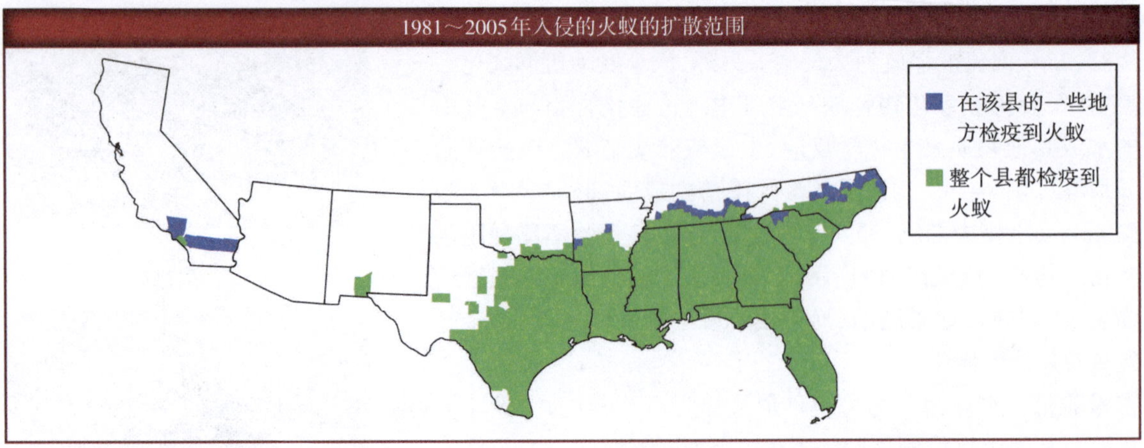

图5-15 火蚁随着轮船被带到亚拉巴马州的莫比尔港口，并迅速扩散到美国的南部和西南部。

入侵物种 因有意或无意地被引入一个新栖息地的非本地物种，称为**入侵物种（introduced species）**。这些物种在原来的栖息地并不会对生物多样性构成威胁。捕食者、寄生虫及生物之间的竞争可以使其在原来的生态系统保持平衡。但是，当这些物种被引入一个新地区后，这些控制性的因素就不再存在了。外来生物往往由于缺少捕食者而繁殖出大量后代，成为新栖息地野蛮的入侵物种。

20世纪20年代，入侵的火蚁通过从南美洲来的轮船，从亚拉巴马州莫比尔港口引入美国，它们迅速扩散到美国的南部和西南部，如**图5-15**所示。火蚁攻击并捕食一些野生生物，如刚出生的鹿、正在孵化或刚孵化出的陆地筑巢鸟类。

起步实验

回顾 根据你所学的有关生物多样性的知识，你现在将如何回答本章开头“起步实验”中的问题？

第2节 测评

要点梳理

- 一些科学家预测，目前的物种灭绝速度异常高。
- 岛屿上的物种尤其容易灭绝。
- 从历史上看，人类的过度开发已经导致了一些物种的灭绝。
- 人类的活动可能导致生物多样性下降。

要点理解

1. 主要概念 **解释**人类威胁生物多样性的三种方式。
2. **总结**目前生物灭绝速度加快的原因。
3. **选择**威胁生物多样性的一个因素，并在实际方案中提出保护生物多样性的一种方式。
4. **总结**过度捕杀某种生物（如长须鲸）可能会如何影响整个生态系统。

批判性思维

5. **设计**一个社区，既能保护生物多样性又适合人类居住。分小组实施并完成这一任务。
6. **调查**当地社区，找出至少五种对生物多样性的威胁，并提出保护生物多样性的建议。

第3节

保护生物多样性

本节预览

核心问题

- 自然资源分为哪两类?
- 保护生物多样性的方法有哪些?
- 恢复生物多样性的两项技术是什么?

术语回顾

自然资源:生物圈中的材料和生物。

关键术语

可再生资源
不可再生资源
可持续利用
特有物种
生物修复
生物防治

主要概念 **人类利用多种方式来减缓物种灭绝的速度,以保护生物多样性。**

联系实际 打碎一件装饰性物品后,你试图修复过它吗?你可能会细致地搜寻所有的碎片,并小心地将它们重新粘在一起。修复一个受损的生态系统与此类似。科学家仔细地搜寻生态系统的所有碎片,修复其中被破坏的部分,并保护该区域在未来免遭损害。

自然资源

目前,生物圈为超过70亿的人口提供自然资源,满足人类的基本需求。人口数量持续增长,且这种增长在世界范围内并不均衡。人口数量的增长,使人类对自然资源的需求又进一步增大。

对自然资源的消耗速度,同样分布不均衡。**图5-16**所示为某些国家的人均自然资源消耗。相比于发展中国家,发达国家的人均自然资源消耗速度更大。伴随着发展中国家工业化进程的深入,人们对自然资源的消耗速度也会增大。由于不断增长的人口数量及对自然资源消耗的速度不断增大,制订一项使用及保护自然资源的长期计划显得既迫切又重要。

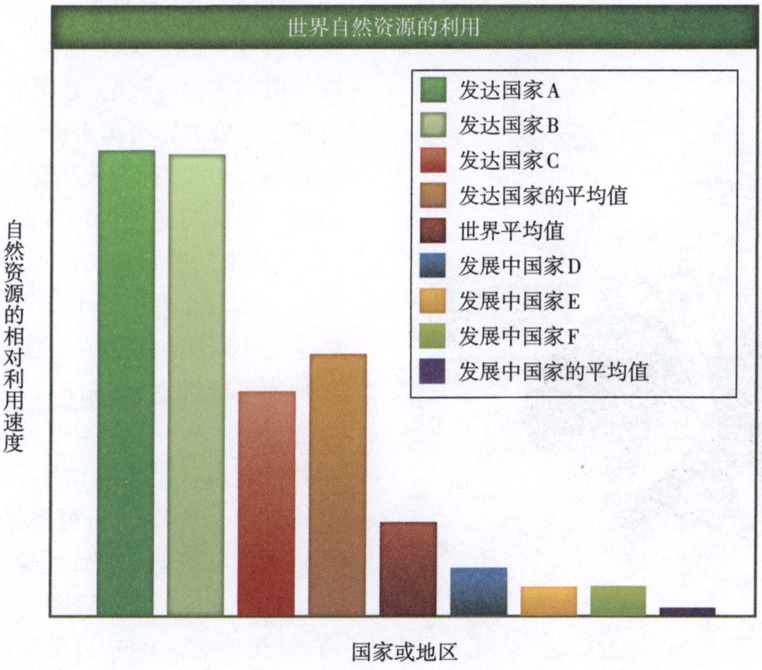

图5-16 图片显示不同国家对自然资源的人均消耗。
解释 *为什么发达国家A和B对自然资源的消耗多,而发展中国家E和F对自然资源的消耗少。*

■ **图5-17** 被砍伐的森林是不可再生资源，因为森林的完整性被彻底打破，无法再为之前居住在那里的生物提供栖息地。

可再生资源 对自然资源的长期利用计划，必须考虑两类自然资源——可再生资源和不可再生资源的差异。通过自然进程更新的速度比消耗速度快的自然资源称为**可再生资源(renewable resource)**。太阳能是可再生资源，因为这种供应看上去是源源不断的。农作物、动物、清洁的水源及空气是可再生资源，因为它们的正常更新比消耗更快。但是，可再生资源的供应也不是无限的。如果对资源的需求超过了供给，该资源就可能会枯竭。

不可再生资源 在地球上能找到的有限的资源以及需要很长时间进行自然进程更新的资源，称为**不可再生资源(nonrenewable resource)**。化石燃料及放射性铀等矿产，属于不可再生资源。某个物种在最后一个个体死亡前是可再生资源。但当该物种灭绝，它便永久地消失了，成为不可再生资源。

可再生资源与不可再生资源的比较 将自然资源分为可再生资源和不可再生资源，要根据具体情境进行判断。森林里的一棵树或一小片树林是可再生资源，因为人类可以种植替代性的树苗，土壤中的种子也能够重新长成大树。完好无损的森林仍然可以为生活在那里的生物提供栖息地。但当整片森林被砍伐，它就是不可再生资源了，居住在森林中的生物很可能因丧失栖息地而不能存活，如**图5-17**所示。在这个例子中，森林及所有可能灭绝的物种都是不可再生资源。

可持续利用 如**图5-18**所示，对自然资源的一种利用方式是可持续利用。顾名思义，**可持续利用(sustainable use)**意味着以自然资源能够更新或循环的速度进行利用，以保护生物圈的长期健康发展。保护自然资源包括：减少资源利用的总量，循环利用资源，保护生态系统，以负责任的态度利用这些资源。

■ **图5-18** 利用替代性资源可以保护生物圈的健康发展。
解释 *为什么这个过程是对资源的可持续利用。*

保护生物多样性

在本章第2节,你学习了人类的活动是如何影响生态系统的。在世界范围内,人们也在进行各种努力,减缓生物多样性的丧失,并朝着可持续利用自然资源的方向努力。

美国的自然保护区 保护生物学专家意识到建立自然保护区的重要性,生物多样性可以由此丰富起来。美国在1872年建立了第一个国家公园——黄石国家公园,以保护该地区的地貌特征。从1872年开始,美国陆续建立了许多国家公园和自然保护区。

其他保护区 除美国外,很多国家都建立了国家公园及自然保护区。目前,自然保护区大约占世界土地总面积的7%。在历史上,这些保护区域曾像"小岛"一样,被人类活动所包围。后来,联合国支持了一项生物圈保护和世界遗产体系,例如,哥斯达黎加就建立了大面积保护区。这些保护区包含一个或多个远离人类活动的核心保护区域,及对自然资源可持续利用的缓冲区域。大面积保护区既为保护生物多样性营造了地理优势,同时又为当地人提供了丰富的自然资源。

阅读检测 **解释**大面积保护区的优势。

数据分析实验

基于真实的数据*

利用地图

在美洲,鸟类的生物多样性是如何分布的? 与其他物种一样,鸟类的分布并不均衡。鸟类在美洲一些区域的分布比另一些区域更密集。

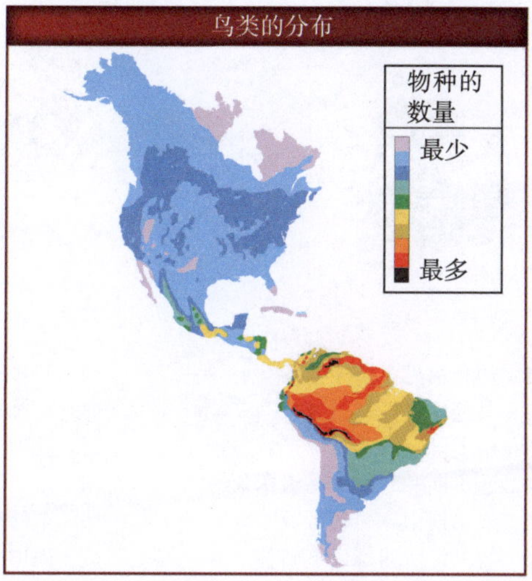

*数据来源:Pimm, L. l. and Brown J. H. 2004. Domains of diversity. *Science* 304:831–833.

数据与观察

利用地图回答下列有关栖鸟类生物多样性的问题。

批判性思维

1. **判断**鸟类分布最集中的区域。
2. **概括**当你从加拿大向南美洲移动时,鸟类数量的变化趋势。
3. **推断**为什么当你向南美洲最南端移动时,鸟类的数量会发生变化。

图解生物多样性热点

图5–19

在图中以红色标识突出的生物多样性热点，属于当地特有物种受到威胁的生态系统。如果这些物种灭绝，生物多样性将减少。

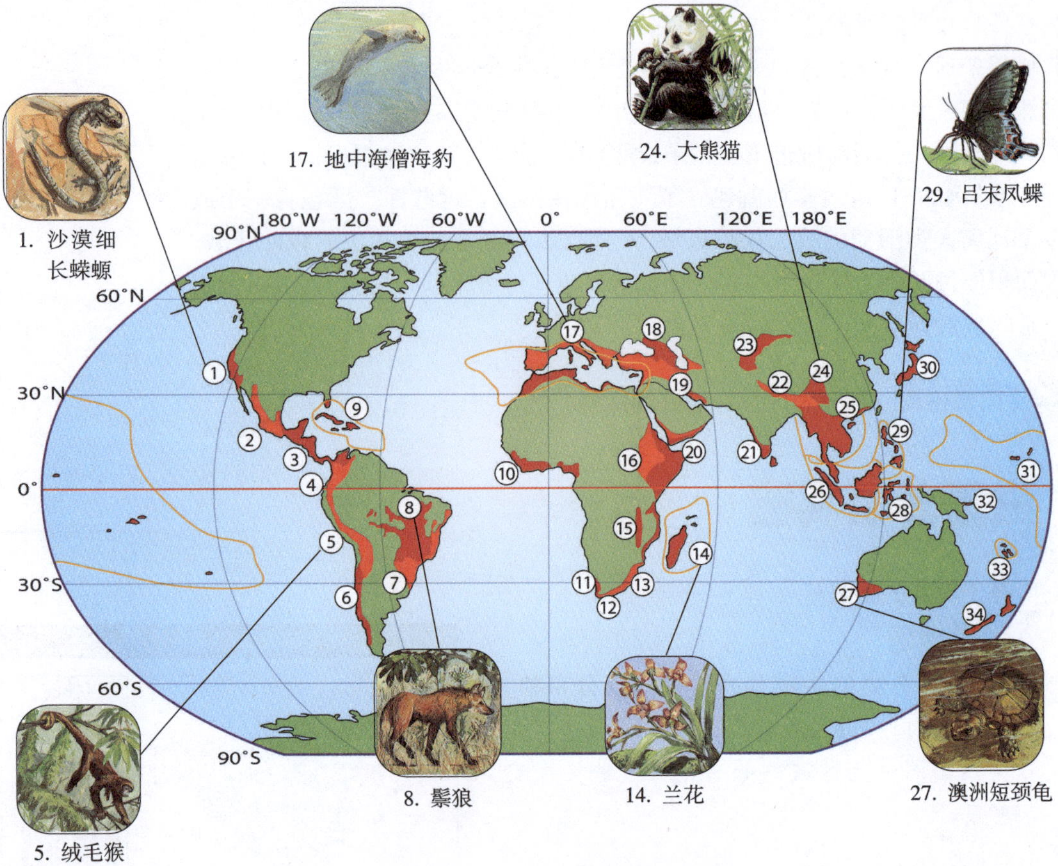

1 加利福尼亚植被区系
2 马德雷松栎林
3 中美洲
4 通贝斯—乔科—马格达莱纳
5 安第斯山脉热带区域
6 智利巴尔迪维亚冬雨林
7 大西洋沿岸森林
8 巴西高原萨瓦纳植被带
9 加勒比诸岛
10 西非几内亚森林
11 肉质植物高原台地（南非西部和纳米比亚最南部）
12 开普省植被带
13 马普托兰—蓬多兰—奥尔巴尼
14 马达加斯加和印度洋岛屿
15 东非沿岸森林
16 东部赤道非洲山地
17 地中海流域
18 高加索山脉
19 伊朗—安纳托利亚地区
20 非洲之角（索马里半岛）
21 西高止山脉和斯里兰卡
22 喜马拉雅山地
23 中亚山地
24 中国西南山地
25 印缅地区
26 巽他古陆
27 西南澳大利亚
28 华莱士地区
29 菲律宾群岛
30 日本
31 波利尼西亚和密克罗尼西亚
32 东美拉尼西亚
33 新喀里多尼亚
34 新西兰

生物多样性热点 保护生物学专家在世界范围内确定了一些生活着**特有物种(endemic)**的热点地区——这些物种只在这一特定的地理区域内生活,并且栖息地丧失已达临界水平。某个地区要成为生物多样性热点,必须满足两个标准:第一,必须有至少1500种特有的维管植物;第二,该地区必须至少已经丧失了70%的原始栖息地。**图5-19**所示为34个国际认定的生物多样性热点区域。

在热点区域,可以找到将近一半的动植物资源。这些热点区域最初覆盖了地球表面的17%,但目前只剩下大约10%。

致力于恢复热点区域的生物学家认为,聚焦有限的区域可以挽救尽可能多的物种。其他生物学家则认为,在热点区域集中进行挽救物种的资助工作,并没有消除发生在其他地方的严重问题。例如,虽然拯救一片湿地只能挽救非常少量的物种,但湿地具有更多的功能,如涵养水源、调节洪水,并为鱼类提供育幼场所。这些生物学家认为,应该在全世界各个地区进行资助,而不是只关注生物多样性的热点区域。

碎片化栖息地之间的走廊 保护生物学专家同时还建议,通过在碎片化栖息地之间修建走廊,可以挽救生物多样性。如**图5-20**所示,走廊用于连接小块陆地。这些走廊使生物能从一个区域安全地迁移到另一个区域。这样可以创造更大片的区域,以维持更多样的生物种类及基因变化。但是,走廊并没有完全解决栖息地破坏的问题。如果被感染的动物从一个地区迁移到另一个地区时,疾病也很容易扩散到另一个地区。此外,这种方法还增加了边缘效应,一片较大的栖息地可能边缘更少,但保护难度更大。

术语

走廊

两个栖息地碎片化之间的通道。

鹿利用两个栖息地碎片化之间的走廊,安全地迁移。

■ **图5-20** 碎片化栖息地之间的走廊使动物能安全地通过。

描述 *碎片化栖息地之间的走廊有什么优势及不足?*

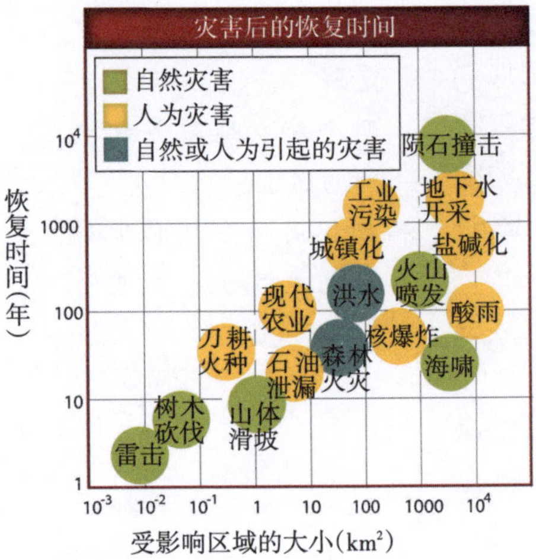

■ **图5-21** 灾害后的恢复时间取决于受影响区域的大小或灾害的类型。**判断** *山体滑坡大致的恢复时间。*

生态系统恢复

有时候，某个地区的生物多样性被破坏之后，就不再提供健康生态系统所需的生物因素和非生物因素。例如，被砍伐的热带雨林的土壤，在几年后都不能再进行农业生产。采矿结束后，废弃的土地可能不具备维持生物多样性的条件。石油泄漏或有毒化学物质泄漏事故，可能严重污染某个地区，使当地物种不能生存。

如果给予相当长的时间，生物群落可能从自然或人类灾难中恢复过来，如**图5-21**所示。决定恢复时间的因素包括受影响的区域的大小及灾害的类型，但与灾难是自然造成或是人为造成并没有直接的联系。通常来讲，受影响的区域越大，恢复生物群落花费的时间越长。生态学家一般运用两种方法促进受损生态系统的恢复进程：生物修复和生物防治。

生物修复 利用原核生物、真菌或植物等，清除受污染地区的毒素的过程，称为**生物修复(bioremediation)**。1975年，南卡罗来纳州的一个燃料储存工厂发生泄漏，释放出大量燃料。燃料浸入沙土中，污染了地下水。一种生活在土壤中的微生物可将这些含碳的燃料分解成二氧化碳。科学家发现：通过向土壤中加入其他营养物质，能够提高这种微生物消除有毒物质的速度。在接下来的几年里，该地区的污染水平快速降低。这种微生物也能消除其他生态系统中因石油或燃料泄漏导致的土壤污染。

如**图5-22**所示，一些植物也能清除土壤污染中的有毒物质，如锌、铅及有机物质。在污染的土壤中种植这些植物，它们就能将有毒物质储存在组织当中。收割这些植物，也就从生态系统中清除了有毒的重金属。相对来说，生物修复是一种新方法，但前景广阔。

■ **图5-22** 芦苇地可以处理工业园区产生的化学废弃物。芦苇地里的细菌和真菌将大量的污染物转化成无毒的物质。

生物防治 在一个退化的生态系统中，加入天然的捕食者的修复方法，称为**生物防治**（**biological augmentation**）。例如，蚜虫是一种吃蔬菜及其他植物的小昆虫。它们破坏农作物，也会传播植物疾病。一些农民依靠瓢虫来控制蚜虫的数量，如**图5-23**所示。瓢虫不会损害农作物，却让农田免受蚜虫的侵害。

从法律上保护生物多样性

20世纪70年代，人们做出了很多努力来关注环境的破坏及保护生物多样性问题。世界上多个国家颁布法律，且多个国家之间签署协议，为保护环境做出努力。在美国，1973年颁布了《濒危物种保护法》，该法案试图从法律上保护灭绝或濒临灭绝的物种。1975年，一项国际性的协议——《濒危野生动植物国际贸易公约》（简称CITES）被签署，它宣布濒危物种及象牙、犀牛角等动物器官的贸易是不合法的。自20世纪70年代以来，世界各国签署并颁布了更多的法律和协议，以保护生物多样性。

图5-23 瓢虫被引入生态系统，控制蚜虫的数量。

第3节 测评

要点梳理

- 可持续利用是利用自然资源的一种方式。
- 人们利用多种方式来保护地球上的生物多样性。
- 生物多样性热点包含大量濒危的当地特有物种。
- 恢复生态系统常用的两项技术是生物修复和生物防治。
- 自20世纪70年代以来，世界各国通过了各种形式的法律法规来保护自然环境。

要点理解

1. 主要概念 **描述**三种减缓生物灭绝速度或保护生物多样性的方法。
2. 给两类自然资源**下定义**。
3. 选择**图5-21**中的一种人为灾害，**讨论**恢复生物多样性的方法。
4. **说明**大面积自然保护区的优势和不足。

批判性思维

5. **创作**一位生物学家与当地居民的一段对话脚本。当地人想要利用自然资源满足家庭生活需要。对话中要求包括可达成的折中方案，满足双方对自然资源的利用。

野外调查

旺加里·马塔伊（Wangari Maathai）种下改变的种子

旺加里·马塔伊是一直在家乡生活和工作的肯尼亚人，她为改善农村地区妇女的困境做出了贡献。有限的木柴、稀缺的水资源以及贫瘠的土壤，这些都难以满足农村妇女的家庭需要。马塔伊是怎样解决这个问题的呢？答案是种树，并且教其他妇女种树。

在马塔伊的领导下，1977年开始的种树逐渐发展为“绿带运动”。这一民间的、非政府组织的行动减少了肯尼亚森林砍伐带来的环境和社会问题。除了倡导种树外，“绿带运动”也致力于提高环保意识、志愿者精神、本地生物多样性保护、社区发展及当地女性的自立自强。2004年的诺贝尔和平奖授予了马塔伊，以表彰她在“可持续发展、民主与和平”方面做出的突出贡献。

旺加里·马塔伊

肯尼亚的积极改变 作为肯尼亚环境改变的领导人，马塔伊帮助肯尼亚人更深入地理解了他们在环境保护中的重要作用。现今，肯尼亚有超过600个社区网络，负责监督约6000个苗圃。这些苗圃主要雇佣肯尼亚妇女，并为她们提供家庭收入来源。在社区网络工作的人们已经在全国种植了超过3000万棵树。退化的森林正在重新生长，该地区的生物群落也恢复了往日的生机与活力。

土壤侵蚀变慢了，并且土壤的肥力和保水能力也提高了。果树及其他可食用的植物的广泛种植，既减少了饥饿，还明显提高了农村家庭的营养水平。

时隔30多年，“绿带运动”的影响仍然非常明显。从肯尼亚开始，非洲的很多其他国家也开展了“绿带运动”，包括坦桑尼亚、乌干达、马拉维、莱索托、埃塞俄比亚和津巴布韦等。

社区服务

行动计划 你会怎样参与到社区的植树活动中？制订一项行动计划，包括怎样联系当地团体获得信息、设计植树工程的细节、获得资源及执行活动计划。

生物实验室

野外调查：怎样调查学校周边的一小块地，以帮助你了解该生态系统的结构和功能的完善程度？

背景：生物学家的其中一项工作是调查某个地区，并提供一份生态系统结构和功能完善程度的报告。如果发现问题，就提出可能的解决方案，确定行动计划并贯彻执行。

问题：怎样使一个生态系统恢复到自然状态？

实验器材

1米长的木棒（61根）
野外记录簿
当地物种野外指导手册
彩色塑料带（50米）
绳子（600米）
铅笔

安全注意事项

警示：在观察野生动物时要小心，尽量别打扰到它们。

设计与实施实验

1. 阅读并完成实验室安全表。
2. 确定一个研究地点，进行调查前要确保得到该地点的管理者同意。
3. 利用4根木棒，在该地点划分出15米×15米的一片区域。
4. 利用剩下的57根木棒和绳子，将该区域分成1米×1米的小方块。这些将是你调查的样地。
5. 利用**迷你实验2**使用的方法，调查该地点并计算生物多样性指数。
6. 研究你所调查地区的历史数据。自从人类首次定居后，它发生了怎样的变化？
7. 以对环境负责的态度，研究并提出适当的方法来照料你所调查的这一小块地，使它通过修复回到最初的原始状态。
8. 制订一项实施计划。你可能会遇到哪些限制？
9. 如果可能，执行你的计划。

实验分析和结论

1. **解释**　你的方法为什么非常重要？
2. **判断**　你的计划会影响到某种关键生物吗？
3. **分析**　你的计划中，一些可能的负面影响是什么？
4. **论证**　还能运用另一种可能的保护生物学技术吗？请解释。
5. **计算**　如果实施你的建议，生物多样性指数可能发生什么变化？
6. **阐释**　你的计划使生物多样性增加了吗？为什么？

数据分享

汇报　以班级的名义起草一份演讲，这份演讲应该充分利用多媒体展示你所收集的资料，实施计划所需要的时间、资金和资源，以及实施计划的充分理由。

第5章 复习指南

内容聚焦 **多样性** 生物圈维持了基因多样性、物种多样性和生态系统多样性，人类通过努力保护生物多样性。

大概念 **生物群落和生态系统的稳定性依赖于不同生物个体间复杂的相互关系。**

第1节 生物多样性

灭绝
生物多样性
基因多样性
物种多样性
生态系统多样性

主要概念 **生物多样性能够维持生物圈的结构和功能完善，并为人类提供直接和间接价值。**

- 生物多样性对于维持生物圈的结构和功能非常重要。
- 生物多样性包括三个方面：基因多样性、物种多样性及生态系统多样性。
- 生物多样性具有审美价值、科学价值，及直接和间接的经济价值。
- 保持生物多样性可以保护未来可能需要的基因库，这非常重要。
- 与人工技术相比，结构与功能完善的生态系统能够为人类提供更低廉的服务。

第2节 生物多样性面临的威胁

背景灭绝
大灭绝
自然资源
过度开发
生境碎片化
边缘效应
生物放大
富营养化
入侵物种

主要概念 **人类的一些活动降低了生态系统中的生物多样性，已有证据表明，生物多样性降低可能对生物圈产生严重的长期影响。**

- 一些科学家预测，目前的物种灭绝速度异常高。
- 岛屿上的物种尤其容易灭绝。
- 从历史上看，人类的过度开发已经导致了一些物种的灭绝。
- 人类的活动可能导致生物多样性下降。

第3节 保护生物多样性

可再生资源
不可再生资源
可持续利用
特有物种
生物修复
生物防治

主要概念 **人类利用多种方式来减缓物种灭绝的速度，以保护生物多样性。**

- 可持续利用是利用自然资源的一种方式。
- 人们利用多种方式来保护地球上的生物多样性。
- 生物多样性热点包含大量濒危的当地特有物种。
- 恢复生态系统常用的两项技术是生物修复和生物防治。
- 自20世纪70年代以来，世界各国通过了各种形式的法律法规来保护自然环境。

第5章 测评

第1节

术语回顾

下列每个句子都是错误的。参考“复习指南”选择正确的名词术语，替换斜体字的名词术语，使句子表达正确。

1. 当某个物种的最后一名成员死亡，就会发生*生物多样性*。
2. *遗传多样性*指的是生物圈中有各种各样的生态系统。
3. *生态系统多样性*指的是不同物种的数量及某个群落中每个物种的相对丰度。

要点理解

4. 下列物种多样性最丰富的地区是(　　)。
   A. 加拿大　　B. 哥斯达黎加
   C. 墨西哥　　D. 美国

利用如下所示的照片，回答第5题和第12题。

5. 下列能最恰当描述图片中兔子表示出的现象的术语是(　　)。
   A. 生态系统多样性　　B. 基因多样性
   C. 物种丰度　　D. 物种多样性
6. 参考**图5-3**，佛罗里达州南部的物种多样性是(　　)。
   A. 0～50个物种
   B. 50～100个物种
   C. 100～150个物种
   D. 150～200个物种
7. 下列表示生物多样性的间接经济价值的是(　　)。
   A. 食物　　B. 衣服
   C. 防洪　　D. 药物
8. 一片森林、一个淡水湖泊、一个河口和一片草原。下列对上述地点描述最恰当的术语是(　　)。
   A. 生态系统多样性　　B. 灭绝
   C. 基因多样性　　D. 物种多样性

回答问题

9. **简要回答**　推断为什么佛罗里达州南部比阿拉斯加北部的物种多样性更丰富。
10. **内容聚焦　多样性**　解释为什么在生物圈中，生态系统多样性的增加有助于提高生物多样性。
11. **主要概念**　描述生物圈具有的三种价值。
12. **简要回答**　解释生物的某个特征，如图中兔子的特征，是如何有助于该物种生存的。

批判性思维

13. **解释**为什么难以给生物多样性的美学品质赋予经济价值。
14. **描述**本社区中某个生态系统对人类的贡献，保护该生态系统才能确保它继续对人类做出贡献。

第2节

术语回顾

解释下列每一对术语之间的差异及它们之间有怎样的联系。

15. 背景灭绝、大灭绝
16. 栖息地碎片化、边缘效应
17. 过度开发、外来物种入侵

要点理解

18. 表5–2中列出的生物中，总体的灭绝数量最多的一组是(　　)。
A. 鸟类　B. 开花植物
C. 无脊椎动物　D. 哺乳动物

19. 表5–2中列出的生物中，灭绝的百分比最高的是(　　)。
A. 鸟类　B. 鱼类
C. 哺乳动物　D. 爬行动物

利用如下所示的插图，回答第20题和第21题。

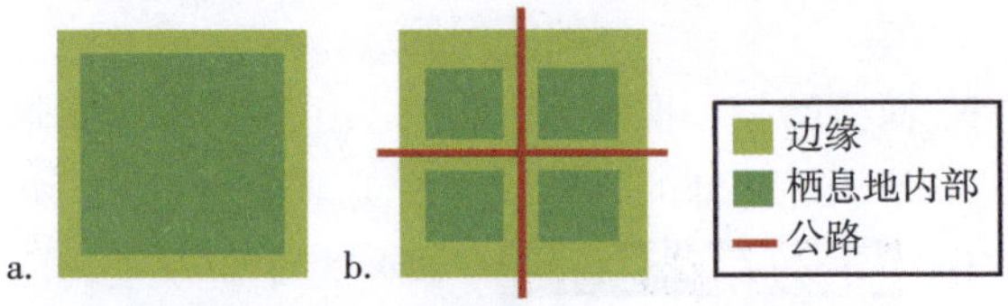

20. 下列受边缘效应的影响最大的栖息地是(　　)。
A. a　B. b
C. a和b一样　D. 既不是a，也不是b

21. 哪一个栖息地在自然状态下的生物多样性更多?
A. a　B. b
C. a和b一样　D. 既不是a，也不是b

22. 下列不属于生物丧失栖息地的方式的是(　　)。
A. 背景灭绝　B. 破坏
C. 干扰　D. 污染

23. 目前的生物灭绝速度大约比正常灭绝速度快(　　)倍。
A. 1　B. 10　C. 1000　D. 10000

24. 下列事件中，最终导致海藻林开始消失的是(　　)。
A. 浮游生物总量减少
B. 海獭数量增加
C. 过度捕捞吃浮游生物的鲸
D. 杀虫剂引起的污染

回答问题

25. 主要概念　解释为什么犀牛濒临灭绝。

批判性思维

26. **建议**　减少水体富营养化的方法。

27. **解释**　为什么将外来的昆虫释放到本地生态系统中不是一个好主意。

第3节

术语回顾

参考"复习指南"，选择一个名词术语，回答下列问题。

28. 这是一类资源，其被自然进程更新的过程比消耗它的过程快。

29. 这是一类物种，仅在某个特定的地理区域内能找到。

30. 这是一个过程的名字，它利用生物体清除某个区域中的有毒物质。

31. 这是一类资源，其总量有限或需要经历非常长的时间才能在自然进程中更新。

要点理解

32. 下列术语中，是某个受污染区域或被破坏区域恢复生物多样性的方法的是(　　)。
A. 生物防治　B. 生物走廊
C. 可再生资源　D. 可持续利用

利用如下所示的图片，回答第33题。

33. 上图所示为栖息地走廊，该走廊的优点是(　　)。
A. 走廊增加了该地区的边缘效应
B. 疾病容易从一个地区扩散到另一个地区
C. 寄生生物容易从一个地区扩散到另一个地区
D. 物种中的成员能安全地从一个地区迁移到另一个地区

根据下图回答第34题和第35题。

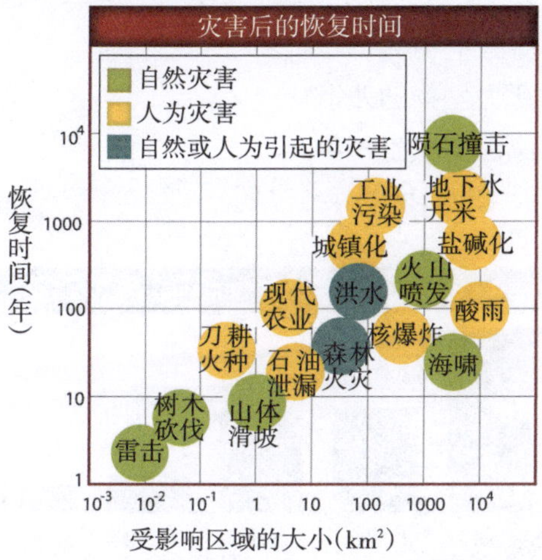

34. 下列人为灾害发生后,需要的恢复时间最长的是(　　)。

A. 地下水开采

B. 工业污染

C. 核爆炸

D. 石油泄漏

35. 下列自然灾害发生后,需要的恢复时间最短的是(　　)。

A. 雷击　　B. 陨石撞击

C. 海啸　　D. 火山喷发

回答问题

36. 主要概念 解释为什么保护区能够保护生物多样性。

37. **与生物学相关的职业** 解释一位环境保护微生物学家如何利用生物修复,清除污染地区的有毒物质。

批判性思维

38. **评价** 为什么实施可持续利用自然资源的计划很重要。

39. **评价** 随着地球污染的不断加剧及发展中国家生活水平的提高,可持续利用自然资源的计划将发生怎样的改变。

总结性测评

40. 大概念 想一想生物多样性减少将对群落及生态系统的稳定性造成怎样的影响。以论文的形式写下你的答案。

41. 科技 **写作** 写一篇小论文,论述保护生物多样性的重要性。

42. 科技 **写作** 选择一种濒危生物,写一首歌或一首诗详细描述该生物所处的困境。

43. 选择一种濒危的植物或动物,调查使其濒危的因素。结合基因多样性、物种多样性及生态系统多样性的知识,评估该物种生存下来的可能性。

DBQ 资料分析题

下面的引文来源于普利策奖获得者爱德华·威尔逊(Edward O. Wilson)的期刊论文。

“人类曾经面对或将要面对的最糟糕的事情,不是能源枯竭、经济崩溃、有限核战争,或极权政府的征占。对于我们来说,上述灾难可以在几十年内得以纠正。但20世纪80年代发生的事需要耗费几百万年才能纠正,这就是自然栖息地破坏导致的物种多样性和基因多样性的丧失。这是一件子孙后代最不可能原谅我们的蠢事。”

数据来源:Wilson, E. Q. 1980. Resolutions for the 80s. *Harvard Magazine*(January-February): 20.

44. 20世纪80年代生物多样性发生了怎样的变化?

45. 为什么威尔逊要将生物多样性的丧失,与能源枯竭、经济崩溃、核战争及征占进行比较?

46. “这是一件子孙后代最不可能原谅我们的蠢事”,这句话是什么意思?

标准化测试

选择题

1. 在极地区域，植被缺乏的主要原因是(　　)。
   A. 食草动物大量啃食
   B. 降水量少
   C. 没有供植物扎根的土壤
   D. 没有充足的阳光

根据下图回答第2、3题。

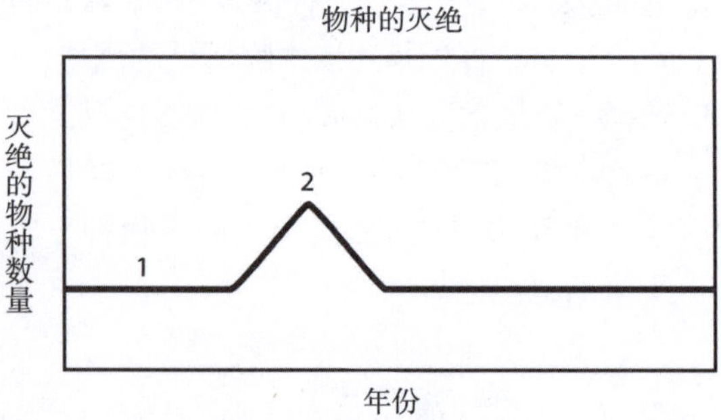

2. 下列术语能最恰当地描述图中的标号1的是(　　)。
   A. 背景灭绝
   B. 栖息地破坏
   C. 大灭绝
   D. 物种过度利用
3. 图中标号2的峰不可能是由(　　)引起的。
   A. 人类移民到一个岛屿上，对当地动物栖息地的破坏
   B. 随着时间的推移，工业化不断加速及人类的影响
   C. 外来动物入侵到一个岛屿生态系统中
   D. 一种致命的疾病影响了某一个生物种群
4. 下列属于密度制约因素的是(　　)。
   A. 气候
   B. 天气
   C. 大气压
   D. 为食物竞争
5. 在一个湖的深水区可能发现(　　)。
   A. 藻类
   B. 浮游生物
   C. 死亡生物的残骸
   D. 漂浮的水生植物

利用如下图示，回答第6、7题。

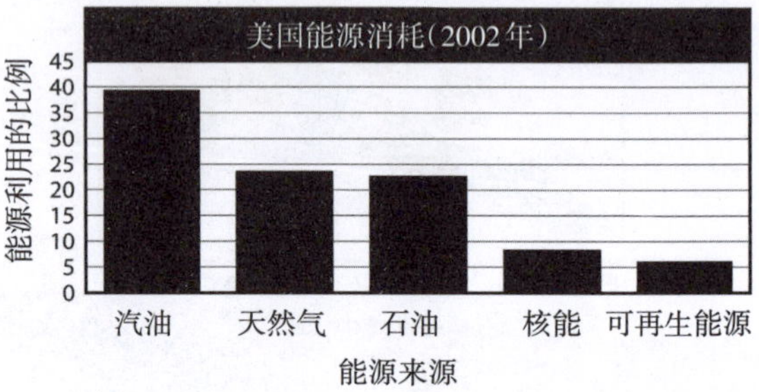

6. 在2002年美国能源消耗中，化石燃料的消耗占(　　)。
   A. 23%
   B. 24%
   C. 39%
   D. 86%
7. 在2002年美国能源消耗中，不可再生能源占(　　)。
   A. 8%
   B. 23%
   C. 39%
   D. 94%
8. 下列属于珊瑚虫栖息地的非生物限制因素的是(　　)。
   A. 年平均降水量
   B. 土壤中的化学成分
   C. 全年的温度
   D. 生活在珊瑚礁的虫黄藻

简答题

根据下图回答第9、10题。

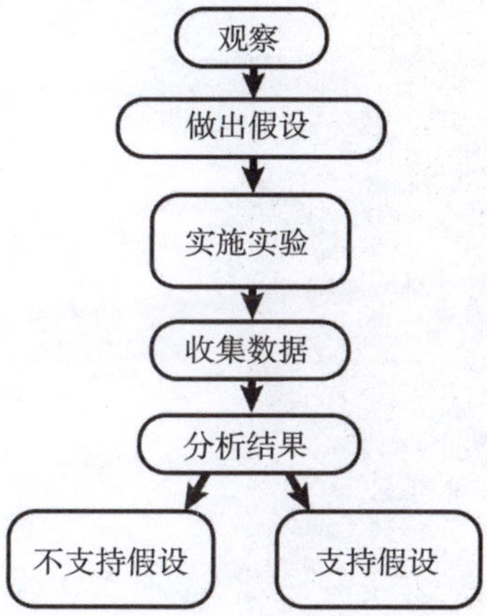

9. 如果实验不支持科学家的假设，他应该怎么办？

10. 科学家并不总是一步步地按照同样的科学方法进行研究。列出上述研究步骤中，科学家通常会忽略的一个步骤，并解释。

11. 如果一个种群的数量正在下降，其出生率与死亡率相比的结果怎样？

12. 分别举出一个可再生资源和不可再生资源的例子，并分析这样分类的原因。

13. 解释年龄结构图中表示的人口信息。

14. 在夏威夷，姜是一种入侵植物。请说明为什么公园管理者必须铲掉这些姜。

开放题

利用如下图示，回答第15题。

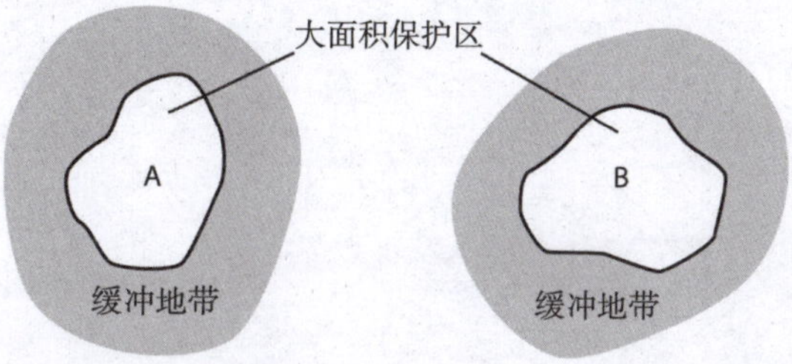

15. 上图所示为两个被缓冲地带环绕的大面积保护区。请评估：对于一种生活在A区域的鸟，这些保护区有哪些积极影响和消极影响。

16. 解释为什么具有共生关系的两个物种，可能会同时进化。

论述题

美国政府每10年进行一次人口普查。第一次人口普查是1790年，当时记录的人口为390万。2000年进行的人口普查，美国人口将近2.5亿。人口普查也能显示出人口的趋势，如人口逐渐从农村迁移到城市。

利用上文中的信息，以论文的形式回答下列问题。

17. 每十年一次的人口普查可以提供美国人口的发展概貌。在两次人口普查中间，可能发生许多事情影响人口变化。请描述在每次人口普查之间，一些可能引起美国人口发生重大改变的因素。

考点提示

测试题号	1	2	3	4	5	6	7	8	9	10	11	12	13	14	15	16	17
对应章节	3.2	5.2	5.2	4.1	3.3	5.3	5.3	3.2	1.3	1.3	4.2	5.3	4.2	5.2	5.3	2.1	4.2

第二单元
细　胞

内容提要

科学探究　科学家通过科学研究发现了细胞，深入研究了其功能。

多样性　细胞内含有多种大分子和细胞器，通过行使各种功能、推动运作过程来存活。

能量　能量存储于化学键中，各种细胞活动通过破坏这些化学键来获得能量。

稳态　通过质膜的主动运输来维持细胞内部的稳态。

变化　细胞活动使细胞及其周围环境发生变化，并且产生新的细胞。

与生物学相关的职业

法医是通过在死亡现场和实验室分析医学证据来研究人类死亡方式及原因的专家。

第6章

生物中的化学

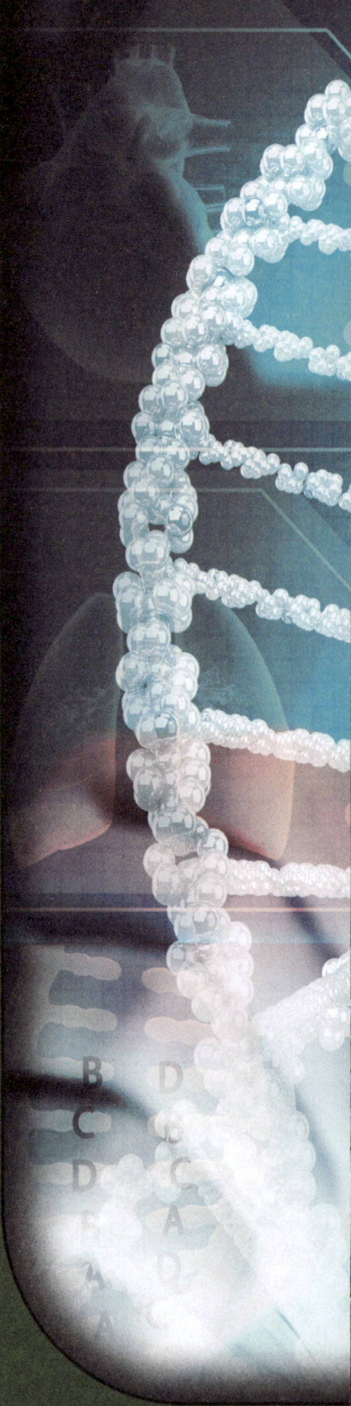

起步实验

比较食物的营养成分

人体的结构和功能依赖于化学元素，它们是组成蛋白质、糖类、脂肪、维生素、矿物质和水的基本单位。在本实验中，你会对提供这些元素的营养物质进行探究。

步骤

1. 阅读并完成实验室安全表。
2. 构建一个数据表，记录各营养成分的克数或百分比。数据表应包含以下内容：摄入量、能量和来源于脂肪的能量。
3. 研究麦片包装盒上的营养成分表，并记录相关数据。
4. 选择另外三种带有营养成分表的食品。预测这三种食品的营养成分与麦片的营养成分的对比结果。利用营养成分表记录每一种食品的相关数据。

分析

1. **评估** 哪些因素影响了你对食品中营养成分的预测。你的预测是否正确？
2. **推断** 哪种食品中每份所含的蛋白质含量最高？

折叠式

学习卡

制作一个如图所示的折叠式学习卡，用来整理酶活性相关的笔记。

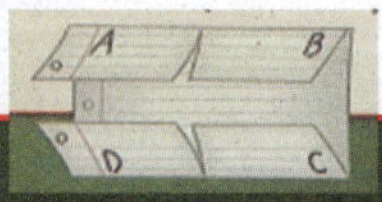

内容聚焦 能量

任何化学反应过程都伴随着能量的变化。

大概念　原子是生物化学的基础，同时也是所有生物体的基础构成物质。

第1节

本节预览

核心问题

- 原子是什么?
- 怎样用图表示构成原子的粒子?
- 共价键和离子键有什么相似之处?
- 怎样描述范德华力?

术语回顾

物质:具有单一的、固定不变的组成。

关键术语

原子
原子核
质子
中子
电子
元素
同位素
化合物
共价键
分子
离子
离子键
范德瓦耳斯力

原子　元素　化合物

主要概念　**物质是由原子构成的。**

联系实际　很多科学家认为,宇宙大约是在138亿年前的一次突然的大爆炸中形成的。我们今天所看到的多种多样的奇特生命,其基础材料也是由大爆炸产生的。在研究这些基础材料的时候,科学家自然地开启了化学的大门。

原子

化学是研究物质的结构及其组成、性质的一门学科。物质具有质量和体积,能够占据空间。你学到的所有生物体都是由物质组成的,而**原子(atom)**是构成物质的基石。

链接历史　公元前5世纪,希腊哲学家留基伯(Leucippus)和德谟克利特(Demucritus)提出所有物质都是由微小的、难以看见的微粒组成的。直到19世纪初,科学家们才真正开始搜集原子存在的证据。随着之后两个世纪的科技发展,科学家不仅证明了原子的存在,而且发现原子是由更小的微粒组成的。

原子的结构　一个原子非常小,数十亿个原子能够同时放到一枚大头针的针尖上。原子是由更小的微粒构成的,其中有中子、质子和电子,如**图6-1**所示。中子和质子位于原子的中央,参与构成了**原子核(nucleus)**。**质子(proton)**(p^+)是带正电的粒子,**中子(neutron)**(n^0)不带电,**电子(electron)**(e^-)带负电且围绕在原子核周围,在各能级中持续运转。原子的基础结构是质子和电子间的吸引作用形成的,一个原子具有相同数量的质子和电子,所以整个原子的电荷量为零。

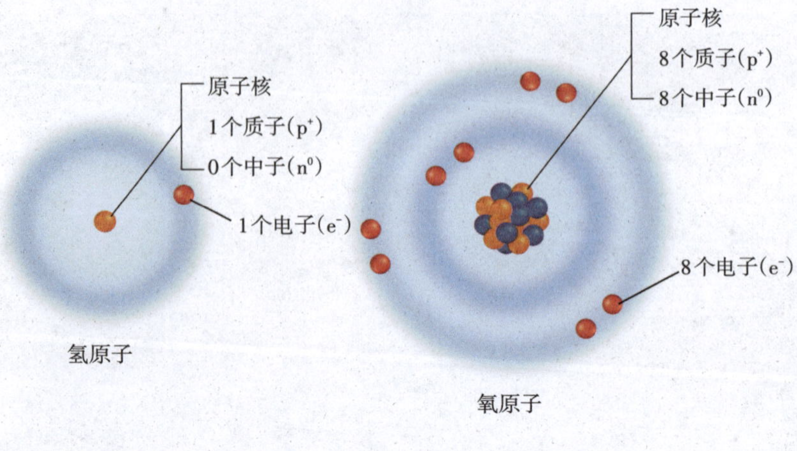

■ **图6-1**　氢原子只含有1个质子和1个电子,氧原子含有8个质子、8个中子、8个电子,电子在两个能级(图中阴影环所示)中围绕着原子核运动。

推断　*当电子数比质子数多时,原子会发生什么变化?*

元素周期表

族 周期	ⅠA	ⅡA	ⅢB	ⅣB	ⅤB	ⅥB	ⅦB	ⅧB	ⅧB	ⅧB	ⅠB	ⅡB	ⅢA	ⅣA	ⅤA	ⅥA	ⅦA	ⅧA	电子层	ⅧA族电子数
1	1 H 氢 $1s^1$ 1.008																	2 He 氦 $1s^2$ 4.003	K	2
2	3 Li 锂 $2s^1$ 6.941	4 Be 铍 $2s^2$ 9.012											5 B 硼 $2s^22p^1$ 10.81	6 C 碳 $2s^22p^2$ 12.01	7 N 氮 $2s^22p^3$ 14.01	8 O 氧 $2s^22p^4$ 16.00	9 F 氟 $2s^22p^5$ 19.00	10 Ne 氖 $2s^22p^6$ 20.18	L K	8 2
3	11 Na 钠 $3s^1$ 22.99	12 Mg 镁 $3s^2$ 24.31											13 Al 铝 $3s^23p^1$ 26.98	14 Si 硅 $3s^23p^2$ 28.09	15 P 磷 $3s^23p^3$ 30.97	16 S 硫 $3s^23p^4$ 32.07	17 Cl 氯 $3s^23p^5$ 35.45	18 Ar 氩 $3s^23p^6$ 39.95	M L K	8 8 2
4	19 K 钾 $4s^1$ 39.10	20 Ca 钙 $4s^2$ 40.08	21 Sc 钪 $3d^14s^2$ 44.96	22 Ti 钛 $3d^24s^2$ 47.87	23 V 钒 $3d^34s^2$ 50.94	24 Cr 铬 $3d^54s^1$ 52.00	25 Mn 锰 $3d^54s^2$ 54.94	26 Fe 铁 $3d^64s^2$ 55.85	27 Co 钴 $3d^74s^2$ 58.93	28 Ni 镍 $3d^84s^2$ 58.69	29 Cu 铜 $3d^{10}4s^1$ 63.55	30 Zn 锌 $3d^{10}4s^2$ 65.39	31 Ga 镓 $4s^24p^1$ 69.72	32 Ge 锗 $4s^24p^2$ 72.61	33 As 砷 $4s^24p^3$ 74.92	34 Se 硒 $4s^24p^4$ 78.96	35 Br 溴 $4s^24p^5$ 79.90	36 Kr 氪 $4s^24p^6$ 83.80	N M L K	8 18 8 2
5	37 Rb 铷 $5s^1$ 85.47	38 Sr 锶 $5s^2$ 87.62	39 Y 钇 $4d^15s^2$ 88.91	40 Zr 锆 $4d^25s^2$ 91.22	41 Nb 铌 $4d^45s^1$ 92.91	42 Mo 钼 $4d^55s^1$ 95.94	43 Tc 锝* $4d^55s^2$ [99]	44 Ru 钌 $4d^75s^1$ 101.1	45 Rh 铑 $4d^85s^1$ 102.9	46 Pd 钯 $4d^{10}$ 106.4	47 Ag 银 $4d^{10}5s^1$ 107.9	48 Cd 镉 $4d^{10}5s^2$ 112.4	49 In 铟 $5s^25p^1$ 114.8	50 Sn 锡 $5s^25p^2$ 118.7	51 Sb 锑 $5s^25p^3$ 121.8	52 Te 碲 $5s^25p^4$ 127.6	53 I 碘 $5s^25p^5$ 126.9	54 Xe 氙 $5s^25p^6$ 131.3	O N M L K	8 18 18 8 2
6	55 Cs 铯 $6s^1$ 132.9	56 Ba 钡 $6s^2$ 137.3	57-71 La~Lu 镧系	72 Hf 铪 $5d^26s^2$ 178.5	73 Ta 钽 $5d^36s^2$ 180.9	74 W 钨 $5d^46s^2$ 183.8	75 Re 铼 $5d^56s^2$ 186.2	76 Os 锇 $5d^66s^2$ 190.2	77 Ir 铱 $5d^76s^2$ 192.2	78 Pt 铂 $5d^96s^1$ 195.1	79 Au 金 $5d^{10}6s^1$ 197.0	80 Hg 汞 $5d^{10}6s^2$ 200.6	81 Tl 铊 $6s^26p^1$ 204.4	82 Pb 铅 $6s^26p^2$ 207.2	83 Bi 铋 $6s^26p^3$ 209.0	84 Po 钋 $6s^26p^4$ [209]	85 At 砹 $6s^26p^5$ [210]	86 Rn 氡 $6s^26p^6$ [222]	P O N M L K	8 18 32 18 8 2
7	87 Fr 钫 $7s^1$ [223]	88 Ra 镭 $7s^2$ 226.0	89-103 Ac~Lr 锕系	104 Rf 𬬻* $(6d^27s^2)$ [261]	105 Db 𬭊* $(6d^37s^2)$ [262]	106 Sg 𬭳* $(6d^47s^2)$ [266]	107 Bh 𬭛* $(6d^57s^2)$ [264]	108 Hs 𬭶* $(6d^67s^2)$ [277]	109 Mt 鿏* $(6d^77s^2)$ [268]	110 Ds 𫟼* [271]	111 Rg 𬬭* [272]	112 Cn 鎶* [285]	113 Nh 鿭* [284]	114 Fl 𫓧* [289]	115 Mc 镆* [288]	116 Lv 𫟷* [292]	117 Ts 鿬* [291]	118 Og 鿫* [293]	Q P O N M L K	8 18 32 32 18 8 2

镧系	57 La 镧 $5d^16s^2$ 138.9	58 Ce 铈 $4f^15d^16s^2$ 140.1	59 Pr 镨 $4f^36s^2$ 140.9	60 Nd 钕 $4f^46s^2$ 144.2	61 Pm 钷* $4f^56s^2$ [145]	62 Sm 钐 $4f^66s^2$ 150.4	63 Eu 铕 $4f^76s^2$ 152.0	64 Gd 钆 $4f^75d^16s^2$ 157.3	65 Tb 铽 $4f^96s^2$ 158.9	66 Dy 镝 $4f^{10}6s^2$ 162.5	67 Ho 钬 $4f^{11}6s^2$ 164.9	68 Er 铒 $4f^{12}6s^2$ 167.3	69 Tm 铥 $4f^{13}6s^2$ 168.9	70 Yb 镱 $4f^{14}6s^2$ 173.0	71 Lu 镥 $4f^{14}5d^16s^2$ 175.0
锕系	89 Ac 锕 $6d^17s^2$ 227.0	90 Th 钍 $6d^27s^2$ 232.0	91 Pa 镤 $5f^26d^17s^2$ 231.0	92 U 铀 $5f^36d^17s^2$ 238.0	93 Np 镎 $5f^46d^17s^2$ 237.0	94 Pu 钚 $5f^67s^2$ [244]	95 Am 镅* $5f^77s^2$ [243]	96 Cm 锔* $5f^76d^17s^2$ [247]	97 Bk 锫* $5f^97s^2$ [247]	98 Cf 锎* $5f^{10}7s^2$ [251]	99 Es 锿* $5f^{11}7s^2$ [252]	100 Fm 镄* $5f^{12}7s^2$ [257]	101 Md 钔* $(5f^{13}7s^2)$ [258]	102 No 锘* $(5f^{14}7s^2)$ [259]	103 Lr 铹* $(5f^{14}6d^17s^2)$ [260]

图例：原子序数——92；U——元素符号，红色指放射性元素；铀——元素名称，注*的是人造元素；$5f^36d^17s^2$——外围电子层排布，括号指可能的电子层排布；238.0——相对原子质量

金属　非金属　过渡元素

图6-2　元素周期表中包含了已知的所有元素。

元素

元素(element)是指具有相同的核电荷数的一类原子的总称。目前已知的元素超过100种，其中有92种是天然的。科学家已经搜集了关于元素的各种信息，例如，每种元素的质子数和电子数、相对原子质量等。在元素周期表中，每种元素有自己的名称和符号。

元素周期表　如**图6-2**所示，元素周期表中，水平方向为同一周期元素，垂直方向表示的是同一族元素，每一方块代表一种元素。称其为元素周期表，是因为处在同一族中的元素都具有相似的化学及物理性质，可以利用此表对还未发现的或未分类的元素进行预测分析。如**图6-3**所示，在生物体中发现的元素也存在于地壳中。

图6-3　地壳和生物体中元素的丰度对比，生物体主要由碳、氢和氧三种元素构成。

解释 *生物体中含量最丰富的元素是什么。*

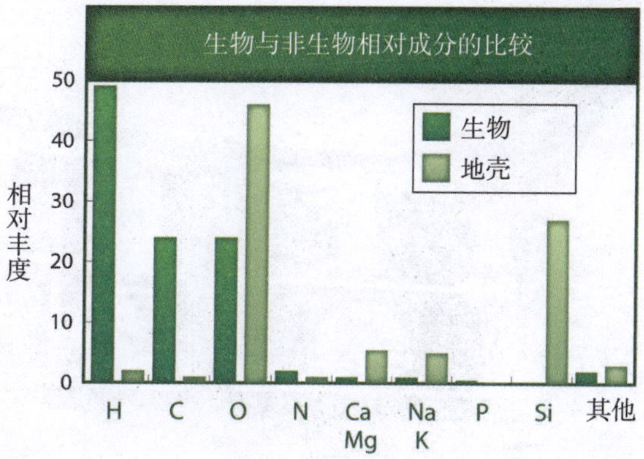

■ **图6-4** C-12和C-13在自然界中普遍存在，在生物体中存在少量的C-14。
比较 *同位素间的异同。*

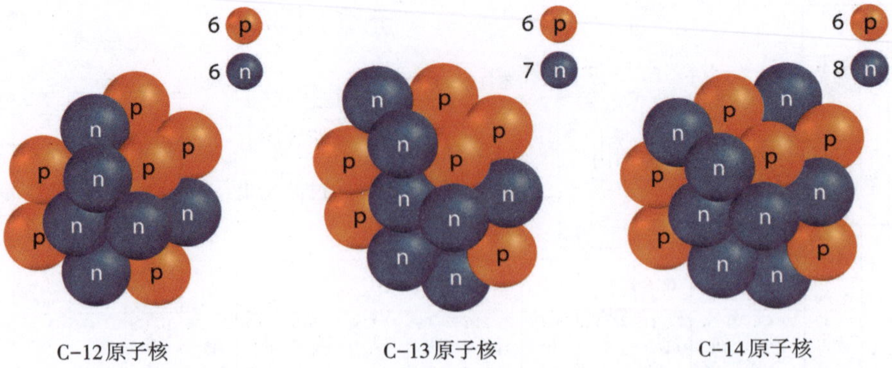

同位素 尽管同一元素的原子具有相同的质子数和电子数，但其中子数可能不同。如**图6-4**所示，中子数不同的同一种元素的原子称为**同位素（isotope）**。一种元素的同位素可通过原子核中的质子数和中子数总和来鉴定，例如，C-12是最常见的碳原子，具有6个质子和6个中子；其同位素C-14具有6个质子和8个中子。同位素具有相同的化学性质。

放射性同位素 中子数的不同不会影响原子的电荷数，但会影响原子核的稳定性，引起原子核裂解。当原子核裂解时就会产生辐射，这些能够产生辐射的同位素被称为放射性同位素。

科学家在所有生物体中都发现放射性同位素C-14，并且知道该同位素的半衰期。C-14的半衰期是指C-14的原子核有半数发生衰变时所需的时间。所以，科学家可以通过检测仍存在于样品中的C-14含量来计算一个研究对象的年龄。有一些放射性同位素具有医疗用途，如**图6-5**所示。

阅读检测 **描述**同位素和放射性同位素的区别。

■ **图6-5** 科学家利用放射性同位素进行诊断、定位和治疗某些类型的癌症。

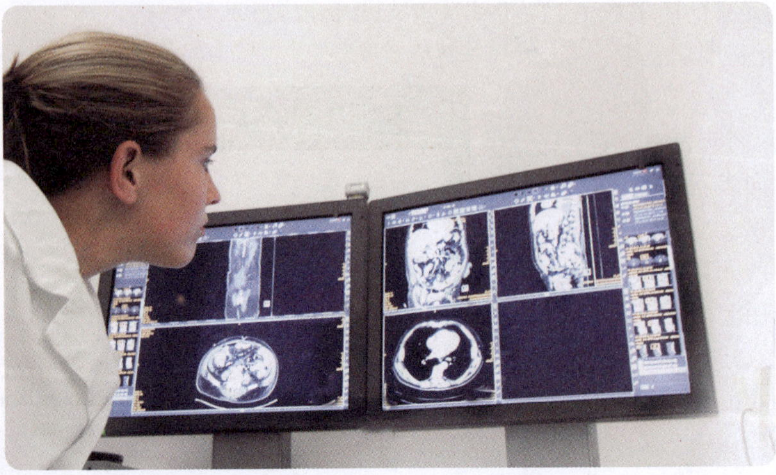

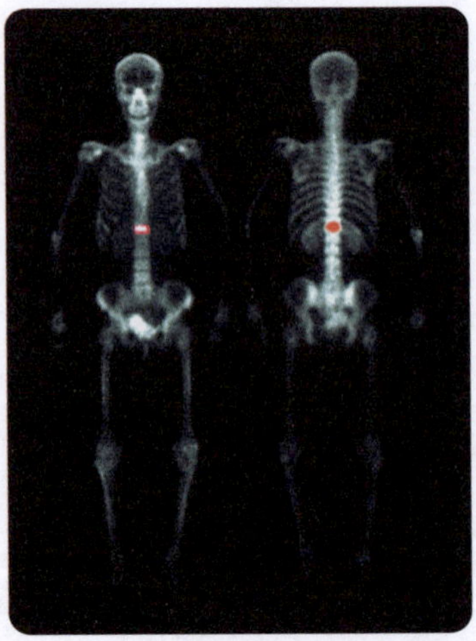

烟花是由一些化合物组成的。

食盐的主要成分是NaCl，NaCl是化合物。

沼泽是一种重要的生物资源，里面含有复杂的化合物和简单的化合物甲烷(CH_4)。

■ **图6–6** 你所生存的环境中到处都存在化合物。

化合物

不同元素间相互连接可形成更多复杂物质，由两种以上的元素组成的物质叫作**化合物(compound)**。现已知的化合物有数百万种，**图6–6**列举了其中一些。每种化合物由元素周期表中的两种或两种以上的元素组成，具有特定的化学结构。例如，水(H_2O)是化合物，而化合物氯化钠(NaCl)即为平常所称的食盐，汽车用的汽油是各种碳氢化合物的混合物。碳氢化合物含有氢原子和碳原子，甲烷(CH_4)是最简单的碳氢化合物。如**图6–6**中的沼泽，其中的细菌通过分解腐烂植物及其他生物体释放甲烷气体，这些甲烷气体也是一种化合物。

化合物具有一些独特的性质。首先，化合物是由各元素按一定比率组成的。水分子由两个氢原子和一个氧原子结合而成，每个水分子具有相同的结构。其次，化合物在化学性质和物理性质方面与元素所对应的性质是不同的，例如，水具有不同于氢气和氧气的特性。

化合物的另一个特性是不会被物理方法(如撕、碾压)转变为更简单的化合物或元素，但通过化学方法可以将其转变为更简单的化合物或元素。以水为例，你不能用一个过滤器将氢和氧分开，但通过电解便可将水转化成氢气和氧气(如**图6–7**所示)。

■ **图6–7** 电解水能产生氢气，这个反应可应用于氢燃料电池。

化学键

水、盐和甲烷这些化合物由两种或两种以上的元素组成，化学键将这些元素结合到一起。质子、中子和电子组成原子，原子核决定了原子的化学特性，而电子直接参与形成化学键。电子位于原子核周围的区域，即电子能级。如**图6-8**所示，每个能级容纳特定数量的电子，最靠近原子核的第一能级能容纳2个电子，第二能级容纳8个电子。

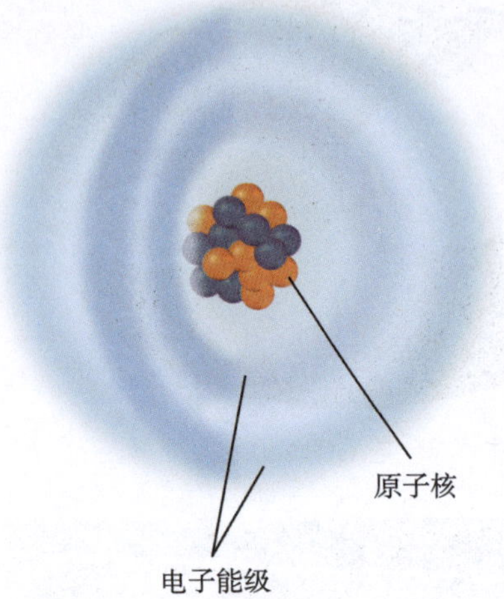

图6-8 电子围绕原子核在不同电子能级内高速运动。

原子最外层的能级不饱和时，其稳定性会降低。此时，原子需要失去或者获得别的电子才能达到稳定。原子间的化学键存储着能量，当化学键被破坏时，就为生物体的生长、发育、适应及繁殖等生命活动提供能量。共价键和离子键是两种主要的化学键。

共价键 你是否在小时候就学会了分享？如果你有一本书，你的小伙伴也想看，你们可以一起阅读，这样你们就都能获得这本书的知识。与此相似，原子最外层能级之间的电子可以通过共享形成化学键。

科学家将以共享电子的方式所形成的化学键称为**共价键(covalent bond)**。在**图6-9**中，氢和氧通过共价键形成水，氢原子只有一个电子，氧原子最外层能级具有6个电子，1个氧原子和2个氢原子共享电子形成共价键，形成了水分子。

组成生物体的很多化合物都是通过共价键形成的。科学家将具有共价键的水及其他具有共价键的物质称作分子。**分子(molecule)**即通过共价键结合而成的原子团，其总电荷为零。如**图6-10**所示，根据共享电子对的数目，共价键分别有一个、两个或三个电子对。

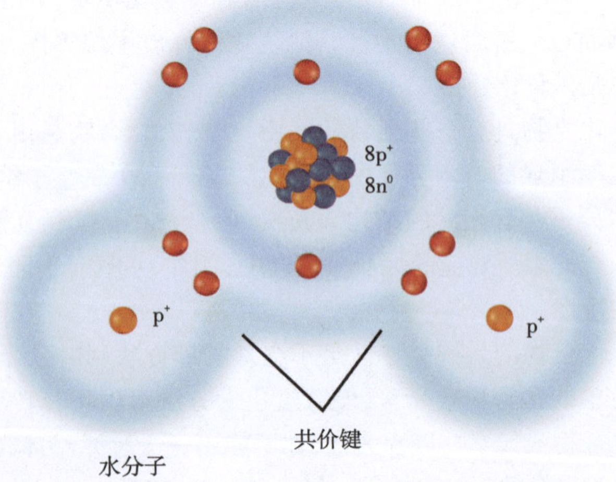

图6-9 在水分子(H_2O)中，每个氢原子分别同一个氧原子共享一个电子，因为氧原子需要获得两个电子使其最外层能级达到饱和，所以一个氧原子分别同两个氢原子形成两个共价键。

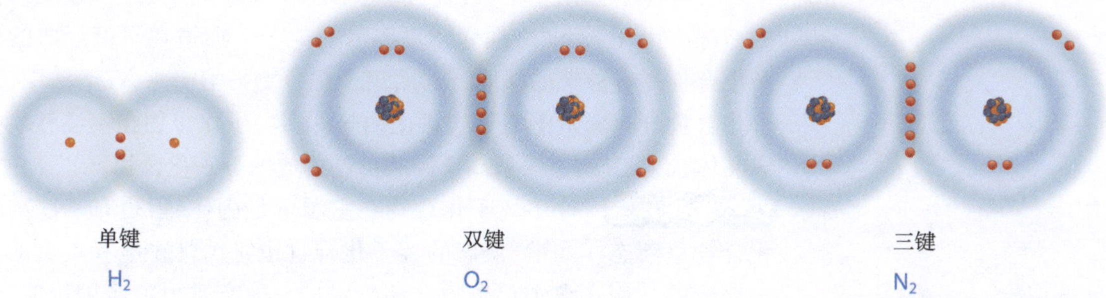

■ **图6-10** 一个单键共享一对电子，双键有两对电子，三键具有三对电子。

离子键 原子是呈电中性的，本身不具有电荷。原子可以通过失去或得到电子使其最外层能级变空或呈饱和状态，从而维持原子的稳定。如果失去或得到一个或多个电子，那么原子就会成为带有电荷的离子。例如，钠原子最外层能级具有一个电子，失去该电子让外层能级空载将使得钠更稳定，失去带负电的电子后，钠原子成为带正电的钠离子(Na^+)。氯原子的最外层能级具有7个电子，需要获得1个电子来维持稳定，当氯原子从提供电子的原子(如钠原子)处获得1个电子后，就成为带负电的氯离子(Cl^-)。

由原子组成的带电微粒称为**离子(ion)**，离子间的电荷吸引力就是**离子键(ionic bord)**。**图6-11**中展示了钠离子和氯离子通过离子键形成氯化钠的过程。通过离子键形成的物质称作离子化合物。

生物体内的离子有钠离子、钾离子、钙离子、氯离子及碳酸根离子等，它们通过进出细胞来维持生物体内环境的稳态。另外，离子介导细胞间的信号传递使得人类具有了视觉、听觉、味觉、嗅觉和感觉。

■ **图6-11** 钠原子失去一个电子，氯原子得到一个电子，形成离子。带相反电荷的离子相互结合形成离子键。

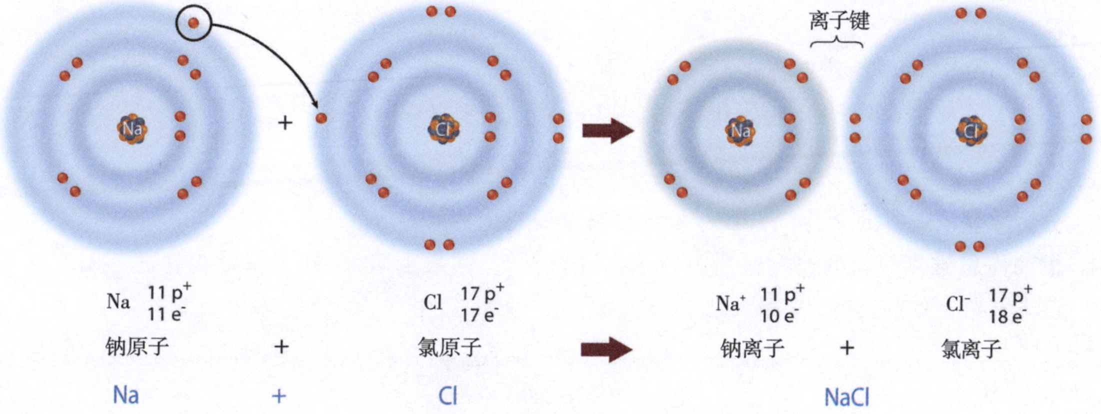

有些原子偏向于失去或得到电子。在元素周期表中，金属元素就易失去电子，而非金属元素更容易得电子。通过离子键形成的离子化合物具有独特的性质，例如，离子化合物易溶于水，在溶液中，离子化合物分解成带电离子。氯化钠等许多离子化合物在室温环境中成晶体状态，其熔点一般高于由共价键构成的分子化合物。

链接地球科学 许多离子化合物在室温下是固体，但也有一些离子化合物呈液态。当然，液态的离子化合物也是由带正电和负电的离子构成的。液态离子化合物在环境保护方面有重要的应用价值，可作为溶剂代替其他一些有毒的溶剂。液态离子溶剂的重要特性是不会发生爆炸、不会挥发，它们很多是无毒的、可以接触和储存、可再循环利用。由于这些原因，液态离子化合物受到工业的关注并用来维护和改善环境。

阅读检测 **比较**固体和液体化合物。

迷你实验 1

对单糖的检测

哪些常见食物中含有葡萄糖？ 葡萄糖是能为细胞提供能量的单糖。本实验用到的本尼迪特试剂能够检测—CHO基团的存在。当发生颜色改变时，说明食物中存在葡萄糖或其他单糖。

步骤

1. 阅读并完成实验室安全表。
2. 创建数据表。
3. 从教师提供的材料中选择食物样品，阅读食物标签并预测每种食物样品中有无单糖，记录预测结果。
4. 准备1000 mL的烧杯和40～50℃的温水。
5. 标记4支试管，用量筒分别向试管中加入10 mL不同的食物样品，然后加入10 mL蒸馏水，混匀。
6. 分别加入5 mL本尼迪克特试剂，用干净的玻棒搅匀。
7. 用试管夹夹住试管，放入温水中加热2～3 min，记录观察到的现象和结果。

分析

1. **分析数据** 所有的食物样品都含有单糖吗？给出你的解释。
2. **批判性思维** 以本尼迪特试剂为指示剂进行检测，结果为阳性，则可以对食物进行无糖标记吗？给出你的解释。

范德瓦耳斯力

原子因失去或得到电子而形成阳离子或阴离子。若原子核对电子的吸引是微弱的，则该原子会将电子“贡献”给其他原子。不难想象，共价键中吸引电子的强弱是不均等的。在分子中，电子围绕原子核随机运动，电子的这种随机运动形成分子周围不均衡散布的电子云，使得该区域形成阳性或阴性的微弱电荷。

当分子相互靠近时，这些阳性和阴性区域间的吸引力使得分子结合到一起，分子间的这种吸引力就称作**范德瓦耳斯力（van der Waals force）**。这是根据最初阐述该现象的荷兰科学家范德华来命名的。范德华力的强弱取决于分子的大小、形状及对电子的吸引能力。尽管范德华力没有共价键和离子键，但也在生物过程中起着重要作用。

科学家发现，壁虎能在光滑墙面上爬行，是因为它们脚趾间发丝状结构中的原子与墙面的原子之间有范德瓦耳斯力（见**图6-12**）。

水中的范德瓦耳斯力 思考范德瓦耳斯力在水这种常见物质中是怎样发生作用的。水分子中阳性或阴性区域与相邻水分子带相反电荷的区域相互吸引，这种吸引力使得水分子能够聚在一起。如果没有范德瓦耳斯力，水分子就无法形成水滴，并且水滴也不能够形成水面。需要注意的是，范德瓦耳斯力是水分子之间的吸引力，而不是构成水的原子之间的连接。

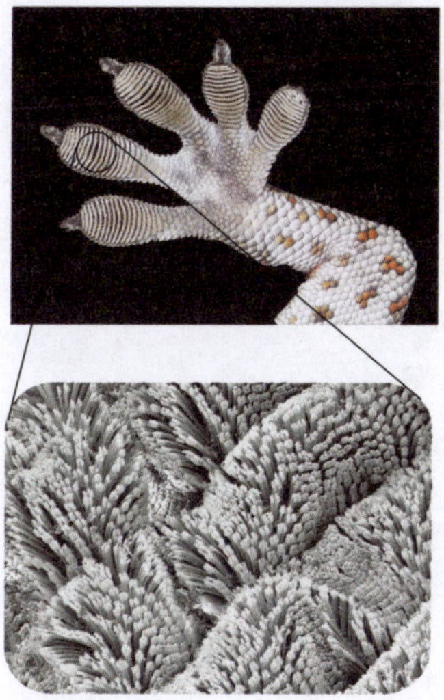

■ **图6-12** 壁虎的爪子底部有数以百万的细小毛发，每条毛发又伸展交错形成很多个小垫。

第1节 测评

要点梳理

- 元素是指具有相同的核电荷数的一类原子的总称。
- 同位素是具有不同中子数的同类元素的原子。
- 化合物是不同元素以特定比率组成的纯净物。
- 元素间能形成共价键和离子键。

要点理解

1. **绘图** 钠原子的原子核有11个中子和11个质子，请绘制并标注钠原子结构图。
2. **判断** 一氧化碳（CO）是不是原子？为什么？
3. **解释** 所有的化合物都是分子吗？为什么？
4. **比较** 范德瓦耳斯力、离子键和共价键有哪些区别？

批判性思维

5. **解释**能级中的电子数是怎样影响化学键的形成的。

生物中的 数学

6. 铍的原子核中有4个质子，那么铍-9的原子核中有几个中子？解释你的计算结果。

第2节

化学反应

本节预览

核心问题

- 一个化学反应包括哪些部分？
- 化学反应中能量是如何变化的？
- 酶在生物体中有什么重要作用？

术语回顾

过程：形成最终产物的一系列步骤或反应活动。

关键术语

化学反应
反应物
产物
活化能
催化剂
酶
底物
活性位点

主要概念 **化学反应让生物的生长、发育、繁殖和适应成为可能。**

联系实际 忙碌了一天之后，你舒服地躺在床上。你可能会认为整个身体都处于休息状态，但事实上，你的肠胃正在消化你白天吃进的食物，你手肘上的擦伤处正在悄然愈合，你的肌肉和骨骼也在不断生长和发育。你身体内发生的一些活动是化学反应的结果。

反应物和产物

新的汽车表面很亮，但随着时间的推移，汽车表面的涂层可能会脱落并且生锈，而生锈就是发生了化学反应的结果。**化学反应（chemical reaction）**就是物质内部的原子或原子基团发生重组形成新的物质的过程。伴随着化学键的断裂和形成，空气中的氧（O_2）和铁（Fe）发生反应，生成如**图6-13**所示的主要成分是氧化铁（Fe_2O_3）的铁锈。

如果物质发生了变化，但没有生成其他物质，我们可以认为该变化不涉及化学变化。例如在**图6-13**中，水发生的是物理变化，在反应前后，都是水。物理变化能够改变物质的状态但不改变物质的内在组成。

虽然我们知道化学变化会产生新的物质，但怎么来判断化学反应是否发生呢？尽管你察觉不到你体内正在进行的化学反应，但能够清楚地看到**图6-13**中的链条从银光闪闪到锈迹斑斑的变化。此外，其他的一些迹象，如光和热的产生以及新的气体、液体或固体的形成等，都可能暗示着化学反应的发生。

■ **图6-13** 左下图为化学变化，发生化学变化后，会有新的物质形成，例如铁锈。右下图是水的沸腾，为物理变化，水的内部化学组成没有发生变化。

化学变化

物理变化

化学方程式 为了准确地表示化学反应，科学家把反应中的每一个成分都表达在一个化学方程式中。化学方程式利用箭头表示了反应中物质间的变化方向。

反应物和产物 在化学方程式中，将**反应物（reactant）**写在箭头的左边，表示是反应开始的物质。将**产物（product）**写在箭头的右边，表示是在反应过程中形成的物质。箭头可以读作产生或反应形成。

反应物 ⟶ 产物

■ **图6-14** 葡萄糖和氧气发生反应形成二氧化碳和水的过程，为身体提供所需的能量。

能够为**图6-14**中排球运动员提供能量的化学反应，可以用如下的化学方程式来描述：

$$C_6H_{12}O_6+O_2 \longrightarrow CO_2+H_2O$$

葡萄糖和氧发生反应生成二氧化碳和水

平衡方程式 在化学反应中，物质能够发生变化，但不会凭空产生或消失，这个原则就是质量守恒定律。因此，所有的化学方程式都必须遵循这个平衡关系，这就表明反应物中同一元素的原子数量同产物中相同元素的原子数量完全一致。科学家用系数来表示箭头两端的原子数，让它们保持相等。

原子总量为系数乘以每个元素的下标，在如下例子中，箭头每一边一共有6个碳原子、12个氢原子、18个氧原子。平衡方程式中两边的原子数要保持相同，从而使其保持平衡。

$$C_6H_{12}O_6+6O_2=\!=\!=6CO_2+6H_2O$$

阅读检测 **解释**为什么化学方程式一定要配平。

反应中的能量

链接物理 曲奇饼干是由面粉、糖以及其他成分混合制作而成的，但是未经烘焙并不能称其为饼干，由面团到饼干的变化必须借助一些外在的条件才会发生。一个化学反应能够启动的关键因素是能量，对于面团变成饼干的化学反应过程，能量以热的形式推动了反应的发生。同样，如果没有能量，生命体中的多种化合物就不能发生化学反应。

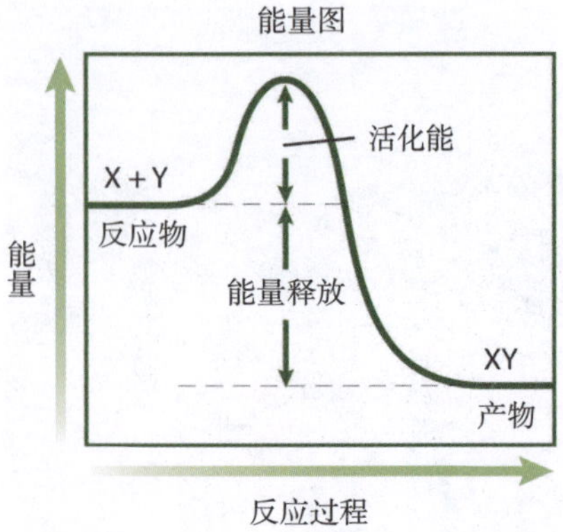

■ **图6-15** 火柴的火焰提供了活化能——反应得以启动所需要的能量。这个反应以光和热的形式释放能量。

活化能 在化学反应中，从反应物形成产物所需要的最少能量就叫作**活化能(activation energy)**。例如，你只有点燃蜡烛的灯芯，蜡烛才会燃烧，这是火柴燃烧产生的能量为蜡烛灯芯中的物质与氧气发生反应提供了活化能。反应开始后，就不需要提供更多的能量，蜡烛通过自身提供的能量就可以持续燃烧了。**图6-15**中，反应物X和Y反应生成产物XY的反应得以启动是需要提供能量的，曲线图的最高点代表了使反应能够启动所必须提供的能量值。有些反应很难发生，因为它们需要很高的活化能。

化学反应中的能量变化 比较**图6-15**和**图6-16**的化学反应中的能量变化，两者都需要活化能使得反应能够开始进行，但是，在**图6-15**的反应中，产物的能量低于反应物的能量，这个反应是放热型的，能量以热的形式释放出来；而**图6-16**的反应是吸热型的，该反应需要吸收热能，产物的能量高于反应物的能量。在每个化学反应中，随着反应物形成产物，都有通过化学键的形成和断裂引起的能量的变化。放热反应让人的体温能够维持在37℃左右。

■ **图6-16** 在一个吸热反应中，产物的能量比反应物的能量高。

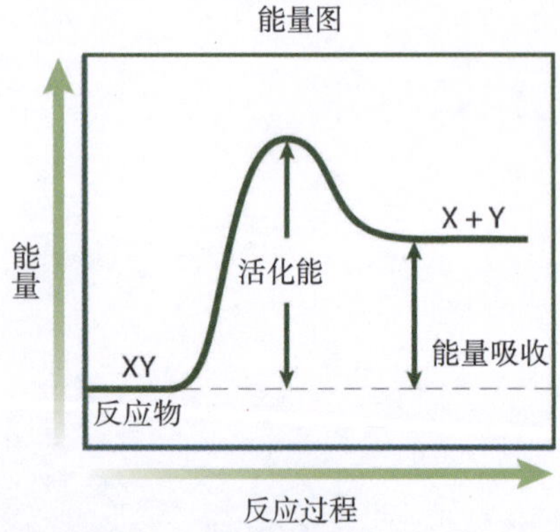

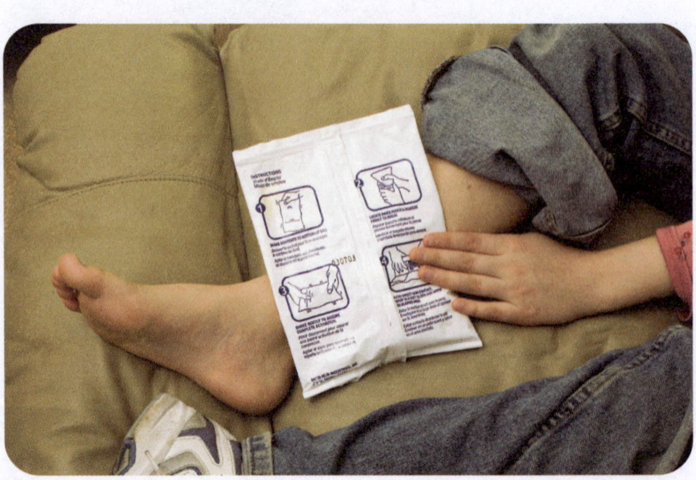

酶

所有生命体都是由化学反应驱动的化学工厂，但是，由于一些化学反应的活化能特别高，其过程在非实验状态下是非常缓慢的。在生物体的化学反应过程中，有时必须有额外的物质参与反应，降低活化能，才能加快反应进程。

催化剂（catalyst）是能够降低化学反应所需的活化能的物质。科学家使用各种类型的催化剂，使得化学反应的速率提高了成千上万倍。需要注意的是，尽管催化剂对加快化学反应速率非常重要，但其既不会增加产物的量，也不会在化学反应中被消耗。

酶（enzyme）是一种特殊的蛋白质，同时也是能够加快生物体内化学反应进程的生物催化剂。酶是生物体特有的，比较**图6-17**中描述的反应进程就可以了解酶对化学反应的影响。如同所有的催化剂一样，酶在化学反应中不会被消耗，一旦其能够参与到一个化学反应中，该酶就能够被再次利用。

生物学家根据酶发挥作用的类型对酶进行命名。例如，淀粉酶是在唾液中发现的重要酶，直链淀粉是淀粉的重要成分，当淀粉酶加快直链淀粉的分解时，就表示食物已经从口中开始消化了。

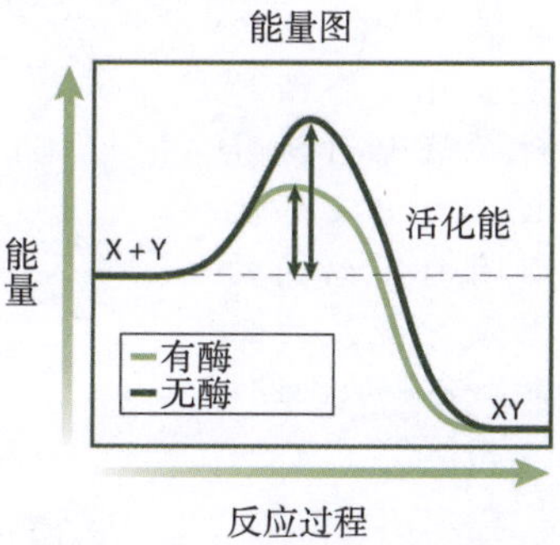

图6-17 当酶作为生物催化剂时，其对反应发生的速率产生的影响对细胞是有用的。
比较 *有酶和没有酶参与时的活化能。*

迷你实验 2

研究酶促褐变

什么因素影响酶促褐变？ 苹果被切成片后，其软组织暴露在空气中，会发生氧化，氧化过程是化学反应。苹果中的酶能够加快该反应，使其产生变色发黑的物质。在本实验中，你将会研究减缓酶促褐变发生的方法。

步骤

1. 阅读并完成实验室安全表。
2. 预测以下暴露于空气中的哪种样品的褐变反应速率将会减慢，证明你的预测。
   样品1：没有进行处理的苹果楔。　　样品2：在柠檬汁中浸泡过的苹果楔。
   样品3：在沸水中浸泡过的苹果楔。　　样品4：在糖水中浸泡过的苹果楔。
3. 在三只250 mL的烧杯中分别准备75 mL的沸水、柠檬汁和糖水。
4. 将一个苹果切成4个大小基本相同的楔形块，用钳子将其中3块快速浸泡入三种不同的液体中，另一块不做任何处理。
5. 浸泡3分钟，然后将其有皮的一面朝下，放置到纸巾上，观察10分钟，记录每块苹果楔的变色程度。

分析

1. **分析** 每种处理方式对苹果软组织发生的化学反应有什么影响？
2. **批判性思维** 餐馆人员要保存切开的新鲜水果，在选择处理方法时该考虑哪些因素？

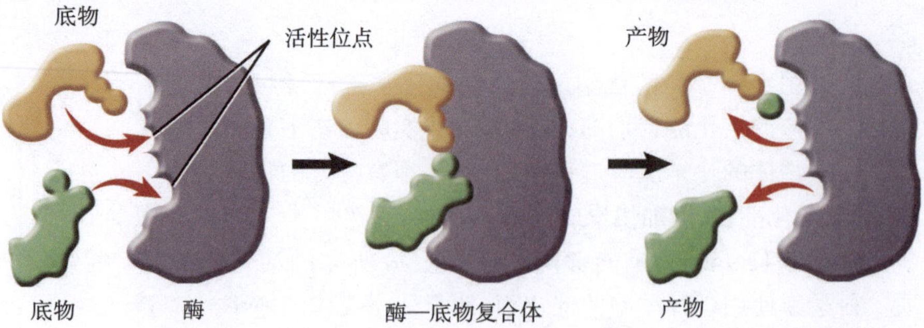

图6-18 酶与底物相结合的特殊位置称作活性位点。只有那些具有特定结构的物质才能成为底物，与酶的活性位点相结合。

根据**图6-18**来了解酶是怎样发挥作用的。与酶发生结合的反应物称作**底物(substrate)**，酶表面与底物发生结合的特殊位置叫作酶的**活性位点(active site)**。活性位点同底物有着完全互补的结构，使得它们能够以精确的结合方式发生相互作用，这类似于拼图。如**图6-18**所示，只有位点形状能够与活性位点相配套的底物才能与酶进行结合。

一旦底物同活性位点结合，活性位点形状发生改变，形成酶-底物复合体。在酶-底物复合体中，原有反应物中的化学键被破坏，形成了新的化学键，从而使底物反应形成新的产物，然后酶同产物分离。

影响酶的活性的因素有pH、温度及其他一些因素。例如，人体细胞内的绝大多数酶的最佳反应温度是37℃，但是在细菌等其他生物中，酶的最适温度却是不同的数值。

酶能够影响许多生物过程。当一个人被毒蛇咬伤后，毒液中的酶能够破坏人体红细胞的质膜；坚硬的青苹果能够成熟也是由于酶的活性；通过酶的催化作用，光合作用和细胞呼吸能够为细胞提供能量。如同工蜂对于蜂王的存活是非常重要的一样，酶是细胞中重要的化学参与物。

第2节 测评

要点梳理

- 配平化学方程式时，要求等号两边每种元素的原子数相等。
- 活化能是反应得以开始所需要的能量。
- 催化剂是能够改变化学反应速率的物质。
- 酶是生物催化剂。

要点理解

1. 主要概念 辨别化学反应A＋B⟶AB中的各个部分。
2. **绘图**表示化学反应过程中可能发生的相关能量变化。
3. **解释**为什么反应物的原子数量一定要和产物中同种原子的数量保持一致。
4. **描述**生物体中酶的重要性。

批判性思维

生物中的 **数学**

5. 标明以下化学反应的反应物和产物，并配平化学方程式。____H_2O_2⟶____H_2O＋____O_2

科技 **写作**

6. 针对骑车过程中的活化能和化学反应，绘制相应的能量变化图，并进行表述。

第3节

水和溶液

本节预览

核心问题

- 水的什么结构使它成为一种良好的溶剂?
- 溶液和悬浮液之间有何异同?
- 酸和碱之间有什么不同?

术语回顾

物理性质:不需要改变物质的组成就可以进行观察和测量的物质特性,例如颜色和熔点等。

关键术语

极性分子
氢键
混合物
溶液
溶剂
溶质
酸
碱
缓冲液

主要概念 **水的特性使其适合于维持生物体内环境的稳定。**

联系实际 从太空上观察地球,地球的主要颜色是蓝色,这是因为70%的地球表面都被水覆盖。现在将视野聚焦到地球上的一个单细胞生物体,你会发现水同样占据了这个单细胞生物体总量的70%。可见水是与生命密切相关的重要分子。

水的极性

研究发现,水分子是由一个氧原子通过共价键与两个氢原子结合而成的。但是,因为氧原子核对共享电子的吸引力比氢原子核强,所以形成共价键后,它们之间的共享电子并不均分。在水分子中,电子靠近氧原子核的时间比靠近氢原子核的时间长。如**图6-19**所示,水分子中的原子并不是平等地共享电子,由于水分子的弯曲形状,使得靠氧原子的一端带微弱的负电荷,靠氢原子的一端带轻微的正电荷,这种电子分布不均匀的分子就称作**极性分子(polar molecule)**。极性分子具有相反的带电区域。

极性的特点是具有正负极。磁铁具有极性——北极和南极,当这两极靠近时,就会相互吸引。同样的,极性分子的带电区域靠近另一分子的相反带电区域时,就会产生微弱的吸引力。科学家把水中的这种吸引力叫作氢键。**氢键(hydrogen bond)**是氢原子与氟、氧或氮等原子间的微弱吸引力,也是一种较强的范德华力。**图6-20**描述了水的极性以及其他特性,水的这些特性使得其对于生物体变得非常重要。

■ **图6-19** 由于水分子的弯曲形状以及氢和氧之间对电子的不均等共享,水分子之间形成了氢键。水中的原子间的这种引力使得水表面能够支撑住一只水黾。

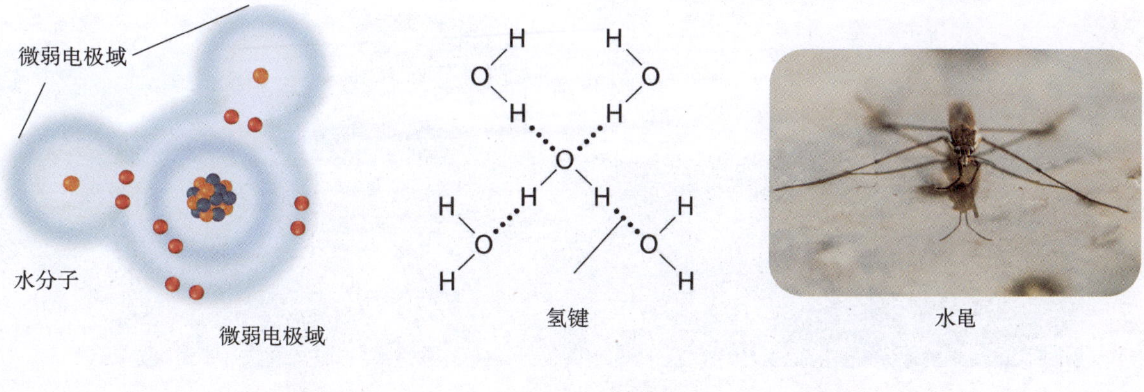

图解水的特性

图 6-20
水对生命非常重要。如果人类没有食物,可以坚持很多天,但是如果没有水,只能坚持几天。

水分子

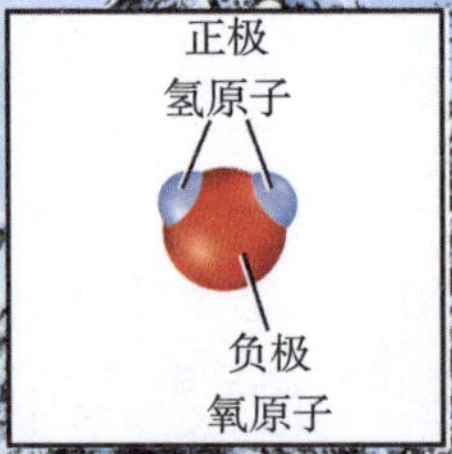

* 一个水分子由一个氧原子和两个氢原子组成。
* 水分子是有极性的,其弯曲的形状使得氢原子端带正电荷、氧原子端带负电荷,从而形成了氢键。
* 水被称作"万能溶剂",是因为其能够溶解很多物质。

氢键

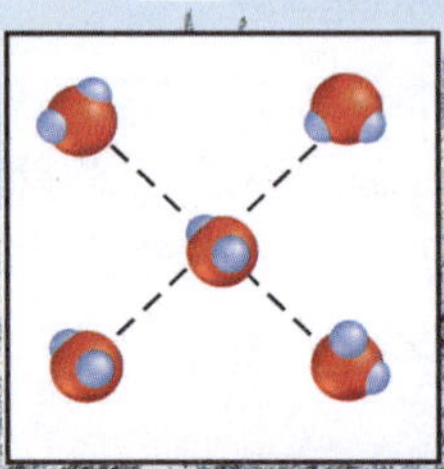

固体

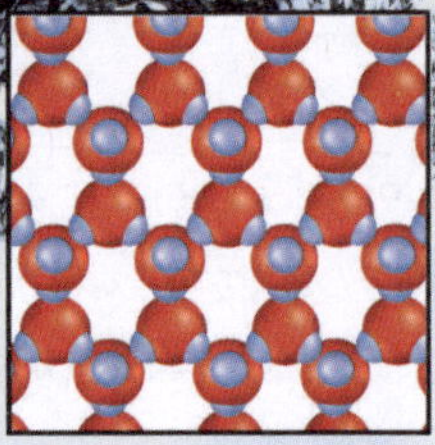

液态水的温度降到4℃时密度会变大,然而冰的密度比液态水的小。由于水的密度在春季和秋季的变化,各种水体中的营养物会发生相互混合。即便冰漂浮在水上面,鱼也能够在冰下面的水中活动。

液体

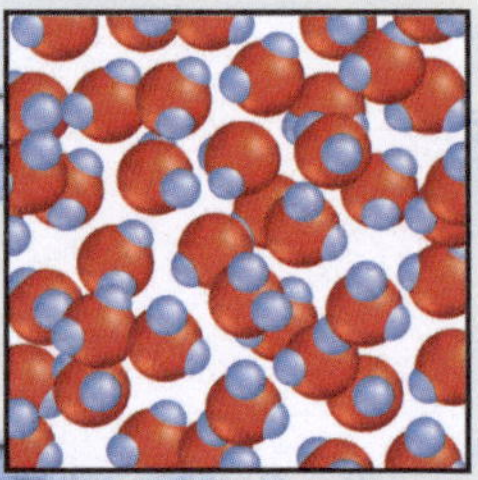

水具有黏合性——水分子同其他物质的表面分子形成氢键。毛细作用就是由于这种黏合作用产生的。植物茎中水的运输、种子的膨胀和萌发等都得益于毛细作用。

水是紧密结合的——由于氢键,水分子间相互吸引,形成表面张力。通过表面张力,水可以形成水滴,能够支撑昆虫和落叶漂在水面上。

混合物

你可能有过将速溶粉末溶于水制作饮料的经历。当你将粉状物质加入水中，它不会同水发生反应形成新的物质，只是变成了混合物。**混合物（mixture）**是两种或多种物质的混合，其中的每种物质都保持着各自原有的特性。

均匀混合物 混合物若具有完全均匀的组成，就称其为均匀混合物，也称作**溶液（solution）**。例如，**图6-21**中的茶饮料中，茶在溶液中均一分布，水的特性没有变，混合饮品的各成分也保持各自的特性不变。

在溶液中，有溶剂和溶质两种成分，**溶剂（solvent）**是能够将其他物质溶解在其中的物质，而**溶质（solute）**是能够溶解于溶剂中的物质。例如在饮品中，水是溶剂，粉状物质是溶质。盐和水的混合物又是另一个关于溶液的例子，可溶性盐可以完全溶解于水中。唾液能使你的口腔保持湿润并且能够初步消化食物，唾液里含有水、蛋白质和盐。

不均匀混合物 想想你最近吃的沙拉，它可能含有生菜和其他蔬菜、碎面包块以及沙拉酱，沙拉就是一种不均匀混合物。在不均匀混合物中，各种成分都是能够明显区分的，可以分别说出每一种成分的名称。**图6-22**中，将沙水的混合物同盐溶液进行了对比，沙水是不均匀混合物，一段时间后，沙子颗粒会全部沉到烧杯的底部。

胶体也是不均匀混合物，但其中的微粒不会同沙子一样发生沉淀。生活中有很多熟悉的物质是胶体，例如雾、烟、油、沙拉酱、牛奶、油漆和墨水等。血液是由血浆、血细胞及其他物质形成的胶体。

阅读检测 **辨别**溶液和悬浊液间的异同。

■ **图6-21** 茶溶解在水中形成均匀混合物，茶的粉末完全扩散在整个溶剂水中。

术语

悬浮

固体微粒分散在液体中，微粒不会沉下去。

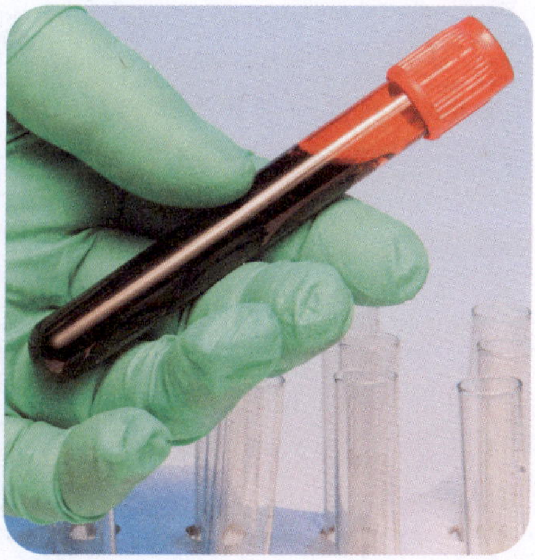

■ **图6-22**

左图：A. 沙水是不均匀混合物，可以看到其中的固体和液体；B. 盐水是均匀混合物，看不见其中的盐。

右图：血液是胶体。

图 6-23 在水中释放氢离子（H^+）的物质是酸，释放氢氧根离子（OH^-）的物质是碱。

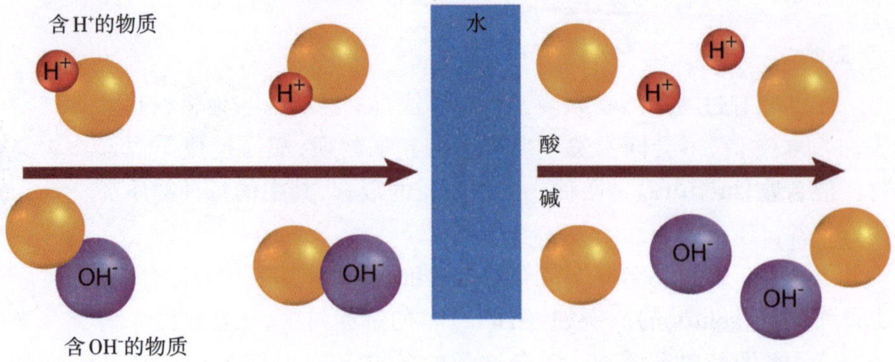

酸和碱 许多溶质能够溶解到水里是因为水具有极性。生物体中约70%是水，所以可以说生物体就是一个装有各种溶液的容器。如**图6-23**所示，当一种含有氢的物质溶解到水中，由于受到水中氧原子负电荷的吸引，就会释放出氢离子（H^+）。这种溶于水中能释放出氢离子的物质就叫作**酸（acid）**，释放的氢离子越多，溶液的酸性越强。

在水中能释放氢氧根离子（OH^-）的物质就是**碱（base）**。氢氧化钠（NaOH）是一种最普遍的碱，在水中能够分解成Na^+和（OH^-）。OH^-越多，溶液的碱性越强。

酸和碱是生物学中的两类重要物质。我们日常食用的很多食物和饮用的很多饮料都是酸性的，能够消化分解食物的胃液也具有强酸性。

数据分析实验 1

基于真实的数据*

分析原因和影响

pH和温度是如何影响蛋白酶的活性的？ 蛋白酶是能够分解蛋白质的酶。细菌的蛋白酶常被用作去污剂，用来清除衣物上的蛋液、奶酪、血迹和糖液等污渍。

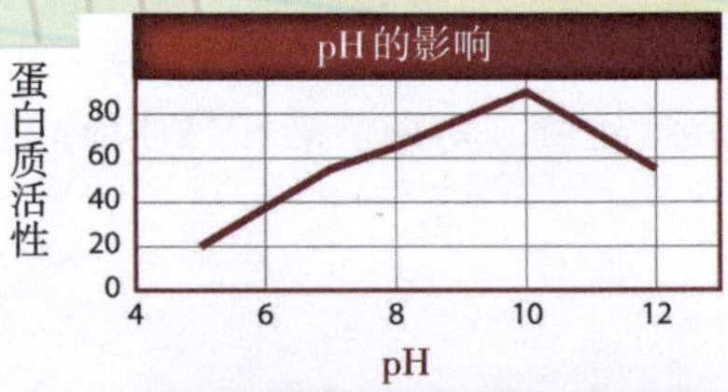

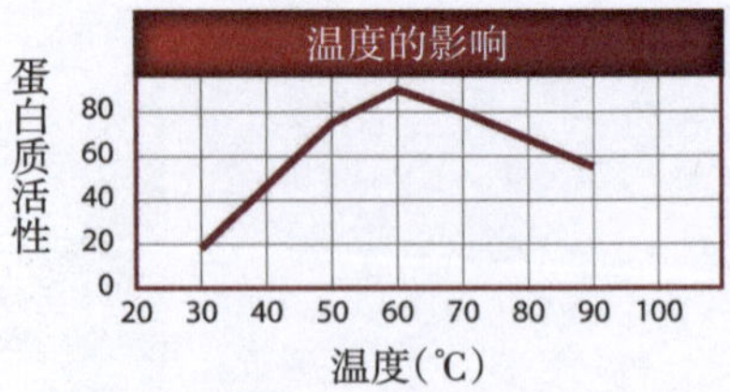

数据和观察

设计一系列不同的pH和温度组合，对刚从细菌菌落中分离出来的蛋白酶进行研究。

批判性思维

1. **识别**在实验中较为适宜的不同pH和温度区间。
2. **总结**两组实验的结果。
3. **推断** 如果洗衣店里的清洁剂是碱性的，需要热水才更有效，那么这种蛋白酶是否有效？请解释。

* 数据来源：Adinarayana.et.al.2003. Purification and partial characterization of thermostable serine alkaline protease from a newly isolated *Bacillus subtilis* PE-11. *AAPS PharmSciTech 4: article 5b.*

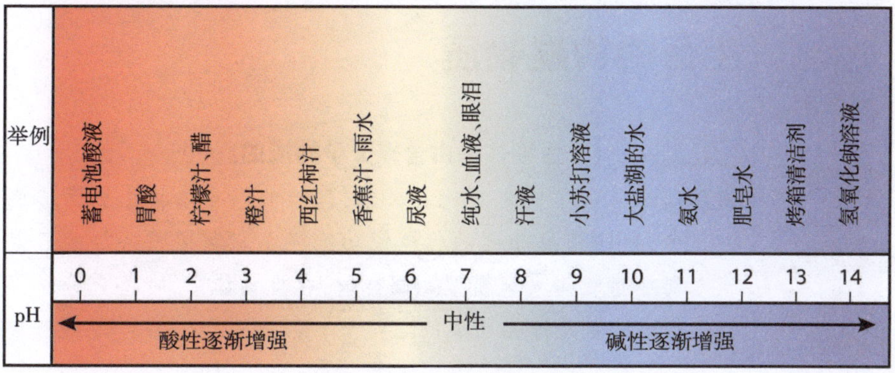

■ **图6-24** pH表示酸性和碱性的相对强度。换句话说，就是溶液中H^+的多少。

pH和缓冲液 溶液中的氢离子和氢氧根离子的数量决定了溶液的酸碱强度。科学家发现了一种检测溶液酸碱度的简便方法，如**图6-24**所示，纯净水是中性的，其pH为7.0，酸性溶液含有大量氢离子，pH小于7.0，碱性溶液含有的氢氧根离子多于氢离子，pH大于7。

链接健康 细胞中的很多生物过程都是在pH 6.5～7.5之间发生的，控制氢离子的浓度对内环境的稳定是非常重要的。如果你的胃很不舒服，服用些抗酸药就会管用，抗酸药片是能够中和胃酸的缓冲剂。**缓冲剂(buffers)**是能够同酸或碱反应使得pH维持在最佳范围的混合物。在细胞中，缓冲物质使细胞的pH处在6.5～7.5。例如，血液中含有缓冲物质，使血液的pH保持在7.4左右。

第3节 测评

要点梳理

- 水是一种极性分子。
- 溶液是由溶质溶解到溶剂中形成的均一混合物。
- 在溶液中能释放氢离子的物质是酸，能释放氢氧根离子的物质是碱。
- pH是检测溶液中氢离子浓度的参数。

要点理解

1. **主要概念** **描述**一种利用水来维持生物体内稳态的方式。
2. **说明**水的结构和水作为溶剂的功能之间的关系。
3. **绘制**pH范围区间，标出水(H_2O)、氯化氢(HCl)和氢氧化钠(NaOH)的pH区域。
4. **对比与比对**溶液和悬浮液，并分别举例。

批判性思维

5. **解释** 食用碱($NaHCO_3$)为什么呈碱性？描述其对pH为4的胃液中的氢离子浓度会产生怎样的影响。
6. **预测** 如果将氯化氢(HCl)加入水中，会对氢离子浓度和pH产生哪些影响？

第4节

本节预览

核心问题

- 碳在生物体中扮演着怎样的角色?
- 四类主要的生物大分子家族是什么?
- 生物大分子的功能分别是什么?

术语回顾

有机化合物:构成生命基础的含碳化合物。

关键术语

大分子
多聚体
糖类
脂类
蛋白质
氨基酸
核酸
核苷酸

生命的构建物质

主要概念 **生物体是由含碳分子构成的。**

联系实际 孩子们喜欢玩具火车,因为他们可以将小车厢连成一长串,也能根据相同的颜色或功能将小车厢按照一定的规律连接到一起制作火车模型。同样地,在生物体中,一些大分子是由一些小的单元连接而成的。

有机化学

几乎所有生物分子的构成成分中都包括碳元素,因此,我们可以由此认为地球上的生命是以碳为基础的。科学家据此建立了一个完整的化学分支——有机化学,专门研究这些都含有碳的有机化合物。

如**图6-25**,碳原子的最外层能级含有4个电子,而第二层能级需要8个电子才能饱和,所以一个碳原子能够和其他4个原子形成4个共价键。这些共价键让碳原子拥有了与其他原子结合的机会,形成众多纷繁复杂的有机化合物。如**图6-25**所示,这些化合物有直链、支链以及环状等结构。总的来说,含碳化合物形成了地球上多样化的生命。

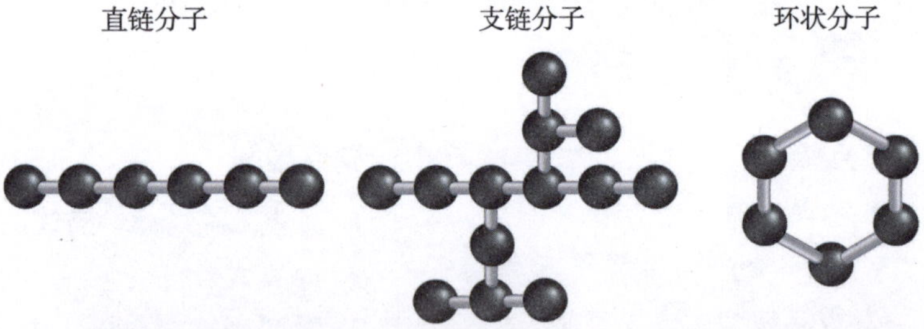

■ **图6-25** 神奇的生命多样性是基于各种含碳化合物的。碳原子的第二层能级有4个电子,可以形成直链、支链以及环状分子。

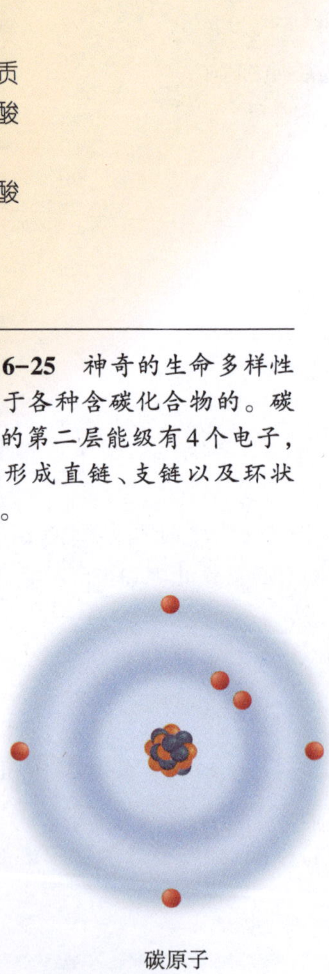

碳原子

大分子

就像碳原子之间相互结合形成碳分子那样，细胞中的很多较小的含碳化合物可以构成大分子的物质。**大分子(macromolecule)**是由较小的有机分子结合形成的大分子。这些大分子又称作**多聚体(polymer)**。多聚体是由相同或相近的单体化合物通过共价键结合形成的大分子。如**表 6-1** 所示，生物大分子主要包含四大类：糖类、脂类、蛋白质和核酸。

阅读检测 比较几种生物大分子。

表 6-1　生物大分子

类型	举例	功能
糖类	 面包和谷物	储存能量 提供结构支持
脂类	 蜂蜡	储存能量 提供保护屏障
蛋白质	 血红蛋白	运输功能 催化功能 结构支架 形成激素
核酸	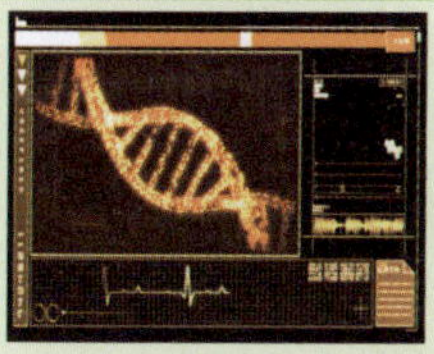 DNA	储存和交换遗传信息

学习小贴士

复式笔记　将一张纸沿长的一边对折，在左侧一面顶端写上粗体小标题“生物大分子”。当你阅读本节内容时，就可以制作一份关于重要内容和术语的列表笔记。

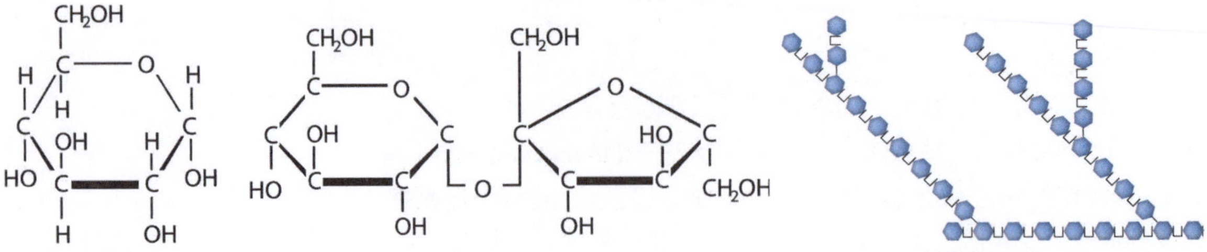

葡萄糖（单糖）　　蔗糖（二糖）　　糖原（多糖）

■ **图6–26**　葡萄糖是单糖。蔗糖是二糖，蔗糖由葡萄糖和果糖形成。糖原是带有分支的一种多糖，形成糖原的单糖是葡萄糖。

糖类　**糖类（carbohydrate）**是由碳、氢和氧组成的化合物，其中每个碳原子结合一个氧原子和两个氢原子。表示糖类的基本公式是$(CH_2O)_n$，其中n表示一条链中CH_2O的数量。若n值为3～7，则这样的糖类叫作简单的糖或单糖，如**图6–26**。在给生物体提供能量时，单糖起着核心作用。

单糖可以连接形成更大的分子。两个单糖分子连接形成二糖，与葡萄糖一样，二糖作为能源储存在体内。**图6–26**所示的可食用的蔗糖，牛奶中的乳糖，都是二糖。更长链的糖类分子叫作多糖，糖原是最重要的多糖之一，也是葡萄糖在动物骨骼肌中的存储形式。当身体饥饿或在活动过程中需要能量时，糖原会分解成为葡萄糖。

除了能提供能源外，糖类在生物体内还具有其他重要的功能。细胞中，属于糖类的纤维素是构成细胞壁的成分，如**图6–27**。纤维素是由葡萄糖链连接而成的紧密纤维，这样的结构使得其能够很好地执行相关功能。几丁质是一种含有氮的多糖，是一些虾和昆虫坚硬外壳的主要成分，也是一些真菌细胞外壳的成分。

■ **图6–27**　植物细胞中的纤维素形成的结构使得树木能够直立。

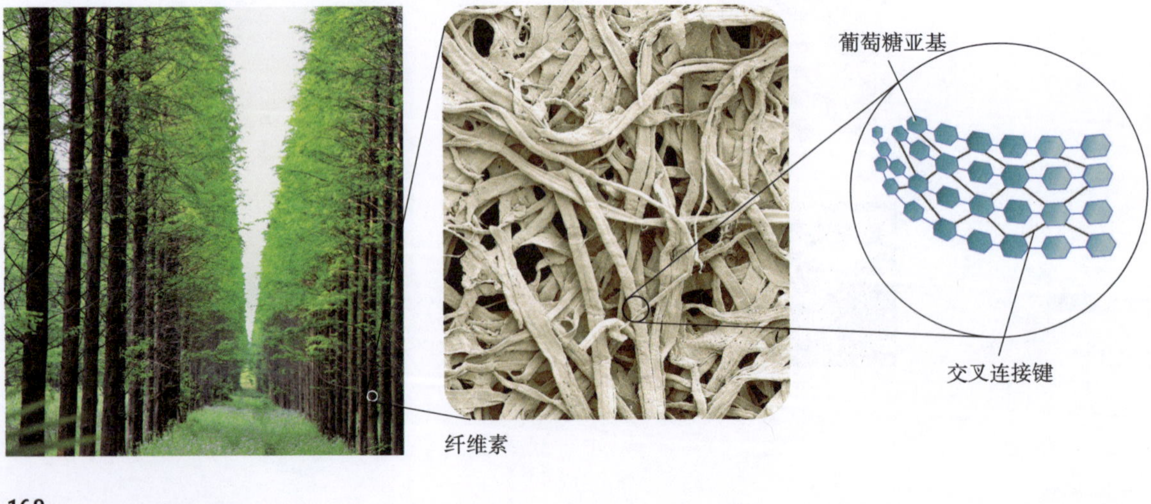

脂类 **脂类(lipid)**是另一种重要的生物大分子,由碳、氢构成,含有少量氧。脂肪、油和蜡都属于脂类,脂类是由脂肪酸、甘油和其他成分组成的,其最初的功能是储存能量。一种叫作甘油三酯的油脂在常温下若是固体就称作脂肪,若是液体就称作油。甘油三酯存储在体内的脂肪细胞中。植物叶子的表面具有蜡质,能够防止水分的挥发;蜂窝中的蜂巢是由蜂蜡筑成的。

饱和脂肪和不饱和脂肪 生物体通过脂类来行使其相应的功能,脂类的基础结构是**图6-28**所示的脂肪酸链。碳原子和氢原子结合,并且碳原子同其他碳原子以单键或双键结合形成脂肪酸链,若其中每一个碳原子和相邻的碳原子都以单键相连,形成的则是饱和脂肪,因为没有更多的氢原子能够结合到链上。若长链中至少有一个双键,这样脂肪酸链就还可以容纳一个或多个氢原子,这样的脂肪酸链构成的脂肪叫作不饱和脂肪。长链中存在多个双键的是多元不饱和脂肪。

磷脂 如**图6-28**所示,磷脂能维持质膜的结构和功能。磷脂是疏水性分子,凭借这一非常重要的特性,它成了质膜中的保护屏障。

类固醇 类固醇也是非常重要的一种脂类,包括胆固醇、激素等。胆固醇是生物体内合成其他脂类的起始点,如维生素D、雌激素和睾酮等。

数据分析实验2

基于真实的数据*

分析数据

可溶性纤维会影响胆固醇水平? 血液中高水平的胆固醇容易诱发心血管疾病,由此研究人员研究了饮食中的可溶性纤维对血液中胆固醇水平的影响。

数据和观察

本实验分析了三种可溶性纤维[果胶(PE),瓜尔豆胶(GG),车前草(PSY)]对血液中胆固醇水平的影响,纤维素(CNT)是对照。

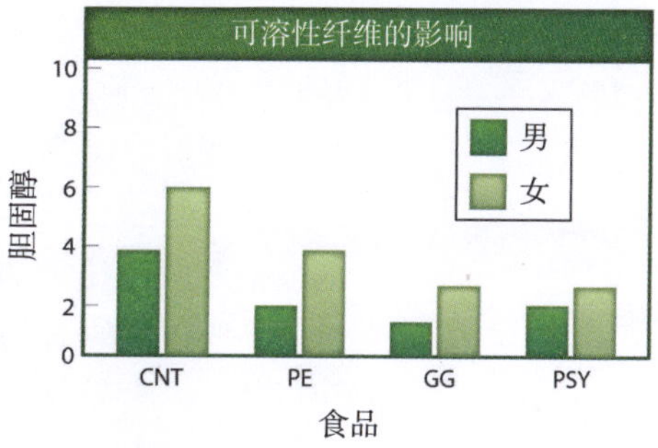

批判性思维

1. 以对照组为参照,计算胆固醇水平变化的百分比。
2. 描述资料中的可溶性纤维对血液中胆固醇水平的影响。

*数据来源:Shen.et.al.1998. Dietary soluble lowers plasma LDL cholosterol concentrations by altering lipoprotein metabolism in female Guinea pigs. *Journal of Natrition* 128: 1434–1441.

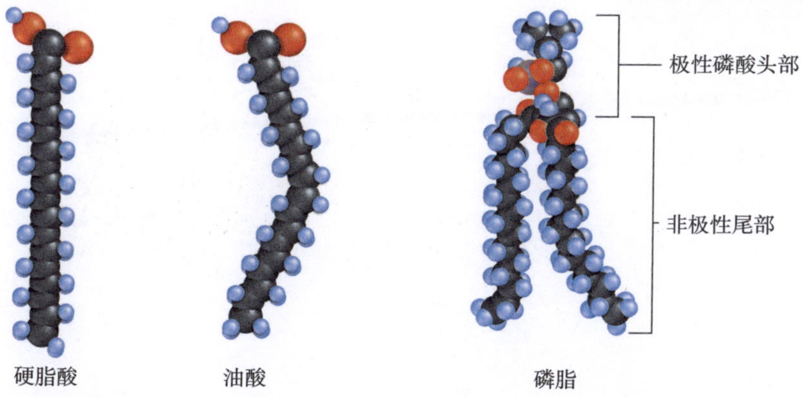

■ **图6-28** 硬脂酸的碳原子之间没有双键,油酸有一个双键。磷脂含有一个极性的头部和两个非极性的尾部。

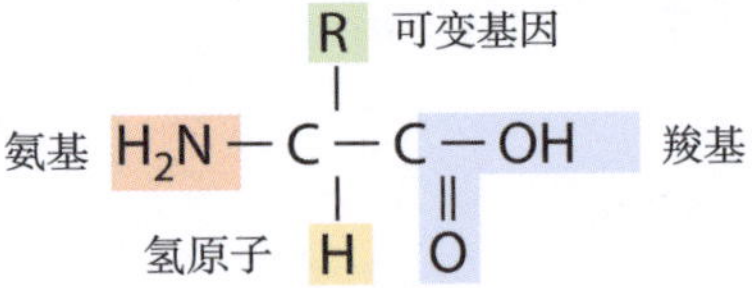

氨基酸

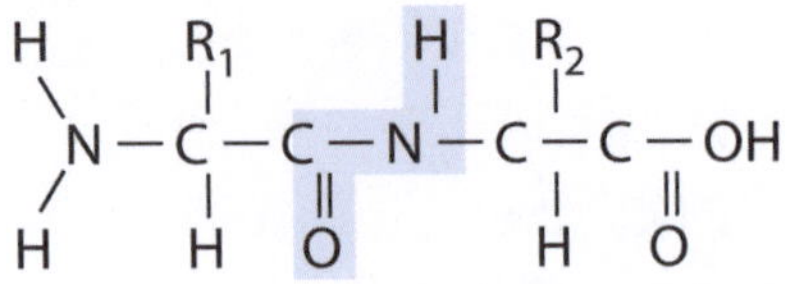

二肽

■ **图6–29**

左：氨基酸的基本结构是一个中心碳原子和四个其他基团相结合。

右：蛋白质中的肽键是化学反应的结果。

解释 *当肽键形成后会产生哪一类分子。*

蛋白质 另一种重要的生命构建物质是蛋白质。**蛋白质(protein)**是由氨基酸构成的。**氨基酸(amino acid)**是一类简单化合物，主要包含碳、氮、氧和氢等元素，有的氨基酸还含有硫元素。氨基酸都有着相同的基本结构。

氨基酸结构 如**图6–29**所示，氨基酸分子中有一个核心碳原子，该碳原子参与形成的四个共价键，其中一个是和氢原子形成的，其他三个键是和氨基(—NH_2)、羧基(—COOH)及一个可变基团(—R)形成的，这个可变基团让氨基酸的种类丰富了起来。我们已知的氨基酸大约有20种，蛋白质就是由这些种类的氨基酸按不同的顺序通过肽键连接而成的。如**图6–29**所示，肽键由一个氨基酸的氨基和另一个氨基酸的羧基相结合形成。

蛋白质的三维结构 蛋白质由各种不同的氨基酸构成，这些氨基酸发生相互作用塑造了蛋白质的各种结构。一个成熟的蛋白质包括四级结构，其中，氨基酸的数目和排列顺序决定了蛋白质的一级结构；当氨基酸链形成后，蛋白质折叠成独特的三维形状，这是蛋白质的二级结构。**图6–30**中展示了螺旋环和折叠片两种基本的二级结构。一个蛋白质可能含有很多个这样的二级结构，并由它们组合形成了蛋白质的三级结构。不少蛋白质的三级结构是球状的，如**表6–1**所示的血红蛋白就是球状的，也有些蛋白是纤维状的。蛋白与蛋白之间相互作用形成了蛋白质的四级结构。

蛋白质的功能 你的身体近15%是由蛋白质构成的，虽然比例似乎不高，但几乎所有的人体功能都需要蛋白质的参与，例如：肌肉、皮肤和头发都是由蛋白质组成的。人体细胞中大约有1万种蛋白质，这些蛋白质能够形成结构骨架、运输物质、传递信息、促进反应以及调控生长。

■ **图6–30** 蛋白质的形状取决于氨基酸之间的相互作用，氢键就是一种常见的作用形式。

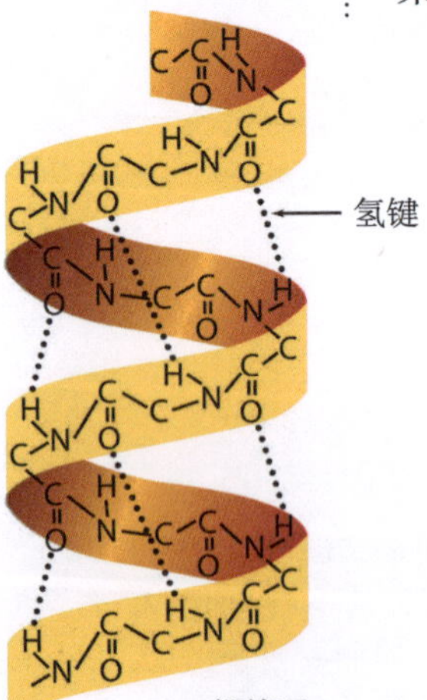

螺旋环

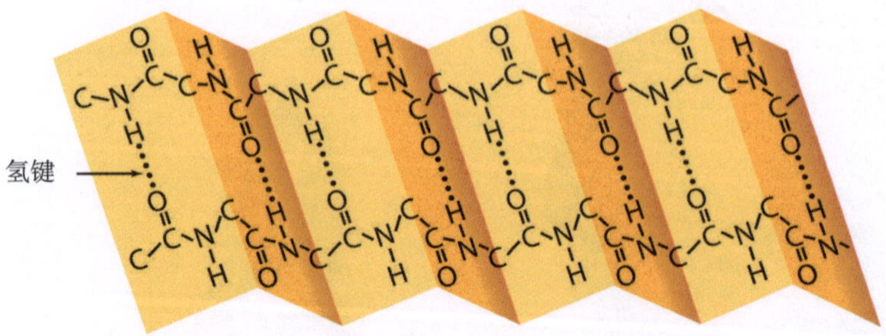

折叠片

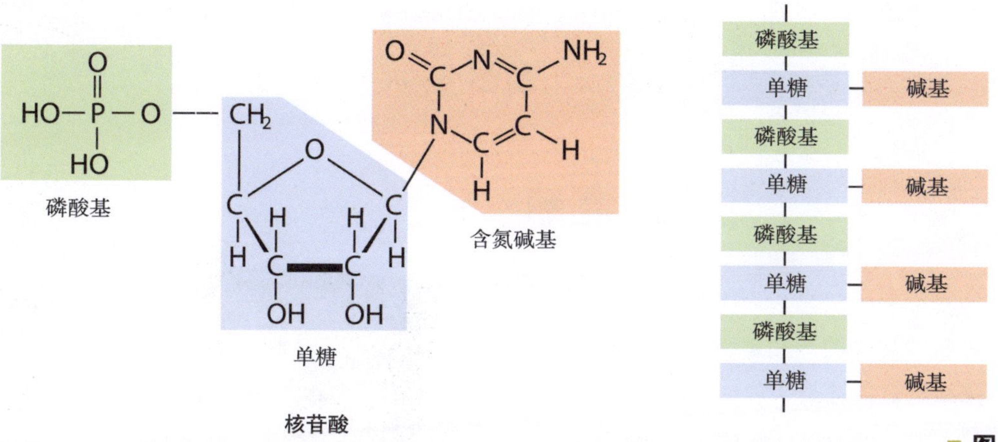

■ **图6-31**

左：核苷酸由磷酸基、单糖和含氮碱基组成。

右：核苷酸相互连接形成核酸。

核酸　第四类生物大分子是核酸。**核酸(nucleic acid)**是储存和传递遗传信息的生物大分子，由小分子的核苷酸组成。**核苷酸(nucleotide)**的组成元素有碳、氮、氧、磷和氢。**图6-31**展示了核酸和核苷酸的基本结构。核苷酸是由碱基、单糖和磷酸基团三部分组成的。

生物体中有两种类型的核苷酸：脱氧核糖核苷酸和核糖核苷酸。在DNA和RNA中，一个核苷酸的糖基和另一个核苷酸的磷酸基相结合，碱基伸出在链的外侧并通过氢键同其他核酸分子的碱基相结合。

具有三个磷酸基的核苷酸是三磷酸腺苷(ATP)，ATP是细胞的各种反应中的储能物质，当它的第二个和第三个磷酸之间的键断裂时，就会释放出能量，这些能量要比第一个和第二个磷酸之间断裂时释放的能量大很多。

第4节　测评

要点梳理

- 含碳化合物是构成生物体的基础物质。
- 小的含碳化合物相结合形成多聚体生物大分子。
- 生物大分子有四种类型。
- 氨基酸通过肽键连接形成蛋白质。
- 核苷酸相互连接形成核酸。

要点理解

1. 主要概念 **解释**　如果在一块陨石上没有找到碳的痕迹，科学家能据此推断这块陨石所在的星球上有生命存在吗？
2. **比较**生物大分子的类型和功能。
3. **确定**糖类和蛋白质的元素组成。
4. **讨论**氨基酸的序列对蛋白质功能的重要性。

批判性思维

5. **总结**　人体内存在大量的蛋白质，试解释为何酶的形状对其功能非常重要。
6. 根据分子式$(CH_2O)_6$，**绘制**两种糖类的结构，其中一种是支链结构，另一种是环状结构。

生物学前沿

比糖还甜

为什么人们常喜欢将甜品放在舌尖上？这是因为此处的味蕾对甜味的感知最强。你舌头上的一个个小突起就包含这些味蕾。

感知甜味 当你在吃甜食的时候，甜食中的分子就暂时地同舌尖上细胞的受体蛋白相结合，然后受体细胞发出电信号并通过神经传至大脑，大脑将这种信号翻译成味觉，而这种味觉就是甜味。

天然和人造 将甜味物质加进食物中，就会让食物变甜。糖和蜂蜜等都是天然的甜味物质。人造的甜味物质同糖的味觉效果相似，甚至“青出于蓝而胜于蓝”。

人造糖的分子组成和结构同天然糖相类似，也能同味蕾细胞上的受体蛋白相结合。一种被称作三氯蔗糖的人造糖，同蔗糖具有非常相似的化学结构，唯一的区别是蔗糖的3个羟基(—OH)在三氯蔗糖中被3个氯原子取代，这使得人体的代谢受阻而不会提供额外的能量。

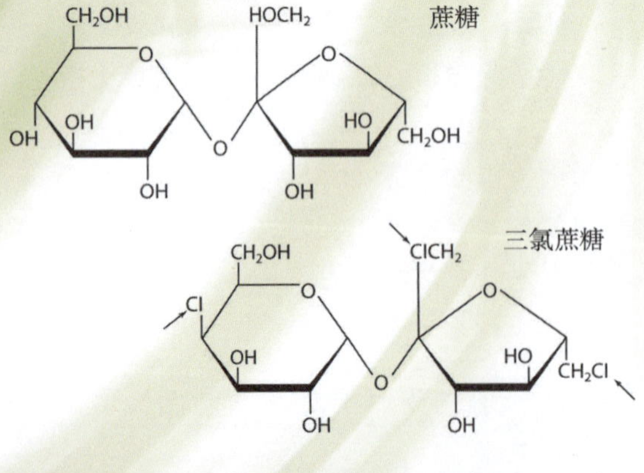

蔗糖和三氯蔗糖之间的区别是3个氯原子取代了3个羟基。

你舌头上的味蕾将刺激传递给大脑，使得大脑能够感知食物和饮品的味道。

从食用苏打到儿童药物，形形色色的产品中都可能含有人造糖，这些人造糖能够提供人们所渴望的甜味，但不会像天然糖类那样富含能量。科学家们还在研发新产品，旨在给食用者提供更经济健康的糖。

科技 写作

市场活动 调查一种已经受食品检验机构认证的人造糖，规划一场关于该糖的市场活动并通知顾客。你的活动途径可以是新闻发布、商业视频或音频、网络广告、社交网点或其他传递信息的途径。

生物实验室

哪些因素影响酶的活性？

背景：生物体的食物代谢过程会产生过氧化氢（H_2O_2），因为过氧化氢会损害细胞，所以生物体通过合成一种过氧化氢酶来抑制过氧化氢的量。过氧化氢酶能够加速过氧化氢的分解。

问题：什么因素影响过氧化氢酶的活性？

实验器材

400 mL烧杯	50 mL量筒
餐具刀	10 mL量筒
热板	钳子
试管架	方形或矩形盘
冰	计时器
牛肝	温度计
蒸馏水	土豆片

18 mm×150 mm试管

缓冲液（pH5、pH6、pH7、pH8）

安全注意事项

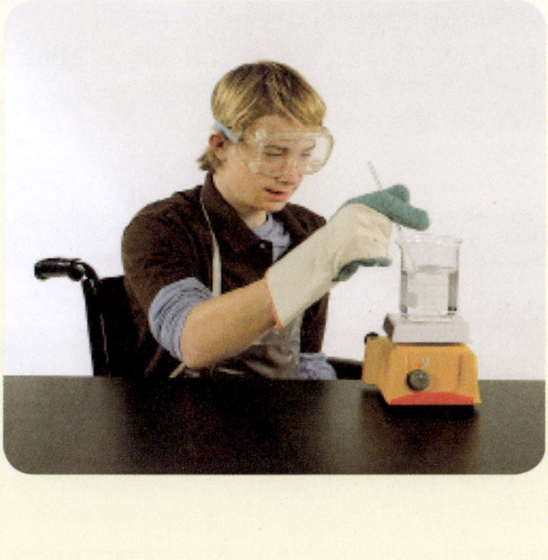

设计与实施实验

1. 阅读并填写实验室安全表。
2. 选择一种影响因素进行测试，可能的因素包括温度、pH和底物（H_2O_2）浓度。
3. 设定一种关于检测因素将会怎样影响过氧化氢酶反应速率的假设。
4. 设计实验验证你的假设，同时设计对照组和实验组。
5. 创建一张数据表，记录你的观察和检测结果。
6. 在实验开始之前，确保教师同意你的实验方案。
7. 实施你的实验方案。
8. **清理**　根据教师的指导清理所有的实验设备，将其归置到原来的位置，彻底清洗双手。

实验分析和结论

1. **描述**　你所检测的因素是如何影响过氧化氢酶的活性的？
2. **图表**　绘制图表，分析并阐释你的图表。
3. **讨论**　你的数据是否支持你的假设？
4. **推断**　为什么过氧化氢不是用于清理伤口的最佳选择？
5. **误差分析**　明确影响你的实验结果精确度的任何可能的误差。

分享你的数据

比较你和班级中其他组的关于相应因素的数据，推测你们的数据不同的原因。

第6章 复习指南

内容聚焦 **能量** 在任何化学反应中，从反应物到产物，随着化学键的破坏和形成，都会伴随着能量的变化。

大概念 **原子是生物化学的基础，同时也是所有生命体的基础构成物质。**

第1节 原子 元素 化合物

原子
原子核
质子
中子
电子
元素
同位素
化合物
共价键
分子
离子
离子键
范德瓦耳斯力

主要概念 **物质是由原子构成的。**

- 原子由质子、中子和电子组成。
- 元素是指具有相同核电荷数的一类原子的总称。
- 同位素是具有不同中子数的同类元素的原子。
- 化合物是不同元素以特定比率组成的纯净物。
- 元素间能形成共价键和离子键。

第2节 化学反应

化学反应
反应物
产物
活化能
催化剂
酶
底物
活性位点

主要概念 **化学反应让生物的生长、发育、繁殖和适应成为可能。**

- 配平化学方程式时，要求等号两边每种元素的原子数相等。
- 活化能是反应得以开始所需要的能量。
- 催化剂是能够改变化学反应速率的物质。
- 酶是生物催化剂。

第3节 水和溶液

极性分子
氢键
混合物
溶液
溶剂
溶质
酸
碱
缓冲液

主要概念 **水的特性使其适合于维持生物体内环境的稳定。**

- 水是一种极性分子。
- 溶液是由溶质溶解到溶剂中形成的均一混合物。
- 在溶液中能释放氢离子的物质是酸，能释放氢氧根离子的物质是碱。
- pH是检测溶液中氢离子浓度的参数。

第4节 生命的构建物质

大分子
多聚体
糖类
脂类
蛋白质
氨基酸
核酸
核苷酸

主要概念 **生物体是由含碳分子构成的。**

- 含碳化合物是构成生物体的基础物质。
- 小的含碳化合物相结合形成多聚体生物大分子。
- 生物大分子有四种类型。
- 氨基酸通过肽键连接形成蛋白质。
- 核苷酸相互连接形成核酸。

第6章 测评

第1节

术语回顾

描述每一组中的术语间的区别。

1. 电子、质子
2. 离子键、共价键
3. 同位素、元素
4. 原子、离子

要点理解

阅读下图，回答第5题。

5. 上图所表示的是（　　）。
   A. 一个共价键　　B. 一种物理性质
   C. 一种化学反应　　D. 范德瓦耳斯力
6. 下列过程能使氯原子变成氯离子的是（　　）。
   A. 获得电子　　B. 失去电子
   C. 获得质子　　D. 获得质子
7. 下列物质不能被化学反应所破坏的是（　　）。
   A. 化合物　　B. 元素
   C. 混合物　　D. 中子
8. 氢的同位素之间的差别是（　　）。
   A. 质子数不同
   B. 电子数不同
   C. 能级层数不同
   D. 中子数不同

回答问题

9. **简要回答**　放射性同位素是什么？列出放射性同位素的用途。
10. **简要回答**　是什么因素导致氧原子能够形成2个共价键，而碳原子能够形成4个？
11. **开放式回答**　为什么含有强的键（离子键和共价键）和弱的键（氢键和范德瓦耳斯力）对生命体都非常重要。

批判性思维

阅读下图，回答第12题。

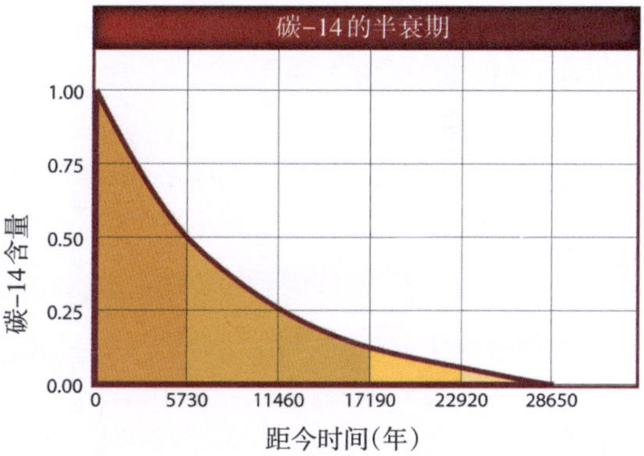

12. **分析**　什么是碳-14的半衰期？科学家是怎样利用这种信息的？
13. **解释**　壁虎是爬行动物，它能够通过范德瓦耳斯力在光滑的表面（如玻璃）爬行，那么在这种接触中，范德瓦耳斯力是怎样优越于共价键的？

第2节

术语回顾

对以下术语及相应的描述进行配对。

14. 活化能　　A. 能够加速反应的蛋白质或RNA
15. 底物　　B. 一种由化学反应形成的物质
16. 酶　　C. 开始一个反应所需要的能量
17. 产物　　D. 一种同酶相结合的物质

要点理解

18. **内容聚焦 能量** 以下物质能够降低活化能的是(　　)。

A. 离子　　B. 反应物
C. 催化剂　　D. 底物

19. 以下过程中伴随着旧键的断裂和新键的形成的是(　　)。

A. 化学反应　　B. 元素
C. 同位素　　D. 极性分子

20. 关于化学方程式,以下说法正确的是(　　)。

A. 反应物位于右边
B. 产物位于右边
C. 产物中的原子比反应物中的少
D. 反应物中的原子比产物中的少

回答问题

21. **简要回答** 有酶参与的反应有哪些共同的特征?

22. **开放式回答** 鉴定和描述能够影响酶活性的因素。

批判性思维

根据下图,回答第23和24题。

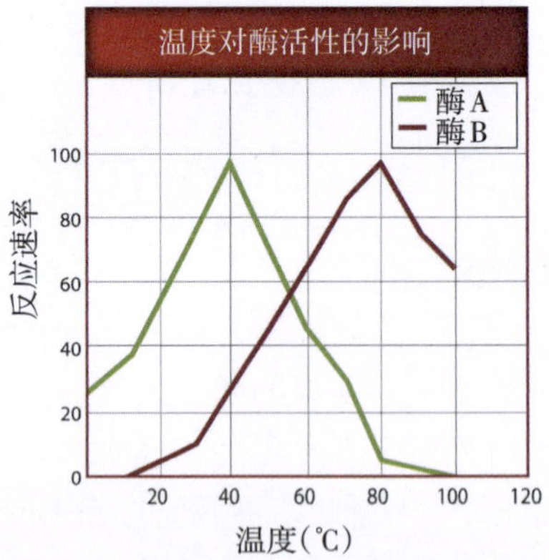

23. **描述**上图中温度对反应速率的影响。

24. **主要概念** 哪种酶在人体细胞中的活性更强?为什么?

第3节

术语回顾

阐述以下每对术语之间的关系。

25. 溶液、混合物
26. pH、缓冲液
27. 酸、碱
28. 溶剂、溶质
29. 极性分子、氢键

要点理解

阅读下图,回答第30题。

30. 上图表示的是(　　)。

A. 不均一混合物　　B. 均一混合物
C. 溶液　　D. 悬浊液

31. 以下关于纯净水的说法错误的是(　　)。

A. pH为7.0
B. 由极性分子组成
C. 通过离子键构成
D. 是一种很好的溶剂

32. 下列物质溶解到水中会产生大量OH^-的是(　　)。

A. 碱　B. 缓冲液　C. 酸　D. 盐

回答问题

33. **主要概念** 为什么氢键对于生命体是非常重要的?

34. **简要回答** HCl是强酸,HCl溶于水中会产生什么离子?HCl对水的pH会产生什么影响?

35. **开放式回答** 解释生物体中缓冲液的重要性。

批判性思维

36. **列举**身体的两个部位，这两个部位都利用缓冲液来控制pH的急剧变化。

37. **绘制**一张图表，说明食盐溶解到水中后pH的变化情况。

第4节

术语回顾

根据“复习指南”中的术语完成下列句子。

38. 糖类、脂类、蛋白质和核酸是________。

39. 蛋白质是由________连接________而形成的。

40. 脂肪、油和蜡是由________组成的。

41. DNA和RNA是关于____________的例子。

要点理解

42. 以下元素在氨基酸中常见的是(　　)。

A. 氮和硫　B. 碳和氧
C. 氢和磷　D. 硫和氧

43. 将氨基酸连接到一起的是(　　)。

A. 肽键　B. 氢键
C. 范德瓦耳斯力　D. 离子键

44. 以下物质不属于核苷酸的组成成分的是(　　)。

A. 磷酸　B. 糖　C. 碱基　D. 水

回答问题

45. **开放式回答**　为什么细胞中既包含大分子又包含小的含碳化合物？

46. **开放式回答**　为什么人体不能消化所有的糖类物质？

批判性思维

47. **主要概念**　制作一张关于四种生物大分子的表格，列出其各自的成分和功能。

总结性测评

48. **大概念**　用图表描述出物质的基本单元，并指出相互间的关系。

49. **生物写作**　调研并描写一位生化学家的工作。

DBQ 资料分析题

淀粉是植物中主要的储碳仓库，研究人员通过实验来判断海藻糖是否会调控植物中的淀粉含量。他们将叶片分别放在含山梨醇(对照)、蔗糖和海藻糖的溶液中温育3小时，然后检测叶片中的淀粉和蔗糖水平。利用下图所示的检测数据，回答问题。

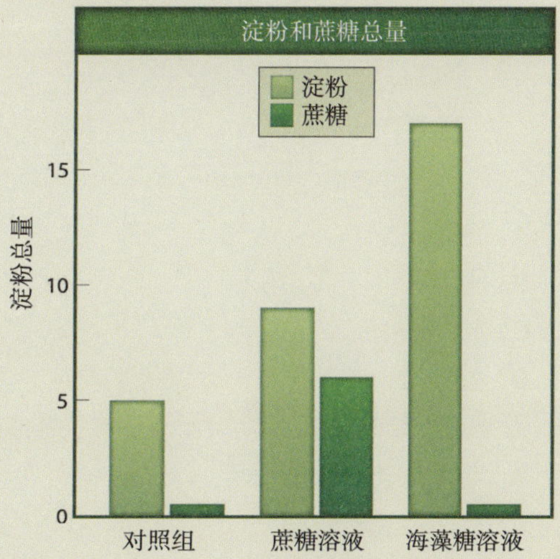

数据来源：Kolbe, et al.Trehalose 6－phosphate regulates starch synthesis via post translational redox activation of ADP－glucose pyrophophorylase.*Proceedings of the National Academy of Sciences of the USA* 102(31)：11118－11123.

50. 概述三种溶液中淀粉和蔗糖的产生情况。

51. 根据这些数据能够得到什么结论？

标准化测试

选择题

1. 如果同一区域内鹦鹉群体的基因多样性比蜂鸟丰富，会出现的结果是(　　)。
   A. 鹦鹉群体对疾病的抵抗力强于蜂鸟群体
   B. 其他区域的鹦鹉群体基因与该区域的鹦鹉基因相似
   C. 鹦鹉群体接触到的非生物因素将更多
   D. 鹦鹉群体能够接触到更多的其他群体

阅读下图，回答第2、3题。

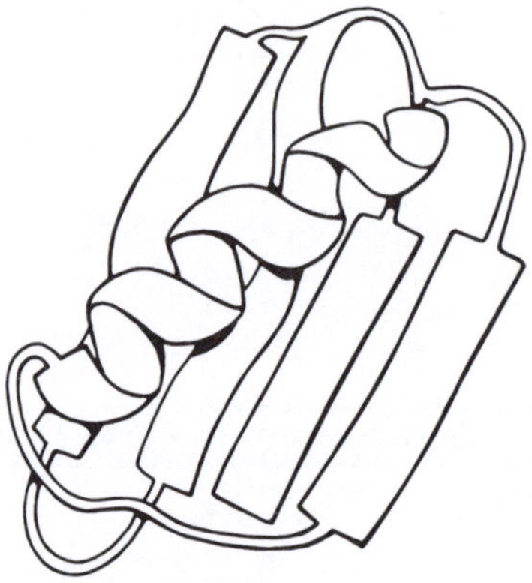

2. (　　)有如图所示的结构。
   A. 糖类
   B. 脂类
   C. 核苷酸
   D. 蛋白质
3. 需要这种结构的是(　　)。
   A. 非极性化合物的反应
   B. 活性位点的功能
   C. 通过质膜的转运
   D. 细胞中的能量储存功能
4. 下列选项中，属于描述群体增长和资源消耗所产生的影响的是(　　)。
   A. 竞争加剧
   B. 迁移加剧
   C. 种群指数增长
   D. 种群直线生长
5. 可以描述为分散和均一的种群特性是(　　)。
   A. 密度
   B. 离散
   C. 生长
   D. 大小
6. 有直接经济价值的生物多样性的例子是(　　)。
   A. 麻雀种群具有丰富的基因多样性
   B. 水生植物中的一些物种能够产生有用的抗生素
   C. 树木形成抵御飓风的屏障
   D. 村民用相同的水稻品种

根据下图回答第7题。

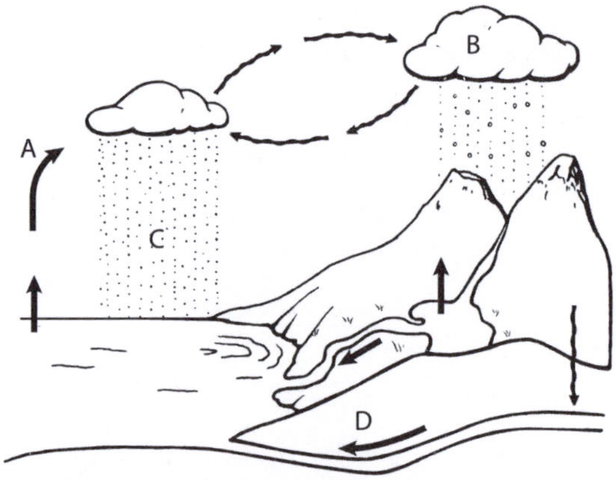

7. 可以描述图中A过程的术语是(　　)。
   A. 凝结
   B. 蒸发
   C. 径流
   D. 降水
8. 以下属于指数增长的特征的是(　　)。
   A. 图示中有上升和下降
   B. 图示是平滑线
   C. 生长率随着时间增长
   D. 生长率在一段时间内保持不变

简答题

9. 当人体细胞中没有缓冲液时，会发生什么情况。

10. 选择一种单质和一种化合物，对其进行对比。

根据以下表格，回答第11题。

影响珊瑚生存的因素	
因素	最佳区域
水 温	23～25℃
盐 度	30～40 μg/mL
沉积物	很少或没有沉积物
水 深	达到48米

11. 根据以上数据，判断世界上的哪个区域适合珊瑚生长。

12. 提出一个假设，解释从极地向热带移动时生物多样性不断增长的现象。

13. 在一个出生率极低的村庄里，预测哪个年龄段的人占的比例最大。

14. 解释为什么酶只和特定的底物相结合是非常重要的。

开放题

15. 在一场大雨之后，某地湖中的鱼开始大量死亡，而水藻的长势却很好。试解释这种现象，并提出防止鱼类大量死亡的方法。

16. 刚发现原子的时候，科学家认为这是物质可分割成的最小单位，结合后来的发现，科学家为何修正了这种定义？

17. 鉴定和描述三种类型的共生关系并分别举例。

论述题

生物体中，许多种类的分子都是由相同的单体以不同的序列或模式结合而成的。例如，生物体利用极少种类的核苷酸合成核酸，由此成千上万种不同的核苷酸序列形成了生物体特定的遗传信息。

利用上文中的信息，以论文的形式回答下列问题。

18. 描述生物体通过单体形成复杂大分子所获得的好处。

考点提示																		
测试题号	1	2	3	4	5	6	7	8	9	10	11	12	13	14	15	16	17	18
对应章节	5.1	6.4	6.4	4.1	5.1	2.3	4.1	4.1	6.3	5.3	3.1, 3.3	5.1	4.2	6.2	5.2	6.1	2.1	6.4

第7章

细胞的结构与功能

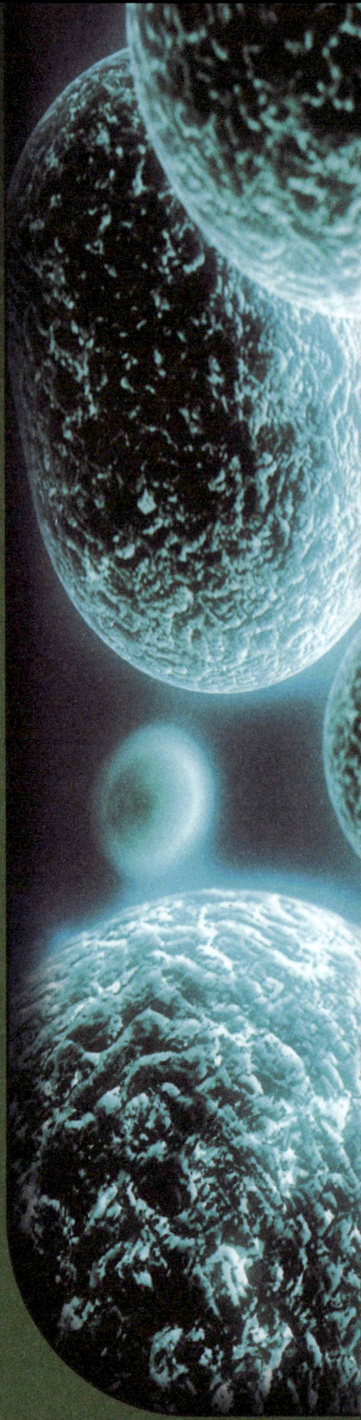

起步实验

细胞是什么

所有的物质都是由原子和分子组成的，但只有在生命体中，原子和分子才被组装成细胞。本实验中，你将通过复合显微镜观察生命体和非生命体的切片。

步骤

1. 阅读并完成实验室安全表。
2. 创建一张数据表，记录观察结果。
3. 取不同样品的切片。
4. 在教师的指导下，通过显微镜观察切片。
5. 观察切片的同时，填写数据表。

分析

1. **描述**区分生物与非生物的方法。
2. 在观察的基础上，给细胞**下定义**。

折叠式

学习卡

制作一个折叠式学习卡，用作记录细胞运输的笔记。

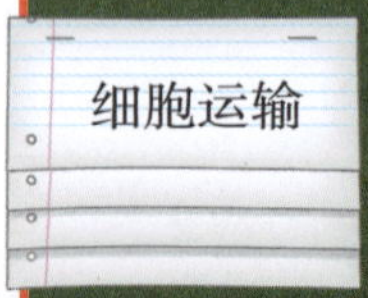

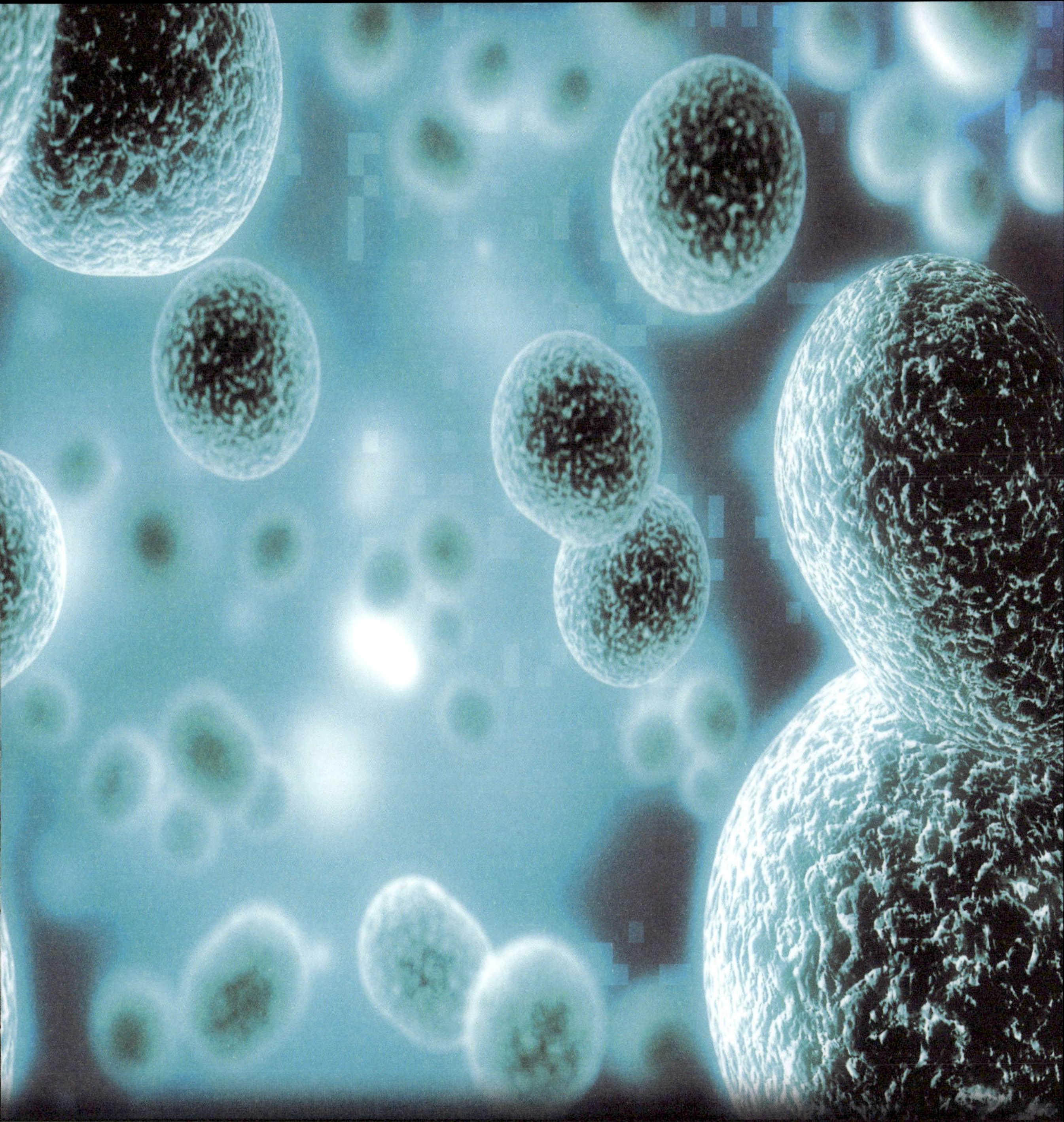

内容聚焦　科学探究

显微镜让更多的探究发现成为可能。

大概念　细胞是所有生命体的结构和功能单元。

第1节·细胞的发现和细胞学说

第2节·质　膜

第3节·细胞结构和细胞器

第4节·细胞运输

第1节

细胞的发现和细胞学说

本节预览

核心问题

- 显微镜的发展与细胞的发现有什么联系?
- 复合光学显微镜和电子显微镜之间有哪些异同?
- 细胞学说的原理是什么?
- 真核细胞和原核细胞间的区别是什么?

术语回顾

组织:生物体表现出的有序结构。

关键术语

细胞
细胞学说
质膜
细胞器
真核细胞
细胞核
原核细胞

主要概念 **显微镜的发明引导人们发现细胞。**

联系实际 你身体的每个部分看起来都各不相同,例如,你的心脏负责起搏你全身的血液;而你的皮肤是你身体的天然屏障,还能帮助机体散热,各部分看上去有天壤之别。但是科学家会告诉你身体的各个部分是有相同之处的——它们都是由细胞组成的。

链接历史 在显微镜的发明之前,细胞一直不为人知。1665年,英国科学家胡克(Hooke)制作了一个小小的显微镜,并用其观看了软木塞以及橡胶树皮中的死细胞。胡克发现了**图7-2**中所示的小盒状的结构,他将其叫作细胞。**细胞(cell)**是所有生命体的基础结构和功能单元。

17世纪后,荷兰科学家列文虎克(Leeuwenhoek)受胡克著作的启发,设计出了自己的显微镜。让他震惊的是,他在很多生物中都观察到了细胞。科学家的工作使得一个新的科学分支产生了,并获得了许多令人振奋的新发现。

■ **图7-1**
显微镜
显微镜的发明,使得细胞学说得以快速发展并促进人们对细胞的进一步理解。

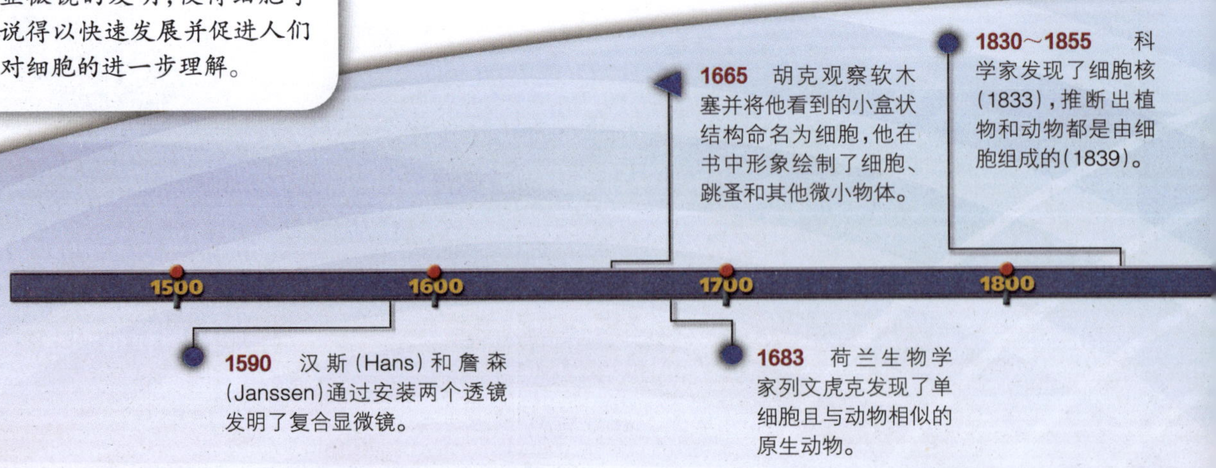

细胞学说 科学家利用光学显微镜持续观察生物微观世界。1838年，德国科学家施莱登（Matthias Schleiden）仔细观察研究植物组织并得出结论：所有的植物都是由细胞组成的。一年之后，另一位德国科学家施旺（Theodor Schwann）发现，动物组织也是由独立的细胞结构构成的。普鲁克医师斐尔科（Rudolph Virchow）在1855年得出推论，认为所有细胞都是由已存在的细胞分裂形成的。科学家的观察及结论构成了细胞学说。**细胞学说（cell theory）**是当代生物学的基础思想之一，主要包括以下三条理论：

1. 所有的生物体都是由一个或多个细胞组成的。
2. 细胞是生物体结构的基本组成单元。
3. 所有的细胞都来自已存在的细胞。

■ **图7-2** 胡克利用光学显微镜观察到了这种类似小房子的结构。
推断 *如果这些细胞是活的，胡克能够看到什么？*

显微镜科学

没有显微镜，细胞的发现以及细胞学说的发展就无从谈起，如**图7-1**所示，随着显微镜的改进，科学家对细胞的研究不断加深。

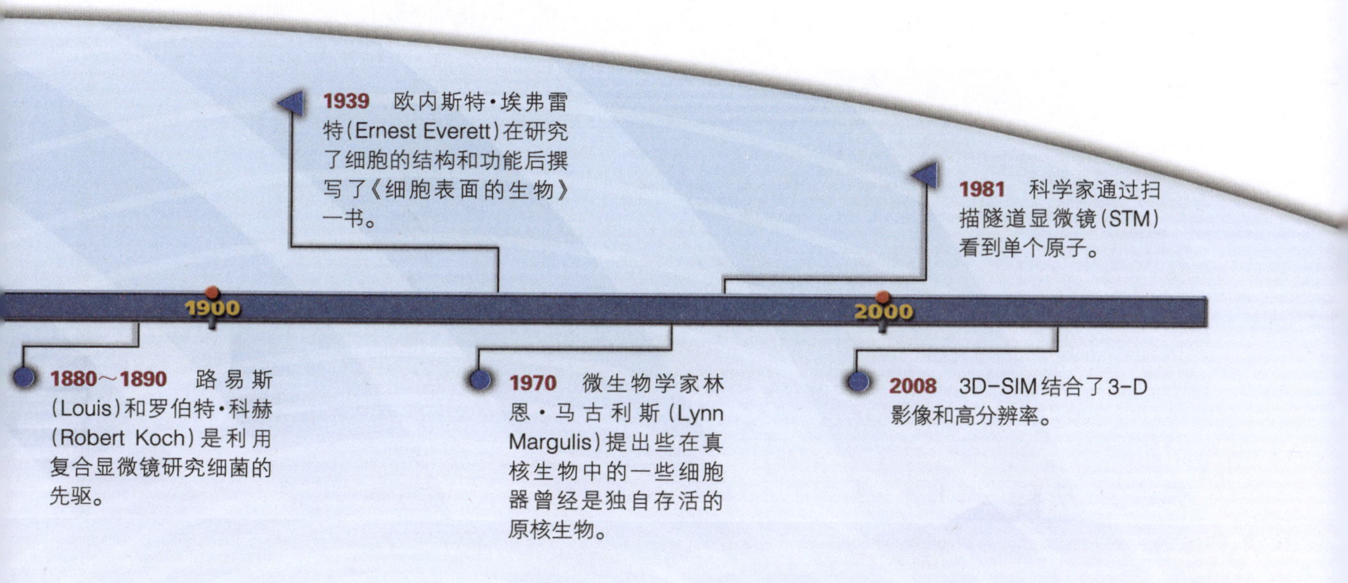

光学显微镜

17世纪，列文虎克所使用的显微镜是一种简单的光学显微镜，因为它只有一块透镜，通过光来观察物体。随后的两百多年间，科学家制作出更高质量的透镜，并发明了复合光学显微镜，使显微镜的性能得到很大改进。复合光学显微镜用一系列透镜逐步放大物体，能把物体放大1500倍左右。随着用显微镜对生物进行的观察越来越普遍，科学家开始总结生物的结构组成。由于显微镜成为一种可靠的科学研究工具，科学家开始研究观察到的物体大小与其真实物体大小之间的关系，同时也向人们展示了生物标本在不同的放大倍数下的模样。

电子显微镜

我们前面讨论的显微镜是用光来观察物体的，它能把物体放大约1500倍。尽管光学显微镜是很有价值的研究工具，但科学家知道，在细胞内部，光学显微镜看不见的地方还存在着另一个世界。20世纪三四十年代，人们发明了一种新型的显微镜——电子显微镜。这种显微镜利用电子束而不是光来观察物体，能把物体放大50万倍，使科学家能够观察到细胞内部的结构。因为电子会与空气中的微粒碰撞而散开，所以标本必须在真空中进行观察。

迷你实验 1

对单糖的检测

你怎样描述一个新的发现？想象你是一位科学家，在利用显微镜看到相似形状的物体时，你会意识到你看到的这个形状并不是巧合或随机产生的图像那么简单，你的想法会随着观察这些事物而改变。

步骤

1. 阅读并完成实验室安全表。
2. 准备数据表，用来记录观察结果，绘制3张图。
3. 观看教师在课堂里展示的幻灯片。
4. 描述并绘制你所看到的图像，要确保图像中包含一些关键的细节，并将这些信息传递给那些没有观察过该图像的科研人员。

分析

描述哪些类比法或术语能够解释你所画的图像。

电子显微镜有两种基本类型。科学家通常用扫描电镜(SEM)扫描细胞的表面来研究细胞的立体结构，用透射电镜(TEM)来研究细胞的内部结构。

新型显微镜和其他新技术还在不断发展。例如，扫描隧道显微镜(STM)能用电子流探测位于分子表面的原子并形成计算机图像。应用于光学显微镜的新技术也使科学家能通过这种基本工具获取更多的信息。这些新技术大多都力求增加细胞内结构的对比度，比如对细胞内的特定结构进行染色。**图7-3**所示为STM下获取的DNA图像。

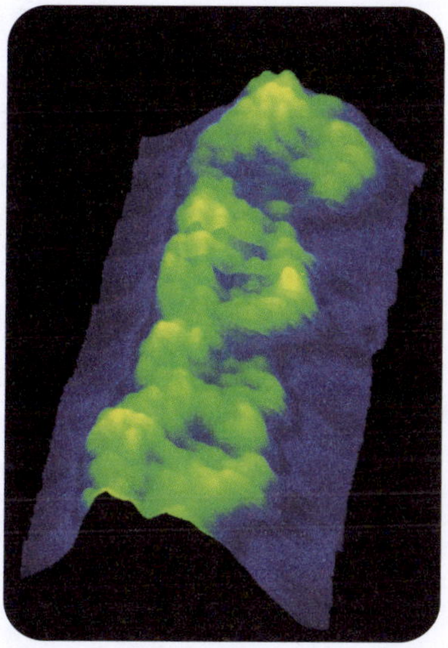

■ **图7-3** 这个DNA分子是STM提供的图像。

细胞基本类型

学习了细胞学说之后，我们已经知道细胞是生物体的基本组成单元。通过观察你的身体和周围的生物体，我们可推断出细胞是以各种形状和大小存在的。所有的细胞都含有一个相同的特征：含有质膜，如**图7-4**所示。**质膜(plasma membrance)**也叫细胞膜，是控制物质进出细胞的一种特殊边界。

细胞还具有其他一些共同的特征，例如，细胞会依据遗传物质产生细胞需要的各种物质。为了方便人们理解，科学家将细胞分成两大类，即原核细胞和真核细胞。**图7-4**展示了这两类细胞的微观照片，我们可以清楚地看到被放大的原核细胞和真核细胞，真核细胞一般比原核细胞大1～100倍。

阅读检测 **比较**原核细胞和真核细胞。

■ **图7-4** 原核细胞比真核细胞小，且原核细胞结构简单。此处将原核细胞进行放大，以便比较两类细胞的内部结构。

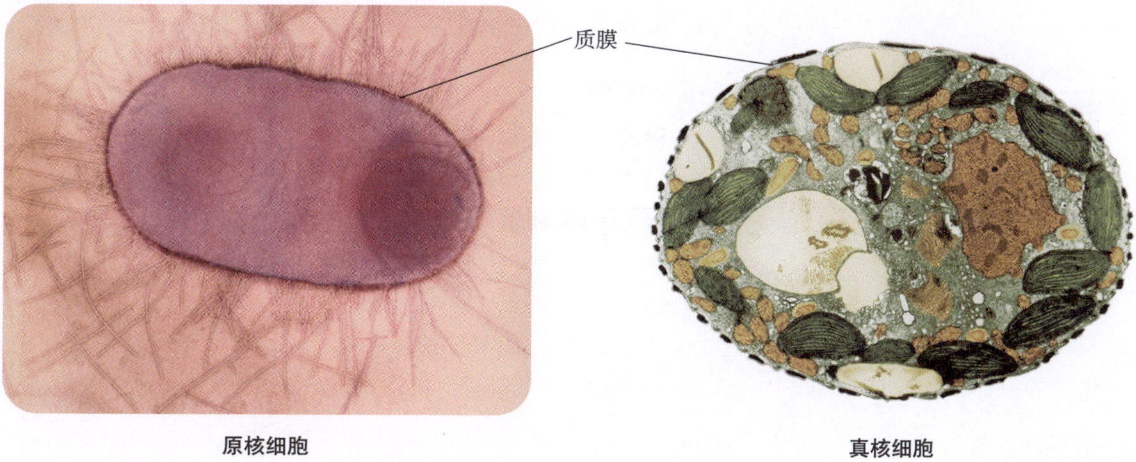

参照**图7-4**对照两种不同类型的细胞，你会看到两者的共同点和不同点。两者都具有质膜，但真核细胞含有细胞器，特殊的**细胞器(organelle)**结构使得细胞具有独特的功能。

真核细胞(eukaryotic cell)具有细胞核和其他具有膜结构的细胞器。**细胞核(nucleus)**是含有遗传物质DNA的重要细胞器。细胞器可以让细胞的不同部位在同一时间执行不同的功能。很多有机体由真核细胞组成，叫作真核生物。但是，一些单细胞生物也是真核生物，如酵母菌和藻类。

原核细胞(prokaryotic cell)是没有细胞核和细胞器的细胞。**图7-4**中，原核细胞比真核细胞简单。很多单细胞生物，都是原核生物如细菌。

细胞多样性的起源 科学家在持续研究为什么存在两种类型的细胞，一个答案是内共生学说，即真核细胞在百万年前由原核细胞进化而来。

想象一下，如果真核生物的形式没有发生进化，那么生物间会有哪些差别呢？因为真核细胞大并且具有细胞器，这些细胞具有特殊的功能，而这些特殊的功能促使细胞多样性的发生，使得有机体能够更好地适应周围的环境。因此，如果没有真核细胞，那么生命模式也许永远停留在细菌层面上止步不前。

第1节 测评

要点梳理

- 显微镜作为工具用于科学研究。
- 科学家利用不同类型的显微镜研究细胞。
- 细胞学说可归纳为3条理论。
- 细胞分为两大类：原核细胞和真核细胞。

要点理解

1. **解释**显微镜的发明和改进是怎样影响科学家对有机生命体的研究的。
2. **对比和比对**复合光学显微镜和电子显微镜。
3. **总结**细胞学说。
4. **区别**质膜和细胞器。

批判性思维

5. **描述**你是如何断定刚发现的一个生物体的细胞是真核细胞还是原核细胞的。

生物中的数学

6. 如果一个系列中两个透镜的放大倍数是30×，其中一个透镜的放大倍数是5×，那么另一个透镜的放大倍数是多少？将5×的透镜换成7×后，整个系统放大倍数又变为多少？

第2节

质　膜

本节预览

核心问题

- 质膜是怎样行使功能的?
- 质膜中的蛋白质、糖类和胆固醇都有什么作用?

术语回顾

离子: 带有阳性或阴性电荷的一个原子或原子团。

关键术语

选择透过性
磷脂双分子层
转运蛋白
流动镶嵌模型

主要概念 **质膜帮助细胞维持其内部的稳态。**

联系实际 当你早上到学校门口后,你可以通过校门进去,而其他无关人员就不能进入。与此类似,原核细胞和真核细胞都有维持和控制其内部环境的结构。

质膜的功能

回顾前面学习的内容,我们知道,机体内部环境的平衡叫作稳态。稳态对细胞的生存非常关键。质膜是位于细胞和其周围环境之间的薄膜,它是维持稳态的主要结构之一,环境中的营养通过质膜进入细胞,细胞里的代谢物也通过质膜被排出细胞。所有的原核细胞和真核细胞都通过质膜将其与周围的液态环境分开。

质膜的一个关键特征是**选择透过性(selective permeability)**,即细胞能够选择让一部分物质进入而另一些物质不能进入。类比一下,渔网有选择透过性,**图7-5**中,渔网能够让水及水中的其他物质通过,而鱼不能通过。网眼大小不同的渔网,对鱼也有一定的选择性。**图7-5**描述了质膜的选择透过性,箭头所示的是物质通过质膜进出细胞,这些物质怎样进出、何时进出细胞以及进出的量都取决于质膜。

阅读检测 给选择透过性下**定义**。

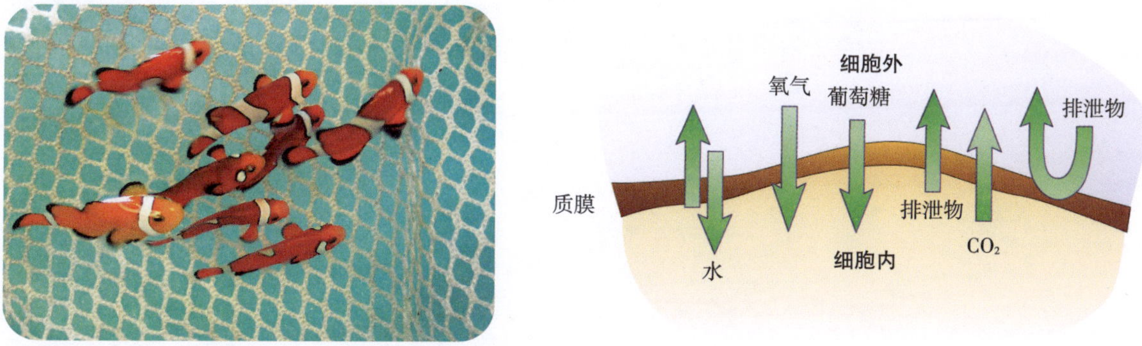

图7-5
左图: 渔网漏掉水和其他杂质,选择性地捕获鱼类。
右图: 相类似的,质膜选择物质进出细胞。

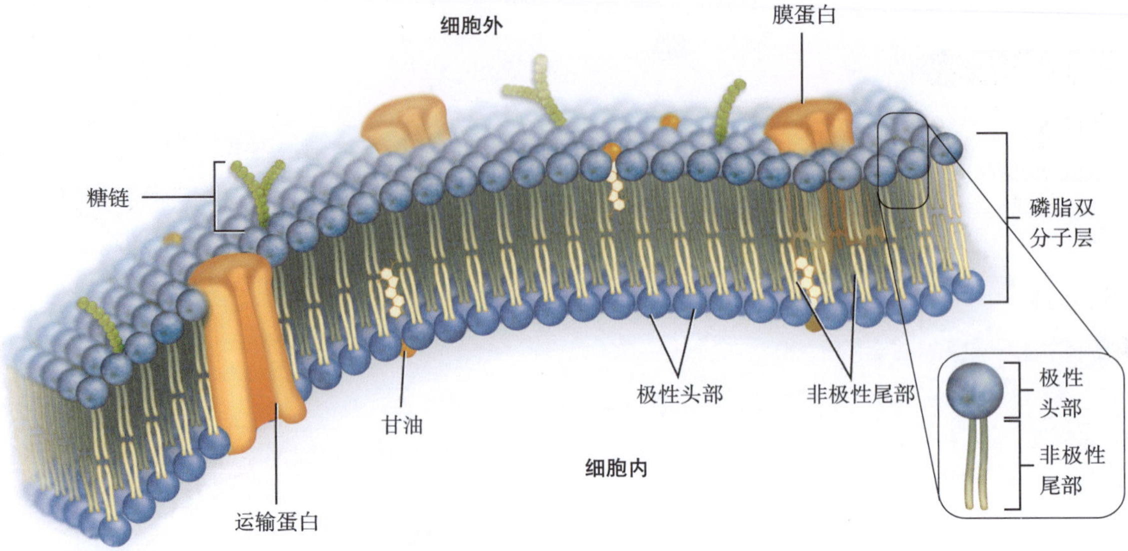

■ **图7-6** 磷脂双分子层就像一个三明治，极性的头部朝外而非极性的尾部朝内。

推断 *疏水物质是怎样穿过质膜的。*

质膜的结构

链接化学 质膜中的很多分子是脂质，脂质是由甘油和脂肪酸组成的大分子。一个磷酸基团代替一个脂肪酸，就形成磷脂。一个磷脂分子有一个甘油骨架、两个脂肪酸链和一个磷酸基团。质膜由一个**磷脂双分子层(phospholipid bilayer)**组成，如**图7-6**，双分子层是尾对尾排列的。在质膜中，磷脂的排列方式使得质膜一直在液态环境中存在。

磷脂双分子层 在**图7-6**中，每个磷脂都具有一个极性头部和两个非极性尾部，其中磷酸基团形成极性头部，因为水也是极性的，所以两者能够相互吸引；脂肪酸尾部是非极性的，被水所排斥。

磷脂双分子层类似于三明治，脂肪酸尾部形成质膜的内部，而磷脂的头部朝向细胞内外的液态环境。这种结构对于质膜的形态和功能是非常关键的，磷脂排列形成极性头部同水分子靠近，非极性的尾部则远离水分子。

很多磷脂分子这样连接到一起后，就形成了一个外部呈极性而内部呈非极性的屏障。水溶性的物质由于质膜内部为非极性而不能通过质膜，因此，质膜将细胞同细胞周围的液态环境隔开。

术语

极性

带电荷分布不平衡。极性分子的正极同极性分子的负极相互吸引。

质膜中的其他化合物 在质膜中随同磷脂移动的物质有胆固醇、糖类和蛋白质。质膜外部的蛋白质叫作受体，它们会向细胞内部传递信号；而内部的蛋白质起到维持结构和形状的作用；跨越整个膜的蛋白形成物质进出细胞的通道。一些物质和代谢废物的转运通过**转运蛋白(transport protein)**进行。

阅读检测 **描述**质膜双层结构的意义。

胆固醇分子中，非极性的胆固醇分子受到水的排斥而包含在磷脂中，胆固醇能够使磷脂双分子层的脂肪酸尾部不粘连到一起，有利于维持质膜的流动性。尽管推荐低胆固醇膳食，但是胆固醇对于质膜的结构非常关键，它是维持细胞稳态的关键物质。

质膜上的其他物质，如连接在蛋白质上的糖类，伸到质膜外部，能够帮助细胞识别化学信号。例如，具有防御疾病功能的细胞，其质膜上的糖链帮助细胞识别和攻击一些有潜在危害的细胞。

学习小贴士

提问环节 和小伙伴一起学习并相互提出关于质膜的问题。尽可能多地提出你能够想到的问题并讨论这些问题。

数据分析实验1

基于真实的资料*

解释图片

卒中之后，蛋白质是如何引起神经细胞死亡的？

因受到血块的影响，富含氧气的血液流不到大脑中，部分大脑就会发生卒中。在缺氧的环境下，大脑中的神经细胞对缺氧极为敏感，面对缺氧条件就会释放出大量的谷氨酸盐。在此期间，钙泵严重受损，钙离子在神经细胞中的转运因此受到影响，细胞内部的钙含量过多，就会直接破坏细胞稳态。

观察

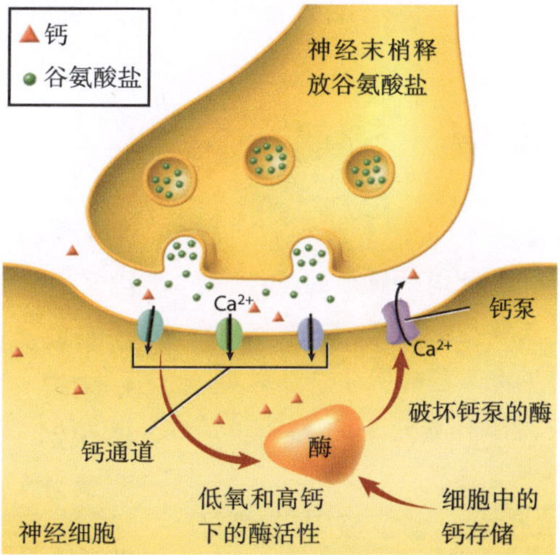

*资料来源：Choi, D.W. 2005. Neurodegeneration: cellular defences destroyed. *Nature* 433: 696–698.

批判性思维

1. **解释** 谷氨酸盐的大量释放是怎样破坏钙泵的？
2. **预测** 在卒中发生过程中，如果人为降低神经细胞中的钙离子水平，将会发生什么？

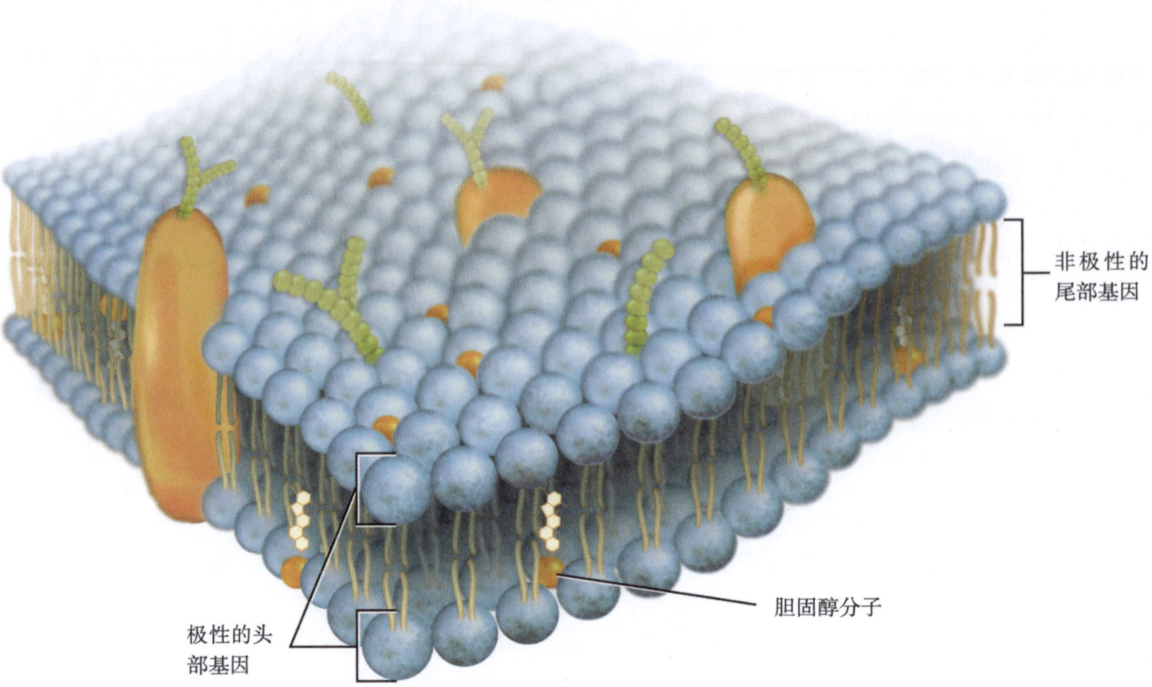

■ **图7–7** 流动镶嵌模型是指质膜上的物质能在膜上移动。

总而言之，双分子层中的磷脂形成了一个“海洋”，其他分子在其上漂浮。这种概念是质膜**流动镶嵌模型（fluid mosaic model）**的基础，磷脂在膜的内侧移动，就如同苹果在水中移动一样。同时，膜中的其他化合物（如蛋白质），同样也在磷脂中移动。因为这些化合物在质膜上的位置结构、数量等都很不均匀，于是就在质膜上形成了一种镶嵌模式，如**图7–7**所示。质膜中的化合物会不停地运动，甚至有时还会里外翻滚。

第2节 测评

要点梳理

- 选择透过性是质膜的特性，使其能够控制物质进出细胞。
- 质膜由两层磷脂分子组成。
- 胆固醇和转运蛋白有助于质膜发挥功能。
- 可用流动镶嵌模型来描述质膜。

要点理解

1. 主要概念 **描述**质膜是如何帮助细胞维持稳态的。
2. **解释**细胞是怎样同其周围环境相隔开的。
3. **图解**质膜并标出每种化合物的成分。
4. **识别**质膜上提供基本膜结构、细胞特性及膜的流动性的分子。

批判性思维

5. **解释** 质膜中的胆固醇含量过高，会对质膜产生怎样的影响？

科技 **写作**

6. 利用你了解到的“镶嵌”术语，写一段有关其他生物镶嵌模型的描述。

第3节

细胞结构和细胞器

本节预览

核心问题

- 真核细胞典型的结构有哪些？分别有什么功能？
- 植物细胞和动物细胞有什么异同点？

术语回顾

酶：能够加快化学反应速率的蛋白质。

关键术语

细胞质
细胞骨架
核糖体
内质网
高尔基体
液泡
溶酶体
中心体
线粒体
叶绿体
细胞壁
纤毛
鞭毛

主要概念 **真核细胞内有不同结构和功能的细胞器。**

联系实际 设想你创办了一家制作皮靴的工厂，你就会发现，虽然一个工人就能完成皮靴制作的所有工序，但是通过一条生产线效率会更高。与此相类似，真核细胞如同一家工厂一样，其中特定的结构行使着特定的功能。

细胞质和细胞骨架

你已经了解了质膜的结构。质膜内部的环境呈半流质状，叫作**细胞质（cytoplasm）**。原核细胞中，所有的化学过程（如糖分解产生能量等过程）都是直接在细胞质中发生。而真核细胞中，这些过程是在处于细胞质内部的细胞器中进行的。曾经很长一段时间里，科学家认为细胞器是在细胞质中漂浮着的。

后来，细胞生物学家发现细胞器并没有在细胞中自由游动，而是受到如**图7–8**所示的**细胞骨架（cytoskeleton）**的支撑。细胞骨架是细胞中蛋白纤维形成的长且细的支撑网络，能够固定细胞中的细胞器。细胞骨架在细胞移动和其他细胞活动中也发挥着重要作用。

细胞骨架由微管和微丝构成，微管是长且空的蛋白圆柱体状结构，形成坚固的细胞骨架，辅助细胞内物质的移动。微丝是细小蛋白纤维，帮助形成细胞的形状并能让整个细胞或细胞的部分发生移动。微管和微丝能够快速组装和分解，并从一处滑动到另一处，这使得细胞和细胞器发生移动。

■ **图7–8** 微管和微丝构成了细胞骨架。

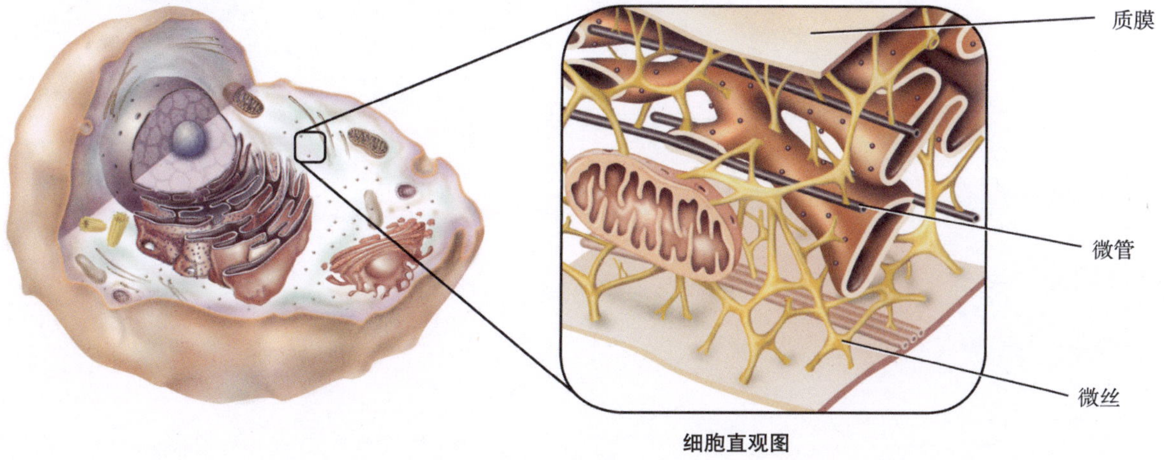

图解细胞

图 7–9

比较植物细胞、动物细胞和原核细胞。一些细胞器只存在于植物细胞或动物细胞中，原核细胞中不含膜性细胞器。

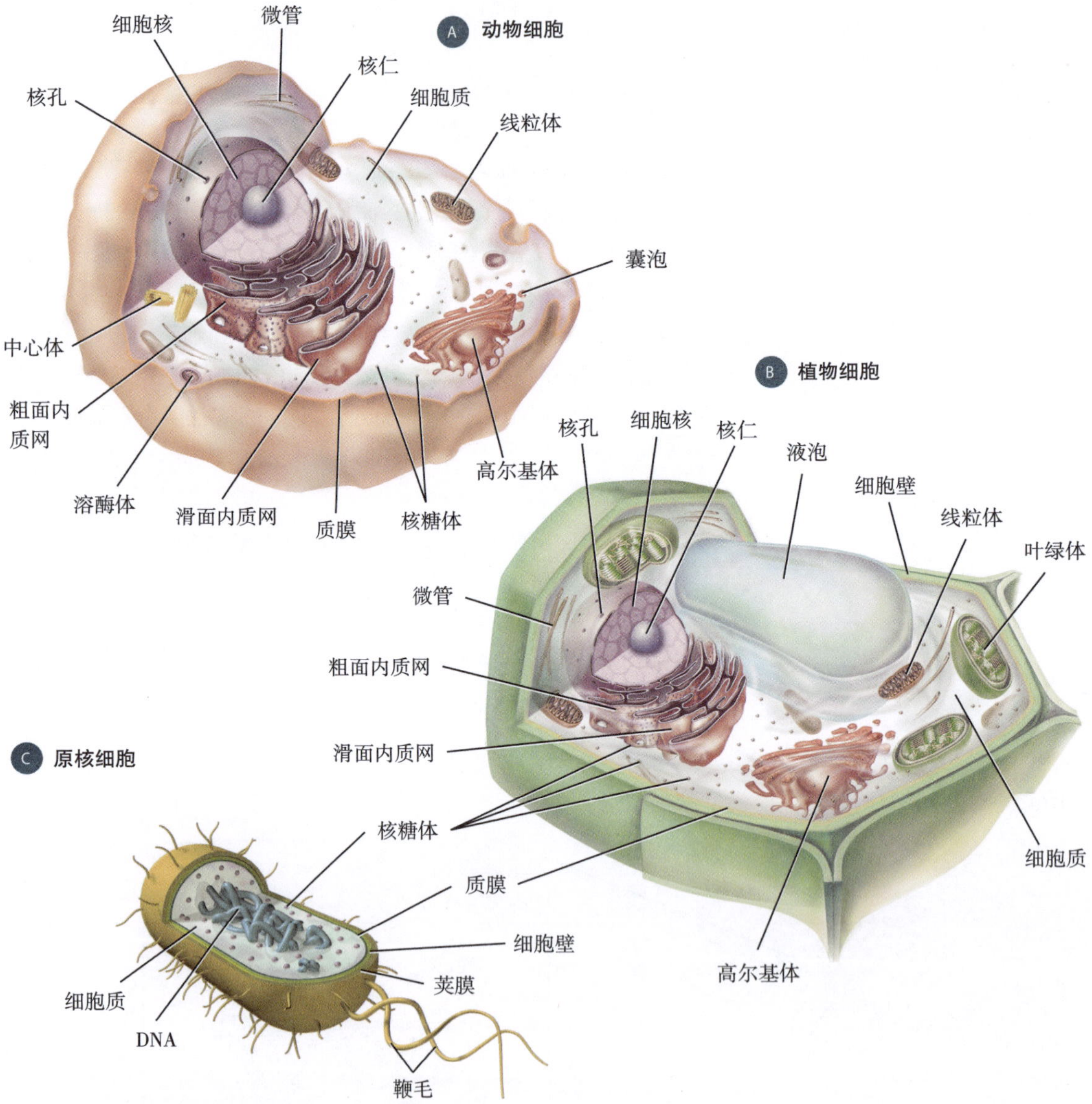

细胞结构

在工厂里，不同的部门完成不同的任务。同样地，在真核细胞中，也是分隔开的不同区域完成不同的任务。膜性细胞器使不同的化学反应过程在细胞质中的不同位置同时发生成为可能。一些重要的细胞活动在细胞器中完成，如蛋白质的合成、能量的转换、食物的消化、排泄物的分泌及细胞的分离等。每种细胞器都含有独特的结构和功能，你可以将细胞器比作工厂的办公室、生产线以及其他部门。你在阅读到不同细胞器时可以参考**图 7–9** 中关于植物和动物细胞器的图解。

细胞核 如同一个工厂需要一个管理者一样，一个细胞也需要一个细胞器来管理细胞的各种活动。**图 7–10** 所示的细胞核，是就细胞中的管理结构，其中含有很多DNA，DNA上存储着合成蛋白质的信息，从而保障细胞生长、行使功能和繁殖的正常进行。

细胞核具有双层核膜，核膜同质膜的区别是其上有核孔，比较大的物质能够穿过核孔进出细胞核。染色质遍布在细胞核中，由DNA和蛋白质结合而成。

阅读检测 **描述**细胞核的功能。

核糖体 细胞的功能之一是合成蛋白质，完成该功能的细胞器是**核糖体（ribosome）**。核糖体由两部分组成：RNA和蛋白质。核糖体没有膜结构，细胞核中的**核仁（nucleolus）**是形成核糖体的场所。

细胞中含有很多核糖体，可产生各种类型的蛋白质，这些蛋白质有的在细胞内发挥作用，有的输出到细胞外供其他细胞利用。一些核糖体能够在细胞质中自由移动，而其他一些同另一种细胞器（内质网）相连，自由的核糖体产生的蛋白质供细胞质使用，而结合核糖体产生的蛋白质供膜性细胞器及其他细胞使用。

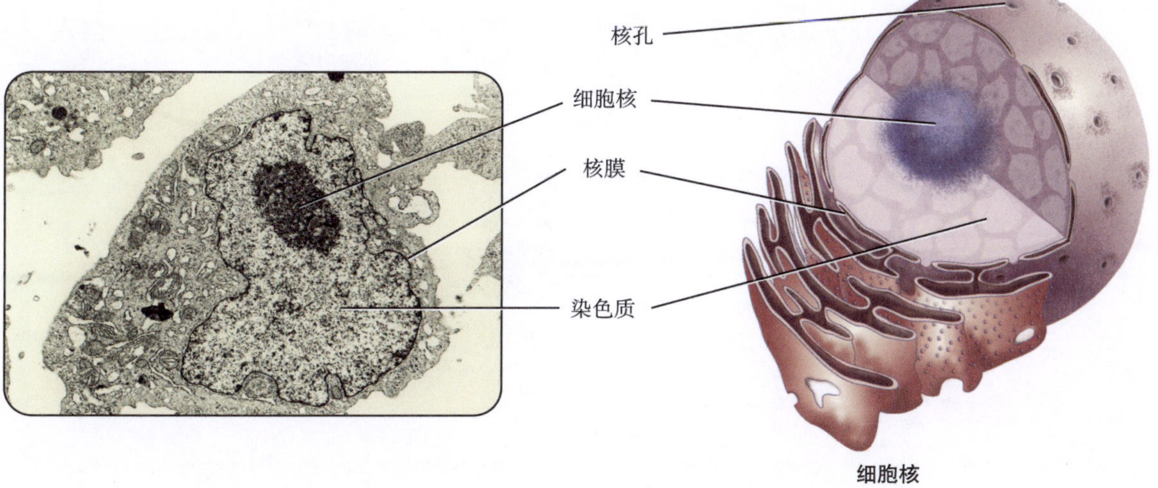

■ **图 7–10** 图中的微观图片表示了一个细胞核的横截面。
推断 *为什么细胞核的所有横截面都是不相同的。*

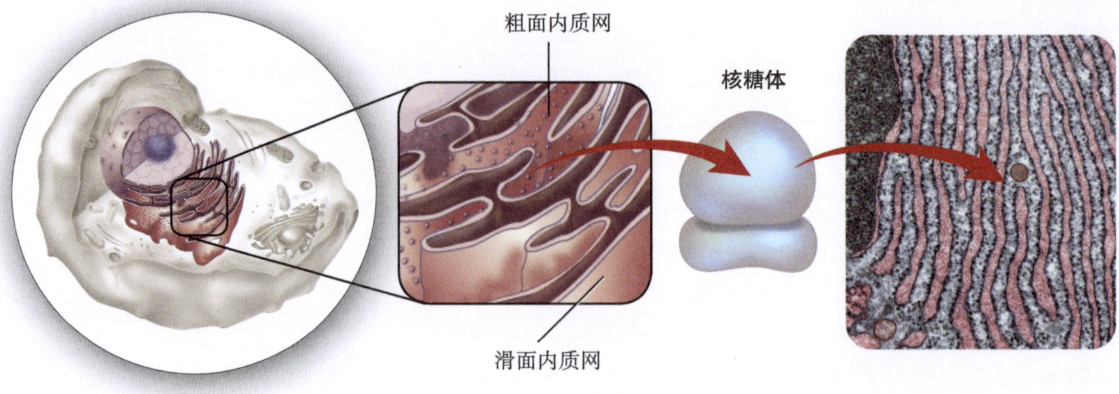

■ **图7–11** 核糖体是由RNA和蛋白质组成的简单结构，有些结合在粗面内质网的表面，如同内质网的突起一样。

内质网 **内质网(endoplasmic reticulum，ER)**是折叠囊状的膜体系，是蛋白质和脂质合成位点的内部连接通道。内质网的褶皱加大了细胞的表面积。有核糖体附着的内质网叫作粗面内质网，**图7–11**中，粗面内质网上有突起，此处结合的核糖体能加工合成蛋白质，输出细胞供其他细胞利用。

图7–11中也表明，有些内质网上没有核糖体附着，叫作滑面内质网。尽管没有结合核糖体，但它们也具有重要的功能。例如，滑面内质网提供了膜表面的各种复杂糖链和脂质，如磷脂。滑面内质网还能够清除有害物质。

数据分析实验2

基于真实的资料*

解释图片

从内质网到高尔基体的囊泡运输是怎样被调控的？一些蛋白质由内质网上的核糖体合成，然后在内质网中被加工后由囊泡将其转运到高尔基体。科学家正在研究诱使囊泡与高尔基体相融合的分子。

观察

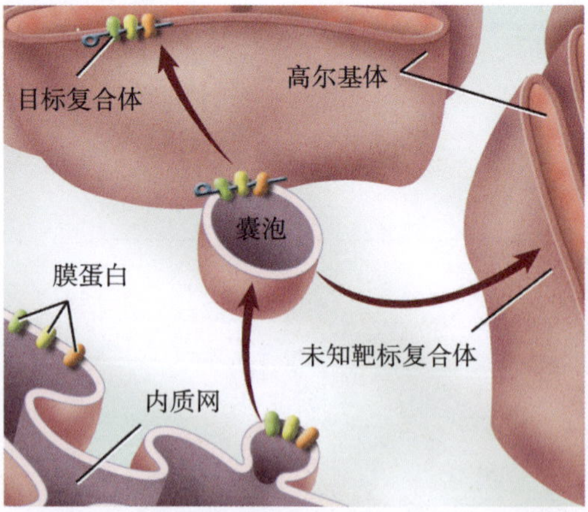

*资料来源：Brittle, E. E., and Waters, M. G. 2000. ER-to-golgi traffic—this bud's for you. *Science* 289: 403-404.

批判性思维

1. **解释图片** 通过命名高尔基体上的两种复合体。
2. **提出假说** 提出一个针对囊泡运输的假说，记得运用有关细胞质和细胞骨架的知识。

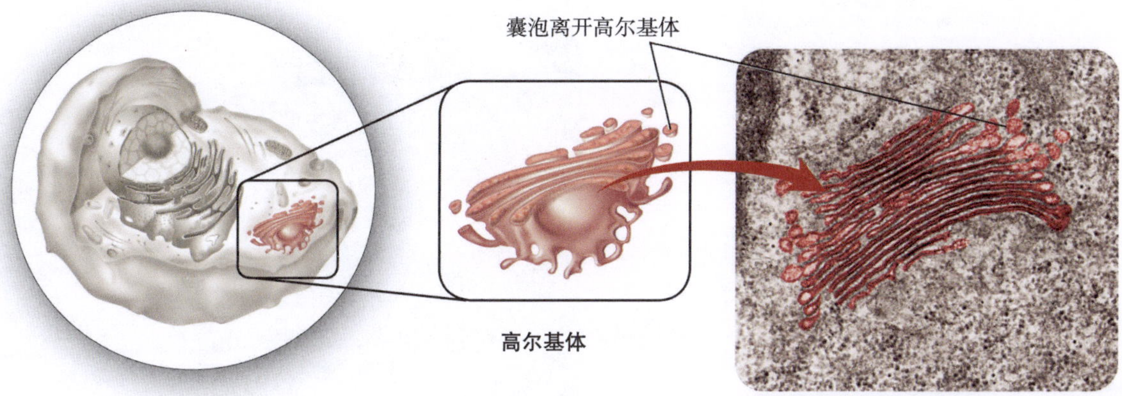

■ **图 7–12** 膜平滑堆叠形成高尔基体。

高尔基体 蛋白质在内质网中完成加工后，一些会被转运到高尔基体，如**图 7–12**所示。**高尔基体（Golgi apparatus）**是平滑堆叠的膜结构，能够加工、分类并包裹蛋白质将其转到囊泡，囊泡再通过同质膜融合将蛋白质释放到细胞外。

液泡 在植物细胞中，细胞质中的**液泡（vacuole）**能够暂时存储物资。如**图 7–13**，液泡能够储存食物、酶和其他能够被细胞利用的物质，一些液泡也储存代谢废物。高等动物细胞中不含液泡。

■ **图 7–13** 植物细胞中具有大液泡。

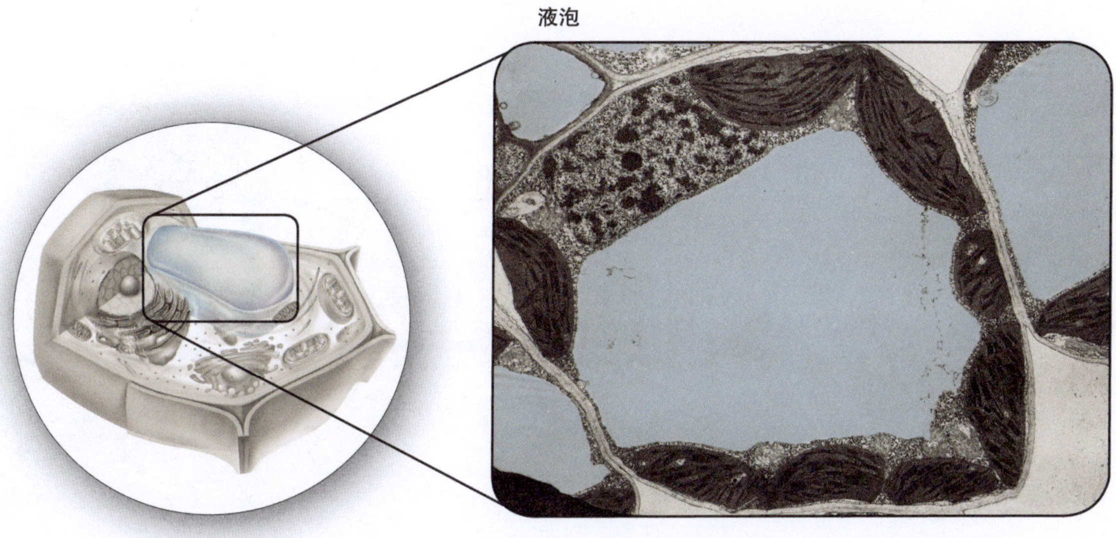

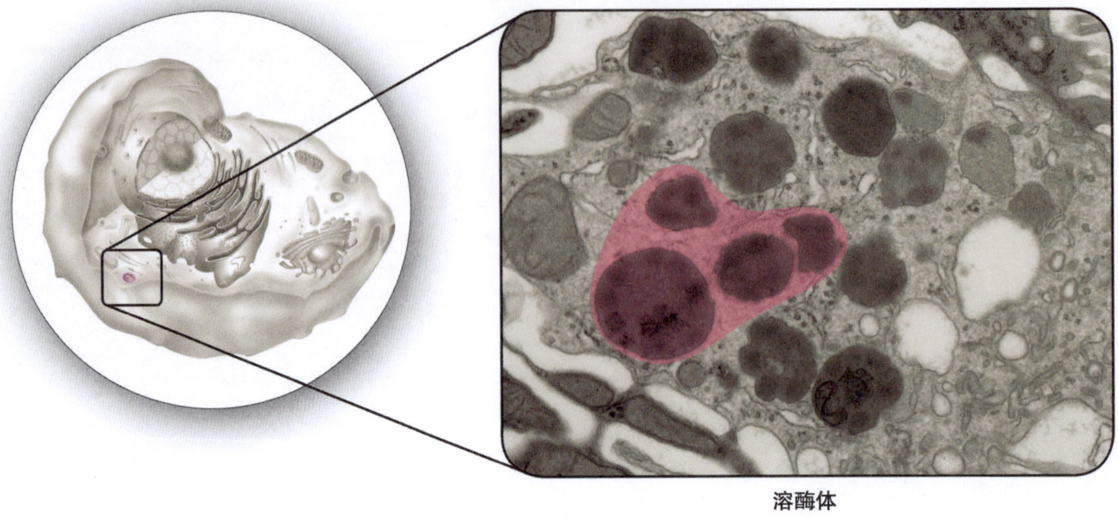

■ **图 7-14** 溶酶体中含有消化酶，能够降解液泡中的代谢废物。

溶酶体 如**图 7-14** 所示，在细胞中，囊泡状的**溶酶体（lysosome）**中含有的物质能够降解过多的或坏损的细胞器，也能降解食物颗粒以及进入细胞的细菌和病毒。溶酶体表面的膜可以很好地约束内部的消化性酶，避免它们进入细胞质中破坏细胞。溶酶体能够同液泡相融合并将其中的酶分配到液泡中，从而降解液泡中的代谢废物。

中心体 在本节的前面，你已经了解了微管和细胞骨架。事实上，一组微管还可以形成另一种细胞结构，即**中心体（centriole）**。如**图 7-15** 所示，中心体是由微管组成的细胞器，功能同细胞的分裂有关。中心体分布在细胞质和许多原生质中，并且通常靠近细胞核。

■ **图 7-15** 中心体由微管构成，在细胞分裂过程中发挥作用。

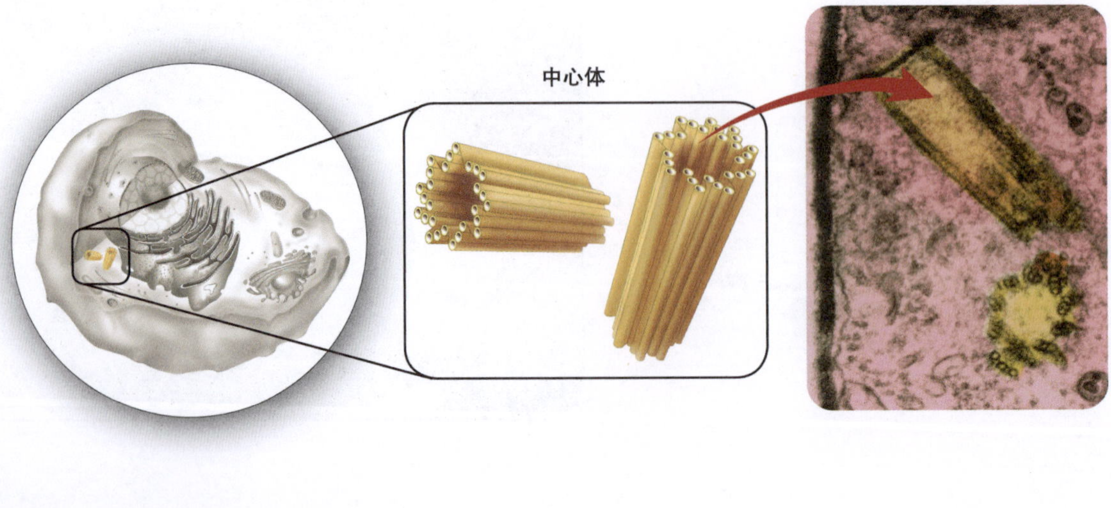

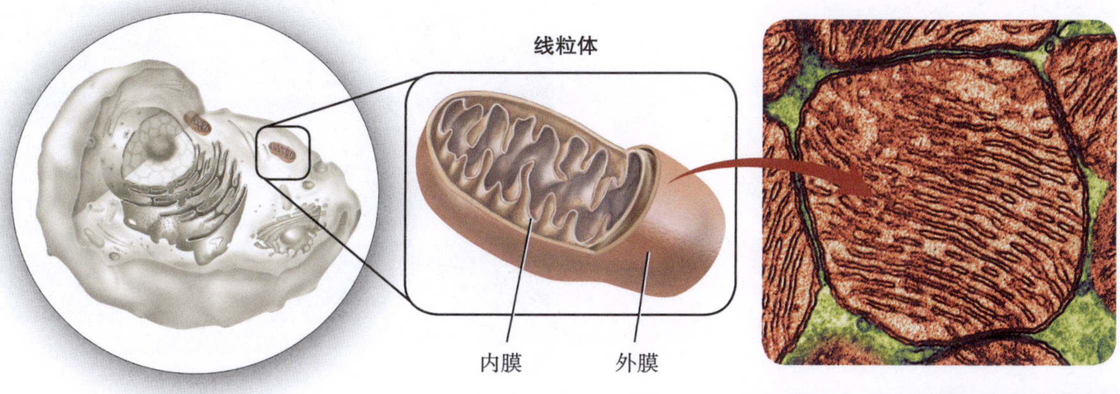

■ **图 7–16** 线粒体产生供细胞利用的能量。

描述 *线粒体的膜结构。*

线粒体 想象一下，工厂如果具有自己的发电机，就可以产生供自己使用的电能。细胞也具有产能机器——**线粒体（mitochondrion）**，能够将能源物质转化成可以利用的能量。**图 7–16** 中展示了线粒体具有外膜和内膜两层膜结构，其中内膜高度折叠，为破坏糖分子中的键的生化反应提供了大量的场所，并将破坏产生的能量储存在其他分子的键中。基于此原因，线粒体常被称作细胞的“能量工厂”。

叶绿体 工厂的生产活动需要用电，而这些电除了可以通过燃料的燃烧获取外，还可以通过转化其他可选择利用的资源（如太阳能）获得。植物细胞就天生具有利用太阳能的方法。除了线粒体外，植物和其他一些真核细胞中还含有叶绿体。**叶绿体（chloroplast）**能够通过光合作用过程将吸收的光能转化为化学能。如**图 7–17** 所示，叶绿体中有很多很小的盘状结构，叫作类囊体，叶绿素囤积在这里能够帮助细胞捕获太阳光。叶绿素的存在让植物的叶子和茎都呈现出绿色。

叶绿体属于质体，而有些质体行使着储存的功能。例如，一些质体可以储存淀粉和脂质，有些色素细胞的质体包含红色、橙色或黄色的色素，能够捕获光能从而使得植物组织呈现出各种颜色，例如花和叶子。

■ **图 7–17** 在植物中，叶绿体吸收光并将光能转化为化学能。

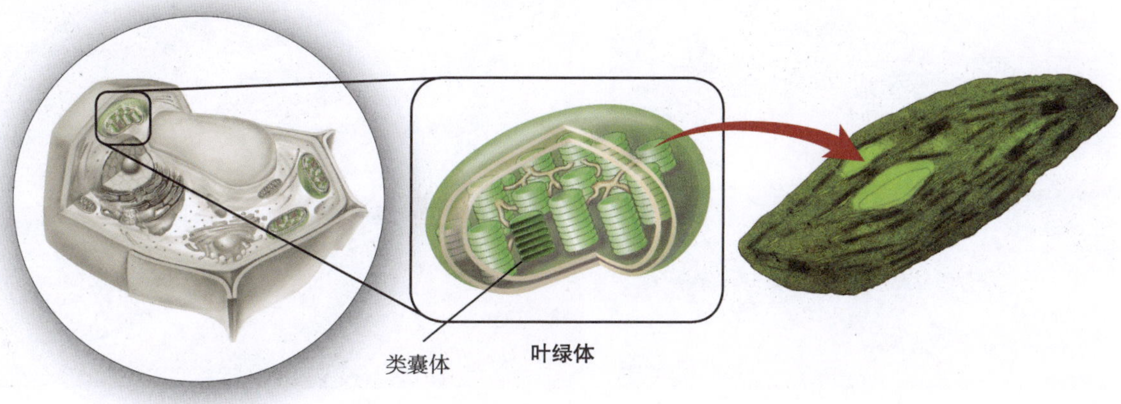

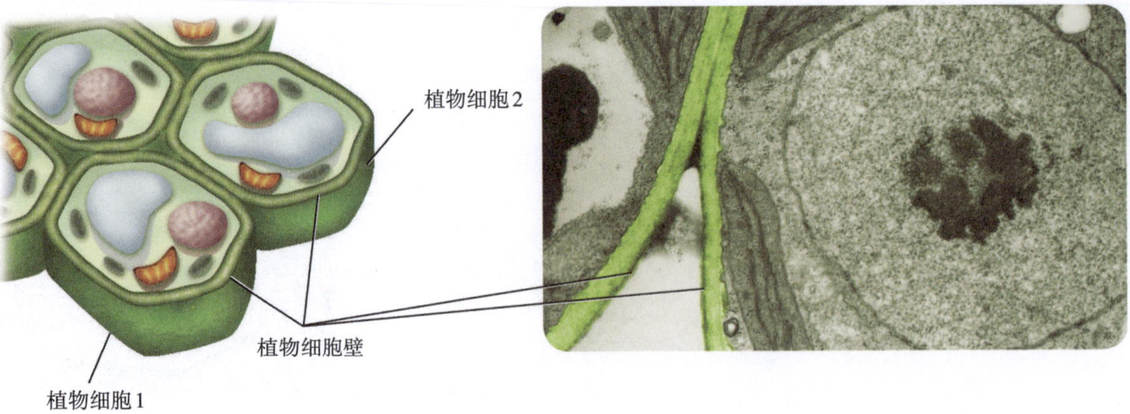

■ **图 7–18** 图片展示了植物细胞和细胞壁。

细胞壁 另一种与植物细胞相关的结构叫作**细胞壁(cell wall)**,如**图 7–18** 所示。细胞壁是厚且坚硬的网孔状纤维,围绕在质膜的周围,起保护和支撑细胞的作用。坚硬的细胞壁让植物在高度上显得游刃有余,既可低如小草,又可高如加利福尼亚红杉树。植物细胞壁由一种叫作纤维素的糖类物质构成,使得细胞壁具有不灵活的特性。**表 7–1** 中总结了细胞壁和其他各种细胞结构。

纤毛和鞭毛 一些真核细胞的表面具有纤毛和鞭毛,浮动在质膜外部,如**图 7–19**。**纤毛(cilium)**比较短、数量多,看起来像头发,运动起来像船桨的划动。**鞭毛(flagellum)**比纤毛长,但是数量少,运动模式更像挥动鞭子那样。纤毛和鞭毛都是由微管以"9+2"模式构成的,即9对微管围绕着2根微管。一般一个细胞有1~2条鞭毛。

原核生物的纤毛和鞭毛中含有细胞质并且被质膜包被,这些结构都由复杂的蛋白质构成。虽然这些结构都用作细胞的运动,但一些静止的细胞上也发现有纤毛存在。

■ **图 7–19** 微观照片中头发状的结构是纤毛、尾巴状的结构是鞭毛。两者都同细胞的运动有关。
推测 *在动物的哪个部位可能会找到纤毛。*

草履虫表面的纤毛

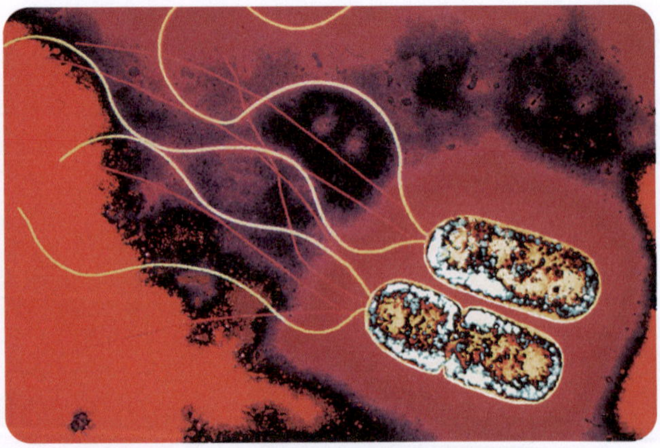

有鞭毛的细菌

表7-1	细胞结构的总结		
细胞结构	举例	功能	细胞类型
细胞壁	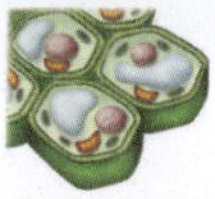	给植物细胞提供支持和保护的固定的屏障	植物细胞、真菌细胞和一些原核细胞
中心体		成对且对于细胞分裂很重要的细胞器	动物细胞和很多原生生物细胞
叶绿体		双层膜，类囊体中含有叶绿素，用于进行光合作用	植物细胞和一些原生生物细胞
纤毛		伸出在细胞表面，帮助运动和进食，清扫细胞表面的物质	一些动物细胞、原生细胞、原核细胞
细胞骨架		细胞质中的框架结构	真核细胞
内质网		高度折叠的膜结构，蛋白质合成的部位	真核细胞
鞭毛		伸出在外，辅助运动和进食	一些动物细胞、原核细胞、一些植物细胞
高尔基体	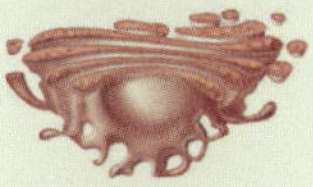	平滑堆叠的膜结构，加工和包装蛋白质并将其输出细胞	真核细胞
溶酶体		含有消化酶的囊状结构，能够降解过多的或损坏的细胞成分	动物细胞、植物细胞中稀有
线粒体		膜性细胞器，产生供细胞利用的能量	真核细胞
细胞核		细胞的控制中心，包含指导蛋白质合成和细胞分裂的遗传物质	真核细胞
质膜	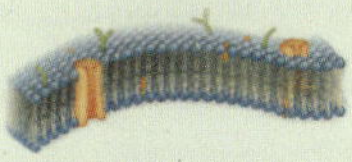	控制物质进出细胞的边界	所有细胞
核糖体		合成蛋白质的细胞器	所有细胞
液泡		囊状膜结构细胞器，能够暂时存储物质	植物细胞有一个大的，一些低等动物细胞中偶尔有一个小的

比较细胞

表7-1总结了真核植物细胞和动物细胞的结构。植物细胞含有叶绿素，它们能够吸收和转化太阳能，形成可以利用的化学能。这是植物和动物之间的主要差别之一。除此之外，高等动物细胞中没有液泡，也没有细胞壁。

细胞器的运作

随着对细胞结构的基本理解，我们就比较容易推想细胞中的这些结构是怎样一起运作、行使细胞的功能的，现以蛋白质的合成为例。

蛋白质的合成最初根据DNA的信息在细胞核中进行，遗传信息经复制和转录产生RNA，然后核仁中形成的RNA进入细胞质，同核糖体结合开始合成蛋白质。在粗面内质网上合成的蛋白质有重要功能，如参与形成质膜，或被转运到其他细胞器，甚至被释放到细胞外发挥其功能。其他呈自由状态的核糖体也能够制造蛋白质。

接下来，许多在内质网表面产生的蛋白质由高尔基体进行转运。高尔基体将蛋白质包装在囊泡内，然后将其转运到其他细胞器或细胞外。其他细胞器利用蛋白质来进行细胞活动，例如，溶酶体利用酶——一种特殊的蛋白质消化食物和代谢废物，线粒体利用酶生产细胞可以利用的能量。

通过了解细胞中的细胞器，我们就很容易理解为什么将细胞叫作一个工厂了。每个细胞器都各司其职，细胞的健康状态依赖于细胞中各个结构的协同运作。

第3节 测评

要点梳理

- 真核细胞的细胞质中有膜结构的细胞器，细胞器进行运作来完成细胞的功能。
- 核糖体是合成蛋白质的场所。
- 线粒体是细胞的能量工厂。
- 植物细胞和动物细胞包含很多相同的细胞器，但是也有一些细胞器是植物细胞或动物细胞特有的。

要点理解

1. 主要 概念 **鉴定**真核细胞中细胞核的功能。
2. **总结**内质网的功能。
3. **对比与比对**植物细胞与动物细胞。

批判性思维

4. **推测**毛毛虫变成蝴蝶时溶酶体起着怎样的作用。

科技 写作

5. 根据细胞类型将**表7-1**中的结构和细胞器整理成一份清单，并绘制一张概念图。

第4节

细胞运输

本节预览

核心问题

- 什么是扩散、协助扩散及主动运输?
- 低渗、高渗、等渗溶液对细胞有什么影响?
- 大颗粒物是怎样进出细胞的?

术语回顾

稳态:调节细胞或有机体的内部环境以维持适合生命的稳定条件。

关键术语

扩散
动态平衡
协助扩散
渗透
等渗溶液
低渗溶液
高渗溶液
主动运输
胞吞作用
胞吐作用

主要概念 **细胞运输能转运细胞内部的物质以及转运物质进出细胞。**

联系实际 想象一下,你在卧室学习的时候,厨房里正在烘焙饼干,你不会知道饼干是何时放到烤箱的,因为这时你闻不到香味。当饼干制作好时,你会闻到香味,因为香味会从厨房弥漫到你的卧室,这个过程就叫作扩散。

扩散

链接化学 烘焙饼干的香味传向你的过程中,空气中的颗粒物移动和相互碰撞,这是因为在气体、液体和固体中微粒都在进行随机运动。溶解在水中的物质的这种持续的随机运动叫作布朗运动。这种随机运动是由**扩散(diffusion)**引起的,扩散是物质颗粒从含量多的区域向含量少的区域的移动,物质颗粒含量多的区域叫作集中区,因此,物质颗粒是从高集中区向低集中区扩散的。**图7-20**中示意了扩散过程。扩散不需要额外施加能量,因为颗粒本来就处于运动状态。

例如,分别将一滴红墨水和一滴蓝墨水滴到一个盛水容器的两侧,**图7-20(A)**是扩散过程的开始。一段时间之后,通过扩散墨水颗粒相互混合形成紫色的混合状态,**图7-20(B)**是扩散发生的初步结果。

■ **图7-20** 扩散使得墨水颗粒从高集中区向低集中区移动,最后形成颜色均一的混合状态。

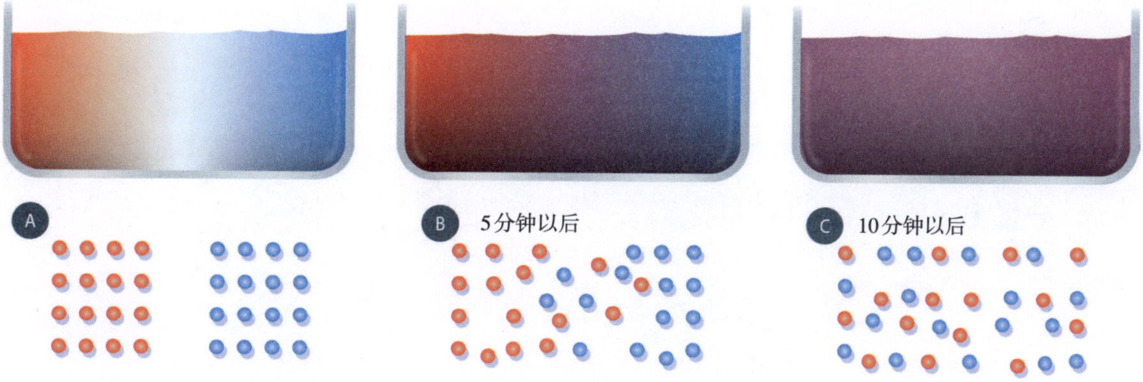

随着时间的延续，墨水将变成**图7-20(C)**中颜色均一的混合状态，混合持续进行直到容器内各个区域都含有相同量的红墨水和蓝墨水，即最终结果是均匀的混合溶液。在此之后，颗粒仍在随机运动，但没有高、低、集中区之间的移动，这种持续运动但状态不再发生改变的现象就叫作**动态平衡(dynamic equilibrium)**。

扩散的主要特性之一是扩散速率。有以下三个主要因素影响扩散速率：集中度、温度和压力。集中度越高，扩散得越快，因为其中发生碰撞的颗粒更多。同样地，温度和压力越高，碰撞也越多，这样就增强了扩散。温度越高，颗粒运动越快；压力越大，颗粒间越靠近。这些情况都使得碰撞更容易发生，加快扩散。物质颗粒的大小和带电性质也会影响扩散速率。

穿过质膜的扩散　除了水，细胞还需要离子和小分子物质(如氯离子和糖分子)来完成其功能。在**图7-21(A)**中，水能够进行穿过质膜的扩散，但是很多物质不能。另一种叫作**协助扩散(facilitated diffusion)**的运输形式，是利用运输蛋白运输离子和小分子物质穿过质膜。借助这种方式，物质通过装满水的通道蛋白进入细胞，如**图7-21(B)**，通道蛋白可以通过打开或关闭来调控物质在质膜间的扩散。还有一种运输蛋白叫作载体蛋白，也能帮助物质穿过质膜。载体蛋白是通过改变形状来帮助物质在质膜上的转运的，如**图7-21(C)**所示。

水的扩散和其他物质的协助扩散不需要额外的能量，这是因为物质是从高浓度梯度向低浓度梯度移动的，都是被动运输。

阅读检测　**描述** Na^+是怎样进入细胞的。

图7-21　尽管不像水分子那样能够在质膜间自由扩散，但一些物质能用自己的方式来穿过磷脂双分子层，它们通过辅助转运进入细胞。

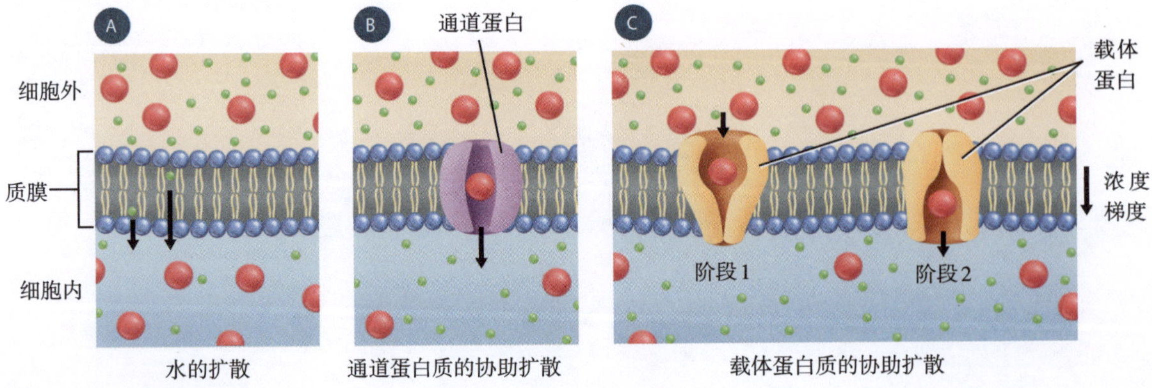

渗透:水的扩散

水能够自由穿过质膜进出细胞,水的扩散是通过一种选择性半透膜进行的,这一过程称作**渗透(osmosis)**。对水分子穿过质膜的调控是维持细胞稳态的重要因素。

渗透如何进行 溶液是溶质溶解到溶剂中形成的。浓度是指溶液中溶质的含量。当溶液中的溶剂含量增加时,溶液的浓度就会降低。

水是细胞及细胞环境中的溶剂。**图7–22**中,U形管通过选择性半透膜盛放不同浓度的糖溶液,当水分子能够穿过膜而糖分子不能穿过时,将会出现什么现象?

水分子向糖浓度高的右侧扩散,随着水分子的扩散,右边糖溶液的浓度下降。水分子持续扩散直至膜两边的溶液浓度相同。扩散的结果可以通过**图7–22**看到,右边溶液在管中的高度上升,达到动态平衡时,水分子仍在进行左右扩散,但是膜两边的浓度不再发生变化。

阅读检测 **对比和比对**扩散和渗透。

迷你实验 2

研究渗透

高盐溶液中的细胞将会出现什么情况? 调节水分子的进出对于细胞的存活是非常关键的,渗透是调节细胞水含量的一种方式。

步骤

1. 阅读并完成实验室安全表。
2. 根据教师的指导,利用洋葱表皮、水和碘液准备对照组。
3. 根据教师的指导,利用洋葱表皮、盐水和碘液准备实验组。
4. 预测实验组中,盐溶液会不会对洋葱表皮产生影响?若会,是怎样的情况?
5. 利用复合显微镜在低倍镜下观察对照组并绘制若干观察到的洋葱细胞图。
6. 在相同的倍数下观察实验组的细胞状态并绘图。

分析

1. **总结** 你的预测是对还是错?请解释。
2. **解释** 根据已学的有关渗透知识解释你观察到的现象。

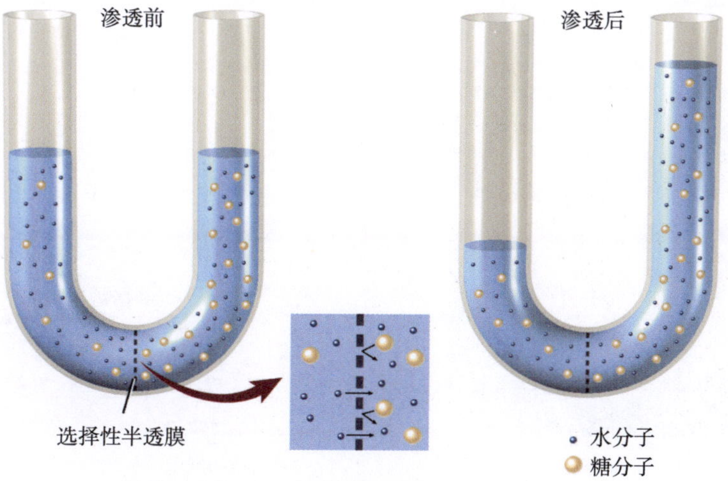

图7–22 渗透之前,右边的糖浓度高。渗透之后,两边的浓度变得一样。

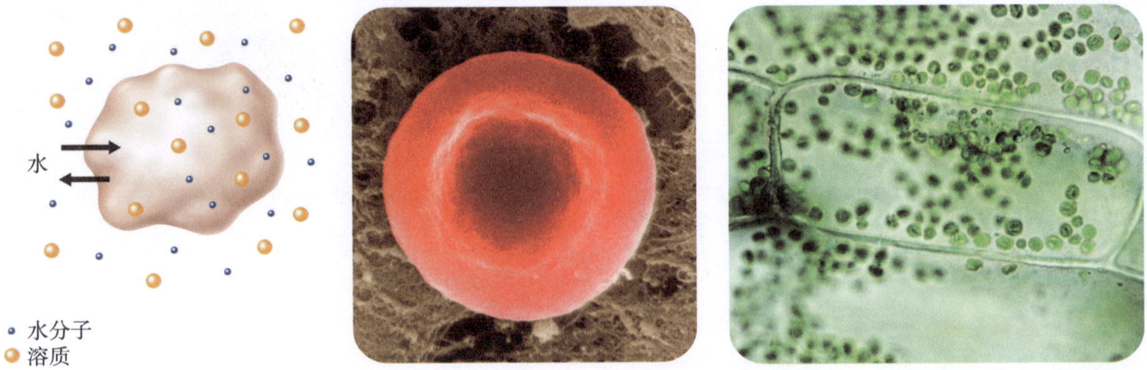

动物细胞　　植物细胞

■ **图7-23**　在等渗溶液中，水分子以相同的速率进出细胞，细胞呈正常的形状。动物细胞和植物细胞在等渗溶液中都能维持其正常的形状。

等渗溶液中的细胞　当细胞中的细胞质和细胞所处的溶液中的溶质(离子、糖、蛋白质及其他排水物质)的含量都相同时，就认为细胞处于一个**等渗溶液(isotonic solution)**中。水依旧在质膜间移动，但是进出细胞的速率是相同的，细胞内外的溶液保持动态平衡，细胞保持其正常的形状。如**图7-23**所示，机体中的许多细胞处于等渗环境中，如血液。

低渗溶液中的细胞　当细胞处在一个低浓度的溶液中时，就认为细胞处于**低渗溶液(hypotonic solution)**中。这种情况下，细胞外的水分比细胞内的水分含量高，渗透的结果是细胞外的水分向细胞内的移动，如**图7-24**。随着水分穿过质膜的流动形成的压力就是渗透压。在动物细胞中，随着水分的进入，压力增强，质膜膨胀，如果溶液低渗程度过强，质膜可能无法承受这种压力而导致细胞破裂。

由于植物细胞外具有坚硬的细胞壁支撑细胞，在低渗溶液中，植物细胞不会发生破裂。随着细胞内压力的增强，植物细胞的中心液泡将充满水，如**图7-24**所示，使得质膜紧贴细胞壁，这样植物细胞不会发生破裂而会变得坚硬。商店售货员根据这个原理给水果和蔬菜喷洒水分，使得它们看起来更新鲜。

■ **图7-24**　在低渗溶液中，水通过渗透作用进入细胞，引起细胞的膨胀。动物细胞会发生破裂，植物细胞随着内部压力的增强变得大于正常状态的细胞。

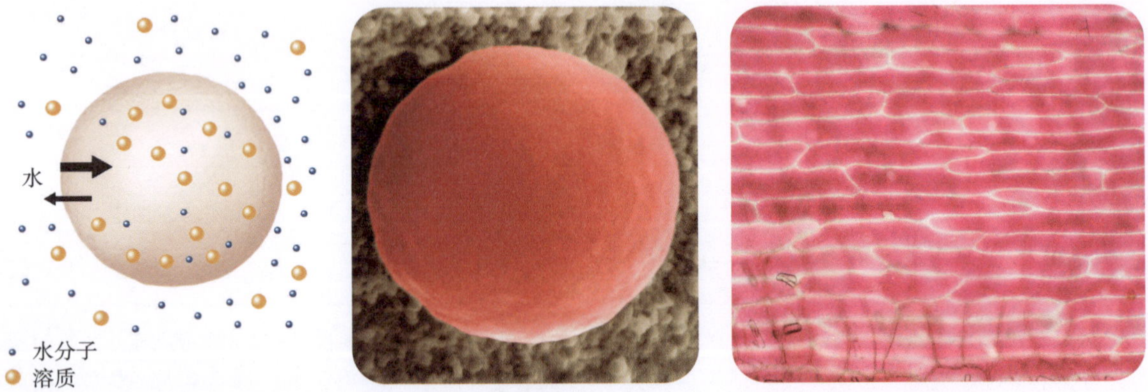

动物细胞　　植物细胞

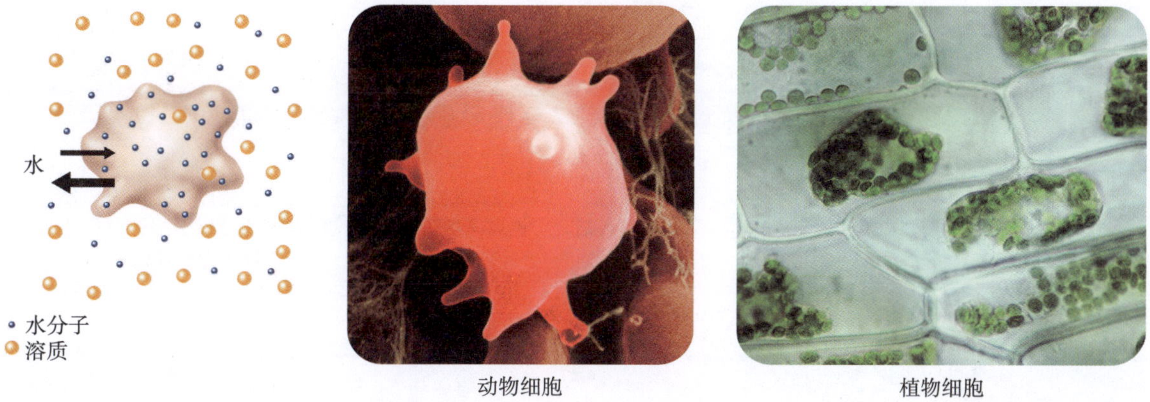

■ **图 7-25** 在高渗溶液中，水通过渗透离开细胞，引起细胞的皱缩。动物细胞随着水分的流失而皱缩，植物细胞发生质壁分离。

高渗溶液中的细胞 当细胞被置于**高渗溶液(hypertonic solution)**中，细胞外溶液的浓度高于细胞内的浓度。在渗透过程中，如**图 7-25**所示，水分流出细胞。在高渗溶液中，由于细胞内压减小，动物细胞发生皱缩。植物细胞流失的水分主要来自中央液泡，细胞会发生质壁分离，变得萎蔫。

阅读检测 **对比与比对**以上三种类型的溶液。

主动运输

有时候，物质需要从低浓度向高浓度转运，这种通过质膜的逆浓度梯度的物质运输需要能量，因此称作**主动运输(active transport)**。**图 7-26**展示了完成主动运输的载体蛋白，通常叫作泵。有些泵仅仅从一个方向只转运一种蛋白质，有些能同向或反向转运两种以上的蛋白质。由于主动运输，细胞能够维持其所需的物质处于平衡状态，从而维持稳态。

■ **图 7-26** 载体蛋白可以逆浓度梯度运输物质，穿过质膜进入细胞。**解释**_为什么主动运输需要能量。_

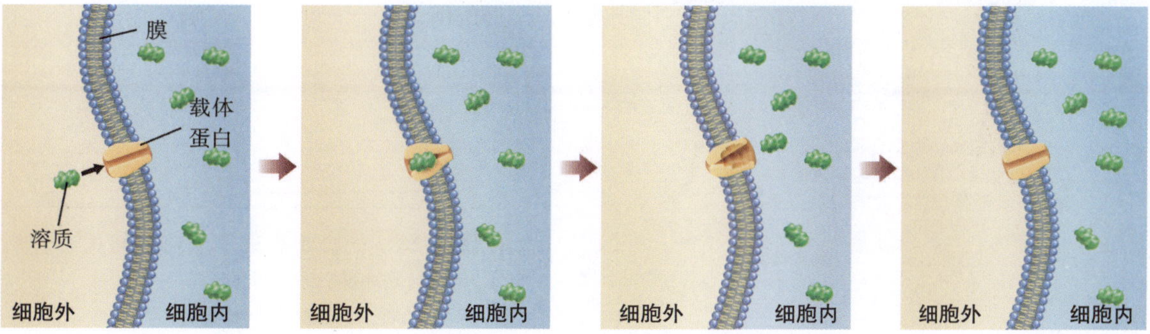

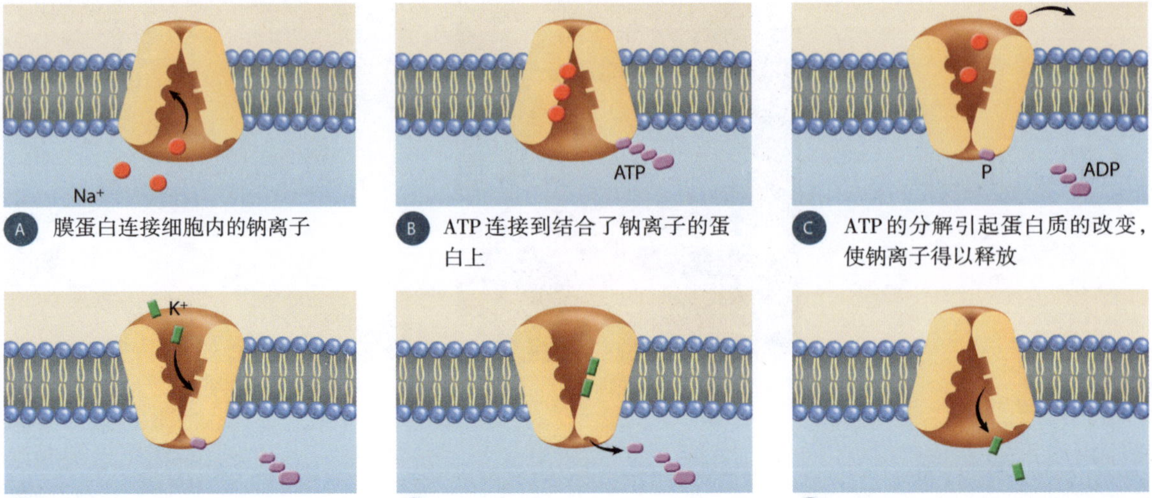

A 膜蛋白连接细胞内的钠离子

B ATP连接到结合了钠离子的蛋白上

C ATP的分解引起蛋白质的改变，使钠离子得以释放

D 细胞外的钾离子连接到暴露的位点上

E 钾离子的结合导致蛋白上磷酸基的释放

F 磷酸基的释放使蛋白恢复原来的形状，钾离子进入细胞

■ **图7–27** 一些细胞利用复杂的泵完成物质通过质膜的转运，例如图中的钠–钾ATP酶泵。

Na^+/K^+泵 钠–钾ATP酶泵是一种非常普遍的泵，在动物细胞的质膜中大量存在，维持着细胞内外钠离子和钾离子的平衡。这种蛋白泵是一种酶，能够催化破坏储能分子，利用释放的能量将3个钠离子运出细胞，同时将2个钾离子运进细胞，细胞外高水平的钠离子形成了浓度梯度。根据**图7–27**的梯度了解钠–钾ATP酶泵。

钠–钾ATP酶泵的活性还导致另一种细胞运输模式，一些物质（如糖分子），必须从浓度低的细胞外转到浓度高的细胞内，这就需要能量。钠–钾ATP酶泵将钠离子排出细胞，形成细胞内浓度低的钠离子梯度。钠离子进入细胞是同糖分子的转运相耦合的，所用到的膜蛋白叫作耦合通道，如**图7–28**。这种方式使得糖分子进入细胞不再需要额外的能量。

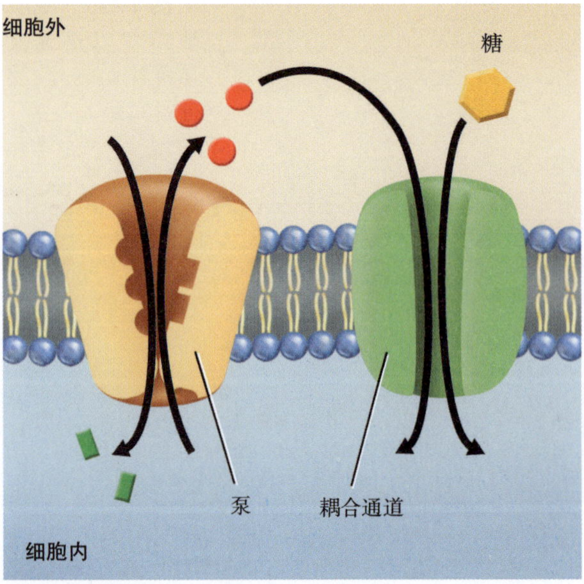

■ **图7–28** 一些物质进出细胞是通过与其他物质的转运相耦合进行的。

对比与比对 *主动运输和被动运输。*

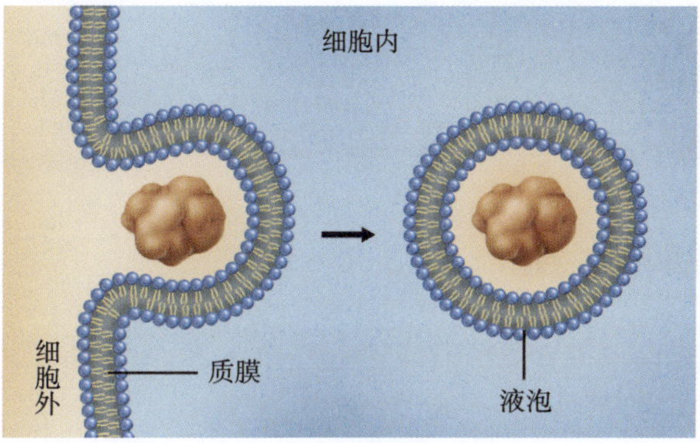

胞吞作用

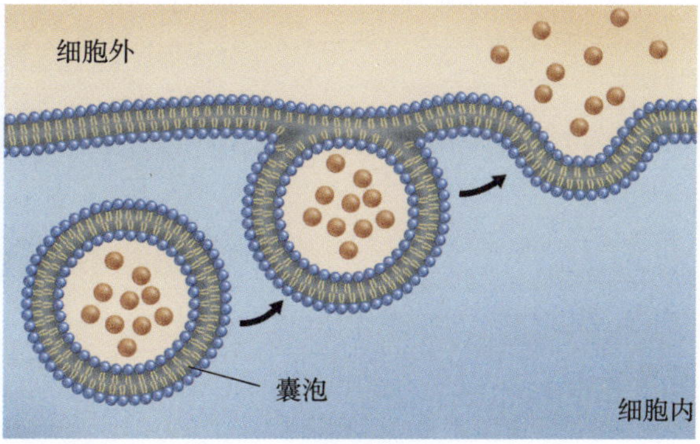

胞吐作用

图7-29
左：大颗粒物质通过胞吞作用进入细胞。
右：细胞通过胞吐作用将物质排出。

大颗粒的运输

一些大颗粒物质由于太大而不能通过扩散或转运蛋白穿过质膜，必须通过其他复杂的过程进入细胞。**胞吞作用（endocytosis）**是质膜外环境中的物质，如**图7-29**，然后膜囊从质膜上分离进入细胞。

胞吐作用（exocytosis）是向外分泌物质，如**图7-29**。胞吐作用与胞吞作用相反，细胞通过胞吐作用排出代谢废物并分泌一些细胞产生的物质，如激素。一些转运过程需要额外的能量，而有些不需要。总之，各种不同的转运方式使细胞能和周围环境相互作用以维持其稳态。

第4节 测评

要点梳理

- 细胞维持稳态需要被动运输和主动运输。
- 浓度、温度和压力影响扩散速率。
- 细胞需要在各种类型的溶液中维持稳态，包括等渗、低渗和高渗溶液。
- 一些大颗粒物质通过胞吞作用和胞吐作用进出细胞。

要点理解

1. 主要概念 **列表描述**细胞运输的类型。
2. **描述**质膜是怎样控制物质进出细胞的。
3. **绘制**一个动物细胞置于低渗溶液中的前后形态。
4. **对比**协助扩散和主动运输。

批判性思维

5. 一些正常生活在水中的有机体具有泵，这些泵持续向细胞外排水，**描述**一种可能与泵的活动相反的情形。
6. **总结**在细胞转运过程中磷脂双分子层的功能。

生物学前沿

探索纳米技术

想象一下，癌细胞能够一个一个地被检测和破坏，又或者通过单个细胞即可判断某种药物的临床效果，科技的进步使得科学家开始聚焦单个细胞。以上的情形在不久的将来会成为现实。

纳米技术是在纳米层面上发展和运用一些设备的科学分支，1纳米是10^{-9}米，人类的细胞直径一般在10000～20000纳米之间。纳米技术是一种快速发展的科学分支，很快就会被应用到电子、药品等各个行业。

原子力显微镜 科学家利用纳米技术制成了一种原子力显微镜（简称AFM），它可以在单个细胞上进行操作，事实上就如同"纳米针"。先利用微观传感器扫描细胞，形成一个视觉图像，然后其针尖直径约为200纳米的探针可刺入细胞而不会破坏质膜。

一些科学家根据这种技术预想到了很多应用。纳米针可以帮助科学家研究细胞如何应答一种新的药物，研究疾病细胞和健康细胞在化学成分上的区别。此外，纳米针可以进入细胞核并插入到DNA上，成为新的基因诊断技术，能够修改基因的错配。

激光 在纳米诊断中，纳米技术能够被用来研究细胞是如何运转的，也可以研究在不损坏相邻健康细胞的同时破坏单个癌细胞。哈佛大学的研究人员发明的激光技术可以对细胞内的一种成分进行操作，但是不会破坏质膜和其他细胞结构。这不是天方夜谭，人类已经具备了在细胞水平上精细治疗的能力！

将来，纳米技术可能是治疗癌症的一线治疗手段，也有可能成为检测药物和用于基因治疗的标准技术！

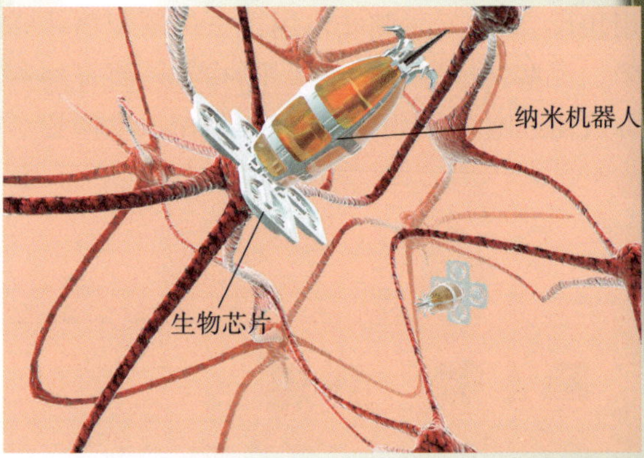

这张计算机产生的图像展示了一个携带生物芯片的纳米机器人，有一天，这种电子设备即生物芯片能够携带有机药物，修复一些损伤的神经细胞。

科技 写作

写一篇与医疗和健康相关的科技综述。描述其优点和挑战以及你的展望。

生物实验室

哪些物质能够通过选择性半透膜？

背景：细胞中所有的膜都是选择性半透膜。在本实验中，你将检测一些生物中的重要分子穿过类似于质膜的半透膜的运动。因为半透膜的网孔很小，所以只能渗透极小的分子。

问题：哪些物质能够通过一个渗透膜？

实验器材

纤维素渗透管（2支）
无水本尼迪特试剂（检测葡萄糖）
400 mL烧杯（2个）
硝酸银溶液（检测NaCl）
细绳
双缩脲试剂（检测清蛋白）
剪刀　　10 mL量筒
蒸馏水
试管（2支）及试管架
小塑料盆　　淀粉液
清蛋白液　　葡萄糖溶液
NaCl溶液　　碘液（检测淀粉）
蜡笔　　滴管

安全注意事项

设计与实施实验

1. 阅读并填写实验室安全表。
2. 根据教师的指导绘制一张数据表，预测哪些物质能够通过半透膜。
3. 准备两种长度的渗透管、两个400 mL的烧杯和两种需要你检测的溶液。
4. 根据你装进渗透管的溶液类型对烧杯做标记。
5. 跟小组成员一起，用一种溶液将一支渗透管装满，彻底清洗渗透管外部并将其放入装有蒸馏水的烧杯。
6. 用另一种溶液重复步骤5。
7. 45分钟之后，将烧杯中的部分溶液转移到分离试管中。
8. 向其中加入少量的相应检测试剂。
9. 记录你的结果并判断你的预测是否正确，同其他组的结果进行比较，并记录你没有进行检测的两种溶液的结果。
10. 根据教师的指导清理所有的实验设备，将其归置到原来的位置，彻底清洗双手。

实验分析和结论

1. **评估**　你检测的分子通过渗透管了吗？作出解释。
2. **批判性思维**　质膜的什么特性使其比半透膜更能够控制分子的运动？
3. **误差分析**　没有利用蒸馏水彻底清洗渗透管的外部就将其放入烧杯，将会导致怎样的错误？还有哪些情况会导致实验结果的不准确？

海报

当质膜上缺少一种转运氯离子的分子时，就会发生囊性纤维化病变。研究这种疾病，并将你的发现以海报的形式在班级里展示。

第7章 复习指南

内容聚焦 **科学探究** 科学家通过科学探究发现了显微镜、细胞及原生生物，这些发现又使得新的科学分支诞生。

大概念 细胞是所有生命体的结构和功能单元。

第1节 细胞的发现和细胞学说

细胞
细胞学说
质膜
细胞器
真核细胞
细胞核
原核细胞

主要概念 **显微镜的发明引导人们发现细胞。**

- 显微镜作为工具用于科学研究。
- 科学家利用不同类型的显微镜研究细胞。
- 细胞学说可归纳为3条理论。
- 细胞分成两大类：原核细胞和真核细胞。
- 真核细胞都含有细胞核和细胞器。

第2节 质膜

选择透过性
磷脂双分子层
转运蛋白
流动镶嵌模型

主要概念 **质膜帮助细胞维持其内部的稳态。**

- 选择透过性是质膜的特性，使其能够控制物质进出细胞。
- 质膜由两层磷脂分子组成。
- 胆固醇和转运蛋白有助于质膜发挥功能。
- 可用流动镶嵌模型来描述质膜。

第3节 细胞结构和细胞器

细胞质
细胞骨架
核糖体
内质网
高尔基体
液泡
溶酶体
中心体
线粒体
叶绿体
细胞壁
纤毛
鞭毛

主要概念 **真核细胞内有不同结构和功能的细胞器。**

- 真核细胞的细胞质中有膜结构的细胞器，细胞器进行运作来完成细胞的功能。
- 核糖体是蛋白质合成的场所。
- 线粒体是细胞的能量工厂。
- 植物细胞和动物细胞含有很多相同的细胞器，但也有一些细胞器是植物细胞或动物细胞特有的。

第4节 细胞运输

扩散
动态平衡
协助扩散
渗透
等渗溶液
低渗溶液
高渗溶液
主动运输
胞吞作用
胞吐作用

主要概念 **细胞运输能转运细胞内部的物质以及转运物质进出细胞。**

- 细胞维持稳态需要被动运输和主动运输。
- 浓度、温度和压力影响扩散速率。
- 细胞需要在各种类型的溶液中维持稳态，包括等渗、低渗和高渗溶液。
- 一些大颗粒物质通过胞吞作用和胞吐作用进出细胞。

第7章 测评

第1节

术语回顾

以下句子都是错误的，利用“复习指导”中的术语替换句子中的斜体部分来改正句子。

1. *细胞核*是围绕着细胞的结构，能够控制物质进出细胞。
2. 一个*原核细胞*具有膜性细胞器。
3. *细胞器*是所有有机体的基础单元。

要点理解

4. 如果显微镜的一个系列的透镜放大的倍数分别是5×、5×和7×，那么这个显微镜的放大倍数总共是(　　)。

   A. 25×　　B. 17×

   C. 35×　　D. 175×

5. 下列不属于细胞学说的内容的是(　　)。

   A. 生命的基础单元是细胞

   B. 细胞来自已经存在的细胞

   C. 所有有机生命体都由细胞构成

   D. 细胞中包含膜结构的细胞器

   根据下图回答第6题。

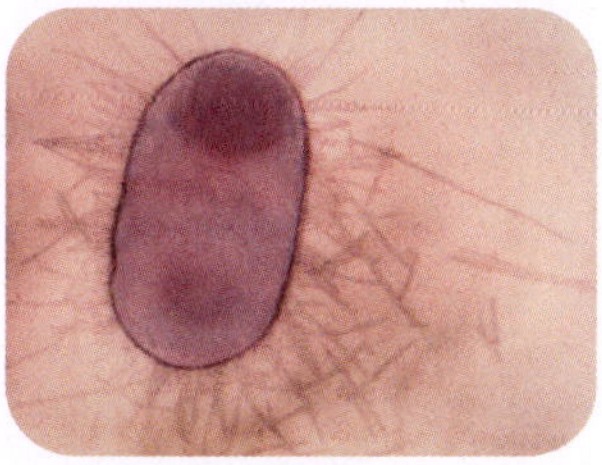

6. 微观照片中显示的是(　　)。

   A. 原核细胞　　B. 动物细胞

   C. 真核细胞　　D. 植物细胞

回答问题

7. **主要概念** 解释显微镜的发展是怎样改变科学家研究有机生命的研究方式的。

8. **简要回答** 比较真核细胞和原核细胞。

批判性思维

9. **内容聚焦 科学探索** 为什么专门用显微镜检测标本的生物学家用的是光学显微镜而不是电子显微镜？

10. **分析** 在一小块陨石中发现的物质可能是一个细胞。我们需要依据哪些条件来判断这个新发现的物质是一个细胞？

第2节

术语回顾

利用“复习指南”中的术语完成下列句子。

11. 形成质膜的基本结构是________。
12. ________蛋白运输物质或代谢废物穿过质膜。
13. ________仅使一些物质能够进出细胞。

要点理解

14. 下面代表质膜中磷脂双分子层的磷脂排列的是(　　)。

A. 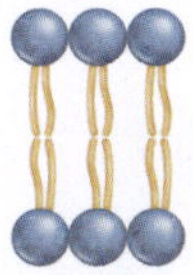

B. 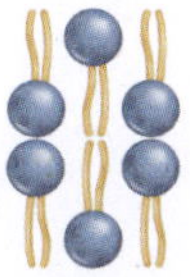

C. 

D. 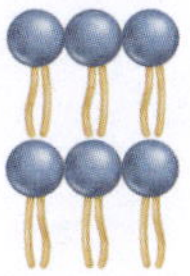

15. 以下能够增强磷脂双分子层的流动的是(　　)。

   A. 降低温度

   B. 增加蛋白数量

   C. 增加胆固醇的量

   D. 增加不饱和脂肪酸的量

回答问题

16. **主要概念** 解释质膜是如何维持细胞的稳态的。

17. **开放式回答** 解释镶嵌是什么以及为什么用流动镶嵌模型形容质膜。

18. **简要回答** 在双分子层中磷脂是怎样排列从而使细胞进行内外环境的交流的。

批判性思维

19. **假设**没有选择透过性，细胞会受到什么影响。

20. **预测**如果细胞不再产生胆固醇，细胞会发生什么情况。

第3节

术语回顾

利用“复习指南”中的术语填空。

21. ________储存代谢废物。

22. ________产生核糖体。

23. ________产生细胞所需的能量。

24. ________将蛋白质包裹到囊泡中。

要点理解

根据下图回答第25、26题。

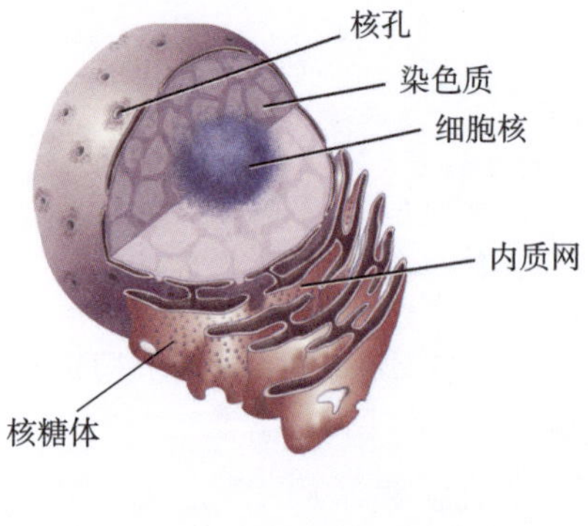

25. (　　)合成的蛋白质被细胞所用。

A. 染色质　　**B.** 细胞核

C. 核糖体　　**D.** 内质网

26. 加工蛋白质的场所是(　　)。

A. 核孔　　**B.** 内质网

C. 染色质　　**D.** 细胞核

27. 你期望从中能找到细胞壁的细胞是(　　)。

A. 人类的皮肤细胞

B. 橡胶树的细胞

C. 猫的血液细胞

D. 老鼠的活细胞

回答问题

28. **简要回答** 描述为什么细胞质中的细胞骨架是个较新的发现。

29. **简要回答** 比较线粒体和叶绿体的结构和功能。

30. **主要概念** 解释为何液泡的蛋白质小泡能够合并溶酶体。

批判性思维

31. **鉴定** 举一个例子说明细胞壁有助于植物在正常环境中的存活。

32. **推断** 为什么在能逆重力运输水分的植物细胞中的线粒体数量比其他植物细胞中的多？

第4节

术语回顾

解释下列每对术语间的区别和联系。

33. 主动运输　协助扩散

34. 胞吞作用　胞吐作用

35. 高渗溶液　低渗溶液

要点理解

36. 不会影响扩散速率的因素是（　　）。
   A. 导电性
   B. 浓度
   C. 压力
   D. 温度

37. 需要细胞的能量的是（　　）。
   A. 主动运输
   B. 协助扩散
   C. 渗透
   D. 简单扩散

回答问题

38. **简要回答** 为什么主动运输需要能量？

39. **简要回答** 一些原生生物生活在低渗环境中，其质膜适应水分的缓缓进入，当把其放到高渗的盐湖中，会发生什么情况？

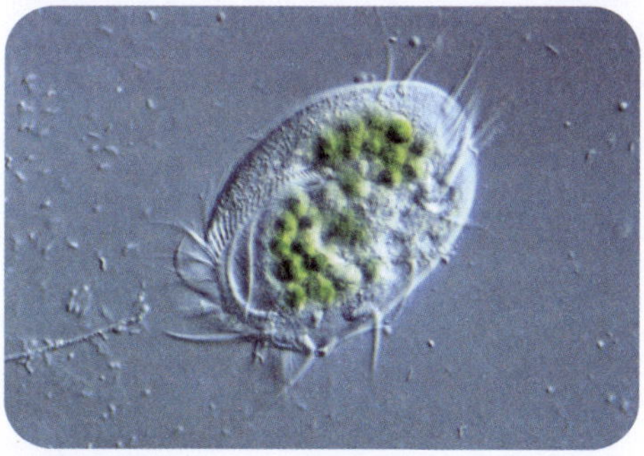

40. **主要概念** 总结细胞运输是如何维持细胞稳态的。

批判性思维

41. **假设** 细胞内的氧含量低于细胞外，氧气会如何穿过质膜？

42. **分析** 在一些特别干旱的区域，随着水分的蒸发，土壤中积累了大量的盐分。此时，人们通常需要进行农田灌溉。根据已学过的浓度梯度的知识，解释为什么盐度的增大对植物细胞有不利的影响。

总结性测评

43. **大概念** 细胞是生命体的结构和功能的基本单位。设立一个类比，小的部分为整体提供结构和功能支持，再举例将该类比同细胞与生命体的关系相联系。

44. 利用你所学的渗透和细胞运输的知识设计一个装置，使淡水鱼能够在盐水环境中存活。

45. **科技 写作** 创作一首诗来描述至少5种细胞器的功能。

DBQ 资料分析题

下图表示了进入细胞的葡萄糖量和与扩散速率之间的关系。回答第46、47题。

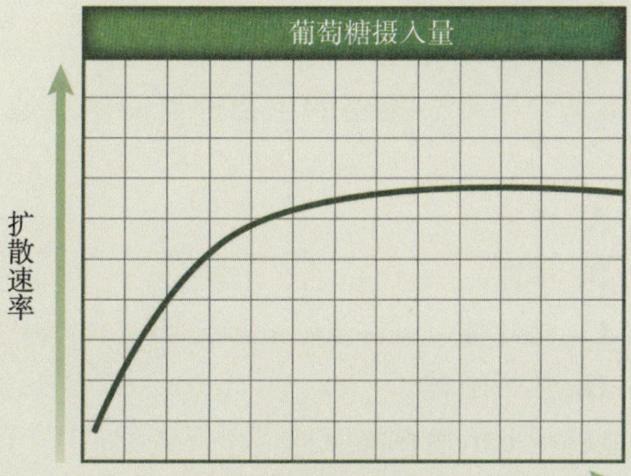

数据来源：Raven，P.H.，and Johnson，G.B.2002.*Biology*，6th ed.：99.

46. 总结葡萄糖的量和扩散速率之间的关系。

47. 推断为什么随着葡萄糖数量的增加，扩散速率会慢慢变小，举例解释你的推断。

标准化测试

选择题

根据下图回答问题第1、2题。

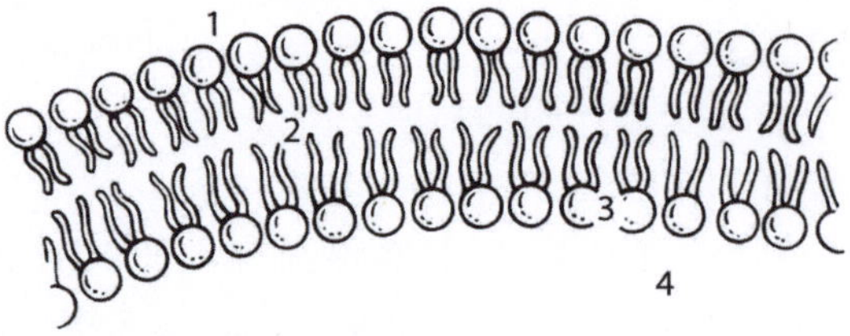

1. 代表非水溶性物质的是(　　)。

A. 1

B. 2

C. 3

D. 4

2. 具有极性和非极性的末端的磷脂分子按如图方式排列造成的影响是(　　)。

A. 使得运输蛋白穿过膜的移动更加容易

B. 能够控制物质穿过质膜的运动

C. 帮助细胞维持其特征形状

D. 形成双分子层中更多空间

3. 最适合采取r–策略的生物种群的栖息地是(　　)。

A. 沙漠

B. 草地

C. 落叶林

D. 热带雨林

4. 能够帮助植物在冻原地带生存的是(　　)。

A. 随着冬天的到来树叶脱落

B. 树叶中储水

C. 根只有几厘米长

D. 地下茎由食草动物保护

5. 下列属于不可再生资源的是(　　)。

A. 淡水

B. 太阳能

C. 濒危动物

D. 在海洋中被捕杀的一类鱼

6. 下列细胞中,能够找到叶绿体的是(　　)。

A. 原核细胞

B. 动物细胞

C. 植物细胞

D. 真菌

利用下面的不完整的化学方程式回答第7、8题。

$$CH_4+4Cl_2 \rightarrow \_\_\_\_HCl+\_\_\_\_CCl_4$$

7. 该化学方程式表示的是甲烷和Cl_2之间发生的反应,通过配平导出产物的系数,HCl的正确系数是(　　)。

A. 1

B. 2

C. 4

D. 8

8. 反应中所需的氯原子的最小系数是(　　)。

A. 1

B. 2

C. 4

D. 8

9. 一些北美沿海地区的蕨藻类被认为是入侵物种,其原因是(　　)。

A. 对人类有害

B. 是非本地物种

C. 生长缓慢

D. 同本地物种过度竞争资源

简答题

10. 用流程图归纳细胞器和蛋白质合成的信息，分析蛋白质合成的每一阶段中细胞器的功能。

11. 比较糖类、脂质、蛋白质和核酸的功能。

12. 指出为什么水分子的极性使得水成为一种良好的溶剂。

根据下图回答第13题。

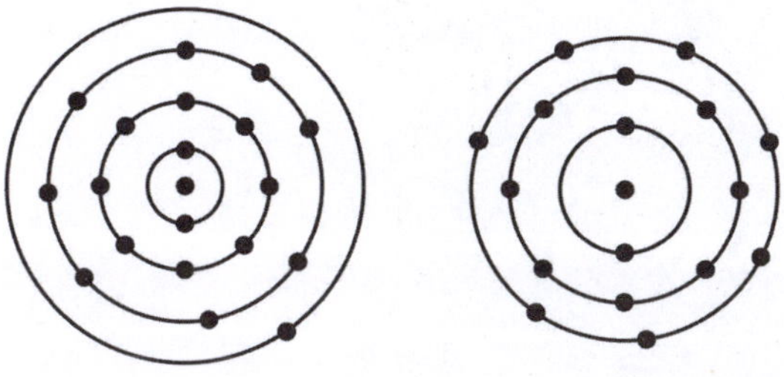

K 原子数19　　Cl 原子数17

13. 据图回答离子化合物氯化钾是怎样形成的。
14. 假如质膜没有选择透过性，将会发生什么？
15. 选择一种自然资源，对其制订一个可持续利用的计划。
16. 通过学习细菌细胞的结构，你认为细菌是如何进化的？

开放题

根据单个动物细胞图回答第17题。

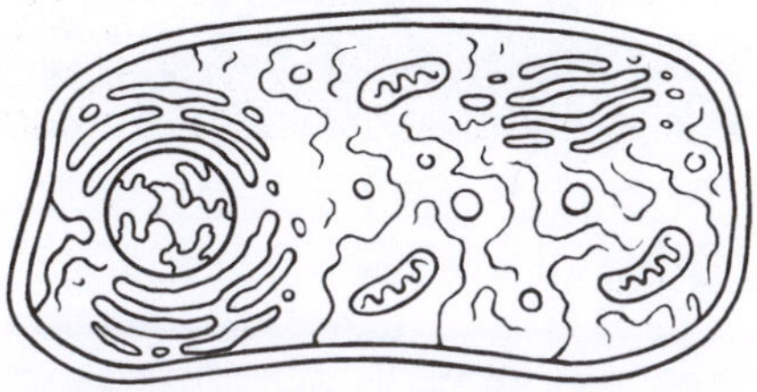

17. 描述将该细胞放入低渗和高渗溶液中发生的现象。
18. 解释为什么在考虑生物多样性时，直接经济价值不是最重要的。
19. 解释为什么电子显微镜的放大倍数比光学显微镜的高。
20. 解释为什么一些物质穿过质膜需要转运蛋白。

论述题

一些国际组织同意科学家和公司对他们关于有机体和遗传物质的发现申请专利，例如，具有抗病基因的种子和能够被用到医药和工业中的植物都可以申请专利。专利拥有者对这些有机体拥有更强的话语权。

根据上述信息，以论文的形式回答下列问题。

21. 根据你所知道的有关生物多样性的知识，思考该专利体系的有利和不利的方面。写一篇论文，畅想一下，给发现新的有机体的科学家授予专利可能会带来哪些益处及危害。

考点提示

测试题号	1	2	3	4	5	6	7	8	9	10	11	12	13	14	15	16	17	18	19	20	21
对应章节	7.2	7.2	4.1	3.1	5.3	7.3	6.2	6.8	5.2	7.3	6.4	6.3	6.1	7.2	5.3	7.1	7.4	5.1	7.1	7.4	5.2

第8章

细胞的能量

起步实验

能量是怎样转换的?

生物中能量的流动受到各种化学反应的驱动,从太阳能转换成化学能,再转换成其他形式的能量。本实验中,你将观察两种能量的转换过程。

步骤

1. 阅读并完成实验室安全表。
2. 用量筒量取100 mL水,将水倒入250 mL的烧杯中,用温度计测量水温。
3. 取40克的无水氯化钙($CaCl_2$),将无水氯化钙溶于水,用玻璃棒不断搅拌,使之充分溶解。每15秒记录一次溶液的温度,持续3分钟。
4. 用硫酸镁代替无水氯化钙,重复步骤2及步骤3。
5. 将数据绘制成曲线图。

分析

1. **描述**数据曲线图。
2. **预测**在上述两个过程中发生了何种能量转换。

折叠式 学习卡

制作一个折叠式学习卡,用来记录细胞呼吸阶段的笔记。

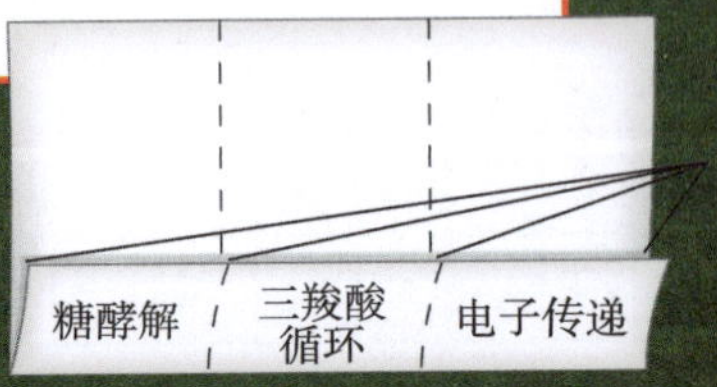

内容聚焦 能量

地球上几乎所有的能量都来源于太阳能。

大概念 光合作用将太阳能转换成化学能，细胞呼吸利用化学能进行生命活动。

第1节

本节预览

核心问题

- 热力学的两条定律是什么?
- 合成途径和分解途径的区别是什么?
- 细胞是怎样利用ATP(三磷酸腺苷)的?

术语回顾

营养级:食物链或食物网的各个等级。

关键术语

能量
热力学
新陈代谢
光合作用
细胞呼吸
三磷酸腺苷

生物体如何获得能量

主要概念 所有的生物体都需要利用能量才能进行生命活动。

联系实际 纽约被称作"不夜城"。同"不夜城"一样,活细胞也持续进行着一系列活动。

能量的转化

也许你认为有些时候身体可以完全不消耗能量,但科学家会告诉你,人体细胞中的很多化学反应和化学过程都在持续进行。大分子的组装和分解、物质穿过质膜的转运、基因信息的传输等,所有这些细胞活动都需要**能量(energy)**才能进行。**图8-1**展示了一些关于细胞能量的研究,**热力学(thermodynamics)**是对自然界中能量的流动和转化的研究。

热力学定律 热力学第一定律是能量守恒定律,即能量能从一种形式转化成另一种形式,但能量既不会凭空产生也不会凭空消失。例如,你所吃的食物中储存的能量转换为化学能,当你在跑步或打球时又转化成了热能和机械能。

■ **图8-1**
理解细胞的能量
科学发现有助于我们理解光合作用和细胞呼吸。

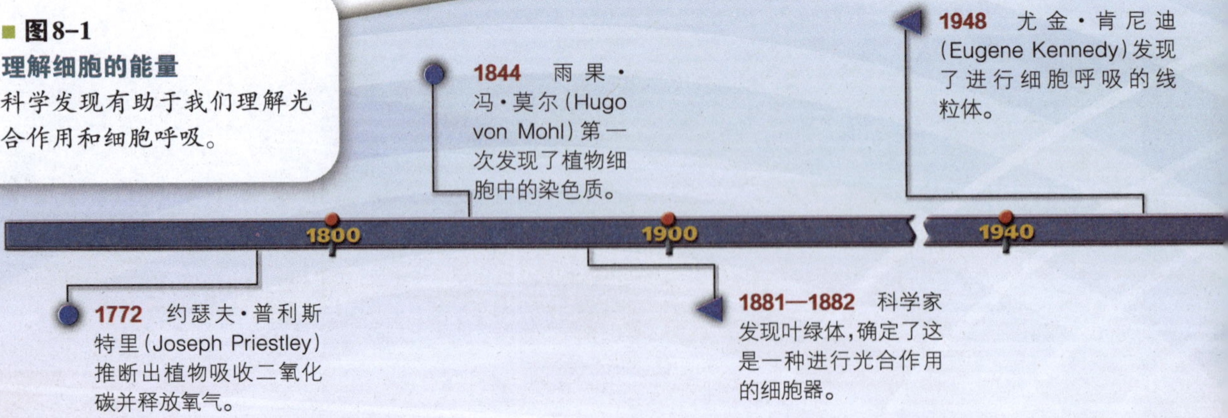

■ **图8-2** 几乎所有能量都来源于太阳，能量的流动是从自养生物到异养生物。

联系 *热力学定律与图中的生物体。*

热力学第二定律表明，假如没有损失一些可利用的能量，那么能量之间的转化将无法实现。损失的能量被转化成了热能，熵是对系统中不能利用的能量的测量。因此，热力学第二定律可以认为是“加熵”。热力学第二定律的一个典型例子就是在食物链中，可利用的能量传到下一个营养级时会减少。

自养生物和异养生物 所有的生物体都需要能量进行生活，这些能量都是直接或间接地来自太阳能。有些生物自己生产食物，有些是通过其他生物体来获取能量。自养生物能自己制造所需的食物。例如，一些化能自养生物能够利用无机物质（如硫化氢等）作为能量来源。其他自养生物，如**图8-2**中的植物，将太阳能转化为化学能，这个过程叫作光合作用。异养生物，如**图8-2**中的蚜虫和瓢虫，需要通过摄取食物来获得能量。

1980 詹姆·米雀（Jaime Miquel）通过研究果蝇和老鼠的线粒体，提出线粒体故障能导致老化。

1993 已知的最早原核细胞化石不是通过挖掘，而是通过研究光合作用发现的。

2002 约瑟芬（Josephine S）推断出了健康的和癌化的线粒体的区别，能够检测出早期的癌症，并能找到新的治疗手段进行治疗。

2009 科学家发现线粒体上的错误和一些疾病相关，如帕金森病和阿尔茨海默病。

1960 1980 2000

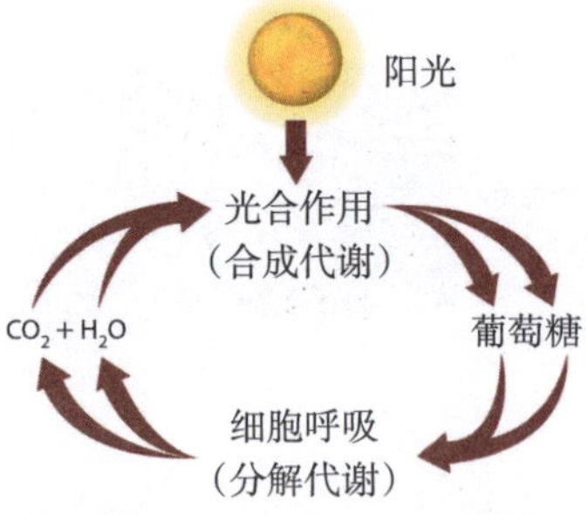

■ **图8–3** 在生态系统中，光合作用和细胞呼吸形成了一个循环。

识别 *图中的合成代谢和分解代谢。*

起步实验

回顾 根据你所了解的有关能量转化的知识，将如何回答“起步实验”中的问题？

新陈代谢

细胞中的所有化学反应都属于细胞的**新陈代谢(metabolism)**。在一系列的反应中，往往前面反应的产物恰好是后面反应的反应物，这样的一系列化学反应链就叫作代谢途径。代谢途径大致包括两大类：合成代谢和分解代谢。分解代谢通过将大分子分解成小分子物质释放出能量。合成代谢是利用分解途径产生的能量将小分子合成新的大分子物质。两者的紧密配合使得能量能够在生物体内持续流动。

在生态系统层面，能量始终在众多生物体的代谢反应之间不断流动。**光合作用(photosynthesis)**是细胞将太阳能转化成化学能的合成代谢。在反应中，细胞利用光能、二氧化碳和水形成葡萄糖和氧气，能量储存到新产生的葡萄糖中。当糖分子以食物的形式被利用时，其中所含的能量就会被传递给其他的生物体。

细胞呼吸(cellular respiration)是释放能量供细胞利用的分解代谢。细胞呼吸中，氧气用来分解有机分子，产生二氧化碳和水。观察**图8–3**中这些反应过程的自然循环，一个反应的产物正好是另一个反应的反应物。

迷你实验 1

光合作用和细胞呼吸的关联

在一个生态系统中，光合作用和细胞呼吸是如何一起运作的？ 用一个化学指示器检测二氧化碳是如何在光合作用和细胞呼吸之间传输的。

步骤

1. 阅读并完成实验室安全表。
2. 准备数据表，用来记录内容、处理方法、两支实验试管的初始颜色以及最终颜色。
3. 向一个烧杯中加入100 mL溴麝香草酚蓝(BTB)溶液，用一根吸管慢慢伸入溶液直到刚变成黄色。警告：不能伸入过多。
4. 向两支大试管中加入四分之三的黄色BTB溶液。
5. 用铝箔将一支试管完全包住，分别向两支试管中放入一段6 cm长的水生植物的小枝，用塞子紧紧塞住试管，放到架子上，放置在有光的地方过夜。
6. 记录你的观察结果。

分析

1. **描述**用铝箔包住试管的目的。
2. **解释**你的结果如何表示光合作用和细胞呼吸之间是相互依赖的。

ATP:细胞的能量单元

链接化学 能量有很多存在形式,如光能、化学能、机械能和热能。在生命体中,化学能储存在生物分子中,在需要的时候能转化成其他形式的能,例如,在肌肉收缩时转化为机械能。**三磷酸腺苷(adenosine triphosphate,ATP)**,是能够提供化学能的重要生物分子。

ATP的结构 ATP是一种多用途的储存化学能的物质,尽管细胞中也有其他一些分子运输能量,但ATP是最常见的能量运输分子,存在于各种类型的生物体中。如**图8-4**所示,ATP是由含氮碱基、核糖及三个磷酸基构成的核苷酸。

ATP的功能 当ATP的第二个和第三个磷酸基之间的键断裂时,ATP就会释放出能量,形成二磷酸腺苷ADP和一个磷酸基,如**图8-4**。当ADP接收一个磷酸形成ATP时,能量被储存在键中。有时ADP能够进一步失去磷酸基形成一磷酸腺苷(AMP),但是少有能量释放,所以细胞中更多的能量反应是在ATP和ADP之间发生的。

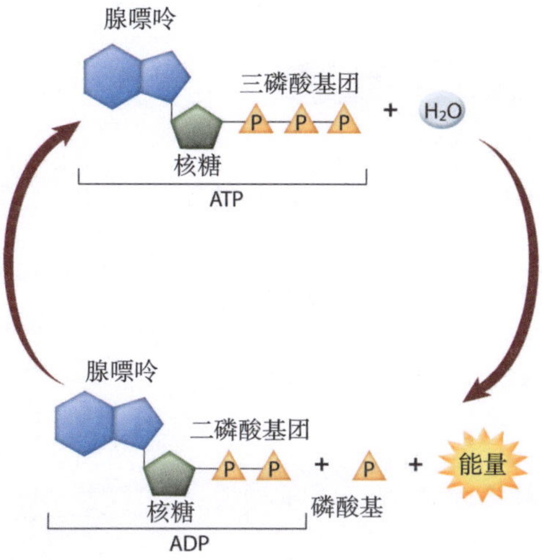

图8-4 ATP分解释放能量供生物的细胞活动所需。

第1节 测评

要点梳理

- 热力学定律总结了生物体中能量的流动和转化。
- 有些生物体自己生产食物,而有些只能通过摄入食物来获取能量。
- 细胞通过合成和分解反应储存和释放能量。
- ATP分解释放能量以供细胞活动。

要点理解

1. 主要概念 **识别**生物所需能量的主要来源。
2. **描述**关于热力学第一定律的一个例子。
3. **对比与比对**合成代谢和分解代谢。
4. **解释**ATP如何储存和释放能量。

批判性思维

科技 写作

5. 写一篇关于热力学定律的论文,列举生物学相关的例子,以支持你的观点。
6. 制作一张类比表来描述光合作用和细胞呼吸之间的关系。

第2节

本节预览

核心问题

- 光合作用的两个阶段是什么？
- 光反应中，叶绿素的功能是什么？
- 如何描述并图示电子传递？

术语回顾

糖类：只由碳、氢和氧通常以1∶2∶1组成的有机化合物。

关键术语

类囊体
基粒
基质
色素
卡尔文循环
二磷酸核酮糖羧化酶

光合作用

主要〈概念　在光合作用过程中，光能被固定下来并转化为化学能。

联系实际　在我们周边，每天都发生着能量的传输。电池将化学能转化为电能，收音机将电能以声波形式输出。同样地，一些自养生物通过光合作用将光能转化为化学能。

光合作用

很多自养生物，包括植物，通过光合作用合成有机化合物。光合作用的整个反应化学方程式如下：

$$6CO_2+6H_2O\xrightarrow{光}C_6H_{12}O_6+6O_2$$

光合作用的发生分为两个阶段。如**图8–5**，第一阶段是依赖光的反应，光能被吸收然后转化为ATP和NADPH（还原型烟酰胺腺嘌呤二核苷酸磷酸）中的化学能。第二阶段是不需要光的反应，ATP和NADPH被用来合成葡萄糖，然后葡萄糖和其他单糖分子结合形成大分子。这些大分子是复杂的糖类，如淀粉。淀粉由小的有机分子单元重复连接形成。光合作用的终产物也被用来形成其他有机分子，如蛋白质、脂质和核酸。

■ **图8–5**　光合作用在叶绿体中进行。

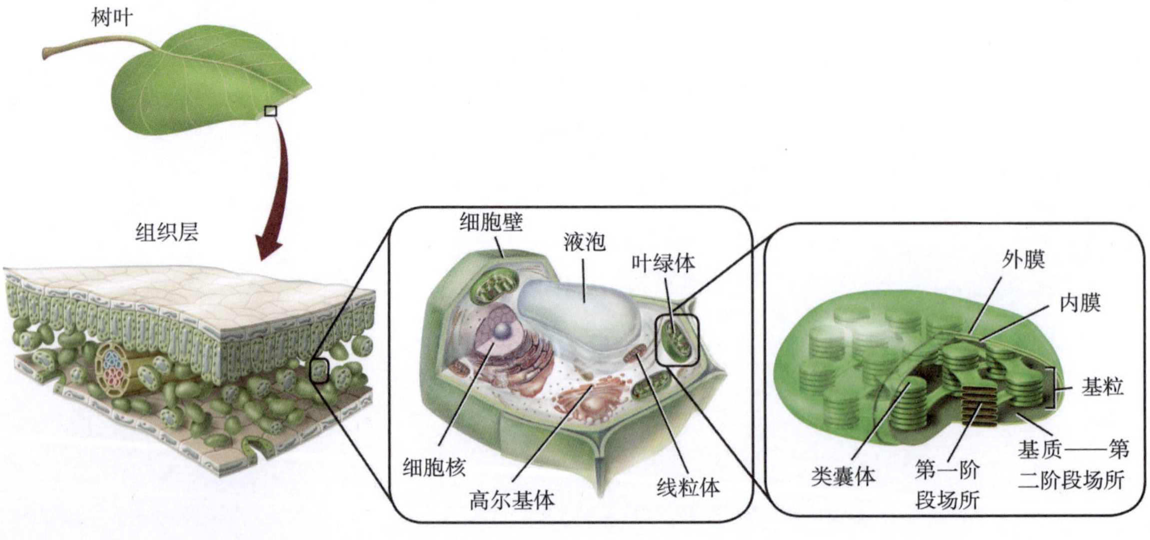

第一阶段：光反应

光合作用中，对光的吸收是在第一阶段，植物所特有的细胞器捕获了光能，然后在暗反应阶段形成两种储能分子ATP和NADPH。

叶绿体 叶绿体是植物细胞中较大的细胞器。在植物体内，能够在很多叶肉细胞中发现叶绿体，如**图8-5**所示。叶绿体是一个盘状的细胞器，其中含有两种对于光合作用很重要的成分，第一种是**类囊体(thylakoid)**，为平滑囊状的膜结构，呈堆叠状。这些堆叠状的小粒结构叫**基粒(granum)**，光反应在类囊体中发生。第二种是**基质(stroma)**，是分布于基粒外的液体，是光合作用的暗反应发生的场所。

色素 色素是吸收光的有色分子，分布于类囊体的膜上。不同的**色素(pigment)**吸收特定波长的光，如**图8-6**所示。

植物中主要的吸光色素是叶绿素。叶绿素的类型有好几种，最主要的两种是叶绿素a和叶绿素b，两者结构不同，使得每种色素具有特定的光吸收范围。总的来说，叶绿素在蓝紫光区域吸收光，在绿色可见光区域反射光，这使得人们肉眼看含有叶绿素的植物时，看到的是绿色。

阅读检测 **区别**类囊体和基粒。

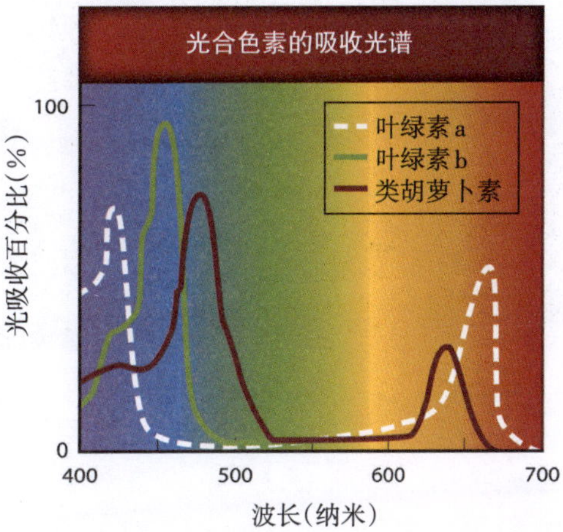

图8-6 树叶中的色素不同，其吸收特定光波的能力也不同。

假设 *如果植物没有叶绿素b，将会对光的吸收产生什么影响？*

迷你实验 2

观察叶绿体

叶绿体看起来像什么？很多生态系统和生物体都依赖于小小的叶绿体。在本次调查中，你将会观察到叶绿体的真实模样。

步骤

1. 阅读并完成实验室安全表。
2. 用显微镜观察植物切片和海藻细胞。
3. 鉴别你所观察到的细胞中的叶绿体。
4. 制作数据表记录你的观察结果，并绘出示意图。

分析

1. **对比与比对** 不同细胞中的叶绿体的物理特性有哪些？
2. **提出假设** 为什么植物的叶有各种颜色？

■ **图8–7** 当叶子中的叶绿素被降解后，其他色素的颜色就会显现出来。

除了叶绿素，许多能够进行光合作用的生物体还有辅助色素，用于捕获可见光范围内其他区域的光波。例如，类胡萝卜素中的β–胡萝卜素，能吸收蓝光和绿光之间的区域的光波，但反射出来的光更多是黄色、橙色和红色区域的光，因此产生了胡萝卜和甜薯的颜色。

叶绿素在叶子中的量比其他色素多，使得其他色素的颜色被隐藏起来，但是，到了秋天，如**图8–7**所示，叶子出现了黄色、红色、橙色等颜色。随着树叶在冬天到来之前脱落，叶绿素分子被降解，使得其他色素的颜色逐渐显现出来。

电子传递 在整个电子传递过程中，类囊体的结构是影响能量传递的关键。类囊体膜具有很大的表面积，为大量进行电子传递的分子和两种叫作光系统的蛋白复合体提供了附着面积，光合系统Ⅰ和光合系统Ⅱ包含了一些吸光色素和在光反应中起重要作用的蛋白质。根据**图8–8**继续了解电子传递过程。

首先，在光合系统Ⅱ中，光能激发电子。光能引起水分子分解，释放电子到电子传递体系，释放氢离子进入类囊体中，同时分解产生了氧气。水分子的分解是光合作用发生的关键。

被激发的电子从光合系统Ⅱ转移到类囊体膜上的电子受体。

接下来，电子受体分子沿着一系列电子传递载体将电子传到光合系统Ⅰ上。

有光时，光合系统Ⅰ将电子传递到铁氧化还原蛋白上，它失去的电子由从光合系统Ⅱ穿梭而来的电子代替。

最后，铁氧还蛋白将电子传递给电子载体$NADP^+$（烟酰胺腺嘌呤二核苷酸磷酸），形成能量储存分子NADPH。

术语

传递

将物体从一个地方转到另一个地方。

光合作用过程中，$NADP^+$分子传递电子。

化学渗透 在化学渗透过程中，电子沿着梯度流动，产生了ATP。水分子的分解很关键，不仅为电子传递链提供最初的电子，也为ATP的合成提供了氢离子。随着电子的传递，氢离子被释放，并积累到类囊体中，氢离子浓度在类囊体中高而在基质中低，如**图8–8**，氢离子通过膜上的离子通道从高浓度梯度向低浓度梯度转移，这些通道叫作ATP合成酶。当氢离子穿过ATP合成酶的时候，ATP也在基质中被合成。

阅读检测 **总结**水在光合作用的化学渗透过程中的功能。

图解电子传递

图8–8
活化的电子在叶绿体的类囊体膜上，从一个分子传递到另一个分子，电子的能量用于形成质子梯度，随着质子沿梯度的移动，一个磷酸基结合ADP形成了ATP。

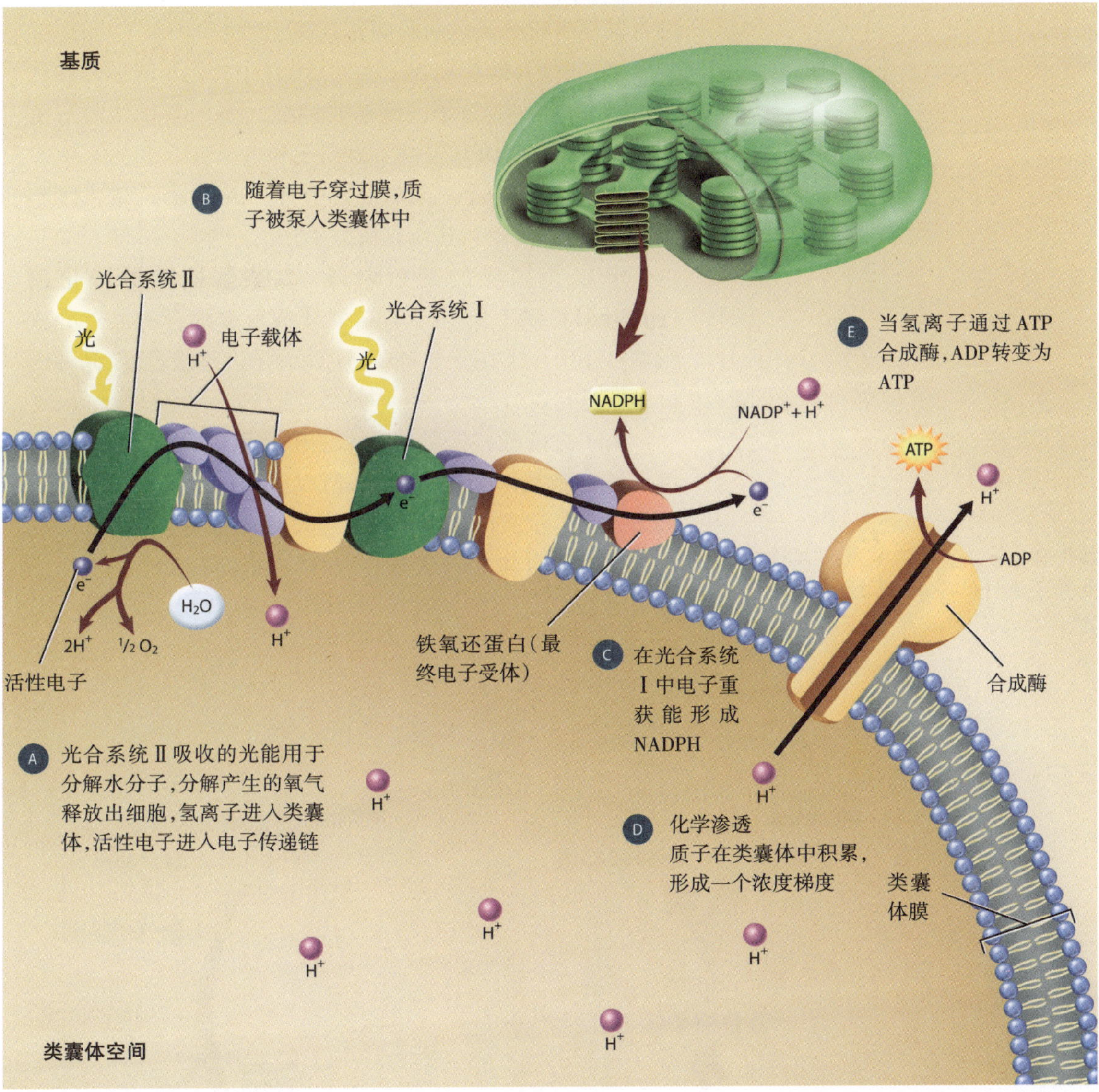

第二阶段：卡尔文循环

尽管细胞中的大部分能量由ATP和NADPH提供，但是这些分子不能够较长时间地储存能量。光合作用的第二阶段叫作**卡尔文循环（Calvin cycle）**。在该阶段，能量储存在葡萄糖等有机分子中。卡尔文循环是不需要光的反应阶段。接下来结合**图8-9**学习卡尔文循环的各个阶段。

第一阶段是碳固定阶段，6个CO_2分子与6个5碳化合物结合，产生12个3-磷酸甘油盐（3-PGA）。这种CO_2分子结合其他有机分子的阶段叫作碳固定。

第二阶段，储存在ATP和NADPH中的化学能被转移到3-PGA，形成高能分子三磷酸甘油醛（G3P），其中磷酸基由ATP提供，而NADPH提供了氢离子和电子。

第三阶段，两个三磷酸甘油醛分子离开循环，进入细胞质中，用于合成糖和其他有机分子。

卡尔文循环的最后阶段，**二磷酸核酮糖羧化酶（rubisco）**将剩下的10个G3P转化成五碳化合物二磷酸核酮糖（RuBP），这些分子与新的CO_2分子进行结合，使循环得以继续进行。

由于二磷酸核酮糖羧化酶能够将无机的CO_2分子转化为可被细胞利用的有机分子，所以该酶被认为是最重要的酶之一。卡尔文循环中产生的糖可被植物用于能源和形成复杂碳水化合物的基础材料（包括为植物提供结构支撑的纤维素）。

■ **图8-9** 在叶绿体的基质中，CO_2同有机分子进行结合的卡尔文循环。
确定 *卡尔文循环最终储存能量的化合物。*

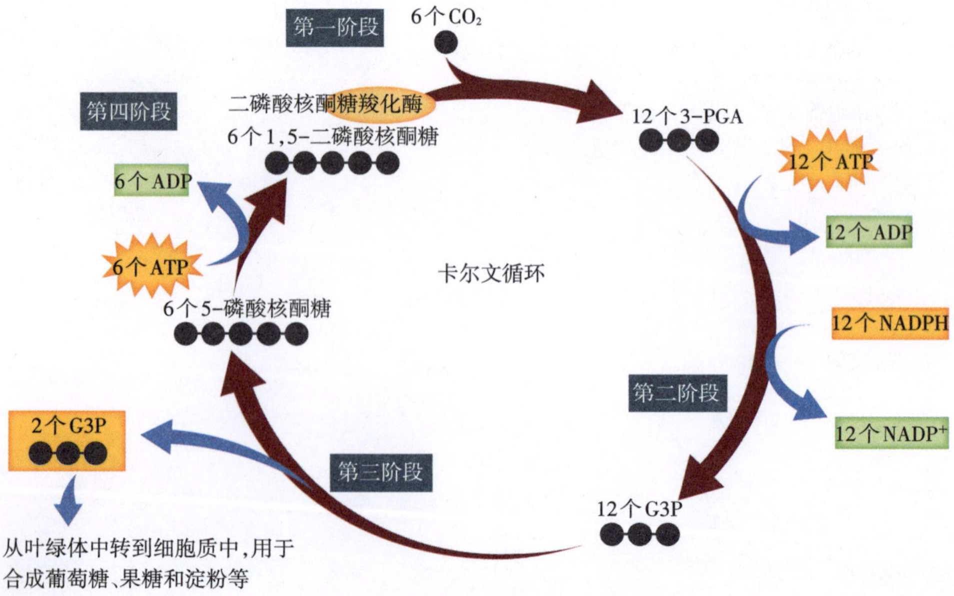

选择性途径

生物体的生活环境能够影响生物体的光合作用，如果环境中缺少水或二氧化碳，那么就会削弱生物体将光能转化为化学能的能力。例如，在炎热干燥的环境中，植物流失水分过多，使得光合作用减弱。极端环境中的一些植物开启了其他类型的光合途径，以使能量的转换最大化。

C4植物 帮助植物维持光合作用的同时尽量减少水分流失的一种适应性途径，科学家将其叫作C4途径。甘蔗、玉米等植物中发生该途径，科学家将其称作C4植物。C4植物将二氧化碳固定为四碳化合物，而卡尔文循环中是三碳化合物。C4植物的叶细胞中的结构也有重要的差别。总之，在炎热的天气，C4植物的气孔关闭，但四碳化合物能够被转运到一些特殊细胞中，并在那里将CO_2引入卡尔文循环中。这使得二氧化碳得到供应的同时减少了水分的流失。

CAM植物 另一种植物所利用的、能够最大化地增强光合作用的途径，叫作CAM途径。这个过程发生在一些生活在沙漠、高盐沼泽和其他进水受限制的环境中的储水植物中。**图8–10**展示的菠萝是CAM植物。二氧化碳只能在环境较冷、较湿润的夜间进入叶子，并被固定成了有机化合物；而在白天，这些化合物又重新释放出二氧化碳，进入卡尔文循环中。这也使得植物在获得二氧化碳的同时减少了水分的流失。

■ **图8–10** 菠萝是CAM植物。

第2节 测评

要点梳理

- 植物具有叶绿体，可进行光合作用，能够将光能转化为化学能。
- 光合作用包括光反应和暗反应两个阶段。
- 光反应中，自养生物将光能转化成NADPH和ATP中的化学能。
- 在卡尔文循环中，ATP和NADPH中的能量被用来合成糖类，如葡萄糖。

要点理解

1. 主要《概念 **总结**在光合作用中光能是如何转化成化学能的。
2. 将光合作用的各阶段和叶绿体的结构**联系**起来。
3. **解释**为什么水对光反应非常关键。
4. **总结**卡尔文循环的各阶段。
5. **绘制**并解释电子传递过程。

批判性思维

6. **预测**一些环境因素（如光照强度和二氧化碳水平）会如何影响植物的光合作用效率。

科技 写作

7. 调查全球变暖对光合作用的影响。

第3节

本节预览

核心问题

- 细胞呼吸包括哪些阶段?
- 细胞呼吸各个阶段中的电子载体的功能是什么?
- 酒精发酵和乳酸发酵有什么相同点?

术语回顾

藻青菌:一类能进行光合自养的细菌。

关键术语

厌氧过程
有氧呼吸
有氧过程
糖酵解
三羧酸循环
发酵

细胞呼吸

主要概念　生物体通过细胞呼吸作用分解有机分子以获取能量。

联系实际　黑脉金斑蝶必须持续取食花蜜获得能量,才能完成每年冬天向墨西哥和加利福尼亚的迁徙。同样的,人类和其他生物体也是通过摄取食物获得能量来维持生存的。

细胞呼吸

生物体通过细胞呼吸获得能量,细胞呼吸的功能就是接收来自含碳化合物(如葡萄糖)的电子,再利用其能量合成ATP,并用它来为细胞提供能量。整个细胞呼吸的化学方程式如下,可以发现细胞呼吸的方程式同光合作用的方程式正好相反。

$$C_6H_{12}O_6+6O_2 \longrightarrow 6CO_2+6H_2O+\text{能量}$$

细胞呼吸过程主要有两部分:糖酵解和有氧呼吸。第一阶段是糖酵解,是一个**厌氧过程(anaerobic process)**。**有氧呼吸(aerobic respiration)**包括三羧酸循环和电子传递,是一个**有氧过程(aerobic process)**,如**图8-11**所示。

■ **图8-11**　细胞呼吸发生在线粒体中,线粒体是细胞的能量工厂。

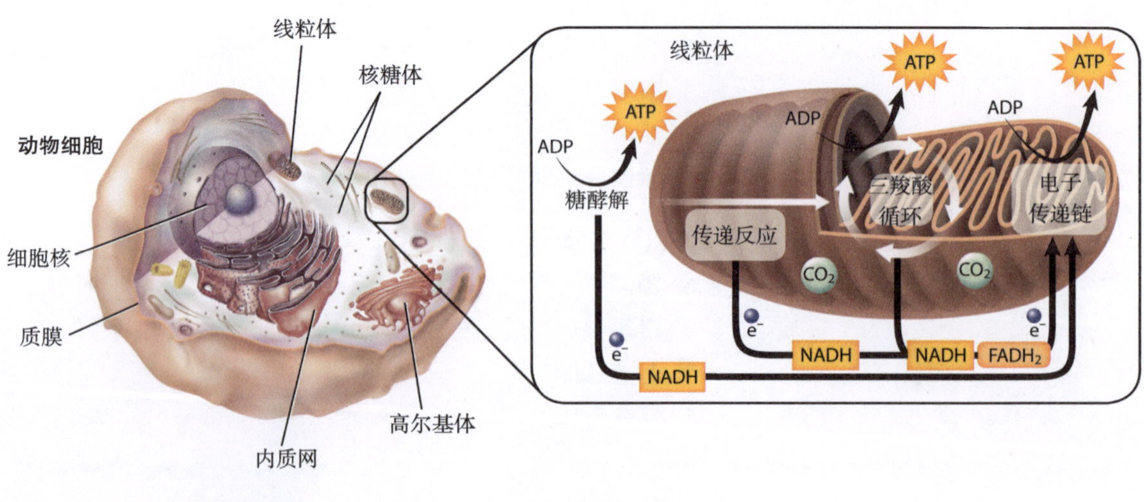

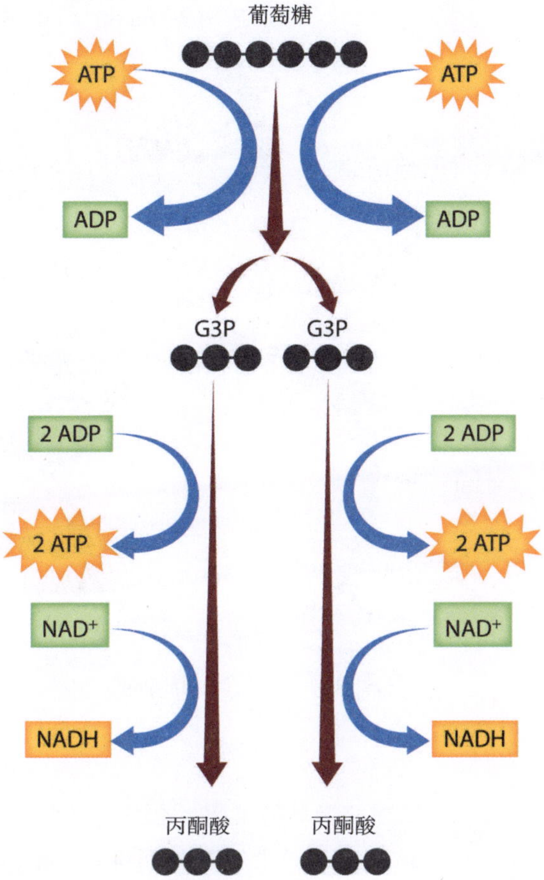

图 8-12 在细胞质中，葡萄糖通过糖酵解途径被分解。
总结 *糖酵解途径中的反应物和产物。*

糖酵解

在细胞质中，葡萄糖通过**糖酵解（glycolysis）**途径发生分解，每分子的葡萄糖分解产生2分子ATP和2分子NADPH。你可以通过**图8-12**对糖酵解途径进行了解。

首先，2个ATP分解产生的2个磷酸基同葡萄糖连接，即一个反应最开始需要2分子的ATP能量。然后1个六碳分子分解形成2个三碳化合物，2个磷酸基、2个电子及2个氢离子同2个NAD^+（烟酰胺腺嘌呤二核苷酸）结合形成2个NADH（还原型烟酰胺腺嘌呤二核苷酸）分子。NAD^+同NADP相似，都是光合作用中的电子载体。最后，2个三碳化合物转化成2个丙酮酸分子，同时产生4个ATP分子。

阅读检测 **解释**为什么在糖酵解中ATP的净产量是2个而不是4个。

三羧酸循环

糖酵解途径产生2个ATP和2个丙酮酸分子。来自葡萄糖中的多数能量储存在丙酮酸分子中，在有氧气时，丙酮酸被转运到线粒体中，然后经过反应最终转化成二氧化碳。这一系列反应叫作**三羧酸循环（Krebs cycle）**（简称TCA），还可以称之为柠檬酸循环。

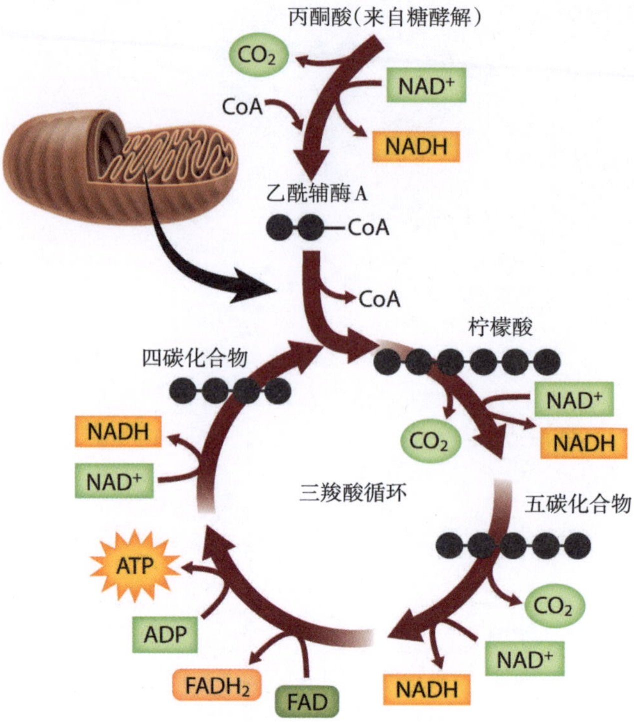

■ **图8-13** 线粒体中，丙酮酸在三羧酸循环中分解产生二氧化碳。

追踪 *碳分子从进入到离开三羧酸循环的路径。*

三羧酸循环的过程 在三羧酸循环之前，丙酮酸和辅酶A（CoA）先反应生成二碳化合物的中间产物乙酰辅酶A。与此同时，二氧化碳被释放出来，NAD^+也被转化成了NADH。乙酰辅酶A进入线粒体，经过一系列反应之后形成2个二氧化碳和2个NADH分子。你可以结合**图8-13**进一步了解三羧酸循环的过程。

- 三羧酸循环开始时，乙酰辅酶A和四碳化合物结合形成六碳化合物柠檬酸。
- 柠檬酸分解释放2个二氧化碳分子、1个ATP分子、3个NADH和1个$FADH_2$（还原型黄素腺嘌呤二核苷酸），FAD也是传递电子的载体。
- 最后，又产生乙酰辅酶A和柠檬酸，循环继续。

在糖酵解过程中产生2个丙酮酸，所以每个葡萄糖分子会有2个三羧酸循环，该循环的净产量是：2个ATP、8个NADH、2个$FADH_2$。10个NADH、2个$FADH_2$在有氧呼吸之后的反应阶段具有重要作用。

学习小贴士

学习清单

和小伙伴一起阅读并讨论不熟悉的术语和难理解的概念，写成一张表单。

电子传递

在有氧呼吸中，电子传递是葡萄糖分解的最后一个环节，同时也是产生ATP最多的阶段，利用高能电子和氢离子将ADP转化成ATP。

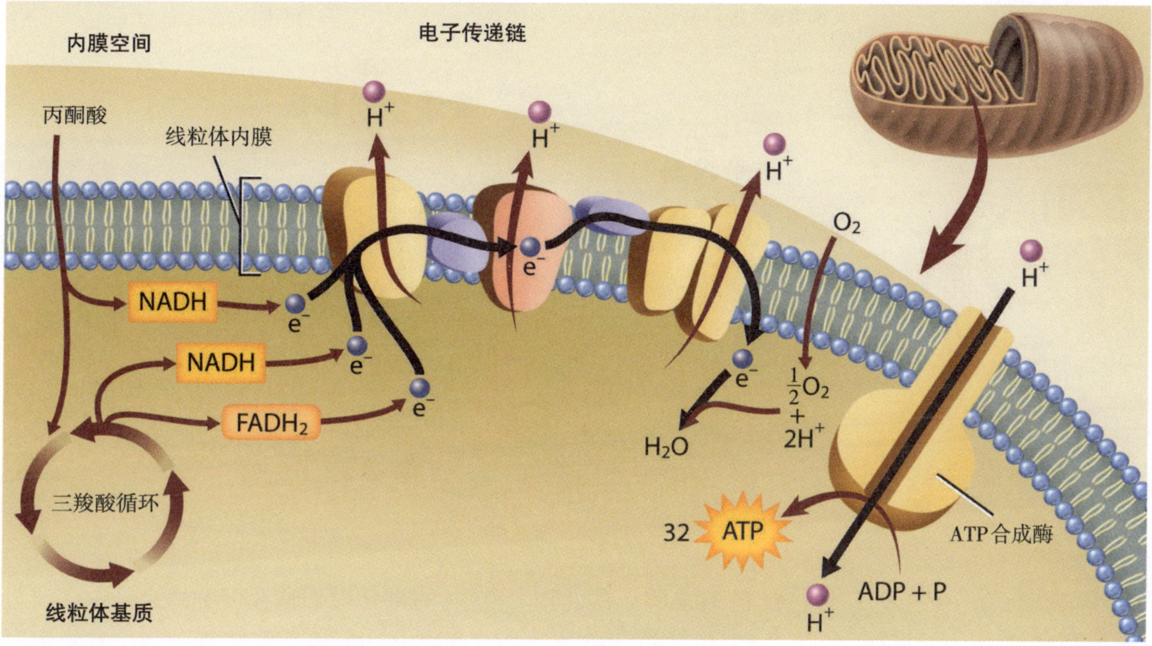

■ **图8–14** 电子传递在线粒体膜上发生。
对比与比对 *细胞呼吸和光合作用中的电子传递。*

如**图8–14**所示，电子在线粒体膜上由一个蛋白转移到另一个蛋白。当NADH和$FADH_2$释放出电子，这些能量载体就被转化成了NAD^+和FAD。同时氢离子穿过线粒体内膜被释放到了线粒体基质中，从而形成了浓度梯度，通过化学渗透作用穿过ATP合成酶进入基质中。细胞呼吸中的电子传递和化学渗透与光合作用有些相似，细胞呼吸中氧气是最终的电子受体，质子和电子最终与氧气结合形成水。

总体上，电子传递产生了32个ATP，每个NADH产生3个ATP，每组的3个$FADH_2$产生2个ATP。在真核细胞中，理想情况下1个葡萄糖产生36个ATP。

原核细胞的呼吸作用 有些原核生物也进行有氧呼吸，但是它们没有线粒体，所以发生的过程是有区别的。原核细胞中电子的传递发生在质膜上，而真核细胞发生在线粒体膜上，丙酮酸也进入线粒体中。在原核细胞中，丙酮酸无须进入线粒体，为细胞节省了2个ATP，所以ATP的净产量是38。

术语

浓度

表示一种物质在另一种物质中的密度。

膜的一侧的氢离子浓度比另一侧的高。

无氧呼吸

在氧气很少时，有些细胞还能够发挥一小段时间的功能。一些原核生物是厌氧生物，它们的生长和繁殖不需要氧。在无氧环境中，细胞也通过糖酵解产生ATP，但问题是仅依赖于糖酵解来获取能量。每分子葡萄糖只在糖酵解中产生2个ATP，而且细胞中NAD^+也受限。当NAD^+用尽且没有新的补充时，糖酵解就会停止。利用糖酵解的无氧途径进行的呼吸作用就是厌氧呼吸，也可称为**发酵（fermentation）**。发酵发生在细胞质中，主要有乳酸发酵和酒精发酵两种类型。

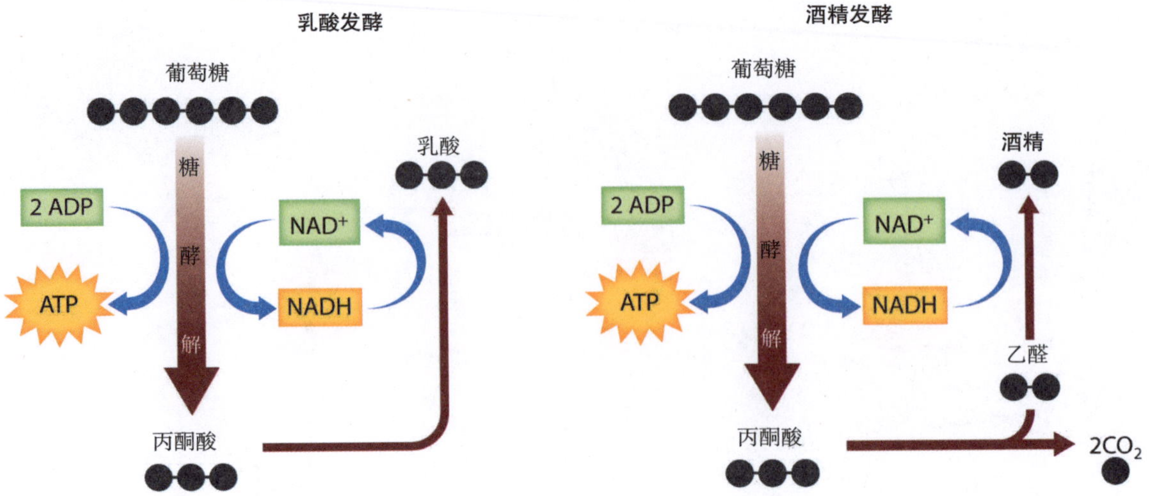

■ **图8-15** 缺氧或供氧受限时，就会进行发酵。

对比与比对 *乳酸发酵和酒精发酵。*

链接健康 **乳酸发酵** 在乳酸发酵中，酶催化丙酮酸在糖酵解途径中变成乳酸，如**图8-15**，包括高能电子和来自NADH的氢离子的转移。当生物缺氧时（如进行激烈的运动），骨骼肌产生乳酸，肌肉会感觉到酸痛。一些微小的生物也会产生乳酸，可以用其制作食物，包括奶酪、酸乳和酸奶油等。

酒精发酵 酒精发酵发生在酵母和一些细菌中。**图8-15**展示了酒精发酵过程中的化学反应，丙酮酸转化成酒精和二氧化碳，同乳酸发酵相似，NADH释放电子重新产生NAD^+。

数据分析实验

基于真实的数据*

解释数据

病毒性感染是怎样影响细胞呼吸的？ 病毒感染对细胞呼吸和ATP的产生有严重的影响，用病毒感染细胞，然后检测产生的乳酸和ATP的量。

数据和观察

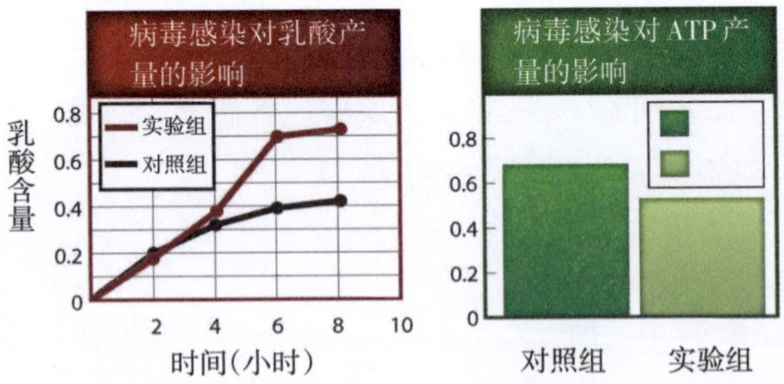

批判性思维

1. **分析** 细胞中的病毒是怎样影响乳酸的产生的？
2. **计算** 8小时后，乳酸含量增加的百分比和ATP减少的百分比是多少？
3. **推断** 感染病毒（如流感）后为什么会让人觉得疲乏？

*数据来源：El—Bacha，T.，et al.2004.Mayaro virus infection alters glucose metabolism in cultured cells through activation of the enzyme 6-phosphofructo 1-kinase. *Molecular and Cellular Biochemistry* 266: 191-198.

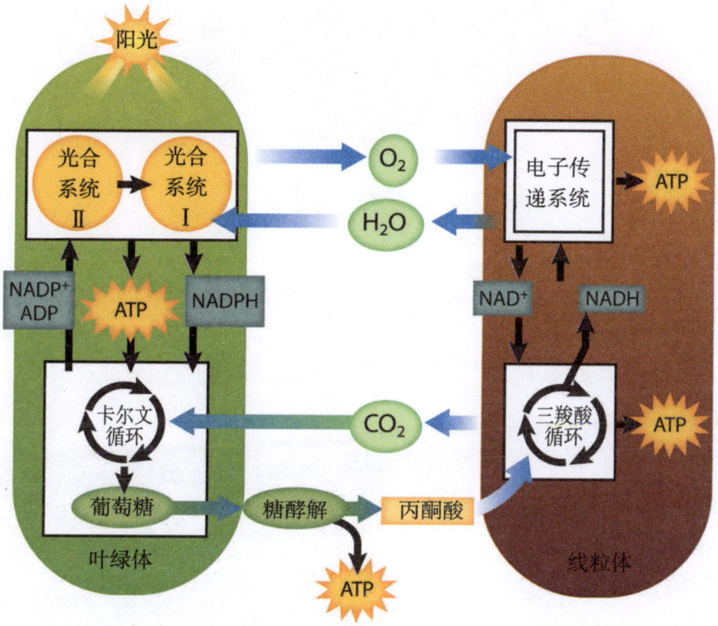

图 8–16 光合作用和细胞呼吸形成一个循环，其中一个过程的产物是另一个过程的反应物。

光合作用和细胞呼吸

光合作用和细胞呼吸是细胞用来获得能量的重要过程，是产生和分解简单碳水化合物的代谢途径。**图 8–16** 展示了两种过程的关系，光合作用的产物是氧气和葡萄糖，反应物来自细胞呼吸；细胞呼吸的产物二氧化碳和水，是光合作用的反应物。

第 3 节 测评

要点梳理

- 很多生物体通过细胞呼吸分解葡萄糖。
- NADH 和 $FADH_2$ 是细胞呼吸中的重要电子载体。
- 缺氧时，细胞通过发酵维持糖酵解。

要点理解

1. 主要概念 **总结**细胞呼吸的阶段。
2. **识别**一个葡萄糖分子中有几个碳进入一个三羧酸循环。
3. **解释**高能电子是怎样被用到电子传递中的。
4. **描述**发酵在维持 ATP 和 NAD^+ 水平中的功能。

批判性思维

生物中的 **数学**

5. 细胞呼吸的每个阶段产生多少 ATP、NADH 和 $FADH_2$? 这些 ATP 和可利用的 ATP 的数量有什么区别?

科技 **写作**

6. **对比与比对**两种发酵类型。

生物学前沿

追踪人类进化

也许你已经听说过DNA证据被用于揭开长达几十年或几百年之久的秘密了。但想象一下，科学家利用DNA揭开了数百万年之前的秘密，是否太过神奇了？但事实确实如此，科学家正在利用DNA分析追踪人类进化。

线粒体DNA 你可能在想，线粒体同DNA分析及人类进化有什么关系呢？线粒体通常被称作细胞的能量工厂，是细胞中释放能量的细胞器。线粒体中具有DNA，但是比细胞核DNA小很多。因为在细胞核外以及细胞中线粒体的数量很多，线粒体DNA是比较丰富的，比细胞核DNA更容易检测和追踪，所以它是一个解开科学之谜的有用工具。

线粒体DNA的一个特定用途就是用于追踪人类进化。线粒体是母系遗传，当精子和卵细胞结合时，两个配子的细胞核DNA结合，但是子代的线粒体仅来自卵细胞。因此，线粒体DNA能被用于标记追踪一代又一代的母本。

追踪进化 科学家利用DNA分析来追踪世界各处的原始人类足迹。在样品的细胞核中发现的DNA一般发生了退化或者数量很少，但是科学家发现线粒体DNA数量丰富，可用其进行分析研究。

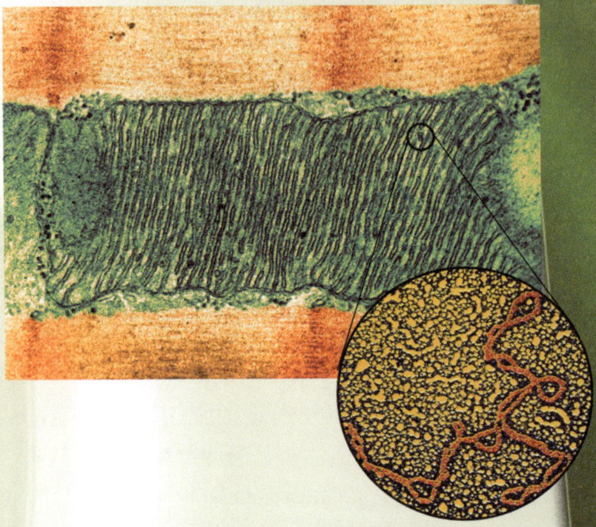

线粒体是在细胞中发现并给细胞提供能量的细胞器。细胞中的线粒体DNA是同细胞核中的DNA分离的。

线粒体DNA中的突变是一些可预测模式，科学家对这些模式进行比较研究。通过比较这些突变，科学家追踪了线粒体DNA的遗传轨迹。基于线粒体DNA的研究，科学家推测人类最近的共同母本祖先是“线粒体夏娃”——20万年前生活在非洲的一位女人。

根据“线粒体夏娃”理论，产生了关于早期人类祖先迁徙的国际化研究。这个研究利用女性的线粒体DNA序列以及男性的Y染色体上的序列来追踪人类的迁徙进化之路。

科技 写作

研究性论文 研究线粒体DNA，选择当前关于线粒体DNA研究的一个方面，写一篇相关的论文。

生物实验室

不同波长的光能影响光合作用效率吗？

背景：进行光合作用的生物体需要吸收光来完成光合作用。白光是由可见光范围中的不同颜色的光组成的，每种颜色的光具有特定的波长。在本实验中，将设计实验检测不同波长的光对光合作用效率的影响。

问题：不同波长的光是怎样影响光合作用效率的？

实验器材

选择在本实验中可能用到的材料。

水生植物

锥形瓶

15 mL试管

10 mL量筒

米尺

彩色玻璃纸

铝箔

反射灯和150 W灯泡

小苏打溶液

秒表

安全注意事项

设计与实施实验

1. 阅读并填写实验室安全表。
2. 预测不同波长的光对光合作用的影响。
3. 设计实验检验你的预测，制订实验步骤。
4. 解释你如何获得不同波长的光、二氧化碳以及如何检测植物释放的氧气。
5. 绘制数据表记录观察及测量的结果。
6. 开始前需获得教师的同意。
7. 开始做实验。
8. **清理** 根据教师的指导清理所有的实验设备，将其归置到原来的位置，彻底清洗双手。

实验分析和结论

1. **识别**实验中的对照组和实验组。
2. **解释**你如何测量光合作用速率。
3. **用图表**表示你的数据。
4. **描述**你的数据中不同波长的光是怎样影响光合作用速率的。
5. **讨论**你的数据是否支持你的预测。
6. **误差分析** 鉴别可能来源于实验设计、过程以及数据收集等过程中的实验误差。
7. **提出建议**改进实验方案以减小误差。

交流

同行评审 和同学相互检查实验数据和图表，进行讨论，结合同学的建议改进你的实验方案。

第8章 复习指南

内容聚焦 **能量** 地球上几乎所有的能量都来源于太阳能，细胞通过光合作用将太阳能转化成化学能。

大概念 **光合作用将太阳能转化成化学能，细胞呼吸利用化学能进行生命活动。**

第1节 生物体如何获得能量

能量
热力学
新陈代谢
光合作用
细胞呼吸
三磷酸腺苷

主要概念 **所有的生物体都需要利用能量才能进行生命活动。**

- 热力学定律总结了生物体中能量的流动和转化。
- 有些生物能够自己生产食物，而有些只能通过摄取食物来获取能量。
- 细胞通过合成和分解反应储存和释放能量。
- ATP分解释放能量以供细胞活动。

第2节 光合作用

类囊体
基粒
基质
色素
卡尔文循环
二磷酸核酮糖羧化酶

主要概念 **在光合作用过程中，光能被固定下来并转化为化学能。**

- 植物具有叶绿体，能进行光合作用，将光能转化为化学能。
- 光合作用包括光反应和暗反应两个阶段。
- 光反应中，自养生物将光能转化成NADPH和ATP中的化学能。
- 在卡尔文循环中，ATP和NADPH中的能量被用于合成糖类，如葡萄糖。

第3节 细胞呼吸

厌氧过程
有氧呼吸
有氧过程
糖酵解
三羧酸循环
发酵

主要概念 **生物体通过细胞呼吸作用分解有机分子以获取能量。**

- 很多生物体通过细胞呼吸分解葡萄糖。
- 细胞呼吸包括糖酵解、三羧酸循环和电子传递。
- NADH和$FADH_2$是细胞呼吸中的重要电子载体。
- 缺氧时，细胞通过发酵维持糖酵解。

第8章 测评

第1节

术语回顾

以下的句子都是错误的，利用“复习指南”中的术语替换句子中的斜体词来改正句子。

1. *新陈代谢*是细胞的能量货币。
2. 对能量的流动和转化的研究叫作*能量*。
3. *生物学能*以很多形式存在。
4. 细胞中产生能量的化学反应被认为是*自养生物*。
5. 在*光照*的过程中光能转化成化学能。

要点理解

6. 下列属于能量性质的是（　　）。
   A. 既不会凭空产生又不会凭空消失
   B. 是进行工作的能力
   C. 以化学能、光能和机械能的形式存在
   D. 从不规则向规则自发的改变
7. 依赖于外部有机化合物资源的是（　　）。
   A. 自养生物
   B. 异养生物
   C. 化能自养生物
   D. 光能自养生物
8. **内容聚焦 能量** 食物链中仅给其中的另一部分提供能量的是（　　）。
   A. 化能自养生物
   B. 异养生物
   C. 太阳
   D. 光能自养生物
9. 细胞储存和释放（　　）作为化学能的主要来源。
   A. ATP
   B. $NADP^+$
   C. ADP
   D. NADPH

回答问题

10. **主要概念** 自养生物和异养生物获取能量的方式有什么区别？
11. **开放式回答** 用类比法描述ATP的功能。

批判性思维

12. **描述**能量如何从ATP中释放。
13. **联系**合成和分解代谢，对光合作用和细胞呼吸间的关系做类比分析。

第2节

术语回顾

写出以下定义所对应的“复习指南”中的术语。

14. 光反应的位置。
15. 类囊体的堆叠。
16. 吸光的有色分子。
17. 能量储存到有机分子中的过程。

要点理解

根据下面的反应方程式回答第18题。

$$6CO_2+6H_2O\xrightarrow{光}C_6H_{12}O_6+?$$

18. 光合作用产生的（　　）被释放到环境中。
    A. 二氧化碳
    B. 水
    C. 氧气
    D. 氨基酸
19. 叶绿体的（　　）内膜是平滑膜囊。
    A. 类囊体
    B. 膜
    C. 线粒体
    D. 基质

根据下图回答第20题。

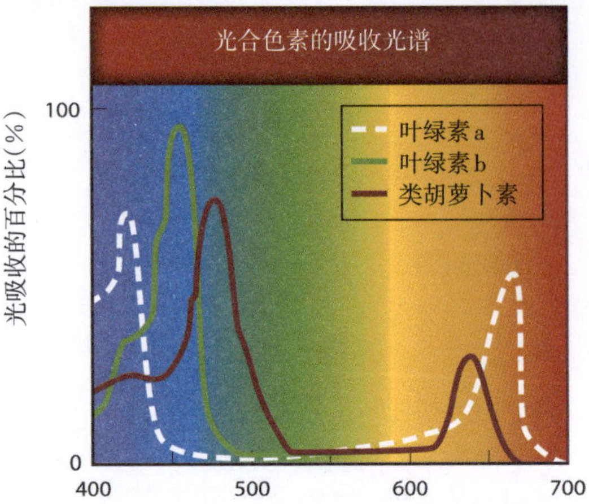

20. 类胡萝卜素吸收的最高峰值的光波是(　　)。

A. 400

B. 500

C. 600

D. 700

21. 在卡尔文循环中,为合成糖类提供能量的是(　　)。

A. 二氧化碳和ATP

B. ATP和NADPH

C. NADPH和水

D. 水和氧气

回答问题

22. 主要概念 总结光合作用的反应阶段,描述每个阶段在叶绿体中发生的位置。

23. **简要回答** 为什么在光合作用中氢离子的形成对产生ATP很关键?

24. **简要回答** 解释卡尔文循环为何依赖于光反应。

批判性思维

25. **解释**以下内容:光合作用产生的氧仅仅是产生ATP和糖过程中的一个副产物。

26. **预测**失去森林对其他生物细胞呼吸的影响。

27. **描述**在植物中发现的两种特殊的光合作用途径,猜想这些适应性会给植物提供什么帮助。

第3节

术语回顾

用一个完整的句子解释以下术语。

28. 三羧酸循环

29. 厌氧过程

30. 发酵

31. 有氧呼吸

32. 糖酵解

要点理解

根据下图回答第33、34题。

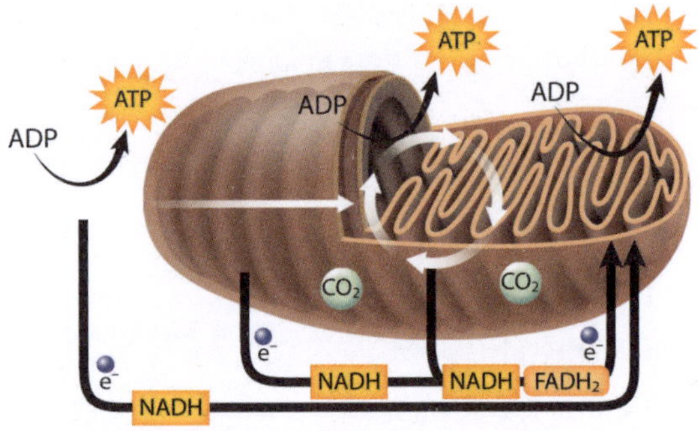

33. 图中的细胞器是(　　)。

A. 高尔基体

B. 线粒体

C. 细胞核

D. 内质网

34. 下列不在图中的细胞器中发生的是(　　)。

A. 糖酵解

B. 三羧酸循环

C. 丙酮酸转化为乙酰辅酶A

D. 电子传递

35. 下列不属于细胞呼吸阶段的是(　　)。
   A. 糖酵解
   B. 三羧酸循环
   C. 电子传递链
   D. 乳酸发酵
36. 细胞呼吸中电子离开电子传递链同最终电子受体相结合产生(　　)。
   A. H_2O
   B. O_2
   C. CO_2
   D. CO
37. 糖酵解中能量最后大多储存在(　　)。
   A. 丙酮酸
   B. 乙酰辅酶 A
   C. ATP
   D. NADH

回答问题

38. **简要回答** 讨论 NADH 和 $FADH_2$ 在细胞呼吸中的功能。
39. **简要回答** 细胞呼吸中,电子传递链的电子最早来自哪里?电子的最终受体是什么?
40. **简要回答** 在进行剧烈运动之后的一段时间内,肌肉为什么会疼?

批判性思维

41. **解释** 细胞呼吸的产物是二氧化碳和水,二氧化碳和水中的氧分别来自哪里?
42. **主要概念** 在产能方面,生物中的有氧呼吸与无氧呼吸相比有什么优点?
43. **对比与比对**光合作用和细胞呼吸中的电子传递。

总结性测评

44. **大概念** 光合作用和细胞呼吸的化学平衡式是怎样的?根据整个过程的平衡式分析两者之间的关系。
45. **科技写作** 根据光合作用和细胞呼吸的关系写一篇文章,解释植物在生态系统中的重要性。

DBQ 资料分析题

镉是对生物体有毒性的重金属,经常在土壤中发现。以下是镉对番茄光合作用影响的数据图。据图回答下列问题。

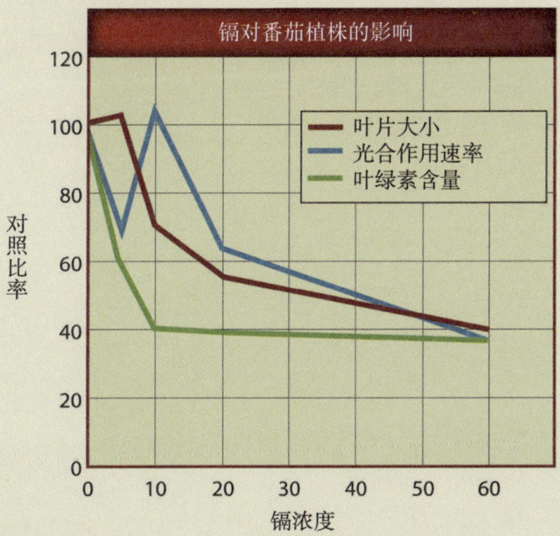

数据来源:Chaffei,C.,et al.2004.Cadmium toxicity induced changes in nitrogen management in Lycopersicon esculentum leading to a metabolic safeguard through an amino acid storage strategy. *Plant and Cell Physiology* 45(11): 1681–1693.

46. 镉对叶片大小、光合作用速率及叶绿素含量的影响是怎样的?
47. 镉浓度分别是多少时对叶片大小、光合作用速率及叶绿素含量的影响最大?
48. 动物吃了含镉番茄后,其细胞呼吸将会受到怎样的影响。

标准化测试

选择题

1. 假设元素X的普遍形式是X-97，那么同位素X-99具有更多的是(　　)。

A. 中子

B. 质子

C. 轨道电子

D. 全部电荷

利用下图回答第2题 。

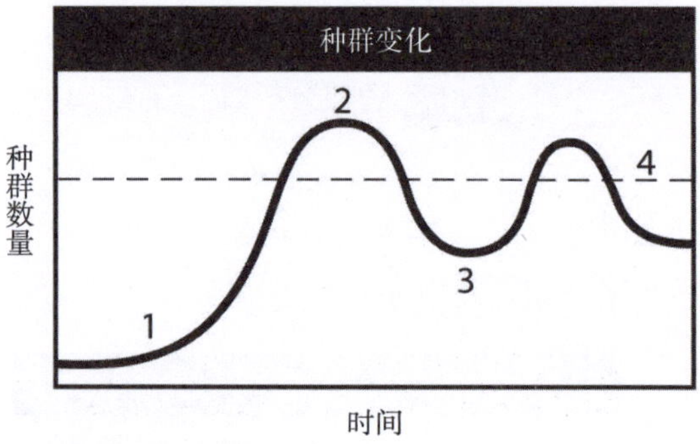

2. 图中表示指数增长的是(　　)。

A. 1

B. 2

C. 3

D. 4

3. 以下不需要额外能量是(　　)。

A. 主动运输

B. 扩散

C. 胞吞作用

D. 胞吐作用

4. 下列阶段是在卡尔文循环中发生的是(　　)。

A. ATP的形成

B. 六碳糖的形成

C. 氧气的释放

D. 通过$NADP^+$的电子传递

5. 以下现象是由于热带雨林中森林被破坏造成的是(　　)。

A. 生态污染

B. 栖息地的破坏

C. 物质引进

D. 物种被过度利用

根据以下结构式回答第6题。

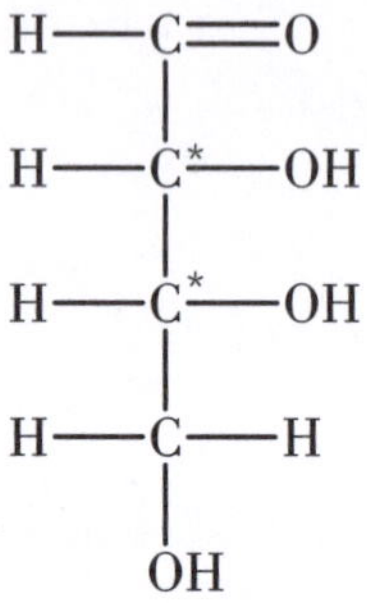

6. 根据图中的结构式，如果某分子具有6个碳，那么其正确的分子式是(　　)。

A. $C_6H_8O_4$

B. $C_6H_{10}O_6$

C. $C_6H_{12}O_4$

D. $C_6H_{12}O_6$

7. 下列转变只在自养生物中发生的是(　　)。

A. 化学能转化为机械能

B. 电能转化为热能

C. 光能转化为化学能

D. 机械能转化为热能

8. 以下内容是细胞学说支持的是(　　)。

A. 细胞由环境中的蛋白质形成

B. 细胞包含具有膜包围的细胞器

C. 生命形式由一个或多个细胞形成

D. 细胞器是最小的生命形式

9. 能用来评估实验过程及步骤的研究方法是(　　)。

A. 形成一个假说

B. 发表结果

C. 进行观察

D. 同行评审

简答题

利用下图回答第10题。

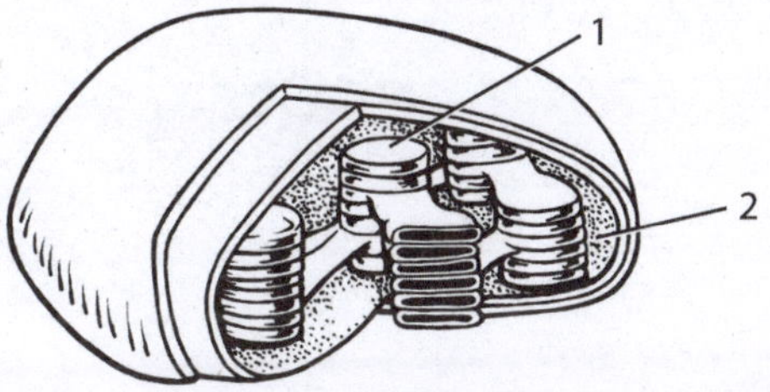

10. 上图表示的是一个叶绿体，对其中所标注的两部分进行命名，并指出每个部分分别发生的是光合作用中的哪一阶段。

11. 比较细胞壁和质膜的结构。

12. 联系ATP中的磷酸基之间的键同ATP分解形成ADP时所释放的能量的关系。

13. 说出组成质膜的三种化合物，解释为什么每种化合物对细胞的功能都是非常重要的。

14. 搅拌食盐至完全溶解在水中将形成哪种类型的混合物？鉴别其中的成分。

15. 植物哪部分的细胞中的叶绿体最多？请解释。

16. 长跑运动员经常讨论如何通过训练提高耐氧极限。耐氧极限是肌肉没有足够氧气进行有氧呼吸从而进行无氧呼吸。为什么提高耐氧极限对于长跑运动员非常重要。

开放题

根据下图回答第17题。

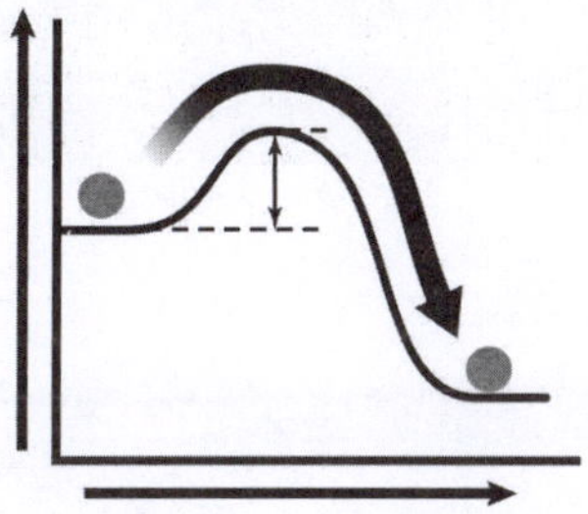

17. 上图表示的是消化系统中蛋白质分解时酶的影响。没有这种酶的人体中，蛋白质的消化会有什么不同？

18. 你认为在细胞中大量存在并能够逆浓度梯度泵出胃酸成分的细胞器是什么？说明理由。

论述题

人体总是通过获取或释放物质的方式同环境相互作用，进入人体的许多物质对于维持细胞的活动具有特殊的作用，如在呼吸、离子运输和各种分子的合成中。同样，释放出的物质一般是细胞活动产生的代谢废物。

利用上文中的信息，以论文的形式回答下列问题。

19. 写一篇关于人体如何吸收和释放物质的论文，说明这些物质是与细胞呼吸相关的重要物质或代谢废物。

考点提示

测试题号	1	2	3	4	5	6	7	8	9	10	11	12	13	14	15	16	17	18	19
对应章节	6.1	4.1	7.4	8.2	5.2	6.4	8.1	7.1	1.3	8.2	7.3	8.1	7.2	6.3	7.3	8.3	6.2	7.2，7.4	8.3

第9章

细胞增殖

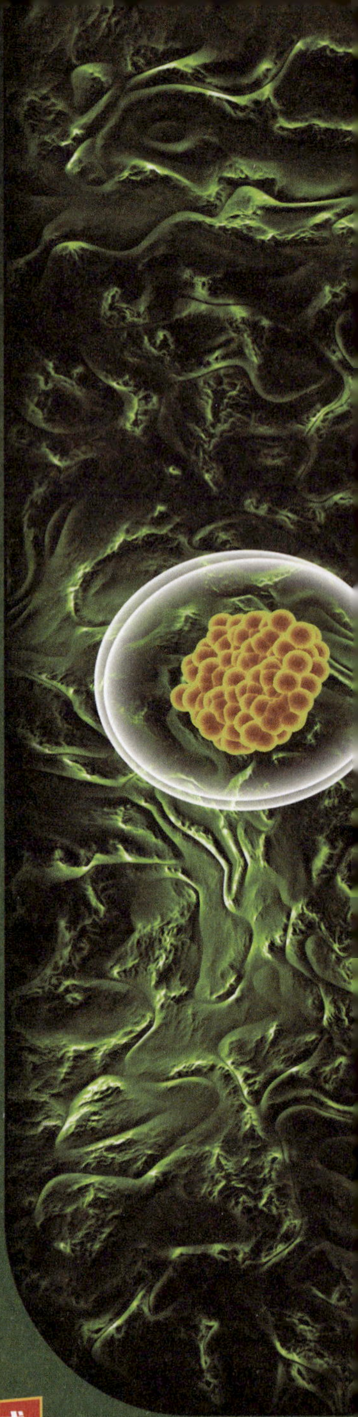

起步实验

健康的细胞是从哪里来的?

生物都是由细胞组成的,生物体生长的唯一途径就是细胞增殖,健康的细胞执行重要的功能并通过增殖形成更多的细胞。通过本实验,你会了解到不同类型的细胞。

步骤

1. 阅读并完成实验室安全表。
2. 用光学显微镜在高倍镜下观察人类细胞临时装片。
3. 在显微镜下观察洋葱根尖细胞。
4. 用教师准备好的装片观察其他细胞。
5. 画出观察过的细胞,识别并标出细胞结构。

分析

1. **对比与比对**你观察过的不同细胞。
2. **推测**观察到的细胞为何具有不同的形状和结构。如何识别病变细胞?

折叠式
学习卡

制作一本分层状学习卡,用来记录有丝分裂的各个阶段。

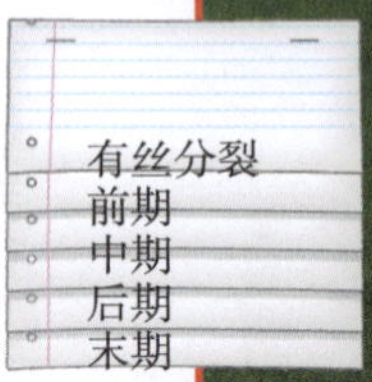

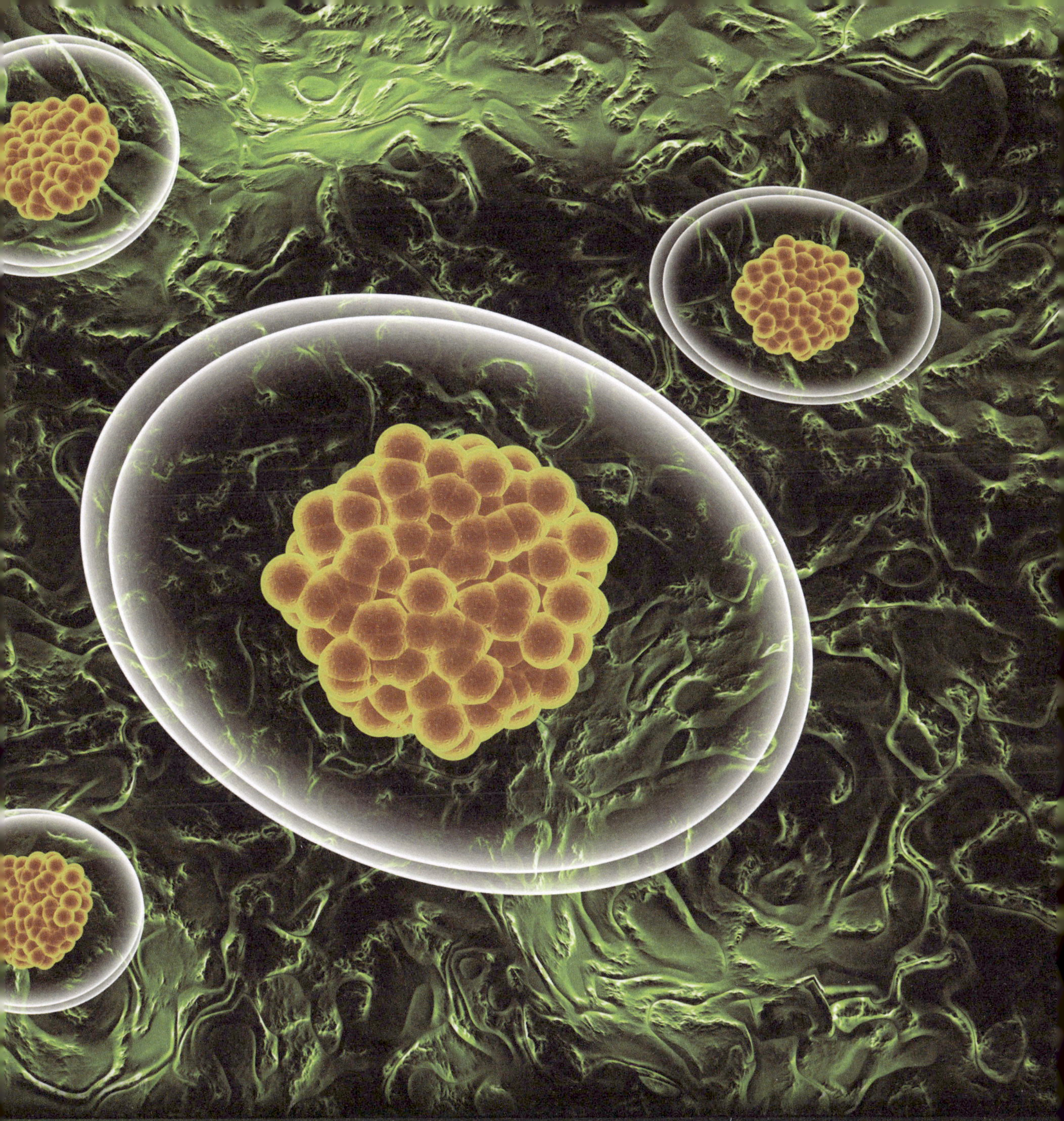

内容聚焦 科学探究

当细胞生长和分裂时，会经历一些变化。

大概念 细胞周期包括细胞间期、有丝分裂和胞质分离。

第1节·细胞的生长

第2节·有丝分裂和胞质分离

第3节·细胞周期调控

第1节

细胞的生长

本节预览

核心问题

- 为什么细胞相对比较小?
- 细胞周期的最早阶段是什么?
- 细胞间期主要发生了什么?

术语回顾

选择透过性:膜允许一些物质穿过而阻止另一些物质通过的特性。

关键术语

细胞周期
细胞间期
有丝分裂
胞质分离
染色体
染色质

主要概念 **细胞一直生长,直到最大限度,然后要么停止生长,要么发生分裂。**

联系实际 如果你打过网球双打,你可能会为你和你的同伴能有效地控制你们的这半块场地而感到兴奋。但是,当场地变得特别大时,你就不能很好地完成击球动作。为了更好地进行运动,场地大小非常有讲究,必须保持一个合适的大小。细胞的大小也是如此,它需要合适的大小才能满足细胞的各项所需。

细胞大小的界限

许多细胞的直径小于100微米,为什么很多细胞如此之小?下面会讲到一些影响细胞大小的因素。

表面积和体积比 限制细胞大小的主要因素就是表面积和体积之比。细胞表面区域即质膜所包围的区域,质膜是所有营养物质和代谢废物必须通过的结构。细胞体积即细胞内部的空间,其中包括细胞器、细胞质和细胞核。

链接数学 为了方便理解表面积和体积之比,我们以**图9–1**中的小立方体为例。它的边长只有1微米,这近似等于一个细菌细胞的大小。计算立方体的表面积:长度×宽度×侧面数(1 μm×1 μm×6),等于6 μm^2,计算体积:长×宽×高,等于1 μm^3,二者的比例为6:1。

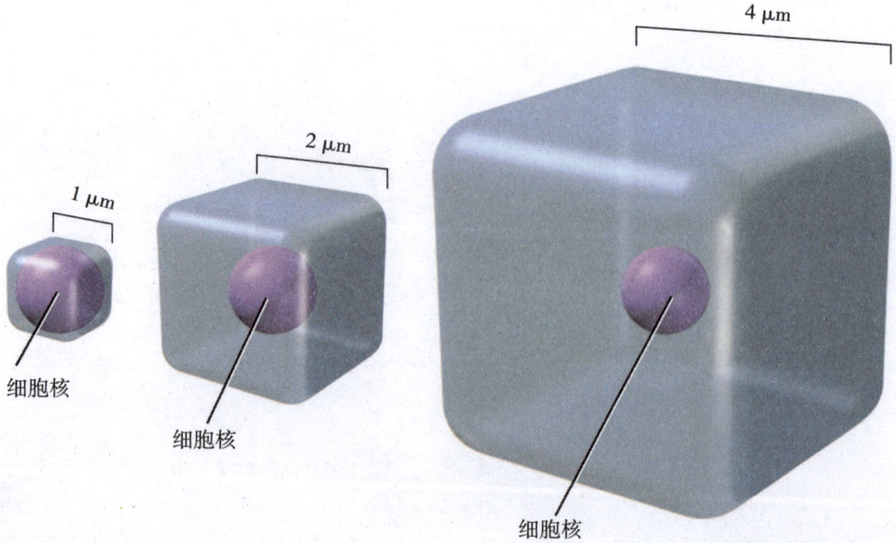

■ **图9–1** 细胞越大,表面积和体积之比越小,图中最小立方体的表面积和体积之比是6:1,而最大立方体的表面积和体积之比是3:2。

如果立方体细胞的边长增为2 μm，如**图9-1**，表面积则为24 μm^2，体积为8 μm^3，二者之比变为3∶1，比细胞较小时的比例要小。如果细胞持续增大，表面积和体积之比持续变小。随着细胞的增长，体积比表面积增加的速度更快，这意味着细胞获取充足的养分和及时排除废物变得更加困难。通过维持小的形态，细胞能够具有较大的表面积和体积之比，更容易维持自身生存。

阅读检测 **解释**为什么表面积和体积之比越高对细胞越有利。

物质的运输 另一项在小的细胞内比大的细胞内更容易进行的就是物质的移动。因为质膜具有选择透过性，所以质膜控制着细胞的运输，一旦物质进入细胞，物质通过扩散作用或马达蛋白使得物质沿着细胞骨架移动。在大范围内发生扩散作用时，因为扩散依赖的是分子和离子的随机运动，所以效率比较低。同样的，当运输距离变得过大时，如**图9-2**中的细胞骨架网络，也会降低物质运输的效率。小的细胞能大大提高运输营养和废物的效率，从而维持着更高效的运输体系。

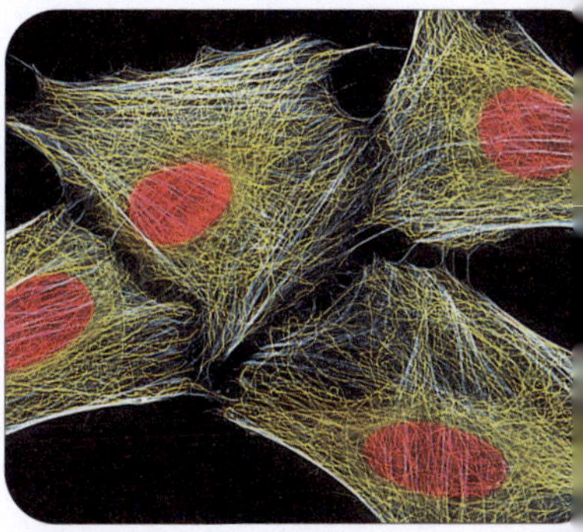

图9-2 为了使细胞骨架成为更高效的运输体系，细胞中物质的运输距离必须受到限制。

迷你实验 1

调查细胞大小

一个细胞能大到可以吞没你的学校吗？ 如果大象变成原来的2倍大小，那么会发生什么？在生物体水平上，大象不能够长得超级大，因为腿没法支撑身体的重量。在细胞水平上也能用相同的理论和限制条件吗？

步骤

1. 阅读并完成实验室安全表。
2. 准备数据表，用来记录5个假设细胞的表面积和体积，假设细胞是一个立方体。（下面给出了立方体的边长）
   细胞1：0.00002 m（许多真核细胞的直径）
   细胞2：0.001 m（一个鱿鱼巨大神经细胞的直径）
   细胞3：2.5 cm
   细胞4：30 cm
   细胞5：15 m
3. 根据长×宽×侧面数计算每个细胞的表面积。
4. 根据长×宽×高计算每个细胞的体积。

分析

1. **原因和影响** 根据你的计算，解释为何细胞不能太大。
2. **推断** 一些大的生物体，如红杉树和大象，它们外形大的原因是具有大的细胞还是具有更多数量的标准大小的细胞？

■ **图9-3** 细胞周期包括三个阶段：细胞间期、有丝分裂和胞质分离。细胞间期分为三个亚阶段。

猜想 *为什么细胞间期中胞质分离的时间最短？*

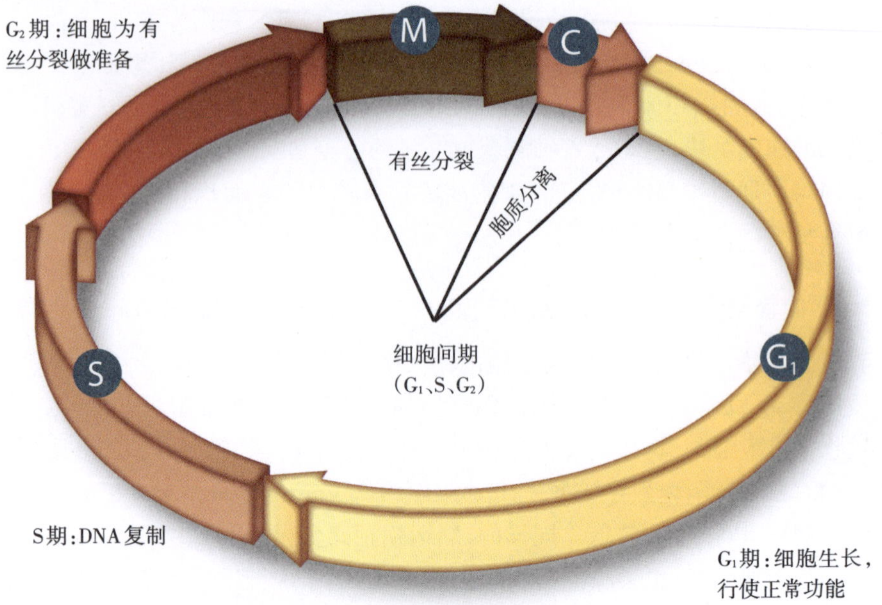

细胞间的交换 信号蛋白穿出细胞也会受到细胞大小的限制。换句话说，细胞的大小影响细胞发挥功能的能力。如果细胞特别大，会使得细胞几乎不可能进行细胞间的交流，各种细胞器之间的物质移动和信号传递的效率会降低。例如，引发合成蛋白质的信号不能够快速到达核糖体，使得蛋白质的合成延缓，不能够满足细胞的需要。

细胞周期

一旦细胞达到其大小的最大限度，细胞要么停止生长，要么发生分裂。很多细胞会发生分裂，分裂使得细胞既不会变得特别大，也让细胞实现了增殖。正是细胞的增殖使你能够长高、伤口能够愈合。细胞的增殖经过一个包括生长和分裂的循环过程，叫作**细胞周期（cell cycle）**。细胞每经过一个循环，就会变成两个细胞。细胞周期持续重复发生，就会有新的细胞持续产生，如**图9-3**所示。

细胞周期主要包括三个阶段，**细胞间期（interphase）**主要进行细胞生长、细胞行使功能、进行DNA复制，为细胞周期下一阶段做准备。科学家将细胞间期分为三个亚阶段：G_1、S、G_2，如**图9-3**所示。**有丝分裂（mitosis）**是细胞周期中细胞核及核内物质进行分离的阶段，有丝分裂分为4个亚阶段：前期、中期、后期、末期。有丝分裂之后是**胞质分离（cytokinesis）**，细胞质进行分离，从而产生新的细胞。本章第2节会对有丝分裂和胞质分离进行更详细地介绍。

细胞周期的时长是各不相同的，这依赖于细胞的分离过程。一些真核细胞完成细胞间期约需8分钟，而有些细胞需要一年的时间。对于很多能正常分裂的动物细胞，细胞周期一般是12～14小时。当你思考细胞周期中的各种奇妙事件时，你会惊奇地发现你体内的多数细胞只需要一天的时间就能完成一个细胞周期。

细胞间期的阶段 在细胞间期中，细胞生长发育成有功能的成熟细胞，DNA复制，为细胞分离做准备。细胞间期包括三个阶段，如**图9-3**中，分别是G_1、S和G_2，也可以叫作间隙1、合成期和间隙2。

G_1期是细胞间期的第一阶段，发生在细胞分离之后，G_1期细胞进行生长、行使细胞正常功能、为DNA复制做准备。一些细胞，如肌肉和神经细胞，在该阶段之后就会退出细胞周期，不再发生分裂。

细胞间期的第二阶段S期进行DNA复制，为细胞分裂做准备。**染色体(chromosome)**是含有遗传物质的结构，能从细胞的一代传到下一代。**染色质(chromatin)**是DNA在细胞核中松散的形式，如**图9-4**，对处于细胞间期的细胞用一种特殊的染料染色时，细胞核呈斑点状，这是由一些单个的染色质造成的，而没有染料时在光学显微镜下是看不到染色质的。

S期之后是G_2期，这一阶段为细胞核的分裂做好准备，合成了帮助细胞分裂的微管蛋白。在G_2期，细胞继续积累物质以确保继续进行有丝分裂，当这些活动完成后，细胞开始细胞周期的下一阶段——有丝分裂。

有丝分裂和胞质分离 有丝分裂和胞质分离发生在细胞间期之后。在有丝分裂中，细胞核一分为二并分别移动到细胞的两端。在胞质分离中，细胞分离两个子代细胞，每个细胞具有一个细胞核。这些重要的阶段就是细胞周期的第2环节。

原核细胞的分裂 细胞周期是真核细胞进行增殖的模式，而更小的原核细胞进行增殖的方式是二分裂。

■ **图9-4** 老鼠活细胞中细胞核的粒状是由染色质形成的，松散的染色质进行浓缩就会形成染色体。

第1节 测评

要点梳理

- 表面积和体积之比描述的是细胞的质膜大小与细胞体积之间的关系。
- 细胞的大小是有限的，很多细胞的直径小于100 μm。
- 细胞周期是细胞繁殖的过程。
- 细胞在细胞间期的时间最长。

要点理解

1. 主要概念 将细胞的大小与细胞功能相**联系**，解释为什么细胞大小是有限制的。
2. **总结**细胞周期的初始阶段。
3. **描述**在细胞间期的S期细胞的DNA发生了什么。
4. **绘制**细胞周期阶段的示意图并分别描述各阶段发生的活动。

批判性思维

5. **设想**一个很大的细胞进行分裂时会发生什么，忽略其大小超过最佳范围的情况。

生物中的数学

6. 如果以一个边长100 μm的立方体代表一个细胞，计算其表面积和体积之比，解释这个大小是不是该细胞的较适合的大小。

第2节

本节预览

核心问题

- 有丝分裂的每个阶段都是怎样进行的?
- 胞质分离过程中发生了什么?

术语回顾

生命周期:生物体整个生命过程中各生长发育阶段的顺序排列。

关键术语

前期
姐妹染色单体
着丝粒
纺锤体
中期
后期
末期

有丝分裂和胞质分离

主要概念 **真核细胞的增殖包括两个阶段:有丝分裂和胞质分离。**

联系实际 自然界中有许多循环过程为人们所熟知,如一天的昼夜更替、年复一年的季节变换等。细胞也具有生长和增殖的循环过程。

有丝分裂

细胞周期包括细胞间期、有丝分裂期和胞质分离期。在有丝分裂中,细胞已经复制的遗传物质发生分离,细胞准备分裂成两个细胞。有丝分裂的主要活动是细胞所复制的DNA的精确分离,这使得细胞的遗传信息能够进入完整的新细胞,形成两个遗传上完全相同的细胞。在多细胞生物体中,随着幼年向成年的生长,有丝分裂过程使得细胞数量增多。人体伤口愈合的过程就包括新的皮肤细胞的形成,这些细胞是由活细胞产生的,在伤疤的下面,皮肤细胞通过有丝分裂和胞质分离产生新的细胞,从而实现损伤部位的自动修复。

有丝分裂的阶段

有丝分裂分为四个阶段:前期、中期、后期和末期。

前期 有丝分裂**前期(prophase)**是有丝分裂最长的一个阶段。如**图9-5**所示,染色体的形状类似于英文字母X,每个染色体都是独立的结构,内部包含着在细胞间期复制的遗传物质。染色体结构中的每一半叫作**姐妹染色单体(sister chromatid)**,姐妹染色单体具有完全一样的DNA。在染色体中部,将姐妹染色单体连接在一起的结构叫作**着丝粒(centromere)**。着丝粒是非常重要的结构,能确保复制的DNA进入细胞周期最后形成的子代细胞中。有丝分裂前期在细胞周期中的定位如**图9-6**所示,你可以根据**图9-6**中染色单体在细胞周期中的变化进一步学习有丝分裂的各个阶段。

阅读检测 **比较**细胞间期和有丝分裂期的关键活动。

■ **图9-5** 在前期,染色体是连接在着丝粒上的姐妹染色单体。

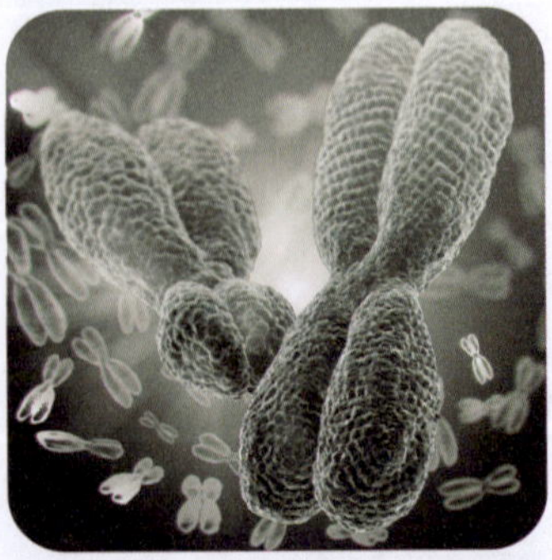

图解细胞周期

图 9–6

细胞周期起始于细胞间期，然后是有丝分裂的四个阶段：前期、中期、后期和末期，在完成胞质分离后将进入下一个细胞周期。

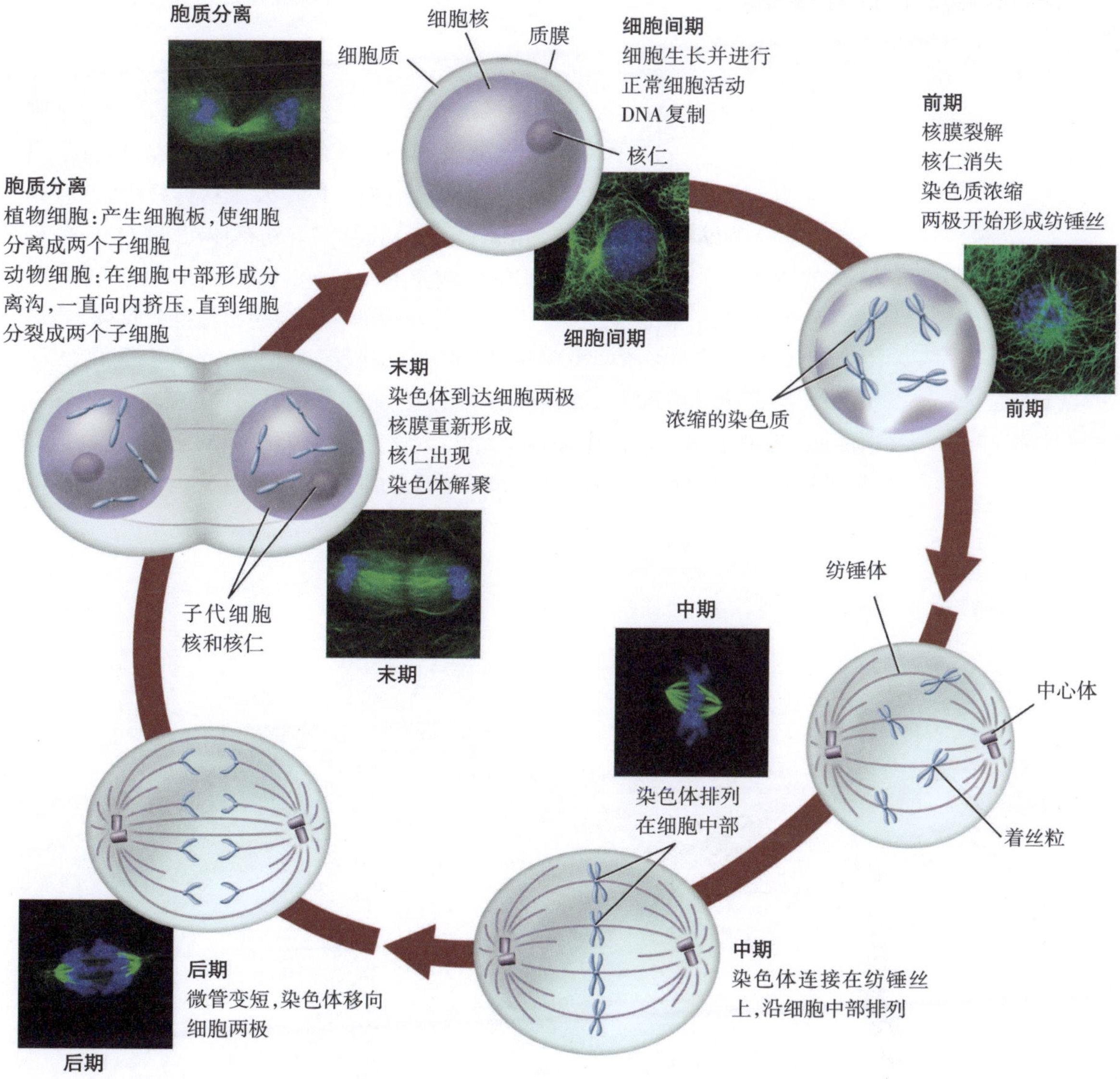

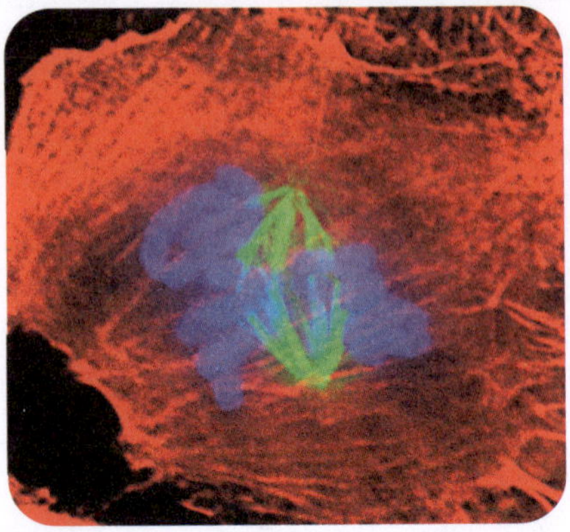

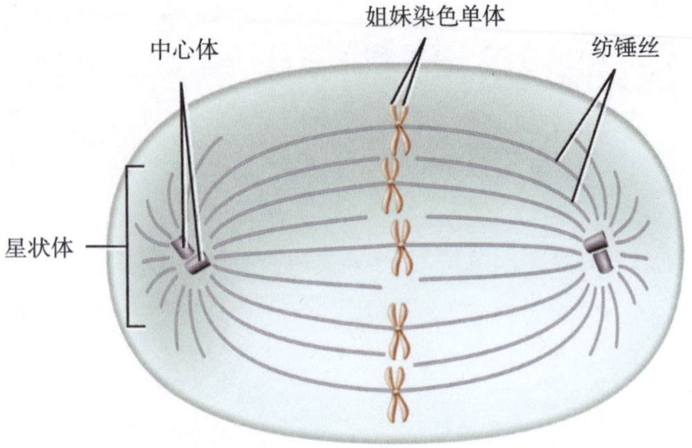

■ **图9–7** 在动物细胞中，纺锤体由纺锤丝、中心体和星状体纤维组成。

在前期，核仁消失，细胞质中形成叫作纺锤丝的微管结构。在动物细胞或原生细胞中，一对叫作中心体的微管结构位于细胞两极，由中心体发出另一类名为星状体纤维的微管结构。纺锤丝、中心体以及星状体纤维，这些结构全部被称为**纺锤体（spindle apparatus）**，如**图9–7**。纺锤体对细胞分裂前染色体的活动非常重要。植物细胞的纺锤体中没有中心体结构。

在前期最后，核膜消失，纺锤丝在着丝粒的两端连接姐妹染色单体，之后的阶段会牵引其向细胞两极移动，使得子代细胞都具有完整的复制的DNA。

中期 在有丝分裂的第二个阶段，姐妹染色单体受机动蛋白的牵拉排列在细胞中部，如**图9–8**所示。**中期（metaphase）**是有丝分裂最短的一个阶段，但其顺利地完成能确保新的细胞具有精确的染色体拷贝。

■ **图 9–8** 在中期，染色体排列在细胞的中央。

推断 *为什么染色体会排列在细胞的中央。*

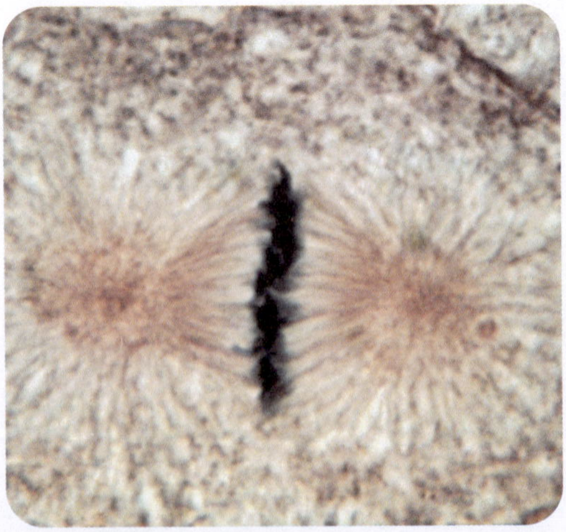

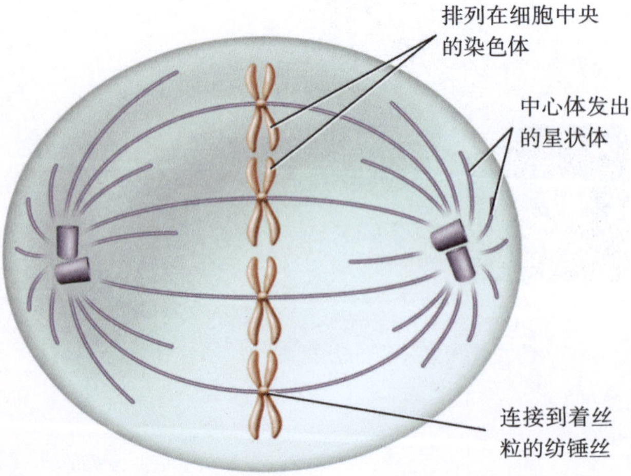

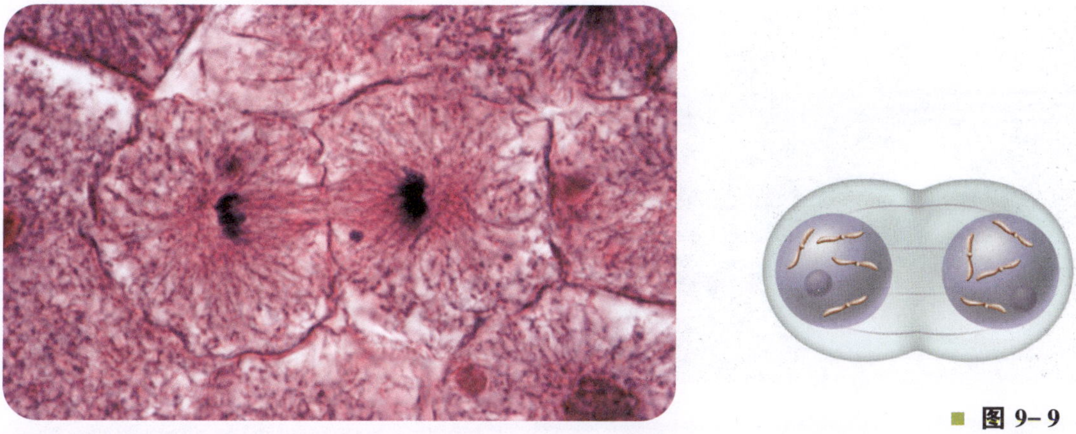

■ **图 9-9** 在末期，细胞完成了遗传物质的复制并分离到两个“袋子”中，但是细胞没有完全分离。

后期 在有丝分裂的**后期(anaphase)**，纺锤丝变短，每组姐妹染色单体变成独立的染色体。所有的姐妹染色单体被同时拉开，这种精确的调控机制仍然是一个谜。在后期的最后，借助机动蛋白的作用，微管将染色体牵引到细胞的两极。

末期 有丝分裂的最后一阶段叫作**末期(telophase)**，染色体到达细胞两极并开始解聚，如**图 9-9** 所示，新的核膜、核仁出现，纺锤体消失，微管被细胞回收用于形成其他细胞骨架。尽管有丝分裂的四个阶段完成了并且核物质也发生了分离，但是细胞分裂的过程还没有结束。

数据分析实验

基于真实的资料*

预测结果

微管发生了什么？ 科学家设计实验追踪有丝分裂期间受微管牵引的染色体。他们设想随着染色体向细胞两极的移动，微管发生降解形成微管亚单位。研究人员用黄色荧光染料标记微管，并利用激光消除目的区域的荧光来精准标记染色体和细胞两极之间的微管。

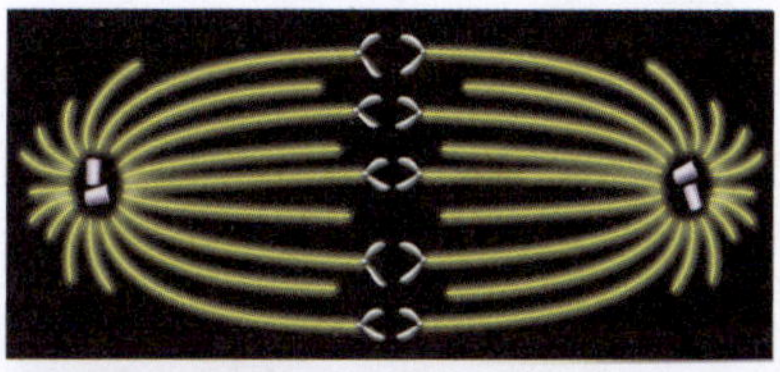

荧光标记的微管

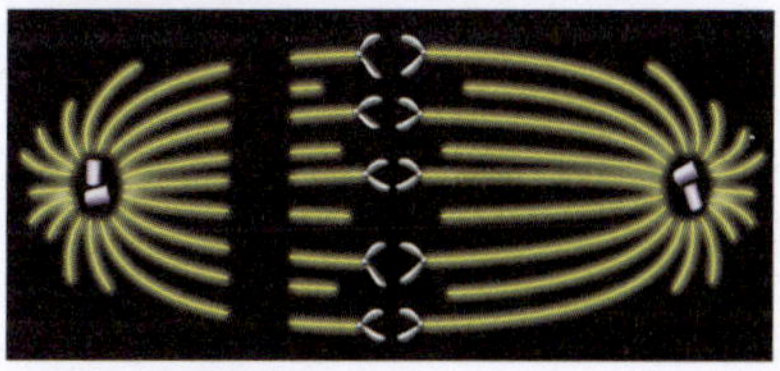

激光标记的微管

批判性思维

1. **解释**进行荧光染色的目的。
2. **预测**细胞在之后的后期会有什么样的表现，绘图表示。

*资料来源：Maddox, P., et al.2003.Direct observation of microtubule dynamics at kinetochores in Xenopus extract spindles: implications for spindle mechanics. *The Journal of Cell Biology* 162: 377-382. Maddox, et al. 2004. Controlled ablations of microtubules using picosecond laser. *Biophysics Journal* 87: 4203-4212.

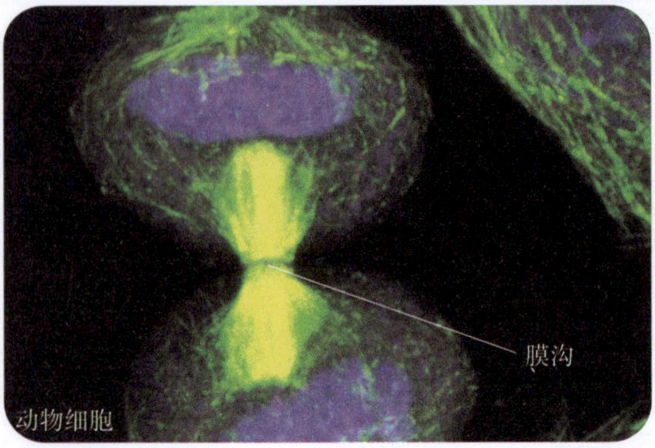

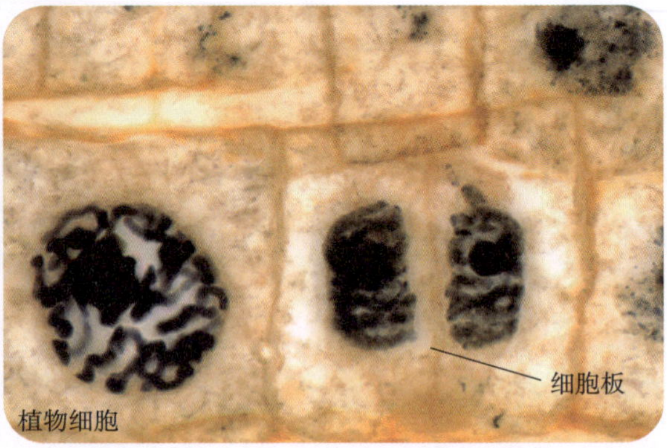

图9-10
左图：动物细胞中，胞质分离是通过膜沟勒挤细胞质最后将细胞分成两个子细胞。
右图：植物细胞通过形成细胞板将细胞分成两个子细胞。

胞质分离

在有丝分裂之后，细胞开始进行另一个过程即胞质分离，顾名思义，细胞质将会发生分离，形成两个细胞，并且每个细胞都具有细胞核。动物细胞通过纤维丝收缩勒紧细胞质来完成胞质分离，如**图9-10**，发生收缩的区域叫作膜沟。

植物细胞膜外围有坚硬的细胞壁，胞质分离时两个子代细胞核之间出现一个新的结构叫作细胞板，如**图9-10**。之后细胞壁形成细胞板之外的其他结构，等新的细胞壁完整产生后，就形成了两个独立的子代细胞。

原核细胞通过二分裂的方式进行细胞分裂，当原核细胞的DNA复制后，整个拷贝都附在质膜上，随着质膜的生长，DNA分子被拉开，细胞完成分裂，产生两个新的原核细胞。

第2节　测评

要点梳理

- 有丝分裂是将复制的DNA分开的过程。
- 有丝分裂包括前期、中期、后期和末期。
- 胞质分离是细胞质发生分离，从而形成遗传上完全一致的两个子细胞的过程。

要点理解

1. 主要概念　**解释**为什么仅有有丝分裂是不能产生子细胞的。
2. **描述**有丝分裂每个阶段的事件。
3. **绘图**并标记前期中的染色体。
4. **识别**细胞在有丝分裂的哪个阶段所用的时间最多。
5. **比较**植物细胞和动物细胞的胞质分离。

批判性思维

6. **假设**给细胞施加一种能够阻止微管运动但不影响胞质分离的药物，会发生什么事情？

生物中的数学

7. 如果一个植物细胞完成一次细胞周期需要24小时，那么这个细胞一周时间会产生多少个细胞？

细胞周期调控

本节预览

核心问题

- 在调控细胞周期的过程中，周期蛋白的作用是什么？
- 癌症和细胞周期之间的关系是怎样的？
- 细胞凋亡的作用是什么？
- 两种类型的干细胞是什么？它们具有哪些潜在的应用价值？

术语回顾

核苷酸：组成DNA和RNA分子的亚单位。

关键术语

周期蛋白
周期蛋白依赖性激酶
癌症
致癌物质
细胞凋亡
干细胞

主要概念 **正常的细胞周期受周期蛋白的调控。**

联系实际 建筑工人不管修建了多少幢建筑，即使再次建造相同的大楼时，仍然需要严格按照设计蓝图的指导进行操作。同样，细胞也需要通过特殊的指导来完成细胞周期。

正常的细胞周期

细胞分裂的时长和速率对生物体的健康是非常重要的。不同类型细胞的分裂速率各不相同，一种包括蛋白和酶在内的机制能够调控细胞周期的正常运行。

细胞周期的功能 开动汽车前，你需要用车钥匙来启动发动机。同样的，真核细胞的细胞周期只有在接收到两种物质相结合产生的细胞复制的信号后才会进行。这两种物质分别是**周期蛋白（cyclin）**和**周期蛋白依赖性激酶（cyclin-dependent kinase，CDK）**，它们在细胞间期和有丝分裂期的特定时机相结合，形成了不同的周期蛋白/CDK复合体，从而启动和调控着细胞周期中不同阶段的不同活动。**图9-11**列举了一些重要复合体发挥作用的位置。

在G_1期，复合体产生细胞周期开始的信号，不同的复合体产生不同活动的信号，包括DNA的复制、蛋白质的合成以及细胞核的分裂。有趣的是，开启细胞周期的复合体同样也发出细胞周期结束的信号。

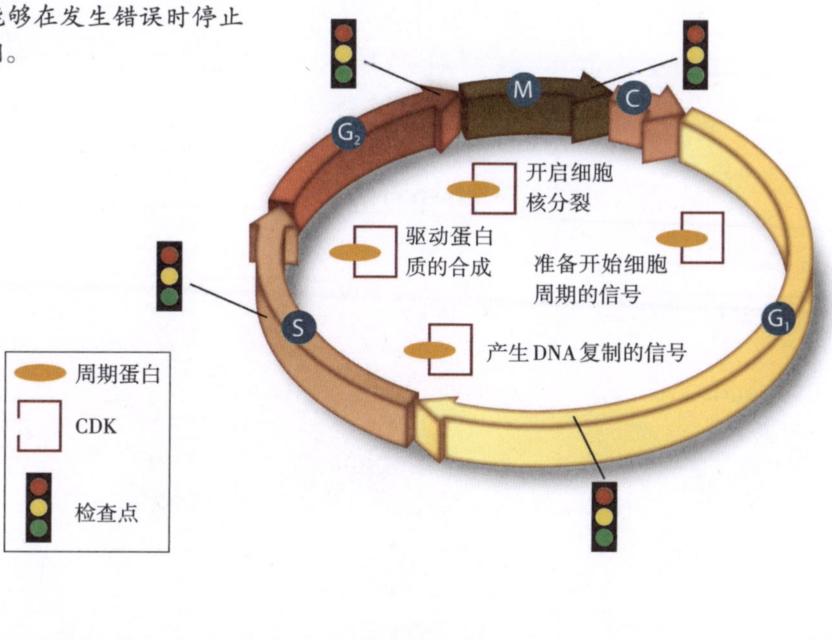

■ **图9-11** 由周期蛋白结合CDK产生的信号分子开启了细胞周期并驱动其完成有丝分裂，检查点将监控细胞周期的错误并能够在发生错误时停止细胞周期。

与生物学相关的职业

药品质量控制技术员 就如同细胞周期具有内部的质量控制检查点，药品生产过程中也是如此，药品质量控制技术员利用各种科学和技术手段监测生产过程以保证药品的质量。

质量控制检查点 回想汽车的启动，很多厂家在制作车钥匙时会设计独特的芯片，以确保仅有这把独特的钥匙能够启动汽车，这是个针对偷盗的检查点。细胞周期也有内部的检查点，监测细胞周期并在发现错误时停止细胞周期。例如，若在G_1期末端的检查点发现DNA损伤，则会停止细胞周期进入S期；在S期和G_2期，DNA复制之后都有质量控制检查点。在有丝分裂中也发现了纺锤检查点，一旦发现纺锤丝出现故障，细胞周期将会在胞质分离前停止，**图9–11**表示了细胞周期中的一些关键检查点的位置。

异常的细胞周期：癌症

链接健康 尽管细胞周期具有质量监测系统，但细胞周期这个复杂的过程有时候仍难免出错。当细胞不能够应答细胞周期质量控制机制时，就会出现癌症。**癌症（cancer）**是在细胞周期的调控中发生错误，细胞的生长和分离不再受控制的情况出现的。癌细胞能够通过排挤正常的细胞，导致组织丧失功能。癌细胞在细胞间期所用的时间比正常细胞少，这意味着只要有足够多的营养供给，癌细胞将会不受限制地进行生长和分裂。**图9–12**表示了癌细胞是如何侵害正常细胞的。

癌症的起因 癌症并非仅在虚弱的生物体中发生。事实上，癌症会在很多健康的、有活力的年轻生物体中发生。在调控细胞生长和分裂的过程中，细胞癌变是由于控制蛋白质（包括调控细胞周期的蛋白）合成的DNA序列发生了改变。通常，基因的损伤会被各种修复系统修复，但是如果修复过程失败，就会导致癌症的发生。各种环境中的因子能诱发癌细胞形成，已知的一些能够引发癌症的物质（如药剂）就叫作**致癌物质（carcinogen）**。

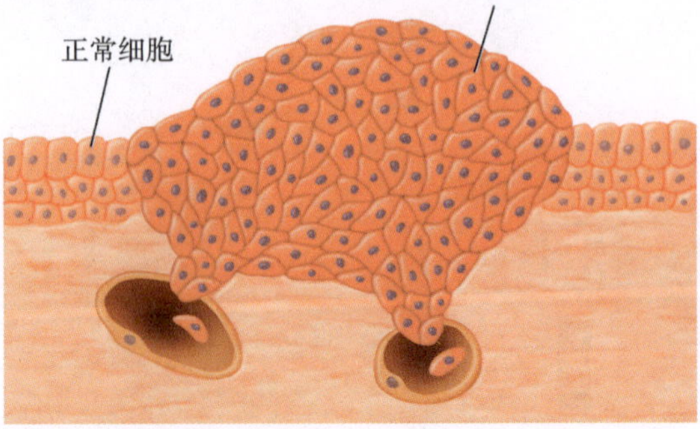

■ **图9–12** 与正常的细胞相比，癌症细胞呈现出异常而不规则的形状。该图中有些癌细胞进入血管，被输送到身体的其他地方，这是癌细胞发生转移的一种常见途径。

尽管不是所有的癌症都能被抑制，但避免接触和食用已知的致癌物质能够降低患癌症的风险。美国食品及药品监督管理局明确了一些安全的食物，也对一些可能会致癌的产品进行标记和警告。同时，工业法禁止工业生产中的一些致癌化学物质的随意堆放，从而保护人们免受伤害。避免接触各种类型的烟草、二手烟以及无烟烟草，都能够降低患癌症的风险。

人们不可能完全避免来自太阳等光源的紫外线辐射，但研究人员发现，得皮肤癌的风险同患者接触大量紫外线有关。因此，建议所有暴露在太阳下的人都应该涂防晒霜。其他辐射形式，如X射线，被用在医疗检测中，例如检测骨折或牙齿中的病变。在进行X光照射时，待检测人员应该穿上厚的防护服以防辐射危害。

阅读检测 **识别**你经常接触的物质中的致癌物质。

癌症遗传学 一个异常的细胞只有在DNA发生不止一次地改变时，才会演变为癌细胞。随着时间的推移，DNA会经历很多变化，这可以解释为什么年龄越大患癌的风险也越高。遗传了一个或多个这种变化的人比没有遗传这些的人患癌的概率更大。

术语

遗传

遗传性状通过DNA由亲本传给子代。

人体的结构和面部特点都是基因遗传的结果。

迷你实验 2

比较防晒霜

防晒霜真的可以隔离阳光吗？ 防晒霜中包含各种能够吸收紫外线的物质，紫外线与DNA的突变相关，而DNA的突变能导致皮肤癌。各种防晒霜隔离阳光的效果究竟是怎样的呢？

步骤

1. 阅读并完成实验室安全表。
2. 从教师提供的防晒霜中选择一种，在数据表上记录其活性成分和阳光保护因子(SPF)。
3. 找两张塑料包装纸，在一张上画两个较宽阔的圆，在一个圆的中央滴一滴防晒霜，在另一个圆的中央滴一滴氧化锌。
4. 将第二张塑料纸放在两个圆上面，然后用书按压使液滴扩散开来。
5. 拿着盖有覆膜的阳光敏感纸片和两片塑料纸到阳光下，迅速揭开覆膜然后将塑料纸放在阳光敏感纸片上，将其放置在阳光下。
6. 1～5分钟后，将材料拿回室内并根据指导进行显影。

分析

1. **批判性思维** 为什么把防晒霜同氧化锌进行比较？
2. **得出结论** 在检查班里的全部经过显影的阳光敏感纸片后，你认为哪种防晒霜最有可能阻止DNA的突变？

细胞凋亡

不是所有的细胞都能存活下来，有些细胞会经历一个叫作**细胞凋亡（apoptosis）**的过程，也就是细胞程序性死亡。细胞凋亡实际上是一种受调控的收缩和枯萎的过程，所有的动物细胞似乎都有一个能被激活的“死亡程序”。

人的手和脚的发育中的细胞凋亡就是一个例子。当手和脚开始发育时，细胞占据了手指和脚趾间的空间。通常，这些组织会发生细胞凋亡，在适当的时间细胞会收缩变干，所以在成熟的身体上没有这些结实的带状物。植物中细胞凋亡的一个例子是细胞的本地化死亡，这使得树叶在秋天会脱落。细胞凋亡会在没有修复的受损细胞中发生，包括DNA受损会导致癌症的细胞。细胞凋亡能够通过抑制癌细胞的扩增来保护生物体的健康。

术语

成熟

达到完全的自然生长和发育。

有丝分裂之后，两个新细胞在分离之前必须变成熟。

干细胞

多细胞生物体中的大多数细胞都有特定的功能，一些细胞可能组成你的皮肤，其他细胞有可能组成你的心脏。1998年，科学家采用特定的方法分离出了人体中一种独特类型的细胞，并将之取名为干细胞，**干细胞（stem cell）**是能在适当条件下发育成特异细胞的非特异细胞。以**图9–13**为例，干细胞虽然进行着细胞分裂，但可以在生物体中存活很多年。有两种基本类型的干细胞：胚胎干细胞和成体干细胞。

胚胎干细胞　卵细胞受精后，细胞会进行重复分裂直到形成100～150个细胞，这些细胞没有发生异化，叫作胚胎干细胞。这些细胞潜力很大，它们有能力变成各种类型的特异细胞。如果胚胎继续发生分裂，这些细胞就会特异化，变成各种组织、器官和系统。由于对胚胎干细胞来源的伦理关注，一些国家对胚胎干细胞的研究是比较保守的。

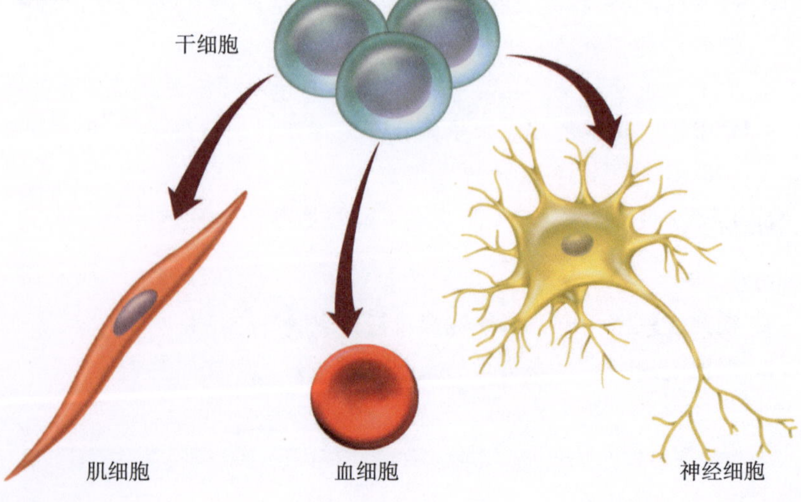

图9–13　因为干细胞没有被锁定去变成某一种特定类型的细胞，所以它们是治愈很多身体疾病及遗传缺陷的关键。

解释 *干细胞是怎样被用来治疗神经损伤的。*

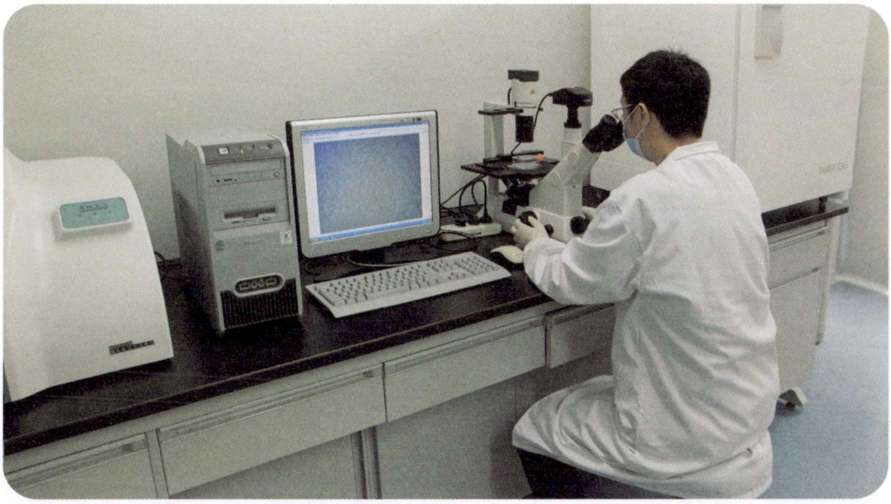

■ **图9–14** 在对很多受伤和疾病的治疗中，结合成体干细胞的研究使得治疗更先进。

成体干细胞 第二种类型的干细胞——成体干细胞存在于人体各种类型的组织中，可以维持和修复它们所在人体部位的一些组织。从字面上看，“成体干细胞”可能会有一些误导，因为新生儿体内也具有成体干细胞。同胚胎干细胞一样，成体干细胞也会发育成不同类型的细胞，以应对一些疾病和不利条件。1999年，哈佛医学院的科学家利用神经系统干细胞修复了小鼠缺失的大脑组织。如**图9–14**所示，因为获取成体干细胞的过程是征得捐赠者同意的，所以国际社会对成体干细胞的研究比较开放。

第3节 测评

要点梳理

- 真核细胞的细胞周期受周期蛋白的调控。
- 在细胞周期的很多阶段都有检查点，以确保细胞精确分离。
- 癌细胞是生长和增殖不受控制的细胞。
- 细胞凋亡是细胞的程序性死亡。
- 干细胞是在适当条件下转变为特异细胞的非特异细胞。

要点理解

1. 主要概念 **描述**周期蛋白是怎样调控细胞周期的。
2. **解释**癌细胞的细胞周期是怎样不同于正常细胞周期的。
3. **识别**三种致癌物质。
4. **比较**细胞凋亡和癌症。
5. **描述**干细胞可能的应用。
6. **解释**胚胎干细胞和成体干细胞的区别。

批判性思维

7. **设想**发生了严重DNA损伤的细胞不经历细胞凋亡的过程，将会发生什么情况？

科技 写作

8. 写一篇关于致癌物质的宣传公告，选择一种癌症，写出与其相关的致癌物质。

生物与科学

干细胞：治愈麻痹？

赛车手在碰撞事故后发生瘫痪，儿童落水后造成肢体麻痹，直到现在，这些患者身体完全康复的希望还是非常渺小，但是关于成体干细胞的新研究给予了这些人恢复肢体健康的希望。

干细胞是怎样被利用的？ 科学家研究培养干细胞的方法并通过扩增干细胞来获取特异类型的细胞。例如，干细胞可被用于修复心脏病患者的心脏，恢复有眼病或眼睛受伤的患者的视力，治疗一些疾病（如糖尿病等），修复脊髓细胞从而治愈瘫痪。当前，厄瓜多尔的干细胞研究方向包括骨髓细胞系（BMCs），BMCs是用于修复血管的成体干细胞，在治疗过程中可恢复血氧向组织中的流动，从而给患者提供了治疗的选择。

干细胞和瘫痪 在葡萄牙，卡洛斯·利马（Carlos lima）博士和他的研究团队发现，从鼻腔中分离出的组织富含大量的干细胞，将这些细胞移植到受损的脊髓处，就会变成神经细胞。这些新的脊髓细胞会代替受损的细胞。

超过40名瘫痪患者接受了卡洛斯博士的医疗方案，这些患者的身体麻痹部位都产生了感觉，很多都具有了一些运动控制。随着进一步的物理治疗，大约有十名患者在搀扶或借助支撑物的情况下能够走动。这对于那些因疾病或者受伤造成身体不能自如行动的患者来说是一个令人激动的消息。

展望 科学家希望通过研究，使成体干细胞治疗成为健康治疗的常规选择，通过干细胞的治疗，让瘫痪不再是永久性的。

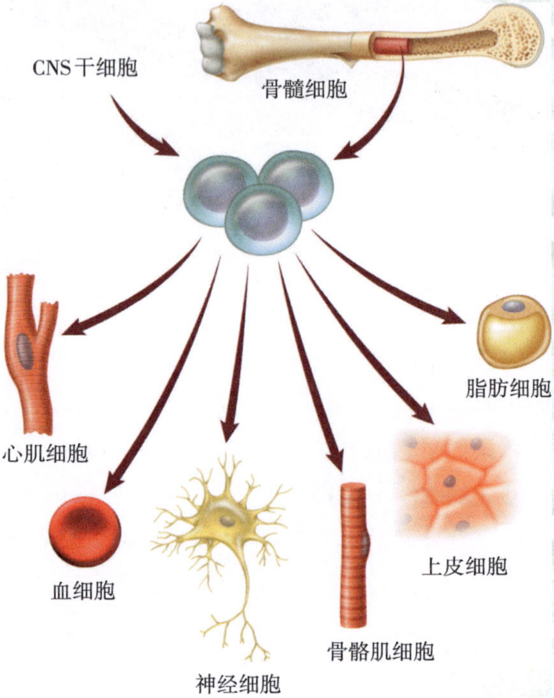

来自骨髓和中枢神经系统的干细胞通过操纵可以产生很多细胞类型，这些细胞经移植可以治疗疾病和修复损伤。

科技 写作

小册子 制作一本小册子，描述研究成体干细胞的好处，包括研究方法、治疗、案例、细胞生理以及成体干细胞研究的历史。

生物实验室

阳光会影响酵母细胞中的有丝分裂吗?

背景: 紫外辐射(UV)是太阳光中的重要成分,能够损伤DNA,破坏细胞周期。

问题: 防晒霜能抑制UV敏感酵母的受损吗?

实验器材

无菌移液管(10支)
铝箔
试管架
消毒棉(10块)
UV敏感酵母稀释液
YED(酵母提取物)培养板
具有各种SPF数值的防晒霜

安全注意事项

设计与实施实验

1. 阅读并填写实验室安全表。
2. 在试管中加入紫外线敏感的酵母培养液。
3. 提出一个假设,然后选择一种防晒霜并预测其在阳光下对酵母会有什么影响。
4. 用你们组的名字标记10个YED培养板,标记其中两个为不受阳光照射的对照组,另外4个为没有防晒霜的,最后4个标记为有防晒霜的。
5. 将0.1 mL酵母稀释液样品涂到10个培养板上,用铝箔包住2个对照板,交给教师进行培养。
6. 根据教师的指导,确定每个实验培养板在光下暴露的时间并做上标记,制作一张表格记录你的数据。
7. 用铝箔包住标记为没有防晒霜的板。在标记有防晒霜的板的盖子上涂上防晒霜,然后用铝箔包住。
8. 在每一个实验板的盖子上剪去仅够曝光照射的铝箔,按照计划的时间对其进行光照,之后重新用铝箔包好并交给教师进行培养。
9. 培养之后,数数并记录每个板上的酵母克隆数。
10. 清洗并归还所有可重复利用的材料,根据教师的指导处理YED培养板,将实验台进行消毒,彻底清洗双手。

实验分析和结论

1. **估计** 假定YED培养板上的每个酵母克隆是由培养液中的一个酵母细胞长成的,根据对照板上的酵母数来确定每个受光照的板上的酵母存活率。
2. **图表** 以存活率为y轴,光照时间为x轴,画一张图,用不同的颜色标记来自有防晒霜和无防晒霜的板上的数据。
3. **评估** 你的数据能支持你的假设吗?请解释。
4. **误差分析** 描述一些可能的误差来源。

运用技能

头脑风暴 和同学一起进行研究并确定以下信息:对紫外线敏感的酵母怎样监测到达地球表面的紫外线量的增加?

第9章 复习指南

内容聚焦 变化 干细胞在异化成为各种类型的细胞时发生了很多变化。

大概念 **细胞周期包括细胞间期、有丝分裂和胞质分离。**

第1节 细胞的生长

细胞周期
细胞间期
有丝分裂
胞质分离
染色体
染色质

主要概念 **细胞一直生长，直到最大限度，然后要么停止生长，要么发生分裂。**

- 表面积和体积比描述的是细胞的质膜大小与细胞体积之间的关系。
- 细胞的大小是有限的，很多细胞的直径小于100 μm。
- 细胞周期是细胞繁殖的过程。
- 细胞在细胞间期的时间最长。

第2节 有丝分裂和胞质分离

前期
姐妹染色单体
着丝粒
纺锤体
中期
后期
末期

主要概念 **真核细胞的增殖包括两个阶段：有丝分裂和胞质分离。**

- 有丝分裂是将复制的DNA分开的过程。
- 有丝分裂包括前期、中期、后期和末期。
- 胞质分离是细胞质发生分离，从而形成遗传上完全一致的两个子细胞的过程。

第3节 细胞周期调控

周期蛋白
周期蛋白依赖性激酶
癌症
致癌物质
细胞凋亡
干细胞

主要概念 **正常的细胞周期受周期蛋白的调控。**

- 真核细胞的细胞周期受周期蛋白的调控。
- 在细胞周期的多个阶段都有检查点，以确保细胞精确分离。
- 癌细胞是生长和增殖不受控制的细胞。
- 细胞凋亡是细胞的程序性死亡。
- 干细胞是在适当条件下转变为特异细胞的非特异细胞。

第9章 测评

第1节

术语回顾

利用“复习指南”中的术语同以下定义进行配对。

1. 细胞没有进行分离的时期。

2. 细胞核进行分离的过程。

3. 真核细胞的生命中事件发生的顺序。

要点理解

4. 细胞保持小的形状的原因是（　　）。

A. 大的细胞快速吸收营养比较困难

B. 随着细胞变大，表面积和体积之比增大

C. 对于大细胞来说，运输代谢废物会成为问题

D. 以上所有选项都正确

根据下图回答第5题。

5. 表面积和体积之比是（　　）。

A. 2∶1　　**B.** 3∶1

C. 4∶1　　**D.** 6∶1

6. 关于表面积和体积之比，其中表面积代表细胞的（　　）。

A. 细胞核　　**B.** 质膜

C. 线粒体　　**D.** 叶绿体

7. 下列包括细胞生长和分裂的是（　　）。

A. 染色质

B. 有丝分裂

C. 细胞质

D. 细胞周期

8. 随着细胞体积的增长，细胞相对表面积会相应地（　　）。

A. 增长

B. 减小

C. 保持不变

D. 达到其极限

回答问题

9. 主要概念　为什么细胞的运输和交流因素会限制细胞的大小？

10. **简要回答**　总结随着细胞的生长，细胞的表面积和体积之间的关系。

11. **简要回答**　细胞哪种类型的活动在细胞间期持续进行？

批判性思维

12. **评判**以下说法：对细胞来说，细胞间期是开始有丝分裂之前的“休息阶段”。

13. **解释**DNA、染色体和染色质之间的关系。

第2节

术语回顾

利用“复习指南”中的术语词汇完成以下概念图。

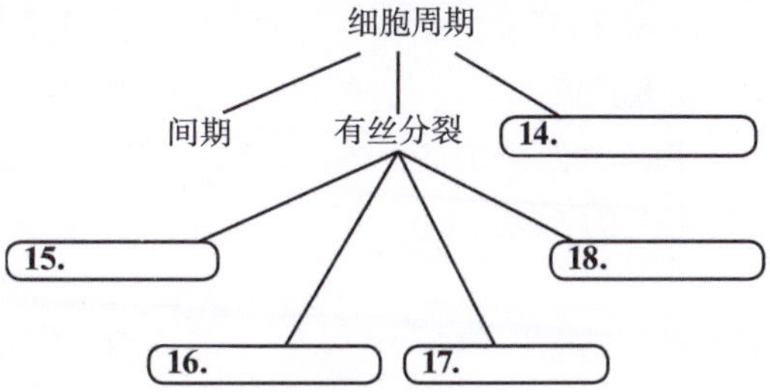

要点理解

19. 从一个细胞开始经过6次分裂，形成（　　）个细胞。

A. 13　　**B.** 48　　**C.** 32　　**D.** 64

第9章 测评

下图表示一个细胞的细胞周期进程，据图回答第20、21题。

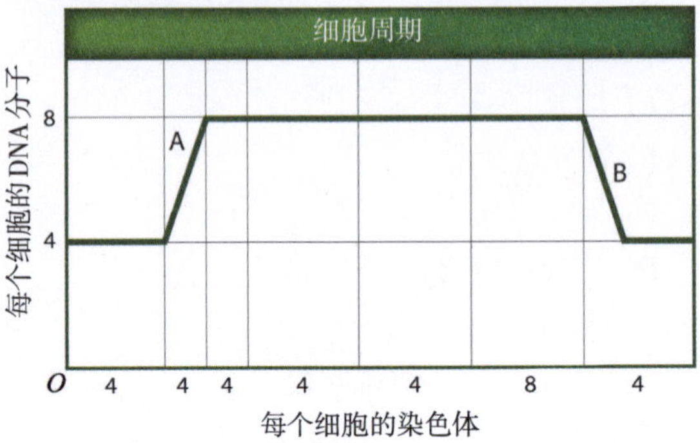

20. 标记为A的区域是（　　）。

A. 前期　　**B.** S期

C. G_1期　　**D.** G_2期

21. 标记为B的区域是（　　）。

A. 细胞间期　　**B.** 有丝分裂

C. 胞质分离　　**D.** 新陈代谢

22. 抗癌药物长春碱能干扰微管的合成，这会影响有丝分裂中（　　）。

A. 纺锤体的形成

B. DNA的复制

C. 糖类的合成

D. 核膜的消失

回答问题

23. 主要概念　细胞周期中，染色体在什么时候变成两个完全一致的姐妹染色单体？

24. 简要回答　以下是洋葱根尖截面图，分别找出一个处于细胞间期、前期、中期、后期和末期的细胞。

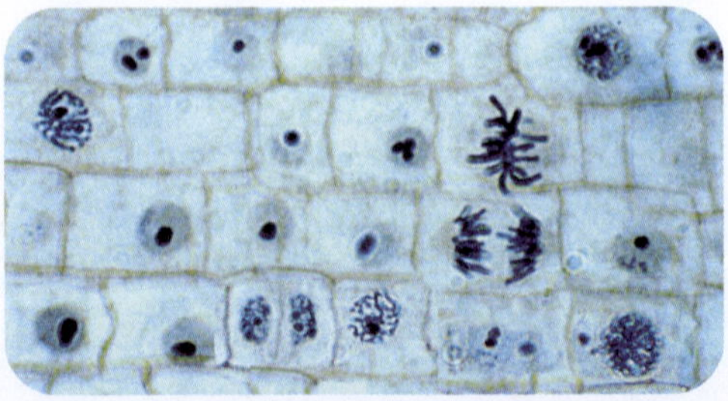

25. 简要回答　描述在有丝分裂末期发生的事件。

批判性思维

26. 评估　你通过显微镜观察到了细胞板的形成，这个细胞最有可能是什么类型的细胞？

27. 生物中的数学　生物学家检查了一系列细胞，其中90个细胞处于细胞间期、13个处于前期、12个处于中期、3个处于后期、2个处于末期。如果这种类型的细胞完成细胞周期需要24小时，那么有丝分裂的平均持续时间是多长？

第3节

术语回顾

以下句子中含有错误的术语，用“复习指南”中的正确术语替代错误的术语。

28. 干细胞进行的是不受控制和限制的生长和分裂，因为它们的基因发生了改变。

29. 癌症是细胞对DNA损伤的应答，能够导致细胞死亡。

30. 周期蛋白是能引起癌症的物质。

要点理解

31. 周期蛋白在细胞中的功能是（　　）。

A. 控制微管的运动

B. 产生细胞分裂的信号

C. 刺激核膜降解

D. 引起核仁的消失

32. （　　）形成了能够控制细胞周期各阶段的周期蛋白—周期蛋白依赖激酶复合体。

A. 脂肪和蛋白质

B. 糖类和蛋白质

C. 蛋白质和酶

D. 脂肪和酶

33. 癌细胞的特征是(　　)。
A. 控制细胞分裂
B. 含有很多改变的遗传物质
C. 跳过胞质分离阶段
D. 细胞周期蛋白功能正常

34. 下列选项中,描述细胞凋亡的是(　　)。
A. 所有细胞中都发生
B. 是细胞的程序性死亡
C. 扰乱了生物体的正常发育
D. 是对激素的应答

35. 对干细胞的研究遇到阻碍的原因是(　　)。
A. 发现不了干细胞
B. 有关干细胞的伦理关注
C. 有干细胞未知的用法
D. 干细胞不能够变成特异细胞

回答问题

根据下图回答第36题。

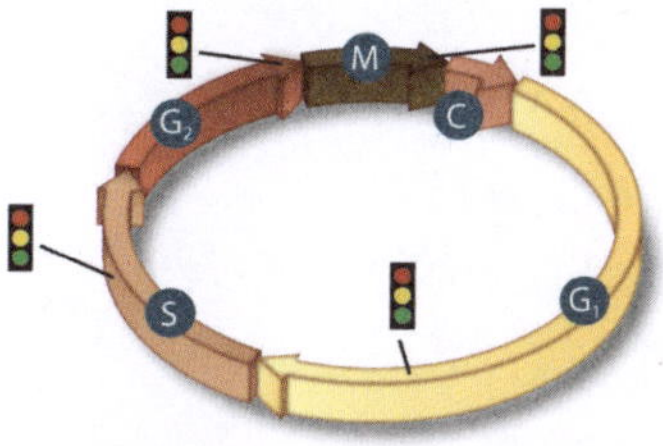

36. **内容聚焦 变化** 解释癌细胞和细胞周期之间的关系。

37. **简要回答** 识别有丝分裂和细胞凋亡。

批判性思维

38. **描述**干细胞是怎样被用来帮助脊髓受损的患者的。

39. **主要概念** 解释缺少周期蛋白会如何影响细胞周期。

40. **应用** 制订一个能够增强癌症预防知识的计划。

总结性测评

41. **主要概念** 除了繁殖,什么因素能够引起细胞完成包括细胞间期、有丝分裂和胞质分离的细胞周期。

42. **科技写作** 撰写一个小短剧,与同学一起借助道具来演示有丝分裂。

43. 研究能够致癌的化学物质,写出这些化学物质是怎样损坏DNA的。

DBQ 资料分析题

常博士和他的合作者通过研究胰腺癌在多发群体中的发生情况评估了胰腺癌的风险。他们依据年龄对研究数据进行了分析整理。下图表示的是对非裔美国男性和女性的癌症诊断率的调查结果。

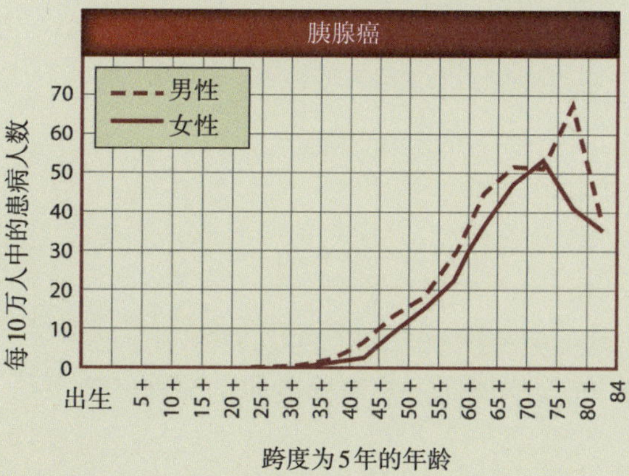

数据来源：Chang, K.J.et al.2005. Risk of pancreatic adenocarcinoma. *Cancer* 103: 349–357.

44. 总结癌症的发生和年龄之间的关系。

45. 根据你所了解的癌症和细胞周期的知识,解释为什么癌症发生率随着年龄增长而增加。

46. 比较患癌症的男性和女性的年龄。

47. 在多大年龄期胰腺癌的诊断率开始下降。

标准化测试

选择题

1. 碳(C)的最外层能级具有4个电子，氟(F)具有7个电子，那么碳和氟最有可能形成的化合物是(　　)。
   A. CF_2
   B. CF_3
   C. CF_4
   D. CF_5

根据下图回答第2、3题。

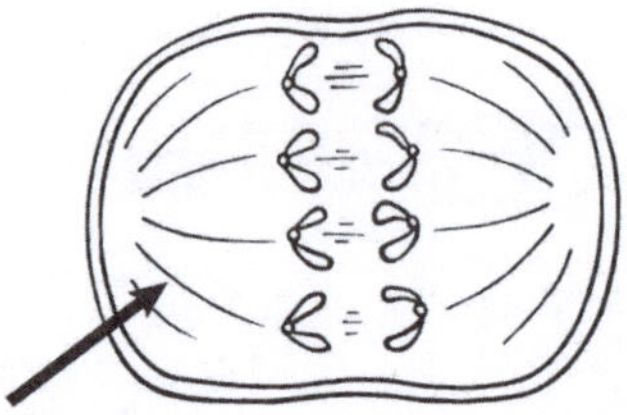

2. 图中所示的是有丝分裂的(　　)。
   A. 后期
   B. 细胞间期
   C. 中期
   D. 末期
3. 图中箭头所指的结构是(　　)。
   A. 中心体
   B. 染色体
   C. 核仁
   D. 纺锤体
4. 光合作用需要水来完成的化学反应阶段是(　　)。
   A. ATP合成酶在ADP上的活动
   B. GAP分子转化为RuBP
   C. $NADP^+$转化成NADPH
   D. 转移化学能形成GAP分子
5. 下列属于糖酵解产物的是(　　)。
   A. 乙酰CoA
   B. 葡萄糖
   C. 乳酸
   D. 丙酮酸

根据下图回答第6题。

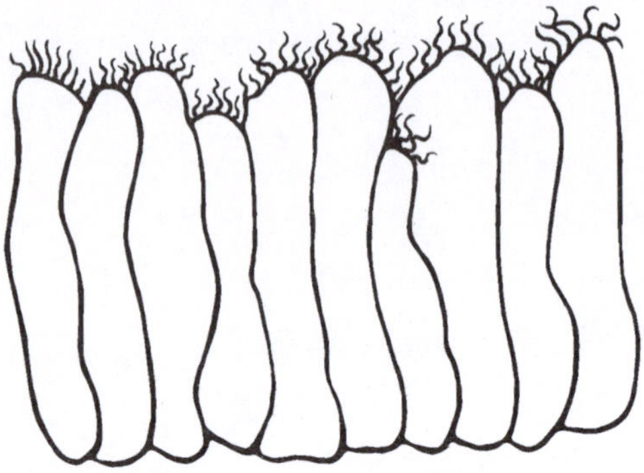

6. 图中所表示的是细胞的(　　)。
   A. 纤毛
   B. 鞭毛
   C. 微丝
   D. 绒毛
7. 下列过程中，储存能量的是(　　)。
   A. 脂肪酸链的降解
   B. ADP形成ATP
   C. 根据RNA编码序列合成蛋白质
   D. 转运离子穿过膜
8. 以下有助于质膜的选择透过性的是(　　)。
   A. 糖类
   B. 离子
   C. 矿物质
   D. 蛋白质
9. 如果重复实验得出的数据支持一个假说，那么接下来会发生(　　)。
   A. 建立一个结论
   B. 获得的数据具有法律效力
   C. 假说被驳斥
   D. 假说被修正
10. 以下属于老鼠的异养类型的是(　　)。
   A. 食肉动物
   B. 腐生生物
   C. 食草动物
   D. 杂食动物

简答题

根据下图回答第11～13题。

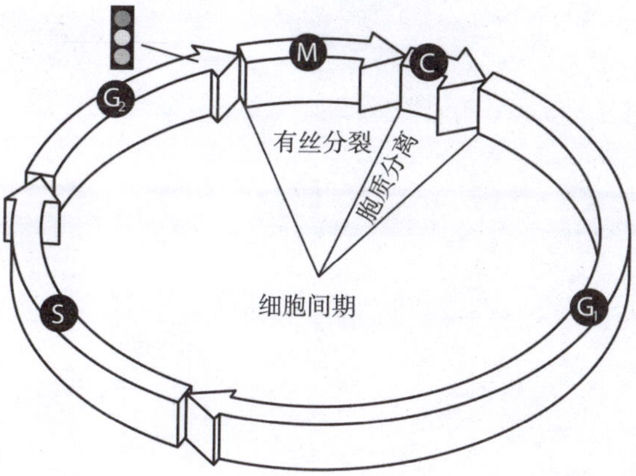

11. 过去，细胞间期经常被认为是细胞周期的"休息"阶段，解释为何这种说法是不准确的。

12. 解释在图中信号灯处表示的检查点时，细胞会做什么？

13. 据图比较有丝分裂和胞质分离在细胞周期中的时间长短。

14. 设想一个生物体是怎样既能成为异养生物又能成为自养生物的。

15. 设想你具有墨水、卵石和食盐，描述这些物体与水混合时会形成哪种混合物，解释你的答案。

16. 说出光合作用过程中的两种酶，并描述其功能。

17. 推断随着细胞的变大，表面积和体积之比会发生怎样的变化。

开放题

根据下图回答第18、19题。

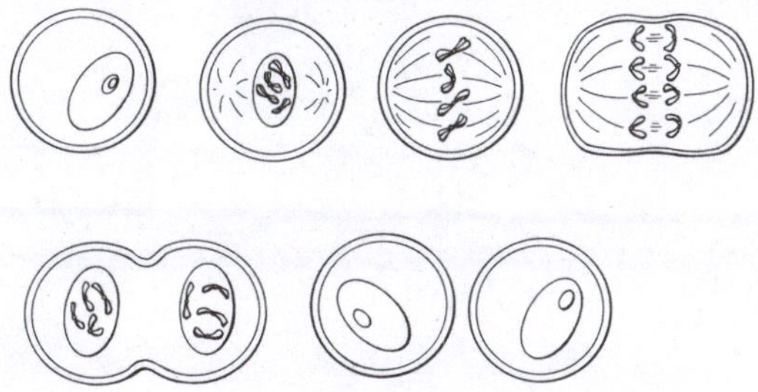

18. 分析上图，描述在前期中纺锤丝对染色单体的重要性。

19. 描述中心体的功能，预测当没有中心体时细胞会发生什么。

论述题

动物体内各种不同类型的细胞中具有相同种类的细胞器，但是细胞功能不同，细胞器的数量也不相同，例如，需要大量能量进行运作的细胞中具有更多的线粒体。

利用上文中的信息，以论文的形式回答下列问题。

20. 根据所含细胞器的不同，你认为两种类型的动物细胞之间有什么不同？联系两种类型的动物细胞间的区别，写一篇论文，设计实验验证你的假设。

考点提示																				
测试题号	1	2	3	4	5	6	7	8	9	10	11	12	13	14	15	16	17	18	19	20
对应章节	6.1	9.2	9.2	8.2	8.3	7.3	8.1	7.2	1.3	2.1	9.1	9.1	8.2	8.1	6.3	8.2	9.1	9.2	9.2	7.3

第三单元

遗传学

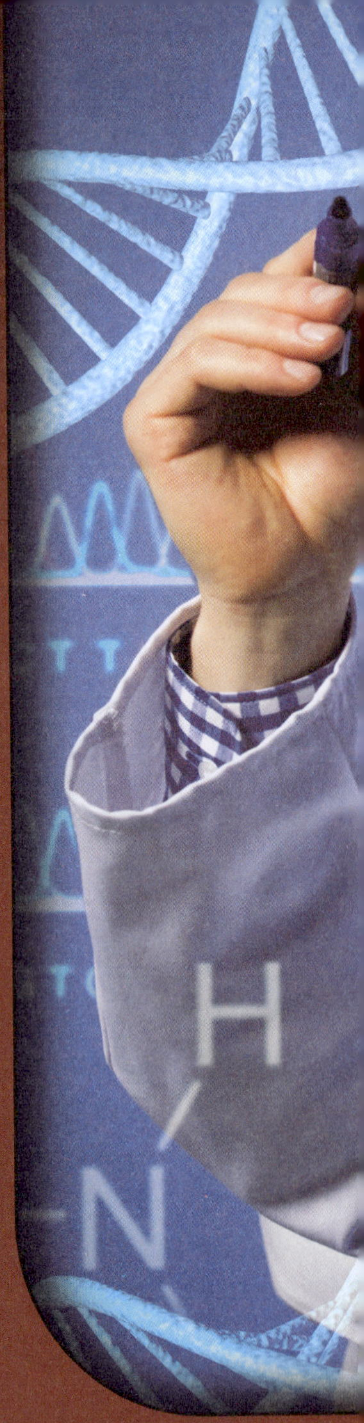

内容提要

科学探究：分子的发现有助于更好地理解基因及遗传。

多样性：对人类基因的解码能够帮助科学家理解生物多样性及其分布。

能量：细胞的繁殖和功能运作需要能量。

稳态：细胞分裂和基因遗传维持了物种的稳态。

变化：基因突变通过遗传传递给下一代。

第 10 章
有性生殖与遗传学

第 11 章
复杂遗传和人类遗传学

第 12 章
分子遗传学

第 13 章
遗传学和生物技术

与生物学相关的职业

遗传学家是研究生物体中基因的遗传和变异的科学家，如图所示，遗传学家正在研究DNA的结构。

第10章

有性生殖与遗传学

起步实验

如果没有减数分裂，会发生什么？

在有性生殖中，细胞来自亲本生殖细胞的融合，子代和亲本具有相同的染色体数。如果细胞只发生有丝分裂，那么染色体的数目会是什么情况？

步骤

1. 阅读并完成实验室安全表。
2. 创建一张数据表，包括如下内容：周期数、阶段、染色体数。
3. 在表格中记录步骤4及步骤5的数据。
4. 模拟一个有一对染色体的细胞。
5. 展示减数分裂。
6. 将你模拟的细胞与其他同学模拟的细胞相融合。
7. 重复步骤4及步骤5数次，记录下减数分裂的第二周期及第三周期。

分析

1. **总结**　在减数分裂完成后，模拟细胞中的染色体数量如何变化？
2. **推断**　为了保持染色体数不变，细胞融合前必须发生什么变化？

折叠式

学习卡

制作一本可折叠的圆片小册子，用来记录关于减数分裂的笔记。

内容聚焦 多样性

减数分裂过程形成遗传多样性。

大概念 细胞繁殖通过减数分裂将亲本的遗传性状传递给子代。

第1节·减数分裂

第2节·孟德尔遗传学

第3节·基因连锁和多倍体

第1节

减数分裂

本节预览

核心问题

- 在减数分裂过程中，染色体数目的减少是如何发生的？
- 减数分裂的阶段有哪些？
- 减数分裂对于基因变异有什么重要性？

术语回顾

染色体：含有DNA的细胞内部结构。

关键术语

基因
同源染色体
配子
单倍体
受精
二倍体
减数分裂
交叉互换

主要概念 **减数分裂产生单倍体配子。**

联系实际 观察你的同班同学，你会发现他们长得都不一样，还有很多其他特征也不一样，这些多样化特征是有性生殖过程中两个性细胞结合形成的。

染色体和染色体数

你的每一位同班同学都有从父母遗传得来的特征，如长相、头发颜色、身高等，这些都叫作性状。每种性状的遗传信息都定位在细胞核中的染色体上。染色体上的DNA排列连接形成的片段叫作**基因(gene)**，基因控制蛋白质的产生。每条染色体由数百个基因组成，每个基因在决定细胞的特征和功能方面都具有重要功能。

同源染色体 人体细胞具有46条染色体，每个亲本提供23条染色体，形成23对染色体。分别来自双亲且能够进行配对的染色体叫作**同源染色体(homologous chromosome)**，如**图10-1**所示。体细胞中的同源染色体具有相同的长度，着丝粒位置也相同。同源染色体上的基因控制相同的遗传性状。例如，控制耳垂形状的基因定位在同源染色体的相同位置上。尽管这些基因都编码耳垂类型，但它们编码的耳垂类型并不完全相同。

图10-1 同源染色体的相同位置携带控制相同性状的基因。编码耳垂形状的基因有可能编码出并不完全相同的耳垂类型。

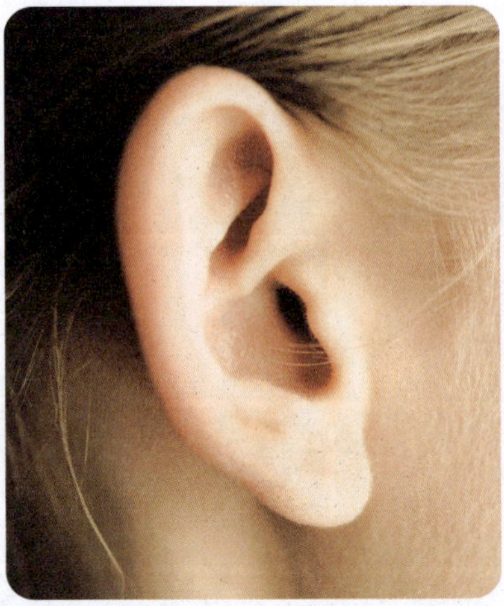

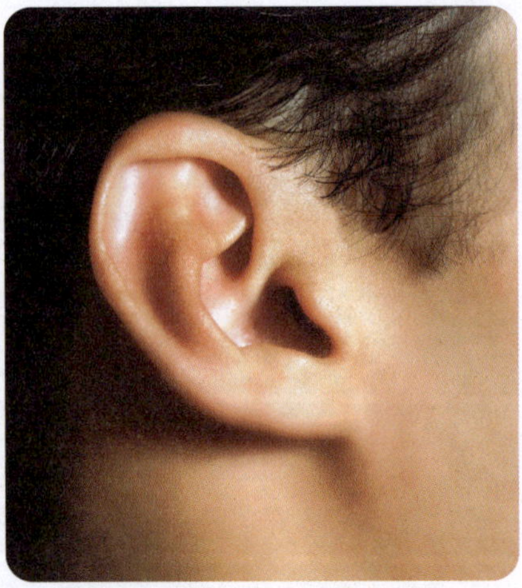

单倍体和多倍体细胞 为了维持代与代之间相同的染色体数，生物体形成**配子(gamete)**，即只具有一半染色体数的性细胞。尽管不同物种的染色体数不同，但是人类的配子中都含有23条染色体，n代表一个配子中的染色体数，具有n条染色体的细胞被称作**单倍体(haploid)**细胞。

一个单倍体配子与另一个单倍体配子的结合叫作**受精(fertilization)**，受精的结果是细胞总共含有$2n$条染色体，其中n条来自母本，另外n条来自父本。染色体数为$2n$的细胞叫作**二倍体(diploid)**细胞。

n也用来描述生物体中的染色体对数。例如，当两个人的配子结合后，就会形成23对同源染色体。

减数分裂 I

减数分裂产生染色体数目减半的配子细胞，因此该过程称作**减数分裂(meiosis)**。减数分裂发生在进行有性生殖生物的生殖器官中。有丝分裂能够维持染色体的数量，然而减数分裂通过将同源染色体分离使得染色体数减半。如**图10-2**所示，一个具有$2n$条染色体的细胞经过减数分裂后形成具有n条染色体的配子细胞。减数分裂包括减数分裂 I 期和减数分裂 II 期两个连续的细胞分裂。

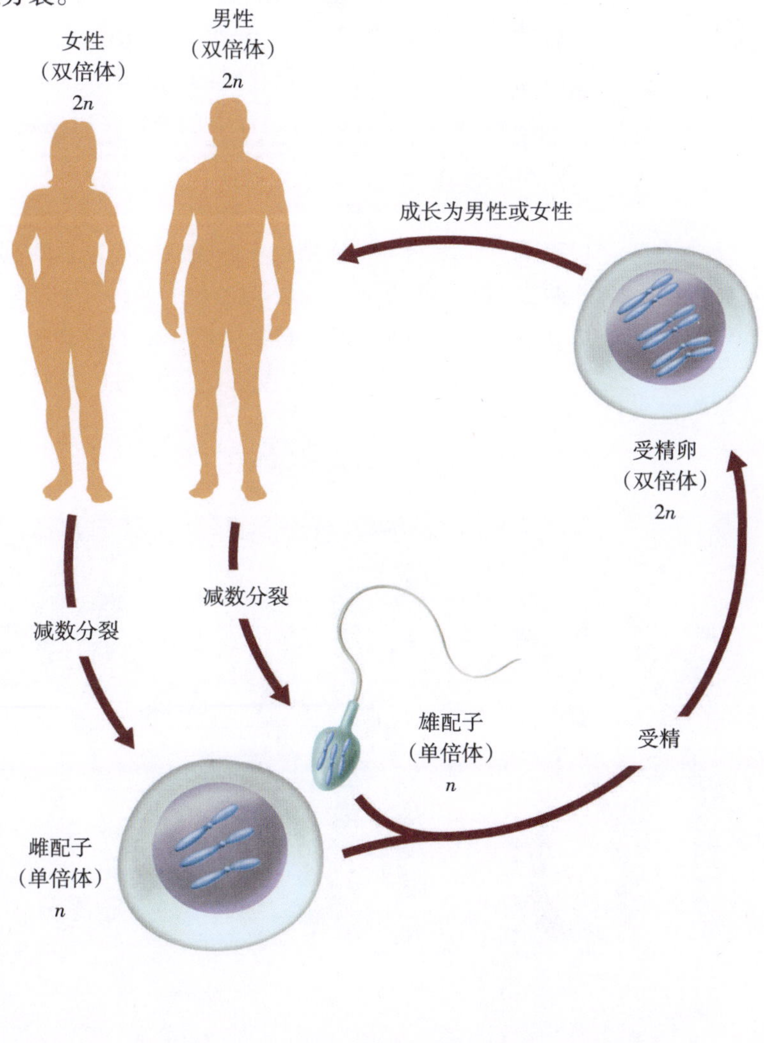

■ **图10-2** 动物细胞中的有性生殖阶段包括减数分裂，减数分裂产生的配子结合受精使得染色体数目恢复。

描述 *在减数分裂中，染色体数目发生哪些变化？*

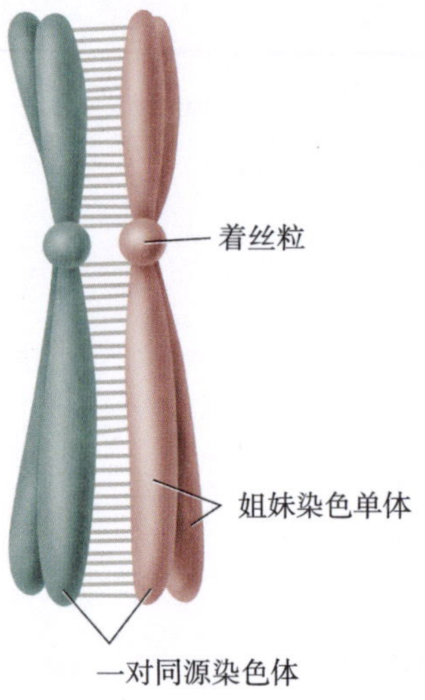

■ **图 10-3** 在前期Ⅰ的联会期间，同源染色体紧密排列。

间期 在进行有丝分裂之前是细胞周期的间期，减数分裂之前也是细胞周期的间期，细胞间期进行很多代谢过程，包括DNA的复制和蛋白质的合成。

前期Ⅰ 随着细胞进入前期Ⅰ阶段，完成复制的染色体变得明显。与有丝分裂一样，染色体由两个姐妹染色单体组成，随着同源染色体浓缩，姐妹染色单体通过细胞联会发生配对，如**图 10-3** 所示，同源染色体紧密排列。**图 10-4** 中粉色和绿色的染色体片段发生交叉，交叉互换在联会过程中发生。染色体**交叉互换（crossing over）**是一对同源染色体之间发生的染色体片段的互换。

随着前期Ⅰ的进行，中心体移到细胞的两极，产生的纺锤丝同姐妹染色单体上的着丝粒相结合。

中期Ⅰ 同源染色体对位于细胞的“赤道”上，如**图 10-5**。在减数分裂中，纺锤丝与同源染色体的着丝粒相连。在有丝分裂中期，姐妹染色单体排列在细胞的“赤道”部位；在减数分裂中期，同源染色体成对排列在细胞的“赤道”部位。这是有丝分裂和减数分裂之间的重要区别。

后期Ⅰ 如**图 10-5** 所示，同源染色体在后期Ⅰ中发生分离，受纺锤丝的牵引分别移向细胞的两极，染色体数从 $2n$ 变成 n。在有丝分裂中，姐妹染色单体在后期发生分离，在减数分裂Ⅰ期，每条同源染色体依旧由两条姐妹染色单体组成。

末期Ⅰ 由两条姐妹染色单体组成同源染色体到达细胞的两极，每一极的染色体数与之前的同源染色体对数相同。观察**图 10-5** 可以发现，每条染色体依旧包含两条姐妹染色单体。因为在前期Ⅰ发生交叉互换，所以姐妹染色单体并不完全相同。

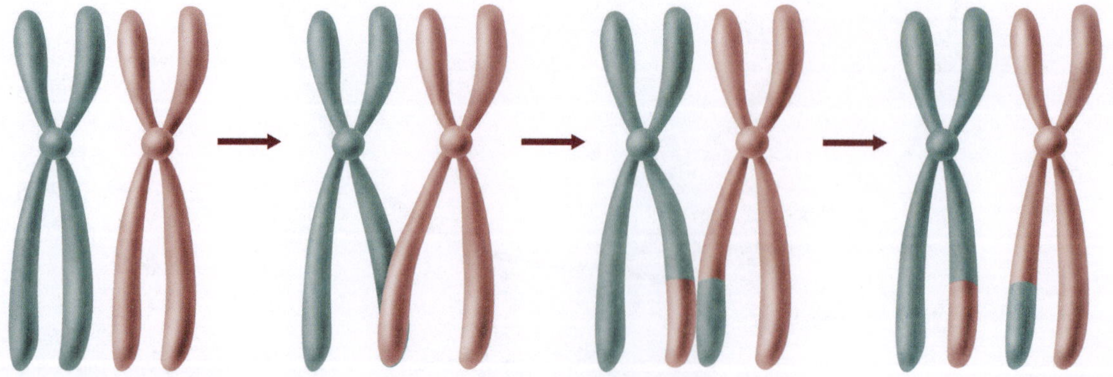

■ **图 10-4** 交叉互换形成新的基因组合。

确定 *哪些染色单体的遗传物质发生了改变。*

图解减数分裂

图 10–5
从左边的间期开始，沿着减数分裂Ⅰ期到减数分裂Ⅱ期进行观察学习。

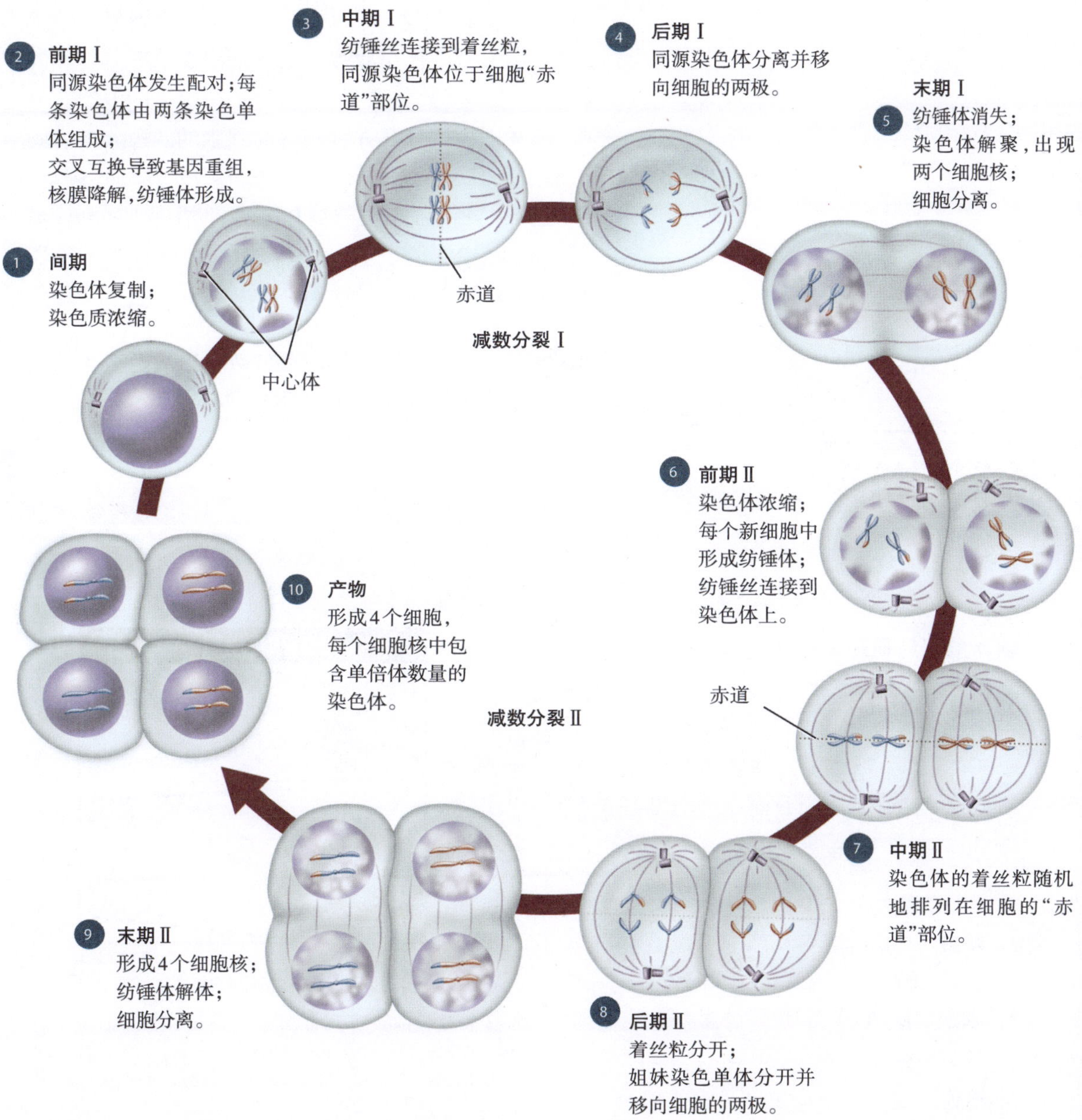

在末期Ⅰ中发生胞质分离，之后细胞进入第二次分离之前的间期，但是不会再发生DNA的复制。在一些物种的末期Ⅰ中，染色体解聚，核膜出现，重新形成细胞核。

减数分裂Ⅱ

减数分裂Ⅰ只完成了减数分裂过程的一半，在减数分裂Ⅱ前期，纺锤体重新出现，染色体发生浓缩。如**图10-5**，减数分裂Ⅱ中期，染色体位于细胞的“赤道”部位。在有丝分裂中期，双倍体数的染色体位于细胞“赤道”部位，而减数分裂Ⅱ的中期只有单倍体的染色体数。减数分裂Ⅱ开始，每条染色体的着丝粒分裂，姐妹染色体分开并分别移向细胞的两极。最后到了减数分裂Ⅱ末期时，细胞核重新形成，纺锤体裂解，细胞质分裂。在减数分裂Ⅱ之后，发生胞质分离，最后形成4个单倍体细胞，每个细胞染色体数为n，如**图10-5**所示。

阅读检测 **推断**为什么减数分裂的两个阶段对于配子的形成都非常重要。

起步实验

回顾 根据你所学的有关减数分裂的知识，现在你会如何回答本章开头“起步实验”中的问题？

数据分析实验

基于真实的数据*

预测结果

驱动蛋白如何影响细胞的分裂？很多科学家认为在有丝分裂和减数分裂中，驱动蛋白对染色体的移动具有很重要的作用。为了证实其假设，研究不能够表达驱动蛋白的Kar3p和Cik1p的酵母细胞，其中Cik1p能使Kar3p的功能变弱，研究结果如右图所示。

批判性思维

1. **评估** Cik1p是否对酵母的减数分裂很重要，请解释。
2. **评定** Kar3p是不是酵母进行减数分裂所必需的，请解释。
3. **结论** 实验中所有驱动蛋白在减数分裂中是否都具有重要作用，请解释。

数据与观察

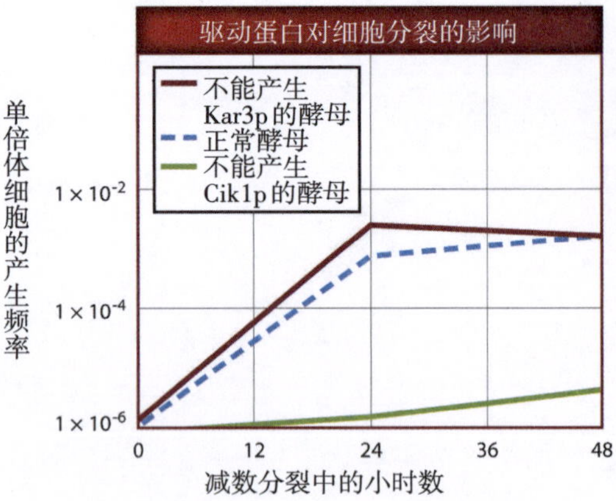

*数据来源：Shanks., et al.2001. The Kar3-Interacting protein Cik1p plays a critical role in passage through meiosis I in Saccharomyces cerevisiae. *Genetics* 159: 939-951.

减数分裂的重要性

表10–1是有丝分裂和减数分裂之间的比较。有丝分裂只发生一次分裂，形成两个相同的双倍体子细胞；减数分裂发生两次分裂，形成4个不一致的单倍体子细胞。减数分裂的重要性在于能形成遗传多样性。

表10–1	有丝分裂和减数分裂
有丝分裂	**减数分裂**
间期进行DNA复制	只在减数分裂Ⅰ之前进行DNA复制
没有同源染色体的联会	前期Ⅰ中发生同源染色体联会
一个细胞周期形成两个一样的细胞	每个细胞周期形成四个单倍体细胞
子细胞在遗传方面一致	由于发生交叉互换，子细胞在遗传方面不同
有丝分裂只在体细胞中发生	减数分裂只在生殖细胞中发生
有丝分裂包括生长和修复	减数分裂发生在配子的形成过程中，为生物体提供遗传变异

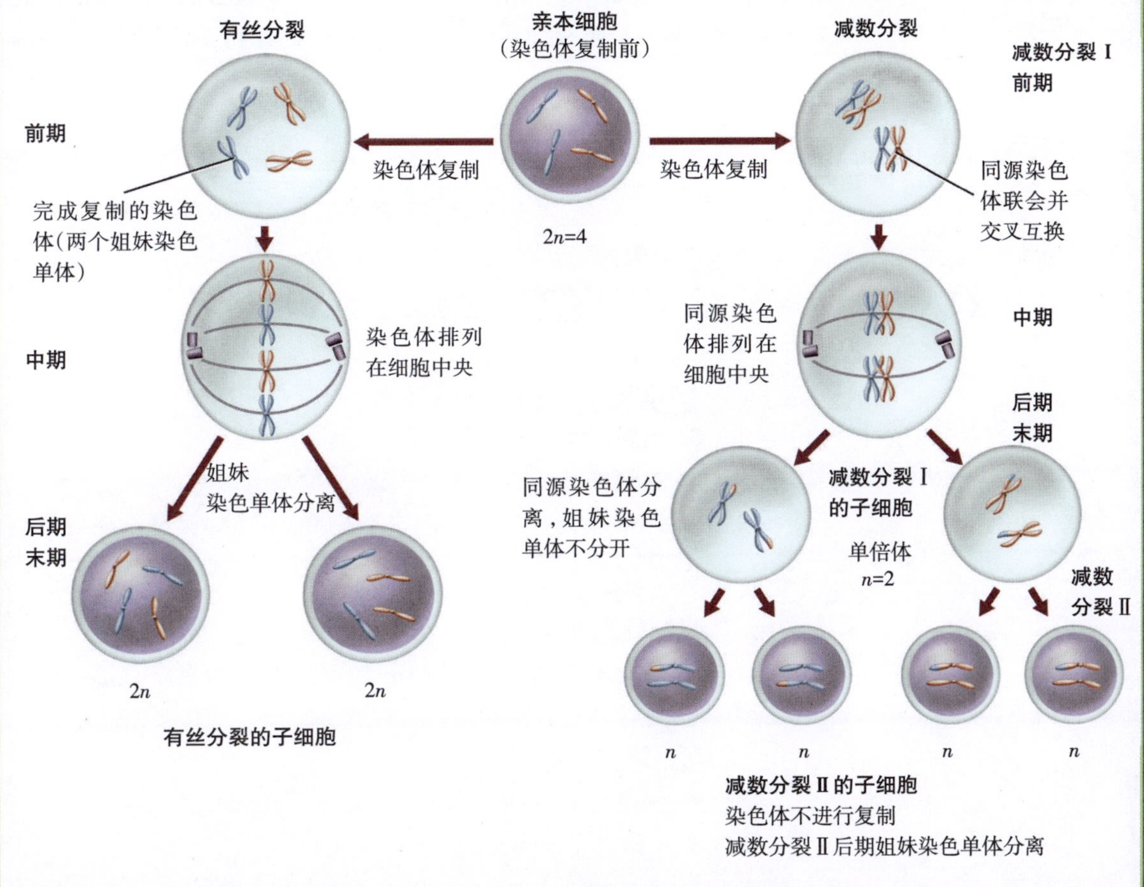

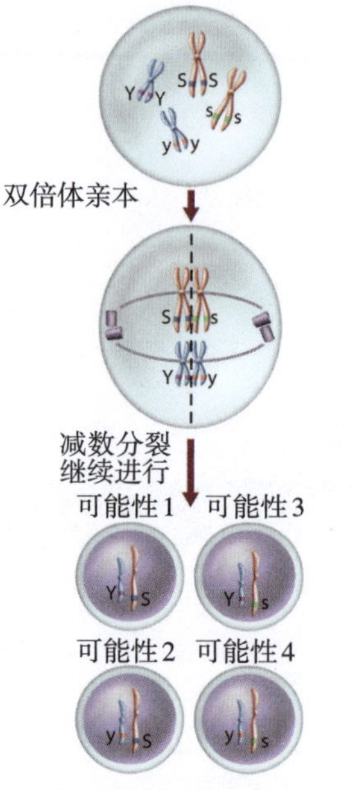

■ **图10-6** 同源染色体对的排列组合解释了性细胞变异是如何产生的。

减数分裂引发变异 减数分裂Ⅰ前期，同源染色体配对排列在细胞中央，如**图10-6**所示。染色体在细胞中央随机排列，产生的配子中的染色体发生不同的组合。染色体在细胞中央的不同排列导致产生的四个配子中具有不同的染色体组合。

可以观察到，其中第一种可能是在细胞中央，同一侧的染色体组合到一起。另一种可能是异侧的染色体组合，然后在分裂时形成新的配子。遗传变异也通过染色体交叉和受精过程中配子的随机结合而发生。

有性生殖与无性生殖

有些生物体进行无性生殖，而有些生物体进行有性生殖，还有些生物体既进行有性生殖又进行无性生殖。在无性生殖过程中，生物体遗传了其唯一亲本的全部基因，因此子代和亲本之间在遗传学方面是一致的。细菌进行无性繁殖，而很多原生生物根据所处的环境条件进行有性生殖或无性生殖。很多植物和一些简单的动物也具有两种类型的繁殖方式，而很多高级的动物只进行有性生殖。

为什么有些生物进行无性生殖而另一些进行有性生殖？对果蝇的最新研究发现，其进行有性生殖时积累有利突变的概率比进行无性生殖的概率高。也就是说，进行有性生殖更有利于繁殖和扩增有益基因。

第1节 测评

要点梳理

- 减数分裂中只进行一次DNA复制，最后形成4个单倍体配子。
- 减数分裂包括两次分裂。
- 减数分裂能导致配子中的遗传变异形成。

要点理解

1. 主要概念 **分析**减数分裂是如何形成单倍体配子的。
2. **指明**减数分裂中期Ⅰ和有丝分裂的中期有何区别。
3. **描述**联会是怎样发生的。
4. **绘图**表示一个具有4条染色体的细胞的减数分裂。
5. **评估**减数分裂是怎样导致基因变异的，而有丝分裂为何不能。

批判性思维

6. **对比与比对** 根据**图10-5**和**表10-1**，绘制维恩图比较有丝分裂和减数分裂。

科技 写作

7. 想象你是一条经历减数分裂的染色体，描述你和其他染色体会发生什么。

第2节

孟德尔遗传学

本节预览

核心问题

- 孟德尔的实验对遗传学的研究有什么意义？
- 什么是分离定律和自由组合定律？
- 用P方阵预测某次遗传杂交可能产生什么样的后代。

术语回顾

分离：在减数分裂过程中的等位基因的分离。

关键术语

遗传学
等位基因
显性性状
隐性性状
纯合体
杂合体
基因型
表型
分离定律
杂交体
自由组合定律

本节主旨 **孟德尔解释了显性等位基因是怎样掩盖隐性等位基因的表型的。**

联系实际 狗有很多品种，如拉布拉多、腊肠、德国牧羊犬和贵宾犬等。你可能会因为狗的大小、颜色及一些其他性状而喜欢一种特定的品种。特定品种的独特性状是能够代代相传的。

遗传学的开始

1866年，奥地利修道士及植物培育师孟德尔发表了他关于豌豆遗传模式的研究。个体特征从亲代传递到子代的过程叫作遗传。孟德尔（**图10-7**）能成功发现遗传规律得益于他选择的实验材料——豌豆。豌豆是纯种的，其产生的子代的每种性状都只有一种形式。

豌豆通常进行自花授粉。自花授粉发生在同时具有雌蕊和雄蕊的一朵花中。孟德尔还发现豌豆比较容易进行人工异花授粉。异花授粉就是将一株豌豆花中的雄蕊涂到另一株去雄的豌豆花的雌蕊柱头上。

链接历史 孟德尔严格地观察和记录了他培育的豌豆的一些性状，分析观察结果并提出了关于性状遗传的假说。**遗传学（genetics）**就是关于遗传的科学。对遗传学的研究始于孟德尔，所以科学家尊称其为遗传学之父。

■ **图10-7** 孟德尔是遗传学之父。

阅读检测 **推断**为什么用纯种植物为材料对孟德尔的试验非常重要。

性状的遗传

孟德尔发现特定品种的豌豆具有能够代代相传的特定性状类型。例如，一些品种的种子总是绿色的，而另一些品种的种子总是黄色的。为了了解这些性状的遗传，孟德尔进行人工异花授粉，将绿色纯种豌豆的雄配子移到黄色纯种豌豆的雌配子上，为了防止自花授粉，对黄色豌豆植株进行了人工去雄。孟德尔将这两种植株称作亲本，即P代。

图10-8 图为纯种黄色种子和绿色种子的植株进行杂交的结果。

解释 *为什么F1代的种子全是黄色的。*

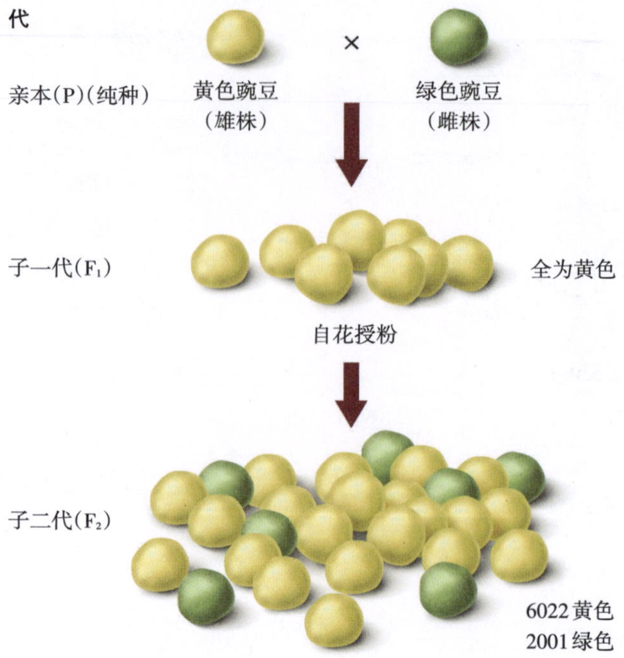

F_1代和F_2代 把绿色种子和黄色种子的植株进行杂交，产生的种子都是黄色的。P代杂交产生的子代叫作子一代(F_1)，种子的绿色性状在子一代中消失。孟德尔决定研究这种性状是不会再出现了还是仅仅被隐藏起来了。

孟德尔继续种植子一代的黄色种子，让其生长并进行自花授粉，对其产生的种子进行统计。如**图10-8**所示，发现在子二代(F_2)种子中，有6022颗是黄色，2001颗为绿色，黄色种子和绿色种子的数量比约为3:1。

孟德尔共研究了7种性状：种子的颜色、豆荚的颜色、花的颜色、花的位置、种子的外形、豆荚的外形、茎的高度。结果发现在F_2代中这些性状的分离比都为3:1。

孟德尔得出的结论：种子颜色性状肯定有两种类型——黄色和绿色，每种类型都由一种因子控制，即现在所知的等位基因。一个基因具有不同的形式，这些相同基因的不同形式称为**等位基因(allele)**。因此，黄色种子的基因和绿色种子的基因是同一基因的不同形式。

若等位基因在植株中是成对存在的，则可以解释孟德尔在其试验中发现的3:1分离比。他将子一代出现的性状称作**显性性状(dominant)**，在子一代中被隐藏的性状称作**隐性性状(recessive)**。所以种子的黄色为显性性状，绿色为隐性性状。

与生物学相关的职业

实验室技术员 实验室技术员帮助研究员进行实验和管理实验室。

显性性状 子一代进行自花授粉，从产生的种子可以知道，控制绿色种子的隐性等位基因没有消失，只是被覆盖了。孟德尔得出结论，子一代中没有绿色性状是因为种子的黄色性状为显性，使种子的绿色性状不能显示出来。

显性等位基因用大写字母表示，隐性等位基因用小写字母表示。同一性状的两个等位基因都相同的生物体是**纯合体(homozygous)**，黄色种子的纯合体植株表示为YY，绿色种子的纯合体植株表示为yy。如果控制同一性状的两个等位基因不同，就称其为**杂合体(heterozygous)**，对于种子颜色这一性状，杂合体可表示为Yy。当等位基因处于杂合状态时，将会观察到显性性状。

基因型和表型 种子为黄色的植株是纯合体或杂合体，生物体的外观并不能完全反映其等位基因的组合。生物的等位基因组合叫作**基因型(genotype)**，黄色种子植株的基因型为YY或Yy。生物体的外观表现称为**表型(phenotype)**，豌豆基因型yy的表型是种子为绿色。

孟德尔分离定律 孟德尔以纯合的黄种和绿种植株为亲本，如**图10–9(A)**所示，每个黄种植株产生的配子都含有一个Y基因，减数分裂使得细胞中染色体数减半，所以配子中只有其中的一个控制种子颜色的等位基因。

每个绿种植株产生的配子中含有一个y基因，孟德尔**分离定律(law of segregation)**表明控制同一性状的两个等位基因通过减数分裂发生分离，经过受精，该性状的两个等位基因相结合。

图10–9(B)所表示的是等位基因在受精过程中相结合产生Yy基因型。由于种子的黄色对绿色是显性，子一代植株的基因型都是Yy，表型全是黄色。这些杂合生物体称为**杂交体(hybrid)**。

图10–9 YY和yy型的植株的等位基因分离形成Y和y型的配子，分别来自两个亲本的配子在受精过程中相结合。

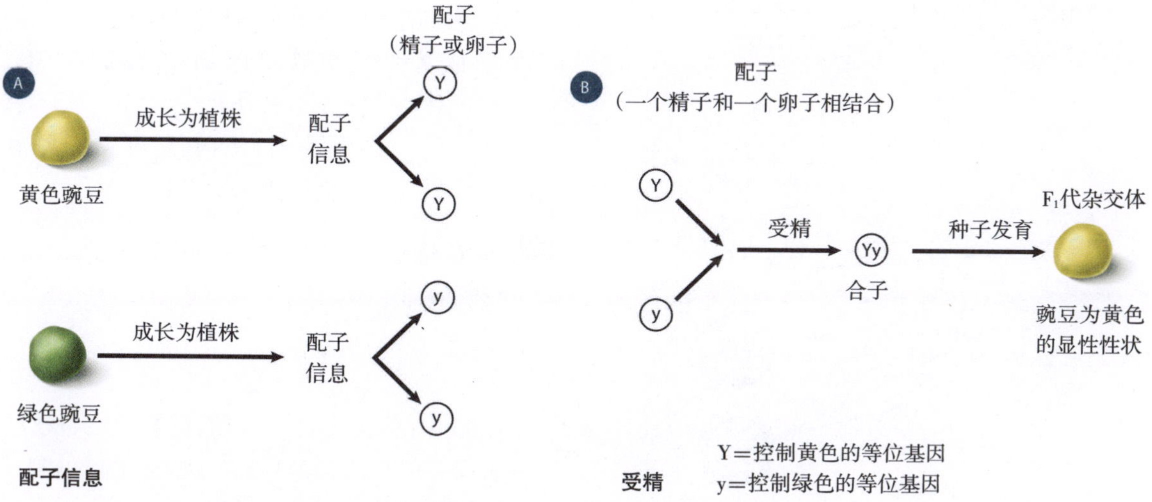

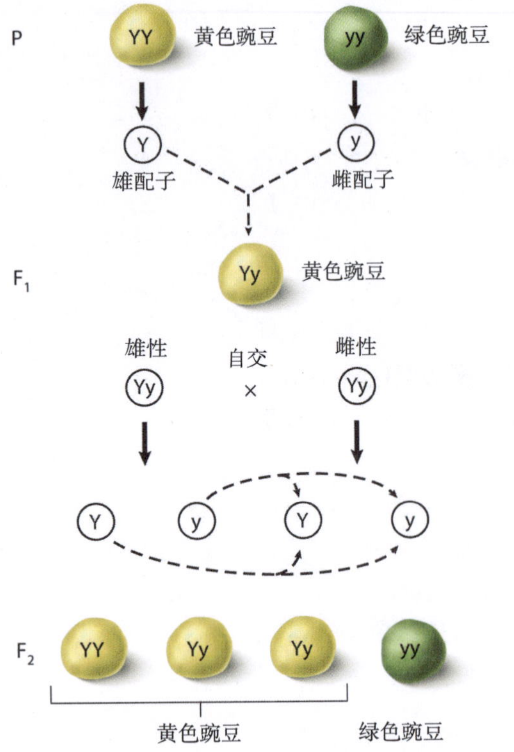

■ **图10-10** 子一代的自交过程中，雌性配子随机结合。

■ **图10-11** 自由组合定律强调的是杂交过程中，每一对等位基因(Yy和Rr)随机结合的概率是相等的。

预测 *可能会产生多少种配子类型。*

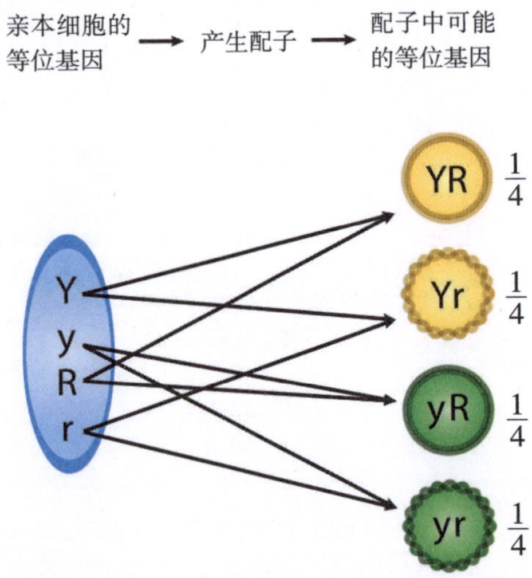

单基因杂交 **图10-10**中所表示的是Yy植株自交，这种关于单个性状的杂交叫作单基因杂交。Yy植株产生两种配子——雄配子和雌配子，每个配子含有等位基因Y或y。配子间的结合是随机的，如**图10-10**，配子通过随机受精形成四种基因型——YY、Yy、Yy或yy。可以看出，不管来自雌配子还是雄配子，都先写显性的Y等位基因。在子一代杂交中，有三种可能的基因型：YY、Yy和yy，其基因型之比为1∶2∶1，黄色和绿色的表型之比为3∶1。

双基因杂交 孟德尔建立了单个性状的遗传模式后，开始同时检测同一植株中的多个性状。在豌豆中，种子的圆滑(R)对皱缩(r)为显性，黄种(Y)对绿种(y)为显性。如果让纯合的黄圆豌豆和纯合的绿皱豌豆进行杂交，亲代用YYRR×yyrr表示，子一代植株的种子是黄色圆滑的，基因型为YyRr。由于所有性状都是杂合的，故将子一代植株称作双因子杂合体。

自由组合定律 孟德尔将基因型为YyRr的子一代进行自交，计算子一代和子二代的表型及基因型之比，根据结果总结出了自由组合定律。**自由组合定律(law of independent assortment)**阐明的是在形成配子的减数分裂过程中，等位基因是随机分布的，相分离的染色体上的基因是独立遗传的。

在**图10-11**中，等位基因的随机组合可能形成四种配子类型：YR、Yr、yR或yr，其中的每一种都有可能发生。若植株进行自交，则雌、雄配子中都会出现这四种类型的等位基因组合，经过杂交会形成9种不同的基因型：YYRR、YYRr、YYrr、YyRR、YyRr、Yyrr、yyRR、yyRr和yyrr。形成四种表型：315颗黄圆、108颗绿圆、101颗黄皱、32颗绿皱，表型比约为9∶3∶3∶1。

阅读检测 等位基因的随机分布是如何形成可预测的比率的?

P方阵

1905年，英国生物学家瑞吉纳·庞尼特发明了一种简易的方法，能对杂交实验的子代可能产生的基因型及其比例进行预测。

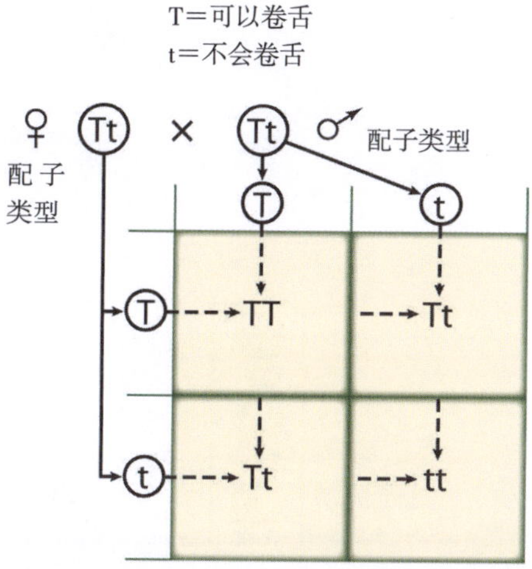

■ **图 10-12** 能够卷舌是显性性状，P方阵是关于卷舌性状的等位基因的可能性组合。

P方阵——单基因杂交 你能像**图 10-12** 中所示的一样将舌头卷起来吗？舌头能卷是显性性状，用T表示。设想父母的基因型都是Tt，是能够卷舌的性状，那么他们的孩子可能会有哪些表型？

观察**图 10-12** 中的P方阵，方阵的规模由每位亲本产生的等位基因（T或t）类型数目决定。在图中，因为每个亲本产生两种类型的配子，所以方阵是2×2规格，雄配子标在方阵的上方，雌配子标在方阵的左侧，每一格由其上方和左侧的配子组合成一对等位基因，即为一种可能的基因型。

迷你实验 1

预测遗传学中的可能性

后代的性状是如何预测的？ P方阵能够帮助预测后代基因型的显性和隐性性状的比例。本实验中的两位亲本都是杂合的，耳垂显性性状为E，隐性性状为e。

步骤

1. 阅读并完成实验室安全表。
2. 确定亲本所产生的所有配子的基因型。
3. 依据配子中与亲本性状相关的等位基因数绘制P方阵。
4. 在P方阵的上方和左侧分别写下各亲本产生的配子中的等位基因类型相对应的字母。
5. 根据雌性配子的等位基因的自由组合，在P方阵的格子中写出所有可能的基因型。

分析

1. **总结**可能出现的子代表型。
2. **计算**可能的子代的表型比例以及基因型的比例。

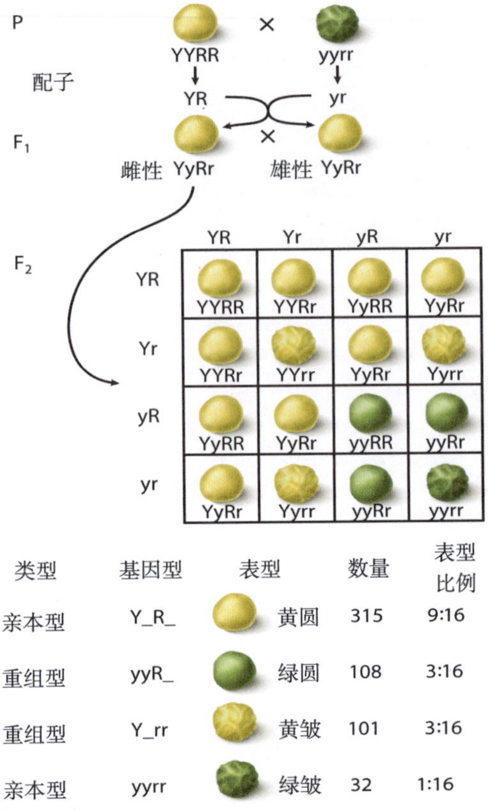

■ **图10–13** P方阵表示两对等位基因的可能组合形式。

在P方阵中有多少种不同的基因型？其中一个方格是TT，两个Tt，还有一个tt。因此，可能的后代的基因型比例为1:2:1，可卷舌和不可卷舌的表型比例为3:1。

P方阵——双因子杂交 观察图10–13中的P方阵，共有两种控制性状类型的等位基因，但是子一代分别形成4种配子。进行杂交最后产生的表型比是9:3:3:1，即9个黄圆、3个绿圆、3个黄皱和1和绿皱。孟德尔的实验数据同P方阵的预测结果非常符合。

概率

基因的遗传同抛硬币一样，硬币正反面落到手上的概率都是$\frac{1}{2}$，抛两次硬币，则得到相同结果的概率是$\frac{1}{4}$。

你抛硬币获得的数据可能并不完全同预测比例一致，孟德尔的结果也不完全是9:3:3:1，但是，杂交中产生的子代越多，实验的结果同P方阵的预测结果越相近。

第2节 测评

要点梳理

- 遗传学的研究从孟德尔开始，孟德尔利用豌豆进行研究，探究了豌豆多种性状的遗传。
- 孟德尔提出了基因分离定律和自由组合定律。
- P方阵能够帮助预测杂交产生的后代类型。

要点理解

1. **主要概念** **图表** 利用P方阵解释显性等位基因是如何掩盖隐性等位基因，从而控制表型的。
2. **运用** 分别运用分离定律和自由组合定律来举例。
3. **利用P方阵** 分析果蝇中红眼(R)对粉眼(r)为显性，杂合的雄果蝇和粉眼雌果蝇杂交产生的子代具有怎样的表型比例。

批判性思维

4. 评价孟德尔的工作在遗传学领域的意义。

生物中的数学

5. 一个六面的骰子掷出2的概率是多少？掷两次都是2的概率是多少？怎样将概率运用到遗传学研究中？

第3节

基因连锁和多倍体

本节预览

核心问题

- 减数分裂是怎样产生基因重组的?
- 怎样用遗传联锁绘制染色体图谱?
- 为什么多倍体在农业中非常重要?

术语回顾

蛋白质:对生命非常重要的复杂的大聚合体,能够为组织和器官等提供外形结构,帮助细胞进行代谢。

关键术语

基因重组

多倍体

主要概念 **连锁基因的交叉互换能导致遗传变异发生。**

联系实际 你会发现花园里的玫瑰花有红色、粉色和白色等各种颜色,植物培育师利用科学知识使玫瑰具有多种独有的特征。

基因重组

链接数学 通过交叉互换和自由组合产生新的基因组合,这种方式叫作**基因重组(genetic recombination)**。基因的可能组合依据可用公式2^n计算,n表示染色体的对数。例如,豌豆有7对染色体,所以其可能的组合为2^7,即128种。因为雌、雄配子随机组合,所以受精后可能的组合为16384(128×128)。人类可能的组合是$2^{23}×2^{23}$,即多于70万亿。这些数字还不包括交叉互换产生的基因重组。

连锁基因

染色体上具有很多编码蛋白质的基因,同一条染色体上距离很近的基因通常会一起遗传,这些基因称作连锁基因。参照**图10–14**,减数分裂过程中相互非常靠近的基因A和B,因为连锁,这些基因通常不发生独立分离,所以一条染色体上的连锁基因与孟德尔的分离定律不相符。

■ **图10–14** 同一染色体上连锁在一起的基因通常一同进入同一配子中。

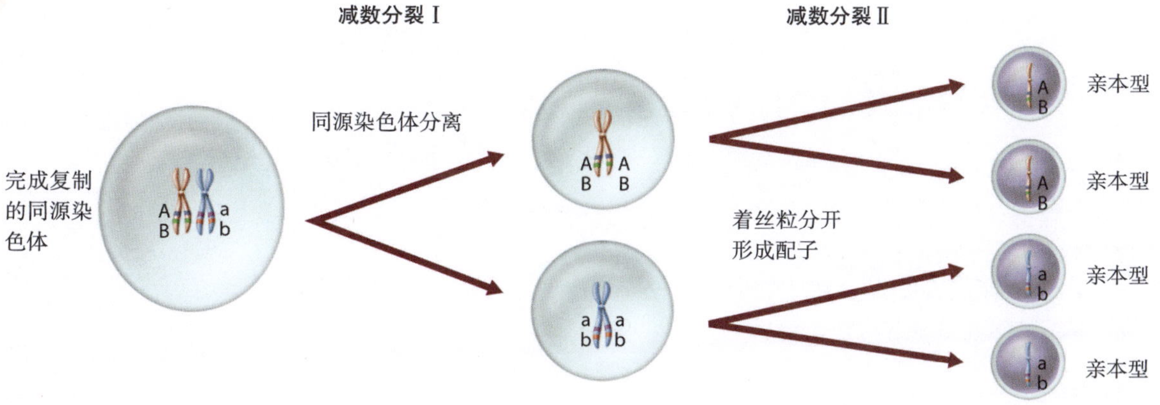

■ **图 10–15** 绘制于1913年的果蝇X染色体的染色体图谱。

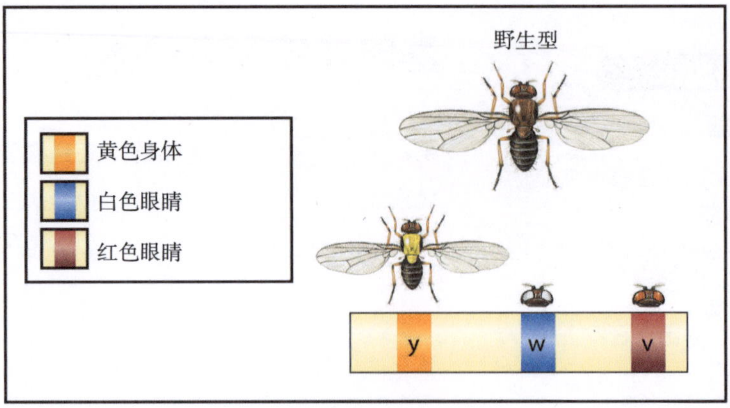

科学家最早是利用果蝇来研究连锁基因的，减数分裂中，连锁基因一般一同遗传，但是有些连锁基因并没有在减数分裂过程中一同遗传，科学家的结论是在染色体交叉中连锁基因间发生了分离。

染色体图谱 染色体交叉在距离较远的基因间发生的频率比距离较近的基因间发生的频率高，染色体图谱表示了一条染色体上的基因序列，是根据交叉数据进行绘制的。最早的染色体图谱完成于1913年，数据来自数千只果蝇的杂交结果。染色体图谱上基因间的比例数值不是基因间的真正距离，但是代表了基因间的相对位置。**图 10–15** 是最早的染色体图谱，可以看出两个基因间距离越远，交叉的频率越高。

迷你实验 2

绘制染色体图谱

基因在染色体上的定位？ 一条染色体上两个基因间的距离与它们之间发生交叉的频率有相关性。通过比较若干组基因对的数据，就能够确定一个基因的相对位置。

步骤

1. 阅读并完成实验室安全表。
2. 从教师处获得一张关于基因对之间交叉频率的表格。
3. 在一张纸上画线，并以1 cm为单位做标记，每个标记代表1个比例的交叉频率。
4. 将靠近线的中部的标记定为*A*，找出表格中基因*A*和*B*的交叉频率，根据此数据，以*A*的位置标记*B*的位置。
5. 根据*A*和*C*的距离以及*B*和*C*的距离，确定*C*的位置。
6. 针对每个基因进行步骤4和步骤5，标记出表格中所有基因在线上的位置。

分析

1. **评估** 如果只有一个别的基因可以利用，能否确定一个基因在染色体上的位置？
2. **思考** 为什么可用的交叉频率数据越多，染色体图谱越精确？

草莓（8n）

咖啡（4n）

■ **图10-16** 草莓和咖啡等商业植物都是多倍体。

基因的交换与基因间的交叉频率直接相关，这个频率是两个基因间的相对距离。两个基因之间的一个图谱单元代表交叉发生的一个比例。位置相距越远的基因间具有越高的交叉频率。

多倍体

很多物种具有双倍体细胞，但有些具有的是多倍体细胞。含有额外的整套染色体的生物称为**多倍体（polyploidy）**。例如，三倍体（3n）生物体具有三套染色体组。动物中很少有多倍体，人类中出现的多倍体多是致死的。

大约$\frac{1}{3}$的开花植物是多倍体。多倍体植物是在生长过程中根据其特性进行选择的结果，六倍体（6n）小麦、六倍体（6n）燕麦和八倍体（8n）甘蔗等都是商业价值极高的多倍体植物。如**图10-16**所示，多倍体植物一般更大、更有生命力。

第3节 测评

要点梳理

- 基因重组包括染色体交叉和基因的自由组合。
- 早期的染色体图谱是根据染色体上的连锁基因进行绘制的。
- 多倍体生物具有额外的一套或多套染色体组。

要点理解

1. 主要概念 **分析**染色体交叉和基因变异之间的联系。
2. **绘图** 基因C和D在一条染色体上连锁，基因c和d在另一条染色体上连锁，假定没有发生染色体交叉，简单画出减数分裂产生的子细胞，表示其中的染色体和基因的位置。
3. **描述**农业上是如何利用多倍体的。

批判性思维

4. **构建**一份关于基因A、B、C和D的染色体图谱，根据以下交叉数据：A与D为25%，A与B为30%，C与D为15%，B与D为5%，B与C为15%。
5. **评价**多倍体在植物培育中的优势。

科技 **写作**

6. 假定某社会中的人类没有发生基因变异，以该社会为题材写一个故事。

生物大发现

一种关于帕金森病的新疗法？

演员迈克尔·福克斯(Michael J. Fox)在一天早晨醒来后发现他的手指发生抽搐，他一开始并没有在意这个奇怪的症状，但是一年之后，他被诊断为早发性帕金森病。这种逐渐恶化的疾病会引起身体发生不受控制的活动，一般在60岁左右的人群中发生，但是福克斯在30岁就被诊断为帕金森病。

帕金森病基金会(PDF)建立了对于帕金森病的研究，研究出了一种能够缓解帕金森病的新疗法，这种治疗利用的是患者的皮肤细胞。

帕金森病是什么？ 帕金森病会伤害大脑中的神经元细胞。神经元利用多巴胺控制肌肉的运动，多巴胺能够在神经元之间传递信息。除了控制肌肉方面的问题，帕金森病患者在肌肉的坚硬度、平衡性和协调性方面也有麻烦。这种疾病的症状最初比较轻微，随着时间的推移会逐渐加重。当前还没法治愈帕金森病，科学家不确定其发病的原因，他们认为可能的原因有：导致大脑中蛋白质堆积的突变基因以及一些环境因素。

寻求治疗 医生通常是结合药物治疗、头部手术、物理疗法、语言练习及其他疗法来治疗帕金森病。科学家利用干细胞替代患者大脑中病变的神经元细胞，而所利用的干细胞来自患者的皮肤细胞。

这些干细胞用来形成能够产生多巴胺的神经细胞，然后医生将这些新的神经细胞导入大脑中。因为干细胞来自患者自身，所以不会产生免疫排斥。有时也会利用别人提供的细胞或器官。

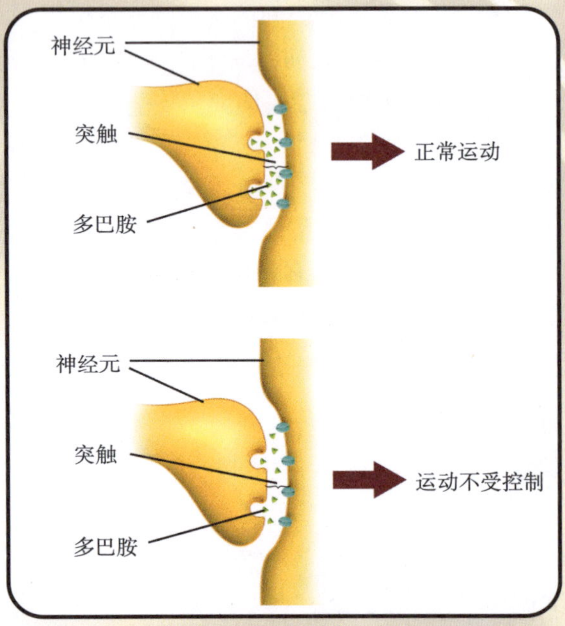

低水平的多巴胺是诊断帕金森病的依据，多巴胺控制肌肉的运动。

科学家早期是利用猕猴进行这种与干细胞相关的研究的，他们希望通过该研究能够缓解帕金森病。

社会参与

志愿者 采访一位了解帕金森病患者需要的当地人员。一些帕金森病患者可能需要一些帮助(如庭院活动等)。写一份关于帕金森病患者所需帮助的清单，交给当地的志愿者组织。如果有可能，志愿者会给予帕金森病患者一些帮助。

生物实验室

怎样通过子代的表型知道亲本的基因型?

背景: 很多植物具有显性和隐性等位基因,从种子入手研究植物的生长,是了解亲本和子代基因型及表型的较好途径。

问题: 能够通过子代的表型确定亲本的表型和基因型吗?

实验器材

两组植物种子

盆栽土

小花盆或其他生长容器

园艺小铲

安全注意事项

设计与实施实验

1. 阅读并填写实验室安全表。
2. 假设子代的表型可以被用于推测亲本的基因型。
3. 设计实验检验你的假设。
4. 确定你需要收集哪些数据。
5. 绘制数据表来记录你的观察结果。
6. 开始实验之前获得教师对你的方案的许可。
7. 完成实验。
8. 合理处理被认为是入侵物种的种子和植株,一定不能将其释放到环境中。

实验分析和结论

1. **收集和整理数据** 计算每一组植株中不同表型的幼苗数量。准备一张数据表。
2. **计算** 每组种子中不同幼苗间的比率是多少?
3. **鉴别** 从你观察的幼苗比率中鉴别出两个或多个可能的杂交品种。
4. **分析** 针对每个鉴别出来的杂交绘制P方阵图,确定能否根据你收集的数据得出可能的杂交品种。
5. **评估** 两组种子数据和幼苗间比率的关联有哪些?
6. **得出结论** 根据两组种子的数据,写出亲本的基因型和表型。
7. **误差分析** 将你的结论与其他同学的进行比较,分析种子数量的增加会对实验结果有怎样的影响。

交流

海报交流 准备一份海报用于描述实验过程和展示实验数据。

第10章 复习指南

内容聚焦 多样性 人体中的减数分裂能形成70万亿种遗传可能性，染色体的交叉互换又增加了更多可能性。

大概念 细胞繁殖通过减数分裂将亲本的遗传性状传递给子代。

第1节 减数分裂

基因
同源染色体
配子
单倍体
受精
二倍体
减数分裂
交叉互换

主要概念 减数分裂产生单倍体配子。

- 减数分裂中只进行一次DNA复制，最后形成4个单倍体配子。
- 减数分裂包括两次分裂。
- 减数分裂能导致配子中的遗传变异形成。

第2节 孟德尔遗传学

遗传学
等位基因
显性性状
隐性性状
纯合体
杂合体
基因型
表型
分离定律
杂交体
自由组合定律

主要概念 孟德尔解释了显性等位基因是怎样掩盖隐性等位基因的表型的。

- 遗传学的研究从孟德尔开始，孟德尔利用豌豆进行研究，探究了豌豆多种性状的遗传。
- 孟德尔提出了基因分离定律和自由组合定律。
- P方阵能帮助预测杂交产生的后代类型。

第3节 基因连锁和多倍体

遗传重组
多倍体

主要概念 连锁基因的交叉互换能导致遗传变异发生。

- 基因重组包括染色体交叉和基因的自由组合。
- 早期的染色体图谱是根据染色体上基因的连锁基因进行绘制的。
- 多倍体生物具有额外的一套或多套染色体组。

第10章 测评

第1节

术语回顾

利用“复习指南”中的术语回答以下问题。

1. 两个染色体数为n的细胞融合会形成怎样的细胞类型？

2. 通过什么过程产生配子？

3. 同源染色体之间的基因能够通过什么过程发生交换？

要点理解

4. 一个在间期具有12条染色体的细胞在减数分裂中期Ⅰ的每个细胞中有(　　)条染色体。

A. 6　　**B.** 12

C. 24　　**D.** 36

根据下图回答第5、6题。

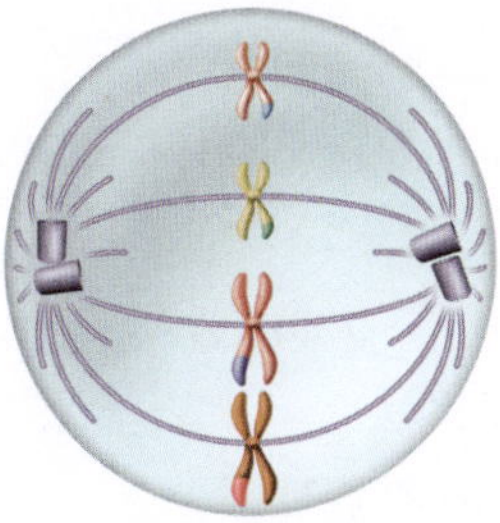

5. 图中表示的是减数分裂的(　　)。

A. 前期Ⅰ

B. 中期Ⅰ

C. 前期Ⅱ

D. 中期Ⅱ

6. 图中染色体的下一阶段是(　　)。

A. 进行复制

B. 进行受精

C. 每个细胞染色体数减半

D. 分离成姐妹染色单体

7. 下列不属于同源染色体特征的是(　　)。

A. 具有相同的长度

B. 着丝粒位置相同

C. 同一位置具有相同类型的同源染色体

D. 在减数分裂Ⅰ发生配对

回答问题

8. 主要《概念　用1～2句话联系减数分裂、配子和受精。

9. 开放式回答　植物细胞没有中心体，分析植物细胞有丝分裂和减数分裂不需要中心体的原因。

批判性思维

10. 分析　马有64条染色体，驴有62条，根据减数分裂的知识，分析驴和马进行杂交为什么会产生不育的骡子。

11. 提出假设　在蜜蜂中，蜂王是双倍体，雄蜂是单倍体，受精的卵细胞发育成雌蜂，未受精的卵细胞发育成雄蜂。雄蜂产生的配子和正常减数分裂产生的配子有何不同？

第2节

术语回顾

解释以下每组术语之间的区别。

12. 显性基因、隐性基因

13. 基因型、表型

要点理解

14. 几内亚黑猪(Bb)和几内亚白猪(bb)杂交结果的表型之比是(　)。

A. 黑色:白色=0:1

B. 黑色:白色=1:1

C. 黑色:白色=1:0

D. 黑色:白色=3:1

第10章 测评

15. 在豌豆中，紫花(P)对白花(p)是显性，高株(T)对矮株(t)是显性。当紫花高株豌豆(PpTt)同白花矮株豌豆(pptt)进行杂交时，产生的表型之比是(　　)。
    - **A.** 紫高、紫矮、白高和白矮之间的比为1:1:1:1
    - **B.** 紫高和紫矮的比为3:2
    - **C.** 紫高、紫矮、白高和白矮之间的比为9:3:3:1
    - **D.** 全为紫高

根据下图回答第16、17题。

16. 图中不正常的猫是由卷耳猫和非卷耳猫杂交的结果，杂交产生的猫都是非卷耳的，但是子代猫之间分别进行杂交后出现了非卷耳和卷耳的比例为3:1的结果。关于卷耳的遗传能够得出的结论是(　　)。
    - **A.** 卷耳是染色体交叉互换的结果
    - **B.** 是显性性状
    - **C.** 是隐性性状
    - **D.** 这种性状是如何遗传的还需要进行更多的杂交来确定

回答问题

17. **主要概念** 如果图中猫的F_2代的猫都是非卷耳的，那么其F_3代会是什么情况？
18. **简要回答** 如果一个家庭中出生了1个男孩，那么第2个孩子是女孩的可能性有没有增加？试进行解释。

批判性思维

根据下图回答第19题。

19. **预测** 图为美国老鼠梗犬的两种类型：长毛和不长毛，这是由遗传控制的性状。一些长毛的母犬只生长毛的小狗，但是有些长毛的母犬生的小狗不长毛。解释这是如何发生的。
20. **生物中的数学** 一对夫妻连续生下2个女孩的概率是多少？

第3节

术语回顾

用“复习指南”中正确的术语替代画线的词。

21. <u>人体生长激素</u>被用在农业中促进花变大。
22. 互换和自由组合能够形成<u>染色体</u>。

要点理解

23. 下列不会导致遗传变异发生的是(　　)。
    - **A.** 染色体数量
    - **B.** 染色体交叉
    - **C.** 减数分裂
    - **D.** 随机杂交
24. (　　)是孟德尔自由组合定律的例外。
    - **A.** 染色体交叉
    - **B.** 多倍体
    - **C.** 基因连锁
    - **D.** 分离定律

根据下图回答第25、26题。

25. 图中的苍蝇具有6对染色体，如果两只苍蝇杂交，染色体对随机排列，最后产生的受精卵会有(　　)种类型。

A. 256　　**B.** 4096

C. 1024　　**D.** 16384

26. 苍蝇的6对染色体随机排列通过减数分裂产生的配子会有(　　)种可能的组合。

A. 32

B. 64

C. 48

D. 120

回答问题

27. **内容聚焦 多样性** 能增加基因变异的三种过程是什么？

28. **开放式回答** 思考植物培育师如何培育出多倍体植物。

29. **简要回答** 染色体上的基因联锁为何不符合自由组合定律？

批判性思维

30. **与生物学相关的职业** 园艺学家通过扦插培育了大量遗传相一致的植物，扦插中不进行有性生殖，讨论利用扦插培育植株的优点和缺点。

31. **本节主旨** 染色体交叉互换能够提供遗传变异，有时甚至改变一个种群的基因库。但是一些进行有性生殖的生物中并没有这种重组机制。为什么减少基因重组对这些生物来说是有利的。

总结性测评

32. **大概念** 除了减数分裂外，能够形成子代的变异和多样性的其他方式有哪些？

33. **生物写作** 假设你是孟德尔，刚记录完研究中的一项重要突破，描述你的突破以及下一步要进行的项目。

34. 绵羊的白毛是显性，黑毛是隐性，假设一群羊在毛色上是杂合体，写一份关于如何得到一群纯合的白毛绵羊的计划。

35. 鸽子的花色羽毛(P)是显性，无花色羽毛(p)是隐性，基因型为Pp的鸽子和无花色羽毛鸽子杂交，利用P方阵预测其子代的基因型比例。

DBQ 资料分析题

以下段落摘自孟德尔的论文。

“在开花期间进行的植物杂交必须防止其他花粉的影响。”

数据来源：Mendel, Gregor. 1866. *Experiments in Plant Hybridization*. Originally translated by Bateson, William, 1901: 2.

36. 孟德尔在他的试验中进行了上述论述，总结上述论述为什么对于试验的成功是非常重要的。

“试验的目的是观察每对不同特征间的变化，根据在后代中出现的表型找出规律，试验结论同各种分类试验相一致，在后代植株中这种不同特征持续出现。”

37. 描述孟德尔培育植物进行试验的目的。

标准化测试

选择题

1. 当很多个体(　　)时，种群可能会进入一种长期高生长率的时期。

A. 没到繁殖年龄

B. 刚过了繁殖年龄

C. 正处于繁殖年龄

D. 繁殖年龄结束较长时间

根据下图回答第2题。

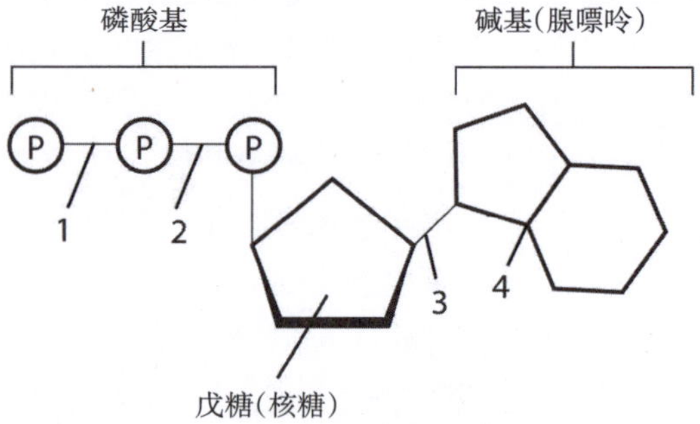

2. 生物体中释放能量时，ATP分子中必须断裂的两个键是(　　)。

A. 1和2

B. 2和3

C. 2和4

D. 3和4

3. 细胞核和核物质发生分离的过程是(　　)。

A. 细胞周期

B. 胞质分离

C. 间期

D. 有丝分裂

4. 细胞呼吸中电子传递链上的电子来源是(　　)。

A. 三羧酸循环中形成乙酰辅酶A过程

B. 三羧酸循环中形成NADPH和$FADH_2$的过程

C. 乳酸发酵过程

D. 糖酵解中键的断裂过程

5. 肺癌的起因可能是(　　)。

A. 石棉颗粒

B. 霉菌孢子

C. 红外线辐射

D. 紫外线辐射

根据下图回答第6题。

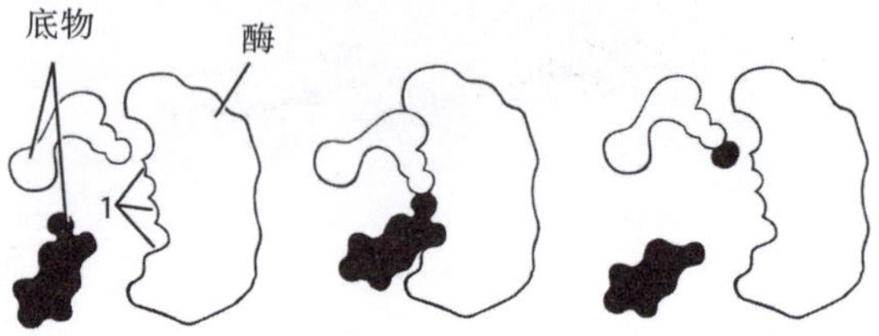

6. 酶的活动中"1"的功能是(　　)。

A. 使得反应变慢

B. 使得反应物和底物作用更有效

C. 对底物的结合提供独特位点

D. 升高反应的活化能

7. 能引起心肌细胞中钙离子和钠离子进出运动的是(　　)。

A. 磷脂双分子层中发生变化的颗粒

B. 磷脂双分子层中的胆固醇分子

C. 质膜中的扩散通道

D. 质膜中的运输蛋白

8. 减数分裂中姐妹染色单体在(　　)阶段分开。

A. 后期Ⅰ

B. 后期Ⅱ

C. 末期Ⅰ

D. 末期Ⅱ

9. 在国际单位制中，质量的单位是(　　)。

A. 烛光

B. 开尔文

C. 千克

D. 米

简答题

利用下图回答第10、11题。

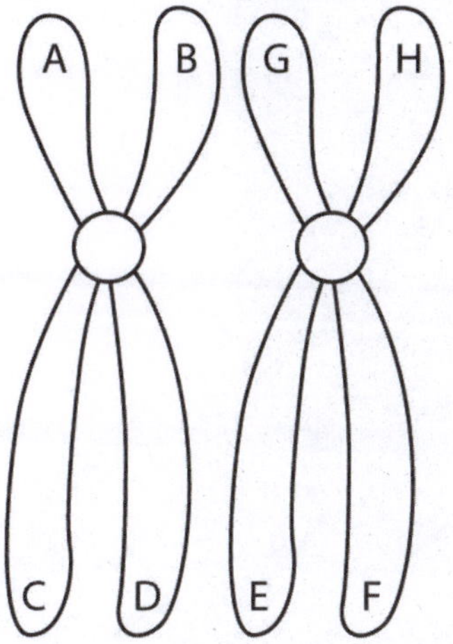

10. 图中是对各个区域进行了标记的一对染色体，解释这对染色体间能够发生互换的位置。
11. 染色体的互换一般在什么时期发生？
12. 若温室中二氧化碳的浓度降低，分析其对光合作用产生的影响，并预测对整个植物产生的影响。
13. 减数分裂是如何促使物种发生遗传变异的？
14. 描述S期染色体发生的变化。
15. 思考为什么减数分裂会发生两次分裂。
16. 说出环境中有哪些致癌因子。

开放题

根据下图回答第17题。

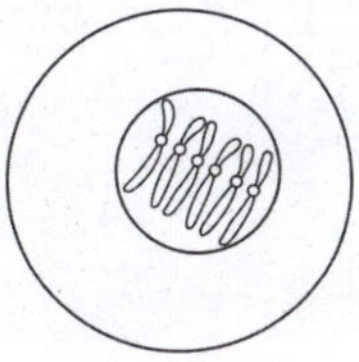

17. 上图为一特定动物($n=12$)细胞中的染色体，据图描述该物种在受精期间会发生什么。
18. 讨论如果有丝分裂并不是一个完全精确的过程，会有怎样的情况发生。

论述题

干细胞是没有特定功能的非特异细胞。同其他细胞一样，干细胞也包含生物体的全部遗传物质。干细胞在特定信号下会变成特定的细胞类型。干细胞分为两种类型：胚胎干细胞和成体干细胞，前者存在于胚胎中，后者少量地存在于成熟组织中。由于伦理关注，对干细胞的研究，尤其是胚胎干细胞，是比较保守的。

利用上文中的信息，以论文形式回答下列问题。

19. 你认为应该允许科学家利用干细胞进行研究吗？根据自己的想法判断进行干细胞研究是有利的还是有风险的。

考点提示

测试题号	1	2	3	4	5	6	7	8	9	10	11	12	13	14	15	16	17	18	19
对应章节	4.2	8.2	3.1	8.3	3.3	6.2	7.2, 7.4	10.1	1.2	10.1	10.1	8.2	10.1, 10.3	9.2	10.2	3.3	10.1	3.2	9.2

第11章

复杂遗传和人类遗传学

起步实验

你对人类遗传有哪些了解?

随着对人类遗传学的深入了解,人们长期以来对人类遗传的一些认识需要重新进行验证,任何与新的科学研究不统一的内容都需要修正。

步骤

1. 仔细阅读下列句子,并判断对错。
   A. 孩子的性别取决于父亲。
   B. 亲代可将在其身上未表现出来的性状传给子代。
   C. 同卵双胞胎的性别一定相同。
2. 与教师、同学讨论你的答案。

分析

1. **评估** 全班最常忽略的问题是什么?讨论其原因。
2. **分析** 为什么理解人类遗传对我们是有益的?

折叠式 学习卡

制作一个词汇本,按系谱图中基因的顺序,对每个标签进行标记,然后整理这些基因的相关知识。

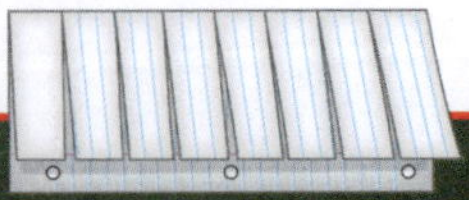

人类女性的两条X染色体

人类男性的X和Y染色体

内容聚焦 多样性

复杂的遗传模式能够增加各种多样化特征。

大概念 人类遗传与孟德尔定律并不完全一致。

第1节·人类遗传的基本模式

第2节·复杂的遗传模式

第3节·染色体与人类遗传

第1节

人类遗传的基本模式

本节预览

核心问题

- 怎样通过遗传学研究模式来确定显性及隐性的遗传模式？
- 与无规则的显性和隐性相关的例子有哪些？
- 如何根据遗传信息构建人类系谱图？

术语回顾

基因：控制蛋白质产生的DNA片段。

关键术语

携带者
系谱图

主要概念 **一种性状在一个家族几代之间的遗传能在一张系谱图中显示出来。**

联系实际 纯种狗的主人可以通过了解狗的家族遗传来知晓狗的健康问题。同样地，追踪人类的遗传情况也能够了解同一性状在代与代之间是如何传递的。

隐性的遗传缺陷

链接历史 孟德尔的研究被忽视了近30年。20世纪早期，科学家开始对遗传产生兴趣，孟德尔的研究开始被重新重视。英国的内科医生伽罗德对一种酶缺陷相关的遗传病——尿黑酸尿症产生兴趣，这是由于酸被排泄到尿中引起的。伽罗德发现这种疾病是随着患者出生就发生的，并且伴随着患者的一生，最终将损坏骨骼和关节。他也发现尿黑酸尿症具有家族遗传性，结合其他科学家提供的信息，他得出的结论是：尿黑酸尿症是一种隐性的遗传缺陷疾病。

如今，科学的进步使得我们对遗传缺陷有了更深入的了解。在**表11-1**中，当个体是隐性纯合体时，其隐性性状就会表现出来。因此，具有至少一个显性等位基因的个体中，该隐性性状不会表现出来。一个具有隐性缺陷的杂合体个体叫作**携带者(carrier)**。参考**表11-2**，对一些隐性遗传缺陷进行了解。

表11-1 术语回顾

术语	举例	定义
纯合体	不再发生分离的黄粒豌豆基因型为YY，绿粒豌豆基因型为yy。	如果生物体中一个特定性状的等位基因都相同，就认为对该性状来说，该生物体是纯合体。
杂合体	基因型为Yy的植株是黄粒豌豆。	同一性状的等位基因不相同的生物体是杂合体，当等位基因位点呈杂合时，表型是显性性状。

表11-2	人类的隐性遗传缺陷			
缺陷	在美国的发生率	病因	影响	治疗情况
囊性纤维化	$\frac{1}{3500}$	编码膜蛋白的基因有缺陷	● 分泌过多黏性物质 ● 消化和呼吸受影响	● 目前还没有治愈方法 ● 每天清理肺部黏液 ● 服用减少黏液的药物
白化病	$\frac{1}{17000}$	基因不能够产生正常数量的黑色素	● 皮肤易受UV伤害 ● 视觉出现问题	● 目前还没有治愈方法 ● 保护皮肤免受太阳和其他环境因子的影响
泰-萨克斯病	$\frac{1}{70000}\sim\frac{1}{50000}$	编码降解半乳糖的酶的基因缺失	● 精神出现问题 ● 肝脏变大 ● 肾脏功能出现问题	● 目前还没有治愈方法 ● 限制饮食中的乳糖和半乳糖
半乳糖血症	$\frac{1}{2500}$（引起犹太人口减少）	降解脂肪酸的酶缺失	● 大脑中脂肪堆积 ● 精神异常	● 目前还没有治愈方法 ● 大多会5岁前死亡

囊性纤维化　囊性纤维化是白种人中最常见的隐性基因缺陷疾病，能够影响黏液分泌腺、消化酶和汗腺。患者的细胞吸收不了氯离子，但是氯离子能被排泄到汗液中。细胞中氯离子的缺乏，使得水不能够扩散进去，从而影响身体很多部位的高浓度黏液的分泌，导致胰腺中的导管被堵塞、扰乱消化活动、阻断肺部的呼吸小分支。由于患者的肺部黏液过多，囊性纤维化患者具有高风险的感染率。

目前该遗传病的治疗包括物理治疗、药物、特殊的饮食和消化酶代替物的利用。通过基因测试可以分析出一个人是不是携带者，即携带该病的隐性基因。

白化病　人类的白化病是由基因改变引起的，会导致人的皮肤、眼睛和头发中都缺少黑色素，白化病同样也在其他动物中出现。白化病人具有白发、苍白的皮肤等症状。眼睛中黑色素的缺乏会引起视觉问题。尽管我们都需要防护以免受到太阳紫外线的伤害，但是白化病人更需要加强防护。

泰-萨克斯病　该病是隐性遗传缺陷疾病，其基因在15号染色体上，一般通过检查眼睛后部的樱桃红斑点进行诊断。这种疾病是导致东欧犹太人口减少的主要原因。

引起泰-萨克斯病的原因是一种叫作神经节苷脂的酶的缺乏。这种酶能够降解脂肪酸，通常，神经节苷脂形成后经再分解用于大脑的发育，但是这种病人的大脑中神经节苷脂发生堆积，从而压迫神经细胞，引起神经病变。

半乳糖血症 半乳糖血症患者体内失去消化半乳糖的能力。在人体消化过程中，牛奶中的乳糖分解成半乳糖和葡萄糖，葡萄糖用于提供能量和进行血液循环，半乳糖必须通过半乳糖基转移酶（GAlT）这种酶分解变成葡萄糖。缺少半乳糖基转移酶（GAlT）的人不能够消化半乳糖，所以患半乳糖血症的人应杜绝奶制品。

术语

衰退

逐渐消磨掉或向下转移。

显性的遗传缺陷

并不是所有的遗传缺陷都是由隐性遗传引起的。如**表11-3**所示，一些稀有的缺陷病，如亨廷顿病，是由显性等位基因引起的。这表明，不患该病的人在该性状方面是隐性纯合的。

亨廷顿病 亨廷顿病是能够影响神经系统的显性遗传病，美国每10000人中就有1例。该病的症状最先出现在30～50岁的人群中，其症状是逐渐丧失大脑功能、运动失去控制、情绪紊乱等。亨廷顿病能够通过显性等位基因的基因检测进行诊断，但是目前对该病还没有治疗方法。

软骨发育不全 该病患者身体矮小、四肢相对也短小，是侏儒症最常见的形式。不过，75%的软骨发育不全的人的父母是正常的。

阅读检测 **比较**遗传一种显性缺陷病的概率和一种隐性缺陷病的概率，前提是父母中有一方患相应的缺陷病。

表11-3	人类的显性遗传病			
缺陷病	在美国的发生率	病因	影响	治疗情况
亨廷顿病	$\frac{1}{10000}$	影响神经功能的一个基因有缺陷	神经功能衰退，运动能力恶化	目前无法治疗
软骨发育不全	$\frac{1}{25000}$	影响骨骼的一个基因不正常	四肢短小，头大	目前无法治疗

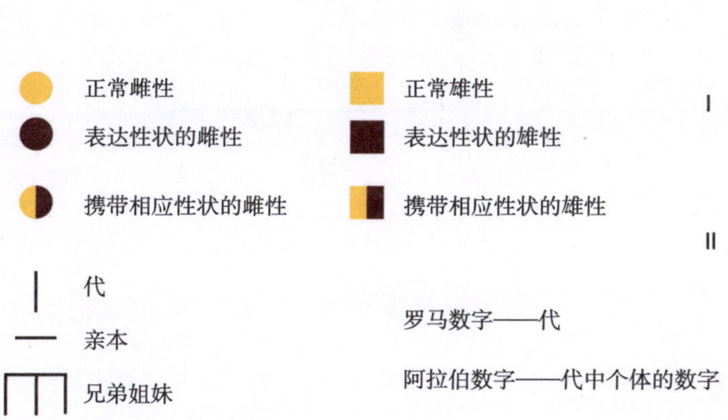

■ **图 11-1** 系谱图用标准化的符号表示对性状的研究。

系谱图

科学家通过在豌豆和果蝇等生物中进行的杂交来研究遗传关系。科学家利用**系谱图(pedigree)**来进行研究。系谱图是为追踪同一性状在几代中的遗传模式绘制而成的图表。系谱图可用于解释相关性状的遗传情况。如**图 11-1**,雄性用小方块表示,雌性用小圆圈表示,表达或携带相应性状个体用加深颜色来表示。

两个符号之间的平行线表示此二者为其子代的共同亲本,子代根据年龄大小从左向右排列,并且每一个都与亲本相连。

系谱图中,用罗马数字表示代数,用阿拉伯数字表示个体数,以**图 11-1** 为例,个体 II_1 表示第二代中第一个出生的雌性。

分析系谱图

图 11-2 列举的是关于家族泰-萨克斯病的系谱图。根据**表 11-2** 可知,该病是隐性的遗传缺陷病,是由于缺少脂类代谢中的一种酶引起的,使得大脑中脂类累积,从而导致死亡。

观察**图 11-2** 中的系谱图发现,表型正常的父母 I_1 和 I_2,生出的 II_3 是不正常的,说明双亲都含有一个隐性等位基因,他们都是该性状的杂合体,加深了一半颜色的小方块和小圆圈表示他们都是携带者。

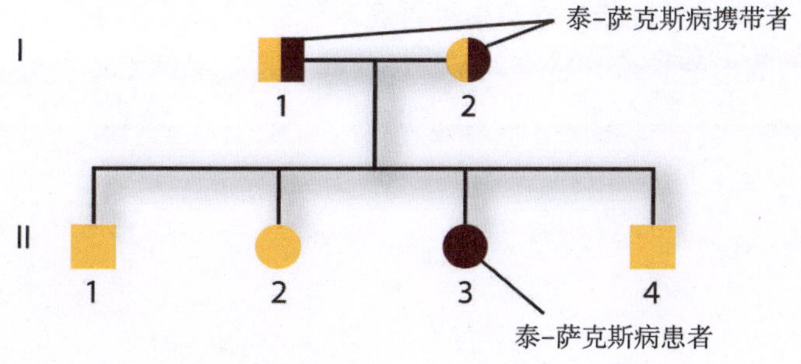

■ **图 11-2** 该系谱图列举了隐性遗传病泰-萨克斯病的遗传模式,两个性状正常的父母(I_1 和 I_2)生的孩子 II_3 是患病的。

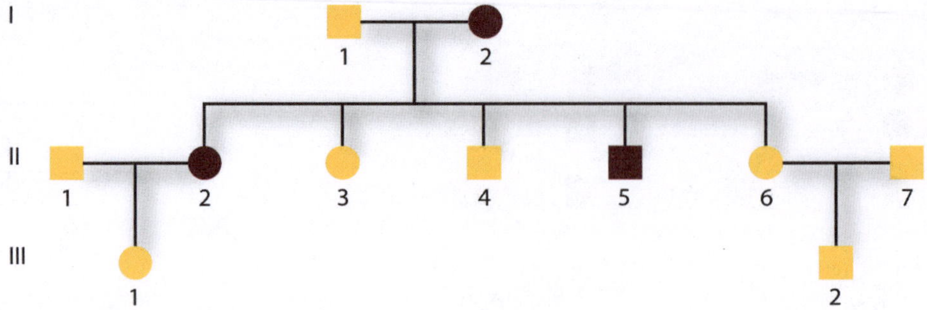

■ **图 11-3** 此系谱图表示的是显性遗传疾病的遗传，表型不正常的父母将病症传给子代（Ⅱ$_2$和Ⅱ$_5$），表型正常的父母不会生出患病的孩子（Ⅲ$_2$）。

图 11-3 的系谱图表示的是多指/趾畸形这种显性遗传病，患有该病的人具有额外的手指和脚趾。当只有一条等位染色体是显性时，则表现的性状就是显性的性状。一个正常的个体的双亲中，一位是正常的，另一位或是多指/趾畸形的杂合体，或是关于该性状的隐性纯合体。

图 11-3 中个体Ⅰ$_2$是多指/趾畸形症，用深色圆圈表示，由于她具有表型，所以只可能是杂合显性或显性纯合体。由于子代Ⅱ$_3$和Ⅱ$_4$没有病症，所以可以推断她是杂合体，即具有一个显性等位基因和一个隐性等位基因。Ⅱ$_6$和Ⅱ$_7$都是正常的父母，其子代Ⅲ$_2$是正常的。根据Ⅱ$_2$的父母的表型和Ⅱ$_2$的孩子的表型，可推断Ⅱ$_2$的表型是怎样的？

迷你实验 1

调查人类的遗传系谱图

系谱图中的分支在哪里？ 不同于其他生物，人类繁殖缓慢且出生率低，一种研究人类性状的方法就是分析其遗传系谱图。

步骤

1. 阅读并完成实验室安全表。
2. 想象你是遗传学家，正在根据多毛耳垂这个性状调查一个人的家庭遗传情况。

分析

1. **评估** 系谱图利用什么样的方式使得对遗传的分析变得简便易行？
2. **批判性思维** 以本实验为参考，我们应该怎样将有关系谱图的知识用于实际生活中？

推断基因型 通过对表型的观察，可以利用系谱图推断基因型。知道身体的性状，系谱专家可以推断出个体最有可能的基因类型。如**图11–3**，为了确定基因型，对整个家族的表型都进行了分析。

系谱图能够帮助遗传顾问确定个体的遗传模式是显性还是隐性，一旦遗传模式得以确定，个体的基因型就可以根据分析系谱图来确定。针对某一特定性状，根据系谱图，科学家可以确定该性状是显性还是隐性。因为显性性状能够在表型中显示出来，所以显性性状比隐性性状更好分析。

只有是纯合隐性时，隐性性状才能够表现出来。同时，这表明双亲分别传递了一个隐性等位基因。当隐性性状有表型时，根据系谱分析就可以确定系谱中携带隐性等位基因的个体。

预测遗传缺陷 如果家族记录保存完好，就可以预测后代有无遗传缺陷。如果家族中多个成员参与分析，预测的准确性会更高。对人类遗传的研究是困难的，因为研究会受到时间、种族和环境的限制。例如，在研究人类时，每一代需要数十年才能成熟并进行生育，因此只有较全面的记录才能够帮助科学家根据系谱图来分析遗传模式，从而确定一个家族中个体的表型以及基因型。

第1节 测评

要点梳理

- 某些显性或隐性等位基因能够引起遗传缺陷疾病。
- 囊性纤维化是能够影响黏液腺及汗腺的遗传缺陷疾病。
- 白化病人的皮肤、眼睛和头发中没有黑色素。
- 亨廷顿病会影响神经系统。
- 软骨发育不全也称作侏儒症。
- 系谱图用来研究人类的遗传模式。

要点理解

1. 主要概念 **绘制**一份系谱图，其中正常的夫妻生出的小孩患有囊性纤维病。
2. **解释** 人类遗传类型有哪些？
3. **解释** 两个都是白化病的父母能够生出正常的孩子吗？进行解释。
4. **图解** 假设父母都能够卷舌，但是他们的儿子不能，对该性状绘制系谱图，并给每一个符号标上正确的基因型。

批判性思维

生物中的 **数学**

5. 苯酮尿症（PKU）是隐性遗传疾病，如果父母都是携带者，其生出的孩子是PKU的可能性是多少？生出的两个孩子都是PKU的概率是多少？
6. **推断** 当一对夫妇需要进行囊性纤维病检测时，医生在检测前可能会问哪些问题？

第2节

本节预览

核心问题

- 各种复杂遗传模式间的区别是什么?
- 如何分析伴性遗传?
- 环境是如何影响生物体的表型的?

术语回顾

配子:一个具有单倍体染色体数的成熟性细胞(精子或卵细胞)。

关键术语

不完全显性
共显性
多重等位基因
异位显性
性染色体
常染色体
伴性性状
多基因性状

复杂的遗传模式

主要概念 **一些性状的复杂遗传不同于孟德尔描述的遗传模式。**

联系实际 想象一下,红绿色盲患者白天没法将红光同其他颜色的光区别出来,晚上看绿光就如同看白色的路灯一样。为了帮助红绿色盲患者,交通灯总是采用同一种运行模式。但是红绿色盲症的遗传不同于孟德尔所描述的遗传模式。

不完全显性

对于某一种性状,生物体是杂合的,其表型就是显性的,例如,如果豌豆株高的基因型是Tt,T表示显性的基因型,其表型就是显性的高株。如**图11-4**所示,这是一个**不完全显性(incomplete dominance)**的例子,红花金鱼草(C^RC^R)同白花金鱼草(C^WC^W)杂交,杂合体的表型处于两种纯合表型的中间类型,杂合的子一代进行自交后,形成的花的颜色是红色、粉色和白色,比例为1:2:1。

共显性

当生物体对一种性状是杂合体时,就会表现为显性性状。一种复杂的遗传模式叫作**共显性(codominance)**,在杂合体中,其等位基因都表达。镰状细胞病就是共显性遗传的一个典型例子。

图11-4 金鱼草花的颜色是不完全显性的结果,红花植株和白花植株进行杂交,会产生粉花植株。粉花植株进行自交,会产生红花、白花和粉花。

预测 *当粉花和白花植株杂交时,会出现什么情况?*

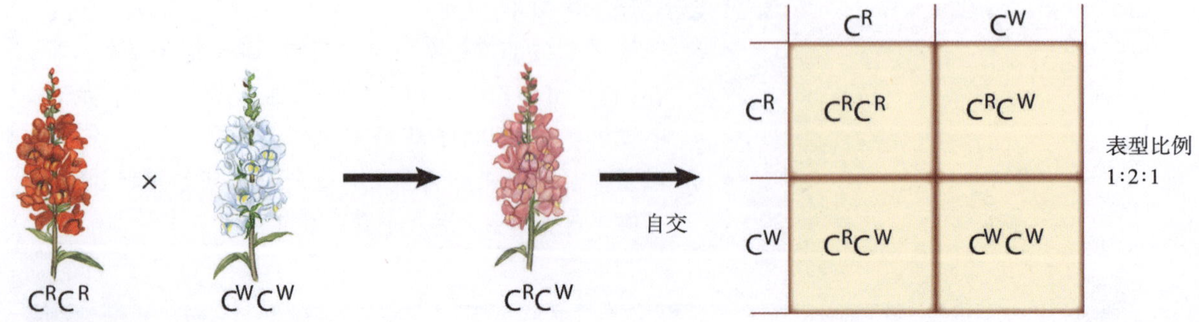

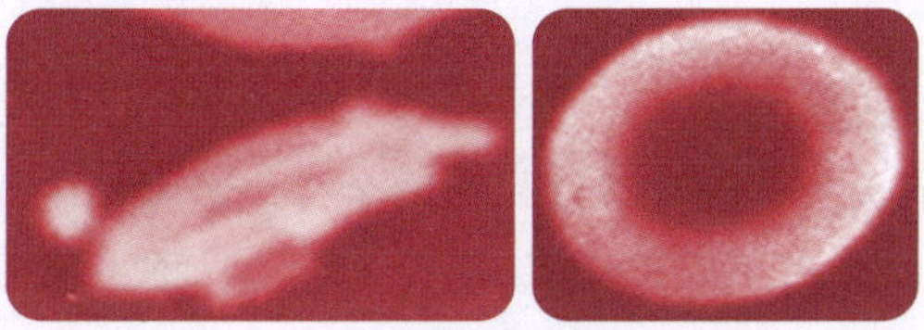

■ **图11-5**
左边：正常血红细胞是平滑的圆盘状。镰状细胞变长并且呈镰刀状，它们能聚集起来并阻止血液的循环。
右边：镰状细胞的增加对疟疾具有抵抗性。

镰状细胞病　镰状细胞病的等位基因在非洲人中是很多的，9%的美国黑人都具有这种性状。该疾病能够影响红细胞及其运输氧气的能力。**图11-5**所示的是一个镰状细胞性状呈杂合的人的血细胞。血红蛋白的改变导致细胞发生这种变化，镰状细胞由于阻止了血液循环，从而影响了氧气的有效运输。杂合性状的人既具有正常细胞又具有镰刀状红细胞，正常细胞能够对镰刀状红细胞进行补偿，所以这些杂合体个体能够过相对正常的生活。

镰状细胞病和疟疾　观察**图11-5**中镰状细胞病和疟疾在非洲的分布情况，在一些区域二者相重合。为什么在非洲中部镰状细胞病的水平如此之高？科学家发现，这些带有镰状细胞的杂合个体更能够抵抗疟疾，镰状细胞病的存在率越高，疟疾的死亡率就越低。由于这些区域患疟疾的人少，所以很多人能够存活并将镰状细胞病传递到下一代。总之，镰状细胞病在非洲持续增加。

数据分析实验

基于真实的数据*

解释图表

镰状细胞病与其他并发症之间的关系是什么？镰状细胞病的患者还有很多其他症状，包括呼吸困难和神经方面的问题。图表所示的是年龄及两种症状——疼痛和发热，检查的时间是急性胸部综合征发作前的两周内。

批判性思维

1. **陈述**哪组年龄的人在住院治疗前的疼痛最强。
2. **描述**年龄与住院治疗前的发热之间的关系。

数据和观察

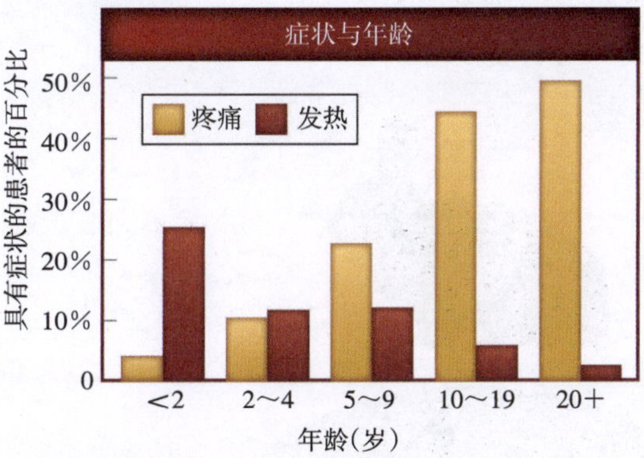

* 数据来源：Walter，et al.2002. Novel therapeutic approaches in sickle cell disease. *Hematology* 17: 10–34.

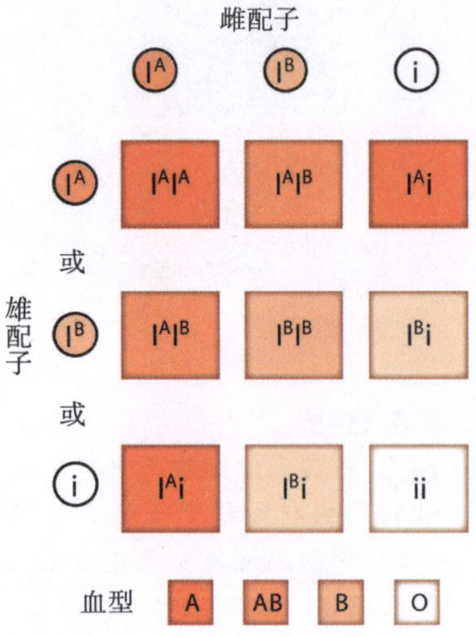

■ **图 11-6** ABO 血型有三种类型的等位基因—I^A、I^B和i。

多重等位基因

并不是所有的性状都是由两个等位基因控制的，一些遗传形式是由多于两个等位基因来控制的，称为**多重等位基因(multiple alleles)**。人类的血型就是一个例子。

人类的血型 **图 11-6**中的ABO血型具有三种等位基因，通常用字母ABO进行标记：I^A表示血型A，I^B表示血型B，i表示血型O。O型缺少AB标记，等位基因i对于I^A和I^B是隐性的，但是I^A和I^B是共显性的，AB型血由等位基因I^A和I^B控制，因此，ABO血型是多重等位基因和共显性的例子。

Rh血中具有Rh因子，是从父母中遗传得到的，包括Rh阳性和Rh阴性(Rh+和Rh−)，Rh+是显性的。Rh因子是一种血液蛋白，是通过研究恒河猴发现的，所以命名为Rh。

兔子的颜色 多重等位基因能表现出性状的分层状态，控制兔子颜色的等位基因有4种：C、c^{ch}、c^h和c。等位基因C对其他等位基因都是显性的，显示同一种颜色。等位基因c是隐性的，纯合体cc是白化的兔子。c^{ch}对c^h是显性的，c^h对c是显性的，其等位基因显性分层为C>c^{ch}>c^h>c。**图 11-7**表示了兔子的基因型和表型，全色对其他颜色是显性，灰色兔对喜马拉雅兔是显性，喜马拉雅兔对白化兔是显性。

多重等位基因增加了基因型和表型的类型，如果没有多重等位基因，两种等位基因(如T和t)，就会形成三种基因型：TT、Tt和tt。但是兔子颜色的4个等位基因会形成10种基因型和4种表型。兔子还有其他更多类型的颜色，是由于控制颜色的基因和其他基因相互作用的结果。

■ **图 11-7** 兔子颜色由多重等位基因控制，4个等位基因决定了兔子的4种基本颜色

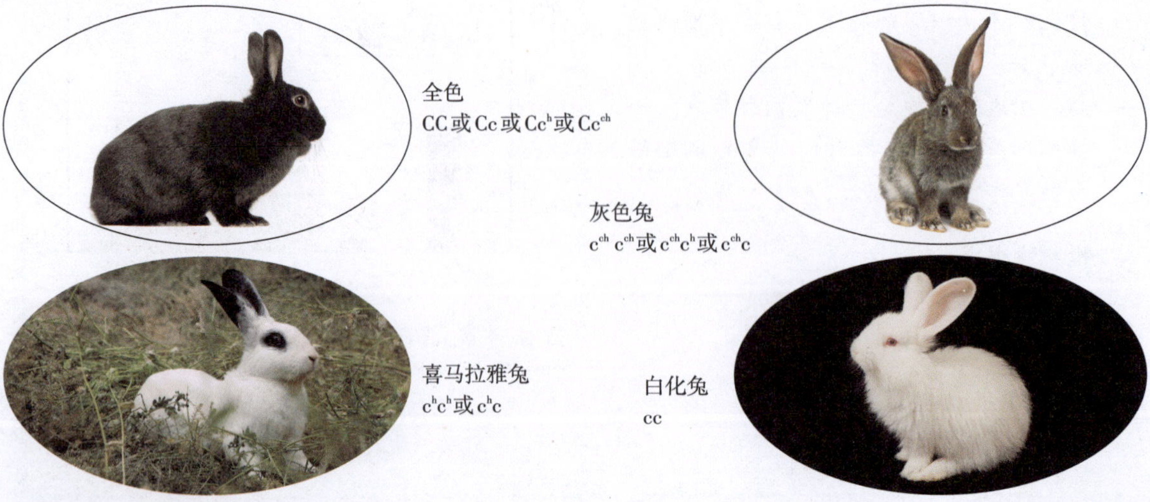

■ **图 11-8** 关于拉布拉多犬颜色的异位显性的结果显示了两个基因的相互作用，有下划线处的基因既可为显性又可为隐性。

异位显性

拉布拉多犬具有从黄到黑的各种颜色，这是由于一条等位染色体受到另一条等位染色体的影响造成的，这种相互作用就叫作**异位显性（epistasis）**。拉布拉多犬的颜色受两个位点的等位染色体控制，显性等位基因E决定毛中是否有黑色素，基因型为ee的狗毛中完全没有黑色素，显性等位基因B决定狗毛中的黑色素有多黑。如**图 11-8** 所示，如果狗的基因型是EEbb或Eebb，狗呈棕色；基因型是eebb、eeBb和eeBB时呈黄色，因为等位基因e能够减弱显性等位基因B的影响。

性别的决定

除了配子细胞之外，你身体中的所有细胞都含有46条染色体，即23对。其中有一对是**性染色体（sex chromosome）**，决定了个体的性别。性染色体有X和Y两种类型，一对性染色体都是XX，为女性，XY则为男性。其他22对染色体叫作**常染色体（autosome）**，如**图 11-9** 所示，子代的性别是由精子和卵细胞中的性染色体的结合来决定的。

■ **图 11-9**
左：X染色体与Y染色体的大小和形状差别很大。
右：性染色体在配子中分离，并通过精子和卵细胞的随机结合形成男性或女性，其比率为1∶1。

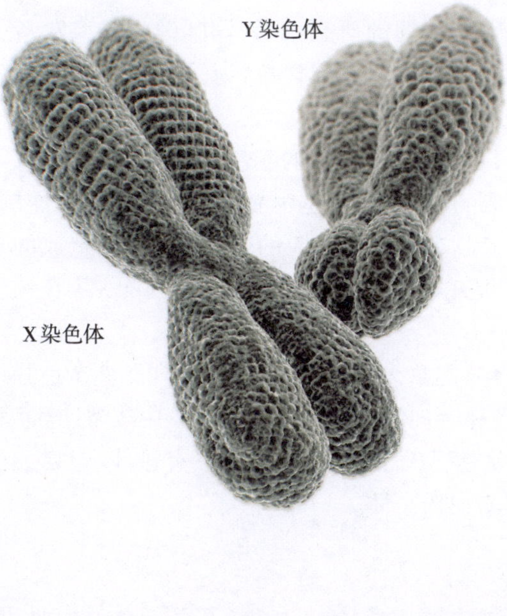

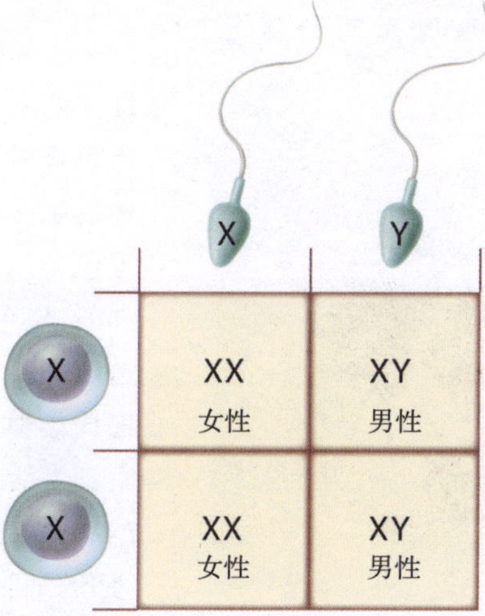

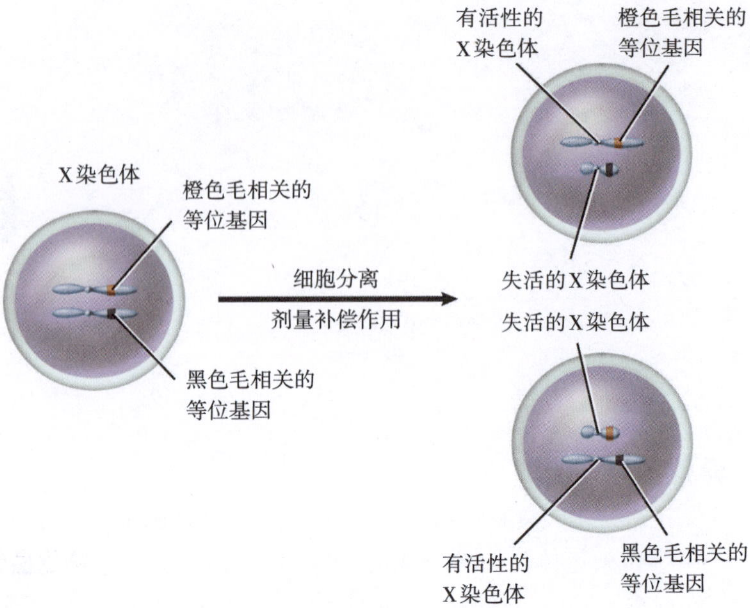

■ **图11-10** 毛的杂色是由于体细胞中的X染色体发生随机失活导致的，从右图中可以看出，一条X染色体编码橙色，另一条编码黑色。

剂量补偿作用

人类女性具有22对常染色体和一对X染色体，男性具有22对常染色体、一条X染色体和一条Y染色体。从**图11-9**可知，X染色体比Y染色体大很多，X染色体具有更多男性和女性发育所需要的基因，Y染色体上的基因与一些男性特征相关。

因为女性具有两条X染色体，所以可以认为女性具有2剂量的X染色体而男性只具有1剂量的X染色体。为了平衡X染色体上基因剂量的差别，女性体细胞中的一条X染色体不发挥作用，将这种作用称作剂量补偿作用或X染色体失活。细胞中哪条X染色体无作用完全是随机的，剂量补偿作用存在于所有哺乳动物中。

根据人类基因组计划的研究结果，国际健康组织发布了新的关于X染色体的信息。一些科学家认为，没发挥作用的X染色体上的一些基因，其实更有活力。

染色体失活 **图11-10**中，杂色猫的颜色是由一条特定的X染色体的随机失活造成的，猫的颜色是由有活性的X染色体控制的。橙色是由于携带控制黑色等位基因的X染色体失活造成的。同样的，黑色的出现是由于携带控制橙色等位基因的X染色体失活造成的。

巴氏小体 1949年，加拿大科学家穆雷·巴尔在雌性杂色猫中观察到失活的X染色体。如**图11-11**所示，细胞核中浓缩且着色很深的失活X染色体就是巴氏小体，后来发现只有雌性（包括人类女性）的细胞核中具有巴氏小体。

■ **图11-11** 雌性体细胞中失活的X染色体叫作巴氏小体，是通常在核周围发现的深色小体。

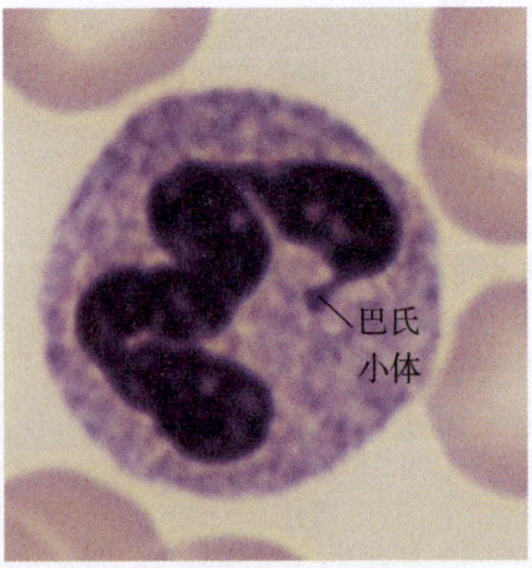

伴性性状

位于X染色体上的基因控制的性状叫作**伴性性状（sex-linked trait）**或X连锁性状。男性只有一条X染色体，他们具有的隐性伴性性状更多，而女性表现的隐性伴性性状较少，因为另一条X染色体的显性性状使得隐性性状不能够表现出来。

一些在常染色体上的性状也有伴性特征，尽管有的从没出现过。当相应性状的等位基因在一种性别中是显性，而在另一性别中是隐性时，则暗示着发生了这种情况。例如，控制秃头的等位基因在女性中是隐性的，但在男性中为显性，能够引起典型的男性秃顶。该性状呈杂合时男性会是秃顶，而只有隐性纯合时，女性才会出现秃顶现象。

红绿色盲 红绿色盲是连锁X染色体的隐性性状，8%的美国男性是红绿色盲。**图11-12**展示了患红绿色盲和没有红绿色盲的人所看到的图像的对比。

分析**图11-12**中的P方阵，其中母亲的一条X染色体携带红绿色盲隐性等位基因，父亲没有携带该隐性等位基因。将表示等位基因的字母写在X上表示伴性性状。可以看出，子代中可能患色盲的只有男孩，因为红绿色盲是X染色体连锁性状，所以很少在女性中出现。

■ **图11-12** 患红绿色盲的人看红色和绿色时，看到的都是灰色。

解释 *为什么患红绿色盲的女性比男性少。*

X^B=正常
X^b=红绿色盲
Y=Y染色体

	X^B	Y
X^B	X^BX^B	X^BY
X^b	X^BX^b	X^bY

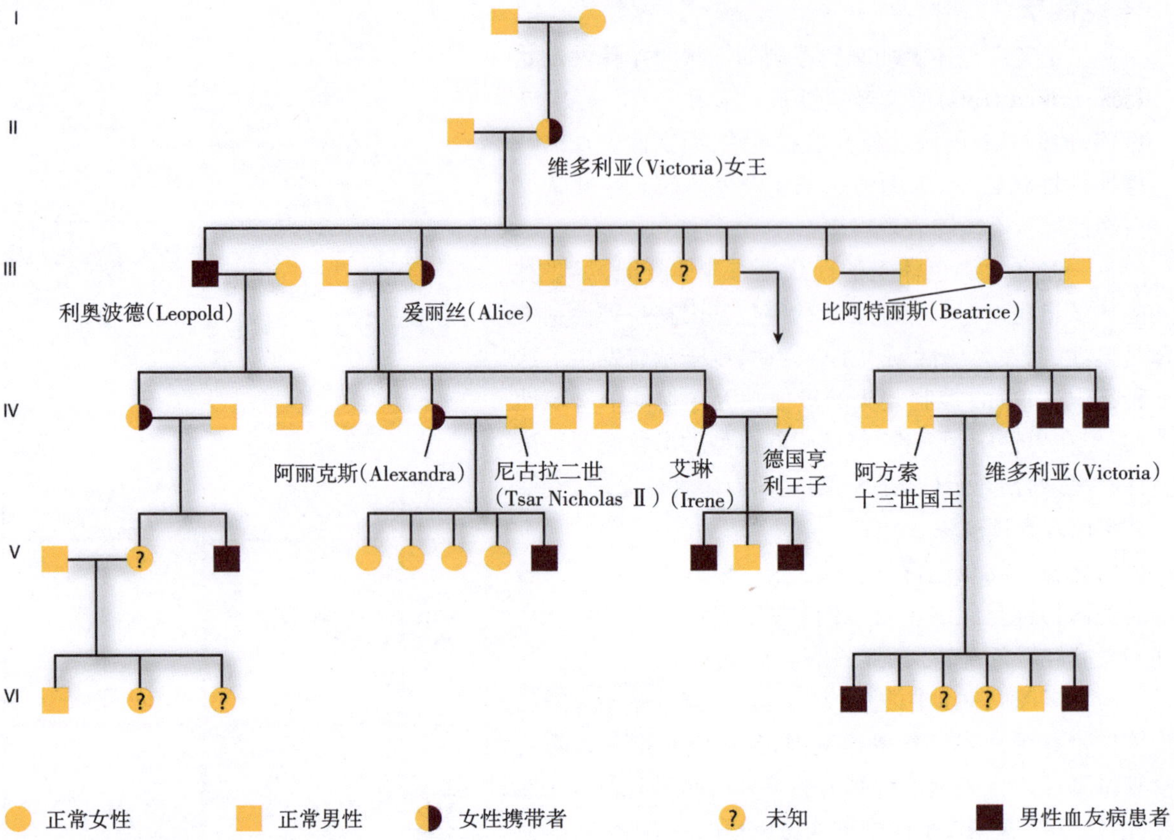

注：由于版面限制，图中只标出部分名称

■ **图11-13** 该系谱图展示了从维多利亚女王开始的英国、俄国、德国和西班牙王室中血友病的遗传情况。

血友病 血友病是另一种隐性的伴性疾病，特征是血液的凝集具有延缓现象，同红绿色盲一样，血友病在男性中更多见。

一份很著名的关于血友病的系谱图(如**图11-13**)是关于英国维多利亚女王家族的(1819～1901)，她的儿子利奥波德(Leopold)死于血友病，她的女儿爱丽丝(Alice)和比阿特丽斯(Beatrice)是携带者，她们分别将血友病传递给了俄国、德国和西班牙的王室家族。从图中可以看出，这个性状是从维多利亚的家族开始的，女王的孙女阿丽克斯(Alexandra)是携带者，与俄国的尼古拉二世(Tsar Nicholas Ⅱ)结婚。另一个孙女艾琳(Irene)将该性状传给了德国王室，第三个孙女维多利亚(Victoria)将血友病传给了西班牙王室家族。

在20世纪之前，没有发现凝血因子，患血友病的男性在很早就会死亡。但是，如丙型肝炎病毒和HIV等血源性病毒很容易通过血友病人进行感染，直到20世纪90年代，发现了安全的输血方法后才得以改观。

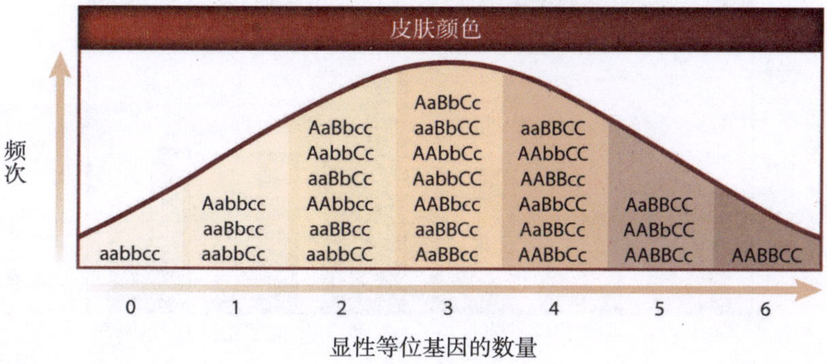

■ **图 11-14** 右图展示了来自三个等位基因控制的皮肤可能具有的颜色，尽管该性状可能包括的等位基因不止三个。

预测 *更多的基因对是会增加还是减少一些可能的表型。*

多基因性状

你已经了解了由一对基因控制的性状，但是，许多表型性状是由多对基因相互作用而得以表现的，科学家将其称作**多基因性状（polygenic trait）**。例如，皮肤颜色、身高、眼睛颜色和指纹等都是多基因性状。根据显性等位基因的数量进行绘制图像，结果出现一条如**图 11-14** 所示的曲线，即中间表型比极端表型更常见，这是多基因性状的一个特征。

阅读检测　推断　根据多基因性状的显性等位基因数量绘制的表中，为什么会出现上图所示曲线？

环境影响

环境对表型具有影响。例如，有无心脏病的发病趋势是可以遗传的。但是，环境因素（如饮食和运动）对该疾病是有影响的。虽然你没有意识到，但是在你周围有很多关于环境因素影响表型的例子。水、阳光和温度都是影响生物体表型的常见因素。

阳光和水　没有足够的阳光，很多开花植物就不会开花。在缺水时，很多植物的叶子会脱落。

温度　随着比较极端的温度变化，很多生物体的表型都会发生变化。例如，在很热时，很多植物会出现叶子萎蔫、花芽皱缩、叶绿素消失、根停止生长等现象。尽管你可能从不认为这些是表型的变化，这些例子可能也不会让你觉得惊奇。温度也能够影响基因的表达。观察**图 11-15** 中猫的颜色，猫的尾巴、爪子、耳朵和鼻子是深色的，编码这些毛中黑色素表达的基因只在低温下表达，因此，猫身上温度低的区域颜色深，而温度高的区域，黑色素的产生受到抑制，该区域的颜色浅。

■ **图 11-15** 暹罗猫的毛中的色素的表达受到温度的影响。

■ **图11-16** 当一种性状在同卵双胞胎中比异卵双胞胎中更多时，则认为该性状更多受遗传的影响。

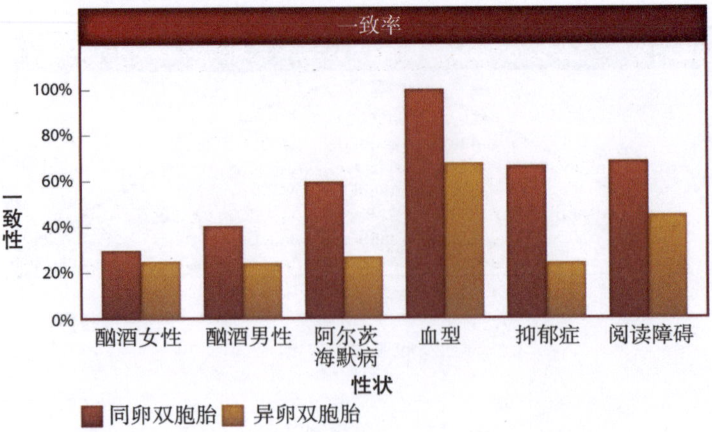

双胞胎的研究

另一种研究遗传模式的方式是利用同卵双胞胎进行研究分析，该模式能够帮助科学家将遗传因素和环境因素分开。同卵双胞胎在遗传学上是完全一致的，当一个性状得到遗传，则同卵双胞胎都具有该性状。科学家得出的结论：在同卵双胞胎中，性状以相同频率出现，至少其中的大部分是由遗传控制的，而不同的性状出现主要是由环境影响的。双胞胎出生以后所表达的性状的百分比叫作一致率。分析**图11-16**中的一些性状及其一致率，从异卵双胞胎和同卵双胞胎之间的区别可以看出强烈的遗传影响。

起步实验

回顾 根据学到的人类遗传学的知识，你能否更好地回答本章开头“起步实验”中的问题？

第2节 测评

要点梳理

- 一些性状是通过复杂的遗传模式进行遗传的，如不完全显性、共显性和多重等位基因等模式。
- 性别由X和Y染色体决定，决定一些性状的基因是与X染色体连锁的。
- 多基因性状包括的等位基因不止一对。
- 遗传和环境都会影响生物体的表型。
- 研究大家族和双胞胎的遗传模式有助于了解复杂的人类遗传现象。

要点理解

1. 主要概念 **描述**复杂遗传的两种模式，并解释它们同孟德尔模式的区别。
2. **解释** 什么是异位显性，其同显性之间的区别是什么？
3. **推断** 父亲的血型是A型，母亲的是B型，女儿的是O型，两个儿子的分别是AB型和B型。问：父母的基因型是怎样的？
4. **分析** 对于双胞胎的研究对区别遗传因素和环境因素的影响能够提供怎样的帮助？

批判性思维

5. **评估** 镰状细胞病对非洲中部的人们是有利的还是有害的？

生物中的数学

6. 如果父亲是色盲，母亲是正常性状的纯合体，那么儿子视觉正常的概率是多少？请解释。

第3节

染色体与人类遗传

本节预览

核心问题

- 如何将染色体组型用于研究遗传缺陷?
- 端粒的作用是什么?
- 不分离现象同唐氏综合征及其他染色体数不正常的疾病之间有怎样的关系?
- 产前诊断检测的利处和风险是什么?

术语回顾

有丝分裂:细胞分裂过程中,在细胞核内发生的细胞活动阶段,包括前期、中期、后期和末期。

关键术语

染色体组型
端粒
不分离现象

主要概念 **可以利用染色体组型研究染色体。**

联系实际 你在玩拼图游戏时丢失过部分碎片吗?如果丢失的碎片很重要,那么你就没法继续游戏。如同丢失的碎片对游戏的影响一样,染色体的缺失对生物体也具有很严重的影响。

染色体组型研究

对遗传物质的研究不仅仅是对基因的研究,科学家通过在有丝分裂中期对染色体着色成像后,研究全部染色体。同源染色体上的相同位置能被染色标记出来。在有丝分裂中期,染色体高度浓缩且有姐妹染色单体。同源染色体对按从大到小的顺序排列,形成的微观图像就是**染色体组型(karyotype)**。如**图11-17**,男性和女性的染色体组型都是23对,包括22对一致的常染色体和一对不一致的性染色体。

端粒

在染色体的末端具有保护作用的帽子就是**端粒(telomere)**,是由DNA和蛋白质结合组成的,对染色体的结构具有保护功能。端粒在所有人(包括癌症患者)中都是存在的。

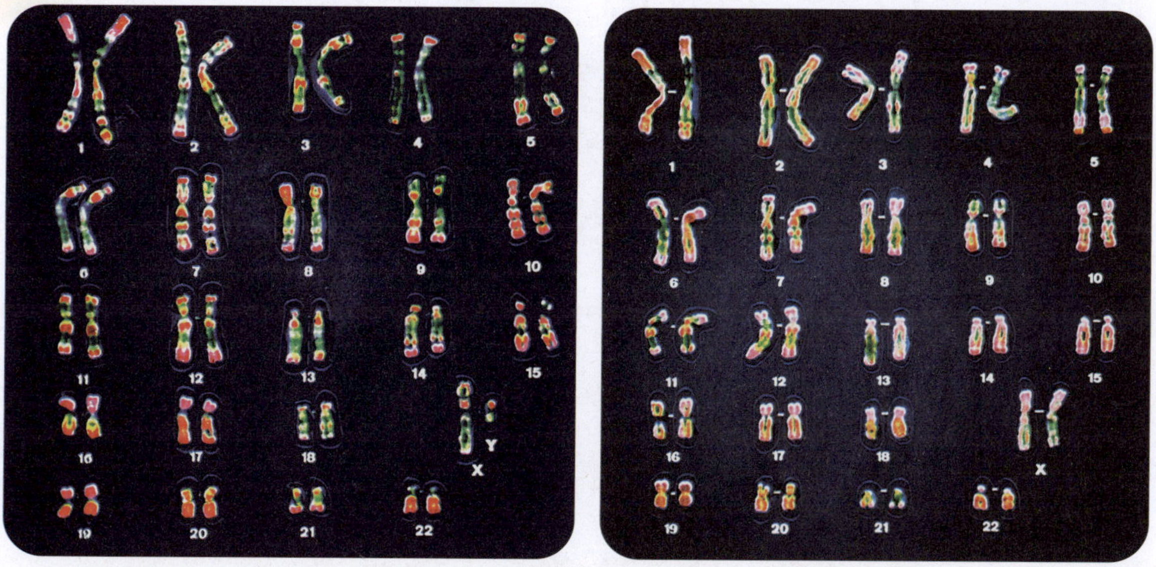

图11-17 染色体组型中同源染色体按由大到小的顺序排列。
区别 *哪两条染色体不同于其他染色体对。*

图解染色体不分离现象

图11-18
减数分裂中产生的正常配子能够形成正常的二倍体个体，橙色的染色体来自一个亲本，蓝色的染色体来自另一个亲本。

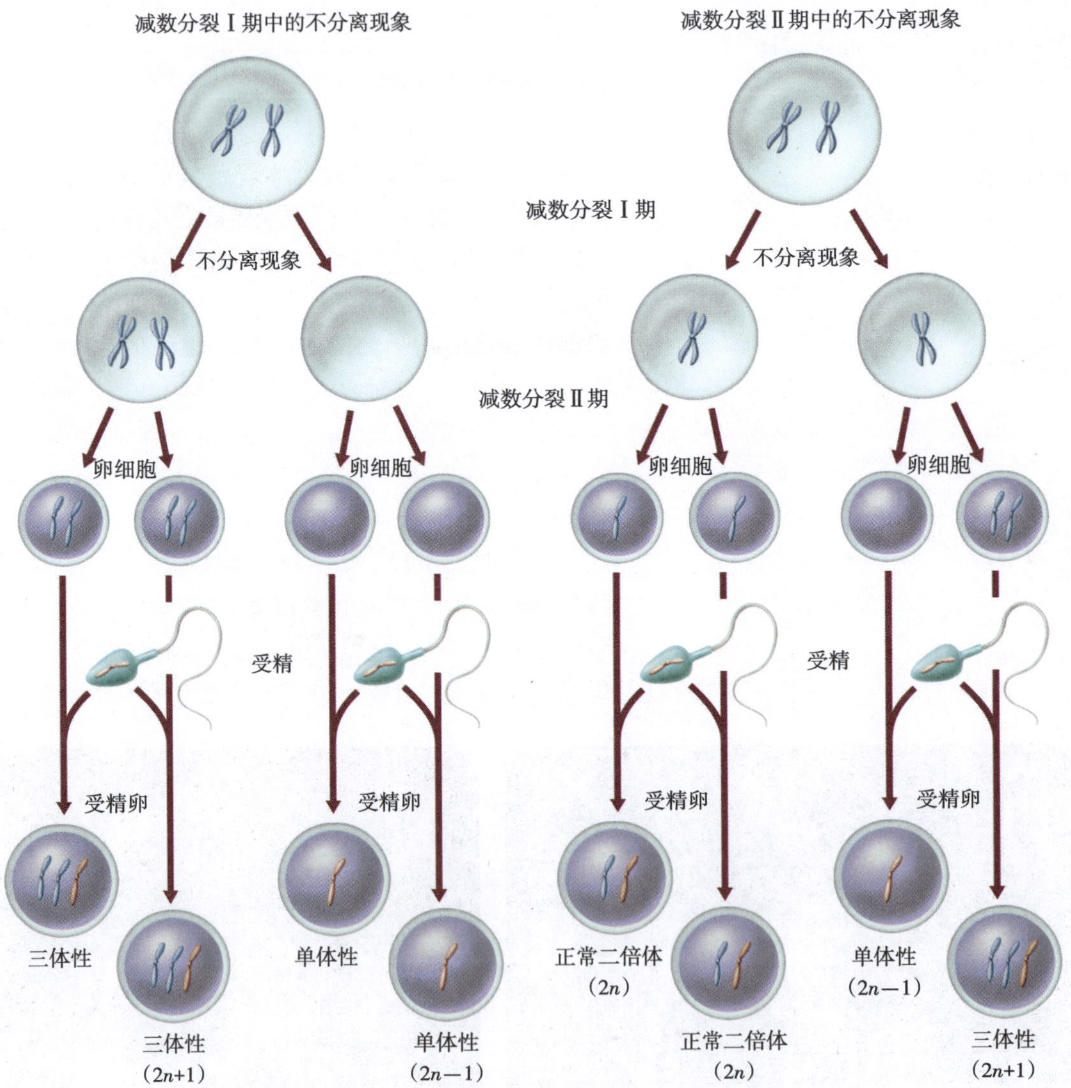

不分离现象

姐妹染色单体随着细胞分裂发生分离，因此每个新的细胞中具有正常数量的染色体。在细胞分裂过程中，姐妹染色单体偶尔出现分离失败，就会导致染色体**不分离现象（nondisjunction）**的发生。

如**图 11–18** 所示，若不分离现象发生在减数分裂Ⅰ期和减数分裂Ⅱ期，则配子细胞中就会出现错误的染色体数。当这些配子同其他配子进行杂交时，产生的子代的染色体数也是错误的。具有三条同样染色体的个体叫作三体性，具有一条染色体的个体叫作单体性。不分离现象可以发生在所有能够进行减数分裂的生物中。在人类中，不正常的染色体数往往导致致死的缺陷疾病。

唐氏综合征 科学家最早发现的人类染色体缺陷病是唐氏综合征，是由于多了一条21号染色体，所以通常称其为21三体综合征。根据**图 11–19**，分析患唐氏综合征孩子的染色体组型，可知她的21号染色体是三条。唐氏综合征的特征包括**图 11–19** 中明显的面部特征、身体短小、心脏有缺陷且精神失常。在美国出生的孩子中，患唐氏综合征的比例是 $\frac{1}{800}$，怀孕妈妈的年龄越大，出现的频率越高。研究发现，年龄在45岁以上的女性所生的后代患唐氏综合征的概率高达6%。

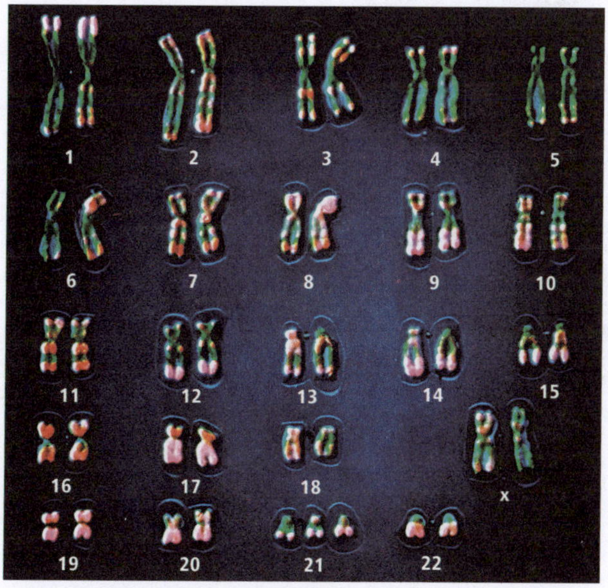

■ **图 11–19** 患有唐氏综合征的人具有明显的特征，其染色体组型中多了一条21号染色体。

表11-4	性染色体中的不分离现象						
基因型	XX	XO	XXX	XY	XXY	XYY	OY
例子	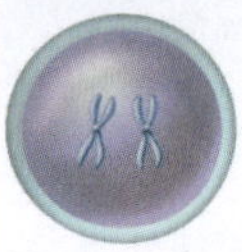	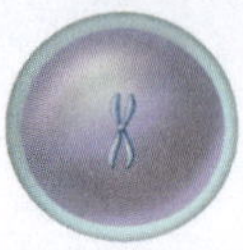	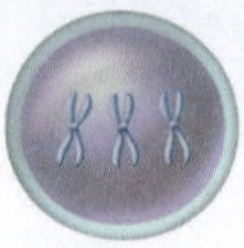	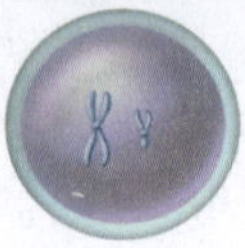	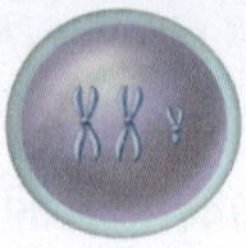		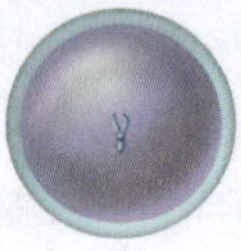
表型	正常女性	特纳综合征女性	近乎正常的女性	正常男性	克氏综合征男性	正常或近乎正常的男性	导致死亡

性染色体　不分离现象在常染色体和性染色体中都有可能发生。人类性染色体中的一些染色体不分离现象导致的结果参照**表11-4**,特纳综合征的个体只具有一条性染色体,这是由于参与受精的一个配子中不含性染色体。

产前诊断

怀疑可能具有遗传缺陷的夫妻以及一些年龄大的夫妻想知道他们的状态能否生育健康孩子,可以求助于产前诊断。目前,科学家一直在研究各种对男性和女性都有效的检测方法。

迷你实验 2

拓展遗传学家的研究方法

遗传学家是怎样研究人类遗传的? 传统的调查植物、动物和微生物的遗传学方法不适用于研究人类,系谱图是研究人类遗传的有效工具。在本实验中,你会由此拓展学习另一种方法——人口抽样调查。

步骤

1. 阅读并完成实验室安全表。
2. 根据教师的指导绘制数据表。
3. 抽查你的小组成员的拇指灵活的性状。
4. 抽查你的组别中由教师指定的其他性状。
5. 统计数据并进行分析,确定这些性状是显性还是隐性。

分析

1. **解释数据**　你获得的什么数据能确定抽查的性状是显性还是隐性?
2. **批判性思维**　你如何检查你的结果是正确的?解释为什么可能会出现错误的结果。

表11-5	产前诊断	
检测	好处	风险
羊膜穿刺	诊断不正常的染色体 诊断其他缺陷	会让孕妇觉得不舒服 轻微的感染风险 流产风险
胎儿绒毛取样	诊断不正常的染色体 诊断有无一些已经了解的遗传缺陷	新生儿会有肢体缺陷的风险 轻微的感染风险 流产风险
胎儿血液取样	诊断不正常的染色体或基因 诊断胎儿的血液情况及含氧量 在出生前给胎儿进行药物补给	抽血位置出血的风险 轻微的感染风险 胎儿死亡的风险 羊水漏出的危险

链接健康 很多产前诊断能够给父母和医生提供重要的信息。**表11-5**描述了一些产前诊断的利弊。在给受检夫妻一些关于检查的建议时，医生必须考虑诸多因素。任何检测中都会存在一些小的风险。如果对孕妇和胎儿有危险，医生将不建议进行产前诊断。因此，在考虑是否需要产前诊断时，医生需要综合考虑孕妇的健康问题以及胎儿的情况。若决定进行产前诊断，则在检测过程中要全程监测孕妇和胎儿的健康状况。

第3节 测评

要点梳理

- 染色体组型是染色体的微观图像。
- 染色体末端的帽子结构叫作端粒。
- 染色体不分离现象会导致配子出现不正常的染色体数。
- 唐氏综合征是由染色体不分离现象导致的。
- 可以通过产前诊断检测可能的基因和染色体缺陷。

要点理解

1. **主要概念** **解释**科学家是怎样利用染色体组型研究遗传缺陷的。
2. **总结**端粒的作用。
3. **绘制**减数分裂中发生的染色体不分离现象的简图。
4. **分析**为什么男性的X或Y染色体上片段的缺失造成的问题比女性中一条X染色体上的片段缺失造成的问题更严重。

批判性思维

5. **绘制**一份关于雌性生物体的染色体组型图，其$2n=8$，且其3号染色体是三体性的。
6. **讨论**产前诊断的利弊。

科技 写作

7. 研究不分离现象产生的结果(不包括唐氏综合征)，根据你的发现写一篇小短文。

生物学领域

遗传诊断和支持

职业：遗传顾问

你是否知道你们家族中有什么遗传缺陷病？遗传顾问能够专业地揭示和解释这些信息。

遗传顾问 遗传顾问运用遗传学知识给受遗传缺陷病影响的人们提供信息和支持。他们在基因诊断、监测和相关治疗选择方面是专业的。遗传顾问也接受过与基因诊断的结果相关的情感心理方面的培训，他们会组织活动，并进行相关的讲解。

遗传诊断包括什么？

进行基因诊断确定特定的基因或染色体是否正常，一般包括血液或组织的取样。在产前诊断中，有必要时医生会对羊水或胎儿周围的组织进行取样。

在正式开始诊断之前，如果能够事先提供你的家族中其他人的患病细节，有时需要追溯到祖父辈，将会给疾病风险的判断提供帮助。一些家族的遗传史能够给医生提供足够的遗传诊断信息。

哪些人需要进行遗传诊断？ 有时候医生会建议进行遗传诊断，但更多的是人们自愿想了解更多的信息。

进行遗传诊断的一些可能原因：

有遗传缺陷家族史；

一种癌症的非常规发生；

担心后代可能有由遗传引起的健康问题；

准备怀孕的夫妻希望知道他们的后代会不会有遗传方面的患病风险。

有时候，医生需要一个口腔拭子进行取样来进行检测。

目前有数百种遗传检测的方法。虽然医生和健康专家能够进行遗传检测，但他们经常会建议病人先去咨询经过专业训练的遗传顾问，由他们给病人提供比较可行的选择建议。

科技 写作

辩论 组织一场与遗传诊断的潜在用途相关的辩论，写出你的论点，并对辩论进行总结。

生物实验室

在一张脸上能看出什么？调查人类面部的遗传特征。

背景：很多人知道他们头发和眼睛的颜色是遗传了父母的。除此之外，还有很多其他与人类遗传相关的头部和面部特征也是遗传自父母。本实验中，你会调查一些能够遗传的面部结构，这些结构构成了人类的面部特征。

问题：构成人类面部的哪些结构是由遗传决定的？

实验器材

硬币，每组2枚硬币：正面＝显性性状，反面＝隐性性状。

由教师提供的用于记录能够遗传的面部特征的表格。

设计与实施实验

1. 阅读并完成实验室安全表。
2. 和另一位同学合作。
3. 你们两人中，一位代表父亲，另一位代表母亲。
4. 代表父亲的同学抛硬币，若正面朝上则表示生的孩子为女孩，反面朝上为男孩。记录子代的性别。
5. 你与你的搭档需同时抛硬币，每种性状只抛一次硬币。
6. 对表中的所有性状抛硬币，记录子代的性状并填到表格的正确位置。
7. 性状确定完后绘制脸部特征，给孩子取名并向班上其他同学展示。

实验分析和结论

1. **批判性思维**　为什么是代表父亲的同学最开始抛硬币来决定子代的性别？
2. **计算**　男性和女性子代的比率分别是多少？
3. **分析原因和影响**　关于以下三个孩子，其父母的基因型是怎样的？孩子基因型为：男孩直发（hh），女孩是波浪发（Hh），另一个孩子是卷发（HH）。
4. **观察和推断**　哪个性状是共显性的？
5. **分析和总结**　你期待班级中的其他组的结果同你们组的相似吗？请解释。

科技 写作

研究　想象你在为一家报社写科学专栏。一位读者写信给你，希望你能讲解一下遗传顾问这个职业。请你写一篇相关的文章。

第11章 复习指南

内容聚焦 **多样性** 复杂的遗传形式，如ABO血型中的多重等位基因和共显性，产生了一系列特征，增加了物种的多样性。

大概念 人类遗传与孟德尔定律并不完全一致。

第1节 人类遗传的基本模式

携带者
系谱图

主要概念 一种性状在一个家族几代之间的遗传能在一张系谱图中显示出来。

- 显性和隐性等位基因能够引起遗传缺陷疾病。
- 囊性纤维化是能够影响黏液腺和汗腺的遗传缺陷疾病。
- 白化病人的皮肤、眼睛和头发中没有黑色素。
- 亨廷顿病会影响神经系统。
- 软骨发育不全也称作侏儒症。
- 系谱图用来研究人类的遗传模式。

第2节 复杂的遗传模式

不完全显性
共显性
多重等位基因
异位显性
性染色体
常染色体
伴性性状
多基因性状

主要概念 一些性状的复杂遗传不同于孟德尔描述的遗传模式。

- 一些性状是通过复杂的遗传模式进行遗传的，如不完全显性、共显性和多重等位基因等模式。
- 性别由X和Y染色体决定，一些性状同X染色体连锁。
- 多基因性状包括不止一对等位基因。
- 遗传和环境都会影响生物体的表型。
- 研究大家族和双胞胎的遗传模式有助于了解复杂的人类遗传现象。

第3节 染色体与人类遗传

染色体组型
端粒
不分离现象

主要概念 可以利用染色体组型研究染色体。

- 染色体组型是染色体的微观图像。
- 染色体末端的帽子结构叫作端粒。
- 染色体不分离现象会导致配子出现不正常的染色体数。
- 唐氏综合征是由染色体不分离现象导致的。
- 可以通过产前诊断检测可能的基因和染色体缺陷。

第11章 测评

第1节

术语回顾

利用“复习指南”中的术语回答以下问题。

1. 描述一个人是隐性缺陷病的杂合体的术语是什么？
2. 怎样用图表示亲本和子代之间的遗传模式？

要点理解

3. 下列疾病是由显性等位基因控制的是(　　)。
   A. 白化病
   B. 囊性纤维化
   C. 泰-萨克斯病
   D. 亨廷顿症
4. 下列不属于囊性纤维化病人的特征的是(　　)。
   A. 氯离子通道有缺陷
   B. 消化出现问题
   C. 缺少皮肤黑色素
   D. 反复性肺部感染

根据下图回答第5、6题。

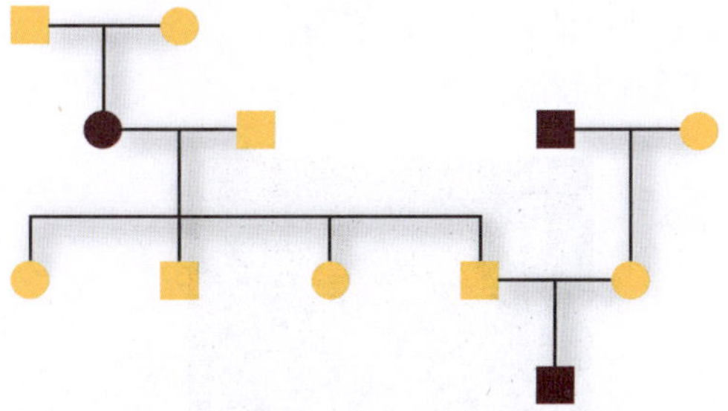

5. 下列不属于图中的遗传模式的缺陷病是(　　)。
   A. 囊性纤维化
   B. 白化病
   C. 泰-萨克斯病
   D. 亨廷顿症
6. 该系谱图中受影响的有(　　)。
   A. 1个男性，2个女性
   B. 1个男性，1个女性
   C. 2个男性，1个女性
   D. 2个男性，2个女性

回答问题

根据下图回答第7题。

7. **开放式回答**　想象所有动物具有和人类一样的遗传缺陷，图中矮小树蛙的遗传缺陷的专业名称叫什么？描述其遗传模式。
8. **简要回答**　父亲患亨廷顿症，母亲没有症状，预测他们的孩子的基因型。

批判性思维

9. **得出结论**　患囊性纤维化病人过度分泌的黏液与氯离子之间的关系。

第2节

术语回顾

用“复习指南”中的正确术语替代画线的词语。

10. <u>共显性</u>是一种遗传模式，其中杂合基因型能够导致一个处于显性性状和隐性性状之间的中间表型。
11. 具有不止一对可能的性状的特征被认为是<u>异位显性</u>。
12. 在性染色体上的基因同<u>多重等位基因</u>相联系。

第11章 测评

要点理解

13. 决定人类性别的是(　　)。

A. X和Y染色体　　B. 21号染色体

C. 共显性　　D. 异位显性

14. **主要概念** 能描述人类血型遗传的两个术语是(　　)。

A. 不完全显性和共显性

B. 共显性和多重等位基因

C. 不完全显性和多重等位基因

D. 共显性和异位显性

根据下图回答第15题。

15. **内容聚焦 多样性** 萝卜的颜色由不完全显性控制，上图是每种颜色表型，两株杂种植株进行杂交会产生的表型现比例是(　　)。

A. 红色:白色=2:2

B. 红色:紫色:白色=1:1:1

C. 红色:紫色:白色=1:2:1

D. 红色:白色=3:1

回答问题

16. **简要回答** 怎样用异位显性解释拉布拉多犬的不同颜色?

17. **简要回答** 解释有红绿色盲的男性是不是杂合体。

18. **简要回答** 如果一种表型是多重基因遗传的结果，那么会看到哪些表型?

批判性思维

19. **评估** 为何对人类遗传的研究是比较困难的?

20. **总结** 以下性状遗传信息的意义:对于一个确定的性状，同卵双胞胎中的一致率达54%，而异卵双胞胎中的一致率不到5%。

第3节

术语回顾

根据以下定义的描述在“复习指南”中找出与之对应的术语。

21. 保护染色体的末端。

22. 细胞分裂中发生的错误。

23. 着色的染色体的微观图像。

要点理解

24. **主要概念** 能够解释人类具有47条染色体的是(　　)。

A. 单体性　　B. 共显性

C. 三体性　　D. 显性性状

25. 染色体不分离现象会发生的原因是(　　)。

A. 胞质分离发生不正确

B. 核仁没有消失

C. 姐妹染色单体没有发生分离

D. 染色体没有正常浓缩

根据下图回答第26题。

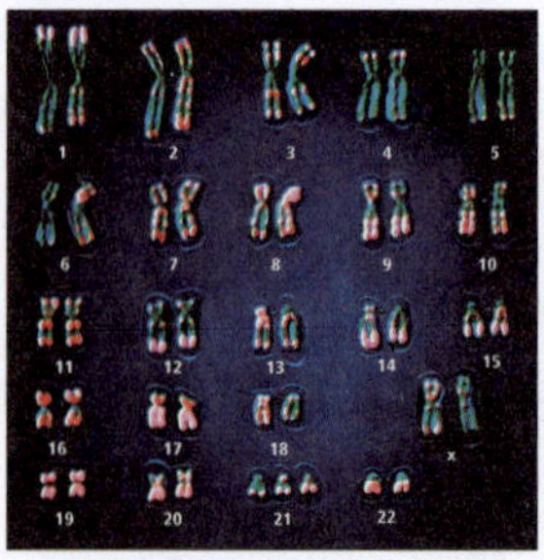

26. 在染色体组型中能够鉴定出的缺陷病是(　　)。

A. 特纳综合征　　B. 克氏综合征

C. 唐氏综合征　　D. 不会表现出缺陷病

27. 下列关于端粒的说法正确的是(　　)。
   A. 能在染色体的末端发现
   B. 由DNA和糖组成
   C. 能够保护染色体
   D. 参与老化

回答问题

根据下图回答第28题。

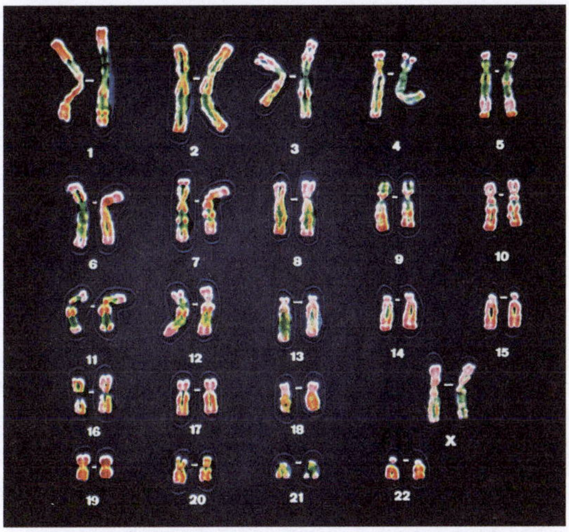

28. **简要回答** 描述图中染色体组型的产前诊断的方法。
29. **简要回答** 唐氏综合征有什么特征？
30. **开放式回答** 人类中发生过很多能够致死的三体或单体性案例，为什么会发生这些？

批判性思维

31. **思考** 为什么染色体需要端粒？
32. **解释** 为什么患有特纳综合征的女孩又具有红绿色盲症，但她的父母都是视觉正常的？
33. **列举** 以下例子中额外的染色体会导致什么发生？在分析一个男性胎儿的细胞染色体组型时，发现他具有一条额外的X染色体。

总结性测评

34. 大概念 列举一个与孟德尔定律相一致的性状遗传例子，对该性状运用孟德尔定律，说明经过推断得出的表型和基因型与实际存在的表型和基因型有什么区别。
35. 描述血友病的遗传模式。
36. 描述导致唐氏综合征的原因。
37. 科技 **写作** 根据**表11-2**描述的其中一种遗传缺陷疾病写一段文字，然后根据文字描述绘制系谱图。

DBQ 资料分析题

根据环境对表型的影响回答问题。

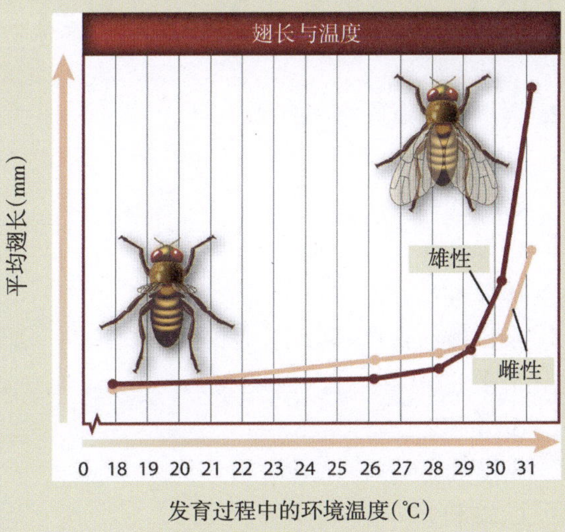

数据来源：Harnly, M.H.1936. Genetics. *Journal of Experimental Zoology* 56: 363–379.

38. 是雄性的还是雌性的翅膀长度受温度影响更多？请解释。

标准化测试

选择题

1. 当细胞的表面积和体积之比较小时，对细胞产生的影响是(　　)。

A. 氧扩散进细胞的能力

B. 细胞中产生的能量总量

C. 蛋白质进入细胞

D. 细胞中蛋白质的合成率

根据下图回答第2～4题。

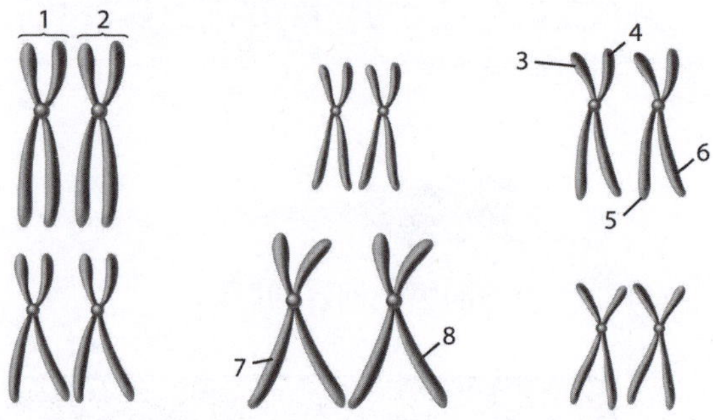

2. 属于同源染色体对的是(　　)。

A. 1和2

B. 3和4

C. 3和6

D. 7和8

3. 染色体的这些部分中，有可能出现在同一配子中的是(　　)。

A. 1和2

B. 3和6

C. 3和7

D. 5和6

4. 假设图中的染色体是一个生物体细胞中的全部染色体，那么在其减数分裂Ⅰ期结束后形成的细胞中有(　　)条染色体。

A. 3

B. 6

C. 9

D. 12

5. 下列代表多倍体生物的是(　　)。

A. $\frac{1}{2n}$

B. $\frac{11}{2n}$

C. $2n$

D. $3n$

根据下图回答第6、7题。

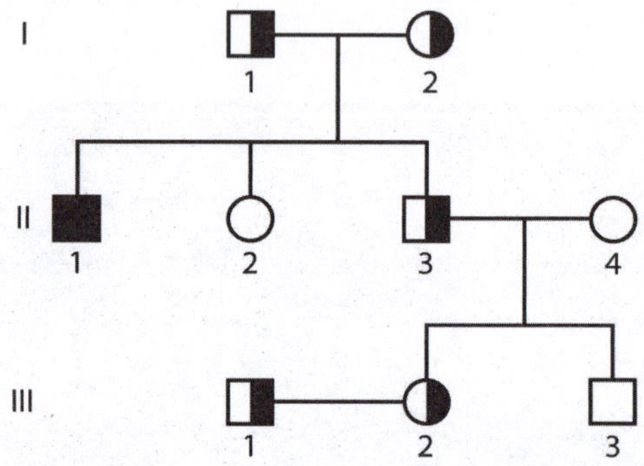

6. 根据该系谱图，会出现疾病症状的人是(　　)。

A. $Ⅰ_1$　　**B.** $Ⅱ_1$

C. $Ⅱ_2$　　**D.** $Ⅲ_2$

7. 根据系谱图分析，是携带者但生的小孩不会患病的人是(　　)。

A. $Ⅰ_1$　　**B.** $Ⅱ_1$

C. $Ⅱ_3$　　**D.** $Ⅲ_1$

8. 下列情况下，会引起有丝分裂的是(　　)。

A. 细胞相互接触

B. 细胞周期建立

C. 环境条件艰苦

D. 缺乏生长因子

9. 感觉寒冷的时候，你的身体通过打寒战来提高身体的温度。这显示的生命特征是(　　)。

A. 随着时间身体在适应

B. 身体在生长和发育

C. 身体具有多个细胞

D. 身体在维持稳态

简答题

10. 在豌豆中，黄粒是显性，绿粒是隐性，利用P方阵表示杂合黄粒豌豆和绿粒豌豆进行杂交的结果。

11. 根据第10题中的P方阵，子代中的纯合个体比率是多少？请解释。

12. 亨廷顿症是显性遗传缺陷病，应该可以从种群中筛选出来。思考这种疾病为什么还在持续发生。

13. 解释恶性肿瘤是如何在细胞周期发生破坏后形成的。

14. 写出细胞分裂过程中产生三体性子代所发生的阶段。

15. 类囊体膜和内质网膜在新陈代谢中功能。解释这个功能重要或不重要的理由。

16. 假设一对夫妻都具有症状比较温和的某遗传缺陷病，但生的孩子都具有严重症状。这种疾病发生的遗传模式是怎样的？

17. 分别对物种多样性、遗传多样性和生态系统多样性进行举例描述。

开放题

根据下图回答第18题。

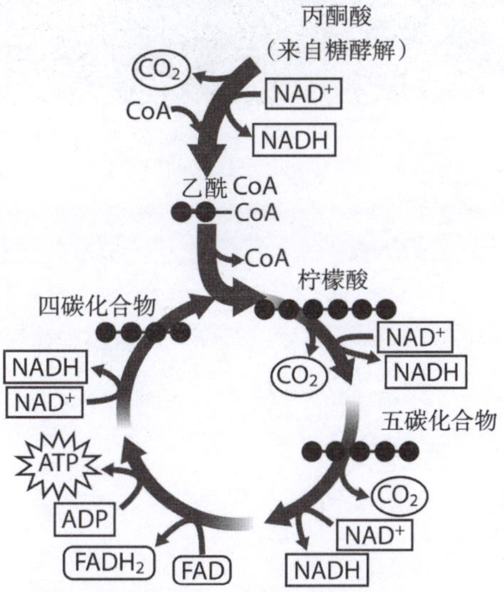

18. 鉴别并总结图中循环的各阶段。

19. 描述微管的功能，并预测当细胞没有微管时会发生什么。

论述题

孟德尔调查的豌豆类型既有紫花又有白花，其中一种是显性性状，另一种是隐性性状。

利用上文中的信息，以论文形式回答下列问题。

20. 解释孟德尔会进行怎样的实验来确定哪种为显性性状。

考点提示																				
测试题号	1	2	3	4	5	6	7	8	9	10	11	12	13	14	15	16	17	18	19	20
对应章节	9.1	10.1	10.1	10.1	10.1	11.1	11.1	9.2	1.1	10.2	10.2	11.1	9.3	11.3	8.2, 8.3	11.2	2.2	8.3	7.3	10.2

第12章

分子遗传学

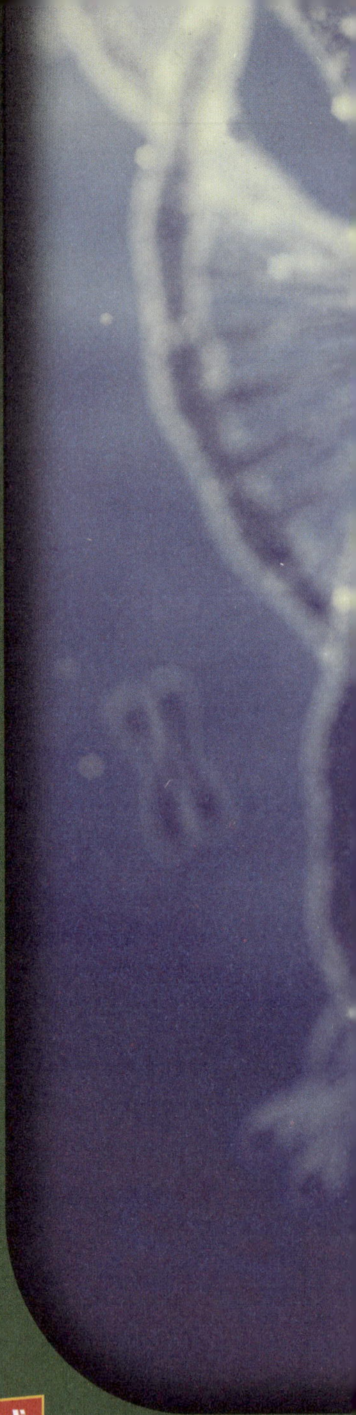

起步实验

谁发现了DNA?

21世纪以来,科学家关于遗传学、DNA和生物技术的知识体系有了很多积累。在本实验中,你会了解到科学家发现DNA的精彩历程。

步骤

1. 3～4人组成一组,找出对认识基因及DNA作出重要贡献的科学家及相关实验。
2. 预习本章有关DNA的内容。
3. 找出本章有关DNA的重大事件,制成一条时间线。

分析

1. **对比与比对**你们组与其他小组的时间线。
2. **推断**为什么过去的实验结果对后来的每一位科学家都至关重要。

折叠式

学习卡

制作一本具有两个标签的小册子,用来记录转录和翻译的笔记。

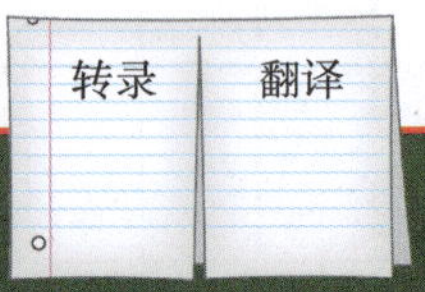

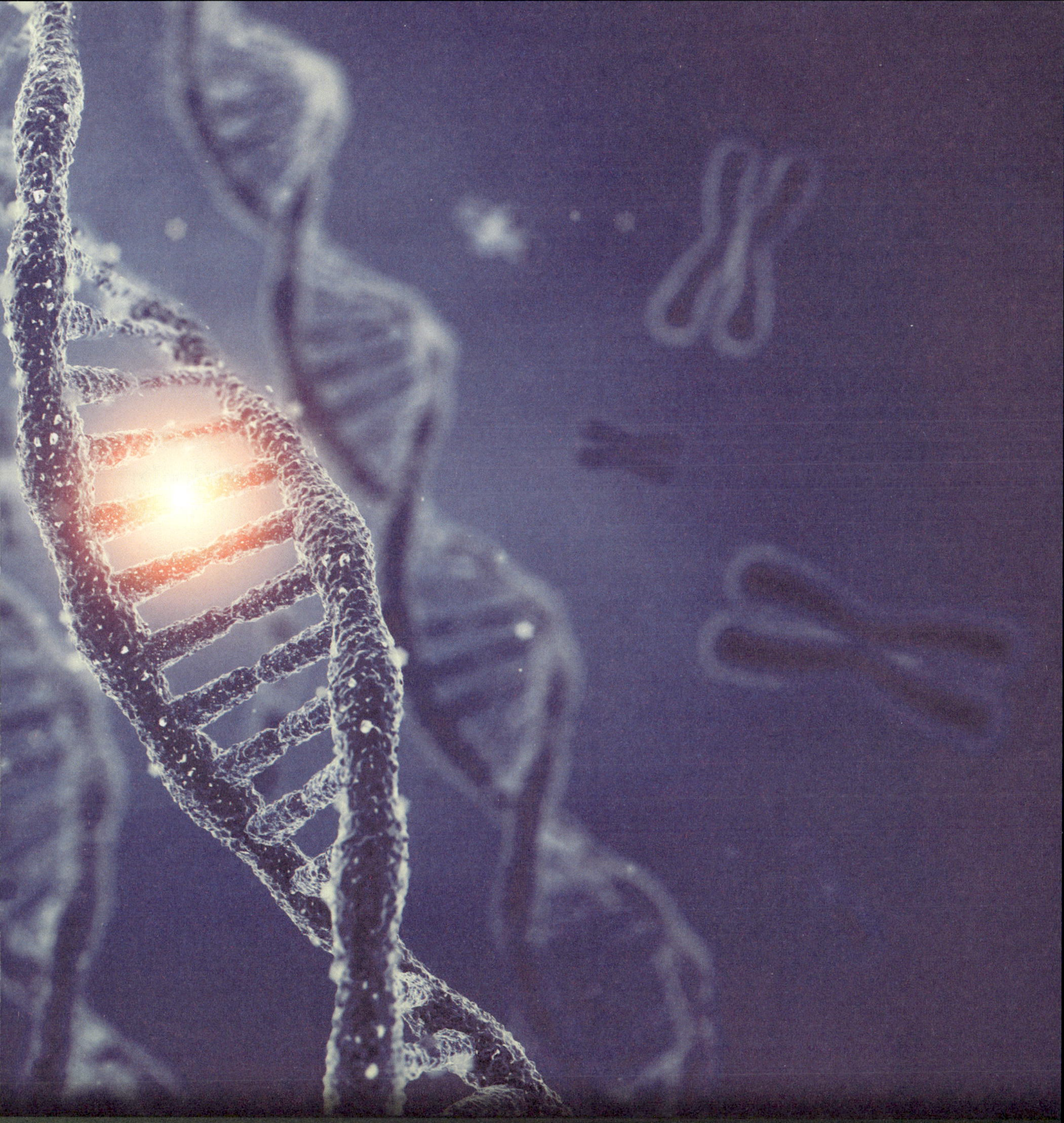

内容聚焦 科学探究

对DNA结构的分析改变了生物学研究领域。

大概念 DNA是能够编码蛋白质的遗传物质。

第1节·DNA：遗传物质

第2节·DNA的复制

第3节·DNA、RNA和蛋白质

第4节·基因调控和突变

第1节

本节预览

核心问题

- 发现DNA是遗传物质的是什么实验?
- DNA的基本结构是怎样的?
- 真核生物染色体的结构是怎样的?

术语回顾

核酸:存储细胞编码信息的复杂生物分子。

关键术语

双螺旋结构
核小体

DNA:遗传物质

主要《概念　发现DNA是遗传密码的相关实验。

联系实际　你喜欢看侦探小说或电视上的破案节目吗?侦探们寻找线索分析案情,而遗传学家就可以作为寻找遗传线索的侦探。

遗传物质的发现

孟德尔的研究在20世纪被重新发现后,科学家开始研究遗传中的相关分子。科学家发现,真核细胞中的染色体携带着遗传信息,但DNA和蛋白质都是构成染色体的主要成分。他们在很长一段时期内一直在探索究竟是DNA还是蛋白质是遗传信息的来源。

格里菲斯　发现DNA为遗传物质的最早实验是1928年由格里菲斯完成的。如**图12-1**所示,他用一种有荚膜、毒性强的肺炎双球菌(S)和一种无荚膜、毒性弱的肺炎双球菌(R)对老鼠进行实验。实验过程如**图12-2**所示,他把有荚病菌用高温杀死后与无荚的活病菌一起注入老鼠体内,结果发现老鼠很快发病死亡。他从老鼠的血液中分离出了活的有荚病菌。这说明无荚菌竟从死的有荚菌中获得了什么物质,使无荚菌转化为有荚菌。这种假设是否正确呢?格里菲斯又在试管中做实验,发现把死了的有荚菌与活的无荚菌同时放在试管中培养,无荚菌全部变成了有荚菌。他还发现使无荚菌长出蛋白质荚的就是已死的有荚菌壳中遗留的核酸(因为在加热时,有荚菌中的核酸并没有被破坏)。格里菲斯称该核酸为转化因子,该实验使得研究上升到寻找转化物质的阶段。

■ **图12-1**　光滑的S型肺炎双球菌能够引起肺炎,不光滑的R型肺炎双球菌没有毒性,这两种菌可以通过菌落的表型进行鉴定区分。

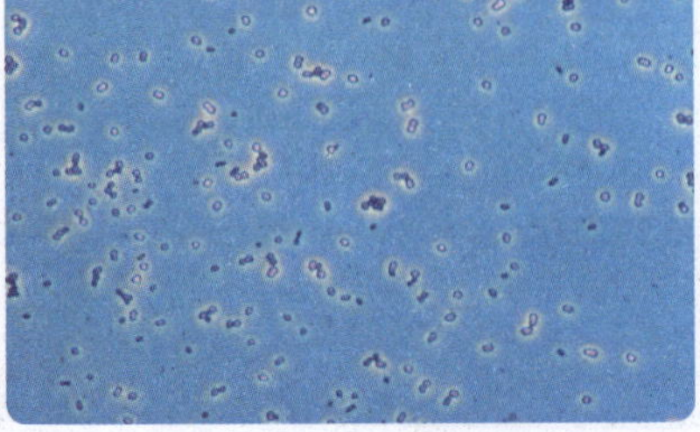

光滑的S型肺炎双球菌

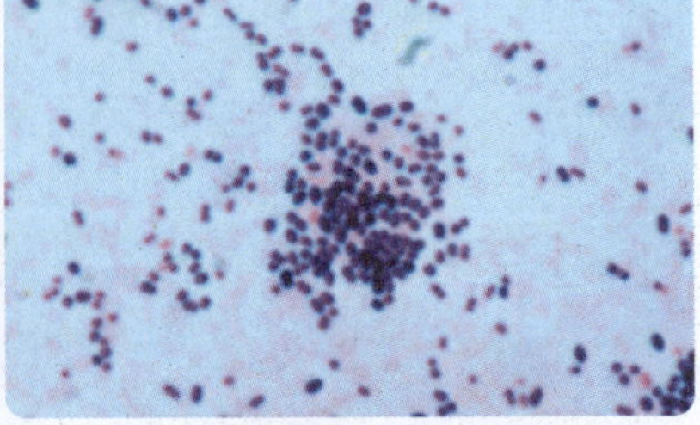

不光滑的R型肺炎双球菌

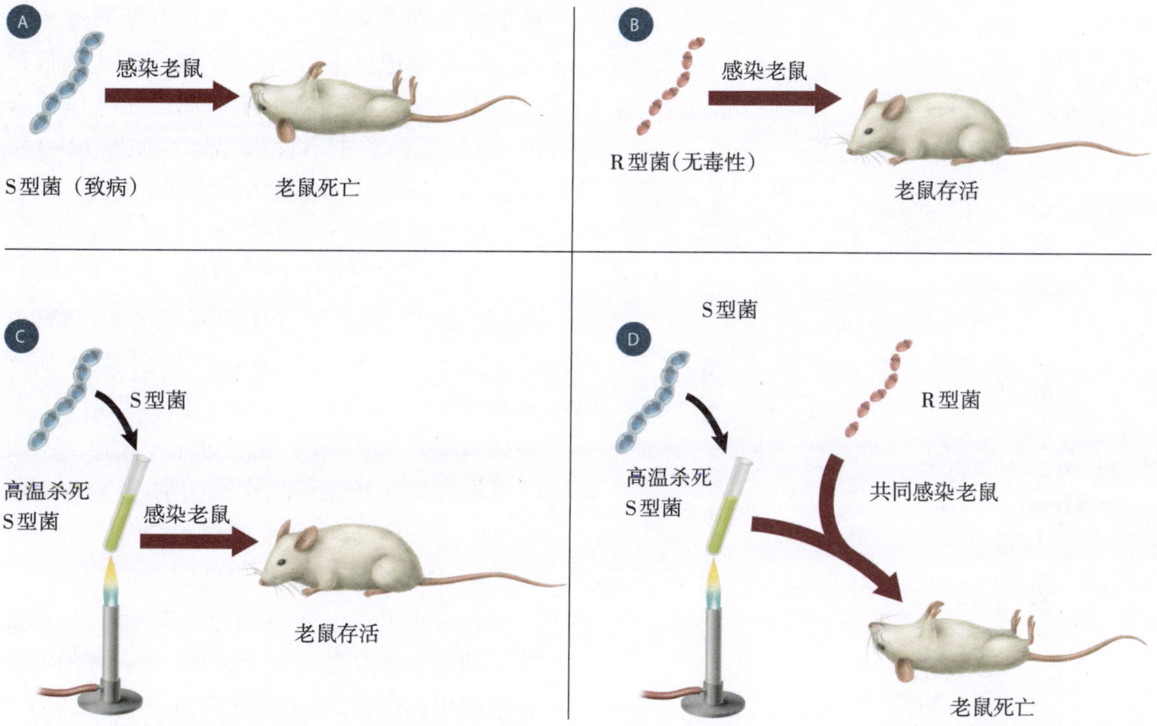

图12–2 格里菲斯的实验展示了不光滑细菌能够变成光滑的细菌。
解释 *为什么格里菲斯能够得出活的R型菌变化成S型菌的结论。*

艾弗里 1944年，艾弗里及其同事分析鉴定细菌间转化的物质。他们从被杀死的S型菌中分离出DNA、蛋白质和脂质等大分子物质，分别将这些物质与活的R型菌细胞结合，发现只有结合了S型菌DNA的R型菌转化成了S型菌。他们的结论是在格里菲斯实验中，高温杀死的S型菌的未失活DNA被释放，一些R型菌细胞吸收了这些DNA，然后这些细胞变成了S型菌。但这个发现没有得到广泛的认可，人们怀疑当时的技术不能除净蛋白质，残留的蛋白质也可能起到转化的作用。

阅读检测 **解释**艾弗里是如何发现转化因子的。

赫尔希和蔡斯 1952年，噬菌体小组主要成员赫尔希和他的学生蔡斯发表了关于DNA是转化因子的研究结果。他们的实验材料包括一种能够侵染细菌的噬菌体病毒。两个特性使得该实验能够确定DNA是遗传物质。首先，本实验利用了仅由DNA和蛋白质组成的噬菌体；其次，病毒不能够进行自我复制，它们必须将其遗传物质导入一个活的细胞中才能进行繁殖。他们分别标记了构成病毒的两种物质，分析是哪种物质作为遗传物质进入了细菌细胞。

术语

转化

能够引起类型或种类的改变。

艾弗里利用DNA转化细菌。

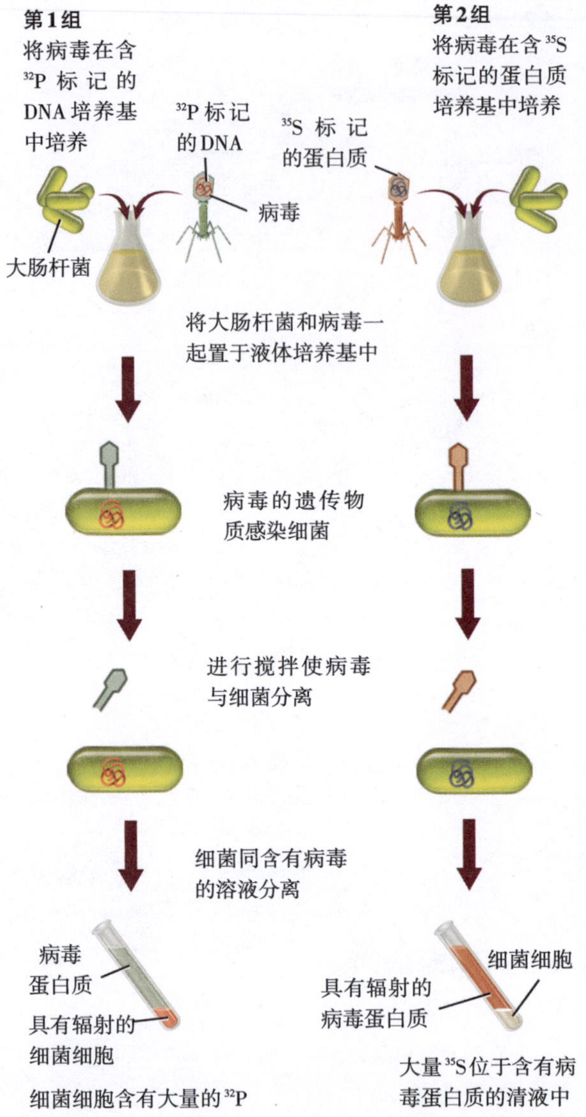

■ **图12-3** 赫尔希和蔡斯利用同位素标记技术证明了DNA是病毒中的遗传物质。

放射性同位素标记 赫尔希和蔡斯通过放射性同位素标记技术，追踪噬菌体侵染大肠杆菌过程中噬菌体的DNA和蛋白质。DNA中不含硫元素，蛋白质中不含磷元素。如**图12-3**所示，把大肠杆菌T2噬菌体的核酸标记上^{32}P，蛋白质外壳标记上^{35}S。

先用标记了的T2噬菌体感染大肠杆菌，在感染阶段，病毒附着在细菌细胞上，将其遗传物质导入细胞中，被感染的细胞最后和病毒分开。

追踪DNA 分析第一组有^{32}P标记的实验，发现具有标记的DNA进入了细菌细胞，而含有标记DNA的病毒最后和细菌细胞分开。这进一步表明，DNA携带有遗传信息。

在分析第二组有^{35}S标记的实验时，发现被标记的蛋白质在细菌细胞外面，而病毒的繁殖在细胞里面进行，这表明没有被^{35}S标记的遗传物质进入了细胞。**表12-1**总结了赫尔希和蔡斯的实验结果。

本研究的结论是病毒的DNA进入细胞中并为产生新的病毒提供了遗传信息。这个实验强有力地证明了DNA具有传递遗传信息的功能，而蛋白质则是由DNA指导合成的。

阅读检测 **解释**为什么在细菌中产生新的病毒特别重要。

表12-1	赫尔希和蔡斯的实验结果		
第1组 用^{32}P标记病毒		第2组 用^{35}S标记病毒	
被感染的细菌	含病毒的上清液	被感染的细菌	含病毒的上清液
细菌中发现含^{32}P的病毒DNA； 病毒复制繁殖； 产生含^{32}P的DNA的新病毒	没有含^{32}P的DNA； 病毒没有繁殖	细菌中没有含^{35}S的蛋白质； 病毒复制繁殖； 产生没有标记的新病毒	含有^{35}S标记的蛋白质； 病毒没有繁殖

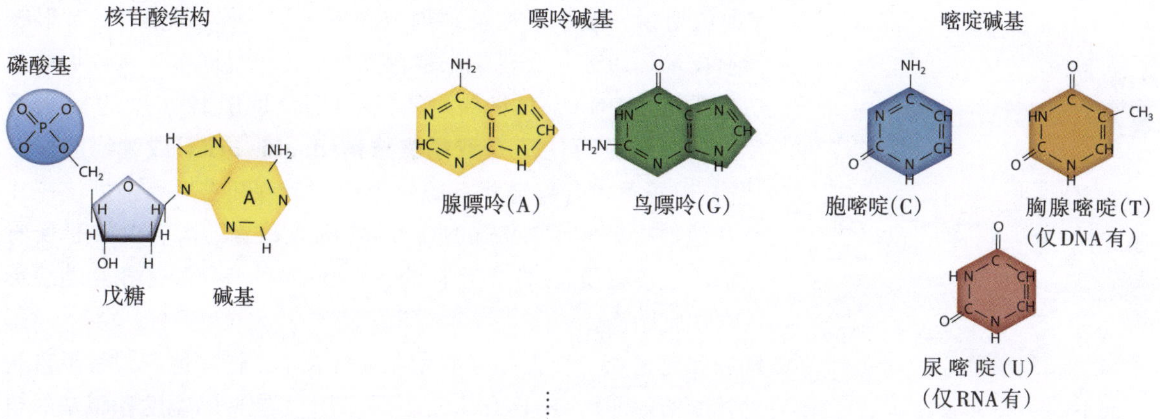

■ **图12-4** 核苷酸由磷酸基、戊糖和一个碱基构成,在组成DNA和RNA的亚结构核苷酸中共有5种不同的含氮碱基。

鉴别 *嘌呤碱基和嘧啶碱基之间的区别。*

DNA的结构

在赫尔希和蔡斯的研究之后,科学家更加确信DNA是遗传物质,可以根据此线索鉴别遗传物质。但是新出现的问题是核苷酸是怎样形成DNA分子的,以及DNA是如何进行信息交流的。

核苷酸 20世纪,科学家认为核苷酸是组成DNA的基本结构,核苷酸是核酸的亚单位,由五碳糖、磷酸基和含氮碱基组成。核酸包括DNA和RNA两种,DNA核苷酸包括脱氧核糖、磷酸基和四种含氮碱基,分别是腺嘌呤(A)、鸟嘌呤(G)、胞嘧啶(C)和胸腺嘧啶(T)。RNA核苷酸包括核糖、磷酸基和四种含氮碱基,分别是腺嘌呤(A)、鸟嘌呤(G)、胞嘧啶(C)和尿嘧啶(U)。如**图12-4**所示,腺嘌呤(A)和鸟嘌呤(G)是双环结构的嘌呤碱基,嘧啶(C)、胸腺嘧啶(T)和尿嘧啶(U)是单环结构的嘧啶碱基。

查格夫法则 查格夫分析了各种物种DNA中的嘌呤碱基和嘧啶碱基的总量,1950年发表了查格夫法则。如**图12-5**所示,在同一物种中,腺嘌呤的总量和胸腺嘧啶的总量相等,鸟嘌呤和胞嘧啶的总量相等,即A=T,G=C。

关于结构的问题 当四位科学家联合研究DNA结构时,查格夫法则的意义和重要性就显示出来了,他为英国化学家富兰克林、英国物理学家威尔斯和克里克以及美国生物学家沃森提供了能够回答关于结构问题的关键信息。

■ **图12-5** 查格夫法则:虽然不同物种间的碱基含量不同,但同一物种中A=T,G=C。

查格夫数据

	碱基成分(摩尔百分数)			
生物体	A	T	G	C
大肠杆菌	26.0	23.9	24.9	25.2
酵母菌	31.3	32.9	18.7	17.1
鲱鱼	27.8	27.5	22.2	22.5
老鼠	28.6	28.4	21.5	21.5
人类	30.9	29.4	19.9	19.8

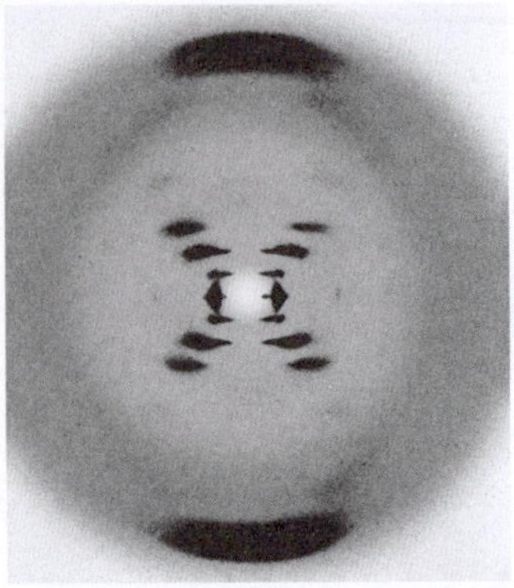

■ **图12-6** 富兰克林的51号照片，该数据帮助沃森和克里克证实了DNA的结构。经过仔细分析和测量，该图片表示的是螺旋结构的特点。

X射线衍射 威尔斯在英国伦敦国王大学工作，那里具备X射线衍射技术。1951年女科学家富兰克林成为他的同事。富兰克林成功地拍摄了DNA晶体的X射线衍射照片，即**图12-6**中的51号照片。该图片表明DNA是**双螺旋结构（double helix）**或缠绕的梯形结构，由两条核苷酸链相互缠绕形成。沃森和克里克根据该照片及其他数据证实了DNA的这种特殊的双螺旋结构。DNA是所有生物的遗传物质，由两条互补的、精确配对的核苷酸链相互缠绕形成双螺旋结构。

沃森和克里克 沃森和克里克在剑桥大学工作。他们观察了富兰克林的衍射图后，结合查格夫法则，测量了螺旋的宽度和碱基的空间大小，并根据这些数据制作了一个双螺旋模型，如**图12-7**所示。他们所推测的分子的一些重要特征如下：

1. 外侧的两条链由脱氧核糖和磷酸组成。
2. 胞嘧啶和鸟嘌呤通过3个氢键连接配对。
3. 胸腺嘧啶和腺嘌呤通过2个氢键连接配对。

DNA结构 DNA是一种缠绕的梯子状结构。脱氧核糖和磷酸基构成的链形成梯子的扶手，配对的碱基对（C—G或A—T）形成梯子的台阶或横档，嘌呤碱基和嘧啶碱基配对能够使得两条链之间维持一特定的距离。这种结构也解释了查格夫法则，即DNA的嘌呤碱基数和嘧啶碱基数相同。碱基对之间的精确配对，是亲本链复制合成新链DNA的特征。

起步实验

回顾 根据你所了解的DNA的相关研究历史，将怎样回答本章开头“起步实验”中的问题？

阅读检测 **解释**为什么查格夫法则是分析DNA结构的重要线索。

■ **图12-7** 利用查格夫法则和富兰克林的数据，沃森和克里克揭开了DNA的结构之谜。

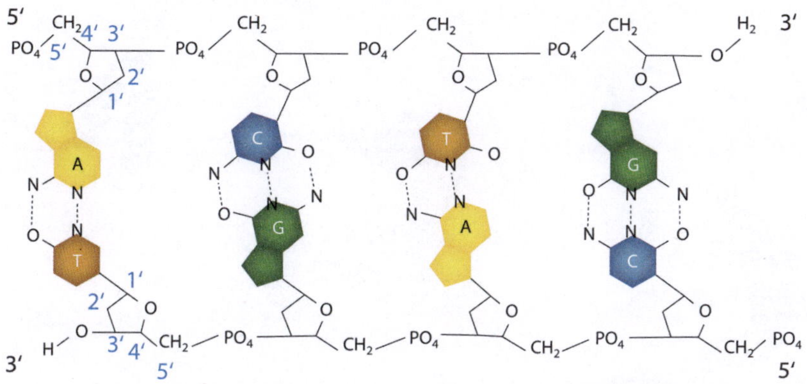

■ **图12-8** DNA的两条链反向平行排列形成DNA的螺旋结构。

解释 *为什么DNA的末端用3′和5′来表示。*

方向 DNA分子的另一种特征是根据双链的方向可以计算出有机分子中碳的数量。**图12-8**表示了每条DNA链中戊糖分子中，计算碳的数量的方向。在图中，上边一条链中戊糖的最左边是5′端；下边一条链的最右边是3′端。链的方向定为从5′到3′端，则下边一条链的方向是反方向的3′到5′，两条链的这种方向叫作反向平行。将两支铅笔反向平行放置，一支笔的笔尖同另一支笔的橡皮头放置在同一侧，就可以观察到反向平行模式。

发表结果 1953年，沃森和克里克在《自然》杂志上发表的一篇论文震惊了科学界，该论文阐明了DNA的结构以及对DNA基于此结构进行复制的模式的假设。在同一期刊上，威尔斯和富兰克林提供的证据支持了沃森和克里克的结构猜想。然而，如何验证DNA的复制模式？DNA作为遗传密码是如何运作的？这些问题依旧是未知的。

迷你实验 1

DNA的结构模式

DNA分子的结构是怎样的？ 构建一个模型用来更好地理解DNA分子结构。

步骤

1. 阅读并完成实验室安全表。
2. 根据教师提供的材料，构建一小片段DNA分子的结构模型。
3. 鉴别模型中的各种部分分别代表DNA分子中的哪些部分。

分析

1. **描述**DNA分子的结构。
2. **确定**你在构建模型时关注的是DNA结构的哪些特征。
3. **推断**你的模型的哪些方面与你同学的模型不同。

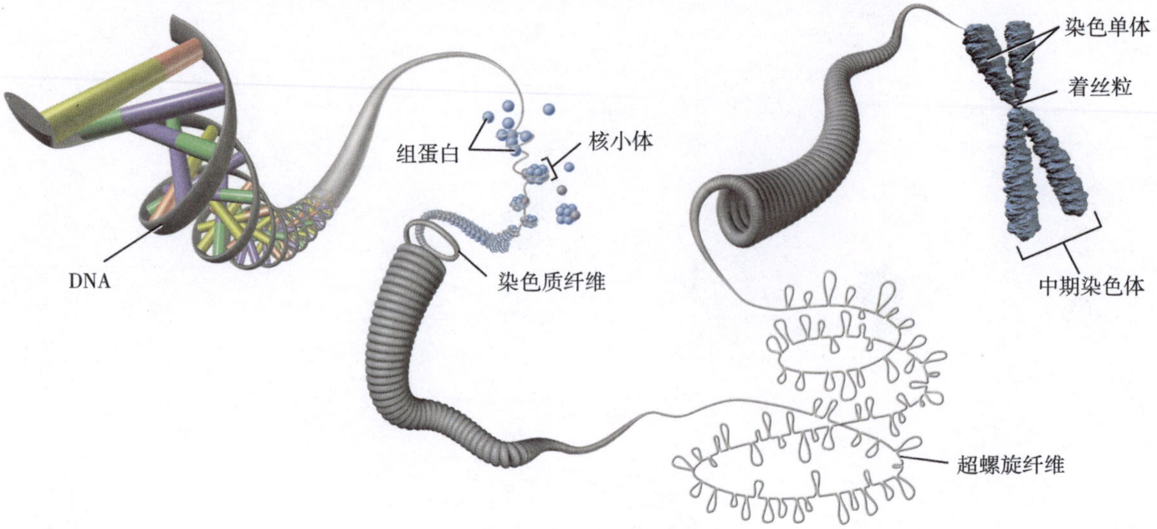

■ **图 12–9** DNA缠绕组蛋白形成核小体，核小体缠绕形成染色质纤维，后者经过超螺旋形成有丝分裂中期可见的染色体。

染色体的结构

原核细胞中，DNA分子位于细胞质中，与蛋白质结合并呈环状。真核细胞中，DNA组成染色体，人类的染色体有5100万～2.45亿个碱基对。如果一条DAN链有1.4亿个核苷酸，将其拉成直线时大约长5厘米。这些DNA是如何存储在一个微小细胞中的？在真核细胞的细胞核中，如**图 12–9**所示，DNA同组蛋白相结合，DNA中的磷酸基带有负电荷，使DNA同带正电荷的组蛋白相吸引形成**核小体（nucleosome）**，核小体能够形成染色质纤维，而后者进行超螺旋形成染色体结构。

第1节 测评

要点梳理

- 格里菲斯的细菌实验和艾弗里的解释最早表明DNA是遗传物质。
- 赫尔希和蔡斯的实验为DNA是病毒中的遗传物质提供了证据。
- 查格夫法则表明，DNA中腺嘌呤和胸腺嘧啶的数量相等，鸟嘌呤和胞嘧啶的数量相等。
- 沃森、克里克、富兰克林和威尔斯的工作为DNA的双螺旋结构提供了证据。

要点理解

1. 主要概念 总结格里菲斯和艾弗里证明DNA是遗传物质的实验。
2. **描述**沃森和克里克在研究DNA的结构时利用的信息。
3. **绘制**一个DNA片段，显示出DNA的螺旋及互补的碱基对。
4. **描述**真核细胞染色体的结构。

批判性思维

5. **描述**DNA能够作为遗传物质所需要的两种特性。
6. **评价** 赫尔希和蔡斯是用放射性磷元素和硫元素进行实验的，那么可不可以改用碳或氧来进行？为什么？

第2节

本节预览

核心问题

- 在DNA复制过程中，酶的功能是什么？
- 前导链和后随链的合成有什么差别？
- 比较真核生物和原核生物中DNA是如何复制的。

术语回顾

模板：DNA的一条链作为模板合成新的DNA分子。

关键术语

半保留复制
DNA聚合酶
冈崎片段

DNA的复制

主要概念 **DNA的复制是以一条初始链为模板，合成一条与之相互补的DNA链的过程。**

联系实际 利用复印机进行复印时，人们都希望复印材料与原来的保持一致。如果走样了，那就说明复印得不够精确有效。思考一下你体内的DNA是如何进行复制的。

半保留复制

沃森和克里克在发表DNA结构时，同时提出了DNA**半保留复制（semiconservative replication）**的模型。该模型表明，DNA在复制时，双链解旋分开，每条链作为模板合成互补链，生成两个新的DNA分子。子代DNA分子中的一条链来自亲代DNA，另一条链是新合成的。有丝分裂和减数分裂的间期都会发生DNA复制，如**图12-10**所示。半保留复制过程主要分为三个阶段：解旋、碱基配对和连接。

解旋 DNA解旋酶是解旋和拉开DNA双螺旋链的酶，能够促使碱基之间的氢键断裂，形成单链DNA，然后相关结合蛋白与单链DNA结合，使DNA在复制期间保持单链状态。随着DNA的解旋，RNA引发酶给每条DNA链上加了一个叫作RNA引物的RNA短片段。

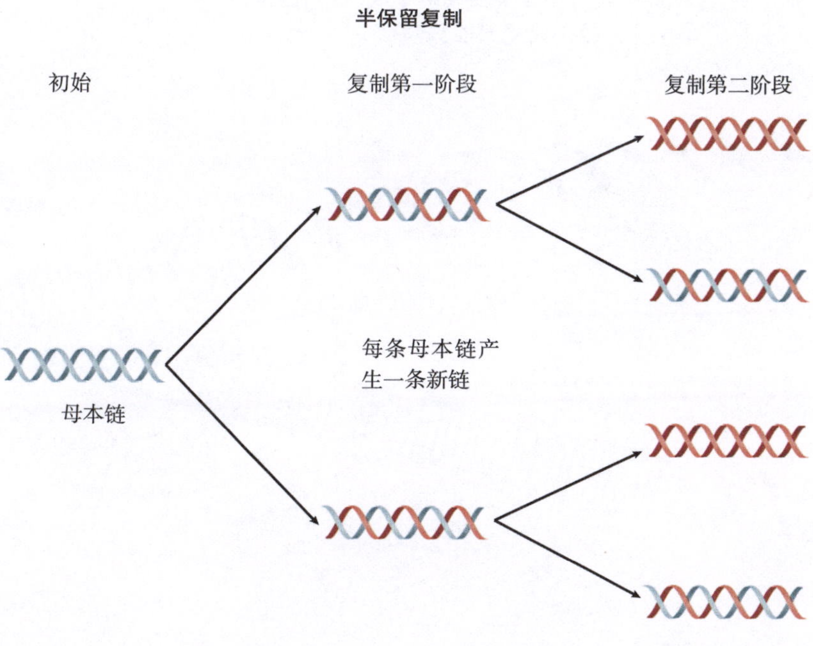

图12-10 半保留复制中，母链DNA双链解开，分别作为模板链合成新的DNA链，新的DNA又经过复制形成四条DNA。

迷你实验 2

DNA复制模式

DNA分子是如何进行复制的？利用模型来更好地理解DNA分子的复制。

步骤

1. 阅读并完成实验室安全表。
2. 利用迷你实验1中的DNA模板以及额外的材料，制作DNA片段复制的模型。
3. 用你的模型向班上同学展示DNA的复制过程，同时介绍每一阶段所需要的酶。

分析

1. **解释**如何通过你的DNA复制模型展示半保留复制。
2. **推断**在细胞中没有DNA连接酶时，DNA的复制会受到怎样的影响。
3. **识别**在复制过程中可能会发生错误的位置。

■ **图12-11** 在复制过程中，DNA链分开，形成两条DNA单链，每条链分别作为模板链来合成新的DNA。
推断_为什么后随链的合成是产生许多条片段而不是进行持续的合成。_

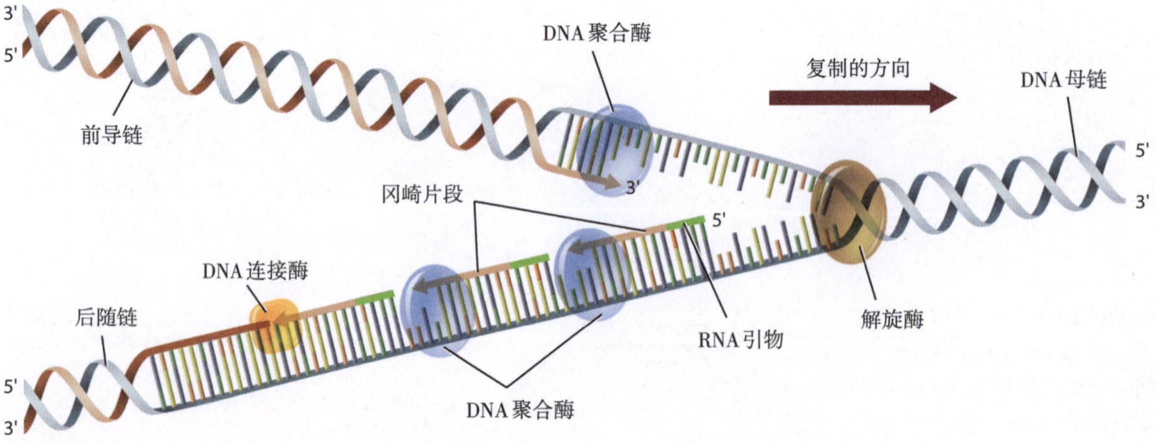

碱基配对 **DNA聚合酶(DNA polymerase)**能够催化相应的核苷酸，使其添加到新的DNA链的3′端(**图12-11**)。碱基与其互补的碱基相结合——A和T相结合、C和G相结合。这样，借助模板链的示范效应，DNA聚合酶合成出了与初始DNA完全一致的新的DNA链。

从**图12-11**中可见，两条链的合成方式有一些不同，其中一条链叫作前导链。该链的合成是随着DNA的解旋而延长的，核苷酸持续被添加到新的DNA的3′端。

DNA的另一条链叫作后随链，DNA其复制过程的复制起点呈现叉子的形式，称为复制叉。后随链的合成方向同复制叉移动的方向正好相反，随着复制叉的移动形成许多不连续的**冈崎片段(Okazaki fragment)**，最后连成一条完整的DNA链。真核细胞中的每条冈崎片段有100～200个核苷酸。由于一条链是持续合成的，而另一条链的合成是不连续的，DNA的复制被认为是半保留半不连续的模式。

阅读检测 **解释**在复制过程中碱基是如何配对从而确保产生的新链同初始链完全一致的。

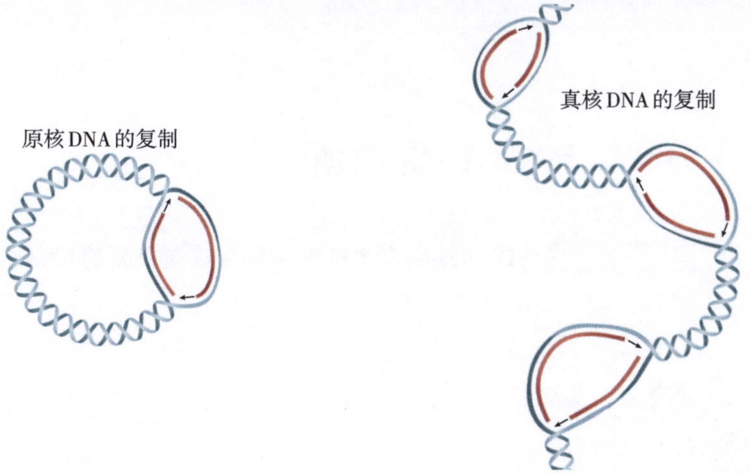

■ **图12-12** 真核生物的DNA复制具有多个复制起点，而细菌只有一个复制起点。在细菌中，当解链后，DNA的复制是朝两个方向进行的。

连接 尽管在真核生物的DNA复制中前导链的合成是连续的，但事实上，在沿着染色体复制时，起始复制的位置有很多。当DNA聚合酶遇到DNA上的RNA引物时，就会添加核苷酸而使引物离开。当RNA引物被替代后，DNA连接酶会将两个片段连接起来。

比较真核和原核生物中的DNA复制

随着DNA的复制，真核细胞中的DNA在多处进行解旋，染色体的每个解旋位置分别进行复制，形成长度从1万～100万的碱基数不等的片段。因此，在同一时间里，在真核细胞的染色体上可以有多处位置进行DNA复制(如**图12-12**)。多处复制的方式让DNA链看起来像是一串串的气泡。

在原核细胞中，如**图12-12**，环状DNA链在复制起点解开，DNA的复制同真核细胞一样从两个方向进行。原核细胞中的DNA比真核细胞的DNA短很多，且一直处在细胞质中而非细胞核中。

第2节 测评

要点梳理

- 在DNA的复制过程中，DNA解旋酶、RNA引物酶、DNA聚合酶和DNA连接酶都参与其中。
- 前导链的合成是连续的；后随链的不连续的，形成冈崎片段。
- 原核生物DNA环在单一的复制起点解开，而真核DNA具有多个复制起点。

要点理解

1. 主要概念 根据非模板链的序列5′ATGGGCGC3′，**推断**模板链的序列。
2. **描述**DNA解旋酶、DNA聚合酶和DNA连接酶的功能。
3. **图解**前导链和后随链的合成方式。
4. **解释**为什么真核DNA的复制比细菌DNA的复制复杂很多。

批判性思维

生物中的数学

5. 如果大肠杆菌合成DNA的速率是每分钟10万个核苷酸，DNA复制需要30分钟，那么大肠杆菌的一条DNA链中有多少对碱基？

第3节

DNA、RNA和蛋白质

本节预览

核心问题

- 信使RNA、核糖体RNA和转运RNA是如何在基因的转录和翻译过程中发挥作用的?
- 在合成信使RNA中,RNA聚合酶的作用是什么?
- DNA翻译成RNA并最终合成蛋白质的密码是怎样的?

术语回顾

合成:部分通过组成或连接形成一个整体。

关键术语

RNA
信使RNA
核糖体RNA
转运RNA
转录
RNA聚合酶
内含子
外显子
密码子
翻译

主要概念 DNA **编码产生能够指导合成蛋白质的**RNA。

联系实际 电脑程序员利用特殊的语言或编码编写程序,电脑能够读懂这些语言或编码,执行各项功能。DNA具有的编码能给细胞执行功能提供信号。

中心法则

除了沃森和克里克提出的特征之外,DNA还具有另一个重要特征:DNA作为遗传密码指导蛋白质的合成,由蛋白质行使组建细胞、酶的催化等功能。

遗传学家已普遍接受基因的表达过程是:由DNA编码合成RNA,然后由RNA指导合成蛋白质,从细菌到人类都是如此。他们将该机制称作生物学中的中心法则。

RNA RNA是类似于DNA的核酸,但是**RNA**中的戊糖是核糖,尿嘧啶代替了胸腺嘧啶。RNA通常是单链结构,主要类型有三种:**信使RNA(messenger RNA,mRNA)**是长链的RNA核苷酸链,在细胞核中以DNA链为模板互补合成,然后进入核糖体中指导特定蛋白质的合成;**核糖体RNA(ribosomal RNA,rRNA)**是能与蛋白质结合,形成细胞质中核糖体的一种RNA类型;**转运RNA(transfer RNA,tRNA)**是小片段的RNA核苷酸,能够将氨基酸转运到核糖体上。**表12-2**对三种RNA进行了比较。

表12-2 三种RNA的比较

名称	mRNA	rRNA	tRNA
功能	携带来自细胞核中DNA的遗传信息,在细胞质中指导蛋白质的合成	同蛋白质结合形成核糖体	将氨基酸转运至核糖体
图例		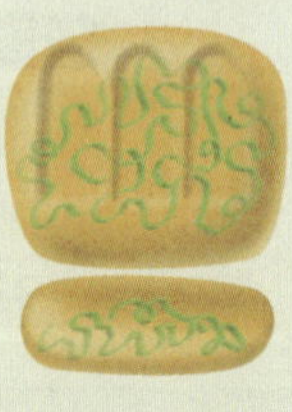	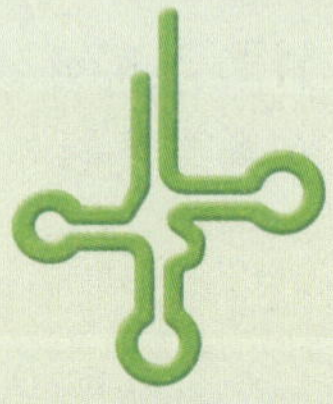

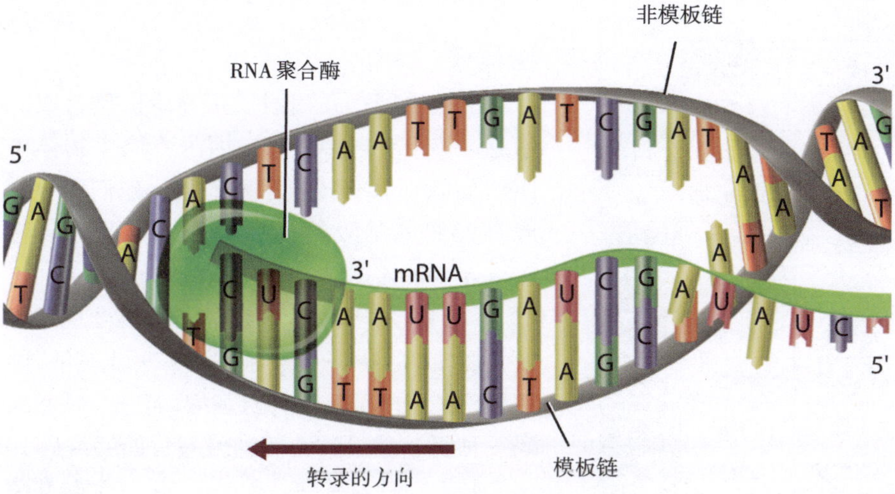

■ **图12–13** RNA的转录方向是从5′到3′。

鉴别 *是什么酶将核苷酸添加到正在合成的RNA链上的。*

转录 中心法则的第一步是通过DNA合成RNA，该过程叫作**转录(transcription)**。通过转录，在细胞核中，DNA的密码转移到RNA上，然后RNA携带遗传密码进入细胞质中指导蛋白质的合成。**图12–13**表示了转录的过程，DNA发生解链，**RNA聚合酶(RNA polymerase)**通过将一个小片段连接到RNA合成起始位置来调控RNA的合成。随着DNA链的解旋，RNA聚合酶从DNA链的3′到5′方向合成RNA。与RNA聚合酶结合的一条DNA链是模板链，合成的RNA同模板链互补，没用作模板的另一条链叫作非模板链。mRNA的合成方向是从5′到3′，每个RNA核苷酸依次添加到RNA的3′端。RNA中尿嘧啶代替了胸腺嘧啶。最后，RNA聚合酶离开DNA链，RNA被释放并通过核孔离开细胞核进入细胞质中。

阅读检测 **解释**mRNA转录的方向不是随意的。

RNA的加工 科学家将编码区域的DNA序列和最终合成的蛋白质序列进行了比较，发现发挥作用的mRNA的序列要比DNA短。通过相关的实验发现，在最终的mRNA上，与DNA相对应的序列是断断续续的。科学家将其中缺失的序列叫作介入序列或**内含子(intron)**，而将保留在最终的mRNA中的序列叫作**外显子(exon)**。在真核细胞中，合成的最初mRNA含有全部序列，被称作前体mRNA(pre-mRNA)。但在离开细胞核之前，内含子经过加工被修饰掉。对前体mRNA的其他修饰包括添加5′端的帽子和3′端的尾。研究发现，5′端的帽子能够帮助识别核糖体，而3′端的尾的功能还未知。最后到达核糖体的mRNA是经过加工修饰的。

第一个碱基	第二个碱基				第三个碱基
	U	C	A	G	
U	苯丙氨酸	丝氨酸	酪氨酸	半胱氨酸	U
	苯丙氨酸	丝氨酸	酪氨酸	半胱氨酸	C
	亮氨酸	丝氨酸	终止密码子	终止密码子	A
	亮氨酸	丝氨酸	终止密码子	色氨酸	G
C	亮氨酸	脯氨酸	组氨酸	精氨酸	U
	亮氨酸	脯氨酸	组氨酸	精氨酸	C
	亮氨酸	脯氨酸	谷氨酰胺	精氨酸	A
	亮氨酸	脯氨酸	谷氨酰胺	精氨酸	G
A	异亮氨酸	苏氨酸	天冬酰胺	丝氨酸	U
	异亮氨酸	苏氨酸	天冬酰胺	丝氨酸	C
	异亮氨酸	苏氨酸	赖氨酸	精氨酸	A
	甲硫氨酸	苏氨酸	赖氨酸	精氨酸	G
G	缬氨酸	丙氨酸	天冬氨酸	甘氨酸	U
	缬氨酸	丙氨酸	天冬氨酸	甘氨酸	C
	缬氨酸	丙氨酸	谷氨酸	甘氨酸	A
	缬氨酸	丙氨酸	谷氨酸	甘氨酸	G

■ **图12–14** 通过遗传密码子表可以知道各种氨基酸对应的遗传密码。

推断 *能够产生氨基酸链(起始密码—丝氨酸—组氨酸—色氨酸—终止子)的可能序列。*

密码子

生物学家一开始假设指导蛋白质合成的信息是在DNA中编码的，因为不同生物体中DNA的区别只有碱基序列不同。他们知道一般有20种氨基酸参与合成蛋白质，所以设想DNA至少能够提供20种不同的密码。

连接数学 对于碱基形成密码的假设是基于数学逻辑的。若一个碱基编码一种氨基酸，则四种碱基只能编码四种氨基酸；若一对碱基编码一种氨基酸，那么，四种碱基只能够编码16(4×4或4^2)种氨基酸。但是，如果三个碱基编码一个氨基酸，则有64(4^3)种可能的密码子，这能够提供超过20种密码子，也是能够提供氨基酸所需要的足够密码子的最小可能组合。

这个结果意味着遗传密码不包含在碱基对当中，而是在一条单链DNA的碱基序列中。20世纪60年代的实验表明，DNA的一个密码是由三个碱基组成的，mRNA中的这种三碱基密码叫作**密码子(codon)**。DNA中的每个三碱基密码子都被转录到mRNA中。**图12–14**为遗传密码子表，可以看出，并不是所有的密码子都能够代表一种氨基酸，其中有三种是终止密码子。密码子AUG是甲硫氨酸的密码子，同时也是翻译的起始密码子。

翻译 mRNA完成合成和加工后，就会移向核糖体，这在真核生物中意味着mRNA必须离开细胞核进入到细胞质中。进入细胞质后，mRNA的5′端与核糖体相结合，然后由核糖体来阅读密码子并合成蛋白质，该过程叫作**翻译(translation)**(如**图12–15**)。

在翻译过程中，tRNA是mRNA的译码器。tRNA呈三叶草结构，能够在酶的作用下在3′端连接一个特定的氨基酸。tRNA上具有叫作反密码子的三碱基序列，反密码子能够与mRNA上的密码子互补。尽管DNA和mRNA中密码子序列方向是5′到3′，但反密码子的序列方向是从3′到5′。

图解转录和翻译

图 12–15

转录发生在细胞核中，翻译发生在细胞质中，最后形成多肽。

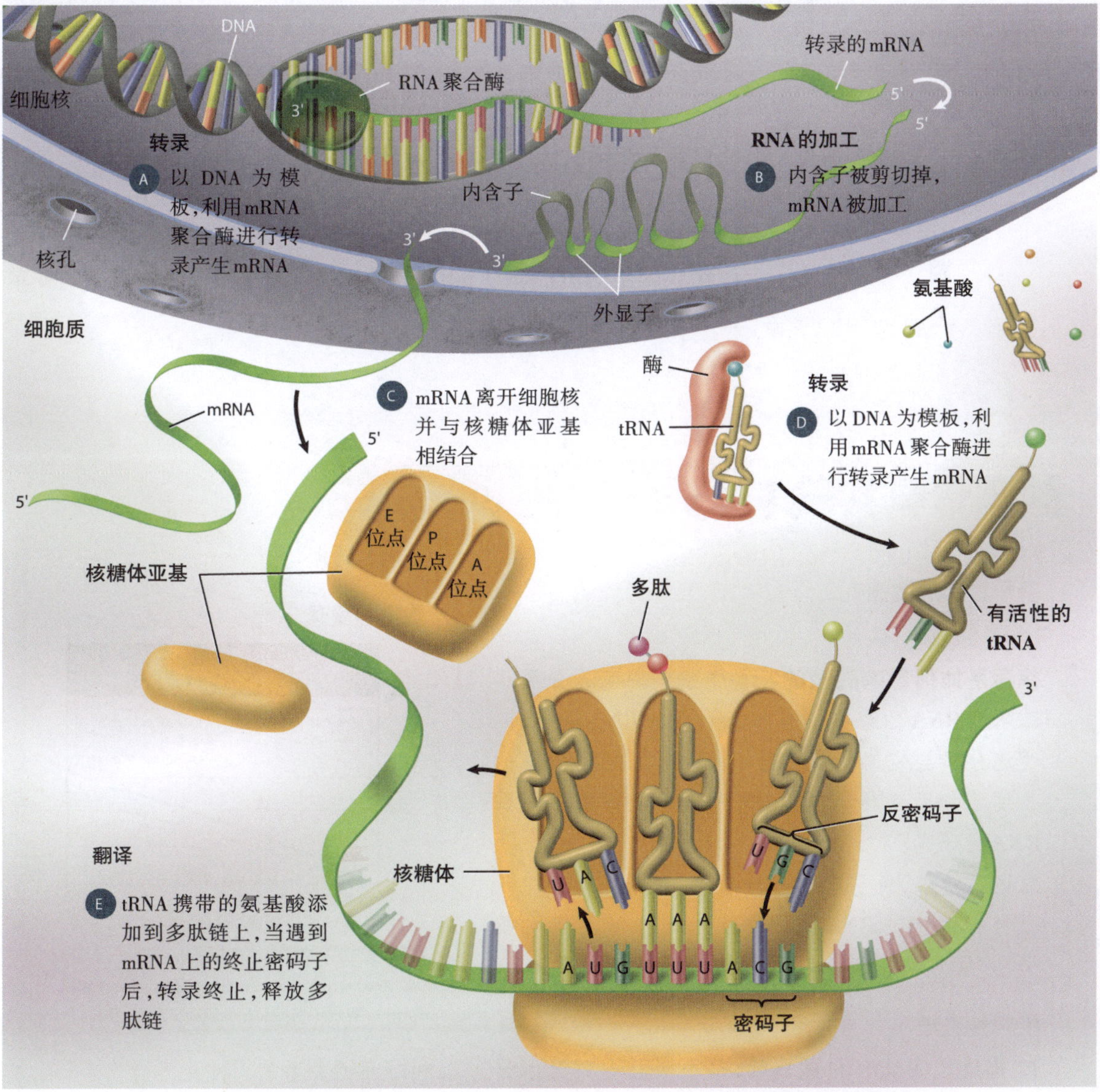

核糖体的功能 如图12–15所示，核糖体有两个亚单位，在不进行蛋白质的翻译时，二者分离。当mRNA离开细胞核时，两个亚单位结合起来并与mRNA连接形成完整的核糖体。然后，具有反密码子CAU的tRNA携带着甲硫氨酸靠近核糖体，与mRNA5′端的起始密码子AUG相结合。二者的结合是在核糖体凹槽状的P位点进行的。

第二个tRNA结合到核糖体的A位点，与mRNA的第二个密码子相对应。如果第二个密码子是UUU，那么反密码子为AAA的tRNA会携带苯丙氨酸与mRNA结合。

核糖体中的部分rRNA能够作为酶催化A位和P位的氨基酸相结合。随着二者的连接，P位的tRNA进入到核糖体上的E位点，而A位点的tRNA进入P位点，然后新的tRNA就开始进入A位点与mRNA的下一个密码子互补，根据mRNA的指导持续进行该过程，使得氨基酸不断被添加到氨基酸序列上。

核糖体沿着mRNA持续移动，直到遇到终止密码子。终止密码子不能与任何tRNA进行配对，从而终止了蛋白质的合成。一种叫作释放因子的蛋白质使mRNA从tRNA上解离下来，核糖体的亚单位分开，蛋白质的合成宣告终止。

学习小贴士

流程图 绘制一张关于DNA复制、转录和翻译的流程图。

数据分析实验1

基于真实的数据*

解释数据

病毒是如何影响转录的？ 科学家利用荧光分子追踪研究RNA的合成。当与新合成的RNA结合时，荧光分子会发出荧光信号，信号强度随RNA链的长度增加而变强。所以，这种信号能够用于追踪RNA的合成。

在该实验中，科学家向来自病毒、大肠杆菌和耻垢分枝杆菌中的RNA聚合酶中加入了抗生素利福平，并且追踪了这些生物的RNA合成。

数据和观察

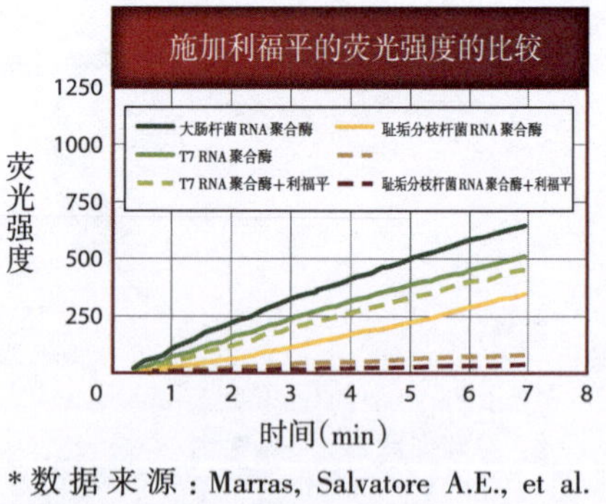

*数据来源：Marras, Salvatore A.E., et al. 2004. Real-time measurement of in vitro transcription. *Nucleic Acids Research* 32.9.e: 72.

批判性思维

1. **描述** 在没有利福平时，每个实验中荧光水平和时间之间的关系是怎样的？
2. **推断** 有利福平存在时，每种情况中荧光水平和时间的关系表明发生了什么？
3. **说明** 哪种生物的RNA合成更易受利福平的影响？

“一基因一酶”学说

了解DNA作为遗传密码运作的过程之后，科学家希望了解基因和其编码的蛋白质之间的关系。对脉胞菌的研究初次证明了基因和酶之间的关系。20世纪40年代，科学家们提供了一个基因能够编码一个酶的证据。他们研究了受X射线辐射过的孢子，**图12-16**是实验流程。

脉胞菌能在没有任何氨基酸的基本培养基上存活，当然在提供了脉胞菌行使功能所需的全部氨基酸的培养基上生长得更好。在实验中，研究者用X射线照射孢子，受辐射孢子能在完全培养基上生长。为了对突变孢子进行检测，研究者将其放置到基本培养基中培养。当在基本培养基中不能生长时，则对突变体进行分析，从而明确其缺乏的是什么氨基酸，再给基本培养基加入相应的氨基酸后则突变孢子能够正常生长。因此可知突变体中缺乏的是合成该氨基酸所需的酶。但是后来的研究表明，酶是由多肽构成的，所以将“一基因一酶”的学说改为“一基因一多肽”。

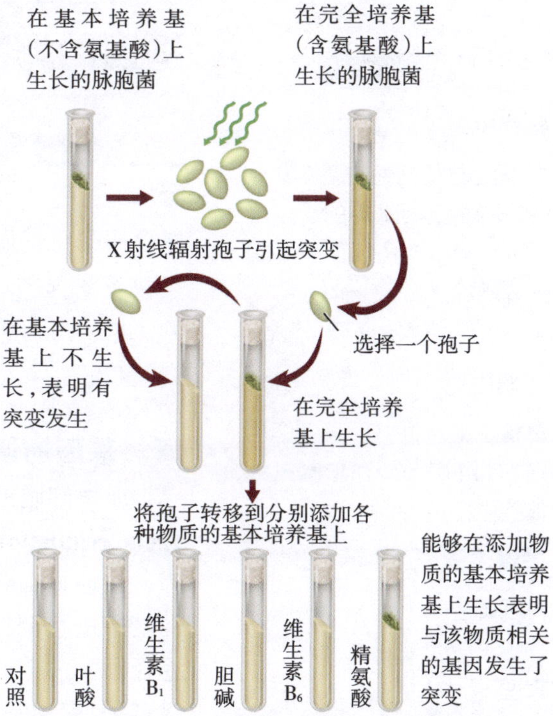

■ **图12-16** Beadle和Tatum的实验表明“一基因一酶”，而目前我们知道是“一基因一多肽”。

第3节 测评

要点梳理

- 蛋白质合成中包括三种主要的RNA：mRNA、tRNA和rRNA。
- 根据模板链DNA合成mRNA的过程叫作转录。
- 翻译是mRNA与核糖体结合并合成蛋白质的过程。
- 在真核生物中，mRNA离开细胞核之前的加工包括剪切内含子、5′端加帽及3′端加尾。
- 一个基因能够编码一种多肽。

要点理解

1. **主要概念** 总结从DNA开始编码产生蛋白质的整个过程。
2. **描述**在蛋白质合成过程中的mRNA、tRNA和rRNA的功能。
3. **辨别**密码子和反密码子。
4. **解释**mRNA合成过程中mRNA聚合酶的作用。
5. **总结**为什么后来对“一基因一酶”学说进行了修改。

批判性思维

生物中的数学

6. 如果遗传密码子是由4个碱基决定而不是3个碱基，那么四种类型的碱基一共能编码多少种密码呢？

第4节

本节预览

核心问题

- 细菌是如何通过两种操纵子调控基因遗传的?
- 真核生物如何调控基因转录?
- 突变包括哪些不同类型?

术语回顾

原核生物:细胞中没有细胞器膜,并且DNA没有形成染色体的生物。

关键术语

基因调控
操纵子
突变
诱变剂

基因的调控和突变

主要概念 基因的表达受到细胞的调控,突变能够影响基因的表达。

联系实际 在你敲击键盘编写句子的时候,正确敲击每一个字母都是非常重要的。例如,尽管句子“The cat ate the rat”和“The cat ate the hat”只有一个字母的差别,但是二者的意思是完全不同的。

原核基因的调控

原核细胞是如何调控生物特定阶段的基因转录的?**基因调控(gene regulation)**是一个生物体受环境影响主动调控遗传转录的能力。在原核细胞中,为了适应环境的变化,一般通过操纵子对基因的转录进行调控。**操纵子(operon)**是一段包含编码参与特定代谢途径的蛋白质基因的DNA片段。组成操纵子的各个部分分别是:操纵基因、启动基因、调节基因和能够编码蛋白质的结构基因。操纵基因是具有打开或关闭基因转录功能的DNA片段,启动基因是与RNA聚合酶相结合的区域。大肠杆菌通过两种操纵子分别调控对色氨酸和乳糖的应答。

色氨酸操纵子 在细菌细胞中,色氨酸的合成包括五个连续的阶段,每个阶段都有特定的酶进行催化。翻译这五种酶的基因与一组调控其转录的DNA序列共同排列在同一染色体上,如**图12-17**所示,科学家将这一系列DNA叫作色氨酸操纵子。

■ **图12-17** 色氨酸操纵子是关于阻遏酶的基因表达的例子。

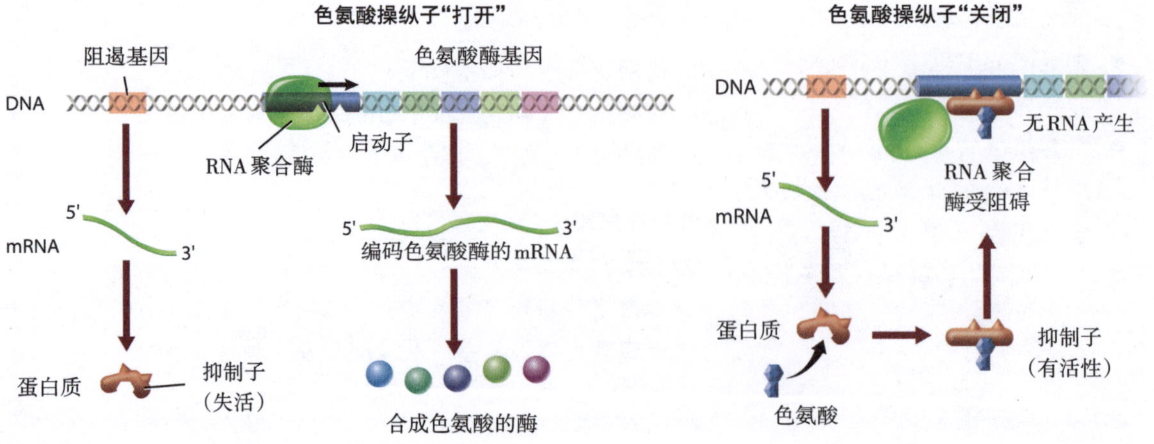

由于这五种酶基因的转录通常是受抑制的，所以色氨酸操纵子是抑制型操纵子。当存在色氨酸时，细胞不需要合成色氨酸，色氨酸的阻遏基因合成的阻遏蛋白抑制了转录过程。色氨酸与无活性的阻遏蛋白相结合使其被激活，该复合蛋白再与启动子序列中的操纵基因相结合，从而导致mRNA聚合酶无法与启动子结合，因此转录无法进行。这就是细胞抑制色氨酸合成的方式。

当色氨酸浓度低时，阻遏子不能被激活，无法与操纵基因结合，RNA聚合酶能够起始五种酶的基因转录，因此细胞能够合成色氨酸。根据**图12-17**可以了解操纵子分别开启和关闭时阻遏蛋白所处的位置。

阅读检测 **总结**色氨酸对色氨酸操纵子的影响。

乳糖操纵子 细胞中存在乳糖时，大肠杆菌能够合成分解乳糖的酶。如**图12-18**所示，乳糖操纵子包含启动子、操纵基因、调节基因及分解乳糖的三种酶的基因。调节基因合成的抑制蛋白能够与启动子中的操纵基因结合，基因的转录受到抑制。

当细胞中存在诱导物时，诱导物能与抑制蛋白结合使蛋白失活。在乳糖操纵子中，乳糖能够作为诱导物与抑制蛋白结合，导致抑制蛋白不能与操纵基因结合，从而使RNA聚合酶可以与启动子相结合并启动转录。因为转录的开启需要诱导物，所以也称乳糖操纵子为诱导型操纵子。

与生物学相关的职业

微生物学家 研究微生物、早期原核生物的科学家叫作微生物学家，他们的研究方向可能包括产生某特定蛋白的基因或一种蛋白是怎样影响细胞的生命等方面。

■ **图12-18** 乳糖操纵子是诱导酶的基因进行表达的例子。
识别 *当乳糖操纵子关闭时，阻遏蛋白是与什么相结合的？*

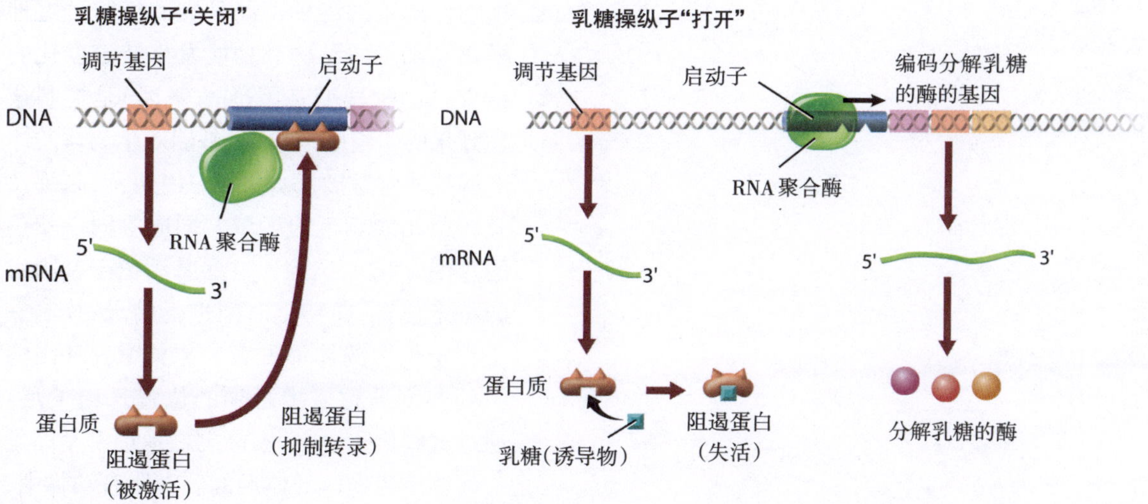

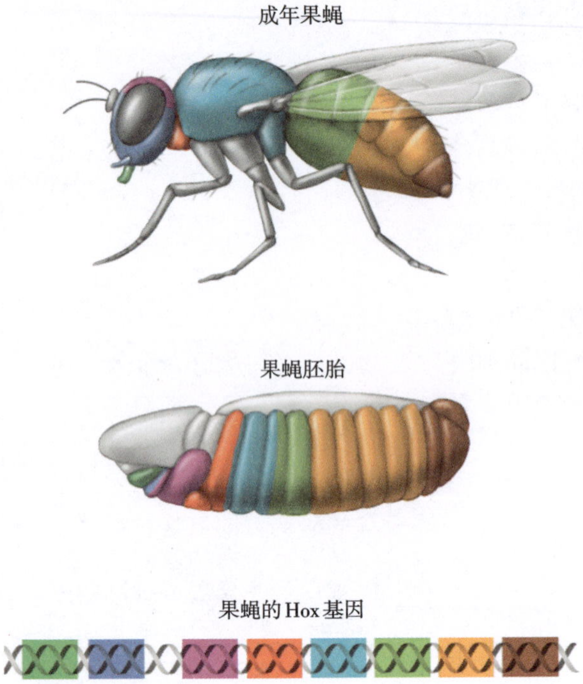

■ **图12-19** Hox基因代表很多动物的身体样式，基因发出的指令与基因控制的身体部分受到的指令是一致的。

真核调控

真核细胞也需要调控特定的基因，使其在生物体的特定生命时期表达。由于真核细胞比原核细胞更复杂，其调控体系也更复杂。与原核基因只有单一的启动子和操纵基因相比，真核细胞中的很多基因都会与其他基因发生相互作用，所以真核基因具有更多的元件。

转录调控 真核生物调控基因表达的方式之一是对转录因子的利用。转录因子能够确保基因在正确的时间表达产生适量的产物。转录因子有两个主要的位点，分别是结合位点和调控位点。例如，激活蛋白作用于DNA，使其与其他复合体结合更紧密，从而增强转录效率；抑制蛋白也通过特定位点与DNA结合，但抑制激活蛋白与DNA的结合。

真核DNA的复杂结构也能够调控转录，其DNA与组蛋白结合形成的核小体结构会对转录产生一定的抑制作用。然而调控蛋白和RNA聚合酶能够激活一些组装成核小体的特定基因。

同源异型基因 发育过程中对基因的调控很关键。多细胞真核生物是由受精卵发育而来的，受精卵经过有丝分裂，最终产生了生物体所需的各种不同种类的细胞。这种异化是细胞的结构和功能发生特定变化的结果。同源异型基因（Hox基因）是控制这种异化的一组基因，这些基因对生物体的体形调控非常重要。如**图12-19**所示，果蝇及其胚胎相同颜色的区域共同应答同一颜色的基因DNA的调控。这些基因位于基因组的特定位置，在特定时间进行转录，控制一个特定位置的体形发育。果蝇Hox基因的一处突变导致果蝇触须的位置长出了足。通过这些例子，科学家能更好地理解基因是如何调控生物体的体形的。在所有动物中，都发现了相似的Hox基因。

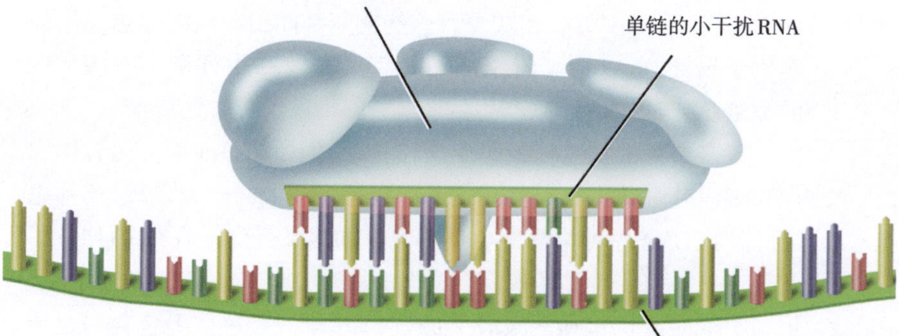

■ **图12-20** RNA干扰能阻止mRNA翻译形成蛋白质。
描述 *RNA—蛋白质复合体是如何阻止mRNA的翻译的。*

RNA干扰 基因进行调控的另一种方式是RNA干扰(RNAi)。细胞质中的小片段双链RNA能够被dicer酶剪断,产生的双链RNA片段叫作小干扰RNA。一种蛋白复合体能够降解这些RNA的其中一条链,另一条RNA链能与mRNA进行互补配对,从而使得mRNA被剪断,阻止mRNA翻译出蛋白质。**图12-20**表示了与mRNA结合的蛋白复合体及小干扰RNA。通过临床性状分析,科学家研究了利用RNAi治疗癌症、糖尿病和其他疾病的可能性。

阅读检测 **解释**RNA干扰是如何调控真核基因表达的。

突变

你在打字的时候出现过错误吗?打字时,有时会按错键。与此类似,细胞在复制时有时也会出现错误。不过这种错误很少发生,而且细胞具有修复机制,能及时进行修复。有时细胞DNA会发生一些永久的改变,科学家将这样的变化叫作**突变(mutation)**。在学习孟德尔遗传模式时见到的皱缩的豌豆种子,就是由于种子中与淀粉合成相关的酶的缺乏造成的,其根本原因是基因发生突变导致合成的蛋白质酶失去了功能。

突变的类型 突变的范围很广,既包括DNA编码序列上一个碱基对的改变,也包括染色体上一大片段的缺失。点突变是仅在一对碱基对中发生的化学变化,但已经足以引起基因的缺陷。点突变中一个碱基变为另一个碱基的方式叫作替换。很多替换属于错义突变,使得DNA的密码子发生改变,从而编码了错误的氨基酸。其他一些突变是无义突变,能将编码氨基酸的密码子变成终止密码子,导致翻译提前终止。几乎所有的无义突变都能够导致蛋白质不能行使正常的功能。

术语

替换

一件事代替另一件事的活动。

DNA中腺嘌呤替换鸟嘌呤会引起蛋白质的功能障碍。

突变的另一种类型是DNA的序列中增加或缺失了一个核苷酸，将其分别叫作增添和缺失。这些突变都能引起从突变点开始的密码子错乱，所以将其叫作移码突变。**表12–3**中列举了一些突变的类型及其对DNA序列产生的影响。

很多突变都与遗传缺陷疾病相联系，例如尿黑酸尿。患者体内原先编码分解苯丙氨酸的酶的基因发生了突变。研究发现，这些患者的特定DNA序列中易发生移码突变和错义突变。**表12–3**列举了其他一些与突变有关的疾病。

突变对象也包括一段较大的DNA片段。染色体上包含一个或多个基因的染色体片段发生缺失或转移到染色体的其他位置，甚至转移到其他染色体上，染色体的这种重排“事故”对这些基因的表达具有很严重的影响。

表12–3 突变

突变类型	类比句子	举例相关联的疾病
正常	THE BIG FAT CAT ATE THE WET RAT	
错义突变(替换)	THE BIZ FAT CAT ATE THE WEI RAT	软骨发育不全：四肢骨骼末端的软骨发育不良，最后形成侏儒症的症状
无义突变(替换)	THE BIG RAT	肌肉萎缩症：机体中肌肉逐渐弱化形成的进行性肌肉缺陷病症
缺失(引起移码)	THB IGF ATC ATA TET HEW EIT AT	囊性纤维化：肺部、肠和胰腺中的黏液不正常
添加(引起移码)	THE BIG ZFA TCA TAT ETH EWE TRA	克罗恩病：肠道中的慢性炎症，能够引起频发性腹泻、腹痛、恶心、发烧和体重减轻
成倍	THE BIG FAT FAT CAT ATE THE WEI RAT	腓骨肌萎缩征(1A型)：外围神经受损，导致手臂和小腿的肌肉变弱萎缩
延伸突变(串联重复) 第一代 第二代 第三代	THE BIG FAT CAT ATE THE WEI RAT THE BIG FAT CAT CAT CAT ATE THE WEI RAT THE BIG FAT CAT CAT CAT CAT CAT CAT ATE THE WEI RAT	亨廷顿病：一种渐发性疾病，脑细胞逐渐失去功能，引起的症状是行动不受控制、情绪不稳定，精神恶化

链接健康 1991年发现了一种新的突变类型，其特点是一段编码序列的多次重复排列，将其叫作串联重复。这种序列的重复能够导致遗传缺陷。最早发现的案例是脆性X综合征，能影响人的精神和行为。在一条正常X染色体的末端，短序列CGG发生了大约30次重复，但有脆性X综合征的个体发生了上百次的重复。因为重复片段连在X染色体的末端，如**图12-21**，像一段易折断的片段，所以将其叫作脆性X综合征。到目前为止，这种重复延伸背后的机制尚不清楚。

■ **图12-21** 脆性X综合征是由X染色体的末端发生额外的CGG序列的重复造成的，使得X染色体的末端比较容易折断。

阅读检测 **描述**突变的三种类型。

蛋白质的折叠和稳定性 你可能认为只有较大的DNA序列变动（如移码突变或移位），才能导致遗传缺陷。其实一些小的改变（如替换等）也能够引起遗传缺陷。例如，一个氨基酸的改变有时候能够影响蛋白质中的氨基酸序列，从而影响蛋白质的折叠及稳定（如**图12-22**）。

镰状细胞病就是一种由单点突变引起的遗传缺陷的典型案例，其中编码谷氨酸的序列（GAA）变成了编码缬氨酸（GUA）的序列。这种改变导致红细胞形状的改变，从而导致了疾病的发生。

■ **图12-22** 一个氨基酸的替换能够引起镰状细胞病。
回顾 *氨基酸被替换的蛋白质会发生什么情况？*

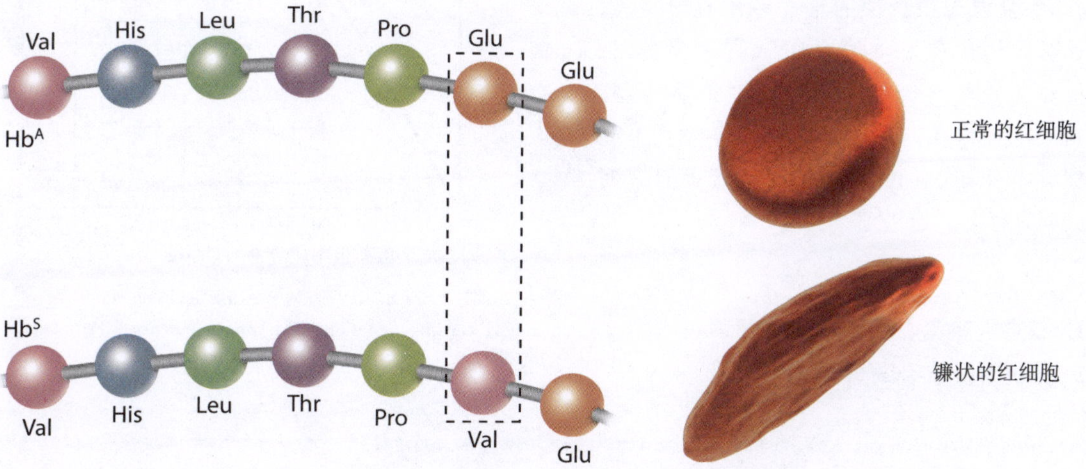

血红蛋白由四条多肽链组成，多肽链分为两组，每组包括完全相同的两条多肽链。血红蛋白具有大的碳环结构，能同离子结合组成血红素。如**图12-22**，被替换的谷氨酸位置靠近一种多肽链的前端，属于极性氨基酸，但导致镰状细胞的缬氨酸没有极性。由于这种差别，镰状细胞中的血红蛋白发生不正常的折叠，导致红细胞的形状发生了变化。其他很多疾病也与蛋白的不正常折叠问题相关，如阿尔茨海默病、囊性纤维化、糖尿病和癌症。

突变的起因　一些突变，尤其是点突变，通常都是自发性的。在DNA复制过程中，DNA聚合酶有时会添加错误的核苷酸，但由于DNA聚合酶具有校对功能，最后DNA复制发生错误的概率并不高。

一些化学物质和辐射能够损伤DNA。科学家将这些能够引起突变的物质叫作**诱变剂（mutagen）**。很多化学物质都被界定为诱变剂，其中一些能够改变DNA中碱基的化学结构，从而引起碱基的错配；其他一些化学诱变剂具有类似于核苷酸的结构，能够替代核苷酸结合到DNA结构中，最后导致DNA不能够进行正常复制。在药物研发方面，尤其在艾滋病的药物研发上，这些类型的化学物质具有重要价值，一旦这些药物结合到病毒的DNA中，它们的DNA就不能够进行正常复制。

数据分析实验2

基于真实的数据*

解释图表

我们如何知道一种化合物是诱变剂？通过埃姆斯实验鉴定诱变剂。该实验利用了一系列不能自身合成组氨酸的细菌，这些菌株在无组氨酸的培养基中不能生长。如果将其与一些可能会是诱变剂的物质一起培养，并且在无组氨酸的培养基中也能生长，说明待测物质使得细菌DNA再次突变（回补突变），恢复到能合成组氨酸的野生型。利用这一特征性变化来测试化学物质有无致突变作用，并根据生长的菌落数目还可以判定其作用的强弱。

批判性思维

1. **描述**这些化合物和突变之间的关系。
2. **分析**哪种化合物的诱变性最强。

数据和观察

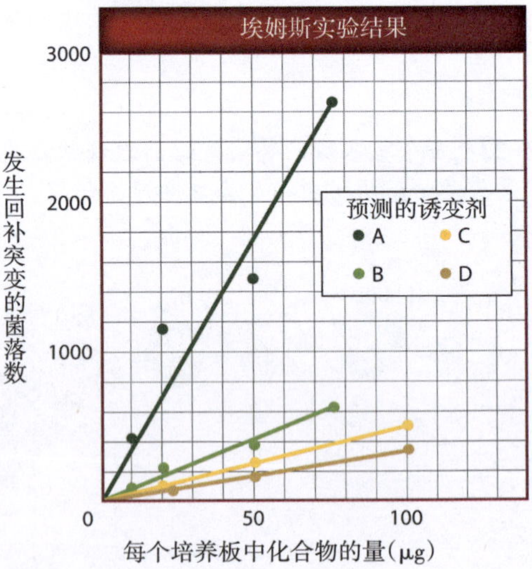

*数据来源：Ames.B.N.1979. Identifying environmental chemicals causing mutations and cancer. *Science* 204: 587-593.

具有强辐射的射线，如X射线和伽马射线，都属于强诱变剂。当DNA受到辐射时，电子吸收辐射能并离开所在的能级，产生的带电的自由基能够与其他分子(包括DNA)发生剧烈反应。来自太阳的紫外辐射能较弱，不能够使电子离开原子，但是紫外辐射能够引起DNA中的胸腺嘧啶之间发生结合(如**图12-23**)，导致DNA的结构发生变异。这种结构的DNA如果不经过修复就不能够进行正常复制。

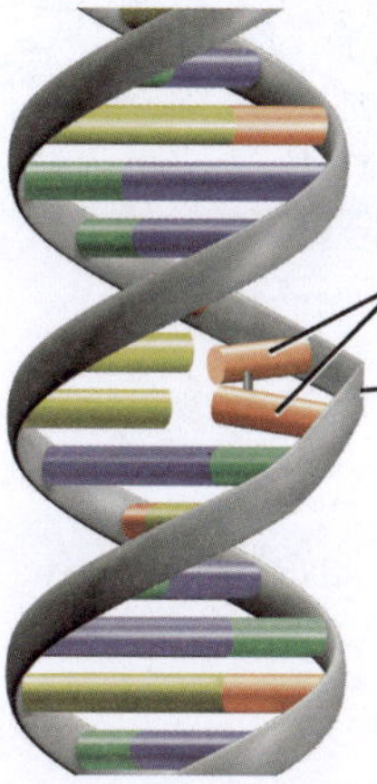

图12-23 紫外辐射能够引起相邻的胸腺嘧啶发生结合，导致DNA结构发生"扭结"并阻碍其正常复制。

体细胞突变和性细胞突变 当突变在体细胞中发生且没有被修复机制修复时，就会成为细胞遗传序列中的一部分，会对子代细胞产生影响。但是体细胞突变不会传递给下一代。也有些突变不会对细胞产生影响，这些突变虽然可能在外显子中发生，但并没有改变其编码的氨基酸，将这些突变叫作中性突变。如果突变导致不正常蛋白质产生时，细胞的功能会受到影响并可能直接导致细胞死亡。体细胞中发生的突变影响细胞周期，不受调控时就会引发癌症。所有这些影响是在仅体细胞受影响时才形成的。

当性细胞(又叫生殖细胞)发生突变时，该突变就会在亲代和子代个体之间发生传递。很多时候，这些突变不会对发生突变的生物体的细胞造成影响，但是会对子代产生严重的影响。当突变导致性细胞产生不正常蛋白质时，其子代会受到影响，但当一个体细胞产生不正常蛋白质时，不会对其子代造成影响。

第4节 测评

要点梳理

- 原核细胞通过操纵子调控其蛋白质的合成。
- 真核细胞通过各种转录因子、核小体结构及RNA干扰来调控蛋白质的合成。
- 突变包括点突变及染色体上大片段的缺失或转移。
- 诱变剂(如化学物质和辐射等)能够引起突变。

要点理解

1. 主要概念 关联分析调控和突变。
2. **识别**诱变剂的两种主要类型。
3. **图解**培养基中有乳糖时大肠杆菌乳糖操纵子的活动。
4. **分析**点突变是如何影响蛋白质的形状和功能的，以血红蛋白为例。
5. **对比与比对**原核调控和真核调控。

批判性思维

6. **解释**为什么真核细胞中的很多突变是隐性的。
7. **思考**为什么DNA的复制如此精确。

科技 写作

8. 写一篇关于Hox基因调控动物发育的文章。

生物与社会

谁拥有基因？

公司能否持有人体的部分组织结构？自1977年一些大学和私人公司开始谋求关于基因的专利的时候，针对上述问题引发的伦理方面的争论就不绝于耳。迄今为止，大约20%的人类基因已有了相关的专利。在一家公司申请了关于基因BRCA1和BRCA2(这两个基因的突变同乳腺癌和卵巢癌相关)的专利之后，此类专利申请再次引起了轩然大波。

农业中的基因专利同样也存在激烈的争论。一些公司对很多植物中的基因进行修饰改造，使其表达所期望的性状，如抗病和抗虫害的性状。相关公司对基因的这些改造申请了专利。

专利是什么？ 专利持有人享有相关发明利益的特有权。通常，一些商家和个人会投入大量的时间和金钱进行研发，研发的成果专利带来的利益使得他们的投入取得了回报，也为之后的研究提供了资金支持。

与自然相关的专利 一些反对者认为，与基因相关的这些专利会阻碍科学研究的自由和开放程度，也给患者寻找医疗途径带来不便。如果公司具有相关基因的专利，他们就会抵制科学家在研究中利用该基因，从而可能会阻止进一步的重要发现。这些专利基因相关的高额检测治疗费用也会让患者望而却步。

对农业的影响 农业中的专利基因也对农民造成了一些困扰。如果风或者动物将含有专利基因的种子带到没有权利使用的农民的田地里，具有专利的公司会对该农民提出控告。

尽管依靠人力很难拦截这些自动送上门的种子，但在过去几年里，这些控告中农民一般会败诉。

大豆

玉米

在世界范围内，种植转基因植物的地方越来越多，如大豆、玉米。

随着公司对基因专利的不断追求，争论也在持续。现如今，基因的专利申请仍是合法的。但也许在不久的将来，基于伦理和实际应用等因素的考虑，原先偏向专利公司的天平会得到彻底扭转。

生物学中的 辩论

研究 有无同学将来会从事有关基因专利的研究。将同学分成两组，一组支持基因专利，另一组持反对意见，双方进行辩论。

生物实验室

鉴证：DNA 是怎样提取的？

背景：进行DNA检测对于生物学家、医生甚至侦探都是很重要的。想象你在一个实验室工作，有成员从现场带回了一些玉米种子。你决定采取DNA检测的方法来分析其基因，从而判断该玉米的品种。在对玉米的基因进行测序之前，你需要提取玉米的DNA。

问题：怎样提取DNA？

实验器材

玉米粒（50 g）
烧杯2个
搅拌机
纱布（4块，边长都为30 cm）
橡皮筋
匀浆液（100～150 mL）
塑料离心管（30～50 mL）
隐形眼镜清洗片（含木瓜蛋白酶）
95%的酒精（12 mL）
蒸馏水（3 mL）
试管
冰盒
60℃水
玻璃棒
计时器

安全注意事项

设计与实施实验

1. 阅读并填写实验室安全表。
2. 仔细称取50 g玉米粒。
3. 将玉米粒放入烧杯中，倒入温度为60℃的匀浆液，将烧杯置于60℃水中10 min，每隔45 s进行温和搅拌。
4. 将烧杯快速放置到冰上，放置5 min。
5. 将混合物倒入搅拌机中，获取均匀的糊状物质。
6. 通过多层纱布进行过滤，过滤到放置在冰上的干净大烧杯中。
7. 取15 mL滤液置于塑料离心管中。
8. 在试管中，将一个隐形眼镜清洗片溶到3 mL蒸馏水中，之后将其加到滤液中并混匀。
9. 将12 mL 95%的酒精沿试管壁缓慢倒入试管。
10. 观察酒精层中白色细线聚集呈悬浮云状的DNA，使用玻璃棒缠绕起DNA，将其晾干。
11. **清理** 清理实验台，根据教师的指导处理化学物质和实验材料，彻底清洗双手。

实验分析和结论

1. **描述** DNA在悬浮状态和变干之后的形态是怎样的？
2. **解释** 为什么要将玉米粒放进搅拌机中？
3. **批判性思维** 为什么保持用于测序的DNA没有被污染是非常重要的？

科技 写作

报告 想象一下，你是第一位从玉米中提取DNA的研究人员，写一篇报告，描述你的方法及实验细节，并指出你的发现可能具有的应用价值。

第12章 复习指南

内容聚焦 **科学探究** 很多科学家对人们理解分子遗传做出了贡献，并且他们进一步的研究正在改变着我们的科学实践方式。

大概念 **DNA是能够编码蛋白质的遗传物质。**

第1节 DNA：遗传物质

双螺旋结构
核小体

主要概念 **发现DNA是遗传密码的相关实验。**

- 格里菲斯的细菌实验和艾弗里的解释最早表明DNA是遗传物质。
- 赫尔希和蔡斯的实验为DNA是病毒中的遗传物质提供了证据。
- 查格夫法则提出DNA中腺嘌呤和胸腺嘧啶的数量相等，鸟嘌呤和胞嘧啶的数量相等。
- 沃森、克里克、富兰克林和威尔斯的研究为DNA的双螺旋结构提供了证据。

第2节 DNA的复制

半保留复制
DNA聚合酶
冈崎片段

主要概念 **DNA的复制是以一条初始链为模板，合成一条与之相互补的DNA链的过程。**

- 在DNA的复制过程中，DNA解旋酶、RNA引物酶、DNA聚合酶及DNA连接酶都参与其中。
- 前导链合成是连续的；后随链的合成是不连续的，形成冈崎片段。
- 原核生物DNA环在单一复制起点解开，真核生物DNA具有多个复制起点。

第3节 DNA、RNA和蛋白质

RNA
信使RNA
核糖体RNA
转运RNA
转录
RNA聚合酶
内含子
外显子
密码子
翻译

主要概念 **DNA编码产生能够指导合成蛋白质的RNA。**

- 蛋白质合成中包括三种主要的RNA：mRNA、tRNA和rRNA。
- 根据模板链DNA合成mRNA的过程叫作转录。
- 翻译是mRNA和核糖体结合并合成蛋白质的过程。
- 在真核细胞中，mRNA离开细胞核之前的加工包括剪切内含子、5′端加帽和3′端加尾。
- 一个基因能够编码一种多肽。

第4节 基因调控和突变

基因调控
操纵子
突变
诱变剂

主要概念 **基因的表达受到细胞的调控，突变能够影响基因的表达。**

- 原核细胞通过操纵子调控蛋白质的合成。
- 真核细胞通过各种转录因子、核小体结构及RNA干扰来调控蛋白质的合成。
- 突变包括点突变及染色体上大片段的缺失或转移。
- 诱变剂（如化学物质和辐射等）能够引起突变。

第12章 测评

第1节

术语回顾

利用“复习指南”中的术语替换句子中有下划线的错误术语。

1. DNA缠绕成梯子形状的结构叫作<u>核苷酸</u>。
2. DNA缠绕着组蛋白形成的结构叫作<u>双螺旋</u>。

要点理解

3. 构成DNA和RNA的基本单元是(　　)。

   A. 戊糖　　B. 核苷酸
   C. 嘌呤　　D. 磷酸基

4. 如果一段DNA中含有27%的胸腺嘧啶，那么具有的胞嘧啶比例是(　　)。

   A. 23%　　B. 27%
   C. 46%　　D. 54%

5. 格里菲斯的实验结论是(　　)。

   A. DNA是病毒的遗传物质
   B. DNA是双螺旋结构
   C. 细菌的DNA能够与其他DNA合并并改变相应的表型
   D. DNA中胸腺嘧啶和腺嘌呤的数量相等

根据下图回答第6、7题。

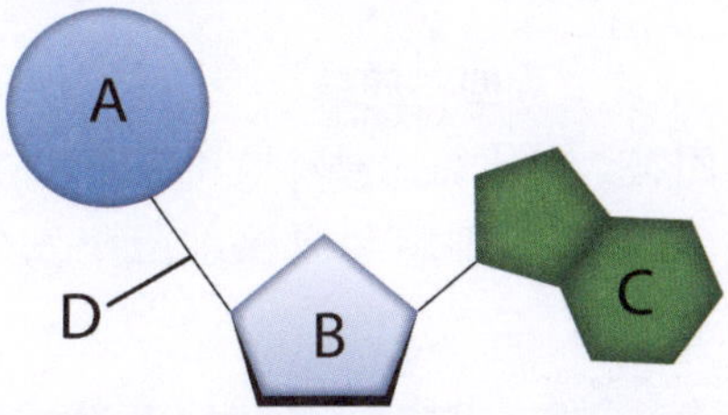

6. 该图整体代表的结构是(　　)。

   A. 核苷酸　　B. RNA
   C. 碱基　　D. 磷酸基

7. 代表DNA的编码密码的结构是(　　)。

   A. A　　B. B
   C. C　　D. D

回答问题

8. **简要回答** 解释真核细胞中DNA是怎样形成染色体的。

根据下图回答第9题。

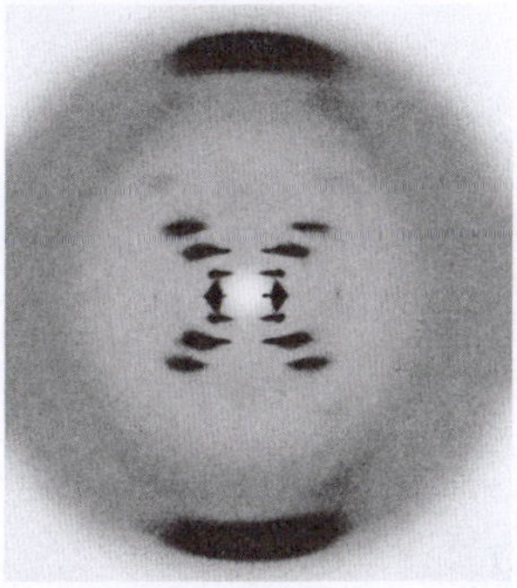

9. **内容聚焦 科学探究** 依据上图从实验及图像两方面总结DNA的发现史。

批判性思维

10. **设计** 你怎样利用放射性磷元素证明格里菲斯的实验中在细菌间转化的物质是DNA？
11. **主要概念** 如果蛋白质是遗传物质，那么赫尔希和蔡斯的实验结果会有什么不同？

第2节

术语回顾

解释术语。

12. DNA聚合酶
13. 半保留复制
14. 冈崎片段

要点理解

15. DNA合成新链的起始所用到的是(　　)。

    A. RNA引物　　B. 核苷酸
    C. mRNA　　D. tRNA

第12章 测评

16. 下列关于后随链的延伸叙述正确的是(　　)。
 A. 不需要模板链
 B. 产生冈崎片段
 C. 需要RNA链接酶
 D. 合成过程中持续在3′端添加核苷酸

回答问题

17. **简要回答** 列出DNA复制过程中用到的酶,描述各自的功能。

18. **主要〈概念** 绘图总结DNA复制的过程,用标签标明正在进行的活动。

批判性思维

根据下图回答第19、20题。

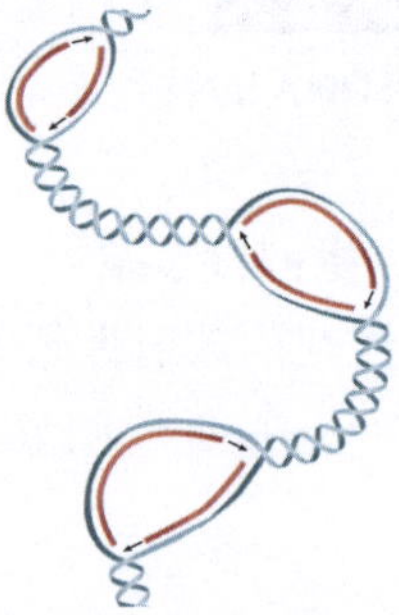

19. **判断** 假如你是科学家,正在利用显微镜观察细胞,你看到细胞中有多个位置在发生DNA的复制,根据复制起点判断你观察的细胞类型。

20. **思考** 为什么具有多个DNA复制起点是很重要的?

21. **推断** 互补的碱基对在半保留复制中的作用。

第3节

术语回顾

用句子将以下术语联系起来。

22. mRNA、tRNA

23. 密码子、RNA聚合酶

24. 内含子、外显子

要点理解

25. 真核细胞中前体mRNA变成mRNA时发生的变化是(　　)。
 A. 加帽、剪切内含子、多聚T的加尾
 B. 加帽、剪切外显子、多聚T的加尾
 C. 加帽、剪切内含子、多聚A的加尾
 D. 加帽、剪切外显子、多聚A的加尾

根据下图回答第26、27题。

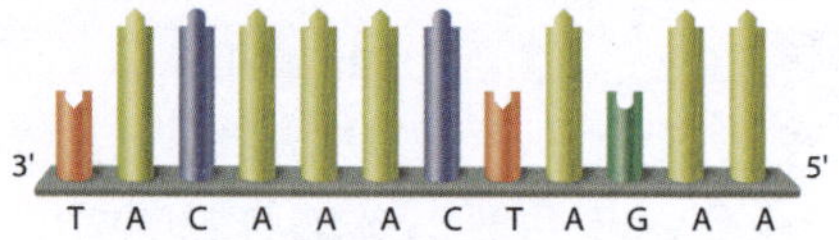

26. 图中模板DNA合成的mRNA的序列是(　　)。
 A. 5′ATGTTTGATCTT3′
 B. 5′AUGUUUGAUCUU3′
 C. 5′TACAAACTAGAA3′
 D. 5′UACAAACUAGAA3′

27. 图中DNA的非模板链的序列是(　　)。
 A. 5′ATGTTTGATCTT3′
 B. 5′AUGUUUGAUCUU3′
 C. 5′TACAAACTAGAA3′
 D. 5′UACAAACUAGAA3′

回答问题

28. **简要回答** 对比与比对转录和翻译,并指出其分别在真核细胞和原核细胞中发生的位置。

29. **主要〈概念** 设计实验证明X射线会引发霉菌孢子变异。

批判性思维

30. **确定** DNA的非模板序列为5′atgccagtcatc3′时编码的mRNA的序列和方向,再根据**图12-14**确定该mRNA编码的氨基酸序列。

第4节

术语回顾

写出描述以下过程的术语。

31. 原核基因组的调控
32. DNA的功能单元
33. DNA序列的改变

要点理解

34. 下列表示序列5′GGGCCCAAA3′的插入突变的是(　　)。
    - A. 5′GGGGCCAAA3′
    - B. 5′GGGCCAAA3′
    - C. 5′GGGAAACCC3′
    - D. 5′GGGCCCAAAAAA3′
35. 下列关于真核基因的调控说法正确的是(　　)。
    - A. 真核基因的调控和原核基因的调控很相似
    - B. 复制因子指导RNA聚合酶与启动子的结合
    - C. 活性蛋白将DNA折叠以增强基因的传递
    - D. 阻遏蛋白结合到活性因子上,阻止了其同DNA的结合
36. 不属于突变类型的是(　　)。
    - A. 碱基替换　　B. RNA干扰
    - C. 插入　　D. 易位

回答问题

37. **简要回答** 描述将色氨酸添加到大肠杆菌的培养基中会产生的影响。
38. **简要回答** 描述RNA干扰。

批判性思维

39. **推断** 为什么碱基替换发生在密码子的第三个碱基上时引起的氨基酸的变化较少。
40. **主要概念** 思考细菌为了应答环境胁迫而如何在细胞分裂过程中增多突变。

总结性测评

41. **大概念** 解释蛋白质合成的中心法则。
42. **科技 写作** DNA及DNA结构的发现涉及很多科学家的研究、完成的实验及发表的结果。写一例科学研究,该研究需要根据其他科学家的研究得出结论。
43. **科技 写作** 小说《侏罗纪公园》中体现了能够分离出已灭绝物种的DNA并将其复活的思想。如果这是可行的,那该如何进行呢?请思考并写一篇论文。

DBQ 资料分析题

以下摘录来自沃森和克里克对DNA结构的描述。

“这种新奇的结构模式是DNA两条链通过嘌呤碱基和嘧啶碱基的结合连接在一起的,碱基的连接面与螺旋轴垂直,碱基通过氢键成对结合,碱基对中一个是嘌呤,则另一个一定是嘧啶。”

“我们提出的这种特殊的配对表明了遗传物质进行复制的机制。”

数据来源:Watson, J.D.and Crick, F.H..1953. Molecular Structure of Nucleic Acids. *Nature* 171: 737–738.

44. 根据上述描述,画出DNA的结构。
45. 碱基是如何连接到一起的?
46. 沃森和克里克看到的什么可能是一种复制机制?

标准化测试

选择题

1. 由植物光合作用产生的糖形成的大分子是（　　）。

A. 纤维素

B. DNA

C. 脂质

D. 蛋白质

利用下图回答第2、3题。

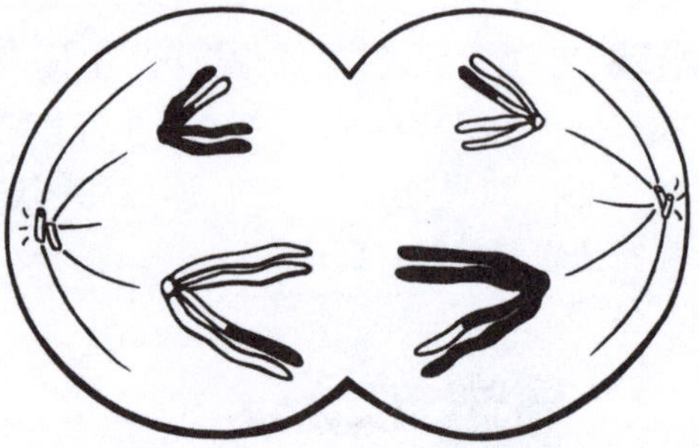

2. 图中表示的是减数分裂的阶段是（　　）。

A. 后期Ⅰ

B. 后期Ⅱ

C. 末期Ⅰ

D. 末期Ⅱ

3. 图中减数分裂的该阶段之后的一个阶段会发生的变化是（　　）。

A. 变成单倍体

B. 交叉互换

C. 胞质分离

D. DNA复制

4. DNA复制中有拉开DNA“拉链”作用的酶是（　　）。

A. DNA解旋酶

B. DNA连接酶

C. DNA聚合酶

D. RNA引物酶

根据下图回答第5题。

5. 根据图中的DNA链序列，形成的mRNA的可能序列是（　　）。

A. 5′AATAGAATAGTA3′

B. 5′AAUAGAAUAGUA3′

C. 5′ATGATAAGATAA3′

D. 5′AUGAUAAGAUAA3′

6. 可能会发生细胞凋亡的是（　　）。

A. 指间细胞

B. 正常进行繁殖的细胞

C. 繁殖缓慢的细胞

D. 心脏周围的细胞

7. A型血的基因型是（　　）。

A. I^BI^B

B. ii

C. I^Ai

D. I^AI^B

8. 克氏综合征患者的性染色体模式是（　　）。

A. OY

B. XO

C. XXY

D. XYY

简答题

9. 根据自由组合定律，描述杂合的黄圆豌豆(YyRr)进行双因子杂交，回答中包括P方阵及表型的比例。

10. 列举一个技术发展的例子，并解释其对科学家理解DNA的结构做出的贡献。

11. 在一种特定动物中，能引起仅雌性的外部颜色发生变化的原因是什么？给出你的结论并解释。

12. 设想你在进行双因子杂交，两亲本的基因型都是RrYy，子代中两种性状都是纯合的比例是多少？解释你的答案。

13. 为什么认为孟德尔的研究早于对遗传物质的研究。

14. 设想一个染色体数为$2n=6$的生物中，其3号染色体是单体性，那么其染色体组型中共有多少染色体？试进行解释。

15. 解释为什么mRNA中的碱基数量不同于其模板DNA的碱基数。

16. 解释为什么一个学说需要可重复的验证。

开放题

根据下图回答第17题。

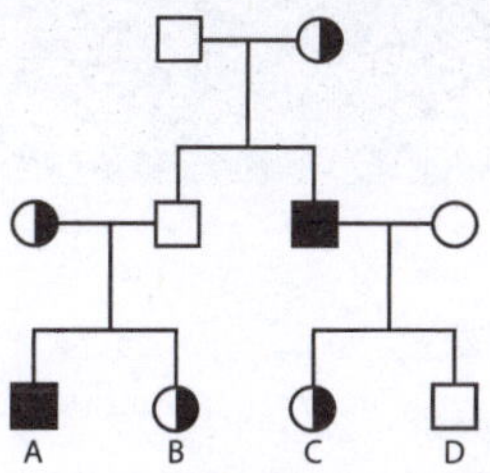

17. 根据以上系谱图描述所涉及的疾病的遗传模式。

18. 人类的神经细胞在形成后很少会发生细胞分裂，那么当人的脊髓受伤时，这种特性会对人造成什么影响？

19. 在发现DNA的结构中，参考资料起到怎样的作用？

论述题

为了进行研究，科学家招募了一些愿意参与或作为研究对象的双胞胎，他们中有同卵双胞胎和异卵双胞胎。双胞胎对进行遗传相关的研究很有帮助。

利用上文中的信息，以论文形式回答下列问题。

20. 设想你是一名科学家，写了一份需要双胞胎参与的研究计划。试解释你想要探索的问题是什么以及你是否需要寻找同卵的和异卵的双胞胎，并解释为什么以双胞胎为研究对象对你的研究非常重要。

考点提示

测试题号	1	2	3	4	5	6	7	8	9	10	11	12	13	14	15	16	17	18	19	20
对应章节	8.2	10.1	10.1	12.2	12.3	9.3	11.2	11.3	11.2	12.2	11.2	10.2	12.2	11.3	11.2	12.3	11.1	9.1	12.1	11.2

第13章

遗传学和生物技术

起步实验

如何进行选育？

用扑克牌代表一个物种种群中的基因。在本实验中，你将利用扑克牌来模拟种群的选育过程。

步骤

1. 阅读并完成实验室安全表。
2. 将扑克牌洗好，并选择一张扑克牌代表你希望选择的基因。
3. 将26对扑克牌正面朝上排好。
4. 选择其中几对扑克牌，要求至少包含一张你选择的扑克牌。
5. 记录剩余扑克牌的数量，并计算出剩余扑克牌占原始扑克牌的百分比。
6. 将剩余的扑克牌洗好，重复步骤2～4，直到所有剩余的扑克牌都是你选择的扑克牌为止。

数据与观察

分析

1. **推测**为什么要将扑克牌成对排列。
2. 将每一轮中剩余扑克牌占原始扑克牌的百分比与种群中基因百分比的变化相**联系**。

折叠式 学习卡

制作一本具有三个标签的小册子，用于记录与DNA相关的笔记。

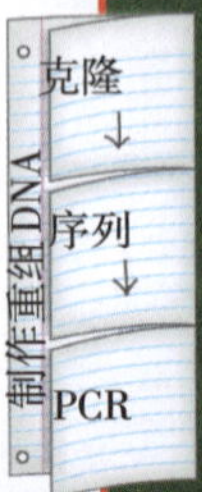

内容聚焦 科学探究

新的技术帮助科学家发现了分子，并且他们能够更好地理解基因遗传。

大概念 遗传学技术提高了人类的健康水平和生活质量。

第1节·遗传学的应用

第2节·DNA技术

第3节·人类基因组

第1节

遗传学的应用

本节预览

核心问题

- 怎样通过选育获得具有目的性状的生物?
- 同系繁殖和杂交有什么异同点?
- 如何根据P方阵测交确定生物的基因型?

术语回顾

杂种:某一性状是杂合的生物体。

关键术语

选择培育
同系繁殖
测交

主要概念 **通过选择培育来获得具有特定性状的生物。**

联系实际 硬币收藏家常常从很多硬币中挑选更有价值的硬币。与之相类似,科学家根据物种性状的价值来筛选并培育植物和动物。

选择培育

你可能对圣伯纳德犬、爱斯基摩犬、德国牧羊犬等这些狗的品种很熟悉。观察**图13-1**中这些品种的表型,三种都是比较强壮的。圣伯纳德犬具有敏锐的感官,是善于营救的狗;爱斯基摩犬奔跑的耐力很强,能拉雪橇跑很远的距离;德国牧羊犬经过专业训练后,能进行特殊服务。

在古代,人们根据特定性状进行培育,从而获得了具有目的性状的动物,最后使得这些性状变成普遍性状。选择培育不仅限于动物,人们也可以对植物进行选择育种,例如获得大的果实、缩短生长时间等。这种根据特定性状选择植物和动物并使目的性状能够传递到后代的培育方式叫作**选择培育(selective breeding)**。通过杂交和同系繁殖这些过程,目的性状能够代代相传。

■ **图13-1** 各种狗所具有的独特性状能使其具有特别的用途,圣伯纳德犬具有敏锐的感官,爱斯基摩犬奔跑的耐力很强,德国牧羊犬能被高度驯化。

圣伯纳德犬
营救犬

爱斯基摩犬
雪橇犬

德国牧羊犬
服务犬

杂交 具有同一性状不同形式的亲本，杂交之后产生了具有特定性状的杂种后代。农民、科学家及园艺师经常会利用杂交的方法，因为这些优良的性状能够给杂交生物提供竞争优势，如更强的抗病能力、产量更高、生长更快等。例如，选择两种不同品种的番茄进行杂交，其后代就会具有其中一个亲本的强抗病能力，也具有另一亲本的快速生长特性。

杂交的缺点是费用高且耗时长，比如，科学家有时需要花费三十年时间才能培育出更高产的杂交水稻。但是因为杂交种一般更有营养、更能适应环境的变化、繁殖能力更强，所以，与其缺点相比，杂交的优势是显著的。

同系繁殖 在发现某一具有优良性状的生物时，就需要利用特殊方式使该优良性状得以延续。这种利用两个相关性状很相近的亲本进行结合并将后代中不具目的性状的个体去除的过程就是**同系繁殖(inbreeding)**。

通过同系繁殖能够维持生物的纯合品种。克莱兹代尔马、安格斯牛和德国牧羊犬这些都是经过同系繁殖获得的纯合种。你可能在游行队伍或宠物动物园中见过克莱兹代尔马。最初在几百年前，苏格兰人养育克莱兹代尔马并将其当作农场马，由于其体形大、敏捷和温顺的特性，对克莱兹代尔马进行同系繁育并用其拉载重物。

同系繁殖的缺点是一些有害的隐性性状也会被传递到后代中，增大了后代成为隐性纯合体的概率。如果双亲都具有隐性等位基因，那么其有害性状就很难被消除。

阅读检测 **描述**杂交和同系繁殖各自的缺点。

迷你实验 1

孟德尔杂交

如何培育杂种百合花？ 本实验中，你会了解到一些培育技术，而专业植物培育师和业余园艺师们就是利用这些技术培育出了你能够在风景区看到的各种类型的百合花。

步骤

1. 阅读并完成实验室安全表。
2. 获得一个百合花的标记图及一朵刚开花的百合花，利用放大镜观察并鉴别其花药和雌蕊。
3. 利用一个棉签轻轻地从花药上蘸取花粉。
4. 同其他组交换百合花，将棉签上的花粉轻轻涂抹到新的百合花的柱头上。

分析

1. **推断** 培育师进行百合花的人工杂交时，将花粉涂抹到还未开花的柱头上，然后用锡箔护住柱头。为什么必须这样操作？
2. **批判性思维** 通过人工授粉的百合花生长并产生种子，这些种子经培育后长出新的花，它们与杂交亲本的特征不一样。思考其发生的原因。

起步实验

回顾 基于对选择繁殖的了解，你会如何回答本章开头“起步实验”中的问题？

纯合白色葡萄柚

纯合红色葡萄柚	W	W
w	Ww	Ww
w	Ww	Ww

杂合白色葡萄柚

纯合红色葡萄柚	W	w
w	Ww	ww
w	Ww	ww

■ **图13–2** 通过与红葡萄柚测交确定白葡萄柚是纯合体还是杂合体。

测交

在进行培育杂种时，一旦品种具有了目的性状，培育师必须确定杂种的基因型。如果该性状是显性性状，那么其基因型有可能是纯合的，也有可能是杂合的。可以通过测交来确定基因型。**测交（test cross）**是将培育的未知基因型的生物同目的性状是隐性纯合的生物进行杂交。如果亲本基因型是纯合显性，那么子代全是显性性状；如果是杂合显性，那么子代的性状会出现1∶1的分离比。

测交的操作 设想要获得白色葡萄柚杂种。在葡萄柚的品种中，白色是显性，红色是隐性。因此，果园中的红葡萄柚肯定是纯合隐性（ww）。而培育师得到的白色葡萄柚杂种可能会有纯合显性（WW）和杂合显性（Ww）两种。这就需要通过测交来确定白色葡萄柚的基因型。测交也是将一植株的花粉转移到另一植株的柱头上。

结果 如**图13–2**中的P方阵所示，如果是纯合显性的白色葡萄柚（WW）与红色葡萄柚（ww）杂交，那么子代都是显性杂合体（Ww）。如果是杂合的白色葡萄柚（Ww）进行测交，那么子代中一半为白色，另一半为红色，表型比为1∶1。

第1节 测评

要点梳理

- 通过选择培育可以获得具有目的性状的生物。
- 杂交产生的生物体的目的性状来自两个同一性状表型不同的亲本。
- 同系繁殖能够产生纯合体。
- 测交可用来确定生物体的基因型。

要点理解

1. 主要概念 **论述**选择培育对农作物的影响。
2. **描述** 当羊具有三种目的性状时，如何使该性状传递到下一代？请解释。
3. **对比与比对**同系繁殖和杂交。
4. **预测**有籽橘子（Ss）和无籽橘子（ss）进行测交产生的子代的表型。

批判性思维

5. **评估** 母牛和公牛都具有突变引起的隐性等位基因，该隐性等位基因能导致牛奶减产。请问能对其进行培育吗？为什么？

生物中的数学

6. 通过测交来确定黑猫的基因型。将黑猫（BB或Bb）与白猫（bb）进行杂交，如果后代中有一半是黑猫，那么测交中的黑猫基因型是怎样的？

第2节

本节预览

核心问题

- 基因工程中利用了哪些工具和过程？
- 基因工程是如何进行DNA重组的？
- 选择培育和基因工程之间有什么相似之处？
- 怎样利用基因工程和生物技术提高人类的生活水平？

术语回顾

DNA：生物体的遗传物质，具有两条互补的核苷酸链组成的双螺旋结构。

关键术语

基因工程
限制性核酸内切酶
凝胶电泳
重组DNA
质粒
DNA连接酶
转化
克隆
PCR
转基因生物

DNA技术

主要概念 **研究人员通过基因工程来操纵**DNA。

联系实际 你见过手工拼布床单吗？拼布床单是裁缝用多块不同的小布片组成的。同样的，科学家通过将不同来源的DNA组合在一起，从而获取具有独特性状的生物体。

基因工程

1970年左右，科学家发现了DNA的结构，并确定了中心法则，即遗传信息是从DNA传递给RNA，再从RNA传递给蛋白质。但是科学家对单个基因的具体功能并不了解。设想一下，你的朋友告诉了你一场精彩的足球比赛的最终结果，但没有说每个运动员对该场球赛的贡献，你就会对该场球赛的细节非常好奇。同样的，科学家也非常想要弄清楚每个基因对细胞功能的贡献。

当科学家开始利用**基因工程（genetic engineering）**之后，许多难题就迎刃而解了。基因工程的方法有很多，其中一种就是将外源DNA插入生物体的DNA中，例如，科学家将绿色荧光蛋白（GFP）的基因插入很多生物体的基因中，这些经基因工程改造的生物就会表达GFP。如**图13–3**所示的蚊子幼虫，在紫外光下很容易鉴别出来。这一方法可用于很多研究过程中，例如研究某特定基因的表达、探究细胞活动过程、研究某疾病的变化及筛选对人类有利的性状等。

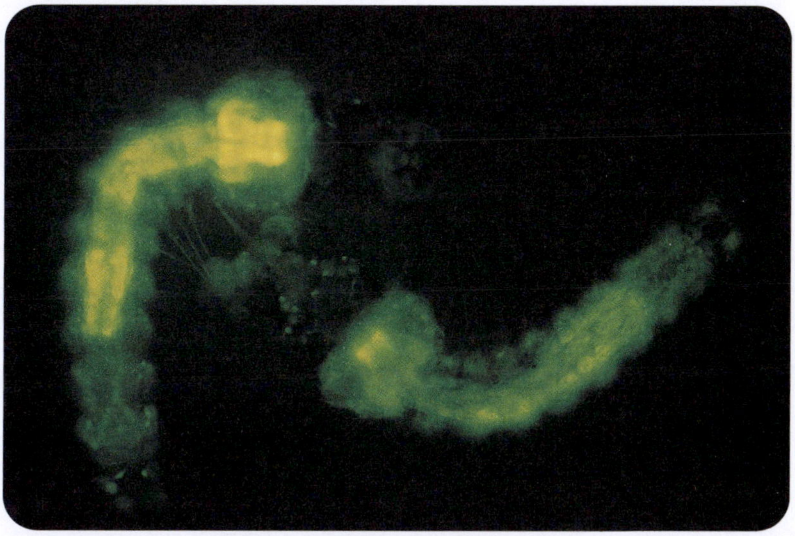

基因工程改造的蚊子幼虫

图13–3 绿色荧光蛋白的基因被插入蚊子幼虫的基因中，科学家可以利用光学特性来验证外源DNA是否已插入目的生物中。
预测 *基因工程将怎样被运用到未来的医药行业中。*

DNA 工具

DNA 工具包括限制性核酸内切酶、DNA 连接酶等。

限制性内切核酸酶 一些细菌天生具有抵制病毒入侵的能力，它们的细胞中具有一类叫作**限制性内切核酸酶（restriction enzyme）**的蛋白质。这类蛋白酶能够识别并结合到特定的 DNA 序列上，然后将 DNA 序列切割开来，当病毒进入细菌细胞时，这种酶就会把病毒的 DNA 切成小片段。自 20 世纪 60 年代最早发现这类酶以来，科学家已经鉴定并分离出了数百种限制性内切核酸酶。限制性内切核酸酶用来分离特定的基因，当其切开基因组 DNA 时，会形成一些大小不同的片段。这些片段在每个个体中都是独特的。

***EcoR* Ⅰ** 一种很常见的限制性内切核酸酶，如**图 13-4** 所示，该酶的识别位点是 GAATTC，能够产生具有互补的 DNA 单链的黏性末端。产生黏性末端是非常重要的，因为这些黏性末端能与其他片段的互补的黏性末端连接。

但是并不是所有的限制性内切核酸酶都能产生黏性末端，一些酶切割后会形成平末端，平末端不具有能互补的 DNA 单链。

阅读检测 **概括**科学家对限制性内切核酸酶的用法。

术语

操纵

调控管理或有技巧地运用。

科学家利用技术操纵遗传信息来验证科学假设。

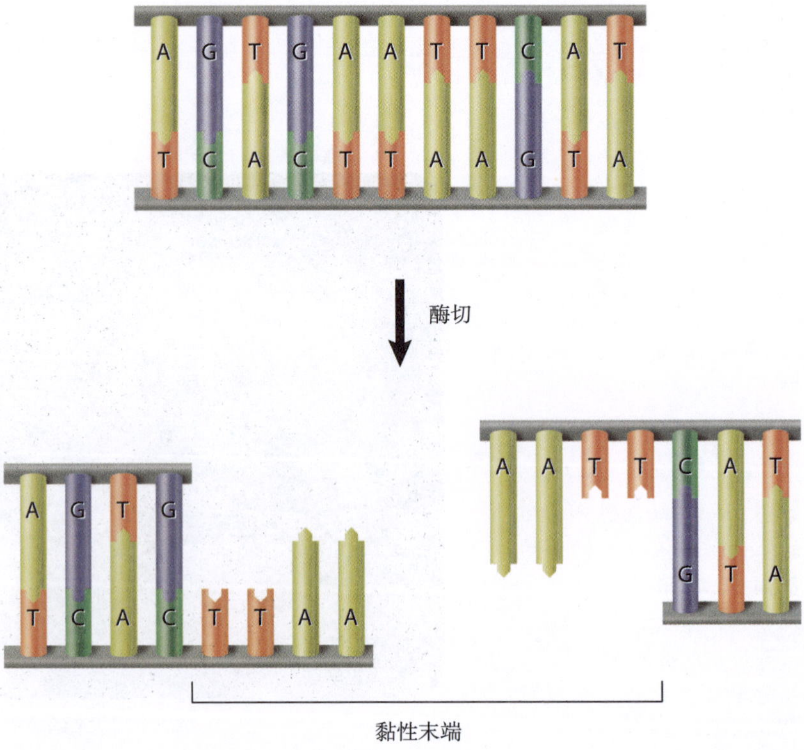

图 13-4 具有 GAATTC 位点的 DNA 序列能够被限制性内切核酸酶切割产生黏性末端。

加样 利用移液枪将DNA注射到凝胶末端的加样孔中。

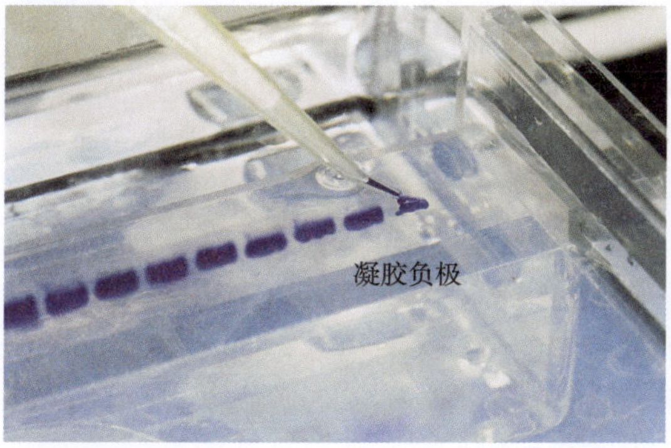

电泳结果 凝胶中的染料同DNA相结合，在紫外光下就会发出亮光，显示电泳的结果。

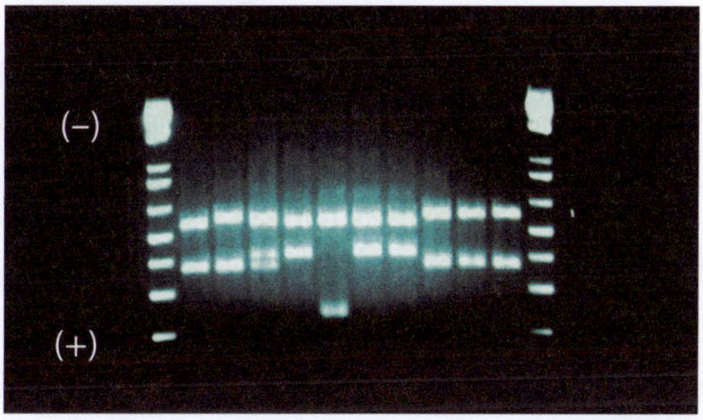

■ **图13–5** 将加样后的凝胶放到电泳槽中开始电泳后，不同的DNA片段就会发生分离。

链接物理 **凝胶电泳** 通过利用电流并根据DNA片段的大小分离DNA片段的方法叫作**凝胶电泳(gel electrophoresis)**。**图13–5**展示了凝胶电泳的主要过程：先将DNA样品注射到凝胶的加样孔中，然后电泳，凝胶中的DNA会向电泳槽的正极移动。较小的片段比大的片段移动速率快，通过电泳就可以方便地比较出各个片段的大小。同时凝胶中的每个条带中的DNA可以通过回收，用于其他研究。

迷你实验 2

模拟限制性内切核酸酶

如何模拟黏性末端？ 用剪刀和胶带制作纸片DNA片段，在片段上形成黏性末端，同时制作能够互补结合的DNA质粒。

步骤

1. 阅读并完成实验室安全表。
2. 教师提供两种模型，代表基因组DNA的直链纸片模型和代表质粒的环形纸片模型。
3. 找到*EcoE* Ⅰ能够识别的GAATTC序列，用剪刀剪开。
4. 利用胶带将其连接成一个重组质粒。

分析

1. **比较** 你和小组其他成员根据这一基因组序列制作的重组质粒都一样吗？为什么？进行解释。
2. **推断** 剪切这一操作模拟的是哪一类酶的功能？请解释。

DNA重组技术

当DNA片段通过电泳分离之后，研究者将目的条带回收并与其他来源的DNA片段进行连接，这样新产生的DNA分子就是**重组DNA（recombinant DNA）**。重组DNA技术对科学家的研究产生了革命性的影响，因为他们能够对单个基因进行研究了。

为了进行研究，研究者往往需要大量的重组DNA，载体将重组DNA转化到宿主细胞中。一般用质粒或病毒作为载体。**质粒（plasmid）**是自然存在于细菌和酵母菌细胞中的小的环状双链DNA分子。由于质粒能被限制性内切核酸酶切开，所以可以将其用作载体。如**图13-6**，将质粒和目的基因片段用同样的酶进行切割，产生同样的并能进行互补结合的末端。**DNA连接酶（DNA ligase）**一般用于DNA修复和DNA的复制，也能够将两个DNA片段连接起来。

通过**图13-6**也可以发现，重组的环状DNA分子中包括质粒和目的DNA片段，这个重组的质粒分子会被导入宿主细胞中进行繁殖，从而产生大量的重组质粒。

阅读检测 **联系**限制性内切核酸酶和重组DNA分子。

图13-6 不同来源的DNA相结合形成重组DNA。

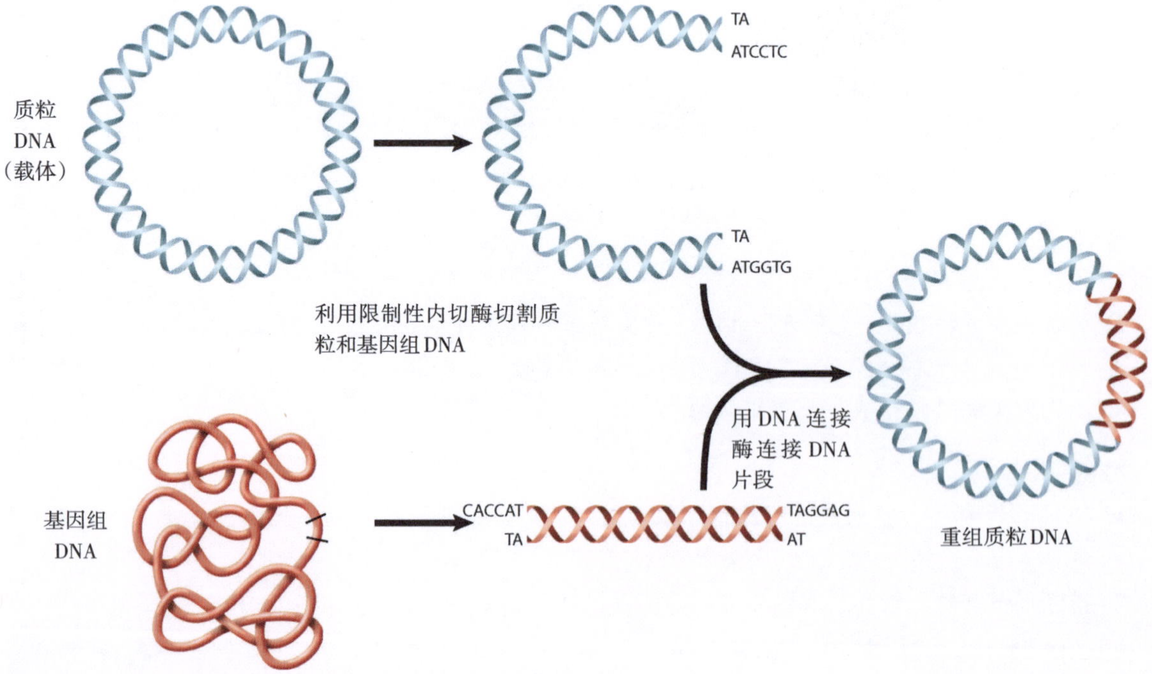

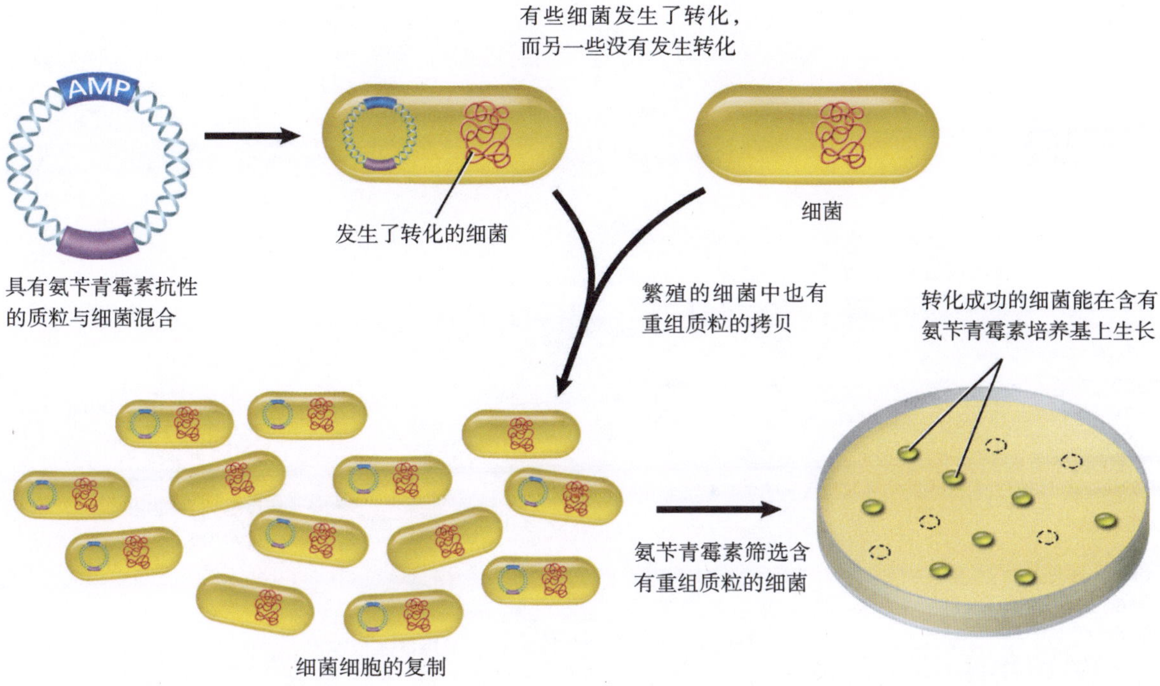

■ **图 13-7** 转化了重组质粒的细菌能够被筛选鉴定，并用于后续的研究实验，而没发生转化的细菌在抗性培养基上将无法存活。

基因克隆 如**图 13-7** 所示，为了获得大量的重组DNA，通过**转化（transformation）**将重组质粒转入细菌细胞中。转化的方式有电转化和加热两种，因为所有的细胞都具有质膜，而短暂的电激或热激能够使得细菌的质膜短暂地打开，重组质粒可以快速进入细胞。细菌通过繁殖产生大量重组质粒。产生这些含有插入DNA分子的细胞的过程就是**克隆（cloning）**。

重组质粒一般都具有抗性基因，如氨苄青霉素（ampicillim，AMP）。科学家利用这些基因来筛选转化结果，如**图 13-7**，将转化的细菌置于有特定抗生素的培养基上，只有含重组质粒的细胞才能生长。

DNA 测序 大多数生物体DNA的脱氧核苷酸序列不像外在的性状一目了然，获得基因的序列信息对科学研究有着重要价值。知道了序列信息后，科学家就可以预测基因的功能、比较基因的相似性、鉴定DNA序列中的错误或突变等。很多生物的基因组包含大量的脱氧核苷酸，运用内切核酸酶将其切成小段，就能方便地分离出来并进行测序。

术语

转化

将其他来源的DNA转到一种类型的细菌细胞中的过程。

发生了转化的细菌细胞中摄入了外源质粒DNA。

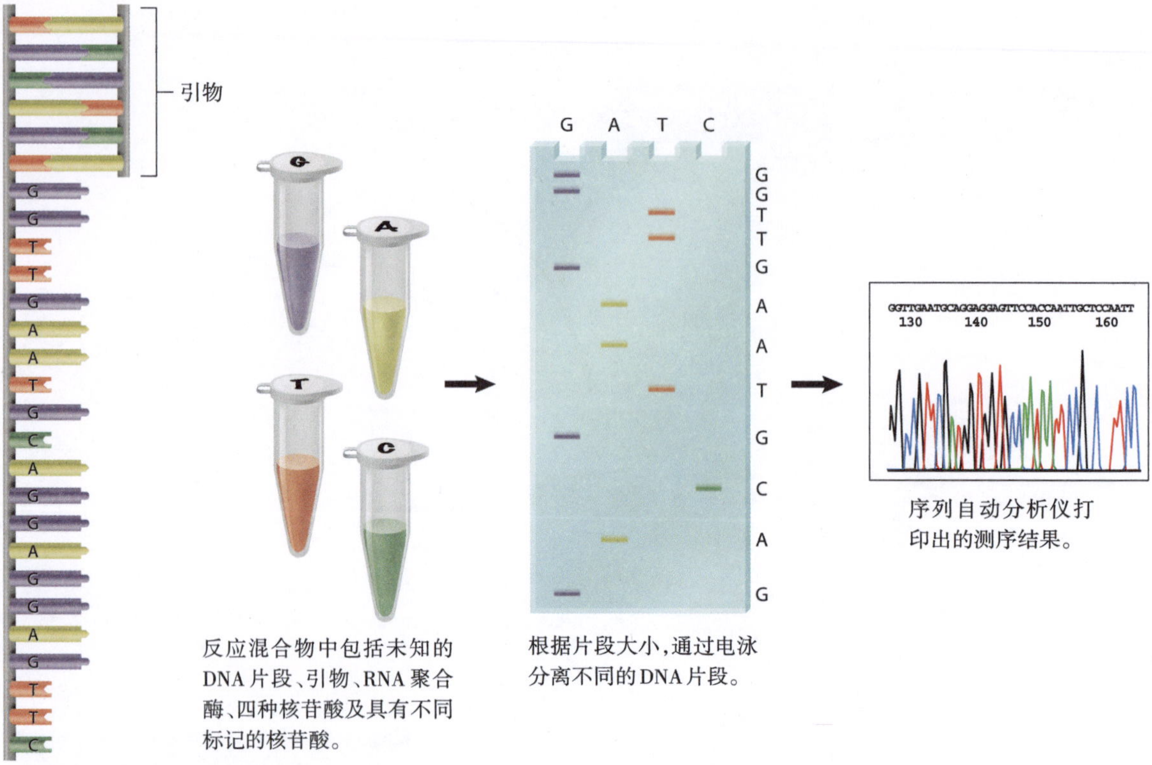

反应混合物中包括未知的DNA片段、引物、RNA聚合酶、四种核苷酸及具有不同标记的核苷酸。

根据片段大小，通过电泳分离不同的DNA片段。

序列自动分析仪打印出的测序结果。

■ **图13–8** 通过荧光标记的脱氧核苷酸来分析DNA的序列。
描述 *如何确定复制中最初的DNA模板的序列。*

我们可以根据**图13–8**来了解DNA测序的大致过程。研究人员将未知的DNA片段、DNA聚合酶以及四种脱氧核苷酸配成混合体系，用荧光染料对少量的脱氧核苷酸进行染色标记，这些染料也会对脱氧核苷酸的结构产生影响。在DNA的复制中，标记的脱氧核苷酸结合到DNA链上会使得复制停止，从而产生各种长度的DNA片段。将回收的DNA片段利用序列分析仪检测标记的脱氧核苷酸的颜色，就可以获得DNA的序列信息。

聚合酶链式反应 知道DNA的序列信息后，可以通过**聚合酶链式反应（polymerase chain reaction，PCR）**大量扩增基因序列上的特定片段。PCR高度灵敏，能够识别样品中的单个DNA分子，并对DNA分子进行大量扩增，为其他研究的开展提供重要的原材料，所以PCR是非常有用的技术。**图13–9**展示了PCR的相关反应阶段。

第一阶段 将DNA聚合酶、四种核苷酸及引物混合，配成PCR反应体系，引物能与DNA片段的末端互补，标记DNA合成的起始位置。当PCR管开始加热时，PCR反应就开始了。

第二阶段 加热使DNA解链，而降低温度之后，引物重新结合到每一条模板链上。PCR仪能够进行多次温度变化的循环，使得大量扩增DNA成为可能。

第三阶段 如**图13-9**所示，每个引物与DNA片段的一条链结合，随着DNA的复制，DNA聚合酶将正确的核苷酸依次添加到两条引物之间。经过20～40次的重复扩增，最终会复制出数百万条与模板DNA相同的DNA片段。因为PCR过程需要高温加热，所以选用的DNA聚合酶也需要有耐高温的性质。科学家从一些嗜热菌中寻找到了这种类型的酶，如黄石国家公园的温泉里就生存着这类细菌。

因为PCR技术能精确识别样品中的单个DNA分子，所以是非常有用的科研技术。PCR不仅仅在实验室中大显身手，法医也可利用PCR进行犯罪案件调查，医生也可利用PCR检测传染疾病(如艾滋病)。

阅读检测 **描述**PCR反应，利用类比法进行描述。

■ **图13-9** PCR是利用复制仪进行DNA复制的生物学手段。在每一个PCR循环中，加热阶段使DNA解链，退火阶段引物和DNA链相结合，DNA聚合酶添加脱氧核苷酸形成新的DNA分子。

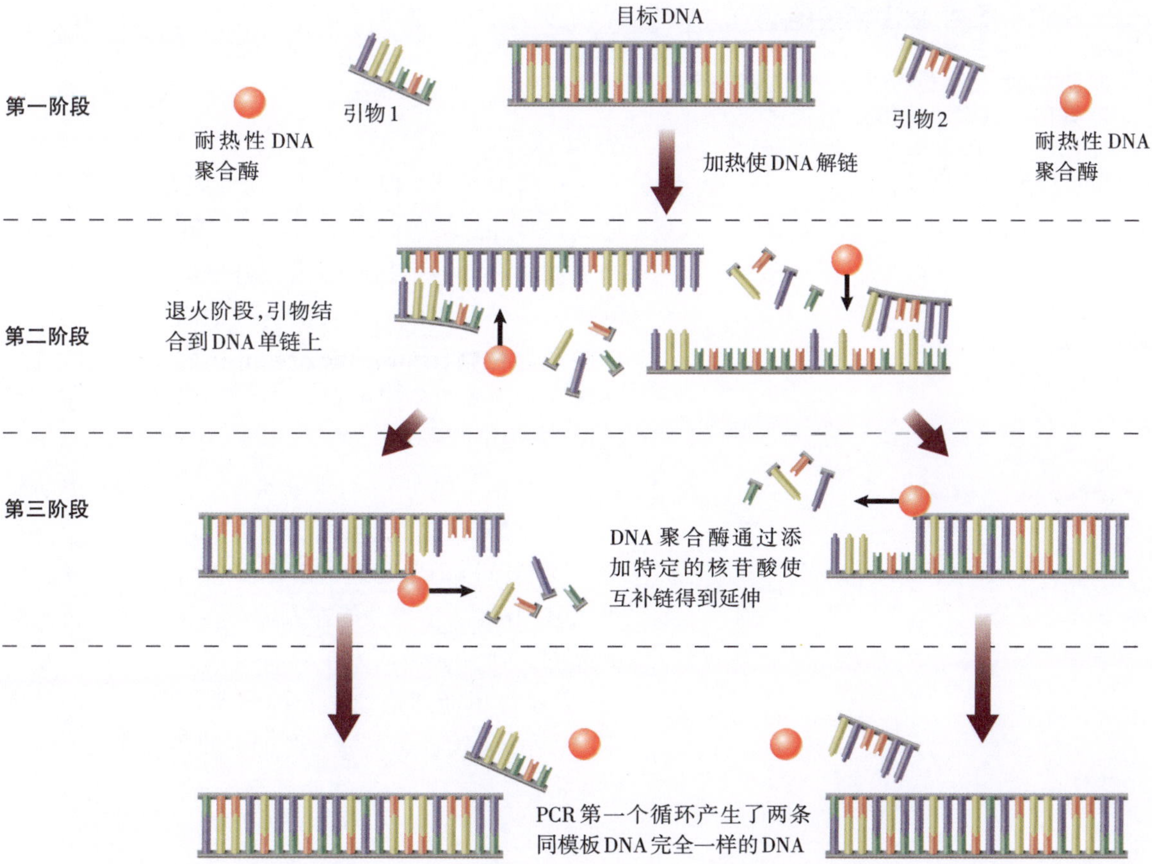

表13-1	基因工程	
工具/过程	功能	应用
限制性内切酶 如*EcoR* I	将DNA链切成片段	酶切使DNA片段产生黏性末端或平末端，从而能够与其他DNA进行连接
凝胶电泳	根据大小分离DNA	用于研究各种大小的DNA片段
DNA重组技术	将DNA与其他来源的DNA片段结合（外源DNA）	用于研究单个基因、基因工程生物和一些疾病的治疗
基因克隆	产生大量相同的重组DNA分子	产生大量重组DNA
DNA测序	鉴定克隆的重组DAN分子的序列，用于后续研究	用于鉴定DNA序列中的错误、预测特定基因的功能、比较不同来源的DNA序列的相似性
PCR	复制已知序列信息的DNA片段	用于科学研究、法医鉴定及医疗检测

基因工程是很有用的研究工具，**表13-1**对其做了总结。尽管科学家在研究很多不同的问题，但他们的研究过程中总包括限制性核酸内切酶的切割、DNA片段的分离、DNA重组、克隆或PCR、序列信息的分析等。

与生物学相关的职业

遗传学家 遗传学家利用DNA工具研究基因、遗传及生物多样性，一些遗传学家也是诊断和治疗遗传疾病的医生。

生物技术

在利用基因工程解决一些研究问题时，也有可能形成具有外源基因的新式生物。如**图13-3**中的蚊子幼虫就具有其他生物的基因。科学家将这种通过基因工程把外源基因插入目的物种中而产生的生物叫作**转基因生物（transgenic organism）**。转基因动物、植物和细菌不只是用于研究，在医疗和农业方面也有应用。

转基因动物 现如今，科学家研发了很多转基因动物用于科学研究，老鼠、果蝇和线虫被广泛用于科学研究中。转基因山羊是通过基因工程将一个抗凝血酶Ⅲ的基因敲除，这种酶能在人体接受手术时阻止血液的凝固。研究人员研发了具有抗病性的普通鸡和火鸡，也获得了能够快速生长的转基因鱼。也许在将来，转基因动物甚至可以为医疗上的器官移植提供器官来源。

■ **图13–10** 科学家通过基因工程获得了能够抗虫害的转基因棉花。

转基因植物 有很多转基因植物具有更强的抗病虫能力。2006年，就有18个国家的700万农民种植达69.9万平方千米的转基因农作物，包括抗除草剂和抗杀虫剂的大豆、玉米、棉花及油菜。科学家获得了能够抗虫害的转基因棉花（**图13–10**），也正在研究不会引起过敏反应的花生和大豆。

其他农作物有些已经具有商业价值，有些正在进行田间测试，包括抗病毒的甘薯，富含铁和维生素的水稻——改善了亚洲国家的营养不均衡状态，还包括一些能在极端气候环境中生存的植物，等等。

转基因细菌 生长激素、胰岛素及能够溶解血凝集块的物质，都能够通过转基因细菌来获得；转基因细菌也能减缓作物上冰晶的形成，保护植物不受霜冻伤害；也能够更为环保地清理泄漏的石油，有效地降解垃圾。

第2节 测评

要点梳理

- 基因工程的运用可为人类提供有用的生物。
- 重组DNA技术可用于研究单个基因。
- 凝胶电泳技术可以用于分离DNA片段。
- 经转化重组DNA的细菌通过繁殖可产生大量克隆。
- PCR技术用于较小片段DNA的复制。
- 转基因生物的研发有助于提高人类的生活质量。

要点理解

1. 主要概念 **描述**如何操作完成DNA的重组。
2. **解释**为什么一些质粒具有抗性基因的作用。
3. **描述**基因工程是怎样促进人类健康的。
4. **比较**选择培育和基因工程之间的一项主要差别。

批判性思维

5. **评估**一些电影和小说中提到的转基因生物是否真能实现？请说明理由。

科技 **写作**

6. 商业合成并销售DNA的价值是什么？购买者会是谁？列举几条实验室里获取DNA的潜在用途。

第3节

人类基因组

本节预览

核心问题

- 人类基因组的成分是什么?
- 法医是怎样利用DNA指纹图谱的?
- 如何将人类基因组的信息运用到人类疾病的治疗中?

术语回顾

密码子:DNA或mRNA中的编码氨基酸序列的三联体碱基组。

关键术语

DNA指纹技术
生物信息学
DNA芯片
单核苷酸多态性
单体型
药物基因组学
基因治疗
基因组学
蛋白质组学

主要概念 **基因组中包含生物进行生长和生存所需要的全部遗传信息。**

联系实际 你在玩拼图游戏时,可能会先拼接两边的图片,然后再将其填满。对人类基因组信息的分析与此类似,科学家也会逐步确定人类染色体上的碱基序列。

人类基因组计划

基因组是一个细胞中完整的遗传信息,人类基因组计划(HGP)是在2003年完成的一个国际化项目。HGP的目的是对人的全部DNA进行测序并鉴定全部的基因。这项测序工作工程浩大,如**图13-11**,如果人类的基因组大小如图所示,然后将人类基因组中的全部核苷酸连接成一条线,那么其长度可以从洛杉矶到达巴拿马。

尽管HGP已经完成了,但对数据的分析还需花费数十年。为了完成这个大型任务,科学家还研究了其他一些生物的基因组,包括老鼠、果蝇及大肠杆菌。研究这些生物可以发展有利于进行HGP的科学技术,这些技术也有利于了解新鉴定出的人类的基因的功能。

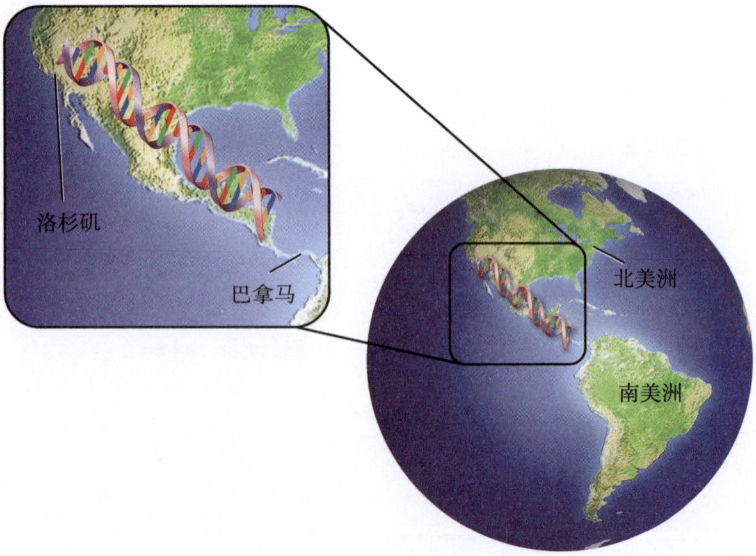

图13-11 如果将人的基因组中的全部核苷酸连接成一条线,那么其长度可以从洛杉矶到达巴拿马。

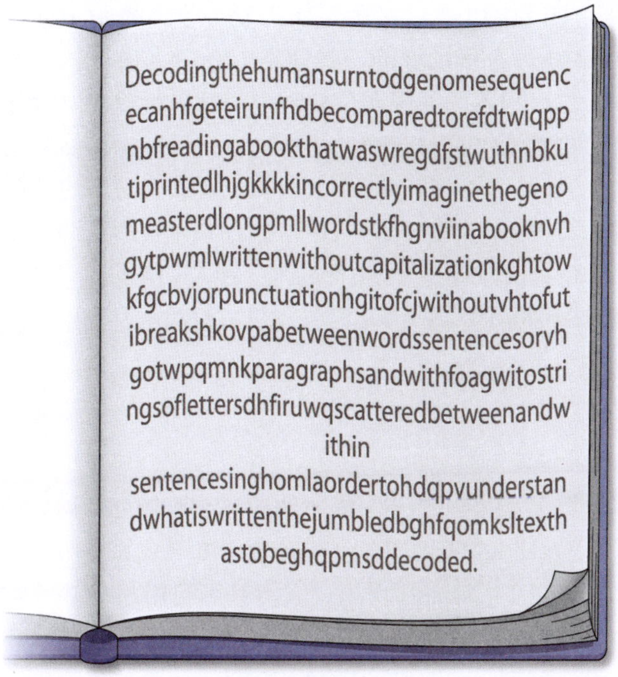

图13–12 人类基因组中的遗传信息必须通过解码、寻找重要的序列来获取。

解释 *文本中内容的意思，通过整理字母的不整序列进行分析。*

基因组测序 人类基因组染色体有46条。为了确定基因组序列，用多种不同的限制性核酸内切酶将每条染色体都切开，然后将得到的片段与载体结合形成重组DNA，再进行扩增及测序分析。

对基因组序列的解码就好比阅读印刷成代码的书，而书中的字母、句子及段落之间没有标点符号，书中也没有大写字母。**图13–12**所示的就是这样一页文字，为了理解其意思，你需要理清这些烦乱的字母。相类似的，科学家需要解码人类基因组中的遗传密码。

在完成整个测序后，科学家发现人类全部基因组中不到2%的核苷酸序列编码了身体所需要的蛋白质。而基因组中大部分序列是没有直接功能的，科学家将这些序列叫作非编码序列。

DNA 指纹技术 编码蛋白质的DNA区域在个体间几乎是完全一致的，但个体间的非编码区域具有独特性。当限制性核酸内切酶切割这些区域时，发现每个个体都具有独特的DNA片段位点图谱。**DNA 指纹技术（DNA fingerprinting）**中，利用电泳进行分离这些DNA片段，然后分析每个个体所特有的条带图谱。可以利用DNA指纹技术进行法医鉴定、亲子鉴定，还可以鉴别战争中牺牲的战士身份。

与生物学相关的职业

法医 法医经常运用基因工程技术，他们在犯罪调查中利用各种工具及过程，例如DNA指纹技术。

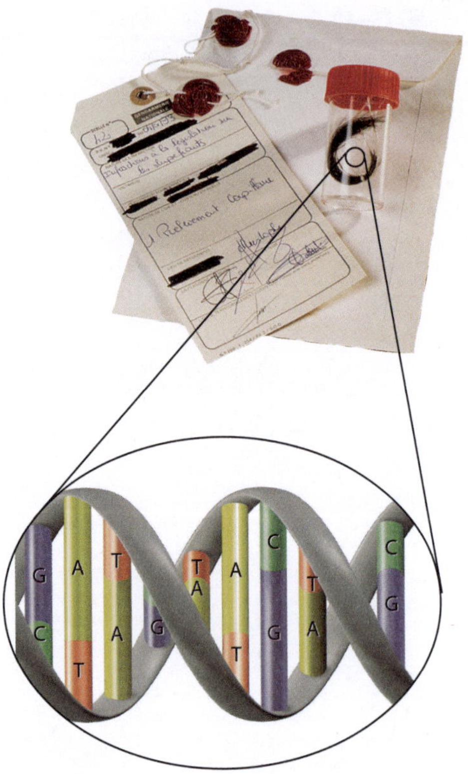

■ **图13-13** 可以利用人体的血液、头发、精液或皮肤中包含的遗传信息来鉴别不同的人。

图13-13展示了法医从头发中收集的用于进行DNA指纹分析的样品。将样品中的DNA进行PCR扩增，然后用不同的限制性核酸内切酶进行酶切电泳分析，将电泳结果与已知的信息进行比对分析。如果比对的样品能够相匹配，那么说明二者具有高度的相似性。自1985年发明以来，DNA指纹技术被用于调查犯罪案件和释放被错误关押的人。**图13-14**概括了遗传学技术的历史。

阅读检测 **总结**法医是如何利用DNA指纹技术的。

基因的鉴定

在完成基因组测序后，科学家接下来的工作就是鉴定基因并研究其功能。人类基因组中很多基因的功能都还是未知的，科学家需要结合电脑分析技术和DNA重组技术来研究基因的功能。

对于细菌和酵母菌这些基因组中不具有大区域非编码序列的生物，研究人员通过通读其开放阅读框（ORF）来鉴定基因。ORF是包含起始密码子和终止密码子的至少具有100个密码子的DNA编码序列，这些序列通常表明对应某个基因。如果这些序列能表达出有功能的蛋白质，就可以通过检测对其进行鉴定。

■ **图13-14**

遗传学中的发现

遗传学中的很多研究促进了生物技术的发展。

1959 唐氏综合征是最早发现的人类基因缺陷病。

1972 保罗·伯格（Paul Berg）研究获得了第一个重组DNA分子。

1973 赫伯特·伯耶（Herbert Boyer）、安妮·常（Annie Chang）等发现将重组DNA转入细菌之后会发生复制。

1983 凯利·穆利斯（Kary Mullis）发明了PCR反应，因此获得了1993年的诺贝尔生理学或医学奖。

科学家发现翻译的起始密码子是AUG，终止密码子是UAA、UGA或UAG，通过分析ORF确定了细菌和酵母菌中大约90%的基因。但复杂生物中，基因的鉴定需要更精密的计算机程序，这些计算机技术利用一些已知的信息，如利用其他生物的基因组序列信息来分析鉴定人类的基因。

生物信息学

通过HGP及对其他生物基因组的测序工作，科学家获得了大量数据，他们不仅需要对其仔细存储、组织分类及编码索引，还因此开拓出了新的研究方向和领域。该研究领域就是**生物信息学(bioinformatics)**，包括创建和维持生物相关信息的数据库。对序列信息的分析包括发现DNA序列上的基因、预测新发现的蛋白质的结构及功能。科学家也利用对不同物种的同类基因序列间的比对来分析基因的进化过程。

DNA微阵列芯片技术

对特定生物体或特定类型的细胞的基因表达进行分析是非常有用的。这些分析可通过DNA芯片来进行。**DNA芯片(DNA microarray)**是微小的载玻片段或硅片，上面一般分布有许多DNA片段。DNA芯片中甚至可以包括一些基因，例如控制细胞周期的基因及人类基因组中的所有基因，所以，一个很小的芯片中存储有大量的信息。利用DNA芯片，科学家可以了解遗传因子或环境因素是否引起特定基因的表达。

学习小贴士

生物期刊 根据对人类基因组的了解，写出若干条这些信息的有利应用。

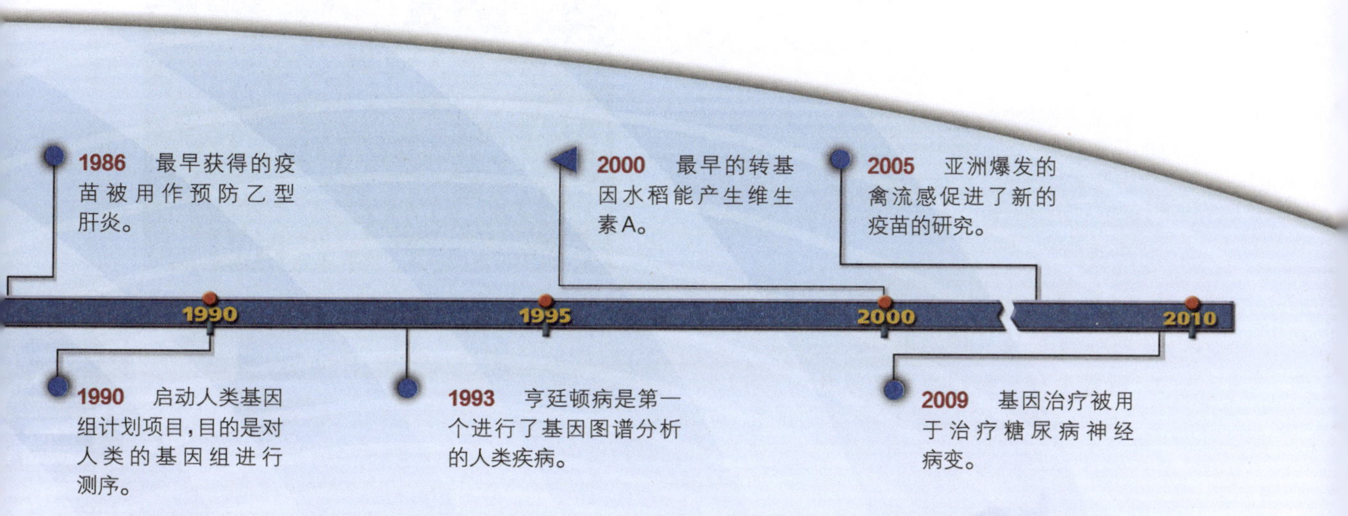

图13-15中展示了DNA芯片实验的流程，利用反转录酶将不同来源的mRNA反转录成互补DNA（cDNA），这些cDNA被特殊的荧光染料进行了标记，例如，红色标记的是癌细胞而绿色标记的是正常细胞，cDNA体系与芯片混合并进行温育使其发生结合。

如**图13-15**所示，在对芯片进行分析时，荧光信号就会显示出来。当正常细胞和癌细胞中的基因表达量一样时会出现黄色，当癌细胞中表达更强时为红色，反之是绿色。

因为DNA芯片中具有数千条基因，所以能够同时检测大量基因的表达模式中的变化。科学家也利用DNA芯片鉴定新的基因，研究不同生长条件下蛋白质表达的变化。

遗传缺陷病

尽管人类有高于99%的碱基序列是相同的，但发生变化的核酸序列中有一些与人类疾病密切相关。如果是单一核苷酸变化引起了DNA序列变异，科学家称其为**单核苷酸多态性（single nucleotide polymorphism，SNP）**。但要鉴定为SNP，该变异在物种中的发生率至少要达到1%。很多SNP对细胞的功能不会造成影响，但可以利用SNP图谱来鉴定很多与遗传缺陷相关的基因。

数据分析实验

基于真实的资料*

运用概念

如何运用DNA芯片技术区别前列腺癌的类型？ 正常前列腺细胞和前列腺癌细胞中的基因表达概况可以通过DNA芯片技术进行比较。

数据和观察

右图表示的是所获得的数据的一小部分。

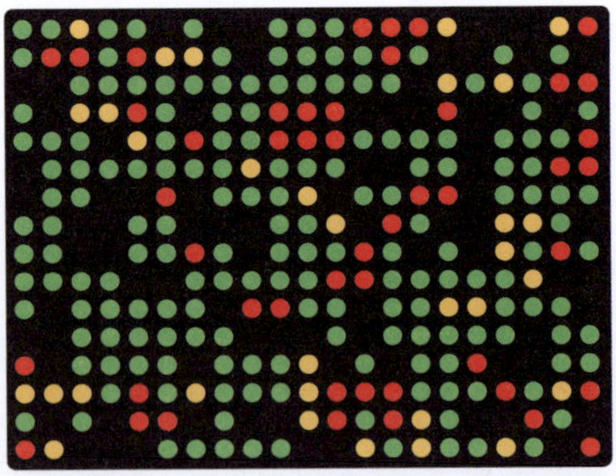

*资料来源：lapointe，et al.2004. Gene expression profiling identifies clinically relevant subtypes of prostate cancer. *PNAS* 101: 811–816.

批判性思维

1. **计算**黄色斑点的比率，然后再分别计算红色和绿色斑点的比率。
2. **解释**为什么有些斑点是黑色的。
3. **运用概念**　你如何选择一个基因，将其看作是能引起前列腺癌的基因进行研究。

图解芯片分析技术

图13-15

本实验中，通过DNA芯片分析可以检测数千个人类基因的表达情况。芯片上每一个位点代表一个基因，红色表示癌细胞中基因的表达量更高，绿色的表示正常细胞中的表达量更高，黄色的表示基因的表达在两种细胞之间没有区别。

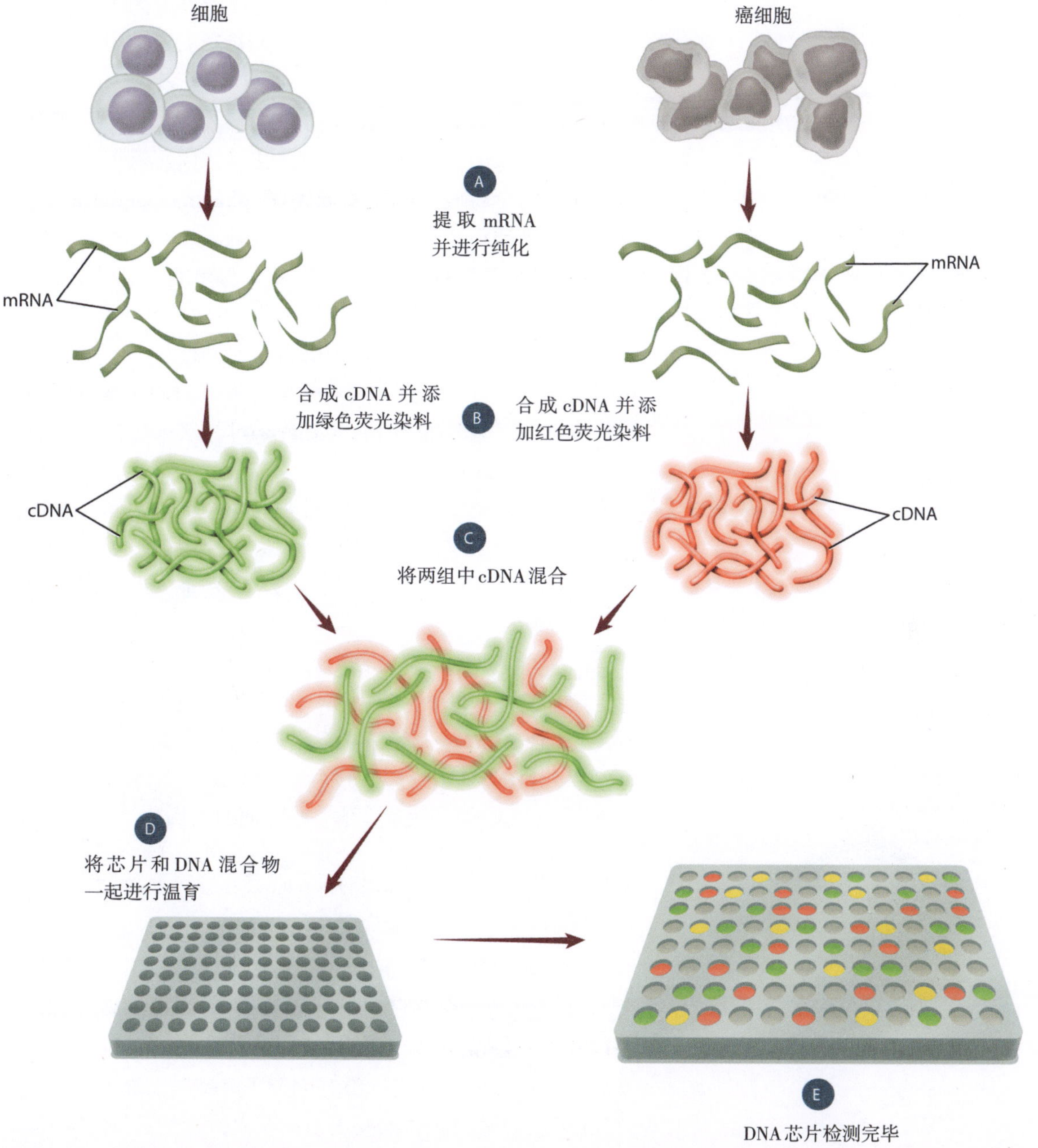

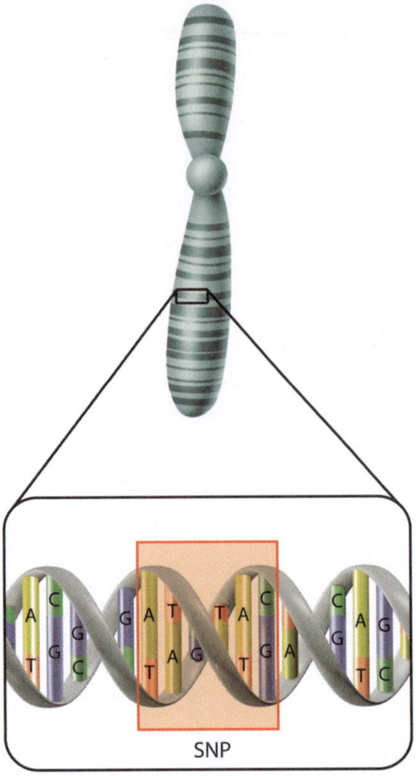

■ **图13-16** 单体型图谱计划要求将所有能发生联锁遗传的毗连SNPs排列到单体型图谱上。

国际单体型图谱计划 科学家联合创建了一个关于在人体中发生的普通基因变异的目录。连锁基因在一起发生遗传，同样，变异基因也会发生连锁遗传。因此，人类基因组中连锁变异的区域叫作**单体型（haplotype）**，是能够被定位的。创建目录的项目叫作单体型图谱计划，是利用对DNA的特定区域中的SNPs进行鉴定来完成的。

图13-16中展示了基因组上单体型的分布情况，项目完成后科学家就可以通过图谱来直观描述这些变异是什么，在DNA的哪些位置发生，在同种人及在世界上的不同种人中是如何分布的。这些信息能够帮助科学家发现引起疾病的基因。

药物基因组学 人类基因组的测序结合了相关基因、蛋白质及SNPs的知识，其中研究基因遗传是如何影响人体对药物的应答的学科叫作**药物基因组学（pharmacogenomics）**。这一学科将使得用药更安全、更具针对性。科学家有望针对个体的基因组成来研发药物，提高药物的安全性、有效性，同时减少副作用。也许在某一天，当你感到不舒服时，医生就能通过阅读你的遗传密码为你定制药方。

基因治疗 通过相关技术修正引起人类疾病的突变基因的治疗方式就是**基因治疗（gene therapy）**。这一疗法要求将正常的基因插入染色体中来代替有功能障碍的基因。在很多关于基因治疗的研究中，如**图13-17**，科学家将正常基因连到病毒载体中制作重组DNA，病人的靶细胞被病毒感染，重组DNA于是进入靶细胞中，目的基因被插入基因组中开始行使其功能。

■ **图13-17** 外源DNA被密封包裹在病毒中，在病毒感染患者后取代有缺陷的基因。一旦病毒进入细胞，外源DNA就会被释放到细胞核中，目的基因就会插入基因组中。

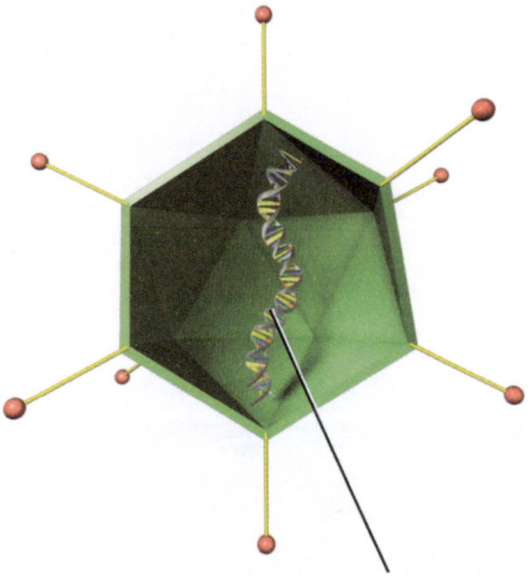

链接健康 1990年，第一例临床基因治疗试验是由美国国立健康研究院开展的，患者是一名有严重免疫缺陷病的四岁儿童。FDA对每一起医学案例进行监督，其中就包括基因治疗。目前基因治疗已开展研究的疾病有糖尿病、癌症、视网膜疾病、帕金森症及其他一些方面的疾病。

阅读检测 **对比与比对**药物基因组学和基因治疗。

基因组学和蛋白质组学

人类基因组的测序开启了科学家所描述的基因组学时代。**基因组学（genomics）**就是一门研究生物体基因组的学科。基因组学已经成了鉴定人类基因及了解基因功能的有力工具，除了从大量生物体的基因组中获得大量的数据之外，科学家对这些基因产生的蛋白质也进行了研究。

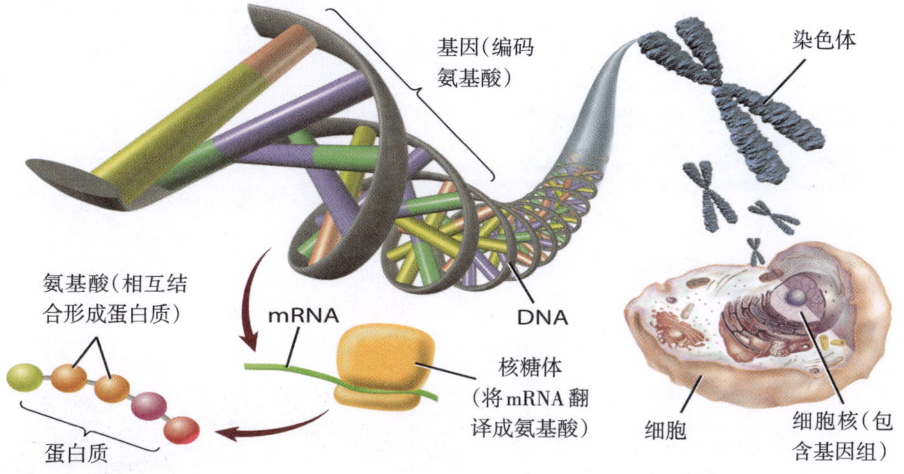

■ **图13–18** 中心法则揭示出了遗传信息由DNA传递给RNA,再由RNA传递给蛋白质的规律。

基因是信息储存单位,而蛋白质是细胞的功能机器。**图13–18**展示了基因的表达及蛋白质的合成过程。了解蛋白质的功能是非常重要的。例如,如果基因组代表的是字典中的字,那么蛋白质组(细胞中的全部蛋白质)代表字的意思及如何在句子中运用该文字。对人体中蛋白质的结构和功能进行大范围的研究和归纳的学科就是**蛋白质组学(proteomics)**。通过蛋白质组学,科学家能够同时对成千上万的蛋白质进行研究,这更便于对正常或是有疾病的状态进行了解。科学家期望蛋白质组学能够对相关疾病的药物研发带来变革,例如,Ⅱ型糖尿病、肥胖及动脉粥样硬化等。

第3节 测评

要点梳理

- HGP的实施完成了对人类基因组的全部测序。
- DNA指纹技术可用于对个体的鉴定。
- DNA芯片使得科学家能够同时开展基因组中多基因的研究。
- 将来,基因治疗可能会用来医治遗传缺陷疾病。
- 基因组学是研究生物体基因组的学科,蛋白质组学是研究人体中蛋白质的学科。

要点理解

1. 主要概念 将人类的基因组与建筑蓝图作**对比**。
2. **分析**DNA指纹技术在犯罪调查中的作用。
3. **说明**单体型图谱能够用于诊断人类疾病的原因。
4. **解释**基因治疗的过程,研究基因治疗的最终目的是什么?

批判性思维

5. **思考**人类基因组中包含很多非编码DNA,这些非编码DNA是从何处起源的?

生物中的数学

6. 如果人类基因组中有1.5%的基因能够编码蛋白质,而整个基因组有3.2×10^9个核苷酸,那么人类基因组中大约有多少个密码子?

生物学领域

发光的医学研究

职业：生物医学研究

你在夏日傍晚一定见过发光的萤火虫吧？这是萤火虫体内因生物发光反应产生的光。很多海洋生物（如水母）也是能够进行生物发光的，维多利亚多管发光水母对科学研究具有巨大的贡献，因为从其中获得的绿色荧光蛋白（GFP）基因在研究中得到了广泛应用。

绿色荧光蛋白最早是在能进行生物发光的水母中发现的。

关于细胞功能的信号 维多利亚多管发光水母是在北美西海岸发现的，直径只有5～10 cm。其细胞中具有发光蛋白，能够发出深蓝色光，GFP吸收这种光并将其转换成鲜艳的翠绿色光。20世纪90年代，科学家分离并克隆了GFP基因，而现如今，科学家将GFP基因同其他基因重组并使其在活体中表达，通过检测GFP的发光标记来分析目的蛋白在细胞中的行为及功能。

生物学标记 通过对GFP荧光的追踪，可以对目的蛋白进行定位研究，也能够了解该蛋白质的表达量。研究人员将GFP基因转移到病毒中，进而方便观察病毒在整个宿主体内的扩散过程。

在肿瘤细胞中嵌入GFP基因，可以分析肿瘤细胞的生长及扩散情况，也能观察到其对健康细胞的危害程度。生物发光图像能够被用作评估各种类型的治疗（关于肿瘤的）效果。科学家的目的是利用GFP在肿瘤细胞中的表达，通过荧光显示鉴别出肿瘤组织，再对其进行针对性的治疗。

科技 写作

研究和交流 GFP被用作评估基因治疗、疫苗及对癌症治疗的效果。研究GFP是如何被用于癌症研究的，将你的发现和同学进行交流。

生物实验室

法医学：如何利用基因工程来调查犯罪案件？

背景：尽管所有人的遗传序列是相似的，但特定DNA片段中还是会有些变异发生。用限制性核酸内切酶将DNA切成各种不同大小的片段，可对其进行分析，确定DNA样品的来源。本实验中，会对犯罪嫌疑人的DNA进行分析。

问题：根据DNA样品，犯罪嫌疑人当时在不在现场？

实验器材

各种DNA样品
电泳装置
电源
琼脂糖
限制性核酸内切酶
微型离心管
上样缓冲液
无毒染料
显色和褪色容器
DNA分子标记
泡沫盒
37℃的水

安全注意事项

设计与实施实验

1. 阅读并填写实验室安全表。
2. 了解整个实验流程。
3. 对DNA样品做标记。
4. 绘制数据表用来记录观察到的电泳结果。
5. 根据教师的介绍，进行电泳。
6. 利用扫胶仪检测电泳结果。
7. 测量每个电泳条带的迁移距离。
8. **清理** 清洗并归置可再使用的器材，将凝胶和其他试剂放入指定的容器中，彻底清洗双手。

实验分析和结论

1. **翻译数据** 根据你的观察，通过DNA证据预测哪些嫌疑人是无罪的。
2. **批判性思维** 虽然进行电泳所需要的DNA模板并不多，但是法医从头发丝中提取的DNA量是不够的，该如何解决这个问题？
3. **误差分析** 若操作正确，DNA指纹技术的精确性是很高的。那么导致结果不够精确的误差来源是什么？
4. **计划** 根据对误差来源的分析，对实验进行改进，写出你的计划。

科技 写作

研究计划 查找利用DNA指纹技术调查案件或鉴定疾病中细菌的相关资料，写一篇模拟实验计划，并对实验所用到的技术和步骤进行描述。

第13章 复习指南

内容聚焦 科学探究 PCR技术的发明和发展使得PCR在科学研究及其他机构中有很多广泛的应用。

大概念 遗传学技术提高了人类的健康水平和生活质量。

第1节 遗传学的应用

选择培育
同系繁殖
测交

主要概念 通过选择培育来获得具有特定性状的生物。

- 通过选择培育可以获得具有目的性状的生物。
- 杂交产生的生物体的目的性状来自两个同一性状表现不同的亲本。
- 同系繁殖能够产生纯合体。
- 测交可以用来确定生物体的基因型。

第2节 DNA技术

基因工程
限制性核酸内切酶
凝胶电泳
重组DNA
质粒
DNA连接酶
转化
克隆
PCR
转基因生物

主要概念 研究人员通过基因工程来操纵DNA。

- 基因工程的运用可为人类提供有用的生物。
- 重组DNA技术可用于研究单个基因。
- 凝胶电泳技术可以用于分离DNA片段。
- 经转化重组DNA的细菌通过繁殖可产生大量克隆。
- PCR技术用于较小片段DNA的复制。
- 转基因生物的研发有助于提高人类的生活质量。

第3节 人类基因组

DNA指纹技术
生物信息学
DNA芯片
单核苷酸多态性
单体型
药物基因组学
基因治疗
基因组学
蛋白质组学

主要概念 基因组中包含生物进行生长和生存所需要的全部遗传信息。

- HGP的实施完成了对人类基因组的全部测序。
- DNA指纹技术可用于对个体的鉴定。
- DNA芯片使得科学家能够同时开展基因组中多基因的研究。
- 将来，基因治疗可能会用来医治遗传缺陷疾病。
- 基因组学是研究生物体基因组的学科，蛋白质组学是研究人体中蛋白质的学科。

第13章 测评

第1节

术语回顾

利用“复习指南”中的术语填空。

1. ________被用于确定生物体的基因型。
2. 通过________产生的子代在很多性状上是纯合的。

要点理解

根据下图回答第3、4题。

杂合的白色葡萄柚

纯合的红色葡萄柚		W	w
	w	Ww	ww
	w	Ww	ww

3. 该杂交中子代基因型的比例是(　　)。
   A. 1∶2∶1　　B. 1∶1
   C. 全是纯合隐性　　D. 全是杂合体
4. 该杂交能够用于确定显性亲本的基因型，这种杂交的名称是(　　)。
   A. 纯合杂交　　B. 杂合杂交
   C. 测交　　D. 亲本间杂交

回答问题

5. **内容聚焦　多样性**　杂种番茄植株生长更快、抗虫草剂能力更强，对其亲本的表型进行预测并解释。
6. **简要回答**　多基因性状是如何影响选择培育的？
7. **主要概念**　讨论选择培育的优缺点。

批判性思维

8. **解释**　为什么在野外很少有纯种动物。
9. **确定**　假设控制某种表型的基因多于一个，能够利用测交来确定其基因型吗？请解释。

第2节

术语回顾

利用“复习指南”中的术语填空。

10. 通过________获得转基因动物。
11. 生物学家利用________将DNA分子连接到一起。
12. 在________期间，细胞摄入了外源DNA。
13. 细菌细胞中发现的小的环状DNA分子叫作________。

要点理解

根据下图回答第14题。

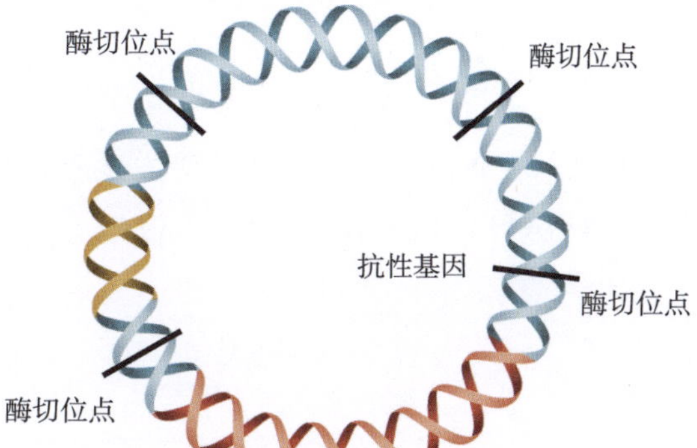

14. 在进行DNA克隆时，上图中的分子的作用是(　　)。
    A. 携带外源DNA进入宿主细胞
    B. 鉴定外源DNA的来源
    C. 鉴定宿主细胞中具有感兴趣的基因
    D. 使得外源DNA易于被酶切消化

第13章 测评

15. 下列各项的切割位点用*表示，能够产生平末端的酶是(　　)。

A. *Eag* Ⅰ　C*GGCCG
GCCGG*C

B. *EcoR* Ⅴ　GAT*ATC
CTA*TAG

C. *Nsi* Ⅰ　AYGCA*T
T*ACGTA

D. *Taq* Ⅰ　T*CGA
AGC*T

16. 进行PCR的原因是(　　)。

A. 扩增DNA　B. 连接DNA
C. 切割DNA　D. 分离DNA

回答问题

17. **主要概念** 预测基因工程将会对物种的进化产生什么影响。

18. **简要回答** 当你在转化重组质粒后培养细胞时忘加抗生素了，你将看到什么结果？

19. **图解** 参考**图13-9**制作一个PCR实验的流程图。

批判性思维

20. **总结** 将质粒载体和DNA片段连接形成重组DNA分子，并利用凝胶电泳检测二者的连接情况。

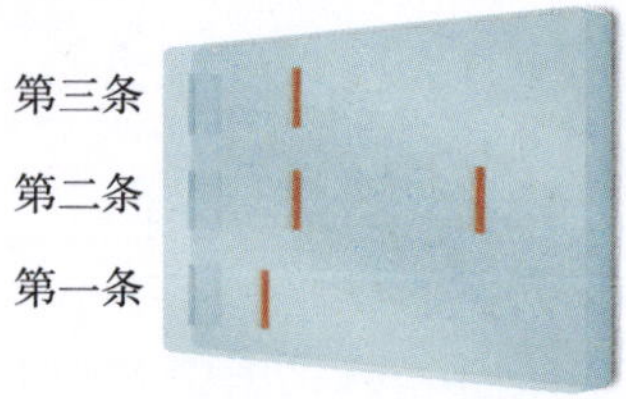

(1) 表示重组DNA的条带是什么？
(2) 表示未重组的质粒的条带是什么？
(3) 表示重组DNA受到限制性核酸内切酶切割后产生的条带的是什么？

21. **区别** 以下为一个质粒被切割成的5个片段，将其通过电泳进行分离，绘制凝胶图(标记出两端的正负极)，在其上对所有片段进行定位。

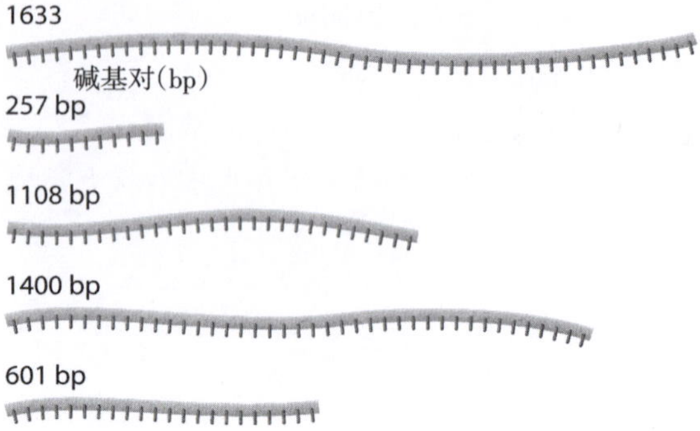

22. **评估** 一小片段DNA被多种限制性核酸内切酶进行切割，通过电泳对其进行分离，获得的数据如下：

被*EcoR*Ⅰ和*Hind*Ⅲ酶切形成的DNA片段

酶	片段数量	片段大小(kb)
*EcoR*Ⅰ	2	1.5kb 1.5kb
*Hind*Ⅲ	1	3.0kb
*EcoR*Ⅰ+*Hind*Ⅲ	3	0.8kb 0.7kb 1.5kb

(1) 起始DNA是线状的还是环状的？
(2) 绘制一幅酶切位点图，同比例反映上述数据。

第3节

术语回顾

利用"复习指南"中的术语填空。

23. ________研究是利用计算机对HGP得到的信息进行组织及编辑索引。

24. 被定位的基因变异多样性叫作________。

要点理解

25. 以下关于人类基因组的说法错误的是( )。

A. 人类基因组大约包含2.5万个基因

B. 人类基因组中一些很长片段的DNA是没有已知功能的

C. 世界各国的相关科学家合作对人类基因组进行了测序

D. 人类基因组中的核苷酸序列都能够编码蛋白质

26. 与人类疾病相关的一些特定核苷酸的变异叫( )。

A. 蛋白质组

B. 单体型

C. 单核苷酸多态性

D. 基因组

27. 利用DNA指纹技术的目的是( )。

A. 对细菌DNA进行测序

B. 分离DNA片段

C. 鉴别某人是不是罪犯

D. 鉴定单核苷酸多态性

回答问题

28. 简要回答 描述DNA芯片的优缺点。

29. 简要回答 列出三条患者通过药物基因组学而获利的方式。

30. 主要概念 人类基因组测序对疾病的诊断和治疗起到了哪些作用?

批判性思维

31. 描述 如何利用DNA芯片和DNA测序技术鉴定有缺陷的基因。

32. 与生物学相关的职业 法医在犯罪现场发现了一根头发,准备开展相关实验来确定这是谁的头发,请绘制一份实验流程图并对每个阶段进行解释。

总结性测评

33. 大概念 解释完成人类基因组计划的重要性,哪些与健康相关的发现是根据该计划获得的?

34. 科技 写作 针对获得转基因生物的途径及其操作中的不利因素写一段文章。

DBQ 资料分析

以下是在对蚊子叮咬模式的研究中获得的数据,同时获取被叮咬的个体A、B和C的DNA指纹。为了确定每个个体是被哪只蚊子叮咬的,收集了一组蚊子(编号为1~8)并获取了它们的DNA指纹。利用这些数据回答以下问题。

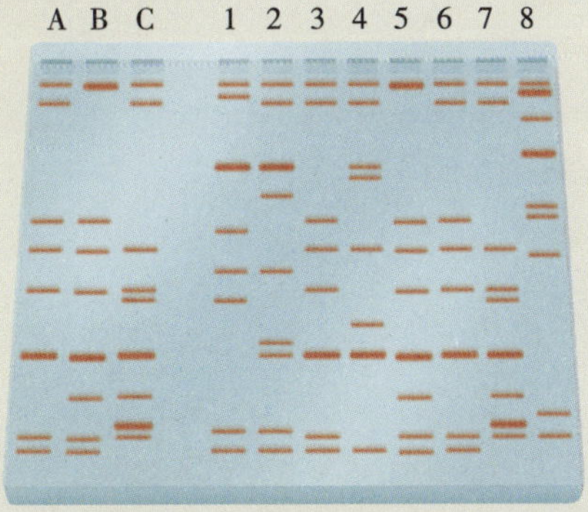

数据来源:Michael, et al. 2001. Quantifying mosquito biting patterns on humans by DNA fingerprinting of blood meals. *American Journal of Tropical Medicine and Hygiene* 65(6): 722-728.

35. 根据条带结果确定每个个体是被哪个编号的蚊子咬的。

36. 知道每个个体是被哪个蚊子叮咬的之后,科学家能够获得什么?

37. 根据第35题的答案,利用DNA指纹技术来鉴定环境中携带疾病的蚊子时的一个缺点是什么?

标准化测试

选择题

1. 下列描述胞质分离过程的是(　　)。

   A. 染色体复制

   B. 纺锤体解体

   C. 细胞核消失

   D. 细胞质分离

根据下图回答第2、3题。

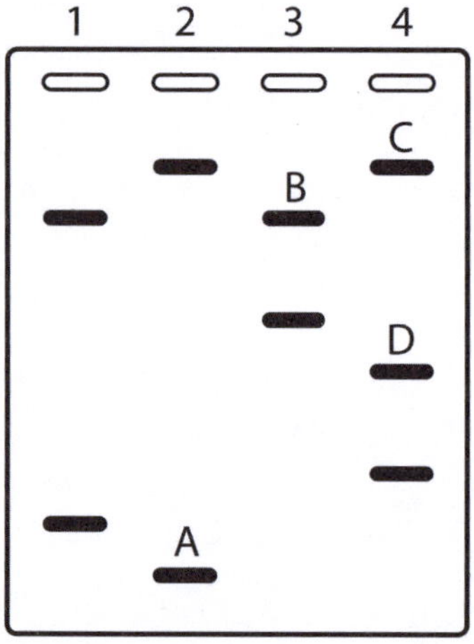

2. 上图中含最小片段DNA的条带是(　　)。

   A. 条带A

   B. 条带B

   C. 条带C

   D. 条带D

3. 上图的电泳给研究人员展示的结果是(　　)。

   A. 大量的非编码DNA

   B. 一个人的DNA指纹

   C. 一段DNA中的基因数量

   D. DNA的随机模式

4. 以下属于基因重组中的过程的是(　　)。

   A. 无性繁殖

   B. 胞质分离

   C. 独立分离

   D. 有丝分裂

5. 以下按从小到大顺序排列正确的是(　　)。

   A. 染色质、染色体、DNA、核小体

   B. 染色体、DNA、染色质、核小体

   C. DNA、核小体、染色质、染色体

   D. 核小体、DNA、染色质、染色体

根据下图回答第6题。

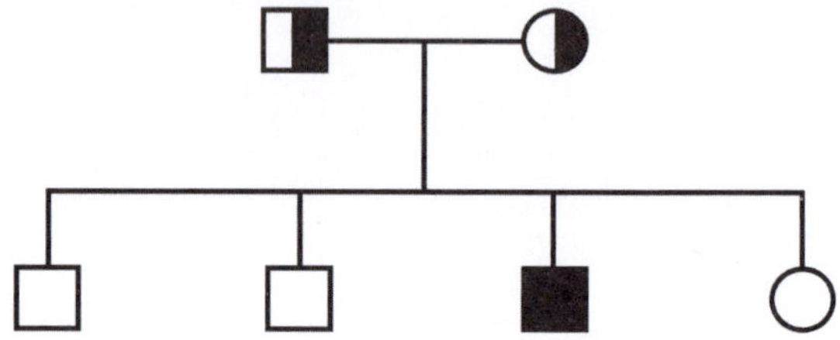

6. 在一个特殊家庭中，4个小孩中有一个有先天性泰-萨克斯病，以下表示这个孩子的父母的是(　　)。

   A. 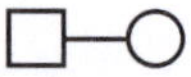

   B. 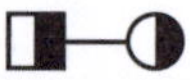

   C. 

   D. 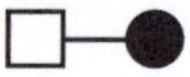

7. mRNA中的终止密码子是(　　)。

   A. AUG

   B. AUU

   C. CAU

   D. UAA

8. 在三倍体生物中，每个细胞中每个基因有(　　)个相应的等位基因。

   A. 1

   B. 3

   C. 6

   D. 9

简答题

根据下图回答第9题。

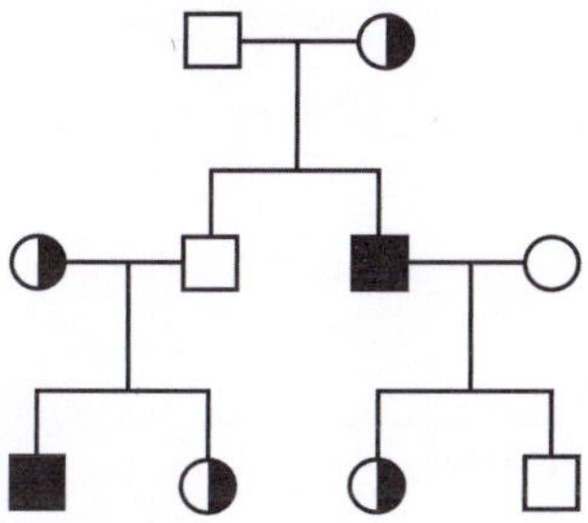

9. 图中的系谱图表示的是一种隐性的伴性遗传疾病的遗传模式，解释最新一代中个体符号的意思。

10. 为什么很多人类基因组中的能编码蛋白质的序列是能够确定的？

11. 已知血友病是隐性伴性基因，如果父亲是血友病患者，母亲是携带者，那么他们能够生出患血友病的男孩的概率是多少？试解释。

12. 对比与比对蛋白质合成中的两个主要的过程。

13. 列出三种遗传缺陷疾病，明确其是显性还是隐性，并指出受影响的器官系统的名称。

14. 为什么培育出纯种动物需要经历好几代时间？

15. 列出DNA中的嘌呤碱基和嘧啶碱基，解释其在DNA结构中的重要性。

开放题

16. 说出两种DNA突变类型，以下述DNA序列为例，说明每种突变会对该序列造成怎样的影响。

CGATTGACGTTTTAGGAT

17. 在光合作用普遍出现之前，自养生物的化学合成可能经历了长时间的进化。对进化中的这种区别做出解释。

18. 解释人类基因组中的非编码序列是如何干扰DNA的翻译过程的。

19. 尽管叶绿体和线粒体具有不同的功能，但它们也具有一定的相似性，对其进行结构及功能等方面的比较。

论述题

设想利用电泳分离技术从细胞中提取DNA，在完成实验时，科学家发现一些条带消失了，而其他一些条带到达了凝胶的末端。

利用上文中的信息，以论文形式回答下列问题。

20. 根据对DNA的分离及对凝胶电泳的了解，解释在该实验中可能发生的错误，然后描述对实验过程做出的调整。

考点提示																				
测试题号	1	2	3	4	5	6	7	8	9	10	11	12	13	14	15	16	17	18	19	20
对应章节	9.2	13.2	13.3	10.3	12.1	11.1	12.3	10.3	11.1	13.3	11.3	12.3	11.2	13.1	12.1	12.4	2.2	13.3	7.3	13.2

图书在版编目（CIP）数据

科学发现者. 生物 第二版 2023修订版 上册 / (美)奥尔顿·比格斯 (Alton Biggs) 等著 ; 林静等译. -- 杭州 : 浙江教育出版社, 2023.8（2024.10重印）
ISBN 978-7-5722-6274-6

Ⅰ. ①科… Ⅱ. ①奥… ②林… Ⅲ. ①生物课—高中—教学参考资料 Ⅳ. ①G634

中国国家版本馆CIP数据核字(2023)第157506号

美国高中主流理科教材

科学发现者

第二版 2023修订版

生物

[美] 奥尔顿·比格斯 等 著

林 静 王 燕 李红菊 马小凤 王 燚 傅梦媛 王淑卿 宋诗迎 译

生命的动力

Biology

The Dynamics of Life

中册

浙江教育出版社·杭州

中册目录

第四单元 生物多样性的演化史

第五单元
细菌、病毒、原生生物和真菌

第六单元
植　物

第四单元
生物多样性的演化史

内容提要

科学探究 达尔文通过科学研究，提出了以自然选择学说为核心的进化理论。

多样性 目前科学家根据基因组学和系统发育学对生物界进行分类。

能量 生物体能利用多种形式的能量以维持生物体的功能。

稳态 种群的长期进化导致适应。

发展 自然选择导致新物种的形成。

与生物学相关的职业

古生物学家通过研究化石来研究生命的起源。在考古遗址，古生物学家和其他科学家一起工作，辨认微生物、植物、无脊椎动物和脊椎动物的化石。

Q34
R34

第14章

生命演化史

起步实验

遗骸能揭示什么?

化石是已灭绝的古代生物体留下的遗迹。古生物学家通过研究化石来了解已灭绝生物体的外观和行为。在这个实验中，你将依据骸骨遗物来推测生物体的特征。

步骤

1. 阅读并完成实验室安全表。
2. 从教师提供的表单中选择一个你无法识别的动物。
3. 假设你选择的动物在数百万年前已经灭绝了。研究相关的骨骼、牙齿、图表及照片。
4. 根据骨骼残骸，列出该动物的生理及行为特征。
5. 向教师了解这是何种动物，并重新列出它的相关特征。

分析

1. **比较** 两个特征清单。化石是否会限制古生物学家对灭绝生物的推断？请做出解释。
2. **结论** 基于对化石的观察，可以推断出大多数动物的哪些一般特征?

折叠式 学习卡

制作一个折叠式表格，利用它来整理科学家的笔记。

内容聚焦 发展

许多证据表明，地球环境的变迁和生命的形成经历了漫长的时间。

大概念 化石为我们理解地球上生命的起源和演化史提供了关键证据。

第1节

本节预览

核心问题

- 原始地球的环境与今天地球的环境有什么异同?
- 描述化石形成的典型过程。
- 可以用哪些不同的技术对化石进行年代测定?
- 在地质年代表中,有哪些主要事件?

术语回顾

灭绝:某一物种全部个体的死亡。

关键术语

化石
古生物学家
相对测年法
地层叠覆律
放射性测年法
半衰期
地质年代表
世
纪
代
宙
寒武纪大爆发
K–T界线
板块构造学说

进化的化石证据

主要概念 **化石为生物体经过漫长地质年代的进化提供了证据。**

联系实际 你知道吗,当你在夜晚仰望群星时,你就是在回望过去。这是因为星星距离我们太过遥远,以至于你现在看到的星光,实际上是星星在数千年前甚至是数百万年前发出的。同样,当你观察岩石时,你也是在回望过去。岩石是数千年前甚至数百万年前形成的。岩石可以告诉我们,过去地球是什么样子的,它有时还能告诉我们,那个时代生活着哪些生物。

地球的早期演化史

地球形成早期,它的环境是什么样的?在一个没有任何生命的星球上,生命是如何诞生的?由于没有人能见证地球早期的演化史,这些都成了未解之谜。然而,就像无论多么深奥的谜语总会留下一些提示一样,地球演化也留下了一些线索,地质学家通过这些线索来揭示地球演化史。

陆地环境 通过研究太阳系的其他行星和地球上的岩石,科学家推断,地球大约形成于46亿年前,刚形成的地球呈熔融状态。随着地表温度的冷却,大约5亿年以后,地球表面形成了固态的地壳,科学家通过分析现存的最古老的岩石,推测地球初始形成的地表有许多火成岩特征。如**图14–1**所示,在地球冷却凝固的过程中,密度较大的物质下沉,像硅这样比较轻的元素则留在地表。科学家还发现,原始地球内部冷却的过程中,向地表释放大量的热能,陨石与地球的频繁撞击,也产生了大量的热能。因此,原始地球地表温度很高,无法产生任何形式的生命,即使产生,也无法存活。

熔岩流

■ **图14–1** 从火山中喷发的熔岩流冷却后形成地壳。
推断 地壳对生命起源的重要性。

大气 由于有重力场存在,故地球可以维持大气层的存在。然而,没有人能够确定地球早期大气的具体成分。组成大气的气体可能由火山喷发而来。如今的火山气体包括水蒸气(H_2O)、二氧化碳(CO_2)、二氧化硫(SO_2)、一氧化碳(CO)、硫化氢(H_2S)、氢氰酸(HCN)、氮气(N_2)和氢气(H_2)。科学家指出,地球早期的大气成分中可能含有一些与现在成分相同的气体。但是,通过分析地球现存的最古老岩石中所含的矿物质,科学家发现地球早期大气中几乎没有游离的氧气。

岩石中的线索

当地球最终冷却到可以在地球表面形成液态水的温度时,原始海洋出现了。地球上最古老的生命大约出现在距今35亿年前。

化石记录 **化石**(fossil)是古生物存在的证据。**表14-1**展示了六种类型的化石。植物、动物,甚至细菌都能形成化石。尽管化石多种多样,化石记录却像一本缺页的书。在地球上曾经生活过的物种中,到今天为止,也许超过99%已经灭绝了,但这些灭绝的生物中,只有极少的一部分被保留下来形成了化石。

在成为化石之前,大多数生物体已经被分解了。只有那些被泥沙快速掩埋的生物体才可能被保存下来,成为化石。水生生物更容易形成化石,因为水环境中的泥沙经常沉降、覆盖,从而把生物的遗体保存下来。

术语

化石

古代生物的遗体、遗物或遗迹埋藏在地下变成的跟石头一样的东西。

表14-1	化石的类型					
类型	遗迹化石	印模和铸型化石	置换化石	石化化石	琥珀	未变化石
实例		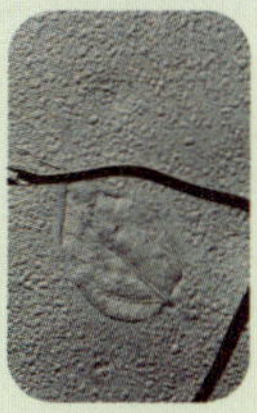		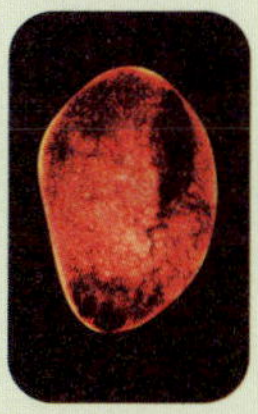		
形成方式	遗迹化石是古生物遗留下来的间接证据。足迹、生活的洞穴和石化粪便都是遗迹化石。	印模化石是生物留下来的痕迹。铸型化石是被沉积物填充的印模。	生物体原有的坚硬或柔软部分的组成物质被矿物晶体所取代,保留下来细节丰富的副本。	生物体的内部空间被矿物质所填充,如石化木。	整个古生物被树脂包裹起来。树脂凝固成琥珀,把包裹于其中的有机体保存起来。	通过干尸化或冰冻保存古生物遗体。

■ **图 14–2** (A) 生物体通常是在死亡并被沉积物掩埋后，才可能形成化石。(B) 沉积物层层叠加，最终将遗体包裹在沉积岩中。(C) 矿物质取代或填充遗体的内部空间、骨骼和坚硬部分。(D) 侵蚀作用使化石暴露出来。

化石的形成 火成岩和变质岩中不能保存化石。火成岩是从地球内部喷出的岩浆冷却后形成的。变质岩是岩石暴露在高温高压条件下形成的。通常情况下，化石无法抵御这两类岩石形成过程中遇到的热和压力。

几乎所有的化石都是通过**图 14–2** 所示的过程在沉积岩中形成的。生物体死亡后被掩埋在沉积物中。沉积物逐渐堆积，直到它们能覆盖遗体。某些情况下，矿物质取代了遗体的组成物质或填充了它的内部空间。另一些情况下，遗体腐烂后，留下了身体的痕迹。沉积物最终硬化形成岩石。

古生物学家（paleontologist）是研究化石的科学家。他们通过解读留在岩石中的生命记录，推测出古生物的食谱以及生活环境等信息。据此，古生物学家还能想象出已灭绝生物群落的生活画面。

学习小贴士

检测背景知识 在阅读本节内容前，基于你所知道的知识，预测每个新术语的含义。在阅读过程中，请你将术语的真实意义与你的预测做比较。

链接 地球科学 地质学家在研究不同地区的岩层或地层时发现，无论岩石是在哪个地区发掘的，来自同一时期的地层通常拥有相同种类的化石。地质学家据此推测，拥有相似化石种类的地层一般属于同一时代。因此，依据对全球范围内岩石的研究，我们可以建立相对地质年代表。

测定化石的年龄 **相对测年法（relative dating）**是一种通过比较不同地层的岩石来判定岩石年龄的方法。如**图 14–3** 所示，相对测年法基于**地层叠覆律（law of superposition）**，即较新的岩层叠加在较古老的岩层之上。这个过程类似于你把每天读的报纸堆成一摞，如果不打乱报纸的叠放顺序，最早的那张报纸应该在最下面。

■ **图 14-3** 根据地层叠覆律，位于最新地层中的岩层在最上方。

推测 *哪一岩层表明水生生态系统取代了陆生生态系统？*

放射性测年法（radiometric dating）是利用放射性同位素的衰变来测定岩石年龄的。我们知道，同位素的原子序数相同但相对原子质量不同。利用这种方法需要知道同位素的**半衰期（half life）**，即定量的同位素原子核衰变一半所用的时间，还必须知道放射性同位素的相对含量以及它的衰变产物的量。

常用于测定岩石年龄的放射性同位素是铀-238（^{238}U）。铀-238衰变成铅206（^{206}Pb）的半衰期是45.1亿年。当测定一块岩石样品时，科学家通过计算亲代同位素与衰变产物即子代同位素之间的比率来确定岩石的年龄。

可用于放射性测年法的放射性同位素仅存在于火成岩或变质岩中，沉积岩中没有，所以同位素不能直接用于测定含有化石的岩石年龄。在地层中，与含有化石的沉积岩紧密连接的火成岩常被用于确定化石的相对年龄。

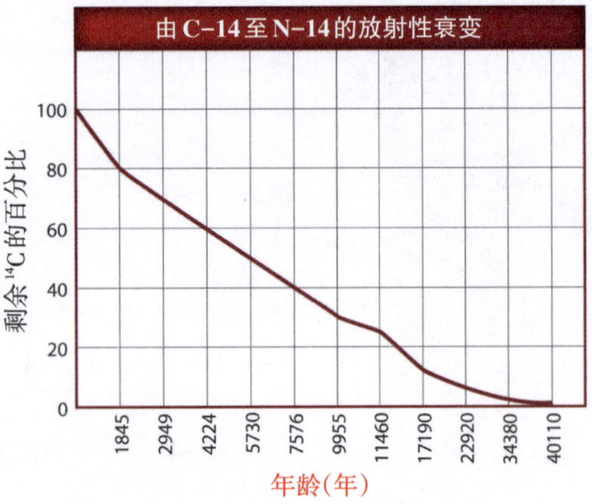

■ **图14-4** 该图展示了如何利用样品中^{14}C的百分比来推测样品的年龄。

分析图表 *如果一块骨头中只含有10%的^{14}C,那么它的年龄大约是多少?*

像木乃伊、骨骼和生物组织这样的材料,可以直接用碳-14(^{14}C)测年。碳-14的半衰期如**图14-4**所示,相对年龄少于6万年的材料都能用这种同位素测龄。

地质年代表

我们可以把地质年代想象成一条4.6米长的丝带。如果1米代表1亿年,那么1厘米代表100万年。地球形成于这条丝带的起始端,人类则要到丝带的末端才出现。

地质年代表(geologic timescale)是地球历史的记录。地质年代表中标识了地球历史上的主要地理事件和生物事件。因为地质年代的跨度超过40亿年,所以人们利用进一步细分的时间单位来确定每个地理或生物事件发生于多少个百万年(mya)以前。地质年代表被分成两部分——前寒武纪和显生宙。

世(epoch),持续数百万年,是地质年代的最小单位。**纪(period)**,持续几千万年,由2个或更多个世组成,是地质年代的基本单位。**代(era)**,持续上亿年,由2个或更多个纪组成,是地质年代的单元。**宙(eon)**是地质年代中最大的单位,包括数十亿年。**图14-5**展示了地质年代表的具体内容。

阅读检测 **解释** 为什么^{14}C不能用于测定来自前寒武纪样品的年龄?

迷你实验

利用化石关联岩层

古生物学家是如何建立地质年代表的? 科学家利用从多个地区搜集的化石拼凑出地球岩层的顺序。这是一个关联过程。

步骤

1. 阅读并完成实验室安全表。
2. 教师将学生分成几个组,然后分给每组一个盒子,盒内含有化石的多个岩层。
3. 仔细移动每一个岩层,对嵌在岩层中的所有化石材料做记录。
4. 对于重叠部分做一份概述,给每个岩层和其内部包含的化石材料贴上标签。
5. 搜集各组的概述,利用它们来决定所有岩层的顺序。

分析

1. **描述** 描述每个交叉部分的化石材料。你观察到了什么模式?
2. **解释** 如果不同的岩层包含相同的化石材料,你的分析将有何不同?如果某些岩层不重叠呢?想办法搜集更多的数据来解决以上问题。

地质年代表

图 14–5

这幅图展示了地质年代表，描述了各阶段发生的主要生物学事件。

宙	代	纪	世	百万年	生物事件
显生宙	新生代	第四纪	全新世		• 人类文明出现
			更新世	0.01	• 冰川时代到来 • 现代人类出现
		新近纪	上新世	1.8	• 古人类出现 • 开花植物是优势种
			中新世	5.3	• 类人猿出现 • 气候逐渐变冷
		古近纪	渐新世	23.0	• 猴子出现 • 气候温暖
			始新世	33.9	• 开花植物零散分布 • 大多数哺乳动物已存在
			古新世	55.8	• 哺乳类、鸟类和昆虫零散分布 • 气候炎热
	K–T边界的大灭绝				
	中生代	白垩纪		65.5	• 开花植物出现 • 恐龙繁盛，最终灭绝
		侏罗纪		145.5	• 始祖鸟出现 • 恐龙零散分布 • 森林繁茂
		大灭绝			
		三叠纪		199.6	• 裸子植物占优势 • 恐龙出现 • 最古老的哺乳动物出现
	大灭绝				
	古生代	二叠纪		251.0	• 爬行动物零散分布 • 裸子植物出现
		石炭纪		299.0	• 蕨类和常绿植物组成森林 • 两栖动物出现 • 昆虫零散分布
		大灭绝			
		泥盆纪		359.2	• 蕨类植物和裸子植物出现 • 鲨鱼和硬骨鱼出现 • 早期的两栖类出现，长出了四肢
		志留纪		416.0	• 珊瑚虫和无脊椎动物是优势种 • 陆生植物和昆虫出现
		大灭绝			
		奥陶纪		443.7	• 最古老的脊椎动物出现 • 最古老的植物出现
		寒武纪		488.3	• 寒武纪生物大爆发 • 原始生命出现

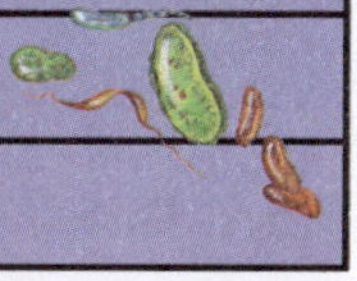

■ **图14-6** 与这些叠层石类似的化石发现于距今35亿年前的岩石中。

解释 *留下这些叠层石的生物体的重要性。*

前寒武纪 地球历史的最初40亿年是前寒武纪，它大约占地球全部历史的90%。从地球形成到5.41亿年前显生宙开始为止。在前寒武纪，地球形成，生命首次出现。最终，自养型的原核生物，类似于**图14-6**中组成叠层石的蓝藻，使空气中出现了大量的氧气。真核细胞也出现了，在前寒武纪快结束的时候，生命繁盛，最古老的动物已经出现。

前寒武纪后半段的标志是广泛的冰川作用。这可能推迟了生命进化，直到埃迪卡拉纪初期冰川消退。埃迪卡拉纪是2004年才增加到地质年代表中的。这是自1891年以来第一个添加到地质年代表中的新纪元，它反映了人类对地球历史的新认识。埃迪卡拉纪从距今6.35亿年前延续到距今5.4亿年前，在表示地质年代的丝带中，大约占到$\frac{3}{4}$米，位于前寒武纪的末期。结构简单的生物体，如**图14-7**中的化石，栖居于埃迪卡拉纪水生生态系统，以水中漂浮的微小颗粒为食的动物和以残渣碎屑为食的底栖动物为主。

阅读检测 **推测**自养型原核生物产生氧气的过程。

古生代 地球动物发展史上的一次剧变标志着古生代的开始。在短短几百万年的时间里，大多数动物的祖先从**寒武纪大爆发（Cambrian explosion）**的过程中快速进化而来。在这一时期，并不是所有的生物类群都在快速进化，至今为止，古生物学家仍然不知道这一快速的进化是何时开始、何时结束的。

海洋生物的主要进化过程发生在古生代，持续了整个寒武纪。更重要的是，在这一时期，陆生生物首次出现。鱼类、陆生植物和昆虫在奥陶纪和志留纪出现。如**图14-8**所示，很多种类的生物，包括巨型昆虫，在以沼泽雨林为主的陆地上迅速繁盛。四足动物——第一种陆生脊椎动物，在泥盆纪出现了。在石炭纪快结束的时候，最古老的爬行动物徜徉在森林中。

■ **图14-7** 古生物学家对这块稀有的埃迪卡拉纪化石存在争议。一些古生物学家认为，它们与现存的类似于分节蠕虫这样的无脊椎动物有亲缘关系。另一些古生物学家则认为，它们代表着巨大的原生动物或简单的后生动物进化的盲端。

■ **图 14–8** 在泥炭纪，沼泽雨林覆盖了地球大部分的陆地表面。昆虫是空中的霸主，四足动物在淡水湖中繁盛。

推断 *古生代的植物与今天的植物有什么不同？*

二叠纪晚期的物种大灭绝结束了古生代。物种大灭绝是指很多物种在极短的时间内灭绝的事件。每隔几百万年，物种大灭绝以不同的频率发生。在每次物种大灭绝发生时，60%～75%的存活物种灭绝了。在二叠纪物种大灭绝期间，90%的海洋生物消失了。地质学家对二叠纪物种大灭绝的原因持有争议，但大多数人认同是地质力量，包括越来越活跃的火山活动，摧毁了生态系统或改变了气候。

中生代 在三叠纪初期，早期哺乳动物的祖先是陆生动物的优势种。哺乳动物和恐龙最早出现在三叠纪晚期，开花植物从无花植物进化而来。在侏罗纪中期，鸟类从肉食性恐龙群体中进化而来。在中生代的其余时期，爬行动物，如**图 14–9**中所示的恐龙，是地球上的霸主。

大约距今6500万年前，一颗陨石撞击了地球。撞击造成了物种大灭绝。其主要证据是从位于白垩纪岩层和古近纪（新生代的第一个纪元）岩层中间的一层物质中发现的。古生物学家把这一层称为**K–T 界线（K–T boundary）**。在这层物质中，科学家发现铱元素的含量非常高。铱在地球上十分稀少，但在陨石中比较常见。地球上铱元素的出现表明曾有陨石撞击地球。

许多科学家认为，正是这一撞击造成了中生代末期的物种大灭绝。撞击消灭了所有的恐龙，摧毁了许多海洋无脊椎动物和数不清的植物。虽然没有使所有物种灭绝，但是撞击产生的烟尘可能停留在空气中长达数月甚至数年之久，影响了地球的气候。不能适应气候变化的物种便消失了。

阅读检测 **回顾**三叠纪和侏罗纪陆生动物的优势种。

■ **图 14–9** 中生代的优势种是恐龙。物种大灭绝发生在中生代的末期，导致中生代大约60%的物种灭绝了。

2.25亿年前　　1.35亿年前　　6500万年前

■ **图14-10**　这些图示表明，2.25亿年前，地球上所有的大陆连接成一个整体，称为泛大陆。

科学家还认为，如**图14-10**所示的剧烈的地质变迁决定了新生代生物的进化过程，这一地质变迁是中生代的特征。尽管看起来各个大洲似乎是静止不动的，但它们自形成开始就在不断移动。德国科学家阿尔弗雷德·魏格纳（Alfred Wegener），在20世纪20年代为大陆漂移学说提出了第一份证据。后来，大陆漂移成了板块构造学说的一部分。**板块构造学说（plate tectonics）**描述了组成地球表面的几大板块的运动。

新生代　在距离今天最近的世代，哺乳动物成了陆生动物的优势种。在新生代刚开始的时候，大多数哺乳类很弱小，类似于鼩鼱。到中生代末期，物种大灭绝之后，哺乳类开始向不同的类群进化，其中包括灵长类。人类出现在现在所处的第四纪，位于地质年代表的末尾。人类熬过了最后一次冰期，很多哺乳类动物则没有。想要对人类的出现时间有一个概念的话，你只需要在代表地质年代的丝带尾端向前移动2根丝线的距离。这两根丝线的距离代表人类在地球上存在的时间。

第1节　测评

要点梳理

- 化石为古生物的存在提供了证据。
- 相对测年法和放射性测年法是确定化石年龄的两种方法。
- 地质年代表可进一步划分为代、纪和世。
- 地质年代表中发生的主要事件包括生物进化和地质变化。

要点理解

1. 主要概念　**讨论**化石如何为早期的生命形式进化到今天的生命形式提供证据。
2. **作图**，按顺序画出化石形成的过程。
3. **讨论**放射性测年法用于测定化石年龄的两种方式。
4. **比较**地球早期和今天的陆地环境。

批判性思维

5. **推断**　从记录物种大灭绝的化石中，你能观察到哪些变化？

生物中的数学

6. 纵观地球历史（大约46亿年），人类仅存在了10万年。请计算人类的存在时间占地球历史的百分比。

第2节

本节预览

核心问题

- 自然发生说与生物发生说有什么区别?
- 按顺序描述细胞生物的进化历程。
- 什么是内共生理论?

术语回顾

氨基酸:蛋白质的基本组成单位。

关键术语

自然发生说
生源论
内共生理论

生命的起源

主要概念 **有证据表明,在生命起源之前,地球经历了一系列化学变化,生命起源之后一直在进化。**

联系实际 菜谱中的某些步骤可以打乱顺序,但是有些步骤必须按照一定的先后顺序执行,否则就做不出好菜。同样,为了进化出今天的生命形式,导致生命出现的一系列变化必须以特定的方式发生。

生命起源:早期的观点

关于生命起源最古老的观念可能是自然发生说。**自然发生说(spontaneous generation)**认为生命起源于非生命。例如,人们一度认为老鼠来自闲置的潮湿草料和弃于黑暗角落中的谷物,泥塘中可以产生蠕虫、昆虫和鱼。现在再来看这些观点,似乎很可笑,但在人们对生殖所知甚少的时候,如何得出这些结论显而易见。

最早关于自然发生说的有记录的调查之一来自1668年。意大利科学家弗朗西斯科·雷迪(Francesco Redi)检验了腐肉生蛆的观点。他假设苍蝇产生了其他苍蝇,而不是肉。在他的实验中,如图14-11所示,雷迪观察到苍蝇的幼虫,也就是蛆,只有在敞口的烧瓶中才会出现。密封烧瓶中没有苍蝇,也没有蛆。然而,他的实验结果不能让所有人信服。尽管在雷迪的时代人们已经开始使用显微镜,并且知道肉眼看不到的微生物几乎到处都有,但某些人仍然认为,即使苍蝇不是自然发生的,微生物一定是自然发生的。

■ **图14-11** 弗朗西斯科·雷迪证明苍蝇和蛆不是从腐肉中自然发生的。

推断 *雷迪实验中设计密封烧瓶的目的。*

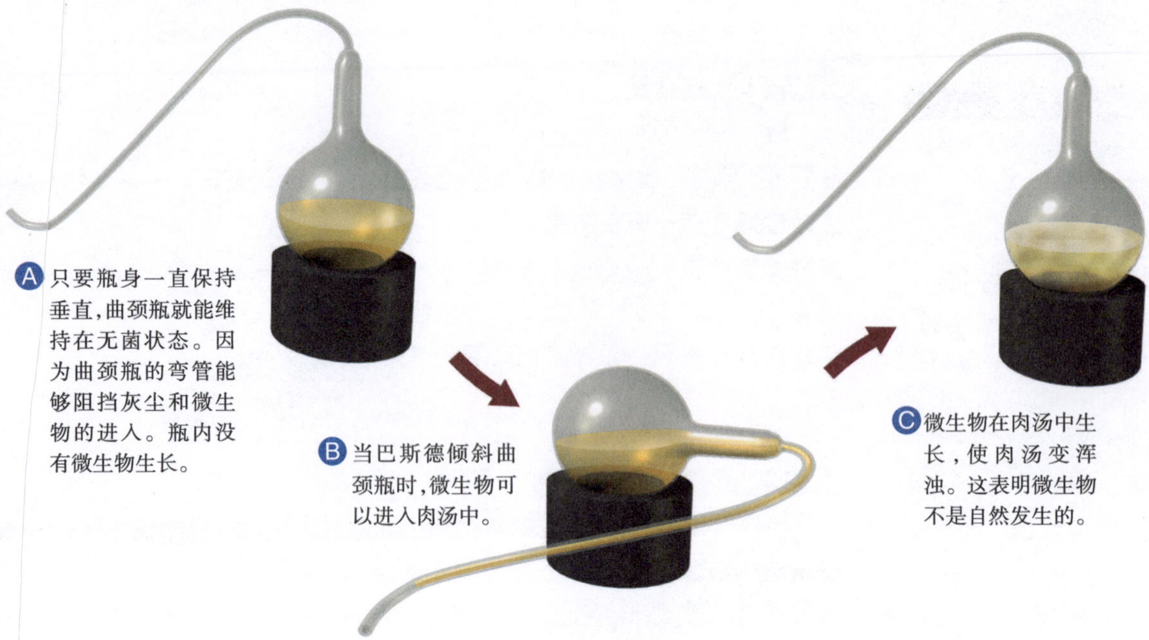

■ **图 14-12** 巴斯德的实验表明，除非接触到空气，无菌的肉汤将一直保持在无菌状态。

直到18世纪中期，自然发生说才彻底被人们摒弃。取而代之的是**生源论（theory of biogenesis）**，这一理论主张只有活的生物体才能产生其他生物体。路易·巴斯德（Louis Pasteur）设计的实验表明，即使对于微生物，生源论也是成立的。巴斯德的实验如**图 14-12** 所示。当瓶身垂直地面时，只有空气才能接触到无菌的肉汤，当瓶身倾斜时，空气和微生物都可以接触到肉汤，结果是当瓶身垂直地面时，瓶里没有微生物生长，而当瓶身倾斜时，瓶里有大量微生物生长。

起源：现代观点

如果生命只能来自原有的生命，那么最初的生命又是如何出现的呢？大多数生物学家认为，在地球演化的早期阶段，生命是通过一系列化学变化产生的。在这一过程中，简单的有机分子聚合成复杂的有机分子。最终，形成了简单的代谢途径。通过这些代谢途径可以更有效地合成或分解分子。这些代谢途径可能导致生命的出现。这一切是如何发生的呢？这是今天的科学家们正在着手研究的课题之一。

简单有机分子的形成 生命起源的一个早期假设是原生汤假设，它由科学家亚历山大·奥巴林（Alexander Oparin）和约翰·霍尔丹（John Haldane）在19世纪20年代提出。他们认为，如果地球早期大气是由特定气体构成的混合物，那么有机分子可能是以这些气体为原料在原始海洋中通过简单的化学反应来合成的。阳光中的紫外线和闪电是主要的能量来源。这些有机产物最终成了组成生命的前体物质。

折叠式 学习卡

把这一节的知识整理到你的折叠式学习卡中。

链接 化学 1953年，美国科学家史坦利·米勒(Stanley Miller)与哈罗德·尤列(Harold Urey)首次证明了奥巴林和霍尔丹提出的假设，即由无机分子可以合成简单的有机小分子。米勒和尤列设计了一套玻璃装置，如**图14-13**所示，以模拟奥巴林所假设的早期地球的环境条件。他们向装置中注入水和他们假定的组成原始大气的气体。水被煮沸，用放电来模拟作为主要能源的闪电。经过检测，他们发现产物中有多种有机物，其中包含氨基酸。因为氨基酸是蛋白质的基本组成单位，所以这项发现支持了原生汤假设。

后来，其他科学家发现，在模拟原始地球环境时，甚至能以更简单的分子为原料合成氢氰酸。氢氰酸可以与自身反应形成腺嘌呤，它是组成核苷酸的含氮碱基之一。此后，很多能更加准确地反映原始地球大气成分条件下的实验被开展起来，这些实验最终的反应产物有氨基酸、糖类和核苷酸等。

一些科学家提出，先于生命出现的有机反应开始于深海的火山热泉口，硫构成此处特有食物链的基础。还有一些科学家认为是陨石将最初的有机分子带到了地球上。

与生物学相关的职业

进化生化学家 生化学家研究化学与生命的相关性。进化生化学家则专门研究来源于早期地球的分子的结构与功能。

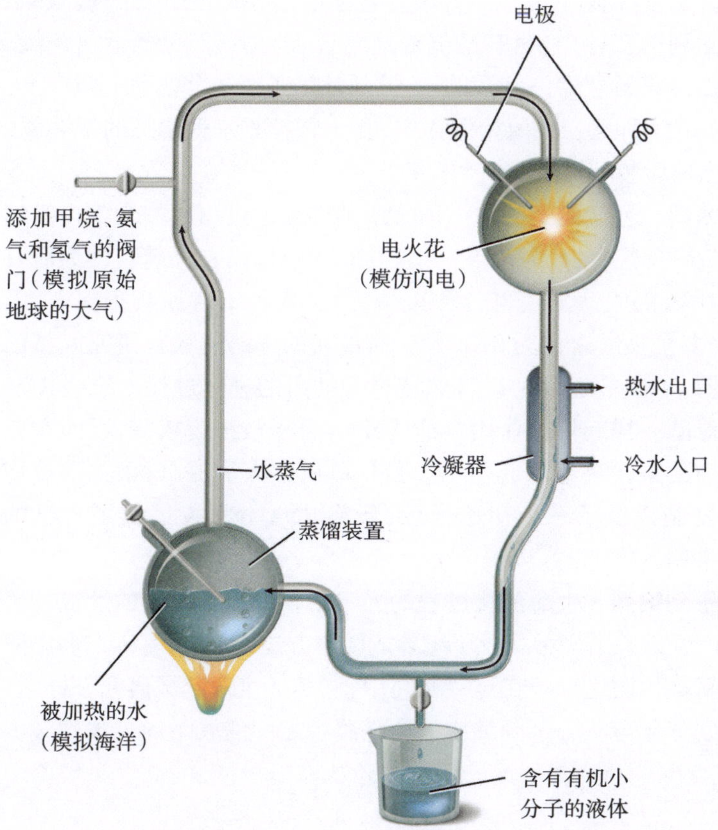

■ **图14-13** 米勒和尤列的实验首次证明有机分子能以由原始大气的某些成分为原料产生。

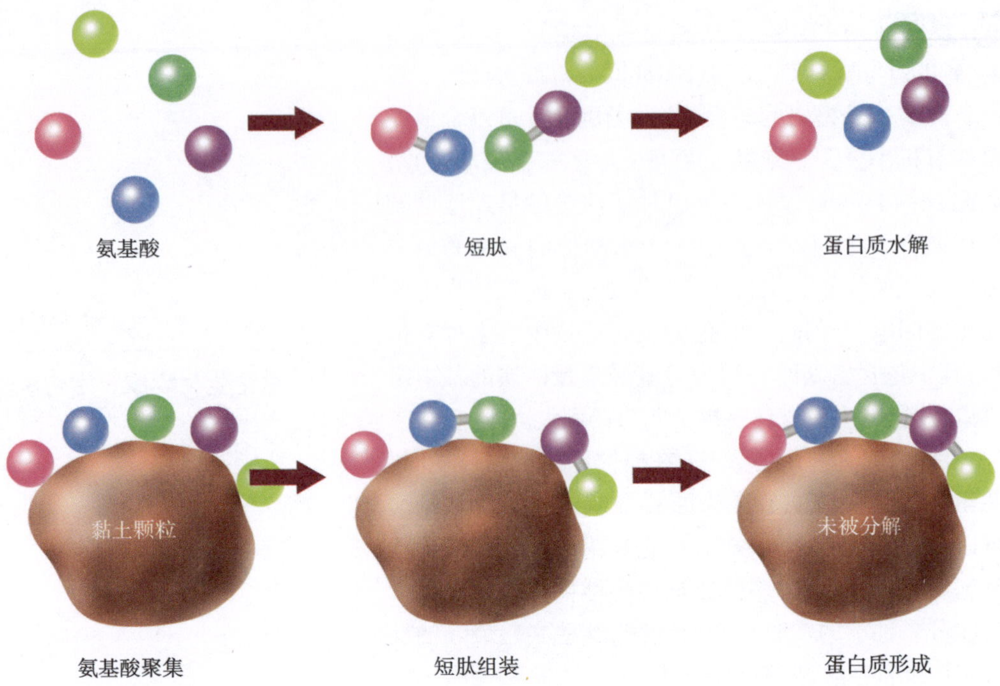

■ **图14–14** 没有黏土颗粒，氨基酸形成的蛋白质的相对分子质量小，而且不稳定。在黏土颗粒存在的条件下，氨基酸能够以更稳定的方式聚集在一起。

合成蛋白质 无论最初的有机分子起源于何处，很明显，接下来的关键步骤是蛋白质的形成。只有氨基酸对于生命来说是不够的。生命需要蛋白质，它是以氨基酸为基本单位形成的链状结构。在米勒和尤列的实验中，氨基酸能彼此结合，但是它们也能迅速分离。对于蛋白质的合成，一种可能的机制是氨基酸结合在黏土颗粒上，如**图14–14**所示。在原始海洋中，黏土颗粒是一种常见的沉积物，它为蛋白质装配提供了一个框架。

遗传密码 生命诞生的另一项必要条件是为蛋白质的合成提供编码模板。现代生物都具有一个基于RNA或DNA的系统。因为所有基于DNA的生命形式也包含RNA，而且某些RNA序列很保守，因此，许多生物学家认为RNA是生命最初的编码模板。研究人员已经证明，RNA能够发生以自然选择为动力的进化过程。某些RNA也能像酶一样起催化作用。这些RNA分子被称为核酶，可能在原始生命的某些过程中起作用。另一些研究人员提出，黏土颗粒为RNA复制提供了一个初始模板，最终RNA分子发展出了自己的复制机制。

由分子到细胞 生命演化过程的另一个重要步骤是膜的形成。研究者已经试验了多种将分子组装成膜的方法，以此为基础发展出原始的新陈代谢途径。在这些研究中，同其他生命起源研究一样，各种化学变化与从分子到细胞的全部路径之间的联系尚未找到。因而，科学家们正为找到这种联系而努力。

术语

机制

通过某种仪器或过程完成某件事或让某件事发生。

在很长一段时间内，人们对蛋白质的合成机制一无所知。

细胞的演化

最古老的细胞长什么样？科学家并不知道，因为最初的生命形式没有留下化石。最古老的化石有35亿年的历史。对具有38亿年历史的岩石进行的化学标记表明，即使没有化石留下，当时也已经有生命存在了。后来有科学家，发现了具有35亿年历史的含有石化微生物的岩石。这表明，在地球历史的早期阶段，细胞的生命活动已经建立了。

最古老的细胞 科学家假设最古老的细胞是原核细胞。回忆一下，原核细胞比真核细胞小得多，没有成型的细胞核，也没有大多数细胞器。许多科学家认为，被称为古细菌的现代原核生物与地球上最早出现的细胞亲缘关系最近。这些生物体通常生活于极端的环境下，例如深海的热泉附近，如**图14-15**所示。这些环境条件类似于早期地球上曾出现过的环境条件。

图14-15 某些古细菌生活在深海的热泉附近。它们利用无机小分子中的能量形成食物网的基础。

推断 *为什么科学家认为古细菌与最古老的细胞更相似？*

能进行光合作用的原核生物 科学家认为，原始地球的大气中没有氧气，直到18亿年前，氧气才出现在大气层中。早期生命产生的氧气氧化了铁，在距今25亿年到18亿年前形成的特有的沉积岩中发现了这一结论的证据，如**图14-16**所示。科学家假设，距今18亿年前，早期地球上游离的铁与氧气的结合达到饱和状态，氧气才开始在大气层中聚集。

很多科学家认为，在地球历史上非常早的阶段——古细菌进化形成的不久之后，能进行光合作用的原核生物就进化出来了。在距今35亿年前的岩石中发现了蓝藻的化石证据。蓝藻最终产生了足够的氧气以支持臭氧层的形成。臭氧层的建立为真核细胞的出现创造了适宜的条件。

阅读检测 写出导致地球大气中臭氧层形成的步骤。

图14-16 此类岩石的形成，被称为前寒武纪条带状硅铁建造（或BIFS），这是很独特的沉积矿床。这些化石的形成是数十亿年前光合细菌产生游离氧气的结果。由于这种沉积是生命活动的结果，因此被认为是遗迹化石。

内共生理论 真核细胞出现在距今18亿年前的化石记录中，大约是原始生命形成的20亿年之后。真核细胞有复杂的内膜，包裹着各种细胞器，包括线粒体和叶绿体。线粒体通过细胞呼吸氧化分解有机物，叶绿体是光合作用的场所。线粒体和叶绿体与原核细胞的大小差不多，具有类似于原核生物的特征。某些科学家由此推测，原核细胞参与了真核细胞的进化过程。

1966年，生物学家琳恩·马古利斯（Lynn Margulis）提出了**内共生理论（endosymbiont theory）**。根据这一理论，真核细胞祖先的生命活动与原核细胞有关。在某些情况下，原核细胞甚至可能生活在真核细胞内部。原核细胞可能被早期的真核细胞吞噬，或者某些原核细胞寄生在真核细胞内。最终，两类细胞形成了互惠互利的关系，原核共生体成了真核细胞中的细胞器。这一理论解释了线粒体和叶绿体的起源，如**图14–17**所示。

内共生理论的证据 当马古利斯首次提出内共生理论时，许多科学家不愿意接受它。然而，有证据表明，至少线粒体和叶绿体是内共生形成的。例如，和原核细胞一样，线粒体和叶绿体中都有自己的DNA，而且DNA都是环状结构。与真核细胞相比，线粒体和叶绿体中的核糖体与原核细胞中的核糖体更相似。最后，和原核细胞一样，线粒体和叶绿体通过分裂增殖，独立于真核细胞的其他部分。

数据分析实验

基于真实的资料*

识图分析

质体是如何进化的？

叶绿体属于一组被称为质体的细胞器，存在于植物体内。叶绿体进行光合作用，而其他质体储存淀粉、制造细胞组分和完成植物体功能所需的物质。

批判性思维

1. **总结**图中所描述的过程。用你自己的语言描述胞吞的定义。
2. **比较**二次内共生学说与**图14–17**所示的内共生理论。

数据与观察

下图表示质体演化的一种可能方式。

质体的起源

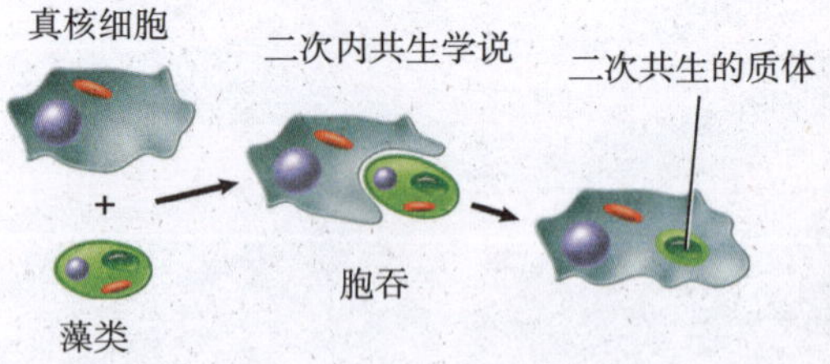

*资料来源：Dyall, S.D., et al. 2004. Ancient invasions: from endosymbionts to organelles. *Science* 304:253–257.

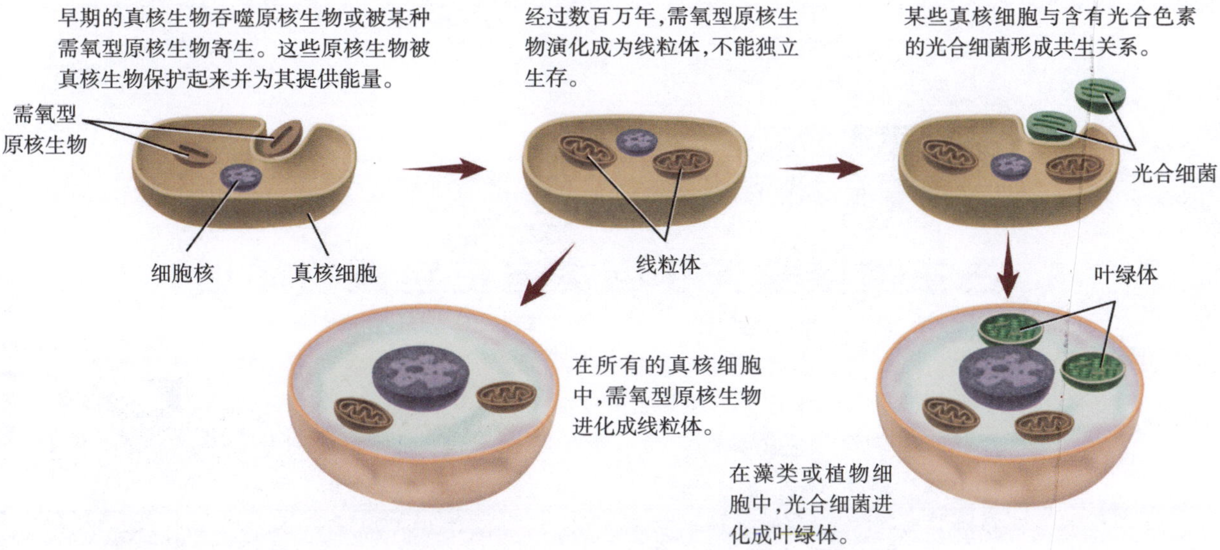

■ **图 14-17** 这幅图展示了马古利斯的假设，即真核细胞和它们的细胞器是如何进化而来的。

尽管内共生理论被广泛认可，但科学家并不了解导致生命出现的最初步骤或生命演化的最早期历程。理解这一点非常重要，因为我们几乎不可能发现生命首次出现在地球上时留下的遗迹。科学家所知道的是，在地球形成后不久，地球上的环境就可以支持生命的前体物质形成。

与地球上生命的诞生相比，人们对生物进化过程了解得更多。化石、地质学和生物化学证据支持科学家提出的关于生命后续进化过程中的许多步骤。然而，未来的发现可能会改变某一个或全部步骤。在未来的岁月里，科学家将不断地评估新证据，检验新理论。

第 2 节 测评

要点梳理

- 在生源论获得支持的同时，自然发生说被证明是错误的。
- 生命起源被假设为一系列的化学变化。
- 在原始地球上，有机分子（如氨基酸）是利用简单的分子为原料合成的。
- 最原始的细胞可能是自养型的原核细胞。
- 内共生理论解释了真核细胞是如何从原核细胞进化而来的。

要点理解

1. 主要概念 **推断**科学家假设有一系列化学变化发生在地球生命起源之前的原因。
2. **对比与比对**自然发生说和生源论。
3. **讨论**原核细胞为什么出现得比真核细胞早。
4. **提出假设** 在进化出真核细胞之前，原核细胞是否可以相互共生？

批判性思维

5. 按科学家假设的顺序描述在真核细胞起源之前的化学事件和生物学事件。

科技 写作

6. 写一段有说服力的文字，解释为什么许多科学家接受了内共生理论。

野外调查

古生物学家关于鸟类进化过程的争论

职业生涯：古生物学家

1.3亿年前，在中国东北部，火山爆发结束了数百万生物体的生命。火山灰埋葬了恐龙、哺乳动物、鱼类、昆虫和两栖动物等。被埋葬了数千万年以后，它们的遗体变成了化石，偶尔留下了羽毛、皮毛，甚至是胃内容物的痕迹！现今，在中国辽宁省这一化石资源丰富的地区，古生物学家有了关于白垩纪早期生命的重大发现。

一只身披羽毛的恐龙 类似于图中邹氏尾羽龙化石标本中的生物引起了古生物学家们极大的兴趣。在邹氏尾羽龙化石中，这头长达1米的恐龙从头到尾都有羽毛附着的清晰痕迹。这些羽毛可能不是用于飞行，而是为双足奔跑提供更好的稳定性。

一只早期的鸟 1.3亿年前的鸟类新物种——杜氏孔子鸟的化石与邹氏尾羽龙化石在同一地区被发现。杜氏孔子鸟是一种发育良好的树栖鸟类。杜氏孔子鸟与邹氏尾羽龙几乎生活在同一时期——距今1.2亿～1.5亿年。杜氏孔子鸟与邹氏尾羽龙在同一区域的共存，为祖先种与衍生种的共存提供了实例。

邹氏尾羽龙化石是一块重要的化石，表明某些恐龙有羽毛。

链接历史 古生物学家通常通过分析化石证据来建立不同生物体之间的联系。古生物学家一致认为，鸟类与恐龙之间存在进化上的联系。它们具有很多共同的解剖学特征，包括孔、薄壁骨、灵活的腕关节、爪型手、锁骨融合成叉骨等。古生物学家一致认为，鸟类起源于恐龙，但他们对分化发生的时期一直存在争议。在中国发现的化石，为解决争议提供了证据，能帮助人类更好地理解鸟类的进化过程。

与生物学相关的职业

采访古生物学家

与你的同学一起制作一个采访提纲，把你想问的问题列在其中，对大学的古生物学家进行采访。将你搜集到的信息写成一篇文章，讲一讲你通过与古生物学家交流学到的东西。

生物实验室

自然发生说有可能成立吗?

背景:17世纪中期,巴斯德的实验表明,生物体只能来源于其他生物体,不能由非生命物质产生。巴斯德的经典实验推翻了自然发生说,提出了生源论,为现代生物学奠定了重要基础。

问题:自然发生说的观点是如何被证明是错误的?

实验器材

牛肉汤	绳子
量筒	橡胶塞(2个)
锥形瓶(2只)	酒精灯(2个)
铁架台(2个)	5厘米塑料管
石棉网(2个)	30厘米塑料管

安全注意事项

设计与实施实验

1. 阅读并填写实验室安全表格。
2. 对巴斯德经典实验的描述进行研究,这个实验证明了自然发生说是错误的。
3. 设计一张数据表来记录颜色、气味和出现的沉积物的变化情况。
4. 取两只锥形瓶,分别标上"A"和"B"。A瓶瓶口装一个插有5厘米塑料管的橡胶塞。B瓶瓶口装一个插有30厘米塑料管的橡胶塞。
5. 向两只锥形瓶中分别倒入50毫升牛肉汤,瓶口用橡胶塞塞好。
6. 安装两组铁架台,将石棉网放在酒精灯的上方,将锥形瓶放到石棉网上。
7. 将B瓶的塑料管掰弯,直到它变成U形。U形管的底部应该靠近锥形瓶的底部。把塑料管的底部与铁架台系紧,以保持U形管的形状。
8. 把每只锥形瓶里的肉汤煮沸30分钟。
9. 等肉汤冷却后,将整套实验装置放到实验室中不被干扰的区域。
10. 在接下来的两周时间里,观察锥形瓶内牛肉汤的变化。在数据表中记录观察的结果。
11. **废弃物的处理** 根据教师的指导处理肉汤。将所有的仪器清洗干净并放回原处。

实验分析和结论

1. **描述** 你的实验步骤与巴斯德设计的实验步骤相比,有何异同?
2. **比较** 你与巴斯德的实验结果相同吗?
3. **描述** 为什么对于科学家来说验证他人的数据很重要?
4. **批判性思维** 请解释巴斯德的发现如何证明自然发生说是错误的。
5. **误差分析** 如果你的实验结果与巴斯德的实验结果不一致,解释造成差异的可能原因。

科技 写作

巴斯德的实验使科学界普遍接受了生源论。写一篇文章说明巴斯德的研究工作对生物学核心思想的贡献。

第14章 复习指南

内容聚焦 **发展** 科学家研究化石记录、开展科学实验来了解导致地球上生命起源和生物多样性的演化历程。

大概念 **化石为我们理解地球上生命的起源和演化史提供了关键证据。**

第1节 进化的化石证据

化石
古生物学家
相对测年法
地层叠覆律
放射性测年法
半衰期
地质年代表
世
纪
代
宙
寒武纪大爆发
K—T界线
板块构造学说

主要概念 **化石为生物体经过漫长地质年代的进化提供了证据。**

- 化石为古生物的存在提供了证据。
- 相对测年法和放射性测年法是确定化石年龄的两种方法。
- 地质年代表可进一步划分为代、纪和世。
- 地质年代表中发生的主要事件包括生物进化和地质变化。

第2节 生命的起源

自然发生说
生源论
内共生理论

主要概念 **有证据表明，在生命起源之前，地球上发生了一系列化学变化，生命起源之后一直在进化。**

- 在生源论获得支持的同时，自然发生说被证明是错误的。
- 生命的起源被假设为一系列的化学变化。
- 在原始地球上，有机分子（如氨基酸）是利用简单分子为原料合成的。
- 最原始的细胞可能是自养型的原核细胞。
- 内共生理论解释了真核细胞是如何从原核细胞进化而来的。

第14章 测评

第1节

术语回顾

从“复习指南”中选择恰当的术语描述下列情境。

1. 通过放射性同位素测定化石的年龄。
2. 生物体的遗骸或遗迹。
3. 研究化石的科学家。

要点理解

根据下表回答第4、5题。

放射性同位素	衰变产物	半衰期(年)
碳-14	氮-14	5730
氯-36	氩-36	30万
铍-10	硼-10	152万
铀-235	铅-207	7亿

4. 根据上表中的信息，如果一块化石的碳-14含量变成原来的 $\frac{1}{4}$，那么这块化石的年龄是(　　)。
   A. 2857.5年
   B. 5730年
   C. 11460年
   D. 17145年
5. 如果要测定一个大约有100万年历史的岩层，最好选择的同位素是(　　)。
   A. 铍-10
   B. 碳-14
   C. 氯-36
   D. 铀-235
6. (　　)为古生物学家提供了丰富的解剖学信息。
   A. 遗迹化石
   B. 印模化石
   C. 置换化石
   D. 琥珀

用下列曲线回答第7、8题。

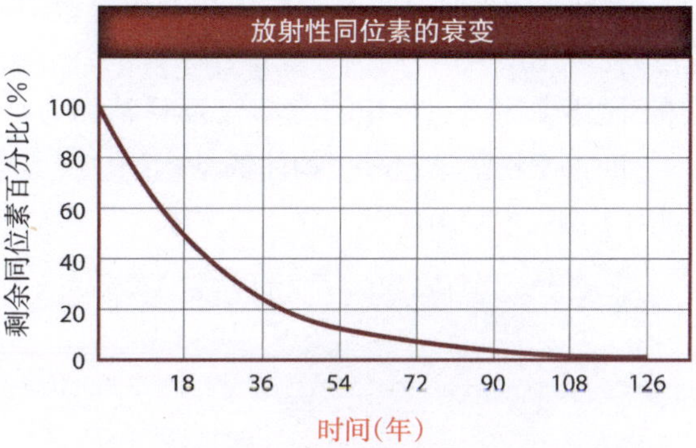

7. 上图所示的放射性同位素的半衰期是(　　)。
   A. 18年　　B. 36年
   C. 54年　　D. 72年
8. 假设你所利用的放射性同位素在测定材料中的剩余量必须在1%以上才能使用，下列由于时间太久远以至于不能用这种同位素测定的是(　　)。
   A. 35年　　B. 50年
   C. 75年　　D. 125年
9. 在二叠纪末期生物大灭绝之后出现的地质年代是(　　)。
   A. 寒武纪　　B. 中生代
   C. 古生代　　D. 新近纪
10. 几乎所有的化石都出现在(　　)中。
   A. 岩基　　B. 岩浆岩
   C. 变质岩　　D. 沉积岩

回答问题

11. **简要回答**　古生物学家可以利用地层叠覆律做出哪些判断?
12. **开放式回答**　除了丝带，利用其他的类比来解释地质年代表。
13. **简要回答**　计算新生代(6500万年前)在地球历史上所占的百分比，并展示你的作品。

批判性思维

14. **推断** 设想你在沉积岩层中找到一块琥珀，在琥珀形成时，周围环境是什么样的？
15. **描述** 描述一种化石类型以及它是如何帮助古生物学家理解生物体的结构的。

利用下图回答第16题。

16. **主要概念** 如果你在某一岩层中发现了如上图所示的开花植物的化石，对于岩层的年龄，你将得出什么结论？你会寻找这一岩层以上还是以下的其他岩层来获取关于二叠纪生物大灭绝的信息？

第2节

术语回顾

从“复习指南”中找出恰当的术语替换画线部分。

17. <u>生物起源于非生物的信条</u>被雷迪和巴斯德打破了。
18. 琳恩·马古利斯提出<u>细菌可能寄居在原核细胞内，最终演化成了细胞器</u>。

要点理解

19. 巴斯德的实验引出了(　　)。
    A. 生源论
    B. 内共生理论
    C. 进化论
    D. 自然发生说

利用下图回答第20、21题。

20. 上图代表的生物体对早期地球的影响是(　　)。
    A. 产生最初的氨基酸
    B. 提高大气中的氧气含量
    C. 演变成最初的线粒体
    D. 以最早的异养生物为食
21. 照片中的生物化石最早出现在(　　)。
    A. 100万年前
    B. 200万年前
    C. 35亿年前
    D. 45亿年前
22. 黏土最可能参与到(　　)。
    A. 产生大气层中最初的氧气
    B. 形成最早的质膜
    C. 为多肽链的形成提供框架
    D. 为叶绿体的演化捕获原核生物
23. 对于生命起源，科学家发现的化石证据是(　　)。
    A. 最初的氨基酸
    B. 最初的RNA
    C. 最初的细胞
    D. 最初的自养型生物
24. 前寒武纪条带状硅铁建造是生命的早期进化过程中(　　)的重要证据。
    A. 光合自养型生物
    B. 细胞器的内共生理论
    C. 异养型原核生物
    D. 异养型真核生物

回答问题

25. **开放式回答** 请你推测从非生命物质演化出生命的第一步是什么。

26. **主要概念** 说明米勒—尤列实验在理解细胞起源方面的重要性。

27. **开放式回答** 你认为对于内共生理论来说，哪一项证据的支持最重要？为什么？

批判性思维

28. 按顺序列出科学家假设的从地球上没有生命到真核细胞出现的系列事件。

29. 比较雷迪和巴斯德在证伪自然发生说方面的贡献。

利用下图回答第30题。

30. **内容聚焦 发展** 上图中的热泉与原始地球的条件有何相似之处？哪种类型的生物体能在这种环境条件下生存？

31. **推断** 由原始的能进行光合作用的生物引起的氧气浓度增大对生物的进化历程有什么影响？

32. **与生物学有关的职业** 一位研究DNA序列的生化学家如何为内共生理论提供证据？

33. **分析和评价**内共生理论。这一理论的合理性和局限性分别是什么？

总结性测评

34. **大概念** **表14–1**中讨论了六种类型的化石。基于从化石中获得的信息量和信息类型，为**表14–1**中的化石类型建立层次体系。

35. **科技 写作** 假设你是一位科学家，正在寻找导致生物大灭绝的原因。人们已经假设了几种原因。写一段文字说明你如何运用测年法支持或否定这些假设。

36. **科技 写作** 说明在南美和非洲都被发现的某种特定化石的重要性。

37. 列出生命存在的必要条件。把它们按发生的顺序排列，以便于生命的成功诞生。

38. 解释放射性测年法对于古生物学家的重要性。

39. 基于你对规律和理论的理解，内共生理论能成为一个规律吗？解释原因。

DBQ 资料分析题

“也许地球上曾经生活过的所有有机体都是某种原始生命形式的后代。”

来源：Charles Darwin in *The Origin of Species*, 1859.

40. 如果达尔文今天还活着，你认为他会将蛋白质包含在“有机体”的范围内吗？说明理由。

41. 你认为达尔文是否支持内共生理论？利用上述引文支持你的观点。

42. 讨论达尔文上面的这句话可能的含义。

标准化测试

选择题

1. 在原核细胞中，下列与基因调节有关的是(　　)。

   A. DNA配对

   B. 阻遏蛋白

   C. RNA干扰

   D. 转录因子

利用下图回答第2～3题。

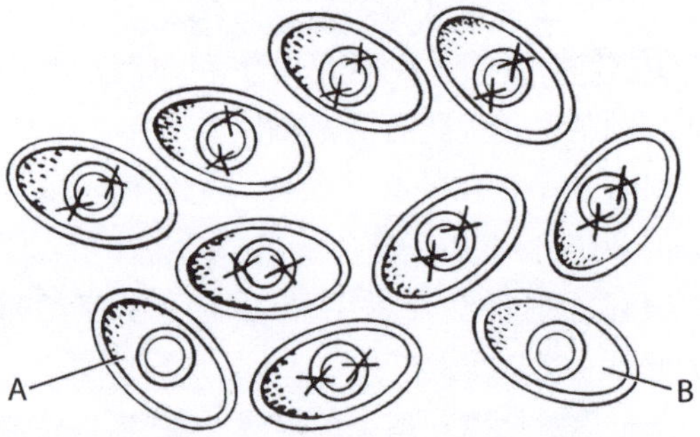

2. 与重组DNA混合后，上图中的细菌细胞发生了转化(用图中带有"XX"标记的细胞代表)。细胞A和细胞B不含有重组质粒的可能原因是(　　)。

   A. 细胞A和细胞B对抗生素有抗性

   B. 细胞A和细胞B不含有质膜

   C. 细胞A和细胞B没有吸收DNA片段

   D. 细胞A和细胞B最初含有不同的质粒

3. 图中的细菌细胞发生转化后，将进行的步骤是(　　)。

   A. 含有重组质粒的细胞接触抗生素后将死亡

   B. 含有重组质粒的细胞复制速度更快

   C. 没有重组质粒的细胞接触抗生素后将死亡

   D. 没有重组质粒的细胞复制速度更快

4. 某一DNA片段含有如下序列：CCCCGAATT。假设某一突变导致序列发生如下变化：CCTCGAATT。可以描述这一突变的是(　　)。

   A. 易位

   B. 缺失

   C. 重复

   D. 错义突变

利用下图回答第5题。

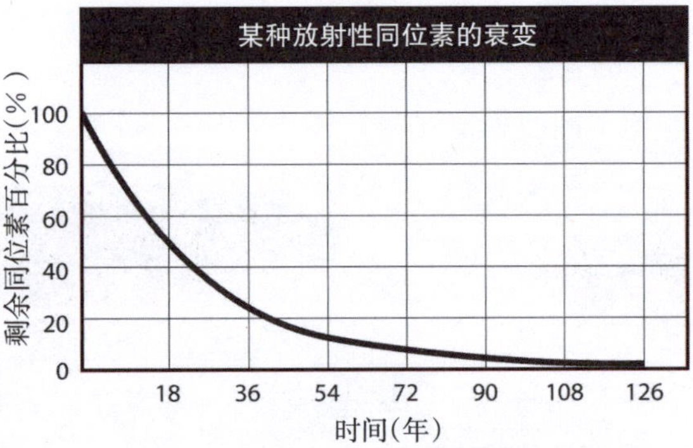

5. 10年后，最初的放射性同位素还剩余(　　)。

   A. 50%　　B. 75%

   C. 10%　　D. 30%

6. 在凝胶电泳的过程中，导致DNA片段相互分离的原因是(　　)。

   A. DNA片段所携带的电荷

   B. 从化学物质中提取DNA

   C. 电泳介质的成分

   D. DNA的来源

7. 巴氏小体可以在(　　)被发现。

   A. 雌性的体细胞

   B. 雌性的有性生殖细胞

   C. 雄性的体细胞

   D. 雄性的有性生殖细胞

简答题

利用下图回答第8～9题。

8. 上图展示了一个DNA分子。请明确指出DNA链的方向。

9. 假设暴露在紫外线下以后，图中相邻的胸腺嘧啶形成了二聚体。二聚体对DNA分子的结构有何影响？

10. 描述石化化石和置换化石的区别。

11. 说明聚合酶链式反应(PCR)的三个步骤。

12. 描述科学家为什么推测原始地球的大气成分中没有氧气。

13. 列表展示不同的酶在DNA复制过程中所起的作用。

14. 什么是限制酶？为什么它们是基因工程的重要工具？

15. 古生物学家如何利用地质学原理对化石进行相对测年？

开放题

16. 基因工程中的选择性培养是如何进行的？

17. 评价你的体温与内稳态之间的关系。

论述题

某些基因能够控制人体细胞的生长、分裂和死亡。那些促进细胞分裂的基因叫原癌基因。减慢细胞分裂或导致细胞在适当的时期凋亡的基因叫抑癌基因。众所周知，癌症可以由DNA突变，即激活原癌基因或关闭抑癌基因导致。

BRCA基因(BRCA1和BRCA2)是抑癌基因。当它们突变以后，便不再抑制细胞的反常增殖，极有可能导致乳腺癌的发生。可遗传的DNA突变可以导致携带这些基因的人群乳腺癌的发病率非常高，并且是家族性癌症发生的主要原因。

利用上文中的信息，以论文的形式回答下列问题。

18. 在乳腺癌的发展过程中，原癌基因和抑癌基因是如何起作用的？利用你了解的分子遗传学知识写一篇小论文，解释这些基因在肿瘤形成过程中的作用。

考点提示																		
测试题号	1	2	3	4	5	6	7	8	9	10	11	12	13	14	15	16	17	18
对应章节	12.4	13.2	13.2	12.4	14.1	13.2	11.2	12.2	12.4	14.1	13.2	14.2	12.3	13.2	14.1	13.2，12.2	1.1	12.3，12.4

第15章

进　化

起步实验

选择是如何起作用的？

捕食者选择某些特定的生物作为猎物，引起了种群数量的变化。在这个实验中，你将会看到猎物的种群数量受捕食者影响后发生的变化。

步骤

1. 阅读并完成实验室安全表格。
2. 两人一组，分别从一张黑色的纸与一张红色纸上剪下10个边长为3厘米的正方形。
3. 将10个正方形分成A、B两组：A组有2个红色的正方形，B组有8个红色的正方形。
4. 给正方形标号，确保两组中的1号正方形都是红色。
5. 将正方形有标号的一面朝下，选择一个红色的正方形，并记录其编号。
6. 重复步骤5十次。

分析

1. **比较**十次抽取中选取A组1号正方形与B组1号正方形的次数。
2. **推断**捕食者更喜欢红色正方形。A、B两组中哪一组的1号正方形被捕食的可能性更小？请做出解释。

折叠式

学习卡

制作一个四联式学习卡，将每一联上分别标注自然选择学说的四项主要内容。用它来整理有关自然选择的笔记。

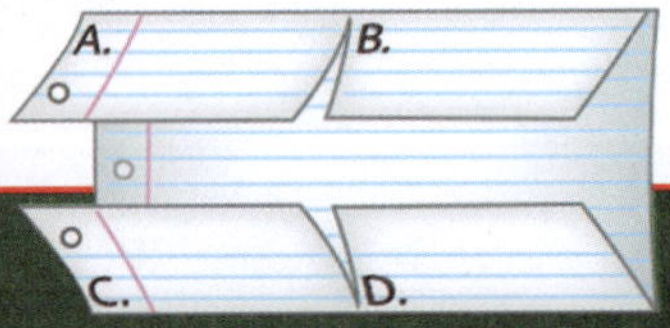

内容聚焦 科学探究

进化论的发展是科学探究的结果。

大概念 进化论以自然选择学说为核心，并解释了生物多样性。

第1节

以自然选择为核心的达尔文进化理论

本节预览

核心问题

- 哪些证据使达尔文相信物种可以随时间而改变?
- 自然选择学说的四个要点是什么?
- 自然选择如何改变种群数量?

术语回顾

选育:育种工作者为了获得有某种特性的植物或动物而进行的育种过程。

关键术语

人工选择
自然选择
进化

■ **图15-1** 查尔斯·达尔文(1809~1882)的这幅肖像画于他乘坐"贝格尔号"航行归来后不久。

主要《概念 **查尔斯·达尔文(Charles Darwin)基于自然选择学说建立了进化论。**

联系实际 今天,一架喷气式飞机可以在几小时内从伦敦飞到纽约。想象一下,达尔文花了将近5年的时间在一艘小小的、狭窄的船上进行环球航行,这是一件多么不可思议的事。

进化论的发展

如**图15-1**所示,1831年,查尔斯·达尔文登上"贝格尔号"的时代,普通人认为地球的年龄大约是6000岁。几乎所有的人,包括年轻的达尔文,都认为动物和植物是不会变化的。生物随着时间逐渐进化的观念离人们还很遥远。

达尔文在"贝格尔号"上 "贝格尔号"的主要任务是调查南美洲海岸的生物。在1831年,"贝格尔号"从英国马代拉河起航,然后进入南美洲。达尔文在船上的角色是一名生物学家和船长的同伴,他的工作是在航行过程中收集沿岸的生物和地质标本。那时,达尔文已获得了剑桥大学基督学院的神学学位,不过他以前研究过医学和科学。

在为期5年的航行过程中,达尔文广泛地收集了岩石、化石、植物和动物标本。他还读了地质学家查尔斯·莱尔的《地质学原理》,该书提出地球有数百万年历史。当他观察到在安第斯山脉高海拔地区出土的海洋生物化石和小型哺乳动物的巨大化石标本时,查尔斯·莱尔的书对他的思想产生了很大影响。

加拉帕戈斯群岛 1835年,"贝格尔号"抵达加拉帕戈斯群岛。达尔文最初对这些荒瘠的火山岛感到失望。然而,当他开始在参观过的四个岛屿上收集知更鸟、云雀和其他动物标本时,他注意到每个岛屿似乎都有属于自己的、与其他岛屿有细微差别的动物品种。然而,这些差别仅激起了他的好奇心。他几乎没有注意到当地人说的这句话:"仅凭龟壳的形状就能判断巨龟来源于哪个岛屿"。

阅读检测 **总结**达尔文乘坐"贝格尔号"航行过程中,对他萌生进化思想产生影响的事件。

几年后，达尔文回到英国，他开始对自己的观察结果进行反思，这时他注意到了古尔德的工作。古尔德是一位鸟类学家，他对达尔文从加拉帕戈斯群岛带回的鸟进行分类。古尔德发现，加拉帕戈斯地雀是一个新物种，除了南美洲，其他地区没有加拉帕戈斯地雀。事实上，达尔文在这些岛屿上收集的所有标本对欧洲科学家来说几乎都是前所未见的。尽管加拉帕格斯群岛的环境条件与南美洲大陆不同，但是这些新物种与南美洲大陆的物种十分相似。岛屿和大陆的物种本不应该如此相似，达尔文开始怀疑，这是大陆种群迁移到加拉帕戈斯群岛后发生演变的结果。

达尔文继续他的研究　达尔文假设，祖先种可以积累微小的变异逐渐形成新物种，但他不知道这个过程是如何发生的。为了更好地理解这一过程，他求教于饲养动物的人，特别是饲养鸽子的人。

不同品种的鸽子有各自独特的性状，并且这些性状可以遗传。饲养者可以通过人工选择来繁殖那些最大限度地表达优良性状的鸽子来保留优良性状。例如，为了繁育出尾巴呈扇形的鸽子，饲养者会专门饲养尾巴最像扇形的鸽子。这种为了繁育具有优良性状的后代进行的定向育种过程，就是选择性育种，也被达尔文称为**人工选择（artificial selection）**。

当人类培育新品种的动物或植物时，人工选择也会起作用。达尔文推断，如果人类可以通过人工选择改变物种，那么同样的过程也可以在自然界发挥作用。达尔文还想到，如果给予足够多的时间，也许这个过程还可以产生新物种。

自然选择　在思考人工选择的同时，达尔文读了经济学家马尔萨斯·托马斯的一篇文章。文章中提到，如果任由世界人口发展下去，那么人口增长的速度最终会超过食物供应的速度，导致生存竞争。达尔文意识到马尔萨斯的观点同样适用于自然界。他推理出，在生存竞争中，某些竞争者与其他竞争者相比，具有生存优势。那些处于劣势的竞争者被淘汰了。这就是**自然选择（natural selection）**的过程。最终，这成了物种起源这一新理论的框架。

达尔文的自然选择进化理论有四个基本内容，用来解释种群特征如何随着时间的推移而改变。首先，种群中的个体有差异，与亲代相比存在着多种变异。第二，变异可以遗传，这意味着变异可以从亲代传给子代。第三，生物具有过度繁殖的能力。例如，红衣凤头鸟平均每年夏天产9枚卵。如果每只雏鸟都能存活而且繁殖一次，只需要7年，第一对亲鸟将产生100万只后代。最后，与其他变异相比，能成功提高繁殖能力的变异有更大的概率遗传给子代。如果扇形尾可以提高鸽子的繁殖成功率，那么其后代中将会出现更多扇形尾的鸽子。

给予足够的时间，自然选择可以在很大程度上改变一个种群的性状，直至产生一个新物种。目前，自然选择被认为是进化发生的主要机制。**图15-2**显示了自然选择如何导致向日葵种群发生演变。

折叠式学习卡

将本节信息整理到你的折叠式学习卡中

阅读检测 **解释**自然选择的四个原则。

数据分析实验1

基于真实的数据*

数据解释

人工选择如何改变玉米？

植物育种工作者已经对农作物进行了很多改良。在有史以来进行的时间最长的实验中，为提高玉米粒中的含油量，科学家对玉米进行了筛选。

数据和观察

看图并比较不同株系中筛选的变化曲线。曲线IHO的选育方向是高含油量，曲线ILO的选育方向是低含油量。在第48代，曲线RHO（起始于IHO）和曲线RLO（起始于RHO）的选育方向是相反的。在第55代，曲线SHO（来源于RHO）又掉头回到高油含量。

*数据来源：Hill, W. G. 2005. A century of corn selection. *Science* 307:683—684.

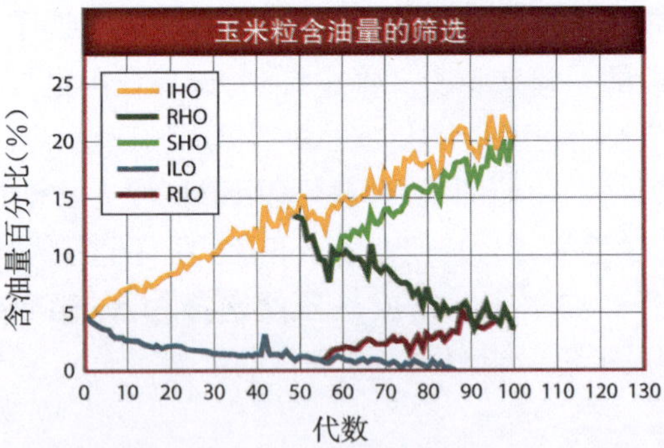

批判性思维

1. **测量** 在实验中，观察到的最高含油量和最低含油量分别是多少？
2. **预测** 如果曲线RHO按照这种趋势发展下去，大约需要多少代，含油量会降到零？

自然选择

图15–2
自然选择的机制是指通过足够长时间，种群(向日葵的种群)的性状可以发生改变，最终可能产生新的物种。自然选择的四项内容可以解释这种情况是如何发生的：变异、遗传、过度繁殖和适者生存。

变异 种群中的个体间有差异。例如，某些向日葵比别的向日葵长得高。

遗传 变异可以从亲代遗传给子代。高的向日葵产生高的子代，矮的向日葵产生矮的子代。

过度繁殖 种群产生的后代远多于实际能存活的后代。每株向日葵都能产生数百粒种子，大部分种子不会发芽。

适者生存 拥有有利变异的个体比其他个体产生更多的后代。例如，在左图所示环境中，较矮的向日葵生殖能力更强。

随着时间的推移，如果矮的向日葵繁殖率一直较高，那么向日葵种群的平均高度就会下降。经过许多代，如果矮的向日葵已无法与原向日葵品种传粉受精，那么矮的向日葵可能成了一个新物种。

表15-1	自然选择学说的基本内容
原则	例子
种群中的个体具有多种多样的变异	在同一个教室里的学生看起来各不相同
变异是可遗传的	你长得像你的父母
生物具有过度繁殖的能力	红衣凤头鸟平均每年夏天能产9枚卵。如果每只雏鸟都能存活，而且繁殖一次，那么7年之后将有100万只红衣凤头鸟
增加生殖机会的变异将在下一代中更常见	如果拥有扇形尾可以提高鸽子的繁殖成功率，那么在下一代中将有更多鸽子拥有扇形尾

术语

进化

是指事物由简单到复杂，由低等到高等逐渐发展变化。

物种起源

大约在1840年，达尔文建立了以自然选择为核心的进化理论。不久之后，他开始撰写著作。在著作中，他总结了进化的证据，解释了自然选择是如何作为物种起源的机制起作用的。**表15-1**总结了达尔文著作中所描述的自然选择的基本内容。在后来的很多年，他一直为自己的理论寻找更多的证据。例如，他曾花8年时间研究不同种藤壶之间的关系。

1858年，另一位英国博物学家阿尔弗雷德·罗素·华莱士(Alfred Russel Wallace)，提出了一种与达尔文几乎相同的理论。两人的观点共同呈给了伦敦林奈学会。一年后，达尔文出版了《物种起源》，这是他在多年前就开始撰写的那本巨著的浓缩版本。

在这本书中，达尔文只在最后一页使用了**进化(evolution)**这一术语。今天，生物学家使用进化来定义生物群体通过时间累积的变异。自然选择不是进化的同义词，它是进化发生的机制。

第1节　测评

要点梳理

- 达尔文从乘坐“贝格尔号”航行期间的观察结果和后续的研究中提出了以自然选择为机制的进化理论。
- 自然选择学说的主要观点：变异、遗传、过度繁殖和在一定环境条件下的有利变异。
- 达尔文推理出自然选择的过程可能会导致新物种的形成。

要点理解

1. 主要概念　**描述**达尔文收集到的证据，依靠这些证据他建立了进化论。
2. **解释**人工选择对达尔文产生自然选择这一思想的贡献。
3. **识别**自然选择的四项内容，并列举出本节内容中未提及的例子。
4. **讨论**华莱士对以自然选择为机制的进化理论的贡献。

批判性思维

5. **推断**　如果物种不变，那么进化的结果如何？

科技 写作

6. 想象一下你与达尔文一起访问加拉帕戈斯群岛的情形，写一个小故事。

第2节

进化的证据

本节预览

核心问题

- 化石如何为进化提供证据？
- 形态学如何为进化提供证据？
- 生物化学如何为进化提供证据？

术语回顾

化石：生物体或其活动的遗迹。

关键术语

衍生性状
祖先性状
同源结构
痕迹结构
同功结构
胚胎
生物地理学
适应度
保护色
拟态

主要概念 **进化论获得了多方面证据的支持。**

联系实际 进化的证据就像一堆砖，正如你不可能用一块砖搭建一栋房子一样，一条证据也支撑不了一个理论。由许多块砖搭成的房子才会更牢固。同理，当有多方面的证据支持进化理论时，这一理论才会更有说服力。

支持进化的证据

达尔文在《物种起源》一书中说明了进化是如何发生的，还提供证据证明了在我们居住的星球上进化已经发生。自然选择和进化虽然相关，但它们的概念是不同的。达尔文以自然选择为机制的进化理论的范畴更大。理论是在观察的基础上对自然现象进行解释。理论可以解释现有的数据，并可预测进一步的研究领域。进化论提出地球上所有的生物都起源于共同的原始祖先。

化石记录 化石记录了在地球上生活过的那些古老物种，它为进化提供了最重要的证据。这份记录可以显示古老的物种与现代物种之间的相似之处，如**图15-3**所示。化石还表明，某些物种数百万年间保持不变，如鲎。化石记录是确定生物的祖先和进化模式的重要信息来源。

图15-3 类似巨型犰狳的雕齿兽，是一种已灭绝的动物，达尔文认为它一定与现存的犰狳有亲缘关系。

观察 *2000千克的雕齿兽与4千克的犰狳有哪些相似的特征？*

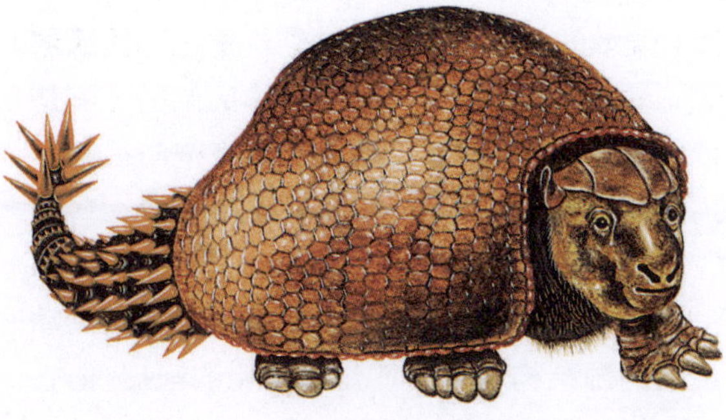

雕齿兽

犰狳

■ **图 15–4** 艺术家所绘的始祖鸟画像表明，它与现代鸟类有很多共同的特征，但它同时保留了其祖先——恐龙的一些特征。

链接 地理科学 尽管达尔文认识到了化石记录具有局限性，但他预测地球上存在介于不同物种之间的过渡形式的化石。今天，研究进化关系的科学家发现了成千上万的过渡化石，它们兼具不同物种的特征。例如，某种恐龙化石展示了这种生物具有现代鸟类的羽毛以及爬行动物的牙齿和尾骨。**图 15–4** 展示了艺术家所绘的始祖鸟画像，它是最先出现的鸟类之一。根据始祖鸟化石的特征，可将其划分为鸟类，并证明鸟类仍保留几个明显属于恐龙的特征。

在研究过渡化石时，研究者主要考虑两类性状：衍生性状和祖先性状。**衍生性状（derived trait）**是新进化出来的特征，如羽毛，它们不出现在共同祖先的化石上。**祖先性状（ancestral trait）**是更原始的特征，如牙齿和尾巴，它们与祖先的性状相同。过渡化石为许多现代动物，包括软体动物、马、鲸和人类，提供了其祖先发生进化性变化的详细模式。

比较解剖学 **图 15–5** 中所示的脊椎动物，其前肢功能各不相同，但都具有相似的结构。这是为什么？进化论给出答案：它们起源于共同的祖先。

同源结构 从共同祖先身上继承的解剖学上相似的结构被称为**同源结构（homologous structure）**。进化论预言，生物体的身体部位更可能是在其祖先相应的身体部位的基础上进行了改良，而不是完全与祖先不同。**图 15–5** 中所示的动物，四肢的功能各不相同，但结构相似。鸟的翅膀和爬行动物的四肢是另一个例子，尽管鸟类用翅膀飞行，爬行动物用四肢爬行，但鸟的翅膀和爬行动物的前肢结构相似，这表明这两类动物起源于共同的祖先。虽然同源结构本身不能作为进化的证据，但它们作为实例说明进化是对生命现象最合理的解释。

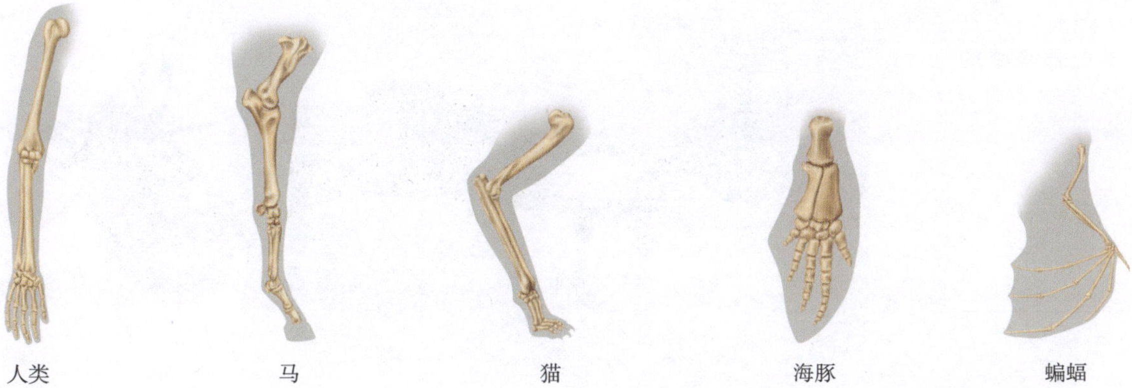

痕迹结构 在某些情况下，某些结构在一种生物的生活中起重大作用，但对另一个亲缘关系很近的物种，其功能微弱或丧失。例如，大多数鸟类为了飞行进化出翅膀。然而，几维鸟的翅膀很小，不能用来飞行。几维鸟的翅膀是一种被称为痕迹结构的同源结构。**痕迹结构（vestigial structure）**是生物体内功能退化的结构。**表15–2**举例说明了不同物种的一些痕迹结构。进化论预测，对物种来说，失去功能的原始性状随着时间的推移将变得越来越不明显，直至完全消失。

■ **图15–5** 脊椎动物的前肢是同源结构。每种前肢的功能不同，但结构类似。
推断 *图中哪种前肢与鲸的胸鳍最相似。*

表15–2 痕迹结构

性状	例子	描述
蛇的骨盆	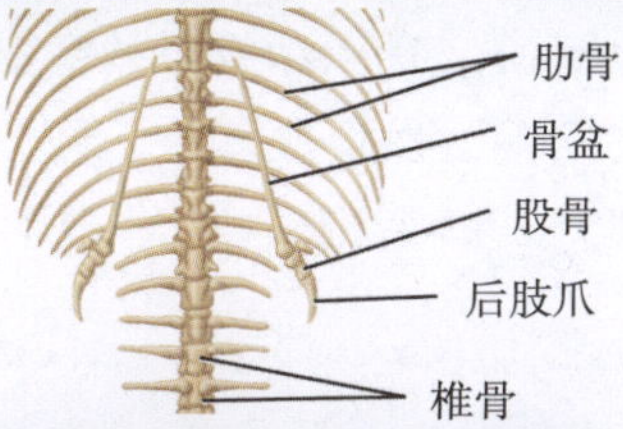	骨盆是双腿的附着点，因此对没有腿的动物来说，骨盆是没有功能的。
几维鸟的翅膀		几维鸟的翅膀太小，不能用于飞行。
人的阑尾	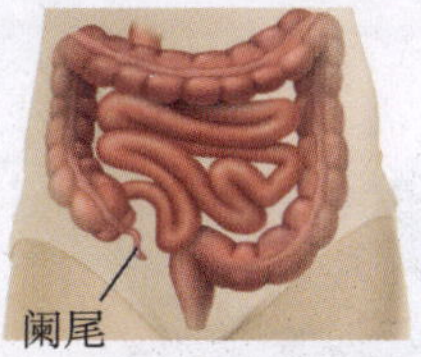	这是一个5～15厘米长的结构，它对许多哺乳动物的消化功能很重要，但在人类和某些猿类中，它的作用有限。

■ **图 15-6** 鹰和甲虫都用翅膀飞行，但它们的翅膀结构不同。

解释 *科学家是如何知道鹰和甲虫的翅膀是同功结构的。*

某些生物具有在解剖学上相似的特征，但这并不能说明它们具有共同祖先。许多不同生物间具有**同功结构（analogous structure）**，即功能相同，结构看起来类似，但并不是继承于同一个原始祖先。如**图 15-6** 所示，鹰和甲虫的翅膀功能相同，都能用于飞翔。然而，它们的翅膀的形状和结构不同。虽然同功结构不能证明生物之间有紧密的亲缘关系，但是它们能表明，生物在相似的环境中，可以独立进化出功能类似的结构。

阅读检测 **解释**为什么痕迹结构被认为是一种同源结构。

比较胚胎学 脊椎动物的胚胎为我们提供了更多了解进化的机会。**胚胎（embryo）**是生物体个体发育早期阶段。科学家们发现，脊椎动物的胚胎在发育的某些阶段表现为同源结构，但发育为成体后，结构完全不同。**图 15-7** 所示的胚胎，像所有脊椎动物的胚胎一样，有尾和成对的咽囊。鱼的咽囊发育成鳃，爬行动物、鸟类和哺乳动物的咽囊发育成耳朵、下巴和喉咙的一部分。虽然成体的形态各异，但胚胎中共有的结构表明，脊椎动物起源于共同的祖先。

■ **图 15-7** 胚胎可揭示进化历程。鸟类和哺乳动物的胚胎具有一些共同发育特征。

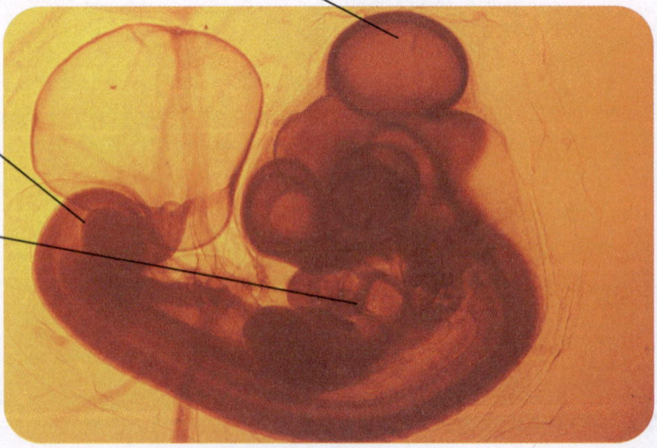

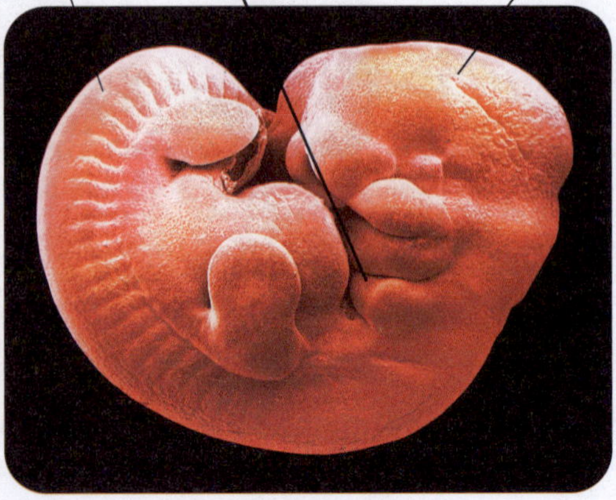

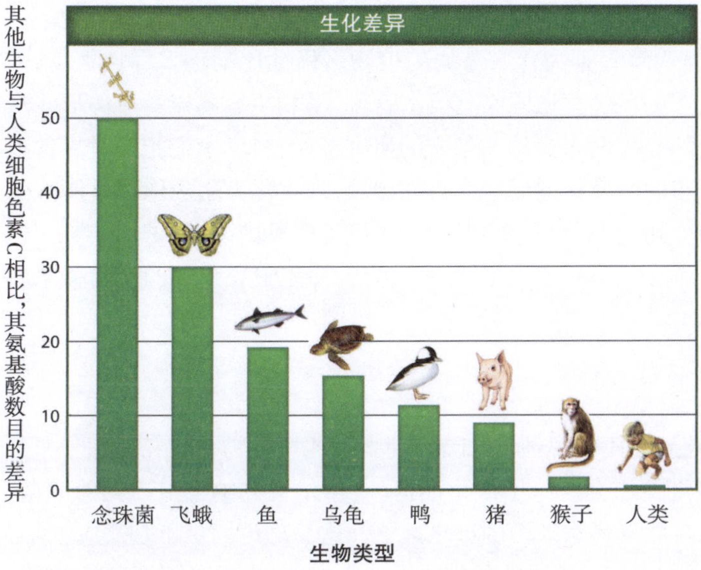

■ **图 15–8** 这幅柱状图比较了人类和其他生物的细胞色素c的氨基酸序列。

推断 *爬行动物或鸟类的细胞色素c与人类相比，会有更多的氨基酸序列差异吗？请解释。*

比较生物化学 科学数据表明，根据多种生物共有的具有复杂结构的生物大分子，可以看出它们源自共同的祖先。细胞色素C是一种呼吸作用中必不可少的酶，在动物中高度保守。这意味着，尽管它的氨基酸序列在不同物种间有轻微的变化，但随着时间的推移，分子发生的改变很小。

进化论预测，近缘物种的蛋白质分子中应该共有某些特定的氨基酸序列。物种的亲缘关系越近，共有序列的数目就越多。科学家发现，对于细胞色素c来说，这一预测是准确的。如**图 15–8** 所示，与鸭子相比，猪和猴与人类细胞色素c氨基酸序列的差异更小。

链接 化学 科学家们已经在蛋白质、DNA和RNA中发现了类似的现象。DNA和RNA构成了生物遗传的分子基础。许多生物体具有相同的生物大分子这一事实表明，这些分子是在地球早期进化出来的，随着生命的繁衍而代代延续。在不同物种之间比较这些分子的相似性所反映出的进化模式，在比较解剖学和化石记录也能反映出来。亲缘关系越近，生物大分子的分子结构越相似。

地理分布 达尔文在南美洲旅行期间，观察了植物和动物的地理分布，发现南美洲大陆的动物彼此之间的相似程度，要高于南美洲大陆与欧洲大陆相同环境中动物的相似程度。例如，**图 15–9** 中南美洲的玛拉与英国兔具有相似的生态位。你可以比较**图 15–9** 中的玛拉和英国兔。达尔文意识到，与英国兔相比，玛拉与其他南美物种更相似，因为它与南美动物的亲缘关系更近。

■ **图 15–9** 玛拉（阿根廷长耳豚鼠）和英国兔（家兔）的生态位相似。

玛拉

英国兔

当达尔文建构他的理论时，迁移模式对他来说是至关重要的。例如，迁移模式解释了为什么岛屿的植物多样性比动物多样性更高，因为无论是借助风还是依附在鸟类的背部，植物更容易以种子的形式从最近的大陆迁移而来。从达尔文的研究开始，科学家们把对世界各地动植物分布的研究扩展成一个研究领域，现在称为**生物地理学(biogeography)**。进化与气候和地质作用(尤其是板块构造)密切相关。这有助于解释今天我们在化石和现存的生物体中观察到的亲缘关系和地理分布。

适应

术语

适应(Adaptation)

由自然选择形成的一种性状，以增加生物体的存活或生殖机会。卷尾是猴子对树栖生活的一种适应。

化石记录、比较解剖学、比较胚胎学、比较生物化学和地理分布都为进化提供了依据。除了生化证据外，达尔文归纳了上述其他证据，建立了以自然选择为动力的进化理论。这一理论的核心是适应。

适应的类型 适应是通过自然选择形成的能提高生物体繁殖成功率的一种特征。一种判定某一性状对繁殖成功率高低的方法是测量适应度。**适应度(fitness)**是衡量个体的性状对下一代相对贡献率的一个指标，经常通过计算生物体产生可育后代的数量来衡量。

生物体对环境适应得越好，其生存和繁殖成功的机会就越大。这解释了达尔文在加拉帕戈斯群岛观察到的地雀的喙的变异。不同的岛屿环境选择了不同类型的喙。

保护色 某些物种进化出形态学上的适应，使它们能融入环境中，不被天敌发现，这就是如**图15-10**所示的**保护色**(camouflage)，具有保护色的个体生存和繁殖成功的概率更大。

■ **图15-10** 在海草的栖息地，叶状海龙有保护色，不容易被捕食者发现。

加利福尼亚王蛇　　西部珊瑚蛇

■ **图 15-11**　无毒的加利福尼亚王蛇身体的颜色类似于有毒的西部珊瑚蛇，因而避免了捕食者对它的攻击。

拟态　另一种类型的形态学适应是拟态。**拟态（mimicry）**，是一个物种进化出与另一个物种相似的特征。你可能会想，拟态会导致生物个体很难找到同种其他个体进行交配，因而降低了繁殖成功的可能。然而，拟态经常增加生物的适应度。如**图 15-11** 所示，当一个无毒的物种进化出与有毒的物种相似的特征时，拟态就发生了。有时，拟态对两个物种都有利。因为捕食者辨别不出谁是模仿者、谁是被模仿者，所以两个物种都不捕食，从而使模仿者受到保护。

阅读检测　**比较**拟态和保护色。

细菌耐药性　最初能被青霉素和其他抗生素杀死的菌种已经产生了耐药性。几乎对于每种抗生素，至少会有一种抗性细菌存在。抗生素的持续发展带来了一个意想不到的后果，一些像肺结核这样一度被认为受到了有效遏制的疾病，正以更有害的形式卷土重来。

迷你实验

调查拟态

为什么有些物种要模仿其他物种的特征？ 拟态是一个自然选择的过程，这种自然选择使一个物种的形态看起来与另一种物种相似。自然选择让无毒的总督蛱蝶看起来像有毒的帝王蝶。调查在这个实验中显示出来的拟态。

步骤

1. 阅读并完成实验室安全表。
2. 创建一个数据表，记录你观察和测量的有关帝王蝶和总督蛱蝶的情况。
3. 观察两种蝴蝶的身体特征，并在数据表中记录观察结果。

分析

1. **比较和比对**两种蝴蝶的身体特征。
2. **提出假设**　为什么有明艳色彩的总督蛱蝶更容易被天敌发现？

■ **图15-12** 在方形空地上修建的拱门支撑着一个穹顶，这个穹形空间被称为拱肩。拱肩通常是装饰性的。生物的某些特征可能类似于拱肩，是另一种适应的结果。

适应的结果 并不是生物体的所有性状都是适应性特征。某些性状可能是其他进化特征的结果。1979年，生物学家斯蒂芬·杰·古尔德（Stephen Jay Gould）和理查德·莱旺顿（Richard Lewontin）提出了这一观点，他们宣称生物学家倾向于过分强调适应在进化中的重要性。

拱肩的例子 为了说明这个概念，他们使用了建筑学上的一个例子。在方形空地上修建四个拱门支撑一个穹顶，穹形的空间被称为拱肩，如**图15-13**所示。由于拱肩通常是装饰性的，有人会认为拱肩只是一种装饰性建筑，没有实用价值。实际上，拱肩是拱形建筑中不可避免的结果。古尔德和莱旺顿论证生物体的某些特征类似于拱肩，因为即使它们很突出，但并不能增加生物体繁殖成功的机会。相反，它们可能只是之前发生过的进化性变化所带来的不可避免的结果。

人类的例子 与拱肩类似的生物学实例是人类婴儿的无助。与其他灵长类动物相比，人类出生在个体发育更早的阶段，这使得人类在生命的早期阶段需要更多的照顾。许多科学家认为，人类婴儿的无助是大脑和直立行走这两种进化的结果。人类直立行走，就需要狭窄的骨盆，这意味着婴儿的头必须足够小，以适应在出生时通过骨盆的开口。相比之下，科学家曾认为，人类婴儿的无助为其提供了一种适应性的优势，如从家长那里获得更多的关注和学习机会。

第2节 测评

要点梳理

- 化石为生物进化提供了强有力的直接证据。
- 同源结构和痕迹结构表明，生物具有共同祖先。
- 有关胚胎学和生物化学特征的实例提供了洞察物种进化的机会。
- 生物地理学可以解释为什么特定物种生活在特定的区域。
- 自然选择产生的是能增加生殖成功机会的生物特征。

要点理解

1. **主要概念** **描述**化石如何为进化提供证据。
2. **解释**自然选择关于拟态、保护色、同源结构和痕迹结构预测的内容。
3. **表明**生物化学如何为进化提供证据。
4. **比较**支持进化的形态学证据与生化证据。

批判性思维

5. **提出假设** 证据表明，鸟类翅膀与恐龙前肢的骨骼具有一些共同的特征。根据这一证据，你能对鸟类和恐龙之间的进化关系做出什么假设？
6. **应用** 研究表明，如果一个抗生素处方的剂量不足，一些细菌可能不会被杀死，疾病可能会复发。如何利用自然选择解释这一现象？

第3节

本节预览

核心问题

- 哈迪-温伯格定律适用的条件是什么?
- 在进化过程中,可以观察到什么样的模式?
- 影响物种形成的因素有哪些?

术语回顾

等位基因:控制相对性状的一对遗传因子。其中,显性基因控制显性性状,隐性基因控制隐性性状。

关键术语

哈迪-温伯格定律
遗传漂变
奠基者效应
遗传瓶颈
稳定化选择
定向选择
分裂性选择
性选择
合子前隔离
合子后隔离
异地物种形成
同地物种形成
适应辐射
渐进主义
间断平衡

进化理论的发展

主要概念 **随着科学家对新信息的了解,进化论被不断完善。**

联系实际 你使用一件电子产品的时间越长,就越了解它的工作原理。这个电子产品没有改变,但你变得更熟悉它的功能。对于进化,科学家们已经研究了近150年,但他们仍然在研究进化导致物种变化的新方式。

进化的机制

自然选择仍然是生物进化的核心内容。它解释了生物体如何适应环境,以及变异如何引起物种的适应。现在科学家知道,自然选择不是进化的唯一机制。群体遗传学和分子生物学的发展促进了进化理论的发展。其核心是进化发生在种群水平,基因是进化的原材料。

群体遗传学 在20世纪之交,基因还没有被发现。然而,等位基因被认为是可遗传性状的另一种形式,如眼睛的颜色,可从亲代传递给子代。科学家不明白为什么在种群中显性基因不会简单地遮盖隐性基因。

1908年,英国数学家戈弗雷·哈迪(Godfrey Hardy)和德国医生威廉·温伯格(Wilhelm Weinberg)分别独立地提出了相同的方案来解决这个问题。他们以数学形式表明,在一个种群中,除非基因频率发生变化,否则进化不会发生。如果缺乏引起基因频率变化的动力,基因频率保持不变,就不会发生进化。这个观点,现在被称为**哈迪-温伯格定律(Hardy-Weinberg principle)**。根据哈迪-温伯格定律,当等位基因频率保持不变时,种群处于遗传平衡状态。这个概念如**图15-13**所示。

图15-13 根据哈迪-温伯格定律,即使猫头鹰的数量增加了一倍,灰色与红色猫头鹰的比例仍然保持不变。

链接数学 为了解释哈迪-温伯格定律，假设有一个由100人组成的人群。40人是显性纯合子(EE)，另外40人是杂合子(Ee)，20人是隐性纯合子(ee)。在40个显性纯合子中，有80个E基因(2E基因×40)；而在20个隐性纯合子中，有40个e基因(2e基因×20)。杂合的人有40个E基因和40个e基因。计算等位基因总数，我们有120个E基因和80个e基因，共200个等位基因。E基因频率为$\frac{120}{200}$，即0.6。e基因频率为$\frac{80}{200}$，即0.4。

哈迪-温伯格定律说明，在一个达到遗传平衡的种群中，等位基因的基因频率维持不变。经常用$p+q=1$来表示。在上例中，p代表基因E的频率，q代表基因e的频率。

对方程$p+q=1$的两边同时平方，产生新的方程$p^2+2pq+q^2=1$。这个方程使我们能够确定在种群中，每一个基因型的平衡频率：显性纯合子(p^2)、杂合子($2pq$)和隐性纯合子(q^2)。在上面的例子中，$p=0.6$，$q=0.4$，所以$(0.6)\times(0.6)+2\times(0.6)\times(0.4)+(0.4)\times(0.4)=1$。在这个种群中，显性纯合子的平衡频率为0.36，杂合子的平衡频率为0.48，隐性纯合子的平衡频率为0.16。注意这些基因型频率的总和等于1。

与生物学相关的职业

生物统计学家 几乎所有的科研论文都包括统计。生物统计学家是专业处理与生物有关的数据的人，帮助设计研究方案和分析研究结果。

阅读检测 **确定**一个种群什么时候处于遗传平衡状态。

条件 根据哈迪-温伯格定律，处于遗传平衡的种群必须满足五个条件：没有遗传漂变，没有基因迁移，没有突变，交配必须是随机的，没有自然选择。自然界中的种群可能满足其中的某些要求，但几乎没有任何一个种群能长期满足这五个条件。如果一个种群没有达到遗传平衡，那么至少不满足其中的一个条件。**表15-3**已列出这5个条件，它们是公认的进化发生的机制。

表15-3 哈迪-温伯格定律

条件	违例	结果
种群数量非常大	许多种群数量很小	偶然事件可能会导致种群性状的改变
没有迁入或迁出	种群中有个体迁入或迁出	随着生物个体的迁移，种群可能丢失或获得某些性状
交配是随机的	交配不是随机的	新性状不能很快地传递给种群中的其他个体
不发生突变	发生突变	在种群的每一代不断出现新的变异类型
不发生自然选择	发生自然选择	从一代到下一代，种群性状发生改变

遗传漂变 种群中由于偶然因素而引发的基因频率变化，被称为**遗传漂变（genetic drift）**。回想一下，对于单基因性状，一个亲代的两个等位基因中只有一个传递给子代，而这个基因是随机选择的。在大种群中，足够多的等位基因“漂变”，以确保整个种群的等位基因频率从一代到下一代保持相对恒定。然而，在较小的种群中，遗传漂变的影响更加明显，失去一个等位基因的机会变得更大。

奠基者效应 奠基者效应是遗传漂变的一个极端例子。当种群中的少量个体，一个小样本定居之处远离种群其他个体时，**奠基者效应（founder effect）**可能会发生。由于样本是原始种群中随机的一部分个体，样本携带的基因也是原始种群基因库中随机的一部分基因。因而在原始种群中罕见的等位基因，在新种群中可能会较常见，新种群的后代将携带这些基因。这个过程可能会导致分离出的样本种群的基因库有大幅度的改变。

在美国亚米希和门诺地区，奠基者效应非常明显。这两个地区，很少有人和外来人口通婚。老派亚米希人中，六指侏儒的发病率非常高。所有患者的致病基因都来自一个最初定居于此地的祖先。

遗传瓶颈 遗传漂变的另一个极端的例子是**遗传瓶颈（bottleneck）**，它发生在种群数量下降到非常低的数值又重新回升之后。回升种群的基因库往往与数量降至极低水平时的种群基因库相似，也就是说，遗传多样性下降了。研究人员认为，1万年前非洲猎豹经历了一次遗传瓶颈效应，100年前又发生了一次。目前在猎豹活动范围内，猎豹的基因彼此之间非常相似，以至于它们出现了自交系。近亲交配会降低生育能力，并可能成为导致这个濒危物种灭绝的一个潜在因素。

阅读检测 **解释**基因迁移对种群的影响。

基因迁移 达到遗传平衡的种群不会发生基因迁移，它是一个封闭的系统，没有新的个体进入种群，也没有个体离开种群。在现实中，很少有这样隔离的种群。种群之间个体的随机迁移，增加了种群内的基因库的变迁，并减少了种群之间的差异。

非随机交配 种群中个体的交配不可能完全随机。通常情况下，生物与其邻近的个体交配，这促进了近交，并可能导致基因频率的改变，有利于繁育出纯合且具有特定性状的生物个体。

突变 突变是遗传物质的随机改变。种群中突变的累积效应可能引起基因频率的变化，从而打破遗传平衡。虽然许多突变有害，甚至是致命的，但个别突变可以为生物体提供生存优势。这种突变将被自然选择保留，并在随后的几代中变得更加普遍。突变以这种方式为自然选择提供了原材料。

学习小贴士

概念图 制作一张概念图，把进化放在顶部的椭圆中。第二行的椭圆中应包含以下术语：遗传漂变、基因迁移、非随机交配、突变和自然选择。当你读到这一章时，填写定义，并给每一个术语举一个例子。

阅读检测 **总结**为何突变打破了哈迪-温伯格定律。

自然选择 哈迪-温伯格定律要求种群中的所有个体以同等程度适应它们的生存环境，从而在繁育子代时的适应能力相同。但这几乎是不可能发生的。自然选择会筛选出最适于生存和繁殖的个体。自然选择作用于一个生物体的表型并改变等位基因频率。**图15-14**展示了自然选择改变生物表型的三种主要方式：稳定性选择、定向选择和分裂性选择。第四类是性选择，也被认为是自然选择的一种方式。

稳定性选择 最常见的自然选择形式是**稳定性选择（stabilizing selection）**。它消除某个性状的两种极端表达情况，因为性状的平均表达能更好地适应环境。例如，与出生时正常体重的婴儿相比，低体重和高体重的婴儿存活率更低。因此，在人群中，婴儿出生时的体重变化不大。

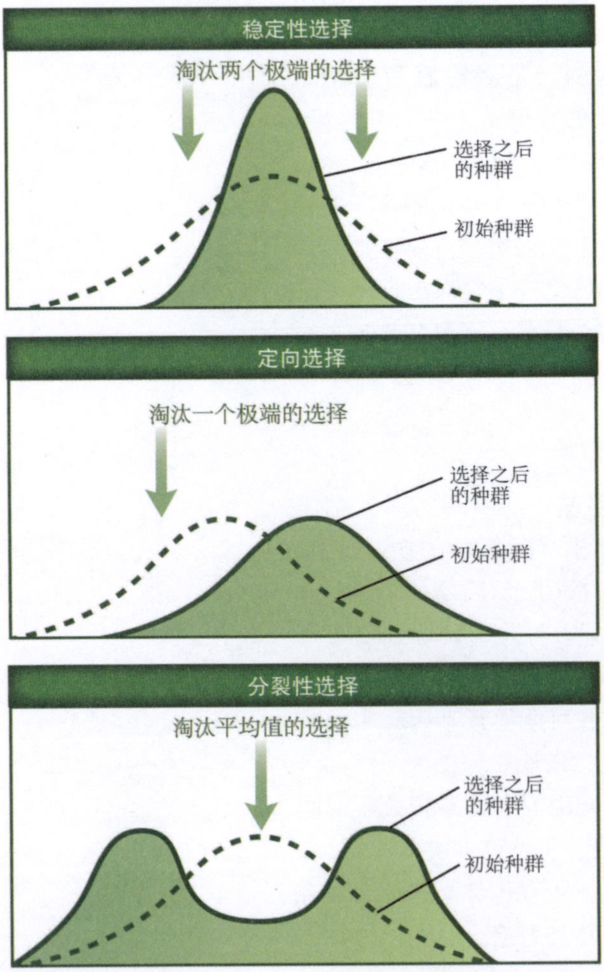

■ **图15-14** 自然选择以三种方式改变一个种群的基因频率。每幅图中虚线表示初始种群性状变异分布，实线表示在各种选择压力下的结果。

定向选择 如果一个性状的某个极端特征使生物体的适应性增强，那么定向选择将会发生。**定向选择(directional selection)**增加了种群中这一极端性状特征的表达频率。例如，英国工业革命时期蛾类的进化。如**图15-15**所示，桦尺蛾(the peppered moth)有两种体色。直到19世纪50年代中期，在英国几乎所有的桦尺蛾都是浅色的。然而，大约在1850年，深色的蛾开始出现。到了20世纪初，几乎所有的桦尺蛾都是深色的。为什么会出现这种现象？原因是工业污染以牺牲浅色蛾为代价，保留下了深色蛾。蛾的体色越深，越匹配它树栖的黑色背景，捕食者就越难捕获。因此，更多深色的蛾存活了下来，提高了种群中深色基因的频率。到了20世纪中期，有关空气污染的法律颁布之后，浅色蛾又开始大量出现，这使上述结论更有说服力。这种现象被称为"工业黑化"。

定向选择的作用在加拉帕戈斯地雀身上也可以看到。在20世纪的后30年间，皮特和罗斯玛丽·格兰特研究这些雀类。格兰特夫妇发现，在干旱的年份，粮食供应减少，地雀只能吃它们在正常年份很少食用的坚硬种子。大喙地雀比小喙地雀更容易敲开种子坚硬的外壳。因此，在干旱期间，大喙地雀成为种群的优势种。然而，在多雨的年份，选择的方向是相反的，种群中地雀喙的平均尺寸有所下降。

■ **图15-15** 桦尺蛾有两种体色：浅色和深色。
推断 *自然选择如何引起了桦尺蛾种群两种体色基因频率的变化。*

数据分析实验2

基于真实的数据*

解释图表

污染如何影响桦尺蛾的黑化？

在美国，科学家们对桦尺蛾的体色基因频率变化研究了几十年。工业革命之前，深色蛾的比例很低。工业革命后，深色蛾的数量持续增加，直到20世纪初，种群中几乎全部都是深色蛾。在反污染法颁布后，如右图所示，深色蛾的比例又下降了。

批判性思维

1. **说明**宾夕法尼亚桦尺蛾种群数量减少的百分比。

2. **提出假设** 为什么在弗吉尼亚深色蛾的比例一直维持在一个相对较低水平？

数据与观察

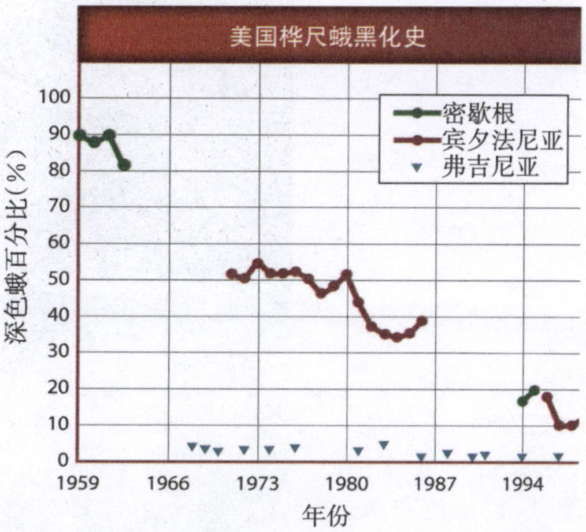

*数据来源：Grant, B. S. and L. L. Wiseman. 2002. Recent history of melanism in American peppered moths. *Journal of Heredity* 93:86–90.

■ **图15-16** 因为栖息地的不同，北方水蛇有两种不同颜色的花纹。中间色彩会使它们更容易被天敌发现。

分裂性选择 另一种类型的自然选择，**分裂性选择(disruptive selection)**，是将一个种群分裂成两部分的过程。它倾向于淘汰具有性状平均值的个体，保留具有连续性状两端极值的个体。如**图15-16**所示的北方水蛇，就是一个例子。生活在海岸旁的水蛇栖息在草地上，它们有斑驳的棕色皮肤。栖息在岩石岛屿的水蛇则有灰色的皮肤。每种蛇都适应特定的环境。有中间色彩的蛇会处于不利地位，因为它们更容易被捕食者发现。

性选择 这种类型的自然选择，之所以会导致种群基因频率改变是基于吸引配偶能力的大小，即**性选择(sexual selection)**。这种类型的选择通常发生在雌性和雄性外观差异明显的种群中。在这些种群中，雄性往往高大艳丽。如**图15-17**所示，雄孔雀的尾巴越大，对雌性的吸引力越大。雄性也会进化出恐吓其他雄性的特征，这在一雄多雌的动物种群中十分常见，如麋鹿和梅花鹿。

达尔文很好奇，为什么一些吸引异性的性状似乎与提高生存能力方向相反。例如，雄孔雀大而明艳的尾巴作为吸引异性工具的同时，也使雄孔雀更容易成为捕食者的目标。虽然某些科学家认为，性选择不属于自然选择，但另一些科学家认为，性选择遵循相同的定律：更明艳的颜色和更强壮的身体能提高繁殖成功的机会，有利于物种的繁衍。

起步实验

回顾 根据你所学到的有关适应的知识，你将如何回答本章开头“起步实验”中的问题？

■ **图15-17** 雄孔雀的尾巴越大，越吸引雌孔雀。由于性选择，控制这一性状的基因频率增大。

■ **图 15-18**　此图显示的是东部草地鹨和西部草地鹨，尽管二者外貌很相似，但它们的鸣唱声将它们从行为上区分开。

推断 *不同的叫声是如何防止不同种的草地鹨之间进行繁殖的。*

生殖隔离

进化的机制，包括遗传漂变、基因迁移、非随机交配、突变和自然选择，都打破了哈迪-温伯格定律。每一种机制达到何种程度才有助于新物种的形成，是今天进化理论科学争论的一个主要话题。在进行有性生殖的种群中，部分个体发生了很大的变异，以至于无法与初始种群中的个体交配产生可育后代。这一过程被大多数科学家定义为新物种形成。两类生殖隔离阻断了种群之间的基因交流。**合子前隔离（prezygotic isolating mechanisn）**发生在受精前。**合子后隔离（postzygotic isolating mechanism）**发生在受精之后，以确保精卵结合后仍然保持不育。

合子前隔离　合子前隔离是由于不能受精而无法繁殖。这种机制通过地理的、生态的、行为学上的或其他差异来阻断基因交流。例如，**图 15-18** 所示的东部草地鹨和西部草地鹨外貌很相似，但是，这两个物种使用不同的鸣唱声吸引配偶，因而不能相互交配。时间是另一个造成生殖隔离的因素。亲缘关系很近的两种萤火虫在夜晚的不同时间段进行交配，就像生活在同一河流中的两种鱼，在一年中不同的时间段繁殖一样。

合子后隔离　受精作用已经发生，但杂交后代不能发育或生殖，即发生了合子后隔离。合子后隔离阻止了杂交后代的生存或繁殖。如**图 15-19** 所示，狮子和老虎是不同的物种，即使它们可以交配，其后代——狮虎兽也是不育的。

■ **图 15-19**　雄狮和雌虎的后代是狮虎兽。狮虎兽是不育的。

物种形成

为了促进新物种形成，种群必须分裂成小种群并形成生殖隔离。生物学家通常认为存在两种类型的物种形成：异地物种形成和同地物种形成。

异地物种形成　在**异地物种形成（allopatric speciation）**过程中，地理屏障将种群分成两个或更多个。如果过去了足够长的时间，隔离后的种群个体将不能再与其他种群个体进行交配。大多数科学家认为，异地物种形成是最常见的物种形成方式。与生活在大种群内部的个体相比，从大种群中分离出小的亚群更有可能形成新物种。这是生物学家恩斯特·迈尔（Ernst Mayr）的结论，早在20世纪40年代他就认为，地理隔离对于物种形成来说，不仅是重要的，也是必要的。

地理屏障包括山脉、海峡、大河和熔岩等。如**图15-20**所示的大峡谷，就是地理屏障的一个例子。在大峡谷的北缘发现了凯巴布松鼠，而艾伯特松鼠生活在大峡谷的南边。科学家认为，这两种类型的松鼠来自一个共同祖先，隔离的出现是因为宽阔峡谷的存在。虽然理论上这些动物仍属于同一物种，但是它们已经表现出明显的差异，假以时日，它们可能分化为不同的物种。

同地物种形成　在**同地物种形成（sympatric speciation）**中，没有地理障碍，原物种也演变成一个新物种。在物种形成过程中，祖先种和新种生活在一起。同地进化的证据可以在某些种类的昆虫种群中发现，如苹果蛆蝇，不同种的苹果蛆蝇是根据它们所吃水果的类型分类的。科学家认为，同地物种形成在植物中发生的频率很高，尤其是通过多倍体的形成。多倍体形成是一种增加植物染色体数目的突变。因此，多倍体植物体不能再与原种群的个体杂交。

术语

隔离

与其他个体分离

病人被感染后，应与其他病人隔离，以防止感染扩散。

■ **图15-20**　大峡谷是分隔艾伯特松鼠和凯巴布松鼠的地理障碍。

艾伯特松鼠　　凯巴布松鼠

■ **图15-21** 曾经有300余种慈鲷鱼生活在维多利亚湖。它们的适应性辐射之所以非常显著，是因为至少已经发生了1.4万年。

进化模式

物种形成过程的许多细节仍然是未知的。相对于人类的寿命，物种形成是一个漫长的过程，很难找到物种形成的初始证据。但是，我们可以从进化模式中发现物种形成的证据。

适应性辐射 在非洲维多利亚湖，曾经生活着300余种慈鲷鱼，**图15-21**中显示了其中的六种。数据显示，这些物种是在1.4万年前由一种共同的祖先分化出来的。这种物种形成的方式，称为**适应性辐射（adaptive radiation）**。适应性辐射，也称为趋异进化，是指在相对较短的一段时间内，由一个物种进化出多个物种来适应新的栖息地或新的生态环境。同样地，慈鲷鱼的适应性辐射由综合因素引发，包括慈鲷鱼独特双颚的出现，使得这些鱼可以利用不同的食物来源。适应性辐射往往紧跟在生物大灭绝之后。哺乳动物在新生代开始的适应性辐射，紧跟在恐龙灭绝之后，可能产生了今天多种多样的哺乳动物。

共同进化 许多物种在进化上与其他物种密切相关，以至于一个物种的进化会影响其他物种，这就是共同进化。互利共生是共同进化的一种形式。当两个物种彼此有利时，会发生互利共生。例如，彗星兰花和给它授粉的飞蛾互利共生，它们之间产生亲密的依赖性，如**图15-22**所示，彗星兰花与飞蛾极长的口器可以完美地匹配。

另一种形式的共同进化，是由一个物种对另一物种的寄生依赖引发的。这种类型的关系通常被称为共同进化型的竞赛。经典的例子是一种植物和一种以其为食的植食昆虫。植物种群进化出对昆虫种群的化学防御。反过来，昆虫进化出抵抗这种防御的生化机制。植物在随后的竞赛中不断进化出新的防御方式，昆虫会对其做出响应，竞赛就这样一直继续下去。类似于这样复杂的共同进化关系能反映出共同进化的物种之间在进化上的相互作用已延续数千年。

■ **图15-22** 通过共同进化，彗星兰花和为其授粉的飞蛾存在互利共生关系。

表15-4	趋同进化	
生态位	有胎盘的哺乳动物	澳大利亚的有袋动物
穴居动物	 鼹鼠	 袋鼹
食蚁兽	 小食蚁兽	 袋食蚁兽（食蚁兽）
老鼠	 老鼠	 袋鼬
滑行者	 飞鼠	 袋鼯
狼	 狼	 袋狼

趋同进化 有时候，不相关的物种也会进化出相似的性状，即使它们的生活之处远隔万里。这就是所谓的趋同进化。趋同进化发生在地理上相距甚远，但有类似的生态和气候条件的环境中。在第2节中讨论的玛拉和英国兔就是趋同进化的例子。玛拉和英国兔亲缘关系很远，但它们处于相似的生态位，因此进化出了相似的形态、生理结构以及行为。**表15-4**显示了澳大利亚的有袋动物和其他大洲的有胎盘的哺乳动物之间趋同进化的例子。

物种形成的速度 进化是一个动态的过程。在某些情况下，性状可能会迅速改变。在另一些情况下，性状可能数百万年保持不变。大多数科学家认为，进化是一个渐进过程。这一理论被称为**渐进主义（gradualism）**。大量的证据支持这一理论。然而，化石记录中包含了物种大爆发的实例。例如，某些种类的蜗牛化石在数百万年的时间里看起来完全相同，然而在接下来仅仅几千年的时间里，外壳形状发生巨大的变化。**间断平衡理论（punctuated equilibrium）**试图解释化石记录的这种突然的改变。根据这一理论，遗传物质的快速改变导致物种迅速分化；这一时期间断地穿插在物种几乎维持不变的很长时期内。

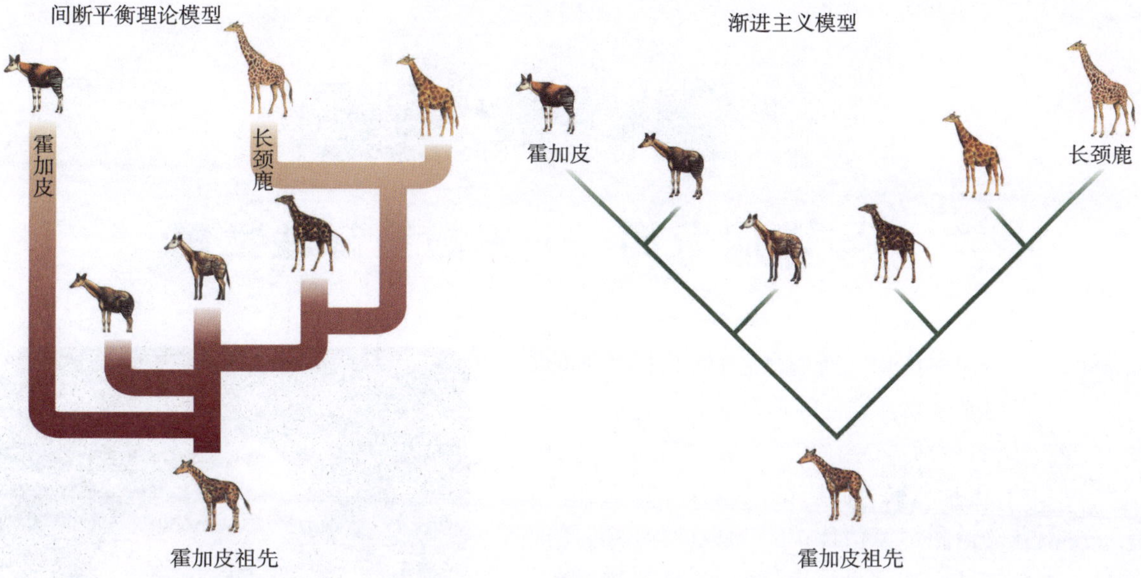

图15-23 在描述进化速度时，渐进主义模型和间断平衡理论模型相互竞争。

图15-23展示了有关进化速度的两种理论。进化速度是现代进化理论研究中的一个活跃领域。大多数进化是逐渐发生的还是在短时间内爆发的？化石只能展示生物体形态的变化，内部解剖和功能的变化看不出来。那么，我们如何考量过去作为证据呢？

对进化速度问题的研究极好地展示了科学家是如何工作的。解决这个难题，需要运用各种方法，综合多个学科。像许多需要科学家竭尽全力去探究的领域一样，进化提供了一个复杂的证据集合体，仅仅进行简单的分析是无法解决这个问题的。

第3节 测评

要点梳理

- 在哈迪-温伯格定律描述的条件下，进化不会发生。
- 物种的形成往往开始于小的、隔离的种群。
- 自然选择包含稳定性选择和偏向性选择。
- 间断平衡理论和渐进主义是解释进化速度的两个模型。

要点理解

1. 主要概念 **描述**科学家在达尔文的巨著出版后发现的一种新的进化机制。
2. **识别**哈迪-温伯格定律的三个条件。
3. **讨论**可能导致物种形成的因素。
4. **指出**加拉帕戈斯群岛的多个地雀物种展示出哪种进化模式。

批判性思维

5. **设计实验** 生物学家发现了由亚马孙河分隔开的两个青蛙种群。如何通过实验来测试这两个种群是否属于同一物种？

生物中的数学

6. 如果上述实验中两个种群是刚刚分隔开的，你会从上面的实验设计中得出怎样的数学结果？

生物大发现

马达加斯加——生物多样性之岛

同加拉帕戈斯群岛一样，马达加斯加岛也是生物多样性的典范。在马达加斯加岛上，生活着成千上万个珍稀的动植物物种，包括狐猴、青蛙、壁虎、蜥蜴、蝴蝶和兰花等。科学家估计，马达加斯加有80%的植物和动物都是该地特有的，这些物种在世界上的其他任何地方都没有分布。2009年发表的一项科学研究报告指出，在马达加斯加发现了多达221个新的青蛙物种，这个数值几乎是到目前为止在这个岛上发现的两栖动物种类的2倍。

巨型叶尾壁虎（上图）和侏儒狐猴（右图）都是只生活在马达加斯加的物种。

巨型叶尾壁虎 有一种爬行动物被称为巨型叶尾壁虎（*Uroplatus fimbriatus*）。顾名思义，这些夜行壁虎的尾巴形状像树叶，这有助于它们通过伪装来逃避捕食者。如果被捕食者抓住尾巴，壁虎会断尾使自身得以逃脱。尾巴会重新生长，但它的外形可能会发生变化。由于壁虎可以改变体色混迹于树木中，故它们可以隐藏在树林中。

巨型叶尾壁虎还有一些其他引人注目的特点。例如，它们没有眼睑，所以只能用舌头舔舐眼球以进行清洁。它们的脚趾长有微小的刷毛，这使它们能够在光滑且垂直的表面爬行。当这些壁虎受到惊吓时，它们便抬起头，竖起尾巴，张开嘴巴，并开始吼叫或尖叫。

侏儒狐猴 狐猴是马达加斯加特有的一种灵长类动物。在岛上有88种狐猴，最小的一种是侏儒狐猴（*Microcebus myoxinus*），它也是世界上最小的灵长类动物。

侏儒狐猴体长只有6厘米，但有一条长达13厘米的尾巴，质量只有30克。侏儒狐猴主要生活在树上，吃昆虫和水果，它们有一对大耳朵，听力很好。

每年，马达加斯加岛上都会有新物种被发现。很多科学家将注意力转向这个岛，它作为地球上生物多样性最丰富的地区之一的地位可能会进一步提高。

公开展示研究成果

老师会把你们班的同学分成几个小组，然后会给每组一张表格，这张表格中列出了马达加斯加特有的五个物种。请你与组内的同学一起研究这些物种。把你们的发现向全班同学展示。

生物实验室

科学家能模拟自然选择吗？

背景：自然选择是达尔文提出的用来解释进化的机制。通过自然选择，适应性最大的性状会随着时间的推移使种群数量增加。

问题：在实验室中，如何模拟自然选择？

实验器材

小号、中号、大号的珠子

镊子

钳子

托盘或盘状的器皿

秒表

安全注意事项

设计与实施实验

1. 阅读并完成实验室安全表。
2. 三人一组。一个学生使用镊子来表示捕食者种群中的一个成年个体，第二个学生使用钳子来表示捕食者种群中另一个成年个体，第三个学生计时。
3. 在托盘或盘状的器皿里混合猎物（珠子）。
4. 在20秒内，尝试用镊子或钳子挑出所有能夹起来的珠子。
5. 每一个大珠记3分，每一个中号的珠子记2分，每一个小号的珠子记1分。
6. 将所有分数加起来，并遵循以下标准：维持生存需要18分，具备产生一个后代的能力额外需要10分。
7. 确定幸存者和后代的数量。
8. 重复上述过程10次，并将你的数据与其他组的数据综合起来。

实验分析和结论

1. **计算**　将所有实验组的数值综合起来，确定幸存下来的“镊子”和“钳子”的百分比。
2. **评估**　使用全班的数据，确定由镊子和钳子代表的成年个体的后代总数。
3. **总结**　镊子和钳子表示的成年个体在原始种群中各占一半。如果去除所有的成年个体，种群比例将如何变化？使用全班实验得到的结果。
4. **推断**　根据实验得到的幸存者和繁殖的数据，预测在该研究中的这两类生物将会发生什么变化。哪一个成年个体（“镊子”或“钳子”）能更好地适应环境，产生更多的后代？
5. **结论**　根据自然选择的四项内容，这个种群将如何变化？

技能应用

得出结论　参照给定的实验结果，猎物种群（珠子）将如何随着捕食者种群的变化而变化？请解释。

第15章 复习指南

内容聚焦 科学探究 对岩石、化石、植物、动物等广泛的收集，以及对选择性育种的研究有助于进化理论的发展。

大概念 进化论以自然选择学说为核心，并解释了生物多样性。

第1节 以自然选择为核心的达尔文进化理论

人工选择
自然选择
进化

主要概念 **达尔文基于自然选择学说建立了进化论。**

- 达尔文从他乘坐"贝格尔号"航行期间观察到的结果和后续的研究中提出了以自然选择为机制的进化理论。
- 自然选择学说的主要观点：变异、遗传、过度繁殖和在一定环境条件下的有利变异。
- 达尔文推理出自然选择的过程可能会导致新物种的产生。

第2节 进化的证据

衍生性状
祖先性状
同源结构
痕迹结构
同功结构
胚胎
生物地理学
适应度
保护色
拟态

主要概念 **进化论获得了多方面证据的支持。**

- 化石为生物进化提供了强有力的直接证据。
- 同源结构和痕迹结构表明生物具有共同祖先。
- 有关胚胎学和生物化学特征的实例提供了洞察物种进化的机会。
- 生物地理学可以解释为什么特定物种生活在特定的区域。
- 自然选择产生的是能增加生殖成功机会的生物特征。

第3节 进化理论的进展

哈迪-温伯格定律
遗传漂变
奠基者效应
遗传瓶颈
稳定化选择
定向选择
分裂性选择
性选择
合子前隔离
合子后隔离
异域性物种形成
同域性物种形成
适应性辐射
渐进主义
间断平衡理论

主要概念 **随着科学家对新信息的了解，进化论被不断完善。**

- 在哈迪-温伯格定律描述的条件下，进化不会发生。
- 物种的形成往往开始于小的、隔离的种群。
- 自然选择包含稳定性选择和偏向性选择。
- 渐进主义和间断平衡理论是解释进化速度的两个模型。

第15章 测评

第1节

术语回顾

从复习指南中选择正确的术语替换下列句子中的画线部分，使每个句子都能正确地表达原意。

1. 自然选择是一种物种随时间演变的机制。
2. 人为选择用于培育纯种的吉娃娃和西班牙长耳狗。
3. 种群中具有有利变异的个体存活率更高是达尔文提出的进化理论的机制。

要点理解

4. 在达尔文乘坐"贝格尔号"航行之前，人们对关于地球进化历程的主流观点是(　　)。
   A. 地球和生命产生不久，而且一直保持不变
   B. 在最初的六千到几十万年的时间里，物种快速地进化
   C. 地球有数十亿年的历史，但物种没有进化
   D. 物种已经在地球上进化了数十亿年

利用下图回答第5题。

5. 下列选项中，从自然选择学说的角度解释乌龟的进化历程的是(　　)。
   A. 所有的乌龟看起来与上图中的乌龟很相似
   B. 圆壳乌龟比平壳乌龟繁殖能力强
   C. 该岛上所有的乌龟都能存活
   D. 子代龟壳与其双亲龟壳毫无相似之处

回答问题

6. **主要概念** 利用实例概述达尔文的进化理论。
7. **简要回答** 人工选择与自然选择在哪些方面相似？

批判性思维

8. **排序** 按顺序描述通过自然选择导致生物进化的过程。
9. **认识因果关系** 随着时间的推移，全球性气候变暖对生物进化最可能产生什么影响？

第2节

术语回顾

下列句子中包含使用错误的术语。从复习指南中选择恰当的术语替换斜体字，使句义正确。

10. 生物体内功能减退的解剖结构是*同功器官*。
11. *生物地理学*是测量生物个体的性状对子代相对贡献率的学科。
12. *保护色*是指在进化过程中两个或多个物种的外表彼此相似以适应环境。

要点理解

利用下图回答第13题。

13. 上图所示的两种生物体具有相似的特征，这些特征是(　　)。
    A. 痕迹器官　　**B.** 同源器官
    C. 同功器官　　**D.** 比较结构

利用下图回答第14题。

14. 上图中的鸟体现的形态学适应是(　　)。
A. 痕迹结构　　B. 保护色
C. 拟态　　D. 同功结构
15. 下列不是形态学适应实例的是(　　)。
A. 猴子的细胞色素C与人类的相似
B. 蝴蝶进化出相似的颜色
C. 无毒蛇长得像有毒蛇
D. 幼年鸟类具有与环境融为一体的保护色
16. 下列各项中,工业黑化符合的是(　　)。
A. 胚胎学适应　　B. 拟态
C. 生理学适应　　D. 结构适应
17. 下列属于同源结构的是(　　)。
A. 蝴蝶的翅膀与蝙蝠的翅膀
B. 蛾眼和牛眼
C. 甲虫的腿和马腿
D. 鲸的胸鳍和鸟的翅膀

回答问题

18. **简要回答** 描述细胞色素C如何为进化提供证据。
19. **简要回答** 许多昆虫对某些杀虫剂具有抗药性,基于这一事实,我们能得出什么结论?
20. **主要概念** 为什么人们认为化石为生物进化提供了最有力的证据?

批判性思维

21. **内容聚焦 科学探究** 请设计一个实验,证明某种小鱼具有进化出保护色的能力。
22. **与生物学有关的职业** 一个生物学家正在研究几种从古巴及其周围岛屿发现的蜥蜴,它们亲缘关系很近。每种蜥蜴都占据不同的生态位,但在某种程度上它们长得很像在佛罗里达州发现的绿色变色龙。请提出有关蜥蜴进化的模式。

第3节

术语回顾

从复习指南中选择能够与下列描述最匹配的术语。
23. 一个物种经过数百万年的进化演变成了两个不同但亲缘关系很近的物种。
24. 一个物种未经过地理隔离进化成了一个新物种。
25. 小种群中基因频率的随机变化。

要点理解

利用下图回答第26题。

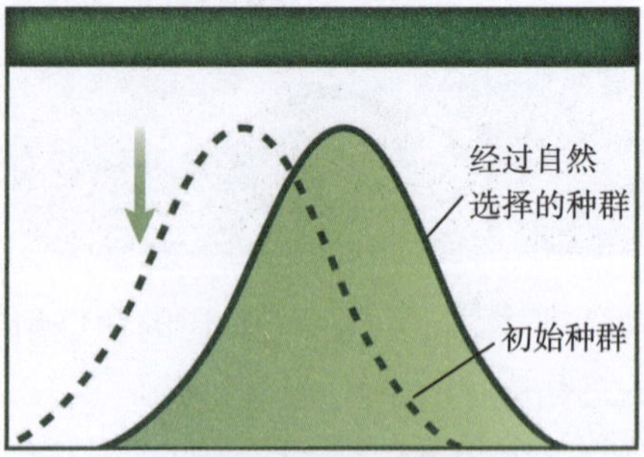

26. 上图代表的自然选择类型是(　　)。
A. 定向选择　　B. 分裂性选择
C. 性选择　　D. 稳定性选择

利用下图回答第27题。

27. 上图中的植物看起来像仙人掌，但从分类上看，属于一个完全不同的植物种群。这属于(　　)机制的实例。

A. 适应性辐射　　**B.** 分裂性选择

C. 趋同进化　　**D.** 间断平衡

回答问题

28. 开放式回答 讨论为什么哈迪–温伯格定律与真实种群的情况不相符。

29. 开放式回答 海星先撬开蛤蜊的壳，然后吃掉蛤蜊，讨论这一因素如何对蛤蜊肌肉的形状进行定向选择。

30. 简要回答 对比遗传漂变和自然选择这两种进化机制。

批判性思维

31. 制作和利用图表 画图，描述一个种群的肤色具有从浅色到深棕色多种变异类型。然后在同一图上画出经过数年稳定性选择后该种群的肤色分布情况。

32. 主要 概念 通过进化，两个生活在不同大洲的、无任何亲缘关系的物种可以占据相似的生态位。你能从这一现象中得出什么结论？

总结性测评

33. 大 概念 假设地球上发生了一次大规模的气候变迁，导致地球上的大部分区域被冰雪覆盖，赤道地区变成温带。通过长期的自然选择，描述地球上动植物的分布将如何变化。同时，描述新形成的生态位类型和其中分布的生物类型。

34. 科技 **写作** 假设你是达尔文，给父亲写一封信详细讲述你乘坐“贝格尔号”期间所做的科学观察。

35. 科技 **写作** 写一段文字解释为什么瓶颈效应对一个物种的进化来说是一个重要因素。

36. 写出支持进化论的三项证据，并各举一个实例。

DBQ 资料分析题

Darwin, Charles. 1859. *On the Origin of Species by Means of Natural Selection, or the Preservation of favoured Races in the Struggle for Life.*

博物学家一直认为，像气候、食物诸如此类的外界条件，是唯一能引起变异的原因。也许我们将来能验证，在某种非常有限的意义上，这一点有可能是真的；但将变异的发生仅仅归因于外界条件的影响是荒谬的。例如，啄木鸟的身体结构，它的爪、尾、喙和舌与它在树皮下捉虫的功能相适应。

37. 在达尔文的时代，大多数博物学家认为只有外界条件是引起生物变异的原因。达尔文提出了哪些内部因素作为变异发生的原因？

38. 现代科学家如何解释达尔文提出的非外部机制？

39. 仔细思考达尔文所给的关于啄木鸟的例子，解释自然选择在啄木鸟鸟喙形成过程中所起的作用。

标准化测试

选择题

1. 雷迪用来检验自然发生说的实验装置是(　　)。

   A. 装有原始地球上所有化学物质的烧瓶

   B. 两组小鼠,一组置于装有点燃蜡烛的密封广口瓶中,另一组置于装有未点燃蜡烛的密封广口瓶中

   C. 分别置于密封广口瓶和未密封广口瓶中的腐肉

   D. 装有肉汤的曲颈瓶

利用下图中生活在两个不同岛屿上的乌龟回答第2、3题。

大岛屿　　　　小岛屿

2. 上图展示了自然选择的(　　)。

   A. 遗传

   B. 变异

   C. 差异繁殖

   D. 过度繁殖

3. 壳开口较高的乌龟能吃到长得高的植物,其他乌龟只能吃到接近地面的植物。依据龟壳的差别来判断,不同种类的乌龟在大岛屿和小岛屿上分别能找到的植物是(　　)。

   A. 两个岛屿都长得十分茂盛的低矮植物

   B. 两个岛屿植物的种类相似,但大岛屿上植被的分布更加广泛

   C. 大岛屿上的土壤大都很干燥,只有高大的乔木能够生长

   D. 小岛屿缺少草本植物,植物的叶片远离地面

4. 岩石中恐龙的脚印属于(　　)。

   A. 模铸化石

   B. 石化化石

   C. 置换化石

   D. 遗迹化石

5. (　　)是DNA指纹技术的关键原理。

   A. 对控制相关性状的基因进行染色体定位

   B. 对人类46条染色体上的DNA进行测序

   C. 由DNA提供编码人体蛋白质的信息

   D. 每个人DNA非编码序列模式的独特性

6. 查伽夫法则有助于理解DNA结构的(　　)特性。

   A. 碱基互补配对

   B. 双螺旋结构形成

   C. 脱氧核糖与磷酸基团的交替排列

   D. DNA单链的3′端和5′端

利用下方的棋盘格回答第7题。

	B	?
b		
b		

7. 如上方棋盘格所示,测交可用来检测表达显性性状的动物体的基因型。如果该动物个体是纯合子,它的子代带有显性基因的百分比是(　　)。

   A. 25%

   B. 50%

   C. 75%

   D. 100%

8. 解旋后,阻止了两条DNA单链立即恢复成双链的是(　　)。

   A. 结合蛋白的加入

   B. 冈崎片段的连接

   C. 前导链与后置链的分离

   D. 多起点复制的利用

简答题

利用如下所示的米勒–尤列实验装置图回答第9、10题。

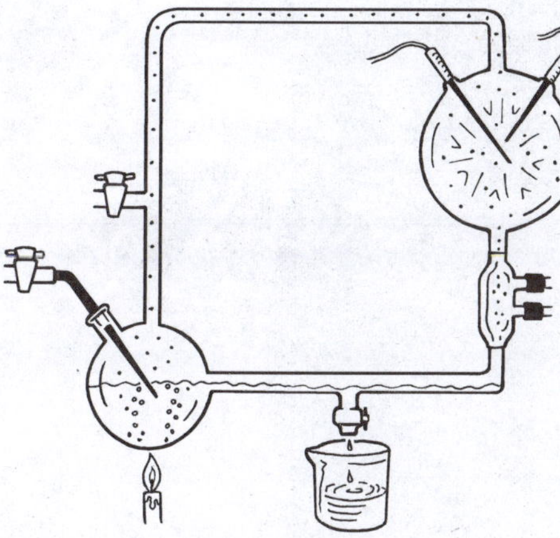

9. 如果实验装置中充入的不是早期地球的大气组分，而是其他混合气体，可能的实验结果是什么？

10. 某些科学家认为原始地球上可能不存在闪电，那么引发反应的其他能量来源可能是什么？

11. 简要描述科学家如何利用一种特定类型的细菌合成一种特定蛋白质。

12. 预测将转基因植物应用于农业生产的两种积极结果和两种消极结果。

13. 运用达尔文的自然选择学说解释过度繁殖和自然选择之间的关联。

14. 原始细胞如何从与线粒体的共生关系中获益？

开放题

利用下图回答第15、16题。

15. 用恰当的文字描述上图所展示的过程。

16. 与干燥的环境相比，在潮湿的环境中更易于形成化石。解释其原因。

论述题

科学家认为，现存于地球上的古细菌与原始的古细菌非常相似。现存的古细菌多数被发现于温泉、深海热泉、极地冰川等极端环境中。这些环境中的生物体也许与远古时期的生物体非常相似。

利用上文中的信息，以论文的形式回答下列问题。

17. 科学家致力于研究极端环境中的生物，这一研究的另一个目的是帮助他们辨认除地球之外，生命还可能存在于哪个星球。为什么理解地球上的生命起源有助于发现其他星球上有生命存在？

考点提示

测试题号	1	2	3	4	5	6	7	8	9	10	11	12	13	14	15	16	17
对应章节	14.2	15.1, 15.3	15.1	14.1	12.1	13.4	10.2	12.2	14.2	14.2	13.2	13.2	15.1	14.2	14.1	14.1	14.2

第16章

灵长类动物的进化

起步实验

灵长类动物的特征是什么?

如果你去过动物园,你可能观察过猴子、黑猩猩和长臂猿。这些动物为什么是灵长类?你为什么也是灵长类?在这个实验中,你将探索人类和其他灵长类共有的特征。

步骤

1. 阅读并完成实验室安全表。
2. 浏览本章第一节中灵长目的图片,不用阅读相关文字。
3. 说明你发现灵长目的哪些生理特征,人是否也有这些特征?
4. 创建一张数据表,记录观察结果。

分析

1. **比较**数据表中的人类与猿类。有哪些相似特征?
2. **对比**灵长目与猫、狗等哺乳动物。它们有何区别。

折叠式 学习卡

制作一个如图所示的三联式学习卡,用它来整理关于猴子的笔记。

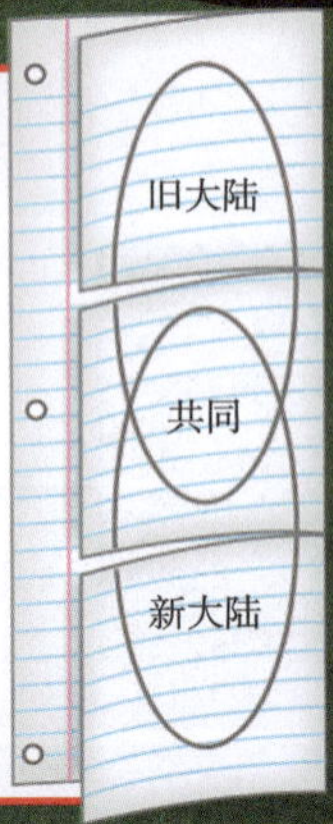

内容聚焦 发展

使人类从类人猿分离的改变发生在2000万~2500万年以前。

大概念 一群小型的、树栖哺乳动物的进化性变化最终导致物种多样化，多样化的物种中包括现代人类。

第1节

灵长类动物

本节预览

核心问题

- 灵长类动物的特征有哪些？
- 灵长类动物的主要类群间存在哪些异同？
- 如何追踪灵长类动物的进化历程？

术语回顾

灭绝：一个物种的全部成员的消失。

关键术语

对生的拇指(趾)
双目立体视觉
日行性
夜行性
树栖的
类人猿
卷尾
古人类

主要概念 **灵长类动物都有一些相同的行为和生理特征，证明它们是由共同的祖先进化而来的。**

联系实际 你经常会说你的姑姑(姨妈)、叔叔(舅舅)或者堂亲(表亲)和你有血缘关系。他们或许和你有相同颜色的头发，或者容貌相似。与你的家族类似，灵长类动物的特征表明，它们也是一个有联系的家族。

灵长类动物的特征

人、猿、猴和狐猴都属于灵长类哺乳动物。虽然灵长类种类繁多，但也存在一些共同特征。一些灵长类的手非常灵巧，能抓住并操控物体，它们通常也有敏锐的视觉和又长又灵活的前肢。相对于其他动物而言，灵长类动物的大脑容量很大，使它们具有一定的推理能力。

灵巧的动手能力 灵长类以它们灵巧的双手和双脚为主要特征。所有灵长类动物的手和脚都有五个指(趾)，就像人类这样。大多数具有扁平的指甲，指(趾)端有敏感区。大多数灵长类的拇指(趾)和其他四指(趾)是对生的。**对生的拇指(趾)(opposable first digit)**与其他四指(趾)分开。拇指(趾)可以跨越整个手掌(脚掌)接触到其他四指(趾)。这个动作可以让灵长类紧紧地抓住物体。还有一些灵长类动物有更长的拇指(趾)，这使它们更加灵活。**图16-1**展示了一只正在用对生的拇指抓住食物的松鼠猴。

感官 和其他哺乳动物相比，灵长类动物要更加依赖视觉而不是嗅觉，虽然也存在例外。灵长类动物的眼睛长在面部的前方，由骨性眼眶保护，这产生了重叠视野，称为**双目立体视觉(binocular vision)**。前视的双眼可以获得更广阔的深度视野，这使灵长类能够判断物体的相对距离和运动轨迹。

大多数灵长类动物都是**日行性(diurnal)**动物，即它们都在白天活动。也正是因为这样，它们都具有色觉。而**夜行性(nocturnal)**灵长类动物在夜间活动，它们只能看见黑色和白色。视觉的增强往往是以嗅觉的退化为代价的。夜行性灵长类动物的鼻子更小，脸倾向于扁平，这增强了视觉的深度。它们的牙齿较小，常常不分化，这意味着它们可以适应不同类型的食物。

图16-1 松鼠猴正在用对生的拇指抓住食物。
推断 *灵长类使用对生手指的其他方式。*

运动能力 灵长类动物的另一个特征是它们具有灵活的身体。它们有柔软灵活的肩膀和髋部，主要靠后肢运动。大多数灵长类动物居住在树上，具有可以在树枝间轻松移动的能力。在陆地上时，除人类外的所有灵长类动物都用四肢行走。很多灵长类能够直立行走一小段距离，也有一些相对于其他四足动物更加直立的姿势。

复杂的大脑和行为 灵长类动物的脑相对于它们的体形来说已足够大了。它们的大脑具有小范围的嗅觉区和大范围的视觉区。它们倾向于拥有大范围的脑区用以记忆和控制上下肢的协调运动。因为拥有了更完善的大脑结构，灵长类动物就拥有了解决问题的能力以及形成良好的社会行为的能力，如梳理毛发和相互交际。大多数日行性灵长类动物会花费大量时间为彼此梳理毛发。另外，它们还存在复杂的相互交流方式，如丰富的面部表情。

繁殖率 与其他动物相比，多数灵长类动物生育的后代较少，通常一次只繁育一胎。它们比其他哺乳动物的孕期更长，而且幼崽对母亲的依赖性更强。在母亲的陪伴下，幼崽们可以快速学会一些复杂的社交行为。很多因素会严重威胁到一些灵长类动物的种群数量如出生率低，居住环境炎热以及人类的捕杀，很多灵长类甚至濒临灭绝。**图 16–2** 展示了灵长类动物居住的热带地区，如非洲和东南亚。

起步实验

回顾 根据你已了解的灵长类动物的特征，现在将如何回答本章开头“起步实验”中的问题？

■ **图 16–2** 灵长类动物居住的广阔区域，覆盖了大部分热带地区。请结合这张地图阅读。

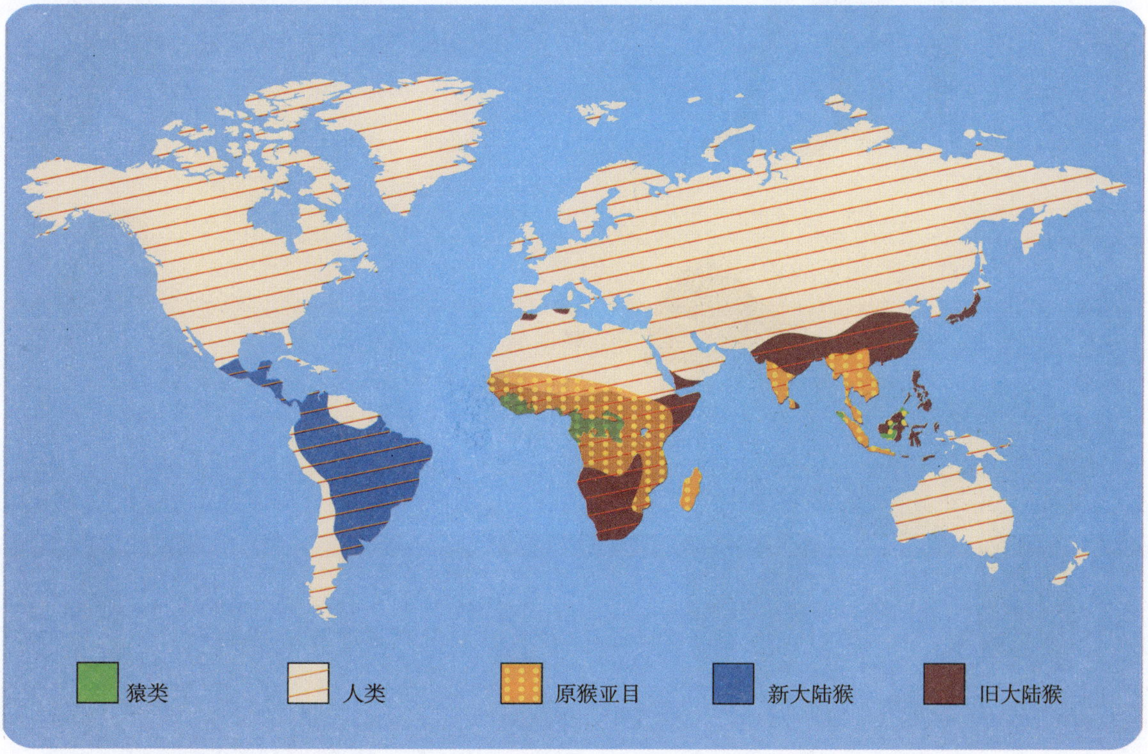

图解灵长类动物

图16–3

灵长类动物属于秩序高度多样化的哺乳动物。多数灵长类有共同的特征，如双目视野和对生指(趾)。

A 原猴亚目与最早的灵长类相似，它们体形小巧，眼大，夜间活动。

B 新大陆猴，有长尾巴且多数都是卷尾。

C 旧大陆猴与新大陆猴类似，但没有卷尾，一些有退化的尾。

D 亚洲猿的上肢较长，居住在热带雨林，没有尾巴。

E 非洲猿以家族或小群体形式生活，展现出较为复杂的社会行为。

F 智人是唯一幸存下来的古人类。古人类能用双腿进行长距离的行走。

灵长类动物的分类

灵长类动物是一个数量众多、种类多样的类群，现存200多个物种，观察**图16-3**多数灵长类动物都是**树栖的(arboreal)**。树栖灵长类动物居住在热带和亚热带的森林。居住在地上的灵长类动物，称为陆生灵长类动物。

依据鼻子、眼睛和牙齿的特征，可将灵长类分为两个亚群。最基本的是原猴亚目(也称为湿鼻灵长类)，如狐猴；另一个是**类人猿亚目(anthropoids)**(也称为干鼻灵长类)，包括类人猿——一个由日行性猴子和古猿组成的群体。

术语

狐猴

属于原始灵长类，吻长、两眼侧向似狐，因尾具环节斑纹而得名。

阅读检测 **区分**原猴亚目和类人猿亚目。

原猴亚目

原猴亚目的动物有较大的眼睛和耳朵。然而，它们是唯一依赖嗅觉进行捕猎和交际的灵长类动物。原猴亚目中的一部分分布在亚洲和非洲的热带地区，大多数分布在马达加斯加岛及其附近的岛屿。随着马达加斯加漂离非洲大陆，这些动物逐步进化，并产生了生殖隔离，最终，物种多样性越来越显著。**表16-1**列出了一些原猴亚目类群的特征。

表16-1 原猴亚目的特征

类群	狐猴	指猴	懒猴	夜猴
实例				
活动时间	大型：日行性 小型：夜行性	夜行性	夜行性	大多数夜行性
分布	马达加斯加	马达加斯加	非洲和东南亚	非洲
特征	● 垂直跳跃 ● 用浓密的长尾维持平衡 ● 草食和杂食	● 敲树枝，贴耳听，用长中指抠出蛆虫	● 小型、动作慢、攀爬、独立活动 ● 无尾 ● 有些会分泌毒素	● 小型，跳跃快速 ● 没有对生的指(趾) ● 长尾

■ **图16-4** 狐猴的体形和颜色各不相同。有的狐猴，如图中这种马达加斯加狐猴，在陆地上生活。

折叠式 学习卡

将本节信息整理到你的折叠式学习卡中。

■ **图16-5** 这只蜘蛛猴把它的卷尾当第五肢来使用。

多数小型狐猴是夜行性的，且独居生活。只有少数大型物种，如**图16-4**所示的马达加斯加狐猴，是日行性的，且群居生活。大多数狐猴在树枝间跳跃时，都是借助尾巴来控制平衡的。懒猴和狐猴很像，目前主要分布在印度和东南亚。夜猴，又叫丛猴，只在非洲有发现。

类人猿亚目

灵长类的第二个类群一类人猿亚目更大一些，包括眼镜猴、猴子和猿类。猿类，包括长臂猿、猩猩、大猩猩、黑猩猩和人类。

眼镜猴只分布于婆罗洲和菲律宾，是一种大眼睛的小型夜行性动物。它的头可以像猫头鹰那样旋转180°。眼镜猴是树栖的，在树枝间攀爬和跳跃。它既有狐猴的特征，也有猴子的特征。科学家曾将其与狐猴分为一类，但新的证据表明，它与类人猿的亲缘关系更近，因而将其归为类人猿亚目。

类人猿亚目通常比原猴亚目体形大，大脑所占身体比例也更大。它们基本上都是日行性动物，眼睛能适应阳光和各种颜色。类人猿有比较复杂的社会关系。它们比狐猴和其他原猴亚目的动物更长寿。类人猿亚目可分为新大陆猴和旧大陆猴。“新大陆”指的是美洲；“旧大陆”指的是非洲、欧洲和亚洲。

新大陆猴 新大陆猴大约包括60个树栖物种，分布于墨西哥、中美洲和南美洲的热带丛林。狨猴和绢毛猴是最小的，也是最独特的新大陆猴。它们都没有指甲，也不能抓握。

松鼠猴、蜘蛛猴和僧帽猴，其中一部分个体的手指和脚趾都能抓握，大多数是日行性的，且群居，多数以卷尾为特征。**卷尾（prehensile tail）**相当于它的第五肢，能抓住树枝或其他物体，还能支撑身体，如**图16-5**所示。

旧大陆猴 旧大陆猴广泛分布于亚洲和非洲，包括从冰雪覆盖的日本山脉到荒芜的非洲草原。一些旧大陆猴分布在西班牙南端的直布罗陀。这一群体大约有80个物种，其中一个亚群包括短尾猴和狒狒，另一个亚群包括疣猴和长鼻猴。旧大陆猴和新大陆猴有非常多的共性。它们大都是日行性的，且都群居。但是，旧大陆猴的鼻子更窄，体形更大，活动时间更多，没有卷尾，甚至有些个体没有尾巴，大多数旧大陆猴能用手指进行抓握。

猿 猿类现存物种不多。猿的大脑占身体的比例比猴子更大。它们的上肢比下肢长，胸部呈桶形，无尾，腕关节可弯曲。猿是高度社会化的动物，它们能发出复杂的声音。猿可分为两个亚类，一类是小猿，包含长臂猿和合趾猿；另一类是大猿，包含猩猩、大猩猩、黑猩猩和人类。

小猿 亚洲长臂猿和大合趾猿，是猿类家族中最善于树栖攀爬的物种。虽然它们也能像大猩猩那样双腿行走或四肢行走，但它们还是更喜欢在树枝间双手交替攀爬，这称为臂力摆荡。如**图16-6**所示，成年长臂猿用这种动作一次能前进3米左右。

大猿 猩猩是最大的树栖灵长类，也是目前唯一居住在亚洲的大猿物种。猩猩的体形巨大，尽管它们不擅长走路，但雄性猩猩更喜欢在地面活动。雌性猩猩每8年繁育一次幼崽，然后将其抚育至6岁。**图16-7**展示了一只雄性猩猩和一只雌性猩猩。

大猩猩在灵长类动物中体形最大。与所有大猿一样，它们是典型的陆栖动物。它们用四肢行走，靠前指关节支撑身体。与其他大猿一样，大猩猩在野外可以使用木棍作为简单的工具，一些圈养的大猩猩已经学会辨认字母和数字了。

■ **图16-6** 小猿，如这只长臂猿可以通过双手交替的臂力摆荡动作在树木间穿梭。

■ **图16-7** 雄猩猩的体形大，独处时间更多。雌猩猩大部分时间用来抚养后代。

■ **图 16-8** 从体形上看，倭黑猩猩比黑猩猩小。同黑猩猩一样，它们在结构和行为上都与人类很相似。

倭黑猩猩与黑猩猩的亲缘关系很近，它们都是用指节行走。它们有发达的社交系统，身体的位置、姿势和动作都可以用来交际，它们的栖息地范围很广。在生理结构与行为上，它们与人类很相近。如**图 16-8** 所示，倭黑猩猩比黑猩猩稍小，它们曾被称为“矮种黑猩猩”，但现在被认为是一个独立的物种。

人类属于大猿，被分为人科动物的一个单独的亚类——人亚科。**人亚科(hominins)**是类人灵长类，与现代人类的亲缘关系要比它们与现代黑猩猩或倭黑猩猩的亲缘关系更近。虽然地球上存在过人亚科的许多物种，但现存的唯一物种便是人类。**图 16-9** 显示了灵长类动物之间进化上的亲缘关系。

灵长类动物的进化

大多数灵长类动物树栖，卷尾，长肢，双目立体视觉，臂力很强，有对生的手指等，这些特征让它们在森林中很占优势。

树栖的适应性 一些科学家认为，灵长类动物起源于在丛林顶端觅食的陆栖动物，随后它们进化出了新的生态位。例如，它们进化出具有对生的手指更可能是为了捕捉昆虫，而不是为了抓住树枝。其他科学家认为，开花植物的繁殖，提供了新的生态位，对树栖的适应性使灵长类动物能利用树上的花和果实。

■ **图 16-9** 树形图表明了灵长类动物进化的分化关系。

推断 *哪一类是最早分化出来的？*

灵长类祖先 遗传学数据表明，最早的灵长类动物大概居住在由恐龙占统治地位的8500万年前。但最早的灵长类动物化石是约6000万年前的始新世时代才出现的。其中的一种化石便是一只用手脚抓握，以昆虫和果实为食的小型夜行性动物，类似于**图16-10**所示的树鼩鼱，但也与现代狐猴有相似之处。你可以在**数据分析实验**中了解到更多关于灵长类进化的内容。

灵长类的分化 与狐猴类似的灵长类动物在5000年前广泛分布，除了大洋洲和南极洲外，各个大陆都分布着大量灵长类物种。大约在5000万年前，也可能更早，从眼镜猴中分化出类人猿，这可能发生在亚洲。最早的类人猿，比原猴亚目和眼镜猴更适于行走，但很少跳跃，它们的体形小，大脑也小。始新世末期，3000万～3500万年前，类人猿开始出现分化且广泛分布。

替位 许多早期的猿猴亚目动物在始新世末期灭绝，这可能是由气候变化引起的。始新世末期发生了很多重大的地质变化，温度也逐步下降，这也可能是由类人猿的分化造成的。这一时期的类人猿的体形和大脑通常比原猴亚目的大。因此，在竞争资源时，类人猿比原猴亚目更有优势。现代科学家观察到，当夜行性原猴亚目动物与日行性类人猿的栖息地出现重叠时，不会相互干扰，这也支持了上述理论。

图16-10 最早的灵长类祖先可能看起来像这只树鼩鼱。

数据分析实验

基于真实的数据*

解释数据

早期灵长类动物什么时候分化出后裔？

有关灵长类动物进化的化石记录很少。在右侧简化的灵长类进化树中，绿色图表表示的是根据已有化石推测出的进化历程，红色图表表示的是用假定的化石填补的空缺。请根据图表回答下列问题。

数据与观察

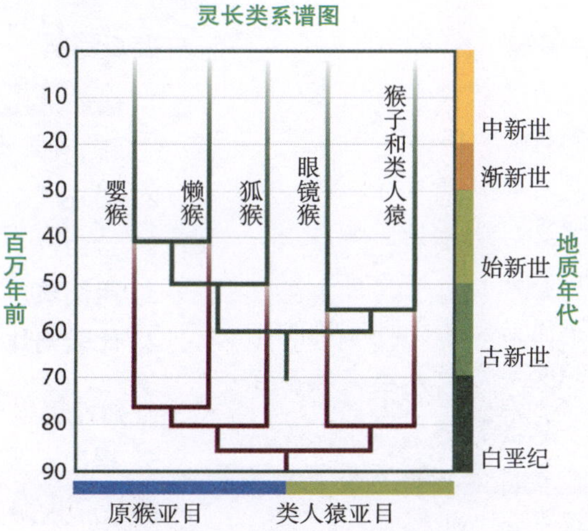

批判性思维

1. **总结** 为什么狐猴、懒猴和婴猴被认为是早期灵长类的后裔？
2. **推断** 狐猴的分化可能发生在多久以前？
3. **推断** 与眼镜猴亲缘关系更近的是猿类还是狐类？

*数据来源：Data, obtained from: Robert D. 2003. Paleontology: combing the primate record. *Nature* 422: 388–391.

猴 始新世末期也出现了猴子。早期猴子的大脑比类人猿的更大，眼睛也是前视的。它们的吻部不是很尖，不太依赖嗅觉。科学家们猜想，2500万～3500万年前，非洲的旧大陆猴开始分化出新大陆猴。当旧大陆猴还在非洲继续进化时，新大陆猴在南美洲进化出了新的独特特征。当时，非洲和南美洲已经分化成了两块大陆，那么新大陆猴是如何到达南美洲的呢？

术语

分化
在特征和结构上发生稳定性差异。

南美之旅 许多科学家猜测，新大陆猴是从一群独立的类人猿祖先进化而来的，它们大概是乘着植物和泥土做成的木筏从非洲漂到南美洲的，就如同狐猴的祖先从非洲大陆漂到马达加斯加一样。一些科学家认为，新大陆猴在更早的几百万年前就已经从类人猿后裔中分化出来了。当海平面降低，大陆更近时，它们就能迁移过去。

埃及猿 在非洲和亚洲，类人猿持续进化。很多类人猿化石都是在埃及的法雍发现的。法雍现在是沙漠，但在3100万～3600万年前，那里还是典型的热带丛林，生活着几十个类人猿物种。其中最大的埃及猿，也被称为黎明猿，是猿类的祖先。它可能是从旧大陆猴中分化出来的类人猿中的一支，又进一步分化出了猩猩、大猩猩、黑猩猩和人类。

第1节 测评

要点梳理

- 所有灵长类都有一定的结构和行为特征。
- 灵长类包括狐猴、新大陆猴、旧大陆猴、猿和人类。
- 原猴亚目是进化史上现存的最原始的灵长类后裔，它们在5500万年前从类人猿亚目中分化出来。
- 类人猿在5000万年前从眼镜猴中分化出来。
- 新大陆猴是美洲唯一的非人灵长类。

要点理解

1. 主要概念 **列出**多数灵长类都具有的四个典型特征，古人类学家能据此得出灵长类有共同祖先的结论。
2. **描述**灵长类的特征是如何使它们能更好地适应树栖生活的。
3. **用图表**解释灵长类的进化关系。
4. **比较与比对**灵长类动物的异同。

批判性思维

5. **提出**泛大陆的分裂对灵长类的进化起了怎样的作用。

生物中的数学

6. 假设地球上的生命都始于3500万年前，那么类人猿的生存期占了多大比例？

第2节

从人科动物到古人类

本节预览

核心问题

- 人科动物的特征是什么?
- 如何追踪人科动物从普罗猿到古人类的进化?
- 南方古猿的不同物种间存在哪些相同点?

术语回顾

稀树草原:热带或亚热带地区的平坦草原。

关键术语

人科动物
双足行走
南方古猿

主要概念 **古人类,人科动物中的一个亚类,很可能是随着中新世气候变化进化而来的。**

联系实际 你拼过丢失了一些碎片的拼图吗?人类进化也如同这些拼图。由于化石记录的缺失,研究人类进化的科学家的研究进度较缓慢。尽管遗传学和分子生物学的最新进展能帮上忙,但关于人类的进化问题也只解决了一小部分。

人科动物

人科动物(chominoid),包括所有的非猴类人猿——现存和已灭绝的长臂猿、猩猩、黑猩猩、大猩猩和人类。从早期类人猿到猿类的化石过渡不清晰,从新生代晚期开始,就很少有化石存在。最早的人科动物化石存在于约2500万年前的中新世初期。这些人科动物保留了一些灵长类祖先的特征,例如,多数身体适应臂力摆荡。有证据表明,它们有相对大的大脑,有肩膀和臂,行动自如,某些种类甚至能够直立行走。

链接 化学 科学家利用化石来确定古人科动物分化成现存人科动物的时间。但是,由于人科动物的化石非常稀少,科学家转而用生物化学数据来完成这一任务。通过对比现存人科物种的DNA,研究者得出结论:长臂猿可能是最早的从古人科动物分化出来的,其次是猩猩、大猩猩、黑猩猩和倭黑猩猩,最后是人类。**图16-11**表明了这些物种的分化关系,黑猩猩和倭黑猩猩是现存与人类亲缘关系最近的动物,三者至少有96%的DNA序列是相同的。

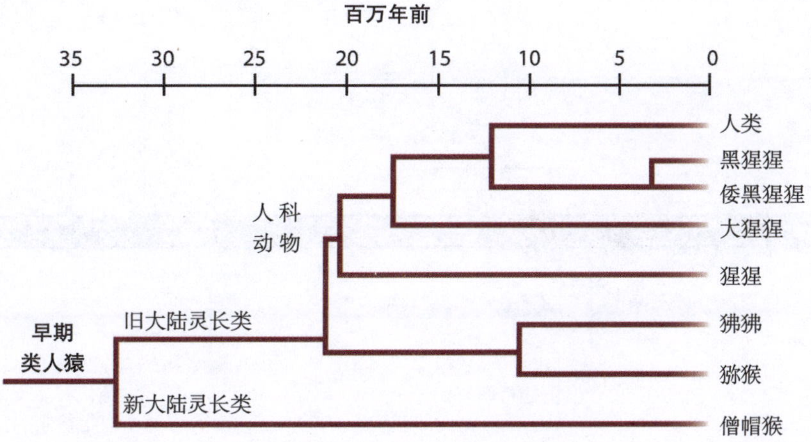

■ **图16-11** 猩猩、大猩猩、倭黑猩猩和黑猩猩都是从相同的类人猿祖先分化而来的。

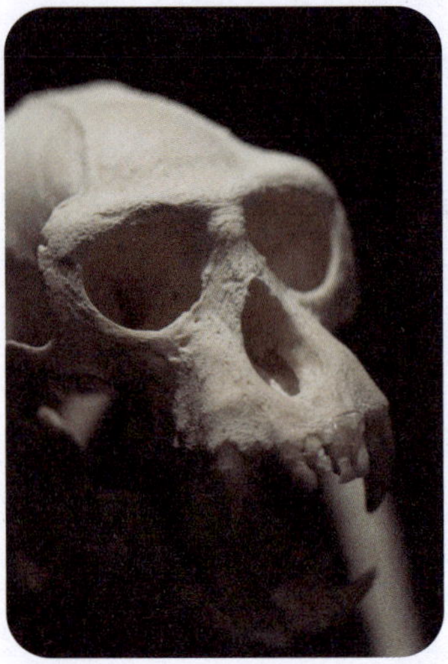

■ **图16-12**　普罗猿是一类大脑较小的早期人科动物，可能是人类的祖先。

人科动物的特征　人科动物是灵长类中体形最大的，大脑占身体的比例也是最大的。它们的髋骨比较宽，手指长，无尾，上肢可弯曲，有肩关节；有半直立或直立的姿态；除人类外，它们的上肢比下肢更长；牙齿的特化程度小，臼齿具有独特的形状。科学家以此来区分人科动物和其他灵长类化石。

人科动物的生物地理学　在中新世（2400万～2500万年前），全球气候变得温暖且干燥。这使得非洲的热带雨林面积开始缩小，许多新型动物，包括新型人科动物，在适应环境变化的过程中进化。1400万～2300万年前，人科动物大约有100多种。早期的人科动物比现代猿类更多样，它们从非洲迁徙到亚洲。

普罗猿　最古老最著名的人科动物来自普罗猿属（*Proconsul*）。**图16-12**展示了1948年玛丽·李奇（Mary Leakey）在肯尼亚发现的一个普罗猿物种的头骨化石。这一普罗猿物种是人科动物中大脑最小的，四肢可以灵活运动，以树栖生活为主，同时，一些个体也能直立行走。一些科学家认为，这一普罗猿物种是人类的祖先，而另一些科学家则认为，是欧洲的一种人科动物分化出了人类，它们的化石比普罗猿更像人类，它们可能是在中新世返回非洲的。

人类

人类与其他非洲猿类的分离发生在500万～800万年前。人科动物，包括人类和所有已经灭绝的近亲。这些灭绝了的近亲与人类的亲缘关系比黑猩猩还要近。**图16-13**的时间轴展示了一些对人类进化很重要的发现。

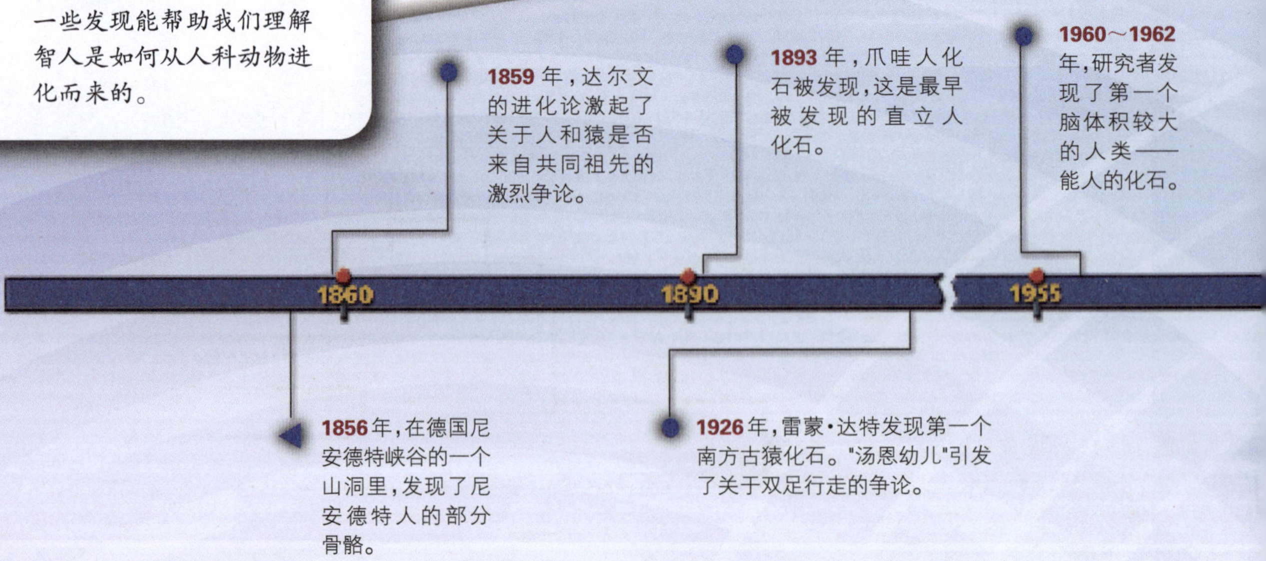

■ **图16-13**
人类的进化
一些发现能帮助我们理解智人是如何从人科动物进化而来的。

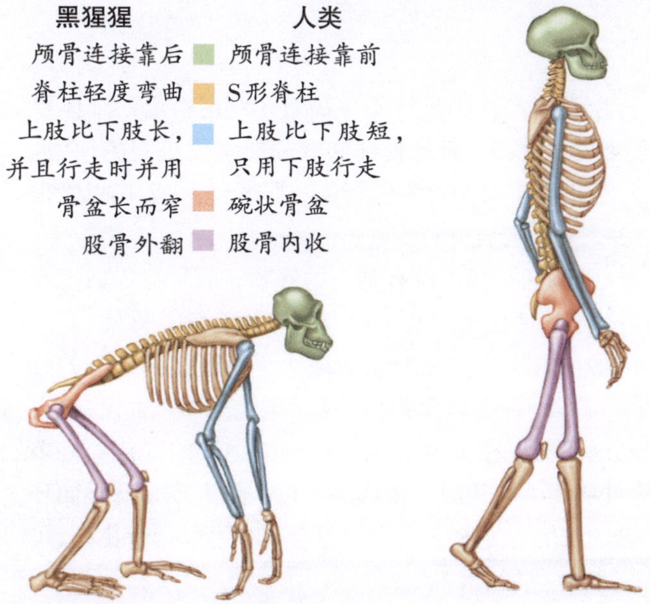

■ **图16-14** 黑猩猩与人类骨骼的比较，表明进化的差别导致双足直立行走。

观察与推断 *上肢与下肢的长度有何不同？*

人类的特征 人类的脑体积比其他人科动物更大，脑内组成更复杂，具有高效的思维活动。人类的面部比其他人科动物窄且扁平。人类的牙齿比其他人科动物的小。加长的拇指和灵活的腕部使人类具有高超的手工技巧。人类可以**双足行走（bipedal）**，意味着可以用双腿直立行走。

图16-14表明了四足行走和双足行走的解剖学区别。在用双足行走的同时，人类形成了完全直立的姿态，上肢萎缩，骨盆和足骨的结构改变，头部的位置也发生了变化。用四肢行走的动物，枕骨大孔，即在颅骨上的脊髓从大脑延伸出的孔，位于颅骨的后方；而人类的枕骨大孔位于颅骨的下方。

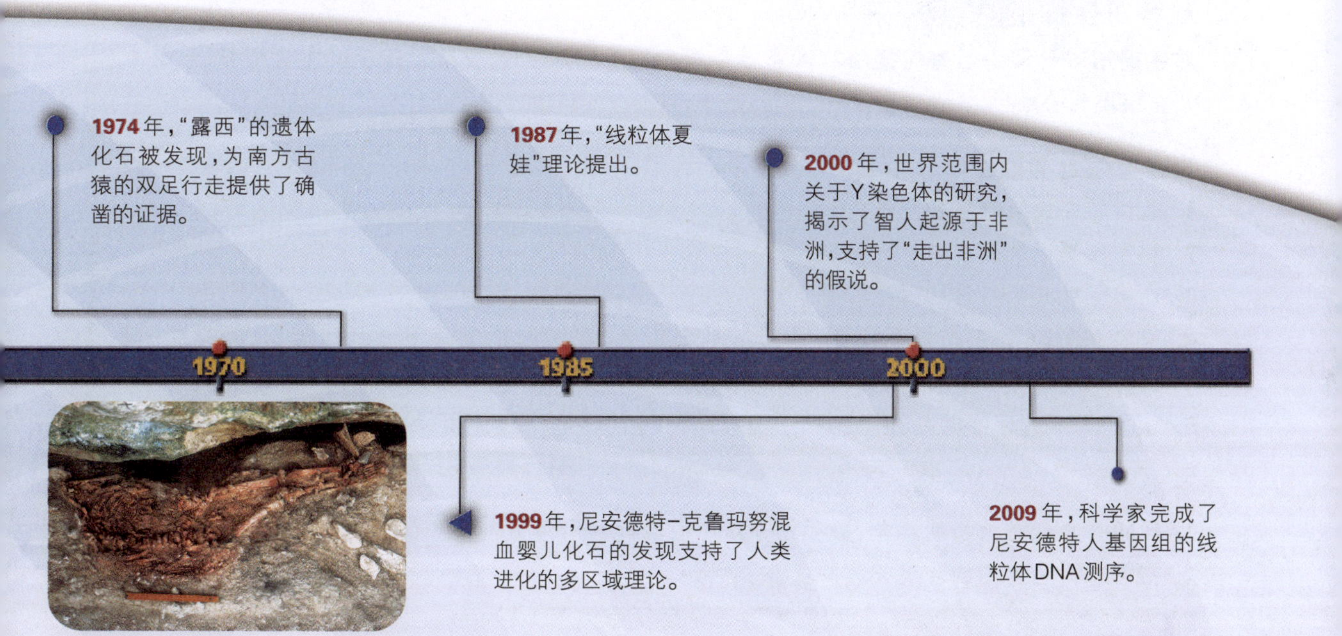

双足行走的缺点 双足行走不一定比四足行走更高效。双足行走的个体更容易被捕食者发现，它们跑得不够快，而且臀部和背部要承受更大的拉力。同时，直立也要对抗重力，因此需要消耗更多的能量。那么，为什么在祖先很好适应树栖生活的时候，古人类却要直立行走呢？

双足行走的优势 对于双足行走的问题，没有唯一的答案。双足行走被选择出来，很可能是因为长距离行走时会比用四足行走更节约能量。另外，直立行走也更容易发现食物资源。长距离直立行走也减小了暴露在阳光下的身体面积，同时增加了暴露在凉风中的身体面积。

一种解释双足行走的理论是基于古人类进化时非洲地形的变化。许多科学家认为，双足行走是对新环境的适应。最成功的古人类大概是从不同环境的过渡地带进化出来的。双足行走使它们在穿越森林时可以携带物品，可以在高高的草丛中找到食物，并且能躲避捕食者。

另一种理论基于始祖地猿化石，认为双足行走的进化取决于社会结构。化石表明，雄性与雌性合作抚养后代的社会结构在古代已经存在。雄性很可能要穿越森林为后代寻找食物，双足行走使始祖地猿的双手解放出来，便于携带食物或其他物品行走。

✓ **阅读检测** **总结**双足行走的优缺点。

迷你实验 1

观察对生拇指的功能

对生拇指对日常生活有何帮助？ 探究对生拇指对日常行为的帮助。若没有对生拇指，会对日常生活有何影响？

步骤

1. 阅读并完成实验室安全表。
2. 制作数据记录表。
3. 让同伴用胶带将你的拇指和手掌粘在一起。
4. 用粘住的双手完成如下任务：拿起钢笔或铅笔，在一张纸上写下自己的名字，系鞋带，开门。让同伴用秒表记录完成每项任务的时间。
5. 让同伴取下胶带，然后再用拇指参与并完成步骤4中的任务。让同伴记录完成每项任务所用的时间。

分析

1. **比较**有与没有拇指的参与，每项任务花费的时间和所用力气大小的区别。
2. **推断**有对生拇指的古灵长类的优势。

古人类化石 比起其他性状，双足行走更早进化，这也经常被用来鉴别古人类化石。最早能体现双足行走的化石物种有600万～700万年的历史。始祖地猿和南方古猿的遗体化石为双足行走提供了确凿的证据。

在100万～420万年前，**南方古猿（australopithecine）**居住在非洲中东部和南部。它们的体形较小，雄性仅有约1.5米高。它们有像猿猴一样的大脑和下颌。但是，它们的牙齿和肢关节更像人类。

汤恩幼儿 1926年，人类学家雷蒙·达特（Raymond Dart）（1893～1988）在非洲发现第一个南方古猿化石——“汤恩幼儿”。它将这一物种命名为“南方古猿非洲种”，也就是来自非洲的南方古猿的意思，它们可能生活在230万～330万年前。**图16-15**展示的汤恩幼儿颅骨枕骨大孔的位置让达特确信南方古猿非洲种是用双足行走的。但不是每个人都认同这种说法，因为南方古猿非洲种的大脑很小。一些科学家认为，大脑增大的进化要早于双足行走。这一争论持续了很多年，直到发现了其他的非洲南方古猿化石。例如，波塞人和罗百氏人都是双足行走而且大脑体积很小。

露西 1974年，人类学家唐纳德·强森（Donald Johanson）在肯尼亚发现的南方古猿骨骼结束了上述的争论。露西是已发现的保留最完整的南方古猿化石之一，她是生活在290万～400万年前的南方古猿非洲种的成员之一。露西的体形大小如同黑猩猩，她有典型的南方古猿的颅骨和小型大脑，上肢比下肢长。她有比现代人更弯曲的指骨，这表明她有树栖生活的能力。但是她的臀部和膝关节更像人类，显然她是直立行走的。多年后，玛丽·李奇（Mary Leaaky）发现南方古猿足迹化石，为双足行走提供了进一步的证据。**图16-16**展示了露西的骨骼和她的近亲的足迹。

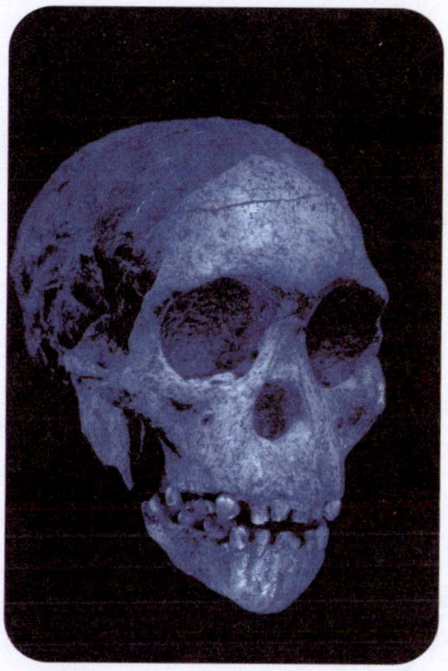

■ **图16-15** 雷蒙·达特根据汤恩幼儿的头骨确定，南方古猿非洲种是直立行走的。

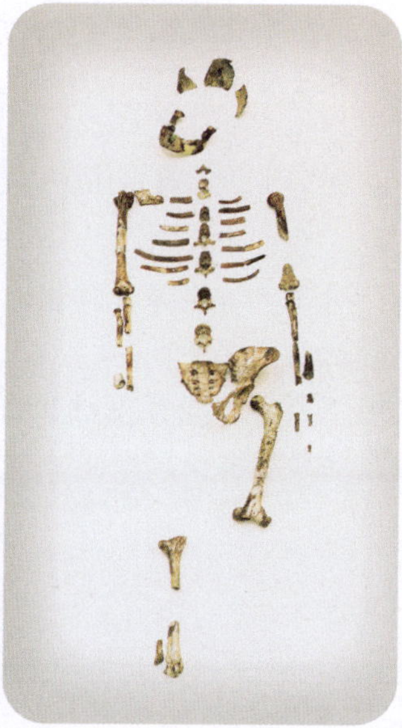

■ **图16-16** 足迹化石表明露西是双足行走的。骨骼虽然不完整，但也能证明南方古猿非洲种脑体积小，同时能直立行走。

推断 *科学家用一具什么骨骼确定露西是直立行走的？*

术语

南方古猿

人科动物的一个已灭绝的属，被认为是从猿到人转变的第一阶段。

镶嵌模式 如同其他人类化石一样，露西和她的近亲表现出人类和猿类特征的结合。它们沿着这种镶嵌模式进化。当身体不同部位或行为的进化频率不同时，便会出现镶嵌模式进化。例如，人类形成直立行走的能力要比形成扁平面部和复杂的大脑早了近200万年。

人类进化 在过去30年内，科学家发现了更多的早期人类化石，其中一些与原有的界定方法不符，从而产生了新的物种名称。科学家曾估计肯尼亚平脸人生活在320万～350万年前。一些科学家认为，肯尼亚平脸人，即"面部扁平的人类"，代表一个全新的人科物种。

傍人（*Paranthropus*） 关于波塞人和罗百氏人在分类中的位置界定仍然存在争议。传统观点认为，根据他们小巧、苗条的身材和肌肉发达的下颌，这两个物种被界定为南方古猿。今天，许多科学家更愿意把这些灵长类看作一个独立的物种——傍人。傍人在120万～200万年前处于繁盛时期，是人类进化中的一个分支，与人类祖先共同居住，但没有直接的联系。

重叠的人类 虽然已进行分类，但这些强壮的人类显示出曾经和一些苗条的南方古猿共同生活。他们有可能和1999年发现的一些非洲南方古猿的一种奇异种重叠。比起树状图，人类的进化图更像是一株灌木图。许多物种成功地存活了很多年，经常与早期的物种重叠，之后，不知为何又都灭绝了。100万年前，所有南方古猿都从化石记录中消失了。之后发现的唯一的人科化石已经被归为人属（*Homo*）。

第2节 测评

要点梳理

- 人科动物是指所有的猿类，包括长臂猿、猩猩、大猩猩、黑猩猩和人类以及已灭绝的近亲。
- 化石中能发现一些人科动物。
- 人族包括人类、南方古猿和其他与人类关系比与黑猩猩更近的已灭绝物种。
- 双足行走是最早进化出的人类性状之一。

要点理解

1. 主要概念 **总结**中新世的气候是如何影响人类进化的。
2. **描述**人科动物的特征。
3. **描述**人族的特征。
4. **列出**人科动物从普罗猿到人的进化提纲。
5. **对比**南方古猿的各个物种。

批判性思维

6. **讨论** 如果中新世气候不变化，你认为人族会进化吗？为什么？
7. **分类** 如果你找到一具上肢比下肢短的灵长类骨骼，你会把它分到哪一类？

第3节

本节预览

核心问题

- 如何描述人属的物种?
- “走出非洲”的假说是什么?
- 尼安德特人和现代人类有何异同?

术语回顾

线粒体:真核细胞中的一种细胞器,包含遗传物质,为细胞供能。

关键术语

人属
尼安德特人
克鲁玛努人

人类的祖先

主要《概念 **追踪人属的进化历程对理解唯一现存的人种——人类的祖先至关重要。**

联系实际 你听说过有人用“穴居人”来侮辱人吗?这个词有时候用来形容粗野的行为。然而,在4万年前,居住在洞穴中的人类很像现代人类。它们有精美的艺术品和复杂的工具。

人属

250万~300万年前,非洲的气温显著下降,森林面积缩小,草原面积扩大。**人属(*Homo*)**包括现存的和已灭绝的人类。虽然化石记录有很大的空缺,但许多科学家推断它们由南方古猿的祖先进化而来。

人属比南方古猿祖先脑体积更大,骨骼更轻,脸部更扁平,牙齿更小。人类是最早会控制火和会用石头做工具的物种。在进化中,它们的语言和文化逐渐形成。

用石质工具的能人(*Homo habilis*) 最早被认为是人属的物种是能人,也叫“手巧的人”,因为它们可以使用原始的石质工具。这一物种生活在140万~240万年前的非洲。**图16-17**展示了科学家们想象的能人可能的长相。

能人脑体积平均为650 cm^3,大约比南方古猿的脑大20%。能人也有其他人属物种的性状,包括肩骨小、下颌小、面部扁平以及牙齿非常像人类。同南方古猿一样,能人体形小,上肢长,似乎保留了爬树的能力。也有其他人属物种与能人共存,其中之一叫“卢多尔夫人”。由于卢多尔夫人的化石发现得很少,故还不能确定它与其他人属的确切关系。

■ **图16-17** 科学家利用化石和他们的解剖学知识创造了能人的肖像。

■ **图16–18** 可依据化石制作非现存物种的模型。匠人出现在大约130万～180万年前的化石记录中。

迁徙的匠人 在能人出现后的50万年之内，另一个脑体积更大的人属物种——匠人出现了。匠人，如**图16–18**所示，只在130万～180万年前有很少的化石记录。匠人比能人更高，更轻，腿更长，上肢更短。匠人的脑体积平均为1000 cm^3，颅骨圆，牙齿减少，并且出现了最早的人类的鼻子(鼻孔朝下)。

工具 与匠人化石一起出现的做工精细的斧头和其他工具让一些科学家认为匠人会狩猎。其他科学家则认为匠人最初是食腐动物，它们用工具从腐烂的骨头上刮肉食用。

迷你实验 2

探究古人类迁移

早期古人类生活在哪里? 科学家小心地记录化石发现的位置。经度和纬度综合表示每一个物种存在区域的具体地理位置。

步骤

1. 阅读并完成实验室安全表。
2. 在教师给你的地图上标出如下化石的坐标。用不同的颜色表示每一个物种，完成后，在边界上轻轻打上阴影。

   能人(140万～240万年前):37°E、4°S;36°E、3°N;36°E、7°N;43°E、8°N。

   爪哇人(40万～200万年前):112°E、38°N;13°E、47°N;7°W、34°N;112°E、8°S。

   尼安德特人(20万～30万年前):8°E、53°N;66°E、39°N;5°W、37°N;36°E、33°N。

   智人(19.5万年前至今):70°E、62N;24°E、30°S;138°E、34°S;112°E、38°N。

分析

1. **提出假设** 古人类最早是什么时候移出非洲的，它们去了哪里? 参考你制作的地图。
2. **推判** 在地理区域上，哪些化石是重叠的，这说明了什么?

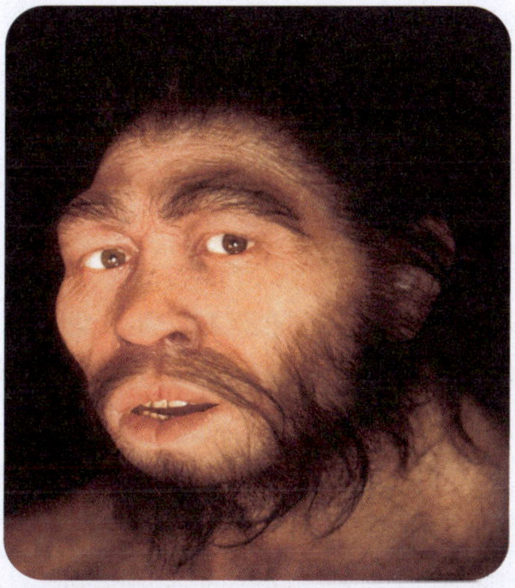

■ **图16-19** 爪哇人可能穴居，制造工具，会使用火。

解释 *与匠人相比，爪哇人有哪些优势。*

迁徙 狩猎与迁徙的生活方式有关。爪哇人似乎是最早迁徙的非洲人类物种。它们大量迁往亚洲或欧洲，很可能是循着迁徙动物的足迹。后来的欧亚混血匠人被称为爪哇人。因为匠人有现代人类的特征，科学家猜想匠人是现代人类的祖先之一。

爪哇人(*Homo erectus*)能使用火 爪哇人，如**图16-19**，生活在40万～180万年前，似乎从移出非洲的匠人进化而来。然而一些科学家认为匠人和爪哇人是两个独立的物种。爪哇人似乎进化出了早期非洲匠人没有的性状。这一物种的成员似乎比祖先拥有更多的技能，能成功适应不同的环境。爪哇人包括19世纪90年代在印度尼西亚发现的爪哇人和20世纪20年代在北京发现的北京人。

通常，爪哇人的体形和大脑的比能人大，也有更像人类的牙齿。脑容积的变化从早期的约900 cm^3到后期的1100 cm^3。爪哇人同智人一样高，但颅骨更长，前额更低，面骨比智人和匠人都厚，眉脊更突出。有证据表明，爪哇人能制作精致的工具，会使用火，有时住在山洞里。

弗洛勒斯人(*Homo floresiensis*)——"霍比特人" 2003年，一系列稀奇的化石在印度尼西亚的弗洛勒斯岛被发现。这些化石大约有1.8万年的历史，在科学界引起了激烈的争论。一些科学家认为它们可能代表一个叫作弗洛勒斯人的物种；另一些则认为化石属于早期的人类侏儒，并不能作为一个独立的物种。弗洛勒斯人，又名霍比特人，成年后大约只有1米高，然而它们的大脑和身体的比例与南方古猿类似。科学家发现化石的同时，还发现了一些简单的石器。2007年，一项研究表明弗洛勒斯人有猿一样的腕骨，这进一步支持了它作为一个独立物种的观点。你可以从**图16-20**中比较弗洛勒斯人和智人。

■ **图16-20** 科学家关于弗洛勒斯人是不是一个新物种的问题上存在争议。左侧的弗洛勒斯人的颅骨小于右侧的人类颅骨。

推测 *利用颅骨对照，预测弗洛勒斯人和智人在进化上有哪些联系。*

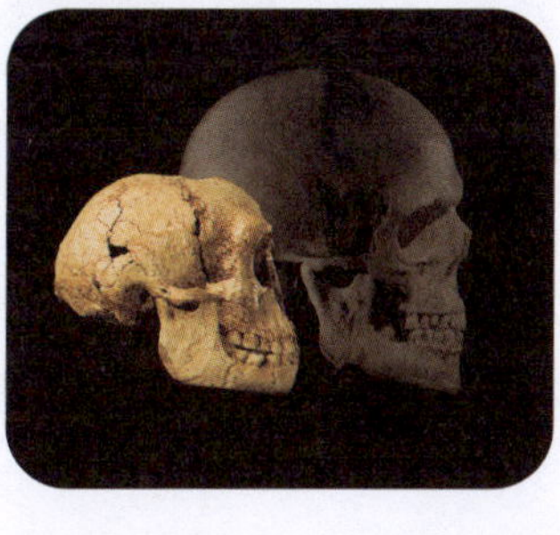

阅读检测 能人、匠人和爪哇人在进化上有什么关系？

海德堡人（*Homo heidelbergensis*）的特征 从匠人到现代人类的过渡是逐步发生的。很多具有匠人和智人混合特征的过渡化石被科学家发现。这些化石通常被归类为海德堡人，也有一些科学家把它们归类为智人。这些人类与匠人相比，脑体积大，骨骼细，但它们仍然具有眉脊和后缩的下颌。

阅读检测 海德堡人与智人有什么关系？

尼安德特人（*Homo neanderthalensis*）能建立居所 大约20万年前，在欧洲和亚洲出现了一个叫作**尼安德特人（Neanderthal）**的独特人类物种，可能是从爪哇人或一种中间类型的人类进化而来的。尼安德特人比大多数现代人矮小，但肌肉发达。虽然大脑结构不同，但它们的脑体积有时大于现代人。尼安德特人颅骨厚，鼻子比现代人更大。如**图16-21**所示，它们有强壮的肌肉，强健的身体。强壮的肌肉组织表现为相当发达的肌腱和弯曲的长骨。

尼安德特人生活在严寒的更新世冰期末期。它们的骨架映射了当时艰难的生活，骨折和关节炎似乎很常见。有证据表明它们可以使用火，建造复杂的居所。它们狩猎，穿兽皮，很可能还有基本的语言，也有证据表明它们会照顾病人和埋葬尸体。

尼安德特人是我们的祖先吗？ 在尼安德特人活动的一些区域，尤其是中东地区和南欧，它们和现代人重叠了长达1万年的时间。一些科学家认为两个物种存在杂交现象。然而，研究表明，尼安德特人是一个已经灭绝了的物种，对现代人的基因组没有贡献。随着新信息的发现，科学家一直在争论尼安德特人与现代人之间的关系。事实上，尼安德特人大约在3万年前便灭绝了。

图16-21 与现代人相比，尼安德特人有更粗的骨骼和更明显的眉脊。它们可以使用火和工具。

现代人类的出现

现代人类取代了尼安德特人和智人的物种，其外表比其他人科物种更苗条。它们的骨架更细，颅骨更圆，面部更小，下颌突出，脑容积平均为1350 cm^3。约19.5万年前，智人在现在的埃塞俄比亚地区首次出现。这些早期智人会制作锋利的斧头和其他复杂的石头工具。他们似乎有能力利用大量的资源和环境，从某种程度上讲，他们开始走出非洲。**表16-2**对比了现代人和其他人科物种。

表16-2　人属各物种的特征

特种	颅骨	化石记录的时间	特征
能人	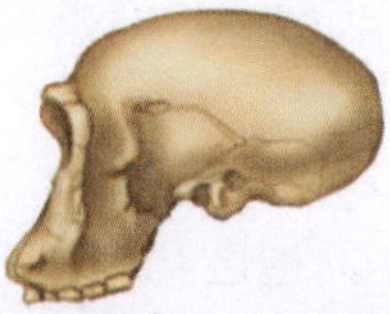	140万～240万年前	• 脑均容积650 cm^3 • 使用工具
匠人	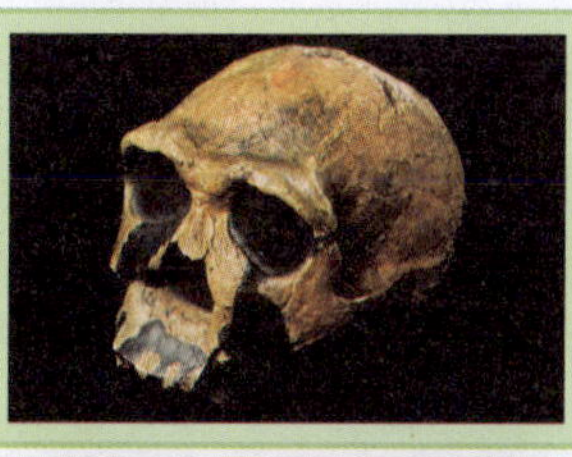	120万～180万年前	• 脑均容积1000 cm^3 • 颅骨更薄 • 鼻子类似人类
爪哇人		40万～180万年前	• 脑均容积1000 cm^3 • 颅骨更薄 • 能使用火
尼安德特人	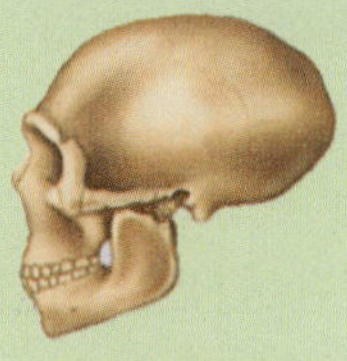	20万～30万年前	• 脑均容积1500 cm^3 • 埋葬死亡个体 • 可能有语言
智人	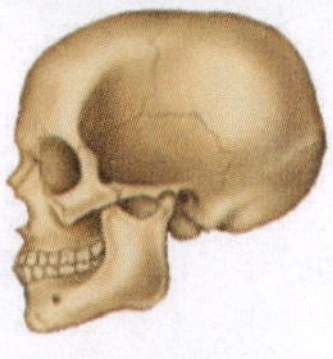	19.5万年前至今	• 脑均容积1350 cm^3 • 无眉脊 • 下颌小 • 有语言和文化

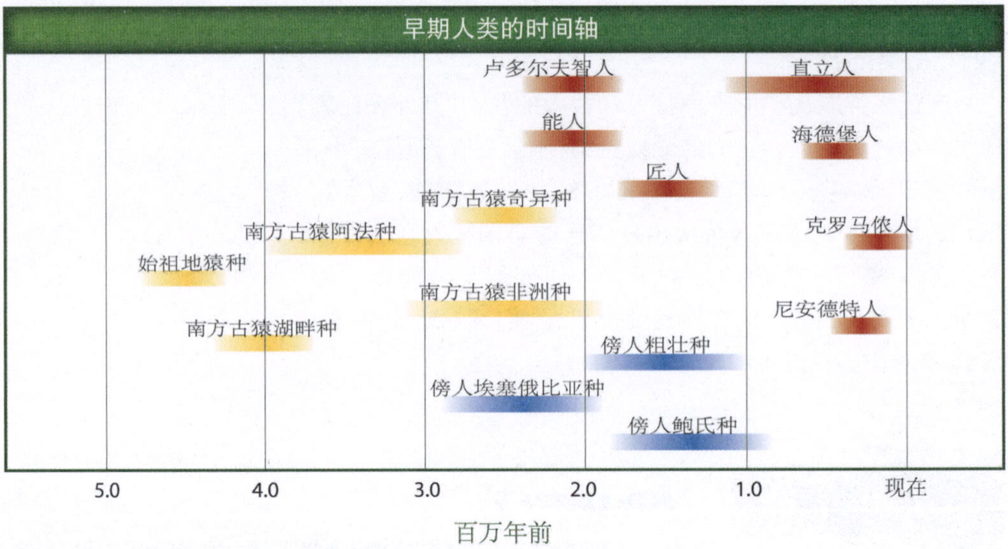

■ **图16-22** 直到大约3万年前，几种古人类的存活时间是重叠的。

走出非洲假说 20万年前的世界人口与今天大不相同。那时居住着形态不同的古人类物种。如**图16-22**所示，包括原始人、尼安德特人和现代人。然而，只有现代人延续到3万年以前。一些科学家假设，现代人是由世界不同地区几个分散的人亚科物种同时进化而来的。根据这一多地区进化模型，独立的种群通过趋同进化形成了现代人类的各个人种。

很多科学家用非洲替代模型或“走出非洲”假说来解释现代人类的全球性优势。这一假说最早是由英国自然历史博物馆的克里斯托弗·斯特林格和皮特·安德鲁斯在1988年提出的。根据假说，现代人类只在非洲进化了一次，之后迁徙到世界各地，最终取代了其他古人类。

“线粒体夏娃” 20世纪90年代初期，同一时期的人类线粒体DNA序列分析支持了“走出非洲”假说。线粒体DNA几乎不随时间而改变，现存的人类线粒体DNA几乎相同。加利福尼亚大学的研究员艾伦·威尔逊和丽贝·卡坎推测，变异性大的种群应该是最长时间积累多样性的种群。这正是他们从非洲人的线粒体DNA中发现的。因为线粒体DNA只由母亲遗传，这一分析表明智人是在大约20万年前由非洲的一个假想的“线粒体夏娃”进化而来的。

之后，其他科学家对雄性Y染色体的DNA序列进行了研究，得到了类似的结论。然而一些科学家认为，只有几百个现代人类的一次迁移导致了现在世界人口的形成，其他科学家认为这一过程是分阶段进行的，也存在一些被人类取代了的物种间的杂交。

学习小贴士

小组讨论 和你的同学讨论人类进化这部分内容，你学到了什么？古人类的哪些特征让你或你的同学感到惊奇？

阅读检测 描述支持“走出非洲”假说的证据。

文化的开始 最早的有关人类文化的证据大约在4万年前出现在欧洲，那时尼安德特人刚消失不久。与尼安德特人不同，早期现代人用装饰品和洞穴壁画形象地、艺术地表达自己，如**图16–23**所示。他们制造了复杂的工具和武器，包括矛、弓和箭。他们是最早捕鱼、缝制衣服和驯养动物的人类。这些以及许多其他的文化形式标志着真正的现代人类——智人亚种的出现，一些人称他们为**克鲁玛努人(Cro–Magnons)**。他们代表着有历史意义的狩猎采集社会的开始。

链接 历史 人类在欧洲和亚洲持续迁移。他们可能乘船到达澳大利亚，通过大陆桥从亚洲到达北美洲，又从北美向南美洲扩散。他们一路上适应新的挑战，留下了一系列手工制品供我们今天研究。

■ **图16–23** 克鲁玛努人因他们复杂的洞穴壁画、工具和武器而出名。

第3节 测评

要点梳理

- 人属被认为从南方古猿属进化而来。
- 人科中存活过的众多物种中，只有一个物种延续到今天。
- 人属的第一个成员是能人。
- “走出非洲”假说认为人类初始在非洲进化，然后迁移到欧洲和亚洲。
- 尼安德特人大约在3万年前消失，同时智人迁移到尼安德特人居住的地区。

理解要点

1. **主要概念** **提出假设** 为什么人科只有一个属一个物种延续下来？
2. **描述**能人如何生活。
3. **应用**你学过的“走出非洲”假说，解释智人到达北美洲的相关问题。
4. **对比与比对**尼安德特人和智人。

批判性思维

5. **分类** 如果在法国发现大约有15万年之久的化石，且颅骨有厚实的眉脊，其他方面都像人类，你将如何对他进行分类？

科技 写作

6. **提出假设** 语言对早期现代人的重要性是什么？这对他们的成功延续起了什么作用？

生物大发现

是一个新物种，还是别的什么？

2003年，科学家在印度尼西亚弗洛斯岛的一个山洞里发现了一具骨骼的局部以及六具骨骼的碎片。科学家们把他们叫作霍比特人，他们身材比较矮小，身高约1米，头很小，有同黑猩猩一样大的大脑。测试表明，这些遗骸的历史已有1.3万～9.5万年。

这些发现引起了科学界巨大的争论。一些科学家根据他们的发现，声称霍比特人是智人或现代人，生存条件导致他们身材矮小。另一些科学家坚持认为，他们是一个新的物种——弗洛勒斯人。双方都在用科学的方法来揭开真相。他们对数据的不同解读是科学合作过程中的一部分。

患病的现代人？ 怀疑“新物种假说”的科学家提出了几个假说来解释霍比特人的身体特征及其他特征。一些人认为，霍比特人是患了小头畸形症的俾格米人。那是一种罕见的病症，有时是遗传性神经紊乱导致头部小于正常人。科学家猜测，这种小型人类的甲状腺机能减退。

一个新物种？ 大多数科学家支持霍比特人是新物种——弗洛勒斯人的假说。他们由人类的前身——直立人进化而来。然而，一些人认为霍比特人由更早的能人进化而来。科学家认为，能人曾经在弗洛勒斯岛上进化成了侏儒。

结构的区别 两组科学家都在使用骨骼碎片提供的结构数据（包括颅骨、腕骨、脚和肩膀）来支持自己的观点。随着更多化石证据的发现和研究，拼图上的碎片也在不断增加。

科学家在弗洛斯岛上的一个叫良宝的山洞寻找化石。

科技写作

同行评审 研究弗洛斯岛上发现的有争议的化石，以研究者的身份写一篇文章，包括假说、证据和结论。把你的文章和同学分享，进行同行评审。

生物实验室

通过对比骨骼，你能学到哪些关于直立行走的知识？

背景：人类和黑猩猩在相同的部位有相同数量的骨头，但人类直立行走，而黑猩猩并非如此。你能找出使人类能够两足直立行走的骨骼特征吗？假设你是一名古生物学家，有人给你提供了黑猩猩和人类的骨骼，让你来鉴别和组装。然后，你又收到第三副骨骼，这一神秘的骨骼与人类和黑猩猩的骨骼有什么联系？

问题：哪些独特的骨骼特征使人类进化为直立行走？

实验器材

装有纸骨骼和提示的信封（2个）

纸、铅笔、尺子

安全注意事项

设计与实施实验

1. 阅读并填写实验室安全表。
2. 制作数据表，有助于你比较将要检查的3套化石的如下特征：颅骨、胸腔、骨盆、上肢、下肢、脚。
3. 按教师的要求制作数据表。
4. 打开1号信封。
5. 利用信封中的线索，辨别骨骼，确定属于哪一物种，每个物种写出至少一种显著的特征，填到数据表中。
6. 打开2号信封。
7. 利用新的线索，把每种新骨骼归类为黑猩猩、人类、与两类都接近、接近黑猩猩或者接近人类，在表格中记录数据。

实验分析和结论

1. **列出**科学家可能用来确定一种化石生物是否直立行走的特征。
2. **批判性思维** 根据所学知识，你认为神秘化石所属的物种是直立行走的吗？为什么？
3. **结论** 你认为神秘骨骼代表哪种生物？
4. **比较**你和其他同学的表格，你们得到的结论相同吗？如果不同，讨论彼此的区别。
5. **实验** 黑猩猩不能像人类一样彻底伸直和固定膝盖，它们直立时，必须使用更多的肌肉，试着让膝盖直立站立10秒，再弯曲膝盖站立10秒，描述你的腿有什么感觉。

科技写作

研究与讨论 为什么直立行走通常被认为是进化上的一种妥协。列出直立行走导致的人类骨骼损伤。

第16章 复习指南

内容聚焦 变化 使古人类从人科动物中分离出来的改变，如更大的脑、直立行走，发生在2000万～2500万年以前。

大概念 一群小型的、树栖哺乳动物的进化性变化最终导致物种多样化，多样化的物种中包括现代人类。

第1节 灵长类动物

对生的拇指(趾) 双目视觉 日行性 夜行性 树栖的 类人猿 卷尾 古人类、人族	**主要概念 灵长类动物都有一些相同的行为和生理特征，证明它们是由共同的祖先进化而来的。** ● 所有灵长类都有一定的结构和行为特征。 ● 灵长类包括狐猴、新大陆猴、旧大陆猴、猿和人类。 ● 原猴亚目是进化史上现存的最原始的灵长类后裔，它们在5500万年前从类人猿亚目中分化出来。 ● 类人猿在5000万年前从眼镜猴中分化出来。 ● 新大陆猴是美洲唯一的非人灵长类。

第2节 从人科动物到古人类

人科动物 双足行走 南方古猿	**主要概念 古人类，人科动物中的一个亚类，很可能是随着中新世气候变化进化而来的。** ● 人科动物是指所有的猿类，包括长臂猿、猩猩、大猩猩、黑猩猩和人类以及已灭绝的近亲。 ● 化石中能发现一些人科动物。 ● 人族包括人类、南方古猿和其他与人类关系比与黑猩猩更近的已灭绝物种。 ● 双足行走是最早进化出的人类性状之一。

第3节 人类的祖先

人属 尼安德特人 克鲁玛努人	**主要概念 追踪人属的进化历程对理解唯一现存的人种——人类的祖先至关重要。** ● 人属被认为从南方古猿属进化而来。 ● 人科中存活过的众多物种中，只有一个物种延续到今天。 ● 人属的第一个成员是能人。 ● “走出非洲”假说认为人类初始在非洲进化，然后迁移到欧洲和亚洲。 ● 尼安德特人大约在3万年前消失，同时智人迁移到尼安德特人居住的地区。

第16章 测评

第1节

术语回顾

从复习指南中选择正确的术语替换每句话中画线部分的词语。

1. 当伸手够食物和吃食物时，灵长类可能会用第五肢来抓住树枝。
2. 夜间活跃的灵长类是“湿鼻”灵长类。
3. 深度觉察随着灵长类的面部变扁而进化。

要点理解

利用下图回答第4题。

4. 可用来表述这只长臂猿展示的动作的术语是(　　)。
   A. 臂力摆荡
   B. 指节行走
   C. 四足动物的运动
   D. 直立行走
5. 下列类群是最早进化形成的是(　　)。
   A. 非洲猿　　B. 新大陆猴
   C. 人类　　D. 旧大陆猴
6. 下列适应性的改变可以导致灵长类更好的抓握能力的是(　　)。
   A. 复杂的大脑
   B. 可弯曲的前肢
   C. 对生的指(趾)
   D. 卷尾
7. 最早的灵长类动物与(　　)类似。
   A. 长臂猿
   B. 大猩猩
   C. 绢毛猴
   D. 狐猴

回答问题

8. **开放式回答**　描述双眼视觉和彩色视觉的益处。
9. **简要回答**　类人猿包括哪些灵长类动物？

批判性思维

10. **假说**　为什么在南极洲大陆不可能发现灵长类化石？
11. **主要概念**　假设你在去往巴西的旅途中，发现了一种很像鼠猴的灵长类化石。这一标本属于类人猿的哪个类群？

第2节

术语回顾

用完整的句子定义下列术语。

12. 南方古猿
13. 双足行走的
14. 人科动物

要点理解

15. 图16-16展示的是(　　)的脚印化石。
    A. 南方古猿阿法种　　B. 南方古猿非洲种
    C. 傍人　　D. 普罗猿
16. 下列类人猿可能是猿和人类的祖先的是(　　)。
    A. 南方古猿阿法种
    B. 南方古猿非洲种
    C. 傍人
    D. 普罗猿

17. 下列化石顺序正确的是(　　)。
A. 南方古猿非洲种、南方古猿阿法种、傍人、普罗猿
B. 普罗猿、南方古猿阿法种、南方古猿非洲种、傍人
C. 普罗猿、傍人、南方古猿阿法种、南方古猿非洲种
D. 傍人、普罗猿、南方古猿非洲种、南方古猿阿法种

18. 南方古猿阿法种直立行走,但展现出了猿类的足印下列进化模式能解释这一结果的是(　　)。
A. 趋同进化
B. 镶嵌进化
C. 趋异进化
D. 协同进化

回答问题

19. **开放式回答** 对傍人的分类进行讨论。
利用下图回答第20题。

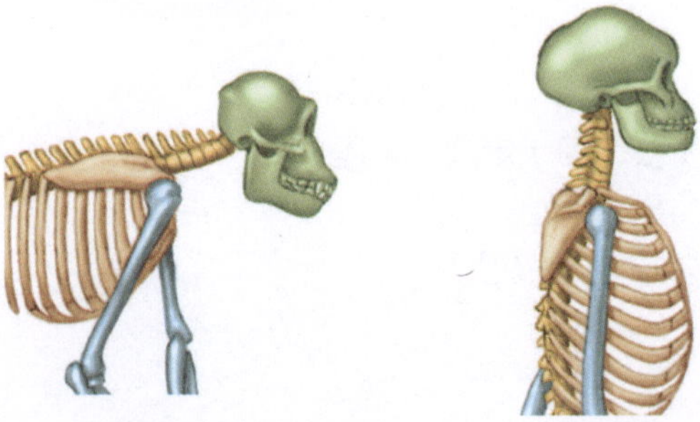

20. **简要回答** 描述枕骨大孔的位置与双足行走的关联。

批判性思维

21. **主要概念** 解释气候变化是如何影响双足行走的进化的。

22. **内容聚焦 改变** 为什么生物化学证据对帮助科学家了解灵长类动物类群的趋异进化有重要作用?

第3节

术语回顾

下面每句话都有错误。用复习指南中的术语代替画线部分的词语,更正句子。

23. 南方古猿属被认为是普罗猿属的祖先。

24. 克鲁玛努人适应寒冷的气候。他们最终被现代人类所取代。

25. 尼安德特人是现代人类的学名。

要点理解

利用下图回答第26题。

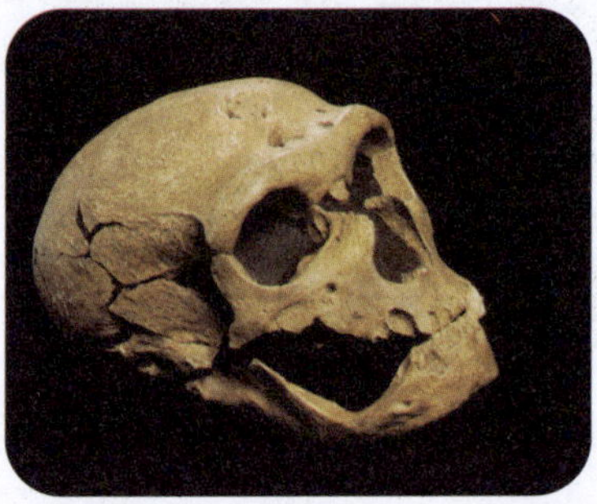

26. 上图颅骨中大容量的大脑和厚眉脊是(　　)的特征。
A. 克鲁玛努人
B. 现代智人
C. 尼安德特人
D. 普罗猿

27. 第一个没有争议的人族成员是(　　)。
A. 南方古猿非洲种
B. 西部兰诺人
C. 匠人
D. 能人

28. 最早长途迁徙的人族动物是(   )。

A. 匠人

B. 西布兰诺人

C. 尼安德特人

D. 智人

29. 最早使用火、在洞穴居住和制造工具的人族动物是人族动物是(   )。

A. 匠人

B. 直立人

C. 尼安德特人

D. 智人

30. 海德堡人一般被认为属于(   )。

A. 尼安德特人

B. 智人

C. 克鲁玛努人

D. 南方古猿

回答问题

31. 主要概念 描述能人在人类进化中的重要性。

32. **简要回答** 描述火在早期人类迁徙中的重要性。

33. **开放式回答** 根据你所学的灵长类进化的知识,你认为我们所属的物种——智人种还会继续进化吗?为什么?

批判性思维

34. **概念应用** 解释利用线粒体DNA而不是核DNA来研究现代人类的进化的原因。

35. **预测** 如果现代人类没有到达欧洲,你认为尼安德特人还会继续存在吗?

36. **提出假说** 弗洛勒斯人是如何与现代人类同时共存的?

总结性测评

37. 大概念 找出现代人类与其他灵长类共有的特征和区别各三条。解释这三条区别的重要性。

38. 科技 **写作** 写一段文字描述你想象中的南方古猿阿法种一天的生活。

DBQ 资料分析题

博物学家一直认为气候、食物等外界条件,是能引起变异的原因。也许我们将来能验证,在某种非常有限的意义上,这一点是有可能的;但将变异的发生仅仅归因于外界条件的影响是荒谬的。例如,啄木鸟的身体结构(爪、尾、喙和舌等)与它在树皮下捉虫的功能相适应。

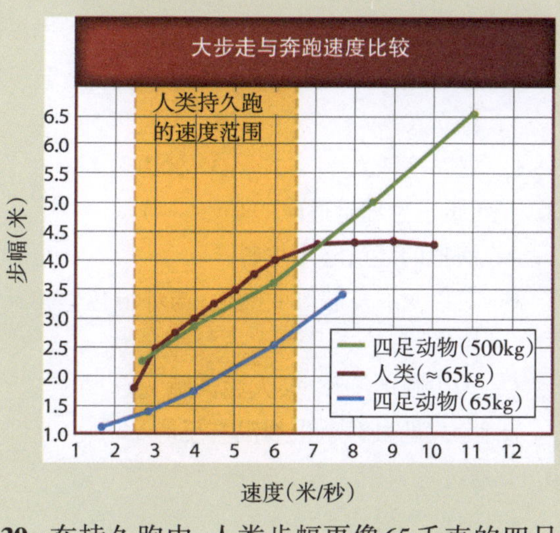

39. 在持久跑中,人类步幅更像65千克的四足动物还是500千克的四足动物?

40. 在持久跑中,与同样体形的四足动物(如非洲猎豹或美洲豹)相比,人类更有效率吗?解释原因。

标准化测试

选择题

1. 对(　　)的科学理解帮助达尔文形成了自然选择的概念。
   A. 人工选择
   B. 大陆漂移
   C. 群体选择
   D. 植物遗传学

利用下图回答第2题。

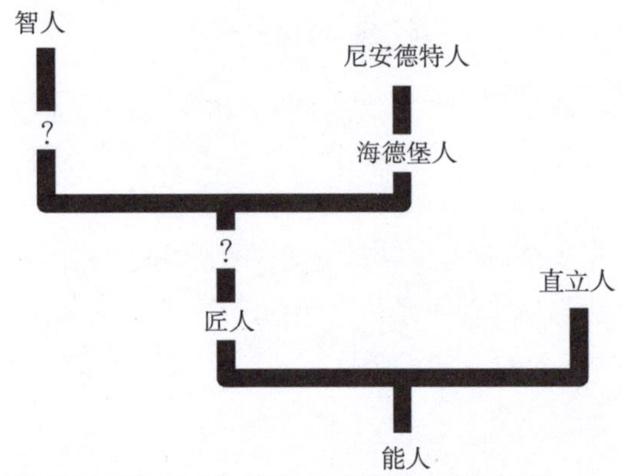

2. 根据人属进化图表，智人的祖先是(　　)。
   A. 直立人　　B. 匠人
   C. 尼安德特人　　D. 鲁道夫人
3. 下列属于生理学适应的是(　　)。
   A. 河狸的牙齿终生生长
   B. 变色龙的皮肤改变颜色，与环境色彩相互协调
   C. 为了晚上工作，某人白天睡觉
   D. 一只昆虫对杀虫剂没有反应
4. 下列过程利用了人工选择的是(　　)。
   A. 治愈病树
   B. 找到某种树的易感病基因
   C. 绘制引起树木疾病的真菌基因组图
   D. 培育能抗特定疾病的树种

利用下图回答第5题。

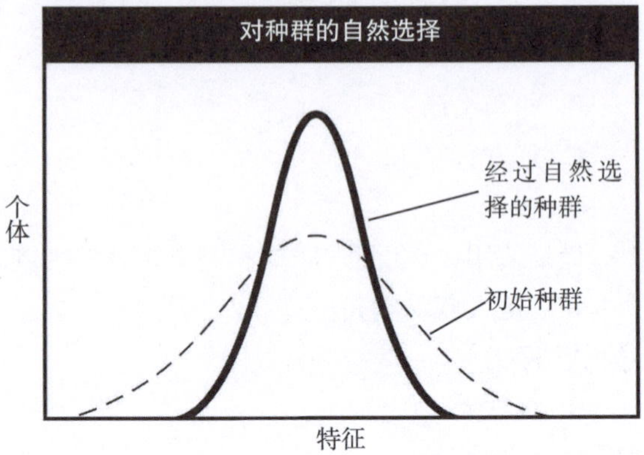

5. 下列描述符合上图的是(　　)。
   A. 在对种群X的自然选择中，具有平均值特征的个体被保留
   B. 在对种群X的自然选择中，大型个体被保留
   C. 在对种群X的自然选择中，小型个体被保留
   D. 在对种群X的自然选择中，具有平均值特征的个体被淘汰
6. 人族进化的正确顺序是(　　)。
   A. 南方古猿阿法种→南方古猿非洲种→普罗猿→人类
   B. 南方古猿非洲种→南方古猿阿法种→普罗猿→人类
   C. 人类→南方古猿非洲种→南方古猿阿法种→普罗猿
   D. 普罗猿→南方古猿阿法种→南方古猿非洲种→人类
7. 下列不属于科学家支持内共生理论依据的是(　　)。
   A. 线粒体和叶绿体被发现生活在真核细胞之外
   B. 线粒体和叶绿体通过分裂产生
   C. 线粒体和叶绿体的大小与结构和原核细胞类似
   D. 线粒体和叶绿体中的遗传物质是环形的

简答题

8. 控制豚鼠毛色的一对等位基因包括显性黑毛基因(B)和隐性白毛基因(b)。你将如何设计杂交实验方案去判断一只黑毛豚鼠的基因型？用棋盘格法表示可能的杂交结果。

9. 某种鸟的组织中含有一种对许多潜在捕食者有毒的化学物质。假设你发现另一种鸟的羽毛颜色与第一种鸟十分相似。这是哪种类型的适应？解释它的重要性。

10. 对比有关人类进化的多地区假说和走出非洲假说。

11. 马拉硫磷是一种针对蚊子的杀虫剂。假设一个蚊子种群进化出了对马拉硫磷的抗性。这一现象是如何体现自然选择学说中的遗传和变异思想的？

利用下图回答第12题。

12. 如果图中数字标注的两块大陆相互碰撞，陆地上的物种和环境将如何变迁？

开放题

13. 假设你正在向一个不了解人类进化史的人解释人类的进化历程。设想一下，为什么智人是人类家族中唯一的现存物种？

14. 一些烈性细菌感染用抗生素联合治疗。这种治疗方法会如何影响其耐药性？

论述题

“如果进化是通过小的、次要的隔离快速形成新物种而发生，那么化石记录会是什么样子呢？我们不可能说明物种形成这一事件本身。因为物种形成太快，种群太小，与祖先种隔离得太远。只有一个新物种成功地形成，并侵入祖先种居住地，凭借自己的能力成为一个大的核心种群时，我们才能看到它的化石。在化石记录的历史中，我们看不到巨大的改变。”

数据来源：Gould, Stephen Jay. “Ladders, Bushes, and Human Evolution,” *Natural History* 85(April 1976): 30—31.

利用上文中的信息，以论文的形式回答下列问题。

15. 在某种程度上，古尔德在进化上的研究致力于解释他的间断平衡理论。在你的论述中，解释化石记录不完整的原因。

考点提示															
测试题号	1	2	3	4	5	6	7	8	9	10	11	12	13	14	15
对应章节	15.1	16.3	15.2	13.1	15.3	16.2	14.2	13.1	15.3	16.3	15.1	14.1	16.3	15.2	15.3

第17章
生物多样性的分类

起步实验

如何对沙漠生物进行分类?

你可能认为沙漠是一个生物种类很少的地方,但已经适应了沙漠生活的物种并不少。我们可以利用其中的某些适应性特征对沙漠生物进行分类。在本实验中,你将开发一个对沙漠生物进行分类的系统。

步骤

1. 阅读并完成实验室安全表。
2. 列出3~4种沙漠生物。
3. 找出这几种生物中的生理特征、行为方式及其他不同的因素。
4. 根据你选择的因素,将沙漠生物分类。
5. 试想出另外几种沙漠生物,并将其归类。

分析

1. **比较与比对**你与其他同学的分类策略。
2. **确定**如何调整能使分类策略更有效。

折叠式 学习卡

制作一本折叠式的书。如图所示,做好标记。利用它整理关于六界系统的笔记。

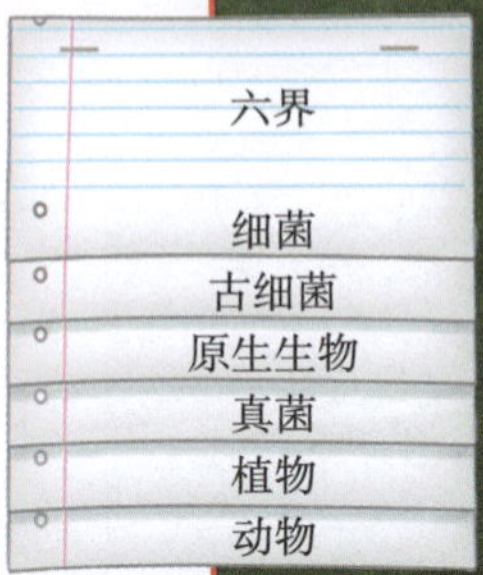

内容聚焦 生物多样性

科学家一直在寻找更多的方法对地球上的生物进行分类。

大概念 进化是对多种多样的生物进行分类的基础。

第1节

生物分类的历史

本节预览

核心问题

- 亚里士多德的分类方法与林奈的分类方法有什么异同?
- 如何利用双名法写物种的学名?
- 生物分类有哪些不同方法?

术语回顾

形态学:生物体或其一部分的形态与结构。

关键术语

生物分类
生物分类法
双名法
分类单元
属
科
目
纲
门
界
域

主要概念 **生物学家利用分类系统组织生物多样性信息。**

联系实际 想象一下,当你进入一家音像店时,发现所有的CD都堆在一起,你会感觉到非常沮丧。你很可能要翻遍所有的CD才能找到你想要的那一张,所以音像店总会将CD按照音乐的类型和艺术家进行分类。同样,生物学家也会根据生物的特征及亲缘关系对生物进行分类。

早期分类系统

是否有人曾经告诉过你,把自己的东西分类整理好?例如,你的父母希望你将房间整理得井井有条;你的教师要求你整理笔记和作业。许多事项和信息按一定次序整理后,你就可以轻松地找到或理解它们。生物学家发现,当对生物进行分类后,就能很容易地理解与生物有关的信息。对生物进行归类的重要方法之一是生物分类法。**分类(classification)**就是利用一套标准对生物体进行分组。

亚里士多德系统 2000多年前,希腊哲学家亚里士多德(公元前384~公元前322年)提出了第一个被广泛认可的生物分类系统。他将生物划分为动物和植物。动物的划分依据是有无"红色血液"。亚里士多德的"无红色血液"动物和"有红色血液"动物,与现代的无脊椎动物和脊椎动物几乎是匹配的。亚里士多德根据动物的栖息地和形态对其进行了进一步的分类。他根据植物的平均大小和结构将其划分成树、灌木和草。**表17-1**显示了亚里士多德对某些生物的分类。

表17-1 亚里士多德的分类系统

植物		
草本	灌木	乔木
紫罗兰	黑莓灌木	苹果树
迷迭香	金银花	橡树
洋葱	加州福瑞蒙木	枫树
具有红色血液的动物		
陆生动物	水生动物	空中飞行的动物
狼	海豚	猫头鹰
猫	鳗鱼	蝙蝠
熊	鲈鱼	乌鸦

亚里士多德的分类系统对生物分类起了很大作用，但其本身有许多局限性。这一分类系统是建立在亚里士多德提出的物种之间截然不同、各自独立且保持不变的观点之上的。在达尔文的进化论提出之前，人们普遍认为物种保持不变。亚里士多德的分类系统无法解释亲缘关系。此外，这一分类系统对很多生物不适用，例如，不会飞的鸟类或水陆两栖的青蛙。多个世纪以后，一个新的分类系统取代了亚里士多德的分类系统，这个新系统更加符合人类对自然界逐步加深的认识。

林奈的分类系统 18 世纪，瑞典博物学家罗卡斯·林奈(1707～1778)对亚里士多德的分类方法进行了改进，使其成了一个科学体系。和亚里士多德一样，林奈把他的分类系统建立在对生物体形态和行为观察研究的基础之上。例如，他按照鸟类的栖息环境和行为将其划分为三个主要类群。**图 17–1** 展示了这种分类方式。鹰被划分为猛禽，鹭被划分为涉禽，雪松太平鸟被划分为栖禽。

林奈的分类系统是生物分类学中第一个正式的系统。**生物分类学(taxonomy)**研究生物的不同特征，并据此对生物体进行识别、命名和分类。它是生物学的一个比较大的分支——系统分类学的一部分。系统分类学研究生物多样性，重点研究进化史。

双名法 林奈命名生物的方法，叫作双名法，该命名法区别于亚里士多德的生物分类系统并沿用至今。**双名法(binomial nomenclature)**赋予每个物种一个学名，学名包含两部分，第一部分是属名，第二部分是能够识别物种的种加词。拉丁语是双名法的基础，因为拉丁语从未改变，而且在历史上，它是科学和教育的通用语言。

图 17–1 林奈根据这些鸟类的形态和行为差异对其进行分类。

推断 *林奈会将知更鸟划分到哪一个类群?*

雪松太平鸟(栖禽)

美国秃鹰(猛禽)

大蓝鹭(涉禽)

■**图17-2** 北美红雀是一种有很多俗名的鸟类，在美国的大多数地区都很常见，它是伊利诺伊州、印第安纳州、肯塔基州、北卡罗林那州和俄亥俄州的州鸟。
识别其他一些具有多个俗名的动物。

因为俗名各异，所以生物学家利用学名对物种进行命名。**图17-2**中展示的鸟大多时候被称为红雀，也叫北美红雀。1758年，林奈给这种鸟起了学名，称作*Cardinalis cardinalis*。学名的使用避免了由多个俗名造成的混淆，因为俗名容易引起误解，所以双名法在科学研究中起到了很大的作用。如果你对鱼类进行科学研究，那么你肯定不会将海星纳入研究范围，因为海星不是鱼。同样，大角猫头鹰没有犄角，海参也不是植物。

当书写学名时，应遵循以下原则：

·属名首字母需大写，属名其他字母和种加词的所有字母均小写。

·在印刷品、书籍或杂志中书写学名时，需用斜体。

·如果是手写的学名，两部分都需加下划线。

·在一篇文章中，当完整地书写过一次学名之后，如果后文还要出现，可以用属名的首字母代替属名。例如，学名“*Cardinalis cardinalis*”可以写作“*C. cardinalis*”。

术语

双名法

用拉丁文表示，通常以斜体字或下划双线以示区别。第一个是属名，后一个是种名，即种加词。

阅读检测 **解释**为什么拉丁语是许多学名的基础。

现代分类系统 在19世纪，进化论的研究为林奈的生物分类系统增加了一个新的维度。当时，包括达尔文、拉马克、恩斯特·海克尔在内的许多科学家不仅依据生物的形态和行为特征对其进行分类，他们还将亲缘关系加入分类系统中。现代生物分类系统尽管仍沿用林奈的传统分类方法，但它已被修改完善过，增加了进化的知识。

分类阶元

想象一下，你最喜欢的音像店中，货物是如何分类的，DVD在货架上是如何摆放的？它们可能是先按照风格分类，再按照名称和年代进行摆放。尽管分类学家是对生物进行分类，但也不过是基于更加特异性的标准进行相似的分类。科学家们采用的分类阶元是嵌套式等级系统的一部分——每一个分类阶元都包含在其他阶元之中，它们按照从最宽泛的阶元到最特殊的阶元排布。

与生物学相关的职业

野生动物学家 在野外研究动物的科学家称为野生动物学家。他们的工作包括在野外对动物种群进行研究，也包括向大众传播自然知识。

种和属 被命名的一群生物称为一个**分类单元（taxon）**，其范围可以从具有最宽泛特征的单元到具有最特异性特征的单元。特征越宽泛，分类单元包含的物种就越多。可以把分类单元想象成一个嵌套箱，一个箱子套在另一个箱子内部。你已经学习了林奈采用过的两个分类单元——属和种。现今，**属（genus）**被定义为具有一位共同祖先、亲缘关系很近的一群物种。

注意**图17-3**中显示的三种熊之间的异同。由美国黑熊（*Ursus americanus*）和亚洲黑熊（*Ursus thibetanus*）的学名得知，二者属于同一个属——熊属（*Ursus*）。在熊属中，所有的物种都有巨大的颅骨和相似的牙齿结构。尽管懒熊（*Melursus ursinus*）与熊属的其他成员有很多相似之处，但是它们通常被划分到另一个不同的属——懒熊属（*Melursus*）。因为与熊属的成员相比，它们体形偏小，颅骨的大小和形状不同，而且还缺少两颗门牙。

科 所有的熊，无论是现存的还是灭绝的，都属于同一个科——熊科（Ursidae）。**科（family）**是比属更高级的分类单元，它由相似的、有相关性的属组成。除了**图17-3**中显示的三个物种以外，熊科还包含其他5个物种：棕熊、北极熊、大熊猫、马来熊和安第斯熊。熊科的所有成员包含一些共同的特征，例如，它们都有扁平足；都有可旋转的前臂，能够近距离地抓取猎物。

图17-3 熊属中所有的物种都体形庞大，颅骨也很大。懒熊属于懒熊属。

美国黑熊

亚洲黑熊

懒熊

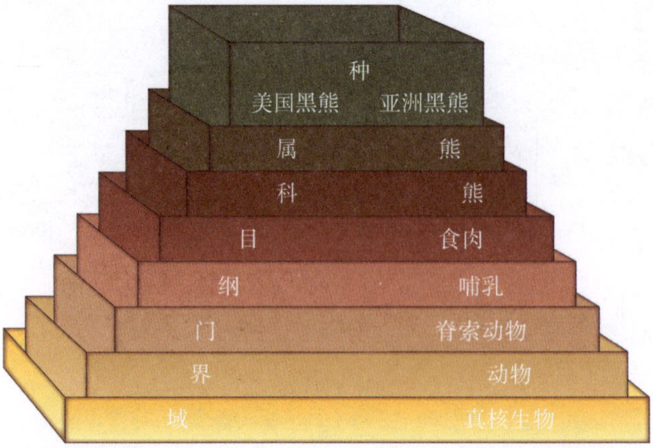

图17-4 上图显示了一个分类阶元，它像一个嵌套箱，一个箱子套在另一个箱子里面。由图可知，美国黑熊和亚洲黑熊属于不同的种，但其他等级的分类完全相同。

图17-4显示了在一个等级系统中各个分类单元的排布情况。该图也显示了对于美国黑熊和亚洲黑熊来说，从域到种的完整分类。值得注意的是，这两种熊在分类上的唯一差异是它们属于不同的种。

更高级别的分类单元 在科以上还有五个更大的分类单元：目、纲、门、界、域。**目(order)**包含相关的科，而**纲(class)**包含相关的目。**图17-3**中的熊属于哺乳纲食肉目。而**门(phylum)**包含相关的纲。有时，科学家们在常规的分类中又划分出一些亚单元，如亚种、亚科、次目和亚门。

界(kingdom)由相关的门组成。熊被划分为真核生物域、动物界、脊索动物门。分类学中，**域(domain)**是所有分类单元中最广泛的，它包含一个或多个界。三个域和六个界的基本特征将在后面的章节描述。

迷你实验 1

制作二歧式检索表

你如何进行分类？ 科学家根据生物的特征对其进行分类。二歧式检索表是分类的基本工具。二歧式检索表包含一系列能够正确鉴别某一生物的选项。在该实验中，你需要制作一个二歧式检索表，然后对你熟悉的物体进行分类。

步骤

1. 阅读并完成实验室安全表。
2. 你如何能将教师的鞋子进行分类。
3. 在二歧式检索表上写一个问题，即鞋子是否具有你选择的一个特征。依据这一特征将鞋子分为两组。
4. 在二歧式检索表上，再写一个关于鞋子其他特征的问题。根据这个特征将其中一组鞋子进一步划分为两个更小的组。
5. 继续在检索表上写问题，以将鞋子划分为更多的亚组，直至每个组中只有一只鞋子为止。给每只鞋取一个特别的名字，并绘制分支图来辨别每只鞋。
6. 利用你绘制的图对教师的鞋子进行分类。

分析

1. **关联** 把分类单元与你用于划分鞋子的一系列特征相关联。哪一特征分别对应界、门等？
2. **解释** 在步骤6中，你为什么能对教师的鞋子进行分类？
3. **质疑** 如何改进你的分类系统使其更有效？

系统分类学的应用

研究生物分类的科学家为人们鉴别生物提供详细的指南，该指南的关键是其中包含的二歧式检索表。该检索表以不同特征之间一系列选择为基础。你可以利用二歧式检索表去鉴定某种植物或动物是否有毒。

与生物学相关的职业 如**图 17-5** 所示，系统分类学家的工作是鉴定新的物种以及研究已知物种之间的相互关系。他们的研究综合了来自分类学、古生物学、分子生物学及比较解剖学的信息。发现一个新的种是非常令人兴奋和重要的，就算找到物种之间的某种新的联系也会对科学和社会造成巨大的影响。例如，如果一个生物学家了解到某种植物能产生一种抗癌的化学物质，如马达加斯加长春花（*Catharanthus roseus*），那么他就会知道，与之亲缘关系很近的植物也可能会产生相同或相似的化学物质。

图 17-5 这位系统分类学家在对一株仙人掌进行研究，以确定其是否为一个新种。

第 1 节 测评

要点梳理

- 亚里士多德提出了第一个被广泛接受的生物分类系统。
- 林奈利用生物的形态及行为特征对动植物进行分类。
- 双名法采用拉丁文属名加种名的方式对生物进行科学命名。
- 生物按照嵌套式等级系统进行分类。

理解要点

1. 主要 概念 **解释**为什么生物分类系统非常重要。
2. **总结**双名法的使用规则。
3. **对比与比对**现代分类系统与亚里士多德和林奈的分类系统有什么不同。
4. **分类** 根据**图 17-4** 所示从域至种的水平对大熊猫（*Ailuropoda melanoleuca*）进行分类。

批判性思维

科技 写作

5. 写一个小故事，描述生物学分类的应用。
6. **比较**门和纲，哪一个分类单元的生物多样性更高，为什么？
7. **区分**分类学和系统分类学。

第2节

本节预览

核心问题

- 不同物种概念之间有哪些异同点？
- 揭示系统发育的方法有哪些？
- 进化树是如何构建的？

术语回顾

进化：生物群体的演变史。

关键术语

系统发育学
性状
分子钟
支序系统学
进化树

现代生物分类系统

主要概念 **随着科学家对生物界的了解不断深入，构建的分类系统也不断发生改变。**

联系实际 你是否曾经尝试用一种新的方法整理你的笔记？正如有时候你突发奇想或得到了某些新消息而改变你的某种处事方式一样，当科学家们对自然界有了新的了解时，也会对原有的科学系统和理论做出相应的调整。

定义物种

定义物种是一件很困难的事。通过一种定义确定为不同物种的两种生物，很可能通过另一种定义就被划分为同一物种。随着知识的增长，定义也发生了改变。今天物种的定义与100年前已经有了很大的不同。

神创物种概念 亚里士多德和林奈认为，不同物种在外形上有明显的区别。这被称为神创物种概念。这一概念的建立以早年亚里士多德的观点为基础，认为物种是天然的、永恒不变的并且彼此间截然不同。模式标本最能体现物种的特征。当一个标本被发现与模式标本有明显差异时，它就会被划分为另一个不同的物种。例如，**图17-6**中，三只蝴蝶翅膀的颜色和图案稍有不同。曾经因为这种差异，它们被划分为三个不同的物种，但是现代科学家认为，它们是同一物种。

现在我们知道，随着时间的推移，物种是可变的，而且同一物种的不同个体之间可能有非常大的差异。因此，神创物种概念已经被其他概念取代。然而，它的某些下定义的方式仍然被保留，如参考模式标本。

图17-6 尽管这些热带蝴蝶翅膀的颜色和图案有所不同，但是它们属于同一物种（*Heliconius erato*）。

描述 *为什么早期的分类学家会认为它们是不同的物种。*

生物学物种概念 两位进化生物学家多勒赞斯基（Dobzhansky）和恩斯特·迈尔（Ernst Mayr）。在20世纪30年代和40年代对物种重新进行了定义。他们把物种定义为能够在自然环境下相互交配，并产生可育后代的一群生物。这被称为生物学物种概念，本书从头到尾均采用这一概念。尽管**图17-6**中蝴蝶的颜色、图案各异，但是它们能够相互交配，产生可育后代，因此，被划分为同一物种。

生物学物种概念也存在局限性。例如，狼与狗尽管被划分为不同物种，但它们能相互交配并产生可育后代。生物学物种概念也无法解释已经灭绝的物种或无性繁殖的物种。然而，因为生物学物种概念在日常分类中非常实用，所以沿用至今。

系统发生学物种概念 20世纪40年代，伴随着生物学物种概念，科学家又提出了进化种概念。进化种依据种群和祖先来定义物种。根据这一概念，来源于同一个祖先的两个或两个以上独立进化的种群被划分为不同的物种。后来，这一概念发展为系统发生学物种概念。**系统发生（phylogeny）**是指某一物种进化的历程。系统发生学把物种定义为一个与其他集群截然不同的生物集群，它们身上能体现出祖先和血统模式的证据。当某个系统发生学物种出现分化时，它将成为两个新种。例如，当生物体被隔离——地理隔离或其他形式的隔离，它们经常会进化出不同的适应性。最终，当它们的差异足够大时，就被划分为一个新物种。

这个物种定义适用于已经灭绝和无性繁殖的物种，因此，它解决了之前的物种定义所不能解释的问题。它还囊括了分子生物学数据。三种物种概念的总结见**表17-2**。

学习小贴士

便签讨论 当你阅读时，利用自粘的便签标记你没读懂的段落。除此之外，对你读懂的段落也做个标记，用你自己的语言将段落中的内容解释给别人听。然后，与你的同学一起讨论你不懂的部分。

起步实验

回顾 基于你已读过的关于分类系统的内容，该如何回答本章开头“起步实验”中的问题？

表17-2 物种概念

物种概念	描述	局限性	优点
神创物种概念	通过与模式标本的身体特征进行比较来定义物种	同一物种内部，由于等位基因的存在，会产生很多不同的特征	对模式标本的描述提供了很多生物体身体特征的详细记录
生物学物种概念	通过相似的特征及能否相互交配并产生可育后代来定义物种	某些不同种生物，例如狼和狗，偶尔也能交配。不能解释已灭绝的物种	大多数情况下，这个定义都适用，所以沿用至今
系统发生学物种概念	根据进化历程来定义物种	并不是所有物种的进化历程都是已知的	可以解释灭绝的物种，同时囊括了分子生物学数据

性状

为了划分物种，科学家们往往利用性状构建系统发生或血统模式。**性状(character)**是物种之间不同的遗传特征，分为形态学性状和生物化学性状。共有的形态学性状表明，物种之间的亲缘关系很近，由共同的原始祖先进化而来。例如，不同的鹰之间共有很多其他鸟类所没有的形态学特征，如敏锐的视力、钩状的喙、爪状的足。因此，与其他鸟类群体相比，它们之间的亲缘关系更近。

形态学性状 当比较形态学性状时，相似的形态学性状并不代表密切的亲缘关系，认识到这一点很重要。记住，同功结构功能相同但结构不同。然而，同源结构也许功能不同，但从共同的祖先遗传了相似的解剖学结构。

鸟类和恐龙 观察**图17–7**中的窃蛋龙(Oviraptor philocertops)和白冠带鹀(Zonotrichia leucophrys)。首先，你可能认为恐龙和鸟类没有什么共同之处，二者的亲缘关系应该很远。然而，科学家仔细观察恐龙化石后发现，它们与鸟类有很多共同特征。某些恐龙骨骼化石，像那些大型的、兽脚亚目食肉恐龙化石显示，它们的骨头有巨大中空的孔，而鸟类的骨骼也是中空的。从这方面来看，恐龙更像鸟类，而不同于大多数有致密骨骼的爬行动物，如短吻鳄、蜥蜴和海龟。此外，兽足类恐龙具有臀部、腿、腕部和肩部结构。与其他爬行动物相比，这些结构与鸟类更相似。科学家们发现的一些恐龙骨骼化石表明，某些兽足类恐龙具有羽毛。由这些形态学性状提供的证据表明，与其他爬行动物相比，兽足类恐龙更接近于现代的鸟类。

阅读检测 **解释**形态学性状是如何影响恐龙和鸟类分类的。

图17–7 艺术家们画的窃蛋龙看起来与白冠带鹀没什么进化上的关系，但是这两种动物具有很多共同性状，表明它们在进化上关系密切。

推断 *这两个物种的哪些相似之处能促使你联想到它们在进化上关系密切。*

窃蛋龙

白冠带鹀

■ **图 17-8** 同源染色体的条带图案表明，黑猩猩、大猩猩及红毛猩猩之间亲缘关系非常近。

生化性状 科学家利用氨基酸和核酸等生化特征来确定物种间的亲缘关系。染色体的结构和数目也是确定物种相似性的有力证据。例如，菜园里的一些十字花科植物，如西兰花、花椰菜和甘蓝，从外表上看各不相同，但这些植物的染色体结构几乎相同。这是它们起源于共同祖先的有力证据。同样，黑猩猩、大猩猩、红毛猩猩之间相似的染色体条带也表明，它们有共同的祖先。**图 17-8** 显示了这三种灵长类动物染色体条带的相似性。

DNA 和 RNA 分析是系统发生重建的强大工具。回忆一下，DNA 和 RNA 由四种核苷酸组成。基因是 DNA 中的一段核苷酸序列，它能够指导 RNA 合成蛋白质。物种间共有的 DNA 序列和基因数量越多，证明这些物种起源于共同祖先的证据就越充分。

当评估物种间的亲缘关系时，科学家采用多种技术对 DNA 序列进行比对。他们可以对不同生物的全基因组进行测序，然后进行比对。他们也可以利用限制酶切的手段获得基因组图谱，然后进行比较。他们还可以利用 DNA 分子杂交技术，将来自不同物种的 DNA 单链杂交在一起。杂交是否能成功取决于 DNA 序列的相似性——互补的 DNA 单链可以彼此碱基互补配对，而不同的序列则不能杂交。不同物种间的 DNA 序列比较是衡量亲缘关系的一种客观、定量的方法。

非洲象（草原）

非洲象（森林）

亚洲象

图17–9 图中的两头非洲象被划分为同一物种，然而，DNA分析结果表明，它们可能是不同的物种。亚洲象属于另一个属。

一个物种的例子 分子生物学数据能改变传统分类结果，对大象的重新分类就是一个例子。**图17–9**显示了如今生活在地球上的几种大象。100多年来，分类学家将亚洲象（*Elephas maximus*）划分为一个种，把非洲象（*Loxodonta africana*）划分为另外一个种。尽管两种非洲象外观差异很大，科学家仍将它们划分为同一物种。与栖居在草原的非洲象相比，栖居在森林的非洲象体形较小、獠牙较长、耳朵较小。即便如此，科学家认为，这两种象可以自由交配。然而，最近的DNA研究结果表明，大约在250万年前，非洲象从一个共同的祖先开始出现分支。科学家们已经提议，重新对栖居在森林的非洲象（*Loxodonta cyclotis*）进行命名。利用**数据分析实验**探究有关的分子生物学证据，为栖居在森林的非洲象重新命名。

数据分析实验

基于真实的数据*

得出结论

非洲象是一个单独的物种吗？

在非洲，科学家对大象的统计和保护所做出的努力是基于所有非洲象属于同一物种这一假设的。一个对象牙样本进行追踪的研究项目所提供的证据改变了这一假设。

一个科学家团队对195头非洲象和7头亚洲象的DNA变异展开了研究。非洲象一共分布在37个国家，这195头非洲象来自其中11个国家的21个种群。他们从非洲象的皮肤上采集活检标本。研究者对4个基因共1732个核苷酸展开了研究，这些基因不受自然选择的影响。实验结果如下。

数据和观察

"在这4个基因上，如果以非洲象和亚洲象的系统发生学差异作为比较对象，非洲森林象和草原象之间的差异与前者的一致性达到了58%。"

批判性思维

1. **描述**本研究所采用证据的类型。
2. **解释**非洲象存在两个物种的证据。
3. **提出**其他类型的数据，以支持对大象的三种不同的科学命名。
4. **推断** 目前，禁止捕猎非洲象。重新分类对非洲森林象的保护有什么影响？

*数据来源：Roca, A. L., et al. 2001. Genetic evidence for two species of elephants in Africa. *Science* 293 (5534): 1473–1477.

分子钟 我们知道,DNA会随机发生突变。随着时间的流逝,突变会在染色体中积累。其中的一些突变不会影响细胞的功能,它们由亲代传给子代。分类学家可以利用这些突变确定种间关系的远近。一个**分子钟(molecuar clock)**就是一个模型,利用它来比较两个不同物种DNA序列的差异,以评估这两个物种从共同祖先分支后进化的时间。**图17-10**阐述了分子钟的工作原理。

科学家利用分子钟对不同物种共有基因的DNA序列或氨基酸序列进行比较。基因间的差异表明突变的存在。突变积累得越多,分支出现后经历的时间越长。19世纪60年代,分子钟技术首次出现时,科学家们认为,在一些特异基因中,突变率是恒定的。因此,他们用分子钟做类比。然而,科学家后来发现,单个基因或氨基酸序列中突变发生的速度并不总是恒定的。

突变频率受很多因素影响,包括突变的类型、突变发生在基因组中的位置、受突变影响的蛋白质的类型以及突变发生的种群。在一个生物体内,不同基因的突变速度是不同的。这种不稳定性导致分子钟难以被解读。研究人员试图在一个较大的生物范围内对以相对恒定的速度积累突变的基因进行比较。其中一个基因是细胞色素c氧化酶基因,这个基因存在于大多数生物的线粒体DNA中。

尽管有一定的局限性,分子钟仍可以作为一种有价值的工具用来确定一个物种分支后的相对时间。当它们与其他数据,如化石记录相结合后,能够发挥更大的作用。

阅读检测 **解释**用于DNA比较的分子钟模型是什么。

系统发生重构

今天最常用的分类系统都是基于一种被称为支序系统学的分析方法。**支序系统学(cladistic)**是根据生物体从共同祖先分支的先后顺序对生物进行分类的方法。

特征类型 在进行支序分析时,科学家需要考虑两类主要的特征。一类是在祖先及其所有后代身上都能发现的特征,称为祖征。另一类是只出现在后代身上而祖先不具备的特征,称为衍征。例如,当分析鸟类和哺乳类之间的亲缘关系时,具有脊椎骨属于祖征,因为鸟类、哺乳类及它们共同的祖先都有脊椎骨。然而,鸟类有羽毛,哺乳类有毛发。因此,具有毛发对哺乳类来说是衍征,因为只有哺乳类有毛发。同样,具有羽毛是鸟类的一个衍征。

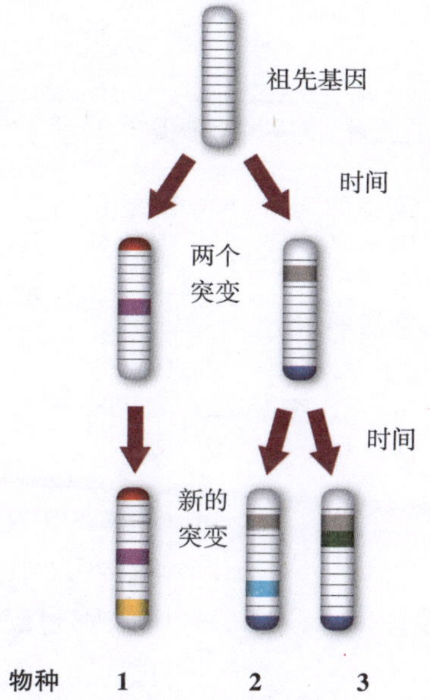

图17-10 这张分子钟的图解展示了突变是如何随着时间积累的。
推断 *为什么不能用钟表类比这个过程。*

进化树 分类学家利用生物共有的衍征去制作进化树。**进化树(cladogram)**是一张分支图,它代表了一个物种或一群物种的系统发生或进化历程。进化树是一种模型,类似于家谱。正如家谱的分支显示出直系血亲,而进化树的分支表明系统发生的过程。进化树里的生物群体称作进化枝,进化枝是进化树上的一个分支。

与生物学相关的职业

遗传学家 遗传学家利用基因分析来建立进化关系。通常,他们在大学里工作,边教学边研究。

构建进化树 **图17-11**是为一些主要植物类群构建的简化的进化树。这个进化树通过以下方式构建。首先,找到两个物种:针叶树和蕨类,拿这两种植物与百合做比较。然后,找到比针叶树和蕨类更古老的其他物种,这个物种被称为外群。外群是指在进化树上与其他生物相比,具有更多祖征的物种或物种群。在**图17-11**中,外群是苔藓,苔藓与蕨类、针叶树及百合的亲缘关系很远。

通过确定从外群进化出衍征的先后顺序来构建进化树。进化树上进化枝的接近程度表示共同特征的数目。与距离较远的类群相比,与百合距离最近的类群与百合共同衍征的数目最多,因此与百合的亲缘关系最近。进化树上每个分枝的起点代表一个共同的祖先。这个共同祖先一般是未知的生物、物种或化石。科学家根据其后代的特点推测其特征。

主要假设 当构建进化树时,分类学家做出的主要假设是不同类群之间共同的衍征数目越多,这些类群的亲缘关系越近。因此,如**图17-11**所示,百合与蕨类有两个共同衍征,而与针叶树有三个共同衍征,所以百合与针叶树的亲缘关系更近。

进化树也被称为系统发生树。详细的系统发生树展示了多个物种和生物类群之间的关系。**图17-12**的系统发生树展示了现今最常用的分类系统中域和界之间的关系。

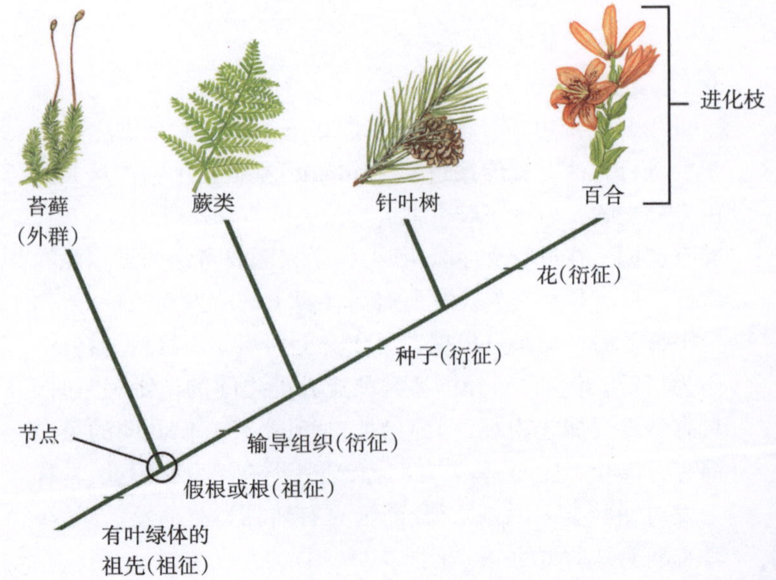

图17-11 该进化树利用植物分类的衍征来模拟系统发生。进化树上与百合越接近的类群,亲缘关系越近。

识别 *哪一个进化枝含有叶绿体,但不产生种子?*

图解“生命之树”

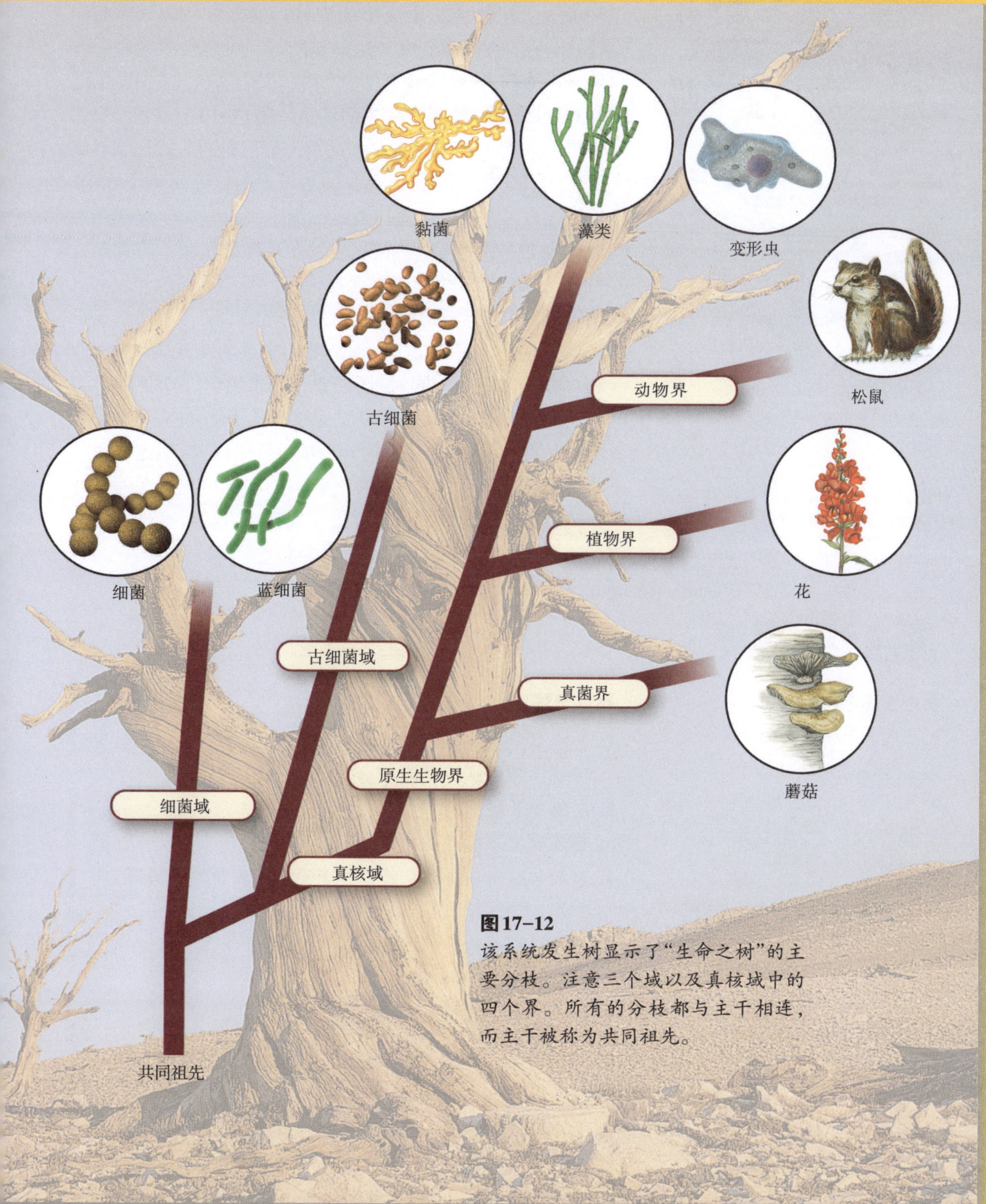

图 17–12
该系统发生树显示了“生命之树”的主要分枝。注意三个域以及真核域中的四个界。所有的分枝都与主干相连，而主干被称为共同祖先。

人类的进化树

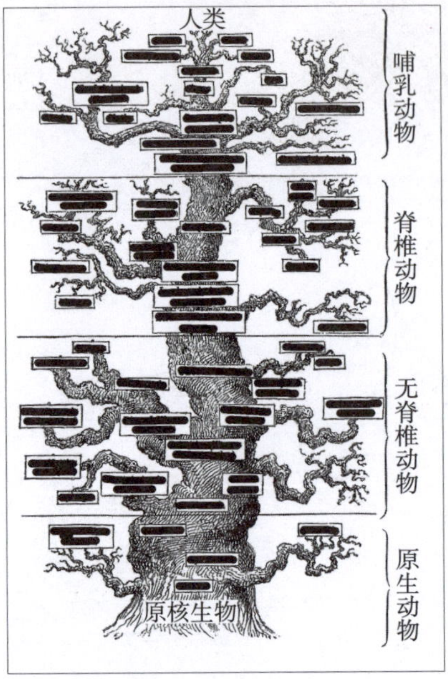

（注：由于版面空间有限，故各支系名称没有详细列出）

■**图17–13** 该图由欧内斯特·海克尔在19世纪绘制。它是最早描绘进化关系的图片之一。

链接 历史 生命之树 达尔文在他的《物种起源》一书中，利用一棵树来类比所有的物种均起源于一个或少数几个物种。他将树干想象成祖先群体，每一根树枝都由相似的物种构成。树枝上长出更小的分枝。这些分枝的顶端是树叶，由现存的物种组成。达尔文的这一设想被后人进一步发展，德国生物学家欧内斯特·海克尔（Ernst Haeckel，1834～1919）创造了生命树的概念。**图17–13**显示了海克尔提出的人类进化树。海克尔是第一位用树的形式代表系统发生的科学家。尽管他提出的系统发生树并不完全准确，但这代表了系统发生重构的第一步。

图17–13中的生命树是生物多样性的代表。一棵包含所有已知生物的生命树将无比庞大。科学家们已经发现并描绘了约175万个物种，他们估算仍有数百万个物种尚未分类。构建一棵复杂的生命树需要汇集系统发育学和分子生物学分析的数据。同时，还需要分子生物学、地球科学、计算机科学等多个领域的科学家展开合作。许多科学家认为，尽管构建复杂的生命树是一项艰巨的任务，但这也是一个非常重要的目标。了解所有生物之间的进化关系对工业、农业、医药及环境保护都是非常有益的。

第2节 测评

要点梳理

- 随着时间的推移，物种的定义一直在发生变化。
- 系统发生学是推断物种进化历程的科学，其证据来源于各项研究。
- 分子钟利用对DNA序列的比较来估计系统发生及进化的速度。
- 基于衍征排序的支序分析为进化关系建立了模型。

要点理解

1. 主要 概念 **描述**物种概念的变化是如何影响生物分类系统的。
2. **总结**物种概念的差异。
3. **描述**确定系统发生的方法。
4. 将进化树中的下列衍征按照复杂程度由低到高**排序**：多细胞、毛发、脊柱、单细胞和四肢。

批判性思维

生物中的 **数学**

5. **描述**利用分子钟计算时间所面临的数学挑战。
6. **评价**在系统发生学的基础上，用一棵树来类比物种间的进化关系。
7. 如果两个物种的DNA序列有98%相同，请为两者的亲缘关系**提出假设**。

第3节

域和界

本节预览

核心问题

- 三个域的主要特征分别是什么?
- 六界之间有哪些不同点?
- 在界这个水平,生物是如何分类的?

术语回顾

真核生物:由一个或多个细胞组成的生物体,细胞内有细胞核和具膜细胞器。

关键术语

古细菌
原生生物
真菌

主要概念 **应用最广泛的生物分类系统将生物界分成三个域,共含六个界。**

联系实际 与一个城市、一个村庄或者一个家庭相比,你认为一个界有多大?这一知识是如何帮助你理解分类系统的?

物种分类

在分类系统中,大多数生物学家用的最大分类阶元是域。域有三个:细菌域、古细菌域、真核域。三域中有六个界:真细菌界、古细菌界、原生生物界、真菌界、植物界和动物界。生物体依据细胞类型和结构的不同被划分到不同的域,再依据细胞类型、细胞结构和营养方式的不同划分到不同的界。

三域六界分类系统是在20世纪70年代科学家发现了一个全新的生物类群之后,由原有的不含域、只有五界的分类系统演变而来。新发现的生物都是单细胞的原核生物,被科学家称为古细菌。接下来的生化研究结果表明,古细菌和当时人们所了解的唯一的一种原核生物——细菌存在明显的差异。因此,1990年它们被重新命名,科学家提出了一种新的分类系统来囊括它们。目前,古细菌域只含有古细菌。

细菌域

链接化学 细菌是细菌域、真细菌界的成员,它们都是原核生物,细胞壁含有肽聚糖。肽聚糖是一种由两种糖交替连接形成的链状高分子聚合物。一条糖侧链上的氨基酸与另一条链上的氨基酸相连,产生了一种简单、疏松、强韧的网状结构。**图17-14**所示是细菌的两个例子。

■ **图17-14** 不同的细菌,其生活环境和营养方式各不相同。能引起结核病的结核分枝杆菌是异养生物。蓝细菌,如鱼腥藻,是自养生物。

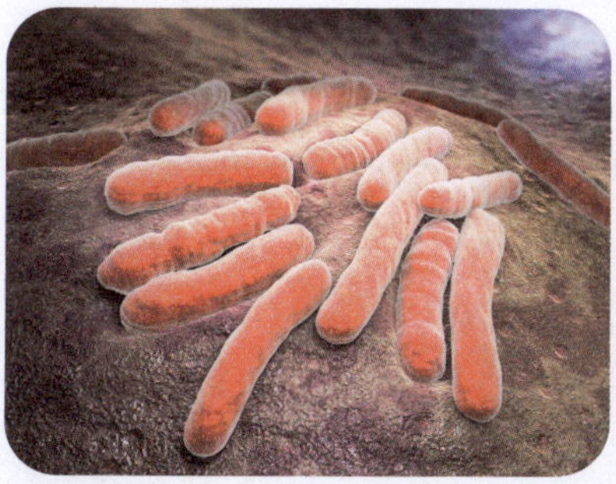

结核分枝杆菌(*Mycobacterium tuberculosis*)

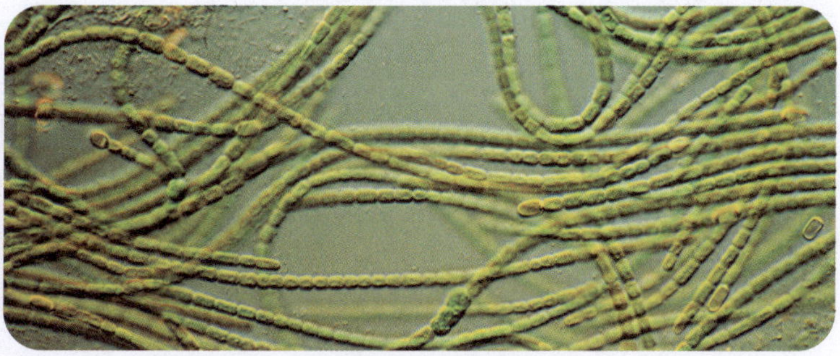

鱼腥藻(*Anabaena*)

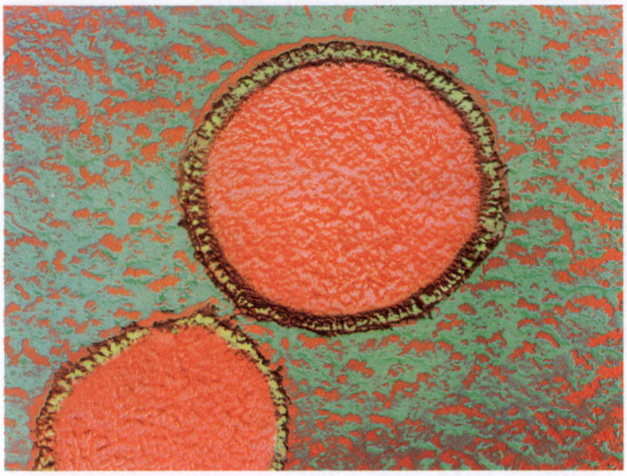

■ **图 17–15** 葡萄状嗜热菌在电子显微镜下的照片显示了细胞壁(绿色)和细胞内含物(粉红色)。葡萄状嗜热菌是在深海热泉口发现的一种极端微生物。

细菌是一个可以在许多不同环境中生存的多样化类群。有些细菌是需氧型生物,必须在有氧环境下才能存活。还有一些是厌氧型生物,在氧气存在的条件下会死亡。有些细菌是自养型生物,可以自己制造有机物,而更多的是异养型生物,需从其他生物体中获取营养物质。细菌的数量比其他任何生物都要多,你身体中细菌的数量可能比全球总人口数量还要多。在**迷你实验 2** 中,你可以观察到不同类型的细菌。

古细菌域

古细菌(archaea),属于古细菌域,科学家认为,它比细菌更古老,也更接近于真核生物的祖先。古细菌的细胞壁不含肽聚糖,而含有一些真核细胞才有的蛋白质。它们在形态和营养方式上多种多样。有些是自养型的,但更多是异养型的。古细菌之所以被称为极端微生物,是因为它们可以存活于极端环境中。在沸腾的温泉、盐湖、海底火山喷发口和无氧的泥沼中,都能发现它们。**图 17–15** 所示的古细菌——葡萄状嗜热菌(*Staphylothermus marinus*)就是在深海热泉口处被发现的,它可以在高达98℃的水中存活。

迷你实验 2

比较细菌

怎样比较各种细菌的身体特征? 在显微镜下观察细菌装片,总结细菌的不同特征。

步骤

1. 阅读并完成实验室安全表。
2. 用显微镜观察准备好的细菌装片。
3. 制作一张表格记录你所观察到的细菌的外形和特征。
4. 对比与比对不同装片上的细菌,将你的观察结果记录到表格中,并进行比较。

分析

1. **对比与比对**你观察到的细菌细胞的形状。
2. **描述**你观察到的细菌样本中是否有菌落形成。菌落的形态怎么样?
3. 根据你所收集的数据,**设计**一个分类系统,为你所观察到的细菌分类。

海藻

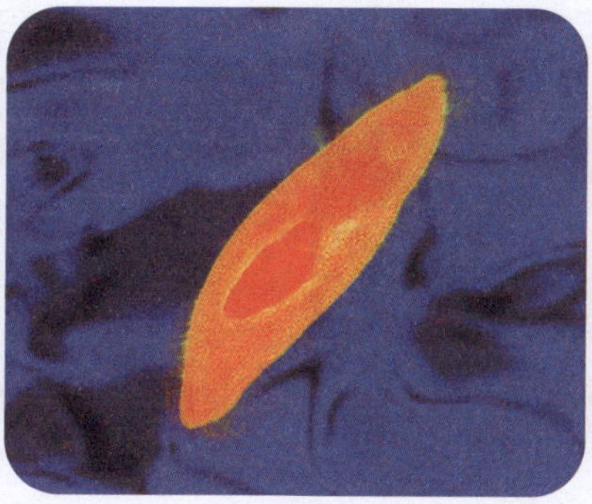

草履虫

黏菌

真核域

真核细胞具有由膜包被的细胞核和其他具膜细胞器。所有由真核细胞构成的生物都称为真核生物，属于真核域。真核域包括原生生物界、真菌界、植物界和动物界。

原生生物界 **图17-16**中的物种都属于原生生物界。原生生物界的生物，被称为原生生物。**原生生物(protist)**是真核生物，它们可能是单细胞生物，也可能是多细胞生物。和动植物不同，原生生物没有分化出器官。尽管原生生物彼此之间并不相似，但它们被划分到其他任何界都不合适，只能归属于原生生物界。

原生生物分为三个主要类群。类似于植物的原生生物被称为藻类。所有的藻类，如海藻，都是自养型生物，能进行光合作用。类似于动物的原生生物被称为原生动物，如变形虫，是异养型生物。类似于真菌的原生生物包括黏菌和霉菌，它们组成了第三类原生生物。眼虫是一类既有植物特征又有动物特征的原生生物。它们通常被划分为类似于植物的原生生物，因为它们含有叶绿体，能进行光合作用。

真菌界 **真菌(fungus)**是单细胞或多细胞的真核生物，能从周围环境的有机物中获取营养。真菌界的生物都是异养型生物，缺乏运动能力，有细胞壁。它们的细胞壁含有一种称作几丁质的物质，几丁质是一种刚性聚合物，能够支撑细胞结构。真菌含有大量的细长的丝状体，被称为菌丝。菌丝负责真菌的生长、营养和繁殖。真菌化石的年龄已经超过4亿年，目前，地球上已知种类的真菌已超过7万种。

图17-16 这些原生生物看起来各不相同，但它们都是真核生物，生活在潮湿的环境中，没有分化出器官。

推断 *上图中的哪种原生生物类似于植物？哪种类似于动物？哪种类似于真菌？*

折叠式 学习卡

将本节信息整理到你的折叠式学习卡中。

■ **图17-17** 真菌的大小各异，从微观的酵母菌，到如图所示的由多细胞构成的蘑菇都属于真菌。

真菌是异养型生物，如**图17-17**中所示的蘑菇。有些真菌是寄生生物，依靠寄主生长和获取营养。有些真菌是腐生生物，从死亡的或腐败的有机体中获取营养。与那些依靠自身消化吸收食物的异养型生物不同，真菌可以分泌消化酶从而消化食物，然后将消化好的物质直接吸收到细胞里。与藻类互利共生的真菌称为地衣。地衣从生活在其菌丝中的藻类中获取营养。

植物界 植物界有25万多种植物。这些生命形式构成了所有陆生生物栖息地的基础。所有植物都是多细胞生物，具有富含纤维素的细胞壁。大多数植物有叶绿体，依靠它来进行光合作用，但有一小部分植物是异养型的，如菟丝子，它没有叶绿体，通过吸盘从寄主植物中吸取营养。

所有植物都有由细胞构成的组织，很多植物还分化出器官，如根、茎和叶。和真菌一样，植物不能运动。但是有些植物能产生具有鞭毛的生殖细胞，鞭毛推动细胞在水中运动。**表17-3**显示了植物界和其他五界的特征。

阅读检测 描述植物的三个特征。

表17-3 界的特征

域	细菌域	古细菌域	真核域			
界	真细菌界	古细菌界	原生生物界	真菌界	植物界	动物界
实例	假单胞菌 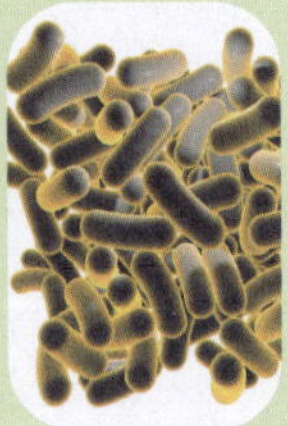	甲烷嗜高热菌 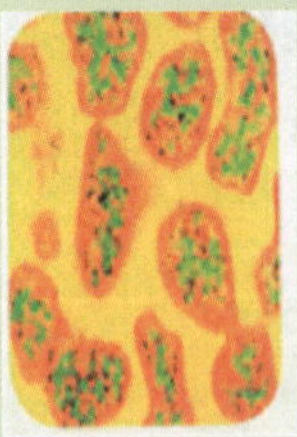	草履虫 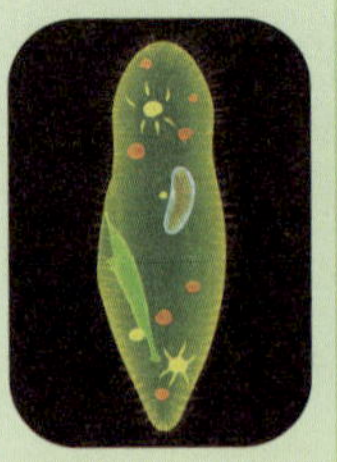	蘑菇 	苔藓 	蚯蚓 
细胞类型	原核细胞		真核细胞			
细胞壁	含肽聚糖	不含肽聚糖	有些含纤维素	含几丁质	含纤维素	没有细胞壁
细胞数量	单细胞生物		单细胞或多细胞生物	大多数为多细胞生物	多细胞生物	
营养方式	自养型或异养型			异养型	自养型	异养型

珊瑚

鱼

兔子

动物界 已认定的动物种类超过100万种。所有的动物都是异养型、多细胞的真核生物。动物细胞没有细胞壁。动物细胞构成组织，多数组织构成器官，比如皮肤、胃和大脑。动物器官常常构成复杂的系统，比如消化系统、循环系统和神经系统。动物的大小从几毫米到数米都有。它们可能生活在水中、陆地上或空气中。动物界多姿多彩，**图17–18**展示了其中的几种动物。大多数动物可以运动，而有些动物，如珊瑚，发育成成体后便不能运动。

病毒——生物界的例外 你得过病毒性感冒吗？如果你得过，那么你和病毒就有过一次亲密接触。病毒的内部是核酸，外部由蛋白质包被。病毒没有细胞结构，所以不被认为是生物。

图17–18 动物界中的生物彼此之间看起来差异很大，尽管它们属于同一个界。

第3节 测评

要点梳理

- 真细菌域和古细菌域都由原核生物组成。
- 依据细胞的类型、结构和营养方式对生物进行分界。
- 真核生物域包括四个由真核生物组成的界。

要点理解

1. 主要概念 **描述**三个域和每个域中的界。
2. **对比与比对**三个域的特征。
3. **解释**原生生物界和真菌界的差异。
4. 将一个具有多个系统、无细胞壁、摄食生存的生物在界的水平进行**分类**。

批判性思维

5. **总结**分类学家将细菌域从古细菌域独立出去的理由。

科技写作

6. 写一篇文章，说明你支持还是反对把病毒包含在生物分类系统中。

生物学前沿

DNA 条码

如果你发现有人收集了很多奇奇怪怪的小瓶，瓶中装有来自940种不同鱼类的肌肉组织，大多数人会觉得很奇怪。况且，大多数人也没有做过这样的项目。

DNA条码 加拿大安大略省圭尔夫大学的遗传学家保罗·赫伯特(Paul Herbert)，正试图收集世界上所有生物的细胞样品。赫伯特和他来自世界各国的同事们正在利用如大头针尖般大小的生物组织，为所有存活物种制作DNA条码。

赫伯特表示，线粒体的DNA片段(被称为细胞色素c氧化酶Ⅰ或COⅠ)可以作为诊断工具来区别不同的动物物种。COⅠ基因的分离很简单，它可以用来辨认各种动物。对于植物来说，需要用到另外一个不同的基因。与条形码类似，DNA片段序列信息可以被储存到基本数据库中，实验材料与数据库相关联。当提供一小块组织(如鳞片、毛发或羽毛)时，人工扫描器就能立刻辨别出其所属的物种。

潜在价值 这项技术具有几项潜在价值。医生可以利用它来确定病源生物的类型，快速切断传染源，或者决定给被蛇咬伤的患者注射哪种抗毒血清。食品检验机构可以用这项技术检验食物，从而发现其中的植物或动物污染物。对周围环境感到好奇的人们，可以利用这项技术了解生活在他们周围的生物。农民可以利用这项技术辨别害虫种类，并使用物种特异性的方法清除害虫。

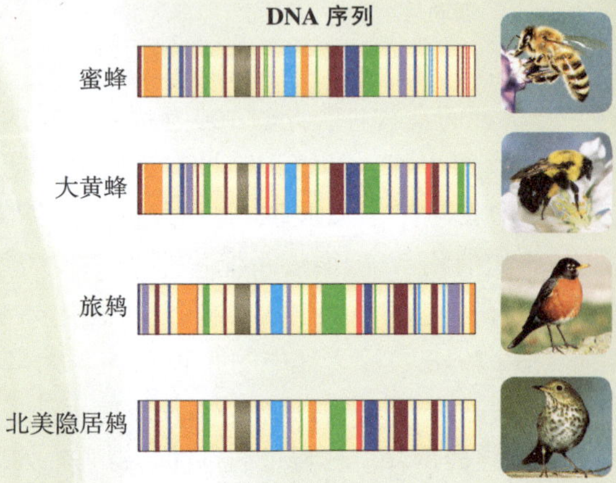

这张DNA条码图表明，亲缘关系越近的物种，DNA序列越相似。

分类新途径 利用生物信息学——一个生物学、计算机科学和信息技术的交叉领域，创建的DNA条码数据库可以让分类学家迅速地对生物进行分类。

目前，分类学家辨认了大约175万个物种。科学家估计，地球上现存1000万～1亿个物种。历史上，曾利用形态学、遗传学、系统发生学、栖息地和行为学对物种进行分类。然而，DNA序列不能代替经典的分类方法，它给科学家提供了另一种可以用于分类的工具，是经典方法的补充。

电子通信

提出至少3个关于DNA序列的问题，并通过查找资料找出问题的答案。然后，把你提出的问题和答案通过电子邮件发送给你的教师，并与同学分享。

生物实验室

在进化树上，生物是如何分类的？

背景：在制作进化树时，衍征被用来将生物划分到不同的进化枝中。在这个实验中，你将利用模拟数据学习如何构建一个简单的进化树，并制作你自己的进化树。

问题：怎样利用生物的特征构建一个进化树？

实验器材

纸和铅笔

进化树的实例

不同生物的照片

描述生物特征的书

设计与实施实验

1. 阅读并完成实验室安全表。
2. 检查提供的数据表格。
3. 对比样本生物共有的衍征。假设你研究的所有性状都是祖征。为了便于比较数据，每一个祖征记为“0”，每一个衍征记为“1”。
4. 用上述信息构建进化树，以表示生物之间的进化关系。
5. 在开始之前，要征得教师的同意。
6. 从一个域中，选择四种你研究过的且认为密切相关的四种生物。
7. 构建一个类似于步骤2中的表格，记录这些生物的衍征。利用表格构建进化树，依据生物共有的衍征对它们进行分类。

分析和结论

1. **批判性思维**　你如何判定你所研究的生物性状哪些是祖征，哪些是衍征？
2. **解释**　你决定利用哪些性状来分离进化枝？

支序分析数据表格

生物	性状			
	1	2	3	4
A	b(1)	a(0)	a(0)	b(1)
B	b(1)	b(1)	b(1)	a(0)
C	b(1)	a(0)	b(1)	a(0)

数据来源：Lipscomb, D. 1998. Basics of cladistic analysis. George Washington University. http://www.gwu.edu/~clade/faculty/lipscomb/Cladis - tics.pdf

3. **解释**　在你的进化树上，哪种生物是外群？为什么？
4. **质疑**　和其他实验小组交换数据。用他们的数据绘制一个进化树，比较两个进化树的差异并解释。
5. **误差分析**　什么类型的错误会让人把同功结构误当作同源结构而引入进化树？检查你的第二个进化树，看看你有没有犯这样的错误。

技能应用

构建分子数据，如蛋白质的氨基酸序列，可用来构建进化树。研究细胞色素c，一种在有氧呼吸中起重要作用的蛋白质，并决定如何利用它来构建进化树。

第17章 复习指南

内容聚焦 生物多样性 利用系统发生学和遗传学，由域和界构成的阶层系统对地球上多种多样的生物进行分类。

大概念 进化是对多种多样的生物进行分类的基础。

第1节 生物分类的历史

词汇	主要概念
生物分类 生物分类法 双名法 分类单元 属、科、目、纲、门、界、域	**主要概念 生物学家利用分类系统组织生物多样性信息。** ● 亚里士多德提出了第一个被广泛接受的生物分类系统。 ● 林奈利用生物的形态及行为特征对动植物进行分类。 ● 双名法采用拉丁文属名加种名的方式对生物进行科学命名。 ● 生物按照嵌套式等级系统进行分类。

第2节 现代生物分类系统

词汇	主要概念
系统发生学 性状 分子钟 支序系统学 进化树	**主要概念 随着科学家对生物界的认识不断深入，构建的分类系统也不断发生改变。** ● 随着时间的推移，物种的定义一直在发生变化。 ● 系统发育学是推断物种进化历程的科学，其证据来源于各项研究。 ● 分子钟利用对DNA序列的比较来估计系统发生及进化的速度。 ● 基于衍征排序的支序分析为进化关系建立了模型。

第3节 域和界

词汇	主要概念
古细菌 原生生物 真菌	**主要概念 应用最广泛的生物分类系统将生物界分成三个域，共含六个界。** ● 真细菌域和古细菌域都由原核生物组成。 ● 依据细胞的类型、结构和营养方式对生物进行分界。 ● 真核生物域包括四个由真核生物组成的界。

第17章 测评

第1节

术语回顾

从复习指南中选择正确的术语来匹配以下定义。

1. 利用两个术语定义物种的体系。

2. 有一个共同祖先，亲缘关系非常紧密的一个分类单元。

3. 依据对生物体不同特征的研究而对物种进行分类和命名的生物学分支。

要点理解

4. 林奈分类法的基础是(　　)。

A. 衍生特征

B. 双名法

C. 形态学和栖息地

D. 进化关系

利用下表回答第5题和第6题。

选定的哺乳动物的分类				
界	动物界	动物界	动物界	动物界
门	脊索动物门	脊索动物门	脊索动物门	脊索动物门
纲	哺乳纲	哺乳纲	哺乳纲	哺乳纲
目	鲸目	食肉目	食肉目	食肉目
科	须鲸	猫科	犬科	犬科
属	鲸属	猫属	犬属	犬属
种	*B.physalis*	*F.catus*	*C.latrans*	*C.lupus*
常用名	蓝鲸	家猫	郊狼	狼

5. 下列动物的亲缘关系与其他动物最远的是(　　)。

A. 狼　　**B.** 郊狼

C. 家猫　　**D.** 蓝鲸

6. 家猫与郊狼在进化上的分歧从(　　)开始。

A. 科　　**B.** 纲

C. 目　　**D.** 属

回答问题

7. 内容聚焦 多样性 解释双名法的规则和用途。

8. **简要回答** 为什么海马不是一个好的科学命名?

批判性思维

9. 主要概念 分类系统与物种多样性如何关联?

第2节

术语回顾

区分下列成对的术语。

10. 系统发生学、性状

11. 进化树、分子钟

要点理解

利用下图回答第12题和13题。

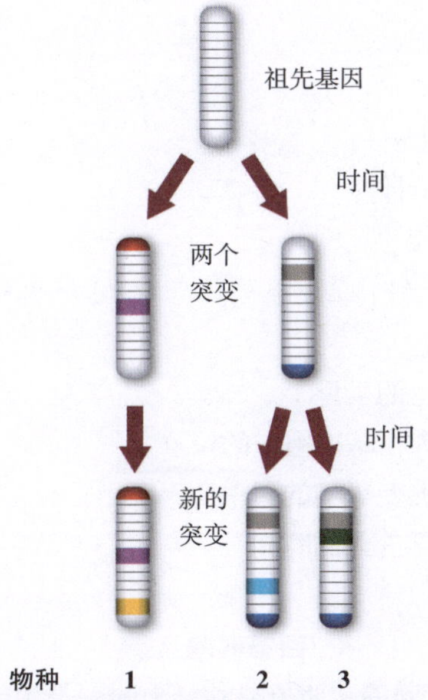

12. 这幅图代表(　　)。

A. 家谱　　**B.** 进化树

C. 分子钟　　**D.** 系统发生树

13. 图中彩色条带代表(　　)。

A. 突变　　**B.** 衍生性状

C. 祖先性状　　**D.** 基因组

第17章 测评

14. 下列把物种定义成一群能在野外环境中成功繁殖的生物的是(　　)。

A. 神创物种概念　　B. 生物学物种概念

C. 进化物种概念　　D. 亲缘种概念

利用下图回答第15和16题。

15. 据图分析,分离出来得最晚的生物是(　　)。

A. 钝吻鳄　　B. 鸟类

C. 鳄鱼　　D. 恐龙

16. 这幅图代表(　　)。

A. 家谱

B. 进化树

C. 分子钟

D. 性状

17. 在分子钟内部,下列不影响突变速率的是(　　)。

A. 突变的类型

B. 基因在基因组中的位置

C. 受突变影响的蛋白质

D. 趋异进化的时间

回答问题

18. **开放式回答**　两位科学家为同一类生物绘制出了两份不同的进化树。解释一下差别是如何产生的。

19. **简要回答**　描述如何制作进化树,包括所利用的特征类型和你必须由此做出的判断。

20. **简要回答**　总结生化特征是如何被用来判定种系发育过程的。

批判性思维

21. **主要概念**　分析神创物种概念和系统发生学物种的概念的差异。

22. **判断**　如果所有的突变并不是以相同的速度发生,分子钟应该如何使用?它们能被认为是种系发育的可靠证据吗?解释你的答案。

利用下图回答第23题。

23. **评价**　有证据表明,上图中的两类生物亲缘关系很近,对这一证据进行评价。

第3节

术语回顾

从复习指南中选择正确的术语替换斜体部分的词语。

24. 海藻是一种*古细菌*。

25. *细菌*被称为极端微生物因为它们生长在极端环境中。

26. 某些类型的*原生生物*被用于制作像面包和奶酪这样的食品。

要点理解

27. 下列分类单位包含一个或更多个界的是(　　)。

A. 属　　B. 门

C. 科　　D. 域

28. 生活在酸性河流中的原核生物可能被划分到(　　)。

A. 细菌界　　B. 古细菌界

C. 真菌界　　D. 原生生物界

利用下图回答第29题。

29. 这种有叶绿体和细胞壁，但没有器官的生物，应该被划分到(　　)。

A. 植物界　　B. 动物界

C. 原生生物界　　D. 真菌界

30. 下列物质最可能出现在有叶绿体的生物体的细胞壁中的是(　　)。

A. 肽聚糖　　B. 几丁质

C. 菌丝　　D. 纤维素

回答问题

31. **主要概念** 指出域和界之间的关系。

32. **简要回答** 一个新发现的能进行光合作用的生物体，细胞内没有由膜围成的细胞器，也没有肽聚糖。预测分类学家会将其划分到哪一个域。

33. **开放式回答** 写一段文字，说明你支持还是反对把细菌和古细菌包含在同一个域中。这将如何影响生命系统发生树？

批判性思维

34. **分析** 利用图17-12中的模型，推断真核生物域中哪三个界是从第四个界中进化而来的。

35. **与生物学相关的职业** 一位生物学家在实验室研究两组青蛙。它们看起来完全相同，杂交时能产生有繁殖能力的后代。然而，在自然界中，它们并不杂交，因为它们的繁殖期不同，活动范围也不重叠。利用物种的概念和物种形成的知识推断，它们是否应该被划分为同一物种？

总结性测评

36. **大概念** 亚里士多德把地球上的生物划分成两种。为什么从亚里士多德时代起分类系统就变得如此复杂？

37. 画一个进化树或种系发生树展示六界进化的顺序。解释你这样画的理由。

38. **科技写作** 假设在你家附近发现了一只蟋蟀。一位生物学家研究了你的发现之后，告诉你这只蟋蟀是一个新物种。写一段文字解释生物学家是如何推断出这只蟋蟀是一个新物种的。

DBQ 资料分析题

科学家一直在争论生物之间的进化关系。节肢动物类群被认为是左图表示的进化关系，但新的分子生物学证据表明右图表示的类群关系更准确。

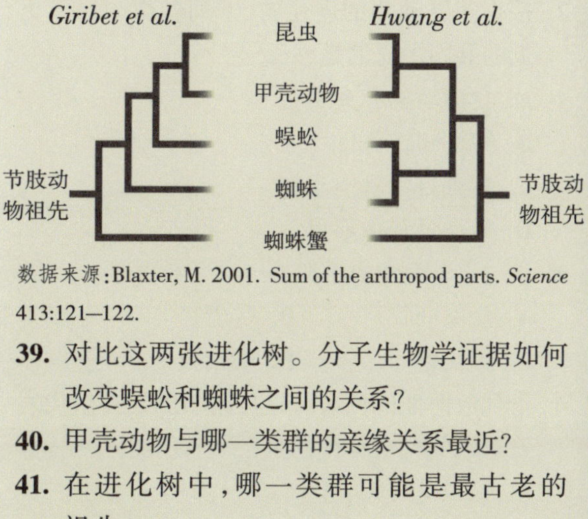

数据来源：Blaxter, M. 2001. Sum of the arthropod parts. *Science* 413:121–122.

39. 对比这两张进化树。分子生物学证据如何改变蜈蚣和蜘蛛之间的关系？

40. 甲壳动物与哪一类群的亲缘关系最近？

41. 在进化树中，哪一类群可能是最古老的祖先？

标准化测试

选择题

1. 下列数据表明尼安德特人不是现代人类的祖先的是(　　)。

   A. 尼安德特人和人类DNA的差异

   B. 从尼安德特人的墓地中获得的证据

   C. 与人类相比,尼安德特人的肌肉发达

   D. 尼安德特人灭绝的方式

利用下图回答第2题和第3题。

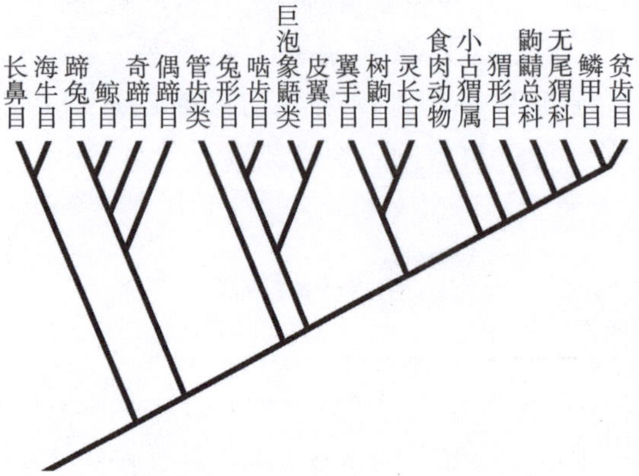

2. 根据哺乳动物的进化树,下列各组动物有更近的共同祖先的是(　　)。

   A. 食肉动物和翼手目

   B. 鲸目和蹄兔目

   C. 皮翼目和食肉动物

   D. 啮齿目和兔形目

3. (　　)与蝙蝠(翼手类)的亲缘关系更近。

   A. 食肉动物　　B. 贫齿目

   C. 灵长目　　D. 啮齿目

4. 下列放射性同位素可以被用于测定古生代岩石形成的特定年代的是(　　)。

   A. 铍-10(150万年)

   B. 碳-14(5715年)

   C. 钍-232(140亿年)

   D. 铀-235(7.04亿年)

5. 根据哈迪-温伯格定律,下列情况会打破遗传平衡的是(　　)。

   A. 某种鹿的大种群栖息在森林中

   B. 苍蝇种群内部个体随机交配

   C. 有花植物种群通常具有相同的天敌

   D. 一个鸟类的小种群在一个新岛屿聚居

利用下图回答第6题。

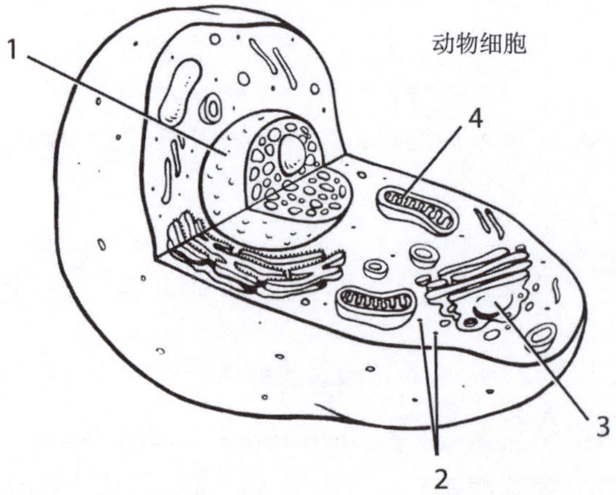

6. 上图中的结构含有细胞的遗传信息的是(　　)。

   A. 1　　B. 2

   C. 3　　D. 4

7. 下列属于痕迹结构的是(　　)。

   A. 人类的阑尾

   B. 鹿角

   C. 奶牛的复胃

   D. 蛇尾

8. 根据内共生理论,真核细胞的(　　)由原核细胞进化而来。

   A. 叶绿体

   B. 高尔基体

   C. 细胞核

   D. 核糖体

简答题

9. 列举在人类身上发现的三项灵长类的适应性特征，并解释每一特征如何与树栖生活关联。

10. 评价分子钟作为一种方法，在调查种系发生上所起的作用。

11. 根据进化过程，同源结构和同功结构有何不同？

12. 评价直立行走的益处。

13. 推断为什么亚里士多德只用两界对生物进行分类。

14. 评价发现露西化石的重要性。

15. 对比生物与非生物，如岩石的某项特征。

利用下图回答第16题。

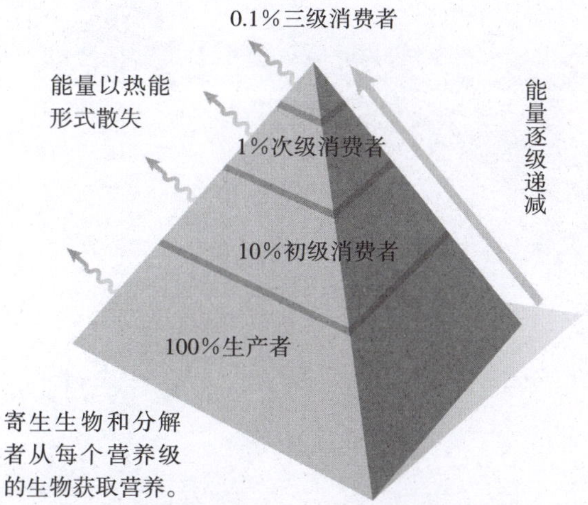

16. 从上一个营养级传来的能量有多少可以被下一营养级的生物利用？

开放题

17. 诱变剂如何导致由DNA链编码的蛋白质结构改变？通过蛋白质合成过程，追踪特定突变的影响。

18. 评价双名法的价值。

19. 为两个你预测有相似染色体特征的动物命名，并设计实验去检测它们的染色体是否相似。

论述题

为了确定不同生物类群的进化时间，科学家经常利用多种类型和来源的数据。把数据集中在一起，可以帮助科学家构建进化的历史。

20. 哪一类证据可以帮助科学家判断是细菌还是古细菌在地球上先进化出来？写一篇论文来证明需要收集哪些数据做判断。

考点提示																				
测试题号	1	2	3	4	5	6	7	8	9	10	11	12	13	14	15	16	17	18	19	20
对应章节	16.3	17.2	17.2	14.1	15.3	16.2	15.2	14.2	16.1	7.2	15.2	16.2	17.1	16.2	1.1	2.2	12.3	17.1	17.2	17.2, 17.3

第五单元

细菌、病毒、原生生物和真菌

内容提要

科学探究 显微镜和新技术的发展为科学家们研究古细菌、细菌、病毒、原生生物和真菌提供了技术保障。

多样性 生物具有惊人的多样性，可以用多种方法对古细菌、细菌、真菌和原生生物进行分类。

能量 尽管所有的古细菌、细菌、原生生物和真菌都利用有机物中的能量，但只有部分微生物能产生高能化合物。

稳态 生物体利用多种方法保持自身的稳态。

发展 科学家通过调查各种生物之间的异同来推断它们之间可能存在的系统发育关系。

第18章
细菌与病毒

第19章
原生生物

第20章
真菌

与生物学相关的职业

微生物学家研究微生物的生长和特点，研究范围包括细菌、病毒、原生生物和真菌。环境微生物学家专注于研究环境中的生物和化学污染物。

第18章

细菌与病毒

起步实验

动物细胞和细菌细胞有什么区别?

大家很熟悉动物细胞,那么,动物细胞和细菌细胞有何区别呢? 细菌是环境中最常见的生物。事实上,数以万计的细菌生活在你的体内和皮肤上。许多种类的细菌可以导致疾病。如何来区分你自己的细胞和细菌细胞呢?

步骤

1. 阅读并完成实验室安全表。
2. 使用复合光学显微镜观察动物细胞与细菌细胞。
3. 完成数据表,列出动物细胞与细菌细胞的相同点与不同点。

分析

1. **描述**动物细胞与细菌细胞。你注意到了什么?
2. **推断**动物细胞与细菌细胞是否具有生命。阐述理由。

折叠式
学习卡

利用给出的标签制作一本两页的书。请你利用它来整理学习病毒性传染病时的笔记。

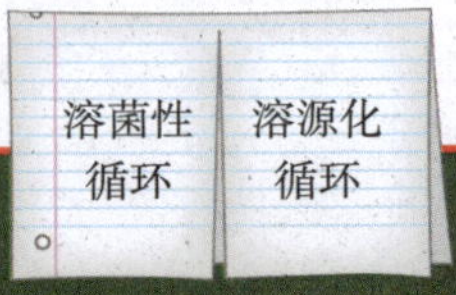

内容聚焦 生物多样性

原核生物是地球上种类最丰富的生物。

大概念 细菌是显微镜下可见的生物，病毒是能感染细胞的没有生命的大分子。

第1节

细　菌

本节预览

核心问题

- 古细菌和细菌的区别是什么？它们分别包括哪些亚类？
- 细菌在个体和群体水平上的生存方式有什么区别？
- 细菌对人类有哪些益处？

术语回顾

原核细胞：不包含任何具膜细胞器的细胞。

关键术语

细胞
拟核
荚膜
纤毛
二分体
接合
内生孢子

大概念　**原核生物多种多样，它们几乎无处不在。**

联系实际　酸奶、奶酪和脓毒性咽喉炎的共同特点是什么？或许你会奇怪，食物和疾病怎么会有共同点，实际上它们都是细菌作用的结果。

原核生物的多样性

许多科学家认为，地球上出现的第一类生物是形体微小、单细胞的原核生物。现在，原核生物是地球上数量最多的生物，从深海到高山都可以发现它们的身影。在严酷的环境下，例如，在硫黄矿温泉和大盐湖中，只有某些原核生物能存活。

所有的原核生物都曾经被归为一类——原核生物界，因为它们都没有细胞核及具膜细胞器。然而，现代研究表明，不同的原核生物之间也存在着很大的差异。现在，科学家将原核生物分为两个域——细菌域与古细菌域。**细菌（bacteria）**（又称真细菌）是属于细菌域的原核生物。细菌无处不在，它们对人体、工业和食物生产都有着非常重要的作用。古细菌（之前被称为原始细菌）生存在极端的环境中，有时被称为极端微生物。科学家发现古细菌与真核细胞有一些相似之处，例如，它们都有胞质蛋白和组蛋白。**图 18–1** 展示了两个域中的典型代表。

■ **图 18–1**　古细菌与最早出现在地球上的生命形式类似。

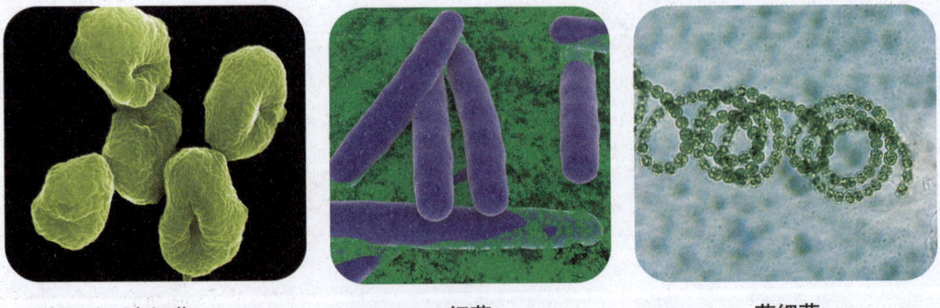

古细菌　　细菌　　蓝细菌

大盐湖

温泉

细菌 细菌是人们研究最多的生物，除了一些古细菌生活在极端环境外，它们几乎无处不在。细菌具有由肽聚糖组成的强大的细胞壁。某些细菌还有另外一种细胞壁，这一点可以用来区分不同的细菌。此外，某些细菌可以进行光合作用，如**图18-1**所示的蓝细菌。

古细菌 在一些极端环境下，其他生物难以生存，古细菌却占优势。一些被称作嗜热嗜酸菌的古细菌生存在高温、强酸性环境下，例如，**图18-2**中的硫黄温泉，还有的生活在海底的热泉口或火山周围。这些古细菌生长在温度高于80℃、pH为1～2的环境中。一些古细菌在温度低于55℃时无法存活。许多古细菌是专性厌氧菌，也就是说，它们会伴随着氧气的出现而死亡。

另外一种古细菌被称作嗜盐菌，它们生活在含盐量高的环境中。人体细胞中盐浓度为0.9%，海洋的平均盐浓度是3. 5%，**图18-2**显示的大盐湖，其盐浓度高于15%。嗜盐菌能适应高盐环境，它们通常是好氧菌。一些嗜盐菌具有独特的光合作用系统，这套系统是由非叶绿素蛋白组成的。

产甲烷菌是另外一种古细菌。它们是专性厌氧菌，不能在含氧的条件下生存。它们在呼吸时，利用二氧化碳并将甲烷作为废料排出。产甲烷菌多生活在污水处理厂、沼泽地、泥塘和火山口附近。一些产甲烷菌生活在人类和动物的胃肠道中，消化道中产生的气体就是它们的功劳。

细菌和古细菌的区别 细菌和古细菌之间存在着很多差异，所以把它们分为不同的域。基于这种分类，细菌和古细菌不同，而且它们也不同于真核细胞。不同之处包括：细菌细胞壁含有肽聚糖，而古细菌细胞没有；质膜中的脂质不同；它们的核糖体蛋白和RNA不同。古细菌的核糖体蛋白与真核细胞的核糖体蛋白相似。

■ **图18-2** 古细菌域的某些生物可以在严酷的环境下生存，例如，黄石国家公园中的硫黄温泉和犹他州的大盐湖。

识别 *还有哪些生存条件恶劣的地方能发现古细菌。*

■ **图18-3** 原核生物具有完成各项生命活动必不可少的结构。

对比与比对 *细菌和真核细胞在结构上有什么不同?*

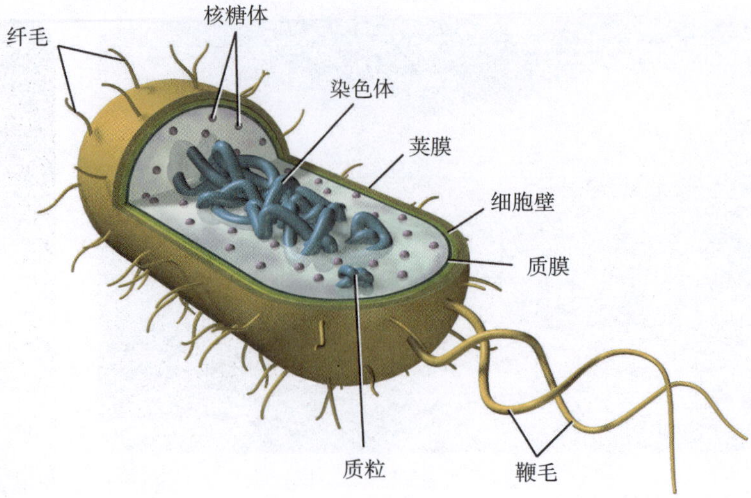

原核生物的结构

原核生物是微小的单细胞生物,具有所有细胞的共性特征,例如,具有DNA和核糖体。但是,它们没有核膜和具有膜结构的细胞器。虽然原核细胞十分微小,并且没有具膜结构的细胞器,但是它具有完成所有生命活动必需的结构。原核细胞的结构如**图18-3**所示。

染色体 原核生物的染色体不同于真核生物的染色体。原核生物的基因位于一条大型环状染色体上,其所在的区域被称为**拟核区(nucleoid)**。许多原核细胞还至少含有一个被称作质粒的小型环状DNA。

荚膜 一些原核生物在细胞壁周围分泌一层多聚糖,形成**荚膜(capsule)**,如**图18-3**所示。荚膜具有重要的功能,包括防止细胞失水干燥和帮助细胞黏附在环境介质表面,还可以阻止细菌被白细胞吞噬以及防止抗生素对细菌的影响。

纤毛 一些细菌的外表面具有纤毛结构。**纤毛(pili)**是由蛋白质构成的亚显微毛状结构。纤毛可以帮助细菌黏附在接触表面,也可以作为细胞间的桥梁。复制的质粒能够通过纤毛来传递,从而将新的遗传特征提供给某些原核细胞。这是细菌之间传递对抗生素抗性的一种方法。

■ **图18-4** 比较大小:人类面颊细胞远比人类口腔里的细菌大。

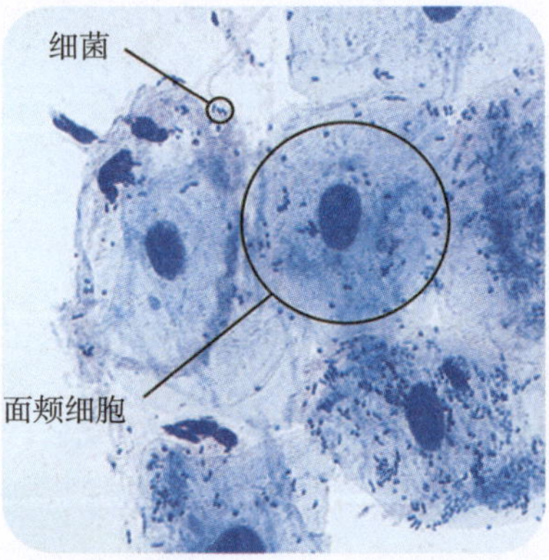

尺寸大小 当用一台典型的光学显微镜观察时,即使被放大400倍,原核细胞仍然很小。典型的原核细胞只有1~10微米长,0.7~1.5微米宽。**图18-4**展现了一个人类口腔细菌细胞和一个人类面颊细胞。注意观察细菌细胞和邻近的面颊上皮细胞的相对大小。

微小细胞拥有更大的、更有利的表面积与体积比。因为原核细胞过于微小,所以细胞需要的营养和其他物质可以很容易地分配给细胞的所有部分。

原核生物的特点

与其他种类的生物一样，人们现在可以利用分子技术来识别原核生物。通过对比DNA，可以判断生物的系统发育关系。科学家曾利用细菌的外形、细胞壁的成分和运动方式作为标准来判断原核生物的类型。

外形 原核生物有**图18-5**中所示的三种基本形态。球形或圆形的原核生物称为球菌，杆状的原核生物称为杆菌，螺旋状或是螺旋纹形的原核生物称为螺旋菌。

细胞壁 科学家可以根据细胞壁成分区分不同的细菌。所有细菌的细胞壁中均含有肽聚糖。肽聚糖由二糖和肽片段组成。生物学家通过染色将细菌分为两种主要类型，一种有外层脂质，另一种没有外层脂质，这叫作革兰氏染色法。

一类细菌含有大量肽聚糖，染色后呈现深紫色，这类细菌被称为革兰氏阳性菌。另一类细菌具有脂质层和少量肽聚糖，染色后呈现浅粉色，这些细菌被称为革兰氏阴性菌。由于一些抗生素是通过作用于细菌细胞壁发挥作用的，因此，医生需要知道疑似致病菌的细胞壁类型，从而判断应该使用哪种抗生素。

运动 虽然一些原核生物是固定不动的，但是有些原核生物可以通过鞭毛运动。原核生物的鞭毛由微丝构成，而真核生物的鞭毛由微管组成。鞭毛帮助原核生物向光照充足、富含氧气、富含糖和氨基酸的地方移动，利于它们生存。另外一些原核生物可以分泌一层黏液，在黏液中滑行移动。

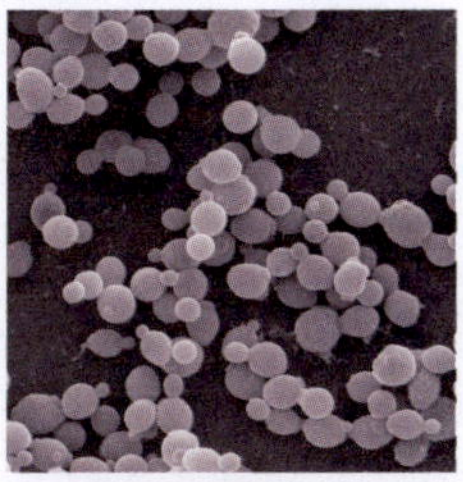

球菌

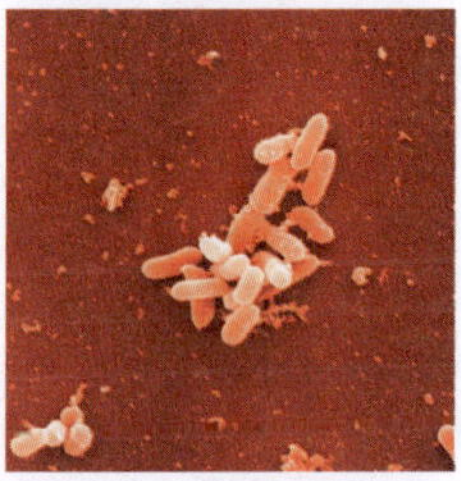

杆菌

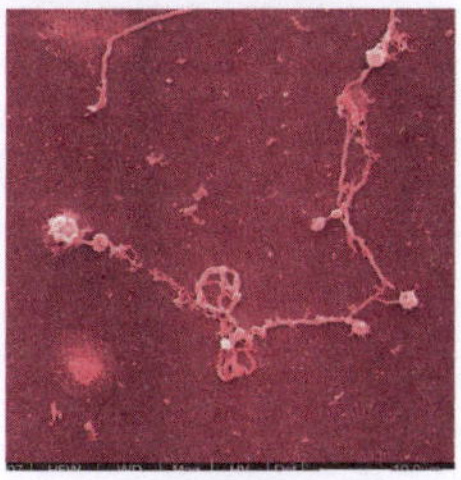

螺旋菌

图18-5 原核生物的三种基本形态：球菌、杆菌、螺旋菌。

迷你实验

给细菌分类

哪些类型的特征可用于细菌分类？ 通过染色，细菌可以呈现出细胞壁中肽聚糖的差异。基于细胞壁成分的不同，细菌被分为两大类。

步骤

1. 阅读并完成实验室安全表。
2. 为了展现细菌细胞壁的差异，选择四种不同的细菌染色切片。标注出切片中细菌的名称以及细菌具有较厚的还是较薄的肽聚糖层。
3. 利用显微镜观察这四种切片。
4. 在数据表格中记录所有的观察结果，包括细胞的颜色。

分析

1. **分析数据** 基于你的观察，对如何区分这两类细菌做一个假设。
2. **描述**在切片中观察到的两种不同细菌的形态。

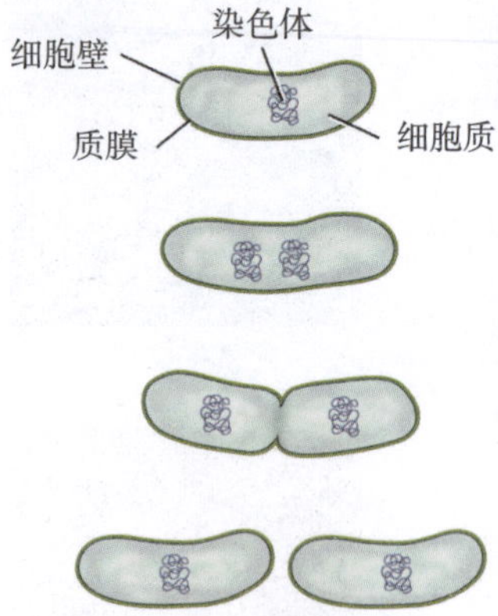

二分裂

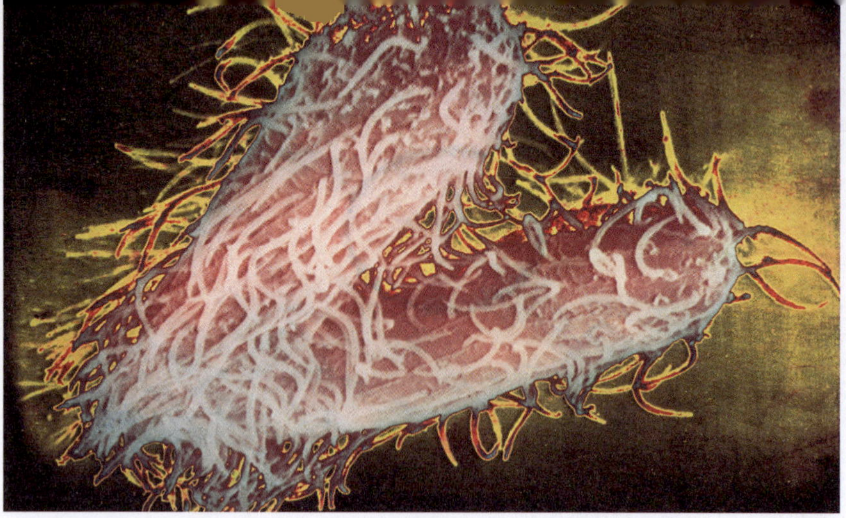

接合

■ **图 18-6** 原核生物通过二分裂进行无性繁殖。接合是原核生物交换遗传物质的方法。

分析 *上图中哪一种繁殖方式交换了遗传信息？*

原核生物的繁殖

大多数原核生物通过无性繁殖进行生殖，如**图 18-6**所示。**二分裂(binary fission)**是将一个细胞分裂成两个遗传物质组成上完全相同的细胞。在这个过程中，原核细胞的染色体进行复制，原有的染色体和新复制的染色体发生分离。随后，细胞通过拉伸变得更大，形成新的质膜和细胞壁，将亲代细胞分成两个完全相同的子细胞。在理想的环境条件下，这个过程进行得很快，大约每20分钟发生一次。最适条件下，一个细菌可以在短短10个小时之内通过二分裂变成100万个细菌。

一些原核生物以**接合(conjugation)**的方式繁殖，接合是指两个原核生物互相黏附与交换遗传信息。如**图 18-6**所示，纤毛对两个细胞的接合起着非常重要的作用，一个细胞可以通过纤毛向另一个细胞转移遗传物质。这样的方式形成了新的基因型并且增加了原核生物种群的遗传多样性。

原核生物的新陈代谢

厌氧型原核生物在生长和新陈代谢时不需要氧气。专性厌氧菌在有氧的条件下不能存活和生长，它们通过发酵来获取能量；兼性厌氧菌不论有无氧气都能够生长；专性需氧菌生存需要氧气。除了通过利用氧气的方式对原核生物进行分类外，如何通过细胞呼吸或发酵获取能量也是一种分类方法，如**图 18-7**所示。

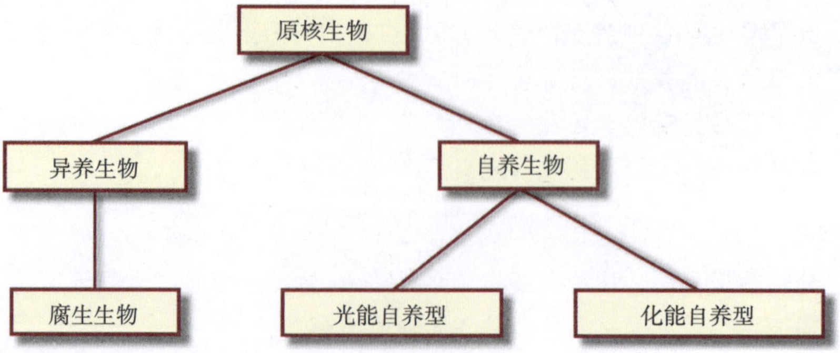

■ **图 18-7** 根据原核生物获取有机营养和能量的方式进行分类。异养型细菌也可能是腐生生物，自养型生物包括光能自养型和化能自养型两种类型。

异养型生物 一些原核生物为异养型生物，它们不能合成自身所需的营养物质，而必须从养料中获取。许多异养型细菌是腐生生物，或者说是腐生菌。它们通过分解已死亡的生物或者有机废物中的有机分子获取能量。

光能自养型生物 一些细菌是光能自养型生物，它们可以用类似于植物的方式进行光合作用。这些细菌必须生活在浅水塘或河流等光照充足的地方，合成有物并将其作为食物。

科学家曾经认为，这些微生物是真核生物，并把它们称作蓝藻。后来，人们发现它们是原核生物，并重新命名为蓝细菌。从生态学角度看，这些类似于植物的细菌十分重要，因为它们处于某些食物链的最底端并向环境中释放氧气。蓝细菌被认为是大约30亿年前最早向早期地球大气层释放氧气的生物群体。

化能自养型生物 化能自养型细菌不需要光照提供能量，它们分解并释放含氮或硫的无机化合物，如氨气和硫化氢，此过程称为化能合成作用。某些化能自养型生物对于生态系统十分重要，因为它们维持了生态系统中氮气和其他无机化合物的平衡。

学习小贴士

摘要 总结段落摘要，强调原核生物的多样性、繁殖方式及其重要性。

细菌的存活

如果细菌的生存环境变得不适宜，那么它们将如何存活呢？它们拥有几种机制可以让自身在缺水、极端温度变化、养料缺乏等严酷的环境下生存。

内生孢子 在严酷的环境条件下，一些种类的细菌会产生一种名为**内生孢子（endospore）**的结构。引发炭疽病、食物中毒和破伤风的细菌就是产生内生孢子的范例。一个内生孢子可以被当作一个休眠细胞。内生孢子可以抵御严峻的环境，能够在极热、极寒、干燥和大量紫外线辐射的环境下存活。

如**图18-8**，当一个细菌暴露于严酷的环境中，一个芽孢壳包裹着细菌染色体和部分细胞质。细菌自身可能死亡，但是会留下内生孢子。当环境条件再一次变得适宜时，内生孢子便会萌发，成长为新的细菌。内生孢子可以长期存活。由于一个细菌细胞通常只产生一个内生孢子，这被认为是一种生存机制，而不是一种繁殖方式。

图18-8 内生孢子可以在极端环境下生存。

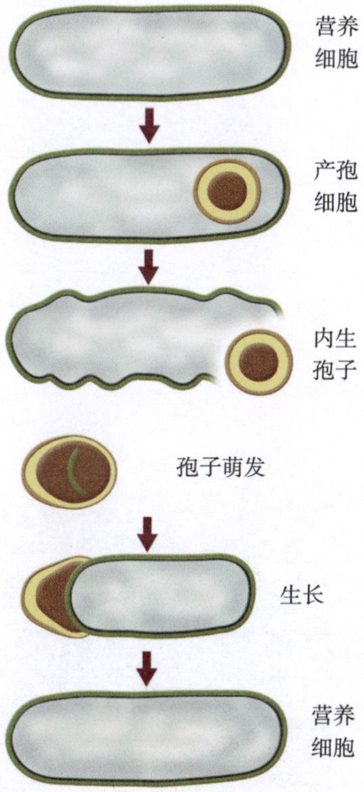

基因突变 如果环境改变而细菌无法很好地适应新环境，细菌就可能灭绝。由于细菌繁殖速度快、数量增加快，而且能以基因突变的形式帮助细菌适应变化的环境从而生存下来。基因突变，即DNA序列改变或DNA序列发生随机错误，会引起新基因、新基因型、新性状和遗传多样性的发生。一旦环境发生改变，种群中的某些细菌可能具有适宜的基因型，允许它们生存和繁殖。从人类的角度来看，这会导致一些问题，例如，细菌产生耐药性，从而引发难以治愈的疾病。

与生物学相关的职业

食品科学家 食品科学家帮助我们保持食物的味道、色泽、质地、营养水平和安全性。他们检测食品中营养物质的含量和细菌等有害生物的存在。

细菌生态学

提及细菌，人们就会立即想到致病菌或者疾病。大多数细菌不会致病，而且许多细菌对人类是有益的。事实上，可以说人类需要依靠细菌才能生存，因为细菌能使土壤肥沃、参与物质循环、保护机体以及帮助生产食品和药品。

物质循环和固氮作用 回顾营养物质在生态系统中的循环。一些生物体从死亡生物的细胞和组织中获取能量，成为分解者或者食腐者。腐生生物是分解者，向环境中返还至关重要的化学物质。如果没有物质循环，所有维持生命所必需的原料会被耗尽。如果没有固氮作用，植物生长就需要更多肥料。

链接 化学 所有的生命形式都需要氮。氮是氨基酸（构建蛋白质的基础原料）的主要成分之一，合成DNA和RNA也需要氮。地球上的大部分氮元素都以大气中氮气（N_2）的形式存在。某些类型的细菌可以直接利用氮气。这些细菌体内含有一类酶，在其催化下能发生固氮作用，将氮气转化成含氮化合物。一部分固氮菌生活在土壤中。

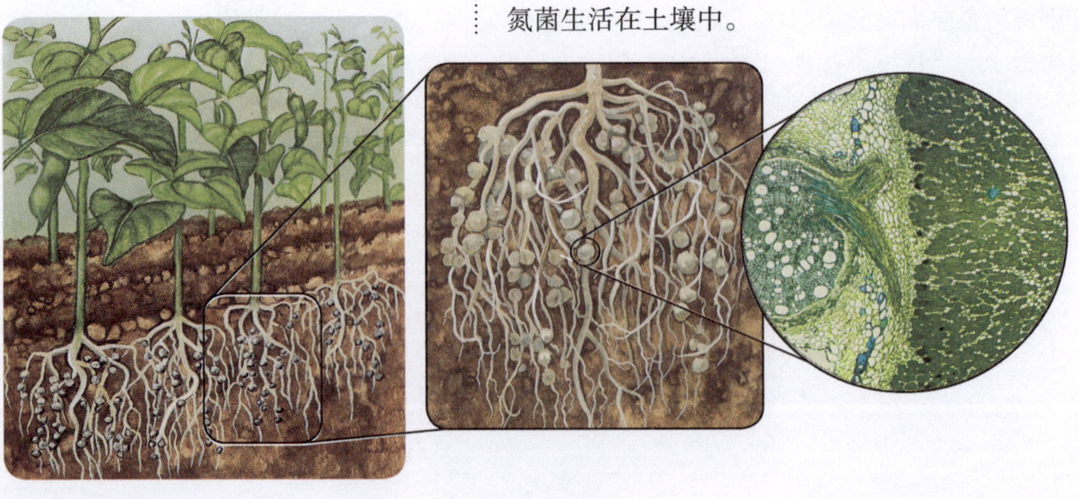

■ **图18-9** 植物根部结节中的固氮细菌能够将空气中的氮气转化成植物能够利用的含氮化合物。

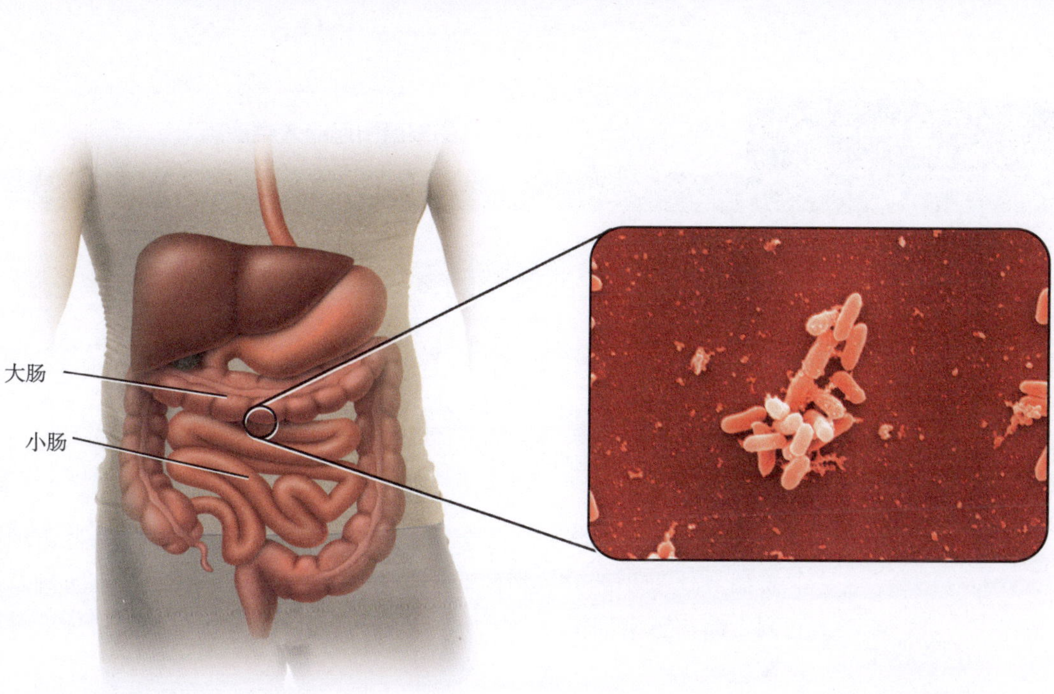

■ **图 18–10** 生活在肠道中的大肠杆菌对人类的生存非常重要。

一些固氮细菌生长在大豆、三叶草、苜蓿等植物的根瘤中，与这些植物形成共生关系。这些细菌将大气中的氮转化成一种植物可以利用的含氮化合物的形式，然后植物从土壤中吸收氨（NH_3）和其他形式的氮。这些植物在食物链的底端，其他生物通过食用它们来获取氮。**图 18–9** 所示为生长在植物根瘤中的固氮菌。

正常菌群 人的体内和体外均有细菌存在。大多数生活在体内和体外的细菌都是无害的，这些被称作正常菌群。正常菌群对于人体来说十分重要。通过在机体中生活和繁殖，它们与有害细菌进行竞争，并防止有害菌群大量增殖而导致疾病。

大肠杆菌存在于人体肠道中，如**图 18–10** 所示。某些种类的大肠杆菌会引起食物中毒。人类和其他哺乳动物消化道中的大肠杆菌是无害的，它们对人类的生存非常重要。人体内的大肠杆菌产生维生素 K，可以被人类吸收并用于凝固血液。在这种共生关系中，人类给大肠杆菌提供了生存所需的温暖环境和养分。作为回报，细菌为人类提供了必需的维生素。

食品和药物 回忆你前几天都吃了一些什么。你吃比萨了吗？三明治呢？其实奶酪、酸奶、乳酪和泡菜，以及其他的食物都是在细菌的作用下制作出来的。

细菌甚至被用于巧克力的生产。虽然你所食用的巧克力上并没有细菌，但是在可可的生产过程中，细菌被用于分解可可豆的外壳。除此之外，细菌也被用于维生素的商业生产中，如维生素 B12 和维生素 B2。

细菌在医学研究中十分重要。尽管某些细菌会引发疾病，但是另一些可以用于防治疾病。例如，链霉素、杆菌肽、四环素和万古霉素等最常用的抗生素，都是由细菌产生的。

阅读检测 **描述**细菌对人类有益的方面。

表18-1	由细菌引起的人类疾病
类型	疾病
性传播疾病	梅毒、淋病
呼吸道疾病	脓毒性咽喉炎、肺炎、百日咳、肺结核、炭疽
皮肤疾病	痤疮、疗疮、伤口或烧伤感染
消化道疾病	肠胃炎、多种食物中毒、霍乱
神经系统疾病	肉毒杆菌中毒、破伤风、细菌性脑膜炎
其他疾病	莱姆病、伤寒症

致病细菌 只有少部分细菌会导致疾病。**表18-1**中列举了一些由细菌引起的疾病。这一小部分致病菌通过两种方式致病。一些细菌在防御系统消灭它们之前在感染部位迅速繁殖。一旦严重感染，细菌就会向身体的其他部位扩散。

另外一些细菌通过分泌毒素或者其他有害物质而引起疾病。引发肉毒杆菌中毒的细菌能够分泌一种毒素，这种毒素能使神经系统细胞麻痹。引起蛀牙的细菌利用口腔中的糖获取能量，分泌出酸性物质腐蚀牙齿。

同样的，细菌也能使大部分植物致病。当农作物被细菌感染后会破坏大片农作物，并且会对当地的生态系统有着长远的影响。例如，柑橘溃疡病（一种由细菌引起并能导致柑橘死亡的疾病）严重地影响了佛罗里达的柑橘作物，因而促使根除计划的实施。

第1节 测评

要点梳理

- 许多科学家认为原核生物是地球上的第一种生物。
- 原核生物有两个域。
- 大多数原核生物对人类是有益的。
- 原核生物具有多样化的生存机制。
- 一些细菌能够致病。

要点理解

1. 主要概念 **画示意图**表示细菌。
2. **讨论**分类学家将原核生物分为两个域而不是一个类别的逻辑依据。
3. **解释**细菌分别在个体和种群水平的生存机制。
4. **列举**细菌有益于人类的三个例子。

批判性思维

5. **分析**为什么相比植物和动物来说，生物学家更难理解原核生物的多样性。

生物中的 数学

6. 设想一下，在今天下午1点，一个沙门氏菌落在你家厨房里的土豆沙拉上。假设你家的厨房为细菌的生长提供了一个最理想的环境，那么在下午3点会有多少个细菌出现？

第2节

本节预览

核心问题

- 病毒的结构一般是什么样的？
- 裂解循环、溶源化循环和逆转录有什么相似点和不同点？
- 朊病毒的结构、复制和功能与其致病能力有什么关系？

术语回顾

蛋白质：由碳、氢、氧、氮和硫组成的分子量大的复杂聚合物。

关键术语

病毒
衣壳
溶菌性循环
溶源化循环
逆转录病毒
朊病毒

病毒与朊病毒

主要概念 病毒和朊病毒比细菌更小、结构更单一，它们侵染细胞并能改变细胞的功能。

联系实际 “这是一个流感流行的季节”“1918年的西班牙流感使数百万人丧生”“报道新的SARS(俗称非典)事例”“患H1N1流感的人数增加”——头条新闻讲述了在全球范围传播的疾病。这些疾病有什么共性？它们都是由病毒引起的。

病毒

尽管一些病毒没有危害性，但是众所周知，某些病毒能侵染和伤害生物体。**病毒(virus)**是由蛋白质外壳和包裹其中的遗传物质组成的非生命体。很多生物学家认为，病毒没有生命，因为它们独立存在时不体现任何生命特征。病毒没有吸收养分和利用能量的细胞器，不能制造蛋白质，不能移动也不能独立复制。由病毒引起的人类疾病，如**表18-2**所示。除某些细菌能引起性传染疾病外，部分病毒也能引发性病，如生殖器疱疹和AIDS(艾滋病)。这些病毒可以通过性传播。目前还没有特效药和疫苗来阻断这些病毒所引发的疾病。

病毒的大小 病毒是目前已知的最小致病结构。因此，对病毒的研究需要借助电子显微镜。大多数病毒的大小在5—300纳米(1纳米是十亿分之一米)。

表18-2	由病毒引起的人类疾病
类型	疾病
性传播疾病	艾滋病、生殖器疱疹
儿童疾病	麻疹、腮腺炎、水痘
呼吸道疾病	普通感冒、流行性感冒
皮肤疾病	疣、带状疱疹
消化道疾病	肠胃炎
神经系统疾病	脊髓灰质炎、病毒性脑膜炎、狂犬病
其他疾病	天花、肝炎

■ **图18-11** 病毒有几种不同的排列方式，但是所有的病毒至少由两部分构成：蛋白质衣壳和遗传物质。

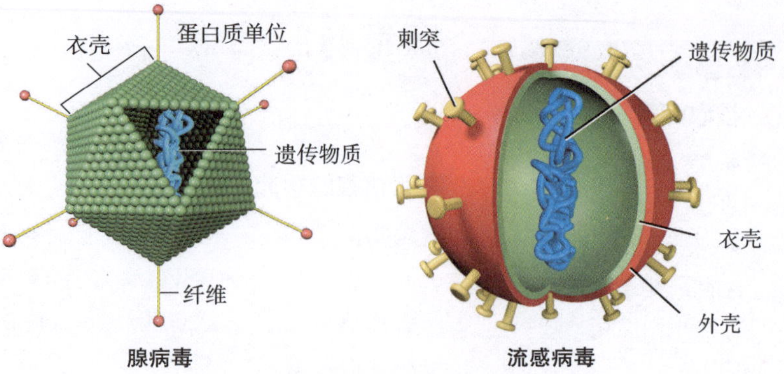

与生物学相关的职业

病毒学家 病毒学家研究病毒的进化史和它们所导致的疾病。大多数病毒学家要花费大量时间在实验室中进行实验。

病毒的起源 虽然人们目前并不清楚病毒的起源，但是科学家提出了几种关于病毒进化的假说。目前公认的最可能的假说是病毒来源于细胞。科学家发现病毒的遗传物质类似于细胞中的基因。这些基因一定程度上会提升病毒在细胞外生存的能力。

病毒的结构 **图18-11**所示是腺病毒、流感病毒、噬菌体和烟草花叶病毒的结构。腺病毒感染会引发普通感冒，流感病毒能够引起流行性感冒，侵染细菌的病毒称为噬菌体，烟草花叶病毒会导致烟叶感染疾病。所有病毒的外层都由蛋白质组成，称作**衣壳（capsid）**。遗传物质在衣壳内，可能是DNA或RNA，但是不能同时包含以上两种核酸。一般情况下，可以根据病毒含有的核酸种类对其分类。

阅读检测 **画出**病毒的一般结构。

■ **图18-12**
天花的历史
尽管天花已被完全根除，但它是人类历史上极为重要、死亡率极高的疾病。

公元前**1157**年
天花杀死了埃及法老拉美西斯五世。在此之前的两个世纪，埃及囚犯在被叙利亚的希泰族抓住时，第一次患上了天花。

公元前**243**年
一场可怕的传染病席卷了中国。入侵中国的匈奴人携带有天花，这种病被称为"匈奴瘟疫"。

0 1000 1500

1017年
一位中国人向人们介绍轻症天花以实施免疫（天花接种）。

1519年
赫南多·科特斯和他的船员将天花传播至墨西哥，结果导致大批阿芝台克人死亡。

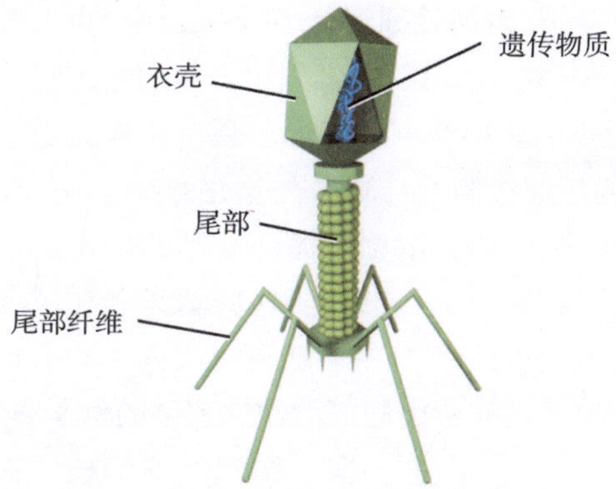

噬菌体

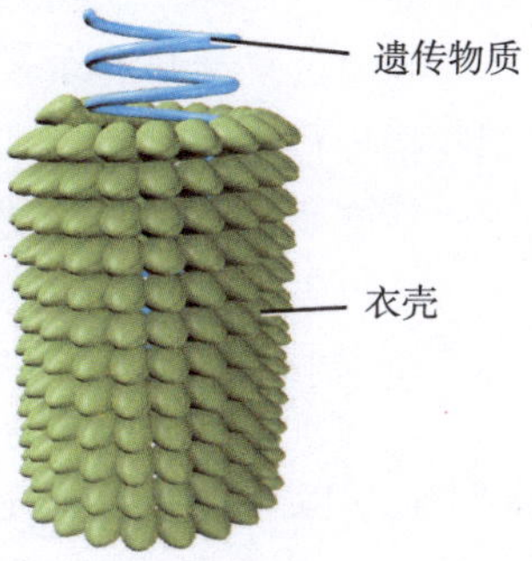

烟草花叶病毒

链接 历史

导致天花的病毒是一种DNA病毒。天花在人类社会肆虐了数千年。由于一个疫苗接种项目的实施，全球已经成功根除了这种疾病，目前常规的天花疫苗接种已经停止。**图18-12**展示了人类发现天花病毒和接种天花疫苗的历史。

病毒性感染

病毒必须进入宿主细胞内才能进行复制。它们利用位于宿主细胞的质膜上的特异性受体黏附在宿主细胞上。不同种类的病毒有不同的受体，这些受体分别位于不同生物的质膜上。这就解释了为什么许多病毒在不同物种之间不能传播。

当一个病毒成功地附着在一个宿主细胞上以后，病毒的遗传物质就会进入宿主细胞的细胞质中。在某些情况下，病毒会整体进入宿主细胞，然后蛋白质衣壳迅速裂解，释放出遗传物质。病毒会利用宿主细胞进行溶菌性循环或溶源化循环进行复制。

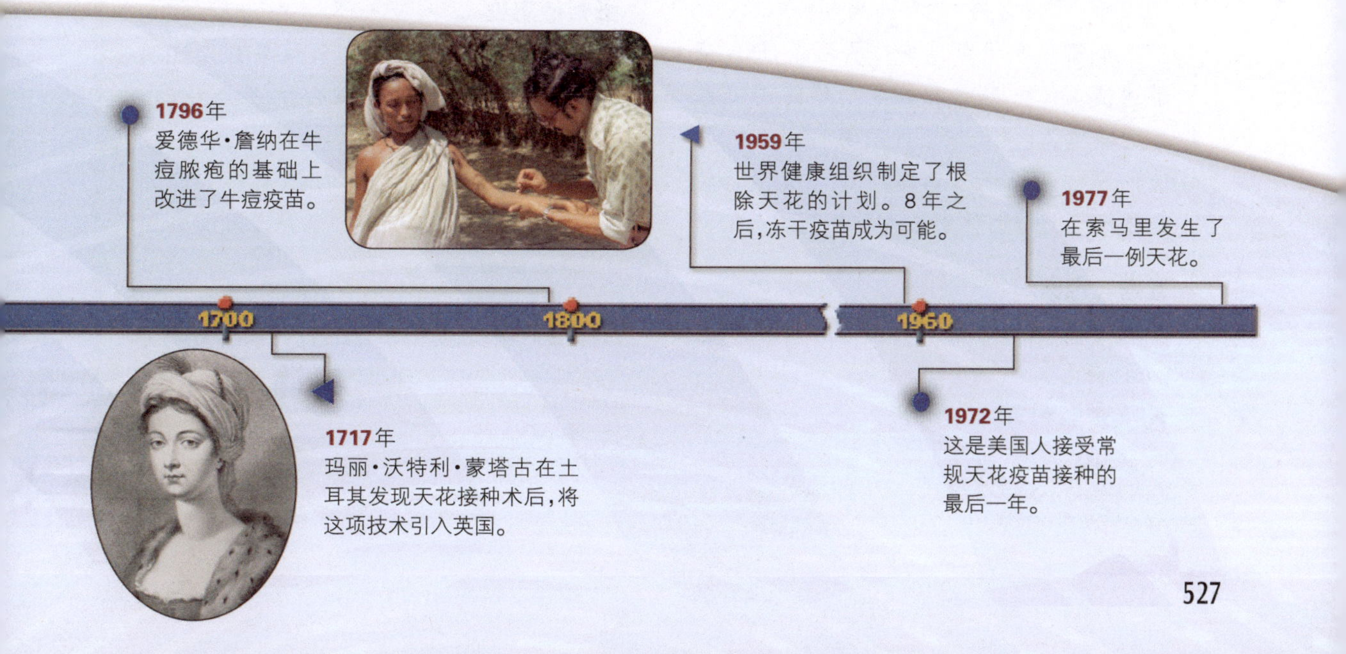

溶菌性循环 如**图18-13**所示，在**溶菌性循环(lytic cycle)**中，宿主细胞通过复制产生许多病毒的RNA或DNA。病毒利用自身的遗传物质指导宿主细胞产生其复制所需的蛋白质衣壳和酶。蛋白质衣壳围绕新产生的病毒核酸进行组装。通过胞吐作用或将宿主细胞裂解，释放出新病毒，进而感染其他细胞。通过溶菌性循环复制的病毒通常会引起活动性感染。活动性感染一般十分迅速，这就意味着在被病毒感染后的1～4天内由病毒引起的疾病症状就会表现出来。普通感冒和流行性感冒就是由广泛传播的病毒引起的活动性感染的例子。

折叠式学习卡

将本节信息整理到折叠式学习卡中。

溶源化循环 另外一些病毒的DNA会进入宿主细胞的细胞核。在**图18-13**所示的**溶源化循环(lysogenic cycle)**中，病毒的DNA插入或整合到宿主细胞的染色体中。一旦发生整合，被侵染的细胞就会永久携带病毒基因。病毒基因可以潜伏数月或数年。在未来的某一时刻，病毒基因可能会被多种因素激活，激活作用会导致溶菌性循环发生。病毒基因引导宿主细胞内合成更多的病毒，通过胞吐作用或将宿主细胞裂解，新病毒被释放出来。

许多引发疾病的病毒都要进行溶源化循环，I型单纯疱疹病毒就是一个例子。这种病毒通过口腔传播，唇疱疹是一种感染症状。当病毒的DNA进入细胞核时，它是惰性的。当身体、情感、环境出现压力时，疱疹基因被激活并出现病毒的产物。

数据分析实验

基于真实的数据*

病毒感染模型

蛋白质和DNA，谁是遗传物质？

1952年，阿佛雷德·赫希和玛莎·蔡斯设计了一个实验来研究是蛋白质还是DNA携带遗传信息。赫希和蔡斯用磷的同位素标记噬菌体(侵染细菌的病毒)的DNA，用硫的同位素标记噬菌体的蛋白质。然后让被标记的噬菌体感染大肠杆菌。

数据与观察

- 至少有80%含硫蛋白质留在宿主细胞的表面。
- 大多数病毒的DNA进入宿主细胞进行侵染。
- 在宿主细胞内复制之后，30%或者更多病毒带有放射性磷。

批判性思维

1. **分析并得出结论** 实验结果可以证明哪个是遗传物质，蛋白质还是DNA？做出解释。
2. **推断** 如果蛋白质和DNA都进入了细胞，这些数据是否对回答赫希和蔡斯提出的问题有帮助？

*数据来源：Hershey, A. D. and Chase, M. 1952. Independent functions of viral protein and uncleic acid in growth of bacteriophage. *Journal of General Physiology* 36:39–56.

图解病毒复制过程

图 18–13

在溶菌性循环中，病毒全部的复制过程都发生在细胞质中。病毒的遗传物质进入细胞，在细胞质内复制病毒的RNA或DNA。病毒的基因指导宿主细胞产生蛋白质衣壳并组装成新的病毒颗粒。新的病毒会离开细胞。

在溶源化循环中，病毒的DNA会嵌入宿主细胞的染色体中。许多时候，基因激活会滞后。然后病毒的DNA指导宿主细胞产生更多病毒。

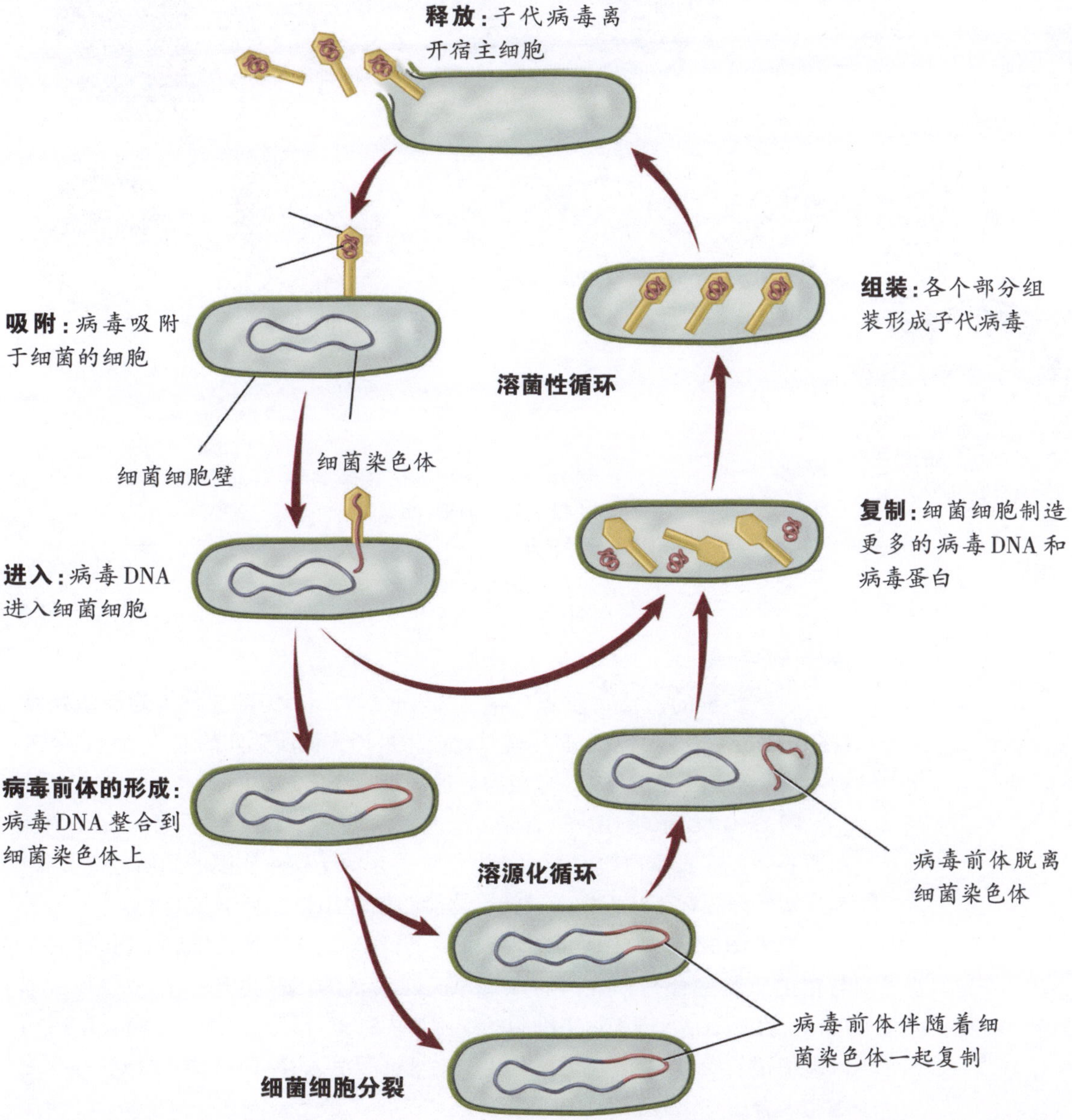

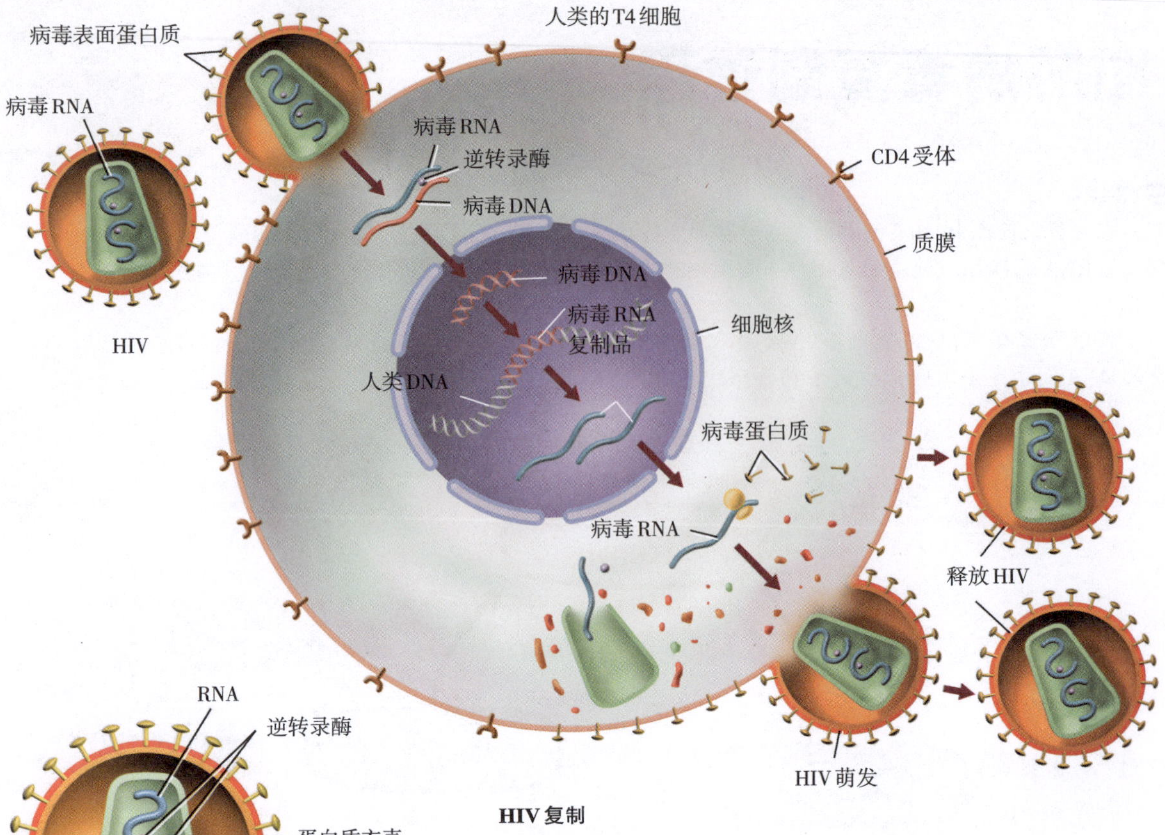

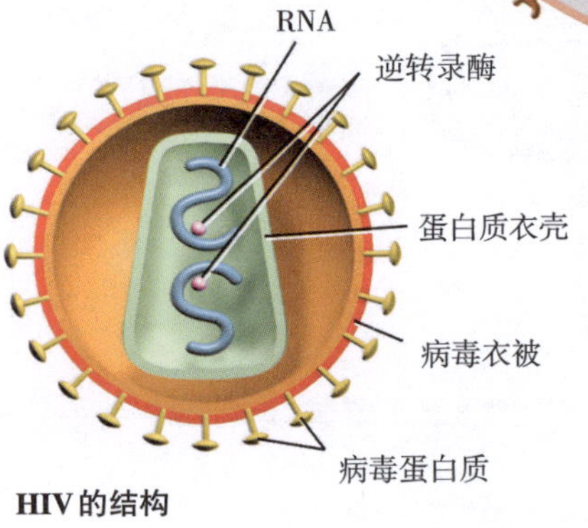

■ **图18-14** HIV是逆转录病毒，其遗传物质和复制循环过程不同于DNA病毒。

逆转录病毒

一些病毒的遗传物质是RNA而非DNA。RNA病毒被称为**逆转录病毒（retrovirus）**，它们的复制循环相对复杂。最为人们所熟知的逆转录病毒是人类免疫缺陷病毒（HIV）。一些可致癌的病毒也属于这类病毒。

图18-14所示是HIV的结构。像所有病毒一样，逆转录病毒具有一个蛋白质衣壳。病毒蛋白质衣壳的外围包裹着来源于宿主质膜的脂质包被，RNA和逆转录酶存在于病毒中。逆转录酶能够催化RNA反转录成DNA。

参考**图18-14**中HIV的复制循环。当HIV黏附在宿主细胞上时，病毒会与宿主质膜融合并释放出病毒RNA。逆转录酶用病毒RNA作为模板合成DNA。然后，DNA进入宿主细胞的细胞核内并整合到染色体上。病毒DNA可以潜伏很长一段时间，直至被激活。一旦被激活，病毒DNA迅速表达，在宿主细胞内合成并组装新的HIV病毒。

朊病毒

朊病毒(prion)是一种能够引起感染或疾病的蛋白质,也被称为蛋白质感染颗粒。在过去的很长时间,由朊病毒引起的疾病都未被研究清楚。直到1982年,斯坦利.普鲁西纳第一次确认,有传染性的颗粒是一种蛋白质,朊病毒才被人们所了解。

正常形态的朊病毒本身就在细胞中,虽然目前它们的功能还没有被解释清楚。正常的朊病毒形状类似线圈。当编码这些蛋白质的基因发生突变时,导致蛋白质发生错误折叠。突变的朊病毒形状就像是折叠了多次的纸。与朊病毒基因突变有关的疾病被统称为传染性海绵状脑病(TSE),包含疯牛病、人类患的克雅氏病(CJD)、羊瘙痒症以及麋鹿患的慢性消瘦病。

朊病毒感染 **图18–15**所示是一个正常大脑和被朊病毒侵染了的大脑的比较图。科学家惊奇地发现,朊病毒错误折叠产生的蛋白质会导致正常蛋白质发生突变。这些朊病毒侵染并破坏大脑的神经细胞,最终在大脑中造成海绵状脑病。

20世纪80年代中期,科学家在英国发现了一种新型克雅氏病(CJD)——新型克雅二氏病(nvCJD)。虽然科学家在该病的来源上并未达成一致意见,但其中最具主导性的假说是该病原体来源于牛。人们在牛的大脑和脊髓中发现了异常的朊病毒。该假说提出,如果在屠宰牛的过程中切断脊髓,朊病毒就会侵染牛肉并传递给食用牛肉的人。虽然这种传播方式并不被认可,但是美国政府从别国进口牲畜肉时,仍然采取非常严格的标准。

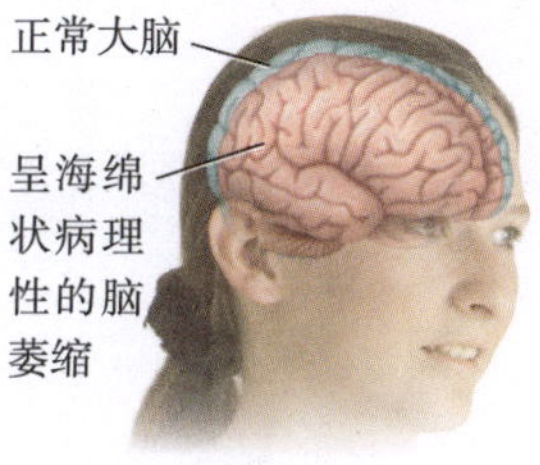

■ **图18–15** 这是一个正常大脑与患有克雅氏病大脑的对比。

第2节 测评

要点梳理

- 病毒的内部具有核酸,外部包被着蛋白质衣壳。
- 可依据遗传物质对病毒进行分类。
- 病毒有三种不同的复制方式。
- 许多病毒都能引发疾病。
- 名为朊病毒的蛋白质也会致病。

要点理解

1. 主要概念 **描述**病毒和朊病毒是如何改变细胞功能的。
2. **对比与比对**单疱疹病毒和HIV复制过程的相同点与不同点。
3. **画出**一个病毒的示意图并标记其组成部分。
4. **列出**朊病毒从牛传播给人类的步骤。

批判性思维

5. 为研发阻断病毒复制循环过程的药物**提出**想法。

科技 **写作**

6. 描述为什么制造有效对抗HIV的药物和疫苗十分困难。提示:每次逆转录酶工作时,会产生一些小错误,导致遗传物质出现轻微的差异。

生物大发现

探索物种间病毒的传播

当你在寒冷的冬天流鼻涕时，想过病毒来源于哪里吗？一些病毒只在人类的周围存在，而另一些病毒可以从动物传播给人。有时候，动物和人类能够感染同种病毒，但是有些病毒需要通过改变基因才能从动物传染给人。

H1N1 2009年春天，一种最初被称为“猪流感”的病毒开始席卷全球。之后，科学家们发现这种病毒在此之前就从猪传播给了人，这种病毒叫作新型H1N1甲型流感病毒。因为这种病毒包含两个猪流感病毒基因、一个禽流感病毒基因和一个人流感病毒基因，所以被科学家称为多重基因病毒。

HIV 人们最熟悉的且最有可能由动物传播给人类的病毒是HIV，这种病毒会导致艾滋病。HIV通过破坏白细胞来攻击人的免疫系统。19世纪末，科学家发现M族HIV-1主要的病毒株从黑猩猩的亚种传播给喀麦隆(非洲中西部的一个国家)人。科学家猜测，第一个感染者是猎杀黑猩猩的人，那些被猎杀的黑猩猩的血液进入猎人体内，有效地传播了HIV-1。

埃博拉病毒 埃博拉出血热由埃博拉病毒引发，这种病十分常见且致命。人类、黑猩猩、大猩猩和猴子都会感染这类病毒的亚型病毒。虽然到目前为止科学家并不能确定埃博拉病毒的来源，但是他们认为非洲和菲律宾本地的动物携带该病毒，并且会传染给那些接触过受感染动物的人。

科学家在黑猩猩身上追踪HIV和埃博拉病毒。

公共卫生监测 针对H1N1病毒的传播，科学家和公共卫生专家呼吁人们发起行动，大范围监测世界上猪群的健康状况。将来，为了减少出现流行病的可能性，由动物传播给人的其他病毒也要加强这种监测。

与生物学相关的职业

采访流行病学家

写下几个关于以上病毒的问题和与流行病学家这一职业相关的问题。如果可能，向流行病学家提出这些问题。

生物实验室

如何找到最有效的抗生素？

背景：有一位病人饱受严重细菌感染的折磨。作为一名医生，你必须从几种新型抗生素中选择一种来为他治疗。

问题：如何辨别最有效的抗生素？

实验器材

细菌培养基	长柄棉签
无菌营养琼脂	有盖培养皿
70%的酒精	抗生素平板
对照平板	温度计
保温箱	镊子
消毒剂	煤气灯
高压灭菌垃圾袋	记号笔

安全注意事项

注意：完成实验后，对工作区域进行消毒。

设计与实施实验

1. 阅读并完成实验室安全表。
2. 设计一个实验来检测不同种类抗生素的有效性。确定实验中的变量。
3. 制作一张数据表格，记录观察到的现象和测量的数据。
4. 在开始实验之前，征得教师的同意。
5. 实施实验。
6. 清理和处置：根据教师的指导归置所有实验材料和仪器。对工作区域消毒。

实验分析和结论

1. **对比与比对** 不同的抗生素对你检测的细菌有什么影响？

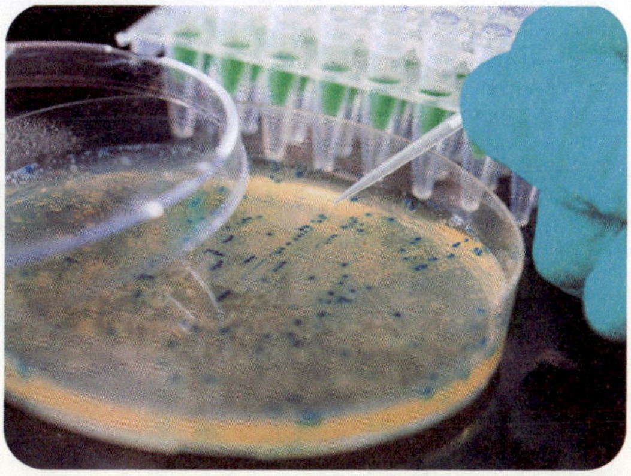

2. **假设** 为什么当你在服药几天后感到已经好多了，但是医生仍要求你摄入指定的抗生素来抑制细菌感染？
3. **说明** 你所设计的实验有什么限制因素？
4. **误差分析** 比较你们小组和其他小组观察和测量的数据。

制作海报

抗生素使用不当和家用抗生素产品的频繁使用会让人体产生对抗生素有抗性的细菌。研究抗药菌产生的原因。制作一张海报说明这个问题。

第18章 复习指南

内容聚焦 生物多样性 原核生物多种多样，无处不在。

大概念 细菌是显微镜下可见的生物，病毒是能感染细胞的没有生命的大分子。

第1节 细菌

细菌
拟核
荚膜
纤毛
二分裂
接合
内生孢子

主要概念 原核生物多种多样，它们几乎无处不在。

- 许多科学家认为原核生物是地球上的第一种生物。
- 原核生物有两个域。
- 大多数原核生物对人类是有益的。
- 原核生物具有多样化的生存机制。
- 一些细菌能够致病。

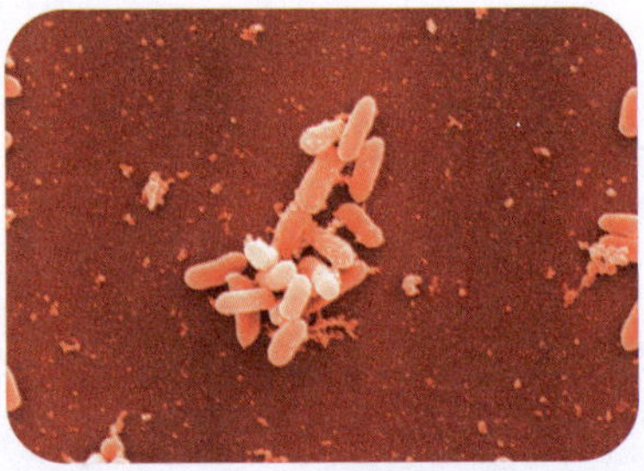

第2节 病毒与朊病毒

病毒
衣壳
溶菌性循环
溶源化循环
逆转录病毒
朊病毒

主要概念 病毒和朊病毒比细菌更小、结构更单一，它们侵染细胞并能改变细胞的功能。

- 病毒内部具有核酸，外部包被着蛋白质衣壳。
- 可依据遗传物质的不同对病毒进行分类。
- 病毒有三种不同的复制形式。
- 许多病毒都能引发疾病。
- 名为朊病毒的蛋白质也会致病。

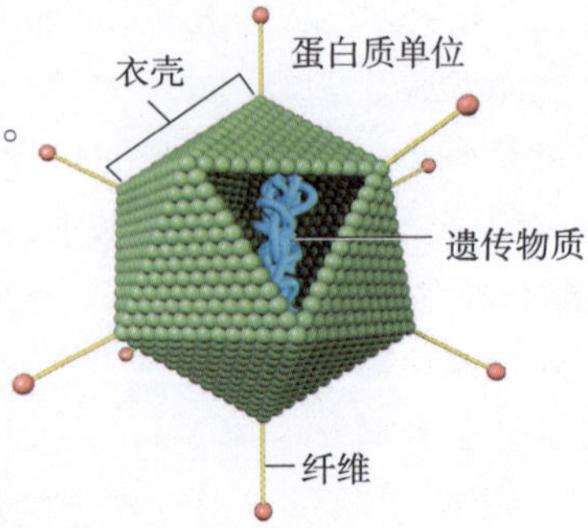

腺病毒

第18章 测评

第1节

术语回顾

对于以下的组合，选择不属于该组合的一项并解释原因。

1. 荚膜、纤毛、内生孢子
2. 二分裂、固氮作用、结合
3. 内生孢子、拟核、固氮作用

要点理解

4. 下列生物不属于古细菌域的是(　　)。
   A. 蓝细菌
   B. 产甲烷菌
   C. 嗜盐菌
   D. 嗜热嗜酸菌
5. 研究细菌时要用到电子显微镜的原因是(　　)。
   A. 电子可以穿透细菌周围的纤毛
   B. 细菌比较微小
   C. 细菌移动迅速，而电子能够使细菌昏厥
   D. 细菌的细胞器很小并十分紧凑

根据下图回答第6、7题。

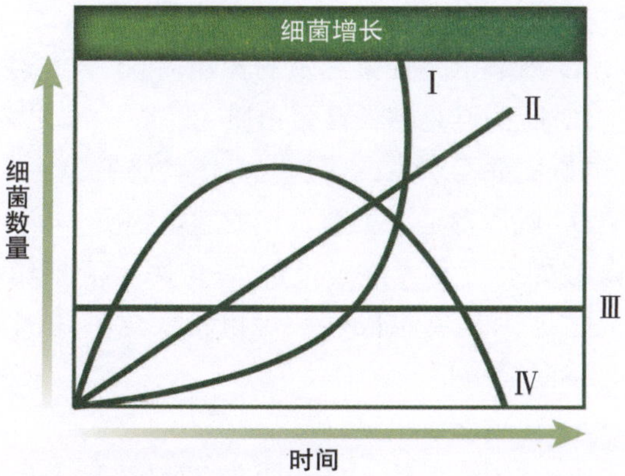

6. 图中能够最准确地表示生活在理想条件下细菌数量增长的是(　　)。
   A. 曲线Ⅰ　　B. 曲线Ⅱ
   C. 曲线Ⅲ　　D. 曲线Ⅳ
7. 图中能够最好地表示接触到一种有效抗生素后细菌数量增长的是(　　)。
   A. 曲线Ⅰ　　B. 曲线Ⅱ
   C. 曲线Ⅲ　　D. 曲线Ⅳ
8. 假如你参与了一个以真实故事为题材的电视节目中，你的第一项挑战是吞下一种微生物。下列微生物最危险的是(　　)。
   A. 嗜热嗜酸菌　　B. 嗜盐菌
   C. 大肠杆菌　　D. 噬菌体

利用下图回答第9题。

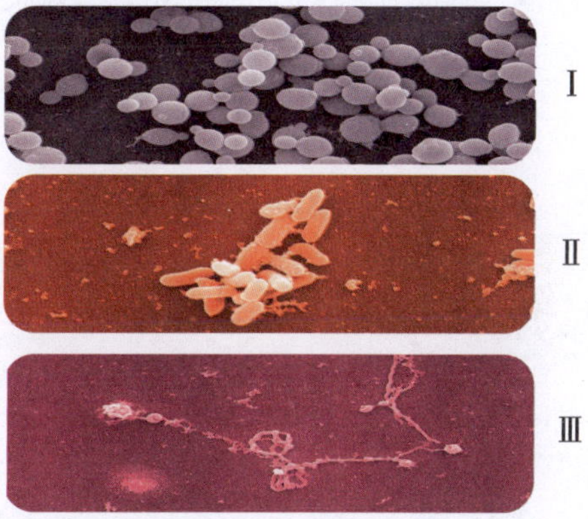

9. 下列对上图中细菌的说法正确的是(　　)。
   A. 图Ⅰ表示球菌，图Ⅱ表示杆菌，图Ⅲ表示螺旋菌
   B. 图Ⅰ表示杆菌，图Ⅱ表示球菌，图Ⅲ表示螺旋菌
   C. 图Ⅰ表示螺旋菌，图Ⅱ表示球菌，图Ⅲ表示杆菌
   D. 图Ⅰ表示杆菌，图Ⅱ表示螺旋菌，图Ⅲ表示球菌
10. 最有可能导致蛀牙的原因是(　　)。
    A. 一种溶原化病毒侵染了牙齿中的细胞
    B. 口腔里以糖类为食的细菌产生了酸
    C. 口腔里的细菌产生了过量的维生素K
    D. 固氮菌释放了能够腐蚀牙釉质的氨

回答问题

11. **开放式回答** 提出一个论据赞成或反对以下观点：地球上的生物都依赖于细菌而生存。

12. **内容聚焦 生物多样性** 分别在个体和种群层面上，描述细菌难以被损坏的特征。

13. **开放式回答** 生物学家在提出原核生物是地球上第一种生物时用到了哪些种类的论据？

批判性思维

14. **推理** 如果蓝细菌从未进化形成，对地球上的生物有什么影响？

15. **预测** 如果所有种类的固氮菌突然灭绝，会导致哪些生态结果？

16. **主要概念** 描述原核生物的特征。

第2节

术语回顾

利用复习指南所学的术语表述下列每组名词中的相同点。

17. 溶菌性循环、溶原化循环
18. 朊病毒、病毒
19. 蛋白质衣壳、朊病毒
20. 病毒、逆转录病毒

要点理解

21. 病毒包含（　　）。
    - **A.** 遗传物质和一个蛋白质衣壳
    - **B.** 一个细胞核、遗传物质和一个蛋白质衣壳
    - **C.** 一个细胞核、遗传物质、一个蛋白质衣壳和核糖体
    - **D.** 一个细胞核、遗传物质、一个蛋白质衣壳、核糖体和一层质膜

利用下图回答第22、23题。

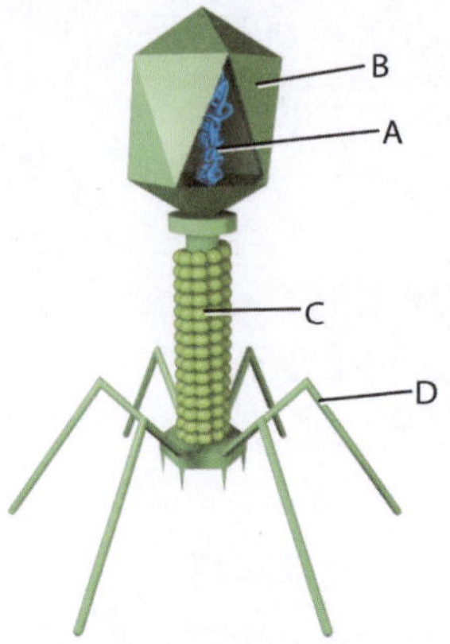

22. 图中标出的结构中，表示病毒的遗传物质的是（　　）。
    A. A　**B.** B　**C.** C　**D.** D

23. 下列结构表示病毒的蛋白质衣壳的是（　　）。
    A. A　**B.** B　**C.** C　**D.** D

24. HIV是一种逆转录酶病毒。这句话的意思是（　　）。
    - **A.** 病毒RNA用于合成DNA
    - **B.** 病毒DNA用于合成RNA
    - **C.** 蛋白质直接由病毒RNA生成
    - **D.** 蛋白质直接由病毒DNA生成

25. 下列关于朊病毒的叙述中，正确的是（　　）。
    - **A.** 朊病毒是侵染细胞的RNA片段
    - **B.** 朊病毒是感染性蛋白质
    - **C.** 朊病毒引发的疾病只会影响奶牛
    - **D.** 朊病毒是一类新发现的遗传物质

26. 假如一位病人神秘死亡，一位医生猜测其死亡原因是克雅氏病。可以证实这种猜测的诊断措施是（　　）。
    - **A.** 通过血液检测，确定是否有很多病毒
    - **B.** 询问病人的家属和朋友，确认该病人是否摄入了大量的肉类
    - **C.** 通过检测大脑，观察组织中是否有大量空隙
    - **D.** 通过检验神经细胞，确认它们是否被一种细菌神经毒素影响

利用下图回答第27题。

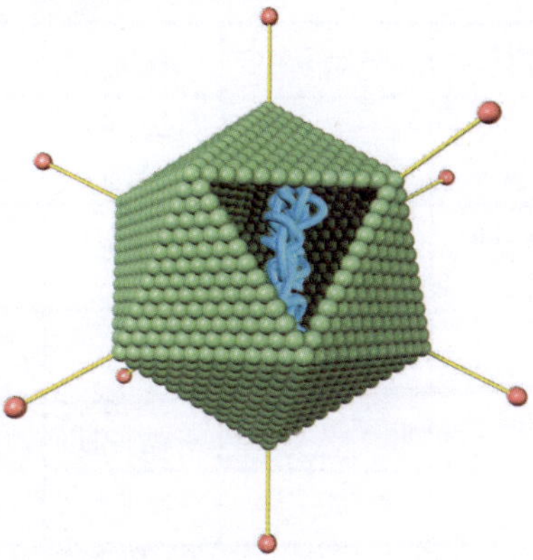

27. 这种病毒能够侵染(　　)。
A. 人类
B. 细菌
C. 植物
D. 真菌

回答问题

28. **开放式回答** 提出一个论据赞成或反对以下观点:病毒是具有生命的生物。

29. **开放式回答** 应该隔离那些携带高传染性和潜在致命病毒的人吗? 解释你的观点。

30. **主要概念** 提出一种论据赞成或反对以下观点:朊病毒是一种没有蛋白质衣壳的病毒。

批判性思维

31. **推断** 为什么开发针对溶原化循环的病毒的抗病毒药物要比针对溶菌性循环的病毒的药物要难?

32. **评价** 虽然病毒的结构比细菌简单,为什么开发抗菌的药品要比开发抗病毒的药品更容易?

33. **提出假设** 研发一项技术以减慢或者制止病毒的复制循环。

34. **设想**一些与细菌、病毒和朊病毒有关的职业。

总结性测评

35. **大概念** 你已经了解到细菌是一种微生物,而病毒是一种侵染细胞的非生命体。在此观点的基础上比较细菌和病毒。

36. **写作** 为报纸撰写一篇解释对细菌感染和病毒感染进行治疗和预防方法的不同之处的文章。

37. **科技** **写作** 组织语言按顺序解释HIV进行复制的步骤。

DBQ 资料分析题

20世纪发生了三次世界范围的流行性感冒。下表中列出了具体的死亡人数。

	西班牙流感	亚洲流感	香港流感
年份	1918~1919	1957~1958	1968~1969
美国死亡人数	50万	7万	3.4万
世界死亡人数	2000万~4000万	100万	100万~400万

数据来源:http://www.cdc.gov/flu/avian/pdf/avianflufacts.pdf.
Global Data: Scotland Government http://www.scotland. Gov.uk/library5/health/pfle-00.asp

38. 哪种流行病死亡率最高?

39. 相比较亚洲流感,为什么香港流感对美国造成的死亡率不高,而世界范围内的死亡率比较高?

40. 推测为什么流感大流行最终被制止而不会伤害所有人类的生命?

41. 研究统计流感的流行病毒株。设计表格并生成柱状图,写出你所研究的流感。这种流行病毒株被认为是一种“流行病”吗? 给出数据来证明你的结论。

标准化测试

选择题

1. 下列灵长目动物是一种亚洲猿的是(　　)。
   A. 狒狒　　B. 大猩猩
   C. 狐猴　　D. 猩猩

利用下列表格回答第2、3题

通称	学名
苍狼	*Canis lupus*
红狼	*Canis rufus*
非洲猎狗	*Lycaon pictus*
潘帕斯草原狐狸	*Pseudalopex gymnocercus*

2. 下列最接近塞丘拉狐狸(*Pseudalopex sechurae*)的是(　　)。
   A. 非洲猎狗　　B. 苍狼
   C. 潘帕斯草原狐狸　　D. 红狼

3. 下列能够有效地将红狼和潘帕斯草原狐狸分为两个不同的属的是(　　)。
   A. 捕食习性不同
   B. 主要的DNA序列不同
   C. 头盖骨的结构不同
   D. 进化起源的时间不同

4. 下列描述了内生孢子在细菌中的作用的是(　　)。
   A. 细菌可以在不适宜的条件下,以休眠的状态存活下来
   B. 细菌在交换遗传信息期间进行有性繁殖的一种形式
   C. 细菌分泌一层保护性外壳能使它在严酷的环境中保护自身
   D. 细菌利用一种由蛋白质构成的微小到类似于头发丝的结构来附着在其他物体表面

5. 下列构成了科学假说的是(　　)。
   A. 明确的数据
   B. 可被证明的解释
   C. 已发布的结论
   D. 合理的猜测

利用下列表格回答第6、7题。

细菌鉴定			
细菌菌株	革兰氏染色法	形态学	相关疾病
Bacillus cereus	革兰氏阳性	杆状、链状结构	脑膜炎
Escherichia coli	革兰氏阴性	球菌	旅行者腹泻
Pseudomonas aeruginosa	革兰氏阴性	杆状,成对或以短链的形式出现	肺炎
Serratia	革兰氏阴性	杆状	肺炎

6. 下列细菌菌株呈革兰氏阴性并且以杆状短链的形式出现的是(　　)。
   A. *Bacillus cereus*
   B. *Escherichia coli*
   C. *Pseudomonas aeruginosa*
   D. *Serratia*

7. 下列是由呈现革兰氏阴性并成对出现的杆状细菌引起的疾病是(　　)。
   A. 脑膜炎
   B. 肺炎
   C. 囊性纤维化
   D. 旅行者腹泻

8. 下列分类单元可以提供某一生物最全面的信息给你的是(　　)。
   A. 纲
   B. 域
   C. 科
   D. 门

9. 某荒岛上的一个啮齿动物种群形成了一个独特的、与大陆种群相似的种群,造成这一种群形成的原因是(　　)。
   A. 行为隔离
   B. 地理隔离
   C. 生殖隔离
   D. 时间隔离

简答题

10. 假定两只蚊子根据神创物种概念被分为两种不同的物种。根据生物学的物种概念，科学家可以利用什么数据证明它们属于同一物种？

11. 比较细菌的基本形态。

12. 对比分类学中的神创物种概念和发育物种概念。

13. 推测中新世时期双足直立进化如何使得人科动物在干燥的非洲环境下生活得更好。

利用下列的图解回答第14、15题。

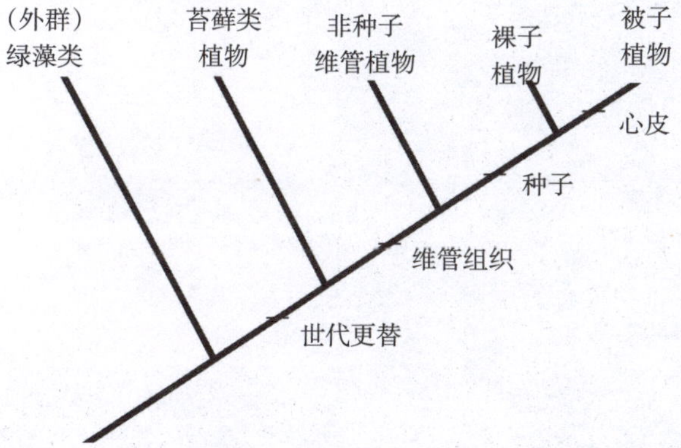

14. 根据植物的进化图，将植物与早期生物区别开的特征是什么？

15. 分别写出被子植物的一个先天性特征和一个获得性特征。

开放题

16. 某种细菌在豆类植物的根瘤中固氮。细菌在根瘤中的位置是如何有益于细菌和植物的？

17. 为什么其他农作物不能生长的田地可以种植豆类植物？

18. 对比与比对细菌域和古细菌域。

19. 证明为什么医生不用抗生素治疗流感患者。

论述题

虽然科学家已经在人类和灵长类动物的进化中获得了许多发现，但是仍然存在分歧和差距。例如，并不是所有科学家都赞成人属中不同物种的命名或者描绘人类进化树的方法。

利用上述信息，写一篇文章，回答下列问题。

20. 写一篇文章描述你所感兴趣的人类进化领域的话题。会有哪些方面的争议或不同观点是你想要了解更多的？如果你要进一步调查研究该论题，可能会做哪种研究？

考点提示																				
测试题号	1	2	3	4	5	6	7	8	9	10	11	12	13	14	15	16	17	18	19	20
对应章节	16.1	17.1	17.1	18.1	1.2	18.1	18.1	17.1	15.3	17.2	18.1	17.1	16.2	17.2	17.2	18.1	18.1	17.3	18.2	16.2, 16.3

第19章

原生生物

起步实验

什么是原生动物?

原生生物界就像是一个用来存放那些放在其他任何地方都不合适的零碎物品的抽屉或者壁橱。原生生物界由不能归类于其他界的三大类生物组成。在这个实验中,你将观察这三类原生动物。

步骤

1. 阅读并完成实验室安全表。
2. 在下列空白处,创建一个数据表,记录你的观察。
3. 使用显微镜,观察不同种类的原生生物,注意观察其相同点与不同点。在数据表中,记录观察。

分析

1. **利用**收集的数据将具有相似特征的原生生物分为一类。
2. **推断**哪一类原生生物与动物、植物或真菌类似。

折叠式

学习卡

制作一个折叠式学习卡,用它来整理关于原生生物的笔记。

内容聚焦 内稳态

某些原生生物有特定的维持内稳态的细胞器。

大概念 原生生物是一个多样化的生物类群，既包括单细胞生物也包括多细胞生物，因此它们的进化史存在差异性。

第1节·原生生物简介

第2节·原生动物——类动物原生生物

第3节·藻类——类植物原生生物

第4节·类真菌原生生物

第1节

本节预览

核心问题

- 某些具有线粒体的原生生物是怎样进化的?
- 某些具有叶绿体的原生生物是怎样进化的?
- 为什么原生生物界的组成可能发生改变?
- 原生生物是如何分类的?

术语回顾

异养生物:不能自己制造食物而必须从其他生物获得能量和营养的生物。

关键术语

原生动物

微孢子虫

原生生物简介

主要概念 **原生生物形成了一个多样化的生物类群,因其获取营养方式的不同而被细分为不同的子类群。**

联系实际 2005年的卡特里娜飓风造成了毁灭性破坏,受到污染的洪水和受到毁坏的下水道系统以及拥挤的避难场所,都为感染性细菌、病毒以及原生生物提供了滋养的温床。

原生生物

用“不是什么”来定义原生生物比用“是什么”来定义原生生物更容易。原生生物不是动物、植物或真菌,因为它们不具有能够将其归类于任何一界所必需的特征。原生生物界因而被用来囊括这个拥有超过20万种生物的多样化的类群。

所有原生生物都有一个重要的特性:它们是真核生物。前面我们学过,真核细胞包含具膜细胞器。像所有真核生物一样,原生生物的DNA也存在于细胞核中。尽管原生生物具有和其他真核生物相似的细胞结构,但是它们的繁殖方式存在显著的差异。有的原生生物通过有丝分裂进行无性生殖,而有的则在减数分裂中交换遗传物质。

原生生物分类 由于原生生物是一个多样化的生物类群,科学家依据原生生物获取营养的方式,主要将其分为三类:类动物原生生物、类植物原生生物和类真菌原生生物。**原生动物(protozoan)**(如**图19-1**)是一种类动物原生生物,它是一种异养生物,通过摄取食物来满足自身需要。其他原生生物及其特征如**表19-1**所示。

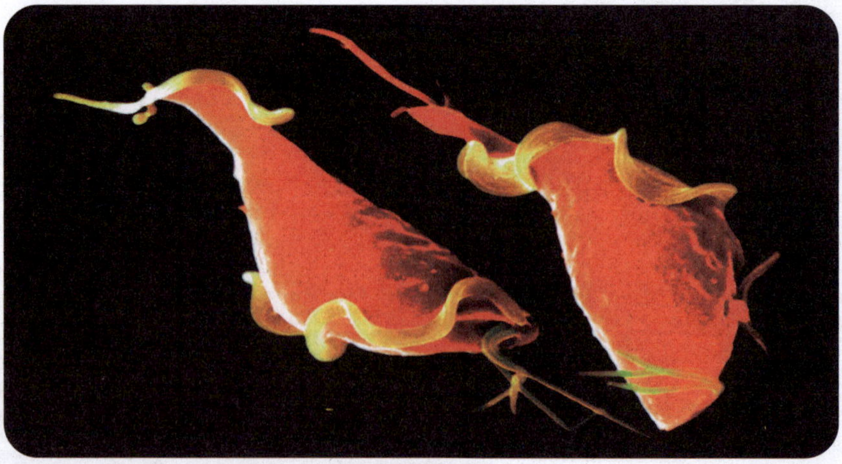

水中的原生生物

■ **图19-1** 在饮用了受污染的水后,人的肠道中可能会出现图中所示的这种类动物原生生物。

推断 *这种原生生物如何获取营养成分。*

类动物原生生物 变形虫就是一种单细胞的类动物原生生物。原生动物是异养生物，通常以细菌、藻类或其他原生生物为食，如**表19–1**所示。

类植物原生生物 裸藻就是一种通过光合作用为自己制造食物的类植物原生生物。类植物原生生物通常指藻类，有的藻类要在显微镜下才能观察到。细小微胞藻，一种单细胞藻类，直径大约只有10^{-6}米。其他类型的藻类是大型多细胞生物。巨藻可以生长至65米长。

类真菌原生生物 水霉是类真菌原生生物，它可以从死去的蝾螈身上获取营养成分。类真菌原生生物与真菌类似，因为它们同样是从其他生物体上吸取营养。但是这些生物并不能归类于真菌，因为类真菌原生生物具有中心粒——一种参与有丝分裂的小型、圆柱状细胞器，而它通常不存在于真菌细胞中。除此之外，真菌和类真菌原生生物在细胞壁的组成上也有所不同。

折叠式 学习卡

将这部分内容整理到你的折叠式学习卡中。

表19–1	原生生物		
类型	类动物原生生物（原生动物）	类植物原生生物（藻类）	类真菌原生生物
	纤毛虫、变形虫、顶复门原虫和动鞭毛虫	裸藻、硅藻、沟鞭藻、绿藻、红藻、褐藻、黄绿藻、金褐藻	黏菌、水霉和霜霉菌
实例	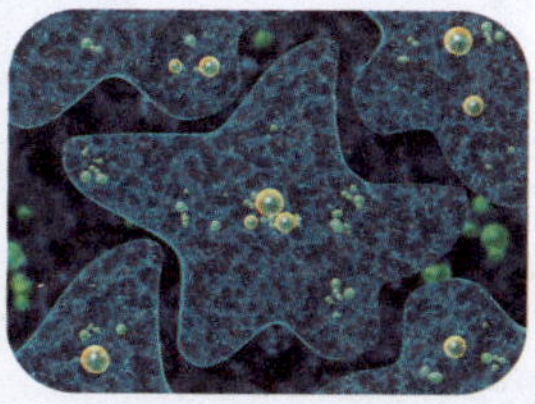 变形虫	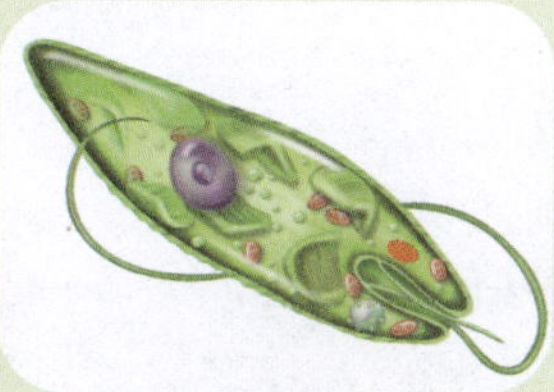 裸藻	 黏菌
显著特征	因为食用其他生物作为食物而被认为类似动物，有一些是寄生生物	因为能够通过光合作用自己制造食物而被认为类似植物。在光照不足以进行光合作用时，某些种类会食用其他生物体或营寄生	因为以腐烂的有机质为食且通过细胞壁吸收营养物质而被认为类似真菌。有些黏菌会以其他生物为食，并且小部分黏菌是寄生生物

图 19-2 绿藻生活在这只树懒的皮毛里，形成一种共生关系。

推断 *这些生物存在哪种共生关系。*

起步实验

回顾 根据你阅读的有关原生生物的内容，你会如何回答本章开头“起步实验”中的问题？

栖息环境 原生生物通常生活在潮湿的或者有水的环境中，如腐烂的叶片、潮湿的土壤、小水塘、溪流和海洋。原生生物也生活于共生关系中。**微孢子虫**（microsporidium）是引起昆虫疾病的微小原生生物。有些种类的微孢子虫能被用作杀虫剂，新技术有可能用这些微孢子虫治理毁坏农作物的昆虫。

如**图 19-2** 所示，绿藻是一种生活在树懒毛发中的有益原生生物。树懒是一种生活在热带雨林树木顶端的大型的、行动迟缓的哺乳动物。树懒大部分时间都是头向下悬挂着。绿藻能够帮助树懒和树叶的颜色融为一体，为树懒提供伪装。

数据分析实验 1

基于真实的资料*

识图分析

绿藻和银杏细胞是什么关系？

2002 年，法国科学家首次报道了类植物原生生物绿藻和一种陆生植物细胞的共生关系。右图描绘了一个存在于银杏（*Ginkgo biloba*）树细胞内的藻类。

批判性思维

1. **仔细观察**右图并估算藻细胞的大小。
2. **解释**为何内寄生（endophytic, en duh FIT ihk）这个术语能够恰当地描述这些藻类。前缀 *endo* 表示“在里面的”，而后缀 *phyte* 表示“植物”。

数据与观察

下图表示质体演化的一种可能方式。

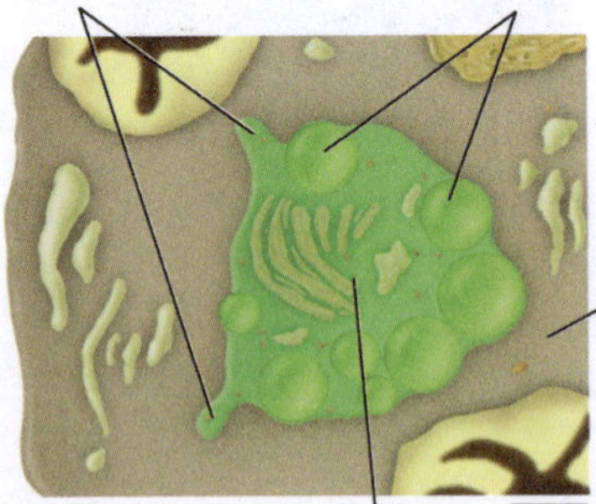

*资料来源：Tremoullaux-Guiller, et al.2002. Discovery of an endophytic alga in *Ginkgo biloda*. *American Journal of Botany* 89(5)：727—733.

原生生物的起源

请回想我们之前学过的琳·马古利斯提出的内共生理论。该理论提出真核生物(包括原生生物)是通过一个大的原核生物吞噬另一个小的原核生物而形成的。这两种生物营共生生活。最终,它们进化成为一种单一的、进化程度更高的生物。有的科学家认为,在真核生物(包括原生生物)中发现的线粒体和叶绿体,曾经是独立的生物体。原生生物可能是数十亿年前最早出现的真核生物。

通过原生动物获取营养的方式来给它们分类是一种便捷的方式。然而,这种方式并没有考虑到生物的进化史。科学家们仍在试图整理出原生生物界和其他生物界之间的进化关系。随着科学家们获取的信息越来越多,原生生物界的结构将有可能发生改变。

图19–3展示了目前以内共生理论为基础对原生生物进化史的理解。值得注意的是,图中原生生物都有一个共同的祖先——真核细胞。仔细观察图并且找出线粒体是从何处进入进化过程的。线粒体在进化早期就已经成为原生生物的一部分。随后,找到叶绿体是从何处进入进化过程的。循着箭头所示的进化路径,你会发现藻类是唯一拥有叶绿体并且能够进行光合作用的原生生物。

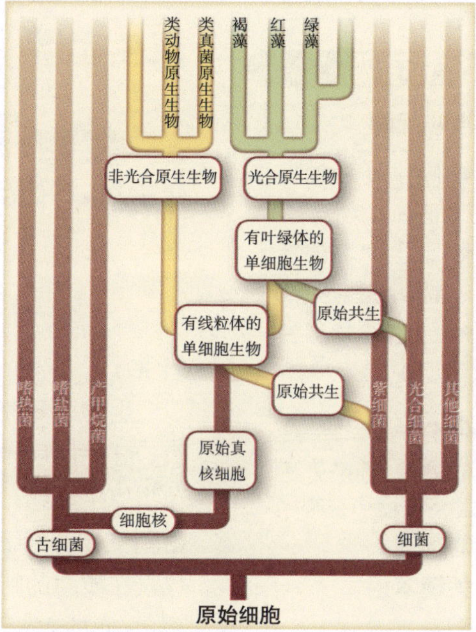

■ **图19–3** 这幅图展示了内共生理论是如何解释原生生物界的进化的。

第1节 测评

要点梳理

- 原生生物包括单细胞真核生物和多细胞真核生物。
- 可以通过获取食物的方式对原生生物进行分类。
- 最初的原生生物可能通过内共生形成。
- 原生生物可能是最早的具有叶绿体和线粒体的真核生物,在数十亿年前就已进化存在。

理解要点

1. **主要概念** **解释**为什么科学家通过营养获取方式对原生生物进行分类。
2. **绘出**原生生物最初是如何由原核生物进化而来的图表。
3. **解释**为什么科学家把如此多样化的生物类群统称为原生生物。

批判性思维

4. **应用概念** 假如你发现了一种新的原生生物,哪些特征能帮助你确定它的类别?
5. **对比与比对** 使用营养方式和进化路径对原生生物分类。

第2节

原生动物——类动物原生生物

本节预览

核心问题

- 原生动物的特征。
- 原生动物的结构和细胞器。
- 原生动物的生活史。

术语回顾

低渗的：细胞外液的浓度低于细胞内的浓度。

关键术语

表膜
刺丝胞
伸缩泡
伪足
壳

主要概念 **原生动物是类动物异养型原生生物。**

联系实际 你在显微镜下观察过池塘里的水吗？如果你看到了四处猛冲的微小生物，那么你看到的最有可能就是原生动物。

纤毛门

生物学家根据原生动物不同的运动方式，将它们进一步分为不同的门。纤毛门(Ciliphora)的成员，也称为纤毛虫，是有着大量短毛状突起的类动物原生动物。有些单细胞生物通过纤毛在水中推动自己的身体，并将食物颗粒移动到细胞内。有的纤毛虫的整个质膜上长满纤毛，而有的纤毛虫仅仅在质膜的特定区域长有纤毛，如**图19-4**所示。喇叭虫的纤毛位于其前部，它们的主要作用是帮助将食物运送到细胞内。虱性车轮虫(*Trichodina pediculus*)有两套可见的纤毛，外圈的纤毛用于运动，而内圈的纤毛则用于捕食。

至今已发现有7000多种纤毛虫。它们在海洋、湖泊和河流等水生环境中分布较多。此外，它们还存在于泥浆中，据推断，在1平方米的泥土层中，可能居住着多达2000万只纤毛虫。

图19-4 喇叭虫和虱性车轮虫都是有纤毛的原生动物。

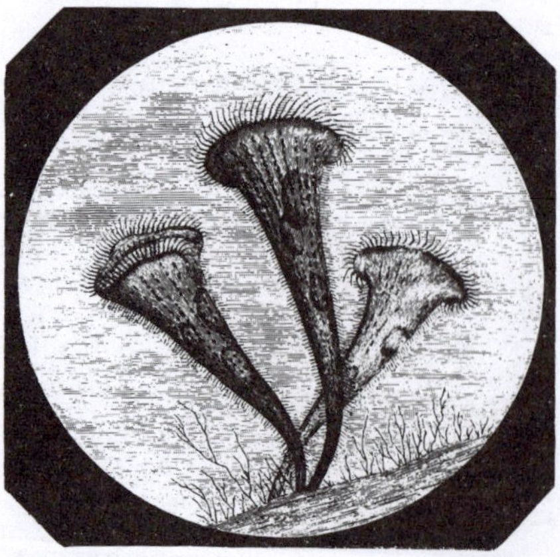
喇叭虫——用纤毛觅食

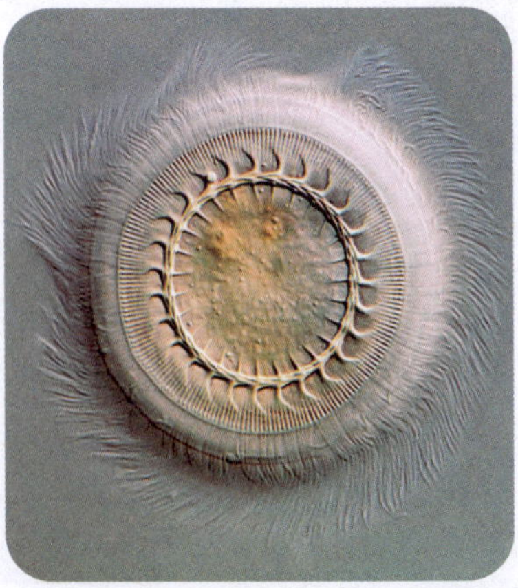
虱性车轮虫——用纤毛来觅食和运动

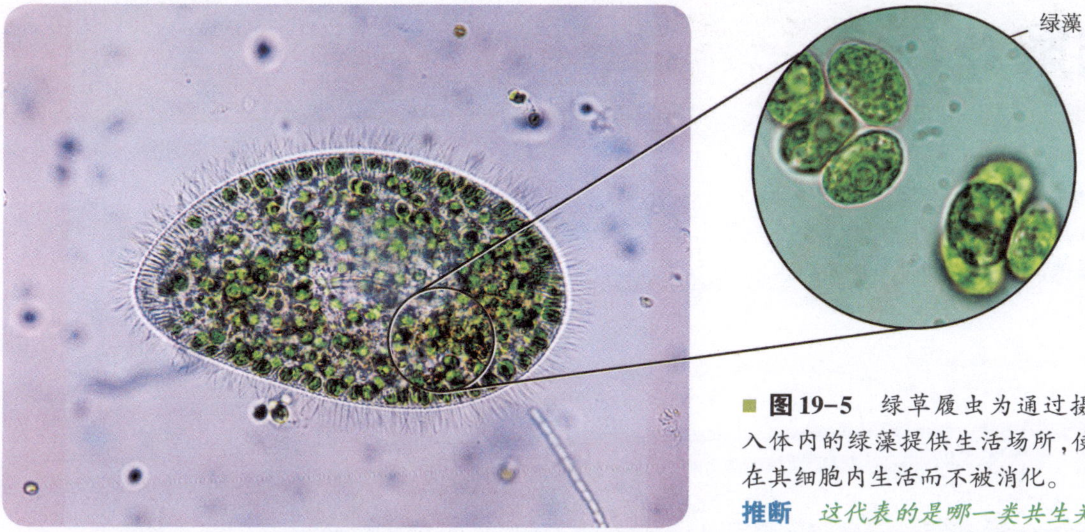

■ **图 19-5** 绿草履虫为通过摄食进入体内的绿藻提供生活场所，使绿藻在其细胞内生活而不被消化。

推断 *这代表的是哪一类共生关系？*

草履虫 草履虫属里有一些最常见的纤毛虫。**图 19-5** 所示的草履虫与绿藻营共生生活。绿藻进行光合作用，为草履虫提供营养。

草履虫是一种单细胞原生动物，被一层称为**表膜（pellicle）**的膜包裹。表膜下面是一层称作外质的细胞质。外质中嵌有延长的、圆柱形的、能够释放出刺状结构的**刺丝胞（trichocyst）**。刺丝胞可能被用于防御，作为对机体损伤的反应机制以及作为固定自己的工具或者用于捕食猎物。

纤毛 **图 19-5** 中的草履虫利用表面的纤毛进行运动和捕食。纤毛完全覆盖了草履虫的体表——甚至口沟处，如**图 19-6** 所示。口沟表面的纤毛可以用于引导食物，主要是细菌，使其进入胞咽。一旦食物到达胞咽末端，就被包裹进入一个食物泡中。食物泡中的酶会将食物分解为能够扩散进入细胞质的营养成分，代谢废物则从胞肛排出。

伸缩泡 由于淡水草履虫生活在低渗的环境中，水通过渗透作用不断进入细胞内。低渗溶液指的是细胞外液的浓度低于细胞内的浓度。如**图 19-6** 所示，**伸缩泡（contractile vacuole）**收集细胞质中多余的水分并将其排出体外。排出的水分中可能带有代谢废物，这也是草履虫排出废物的一种方式。一只草履虫通常有 2～3 个伸缩泡，帮助维持细胞内稳态。

与生物学相关的职业

微生物学家 微生物学家研究那些通常只能在显微镜下才能看见的生物。微生物学家研究的专业领域之一就是原生动物。

图解草履虫

图 19–6

草履虫是有膜结构的细胞器的单细胞生物。如下图所示的一对草履虫，它们通过接合生殖进行遗传信息的交换。因为没有新个体的产生，所以这并不是一种有性生殖方式。

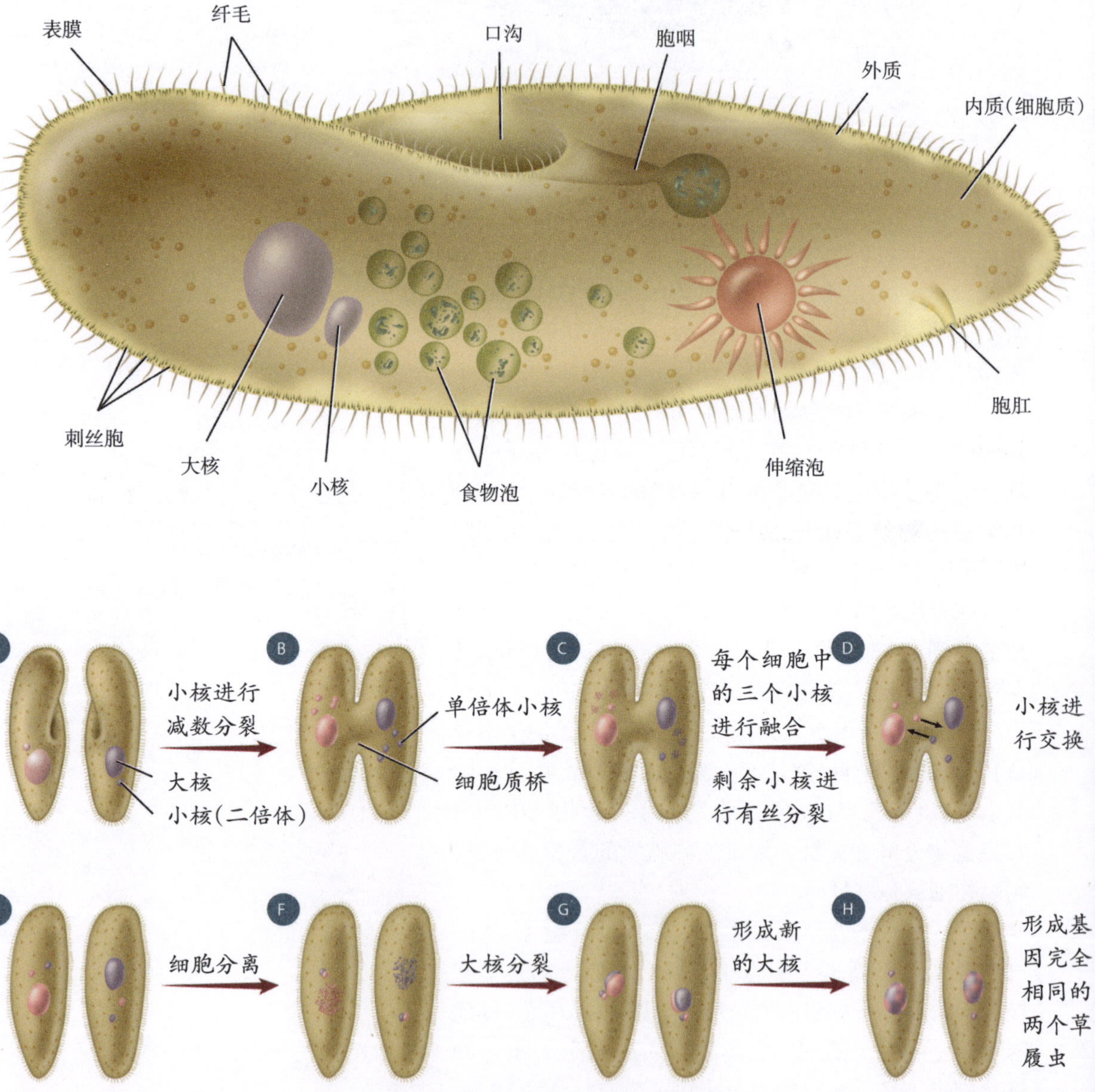

纤毛虫的繁殖 所有已知的纤毛虫都有两种核：大核和小核。一个细胞可能含有多个这样的核。两种核都携带有细胞的遗传信息。大核包含细胞基因组的多个拷贝，控制细胞的日常功能，例如输送、清除废物以及保持细胞内的水平衡。小核则用于繁殖。

纤毛虫通过二分裂进行无性生殖。在这个过程中，大核会延长并分离，而不是进行有丝分裂。大多数纤毛虫会通过接合生殖来保持遗传多样性。接合生殖被认为是一个有性生殖过程，但是因为没有新的生物体的产生，所以并不被认为是有性繁殖。

图19-6中所阐述的草履虫的接合生殖过程，是大多数纤毛虫的典型生殖过程。在接合过程中，两个草履虫形成了一个细胞质桥，它们的二倍体小核进行减数分裂。在新形成的四个单倍体小核中的三个解体后，剩余的一个小核进行有丝分裂。两个相连的细胞互相交换新小核，接着两个草履虫分离。两个细胞中的大核都解体，而后小核合并形成一个新的二倍体大核。每个细胞都包含一个大核、一个小核以及新的遗传信息。

阅读检测 **解释图19-6**中细胞质桥在接合生殖中的用途。

数据分析实验2

基于真实的数据*

辨别因果

溶液浓度如何影响伸缩泡？

伸缩泡将草履虫细胞内的水输送到它的淡水环境中。研究人员仔细观察了溶液浓度对草履虫的影响。

数据观察

草履虫被放置在各种标准溶液中适应12小时。随后，它们分别被放置于高渗和低渗的溶液中。图表展现出水流随时间的变化情况。

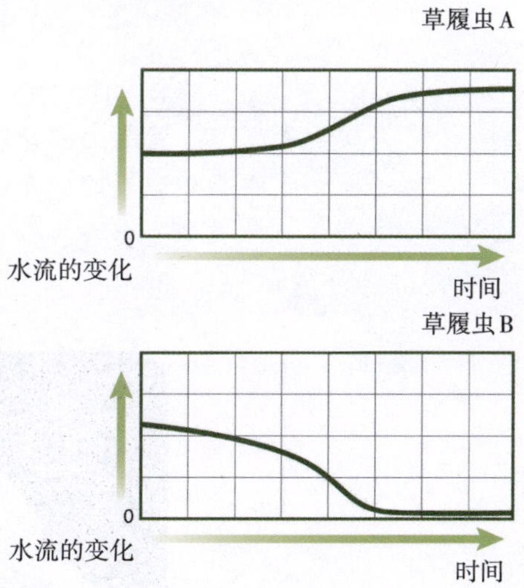

批判性思维

1. **分析** 图中向下和向上的斜坡显示伸缩泡发生了什么变化？
2. **推断** 哪一只草履虫被放置于高渗溶液中？做出解释。

*数据来源：Stock, et al.2001. How external osmolarity affects the activity of the contractile vacuole complex, the cytosolic osmolarity and the water permeability of the plasma membrane in *Paramecium multimicronucleatum*. *The Journal of Experimental Biology*,204：291–304.

肉足虫纲

肉足虫纲是利用伪足捕食和移动的类动物原生生物。**伪足（pseudopod）**是细胞质形成的临时突起，如**图 19–7** 所示。这些突起围绕并包裹一个更小的生物体，从而形成一个新的食物泡。伪足能够分泌消化酶，将捕获的生物体分解消化。

最常被研究的一些肉足纲生物属于变形虫属。大多数变形虫生活在海水中，也有一些淡水种类生活在溪流中、池塘底部的淤泥里以及树叶和苔藓覆盖的潮湿区域。有的变形虫寄生在动物宿主体内。

变形虫的结构 变形虫的结构非常简单，如**图 19–7** 所示。变形虫被外层质膜和内部被称为外质的加厚的细胞质包围。在外质中，包含细胞核和食物泡，有的还有伸缩泡。变形虫并不像草履虫一样有胞肛，代谢废物和未消化的食物颗粒通过质膜渗透到周围的水中。细胞所需要的氧气也由周围的水环境通过渗透过程进入细胞内。

有孔虫和放射虫是有壳体的变形虫。**壳**（test）是一个坚硬、多孔的表层，包绕着质膜。这类变形虫大多生活在海洋环境中，也有一些淡水种类。

链接 地理科学 有孔虫的壳由碳酸钙（$CaCO_3$）、沙粒和其他颗粒黏合在一起构成。地理学家利用有孔虫的化石残留来确定有些岩石和沉积物的年代，以及确定石油钻探的可能位置。放射虫，另一类有壳体的变形虫，如**图 19–8** 所示，其壳主要由二氧化硅（SiO_2）组成。

变形虫的繁殖 变形虫通过无性生殖来繁殖后代，即由母细胞分裂形成两个完全相同的后代。在恶劣的环境条件下，有的变形虫会变成孢囊以帮助自身存活，直到环境改善，它们才恢复原来的形态。

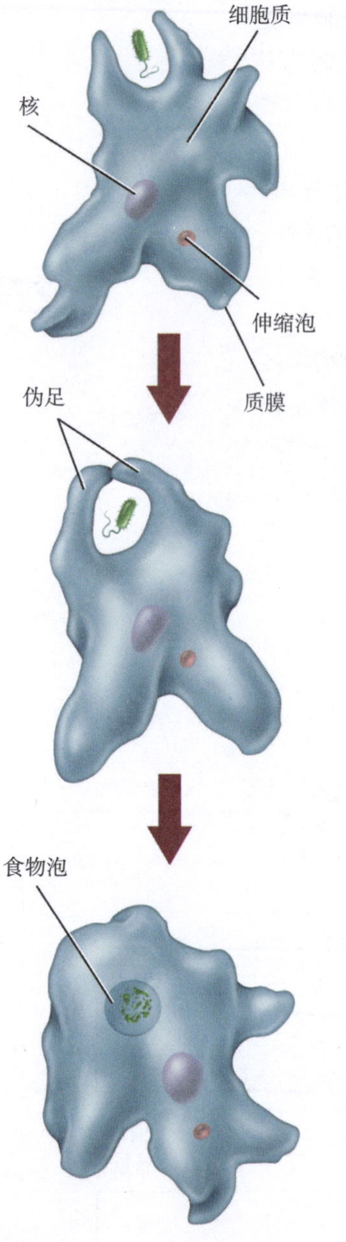

■ **图 19–7** 来自更小生物体的化学刺激物能够引起变形虫质膜形成伪足。

扫描电子显微镜放大倍数：190×

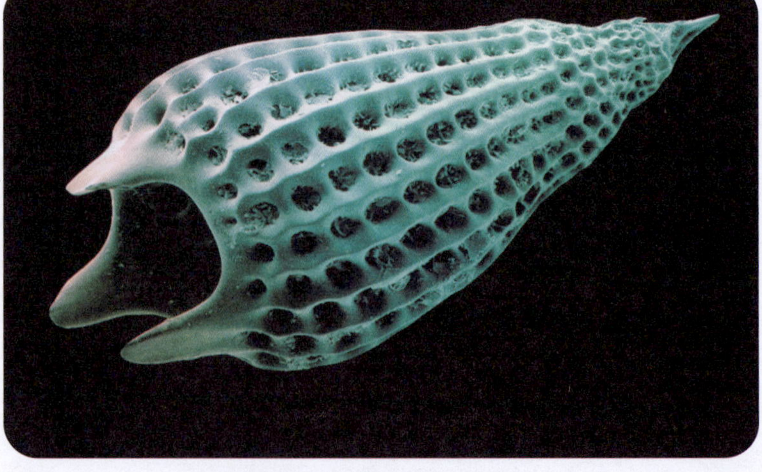

■ **图 19–8** 放射虫类有由二氧化硅构成的壳。有孔虫和放射虫穿过它们壳上的开孔伸出伪足。

顶复门

顶复门的类动物原生生物也被称为孢子虫，因为它们会在其生活史的某个时间点产生孢子。孢子是不经过受精作用产生的有生殖能力的细胞。孢子虫缺乏伸缩泡和运动能力，通过细胞质膜的渗透作用进行呼吸和废物排泄。

所有的孢子虫都是寄生型的，从宿主处获取它们所需的营养成分。孢子虫通过内寄生生活感染脊椎动物和无脊椎动物。其身体一端特化的细胞器使其能够刺穿宿主细胞和组织，从而从宿主身上获取它们所需的营养物质。

孢子虫的生活史既有有性阶段也有无性阶段。通常一个生物体完成一个生活史需要两个或多个宿主。造成疟疾的疟原虫的生活史如**图 19–9** 所示。

孢子虫导致多种人类疾病，有些疾病是致命的，造成死亡人数最多的孢子虫属于疟原虫属。这些寄生虫导致人类疟疾，并且通过雌性按蚊传播给人类。疟疾会造成发热、寒战和其他类似流感的症状。疟疾最严重的地区是热带和亚热带地区，那里的高温、高湿和降雨等因素有利于蚊子和孢子虫的生长繁殖，而且预防措施太过昂贵。

■ **图 19–9** 疟疾是由蚊子传播的疟原虫属的孢子虫导致的。
描述 *这种孢子虫的无性阶段。*

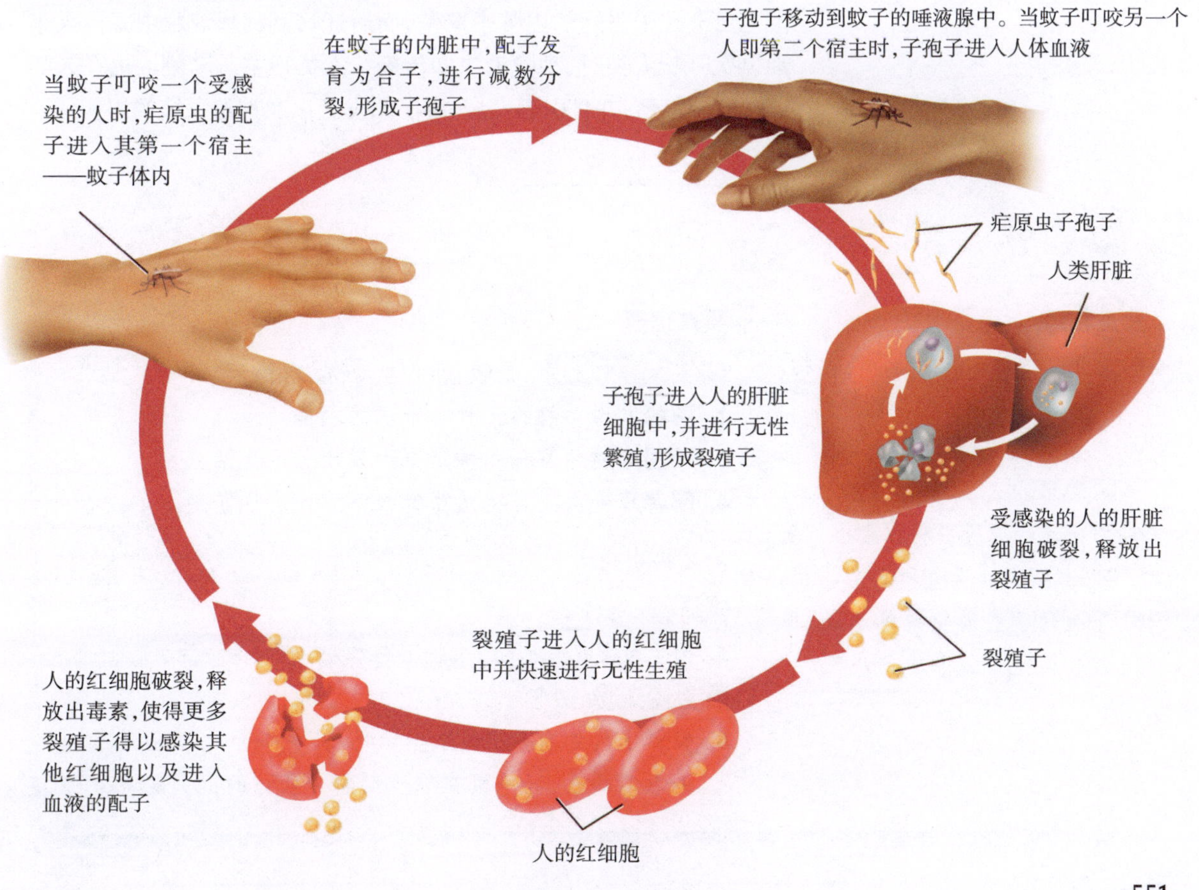

猎蝽虫

采采蝇

■ **图 19–10** 携带可在人群中传播的原生动物的昆虫受到除虫剂的控制。

动鞭毛亚纲

动鞭毛亚纲的原生生物被称为动鞭毛虫。动鞭毛虫是靠鞭毛运动的类动物原生生物。鞭毛是细胞伸出的长的鞭状突起，用于运动。有的动鞭毛虫是营自生的，但是多数动鞭毛虫是寄生生物。

至少有三个来自锥虫属的动鞭毛虫物种会造成人类的感染性疾病。由于治疗方案有限，这些疾病通常是致命的。第一种发现于中美洲和南美洲，造成南美洲锥虫病，有时也被称为美洲昏睡症；第二种造成东非昏睡症；第三种造成西非昏睡症。

美洲昏睡症 造成南美洲锥虫病的动鞭毛虫和造成疟原虫的孢子虫类似，它们的生活史中都有两种宿主，并且都通过昆虫在人群中传播疾病。如**图 19–10** 所示的猎蝽虫，是中美洲和南美洲的原生动物的一个宿主。寄生性的动鞭毛虫在这种昆虫的内脏里繁殖。猎蝽虫通过从人类宿主身上吸血以获得营养。在这个进食过程中，动鞭毛虫通过粪便被排出猎蝽虫体外，并通过伤口处或者黏膜进入人体内。一旦动鞭毛虫进入人体，它能够在血流中繁殖并且损伤心脏、肝脏和脾脏。

非洲昏睡症 造成非洲昏睡症的动鞭毛虫的生活史和造成美洲昏睡症的动鞭毛虫的生活史类似。其昆虫宿主为采采蝇，如**图 19–10** 所示。当采采蝇吸过受感染的人类或动物的血后，其自身感染。动鞭毛虫会在采采蝇的内脏中繁殖，而后迁移到其唾液腺中。当采采蝇再次叮咬人类时，动鞭毛虫即传染给人类宿主。动鞭毛虫在人类宿主体内繁殖，并且引起发烧、淋巴结发炎以及神经系统的损伤。

第 2 节 测评

要点梳理

- 原生动物是单细胞的原生生物，通过取食其他生物获取营养。
- 原生动物生活在各种各样的水环境中。
- 原生动物通过多种方式进行繁殖，包括有性生殖和无性生殖。
- 原生动物有着特殊的运动、取食和维持内稳态的方法。

要点理解

1. 主要概念 **比较**三种原生动物的取食、运动和繁殖方式。
2. **解释**原生动物的三种细胞器的功能。
3. **画图描述**并解释一种疟原虫属生物的生活史。
4. **解释**草履虫接合生殖为什么不属于有性繁殖。

批判性思维

科技 写作

5. 为生活在南美洲的人们编写一本关于动鞭毛虫的小册子。

生物中的 数学

6. 世界上大约有5万种原生动物，其中有大约7000种是纤毛虫。那么，纤毛虫在原生动物中所占的比例是多少？

第3节

本节预览

核心问题

- 不同门的藻类有哪些特征?
- 藻类的次级光合色素有什么作用?
- 硅藻和其他种类的藻类有什么不同?

术语回顾

叶绿体:在绿色植物和一些原生生物细胞中,能够捕获光能并将其转化为化学能的一种含有叶绿素的细胞器。

关键术语

生物性发光
群体
世代交替

藻类——类植物原生生物

主要概念 **藻类是类植物原生生物,是水生生态系统中的生产者。**

联系实际 你是否曾看着人群并思考他们之间的共同之处?你可能会发现他们喜欢同一类型的音乐或者运动。大多数类植物原生生物都有一个共同特征——它们能自己制造食物。

藻类的特征

藻类具有光合色素,因此,藻类被认为是类植物原生生物。光合色素使得生物体通过光合作用过程,利用太阳能合成自己所需的食物。藻类和植物不同,因为它们没有根、叶等其他植物特有的结构。

藻类的叶绿体中有吸收光的色素。许多藻类的主要色素是叶绿素,即使植物显现出绿色的色素。许多藻类还有能够使其在深水中吸收光能的次要色素。随着水深增加,太阳的许多能量被水吸收。这些次要色素能让藻类从不被水所吸收的波长处吸收光能。由于这些次要色素反射不同波长的光,因而藻类呈现出不同的颜色,如**图19–11**所示。

阅读检测 **解释**叶绿体和光合色素在藻类中的功能。

图19–11 藻类由于具有不同的色素而呈现出不同颜色。

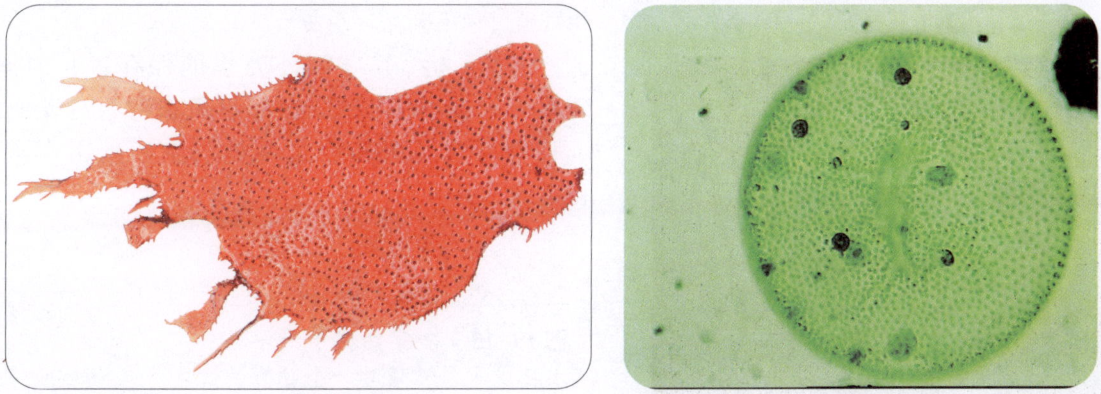

红藻　　绿藻

■ **图 19-12** 不同种类的硅藻具有不同的形状和大小。

藻类的多样性

除了颜色不同外，藻类还有其他不同点。例如，许多藻类是单细胞生物体，而其他一些种类则是大型的多细胞生物体，甚至可达65米长。有些单细胞藻类被称作浮游植物。浮游植物对水生生态系统至关重要，因为它们为这些环境提供了食物网的基础。作为光合作用的副产物，它们也为大气提供了大量的氧气。

藻类的多样性使科学家对其分类具有一定的难度。藻类学家通常使用三个标准对藻类进行分类：叶绿素及次级色素的种类，储存食物的方法以及细胞壁的组成。

硅藻 如**图 19-12**所示的单细胞藻类是硅藻门的成员。这些形状杂乱的生物体被称为硅藻。观察**图 19-13**可以看到硅藻由两个不完全对称的部分组成，一侧巧妙地内嵌于另一侧，形成一个带盖的小盒子。

链接 物理学 硅藻是光合自养生物。它们利用叶绿素和类胡萝卜素进行光合作用，合成有机物。硅藻将食物储存为油而非糖类。油不仅使硅藻成为许多海洋动物的富有营养的食物来源，也为硅藻提供浮力。油的密度比水小，因此，硅藻可以悬浮在近水面处，以便吸收太阳能，进行光合作用。

如**图 19-14**所示，硅藻既可以进行有性生殖，也可以进行无性生殖。进行无性生殖时，它的外壳能分成两个部分，每个部分都能产生与其相匹配的结构。这个过程会生成越来越小的硅藻。当无性生殖的硅藻达到原有硅藻约四分之一大小时，则转变为有性生殖，产生配子。配子融合发育形成原始大小的硅藻。此繁殖过程不断循环重复。

硅藻死后，其硅质外壳也能保存很长时间。硅质外壳在海底积累起来，形成被称为硅藻土的沉积物。这种沉积物常常被收集起来用作研磨和过滤的介质。

与生物学相关的职业

藻类学家 专注于藻类研究的生物学家被称为藻类学家。藻类学家可能在鱼类孵化场工作或者进行海洋研究。

■ **图 19-13** 硅藻存在于海洋和淡水环境中。硅藻的一个独有的特征是其细胞壁由硅质构成。

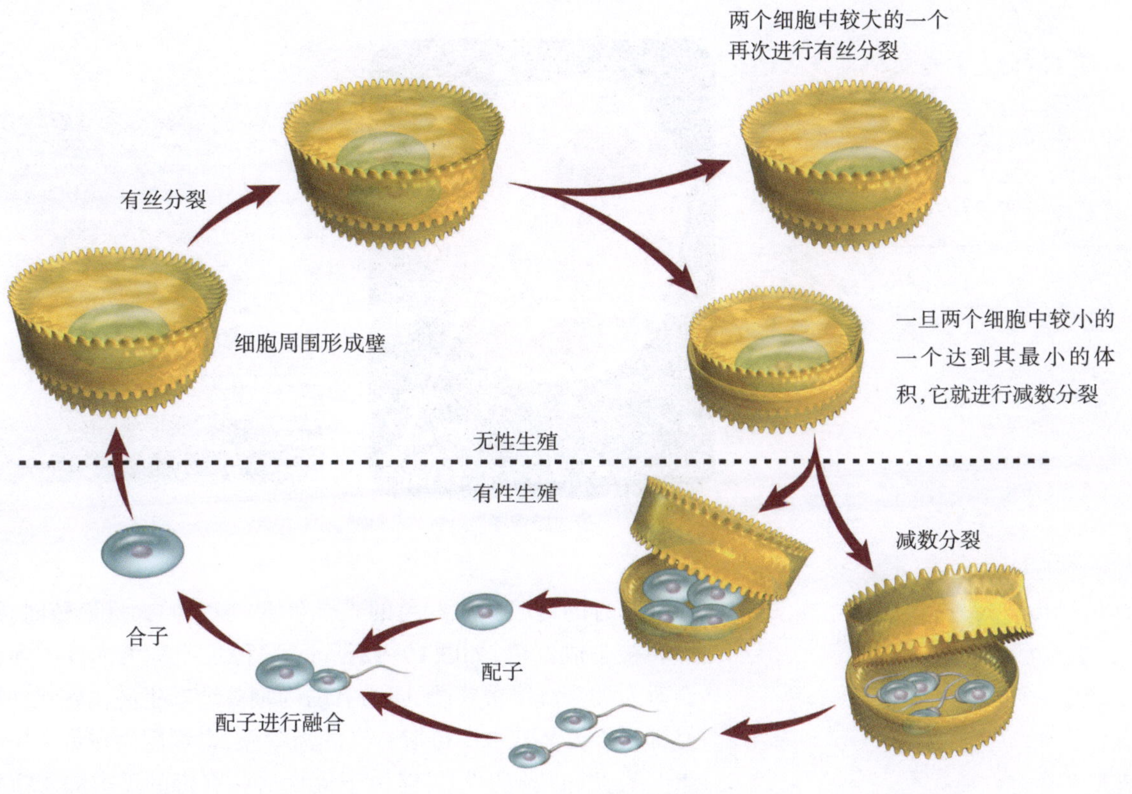

■ **图19-14** 硅藻进入有性生殖前需要进行数代无性生殖。

沟鞭藻 黄褐藻门中的类植物原生生物被称作沟鞭藻。黄褐藻门中的大多数成员都是单细胞的，有着成直角的两条鞭毛。当这两条鞭毛舞动时，会形成一个旋转的运动，因而沟鞭藻在水中移动时可以旋转。此类群中的一些成员有由一层类似于头盔或者铠甲的很厚的纤维素构成的细胞壁。这个类群中的其他成员可以**生物性发光(bioduminescent)**。尽管也有一些淡水沟鞭藻，但绝大多数沟鞭藻生活在海水中。与硅藻类似，光合沟鞭藻是浮游植物的重要组成部分。

沟鞭藻在获取营养的方式上与其他藻类有所差异。有的沟鞭藻是光合自养生物，另一些则是异养生物。异养的沟鞭藻可能是食肉型的、寄生型的或互利共生的。互利共生的沟鞭藻与许多生物体有着共生关系，如水母、软体动物和珊瑚。

水华 当食物充足且环境条件适宜时，沟鞭藻会大量繁殖。这种由于水体中的藻类种群数量激增的现象称为水华。藻类的数量激增，会耗尽水中的营养，对水中的其他生物产生危害。食物来源减少，沟鞭藻大量死亡。当死去的藻类被分解时，水中的氧气会被逐渐耗尽，导致鱼类和其他水生生物窒息。此外，当鱼鳃被沟鞭藻堵塞时，也会导致鱼类窒息。

■ **图 19–15** 多边膝沟藻是沟鞭藻中造成赤潮的一种原生生物。在赤潮中，许多海洋生物会死去，贝类动物会变得有毒而不能被人类食用。

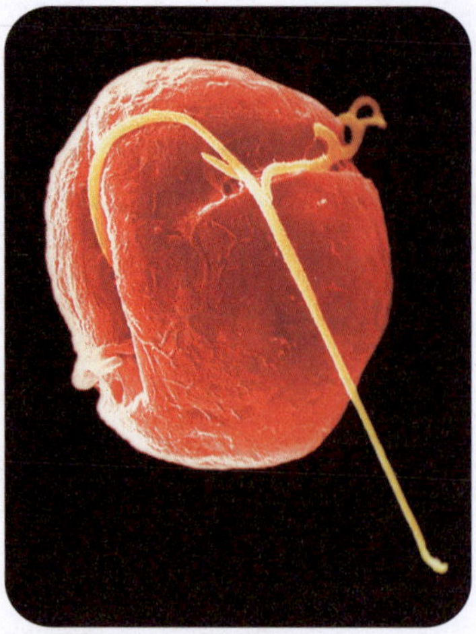

多边膝沟藻

赤潮

赤潮 有的沟鞭藻有红色的光合色素，当它们大量繁殖时，海水会被染成红色，如**图 19–15**所示，这种现象称为赤潮。赤潮会对人类造成严重威胁，因为有的沟鞭藻会产生潜在致死性神经毒素。贝类从水中摄取有毒的沟鞭藻，毒素因而在贝类中积累。人类和其他生物可能由于摄食这些有毒的贝类而患重病甚至死亡。

赤潮必须受到严密的监控。科学家通过查看卫星图片监测赤潮。漂浮机器人也可以持续不断地测量水中的赤潮藻类浓度。当浓度变得过高时，科学家便发布警告以停止捕捞贝类。

裸藻 裸藻是裸藻门的成员，是一种单细胞的类植物原生生物。有一些裸藻生活在海水中，但是大多数裸藻生活在浅水型淡水环境中。由于裸藻同时具有植物和动物的特征，因此很难对其进行归类。大多数裸藻具有植物的特征——含有叶绿体，能进行光合作用，但它们没有细胞壁。裸藻也可以是异养型的，当光照不足以进行光合作用时，有的裸藻可以从环境中吸收溶解的营养物质，也有的裸藻能够取食其他生物，如更小的裸藻，这是一种动物的特征，甚至有少数种类的裸藻是寄生型的。

典型的裸藻结构如**图 19–16**所示。裸藻和草履虫的结构类似，围绕裸藻细胞的不是细胞壁，而是一层有弹性而且坚硬的被称为表膜的外膜。当水面太低而不能游动时，表膜会促使裸藻在泥浆中前进。鞭毛能够推动裸藻向食物或者光源移动。眼点是一个对光敏感的接收器，能够帮助裸藻朝向光而进行光合作用。伸缩泡在裸藻中的作用和草履虫一样，它排出细胞内多余的水分，从而维持细胞的内稳态。

■ **图 19–16** 小眼虫是单细胞的类植物藻类，具有植物和动物的双重特征。

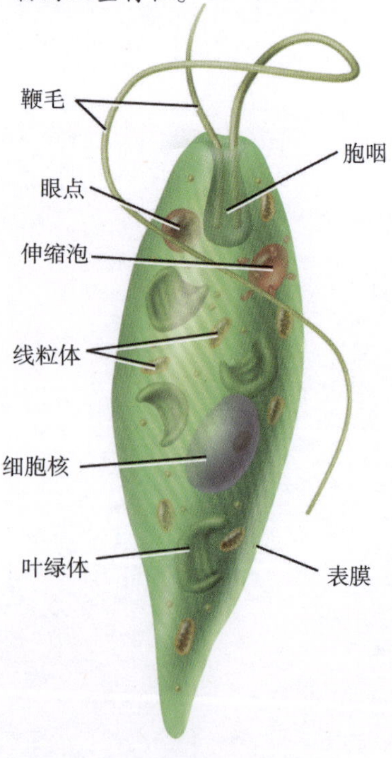

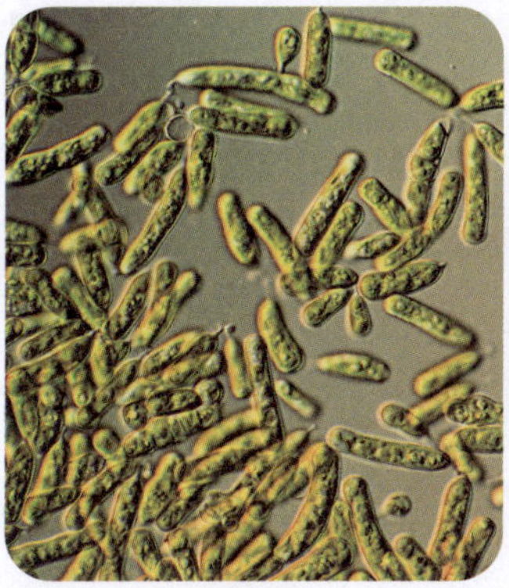

黄绿藻

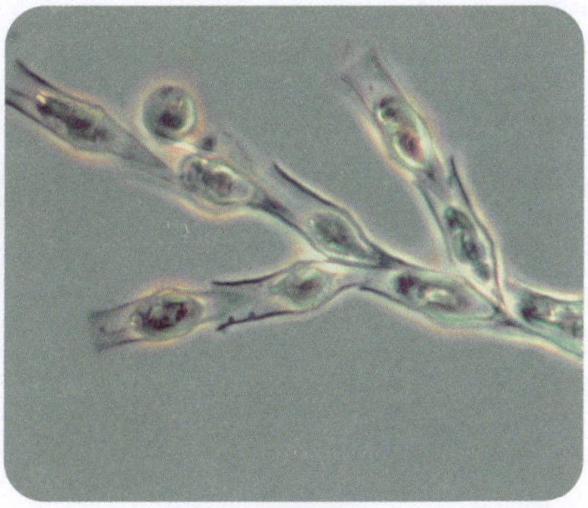

金褐藻

■ **图 19–17** 黄绿藻和金褐藻有类胡萝卜素——一种用于光合作用的次要色素。

学习小贴士

分享阅读 向同学大声朗读两个自然段。让同学总结主要观点，而后互换角色。

金藻 黄绿藻和金褐藻都属于金藻门，也被称为金藻。它们和硅藻类似，含有黄色和褐色的类胡萝卜素，使之呈现出金褐色。**图 19–17** 中的藻类是金藻门中的两个物种。大多数金藻门成员是单细胞的，但是也有一些会形成群体。一个**群体（colony）**是一群有密切联系的细胞。金藻细胞通常含有两条在同一端的鞭毛。所有的金藻都能进行光合作用，而有的种类可以透过其细胞壁吸收有机化合物或者吞咽食物颗粒和原核生物。大多数金藻进行无性生殖，只有极少数金藻进行有性生殖。金藻也是淡水和海水浮游生物的成员。

阅读检测 **鉴定**让金藻呈现金褐色的物质。

褐藻 褐藻属于褐藻门，也是一些大型的多细胞植物型藻类。这些藻类含有一种叫作墨角藻黄素的类胡萝卜素，因此呈现褐色。褐藻约有1500种，其中大多数生长在寒冷地带多岩石的海岸。巨藻是一种褐藻，其主体被称为叶状体，如**图 19–18** 所示。叶状体是扁平的部位，柄是类似于茎的部分，固着器是类似于根的结构。气囊是藻体上膨胀的部位，气囊中充满了气体，使藻体能够悬浮在光照充足的近水面，以进行光合作用。

绿藻 绿藻属于绿藻门，本门包括7000多个物种。绿藻有多个特征与植物类似：绿藻和植物都有叶绿素作为主要光合色素，因此呈现出绿色，绿藻和植物都有细胞壁，而且二者都将食物储存为糖类。这些共有的特征使得有些科学家认为这两个类群之间存在进化上的联系。

大多数绿藻都生活在淡水中，但是也有约10%的绿藻生活在海洋、潮湿地面、树干和雪中，甚至有些绿藻生长在某些动物的毛上，例如**图 19–2** 中的树懒。

■ **图 19–18** 水下的大型褐藻森林不仅为许多海洋生物提供了栖息地，也提供了褐藻胶——一种在许多产品中使用的添加剂。

解释 *大型褐藻的气囊有什么功能？*

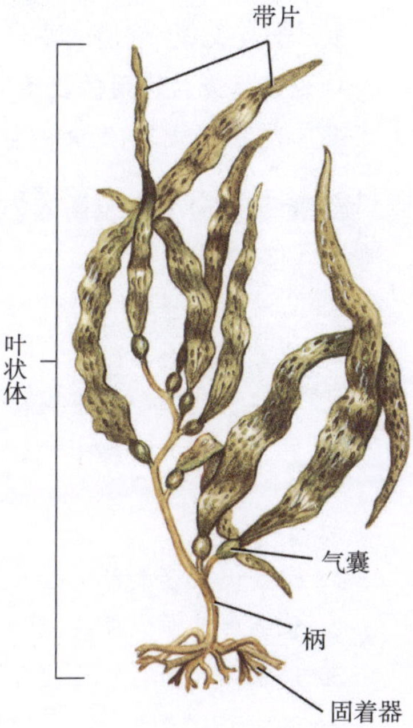

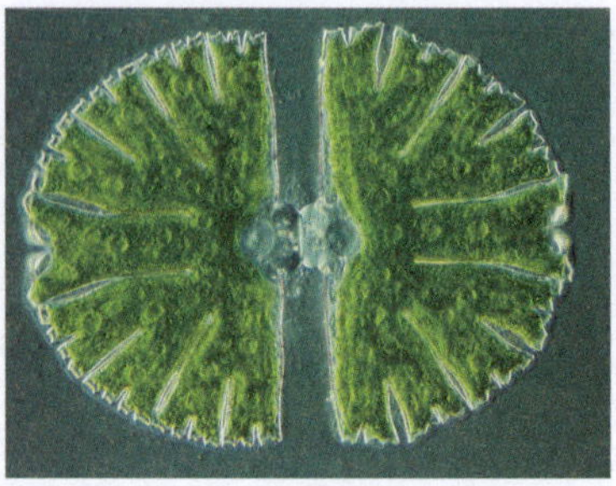

鼓藻

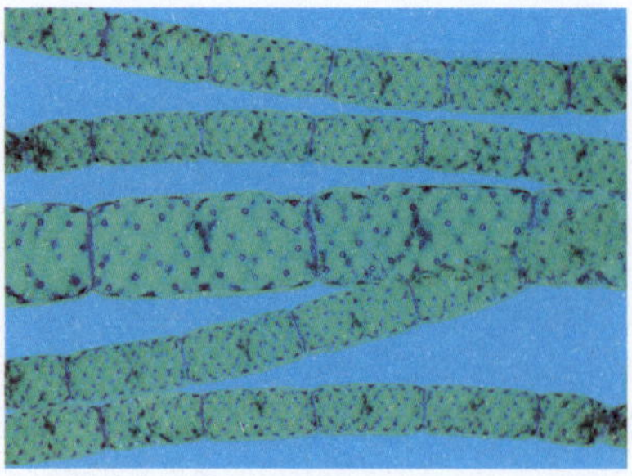

水绵

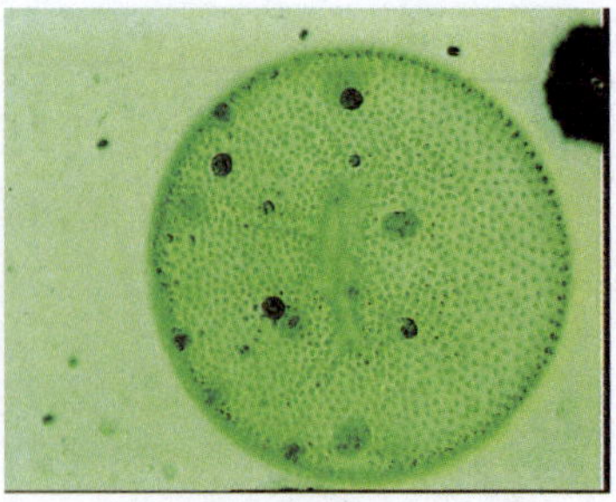

团藻

■ **图 19–19** 鼓藻是一种单细胞绿藻。水绵也是一种绿藻，因其螺旋状的叶绿体而得名。团藻是由多细胞组成的群体，有时在一个大群体中还有子群体。

绿藻有多种生长模式。单细胞的鼓藻，以轴对称的细胞分裂为特征。水绵是一种多细胞的、以其长且细的细丝为特征的绿藻。水绵的名字来源于其螺旋状的叶绿体。团藻是藻类群体生长方式的一个例子，如**图 19–19** 所示。

团藻的单个细胞被细胞质丝所形成的凝胶状分泌物集合在一起。每个细胞都有和群体协调一致摆动的鞭毛，用来移动整个群体。团藻群体可以包括数百甚至上千个细胞，形成一个中空的球。较小的群体，被称为子群体，在较大的群体内形成一个球。当子细胞成熟后，它们会消化母细胞，并且成为自由游动的群体。

阅读检测 **辨别**三种绿藻的生长模式。

迷你实验 1

探究藻类的光合作用

绿藻进行光合作用需要多少阳光？ 藻类含有光合色素，这使得它们可以利用太阳能合成有机物。观察绿藻，确定光的量是否影响其光合作用。

步骤

1. 阅读并完成实验室安全表。
2. 从教师那里取得绿藻样本。将每一份绿藻样本分别放置在教室的不同位置，确保其中一个位置是完全黑暗的。
3. 对每个位置的绿藻做出假设。
4. 每天检查每处样本，记录观察结果。

分析

1. **描述**你用来判断光合作用是否进行的证据。
2. **总结**你的假设是否得到验证，并解释。
3. 如果你在显微镜下观察这些不同种类的绿藻，请识别你看到的细胞器。

珊瑚藻

■ **图 19-20** 红色的光合色素让红藻能在深水中生活，而且依然可以利用阳光进行光合作用。

解释 *这些红色的光合色素是如何使上述现象成为可能的。*

红藻 红藻是红藻门中的主要成员，大多数红藻是多细胞生物。从**图 19-20**可以看出红藻是如何得名的。这些生物含有红色的光合色素——藻胆素，使之呈现红色。这些色素让红藻能够吸收水面以下 100 米或更深处的绿色、紫色和蓝色光，因此，与其他藻类相比，红藻能够在更深的水中生活并进行光合作用。

一些红藻对珊瑚礁的形成有所贡献。红藻中的珊瑚藻的细胞壁含有碳酸钙，这些碳酸钙会将石质的珊瑚黏结起来形成珊瑚礁。

藻类的应用

藻类被广泛用作动物和人类的一种食物来源。在北美洲和非洲的海滨地区，藻类被用来喂养牲畜。藻类也用于许多菜肴和加工食品，见**表 19-2**。藻类富含蛋白质、微量元素和维生素等营养物质，某些藻类中的物质被用于提升食品的口感。

表 19-2	藻类的一些用途
藻类的种类	用途
红藻	红藻门的一个种，紫菜属，称为紫菜，常常被烘干和压制成片，在汤、酱汁、寿司和调味品中使用。某些种类的红藻也含有琼脂和角叉菜胶，多用于科研用的凝胶和培养基中。琼脂也被用于馅饼的填充以及罐头肉类和鱼类的保存。角叉菜胶常用于增厚和稳定布丁、糖浆和洗发水
褐藻	褐藻被用作食品稳定剂，例如糖浆、冰激凌和颜料
绿藻	礁膜属和石莼属的绿藻，也被称为海白菜，用于沙拉、汤、调味品以及肉汤或者鱼汤中
硅藻	硅藻通常作为过滤材料用于生产饮料、化学药品、工业用油、食用油、糖、水的供给和废物分离过程中。硅藻也被作为抛光剂使用

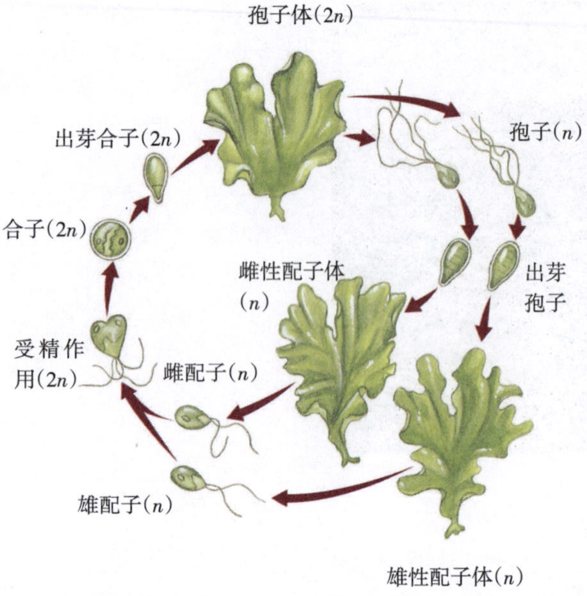

■ **图19–21** 大部分藻类,如这里所绘出的海白菜——石莼,其生活史包括单倍体和二倍体世代的交替。世代交替也出现在植物界和真菌界的物种中。

藻类的生活史

藻类可以在产生孢子和产生配子之间转换。它们可以进行有性和无性生殖。绿藻通过断裂进行无性生殖,这是一个多细胞个体分为多个碎片继而每个碎片生长为独立生物体的过程。

世代交替 许多藻类的生活史展现出世代交替的现象,如**图19–21**所示的石莼的生活史。**世代交替(alternation of generation)**是由两个世代所组成的藻类生活史,一个世代进行有性生殖,另一个世代进行无性生殖。生物体在二倍体(2*n*)和单倍体(*n*)之间交替,每一个被称为一个世代。

二倍体和单倍体世代 生物的二倍体形式由于可以产生配子而被称为配子体世代。这个世代从孢子开始,以雌雄配子结束。来自两个生物体的配子结合形成包含两套完整染色体的合子。单倍体世代从合子开始,以孢子体产生孢子结束。合子发育为孢子体(2*n*),在孢子体中,有的细胞通过减数分裂形成单倍体孢子(*n*)。孢子是发育为配子体的生殖细胞。新的配子体重复这一生活史,如**图19–21**所示。

第3节 测评

要点梳理

- 藻类是自养型原生生物。
- 藻类是水生生态系统中重要的氧气和食物的生产者。
- 裸藻、硅藻和沟鞭藻是单细胞藻类。
- 红藻、褐藻和绿藻存在多细胞形式。
- 藻类的生活史包括世代交替。

要点理解

1. 主要概念 **解释**为什么藻类被认为是淡水和海洋生态系统中的主要生产者。
2. **描述**藻类三个类群的主要特征。
3. **解释**为什么你会在一个海底沉积物的样品中发现较多的是硅藻而不是绿藻。
4. **应用**光合作用的知识解释为何大多数藻类生活在水面或者距离水面较近的区域。

批判性思维

5. **设计一个实验**来确定绿藻生长的适宜光色。
6. **总结**藻类中的次要光合色素的功能。

科技 **写作**

7. 写一个简短的公告,解释食用在赤潮期间捕捞的贝类的危害。

第4节

类真菌原生生物

本节预览

核心问题

- 黏菌有哪些细胞的特征和非细胞的特征?
- 细胞黏菌和非细胞黏菌的生活史有何相似之处?
- 水霉怎样获取营养?

术语回顾

纤维素:一种糖类聚合物,可以形成植物和一些类真菌原生生物的细胞壁。

关键术语

原生质团
聚集素

主要概念 **类真菌原生生物通过吸收死亡或者腐烂的生物体中的营养物质而获得营养。**

联系实际 你是否曾经听过"不要以貌取人"?对类真菌原生生物来说也是一样。第一眼看,它们像真菌。但是仔细观察后,你会发现它们的很多特征并不符合真菌的特征。

黏菌

你可以想象,类真菌原生生物是具有真菌特征的原生生物。真菌和黏菌都通过孢子繁殖。和真菌一样,黏菌取食腐烂的有机质,通过其细胞壁吸收营养。然而,真菌和黏菌在其细胞壁的组成上有所不同。真菌细胞壁由一种叫作几丁质的物质组成。几丁质是一种出现在真菌细胞壁以及昆虫、螃蟹和蜈蚣的外骨骼中的复杂糖类。与真菌不同的是,类真菌原生生物的细胞壁中并不含几丁质。这类原生生物的细胞壁中含有纤维素或者类似纤维素的化合物。

黏菌有着各种各样的颜色,从黄色、橙色到蓝色、黑色和红色,如**图19-22**所示。它们通常出现在潮湿、阴暗、腐烂有机质较多的地方,如一堆腐烂的树叶或者树干上。黏菌被分为两个类群:非细胞黏菌和细胞黏菌。

阅读检测 **对比与比对**真菌和黏菌。

■ **图19-22** 黏菌有多种多样的颜色和形状,但是它们都有类似真菌的特征。
推测 *这些黏菌可能从哪里获取营养?*

黏变形体黏菌

覆盆子黏菌

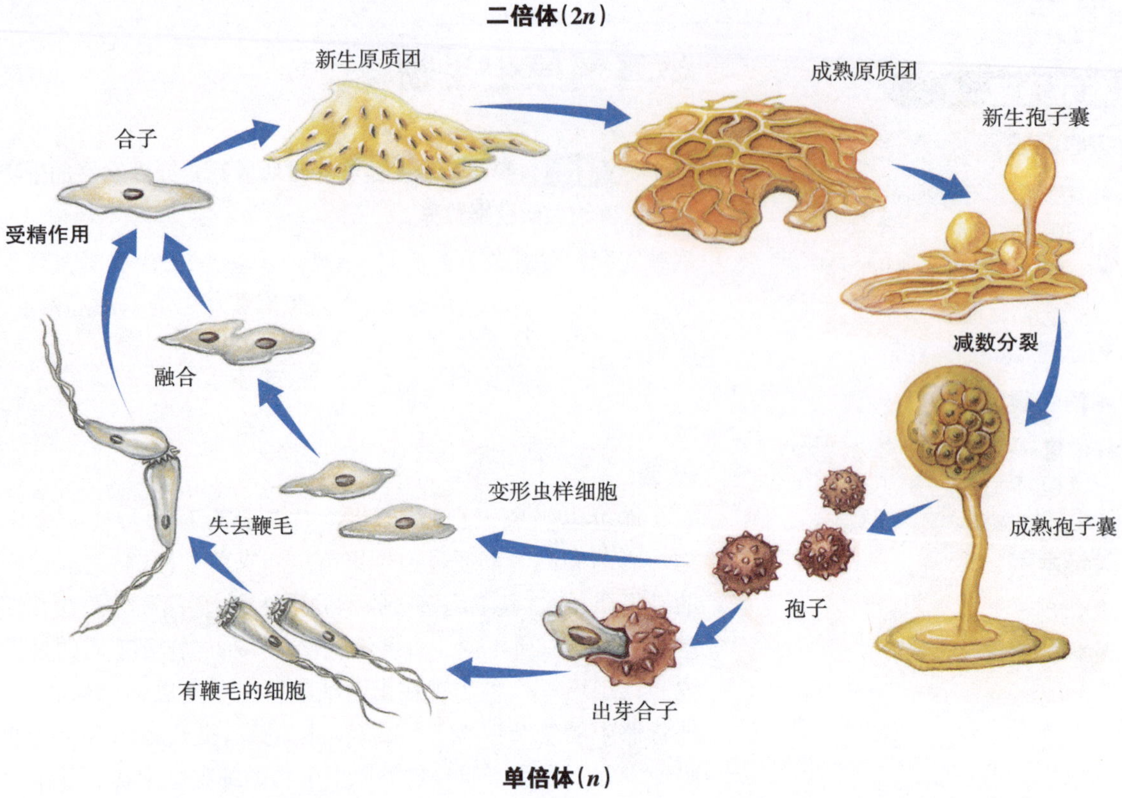

■ **图 19–23** 非细胞黏菌在其生活史中经历二倍体和单倍体阶段。

非细胞黏菌 被称为非细胞黏菌的类真菌原生生物属于黏菌门。因为在其生活史的某个阶段核进行分裂但是没有形成内部的细胞壁，最终形成一个多核的原生质团，因此被称为非细胞黏菌。

图 19–23 展示了一个典型的非细胞黏菌的生活史。非细胞黏菌起始于孢子，通常在环境条件恶劣（如干旱）时形成。在缺水的情况下，孢子产生一小团原生质体，或者一个类似变形虫的细胞，或者一个带有鞭毛的细胞。细胞由鞭毛推进，直到其到达一个适宜的表面。随后，鞭毛暂时缩回，细胞生成能够让其像变形虫一样运动的伪足。有鞭毛的或者类似变形虫的细胞都是配子，并且是单倍体（*n*）。

当两个配子结合时，非细胞黏菌的生活史开始进入下一阶段。受精的细胞进行持续的核分裂，形成**原生团（plasmodium）**。这是生物体捕食的阶段，它会在腐烂树叶或树干表面像变形虫一样爬行，并且其直径可以长达 30 厘米。当食物或水分变少时，黏菌生成可以形成孢子的结构。孢子通过减数分裂形成，并且通过风散播。一旦孢子遇到水，又会重复开始新的生活史。

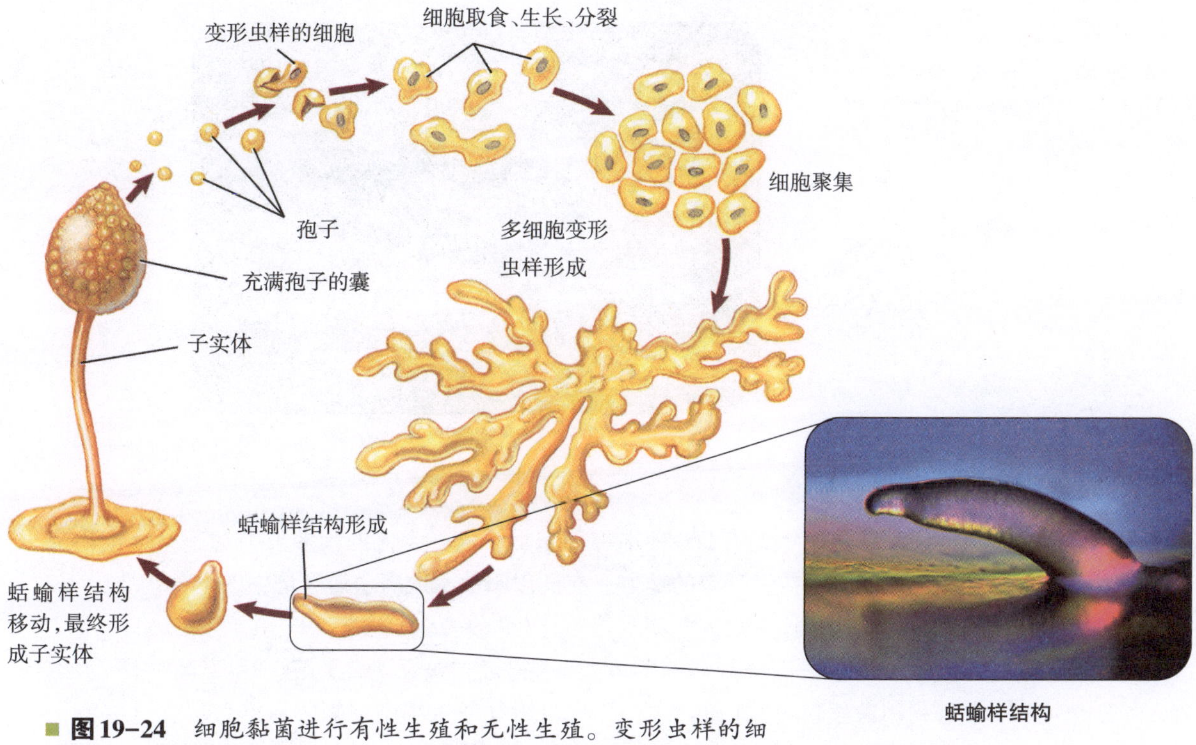

■ **图 19–24** 细胞黏菌进行有性生殖和无性生殖。变形虫样的细胞在无性生殖过程中聚集,形成一个蛞蝓状的群体,这个群体像一个单个生物体一样运作。
解释 *为什么这个蛞蝓样的阶段被认为是一个群体。*

细胞黏菌 细胞黏菌属于集胞菌门。这些类真菌原生生物在肥沃、潮湿的土壤表面爬行并吞噬细菌。不同于非细胞黏菌,它们生活史的大部分时间都作为变形虫样的细胞,没有鞭毛。

细胞性黏菌的生活史如**图 19–24** 所示。当食物充足时,变形虫样的单细胞通过有性生殖快速繁殖。在有性生殖过程中,两个单倍体变形虫结合,形成一个合子。合子发育为一个大细胞并进行减数分裂,随后进行数次有丝分裂。最终大细胞破裂并释放出新的单倍体变形虫。

当食物短缺时,单个的变形虫样的细胞会进行无性生殖。饥饿的变形虫样细胞释放出一种称为**聚集素(acrasin)**的分子。作为对这个化学信号的回应,变形虫样的细胞开始聚集,形成一个蛞蝓状的群体,像一个单个生物体一样发挥作用。这个群体移动一段时间,最终形成一个子实体,如**图 19–25** 所示。该子实体生成孢子,孢子一形成就被释放。孢子出芽,形成变形虫样的细胞,重复这一生活史。

阅读检测 **推测**为什么细胞黏菌的生活史有利于它们的长期存活。

■ **图 19–25** 细胞黏菌在其生活史中生成带有孢子的子实体。

■ **图19-26** 右图所示为水霉。
解释 *水霉类似真菌的特征。*

水霉

水霉和霜霉

卵菌门大约有500种水霉和霜霉。这一类群的大多数类真菌原生生物都生活在水中或者潮湿的地方。有的以吸收水或者土壤环境中的营养物质为生，有的则从其他生物体上获取营养，如**图19-26**所示。

根据它们获取营养的方式，水霉最初被认为是真菌。和真菌一样，水霉利用菌丝包裹它们的食物；分解组织并通过细胞壁吸收营养。尽管这些特征和真菌相同，但是水霉和真菌在细胞壁的组成以及是否产生有鞭毛的生殖细胞这两方面并不相同。我们前面学过，类真菌原生动物的细胞壁是由纤维素和类似纤维素的化合物构成的。

阅读检测 **对比与比对**水霉和真菌。

迷你实验 2

研究黏菌

黏菌是什么？在生物界中，黏菌可能是最有趣的。观察不同类型的黏菌以及它们身体的特征。

步骤

1. 阅读并完成实验室安全表。
2. 获得不同**黏菌标本的切片**。在**显微镜**下仔细观察。
3. 制作数据表以记录你观察到的信息，简单画出并介绍每一个标本。

分析

1. **对比与比对**这些标本。
2. **指出**具有相似特征的标本，并解释它们为何相似。
3. **批判性思维** 你会如何给这些标本分类，并解释原因。

被感染的马铃薯

正常的马铃薯

链接 历史 霜霉致病疫霉会感染马铃薯植株并毁坏马铃薯，如**图19-27**所示。这种生物在19世纪破坏了爱尔兰的马铃薯，马铃薯曾经是爱尔兰人的主要食物来源，当时爱尔兰大约有100万人死于饥荒。具有讽刺意味的是，在此期间，有许多其他农作物也在爱尔兰产出，爱尔兰农民买不起这些农产品，所以这些农产品被出口到英国。英国政府确实对这些农民提供了援助，但是这对于防止饥荒的发生仍显不足。在此期间，大量人口从爱尔兰移民到美国来躲避可怕的饥荒。

■ **图19-27** 比较左图被感染的马铃薯和右图正常的马铃薯。致病疫霉会在几周内毁掉即将收获的马铃薯。

第4节 测评

要点梳理

- 类真菌原生生物的细胞壁不包括几丁质。
- 黏菌、水霉和霜霉在水中或者潮湿的地方生长。
- 非细胞黏菌形成一个有许多核但没有独立细胞的原质团。
- 细胞黏菌通过形成群体来繁殖。
- 水霉通过一团线状物包裹它们的食物。

理解要点

1. **主要概念** **解释**类真菌原生生物是怎样获取营养的。
2. **比较**细胞黏菌和非细胞黏菌的特征。
3. **描述**变形虫样的细胞如何运动。
4. **简要描述**细胞黏菌和非细胞黏菌的生活史。
5. **举例说出**一种有由纤维素构成的细胞壁，并且从死去的生物体上吸收营养的生物。

批判性思维

6. **设计实验**确定一种细胞黏菌的湿度要求。
7. **推荐**一个方法给花店店主，以防止黏菌在他的木椅上生长。

科技 写作

8. 写一篇小短文，介绍爱尔兰马铃薯饥荒。

生物学领域

硅藻——有生命的硅片

职业：纳米科技专家

硅藻近来得到了纳米科技专家——在原子层面设计装置的科学家的关注。硅藻能以不可思议的精准性和规则搭建出复杂的壳。纳米科技专家认为，硅藻可以在原子层面利用硅元素构建有用的结构。

自然界的纳米科技专家 人类仍然需要通过硅藻学习很多关于在纳米层面构筑材料的知识和技术。当前，纳米科技专家在硅和其他材料上通过蚀刻来制造构件。这个过程费钱费时，还会产生化工废物。

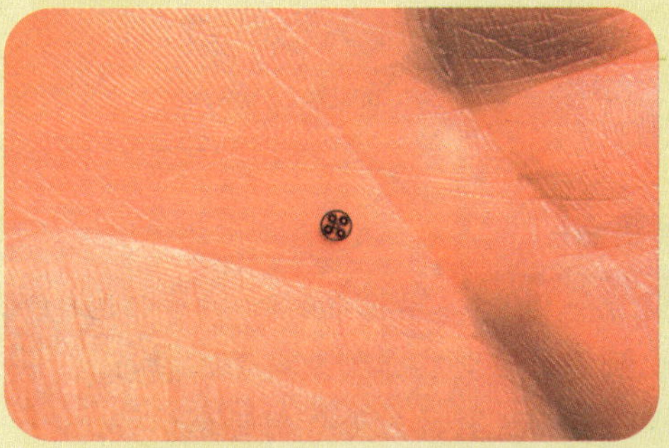

手掌上的一个二氧化硅壳

色彩增强扫描电子显微镜放大倍数：390×

色彩增强扫描电子显微镜放大倍数：390×

硅藻

有生命的硅片 硅藻被描述为有生命的硅片，是因为它们能够一个原子一个原子地构建它们的壳。从海水中获得的硅被加工成为复杂的微观结构，并形成一个精密的硅壳，就像照片中所示的一样。每一种硅藻都形成一个独一无二的并可能有用的壳。

为了从硅藻处获取纳米材料，科学家准备了带有硅和其他元素的营养液。硅藻摄入这些元素并利用它们构建自己的壳。当硅藻使用这些元素（如镁或钛）来替换硅原子构建它的壳时，一个结构上完整无缺的、有着理想形状和化学组成的单位就被制造出来了。目前，科学家正试图利用硅藻壳的模式作为模板来构建具有特殊用途的构件，但其中的许多模式还不能用纳米科技复制出来。

写作

报纸文章 未来，全世界对于纳米技术领域工作人员的需求将达到上百万，写一则关于纳米技术特殊职业的招聘广告。

生物实验室

探究:原生动物会如何反应?

背景:动物会对周围的环境给出回应和做出反应。其中一类反应被称为趋性,也就是动物会让自己靠近(正向)或远离(负向)某种刺激。动物回应的刺激包括光(趋光性)、温度(趋热性)、化学物质(趋化性)和重力(趋重力性)等。

问题:简单的单细胞类动物原生生物怎样回应刺激呢?

实验器材

含有活的原生动物的培养液

复合显微镜

载玻片和盖玻片

产生刺激所需要的材料

安全注意事项

警告:使用载玻片需谨慎。将破碎的载玻片丢弃到教师提供的容器中。

设计与实施实验

1. 阅读并填写实验室安全表。
2. 设计实验,回答左边的问题。重新阐述原始问题,使之包含你想要探究的趋性问题。
3. 在你进行实验前,确保征得教师的同意。
4. 搜集所需的材料和原料,开始实验。
5. 根据教师的指导,处理原生动物培养液。

实验分析和结论

1. **观察和推断** 有的原生动物通常被形容为动物型的。你观察到了哪些类动物的特征?
2. **阐述你的问题** 你试图通过实验设计检测到什么刺激?
3. **做出假设** 你对于研究问题提出了什么假设?
4. **总结** 你在实验中收集到了哪些数据?
5. **分析和得出结论** 你的数据是否支持你的假设?你的结论是什么?
6. **误差分析** 将你的实验结果与其他同学的做比较。解释数据中的差异。

科技 写作

报告 在这个实验中,你探究了一个生物对于某个刺激的反应。撰写一篇短报告评判你所采用的方法,包括可以改进的技术。

第19章 复习指南

内容聚焦 内稳态 有的原生生物，如草履虫和裸藻，有着可以排出细胞中多余水分的伸缩泡来维持细胞内的稳态。

大概念 **原生生物是一个多样化的生物类群，既包括单细胞生物也包括多细胞生物，因此它们的进化史存在差异性。**

第1节 原生生物简介

原生生物 微孢子虫	**主要概念 原生生物形成了一个多样化的生物类群，因其获取营养方式的不同而被细分为不同的子类群。** ● 原生生物包括单细胞真核生物和多细胞真核生物。 ● 可以通过获取食物的方式对原生生物进行分类。 ● 最初的原生生物可能通过内共生形成。 ● 原生生物可能是最早的具有叶绿体和线粒体的真核生物，在数十亿年前就已进化存在。

第2节 原生动物——类动物原生生物

表膜 刺丝胞 伸缩泡 伪足 壳	**主要概念 原生动物是类动物异养型原生生物。** ● 原生动物是单细胞的原生生物，通过取食其他生物获取营养。 ● 原生动物生活在各种各样的水环境中。 ● 原生动物通过多种方式进行繁殖，包括有性生殖和无性生殖。 ● 原生动物有着特殊的运动、取食和维持内稳态的方法。

第3节 藻类——类植物原生生物

生物性发光 群体 世代交替	**主要概念 藻类是类植物原生生物，是水生生态系统中的生产者。** ● 藻类是自养型原生生物。 ● 藻类是水生生态系统中重要的氧气和食物的生产者。 ● 裸藻、硅藻和沟鞭藻是单细胞藻类。 ● 红藻、褐藻和绿藻存在多细胞形式。 ● 藻类的生活史包括世代交替。

第4节 类真菌原生生物

原质团 聚集素	**主要概念 类真菌原生生物通过吸收死亡或者腐烂的生物体中的营养物质而获得营养。** ● 类真菌原生生物的细胞壁不包括几丁质。 ● 黏菌、水霉和霜霉在水中或者潮湿的地方生长。 ● 非细胞黏菌形成一个有许多核但没有独立细胞的原质团。 ● 细胞黏菌通过形成群体来繁殖。 ● 水霉通过一团线状物包裹它们的食物。

第19章 测评

第1节

要点回顾

用完整的句子回答下列问题。

1. 类动物原生生物的别名是什么？
2. 从昆虫的消化道中发现的、微小的原生动物是什么？

要点理解

3. 最初的原生生物可能是通过(　　)形成的。
   A. 有氧呼吸　　B. 分解作用
   C. 内共生作用　　D. 光合作用
4. 主要概念　可将原生生物分成三个类群的方法是(　　)。
   A. 获取食物的方式　　B. 运动的方式
   C. 繁殖的方式　　D. 呼吸的方式
5. 对于原生生物来说，下列环境最不适宜的是(　　)。
   A. 正在腐烂的落叶　　B. 潮湿的土壤
   C. 海洋　　D. 干燥的沙滩

利用下图回答第6、7题。

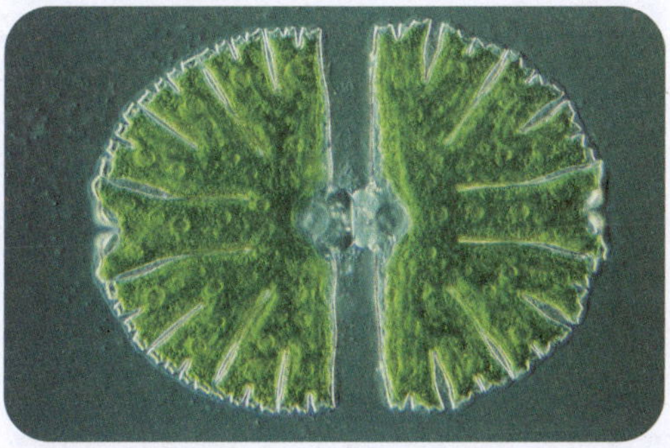

6. 这一原生生物属于(　　)。
   A. 藻类　　B. 类动物原生生物
   C. 类真菌原生生物　　D. 原生动物
7. 下列描述这种原生生物的最佳术语是(　　)。
   A. 非细胞生物　　B. 多细胞生物
   C. 真核生物　　D. 原核生物

回答问题

8. **开放式回答**　描述你家或学校附近能找到原生生物的三个地点。
9. **简要回答**　类动物原生生物、类植物原生生物和类真菌原生生物有哪些区别？

批判性思维

10. **预测**　如果一个地区的降水量超过了年平均水平，预测原生生物种群数量的变化。

第2节

术语回顾

定义下列结构，并提供一个具有这种结构的生物的实例。

11. 伪足
12. 伸缩泡
13. 壳

要点理解

利用下图回答第14题。

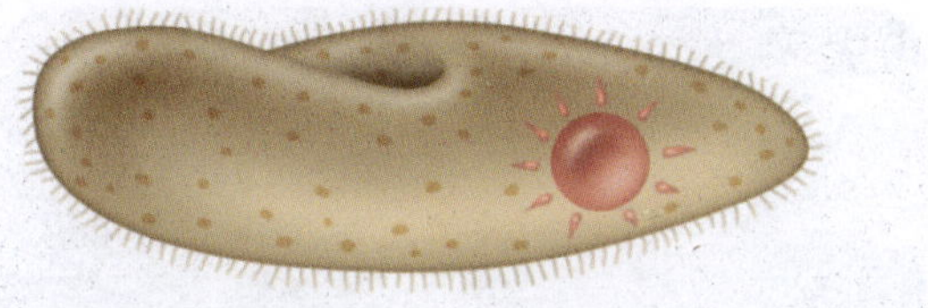

14. 这种生物利用(　　)进行运动。
   A. 纤毛　　B. 伸缩泡
   C. 鞭毛　　D. 伪足
15. 内容聚焦　稳态　草履虫的伸缩泡在细胞内帮助调节(　　)。
   A. 食物量　　B. 水量
   C. 运动　　D. 生殖
16. 下列最有可能形成化石的是(　　)。
   A. 顶复虫　　B. 鞭毛虫
   C. 有孔虫　　D. 草履虫

回答问题

17. 主要概念 如果共生的鞭毛虫死亡，白蚁也会死亡，解释其原因。

18. **简要回答** 描述草履虫接合的过程。

批判性思维

19. **概念应用** 提出几条村民们可能想到的减缓疟疾扩散的建议。

20. **研究信息** 研究由原生动物引起的几种其他疾病。利用地图定位疾病发生的地点。

第3节

术语回顾

从复习指南中选择正确的术语匹配下列定义。

21. 需要两个世代的水藻生命周期。

22. 生活在一起的、紧密连接的一群细胞。

23. 发光。

要点理解

利用下面这张照片回答第24题。

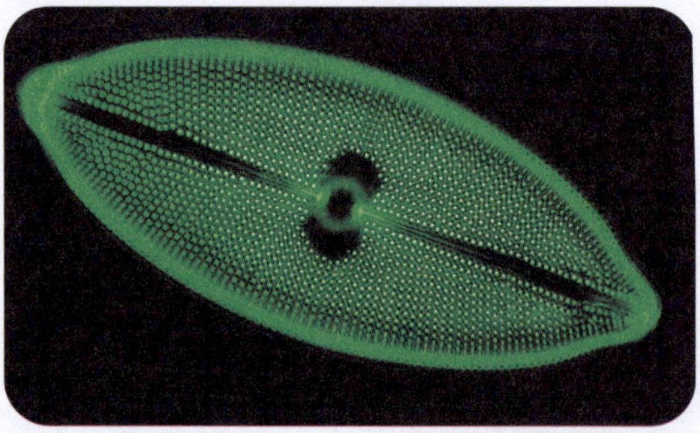

24. 这种生物额外的食物会转化成(　　)。

A. 纤维素　　B. 油脂
C. 蛋白质　　D. 糖类

25. 下列可以作为人类食物来源的是(　　)。

A. 腰鞭毛虫　　B. 原生动物
C. 眼虫　　D. 红藻

26. 下列生物有硅质细胞壁的是(　　)。

A. 褐藻　　B. 硅藻
C. 腰鞭毛虫　　D. 眼虫

利用下图回答第27、28题。

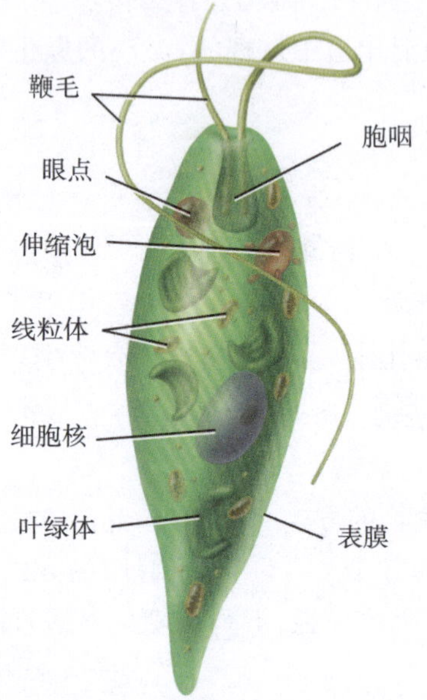

27. 上图中的生物利用(　　)进行运动。

A. 纤毛　　B. 伸缩泡
C. 鞭毛　　D. 伪足

28. 下列结构用于感光的是(　　)。

A. 叶绿体　　B. 细胞核
C. 眼点　　D. 表膜

回答问题

29. **开放式回答** 与其他藻类相比，为什么硅藻、有孔虫和放射虫形成的化石更多？

30. **简要回答** 解释硅藻偶尔必须进行有性生殖的原因。

31. **简要回答** 解释世代交替过程中孢子体和配子体之间的关系。

批判性思维

32. 分析淡水藻类和海产藻类的区别。

第4节

术语回顾

从复习指南中选择正确的术语替换句中的画线部分。

33. 有许多二倍体核但没有单独细胞组成的能运动的生物体是原生质。

34. 饥饿的变形虫细胞释放一种叫作砷的化学物质。

要点理解

35. 非细胞黏菌有很多细胞核,但缺乏的结构是(　　)。

A. 染色体

B. 孢子

C. 相互独立的细胞

D. 纤毛

36. 在水霉的生命周期中,哪种结构存在于有鞭毛形式的水霉中的结构是(　　)。

A. 细胞核

B. 原质团

C. 伪足

D. 生殖细胞

回答问题

37. 主要概念 对比与比对水霉和细胞黏菌。

38. **开放式回答** 描述导致非细胞黏菌产生孢子的环境条件。

批判性思维

39. **分析与结论** 在多核质团阶段,非细胞黏菌能被划分为多核生物体吗?解释你的理由。

总结性测评

40. 大概念 如果你是一个分类学家,分配到了给原生生物分类的任务,你会用本书描述的方法吗?解释你的答案。

41. 选择一种原生生物,想象它将要进化出的一种新的细胞器或结构。这种新变化对原生生物有何影响?这种变化会提高还是降低原生生物的生存概率?

42. 你能描述典型的原生生物吗?与其他界的生物相比,为什么原生生物界的生物体之间差别更大?提出你的假设。

43. 科技 **写作** 写一篇说明文,描述预期能找到原生生物的环境类型。确保这篇文章里一定包含环境中生物因素和非生物因素的细节。

DBQ 资料分析题

下文描述了一种能在水体中找到微生物的新的探测方法。

原生动物兰伯氏贾第鞭毛虫和微细隐孢子虫是引起席卷全球的水源性肠道传染病的主要原因。DNA扩增程序——聚合酶链式反应是发展出的一种非常灵敏的检测方法。这种程序可以检测到极其微量的病原体的存在——少到2升水中只有一个病原体细胞。

数据来源:Guy, et al. 2003. Real-time PCR for quantification of *Giarida* and *Cryptosporidium* in environmental water samples and sewage. *Applications of Environmental Biology* 2003 69(9):5178-5185.

44. 解释这种检测方法将如何被市政水利部门利用。

45. 分析这项研究对人类健康的重要性,尤其是边远地区。

46. 预测这种检测方法将如何被用于监测引起赤潮的生物体的数量等级。

标准化测试

选择题

1. 下列环境中，有可能有化能自养细菌的是（　　）。

A. 珊瑚礁

B. 深海火山口

C. 山中的湖

D. 泉水附近的土壤

利用下图表来回答第2、3题。

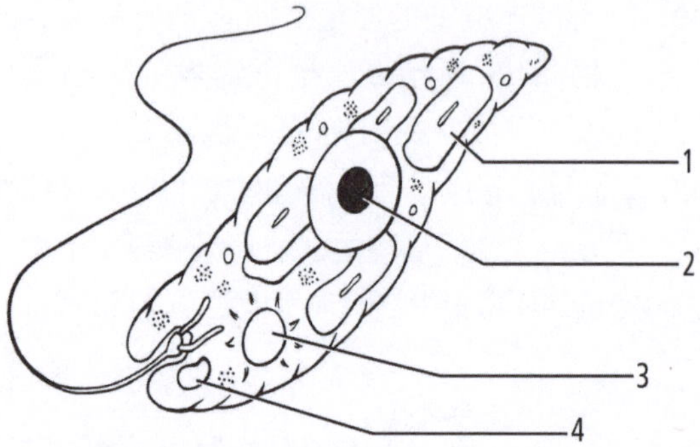

2. 下列数字代表眼虫的眼点的是（　　）。

A. 1

B. 2

C. 3

D. 4

3. 下列数字代表细胞能够从阳光中获取能量的细胞器的是（　　）。

A. 1

B. 2

C. 3

D. 4

4. 凹脸蝠和兔唇蝠的共同点是（　　）。

A. 分工

B. 属

C. 门

D. 种

5. 假设你正在研究两种鸟的骨骼特征，从而确定它们进化上的关联。你会使用的证据是（　　）。

A. 生化特征

B. 细胞特征

C. 染色体特征

D. 形态学特征

用下图来回答第6题。

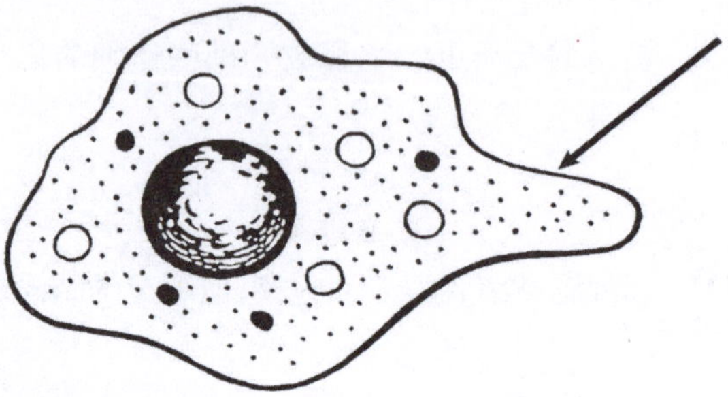

6. 肉足纲成员利用这种结构进行运动和（　　）。

A. 接合

B. 取食

C. 保护

D. 繁殖

7. 朊病毒伤害宿主的方式是（　　）。

A. 激活病毒RNA的合成

B. 导致正常蛋白质变异

C. 使宿主的部分DNA失去活性

D. 破坏细胞繁殖方式

8. 在一组脊椎动物中，是衍生的而不是祖先遗传下来的是（　　）。

A. 神经系统

B. 组织系统

C. 线粒体中的ATP

D. 用于飞行的翅膀

简答题

根据下图回答第9、10题。

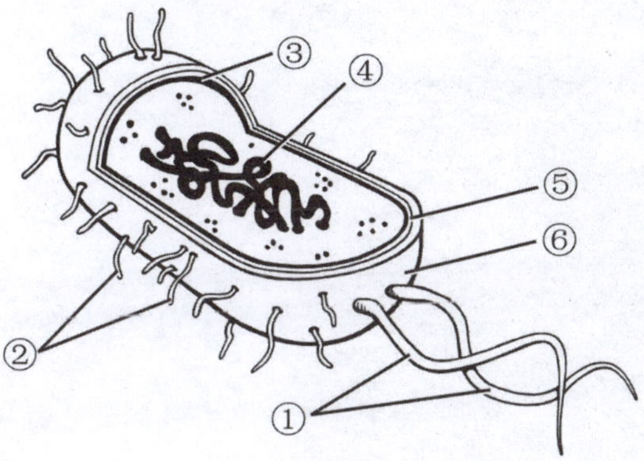

9. 给这个细菌的各个部分命名并根据功能对各部分进行分类。

10. 根据上图推断，一个典型细菌的结构如何使得其能够在经常变化的恶劣环境中生存。

11. 假设你需要做一个实验。在实验中，你要用不同的溶液煮多种树叶和花瓣来提取色素。陈述实验需要的安全设备，并说明理由。

12. 真菌界和植物界的生物曾经被划分成同一个界，陈述现在它们被分成不同界的原因。

13. 猜测如何减缓或阻断逆转录病毒（如HIV）的复制，并写出来。

开放题

根据下图回答第14题。

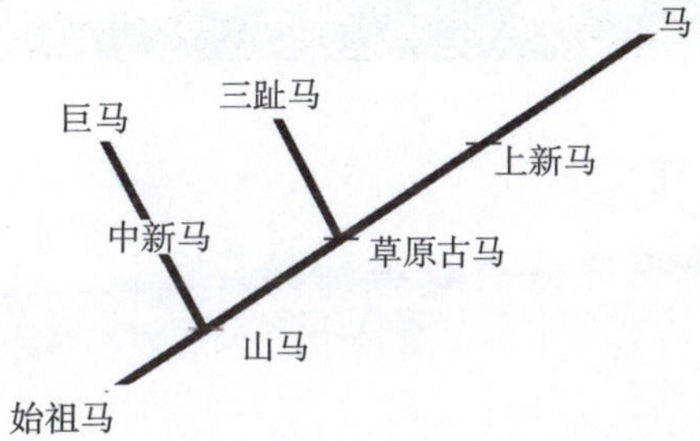

14. 上图显示了马的进化历程，包括马属的现代马。这个图支持渐进主义观点还是间断平衡理论？解释你的答案。

论述题

耐药性细菌的出现是人们面临的一个挑战。抗生素用于治疗许多疾病，一般来说，它们能改善人们的生活质量。然而，广泛使用和滥用抗生素产生了耐药性细菌。这意味着一些由细菌引起的疾病不再可以用相同的抗生素来治愈。医生必须使用新的和更强的抗生素来治疗这些疾病。这使细菌有可能产生对新的抗生素的耐药性。不幸的是，在细菌中抗生素的耐药性传播速度要比开发新的抗生素快得多。

利用上文中的信息以论文的形式回答问题。

15. 请评价细菌的特点如何导致耐药性细菌的快速产生。

考点提示															
测试题号	1	2	3	4	5	6	7	8	9	10	11	12	13	14	15
对应章节	18.1	19.3	19.3	17.1	17.2	19.2	18.2	17.2	18.1	18.1	1.3	17.3	18.2	15.3	18.1

第20章

真 菌

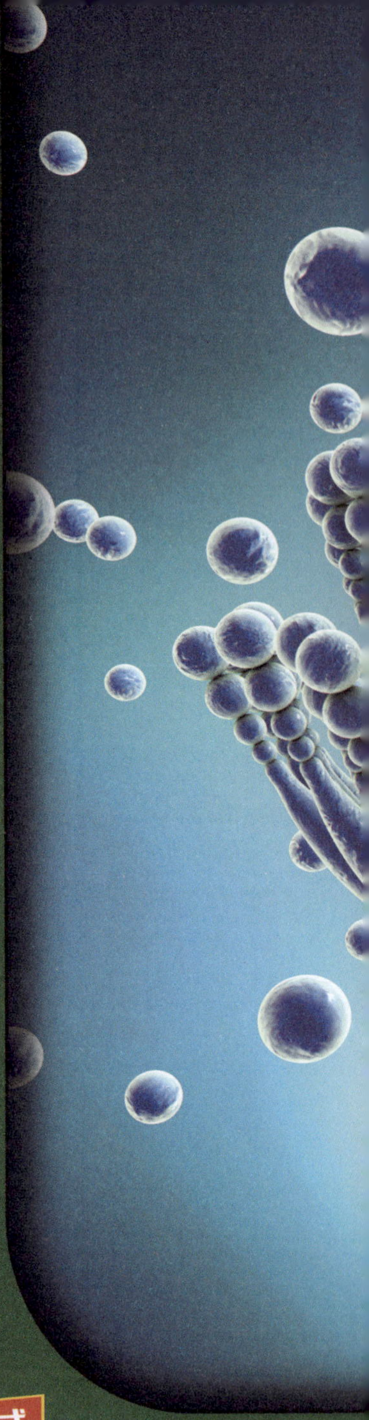

起步实验

不同真菌之间存在哪些差异？

真菌具有十分丰富的多样性。真菌界中的有机体大小不一，有的真菌非常小，只有一个单一的细胞那么大；有的真菌非常大。在这个实验中，你将观察到不同真菌之间存在的一些差异。

步骤

1. 阅读并完成实验室安全表。
2. 在下列空白处，建立一个数据表，记录有关菌类样本的观察，样本由教师提供。
3. 仔细观察每一种菌类。触摸菌类后，彻底洗净双手。
4. 尽可能详细地描述每一个菌类样本，包括菌类的颜色、形状、大小及培养基。
5. 根据教师的指示，处理菌类并清理工作台。

分析

1. **对比**你所观察的菌类样本有哪些生理特征差异。
2. **总结**所观察菌类的相似点，也可推断所观察菌类的相似点。

折叠式
学习卡

利用给出的表头制作一个折叠式学习卡。利用它来整理关于真菌的笔记。

寄生菌	腐生菌	共生菌

内容聚焦 **能量**

真菌以3种方式获得能量。

大概念 依据真菌的结构特征、营养方式和繁殖方式，可将真菌界分为4个门。

第1节

什么是真菌

本节预览

核心问题

- 真菌界的有机体有什么基本特征?
- 真菌怎样获得营养?真菌的营养方式为什么使它们充当分解者的角色?
- 真菌的三种无性繁殖方式是什么?

术语回顾

分解者:分解动植物遗体,从中吸收营养并使营养物质重新进入食物网的生物体。

关键术语

几丁质
菌丝
菌丝体
子实体
隔膜
吸器
孢子
孢子囊

主要概念 **真菌是单细胞或多细胞的真核生物,是分解者。**

联系实际 当你听收音机时,为什么总能确定这是你最喜欢的乐队?可能是根据乐队的某些特征,例如,主唱的声音。同样地,同一个界中的生物体也具有共同的、可鉴别的特征。

真菌的特征

地球上一些最大和最古老的生物属于真菌界。当你看到真菌这个词,你可能会想到在超市发现的或者长在你家院子里的蘑菇。在美国俄勒冈东部,有一株蜂蜜蘑菇非常大,被称为"巨型蘑菇"。这株蜂蜜蘑菇,如**图20-1**所示,估计至少生长了2400年。所有的真菌都是真核异养生物,已发现的真菌已超过10万种。

多细胞真菌 真菌界的许多成员都是多细胞生物,例如蜂蜜蘑菇。第一眼看上去,你可能会觉得这些多细胞真菌像植物。尽管它们没有叶绿体,但因为真菌有一些类似植物的特征,所以它们曾经被划入了植物界。然而,经过仔细研究,科学家认为,真菌应该单独划为一界。

单细胞真菌 酵母菌是单细胞真菌,在土壤中、植物表面,甚至人体内都能找到它们。酵母菌包括好几百种不同的类型,最常见的是被用于商业生产面包、啤酒和葡萄酒的酵母菌。如**图20-1**所示,白假丝酵母菌又称白色念珠菌,它能导致人类感染真菌。

图20-1 大部分真菌是多细胞生物,例如,长在树上的蜂蜜蘑菇。一些真菌是单细胞生物,例如,白假丝酵母菌。

蜂蜜蘑菇

白假丝酵母菌菌落

真菌的主要特征

根据真菌的细胞壁、菌丝和隔膜的特征，可以将真菌与植物区分开来。

细胞壁 植物和真菌之间的一个重要区别是细胞壁的组成不同。植物的细胞壁由纤维素组成，而真菌的细胞壁由几丁质组成。**几丁质（chitin）**是一种坚韧而柔软的多糖，存在于所有的真菌细胞壁以及昆虫和甲壳类动物的外骨骼中。这种多糖是一种由许多简单的糖亚基构成的碳水化合物聚合物。几丁质是地球上最丰富的有机化合物之一。

菌丝 真菌的生理结构也与植物不同。观察**图 20–2** 中真菌的菌丝放大图像，它是由许多长链状细胞组成的。肉眼看，它们像细长的丝状体。这些丝状体是组成多细胞真菌的基本结构单位，称为**菌丝（hyphae）**。菌丝通过顶端生长和不断分支形成的管网结构，称为**菌丝体（mycelium）**。有些真菌的菌丝体是可见的，蘑菇中的菌丝排列得非常紧密，以至于几乎区分不出单一的菌丝。**图 20–2** 所示真菌的地上部分，是真菌的生殖结构，称为**子实体（fruiting body）**。蘑菇的所有部分都由菌丝组成，包括地上的子实体以及地下的菌丝体。伸展的菌丝能够增大吸收营养的表面积，为真菌获取营养提供优势。

阅读检测 **描述**蘑菇的结构单位。

链接 历史 在中世纪许多画家的作品中，都能发现真菌菌丝，维多利亚时期的插画家经常将精灵和蘑菇联系在一起。今天，蛤蟆菌五颜六色的斑点伞帽经常被用来与儿童故事里的小矮人或精灵联系起来。

图 20–2 左：多细胞真菌的地上结构和地下结构都是由称为菌丝的长链状细胞组成的。
右：多细胞真菌由地上的子实体和地下的菌丝体组成。
推测 *真菌的丝状体有什么优势？*

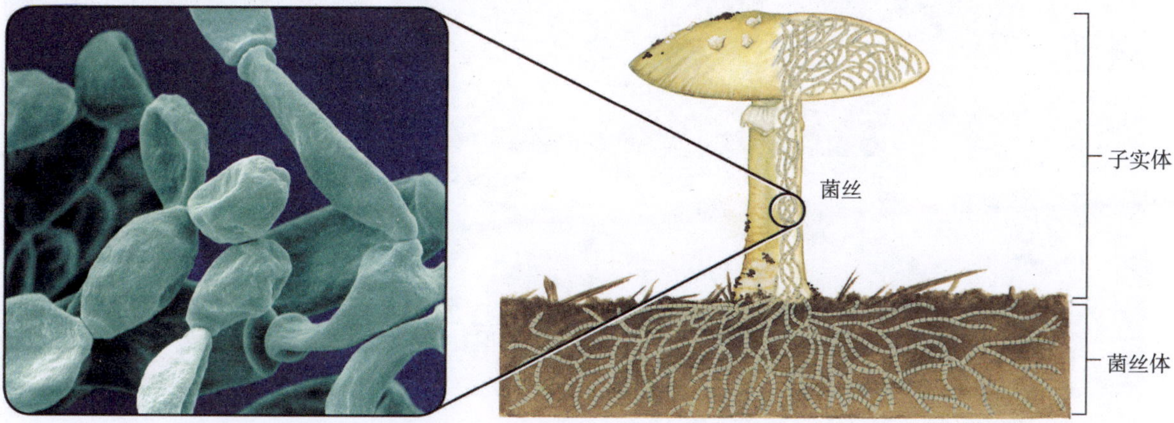

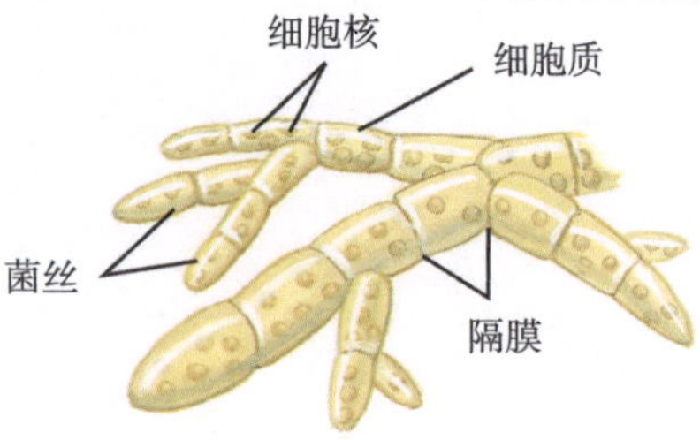

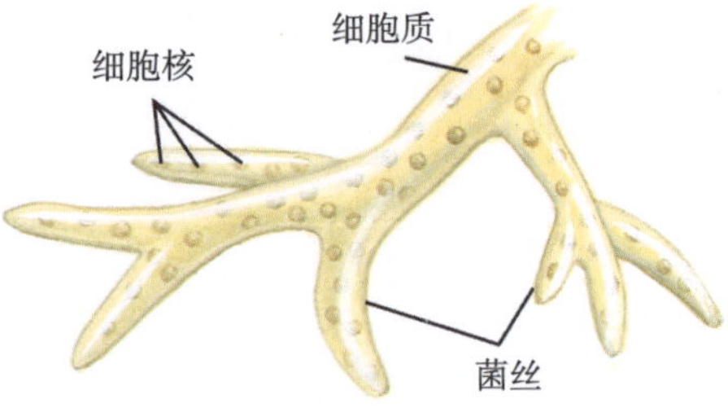

■ **图20-3　上**：有些真菌的菌丝被隔膜分隔。
下：有些真菌的菌丝没有隔膜。

■ **图20-4**　真菌能以以下3种方式中的一种获取食物：腐生、寄生和共生。

隔膜　在许多真菌中，菌丝被**隔膜（septa）**分割成单个细胞，如**图20-3**所示。隔膜中有较大的孔，允许营养物质、细胞质、细胞器通过，在某些情况下，细胞核也可以通过隔膜中的孔在相邻细胞间流动。

有些真菌是没有隔膜的，菌丝里的细胞质自由流动，里面有数百或数千个细胞核，这是不断进行有丝分裂而没有细胞质分裂的结果。在无隔膜菌丝中，营养物质和其他物质流动得非常快。

真菌的营养方式

人类先摄取食物，然后消化吸收食物中的营养物质。与人类不同，真菌先进行细胞外消化，然后再将产物摄入体内。许多真菌能够产生分解有机物的酶，从而使营养物质穿过它们很薄的细胞壁而被细胞吸收。所有的真菌都是异养生物，根据获取营养的方式不同，可以将真菌分为三类。

腐生菌　腐生生物是指以动植物遗体或有机垃圾为食的生物。腐生菌是分解者，可以使营养物质从动植物遗体重新进入食物链，如**图20-4**所示的檐状菌。**图20-5**所示的真菌也是一种腐生菌。

寄生菌　寄生菌从宿主中吸收营养。许多寄生菌具有一种叫作**吸器（haustoria）**的特化菌丝，能够穿透宿主组织，并从中汲取养分。节丛孢属是一组利用菌环取食的寄生真菌。

共生菌　共生菌通常和另一种生物建立共生关系，如植物或藻类。例如，一种特定真菌的菌丝覆盖在大豆植物的根部，一方面，真菌从宿主植物中吸收糖类作为自己的营养；另一方面，菌丝又从土壤中吸收水分和营养物质供给植物。

檐状菌以腐木为食（腐生）

寄生

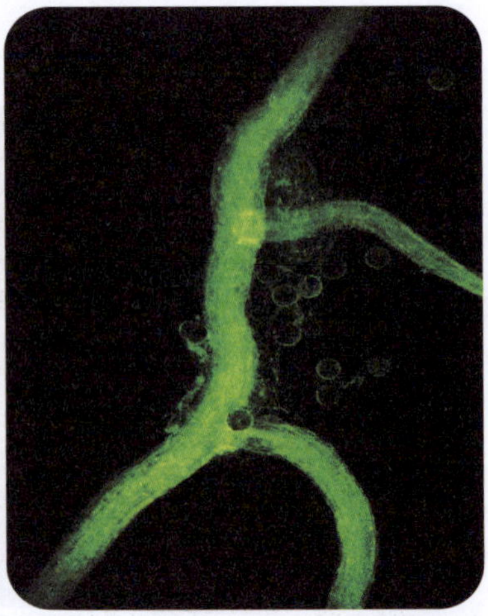
共生

观察蘑菇圈

图 20–5
真菌在称为子实体的繁殖结构中产生孢子，子实体是由从内向外伸展的菌丝构成，它们不断向能够提供营养的土壤四周生长，造成了蘑菇的环状生长，称为蘑菇圈。

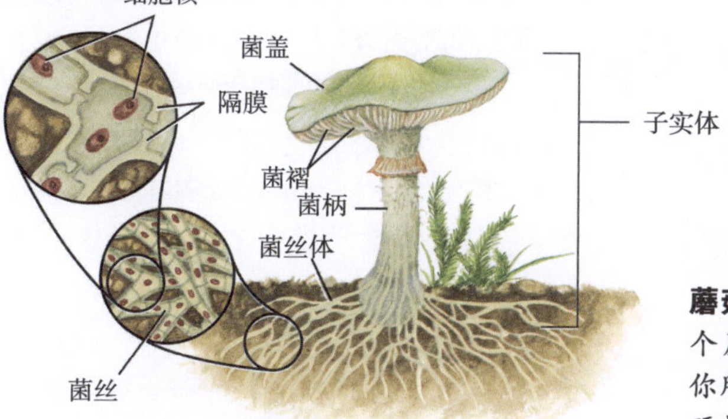

蘑菇圈 在这个蘑菇圈中，你所看到的是硬柄小皮伞的子实体。

蘑菇圈形成是因为子实体共享相同的地下菌丝。

菌丝体产生子实体。

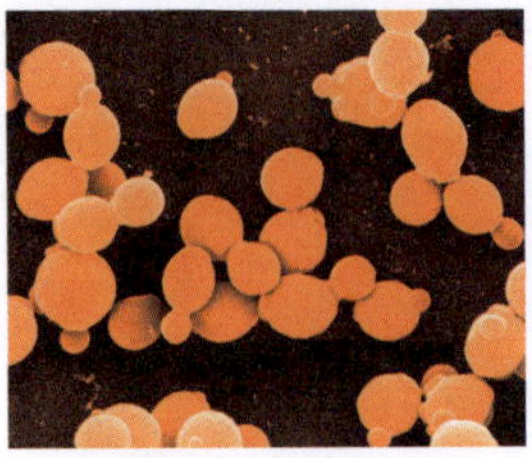

■ **图 20-6** 观察细胞膜是如何使芽体从母体细胞上分离的。

识别 *图示的生殖方式类型。*

真菌的生殖方式

真菌是依据结构和生殖方式进行分类的。有些真菌只能通过有丝分裂进行无性生殖，真菌的无性生殖方式包括断裂生殖、出芽生殖和无性孢子生殖。有些真菌能够同时进行有性生殖和无性生殖。进行有性生殖的真菌通过减数分裂产生孢子。

出芽生殖 单细胞的酵母菌通过出芽生殖进行无性生殖，如**图 20-6** 所示，新细胞附着于母体细胞上，细胞膜内陷，新个体从母体细胞脱离。

断裂生殖 断裂生殖就是当真菌的菌丝体部分破裂时发生的一种无性生殖方式。断裂生殖能以很多不同的方式发生，如果断裂的菌丝到达一个具备适宜生长条件的地方，断裂的菌丝就能长成新的菌丝体。

孢子生殖 大多数真菌能够产生孢子进行有性生殖和无性生殖。**孢子（spore）**是具有坚硬外壁的单倍体生殖细胞，孢子不需要经过配子融合即可发育成为新个体。当一个微小的孢子被运送到具备合适生长条件的地方时，就会萌发出单倍体菌丝，这个单倍体菌丝能够与其他相容的真菌产生菌丝融合，从而形成二倍体。二倍体菌丝能够产生子实体，从而产生接合子。接合子通过减数分裂产生单倍体孢子，继续重复整个循环。

迷你实验 1

检测酵母菌的生长

酵母菌的繁殖方式与获取食物的能力之间有什么关系？ 酵母菌是单细胞真菌，它们以糖类为食，在这个过程中，产生二氧化碳和酒精。在最适宜生长的条件下，酵母菌进行无性生殖并迅速繁殖，增加数量。

步骤

1. 阅读并完成实验室安全表。
2. 选取4个250 mL的锥形瓶，分别编号为1～4。
3. 设计一个记录结果的表格。
4. 向每个锥形瓶中加入100 mL温水，不要加盖。
5. 向4个锥形瓶中分别加入0 g、0.5 g、1 g、1.5 g蔗糖。
6. 向每个锥形瓶中加入一袋干酵母，用玻璃棒搅拌锥形瓶中的内容物，直到内容物充分混匀。
7. 每隔5分钟，观察并记录锥形瓶中的变化，共20分钟。
8. 在教师的指导下清理实验台。

分析

1. **结论** 酵母菌的繁殖方式与获取糖类的能力之间有什么关系？
2. **分析** 在实验中，如果将锥形瓶盖上，你的实验结果可能会发生什么变化？

生存适应性 大多数真菌能够产生数万亿个孢子，如**图20-7**所示的马勃菌。能够产生如此大量的孢子是真菌对生存的一种适应，这种适应性能够确保至少有一小部分孢子能够散落到适合的场所，并且开始生长，繁殖下一代。

真菌还具有其他生存的适应性，包括孢子的物理特性。孢子非常小而且轻，风、昆虫等都能够传播它们。孢子由它们的细胞壁保护，细胞壁通常坚硬并且防水，使得孢子能够在极端的温度和湿度下存活。

当孢子借风传播时，风能将孢子带到数百米之外的陆地和海洋。事实上，真菌孢子几乎无处不在。

子实体 产孢真菌的主要特征是它们能产生子实体。对真菌的分类主要是基于它们所产生的子实体类型，例如，一些古老的真菌，如黑根霉菌，称为孢囊柄的特化菌丝的顶端都有一个容纳孢子的结构，即孢子囊。**孢子囊(sporangium)**是产生孢子的容器，能够保护孢子，防止它们过早脱水。

在第2节中，你将学习一些常见的真菌，如子囊菌和珊瑚菌，这些名称是用来描述这些真菌的子实体类型的。第2节也将介绍真菌的生活史、孢子的类型以及由各种主要真菌门的成员所产生的子实体。

图20-7 马勃菌能够产生数万亿个孢子。动物轻微碰触真菌或一滴掉落的雨水都能够引发孢子的释放。

第1节 测评

要点梳理

- 真菌产生菌丝形成的网状结构，叫作菌丝体。
- 真菌有3种不同的获取食物的方式。
- 真菌能够通过出芽生殖、断裂生殖和产生无性孢子等方式进行无性生殖。
- 大多数真菌能够产生有性孢子，进行有性生殖。

要点理解

1. 主要概念 **说出**真菌界的3个主要特征。
2. **画图**表示有隔膜菌丝和无隔膜菌丝的差异。
3. **陈述**真菌获取食物与动物获取食物有什么不同。
4. **比较**腐生真菌、寄生真菌和共生真菌获取食物的方式。
5. **解释**真菌的3种无性生殖方式。

批判性思维

6. **预测** 一片面包放在桌上几周后，是怎样布满面包霉的，这些面包霉是从哪里来的？

科技 写作

7. 真菌可以作为生物防治剂用来控制普通的害虫。进行研究并为某园艺杂志写一篇关于花园中真菌的价值的文章。文章包括花园中的几种真菌的例子。

第2节

真菌的多样性

本节预览

核心问题

- 真菌的4大门是什么?
- 真菌各个门之间的区别特征是什么?
- 各个真菌门的生殖策略是什么?

术语回顾

鞭毛:具有能够推进生物体进行鞭状运动的突起物。

关键术语

匍匐菌丝
假根
配子囊
孢子梗
子囊果
子囊
子囊孢子
担子果
担子
担孢子

主要概念 **真菌表现出十分广泛的多样性,主要被分为四大门。**

联系实际 回想你所看到过的许多不同大小、形状和颜色的昆虫,尽管它们都是昆虫,但它们是多种多样的。真菌界中的生物在结构、生活史等方面也存在非常丰富的多样性。

真菌的分类

生物学家依据真菌的结构和生殖方式将真菌分为四个门:壶菌门、接合菌门、子囊菌门和担子菌门。**图20-8**所示的进化分支图展示了目前人们已知的真菌各个门之间的进化关系。

根据真菌和植物的共生关系,真菌很可能在4.5亿年以前和植物一起出现在地球上。但是,分子生物学方面的证据显示,真菌和动物的关系比植物更近。相关证据表明,真菌和动物是由一个共同的原生生物祖先分支进化而来的。

壶菌

壶菌门的真菌通常被称为壶菌,一些壶菌是腐生菌,其他壶菌寄生于原生生物、植物和动物中。大部分壶菌是水生的,因为它们能产生带鞭毛的孢子,所以壶菌是一类非常独特的真菌。由于这个原因,科学家最初将壶菌归为原生生物。

最新的分子证据表明,由于相似的蛋白质和DNA序列,壶菌和真菌的关系比和原生生物的关系更近。另一个证据表明,壶菌与真菌关系更近的特征是壶菌的细胞壁含有几丁质。有证据表明,壶菌可能是第一种真菌,也是类真菌原生生物和真菌之间的进化过渡生物。

■ **图20-8** **左**:进化树表明了真菌各个门之间的进化关系。
右:相比于原生生物,图中的壶菌与真菌更相似。

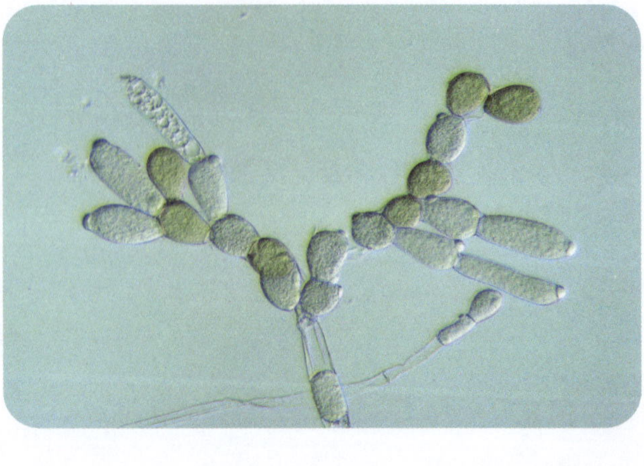

壶菌

常见霉菌

接合菌门中最常见的成员是一种生长在面包和其他食物上的称为匍枝根霉的霉菌。常见的霉菌通常是陆生的，并且一些霉菌与植物是共生关系。霉菌可以形成**匍匐菌丝(stolon)**，能够在食物的表面延伸。另一种类型的菌丝称为**假根(rhizoid)**，能够进入食物内部，吸取营养，如**图20-9**所示。假根的其他功能包括固定菌丝体，分泌消化酶。接合菌在腐烂的植物和动物体中也存在。

生活史 接合菌能够进行有性生殖和无性生殖，如**图20-9**所示。在直立菌丝（被称为孢子囊梗）顶端形成孢子囊时，发生无性生殖。孢子囊内有数千个孢子，能够被风或者其他形式的空气流动传播。当孢子被释放后，如果落入适宜的环境中，它们就会产生新的菌丝。

如果环境条件不利于维持生命，接合菌能够进行有性生殖。真菌没有确定的雄株和雌株，而是分为正配子株和负配子株。来自两个相容的配子株的菌丝发生融合，一个来自正株、另一个来自负株。每一个菌丝产生一个**配子囊(gametangium)**，配子囊是包含一个单倍体细胞核的生殖结构。如**图20-9**所示，两个配子囊的单倍体细胞核融合，形成一个二倍体合子。合子会形成厚厚的细胞壁，变成一个休眠的接合孢子，有时也称作接合孢子囊。

迷你实验 2

研究霉菌的生长

盐对霉菌的生长有什么影响？化学防腐剂，包括盐（氯化钠），经常被用在许多食物上，从而影响霉菌的生长。

步骤

1. 阅读并完成实验室安全表。
2. 选取两片面包，将两片面包的两边与房间里的某一物体接触。
3. 用装有水的喷壶轻轻润湿两片面包的两边，使其均匀湿润。
4. 将一片面包放入一个自封袋，封口，贴上写有你名字、日期以及面包接触的物体的标签。
5. 在另一片面包的两边都撒上盐，并将其放入另一个自封袋，封口，贴上和第一个自封袋上同样的标签，并在标签上注明已加盐。
6. 设计一个表格，记录观察结果。
7. 连续10天记录每日观察结果，你的表格应当包括对形成的每个霉菌的描述和测量结果。

分析

1. **辨别** 哪一片面包上生长了更多的霉菌？
2. **总结** 盐影响了霉菌的生长吗？
3. **分析** 盐为什么会影响霉菌的生长？

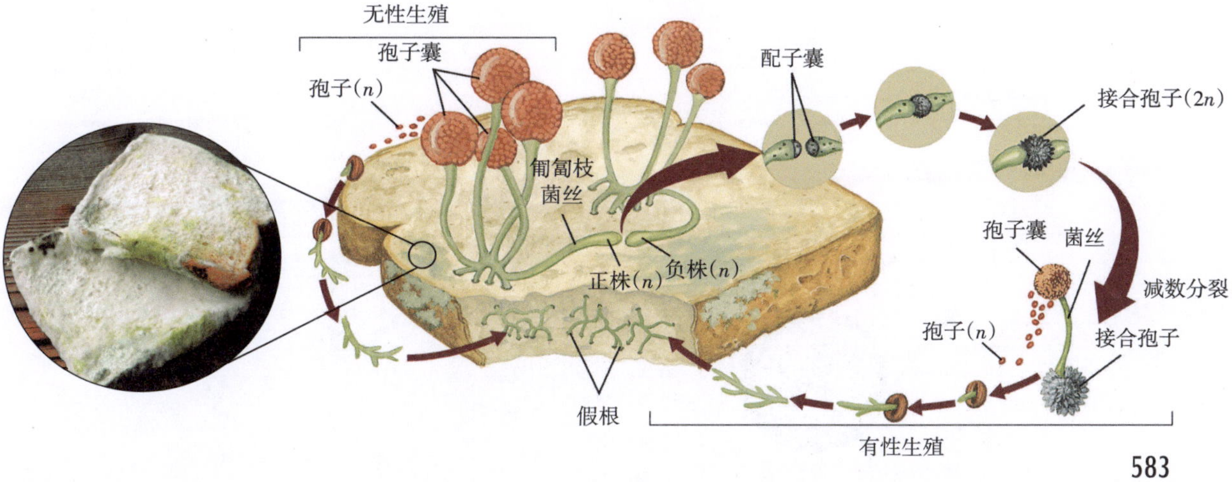

■ **图20-9** 匍枝根霉，一种常见的面包霉，是一种接合菌，既能进行无性生殖，也能进行有性生殖。

接合孢子能够维持休眠状态数月，直到环境条件改变。然后，接合孢子萌发，经过减数分裂产生带有孢子囊的菌丝。在新的孢子囊中形成的每一个孢子都能够长成一个新的菌丝体。有性生殖的这一过程，能够提供更丰富的基因多样性，帮助接合菌在变化的环境中存活，确保物种生存。

与生物学相关的职业

真菌学家 真菌学家研究真菌的许多方面，例如，真菌的生化特征、遗传、进化、分类和经济价值。

子囊菌

在子囊菌门中，已经发现了超过6万种子囊菌，子囊菌门的物种数比其他真菌门的物种数多。酵母菌是最常见的子囊菌，是单细胞真菌并且非常微小，但是子囊菌门的大多数成员都是多细胞真菌。

生活史 子囊菌既能够进行有性生殖，也能够进行无性生殖。在无性生殖中，孢子在菌丝顶端形成。这些产生孢子的菌丝称为分生**孢子梗(conidiophore)**，它们产生的孢子称为分生孢子。分生孢子除了在孢子囊里面形成外，还可以在分生孢子梗顶端的外表形成。这些孢子很容易被风、水和动物传播。

■ **图20-10** 在无性生殖中，曲霉属真菌从分生孢子梗的顶端释放孢子。

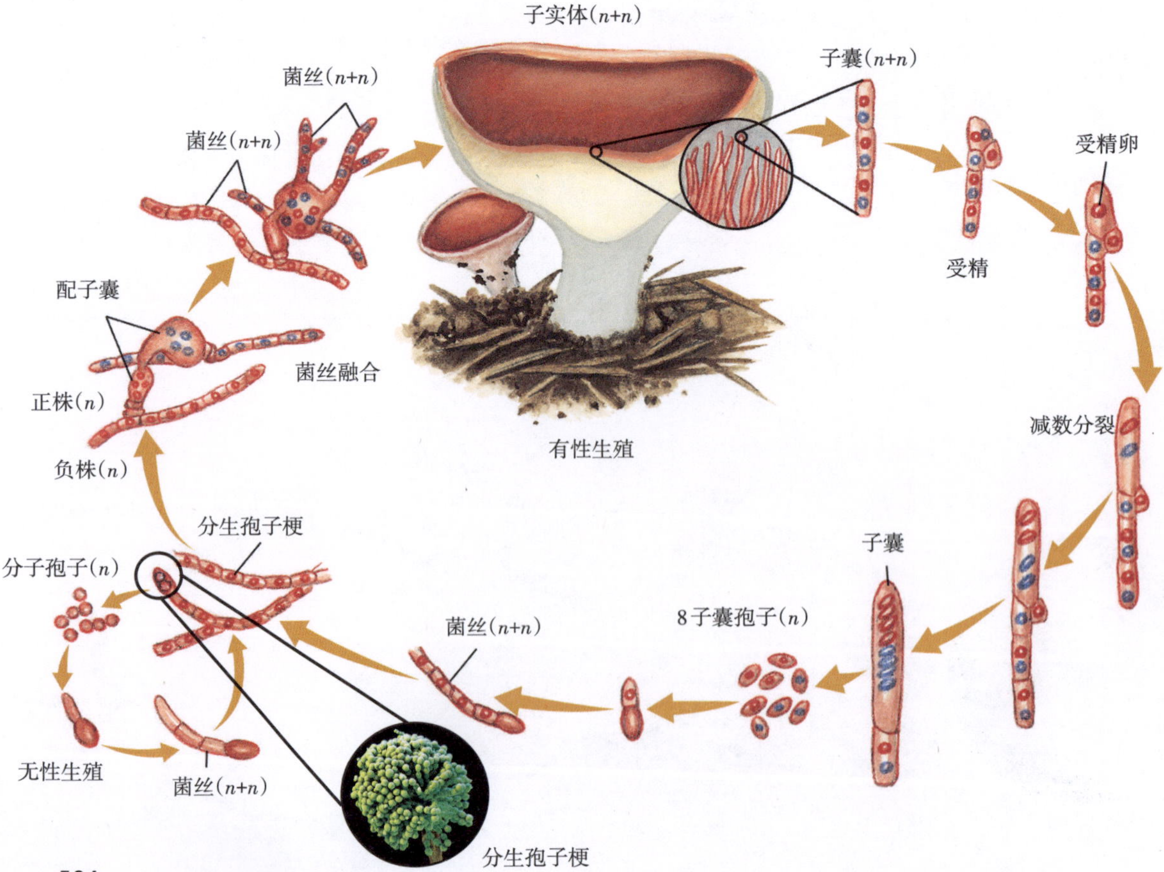

子囊菌的有性生殖是一个复杂的过程，如**图20-10**所示。有性生殖发生在不同配子型的菌丝融合时，每种类型配子中的单倍核被成对分离到单独的细胞中。继续生长的菌丝是有隔膜的，每个细胞包含两个单倍体核——分别来自每个配子型。最后，菌丝会形成一个特化的生殖结构，称为**子囊果（ascocarp）**。在子囊果内，单倍体核融合，形成一个受精卵。受精卵经过减数分裂，形成4个单倍体核。这些细胞核接着进行有丝分裂，共形成8个单倍体核。这些细胞核在一个囊状的结构——**子囊（ascus）**中形成孢子。由子囊产生的孢子称为**子囊孢子（ascopore）**，和其他孢子一样，当生长条件适宜时，每一个子囊孢子都可以发育成为一个单倍体菌丝体。

学习小贴士

表格 运用下面的表格写一小段话来比较真菌门的数目以及每一个真菌门的大概物种数目。与植物和动物的数目相比，预测这些数目会是怎样的。

珊瑚菌

表20-1 比较担子菌门真菌和其他真菌之间的特点。在担子菌门的2.5万个成员中，最常见的可能是蘑菇。

表20-1	真菌门类		
门（常见名称）	举例	物种数目	特征
壶菌门 （壶菌）	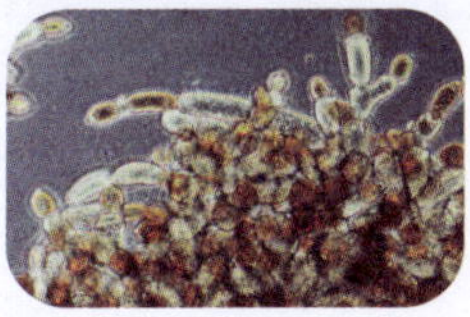	1300+	● 单细胞真菌 ● 大多数是水生的 ● 一些营腐生，另一些营寄生 ● 产生带鞭毛的孢子
接合菌门 （常见霉菌）	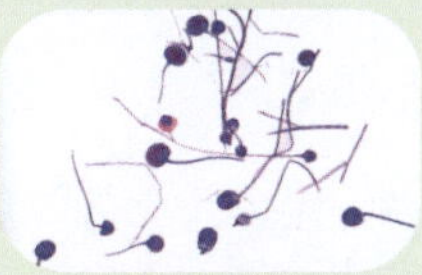	800	● 多细胞真菌 ● 大多数是陆生的 ● 许多与植物形成共生关系 ● 能进行有性生殖和无性生殖
子囊菌门 （子囊菌）		6万	● 大多数是多细胞真菌，但有些是单细胞真菌 ● 各种各样的环境中都有分布 ● 营腐生、寄生或共生 ● 能进行有性生殖和无性生殖
担子菌门 （珊瑚菌）		2.5万	● 大多数是多细胞真菌 ● 大多数是陆生的 ● 营腐生、寄生或共生 ● 很少进行无性生殖
半知菌 （不完全菌）		2.5万	● 未观察到有性阶段 ● 多元化的群体 ● 可能并不是一个真正的真菌门

■ **图 20-11** 这种珊瑚菌，称为鸟巢菌，拉丁学名为 *Crucibulum vulgare*，具有像鸟巢里的蛋一样的担子果。

担子菌门里的物种也称为担子菌或珊瑚菌，它们可以进行腐生、寄生或共生生活。进行腐生生活的担子菌是木材的主要分解者，它们可以产生能够降解木头中复杂聚合物(例如木质素)的酶。

生活史 担子菌很少产生无性孢子，它们的大部分生活阶段都以双核菌丝的形式度过，这意味着每一个细胞中都有两个细胞核。菌丝体通过形成**图 20-11** 所示的**担子果(basidiocarp)**或子实体周期性地进行有性生殖。你所看到的生长在木头上的或者加入沙拉中的蘑菇就是担子果。

担子果生长非常迅速，有时几小时或者一个晚上便可以生长发育完全，它们的快速生长是因为细胞增大，而不是细胞分裂。菌盖的下面是由能产生孢子的棒状菌丝——**担子(basidium)**组成的。在担子中，两个细胞核融合形成一个二倍体核。这个核通过减数分裂形成四个能发育成**担孢子(basidiospore)**的单倍体核，这些单倍体孢子在繁殖过程中由担子释放。这些担孢子可以借助风、水或动物传播。据估计，一些种类的蘑菇大约能够产生多达10亿个担孢子。

其他真菌

半知菌门的真菌仅有一个独特的共性——在这些真菌中，从未观察到有性生殖。因为这些真菌缺乏有性生殖阶段，它们也被称为不完全菌。目前，科学家运用现代基因技术，例如，DNA 和蛋白质比对，将半知菌门中的一些真菌重新分类到其他四真菌门中。

第 2 节 测评

要点梳理

- 真菌包括4个主要的门。
- 接合菌通过形成接合孢子进行有性生殖。
- 在有性生殖过程中，子囊菌在一个被称为子囊的囊状结构中产生子囊孢子。
- 担子菌在有性生殖过程中产生担孢子。
- 在半知菌门中，还未曾发现有性生殖阶段。

要点理解

1. 主要概念 **识别**真菌4个主要门各自的一个特点。
2. **解释**真菌为什么产生如此多的孢子。
3. **画图表示**子囊菌的生活史。
4. **描述**什么是半知菌。
5. **比较**子囊菌和担子菌的生殖阶段。

批判性思维

6. **预测** 如果一种病毒毁灭了所有的担子菌，生态系统会发生什么变化？这会对森林中的营养物质循环产生什么影响？

科技 写作

7. 写一个故事，详述一旦在不完全菌门的一个物种中发现有性生殖阶段，科学家将如何对其进行重新分类。

第3节

真菌生态学

本节预览

核心问题

- 地衣有哪些特征?
- 菌根有哪些特征?
- 真菌对人类有哪些有益和有害的影响?

术语回顾

生物除污:利用微生物净化受污染区域。

关键术语

地衣
指示生物
菌根

主要概念 **地衣和菌根展示了真菌和其他生物体之间重要的共生关系。**

联系实际 你可能认为,真菌仅仅是在你点的比萨上或者你在田野中散步时看到的蘑菇。你可能会惊讶于一些事实,例如,一些抗生素来源于真菌,以及足癣是由真菌引起的。

真菌和光合作用系统

地衣和菌根是真菌和其他生物体之间互利共生的两个范例。互利共生是指两个生物体都能从这种关系中受益的共生关系。

地衣 真菌和藻类或光合生物所形成的共生体称为**地衣(lichen)**。这种真菌通常是子囊菌,但有些地衣也可能含有担子菌。光合生物通常是绿藻或者蓝细菌,它们为两种生物体提供养料。真菌可以形成密集的菌丝网,成为藻类或蓝细菌生长的场所。观察**图20-12**,了解地衣的结构。你会注意到,真菌组织是地衣的主要部分。

■ **图20-12** 这种生长在森林地面上的毡状地衣是一种由藻类和真菌组成的共生体。菌丝,如显微照片中的细丝状结构,能够保护菌丝层中有颜色的藻类。

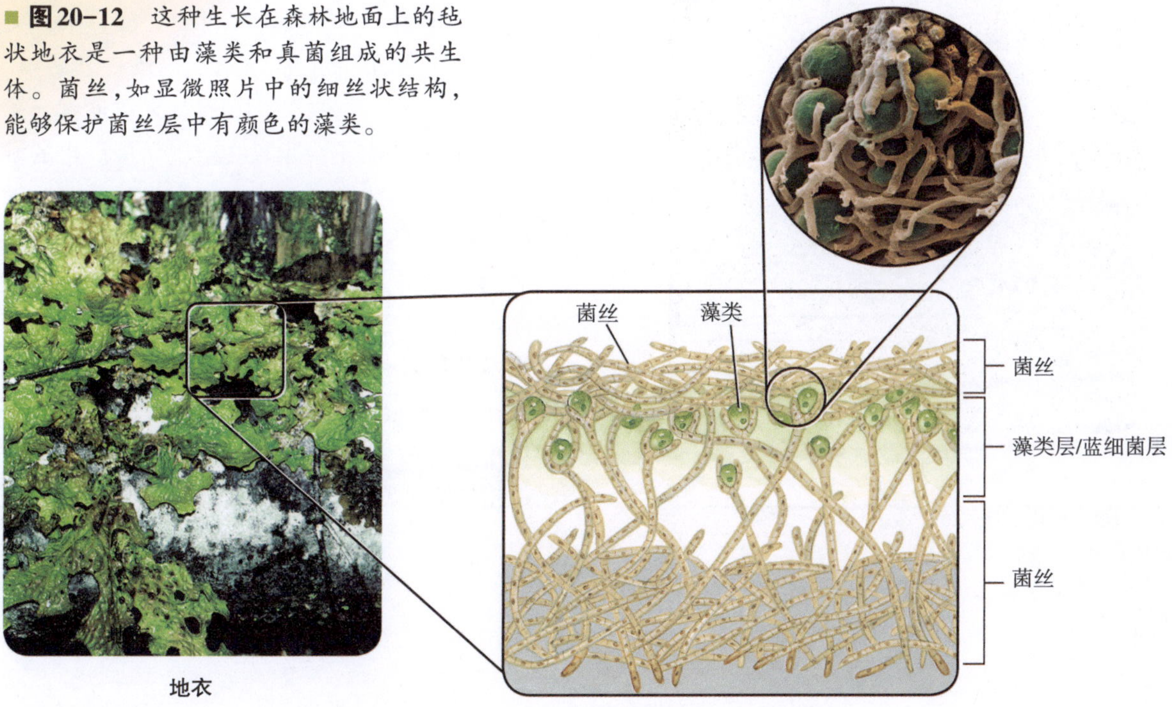

地衣的多样性 地衣有2.5万多种，**图20-13**中就是两种不同形式的地衣。因为地衣的生长仅仅需要光照、空气和矿物质，所以在一些恶劣的环境中也能发现地衣。地衣从雨水或者空气里的灰尘中吸收必需的矿物质。真菌能从雨水中吸收水分，另外，它也能从空气中吸收水分。一些真菌能够产生有毒的化合物，以防止昆虫等动物吃掉地衣。真菌也可以抑制苔藓和细菌的生长。

尽管极少数类型的地衣可以生长在沙漠或热带，但大部分地衣生长在温带或者极寒的区域。它们是苔原上的主要植被，为食草动物提供食物。北美驯鹿利用地衣聚糖酶帮助它们消化地衣。

地衣在极度干旱的环境中也能存活，这时它们变干，停止光合作用，同时变得易碎。碎片能够断裂，被风吹走，在另一个地方重生——无性生殖的一种形式。当重新获得水分时，地衣迅速吸收大量的水分，并重新开始光合作用。

先锋物种是指那些能够生长在贫瘠的土壤或岩石上的物种。地衣是在经历火灾或火山活动等自然灾害后新开垦的土壤或岩石上的先锋物种。地衣的真菌部分所产生的酸能够腐蚀并分解岩石，帮助土壤形成。当地衣生长后，它们能够帮助固着土壤并固氮，有利于其他植物在新土壤上生长。

地衣是指示生物 由于地衣吸收的大部分水分来自雨水和空气中，因而它们对空气污染极其敏感。当一个区域的空气污染指数上升后，地衣通常会死亡。因此，地衣通常不会生长在空气污染严重的城市及其附近，而是生活在没有空气污染或只有轻微污染的农村地区。此外，地衣还能够吸收溶解在雨水或者露水中的污染物。正是由于地衣对污染物有极高的敏感性，所以它们成为重要的指示生物。

指示生物（bioindicator）是指对环境条件变化敏感并最先对环境条件改变做出反应的生物。一个区域中空气污染指数与地衣的生长变化相关联，当污染指数降低时，地衣的密度增大。

鸡冠石蕊地衣

岩石上的地衣

■ **图20-13** 地衣生活在恶劣的环境中，例如，树的表面或者裸岩上，而真菌、藻类和蓝细菌不会单独生存在这些地方。

解释 *为什么地衣通常是先锋物种？*

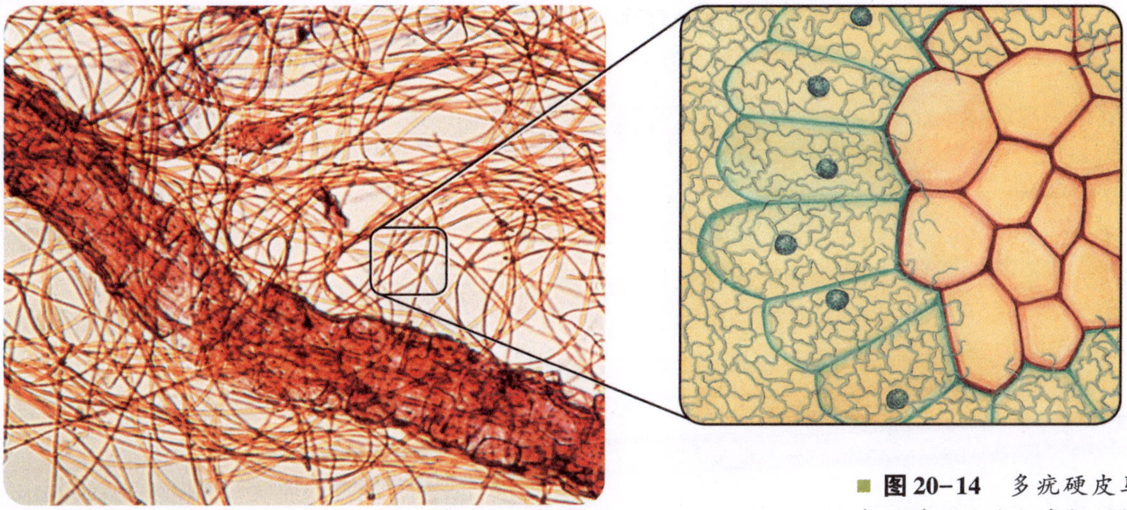

■ **图 20–14** 多疣硬皮马勃的菌丝体生长在桉树根的表面，增大了根部吸收水分和营养的表面积。

解释 *真菌怎样从这种关系中受益?*

菌根 涉及真菌的另一种共生关系是**菌根(mycorrhiza)**——一种特化的真菌和植物的根部之间的共生关系。具有菌根的植物比缺乏菌根的同种植物更加健康，且具有更强的生命力。有些植物，如兰花，没有共生菌将不能存活，只有被真菌侵染或者在提供真菌海藻糖的条件下，兰花种子才能萌发。

图 20–14 展示的是一种多疣硬皮马勃和桉树之间的菌根关系。真菌为植物吸收并且浓缩大量矿物质，真菌的菌丝同样也能增大植物根部吸收水分和矿物质的表面积。反过来，真菌从植物那里获得糖类和氨基酸。

在 80%～90% 的植物中，包括原始植物，都有菌根。菌根对自然界的本土植物和农作物都极其重要。具有菌根的农作物有玉米、胡萝卜、土豆、西红柿、草莓等。

真菌和人类

在大多数情况下，真菌对人类的生活是具有积极意义的。它们最重要的角色是作为分解者，分解死亡生物体及其代谢废物，使分解产物能被其他生物体吸收并利用。

有益的真菌 真菌具有很高的药用价值。子囊菌中的青霉菌是青霉素的产生来源，这种抗生素拯救了无数的生命。麦角菌中所发现的化合物被用来降低高血压、控制过度失血、治疗偏头痛、促进分娩时的子宫收缩等。挪威半知菌丝状真菌是环孢霉素的产生来源，环孢霉素是一种针对器官移植病人的免疫抑制药物，用以防止机体对于新器官的免疫排斥反应。

食物 我们所吃的许多食物都是由真菌或者真菌产物制成的，其中最为常见的是许多不同种类的蘑菇。利用酵母菌在发酵过程中释放二氧化碳，可以制作面包，发酵的另一种产物是酒精。松露是一种真菌，同时也是最昂贵的食物之一。许多真菌还是美味佳肴。一些奶酪，例如，布里奶酪、卡蒙贝尔奶酪、罗克福奶酪，都是真菌作用的结果。柑橘口味的饮料是利用曲霉制作的，这种真菌同样也被用来制作酱油。

生物修复 真菌也能够用来治理环境污染。真菌和水源或土壤混合在一起，它们能够分解污染物中的有机物，这一过程称为生物修复，污染物被降解为无害的物质。如果在水源或土壤中增加其他的营养物，那么真菌和细菌等微生物分解环境污染物的速度将会加快。生物修复是一个相对比较新的科学领域，一些新发现和新进展正逐渐被用于环境净化工程。

链接 化学 研究者利用白腐真菌来降解那些需要优先控制的污染物，例如，染料和致癌物质多环芳烃。研究者也利用真菌分泌的一种能够分解木质素的酶使木头能够再生，木质素是指木质纤维中的一种能够使植物细胞壁更加坚固和强硬的分子。这些酶也能够吸附到一些结构相似的化学物质上，包括许多人造的污染物。

与生物学相关的职业

食品工艺师 食品工艺师可以选择很多工作，包括新食品的开发，制定生产、包装、食品营销技术标准。他们也可能需要检测食品是否达到营养标准和微生物标准。

数据分析实验

基于真实的数据*

解释数据

在土壤中添加盐，会影响芦笋的产量吗？ 尖孢镰刀菌对包括芦笋在内的许多农作物而言，是一种致病微生物。这种真菌能够侵染植物的根部，并通过植物扩散，通常使流动到茎和叶的水分减少。相比于健康的植物，受感染的植物产生更少、更小的鳞芽。这种真菌年复一年地一直存在于土壤中。

数据与观察

盐（氯化钠）处理是一种用来抑制植物体内疾病的常用方法。表格中显示的是在一片芦苇经过撒盐处理后收集的数据。

芦笋产量		
	鳞芽数量	鳞芽质量
撒盐处理前	78.2	1843.2
撒盐处理后	89.1	2266.1

批判性思维

1. **计算**鳞芽数量和鳞芽质量的比例变化。
2. **解释**盐处理是怎样影响芦笋的。
3. 为什么盐会对植物产生这种影响，请做出假设。你将怎样检验你的假设？

*数据来源：Elmer, W.H.2002. Influence of formononetin and NaCl on mycorrhizal colonization and Fusarium crown and root rot of asparagus. *Plant Disease*, 86(12): 1318—1324.

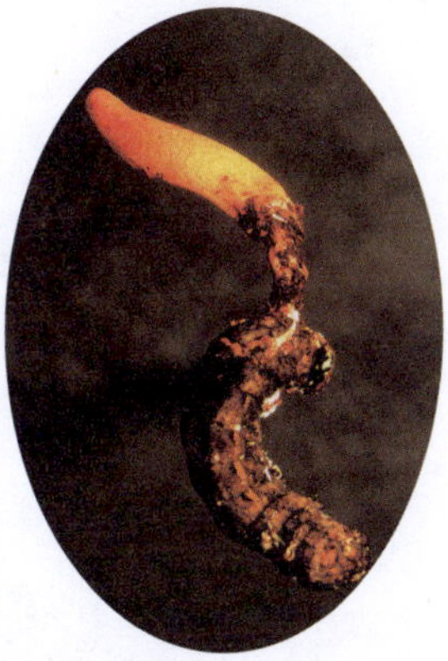
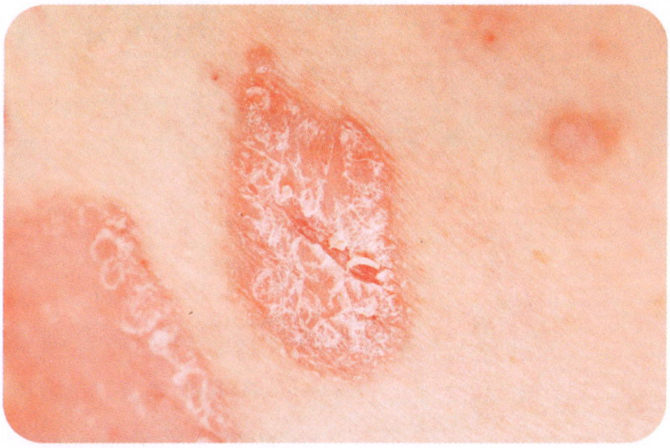

有害的真菌 一些真菌对其他生物体有害。例如，美国榆树能够被榆枯萎病菌杀死，美国栗树能够被栗疫菌杀死。这些真菌能够迅速地从一棵树扩散到另一棵树，导致此类树木大量死亡。真菌也能危害农作物，苜蓿黄斑病菌能够使苜蓿草的叶片上产生病斑并减产80%。**图20-15**中所示的成熟葡萄被一种寄生真菌灰霉菌侵染，造成贵腐病。这种真菌侵染葡萄，使葡萄中的糖分增高，使大部分葡萄不能食用。然而，法国某些葡萄酒就是用这些葡萄生产出来的。

真菌也能够寄生在人类和其他动物体内。寄生性真菌蛹虫草能够感染蝴蝶和蛾的幼虫和蛹，如**图20-15**所示。足癣、钱癣、酵母感染和口腔念珠菌病是由真菌引起的人类感染。**图20-15**所示的皮肤上感染的癣，能够由多种真菌引起。

■ **图20-15** 寄生性真菌对人类和其他生物体有害。
左：葡萄被一种真菌感染，造成贵腐病。
中：猩红毛虫真菌能够杀死毛毛虫。
右：癣是由真菌引起的。

第3节 测评

要点梳理

- 地衣是真菌和藻类或蓝细菌之间共生关系的例子。
- 菌根通过增加植物根部的表面积来帮助植物吸收水分和矿物质。
- 从真菌中获得的化合物被用于制造许多药物。
- 人类所吃的许多食物是由真菌制成的。
- 真菌可以对于人类和植物产生不利的影响。

要点理解

1. 主要概念 **明确**真菌和藻类间共生关系的特征。
2. **解释**为什么地衣对于环境很重要。
3. **运用**你所知道的关于酶的知识，为食用地衣的动物设计一种地衣多糖酶。
4. **设计**一个表格，用以展示真菌对于人类的有利影响和不利影响。

批判性思维

5. 如果发现了一种能够毁灭农业生产中所有真菌的药剂，请你**推断**将会对世界的食品产出造成什么影响。

生物中的 数学

6. 地衣以每年1厘米的平均速度生长，当地衣生长到你的手这么宽时，需要多长时间？

生物与社会

真　菌

1991年，冰人奥茨的木乃伊尸体被发现，这为人们展现了5000年前石器时代生命的图景。在他的腰带上发现了两块核桃大小的桦木真菌（白桦茸），这种真菌能够引起腹泻，也能用作抗生素。白桦茸通过清除寄生在冰人体内的寄生虫虫卵来减缓寄生在他结肠中的寄生虫带来的影响。

民间英雄　从16世纪开始，白桦茸在东欧就被作为一种传统的民间药方，白桦茸出现在中文书籍中的时间可以追溯到4500年前。白桦茸已经被用于治疗肺结核、多种癌症和肠道疾病，通常碾碎后作为花草茶服用。

白桦茸　白桦茸是一种寄生真菌，生长在白桦树的树干中。在俄罗斯，白桦茸被称为“白桦树杀手”，因为它能够使树木在5～7年内死亡。据估计，在1.5万棵白桦树中，仅有1棵含有白桦茸。在西伯利亚，草药商们将生长在白桦树中的白桦茸看得尤为重要。白桦茸中高浓度的有效成分使得它们能在相对恶劣的环境中生存。

制作更好的抗癌药物　目前的科学研究支持了一些民间医药代代相传的观点。白桦茸将在白桦树树皮中发现的化合物“白桦脂醇”转化为能够被吸收的形式。白桦脂醇被证实有抗疟、抗炎和抗HIV活性作用，此外，还可以对抗某些肿瘤细胞。1998年，一项研究表明，将白桦脂醇（白桦脂酸的形式）注射到肿瘤细胞中时，能够引起细胞凋亡（程序性细胞死亡）。

白桦茸中含有高浓度的抗氧化剂，能够抑制自由基（高活性、不配对电子）对细胞的损伤。2005年的一项研究表明，蘑菇中的提取物能够保护人体淋巴细胞中的DNA免受氧化损伤。此外，研究发现蘑菇中的活性多糖能够激活免疫系统。

白桦茸是一种寄生性真菌，可以从白桦树、赤杨树、山毛榉中获取营养。

科学家估算，真菌的数量已超过了100万种，而许多真菌还未经确认。美国国家癌症研究所每年从热带雨林中收集1000种真菌样本，来检测真菌中是否含有抗病成分。同时，为了加强这些自然疗法的观点，研究者们也在继续研究已有的草药。

设计一个棋盘游戏

团队合作　设计一个棋盘游戏，用来描绘一种生活在热带雨林植物上的真菌的癌症疗法的发展。此外，进行关于药物开发和从真菌中获取药物的研究。

生物实验室

环境因素怎样影响霉菌的生长?

霉菌可以在许多条件下生长,比如在厨房中,在冰箱中,也可以在柜台上的一个面包盒中,还可以在那些含有大量糖类、蛋白质和水分的食物上。

问题:一个特定的环境因素会怎样改变霉菌的生长速度?

实验器材

选择适合这个实验的材料,可能的材料包括:

来源于食物的霉菌

普通粉状明胶(只含蛋白质)

面包

糖

装入小杯的明胶

棉签

铝箔或保鲜膜

小杯子

温度计

量筒

喷瓶

安全注意事项

警告:禁止吃实验室中的食物。

设计与实施实验

1. 阅读和完成实验室安全表。
2. 列出可能会影响霉菌生长的环境因素,基于所列出的因素,提出一个用于研究的问题。
3. 设计一个能够帮助你回答上述问题的实验,在你的实验条件中,只有一个环境因素可以变化。
4. 写出你的假设并设计一个数据表。
5. 开始实验前,确保教师已经认可你的实验设计。
6. 用棉签将霉菌从食物转移到小杯子中。
7. 连续5～7天记录观察结果。
8. **清理和处置** 将实验杯置于教师指定的区域,清理并归还实验仪器,将手洗净。

实验分析和结论

1. **识别** 实验中哪些是自变量?哪些是因变量?解释自变量是怎样变化的。
2. **比较** 描述实验样本之间的差异。
3. **描述** 在实验中,你采取了哪些措施来限制变量?请列出常量。
4. **解释数据** 环境因素改变后会怎样影响霉菌的生长?
5. **得出结论** 你的实验结果支持你的假设吗?请解释。
6. **误差分析** 你的实验中是否出现了不止一个变量的情况?你将怎样改变你的实验方案?

科技 写作

交流 和其他组的同学分享你的实验结果,列出全班同学所检测的环境因素以及实验结果。基于这些实验结果,列出适合本实验所使用的霉菌生长的最佳环境条件。

第20章 复习指南

内容聚焦 能量 真菌通过下列3种方式之一获得能量：腐生、寄生或共生。

大概念 依据真菌的结构特征、营养方式和繁殖方式，可将真菌界分为4个门。

第1节 什么是真菌

几丁质
菌丝
菌丝体
子实体
隔膜
吸器
孢子
孢子囊

主要概念 **真菌是单细胞或多细胞的真核生物，是分解者。**

- 真菌产生菌丝形成的网状结构，叫作菌丝体。
- 真菌有3种不同的获取食物的方式。
- 真菌能够通过出芽生殖、断裂生殖和产生无性孢子等方式进行无性生殖。
- 大多数真菌能够产生有性孢子，进行有性生殖。

第2节 真菌的多样性

匍匐菌丝
假根
配子囊
孢子梗
子囊果
子囊
子囊孢子
担子果
担子
担孢子

主要概念 **真菌表现出十分广泛的多样性，主要被分为四大门。**

- 真菌包括4个主要的门。
- 接合菌通过形成接合孢子进行有性生殖。
- 在有性生殖过程中，子囊菌在一个称为子囊的囊状结构中产生子囊孢子。
- 担子菌在有性生殖过程中产生担孢子。
- 在半知菌门中，还未曾发现有性生殖阶段。

第3节 真菌生态学

地衣
指示生物
菌根

主要概念 **地衣和菌根展示了真菌和其他生物体之间重要的共生关系。**

- 地衣是真菌和藻类或蓝细菌之间共生关系的例子。
- 菌根通过增加植物根部的表面积来帮助植物吸收水分和矿物质。
- 从真菌中获得的化合物被用于制造许多药物。
- 人类所吃的许多食物是用真菌制成的。
- 真菌可以对人类和植物产生不利的影响。

第20章 测评

第1节

术语回顾

下列的每一个句子都是错误的，用复习指南中的术语替换画线的词语，使句子正确。

1. 菌丝是真菌细胞间的横墙。
2. 几丁质是某些真菌中的细长丝状体。
3. 一种坚硬且柔韧的多糖称为隔膜。

要点理解

4. 主要概念 下列不是真菌获取食物的方式的是(　　)。
   A. 寄生　　B. 腐生
   C. 光合作用　　D. 共生
5. 真菌与植物不同的结构是(　　)。
   A. 细胞质的组成　　B. 细胞壁的组成
   C. 外骨架　　D. 纤维素

根据下图回答第6题。

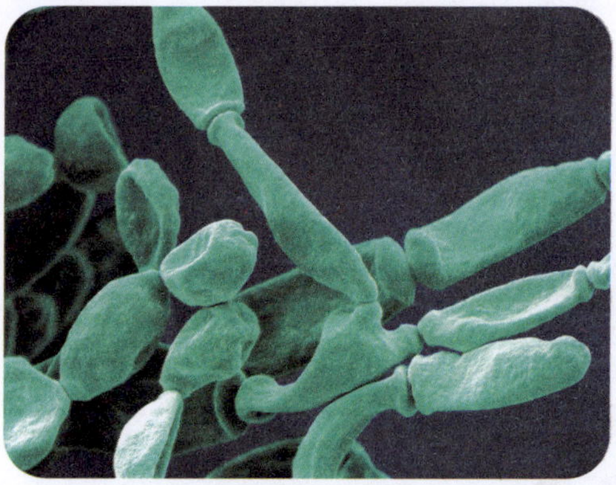

6. 上述照片所示的结构是(　　)。
   A. 菌丝　　B. 隔膜
   C. 几丁质　　D. 孢子
7. 下列可以进行无性和有性生殖的是(　　)。
   A. 配子　　B. 发芽
   C. 分裂　　D. 孢子

根据下图回答第8题。

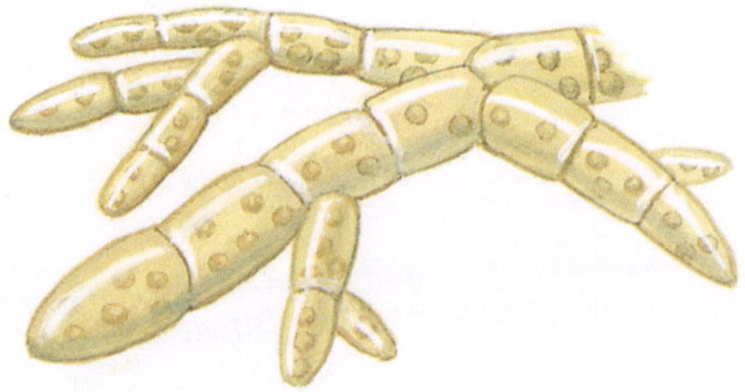

8. 上图所示的结构是(　　)。
   A. 菌丝体
   B. 孢子
   C. 有隔膜菌丝
   D. 无隔膜菌丝

回答问题

9. 内容聚焦 能量 区分寄生性真菌和腐生性真菌。
10. **简要回答** 区分菌丝和菌丝体。
11. **开放式回答** 想出一个可以减少教室中霉菌孢子数量的最好方法，如何检验你的方法？

批判性思维

12. **推断**无隔膜菌丝的结构如何使其快速生长。
13. **评估**真菌传播孢子的能力。

第2节

术语回顾

解释下列每一组术语之间的区别。

14. 匍匐菌丝、假根
15. 子囊孢子、子囊
16. 担子果、担子

第20章 测评

要点理解

17. 下列真菌具有带鞭毛的孢子的是(　　)。
 A. 担子菌　　B. 接合菌
 C. 子囊菌　　D. 壶菌

18. 匍匐菌丝的功能是(　　)。
 A. 穿透食物
 B. 在食物表面扩散
 C. 消化食物
 D. 繁殖

19. 下列是单细胞真菌的是(　　)。
 A. 面包霉　　B. 酵母菌
 C. 蘑菇　　D. 鸟巢菌

根据下图回答第20题。

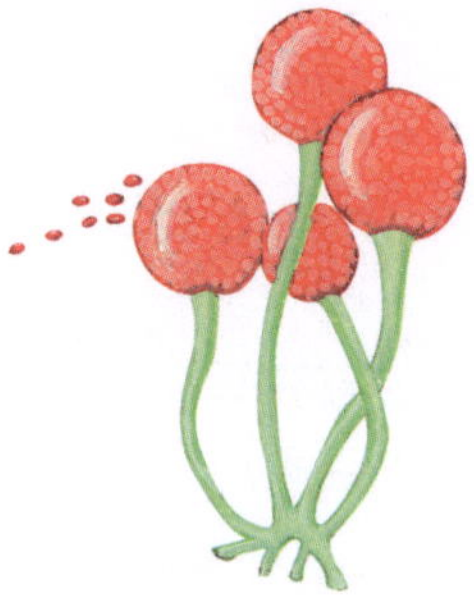

20. 上图所示的真菌在(　　)中产生它们的孢子。
 A. 子囊果
 B. 孢子囊
 C. 子囊
 D. 产囊枝

21. 可用来描述你在20题中所选择的结构的是(　　)。
 A. 发芽　　B. 单倍体
 C. 二倍体　　D. 分裂

回答问题

22. **简要回答**　选择一种进行无性生殖的真菌，并描述其生殖过程。

23. **开放式回答**　研究担子菌所产生的不同大小的孢子，并把图像展示给全班同学。

24. **主要概念**　提出论证来辩护壶菌属于真菌界而不属于原生生物界。

批判性思维

25. **设计实验**　自制面包，并将其与面包店制作的面包相比，一段时间后，看面包上霉菌的数量，哪个更多些？

26. **收集并解释数据**　你们班级里有多少同学对霉菌过敏，计算对霉菌过敏同学的比例。

第3节

术语回顾

运用复习指南中你所知道的知识，回答下列问题。

27. 哪个术语可以用来描述真菌和藻类间的共生关系？

28. **主要概念**　哪个术语可以用来描述真菌和植物根部间的共生关系？

29. 对环境污染敏感的生物的名称叫什么？

要点理解

根据下图回答第30题。

30. 在一个从森林火灾中恢复的地区，地衣的主要功能是(　　)。
 A. 吸收水分　　B. 指示生物
 C. 先锋物种　　D. 防止昆虫

31. 地衣是重要的指示生物的原因是(　　)。
A. 它们易受干旱的影响
B. 它们是单细胞生物
C. 它们是共生体
D. 它们易受空气污染的影响

利用下图回答第32题。

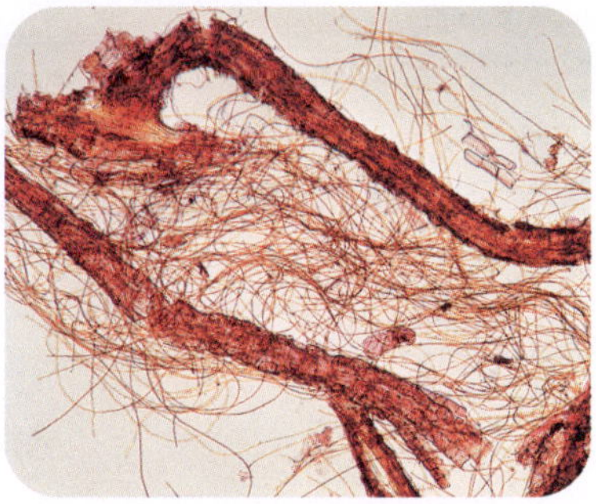

32. 这种菌根对植物的益处是(　　)。
A. 增加接受光照的面积
B. 减少对水分的需求
C. 增加根部的表面积
D. 降低温度

回答问题

33. **简要回答**　真菌在哪些方面对人类有益？
34. **简要回答**　评价地衣在北极环境中的角色。

批判性思维

35. **预测**　二战期间，青霉素的有效性对战士有怎样的影响？
36. **设计实验**检测两种或三种真菌的抗菌作用。
37. **与生物学相关的职业**　为一个研究室写一则招聘一位真菌学家的招聘启事。
38. **找出**一种生物，该生物可以利用真菌进行食物生产。真菌怎样从这种关系中受益？
39. **假设**菌根对于植物占领土地很重要，你会寻找什么证据来支持你的假设？

总结性测评

40. 大概念　假设你是一位科学家，发现了一个新的真菌物种。描述它的物理特征、获取营养的方式和繁殖方式。你将怎样对这个新的真菌物种进行分类？
41. 科技 **写作**　想象你是一个真菌孢子，落在你家或学校附近，评估你存活的机会。

DBQ 资料分析题

数据来源：http://sbr.ipmpipe.org/cgi-bin/sbr/public.cgi

这张地图展示了美国出现亚洲大豆锈病的地区，这种病是最近从巴西和南美洲其他地区传播过来的。它在每个州的出现是由美国农业部官方断定的。大豆锈病由大豆锈菌引起，目前已经成为美国大豆种植者的一大麻烦。感染大豆锈病所造成的损失可以达到总产量的80%。

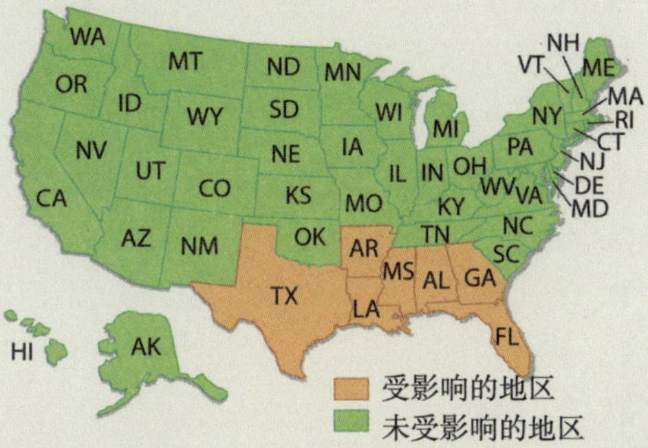

42. 评价上述地图，并推测影响大豆锈病在美国分布的因素。
43. 运用你所知道的关于真菌的知识，推荐一系列措施来消灭这种真菌。
44. 预估这种真菌对于未来美国大豆生产的影响。

标准化测试

选择题

1. 自养原生生物通常被称作(　　)。
   A. 藻类
   B. 原生动物
   C. 黏菌
   D. 水霉菌

根据下图回答第2、3题。

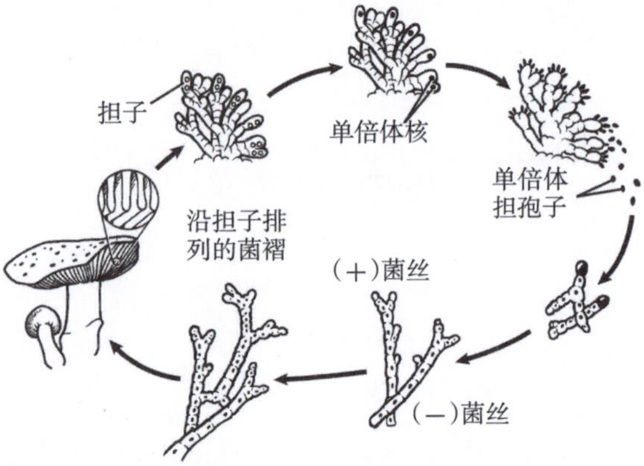

2. 上图所示的生活史中可以用来解释许多蘑菇生长速度非常迅速原因的是(　　)。
   A. 菌盖从土壤中吸收有机物填充蘑菇
   B. 菌盖上的菌褶迅速分裂形成蘑菇
   C. 菌丝生长并迅速延伸形成蘑菇
   D. 担子生长并使蘑菇伸长
3. 有配子型融合的是(　　)。
   A. 担子形成
   B. 菌丝联合
   C. 蘑菇形成
   D. 孢子释放
4. 某种树栖灵长类具有卷尾,足趾上有趾甲,你认为这种动物属于(　　)。
   A. 亚洲猿
   B. 新大陆猴
   C. 旧大陆猴
   D. 猿猴亚目的猴
5. 下列发生在病毒入侵的裂解周期的是(　　)。
   A. 宿主细胞变成持续制造更多病毒拷贝的工厂
   B. 宿主细胞通过细胞分裂制造更多病毒拷贝
   C. 病毒将自己的核酸插入宿主DNA中,并休眠
   D. 病毒控制细胞,进行自我复制,通常杀死宿主细胞

根据下图回答第6题。

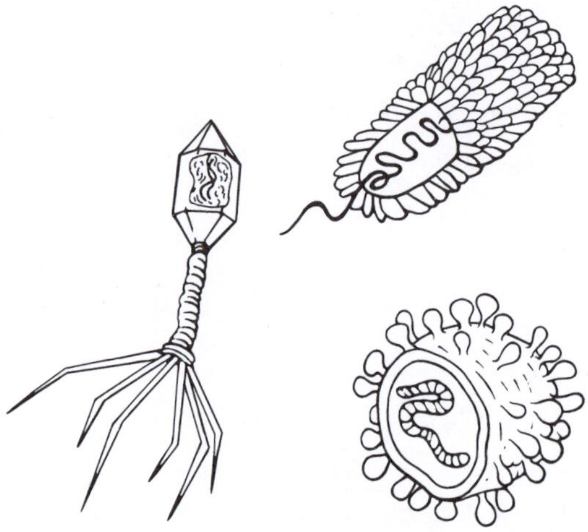

6. 科学家基于(　　)对病毒进行分类。
   A. 衣壳蛋白
   B. 染色体数目
   C. 宿主抵抗性
   D. 遗传物质类型
7. 下列特征能够将更新纪灵长动物从早期古猿中区分开来的是(　　)。
   A. 双眼视觉
   B. 直立行走
   C. 手指甲
   D. 对生拇指
8. 下列是非细胞黏菌特征的是(　　)。
   A. 许多细胞的细胞质
   B. 利用纤毛运动
   C. 具有多个细胞核的原生质团
   D. 以分裂的方式进行繁殖

简答题

利用下图回答第9题。

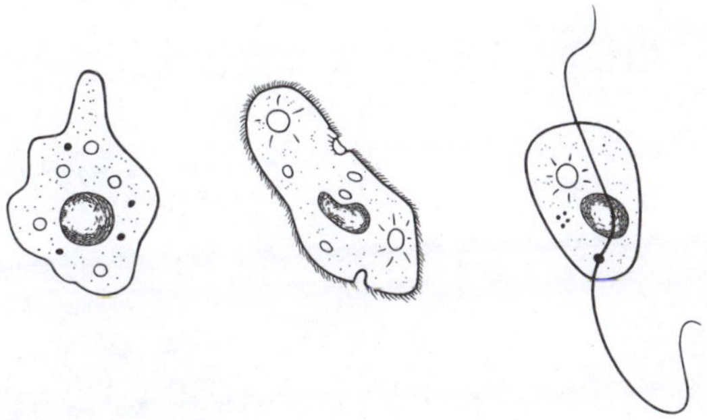

9. 指出上述每种生物用来运动的结构，简要描述每种结构的功能。

10. 假设你在一个池塘底部的泥里发现了一种单细胞生物，写一个计划表明你将怎样对它进行分类。

11. 一些人认为技术可以解决人类的所有问题，举出一个技术可能解决不了的问题的例子。

12. 哪些特征被用来将原生生物分为3类，请解释。

13. 描述子囊菌是怎样开始有性生殖的，并评价其重要性。

14. 举出3种对于人类食物生产具有重要性的真菌的例子。

开放题

15. 设计一个流程图，表示一个小群体的隔离是怎样导致物种形成的。

16. 评价菌根对植物的价值。

17. 评价病毒怎样从它们的小体形和简单结构中获益。

论述题

发生光合作用需要光照。藻类依靠光能进行光合作用。绿藻的主要光和色素是叶绿素，太阳光是由所有不同波长的可见光组成的，但是只有蓝光和红光能够被叶绿素吸收。其他藻类包含大量的其他色素，例如类胡萝卜素，类胡萝卜素从绿光中吸收能量。藻类生活在水中，这点是很重要的，因为水吸收不同颜色的光的比例不同。

利用上述材料中的信息，以论文的形式回答下列问题。

18. 红光不能射入水中，水中的藻类只能利用在水下能够获得的光能。写一篇论文，阐述为什么对于水面下的藻类而言，类胡萝卜素比叶绿素更好。

考点提示

测试题号	1	2	3	4	5	6	7	8	9	10	11	12	13	14	15	16	17	18
对应章节	19.3	20.2	20.2	16.1	18.2	18.2	16.2	19.4	19.2	19.2	18.1	1.2	20.2	20.3	15.3	20.2	18.2	19.3

第六单元

植　物

内容提要

科学探究　研究植物的适应性，了解其进化特征。

多样性　地球上35万多种植物的生长环境不同，根、茎、叶形态各异。

能量　植物通过光合作用，将太阳能转化为化学能。

稳态　植物通过组织结构和生理过程保持稳态。

演变　对比低等植物和结构层次更为复杂的高等植物，可知植物界的演变历程。

与生物学相关的职业

植物学家是指研究植物的科学家。植物学家研究领域可细分为从苔藓学（研究苔藓和简单植物的学科）到树木学（研究树木和木本植物）等各个学科。

第21章

什么是植物

起步实验

我们依靠哪些特征对植物进行分类？

科学家根据植物的不同特征对植物进行分类。通过本次实验，你会了解到植物的部分特征。

步骤

1. 阅读并完成实验室安全表。
2. 用A、B、C、D、E给五个植物样本贴上标签。
3. 仔细研究每一种植物。接触植物后，彻底洗净双手。
4. 基于观察，列出五种植物相同与不同的特征。
5. 按照重要程度，降序排列特征。

分析

1. **比较**你与你的同学列出的植物特征。
2. **描述**五种植物的多样性。
3. **列出**可能有助于植物分类但你未观察到的植物特征。

折叠式学习卡

制作一个折叠式学习卡。用这个学习卡整理关于植物适应性的笔记。

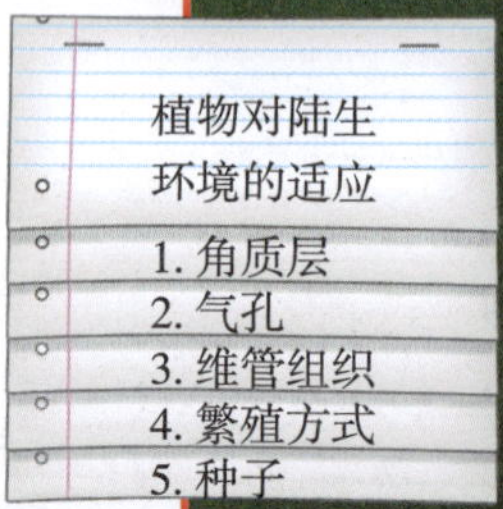

内容聚焦 多样性

地球上有35万多种植物，每种植物都有适应环境的方式。

大概念 植物的进化经历了漫长的地质年代，形成了今天多姿多彩的植物界。

第1节

植物的演化与适应

本节预览

核心问题

- 绿藻与植物相比，具有哪些共同特征？
- 陆地植物如何适应陆地生存环境？
- 维管组织对植物的陆生生活有何重要性？
- 什么叫植物的世代交替？
- 植物界如何划分？

术语回顾

限制因素：是指任何限制生物的生存、数量、繁殖以及分布的生物或非生物因素。

关键术语

气孔
维管组织
维管植物
非维管植物
种子

主要概念 **植物不断演化以适应地球上多变的环境条件。**

联系实际 当你看家里长辈的老照片时，可能会发现身边的亲人跟他们长得很像。同样，研究进化的科学家发现，古代生物与现代生物也有很多共同特征。

植物演化

植物对人类的生存至关重要。我们呼吸需要的氧气，日常生活中吃的食物、穿的衣服、用的家具以及住的房子等，这些让我们生活得更加舒适的东西，很多自于植物。如果有人让你描述一下植物，你会描述一棵树、一朵花还是一棵盆栽？生物学家认为，植物是一种多细胞真核生物，其组织和器官具有特定的结构和功能。例如，大多数植物都有叶绿体以及能让它们扎根土壤或附着在其他物体或植物上的器官。然而，这种说法适用于古代植物吗？

链接 地球科学 你能想象出远古地球没有陆生植物的样子吗？低等陆生植物大约在4亿年前才开始出现。但是，5亿年前的化石证据表明，远古地球的浅水区已经有了各种各样的生物体——古细菌、细菌、藻类和其他单细胞生物，如海绵、珊瑚和蠕虫等。

生化证据和化石证据等都有力地表明，多细胞陆生植物和现代绿藻有共同的始祖，如**图21-1**进化树中所示。这个共同的始祖可能经历过长时期的干旱。通过自然选择和抗旱性适应，它可能把诸如受保护的胚及其他有利于生存的特性遗传给下一代。科学家比较生活在今天的植物和绿藻，发现它们有以下共同特征：

- 细胞壁都由纤维素构成；
- 细胞分裂过程中，都有细胞板的形成；
- 光合作用中，使用同种叶绿素；
- 编码核糖体RNA的基因结构相同；
- 以淀粉的形式贮存有机物；
- 细胞囊泡中储存有相同的酶。

图21-1 下图中的进化树描绘了从古代淡水藻类植物到现代植物的演变。

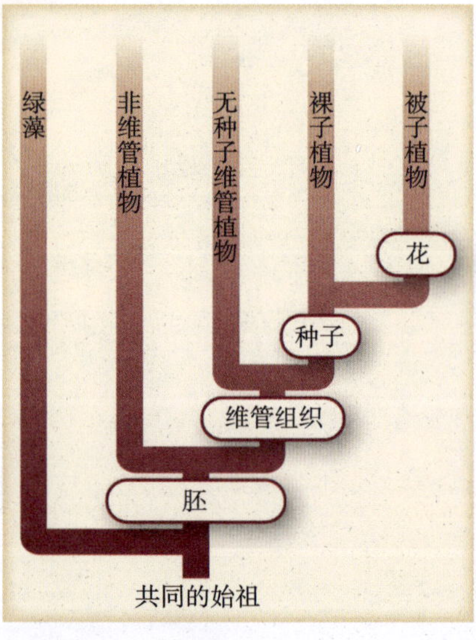

■ **图 21–2** 角质层由外层细胞产生。在干燥的环境中，植物的角质层外还有一层厚厚的蜡质层包裹。

推测 *在干燥的环境中，植物的蜡质层有什么作用？*

植物对陆地环境的适应

尽管陆地生活对许多生物来说是有利的，但陆生生物也面临着水生生物无须应对的各种挑战。长期以来，陆生植物通过不断进化逐渐适应了在缺水及其他不利的环境因素下生存繁衍。

角质层 你有没有注意到，有些植物的叶子比其他植物更有光泽？或者有些植物的叶子会略带灰色，就像**图 21–2** 中的龙舌兰那样？大多数植物的地上部分有一层脂肪，叫作角质层，位于细胞外表面，这是植物适应环境的结果。蜡质也可能构成角质层，使其呈现浅灰色。脂肪和蜡质都是脂质，不易溶解于水。这样一来，角质层就能防止植物组织内的水分蒸发，同时发挥屏障作用，保护植物免受其他微生物的侵袭。

迷你实验 1

比较植物的角质层

植物的种类不同，角质层也会有区别吗？角质层覆盖在植物的叶片上，以减少水分流失。植物种类不同，角质层的厚度也会不一样。

步骤

1. 阅读并完成实验室安全表。
2. 仔细观察教师提供的植物叶片。记录叶片种类。
3. 把每种叶片分别放在相同的塑料盘上。称量质量，然后调整每个塑料盘里的叶片数量，使每个塑料盘的质量相等。记录质量。
4. 第二天，观察每个塑料盘中的叶片。记录观察结果。
5. 称量每个塑料盘的叶片质量，记录数据。

分析

1. **解释数据** 哪种叶子失去的水分最多？实验数据是否支持你的观察结果？
2. **推断** 哪种叶子的角质层较厚。

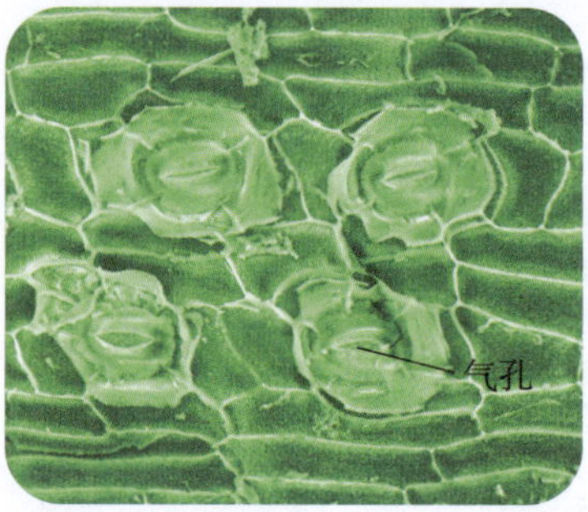

■ **图21-3** 气孔常见于大多数植物叶片的下表皮。

气孔 跟绿藻一样，大多数植物通过光合作用，将二氧化碳和水转化成葡萄糖和氧气。植物组织和环境之间进行气体交换是发生光合作用的必要条件。角质层减少了水分蒸发，但也可能会阻止植物与环境之间的气体交换。**气孔(stomata)**是植物叶片和某些茎在外层细胞的开口，如**图21-3**所示。它们是植物适应环境的结果。即便有了角质层，植物也能与环境进行气体交换。虽然有些绿色的茎也能进行光合作用，但叶片才是植物进行光合作用的主要场所。气孔多见于叶表皮。

维管组织 植物适应陆地环境的另一个表现是具有**维管组织(vascular tissue)**——一个专门负责运输的组织。此前，各种物质通过渗透或扩散缓慢进出细胞或从一个细胞进入另一个细胞。但维管组织加快了物质运输的速度，扩大了运输范围。有维管组织的植物称为**维管植物(vascular plant)**，如**图21-4**所示。物质只能通过渗透或扩散在细胞间缓慢移动的植物属于**非维管植物(nonvascular plant)**，它们缺少专门的运输组织。

维管组织构成的植物结构，具有支持功能。一些维管组织中厚厚的细胞壁能给植物提供额外的支撑。因此，相比于非维管植物，维管植物能够生长得更加高大一些。

折叠式学习卡

本节信息可纳入折叠式学习卡中。

繁殖方式 孢子是一种能够进行繁殖的单倍体细胞。一些陆地植物依靠有防水保护膜的孢子进行繁殖。但是，这些陆生植物的配子体必须借助于水环境，才能让精子游向卵细胞。对植物而言，水是一个限制性的环境因素。种子植物出现了一种适应，能够使精子在没有水的情况下也能与卵细胞结合。

阅读检测 **解释**为什么维管植物比非维管植物长得更大。

■ **图21-4** 维管植物形态多样，不同植物叶的形态各不相同。**识别**这些植物。

种子 陆生植物的另一项重要的适应性表现是演化出种子，它确保了一些维管植物成功繁殖。**种子(seed)**，如**图21-5**所示，由胚、胚乳(种子集中养料的地方)和种皮(种子的保护外衣)组成。这些特征使得种子能够抵御不良环境，并在合适的条件下萌发。同时种子也有不同的适应性结构，帮助其传播。本章第4节会介绍更多关于种子的适应性结构的内容。

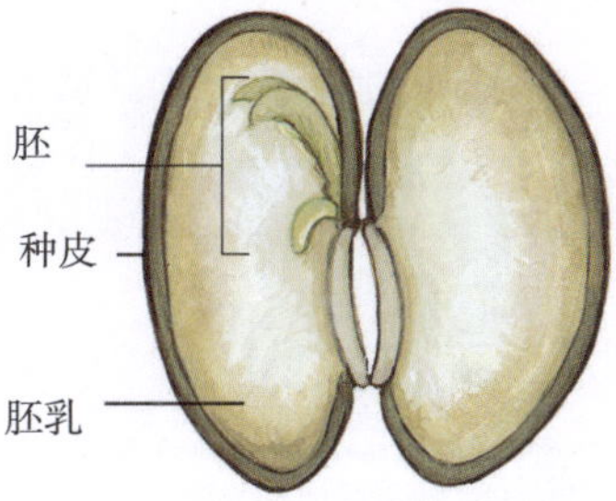

■ **图21-5** 种皮能够保护胚——新孢子体世代。

世代交替

一些生物体的生命周期包含世代交替——单倍配子体世代和二倍孢子体世代。配子体世代产生配子，即精子和卵细胞。一些植物在不同的配子体上产生精子和卵细胞，而另一些植物则在同一种配子体上产生精子和卵细胞。当精子与卵细胞结合时，会形成一个二倍受精卵，此后经过多次有丝分裂，发育成一个多细胞孢子体。孢子体世代产生孢子，孢子继续生长，形成下一代配子体世代。

植物的种类不同，占据主导地位的世代不同。占主导地位的世代在植物的生命周期中通常体积更大，时间也更长。你看到的大多数植物，如室内植物、草地、园林植物以及树木等，是它们的二倍孢子体世代。植物演化的趋势是由配子体占主导进化到含有维管组织的二倍孢子体占主导。在陆地植物中，维管植物的配子体世代是极其微小的，如**图21-6**所示，但还是比非维管植物的配子体世代要大得多，而且不用放大设备就能观察到。本章后面的部分会提供更多关于配子体和孢子体的例子。

阅读检测 **找出**植物生命周期中产生精子和卵细胞的世代。

■ **图21-6** 枫树的孢子体——树根、树干和树枝，比它位于花粉中的雄性配子体要大得多。其孢子体也比花粉存活的时间更长。

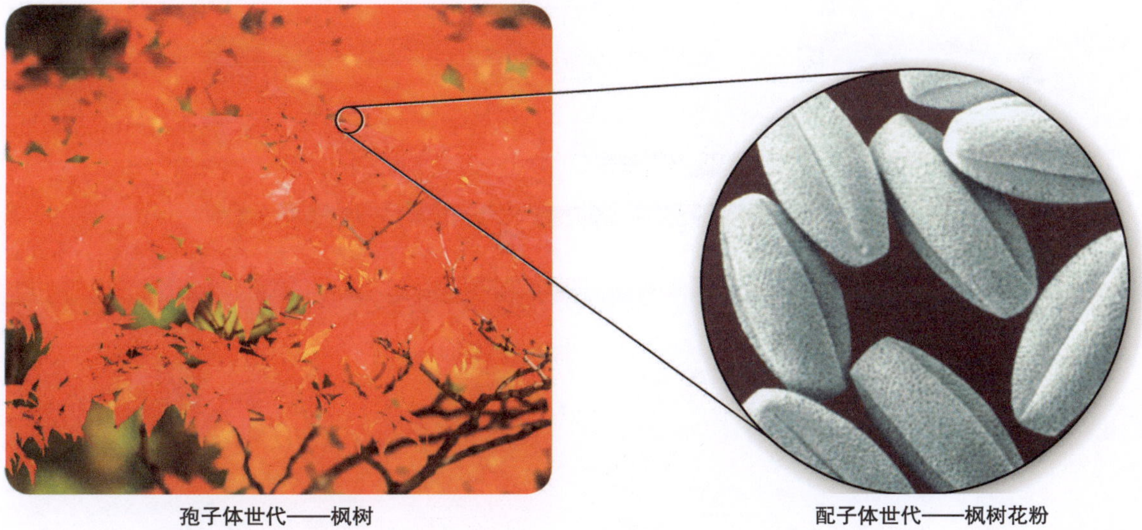

孢子体世代——枫树

配子体世代——枫树花粉

图解植物界

图 21–7

植物界的一种分类方法是将其分成维管植物和非维管植物。此外，维管植物又能分为种子维管植物和无种子维管植物。

植物的分类

随着时间的推移，植物经历了漫长的进化导致植物界具有多样性和适应性。植物学家根据不同植物所具有的不同特征对植物进行分类。除了细菌之外，自然界的其他生物都被划分为门。当指某一门的植物时，可以称为某类植物。例如，苔藓植物门的植物可被统称为苔藓植物。

植物可以划分为两大类——维管植物和非维管植物。**图21-7**介绍了其中的11种。本节前面部分介绍过，非维管植物缺少专门的运输组织。它们包括以下几类：

- 藓纲植物——苔藓
- 角苔纲植物——角苔
- 苔纲植物——地钱

维管植物有专门的运输组织。维管植物又能细分为两大类——有种子的植物和没有种子的植物。本章后面部分将要介绍的两类无种子维管植物和五类种子维管植物。无种子维管植物：

- 石松纲植物——石松
- 蕨纲植物——蕨类和木贼

种子维管植物：

- 苏铁纲植物——苏铁
- 买麻藤纲植物——麻黄
- 银杏纲植物——银杏
- 松柏纲植物——松树及类似植物
- 有花植物——开花植物

与生物学相关的职业

植物学家 植物学家研究植物的结构与功能以及植物与环境之间的关系。他们还能识别新的植物种类。

第1节 测评

要点梳理

- 植物是多细胞生物，大多数植物都能进行光合作用。
- 有证据表明，古老的单细胞淡水绿藻是现代植物的始祖。
- 现代植物和绿藻有许多相似的特征。
- 随着时间的推移，植物对陆地环境表现出适应性特征。
- 植物在孢子体世代和配子体世代之间交替。

要点理解

1. 主要概念 **找出**陆生植物的适应性特征。
2. **解释**为什么科学家推测绿藻和植物拥有共同的始祖。
3. 给各类植物命名。哪一类是无种子维管植物？
4. **区分**配子体和孢子体。

批判性思维

5. **运用**你所学的关于脂质的知识，解释为什么角质层能够减少植物的水分流失。
6. **评价**维管组织对陆生植物生存的重要性。

第2节

非维管植物

本节预览

核心问题

- 非维管植物具有哪些结构?
- 比较各类非维管植物的异同?

术语回顾

共生:是指两种生活紧密的生物体之间的一种关系。

关键术语

叶状体苔

主要《概念 **非维管植物体积小,通常生活在潮湿的环境中。**

联系实际 你用橡胶软管给草坪浇过水吗?你为什么不用水桶去水龙头那儿接水呢?也许你已经意识到,用橡胶软管比拿桶接水的效率要高得多。在前一节中我们已经学到,非维管植物缺少能够运输水分和其他物质的维管组织。但是,由于其体形较小,通过扩散和渗透来运输物质就已经能够满足自身需要了。

非维管植物的多样性

如**图21-8**中的进化树所示,非维管植物是植物的四大主要类群之一,与绿藻具有共同的原始祖先。一般来说,非维管植物体形较小,很容易就能吸收足够的物质。它们通常生活在潮湿阴暗的地方,这样能够获得它们所需要的水分,以运输营养物质,并繁衍后代。

藓纲植物 苔藓是最为人们所熟知的藓纲植物。你可能在潮湿的木头上或者小溪边见到过这些小小的非维管植物。虽然苔藓没有真正意义上的叶子,却有类似于叶子的结构。它们的叶状结构由单层细胞构成,能够进行光合作用。

苔藓有多细胞根状茎,其作用是帮助它们在土壤里扎根或覆盖在其他物体表面,如**图21-8**所示。水分和可溶矿物质能够进入苔藓的假根。苔藓虽然具备运输水分和营养物质的组织,但并没有真正意义上的维管组织。苔藓通过扩散和渗透来运输水分和其他物质。

■ **图21-8** 维管植物和非维管植物的共同特征是具有胚。厚厚的地毯式苔藓就是一种非维管植物,由上百株苔藓植物组成,每一株都有多叶茎和假根。

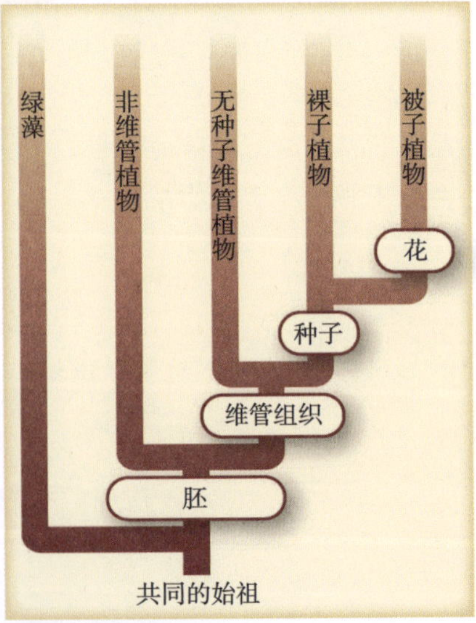

苔藓在结构和生长中都体现出多样性的特征。一些苔藓植物具有向上生长的茎，另一些苔藓植物呈藤蔓状蔓延生长，还有一些苔藓植物覆盖在岩石表面，可以减缓岩石的侵蚀速率。泥炭藓（一种苔藓植物）和其他物质聚集、腐烂，最后形成一种厚厚的沉积物，叫作泥炭。泥炭可以用作燃料。花匠通常将干泥炭添加到土壤中，以增强土壤的保水能力。

据科学家估测，藓纲植物覆盖了地球表面的百分之一。许多如**图21-8**中的苔藓植物都生活在气候温和的地区，气候变冷或回暖都不至于给它们造成伤害。有些苔藓植物能在极端缺水的环境中生存，一旦环境变得湿润，就会重新开始生长。

阅读检测 **解释**泥炭是怎样形成的。

角苔纲植物 非维管植物中，最小的一类就是角苔纲植物。如**图21-9**所示，角苔纲植物的孢子体像动物的角，故名曰“角苔”。角苔纲植物通过扩散和渗透的方式吸收水分和营养物质。已经确定的角苔纲植物约有100种。

每个孢子体细胞和配子体细胞内都有一个体积较大的叶绿体，这是角苔纲植物的一个显著特征，通过显微镜就可以观察到。但是，角苔纲植物两个世代过程所需的营养主要由孢子体提供。

在显微镜下观察角苔纲组织，你会发现，每个细胞含有一个大型叶绿体，细胞之间的填充物不是空气，而是黏液。念珠藻属的蓝细菌就常常生活在这些黏液中。蓝细菌和角苔纲植物是互利共生关系。

■ **图21-9** 角苔纲植物的角状孢子体扎根在配子体上。

数据分析实验1

基于真实的资料*

提出假设

念珠藻对角苔纲植物的生长提供了哪些有利条件？

念珠藻，通常是蓝细菌的一种，与一些苔纲植物和大多数角苔纲植物形成了互利共生的关系。

观察

如图所示，配子体组织中的那片深色区域就是念珠藻菌落。

批判性思维

1. **推测**角苔纲植物给蓝细菌的生长提供了哪些有利条件。
2. **设计**实验来验证你的推测。

*资料来源：Costa, J–L., et al. 2001. Genetic diversity of Nostoc symbionts endophytically associated with two bryophyte species. *Appl. Envir. Microbiol*. 67: 4393–4396.

■ **图21-10** 叶状体苔类植物的形状与动物的肝脏形状相似。叶状地钱有叶状结构，但没有真正意义上的叶子。

叶状体苔类植物

叶状地钱

苔纲植物 中世纪时，苔纲植物曾被用作治疗肝脏疾病的药物。这类非维管植物有6000多种，生活环境多样，从热带到北极都可以见到。苔纲植物贴地生长，且多生长在水分充足的地方，如潮湿的土壤、近水区或腐烂湿润的木头上。有些苔纲植物在相对干燥的环境里也能生存。跟其他非维管植物一样，苔纲植物通过扩散和渗透运输水分和营养物质。

苔纲又可以分为两类：**叶状体苔（thallose）**和茎叶体苔，如**图21-10**所示。叶状体苔体表有肉质叶状结构。茎叶体苔的近茎部有三排扁平的薄叶，茎部两边各有一排，下侧还有一排小一点的叶子。与苔藓的多细胞假根不同，苔纲植物具有单细胞假根。

DNA检测显示，苔纲植物缺少大多数陆生植物都具有的DNA序列，这也表明苔纲植物是最原始的陆生植物。

第2节 测评

要点梳理

- 非维管植物的分布受其运输水分和其他物质能力的限制。
- 苔藓体形小，能生活在不同的环境中。
- 跟其他非维管植物一样，角苔纲植物通过扩散和渗透运输物质。
- 苔纲植物可以分为两类：叶状体苔和茎叶体苔。

要点理解

1. 主要概念 **总结**苔藓有哪些特征。
2. **识别**可能会影响非维管植物发生结构演化的环境因素。
3. **区分**苔纲植物与角苔纲植物。
4. **概括**苔藓植物的经济价值。

批判性思维

5. **运用**你所学到的关于扩散和渗透方面的知识，解释非维管植物为何体形较小。
6. **推断**苔藓植物变干后，在细胞学水平上会发生哪些变化。
7. **对比与比对**藓纲植物、角苔纲植物及苔纲植物的生长环境。

第3节

无种子维管植物

本节预览

核心问题

- 无种子的维管植物有哪些特征?
- 石松与蕨类有何相似点与不同点?

术语回顾

孢子:具有坚硬外壳的单细胞繁殖体,不经过配子体两两结合就能直接发育成新的个体。

关键术语

孢子叶球
附生植物
根状茎
孢子囊
孢子囊群

主要概念 **因为有维管组织的存在,与非维管植物相比,无种子的维管植物体形更大,也更容易适应干燥的环境。**

联系实际 在家里,只要你打开水龙头,就会有水流出。你家里的管道系统能够把水送到任何地方。植物体内的管道系统称为维管组织,它就像输送自来水的管道一样,能在植物体内运输水分和其他可溶性物质。

无种子的维管植物的多样性

无种子的维管植物由石松纲植物(又称为卷柏属植物)和蕨类植物组成。如**图21-11**所示,这类植物是带有维管组织的三大植物类群之一。无种子的维管植物在形态和大小上表现出极大的多样性。

一些无种子的维管植物,尽管其孢子体大小不同,但都有孢子叶球,这是它们对环境的一种适应。**孢子叶球(strobilus)**是一种重叠的孢子叶结构。孢子叶球释放的小孢子常常会被风带走,如果孢子落在一个适宜的环境,就会发育成配子体。

石松纲植物 现在的石松纲植物是最古老的维管植物的后代。有化石证据显示,生活在古代的石松纲植物能长成大树,有些甚至能长到30米高。它们是古生代森林的主要成员之一。这些植被死后,残骸随着时间的推移,不断发生变化,最终变成煤的一部分,供人类开采使用。

与藓纲植物不同的是,石松纲植物的孢子体世代在其生活史中占据主要地位。石松纲植物中多叶的茎类似藓纲植物的配子体,产生孢子的生殖结构则呈棒状或穗状,如**图21-11**所示。

■ **图21-11** 无种子的维管植物,例如垂穗石松,通过孢子叶球而不是种子产生孢子。

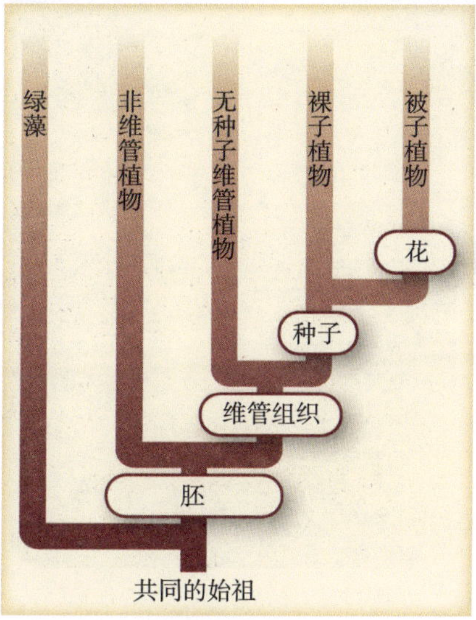

石松纲植物——垂穗石松

卷柏属

■ **图 21-12** 这是卷柏属植物。

石松纲植物具有根、茎和体形较小且带鳞的叶状结构。石松看上去像微型松树，因此又被称为"地松"。它的茎有的有分枝，有的不分枝，有的向上生长，有的则匍匐伸展。石松的根从茎的基部开始生长。维管组织位于其带鳞叶状结构的中部。

石松纲植物大体包括两类，即石松属和卷柏属，如**图 21-11**和**图 21-12**中的例子。许多生活在热带地区的石松植物是附生植物。一些植物将根系附着在其他物体或植物上生长，这类植物叫作**附生植物(epiphyte)**。在树梢生长的附生植物，为昆虫和其他生活在树冠的小动物提供了栖息地。

阅读检测 **识别**从古代石松纲植物到现代石松纲植物的分布情况。

蕨纲植物 蕨纲植物包括蕨类植物和木贼纲植物。过去，木贼纲植物被单独划分为一类。但是近年来的研究表明，木贼纲植物和蕨类植物十分相近，应该归为一类。

链接 地球科学 石炭纪期间(距今约3.59亿～3亿年前)蕨纲植物极其繁盛，在陆生植物中占统治地位。古蕨高大，呈树状，组成了茂密的森林，有的还有类似于种子的结构。如今，蕨纲植物生长在不同的环境中，尽管它们在潮湿的环境中最为常见，但在干燥的条件下也能生存。当环境处于缺水状态时，一些蕨纲类植物就会减缓生命活动的进程，看起来就像是停止了生长。当环境湿度增大，这些植物又能恢复生长。蕨纲植物在不同环境中生长的例子如**图 21-13**所示。

■ **图 21-13** 蕨纲植物种类多样，分布在世界各地。

图中真蕨纲植物的中心生有辐射状的叶，其形状与鸟巢相像。鸟巢蕨常作为室内观赏植物。

图中展示的是一种水生真蕨纲植物，生在浅水中，茎横生在泥中，也称为田字草。

很多高大的桫椤生长在热带地区。

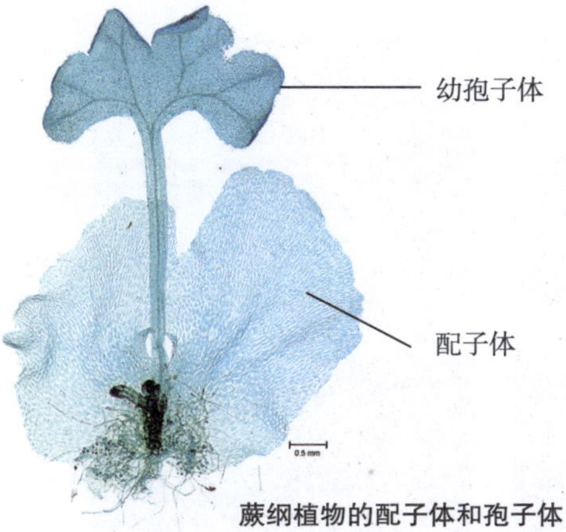

蕨纲植物的配子体和孢子体

成熟的蕨类孢子体

■ **图21-14** 蕨纲植物的配子体和孢子体在大小和外形上差别很大。成熟后的孢子体比配子体要大得多。

你应该没有见过**图21-14**中所示的蕨纲植物配子体，这个又小又薄的结构比大头针都要小。蕨纲植物的配子体由孢子体发育而来，有雄性和雌性生殖结构。受精之后，配子体发育成孢子体，孢子体主要依附在配子体上。有的蕨纲植物适应了干燥的生存环境，不通过受精也能产生孢子体。最后，孢子体长出根，并发育出厚厚的地下茎，称为**根状茎（rhizome）**，根状茎是储存营养物质的结构。一些蕨类植物在生长期结束时，地上部分会死亡。当恢复生长时，根状茎储存的营养物质就会分解释放能量。

蕨纲植物最为人熟知的部分就是能进行光合作用的叶状结构，又称为蕨叶，如**图21-14**所示。蕨叶是蕨类植物孢子体世代的一部分，具有由维管组织构成的分支叶脉。蕨纲植物的种类不同，蕨叶的大小也有很大差异。

数据分析实验2

基于真实的资料*

分析模型

多种多样的现代蕨类植物是什么时期演化而来的？通过分析蕨纲植物的化石证据和基因序列，研究者发现，蕨纲植物的多样性形成得很晚。他们得出结论，在被子植物统治陆地生态系统之后，现代蕨纲植物才开始演化。

数据与观察

观察两组演化模型。

批判性思维

1. **选择**一种最符合上述结论的模型。

2. **推断** 被子植物是开花植物，它对蕨纲植物多样性的形成产生了哪些影响？

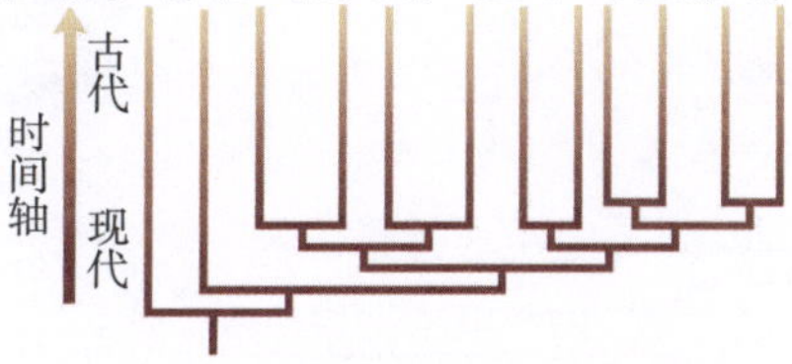

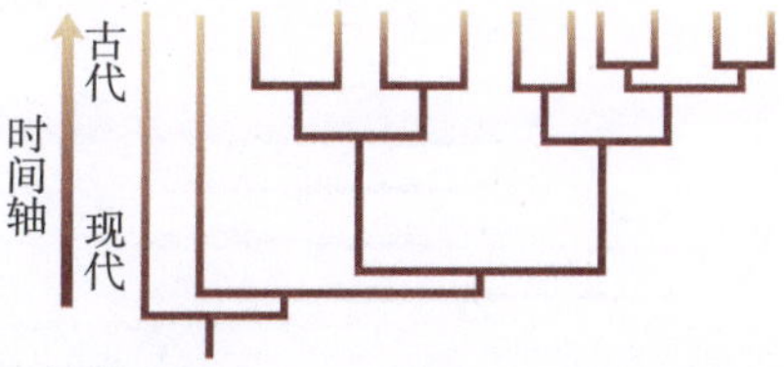

*资料来源：Eriksson，Torsten.2004.Evolutionary biology ：Ferns rewake-ened. *Nature* 428: 480-481.

鸟巢蕨

木贼

■ **图21–15** 鸟巢蕨的孢子囊群含有孢子，在蕨叶的下表面呈线性排列。一些木贼有两种不同的孢子茎，即营养茎和生殖茎。

蕨纲植物中，由孢子组成的结构叫作**孢子囊(sporangium)**，成簇成簇的孢子囊组成**孢子囊群(sorus)**。如**图21–15**所示，孢子囊群通常见于蕨叶的下表面。

图21–15还展示了木贼纲的一种典型结构，其茎部起棱、中空，四周还分布着小型鳞状轮生叶。与石松纲植物相同，木贼的孢子在孢子叶球中发育，孢子叶球生长在生殖茎尖。它们的孢子一旦释放到适宜的环境中，就能发育成配子体。

木贼另一个常用的名字叫“冲蚀草”。以前，它们常被用来擦洗锅碗瓢盆。这些植物体内含有一种叫硅石的冲蚀物质，如果你的手指沿着木贼的茎部滑动，你会感到其茎部十分粗糙。

现代木贼纲植物与它们的祖先相比，矮了不少。大多数木贼纲植物生长在潮湿的地方，如沼泽、湿地以及河岸等。田地和干旱的路边也生活着一些木贼纲植物，这是因为它们的根扎进了地下水充足的土壤中。

第3节 测评

要点梳理

- 无种子的维管植物有专门的运输组织，通过孢子进行繁殖。
- 维管植物以孢子体世代为主。
- 维管植物包括石松纲植物和蕨纲植物。

要点理解

1. 主要概念 **制作**一个表格，列举无种子的维管植物都具有哪些特征。
2. **比较**维管植物和非维管植物的孢子体世代及配子体世代。
3. **推断**蕨纲植物的孢子体早期依附在配子体上有何好处。

批判性思维

4. **设计**一个实验，检测蕨纲植物的配子体在不同土壤中的生长能力。
5. **分析**位于蕨纲植物叶子上的维管组织分支叶脉有何作用。
6. **创建**一个维恩图，展示石松与蕨类植物的特点。

第4节

种子植物

本节预览

核心问题

- 比较各类种子植物的异同。
- 裸子植物可以分为几类？
- 被子植物的生命周期包括哪些过程？

术语回顾

适应：是自然界选择的结果，并能遗传给子代。

关键术语

子叶
球果
一年生植物
两年生植物
多年生植物

主要概念 **种子植物是地球上分布最广泛的植物。**

联系实际 你把信装在信封里寄出去，信封对信件起到一个保护作用。同样，种皮对胚也会起到保护作用，直到条件成熟，胚才会萌发。

种子植物的多样性

种子植物能产生种子。每一个种子里面都含有一个被保护组织环绕的小孢子体。种子包含一个或多个**子叶(cotyledon)**，子叶的功能在于储存食物或帮助孢子体吸收营养物质。若植物的种子是果实的一部分，这类植物叫作被子植物。若植物的种子不是果实的一部分，这类植物则称为裸子植物。裸子植物的英文表达来源于两个希腊单词，意为“裸露的种子”。

为了使种子在环境中更好地传播和扩散，种子植物形成了许多适应性特征，如**图21-16**所示。种子的传播减少了新个体与母体及其他同类个体之间的竞争，这对种子植物来说非常重要。

种子植物以孢子体世代为主，并通过孢子体世代产生孢子。这些孢子通过减数分裂，分别发育成雄配子体(即花粉粒)和雌配子体。每个雌配子体含有一个或多个由保护组织包围的卵子。两种配子体都依附孢子体世代生存。

图21-16 检测种子传播的适应性结构。

金缕梅的果实变干后，能把两粒种子喷出12米开外。

这类松树种子有翅状结构，可以随风飘走。

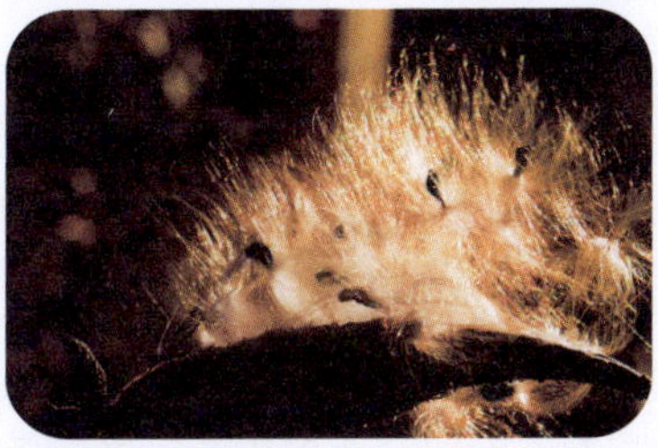

苍耳的种子带有钩刺，很容易挂在动物的皮毛或钩附在人的衣服上。

椰子的种子在果实里，可以随着海水漂流到很远的地方。

马利筋种子的降落伞式结构可以帮助其扩散。

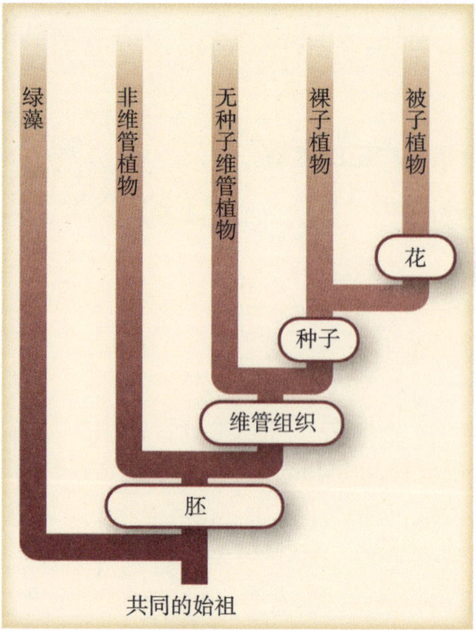

■ **图21-17** 上图中的进化树表明，在植物的演化适应过程中，果比花出现得早。

本章前面部分介绍过，在非维管植物和无种子的维管植物中，精子必须依赖水才能到达卵细胞。跟这些植物不同，大多数种子植物的受精过程不需要水。这种适应使得种子植物能够在不同的环境中生长繁殖，在水分匮乏的地区也可以生存。

苏铁纲植物 如**图21-17**中的进化树所示，有种子的植物(即裸子植物)比有花植物(即被子植物)更早开始演化。裸子植物的生殖结构在**球果(cone)**中发育。雄性球果产生花粉粒，发育成雄性配子体。雌性球果则含有雌性配子体。苏铁纲植物的球果能达到1米长，35千克重，其生殖系统是雌雄异株的。

苏铁纲植物有大片羽状叶，有的能长到18米高，因此，人们常常以为苏铁和棕榈树是近亲。其实，两者的结构和繁殖方式都不一样。虽然苏铁与木本植物长得很像，但它的茎比较柔软，树干也多由贮藏组织构成。

苏铁纲植物生活在热带和亚热带地区。美国只有一种苏铁纲植物，生活在南部的佛罗里达州。苏铁纲植物在2亿年前极其繁盛，现在仅存11个属，250种。

阅读检测 **比较**球果和孢子叶球。

买麻藤纲植物 买麻藤纲植物能够生活1500～2000年之久。这类植物仅有3个属，每一个属都具有适应其生活环境的适应性特征。

麻黄属植物是唯一生活在美国的买麻藤纲植物，买麻藤属由30种热带攀缘植物组成，百岁兰属植物只有一种，如**图21-18**所示，这种植物形状怪异，有大形块根，只生活在非洲西南部的沙漠中。百岁兰只有两片叶子，这两片叶子能不断生长，直到长度超过6米。它们通过叶子从雾、露水和降水中吸收水分。

■ **图21-18** 百岁兰虽然只有两片叶子，但它的叶子经常被风吹散以致开裂，看起来就好像有多片叶子。

银杏纲植物 目前，银杏纲植物在地球上只有一种存活物种，即银杏。19世纪时，科学家在华盛顿州发现了银杏的化石遗迹。最后一个冰河时代，北美洲的银杏灭绝了，只有中国的银杏存活了下来。

银杏有小小的扇形叶，雌雄异株。雄性银杏，从簇生叶基部开始生长的孢子叶球状雄球花中产生花粉粒，如**图21-19**所示。雌性银杏产生球果，如**图21-19**所示，球果受精后，发育成散发恶臭味的肉质外种皮。银杏树耐受雾气和污染，因此受到花匠和园林设计师的喜欢。但是，雄性银杏树因为不产生肉质球果，所以不被人们青睐。

松柏纲植物 松柏纲植物大小差别很大，有仅几厘米高的低矮灌木丛，也有能长到50米高的参天大树。松树、柏树和红杉都属于松柏纲植物。松柏纲植物是最具经济价值的裸子植物，它们是木料、纸浆的重要来源，也是用来提取松节油的树脂、松脂以及其他产品的原料。

大多数松柏纲植物的生殖结构在球果中发育。雌性球果和雄性球果分别位于同一植株上的不同枝条上。雄性球果体积小，产生花粉。雌性球果体积略大，一直留在树上直至种子成熟。如**图21-20**所示，可以根据雌性球果的不同特征区分松柏纲植物。

跟所有植物一样，松柏纲植物能适应环境。许多松柏纲植物生活在多雪的环境中，而多数松柏纲植物都有下垂的枝条，你能发现这两者之间的联系吗？松柏纲植物的另一个适应环境的表现是其针状叶或鳞状叶的表面覆盖了一层角质层，它是一种能减少水分流失的蜡状物。

雄性生殖结构

雌性生殖结构

■ **图21-19** 银杏雄雌，但它们的生殖结构都从簇生叶基部开始生长。

推测 *雌雄异株银杏如何传粉受精？*

■ **图21-20** 如图所示，松柏纲植物的雌性球果分别是木质、浆果质或肉质的。

冷杉——木质球果

杜松——浆果状球果

紫衫——肉质球果

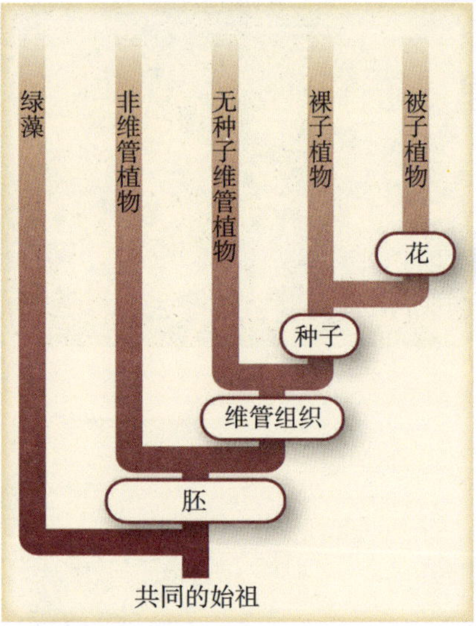

■ **图21-21** 被子植物是植物界中最晚演化的植物。

当你听到"常绿"这个词,你是否会想到松树或其他松柏纲植物?大多数生长在北温带的常绿树都属于松柏纲植物。但是在热带和亚热带地区,有些植物(如棕榈树)也是常绿的。常绿植物只要条件适宜就能进行光合作用。在生长期结束或出现缺水情况时,所有叶子掉落的植物称为落叶植物,如落叶松和落羽杉。如迷你**实验2**所示,你通过叶子就能判断某种松柏纲植物属于落叶植物还是常绿树。

阅读检测 **解释**为什么有的植物被称为常绿树。

被子植物 被子植物,又叫有花植物,它们对环境的适应使其在陆地和水生环境中都能生长,因此,它们是地球上分布最为广泛的植物。根据化石记录,继产果子植物之后,有花植物首次出现在地球上是在1.3亿前,如**图21-21**所示。而现在,被子植物的数量占植物界的75%以上。

习惯上,植物学家把被子植物划分为单子叶植物和双子叶植物,这是根据种子内子叶的数目进行分类的。单子叶植物仅含有一片子叶;双子叶植物含有两片子叶。目前,植物学家根据其花粉的结构,把双子叶植物归类为双子叶植物纲。

生命周期 被子植物的存活时间可能是几个星期,也可能是几年。**一年生植物(annual plant)**在一年或更短的时间内完成它的生命周期,这类植物常见于园林植物和草本植物。

迷你实验 2

研究松柏纲植物的叶子

松柏纲植物的叶子有何相似点与不同点? 一些松柏纲植物是地球上最古老,也是最高大的植物。大多数松柏纲植物有不同形状的针状叶,叶片特征对于辨认松柏纲植物非常重要。

步骤

1. 阅读并完成实验室安全表。
2. 选取教师已经确认过种类的松柏叶子,每种挑选一片,做好标记。
3. 设计数据表,用来记录你的观察结果。
4. 对比与比对每种叶片。把你认为重要的叶片特征做一个列表,并记录下来。
5. 把这些松柏叶子分组,说明分组理由。
6. 处理完叶片后,把手洗干净。

分析

1. **解释**你给叶子分类的标准。
2. 把你的分类方法与其他同学的做比较,**说明**为什么你的分类方法更有效。

第一年生长

第二年生长

■ **图21-22** 夜来香（两年生植物）在第一年长出根、茎、叶，第二年开花。

两年生（biennial）植物的生命周期为两年。第一年，两年生植物生长叶子，并形成强壮的根系统，如**图21-22**所示。一些两年生植物形成肉质的贮藏根，例如，胡萝卜、甜菜和芜菁等。第一年生长期结束后，它们的根会被收割。如果没被收割，两年生植物的地上部分就会死亡，但根部和其他地下结构仍然存活，供其适应环境需要。第二年，两年生植物的茎、叶、花和种子又会重新生长。第二年结束后，两年生植物就会死亡。

多年生（perennial）植物可以存活很多年，每年周期性开花结果。一些多年生植物以落叶的方式在恶劣的环境中生存，而另一些则让枝叶完全枯萎，仅使根部活着，当生长条件恢复良好时，就会重新生长。果树、遮阳树、灌木丛、鸢尾花、牡丹、玫瑰以及多种浆果类植物都属于多年生植物。

植物的生命周期是由基因决定的，生命周期反映了植物在恶劣环境中生存的适应性特征。但是，所有植物的生命周期都受到环境条件的制约。

第4节 测评

要点梳理

- 种子植物产生种子，种子包含孢子体世代。
- 种子植物对不同的生长环境表现出多样的适应性。
- 种子植物分为5个纲，每一纲都有其独有的特征。
- 开花植物包括一年生植物、两年生植物和多年生植物。

要点理解

1. 主要概念 **描述**种子对植物的好处。
2. **对比与比对**裸子植物与被子植物。
3. **区分**裸子植物的雄性球果和雌性球果。
4. **识别**裸子植物的各个类别。
5. **区分**单子叶植物和双子叶植物纲。
6. **对比与比对**有花植物的三种生命周期。

批判性思维

7. **思考** 有一位种圣诞树的农民看到一则广告，上面写着："落羽杉——快速致富之道。这种树生长速度极快，现在种一棵，五年就能收割。"这些树会给农民创收吗？请解释说明。

生物中的数学

8. 最小的开花植物只有1毫米高，而最大的松柏植物却能达到90米高。松柏植物的高度是开花植物的多少倍？

生物学领域

证据就是花粉

法医孢粉学

法医孢粉学是一门比较新的学科，即在法律案件中使用花粉和孢子证据帮助警察破案。一位慢跑者在路上遭到袭击，被人拖到附近的树林中杀害了。警察提审关键嫌疑人，这个嫌疑人承认自己当时就在那片区域，但声称没有见过被杀害的慢跑者，也没有到过尸体所在的那片树林。他说的都是实话吗？

罪证 取自犯罪现场的土壤含有大量松树花粉和蕨类孢子。调查显示，附近并没有松树和蕨类植物生长。警察搜查了嫌疑人的住所，找到了嫌疑人在凶案发生时穿的衣服。法医孢粉学家通过检测，在衣服上发现了跟犯罪现场一样的松树花粉和蕨类孢子。最终，嫌疑人被判定犯有谋杀罪。

孢粉学家在犯罪现场 警察可以在犯罪现场收集包括指纹在内的多种证据。那孢粉学家能收集指纹吗？从某个角度来说，是可以的。每一种种子植物的花粉粒都是独一无二的。它们就相当于植物的“指纹”，可以用来确认植物种类。此外，泥土、尘土中常常含有大量的花粉和孢子，可以利用纺织品的纤维进行过滤收集。花粉被风一吹，也会藏在头发中。

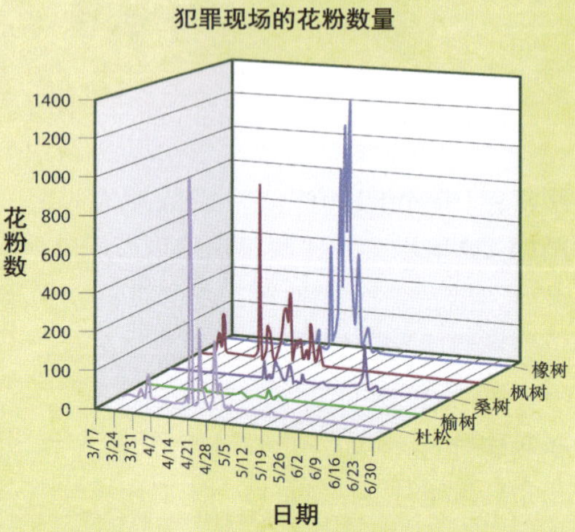

上图是犯罪现场的花粉数量图。它显示了在指定日期里哪一种花粉的数量最多。

法医孢粉学 法医孢粉学研究花粉，能够帮助调查者缩小嫌疑人范围，它是一项非常重要的调查工具。法医孢粉学要求研究者必须具有丰富的知识背景，并接受严格的培训，在采集、保存样品时能保证样品不受污染。

生物中的数学

解释图表 仔细观察花粉数量图。如果案件发生在4月14日、5月12日或6月2日，你预计在嫌疑人的衣物上会找到哪种花粉？在你所在的社区进行调查，找出更多种类的花粉。

生物实验室

野外调查：如何确认树木种类并给树木分类？

背景：植物学家和其他对植物感兴趣的人常常使用图鉴和分种检索表确认植物种类。本次实验中，你将使用图鉴确认指定区域的树木种类，并制作自己的分种检索表。

问题：树木的哪些特征可以用来确认它们的种类？请制作分种检索表。

实验器材

树木图鉴（指定区域）

米尺

放大镜

安全注意事项

警告：待在指定研究区域之内，留意可能有危险的植物、昆虫或其他生物。

设计与实施实验

1. 阅读并完成实验室安全表。
2. 研究教师提供的图鉴，了解图鉴的内容是如何组织的。
3. 基于你对图鉴的认识以及在本章中学到的关于植物特征的知识，对植物特征做一个列表，帮助你在指定区域内确认植物种类。
4. 根据步骤3中的列表制作一个数据表。
5. 使用图鉴在教师指定的区域中确认树木种类，将结果与教师核实。
6. 在数据表中，记录你确认过的树木的特征。
7. 重复步骤5和步骤6，直到确认完所有实验规定的树木。
8. 检查数据表，选择最能帮助你确认树木种类的特征，这些特征可以用来制作分种检索表。
9. 在分种检索表中，把不同的特征分类排列，并给每一种特征添加文字描述。
10. 制作分种检索表。在分种检索表中，每一步描述的特征都是一组对比概念。例如，第一步可能将针状叶和鳞状叶同阔叶进行比较。

实验分析和结论

1. **解释数据**　根据你收集到的数据，描述你所研究地区的植物多样性。
2. **评价**　与同学交换分种检索表，使用这个检索表在研究区域查看植物，并给同学提出改进建议。
3. **预测**　别人使用你的分种检索表在研究地区查看植物的效果会是怎样的？解释说明。
4. **误差分析**　你将如何改进你的分种检索表，从而提高其有效性？

分享你的数据

对比与比对　和同学分享你的数据，并将你的数据与其他同学收集的数据进行对比。哪些植物是所有分种检索表共有的呢？

第21章 复习指南

内容聚焦 多样性 地球上有35万多种植物，每种植物都有适应环境的方式。

大概念 植物的进化经历了漫长的地质年代，形成了今天多姿多彩的植物界。

第1节 植物的演化与适应

气孔
维管组织
维管植物
非维管植物
种子

主要概念 植物不断演化以适应地球上多变的环境条件。

- 植物是多细胞生物，大多数植物都能进行光合作用。
- 有证据表明，古老的单细胞淡水绿藻是现代植物的始祖。
- 现代植物和绿藻有许多相似的特征。
- 随着时间的推移，植物对陆地环境表现出适应性特征。
- 植物在孢子体和配子体世代之间交替。

第2节 非维管植物

叶状体苔

主要概念 非维管植物体积小，通常生活在潮湿的环境中。

- 非维管植物的分布受其运输水分和其他物质的能力限制。
- 藓纲植物体形小，能生活在不同的环境中。
- 跟其他非维管植物一样，角苔纲植物通过扩散和渗透运输物质。
- 苔纲植物可以分为两类：叶状体苔和茎叶体苔。

第3节 无种子维管植物

孢子叶球
附生植物
根状茎
孢子囊
孢子囊群

主要概念 因为有维管组织的存在，与非维管植物相比，无种子的维管植物体形更大，也更容易适应干燥的环境。

- 无种子的维管植物有专门的运输组织，通过孢子进行繁殖。
- 维管植物以孢子体世代为主。
- 维管植物包括石松纲植物和蕨纲植物。

第4节 种子植物

子叶
球果
一年生植物
两年生植物
多年生植物

主要概念 种子植物是地球上分布最广泛的植物。

- 种子植物产生种子，种子包含孢子体世代。
- 种子植物对不同的生长环境表现出多种多样的适应性。
- 种子植物分为5纲，每一纲都有独有的特性。
- 开花植物包括一年生植物、两年生植物和多年生植物。

第21章 测评

第1节

术语回顾

从学习指南中找出与下列描述对应的词汇。

1. 含有胚的植物结构
2. 专门负责运输的组织
3. 能够进行气体交换

要点理解

4. 低等陆生植物大约出现在(　　)。

A. 3000万年前　　B. 4亿年前
C. 5亿年前　　D. 20亿年前

5. 下面不是淡水绿藻和植物共同特征的是(　　)。

A. 由纤维素构成的细胞壁
B. 同种叶绿素
C. 以淀粉形式储藏有机物
D. 含有维管组织

6. 下面能确保植物的胚存活的是(　　)。

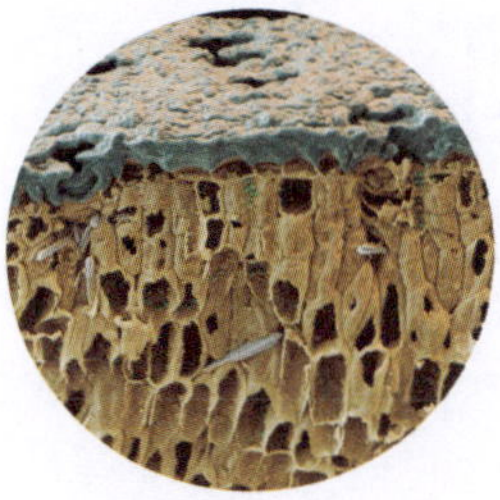

A.

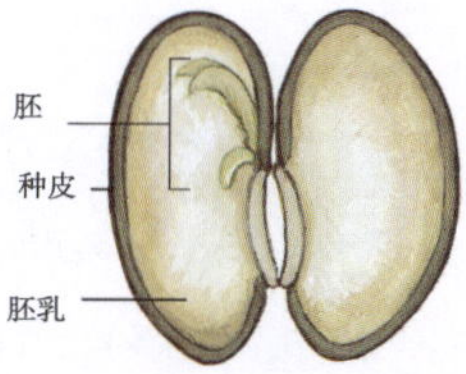

B.

C.

D.

7. 植物在陆地上生存的主要障碍是(　　)。

A. 获得足够的光照
B. 获得足够的土壤
C. 获得足够的水分
D. 获得足够的氧气

回答问题

8. **简要回答**　描述水生植物的适应性特征。

9. **主要概念**　在第一节讨论的适应性中，你认为哪一项适应对生长在沙漠环境中的植物最为重要？

批判性思维

10. **排序**把陆生植物适应性特征按照其重要性由大到小进行排序，并说明这样排序的理由。

第2节

术语回顾

用下列词语造句。

11. 叶状体苔

要点理解

根据下图回答第12题。

12. 下列描述的不是上图所示植物的是(　　)。

A. 多细胞　　B. 非维管植物
C. 无种子　　D. 叶状体植物

第21章 测评

13. 下面是苔藓植物特征的是(　　)。
A. 维管组织　　B. 花
C. 种子　　D. 根状茎

回答问题

14. **简要回答**　根据**图21–9**,分析非维管植物的孢子体依附在配子体上的原因。

15. **主要概念**　描述你所在的社区是否适合非维管植物的生长。

批判性思维

16. 上网搜索非维管植物,列举生长在你家乡的非维管植物。

第3节

术语回顾

从学习指南中找出与下列定义对应的术语。

17. 由孢子组成的结构,成簇存在
18. 厚厚的地下茎
19. 扎根在其他植物或物体上生存的植物

要点理解

使用下面的概念图,回答第20题。

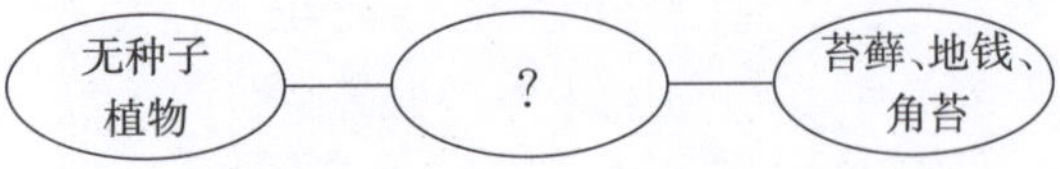

20. 下列最符合上图中缺失部分的是(　　)。
A. 非维管植物　　B. 开花植物
C. 维管植物　　D. 种子植物

21. 下面结构含有成簇的孢子囊的是(　　)。
A. 孢子囊群　　B. 蕨叶
C. 茎　　D. 叶片

22. 下面不是蕨类植物孢子体世代一部分的是(　　)。
A. 根状茎　　B. 孢子囊群
C. 蕨叶　　D. 假根

23. 下面是指孢子囊群的是(　　)。

A.

B.

C.

D.

回答问题

24. **简要回答**　总结蕨类植物的特征。

25. **主要概念**　区分蕨纲植物和石松纲植物。

批判性思维

26. **推断**蕨类植物的孢子囊群位于蕨叶的下表面而不是上表面的原因。

第4节

术语回顾

从学习指南中选择正确的术语替换画线词汇。

27. 种子发芽后,依靠种子的根提供营养。
28. 有多个生长季的植物叫作假根。
29. 花含有裸子植物的雄性和雌性生殖结构。

要点理解

30. 下列植物有针状叶或鳞状叶的是(　　)。
    A. 买麻藤纲植物　B. 有花植物
    C. 松柏纲植物　D. 苏铁纲植物

根据下图回答第31题。

31. 下列植物具有上图所示的雌性生殖结构的是(　　)。
    A. 松柏纲植物　B. 有花植物
    C. 买麻藤纲植物　D. 银杏纲植物

32. 下列说明了种子传播的重要性的是(　　)。
    A. 保证了适宜的生长环境
    B. 促进生物多样性的形成
    C. 减少与母系植物和其他同系植物的竞争
    D. 提供更多资源

回答问题

33. **开放式回答** 配子体依附在孢子体上生长,有哪些优势?

34. **内容聚焦 多样性** 列举你用来区分松柏纲植物和有花植物的特征。

批判性思维

35. **对比与比对** 球果和孢子叶球。

36. **主要概念** 推测:在寒冷的环境中,如在加拿大北部和阿拉斯加州,为什么松柏植物远远多于开花植物呢?

总结性测评

37. **大概念** 选择本章介绍过的植物的三种适应性特征,解释为什么植物在陆地上生存繁衍需要这些特征。然后根据每种特征找出一种植物。

38. **科技 写作** 假如你是地球上最早登陆成功的陆生植物,你会跟你的子孙后代讲述你在登陆过程中遇到的哪些困难。

39. 解释世代交替对植物的意义。

40. 区分维管植物和非维管植物。

DBQ 资料分析题

我们调查了352种陆生植物,发现苔藓纲、角苔纲及所有主要的维管植物都含有三个线粒体Ⅱ型内含子,但苔纲、绿藻和其他真核生物都缺少这种内含子。这个结果表明,苔纲植物从所有陆生植物的共同始祖中获得三个内含子,是最早的陆生植物,这对研究早期植物演化历程具有重要意义。

数据来源:Qiu,Yin-Long,et al.1998.The gain of three mitochondrial introns identifies liver worts as the earliest land plants. *Nature* 394:671.

41. 用进化树分析上述研究。

42. 解释说明,为什么科学家通过这项研究就能推测苔纲植物是所有植物的始祖。

43. 运用你所学到的关于聚合酶链式反应的知识,推测科学家如何确定哪一种植物含有这些内含子。

44. 假设有的同学不能理解上述资料。用你自己的语言概括上述资料的中心观点,阐明容易混淆的概念。

标准化测试

选择题

1. 酵母产生的(　　)会让面包膨胀。

A. 二氧化碳

B. 乙醇

C. 氧气

D. 单糖

2. 病毒会攻击宿主细胞的情况是(　　)。

A. 宿主细胞的核糖体识别其DNA或RNA序列

B. 酶使宿主细胞破裂,让宿主细胞成为病毒的养分

C. 病毒的形状与宿主细胞的表层蛋白质相匹配

D. 酶穿透宿主细胞的细胞膜

3. 下列原生生物有寄生现象的是(　　)。

A. 金藻

B. 腰鞭毛虫

C. 肉足虫

D. 孢子虫

根据下图回答第4题。

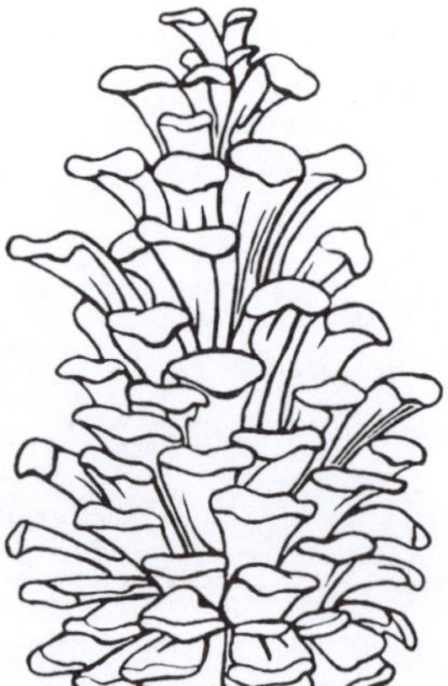

4. 下列植物具有上图所示结构的是(　　)。

A. 有花植物

B. 松柏纲植物

C. 苏铁纲植物

D. 银杏纲植物

5. 假如某种蕨类植物的蕨叶细胞含有24条染色体。那么,它的孢子中含有多少条染色体?

A. 6

B. 12

C. 24

D. 48

根据下图回答第6、7题。

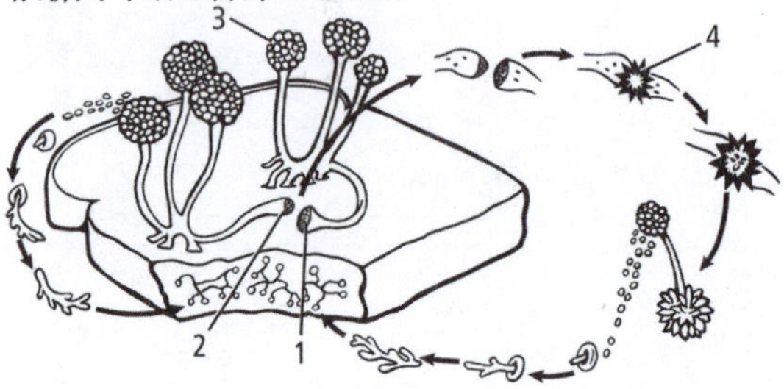

6. 下列真菌含有上图所示的繁殖结构的是(　　)。

A. 子囊菌门

B. 担子菌门

C. 半知菌门

D. 接合菌门

7. 上图所示的结构中,进行无性生殖的是(　　)。

A. 1

B. 2

C. 3

D. 4

8. 接合生殖对原生生物来说非常重要的原因是(　　)。

A. 接合生殖能拓展生存环境

B. 接合生殖能提高运动速度

C. 接合生殖能增加遗传变异

D. 接合生殖能修复受损部分

简答题

9. 比较非维管植物与无种子维管植物的孢子体世代。

10. 简要描述变形虫的细胞膜和细胞外质，说明变形虫为何具有这两种结构。

11. 蝙蝠的翅膀和猴子的手臂之间有何联系？解释这种联系对生物分类的重要性。

12. 多细胞真菌如何从环境中吸收养分？这对环境有何意义？

根据下图（地衣），回答第13、14题。

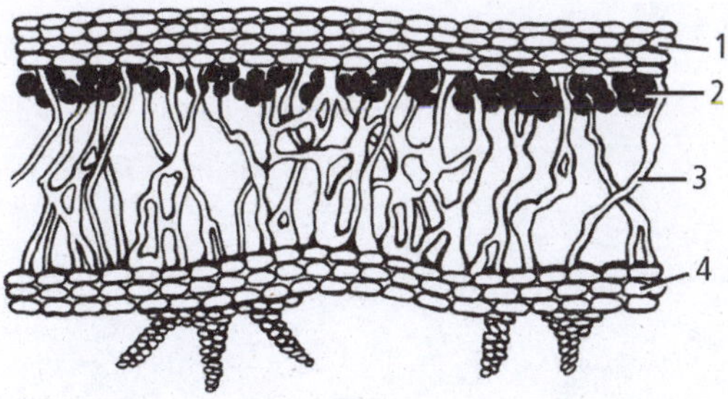

13. 指出图中地衣进行光合作用的部位，并分析其意义。

14. 分析光合生物和真菌如何互利共生。

15. 分析真菌在生态系统中进行孢子繁殖有何优势。

开放题

根据下图回答第16题。

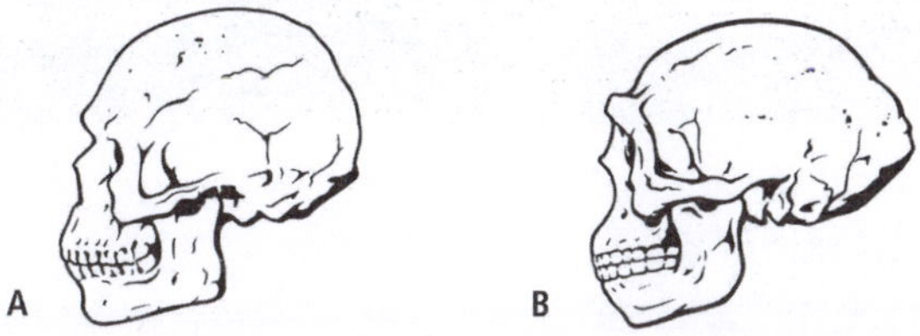

16. 观察上图中的两个头盖骨。推断哪一个更接近于现代人头骨的构造。说明你的理由。

17. 对比与比对草履虫和变形虫的繁殖过程。

论述题

19世纪40年代，马铃薯是爱尔兰风靡一时的农作物。很多生活在爱尔兰农村地区的人们一日三餐都以马铃薯为食。1845~1847年间，一种真菌病害，即马铃薯枯萎病，肆掠作物区，将马铃薯尽数摧毁。这种真菌在马铃薯的叶子上产生孢子，孢子能够通过水和风进行传播。这些真菌的孢子通过水进入土壤，感染马铃薯的块茎。它们依附在地底下的马铃薯上，也能安全过冬。那场灾害使得将近100万人死于饥荒，许多人离开爱尔兰，逃往美国和其他国家。

利用上文中的信息，以论文的形式回答下列问题。

18. 写一篇文章，论述为什么马铃薯枯萎病在爱尔兰传播得如此之快，讨论采用何种耕作方式可以减慢真菌传播。

考点提示																		
测试题号	1	2	3	4	5	6	7	8	9	10	11	12	13	14	15	16	17	18
对应章节	20.1	18.2	19.1	21.4	21.3	20.2	20.3	19.2	21.3	19.2	15.2	20.1	20.3	20.3	20.2	16.3	19.2	20.1

第22章

植物的结构与功能

起步实验

植物有哪些结构?

大多数植物都有能吸收阳光、水分和营养物质的结构。本次实验中,你将检测一种植物,观察并描述有助于该植物生存的结构。

步骤

1. 阅读并完成实验室安全表。
2. 仔细研究一盆盆栽植物,该植物由教师提供。使用放大镜,近距离观察植物。列出观察到的每一种植物结构。
3. 轻轻地将植物从花盆中移出,观察土壤中的植物结构。不要破坏土壤。记录观察,并将植物放回到花盆中。
4. 画出植物并标出植物的每一个结构。

分析

1. **比较**你与其他同学列出的植物结构。哪些结构是所有植物共有的?
2. **推断**各个结构可能和植物的哪些功能有关。
3. **预测**生活在干旱环境中的植物需要有哪些结构适应。

折叠式 学习卡

制作一个折叠式学习卡,在学习卡中标记好叶片各层组织的名称。使用这个学习卡记录叶片的结构与功能。

内容聚焦 稳态

植物的细胞和组织共同作用，维持植物的结构和稳态。

大概念 植物结构的多样性造成了种类的多样性。

第1节

植物的细胞和组织

本节预览

核心问题

- 植物细胞主要有哪几种类型?
- 植物组织主要有哪几种类型?
- 植物的细胞和组织在功能上有何区别?

术语回顾

液泡:由单层膜包被的泡状结构,用于物质存储和运输。

关键术语

薄壁细胞
厚角细胞
厚壁细胞
分生组织
维管形成层
木栓形成层
表皮
保卫细胞
木质部
导管分子
管胞
韧皮部
筛管节
伴胞
基本组织

主要概念 **不同类型的植物组织由不同类型的植物细胞构成。**

联系实际 建筑物由不同的材料修建而成。楼梯、管道、门以及电路系统由于各自的功能不同,使用的材料也不一样。同样,不同的植物结构也有功能各异的细胞和组织。

植物细胞

如**图22-1**所示,一个典型的植物细胞具有细胞壁、中央大液泡和叶绿体。但是,植物细胞的种类很多,分别执行特定的功能。大多数植物组织由三种植物细胞构成,即薄壁细胞、厚角细胞和厚壁细胞。这三种细胞能够制造有机物、贮存养分,为植物提供支撑并增强其弹性等。

薄壁细胞 植物体中,大多数具有弹性以及薄细胞壁的细胞都属于薄壁细胞。**薄壁细胞(parenchyma cell)**是一种基础细胞,具备一系列功能,包括存储养料、进行光合作用、作为气体交换的场所和提供保护等。如**表22-1**所示,这些细胞呈球形,紧密排列时,细胞壁扁平。薄壁细胞的一个重要特征在于其成熟后能进行细胞分裂。如果植物体受到伤害,薄壁细胞就会进行分裂,帮助修复伤口。

薄壁细胞功能不同,其特征也不一样。一些薄壁细胞有叶绿体,如**表22-1**所示。这些细胞常见于植物的叶片和绿色的茎表皮中,能进行光合作用,产生有机物。还有一些薄壁细胞位于植物的根部和果实中,具有中央大液泡,能够贮存淀粉、水分和脂类等物质。

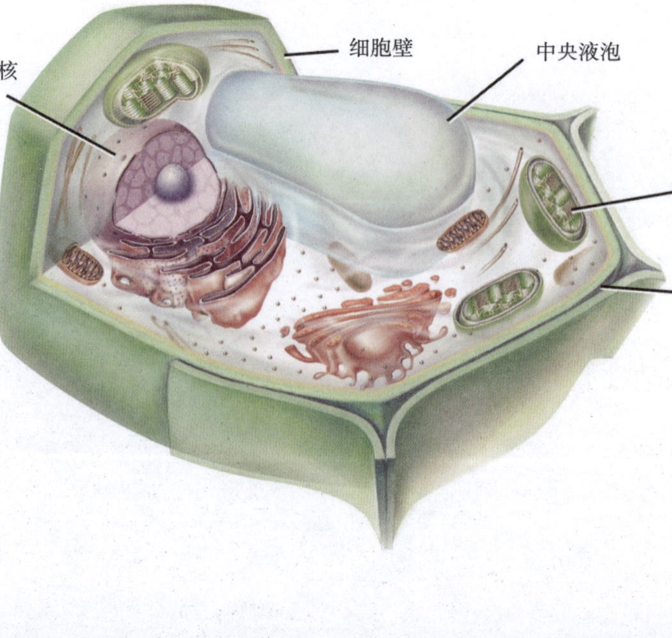

■ **图22-1** 植物细胞的特别之处在于其具有细胞壁和中央大液泡。有的植物细胞含有叶绿体,能够进行光合作用。
推测 *为什么不是所有的植物细胞都含有叶绿体?*

表 22-1　植物细胞的结构与功能

细胞种类	示例	功能
薄壁细胞	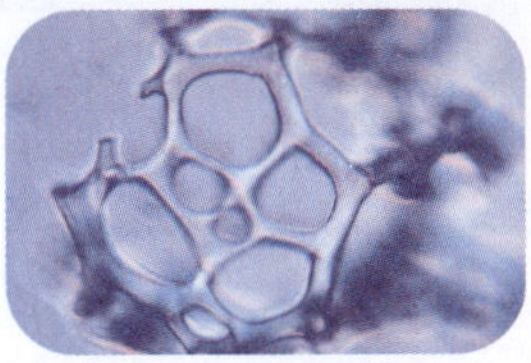 无叶绿体  有叶绿体	• 存储 • 光合作用 • 气体交换 • 保护 • 修复和更新组织
厚角细胞	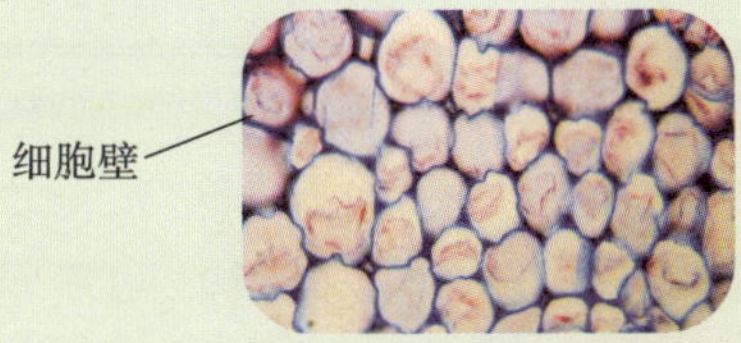 厚角细胞	• 支撑周围组织 • 增加植物弹性 • 修复和更新组织
厚壁细胞	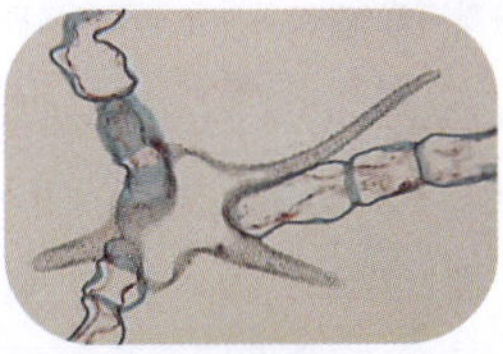 石细胞 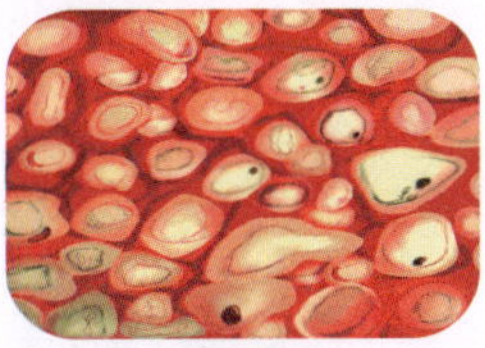 纤维细胞	• 支撑 • 运输物质

厚角细胞　如果你吃过芹菜，那么你对厚角细胞也许不会感到陌生。芹菜茎上能够撕扯下来的长长的线状结构就是由厚角细胞构成的。**厚角细胞（collenchyma cell）**呈细长型，通常呈管状或环状排列，能够为周围细胞提供支撑。如**表 22-1** 所示，厚角细胞具有厚度不一的细胞壁。厚角细胞生长时，细胞壁较薄的部位就会伸展。这种生长模式使厚角细胞具备弹性，并且能够向外伸展。这样一来，植物在弯曲时就会折断。跟薄壁细胞一样，厚角细胞在成熟后能够进行细胞分裂。

厚壁细胞　厚壁细胞的细胞壁非常厚且坚硬。与薄壁细胞和厚角细胞不同，成熟的厚壁细胞没有细胞质和其他生命物质，但细胞壁依然保存。**厚壁细胞（sclerenchyma cell）**能够为植物提供支撑，有的厚壁细胞在植物体中能够运输物质。我们建房、造纸以及用作燃料的木材，大多数都是由厚壁细胞构成的。

如**表 22-1** 所示，厚壁细胞分为石细胞和纤维细胞两类。我们吃梨的时候，会觉得有沙砾感，梨肉中的类砂纹理其实就是由石细胞构成的。石细胞比纤维细胞短，形状不规则，在植物体中随机分布。植物坚韧的种皮和坚硬的果壳就是由石细胞构成的。同时，石细胞还具有运输功能。纤维细胞呈针尖状，有厚厚的细胞壁，内部空间比较狭小，首尾相接堆叠起来，就会形成坚硬的且具有弹性的组织。几个世纪以来，纤维细胞一直都是人们用来制作绳子、麻线、帆布和其他纺织品的主要原料，如**图 22-2** 所示。

■ **图 22-2**　植物中的纤维细胞是制作纺织品的主要原料。图为编织的草鞋。

迷你实验 1

观察植物细胞

怎样使用显微镜区分植物细胞的种类？选取常见植物部位的一部分进行观察，研究三种不同的植物细胞。

步骤

警告：碘酒有毒，切勿吞咽，且碘酒会给皮肤和衣服染上颜色。

1. 阅读并完成实验室安全表。
2. 从教师那里领取一小片土豆薄片和芹菜茎的横截面切片。
3. 把土豆薄片放在载玻片上，滴入碘酒，盖上盖玻片。用显微镜观察土豆片。记录观察结果。
4. 把芹菜切片放在载玻片上，加一滴水，盖上盖玻片。
5. 在盖玻片的一端滴入一滴染料，在另一端用吸水纸将染料吸过去。用显微镜观察芹菜切片。记录观察结果。
6. 选取少量梨肉组织，将其放置在载玻片上，盖上盖玻片。
7. 用橡皮按压盖玻片，轻轻用力，使梨肉组织变成薄薄的一层。用显微镜观察梨肉组织。记录观察结果。

分析

1. **确认**你在每个载玻片上观察到的植物细胞的种类。
2. **推测**土豆、芹菜茎以及梨肉组织的细胞为什么不一样。

植物组织

大家都知道，组织是指相同类型的细胞组成的集合体，以实现某项功能。植物组织的功能不同，其构成也不一样，有的可能由一种细胞构成，有的可能由多种细胞构成。植物体内主要含有四种不同类型的组织：分生组织、保护组织、维管组织和基本组织。

分生组织 在植物的整个生命周期中，植物体内的分生组织能不断产生新的细胞。分生组织的细胞分裂过程十分活跃。**分生组织（meristem）**细胞一般具有大细胞核和小液泡，有的没有液泡。这些细胞成熟后，会发育成各种不同类型的植物细胞。如**图22–3**所示，分生组织位于植物的不同部位。

顶端分生组织 顶端分生组织位于接近根和茎的尖端位置，它们生成的细胞能够使根和茎的长度增加，如**图22–3**所示，这就是初级生长。

居间分生组织 另一类分生组织叫作居间分生组织。这类分生组织通常沿着单子叶植物的茎分布，它们生成的细胞能够使茎和叶子的长度增加。你在夏天的时候，可能有过除草的经历，居间分生组织就与此有关。如果草本植物只有顶端分生组织，它们在第一次除草之后就不会生长。正是因为居间分生组织的存在，它们才得以继续生长。

侧生分生组织 两类侧生分生组织能够促进植物的二次生长，使植物的根和茎的直径增加。但只有无花种子植物、双子叶植物和少数单子叶植物能够进行二次生长。

如**图22–3**所示，**维管形成层（vascular cambium）**由分生组织构成，较薄，呈圆筒状，位于植物整个根和茎中。维管形成层在一些根和茎中会产生新的运输细胞。

一些植物中还有一类侧生分生组织，叫作**木栓形成层（cork cambium）**。木栓形成层生成的细胞具有强韧的细胞壁，覆盖在根和茎的表面，形成保护层。一些树的树皮就是由木栓组织生成的，如橡树。罗伯特·胡克（Robert Hooke）最初使用显微镜观察到的细胞就是木栓组织细胞。

图解分生组织

图22–3
大多数植物的生长主要依靠分生组织产生细胞。顶端分生组织生成的细胞能够使根和茎变长，而维管形成层生成的细胞则能够使根和茎变粗。

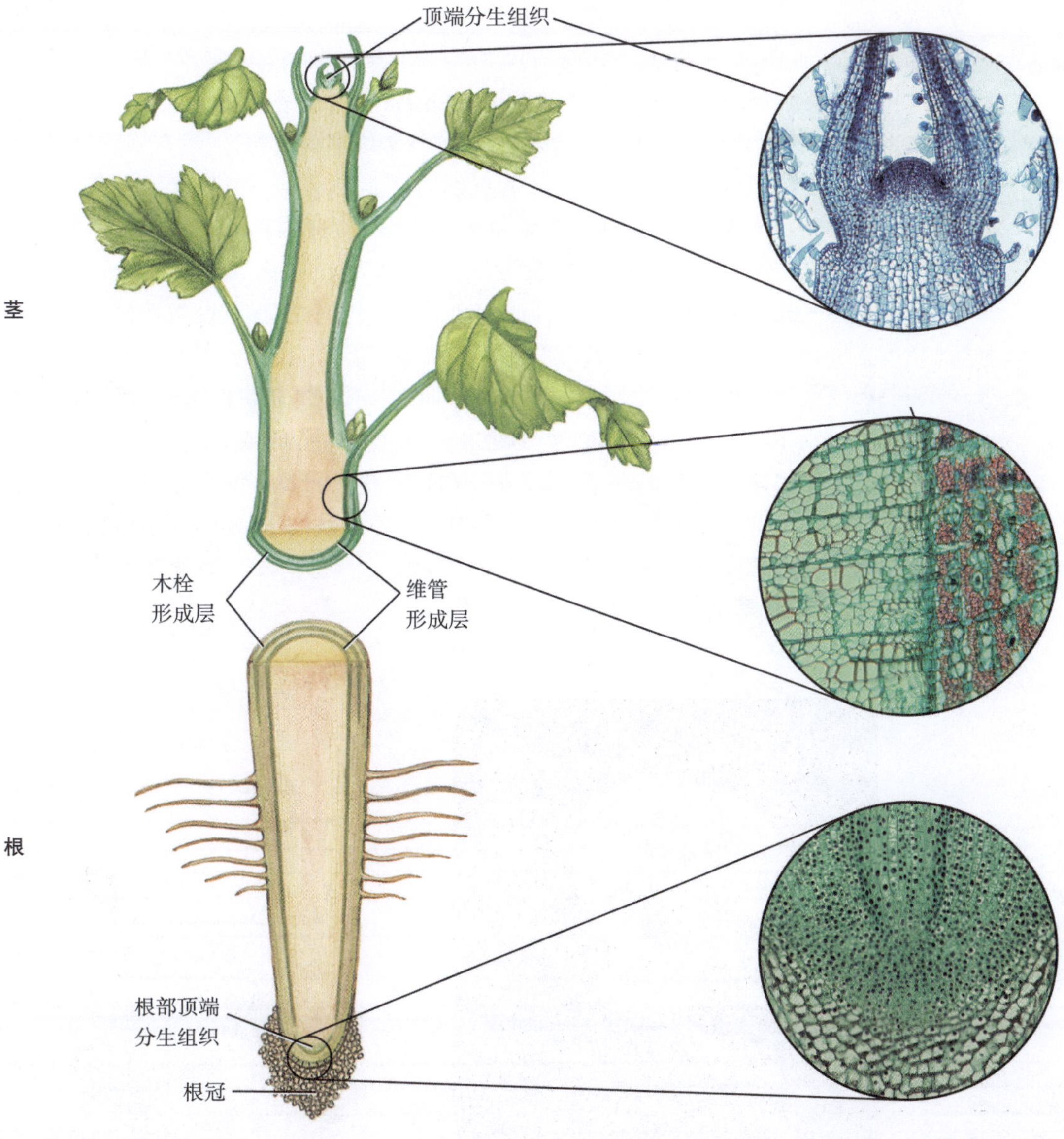

■ **图22-4** 植物的叶表面由许多紧密排列的表皮细胞组成。表皮细胞能够保护植物，减少水分流失。而植物与外界进行气体交换则依赖于气孔的一张一合。

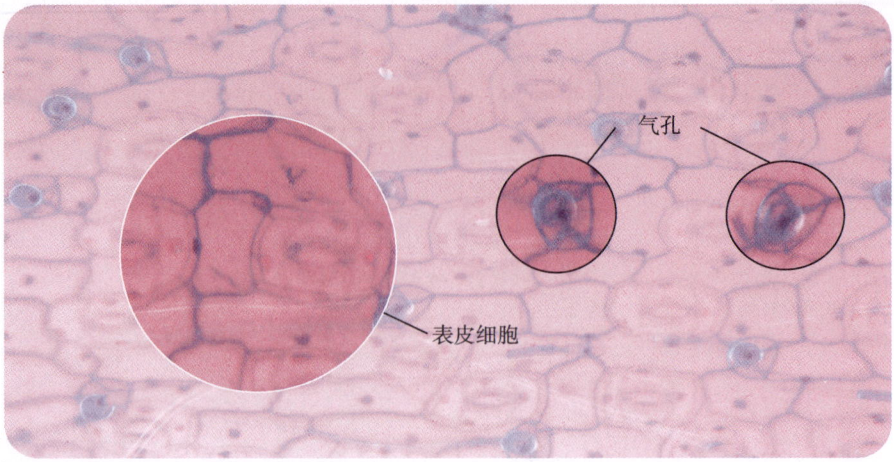

保护组织——表皮 **表皮(epidermis)**，是由植物外表面覆盖着的一层细胞构成的。如**图22-4**所示，形成表皮的各个细胞紧密相连，没有间隙，好像七巧板一样嵌合在一起。大多数表皮细胞还能分泌出一种可以形成角质层的脂质物。大家都知道，角质层能够减缓水分蒸发，从而帮助植物减少体内的水分流失。此外，角质层还能帮助抵御细菌和其他致病微生物的入侵。

气孔 植物的表皮有多种适应性特征。我们曾经学过，气孔是植物与外界进行二氧化碳、水分、氧气以及其他气体交换的通道，位于植物大多数叶片和绿色茎干的表皮上。形成气孔的两个细胞叫作**保卫细胞(guard cell)**，如**图22-4**所示，保卫细胞的形状改变时，能导致气孔的打开或关闭。

毛状体 如**图22-5**所示，一些植物茎、叶上的表皮细胞形成的毛状突起物叫作毛状体。毛状体使植物的茎和叶的外形呈毛状，还能保护植物不受昆虫和动物掠食者的侵袭。一些毛状体能分泌有毒物质。毛状体还能反射阳光，给植物降温。

■ **图22-5** 表皮对环境的适应帮助植物更好地生存。位于毛状体顶端的腺体能够分泌有毒物质。根毛扩大了根的表面积。
解释 *毛状体和根毛为什么有助于植物更好地生存？*

叶片上的毛状体

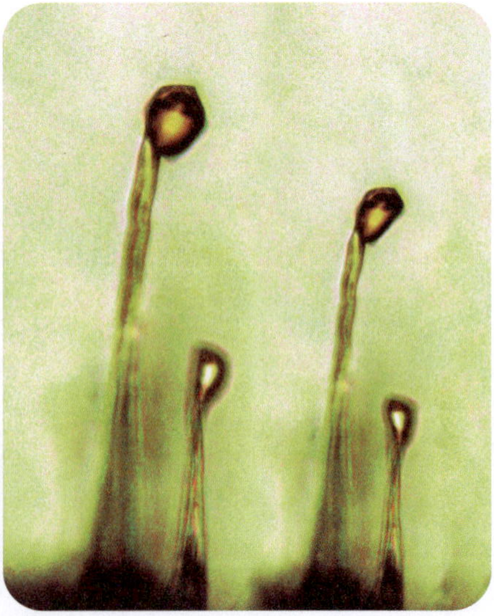
根毛

根毛 一些植物的根具有根毛。根毛很娇嫩，是根部表皮细胞的延伸。如**图22-5**所示，根毛能够扩大根的表面积，以利于根吸收更多的物质。

维管组织 维管组织包括两类，即木质部和韧皮部。维管组织在植物中主要负责运输水分、养料和可溶解的矿物质。

木质部 含有可溶解矿物质的水分通过根部进入植物体内，木质部将水分和可溶解矿物质不断从根部运送到叶片。**木质部(xylem)**是运输水分的维管组织，由特殊细胞导管分子和管胞构成。导管分子和管胞成熟后，细胞质解体，只剩下细胞壁，这有利于水分在细胞之间自由流动。

导管分子(vessel element)是由首尾相接的管状细胞组成的，形成的管状木质部叫作导管。导管分子的细胞壁末端有开口，开口处分布有穿孔板。在一些植物体内，成熟的导管分子末端细胞壁缺失，因此，水和可溶解的物质能够自由地从一个细胞流到另一个细胞。

管胞(tracheid)是较长的、末端凹陷的管状细胞。这些细胞首尾相连，形成管状条带。与成熟的导管分子不同，成熟的管胞仍然具有细胞壁。因此，管胞运输物质的能力要低于导管分子。**图22-6**中将管胞与导管分子的结构进行了比较。

在裸子植物和无花种子植物中，木质部几乎全由管胞构成。但是，在有花植物中，木质部则由管胞和导管构成。这是因为导管输送水分和营养物质的能力比管胞更强。科学家认为，这也是有花植物能够适应更多不同环境的原因。

阅读检测 **解释说明**导管分子和管胞的功能。

图22-6 管胞和导管分子是木质部的传导细胞。

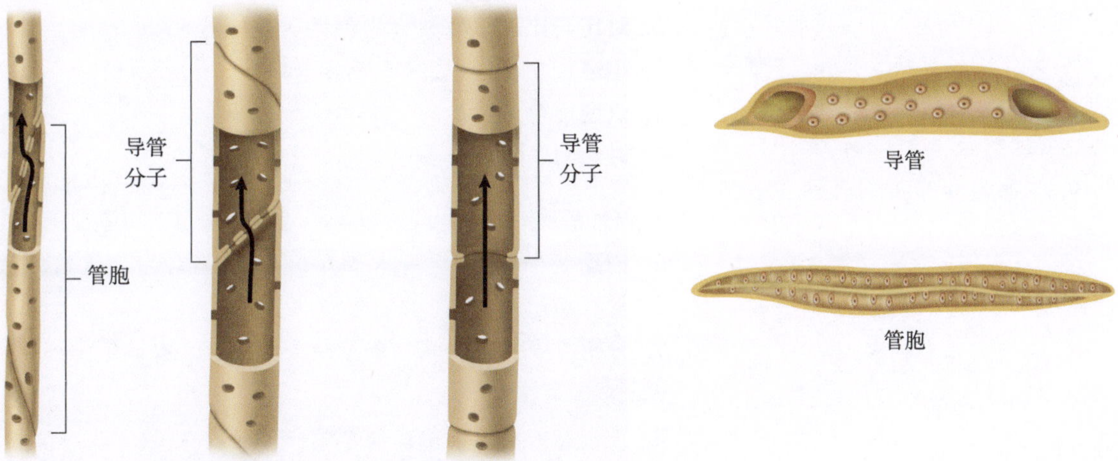

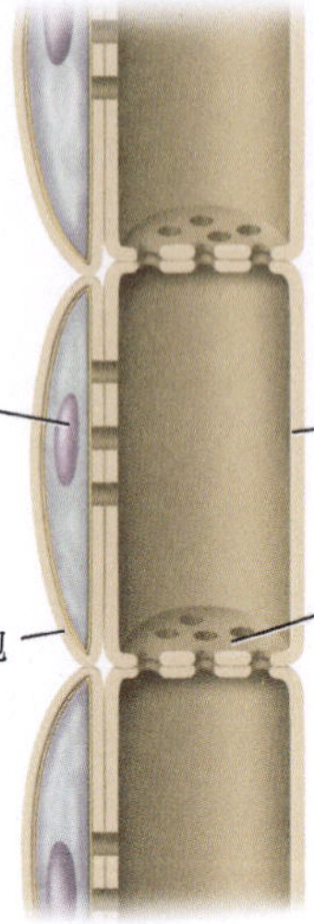

■ **图22–7** 位于筛管节之间的筛板上有许多开口。

韧皮部 **韧皮部(phlome)**是主要负责运送有机养料的组织。它在植物体内运输可溶解的糖分和其他有机化合物。我们前面学过，木质部只负责把物质从植物的根部运输到其他地方，但韧皮部能够把物质从植物的茎和叶运输到根部，也能将物质从根输送到茎和叶。韧皮部中含有石细胞和纤维细胞，尽管它们在运输物质的过程中不起作用，但这些强韧的细胞能够为植物生长提供支撑作用。

如**图22–7**所示，韧皮部由筛管节和伴胞这两种细胞构成。**筛管节(sieve tube member)**含有细胞质，成熟后细胞核和核糖体会消失。**伴胞(companion cell)**紧挨着筛管节排列，每个伴胞都含有一个细胞核。科学家推测，这个细胞核同时为伴胞和筛管节细胞工作。在被子植物中，两个筛管节之间的末端细胞壁叫作筛板。筛板上有很大的空隙，能够使可溶解的物质在筛板之间自由流动。

植物的叶片和其他进行光合作用的组织会产生有机物，其中一部分会被植物消耗掉，而另一部分则转化为其他形式的碳水化合物，在植物体内叫作库的地方运输或贮存。可溶解的矿物质及其他有机物在植物体内的韧皮部从源头到库的运输就称为植物体内的转运。

基本组织 植物体内除了分生组织、保护组织和维管组织外，还有一类组织叫作基本组织。**基本组织(ground tissue)**由薄壁细胞、厚角细胞和厚壁细胞构成，可以进行光合作用，贮存养分，起支持作用等。基本组织遍及植物全身各部分，叶和绿色茎的基本组织细胞含有许多叶绿体，能够为植物提供有机物。某些茎、根和种子的基本组织细胞含有大液泡，用以贮存糖分、淀粉、脂质和其他物质。

第1节 测评

要点梳理

- 植物细胞分为三种。
- 植物细胞的结构与功能有关。
- 植物组织包括分生组织、保护组织、维管组织和基本组织四种。
- 木质部和韧皮部是两种维管组织。

要点理解

1. 主要概念 **描述**植物组织中不同种类的植物细胞。
2. **对比与比对**植物细胞的种类。
3. **描述**植物的根毛，解释其功能。
4. **识别**维管形成层的位置并解释其功能。
5. **对比**两种木质部细胞。

批判性思维

6. **创建**一个表格，运用本节知识，总结各种植物组织的结构和功能。
7. **分析**导管分子末端细胞壁缺失的不利之处。

科技 写作

8. 写一首关于植物组织类型的打油诗。

第2节

本节预览

核心问题

- 植物的根、茎、叶的结构如何与其功能相适应?
- 植物的根、茎、叶的结构和功能有何区别?

术语回顾

顶端分生组织:位于根和茎的顶端,不断进行有丝分裂产生新的细胞,使植物体生长。

关键术语

根冠
皮层
内皮层
中柱鞘
叶柄
栅栏组织
海绵组织
蒸腾作用

根、茎和叶

主要概念 **植物的结构与功能密切相关。**

联系实际 吃生菜沙拉的时候,用叉子比用勺子更方便。但如果你是在喝西红柿汤,勺子就比叉子实用多了。这就是我们常说的"工欲善其事,必先利其器"。自然界也是如此,植物结构的多样性与植物功能的多样性息息相关。

根

你吃过的胡萝卜、萝卜或者甘薯都是植物根的一部分。根是种子发芽后最先长出的结构。对于大多数植物来说,根能够吸收水分和矿物质,然后将这些物质运输到植物的其他部位。如果你拔过草,就会知道根的另一项功能,它们能将植物固定在土壤中。此外,根还能起到支撑作用,帮助植物对抗重力、大风和流水。

一些植物的根系很发达,几乎占到植物体积的一半以上。大多数植物的根在土壤中向下生长0.5~5米。但有些植物,如生长在美国干燥的西南地区的豆科灌木,其根系能够向下延伸至50米,以便吸收到水分。其他植物,如某类仙人掌,有许多靠近地表生长的侧根,这些侧根能够向各个方向伸展,最远可达15米。这两种根都是植物对环境中有限水资源的适应性特征。

根的结构与生长 如**图22-8**所示,根的顶端被**根冠(root cap)**覆盖。根冠由薄壁细胞构成,在根生长的时候起到保护根部组织的作用。根冠细胞能够产生一种黏液,与外层细胞一起形成润滑剂,减少根在土壤中、人行道的裂缝里或其他地方生长时遇到的阻力。根在生长时,根冠细胞会脱落,由顶端分生组织产生的新细胞补充。第一节中讲到,根的顶端分生组织也能产生细胞,使根变长。这些细胞会发育成多种多样的根部组织,在植物体中执行不同的功能。

在第一节中我们还学过,根被表皮覆盖。一些根的表皮细胞会生成根毛,根毛能够吸收水分和可溶解的矿物质。**皮层(cortex)**就在表皮的内侧,由含有薄壁细胞的基本组织构成,负责植物体内物质的贮存和运输。皮层位于表皮和维管组织之间,水分和营养物质被表皮细胞吸收后,必须经过皮层才能到达维管组织。

■ **图22-8** 根尖被根冠覆盖。当根伸进土壤中生长时,根冠细胞就会脱落。

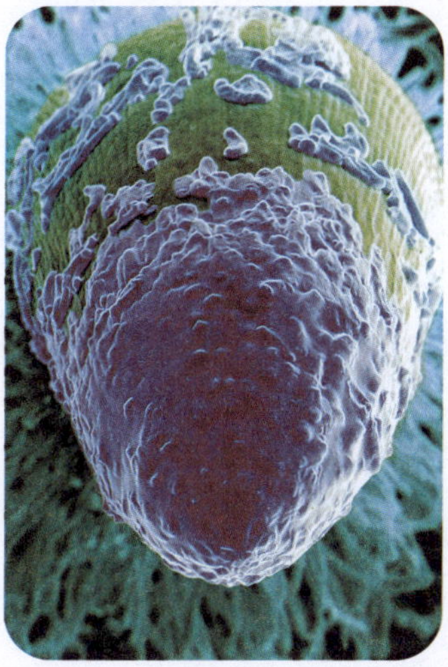

阅读检测 **列举**根的三种功能。

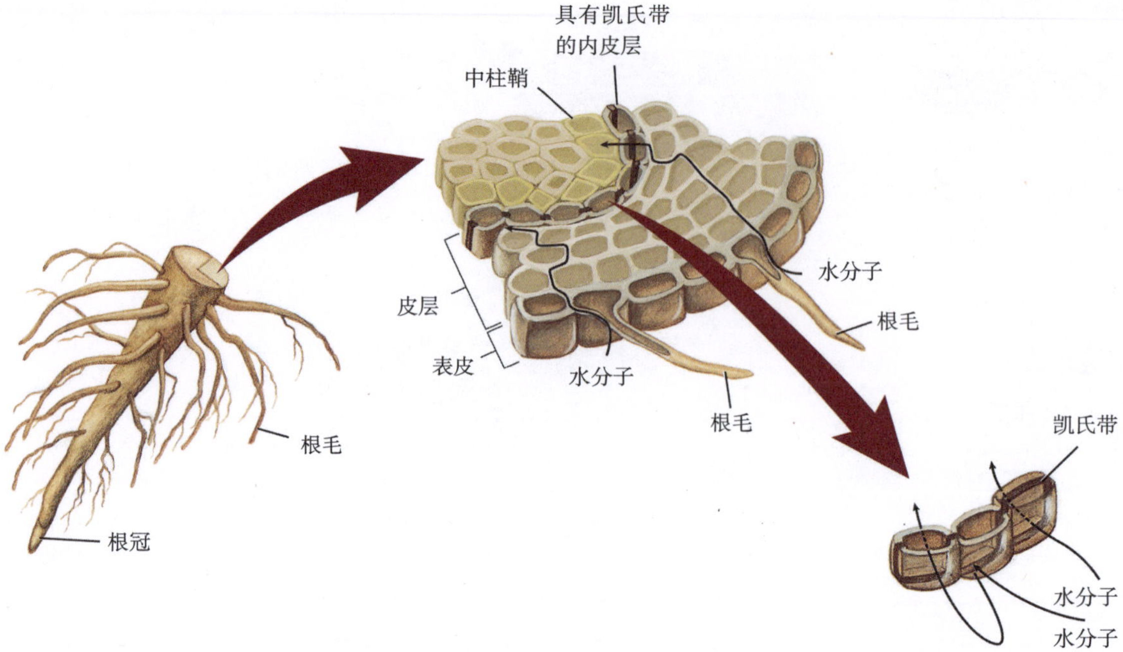

■ **图 22–9** 植物的根部结构有利于水分和可溶解矿物质的吸收和运输。

按顺序排列 *水分进入根部后从根毛到达皮层所经过的根部组织。*

如**图 22–9** 所示，皮层的内侧是一层细胞，叫作**内皮层（endodermis）**。内皮层细胞的四周是一层防水带，称为凯氏带，它是细胞壁的一部分，其位置跟墙壁砖块周围的灰浆比较相似。凯氏带能够形成一层屏障，使水和可溶解矿物质只能通过内皮层细胞进入维管组织，而不能经过其他途径。如此一来，内皮层细胞的细胞膜对进入维管组织的物质就能够起到调控作用。

中柱鞘（pericycle）紧挨着内皮层，位于根的中部位置，是能够产生侧根的组织。在大多数双子叶植物和部分单子叶植物中，维管形成层就是由中柱鞘的一部分发育而来的。我们之前学过，维管形成层能够形成维管组织，使根变粗。维管组织、木质部和韧皮部都位于根的中心。如**图 22–10** 所示，我们从根的木质部和韧皮部的形状就能区分出单子叶植物和双子叶植物。

■ **图 22–10** 在单子叶植物的根中，木质部和韧皮部环绕着一个叫作“髓”的中心交替分布。而在双子叶植物的根中，木质部就位于中心，呈“X”状，韧皮部排列在“X”的四臂之间的位置。

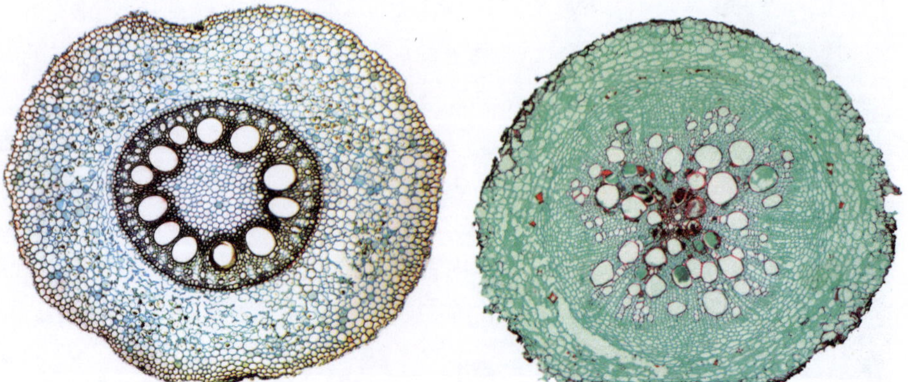

单子叶植物　　双子叶植物

根的种类 根系主要分为直根和须根两种类型。直根系主根发达，还有一些小的侧根。如**表 22–2** 所示，一些植物（如萝卜、甜菜和胡萝卜）将营养物质贮存在直根系的薄壁细胞中。另外一些植物（如毒葛）的直根系会扎进土壤深处，以吸收水分。

如**表 22–2** 所示，须根系有许多从一个中心点生长出来且大小接近的侧根，很像自行车车轮的钢丝分布。植物也能将营养物质贮存在须根系中。例如，甘薯就是从须根上发育而来的。

从**表 22–2** 中，我们还能发现，植物的根能够适应不同的生长环境。在干燥地区，一些植物会长出很发达的储水根。生活在水分充足地区的一些树种能长出一种特殊的变态根，叫作呼吸根，能够为沉水根部提供氧气。不定根常常生长在与正常根系不同的位置，而且具有多种功能。例如，一些热带树种的不定根能够对其枝干起到支撑作用，这些不定根长大之后跟树干很相像。

起步实验

回顾 根据你对植物结构的了解，回答本章开头“起步实验”中的问题。

表 22-2　根系与适应

种类	直根系	须根系	变态根
示例			
功能	• 固定植物 • 贮存有机物和水分	• 固定植物 • 快速储水	贮存水分

种类	变态根——呼吸根	不定根——支持根、变态根
示例		
功能	为沉水根提供氧气	支撑植物茎干，贮存水分

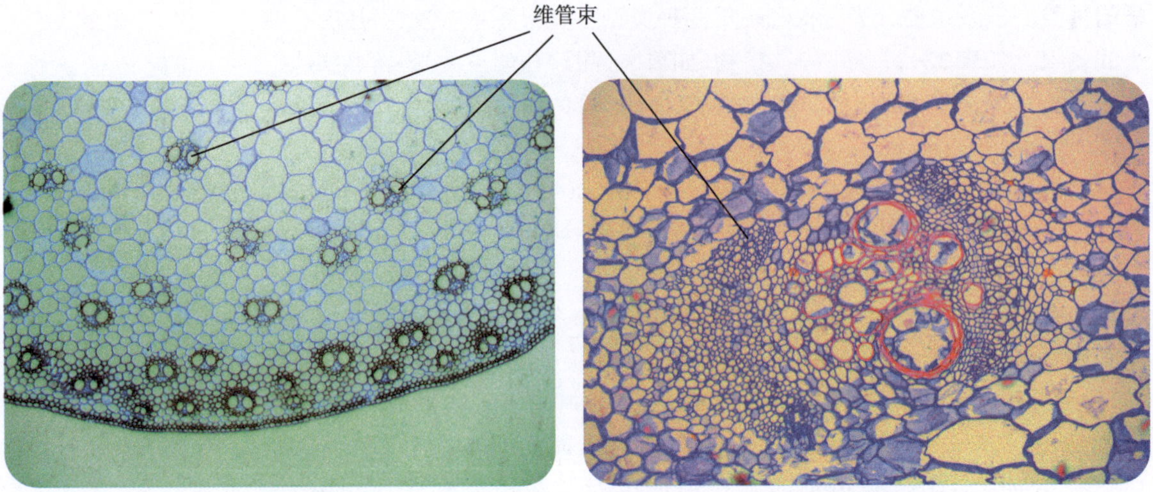

■ **图22-11** 茎的木质部和韧皮部在维管束中聚在一起。单子叶植物的维管束散布在整个茎中，而双子叶植物的维管束呈环状或同心环状分布。

■ **图22-12** 木本植物生长缓慢或停滞一段时间后，恢复生命活动时，就会在茎上形成年轮。

推测 *环境中的水分因素如何影响年轮的宽度。*

茎

你也许知道，芦笋尖就是芦笋的茎，但你也可能会惊叹：原来植物的茎有这么多种。有些植物（如芦笋）茎细软、柔韧，并且因为含有叶绿体而呈绿色，能进行光合作用，这就是大多数一年生植物所具有的草本茎。竹子和棕榈树的茎比较坚硬，属于纤维质地。乔木、灌木和许多多年生植物的茎属于木质茎，十分坚硬，不能进行光合作用。一些年老植物的茎上覆盖了一层树皮，这种软木组织比较坚韧，能够保护茎不受外伤或昆虫侵袭。有些树木在森林大火中依然完好无损，这得益于树干上覆盖着的树皮。

茎的结构和功能 植物茎的主要功能是为叶子和生殖结构提供支持。茎含有维管组织，能够在植物体内运输水分和可溶性物质，满足植物需求。这些组织一般呈束状或群状分布，周围分布着薄壁细胞。在**图22-11**中可以看到，和根一样，我们根据茎的维管组织的排列方式就能区分单子叶植物和双子叶植物。

茎的生长 顶端分生组织通过分裂产生新的细胞，使茎变长。植物长得越高，茎的直径就越长，以提供支撑。在一年生植物中，茎直径的增加主要源于细胞的增多，而多年生双子叶植物和松柏类植物茎直径的增加则是维管形成层细胞分裂的结果。木质部和韧皮部形成层细胞每年的细胞分裂活动会产生新的年轮。我们在树干上数一数有多少圈年轮，就可以判断出这棵树的树龄，如**图22-12**中所示的是白橡树的年轮。

茎的种类 茎会产生各种有利于生存的适应，有的植物茎能够贮存多余养分，而有的植物茎能够抵御干旱、寒冷和高温。

例如，马铃薯的块茎是一种块状地下茎，块茎上有芽，新的植物能从芽上长出来。洋葱、水仙以及虎皮百合的鳞茎呈短缩状，四周围绕生长着肥厚多肉的鳞叶。一些蕨类和鸢尾属植物的根状茎也是地下茎，在地下水平生长。有的根状茎能够贮藏营养物质。匍匐茎都沿着地表水平生长（如草莓）。番红花和剑兰具有球茎。球茎基本上全由茎段组织构成，顶部生长着鳞状叶。**表22-3**列举了几种茎。

表22-3 茎的种类

种类	块茎	地下茎	匍匐茎
示例	 马铃薯	 鸢尾属植物	 吊兰
功能	贮藏养分	• 贮藏养分 • 无性繁殖	无性繁殖

种类	鳞茎	球茎
示例	 水仙	
功能	贮藏养分	贮藏养分

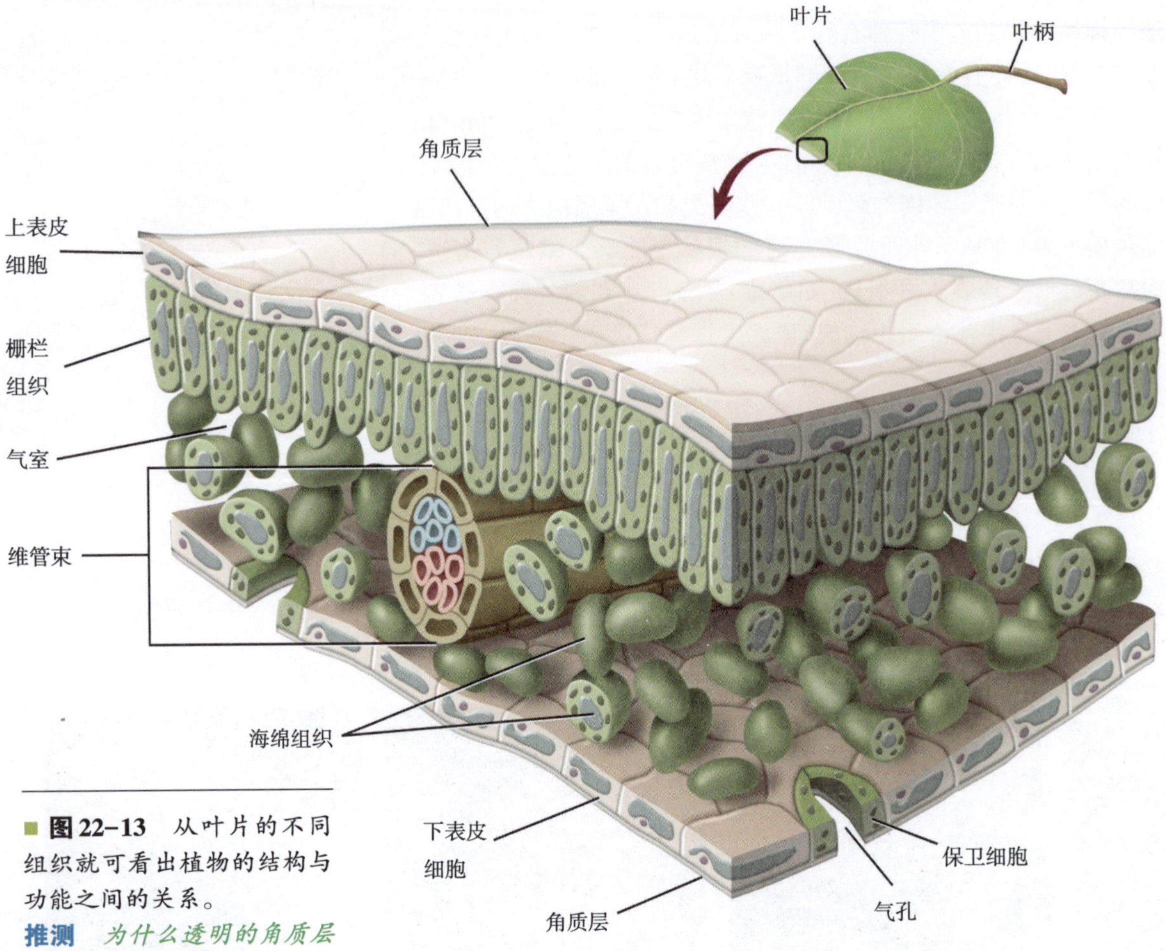

■ **图22-13** 从叶片的不同组织就可看出植物的结构与功能之间的关系。
推测 *为什么透明的角质层对植物而言意义重大?*

叶

植物的叶有各种形状和颜色,不同种类的植物,叶所生长的位置也不一样。此外,叶的大小各异,有的直径能达到2米,有的长度连1毫米都不到。在生长季节,有些植物只生长出几片叶子,如水仙花;而有些植物能生长出成千上万片叶子,如成熟的阔叶树。

叶的结构 叶的主要功能是进行光合作用,其结构也正是为这个功能服务的。大多数叶都有一个扁平部位,叫作叶片,叶片具有较大的表面积。有些植物的叶片通过叶柄与茎相连。**叶柄(petiole)**的维管组织将茎的维管组织与叶的维管组织或叶脉相连。有的植物没有叶柄,如草类,它们的叶片直接与茎相连。

大多数叶的内部结构适应光合作用的发生。如**图22-13**所示,叶的上表皮下方紧密排列着许多细胞。这种结构能够使植物最大限度地接收阳光,因此,光合作用多在这些柱状细胞中进行。这些细胞含有许多叶绿体,并具有**栅栏组织(palisade mesophyll)**,即栅栏层。栅栏组织下方是**海绵组织(spongy mesophyll)**,由排列疏松的无规则形状的细胞组成,有较大的细胞间隙。这使得氧气、二氧化碳和水蒸气能在海绵组织中自由进出。海绵组织也含有叶绿体,但比栅栏组织要少。

气体交换与蒸腾作用 叶的表面有一层表皮。除了水生植物外，其他植物叶的表皮都具有气孔。通常，下表皮的气孔比上表皮的多。我们知道，两个保卫细胞之间形成一个气孔。当进入保卫细胞的水分比流出的多时，保卫细胞就会改变形状，使气孔张开。相反，当流出的水分比进入的多时，保卫细胞就会改变形状，使气孔关闭。我们之前学过，植物在光合作用时会吸收二氧化碳，产生氧气。这些气体也是通过气孔进出植物体内的。

大多数植物中，水分从根运输到茎，再到达叶，以补充植物光合作用和蒸发所丢失的水分。水分通过气孔从叶的内部蒸发到外界的过程叫作**蒸腾作用（transpiration）**，蒸腾作用拉动植物体内的水不断向上。

叶的特征 你能通过观察叶子的特征识别出枫树吗？人们根据叶的大小、形状、颜色和纹理来判断植物种类。有些植物的叶是单叶，也就是说，其叶片不再细分成更小的部分。而复叶的叶片会分成两片或多片小叶，如**图22-14**所示。

从**图22-14**中还可以看到，我们根据叶在茎上分布的序列（称为叶序）也能区分不同的植物类型。叶序有三种基本类型，即互生、对生和轮生。在茎的每个节上正对生长着两片叶，叫作对生。在茎的每个节上交互生长着一片叶，叫作互生。在茎的同一节点上均匀生长着三片或三片以上的叶，称为轮生。

叶脉的分布形式，又称为脉序，也可以用来识别植物种类。单子叶植物的叶通常是平行脉，而双子叶植物的叶多为叉状脉或网状脉。

折叠式 学习卡

本节信息可纳入折叠式学习卡中。

■ **图22-14** 每一类种子植物的叶都有其独特之处，下图显示了叶的部分特征。

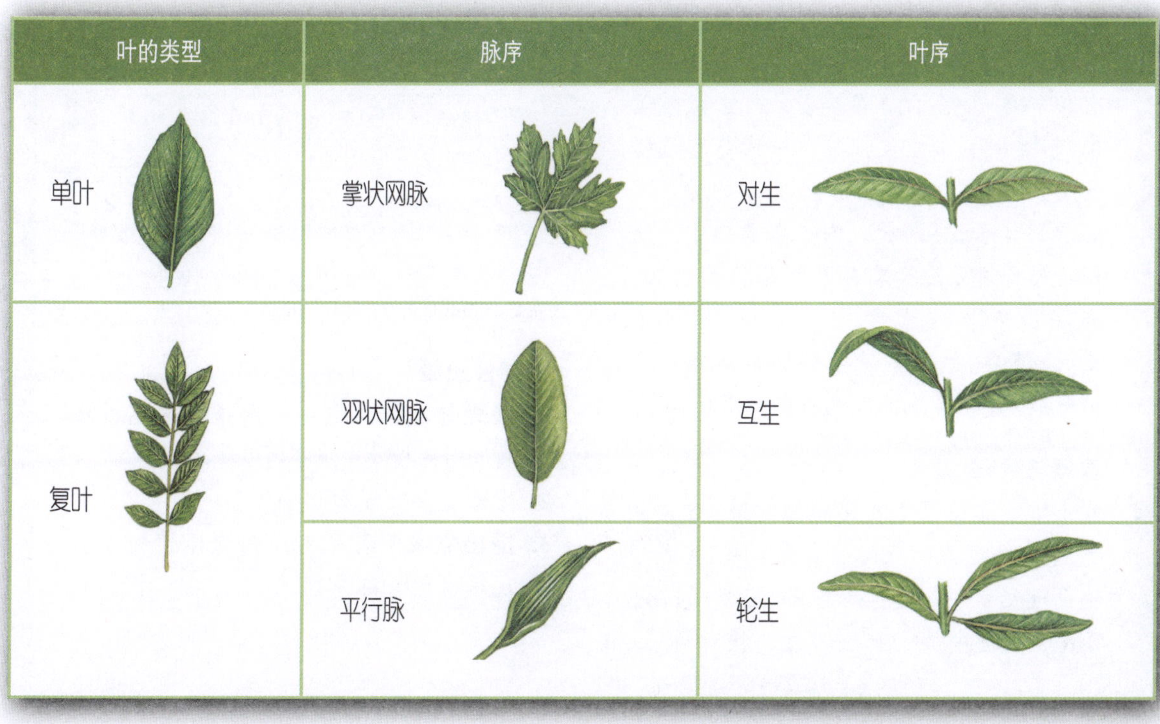

■ **图 22-15** 仙人掌的刺从茎的一小块突起的地方（即着生面）成簇生长。玉树的叶子是其储水器官。

仙人掌

玉树

叶的变态 虽然植物的叶的基本功能是进行光合作用，但也有许多叶由于功能改变，引起形态和结构都发生了变化。许多多肉植物，如图22-15中的仙人掌，其变态叶称为刺。刺除了有助于减少水分流失外，还能保护仙人掌不被动物吃掉。有些多肉植物的叶还是贮藏水分的场所。当水分充足时，这些植物的叶就会吸水膨胀；当水分不足时，叶中储存的水就能维持植物长期的生命活动。

数据分析实验

基于真实的数据*

形成假设

粉蝶毛毛虫是否对某一类植物更感兴趣？

有位科学家想了解在嗅觉、味觉和触觉中，粉蝶毛毛虫主要依靠哪一种感官选择食物。于是，她准备了一些完整的叶子和切碎的叶子，分别放入四个培养皿中。这四份叶子中，三份来自十字花科植物，还有一份来自非十字花科植物（控制变量）。随后，她将毛毛虫分别放入每一个培养皿中，观察并记录毛毛虫的反应。

数据与观察

右上方的表格是本次实验的结果。T表示毛毛虫触碰了叶子但没有张口咬；A表示毛毛虫咬了一口之后就丢下叶子走了；C表示毛毛虫选中了叶子，并吃了一段时间。

植物类型	完整的叶子			切碎的叶子		
	T	A	C	T	A	C
控制变量	8	0	0	8	0	0
十字花科植物1	14	16	14	17	18	13
十字花科植物2	16	18	19	22	24	25
十字花科植物3	8	10	9	15	19	23

*数据来源：Chew, F.S. 1980. Foodplant preferences of *pieris* caterpillars. *Oecologia* 46:347–353.

批判性思维

1. **检查数据** 你从毛毛虫选择十字花科植物和对照植物中观察到何种倾向？
2. **比较** 完整叶子和切碎叶子的数据。
3. **提出假设** 解释毛毛虫在选择植物中出现这种偏好的原因。

一品红这类植物的叶子称为苞叶，生长在茎尖位置，它们会根据植物处于黑暗的时长从绿色变成其他颜色。如**图22-16**所示，这些彩叶中心通常有一簇小花，四周的叶子就像花瓣，吸引昆虫前来传粉。

茅膏菜的叶能够分泌黏液，俘获昆虫。**图22-16**中的猪笼草有圆筒状的叶，装满水后能够诱捕并淹死昆虫和小动物。这些适应都能使植物从捕获的昆虫中获取养分，尤其是氮。

你可能很清楚，毒葛会引起一些人严重的皮肤不适。这些植物的叶子含有有毒的化学物质，能阻止生物体接触它们。还有的叶子发生变态，能够防止食草动物将它们吃掉。例如，西红柿的叶表皮以及南瓜的茎叶上有细小的绒毛，绒毛的顶端有腺体，叫作毛状体。这种腺体会分泌一些化学物质，以赶走昆虫和其他捕食者。

你在学习植物的茎的时候已经知道，鳞茎是缩短的茎，并长有叶片。鳞茎的叶其实就是一种变态结构，用于贮藏有机物。一旦出现适宜的生长条件，它们就会为处于休眠状态的鳞茎提供必要的能量来源。

一品红

猪笼草

图22-16 叶的变态与植物的不同功能有关。一品红的苞叶会改变颜色，以吸引传粉昆虫。猪笼草的变态叶内部有向下生长的细毛，可以防止掉进去的小动物爬出来。

第2节 测评

要点梳理

- 根能够固定植物，吸收水分和营养物质。
- 茎为植物提供支撑，为植物的叶提供支持。
- 叶是植物进行光合作用和蒸腾作用的场所。
- 植物的根、茎、叶会发生多种变态。
- 叶的变态帮助植物适应不同的环境。

要点理解

1. 主要概念 **总结**根冠、皮层和内皮层的功能。
2. **比较**叶的栅栏组织和海绵组织。
3. **描述**叶的两种变态及其功能。
4. **绘制**维管组织在单子叶植物和双子叶植物的根和茎中的分布图，并标上标签。

批判性思维

5. **评价**气孔在植物中的重要作用。

第3节

植物激素与植物应答

本节预览

核心问题

- 植物激素主要包括哪几类?
- 激素如何影响植物生长?
- 不同类型的植物运动有何相似之处?

术语回顾

主动运输:指物质逆浓度梯度运进或运出细胞膜的过程。

关键术语

生长素
赤霉素
乙烯
细胞分裂素
感性反应
向性运动

主要概念 **激素能够影响植物对环境刺激做出的反应。**

联系实际 你在生物课上可能学过,人体的不同反应是由激素调节的。当你吃饭的时候,激素会向消化系统的细胞发出信号,使其释放消化酶。尽管植物没有这种含有酶的消化系统,但激素确实会控制植物生长和发育的方方面面。

植物激素

激素是一种有机化合物,通常在生物体内的某一部位生成,然后输送到生物体的其他部位。少量激素就能引起生物体显著的生理变化。当你知道植物也能产生激素的时候,是否大吃一惊呢?植物激素会影响细胞分裂、生长和分化。科学研究表明,植物激素通过与细胞膜上的受体蛋白质结合对生物体产生作用。正如激素对人体应答的作用方式一样,受体蛋白质也能影响基因表达、酶的活动以及细胞膜的透性。

生长素 我们首先要认识的植物激素就是**生长素(auxin)**。生长素种类很多,吲哚乙酸(IAA)是研究最为广泛的一类。IAA在植物的顶端分生组织、芽、嫩叶以及其他分生组织中生成。它在植物体中通过主动运输,从一个薄壁细胞运输到另一个薄壁细胞,这种运动以每小时1厘米的速度进行。有些植物的生长素还会进入韧皮部。此外,生长素只能从植物体的形态学上端向下端运输。

链接 化学 生长素通常能够促进植物细胞伸长生长。研究发现,在幼小的细胞中,生长素起作用是个间接的过程。生长素通过质子泵使氢离子源源不断地泵出细胞膜。这会增加周围环境的酸性,削弱细胞壁中纤维之间的连接。同时,它还能激活某种酶,使细胞壁变得松弛。由于细胞质中氢离子的缺失,水就会进入细胞,如**图22-17**所示。细胞壁松弛加上内部压强增加,就会使细胞伸长。

由于浓度和位置不同,生长素对植物所起的作用也不一样。例如,在某些植物中,一定浓度的生长素能够促进植物的茎伸长,而抑制根的生长。一般而言,低浓度的生长素能够促进细胞伸长生长,高浓度的生长素则会抑制细胞生长。其他激素对生长素具有调节作用。

图22-17 生长素使源源不断的氢离子进入细胞壁,氢离子源源不断泵出细胞膜,作用于细胞壁,使细胞壁变得松弛,水进入细胞,促进细胞伸长。

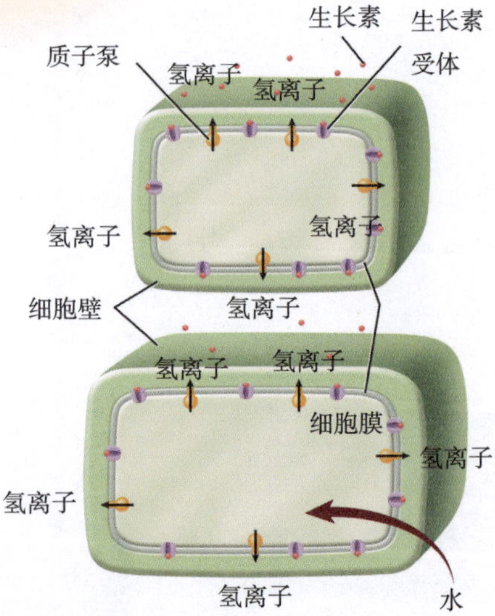

生长素还能促进顶端优势的形成，也就是说，植物主要向上生长，侧枝很少或几乎没有。顶端分生组织产生的生长素会抑制侧枝的生长。只要去掉顶端分生组织，就会减少生长素的量，使侧枝得以生长。**图22-18**显示了这种区别。

生长素影响果实形成，还会抑制果实成熟落地。研究结果表明，随着细胞逐渐成熟，生长素的合成速度也会减慢。生长季结束时，植物生长素的浓度降低，这样，在冬季到来之前，一些成熟的果实就会掉落到地上，树木也开始落叶。

阅读检测 **对比与比对**不同浓度的生长素如何影响植物的生长和发育。

赤霉素 **赤霉素（gibberellin）**是一类促进细胞生长、刺激细胞分裂并影响种子生长的植物激素。赤霉素在维管组织中运输。矮生植物通常缺少生成赤霉素或赤霉素受体蛋白质的基因。如果给缺少赤霉素基因但具有赤霉素受体的植物施加赤霉素，植物就会长得更高一些。给植物施加赤霉素，能增加植株高度。

乙烯 **乙烯（ethylene）**是由两个碳原子和四个氢原子组成的简单化合物，是唯一已知的气体激素。乙烯存在于植物的某些组织中，例如，成熟的果实、凋落的树叶以及花朵等。由于乙烯呈气态，所以能在细胞之间扩散。它也能在韧皮部内运输。

乙烯虽然主要影响植物果实的成熟，但对植物的其他部分也能产生作用。乙烯能使尚未成熟的果实的细胞壁变得松弛柔软，并促进复杂的糖类分解成单糖。用乙烯处理过的果实要比未成熟的果实更软更甜。

成熟的蔬果在运输过程中特别容易碰伤，所以果农常常采摘未成熟的蔬果运输，把水果运到目的地之后，人们再使用乙烯给这些蔬果催熟。乙烯的作用如**图22-19**所示。

■ **图22-18** **上图：**生长素抑制侧枝生长。**下图：**摘掉顶端分生组织，使生长素的量减少，侧枝得以生长。

■ **图22-19** 用乙烯处理后，未成熟的番茄就会变红。

细胞分裂素 快速分裂的细胞不仅能促进植物生长，还能产生**细胞分裂素(cytokinins)**。这一激素由木质部运输到植物的其他部位。细胞分裂素通过刺激某些细胞分裂所必需的蛋白质的合成，从而促进植物的细胞分裂。因为细胞分裂素能加快植物的生长速率，所以实验室在利用植物组织技术培养植物时，常常会在培养基中加入细胞分裂素。其他激素，尤其是生长素，对细胞分裂素的作用会产生影响。例如，生长素单独使用会促进细胞伸长生长，但与细胞分裂素一起使用时，就能加快细胞分裂，促进植物快速生长。

与生物学相关的职业

植物生理学家 植物激素如何在植物体内起作用，是植物生理学家研究的诸多领域之一。许多植物生理学家在大学担任教学工作或从事科学研究。

阅读检测 **描述**激素影响植物的两种方式。

植物应答

你有没有想过，为什么室内植物的叶子会朝着窗户生长？藤蔓又为什么可以沿着杆子向上爬呢？还有其他一系列现象，如根向下生长，茎向上延伸，树会落叶，有些植物的叶子能诱捕昆虫等，这些都是植物对环境刺激做出的反应。

感性运动 植物对环境刺激做出规律性反应，但反应的方向与刺激的方向无关，叫作**感性运动(nastic respone)**。感性运动不是一种生长反应，它可逆，并且可以重复。叶子在白天张开，晚上闭合，以贮存热量；含羞草的小叶在触碰后会向内收缩，这些都是植物感性运动的例子。叶内细胞的水压发生变化就会引起感性运动，一旦刺激结束，植物的叶就会回复到原始状态。

迷你实验 2

研究植物应答

哪种刺激会使捕蝇草的叶子合拢？ 捕蝇草有一种特殊的叶，能捕获并消化昆虫。本次实验中，你将会知道，引起捕蝇草诱捕反应的是哪一种刺激。

步骤

1. 阅读并完成实验室安全表。
2. 检查叶片呈张开状态的捕蝇草。
3. 选用一个小毛刷，轻轻地触碰叶片内表面的一根毛刺。
4. 等待60秒，然后用小毛刷触碰两根不同的毛刺。或者先触碰一根毛刺，10秒之后再触碰同一根毛刺。
5. 刺激叶片，叶片合拢之后，尽可能仔细地观察植物，看看叶片再次打开需要多长时间。

分析

1. **识别**造成叶片闭合的刺激方式。叶片再次打开需要多长时间？
2. **批判性思维** 如果你把一只死了的昆虫放到叶片上，叶子也可能会合上。但是，它不会完全闭合，在昆虫没有被消化之前就会再次张开。根据本次实验，提出假设，判断植物如何区分昆虫的死活。

感性运动的另一个例子就是捕蝇草叶子的闭合。最近的研究发现，这种响应是由捕蝇草叶子内部水的运动造成的。水的运动导致在叶片内的扩张不均衡，叶子弯曲的形状就会突然改变，使叶子闭合。

向性运动 观察**表 22-4** 中的植物，你发现了什么？这些都是植物向性运动的例子。**向性运动（tropism）**是植物对外界刺激做出的反应。如果植物向着刺激方向生长，这种向性运动称为正向性。如果植物背离刺激方向生长，这种向性运动称为负向性。向性运动包括向光性、向重力性和向触性。

由于生长素分布不均，植物向着光源方向生长的运动称为向光性。植物向光的一侧生长素较少，背光的一侧生长素较多。生长素能使细胞伸长，因此，植物背光的一侧，细胞伸长生长的速度快于向光侧，背光侧的茎也就变得更长。这样一来，植物的茎就会向着光的方向弯曲。

向重力性是植物生长过程中对重力的反应。根在土壤中向下生长，使根在固定植物的同时吸收水分和矿物质。而茎远离重力作用向上生长则表现为负向重力性。这种生长方式能够使植物的叶最大限度地接触到光。

向触性是植物的另一种向性运动。这是植物在生长过程中对机械刺激的反应，例如，接触到某物体或其他生命体，甚至是风，都能使植物产生向触性。向触性在藤蔓植物中表现得非常明显，这些植物经常缠绕着附近的篱笆或树生长。

表 4 植物的向性运动

向性运动	刺激物/反应	例子
向光性	光 • 向光源	
向重性	重力 • 正向性：向下生长 • 逆向性：向上生长	
向触性	机械的 • 向接触点生长	

第 3 节 测评

要点梳理

- 植物激素产生的量很少。
- 植物激素主要分为四种。
- 植物激素影响细胞的分裂、生长和分化。
- 感性运动与刺激的方向无关。
- 向性运动是植物对特定方向的刺激产生的规律性反应。

要点理解

1. 主要概念 **识别**植物激素，并根据其对植物的影响进行分类。
2. **描述**三种向性运动。
3. **对比与比对**向性运动与感性运动。

批判性思维

4. **建立模型**展示生长素如何从一个细胞运输到另一个细胞。
5. **质疑**这句有科学依据的谚语："一只烂苹果，坏掉一整箩"。

生物大发现

在寸草不生的地方勇敢生长

宇航员在离开地球时，必须带足旅行所需的食物。他们的食物多为脱水或冻干型，以方便保存。但如果宇航员在执行太空任务时可以种植作物，情况会怎样呢？

在太空中种植植物 美国国家航空航天局（NASA）希望宇航员能在太空中自己种出食物来，这样可减少带进轨道中的食物数量。为了实现这一目标，宇航员在航天飞机和国际空间站上（ISS）试验种植物。

向性运动和微重力的作用 植物生长过程中对重力的反应称为向重力性。在地球上，植物的嫩芽朝着与重力相反的方向生长（逆向性）；而植物的根则向着重力的方向生长（正向性）。地球上的植物会朝着光源生长，这个光源通常是太阳。植物的这种反应称为向光性。

宇航员和植物到了太空后，会经历微重力的情况。在这种条件下，重力的作用微乎其微或者为零。植物的根在微重力的环境下不会表现出向重力性，它们在培养基中朝着各个方向生长。培养基罩着，让里面的颗粒不至于漂走。在微重力的环境下，植物的嫩芽还是会表现出向光性。

在太空中种植植物的问题 科学家已经确定，植物在微重力的情况下不会具有向重力性，但不会阻碍它的生长。但是，在微重力的条件下，确实很难使培养基内的水和氧气均匀分布在植物的嫩芽周围。

这样的条件不利于植物产生种子。科学家们正在想方设法解决这些问题。例如，将多孔管埋在土壤中，就可以通过毛细管作用向植物输送水分。

这些生长中的植物是国际空间站进行的众多实验中的一项。在微重力的环境下，植物的根向着四面八方生长。

植物种植实验一直是近年来国际空间站的任务之一。2009年的一次实验记录了树木种子在微重力的环境中发芽的情况。NASA的科学家还未能实现让宇航员种自己吃的食物，但对植物的持续研究会让他们早日达成这一目标。

设计实验

重力的作用 选取品种相同且大小一样的两株植物，设计一个容器，使一株植物在这个容器中倒着生长。将另一株植物作为对照组。把两株植物放在同一光照条件下，并加入等量的水。每天观察植物并记录观察结果。一个月之后，将你的结果与同学进行讨论。

生物实验室

矮生植物如何对赤霉素做出反应?

背景: 一些矮生植物没有生成赤霉素的基因或缺少赤霉素受体。你可以设计实验,探究给矮生豌豆幼苗施加赤霉酸(一种赤霉素)是否能改变它的生长模式。

问题: 你能使用赤霉酸改变矮生豌豆植物的生长状况吗?

实验器材

不同浓度的赤霉酸
硬纸板
洗洁精(润湿剂)
矮生豌豆幼苗盆栽
喷雾瓶
棉签
光源
大号塑料袋
植物用肥
蒸馏水
米尺
坐标纸
选择适用于本次实验的仪器

安全注意事项

设计与实施实验

1. 阅读并完成实验室安全表。
2. 提出假设,解释赤霉素如何影响矮生豌豆植物的生长。
3. 设计实验验证假设。确保你的实验要有对照组。
4. 就实验中的常量因子和对照组因子列一个清单。确保你的实验只检测一个变量。
5. 给植物施加赤霉素,确定施加的频率。
6. 设计数据表,记录实验数据。
7. 实验开始之前要获得教师批准。
8. 收集你需要的材料,设定实验组植物和对照组植物。
9. 获得批准后,完成实验。
10. 在数据表中记录植物的测量数据和观察结果。
11. 绘制实验组和对照组的数据。
12. **清理与处理** 把未使用的赤霉酸交给教师处理。将喷雾瓶中的液体倒掉,并彻底冲洗干净。把使用过的棉签扔进垃圾桶。按照教师的指示处理使用过的植物。

实验分析和结论

1. **分析图表** 确定赤霉酸对矮生豌豆植物的影响。
2. **提出假设** 基于实验结果,解释说明豌豆植株矮小的原因。
3. **批判性思维** 为什么基因上的变化有可能成为植物在自然环境中生长的阻碍?例如,植物无法合成赤霉素。
4. **误差分析** 在实验设置中,可能会出现什么问题导致数据不准确?你怎样修改实验步骤?

分享你的数据

同伴互评 将你的图表和班上其他同学的进行比较。说明出现差异的原因。

第22章 复习指南

内容聚焦 稳态 植物的细胞和组织共同作用，维持植物的结构和稳态。

大概念 植物结构的多样性造成了种类的多样性。

第1节 植物的细胞和组织

薄壁细胞
厚角细胞
厚壁细胞
分生组织
维管形成层
木栓形成层
表皮
保卫细胞
木质部
导管分子
管胞
韧皮部
筛管节
伴胞
基本组织

主要概念 不同类型的植物组织由不同类型的植物细胞构成。

- 植物细胞分为三种。
- 植物细胞的结构与功能有关。
- 植物组织包括分生组织、保护组织、维管组织和基本组织四种。
- 木质部和韧皮部是两种维管组织。

第2节 根、茎和叶

根冠
皮层
内皮层
中柱鞘
叶柄
栅栏组织
海绵组织
蒸腾作用

主要概念 植物的结构与功能密切相关。

- 根能够固定植物，吸收水分和营养物质。
- 茎为植物提供支撑，为植物的叶提供支持。
- 叶是植物进行光合作用和蒸腾作用的场所。
- 植物的根、茎、叶会发生多种变态。
- 叶的变态帮助植物适应不同的环境。

第3节 植物激素与植物应答

生长素
赤霉素
乙烯
细胞分裂素
感性运动
向性运动

主要概念 激素能够影响植物对环境刺激做出的反应。

- 植物激素产生的量很少。
- 植物激素主要分为四种。
- 植物激素影响细胞的分裂、生长和分化。
- 感性运动与刺激的方向无关。
- 向性运动是植物对特定方向的刺激产生的规律性反应。

第22章 测评

第1节

术语回顾

区分下列各组中的两对词语。

1. 厚壁组织、厚角组织

2. 木质部、韧皮部

3. 表皮、保卫细胞

要点理解

4. 维管组织中的(　　)能够将水分和可溶解的矿物质从根输送到叶中。

A. 表皮　　**B.** 薄壁组织

C. 木质部　　**D.** 韧皮部

5. 活跃的分裂细胞位于茎尖的(　　)。

A. 顶端分生组织　　**B.** 维管组织

C. 表皮组织　　**D.** 侧生分生组织

6. 下图所示是毛状体的是(　　)。

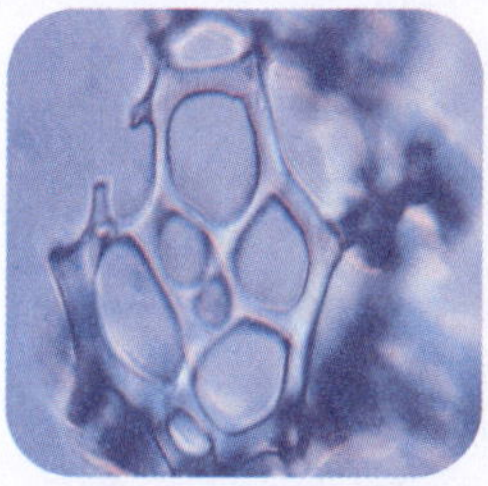

A.

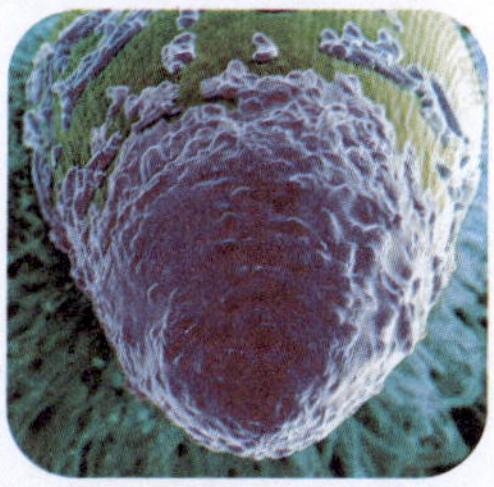

B.

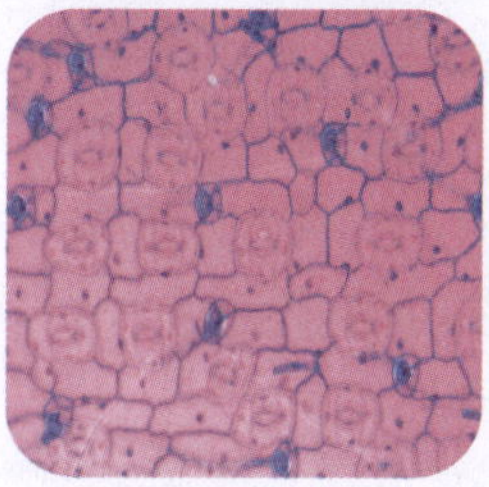

C.

D.

7. 第6题各选项对应的图中，是薄壁细胞的是(　　)。

A. A　　**B.** B

C. C　　**D.** D

8. 下列属于无花种子植物和有花种子植物之间区别的是(　　)。

A. 根部气孔

B. 根部贮存的糖分含量

C. 管胞与导管

D. 薄壁细胞的结构

回答问题

根据下图回答第9题。

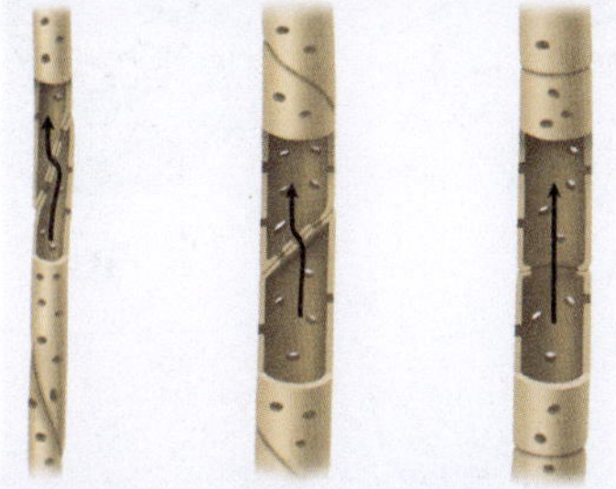

9. **简要回答**　分别说出这些导管的一个优点。

10. **简要回答**　对比与比对根毛与毛状体。

11. **内容聚焦　稳态**　保卫细胞和气孔如何维持植物叶片内的稳态？

批判性思维

12. **主要概念**　绘制一个组织图，分别列出四种植物组织及其功能，以及所含的细胞种类。

13. **比较**植物的表皮组织和人体皮肤的真皮组织。

第2节

术语回顾

正确使用下列每组词语造句。

14. 内皮层、中柱鞘

15. 叶柄、蒸腾作用

16. 海绵组织、栅栏组织

第22章 测评

要点理解

17. 下面分布在海绵组织细胞之间的间隙中的是(　　)。

A. 叶绿素　　B. 气体

C. 细胞　　D. 维管组织

18. 下面图片中,显示的是双子叶植物茎的是(　　)。

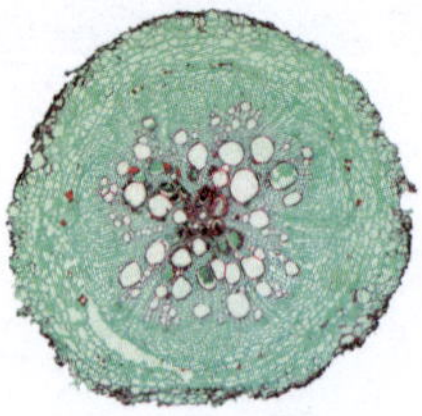

A.

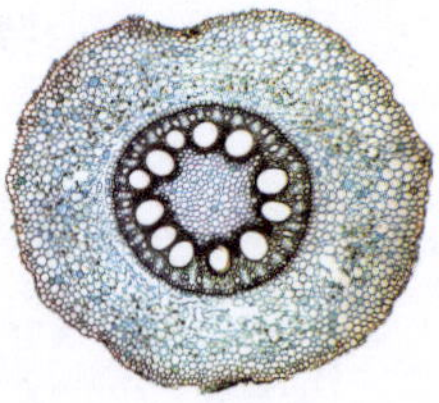

B.

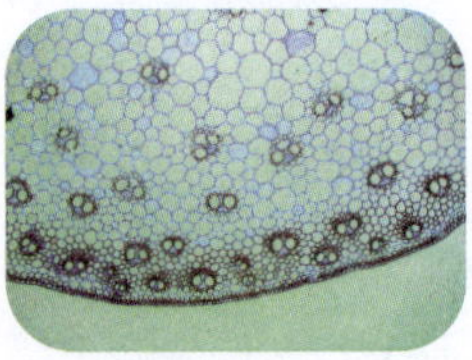

C.

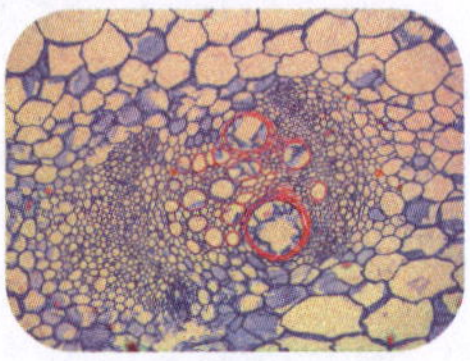

D.

19. 上题各选项对应的图中,显示的是维管束的一环的是(　　)。

A. A　　B. B

C. C　　D. D

20. 下列植物结构不是根的一部分的是(　　)。

A. 内皮层　　B. 根冠

C. 中柱鞘　　D. 气孔

21. 下列结构能控制水蒸气进出气孔的是(　　)。

A. 树皮　　B. 中柱鞘

C. 保卫细胞　　D. 维管组织

回答问题

22. **开放式回答**　列举影响植物蒸腾作用的环境因素。

23. **简要回答**　描述植物如何控制物质从土壤输送到根部的维管组织。

批判性思维

24. **主要概念**　从功能角度分析叶的变态。

25. **总结**双子叶植物的茎比大多数单子叶植物的茎粗得多的原因。

第3节

术语回顾

解释下列每组词语之间的区别,并说明两者之间有何联系。

26. 激素、生长素

27. 乙烯、赤霉素

28. 向性反应、感性反应

要点理解

根据下图回答第29、30题。

29. 上图展示的是植物的(　　)。

A. 顶端优势　　B. 矮小

C. 落叶　　D. 感性运动

30. 这一现象受(　　)控制。

A. 生长素　　B. 赤霉素

C. 乙烯　　D. 细胞分裂素

31. 下列描述的是植物的正向光性的是(　　)。

A. 植物远离光的方向生长

B. 植物朝着光的方向生长

C. 植物朝着重力的方向生长

D. 植物远离重力的方向生长

32. 下列结构参与植物体内赤霉素的输送的是(　　)。

A. 木栓形成层　　B. 保卫细胞

C. 维管组织　　D. 顶端分生组织

根据下图回答第33题。

33. 上图中，茎表现出负向重力性的是(　　)。
A. A　**B.** B　**C.** C　**D.** D

回答问题

34. **开放式回答** 讨论生长素不在维管组织中运输而是从一个薄壁细胞运输到另一个薄壁细胞的利与弊。

35. **主要概念** 根据**图22-17**，解释生长素为什么能使细胞伸长。

36. **简要回答** 解释为什么向性运动是永久的，而感性运动是可逆的。

批判性思维

37. **设计实验**观察豆科植物是否具有顶端优势。

38. **评价**下面这句话："在赤霉素中浸泡过的种子比没有在赤霉素中浸泡过的种子萌发得更快。"

39. **与生物学有关的职业** 农民需要使用植物激素以提高作物产量。你认为这是个好主意吗？将此举与使用生长激素以提高奶牛的产奶量进行比较。

总结性测评

40. **大概念** 举例说明为什么植物结构的多样性导致植物种类的多样性。

41. **科技 写作** 想象一下，你是一只甲虫，偶然碰上一株捕蝇草。写一写为什么你要避开这株植物。

42. **科技 写作** 如果你能合成一种新的植物激素，你会用它来做什么呢？它如何起作用？你将怎样给它命名呢？

DBQ 资料分析题

一批生物学家研究温度和二氧化碳对美国黄松的影响。下图显示了在不同温度下，不同直径的管胞数量。

根据下图回答第43～45题。

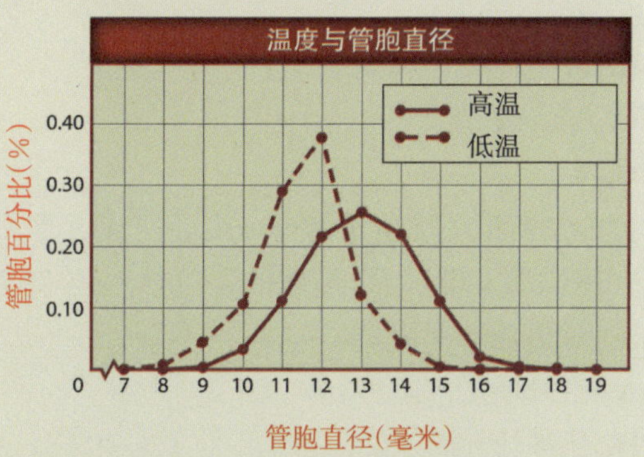

数据来源：Maherali,H., and Delucia, E.h.2000. Interactive effects of elevated CO_2 and temperature on water transport in ponderosa pine.*Amer. Journal of Botany* 87:243–249.

43. 每组测量数据中，直径为12毫米的管胞所占的百分比分别是多少？

44. 温度如何影响生长中的管胞直径？

45. 温度与直径之间的相互关系如何影响管胞的功能？

标准化测试

选择题

1. 米勒–尤列实验验证了(　　)。
   A. 马古利斯的内共生学说
   B. 米勒的氨基酸起源
   C. 奥巴林的原始汤理论
   D. 巴斯德的生物起源理论

根据下图回答第2题。

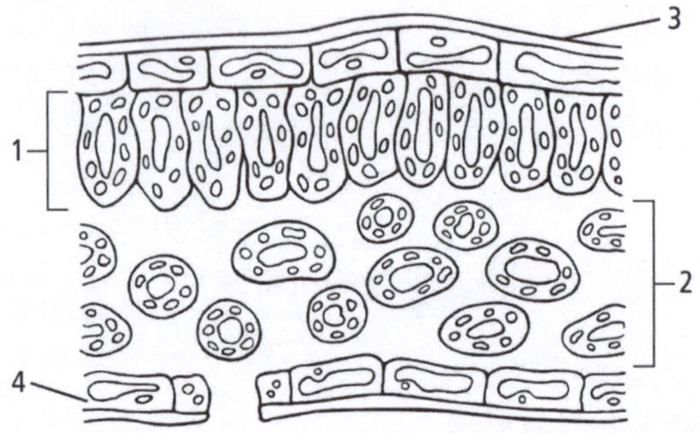

2. 光合作用发生的主要场所是(　　)。
   A. 1
   B. 2
   C. 3
   D. 4

3. 青苔是衡量环境质量的一个指标。某地建了一座燃煤发电厂后,该地的青苔数量越来越少,最可能的原因是(　　)。
   A. 空气质量下降
   B. 年平均气温下降
   C. 湿度改变
   D. 降水模式改变

4. 真菌进行无性繁殖的方式是(　　)。
   A. 接合
   B. 断裂
   C. 分节
   D. 转化

5. 下列特征中,对乔木的演化贡献最大的是(　　)。
   A. 世代交替
   B. 花
   C. 种子
   D. 维管组织

6. 类真菌原生生物获取食物的方法是(　　)。
   A. 从腐烂的有机体中吸收养分
   B. 食用单细胞生物吸收养分
   C. 与动物寄主保持共生关系,从动物寄主那里获得养分
   D. 吸收太阳光的能量,合成糖类,作为养分来源

7. 植物根冠的功能是(　　)。
   A. 为根的生长产生新细胞
   B. 帮助根部组织吸收水分
   C. 在根生长的时候起到保护根部组织的作用
   D. 为根部组织提供支撑

根据下图回答第8题。

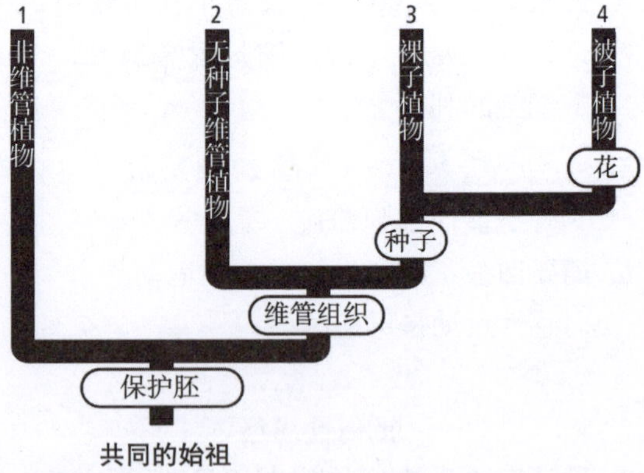

8. 在这棵进化树中,你能从(　　)所代表的植物中找到苏铁纲植物。
   A. 1
   B. 2
   C. 3
   D. 4

简答题

根据下图回答第9题。

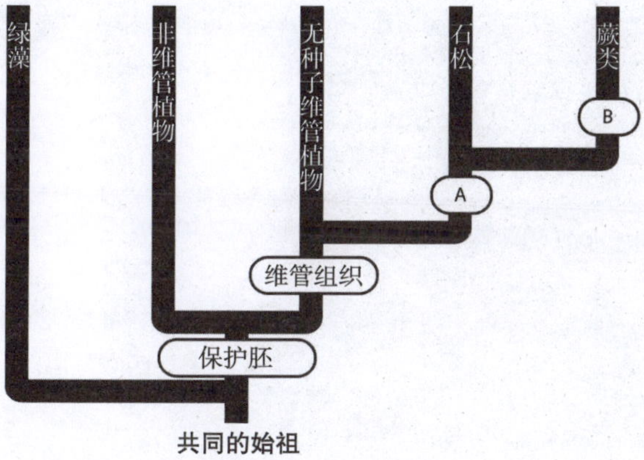

9. 观察上图中的进化树。分支点A和B分别填入什么词语最为合适？

10. 对比与比对有隔膜菌丝和无隔膜菌丝。

11. 写一个关于茎的演化有利于植物贮存更多养分的假设。

12. 用图表整理一年生植物、二年生植物和多年生植物之间的相似点和不同点。

13. 说出并描述两种植物维管组织的功能。

14. 保证古代绿藻得以延续至今的是它们具有的哪三项特征？

15. 描述植物叶片中维管组织的功能。

开放题

根据下图回答第16题。

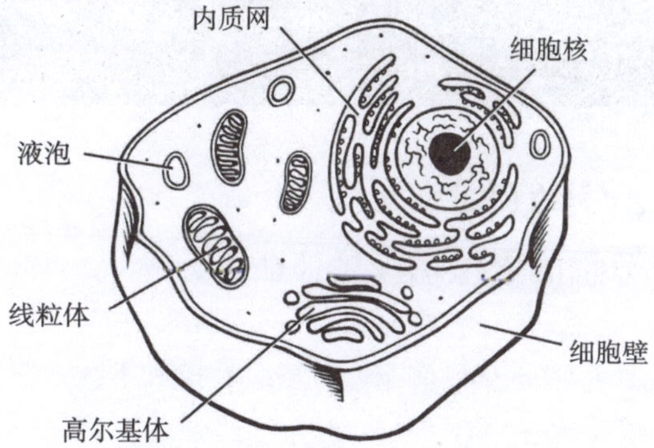

16. 根据上图细胞的特征，你能将该细胞所属的生物体归到哪一类呢？说明你这样归类的理由。

17. 评价叶绿体中类囊体的结构为何与其功能高度匹配。

论述题

想象一下，你打算把学校附近的一片区域改造成一个小花园。你可以订购种子在花园里播种，也可以从别的地方移栽一些小型植物。你的主要目标是让花园一年四季都有植物在生长。

利用上文中的信息，以论文的形式回答下列问题。

18. 基于你对植物和当地环境的了解，你认为哪一种植物最适合种在你的花园？在文章中有条理地描述你的计划，同时要保证你打算种植的各类植物都符合花园的标准。

考点提示																		
测试题号	1	2	3	4	5	6	7	8	9	10	11	12	13	14	15	16	17	18
对应章节	14.1	22.2	20.3	20.1	21.1，21.3	19.4	22.2	21.1	21.2	20.1	22.2	21.4	21.1	21.1	22.2	17.3	8.2	21.2，21.4

第23章

植物的繁殖

起步实验

植物的繁殖结构是什么?

你有没有注意到,许多植物似乎一到春天就纷纷开花了。你经过松树底下的时候捡起一颗松果,有没有想过为什么这一类树木会有松果呢?和许多生物体一样,植物也有繁殖结构,并进行有性繁殖。苔藓、蕨类、松柏以及被子植物都具有独特的繁殖结构。在本次实验中,你将研究植物的繁殖结构。

步骤

1. 阅读并完成实验室安全表。
2. 创建一个数据表,记录你的观察,并记录植物生殖结构的相关数据。植物生殖结构由教师提供。
3. 观察苔藓植物、蕨类植物、松柏类植物及开花植物的生殖结构。在数据表中,记录你的观察。

分析

1. **找出**不同植物生殖结构的相同点与不同点。
2. 基于已知植物的知识,**描述**开花植物可能如何利用花来繁殖。

折叠式 学习卡

制作一个四门式笔记本,用标签标记好孢子体世代和配子体世代的各个阶段。用这个笔记本整理关于植物世代交替的笔记。

内容聚焦 演化

植物的繁殖方式不断演化，并且变得越来越复杂。

大概念 不同植物的生命周期包含多种多样的繁殖方式。

第1节

植物的繁殖导论

本节预览

核心问题

- 营养繁殖有何好处?
- 世代交替分为哪些阶段?
- 苔藓、蕨类和松柏植物在繁殖上有何相似之处?

术语回顾

有鞭毛的:有一根或多根鞭毛,鞭毛像挥动着的鞭子一样推动细胞运动。

关键术语

营养繁殖
趋化性
丝状体
原叶体
异形孢子
大孢子
小孢子
珠孔

主要概念 **跟所有植物一样,苔藓、蕨类以及松柏植物的生命周期都包括世代交替。**

联系实际 你看过朋友小时候的照片吗?你能认出他们吗?有些植物在生命的各个阶段形态迥异。认出不同生命阶段的同一种植物可不像从老照片中找到你的朋友那样容易。

营养繁殖

无性繁殖是指不经过精子与卵细胞结合而进行繁殖的方式。**营养繁殖(vegetative reproduction)**是一种无性繁殖,利用亲代植株的某些部分产生子代植株。通过这种方式长成的子代植株是亲代植株的克隆,它们的基因组成与亲代植株完全相同。

营养繁殖有几大好处。营养繁殖通常比从孢子或种子长出植物的速度更快。我们之前学过,通过有性繁殖的方式产生的生物体会继承母体的部分特征。但相比之下,通过营养繁殖产生的植物与原亲代植株的相似度更高。而且,有些植物的果实不产生种子,营养繁殖是它们繁衍后代的唯一方式。

自然发生的营养繁殖 自然界中有许多营养繁殖的例子。在干燥的环境中,一些苔藓植物会脱水变干,变得易碎,而且容易被动物和风破坏,散落在各地。当环境有所改善,水分充足的时候,这些植物的碎片就会重新开始生长。地钱进行无性繁殖时,它会在配子叶状体上产生小小的杯状结构,如**图23-1**所示。草莓的匍匐茎是一种水平生长的茎,新的草莓植株在匍匐茎的末端长出;如果切除掉匍匐茎,植株也会继续生长。

图23-1 胞芽杯含有小块地钱组织。如果这些组织从胞芽杯中散落出来,就会长成新的植株。

人工控制的营养繁殖 多年来，农民、园艺家和科学家一直使用营养繁殖的方式培育植物。将根、茎、叶从植株上切下，在合适的环境中进行培育，就能长成新的植株。例如，可以把马铃薯切成几块，只要每一块上有眼或芽，放在合适的环境中，这些小块就会长出新植株，产出新的土豆。有些植物通过组织培养还能以单细胞的起点培育出来。离体的组织、器官或细胞在无菌条件下的固体培养基中生长，如**图23-2**所示，最终会长出许多一模一样的植物。

■ **图23-2** 这些仙人掌小苗就是利用组织培养技术培育出来的。

世代交替

植物具有世代交替的生活史，包括二倍体($2n$)的孢子体世代和单倍体(n)的配子体世代。如**图23-3**所示，孢子体世代通过有丝分裂和减数分裂产生单倍体的孢子，形成配子体世代。植物的种类不同，配子体也有大有小。植物界中有这样一个演化趋势：随着植物变得越来越复杂，其配子体变得越来越小。

配子体时期产生配子，即精子和卵细胞。植物之间的一个显著区别在于精子如何到达卵细胞。非维管植物和部分维管植物的精子必须借助于水环境才能到达卵细胞，而开花植物的精子不需要借助水就能达到卵细胞。

卵细胞受精后形成的合子是孢子体世代的第一个细胞。随着植物演化得越来越复杂，孢子体变得越来越大。植物之间除了孢子体的大小不同，还有一个显著差异在于孢子体的生长模式。开花植物和其他维管植物的孢子体完全独立于配子体生长，而大多数非维管植物的孢子体需要配子体提供支撑和养分。

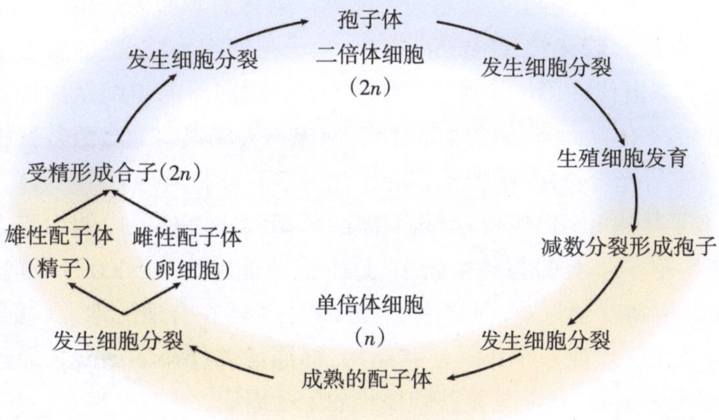

■ **图23-3** 植物的种类不同，形成孢子体(蓝色)和配子体(黄色)的过程也不一样。

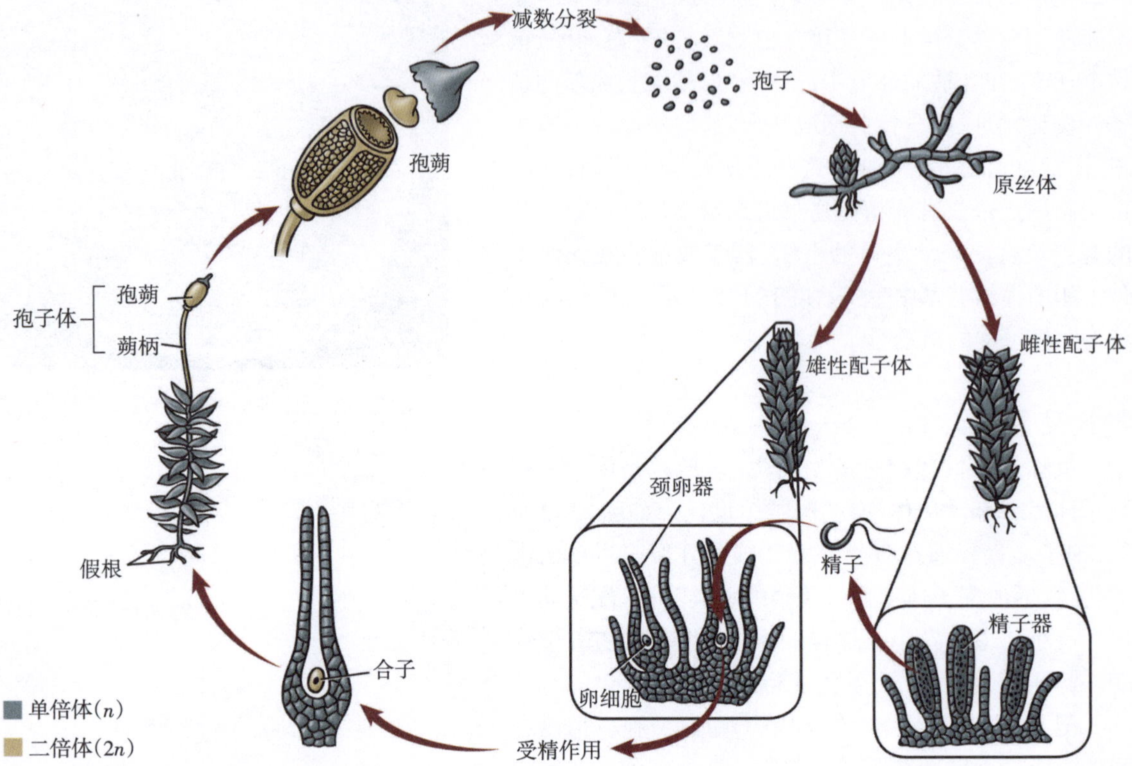

■ **图 23-4** 苔藓孢子体产生的孢子会长成配子体植物。经过受精作用之后，孢子体依附在配子体上发育生长，最终释放出孢子，重复其生命周期。

苔藓植物的繁殖与生命周期

如**图 23-4**所示，苔藓植物的繁殖与生命周期体现出世代交替的特征，在大多数非维管植物中具有典型性。在苔藓植物的生命周期中，最主要的阶段是配子体世代，你可能在潮湿阴暗的地方或者临近溪流的石头上见过。配子体产生颈卵器和精子器，这两种结构可能位于同一株苔藓植物，也可能位于不同的植物，其中后者比较常见。不同苔藓植物的颈卵器可能会产生一个或多个卵细胞。卵细胞的周围环绕着一层由颈卵器组织形成的保护层。

精子器产生有鞭毛的精子，精子需要水的帮助才能到达颈卵器。如果苔藓植物有一层水膜覆盖，精子就能游向颈卵器。这种对颈卵器产生的化学物质所做出的反应称为**趋化性（chemotaxis）**。精子与卵细胞结合，即发生受精作用，形成孢子体世代的第一个细胞，称为合子。颈卵器的组织保护着新的孢子体。新的孢子体从颈卵器中吸收营养，慢慢长大成熟。大多数苔藓植物的孢子体无法进行光合作用，需要依靠配子体获取养分和支持。

成熟的孢子体由顶端孢蒴和孢蒴下面的蒴柄构成。孢蒴内的细胞进行减数分裂，产生孢子。有的苔藓植物中，每个孢蒴能够产生5000万个孢子。当条件适宜时，孢蒴就会打开，释放孢子。如果孢子落在合适的地方，就会开始有丝分裂。最终，形成一个小的丝状结构，即**原丝体（protonema）**，原丝体又能发育成配子体植物，从而重复苔藓植物的生命周期。

蕨类植物的繁殖与生命周期

如果你去森林或温室参观，可能会见到蕨类植物花边状的叶。蕨叶是蕨类植物孢子体世代的一部分。如果你仔细观察，就能在蕨叶上发现产生孢子的结构，即孢子囊群。孢子囊群由多个孢子囊构成。孢子囊中的细胞进行减数分裂，产生的孢子开始新的配子体世代。

蕨类植物的孢子如果落在潮湿肥沃的土壤中，就能生长成为体积较小、形状呈心形的配子体，称为**原叶体（prothallus）**，如**图23-5**所示。原叶体的细胞含有叶绿体，所以能进行光合作用。大多数原叶体能形成精子器和颈卵器。精子器产生有鞭毛的精子，需要借助水才能游到颈卵器。受精作用发生后，形成的合子是孢子体世代的第一个细胞。同一原叶体中的精子和卵细胞会发生化学反应，阻止受精作用的发生。

合子经过有丝分裂，形成一个能进行光合作用的多细胞孢子体。起初，该孢子体依附在原叶体上生长，并从原叶体获得支持和养分。随后，原叶体逐渐枯萎至死亡，孢子体长出叶和根状茎。根状茎是一种厚厚的地下茎，能够长出根，并为进行光合作用的叶提供支撑。

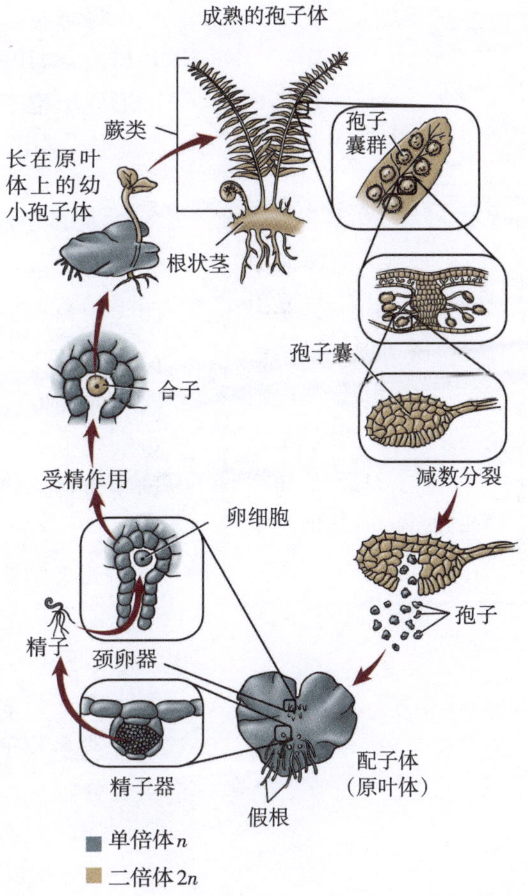

图23-5 在蕨类植物的繁殖过程中，孢子体时期和配子体时期的大小通常差别很大。

松柏植物的繁殖与生命周期

跟一些石松纲植物和蕨纲植物一样，松柏纲植物也属于**异形孢子（heterosporous）**植物。它们产生两种孢子，分别发育成雄性或雌性配子体。

雌球花由许多鳞片组成。每片珠鳞的基部生有两个胚珠。在每个胚珠中，大孢子囊的细胞进行减数分裂，产生四个**大孢子（megaspore）**。其中三个大孢子会相继消亡，存活下来的那个大孢子会进行有丝分裂，发育成雌性配子体。发育成熟后，雌性配子体会含有数以千计的细胞，以及2～6个颈卵器。每个颈卵器最终都会含有一个卵细胞。

雄球花 产生花粉的球花通常称为雄球花，由许多可繁殖的鳞片组成，鳞片内含有好几百个孢子囊。孢子囊内的细胞经过减数分裂形成**小孢子（microspore）**。从小孢子发育而来的花粉粒就是雄性配子体，它由四个细胞组成。花粉粒通过空气进行传播。

阅读检测 **比较**苔藓配子体和松树配子体的大小。

授粉种子植物的花粉粒落到同种植物雌性繁殖结构上的过程叫作授粉。如果松柏植物的花粉粒落在胚珠的开口即**珠孔（microphyle）**附近，就会附着在一种被称为花粉滴的黏性物质上。当花粉滴缓慢蒸发或被吸入胚珠中之后，花粉粒就被拉至距珠孔更近的地方。到了第二年，花粉粒才会继续发育。

种子发育 授粉之后，花粉粒会生成一个花粉管。花粉管在珠孔中生长，进而进入胚珠中。这个过程需要一年甚至更长的时间。花粉粒的四个细胞中，有一个会进行有丝分裂，形成两个不带鞭毛的精子。精子从花粉管进入卵细胞，如**图23-6**所示。一个精子和卵细胞结合，发生受精作用，形成合子，剩下的精子和花粉管会枯萎碎裂。合子依靠雌性配子体获得养分，从而进行有丝分裂，形成带有一片或多片子叶的胚。种子萌发时，子叶能进行光合作用，为胚提供养分。

随着胚不断发育，胚珠的外层就会形成种皮。种子的发育可能需要三年时间，一旦成熟，雌球花就会打开，将其释放出来。

学习小贴士

小组学习 和两名同学组成一个小组，学习苔藓、蕨类以及松柏植物的生命周期。每个同学选择一种植物的生命周期进行总结。小组学习的时候，向其他同学展示你的总结。

迷你实验 1

比较松柏植物的球果

如何比较不同松柏植物的球果？ 你有没有发现松柏上掉下来的球果分为很多种？在本次实验中，你将调查球果的种类。

步骤

1. 阅读并完成实验室安全表。
2. 制作数据表，用来记录你的观察结果、测量数据以及球果的比较情况。
3. 从教师那里领取球果。
4. 观察球果的物理特征，将观察和测量结果记录在数据表中。不要对球果造成任何损害。
5. 使用树木识别指南确认球果的种类。记录数据。
6. 将球果归还给教师。

分析

1. **对比与比对**各类球果。
2. **确定**球果内是否有种子。描述松柏植物种子的形成过程。

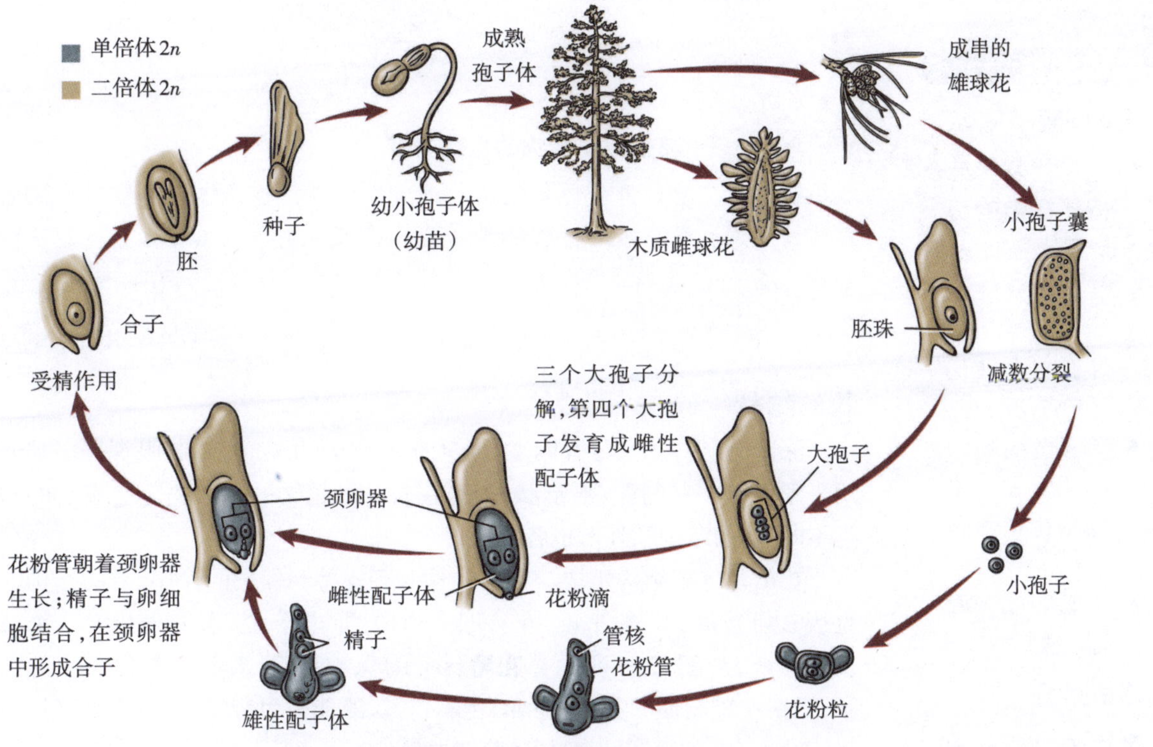

■ **图 23-6** 孢子体世代在松柏类植物的生命周期中占主导地位。

松柏类植物的繁殖方式多种多样，它们的生命周期也因种类的不同而长短不一。不是所有的松柏植物都有球果，例如，紫杉树会生成有肉质组织覆盖的胚珠。杜松种子的球果与浆果类似。尽管存在差异，但松柏植物的繁殖确保了这一类植物在自然界的生存繁衍。

第 1 节　测评

要点梳理

- 营养繁殖不通过有性生殖途径就能培育出新植株。
- 植物的生命周期包含世代交替。
- 苔藓植物的孢子体依靠配子体生长。
- 蕨类植物的孢子体能独立于配子体生长。
- 松柏植物的配子体在孢子体组织中发育。

要点理解

1. 主要 概念 **描述**世代交替的各阶段。
2. **识别**营养繁殖的好处。
3. **解释**蕨类植物的孢子体如何依靠配子体生长。
4. **对比与比对**苔藓植物与松柏植物的生命周期。

批判性思维

5. **明确**松柏植物的分布是如何受到环境影响的。

第2节

本节预览

核心问题

- 花包含哪些结构？各自的功能是什么？
- 什么是完全花和不完全花？什么是两性花和单性花？
- 单子叶植物的花和双子叶植物的花有何区别？
- 什么叫作光周期现象？

术语回顾

夜行性：是指生物只在夜间活动。

关键术语

花萼
花瓣
雄蕊
雌蕊
光周期现象
短日照植物
长日照植物
中日性植物
中日照植物

花

主要《概念 **花是被子植物的生殖器官。**

联系实际 你参加舞会佩戴过胸花或者襟花吗？也许你曾经给别人送花表明过心意。或许你还能想到很多例子，证明花对你的重要性。但是从科学的角度来说，花最重要的角色就是被子植物的有性繁殖器官。

花的结构

深紫的、雪白的、芳香四溢、腐臭难闻、华丽壮观、毫不起眼等词语都能用来形容花。花的颜色、形状、大小由每一种植物的基因决定。植物的种类不同，花的结构和外形也各异。

花由几部分结构组成。有的结构起到支持和保护的作用，有的结构则直接参与繁殖。一般来说，花有四大结构，即花萼、花瓣、雄蕊以及一个或多个雌蕊，如**图 23–7** 所示。**花萼（sepal）**保护花蕾，看起来就像小小的叶子，或跟花瓣类似。**花瓣（petal）**色彩丰富，既能吸引传粉者，也能为其提供降落的平台。花萼和花瓣环绕着花梗生长。

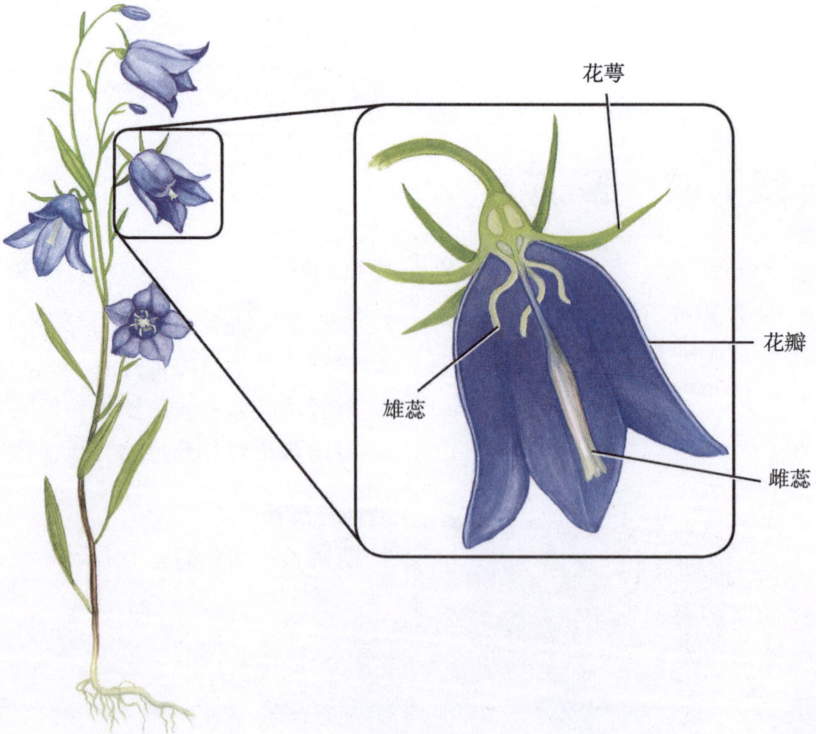

图 23–7 一朵典型的花主要由四大结构组成，即花萼、花瓣、雄蕊以及一个或多个雌蕊。

大多数花都有多个雄性生殖器官，即**雄蕊(stamen)**。雄蕊包括花丝和花药两部分。花丝呈长柄状，起到支撑花药的作用。花药中的细胞先进行减数分裂，之后进行有丝分裂，形成花粉粒。每个花粉粒最终会生成两个精子。

花的雌性生殖器官就是**雌蕊(pistil)**。花的中心有一个或多个雌蕊。雌蕊包括柱头、花柱和子房三部分。柱头位于雌蕊的顶端，是授粉作用发生的场所。花柱连接柱头和子房，子房内含有一个或多个胚珠，胚珠发育形成雌性配子体，雌性配子体发育形成卵细胞。

花的适应

大多数花都具备前文中所描述的花的四大结构。但是，很多花发生了变异。科学家根据这些变异把花进行了分类。

结构变异 由花萼、花瓣、雄蕊及一个或多个雌蕊组成的花称为完全花。当一朵花缺少其中的一个或多个结构时，这种花称为不完全花。例如，细辛的花缺少花瓣，就是一种不完全花。关于花的另外一种描述就是两性花和单性花。同时具有雄蕊和雌蕊的花称为两性花。只有雄蕊或只有雌蕊的花称为单性花。有些植物，如黄瓜和南瓜，它们的花就是单性花。含有雄蕊的花，即雄花，会释放花粉粒。含有雌蕊的花，即雌花，经过受精作用之后，会发育形成果实。

植物的种类不同，每种花所含相应结构的数量也不一样。根据其数量，能区分单子叶植物和双子叶植物。如果花瓣的数量是4或5的倍数，那么这种植物通常是双子叶植物。双子叶植物的花的其他结构(花萼、雌蕊和雄蕊)的数量也一样是4或5的倍数。例如，十字花科植物的花有4个花萼和4个花瓣，如**图23-8**所示。单子叶植物的花的结构数量一般是3的倍数。**图23-8**中的单子叶植物有6个花瓣和6个雄蕊。

■ **图23-8** 根据花就能识别出植物是单子叶植物还是双子叶植物。

双子叶植物

单子叶植物

图解授粉过程

图23–9

植物的花发生适应性进化以确保授粉正常进行。风和一些动物都能帮助植物传粉。

风能传播质量很轻的橡树花粉，这可能会引起很多人的过敏反应。橡树的花像流苏一样垂下来，在空中飘动。

蜂鸟易被红色的花吸引。它长长的喙能够伸到花的底部吸取花蜜。

当夜幕降临的时候，有些浅色系的花会散发出很浓的香味，吸引飞蛾靠近。

腐肉花会散发出恶臭味，吸引苍蝇和甲虫为其传粉。

有花蜜的花常常会吸引昆虫类传粉者，如蜜蜂。

授粉机制 不同种类的被子植物，它们的花在大小、形态、颜色以及花瓣的排列上都各具特色。花的许多适应都与授粉有关，如**图23-9**所示。

自花授粉与异花授粉 链接 历史

我们曾学过，孟德尔发现豌豆花倾向于自花授粉，但也能进行异花授粉。进行自花授粉的花除了给自身授粉，也能给同一植株的其他花授粉。有些花只能进行异花授粉，这也是传粉者在被子植物的繁殖过程中扮演重要角色的原因之一。在传粉者的帮助下，花粉能够传播到进行异花授粉的花中。传粉者也保证了单性花进行繁殖的可能，例如**图23-10**中的南瓜花。

动物传粉 如**图23-9**所示，接受动物授粉的花大多色泽鲜艳，有强烈的气味，或者能生成带甜味的浆液，即花蜜。当昆虫和其他小动物一朵花接着一朵花地寻找花蜜时，也就把花粉从一朵花带给另一朵花。还有的昆虫以花粉为食。牡丹、玫瑰和丁香颜色鲜艳，且气味香甜，会吸引蜜蜂、蝴蝶、甲虫和黄蜂等昆虫。白色或淡黄色的花在黄昏和夜晚的可见度较高，能够吸引蛾子和蝙蝠等夜行性动物。通过鸟类进行传粉的花很少或基本不会释放出气味，鸟的嗅觉较差，所以一般通过视觉来定位植物。

风媒传粉 如果花没有艳丽的颜色或芳香的气味，如**图23-9**所示，通常就会进行风媒传粉。它们会产生许多质量很小的花粉，以确保有花粉能够落在同种植株雌蕊的柱头上。此外，进行风媒传粉的花，它们的雄蕊常常垂在花瓣下面，以便借助风力。这类花的柱头一般也很大，便于让花粉粒落在上面。大多数乔木和草本植物都进行风媒传粉。

阅读检测 **对比与比对**几种授粉机制。

与生物学相关的职业

植物育种专家 掌握花的结构、授粉机制以及遗传学方面的知识对植物育种专家来说至关重要。植物育种专家选择具有优良性状的植物进行育种，将它们集中培育，并记录结果。

■ **图23-10** 南瓜要结成果实需要蜜蜂或其他昆虫将花粉从雄花传到雌花。

确定 *南瓜花是两性花还是单性花，并说明理由。*

起步实验

回顾 根据你对植物繁殖的了解，回答本章开头“起步实验”中的问题。

光周期现象 植物学家注意到，有些植物只在一年中的某个特定时期开花，于是做了许多实验来解释这种现象。起初，他们集中研究日照时间对植物的影响。但后来他们发现，影响植物开花的关键因素不是日照时间，而是不间断的黑夜时数。这种植物对环境的开花反应称为**光周期现象（photoperiodism）**。科学家还发现，每种植物的花开始发育都是对一定长度的黑夜时数的反应。这个时间长度叫作植物的临界期。

植物学家根据临界期将被子植物分为四种不同类型：短日照植物、长日照植物、中日性植物和中日照植物。这几种名称说明研究者们一开始将重点放在日照时数上。其实短日照植物更精确的称谓应该是长夜植物。关于这些植物的详细描述请参考**图23-11**。

短日照光周期现象 当黑夜时数比临界期长时，**短日照植物（short-day plant）**就能开花。例如，短日照植物处在黑暗中16个小时就可以开花。在冬季、春季和秋季，当黑夜长于白昼，短日照植物就会开花。短日照植物包括三色堇、猩猩木、郁金香和菊花等。

长日照光周期现象 当黑夜时数比临界期短时，**长日照植物（long-day plant）**就能开花。长日照植物多在夏天开花，如莴苣、紫菀、金花菊、菠菜和马铃薯等。

迷你实验 2

比较花的结构

不同植物的花的结构有何区别？随便逛一下花园或者花店，你就会发现，各种各样的花让人应接不暇。研究一下不同种类的花之间的区别。

步骤

1. 阅读并完成实验室安全表。
2. 制作数据表，用来记录观察结果和测量数据。
3. 从教师那里领取本次实验所需要的花。
4. 观察花在结构、颜色、大小和气味上的差异。不要给花造成任何伤害。
5. 给每一朵花画一幅简图，在数据表中记录观察结果。
6. 将花归还给教师。

分析

1. **对比与比对**你所观察的花的结构。
2. **推断**你所观察的花瓣为何有多种颜色。
3. **提出**解释，说明花的大小和形状为什么各不相同。

■ 图 23-11 植物何时开花取决于其临界期。

中日性光周期现象 许多热带地区的本土植物属于**中日性植物（intermediate-day plant）**。这意味着只要黑夜时数既不太长也不太短，它们就会开花，例如，甘蔗和一些草本植物等。

中日照光周期现象 有些植物无论黑夜长短，只要能接收到足够的光进行光合作用以支持其生长活动，就会开花。这种在一定范围的黑夜时数下开花的植物属于**中日照植物（day-neutral plant）**，包括荞麦、玉米、棉花、番茄和玫瑰等。

第 2 节 测评

要点梳理

- 一朵典型的花主要由花萼、花瓣、雄蕊以及一个或多个雌蕊组成。
- 花包括两性花和单性花以及完全花和不完全花。
- 花在结构上的差异可以用来区分单子叶植物和双子叶植物。
- 花的适应性进化使得花更容易吸引传粉者。
- 光周期现象影响植物开花的时间。

要点理解

1. 主要概念 **对比与比对**一朵典型的花所具备的四大结构的功能。
2. **描述**典型的单子叶植物的花和双子叶植物的花各有何特征。
3. **对比与比对**完全花和不完全花。
4. **预测**哪种光周期现象会使植物在春天开花。

批判性思维

5. **制订**计划，使长日照植物在冬天开花。
6. **评估**传粉者对单性花的重要性。

科技 写作

7. 从传粉者的视角写一篇文章，描述传粉者光顾一朵花的经历。

第3节

被子植物

本节预览

核心问题

- 如何描述被子植物的生命周期?
- 被子植物的受精及种子的形成过程是怎样的?
- 种子传播有哪几种方式?
- 什么是种子的萌发?

术语回顾

细胞骨架:细长的蛋白质纤维,能够形成细胞的骨架。

关键术语

极核
胚乳
种皮
发芽
胚根
下胚轴
休眠

主要概念 **被子植物的花经过受精作用之后能够发育成种子和果实。**

联系实际 1893年,美国最高法院裁定,番茄是一种蔬菜而不属于水果。法官的理由是,因为番茄不甜,所以不属于水果。请根据本节内容判断此裁定是否具有科学性。

生命周期

被子植物是地球上种类最多且分布最广泛的植物,它们因为具备花而独一无二。被子植物跟所有的植物一样具有独特的生命周期,显示出世代交替的特征。和松柏植物类似,被子植物以孢子体世代为主,孢子体世代为配子体世代提供支持,但不同种类的被子植物的繁殖过程也各有不同。

配子体的发育 被子植物的花尚未成熟时,雌性和雄性配子体就开始发育了。被子植物具有异形孢子,雌蕊产生大孢子,雄蕊产生小孢子。雌蕊子房的胚珠中有一种专门细胞,能进行减数分裂,产生4个大孢子。一般情况下,4个大孢子中有3个大孢子会退化消亡。剩下的那个大孢子的细胞核会进行有丝分裂。有丝分裂持续进行,大孢子不断生长,直到形成一个有8个细胞核的大细胞。如**图23-12**所示,2个细胞核朝着中心移动,其他6个细胞核周围形成细胞膜。最终,细胞两端分别有3个细胞核,中心有两个细胞核,这两个细胞核称为**极核(polar nuclei)**。一端的3个细胞核中与珠孔距离最近的那个发育成卵细胞。含有卵细胞和7个细胞核的细胞就是雌性配子体。

雌性配子体和雄性配子体的发育可能同时进行,也可能不在同一时间进行。花药中的特定细胞通过减数分裂产生小孢子。如**图23-13**所示,每个小孢子中的细胞核经过有丝分裂,形成2个细胞核,即管核和生殖核。小孢子外层形成厚厚的细胞壁,起保护作用。这时候的小孢子还是一个尚未成熟的雄性配子体,即花粉粒。

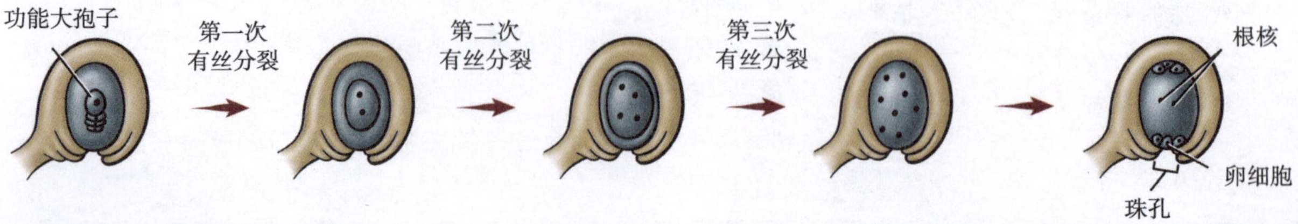

■ **图23-12** 大孢子通过减数分裂形成,卵细胞经过有丝分裂形成。这株植物有12条染色体。
推断 *卵细胞的染色体数量。*

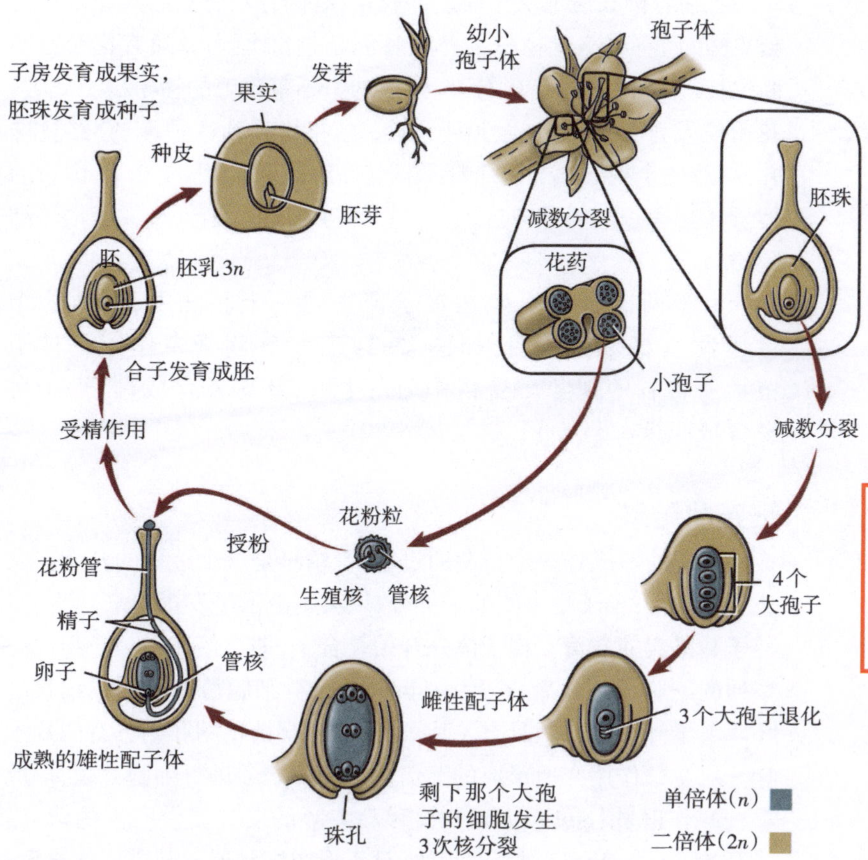

■ **图23-13** 被子植物的生命周期包括配子体世代和孢子体世代，例如桃子。雄性配子体和雌性配子体周围环绕着孢子体组织。

折叠式 学习卡

本节信息可纳入折叠式学习卡中。

科学家根据花粉粒独特的细胞壁外层（即花粉外壁）就可以判断该花粉粒属于什么科或什么属。这一特征对古生物学家和法医来说非常有用，古生物学家通过花粉化石可以追溯某些地区的农业史，法医使用花粉证据确定犯罪事件发生的时间和地点。

授粉与受精 我们在本章前面部分已经学过，花的各种适应性是为了确保花粉能够成功从花药运送到雌蕊的柱头。一旦授粉成功，花粉粒就能形成花粉管，花粉管是花粉粒的延伸部分。通常，花粉管会向下生长，穿过雌蕊到达子房。两个细胞核顺着花粉管到达胚珠附近。

链接 化学 花粉粒的外壁含有一种物质，该物质能与雌蕊柱头上的某种物质发生反应，这种反应会刺激或抑制花粉管的生长。例如，某些罂粟花的花粉粒落到柱头上，但不能与之相容时，就会发生化学反应，阻止花粉粒的细胞骨架形成，从而抑制花粉管的生长。当花粉不相容时，植物会发生不同的反应机制，阻碍花粉形成功能花粉管。

当相容的花粉粒落到柱头上时，花粉粒会吸收柱头上的某种物质，花粉管就开始形成，如**图23-13**所示，管核引导花粉管的生长。但最近的研究表明，花粉管朝着胚珠生长是一种趋化性反应。研究还发现，在有些植物中，钙会影响花粉管生长的方向。

术语

相容

意思是能共同起作用。普通玉米的花粉与甜玉米的花粉能够相容，因此这两种作物一定要相隔一段距离种植，以免相互污染。

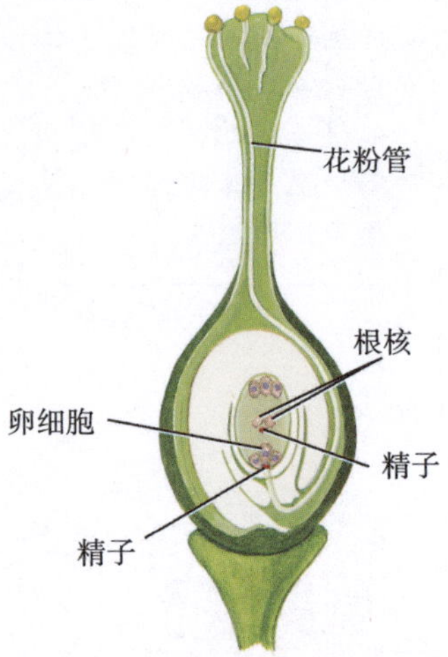

■ **图 23–14** 双受精作用完成后，会形成二倍体和三倍体组织。

花粉管的长度取决于雌蕊的长度，有的花粉管只有几厘米长甚至更短，而有些玉米植株的花粉管能超过50厘米。随着花粉管不断生长，生殖核经过有丝分裂，形成两个不带鞭毛的精子核。此时，花粉粒发育为成熟的雄性配子体。当花粉管到达胚珠，会穿过珠孔，释放两个精子核。一个精子核与卵细胞融合，形成合子，即新的孢子体。另一个精子核与胚珠中心的两个极核融合，形成三倍体细胞($3n$)。

由于两次受精发生在被子植物同一个胚珠中，因此这个过程称为双受精作用，如**图 23–14** 所示。双受精作用是被子植物所特有的现象。受精作用发生后，胚珠发育成种子，子房发育成果实。

繁殖的结果

种子的形成是一个长期的过程，受精只是这个过程的开始。在被子植物中，种子是果实的一部分，果实则由子房发育而来。

种子和果实的发育 孢子体一开始是合子，即二倍体($2n$)。经过一系列的细胞分裂之后，产生一群细胞，这群细胞最终发育成细长的胚。单子叶植物的胚具有一片子叶，双子叶植物的胚则具有两片子叶。双受精作用之后形成的三倍体细胞($3n$)会进行细胞分裂，形成一种叫作**胚乳(endosperm)**的组织，为胚的发育提供所需的营养。一开始，这些细胞分裂速度很快，且不形成细胞壁。胚乳成熟之后，细胞壁才得以形成。有些单子叶植物的胚乳是种子的主要组成部分，占据了种子大部分体积，椰子树就是一种单子叶植物。双子叶植物在种子成熟的过程中，其子叶会吸收胚乳组织的大部分养分。因此，双子叶植物种子的子叶为胚提供所需的主要营养。单子叶植物和双子叶植物的种子如**图 23–15** 所示。

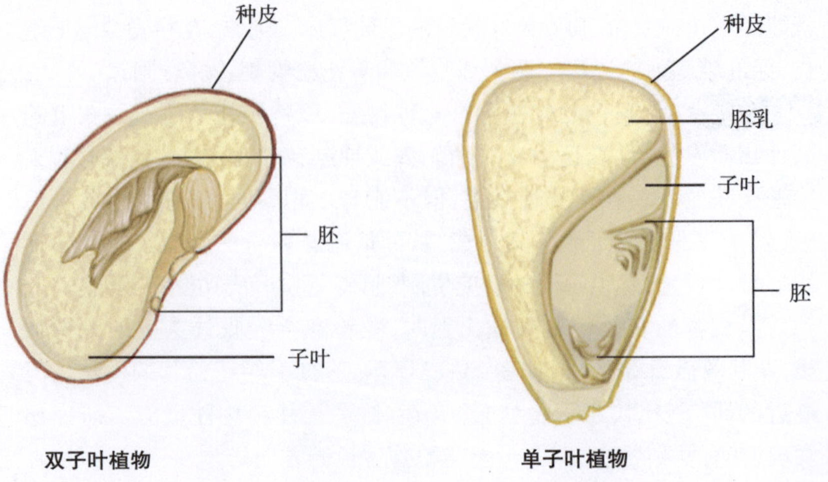

■ **图 23–15** 单子叶植物的种子与双子叶植物的种子不太一样。**识别**两种种子的胚的养分来源。

随着胚乳不断成熟，胚珠的外层（即珠被）会变得坚硬，形成保护性组织，即**种皮（seed coat）**。你在吃豆子或豌豆的时候可能会看到它们的种皮。种皮是一层薄薄的外衣，当种子被烹饪时，它们就会脱落或变得松弛。

你在吃番茄或黄瓜的时候，有没有注意到里面有多少粒种子？植物的种类不同，其子房所含有的胚珠的数量也不同，有的只有一个胚珠，有的则可能有几百个胚珠。胚珠发育成种子之后，形成果实的子房也会发生变化。

果实的形成首先从子房壁开始。有些植物的果实由子房壁或花的其他结构发育而来。例如，苹果的种子位于由子房发育而来的果核中。我们吃到的多汁的果肉则是由花的其他部分发育而来的。

除了苹果之外，其他水果，如桃子和橙子，都是肉质水果。有些果实又干又硬，如核桃和谷物。观察**23–1**，学习果实的种类。

阅读检测 **对比与比对**种子的形成与果实的形成。

表23–1 **果实的种类**

果实种类	花和果实	描述
简单肉质果	 桃子	简单肉质果有一颗或多颗种子。苹果、桃子、葡萄、橙子、番茄和南瓜都属于简单肉质果。
聚合果	 覆盆子	形成聚合果的花含有多个雌性器官，果实成熟时会融合在一起。聚合果包括草莓、覆盆子和黑莓等。
聚花果	 菠萝	聚花果由许多花形成而来，这些花在果实成熟时会融合在一起。聚花果包括无花果、菠萝、桑葚和橙桑等。
干果	 紫荆	这类果实成熟时特别干。蚕豆、坚果和谷物都属于干果。

种子的传播 果实不仅对种子起到保护作用，还能帮助种子进行传播。种子脱离母体传播，能提高植物后代的存活率。例如，许多植物在同一个地方生长，就面临着对阳光、水和土壤养分的竞争。种子如果在亲本植株和其他同类植株附近发芽，就需要争夺这些资源。

如果植物的果实吸引了某种动物，果实就有可能这种被动物带到很远的地方去。动物把果实掩埋或储存起来，但通常不会全部吃掉，所以未被食用的种子也有可能发芽。有些动物，如鹿、熊和鸟，会以果实为食，种子经过它们的消化道没有遭到破坏，会随着它们的粪便一起排泄到土壤中。还有的种子发生了结构上的变异，能跟随水、动物和风进行传播。

种子的萌发 当种子中的胚开始生长，这一过程就叫作**发芽（germination）**。发芽受到多方面的影响，包括水、氧气、温度以及**数据分析实验**中所描述的因素等。大多数种子有发芽的最适温度，例如，有的种子在土壤温度低时会发芽，而有的种子在土壤温度高时才会发芽。

种子吸水后就会发芽。细胞吸收水分，种子就会膨胀，胀破种皮。水还能为种子中正在生长的部分运输养分。

消化酶会帮助分解种子中贮存的养分。分解的养分和氧气是细胞呼吸的原料，为种子生长提供能量。

数据分析实验

基于真实的数据*

了解前因后果

什么是植化相克？在自然界中，有些植物会分泌某种物质，影响周围的其他植物，这种现象称为植化相克。科学家研究了植化相克与外来植物（如大蒜芥）的分布之间的关系。他们调查了大蒜芥对两种本土植物（即水杨梅和路边青）的种子萌发所产生的影响。

数据与观察

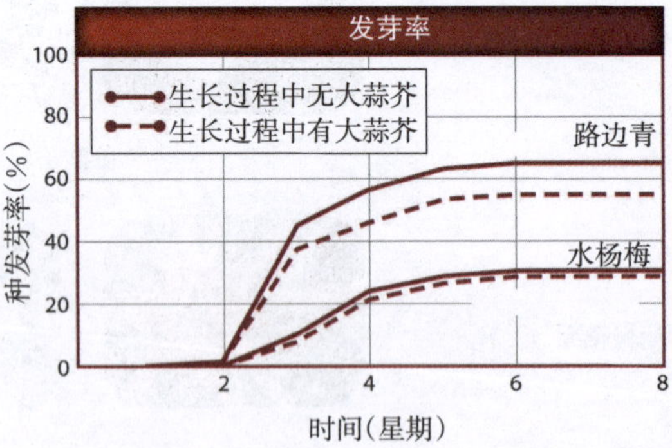

*数据来源：Prati，D. and O Bossdorf. 2004. Allelopathic inhibition of germination by *Alliaria petiolata*(Brassicaceae). *Amer. Journal of Bot*. 91(2)：285–288.

批判性思维

1. **描述**大蒜芥对种子发芽的影响。
2. **设计实验** 我们知道，苜蓿对一些种子的萌发会产生化感抑制作用。研究苜蓿芽对你选的种子所产生的影响。

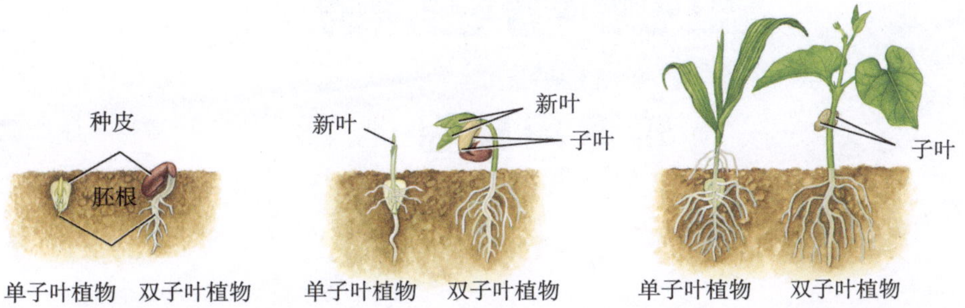

■ **图23-16** 单子叶植物与双子叶植物在种子的萌发上存在差异。

首先出现在种子外部的结构是胚的**胚根(radicle)**,胚根从环境中吸收水分和营养物质。如**图23-16**所示,胚根将发育为植物的根系。**下胚轴(hypocotyl)**是最靠近种子茎的一部分,也是许多植物的幼苗首先破土而出的部分。一些双子叶植物的下胚轴在生长的时候,会将子叶一起推出地面。含有叶绿体的幼苗一旦位于地表之上并接触到光时,就会开始进行光合作用。在单子叶植物中,幼苗的生长稍有不同。当茎从土壤中长出,植物子叶仍然留在地下。

有的种子能够经受住严峻的环境考验,例如,干旱和低温;有的种子一经散播,立刻就能发芽;还有的种子即便过了很长时间也能发芽;有些枫树的种子一定要在传播之后的两个星期以内发芽,如果超过了这段时间,就不再发芽。植物在生长期结束时产生的种子大多数会进入**休眠(dormancy)**,生长暂缓或停止。休眠是植物的一种适应,能够提高种子在恶劣环境中的存活率。不同植物的休眠期不同。

第3节 测评

要点梳理

- 被子植物的生命周期包括世代交替。
- 配子体的发育在花中进行。
- 双受精作用是被子植物所特有的现象。
- 种子为胚胎期的孢子体提供保护和养分支持。
- 果实为种子提供保护,并有助于种子的传播。
- 环境条件影响种子的萌发。

理解要点

1. 主要概念 **绘制**示意图描述被子植物生命周期的各个阶段。
2. **总结**雄性配子体的发育。
3. **阐述**双子叶植物种子的内部结构。
4. **讨论**双受精作用的重要性。
5. **绘制**组织图,描述种子传播的不同方式。

批判性思维

6. **分析**不相容的花粉无法产生花粉管的阻止机制。
7. **对比与比对**单子叶植物和双子叶植物种子的萌发。

生物中的数学

8. 一个兰花豆荚能形成300万颗种子。如果把这300万颗种子种在土里,有186万颗种子发芽,那它的发芽率是多少?

生物与社会

转基因植物

你早餐时吃过玉米片、全麦吐司或喝过橙汁吗？如果你是从大型超市买的这些食品，那你吃到转基因食品的可能性就会很大。几个世纪以来，人们通过选择育种来改变植物的遗传特征。直到最近，科学家才通过基因工程改变植物的基因组成。

什么是转基因植物？ 在基因工程出现之前，人们进行选择育种。例如，如果有真菌感染了玉米作物，农民就会收集那些未被感染的植株的种子。如果农民一直挑选那些未被真菌感染的植物种子，那么经过一段时间之后，就能培育出抗菌性玉米。

近年来，科学家进行种内基因转移使植物发生变化。他们把抗虫及抗病的基因从一棵植株转移到同种植物的其他植株。一般来说，进行种内基因转移的植物食用起来很安全。1994年，科学家研发出不会过早变软的番茄，自此，第一种转基因食物问世。

其他转基因植物包括玉米、大豆、棉花、小麦、大米、苹果葡萄(苹果和葡萄的杂交品种)和杏李(杏和李子的杂交品种)等。

有何好处与风险？ 研发或使用转基因植物有好处，但也存在风险。好处包括提高营养价值和作物产量，延长保质期，抵抗除草剂、病毒和真菌等。转基因作物不利的一面在于其易于与多种近缘植物进行异花授粉从而造成基因污染。

这些转基因的贝尔柑橘收获之后，将在美国各地出售。贝尔柑橘是普通柑橘和葡萄柚的杂交品种。

尽管转基因植物有多种好处，但许多政治、社会以及经济上的因素还是会影响我们种植植物的方式。全方位地深入考虑这些问题是十分重要的。

生物学 辩论

辩论 种间转基因植物是否应该无限制地继续研发下去？进行调查研究，提出论点，支持自己选择的一方，并对对方的观点进行反驳。

生物实验室

单子叶植物与双子叶植物的花有何不同?

背景: 花是被子植物的生殖器官,其形态多种多样。植物学家根据种子的结构特征把被子植物分为两类,即单子叶植物和双子叶植物。其实,这两类植物的花也各不相同。完成本次实验,以探究这两种植物的差异。

问题: 单子叶植物的花与双子叶植物的花存在哪些结构上的差异?

实验器材

单子叶植物的花
双子叶植物的花
彩色铅笔
选择适合本次实验的其他器材

安全注意事项

警告:使用解剖工具要小心。

设计与实施实验

1. 阅读并完成实验室安全表。
2. 观察并比较单子叶植物的花和双子叶植物的花的特征。
3. 制作数据表,记录你对单子叶植物和双子叶植物花的观察结果。画出每一种花的简图。
4. 实验开始之前要获得教师批准。
5. 按照计划进行观察。
6. 在单子叶植物的花中,给其中一幅简图标出雄性和雌性繁殖结构所在的位置,并涂上颜色。
7. 重复步骤6,给双子叶植物的花做好标记和涂色。
8. **清理与处理** 处理好花的各个部分。在教师的指导下,清理所有实验用具,并归还到相应的存放地点。

实验分析和结论

1. **对比与比对**单子叶植物的花和双子叶植物的花的特点。
2. **得出结论** 你检测过的花中,哪些属于单子叶植物?哪些属于双子叶植物?
3. **误差分析** 将你的数据与其他同学的数据进行比较,说明存在差异的原因。

运用技能

实地调查 与朋友一起或者自己单独参观花店、花房或温室。根据你观察到的花的结构,列出所看到的单子叶植物和双子叶植物。触摸植物之前,要获得允许。

第23章 复习指南

内容聚焦 演化 植物的繁殖方式不断演化，并且变得越来越复杂。

大概念 不同植物的生命周期包含多种多样的繁殖方式。

第1节 植物的繁殖导论

营养繁殖
趋化性
原丝体
原叶体
异形孢子的
大孢子
小孢子
珠孔

主要概念 **跟所有植物一样，苔藓、蕨类以及松柏植物的生命周期都包括世代交替。**

- 营养繁殖不通过有性生殖途径就能培育出新植株。
- 植物的生命周期包含世代交替。
- 苔藓植物的孢子体依靠配子体生长。
- 蕨类植物的孢子体能独立于配子体生长。
- 松柏植物的配子体在孢子体组织中发育。

第2节 花

花萼
花瓣
雄蕊
雌蕊
光周期现象
短日照植物
长日照植物
中日性植物
中日照植物

主要概念 **花是被子植物的生殖器官。**

- 一朵典型的花主要由花萼、花瓣、雄蕊以及一个或多个雌蕊组成。
- 花包括两性花和单性花以及完全花和不完全花。
- 花在结构上的差异可以用来区分单子叶植物和双子叶植物。
- 花的适应性进化使得花更容易吸引传粉者。
- 光周期现象影响植物开花的时间。

第3节 被子植物

极核
胚乳
种皮
发芽
胚根
下胚轴
休眠

主要概念 **被子植物的花经过受精作用之后能够发育成种子和果实。**

- 被子植物的生命周期包括世代交替。
- 配子体的发育在花中进行。
- 双受精作用是被子植物所特有的现象。
- 种子为胚胎期的孢子体提供保护和养分支持。
- 果实为种子提供保护，并有助于种子的传播。
- 环境条件影响种子的萌发。

第23章 测评

第1节

术语回顾

下面语句有误。请选择学习指南中的词汇，替换下列句子中画横线的词语，使句子成立。

1. 松柏植物的大孢子会发育成花粉粒。
2. 原丝体是蕨类植物的配子体。
3. 趋化性是指从亲代植株的部分组织长出子代植株。

要点理解

4. 下列是蕨类植物的原叶体的是(　　)。

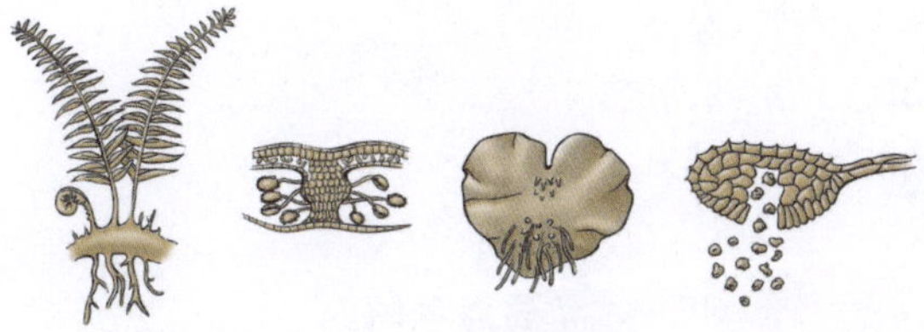

A.　B.　C.　D.

5. 下列描述蕨类植物的孢子体与配子体之间关系的语句，最准确的是(　　)。
   A. 孢子体比配子体小
   B. 孢子体比配子体大
   C. 孢子体总是独立于配子体生长
   D. 孢子体总是依附于配子体生长
6. 松柏植物的雌性配子体从(　　)发育而来。
   A. 原叶体
   B. 受精卵
   C. 小孢子
   D. 大孢子
7. 下列不是营养繁殖好处的是(　　)。
   A. 植物特征相同
   B. 植物基因相同
   C. 繁殖速度更快
   D. 基因变异更大

回答问题

8. **主要概念** 制作苔藓植物生命周期的流程图。
9. **简要回答** 苔藓植物的孢子体依附配子体生长的利弊分别是什么？

根据下图回答第10题。

10. **简要回答** 解释上图中各植株之间基因的关系。

批判性思维

11. **讨论**植物具有异形孢子的优势和劣势。
12. **内容聚焦 变化** 针对松柏植物的独立孢子体世代提出一种可能的生长发育机制。

第2节

术语回顾

区分下列每组中的两个词语。

13. 雌蕊、雄蕊
14. 长日照植物、短日照植物
15. 花瓣、花萼

要点理解

16. 花的(　　)会产生花粉。
    A. 雄蕊　B. 雌蕊　C. 花瓣　D. 花萼

17. 在(　　)条件下，短日照植物会开花。

A. 黑暗时数大于光照时数

B. 黑暗时数小于光照时数

C. 黑暗时数与光照时数相等

D. 黑暗时数和光照时数不是影响因子

根据下图回答第18题。

18. 下列词语能用来描述上图中花的是(　　)。

A. 两性花、完全花

B. 两性花、不完全花

C. 单性花、不完全花

D. 单性花、完全花

19. 下列描述中，最符合进行风媒传粉的是(　　)。

A. 花粉量少

B. 花粉粒较大

C. 花粉量多

D. 花蜜多

20. 下列描述单子叶植物的花的是(　　)。

A. 4个花萼，4片花瓣

B. 5个花萼，10片花瓣

C. 12个花萼，12片花瓣

D. 4个花萼，8片花瓣

回答问题

21. **简要回答** 为什么短日照植物和长日照植物并不是描述这两类植物的最佳词语。

22. **开放式回答** 就花的变异提出一种可能的情况，在这种情况下，授粉将需要水的参与。解释其中的原因。

23. **主要概念** 解释花的适应性进化能增加授粉成功率的原因。

批判性思维

24. **设计实验** 检测蝴蝶辨别真花和人造花的能力。

25. 评估光周期现象的好处。

第3节

术语回顾

解释下列每组中两个术语之间的关系。

26. 休眠、发芽

27. 下胚轴、胚根

28. 极核、胚乳

要点理解

29. 下列不属于种子的一部分的是(　　)。

A. 子叶　　B. 胚

C. 胚乳　　D. 花粉

30. 下列描述的是被子植物的胚的是(　　)。

A. 二倍体　　B. 单倍体

C. 一倍体　　D. 三倍体

31. 花粉粒是(　　)发育而来的。

A. 卵细胞　　B. 胚

C. 胚乳　　D. 小孢子

根据下图回答第32题。

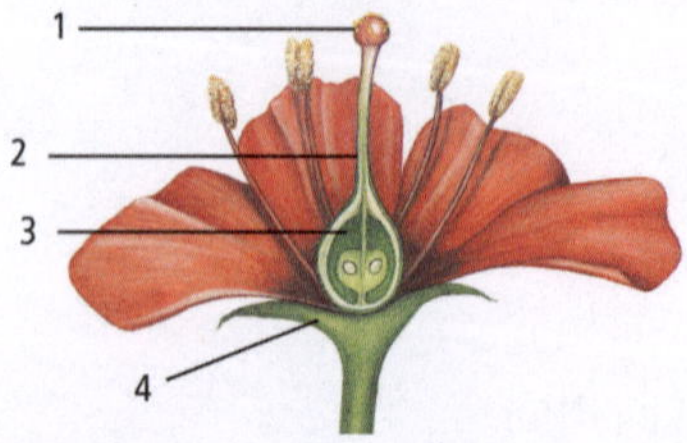

32. 果实通常是由上图中(　　)发育而来的。

A. 1　　B. 2

C. 3　　D. 4

33. (　　)是种子的非活跃期。

A. 世代交替

B. 休眠

C. 受精

D. 光周期现象

回答问题

34. **主要概念** 描述被子植物种子和果实的形成。

35. **简要回答** 解释果实或种子传播为什么意义重大。

36. **开放式回答** 提出假设，解释为什么被子植物的雌性配子体产生大量的细胞核，但只有其中两个细胞核会参与受精作用。

37. **开放式回答** 如**图23-16**所示，当种子发芽的时候，突破种皮的第一个结构通常是胚根，这对胚有何好处？

批判性思维

根据下图回答第38、39题。

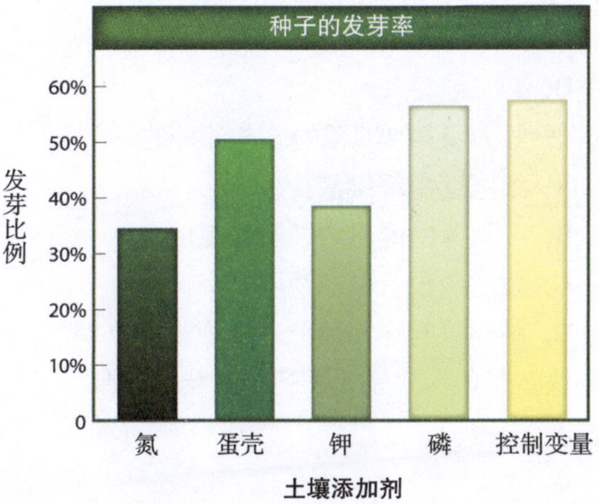

38. **比较** 实验组与对照组的发芽率。

39. **设计实验** 检测不同用量的土壤添加剂对种子发芽率的影响。选择上图中的一种土壤添加剂参与实验。

总结性测评

40. **大概念** 无论是植物还是动物，生命周期都包括繁衍后代。植物繁殖的结果是形成种子和果实。除此之外，不同的植物繁殖方式还有什么共同点？

41. **科技 写作** 写一篇以花粉粒的生命为主题的短故事。

DBQ 资料分析题

一株中日照植物与处于临界期的短日照植物嫁接之后，开花更早；而另一株中日照植物与处于临界期的长日照植物嫁接之后，开花速度也加快了。

数据来源：Lang, A. et al .1977.Promotion and inhibition of flower formation in a day-neutral plant in grafts with a short- day plant and a long- day plant. *Proc: Natl. Acad. Sci* 74(6):2412-2416.

42. 观察上图。提出假设，解释为什么嫁接后的中日照植物比未嫁接的中日照植物开花早。

43. 如果将长日照植物嫁接到短日照植物上，并且使该植物处于短日照植物的临界期，推测将会发生什么现象。

44. 设计实验，看看长日照植物在哪种情况下开花需要“最长的一天”。

标准化测试

选择题

1. (　　)由活跃的管状细胞构成，这些细胞能够把糖分从叶片运输到植物的其他部分。
   A. 形成层
   B. 薄壁组织
   C. 韧皮部
   D. 木质部

根据下图回答第2题。

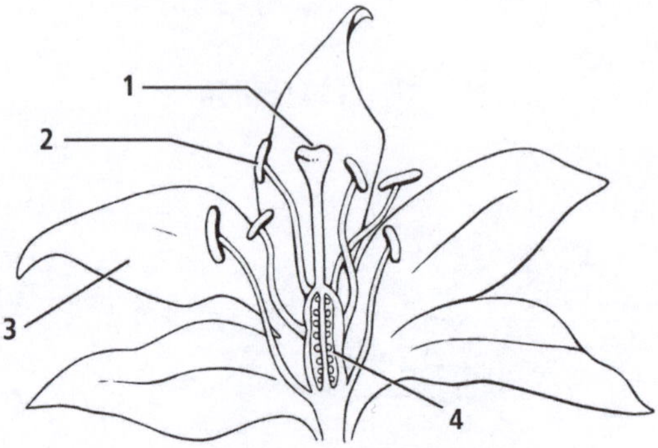

2. 上图中，是花的雄性繁殖器官的是(　　)。
   A. 1
   B. 2
   C. 3
   D. 4

3. 下列是被子植物在其他种子植物之后演化证据的是(　　)。
   A. 被子植物约占所有植物的75%
   B. 被子植物不需要水就能刺激卵细胞受精
   C. 史前树状蕨是主要的成煤植物
   D. 被子植物比其他种子植物的种子更高等

4. 无种子的维管植物中，在单倍体世代之前的是(　　)。
   A. 附生植物
   B. 配子体
   C. 根状茎
   D. 孢子

5. 松柏植物最主要的传粉者是(　　)。
   A. 鸟
   B. 昆虫
   C. 水
   D. 风

根据下图回答第6题。

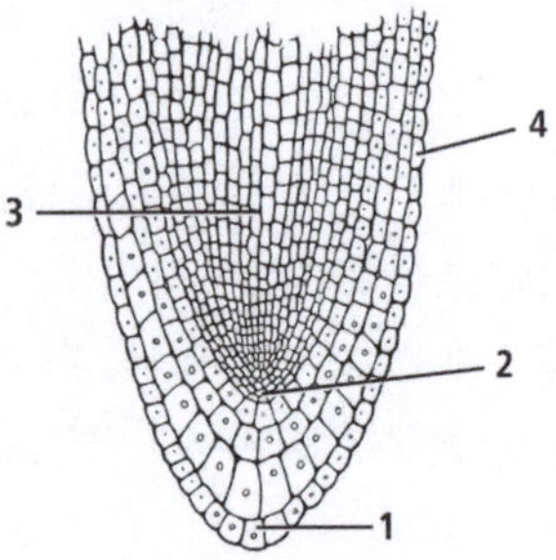

6. (　　)产生的细胞能够使根变长。
   A. 1
   B. 2
   C. 3
   D. 4

7. 下列关于无隔膜真菌的描述，正确的是(　　)。
   A. 细胞壁由纤维素构成
   B. 细胞壁由薄薄的细胞膜组成
   C. 菌丝内没有被隔膜隔开
   D. 菌丝只有在繁殖的过程中才会出现

8. 块茎是(　　)发生的适应进化的结果。
   A. 细胞
   B. 叶
   C. 根
   D. 茎

简答题

根据下图回答第9题。

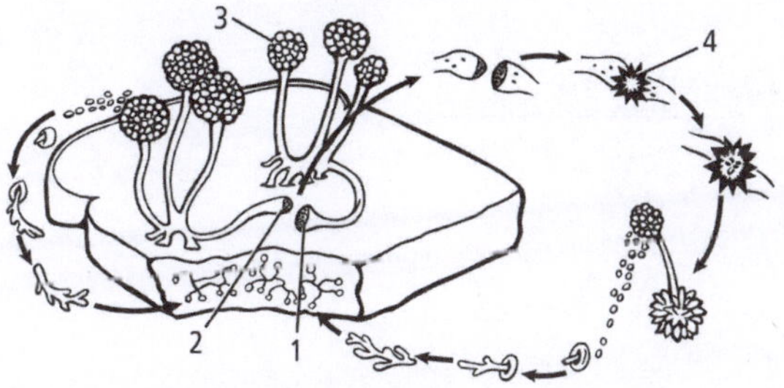

9. 描述面包霉在厨房传播的两种方式。

10. 列举非维管组织用来弥补运输功能的两大特点。

11. 有一种蕨类植物含有14条染色体。那么它的原叶体含有几条染色体？说明理由。

12. 解释非维管植物具备假根和叶状结构有何好处。

13. 说出三种植物细胞的名称，并描述其功能。

14. 说明板块运动如何影响灵长类的进化。

15. 假如来自蒙大拿州的朋友给你带来一些植物种子。你把这些种子种在佛罗里达州，却没有任何生长的迹象。推测这些种子不能在佛罗里达州发芽的原因。

开放题

16. 推断厚角组织细胞如何为周围的植物组织提供支持。

17. 有人认为根在土壤中不需要氧气也能生存，请对这种观点提出疑问。

18. 靠近城市的森林能够为降雨后形成的径流提供排放系统。一部分市民对森林中的房地产开发项目提出抗议，认为这会造成洪涝灾害和财产损失。从他们的担心中分析生物多样性的价值。

19. 假设有一对夫妇想生孩子，夫妇二人都没有囊性纤维病。但是，他们有一些远亲患有囊性纤维病。那么，他们的孩子会得这个病吗？写出一份说明，总结这对夫妇所面临的风险。

论述题

水对植物来说非常重要。例如，水是植物进行光合作用的反应物之一。水通过扩散的方式进入植物体内，其中大部分会流向植物的根部。所以，土壤中的水分比根系中的水分含量要高。水进入根系之后，就会通过维管组织流向含有叶绿体的组织。水也会扩散进入植物细胞，使细胞变得坚韧。

利用上文中的信息，以论文形式回答下列问题。

20. 当植物流失的水分比进入的水分多时，植物就会开始枯萎。解释保卫细胞在调节植物体内水含量中所发挥的作用。

考点提示																				
测试题号	1	2	3	4	5	6	7	8	9	10	11	12	13	14	15	16	17	18	19	20
对应章节	22.1	23.2	21.4	21.3	23.1	22.1	20.1	22.2	20.3	21.2	23.1	21.2	22.1	16.1	23.3	22.1	22.2	5.1	11.1	22.2

图书在版编目（CIP）数据

科学发现者. 生物 第二版 2023修订版 中册 / (美)奥尔顿·比格斯 (Alton Biggs) 等著 ; 林静等译. -- 杭州 : 浙江教育出版社, 2023.8（2024.10重印）
ISBN 978-7-5722-6274-6

Ⅰ. ①科… Ⅱ. ①奥… ②林… Ⅲ. ①生物课－高中－教学参考资料 Ⅳ. ①G634

中国国家版本馆CIP数据核字(2023)第157512号

美国高中主流理科教材

科学发现者

第二版 2023修订版

生物

[美] 奥尔顿 · 比格斯 等 著

林 静 王 燕 李红菊 马小凤 王 燚 傅梦媛 王淑卿 宋诗迎 译

生命的动力

Biology

The Dynamics of Life

下册

浙江教育出版社 · 杭州

下册目录

第七单元 无脊椎动物

第九单元
人体生理

第七单元

无脊椎动物

内容提要

科学探究　生物学家通过观察和运用生物技术对无脊椎动物进行持续的研究。

多样性　特殊的适应性使无脊椎动物能在各种不同的生态系统中生活。

能量　食物为生命正常运转提供能量。

稳态　排泄细胞和排泄器官维持着无脊椎动物体内的稳态。

演变　自然选择使无脊椎动物进化形成新的物种。

与生物学相关的职业

昆虫学家　昆虫学家是专门研究昆虫及其行为模式的科学家。如右图所示，昆虫学家正在野外进行研究。

第24章

动物简介

起步实验

什么是动物？

动物既与其他生物体有一些类似的特征，也有自己独有的特征。在这个实验中，你会对两种生物体进行比较，并判断哪种属于动物。

步骤

1. 阅读并完成实验室安全表。
2. 观察两种生物。
3. 使用放大镜或显微镜观察两种生物。
4. 描述你观察到的特殊结构。
5. 根据观察，预测两种生物在外形方面是如何适应其栖息地的。

分析

1. **指出**动物特有的结构。
2. 根据观察，**预测**两种生物中哪一种更可能是动物，并请做出解释。

折叠式 学习卡

制作一张可折叠式学习卡，并使用下表中的标签来组织有关动物身体结构的笔记。

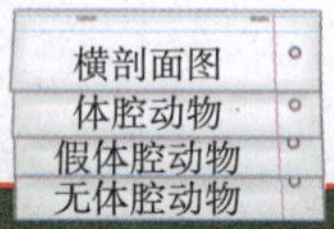

内容聚焦 多样性

动物具有许多不同的特征，包括身体结构和适应性。

大概念 动物的进化在某种程度上是由动物的身体结构及其适应性决定的。

第1节

动物的特征

本节预览

核心问题

- 适应性如何使动物在不同的栖息地生存?
- 动物的身体结构与其功能有什么相关性?
- 动物胚胎发育分哪几个阶段?

术语回顾

原生生物:缺少复杂的器官系统、生活在湿润的环境中的单细胞或者多细胞真核生物。

关键术语

无脊椎动物
外骨骼
内骨骼
脊椎动物
雌雄同体
受精卵
体内受精
体外受精
囊胚
原肠胚
内胚层
外胚层
中胚层

主要概念 **动物是多细胞的真核异养生物,它们通过进化能在各种不同的栖息地生存。**

联系实际 当提及动物的时候,你可能会想到那些毛茸茸的生物。事实上,动物的表皮上有各种各样的覆盖物,比如,鸟类的羽毛以及鱼类的鳞片。有些动物甚至可能会被误认为是植物。

动物的一般特征

之前我们学过,生物学家创造了一棵进化树来整理生物的多样性。位于进化树起点的动物是真核的多细胞动物,它们由很多细胞组成。**图24-1**中的孟加拉虎和其他很多现存的动物都可能是从领鞭虫动物进化而来的。领鞭虫动物是一种5.7亿年前就生存在海里的原生生物,它们可能是世界上最早的真正称得上是动物的生物,如**图24-1**所示。随着这些多细胞动物的不断进化,动物逐渐形成了结构上的适应性,使得它们能在不同的栖息地生存。进化树上的分支点就代表着动物的各种身体结构的适应性,下一节将会具体讨论这一内容。在本节中,你将会学习所有动物共有的一些特征。

觅食和消化

动物是异养生物,所以它们必须依靠其他生物才能获取营养。海星通过捕食蛤蜊来获取食物,蜜蜂则以花蜜为生。动物嘴巴的结构或者形状在一定程度上由其功能所决定。在**迷你实验1**中,你将会探究一些动物是如何获取食物的。在获取食物之后,动物需要消化这些食物。像海绵这样的动物在特定的细胞内消化食物。其他一些动物,比如蚯蚓和人类,则在内部体腔或者器官内消化食物。

■ **图24-1** 现存的动物,比如孟加拉虎,可能是从类似聚缩虫这样的领鞭虫动物进化而来的。

孟加拉虎

聚缩虫

动物的支撑

动物通过不同的方式消化食物，同样地，它们也通过不同的方式来支撑自己的身体。95%～99%的动物属于**无脊椎动物（invertebrate）**，它们体内没有脊椎。很多无脊椎动物的表面都覆盖有**外骨骼（exoskeleton）**，这种坚硬的组织为动物提供了一个支撑的框架。外骨骼还能保护柔软的内部组织、防止水分流失并防御天敌捕杀。随着这类动物慢慢长大，如**图24－2**中的蝉，它们必须脱去旧的外骨骼并且生成新的外骨骼。这一过程称为蜕皮。

一些无脊椎动物，比如海胆和海星，体内有**内骨骼（endoskeleton）**。如果一种动物既有内骨骼又有脊椎，那么就称它为**脊椎动物（vertebrate）**。内骨骼会随着动物的生长而生长，如**图24－2**所示的松鼠。组成内骨骼的物质有很多。海胆和海星的内骨骼由碳酸钙组成，鲨鱼的内骨骼由软骨组成，鱼类、两栖动物、爬行动物、鸟类和哺乳动物的内骨骼由骨头组成。内骨骼能保护动物体内的器官，支撑其身体，同时也使肌肉能够伸缩。

阅读检测　**区分**脊椎动物和无脊椎动物。

动物的栖息地

动物体内有各种不同的适应性，比如为觅食、消化和支撑身体而形成的一些适应性。这些身体的适应性使动物能在各种不同的栖息地生存。脊椎动物和无脊椎动物可以生活在海洋、淡水以及陆地上，也能生活在沙漠、草地、雨林、两极地区和其他的陆地生态系统和水生生态系统中。

蝉

松鼠

图24－2　蝉必须脱去旧的外骨骼才能生长。
松鼠体内有内骨骼，它们会随着松鼠自身的生长而生长。
推断 *外骨骼可能会对动物产生什么不利影响。*

迷你实验 1

探究动物的觅食

动物如何获得食物？ 水螅以丰年虾这种极小的生物为食。

步骤

1. 阅读并完成实验室安全表。
2. 在塑料培养皿中加入适量水，然后将一些水螅放置在培养皿中，盖上培养皿盖。
3. 把一些丰年虾加入培养皿中。使用放大镜或者显微镜观察水螅的活动。
4. 记录你观察到的现象。

分析

1. **得出结论**　根据你的观察，水螅会对食物产生什么反应？
2. **推断**　哪种环境因素可能会影响水螅寻找食物的过程？

动物的细胞结构

不管动物生活在哪里，也不管它们具有何种适应性，动物细胞都没有细胞壁。之前我们学过，植物也是多细胞生物，但它们是有细胞壁的。大多数多细胞动物细胞都形成了组织这种结构性和功能性单位。组织是具有一定功能的细胞的集合。比如，神经组织与全身神经冲动的传递有关，肌肉组织使人体能够运动。

与生物学相关的职业

分类学家 根据进化关系，分类学家使用观察、推断以及最先进的技术来对新物种进行分类。

链接 历史 从公元前4世纪一直到19世纪，生物都被分为两个种类——动物和植物。1866年，德国科学家恩斯特·海克尔（Ernst Haeckel）建议再添加一个种类，那就是原生生物类。这类生物基本上都是单细胞真核生物。一些原生生物有细胞壁，另一些没有，这使它们既不能归为植物也不能归为动物。到了20世纪60年代，随着人们对细胞结构的知识深入了解，出现了新的类别——细菌和真菌。**图24－3**解释了生物分类的发展过程。

动物的运动

相比于其他种类的生物，动物的神经组织和肌肉组织的进化使其能以更复杂、更快的方式运动。这是动物界最显著的特征之一。壁虎爬过天花板，蚊子在你的耳边嗡嗡叫，一群鲦鱼逆流而上，这些行为都是在展示动物特有的行为习惯。一些动物的身体结构较为稳定，但大多数动物的身体结构在一定的发展阶段就会发生变化。

■ **图24－3**

生物分类的历史

人类科学地对生物进行分类是从公元前350年开始的。那时古希腊哲学家亚里士多德（Aristotle）把生物分为植物和动物两大类。科学知识和技术的进步推动了分类系统的形成。

1735 生物学家卡洛乌斯·林奈（Carolus Linnaeus）使用双名法设计了一个分类系统。

1500 1600 1700 1800

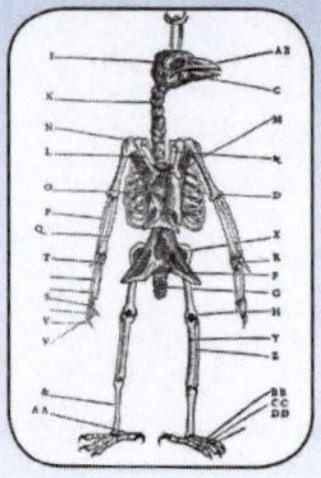

1555 《鸟类自然史》这本书使用体型和身体结构对物种进行分类。

1682 自然学家约翰·雷（John Ray）使物种成为分类的基本单位。

1859 自然学家查尔斯·达尔文（Charles Darwin）提出了根据生物共有的祖先来分类的方法。

动物的繁衍

大多数动物都是进行有性生殖的，当然也有一些物种能够进行无性生殖。有性生殖中最常见的情况就是，雄性动物产生精子，雌性动物产生卵细胞。像蚯蚓这样的动物属于**雌雄同体(hermaphrodite)**，能够同时产生卵细胞和精子。一般来说，雌雄同体的动物会在不同的时间段分泌卵细胞和精子，因此，它们仍然需要同一物种的其他个体来配合其进行有性生殖。

当精子进入卵细胞形成**受精卵(zygote)**时，受精就完成了。受精可以在体内进行，也可以在体外进行。**体内受精(internal-fertiLization)**是指精子与卵细胞在动物体内结合的过程。**体外受精(external fertilization)**是指精子与卵细胞在动物体外进行结合的过程，这个过程需要水环境，以便精子能够游到卵细胞附近。对很多鱼类而言，一般都是雌性鱼类在水中产卵，雄性鱼类将精子产在卵细胞上面，如**图24－4**所示。

之前我们学过，无性生殖意味着单个生物就能生成与自身基因完全相同的后代。尽管很少有动物进行无性生殖，但是当动物进行无性生殖时，它们就会使用一种或多种途径来实现这个过程。一些常见的无性生殖类型如下。

- 出芽生殖——后代在母体身上发育。
- 分裂生殖——母体分裂成几个部分，每一部分都能发育成为独立的个体。
- 孢子生殖——如果从身体上脱落的那部分含有足够的基因信息，那么新的生物就能通过这部分再生。
- 孤雌生殖——雌性动物产生不需要受精就能发育的卵细胞。

阅读检测 **推断**动物无性生殖的优点和缺点。

图24－4 一些鱼类是在体外受精的。在这张照片中，精子正散布在位于水中的卵细胞的上方。

推断 *为什么在体外受精时，动物都会排出很多卵细胞？*

1891 海洋生物学家玛丽·珍·拉思本(Mary Jane Rathbun)开始建立甲壳纲动物的基本分类信息。

1977 微生物学家卡尔·乌斯(Carl Woese)使用核糖体RNA来显示生物之间的进化关系。

1982 生物学家林恩·马古利斯(Lynn Margulis)在重建生物分类系统并完善现存的5大类别中起到了关键作用。

2003 古生物学家发现了带羽毛的恐龙化石，这可能会改变一些物种的分类。

2009 佛洛瑞斯人的部分头骨化石使科学家开始辩论他们到底属于早期智人还是一个新物种。

早期发育 对大多数动物而言，受精卵都会通过有丝分裂以及一系列细胞分裂来形成新的细胞。在第一次细胞分裂之后，也就是受精卵形成两个细胞之后，发育中的动物就被称为胚胎。胚胎继续进行有丝分裂和细胞分裂，形成一个固体细胞球。这些细胞会继续分裂，形成一个由细胞组成的、充满液体的球，即**囊胚(blastula)**，如**图 24－5**所示。在发育的早期阶段，细胞的数量会剧增，胚胎中细胞质的总量和原始细胞的相同。因此，在早期发育阶段，胚胎的大小并没有发生变化。

像文昌鱼这样的动物，外囊胚只由单层细胞组成。然而像青蛙这样的动物，囊胚液体周围可能有好几层细胞。囊胚继续进行细胞分裂。有些细胞向内凹陷，形成一种由两层细胞组成的、一端开口的囊结构，即**原肠胚(gastrula)**。原肠胚看起来就像一个双层泡泡，一个泡泡在另一个泡泡里面。

请再次观察**图 24－5**，注意 2 细胞期、16 细胞期以及囊胚期的示意图和这些发育阶段的照片有什么不同。示意图显示了动物成体体内胚胎的早期发育阶段，照片显示了动物成体体外胚胎的早期发育阶段。图中那个没有分裂的较大的球是卵黄囊，它能为发育中的胚胎提供营养。

阅读检测 **解释**囊胚和原肠胚的区别。

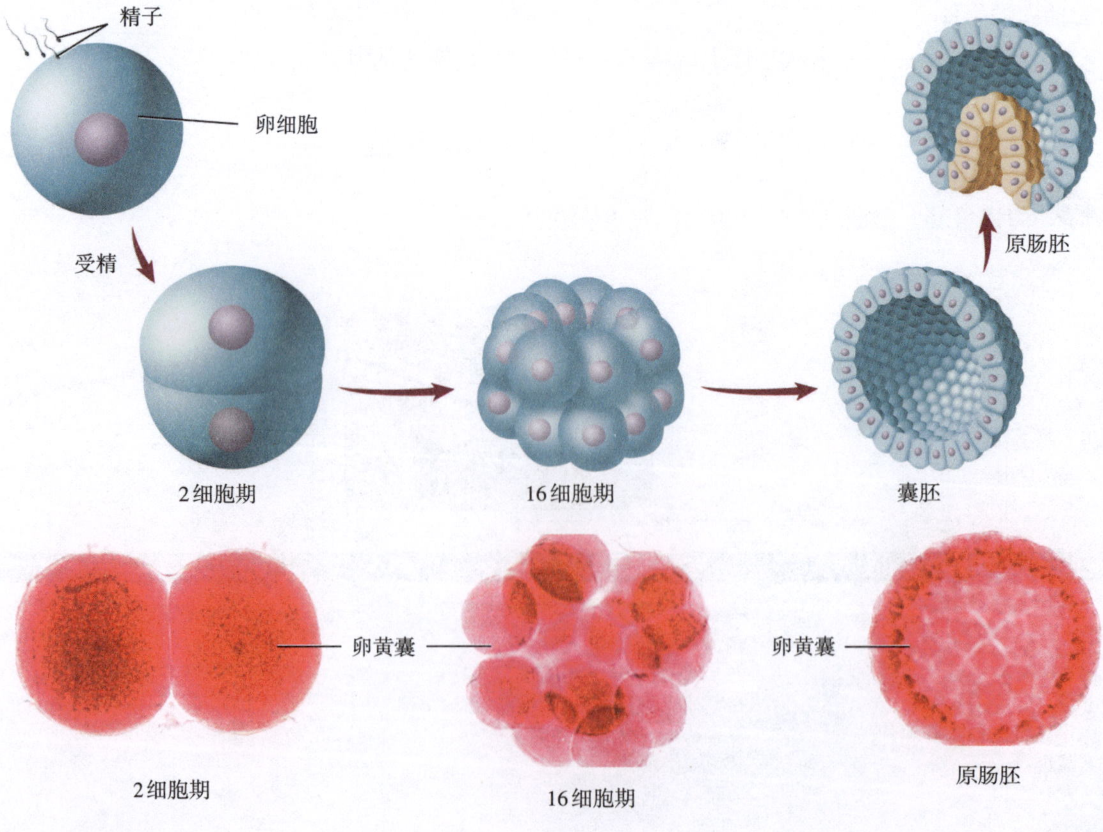

■ **图 24－5** 大多数动物已受精的卵细胞有着相似的发育模式。先是一个受精的卵细胞，然后细胞分裂并形成原肠胚。

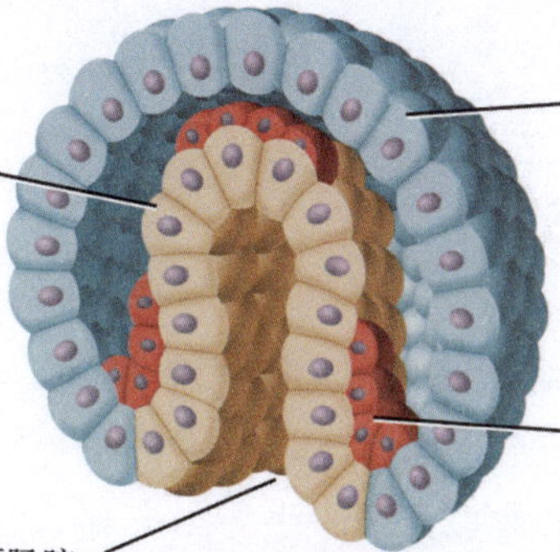

图 24－6 左图所示为原肠胚的结构，随着动物继续发育，每一层细胞分化成专门的组织。

组织发育 请观察**图 24－6**，原肠胚内表面的那层细胞是**内胚层（endoderm）**。内胚层细胞会发育成消化器官以及消化道的内壁。原肠胚外表面的那层细胞叫作外胚层。**外胚层（ectoderm）**细胞继续生长，成为神经组织和皮肤。

一些动物体原肠胚内的细胞会不停地进行分裂，直到在外胚层和内胚层中间形成另一层叫作**中胚层（mesoderm）**的细胞层。在一些动物体内，中胚层是从原肠腔附近的内胚层脱落的细胞发育而来的。在一些进化程度更高的动物体内，中胚层是由内胚层上的细胞小袋生长而来的。随着进一步发育，中胚层细胞逐渐变为肌肉组织、循环系统、排泄系统以及一些动物体内的循环系统。

之前我们学过，Hox 基因能够通过赋予蛋白质新特性，并通过动物变异这种方法表现出来。大多数动物体内的变异都是由于在组织发育阶段，Hox 基因呈现的地点、数量或时间发生变化而产生的。

起步实验

回顾 根据你学过的关于动物特征的知识，将如何回答本章开头“起步实验”中的问题？

第 1 节 测评

要点梳理

- 动物都是异养生物，必须从其他生物体中获取营养。
- 动物支撑身体的方法各不相同，它们居住在不同的栖息地中。
- 动物细胞没有细胞壁，大多数动物都有能形成各种身体组织的细胞。
- 大多数动物都进行有性生殖，并能四处移动。
- 在胚胎发育阶段，动物细胞能发展成为组织层，之后又发展成为器官和系统。

要点理解

1. 主要概念 **推断**为什么在进化过程中生活在一起的单细胞群体生物可能是多细胞生物发展过程中的第一步原因。
2. **推断**外骨骼是如何使无脊椎动物在各种不同的栖息地生存的。
3. **描述**神经组织和肌肉组织的进化与动物的主要特征之间的联系。
4. **用图表示**动物的受精卵如何发育成原肠胚的。

批判性思维

5. 模拟胚胎发育过程的不同阶段，请使用气球模拟整个过程，通过挤压气球一端来模拟分化过程。将这个过程用图表示出来，并标上胚胎发育的不同阶段。

生物中的数学

6. 生物学家经过观察发现，动物经常会通过使其体重翻倍的方法来使其长度变为原来的 1.26 倍。假设一只动物体重 2.5 千克，长 30 厘米。如果这只动物体重达到 5 千克，那么它的长度会变成多少？

第2节

动物的身体结构

本节预览

核心问题

- 动物的身体结构和动物系统的演化有什么关联？
- 体腔和动物系统的演化有什么关联？
- 体腔动物有哪两种发育类型？

术语回顾

系统演化：通过对比各生物结构的关系以及现代生命形式与化石之间的关系而得出的物种进化史。

关键术语

对称
辐射对称
左右对称
前端
后端
头向集中
背侧
腹侧
体腔
假体腔
无体腔动物
原口动物
后口动物

主要 概念 **动物系统的演化在一定程度上是由身体结构以及发育方式决定的。**

联系实际 人们通常根据物体共有的特点来对它们进行分类。如果你想租一部动作电影碟片，那么你就会去商店的动作电影区寻找。在动作电影区域内，你不可能找到喜剧片或者戏剧片。在生物学中，动物也是根据它们共有的一些特征而被分成不同类别的。

动物身体结构的进化

动物系统的演化是通过进化树上的分支表现出来的，比如，**图24－7**中所有的哺乳动物都属于进化树中脊索动物这一分支。主树干代表动物的祖先，分支代表同一祖先可能进化成的主要的动物类别，如**图24－8**所示。

动物身体结构解剖后体现出来的特点就代表进化树上的分支点。比如，身体中没有组织的动物与身体中有组织的动物会被分为不同的组别；不分节的动物与分节的动物也会被分为不同的组别。进化树上动物之间的关系能通过研究动物在胚胎发育过程中的相似性以及共有的解剖特点推断出来。在传统的动物系统演化史中，动物被分成35种类别。现在大多数分类学家还在使用传统的动物系统演化史。然而，分子生物学数据显示，动物之间还存在着其他联系。分子生物学在比较DNA、核糖体RNA和蛋白质后发现，节肢动物和线形虫类动物之间有一定的联系，扁形动物和轮虫动物之间可能存在着比解剖特征显示的更为亲密的联系。

阅读检测 **总结**进化树的结构。

■ **图24－7** 尽管这些动物看起来很不一样，但是它们共有的特征使它们都属于进化树中的脊索动物这个分支。

老鼠

雪貂

黑猩猩

组织的发育

随着动物从第一种多细胞形式慢慢地进化，第一个能体现动物身体结构变化的解剖特点就出现了，那就是组织的发育。因此，组织是进化树上的第一个分支点。请注意**图 24－8**，海绵动物没有组织。图中所示的这些动物起源于同一个没有组织的动物祖先，并且它们都位于进化树上没有真正组织的动物这一分支上。跟随进化树上的组织分支，你将会看到其他有组织的动物门类。

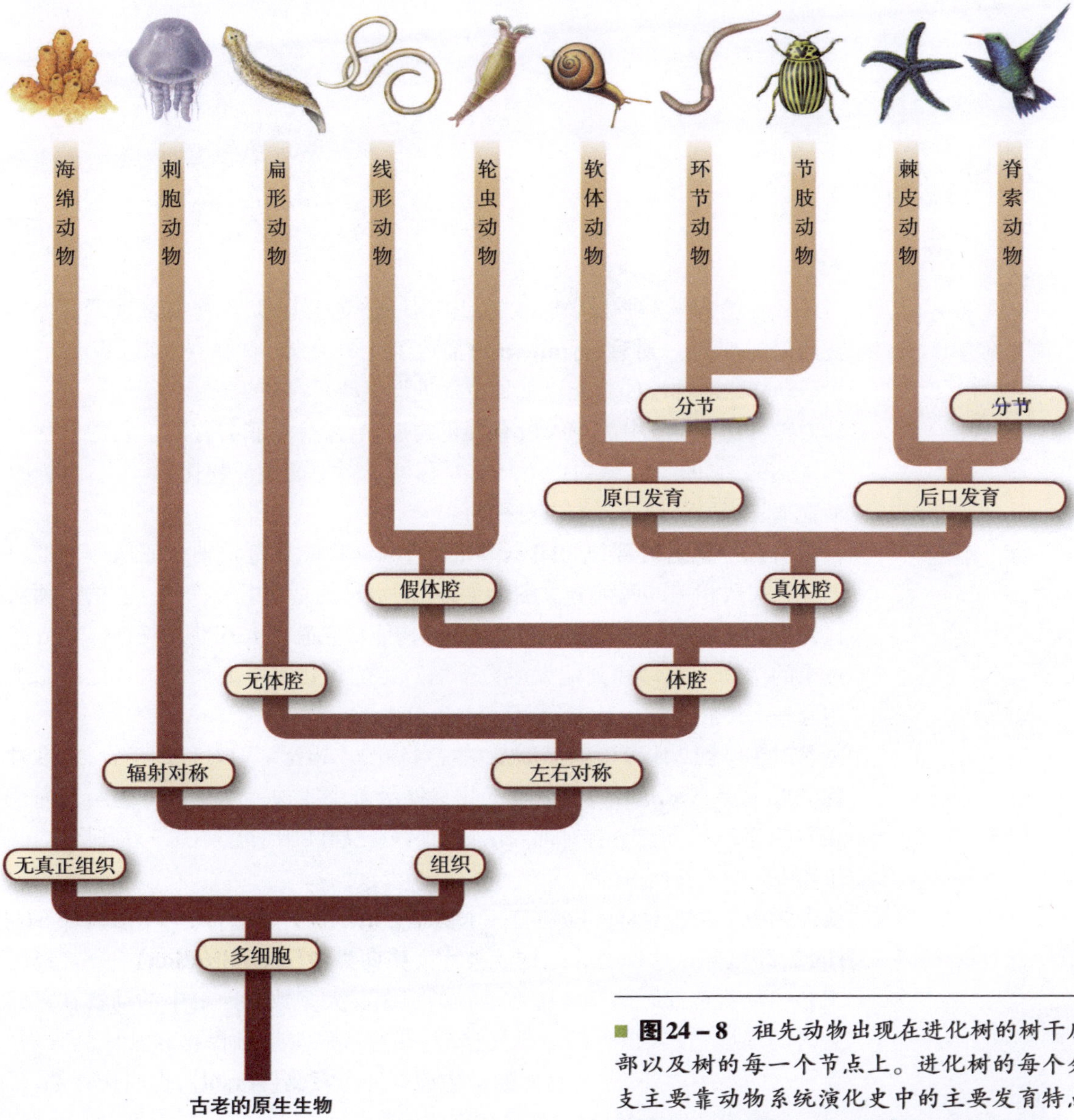

■ **图 24－8** 祖先动物出现在进化树的树干底部以及树的每一个节点上。进化树的每个分支主要靠动物系统演化史中的主要发育特点来区分。现存的动物出现在进化树的顶端。

解释 *哪种生物与节肢动物的关系最为密切。*

海绵——非对称

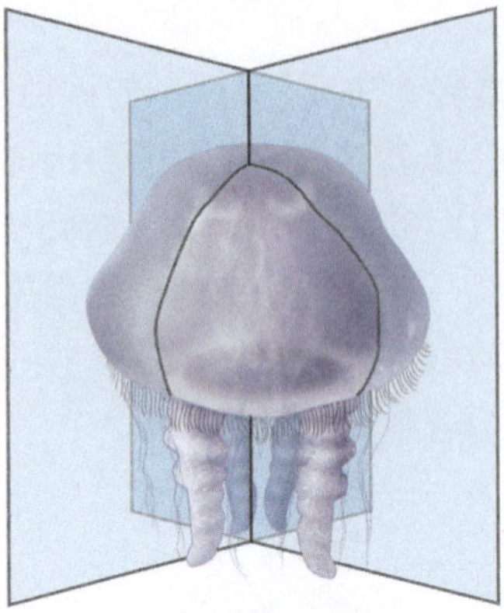

水母——辐射对称

蜂鸟——左右对称

■ **图 24－9** 动物的身体结构各不相同。海绵的形状不规则，是非对称的。水母是辐射对称的。蜂鸟有左右对称的结构。

列出 *教室里左右对称的物体。*

对称

沿着**图 24－8**进化树上的“组织”这一分支往上移，你将会发现下一个分支点就是对称。**对称（symmetry）**描述了生物身体结构的相似性以及平衡性。动物的对称性使其能以某种方式进行移动。

非对称 **图 24－9**中的海绵没有真正的组织，并且是非对称的。它的形状是不规则的，它的身体结构也不具有对称性或者平衡性。相比之下，有组织的动物都是辐射对称或者左右对称的。

辐射对称 **辐射对称（radial symmetry）**的动物能沿着中轴从任何一个平面上分为大致相等的两部分。**图 24－9**中的水母就是辐射对称的。它的触须从口开始朝着各个方向辐射；它的身体结构能使它感知并捕获从任何一个方向过来的猎物。水母和其他大多数辐射对称的动物基本上都是由两层胚胎细胞层——外胚层和内胚层发育而来的。

左右对称 **图 24－9**中的鸟就是左右对称的。相比辐射对称的动物，**左右对称（bilateral symmetry）**意味着动物只能沿着中线被一个平面分为两个完全相同的部分。所有左右对称的动物都是由三层胚胎细胞层——外胚层、内胚层和中胚层发育而来的。

头向集中 左右对称的动物有一个**前端（anterior）**，即头部；一个**后端（posterior）**，即尾部。这种身体结构就被称为**头向集中（cephalization）**——神经组织和感觉器官都倾向于集中在动物的前端。大多数头向集中的动物在它们生活的环境中移动时，都是头先移动，并且依靠头接触食物和其他刺激物。除了头向集中之外，左右对称的动物还有一个**背侧（dorsal）**，也叫作背部，以及一个**腹侧（ventral）**，也叫作下侧或腹部。

体腔

为了理解进化树上的下一个分支点，我们需要了解左右对称动物的一些特点。肠是左右对称动物的一个身体结构，它是位于动物体内的一个囊或是穿过动物全身的一根管道，食物消化在肠内进行。囊状的肠有一个开口来吸收食物以及处理废物。管状的肠在其两端各有一个开口，即口与肛门。管状的肠是一个完整的消化系统，能够消化、吸收以及储存食物，并且能处理废物。

体腔动物 大多数左右对称动物的肠和外体壁之间都有充满液体的体腔。**图 24－10**所示的这种真**体腔（coelom）**就是一种充满液体的体腔。真体腔中含有组织，这些组织是从中胚层发育而来的，并且排列在器官周围。人类的身体有一个真体腔，昆虫、鱼和其他动物也有体腔。因此，人类也是一种体腔动物。在更专门化的身体结构进化过程中，体腔是非常关键的适应性结构。由中胚层发育而来的专门器官和身体系统都在体腔内发育。随着更高效的器官系统慢慢地开始进化，比如循环系统和肌肉系统，动物的体形就会变得越来越大，也变得越来越活跃。

假体腔动物 跟随**图 24－8**进化树上体腔这一分支，直到找到假体腔动物这一类，这类动物都只有**假体腔（pseudocoelom）**。假体腔是一个在内胚层和外胚层中间发育的充满液体的体腔，它并不像体腔动物的体腔一样是完全在中胚层发育的。因此，如**图 24－10**所示，假体腔只部分排列在中胚层上。假体腔动物的体腔被中胚层和内胚层隔离开，这就限制了组织、器官和系统的发育。

无体腔动物 在**图 24－8**进化树上的体腔这一分支之前，左边那条分支能带你找到**无体腔动物（acoelomate）**。无体腔动物，如**图 24－10**所示的扁形动物，都不具有体腔。无体腔动物的身体结构是由外胚层、内胚层和中胚层发育而来的，跟体腔动物和假体腔动物一样。然而，无体腔动物有实心致密的身体，在肠与体壁之间没有充满液体的体腔。营养和废物是从一个细胞扩散至另一个细胞的，因为无体腔动物体内没有循环系统。

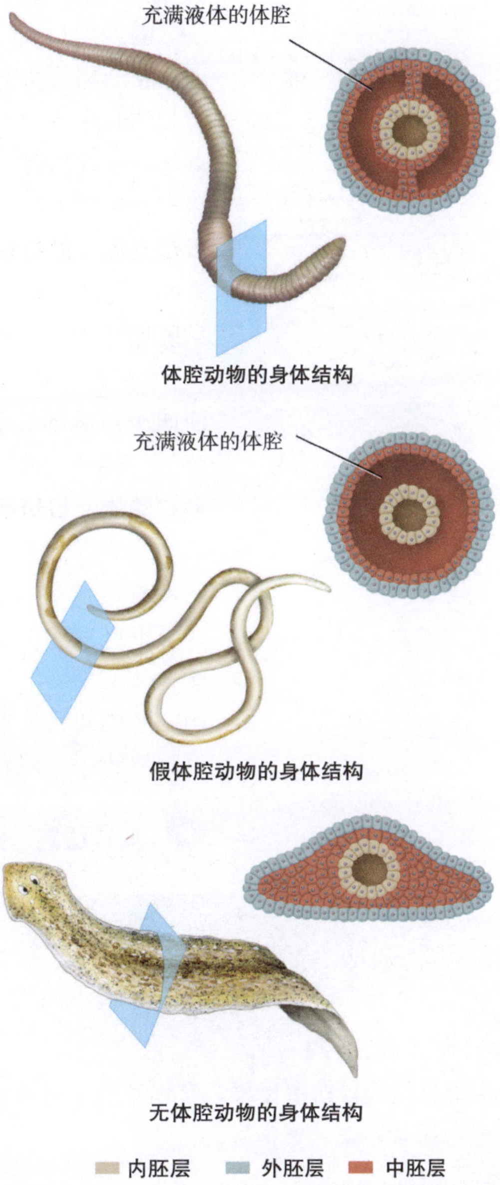

图 24－10 蚯蚓有一个体腔，这个充满液体的体腔完全被中胚层包围着。蛔虫的假体腔在中胚层和内胚层之间进行发育。扁形动物有一个实心致密的身体，它们并没有充满液体的体腔。

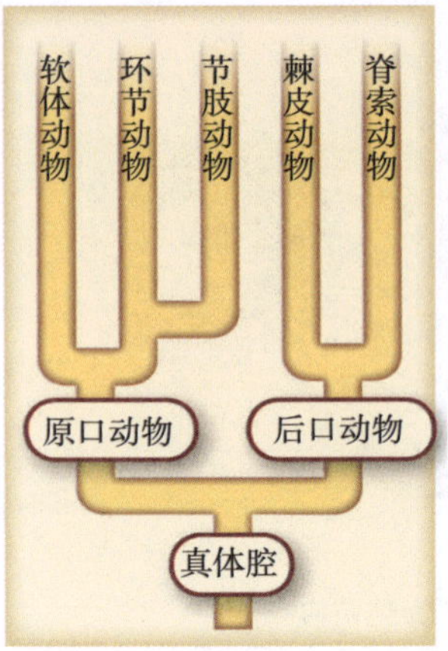

■ **图 24－11** 进化树的这一部分显示了原口动物和后口动物是体腔动物的分支。

体腔动物的发育

图 24－11 所示的进化树由体腔动物这一分支开始。请注意该图注明了体腔动物的两条主要发育线。其中一条是原口发育，发生在像蜗牛、蚯蚓和蜘蛛这样的动物身上。另外一条就是后口发育，发生在像海胆、狗和鸟这样的动物身上。生物学家能根据动物胚胎发育的模式来判断它们是否有紧密的联系。

原口动物 **原口动物（protostome）**的口是由原肠胚的第一个胚孔发育而来的。随着原口的发育，胚胎中每个细胞的发育结果都不能被改变。如果胚胎中的一个细胞被移除了，那么这个胚胎将不能发育成正常的幼体，如**图 24－12** 所示。除此之外，在 8 细胞期，上面四个细胞的位置与下面四个细胞的位置发生了偏移，使胚胎呈现螺旋状。随着胚胎继续发育，中胚层从中间分开。两片中胚层中间的体腔就发育成了真体腔。

后口动物 **后口动物（deuterostome）**的肛门由原肠胚的第一个胚孔发育而来。它们的口是之后由原肠胚的其他胚孔发育而成的。在后口动物的发育过程中，胚胎每个细胞的发育结果是可以被改变的。事实上，如果早期胚胎中的细胞被移除，剩下的细胞还是能形成一个新的胚胎，如**图 24－12** 所示。相比于原口发育，在 8 细胞期，上面的四个细胞与下面的四个细胞是垂直对齐的。随着胚胎发育，中胚层的两个细胞袋发育成了真体腔。

✔ **阅读检测** **判断**人类属于原口动物还是后口动物，并解释原因。

迷你实验 2

检查身体结构

身体结构为什么很重要？ 身体结构是对动物进行分类的一种方法。观察不同动物的横截面能帮你区分不同的身体结构。

步骤

1. 阅读并完成实验室安全表。
2. 领取蚯蚓和水螅的横截面的载玻片。使用放大镜，用低倍放大镜观察每个载玻片。
3. 画出每个横截面图。
4. 从教师那里获取标记好的每种动物的横截面图。制作一张表格，写出你的图像与教师提供的图像之间的相似点以及不同点。

分析

1. **对比与比对**这两种动物的体腔类型。它们是无体腔动物还是体腔动物？你观察到的现象让你获得有关这些动物演化的哪些知识？
2. **推测**这两种动物的身体结构与它们获取食物的方式之间有什么联系。

图解原口动物发育和后口动物发育

图24－12

发育过程中的差异使原口动物发育和后口动物发育各具特征。

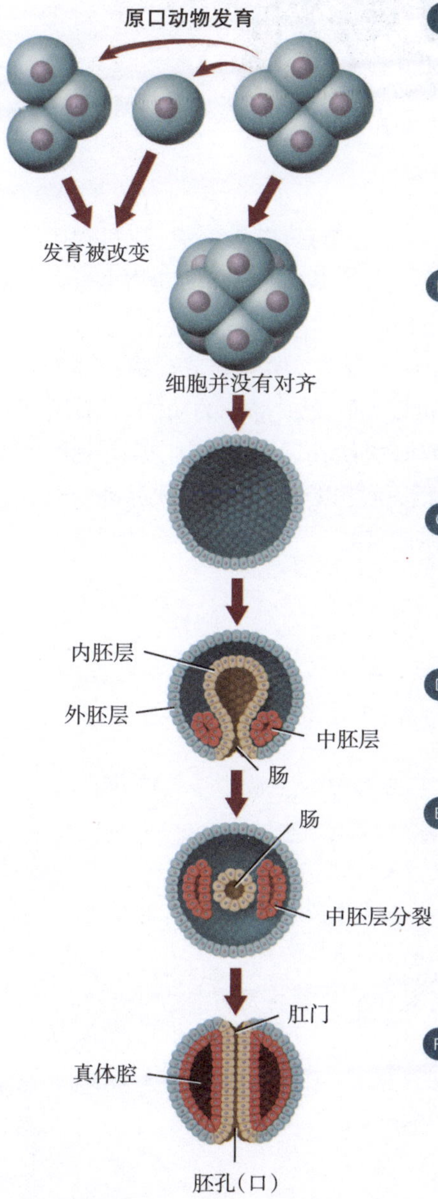

A 在4细胞期，如果原口动物的一个细胞被移除，那么胚胎发育就会发生改变。如果一个细胞在后口动物发育的这个阶段被移除，所有细胞都不会发生变化，依然能够发育成正常胚胎。

B 8细胞期会出现另一个明显的区别。在原口动物中，上面的四个细胞位于另外四个细胞中间。但是在后口动物中，8个细胞都是对齐的。

C 两种发育过程都会形成囊胚。

D 注意原肠胚形成时中胚层的位置。

E 随着胚胎进一步发育，原口动物的中胚层分裂，形成真体腔。后口动物的真体腔是由从肠分离出来的中胚层的细胞袋发育而来的。

F 原肠胚胚孔成为原口动物的口以及后口动物的肛门。

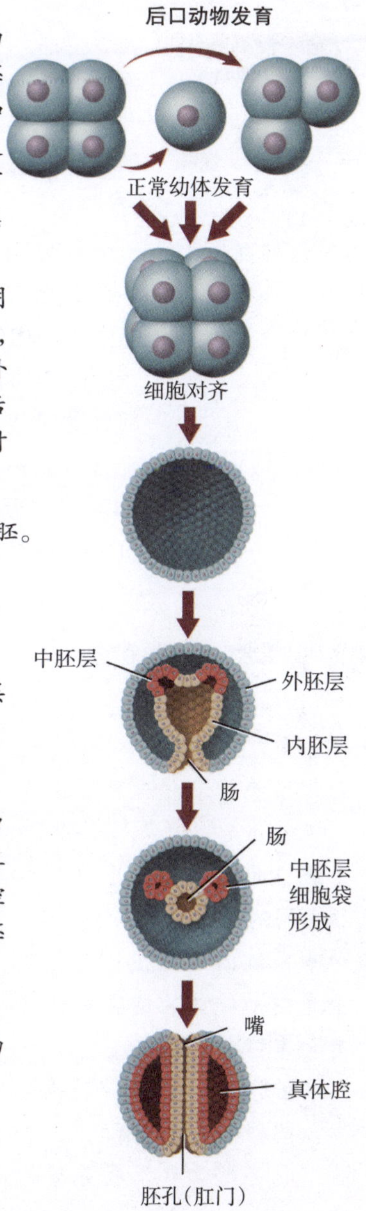

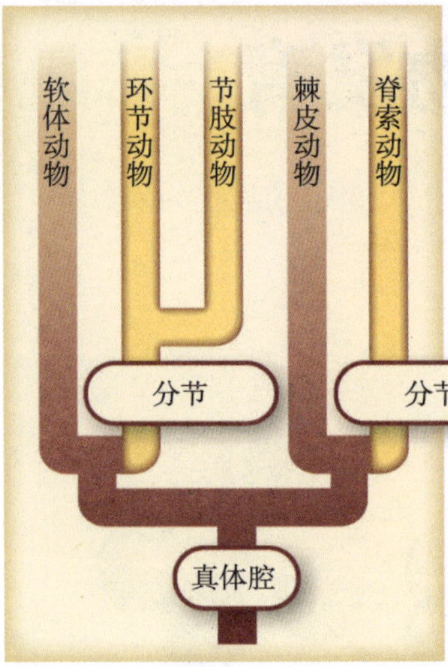

蝎子

■ **图 24－13** 分节使蝎子能够随意移动它的尾刺来攻击猎物或进行防御。

分节

请看**图24－13**中进化树的下一个分支点。分节是体腔动物进化过程中的一个重要特点。就像链子是由一连串链环连接而成的，分节的动物也可以说是由一些相似的部分“拼接”而成的。

如图中所示的蝎子，分节能带来两个好处。第一，如果分节动物身体的一部分受损，它还能够生存，因为其他部分可以执行受损部分的功能。第二，由于分节动物身体的各个部分可以单独移动，这使其运动更为高效。因此，**图24－13**中显示的蝎子比其他动物更为灵活，也能以更复杂的方式移动。分节也使蝎子能够把它的尾巴拱到背上便于抓住猎物。

第 2 节　测评

要点梳理

- 动物系统的演化史可以比作一棵有分支的树。
- 系统进化树的分支显示了动物之间的关系。
- 动物系统的演化在一定程度上是由动物体腔的类型或者有无体腔决定的。
- 在原肠胚形成后，体腔动物会发生两种类型的发育。
- 分节是一些体腔动物重要的特点。

要点理解

1. 主要概念 **解释**身体的对称性与动物系统的演化有什么关系。
2. **说出**动物进化树上代表主要分支点的动物特征。
3. **举例**说明体腔如何使左右对称的动物有不同的发育分支。
4. **对比与比对**后口动物发育和原口动物发育。

科技 写作

5. 写一小段文章，总结体腔动物、假体腔动物和无体腔动物的区别。

第3节

海绵动物和刺胞动物

本节预览

核心问题

- 海绵动物和刺胞动物有哪些特征?
- 海绵动物和刺胞动物有何相同点和不同点?
- 海绵动物和刺胞动物的存在对生态系统而言有何重要性?

术语回顾

二倍体:含有两个染色体组的细胞。

关键术语

滤食动物
固着动物
刺细胞
刺丝囊
消化腔
原肠腔
神经网
水螅体
水母体

主要概念 **海绵动物和刺胞动物是多细胞祖先进化形成的第一批动物。**

联系实际 你有没有过将杂物装在一个双层的袋子里的经历?如果有,你就能知道海绵的结构了——一个细胞层或细胞囊位于另一细胞囊中。这些细胞囊组成的生物就属于第一批从动物始祖进化而来的动物。

海绵动物

如果你仔细观察一个活的海绵,你可能会好奇:这种动物是如何凭借那么少的结构完成那么多生命活动的?它们没有组织,没有器官,大多数海绵是不对称的。你可以将海绵分成单个细胞,但是那些细胞会再一次组合在一起变成海绵。

在**图24-14**所示的进化树上找到海绵的位置。它们属于多孔动物门,这一门类包括5000~10000种动物。这些动物大多生活在海洋中。生物学家猜测,海绵可能是从群居的领鞭虫进化而来的,因为海绵动物的细胞与这些原生生物的细胞很相似。

身体结构 请观察**图24-14**中海绵不对称的外表和鲜亮的颜色。很难想象它们竟然是动物,尤其是当你在海滩上看到一块被海浪冲上来的海绵动物时,它看上去只是一团黑乎乎的东西。之前我们学过,组织是由发育中的胚胎的外胚层、内胚层和中胚层形成的。海绵的胚胎不会形成内胚层或中胚层,因此,海绵无法生成组织。那么,没有组织,海绵的身体是如何发挥作用的呢?

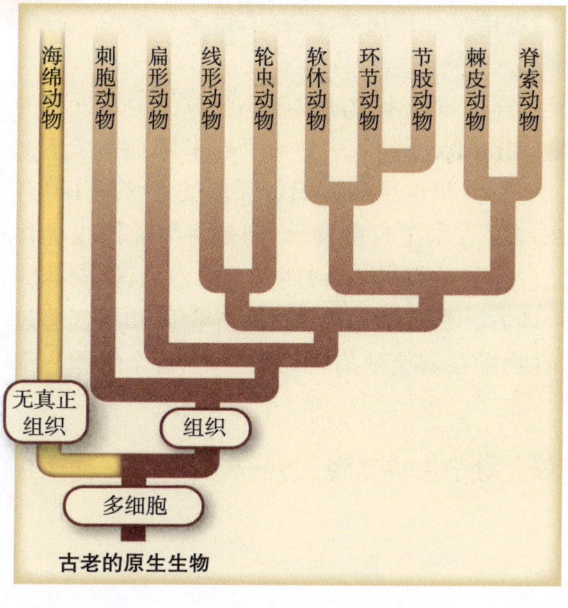

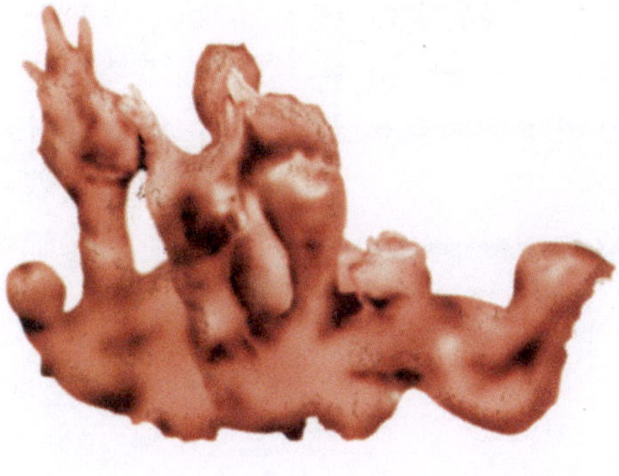

■ **图24-14** 尽管照片中的海绵缺少真正的组织,但是它们仍是一种可以吸收食物、消化食物、生长以及繁殖的动物。

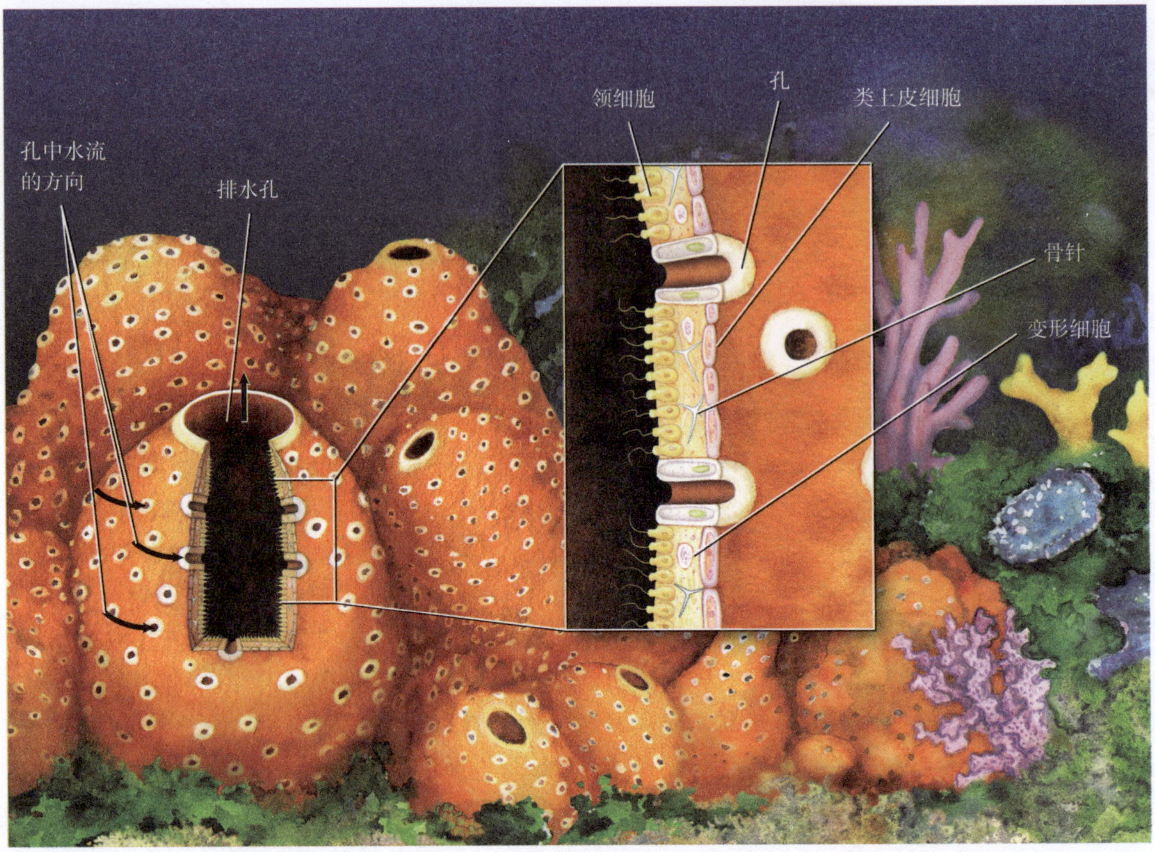

■ **图 24－15** 海绵没有组织或器官，它的身体只由两层细胞组成。

学习小贴士

大声朗读 大声朗读文章和标题。一边读，一边大声说出你的问题和评论。比如，当你看到**图 24－15**时，边看图，边说出该图与文章的关系。

两层独立的细胞以及细胞层之间的胶状物质能执行海绵所有的生命功能。如**图 24－15**所示，类上皮细胞覆盖在海绵表面，起到保护海绵的作用。带鞭毛的领细胞排列在海绵体内。随着领细胞的鞭毛来回摆动，水流通过小孔进入海绵体内。这些小孔使海绵有了属于自己的门类，那就是多孔动物门，意味着“有很多孔的动物”。水和废弃物质通过排水孔排出海绵体外，排水孔是位于海绵顶端的像口一样的开口。

觅食和消化 像海绵这样通过从水中滤取微小颗粒作为其食物的动物就叫作**滤食动物（filter feeder）**。尽管这听起来像是一个不太活跃的过程，但其实一个10厘米长的海绵每天能滤过多达100升水。虽然海绵的幼虫能够在水里自由移动，但是海绵成体很少移动。滤食这种适应性对**固着动物（sessile）**而言非常常见，固着意味着它们只附着在一个地方。当溶解在水中的营养物质和氧气通过小孔进入海绵体内，食物颗粒就会依附在细胞上，在每个细胞内部进行消化。

阅读检测 **推断** 对于海绵来说，为什么滤食是一种适应性优势？

寻常海绵纲

■ **图24 – 16** 洗澡用的海绵是从海里获取，经加工再供人类使用的。

支撑 位于海绵两层细胞之间的胶状物质是类似于变形虫的细胞，这种细胞能够移动并且改变形状，叫作变形细胞，如**图24 – 15**所示。变形细胞与消化、卵细胞和精子的分泌以及排泄有关。变形细胞也能变为特化细胞，分泌骨针这种海绵的支撑结构。骨针是一种非常小、像针一样的结构，由碳酸钙、二氧化硅以及海绵硬蛋白组成。

海绵多样性 根据海绵支撑系统的类型，生物学家将其分为三种类别。大多数海绵都属于寻常海绵纲，有由海绵硬蛋白纤维或二氧化硅组成的骨针，或者是这两者共同组成的骨针。洗澡用的天然海绵，如**图24 – 16**所示，由海绵硬蛋白作为支撑。钙质海绵纲的海绵的骨针由碳酸钙组成。钙质海绵，如**图24 – 17**所示，通常质地粗糙，因为由碳酸钙组成的骨针能够穿透海绵的表面。六放海绵纲的海绵也被叫作玻璃海绵，它们的骨针由二氧化硅组成。这些骨针组合在一起，形成了一个网状的骨骼，看起来就像玻璃纤维一样，如**图24 – 17**所示。

■ **图24 – 17** 钙质海绵很小且质地粗糙。玻璃海绵的骨骼看起来就像易碎的玻璃纤维一样。

钙质海绵

玻璃海绵骨骼

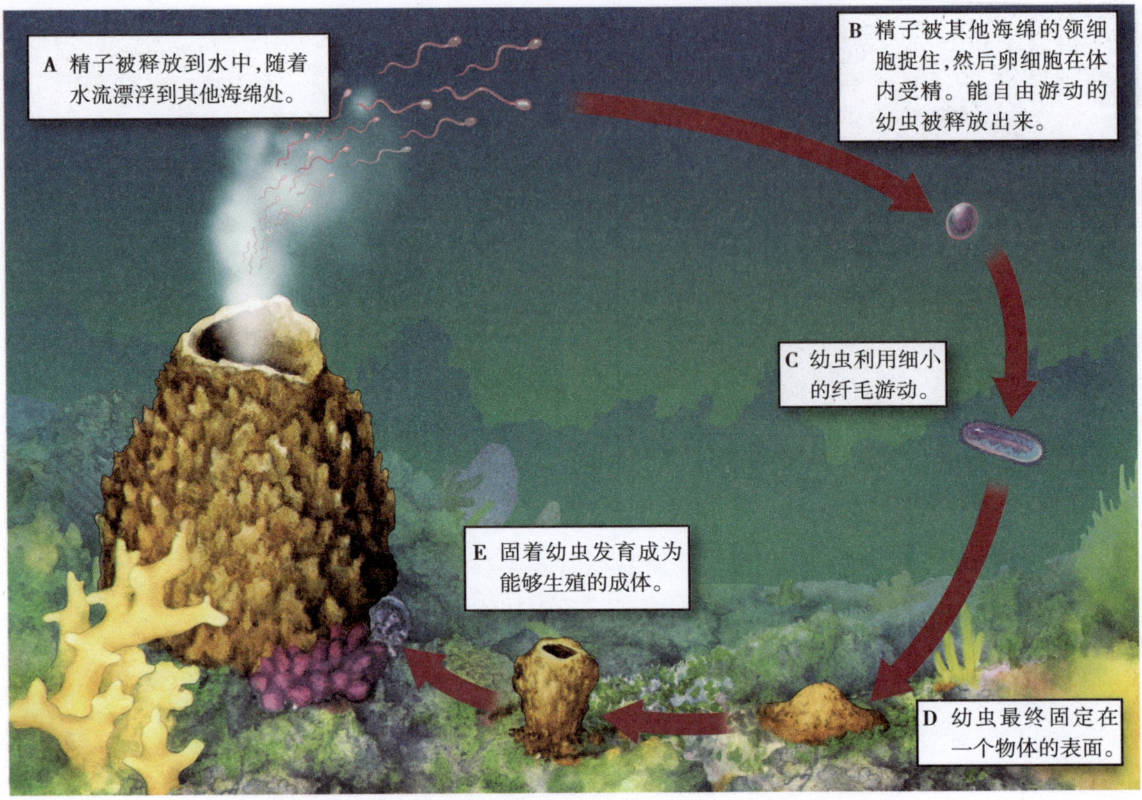

■ **图 24－18** 海绵的有性生殖需要水流在海绵之间运送精子。

评价 *海绵在有性生殖过程中，进行体外受精还是体内受精？*

术语

存活

保持活着的状态。

尽管环境十分不利，海绵芽球还是存活下来了。

应对刺激 海绵没有神经系统。但是它们有类上皮细胞，能够感知外部刺激，如触摸或者化学信号，它们会通过关闭小孔来阻止水流进入。

生殖 海绵能通过分裂生殖、出芽生殖或生成芽球进行无性生殖。在分裂生殖中，海绵的一小部分会由于外力因素脱落，然后形成一个新的海绵成体。在出芽生殖过程中，海绵形成的一个小芽脱落，然后固定在某个地方，形成新的海绵。一些生活在淡水中的海绵在干旱或者冰冻的环境中，会形成像种子一样的微小颗粒，叫作芽球。芽球含有被骨针保护的海绵细胞，当环境变好时，它们又能存活并且继续生长。

大多数海绵都进行有性生殖，如**图 24－18**所示。有的海绵有独立的性别，但是大多数海绵都是雌雄同体的。之前我们学过，雌雄同体的动物既能产生卵细胞也能产生精子。在生殖过程中，卵细胞继续留在海绵体内，精子却被释放到水中。从一个海绵中释放出来的精子能被水流运送至另一个海绵的领细胞处。然后领细胞变为特化细胞，将精子运送至海绵体内的卵细胞处。受精之后，受精卵发育成能够自由游动的、有鞭毛的幼虫。幼虫最终附着在一个表面，然后发育成成体。

阅读检测 **描述**海绵生殖的方式。

海绵动物的生态 尽管海绵自身的骨针和有毒的物质阻止了大多数潜在的捕食者，但是海绵仍然是一些热带鱼类和海龟的食物。海绵也是许多虫类、鱼类、虾以及共生绿藻类最常见的栖息地。有些海绵甚至以软体动物为生，并且为它们提供伪装，如**图24－19**所示。

海绵对人类也是有益的。那些有骨针的海绵经常被用在日常洗涤中。医学研究集中在海绵产生的化学物质方面，这些物质能阻止捕食者，并能防治感染。现在科学家把这些海绵产生的化学物质作为药物制剂来研究，研究结果已经表明它们可能具有抗菌、抗感染或抗癌的功效。这些化学物质也能在研制呼吸系统、心血管以及胃肠方面的药物时发挥重要作用。

链接 健康 有这么一个例子，研究者在**图24－20**所示的深水海绵中发现了一种有效的抗癌物质——圆皮海绵内脂，这种物质能够通过分解细胞核以及重新组织微管网络来阻止癌细胞继续分裂。之前我们学过，微管是细胞骨骼的一部分，能够帮助细胞维持其形状。请注意**图24－20**中接受过治疗的癌细胞和未接受治疗的癌细胞的细胞核以及微管的区别。

图24－19 这只螃蟹通过将一只活海绵背在其背上来躲避捕食者。它使用两对脚来固定住海绵。

图24－20 圆皮海绵内脂是一种来自海生海绵的物质，它能够分解癌细胞的细胞核并且重新组织细胞的微管。

海生海绵

已经治疗的癌细胞

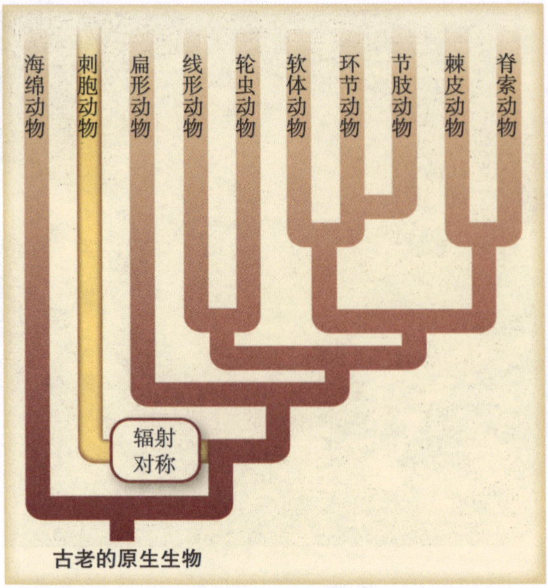

水母——自由浮力　　海葵——固着

■ **图24－21**　刺胞动物是辐射对称的，它们能自由浮动或固着在某一物体表面。
解释 *辐射对称是如何帮助刺胞动物获取食物的。*

刺胞动物

假设你正绕着一个珊瑚礁浮潜，身上穿着防护衣以防止被浮在水面上的水母叮咬。然后，当你上岸去蓄潮池时，你可能会看见五颜六色的海葵。**图24－21**所示的水母和海葵都属于刺胞动物门。这一门类大约有10000种动物，大多数是海洋生物。

身体结构　跟海绵一样，刺胞动物只有一个身体开口，大多数刺胞动物有两层细胞。但是，在刺胞动物体内，这两层细胞能形成各种有特化功能的组织。外层细胞主要保护内部身体，内层细胞主要起到消化作用。因为刺胞动物有组织，所以它们是对称的。之前我们学过，辐射对称能使缓慢移动的动物或固着动物感知及抓获位于任何方向的猎物。刺胞动物能够漂浮或固着于水底的一个表面。

觅食和消化　刺胞动物的触须布满了**刺细胞（cnidocyte）**。刺胞动物这个名字就是由这些刺细胞而来的。刺细胞含有**刺丝囊（nematocyst）**，如**图24－22**所示。刺丝囊是一个含有盘绕的、丝状的管子的囊，刺丝囊中含有毒素和倒刺。

链接 物理　刺丝囊运作起来就像一支很小但很有力的鱼叉。之前我们学过，渗透作用是指水通过选择性渗透膜进行扩散。这个水流产生的压力就叫作渗透压。没有进行排放的刺丝囊内的水承受的渗透压超过了150个大气压。

■ **图24－22**　当捕食者触碰刺胞动物时，含有刺丝囊的刺细胞就会从刺胞动物的触须中释放出来。

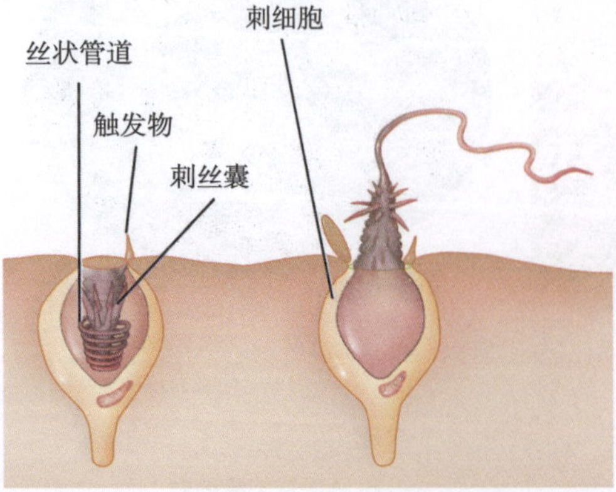

在应对触碰或者化学刺激物时，刺丝囊膜的渗透性就会增加，使更多水流入。随着渗透压变大，刺丝囊就会进行强有力的排放。刺丝囊中的倒刺能够穿透螃蟹壳。

刺丝囊排放是自然界中最迅速的细胞过程，这个过程大约在千分之三秒内就发生了，因此猎物在触碰这些细胞后，根本没办法逃离。猎物在被刺丝囊和触须抓住后，再被送至刺胞动物嘴里。

刺胞动物的内层细胞围绕着一个叫作**原肠腔(gastrovascular cavity)**的空间，如**图 24－23** 所示。排列在原肠腔内的细胞对猎物释放消化酶。未被消化的物质从口排出体外。之前我们学过，消化发生在海绵的每个细胞内。但是，对刺胞动物而言，消化发生在原肠腔内。

应对刺激 除了适应消化的细胞之外，刺胞动物还有一个由**神经网(nerve net)**组成的神经系统，能够在全身传递冲动。神经网产生的冲动使两个细胞层中类似于肌肉的细胞发生收缩。捕捉猎物时，触须的移动就是这些细胞收缩的结果。刺胞动物没有血管、呼吸系统和排泄系统。请看**表 24－1**，比较海绵动物和刺胞动物的结构和功能。

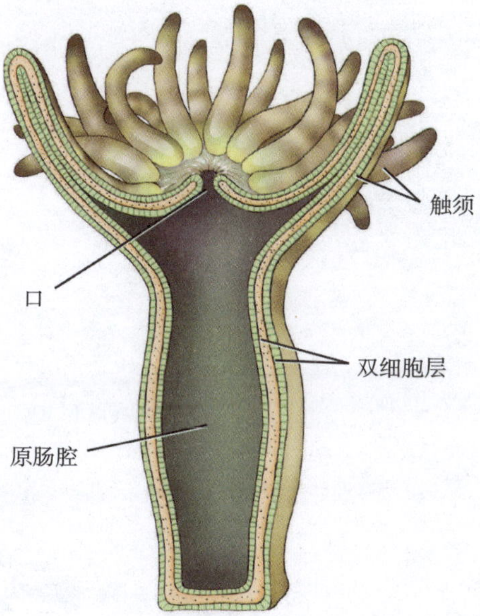

■ **图 24－23** 刺胞动物的口直接通向原肠腔。由于其消化道只有一个开口，废物也通过口排出。

表 24－1	海绵动物和刺胞动物比较	
	海绵动物	刺胞动物
举例		
身体结构	• 通常是不对称的	• 呈辐射对称
觅食和消化	• 滤食 • 消化发生在单个细胞内	• 使用刺丝囊和触须捕捉猎物 • 消化发生在原肠腔内
移动	• 固着	• 水生漂浮或固着
应对刺激	• 没有神经系统 • 细胞对刺激产生反应	• 由一个神经网组成的简单的神经系统
生殖	• 雌雄同体，进行有性生殖 • 通过分裂生殖、出芽生殖或生成芽球进行无性生殖	• 独立性别，进行有性生殖 • 水螅体阶段通过出芽进行无性生殖

■ **图 24 – 24** 水母通过更替有性阶段和无性阶段进行生殖。

生殖 除了刺细胞之外，刺胞动物还有其他动物所没有的适应性。大多数刺胞动物都有两种身体类型：**水螅体（polyp）**和**水母体（medusa）**。水螅体的身体呈管状，其口被触须包围；水母体的身体呈伞状，有下垂的触须。水母体的口位于触须之间的腹侧面。

刺胞动物的这两种身体类型都存在于水母的生命周期内，如**图 24 – 24** 所示。为了进行生殖，水母在水母体阶段时，会向水中排放卵细胞和精子，受精过程就发生在水中。产生的受精卵最终发育成能够自由游动的幼虫，然后固着下来，发育成水螅体，最后水螅体进行无性生殖形成新的水母。人们容易把刺胞动物的生命周期和植物的世代交替生活史混淆起来。对于植物而言，其中一代是二倍体，另一代是单倍体。而对于刺胞动物而言，水螅体和水母体都是二倍体动物。

与生物学相关的职业

海洋生态学家 海洋生态学家使用能潜水的深海机器人来研究海洋动物和它们所处的环境之间的关系。

阅读检测 **比较**海绵动物和刺胞动物的幼体。

刺胞动物的多样性 刺胞动物有四种主要类别：水螅纲，即水螅；两种水母类别，钵水母纲和立方水母纲；珊瑚纲，包括海葵和珊瑚。

水螅 在已知的大约2700种水螅类动物中，大多数都会在其生命周期经历水螅体和水母体两个阶段。大多数水螅都会群居，如**图24－25**所示的葡萄牙海上斗士。另一种著名的水螅就是淡水水螅，它们很特别，只会经历水螅体阶段。

水母 世界上大约有200种已知的水母。它们呈透明状或半透明状，常常漂浮在水面上。水母体是水母最主要的身体形式，虽然水螅体也是存在的。它们之所以被叫作水母，是因为外层身体覆盖物和内层身体壁之间的物质是胶状的。内外身体层以及它们中间的胶状物质就好像果冻三明治一样。之所以有立方体水母这个名字，是因为立方体形状的水母体是它们主要的身体形式。一些立方体水母的刺对人类而言是致命的。

海葵和珊瑚 海葵和珊瑚通常是五颜六色的，它们跟所有刺胞动物一样，也有刺细胞。6200种已知的海葵和珊瑚与水母不同，因为水螅阶段是它们生命周期的主要阶段。近期研究显示，这些珊瑚纲类的动物可能是左右对称的。这可能会改变进化树，因为这种适应性一般只出现在比刺胞动物进化得晚的动物群里。

海葵是独居动物，但是珊瑚以水螅体形态群居。珊瑚会分泌有保护作用的碳酸钙，覆盖在它们柔软的身体周围形成保护壳。珊瑚礁的活体部分是前代遗留的保护壳顶部生长的薄薄的、脆弱的一层物质。珊瑚礁就是由这些上千年的保护壳发育而来的。

珊瑚水螅体通过延伸它们的触须来觅食，如**图24－26**所示。它们也为共生的光合原生生物——黄藻提供庇护场所。黄藻为珊瑚提供氧气和食物，同时也利用珊瑚排出的二氧化碳和废弃物质。这些原生生物也是使珊瑚呈现五颜六色的主要原因之一。

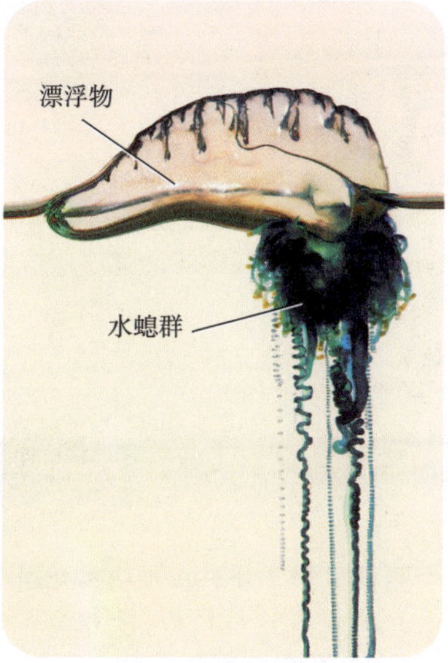

图24－25 这个葡萄牙海上斗士是由一群水螅组成的。一只水螅形成了大的漂浮物，其他水螅就群聚在漂浮物下面。

图24－26 珊瑚水螅体通过延伸它们的触须来捕捉食物。

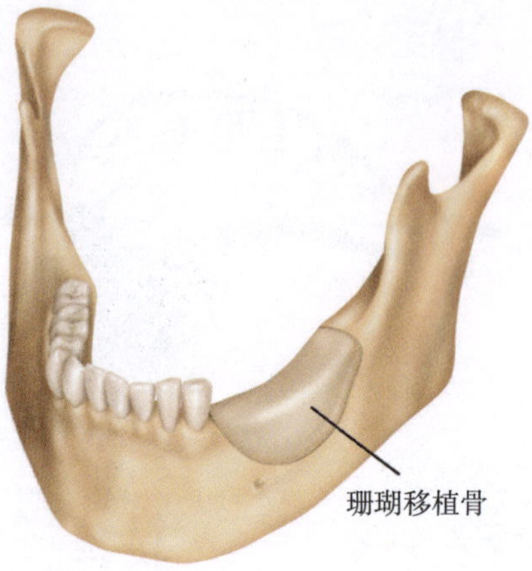

■ **图 24 – 27** 外科医生使用处理过的羟磷灰石作移植物，修补面部骨骼，比如图中的下巴。

珊瑚礁的健康状况取决于恰当的水温、适宜的光照和合适的水深。在某个有珊瑚礁的区域，如果环境状况恶化，珊瑚礁的健康状况也会恶化。我们在**数据分析实验**中将探究这个问题。

刺胞动物的生态 共栖对刺胞动物而言是很常见的。海葵会把自己缠绕在寄生蟹壳的周围，这样海葵能获取食物，螃蟹也得到了保护。一些海参以刺胞动物为食，并将刺胞动物没有发射的刺丝囊包含进自己体内，以起到防御作用。正如本章开头的照片所显示的，小丑鱼会受到海葵触须的保护。海葵触须是怎么保护小丑鱼的呢？一种理论认为，小丑鱼将海葵分泌的黏液吸收进自己的黏液层中，这就阻止了刺丝囊的排放。

人类在许多方面都得益于刺胞动物。一些人喜欢参观珊瑚礁。在医学领域，一些石珊瑚被用在手术过程中。珊瑚中有一种叫作羟磷灰石的磷酸钙矿物质，通过处理后，与人类骨骼有相同的结构和化学成分。小片的珊瑚用作移植骨，尤其是在面部或下颌修复手术和手臂及腿部的手术中应用广泛。这些移植骨固定在邻近的骨头上，如**图 24 – 27** 所示，并且最终被新生长的人类骨骼所代替。

数据分析实验

基于真实的数据*

珊瑚礁区域

哪里的珊瑚礁正在被破坏？

一些珊瑚喷出与它们共生的黄藻之后，就变白了，或者失去了色彩。珊瑚礁白化是珊瑚系统受到破坏的一种常见表现。但是，一些珊瑚似乎正在从白化中恢复过来。

数据与观察

图表显示了特定区域的珊瑚受到的破坏百分比。

批判性思维

1. **解释** 世界上哪一地区的珊瑚礁受到的破坏最严重？哪一地区的珊瑚礁受到的破坏最少？
2. **模拟** 在一张世界地图上，标出图中提到的珊瑚礁的位置。根据退化的百分比用不同的颜色标注在地图上。

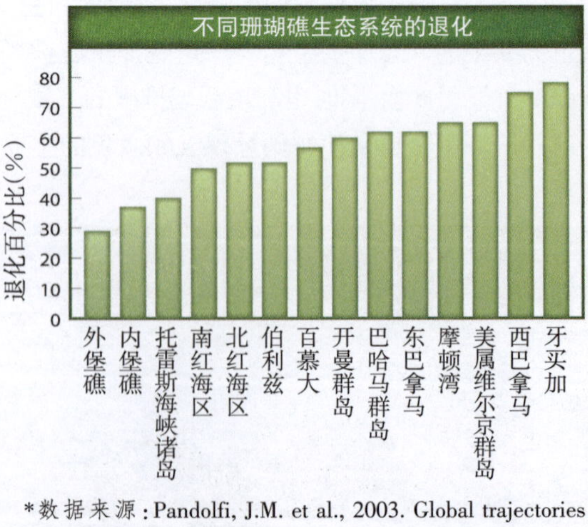

*数据来源：Pandolfi, J.M. et al., 2003. Global trajectories of the long-term decline of coral reef ecosystems. *Science* 301 (5635): 955 – 958.

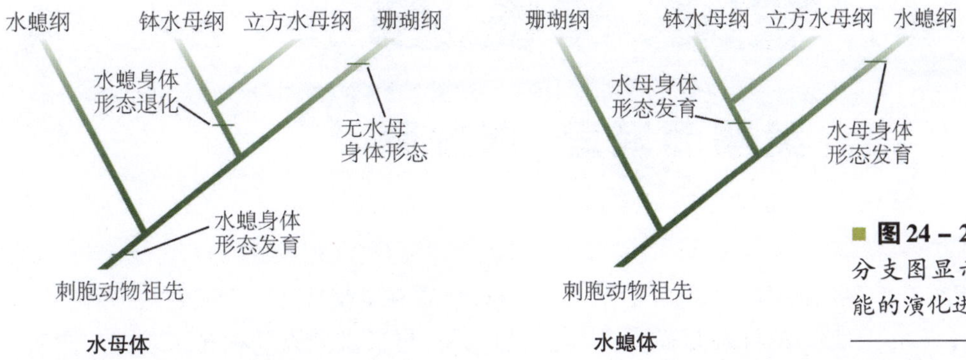

图24－28 这两张进化分支图显示了刺胞动物可能的演化进程。

刺胞动物的进化 刺胞动物的演化进程有两种主要的解释。由于刺胞动物有两种身体形态——水母体和水螅体，这就提出了刺胞动物的祖先是否具有水母体或水螅体这个问题。**图24－28**的分支图显示了这两种解释。

左边的分支图中，刺胞动物祖先呈现水母体。随着刺胞动物的进化，水螅体阶段发育。水螅纲动物的生命周期内有水螅体阶段和水母体阶段。随着钵水母纲和立方水母纲动物的发育，水母体阶段成了它们生命周期的主要阶段。进化程度最高的刺胞动物——珊瑚纲类动物没有水母体阶段。

右边的分支图中，祖先刺胞动物呈现水螅体。珊瑚纲动物先进化，并且水螅体阶段是它们生命周期的主要阶段。水螅纲、钵水母纲和立方水母纲动物的水母体阶段都是单独进化的。

第3节 测评

要点梳理

- 海绵动物可以根据它们具有的动物特征和不具有的动物特征来描述。
- 海绵动物没有组织，但是它们能像其他动物一样执行生命功能。
- 刺胞动物有其他动物没有的特征。
- 刺胞动物比海绵动物有进化程度更高的身体形式。
- 海绵动物和刺胞动物对它们栖息地的生态和人类都有重要的作用。

要点理解

1. 主要概念 **解释**为什么海绵动物和刺胞动物都是第一批发生进化的动物。
2. **描述**海绵动物和刺胞动物身体结构上的不同点。
3. **列出**海绵动物独有的两个特征和刺胞动物独有的两个特征。
4. **展示**你所学的关于刺胞动物的知识，请通过描述刺胞动物对其他海洋生物的影响来展示。

批判性思维

5. **提出假设** 为什么刺丝囊对刺胞动物而言是一种适应优势？

生物中的 **数学**

6. 回顾小标题"刺胞动物的多样性"下面的那段文字。画一张扇形图来表示这三组刺胞动物中每组刺胞动物占总刺胞动物数量的百分比。除了本节所学的三组刺胞动物之外，还有900多种其他类型的刺胞动物。分析这些信息，并提出假设，解释为什么某组刺胞动物会比其他组的数量少那么多。

生物与社会

美丽而濒危：珊瑚礁

珊瑚礁点缀着全世界的海岸，覆盖了大约28.4万平方千米的土地。人们为美丽精致的珊瑚以及栖息在珊瑚生态系统中的种群所着迷。讽刺的是，人类的行为却使珊瑚礁陷入了濒危状态。

什么是珊瑚礁？ 数以万计的珊瑚虫聚集在一起形成珊瑚。不是所有的珊瑚都会形成珊瑚礁，但是当珊瑚虫附着在岩石上时，珊瑚礁就逐渐形成了。珊瑚通过分泌碳酸钙外骨骼将水螅固定住。当珊瑚虫死去，外骨骼保留下来，珊瑚礁就形成了。珊瑚与虫黄藻之间是共生关系。这些藻类为珊瑚提供从光合作用获得的营养物质，同时它们也利用珊瑚生成的二氧化碳。

为什么珊瑚礁很重要？ 珊瑚礁是世界上丰富的生态系统的组成部分。大约25%的海洋生物种类居住在珊瑚礁中。另外，科学家预计，珊瑚礁还有助于数百万种未被发现的物种生存。珊瑚礁的生物多样性是珍贵且无可替代的。

珊瑚礁正在发生什么？ 珊瑚礁正面临着自然威胁，包括极端天气状况和捕食。许多珊瑚礁的危机更多来自人类活动，比如，使用炸药或者毒药的捕鱼方式。一些被污染的水体促进了有害藻类的生长，使珊瑚死亡。潜水和浮潜等活动也会破坏珊瑚礁。比如，一些潜水者或浮潜者会折下珊瑚礁的一部分作为纪念品。还有一些潜水者收集活珊瑚卖给水族馆使用。

有时候，珊瑚受很大的刺激后，就会失去与它们共生的藻类。这种现象就是众所周知的"白化现象"。在这种现象中，受刺激的珊瑚失去了亮丽的颜色而变白了。科学家到现在为止还没有完全弄清楚为什么珊瑚会出现白化现象。他们认为其中的一个主要原因可能是海洋温度的上升。其他一些可能的因素包括污染、细菌、太阳辐射和盐分的变化。没有共生藻类的珊瑚礁更容易生病，如果共生藻类不被替代，它们就会死亡。

这个健康的珊瑚礁丝毫没有显现出任何白化、患病或者被污染的痕迹。

视觉传播

制作一部短片 和你的同班同学一起做一个研究，看看我们可以做哪些努力来阻止珊瑚礁死亡。写一部关于珊瑚礁的短片的脚本，包括珊瑚礁是什么，它们为什么身处危险中，以及人们可以做些什么来帮助它们。短片可以包括照片、地图等视觉元素。

生物实验室

现场调查：动物有哪些特征？

背景：一个小的池塘就是一个生态系统，所有的生物相互影响来完成至关重要的生命功能。这些生物有多种多样的身体结构，用不同的途径获取食物并且以多种方式进行移动。

问题：哪些动物居住在池塘里？

实验器材

涉水小船

镊子

鱼缸

培养皿

显微镜

安全注意事项

警告：小心处理活的动物。

设计与实施实验

1. 阅读并完成实验室安全表。
2. 选择一个池塘作为观察对象。确保你可以使用这个池塘。
3. 观察并记录你在池塘中观察到的但是没有收集的动物。
4. 设计并建立一张数据表来记录你的观察结果。
5. 征得教师同意后，再进行下一步实验。
6. **整理和处置** 在处理任何生物之后都要洗手。将动物与池水放回池塘。在教师的指导下，清洗并归还所有可以循环利用的实验材料，并且正确处理其他实验材料。

实验分析和结论

1. **解释** 你如何判断你观察的生物是动物还是植物？

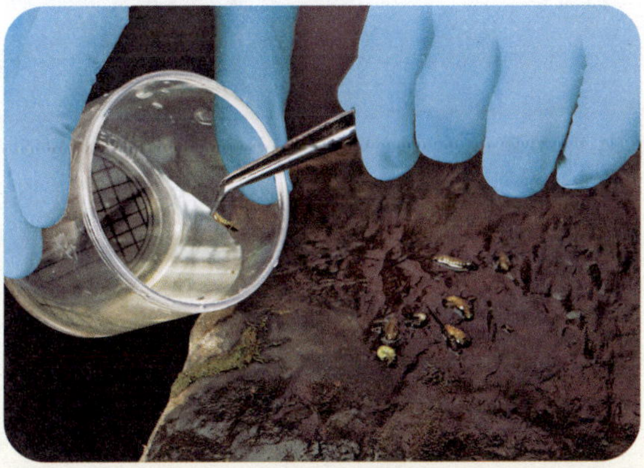

2. **总结**你所观察到的动物在捕食方面的适应性。在这些适应性中，和你在**迷你实验1**中观察到的适应性有什么相似之处？
3. **对比与比对**你观察到的每种动物的运动方式。
4. **解释** 查看你所观察的动物的图片，这些图片告诉你关于每种生物的身体结构的哪些知识？
5. **误差分析** 你还可以使用哪种方法来验证你得出的结论？

科技 写作

制作一本小册子 选择一种你在池塘研究时所观察的动物。设计一本有插图的小册子来展示这种动物是如何获取食物和生殖的，以及它的身体结构和发育阶段。与同学分享你的信息。

第24章 复习指南

内容聚焦 多样性 所有动物都显示出一定形式的对称性，如辐射对称、左右对称或对称中的非对称形式。

大概念 动物的进化在某种程度上是由动物的身体结构及其适应性决定的。

第1节 动物的特征

无脊椎动物
外骨骼
内骨骼
脊椎动物
雌雄同体
受精卵
体内受精
体外受精
囊胚
原肠胚
内胚层
外胚层
中胚层

主要概念 **动物是多细胞的真核异养生物，它们通过进化能在各种不同的栖息地生存。**

- 动物都是异养生物，必须从其他生物体中获取营养。
- 动物支撑身体的方法各不相同，它们居住在不同的栖息地中。
- 动物细胞没有细胞壁，大多数动物都有能形成各种身体组织的细胞。
- 大多数动物都进行有性生殖，并能四处移动。
- 在胚胎发育阶段，动物细胞能发展成为组织层，之后又发展成为器官和系统。

第2节 动物的身体结构

对称
辐射对称
左右对称
前端
后端
头向集中
背侧
腹侧
体腔
假体腔
无体腔动物
原口动物
后口动物

主要概念 **动物系统的演化在一定程度上是由身体结构以及发育方式决定的。**

- 动物系统的演化史可以比作一棵有分支的树。
- 系统进化树的分支显示了动物之间的关系。
- 动物系统的演化在一定的程度上是由动物体腔的类型或者有无体腔决定的。
- 在原肠胚形成以后，体腔动物会发生两种类型的发育。
- 分节是一些体腔动物重要的特点。

第3节 海绵动物和刺胞动物

滤食动物
固着动物
刺细胞
刺丝囊
消化腔
神经网
原肠腔
水螅体
水母体

主要概念 **海绵动物和刺胞动物是多细胞祖先进化形成的第一批动物。**

- 海绵动物可以根据它们具有的动物特征和不具有的动物特征来描述。
- 海绵动物没有组织，但是它们能像其他动物一样执行生命功能。
- 刺胞动物有其他动物没有的特征。
- 刺胞动物比海绵动物有进化程度更高的身体形式。
- 海绵动物和刺胞动物对它们栖息地的生态和人类都有重要的作用。

第24章 测评

第1节

术语回顾

将下列定义与“复习指南”中正确的术语匹配。

1. 一个提供支撑的坚硬的外部覆盖物。
2. 胚胎细胞分裂形成的充满液体的细胞球。
3. 一种既能生成卵细胞又能生成精子的动物。

要点理解

根据下图，回答第4题。

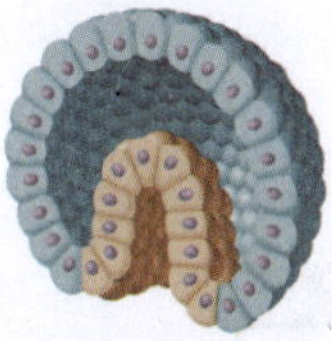

4. 上图中的胚胎所处的发育阶段是(　　)
   A. 原肠胚　　B. 囊胚
   C. 卵细胞　　D. 受精卵
5. 下列材料不存在于内骨骼中的是(　　)
   A. 碳酸钙　　B. 二氧化硅
   C. 几丁质　　D. 软骨
6. 在下列(　　)过程中，Hox基因是活跃的。
   A. 细胞分化　　B. 移动
   C. 消化　　D. 神经刺激

回答问题

7. **主要概念** 选择一种动物，描述它针对环境产生的适应性结构和特征。
8. **开放式回答** 描述体内受精和体外受精的优点和缺点。

批判性思维

9. **解释**研究胚胎发育的生物学家汉斯·斯佩曼的这句话：“我们用来站立和行走的身体部分可能是在另一个胚胎中，会发育成人体用来思考的部分。”
10. **提出假设** 一个中胚层细胞受损的胚胎可能会发生什么情况。

第2节

术语回顾

区分下列每组术语：

11. 左右对称和辐射对称
12. 腹侧和背侧
13. 真体腔和假体腔

要点理解

根据下图，回答第14题和第15题。

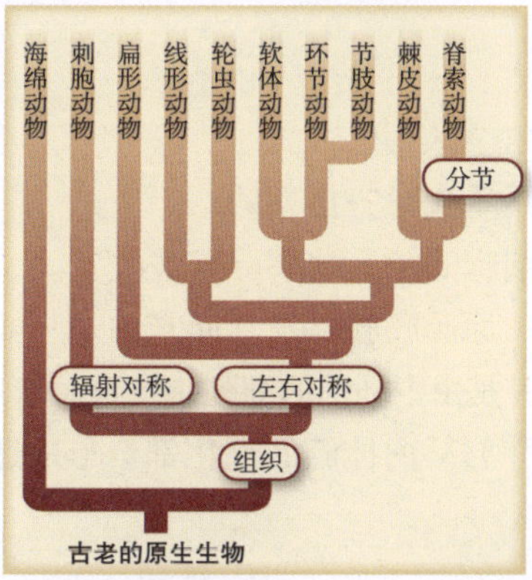

14. 根据上图的进化树，下列说法正确的是(　　)
    A. 真正的组织是在左右对称形成后才进化形成的
    B. 分节是在左右对称形成后才进化形成的
    C. 动物共同的祖先是海绵
    D. 大多数动物都是辐射对称的
15. 从进化树上可以看出，关系最为密切的是(　　)
    A. 环节动物和软体动物
    B. 扁形动物和环节动物
    C. 线形动物和环节动物
    D. 环节动物和棘皮动物

16. **与生物学有关的职业** 胚胎学家是研究胚胎的科学家。他们发现了一种新的海洋动物。在其早期发育阶段一个细胞被移除时，这个细胞能够发育成完整的动物。这种动物可能是（　　）

A. 无体腔动物　　B. 后口动物

C. 原口动物　　D. 假体腔动物

根据下图，回答第17题。

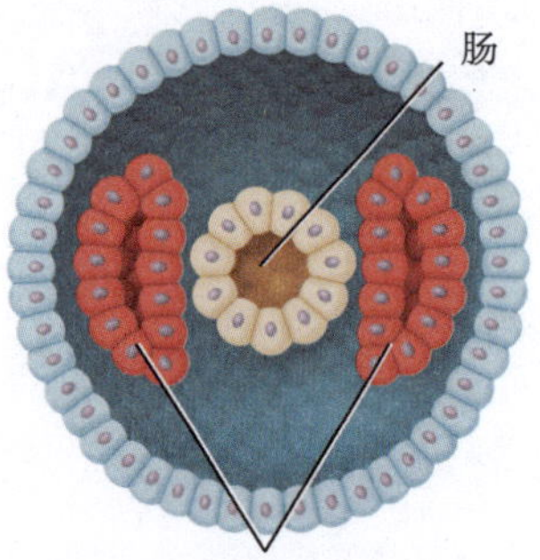

17. 中胚层的位置表明（　　）

A. 细胞是垂直对齐排列的。

B. 每个细胞的发育结果可以被改变。

C. 嘴是由原肠胚胚孔发育而来的。

D. 真体腔是由中胚层的细胞袋发育而来的。

18. 除了（　　）外，内体腔的进化都会形成适应性优势。

A. 循环　　B. 移动

C. 觅食　　D. 肌肉系统

19. 根据**图24-8**的进化树，环节动物具有扁形动物没有的特征是（　　）

A. 一个真体腔、一个体腔、左右对称和没有组织

B. 一个真体腔和分节

C. 一个真体腔、原口发育和分节

D. 一个假体腔、一个体腔和左右对称

20. 青蛙身体上颜色较浅的下表面叫作（　　）

A. 背侧面　　B. 腹侧面

C. 前端面　　D. 后端面

回答问题

21. **开放式回答** 使用黏土、生面团或者其他材料建立一个胚胎发育的工作模型。制作胚胎发育的第一个阶段，然后制作下一个阶段，直至完成整个胚胎发育的过程。

22. **开放式回答** 根据本节所学的每种对称类型，各举三个例子，要求是本节没有讨论过的动物。

批判性思维

23. **主要概念** 生物学家发现一些海葵可能具有左右对称的身体结构。解释这将如何改变之前关于左右对称的动物是如何以及何时进化的相关知识。

24. **内容聚焦 多样性** 与那些没有分节和外骨骼的动物相比，有分节和外骨骼的动物具有哪些适应性优势？

第3节

术语回顾

选出下列每组术语中不属于同一类的一个，并解释原因。

25. 刺细胞、刺丝囊、刺胞动物、骨针

26. 孔、芽球、滤食动物、刺丝囊

27. 世代交替、水螅、海绵硬蛋白、水母

要点理解

根据下图，回答第28题。

28. 上图中的动物具有的特征是（　　）

A. 头向集中　　B. 刺细胞

C. 左右对称　　D. 非对称

29. 刺胞动物是由(　　)直接进化而来的。
A. 海绵动物
B. 多细胞领鞭虫动物
C. 扁形动物
D. 左右对称的动物

根据下图,回答第30题。

30. 上图所示动物的生殖方式是(　　)
A. 分裂　B. 体外受精
C. 体内受精　D. 再生

31. 下列不属于海绵动物特征的是(　　)
A. 滤食　B. 细胞内消化
C. 非对称　D. 组织

32. 下列配对错误的是(　　)
A. 海绵动物、滤食
B. 刺胞动物、刺丝囊
C. 海绵动物、自由游动的幼虫
D. 刺胞动物、骨针

回答问题

33. **开放题**　查看报纸的分类版面,观察报纸是如何组织内容的。然后,使用你所知道的关于刺胞动物的知识写一个广告来描述水母的栖息地。

批判性思维

34. **主要概念**　评价海绵动物和刺胞动物在动物演化过程中的重要性。

35. **制作**　使用下列词语制作一张概念图:珊瑚、水螅、刺细胞、珊瑚礁、碳酸钙和虫黄藻。

总结性测评

36. **大概念**　假设你在一所大学的实验室工作。你看到了一种未知的无脊椎动物,并被告知需要判断它的进化史。你将使用哪些特征来完成这项任务?

37. **写作**　为报纸写一篇评论,倡议对珊瑚礁进行保护。解释珊瑚礁正面临的危险并提出保护珊瑚礁的建议。

DBQ 资料分析题

蝾螈早期胚胎的移植实验证明,当负责尾巴发育的组织被添加到另一个原肠胚中时,将会造成以下影响。

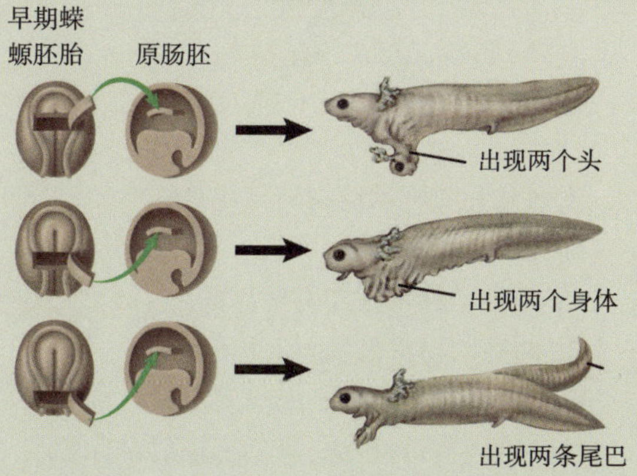

数据来源:Niehrs, C. 2003. a tale of tails. *Nature* 424: 375–376.

38. 当胚胎顶部的一部分被移植时,新的组织会生长在哪里?

39. 当胚胎底部的一部分被移植时,新的组织会生长在哪里?

40. 当负责尾巴发育的胚胎的不同部分被移植进原肠胚的液体中时,预测新的组织生长的位置。

标准化测试

选择题

1. 最容易吸引蝙蝠、蛾等夜行传粉者的颜色是(   )的花。

A. 蓝色

B. 红色

C. 紫色

D. 白色

根据下图，回答第2题和第3题。

鸟

海星

2. 下列对上图所示动物的身体对称性的描述正确的是(   )。

A. 两种动物都是左右对称的

B. 两种动物都是辐射对称的

C. 鸟是辐射对称的，海星是左右对称的

D. 鸟是左右对称的，海星是辐射对称的

3. 海星的身体形状对其生存的帮助是(   )

A. 它使海星能捕获很多种类的猎物

B. 它使海星能够从各个方向捕获猎物

C. 它使海星能够在水中快速移动

D. 它使海星能够在水中慢慢地移动

4. 非维管植物的(   )与维管植物的根相类似。

A. 叶绿体

B. 黏液

C. 假根

D. 孢子体

5. 下列能促进水果成熟的是(   )。

A. 植物生长素

B. 细胞分裂素

C. 乙烯

D. 赤霉素

根据下图，回答第6题。

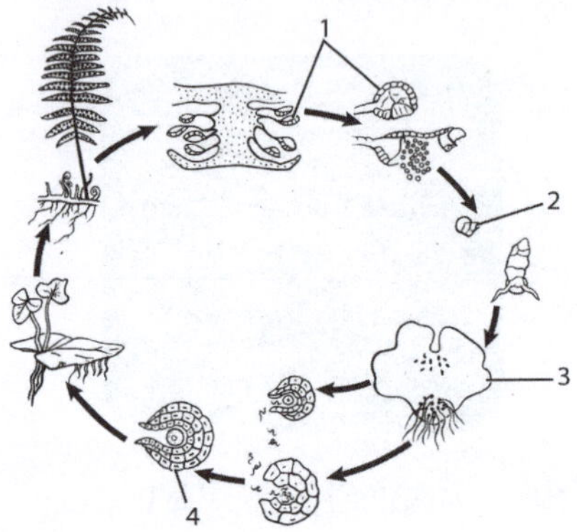

6. 在蕨类植物生命周期的(   )阶段，染色体的数量从单倍体变为二倍体。

A. 1

B. 2

C. 3

D. 4

7. 植物中厚壁组织细胞的作用是(   )。

A. 气体交换

B. 光合作用

C. 存储食物

D. 支撑

8. 下列能帮科学家判断群居生物是多细胞生物进化过程的早期阶段的是(   )

A. 早期多细胞生物和群居单细胞生物的DNA或RNA的相似性

B. 早期多细胞生物和群居单细胞生物的DNA或RNA的不同点

C. 早期多细胞生物和现在的多细胞生物的相似性

D. 早期多细胞生物和现在的多细胞生物的不同点

简答题

根据下图，回答第9题。

9. 一个学生使用上图中的设备进行了一个实验。解释这个实验的目的。

10. 哪种化石能告诉古生物学家最多的关于动物软组织的信息？

11. 解释为什么孢子植物生活在潮湿的区域。

根据下图，回答第12题。

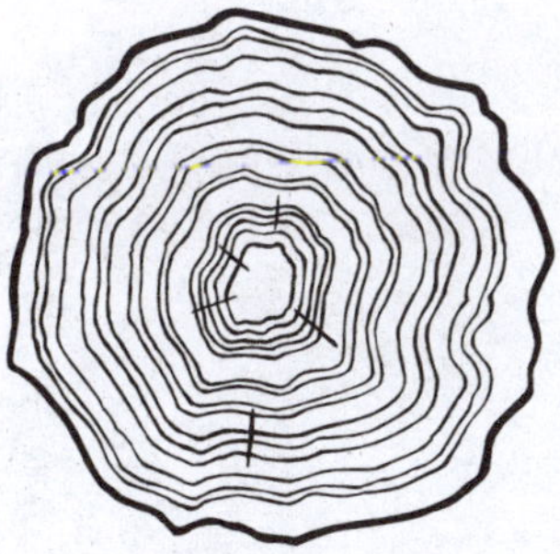

12. 如何估计树的年龄？图中这棵树的年龄大约是多少？

13. 说出四种花用来吸引昆虫的适应性特征。

14. 哪三种证据能用来证明不同身体结构的动物是否有紧密联系？

开放题

15. 疟原虫是造成疟疾的一种孢子虫。识别孢子虫的不同生命阶段在蚊子身上的体系。评估蚊子生命周期各阶段的重要性。

16. 为什么孟德尔分离定律只适用于有性生殖的生物？

17. 总结大多数开花植物卵细胞发育和受精的过程。

论述题

孢粉学是考古学中一个重要的工具。孢粉学家从考古区域收集土壤样本，然后分析各个土壤层的花粉。通过研究花粉随着时间发生的变化，孢粉学家可以得知历史上土地的使用情况。土壤中的花粉表明了土地是如何被使用的，即土地是被耕种了，或是森林被砍伐了，抑或是土地被遗弃了。

利用上文中的信息，以论文的形式回答下列问题。

18. 科学家想要找到玉米的起源。他们已经知道玉米是由12000到6000年前生长在墨西哥中部山谷地区的一种叫作墨西哥类蜀黍的植物进化而来的。因为玉米芯难以变成化石，所以很难找到完整的玉米芯。那么，孢粉学家如何来判断玉米的起源呢？

考点提示																		
测试题号	1	2	3	4	5	6	7	8	9	10	11	12	13	14	15	16	17	18
对应章节	23.1	24.2	24.2	21.2	22.3	23.1	22.1	24.1，24.3	22.3	14.1	23.1	22.2	23.2	24.1	19.2	10.2	23.2	23.3

第25章

蠕虫和软体动物

起步实验

蚯蚓是种什么样的动物?

在这个实验中,你将会探究一种你非常熟悉的虫类,那就是蚯蚓。

步骤

1. 阅读并完成实验室安全表。
2. 从教师处领取一条蚯蚓。
3. 先用手指沿着蚯蚓的腹部触摸,再沿着蚯蚓的背部触摸,并记录观察结果。
4. 用放大镜观察蚯蚓的腹部,记录观察结果。
5. 洗净双手,将蚯蚓归还给教师。

分析

1. **比较**手指沿着蚯蚓腹部和背部触摸的感觉。
2. **推测**你所观察到的差异为什么可能是蚯蚓对环境做出的重要适应。
3. 你在蚯蚓的腹部观察到了什么?

折叠式 学习卡

制作一张如图所示的折叠卡,组织关于环节动物的笔记。

内容聚焦 能量

所有蠕虫都需要从其他生物那里获取能量。

大概念 蠕虫和软体动物进化形成了各种各样的适应性，它们会成为寄生虫，也能生活在水或土壤中。

第1节

扁形动物

本节预览

核心问题

- 自生型扁形动物和寄生型扁形动物具有哪些适应性？
- 扁形动物如何维持稳态？
- 扁形动物有哪三种类型？它们各自有哪些特征？

术语回顾

无体腔动物：没有任何体腔的动物。

关键术语

咽
焰细胞
神经节
再生
头节
节片

主要概念 **扁形动物是身体较薄、扁平的无体腔动物，它们有些是自生的，有些是寄生的。**

联系实际 设想以下情景，你被困在了突然袭来的大雨中，而且又没有带雨具。如果你穿了厚厚的几层衣服，那么雨水可能不会浸湿你的皮肤。在阅读关于蠕虫的内容时，想象一下，雨水要穿透薄薄的一层衣服是多么容易。

身体结构

图25－1的进化树显示了扁形动物处在无体腔动物这一分支上，但是线形动物却处在假体腔动物这一分支上。然而，扁形动物和线形动物都具有左右对称的身体结构，它们可以被一个平面分成完全相同的两个部分。左右对称结构是一个重要的进化步骤，它能使身体的某些部分进化形成不同的器官。左右对称的动物在运动时也比辐射对称的动物更为高效。

扁形动物门大约有2万种动物。**图25－1**显示了该门类中的一些动物。扁形动物的长度从1毫米到几米不等。它们拥有较薄、扁平的身体，就像丝带一样。与海绵动物和刺胞动物不同，扁形动物有一个明确的头部区域和各个身体器官。之前我们学过，扁形动物是无体腔动物，因此它们没有真体腔。事实上，它们的身体内是没有体腔的。

大多数扁形动物都寄生在各种各样的动物身体中，但是有一些能自由生活在海洋、淡水或潮湿的陆地中。淡水真涡虫常见于快速流动的水流的石头下方。

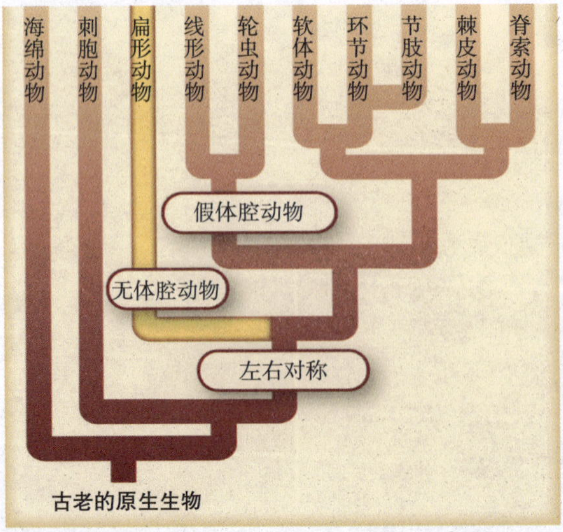

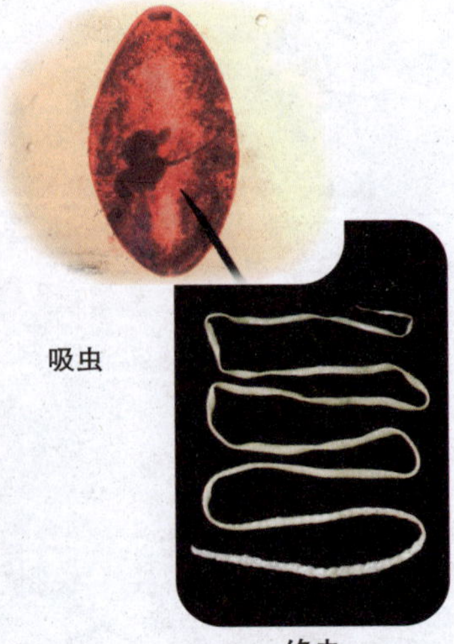

■ **图25－1** 在进化树中，吸虫和绦虫这类扁形虫是第一批表现出左右对称的动物。
解释 *扁形动物的对称性与刺胞动物的对称性有什么不同。*

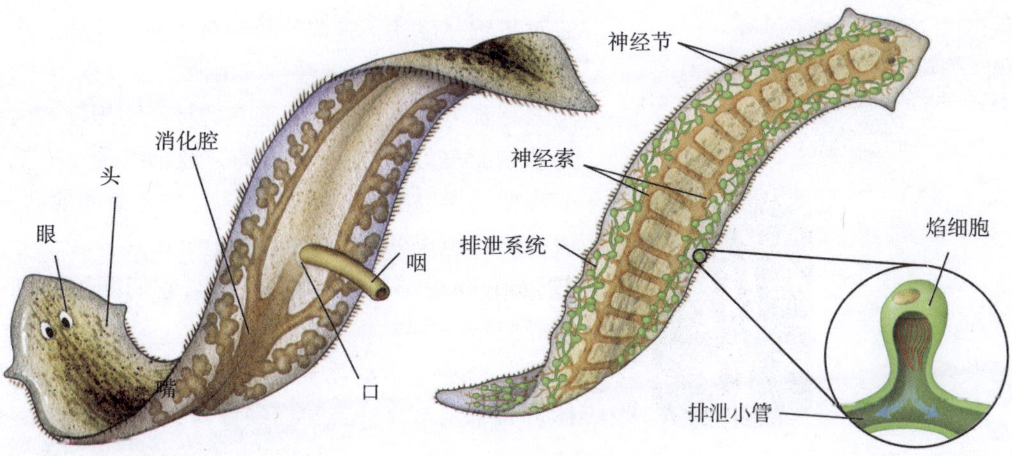

■ **图 25 – 2** 扁形动物体内有简单的器官系统，如排泄系统和神经系统。

觅食和消化 自生型扁形动物以死亡的或者缓慢移动的生物为食。它们会将**咽(pharynx)**从口中伸出来。如**图 25 – 2**所示，咽能够释放酶来消化猎物。食物颗粒会被吸入消化道，然后进一步被分解。由于扁形动物只有一个身体开口，废物也会从口排出。

寄生型扁形动物具有改良了的觅食结构，叫作钩和吸盘。这种结构使它们能够依附在宿主身上。一些扁形动物有一个退化的消化系统，以血液和其他身体组织为生。其他寄生型扁形动物没有消化系统。因为它们的身体很薄，就像一层布一样，并且它们被宿主肠内的营养物质包围，这些寄生型扁形动物能够直接通过它们的体壁吸收宿主体内部分被消化的或完全被消化的食物。

阅读检测 **比较**自生型扁形动物和寄生型扁形动物的觅食和消化。

呼吸、循环和排泄 跟海绵动物和刺胞动物一样，扁形动物没有循环器官或呼吸器官。由于扁形动物的身体太薄，故它们的细胞能通过扩散将氧气和营养物质运送到身体的所有部分。二氧化碳和其他废物也是通过扩散这个过程排出扁形动物体外的。

与海绵动物和刺胞动物不同的是，扁形动物有一个由遍布全身的小管网络组成的排泄系统。在这些小管的分支血管中，如**图 25 – 2**所示，含有纤毛的灯泡状的**焰细胞(flame cell)**将水分和排泄物扫进小管中。然后这些物质通过小孔排出体外。之所以叫焰细胞是因为细胞内纤毛忽隐忽现地移动看起来就像蜡烛火焰一样。由于焰细胞将水分排出体外，故能够防止扁形动物的细胞产生积水现象。除了焰细胞，扁形动物也可以通过口排出废物，并且维持体内水分平衡。

迷你实验 1

观察一只涡虫

真涡虫有哪些行为？通过观察真涡虫来探究它的生理特点和行为。

步骤

1. 阅读并完成实验室安全表。
2. 使用放大镜观察真涡虫。
3. 设计一张数据表来记录你观察到的情况。
4. 记录真涡虫的生理特征和行为。
5. 将一小片煮熟的鸡蛋白放到观察皿里，然后观察真涡虫的觅食行为。

分析

1. **对比与比对**真涡虫的生理特征与在“起步实验”你观察到的蚯蚓的特征。
2. **分析**真涡虫的身体形态以及它的运动方式是如何使它在居住环境中生存下去的。

应对刺激 神经系统调节身体对刺激产生的反应。在大多数扁形动物体内，神经系统由两条神经索组成，这些神经索有着遍布全身的相互连接的神经组织。对大多数扁形动物而言，这些相互连接的神经组织看起来就像梯子的横档一样，如**图25－2**所示。在神经索的前端，有一个由神经节组成的隆起，它会在全身传递神经信号。**神经节（ganglion）**是一组神经细胞体，它们能够协调进出的神经信号。

移动 一些扁形动物通过收缩体壁上的肌肉来移动身体。为了逃避捕食者并找到食物，大多数自生型扁形动物通过使用身体下方的纤毛进行滑动。当肌肉运动使这些动物扭动和转弯时，黏液就能起到润滑的作用，并能提高滑动速度。真涡虫身体外部的黏液能使它们紧紧地贴在岩石上，这是在快速流动的水流中生存的一个非常重要的适应性。你可以在**迷你实验1**中观察扁形动物的特征和行为。

生殖 扁形动物是雌雄同体的，它们既能产生卵细胞又能产生精子。在有性生殖过程中，两个不同的扁形动物交换精子，然后卵细胞在体内受精。对于在海洋中生存的扁形虫，卵袋包裹着的受精卵被排放到水中，它们会在接下去的几周内被孵化出来。

自生型扁形动物能通过**再生（regeneration）**进行无性生殖。再生是指动物能自身修复或重新长出因受伤而缺损的部分身体。如果真涡虫被水平地分为两半，它的残余尾部能长出一个新的头，残余头部能长出一个尾巴，形成两个新的生物，如**图25－3**所示。

■ **图25－3** 当一只真涡虫被水平地切成两半，就会形成两只新的真涡虫。

扁形动物的多样性

扁形动物主要有三种类型：涡虫纲、吸虫纲和绦虫纲。涡虫纲由自生型扁形动物组成。吸虫纲和绦虫纲由寄生型扁形动物组成。

涡虫 属于涡虫纲这一类的动物叫作涡虫。大多数涡虫，像真涡虫，都生活在海洋或者淡水中，其他一些生活在潮湿的土壤中。涡虫的大小、颜色和身体形状各不相同。如**图25－4**显示的那样，涡虫有可以感知光的眼点。涡虫还有感觉细胞，可以帮助它们辨别化学物质以及在水中移动。

对化学物质敏感的细胞集中在蠕虫前端的耳郭处。当真涡虫捕食的时候，它会一边向前爬行，一边前后摆动它的头部，用耳郭感知来自食物的化学刺激。同时，它的眼点可以感知光照状况，防止被捕食者捕获。

吸虫 吸虫属于吸虫纲类动物。它们都是寄生虫，会感染宿主的血液和身体器官。血吸虫这种寄生吸虫的生命周期如**图25－5**所示。请注意这种寄生虫需要两个宿主才能完成它的生命周期。

当人类感染了血吸虫病后，血吸虫卵就会堵塞血管，造成肿胀并最终损坏组织。人们可以通过恰当的污水处理或者在血吸虫大批出没的水域游泳时穿上保护服来防止血吸虫病。

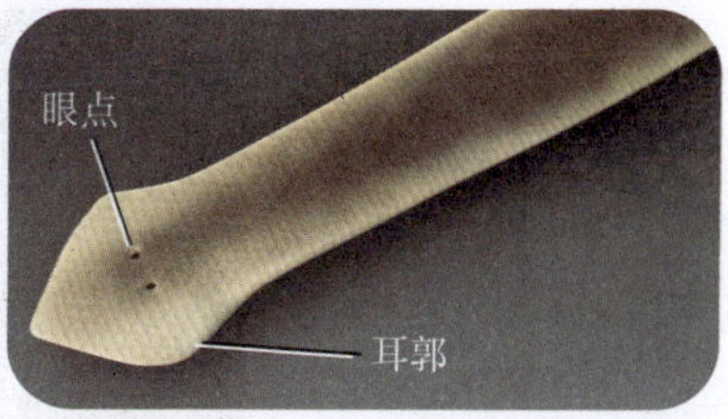

图25－4 光敏感细胞聚集在一起，形成了真涡虫的眼点。请注意在眼点附近突出来的耳郭。

图25－5 血吸虫需要两个宿主——人类和蜗牛——才能完成其生命周期。

推断 *为什么两种幼虫有不同的身体形状？*

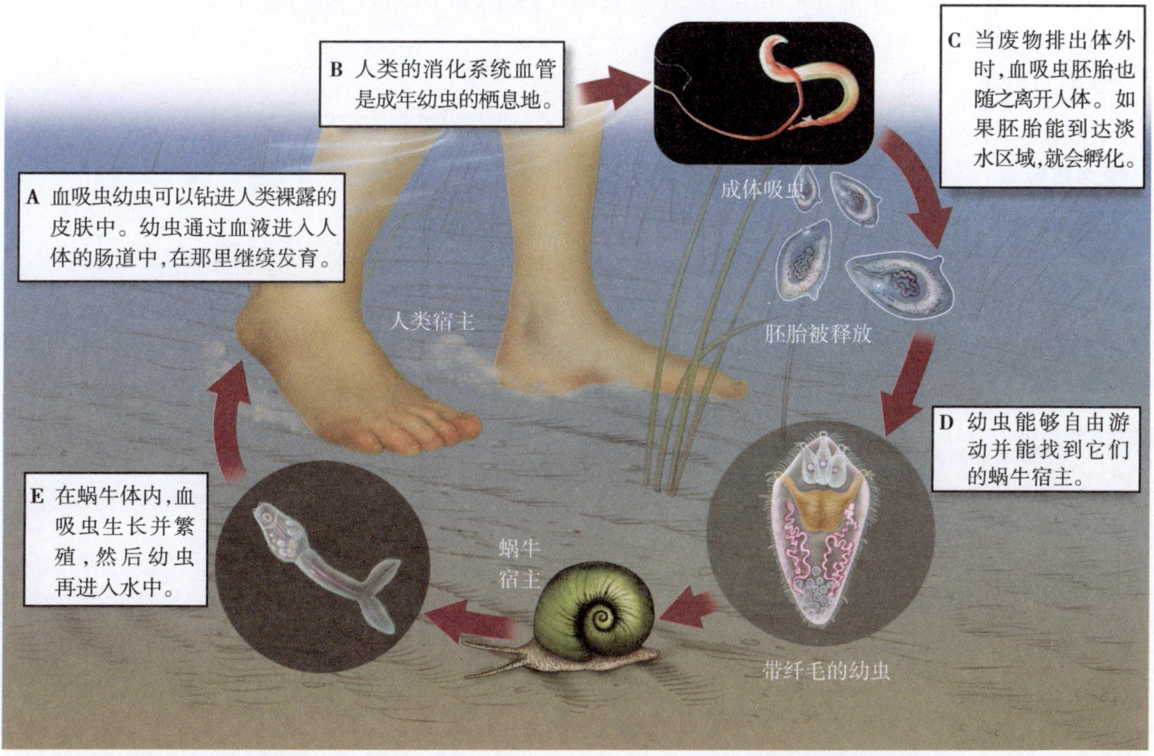

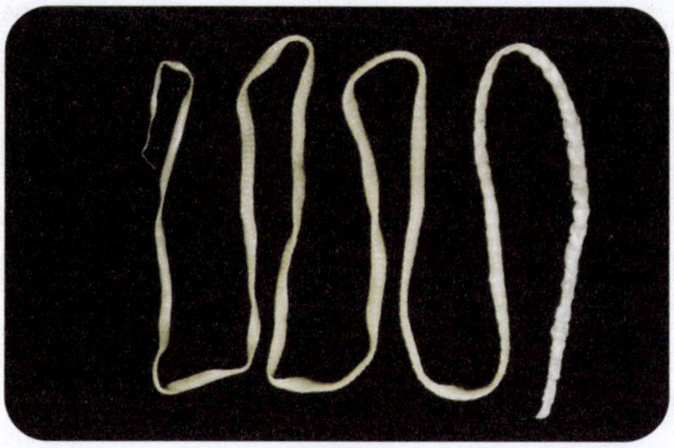
成熟的节片

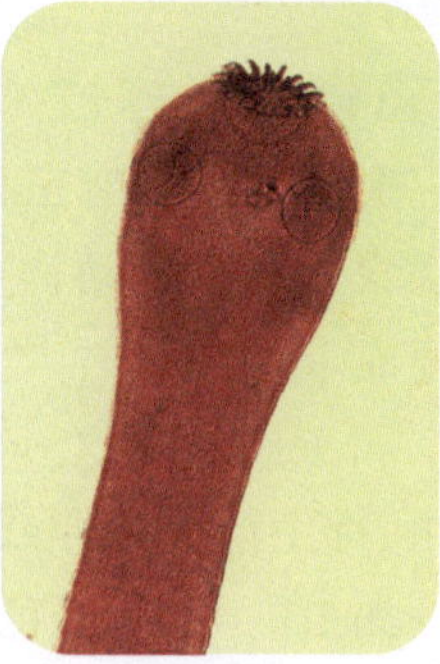
头节

■ **图25－6** 随着头节背后的节片慢慢成熟，新的节片形成。

绦虫 所有的绦虫都属于绦虫纲。它们都是寄生虫，习惯于在宿主的肠内生活。请看**图25－6**中绦虫的前端或者说头部，这是**头节(scolex)**，是一种带有钩和吸盘的球状结构。它能帮助绦虫吸附在牛或人的肠道内壁。

绦虫头节后面是一连串独立的部分，叫作**节片(proglottid)**。每个节片都包含肌肉、神经、焰细胞以及雄性和雌性生殖器官。节片能连续不断地形成，当新的节片在头节附近形成，老的头节就会向后移并慢慢成熟。在节片处成熟的卵细胞受精之后，带有发育胚胎的最后的节片会脱落并排出宿主的肠外。像牛这样的动物可能会吃掉被绦虫节片污染的蔬菜或者喝下被绦虫污染的水，然后绦虫就能重复其生长周期。

绦虫随着食物进入牛体内之后，它们就会通过肠壁钻进牛的肠内，并且进入血液和肌肉中。如果人吃了未熟透的牛肉，也可能被绦虫感染。绦虫感染在工业化国家并不常见，因为牛肉都要经过严格的检查。

第1节 测评

要点梳理

- 扁形动物是第一批呈现出左右对称特性的动物。
- 扁形动物是无体腔动物，有有限的器官和系统。
- 一些扁形动物是自生的，一些是寄生的。
- 寄生型扁形动物有为寄生生活形成的特化的适应性。

要点理解

1. 主要概念 **评价**扁形动物薄薄的身体所具备的优点。
2. **对比与比对**自生型扁形动物和寄生型扁形动物的适应性。
3. **比较**自生型扁形动物和寄生型扁形动物的消化、呼吸、移动和生殖。
4. **分析**扁形动物中焰细胞的重要性。

批判性思维

5. **设计**一个实验来判断真涡虫喜欢哪种生存环境。
6. **评价**文中描述的三种类型的扁形动物是如何适应它们的生存环境的。
7. **绘图**表示左右对称性，以真涡虫为例。解释真涡虫左右对称的适应性优势。

第2节

线形动物和轮虫动物

本节预览

核心问题

- 线形动物和扁形动物有何相似性？
- 如何通过运动方式来识别线形动物？
- 人类通过哪些方式可能会感染线形寄生虫病？

术语回顾

纤毛：像毛发一样短小、数量众多的突出物。

关键术语

铃静力骨架
旋毛虫病

主要概念 **线形动物和轮虫动物都有比扁形动物进化程度更高的肠。**

联系实际 如果让你说出哪种动物是世界上最常见的动物之一，你会选择哪种动物？你会选择线形动物吗？除了已知的2万种线形动物之外，科学家估计可能还有比这多100倍的线形动物种类没有被人类发现。

线形动物的身体结构

线形动物属于线虫纲，常常被叫作线形虫。在**图25－7**的进化树中，找到线形动物的位置。请注意它们都是假体腔动物。之前我们学过，假体腔动物有一个充液的、排列着中胚层的体腔。线形动物是一种左右对称的、圆柱形的、没有体节的动物，它们两端逐渐变细。不同的线形动物大小相差很大，如**图25－7**所示，大多数体长小于1毫米。但是，现在已知最长的线形动物能达到9米长，它们生活在某些鲸鱼的体内。

线形动物生活在海洋、淡水和陆地中。一些线形动物是依附在植物或动物身上的寄生虫。花园里的一铲泥土中就可能包含上百万只线形动物。一项研究表明，一只腐烂的苹果中含有1074只线形动物。如果狗和猫在幼年阶段没有进行除虫或者成年后没有定期除虫，那么它们就会受到线形动物的困扰。线形动物的一些适应性使得它们能在许多地方生存下去。

图25－7 线形动物是左右对称的假体腔动物。

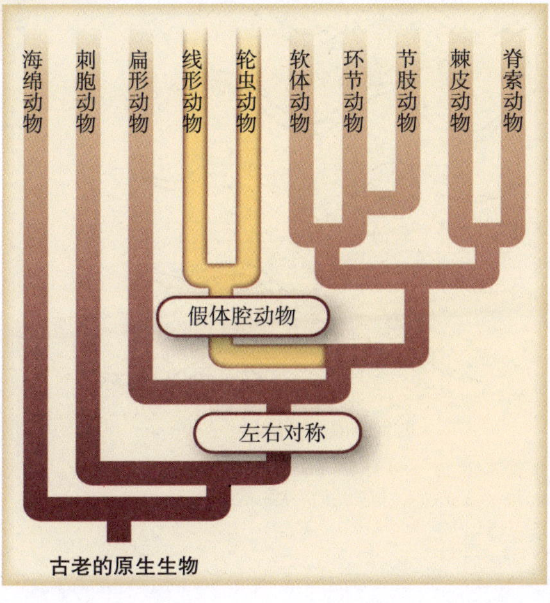

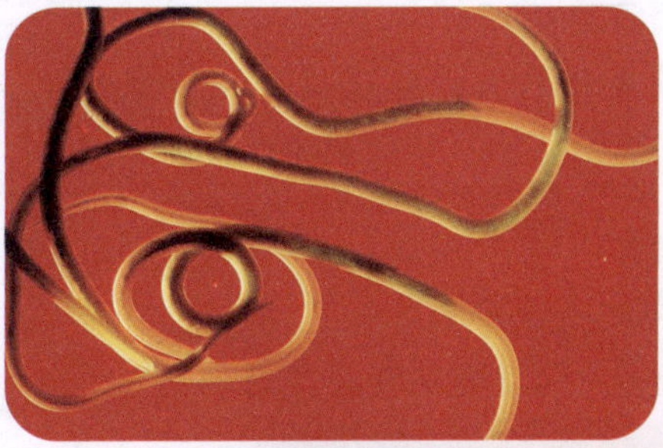

醋线虫(2 mm长)

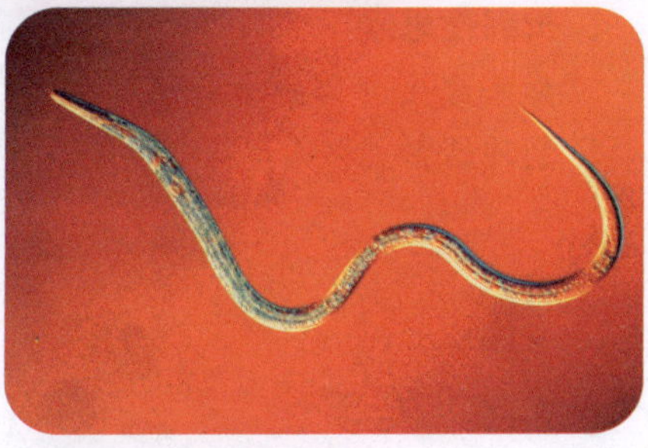

蛔虫(10～35 cm长)

觅食和消化 大多数线形动物都是自生型的，但也有一些是寄生型的。一些自生型线形动物捕食其他小的无脊椎动物，另外一些以腐烂的植物和动物的有机残留物为食。自生型线形动物的消化系统中，有一个非常关键的进化适应性结构。之前我们在进化这一节学过，假体腔动物是第一种有体腔的动物。线虫的假体腔将排列着内胚层的肠与身体的其他部分分开。食物在消化道中进行单向移动——食物由口进入线虫体内，未被消化的食物通过肛门排出体外。

呼吸、循环、排泄和应对刺激 跟扁形动物一样，线形动物也没有循环器官和呼吸器官。它们依靠扩散作用将营养物质和气体送达全身。大多数线形动物通过它们潮湿的身体外层来交换气体并且排出代谢废物。一些更加复杂的线形动物身体中有排泄道，能使这些动物保存水分以便在陆地上生活。其他一些线形动物的身体中还有焰细胞。

神经节和相关的神经索可以调控线虫的反应。线虫对触摸和化学物质非常敏感。一些线虫有能感知明暗的身体结构。

移动 线形动物有和它们身体一样长的肌肉。当一块肌肉收缩、另外一块舒张时，线形虫的身体就会以扭动的形式移动。这些肌肉也会反作用于外体壁和假体腔。假体腔起到**铃静力骨架(hydrostatic skeleton)**的作用，铃静力骨架是一种内部含有液体的封闭骨骼，能为肌肉提供一个坚固的支撑。请你仔细观察线形虫的移动方式，它看起来就像一小段扭来扭去的线条一样。在**数据分析实验1**中，你将会学到更多关于线形动物的知识。

数据分析实验1

基于真实的数据*

解释图表

线虫如何移动?

线虫会交替地收缩和舒张排列在它身体两侧的与其身体一样长的两条肌肉。

数据与观察

这张图表按顺序排列了一只线虫的移动过程。虚线之间的空间代表着时间间隔。

批判性思维

如果线虫身体一边的肌肉受损，**推断**它们的移动方式将会发生什么变化。

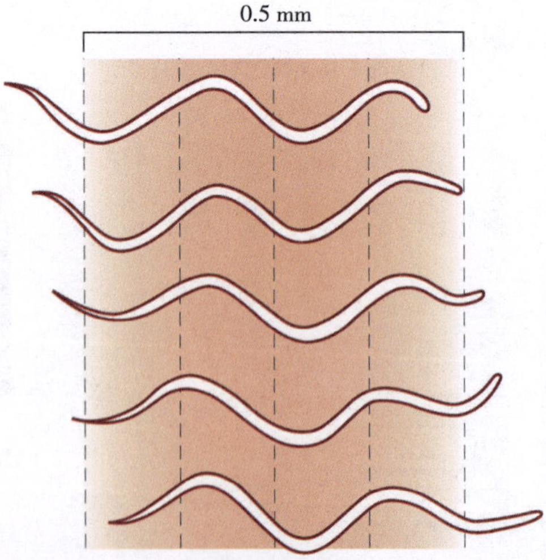

时间间隔为0.33 s

*数据来源：J. and H.W. Lissmann. 1964. The locomotion of nematodes. *Journal of Experimental Biology* 41: 135—154.

生殖 线形动物进行有性生殖。雌性线形动物生成卵细胞,通常比雌性小的雄性会生成精子。受精作用发生在线形动物体内。对自生型线形动物而言,幼虫从受精卵孵化之后,会慢慢发育成成体。对寄生型线形动物而言,发育过程通常更加复杂,涉及一个或多个宿主或者宿主体内的不同区域。

图25-8所示的成体线形动物秀丽新杆状线虫只含有959个细胞;在三天内,受精卵就能够发育成成体。这些特点使其成为研究发育、衰老和基因的重要对象。秀丽新杆状线虫是第一种有自己完整的基因组序列的多细胞生物。它的基因组包含了9700万DNA碱基,组成了超过1.9万个不同的基因。

阅读检测 **解释**为什么秀丽新杆状线虫的特点使其成为很好的研究对象。

图25-8 秀丽新杆状线虫的细胞相对较少,并且发育极快,科学家很容易就能研究其发育变化。

线形动物的多样性

在2万种已知的线形动物中,大约一半是寄生虫。这些寄生型的线形动物会引起植物和动物的多种疾病,包括人类在内。很多与线形动物相关的人类疾病都是由粗心、个人卫生缺失或者环境较差造成的。

旋毛虫 人如果吃了生的或者未熟透的猪肉以及被旋毛虫幼虫污染的野味,就很有可能感染上**旋毛虫病(trichinosis)**,如**图25-9**所示。在被宿主生物体摄取后,旋毛虫会在一到两天内发育成熟。带有受精卵的雌性虫就会钻进人、猪或其他哺乳动物的肠壁。受精卵孵化后,幼虫就会钻进肌肉内,在肌肉处形成包囊,造成肌肉疼痛。妥善烹饪肉类能预防旋毛虫病。

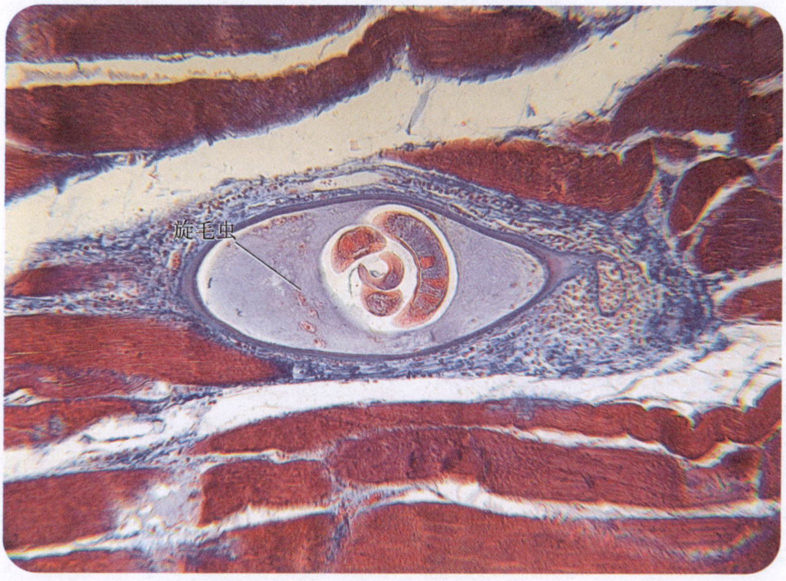

图25-9 一只旋毛虫幼虫在猪肌肉组织的包囊中蜷缩了起来。

推断患有旋毛虫病的人可能会有哪些生理症状。

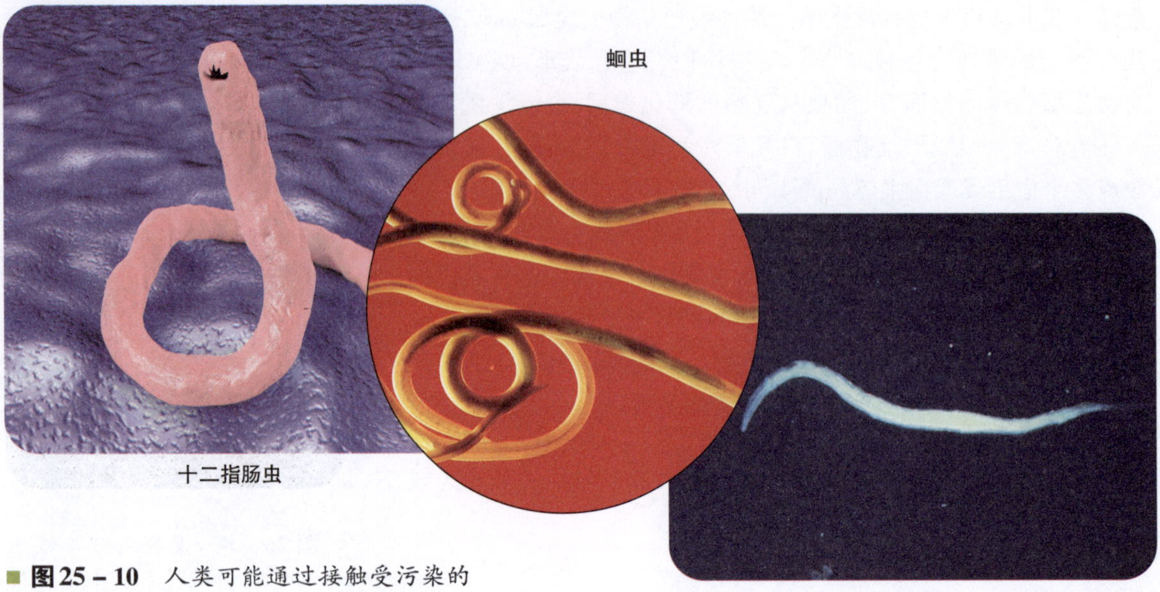

■ **图25－10** 人类可能通过接触受污染的土壤而感染上十二指肠虫、蛔虫和蛲虫。**识别**图中所示的虫类共有的一个特征。

十二指肠虫 在炎热的天气中，如果人们光脚在被污染的土地上行走，就很容易患上十二指肠虫病。如**图25－10**所示，当十二指肠虫接触到裸露的人体皮肤，它就会钻进皮肤内，随着血液到达肺部，然后进入气管或食道，最后被咳出或吞下去。如果吞下去，这种寄生虫就会转移到小肠中，依附在肠壁上，以血液或其他组织为食。穿鞋能够较好地预防十二指肠虫感染。

蛔虫 蛔虫病是人类常见的虫类感染，蛔虫病是由**图25－10**所示的蛔虫引起的。蛔虫卵存在于亚热带或热带区域的土壤中。它们从人类的口进入人体，并存活于肠中。当人们吃了没洗干净的蔬菜，或者用手接触了受污染的土壤之后又接触了嘴巴，就会感染蛔虫病。小孩很喜欢把手放到嘴巴里，从而极易感染疾病。仔细清洗蔬菜以及洗手，能有效控制蛔虫感染。

阅读检测 **解释**人类如何才能预防十二指肠虫感染和蛔虫感染。

蛲虫 蛲虫也是人体内常见的寄生型线虫，如**图25－10**所示。儿童得蛲虫病的概率最高。夜晚，寄生在肠内的雌性蛲虫就会从肛门爬出，并在附近皮肤上产卵。蛲虫活动会引起皮肤瘙痒，当人们抓痒的时候，蛲虫卵就会传递到手中，然后再到手接触过的其他皮肤表面上。这些蛲虫卵最多能在皮肤表面上存活两周，如果它们被摄入体内，那么随时会孵化成幼虫。蛲虫感染病最有可能在那些喜欢把玩具和其他物品放在嘴里的儿童之间快速传播。

丝虫 象皮病是一种由生活在热带区域的线形寄生虫——丝虫引起的疾病。蚊子是丝虫的中间宿主。当蚊子吸取了感染象皮病的人的血液之后，丝虫胚胎就会进入蚊子的血液中。然后，胚胎会发育成幼虫，当蚊子再次叮咬人的时候，就会传递给被叮咬的那个人。成体丝虫会在人体的淋巴系统中堆积并堵塞淋巴的流动。这些液体在组织中堆积，使腿部和身体的其他区域不断变大。防治蚊子以及在夜晚使用蚊帐有助于预防象皮病。

另一种丝虫——犬恶丝虫引起的疾病发生在狗和猫身上。犬恶丝虫通过蚊虫叮咬传递给狗和猫，一旦进入血液，犬恶丝虫就会移至心脏并堵塞血液的流动。猫、狗定期口服药物能预防感染犬恶丝虫。

阅读检测 **识别**蛲虫和丝虫寄生在人体的哪些部位。

植物中的线虫 一些线形动物会使植物患病。线虫会感染松树、豆科植物以及像番茄这样的食用作物，严重时会使这些植物死亡。如**图25－11**所示，如果它们感染了植物的根部，就会损坏整株植物。

大多数线虫对植物无害甚至有益。有的线虫被用来控制菜青虫毛虫、日本甲虫幼虫和很多其他农作物害虫的扩散。当在土壤中发现上述害虫时，在被害虫感染的植株上喷洒线虫缓冲液是最有效的方式。

链接 健康 除了用来处理植物害虫之外，线虫也能用来预防对人体和动物有害的害虫。线虫以跳蚤幼虫为食，因此能够控制跳蚤的数量。这就可以减少传统上用来处理跳蚤感染的化学药剂的使用，从而降低人类和动物接触这些药剂的可能性。

图25－11 当线虫进入植物根部形成包囊后，植物的生长就会变慢。

没有被线虫感染的土豆植株

被线虫感染的土豆植株

根部的线虫包囊

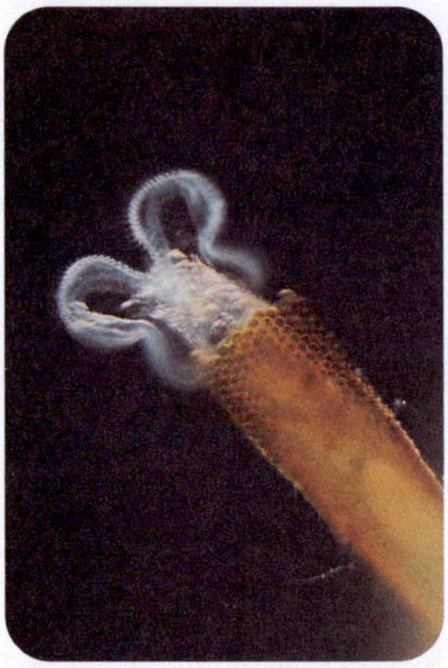

■ **图25－12** 轮虫动物的前端有两圈纤毛。

轮虫动物

轮虫动物是长度为0.1～0.5毫米的极小的动物。轮虫纲得名于这种动物口周边一环环轮状的纤毛。人类已经研究了大约1800种轮虫动物，大多数居住在淡水栖息地中，包括池塘、溪流和湖泊。在一升池水中，就可能找到40～500只轮虫。一些轮虫生活在海洋中。请参考**图25－7**中的进化树，虽然轮虫动物和线形动物有独立的分支，但它们都是假体腔动物。

轮虫动物的特点及移动 轮虫动物与线形动物相似，因为它们都是左右对称的，并且都是假体腔动物，有一根两端开口的肠。但是，与线形动物不同的是，轮虫动物依靠它们轮状的纤毛结构在水中移动，如**图25－12**所示。轮虫的后端通常都有“脚趾”和腺体，能够分泌一种黏性物质使轮虫能依附在水中的某个表面上。

轮虫动物的器官系统 轮虫动物通过纤毛来觅食，纤毛会将原生生物和有机物聚集在一起，然后送入由口和肛门组成的完整的消化道中。跟其他的假体腔动物一样，轮虫动物依靠渗透体壁的扩散作用来交换气体并排出代谢废物。传感结构包括感觉刚毛以及头部的眼点。一些轮虫动物进行有性生殖，然而另一些轮虫动物的生命周期比较复杂，包括二倍体的卵细胞产生二倍体雌体和单倍体的卵细胞产生单倍体的雄体。这些生命周期取决于环境因素，包括春雨、霜以及死水在内。

第2节 测评

要点梳理

- 线形动物与扁形动物紧密相关。
- 与扁形动物一样，线形动物也有有限的器官和系统。
- 线形动物分为自生型和寄生型两类。
- 线形动物会给人类和植物带来很多疾病。
- 轮虫动物是假体腔动物，在进化树上与线形动物属于两个独立的分支。

要点理解

1. 主要《概念 **描述**线形动物消化道的进化适应性。
2. **对比与比对**扁形动物和线形动物的特点。
3. **解释**线形动物是如何进行独特的扭动移动的。
4. **对比与比对**人类可能感染线形寄生虫的各种途径。

批判性思维

5. **提出假设** 想象一下，你在花园里挖地时，发现有一些极小的线形动物正在扭动前进。这些动物可能是什么？请解释说明。

生物中的 数学

6. 制作一张扇形图来显示已知的线形动物种类数，并预计可能存在的线形动物种类数。

第3节

软体动物

本节预览

核心问题

- 真体腔对软体动物而言有什么重要性？
- 外套膜的功能是什么？它对软体动物而言有什么适应性优势？
- 黏液和肌肉性质的足对软体动物而言有什么重要性？

术语回顾

食草动物：只吃植物的生物。

关键术语

外套膜
齿舌
鳃
开管式循环系统
闭管式循环系统
后肾管
虹吸管

主要《概念 **软体动物是一种体腔动物，它们有一条肉足，一个外套膜以及一条两端开口的消化道。**

联系实际 你看过火箭发射吗？火箭是靠喷射推进提供动力的，发动机中会冲出一股热气，向反方向推动火箭。一些动物，如章鱼，也是靠喷射推进移动的，它们会强有力地排出体内的水分以推动身体远离危险。

身体结构

软体动物属于软体动物门。它们包括移动缓慢的蛞蝓，也包括靠喷水推进移动的鱿鱼，还包括石鳖和裸鳃类动物。软体动物大小各异，有极小的蜗牛，也有巨型鱿鱼。

请看**图25－13**的进化树。像**图25－13**所示的裸鳃类动物和章鱼经历了原口发育，可能是进化过程中第一批拥有真体腔的动物，这使它们能发育形成更多更复杂的组织和器官。现在人类已经发现了超过11万种软体动物。它们很多生活在海洋中，部分生活在淡水中，还有一些生活在潮湿的陆地环境中。

软体动物是左右对称的体腔动物，它们有一个柔软的内部身体，一条两端开口的消化道，一条肉足和一个外套膜。**外套膜（mantle）**是一个包裹着软体动物内部器官的膜。对那些有外壳的软体动物而言，外套膜能分泌碳酸钙来形成外壳。其他软体动物，包括蛞蝓和鱿鱼，在适应生存环境后并没有形成坚硬的外壳。

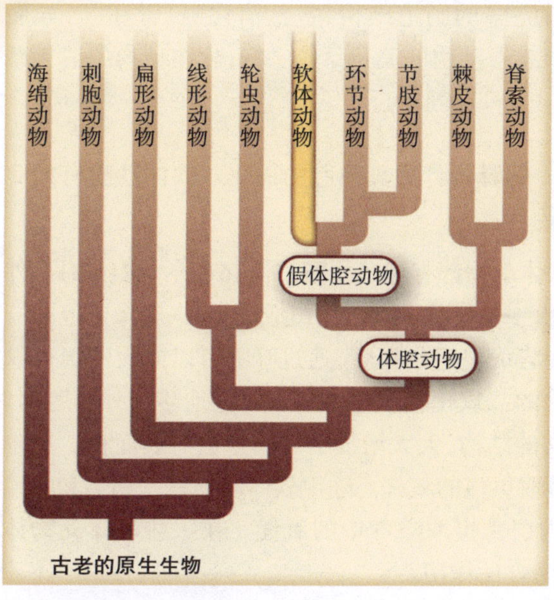

■ **图25－13** 像裸鳃类动物和章鱼这样的软体动物都有真体腔。
推断 *根据进化树，软体动物和线形动物最主要的区别是什么？*

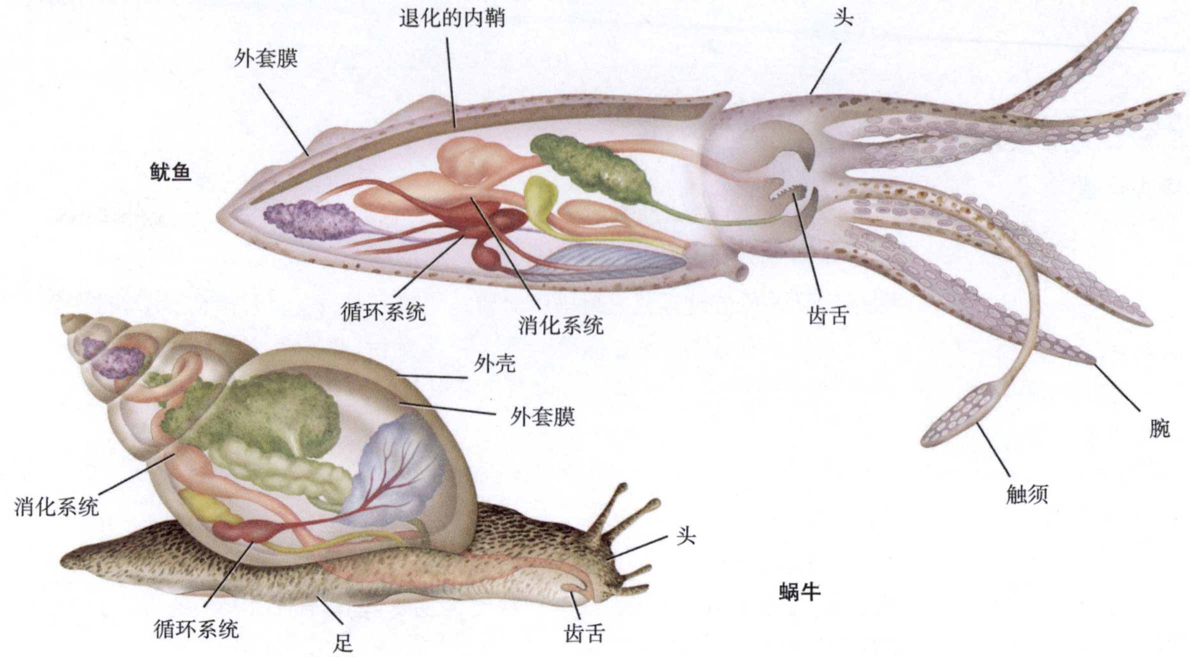

■ **图 25－14** 很多软体动物都有外壳。外壳内部是一个由足、器官和外套膜组成的柔软的身体。

对比与比对蜗牛和鱿鱼的身体。

■ **图 25－15** 很多软体动物使用齿舌来觅食。上图中，齿舌处于静息状态。下图中，当蜗牛延伸其齿舌觅食的时候，你就可以看到齿舌上齿状的刮擦结构。

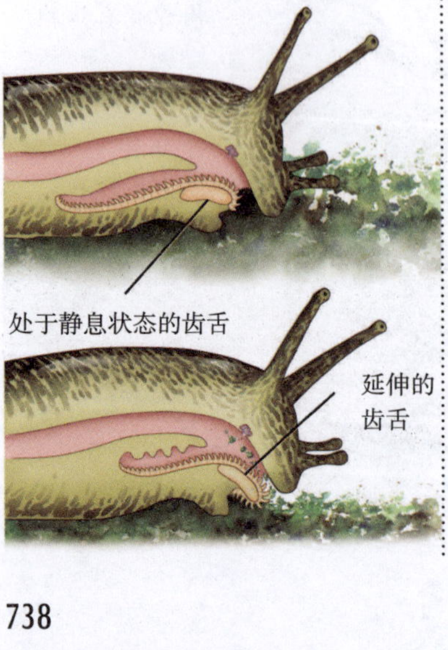

比较**图 25－14** 中蜗牛和鱿鱼的身体。它们的外部特征区别很大。但是，它们都有体腔和高度进化的身体系统，如消化系统、呼吸系统、循环系统和神经系统。

觅食和消化 很多软体动物都用一种叫作**齿舌（radula）**的锉板状结构来取食。齿舌位于软体动物口中，是一个长着数排小齿的舌状器官，如**图 25－15** 所示。食草软体动物用齿舌将藻类从岩石中刮擦下来。食肉软体动物将齿舌伸进其他软体动物体内，以它们的内部脏器为食。一些捕食者，像章鱼和鱿鱼，用齿舌撕裂它们捕捉到的食物。其他软体动物，如蛤蜊，属于滤食动物，没有齿舌。

软体动物有完整的肠道结构，包括消化腺、胃和肠，如**图 25－16** 所示。跟线形动物的消化系统一样，软体动物的消化系统也有两个开口——口和肛门。

阅读检测 **解释**为什么真体腔的进化对软体动物有如此重要的作用。

呼吸 大多数软体动物都有鳃。如**图 25－16** 所示，**鳃（gill）**是外套膜的一部分，由一个丝状突起系统组成，看起来就像毛毯的流苏一样。鳃丝包含大量毛细血管，通过呼吸可以向血液提供氧气并排出血液中的二氧化碳。鳃能将水不停地移进外套腔内。鳃属于高度分支的结构，大大增加了气体渗透的表面积。这也使鳃能从水中摄取更多的氧气。陆生软体动物——蜗牛和蛞蝓使用外套膜的内层来摄取空气中的氧气。在一些软体动物体内，鳃也能发挥滤食的作用。

循环 软体动物具有发达的循环系统，包括一个分腔的心脏。大多数软体动物有一个**开管式循环系统（open circulatory system）**，血液被血管泵出后，流入环绕着身体器官的开放空间中。这种适应性结构使动物能将氧气和营养物质扩散进入组织中，并且将组织中的二氧化碳移至血液中。移动缓慢的动物，如蜗牛和蛤蜊，十分高效地使用了这种循环系统，因为它们不需要快速传递氧气。

像鱿鱼这样的软体动物通过一个闭管式循环系统来运送营养物质和氧气，这也是动物进化过程中主要的一种适应性。在**闭管式循环系统（closed circulatory system）**中，血液通过完全封闭的血管在身体中流动。这个封闭的系统能高效地将氧气运送至细胞中，然后氧气再在细胞中转化为可用的能量形式。移动快速的软体动物，如章鱼和鱿鱼，比移动缓慢的软体动物需要更多的能量。闭管式循环系统能够快速运送营养物质和氧气，就像房子中的取暖管道能够高效地将热气传递到各个房间里，因为热气会通过一连串管道进行传递，如果没有一个传递系统的话，各个房间就不能均匀受热了。

排泄 大多数软体动物通过**后肾管（nephridium）**的细胞过程排出代谢废物，如**图25－16**所示。在后肾管滤过血液之后，废物就会通过外套腔排出。后肾管是一种进化适应性结构，使软体动物能够维持体液的稳态。

应对刺激 软体动物具有能协调运动和行为的神经系统。高度进化的软体动物，如章鱼，还具有大脑。除此之外，章鱼还有复杂的眼部结构，包括虹状物、瞳孔和视网膜。大多数软体动物只有能反射光的简单的眼部结构。

与生物学相关的职业

实验室助理 海洋生物学家需要实验室助理来帮助他们收集像软体动物这样的样本，并且维护数据库。

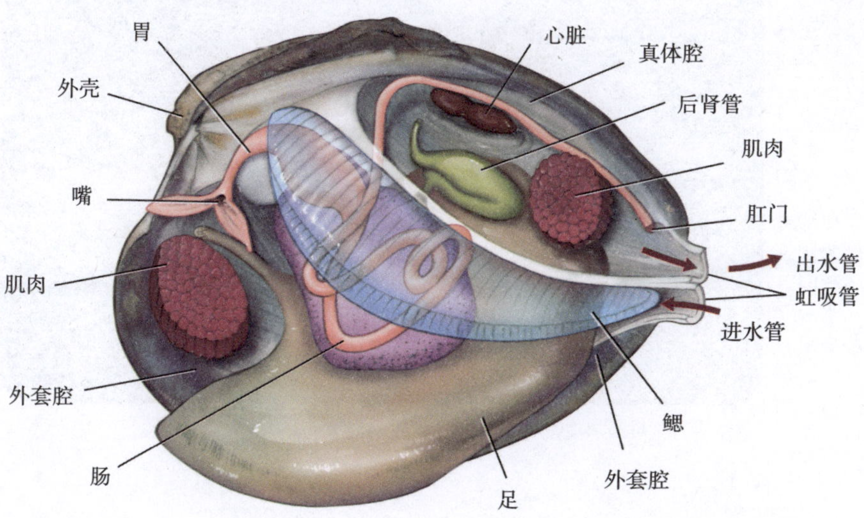

图25－16 蛤蜊的内部解剖图显示了软体动物发达的器官系统。

图解软体动物的移动

图25－17
软体动物能以多种方式进行移动。移动的方式通常取决于软体动物独特的适应性结构。

腹足纲
腹足动物通过肉足波浪式的收缩进行移动。薄薄的一层黏液能够润滑足部，并将动物向前推。

当蜗牛沿着黏液道向前移动的时候，请注意肌肉波浪式的收缩。

蛤蜊能够使用肉足快速地将自己埋进沙子中。

双壳纲
大多数双壳类动物大多时间不移动，除非它们被捕食者威胁不得不进行移动。然后，双壳类动物会使用肉足挖洞进入沉积物中，如左图所示，或者通过喷气推进快速逃离，如右图所示。

当扇贝将它的壳合起来时，会朝壳连接处的方向喷出水流。水流的力量会将扇贝朝其开口的方向推动。

头足纲
属于头足纲的动物，如章鱼和鱿鱼，通过喷气推进移动。为了躲避捕食者，头足类动物会通过体壁间的缝隙将水吸入体内。然后，水会通过虹吸管快速排出体外，将头足类动物推离危险区域。

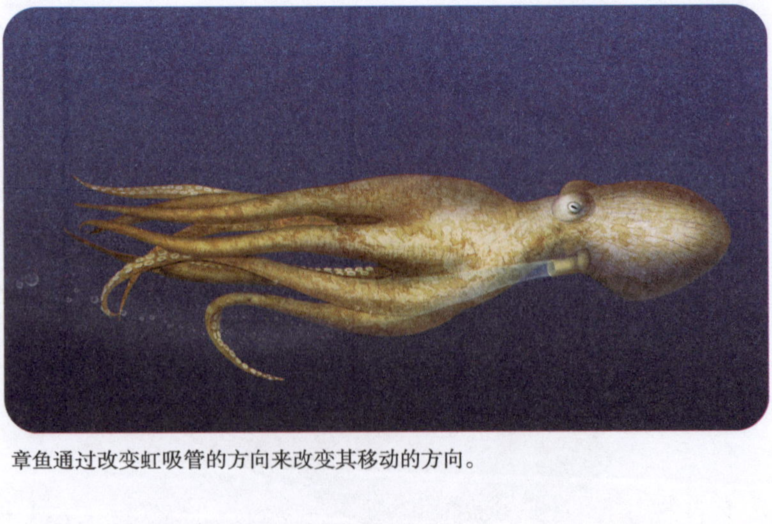

章鱼通过改变虹吸管的方向来改变其移动的方向。

移动 蛤蜊的肉足使其能够钻进潮湿的沙地中。双壳纲动物通过将壳合起来，形成一股冲力，使其快速游动。大多数蛞蝓和蜗牛在潮湿的区域中沿着它们足部腺体分泌的黏液轨道移动。章鱼和鱿鱼会将水吸入它们的外套腔中，然后通过一根叫作**虹吸管(siphon)**的管道排出。当它们受到威胁时，能快速排出体内的水分，看起来它们就像受到喷气推进一样。**图25－17**显示了软体动物的移动方式。

阅读检测 **比较**双壳纲动物、蜗牛和鱿鱼的移动方式。

生殖 如**图25－18**所示，软体动物进行有性生殖。大多数水生软体动物的雄体和雌体都会将精子和卵细胞同时排入水中，受精在体外进行。一些陆生的双壳类动物和许多陆生的腹足类动物都是雌雄同体的，这些动物都在体内进行受精。

尽管软体动物的成体形状各异，但是软体动物门的所有动物都有相似的发育过程。大多数软体动物的担轮幼虫阶段看起来跟环节动物的幼虫阶段很像，你将在第4节中学到有关环节动物幼虫的知识。由于环节动物和软体动物的幼虫很像，故科学家推测环节动物和软体动物有紧密的关系。

■ **图25－18** 蛤蜊的生命周期阐释了软体动物典型的发育阶段。

鲍鱼

扇贝

■ **图25－19** 大多数腹足类动物都只有一个壳来保护身体，如鲍鱼；双壳类动物有两个壳，如扇贝。

软体动物的多样性

根据外壳和足部结构的差异，软体动物可以被分为三大纲——腹足纲、双壳纲和头足纲。

腹足纲动物 软体动物中最大的一个纲是腹足纲。之所以叫腹足纲，是因为该纲动物巨大的足部位于其身体的腹侧面。大多数腹足纲动物只有一个外壳，如**图25－19**所示的鲍鱼。单壳腹足纲也包括蜗牛、海螺、玉黍螺、帽贝、峨螺和锥形螺。它们生存于水生环境和潮湿的陆地环境中。当它们受到威胁的时候，它们能快速将身体收进壳内来保护自己。

蛞蝓和裸鳃类动物没有外壳。但是它们能分泌厚厚的黏液来保护身体。为了保护自己，它们常常隐藏在树林或者花园中的阴暗处。裸鳃类动物会将它们捕食的水母体内有毒的刺丝囊与自身组织相结合。裸鳃类动物通过自身亮丽的颜色来警告捕食者刺丝囊的存在。

双壳纲动物 “慢”这个词是用来形容大多数双壳纲动物最好的词语。双壳纲是指有两个壳的软体动物。双壳纲动物都是水生生物，如**图25－19**所示的扇贝。大多数双壳纲动物生活在海洋中，但也有一些生活在淡水中。双壳纲动物看起来不太活跃，事实上它们却在不断地滤食并执行所有的身体功能。

如果你曾经挖过蛤蜊，或者看人挖过蛤蜊，你就会知道需要挖很深才能找到它们，因为它们能使用肉足深深地钻进潮湿的沙地里。蚌身上黏性的、像胶水一样的丝足线会使它们牢牢地附着在岩石上。扇贝比其他双壳纲动物更活跃，因为它们能通过合起双壳更快速地在水中移动。

阅读检测 **对比**蜗牛和蛤蜊的足和外壳。

头足纲动物 “快”是用来形容头足纲动物一些行为的最好的词语。头足纲动物是指足位于其头部的软体动物，如**图25 – 20**中所示的乌贼。鱿鱼、章鱼、鹦鹉螺也属于头足纲。鹦鹉螺是唯一保留外壳的头足纲动物。鱿鱼和乌贼都有内鞘，但是章鱼没有内鞘。头足纲动物的足分为手臂和有吸盘的触须，用来捕捉猎物。

保护 尽管大多数头足纲动物都没有坚硬的外壳，但是它们进化形成了其他保护机制。章鱼能强有力地把水排出，将其推离危险。白天它们藏在缝隙或洞穴中。晚上，它们匍匐着寻找猎物。

当受到威胁的时候，章鱼会喷出墨水一样的物质，形成一团像云一样的东西。科学家推测，这种墨水一样的物质能够在视觉上混淆捕食者，它们也可能会起到麻醉剂的作用。章鱼能随着环境改变体色，使其与环境的颜色融为一体。鱿鱼和乌贼也会使用像墨水一样的物质来躲避捕食者。鹦鹉螺在遇到危险时，能躲进壳里，保护自己，它也会将其外壳作为一种伪装。从上往下看的时候，鹦鹉螺外壳深色的顶部与海洋底部融合在了一起，让捕食者真假难辨；从下往上看的时候，外壳白色的底部又与海水融合在了一起。

学习 章鱼被认为是最聪明的软体动物。它们能够进行复杂的学习，比如，接受训练后，它们可以挑出具有一定形状、颜色和材质的物体。请在**数据分析实验2**中探究章鱼的这种现象。

■ **图25 – 20** 乌贼有八条手臂和两条触须。我们通常看不见乌贼的触须，因为它们会缩进眼睛下面的袋中。

比较 *头足纲动物和腹足纲动物的区别。*

数据分析实验2

基于真实的数据*

解释数据

未经训练的章鱼能学会挑选特定的物体吗？

两组章鱼曾经接受过挑选红球或白球的训练。未接受训练的章鱼组成不同的小组来观察接受过训练的章鱼的行为。

数据与观察

图中显示了没有受过训练的章鱼在选择白球或红球时的结果。

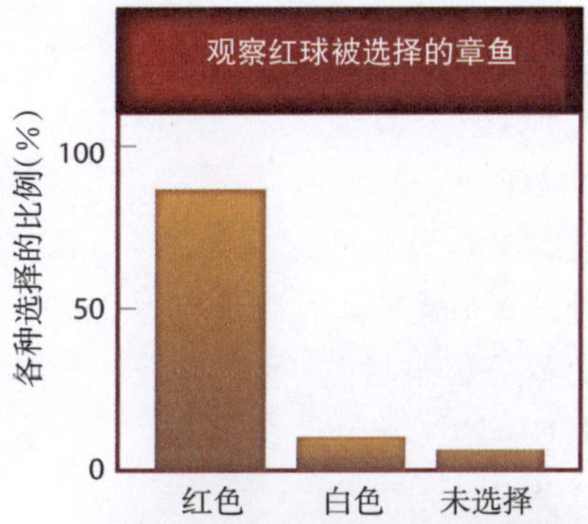

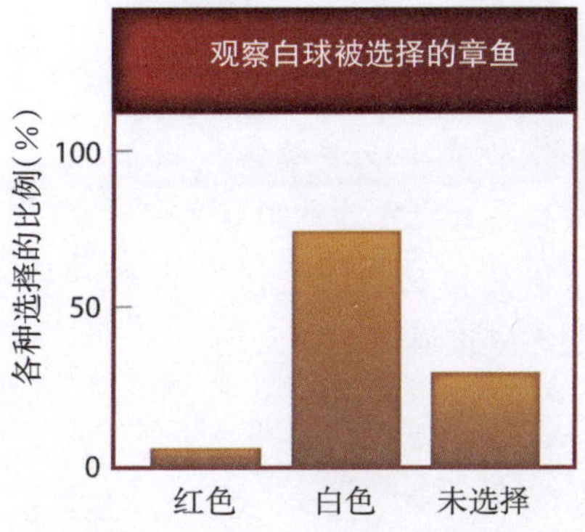

批判性思维

1. **分析** 在观察受过训练的章鱼挑选红球之后，选择红球和白球的未受过训练的章鱼的比例各是多少？
2. **分析** 在观察受过训练的章鱼挑选白球之后，选择红球和白球的未受过训练章鱼的比例各是多少？
3. **得出结论** 未受过训练的章鱼能通过观察来学习吗？请解释原因。

*数据来源：Fiorito, G. and P. Scotto. 1992. Observational learning in *Octopus vulgaris*. *Science* 256: 545 – 547.

■ **图25－21** 鸡心螺由于其美丽的外壳而备受人们喜爱。

软体动物的生态

软体动物在水生生物链和陆生生物链中都扮演了重要的角色。它们是食草动物、捕食者、食腐动物和滤食者。在很多区域中，某些软体动物被当作拱顶石动物。拱顶石是位于拱形结构顶部的那块石头，因此，拱顶石动物就是指那些自身的健康会影响到整个生态系统健康的动物。比如，硬壳蛤是纽约长岛大南湾的拱顶石动物。这些蛤蜊能够过滤水，净化生态系统。如果硬壳蛤数量下降，水就不能得到过滤，这将会扰乱食物网，导致水华以及水质量下降。

一些蚌能在它们身体组织内积累毒素，这种能力对监控水质的科学家而言非常有用。通过观察这些软体动物，科学家能比只通过测试水样本得到更多水质信息。

图25－21所示的鸡心螺由于其美丽的外壳而大受收集者的喜爱。然而，它们现在正面临着灭绝的危险。

链接 健康 某些鸡心螺会分泌剧毒物质来杀死猎物。这些毒液被作为一些疑难病症的潜在药物来研究。

一些软体动物会对人体造成伤害，但有一些对人类有益。一些海生双壳类动物，能钻到木头里，极大地破坏木质船坞和船。另一方面，人们却很喜爱牡蛎中美丽的珍珠。

第3节 测评

要点梳理

- 软体动物是进化过程中第一批发育形成真体腔的动物。
- 软体动物根据其不同的特征可以分为三大类型。
- 软体动物有两种其他动物没有的身体结构——外套膜和肉足。
- 软体动物比线形动物和扁形动物具有更发达的器官系统。
- 软体动物在它们生活的生态系统中扮演着重要角色。

要点理解

1. **主要概念** **总结**三类软体动物的主要特点。
2. **评价**真体腔的发育给软体动物的适应性带来了哪些早期动物不具有的影响。
3. **绘制**一张典型的软体动物的图，显示出软体动物常见的主要进化适应性特征。
4. **分析**下列几种适应性结构对软体动物的重要性：外套膜、黏液和肉足。

批判性思维

5. **设计实验** 沙滩边的一种双壳类动物的颜色较浅，而该海滩向北1100千米处的另一个海滩上相同种类的双壳类动物的颜色却深得多。请设计一个实验，解释这两种动物外壳颜色的差异。
6. **区分** 制作一张分叉式检索表来区分三类软体动物的区别。

第4节

环节动物

本节预览

核心问题

● 环节动物、扁形动物和线形动物有哪些相似点？

体节作为环节动物的一种生存适应性有什么重要性？

三类主要的环节动物有哪些特点使它们很好地适应了它们的栖息地？

术语回顾

原口动物：一种具有从原肠胚的胚孔发育形成的嘴巴的动物。

关键术语

嗉囊

砂囊

刚毛

生殖带

主要概念 **环节动物有体节，体节使组织有特化功能并能使环节动物高效移动。**

联系实际 假设你看见一列火车沿着一条曲线呼啸而过，火车能沿着曲线的轨道前进，是因为它是由连接在一起的独立车厢组成的。车厢之间的连接使火车更灵活，从而方便其沿着曲线轨道运行。同样地，组成环节动物的独立体节也使环节动物变得十分灵活。

身体结构

蚯蚓是环节动物，属于环节动物门。环节动物门的动物有一个由体节组成的身体结构。如**图25－22**的进化树所示，软体动物和环节动物都经历了原口发育，因此，它们被认为有近亲关系。

人类已知的环节动物已超过1.1万种，大多数生活在海洋中。剩下的多数环节动物都属于蚯蚓类。除了极地地区的冻土和干旱沙漠地区的沙地，几乎所有地方都有环节动物分布。

环节动物包括蚯蚓、海生蠕虫以及寄生水蛭。这些环节动物与扁形动物和线形动物不同，它们的身体是分节的，并且有一个真体腔。大多数环节动物也有与某些软体动物相似的幼虫阶段，这意味着它们有相似的祖先。软体动物是左右对称的，身体两端都有开口，就跟扁形动物和线形动物一样。

阅读检测 **描述**环节动物与扁形动物和线形动物两个重要的不同点。

■ **图25－22** 像这些海生蠕虫一样的环节动物经历过原口发育，有真体腔，并且身体是分节的。

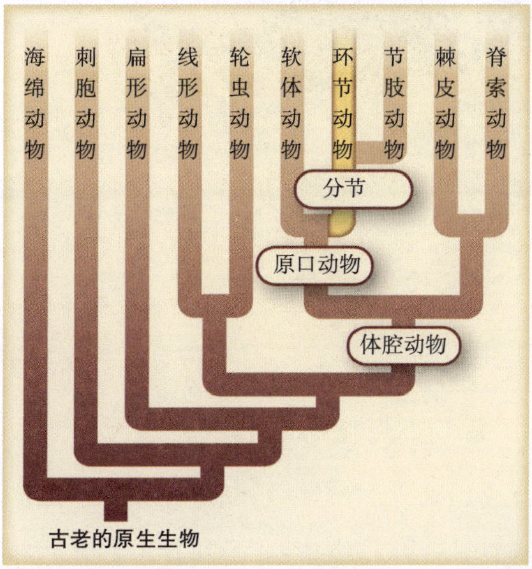

毛虫

帚形虫

尽管环节动物和线形动物都有一个圆柱形的身体结构，但是环节动物的身体还分为很多个体节。从外面看，这些体节就像一堆厚厚的硬币或是一堆甜甜圈。在环节动物的体内，这些体节几乎完全被组织壁相互隔开，就像墙壁将潜水艇一节节地分隔开一样。每个体节都含有消化、排泄和移动的结构。每个体节真体腔内的液体为环节动物提供了一个坚固的支撑系统，使得它们就像充满水的气球一样坚固。

环节动物体节内的这种坚固性形成了一种铃静力骨架，能够承受肌肉的拉力。分节也使体节能独立移动，即使某一体节受损，环节动物也能继续生存下来，因为其他体节具有相同的功能。

体节有特化的功能，某一组体节可能有某个专门的功能。比如，一些体节可能可以感知周围的情况，另一些可能与生殖有关。接下来，我们将以蚯蚓为例来展示典型的环节动物的特征。

阅读检测 **解释**体节与铃静力骨架之间的关系。

觅食和消化 消化道完整地穿过蚯蚓的所有体节，从口开始到肛门为止，就像一根管子内套着另一根管子一样。请在**图25－23**中找到蚯蚓的消化道。食物和土壤通过口进入环节动物体内，然后经过咽进入**嗉囊（crop）**，食物在嗉囊中储存直到它们到达砂囊。**砂囊（gizzard）**是一个肌性囊，内含坚硬的颗粒，有助于在土壤和食物进入肠道之前将其磨碎。最后，未被消化的物质就会通过肛门排出环节动物体外。寄生型环节动物在消化道旁边有食袋，能够储存几个月的粮食。

图25－23 当蚯蚓穿过土壤的时候，它就会把土壤带进口中。随着土壤穿过肠道，其中有机物质的营养就会被吸收。

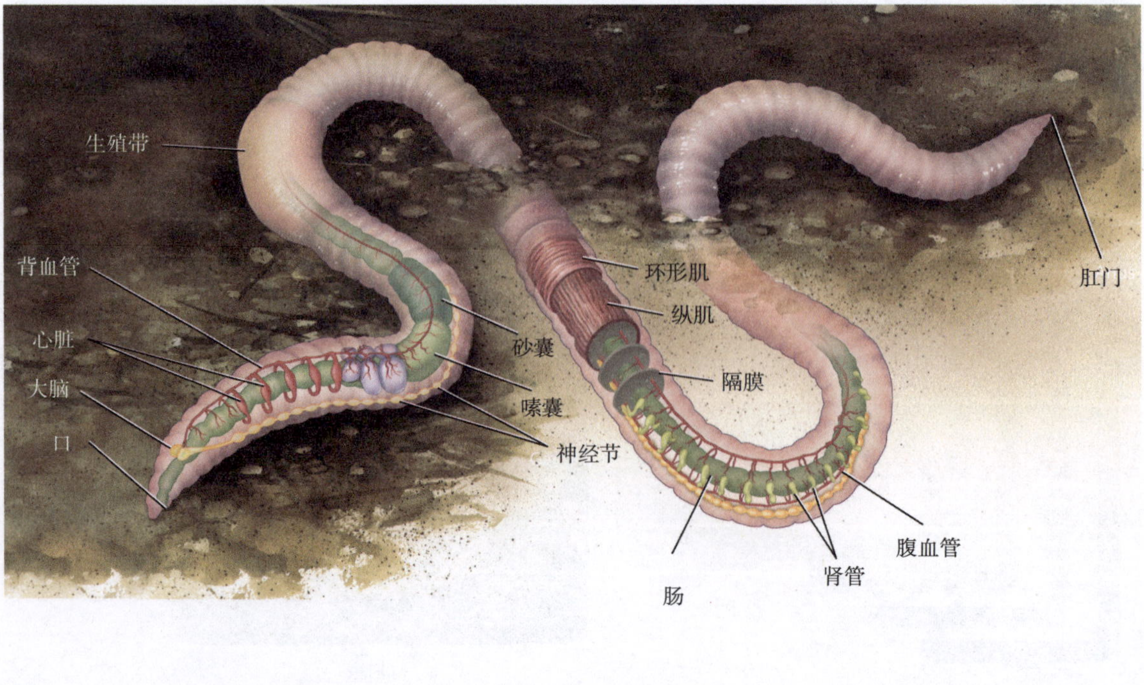

循环 跟大多数软体动物不同,多数环节动物都有一个闭管式循环系统。氧气和营养物质通过血管流经环节动物身体的各个部位。同时,二氧化碳和代谢废物排出体外。一些在前端的血管较大,且是肌性的,如**图25－24**所示。这些血管起到心脏的作用,能输送血液。血液通过背血管流向环节动物的前端,通过腹血管流向其后端。

呼吸和排泄 环节动物通过潮湿的皮肤吸入氧气并排出二氧化碳。一些水生环节动物有鳃,能在水中进行气体交换。环节动物每个体节都有两个与软体动物相似的肾管。肾管能收集细胞的代谢废物并通过真体腔排出体外。肾管也起到维持环节动物体液稳态的作用,确保体液的体积和成分维持在稳定状态。

应对刺激 对大多数环节动物而言,比如蚯蚓,前端的体节是用来感知周围环境的。蚯蚓也有由神经节组成的大脑和神经索。如**图25－23**所示,当你拿手电筒照射蚯蚓或用脚靠近它的时候,你会发现蚯蚓会很快钻进土里。这种现象表明,蚯蚓能够感知光照和振动。

移动 当蚯蚓移动的时候,它会收缩环绕着每个体节的环状肌。这会挤压体节,使真体腔内的液体被挤出来,就像一管正在被挤压的牙膏一样。由于真体腔内的液体被体节之间的组织所限制,这种液体产生的压力能使体节变长变薄。然后,蚯蚓会收缩与身体等长的纵肌。这使体节变短,恢复原状,把软体动物的后端往前推,使其移动。

很多环节动物的每个体节都有刚毛。如**图25－25**所示的**刚毛(seta)**是一些极小的毛,能够伸进土里,在蚯蚓移动过程中起到固定作用。蚯蚓通过固定一些体节并收缩其他体节来一节节地移动身体。

阅读检测 **描述**环状肌和纵肌是如何共同合作使蚯蚓移动的。

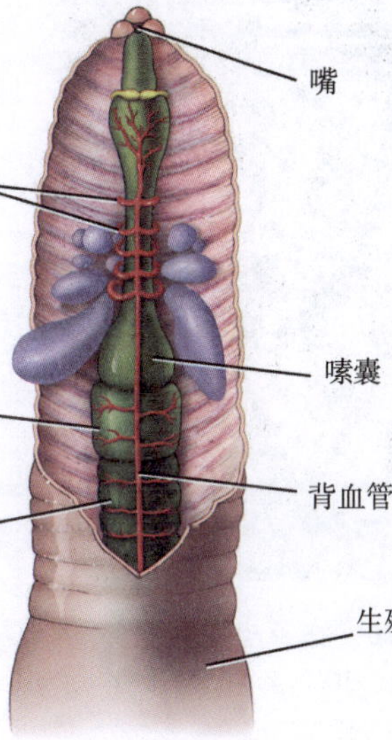

图25－24 蚯蚓有5个心脏为其循环系统供血。

起步实验

回顾 根据你所学过的关于蚯蚓移动的知识,如何回答本章开头"起步实验"中的问题?

图25－25 这幅蚯蚓的横剖图显示了刚毛是如何延伸出体外的。在蚯蚓向前移动的时候,刚毛能钻进土壤中并将其固定住。

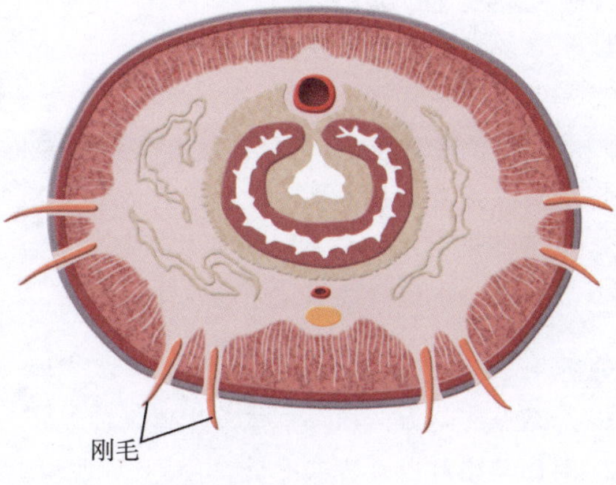

■ **图25－26** 在茧中发育2~3周后，一条蚯蚓幼虫就能被孵化出来。

折叠式
学习卡

将该节所学的知识填入你的折叠式学习卡中。

生殖 环节动物不仅能进行有性生殖，还能进行无性生殖。多数环节动物有独立的性别，但是有些环节动物是雌雄同体的（如蚯蚓和水蛭）。两条环节动物在生殖带附近进行精子传递。如**图25－23**所示，**生殖带（clitellum）**是一组较厚的体节，能生成一个茧，幼虫就是从茧中孵化出来的，如**图25－26**所示。当茧在体内向前滑动的时候，精子和卵细胞就会进入茧内部，并在茧内受精。受精之后，幼体还会在茧的保护下进行发育。一些环节动物通过分裂进行无性生殖。如果环节动物断裂，其缺失的部分能够再生。

环节动物的多样性

环节动物门分为三大纲：寡毛纲——蚯蚓及其近亲，多毛纲——毛虫及其近亲，蛭纲——水蛭。

蚯蚓及其近亲 众所周知，蚯蚓是环节动物，它们生活在土壤中，并常常作为钓鱼的诱饵。蚯蚓通过摄取土壤来吸收其中的营养物质，通过这种方法，使土壤疏松，从而让空气和水能在土壤中流动。

除了蚯蚓，寡毛纲动物还包括颤蚓和带丝蚯蚓。颤蚓是一种非常小的线形水生环节动物，在高污染区域非常常见。带丝蚯蚓是一种生活在淡水中的寡毛动物，它们长约6厘米，生活在湖泊和池塘的边缘。在**迷你实验2**中，你将观察到寡毛纲动物共有的一个特征。

迷你实验 2

观察环节动物的血液流动

血液如何在环节动物体内流动？ 加利福尼亚黑虫有一个闭管式循环系统和一个透明的身体。当血液沿着其背血管流动的时候，人们便可看到其血液。

步骤

1. 阅读并完成实验室安全表。
2. 用泉水将一片滤纸浸湿，将其放在一个有盖培养皿中。
3. 将黑虫放在滤纸上，使用显微镜观察放在湿润的滤纸上的黑虫。
4. 找到黑虫身体中间点附近体节内的背血管。观察每个体节内血液的流动。
5. 使用秒表记录一分钟内有几次血脉冲。在头部附近的体节和肛门附近的体节处再分别测量一次。把你的数据记录在一张表格中。

分析

1. **总结**血液是如何在每个体节中流动的以及血液是朝哪个方向流动的。
2. **对比与比对**黑虫头部附近、中间点附近和肛门附近的血流速率。

毛虫

帚形虫

海生环节动物 多毛类环节动物属于多毛纲，主要是一些海生动物。它们包括毛虫和帚形虫，如**图25－27**所示。多毛类环节动物的头部有高度发达的感觉器官，包括眼睛在内。大多数多毛类环节动物的体节有很多刚毛。多数体节还有一对疣足，如**图25－27**所示，它们是用来游泳和爬行的。帚形虫是固着动物，它们只待在一个地方，是一种滤食动物。它们使用帚形结构的黏液将食物困住。如果遇到威胁，帚形虫会很快缩进它们的体管内。

水蛭 如**图25－28**所示，属于蛭纲的水蛭是一种身体扁平、通常没有刚毛的外部寄生虫。大多数水蛭生活在溪流或者淡水河中，它们能依附在宿主身上，包括鱼、乌龟和人类。水蛭利用前后端吸盘依附在宿主身上。水蛭的唾液中含有一种类似于麻醉剂的化学物质。水蛭唾液中的其他化学物质能缓解肿胀及防止宿主的血液凝结。

图25－27 请注意毛虫的疣足，它们是用来游泳和爬行的。帚形虫在水中遇到干扰物的时候，能快速缩进它们的体管中。

阅读检测 **描述**三类环节动物的栖息地。

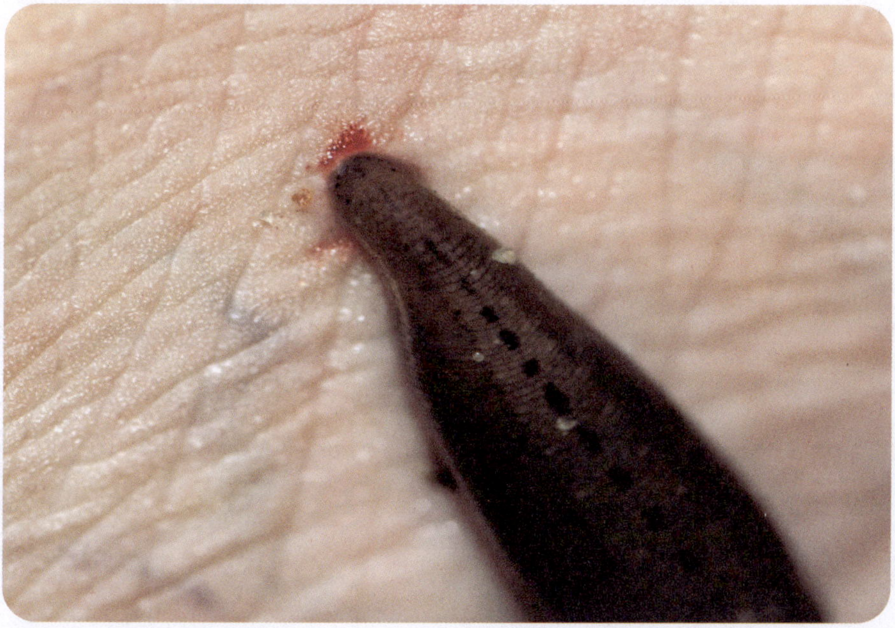

图25－28 水蛭使用吸盘依附在宿主身上，并通过肌性咽以吸食宿主的血液为生。

对比与比对 水蛭和绦虫的觅食方式。

环节动物的生态

环节动物在生态系统中扮演了重要的角色。有些对植物和动物有益，有些对人类有益。

蚯蚓 很多动物都把蚯蚓作为食物之一，如青蛙、鸟等。蚯蚓也能疏松土壤，使植物根部更易生长、水分更高效地在土壤中流通。蚯蚓的这两种功能对健康的生态系统而言非常重要。然而，非本地蚯蚓正在进入一些区域，尤其是美国北部的森林地区，并破坏当地的生态系统。外来的蚯蚓消耗掉了森林地表的落叶层，使很多本地植物和动物失去了遮盖与水分。当钓鱼者将没用完的蚯蚓丢弃在地上或者当其他地区的植物苗被种植到家庭花园中时，蚯蚓就会被引入新的栖息地。

术语

转化

从一种形式变为另一种形式。

植物能通过光合作用将水和二氧化碳转化为糖类和氧气。

多毛纲环节动物 海生的多毛类环节动物有助于将海底的有机残骸转变为二氧化碳。海生浮游植物能吸收二氧化碳并进行光合作用。海生多毛类环节动物也是很多海生捕食者的重要食物来源。

蛭纲类环节动物 水蛭几个世纪以来一直被用来治疗一些病症。如果一个人体内血液淤积，那么就可以用水蛭帮其吸出多余的血液。现在，水蛭被用来在显微手术后防止血液的积聚。然而，使用水蛭也有一些缺点，它们的吸食能力较弱，必须经常替换；它们还会造成细菌感染，并且很多人害怕水蛭吸附在他们身上。为了解决这些问题，人们设计了一种无生命的机械水蛭来替代活水蛭的功能。**表25－1**总结了蚯蚓、多毛纲环节动物和水蛭的生态效益。

阅读检测 **评价**把多毛纲环节动物从海洋中移除会造成什么后果。

表25－1 环节动物的生态重要性

环节动物种类	举例	特征	栖息地	生态效益
蚯蚓		• 多数体节上有少量刚毛	• 陆地	• 它们能疏松土壤，使植物根部更易生长、水分能在土壤中更高效移动 • 它们是很多动物的食物
多毛纲环节动物		• 高度发达的感觉器官 • 多数体节上有很多刚毛 • 疣足	• 大多数生活在海洋中	• 它们能将海洋中的有机残骸转化为二氧化碳，海生植物能用这些二氧化碳进行光合作用
水蛭		• 通常没有刚毛 • 前后端都有吸盘	• 大多数生活在淡水中	• 在人类进行显微手术后，它们能维持人类体内的血液流动

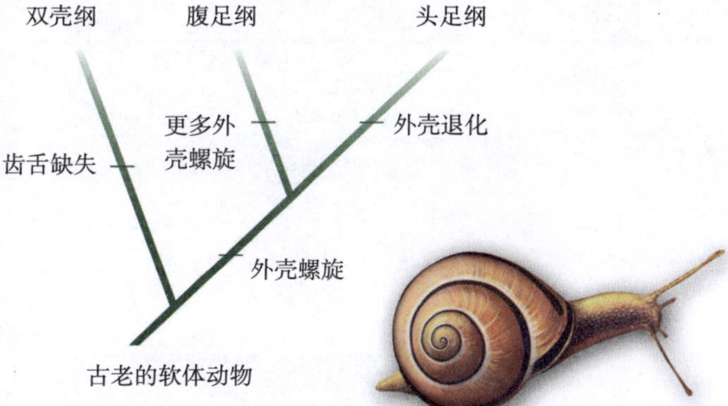

软体动物进化分枝图

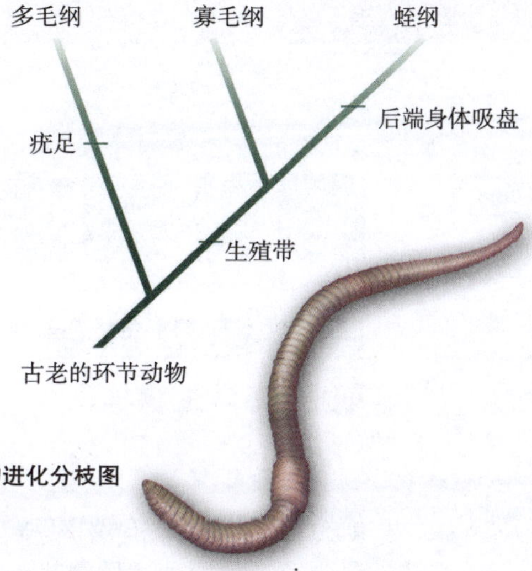

软体动物进化分枝图

软体动物和环节动物的进化

在**图25－29**中，左边的进化分枝图是软体动物进化的一种解释。如图所示，腹足纲动物有更多的外壳螺旋。有外壳螺旋的动物外壳会以圈状生长，这种外壳比没有螺旋的外壳更加紧凑和稳固。头足纲动物有一个退化的外壳。双壳纲动物比腹足纲和头足纲动物进化得要晚，因为它们没有齿舌。

在**图25－29**中，右边的进化分枝图是软体动物进化的一种解释。在这一说法中，早期环节动物——多毛纲动物在它们的进化过程中发育出了疣足。后来的环节动物——寡毛纲动物和水蛭有生殖带。之后，水蛭还发育形成了身体后端的吸盘。

■ **图25－29** 这些进化分枝图显示了软体动物和环节动物可能的进化历程。

第4节 测评

要点梳理

- 软体动物有两个主要的身体特征，这两个特征将它们与线形动物和扁形动物区分开。
- 环节动物根据不同的特点可以分为三个大纲。
- 分节是一项在进化过程中十分重要的适应性结构。
- 环节动物是陆地栖息地和海洋栖息地的重要组成部分。

要点理解

1. 主要 概念 **总结**分节是一个极为重要的进化里程碑的原因。
2. **对比与比对**蚯蚓和扁形动物及线形动物。
3. **模拟** 使用黏土或生面团制作三类环节动物的典型代表的模型。描述使每种环节动物能够在其栖息地生存的适应性。
4. **总结**蚯蚓的肌肉是如何相互作用使蚯蚓移动的。

批判性思维

5. **提出假设** 如果在一片农田里蚯蚓突然消失了，这片农田可能会发生什么情况？
6. **对比与比对**环节动物和软体动物的血液循环。

科技 **写作**

7. 根据你所了解的关于水蛭唾液的知识，写一段文字来解释为什么在显微手术过后，人们会使用水蛭？

野外调查

寻找巨型鱿鱼

职业：海洋生物学家

几百年来，水手一直在讲述着海上航行时会遇到可怕怪物的故事。现在，科学家证实两种类型的鱿鱼可能是存在于老水手所讲故事中的动物，那就是巨型鱿鱼（大王鱿鱼）和大王酸浆鱿，它们很难被发现，因为它们生活在极深的海域中。科学家研究的大多数种类都是被冲到岸边或被深海渔网捕捉到的物种。

海洋生物学家斯蒂文·奥谢（Steve O'Shea）发现了12.8米长的巨型鱿鱼。它们被认为是世界上最大的无脊椎动物。大王酸浆鱿的身体比巨型鱿鱼短，但是更宽。这两种鱿鱼都有八只手臂和两条触须，上面覆盖着用来捕食的吸盘圈和钩。

在2000～2001年的一次科学考察中，奥谢曾航行至新西兰的南岛附近。他去那里是为了寻找长约9～13毫米的幼年巨型鱿鱼。他打算饲养巨型鱿鱼来研究其生命周期。尽管他捕捉到了几只幼年巨型鱿鱼，但是都没有存活下来。

其他科学家在研究巨型鱿鱼时取得了突破性的进展。2004年9月，两位日本科学家驾驶着一艘船跟着一群抹香鲸来到了位于东京东南方向960千米的海域处。众所周知，抹香鲸是巨型鱿鱼的捕食者。洼寺恒己（Tsunemi Kubodera）和森恭一（Kyoichi Mori）这两位科学家往海里撒了一条带饵的渔线，然后就在那里等候。

这张图是日本科学家在2006年拍摄的，图片显示了一只巨型鱿鱼被一艘研究船拖着前行的场景。

当一只巨型鱿鱼咬钩时，他们升起了鱼线并拍下了正挣扎着想挣脱的巨型鱿鱼。这只7.6米长的鱿鱼最终挣脱逃走了。但是它留下了一只触须，科学家之后对其进行了研究。

随着奥谢、洼寺恒己等科学家不断地搜寻并研究巨型鱿鱼和大王酸浆鱿，他们可能会为我们带来更多关于这些动物的知识。这些新的知识将会把这些动物从神话的王国带到科学探究的聚光灯下。

视觉传播

制作一个模型 研究巨型鱿鱼或大王酸浆鱿的身体结构。制作一个模型来精确地模拟它们的捕食结构和身体比例。向全班同学展示你的模型。

生物实验室

蠕虫和软体动物是如何移动的？

背景：蠕虫和软体动物在行为和生理特征上有很大的区别。通过本章的学习，你已经知道了组成这几门动物的一些物种。在这个实验中，你要比较扁形动物（真涡虫）、线形动物（醋线虫）和环节动物（黑虫）的运动方式。

问题：蠕虫和软体动物各以什么方式运动？

实验器材

塑料滴管2支
有盖培养皿1或2个
载玻片1或2个
盖玻片1或2个
500毫升烧杯
放大镜
显微镜
泉水或不含氯元素的自来水500毫升
活的涡虫、醋线虫、蜗牛及黑虫

安全注意事项

警告：确保任何时候都以人道的方式对待动物。小心地使用显微镜、载玻片以及盖玻片。

设计与实施实验

1. 阅读并完成实验室安全表。
2. 制作一张表格，记录下你在实验中观察到的现象。
3. 滴一滴水到有盖培养皿或载玻片上，然后把一只线形动物放在水滴上。观察线形动物的移动。
4. 打湿醋线虫并用放大镜观察它的运动。
5. 将一只蜗牛放在有盖培养皿上。慢慢地倾斜培养皿来观察蜗牛是如何从下往上运动的。
6. 将一只黑虫放在一张湿纸巾上并用放大镜观察。
7. 将一只黑虫放在盛有不含氯元素自来水的烧杯中，观察其运动。
8. 在数据表中记录下你观察到的现象。
9. **整理和处置** 清洗可循环利用的材料，并按教师的指示将其放好。将所有活的生物归还给教师。

实验分析和结论

1. **对比与比对**扁形动物、线形动物、蜗牛和环节动物的运动。
2. **推断**扁形动物、线形动物、蜗牛和环节动物的身体结构是如何使其运动的。
3. 当黑虫在地上爬的时候，**描述**它的每一体节都会发生什么变化。
4. **比较**黑虫向前爬行和向后爬行时的区别。这种适应性对其生存有什么意义？
5. **推断**黑虫是如何在水中逃脱捕食者的追捕的。

运用技能

设计实验 设计一个实验来探究温度是如何影响虫类动物和软体动物的移动的。如果你的材料齐全，就可以进行这个实验。

第25章 复习指南

内容聚焦 能量 尽管有一些虫类是寄生型的，一些是自生型的，但是它们都要从其他生物那里获取能量。

大概念 蠕虫和软体动物进化形成了各种各样的适应性，它们会成为寄生虫，也能生活在水或土壤中。

第1节 扁形动物	
咽 焰细胞 神经节 再生 头节 节片	**主要概念** **扁形动物是身体较薄、扁平的无体腔动物，它们有些是自生的，有些是寄生的。** ● 扁形动物是第一批呈现出左右对称特性的动物。 ● 扁形动物是无体腔动物，有有限的器官和系统。 ● 一些扁形动物是自生的，一些是寄生的。 ● 寄生型扁形动物有为寄生生活形成的特化的适应性。
第2节 线形动物和轮虫动物	
铃静力骨架 旋毛虫病	**主要概念** **线形动物和轮虫动物都有比扁形动物进化程度更高的肠。** ● 线形动物与扁形动物紧密相关。 ● 与扁形动物一样，线形动物也有有限的器官和系统。 ● 线形动物分为自生型和寄生型两类。 ● 线形动物会给人类和植物带来很多疾病。 ● 轮虫动物是假体腔动物，在进化树上与线形动物属于两个独立的分支。
第3节 软体动物	
外套膜 齿舌 鳃 开管式循环系统 闭管式循环系统 后肾管 虹吸管	**主要概念** **软体动物是一种体腔动物，它们有一条肉足，一个外套膜以及一条两端开口的消化道。** ● 软体动物是进化过程中第一批发育形成真体腔的动物。 ● 软体动物根据其不同的特征可以分为三大类型。 ● 软体动物有两种其他动物没有的身体结构——外套膜和肉足。 ● 软体动物比线形动物和扁形动物具有更发达的器官系统。 ● 软体动物在它们生活的生态系统中扮演着重要角色。
第4节 环节动物	
嗉囊 砂囊 刚毛 生殖带	**主要概念** **环节动物有体节，体节使组织有特化功能并能使环节动物高效移动。** ● 软体动物有两个主要的身体特征，这两个特征将它们与线形动物和扁形动物区分开。 ● 环节动物根据不同的特点可以分为三大纲。 ● 分节是一项在进化过程中十分重要的适应性结构。 ● 环节动物是陆地栖息地和海洋栖息地的重要组成部分。

第25章 测评

第1节

术语回顾

使用“复习指南”中的术语来回答下列问题。

1. 能够协调进出信息的神经细胞组是什么？
2. 能释放消化酶的管状肌性器官是什么？
3. 哪一个带有钩和吸盘的结构会帮助动物依附在宿主的肠道内壁？

要点理解

根据下图，回答第4题。

4. 上图所示结构的功能是(　　)。
   A. 消化　　B. 移动
   C. 维持稳态　　D. 提供支撑
5. 下列动物中有节片的是(　　)。
   A. 吸虫　　B. 涡虫
   C. 绦虫　　D. 线形虫
6. 自生型的扁形虫属于(　　)。
   A. 涡虫纲　　B. 绦虫纲
   C. 吸虫纲　　D. 线虫纲
7. 下列与真涡虫的移动无关的是(　　)。
   A. 纤毛　　B. 肌肉
   C. 黏液　　D. 焰细胞

回答问题

8. **开放式回答**　某种绦虫能分泌一种减缓宿主肠道运动的化学物质。这有助于确保绦虫不被排出宿主体外。说明把这种化学物质添加到人类的药物中将如何提高药物的有效性。
9. **主要概念**　为生活在沙漠中的某种动物寻找一种寄生虫。请注意考虑到这种动物如何才能接触这种寄生虫以及这种寄生虫将如何生存在宿主体内。

批判性思维

10. **内容聚焦　能量**　设计一个实验来判断真涡虫喜欢吃什么。

第2节

改正下列句子，使用“复习指南”中的术语来替换句子中的斜体词语。

11. 线形动物是左右对称的、圆柱形的，并有*分节的身体*。
12. *血吸虫病*能通过适度煮熟食物来预防。
13. 为肌肉运动提供支撑的充满液体的部分是*外骨骼*。

要点理解

根据下图，回答第14题和第15题。

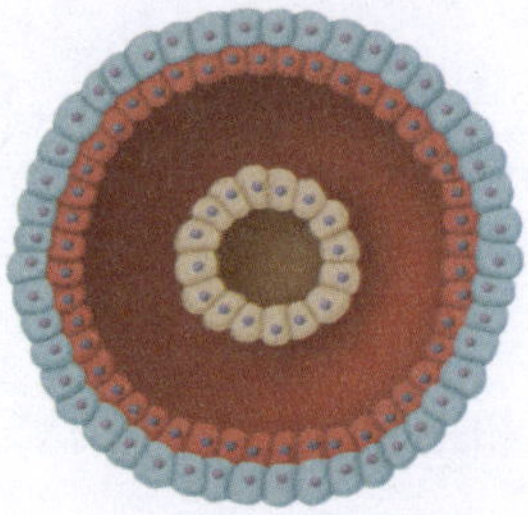

14. 上图显示了线形动物的(　　)。
    A. 假体腔　　B. 头节
    C. 循环系统　　D. 神经系统
15. 上图所示的特征使线形动物形成了(　　)。
    A. 一个真体腔　　B. 一根肠
    C. 一个外套膜　　D. 体节

回答问题

16. 简答 制作一张图来显示牛肉绦虫的生命周期。

17. 开放式回答 选择一种人类寄生虫，并在世界地图上标出这种动物最常见的位置。上网查找相关信息。

批判性思维

18. 概念图 使用下列术语制作一张概念图：线虫、假体腔、两端开口的消化道、寄生型、自生型、纵向的肌肉、宿主。

19. 主要概念 假设你在花园中找到了一条小虫，如何判断这是一只扁形动物还是一只线形动物？

第3节

术语回顾

类比是指两组词之间的比较关系，可以用以下这种方式表达：A之于B相当于C之于D。在下面的几组类比中，都有一个词缺失。使用"复习指南"中的术语来完成每个类比。

20. 肾之于代谢废物相当于________之于细胞废物。

21. 舌头之于糖果相当于________之于腹足纲软体动物。

22. 腿之于跑步相当于________之于喷射推进式游泳。

要点理解

23. 如果双壳类动物的外套膜损伤，它将不能执行的功能是(　　)。

A. 维持其外壳　　**B.** 消化食物

C. 循环血液　　**D.** 排出废物

24. 下列各组词语中，关系最密切的是(　　)。

A. 外壳、循环　　**B.** 齿舌、觅食

C. 喷射推进式游泳、双壳类动物

D. 开管式循环系统、章鱼

根据下图，回答第25题和26题。

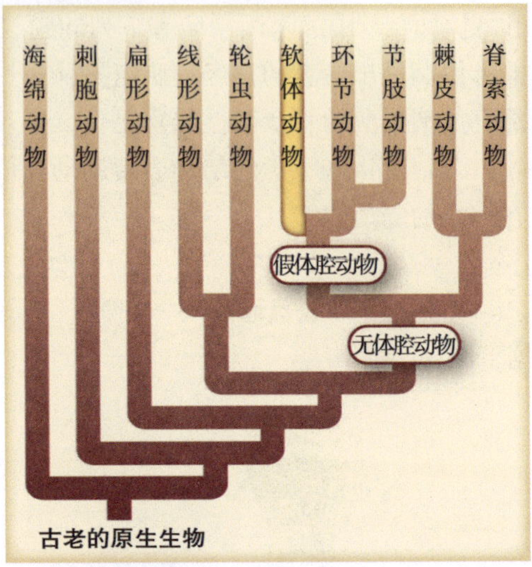

25. 主要概念 这张动物系统进化树图显示了软体动物具备(　　)。

A. 一个假体腔　　**B.** 一个真体腔

C. 一个实心身体　　**D.** 外壳

26. 下列属于软体动物的是(　　)。

A. 虾　**B.** 蜘蛛　**C.** 蜗牛　**D.** 蚯蚓

回答问题

27. 开放式回答 制作一张分叉式检索表来区分你在相关书上找到的软体动物的外壳，以及你收集到的或教师提供的动物外壳。

批判性思维

28. 与生物学相关的职业 海洋生物学家都知道，斑马贻贝是很多水生生态系统中的害虫。它们能形成高度密集的群体，并能堵塞污水处理和其他工厂的水管。但是，一些海洋生物学家假设，正是由于贻贝以如此高的密度生存，它们可能可以作为动物园的池塘及其他一些在夏天会爆发水华的公园池塘的水净化系统。设计一个实验来判断斑马贻贝是否能用来净化水。

第4节

术语回顾

类比是指两组词之间的比较关系，可以用以下这种方式表达：A之于B相当于C之于D。在下面的几组类比中，都有一个词缺失。使用“复习指南”中的术语来完成每个类比。

29. 牙齿之于人类相当于________之于蚯蚓。
30. 茧之于蝴蝶相当于________之于蚯蚓。
31. 液泡之于原生生物相当于________之于蚯蚓。

要点理解

根据下图，回答第32题和33题。

32. 上图显示的是(　　)。
    A. 线形动物　　B. 水蛭
    C. 多毛类动物　　D. 蚯蚓
33. 这种动物的典型特征是(　　)。
    A. 足　　B. 疣足
    C. 吸盘　　D. 外壳

回答问题

34. 主要概念　如果全球继续变暖，预测在自然选择的情况下，蚯蚓将会发生何种变化？

批判性思维

35. **与生物学相关的职业**　风湿病专家是治疗关节炎的医生。他们发现当把水蛭放在关节炎患者膝盖附近的皮肤处时，最多能缓解6个月的疼痛。设计一个实验来解释这种现象。

总结性测评

36. 大概念　在进化过程中，蠕虫形成了各种各样的适应性，它们有的是寄生虫，有的则生活在水里及土壤里。对下列动物各举出一例：一种寄生虫，一种生活在土壤中的蠕虫，以及一种生活在水中的蠕虫。
37. 分别画出三大类软体动物的代表动物的示意图，并标出它们与众不同的特征。
38. 请提出可行的方法来避免成为扁形动物的宿主。
39. **科技写作**　研究生活在深海热泉区域的软体动物。写一篇报告来说明深海热泉地区的软体动物和生活在你本节所学的那些栖息地的软体动物有什么不同。

DBQ 资料分析题

下列数据显示了三类主要的扁形动物所占的比例。

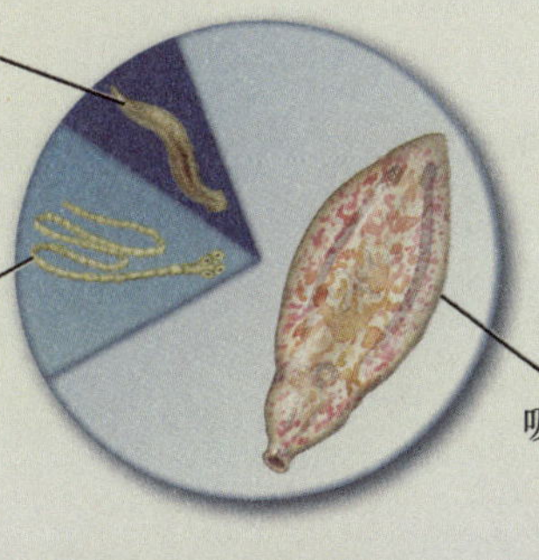

数据来源：Pechenik, J. 2005. *Biology of the Invertebrates*. New York: McGraw-Hill.

40. 扁形动物中吸虫大约占多少？
41. 哪一类扁形动物所含的物种数量最少？

标准化测试

选择题

1. 在干燥的天气里，苔藓植株可能会随着风散播开来。下雨的时候，这些植株能够长出新的植物。这个过程说明了(　　)。
   A. 世代交替
   B. 配子体生殖
   C. 孢子体生殖
   D. 营养生殖

根据下图，回答第2题和第3题。

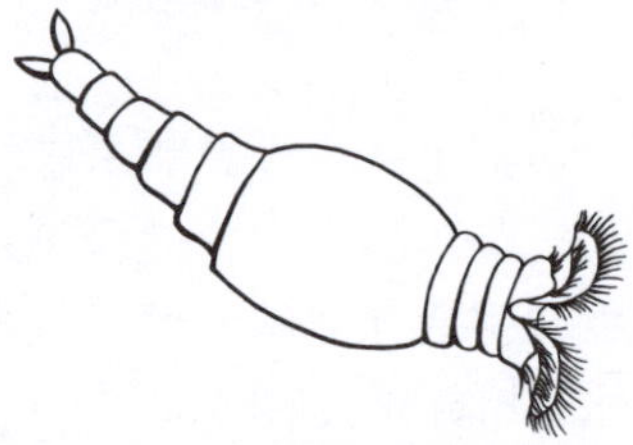

2. 上图所示的动物属于(　　)。
   A. 环节动物门
   B. 线虫动物门
   C. 扁形动物门
   D. 轮虫动物门

3. 线形动物之所以与上图所示的动物不同是因为线形动物有(　　)。
   A. 一条完整的消化道
   B. 无法在淡水中生存
   C. 较小的身体
   D. 被纤毛覆盖的身体表面

4. 所有刺胞动物都有的特征是(　　)。
   A. 它们的触须含有刺细胞
   B. 它们的触须含有成纤维细胞
   C. 它们只生活在淡水环境中
   D. 它们有一段时间是固着动物

5. 下列是感性反应的是(　　)。
   A. 竹子向着光生长
   B. 玉米植株的根向下生长
   C. 向日葵绕着太阳转
   D. 葡萄沿着树向上生长

根据下图，回答第6题。

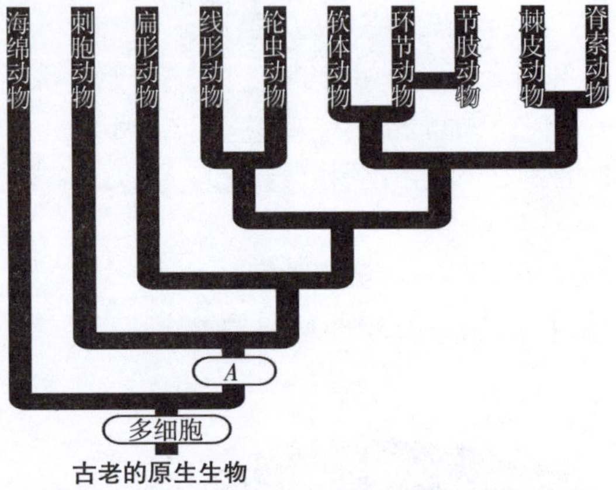

6. 上图进化树A点以上的动物共同具有的身体结构是(　　)。
   A. 细胞壁
   B. 真体腔
   C. 触须
   D. 组织

7. 像黑莓或草莓这样的聚合果的形成条件是(　　)。
   A. 一株花有很多融合在一起的雌性器官
   B. 一种水果有很多融合在一起的种子
   C. 来自同株植物的很多花融合在一起
   D. 很多单果融合在一起

8. 金鱼藻与其他无维管植物的不同点是(　　)。
   A. 它们的细胞通过扩散和渗透使营养和水分流动
   B. 它们的细胞含有一种蓝藻细菌
   C. 它们能被归为叶状体植物
   D. 它们的某些细胞内含有叶绿体

简答题

根据下图，回答第9题和第10题。

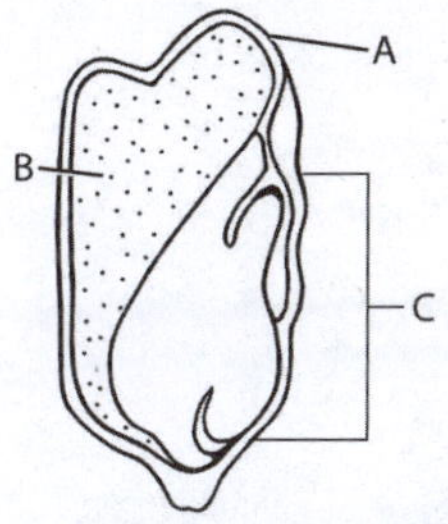

种子

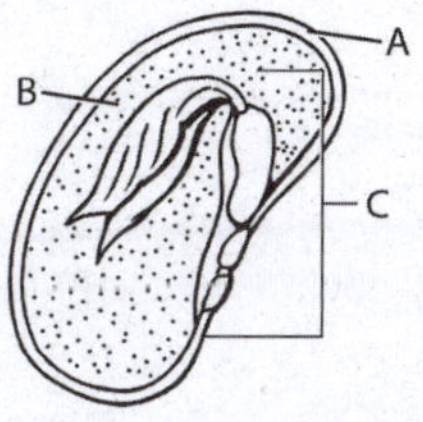

种子

9. 说出上图中种子的组成部分。

10. 哪粒种子属于单子叶植物的种子，哪粒种子属于双子叶植物的种子？你是如何判断的？

11. 解释为什么鱿鱼和蛤蜊同属于软体动物门，但外表却相差那么大。

12. 人们可以做哪些事情来保护珊瑚礁？并解释。

13. 说出被子植物的一种原始特征和一种衍生特征。

14. 描述植物的世代交替。

15. 描述细胞状黏菌是如何进行生殖的。识别该过程是有性生殖还是无性生殖。评估这种生殖方式对细胞状黏菌有何益处？

开放题

16. 列出分节对动物有益的两个理由。评价分节的重要性。

17. 假设你是一个科学家，你正在尝试判断一条有蚌生存的河流的水质。你会从蚌身上收集哪些数据来判断水质。

论述题

血吸虫病由吸虫引起。吸虫的生命周期极为复杂，有些吸虫以生活在淡水中的蜗牛为中间宿主。被感染的蜗牛会释放很多极小的、能自由游动的幼虫（尾蚴），它们能穿透人类的皮肤。即使稍微接触被污染的淡水，比如蹚水、游泳或者洗澡，都能引起感染。人类在盐水（海洋）中蹚水或者游泳时，不会感染血吸虫病。然而，很多鸟类或水生生物的尾蚴都能穿透受感染人类的皮肤。尾蚴会在皮肤中死去，但是它们会引发血吸虫皮炎。

利用上文中的信息，以论文形式回答下列问题。

18. 血吸虫病在撒哈拉以南非洲、菲律宾、中国南部和巴西地区最为常见。提出一个计划，帮助某个区域控制这种疾病。人类需要采取哪些措施才能预防该病？设计一个计划并写一篇有条理的论文来解释你的计划。

考点提示

测试题号	1	2	3	4	5	6	7	8	9	10	11	12	13	14	15	16	17	18
对应章节	23.1	25.3	25.2	24.3	22.3	24.3	23.3	21.2	23.3	23.3	25.3	24.3	18.2	23.1	19.4	24.2	15.2	25.1

第26章

节肢动物

起步实验

节肢动物具有何种结构？

节肢动物包括蜜蜂、苍蝇、螃蟹、马陆、蜈蚣、蜘蛛和蜱虫等。观察两种不同的节肢动物，找出它们的共同特征。

步骤

1. 阅读并完成实验室安全表。
2. 创建一张数据表，记录观察结果。
3. 观察小龙虾及潮虫活体或标本的生理特征，并在数据表中记录观察结果。
4. 在可能的情况下，观察小龙虾及潮虫是如何运动的，并记录观察结果。

分析

1. **描述**小龙虾及潮虫相似的结构。
2. **识别**小龙虾及潮虫共有的防御结构。防御结构是如何保护小龙虾及潮虫抵御捕食者的？

折叠式 学习卡

制作如图所示的学习卡，并做好标记。用这个学习卡整理关于陆生和水生节肢动物的笔记。

	呼吸	循环排泄	运动
水生节肢动物			
陆生节肢动物			

内容聚焦 多样性

节肢动物对环境独特的适应使其能够在不同的栖息地生存。

大概念 节肢动物演化出一系列适应性特征，其种类丰富，数量繁多，且生存能力极强。

第1节

节肢动物的特征

本节预览

核心问题

- 外骨骼、关节肢和分节附肢对节肢动物的重要性体现在哪些方面?
- 各类节肢动物的器官系统有何相似之处与不同之处?
- 节肢动物采取何种方式对刺激做出反应?

术语回顾

神经节:一组传递信息的神经细胞体。

关键术语

胸部
腹部
头胸部
附肢
蜕皮
上颚
气管
书肺
气门
马氏管
信息素

主要概念 **节肢动物是身体分节的无脊椎动物,具有坚硬的外骨骼,外骨骼由关节肢连接。**

联系实际 想一想哪一种动物种群的个体数最多。是桡足动物吗?只要有水的地方,基本上就能找到桡足动物。

节肢动物的特征

桡足动物是节肢动物门的一种。在所有已命名的动物种类中,节肢动物占70%~85%。如**图26-1**饼状图所示,节肢动物主要是昆虫,包括甲虫、蝴蝶、飞蛾、苍蝇、蜜蜂以及黄蜂等。

在**图26-1**所示的进化树中,找到节肢动物。根据该图的各个分支,你会发现,节肢动物与环节动物一样,都属于分节的无脊椎动物,且两侧对称,具有体腔动物的腔和原口发育。但不同于环节动物,节肢动物有关节肢连接的外骨骼,能够使其进行复杂的运动。这三种特点,即分节、外骨骼和关节肢,是节肢动物生存繁衍的关键。

阅读检测 **对比与比对**节肢动物与环节动物。

■**图26-1** 如饼状图中所示,大多数节肢动物都是昆虫。节肢动物是一种体腔动物,表现出原口发育的特征。
说明 *蜘蛛和甲壳类占节肢动物的百分比是多少。*

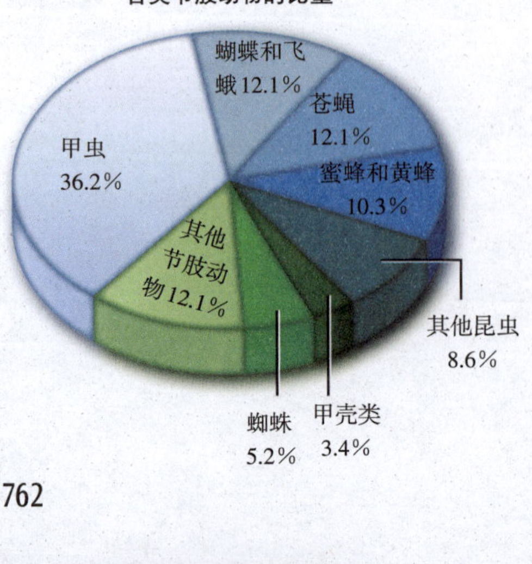

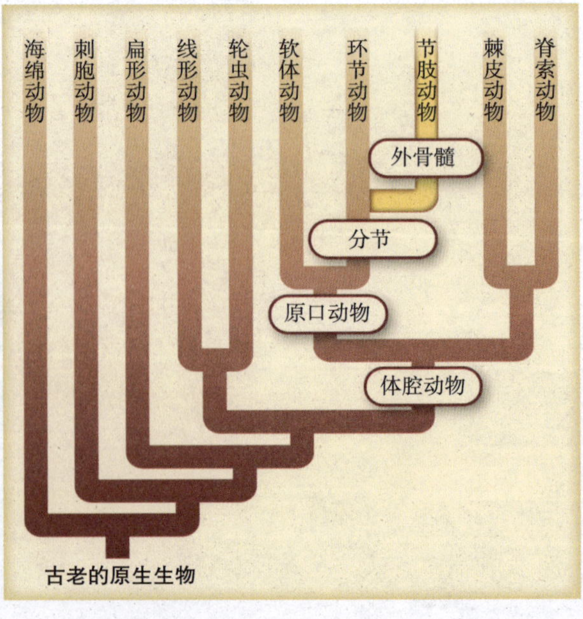

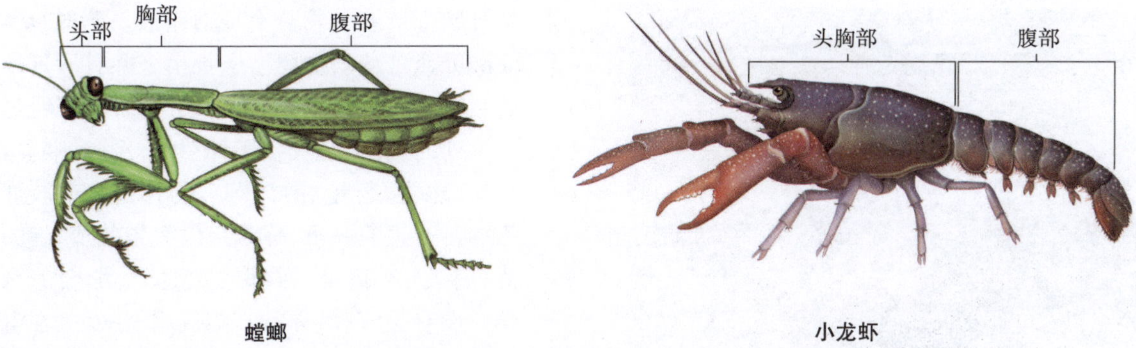

■**图26－2** 有的节肢动物的身体各部分是连在一起的。螳螂的头部、胸部和腹部结合在一起,小龙虾的头胸部和腹部也以另一种方式结合为一体。

分节 节肢动物通过分节以完成各类复杂高效的运动。**图26－2**中,螳螂身体的躯干主要包括三个部分:头部、胸部和腹部。节肢动物的头部含有摄食用的口器和不同形态的眼睛。许多节肢动物的头上还长有触角。触角是一种长长的传感结构,含有嗅觉和触觉的接收器。节肢动物的**胸部(thorax)**即躯干中部,由结合在一起的三个部分组成,许多节肢动物的腿和翅膀都与这部分相连。**腹部(abdomen)**位于节肢动物身体的后端,也由愈合在一起的几部分构成,与腿部相连接,含有消化结构与生殖器官。有些节肢动物,如**图26－2**中的小龙虾,头部和胸部结合在一起形成一个单独的结构,称为**头胸部(cephalothorax)**。

一些节肢动物的分节在其早期发育中会更加明显。例如,毛毛虫有许多明显的分节,但蜕变为蝴蝶之后,身体就只有三个部分。

阅读检测 **总结**节肢动物的各个身体部位。

外骨骼 节肢动物的身体外侧有坚硬的外骨骼,像披上了一层薄薄的盔甲。外骨骼为节肢动物提供支撑,起到保护软组织的作用,还能减缓陆生动物的水分流失。此外,外骨骼还是肌肉附着的地方。

链接 化学 节肢动物的外骨骼由一种含氮的多糖,即甲壳质以及蛋白质构成。蚱蜢的外骨骼如皮革般粗糙;龙虾等甲壳类动物的外骨骼吸收钙盐,因此变得非常坚硬,有的要用锤子才能敲碎。节肢动物的外骨骼中,有的部分十分坚硬,有的部分则较薄且富有弹性,在身体的各段之间和附肢中间为节肢动物提供活动关节。

外骨骼的坚硬程度和厚度都有其极限值。小的节肢动物,如桡足动物,它们的外骨骼只有小块肌肉,所以比较薄;而大的节肢动物,如螃蟹和龙虾,它们的外骨骼因为要承受大块肌肉的拉扯,所以更加厚实。试想一下,如果苍蝇跟鸟一样大,那么苍蝇的外骨骼就要变得更加结实,以承受大块肌肉的拉伸。但这样一来,由于外骨骼太重,苍蝇就无法动弹了。

■ **图26－3** 苍蝇的腿部关节和门铰链一样，只能朝一个方向弯曲。

解释 *关节肢如何通过外骨骼使动物获益。*

关节肢 节肢动物具有成对附肢。**附肢（appendage）**是从动物躯干上长出来并有所延伸的结构，如腿和触角。节肢动物的附肢经过一系列的适应，已具备多种功能，例如，喂食、交配、感觉、行走、游泳等。为什么关节肢如此重要？想象一下，你如果没有指关节、腕关节、肘关节、膝盖、臀部或踝关节，那会怎么样？没有关节肢，你就不能使用电脑、坐在电影院、投篮和走路。关节肢使节肢动物能够灵活地运动，并完成各项生理功能，例如，寻找食物和交配等。如果没有关节，节肢动物的这些活动都不能实现。

蜕皮 节肢动物的外骨骼由非生命物质构成，且不能生长，因此，节肢动物必须使外壳脱落，才能够生长。这种外骨骼脱落的过程就叫作**蜕皮（molting）**。节肢动物会生成新的外骨骼。其皮肤上的腺体产生一种液体物质，使老的外骨骼软化，新的外骨骼就在下面形成。随着液体的量不断增多，压力也会增大，最终使老的外骨骼裂开。这跟在密封玻璃容器中冰的形成过程差不多。冰不断扩张，玻璃就会裂开。**图26－4**是一只狼蛛，旁边是它蜕去的外骨骼。在新的外骨骼变硬之前，动物全身上下血液循环加速，身体就会肿胀。有些节肢动物会吸收空气，使变硬的外骨骼在“生长空间”中长得更大一些。

■ **图26－4** 节肢动物必须通过蜕皮才能继续生长。这只狼蛛刚从蜕去的外骨骼中爬出来。

■**图 26－5** 切叶蚁用上颚将叶子从树上咬下来。如果叶片切口处长了真菌，切叶蚁就会用这些真菌喂食幼虫。

节肢动物的身体结构

节肢动物具有十分复杂的器官系统，以便能够在不同的栖息地生存。一些器官系统（如呼吸系统和神经系统）的演变，促进了这些动物的成功繁衍。

摄食与消化 节肢动物的多样性体现在摄食习惯和结构的多种多样。如**图 26－5**所示，大多数节肢动物的口器包含一对**上颚（mandible）**，用于啃咬和咀嚼。由于摄食习惯不同，其他节肢动物的口器也具有不同的特征，如羽毛状滤网、针状刺、切刀和吸管等。在**迷你实验 1** 中，观察节肢动物的口器。节肢动物中有食草动物、食肉动物、滤食动物、杂食动物和寄生动物。节肢动物通过复杂的单向消化系统消化食物，这个系统包括口、肠道和肛门，还有能够产生消化酶的各种腺体。

学习小贴士

关键词 和同学合作，找出本节的关键词。注意，标题中往往隐藏着关键词的线索，而且许多段落中也有不少提示关键词的主旨句。

迷你实验 1

比较节肢动物的口器

各种节肢动物的口器有什么不同？ 节肢动物吃各种各样的食物，从花蜜和植物到鱼类和小鸟，都能成为它们的口中之物。探究不同节肢动物的口器如何与它们的饮食习惯相匹配。

步骤

1. 阅读并完成实验室安全表。
2. 观察节肢动物的口器，推断不同口器都具备的功能，创建数据表，记录观察结果及你的推断。
3. 使用放大镜或显微镜，观察不同节肢动物标本的口器，在数据表中记录观察结果。
4. 根据口器的结构特征推断每种节肢动物的口器所具备的独特功能。

分析

1. **对比与比对**你所观察的不同种类的口器。
2. **推断**每种节肢动物可能具有的饮食习惯，并以你对其口器的观察结果为判断基础。

图解呼吸结构

图26－6

节肢动物吸收氧气的三个基本结构：鳃、气管、书肺。

鳃

小龙虾生活在水生环境中，用鳃吸收氧气。横截面显示了鳃的各个分区。这种结构使得它们在狭小的空间中也能有较大的接触面积进行气体交换。

小龙虾和鳃

气管

甲虫的气管有许多更小的气管分支，以便为全身提供氧气。空气首先从气门进入呼吸系统，接着由气管进入小气管，最后到达身体的肌肉。

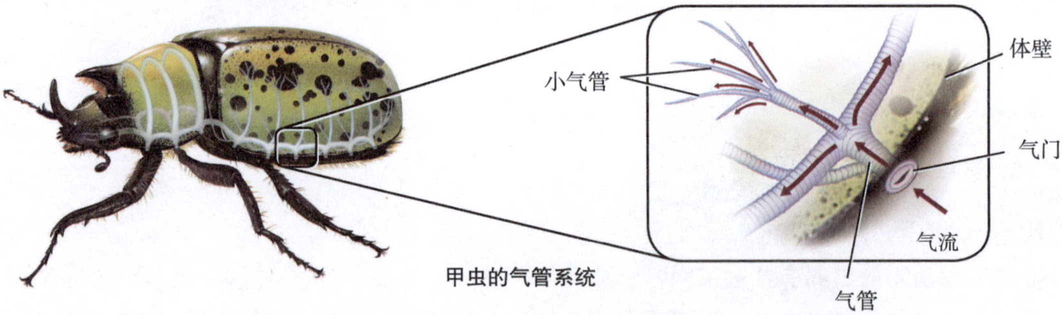

甲虫的气管系统

书肺

下图中的蜘蛛利用书肺吸收氧气，和有气管的节肢动物一样，空气也是通过气门进入蜘蛛的书肺的。

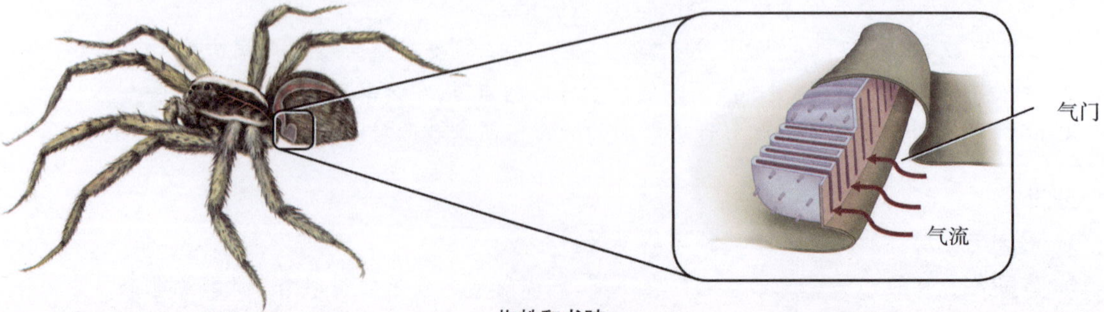

蜘蛛和书肺

呼吸 节肢动物通过三种结构，即鳃、气管或书肺中的一种吸收氧气。动物在身体组织中维持氧气的稳态平衡，就能获得能量完成一系列生命功能。如**图 26 – 6**所示，大多数水生节肢动物都具有鳃，这种鳃的功能跟软体动物的一样。所有陆生节肢动物的身体组织都必须靠近导气管以吸收氧气。

陆生节肢动物不是通过循环系统，而是依靠呼吸系统将氧气运送给细胞的。如**图 26 – 6**所示，大多数陆生节肢动物具有一种分支管系统，称为**气管(tracheal tube)**，气管分支成更小的细管，细管把氧气运送到全身。

蜘蛛等节肢动物具有**书肺(book lung)**，书肺是一个用于呼吸的囊状袋，具有多层重叠的体壁。如**图 26 – 6**所示，书肺的膜与书页十分相似。层叠的体壁增加了肺部的表面积，使动物能够进行高效的气体交换。节肢动物的气管和书肺通向体外的开口叫作**气门(spiracle)**。

循环 尽管大多数节肢动物并不是通过循环系统输送氧气的，但它们也需要依靠循环系统运输营养物质并排出废弃物。节肢动物的血液自心脏经血管流向身体各组织，再经由开放的身体间隙流回心脏。血液在身体组织中通过运输营养物质和带走废弃物来保持稳态。

排泄 大部分节肢动物依靠**马氏管(Malpighian tubule)**来排泄血液中的废物。马氏管还能帮助陆生节肢动物来保持身体中的水分，从而维持稳态水平衡。如**图 26 – 7**所示，昆虫的马氏管位于腹部，而不像环节动物的肾管那样分布于每个体节。马氏管连接着肠道，肠道中含有身体排出的未经消化的食物残渣。甲壳类及其他一些节肢动物没有马氏管，它们有跟环节动物类似的肾管，并通过肾管排泄废物。

折叠式学习卡

本节信息可纳入折叠式学习卡中。

术语

运输

从一个地方移动到另一个地方。

血液在身体中将营养物质运输给细胞。

图 26 – 7 大部分节肢动物通过马氏管排泄细胞废物。**描述**马氏管的另一个功能。

■ **图 26－8** 复眼使飞行类节肢动物在运动中能够轻松辨认物体。苍蝇看见的图像可能不如脊椎动物看到的图像那么清晰，但对其日常生活来说，已经完全足够。
推断 *苍蝇在视物模糊的情况下是如何避开捕食者来保证自身安全的。*

刺激反应 大多数节肢动物都有双链神经节，位于体内腹侧面。头部成对的神经节结合在一起，构成大脑。尽管节肢动物的大部分行为（如摄食和移动）都由每个体段的神经节控制，但是大脑能够阻止这些行为发生。

视觉 你有没有用苍蝇拍打过苍蝇？苍蝇精准的视觉也能够识别极其最微小的动作，所以它们常常都能成功逃走。大多数节肢动物有一对大大的复眼。如**图 26－8** 所示，复眼有许多呈六边形的小眼面，每个小眼面识别出一部分图像。大脑再把这些图像拼在一起。蜻蜓等节肢动物的复眼能够使它们在飞行时分析快速变化的地貌状况。复眼能够察觉猎物、配偶和天敌的活动，同时也能识别各种颜色。此外，许多节肢动物有 3～8 只单眼。单眼有一个晶体，能够区分黑暗与光亮。蚱蜢和其他一些飞行类昆虫的单眼还能起到地平仪的作用，帮助其稳定飞行。

听觉 除了眼睛能够察觉运动变化以及感受光照之外，许多节肢动物还有一个感觉器官，称为鼓膜。鼓膜是一层扁平的膜，用来收听声音。鼓膜接受声波就会振动。蟋蟀的鼓膜位于前腿，蚱蜢的鼓膜位于腹部，飞蛾的鼓膜则位于胸腔。

化学信息 想象一下蚂蚁搬运薯片碎屑的情景，它们一个接一个，像士兵一样保持队形前进。蚂蚁依靠**信息素（pheromone）**互相交流，信息素是许多动物用来影响其他同类行为的一种秘密化学物质。蚂蚁用触角感知信息素的气味，并循着气味的路径行动。节肢动物释放出许多种信息素，发出交配或摄食等行为的信号。

与生物学相关的职业

生化学家 像科学家研究生化过程如何进行一样，生化学家也可能会通过研究信息素中的化学物质，从而探索出有效的病虫害治理方法。

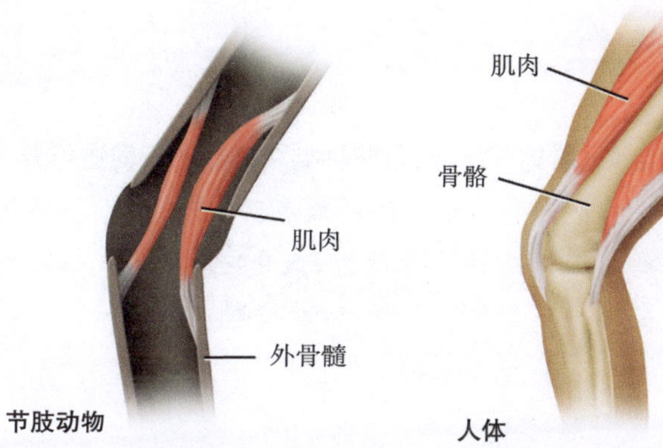

■ **图26 – 9** 节肢动物的肌肉将外骨骼内侧与关节两侧分别相连。人体四肢的肌肉则紧贴骨骼的外表面。

运动 再想一想蚂蚁搬运薯片碎屑的情景，想一想它们移动得有多快。节肢动物动作迅捷且十分活跃。它们具有十分发达的肌肉系统，能爬，能跑，能攀，能挖，能游，能飞。参考**图26 – 9**，比较人体与节肢动物肢体中肌肉附着方式的不同。人体腿部肌肉贴着骨骼的外表面，而节肢动物的肢体肌肉则连接着关节两侧与外骨骼内表面。节肢动物肌肉收缩的力量取决于神经冲动刺激肌肉的速率。相比之下，脊椎动物肌肉收缩的力量则取决于肌纤维收缩的数量。

生殖 大多数节肢动物进行有性生殖，并且发生了许多生殖适应。大部分节肢动物为雌雄异体，少数种类为雌雄同体（如藤壶），进行异体受精。大多数甲壳纲动物会通过某种方式孵卵，但不会照顾孵化出来的后代。有的蜘蛛和昆虫也孵卵，有的动物会照料自己的后代，如蜜蜂。

第1节 测评

要点梳理

- 节肢动物具备三种显著的结构特征。
- 节肢动物的口器适于食用各种类型的食物。
- 节肢动物必须通过蜕皮才能继续生长。
- 节肢动物的器官系统发生了变异，这使它们能在一些栖息地生存，因此，种类和数量都在不断增长。

要点理解

1. 主要概念 **分析**使节肢动物如此成功的三种主要特征。
2. **解释**关节肢对具备外骨骼的动物如此重要的原因。
3. **总结**节肢动物进行呼吸作用的三种主要方式。
4. 如果节肢动物的马氏管是畸形的，推断将会发生什么情况。请详细说明。

批判性思维

5. **制作**一个节肢动物模型，使其能够在寒冷多风的山顶上生长，那里长着矮生草，并有以节肢动物为食的鸟类出没。

科技 写作

6. 写一段文字，运用具体实例描述节肢动物在所处环境中的对刺激做出的反应。

第2节

节肢动物的多样性

本节预览

核心问题

- 几大主要节肢动物的结构和功能是什么？
- 几大主要节肢动物的适应性有哪些？
- 甲壳纲动物和蛛形纲动物有什么特征？

术语回顾

固着：生物体依附或停留在一个地方。

关键术语

螯足
桡肢
螯肢
触肢
纺器

主要概念 **节肢动物根据其体节结构、附肢种类和口器的不同进行分类。**

联系实际 想象一下，当你搬开丛林地表的一块石头，石头底下会突然出现许多小动物，朝着四面八方蠕动，或爬来爬去，或仓促逃跑。蜘蛛在树叶底下飞快移动，鼠妇缓缓地爬到有光的地方，蚂蚁成群结队地从一个小洞里钻出来。上述动物都属于节肢动物。

节肢动物种群

蜘蛛、鼠妇和蚂蚁都是节肢动物。上一节中，我们已经学过为什么将它们称之为节肢动物。在接下来的两节中，你将学习这些动物之间有何区别。节肢动物根据其体节结构、附肢和口器等共同特征，可归为同一类。分类学家在对节肢动物的分类问题上一直有争议。本节中，你将学习节肢动物的两大主要种群，即甲壳纲动物（如螃蟹和龙虾）和蛛形纲动物（如蜘蛛及其近亲）。下一节中，你将学习节肢动物的第三大种群，也就是昆虫及其近亲。**表 26 – 1** 总结了三类主要节肢动物的特征。

表 26 – 1　节肢动物的特征

种群	甲壳纲动物	蛛形纲动物	昆虫纲动物
示例			
特征	有两对触角，两只复眼，上颚，5 对足（包括螯足和步足），以及桡肢	没有触角，身体分成两段（头胸部和腹部），有 6 对关节肢（螯肢，触肢和 4 对步足）	有触角、复眼和单眼，身体分成 3 段（头、胸、腹），有 3 对足，两对翅

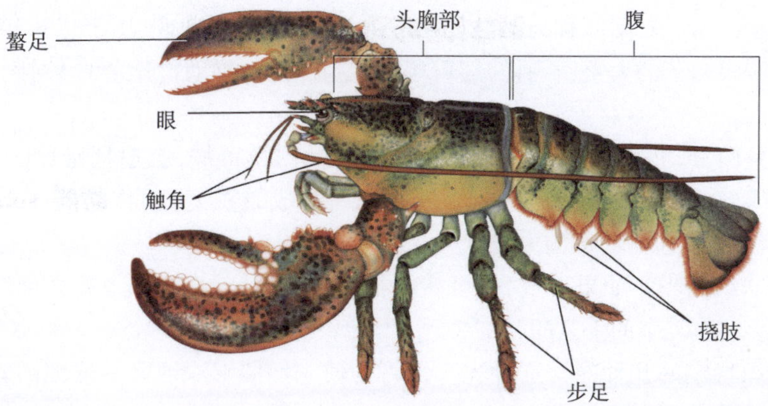

■ **图26－10** 龙虾是水生甲壳纲动物。注意观察上图，龙虾的螯足用来捕食并把食物夹碎，结实的头胸部连着步足，头上有触角，腹部连着桡肢。

思考 *龙虾的螯足还有什么功能。*

甲壳纲动物

甲壳纲动物包括蟹、虾、龙虾、小龙虾、藤壶、水蚤和鼠妇，它们生活在海洋、淡水和陆生栖息地中。甲壳纲有3.5万个已命名的品种。绝大多数都是水生动物，有两对触角和一对复眼，复眼通常生于可活动的眼柄之上，甲壳纲动物还具有上颚，用于咀嚼。和人的下巴一上一下的运动不同，甲壳纲动物的上颚从一侧移向另一侧进行开合运动。甲壳纲动物具有分节的附肢，其自由游动的幼虫阶段称为无节幼体。幼虫是动物的非成熟形态，外形外貌都与成年时期有着显著的不同。

大多数甲壳纲动物，例如小龙虾、龙虾和螃蟹，都有5对足。如**图26－10**所示，第一对足是**螯足（cheliped）**，有大大的爪钳，能够捕获并夹碎食物。螯足后面是4对步足，基本上用于移动。**桡肢（swimmeret）**很短，位于步足后面，用于生殖和在水中游动。如果你看过龙虾在水里游，你一定会特别吃惊，它竟然能够突然扭转身体下面的尾巴，快速向后运动。有的甲壳纲动物，例如藤壶，属于固着动物，它们用腿将食物踢进嘴里。

潮虫和鼠妇是陆生甲壳纲动物，生活在潮湿的地方，如木头下面。它们有7对足。

阅读检测 **总结**甲壳纲动物附肢的功能。

蛛形纲动物

蜘蛛属于蛛形纲动物，这一类动物有5.7万个已命名的品种。蛛形纲动物包括蜘蛛、蜱、螨和蝎等。

大多数蛛形纲动物的身体分为两段，即头胸部和腹部，还有6对关节肢。它们没有触角。蛛形纲动物最前面的那对附肢变异发育为口器，称为**螯肢（chelicera）**。螯肢起到尖牙或螯钳的作用，通常与毒腺连在一起。美国的大部分蜘蛛对人体无害，但黑寡妇和**图26－11**中的褐隐蛛除外。

■ **图26－11** 褐隐蛛看上去不太显眼，头胸部上有一个小提琴形状的标记。褐隐蛛的毒液对人体有害，人一旦被它咬了，应立即送医就诊。

蛛形纲动物的第二对附肢称为**触肢(pedipalp)**。触肢身兼数职,用于感知和抓住猎物。雄蛛的触肢跟蝎子的大螯钳一样,还可用于生殖。蛛形纲动物其余的4对附肢用于行走。

蜘蛛 蜘蛛都是肉食动物。有些蜘蛛,如狼蛛和塔兰图拉毒蛛,会追捕猎物。其他蜘蛛在丝网中猎取食物。蛛丝由毒腺中的流体蛋白构成,被一种叫作**纺器(spinneret)**的结构拉成丝状,纺器位于腹部的末端。

你看过蜘蛛织网吗?如果看过,你可能会很好奇:蜘蛛怎么会知道要如何结网呢?它是从哪儿学会这么复杂的手艺的?

蜘蛛只会织特定的几种网。这种先天性行为使它们能够一遍又一遍地高效织网。**图26－12**展示了蜘蛛圆形网织成的几个阶段。

当捕获昆虫或其他节肢动物后,许多蜘蛛都会把猎物裹在丝茧里,以备食用。蜘蛛会分泌一种消化酶到猎物上,猎物在蜘蛛体外就开始消化,随即蜘蛛就开始摄入软化的食物。食物剩余的养分在蜘蛛体内消化。

在繁殖期间,雄蛛会先将精子产在自己织的小网上,再捡起来,放在触肢的凹洞里。求偶仪式后,雄蛛将精子插入雌蛛体内。雌蛛将卵子产在由蛛丝纺成的茧中。一个茧里面大约有100个卵子。幼虫在两周之后就会孵化出来,然后蜕皮5～10次才能长成成虫。

阅读检测 **对比与比对**甲壳纲动物和蛛形纲动物用于捕获猎物的附肢。

■ **图26－12** 圆网蜘蛛通常会把网结在植株上。蜘蛛网上有一片区域不具有黏性,蜘蛛借助这片区域从网的一端爬到另一端。

蜱

螨

蝎

蜱、螨和蝎 如**图26－13**所示，蛛形纲动物还包括蜱、螨和蝎。大多数螨不足1毫米长，其头胸部和腹部愈合在一起，整个身体呈椭圆形。它们或是其他动物的天敌，或寄生在其他动物身上。蜱也是一种寄生虫，停留在宿主表面，以宿主的血液为食。蜱常常携带诸如病毒、细菌和原虫等致病介质。宿主一旦被它们咬了，就会受到感染。人体也会感染某些疾病，例如，莱姆病和落基山斑疹热。

蝎以昆虫、蜘蛛和小的脊椎动物为食，它们用触肢捕获猎物，用螯肢将猎物撕碎。蝎一般是夜行性动物，白天会藏在木头底下或洞穴中。一提到蝎，你可能会想到它们长在腹部末端的毒刺。大多数蝎对人体无害，但如果被它们咬了，人就会疼痛难忍。在**迷你实验2**中，你将比较不同的节肢动物种群。

■ **图26－13** 蜱、螨、蝎和蜘蛛属于同一类动物。
描述 *图片中的蛛形纲动物的相关特征。*

迷你实验 2

比较节肢动物的特征

各类节肢动物的体型特征有什么不同？ 观察三类主要节肢动物的样本，将节肢动物进行分类。

步骤

1. 阅读并完成实验室安全表。
2. 观察节肢动物的活体和标本，制作数据表，并记录观察结果。
   警告：一定要友善对待活体动物。
3. 观察节肢动物的活体样本，在数据表中记录它们的体型特征。

分析

1. **识别**节肢动物的样本所共有的体型特征。
2. 按照不同的分类标准将节肢动物进行**归类**。

■**图 26－14** 鲎爬到海滩，在沙子中产卵。

鲎 鲎是一种古老的海洋生物，与蛛形纲动物是近亲，自2亿多年前的三叠纪至今，几乎不曾发生变化。它们的身体不分段，具有结实厚重的外骨骼，呈马蹄形。鲎的螯肢、触肢和其余三对步足用来行走和在海底觅食。鲎用螯肢捕食环节动物、软体动物和其他无脊椎动物。位于身体后段的附肢顶端发育出叶状薄片，用于掘沙和游泳。

如**图 26－14**所示，鲎在涨潮时爬到海滩繁殖。雌鲎挖洞产卵，雄鲎把精子产在卵上，接着雌鲎会用沙子将卵盖住。经过一段时间的太阳照射后，幼鲎就会孵化出来，在下一次涨潮时回到海里。

第 2 节 测评

要点梳理

- 节肢动物主要包括三大类。
- 节肢动物的附肢用于觅食、行走和游泳。
- 蛛形纲动物的前两对附肢变异发育为口器、繁殖结构和螯钳。
- 蜘蛛是食肉动物，或自行捕获猎物，或吐丝结网诱捕猎物。
- 鲎是古老的节肢动物，自2亿多年前至今，几乎未发生变化。

要点理解

1. **主要概念** **归类** 有一种小型节肢动物，动作迅捷，有两对触角，身体分节，上颚从一端移向另一端做开合运动。请给这种动物归类。
2. **对比与比对** 甲壳纲动物和蛛形纲动物的生活方式，解释二者的身体形态是如何适应生活环境的。
3. **总结** 蜘蛛的不同附肢在功能上的差异。
4. **识别** 蜱、蝎和鲎的共同特征。

批判性思维

5. **提出假设** 生活在加勒比海的大螯虾具有导航系统。当它们游到不熟悉的海域时，导航系统会帮助它们回到原来的栖息地。请你就大螯虾在返程途中使用何种信号确定方向的问题提出一个假设。
6. **设计实验** 有位生物学家想了解褐隐蛛以什么为食。经过一系列观察之后，她提出假设，认为褐隐蛛在活的猎物和死的猎物之间更喜欢后者。请设计实验，验证她的假设。

第3节

本节预览

核心问题

- 昆虫有何特征？其适应性表现在哪些方面？
- 完全变态和不完全变态之间有什么异同？
- 昆虫如何跟同类交流互动？

术语回顾

花粉：某些植物繁殖时产生的细小粉末状物质。

关键术语

变态

蛹

若虫

等级

昆虫纲动物

主要《概念　昆虫在结构和功能上的适应性使得它们成为数量最多、种类最为丰富的节肢动物群。

联系实际　你可能曾被蜜蜂蜇过，也可能曾羡慕美丽的蝴蝶在花丛中翩翩起舞，还可能听见过蟋蟀在草丛中的唧唧声。昆虫无处不在，它们影响着我们生活的许多方面。

昆虫的多样性

据科学家估计，世界上约有100万种昆虫，超过了其他所有动物种类的总和。我们之前学过，节肢动物约占所有已命名动物的四分之三。80%的节肢动物都是昆虫，它们是所有陆生动物中数量最多、分布最广的一类。在土壤中、森林里、沙漠中、山顶上，甚至是极地地区，你都能够发现昆虫的身影。

昆虫能飞，且有很强的适应性，因此能够生活在各种栖息地中。它们大多体形较小，能在风中或水里运动自如。坚硬的外骨骼能够给昆虫提供保护，使它们在沙漠或其他干旱地区保持体表湿润，这也是昆虫多样性的保证。此外，昆虫很强的繁殖能力使得它们在任何栖息地都能成功繁衍。昆虫产的卵数量很多，且孵化率很高，后代的生命周期比较短，这些都是昆虫家族庞大的原因。

外部特征

如**图26－15**所示，昆虫的身体包括三部分，即头、胸和腹。头部结构包括触角、复眼、单眼和口器。昆虫有三对足，一般有两对翅膀，翅膀位于胸部。有的昆虫仅有一对翅膀，还有的没有翅膀。

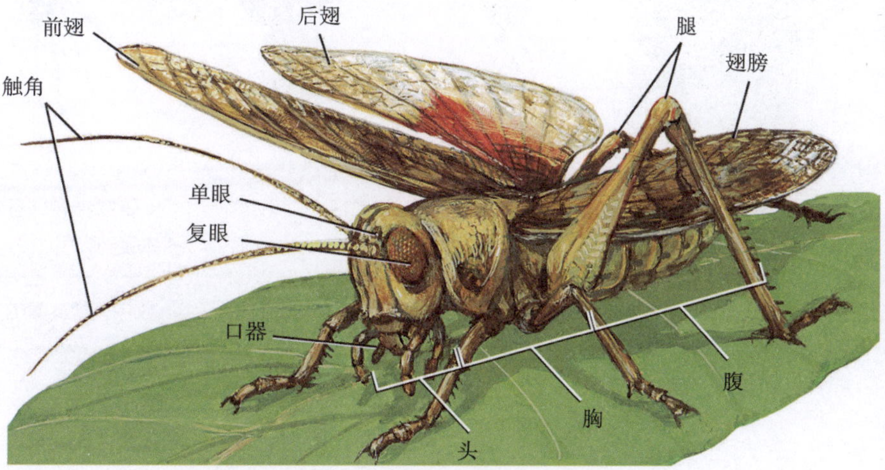

图26－15　这只蚱蜢的头、胸、腹体现了昆虫的典型特征。

比较　*昆虫与甲壳纲动物的身体部位有何不同。*

昆虫的适应性

足、口器、翅膀和感觉器官的结构性适应丰富了昆虫的多样性。这些适应使得昆虫能够利用各种食物，在不同的环境中生存繁衍。昆虫的食物来源很丰富，它们有的寄生在宿主上，有的捕食其他动物，还有的以吸食植物汁液为生。

足 昆虫的足具备多种功能。甲虫的足上有钳，能够用于掘土，或帮助甲虫在树皮底下爬行。苍蝇的步足末端有厚厚的衬垫，能够使苍蝇倒立而行。蜜蜂的足能够收集花粉，蚱蜢和蟋蟀的后足能够跳跃。水黾的足垫上有防水细毛，不会打破水面张力，所以能够在水面上游动。当它在水面上滑行时，前足导航，后足推进，就像是一辆后轮驱动的汽车。

口器 如**表 26－2**所示，昆虫的口器与它们所吃的食物相匹配。蝴蝶和飞蛾有长长的细管，它们用细管吸取花蜜就跟我们用吸管喝饮料一样。不同种类的苍蝇，例如家蝇和果蝇，具有用来吸取液体的舐吸式口器。有的昆虫，例如叶蝉和蚊子，它们吸食植物汁液或捕食猎物靠的是刺吸式口器。甲虫和蚂蚁会用上颚咬破动物的皮肤或植物组织，从而吸取里面的养分。

表 26－2	昆虫的口器			
口器种类	虹吸式	舐吸式	刺吸式	嚼吸式
实例				
功能	饲管会展开伸长，把液体吸到嘴里	口器的肉质末端像一块海绵，用来刮食食物	细细的针状管会刺透皮肤或植物体壁，把液体吸到嘴里	上颚用来穿透或切开动植物组织，与其他口器一起将食物送到嘴里
适应环境的昆虫	蝴蝶、飞蛾	家蝇、果蝇	蚊子、叶蝉、臭虫、跳蚤	蚱蜢、甲虫、蚂蚁、蜜蜂、蠼螋

翅膀 昆虫是唯一能飞的无脊椎动物。而鸟类和哺乳动物的翅膀是由变异的肢进化而来，而昆虫的翅膀是从体壁长出来的。翅膀由薄薄的双层甲壳质膜构成，甲壳质也是构成外骨骼的原料。坚硬的翅脉能够给翅膀提供力量。有的昆虫翅膀很薄，如苍蝇；而有的翅膀则很厚，如甲虫。蝴蝶的翅膀上有精细的纹理，如**图26－16**所示。在**数据分析实验**中，研究了蝴蝶是如何利用翅膀上的纹理吸引配偶的。动物的飞行需要翅膀做出复杂的运动。向前飞、向上升、保持平衡、进行转向等都非常重要。绝大多数昆虫按照“8”字形转动翅膀。

图26－16 蝴蝶的翅膀上有精细的纹理。

阅读检测 **比较**翅膀与外骨骼的相似程度。

感觉器官 昆虫除了在足、口器以及翅膀上表现出适应性之外，在感觉器官上也有多种适应性。我们之前学过，节肢动物是如何利用触角和眼睛感知周围环境的。昆虫还有一种毛状结构，对触碰、压力、振动和气味都十分敏感。苍蝇除了能够从视觉上观察到运动之外，还能利用身上覆盖的几百根细毛检测气流变化。这也就能解释“为什么我们拿苍蝇拍打苍蝇时，苍蝇早就飞得远远的了”。

有些昆虫能够通过鼓膜器官检测到空气传声，而有的昆虫则能够感受到从地面传来的振动。这些感觉细胞通常位于昆虫的足部。

数据分析实验

基于真实的数据*

图表解读

蝴蝶求偶时使用偏振光吗？

偏振光是指带电场的光波朝着同一个方向振动。科学家提出假设，认为某些蝴蝶身上的彩虹色纹理，例如右图中的这只蝴蝶，会产生偏振光，将雄性引向雌性。如图所示为雄蝶对彩虹色雌蝶的偏振光和非偏振光的反应。

批判性思维

1. **解释图表** 雄蝶看到哪一种翅膀做出的回应更多？
2. **推断** 研究人员发现，森林里的蝴蝶一般会有彩虹色翅膀，而草原地区的蝴蝶却没有。你能解释这种差异的原因吗？

数据与观察

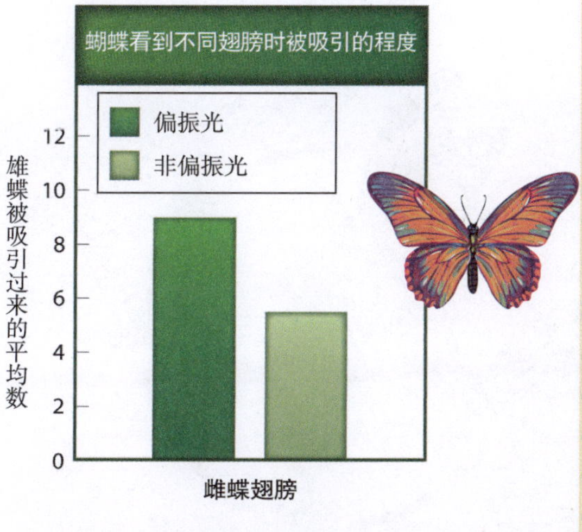

*数据来源：Sweeney, A., et al. 2003. Insect communication: polarized light as a butterfly mating signal. *Nature* 423: 31–32.

大多数昆虫都有敏锐的化学感觉。味觉和嗅觉的化学感受器(又称"化学受体")位于口器、触角和足部。像飞蛾等昆虫能够检测到几千米之外的气味。化学信号以信息素的形式帮助昆虫与同类之间进行交流,从而吸引配偶,集结成群迁徙或抵御严寒。

变态 绝大多数昆虫会在适宜幼虫生长的栖息地产卵。例如,帝王蝶将卵产在萝藦科植物上,幼虫孵化出来后,就能以这种植物为食。大多数昆虫孵化出来后要经过一系列的变化,才能从幼虫发育为成虫。这种变化过程称为**变态(metamorphosis)**。

完全变态 大多数完全变态发育的昆虫会经历4个阶段:卵、幼虫、蛹、成虫。如**图26－17**所示,蝴蝶的卵孵化出来后即是幼虫,幼虫通常也叫作毛虫。在这个阶段,具备咀嚼式口器的幼虫就像是一台摄食机器。幼虫在生长的过程中会蜕皮数次。**蛹(pupa)**是昆虫在变态过程中无须摄食的阶段,昆虫在这一过程中会从幼虫形态发育为成虫形态。成虫可以进行繁殖。有的成虫存活的时间很短,有种蜉蝣的雌性成虫只能活5分钟。摄食的成虫一般不会跟幼虫争夺食物。

阅读检测 **总结**昆虫经历完全变态发育的生命周期。

不完全变态 如**图26－17**所示,昆虫经历不完全变态发育,从卵孵化出**若虫(nymph)**,若虫是昆虫的不成熟形态,外形与成虫相似,但体形更小,且没有发育完全的翅膀。若虫经过几次蜕皮之后就会变成成虫。

图26－17 完全变态发育的昆虫有一个休眠期,叫作蛹。而不完全变态发育的昆虫则没有这个阶段。

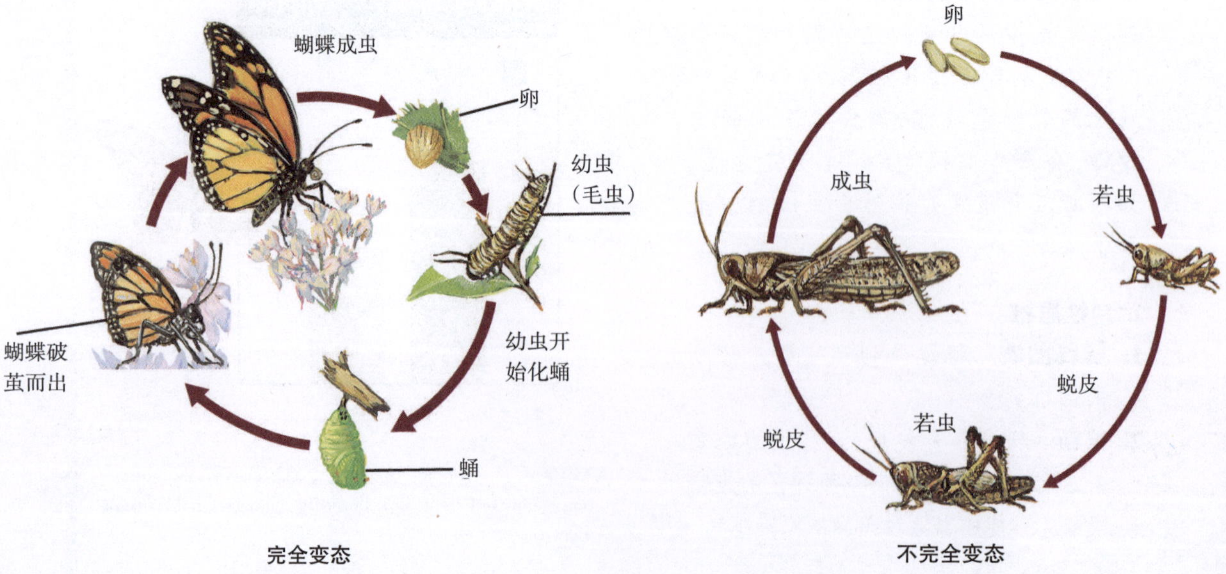

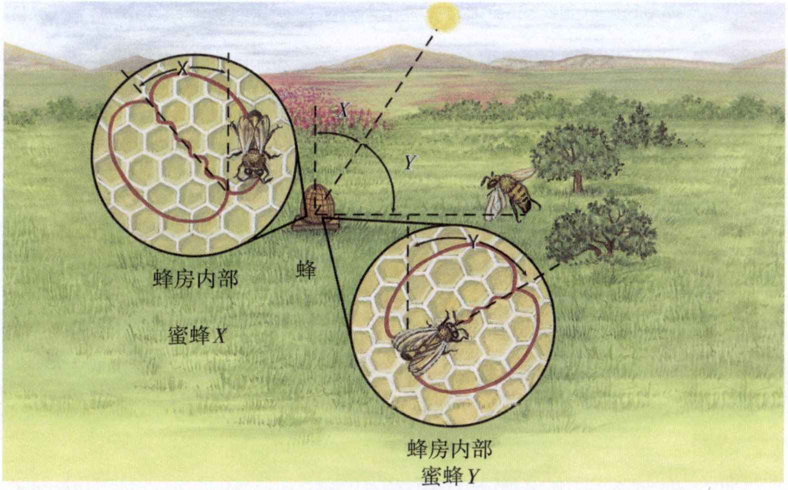

■ **图26－18** 蜜蜂的“8”字形摇摆舞所指明的食物位置与太阳高度角有关。

解释 *蜜蜂X在哪里找到了食物？*

昆虫社会 篮球队队员会一起合作，以求赢得比赛。蜜蜂、蚂蚁和白蚁等昆虫也会组成不同的社会群体，在生存所需的活动中开展合作。蜜蜂社会比较复杂，一个蜂房中约有7万只蜜蜂，分为三个等级。**等级（caste）**是指社会中执行特定任务的个体所组成的群体。工蜂是不进行繁殖的雌性蜜蜂。它们收集花蜜和花粉、修建蜂巢、制作蜂蜜、照顾幼蜂、守卫蜂房。雄蜂进行繁殖。蜂王是唯一能繁殖的雌蜂。

交流机制 蜜蜂已经进化出十分有效的交流系统，它们通过身体运动告诉同伴食物的位置，其中之一就是**图26－18**所示的摇摆舞。蜜蜂在很远的地方找到食物之后，回到蜂房，就会跳摇摆舞。首先，回到蜂房的蜜蜂会绕一个圆圈，直径大概是蜜蜂身体长度的3倍。接着，这只蜜蜂就会沿直线运动，其腹部会左右摇摆。直线的方向就是食物的位置方向。最后，蜜蜂会朝着与第一个圈相反的方向再绕一个圈。它会沿着这种“8”字形运动数次。蜜蜂跳舞的时间越长就意味着它与食物的距离越远。

链接 数学 摇摆舞最重要的部分就是蜜蜂走的那条直线，因为这条直线会告诉其他蜜蜂，食物在蜂房的什么位置。飞行直线相对于垂直面的方向就是食物相对于太阳的方向，如**图26－18**中所示。如果食物位于太阳右侧70°角的位置，那么蜜蜂跳舞的那条直线也位于垂直面右侧70°角的位置。

圆圈舞也能传递食物的有关信息，而且只有在食物距离蜂房较近的时候，蜜蜂才会跳圆圈舞。蜜蜂在跳圆圈舞时，先顺时针转一圈，再逆时针转一圈，之后重复这个动作数次。圆圈舞不会指明距离或方向。

蚂蚁在群居生活中也演化出多种社会行为。不进行繁殖的雌蚁会收集食物并照顾幼蚁，还会保护蚁群不受天敌伤害。跟蜜蜂一样，雄蚁与蚁后交配之后就会死亡。

与生物学相关的职业

昆虫学家 研究昆虫的科学家称为昆虫学家。他们探究昆虫的生命周期和行为习惯，研究害虫及控制方法或与蜜蜂等益虫打交道等。

■ **图26－19** 昆虫不仅对植物传粉有重要作用，有的昆虫还是害虫的天敌，比如，瓢虫以植物害虫为食。**解释**昆虫如何在生态系统中保持稳定。

人与昆虫 如果有蚊子一直在你耳边嗡嗡直叫，或者曾有蜜蜂蜇了你一口，你可能很难想象，其实昆虫也是有益的，它们是地球上整个生态系统中的一个组成部分。大多数昆虫对人体无害。昆虫可以帮助绝大部分有花植物授粉。蜜蜂能生产蜂蜜，蚕能吐丝，为人类所用。有些昆虫还是许多鸟类、鱼类及其他动物的食物来源。如**图26－19**所示，捕食性昆虫，如螳螂和瓢虫，以蚜虫和螨虫等植物害虫为食。

有的昆虫对人体有害。虱子和吸血蝇是人体寄生虫。跳蚤传播瘟疫，家蝇传播伤寒，蚊子传播疟疾、黄热病和西尼罗河病毒。蝗虫、玉米螟和棉铃虫会毁坏农作物。小蠹虫、云杉蚜虫和舞毒蛾能毁掉整片森林。

如何遏制这些虫害呢？在过去，人们为了治虫，随意使用化学药品。但是，化学药品的过度使用打破了食物链，使益虫数量减少，而害虫对杀虫剂的抗药性却不断增强。生物控制变得越来越重要。如今，许多农民都在使用害虫综合治理技术，对害虫进行长期性控制。这一技术使用抗虫性植物品种和轮作技术，利用种植临界时间，在关键时刻配合使用少量化学药品控制虫害等农业实践。

蜈蚣和马陆

唇足纲动物蜈蚣和倍足纲动物马陆是昆虫的近亲。蜈蚣动作敏捷，生活在潮湿的地方，例如木头、树皮和石头底下。它们的身体很长，且分成很多段，每一段有一对节足。第一对附肢变异发育成有毒的钳，用来杀死猎物。大多数蜈蚣对人体无害。

马陆每段腹节有两对附肢，每段胸段有一对附肢。马陆是食草动物，和蜈蚣一样，生活在木头和石头底下等潮湿的地方。不像蜈蚣那样能够快速爬行，马陆行动缓慢，步态优雅。马陆没有毒钳，主要以潮湿和腐烂的植物为食。**图26－20**中比较了蜈蚣和马陆。

■ **图26－20** 蜈蚣每段身体有一对附肢，第一段身体上有毒钳。马陆每段腹节有两对附肢，每段胸段有一对附肢。

蜈蚣

马陆

三叶虫化石

水熊虫

图 26－21 已灭绝的三叶虫被认为是最早的一批节肢动物。它们在寒武纪时期数量繁多。缓步动物，俗称水熊虫，所在的门类与环节动物和节肢动物是近亲，生活在干湿交替的地区。

节肢动物的演化

随着新的证据被不断发现，缓步动物、三叶虫和节肢动物之间的关系也引起人们的密切关注。化石记录表明，寒武纪时期数量繁多但现今已灭绝的三叶虫是早期的节肢动物。如**图 26－21**所示，三叶虫呈椭圆扁平状，身体分成三部分，这跟现在的一些节肢动物相似。这些有着大量分节的远古节肢动物不断演化发育，现代节肢动物有了更多分工明确的附肢，身体分节也相对减少。

缓步动物是节肢动物的近亲，但与三叶虫相比，它们与节肢动物的关系稍远一些。**图 26－21**中的缓步动物形象地说明了为什么这类小生物俗称水熊虫。最大的缓步动物仅为1.5毫米长，有四对又短又粗的足。它们以藻类、腐殖质、线虫及其他土壤动物为食。它们生活在淡水、海洋和陆地栖息地。在高温干旱时期，缓步动物的新陈代谢会减慢，以完全干燥的状态存活好几年，直到条件适宜，再重新开始活动。

第 3 节　测评

要点梳理

- 昆虫占所有节肢动物种类的80%。
- 一系列适应使得昆虫几乎能在地球上所有的栖息地生存。
- 昆虫的口器特征反映它们的摄食习惯。
- 大多数昆虫会经历变态。
- 某些昆虫的社会结构，包括个体分工，对其群居生活是十分必要的。

要点理解

1. 主要概念 **分析**昆虫的三种适应，研究昆虫种数繁多的原因。
2. **识别**所有昆虫的共同特征。
3. **解释**大多数昆虫都要经历完全变态的生物学意义。

批判性思维

4. **设计实验** 不同种类的萤火虫在闪光时长光和短光的顺序不一样。设计实验，解释萤火虫发光的原因。

野外调查

昆虫证据

职业：法医昆虫学家

昆虫通常最先到达命案现场，绿蝇几分钟之内就会到达，一段时间之后，其他昆虫也陆续而至。法医昆虫学家运用自己在昆虫方面的知识帮助破案，昆虫的生命周期会揭露死亡事件的时间和地点等相关信息。

死亡时间 法医昆虫学家使用两种方法确定死者的死亡时间。如果受害人的死亡时间至少在一个月以上，他们会使用第一种方法。绿蝇和家蝇会最先赶到犯罪现场，其他昆虫稍后也会加入分解大军中。有些昆虫会以犯罪现场的其他昆虫为食。昆虫的演替会透露死者的死亡时间。

如果死亡事件发生在几周之内，他们就会使用第二种方法，这与绿蝇的发育周期有关。绿蝇在几天之内就会产卵。接下来的发育过程在某种程度上会受到温度的影响，如右上图所示。根据昆虫的发育阶段和环境温度，法医昆虫学家就能将第一只昆虫在尸体上产卵的时间缩短到几天之内，从而确定受害人的死亡时间。

死亡地点 昆虫能够帮助法医确认尸体是否被移动过。如果尸体上发现的昆虫并非产自尸体所在地，那么调查人员就可以判定尸体被移动过。昆虫的品种还能提供案件发生地的相关线索。

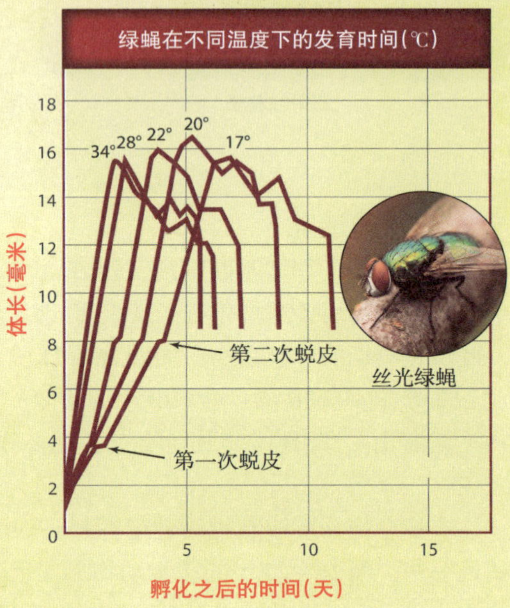

局限性 许多地方一到冬天，昆虫数量就会减少，昆虫活动量也变少，这个时候法医昆虫学家的作用就有些受限了。此外，如果尸体被冻住了，或埋得较深，或包裹得特别严实，昆虫都有可能无法侵入尸体。但很多情况下，昆虫都能为案件细节提供关键证据。

生物中的 数学

通过文中的图片解决以下问题：一具尸体上发现了一只体长6毫米的绿蝇幼虫，当时的温度是22℃。此时距离受害人遇害过去了多长时间？

生物实验室

哪里有微型节肢动物?

背景:微型节肢动物体长0.1～5毫米,肉眼几乎不能发现。一铲土中可能有几十只微型节肢动物。在本次实验中,要找出这些隐藏在土壤深处的动物。

问题:你们当地有什么微型节肢动物?

实验器材

土壤样本
洁净漏斗
铁架台
鹅颈灯
铁丝网
烧杯
95%的乙醇
塑料收集瓶
放大镜
节肢动物野外工作指南
米尺

安全注意事项

设计与实施实验

1. 阅读并完成实验室安全表。
2. 从教师处领取落叶碎屑和土壤样本。
3. 制作数据表,记录观察结果。
4. 把漏斗放在铁架台上。
5. 把铁丝网剪成圆形,并放在漏斗中。
6. 在烧杯中倒入95%的乙醇,直到烧杯的$\frac{2}{3}$处,把烧杯放置在漏斗底下。
7. 从袋子中取出土壤样本,小心地放在漏斗中的铁丝网上。
8. 把鹅颈灯放在样本上面至少10厘米高的位置。开灯照明几个小时。灯光的热量会使土壤变干。这样一来,微型节肢动物就不得不向下运动,直到穿过铁丝网,掉进乙醇中。
9. 使用放大镜观察你收集到的微型节肢动物,看看它们的体型特征。
10. **清理与处理** 一定要在教师的指导下正确处理乙醇和你收集到的样本。

实验分析和结论

1. **分类** 将你收集到的微型节肢动物按照节肢动物的三大主要类别进行分类。无法确定的种类先放到一边。
2. **图表** 利用你收集到的数据在图表中描绘每种节肢动物的数量分布情况。
3. **描述** 写一篇文章,描述你无法将其分到三大主要类别的微型节肢动物所具备的体形特征。
4. **提出假设** 微型节肢动物对创造健康的土壤生态系统有何促进作用?
5. **误差分析** 将你的分类情况与其他同学的进行对比。你们有没有把相同的微型节肢动物分到同一组呢?如果没有,请解释原因。

分享你的数据

报告 对微型节肢动物进行调研,并写一篇简短的报告,说明其在食物网和生态系统中所扮演的角色。将你的发现分享给同学。

第26章 复习指南

内容聚焦 **多样性** 分节的外骨骼、关节肢以及多样化的身体结构使节肢动物几乎在任何环境中都能生存。

大概念 **节肢动物演化出一系列的适应性特征，其种类丰富，数量繁多，且生存能力极强。**

第1节 节肢动物的特征

胸部
腹部
头胸部
附肢
蜕皮
上颚
气管
书肺
气门
马氏管
信息素

主要概念 **节肢动物是身体分节的无脊椎动物，具有坚硬的外骨骼，外骨骼由关节肢连接。**

- 节肢动物具备三种显著的结构特征。
- 节肢动物的口器适于食用各种类型的食物。
- 节肢动物必须通过蜕皮才能继续生长。
- 节肢动物的器官系统发生了变异，这使它们能在一些栖息地生存，因此，种类和数量都在不断增长。

第2节 节肢动物的多样性

螯足
桡肢
螯肢
触肢
纺器

主要概念 **节肢动物根据其体节结构、附肢种类和口器的不同进行分类。**

- 节肢动物主要包括三大类。
- 节肢动物的附肢用于觅食、行走和游泳。
- 蛛形纲动物的前两对附肢变异发育为口器、繁殖结构和螯钳。
- 蜘蛛是食肉动物，或自行捕获猎物，或吐丝结网诱捕猎物。
- 鲎是古老的节肢动物，自2亿多年前至今，几乎未发生变化。

第3节 昆虫纲动物

变态
蛹
若虫
等级

主要概念 **昆虫在结构和功能上的适应性使得它们成为数量最多、种类最为丰富的节肢动物群。**

- 昆虫占所有节肢动物种类的80%。
- 一系列适应使得昆虫几乎能在地球上所有的栖息地生存。
- 昆虫的口器特征反映它们的摄食习惯。
- 大多数昆虫会经历变态。
- 某些昆虫的社会结构，包括个体分工，对其群居生活是十分必要的。

第26章 测评

第1节

术语回顾

类比就是指两组词之间的关系，并且可以通过以下这种方式体现：A之于B正如C之于D。参考“复习指南”，选择正确的术语，填写在下面的横线上，完成类比。

1. 气门用于呼吸正如______用于排出废弃物。

2. 复眼之于感觉器官正如上颚之于______。

3. 头之于胸正如______之于腹。

要点理解

根据下图，回答第4～5题。

4. 上图中，可以帮助陆生节肢动物维持水平衡的是(　　)。

A. 1

B. 2

C. 3

D. 4

5. 节肢动物在环境中使用图中(　　)感知气味。

A. 1

B. 2

C. 3

D. 4

6. 下面(　　)组词中有一个词和其他词不属于同一类。

A. 外骨骼、甲壳质、蜕皮、生长

B. 上颚、触角、附肢、足

C. 头胸部、胸、头、腹

D. 单眼、复眼、鼓膜、胸

7. 肌肉大小和外骨骼厚度的关系会使节肢动物的(　　)受到限制。

A. 摄食　　**B.** 栖息地

C. 运动　　**D.** 大小

回答问题

8. **主要概念** 制作一张表格，列举节肢动物的结构和功能，并将节肢动物的每个结构与我们日常生活中的器物进行类比。例如，某种鸟的嘴能够把虫子从树皮中啄出来，这跟我们用镊子把毛发从皮肤中拔出来类似。在表格中填上以下结构：触角、外骨骼、上颚、气管和鼓膜。

9. **开放式回答** 蝈蝈是蚱蜢家族中的一员。大多数蝈蝈都是绿色的，但有时也会出现粉色和黄色的蝈蝈。提出假设，解释粉色和黄色蝈蝈出现的原因。

批判性思维

根据下图，回答第10题。

10. **与生物学相关的职业** 园艺学家，是专门管理林木的一群人。他们有时会给果树喷洒园艺油以防止蚜虫，蚜虫就是上图所示的植物害虫。根据你对昆虫解剖学的了解，分析喷洒园艺油为什么是控制植物害虫的有效手段。

11. **推断** 有些种类的花会产生热量，吸引甲虫过来住在花朵中。推断植物与甲虫在这段关系中是如何互利共生的。

第26章 测评

第2节

术语回顾

解释每组词中两个术语之间的关系。

12. 螯足、桡肢

13. 螯肢、触肢

14. 螯足、螯肢

要点理解

根据下图回答第15题。

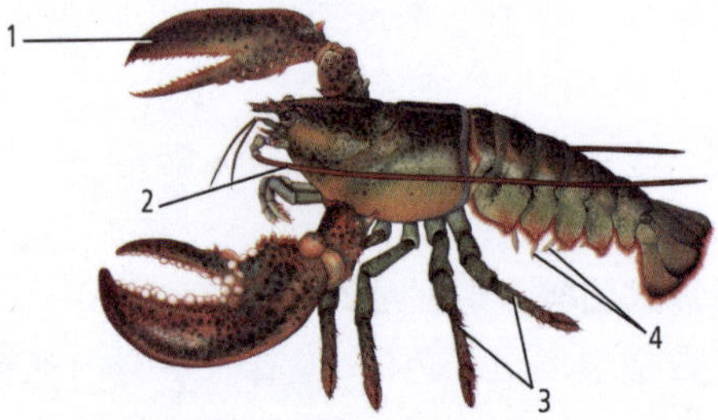

15. 龙虾捕食并撕碎猎物的结构是(　　)。

A. 1　　**B.** 2

C. 3　　**D.** 4

16. 下面不属于蛛形纲动物特征的是(　　)。

A. 螯肢　　**B.** 触肢

C. 纺器　　**D.** 触角

17. 你在森林土壤中发现的一只动物有两节身体,没有触角,第二对附肢是大大的螯钳,这是(　　)

A. 蜱　　**B.** 蝎

C. 蜘蛛　　**D.** 龙虾

18. 蜘蛛的纺器用来(　　)。

A. 防御　　**B.** 排出废弃物

C. 循环　　**D.** 纺丝

19. 下列不是螨的特征的是(　　)。

A. 身体呈椭圆形

B. 携带莱姆病细菌

C. 小于1毫米长

D. 动物寄生虫

回答问题

20. **主要概念** 比较水生甲壳纲动物和陆生蛛形纲动物的身体形态,说明二者如何适应各自的环境。

21. **开放式回答** 如果甲壳纲动物不能蜕皮,会发生什么?

批判性思维

22. **制定模型** 画出一个蜘蛛模型并进行描绘,这只蜘蛛生活在炎热干燥的阁楼上,只有爬行昆虫是其食物来源。

23. **内容聚焦 多样性** 根据**图26－10**中的龙虾示意图和你对甲壳纲动物的了解,哪些适应性使小龙虾能生活在水生环境中?

第3节

术语回顾

在每组术语中,选择一个与其他术语不属于同一类的词,并解释其原因。

24. 不完全变态、蛹、幼虫、成虫

25. 完全变态、若虫、成虫、蜕皮

26. 蛹、幼虫、若虫、等级、成虫

要点理解

根据下图回答第27题。

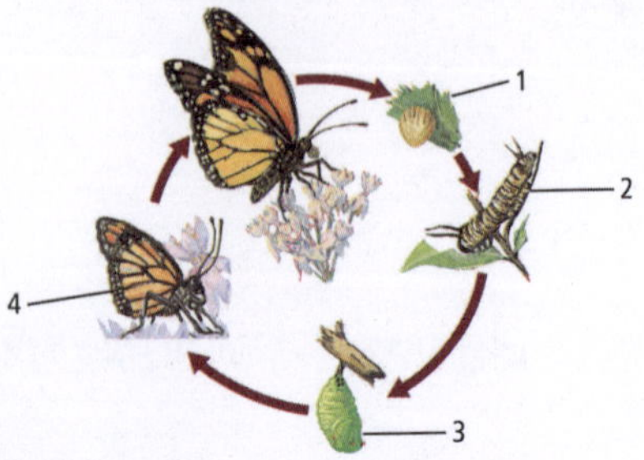

27. 图中不属于完全变态阶段的是(　　)。

A. 1　　**B.** 2

C. 3　　**D.** 4

28. 如果食物位于太阳右边40°角的位置，那么蜜蜂“8”字舞的直线应该(　　)。
A. 位于垂直面右侧60°角的位置
B. 位于垂直面右侧40°角的位置
C. 位于水平面右侧60°角的位置
D. 位于水平面右侧40°角的位置

29. 如果有一农场受到了昆虫侵袭，那么农场主从长远出发应该采用的方法是(　　)。
A. 基因工程
B. 杀虫剂
C. 害虫综合治理
D. 抗药技术

回答问题

根据下图回答第30～31题。

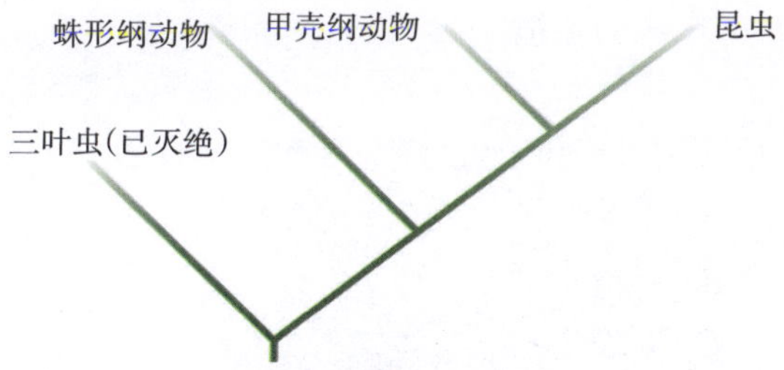

30. **开放式回答** 根据节肢动物的种系关系图回答，最先出现的是哪一类动物？最晚出现的是哪一类动物？

31. **主要概念** 观察进化分枝图，将昆虫演化中出现的以下特征，即螯肢、上颚、身体分成两部分和分节，从最古老到最现代的顺序进行排序。说明你排序的理由。

批判性思维

32. **提出假设** 有一种甲虫跟蚂蚁长得十分相似。提出一个假设，说明甲虫和蚂蚁长得像有什么优势。

33. **设计一个实验说明**：为什么蟋蟀会唧唧地叫？

总结性测评

34. **大概念** 从本章中选择一种节肢动物，突出其适应性特征，解释这些适应性为何能帮助节肢动物在栖息地生存繁衍。

35. **科技 写作** 疟疾是一种借助蚊子传播的疾病，就其感染人数和防治困难程度而言，它是世界上最可怕的疾病之一。查阅资料，看看科学家如何利用真菌预防疟疾，并写一篇文章进行总结。

DBQ 资料分析题

沙漠蝗虫的生命中有两个完全不同的阶段：一个是独居阶段，昆虫只待在一个地方；另一个是社会阶段，数十亿蝗虫群集在一起，移动数千米之外，寻找食物。生物学家发现，用小纸球弹击独居的蝗虫，会诱使它们群集在一起。观察下图中的蝗虫。每种颜色表示触碰蝗虫的不同身体部位所引发的社会行为比率。

数据来源：Enserink, M. 2004. Can the war on locusts be won? *Science* 306(5703): 1880–1882.

36. 触碰这只昆虫的哪个身体部位最容易使其产生社会行为？

37. 得出结论，指出促使蝗虫群集在一起的物理刺激因素。

标准化测试

选择题

1. 动物的内骨骼和外骨骼都具备的功能是(　　)。
   A. 和动物一起生长
   B. 减少水分流失
   C. 给身体提供支撑
   D. 保护动物不为天敌所伤

根据下图回答第2至3题。

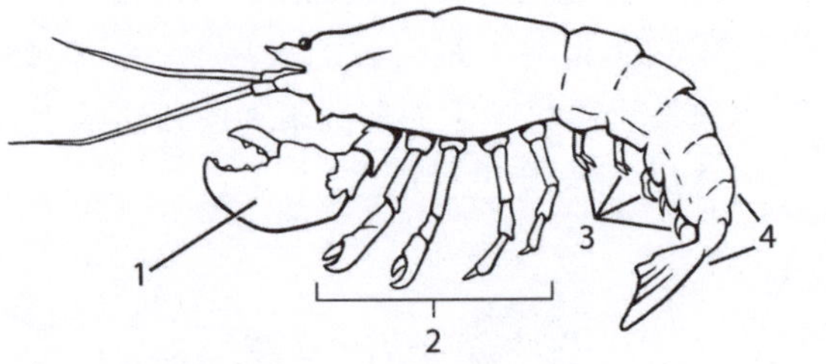

2. 这只动物属于(　　)。
   A. 桡足动物
   B. 甲壳纲
   C. 昆虫纲
   D. 蛛形纲
3. 这只动物用于繁殖的结构是(　　)。
   A. 1
   B. 2
   C. 3
   D. 4
4. 原生生物界的生物与动物相比,区别是(　　)。
   A. 有的是多细胞
   B. 有的是原核生物
   C. 有的具有细胞壁
   D. 有的具有组织
5. 下列无性生殖方式适合扁虫的是(　　)。
   A. 出芽
   B. 受精
   C. 孤雌生殖
   D. 再生

根据下图回答第6题。

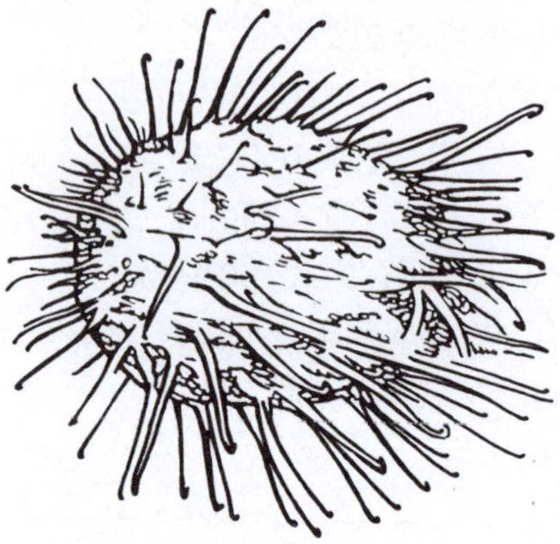

6. 这类种子采用的传播方式是(　　)。
   A. 动物传播
   B. 重力传播
   C. 水力传播
   D. 风力传播

7. 下列过程和动物的有性生殖有关的是(　　)。
   A. 出芽
   B. 受精
   C. 断裂生殖
   D. 孤雌生殖

8. 蚯蚓的环带在繁殖中的作用是(　　)。
   A. 环带断开,使蚯蚓进行断裂生殖
   B. 通过环带能够判断蚯蚓是不是雌雄同体
   C. 环带会从蚯蚓身体上脱落,形成一个茧,让蚯蚓在里面发育
   D. 环带产生精子和卵细胞

9. 原生生物进行分类的根据是(　　)。
   A. 摄食方式
   B. 栖息地
   C. 结构特征
   D. 繁殖方式

简答题

根据下图回答第10题。

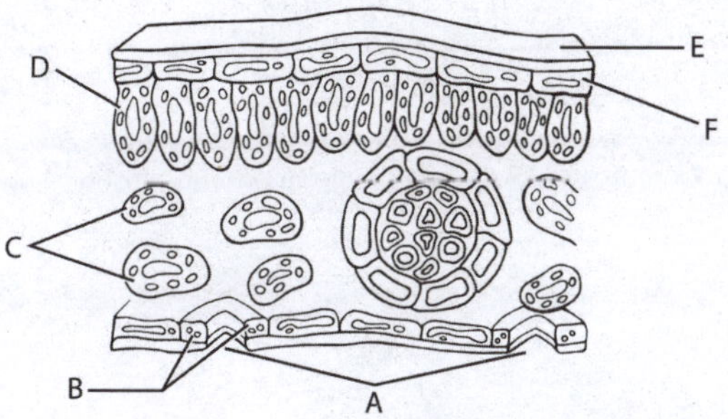

10. 识别上图叶子中所标注的部分，说明每部分的功能。

11. 哪些特征能够将节肢动物与其他无脊椎动物区分开？

12. 描述从受精卵到原肠胚的胚胎发育过程，说明每个阶段的名称。

13. 所有的软体动物都具备什么特征？

14. 对比与比对昆虫与另一种动物的血液循环方式。

15. 解释原生生物的内共生原理。说明真核原生生物的某种细胞器与原核生物的结构可能存在的联系。

16. 评价藻类对所有生物的重要性。

开放题

根据下图回答第17题。

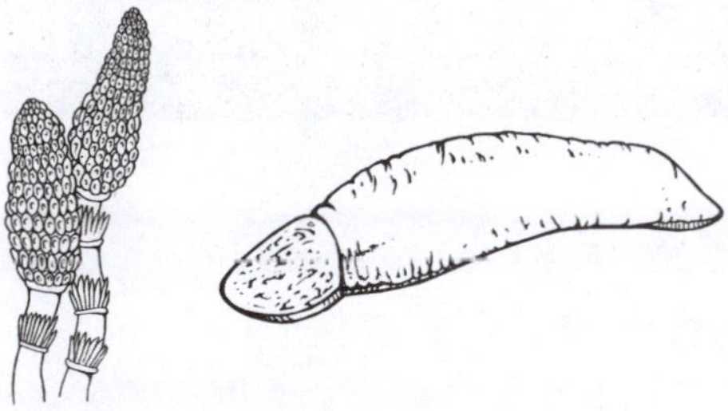

17. 上图是不同植物的孢子和种子。说明这两种结构中哪一种更有优势以及为何这种结构更容易使其在自然中生存。

18. 分析外骨骼的优势和劣势。

论述题

地球上的珊瑚礁及相关生态系统受到日益严重的污染、栖息地破坏、物种入侵、病害和全球气候变化的威胁。这种复杂多样的海洋生态系统正在急剧衰减，对全球造成了社会、经济和环境等多方面的影响。政府确定了行动的两大基本主题：

·了解珊瑚礁的生态系统和影响其健康及生存力的因素

·减少人类活动对珊瑚礁及相关生态系统的不利影响

利用上文中的信息，以论文的形式回答下列问题。

19. 你认为人们应该采取什么措施保护珊瑚礁生态系统？

考点提示																			
测试题号	1	2	3	4	5	6	7	8	9	10	11	12	13	14	15	16	17	18	19
对应章节	24.1	26.2	26.2	24.1	25.1	23.3	24.1	25.4	19.1	22.2	26.1	24.1	25.3	26.1	19.1	19.3	21.3	26.1	24.3

第27章

棘皮动物和无脊椎脊索动物

起步实验

为什么管足至关重要?

海星具有管足这一结构。本次实验中,你将观察海星的管足,并了解其功能。

步骤

1. 阅读并完成实验室安全表。
2. 将活海星放入培养皿中,向培养皿中注入来自水族馆的水。
3. 在显微镜下观察海星的腹部和从各条腕中间开始延伸的管足,画出其结构。
4. 使用玻璃探针轻轻触碰管足尾部,并记录观察结果。
5. 将海星及容器皿中的水归还给水族馆。

分析

1. **描述**海星管足的结构。
2. 根据观察,**推测**棘皮动物的管足具有什么功能。

折叠式 学习卡

按图中所示的标题制作一个折叠式学习卡。在这个学习卡中,整理关于陆生和水生节肢动物的笔记。

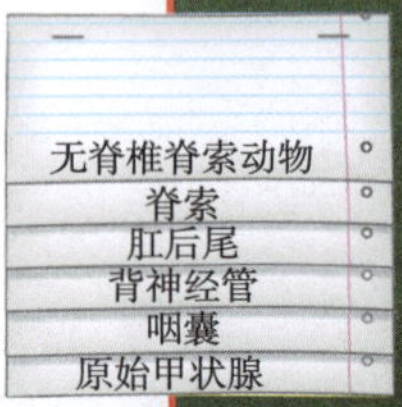

内容聚焦 多样性

棘皮动物和无脊椎脊索动物具有多种适应性，这使它们能够在各自的栖息地生存繁衍。

大概念 根据棘皮动物和无脊椎动物所具备的特征，我们可以将二者与后来演化出来的脊索动物联系起来。

第1节

棘皮动物的特征

本节预览

核心问题

- 棘皮动物有哪些共同特征？
- 棘皮动物所具备的水管系统和管足这两种适应性结构如何帮助它们在环境中生存？
- 有什么标准可以用来区分棘皮动物门中的各类动物？

术语回顾

内骨骼：是一种体内骨骼，能够为动物提供支撑和保护，还可以作为肌肉拉伸时的支柱。

关键术语

叉棘
水管系统
筛板
管足
壶腹

主要《概念 **棘皮动物是一类海洋生物，具备多刺的内骨骼、水管系统和管足，其成体的身体结构呈辐射对称。**

联系实际 测量血压的时候，专业的医护人员会挤压乳胶球，使气体从仪器管进入你胳膊上戴着的血压袖带。袖带充气会箍得很紧，把气体放出去之后，压力就会释放。有些动物摄食和运动的方式也是相同的原理。

棘皮动物是后口动物

如**图27－1**中的进化树所示，棘皮动物是后口动物，这在动物的种系发展史中是一个重要的过渡。注意观察进化树在后口发育处的分支。

我们学过，软体动物、环节动物和节肢动物都是原口动物。在发育的过程中，原口动物的口由原肠胚上的开口进化而来，而后口动物的口则由原肠胚的其他部位进化而来。这看似无关紧要，但要知道，只有棘皮动物和在棘皮动物之后演化出来的脊索动物才具备这种发育特征。与其他没有这种发育特征的动物相比，棘皮动物和脊索动物的亲缘关系更近。具有脊椎的动物，包括人类，都属于脊索动物。

至今现存的约6000种棘皮动物都是海洋生物，包括海星、海胆、沙钱、海参、蛇尾、海百合、海羊齿和海菊花等。**图27－1**显示了两种棘皮动物。

■ **图27－1** 棘皮动物属于海洋生物，是进化史上第一批具有后口发育和内骨骼的动物。

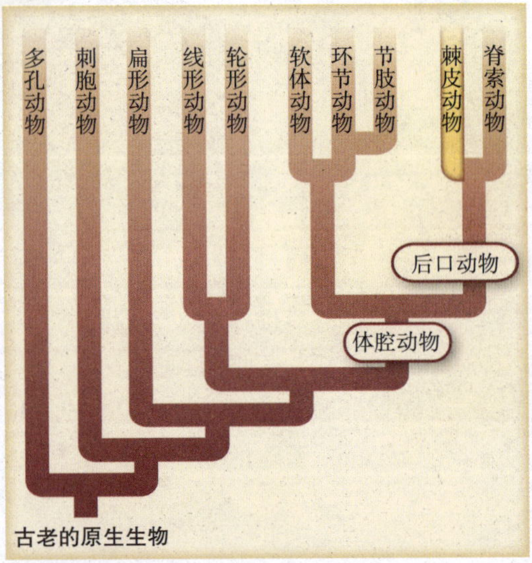

身体结构

蛇尾是一种棘皮动物，具有多刺内骨骼，这也是棘皮动物门的一大典型特征。棘皮动物是进化史上第一批具有内骨骼的生物，其内骨骼由碳酸钙盘状物组成，长有一些尖刺，外面还覆盖着一层薄薄的表皮。表皮上是一种叫作**叉棘(pedicellaria)**的钳状附肢，用于帮助动物捕食或去除表皮上的外来杂质。

所有棘皮动物的成体都具有辐射对称性。在**图27－2**中，你就可以看到这种特征，蛇尾成体从中心体盘向外辐射出5个腕；蛇尾幼体呈左右对称。这体现了后来进化的脊椎动物与棘皮动物存在胚胎上的联系。

其他具备复杂器官系统的动物都不像棘皮动物那样呈辐射对称。科学家推测，棘皮动物的祖先并不具有辐射对称的特性。原始棘皮动物可能是固着的，后来进化出辐射对称的特征，使它们能够继续保持静止状态。自由运动的棘皮动物有可能是从固着动物演化而来的。在**迷你实验**中，要研究棘皮动物的特征。

阅读检测 **推断**辐射对称对不能快速运动的动物来说有何重要性。

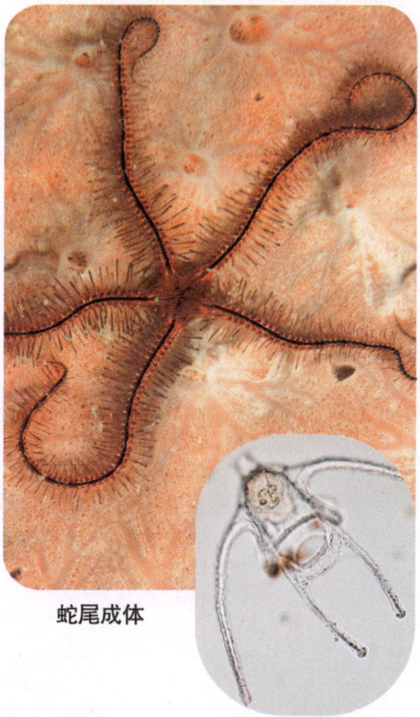

蛇尾成体

蛇尾幼体

图27－2 蛇尾幼体左右对称，只能沿一个平面分成对称的两半。蛇尾成体则呈辐射对称，从中轴线出发，沿着任何平面都能分成相同的两半。

迷你实验

观察棘皮动物

棘皮动物有何特征？ 尽管它们形态大小不一，但都具备一些共同特征。

步骤

1. 阅读并完成实验室安全表。
2. 研究沙钱、海参、海星和海胆的标本。
3. 制作数据表，记录观察结果。在数据表中，描述每个标本的主要特征，并画出每个标本的简图。
4. 标示出你能识别的所有动物的外部特征。
5. 清理所有实验器具，并将其归还至合适的地方。处理完标本后，将双手彻底清洗干净。

分析

推断哪些特征在帮助棘皮动物躲避天敌的过程中最为重要。

图解棘皮动物

图 27 – 3

在大海的潮汐水域常常能够发现海胆。它们钻到岩石缝里躲起来，口器处有一个叫作亚氏提灯的五碟结构，这种坚硬的结构可以帮助它们刮下海藻食用。

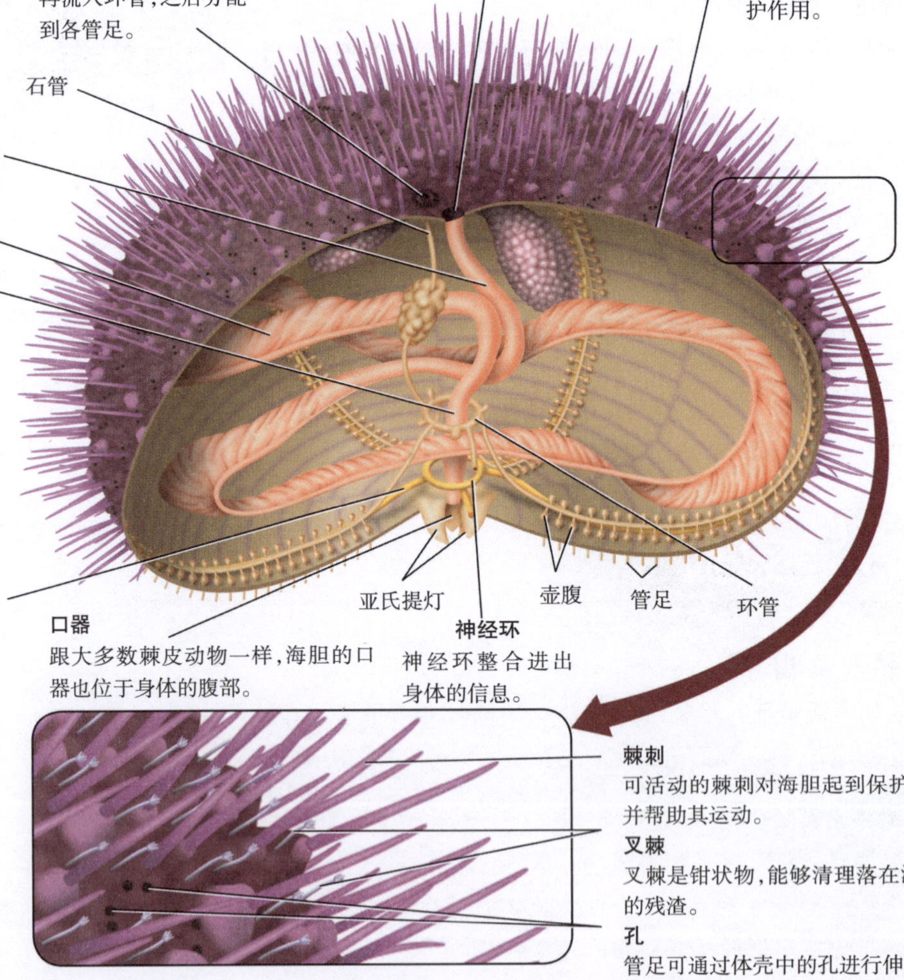

水管系统 棘皮动物的另一个特征就是具有**水管系统(water-vascular system)**,这种系统由充满液体的封闭管道一起作用,使棘皮动物能够运动并获取食物。如**图 27 – 3**所示,水管系统中的滤网状开口叫作**筛板(madreporite)**。水通过筛板进入石管,再到环管,接着流向辐管,最终到达管足。

管足(tube foot)是小而强健的管道,里面充满液体,末端是吸盘式结构,用于运动、摄食和呼吸。管足的另一端是肌囊结构,叫作**壶腹(ampulla)**。当壶腹的肌肉收缩时,水受到压力进入管足,管足就会伸长。想象你手里拿着一只半充气的气球,用力挤压,气球就会在你的大拇指和食指之间伸展,这跟管足伸长是一个道理。管足末端的吸盘式结构位于其表面,它的液压吸力作用能帮助所有棘皮动物运动,像海星这样的动物还会借助这种力量撬开软体动物的外壳,如**图 27 – 4**所示。

摄食与消化 除了利用管足之外,棘皮动物还有许多摄食技巧。海百合和海羊齿将腕伸长以捕获食物。软体动物、珊瑚及其他无脊椎动物都是海星的捕食对象。许多海星会把胃从嘴里推出来,直接附在猎物上。接着,它们分泌消化酶到食物上,利用纤毛把已消化的物质送到口中。蛇尾是十分活跃的捕食者,它们的腕上有一种黏液,能够捕获有机物。如**图 27 – 3**所示,大部分海胆利用其牙状结构从物体表面刮下海藻食用,或者捕食其他动物。许多海参能够伸长它们沾满黏液的触手,捕捞漂浮在水中的食物。

呼吸、循环和排泄 棘皮动物的管足还可以用于呼吸。氧气通过管足的薄膜从水中扩散。有些棘皮动物利用身体中所有与水接触到的薄膜运输氧气。还有的棘皮动物具有薄壁鳃,呈小袋状,从身体向外延伸。许多海参具有一种称为"呼吸树"的分支管状结构,水流经管道,将氧气输送给身体。

循环发生在体腔和水管系统,而细胞废弃物的排泄则通过身体中的薄膜扩散。在抽吸作用的辅助下,纤毛在这些系统中输送水和体液。尽管棘皮动物的器官和系统比较简单,但是它们具有多种适应性,与其生活方式相吻合,也能有效地维持稳态。

阅读检测 **总结**棘皮动物管足的功能。

图 27 – 4 海星利用管足撬开蛤蜊的壳。
描述海星的摄食方式。

起步实验

回顾 根据你对水管系统的认识,回答本章开头"起步实验"中的问题。

■ **图27－5** 海星抬起腕的尾端来感知光照和运动。

刺激反应 棘皮动物具有感觉神经元和运动神经元，复杂程度因种类而异。一般而言，神经环围绕着口器，上面的分支神经索连接其他身体部位。

棘皮动物的感觉神经元对触摸、化学物质、水流和光照会产生反应。海星的腕的尖端有眼点，由多个光敏细胞组成，如**图27－5**所示。许多棘皮动物还能感知重力方向。例如，海星被波浪或水流冲翻之后，会回复到原来的状态。

运动 棘皮动物身体形态各异，其运动方式也多种多样。内骨骼的结构对决定棘皮动物采取何种运动方式十分重要。内骨骼上可活动的骨板使棘皮动物能够轻易运动。海羊齿的腹部有一种细长附肢，叫作触须，能够抓住海底较软的沉积物，从而使其运动。海羊齿还能利用腕的上下摆动在水中游来游去。蛇尾利用管足和腕做蛇形运动。海星能利用腕和管足爬行。海胆利用管足和可活动的棘刺运动。海参利用管足和体壁肌肉爬行。

阅读检测 **描述**棘皮动物除了利用管足之外的其他运动方式。

术语

结构

生物体各部分的排列方式

昆虫口器的结构决定其功能。

繁殖与发育 大部分棘皮动物进行有性生殖。雌性产卵，雄性将精子产在水中，受精作用在水中进行。之后，受精卵发育成可以自由游动的幼体，幼体呈左右对称。经过一系列变化之后，幼体发育为呈辐射对称的成体。我们之前学过，棘皮动物具备后口发育的特点，这使它们在进化上和脊椎动物具有重要联系。

图27－6中的海星正在重新长出失去的那部分身体。许多棘皮动物在受到攻击时会使腕断裂，以便在捕食者注意力分散时逃跑。有的棘皮动物遇到危险时，还会排出一部分内脏器官，这会使捕食者感到吃惊从而停止攻击。排出的身体器官和断裂的腕都可以再生。

■ **图27－6** 这只海星正在重新长出一条腕，这个过程会耗时一年。

解释 *再生的身体部分如何帮助棘皮动物在环境中生存。*

表 27 – 1　棘皮动物分类

类别	海星纲	蛇尾纲	海胆纲	海百合纲	海参纲	同心纲
示例						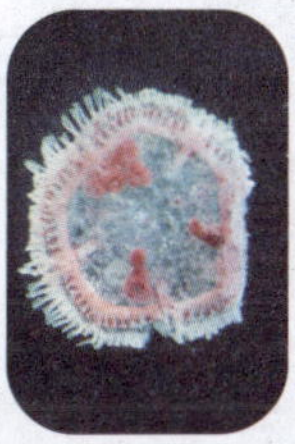
类别成员	海星	蛇尾	海胆和沙钱	海百合和海羊齿	海参	海菊花
特征	● 一般有5条腕 ● 管足用于摄食和运动	● 一般有5条腕 ● 腕能够轻易断裂和重生 ● 通过腕的摆动来运动 ● 管足没有吸盘式结构	● 身体被带刺的体壳包裹 ● 海胆在岩石区掘洞 ● 沙钱在沙子里掘洞	● 在某些生命阶段呈固着状态 ● 海百合有长长的柄 ● 海羊齿有长长的分支腕	● 外形像黄瓜 ● 外表似皮革 ● 管足发育成靠近口器的触须	● 直径小于1厘米 ● 没有腕 ● 管足位于中心体盘周围

棘皮动物的多样性

地球上现存的棘皮动物主要包括海星纲（如海星）、蛇尾纲（如蛇尾）、海胆纲（如海胆和沙钱）、海百合纲（如海百合和海羊齿）、海参纲（如海参）和同心纲（如海菊花）。我们之前学过，这些动物都是海洋生物，它们具有带管足的水管系统，内骨骼常常有刺，其幼体的身体结构呈左右对称，而成体的身体结构则呈辐射对称。棘皮动物的各类别在**表 27 – 1** 中进行了总结。

海星　如果你之前见过棘皮动物，那么你见到的很有可能是海星。大多数海星有5条腕，围绕着中心体盘排布。而有的海星有不止5条腕，如**图 27 – 7** 所示的向日葵海星。在靠近海滩的浅水区和退潮后的潮池中就能找到海星。它们依靠管足成群地附着在岩石上，单个管足的最大张力为0.25～0.3牛，这相当于举起25～30枚大回形针所用的力。一只海星约有2000个管足，在爬行或撬开软体动物取食时，它们能够提供很大的力量。海星在海洋生态系统中是非常重要的捕食者，主要以蛤蜊或其他双壳类动物为食，而由于它们表皮多刺，通常不会成为其他海洋掠食者的口中之物。

■ **图 27 – 7**　有的向日葵海星有20条腕，有的甚至更多。

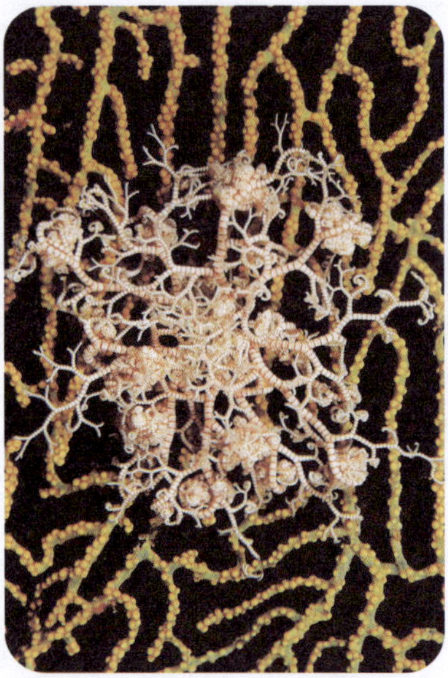

■ **图 27－8** 篮子海星是一种蛇尾动物，它将分支腕伸到水中进行滤食。

分析 *蛇尾与海星有何区别。*

蛇尾 跟海星一样，大多数蛇尾也有5条腕，但蛇尾的腕很细，且非常灵活，如**图 27－8**所示。它们的管足上没有吸盘，所以不能像海星那样用管足运动。蛇尾通过快速越过海底的石头和沉积物向前运动或利用灵活的腕像蛇一样滑动前进。遇到捕食者攻击时，蛇尾会断掉一条腕，然后快速逃跑。断掉的腕以后会重新长出来。蛇尾白天藏在石缝里，晚上出来觅食。它们以漂浮在水中的颗粒物或棘刺之间黏液丝上的悬浮物为食。

有的蛇尾对光有反应。它们身体外面覆盖着的球状结构跟聚光镜的作用一样。蛇尾是棘皮动物中种类最多的生物。

阅读检测 **对比与比对**海星与蛇尾的运动。

海胆和沙钱 海胆和沙钱的一个关键特征是掘洞。沙钱在浅水区的沙子中掘洞，海胆在岩石区掘洞。这两种动物将身体缩在坚硬体壳中，体壳的外形跟贝壳相似，由密致的碳酸钙盘状物构成。管足通过体壳上的孔进行伸展。海胆和沙钱没有腕，但它们的体壳就相当于海星和蛇尾的五腕结构。棘刺也是这类动物的一个重要特征，如**图 27－9**所示。有些海胆的棘刺和叉棘含有毒液，用来防卫捕食者。叉棘中的毒液能够使猎物失去知觉。有的海胆也是食草动物，从岩石上刮食海藻；沙钱则将一半身体埋在沙子里，滤食沙中的有机颗粒。

■ **图 27－9** 海胆利用可活动的锋利棘刺在岩石上掘洞，将自己藏在石缝中。沙钱将一半身体埋在沙子里，滤食沙中的有机颗粒。

海胆

沙钱

■ **图27－10** 亚氏提灯是一种五面结构的口器，外形与五面灯很相似。海胆的咀嚼片十分强劲有力，据说可以把岩石咬碎。

链接 历史 大部分海胆的口器中都有咀嚼装置，由跟牙齿相似的5块硬片组成。这个结构叫作亚氏提灯，如**图27－10**所示。这个名字起源于希腊哲学家亚里士多德在其著作《动物志》一书中的描述。在亚里士多德生活的年代，即公元前4世纪，人们使用五面灯，灯的侧板由薄薄的、半透明的角制成，因此命名为角灯。亚里士多德认为，海胆的口器跟没有侧板的角灯很像。

海百合和海羊齿 化石记录表明，海百合和海羊齿是最古老的棘皮动物，在其他棘皮动物演化之前也曾盛极一时。与其他棘皮动物的区别在于，海百合和海羊齿的某些生命阶段呈固着状态。如**图27－11**所示，海百合的花状身体位于长柄的顶端，海羊齿长长的分支腕则从中心区域向上辐射。虽然海百合和海羊齿能够长时间地待在同一个地方，但是它们也能离开原地，运动到别的区域。海百合和海羊齿将管足和腕伸到水中捕食悬浮的有机物。

阅读检测 **描述**海羊齿和海百合的相似之处。

■ **图27－11** 这块化石表明，海百合的花状身体位于长柄的顶端。海羊齿的触须粘在海底，腕从中心向外伸展。

推断 *海羊齿的腕如何适应其几乎不运动的生活方式。*

海百合

海羊齿

■ **图27－12** 一些海参的管足特化成口器周围的触手。仔细观察海参如何利用触手捕食。

识别 *什么物质覆盖在海参触手表面，帮助触手捕获食物颗粒。*

海参 海参跟其他棘皮动物的外形不太一样，有人觉得它们根本不像动物。海参的管足在肌肉发达的体壁不断收缩的帮助下，推动海参细长的身体缓缓运动。海参身体上的碳酸钙盘状物尺寸缩小，且不像其他棘皮动物那样连在一起，所以它们的体表通常呈皮革状。有些海参的管足特化成口器四周的触手，可以向外伸展，捕获悬浮的食物颗粒，如**图27－12**所示。触手上沾满黏液，这使得它们更容易捕获到食物。触手捕到食物后，送入口中，海参就会将触手舔食干净。这个过程就像我们用手指沾了一下布丁或碗里的食物之后放到嘴里吮吸一样。

海参是唯一一种具有呼吸器官的棘皮动物，它们的呼吸器官就是呼吸树。这种有许多分支的管道系统通过肛门吸入海水，从而获得氧气。呼吸树还能帮助海参排出细胞废弃物。

海参遇到危险时，会通过肛门排出一些内脏器官，迷惑捕食者，这样，捕食者就不再靠近。失去的内脏器官还会重新再生。尽管海参的适应性看起来有点奇怪，但是它们正是在自己特殊的栖息地，利用与自己生活方式相吻合的适应性维持稳态的。

海菊花 自1986年在新西兰海岸发现海菊花以来，科学家一直都很难将其归类，研究起来也很困难，因为发现的数目实在有限。它们的直径小于1厘米，外形呈圆盘状，没有腕，管足位于中心体盘的边缘。如**图27－13**所示，海菊花和其他棘皮动物一样，身体结构呈五部分辐射对称。注意观察它的菊花形状和体盘四周的管足。

■ **图27－13** 海菊花是小小的圆盘状棘皮动物。

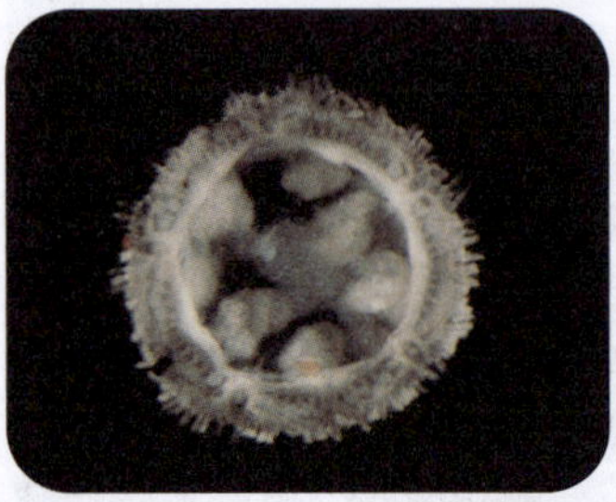

阅读检测 **分类** 海菊花的什么特征使其被归类到同心纲？

棘皮动物的生态学

海参和海胆可以作为食物原料。一些海参的肌肉可放入寿司中食用，干海参可以加到汤、蔬菜或肉中提味。海胆黄可稍加烹调或直接食用。

一些棘皮动物和其他海洋生物之间存在共生关系。例如，有的蛇尾生活在海绵中，它们不会干涉海绵内部的保护性结构，而是食用落在海绵中的物质。这是一种偏利共生关系，即一种生物获得好处，而另一种生物既没有获益，也不会受到损害。

棘皮动物的益处 海洋生态系统的维系得益于某些棘皮动物。当棘皮动物数量减少时，生态系统就会发生显著变化。例如，1983年，生活在加勒比海和佛罗里达群岛的海胆由于疾病，数量减少了超过95%。这之后，海藻数量剧增，对许多地区的珊瑚礁造成严重破坏。海胆和海参是扰动型动物，即搅拌海底沉积物的生物。这一行为使其他生物体也能接触到海底的营养物质，对整个海洋生态系统至关重要。

棘皮动物的危害 有些棘皮动物会危害海洋生态系统。本章开篇中的棘冠海星以珊瑚虫为食，当这种海星数量增多时，珊瑚礁就会受到破坏。尽管其数量激增的原因还有待争论，但它们的数量似乎有减少的趋势。此后，它们的队伍可能会再次壮大，但仍然没有发现原因。海胆是海獭特别喜欢的食物，如**图27－14**所示。加利福尼亚州的海獭数量近年来越来越少，海胆的数量因此有所上升。海胆以海藻林为食，从而破坏了鱼类、蜗牛和螃蟹等生物的栖息地。

图27－14 如果没有海獭控制海胆的数量，海胆就会持续繁殖，威胁它们赖以食用的海藻林。

第1节 测评

要点梳理

- 棘皮动物属于后口动物。
- 棘皮动物门的成体具有四大共同特征。
- 棘皮动物的幼体呈左右对称，这和脊索动物存在进化上的联系。
- 棘皮动物在摄食、消化、呼吸、循环和排泄等方面表现出极大的多样性。
- 地球上现存的棘皮动物包括六大类。

要点理解

1. 主要概念 **识别**区分棘皮动物成体的四大主要特征。
2. **解释**水管系统如何工作。
3. **绘出**六类棘皮动物的素描图。
4. **说明**棘皮动物管足的功能。

批判性思维

5. **提出假设** 色彩斑斓的蛇尾中，常常会发现一种红白条纹相间的虾。提出一个假设，说说蛇尾与这种虾之间的关系。

生物中的数学

6. 如果撬开双壳贝需要20牛的力，而每个管足的最大张力为0.25牛，那么撬开双壳贝需要多少个管足一起作用？

第2节

本节预览

核心问题

- 无脊椎脊索动物具备脊索动物的哪些特征?
- 无脊椎脊索动物具备无脊椎动物的何种特征?
- 文昌鱼和海鞘的适应性有何相似之处?

术语回顾

后口动物:口不是由原肠胚的开口发育而来,而是由细胞发育而来的一种动物。

关键术语

脊索动物
无脊椎脊索动物
脊索
肛后尾
管状背神经索
咽囊

无脊椎脊索动物

主要概念 无脊椎脊索动物具备与脊椎脊索动物相关的特征。

联系实际 蠕虫、蜗牛、蜜蜂、鱼、鸟和狗都是动物,因为它们具备一些共同特征。想一想,这些动物的共同特征和它们之间的区别。拥有共同特征较多的动物比那些共同特征较少的动物在亲缘关系上更近。

无脊椎脊索动物的特征

观察**图27－15**中动物系统的进化树。脊索动物和棘皮动物同属于后口动物,但前者拥有一些后者所不具备的特征。无脊椎脊索动物包括文昌鱼和海鞘等。

化石证据表明,如**图27－15**所示,文昌鱼在寒武纪期间从棘皮动物门分了出去。这类动物就是无脊椎脊索动物。过去5亿年以来,无脊椎脊索动物已经变成了一个丰富多样的群体。

文昌鱼也叫海矛,是一种小小的鳗鱼状动物,大部分时间都埋在沙子里,从水中过滤出食物。它们体型很小,无头,身体透明,呈鱼状。化石和分子证据表明,文昌鱼是现存动物中与脊椎动物亲缘关系最近的生物之一。2007年,遗传研究发现,如**图27－15**中所示的海鞘是与脊椎动物关系最近的无脊椎动物。人类与文昌鱼和海鞘的关系比与其他无脊椎动物的关系更近。

图27－15 文昌鱼和海鞘等无脊椎脊索动物和棘皮动物一样表现出后口发育的特征。

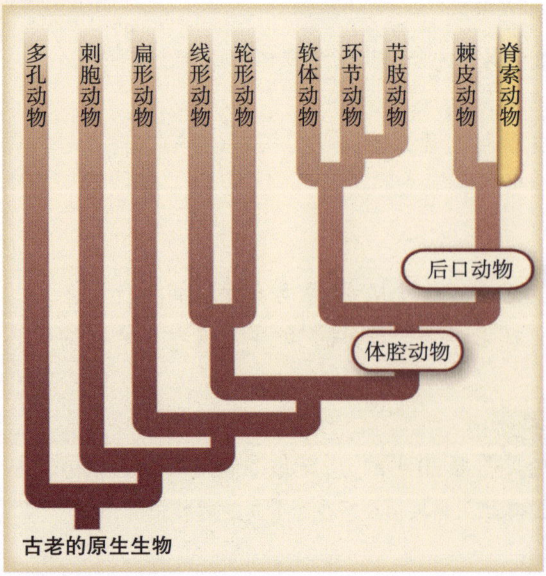

文昌鱼

海鞘

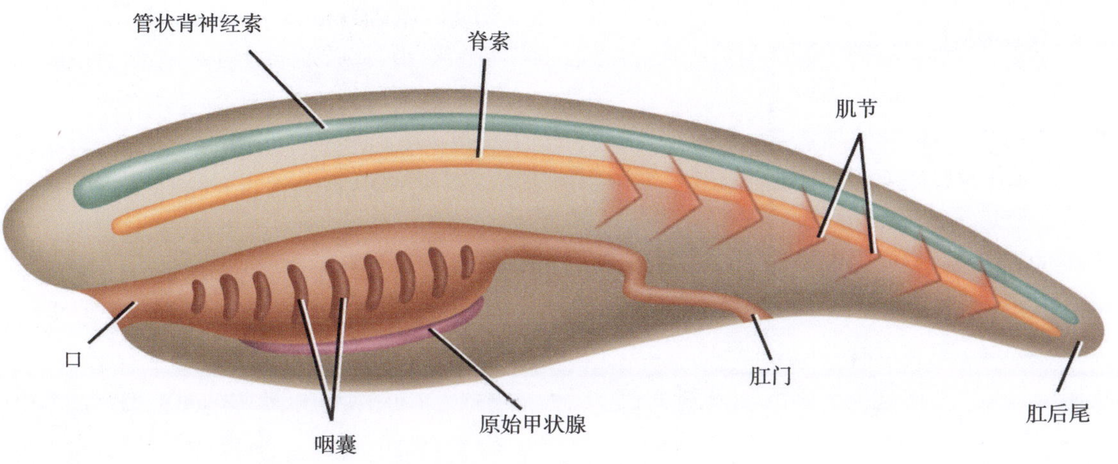

脊索动物(chordate)属于脊索动物门,在发育过程中,体现出四大典型特征,即管状背神经索、脊索、咽囊和肛后尾。最近的证据表明,所有的脊索动物可能都具有某种形态的甲状腺。此外,它们身体分段,还具有体腔。研究**图27－16**,观察脊索动物的主要特征。我们之前学过,脊椎动物是一类具有脊柱的动物。大部分脊索动物都属于脊椎动物。**无脊椎脊索动物(invertebrate chordate)**属于脊索动物、头索动物和尾索动物的两个亚门,也具有管状背神经索、脊索、咽囊和肛后尾,还可能具有原始甲状腺,但它们没有脊柱。

脊索　**脊索(notochord)**是一种有弹性的棒状结构,位于管状背神经索的正下方,跟身体一样长。大多数脊椎动物的脊索最终会被骨骼或软骨替代。无脊椎动物的脊索会一直保留。脊索具有弹性,使身体在肌节收缩时弯曲而不是变短。具有脊索的动物能够使身体和尾巴从一边到另一边运动,这使鱼式游泳首次在进化史上成为可能。

肛后尾　自由游泳的动物利用肛后尾能更高效地运动。**肛后尾(postanal tail)**位于消化系统和肛门的后面,主要用于运动。大多数脊索动物的尾通常延伸超过肛门。非脊索动物的尾中含有部分消化系统,且肛门位于尾部末端。跟没有肛后尾的无脊椎动物的身体结构相比,肛后尾和肌节能够使动物进行更有力的运动。

管状背神经索　非脊索动物的神经索位于消化系统的侧面和下方,且基本固定。脊索动物具备管状背神经索,位于消化器官的背部或上方。大多数脊索动物在发育的过程中,**管状背神经索(dorsal tubular nerve cord)**的前端发育为脑,后端发育成脊髓。

阅读检测　**分析**脊索对无脊椎脊索动物的重要性。

■ **图27－16**　脊索动物具有管状背神经索、脊索、咽囊和肛后尾,还可能具有某种形态的甲状腺。
推断　*人类的胎儿具备上述哪些特征。*

折叠式 学习卡

本节信息可纳入折叠式学习卡中。

学习小贴士

合作 和另外4名同学组成一个小组。每位组员在本节“无脊椎脊索动物的特征”下方选择一个小标题，阅读所选内容，并向其他组员介绍。

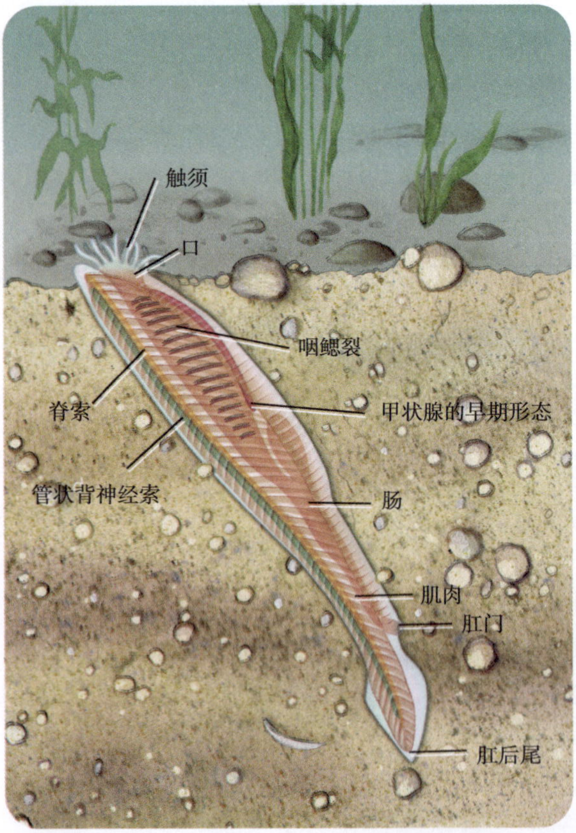

■ **图27－17** 文昌鱼是一种无脊椎脊索动物，具备脊索动物的主要特征。

推断 *文昌鱼口部四周的短触须是如何工作的。*

咽囊 **咽囊（pharyngeal pouch）**是胚胎中成对的结构，连着肌管。肌管连接着口腔和食道。在水生脊索动物中，咽囊有伸向体外的裂缝。这种结构一开始用来滤食，后来则演化发育成鳃，在水中进行气体交换。在陆生脊索动物中，咽囊没有裂缝，而是发育成为其他组织，例如，扁桃体和胸腺。咽囊证明了水生动物是所有节肢动物的祖先。

原始甲状腺 甲状腺是调节新陈代谢、生长和发育的结构。甲状腺的早期形态源于早期脊索动物的细胞，这种细胞分泌黏液，以辅助动物进行滤食。无脊椎脊索动物具有内柱，内柱细胞分泌的蛋白质与甲状腺的分泌物类似。只有脊椎脊索动物才有甲状腺。

链接 健康 碘在内柱中聚集，在甲状腺的功能中发挥着重要作用。碘是甲状腺激素产生的关键。将碘添加到食盐中可以防止人体内碘含量不足。其他碘的来源还包括鱼类、奶制品和生长在富碘土壤中的蔬菜等。

阅读检测 **解释**为什么内柱被认为是甲状腺的早期形态。

无脊椎脊索动物的多样性

所有的无脊椎脊索动物和棘皮动物一样，都属于海洋生物。头索动物亚门中约有23种文昌鱼，尾索动物亚门中的海鞘约有1250种。

文昌鱼 回顾一下本节开头提到的文昌鱼，大部分文昌鱼都属于文昌鱼属。它们是体形较小的鱼状动物，但没有鳞。如**图27－17**所示，文昌鱼将身体埋入浅海的沙子中。

文昌鱼的表皮没有颜色，只有一个细胞层那么厚，我们可以直接看到它的部分身体功能和结构。水流经身体，可以看到文昌鱼进行滤食。水从口中进入，经过咽鳃裂，食物留在体内，再流到胃状结构消化。最后，水从鳃裂排出体外。

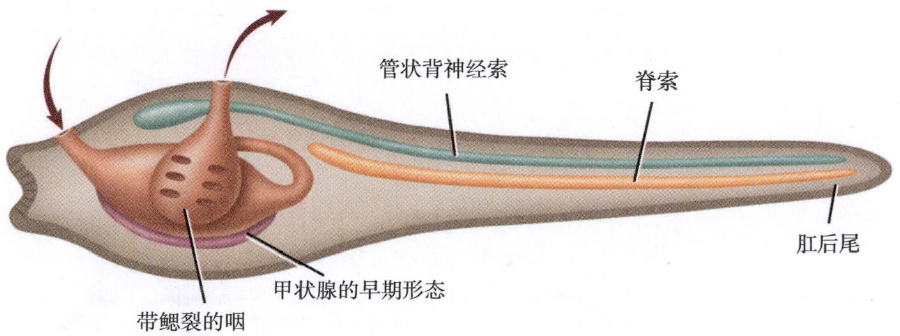

图 27－18 海鞘的幼虫像蝌蚪一样，具备所有脊索动物的特征。箭头指明了水进出身体的方向。

我们从文昌鱼的体外就可以看到它的滤食过程，从它体内的肌肉同样也能看见。在**图 27－17** 中，观察文昌鱼的内部结构。肌节的排列和脊椎动物中的一样，这使得文昌鱼可以在水中做鱼式游泳。与脊椎动物不同的是，它们没有头，也没有感觉结构，只有光受体和嘴边的传感触须。神经系统由主要的分支神经和位于身体前端的简单脑部结构组成。由于文昌鱼体内没有真正意义上的心脏，血液通过血管的抽吸作用运送到全身。文昌鱼为雌雄异体，受精作用在体外进行。

被囊动物 俗称海鞘，因其厚厚的身体外壳而得名，被膜覆盖在海鞘小小的囊状身体上。大多数海鞘生活在浅水区，少数群居在海底。一般来说，海鞘是固着生物，只在幼虫阶段表现出脊索动物的特征。在**图 27－18** 所示的海鞘幼虫的身体上，你可以找到脊索、肛后尾、管状背神经索、咽囊和原始甲状腺。

成年海鞘通过不断鞭打纤毛，使水从入水管进入到囊状身体内，如**图 27－19** 所示。食物颗粒附在黏液网上，再进入胃中消化。同时，水离开身体，先经过咽部的鳃裂，再从出水管流到体外。

海鞘的体循环由心脏和血管共同完成，血管为各个身体器官运送营养物质和氧气。神经系统由主要的神经复合体和分支神经元构成。海鞘为雌雄同体生物，既能产卵，也能排出精子，受精作用发生在体外。

为什么被囊动物又叫海鞘？当海鞘被惊扰时，它们会用力从出水管处喷射出一股水流，从而分散潜在捕食者的注意。

阅读检测 **比较**海鞘与文昌鱼。

图 27－19 成年海鞘呈囊状，只保留了两个脊索动物特征，即咽鳃裂和甲状腺。箭头指明了水进出身体的方向。

比较 *你学过的无脊椎动物中进行滤食的各类生物。*

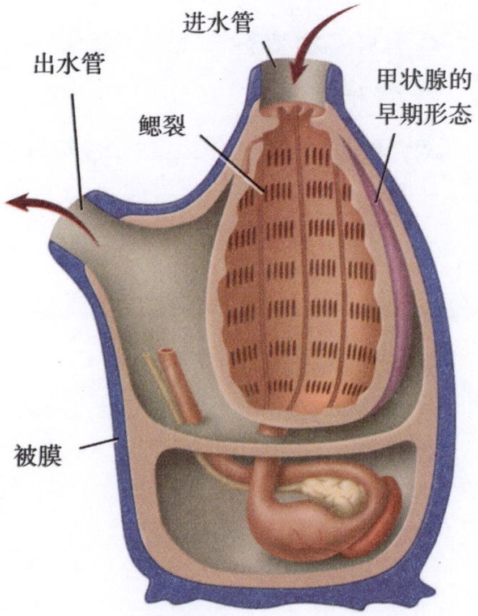

■ **图27－20** 这幅进化分枝图表明了棘皮动物的种系发展史。

说明 *哪一类是最新演化的棘皮动物。*

棘皮动物和无脊椎脊索动物的演化

生物学家通过研究化石和分子证据，发现棘皮动物和无脊椎脊索动物与后来演化出的脊椎动物之间的关系。

棘皮动物的种系发展史 棘皮动物的化石记录可以追溯至寒武纪时期。棘皮动物的幼体左右对称，因此，科学家认为，它们应该是从左右对称的祖先进化而来的。到了成体阶段，棘皮动物发展成辐射对称。许多生物学家认为，古代棘皮动物是固着的，通过一根长长的柄附着在海底，就跟现在的海百合一样。

棘皮动物也经历了后口发育。我们之前学过，这种发育使棘皮动物和脊索动物存在种系上的联系，因为后者也具有后口发育特征。**图27－20**中的进化分枝图提供了棘皮动物的一种演化解释。

数据分析实验

基于真实的资料*

解释插图

进化树如何显示海星之间的关系？

进化树依据分子数据，体现海星的不同种类及其种系历史。每个字母代表海星的一个类别。

批判性思维

识别哪种海星与海星A关系最亲近。

数据与观察

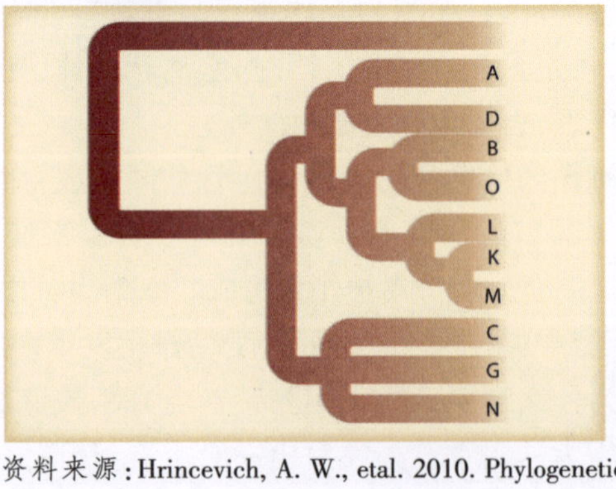

*资料来源：Hrincevich, A. W., etal. 2010. Phylogenetic analysis of molecular lineages in a species-rich subgenus of sea stars (*Leptasterias subgenus Hexasterias*). *American Zoologist* 40: 365-374.

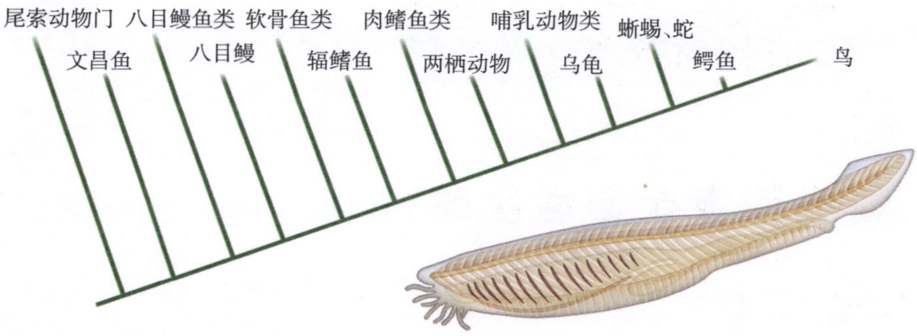

■ **图 27－21** 这幅进化分枝图描绘了无脊椎脊索动物和后来发育的脊索动物的种系发展史。

无脊椎脊索动物的种系发展史 光滑、掘洞的文昌鱼怎么会和囊状的固着海鞘是近亲呢？这是因为二者都具有管状背神经索、脊索、咽鳃裂和肛后尾，尽管海鞘只在幼体阶段具备这些特征。要说明的是，科学家对这些动物的演化问题争论不休，有些问题至今仍没有找到答案。例如，鱼状的蝌蚪幼虫从哪种无脊椎脊索动物产生？第一个鱼状动物的最初形态又是怎样的？

但有一点可以确定：脊索这种灵活且坚韧的棒状结构能够为动物提供支撑，同时也给肌肉提供了附着点。有了这种结构，脊索动物就能左右摇摆，在水中游泳，这在脊索动物的演化史上是一个相当关键的发育。这种进步也使得第一批大型动物得以发展出来。观察**图 27－21** 中的进化分枝图，找出脊索动物之间相互关联的一种解释。

第 2 节 测评

要点梳理

- 脊索动物有四大典型特征。
- 无脊椎脊索动物具备脊索动物的全部典型特征，但它们没有脊柱，这一点将它们与脊椎脊索动物区分开来。
- 脊索这种适应使无脊椎动物能够保持身体的灵活性。
- 文昌鱼是一种鱼状的无脊椎脊索动物，其成体具备脊索动物的全部典型特征。
- 被囊动物，又叫作海鞘，是囊状的无脊椎脊索动物，其幼体具备脊索动物的特征。

要点理解

1. 主要 概念 **总结**体现无脊椎脊索动物与脊椎脊索动物关系亲近的主要特征。
2. **绘制**咽囊的演化示意图。
3. **建立**文昌鱼和海鞘的模型，可以使用黏土或生面团做材料。注意识别它们在脊索动物门中的特征。
4. **比较**海鞘与文昌鱼在环境中生存的适应性。

批判性思维

5. **设计**一个实验，检测文昌鱼喜欢明亮的环境还是黑暗的环境。
6. **判断**哪一个脊索动物的亚门在头索动物门之后进化。可以参考**图 27－21**。

科技 写作

7. 写一段文字描述海绵与海鞘的相似性，另起一段描述二者之间的差异性。

生物学前沿

棘皮动物促进医学研究

漫画书中是如何描述绿巨人身体变大这个场景的呢？他为什么能把自己的身体变大呢？

在制作这部电影的这个角色之前，制片人一直在思考到底有没有生物具有把自己的身体变大这项技能。因此，他们还特意咨询了研究棘皮动物的专家。事实上，海参能够伸展它们的身体，并且能使身体恢复原样，与电影中的绿巨人非常相像。

结缔组织 格雷格(Greg Szulgit)在从生物学专业毕业的时候发现了海参有这种神奇的能力，它们能使身体变大，然后又缩小为原来的大小。海参是如何改变它们身体大小的呢？这要归功于它们的结缔组织。结缔组织是连接、支撑并且环绕着身体内其他组织和器官的一种组织。

海参的结缔组织与人类的结缔组织类似。结缔组织纤维包含一种叫作胶原的蛋白质。在人类体内，胶原是组织的一个固定部分。格雷格和其他研究者发现，海参结缔组织内的胶原并不是固定的，相反，它们能前后滑动。当位于海参内骨骼中的胶原分子相互滑动时，海参的身体就会变得柔软和灵活。海参的细胞能分泌一种锁住胶原并阻止其滑动的物质。这种物质会使海参内骨骼变硬，使其身体无法再发生变化。

结缔组织紊乱 格雷格希望通过研究海参身体的延展能力来治疗人体内的结缔组织紊乱病症。这些紊乱包括成骨不全症，马方综合征以及皮肤弹性过度综合征。

因为海参结缔组织内的胶原并不是固定的，所以它们的身体能从液体明胶的状态变成坚硬的结构，然后几秒内，又变回液体明胶的状态。

在成骨不全症中，人体无法生成足够的胶原，或者只能生成劣质的胶原，使骨头非常容易折断。马方综合征患者的结缔组织不像常人一样坚硬，造成骨骼异常以及较薄的血管。皮肤弹性过度综合征患者的结缔组织异常脆弱，造成关节问题和内部器官机能减弱。

通过研究海参等棘皮动物的结缔组织，研究者正在一步步成功走向医治使人衰弱的疾病的方法。由于结缔组织的问题，这些疾病使人体的关节不能自由移动，造成了极大的不便。

科技 **写作**

日志 创作一篇日志来描述生物学家研究海参的工作。这篇日志应包括详尽的文字描述、图表、图片等。

生物实验室

棘皮动物在没有头部、眼睛以及大脑的情况下是如何生存的?

背景: 棘皮动物的进化方式与地球上的其他动物不一样。它们没有眼睛和大脑,也没有心脏。它们在体内运输的是海水而不是血液。一些棘皮动物能使它们的内骨骼在几秒内从石头一样硬变成水一样的状态。一些棘皮动物能折断手臂来分散捕食者的注意力。这听起来都很奇特,对吧? 但对于棘皮动物而言,却是再普遍不过的事情。

问题: 棘皮动物如何在竞争性的海洋环境中生存?

图示为海星和海胆。

实验器材

关于棘皮动物的参考书

田野日志

设计与实施实验

1. 阅读并完成实验室安全表。
2. 选择六种棘皮动物,设计一张数据表来记录这六种动物的种类、生理特征、食物来源、获取食物的方法、捕食者、防御策略、繁殖和发育方式以及其他一些有趣的事情。
3. 从六种棘皮动物中选一种动物来研究。
4. 探究你选择的动物,并将信息填入表格中。通过参观当地的动物园或水族馆来观察棘皮动物的自然习性。如果你观察不到这些动物的自然习性,尝试着通过阅读有关棘皮动物的参考书或上网查阅相关信息。
5. 将你的观察记录在田野日志中,并将这些信息填入数据表中。

实验分析和结论

1. **描述**棘皮动物共有的一些生理特征。
2. **比较**棘皮动物的有性生殖方式和无性生殖方式。
3. **批判性思维** 棘皮动物幼体和成体在很多重要的方面都有所不同。描述这些不同点并推断这些不同点给他们自身带来的好处。
4. **解释数据** 你研究了哪些棘皮动物的主要食物来源?
5. **得出结论** 棘皮动物能很好地适应海洋环境吗? 证明你的观点。
6. **误差分析** 描述通过网络获取与棘皮动物相关的信息有什么优点和缺点。

科技 写作

使用你收集到的信息制作一张资料单,包括你研究的每种棘皮动物的图片以及有趣的信息。将你的资料单与其他同学的组合在一起,为你所在学校的新闻中心编写一本关于棘皮动物的图书。

第27章 复习指南

内容聚焦 **多样性** 棘皮动物和无脊椎脊索动物具有多种适应性，这使它们能够在各自的栖息地生存繁衍。

大概念 **根据棘皮动物和无脊椎动物所具备的特征，我们可以将二者与后来演化出来的脊索动物联系起来。**

第1节 棘皮动物的特征

叉棘
水管系统
筛板
管足
壶腹

主要概念 **棘皮动物是一类海洋生物，具备多刺的内骨骼、水管系统和管足，其成体的身体结构呈辐射对称。**

- 棘皮动物属于后口动物。
- 棘皮动物门的成体具有四大共同特征。
- 棘皮动物的幼体呈左右对称，这和脊索动物存在进化上的联系。
- 棘皮动物在摄食、消化、呼吸、循环和排泄等方面表现出极大的多样性。
- 地球上现存的棘皮动物包括六大类。

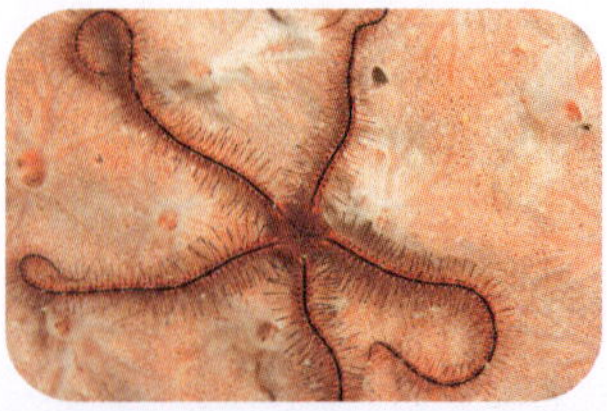

第2节 无脊椎脊索动物

脊索动物
无脊椎脊索动物
脊索
肛后尾
管状背神经索
咽囊

主要概念 **无脊椎脊索动物具备与脊椎脊索动物相关的特征。**

- 脊索动物有四大典型特征。
- 无脊椎脊索动物具备脊索动物的全部典型特征，但它们没有脊柱，这一点将它们与脊椎脊索动物区分开来。
- 脊索这种适应使无脊椎动物能够保持身体的灵活性。
- 文昌鱼是一种鱼状的无脊椎脊索动物，其成体具备脊索动物的全部典型特征。
- 被囊动物，又叫作海鞘，是囊状的无脊椎脊索动物，其幼体具备脊索动物的特征。

第27章 测评

第1节

术语回顾

1. 区别以下各组名词术语。

(1) 管足、壶腹

(2) 筛板、水管系统

要点理解

2. 下列不是棘皮动物的是(　　)。

A. 

B. 

C. 

D. 

3. 下列棘皮动物中在其生命的一段时间内是一种固着生物的是(　　)。

A. 海参　　B. 海百合

C. 海尾蛇　　D. 海胆

4. 管足的功能是(　　)

A. 繁殖、觅食、呼吸

B. 觅食、呼吸、神经控制

C. 觅食、呼吸、运动

D. 发育、繁殖、呼吸

5. 水管系统的功能是(　　)。

A. 排出废物

B. 繁殖

C. 防御

D. 运动以获取食物

6. 下列与保护棘皮动物有关的是(　　)。

A. 内骨骼、叉棘

B. 筛板、触角、内骨骼

C. 水管系统、壶腹、叉棘

D. 外骨骼、叉棘、脊椎

7. 棘皮动物幼体和成体之间的主要差异是(　　)。

A. 幼体是原口动物,成体是后口动物

B. 幼体是后口动物,成体是原口动物

C. 幼体是左右对称的,成体是辐射对称的

D. 幼体是辐射对称的,成体是左右对称的

8. 下列棘皮动物中,有带有许多分支的呼吸树的是(　　)。

A. 海参

B. 海星

C. 海百合和毛头星

D. 海胆和沙钱

回答问题

根据下图,回答第9题和第10题。

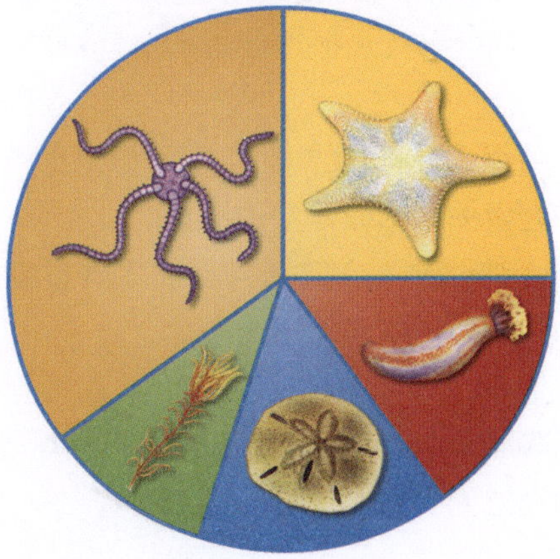

9. **简要回答** 观察这张扇形图并估算海参所占棘皮动物的比例。

10. **开放式回答** 观察这张扇形图并解释为什么同心纲动物没有出现在该图中。

11. **主要概念** 科学家发现了一块化石,这块化石有以下特点:有与棘皮动物相类似的外骨骼;有一条尾巴状的结构,而且尾巴末端有肛门;有一个类似于腮的结构,其对称性与棘皮动物相似。科学家将会如何从棘皮动物纲的角度来解释这种动物?

12. **开放式回答** 当水温和空气温度超过了潮汐性动物的容忍程度时，它们就会遭受痛苦。在炎热的天气，海星的体温相对较低。提出一个假设来解释为什么海星的体温相对而言较低。

批判性思维

13. **内容聚焦 多样性** 海洋环境相对而言较为稳定。用具体的案例提出一个假设来解释为什么棘皮动物有那么多独特的适应性。

14. **提出假设** 一些海胆的生命周期相对较长。提出一个假设来解释其原因。

第2节

术语回顾

参考“复习指南”，选择正确的术语，替换下列画线词语。

15. 动物都是有脊索的，但是它们没有脊椎这种与脊索关系十分紧密的结构。

16. 位于神经索下方的结构能使无脊椎脊索动物通过前后摆动尾巴来游泳。

17. 肌肉管之间联结口腔和食管的连接处能形成裂齿，并且在一些无脊椎脊索动物中被用来过滤食物。

要点理解

18. 脊索动物在它们生命的某个阶段具有的特征是(　　)。
   - A. 水管系统、脊索、咽囊、肛后尾
   - B. 被膜、咽囊、背神经管、肛后尾
   - C. 管足、脊索、咽囊、肛后尾
   - D. 背神经管、脊索、咽囊、肛后尾

19. 肛后尾的主要功能是(　　)。
   - A. 循环　　B. 消化
   - C. 灵活性　　D. 移动

根据下图，回答第20题和第21题。

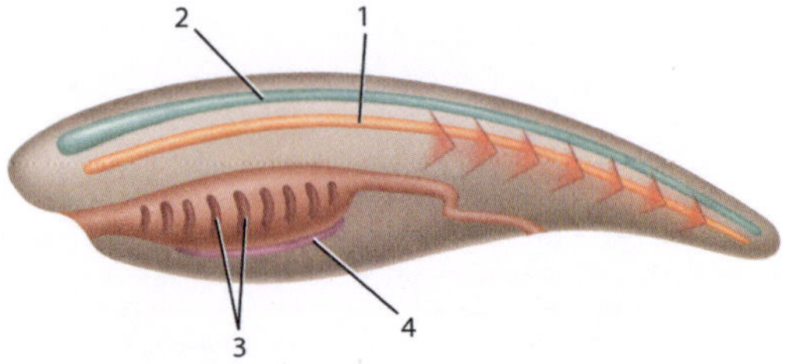

20. 上图中使这种动物能像鱼一样游泳的结构是(　　)。
   - A. 1　　B. 2
   - C. 3　　D. 4

21. 在大多数脊索动物体内发育成了大脑和脊髓的结构是(　　)。
   - A. 1　　B. 2
   - C. 3　　D. 4

22. 下列描述的是成年海鞘的是(　　)。
   - A. 它们是左右对称的
   - B. 它们与文昌鱼的成体有相似的特征
   - C. 成年海鞘只具有两种脊索动物的特征
   - D. 它们是活跃的游泳捕食者

23. 无脊椎脊索动物的内柱能分泌(　　)。
   - A. 与甲状腺激素类似的蛋白质
   - B. 黏液
   - C. 脊索
   - D. 咽囊

24. 棘皮动物的系统演化表明棘皮动物与脊索动物是相关的，因为它们都有(　　)。
   - A. 咽囊
   - B. 后口发育
   - C. 原口发育
   - D. 假体腔

25. 下列结构可能是甲状腺的早期发育形态的是（　　）。
A. 背神经管
B. 内柱
C. 脊索
D. 咽囊

26. 下列使大型动物能够发育的结构是（　　）。
A. 背神经管
B. 脊索
C. 咽囊
D. 肛后尾

回答问题

27. **开放式回答** 推断为什么没有淡水无脊椎脊索动物。

28. **开放式回答** 如果所有文昌鱼都消失了，将会发生什么事情？

根据下图，回答第29题和30题。

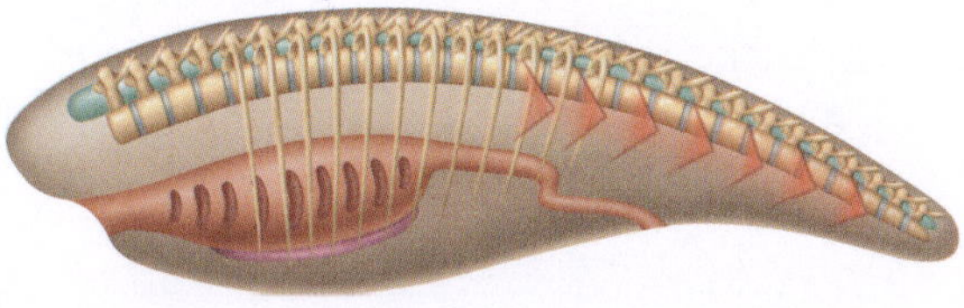

29. **简要回答** 观察上图并解释为什么图中的这种动物不可能是无脊椎脊索动物。

30. **主要概念** 这种动物与无脊椎脊索动物有哪些共同特征？

批判性思维

31. **分析** 生物的幼虫是怎样帮助科学家区分并判断动物的系统演化的？

32. **使用网络** 为科学家最新搜集的有关脊索动物起源的分子、化石证据制作一份可视化报道。

总结性测评

33. **大概念** 解释棘皮动物、无脊椎脊索动物和脊索动物之间的进化关系。在本章中寻找确切的证据来支持你的结论。

34. **科技写作** 创作一篇短小的描述性故事来描写一个具有棘皮动物的一种适应性的人类。在你的故事中需要包含这种新的适应性将会如何使这个人的生活变得更好或更糟。

35. 海参通过排出内部器官来保护它们自己，但是其他棘皮动物却不能这样。提出假设来解释为什么只有海参具有这种适应性。

36. 画一幅典型的文昌鱼的示意图，并标出其主要身体结构。

DBQ 资料分析题

下图为海星腕的发育过程，读图并回答下列问题。

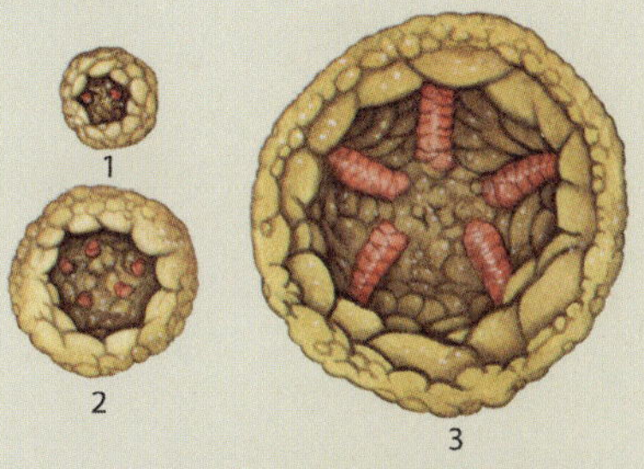

图片来源：Sumrall, Colin D., 2015. Unpublished research on the growth stages of *Neoisorophusella lanei*. The University of Tennessee.

37. 图1显示了哪种类型的对称性？

38. 推断附加的腕将会如何发育？

39. 图3中腕的数量如何反应所有棘皮动物的特征？

标准化测试

选择题

1. 开花植物的(　　)能产生卵细胞。
   A. 花药
   B. 胚珠
   C. 种子
   D. 柱头

根据下图，回答第2题。

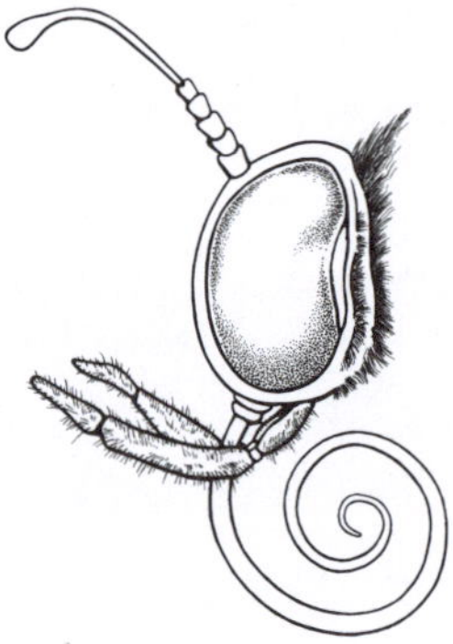

2. 节肢动物有专门的口来觅食。这种口部结构是专门为(　　)觅食方式形成的。
   A. 从花中吸取花蜜
   B. 从表面抹掉液体
   C. 从宿主身上吸血
   D. 撕碎树叶

3. 下列描述正确的是(　　)。
   A. 刺胞动物有领细胞
   B. 扁形动物有焰细胞
   C. 扁形动物有刺丝囊
   D. 海绵动物有神经系统

4. 棘皮动物的(　　)是与脊椎动物的进化连接的。
   A. 成体的左右对称结构
   B. 自由移动的幼体
   C. 后口发育
   D. 幼体的辐射对称结构

5. 对于在水面上游泳的昆虫而言，下列适应性至关重要的是(　　)。
   A. 复眼
   B. 进化的腿
   C. 黏性的脚垫
   D. 尖利的嘴部

根据下图，回答第6题和第7题。

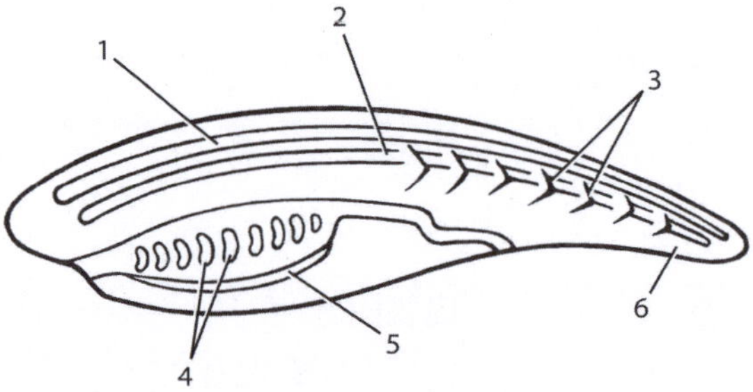

6. 上图(　　)在脊椎脊索动物体内被骨骼或软骨所替代。
   A. 1　　B. 2
   C. 4　　D. 5

7. 上图中被液体保护的神经束是(　　)。
   A. 1　　B. 3
   C. 5　　D. 6

8. 下列随着扁形动物进化而第一次出现的是(　　)。
   A. 左右对称
   B. 体腔
   C. 神经系统
   D. 辐射对称

9. 假设一种蕨类植物叶子上的细胞包含24对染色体，那么你将在孢子中发现(　　)条染色体。
   A. 6　　B. 24
   C. 24　　D. 48

简答题

10. 使用你掌握的关于海绵身体结构的信息来解释它是如何获取食物的。

11. 海星是一种以牡蛎为食的棘皮动物。解释为什么牡蛎养殖者不应该把海星切碎并把它们扔入海里。

12. 评估无脊椎脊索动物的两种类型的防御适应性。

13. 对比棘皮动物和你所知的其他门类生物的主要特征。

根据下图,回答第14题和第15题。

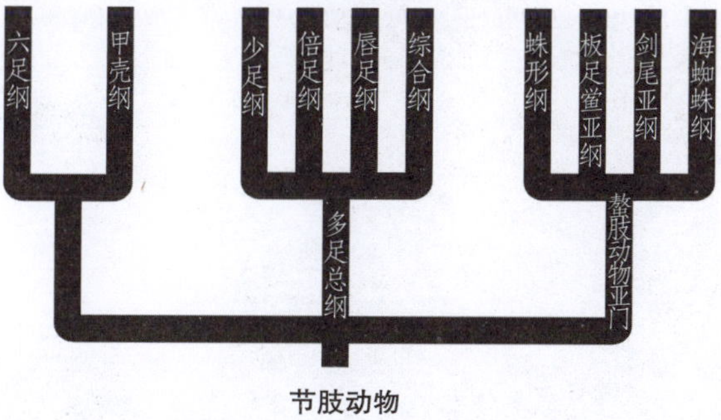

14. 提出一个假设来解释为什么与普通的螃蟹和龙虾相比,鲎(剑尾亚纲)与蜘蛛的关系更密切。

15. 提出一个假设来说明三叶虫可能位于进化树的哪个位置。

开放题

16. 解释棘皮动物和软体动物有何相似性和差异性。

17. 对于动物而言,有丝分裂和减数分裂有什么不同?

18. 为什么水生节肢动物到陆地上生活不能算是进化性的跳跃?

19. 假设一只乌鸦在孵化时,它脚上的爪子比这个地区其他乌鸦的爪子都要长。根据达尔文的自然选择理论,在何种情况下,这只乌鸦独有的特点会变成这个地区乌鸦的共同特点?

论述题

有些电影描述了巨型节肢动物攻击城市,这些巨型节肢动物包括蚂蚁、蚱蜢、螃蟹和蜘蛛。事实上,现存最大的昆虫也不是很大。最长的昆虫大约长40厘米,一些海生节肢动物能长得更大。最大的节肢动物是日本蜘蛛蟹,它们能长到4米宽。一些海生节肢动物的化石更大。然而,这些动物都没有电影中描述的那些巨型节肢动物入侵者那么大。

利用上文中的信息,以论文的形式回答下列问题。

20. 写一篇论文来解释为什么现实生活中的节肢动物不可能变得跟恐怖电影中的巨型节肢动物那么大。

考点提示

测试题号	1	2	3	4	5	6	7	8	9	10	11	12	13	14	15	16	17	18	19	20
对应章节	23.3	26.1	25.1	27.1	26.3	27.2	27.2	25.1	21.3	24.3	27.1	27.2	27.2	26.2	26.3	24.2	10.1	26.2	15.1	26.1

第八单元

脊椎动物

内容提要

科学探究　生物学家通过研究脊椎动物的化石记录，了解脊椎动物之间的进化关系。

生物多样性　脊椎动物具有鳃等特有的适应性特征，使其能在特定的栖息环境中生活。

能量　脊椎动物通过细胞呼吸获得维持生命活动所需要的能量。

稳态　脊椎动物通过肾、鳃和肺等器官，维持细胞及系统的稳定性。

发展　随着时间的推移，自然选择使现有脊椎动物进化，从而产生了新物种。

与生物学相关的职业

兽医是预防、诊断及治疗家养动物、野生动物及实验室饲养动物方面的医学专家。兽医通过研究某种动物来获得该物种的更多信息，右上图所示的大熊猫的研究者就是其中一例。

第28章

鱼类和两栖动物

起步实验

不同种类的鱼，各有什么特点？

根据外部及内部特征，鱼可以分为三类：无颌类、软骨鱼类和硬骨鱼类。在本实验中，你将对三类鱼的外部特征进行比较。

步骤

1. 阅读并完成实验室安全表。
2. 仔细观察三类鱼的图片。重点观察鳞片、鳍、眼睛、口、牙齿、尾部形状等特征。
3. 创建一张表格，并记录不同鱼类外表特征的相关信息。

分析

1. **总结**　三种鱼类的外部特征主要有什么区别？
2. **推断**　为什么在对鱼类分类时，仔细观察和比较鱼类的内部特征及结构十分重要？

折叠式 学习卡

如图所示，制作一张多层视图式学习卡，并利用该学习卡记录有关两栖动物、早期四足动物及鱼类特征的笔记。

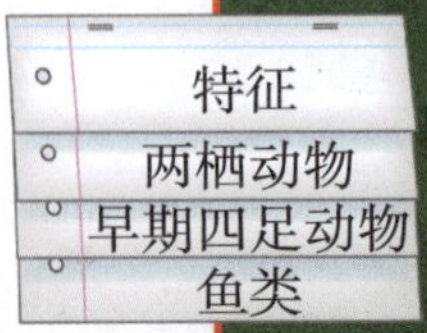

内容聚焦 发展

一些两栖动物的生命周期中会发生一次重大改变，称为变态发育。

大概念 鱼类具有适应水生生活的特征。大部分两栖动物的成体具有在陆地上生活的适应性特征。

第1节

本节预览

核心问题

- 脊椎动物区别于无脊椎动物的特征是什么？
- 大部分鱼类具有的共同特征是哪些？
- 鱼类的特征是如何适应水生生活的？

术语回顾

脊索：贯穿身体纵向的一段柔韧的棒状结构。

关键术语

软骨
神经嵴
鳍
鱼鳞
鳃盖
心房
心室
肾单位
侧线系统
产卵
鱼鳔

鱼　类

主要〈概念 **鱼类是脊椎动物，具有适于在水中生活和繁殖的特征。**

联系实际 你可能在水族馆中见过五颜六色的鱼。那么，鱼类具有哪些适应水生生活的特点？的确，鱼类具有能够在水中生活和繁殖的特点。

脊椎动物的特征

我们已经学过海绵、涡虫和海星，它们都属于无脊椎动物。回忆脊索动物的特征：具有背神经管、脊索、咽囊及肛后尾。脊索动物的其中一个亚门是脊椎动物。脊椎动物具有脊柱和由神经管发育形成的特殊细胞。脊柱是脊椎动物的标志性特征。脊椎动物类群包括鱼类、两栖动物、爬行动物、鸟类和哺乳动物。

脊柱 在大部分脊椎动物中，脊柱取代脊索，围绕并保护着背神经管。脊索的替换发生在胚胎发育时期。在大部分脊椎动物体内，骨骼系统的构建材料是软骨和硬骨。**软骨(cartilage)**牢固而柔韧，是组成脊柱骨骼的全部或部分材料。

脊柱是动物进化中的重要结构，**图28-1**所示为两种具有脊柱的动物。脊柱就像一根强壮、柔韧的柱子，在动物游泳或跑动时可以固定肌肉。脊柱骨之间分离，提高了动物运动的能力，因为骨能使肌肉强有力地收缩，从而增强动物的力量。

图28-1 大多数脊椎动物都具有脊柱，如图示中的扳机鱼和角响尾蛇。

扳机鱼

角响尾蛇

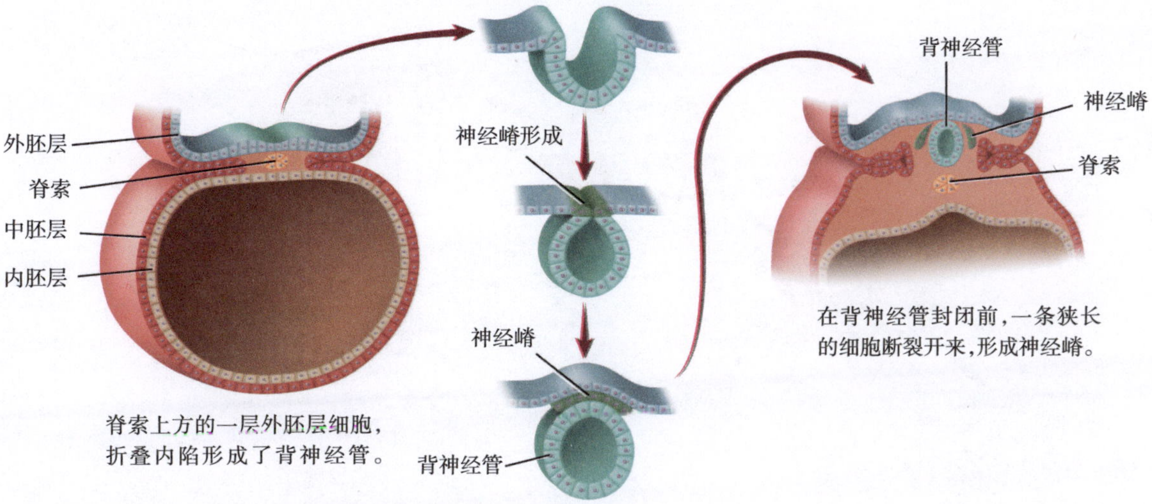

■ **图 28–2** 脊椎动物的神经嵴是胚胎时期由外胚层形成的。

神经嵴 脊椎动物胚胎发育时期形成脊索时，还发生了另一个重要过程：形成神经嵴。在脊椎动物中，**神经嵴（neural crest）**是由神经管发育形成的一群细胞。**图 28–2** 表示了神经嵴的形成过程。虽然这群细胞非常小，但它在脊椎动物的发育过程中起着非常重要的作用，因为脊椎动物的许多重要部位（如颅骨和脑的一部分、某些感觉器官、咽囊的一部分、一些神经纤维、神经纤维外面的绝缘层以及某些腺体细胞）都是由神经嵴发育形成的。

脊椎动物的特征还包括：具有肾、肝脏、心脏等内脏器官以及封闭的循环系统。

阅读检测 **解释**为什么神经嵴是脊椎动物的重要特征。

鱼类的特征

鱼类生活在地球上的大部分水域栖息地——海洋、湖泊、池塘、小溪及湿地。一些鱼类生活在深海底部的黑暗环境中。一些鱼类生活在极地地区结冰的水中，它们的血液中具有一种特殊的蛋白质，使血液不会凝固。现存的鱼类大约有 24600 种，比其他脊椎动物的总和还要多。鱼类的体形大至鲸鲨，能长到 18 米长；小至慈鲷科鱼，只有人类的指甲盖那么大。

在进化历程中，鱼类的特征为陆生动物的发展提供了结构基础。鱼类的重要特征包括：具有颌，一些鱼还出现了肺。如**图 28–3** 所示的进化树，鱼类有三种类型：无颌类、软骨鱼类、硬骨鱼类，它们都具有脊柱。虽然鱼类的身体形态和结构差异很大，但具有一些共同的特征。大多数鱼类具有脊柱、颌、成对的鱼鳍、鱼鳞和鳃等。

■ **图 28–3** 这棵进化树上突显出鱼类的不同分支。

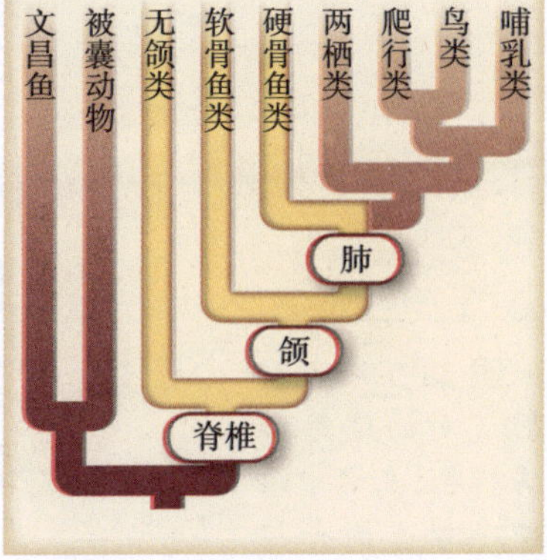

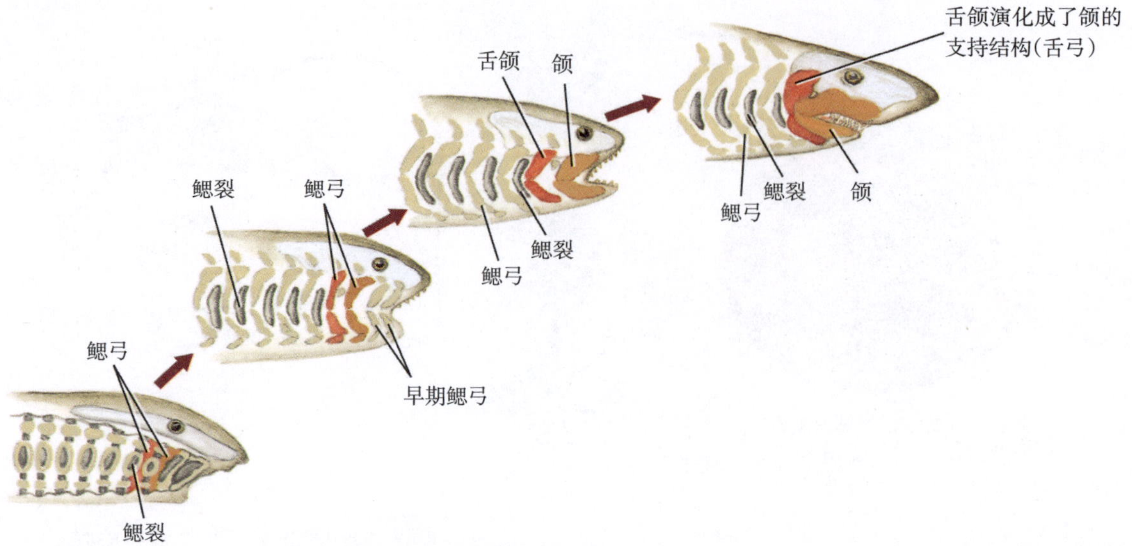

■ **图 28-4** 早期鳃弓演化成了远古鱼类的颌。

颌 大多数鱼类都具有颌。**图 28-4** 所示为鱼类颌的演化过程，从图中可以看到，早期的鳃弓逐渐演化成了远古鱼类的颌。颌的发展大大扩展了远古鱼类的猎食范围，例如，提高了鱼类捕获体形更大或更灵活的猎物的能力。同时，颌也使鱼类能防御和对抗捕食者的撕咬。

阅读检测 **描述**为什么鱼类颌的进化十分重要。

成对的鱼鳍 在颌进化的同时，鱼类也出现了成对的鳍。**鳍（fin）**是鱼类及其他水生动物身上的桨形结构，用于保持平衡、转向及向前运动。如**图 28-5** 所示，腹鳍和胸鳍使鱼的身体保持平衡。大多数鱼具有成对的鱼鳍，从而减少了侧翻的可能性，并在游动时能够精准地转弯。

在远古时期的海洋中，鱼类依靠鱼鳍精准灵巧地转向，它们也利用颌在水中运动。颌和成对的鱼鳍使一些鱼朝着掠夺性的生活方式进化，并能在新的环境中生存和产生更多的后代。

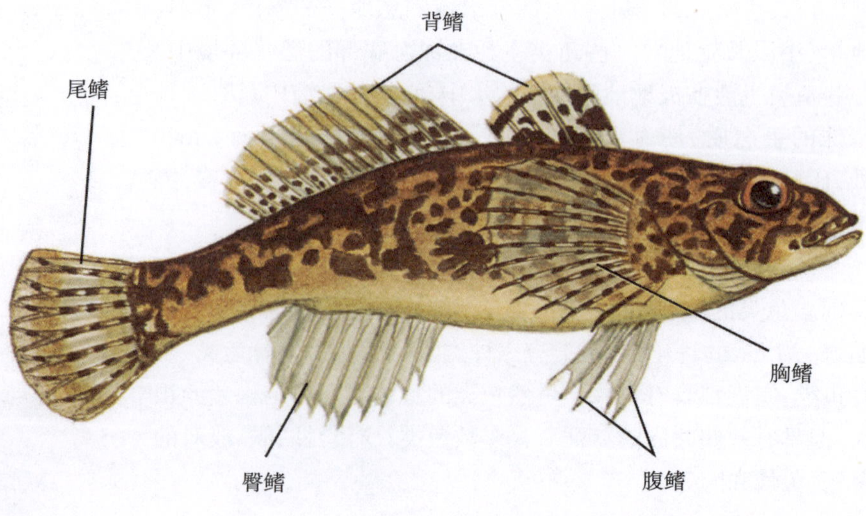

■ **图 28-5** 鱼利用成对的腹鳍和胸鳍等，在水中维持身体平衡并控制方向。

■ **图 28-6** 鱼鳞的两种类型——硬鳞和圆鳞。

描述 *圆鳞和硬鳞的外形区别。*

鱼鳞 鱼鳞有四种类型，大部分鱼类至少具有其中的一种。**鱼鳞(scale)**是鱼皮肤表面小而平整的板状结构。**图 28-6(左)**所示的硬鳞为菱形，由釉质和骨组成，**图 28-6(右)**所示的圆鳞由骨和皮肤组成，薄而有韧性。在**图 28-15** 中可以看到盾鳞，它由像牙齿一样的材料组成，粗糙而厚重。

阅读检测 **推断**为什么不同的鱼类具有不同种类的鱼鳞。

迷你实验

观察一种鱼

通过观察，你推断鱼类具有哪些特征？在本实验中，观察一种生活在水中的鱼。

步骤

1. 阅读并完成实验室安全表。
2. 观察鱼缸里的某种鱼。
3. 画一张鱼的结构图，并标出以下特征：背鳍、尾鳍、臀鳍、胸鳍、腹鳍、鱼鳞、口、眼睛及鳃盖。
4. 观察鱼在水中是如何运动的。描述鱼在水中向前运动时，身体和鱼鳍如何摆动。

分析

1. **推断** 将鱼的身体分为三部分：头部、躯干部和尾部。在你所画的图中，标出这几个部分。
2. **应用** 设想一条鱼在与捕食者争斗时失去了一只胸鳍，这可能对其运动能力造成怎样的影响？

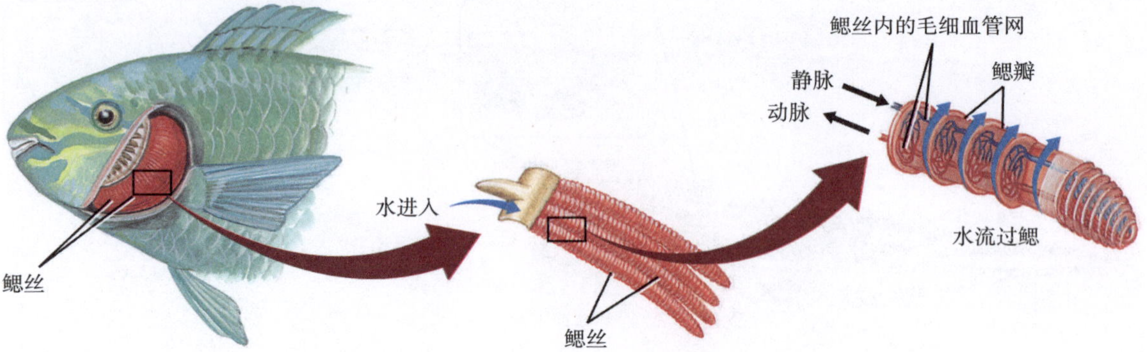

■ **图 28-7** 鱼鳃的鳃瓣中，有丰富的血管。

推断 *为什么鱼鳃由非常薄的组织组成。*

鳃 鱼能在水中生活的另一个适应性特征是它们能从水中获取氧气。水从鱼的口进入，流过鳃时，氧气扩散进入血液中，鱼便获得了氧气。鳃由较薄的鳃丝组成，鳃丝中的鳃瓣高度折叠、呈平板状。**图 28-7** 所示为大部分鱼鳃的结构。鳃瓣中有丰富的血管，使氧气进入血液，同时排出二氧化碳。

鳃中血液的流动方向与水从鳃表面流过的方向相反，这种逆向流动使水中的氧气充分地进入血液。当水在鳃中朝一个方向流动，而血液朝相反方向流动时，水中溶氧的交换率高达 85%。一些鱼类具有**鳃盖（operculum）**，鳃盖覆盖在鳃表面，是一种能活动的扁平结构，可以保护鳃。鳃盖也有助于水从口中进入，并流过鳃。肺鱼能通过一种与肺相似的结构，在离开水的环境中暂时生存。鳗鱼离开水后，能依靠湿润的皮肤进行呼吸。

循环 脊椎动物具有封闭的循环系统，由心脏将血液运送到血管。**图 28-8** 所示为鱼类的循环系统。在大多数鱼体内，血液通过心脏只有一条循环路径：从心脏出发，血液到达鳃，然后去往全身各处，为组织细胞送去含氧量高的血液。然后，血液回到心脏。从心脏开始，血液又被泵回到鳃，去往全身各处。鱼的血液循环系统是一个完整、不受干扰的回路，因此称为单循环系统。

在大多数鱼体内，心脏具有两个腔——心房和心室，这与人类的心脏有些相似。**心房（atrium）**是接收全身血液回到心脏的腔。从心房出发，血液流入**心室（ventricle）**，心室将血液从心脏运送到鳃。血液流经鳃后，再流向全身各处。

■ **图 28-8** 鱼的心脏将血液泵出，进入一个封闭的循环系统。

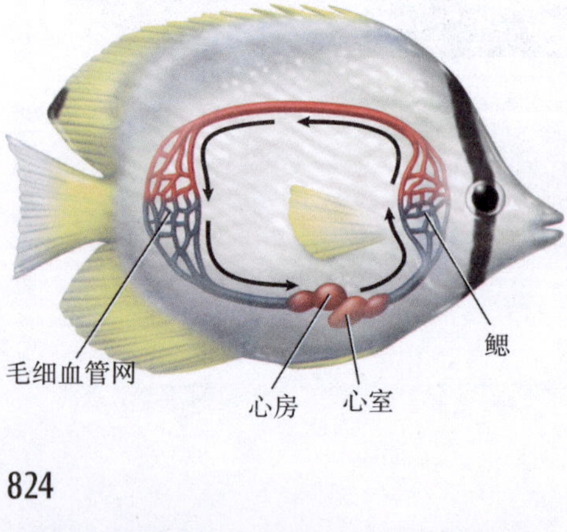

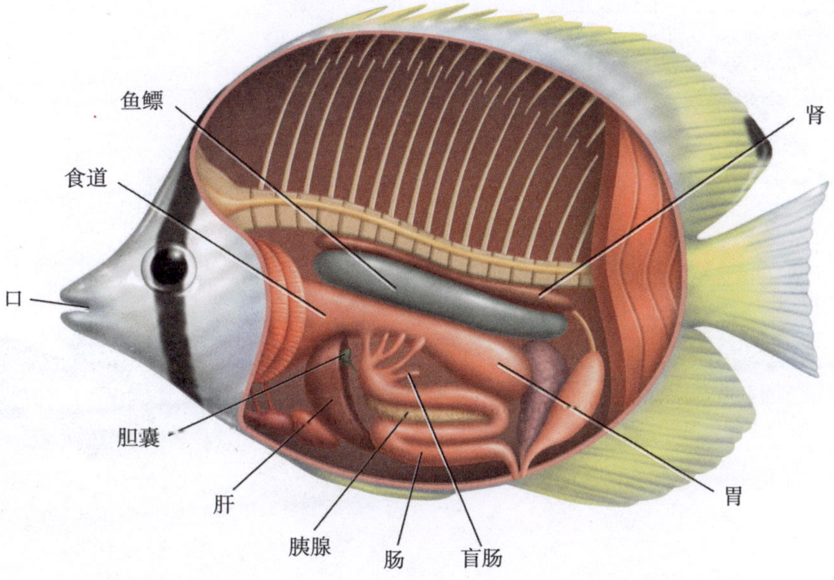

■ **图28-9** 鱼类的消化器官。
识别食物消化经过的结构。

摄食与消化 古代的鱼非常像滤食动物或食腐动物，它们吸食海底的有机质碎屑。随着颌的进化，鱼类变成了更高效的捕食者，食性也发生了非常大的改变。**图28-9**所示为鱼的消化系统，其包含的器官与其他脊椎动物相似。

大多数鱼能将食物整个吞下，食物经过食管到达胃，消化从胃开始。然后，食物经过肠，由肠消化掉部分食物。一些鱼具有幽门盲囊，这是胃与肠连接处一端封闭的囊状物或管状物。鱼的肠可以分泌消化酶，并吸收营养物质进入血液中。肝、胰腺及胆囊将消化液注入消化道中，帮助完成食物的消化。

我们不仅要了解鱼类具有的结构和功能，还要知道鱼类不具备的能力。鱼类不能合成某些特定的氨基酸，因此，鱼类及由鱼类进化而来的其他脊椎动物，必须从食物中获取这些氨基酸。

排泄 鱼类通过肾脏过滤出细胞产生的废弃物。肾脏最基本的功能单位称为肾单位。**肾单位(nephron)**是肾脏的过滤单位，它帮助鱼类保持体内的水盐平衡，并清除血液中的细胞代谢废物。一些细胞代谢废物也能通过鳃分泌出去。

链接化学 淡水鱼的身体通过渗透作用吸收水分，因为周围水的渗透压较低——水中水分子的浓度比鱼的组织细胞中水分子浓度高。对于海洋中的硬骨鱼来讲，情况恰恰相反。由于周围水的渗透压较高——水中水分子的浓度比鱼的组织细胞中水分子浓度低，鱼的身体更容易失水。在淡水鱼和海水鱼体内，肾脏、鳃和其他内部器官负责调节水盐平衡。

与生物学相关的职业

鱼类学家 鱼类学家可能的研究范围包括在野外或实验室研究鱼类的行为、鱼类生态及鱼的解剖和生理特点等。鱼类学家也负责管理水族馆，组织博物馆藏品，在大学任教，为保护鱼类资源而努力。

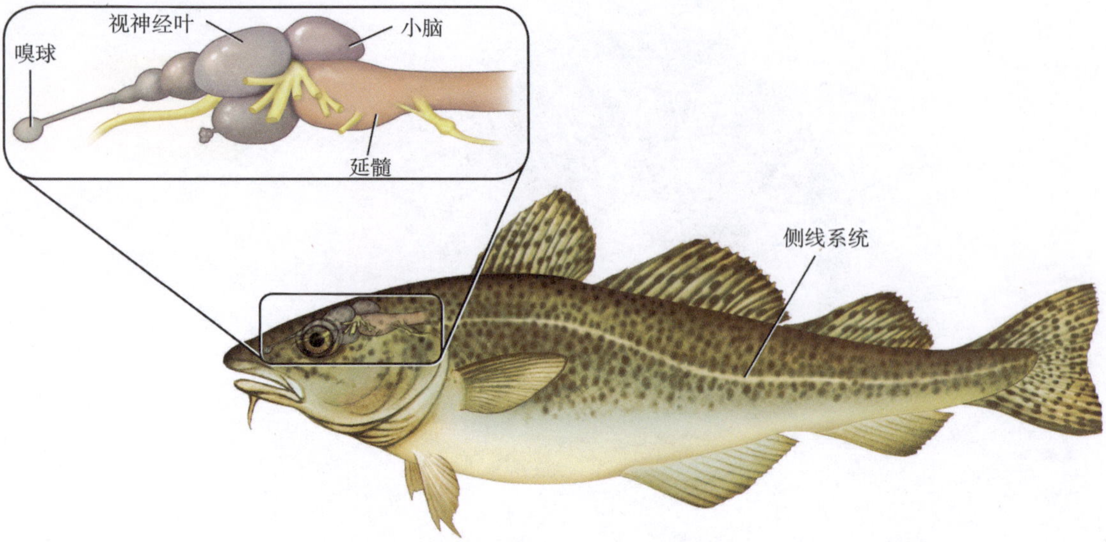

■ **图 28–10** 鱼类具有大脑，使其能够协调各项生理功能。

推断 *以下两种鱼相比大脑的哪些方面有所差异：①被动地生活在池塘底部、以有机物碎屑为食的鱼；②必须快速游泳追击猎物的鱼。*

脑与感觉 跟其他脊椎动物一样，鱼类的神经系统由脊髓和脑组成。**图 28–10** 所示为鱼的脑，大脑参与协调身体的运动以及控制平衡。鱼类具有嗅觉感受器，使它们能够探寻到水中的化学物质。嗅球可以记录并对进入体内的化学物质做出反应。鱼类也具有色觉，视神经叶负责视觉的输入。大脑协调从脑的其他部分输入的信息，脊髓控制身体内部的器官。

如果你有过钓鱼的经历，你就知道鱼可以察觉到水中非常轻微的振动。这是因为鱼类具有一种特殊的感觉器，即侧线系统。**侧线系统（lateral line system）**使鱼类能够察觉到水的振动，同时帮助它们保持直立和平衡。你可以从**图 28–10** 中看到鱼的侧线系统。

生殖 大多数鱼通过体外受精繁殖后代。雄鱼和雌鱼在水中彼此靠近，并产下生殖细胞，该过程称为**产卵（spawning）**。卵黄提供胚胎发育所需要的营养物质。鲨鱼通过体内受精产生后代。虽然受精作用发生在体内，但雌鱼产下受精卵后，胚胎发育可能在体外进行。有些鱼的受精和胚胎发育都在体内进行。在这种情况下，胚胎发育所需要的营养从雌鱼的体内获得。

在繁殖季节，通过体外受精繁殖后代的鱼，一次可以产下数百万个卵。但大多数鱼都不会保护或照顾卵及幼鱼。因此，大量的卵和幼鱼被其他动物吃掉。但由于鱼类产卵量巨大，一些幼鱼能够发育并成活到繁殖阶段。**图 28–11** 所示的雄性五线雀鲷鱼是一个特例，它们会照看受精卵，使其免受捕食者捕食，直到幼鱼孵化出来。

■ **图 28–11** 大多数鱼不会照料自己的后代。但是，雄性五线雀鲷鱼在胚胎发育期会守护受精卵。

■ **图28-12** 鳗鱼以S形方式摆动身体。鳟鱼等其他运动更快的鱼在水中向前推进时，只依靠尾部摆动。

运动 鱼类非常适应在水中游动。大部分鱼类体形呈流线型。同时，大多数鱼的体表有黏液，体表比较光滑，减小了身体与水之间的摩擦力。鱼鳍使鱼能以多种方式前进和移动。水的浮力减小了重力对鱼的影响。另外，如**图28-9**所示的**鱼鳔(swim bladder)**是硬骨鱼体内一个充满空气的空腔，就像气球一样，能控制鱼在水中的深度。当空气从鱼鳔里排出时，鱼就下沉；当空气从血液中扩散进入鱼鳔时，鱼就在水中上升。

链接物理 仔细观察**图28-12**。鱼类通过身体一侧肌肉群的收缩，在水中向前运动。鱼的肌肉分布，使其肌肉收缩时能带动身体的大部分发生弯曲。鱼的身体弯曲时能推动水，在一定角度上形成鱼向前运动的反作用力。鱼的身体两侧肌肉交替收缩，使鱼以S形方式向前运动。

第1节 测评

要点梳理

- 脊椎动物包括鱼类、两栖动物、爬行动物、鸟类和哺乳动物。
- 所有脊椎动物都具有脊索。在大多数脊椎动物的胚胎发育阶段，脊索被脊柱所替代。
- 鱼类具有某些共同的特点。
- 鱼类特有的适应性特征使其能够终生生活在水里。

要点理解

1. 主要概念 **描述**鱼类能在水中生活和繁殖的特征。
2. **总结**脊椎动物区别于无脊椎动物的特征。
3. **评价**颌在鱼类进化中的重要性。
4. **识别**大多数鱼具有的共同特征。
5. **解释**为什么淡水和海洋硬骨鱼不得不调节体内的水盐平衡。

批判性思维

6. **提出假设** 雄性的三刺鱼利用明亮而有光泽的材料建造巢穴，这些材料比较稀少，雌鱼经常根据巢穴材料选择雄鱼。为什么雌鱼能根据巢穴材料，挑选出较为强壮的雄性个体？请提出假设。
7. **推断** 若鱼的侧线系统受损，可能会对其逃脱捕食者的追捕造成怎样的影响？

第2节

鱼的种类

本节预览

核心问题

- 各种鱼类有什么特征?
- 各种鱼类的主要特征有何异同?
- 怎样解释鱼类的进化?

术语回顾

适应性辐射:从原始物种演变至多种多样的物种的进化过程。

关键术语

四足动物

主要概念 **科学家根据鱼的身体结构,将鱼主要分为三类。**

联系实际 你已经了解到,鱼的基本结构和功能类似。现在想一想你曾经在水族馆或电视上见到的各种鱼类。

鱼的分类

你已经认识了水母、龙虾及贝类,但它们并不属于鱼类。根据身体结构,鱼分为三类:无颌类、软骨鱼、硬骨鱼。盲鳗、七鳃鳗属于无颌类;鲨鱼、鳐鱼、魟鱼属于软骨鱼;硬骨鱼包括辐鳍亚纲和肉鳍亚纲。

无颌类 **图28-13**所示的盲鳗是无颌类,没有鱼鳞、成对的鳍和骨骼,终生有脊索。虽然盲鳗没有发育出脊柱,但具有鳃及鱼类的许多其他特征。盲鳗生活在海底,以软体动物、已经死亡或即将死亡的鱼为食。虽然盲鳗几乎看不见东西,但它们能依靠敏锐的化学感觉定位食物。盲鳗可以通过大型猎物的口腔或利用舌头上牙齿状的结构挖洞,进入猎物的身体。盲鳗吃完鱼的内脏后,猎物就只剩下一层皮囊或一堆骨头了。

盲鳗具有分泌黏液的能力。当受到惊吓时,盲鳗皮肤上的腺体就会分泌一种液体。这种液体接触到海水,会形成黏液,使身体表面非常光滑从而防止被捕食者抓住。

■ **图28-13** 盲鳗是无颌类,其舌头上有牙齿样的结构。七鳃鳗寄生在其他鱼体表。

描述 *从盲鳗的图片中,你能发现海底生命的哪些适应性特征?*

盲鳗

七鳃鳗

与盲鳗一样，七鳃鳗也属于无颌类。七鳃鳗没有鳞片、成对的鱼鳍或骨骼。七鳃鳗属于圆口纲，与盲鳗一样终生保留脊索。七鳃鳗具有鳃及鱼类的其他特征。**图28-13**所示为成体的七鳃鳗，它是附着在其他鱼体表获取食物的寄生生物。七鳃鳗利用吸盘样的口及牙齿状的舌头，吸食寄主的血液和体液。

阅读检测 **列出**无颌类的特征。

软骨鱼 当听到“鲨鱼”一词时，我们脑海中首先浮现的可能是一条具有锋利牙齿的大鱼。虽然鲨鱼以牙齿锋利著称，但它与其他鱼类的主要区别性特征是骨骼。鲨鱼的骨骼由软骨和碳酸钙组成，软骨使骨骼柔韧，碳酸钙使骨骼有力量。所有软骨鱼都具有由软骨组成的骨骼。

鲨鱼属于软骨鱼纲。如**图28-14**所示，鲨鱼的某些物种具有多排锋利的牙齿。当牙齿折断或脱落时，后面的牙齿会向前移动替换它们。如**图28-15**所示，大部分鲨鱼的身体呈流线型，头部和尾部较尖。

流线型的体形、强壮的肌肉以及锋利的牙齿，使鲨鱼成为海洋中的最高级捕食者。鲨鱼能感知水中的化学物质，并且能觉察到距离它1000米远的猎物。接近猎物时，鲨鱼的侧线系统能觉察水中的震动。在追逐猎物时，鲨鱼能利用视觉和其他感受器发现其他动物释放的信号。鲨鱼适应捕食生活的另一个特征是具有盾鳞覆盖的粗糙皮肤，如**图28-15**所示。

有些鲨鱼不具有成排的牙齿。现存最大的鲨鱼——鲸鲨，是滤食性捕食者，其口腔中具有专门的滤食性结构。一些鲨鱼的口适于取食带壳的软体动物。

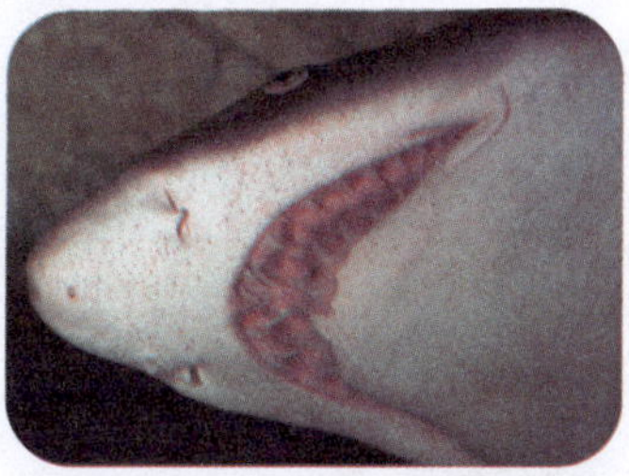

图28-14 一些鲨鱼具有多排牙齿。当前排牙齿掉落或被拔出时，后排的牙齿会向前移动以替换它们。

大白鲨

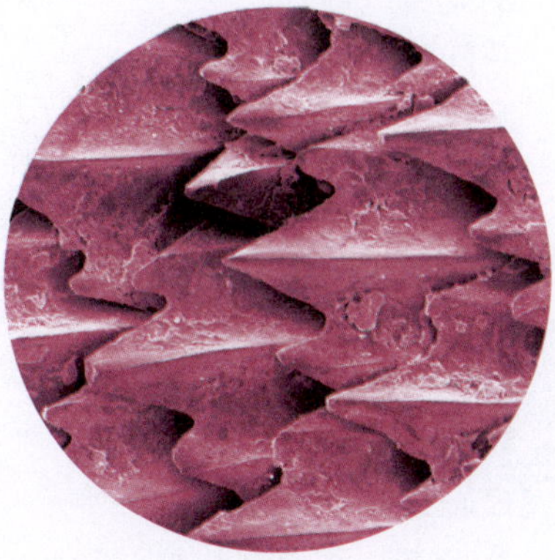

盾鳞

图28-15 大白鲨身体呈流线型，体表覆盖着粗糙的盾鳞。

推断 *触摸鲨鱼的皮肤，你会有什么感觉？*

鳐和魟是适应海洋底栖生活的软骨鱼。如**图28-16**所示，除扁平的身体外，它们的胸鳍扩展，一直与头部相连。游泳时，鳐和魟的鳍像翅膀一样缓缓地贴着海底摆动，搜寻软体动物和甲壳类动物，然后用牙齿咬碎。

■ **图28-16** 鳐具有适应海洋底栖生活的扁平身体。

硬骨鱼 硬骨鱼纲包括两类硬骨鱼：辐鳍鱼亚纲的辐鳍鱼和肉鳍鱼亚纲的肉鳍鱼。现代辐鳍鱼具有骨质的骨骼，鳞片为栉鳞或圆鳞，有鳃盖及鱼鳔。顾名思义，辐鳍鱼最显著的特征是鳍由真皮性的辐射状鳍条支持，如**图28-17**所示。三文鱼和鳟鱼等现今存活的大部分鱼类都属于辐鳍鱼。

目前存活的肉鳍鱼只有8种。如**图28-17**所示，类似于陆生脊椎动物，肉鳍鱼的鳍有发达的肉质基部和连接处。相比于肉鳍鱼，辐鳍鱼的鳍柔韧性更好。肺鱼等肉鳍鱼，具有能进行气体交换的肺。干旱时，肺鱼能利用肉质的鳍挖洞进入泥土中，呼吸空气。当雨水到来时，肺鱼再从泥土中钻出来。

腔棘鱼是一种肉鳍鱼，许多人认为腔棘鱼在7000万年前就已经灭绝了。但是，人们于1938年在非洲南部近岸用网捕到一条腔棘鱼。从那时起，人们又陆续捕到一些其他种类的腔棘鱼。现今已灭绝的第三类肉鳍鱼，被认为是四足动物的祖先。如**图28-17**所示的**四足动物（tetrapod）**，具有四条腿，且腿部出现了脚和具有关节的脚趾。

数据分析实验1

基于真实的数据*

分析数据

鲨鱼的肌肉是如何工作的？ 鼠鲨具有两种类型的肌肉。红色的肌肉组织不容易疲劳，在漫游时利用得更多。白色的肌肉组织在短时发力加速时，利用得更多。但鲨鱼一般同时利用这两种肌肉。

数据和观察

不同类型的肌肉收缩时，图线的顶点表示什么？

批判性思维

1. 评估 漫游过程中，鲨鱼两类肌肉的收缩时间有差异吗？

2. 比较 鲨鱼在快速游动时，两类肌肉的收缩的先后顺序如何？

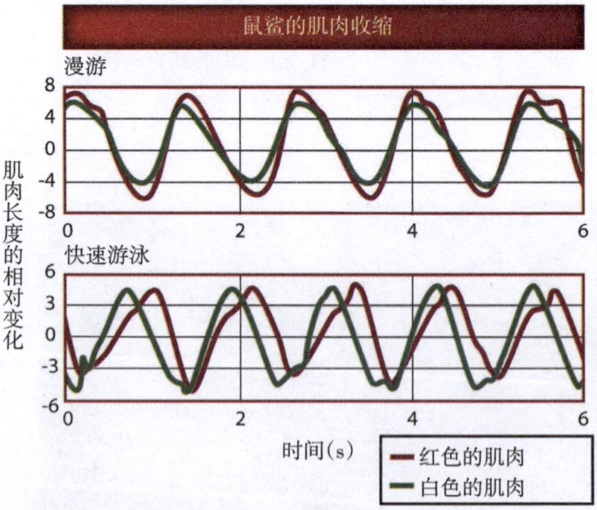

*数据来源：Donley, J., et al. 2004. Convergent evolution in mechanical design of lamnid sharks and tunas. *Nature* 429:61–65.

图解硬骨鱼

图28-17

硬骨鱼纲的鱼，骨骼大多由硬骨组成。硬骨鱼分为两个亚纲——辐鳍鱼亚纲和肉鳍鱼亚纲。现代四足动物的祖先，是一种已经灭绝的肉鳍鱼。

辐鳍鱼

辐鳍鱼的鳍由薄且呈刺状的鳍条支持。

肉鳍鱼

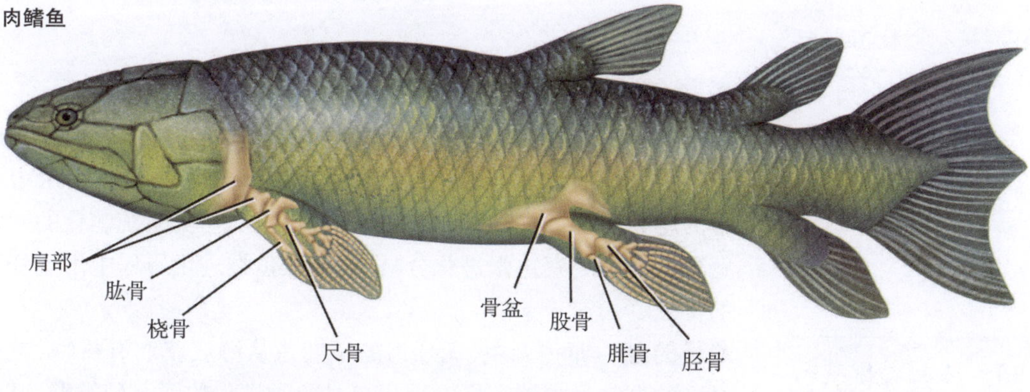

肉鳍鱼有发达的肉质基部和关节，类似于陆生脊椎动物。

早期四足动物

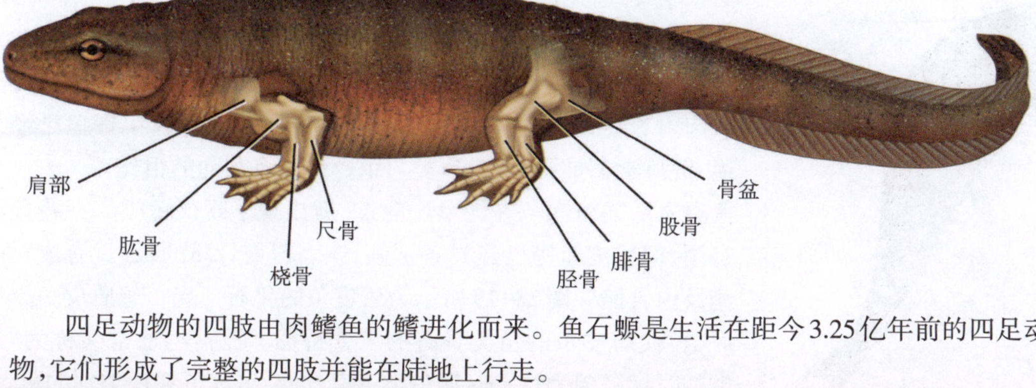

四足动物的四肢由肉鳍鱼的鳍进化而来。鱼石螈是生活在距今3.25亿年前的四足动物，它们形成了完整的四肢并能在陆地上行走。

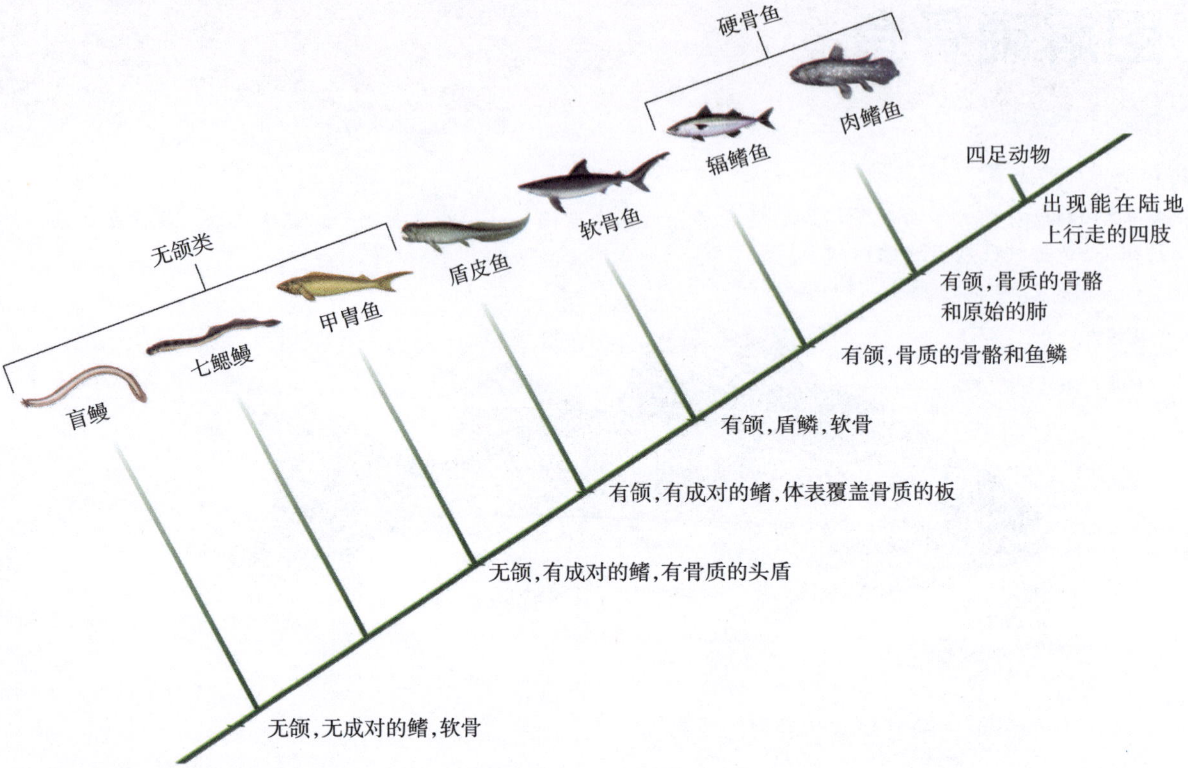

■ **图28-18** 进化分枝图表示了对鱼类系统演化的一种解释。

识别 *通过进化分枝图，哪些鱼没有颌。*

■ **图28-19** 恐鱼又称邓氏鱼，是头部包裹着骨质板的盾皮鱼。

鱼类的进化

在寒武纪时期的远古海洋，最早的脊椎动物在水中蠕动着前进。它们没有颌和牙齿，但已经具备鳃、头部及推动其在水中前行的尾。如**图28-18**所示的进化分枝图是对鱼类系统演化的一种解释。仔细观察这张进化分枝图，注意鱼类进化历程中出现变化的特征。

最早的鱼 那些无颌、无牙齿的早期鱼从海底获取有机物，就像微型的真空吸尘器一样。甲胄鱼是鱼类进化的下一种类群，其化石出现在奥陶纪。甲胄鱼具有骨质的头盾、骨质的外壳和成对的鳍。它们是无颌的滤食性捕食者，大多数栖居在古代海洋的底部。

甲胄鱼骨质的外壳是脊椎动物进化发育过程中的里程碑。肌肉附着在骨骼上，能产生更强的运动能力。尽管甲胄鱼已经灭绝，但科学家推测：现代鱼类与甲胄鱼具有共同的祖先。

鱼类生活的时期 在泥盆纪时期，就出现了现代鱼类。一些鱼没有颌，但盾皮鱼等已经具备下颌，体表覆盖骨质的板，具有成对的鳍及内骨骼。**图28-19**所示为盾皮鱼的化石。想一想盾皮鱼灭绝后，替代盾皮鱼的鱼类具有的三个特征。泥盆纪通常又称为“鱼类的时代”，因为这一时期鱼类飞速发展，出现了各种类别的鱼。

鱼类生态学

在所有水生生态系统中，鱼类是重要的食物来源。然而，人类活动正改变着鱼类的淡水或海洋栖息环境，如在河流上修建大坝以及对水体的污染。鱼类是水生生态系统的环境指示生物。造成鱼类种群数量下降的主要原因通常是栖息地的改变。鱼类数量减少，不仅可能对人类经济带来负面影响，而且会使生态系统失去平衡。

栖息地改变 一些鱼类存在洄游行为，如鲑鱼。鲑鱼的成体生活在海洋中，但它们会返回到小溪中产卵。在美国西北部，修建大坝改变了河流和小溪的栖息环境。如**图28-20**所示，大坝干扰了鲑鱼向上游或下游洄游。以美国西北部为例，150年前能成功洄游的鲑鱼为1000万～1600万，但目前这一数量仅为150年前的3%。

污染 污染可能改变鱼类的栖息地，降低湖泊、河流及小溪的水体质量。污染可能导致某个地区的鱼类数量及种类减少。在一些情况下，当引起栖息地改变的原因消失及栖息地重新变得适宜生活时，鱼类数量及种类可能回升。例如，在水质受到严重污染的时期，在美国缅因州的佩诺布斯科特河（Penobscot River），鲑鱼十年间都不曾出现过。但当水污染停止后，鲑鱼又重新出现了。

■ **图28-20** 为了产卵，鲑鱼必须返回到曾经孵化它们的小溪中。

起步实验

回顾 根据你学习到的有关不同鱼类的知识，现在你将如何回答本章开头“起步实验”中的问题？

第2节 测评

要点梳理

- 鱼主要分为三类：无颌类、软骨鱼和硬骨鱼。
- 盲鳗和七鳃鳗是无颌类的典型代表。
- 鲨鱼、鳐和魟是软骨鱼的典型代表。
- 硬骨鱼纲包括两个亚纲：辐鳍鱼亚纲和肉鳍鱼亚纲。
- 已经灭绝的古老鱼类具有进化成现代鱼类的特征。
- 栖息地改变和水体污染可能对鱼类种群产生负面影响。

要点理解

1. 主要概念 **对比与比对** 无颌类、软骨鱼和硬骨鱼的结构。
2. **识别** 硬骨鱼两个亚纲的特征。
3. **简要画出** 三种主要鱼类的基本形状。
4. **描述** 不同种类鱼的进化顺序。
5. **提出假设** 硬骨鱼具有圆鳞或栉鳞。请提出一个假设，解释鱼鳞的类型与鱼的种类有什么关系。

批判性思维

生物中的 数学

6. 随着纬度的增加，鱼的种类和数量通常会减少。事实上，热带湖泊中，鱼的种类和数量比温带湖泊中多很多。提出一个假设，解释这一现象。

第3节

本节预览

核心问题

- 动物登陆后，出现了哪些各种各样的重要适应性特征？
- 两栖动物的特征是什么？
- 两栖动物不同目之间存在哪些差异？

术语回顾

变态发育：某种生物发育过程中，出现的一系列形态结构的变化。

关键术语

泄殖腔
瞬膜
鼓膜
变温动物

两栖动物

主要概念 **大部分两栖动物的幼体生活在水中，成体生活在陆地上。**

联系实际 请回想一下你最近一次游泳的经历。在水中运动与在陆地上运动有什么不同？正如鱼类具有适应水生生活的特点一样，两栖动物也具有适应陆地生活的特征。

四足动物的进化

四足动物是3.6亿年前首个出现在地球上的具有四肢的脊椎动物。现代两栖动物是这些早期四足动物的后代。仔细观察**图28-21**的进化树，两栖动物与其他脊椎动物有怎样的联系。几百万年后的今天，动物已经适应了陆地生活环境。

登陆 要从水生转变到陆生，动物必须面临一些生理挑战。**表28-1**列出了水生生活环境与陆生生活环境之间的差异。这些差异包括浮力、含氧量和温度。**表28-1**同时列举了陆生脊椎动物如何适应陆地生活的实例。

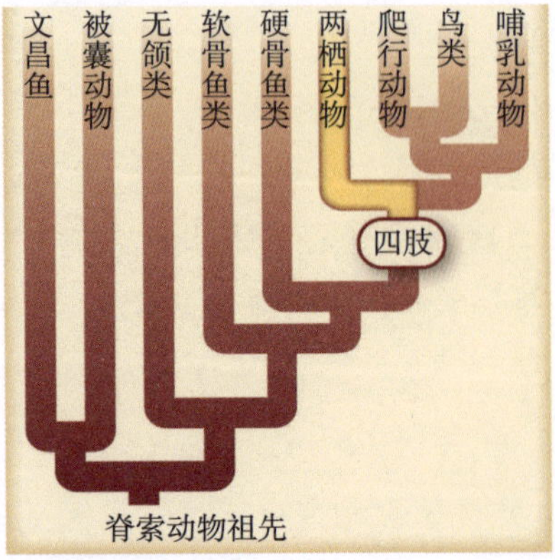

■ **图28-21** 该进化树表示出了两栖动物与其他脊椎动物的联系。

表28-1 对陆地生活的适应

水生生活条件	陆地生活条件	陆生脊椎动物的适应性特征
水产生浮力，对抗重力作用	• 空气产生的浮力只有水的千分之一 • 动物运动必须克服重力	进化出四肢，且陆生脊椎动物的骨骼和肌肉系统变得更强壮
氧气溶解在水中，氧气必须依靠鳃，通过血液与水反向流动进行气体交换	• 空气中的含氧量至少是水中的20倍	陆生动物依靠肺，能更高效地从空气中获得氧气
水能保持热量，所以水温不会快速地变化	• 气温比水温更易变化 • 一天中，白天和夜晚的温差可达10℃	陆生动物发展出行为或生理上的适应性特征，从而保护自身免受极端温度的伤害

除**表28-1**列出的差异外，水生环境与陆生环境的另一个区别是：声音在空气中的传播速度比在水中快。鱼类能利用侧线系统感受水中的振动或声波，但侧线系统在空气中不起作用。陆生脊椎动物进化出耳朵，感受通过空气传来的声波。

陆生栖息地 虽然陆生生活存在许多挑战，但陆地上有许多栖息地。热带雨林、温带森林、草原、沙漠、北方针叶林和苔原等不同的陆地生物群系，为具有不同适应性特征的陆生动物提供了适宜的栖息地。

两栖动物的特征

你曾经在装有池塘水的罐子里观察过蝌蚪吗？仔细观察并描述**图28-22**所示的蝌蚪。蝌蚪是青蛙的幼体，没有四肢，用鳃呼吸，外形像鱼。蝌蚪逐渐进行变态发育：后肢形成并慢慢变长，尾巴变短，肺代替了鳃，最后长出前肢。在短短的几周或几个月时间里，蝌蚪就变成了成蛙。大多数两栖动物的幼体生活在水里，经过变态发育，它们具备了在陆地上生活的条件。

现代两栖动物包括蛙、蟾蜍、蝾螈和无足的蚓螈。大部分两栖动物具有如下特征：成体具有四肢，皮肤裸露无鳞片并可以进行气体交换，具有肺、双循环系统，幼体生活在水中。

摄食和消化 大部分两栖类的幼体是植食动物，蝾螈的幼体是肉食动物。但是，它们的成体相似，都是捕食者，以多种无脊椎动物和小型脊椎动物为食。一些蝾螈和无四肢的蚓螈使用下颌捕食猎物；蛙和蟾蜍等两栖动物，则能快速伸出长而具有黏性的舌头，抓住正在飞行的猎物。

食物从口腔进入，通过食管进入胃，消化从胃开始。食物又从胃到达小肠，小肠中有胰腺分泌的酶可以消化食物。在小肠中，食物被吸收进入血液，并被运送到全身的组织细胞中。食物残渣从小肠移动到大肠，然后排出体外。在肠的末端，是称为泄殖腔的空腔。**泄殖腔(cloaca)**是食物残渣、尿液、卵或生殖细胞排出前接收它们的一个空腔。

■ **图28-22** 辣椒细腿树蛙生活在南美洲。
上图：蝌蚪没有腿。
中图：蝌蚪正在进行变态发育，图中可以看到四肢的发育。
下图：成蛙具有发育完全的四肢，没有尾巴。

排泄 两栖动物通过肾脏过滤血液中的代谢废物，排出细胞代谢产生的氨或尿素。氨是生活在水中的两栖动物蛋白质代谢的终产物，并被排出体外。生活在陆地上的两栖动物排出尿素，尿素在肝脏中由氨合成。与氨不同的是，尿素储存在膀胱中，通过泄殖腔排出体外。

术语

两栖

既能在陆地又能在水中生活，如两栖动物。青蛙是两栖动物。

呼吸和循环 大部分两栖动物的幼体通过皮肤和鳃进行气体交换。大部分两栖动物的成体，通过肺、皮肤及口腔的内壁进行呼吸。蛙无论是在水里还是陆地上，都可以依靠皮肤呼吸。这种能力使蛙可以在池塘底的泥里度过冬天，以免遭受寒冷的侵袭。

图28-23所示为两栖动物的循环系统。与前面所学的鱼类的单循环不同，两栖动物为双循环。第一个循环将含氧量少的血液运送到肺部或皮肤，再将含氧量高的血液运回心脏。在第二个循环中，含氧量高的血液从心脏出发，通过血管运送到全身各处，释放出氧气供组织细胞利用。

两栖动物的心脏具有三个空腔。肌肉组织将心房完全分成了两部分，即右心房和左心房。右心房接收来自全身各处的含氧量低的血液，而左心房接收从肺部运送来的含氧量高的血液。两栖动物的心室还没有分开。

阅读检测 **描述**两栖动物的循环系统是如何适应陆生生活的。

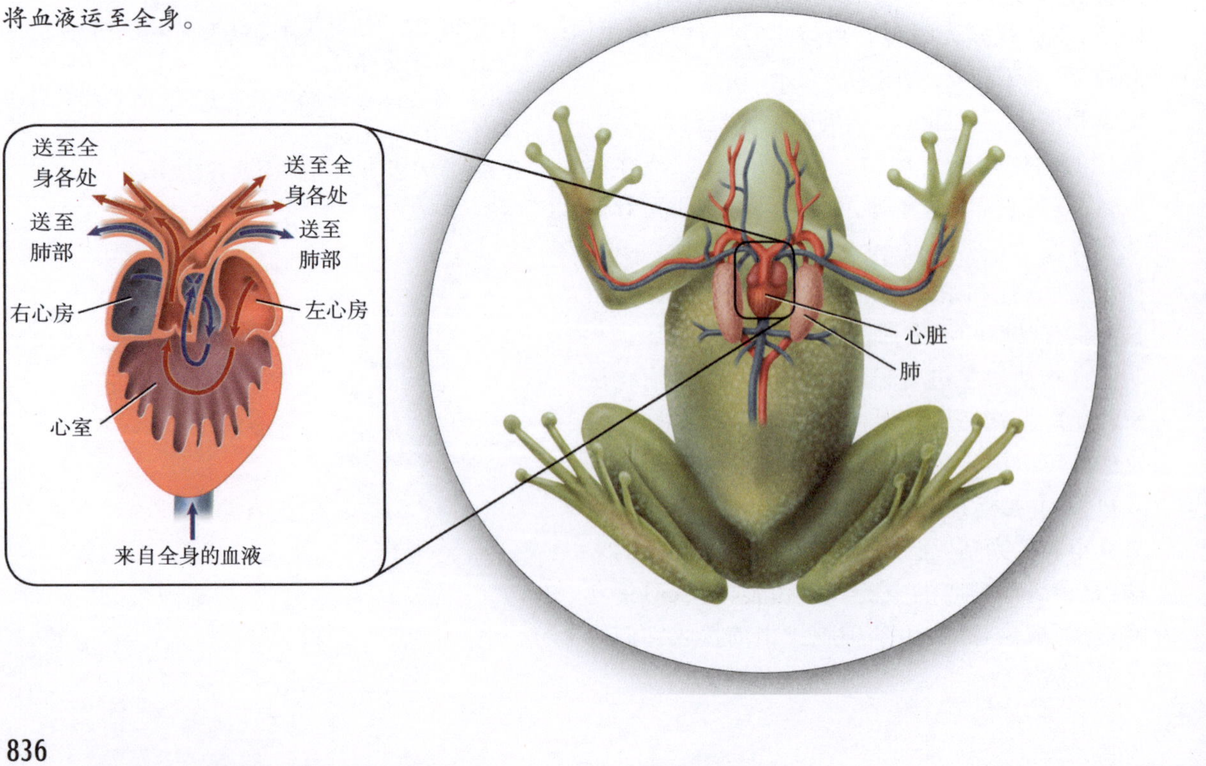

■ **图28-23** 两栖动物的循环系统包含两个循环，将血液运至全身。

脑和感觉 跟鱼一样，两栖动物的神经系统发育比较完善。由于水生环境和陆生环境不同，鱼类和两栖动物的脑之间也存在差异。例如，蛙的前脑包含一个能感受空气中气味刺激的区域。小脑对于维持鱼类的身体平衡非常重要，但在陆地上生活的两栖动物的小脑并不是很发达。

对于大部分两栖动物来说，视觉非常重要。它们利用视觉定位正在高速飞行的猎物，并避开捕食者。蛙类的眼睛具有瞬膜，**瞬膜（nictitating membrane）**是一种能在眼球上运动的透明眼睑，它在水下可以保护眼睛，在陆地上可以防止眼睛过于干燥。

两栖动物的耳朵也适于陆地生活。**鼓膜（tympanic membrane）**是一种耳膜。如**图28-24**所示，蛙类的鼓膜是一层较薄的外膜。蛙类利用鼓膜能听见高亢的声音，并放大声带产生的振动。两栖动物的其他感觉包括皮肤中的触觉、舌头上的味觉以及鼻腔里的嗅觉。

两栖动物属于变温动物，因此感受环境中的温度非常重要。**变温动物（ectotherm）**是需要从外界环境获取身体所需热量的动物。变温动物不能通过新陈代谢调节自身体温，所以必须能感知到何处能使自身体温升高或降低。例如，如果天气寒冷，蟾蜍就会寻找一块温暖的岩石，在上面晒太阳。

■ **图28-24** 鼓膜是对陆地生活的适应。

数据分析实验2

基于真实的数据*

解释图表

温度如何影响树蛙的叫声频率？ 雄性树蛙能发出叫声，雌蛙能通过叫声的频率较容易地识别出这种叫声。

数据和观察

右图展示了两种树蛙在不同温度下的叫声频率。

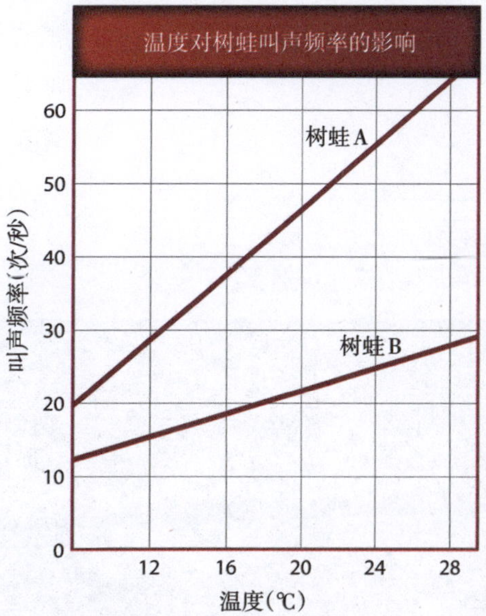

批判性思维

1. **解释数据** 树蛙的叫声频率与温度之间有怎样的关系？
2. **比较** 温度对树蛙A和树蛙B的叫声频率有怎样的影响？
3. **推断** 为什么在相同的温度下，两种树蛙的叫声频率不同非常重要？

*数据来源：Gerhardt, H.C. 1978. Temperature coupling in the vocal communication system in the grey treefrog Hyla versicolor. *Nature* 199:992–994.

■ **图 28–25** 两栖动物的卵没有外壳。

推断 *什么样的适应性特征保证了两栖动物的卵不会变干。*

生殖和发育 与许多两栖动物类似，雌蛙将卵产在水里，由雄蛙受精。蛙卵没有外壳或保护性的覆盖物。如**图 28–25**所示，卵表面覆盖着一层黏性的、胶冻状物质，这使卵在水里能固定在植物上。受精后，卵黄为胚胎发育提供营养，直到孵化成蝌蚪。如**图 28–22**所示，蝌蚪从靠鳃呼吸、无腿、有鳍、两腔心脏的植食动物变成了用肺呼吸、四条腿、三腔心脏的肉食动物。变态发育的过程主要由蝌蚪体内释放的化学物质控制。

两栖动物的分类

生物学家将现代两栖动物分为三个目：有尾目、无尾目和无足目。无尾目包含4200多种蛙和蟾蜍。有尾目包含约400种蝾螈和疣螈。无足目包括150种蚓螈，其体形似蠕虫。蛙、蟾蜍和蝾螈生活在多种多样的潮湿环境中，而疣螈完全在水中生活。蚓螈是热带掘穴的两栖动物。

蛙和蟾蜍 如**图 28–26**所示，蛙和蟾蜍没有尾巴，但有长长的腿能够跳跃。蛙的腿比蟾蜍的腿更长、更有力，因此相比于蟾蜍的小幅度跳跃，蛙的跳跃更有力。蛙具有湿润光滑的皮肤，而蟾蜍的皮肤粗糙干燥。虽然蛙和蟾蜍都必须在水域附近进行生殖，但总的说来，蟾蜍生活在离水更远的地方。蛙与蟾蜍的另一个区别是，蟾蜍头部两侧有蚕豆形状的毒腺，能释放出恶臭难闻的毒液，这种毒液可以避免被捕食。

阅读检测 **对比与比对**蛙和蟾蜍的特征。

■ **图 28–26** 相比于蟾蜍干燥粗糙的皮肤，牛蛙的皮肤湿润光滑。

牛蛙

蟾蜍

红蝾螈

疣螈

■ **图28-27** 红蝾螈生活在美国东部。疣螈在水草丰富的池塘里产卵。

蝾螈和疣螈 如**图28-27**所示，与蛙和蟾蜍不同，蝾螈和疣螈身体细长，具有颈部和尾部。大多数蝾螈具有四条腿及薄而湿润的皮肤，它们不能生活在离水太远的地方。与蛙类似，大部分蝾螈在水中产卵。蝾螈的幼体除了有鳃之外，其他形态与成体蝾螈一样。如**图28-27**所示的疣螈，通常终生生活在水中。大部分蝾螈成体可以生活在潮湿的环境中，如木头或落叶下。蝾螈的长度短至15厘米，长至1.5米。成年蝾螈以蚯蚓、蛙卵、昆虫及其他无脊椎动物为食。

蚓螈 如**图28-28**所示，蚓螈与其他两栖动物不同，它们没有足，且形似蚯蚓。它们在土壤中掘穴，以蚯蚓和其他无脊椎动物为食。蚓螈的眼睛大部分被皮肤覆盖，所以它们几乎没有视力。蚓螈的生殖方式为体内受精，它们将卵产在靠近水源的潮湿土壤中。蚓螈生活在南美洲、非洲和亚洲的热带雨林。

与生物学相关的职业

动物管理员 动物管理员在动物园工作，负责管理动物园中与动物有关的一部分工作，比如，两栖动物的展览。管理员们会一起工作，以决定维持动物园中某种动物栖息地的最佳方式。

■ **图28-28** 蚓螈没有耳孔，目前，人类还不清楚蚓螈是否能够听到声音。

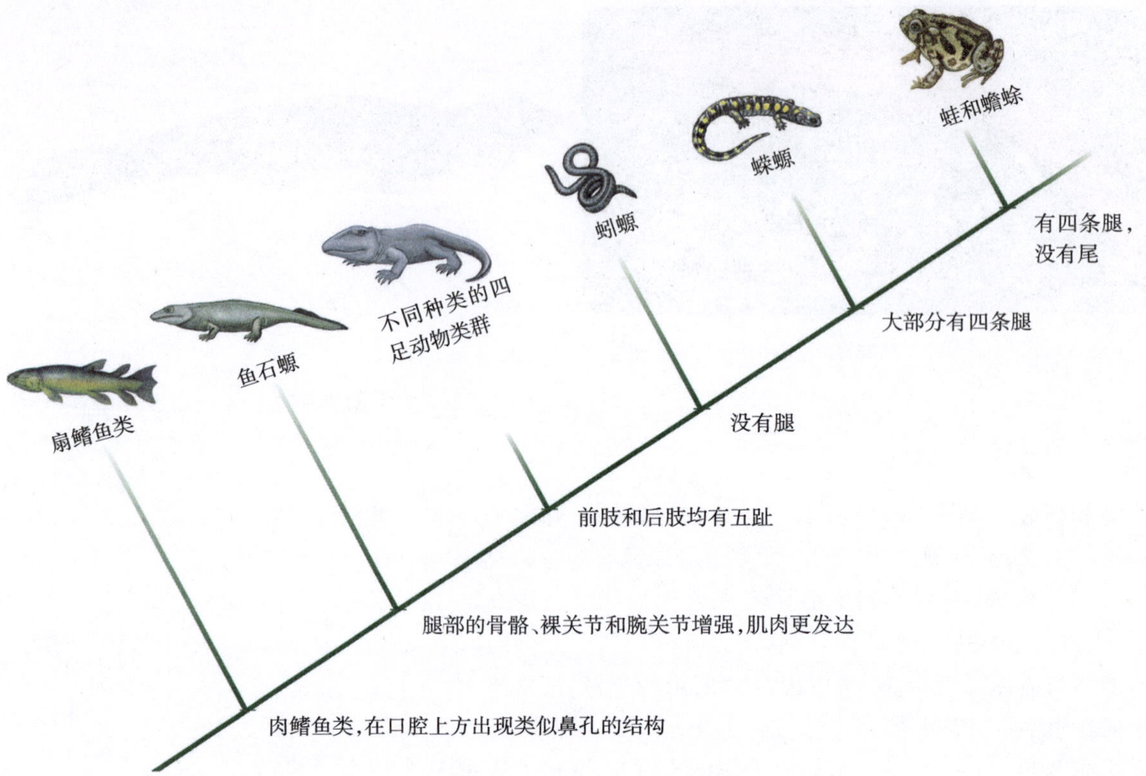

■ **图 28-29** 该进化树展示了两栖动物进化的一种解释。

解释 *哪一种现代两栖动物与第一种四足动物的亲缘关系更近。*

两栖动物的进化

化石证据表明，最早的四足动物在登陆前，在水中进化长出了四肢。许多有利于陆生生活的适应性特征首次在水中进化出来。例如，四足动物具有脚和趾，有助于它们在地面间穿行；踝关节和腕关节提高了运动的可操作性；髋骨连接到脊柱，有助于捕食猎物。

图 28-29 所示的进化树，是对两栖动物进化的一种解释。许多科学家认为，早期的四足动物与现已灭绝、被称为扇鳍鱼的一种肉鳍类鱼亲缘关系最近。早期四足动物与扇鳍鱼具有的共同特征包括：颅骨和四肢的骨骼结构、口腔顶部鼻孔样的结构，以及类似于牙齿的结构。

早期四足动物定义为具有腿的动物，但对于这些动物来讲，腿还过于柔弱无力，不宜在陆地上运动。如**图 28-17** 所示，四足动物肩部骨骼具有更多支持，腿部骨骼更强壮，肌肉更发达，这使它们能在陆地上支撑起身体，更易运动。四足动物的颅骨与肉鳍鱼类的颅骨形状大致相同。四足动物类群分支，进化出两栖动物、爬行动物、鸟类及哺乳动物。

术语

多样化

产生多样性。

面包店制作了多样化的面包，为顾客提供了更多选择。

阅读检测 **解释**为什么科学家认为四足动物是由扇鳍鱼进化而来的。

两栖动物的生态

在近几十年,全世界范围内两栖动物的种群数量显著下降。科学家收集数据,查找可能引起两栖动物数量下降的各种原因。有可能由当地特有的条件导致,也有可能由全球的一些因素导致。

当地因素 加利福尼亚红腿蛙的数量下降是由于栖息地破坏。当湿地水源枯竭及在该地区修建了其他建筑物时,对于必须在水里或水源附近产卵的两栖动物来讲,这些地方则不再适宜产卵。有时候,外来物种入侵会影响两栖动物种群。外来物种会与两栖动物竞争食物、栖息场所或者成为两栖动物的天敌。鳟鱼捕食蝌蚪,其被引入加利福尼亚内华达山脉的高原湖泊后,导致生活在该地区的黄腿山蛙濒临灭绝。

全球因素 除了当地因素,各种全球因素也可能引起两栖动物数量下降。在全球气候变化方面,气温升高、土壤温度下降、干旱季节时间延长及降雨的变化,都可能导致两栖动物死亡或给两栖动物的身体造成压力,使两栖动物更容易感染疾病。

图28-30比较了健康的蟾蜍卵与受到真菌感染的蟾蜍卵。一些科学家认为,全球气候变化使降雨量减少,导致两栖动物的卵留在水浅的池塘里发育。由于水的深度下降,这些卵暴露在更多的紫外线下。已有实验表明:在紫外线环境中暴露越多,两栖动物卵受到真菌感染的风险越大。

健康的蟾蜍卵

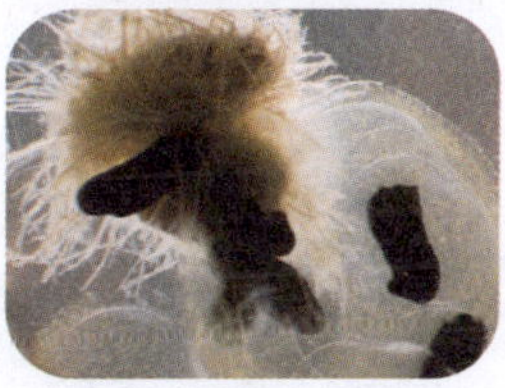

被真菌感染的蟾蜍卵

图28-30 健康的蟾蜍卵在水中排成一列;被真菌感染的蟾蜍卵表面覆盖着真菌。真菌感染可能是某些蟾蜍种群下降的原因。

第3节 测评

要点梳理

- 动物从水生到陆生的转变,需要多方面的适应。
- 两栖动物的身体具有独特的适应性特征,使它们能在陆地上生活。
- 根据身体结构的相似性,两栖动物分为三个目。
- 早期四足动物进化出最终能在陆地上生活的水生适应性特征。
- 由于各种原因,世界范围内两栖动物的种群数量正在下降。

要点理解

1. 主要概念 **总结**两栖动物适应陆生生活的特征。
2. **比较**陆地环境与水生环境的条件。
3. **分析**对于动物登陆非常重要的适应性特征的种类。
4. **总结**两栖动物每个目的特征。

批判性思维

5. **解释插图** 仔细观察**图28-29**,说出哪一种离现在最近,哪一种最古老。

科技 写作

6. 假如你在家附近的一片沼泽地散步时,发现一只四肢畸形的死亡青蛙。为什么会出现这些畸形特点?请提出可能的原因。

生物大发现

一条有腿的鱼?

许多科学家认为,提塔利克鱼(fishapod)是鱼与最早的四足动物之间的过渡类型。2004年,提塔利克鱼的化石在加拿大的埃尔斯米尔岛被首次发现。为了收集数据,科学家发掘了10具独立的提塔利克鱼化石。

为什么要登陆? 在提塔利克鱼生活的时期,埃尔斯米尔岛是位于赤道附近的大陆的一部分。科学家认为,深海环境中捕食者的威胁及觅食的激烈竞争,使动物进化出在浅水区生活并最终登陆的适应性特征。

并不是真正的鱼 虽然提塔利克鱼具有鱼类的特征,但它们同时具有许多不同于鱼类的特征。首先,它的胸鳍包含一个类似于腕关节的骨骼结构及五个趾骨。科学家认为,提塔利克鱼可以利用强壮的鳍,在浅水区域运动。同时,提塔利克鱼利用鳍将身体推至水面以上,有利于寻找食物和呼吸空气。

与许多原始鱼类相似,提塔利克鱼也具有鳃和肺,并利用鳃和肺呼吸。同时,提塔利克鱼具有大而强壮的胸腔,这意味着:胸腔为肺提供了空间并保护肺,当它用鳍支撑身体时,胸腔也起到支持身体的作用。提塔利克鱼的眼睛位于大而宽的头顶,非常像鳄鱼。它的身体通过颈部与肩膀分开,颅骨却与肩膀直接相连。这些特征使提塔利克鱼能够转动头部。

填补研究空白 提塔利克鱼的发现,大大地填补了从原始鱼类到四足动物进化的空白。科学家希望,在未来可以发现更多早期未知物种的化石,这将有助于研究生物的进化历程。

科学家认为,提塔利克鱼是鱼与最早的四足动物之间的过渡类型。上图展示的是提塔利克鱼化石的一部分。下图是一位画家想象的提塔利克鱼可能的样子及生活方式。

与生物学相关的职业

职业描述 古生物学家研究化石,请你研究古生物学家这一职业。古生物学家需要具备什么技能?他们需要完成什么任务?撰写一篇关于古生物学的职业描述,包括他们可能会到哪里旅行,他们愿意发现什么化石,他们会提出哪种假设等。

生物实验室

变温动物如何调节体温?

背景:两栖动物属于变温动物,许多变温动物生活在每天气温波动在10℃~15℃的地方。在这个实验中,你将研究一些变温动物为了保持适宜的体温所采用的策略。

问题:变温动物如何将体温维持在某个范围内?

实验器材

温度计(2支)	沙子
塑料容器(2个)	土壤
米尺	灯泡和台灯
常温水	
厨房用纸	

安全注意事项

警示:当灯泡亮着时,台灯可能会变得很热。

设计与实施实验

1. 阅读并完成实验室安全表。
2. 取两支温度计,将这两支温度计作为变温动物的模型。记录每支温度计的初始温度。将一支温度计放在其中一个塑料容器中,另一支温度计放在另一个塑料容器中,并在第二个容器中加水至5厘米高,将温度计竖直浸没在水中。
3. 将两个容器放置在打开的灯泡下。记录温度计的示数。在接下来的15分钟内,务必保持每支温度计处于36~39℃范围内。确定隔一段时间读取一次温度计的示数,并将数据记录在表格里。记录你采取了哪些措施使温度计的示数保持在特定的范围内。
4. 将水从容器中倒出,并完全晾干容器。使温度计读数恢复到室温。
5. 将一支温度计放置在容器中,并在容器中装5厘米深的土壤,将温度计插入其中。将另一支温度计放置在另一个容器中,并在容器中装入5厘米深的沙子,将温度计插入其中。
6. 重复步骤3。

实验分析和结论

1. **总结** 在所有的实验步骤中,你能将温度成功地保持在限定范围内吗?你是怎样做到的?
2. **分析** 保持水、土壤或沙子中温度计示数稳定的方法有什么差异?在哪种物质中,保持温度在一定范围内最容易?为什么?
3. **得出结论** 变温动物面临的挑战是什么?请解释。
4. **批判性思维** 两栖动物和爬行动物是如何保持体温处于某个范围内的?

技能应用

海报制作 研究变温动物,并制作一张海报描述它们在低温下生存的适应性特征。

第28章 复习指南

内容聚焦 发展 蝌蚪是蛙的幼体，蝌蚪通过变态发育长成成蛙。

大概念 **鱼类具有适应水生生活的特征。大部分两栖动物的成体具有生活在陆地上的适应性特征。**

第1节 鱼类

软骨
神经嵴
鳍
鱼鳞
鳃盖
心房
心室
肾单位
侧线系统
产卵
鱼鳔

主要概念 **鱼类是脊椎动物，具有适于在水中生活和繁殖的特征。**

- 脊椎动物包括鱼类、两栖动物、爬行动物、鸟类和哺乳动物。
- 所有脊椎动物都具有脊索。在大多数脊椎动物的胚胎发育阶段，脊索被脊柱所替代。
- 鱼类具有某些共同的特点。
- 鱼类特有的适应性特征使其能够终生生活在水里。

第2节 鱼的种类

四足动物

主要概念 **科学家根据鱼的身体结构，将鱼主要分为三类。**

- 鱼主要分为三类：无颌类、软骨鱼和硬骨鱼。
- 盲鳗和七鳃鳗是无颌类的典型代表。
- 鲨鱼、鳐和魟是软骨鱼的典型代表。
- 硬骨鱼纲包括两个亚纲：辐鳍鱼亚纲和肉鳍鱼亚纲。
- 已经灭绝的古老鱼类具有进化成现代鱼类的特征。
- 栖息地改变和水体污染可能对鱼类种群产生负面影响。

第3节 两栖动物

泄殖腔
瞬膜
鼓膜
变温动物

主要概念 **大部分两栖动物的幼体生活在水中，成体生活在陆地上。**

- 动物从水生到陆生的转变，需要多方面的适应。
- 两栖动物的身体具有独特的适应性特征，使它们能在陆地上生活。
- 根据身体结构的相似性，两栖动物分为三个目。
- 早期四足动物进化出最终能在陆地上生活的水生适应性特征。
- 由于各种原因，世界范围内两栖动物的种群数量正在下降。

第28章 测评

第1节

术语回顾

在“复习指南”中选择合适的术语，将每个句子补充完整。

1. 雄鱼和雌鱼在水中彼此靠近，并产生生殖细胞，这个过程称为______________。

2. ____________是心脏的一个腔，它接受全身各处的血液回到心脏。

3. 在脊椎动物中，由神经管发育而来的一群细胞称为____________。

要点理解

利用如下所示的图片，回答第4题和第5题。

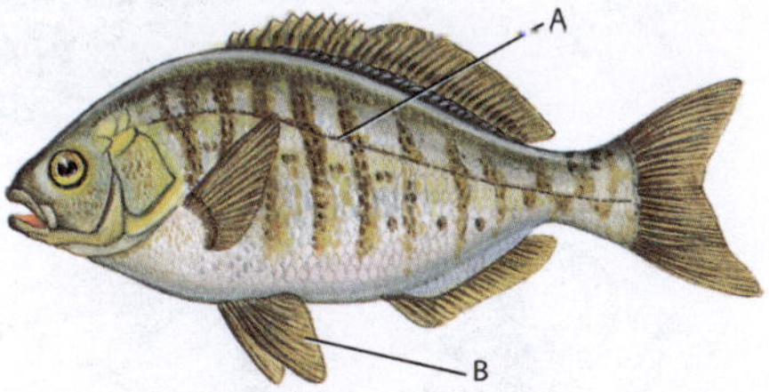

4. 标号A所示的结构是(　　)。

A. 栉鳞　　**B.** 侧线系统
C. 神经嵴　　**D.** 鳃盖

5. 标号B所示的结构是(　　)。

A. 鳃　**B.** 鱼鳔　**C.** 心室　**D.** 腹鳍

6. 下列结构能使鱼在水中控制所处的深度的是(　　)。

A. 鳃盖　　**B.** 鱼鳔
C. 侧线系统　　**D.** 颌

7. 下列适应性特征使鱼成为捕食者的是(　　)。

A. 成对的鱼鳍　　**B.** 盾鳞
C. 颌　　**D.** 鳃

回答问题

8. 主要概念　生活在海里的脊椎动物比生活在陆地上的脊椎动物种类更多。提出一个假设，解释为什么这是正确的。

9. **与生物学相关的职业**　动物学家发现一种新的深海捕食者——龙鱼，他们对龙鱼的一条长而细的发光突出物感到好奇。这条突出物称为触须，附着在龙鱼的下颌并在身体下面拖曳。设计一个实验，判断龙鱼触须的功能。

批判性思维

10. **得出结论**　雄性的蓝鳃太阳鱼会筑巢，保护卵及新孵化出的幼鱼。有时，外来侵入的雄鱼会使其中一些鱼卵受精。蓝鳃太阳雄性亲鱼能够识别与其有血亲关系的后代，并且只照顾它们，而不照顾从同一个巢中孵化出的其他幼鱼。雄性的蓝鳃太阳鱼能识别自己的后代并且只照顾它们，这点为什么非常重要？

第2节

术语回顾

在“复习指南”中选择适合的术语，将下面的句子补充完整。

11. _________是有四条腿的动物，且腿部有足和脚趾具有关节。

要点理解

12. 下图表示寄生在体外的鱼的是(　　)。

A.

B.

C.

D.

13. 下列与现代鱼类有共同祖先的是(　　)。

A. 甲胄鱼　　B. 辐鳍鱼类

C. 腔棘鱼　　D. 无颌类

14. 下列属于鲨鱼的特征的是(　　)。

A. 无颌、具有软骨、有侧线

B. 无颌、具有软骨、辐鳍鱼

C. 有颌、硬骨鱼、有鱼鳔

D. 有颌、具有软骨、有侧线

回答问题

15. **主要概念** 画出一种鱼类的身体结构草图,要求包括并解释鱼类适应环境的外部特征。

批判性思维

利用下面的材料和图片,回答第16题和第17题。生物学家曾经研究过:将在自由流动的小溪中游泳的鳟鱼与在同一条小溪中障碍物后面游泳的鳟鱼的肌肉运动进行比较。红色的点表示最大强度的肌肉运动,橙色的点表示中等强度的肌肉运动,而白色的点表示没有肌肉运动。

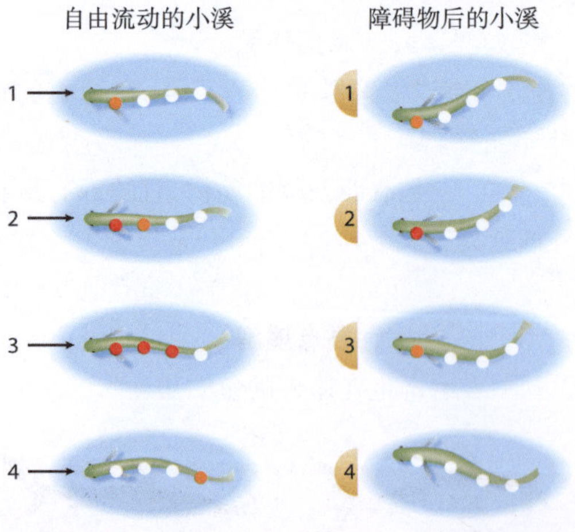

16. **评价** 在哪一种情况下,鳟鱼利用的能量最多?

17. **推断** 根据这个实验,推断试图保存能量的鳟鱼可能生活在小溪的哪些区域。

第3节

术语回顾

下列表述均存在错误。请参考“复习指南”,选择相应的术语,替换每个句子中的斜体字,使句子正确。

18. *心房*是食物残渣、尿液、卵或生殖细胞排出动物体前,接收它们的一个空腔。

19. *瞬膜*使两栖动物能听见声音。

20. 两栖动物有*鼓膜*,能保护眼睛并避免眼睛变干。

要点理解

21. 下列动物是蚓螈的是(　　)。

A.

B.

C.

D.

22. **内容聚焦 变化** 四足动物的演化史表明肉鳍鱼类具有的特征是(　　)。

A. 肉鳍鱼类是两栖动物的祖先

B. 肉鳍鱼类与两栖动物相似,因为它们都具有鳍

C. 肉鳍鱼类与盲鳗的亲缘关系最近

D. 肉鳍鱼类与两栖动物相似,因为它们成年时均具有侧线系统。

23. 两栖动物利用(　　)维持体内的水分平衡。

A. 瞬膜　　B. 鼓膜

C. 肾脏　　D. 鱼鳔

24. 下列不属于蝌蚪的特征的是(　　)。
A. 有肺　　B. 有尾
C. 有鳃　　D. 植食动物

回答问题

25. **开放式回题**　画一张图,表示紫外线对两栖动物卵的影响。

26. **开放式回题**　目前适应热带气候和温度的两栖动物,如果生活在较冷的环境中,其结构和生理特点可能会发生哪些改变?

27. **主要概念**　描述两栖动物的各种感觉如何与陆生生活相适应。

批判性思维

28. **设计实验**　某些蛙的蝌蚪幼体聚集成群,彼此非常接近,看起来就像一个在水中运动的足球。设计一个实验,验证蝌蚪表现出这种行为的原因。

29. **创作**　根据你所了解的有关青蛙栖息地、营养及其他知识,为两栖动物的栖息地拟定一则广告。

利用如下图示,回答第30题。

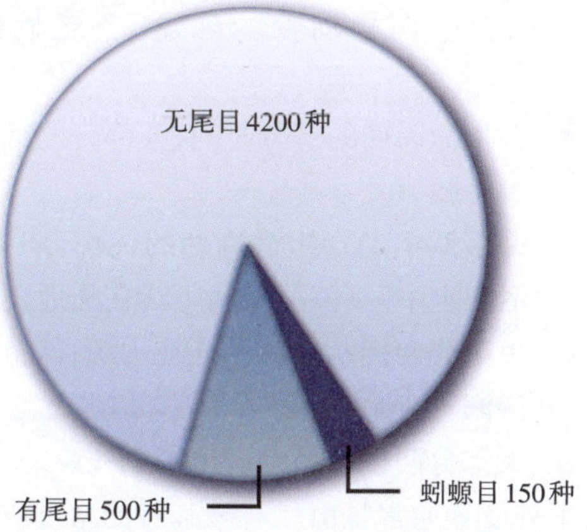

30. **计算**　计算两栖动物每个目的种数占两栖动物总数的百分比。

总结性测评

31. **大概念**　鱼类具有适应水生生活环境的特征。大部分两栖动物具有既能生活在水中,又能生活在陆地上的适应性特征。列举鱼类和两栖动物的具体特征,解释它们彼此之间有怎样的相似性和差异性。

32. 两栖动物的爬行使其循环系统发生了怎样的变化?

33. **科技 写作**　研究一下,科学家为保护两栖动物做出了哪些努力?写一篇报道文章,总结你所了解到的内容。

DBQ 资料分析题

科学家试图确定近几十年来导致两栖动物种群下降的某些原因。下图所示为其中一项研究结果,测试了两栖动物胚胎的存活率随孵化卵的水深所发生的变化。

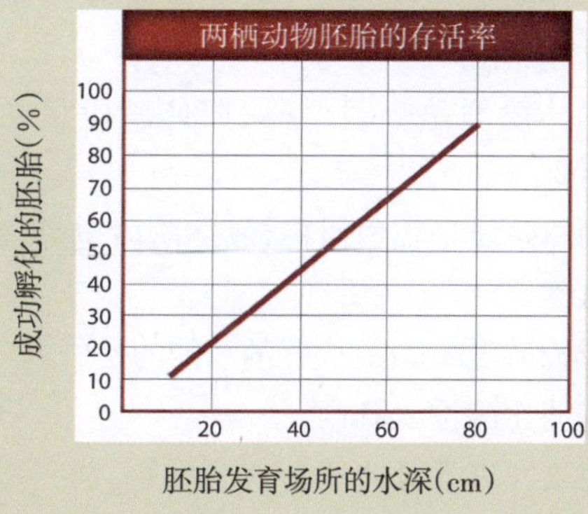

数据来源：Kiesecker,j.,et al. 2001. Complex causes of amphibian population declines. *Nature* 410:681—683.

34. 描述胚胎发育场所的水深与胚胎成活率之间的关系。

35. 提出一个两栖动物种群下降与气候变化有关的假设。

标准化测试

选择题

利用如下图示，回答第1题。

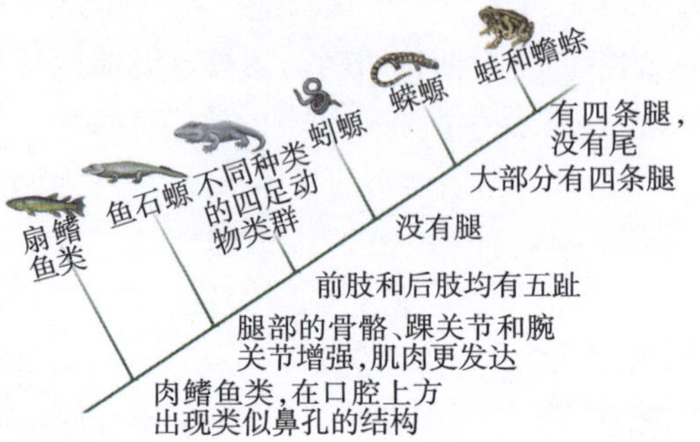

1. 根据进化树，与两栖动物的亲缘关系最近的是(　　)。

A. 鱼石螈　　**B.** 扇鳍鱼类

C. 鳐　　**D.** 鲨鱼

2. 在棘皮动物的幼体和成体阶段，身体特征是(　　)。

A. 幼体阶段呈两侧对称，成体阶段也呈两侧对称

B. 幼体阶段呈两侧对称，成体阶段呈辐射对称

C. 幼体阶段呈辐射对称，成体阶段呈两侧对称

D. 幼体阶段呈辐射对称，成体阶段也呈辐射对称

3. 下列属于节肢动物马氏管的功能的是(　　)。

A. 将消化酶注入肠内

B. 使氧气进入身体

C. 维持身体水分的平衡

D. 将血液运输到身体各组织中

4. 蜜蜂使用(　　)告诉蜂巢内其他蜜蜂食物的所在地。

A. 化学信息素

B. 复杂的舞蹈

C. 安静的嗡嗡声

D. 快速拍打翅膀

5. 节肢动物单眼的功能是(　　)。

A. 在飞行时分析地形

B. 觉察颜色

C. 区分光亮和黑暗

D. 看见运动

使用如下表格，回答第6题。

行	类群	特征
1	无脊椎动物	没有脊椎
2	无颌类	没有脊索
3	硬骨鱼	具有硬骨组成的骨骼
4	软骨鱼	具有软骨组成的骨骼

6. 表格的第(　　)行包含不正确的信息。

A. 1　　**B.** 2

C. 3　　**D.** 4

7. 防止人类感染旋毛虫病最恰当的方式是(　　)。

A. 在食用前彻底煮熟猪肉

B. 治疗受到旋毛虫病感染的猪

C. 接种对抗旋毛虫病的疫苗

D. 在烹煮前正确清洗猪肉

8. 下列关于两栖动物的陈述，不正确的是(　　)。

A. 在生命周期的部分时间，大部分两栖动物没有腿

B. 许多两栖动物生命周期的一部分时间生活在水中，一部分时间生活在陆地上

C. 大部分两栖动物依靠外在水源，保持身体湿润

D. 大部分两栖动物发展出了侧线系统

9. 下列变异通常是由一对碱基对的增加或减少引起的是(　　)。

A. 移码突变　　**B.** 错义突变

C. 碱基置换突变　　**D.** 串联重复

简答题

利用如下图示，回答第10题。

10. 分别描述上图中两种软体动物的身体结构，并解释这些结构有怎样的联系。

11. 写出异养生物利用太阳能过程中能量的转变过程。

12. 评价为什么脊索是进化的一大进步。

13. 分析并解释鲨鱼的哪些特征使它成为最快的游泳者。

14. 说出两类无脊椎动物的名称，并描述它们是如何获得食物的。将它们获取食物的方式与生活方式相联系。

15. 将鱼的三个特征与你学过的另一类动物的三个特征进行比较。

开放题

16. 创建一张维恩图，整理有关胚胎发育时期形成的内、外胚层的知识，然后解释内、外胚层有怎样的相似性和差异性。

17. 解释光合作用和细胞呼吸过程中能量是如何转变的。

18. 比较文昌鱼和被囊类动物的循环系统。说出将这两类动物归类为无脊椎动物的理由。

19. 昆虫的不完全变态发育和完全变态发育，哪个更原始？提出假设并解释。

论述题

现今生活的大部分无脊椎动物类群，其进化历史可以追溯到5亿多年前。在大多数情况下，现今生活的每一类无脊椎动物都是从海洋迁移到淡水中，再迁移到陆地上的。棘皮动物的化石记录表明，棘皮动物在进化历程中发生了非常大的变化。如今，地球上生存着许多不同种类的棘皮动物，但它们都不曾离开过海洋。

利用上文中的信息，以论文的形式回答下列问题。

20. 为什么棘皮动物一直生活在海洋里，但其他无脊椎动物迁移到了淡水中和陆地生活？请提出你的假设。

考点提示

测试题号	1	2	3	4	5	6	7	8	9	10	11	12	13	14	15	16	17	18	19	20
对应章节	8.3	27.1	26.1	26.3	26.1	28.2	25.2	28.3	12.4	25.4	8.2，8.3，	27.2	28.2	27.2	28.1	24.1	14.2	27.2	26.3	27.1

第29章

爬行动物和鸟类

起步实验

具有文化象征意义的爬行动物和鸟类，从科学上讲是否准确？

一些爬行动物和鸟类令人害怕、敬畏，并具有象征意义。在本实验中，仔细审查具有象征意义的爬行动物和鸟类的实例，并判断这些陈述从科学上讲是否准确。

步骤

1. 阅读并完成实验室安全表。
2. 查找不同文化中有关爬行动物及鸟类的象征、故事及传说的材料。
3. 分析步骤2材料中信息的科学准确性。猜测为何爬行动物或鸟类会被视为象征或传说。

分析

1. **评估** 你分析的信息中有多少具有科学准确性？请说明理由。
2. **改编** 选择一个包含不准确信息的象征或传说，予以改编，使其具有科学准确性。

折叠式
学习卡

制作如下所示的三片式学习卡，记录有关爬行动物和鸟类特征的笔记。

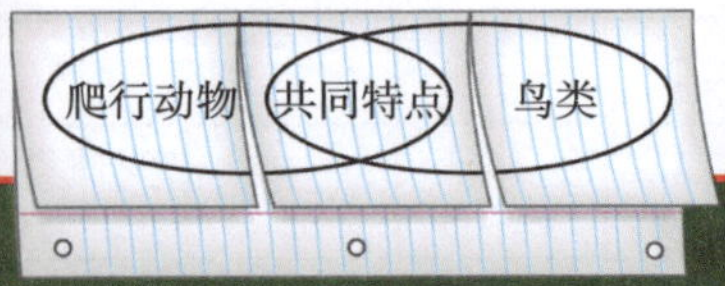

内容聚焦 稳态

爬行动物和鸟类都具有泄殖腔，有助于维持稳态。

大概念 爬行动物和鸟类的适应性特征使其能在陆地上生存和繁殖。

第1节

本节预览

核心问题

- 在陆生生活的转变中，羊膜卵具有什么重要意义？
- 爬行动物的特征是什么？
- 爬行动物不同目之间的差异是什么？

术语回顾

胚胎：卵细胞受精后，植物和动物发育的最早期阶段。

关键术语

羊膜
羊膜卵
犁鼻器
腹甲
背甲

爬行动物

主要概念 **爬行动物完全适应了陆地生活。**

联系实际 回忆一下你看过的关于爬行动物的电影，电影中的爬行物或是一条巨森蚺或是一只凶猛的霸王龙。阅读本节内容时，想一想电影中的爬行动物的特征从科学上讲是否准确。

爬行动物的特征

回忆一下之前学过的内容：具有发育完善的四肢、循环系统、呼吸系统和其他适应性特征的脊椎动物从水生生活登上陆地生活。但两栖动物的卵表面没有壳，容易在陆地上变干，幼体需要通过鳃呼吸。而爬行动物完全适应了陆地生活，是最早的陆生动物，如**图29-1**所示的西方围栏蜥蜴。爬行动物能在陆地上生存的特征包括：具有卵壳，皮肤覆盖着鳞片，具有高效的循环系统和呼吸系统。

羊膜卵 正如**图29-1**的进化树所示，爬行动物与其他具有羊膜的动物类群具有共同的特征。**羊膜（amnion）**是包裹发育中的胚胎的一层膜。在发育过程中，羊膜内充满液体从而保护胚胎。进行这种发育过程的动物称为羊膜动物，包括爬行动物、鸟类和哺乳动物。

图29-1
左：系统进化树表明，爬行动物、鸟类和哺乳动物都具有羊膜。
右：西方围栏蜥蜴是7000种爬行动物中的一种。

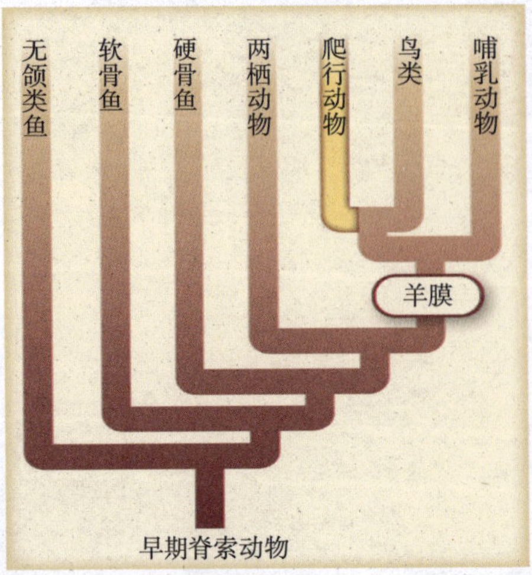

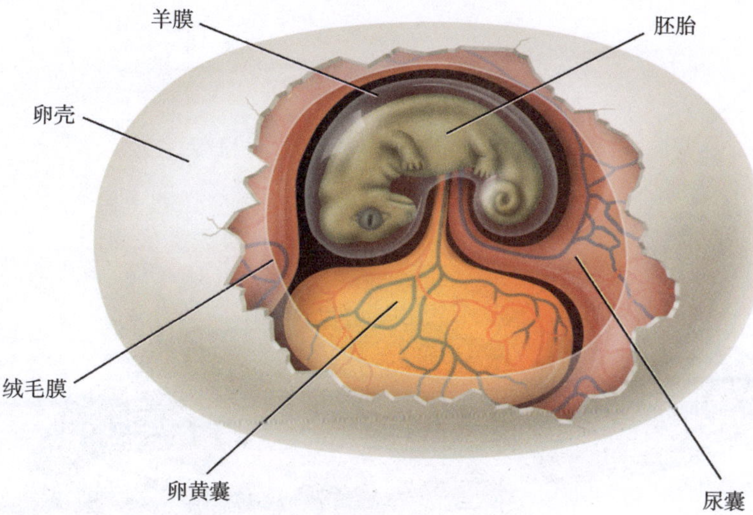

■ **图 29–2** 羊膜卵受到卵壳及膜的保护，膜内充满液体，有助于保护胚胎并避免胚胎在发育过程中干燥。

如**图 29–2** 所示，**羊膜卵(amniotic egg)**由一层起保护作用的卵壳和几层内膜覆盖，内膜之间充满了液体。胚胎在卵内能够自给自足，因为它可以从卵黄囊中获取营养物质。胚胎悬浮在羊膜内的羊水中。羊水是鱼类及两栖动物胚胎发育的水环境。尿囊是由膜形成的囊，盛装胚胎产生的代谢废物。卵的最外面的膜是绒毛膜，绒毛膜允许氧气进入，并使液体保留在卵内。爬行动物坚韧的卵壳保护了卵内的液体和胚胎，并防止卵在陆地上过于干燥。鸟类的卵壳不是那么坚韧，但也很坚硬。

干燥、覆盖鳞片的皮肤 除了要在卵内保持水分，爬行动物同时必须保持住体内的水分。干燥的皮肤可以防止其体内的水分散失到空气中。许多爬行动物的体表有一层鳞片，可以防止水分蒸发。但是，爬行动物体表覆盖一层坚韧的鳞片也存在问题，会给其身体长大带来困难。一些爬行动物在生长过程中，必须周期性地更换皮肤，称为蜕皮，如**图 29–3** 中的蛇。

呼吸 除了一些水生的龟类，大多数爬行动物主要依靠肺进行气体交换。爬行动物呼吸时，它们挤压喉部，促使空气进入肺内。爬行动物也能通过胸腔和体壁的肌肉收缩，使体腔上部扩大，吸入气体进入肺，称为吸气。当同样的肌肉群舒张时，爬行动物就呼气。爬行动物的气体交换在肺内进行。与两栖动物相比，爬行动物的肺表面积更大，获得的氧气更多，从而能通过代谢反应获得更多的能量，完成更加复杂的运动。

阅读检测 **评价**为什么羊膜卵对于完全生活在陆地上的动物十分重要。

■ **图 29–3** 一些爬行动物的身体长大时，会蜕皮。
比较 *爬行动物的蜕皮和节肢动物的蜕皮。*

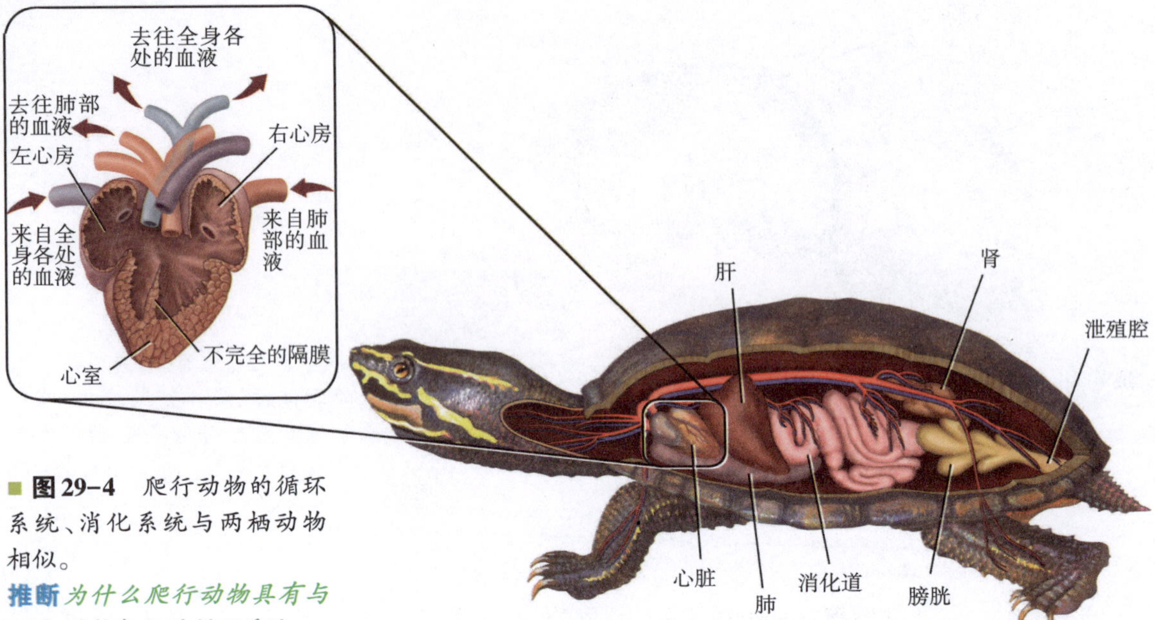

■ **图 29-4** 爬行动物的循环系统、消化系统与两栖动物相似。

推断 *为什么爬行动物具有与两栖动物相似的循环系统。*

循环 与两栖动物相似，大多数爬行动物所需的氧气从肺部进入循环系统。大多数爬行动物具有两个完全分隔开来的心房和一个心室，如**图 29-4** 所示，该心室被不完全的隔膜部分分隔开来。但是，鳄鱼的心室是被完全分隔开来的，形成了四腔心脏。分隔开的两个心室，将含氧量丰富的血液与含氧量少的血液完全分开。

爬行动物比两栖动物的体形更大，为了将血液运送到身体各处，它们的心脏更加有力，如古代生物腕龙必须将血液从心脏运送到距离超过6米的头部。

摄食和消化 如**图 29-4** 所示，爬行动物与鱼类和两栖动物的消化系统器官相似。爬行动物的摄食方式和食物多种多样。大多数爬行动物是肉食动物，但龟属于杂食动物。龟和鳄鱼具有舌头，有助于吞咽食物。蜥蜴舌头长且具有黏性，利于捕食昆虫。

蛇类具有消化比其自身体积大很多的猎物的能力。如**图 29-5** 所示，蛇类的颅骨和颌骨连接很松散，因此当蛇类吞食体积较大的食物时，颅骨和颌骨可以分开。在吞咽时，颌的上下两面交换向前延伸和缩回，以整个吞下食物。有些种类的蛇能分泌毒液，毒液可以麻醉、杀死并消化猎物。

排泄 爬行动物的排泄系统与陆地生活相适应。如**图 29-4** 所示的肾脏，能过滤并清除血液中的代谢废物。当尿素进入泄殖腔时，水分被吸收形成尿酸。这种水分的重新吸收方式使爬行动物既能保持住体内的水分，又能维持水分和无机盐的平衡。

■ **图 29-5** 蛇类可以捕食比它们的嘴还大的猎物，因为它们的颌连接松散，且上下颌能够互相独立地运动。

脑和感觉　爬行动物的脑与两栖动物的脑类似，只是爬行动物的大脑更大。爬行动物的视觉和肌肉功能更复杂，其视叶和小脑所占比例比两栖动物更大。对于大多数爬行动物而言，视觉最灵敏，一些爬行动物甚至具有色觉。爬行动物的听觉差别较大，一些爬行动物具有与两栖动物类似的鼓膜，另一些爬行动物则通过颌骨分辨声波的振动，如蛇。

与两栖动物相比，爬行动物的嗅觉高度进化。你可能见过一条蛇飞快地吐出分叉的舌头。当蛇将舌头伸出，气味分子就会粘到它的舌头上。然后，蛇将舌头收回，气味分子便进入了口腔。在口腔里，气味分子转移到一对类似于囊状、感受气味的结构中，该结构称为**犁鼻器（Jacobson's organ）**。**图 29-6** 所示为其中一个犁鼻器的结构。如果没有犁鼻器，蛇类就无法找到食物或配偶。

温度控制　与两栖动物一样，爬行动物属于不能调节自身体温的变温动物，因此必须通过行为调节体温。你可能见到过一只乌龟在晴天时趴在石头上，来自太阳和石头的热量使乌龟的体温升高。当它移动到阴凉处或凉爽的洞内时，体温则下降。温带的一些爬行动物，通过挖洞或进入不活动状态来度过冬天。蛇等爬行动物，会在冬天成百条聚集在一起，以减少热量散失。

运动　如**图 29-7** 所示，比较蝾螈足与鳄鱼足所在的位置。与两栖动物一样，一些爬行动物依靠伸开的四肢推离地面，摇摆着身体从一侧到另一侧运动。但是，鳄鱼的四肢在身体下交替运动，因此可以承载更大的体重，运动更快。为了在陆地上承载更大的体重，爬行动物的骨骼更加强壮，结构更牢固。同时，爬行动物的趾上有爪，帮助它们挖洞、攀爬并抓牢地面，增大附着力。

阅读检测　**对比与比对**爬行动物与两栖动物的脑。

■ **图 29-6**　蛇口腔里的犁鼻器用于感知气味。

■ **图 29-7**　蝾螈利用张开的四肢推动地面或其他物体，拖动身体向前运动。鳄鱼的腿交替移动，将身体抬离地面。

蝾螈

鳄鱼

繁殖 前面我们学过，两栖动物进行体外受精。爬行动物的繁殖与两栖动物的繁殖有很大的不同，爬行动物进行体内受精。受精后，羊膜卵和胚胎开始发育，卵黄为早期胚胎提供了营养物质。然后，雌性生殖系统在卵外面形成坚韧的卵壳。雌性爬行动物常常在地面挖一个洞，将卵产在洞里或产在植物碎屑中。大多数雌性爬行动物产卵后并不照看卵。但是也有例外，短吻鳄及鳄鱼会修建一个巢产卵，并在卵孵出后照顾幼体。一些蛇和蜥蜴将卵携带在身上，直到卵孵出。母体以上述方式保护着卵，甚至它们的后代能独立生存。

现代爬行动物的种类

现存的爬行动物有四个目——蛇和蜥蜴属于有鳞目，短吻鳄和鳄鱼属于鳄目，海龟和陆龟属于龟鳖目，大蜥蜴属于喙头目。

蜥蜴和蛇 蜥蜴具有爪形的趾，它们的眼睑通常可动，下颌更低且具有可动的骨缝连接使颌的运动更加灵活，具有鼓膜。常见的蜥蜴包括鬣蜥、变色龙、壁虎和安乐蜥。**图29–8**所示为鬣蜥。

蛇没有活动性的眼睑，缺乏鼓膜。但与蜥蜴一样，蛇的下颌具有关节，使其能捕食比自身头部更大的猎物。有些蛇能分泌毒液，如响尾蛇，毒液可使猎物运动速度变慢甚至杀死猎物。**图29–8**所示的绿树蟒属于大蟒。大蟒通常体积非常大，它们通过缠绕猎物的身体，使猎物窒息而死。

阅读检测 **描述**蛇捕获猎物的不同方式。

■ **图29–8** 绿鬣蜥和绿树蟒都属于有鳞目。

绿鬣蜥

绿树蟒

东部箱龟

美洲短吻鳄

■ **图29–9** 乌龟的壳保护它们免受捕食者捕食。短吻鳄有宽阔的吻部，身体覆盖着厚厚的鳞片。

龟类 如**图29–9**所示，龟类很独特，因为它们有壳保护身体。通过将头和腿缩回坚硬的壳中，龟类可以藏起来不让捕食者发现。龟壳的腹面称为**腹甲(plastron)**，背面称为**背甲(carapace)**。大部分龟的脊椎骨和肋骨与背甲的内部互相融合。龟类的另一个独特处是没有牙齿，但有锋利的喙，能够产生强大的撕咬力。与其他爬行动物一样，龟类分为水生龟和陆生龟。

鳄鱼和短吻鳄 鳄目包括鳄鱼、短吻鳄以及凯门鳄。与大多数爬行动物不同，鳄鱼具有四腔心脏。由于四腔心脏能够更高效地将氧气运送到强壮的肌肉中，鳄鱼在水中及陆地上运动都非常快速而激烈。快速运动使鳄鱼能抓住更大的猎物。

鳄鱼具有细长的吻部、尖利的牙齿及有力的下颌。如**图29–9**所示的短吻鳄，其吻部通常比其他鳄鱼吻部更宽。短吻鳄的上颌比下颌更宽。当短吻鳄闭上嘴时，上颌会交叠在下颌上，使牙齿几乎完全被盖住。而当其他鳄鱼闭上嘴时，很容易看到下颌的牙齿。凯门鳄与短吻鳄的亲缘关系很近，但鼻孔之间没有骨质的分隔。鳄鱼的牙齿与恐龙及早期的鸟类相似。

大蜥蜴 如**图29–10**所示，大蜥蜴的头、颈和背部具有一纵列锯齿状的鬣鳞，头顶部的鬣鳞看起来像“第三只眼睛”。鬣鳞覆盖着鳞片，但能够感受阳光。生物学家认为，鬣鳞可使大蜥蜴在阳光下体温不至于过高。与其他爬行动物相比，大蜥蜴的一个典型特征是具有独特的牙齿，它们的上颌有两排牙齿，下颌只有一排牙齿，这一特点使它们成为小型脊椎动物中的高效捕食者。现今存活的两种大蜥蜴仅在新西兰海岸的一些海岛上。

■ **图29–10** 大蜥蜴长度可达2米，在野外通常可存活80年。

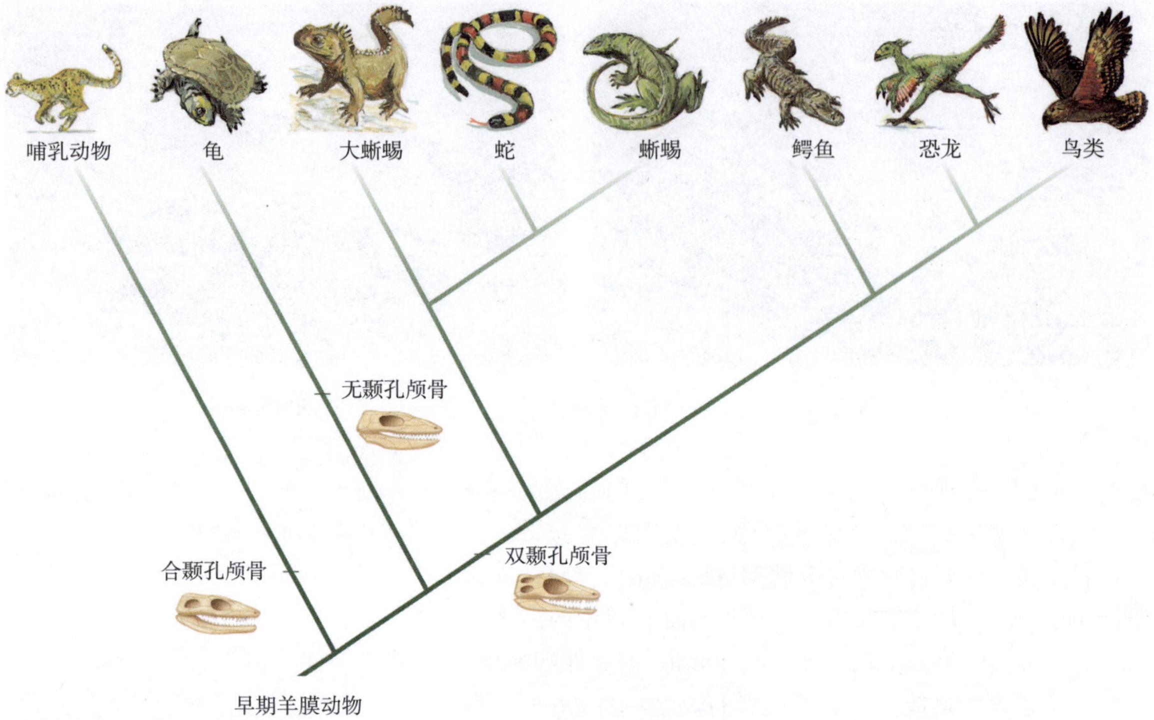

■ **图 29–11** 系统进化树表示出羊膜动物之间关系的一种解释。

推断 *最早与最晚进化产生的现代爬行动物分别是哪一种。*

术语

解释

对某项工作、方法或风格的特定适应性或说法。

科学家可能对化石证据做出多种解释。

爬行动物的进化

如**图 29–11**所示的系统进化树表示了早期羊膜动物是如何进行适应性辐射，进化出爬行动物及现代鸟类、哺乳动物的。如系统进化树所示，早期羊膜动物分成三支，每一支都具有不同的颅骨结构。无颞孔类，颅骨的眼眶后面没有颞孔，可能进一步进化成龟。双颞孔类，颅骨的每个眼眶后面有两个颞孔，可能进一步进化成鳄鱼、恐龙、现代鸟类、大蜥蜴、蛇和蜥蜴。合颞孔类，颅骨的每个眼眶后面只有一个颞孔，进一步进化成现代哺乳动物。

阅读检测 爬行动物化石的哪个结构可以用来区别蜥蜴和龟。

恐龙 恐龙曾支配全球陆地生态系统约1.65亿年。霸王龙约6米高，14.5米长，体重超过7吨，是捕食者。三角恐龙有巨大的角，是植食动物。虽然恐龙多种多样，但可以根据臀部的结构将其分为两类。**图 29–12**所示为两类恐龙的比较，蜥臀目恐龙具有三叉的骨盆结构，而鸟臀目恐龙的一些骨头伸向尾后。

与鸟类和鳄鱼一样，一些恐龙会筑巢，照顾卵和幼体。一些恐龙可能有能力调节自身的体温。化石证据表明，恐龙的其中一个类群有羽毛，可能进化成了如今的鸟类。

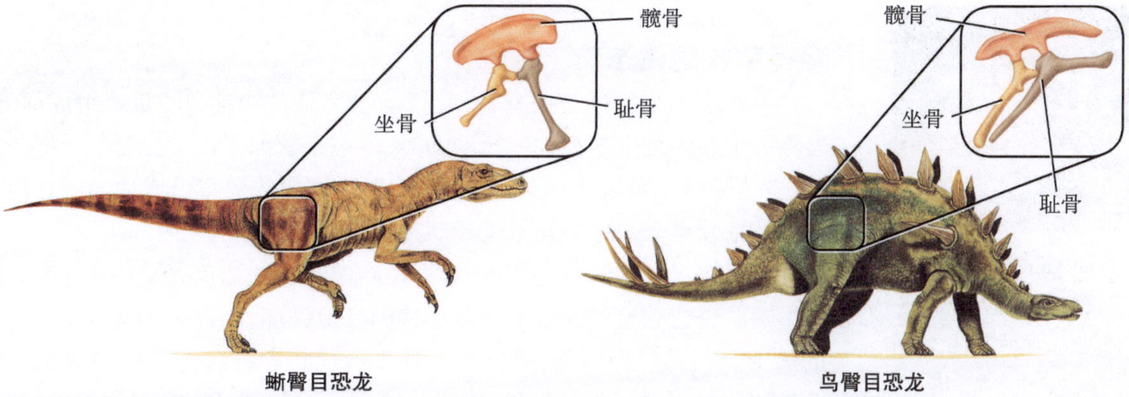

■ **图29-12** 蜥臀目恐龙的髋骨向前突出，鸟臀目恐龙相同的骨头向后指向动物的尾部。

链接地球科学 白垩纪因许多物种的大灭绝而闻名，包括所有的恐龙。一些科学家提出假设，陨石撞击地球引起了此次物种大灭绝。尘土遮天可能挡住了太阳，使气候显著变冷。这种变化与火灾、有毒的粉尘和气体可能导致了这一时期的许多动植物死亡。恐龙的灭绝为其他脊椎动物的进化以及它们占据地球提供了可能。

数据分析实验

基于真实的数据*

解释数据

恐龙生长有多快？ 科学家研究了恐龙的骨骼化石，以判断骨骼生长的速度。通过研究恐龙生长的速度，科学家了解到它们的种群和生态。

数据和观察

下图比较了几种恐龙的生长曲线，该曲线根据骨骼生长绘制而成。

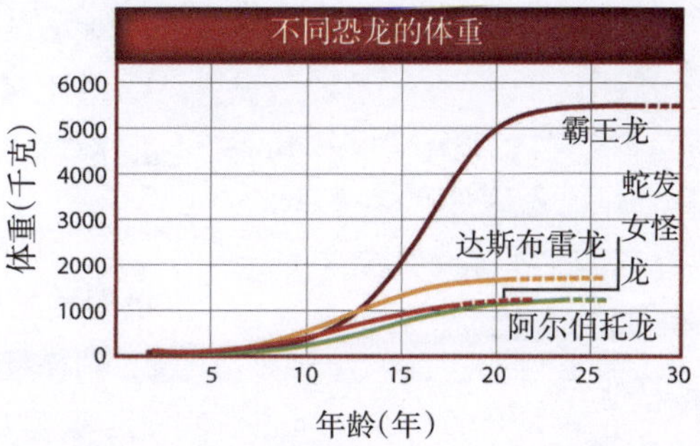

*数据来源：Stokstad, E. 2004. Dinosarus under the knife. *Science*. 305:962—965.

批判性思维

1. **比较** 恐龙在哪个年龄段的生长速度最快？请进行解释。
2. **分析数据** 哪一种恐龙的生长速度最慢？哪一种恐龙生长速度最快？
3. **推断** 快速生长的骨骼具有许多血管，霸王龙的骨骼与达斯布雷龙相比具有怎样的特点？

■ **图 29-13** 旧金山束带蛇生活在湿地或池塘附近的草地上。

爬行动物的生态

不管作为猎物还是捕食者，爬行动物都是食物链中的重要组成部分。当除去生态系统中的某种爬行动物时，生态系统的平衡就会受到干扰。例如，当清除生态系统中的某种蛇时，啮齿动物的数量将会增加。栖息地丧失及外来物种入侵也是某些爬行动物种群数量下降的原因。

栖息地丧失 在佛罗里达湿地，美洲短吻鳄和美洲鳄鱼都受到栖息地丧失的影响。修建建筑引起生境碎片化和栖息地破坏，导致这些爬行动物的数量减少。在佛罗里达州，美洲鳄鱼处于濒危状态，只有500～1200只。随着某些地区通过了保护湿地的法律，美洲短吻鳄的种群数量增加，其地位从濒临灭绝变为面临威胁。

外来物种入侵 外来物种是原本在某个地区不存在的物种，当被引入时，由于捕食或资源竞争可能损害到当地生物。例如，猫鼬被引入牙买加，以期消灭甘蔗地里的老鼠。但猫鼬以几种蜥蜴为食，如今这些蜥蜴处于濒危状态。猫鼬的入侵已经使牙买加的鬣鳞蜥灭绝。直到1990年，人们才在牙买加一个偏远的地区发现一小群鬣鳞蜥。

由于栖息地丧失和外来物种入侵，一些物种种群数量下降，如**图29-13**所示的旧金山束带蛇。一方面，建筑和农业用地使这种蛇的栖息地减少。另一方面，美国牛蛙是外来物种，它们既吃束带蛇，又吃束带蛇的食物来源——红腿蛙。

第1节 测评

要点梳理

- 爬行动物具有适应陆地生活的几种类型。
- 爬行动物的卵适于在陆地上发育。
- 爬行动物分为四个目：有鳞目、鳄目、龟鳖目和喙头目。
- 现代爬行动物由早期羊膜动物进化而来。恐龙等许多早期的爬行动物已经灭绝。

要点理解

1. 主要概念 **识别**爬行动物适于陆地生活的特征。
2. **描述**羊膜卵的组成。这种结构如何使爬行动物登上陆地生活？
3. **对比与比对**有鳞目和喙头目的生物。
4. **解释**无颞孔类、双颞孔类和合颞孔类的差异。哪一类进一步进化成了爬行动物？

批判性思维

5. **制作模型** 制作如**图29-2**所示的羊膜卵的模型。制作时，要联系每一种膜的功能。

生物中的 数学

6. 短吻鳄的咬合力与其身体长度直接相关。一只1米长的短吻鳄的咬合力约为2653牛。那么，3.6米长的短吻鳄的咬合力是多少呢？

第2节

鸟　类

本节预览

核心问题

- 鸟类的特征是什么？
- 鸟类具有哪些适应飞行生活的特点？
- 鸟类不同目的特点是什么？

术语回顾

陆生：生活在陆地上。

关键术语

恒温动物
羽毛
正羽
尾脂腺
绒羽
胸骨
气囊
孵卵

主要《概念　**鸟类具有羽毛、翅膀、较轻的骨骼及其他适应飞行的特点。**

联系实际　你可能听过成语“身轻如燕”“轻如鸿毛”。阅读本节内容，看看这些成语是否符合科学事实。

鸟类的特点

设想教师让你描述鸟类，你可能会回答，鸟类具有羽毛，可以飞行。鸟类属于鸟纲，包含约8600个物种，鸟类是数量最多的陆生脊椎动物。鸟类的体形小到在鲜艳花朵中飞舞的蜂鸟，大到在非洲平原上奔跑的鸵鸟。鸟类分布在沙漠、森林、高山及草原中。

如**图29-14**的进化树所示，鸟类和爬行动物具有共同的祖先。鸟类的许多特征表明，它们由爬行动物进化而来。例如，鸟类有羊膜卵。另外，鸟类的腿部覆盖着与爬行动物类似的鳞片。

你可以想一想，鸟类适应飞行生活的一系列特征。这种适应性特征包括：可以从身体内产生热量，具有羽毛及较轻的骨骼。鸟类的呼吸系统和循环系统也适于为支持飞行的肌肉提供更多的氧气。

恒温动物　与爬行动物不同，鸟类属于恒温动物。**恒温动物（endotherm）**是依靠自身的新陈代谢产生身体所需热量的动物。恒温动物的新陈代谢率更高，产生的ATP更多，可用于飞行时肌肉的收缩等。鸟类的体温约为41℃，比人类的体温高。较高的体温能为鸟类肌肉细胞提供大量的ATP，满足飞行时肌肉快速收缩的需要。

阅读检测　**解释**为什么恒温是适应飞行生活的重要特征。

羽毛　鸟类是唯一具有羽毛的动物。**羽毛（feather）**是鸟类皮肤特化的衍生物，由角蛋白——一种皮肤中的蛋白质组成，角蛋白也构成了其他动物的毛发、指甲和角。羽毛具有两种主要功能：飞行和保温。羽毛使新陈代谢产生的热量不易从鸟的体内散失，起到保温的效果。

■ **图29-14**　进化树表明，具有羽毛是鸟类独有的特点。

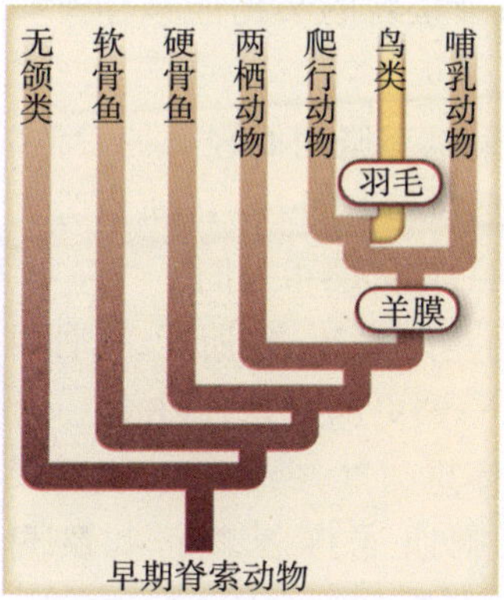

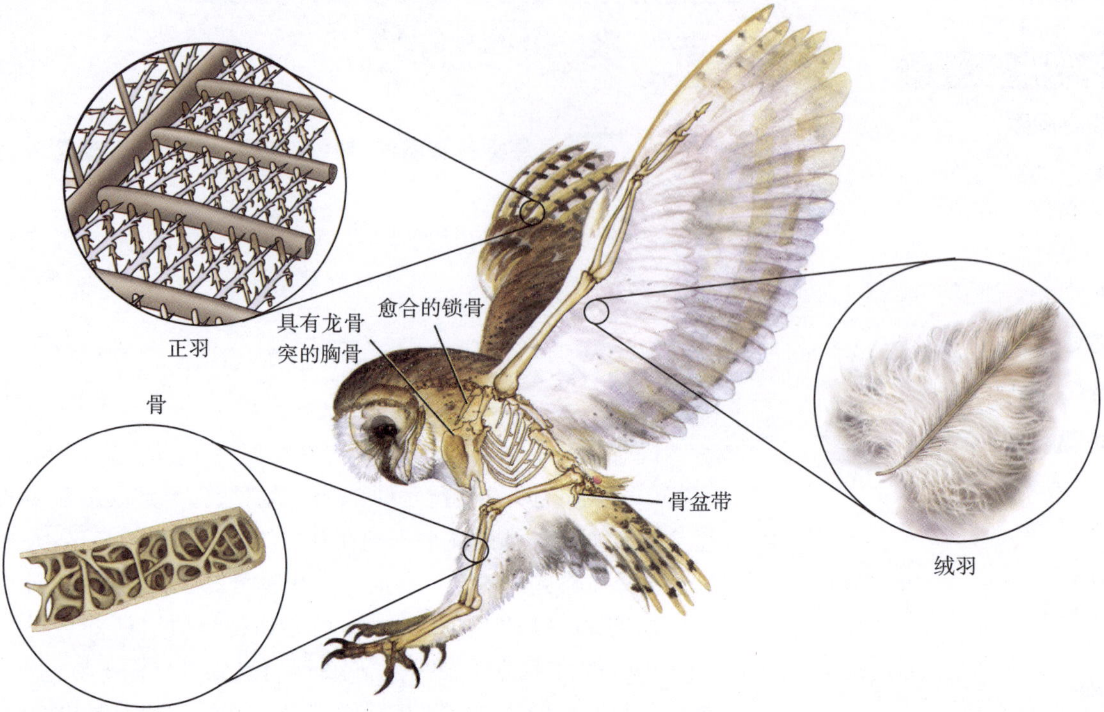

■ **图 29-15** 鸟类具有正羽、绒羽和较轻的骨骼。

覆盖在鸟的身体表面、翅膀上及尾部的羽毛称为**正羽（contour feather）**。仔细观察**图 29-15** 所示的正羽，正羽包括羽轴及分支出的羽小枝。羽小枝分支出羽小钩，通过小钩使羽片连在一起。如果两个相连的羽小钩分离开来，它们能像拉链的锯齿一样重新连接起来。当鸟用喙梳理羽毛时，就是在整理这些受损的连接处。它们用喙梳理羽毛，用喙拉长羽毛使断裂的连接处重新扣在一起。鸟类花费大量的时间整理羽毛。许多鸟类的尾巴附近，具有分泌油脂的**尾脂腺（preen gland）**。当梳理羽毛时，鸟将尾脂腺上的油涂抹在羽毛上，相当于加了一层防水涂层。如**图 29-15** 所示的**绒羽（down feather）**是位于正羽下面柔软的羽毛，绒羽松软的结构能够存留空气，相当于隔热层。

轻的骨骼 鸟类另一个适应飞行的特征是具有坚固而轻巧的骨骼。鸟类骨骼的独特之处在于有容纳空气的空腔。如**图 29-15** 所示为鸟类骨骼的内部结构，虽然鸟类的骨骼有空腔，但仍然很坚固。

你曾经在鸡或火鸡身上找到过叉骨吗？如**图 29-15** 所示，叉骨由愈合的锁骨形成。骨骼的愈合，使鸟类的骨骼更加坚固，这是另一个适应飞行的特征。发达的胸肌占到鸟类体重的30%，为飞行提供了强大的动力。同样如**图 29-15** 所示，胸肌连接着翅膀和**胸骨（sternum）**。胸骨较大，上面有肌肉附着的龙骨突。

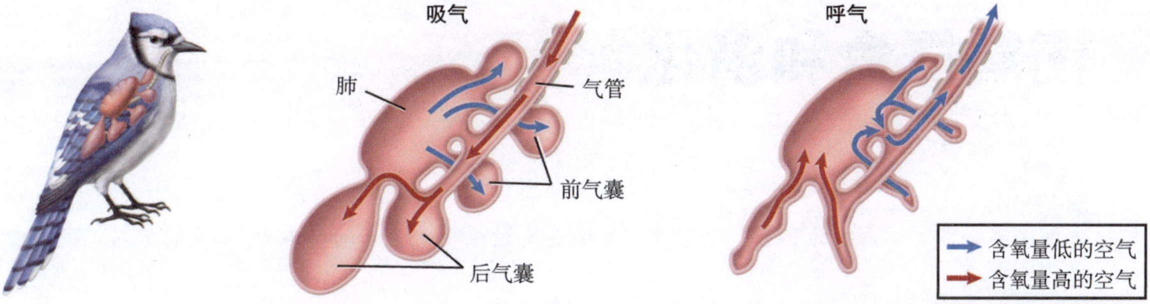

■ **图 29–16** 鸟类呼吸时，空气总是沿一个方向流动，可以实现高效的气体交换。

呼吸 鸟类飞行时肌肉需要消耗大量的能量，其呼吸系统非常适于供应氧气。相比于爬行动物，鸟类的呼吸系统不仅容纳空气的空间更大，而且单向地进行空气循环。如**图 29–16** 所示，当鸟吸气时，含氧量高的空气通过气管进入后**气囊（air sac）**。已经在呼吸系统中的其余空气在肺内进行气体交换，并从肺中排出，进入前气囊。当鸟呼气时，前气囊中含氧量低的空气被排出呼吸系统，且后气囊中含氧量高的空气进入肺。最终的结果是，只有含氧量高的空气通过肺，与血液流动相比，空气单向流动。

循环 鸟类的循环系统能将血液高效地运到全身各处，帮助鸟类维持高水平的能量消耗。回忆一下，鳄鱼是唯一一种心室完全被隔膜分开的爬行动物。鸟类具有四腔心脏，如**图 29–17** 所示。两个心室将含氧量高的血液与含氧量低的血液分开，提高了血液运输氧气的能力。左心房收集肺部的血液回到心脏；血液流入左心室并被运送到全身各处。从全身各处返回的血液被运送到右心房，然后流入右心室，再流入肺部，在那里血液将携带更多的氧气。

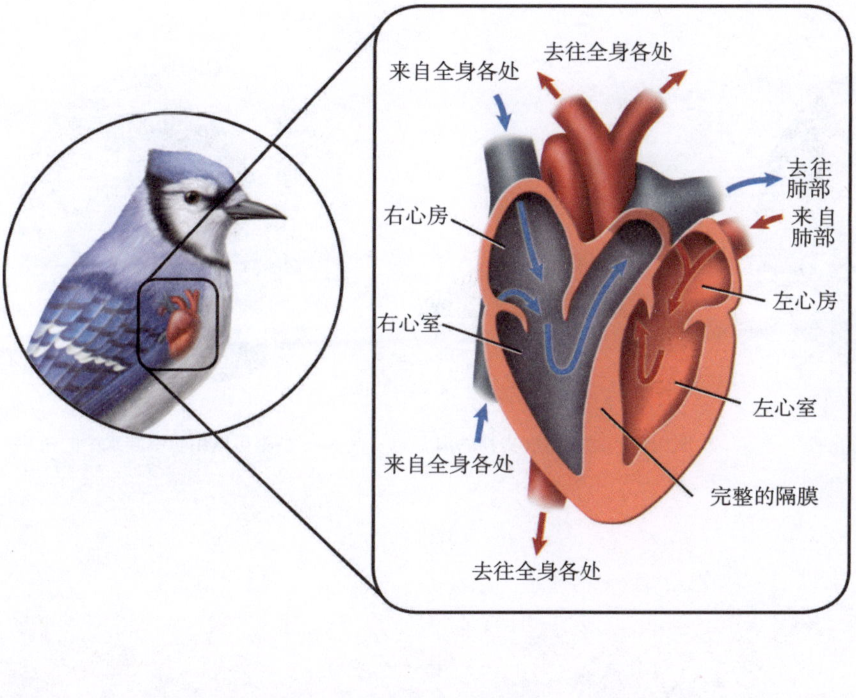

■ **图 29–17** 鸟类具有四腔心脏，使含氧量高的血液与含氧量低的血液分开。

比较 *鸟类的心脏与图 29–4 中爬行动物的心脏。*

图解摄食和消化

图29–18
仔细观察鸟类消化系统的器官。除了消化系统具有适应飞行生活的特点外，鸟类的喙与不同的食性相适应。

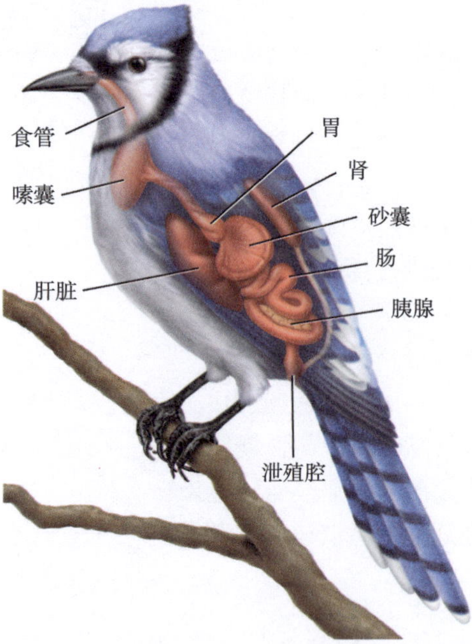

鹭用细长而锋利的喙抓捕鱼及小型两栖动物作为食物。

蜂鸟具有细长的喙，用它吸食花蜜。

鹰用锋利的喙撕扯猎物的肉。

鹈鹕可以用喙铲起水中的鱼。

摄食和消化 鸟类需要大量的食物来维持较高的新陈代谢速度。如**图 29–18** 所示，当鸟类摄入食物，具有独特适应性的消化系统便开始消化食物。许多鸟类的食管底部具有储存食物的腔，称为嗉囊。嗉囊储存鸟类摄入的食物，食物从嗉囊运送到胃，在胃的后部，有一个较厚的肌肉质囊，称为砂囊。砂囊里常常含有小石头，与砂囊肌肉的运动一起磨碎鸟类吞下的食物。经过砂囊后，食物变成了更易于消化的小颗粒。鸟类没有牙齿，不能咀嚼食物。食物的消化和吸收的主要场所是小肠，胰腺和肝脏分泌的消化液进入小肠，帮助食物消化。

排泄 与爬行动物一样，鸟类的肾脏过滤出血液中的代谢废物，并将其转变为尿酸。如**图 29–18** 所示，鸟类也有泄殖腔，水分在泄殖腔中被重新吸收。鸟类没有膀胱来储存尿液，储存尿液可能会增加飞行时的体重，因此是对飞行生活的适应。

脑和感觉 如**图 29–19** 所示为鸟的脑，占鸟身体的比例较大。鸟的小脑很大，因为鸟在飞行时需要协调运动并保持平衡。视叶协调视觉的输入。大脑的中心区域同样较大，因为它是脑部主要的处理中心，控制进食、唱歌、飞行和本能行为。延髓控制身体的呼吸和心跳等自主功能。

鸟类通常具有发达的视觉。如**图 29–19** 所示的鹰等捕食性鸟类，具有聚焦系统，当它们快速俯冲时，能够一直聚焦在运动着的猎物上。鸟类眼睛在头部的位置，与生活习性相适应。捕食性鸟类的眼睛位于头部的前方，两只眼睛都能聚焦在物体上，因此能够估算物体的距离。鸽子的眼睛在头的两侧，每只眼睛可以注视不同的地方，可以看见附近 360° 的空间。鸽子吃谷物和种子，并不追逐猎物，因此鸽子的视力适于发现附近可能的捕食者。鸟类的听力也非常灵敏，例如，猫头鹰可以听到夜晚老鼠匆匆跑动的声音，即使老鼠躲在覆盖物里，猫头鹰也能追寻声音将其抓住。

折叠式学习卡

把本节的内容整理到折叠式学习卡中。

起步实验

回顾 根据你所学习的有关爬行动物和鸟类的知识，现在你将如何回答本章开头“起步实验”中的问题。

■ **图 29–19**

左图：鸟类发达的小脑能够调节平衡并协调运动。延髓控制身体的自主过程。

右图：在捕捉猎物时，鹰的眼睛可以持续聚焦在运动着的猎物上。

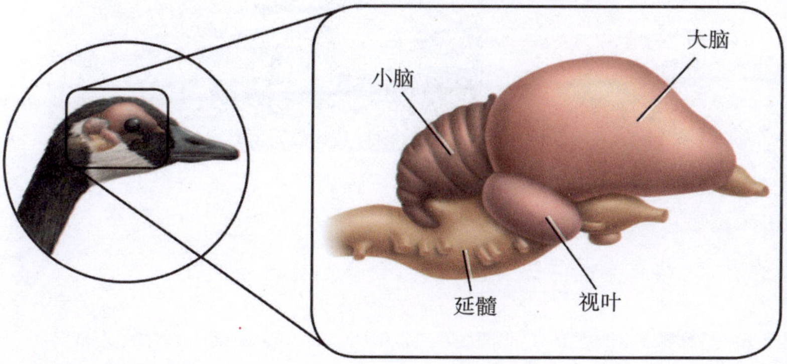

繁殖 鸟类的繁殖行为非常复杂，包括建立领地、确定对象、求偶、交配、筑巢及育雏。在繁殖季节，许多鸟类会聚集到繁殖和育雏的大块栖息地上。所有的鸟类都是体内受精，受精后的羊膜卵通常继续发育，再包裹一层坚硬的壳，此时卵仍然留在雌鸟的体内。卵壳形成后，卵通过泄殖腔产到巢中。雄鸟或雌鸟或雌雄鸟一起在巢中孵卵，再哺育雏鸟。鸟类一般伏在卵上**孵卵（incubate）**，以保持卵孵化的适宜条件。

鸟的种类

目前的分类系统根据结构上的差异、特定的行为、叫声及栖息地不同，将鸟类分为27个目。在**表29–1**中，你将了解鸟类的常见目及每个目的适应性特征。鸟类最大的目是雀形目，通常也称为栖鸟类或鸣禽。雀形目包括5000多种鸟类。鸵鸟、鸸鹋和几维鸟等不能飞行，翅膀退化或没有翅膀。生活在新西兰的几维鸟，大小与鸡相似，但与其体形相比，几维鸟的卵相当大。企鹅、鹅和鸭子等具有适应游泳的特征，企鹅以翅膀为桨，在水中游泳，鸭子和鹅的脚趾间有蹼。

迷你实验

调查当地的鸟类

本地生活着哪些鸟类？ 仔细观察并调查学校周边鸟的种类。

步骤

1. 阅读并完成实验室安全表。
2. 预测你可能在学校附近观察到的鸟的种类数量。制作一张数据表，记录你所观察到的鸟类。
3. 在学校附近走10分钟，按照教师的指示，前往允许的区域。记录你所观察到的鸟类信息。如果必要，可以使用双筒望远镜。如果遇到不认识的鸟，可以使用本地鸟类的《野外指导手册》。
4. 将你的观察结果编制成目，并进行研究。

分析

1. **记录**你所观察到的鸟类数量并列举鸟的种类。
2. **识别**你所观察到的鸟是本地物种还是外来引入的。
3. **分析**数据时，是否有规律。
4. **预测** 如果调查你家附近鸟的种类，结果有差异吗？如果有，会有怎样的不同？

表 29-1	鸟类各种不同的目		
目	举例	成员	识别特征
雀形目，鸣禽，约5000种		画眉、莺、嘲鸟、乌鸦、红嘴蓝鹊、雀类	雀形目的足适于栖息在细小的树干或树枝上。许多雀形目的鸟能发出动听的鸣叫声。在这些鸟中，其发声器官称为鸣管，发育程度高，但乌鸦不能发出动听的鸣叫声。
䴕形目，攀禽，约380种		啄木鸟、巨嘴鸟、向蜜鸟、鹟䴕、喷䴕	䴕形目的鸟具有高度特化的喙，与食性相适应。它们都在树洞里筑巢，它们的足两趾向前，两趾向后，能牢牢地抓紧树干。
鹳形目，涉禽和秃鹫，约90种		苍鹭、白鹭、麻鹭、鹳、火烈鸟、朱鹭、秃鹫	鹳形目为中型或大型鸟，颈长且腿长。鹳形目大部分为涉禽，生活在大片湿地中。秃鹫与鹳很像，但属于食腐动物。
鹱形目，海鸟，约100种		信天翁、海燕、海鸥	鹱形目的所有鸟都是海洋性鸟类。喙具钩，有利于捕食鱼类、乌贼及小型甲壳类动物。鼻孔呈管状，位于喙的上面。许多鹱形目的鸟趾间有蹼。
企鹅目，企鹅，约17种		企鹅	企鹅目都是海鸟，利用鳍状的前肢划水游泳，不能飞行。企鹅的骨骼沉重而不充气。企鹅目的所有鸟都生活在南半球。
鸮形目，猫头鹰，约135种		猫头鹰	鸮形目为夜行性鸟类，两眼大、喙强而具钩、足有大而尖利的钩爪。这些适应性特征有利于其捕食。许多鸮形目的鸟腿部长有羽毛。除南极洲外，鸮形目在世界范围内均有分布。
鸵形目，不能飞行的鸟，约10种		鸵鸟、几维鸟、火鸡、鸸鹋、美洲鸵	鸵形目的鸟翅膀退化、不能飞行。鸵鸟是现存鸟类中最大的鸟，高度可超过2米，体重可超过130千克。
雁形目，游禽，约150种		天鹅、鹅、鸭子	雁形目的鸟生活在水域环境中。它们的趾间有蹼，有助于在水中划水。许多雁形目鸟嘴宽而扁，以水生植物为食，有时也吃甲壳类动物或小鱼。

始祖鸟

尾羽龙

■ **图29–20** 始祖鸟有像爬行动物一样长的尾巴、尖利的指、牙齿和羽毛。尾羽龙可能已经进化出了能保温和维持平衡的长羽。

与生物学相关的职业

古生物学家 通过研究化石来了解地球上生命发展历程的科学家称为古生物学家。许多古生物学家在大学任教，并通过发现化石研究该领域。还有一些古生物学家在博物馆工作，负责管理化石展览。

鸟类的进化

化石证据表明：鸟类由古蜥进化而来，与鳄鱼和恐龙是同一条进化路径，如**图29–11**所示。鸟类与爬行动物具有明显的相似性，包括相似的骨骼特点、肾脏和肝脏功能、羊膜卵及筑巢、育幼等行为。

覆羽的恐龙 科学家仔细研究了在中国化石群中发现的三种恐龙化石。中华龙鸟被覆像羽毛一样柔软的纤维物质。始祖鸟和尾羽龙的前肢和尾部长有长长的羽毛，如**图29–20**所示。柔软的恐龙羽毛可能具有保温作用，前肢的羽毛可能在恐龙奔跑时起平衡作用。

链接历史 1861年，古生物学家赫尔曼·汪·迈尔(Hermann von Meyer)在德国南部发现了最古老的鸟类化石——著名的始祖鸟。如**图29–20**所示，始祖鸟生活在1.5亿年前，它们有像爬行动物一样的长尾巴，翅膀上有锋利的指，有牙齿。这些特征是现代鸟类所没有的。但是，与现代鸟类相似的是，始祖鸟的身体被覆羽毛，羽毛的分布不均匀。最近的化石证据表明，始祖鸟的脑与现代鸟类相差无几。

近期发现 2006年，科学家发现了一种新的鸟类化石——甘肃鸟(Gansus yumensis)。它们生活在1.1亿年前，可能是始祖鸟和现代鸟类的中间类型。甘肃鸟的趾间有蹼，因此，一些科学家认为：现代鸟类是从水生鸟类进化而来的。科学家还认为，甘肃鸟看起来非常像现代的鸭子。

鸟类生态学

作为捕食者，鸟类是食物链的重要环节，捕食小型哺乳动物、节肢动物和其他无脊椎动物。例如，你可能看到过一只知更鸟从土壤里捕获一条蚯蚓。作为大型鸟类及哺乳动物的食物，鸟类也是食物链和食物网的重要组成部分。

鸟类在种子的传播中起着重要的作用。鸟吃种子或水果，消化后将种子排泄到不同的地点。种子也可能粘到羽毛上，随着鸟的飞行从一个地方到达另一个地方。蜂鸟等以花蜜为食，在吸食花蜜的同时帮助植物传粉。

栖息地破坏 由于栖息地消失或被破坏，许多鸟类面临灭绝的威胁。涉禽类的鸟依赖湿地，但随着发展，湿地干涸并正在迅速消失。热带雨林遭到破坏，也使一些鸟类濒临灭绝。

非法交易 宠物鸟的非法交易不断增加，许多宠物鸟在笼子里长大，但有些人会将一些珍奇的鸟从野外捕来并进行非法交易。有时，非法捕猎导致了野外珍稀鸟类消失。如**图29-21**所示的蓝色金刚鹦鹉，现在只能在笼养条件下生存。1975年通过的国际贸易协定规定，买卖野生动物不能威胁到它们的生存。目前，有160个国家加入了该协定，但是，非法的野生动物交易仍在继续。

图29-21 在野外，几乎不存在蓝色金刚鹦鹉了。在笼子中生活的蓝色金刚鹦鹉大约只有70只。

第2节 测评

要点梳理

- 鸟类具有高度适应飞行生活的特征。
- 鸟喙的形状与食性相适应。
- 鸟类通常具有发达的视觉。
- 鸟类约分为27个目。
- 现代鸟类从恐龙进化而来。
- 栖息地破坏和非法交易危害了一些鸟类的生存。

要点理解

1. 主要概念 **识别**鸟类适于飞行的特点。
2. **对比与比对**正羽和绒羽。
3. **解释**鸟类的呼吸和循环是怎样适应飞行生活的。
4. **对比与比对**鸟类与爬行动物的繁殖。
5. **描述**鹗形目与雁形目鸟类的特征有怎样的不同。
6. **描述**科学家如何判断鸟类是由恐龙进化而来的。

批判性思维

7. **绘图** 画出鸟类脑的组成部分，并标注名称。解释脑的不同组成部分的功能。

生物中的数学

8. 大多数需要育雏的小型陆生鸟，在巢内的产卵数量为2～12枚。涉禽等一些大型的鸟，雏鸟可以自己照顾自己，不需要亲鸟的哺育。这些鸟在巢内的产卵量多达20枚。请提出一个假设，解释为什么一些鸟比另一些鸟的产卵量少。

生物与社会

入侵生物肆掠野外

有的宠物爱好者购买了缅甸幼蟒，当喂养到4～5米长时，爱好者决定不再照顾这些蟒了。科学家发现，一些宠物爱好者曾把这些巨大的蟒丢弃到沼泽中。缅甸蟒成为沼泽地的入侵生物，带来越来越多的问题。其他入侵生物也导致当地环境出现了类似问题。

什么是入侵生物？ 一种生物被人类引入另一个原本不属于它们生活及繁殖的地方，这种生物就称为当地的入侵生物。入侵生物成功进行繁殖，并成为当地的有害生物，威胁着当地的生物多样性。缅甸蟒只是美国成千上万种入侵生物之一。再比如，野猪扩散到整个佛罗里达州，它们对当地植被及海龟的巢破坏性极大。政府开始积极清除佛罗里达国家公园的野猪，从而减少野猪的破坏。右图所示为野猪。

入侵生物的代价是什么？ 在美国，入侵生物每年对庄稼、牧场和航道的破坏损失都高达数十亿美元。入侵生物是导致物种濒危和灭绝的第二大直接原因。入侵植物会破坏鸟类的繁殖地或越冬地，从而威胁鸟类的生存。入侵动物会捕食当地动物。入侵生物侵害本地物种的另一个主要原因是与当地物种争夺空间及食物。

应对措施 人们可以通过多种方式控制入侵生物，包括法律法规，如美国在1996年颁布的《国家入侵物种法案》。科学家正在不断研究入侵生物，从而了解控制入侵生物扩散、生命周期及行为的方式。与环境问题有关的法律法规，也有助于改善与入侵生物有关的情况。

1993年，美国佛罗里达国家公园开始清除野猪。

活动参与

课程计划 针对影响当地的一种入侵生物，制订一份课程计划。要求该课程计划应该适用于本地区的小学生，并且你也能参与到小学生的某个活动中。

生物实验室

你会为爬行动物和鸟类建立一个怎样的栖息地？

背景：本实验要设计一个适于鸟类和爬行动物生活的新动物园展馆。在这个实验中，你将研究多种鸟类和爬行动物，了解其身体结构怎样与栖息地和食物相适应。你将利用这些信息，帮助建造一个栖息地模型，供爬行动物和鸟类生活在动物园中。

问题：你如何根据生物与环境的适应性制作一个栖息地模型？

实验器材

沙子	土壤
硬纸板	硬纸箱
木条	牙签
胶水	剪刀
彩色笔	干豆子
岩石/卵石	毡片

安全注意事项

设计与实施实验

1. 阅读并完成实验室安全表。
2. 选择一种爬行动物和一种鸟，研究它们具有的适应性特征以及栖息地、食物和行为等。仔细观察它们的身体结构和行为在栖息地中具有怎样的竞争优势。
3. 利用收集到的信息，详细描述为该爬行动物和鸟建造的栖息地。
4. 征得教师的同意后，才能继续实施实验。
5. 利用提供的材料，为该爬行动物和鸟分别制作一个栖息地模型。
6. 向全班同学展示并解释你的模型。

实验分析和结论

1. **描述**如何根据爬行动物与鸟类的差异制作这两类动物的栖息地模型。
2. **识别**模型中的某项不足。你所制作的栖息地模型能满足该物种的需要吗？你将如何改进模型？
3. **描述**生物的结构和行为使它们在栖息地具有怎样的竞争优势。

科技 写作

小册子 写一本供参观者阅读的小册子。小册子中应该包含动物及其自然栖息地的相关介绍。

第29章 复习指南

内容聚焦 稳态 爬行动物和鸟类都具有泄殖腔，在泄殖腔中，水分被重新吸收，有助于维持水和无机盐的平衡。

大概念 爬行动物和鸟类的适应性特征使其能在陆地上生存和繁殖。

第1节 爬行动物

羊膜
羊膜卵
犁鼻器
腹甲
背甲

主要概念 **爬行动物完全适应了陆地生活。**

- 爬行动物具有适应陆地生活的几种类型。
- 爬行动物的卵适于在陆地上发育。
- 爬行动物分为四个目：有鳞目、鳄目、龟鳖目和喙头目。
- 现代爬行动物由早期羊膜动物进化而来。恐龙等许多早期的爬行动物已经灭绝。

第2节 鸟 类

恒温动物
羽毛
正羽
尾脂腺
绒羽
胸骨
气囊
孵卵

主要概念 **鸟类具有羽毛、翅膀、较轻的骨骼及其他适应飞行的特点。**

- 鸟类具有高度适应飞行生活的特征。
- 鸟喙的形状与食性相适应。
- 鸟类通常具有发达的视觉。
- 鸟类约分为27个目。
- 现代鸟类从恐龙进化而来。
- 栖息地破坏和非法交易危害了一些鸟类的生存。

第29章 测评

第1节

术语回顾

下列句子都是错误的。请参考“复习指南”选择正确的名词术语,替换画线部分的词语,使句子表达正确。

1. 在<u>龟壳</u>内,有几层膜。
2. 龟壳的腹面称为<u>犁鼻器</u>。
3. 蛇的<u>腹甲</u>负责感觉气味。
4. 龟壳的背面称为<u>羊膜卵</u>。

要点理解

5. 下列不属于爬行动物的是(　　)。

A.

B.

C.

D.

6. 关于爬行动物的呼吸,下列说法不正确的是(　　)。
   A. 大多数爬行动物利用肺进行气体交换
   B. 当爬行动物吸气时,肋间肌舒张
   C. 当爬行动物呼气时,体壁的肌肉舒张
   D. 爬行动物比两栖动物肺的表面积大
7. 下列爬行动物的结构中,存在尿酸的是(　　)。
   A. 肺　　B. 泄殖腔
   C. 心脏　　D. 胃
8. 下列表述中,最能代表科学家对早期爬行动物的理解的是(　　)。
   A. 恐龙进化成了现代的爬行动物,如蜥蜴、蛇和龟
   B. 鸟类和鳄鱼与恐龙的亲缘关系最近
   C. 最早的爬行动物没有羊膜卵
   D. 恐龙灭绝的原因是体形太大

回答问题

9. **主要概念** 制作一张表格,列举出如下结构的名称、功能及该结构与人们使用的哪一种装置类似:羊膜、心室、膀胱、犁鼻器、龟壳和腹甲、肾脏。
10. **开放式回答** 制作一张二叉式检索表,用于判断所观察的爬行动物属于哪个目。

批判性思维

利用下图,回答第11题。

11. **应用概念** 壁虎的脚,表面覆盖着数十亿个细如发丝的结构。当这些结构接触物体的表面时,分子之间的引力将壁虎的脚与物体表面紧紧贴在一起,这些结构可以支撑超过壁虎自身体重400倍的质量。科学家如何利用壁虎的脚粘在物体表面的方式,制作一件对人类有用的工具?

利用下图，回答第12题和第13题。

棕色四指石龙子在20世纪50年代早期被引入太平洋的关岛上。

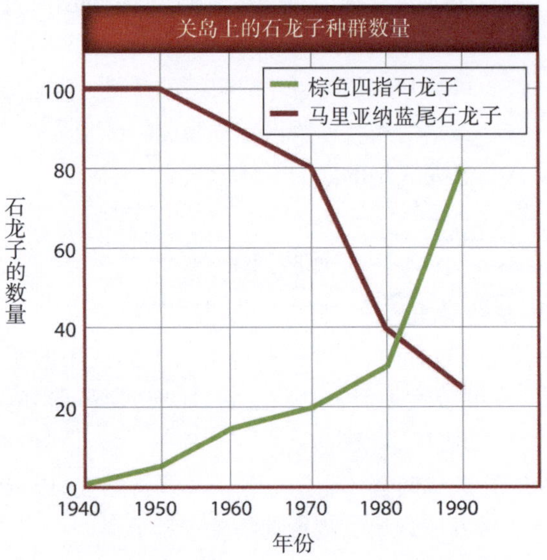

12. **分析数据** 20世纪50年代以来，棕色四指石龙子和马里亚纳蓝尾石龙子的数量发生了怎样的变化？

13. **提出假设** 提出具体的假设，解释马里亚纳蓝尾石龙子种群数量下降的原因。

14. **比较** 爬行动物的循环与两栖动物相比，有怎样的特点？

15. **说明** 制作一张示意图、流程图、概念图或插图，表示栖息地丧失及外来物种入侵对旧金山束带蛇的影响。

第2节

术语回顾

解释下列每对术语之间的关系。

16. 恒温动物、绒羽

17. 正羽、绒羽

18. 尾脂腺、正羽

19. 胸骨、气囊

要点理解

20. 下列各组词语中，有一个词语不属于同一类的是（　　）。

A. 心室、心房、含氧量高的血、含氧量低的血

B. 肾脏、含氮废物、尿酸、泄殖腔

C. 小脑、大脑、视叶、延髓

D. 羊膜卵、泄殖腔、肾脏、羊膜

利用下图，回答第21题。

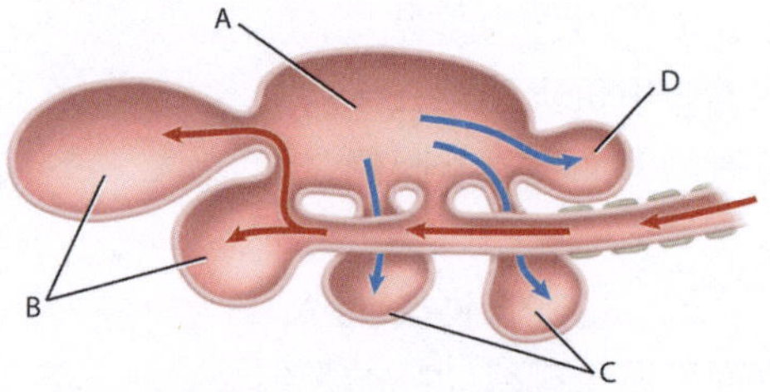

21. 当鸟吸气时，含氧量高的空气进入（　　）中。

A. 结构A

B. 结构B

C. 结构C

D. 结构D

22. 肾脏和泄殖腔属于（　　）。

A. 排泄系统

B. 神经系统

C. 消化系统

D. 生殖系统

23. 如果一种鸟以水生植物为食，那么它的喙（　　）。

A. 宽阔而扁平

B. 大而像勺一样

C. 锋利有钩

D. 细长而尖锐

24. 恐龙的化石证据表明（　　）。

A. 恐龙与鸟类没有联系

B. 恐龙不是恒温动物

C. 恐龙是不会飞的动物

D. 恐龙没有羽毛

回答问题

25. 与生物学相关的职业 鸟类学家认为，某些迁徙性鸟类的长期记忆能力比非迁徙性鸟类更好。为了检验这种假设，科学家对两个房间进行了不同的布置。食物只放置在其中一个房间里。让迁徙性鸟类和非迁徙性鸟类同时去探索这两个房间。一年后，让同样的鸟去探索同样的房间。结果表明：迁徙性鸟类比非迁徙性鸟类探索曾经放置过食物的房间用的时间更长。请得出有关鸟类长期记忆能力的结论。

批判性思维

26. 提出假设 生物学家发现，鸟的眼睛越大，白天开始鸣叫的时间越早。关于眼睛的大小与鸟开始鸣叫的时间关系，提出你的假设。

27. 内容聚焦 稳态 生物学家知道，现代鸟类的雏鸟在巢中蜷缩在一起，从而保持体温。近来，科学家在恐龙幼体的化石中发现，恐龙幼体蜷缩在巢中。恐龙的这种蜷缩显示出其与鸟类具有直接的亲缘关系。请推断这些恐龙身体蜷缩，可能意味着什么。

28. 主要概念 鸟类有许多适应飞行的特点，说出其中的三个特征并解释其如何与飞行相适应。

利用下图，回答第29题。

29. 推断 这种鸟吃哪类食物？在进食时，喙起什么作用？

总结性测评

30. 大概念 回顾爬行动物和鸟类适应陆地生活的不同特征。你认为哪一种适应陆地生活的特征最重要？请解释。

31. 科技 写作 为鸟类俱乐部的年鉴写一份摘要，包括学生在俱乐部观察鸟、记录观察结果。

DBQ 资料分析题

海蛇的毒液有剧毒，可以注入猎物的体内。在许多情况下，毒液麻痹了猎物的肌肉。下图表示当被注入不同剂量的海蛇毒液后，五种鱼的死亡率。

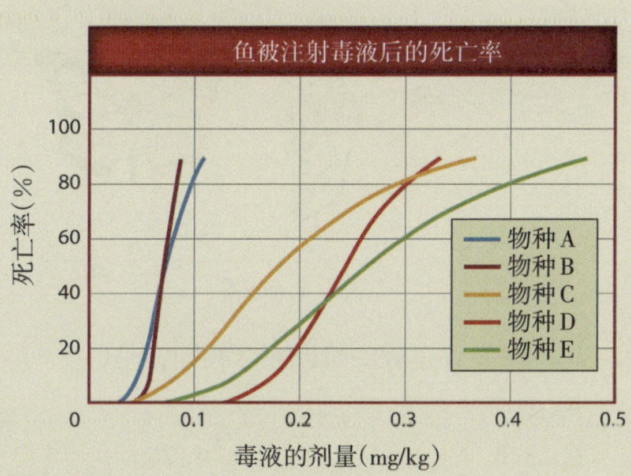

数据来源：Zimmerman, K.D.,et al. 1992. Survival times and resistance to sea snake (Aipysurus laevis) vemon by five species of prey fish. *Toxicon* 30:259–264.

32. 哪一种鱼受到毒液的影响最大？哪一种鱼受到的影响最小？解释得出结果的过程。

33. 受到毒液影响最小的鱼，除了可以通过鳃呼吸，还具有通过皮肤呼吸的能力。在被海蛇咬后，这种能力为什么对生存非常重要？

标准化测试

选择题

1. “棘皮动物”意味着“皮肤长满刺”。下列描述棘皮动物皮肤的是(　　)。
   A. 碳酸钙的平板上具有刺，覆盖着薄薄的皮肤
   B. 碳酸钙的刺从皮肤中突出来
   C. 刺布满了整个硅板的表面
   D. 硅元素组成的刺从皮肤中突出来

利用下图，回答第2题和第3题。

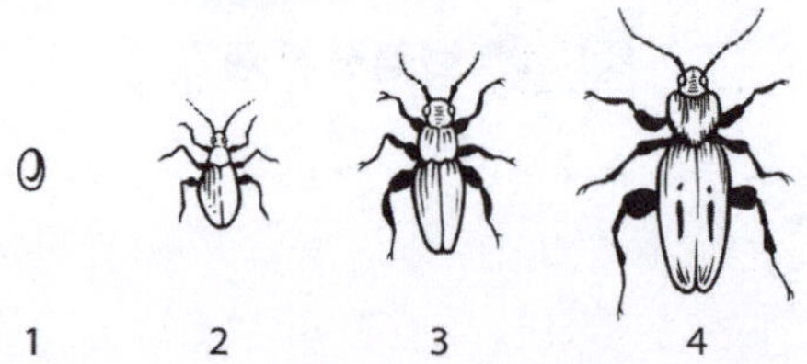

不完全变态发育

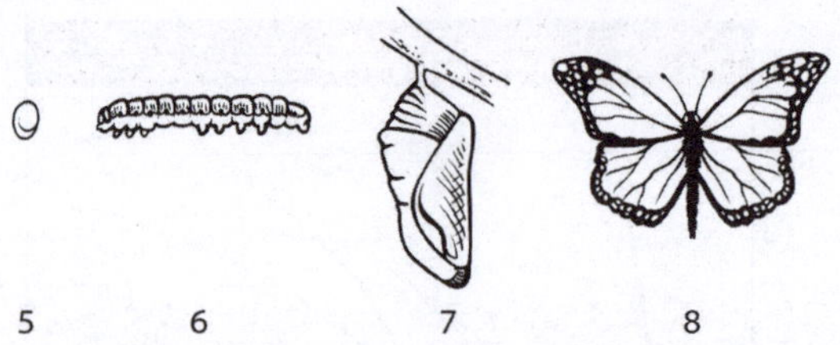

完全变态发育

2. 这两种发育过程的阶段完全相同的是(　　)。
   A. 1、5　　B. 2、7
   C. 3、8　　D. 4、7

3. 在(　　)阶段，发育未成熟的昆虫需要进食。
   A. 1、5
   B. 1、7
   C. 2、6
   D. 4、8

4. 假体腔动物吸入气体及排出代谢废物的方式是(　　)。
   A. 消化道用于气体交换
   B. 气体交换通过内胚层进行
   C. 物质扩散，通过体壁
   D. 物质在原始的呼吸系统中进行交换

5. 鱼类的侧线系统的功能是(　　)。
   A. 觉察到水中的化学物质
   B. 觉察到水压的变化
   C. 保持鱼身体直立并维持平衡
   D. 在鱼之间传递信息

观察下图，回答第6题和第7题。

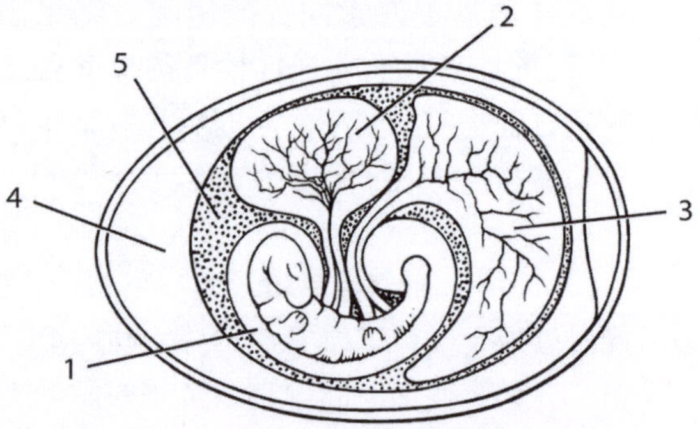

6. (　　)表示一种充满液体的膜，从而防止过度失水并对胚胎起缓冲作用。
   A. 1
   B. 2
   C. 4
   D. 5

7. (　　)为爬行动物发育中的胚胎提供主要的营养来源。
   A. 1
   B. 2
   C. 3
   D. 4

8. 大多数爬行动物成体摄入氧气并将氧气运输到组织细胞中的结构是(　　)。
   A. 鳃和一个封闭的循环系统
   B. 鳃和一个开放的循环系统
   C. 肺和一个封闭的循环系统
   D. 肺和一个开放的循环系统

简答题

利用如下图示，回答第9题和10题。

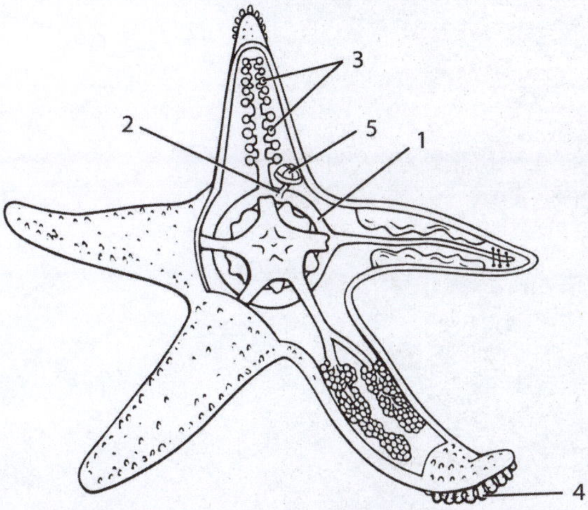

9. 说出上图中每一个标号的结构名称，描述该结构是怎样使海星完成运动的。

10. 分析海星如何利用图中标号的结构打开一只牡蛎。

11. 解释为什么大部分病毒只能攻击几种类型的细胞，并提出假设：为什么这对医学研究者来说很重要？

12. 说出科学家认为肉鳍鱼是爬行动物祖先的证据。

13. 描述爬行动物如何调节体温。

14. 解释为什么鸟类需要高效的呼吸系统。

15. 概括蝌蚪发育成青蛙前的变化。

开放题

16. 对比青蛙与鱼类的循环系统，并评估这些差异的重要性。

17. 选择改变科学家遗传学研究方式的一项技术，并描述该技术带来了怎样的改变。

论述题

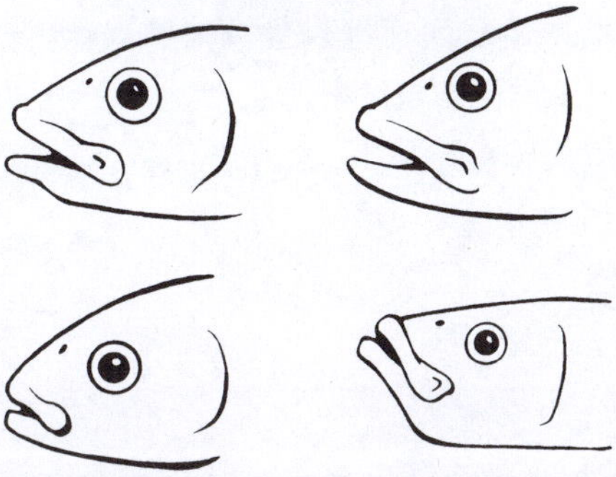

颌的进化是鱼类结构的重要进步，是对捕食的特异性适应。随着鱼的捕食行为更加特化，鱼类的颌也持续进化。颌的形状为某类鱼的捕食方式提供了重要信息。通过研究不同形状的颌，科学家可以了解不同物种如何适应特定的环境。

利用上文中的信息，以论文的形式回答下列问题。

18. 说明这四种类型的颌与鱼的食性是怎样相适应的。

考点提示

测试题号	1	2	3	4	5	6	7	8	9	10	11	12	13	14	15	16	17	18
对应章节	27.1	26.3	26.3	25.1, 25.2	28.1	29.1	29.1	28.3	27.1	27.1	18.2	28.2	29.1	29.2	28.3	28.3	13.1	28.1

第30章

哺乳动物

起步实验

什么是哺乳动物？

或许你每天都可以看见哺乳动物，比如小狗、小猫及与你一起生活的人。哺乳动物的共同特征是什么？

步骤

1. 阅读并完成实验室安全表。
2. 仔细观察哺乳动物的标本或照片。
3. 找出标本或照片中哺乳动物的共有特征。
4. 创建一张数据表，记录观察结果。

分析

1. **推断**所有哺乳动物共有的生理特征。
2. **描述**哺乳动物特征及行为的多样性。
3. **推断**科学家是如何利用不同的特征对哺乳动物进行分类的。

折叠式 学习卡

制作如图所示的三栏式折叠卡，用它来记哺乳动物三个亚纲的笔记。

内容聚焦 能量

哺乳动物的新陈代谢需要大量的能量，从而维持体温。

大 概念 哺乳动物生活在各种各样的栖息环境中，它们进化出许多能维持自身稳态的适应性特征。

第1节·哺乳动物的特征

第2节·哺乳动物的多样性

第1节

哺乳动物的特征

本节预览

核心问题

- 哺乳动物有什么特征?
- 哺乳动物如何保持恒定的体温?
- 哺乳动物的呼吸与其他脊椎动物有哪些差异?

术语回顾

新陈代谢速度:生物体内所有化学反应发生的速度。

关键术语

乳腺
膈肌
大脑皮层
小脑
腺体
子宫
胎盘
妊娠

主要《概念 **哺乳动物具有两个显著的特征:被毛、有乳腺。**

联系实际 回顾一下我们学过的脊椎动物其他纲的特征。思考一下,哺乳动物与其他纲的动物有怎样的不同?人类具有哺乳动物的特征,使其能够执行日常生活所需的功能和行为。

乳腺和毛发

区分哺乳动物与其他脊椎动物的两个特征是:哺乳动物具有乳腺和毛发。**乳腺(mammary gland)**能够产生和分泌乳汁,哺育后代。我们前面学过,如果一种动物有羽毛,那么它就是鸟类。同样地,如果一种动物长有毛发,那么它就是哺乳动物。正如**图30-1**的进化树所示,哺乳动物以毛发和乳腺为特征,形成了独立的分支。

毛发的功能 哺乳动物的毛发具有如下几项功能:

1. 保温:毛发的重要功能之一就是保温,对抗寒冷。哺乳动物具有皮毛或毛发,有助于保持身体的热量,防止热量散失。

2. 保护:孟加拉虎体表的条纹使它们与自然栖息环境——热带丛林融为一体。

3. 感觉装置:在某些情况下,毛发特化成敏感的胡须。海豹能够利用鼻子上的胡须感觉鱼在附近时水体运动的变化,从而追踪浑水中的猎物。

4. 防水:如果我们在炎热的天气里从泳池中出来,会感觉很凉快。随着水分从皮肤上蒸发,身体也散失了热量。许多水生哺乳动物的毛发能够防止水分接触皮肤,如**图30-2**所示的海獭,毛发有助于它们保持自身的体温。

■ **图30-1** 毛发和乳腺是区分哺乳动物与其他脊椎动物的两个主要特征。

■ **图30-2** 覆盖在海獭体表的毛,有助于防止水分接触皮肤。

发出信号

防御

■ 图30-3

左图：鹿尾部的白毛发出信号，使鹿在逃避捕食者追捕时能互相紧跟。

右图：豪猪的刺是毛的特化结构，用于防御捕食者。

5. 发出信号：毛发可以执行发出信号的功能。如**图30-3**所示的白尾鹿，奔跑时会翘起尾巴，尾底显露出白色的毛发，这样，其他的鹿就可以跟随。

6. 防御：毛发也可以作为对抗捕食者的防御装置。如**图30-3**所示的豪猪长有尖利的刺，这是毛的特化结构，动物的刺在受到捕食者威胁时，会迅速地分散开来。豪猪身上的刺，会刺入触碰它的捕食者体内。

阅读检测 **解释**为什么毛发对哺乳动物十分重要。

毛发的结构 狐狸尾部浓密的毛发及人类的头发中，含有一种坚韧的纤维状蛋白质，称为角蛋白。这种蛋白质也是构成指甲、爪子和蹄的主要成分。动物的毛通常包含两种：长长的针毛和一层短而密的绒毛。厚厚的绒毛层能容纳空气，可对抗寒冷，并保留身体的热量。

其他特征

除了具有毛发和乳腺外，哺乳动物还具有其他共同特征，这些特征包括：新陈代谢速度快，可以维持恒定的体温；牙齿和消化系统特化；具有膈膜，帮助呼吸；心脏具有四腔；脑非常发达。

恒温 哺乳动物是恒温动物，即它们的身体内部能产生热量。身体的热量来源于内部，这是通过新陈代谢产热的结果。体温受到内部反馈机制的调节，反馈机制在脑与全身的感受器之间传递信号。

例如，一些哺乳动物由于体力消耗或外界空气较热时体温会升高，皮肤中的汗腺受到刺激分泌汗液。然后，汗液会从皮肤上蒸发，带走身体的热量并使体温下降。当体温降低后，汗液会停止分泌。对于不分泌汗液的哺乳动物，喘气可以使身体凉快。你可能见过夏天的狗气喘吁吁。喘气时，水分会从口腔和鼻腔中蒸发。由于哺乳动物能够通过调节体温维持身体的稳态，它们可以生活在较大范围的生态系统中，从寒冷的极地地区到炎热的沙漠和热带地区。

学习小贴士

预测 通过看标题和图片，预习本节内容，并找出区分哺乳动物的特征。利用这些标题和图片，帮助你计划如何整理本节笔记。

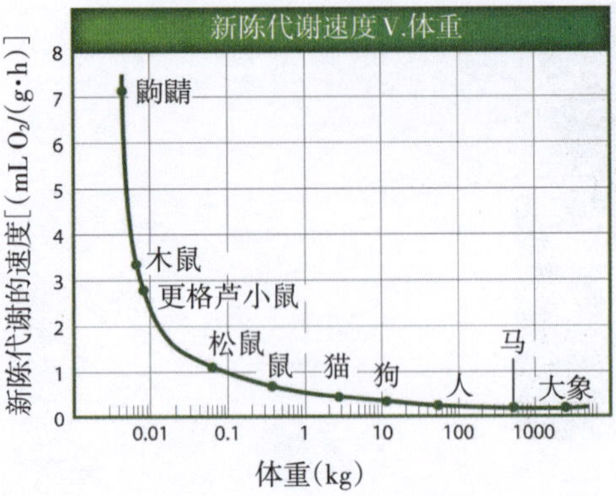

图30-4 由于新陈代谢速度较高，鼠和鼩鼱等一些小型哺乳动物，每天必须吃与体重相当的食物，以维持体温恒定。

摄食和消化系统 维持身体恒温的新陈代谢需要消耗大量的能量。哺乳动物通过分解食物获得所需要的能量。恒温动物日常摄取的大部分食物都用于产生热量，维持体温恒定。

仔细观察**图30-4**，这张图显示了哺乳动物新陈代谢速度与体重之间的关系。鼩鼱、蝙蝠和老鼠等小型哺乳动物，新陈代谢的速度比较高。因此，这些小型哺乳动物必须不停地追逐猎物和进食，为新陈代谢提供食物。

营养类别 根据食性，哺乳动物学家将哺乳动物分为四个营养类别。

1. 食虫类，如鼹鼠和鼩鼱，以昆虫及其他小型无脊椎动物为食。

2. 植食类，如兔和鹿，以植物为食。

3. 肉食类，如狐狸和狮子，主要以植食类动物为食。

4. 杂食类，如浣熊和大部分灵长类动物，以植物和动物为食。

哺乳动物寻找、抓捕、咀嚼、吞咽及消化食物的适应性特征，都会影响哺乳动物的结构和生活习性。植物纤维比肉类更难消化且需要花费更长的时间。因此，植食类哺乳动物的盲肠比肉食类哺乳动物更大，消化道更长，如**图30-5**所示。

反刍动物 纤维素是植物细胞壁的一种组成成分，是营养和能量的来源。哺乳动物的消化系统不具有消化纤维素的酶。与此相适应，一些植食类哺乳动物的大肠和小肠之间有一个称为盲肠的小袋，里面有细菌，可以消化纤维素。另一些植食类哺乳动物的胃里，细菌可以将纤维素分解成动物能利用的营养物质，这一类植食类哺乳动物称为反刍动物，其胃具有四个腔，容积大。牛、羊都是反刍动物。在反刍动物中，植物性食物通过胃的第一个腔和第二个腔，被细菌部分消化成反刍团。反刍动物会将反刍团重新吐回到口腔，并长时间反复咀嚼，反刍团被吞咽后，最终进入胃的第四个腔，继续被消化。

与生物学相关的职业

哺乳动物学家 专门研究哺乳动物这一生物学分支的研究人员，称为哺乳动物学家。哺乳动物学家可能研究一种或多种哺乳动物的行为、解剖结构或生态学，或者比较多种哺乳动物的特征。

阅读检测 **推断**反刍动物与胃里的细菌属于哪种类型的关系。

图解哺乳动物的消化系统

图 30-5

哺乳动物的消化系统适于最大限度地消化和吸收营养物质。肉食类和食虫类哺乳动物摄入的蛋白质很容易被消化。植物性食物含有难以消化的纤维素。比较以下每种消化系统的结构。

牙齿 除了消化系统的适应性之外，相比于其他生理特征，牙齿可能更能反映哺乳动物的食性。通常来讲，鱼类以及爬行动物的所有牙齿的形态一样，这是因为这些动物利用所有牙齿的方式基本相似，即用于抓捕猎物并在吞咽前撕扯猎物。而哺乳动物具有不同类型的牙齿，特化完成不同的功能。在**迷你实验**中，请你仔细观察哺乳动物四种类型的牙齿——犬齿、门齿、前臼齿和臼齿。

狐狸的犬齿长而锋利，可利用犬齿撕咬猎物。植食类的犬齿通常小一些，如**迷你实验**所示的牛的颅骨。肉食类的臼齿和前臼齿用于从猎物的骨头上将肉切下来，而植食类的臼齿和前臼齿则用于磨碎食物。食虫类的门齿长而弯曲，可以像钳子一样抓住猎物。河狸的门齿像凿子一样，非常适宜啃咬。由于哺乳动物的牙齿可以反映它们的食性，故生物学家可以通过仔细观察哺乳动物的牙齿来确定它们的食性。完成**迷你实验**，你能根据哺乳动物的牙齿推断它们具有怎样的食性吗？

排泄 哺乳动物的肾脏能排出代谢废物，维持体液平衡。肾脏能从血液中过滤出细胞代谢的终产物——尿素。哺乳动物的肾脏可以控制体液中的水分，这种特性使哺乳动物能生活在沙漠等极端环境中。

迷你实验

比较哺乳动物的牙齿

哺乳动物的牙齿具有怎样的特性？探究不同哺乳动物的牙齿与食性有怎样的联系。

步骤

1. 阅读并完成实验室安全表。
2. 观察不同哺乳动物的牙齿。
3. 列举出不同哺乳动物牙齿间的相似性和差异。

分析

1. 根据形状**推断**哺乳动物牙齿的功能。
2. **识别**你学习过的哺乳动物的牙齿类型。
3. **描述**你学习过的每种哺乳动物如何利用牙齿获取和消化食物。
4. **解释**科学家会如何利用哺乳动物牙齿的差异将哺乳动物进行归类。

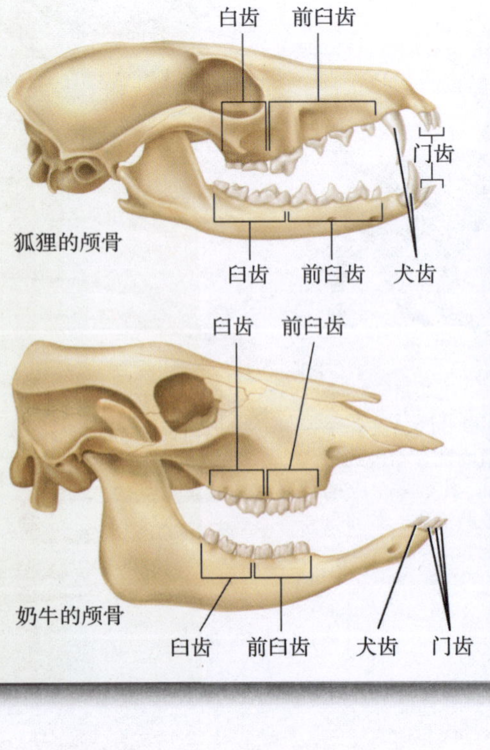

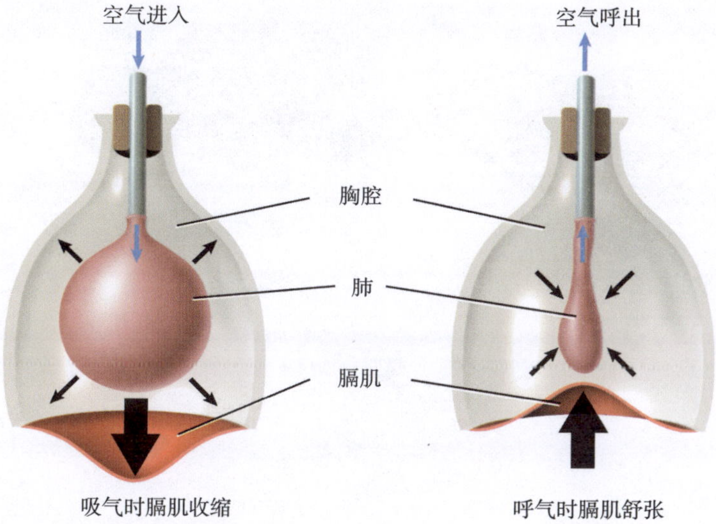

■ **图 30–6** 使用带有气球的瓶子模拟哺乳动物的膈肌如何辅助呼吸。

描述 *当膈肌收缩和舒张时，胸腔如何变化。*

呼吸 哺乳动物的食物用于维持自身的能量消耗。维持新陈代谢也需要足量的氧气。在呼吸运动中，氧气进入哺乳动物的肺。虽然鸟类和爬行动物也具有肺，但哺乳动物是唯一有膈肌的动物。**膈肌（dlaphragm）**是位于肺下面的一块肌肉，将胸腔和容纳其他器官的腹腔分隔开来。如**图 30–6** 所示，当膈肌收缩时，膈顶变平，使胸腔容积扩大。当空气进入肺部时，空气中的氧气就会通过扩散进入血管内。当膈肌舒张时，胸腔容积缩小，空气呼出。

阅读检测 **描述**哺乳动物的呼吸系统与其他动物有何不同。

循环 氧气进入血液，血管携带着氧气到达心脏，心脏再将携带氧气的血液运送到全身各处。与鸟类一样，哺乳动物具有四腔心脏。在哺乳动物中，含氧量高的血与含氧量低的血完全分开，如**图 30–7** 所示。由于大部分哺乳动物身体活跃且体温恒定，故它们需要营养物质和氧气的持续供给，以维持身体的稳态。含氧量高的血与含氧量低的血分开，使营养物质和氧气的运输更高效。

链接物理 哺乳动物的循环系统也有助于维持体温恒定。当体温升高时，皮肤表层的血管扩张，能把更多的血液运到皮肤表层。通过热传导，热量从血液传导到皮肤表面。在皮肤表面，热量通过辐射和汗液蒸发散失掉。当体温下降时，皮肤表层的血管收缩，运送的血液减少，这样就减少了身体的热量散失。

■ **图 30–7** 哺乳动物的循环系统具有四腔心脏，将含氧量高的血液与含氧量低的血液分开。含氧量高的血液用红色表示，含氧量低的血液用蓝色表示。

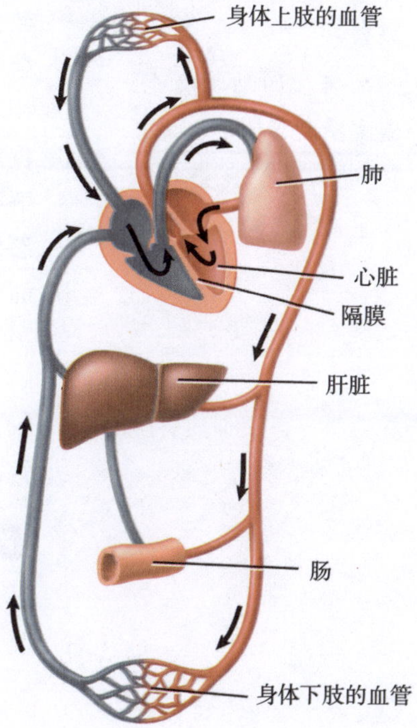

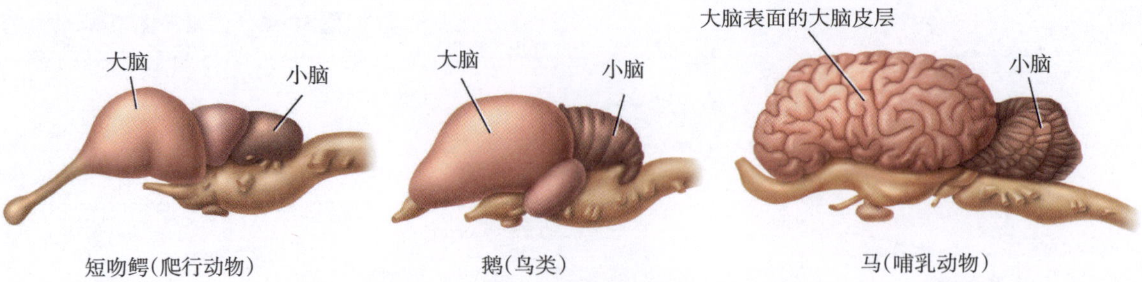

图30-8 大脑皮层是脑部最复杂的部分，也是脊椎动物进化中变化最大的部分。

术语

感觉

一项特化的动物功能，需要感觉器官和刺激。狗利用嗅觉，获取周围环境的信息。

脑和感觉 哺乳动物具有高度发达的脑，尤其是大脑。如**图30-8**所示，**大脑皮层（cerebral cortex）**是大脑中有很多褶皱的表层。这种褶皱大大增加了大脑皮层的表面积。大脑皮层负责协调意识活动、记忆及学习能力。

哺乳动物脑的另一个区域是发育完善的**小脑（cerebellum）**，负责平衡和协调运动。**图30-8**对爬行动物、鸟类和哺乳动物的小脑大小和结构进行了比较。发育完善的小脑使动物在三维空间中能进行精准而复杂的运动。

复杂的行为 例如，狐狸妈妈教其幼崽捕猎。哺乳动物能够学习和教会幼崽生存技能，大大提高了幼崽的存活概率。哺乳动物具有复杂的行为，如学习和记忆。许多哺乳动物能获取并记忆生活环境的相关信息，以便以后利用。例如，与没有到过某栖息地的老鼠相比，曾经到过该栖息地的老鼠能更好地避免被捕食者抓获，并更好地了解相似的栖息地。

感觉 在不同类群的哺乳动物中，感觉的重要性差异较大。对人类而言，视觉最重要；而对蝙蝠而言，听觉最重要。蝙蝠发出高频率的声音，声音遇到物体被弹回来并返回给蝙蝠，依靠这种方式，蝙蝠能够觉察到路途中的物体，这一过程称为回声定位。如果你见过一条狗用鼻子闻它周边的物体，你会意识到嗅觉对狗非常重要。在一些情况下，狗的嗅觉比人类的嗅觉灵敏100万倍。

阅读检测 使用类比的方法**描述**大脑皮层表面具有褶皱的优势。

腺体 腺体系统分泌多种液体，帮助调节哺乳动物的内环境。**腺体（gland）**是分泌液体到达全身各处的细胞群。汗腺帮助维持体温。乳腺产生和分泌乳汁，乳汁中包含水分、乳糖、脂肪和蛋白质，这些营养物质的比例在不同物种中不同。

仔细观察**表30-1**中不同哺乳动物乳汁中营养成分的比例。不同种类的哺乳动物，营养成分的比例差异很大。例如，脂肪总量从0到50%不等。水生哺乳动物利用脂肪层进行保温，因此乳汁中脂肪的含量通常最高。

哺乳动物的臭腺产生的物质可以标记领地或吸引配偶。皮肤中的油脂腺能保持毛发和皮肤的光泽。另一些腺体产生激素，调节身体的内环境，如促进生长及促进卵巢排出卵细胞。

阅读检测 **解释**为什么水生哺乳动物的乳汁中脂肪的含量更高。

繁殖 哺乳动物进行体内受精。在大多数哺乳动物中，胚胎在雌性动物的子宫里进行发育。**子宫（uterus）**是胚胎发育的一个囊状肌肉质器官。在大多数哺乳动物中，**胎盘（placenta）**为胚胎发育提供营养物质和氧气。幼体出生前在子宫里发育的阶段称为**妊娠（gestation）**。不同哺乳动物的妊娠期不同：妊娠期最短的是北美负鼠，只有12天；妊娠期最长的是非洲象，平均660天且最长可达760天。通常来讲，哺乳动物体形越大，妊娠期越长。出生后，哺乳动物的幼崽喝母体乳腺分泌的乳汁，获得营养。

术语

妊娠

哺乳动物的胚胎在母体内的发育阶段。

表30-1 哺乳动物乳汁中营养物质的比例

营养成分	狗	海豚	格陵兰海豹	兔子	斑马
水	76.3%	44.9%	43.8%	71.3%	86.2%
蛋白质	9.3%	10.6%	11.9%	12.3%	3.0%
脂肪	9.5%	34.9%	42.8%	13.1%	4.8%
糖类	3.0%	0.9%	0.0%	1.9%	5.3%

鼹鼠的四肢用于挖洞或掘土

蝙蝠的四肢用于飞行

■ **图30-9**
左图：鼹鼠的前肢短且有力，适于在地面挖洞或掘土。
右图：蝙蝠能利用延长的手臂和手骨之间扩展的薄膜飞行。

运动 哺乳动物必须寻找食物、栖息地并躲避捕食者。它们进化出了多种多样的四肢来完成这些基本的行为。郊狼和狐狸等哺乳动物会奔跑。非洲猎豹是跑得最快的陆生哺乳动物，时速可达110千米/时。

袋鼠等哺乳动物会跳跃，海豚等哺乳动物会游泳，蝙蝠是唯一会飞的哺乳动物。动物骨骼和肌肉系统的结构反映了动物运动的类型。仔细观察**图30-9**，分别指出鼹鼠和蝙蝠的前肢的功能。鼹鼠和蝙蝠前肢的结构反映了它们的栖息场所和行为方式。

第1节 测评

要点梳理

- 哺乳动物成功地适应了广泛的栖息环境。
- 哺乳动物具有与食性相适应的特化牙齿。
- 呼吸、循环和神经系统具有复杂的适应性特征，使哺乳动物能获得所需的额外能量并维持身体的稳态。
- 哺乳动物进行体内受精，而且大多数哺乳动物的后代在雌性的子宫里发育。

要点理解

1. 主要概念 **识别**哺乳动物两个特有的特征。
2. **解释**哺乳动物怎样维持恒定的体温。
3. 给本地区的哺乳动物**分类**，将它们分为植食类、肉食类、杂食类和食虫类。
4. **总结**哺乳动物的呼吸系统和循环系统如何协同作用使哺乳动物获得能量。
5. **对比与比对**哺乳动物和鸟类的呼吸方式。

批判性思维

6. **提出假设** 一位考古学家在挖掘现场时找到一块完整的哺乳动物头骨化石，包括牙齿。为什么牙齿对于考古学家十分重要。

生物中的数学

7. 设想一只野兔发现了一头郊狼，并试图逃跑。郊狼以70千米/时的速度奔跑，野兔的奔跑速度为65千米/时。在被郊狼追上前，这只野兔可以跑出多远？假设野兔与郊狼的初始距离为25米。

第2节

哺乳动物的多样性

本节预览

核心问题

- 现代哺乳动物的三个亚纲各有什么特征?
- 哪些适应性特征有助于哺乳动物呈现多样性,且使它们能生活在各种各样的栖息地?
- 哺乳动物可能是如何进化的?

术语回顾

染色体:细胞的结构,携带遗传物质,从亲代传给子代细胞。

关键术语

单孔类
有袋类
有胎盘类哺乳动物
兽孔类

主要概念 **根据生殖方式,哺乳动物纲分为三个亚纲。**

联系实际 想一想你见过的哺乳动物,如狗或松鼠。地球上现存4500种哺乳动物。野生动物园的建立,为我们提供了观赏世界上现存各种哺乳动物的机会。

哺乳动物的分类

根据生殖方式,哺乳动物纲分为三个亚纲:单孔类、有袋类和有胎盘类哺乳动物。

单孔类 如**图30-10**所示的动物,单孔类具有像鸭子一样的嘴及带蹼的脚,与你曾见过的哺乳动物不太一样。但是,它们有毛、有乳腺,属于哺乳动物。鸭嘴兽是一种单孔类哺乳动物,与爬行动物相似,卵生。**单孔类(monotreme)**是通过产卵繁殖后代的哺乳动物。除了鸭嘴兽外,另一种唯一现存的单孔类哺乳动物是针鼹。**图30-10**所示为成体的针鼹。鸭嘴兽和针鼹都只生活在澳大利亚、塔斯马尼亚和新几内亚。除了产卵,这些哺乳动物的特征还包括:肩带结构与爬行动物相似,体温比大多数哺乳动物低,染色体的特征既与哺乳动物相似,又与爬行动物相似。

阅读检测 **识别**单孔类与哺乳动物的其他亚纲有怎样的差异。

■ **图30-10** 针鼹和鸭嘴兽都是卵生哺乳动物。当卵孵化出来时,幼崽能从母体的乳腺中获得营养物质。

鸭嘴兽

针鼹

■ **图30-11** 负鼠是唯一生活在北美洲的有袋类。大多数负鼠都在树上度过绝大部分时间。

■ **图30-12** 斑袋貂是生活在澳大利亚北部和新几内亚的夜行性有袋类动物。红袋鼠的育儿袋中有一只幼袋鼠。幼袋鼠发育时间只有33天，然后开始在育儿袋中生活。

有袋类 妊娠周期非常短，有育儿袋的哺乳动物，称为**有袋类（marsupial）**。一旦产出，幼仔会立刻爬进母亲体外的育儿袋中，育儿袋由皮肤和毛发组成。在育儿袋中，幼仔继续发育，从母体的乳腺中吮吸乳汁并获得营养。一些有袋类的幼仔仅在受精后8天就出生，然后爬进母亲的育儿袋中。

如**图30-11**所示，生活在北美洲的唯一一种有袋类是负鼠，它们通过尾巴把自己挂起来。其他有袋类包括考拉、沙袋鼠、袋鼠及斑袋貂，如**图30-12**所示。大部分有袋类栖息在澳大利亚及附近的岛屿上。

链接地球科学 为什么有袋类主要分布在澳大利亚，这仍然是科学界争论的一个话题。一种基于化石证据的理论认为，有袋类起源于北美洲，然后迁移到南美洲和欧洲。当时，这些大陆仍然连接在一起，是一块巨大的陆地。有袋类从南美洲穿越非洲到达大洋洲，然后到达澳大利亚。约2亿年前，由于大陆漂移，各个大陆分隔开来，这使如今的有袋类的祖先被隔离在澳大利亚及其附近的岛屿上。

澳大利亚的有袋类之所以如此繁盛，是因为它们被隔离开来，避免了与有胎盘类哺乳动物的竞争。在北美洲和南美洲，有胎盘类哺乳动物更具有竞争优势。例如，有胎盘类哺乳动物进化出高度的社会行为，食物来源更丰富，并且进化出比有袋类更多样的类型和功能。

澳大利亚和新几内亚的有袋类，填补了在世界其他地方胎盘类占据的生态位。例如，袋鼠是澳大利亚的植食动物，它们填补了在世界其他地区被鹿、羚羊和水牛占据的生态位。

斑袋貂

红袋鼠

座头鲸

姬鼩鼱

■ **图 30–13** 座头鲸，重达100吨，是最大的哺乳动物之一。姬鼩鼱，重1.5克，是最小的哺乳动物之一。

有胎盘类哺乳动物 现存的大部分哺乳动物，包括人类，都属于有胎盘类哺乳动物。**有胎盘类哺乳动物（placental mammal）**具有胎盘，胎盘为发育中的幼体提供营养物质和氧气，并排出废物。有胎盘类哺乳动物产出幼体后，幼体不需要在育儿袋中进一步发育。

有胎盘类哺乳动物包括18个目，一些目只包含几种生物。例如，皮翼目仅有两种鼯猴。土豚，一种生活在非洲吃白蚁的哺乳动物，是所属目中唯一一种生物。其他目，如啮齿目，约含有2000个物种。如**图 30–13**所示，有胎盘类哺乳动物的体重可以从1.5克的姬鼩鼱到100吨的座头鲸不等。有胎盘类哺乳动物从适于游泳的海豚到适于地下生活的鼹鼠以及在黑暗中有超声定位能力的蝙蝠。第894页的**表 30–2**描述了有胚盘类哺乳动物一些不同的目。

为什么相比于有袋类，有胚盘类哺乳动物数量和种类更多？科学家曾提出过几种假设。一种假设是有袋类的幼仔出生时必须紧紧抓住母体的皮毛，因此，四肢进化成有胎盘类哺乳动物的鳍状肢、翼等结构的能力受到限制。另一种假设是有胎盘类哺乳动物的大脑皮层比有袋类动物更大、更复杂。这可能是因为它们在子宫里发育的环境更稳定、氧气更充足。这种假设可能使有胎盘类哺乳动物发展出更复杂的社会行为，从而使有胎盘类动物繁荣兴盛。

阅读检测 **识别**有胎盘类哺乳动物与有袋类的差异。

起步实验

回顾 根据你所学习的有关哺乳动物分类的知识，现在你将如何回答本章开头"起步实验"中的问题。

食虫目——鼩鼱

翼手目——果蝠

■ **图30-14** 鼩鼱是食虫目动物，果蝠是一种翼手目的蝙蝠。

术语

改变

以新的目的，创造变化。

■ **图30-15** 狮狨属于肉食类，生活在巴西沿海的森林。

识别灵长目的其他动物。

食虫目 顾名思义，食虫目的主要食物是昆虫。如**图30-14**所示，鼩鼱属于食虫目，与刺猬和鼹鼠一样。食虫目的动物通常较小，有细尖的吻部，易于抓住昆虫。鼩鼱几乎分布在世界上的所有地方，并且大部分时间生活在地下。

翼手目 翼手目大约包括925种哺乳动物，均为蝙蝠。蝙蝠是唯一能飞行的哺乳动物。它们的翅膀是薄薄的翼膜，由特化的前肢支撑。蝙蝠吃各种各样的食物，一些吃昆虫，一些吃水果，而另一些吸血。最常见的北美蝙蝠是一种小型的棕色蝙蝠，它们通常在黄昏时抓捕昆虫。如**图30-14**所示的果蝠是体形最大的蝙蝠，果蝠生活在世界各地的热带地区，以水果为食。

灵长目 猴子、猿和人类都属于灵长目。灵长目的大脑体积大，是所有哺乳动物中最发达的。大多数灵长目营树栖生活。科学家猜测，由于灵长目生活在树林间需要进行复杂的运动，如抓捕食物和逃避天敌，这使灵长目的脑部结构得以改善。灵长目的前肢通常适于抓握，并且大多数灵长目没有爪子而长有指甲。如**图30-15**所示的狮狨正用手臂抓住树枝。

贫齿目 贫齿目的动物，或没有牙齿，或只有简单得像钉子一样的牙齿。如**图30-16**所示的食蚁兽没有牙齿。食蚁兽有带刺的舌头和黏性的唾液，使其能够较易抓住巢内的蚂蚁和白蚁。树懒和犰狳都具有像钉子一样的牙齿。树懒主要以树叶为食，而犰狳以昆虫为食。除了犰狳以外，大多数贫齿目的哺乳动物生活在中美洲和南美洲。

大食蚁兽

河狸

■ **图 30-16** 大食蚁兽生活在中北美洲。体重可达 80 千克。
描述 *贫齿目动物的特征。*

啮齿目 不停啃咬的动物称为啮齿动物，包括**图 30-16**所示的河狸及老鼠、土拨鼠、旱獭、松鼠、仓鼠和沙鼠。啮齿动物占所有哺乳动物的 40%。啮齿动物两对锋利的门齿终身都持续生长。它们用锋利的牙齿啃咬木头、荚壳或硬壳，获取食物。从生态学角度而言，啮齿动物侵入陆地栖息环境的能力及繁殖能力很强，使其在陆生生态系统中占据着重要地位。

兔形目 兔形目的动物具有长而锋利、不停生长的门齿，如鼠兔和野兔。兔形目还长有一对钉子样的门齿，位于第一对门齿的后方。这些哺乳动物属于植食类，以草、灌木、水果及种子为食。如**图 30-17**所示的鼠兔生活在高纬度或高海拔地区，这些地方一年中的一部分时间覆盖积雪。鼠兔是吃草的动物，它们会在温暖的月份将草储存起来，在冬天没有新鲜植物时，就以这些草为食。

食肉目 你可能养过一只宠物狗或猫，与狼、熊、海豹、海象、郊狼、臭鼬、水獭、水貂和黄鼠狼一样，它们属于食肉目。所有食肉目的动物都是捕食者，牙齿适于撕咬肉类。如**图 30-17**所示的狮子，以羚羊、长颈鹿等为食。抓捕住猎物后，狮子用门齿撕下大块的肉。

术语

兔形目

兔形目是哺乳纲的一个目，有两个科：兔科和鼠兔科。

■ **图 30-17** 美洲鼠兔生活在美国西部和加拿大西南部的高山地区。狮子利用它的门齿抓住并刺穿猎物。

美洲鼠兔

狮子

■ **图30-18** 长鼻是长鼻目特有的结构，如大象。

长鼻目 大象是现存最大的陆生哺乳动物。它们有灵活的象鼻，适于采集植物和吸水。大象的两个上门齿特化为象牙，用于挖起树根并撕裂树皮。大象可以用长鼻卷起物体，如**图30-18**所示。古代的乳齿象和猛犸象分别是现存非洲象和亚洲象已经灭绝的近亲。

海牛目 海牛和儒艮属于海牛目。它们是运动缓慢的大型哺乳动物，头大且没有后肢。它们的前肢特化为鳍状肢，可辅助游泳。这些动物是植食类，以海草、藻类及其他水生植物为食。根据体形大小，海牛每天可以吃下多达50千克植物。人们可以看见海牛目动物在温暖的热带河流和咸水湖表面漫游。海牛运动速度缓慢，且喜欢在水面上运动，如**图30-19**，因此常被快艇的螺旋桨伤到或杀死。

奇蹄目 这些有蹄的哺乳动物包括马、斑马和犀牛。奇蹄目动物趾的数目为奇数，每个足有一个或三个趾。这些哺乳动物是植食类，牙齿适于磨碎植物。奇蹄目生活在除南极洲以外的所有大陆。

阅读检测 运用**表30-2**，**比较**有胎盘类哺乳动物。

表30-2		有胎盘类哺乳动物
目	例子	特征
食虫目	鼩鼱、刺猬、鼹鼠	吻部细尖，最小的哺乳动物，生活在地下，以昆虫为食
翼手目	蝙蝠	夜行性，利用声呐定位，适于飞行，以水果和昆虫为食
灵长目	猴子、猿、人类	双目视觉，脑容积大，大多为树栖，拇指对生
贫齿目	食蚁兽、树懒、犰狳	没有牙齿或只有像钉子样的单根齿，以昆虫为食
啮齿目	河狸、老鼠、土拨鼠、旱獭、松鼠、仓鼠和沙鼠	门齿锋利、不断生长，以植物为食
兔形目	兔子、鼠兔和野兔	后腿比前腿长，适于跳跃，门齿不断生长，植食类
食肉目	狗、猫、狼、熊、海豹、海象、郊狼、臭鼬、水獭、水貂和黄鼠狼	牙齿适于撕咬肉类，肉食类
长鼻目	大象	有长鼻，门齿特化为长长的象牙，最大的陆生动物
海牛目	海牛和儒艮	运动缓慢，头大，没有后肢，适于水生环境
奇蹄目	马、斑马和犀牛	有蹄，趾的数目为奇数，植食类
偶蹄目	鹿、牛、猪、河马	有蹄，趾为偶数，反刍的植食类
鲸目	鲸、海豚、鼠海豚	前肢特化为鳍，没有后肢，鼻孔形成喷水孔

西印度海牛

座头鲸

偶蹄目 偶蹄目也是有蹄的哺乳动物。偶蹄目与奇蹄目的不同在于，它们的趾为偶数，每个足有两个或四个趾。鹿、羚羊、牛、绵羊、猪、山羊和河马，都是偶蹄目动物。偶蹄目的动物是植食类，大部分在消化过程中会进行反刍。

鲸目 鲸、海豚和鼠海豚的前肢特化为鳍，可辅助游泳。它们没有后肢，但有肉质尾鳍。它们头顶部的鼻孔特化为单个或两个喷水孔。除鼻口部长有毛发外，鲸的全身其他地方没有毛发。一些鲸是捕食者，另一些鲸，如蓝鲸，口腔内具有特化的结构，称为鲸须，用于过滤浮游生物作为食物，如**图30–19**所示为座头鲸的鲸须。

■ **图30–19** 西印度海牛濒临灭绝。座头鲸的鲸须就像一张滤网。

数据分析实验

基于真实的数据*

分析并得出结论

船的噪声将对鲸造成怎样的影响？ 虎鲸可能会使用特定的声音呼叫，这些呼叫对于同一群游弋的鲸具有特定的意义。从1990到2000年，科学家研究区域内的船只数量增加了约5倍。

数据和观察

生物学家对三个不同鲸群的呼叫持续时间进行了长达数年的观察，请仔细观察右图。

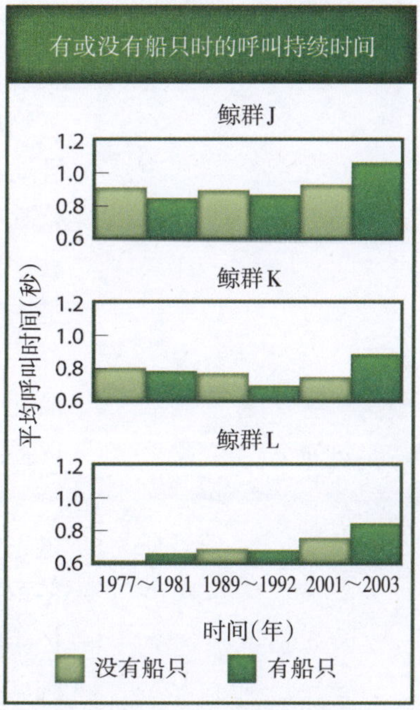

批判性思维

1. **评价** 观察从1977年到2003年鲸群J、K和L呼叫持续时间的变化趋势。如何解释这种趋势？
2. **提出假设** 研究者在这个研究中，调查结果是什么？

*数据来源：Foote, A., et al. 2004. Whale-call response to masking boat noise. *Nature* 428:910.

■ **图 30-20** 科学家根据化石证据绘制了这棵进化树，反映现存有胎盘类哺乳动物的进化历程。

解释 *哪一类哺乳动物是现存最古老的哺乳动物。*

哺乳动物的进化

第一种哺乳动物很可能是在2.2亿年前的中三叠纪，由一种爬行动物进化而来。一些哺乳动物与恐龙一起生活，但直到恐龙灭绝后，哺乳动物才兴盛起来。**图 30-20** 所示的进化树表示了哺乳动物的进化历程。

兽孔类 化石证据表明，第一种哺乳动物可能是由一群长得像哺乳动物的爬行动物——兽孔类进化而来的。**兽孔类（therapsid）**是一类已经灭绝的脊椎动物，同时具有哺乳动物和爬行动物的特征。兽孔类具有一些现存哺乳动物的特征，包括头骨顶部有一对颞孔，颞孔使肌肉能附着在颌上。兽孔类的四肢位于身体下方，这提高了它们运动的效率。

有证据表明，兽孔类可能体温恒定。它们吃的食物比自己的祖先更多，可以提供能量维持自身的体温。体温恒定使兽孔类在冬季更活跃，这比其他变温脊椎动物更具优势。兽孔类约在1.7亿年前灭绝。兽孔类的其中一支称为犬齿龙，继续进化出更多哺乳动物的特征，包括较高的新陈代谢水平、强壮的颌骨及会厌软骨，会厌软骨使动物能在吞咽食物时进行呼吸。如**图 30-21** 所示为犬齿龙。

犬齿龙

始祖兽

■ **图30-21** 犬齿龙具备部分哺乳动物特征，大小与黄鼠狼差不多。始祖兽是已发现的最古老的有胎盘类哺乳动物。

哺乳动物的年龄 化石证据表明，第一种有胎盘类哺乳动物的体形可能与老鼠相似，如**图30-21**所示的始祖兽。近期出土的化石表明，一些哺乳动物体形更大。其中一具化石蹲坐着有1米长，具有牙齿。另一具化石具有像河狸一样的尾巴，适于游泳。当恐龙在中生代末期灭绝时，哺乳动物进化出对环境的适应性特征。随着开花植物的繁盛，出现了新的食物来源和新的栖息地，哺乳动物需要适应新的环境。例如，进化出运动快速的植食类及其捕食者，填补了干旱草原的生态位。哺乳动物种类和数量的空前大发展，使一些科学家将新生代称为哺乳动物时代。

第2节 测评

要点梳理

- 哺乳动物的三个亚纲中，只有一个亚纲产卵。
- 哺乳动物的其中一个亚纲，母体具有育儿袋，幼仔大部分时间在育儿袋里发育。
- 有胎盘类哺乳动物，当幼体在子宫内发育时，由胎盘提供营养。
- 哺乳动物可能是由一类称为兽孔类的爬行类祖先进化而来的。
- 在新生代，哺乳动物的多样性空前大发展。

要点理解

1. 主要概念 **描述**哺乳动物的三个亚纲及其特征。
2. **识别**如下描述的哺乳动物属于哪一个目：具有红棕色的皮毛，上颌有两对门齿（一对门齿在另一对后面），有爪，体形比篮球小，易于跳跃。
3. **对比与比对**奇蹄目和偶蹄目的特征。
4. **解释**哪些证据表明哺乳动物是由爬行动物进化而来的。

批判性思维

5. **提出假设** 鸭嘴兽的嘴能探查到其他动物肌肉收缩时的电场，这是鸭嘴兽搜寻猎物的方法。请提出假设：这种复杂的适应性特征是如何发展出来并取代仅使用视觉简单搜寻猎物的方法的。

科技写作

6. 有人错误地认为，有袋类哺乳动物比有胎盘类哺乳动物低等。分析并解释这种观点错误的原因。

野外调查

尸检帮助科学家研究鲸鱼

职业:解剖学家

这是一幅令人不安的景象:一头鲸搁浅在海滩上,因不能返回海洋而死亡。科学家不能完全理解:为什么鲸会搁浅在岸边。所以,他们通常需要进行尸检——检查鲸的尸体以确定死亡原因。解剖学家约·瑞登伯格(Joy Reidenberg)博士将鲸和海豚的尸检作为一项事业,虽然工作环境恶劣(臭而黏滑),却能为科学家提供有价值的数据。

由于鲸大部分时间都生活在深海里,故科学家不能近距离地研究它们。约·瑞登伯格博士及其他进行尸检的科学家想找出鲸死亡的原因,同时他们也想了解鲸是怎样生活的。

鲸体形太大,不便移动,所以尸检通常在鲸搁浅的地方进行。2009年1月,一头成年的长须鲸在爱尔兰南部海岸的一个海湾搁浅并死亡。约·瑞登伯格博士及其他科学家冒着大雨、冰雹和大风对鲸进行了尸检。

约·瑞登伯格博士首先切开了鲸的身体,让分解产生的气体排出。当气体排出后,她除去鲸下侧的脂肪,并移去消化道。约·瑞登伯格博士发现,这头长须鲸的胃中除了液体之外没有任何东西,这意味着这头鲸没有进食。约·瑞登伯格博士怀疑这头鲸死前已经生病了。

约·瑞登伯格博士也仔细检查了鲸的其他器官。她查看了鲸身体上的划伤、擦伤及断裂的骨头,但没有任何发现。

她推测,这头生病的鲸游到浅湾中休息,但当潮水退去时,没有水的支持,鲸窒息而死。

虽然尸检工作环境又脏又臭,需要接触到鲸黏滑的体液,且十分困难,但尸检很重要。如果科学家能够弄明白为什么鲸会搁浅而死亡,他们就可以使鲸及其他海洋哺乳动物避开一些引起过早死亡的因素,这就是这份工作的最佳回报。

科技 写作

想象一下,你是当地一家报社的记者,一头死亡的鲸刚刚被冲到你们小镇的海滩上。请你为当地的报社写一篇文章,描述科学家在海滩上的尸检工作。

生物实验室

法医学：如何利用基因工程来调查犯罪案件。

背景：所有的哺乳动物都具有一些共同特征，如被毛、有乳腺，这使它们能适应生物圈中几乎所有的生态系统。哺乳动物在雨林、沙漠和极地都很兴盛。

问题：你所在地区能找到什么类型的哺乳动物？

实验器材

哺乳动物鉴别指导手册
双筒望远镜
野外日志

安全注意事项

设计与实施实验

1. 阅读并完成实验室安全表。
2. 列举你在本地区观察到的哺乳动物。
3. 预测怎样对这些哺乳动物进行分类。
4. 设计一张表格，记录物种的名称、大小、体形及特征等，并对你所观察的哺乳动物进行系统分类。
5. 研究这些哺乳动物，将信息记录在表格里。在动物生活的天然栖息地或动物园观察它们。如果无法在自然栖息环境观察动物，可以通过指导手册获取当地哺乳动物的信息。
6. 在野外日志上，记录观察结果，并将这些信息填写在表格里。
7. 与全班同学分享观察结果。

实验分析和结论

1. **描述**你所观察到的所有哺乳动物的共同特征。
2. **对比与比对**你所观察的哺乳动物与全国各地其他学生观察的哺乳动物。
3. **对比与比对**科学家将哺乳动物分为不同目所利用的生理特征。
4. **推断**表格中的哺乳动物如何适应生存的环境。
5. **描述**其他观察策略，可以用于更深入地搜寻你所选择地区的哺乳动物。
6. **分析**比较你所识别的哺乳动物名单与其他同学编制的名单，确定可能的识别错误。

海报展示

展示 请你收集另一个地区哺乳动物的照片，制作一张海报展示给你的同学。海报中要求包含每一种哺乳动物的特征及适应性信息。

第30章 复习指南

内容聚焦 能量 哺乳动物的新陈代谢需要消耗大量的食物，以获得日常生活所需的能量。

大概念 哺乳动物生活在各种各样的栖息环境中，它们进化出许多能维持自身稳态的适应性特征。

第1节 哺乳动物的特征

乳腺
膈肌
大脑皮层
小脑
腺体
子宫
胎盘
妊娠

主要概念 哺乳动物具有两个显著的特征：被毛、有乳腺。

- 哺乳动物成功地适应了广泛的栖息环境。
- 哺乳动物具有与食性相适应的特化牙齿。
- 呼吸、循环和神经系统具有复杂的适应性特征，使哺乳动物能获得所需的额外能量并维持身体的稳态。
- 哺乳动物进行体内受精，而且大多数哺乳动物的后代在雌性的子宫里发育。

第2节 哺乳动物的多样性

单孔类
有袋类
有胎盘类哺乳动物
兽孔类

主要概念 根据生殖方式，哺乳动物纲分为三个亚纲。

- 哺乳动物的三个亚纲中，只有一个亚纲产卵。
- 哺乳动物的其中一个亚纲，母体具有育儿袋，幼仔大部分时间在育儿袋里发育。
- 有胎盘类哺乳动物，当幼体在子宫内发育时，由胎盘提供营养。
- 哺乳动物可能是由一类称为兽孔类的爬行类祖先进化而来的。
- 在新生代，哺乳动物的多样性空前大发展。

第30章 测评

第1节

术语回顾

从“复习指南”选择合适的术语填写在空格里，将每个类比的句子补充完整。

1. 卵黄囊之于鸟就像________之于哺乳动物。
2. 孵卵期之于鸟就像________期之于哺乳动物。
3. 细胞核之于细胞就像________之于脑。

要点理解

利用下图，回答第4题和第5题。

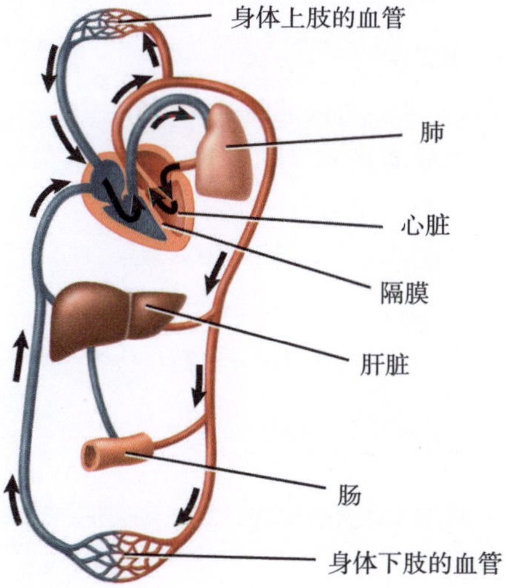

4. 如图所示是(　　)。
   A. 排泄系统　　B. 骨骼系统
   C. 循环系统　　D. 生殖系统
5. 下列选项中，有助于该系统维持哺乳动物体温恒定的是(　　)。
   A. 含氧量高的血液与含氧量低的血液分开
   B. 心脏具有三个腔，能够泵出更多的血液
   C. 该系统将富含氧气的血液运送到肺
   D. 该系统将含氧量低的血液从心脏运送到全身各处
6. 下列与维持哺乳动物的稳态最不相关的是(　　)。
   A. 肾脏　　B. 心脏
   C. 汗腺　　D. 爪子
7. 油脂腺、汗腺和乳腺分别具有的功能是(　　)。
   A. 保养头发和皮肤，调节温度，产生乳汁
   B. 繁殖，保养头发和皮肤，调节温度
   C. 调节温度，产生乳汁，繁殖
   D. 产生乳汁，运送氧气，保养头发和皮肤

利用下图，回答第8题和第9题。

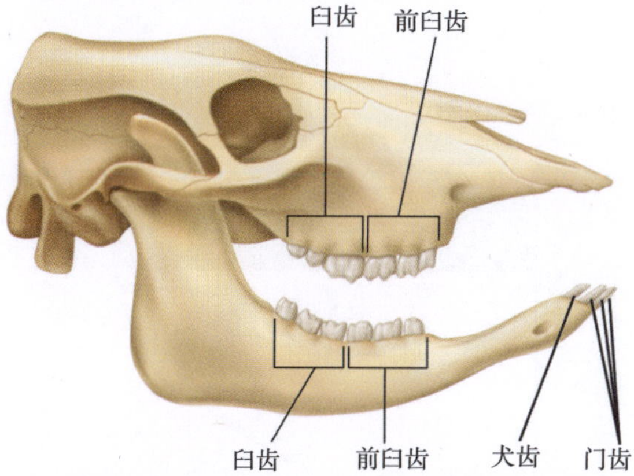

8. 各种类型的牙齿，有利于哺乳动物在各种栖息环境中生活的方式是(　　)。
   A. 它们可以吃各种各样的食物
   B. 它们可以更有效地捕猎
   C. 它们可以更容易地消化食物
   D. 它们的消化道被改良特化
9. 这种哺乳动物属于(　　)。
   A. 植食类　　B. 食虫类
   C. 肉食类　　D. 食腐类

回答问题

10. **内容聚焦　能量**　仔细观察**表30-1**并提出假设，解释为什么不同的哺乳动物乳汁中的营养物质有如此大的差异。

第30章 测评

11. **主要《概念** **表30-2**整理了有胎盘类哺乳动物的12个目。对比与比对其中两个目的特征。

批判性思维

12. **设计实验** 河马皮肤深处的腺体能分泌一种液体，这种液体的作用与汗液类似，但还具有其他功能。生物学家推测，这种液体对河马的皮肤可能起到防晒作用。利用吸收紫外线的珠子设计一个实验，测试河马皮肤上的这种液体是否可以防晒。

13. **分析并得出结论** 生物学家认为，当生活在大范围领域的肉食类被圈养在某个小空间时，来回踱步的频率就更高。他们研究了北极狐、北极熊和狮子。分析下图，就栖息地大小对来回踱步的影响，得出结论。

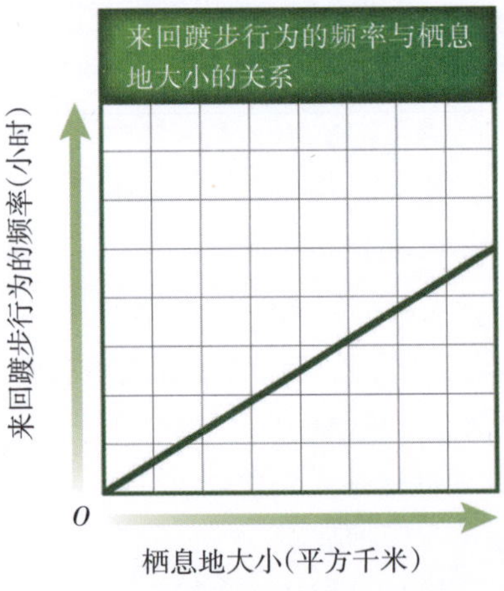

第2节

术语回顾

请从“复习指南”选择正确的术语，替换斜体字的名词术语，使句子表达正确。

14. 大象是*有袋类哺乳动物*的代表。
15. 哺乳动物可能是由*单孔类动物*进化而来的。
16. *兽孔类*是产卵的哺乳动物。
17. *单孔类*是有育儿袋的哺乳动物。

要点理解

18. 下列哺乳动物属于鲸目的是(　　)。
    A. 河狸　**B.** 座头鲸
    C. 斑马　**D.** 海牛

19. 幼体在子宫内发育，其优势是(　　)。
    A. 幼体活着出生
    B. 幼体被捕食的可能性减少
    C. 幼体被捕食的可能性增加
    D. 幼体在出生时发育更完善

20. 下列哺乳动物不属于有袋类的是(　　)。
    A. 负鼠
    B. 袋鼠
    C. 针鼹
    D. 沙袋鼠

21. 下列不是鸭嘴兽的特征的是(　　)。
    A. 带蹼的足
    B. 具产卵能力
    C. 三腔心脏
    D. 像爬行动物一样小的染色体

22. 仔细观察**图30-20**，最先进化出的哺乳动物是(　　)。
    A. 大象
    B. 负鼠
    C. 针鼹
    D. 蓝鲸

回答问题

23. **开放式回答** 概述并解释一种哺乳动物理想的适应性特征，这种动物生活在1米深的沼泽中。沼泽中水生植物丰富，其天敌为蛇。

24. **主要《概念** 提出另一种哺乳动物亚纲的分类方法。

25. **开放式回答** 在班级组织一场的辩论赛，主题是：利用动物来测试药物和化妆品。

批判性思维

26. 推断 化石证据表明，哺乳动物与恐龙生活在同一时期长达几百万年。相较于恐龙，哺乳动物的体形非常小。当恐龙在地球上自由出没时，推断哺乳动物保持较小体形为什么是一个优势。

27. 与生物学相关的职业 找出本地区生活在河中濒临灭绝的哺乳动物。假设你将成为动物园园长，负责为一种新的动物提供生存空间。这种动物在当地濒临灭绝，并将在动物园进行展示。在动物园中，为这种动物设计一个空间、喂养方案和其他照料细节。准备一个指示牌，警示人们该濒危物种的重要性及人们可以参与保护这种动物的方式。

28. 研究 选择你最喜欢的一个哺乳动物类群。画一张地图，表示出它们在世界范围内的分布。仔细想一想，目前可能限制其分布范围或未来影响该类群的生态因素。应该做些什么确保你最喜欢的哺乳动物类群存活，提出你的建议。

利用下面的表格，回答第29题。

出生时体重与乳汁中的蛋白质含量

哺乳动物	出生时体重加倍的天数	乳汁中蛋白质的含量(‰)
人类	180	12
马	60	26
牛	47	33
猪	18	37
绵羊	10	51
猫	9	101

29. 分析数据 解释使出生时体重加倍所需的天数与乳汁中蛋白质含量之间的关系。绘制出该表格的图线。

总结性测评

30. 大概念 选择一种特定的哺乳动物，描述帮助该哺乳动物在栖息环境中保持稳定性的几项适应性特征。

31. 科技 写作 研究哪一种哺乳动物的基因组测序已经完成。写一篇总结性文章，描述你所了解到的内容。

DBQ 资料分析题

一种特殊的地松鼠可以发出其他哺乳动物无法听到的超声波，也可以发出其他哺乳动物能听到的声音。生物学家将地松鼠放置在超声波、背景噪声、音调类似于其他哺乳动物无法听到的超声波及其他哺乳动物能听到的声音环境中。然后观察松鼠在每种声音中表现出警觉行为（寻找捕食者）的时间。利用下图，回答如下问题。

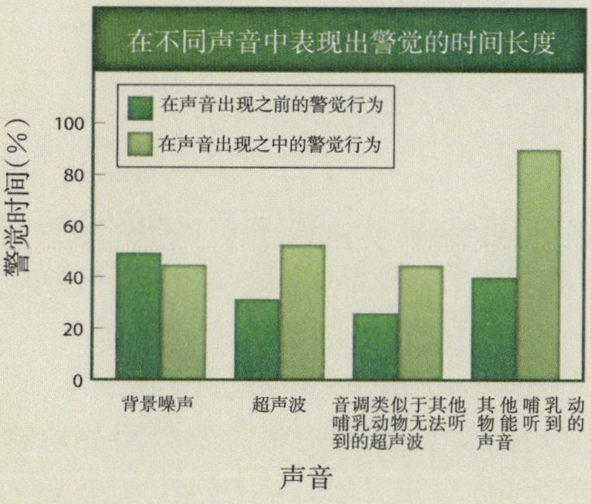

数据来源：Wilson, d. and Hare, F. 2004. Ground squirrel uses ultrasonic alarms. *Nature* 430：259—264.

32. 在哪种情况下，松鼠表现出的警觉性行为最多？

33. 在哪种情况下，超声波信号作为警告更有效？

34. 在听到超声波前后，警觉行为所占的百分比有什么差异？

标准化测试

选择题

利用下图，回答第1题和第2题。

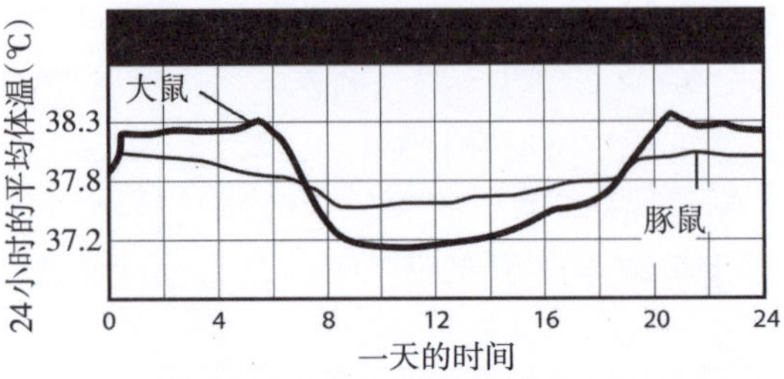

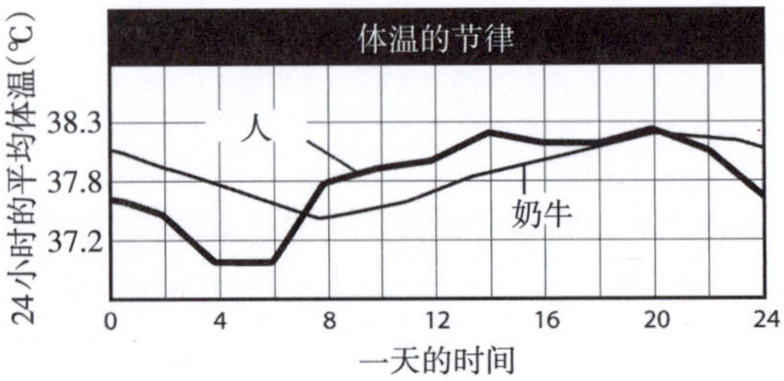

1. 图中所示为不同体形的动物体温变化的节律。平均体温最高的是(　　)。
   A. 奶牛
   B. 豚鼠
   C. 人
   D. 大鼠

2. 上图中的大鼠和豚鼠是主要在夜间活动的动物。从这张图，推断夜行性动物体温的特点是(　　)。
   A. 它们的体温比在白天活动的动物更高
   B. 它们的体温变化比在白天活动的动物更大
   C. 它们的体温比在白天活动的动物更低
   D. 它们的体温变化比在白天活动的动物更小

3. 下列陈述中，描述了文昌鱼及其他脊索动物之间的差异的是(　　)。
   A. 文昌鱼没有脊柱
   B. 文昌鱼没有脊索
   C. 其他脊索动物没有脊柱
   D. 其他脊索动物没有脊索

利用下表，回答第4题。

序号	类群	消化系统的部分组成
1	两栖动物	有砂囊、胃和肠
2	爬行动物	有嗉囊，大肠和小肠
3	鸟类	有嗉囊，砂囊和肠
4	鱼类	有鱼鳔、胃和肠

4. 上表中的信息，正确的是(　　)。
   A. 1
   B. 2
   C. 3
   D. 4

5. 咽囊的定义是(　　)。
   A. 食物被消化时，储存食物的一个腔
   B. 使缠绕的消化系统保持在特定位置的囊
   C. 连接口腔和食管的结构
   D. 调节新陈代谢、生长和发育的结构

6. 蜘蛛具有(　　)对分节的附肢。
   A. 3
   B. 4
   C. 5
   D. 6

简答题

7. 描述使哺乳动物维持体温恒定的四个不同的特征或过程。

8. 对比和比对鸟类两种类型的羽毛。

9. 描述哺乳动物的幼体从母体获得乳汁的两个好处。

利用下图回答第10题。

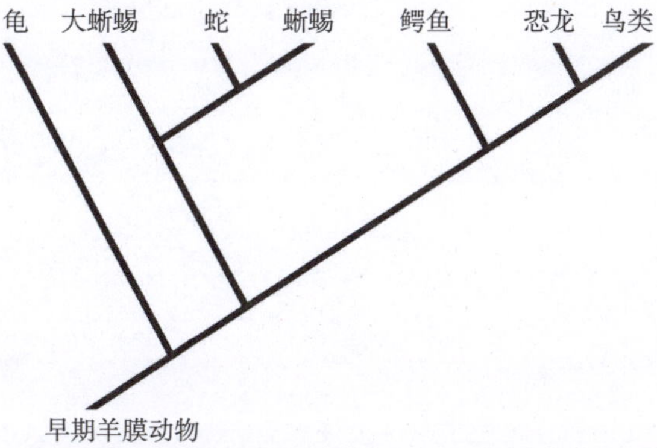

10. 评估现代爬行动物的哪一个类群与恐龙的亲缘关系最近。

11. 为什么现存的鸟类种类如此繁多？请提出假设。

12. 列举不产生种子的维管植物比无维管植物更适应在多变的环境中生存的两种方式。

开放题

13. 海参通过排出内脏保护自身，但其他的棘皮动物不具备这样的技能。提出假设为什么只有海参具有这种适应性特征？

14. 评价鸟类的骨骼如何适应飞行。

15. 评论为什么采取r—策略的种群可能比采取k—策略的种群更适应生活在不可预测的气候环境中。

论述题

在大多数鸟类中，两只亲鸟都会照顾幼雏。在繁殖季节亲鸟聚在一起，交配并开始照顾它们的后代。在一些鸟类中，一方亲鸟筑巢后，吸引配偶到来。而另一些鸟类，亲鸟会一起筑巢。亲鸟轮流照顾鸟卵，并保持鸟卵的温度。当孵化出雏鸟后，亲鸟将为雏鸟带回食物。亲鸟会持续照顾雏鸟直至其学会飞行。雏鸟飞走后，独立生活，并很少与亲鸟再联系。

利用上文中的信息，以论文的形式回答下列问题。

16. 雏鸟通常受到双亲的照顾。在哺乳动物中，母兽通常自己照顾幼崽。提出一个假设，解释为什么两只亲鸟照顾雏鸟而只有母兽独自哺育幼崽。讨论怎样检验这种假设。

考点提示																
测试题号	1	2	3	4	5	6	7	8	9	10	11	12	13	14	15	16
对应章节	30.1	30.1	27.2	29.2	27.2	26.2	30.1	29.2	30.1	29.1	29.2	21.2	27.1	29.2	4.1	29.2

第31章

动物行为

起步实验

科学家如何在野外观察动物行为?

科学家研究动物行为的方法是到动物的栖息地进行实地观察。右图展示的是一只雄性孔雀，开屏是一种求偶行为。

步骤

1. 阅读并完成实验室安全表。
2. 记录你在视频或照片中观察到的所有鸟类行为。
3. 推断鸟类采取各种行为的原因。

分析

1. **解释** 若想了解孔雀的行为，为什么需要在不同条件下研究多种鸟类?
2. **推断** 你观察到的部分行为可能是竞争行为。动物可能为怎样的资源竞争?竞争行为对动物有何益处?

折叠式学习卡

制作一个五片式折叠卡。根据动物的学习行为制作标签，并记录五种动物学习行为的笔记。

内容聚焦 科学探究

生物学家通过考察动物、动物行为及其生存环境来研究这三者之间的关系。

大概念 动物的许多行为受到基因和环境的共同影响。

第1节

基础行为

本节预览

核心问题

- 动物行为的进化与自然选择有什么关系?
- 先天性行为与学习行为有什么区别?
- 动物行为有哪些类别及各类别有哪些例子?

术语回顾

自然选择:某些可遗传特征逐渐成为大多数后代普遍存在的特征,这个过程会导致种群的进化。

关键术语

行为
先天性行为
固定行为模式
学习行为
习惯化
经典条件反射
操作性条件反射
印随行为
认知行为

主要概念 **动物行为可以是先天的或是后天学习的,而且会随着自然选择发生进化。**

联系实际 试想一下,你路过一家餐馆时,闻到了最喜欢的食物的味道。不管你饿不饿,你的口腔都会开始分泌唾液,并忍不住想象这个食物有多好吃。其他动物也会出现类似的行为。

动物行为

你可能见过蜥蜴趴在一块被太阳照射的石头上,这其实是蜥蜴在调节体温。它通过吸收阳光中的热量来升高体温。如果蜥蜴的体温升得过高,它就会躲到荫凉处。这就是动物行为的实例。动物**行为(behavior)**是动物对刺激做出的一种反应。刺激指的是环境中能够影响生物体生命活动的变化。

动物行为可能是由身体内部的刺激引起的,例如,上文中蜥蜴的例子。动物行为也可能由身体外部的刺激引起,例如,叫喊声、食物的香味等。

阅读检测 **解释**为什么蜥蜴在早上会趴在一块温暖的石头上。

■ **图31-1**
对于动物行为的研究
100多年前,有关动物行为的研究才开始。
互动时间轴

1898年,伊凡·巴普洛夫(Ivan Pavlov)控制一条狗对铃声刺激做出分泌唾液的反应。

1923年,奥地利动物学家卡尔·冯·弗里施(Karl Von Frisch)发现蜜蜂通过跳有节奏的舞蹈进行交流。

1935年,康拉德·洛伦兹(Konrad Lorenz)描述并命名了幼鸭和幼鹅的印随行为。

1971年,英国动物学家珍妮·古道尔(Jane Goodall)首次记录:黑猩猩会使用工具。

1900 1920 1970

什么影响着动物行为 多年以来，科学家一直在探寻动物行为是以先天遗传为基础，还是后天经验的结果。研究结果显示，有些行为只以遗传为基础，不受经验的影响。而其他行为多是在遗传的基础上，结合后天的学习和经验形成的，例如，鸣禽学习本物种特有的鸣叫。如今，许多行为被认为是基因和环境共同作用形成的。大多数时候，动物的行为以遗传为基础，并与后天经验习得相互作用而形成。**图 31–1** 展示了动物行为学中一些重要的发现。

动物行为的演化 在动物行为研究中，有两个经典的问题。第一个问题是：什么样的机制引发动物对特定刺激做出反应？例如**图 31–2** 中展示的雄鸟，是什么引起它在繁殖季节鸣叫求偶？通常来说，研究动物体内的激素可以解答这类问题。科学家现在发现，雄鸟在繁殖季节鸣叫求偶是由于体内睾酮逐渐增多，这种身体内部产生的刺激引发了求偶行为。第二个问题是：这些行为对动物有什么好处？其实，这与自然选择导致的进化有关。在繁殖季节，鸣叫对雄鸟有什么好处呢？鸣叫可能会驱赶走其他雄鸟，也可能吸引来配偶。

你已经学过，与其他动物相比，如果一些动物具有某些在竞争中有优势的特征，那么它们就有更多的繁殖机会，从而将其基因传给后代。在过去，会鸣叫的鸟可能会比不会鸣叫的鸟产生更多后代。多代之后，种群的基因库中只剩下会鸣叫的鸟的基因。所以，动物行为其实受到了自然环境的选择。

图 31–2 在交配季节，雄性斑胸草雀通过鸣叫吸引雌性。

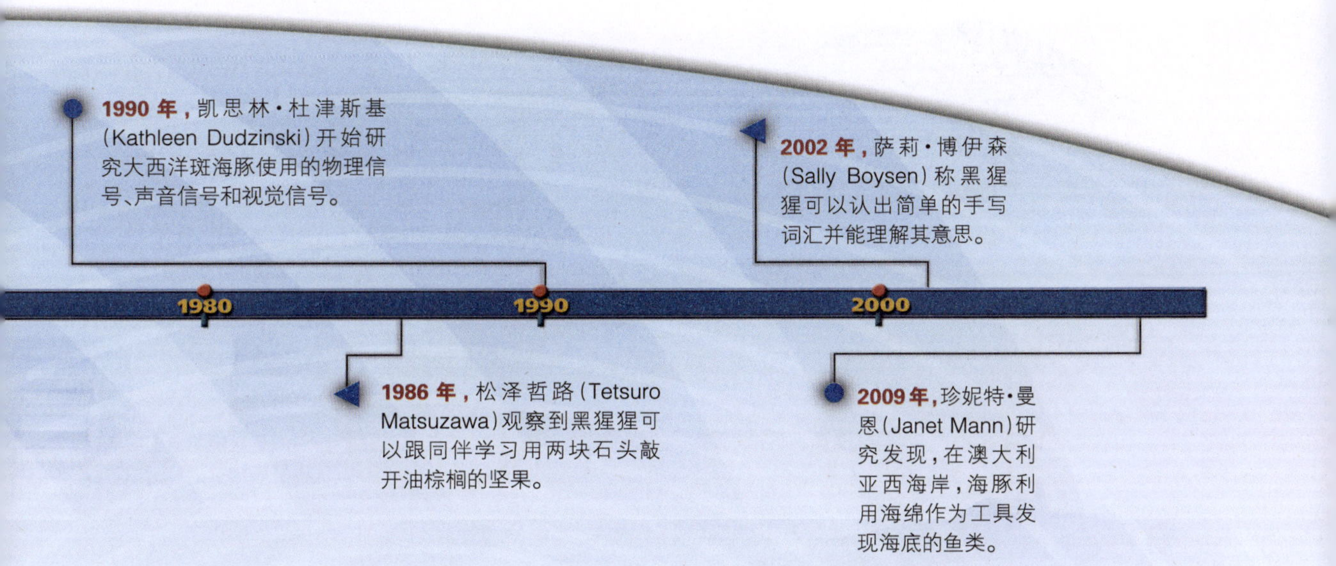

与生物学相关的职业

动物行为学家 研究动物行为的产生、发展和进化。动物行为学家可能在动物园、水族馆或博物馆工作。他们也可能在大学授课或进行科研工作。

先天性行为

动物以遗传为基础并且不受后天经验影响的行为称为**先天性行为(innate behavior)**。你可能说,不是所有的动物行为都出现在特定环境中并受环境影响吗?种群中大部分个体普遍具有的行为称为先天性行为或本能行为,因为即使个体所处环境不同,它们的行为也是相似的。例如,在某些物种中,刚孵化出来的雏鸟在父母归巢时会朝上张开嘴并本能地发出唧唧的叫声。而父母的本能则是对雏鸟张开的嘴做出反应,马上去喂这些唧唧叫的小鸟。此外,某些哺乳动物的幼仔会在特定的年龄开始学会行走,不同物种学会行走的年龄有所不同,但同一物种的不同个体间这一年龄却基本相同。所以普遍认为行走也是一种先天性行为。

固定行为模式 **图31-3**中的鹅展示的是先天性行为。当动物在应对刺激时,出现一系列的特定动作,称为**固定行为模式(fixed action pattern)**。这一系列动作每次都相同而且出现的次序也不变。鹅会朝着它的卵伸出脖子并站起来。然后通过脖子一前一后的运动,用喙的下方推着它的卵,使卵滚回巢中。卵在巢外面的这一刺激,引发了鹅的先天性行为,并出现了完整的一系列动作。即使在中途把卵拿走,鹅也会凭空继续完成整套动作。这就是固定行为模式的关键之处。刺激只要引发了本能反应,动物便不受控制地去完成并且不受环境条件或已有经验的影响。**图31-4**展示了另一个固定行为模式的实例。

阅读检测 **解释**为什么固定行为模式属于先天性行为。

■ **图31-3** 鹅出现了固定行为模式。

推断 *如果用一个橡胶小球之类的卵形物体代替鹅卵,会发生什么现象。*

1 鹅对卵在巢外这一刺激做出反应。

2 鹅开始滚动这枚卵。

3 鹅用喙的下方,将卵滚向巢的方向。

4 鹅会持续推动这枚卵,直到把卵滚回巢中。

图解动物行为

图 31–4
动物行为要么是先天的，要么是后天习得的。固定行为模式属于先天性行为，主要以遗传为基础，与已有经验无关。习惯化行为和操作性条件反射是学习行为，因为这些都是后天经验的结果。

固定行为模式 这只刚孵化出来的杜鹃正表现出固定行为模式。雌性杜鹃通常会将卵产在其他鸟类的巢里，刚孵化出来的杜鹃雏鸟在眼睛尚未睁开的情况下就能将其他鸟卵拱出鸟巢。这就是杜鹃的固定行为模式。

习惯化行为 最初将稻草人放在田地里的时候，小鸟可能会避开它。但一段时间后，小鸟意识到这个稻草人不会对它们造成任何影响，便会习惯稻草人的存在。

操作性条件反射 鸭子们可以学会将“人出现在池塘边”与“食物奖励”联系在一起。

■ **图31–5** 警马对人群和交通引起的噪声变得习惯。**回忆** *你对刺激变得习惯的一次经历。*

折叠式学习卡

将本节内容编入你的折叠式学习卡中。

学习行为

你喜欢什么活动？体育运动、玩电脑游戏还是演奏乐器？这些都属于学习行为。**学习行为（learned behavior）**是在先天性行为的基础上，结合特定环境中的生活经验形成的。学习行为的例子包括习惯性行为、条件反射、印随行为和认知行为。

习惯化 有时候，动物们会发现，最初看似重要的刺激可能并不需要引起太多注意。比如，巢中的雏鸟会看到头顶上飞过各种各样的物体。最初它们会低下头或一直立着脖子，对刺激做出反应。但实际上，如果是落叶飘过或是同种类的鸟儿飞过都不会对这些雏鸟造成什么影响。所以，一段时间之后，雏鸟就不会再对这种刺激做出反应了。这种现象称为**习惯化（habituation）**，即如果重复受到无意义刺激，动物就会减少对刺激做出反应。

图31–5中的马已经习惯了来自街道和人群的噪声。我们可以认为，习惯化就是逐渐不再对某种刺激做出反应。习惯化行为对于动物来说是有好处的，因为动物只有忽视那些不重要的刺激，才能集中精力去应对食物、配偶、天敌等更重要的刺激。**图31–4**中有另一个习惯化行为的例子，鸟类对稻草人变得习惯，因为经验告诉它们，稻草人既不会对它们造成伤害，也不会给它们带来什么益处。

迷你实验

探究习惯化行为

蚯蚓能对触碰出现习惯化吗？在这个实验中，你将观察到蚯蚓能否学会忽视一种刺激。

步骤

1. 阅读并完成实验室安全表。
2. 用放置一段时间的自来水沾湿纸巾，然后将纸巾铺在托盘上。戴上手套，同样用放置一段时间的自来水沾湿。
3. 把蚯蚓转移到托盘中，让蚯蚓休息1分钟。
4. 确定哪一边是蚯蚓的前端（头部）。轻轻用笔刷触碰蚯蚓身体的前部。
5. 等蚯蚓完成撤回反射，恢复正常后，再次轻轻触碰它。
6. 多次重复上一步骤并记录蚯蚓的行为。

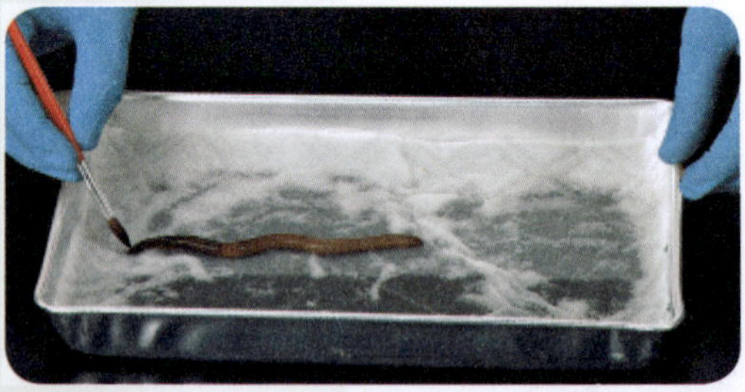

分析

1. **解释** 蚯蚓习惯了刺激出现吗？你有什么依据？
2. **批判性思维** 为什么说蚯蚓的撤回反射可能是先天性行为？这种行为对蚯蚓在自然环境中的生存有什么帮助？

A 狗看到食物会分泌唾液。

B 每次狗看到食物时，铃声都会响，狗就会将响铃与食物联系在一起。

C 最后铃声单独出现时，狗也会分泌唾液。它已经建立了对响铃的条件反射。

图31-6 在经典条件反射中，狗学会了将铃声与食物联系在一起。

经典条件反射 1890年代末到1900年代初，俄国科学家伊凡·巴普洛夫(Ivan Pavlov)在实验中观察到：狗看到食物时，会分泌唾液。然后，巴普洛夫在每次给狗喂食食物时都摇铃。重复多次实验后，狗单独听到铃声也会分泌唾液。

巴普洛夫得出结论：狗可以将铃声与食物的刺激联系在一起。动物行为学家将这种学习称为经典条件反射。将两种完全不同类型的刺激联系在一起所发生的行为称为**经典条件反射(classical conditioning)**。在巴普洛夫的实验中，狗能将铃声与完全无关的食物的刺激相联系，从而使狗听到铃声时会分泌唾液。

阅读检测 **描述**一个你曾对无关刺激建立起条件反射的例子。

操作性条件反射 美国心理学家斯金纳做了操作性条件反射的实验。在**操作性条件反射(operant conditioning)**实验中，动物能学着将其对刺激做出的反应与奖励或惩罚联系起来。斯金纳把一只老鼠放入盒子，老鼠在盒子里到处探索的时候会偶然碰到控制杆，使装置释放一个食物球到盒子里。最初，老鼠可能不会注意到控制杆。它可能将食物吃掉，然后继续在盒子里乱转。最后，老鼠学会了将按压控制杆与获取食物联系起来。在这个实验中，动物由于其对刺激(控制杆)做出的反应(按压控制杆)而获得了奖励(吃到食物球)。

在其他案例中，动物也能学着将其反应与“惩罚”结合到一起。黑脉金斑蝶是一种具有鲜艳橙色花纹的品种，对于很多天敌来说，它们是有毒的。当一只年幼的鸟第一次吃到黑脉金斑蝶时，鸟的身体会感到不适，并把这只蝴蝶吐出来。鸟马上将吃这只蝴蝶与身体不适联系起来。以后鸟就会避免吃黑脉金斑蝶和所有与黑脉金斑蝶具有相似花纹的蝴蝶。

操作性条件反射是一种更有影响力且长久的认知类型，这种反射活动在人类和其他脊椎动物的所有认知活动中占主导地位。例如，包括人类在内的动物都会在各种各样的地方寻找食物，如果某个地方被认为是一个绝佳的食物来源，动物就会被正向强化。研究结果显示，这些动物下次会更倾向于去同样或类似的地方寻找食物。

印随行为 **印随行为（imprinting）**指的是那些只能在动物一生中某一阶段进行学习，但是学会后能永久保持的行为。这段能够进行印随学习的阶段称为敏感期。某些动物的敏感期在出生后马上出现，在这段时间里，刚出生的后代会与其父母或其他动物建立起强烈的联系。例如，高鸣鹤就会对它们出生后看到的第一个物体产生亲情依赖；大麻哈鱼会印随出生地水域中的化学物质，并利用这种印随行为在产卵季节游回出生地。

科学家利用刚孵化的雏鸟进行实验，证明基因会影响印随行为。在自然环境中，后代第一个看到的大多是它们的父母，这使它们能得到父母的照顾从而获得更多的生存机会。实验结果表明，刚出生的鸟类不管看到的是其他种类的动物、人类还是像盒子一样的非生物体，都会产生印随行为。

术语

迁徙

从一个地方转移到另一个地方的习性。

迁徙的鸟会在冬天飞往南方。

链接历史 1999年，自然环境中的高鸣鹤只剩下一个包括180只个体的迁徙群。科学家为保护这个物种免于灭绝，制定了引入第二个迁徙群的计划。威斯康星州是高鸣鹤迁徙路径的最北端，科学家在这里孵化出高鸣鹤的雏鸟。然后，让这些雏鸟对一架如**图31-7**所示的轻型飞机产生印随行为。2001年后的每一年，都会有一群雏鸟对轻型飞机产生印随。它们跟着飞机，在冬天时迁徙到佛罗里达州，并在春天回到威斯康星州。通过这种方法，成功建立了第二个迁徙群。

图31-7 2001年12月3日，第一群高鸣鹤印随着轻型飞机到达了它们的越冬地。从此之后，每年都会有一群新的雏鸟对轻型飞机产生印随，并全部跟着轻型飞机在春天飞回威斯康星州。

推断 *如果让新孵化的雏鸟对第一个迁徙群的高鸣鹤产生印随，会发生什么？*

■ **图31–8** 黑猩猩用石头敲开坚果。科学家将这解释为认知行为。

认知行为 **认知行为（cognitive behavior）**指的是思考、推理、收集信息以理解复杂概念并解决问题。人类会在解决问题、做出决定、规划未来时出现认知行为。实验结果表明，有些动物也具有认知行为，如黑猩猩。

科学家在观察自然环境中的动物时，也发现了一些认知行为的例子。如**图31–8**中的黑猩猩可以用石头敲开坚果，这个行为表明黑猩猩在思考并使用工具解决问题。一些实验试图证明灵长类是否会蓄意隐瞒或欺骗同伴上当，因为行骗也是认知行为的标志。

第1节 测评

要点梳理

- 动物行为受到基因和环境的共同影响。
- 好的行为会给个体提供更多生存和繁殖的机会。
- 动物行为分为先天性行为和学习行为。
- 学习行为包括习惯性行为、条件反射和印随行为。
- 认知行为包括思考、推理和解决问题。

要点理解

1. 主要概念 **说明**行为如何进化。
2. **解释**内在刺激和外在刺激有什么区别并举例。
3. **对比与比对**先天性行为和学习行为。
4. **列举**两种学习行为的实例。

批判性思维

5. **推断** 一只蟾蜍在吃大黄蜂的时候舌头被刺痛。从此以后，这只蟾蜍会避免吃大黄蜂或其他黄色和黑色的昆虫。这只蟾蜍表现出的是哪种行为？

科技 **写作**

6. 用经典条件反射和操作性条件反射的术语解释你如何训练小狗之类的动物。

第2节

生态行为

本节预览

核心问题

- 竞争行为有哪些种类？分别有哪些例子？
- 觅食行为、迁徙行为和节律行为有什么意义？
- 交流行为、育幼行为和合作行为分别有哪些种类？
- 动物行为对于动物成功地生存和繁殖有什么优势和不足？

术语回顾

种群：生活在一起具有密切联系的单细胞或多细胞生物群体。

关键术语

斗争行为
优势序位
领域行为
取食行为
迁徙行为
昼夜节律
语言
求偶行为
育幼行为
利他行为

主要概念 **具有复杂行为的动物能生存和繁殖，是因为它们遗传了上一代更有利的行为。**

联系实际 试想一下，假如你拥有一辆小汽车，有什么好处和坏处呢？你能载上朋友在小镇周围兜风。然而你得支付汽油钱、汽车保险和修理费。同样的道理，每种动物行为也有其优势和不足。

动物行为的种类

任何动物行为或多或少都是以生态为基础的。生态学研究的是生物与生物之间以及生物与环境之间的关系。生物与生物之间的关系可能发生在同一物种的个体之间，也可能发生在不同物种的个体之间。具有复杂行为的动物能生存和繁殖，是因为它们遗传了上一代的有利基因，这些基因会帮助它们适应特定的环境。

图31–9展示的是两只大角羊为了争夺伴侣而争斗。尽管看起来很痛，但粗大的羊角能在它们互相撞击时保护它们，以防受伤。最后，其中一只羊会放弃斗争，另一只则获得胜利。这种行为对于生存和繁殖有什么好处和坏处？这只在战斗中取得胜利的雄性再去追逐雌性并与其交配，就可以免受其他雄性的干扰。胜利者的基因拥有更多的机会传给下一代。根据进化论的自然选择学说，这些适应性更强的基因就会有更高的基因频率。而那些对动物个体生存和繁殖后代没有帮助的基因，在未来的基因库中的基因频率会更低。在读到本节中的各种不同类型的行为时，想想动物为什么会形成某种行为。

■ **图31–9** 两只大角羊会一直争斗，直到其中一只放弃。胜利者能够求偶并交配，且免受其他雄性的干扰。

解释 *这种行为是如何证实自然选择学说的。*

■ **图31-10** 北极熊出现斗争行为。它们会一直争斗到其中一只放弃。**解释**斗争行为有什么好处。

学习小贴士

抽认卡 把本节的术语写到抽认卡上。以搭档或小组的形式利用抽认卡回顾术语。

竞争行为 种群内的个体会为了食物、生存空间、伴侣和其他资源进行竞争。像**图31-9**一样的竞争行为能让个体建立起首领地位或控制某一地域或资源。在竞争行为中取胜的动物能掌握更多的生存资源和繁殖资源。获得胜利的动物因此拥有更多繁殖机会并将其特征传给下一代。竞争行为包括斗争行为、优势序位和领域行为。

斗争行为 **图31-10**中的北极熊正在进行一场争斗，其中的胜利者能够掌控食物和潜在配偶之类的资源。这种同一物种的个体之间出现的威胁或斗争关系称为**斗争行为（agonistic behavior）**。尽管看起来北极熊会打伤对方，但实际的斗争行为不会让任何一方严重受伤或死亡。当其中一方退出并离开时，就意味着争斗结束。

优势序位 等级就是动物体从高到低进行排序的分类方式。某些动物在族群中取得**优势序位（dominance hierarchy）**，即不用与族群中其他动物争斗就能获取资源。这套排序系统可以帮助减少动物个体之间的争斗。因为斗争行为会浪费那些本可以用于寻找食物和伴侣、照顾下一代的精力。序位更高的动物更有可能获取生存和繁殖的需要。狼、狒狒、一些鸣禽和**图31-11**所示的鸡都建立了优势序位制度。

■ **图31-11** 雌性的鸡，即母鸡，建立起等级制度，其中一只是其他个体的首领。首领通过啄击其他母鸡来获得优势地位。

■ **图31-12** 塘鹅生活在一个很大的种群中。它们会建立起一个小领地并在其中筑巢。领地行为包括互相打斗、猛击和咬对方的脖子。

领域行为 很多动物都会建立领地。领地是一个有食物、配偶等资源的特定区域，动物个体要一直维护领地免受其他同类侵犯。领地有大有小，这取决于动物的种类和特定的环境。**领域行为（territorial behavior）**指的是动物试图从同类那里争夺并掌控某块领地的行为。领地行为包括：①叫声警告，例如，鸟类的鸣叫和松鼠发出的“啾啾”声；②化学信号，例如，猎豹的尿液。如**图31-12**中的北美塘鹅，会在一个很大的种群中进行生存和繁殖，通过打斗和猛击在筑巢区域中获取一些空间。领地通常由雄性来保卫，以此有更多机会获得足够的食物、伴侣和空间来哺育后代。

取食行为 寻找食物和进食就是**取食行为（foraging behavior）**。很明显，这种行为对于动物是有利的。取食成功意味着能获取必要的营养物质，从而躲避天敌和有毒食物。取食行为涉及食物所含能量与寻找、追逐和进食所耗费的能量之间的权衡关系。有科学理论认为，自然选择偏好那些能够消耗最少的能量进行取食且获取最多的能量的动物。这些动物有更多的机会繁殖成功并将基因传给下一代。

阅读检测 **识别**取食行为对动物有哪些坏处。

数据分析实验

基于真实的数据*

解释数据

领域行为的优势能被观察到吗？ 刺尾鲷是一种以藻类为食的鱼类，它们会有力地捍卫自己的领地免受其他食藻类动物侵犯。刺尾鲷一般占有2～3 m^2大小的领地。

数据和观察结果

右边的图比较了有领地刺尾鲷和无领地刺尾鲷的进食率。

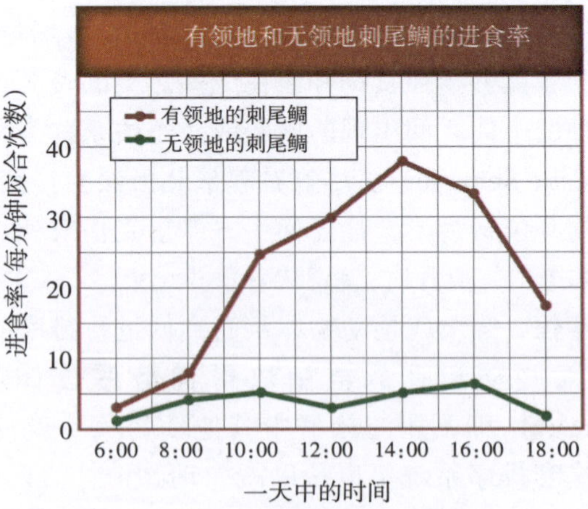

*数据来源：Craig,P.1996.Intertidal territoriality and time-budget of the surgeonfish, *Acanthurus lineatus*, in American Samoa. *Environmental Biology* 46:27-36.

批判性思维

1. **解释**两条曲线分别表示的意义。
2. **解释**刺尾鲷领域行为的好处。
3. **提出假设** 刺尾鲷为什么会进化出这种行为？

迁徙行为　有些鸟类或植食类都会出现**迁徙行为(migratory behavior)**，它们季节性地长途跋涉到一个新的栖息地，从而获取更多的生存机会。生活在东非的牛羚和斑马等陆生动物，几乎持续地进行迁徙，因为它们要一直寻找有充足降雨的地方，这些地方有丰富的食物来源。每年秋天，北美洲三分之二的鸟类都会往南飞，以便在冬天也能获取足够的食物。这些鸟类春天的时候会往北飞回到它们繁衍生息的地方。

图31-13中的雪雁和其他鸟类怎么知道朝哪个方向飞呢？有时，迁徙会跨越数千千米，看上去却缺少导航信息。近期的研究显示，某些鸟在第一次迁徙时，可以与生俱来地感应到星星的位置和地球磁场，从而确定方向。以后的迁徙就借助以往飞行中的外界线索，定位更加精准。

图31-13　雪雁是一种随着季节迁徙的鸟类。

生物节律　包括人在内的许多动物都会以一个节律循环进行活动。**昼夜节律(circadian rhythm)**是一种每天出现的循环，如睡觉和活动。其他的节律是以季节或年为单位循环的。这些循环受温度改变、日照时间、食物和水的充足程度等环境因素影响，这些因素可以作为生物进入下一阶段循环的线索。

动物睡觉和活动的昼夜循环会受到外界因素的影响。然而实验结果显示，很多动物具有内在的"钟表"——生物钟。生物钟掌控着"睡觉/清醒"这个循环在一天24小时中的节律。

图31-14展示的数据是关于夜行性松鼠活跃程度的实验结果。将松鼠置于两种不同条件下观察23天，一种条件是12小时有光和12小时黑暗的循环，另一种条件是始终黑暗。在没有外界明暗循环的条件下，松鼠的"睡觉/清醒"循环周期是24小时21分钟。实验结果显示，人类生物钟的循环周期是24小时11分钟。

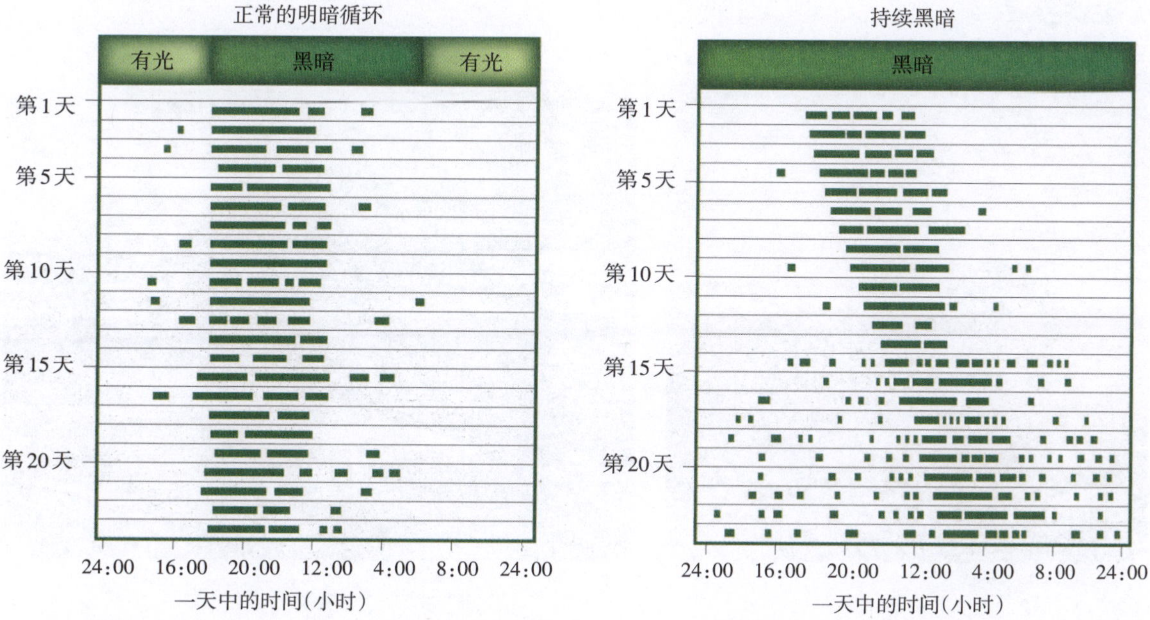

图31-14　绿色的长条形代表松鼠的活跃期，证明它们的睡觉/清醒循环周期大概是24小时。
左图：当处于正常明暗循环的环境中时，夜行性松鼠在黑暗时行动，明亮时睡觉。
右图：当环境一直黑暗时，松鼠出现了周期为24小时21分钟的睡觉/清醒循环，而不再是正好的24小时。

交流行为

犬吠、鸟鸣、狼嚎、狮吼，这些都是动物在进行交流。狼可以通过嚎叫进行长距离的沟通，包括让同伴知道它的位置、吸引伴侣或告知天敌的出现等。这些交流行为对于动物成功地进行生存和繁殖很重要。

信息素 有些动物通过散播高度特异性的化学物质来进行交流，这种物质称为信息素。这些化学物质对于不同物种有所差异，以确保同一种群内的同伴可以接收到这些重要的信息。与犬吠或狼嚎这种容易引起关注的交流行为不同，信息素的优势是其物种特异性使天敌难以察觉。信息素通常在雌性和雄性之间传递与生殖相关的信息。例如，雌蚕蛾产生信息素以吸引雄蚕蛾进行交配。信息素也用于警示天敌的进攻。**图 31–15** 中的猎豹通过留下气味，与同伴进行交流。

声音 如果你夜间在森林或公园里待过，可能会听到各种动物通过声音进行交流。吼叫、啼叫、吠叫、鸣叫等只是你能听见的一小部分。声音交流相比化学信号交流的好处是动物能更快地传出和接收信号。雄性蟋蟀、青蛙、鸟类和**图 31–15** 中的吼猴都能通过声音获取关于配偶、天敌和领地的信息。人类利用语言来交流复杂的信息。**语言(language)**是声音交流的一种形式，即动物利用发声器官发出的有共享意义的一组声音。

图 31–15 猎豹利用信息素进行交流并标记领地。雄性吼猴通过吼声捍卫领地，声音可以穿过浓密的森林，传出4千米远。**识别** *哪种交流行为可以使信息传递的距离最远。*

猎豹

吼猴

■ **图31-16** 加拉帕戈斯群岛的雄性军舰鸟在繁殖季节会使红色喉囊充气并展示出来，以此吸引雌性。

求偶和育幼行为

动物展示出来的某些特定行为，与其成功繁殖有直接关系。吸引配偶和哺育后代是成功繁殖的两个方面。

求偶行为 动物通过**求偶行为(courting behavior)**来吸引伴侣，如**图31–16**就是求偶行为的一个例子。雄性军舰鸟使自己的红色喉囊充气并展示出来，以此吸引雌性军舰鸟。求偶信息，无论是展示出颜色鲜艳的羽毛还是一系列动作或声音，都具有物种特异性，这是保证物种成功繁殖的关键之处。求偶行为根据物种不同，可以持续几分钟到数月之久。

在求偶过程中，一般是雌性挑选雄性。雌性通常会选那些体形较大、身体较为健康的雄性作为配偶。所以，具有所需特征的雄性就在与其他雄性的竞争中占优势，即具有更多的交配机会并成功产生后代。

育幼行为 **育幼行为(nurturing behavior)**指的是父母在后代发育的较早阶段对其进行照顾的行为。育幼行为包括喂食、保护、教授生存技巧等。由于供养后代要做这些额外的工作，所以父母在育幼行为过程中会消耗掉很多能量。与不育幼的物种相比，那些花时间去照顾幼仔的物种产生后代的数量通常比较少。

一只雌性鳕鱼在一个繁殖期内可以产下900万枚卵，但只有很低比例的卵能成功存活。鳕鱼用于繁殖的能量很大一部分消耗在产生数百万枚卵上，而几乎没有能量用于育幼。与鳕鱼相比，灵长类等具有育幼行为的动物，产生的后代数量少得多。如**图31–17**所示的雌性猩猩，一般一次只会生一只小猩猩，并看护其长达三年之久。小猩猩会跟随母亲5～7年。在这个例子中，更多的能量被用于照顾出生后的幼体以确保其成功地活到繁殖年龄。尽管不同的繁殖策略对于能量的分配有所不同，但它们都能保证最终至少有一个个体能够性成熟，并产生后代。

阅读检测 **对比与比对**求偶行为和育幼行为。

■ **图31–17** 看护是育幼行为的一个例子。
描述_其他育幼行为。_

合作行为

合作行为会在一个由同种动物构成的小群体中出现，并有利于群体中的每一个个体。然而，也有些合作行为是一个个体出现利他行为，甚至通过自我牺牲来为其他个体做贡献。

利他行为 有时候动物会表现出对自己有害而对其他个体有利的行为，这种行为称为**利他行为（altruistic behavior）**。裸鼹鼠就会出现类似行为，它们以种群为单位生存在地下，每个种群的构成是：一只能繁殖的雌性称作"女王"，几只雄鼠作为"女王"的配偶，剩下的其他75～250只雄性鼠和雌性鼠不能繁殖。不能繁殖的成员负责为种群寻找食物、照顾并保护"女王"、雄鼠和新出生的后代。**图31-18**展示了不能繁殖的成员围绕着"女王"和她的后代，通过拥在一起让"女王"和后代保持温暖。

科学家曾质疑利他行为对个体有什么好处，为什么会对个体造成伤害的行为没有被自然选择淘汰呢？

亲缘选择 亲缘选择理论可以解释某些利他行为。根据亲缘选择理论，利他行为之所以能够形成，是因为其可以使种群中的共有基因传递下去，而具体到哪一个个体负责传递这些基因，这并不是很重要。在裸鼹鼠的例子中，科学家对种群内个体的DNA进行分析后发现，它们的基因高度相近。虽然不能繁殖的个体没有机会将基因传给后代，但"女王"可以将基因传下去。即使"女王"的基因跟它们并不完全相同，但基本上是比较相似的。不能繁殖的成员保护"女王"并给"女王"提供食物的工作，可以保证与它们相似的基因可以传给后代。

与生物学相关的职业

进化心理学家 进化心理学家研究的范围是动物的社会行为，也包括人类的社会行为和利他行为。

起步实验

回顾 根据阅读到的动物行为，你会如何回答本章开头"起步实验"中的问题？

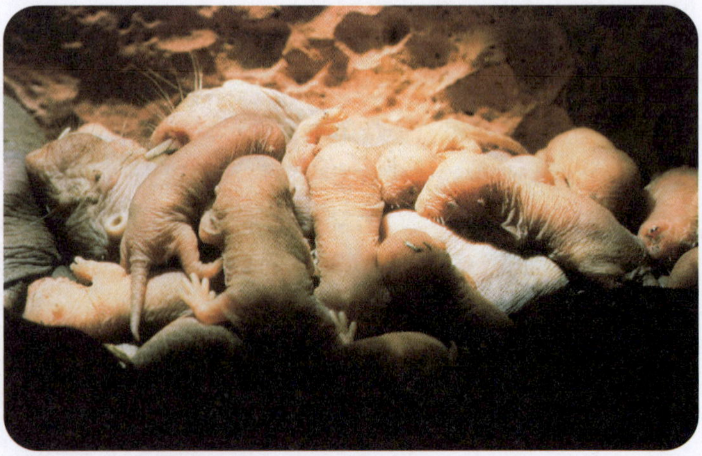

图31-18 裸鼹鼠种群中不能繁殖的成员表现出利他行为。它们为"女王"寻找食物、保护"女王"并拥在"女王"周围为其和后代保暖。

表 31-1	行为的效果		
行为	举例	好处	坏处
迁徙		动物迁徙到气候条件更好、食物更多的地方，从而增加生存机会	进行长距离迁徙会消耗非常多的能量，而且在途中有可能遭遇捕食者袭击
信息素交流		信息素是一种具有物种特异性的交流形式，所以不会惊动天敌	信息素相比声音和视觉线索来说，交流范围比较有限
育幼		育幼可以增加后代的存活率，父母的基因可以一代一代传下去	在照顾后代的过程中，亲代会消耗更多能量，从而威胁到自身的健康或安全

动物行为的利弊

从生存和繁殖的角度来说，很多动物行为有利也有弊。通过利弊权衡，可以分析某种行为对于生存和繁殖有什么好处和坏处。**表 31-1** 展示的是一些动物行为的利弊分析。

第 2 节　测评

要点梳理

- 具有某种行为的动物繁殖成功，其基因便在基因库中保存下来，从而使基因控制的相应行为得以进化。
- 竞争行为可以使动物在免受严重伤害也不引起其他个体死亡的情况下，建立主导地位。
- 取食、迁徙、遵循生物节律等行为活动对动物的一生都十分重要。
- 交流行为对于动成功生存和繁殖至关重要。
- 求偶和育幼行为与动物个体的成功繁殖有直接关系。

要点理解

1. 主要《概念　**解释**动物行为与动物成功地生存和繁殖有什么关系。
2. 给斗争行为**下定义**并举一个斗争行为的例子。
3. **分析**育幼行为的好处和坏处。
4. **描述**动物如何利用信息素进行交流。
5. **解释**为什么迁徙对某些动物有好处。

批判性思维

6. 根据本节**表 31-1**，列举另外三种动物行为。

生物中的 数学

7. **图 31-14** 的数据告诉我们，松鼠在持续黑暗条件下，每天会稍稍改变它的活动时间。23 天之后，松鼠的活动周期改变了 8 小时。平均来看，松鼠每天的活动周期改变了多少分钟？

生物大发现

窃听大象

人类可以听见大象的很多种叫声,从响亮的、尖锐的声音到低沉的呜呜呻吟。然而,人们曾相信大象也会用第六感互相交流。第六感可能包括读到对方的思想。第六感可以解释为什么有的雄象能够每几年一次成功避开其他雄象,穿越数千米找到具备交配能力的母象。

解开谜团 恩特·凯迪·佩恩(Enter Katy Payne)是康奈尔大学的生物声学研究者。1984年,在参观华盛顿公园动物园大象展时,她注意到大象周围的空气发生了颤动。是不是发生了什么人类听不到的事情?她记录下了"大象的交谈",同时发现人类能听到的那些呻吟只是大象交流的一小部分。大象利用次声波来交流,次声波比人类能听到的声音频率更低。所以大象发出的这些低沉的声音是处于人类可听频率之外的。这些声波频率低且穿透力强,可以不受干扰地传到很远的地方。事实上,数千米之外的大象也能接收并感知到这些呼唤。

模仿者 大象不仅能用次声波交流,也善于学习其他动物的声音,模仿其发声。科学家认为,这种声音的模仿能让它们在复杂的社会团体中加强个体之间的联系。

为什么大象需要交流呢?为什么交流对所有生物来说都很重要呢?动物的交流方式其实可以揭示一些进化谜团。例如,为什么互相"交谈"能增加物种中个体的生存机会?多样的交流方式证明了交流对于所有生物的重要性。进一步查阅资料可以加深你对动物交流的理解,同时你也会发现更多的动物交流方法。

大象的大多数次声波交流发生在家庭成员中,尤其是有幼象的雌象。

科技 写作

时间轴 至少查阅四位曾在生物交流领域有研究发现的科学家的资料。用你的调查结果制作一个时间轴,详细描述他们的研究,包括他们的假设、研究方法、数据和结果等。

生物实验室

外界刺激或光照如何影响动物行为?

背景:对光刺激做出反应是动物生态行为的重要组成部分,因为这可以帮助它们成功地找到食物、躲避天敌或保持稳态。在本实验中,设计一个实验装置来检验等足类动物如何对光照做出反应。

问题:等足类动物对光有什么反应?

实验器材

干净的塑料食物保鲜纸
有盖的塑料培养皿
硬纸箱或硬纸板
放置一段时间的自来水
等足类动物
光源
胶带
滤纸
坐标纸
镊子
托盘
黑纸
剪刀
纸巾

安全注意事项

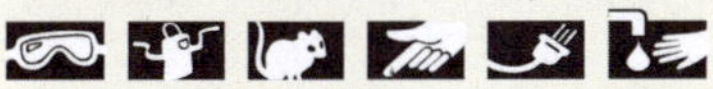

警示:当灯泡亮着时,台灯可能会变得很热。

设计与实施实验

1. 阅读并完成实验室安全表。
2. 根据问题"等足类动物会对光照有什么反应",提出假设。
3. 制订计划,你将如何设计实验验证你的假设。时刻使等足类动物保持湿润。保证实验有一组等足类动物作为对照。确定变量是什么,并保证每次实验只有一个变量。你将测量哪些数据?如何测量?
4. 设计并制作一张数据表,记录有关蚯蚓对光照做出反应的实验现象。
5. 在进行实验前,确保你的实验方案得到教师的认可。
6. 收集实验所需材料并准备好实验装置。轻轻地取放等足类动物。
7. 实施实验。
8. 清理实验室,将等足类动物放回其培养装置。将用过的实验设备放回原处,并将那些可重复使用的材料放在适当的储存区域。最后将手彻底洗干净。

实验分析和结论

1. **整理数据** 将实验数据做成表格,阐明你的发现。
2. **分析**表格中显示出等足类动物对光照有什么反应?
3. **得出结果** 根据观察对照组和实验组的数据,判断最初的假设是否正确。
4. **科学解释** 等足类动物对光照做出的反应中包含了哪些类型的动物行为?
5. **批判性思维** 等足类动物也会对拥挤造成的低湿度做出反应。预测这个行为如何让它们更健康地存活。
6. **误差分析** 实验中的哪些变量控制不好会对结果造成影响?

技能应用

田野调查 在自然环境中寻找等足类动物。本实验收集的数据如何帮你确定寻找地点?通过对等足类动物的观察写一个小结。

第31章 复习指南

内容聚焦 科学探究 科学研究让我们知道很多种类型的动物行为——从巴普洛夫的狗到黑猩猩的手语。

大概念 动物的许多行为受到基因和环境的共同影响。

第1节 基础行为

行为
先天性行为
固定行为模式
学习行为
习惯化
经典条件反射
操作性条件反射
印随行为
认知行为

主要概念 动物行为可以是先天的或是后天学习的，而且会随着自然选择发生进化。

- 动物行为受到基因和环境的共同影响。
- 好的行为会给个体提供更多生存和繁殖的机会。
- 动物行为分为先天性行为和学习行为。
- 学习行为包括习惯性行为、条件反射和印随行为。
- 认知行为包括思考、推理和解决问题。

第2节 生态行为

斗争行为
优势序位
领域行为
取食行为
迁徙行为
昼夜节律
语言
求偶行为
育幼行为
利他行为

主要概念 具有复杂行为的动物能生存和繁殖，是因为它们遗传了上一代更有利的行为。

- 具有某种行为的动物繁殖成功，其基因便在基因库中保存下来，从而使基因控制的相应行为得以进化。
- 竞争行为可以使动物在免受严重伤害也不引起其他个体死亡的情况下，建立主导地位。
- 取食、迁徙、遵循生物节律等行为活动对动物的一生都十分重要。
- 交流行为对动物成功生存和繁殖至关重要。
- 求偶和育幼行为与动物个体的成功繁殖有直接关系。

第31章 测评

第1节

术语回顾

从“复习指南”选择正确的术语回答下列问题。

1. 为了应对刺激而出现的一系列特定动作，是哪种行为？
2. 哪种行为可以将两种完全不同的刺激联系在一起？
3. 哪种行为是只能在动物一生中的某个时期进行学习，却可以永久保持的？
4. 如果动物不断接收无意义刺激，哪种行为会导致它们减少对刺激的回应？
5. 哪种行为使动物将其反应与奖励或惩罚联系起来？

要点理解

6. 以遗传物质为基础，而与以往经验无关的是(　　)。
   A. 习惯化　　B. 经典条件反射
   C. 固定行为模式　　D. 操作性条件反射
7. 下列属于印随行为的是(　　)。
   A. 大麻哈鱼游回它们的出生地产卵
   B. 老鼠学着按下操纵杆以获取食物
   C. 幼狮学习捕猎
   D. 雏鸟习惯于头顶飞过的物体
8. 动物解决问题属于(　　)。
   A. 固定行为模式
   B. 认知行为
   C. 印随行为
   D. 条件反射
9. 下列属于季节性的活动是(　　)。
   A. 迁徙行为
   B. 经典条件反射
   C. 认知行为
   D. 印随行为

利用下图回答第10题。

10. 上图展示的是(　　)。
    A. 印随行为
    B. 习惯化行为
    C. 固定行为模式
    D. 操作性条件反射
11. 动物能形成印随的时间称作(　　)。
    A. 育幼期　　B. 认知期
    C. 敏感期　　D. 学习期

回答问题

12. **简要回答**　对比与比对经典条件反射和操作性条件反射。
13. **开放式回答**　在确定动物是否具有认知行为时，科学家会遇到哪些困难？
14. **主要概念**　描述自然选择会对动物行为的进化造成什么影响。

批判性思维

15. **与生物学有关的职业**　动物行为学家观察到一种情侣鹦鹉会用喙搬运筑巢材料，而另一种情侣鹦鹉会将材料放在羽毛下面来搬运。两种情侣鹦鹉的杂交后代会不断在两种搬运方式之间转换。根据这个实验结果，总结出基因和行为之间有什么关系？

第31章 测评

第2节

术语回顾

从“复习指南”选择正确的术语回答下列问题。

17. 动物利用发声器官发出的有共享意义的一组声音是哪种形式的声音交流？
18. 在什么情况下，一个个体不用与群体中其他个体对抗就能获取资源？
19. 动物为了进行交流，会传播哪些化学信号？
20. 哪种行为会引起同类个体之间的威吓或战斗？

要点理解

21. 下列行为与寻找食物和进食有关的是（　　）。
    A. 育幼行为　　B. 求偶行为
    C. 取食行为　　D. 迁徙行为
22. 下列行为与一个物种的成功繁殖有直接关系的是（　　）。
    A. 利他行为　　B. 求偶行为
    C. 取食行为　　D. 迁徙行为

根据下图回答第24题。

23. 上图展示的是（　　）。
    A. 斗争行为　　B. 迁徙行为
    C. 优势序位　　D. 育幼行为
24. 下列行为与信息素有关的是（　　）。
    A. 斗争行为　　B. 迁徙行为
    C. 育幼行为　　D. 交流行为
25. 下列例子属于昼夜节律的是（　　）。
    A. 迁徙行为　　B. “睡眠/清醒”循环
    C. 冬眠　　D. 生殖循环
26. 下列行为是为了保证后代有较高存活率的是（　　）。
    A. 斗争行为　　B. 迁徙行为
    C. 育幼行为　　D. 领地行为

回答问题

27. **简要回答**　区分优势序位与领地行为。
28. **开放式回题**　假设昼夜节律消失了，会发生什么？

批判性思维

29. **内容聚焦　能量**　一种动物在与天敌的斗争中为了同胞牺牲了自己，这一行为的进化优势是什么？

根据下图回答第32、33题。

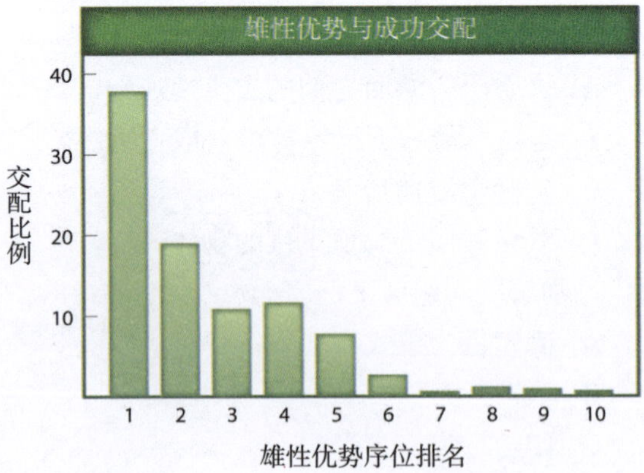

30. **得出结论**　总结雄性海豹在优势序位中的顺序与交配次数之间的关系。
31. **提出假设**　提出一个假设，解释这种行为的原因。

32. **推断** 如果一种动物的父母没有教会它斗争行为，它为什么会饿死？

33. **推断** 如果一种动物不再拥有学习能力，这种情况会对它近期的斗争行为有什么影响？

34. **对比与比对** 两种生殖策略将能量用在不同地方，即①产生大量的卵但不照顾后代；②产生数量很少的卵但有育幼行为。分别列举出使用两种生殖策略的动物。

35. **得出结论** 本章中你看到的三种动物——孔雀、蚯蚓和等足类动物，哪种动物的生态行为最复杂？为什么？

利用下面的材料和图回答第38题和第39题。

一种海洋等足类动物生存在潮间带的海绵动物之间。这个物种的雄性个体有三种不同体形——A、B、C。雌性个体的大小跟B相似。不同大小的雄性有不同的交配策略。

36. **识别**哪种体形的雄性采取的策略是躲避A型雄性并躲在海绵动物中间与雌性交配？解释你的答案。

37. **识别**哪种体形的雄性采取的策略是与A型雄性争斗直到某一方取得胜利。这种行为叫什么？

总结性测评

38. 大概念 选择一种动物并制作一个表格总结遗传因素和环境因素对其日常需求和活动有什么影响。

39. 科技 **写作** 写一段议论文，讨论为什么一个个体的利他行为能使动物的基因在后代保存下来。

DBQ 资料分析题

蛎鹬是一种小型海鸟，它们的主要食物之一是双壳类。它们必须耗费大量力气和时间去砸开或戳开双壳类的贝壳。

根据下图回答下面的问题。

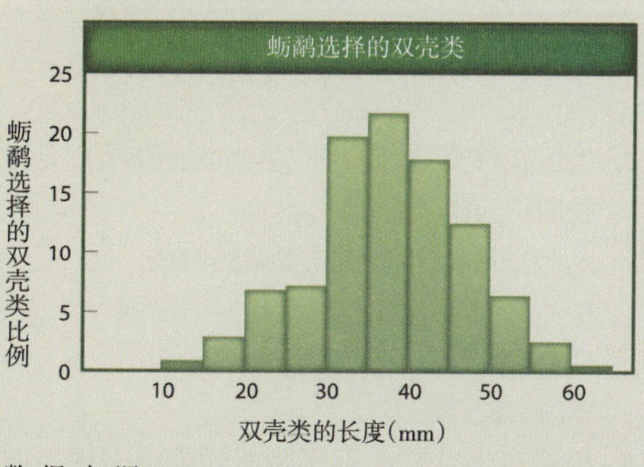

数据来源：Meire, P.M., and Ervynck, A. 1986. Are oystercatchers (*Haematopusostralegus*) selecting the most profitable mussels (*Mytilus edulis*)? *Animal Behaviour*. 34: 1427–1435.

40. 蛎鹬喜欢哪种大小的双壳类？

41. 10毫米大小的双壳类是最丰富的。设想为什么蛎鹬一般不觅食它们。

42. 体形大的双壳类可以给捕食者提供更多的能量。双壳类的体形越大，其壳上就会生长着越多的藤壶，使其更加坚硬。设想为什么蛎鹬不取食那些最大且能量最丰富的双壳类。

标准化测试

选择题

1. 下列属于羽毛的作用的是(　　)。

A. 保温

B. 筑巢

C. 保持水分

D. 游泳

利用如下图示,回答第2题和第3题。

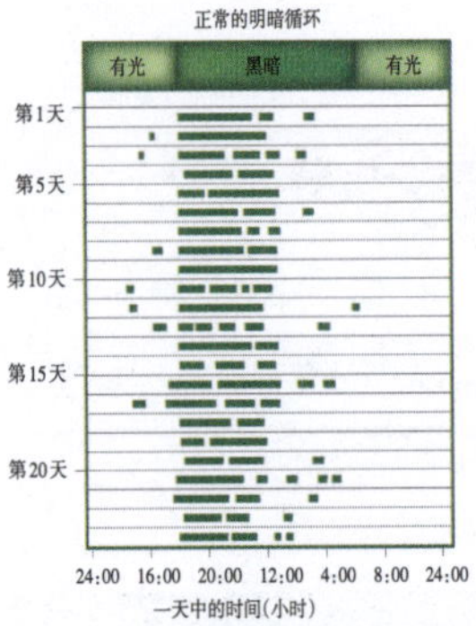

(暗色的长条形代表活跃期)

2. 松鼠在每天12小时日光照射的循环中,会出现的行为模式是(　　)。

A. 大多数活动发生在黑暗的时间

B. 大多数活动发生在有光照的时间

C. 经常睡觉

D. 持续活动

3. 松鼠在24小时全部黑暗的环境中表现出的昼夜节律是(　　)。

A. 循环周期是准确的12小时

B. 循环周期少于12小时

A. 循环周期是准确的24小时

A. 循环周期大于24小时

4. 最初的鱼类获取食物的方式是(　　)。

A. 收集水面上的浮游植物

B. 像寄生虫一样生活在大型海洋动物体内

C. 吸食海底的有机质

D. 用尖锐的牙齿打开软体动物的壳

利用如下图示,回答第5题。

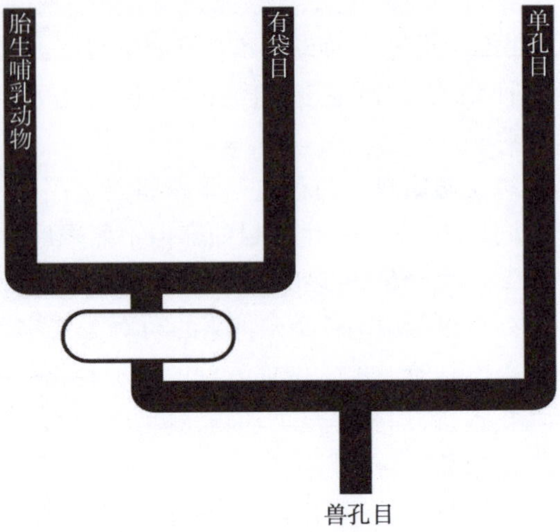

5. 图中圆框内应填入的内容是(　　)。

A. 成体分娩生出幼体

B. 成体产卵

C. 幼体出生后生活在母亲的育儿袋里

D. 幼体从母体获得乳汁

6. 鱼类用(　　)获取氧气并将氧气运输到体细胞。

A. 鳃和闭管式循环系统

B. 鳃和开管式循环系统

C. 肺和闭管式循环系统

D. 肺和开管式循环系统

7. 棘皮动物(如海星)的管足除了用来移动,还具有的作用是(　　)。

A. 繁殖

B. 呼吸

C. 管受重力

D. 感受光

8. 下列特征可以将恐龙分为两个种类的是(　　)。

A. 髋骨的结构

B. 头骨和下颌的结构

C. 是变温动物还是恒温动物

D. 是植食类还是肉食类

简答题

根据下图回答第9题。

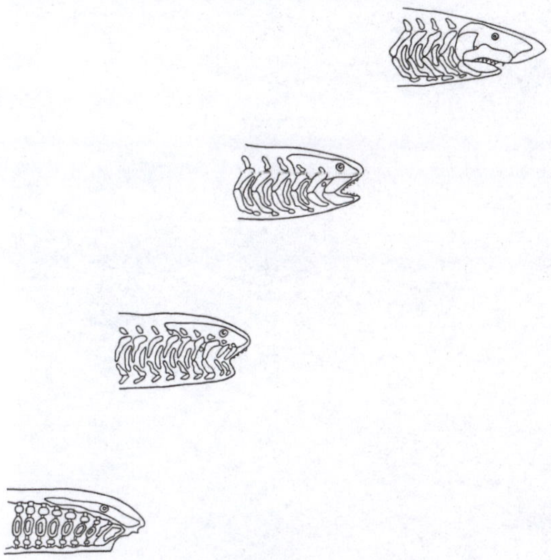

9. 描述下颌的进化。解释为什么这是鱼类重要的进化特征。

10. 解释为什么鸟类每年要迁徙数千千米。

11. 识别哺乳动物的三种特征，解释为什么其对于保持恒温很重要。

12. 对比与比对开管式循环系统和闭管式循环系统。

13. 对比与比对啮齿目和兔形目的生物。

14. 一种动物如果不保卫领地，能从优势序位得到什么好处？

开放题

15. 假设一株适应热带雨林生存环境的植物被移栽到热带沙漠中。它在热带雨林中的适应性会给它在新环境中的生存带来哪些困难？

16. 某种昆虫用信息素吸引伴侣，而且昆虫在白天的时候最活跃。请指出用这种行为吸引伴侣有什么利弊。

论述题

环尾狐猴是一种植食动物，它以36种植物为食。

环尾狐猴的群体由一只雌性做首领。一个群体有15～30个个体。它们能在很大的区域内活动，有时活动范围超过4千米。当狐猴们不吃东西的时候，它们经常晒太阳、互相整理毛发或一起玩耍。环尾狐猴在大树下睡觉。晚上，全体狐猴大声吼叫之后才会安顿下来。

利用上文中的信息，写一篇论文。

17. 上文描述了环尾狐猴的饮食和生活习惯。假设你想做一个关于环尾狐猴行为的研究，请写一篇相关的论文，清晰地解释你想研究的问题以及你将如何研究环尾狐猴的行为。

考点提示

测试题号	1	2	3	4	5	6	7	8	9	10	11	12	13	14	15	16	17
对应章节	29.2	31.1	31.2	28.2	30.2	28.1	27.1	29.1	28.2	31.2	30.1	25.3	30.2	31.2	21.1	31.2	30.2

第九单元

人体生理

内容提要

科学探究　科学家通过研究人体系统来更好地探寻各种疾病的治疗方法。
多样性　人类细胞的多样性使得人体形成各种高度特化的系统。
能量　ATP提供身体机能每天正常运转所需的能量。
稳态　人体各系统相互协调以维持人体的内稳态。
演变　人体系统会对内部和外部的环境变化做出反应。

第32章
皮肤系统、骨骼系统和肌肉系统

第33章
神经系统

第34章
循环系统、呼吸系统和排泄系统

第35章
消化系统和内分泌系统

第36章
生殖和发育

第37章
免疫系统

与生物学相关的职业

骨科医生　骨科医生是专门医治肌肉骨骼系统疾病的医生。他们主要进行骨移植、关节置换、关节镜等手术。

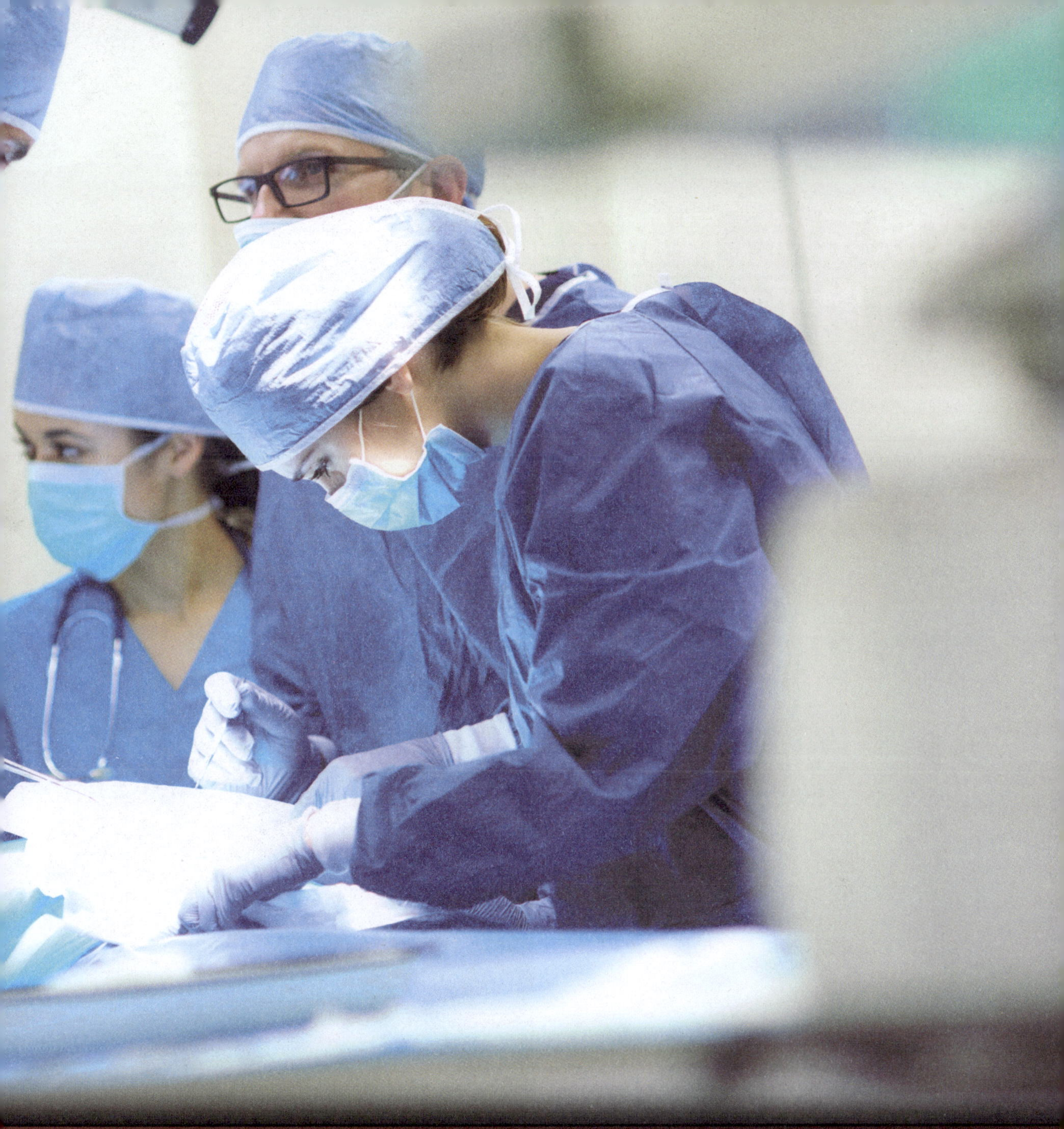

第32章

皮肤系统、骨骼系统和肌肉系统

起步实验

鸡的翅膀和人的手臂有何相似之处?

鸡与人类一样,也有皮肤、肌肉和骨骼等身体结构。在这个实验中,你将要仔细观察并探究鸡的翅膀。

步骤

1. 阅读并完成实验室安全表。
2. 取一只装在自封袋中已处理过的鸡翅。观察鸡翅的皮肤。
3. 在不从袋中取出鸡翅的情况下,判断关节的位置及翅膀的运动方式。
4. 将自封袋正面朝上放置,轻轻按压鸡翅,判断骨骼与肌肉的位置。
5. 根据观察,画出移除皮肤后的鸡翅结构,要求包括鸡翅的骨骼及肌肉。

分析

标记出鸡翅中与人类上臂、手肘、手腕及手对应的部分。

折叠式 学习卡

制作一张可折叠的学习卡,使用下表的标签整理笔记。

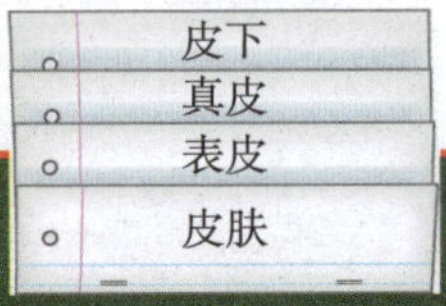

内容聚焦 稳态

皮肤、骨骼和肌肉系统所具有的特定功能有助于维持人体内部的稳态。

大概念 这些系统能保护、支撑人体并完成身体运动，它们通过共同协作来维持人体的稳态。

第1节

皮肤系统

本节预览

核心问题

- 皮肤系统包含哪四类组织?
- 皮肤系统的功能有哪些?
- 皮肤由哪两层组成?
- 皮肤愈合时,会发生什么情况?

术语回顾

表皮:有机体的表层覆盖物。

关键术语

表皮
角蛋白
黑色素
真皮
毛囊
皮脂腺

折叠式学习卡

把这节的知识填写到你的学习卡中。

主要概念 **皮肤是一个由多层结构组成的器官,它覆盖在人体表面并对人体起到保护作用。**

联系实际 手指和脚趾上端的皮肤相对而言较厚,并且有弯曲的沟壑起伏,它们构成了指纹的基础。1860年,苏格兰医学传教士亨利·福尔兹(Henry Faulds)首次将指纹用于犯罪调查之中。你的皮肤不仅仅是一层简单的覆盖物,它非常复杂并对你的生存至关重要。

皮肤的结构

皮肤系统是一个覆盖在人体表面并能对人体起保护作用的器官系统。皮肤是皮肤系统的主要器官,由四类组织构成:上皮组织、结缔组织、肌肉组织和神经组织。上皮组织覆盖在人体表面,结缔组织为人体提供支撑和保护,肌肉组织与人体的运动相关联,神经组织组成了人体的通信网络。你将在第三节学到更多关于肌肉组织的知识。

表皮 **图32-1**是显微镜下皮肤的结构,显示了皮肤最主要的两层结构——表皮和真皮。皮肤最外层的结构是**表皮(epidermis)**,表皮由上皮细胞组成,有10~30个上皮细胞那么厚。表皮细胞的外层含有**角蛋白(keratin)**,能保护表皮内层的细胞和组织免受水等物质的侵袭。这些含有角蛋白的表皮细胞会经常脱落。如**图32-2**所示,房间里的一些灰尘其实就是人体脱落的皮肤细胞。人体每个月都会脱落一层皮肤细胞。

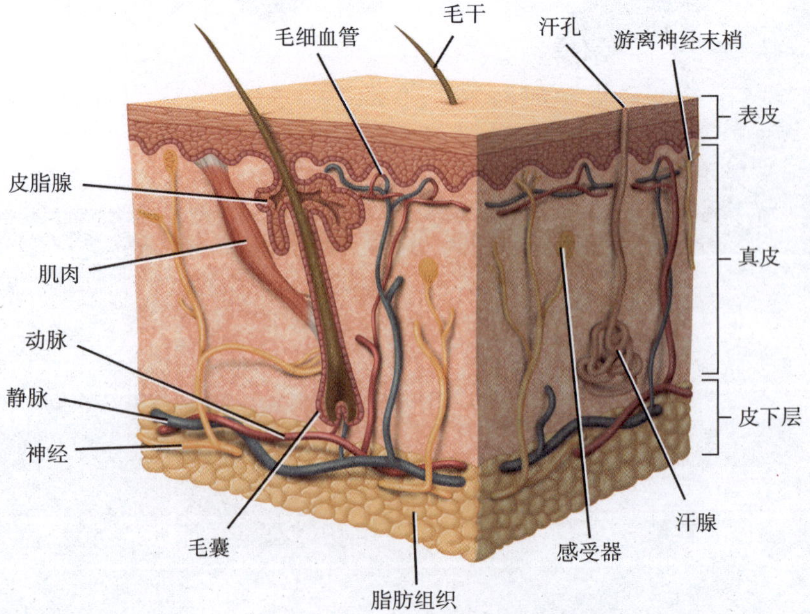

■ **图32-1** 皮肤是一个器官,因为它是由不同类型的组织组成的,这些组织因特定的功能而组合在一起。

总结 *皮肤是由哪些组织组成的。*

表皮内层的细胞会不断地通过有丝分裂来替代脱落的或者已经死去的细胞。表皮内层的一些细胞通过形成黑色素来保护皮肤免受紫外线的伤害。**黑色素(melanin)**是一种能够吸收光能的色素，它能够保护皮肤的深层细胞免受阳光中紫外线的损伤。细胞中黑色素的数量也会影响人的肤色。当人晒太阳时，阳光中的紫外线会刺激黑色素的生成，使人晒黑。

真皮 表皮下面就是皮肤的第二层结构——**真皮(dermis)**。真皮的厚度各不相同，一般来说比表皮厚15～40倍。真皮由结缔组织构成，结缔组织不仅能防止皮肤撕裂，还能在皮肤受到拉伸之后，帮助其恢复正常状态。真皮层还包括其他一些结构，比如神经细胞、肌肉纤维、汗腺、皮脂腺与毛囊。真皮层下面是皮下层，它也是由结缔组织构成的。这些结缔组织能储存脂肪，有助于人体蓄热。

毛发和指甲 毛发、手指甲和脚指甲都是皮肤系统的组成部分。毛发和指甲都包含角蛋白并且都由上皮细胞发展而来。毛发细胞从真皮层狭窄的**毛囊(hair follicle)**中生发出来。位于毛囊底层的细胞不断分裂并且不断将细胞推离毛囊，促进毛发的生长。

毛囊中通常附有皮脂腺，如**图32-3**所示。**皮脂腺(sebaceous gland)**对皮肤和毛发起到润滑的作用。当腺体产油脂过多时，毛囊就会被阻塞。这种阻塞会使毛囊的开口闭合，进而导致白头、黑头或粉刺的产生。粉刺属于一种皮脂腺炎症。

阅读检测 **总结**表皮和真皮在结构与功能方面的不同。

图32-2 图中的尘螨正在吃灰尘的主要组成物——死皮细胞。

学习小贴士

图表 制作一张表格，横排的标签为皮肤、骨骼和肌肉，纵列的标签为成分、结构、功能和目的。小组合作，一边学习，一边完成这张表格。

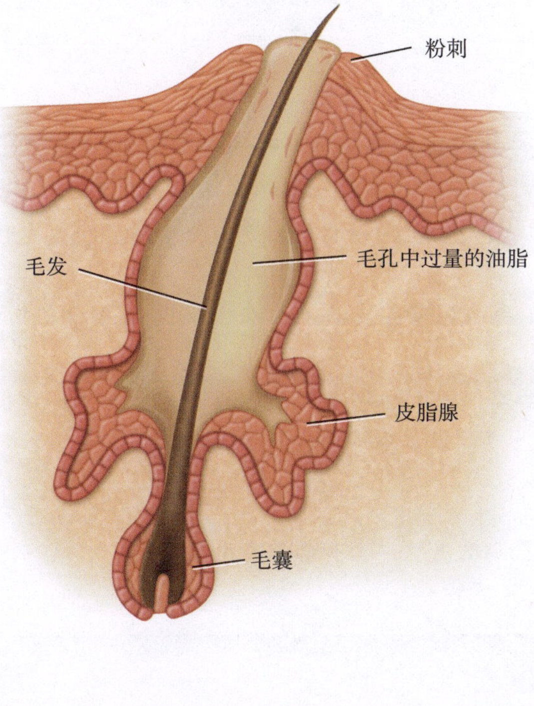

图32-3 油脂、灰尘和细菌会堵塞在毛囊中，当这些物质喷出并向四周蔓延时，就会引起局部炎症。

手指甲和脚指甲由每个指甲底部特殊的上皮细胞发育而来。当指甲底部的细胞发生分裂时，死细胞受到挤压并被排挤出去。你可能听说过人在死亡之后的几天内，他们的指甲和毛发还会继续生长。这其实是不正确的说法。人死亡之后，指甲和毛发细胞周围的细胞会发生脱水的情况，然后这些细胞就会萎缩并且逐渐脱离指甲和毛发，致使它们看起来比原来更长。

■ **图 32-4** 皮肤中的肌肉能使一些哺乳动物的毛发竖立起来，并且能使人类皮肤产生鸡皮疙瘩。

联系 *什么样的环境变化会使人体产生鸡皮疙瘩？*

皮肤系统的功能

皮肤有着十分重要的功能，包括调节体温、合成维生素D、保护皮下组织、感知周围环境等。

调节体温 炎热的夏天，人们在室外工作时会发生什么状况？为了调节体温，人们会不断地流汗。汗液蒸发会带走人体的热量，体温便会随之下降。当人们受凉或者受惊时，皮肤又会产生什么反应呢？真皮层中肌肉细胞收缩，使皮肤产生鸡皮疙瘩。对于其他哺乳动物而言，当肌肉收缩时，它们的毛发就会竖立起来。

请看**图 32-4**中这只受惊的猫。受惊时，这只猫看起来更大了，这也许是吓跑敌人的一种方法。事实上，这也是一种隔绝空气的机制，使得自身与空气隔离或者使它们感到暖和。人类不像其他哺乳动物那样有这般浓密的毛发，但也有使毛发竖立的这类肌肉，从而使皮肤产生鸡皮疙瘩。人类并不依靠毛发保暖，而是依靠皮下层的脂肪来保暖。

迷你实验 1

仔细观察皮肤

鸡的皮肤与人类的皮肤有哪些相似之处？鸡的皮肤与人类的皮肤有着相似的特征。在这个实验中，你将进一步观察**“起步实验”**中的鸡翅膀，并进一步探究皮肤的特征。

步骤

1. 阅读并完成实验室安全表。
2. 戴上一次性实验手套，把鸡翅膀从自封袋中取出，并把它放在解剖盘上。
3. 使用解剖工具将鸡的皮肤从其翅膀上剥离下来。用剪刀在翅膀松弛的皮肤处剪一个洞。
4. 在鸡翅膀的皮肤上划出一个大约6厘米长的口子，把皮肤从翅膀上取下来。用剪刀和解剖刀刺穿连接皮肤和肌肉的透明薄膜。
5. 试着完整地把皮肤从翅膀上剥离下来。寻找附着在皮肤上的堆积脂肪、血管和肌肉纤维。请注意皮肤的韧性。
6. 请在教师的指导下处理实验中使用过的鸡的皮肤和手套。用温热的肥皂水清洗解剖工具和解剖器皿。将去除皮肤的翅膀保存好，下一次实验时可以继续使用。

分析

1. **批判性思维** 人的皮肤中含有毛囊，那么鸡的皮肤中含有哪种类型的囊呢？
2. **解释** 为什么皮肤的韧性和弹性是非常重要的？

合成维生素D 当皮肤暴露在紫外线下时，皮肤细胞就会合成维生素D。维生素D能促进血液对钙的吸收，同时对骨骼的形成起着关键的作用。现在很多食品中都添加了维生素D。

保护和感知作用 皮肤能阻挡微生物和其他外来物质的入侵。皮肤还能防止水分过多流失，以维持体温。皮肤中的黑色素能保护人体免受紫外线的侵害。环境的变化，比如疼痛、压力和温度变化等信息，会通过皮肤传输给大脑。

皮肤创伤

皮肤有很强的自愈能力。如果没有修复机制，细菌就会通过皮肤的伤口处进入并侵害人体。

割伤和擦伤 有时候，小的擦伤只是伤及了表皮。表皮深处的上皮细胞就会开始分化来替代损伤的细胞。如果创伤比较深，那就可能会伤及血管，导致皮肤出血。血液从伤口流出并且凝聚成块，随后凝血块会转变为血痂来使伤口闭合。之后血痂下方的皮肤细胞会开始增殖，以填充这个伤口。与此同时，抗感染白细胞也会阻止细菌入侵伤口。

阳光的危害与灼伤 当人慢慢变老，皮肤就会逐渐失去弹性并且开始出现皱纹。暴露在阳光中的紫外线下会加速这个过程并且可能导致皮肤灼伤或造成其他创伤。

链接健康 无论是由阳光、高温还是化学物质造成的灼伤，都需要根据受伤的严重程度进行分类。**表32-1**总结了灼伤的类型。一度灼伤通常比较轻微，只涉及表皮细胞。二度灼伤涉及表皮层和真皮层，会形成水疱和疤痕。三度灼伤是最严重的，它可能会破坏表皮层和真皮层中的肌肉组织和神经细胞，皮肤的功能就会丧失。在这种情况下，可能就需要通过移植身体其他部位的健康皮肤来修复创伤的区域。

术语

功能 作用，目的

保护人体是皮肤的一项功能。

与生物学相关的职业

理疗师 理疗师借助锻炼、按摩等技巧帮助受伤的或残疾的人提高甚至重获一些身体机能。

表32-1 灼伤类型

灼伤程度	创伤	影响
一度灼伤	表皮层的细胞受到伤害	• 皮肤泛红并肿胀 • 轻微疼痛
二度灼伤	表皮层深处的细胞会死亡，真皮层中的细胞也会受到伤害并且可能会死亡	• 水疱 • 疼痛
三度灼伤	表皮层以及真皮层中的细胞会死亡。神经细胞和肌肉细胞会受到伤害	• 皮肤功能丧失 • 需要移植健康的皮肤 • 神经细胞受损，感受不到疼痛

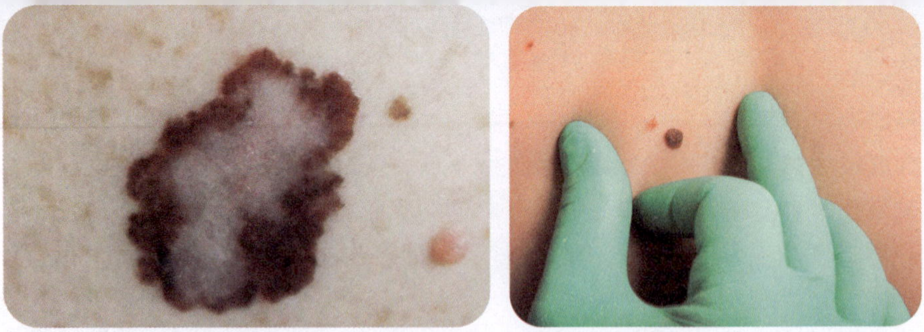

■ **图 32–5** 皮肤癌的警告信号包括皮肤疣或皮肤上的痣发生了明显的变化，抑或是这些痣呈现不规则的形状和颜色，或者大小比一支铅笔的直径还大。

皮肤癌 无论是暴露在太阳光的紫外线下，还是暴露在人工源产生的紫外线下，都被公认为是导致皮肤癌的危险因素。紫外线会损害皮肤细胞中的DNA，使那些细胞不可控制地生长与分裂，皮肤癌就是在这种情况下形成的。**图 32–5** 显示了皮肤癌的一些警告信号。

在美国，皮肤癌是最常见的癌症之一。皮肤癌主要有两类——黑素瘤和非黑素瘤。黑素瘤由黑素细胞发展而来，黑素细胞会合成黑色素。黑素瘤是最为致命的一种皮肤癌，它会扩散到内脏器官与淋巴系统中。据估计，美国每小时就有一个人死于黑素瘤。青少年患黑素瘤的概率更大，因为他们还处在成长期，皮肤细胞比成年人分裂得更快。

任何人都有可能得皮肤癌。但是，浅色皮肤、浅色眼睛和浅色毛发的人被灼伤或者长雀斑的可能性更高。所有人都应避免长时间暴露在太阳光下，尤其是在早上10点到下午4点这段太阳光照最强的时间内。平时要做好防晒措施，例如，穿防护服或涂抹防晒霜。

第1节 测评

要点梳理

- 皮肤是皮肤系统的主要器官。
- 皮肤系统的功能之一是维持人体内稳态。
- 皮肤系统包含四种类型的组织。
- 毛发、手指甲和脚指甲都由上皮细胞发育而来。
- 根据对皮肤组织损伤程度的不同，灼伤可以分为不同的类型。

要点理解

1. 主要概念 **绘图**表示皮肤的两层结构。
2. **总结**皮肤系统的组织类型与其各自的功能。
3. **概括**皮肤系统在人的生存过程中发挥了哪些作用。
4. **列出**皮肤割伤后愈合的过程。
5. **比较**一度灼伤、二度灼伤和三度灼伤。

批判性思维

6. **评价**两种品牌面霜的说明书，并对比它们是如何宣传自己的产品是有益于皮肤健康的。

生物中的数学

7. 如果要计算某种防晒系数(SPF)的产品将在多长时间内保护人体免受太阳光的灼烧，只需将人们在产生灼烧感之前能在太阳下待的时间乘以防晒系数就行。如果一个人暴露在太阳下，10分钟内他就产生了灼烧感，并且他使用了一款防晒系数为15的防晒产品，那么这款防晒产品能起到的保护作用是多久？

第2节

本节预览

核心问题

- 中轴骨骼和四肢骨骼的区别是什么？
- 新生骨是如何形成的？
- 骨骼系统的功能是什么？

术语回顾

软骨：软骨是一种结实而柔韧的结缔组织，它组成了胚胎骨骼。随着胎儿发育，软骨逐渐覆盖在骨骼表面。

关键术语

中轴骨骼
四肢骨骼
骨密质
骨细胞
骨松质
红骨髓
黄骨髓
成骨细胞
骨生成
破骨细胞
韧带

骨骼系统

主要概念 **骨骼为人体提供了一个结构框架，并且能够保护人体内部的器官，比如心脏、肺和大脑等。**

联系实际 在盖房子的初期阶段，需要设计房子的结构。借助房子的结构设计图，人们在盖房子之前，就可以了解这座房子的基本框架。我们可以把人体的骨骼系统比作房子的结构。

骨骼系统的结构

请观察**图32-6**所示的成人的所有骨骼。数一数，你便会发现成人共有206块骨骼。人类的骨骼系统由两个部分组成——中轴骨骼和四肢骨骼。**中轴骨骼（axial skeleton）**包括颅骨、脊椎骨、肋骨和胸骨等。**四肢骨骼（appendicular skeleton）**包括肩膀、手臂、手、臀部、腿部和脚等部位的骨骼。

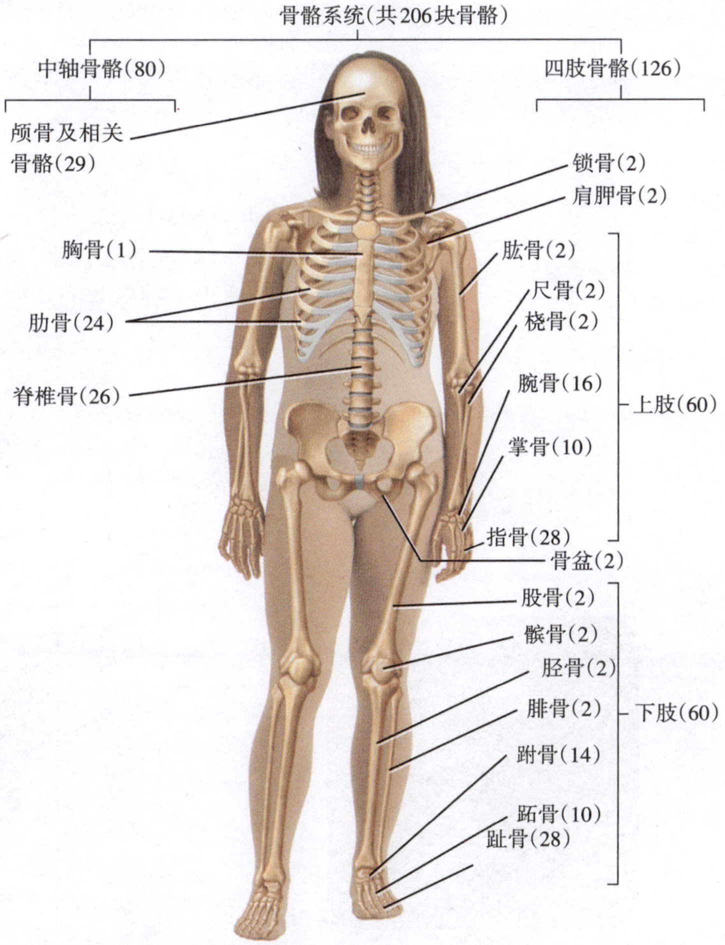

■ **图32-6** 中轴骨骼包括头部、背部和胸部的骨骼。四肢骨骼与肢体的运动相关联。

与生物学相关的职业

医学绘图员 医学绘图员需要同时具备艺术天分和对生物学的兴趣，以绘制各种步骤或者创建各种教学模型。

骨密质和骨松质 骨骼是一种形状大小不一的结缔组织，可以分为长骨、短骨、扁骨和不规则骨等类型。请参考**图32-6**，手臂和腿部的骨骼属于长骨，手腕的骨骼属于短骨。头颅部分的骨骼由扁骨组成。面部的骨骼和脊椎骨属于不规则骨。

所有骨骼的外层都由骨密质组成。致密而强韧的骨密质能为骨骼提供力量和保护。**骨密质(compact bone)**是由管状结构的骨单位系统构成的，骨单位中包含血管和神经。骨单位中的血管为活的**骨细胞(osteocyte)**提供氧气和营养。

如**图32-7**所示，骨骼中心部分与骨骼外层有很大的差异。顾名思义，**骨松质(spongy bone)**的密度较低，并且有很多含有骨髓的骨髓腔。短骨和扁骨的中心以及长骨的末端都含有骨松质。骨松质四周是骨密质，骨松质不含有骨单位系统。

骨髓分为两种类型——红骨髓和黄骨髓。红细胞、白细胞和血小板都是由红骨髓产生的。**红骨髓(red bone marrow)**存在于肱骨、股骨、胸骨、肋骨、脊椎骨和盆骨中。婴儿骨骼内的骨髓腔是由红骨髓组成的。此外，儿童的骨骼比成人含有更多的红骨髓。**黄骨髓(yellow bone marrow)**存在于很多其他骨骼内，是由脂肪构成的。在极度失血或者贫血的情况下，人体能将黄骨髓转化成红骨髓。

骨的形成 胚胎的骨骼是由软骨组成的。在胚胎发育过程中，胚胎软骨中的细胞逐渐发育成**成骨细胞(osteoblast)**。从成骨细胞发育成骨骼的这个过程就叫**骨生成(ossification)**。除了鼻尖、外耳、椎间盘、可动关节内的关节盘之外，成人骨骼几乎都是由骨头构成的。成骨细胞也承担着骨骼生长和修复的功能。

■ **图32-7** 骨骼内部不是骨密质就是骨松质。

区分 *骨松质和骨密质在位置和功能上的差异。*

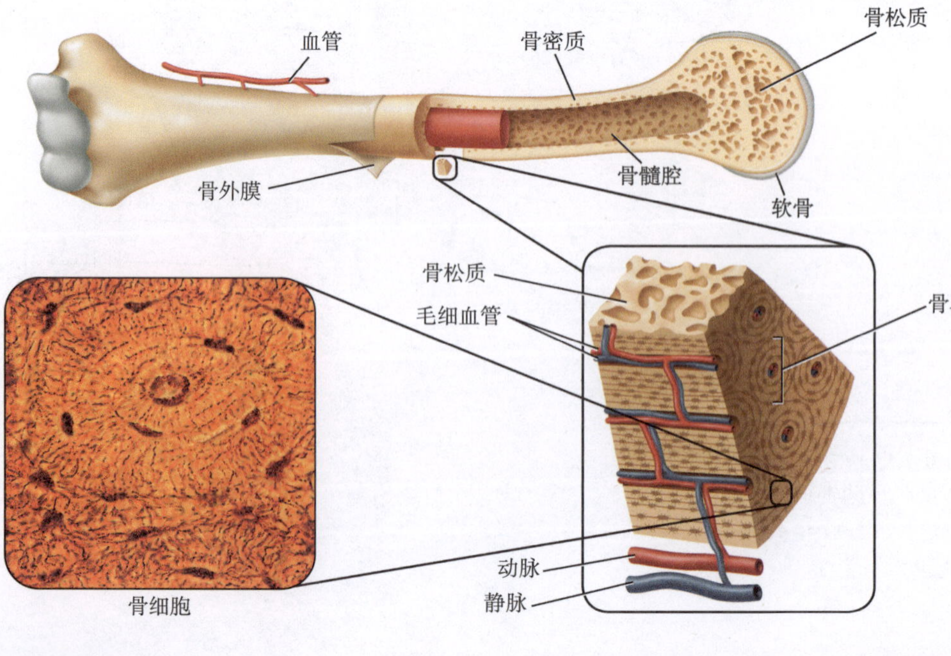

骨骼重建 骨骼不断地在进行重建。在这个过程中，新细胞会替代旧细胞。骨骼重建在生命的整个过程中都会持续不断地发生，它对个人的生长有着重要的意义。**破骨细胞（osteoclast）**会分解骨细胞，然后新的骨骼组织会替代这些骨细胞。骨骼的生长还会涉及营养和体育锻炼等许多因素。比如，缺钙的人容易得骨质疏松，骨头会变得脆弱并且非常容易骨折。

阅读检测 **比较**成骨细胞和破骨细胞的作用。

骨骼修复 骨折是非常常见的骨骼损伤之一。骨头折断但没有刺穿皮肤的情况属于单纯性骨折。复合型骨折时，骨头会刺穿皮肤。应力性骨折时，骨头会产生轻微的裂缝。一旦骨头发生损伤，修复就会马上开始。**图32–8**展示了骨折后修复的步骤。

骨折 骨头损伤时，大脑就会产生内啡肽或其他一些化学物质，这些物质有时也被称为“人体天然止痛药”。它们会蔓延到整个受伤区域来暂时缓解疼痛感。受伤区域很快会发炎并肿胀，肿胀会持续2～3周。

在受伤后8小时之内，骨头折断的两端就会形成血凝块，新的骨头开始形成。首先，折断处会形成软骨痂。软骨是非常脆弱的，所以这个时候折断的骨头一定要保持原样不动。

愈伤组织形成 大约3周之后，成骨细胞就会在骨折处周围生成由骨松质组成的愈伤组织。之后，骨密质会逐渐替代骨松质。当破骨细胞移除骨松质时，成骨细胞会生成更为强壮、致密的骨骼。

夹板、石膏或者牵引器都能保证折断的骨头在形成新的骨骼组织之前保持不动。折断的手指经常与相邻的手指绑在一起，以固定其位置。

重建 不同的骨骼愈合需要不同的时间。年龄、营养、断裂位置和断裂程度都是相关的影响因素。如果平时的饮食中缺少钙，骨骼修复的速度就会变慢。年龄越小，骨骼的愈合能力越强。比如，儿童修复骨折可能只需要4～6周，但是成人可能需要6个月。

图32–8 骨骼修复需要经历几个步骤。首先，骨骼折断处会形成血凝块。接着，结缔组织会填补断裂的地方。最后，成骨细胞会生成新的骨骼组织。

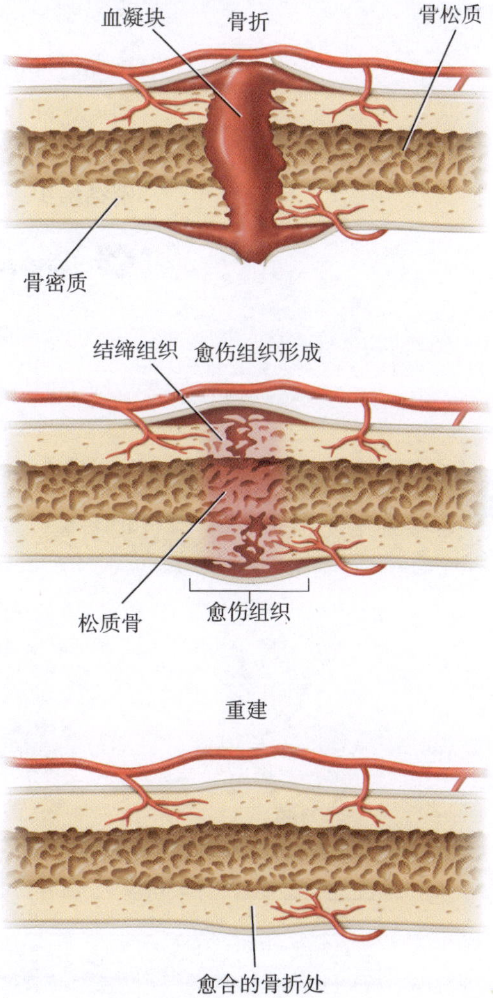

关节

两块或多块骨头的相接处通常都存在关节。除了颅骨的关节，其他关节都可以根据它们允许的运动范围和形状分类。**表 32-2**展示了五种类型的关节——杵臼关节、枢轴关节、铰链关节、滑动关节和颅缝。认真学习**表 32-2**，辨别每种类型的关节能产生何种运动，以及哪些骨骼参与到了这些运动中。

不是所有的关节都是可移动的，颅骨中的一些关节就是固定的。人在刚出生的时候，并不是所有的颅骨骨骼都是融合在一起的，只有大约3个月大的时候，颅骨的骨骼才开始逐渐融合在一起。存在于手等部位的滑动关节只能进行有限的运动。其他一些关节，比如肘部的铰链关节和前臂处的枢轴关节，能使肢体前后运动和扭动。臀部和肩部的杵臼关节允许产生的运动范围最大。

关节是由韧带连接起来的，**韧带（ligament）**是连接两块骨的致密结缔组织。你将会在下一节学到更多关于韧带和肌腱的知识。

阅读检测 **复习**关节的类型以及关节是如何分类的。

起步实验

回顾 根据你所学有关关节的知识，现在你将如何回答本章开头“起步实验”中的问题？

表 32-2	骨骼系统中的关节				
关节名称	杵臼关节	枢轴关节	铰链关节	滑动关节	颅缝
范例	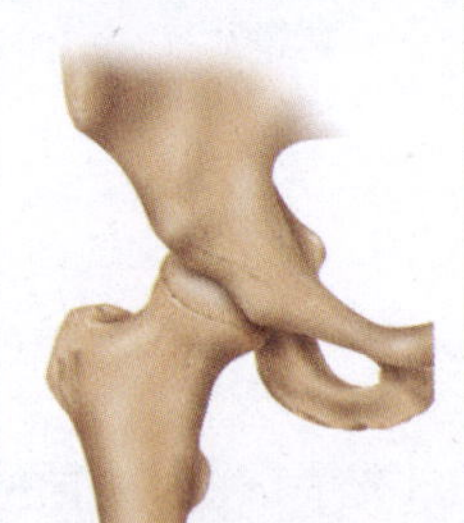	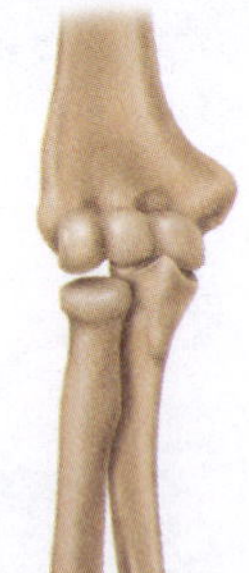	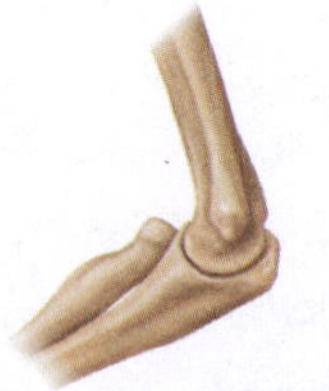	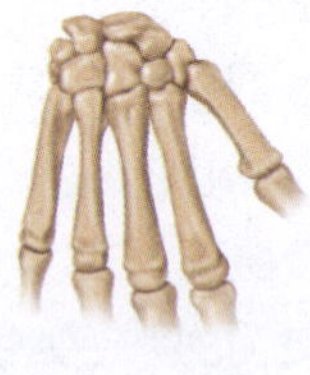	
描述	在杵臼关节处，一块球状表面的骨骼刚好与另一块杯状内凹的骨骼相接合。杵臼关节是所有关节中能产生最大运动范围的关节。臀部和肩部的关节属于杵臼关节，因此人们可以自由地挥舞手臂和大腿	枢轴关节能产生的主要运动就是旋转。肘关节是枢轴关节的一个典型。在肘部，前臂的桡骨和尺骨通过肘关节相连。肘关节能使人们来回地扭转前臂	在铰链关节处，一块骨骼的凸面刚好与另一块骨骼的凹面相结合。肘部和膝盖处都有铰链关节，就像门上的铰链一样，它们能使骨骼前后运动	滑动关节能使骨骼左右前后运动。手腕、脚踝以及脊椎处的关节都是滑动关节	颅缝是颅骨中不能移动的关节。成人颅骨中一共有22块骨头。除了下颌处的骨骼，颅骨中的其他骨骼都是通过颅缝来连接的

骨关节炎 膝盖等可移动关节的骨骼的末端都覆盖着软骨，软骨起到软垫的作用，使骨骼之间的运动变得流畅。骨关节炎是一种由于软骨恶化引起的病症，它会影响到关节。膝盖和臀部很容易得骨关节炎，骨关节炎也会影响脖子和后背。骨关节炎的患病频率会随着年龄的增长而增加。如果年轻时关节受到过损伤，那么晚年就很有可能患骨关节炎。

风湿性关节炎 风湿性关节炎是另一种影响关节的病症。风湿性关节炎并不是由关节磨损导致的软骨恶化造成的。受到感染的关节会失去力气和功能，并且会发炎、肿胀、疼痛。如**图32-9**所示，风湿关节炎会使手指变畸形。

滑囊炎 肩膀和膝盖部位的关节周围都包裹着充满黏液的滑囊。滑囊能降低摩擦并且在骨骼和肌腱之间起到软垫的作用。滑囊炎是滑囊发炎引起的，它会减少关节运动并引起疼痛和肿胀，最常见的治疗方法就是让患病的关节休息。

扭伤 扭伤通常会损伤韧带，它会使关节扭曲或者过度伸展，一般会造成关节肿胀，使关节变脆弱并且引发疼痛。

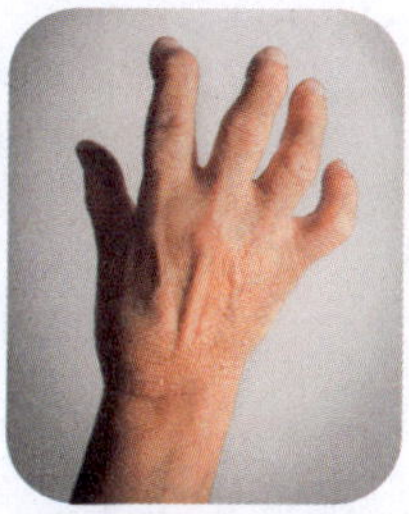

■ **图32-9** 风湿性关节炎会使关节失去力气和功能，还会伴有剧烈的疼痛。

比较 风湿性关节炎与一般骨关节炎的区别。

迷你实验 2

仔细观察与骨骼相关的连接

骨骼是如何与肌肉或其他骨骼相连的呢？ 肌腱将肌肉与骨骼连在一起，韧带将骨骼连在一起。在本次实验中，你将会通过一只已去除皮肤的鸡翅膀来观察这些连接。

步骤

1. 阅读并完成实验室安全表。
2. 戴上一次性实验手套，将去除皮肤的鸡翅膀放在解剖盘上。
3. 选择一块肌肉，并使用解剖剪将肌肉从骨骼上剥离下来，并使两端都保持完整。仔细寻找将肌肉和骨骼连接在一起的肌腱。
4. 移动关节处的骨骼，注意观察当骨骼受到拉力时肌腱是如何运动的。
5. 小心地把所有的肌肉从骨骼上剥离下来。即使这样，骨骼仍然会连接在一起。寻找将骨骼连接在一起的白色韧带。仔细观察每根骨骼的两端。
6. 制作一幅图来表示这只被剥离肌肉的鸡翅膀，说明骨骼是如何连接在一起的。将这幅图与你在“起步实验”中绘制的图像进行比较。

分析

1. **解释**你在“起步实验”与本实验中绘制的两幅图的差异。
2. **观察与推断** 你注意过肌肉是如何一端连着一根骨骼，另一端通过关节处的韧带与下一根骨骼相连的吗？试着画图来解释为什么这是一个十分重要的问题。
3. **批判性思维** 观察可移动关节处骨骼两端的颜色，你认为这是什么物质造成的？

表32-3 骨骼系统的功能	
功能	描述
支撑作用	● 腿部的骨骼、盆骨和脊椎骨起到支撑人体的作用 ● 下颌骨起到支撑牙齿的作用 ● 几乎所有的骨骼都能起到支撑肌肉的作用
保护作用	● 颅骨能保护大脑 ● 脊椎能保护脊髓 ● 胸骨能保护心脏、肺和其他一些器官
形成血细胞	● 红骨髓能形成红细胞、白细胞和血小板
储存作用	● 骨骼能储存钙和磷
运动作用	● 连接在骨骼上的肌肉可以拉动手臂和腿部的骨骼 ● 膈使人能正常呼吸

骨骼系统的功能

你可能会认为骨骼系统唯一的作用就是为人体提供支撑。腿部的骨骼、盆骨以及脊柱起到支撑整个人体的作用。下颌骨起到支撑牙齿的作用。另外，几乎所有的骨骼都起到支撑肌肉的作用。很多柔软的器官都是直接或间接地依靠周围的骨骼来支撑的。

事实上，骨骼系统除了支撑作用之外，还有其他一些功能，如**表32–3**所示。例如，颅骨能保护大脑，脊椎能保护脊髓，胸骨能保护心脏、肺和其他一些器官。

骨组织的外层能保护骨骼内部的骨髓。红骨髓除了能形成红细胞和白细胞之外，还能形成血小板。人体每秒大约能生成两百多万个红细胞。

人到7岁左右，体内的骨髓还都是红骨髓。之后，脂肪组织会逐渐代替一些红骨髓，使红骨髓的表面呈现微黄的颜色，黄骨髓由此得名。

骨骼同时也是很多矿物质的储存地，如钙和磷。当血钙含量过低时，骨骼就会释放一些钙对其进行补充。当血钙含量过高时，多余的钙就会储存在骨组织中。骨骼系统就是通过这种方式来参与人体内稳态的。

与肌肉组织相连的骨骼能使人体运动。比如，当肌肉拉动手臂和腿部的骨骼时，它们就会产生运动。连接肋骨的肌肉使人们能正常呼吸。

第2节 测评

要点梳理

- 人体骨骼系统由两部分组成。
- 大多数骨骼都是由两种不同类型的组织组成的。
- 骨骼不断地在进行重建。
- 骨骼与肌肉一同协作。
- 骨骼系统起到一些重要的作用。

要点理解

1. 主要《概念 **识别**并描述中轴骨骼和四肢骨骼的功能。
2. **比较**红骨髓和黄骨髓的组成。
3. **比较**人体修复受损骨骼的机制与骨骼自然的生长机制。
4. **制作**一张分类表来表示**图32–6**中所示的骨骼。

批判性思维

5. 如果成骨细胞和破骨细胞在发育的胎儿以及成人体内都不能正常运作，会造成什么后果？
6. **区分**骨密质和骨松质，你可以根据它们的形状、位置和功能来进行区分。

第3节

肌肉系统

本节预览

核心问题

- 肌肉组织分为哪三种类型?
- 肌肉收缩时,在细胞层面和分子层面各涉及哪些活动?
- 慢缩肌纤维和快缩肌纤维的区别是什么?

术语回顾

厌氧:一种不需要氧气参与的化学反应。

关键术语

平滑肌
不随意肌
心肌
骨骼肌
随意肌
肌腱
肌原纤维
肌球蛋白
肌动蛋白
肌节

主要《概念 **三种主要的肌肉组织在结构和功能上都不相同。**

联系实际 达·芬奇为科学界做出了巨大的贡献。他通过观察尸体来研究人体。达·芬奇使用绳子代替肌肉,发现肌肉通过收缩来拉动骨骼,并使骨骼运动。

三种肌肉组织

肌肉是由成群的纤维或者聚集在一起的肌细胞组成的。在提到"肌肉"一词时,人们总是会立刻想到骨骼肌。事实上,肌肉总共有三种类型:平滑肌、心肌和骨骼肌,如**图32-10**所示。肌肉可以根据不同的结构和功能进行分类。

平滑肌 很多空腔器官的内壁都排列着**平滑肌(smooth muscle)**,比如胃、肠、膀胱和子宫。平滑肌是一种**不随意肌(involuntary muscle)**,不受意识的控制。比如,食物能在消化道中按一定方向运输就是因为排列在食管、胃以及大小肠中的平滑肌的收缩。显微镜下的平滑肌并没有条纹,平滑肌的每一个细胞含有一个细胞核。

心肌 **心肌(cardiac muscle)**是只存在于心脏的不随意肌。心肌细胞呈网状排列,使心肌能更有效更有节奏地收缩。这样的排列也能赋予心脏更多的力量。心肌呈条纹状,由许多带有细胞核的明暗细胞带组成。心肌细胞通常只有一个细胞核,细胞之间通过间隙连接结合在一起。

■ **图32-10** 当肌肉被放大时,肌肉组织的形状和外观之间的差异就能清楚地被看到。平滑肌纤维呈纺锤形,心肌呈条带状,骨骼肌也是条带状的。
解释 *肌肉除了按照形状进行划分之外,还可以怎么划分?*

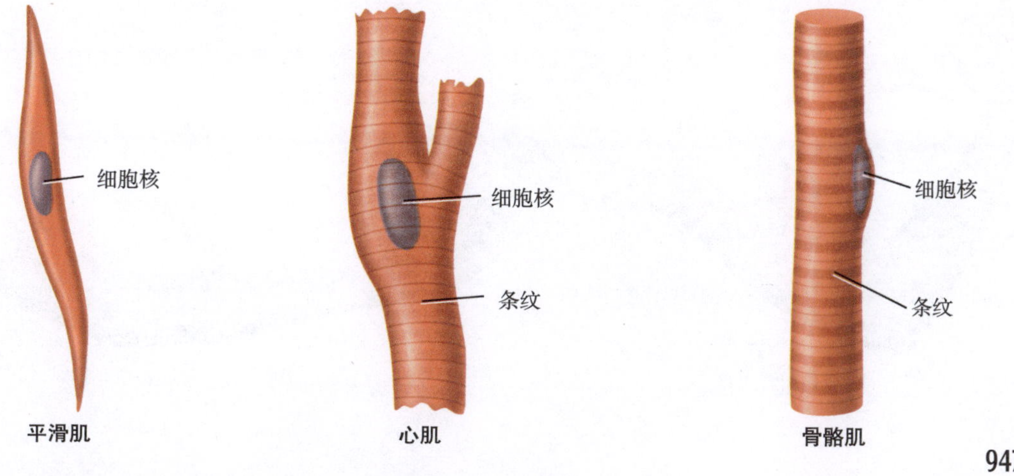

骨骼肌 人体中的大多数肌肉都是骨骼肌。**骨骼肌(skeletal muscle)**是一种通过肌腱与骨骼相连的肌肉。当骨骼肌绷紧或者收缩的时候,肢体就会产生运动。骨骼肌属于**随意肌(voluntary muscle)**,在中枢神经的控制下带动骨骼运动。**肌腱(tendon)**是一种坚韧的结缔组织,连接着肌肉与骨骼。在显微镜下,骨骼肌也呈现出横纹。

阅读检测 **对比与比对**三种类型的肌肉组织。

骨骼肌收缩

大多数骨骼肌都成拮抗组排列。**图32-11**展示了人们屈肘和伸肘时的肌肉。骨骼肌是由肌肉纤维组成的,肌肉纤维实际上是由融合在一起的肌细胞形成的长条。每条肌纤维都由更小的**肌原纤维(myofibril)**组成,而肌原纤维又由比之更小的**肌球蛋白(myosin)**和**肌动蛋白(actin)**构成,这两者都是蛋白丝。肌原纤维可以被进一步划分为数个节断,即肌节。**肌节(sarcomere)**是肌肉的功能单位,也是肌肉中产生收缩的部分,如**图32-12**所示。骨骼肌之所以有条纹就是因为肌节,它存在于每两条相邻的Z线之间。Z线是肌动蛋白丝与肌原纤维相连的地方。肌动蛋白丝和肌球蛋白丝重叠的部分会形成一条暗带,也叫作A带。M线由肌球蛋白丝组成。肌节各组成成分的排列方式使肌肉能够收缩与舒张。

微丝滑动学说 **图32-12**同时也解释了微丝滑动学说。该学说指出,当神经信号传递到肌肉时,肌动蛋白丝就会彼此靠近,使肌肉收缩。请注意,在这个过程中,肌球蛋白丝是保持不动的。即使是一个很简单的动作,也要涉及非常多的骨骼肌。

链接化学 当神经冲动到达肌肉时,肌原纤维就会吸收释放在血液中的钙,使得肌球蛋白和肌动蛋白能够相互结合。肌动蛋白纤维被拉向肌节的中心,引起肌肉收缩。ATP是肌肉收缩在这一步所必需的物质。当肌肉放松的时候,微丝就会回到它们原来的位置。

■ **图32-11** 骨骼肌成拮抗组排列。

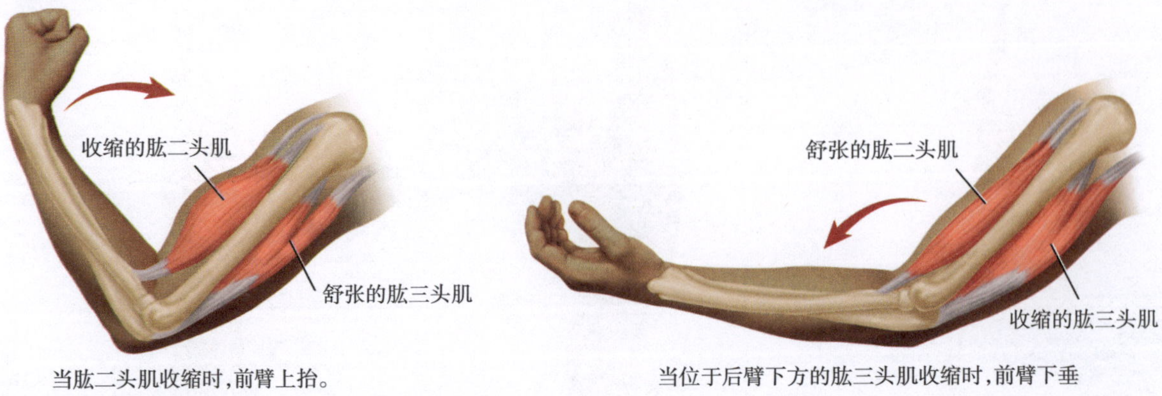

图解肌肉收缩

图 32–12

肌纤维是由肌原纤维组成的。肌动蛋白和肌球蛋白组成了肌原纤维。

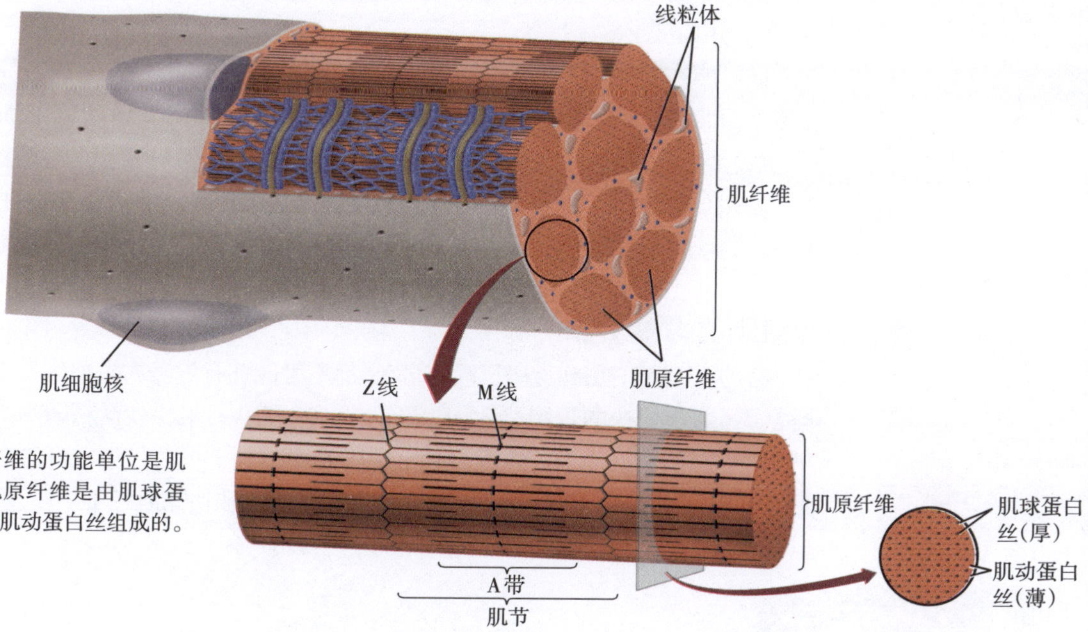

肌原纤维的功能单位是肌节。肌原纤维是由肌球蛋白丝和肌动蛋白丝组成的。

放松

开始收缩 为了回应神经信号，肌球蛋白与肌动蛋白之间就会形成横桥。ATP可以改变横桥的位置，以引起肌动蛋白丝的运动。

完全收缩 微丝滑动学说指出，当肌动蛋白丝彼此靠近时，肌肉就会收缩。

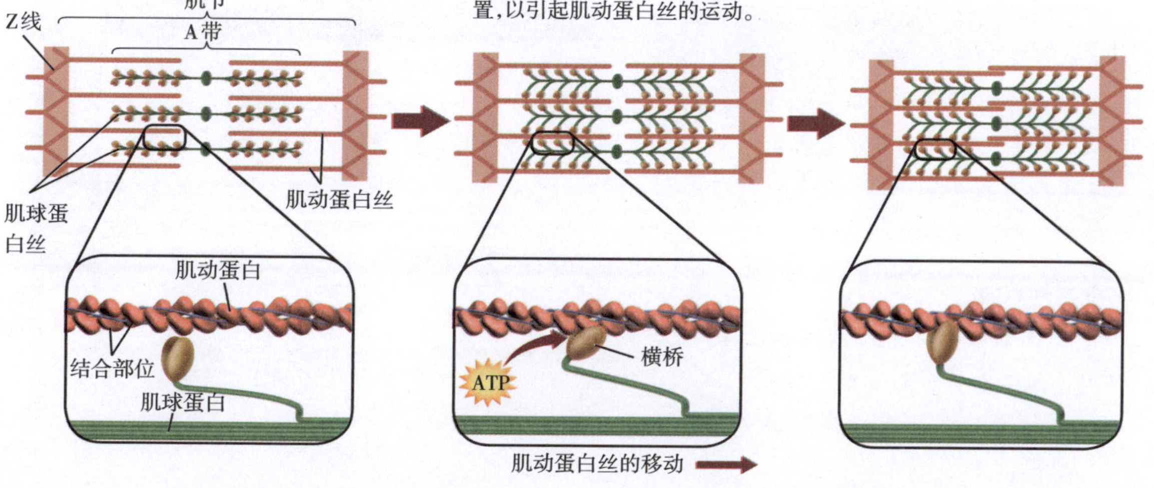

■ **图 32–13** 冲过终点线那一刻，人体会爆发强烈的能量。

解释 *为什么在高强度运动之后正常的呼吸非常重要。*

肌肉收缩所需的能量 所有的肌细胞都会进行需氧代谢和厌氧代谢。当有足够的氧气时，肌细胞就会进行需氧呼吸。

细胞呼吸能生成提供能量的ATP。当进行一段时间的高强度运动后，肌肉可能不能获取足够的氧气以维持细胞呼吸，ATP的数量就会减少。这时肌肉必须依靠乳酸发酵这个厌氧过程来获取能量，如**图 32–13**所示运动员的情况一样。

运动过程中，乳酸在肌细胞内堆积，造成人体疲劳。过剩的乳酸会进入血液中，促使呼吸加快。休息一段时间后，人体又获得足够的氧气，使乳酸降解。

你可能在路边看见过已经死亡的动物。当动物死了之后，它的身体就会开始变得僵直，尸僵是一种肌肉收缩的延长状态。如果要使收缩的肌肉舒张，就需要消耗ATP将钙从肌原纤维中抽出来。在尸僵的情况下，死去的动物无法生成ATP，因此钙就会留存在肌原纤维当中，导致肌肉一直处于收缩状态。24小时之后，细胞和组织开始降解，肌肉纤维也就无法维持收缩状态。

骨骼肌的力量

有的人人无论在健身房里锻炼多久，都不可能拥有健美的体格。一个人可能是田径队里最快的短跑选手，但是他在长跑过程中，很快就会精疲力竭。导致这两个例子出现差异的原因是什么呢？其实就是人体内慢缩肌纤维和快缩肌纤维的比例。每个人的肌肉中都存在慢缩肌纤维和快缩肌纤维。

数据分析实验

基于真实的数据*

解释数据

慢缩肌的比例与肌肉运动之间有什么关系？ 慢缩肌纤维和快缩肌纤维的比例可通过以下方法测出：取一小块肌肉，用ATP酶着色剂将肌细胞染色。快缩肌纤维中含有较多的ATP，因此染色后会显示深棕色。

批判性思维

1. **提出假设** 为什么比目鱼肌比眼轮匝肌含有更多的慢缩肌纤维？
2. **区分**肌肉，列举快缩肌纤维含量高的肌肉。

数据和观察

肌肉	行为	慢缩肌比例
比目鱼肌（腿部）	抬脚	87%
肱二头肌（腿部）	弯腿	67%
三角肌（肩膀）	抬起手臂	52%
胸锁乳突肌（脖子）	头部移动	35%
眼轮匝肌（脸部）	闭眼	15%

*数据来源：Lamb, D. R. 1984. *physiology of Exercise* New York: Macmillan Co.

慢缩肌 不同肌肉收缩的速度不一样。慢缩肌收缩的速度要比快缩肌慢得多,但是慢缩肌纤维的耐力要比快缩肌纤维强得多。**图32-14**所示的三项全能运动员的身体中含有非常多的慢缩肌纤维。这种类型的肌肉在长跑或者游泳时能发挥很大的作用,因为相比于快缩肌纤维,它们能更持久地抵抗疲劳。

慢缩肌纤维含有很多细胞呼吸所需的线粒体,也含有一种能储存氧气的呼吸分子——肌红蛋白。肌红蛋白使肌肉表面看起来较暗。运动能增加纤维中的线粒体,但是肌肉的总体增长量是极小的。

快缩肌 快缩肌纤维很容易疲劳,但是它们能为快而短的运动提供巨大的能量。快缩肌纤维为力量而生,它们在短跑及举重等需要力量爆发的运动中能发挥很大的作用,就像**图32-14**中展示的一样。

快缩肌纤维缺乏肌红蛋白,因此它们的颜色较浅。由于它们所含的线粒体较少,快缩肌纤维主要依靠厌氧代谢,导致体内乳酸的堆积,这也是快缩肌很容易疲劳的原因。运动会增加肌肉内肌原纤维的数量,进而扩大整块肌肉的直径。

大多数骨骼肌同时含有慢缩肌纤维和快缩肌纤维。基因决定人体内这两种纤维的比例。如果一个人体内含有非常多的慢缩肌纤维,那么他可能会成为越野赛跑的冠军,而短跑冠军的快缩肌纤维含量较高。绝大多数人都介于两者之间。

■ **图32-14** 三项全能运动员体内含有较高比例的慢缩肌纤维。举重运动员体内含有较高比例的快缩肌纤维。

第3节 测评

要点梳理

- 人体内有三种类型的肌肉组织。
- 骨骼肌呈拮抗组排列,每组肌肉能相互产生反作用。
- 平滑肌排列在许多内脏中。
- 心肌只存在于心脏。
- 所有的肌细胞都能进行需氧呼吸和厌氧呼吸。

要点理解

1. 主要概念 **制作**一张表,列出三种肌肉类型的相同点与不同点。
2. **识别**随意肌和不随意肌。
3. **解释**为什么在大多数肌肉内需氧呼吸出现在乳酸发酵之前。

批判性思维

4. **推断** 相比养殖的火鸡,野生火鸡体内慢缩肌的含量要高于快缩肌的含量,这使野生火鸡比饲养的火鸡飞得更远,为什么?

科技 写作

5. 写一小段故事来描述骨骼肌收缩的步骤。请从钙离子的角度来描写这个故事。

生物与社会

防晒系数（SPF）和防晒霜

当你外出运动或者和朋友出去闲逛的时候，你肯定希望有一个阳光灿烂的好天气。夏日的阳光能带给人们愉悦的心情，但是，你真的做了足够的防护措施来使自己免受太阳光带来的潜在危害了吗？商家往往会推出很多防晒产品，然而这些产品究竟能给我们提供多少保护呢？

受损皮肤 晒黑的皮肤属于受损皮肤的一种，理解这一点非常重要。暴露在太阳紫外线下或者被太阳紫外线损伤的皮肤细胞会生成黑色素，以吸收阳光。黑色素使皮肤呈现出“晒黑”的样子。有两种紫外线能够到达地球——紫外线A（UVA）和紫外线B（UVB）。UVB会晒伤皮肤。然而相比UVB，UVA会更深入地渗透进人的皮肤，造成其他类型的皮肤损伤，比如皱纹和雀斑。日晒床和太阳灯这类发射紫外线的人工源也会引起相同的问题。即使你没有被晒伤，暴露在这两种紫外线下也会增加患皮肤癌的概率，尤其是黑素瘤这种最严重的皮肤癌。

为了保护皮肤免受太阳光的伤害，人们会使用防晒霜。很多防晒霜都标有“SPF”值，它代表防晒系数。但是，SPF只能测量防晒霜对UVB的阻挡程度。标有“广谱”标志的防晒霜能在一定程度上保护皮肤免受UVA的伤害。但是科学家还没有研发出测量防晒霜对UVA阻挡程度的体系。

理解SPF 要挑选最好的防晒产品可能会非常难，因为SPF值常常会使人误解。比如，人们可能会认为SPF值为30的防晒霜阻挡UVB的效果是SPF值为15的防晒霜的2倍。

但是，事实并不是这样的。SPF值为15的防晒霜能阻挡93%的UVB，SPF值为30的防晒霜能阻挡97%的UVB。

美国癌症协会建议，在户外活动时，所有人都应该使用SPF值至少为15的防水防晒霜。在出门前15～30分钟，人们应该在皮肤上涂抹防晒霜，即使是阴天也要涂抹。每隔两个小时就应该再涂一次防晒霜。这一简单的习惯对保护皮肤有很大的帮助。

科技 写作

创作一个幽默小短剧 写一篇幽默小短剧来解释防晒系数等级，并且说明为什么使用防晒霜是非常重要的。调查其他可以保护皮肤免受太阳伤害的方法，并将这些方法写进你的短剧中。如果时间允许，在其他班级表演该短剧。

生物实验室

取证：骨骼如何帮助你破案？

背景：假设有一个国家的鸡博物馆被盗了。历史上首只被食用的鸡的一些骨骼失踪了。有犯罪嫌疑的是三条狗。你的工作就是仔细检查骨骼残骸，这些残骸是从每条狗的住所旁的泥堆里找到的，然后判断它们是不是鸡的骨骼。你将从三块骨骼中得到三条线索，每块未知骨骼将提供一条线索。

问题：你能根据骨骼的结构和形态判断它属于哪种动物吗？

实验器材

三块未知骨骼的残骸

一组线索

各种各样的动物骨骼

放大镜

米尺

绳子

安全注意事项

设计与实施实验

1. 阅读并完成实验室安全表。
2. 收集你在检测骨骼时将会用到的材料，并决定你将使用哪些检测方法。
3. 从教师那里获取三块骨骼的残骸以及一组线索，在教师允许之后再查看线索。
4. 设计一张数据表来记录你的检测数据。
5. 仔细观察骨骼，将它们与残骸做比较。
6. 检测并记录数据。
7. 打开线索，重新检验你的数据和答案。
8. **整理和处置** 把可以重复利用的材料归还到正确的区域。

实验分析和结论

1. **数据分析** 在你观察和测量的基础上，判断哪块残骸属于鸡的骨骼。
2. **数据解释** 你如何根据每块残骸的大小和形状来判断它们到底属于哪种动物？
3. **评价** 在查看线索之后，你的结论改变了吗？如果你改变了你的结论，请解释原因。
4. **对比与比对** 每块残骸和人体骨骼之间有什么相似点？又有什么不同点？
5. **联系** 哪些骨骼与人体骨骼最相似？
6. **得出结论** 哪只狗偷了鸡的骨骼？

分享你的数据

海报展示 古生物学家是专门研究化石的科学家。通过对骨化石的研究，一些证据证明，鸟类的祖先是一种恐龙。请你研究这些已经发现的证据，然后制作一张海报展示你所学到的知识。

第32章 复习指南

内容聚焦 稳态 人体内一些特定的功能维持着人体内的稳态，这些功能包括体温调节、黄骨髓到红骨髓的转化等。

大概念 这些系统能保护、支撑人体并完成身体运动，它们通过共同协作来维持人体的稳态。

第1节 皮肤系统

表皮
角蛋白
黑色素
真皮
毛囊
皮脂腺

主要概念 **皮肤是一个由多层结构组成的器官，它覆盖在人体表面并对人体起到保护作用。**

- 皮肤是皮肤系统的主要器官。
- 皮肤系统的功能之一是维持人体内稳态。
- 皮肤系统包含四种类型的组织。
- 毛发、手指甲和脚指甲都由上皮细胞发育而来。
- 根据对皮肤组织损伤程度的不同，灼伤可以分为不同的类别。

第2节 骨骼系统

中轴骨骼
四肢骨骼
骨密质
骨细胞
骨松质
红骨髓
黄骨髓
成骨细胞
骨生成
破骨细胞
韧带

主要概念 **骨骼为人体提供了一个结构框架，并且能够保护人体内部的器官，比如心脏、肺和大脑等。**

- 人体骨骼系统由两部分组成。
- 大多数骨骼都是由两种不同类型的组织组成的。
- 骨骼不断地在进行重建。
- 骨骼与肌肉一同协作。
- 骨骼系统起到一些重要的作用。

第3节 肌肉系统

平滑肌
不随意肌
心肌
骨骼肌
随意肌
肌腱
肌原纤维
肌球蛋白
肌动蛋白
肌节

主要概念 **三种主要的肌肉组织在结构和功能上都不相同。**

- 人体内有三种类型的肌肉组织。
- 骨骼肌呈拮抗组排列，每组肌肉能相互产生反作用。
- 平滑肌排列在许多内脏中。
- 心肌只存在于心脏。
- 所有的肌细胞都能进行需氧呼吸和厌氧呼吸。

第32章 测评

第1节

术语回顾

解释下列每组术语的区别。

1. 表皮、真皮
2. 黑色素、角蛋白
3. 皮脂腺、毛囊

要点理解

根据下图，回答第4题。

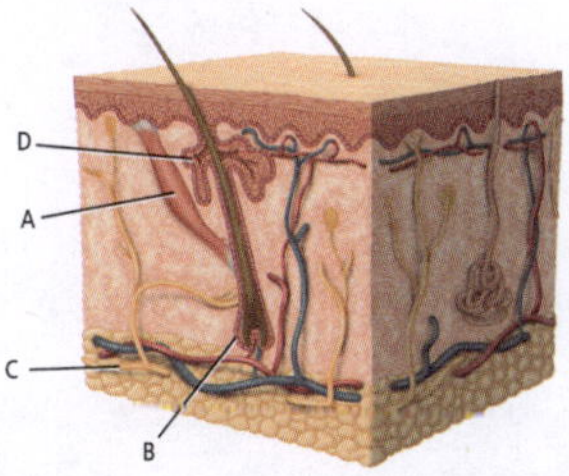

4. 皮肤系统中的（　　）会使人形成"鸡皮疙瘩"。

   A. A　　B. B　　C. C　　D. D

5. 下列情况下，会形成黑头的是（　　）。

   A. 当毛囊被堵塞时
   B. 当表皮的凹槽处有污垢堆积时
   C. 当毛囊向内生长而不是向外生长时
   D. 当生成过剩的角蛋白时

6. 皮肤调节人体温度的方式是（　　）。

   A. 通过增加汗液排放
   B. 通过保存水分
   C. 通过合成维生素D
   D. 通过调节表皮内的脂肪含量

7. 下列不存在于真皮中的是（　　）。

   A. 肌肉　　B. 汗腺
   C. 脂肪细胞　　D. 神经细胞

8. 关于太阳浴，我们可以推断出（　　）。

   A. 以"晒黑"为目的的太阳浴有利于皮肤健康
   B. "晒黑"可能意味着太阳对皮肤造成了伤害
   C. 太阳浴可以增加皮肤的弹性，使皮肤更为紧致
   D. 太阳浴使皮肤看起来更年轻

回答问题

9. **主要概念** 如果没有表皮，人体会发生什么状况？
10. **开放式回答** 如果没有真皮，人体会发生什么状况？
11. **内容聚焦 稳态** 描述皮肤系统如何有助于人体维持内稳态。

批判性思维

12. **解释**为什么当你剪头发的时候，你并不会受伤。
13. **评估**为什么三度灼伤的人在被灼伤的时候不会感觉到疼痛。

第2节

术语回顾

解释以下每组术语的区别。

14. 骨松质、骨密质
15. 肌腱、韧带
16. 成骨细胞、破骨细胞

要点理解

根据下图，回答第17题。

17. 你在人体的（　　）处能找到上图所示的关节。

   A. 臀部　　B. 肘部
   C. 脊椎　　D. 颅骨

18. 下列不是骨骼的功能的是(　　)。
A. 生成维生素D
B. 提供内部支撑
C. 保护内脏器官
D. 储存钙

根据下图,回答第19题。

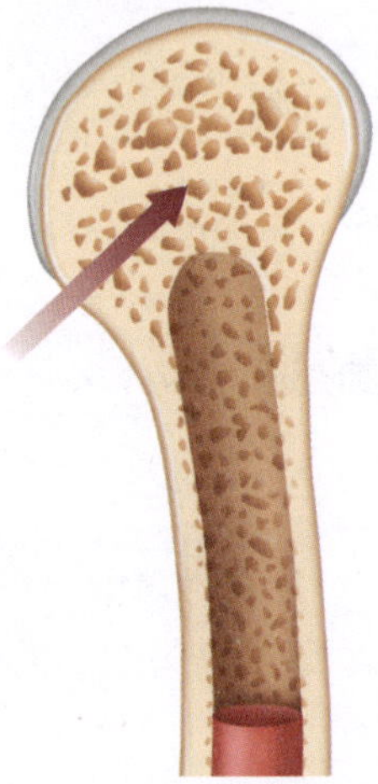

19. 上图中箭头所指部分的特点是(　　)。
A. 它不含有活细胞
B. 它含有骨髓
C. 它是长骨中唯一的骨组织
D. 它由重叠的骨单位系统组成

20. 下列术语搭配有误的是(　　)。
A. 颅骨、颅缝
B. 手腕、枢轴关节
C. 肩膀、杵臼关节
D. 膝盖、铰链关节

21. 清除旧的骨组织的细胞叫作(　　)。
A. 成骨细胞
B. 骨细胞
C. 破骨细胞
D. 骨酶

22. 下列不属于中轴骨骼的是(　　)。
A. 颅骨　　B. 肋骨
C. 髋骨　　D. 脊柱

23. 下图属于四肢骨骼的是(　　)。

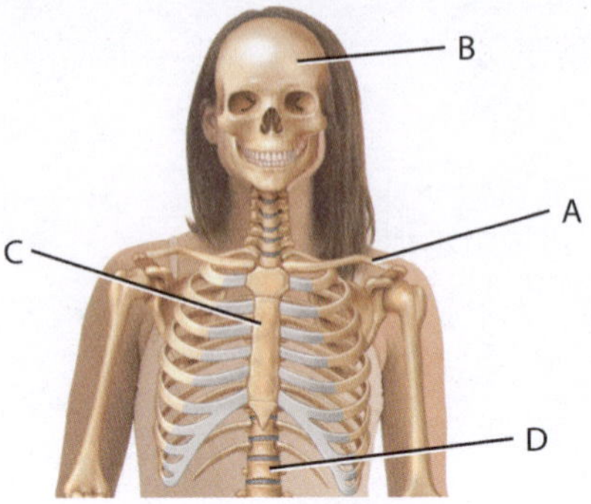

A. A　　B. B
C. C　　D. D

回答问题

24. **主要概念** 假设人体内所有的骨组织都是由骨松质组成的,而没有骨密质,描述可能的后果。

25. **简要回答** 比较破骨细胞和成骨细胞的功能。

批判性思维

26. **分析**以下情节:一个人的脚踝受伤了,他来到了急诊室。医生应该检查他脚踝的哪些结构才能选择正确的治疗方法?

27. **提出假设** 如果一个孕妇没有摄入足够的钙,她的骨骼会发生什么变化?

第3节

术语回顾

选出下列每组术语中不属于同一类的那个术语,并解释原因。

28. 肌动蛋白、黑色素、肌球蛋白

29. 心肌、平滑肌、快缩肌

30. 肌节、肌原纤维、肌红蛋白

要点理解

31. 下列活动需要ATP的是(　　)。

A. 肌肉收缩

B. 肌肉舒张

C. 肌肉收缩和肌肉舒张

D. 肌肉收缩和肌肉舒张都不需要

根据下图,回答第32题。

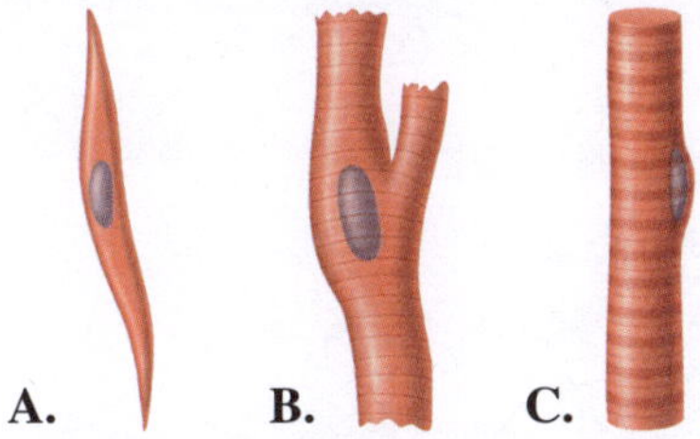

32. 上图所示的是随意肌的是(　　)。

A. 图A中的肌肉类型

B. 图B中的肌肉类型

C. 图C中的肌肉类型

D. 图中所示的所有肌肉类型

33. 下列属于快缩肌纤维的特点的是(　　)。

A. 相比于慢缩肌纤维,它们含有更多的肌红蛋白

B. 它们可以抵抗疲劳

C. 相比于慢缩肌纤维,它们线粒体更少

D. 它们需要更多的氧气来维持正常运转

回答问题

34. 主要概念　对比与比对骨骼肌、平滑肌和心肌的结构。

35. **简要回答**　在理解了肌纤维结构的基础上,解释为什么骨骼肌只能收缩不能伸长。

批判性思维

36. **推断**　为什么肌肉不是只包含慢缩肌纤维或快缩肌纤维,而是两者兼有。

总结性测评

37. 大概念　解释为什么皮肤系统的缺失会导致内稳态崩溃。

38. 科技　**写作**　写一篇文章来解释骨骼系统和肌肉系统为什么需要钙才能正常运转。

DBQ 资料分析题

运动员在进行高强度运动时,当强度快接近乳酸阈值——也就是乳酸开始在肌肉内突然急剧增加并堆积时,他们的脂肪会以最快的速度燃烧。另外,那些在高强度运动中消耗最多氧气[VO_{2peak}]的运动员也会燃烧最多的脂肪。研究者对比了一些超重的研究对象的乳酸阈值和氧气消耗,他们并没有像运动员一样进行高强度的运动。

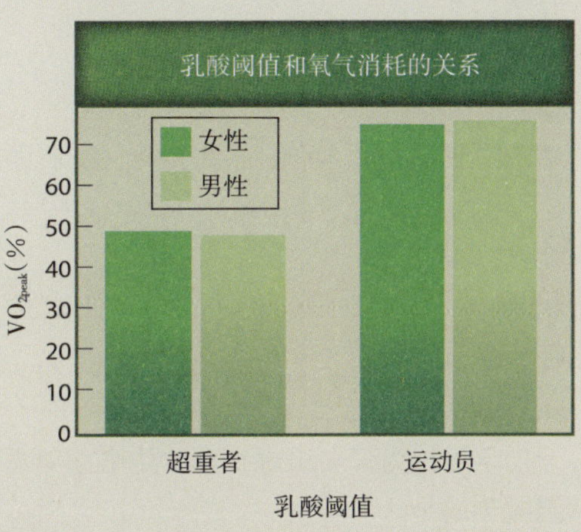

数据来源:Bircher, S. and Knechtle, B. 2004. Relationship between fat oxidation and lactate threshold in athletes and obese women and men. *Journal of Sports Science and Medicine* 3:174-181.

39. 对于这些超重的研究对象而言,当VO_{2peak}大约为百分之多少时就达到了乳酸阈值。

40. 一个超重并且不运动的人如何通过增加他的VO_{2peak}来增加乳酸阈值。

标准化测试

选择题

1. 下列描述了大多数爬行动物的循环系统的是（　　）。

A. 双循环、四腔心脏

B. 双循环、三腔心脏

C. 单循环、三腔心脏

D. 单循环、双腔心脏

根据下图，回答第2题。

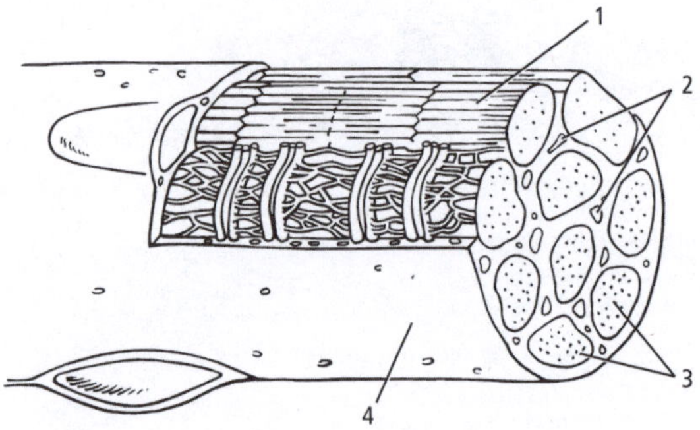

2. 上图所示的肌肉的（　　）能够进行细胞呼吸。

A. 1　　**B.** 2

C. 3　　**D.** 4

3. 蝙蝠是一种独特的哺乳动物的原因是（　　）。

A. 视力

B. 羽毛

C. 飞行

D. 牙齿

4. 下列学习行为只会出现在动物生命里某些关键时刻的是（　　）。

A. 经典条件反射

B. 固定动作模式

C. 习惯化

D. 印随行为

根据下图，回答第5题。

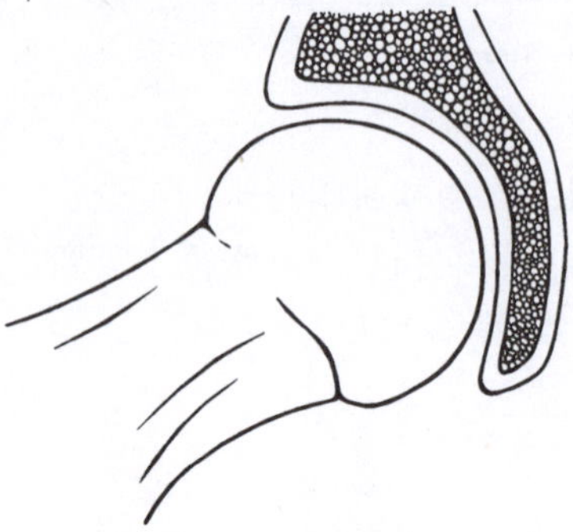

5. 上图所示的关节类型能在人体（　　）部位找到。

A. 肘部和膝盖

B. 手指和脚趾

C. 臀部和肩部

D. 手腕和脚踝

6. 下列描述了鸟类大脑的特点的是（　　）。

A. 鸟类有一个很大的脑髓来处理视觉

B. 鸟类有一个很大的小脑来控制呼吸和消化

C. 鸟类有一个很大的小脑来协调运动和平衡

D. 鸟类有一个很大的大脑皮层来控制飞行

7. 下列属于不规则骨的是（　　）。

A. 股骨

B. 颅骨

C. 脊柱

D. 腕骨

8. 下列适应性特征使鱼类在水里不会侧翻的是（　　）。

A. 节鳞

B. 偶鳍

C. 盾鳞

D. 鱼鳔

简答题

根据下图，回答第9题和第10题。

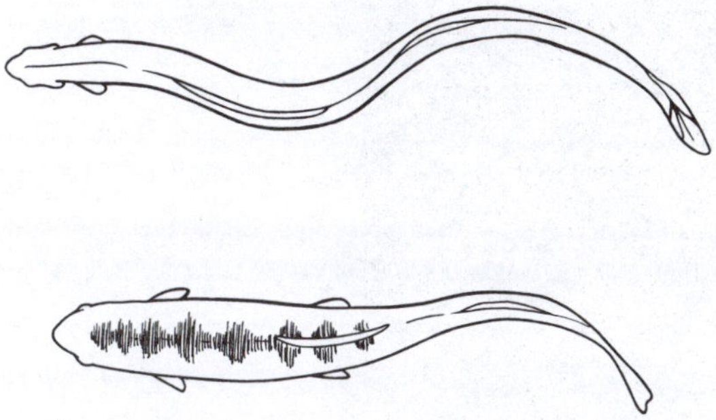

9. 描述一条靠全身S形摆动来游泳的鱼和一条只能靠摆动尾巴来游泳的鱼的区别。
10. 人们能在哪里找到全身呈S形摆动的鱼？
11. 对比蝴蝶生命中的重要环节与蚱蜢生命中的重要环节。
12. 吼猴是声音最嘹亮的陆地动物。在丛林外几千米处都能听到它们的吼叫声。它们使用叫声来标志它们的领地范围。请评价这类行为。
13. 描述胚胎软骨是如何变成骨骼的。
14. 黑猩猩通常会捡起一根树枝并把它插进一个蚂蚁洞里。当它拔出这根树枝的时候，已经有蚂蚁附在这根树枝上了。然后黑猩猩会吃掉这些蚂蚁。它会一直重复这么做，因为这个方法非常容易就能抓到蚂蚁。联系动物行为来评价黑猩猩的这个举动。
15. 描述两种类型的关节问题。

开放题

根据下图，回答第16题和第17题。

鸽子　　　　鹰

16. 评价这两种鸟类的眼睛所处的位置与它们的行为习惯之间有什么关系。
17. 解释如何根据这两种鸟类的喙推测它们的食物。

论述题

高鸣鹤是一种濒危物种。它们濒临灭绝的原因之一是因为它们通常都在栖息地孵化，然后迁徙到南方过冬。人类可以饲养雏鹤，但是却很难教它们迁徙。人类在2001年启动的迁徙行动解决了这个问题。迁徙行动使用了一架轻型飞机引导人工饲养的高鸣鹤从威斯康星州迁徙到了佛罗里达州，迁徙距离长达2000千米。高鸣鹤在整个迁徙过程中跟着轻型飞机，这架飞机使用录制的声音使高鸣鹤掌握正确的迁徙路线。

利用上文中的信息，以论文的形式回答下列问题。

18. 迁徙行为是一种先天性行为。评价为什么使用轻型飞机来引导高鸣鹤掌握正确迁徙路线是十分重要的。

考点提示																		
测试题号	1	2	3	4	5	6	7	8	9	10	11	12	13	14	15	16	17	18
对应章节	29.1	32.3	30.1	31.1	32.2	29.2	32.2	28.1	28.1	28.1	26.3	31.2	32.2	31.1	32.2	29.2	29.2	31.2

第33章

神经系统

起步实验

信息是如何在神经系统中传输的?

你几乎不停地被各种声音、气味、景象、味道和身体接触所“轰炸”。神经系统使这些刺激对人体产生意义,并使人体对这些刺激产生反应,以更好地保护自己。在这个实验中,你将会模拟信息传播的过程。

步骤

1. 四人一组,分别担任如下角色:感受器、传输神经、中枢神经、效应器。
2. 设想各种场景,例如,触碰滚烫的物体,在这一过程中感官接收信息,身体做出反应。
3. 模拟一个场景。扮演感受器的同学应向扮演传输神经的同学描述其感受,扮演传输神经的同学应将信息传递给扮演中枢神经的同学,扮演中枢神经的同学决定身体如何反应,扮演传输神经的同学将反应传递给扮演效应器的同学,扮演效应器的同学将反应表演出来。
4. 在不同的场景中重复步骤3。记录实验结果。

分析

解释 哪些刺激因素会导致模拟情形在速度上有差异?

折叠式学习卡

制作一张三联式学习卡,并使用表中的标签来记录药品是如何影响神经系统的。

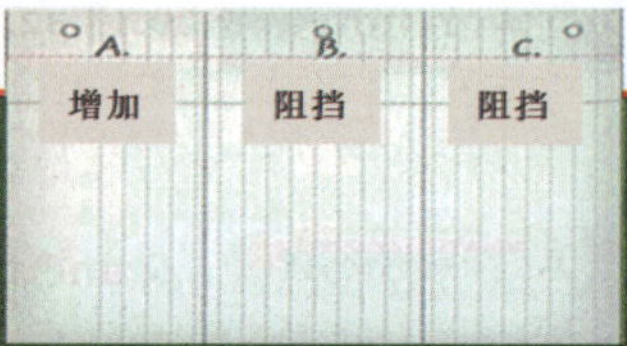

内容聚焦 能量

神经冲动需要能量才能在神经元中进行传递。

大概念 神经系统对细胞之间、组织之间以及器官之间的通信起着至关重要的作用。

第1节

神经系统的结构

本节预览

核心问题

- 神经元的主要组成部分有哪些？每个部分的功能是什么？
- 神经冲动和电信号有何相似之处？神经冲动是如何在神经元中传递的？

术语回顾

扩散：高浓度区域的粒子无规则地移动到低浓度的区域，最后均匀分布。

关键术语

神经元
树突
细胞体
轴突
反射弧
动作电位
阈值
结点
突触
神经递质

主要概念 **神经元能够传导刺激，使细胞、组织和器官感受到刺激，并对刺激做出反应。**

联系实际 假设你半夜醒来，从床上爬了起来。在你走向厨房的时候，一不小心绊了一跤，你立刻就意识到发生什么事情了。那么，你在叫出"哎哟"之前那一秒就意识到发生什么事情了吗？抑或是在更早之前就意识到了？你的大脑为何能如此迅速地得到信息呢？

神经元

当你的大脑接收到你绊了一跤这个信息时，电子过程和化学过程都参与到了信息的传递之中。**神经元(neuron)**是一种专门的细胞，能帮助人们收集与解释环境信息，并协助人们对这些信息做出反应。神经元在人体内部构建起了一个庞大的通信网络，这就是神经系统。

如**图33-1**所示，神经元由三个主要部分组成——树突、细胞体和轴突。**树突(dendrite)**能够从其他神经元中接收神经冲动并将其传递到细胞体。每一个神经元都含有一些树突。神经元中的细胞核以及很多细胞器都存在于**细胞体(cell body)**中。最后，**轴突(axon)**将细胞体中传导来的神经冲动传递到其他神经元和肌肉中。

阅读检测 **解释**树突、轴突和细胞体之间的关系。

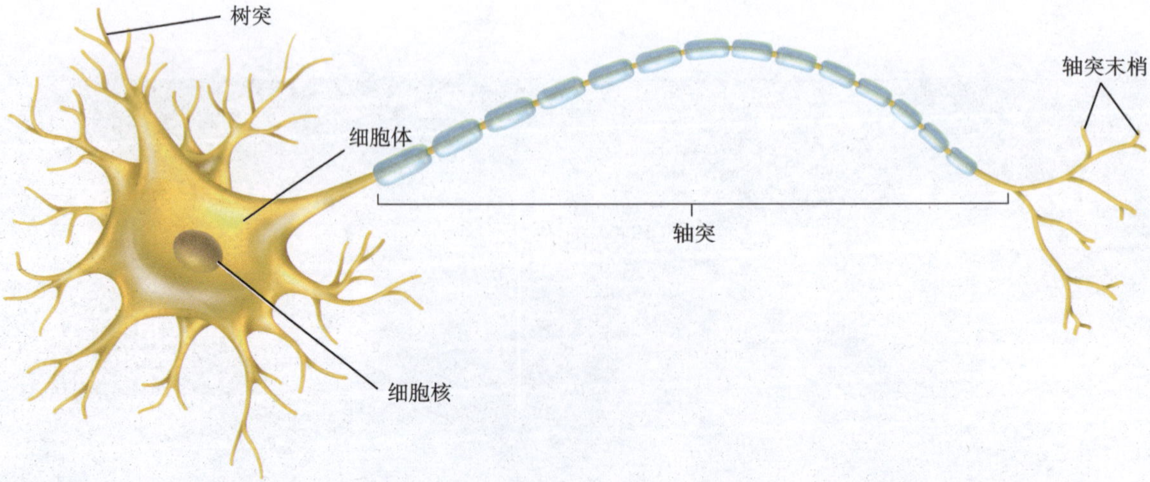

■ **图33-1** 神经元由三个主要部分组成：树突、细胞体和轴突。神经元是用来组成复杂通信网络的高度特化的细胞。

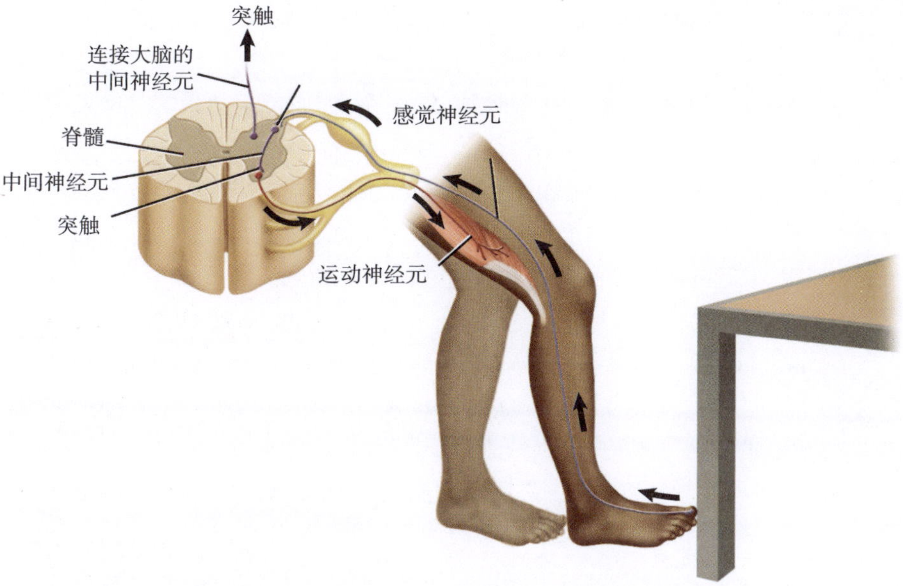

■ **图33-2** 一个简单的反射就需要感觉神经元、中间神经元和运动神经元的参与。中间神经元也能将冲动传送至大脑。

解释 *在大脑解读信息之前，整个反射是如何完成的。*

神经元分为三大类：感觉神经元、中间神经元和运动神经元。感觉神经元主要将来自皮肤、感觉器官和感受器的冲动传送至大脑和脊髓中。中间神经元将冲动传送至运动神经元，运动神经元又将冲动传送至腺体与肌肉中，引起机体的反应。**图33-2**展示了在一个简单的不随意反射中冲动的传递路径。神经冲动会经过整个反射弧。**反射弧(reflex arc)**是一条神经通路，由感觉神经元、中间神经元和运动神经元组成。请注意大脑并不包含在反射弧中，反射弧是神经系统的基础结构。

神经冲动

链接物理 神经冲动是一种穿梭在神经元中的电荷。冲动由刺激产生，手电筒或巨大的声音都可以成为刺激，刺激有时能使人跳起来。

静态神经元 如**图33-3**所示，当神经元处于静息状态时，它并不传导冲动。这时细胞外部的钠离子(Na^+)要比细胞内部的多。但是钾离子(K^+)的情况刚好相反——这时细胞内的钾离子比细胞外的多。

■ **图33-3** 细胞质中钠离子和钾离子的分布，以及带负电的蛋白质分子的存在使神经元在静息状态时细胞外部比细胞内部有更多的负电荷。

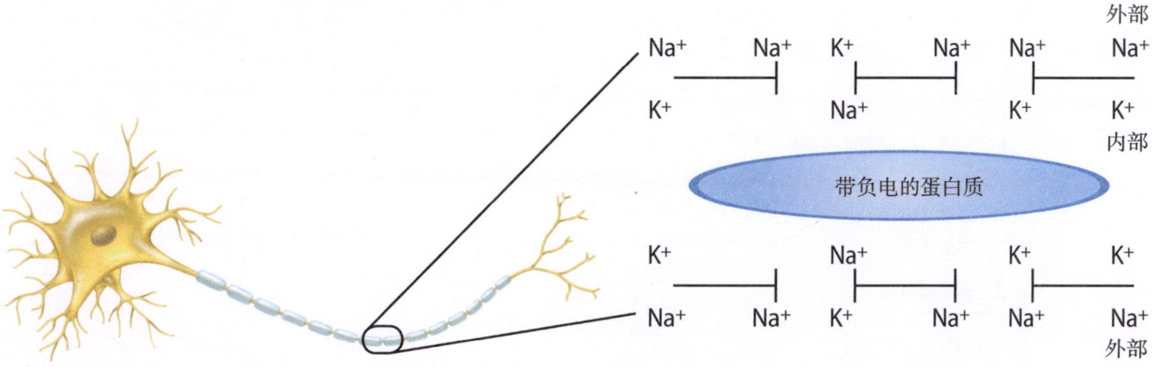

之前我们学过离子在扩散时会穿过质膜，从浓度高的区域扩散到浓度低的区域。质膜中的蛋白质能够调节钠离子和钾离子的分布状态。这些蛋白质也被称为钠–钾泵，它们通过主动运输将钠离子输送到细胞外，并将钾离子运送至细胞内。

每两个钾离子被泵入神经元中时，就有三个钠离子被泵出神经元。这就导致了正负电荷分布不均匀，神经元外部带有更多的正电荷，神经元内部的细胞质带有更多的负电荷。

动作电位 神经冲动的另一个名字就是**动作电位（action potential）**。能引起动作电位的最小刺激就是**阈值（threshold）**。但是，强烈的刺激并不会产生强烈的动作电位。动作电位要么足够强烈，能够在神经元中传递；要么不够强烈，不能在神经元中传递。

当刺激达到阈值时，质膜中的通道就会打开。钠离子迅速通过这些通道移到神经元的细胞质中，使得电荷分布呈现暂时的逆转状态。这时细胞内部有更多的正电荷，使其他通道也能够打开。钾离子就是通过这些通道排出细胞，然后细胞外部的正电荷数量逐渐恢复。如**图33–4**所示，电荷的这种变化在整个轴突中呈波浪状移动。

■ **图33–4** 请跟随动作电位在轴突中从左到右地移动。注意钠离子和钾离子的变化以及它们如何改变神经元内外相关电荷的分布。

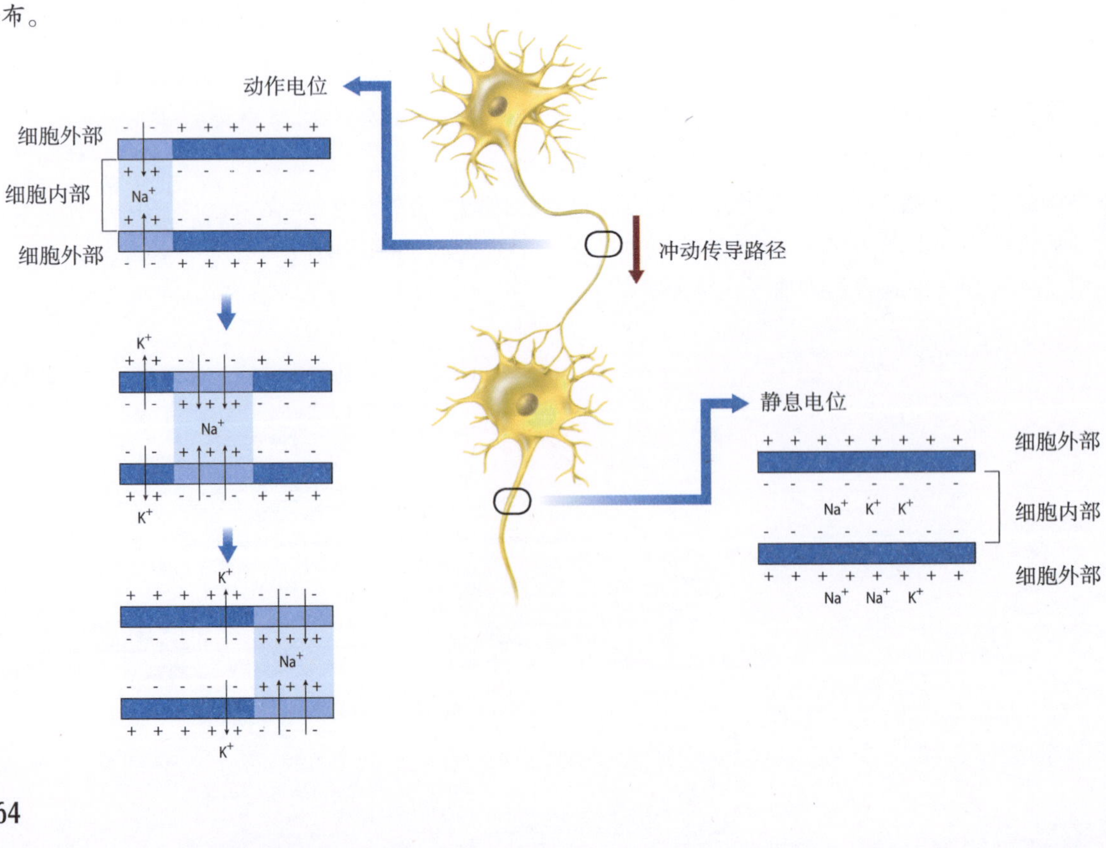

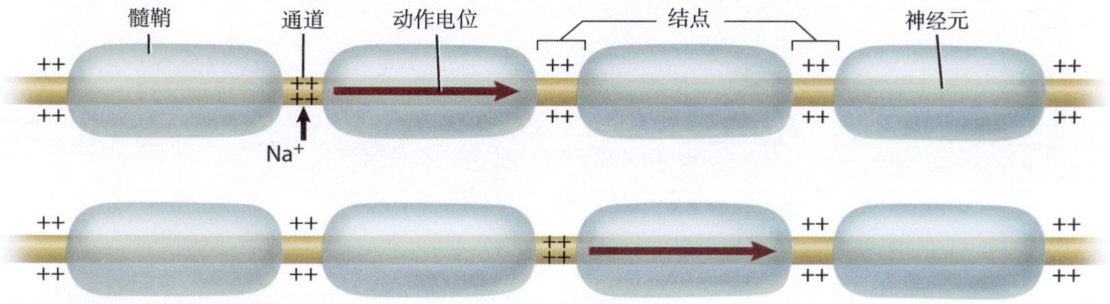

■ **图33-5** 神经冲动沿着有髓鞘的轴突从一个结点移动到另一个结点。
解释 *当冲动沿着有髓鞘的轴突移动的时候，结点处会发生什么事情。*

动作电位的速度 动作电位的速度各不相同。很多轴突都有一层叫作髓磷脂的油脂，它在轴突四周形成了一层绝缘层，也叫作髓鞘。髓鞘之间有很多间隔，叫作**结点（node）**，如**图33-5**所示。虽然钠离子和钾离子不能透过髓鞘进行扩散，但是它们可以到达这些结点的质膜。这就使得动作电位能从一个结点跳到另一个结点，极大地提高了冲动在轴突中的传递速度。

在人体内，有些神经元有髓鞘，但有些神经元并没有髓鞘。带有髓鞘的神经元传递与剧烈疼痛相关的冲动；没有髓鞘的神经元传递与钝痛、搏动痛相关的冲动。动作电位在没有髓鞘的神经元中传递时，速度要比在有髓鞘的神经元中传递时慢得多。想一想，当石头绊倒你的脚趾头时，信息传导的过程中涉及了哪种神经元？

阅读检测 **解释**阈值和动作电位的关系。

起步实验

回顾 根据你所学的动作电位的知识，现在你将如何回答本章开头“起步实验”中的问题？

迷你实验 1

探究瞬目反射

哪些因素会影响瞬目反射？ 你在车上的时候，有没有遇到过某种东西突然撞到了车上的挡风玻璃的情况？当东西撞上挡风玻璃的那一刻，你可能眨眼了。瞬目反射就是指眼睛闭合然后又快速地睁开这一过程，这是一种对大脑认为有害的刺激做出的不受意识控制的反应。与瞬目反射有关的神经冲动在几毫秒内就能穿过短而简单的路径，使人体能做出足够快的反应以保护眼睛不受伤害。

步骤

1. 阅读并完成实验室安全表。
2. 组成三人小组。一个人作为研究对象，坐在1平方米的丙烯酸屏障后面。第二个人来观察并记录研究对象的反应。
3. 第三个人站在离屏障1米远的地方，然后轻轻地朝屏障扔一个乒乓球，让它撞击在屏障上。
4. 重复第三步，每次实验后都记录下实验对象的反应。
5. 一起讨论哪些变量可以影响实验对象的反应。预测每个变量对瞬目反射的影响。

分析

数据分析 在每次实验中，实验对象感知刺激的方式都是一样的吗？请解释。

图解动作电位

图33-6

为了使肌肉能够随意收缩，来自大脑的信号会在运动神经元内形成动作电位。动作电位会沿着运动神经元传递，使神经递质得以释放，然后神经递质会向肌肉纤维传递信号，使其收缩。

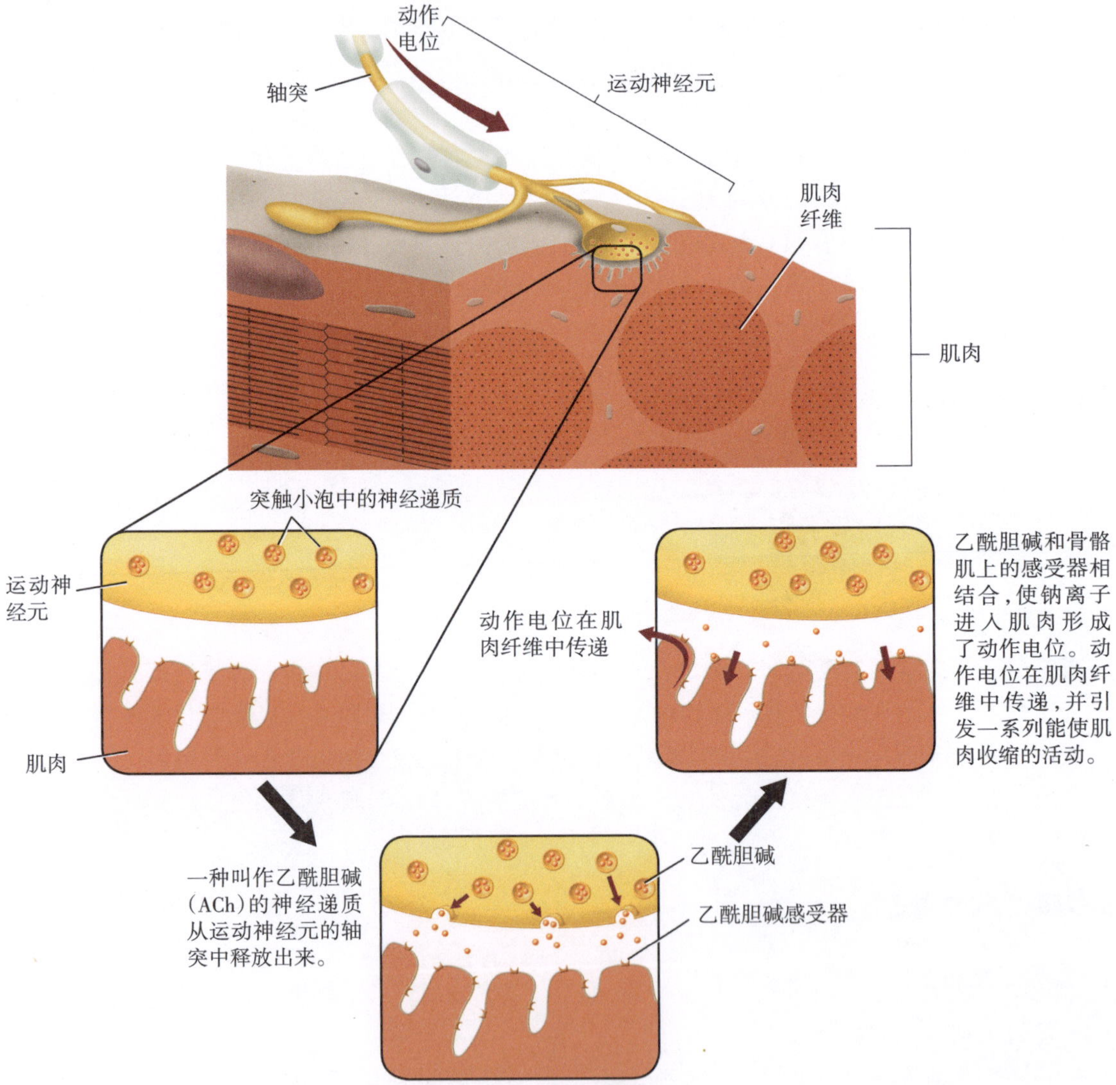

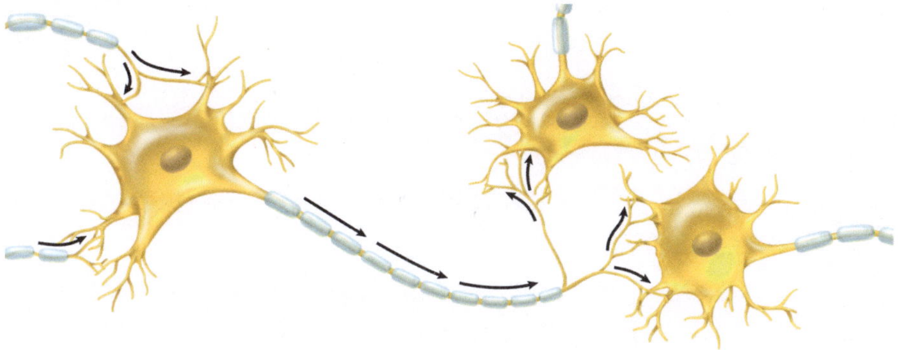

■ **图 33-7** 单个神经元可以与其他神经元具有多种联系。

突触 一个神经元的轴突与另一个神经元的树突之间存在一个很小的间隙，叫作**突触(synapse)**。当动作电位到达轴突末梢时，携带着神经递质的小泡就会与质膜结合，并通过胞吐作用释放神经递质。如**图33-6**所示，当一个运动神经元和一个肌肉细胞形成突触的时候，释放的神经递质就会穿过突触，使肌肉收缩。

链接化学 **神经递质(neurotransmitter)**是一种能扩散穿过突触并与相邻神经元的树突的感受器相结合的化学物质。这一过程打开了相邻细胞的通道，并引起了新的动作电位。

人类已知的神经递质种类已超过25种。神经递质一旦释放，进入突触，并不会一直存在于突触中。不同的神经递质的情况各不相同，有些可能逐渐扩散，远离突触；有些可能会被酶分解。一些神经递质可以重新循环使用。**图33-7**说明了一个神经元可以与很多其他神经元相联系。

第1节 测评

要点梳理

- 神经元由三个主要部分组成。
- 神经元主要有三种类型。
- 神经冲动是一种电荷，也叫动作电位。
- 神经元通过化学物质和电流来传导冲动。

要点理解

1. **主要概念** **比较** 神经系统和网络都是通信网络，它们之间有何相似之处？
2. **推断** 静息状态下，在调节钠离子和钾离子在神经元质膜内外的分布状态时，为什么能量是必不可少的？
3. **预测** 如果一个人脚上的感觉神经失去作用，当他的脚被严重烧伤时，他还能感觉到疼痛吗？

批判性思维

4. **设计一个实验** 通过该实验，神经生物学家能说明动作电位在有髓鞘的轴突中的传递速度比在无髓鞘的轴突中的传递速度要快。

生物中的数学

5. 坐骨神经从脊髓下方开始一直延伸到脚部。如果一个人的坐骨神经长0.914米，动作电位的传递速度为107米/秒，神经冲动需要多长时间才能穿过整条神经？

第2节

本节预览

核心问题

- 如何说明神经系统的主要组成部分？
- 躯体神经系统和自主神经系统有什么相同点和不同点？

术语回顾

感觉：表示将神经冲动从感觉器官传递到神经中枢内。

关键术语

中枢神经系统
外周神经系统
大脑
延髓
脑桥
下丘脑
躯体神经系统
自主神经系统
交感神经系统
副交感神经系统

神经系统的组成

主要概念 中枢神经系统和外周神经系统是神经系统的两个主要组成部分。

联系实际 假设你正在参加一场考试，当你在看第一题时，发现不知道该如何解答。于是，你在记忆中搜寻了一下，突然间你就想到怎么回答这道题了，接着你马上写下了答案。这一切都是如何发生的呢？

中枢神经系统

神经系统主要由两部分组成。大脑的中间神经元和脊髓组成了**中枢神经系统（central nervous system，CNS）**。**外周神经系统（peripheral nervous system，PNS）**由感觉神经元和运动神经元组成，它们能将信息传入中枢神经系统或者将信息从中枢神经系统中传出。

中枢神经系统的功能是协调整个身体的活动。它能够传导信息，处理信息并做出反应。当感觉神经元将关于环境的信息传递到脊髓中时，中间神经元能通过反射弧进行回应，或者它们也可能将信息传递至大脑。一些大脑的中间神经元通过脊髓将信息传递至运动神经元，然后人体再进行回应。大脑中的一些神经元能够储存信息。

阅读检测 **描述**中枢神经系统的功能。

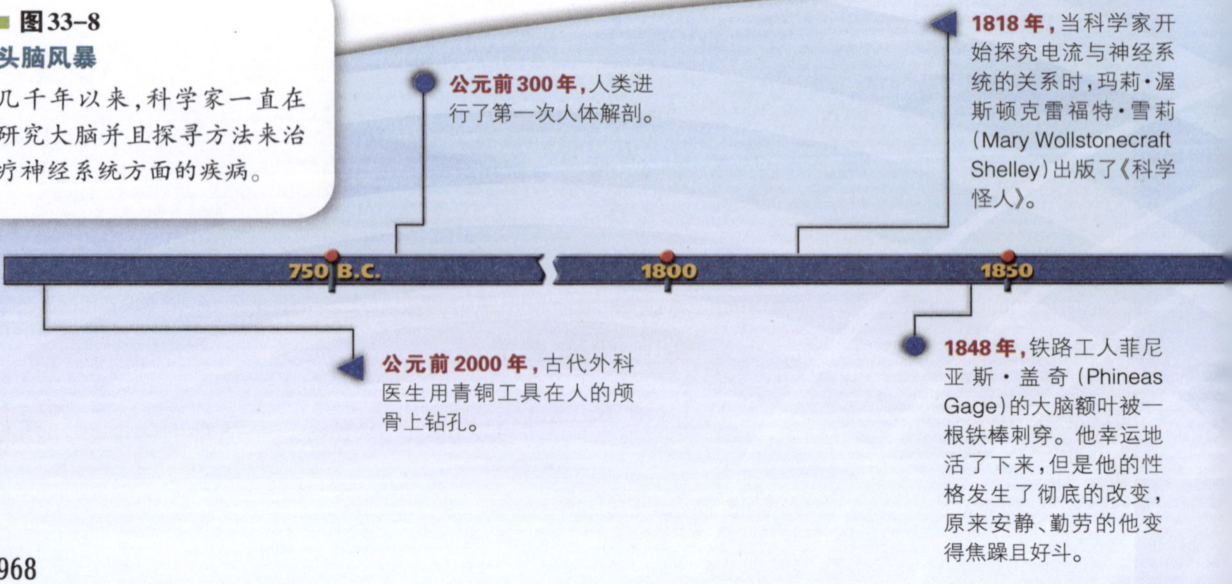

图33-8
头脑风暴
几千年以来，科学家一直在研究大脑并且探寻方法来治疗神经系统方面的疾病。

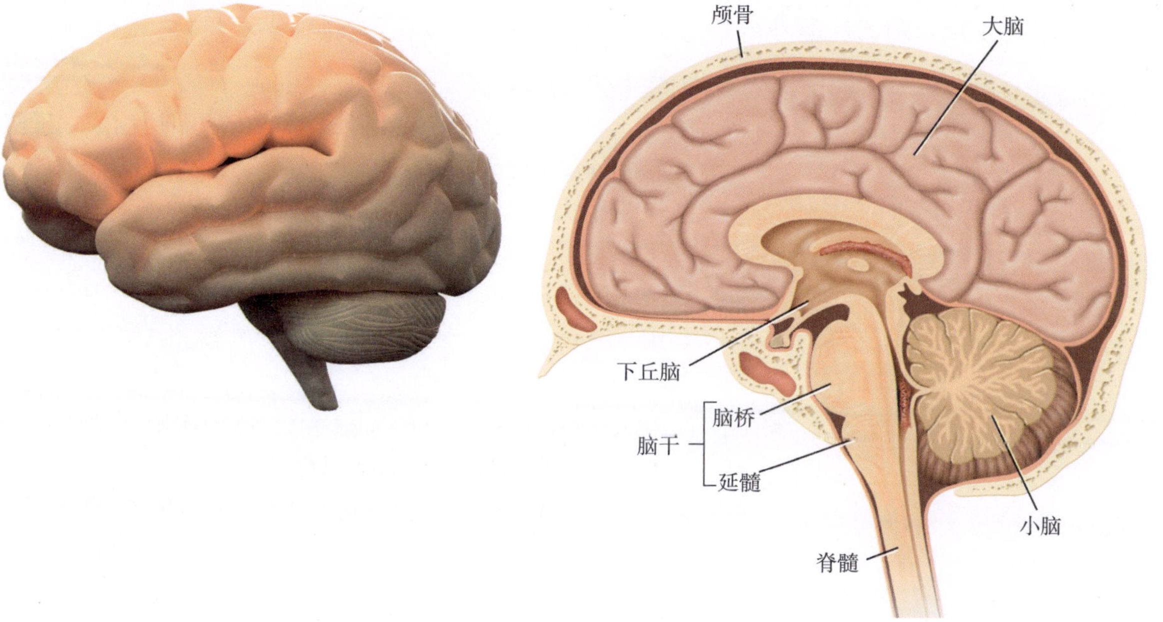

图33–9
左图是一张人脑图片，可以展示脑部清晰的分区。
右图展示了人脑的主要分区，包括大脑、小脑和脑干。

大脑 大脑中有超过1000亿个神经元。由于人类大脑维持着人体稳态并且参与了几乎所有的人体活动，它有时候被称作人体的控制中心。**图33–8**展示了人类了解大脑功能过程中的重要事件。

请看**图33–9**，**大脑(cerebrum)**是人类脑部最大的组成部分，它被分为两个部分，这两部分被称为大脑的两个半球。这两个脑半球相互依赖，它们通过一束神经连接在一起。大脑执行思维过程，包括学习、记忆、语言、自主人体运动和感官知觉。这些高层次的思维活动大多数都发生在大脑表层附近。如**图33–9**所示，大脑表层的褶皱和沟回增加了大脑的表面积，允许人类进行复杂的思维活动。

1885年，在发现梅毒患者不具备下意识反应之后，下意识反应成为神经检查的基本要素之一。

1900

1901年，51岁的奥古斯特(Auguste)是世界上第一个被诊断患有阿尔茨海默病的人。

1950

1963年，动作电位理论诞生了。该理论解释了人体内信息传递的化学过程。

1981年，世界上第一种氟西汀抗抑郁药诞生。

2000

2005年，研究者从老鼠的成体干细胞中培育出了功能性脑细胞。

2009年，医生成功利用超声波为9位患者进行了无创脑部手术。

与生物学相关的职业

脑电图技术专家 脑电图技术专家会操作脑电图仪，这是一种记录大脑活动（脑电波）的仪器。

小脑控制人体的平衡、姿势与协调性，它位于脑的后部。小脑使骨骼肌能平稳、协调地进行运动，同时小脑也与一些运动技能相联系，比如骑自行车。

脑干连接大脑和脊髓，由延髓和脑桥两部分组成。**延髓（medulla oblongata）**能在大脑和脊髓之间传递信号。它也能控制呼吸频率、心率以及血压。**脑桥（pons）**在大脑和小脑之间传递信号。脑桥也能协助控制呼吸频率。当医生把压舌器放在你嘴里的时候，你是不是感觉恶心？含有中间神经元的延髓负责人体吞咽、恶心、呕吐、咳嗽和打喷嚏等反射活动。

下丘脑位于脑干和大脑之间，是维持人体稳态必不可少的器官。**下丘脑（hypothalamus）**调控人的体温、口渴、食欲以及水分平衡。它也能在一定程度上控制血压、睡眠、攻击、恐惧以及性行为。下丘脑只有指甲盖那么大，却比和它差不多大的其他脑部区域承担更多的功能。

脊髓 脊髓是一条从大脑延伸至下背的神经柱。它受到脊椎的保护。脊神经从脊髓延伸至人体的各个部分，并将它们与中枢神经系统相连接。反射就是在脊髓中进行处理的。

阅读检测 **回顾**中枢神经系统的功能。

数据分析实验 1

基于真实的数据*

解释数据

头的大小与教育水平、患痴呆的风险有关系吗？ 在一项为期10年的调查中，研究者每年都会评估294名修女有无严重的心智缺失情况，或者说痴呆情况。研究记录了每位参与者的头围以及她们的教育水平。

数据和观察

右图显示了研究的总体结果。

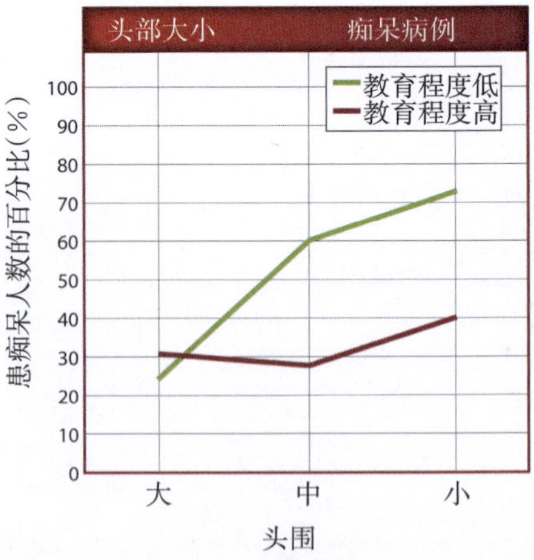

批判性思维

1. **分析**患痴呆的风险与头围大小以及教育程度之间的关系。
2. **解释**教育程度的差异与患痴呆风险之间的联系。
3. **推断**为什么研究者选择修女作为研究对象。

*数据来源：Mortimer, James A, et al. 2003, Head circumference, education and risk of dementia: lindings from the nun study. *Journal of Clinical & Experimental Neuropsychology* 25: 671–679.

外周神经系统

当你听到“神经”这个词时，你可能马上想到的是“神经元”。但是，神经事实上是一束轴突。很多神经都含有感觉神经元和运动神经元。比如，人体一共有12条从大脑中延伸出来的以及通向大脑的脑神经；另外，人体还有31条从脊髓中延伸出来的以及通向脊髓的脊神经，如**图33-10**所示。你可以把神经想象成双行道，通过这些感觉和运动神经元，信息可以传送至大脑或者从大脑中传递出来。

请参照**图33-11**，学习外周神经系统。外周神经系统包含了所有不属于中枢神经系统的神经元，包括感觉神经元和运动神经元。外周神经系统的神经元只属于躯体神经系统或者自主神经系统。

躯体神经系统 **躯体神经系统(somatic nervous system)**中的神经将从外部感受器接收到的信息传递至中枢神经系统。躯体运动神经元将信息从中枢神经系统传送至骨骼肌。一般来说，躯体神经系统对刺激做出的反应是自主的。但是，并不是所有中枢神经的反应都是自主的。一些反应是反射的结果，反射是对环境变化的快速反应。反射不需要意识思维的参与，是一种不自主反应。反射中的大多数信息都只通向脊髓，而不会到达大脑。还记得你不小心绊了一跤的例子吗？请参考**图33-2**，注意图中所示的反射是躯体神经系统的一部分。

自主神经系统 还记得你上次做噩梦的时候吗？你可能被吓醒了，并感觉到你的心脏怦怦直跳。这种类型的反应就是自主神经系统作用的结果。**自主神经系统(autonomic nervous system)**将冲动从中枢神经系统传送至心脏及其他器官中。人体会产生不自主的反应，这些反应并不是在意识控制之下的。自主神经系统在两种情况下非常重要，当你做噩梦的时候或者发现自己处在一个危险的情景中时，你的身体会产生应激反应。当所有一切都很平静时，你的身体就会处于休息的状态并开始分解活动。

阅读检测 **对比与比对** 自主反应和非自主反应。

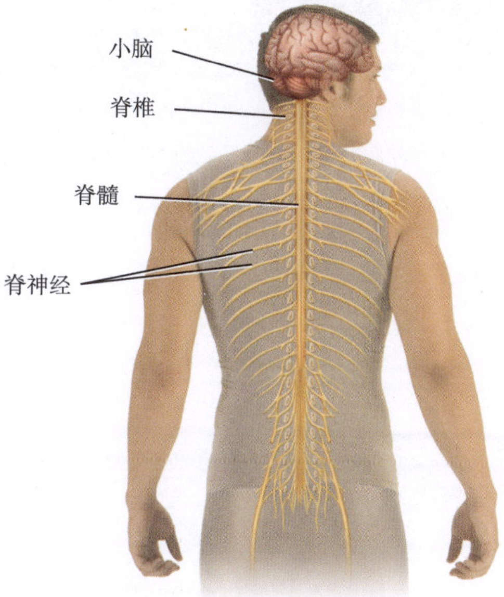

图33-10 31对脊神经从脊髓中发出。
区别 *神经元是如何与神经连在一起的。*

图33-11 神经系统的各个组成部分在人体的控制以及与人体内部其他系统的相互合作下运作。

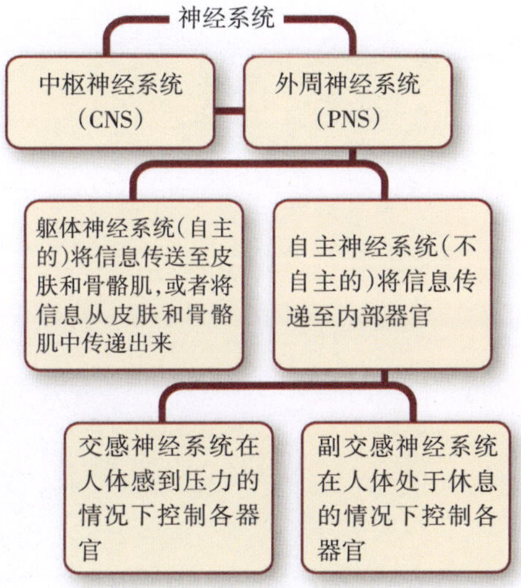

表33-1	自主神经系统	
结构	交感神经刺激	副交感神经刺激
虹膜（眼肌）	瞳孔扩张	瞳孔收缩
唾液腺	唾液分泌减少	唾液分泌增加
口腔黏膜/鼻黏膜	黏液分泌减少	黏液分泌增加
心脏	心率和收缩力量增加	心率和收缩力量降低
肺	支气管肌肉舒张	支气管肌肉收缩
胃	肌肉收缩减少	胃液分泌，能动性增加
小肠	肌肉收缩减少	消化加快
大肠	肌肉收缩减少	分泌和能动性增加

链接健康 自主神经系统有两个分支，它们能协同运作。**交感神经系统（sympathetic nervous system）**在紧急的情况或者压力大的情况下最为活跃，这时候心率和呼吸频率都会增加。**副交感神经系统（parasympathetic nervous system）**在人体处于放松状态的时候最为活跃。它能平衡交感神经系统的作用，使人体在压力过后重新回到放松状态。**表33-1**比较了这两个神经系统。交感神经系统和副交感神经系统都将冲动传送至相同的器官，但是总体的反应取决于对立信号的强度。

第2节 测评

要点梳理

- 神经系统主要由两个部分组成：中枢神经系统和外周神经系统。
- 脑和脊髓组成了中枢神经系统。
- 躯体神经系统和自主神经系统组成了外周神经系统。
- 交感神经系统和副交感神经系统是自主神经系统的两个分支。

要点理解

1. 主要概念 **比较**中枢神经系统和外周神经系统的结构，并解释它们之间的联系。
2. **评估**躯体神经系统和自主神经系统之间的相同点和不同点。
3. **解释**神经系统中的哪一部分与应激反应有关。为什么这一反应十分重要？

批判性思维

4. **设计一个实验** 说明交感神经系统和副交感神经系统对眼睛虹膜产生的作用。

科技 **写作**

5. 写一个小故事。当交感神经系统和副交感神经系统协同运作来维持稳态的时候，描述一个需要心脏参与的情况。

本节预览

核心问题

- 感觉的结构有哪些？它们的作用是什么？
- 感觉器官是如何传递神经冲动的？
- 嗅觉和味觉的关系是什么？

术语回顾

刺激：内部或者外部环境中能使有机体产生反应的物质。

关键术语

味蕾
晶状体
视网膜
视杆细胞
视锥细胞
耳蜗
半规管

感　觉

主要概念 **感觉感受器使你能够感知周围的世界。**

联系实际 谁能抵抗正在烤炉中烘焙的巧克力饼干的香味？当香味从厨房飘来，你就会对空气中的化学物质产生反应。感觉感受器使你能感知你周围的环境。事实上，你每分每秒都在解读周围的环境。甚至在出生之前，你就已经在对环境中的刺激做出反应了。

味觉和嗅觉

身体中的特定神经元——感受器使你能有味觉、嗅觉、听觉、视觉和触觉，并且能够感知运动和温度。

味觉和嗅觉都是在化学物质的刺激下产生的，它们通常一起运作。位于鼻子处的特化感受器能对空气中的化学物质产生反应，并将信息传送至脑部的嗅球中。**味蕾（taste bud）**是舌头上特化的化学感受器，可以感知甜、酸、咸、苦等味道。这些感受器能够感知食物中不同的化学物质，并将这些信息传递至大脑的另一部分中。

图33-12展示了与味觉和嗅觉相关的感受器。这些感受器产生的信号在大脑中一起产生了一个组合效应。在吃东西的时候，尝试着捏住你的鼻子。你将会发现食物大部分的香味都消失了。

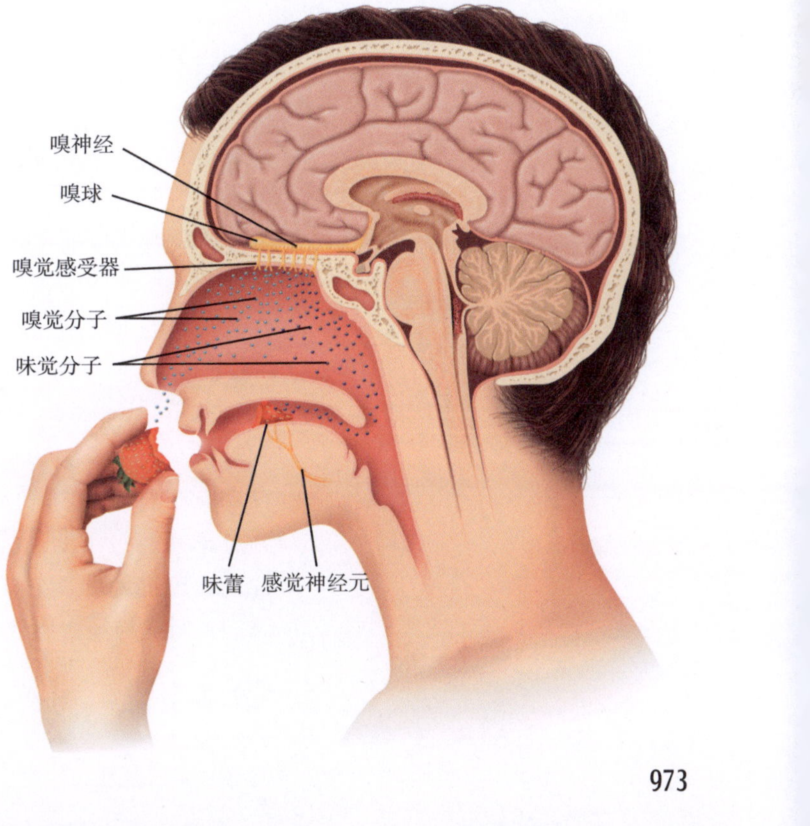

图33-12 味觉和嗅觉的感受器共同运作，并且能通过类似的方式被激发。人们在吃东西的时候，往往也能闻到它的味道。

■ **图33-13** 光穿过角膜和瞳孔到达晶状体，并在视网膜上聚焦成像。视网膜中的视杆细胞和视锥细胞通过视神经将信息传送至大脑。

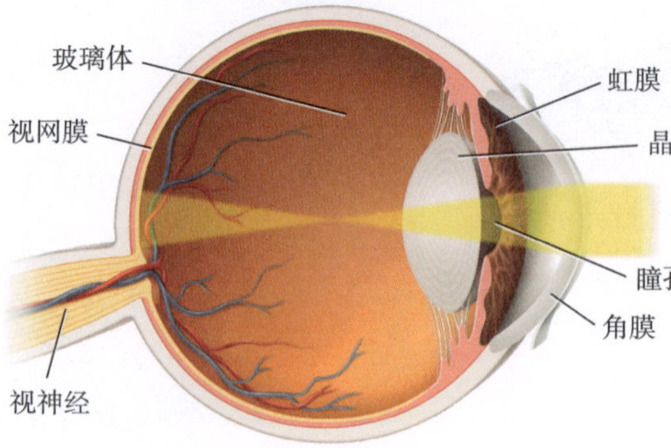

与生物学相关的职业

眼科医师 眼科医师是专门处理与眼睛的结构、功能以及眼科疾病相关事宜的医学专家。在成为眼科医师之前，他们必须在医学院接受专业的教育。

视觉

图33-13展示了光在眼睛中的传播路线。首先，光通过角膜进入眼睛，角膜是一层透明而耐用的细胞。角膜能使光通过瞳孔聚焦。瞳孔的大小由虹膜处的肌肉决定，虹膜就是眼睛中有颜色的部分。**晶状体（lens）**位于虹膜背后，它能倒置图像并将图像投影到视网膜上。然后，图像会穿过玻璃体，玻璃体是位于晶状体和视网膜之间的无色的、明胶状的物体。**视网膜（retina）**含有无数视杆细胞和视锥细胞。**视杆细胞（rods）**是一种对光照十分敏感的细胞，极弱的光照就能使视杆细胞产生作用。**视锥细胞（cones）**只有在光照充足的情况下才发挥作用，并能将物体色彩的信息传递至大脑。这些感受器将动作电位通过视神经中的神经元传递至大脑。之后，大脑会解读这些从视网膜中传送过来的信号，并形成视觉图像。

听觉和平衡

听觉和平衡是耳朵的两大主要功能。耳朵中的感受器能感知各种声音的响度以及音量的高低，无论是像耳语一样很轻的声音，还是像运动会上观众欢呼一样很响的声音。内耳中的半规管负责人体的平衡感。

听觉 声波能使空气中的粒子产生震动。**图33-14**展示了声波在耳朵中的传播路线。

链接物理 声波进入外耳道，使得位于外耳道末端的鼓膜振动。然后，这些振动会穿过中耳的三块听小骨——锤骨、砧骨和镫骨。当镫骨振动时，将中耳和内耳隔开的前庭窗就会前后移动。在内耳中，形状如蜗牛一般的**耳蜗（cochlea）**充满了液体并且排列着极小的毛细胞。振动使得耳蜗内的液体像波浪一样朝着毛细胞的反方向运动。紧接着，毛细胞就会做出反应，它们在听觉神经中生成神经冲动并将这些冲动传递至大脑来。

阅读检测 **总结**每种感觉器官如何感知环境的变化。

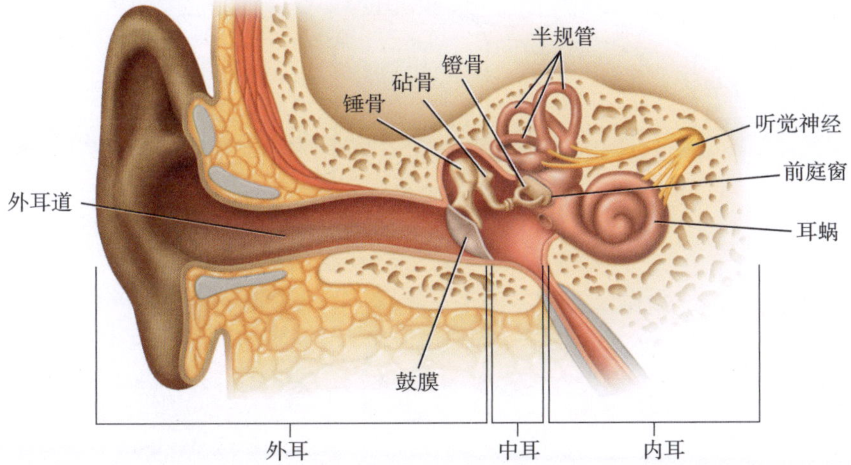

■ **图33–14** 声波引起鼓膜振动，然后振动通过中耳的听小骨传递至耳蜗。耳蜗中的毛细胞引发神经冲动，这些冲动通过听觉神经传送至大脑。

平衡感 内耳中含有包括三条半规管在内的维持人体平衡的器官。**半规管(semicircular canal)**把有关人体位置和平衡的信息传递到大脑中。这三条半规管互相垂直，管内充满了液体，并且排列着毛细胞。当你头部的位置发生改变时，半规管内的液体就会流动，引起毛细胞弯曲。毛细胞的运动会将神经冲动传递到大脑，然后大脑才能判断你的位置，并判断你的身体是静止的还是运动的。

迷你实验 2

探究对黑暗的适应

视网膜中的光感受器多快能适应亮度低的环境? 视网膜中含有两类感受细胞。视锥细胞在光线明亮的情况下起作用，使你能感知色彩。相反，视杆细胞在光线昏暗的情况下起作用，帮助你感知形状和运动。大脑结合并解读从这些感受细胞中传递来的神经冲动，使你在各种光线条件下都能够看到周围的环境。

步骤

1. 与一位同伴合作。使用秒表测量将30个塑料瓶盖按照颜色分类需要的时间。
2. 记录时间、每组塑料瓶盖的数量以及分组的准确率。
3. 预测在昏暗的光线条件下重复该实验时，以上各项数据的变化。
4. 将瓶盖重新混合到一起。把光线调暗，马上再次进行步骤1。
5. 恢复光线，然后记录数据。
6. 与小组成员一起讨论数据。预测如果在昏暗的光线下适应5分钟之后再做这个实验，以上各项数据会发生什么变化。
7. 把光线调暗，等待5分钟，然后重复第一个步骤。恢复光线，并记录数据。

分析

1. **分析** 将每次实验所需的时间以及准确率用图表表示出来。每次实验的变量有什么不同?
2. **批判性思维** 根据实验获得的数据，比较瞬目反射(迷你实验1)与眼睛对低亮度环境的适应这两种行为。

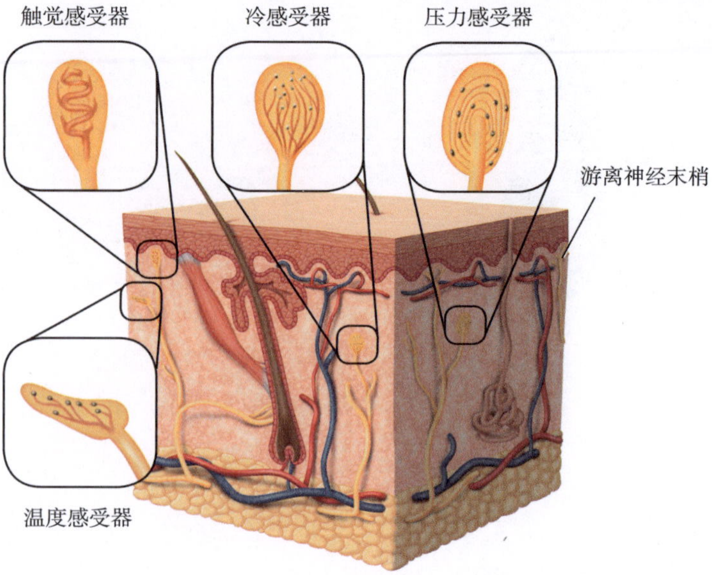

■ **图 33-15** 皮肤中有很多类型的感受器，使人们能够分辨物体是热的还是冷的，是尖锐的还是平滑的。

触觉

皮肤的真皮层和表皮层中含有很多类型的感觉感受器，它们能对温度、压力和疼痛做出反应。**图 33-15** 展示了不同类型的感受器——一些是对触碰产生反应的感受器，一些是对压力产生反应的感受器。

感受器在人体各区域的分布并不是一模一样的。例如，指尖含有很多感知触碰的感受器；足底含有很多感知压力的感受器；痛觉感受器的组成很简单，由游离的神经末梢组成，游离神经末梢分布在除大脑之外的人体的所有组织中。大脑不停地接收来自这些感受器的信号，并做出正确的反应。

第 3 节 测评

要点梳理

- 味觉和嗅觉一起运作。
- 眼睛含有两种类型的感受器。
- 耳朵和听力与平衡感相关。
- 皮肤中含有很多类型的感觉感受器。

要点理解

1. 主要概念 **绘图**表示声波传递的路线，整个过程包括声波从耳道出发一直到引发神经冲动为止。
2. **预测**角膜损伤可能带来的后果。
3. **分析**手指中存在的感受器的重要性。
4. **解释**当你感冒并且鼻腔通道被堵住时，为什么很难品尝出食物的味道。

批判性思维

5. **设计**一个实验来验证舌头每块区域对于不同味道的感知是不一样的。
6. **提出一个假设**来解释为什么失去视觉的人还能偶尔感受到光照，为什么那些曾经听力正常的人在失去听觉之后，还能偶尔感知到声音，是什么原因导致这些现象发生的？

第4节

药物的效用

本节预览

核心问题

- 药物通过哪四种方式影响神经系统?
- 药物会通过哪些途径伤害人体甚至导致人体死亡?
- 从细胞层面而言,人是如何对药物上瘾的?

术语回顾

阈值:能产生动作电位的刺激的最小强度。

关键术语

药物
多巴胺
兴奋剂
镇静剂
耐药性
成瘾

主要概念 **一些药物能改变神经系统的功能。**

联系实际 药物是什么?一听到药物,有些人就会想到类似于海洛因或可卡因这样不合法的物质。但是,有些药物其实是一些很普通的物质。你头疼时服用的阿司匹林,就是一种药物。

药物是如何起作用的

药物(drug)是指可以改变人体系统功能的、天然的或人工合成的物质。药物的种类有很多,**表33-2**列举了其中一些。药物的范围很广,包括从抗生素这类处方药到止痛药这样的非处方药。当然也有一些不合法的药物,这些药物会使人上瘾甚至致人死亡,比如可卡因和海洛因。咖啡因、尼古丁和酒精也都属于药物的范畴。

药物可以通过多种方法影响人体。影响神经系统的药物通过以下一种或者多种方式起作用:

- 药物能使释放进入突触的神经递质的数量增加。
- 药物能阻塞树突上感受器所处的位置,防止神经递质结合。
- 药物能够阻止神经递质离开突触。
- 药物能模仿神经递质的作用。

表33-2 一些普通药物			
酒精	咖啡因	处方药	非处方药
		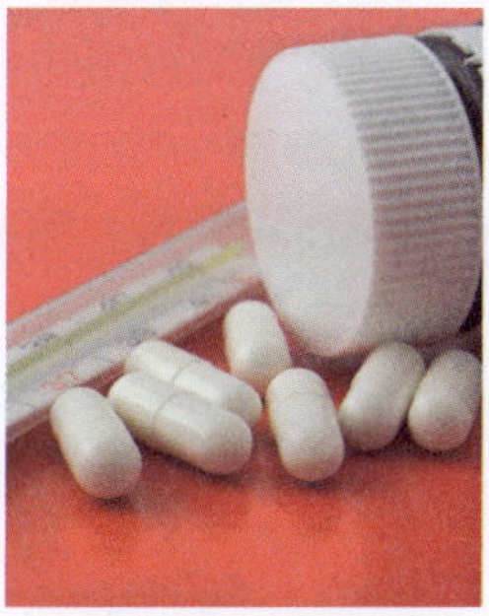	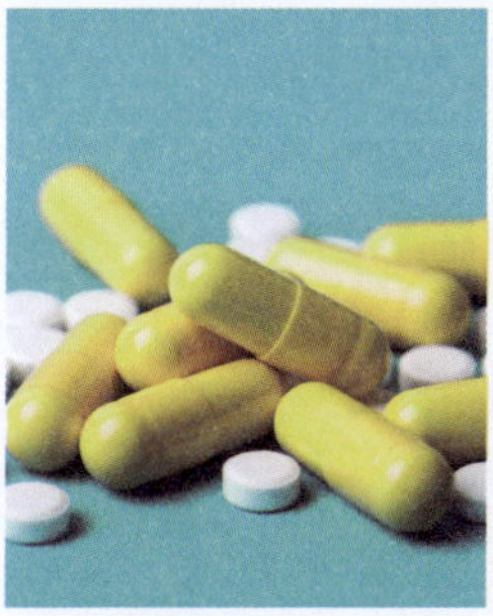
啤酒、葡萄酒	咖啡、茶、苏打、可可	抗生素、止痛药	阿司匹林

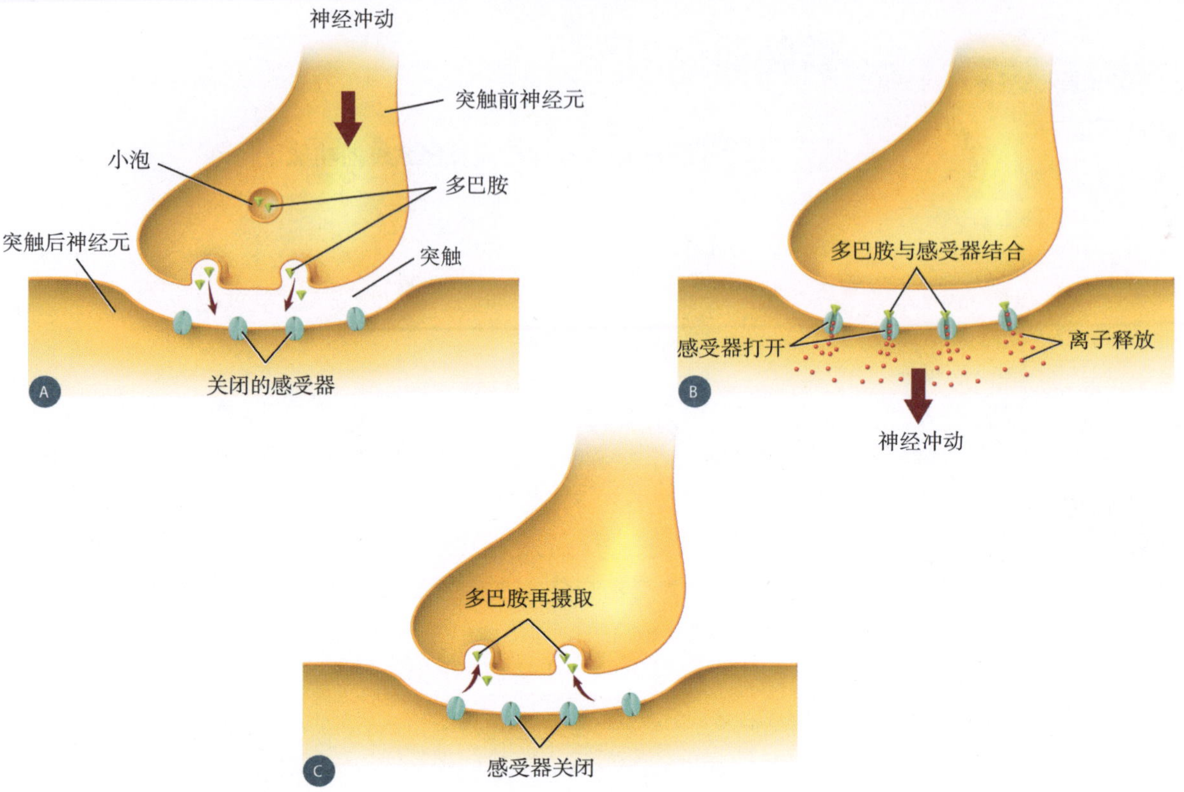

■ **图33–16** 多巴胺穿过神经元之间的间隙，与另一个神经元质膜上的感受器结合。这一过程发生在突触中。

很多影响神经系统的药物都会改变多巴胺的含量。**多巴胺（dopamine）**是一种神经递质，存在于大脑中，具有控制人体运动等功能。多巴胺与愉悦的情感相关。如**图33–16**所示，多巴胺会被释放它的神经元再次吸收，然后离开突触。

通常被滥用的药物种类

药物的滥用不一定就是指使用非法药物。除了合法的医用目的，出于任何其他原因使用药物，无论是故意的还是无意的，都可以被认为是滥用药物。

兴奋剂 能增加警觉性以及加快身体活动的药物就是**兴奋剂（stimulant）**。**图33–17**展示了一些常见的兴奋剂。

尼古丁 香烟和雪茄中的尼古丁会增加进入突触的多巴胺的数量。尼古丁还会使血管收缩、血压升高、心率上升。90%的肺癌病例与吸烟相关。

咖啡因 最常见的也是最容易被滥用的兴奋剂就是咖啡因。咖啡、茶、一些软饮料，甚至巧克力中都含有咖啡因。咖啡因通过与大脑神经元中的腺苷受体相结合起作用。腺苷会减慢神经活动，使人困乏。当咖啡因与这些感受器结合时，就会产生相反的效果。咖啡因会使人感到清醒与警觉，并且会暂时提高肾上腺素水平，使人顿时感到精力充沛，但是很快精力就会消失。

镇静剂 能减缓中枢神经系统活动的药物就是**镇静剂(depressant)**。这些药物能降低血压、影响呼吸并降低心率。镇静剂能缓解焦虑，产生明显的镇静作用。

酒精 酒精是一种镇静剂。它会影响中枢神经系统，也是当今世界滥用最严重的一种药物。酒精来源于谷物和水果的发酵。酒精至少能影响四种不同的神经递质，使人产生放松感和惰性。短期使用酒精会影响人的判断能力、协调能力和反应速度。长期使用酒精的后果包括脑部萎缩、肝损伤、胃肠溃疡以及高血压。怀孕期间饮酒会使胎儿产生乙醇综合征，对婴儿的大脑和神经系统产生损害。

吸入剂 吸入剂是能影响神经系统的化学气雾。通风情况差可能会使你不经意地暴露在吸入剂中。吸入剂通常作为中枢神经系统的一种镇静剂，会产生一些短期的后果，比如中毒、恶心以及呕吐，也可能会引发死亡。长期暴露在吸入剂下，会使人产生失忆、失聪、视力衰退、外周神经损伤以及大脑损伤等问题。

学习小贴士

表格 制作一张三栏的表格，将其命名为“药物的效用”。在阅读本节内容之前，先核对该节中各部分的标题，加粗的术语以及表格。在第一栏中写下你所知的关于药物的知识，在第二栏写下你想知道的知识，在第三栏写下在这节中你学到的内容。

■ **图33-17** 我们身边有很多常见的兴奋剂，比如咖啡、茶、可可和巧克力。

非法药物 可卡因和安非他命都能提高多巴胺的水平，并且这两种药物都能阻止多巴胺被再次吸收，使多巴胺一直待在突触里。这最终会增加大脑中多巴胺的含量。

使用可卡因和安非他命会对人体造成一些短期的或长期的影响。滥用可卡因可能会导致心律不齐、心脏病、胸痛、呼吸衰竭、中风、癫痫、头痛、腹痛和恶心。滥用安非他命会导致心率加快、心跳不规则、血压升高，并且会对大脑中的小血管造成不可逆的伤害，还有可能诱发中风。过量使用安非他命和可卡因会使人产生过高热和惊厥，如果不及时治疗的话，可能会致死。滥用者也会有阵发性的暴力行为、妄想症、焦虑、困惑和失眠。那些脱氧麻黄碱（最强的一种安非他命）的使用者在停药之后，可能需要一年甚至更长的时间才能完全恢复。

大麻是在美国最常见的一种非法药物。大麻中的有效化学成分是四氢大麻酚，也被称作THC。吸食大麻会使四氢大麻酚很快进入血液中，然后进入大脑。吸食大麻产生的短期后果包括记忆减退、学习能力下降、身体失去协调、心率升高、焦虑、妄想症和惊恐等。长期吸食大麻可能会导致肺癌。

阅读检测 **解释**神经递质的功能。

数据分析实验 2

构建模型

不同的药物对突触中神经递质水平的影响 药物能通过多种途径影响神经递质。例如，它们能阻断神经元的轴突释放神经递质，也能通过阻断酶来防止神经递质的降解。

解决问题

下图说明了神经递质是如何发挥作用的。

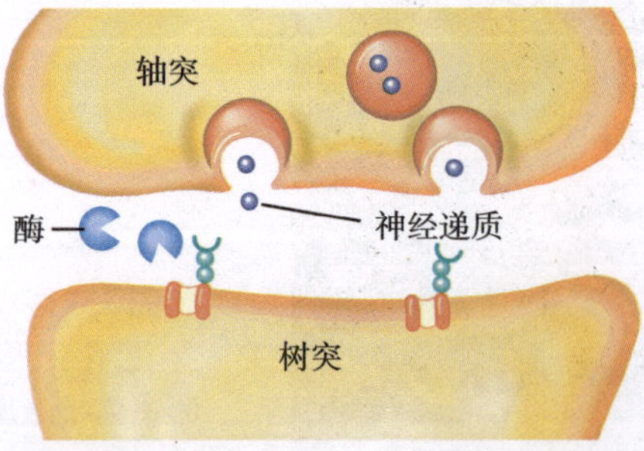

批判性思维

1. **制作模型** 为两种不同的药物制作模型：

(1) 说明某种能够阻断降解神经递质的酶的药物。

(2) 说明某种能够阻断轴突释放神经递质的药物。

2. **评价**自己制作的模型是否足以展现该药物对通过突触传导的刺激所产生的影响。

3. **预测**每种药物的药效。

耐药性和成瘾

耐药性（tolerance）是指一个人需要更多同类的药物才能达到相同的效果。药物的剂量需要增加是因为人体对药物越来越不敏感。耐药性会导致人体对药物成瘾。

成瘾 **成瘾（addiction）**是指心理和生理上对药物的依赖性。研究表明，神经递质多巴胺与大多数生理成瘾相关。之前我们学过，当多巴胺再次被释放它的神经元吸收时，它就离开突触了。但是，某些药物会阻止这个重吸收的过程，使大脑中的多巴胺含量上升。对药物上瘾的人会因为多巴胺含量的上升而产生快感，并逐渐对该药物产生耐药性。因此，他会服用更多的药。当那些上瘾的人尝试停止使用药物时，多巴胺的含量会下降，这使上瘾者难以忍受。

成瘾也可以成为心理现象。心理上依赖于像大麻这类药物的人，会因为情感原因很想服用药物。生理和心理上的依赖性都会影响情绪和身体健康。这两种类型的依赖性都很强，使人很难戒掉药物。

治疗 心理或者生理上依赖于药物的人在停药后会产生严重的反应。有依赖性的使用者很难靠他们自己停止使用药物。他们可能会在短时间内暂停服药，但是很可能会继续使用，医生的监督能帮助他们停止用药。

防止成瘾最好的方法就是不要使用药物，即使是在被迫的情况下也要尽量不使用药物。我们应鼓励成瘾者寻求帮助以摆脱对药物的依赖性。医生、护士、咨询师都接受过相关的训练，能引导成瘾者逐渐摆脱药物，如**图33–18**所示。

■ **图33–18** 咨询是戒掉药瘾的必要条件。

第4节 测评

要点梳理

- 药物通过四种方法影响神经系统。
- 咖啡因、酒精这些普通的物质都被称作药物。
- 很多使人上瘾的药物都会增加多巴胺的含量。
- 滥用药物有很多不良影响。
- 一个人会在心理上和生理上对药物上瘾。

要点理解

1. 主要概念 **描述**药物影响神经系统的四种途径。
2. **比较**可卡因、安非他命和尼古丁的作用。
3. **解释**为什么兴奋剂和镇静剂的作用机理并不一定互相矛盾。

批判性思维

4. **设计实验** 药物会通过不同的方式和不同的速度影响人体，请你设计一个实验来测量药物在人体不同的组织内传递的速度。

生物学前沿

脑控肢体不再是科幻小说

几百年来，由于意外或者疾病失去手臂或腿的人都只能安装假肢。这些假肢能帮他们重新获取手臂或腿的一些功能。但是，假肢的效力是有限的，因为它们不受大脑的控制。科学研究正在改变这一限制。

脑控假肢是什么?

科学家正在研发受思想控制的机械手臂，这种手臂的肩部和肘部都能自由移动。每只机械手都被塑造成抓手的形状，与人手的功能非常相似。科学家先是在猴子身上试验这种手臂，现在正在人身上进行研究。它们通过植入管与大脑相连。

这些植入管由成百上千个细如头发丝的电极组成。电极放置在距离颅骨下方3毫米的运动皮层中，以提取大脑中的神经信号，然后将这些信号传递到电脑中。计算机程序会把这些信号转化成对机械手臂的指令。比如，机械手臂在收到指令的30毫秒内就能拿起食物并送入嘴里。机械手臂配备了一些发动机，能进行三维移动，就像真实的手臂一样。在患者想吃东西的时候，机械手臂就会产生反应并把食物拿给患者。

机械手臂是怎么接受测试的?

在测试机械手臂的时候，患者会使用自己的手臂来控制一根操纵杆，并且慢慢地适应机械手臂。一旦患者练习使用了操纵杆，科学家就会移开它并轻轻地制约患者自己的手臂。令科学家感到惊讶的是，机械手臂开始按照患者的思想移动。科学家想继续完善这一技术，使其变成一个无线系统。让人担心的一点是，目前电极只能维持大约6个月。

这些脑控设备能如何帮助人类?

在接下去的几年里，科学家计划在人身上继续探究和使用这些设备。他们希望这些脑机接口能帮助那些截瘫的患者恢复一些运动或交流的能力。大脑植入管也可以使患者不用手就能控制那些可以执行日常任务的小机器人。脑机接口也可以对正常人产生帮助。另外，它还能被用在危险的环境或在战场中执行任务。

制作一个模型

制作一个与本文中描述的机械臂相似的设备模型。在制作过程中，请使用教师提供的或者你从家里带来的材料。写一篇200字的短文来描述你的模型，包括它是如何运作的以及它的一些优点。

生物实验室

神经通路是如何发展并且变得更为高效的？

背景：假设人们正在森林里开拓一条狭窄的小路。由于人们一次次地踏过这条小路，它的轮廓变得越来越清晰，也越来越好走。类似地，当你学习新东西的时候，你脑中的神经通路也在进一步发展。在你复习已经学过的知识时，神经元之间的联系就会加强，使神经冲动能沿着回路更快、更高效地传递。

问题：学习策略对于神经回路的效率有什么影响？

实验器材

坐标纸　　铅笔

白纸　　计算器

安全注意事项

设计与实施实验

1. 阅读并完成实验室安全表。
2. 与小组的一个成员合作列出20个描述特定物品的具体术语。将术语标上数字1～20。
3. 让小组的其他三个人（也就是测试对象）大声朗读这20个术语。然后在不相互讨论的情况下，要求他们马上写下他们能够记住的术语。
4. 计算并记录每个术语的回忆率：将回忆起术语的实验对象数量除以实验对象总数。然后乘以100。
5. 用曲线图表示每个术语的回忆率，注意数据体现出来的规律。
6. 计算平均的回忆率：将每个术语的回忆率相加，除以20，然后乘以100。
7. 集体讨论能增加平均回忆率的小技巧。选择其中一个技巧，预测它会如何影响平均回忆率。设计一个实验来验证这个预测。
8. 在教师同意你的计划之后，用相同的实验对象来实施你的实验，并换另外20个描述特定物品的具体术语。
9. 重复第4步到第6步，评估平均回忆率的变化。

实验分析和结论

1. **识别**　第一次朗读得出的回忆率数据有什么规律？哪些术语最容易被记住？
2. **解释数据**　通过描述用来增加平均回忆率的技巧和对比两次实验的平均回忆率来解释你获得的数据。
3. **分析**　小技巧是否正如你预期的一样，加强了负责记忆术语的神经回路。请解释原因。
4. **误差分析**　除了你使用的技巧之外，辨别其他可能会影响平均回忆率的因素。

运用技能

设计一个实验来判定某个特定的学习技巧是否对不同的测试对象都有相同的作用。样本大小将对你的实验结果产生怎样的影响？

第33章 复习指南

内容聚焦 能量 钠-钾泵使用能量逆浓度梯度运送离子，使神经冲动能在神经元中传递。

大概念 神经系统对细胞之间、组织之间以及器官之间的通信起着至关重要的作用。

第1节 神经系统的结构

神经元 动作电位
树突 阈值
细胞体 结点
轴突 突触
反射弧 神经递质

主要概念 神经元能够传导刺激，使细胞、组织和器官能感受到刺激，并对刺激做出反应。

- 神经元由三个主要部分组成。
- 神经元主要有三种类型。
- 神经冲动是一种电荷，也叫动作电位。
- 神经元通过化学物质和电流来传导冲动。

第2节 神经系统的组成

中枢神经系统
外周神经系统
大脑
延髓
脑桥
下丘脑
躯体神经系统
自主神经系统
交感神经系统
副交感神经系统

主要概念 中枢神经系统和外周神经系统是神经系统的两个主要组成部分。

- 神经系统主要由两个部分组成：中枢神经系统和外周神经系统。
- 脑和脊髓组成了中枢神经系统。
- 躯体神经系统和自主神经系统组成了外周神经系统。
- 交感神经系统和副交感神经系统是自主神经系统的两个分支。

第3节 感 觉

味蕾
晶状体
视网膜
视杆细胞
视锥细胞
耳蜗
半规管

主要概念 感觉感受器使你能够感知周围的世界。

- 味觉和嗅觉一起运作。
- 眼睛含有两种类型的感受器。
- 耳朵与听力和平衡感相关。
- 皮肤中含有很多类型的感觉感受器。

第4节 药物的效用

药物
多巴胺
兴奋剂
镇静剂
耐药性
成瘾

主要概念 一些药物能改变神经系统的功能。

- 药物通过四种方法影响神经系统。
- 咖啡因、酒精这些普通的物质都被称作药物。
- 很多使人上瘾的药物都会增加多巴胺的含量。
- 滥用药物有很多不良影响。
- 一个人会在心理上和生理上都对药物上瘾。

第33章 测评

第1节

术语回顾

选出下列每组术语中不属于同一类的一个，并解释原因。

1. 轴突、树突、反射弧
2. 细胞体、突触、神经递质
3. 髓鞘、结点、阈值

要点理解

根据下图，回答第4题。

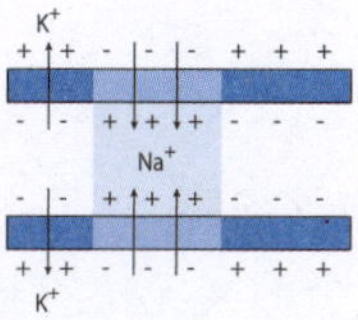

4. 上图显示了(　　)。
   A. 钾离子正在进入神经元
   B. 带负电的蛋白质正在离开神经元
   C. 钠离子正在进入神经元
   D. 髓鞘表面分解，使离子能够自由地穿过质膜
5. 神经冲动在反射弧中传递的正确路线的是(　　)。
   A. 运动神经元—中间神经元—感觉神经元
   B. 中间神经元—运动神经元—感觉神经元
   C. 运动神经元—感觉神经元—中间神经元
   D. 感觉神经元—中间神经元—运动神经元

回答问题

6. **内容聚焦 能量** 解释为什么神经冲动在没有髓鞘的轴突中传递时比在含有髓鞘的轴突中传递时需要更多的能量。
7. **主要概念** 解释以下类比：一个神经元就像一条单行道，然而一条神经就像一条双行道。

批判性思维

8. **推断** 在大多数动物中，动作电位只会在神经元中单向传递。如果神经冲动能在单个神经元中双向传递，推断人们将会变得怎么样。

第2节

术语回顾

选出下列每组术语中不属于同一类的一个，并解释原因。

9. 躯体神经系统、副交感神经系统、交感神经系统
10. 大脑、脑桥、延髓
11. 自主神经系统、躯体神经系统、中枢神经系统

要点理解

12. 下列是自主神经系统的分支——交感神经系统的特点的是(　　)。
    A. 促进消化
    B. 扩大支气管
    C. 降低心率
    D. 将葡萄糖转化为糖原

根据下图，回答第13题。

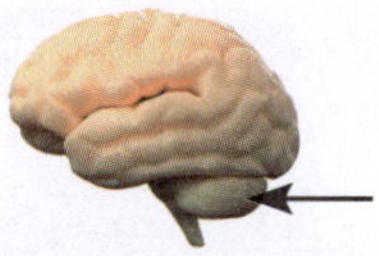

13. 如果上图中箭头所指的部分被损伤，那么这个人最可能经历(　　)。
    A. 记忆部分或者完全丧失
    B. 体温波动
    C. 无法维持平衡
    D. 呼吸加快
14. 下丘脑调节(　　)。
    A. 随意神经系统　　B. 感觉神经系统
    C. 外周神经系统　　D. 自主神经系统

回答问题

15. 主要概念 假设你是学校辩论队的成员，你需要支持以下论点：相比于躯体神经系统，自主神经系统与人体稳态更为相关。请证明你的论点。

批判性思维

16. **质疑** 你可能听说过这么一个观点：人类只使用了10%的大脑。使用网络或者其他资源来收集支持或反驳这个观点的证据。

17. **分析** 人类的大脑与其他动物的大脑相比，有点大得不成比例，这样的大脑对人类有什么好处？

第3节

术语回顾

解释以下每组术语的区别。

18. 视杆细胞、视锥细胞
19. 耳蜗、半规管
20. 视网膜、味蕾

要点理解

21. 如果电影院突然断电了，只有一些很暗的应急灯还亮着，那么在你寻找出口时，视网膜中的(　　)起到最重要的作用。
   - A. 视杆细胞
   - B. 视锥细胞
   - C. 视杆细胞和视锥细胞一样重要

22. 当声波在耳朵中传递并引发神经冲动时，正确的传递顺序是(　　)。
   - A. 耳蜗、砧骨、镫骨、鼓膜
   - B. 鼓膜、中耳听小骨、耳蜗、毛细胞
   - C. 外耳道、鼓膜、毛细胞、耳蜗
   - D. 毛细胞、外耳道、耳蜗、锤骨

23. 游离神经末梢与(　　)相联系。
   - A. 味觉　　B. 触觉
   - C. 听觉　　D. 视觉

根据下图，回答第24题。

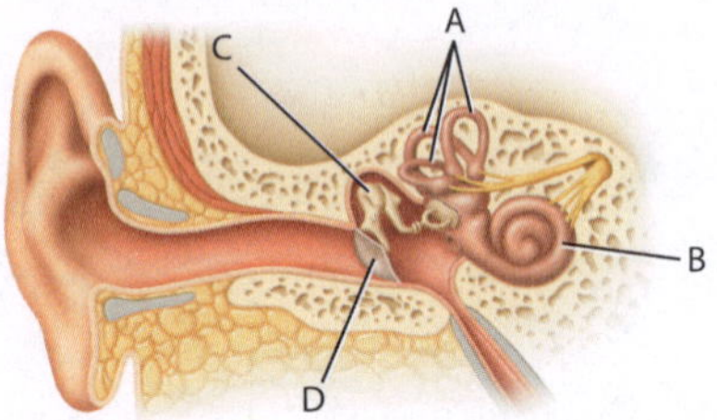

24. 游乐园中的一些飞车项目在停止时会让人感到晕眩。上图中的结构(　　)最有可能与这种晕眩感相关。
   - A. A　　B. B
   - C. C　　D. D

回答问题

25. **开放式回答** 极少数人无法感到疼痛，这是有利的还是不利的呢？请解释你的答案。

批判性思维

26. **解释** 你的全身都布满了触觉感受器，用神经系统的知识解释为什么人们经常会意识不到自己穿着衣服或者戴着手表这样的事情？

27. 主要概念 将感觉按照它们的重要性进行排序，并标上1～5的数字(1表示最重要)。与班里其他同学讨论这个问题。

第4节

术语回顾

解释以下每组术语的区别及两个术语之间的关系。

28. 兴奋剂、镇静剂
29. 耐药性、成瘾
30. 多巴胺、药物

要点理解

31. 下列物质会减弱大脑活动的是(　　)。
   A. 尼古丁　　B. 可卡因
   C. 安非他命　　D. 酒精

32. 主要概念 安非他命最主要的功能是(　　)。
   A. 刺激交感神经系统
   B. 刺激副交感神经系统
   C. 同时刺激交感神经系统和副交感神经系统
   D. 对交感神经系统和副交感神经系统都没有影响

根据下图,回答第33题。

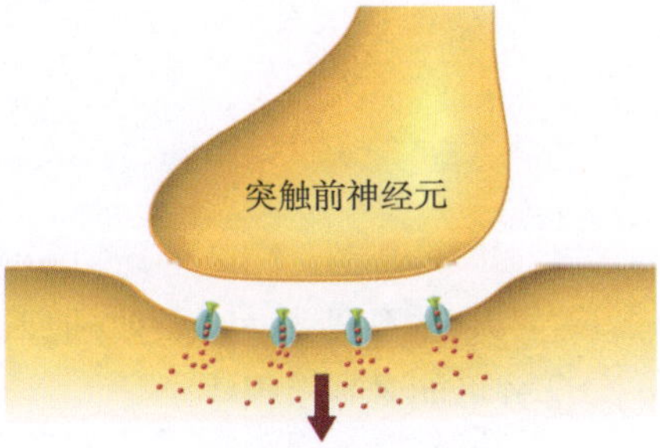

33. 如果一个人患了抑郁症,以下可用来治疗突触前神经元以缓解抑郁症状的是(　　)。
   A. 能增加多巴胺再摄取的药
   B. 能增加多巴胺生成的药
   C. 能减弱多巴胺感受器的药
   D. 能减弱多巴胺再摄取的药

回答问题

34. **简要回答** 一个人对某种药物成瘾意味着什么?

35. **开放式回答** 讨论如果一个人负责生成多巴胺的基因有缺陷,会产生什么后果?

总结性测评

36. 大概念 神经系统对于细胞之间、组织之间以及器官之间的通信起着至关重要的作用。如果神经冲动由于神经纤维或髓鞘受损而被中断,预测可能产生的后果。

37. 科技 写作 写一篇短故事,在你的故事中,主人公因听到了一声巨响而变得十分害怕。确保你的故事包括了在这段经历中神经系统的每个分支可能发生的所有活动。

38. 假设你是一位科学家,正在研发一种新药。说明这种药对于神经系统的作用,以及它能用来治疗哪种疾病。你如何才能判断这种药可能产生的副作用呢?

DBQ 资料分析题

平均大脑质量(克)			
物种	大脑质量(克)	物种	大脑质量(克)
长须鲸	6930	狗(小猎犬)	72
大象	6000	猫	30
奶牛	425~458	乌龟	0.3~0.7
成人	1300~1400	老鼠	2

数据来源:Blinkov, S.M., and Glezer, I.I. 1968. *The human brain in figures and tables: a quantitative handbook*. New York: Plenum Press.
Nieuwenhuys, R., Ten Donkelaar, H.J., and Nicholson, C. 1998. *The central nervous system of vertebrates*. Vol. 3. Berlin: Springer.
Berta, A., et al. 1999. *Marine mammals: evolutionary biology*. San Diego: Academic Press.

39. 身体大小和大脑质量之间有联系吗?

40. 根据适应的观点解释第40题的答案。

标准化测试

选择题

1. 哺乳动物独有的特征是(　　)。

   A. 毛发

   B. 体温恒定

   C. 四腔心脏

   D. 体内受精

根据下图,回答第2题和第3题。

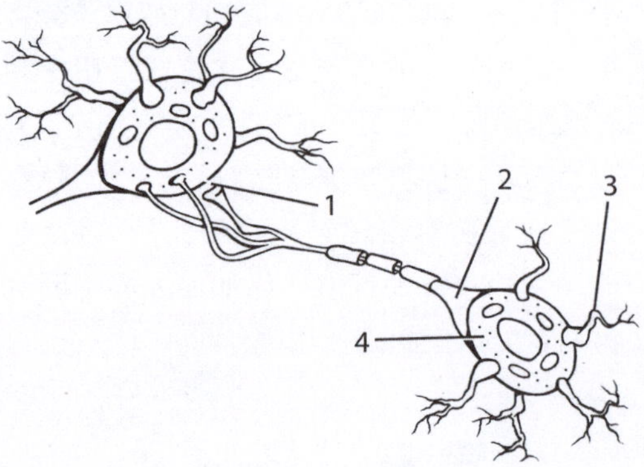

2. 在上图所示的(　　)中,可以找到髓鞘。

   A. 1　　B. 2

   C. 3　　D. 4

3. 当动作电位到达神经元末梢时,在上图所示的(　　)中,你会发现神经递质。

   A. 1

   B. 2

   C. 3

   D. 4

4. 皮肤系统中上皮组织的作用是(　　)。

   A. 覆盖人体表面并保护人体组织

   B. 使关节和骨骼运动

   C. 为人体提供一个组织框架

   D. 传递神经信号

5. 下列动物属于胎盘哺乳动物的是(　　)。

   A. 蜂鸟

   B. 袋鼠

   C. 鸭嘴兽

   D. 鲸

根据下图,回答第6题和第7题。

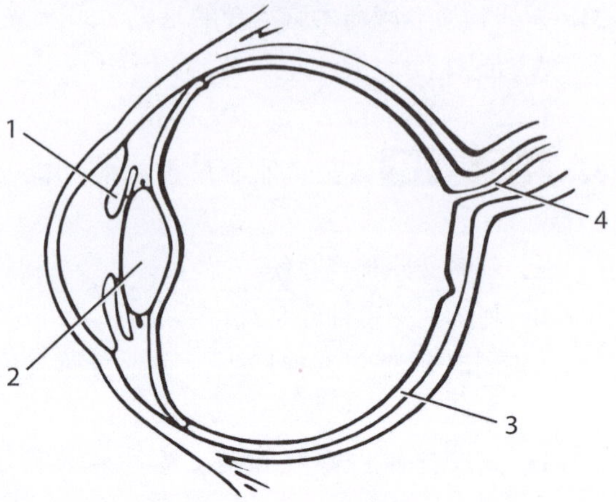

6. 上图中的(　　)由能对刺激产生反应的肌肉组成。

   A. 1

   B. 2

   C. 3

   D. 4

7. 如果一个人看不见某种颜色,他眼睛的(　　)部分可能受到了损害。

   A. 1

   B. 2

   C. 3

   D. 4

根据下图,回答第8题。

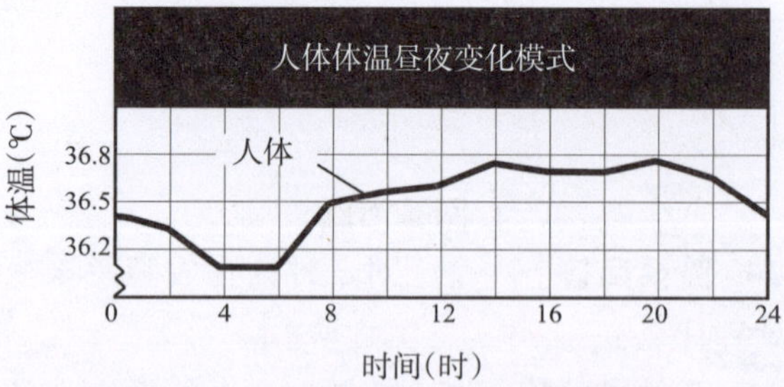

8. 上图显示了人的体温的昼夜变化模式。人的体温最低的时间是(　　)。

   A. 吃饭后　　B. 黎明前

   C. 下午　　D. 深夜

简答题

根据下图，回答第9题和第10题。

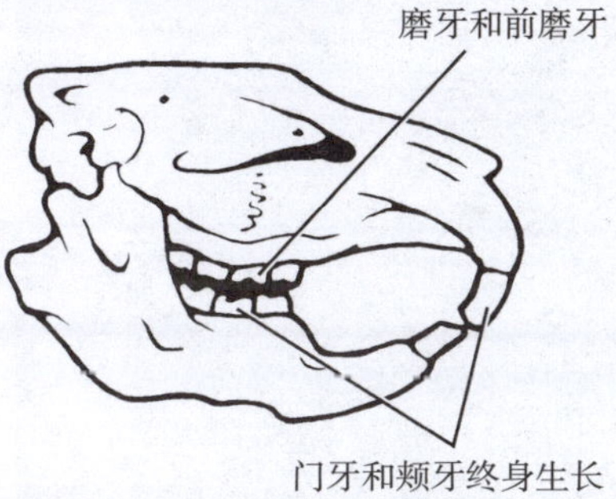

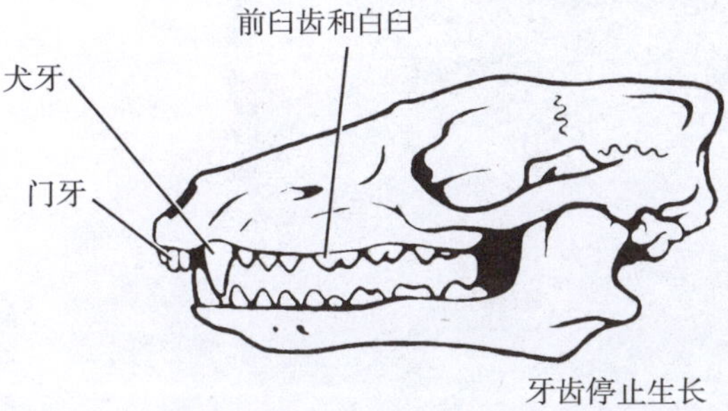

9. 上图展示了两种不同的哺乳动物的牙齿。从这些牙齿中，你能推断出这些哺乳动物的饮食习惯吗？

10. 哪种动物的牙齿与人类的牙齿最相似？解释你的答案。

11. 解释蜘蛛是如何预先消化它们的食物的。将其与你熟悉的另一种动物的消化过程进行比较。

12. 假设一个之前只需要喝一杯咖啡就能熬夜的人，现在需要喝两杯咖啡才能熬夜了。这种现象叫什么？它的起因是什么？

13. 配子体世代在种子植物中扮演什么角色？

开放题

14. 两只被遗弃的高鸣鹤雏鸟在孵化几天后被发现。一位科学家想要饲养它们。为了让这两只雏鸟感到舒服，科学家使用了一只看起来像高鸣鹤的布袋木偶。科学家给雏鸟喂食面包虫，但是它们不吃。提出一个假设来解释这些雏鸟的行为。

15. 肌球蛋白和肌动蛋白与肌肉的收缩有什么关系？

16. 环节动物和其他蠕虫的主要区别是什么？这种区别有什么重要意义？

论述题

医生每年都要做超过45万次关节修复和关节置换手术。这些手术减轻了病人的疼痛，并且增加了关节的活动能力。关节修复手术需要移除关节处的碎屑和过度生长的骨骼，恢复关节的功能。关节置换手术会用合成关节替代原有关节。合成关节是由聚乙烯、陶瓷或者金属制成的。关节置换手术能使合成关节具备原有关节的功能。通常来说，膝盖、臀部和肩部可以实施关节置换手术。

利用上文中的信息，以论文的形式回答下列问题。

17. 医生一般只会给那些老年患者做关节置换手术。为什么？

考点提示																	
测试题号	1	2	3	4	5	6	7	8	9	10	11	12	13	14	15	16	17
对应章节	30.1	33.1	33.1	32.1	30.2	33.3	33.3	30.1	30.2	30.2	26.1	33.2	21.4	31.1	32.3	25.1	32.2

第34章

循环系统、呼吸系统和排泄系统

起步实验

运动时，人体会发生什么变化？

人体的呼吸系统和循环系统共同协作以满足运动的需要，并维持人体稳态。比如，红细胞通过循环给细胞提供氧气，这些细胞需要氧气才能提供运动所需的能量。在这个实验中，你要探究运动时人体系统之间的关系。

步骤

1. 阅读并完成实验室安全表。
2. 进行2分钟慢跑、散步等节律运动。运动过程中，注意身体如何反应。
3. 列出运动过程中身体系统的反应。

分析

1. **制作**一张流程图，展示各种身体反应之间的联系。
2. **分析**身体系统反应如何帮助调整身体内部环境。

折叠式

学习卡

制作一张如图所示的四门折叠式学习卡，并标上字母。用这张学习卡来记录关于ABO血型的笔记。

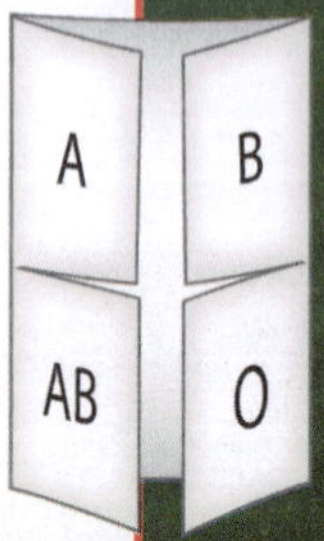

内容聚焦 稳态

循环系统、呼吸系统和排泄系统共同调节人体的内环境，以维持生命所需的各种条件。

大概念 这些系统共同协作，通过给人体细胞输送营养物质并排出人体中的代谢废物来维持稳态。

第1节

本节预览

核心问题

- 循环系统的主要功能有哪些?
- 血液是如何在心脏和人体中流动的?
- 血液不同的组成成分之间有哪些相同点和不同点?

术语回顾

肌肉收缩:肌细胞和肌纤维在应对刺激时会缩短。

关键术语

动脉
毛细血管
静脉
瓣膜
心脏
起搏点
血浆
红细胞
血小板
白细胞
动脉硬化

循环系统

主要概念 循环系统通过血液把氧气等重要物质运送到人体的各个细胞,并将细胞中的二氧化碳等代谢废物排出。

联系实际 高速公路使快速上下班成为可能。相似地,血流也在快速地为人体提供营养物质,并排出代谢废物。交通或者血流被堵塞时,它们的功能都会减缓甚至停止。

循环系统的功能

细胞需要氧气和营养物质,并且排出代谢废物才能正常运作。这些物质的交换是由人体的运输系统——循环系统来完成的。循环系统由血液、心脏、血管和淋巴系统组成。血液将重要的物质运送到人体各部分。心脏通过血管输送血液。淋巴系统是循环系统和免疫系统的一部分。循环系统的各组成部分共同协作,以维持人体稳态。

循环系统运输很多重要的物质,如氧气和营养物质。血液也能运输免疫系统产生的抗病物质。血液中包含血液凝结所需的细胞碎片和蛋白质。此外,循环系统还能输送热量,帮助人体调节体温。

■ **图34-1**
从尸体到人工心脏
人类已经对循环系统进行了上千年的研究,因此在医疗技术上取得了很大的进步。

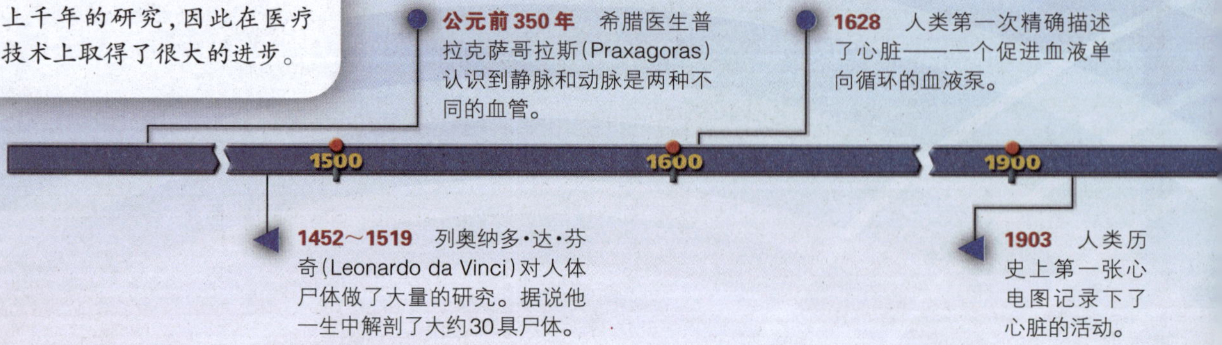

血管

公路上有分向车道，也有出入口通道，车辆通过这些通道能进入或离开道路。相似地，人体也有一张通道网，那就是血管。血管能在全身运输血液，并帮助血液流入和流出心脏。如**图34-1**所示，希腊医生普拉克萨哥拉斯是第一个发现血管有不同种类的人。血管有三种主要类型：动脉、静脉和毛细血管，如**图34-2**所示。

动脉 含氧量较高的血液通过一条较大的血管离开心脏，这条血管就是**动脉（artery）**。管壁较厚的动脉具有较好的弹性和耐用性。当血液从心脏中泵出时，动脉能够承受住血液带来的高压。

如**图34-2**所示，动脉由三层物质组成——外层的结缔组织、中间层的平滑肌和内层的内皮组织。动脉的内皮层比其他血管的都要厚，这是因为血液由心脏泵出进入动脉时产生的压力非常大。

毛细血管 动脉可以分支成更小的血管，叫作小动脉。当小动脉离主血管越来越远，它们的直径也会越来越小。其中最小的分支就是毛细血管。**毛细血管（capillary）**是一种极小的血管，重要物质和代谢废物的交换就发生在毛细血管中。毛细血管壁只有一层细胞那么厚，如**图34-2**所示。这使得血液和人体细胞之间能够轻松地通过扩散交换各种物质。毛细血管的直径非常小，因此红细胞只能排成一列，单行通过。

血管的直径会随着人体的需求而发生变化。比如，当你运动时，肌肉毛细血管就会扩张，或者膨胀。这会增加流向肌肉的血液，为细胞输送更多氧气，同时排出代谢废物。

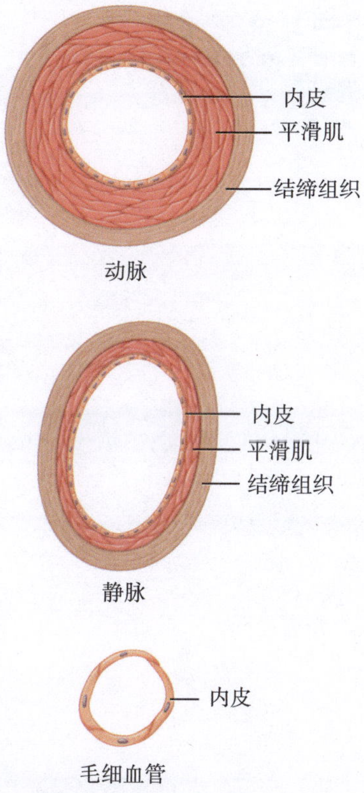

图34-2 人体中主要有三类血管——动脉、静脉和毛细血管。

预测 *你认为物质是通过什么方法穿过毛细血管壁的？*

1940～1941 查尔斯·理查德·德鲁（Charles R. Drew）医生建立了世界上第一个血库以供输血。

1967～1969 外科医生进行了世界上第一例心脏移植手术。在找到捐赠心脏之前，患者一直依靠人工心脏维持生命。

1982 外科医生威廉姆·迪福瑞（William Devries）进行了人工心脏植入手术，这是第一次以永久使用为目的而进行的人工心脏移植手术。

2004 研究表明，心脏干细胞能够生成新的心肌细胞。这为心脏衰竭创造了新的治疗可能性。

2008 科学家成功移植了由老鼠自身的干细胞发育而成的心脏。

1930　1965　2000

图 34-3 血液通过血管在全身循环。

提出假设 *血管的直径是如何调节体温的？*

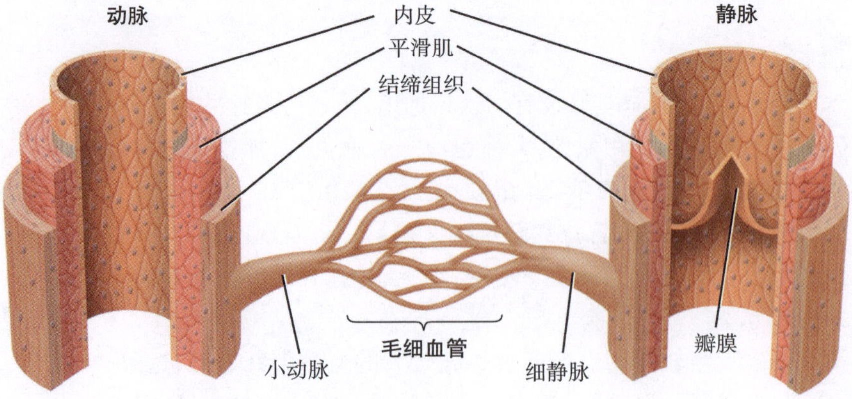

静脉 当血液流过极细的毛细血管后，就会汇入较大的细静脉。然后，血液会进入人体中最大的血管——静脉。**静脉(vein)**将含氧量较低的血液运回心脏。静脉的内皮层壁比动脉的薄得多。血流穿过毛细血管后，在进入静脉之前，血压会降低。当血液流入静脉时，心脏的原推力已经不能有效地推动血液流动了。那血液是如何保持流动的呢？很多静脉都位于骨骼肌旁边，于是骨骼肌的收缩使血液得以继续流动。人体中较大的静脉含有**瓣膜(valve)**，如**图 34-3** 所示。瓣膜能防止血液倒流。最后，呼吸产生一股挤压胸腔静脉的压力，促使血液流回心脏。

与生物学相关的职业

运动生理学家 研究运动对人体产生的效果的科学家就是运动生理学家。他们研发锻炼计划，进行压力测试等医疗测试。他们的职责包括监控心脏活动以及血压水平。

阅读检测 **描述**动脉、毛细血管和静脉在结构上的区别。

心脏

心脏(heart)是一个像你的拳头那么大的肌肉器官，位于胸腔中偏左侧位置，能够维持血液在体内不断流动。心脏同时执行两项泵血功能——将含氧量高的血液泵送至全身各个器官中，并将含氧量较低的血液泵入肺部。

心脏结构 心脏是由心肌组成的，它能够传导引发肌肉收缩的电脉冲。心脏有四个腔，如**图 34-4** 所示。位于心脏上半部分的两个上腔——右心房和左心房接收泵回心脏的血液。心房下面是心室，能将血液泵离心脏。一层坚固的肌肉层将心脏的左右两边分开。左、右心房的肌肉层较薄，所承担的任务也比心室要少。注意**图 34-4** 中将心室、心房隔开的瓣膜，它使血液单向流动。瓣膜也存在于每个心室和将血液运离心脏的血管之间，比如**图 34-4** 中闭合位置所示的主动脉瓣。

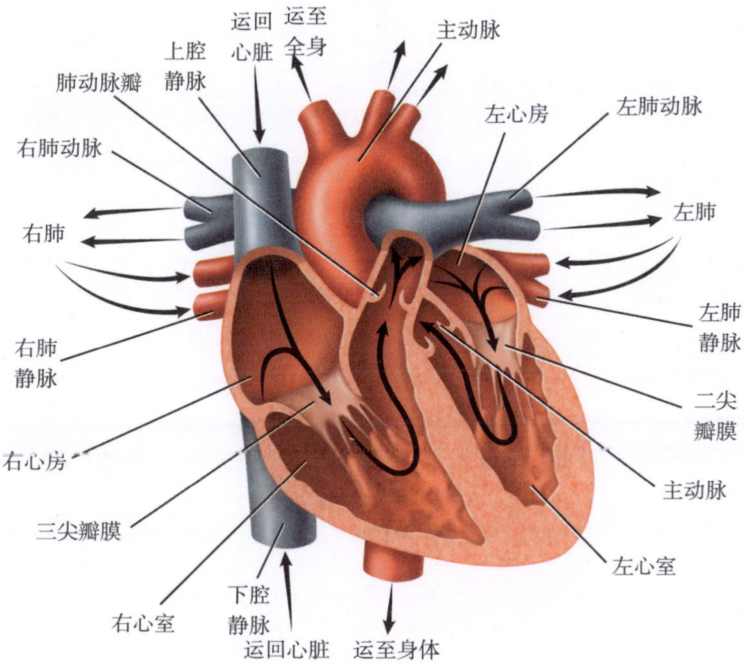

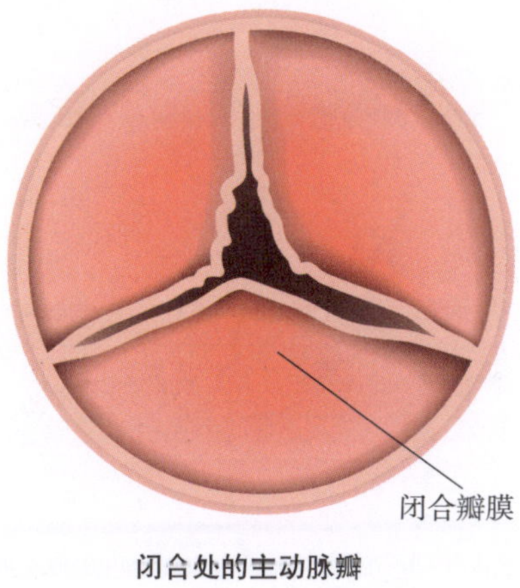

■ **图34-4** 图中的剪头表示血液在心脏中循环的路径。

用图表表示 *血液在心脏中的流动路径。*

心脏是如何跳动的 心脏的运作主要分为两个阶段。在第一阶段，心房会充满血液。然后心房收缩，使心室也充满血液。在第二阶段，心室收缩，将血液从心脏泵出，并将其泵入双肺，进而流向全身。

心脏的运作有一定的节律性。右心房中的**起搏点（pacemaker）**，也称为房窦结，释放信号，使心肌收缩。房窦结能够接收内部刺激，获取身体对氧气需求的信息，并通过调节心率做出回应。房窦结产生的信号能使两个心房都发生收缩。之后，信号会传送到心脏中的另一个区域房室结，如**图34-5**所示。信号沿着纤维传递，使两个心室收缩。这两步收缩组成了一次完整的心跳。

脉搏 心脏每分钟大约跳动70次。如果你触碰拇指下方的手腕内部，你就能感受到动脉脉搏的跳动。这个脉搏其实就是左心室收缩引起的动脉壁交替的扩张和松弛。手腕动脉搏动的次数就是心脏跳动的次数。

血压 血压是指血液对血管壁产生的压力大小。血压值能够提供动脉的相关信息。心脏收缩促使血压上升到最高点；心脏舒张又使血压下降到最低点。健康成人最佳的血压值应为120（收缩压）/80（舒张压）。

■ **图34-5** 房窦结启动心脏收缩的顺序是从两个心房到房室结，然后房室结通过刺激心室的兴奋纤维传递信号。

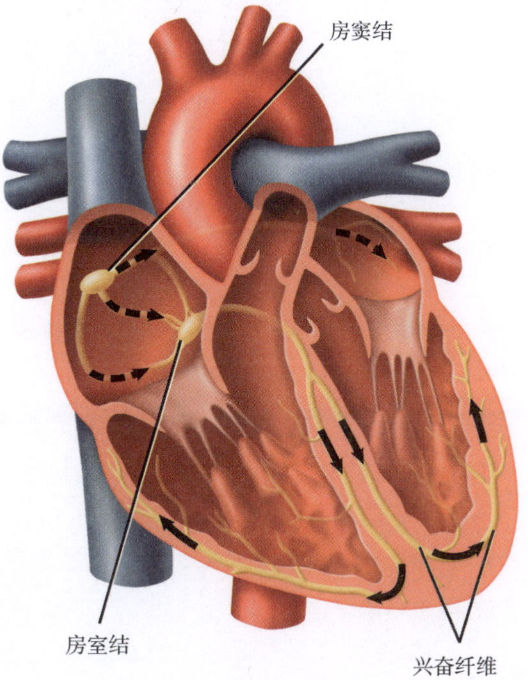

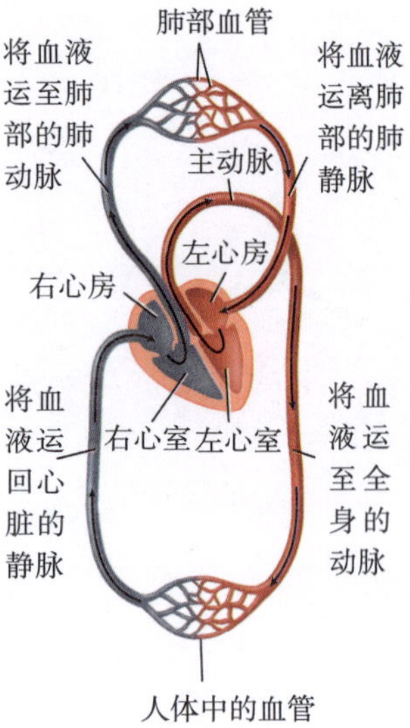

■ **图34-6** 血液在人体中的流动路径由两个不同的循环回路组成。

人体中的血液流动 观察**图34-6**所示的血液流动方向，你会发现血液呈两条回路流动。第一条回路中，血液从心脏流到肺部，再流回心脏。第二条回路中，血液从心脏中泵出流至全身，然后再流回心脏。心脏的右半部分将含氧量低的血泵入肺部，左半部分将含氧量高的血泵至全身。

心脏-肺回路 当血液从人体流入右心房时，血液中氧气的含量较低，但是二氧化碳的含量较高。含氧量较低的血液呈暗红色。这些血液从右心房流入右心室，然后被泵入通向肺部的肺动脉，如**图34-6**所示。

最终，血液流入肺部的毛细血管，这些毛细血管能与进入肺部的空气相接触。肺部空气的氧气含量要比毛细血管中氧气的含量高。因此，氧气从肺部扩散进血液中。与此同时，二氧化碳却朝着反方向扩散——从血液进入肺部。然后，含氧量高的血液，就是呈亮红色的血液，流入左心室，然后泵至全身。

心脏-全身回路 当左心房充满了含氧量高的血液时，第二条回路就开始了。紧接着血液从左心房流入左心室，如**图34-6**所示。左心室将血液泵入人体中最大的动脉——主动脉中。最后，血液流入布满全身的毛细血管。毛细血管能与体细胞进行接触。毛细血管中的血液释放的氧气通过扩散进入人体细胞中。然后，含氧量较低的血液沿着静脉流回右心房。

迷你实验 1

探究血压

血压如何变化来应对不同的身体活动？ 血压每天都在发生变化，一天中的血压值也是不尽相同的。血压会受到生理、心理、行为以及遗传因素的影响。

步骤

1. 阅读并完成实验室安全表。
2. 观察教师是如何安全地测量血压的。练习使用血压计来测量同伴的血压，并根据血压表来解释血压值。
3. 预测运动将会如何影响收缩压和舒张压。
4. 记录一个同学休息时的血压值。
5. 请这个刚刚测过血压的同学做1分钟的规律性运动。
6. 记录第二次测量的血压值，并与休息时的血压值进行对比。

分析

1. **识别**实验中恒定不变的量、自变量、因变量以及实验中的对照因素。
2. **得出结论** 你的预测是否准确？请解释。

血液成分

血液是生命之液，因为它能向身体各处运输重要物质。血液由血浆、红细胞、血小板和白细胞组成。

血浆 血液中清澈的黄色液体就是**血浆(plasma)**，血液中血浆的含量超过50%，血浆中90%都是水，另外10%是溶解的物质。血浆能够运输食物中被分解的物质，如葡萄糖和脂肪。血浆也能运送维生素、矿物质和化学信号分子，如激素。另外，细胞产生的废物也能通过血浆被运走。

血浆中的三组蛋白质使其呈黄色。第一组血浆蛋白质有助于调节血液中的水含量。第二组是由白细胞产生的，有助于抵抗疾病。第三组有助于形成血凝块。

阅读检测 **解释** 血浆的功能。

红细胞 **红细胞(red blood cell)**能将氧气运送至所有的人体细胞中。红细胞与圆盘相似，中间都是凹进去的，如**图34-7**所示。之前我们学过红细胞在长骨中心的骨髓形成。红细胞没有细胞核，只能存活大约120天。

红细胞主要是由一种含铁的蛋白质——血红蛋白组成。血红蛋白能与氧气分子结合，并将氧气运送至人体细胞中。

血小板 你有过不小心切到过手指的经历吗？如果切到过，你可能会发现在很短的时间内，切口处流出血液的速度就会变慢，在血凝块形成血痂后，切口处就不会再流血了。如**图34-7**所示，**血小板(platelet)**是一种对于形成血凝块非常重要的细胞碎片。

当血管被切到时，血小板就会在伤口处聚集并紧紧地附着在伤口上。然后血小板会释放化学物质，这种物质能生成蛋白纤维。蛋白纤维在伤口处形成蛋白纤维网，以束缚血小板和红细胞，如**图34-8**所示。当越来越多的血小板和血细胞被束缚时，就形成了血痂。

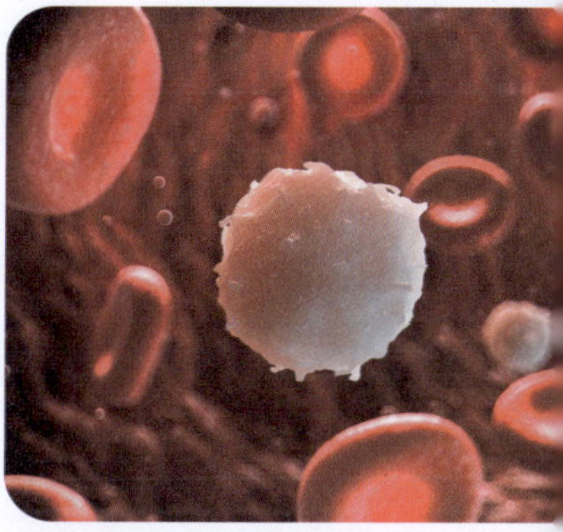

图34-7 血液由血浆、红细胞(内凹圆盘)、白细胞(不规则形状细胞)和血小板(扁平碎片)组成。

推断 *人体中如果含有过多的白细胞，会发生什么情况？*

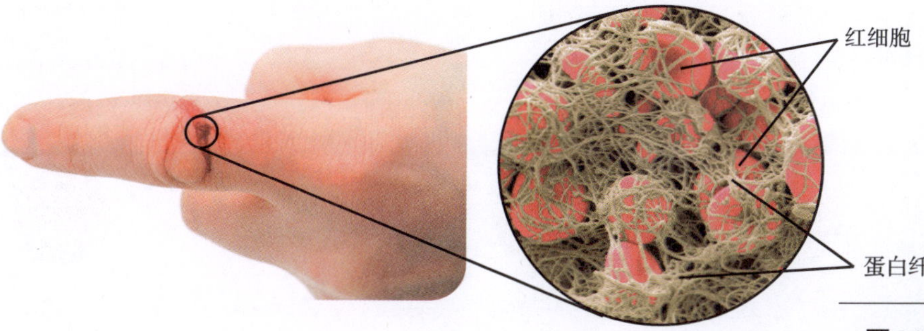

图34-8 当蛋白纤维网束缚住血细胞和血小板时，就形成了血痂。

学习小贴士

图像组织 制作一张词汇地图，将“血液”这个词放在一个大圆圈的中央。将“成分”“血型”“循环”“心脏”这些词汇放在一个个围绕在大圆圈旁边的小圆圈里。

折叠式学习卡

把这节的知识填写到你的学习卡中。

白细胞 **白细胞(white blood cell)**是人体内的疾病斗士。跟红细胞一样，白细胞也是在骨髓中生成的。一些白细胞能识别像细菌这样致病的有机体并且警告人体它已被入侵。另外一些白细胞能生成抵抗入侵者的化学物质。还有一些白细胞会围绕并杀死这些入侵者。

白细胞与红细胞在很多重要方面都不相同。很多白细胞自形成之后会从骨髓转移至人体其他部位才能发育成熟。与红细胞不同的是，白细胞的数量相对较少，白细胞与红细胞的比例是 $\frac{1}{1000} \sim \frac{1}{500}$。另外，白细胞有细胞核，大多数白细胞能存活几个月甚至几年。

血型

你如何知道你自己的血型呢？红细胞上都会附着标记分子，这些标记决定了血液的类型，即血型。

ABO 血型 人的血型分为四种：A 型、B 型、AB 型和 O 型。如果你是 A 型血，你的血液细胞上就会有 A 标记。如果你是 B 型血，你的血液细胞上就会有 B 标记。如果你是 AB 型血，你的血液细胞上就会既有 A 标记又有 B 标记。如果你是 O 型血，你的血液细胞上就什么标记也没有。

血型的重要性 如果你需要输血，那你就只能接受特定类型的血液，如**表 34–1** 所示。这是因为血浆中含有抗体，它会识别外来的红细胞，造成这些细胞凝集。比如，如果你是 B 型血，你的血液中就包含了能使带有 A 标记的细胞凝集的抗体。如果你输了 A 型血，你体内的凝集蛋白质将会使 A 型的细胞凝集在一起。血液细胞的凝集非常危险，因为这会阻塞血液流动。

表34-1	血型			
血型	A	B	AB	O
标记分子和抗体	标记分子:A 抗体:抗B	标记分子:B 抗体:抗A	标记分子:AB 抗体:无	标记分子:无 抗体:抗A、抗B
举例	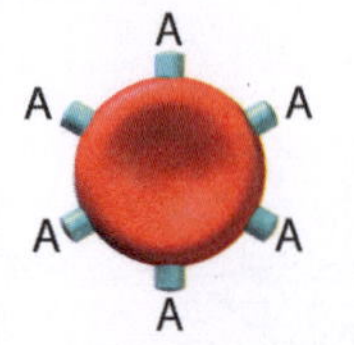	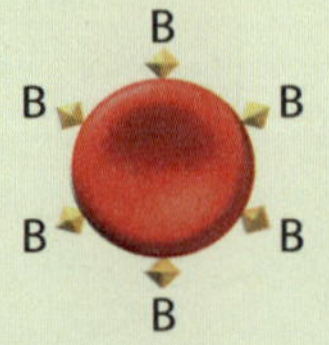	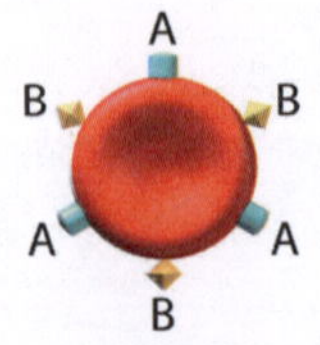	
可以献血给	A或AB	B或AB	AB	A、B、AB或O
可以接受	A或O	B或O	A、B、AB或O	O

Rh 血型 红细胞表面的另一种标记就是Rh因子。一个Rh阳性A型血的人,血液细胞上同时带有A标记和Rh标记。如果一个人是Rh阴性血,也就是说他不带Rh因子,当他接受带有Rh因子的Rh阳性血液时,就会产生问题——导致红细胞凝集,因为Rh阴性血包含与Rh阳性细胞相对的Rh抗体。

Rh因子可以引起怀孕过程中的并发症。如果胎儿的Rh阳性血与母亲的Rh阴性血混合,母亲体内就会生成抗Rh因子抗体。当这位母亲再次怀孕时,这些抗体就会透过胎盘。如果第二个胎儿也是Rh阳性血,抗体就会摧毁胎儿体内的红细胞。现在,医学上已能通过一种物质阻止Rh阴性血的母亲生成Rh抗体,所以可以避免这些问题的发生。

循环系统疾病

血管、心脏和大脑的很多疾病都与循环系统相关。血凝块以及其他一些物质,比如堆积的脂肪,会阻碍动脉中氧气含量高、营养物质含量高的血流。医生将堵塞的动脉称作**动脉硬化(atherosclerosis)**。当血流减少或血管被堵塞时,心脏必须更加努力地泵血,这时血管就可能爆裂。

动脉硬化会导致心脏病发作或脑卒中。当血液无法到达心肌时,心脏病就会发作,这会对心脏产生损害,如果不及时治疗,甚至会致死。当给大脑供氧的血管中形成血凝块时,就会导致脑卒中。脑卒中会导致血管破裂,导致内出血,如**图34–9**所示。由于大脑细胞缺氧,部分大脑会丧失功能。

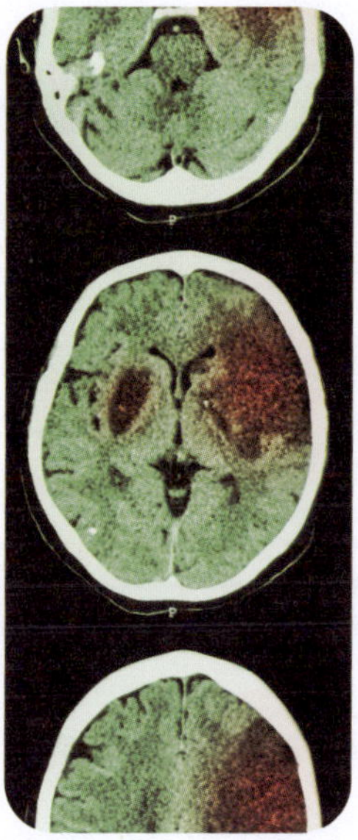

■ **图34–9** 脑卒中与大脑中的血管破裂相关,如图中红色区域所示。

第1节 测评

要点梳理

- 血管能在人体内运送重要的物质。
- 心脏上半部分由两个心房组成,下半部分由两个心室组成。
- 心脏将含氧量低的血液泵入肺部,并将含氧量高的血液泵至全身。
- 血液由血浆、红细胞、白细胞和血小板组成。
- 血液有四种类型:A型、B型、AB型和O型。

要点理解

1. 主要概念 **解释** 循环系统的主要功能。
2. **绘图**表示血液在心脏与人体之间的循环路径。
3. **比较**动脉和静脉的结构。
4. **总结**血液四种组成成分的功能。

批判性思维

5. **因果关系** 如果起搏器从大脑中接收了错误信息,将会发生什么?
6. **提出假设** 为什么锻炼能帮助人体维持健康的心脏?

生物中的 数学

7. 计算15秒内你的心脏跳动的次数。你的心率是每分钟多少?

第2节

本节预览

核心问题

- 内呼吸和外呼吸的区别是什么？
- 空气在呼吸系统中的流动路径是怎样的？
- 呼吸时人体内会发生什么变化？

术语回顾

ATP：给人体细胞提供化学能量的生物分子。

关键术语

呼吸
外呼吸
内呼吸
气管
支气管
肺
肺泡

呼吸系统

主要概念 **呼吸系统的主要功能是负责空气与血液以及血液与人体细胞之间的氧气和二氧化碳的交换。**

联系实际 在空气进入汽车发动机之前，空气过滤器会先过滤空气中的灰尘和其他一些颗粒物。这个过程既有助于防止发动机发生故障，也可以确保发动机内良好的空气流动。同理，你的呼吸系统也有与空气过滤器相类似的特点，这些特点能确保足量的洁净空气进入你的肺部。

呼吸作用的重要性

人体中的细胞需要氧气。之前我们学过，细胞中的氧气和葡萄糖反应可以生成含有大量能量的ATP分子，这些ATP分子是维持细胞代谢必不可缺的物质。这个生成ATP分子的过程就叫作细胞呼吸。细胞呼吸除了释放能量之外，也会释放二氧化碳和水。

呼吸和呼吸作用 呼吸系统通过给人体细胞提供氧气以及移除细胞中的二氧化碳来维持细胞呼吸。呼吸系统由两个过程组成——外呼吸和内呼吸。**呼吸（breathing）**是指空气进出肺部这个机械运动。**图34-10**展示了从肺部释放出来的空气进入外部空气这一现象。**外呼吸（external respiration）**是指空气与血液之间的气体交换，这一过程发生在肺部。**内呼吸（internal respiration）**是指血液与人体细胞之间的气体交换。

■ **图34-10** 在寒冷的冬天，人们能看到从肺部呼出的气体。

推断 *你吸入的气体和你呼出的气体有什么不同？*

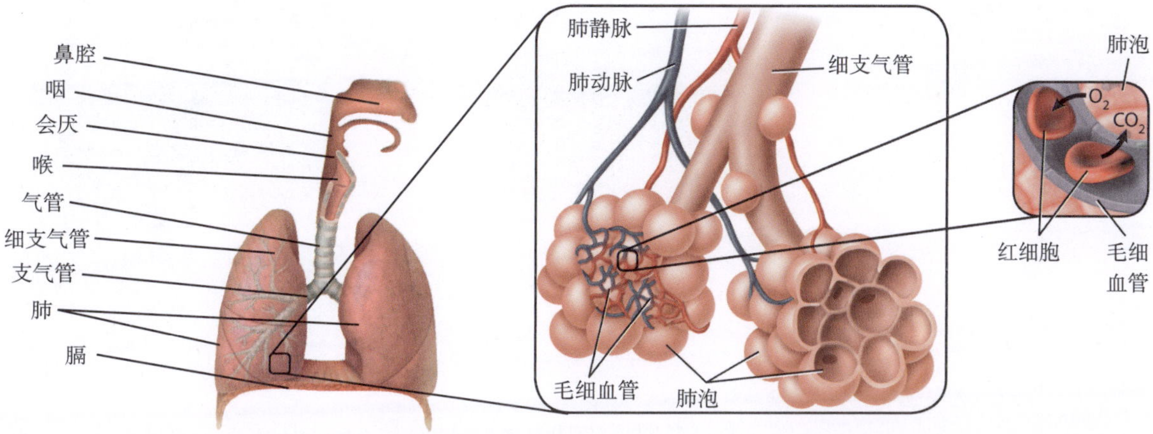

■ **图34-11** 空气进入肺泡，气体在肺泡中通过薄薄的毛细血管壁进行交换。

用图表示 *氧气从空气中进入肺泡的路径。*

空气流动的途径

呼吸系统由鼻腔、咽、喉、会厌、气管、肺、支气管、细支气管、肺泡和膈等组成。空气从外部环境进入肺部，并穿过肺部的肺泡，如**图34-11**所示。

首先，空气进入口腔或者鼻腔。鼻子里的鼻毛会过滤空气中的灰尘和其他一些较大的颗粒物。如**图34-12**所示，跟鼻毛结构相似的纤毛也排列在鼻腔通道和其他一些呼吸管中。纤毛会阻止空气中的杂质，并将它们扫向咽部，防止其进入肺部。鼻腔通道中位于纤毛下方的黏膜，如**图34-12**所示，在阻挡杂质的同时温暖和湿润空气。

然后，过滤后的空气就会流经位于喉咙上部的咽。会厌是盖在喉咙入口处的一片组织，它能防止食物颗粒进入呼吸道。会厌使空气通过喉部进入**气管(trachea)**。气管又分支成两条大管道，那就是通往肺部的**支气管(bronchus)**。**肺(lung)**是呼吸系统中最大的器官，气体之间的交换就发生在肺部。每根支气管又会分支成更小的管道，称为细支气管。细支气管还能分支成更小的管道，这些管道末端都与单个囊状结构相连，这些囊状结构就是**肺泡(alveolus)**。肺泡的管壁非常薄，大约只有一个细胞那么厚。肺泡四周都被极细的毛细血管环绕。

肺部气体交换 空气进入肺泡后，其中的氧气会穿过肺泡湿润的、极薄的管壁，进入毛细血管，然后再进入红细胞中。在内呼吸过程中，氧气被运输释放进人体的组织细胞中。同时，血液中的二氧化碳穿过毛细血管壁，扩散进入肺泡中，以便在外呼吸过程中返回外部空气。血液中的二氧化碳进入红细胞后就会变成碳酸，另外二氧化碳能够溶解在血浆中，并与血浆中的血红蛋白相结合。

■ **图34-12** 毛发似的纤毛排列在鼻腔中的黏膜上方。

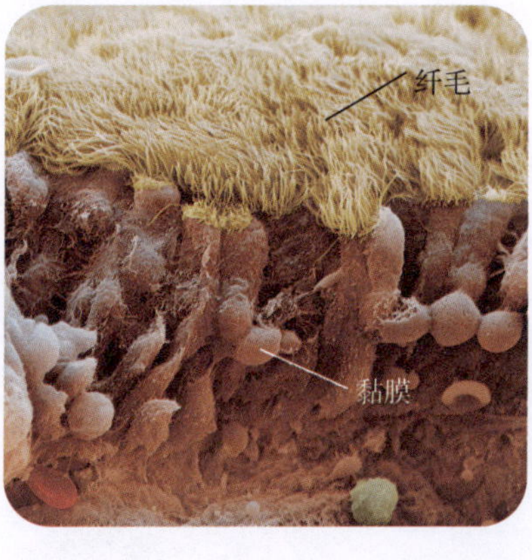

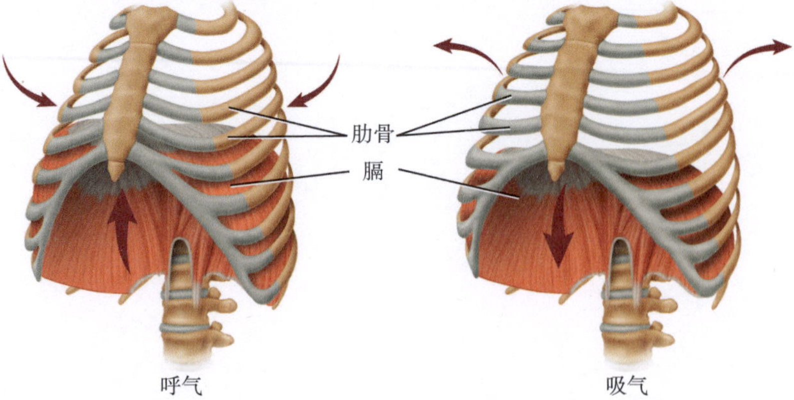

■ **图 34-13** 肋骨和膈在呼吸时会收缩和舒张。
分析 *呼吸时气压的作用。*

起步实验

回顾 根据你所学的有关呼吸作用的知识，你将如何回答本章开头“起步实验”中的问题？

呼吸

大脑能够调节人体的呼吸频率，当血液中的二氧化碳含量过高时，呼吸频率就会加快，以获取更多的氧气。

吸气是指将空气带入肺部。如**图 34-13**所示，在吸气过程中，膈会收缩。由于此时膈往下移动，胸腔就会扩大，使得空气进入肺部。在呼气过程中，膈舒张并回到原位。由于膈上移，胸腔变小，空气就在肺部产生的压力推动下自然地流出。观察**图 34-14**，学习循环和呼吸是如何协作为人体提供氧气并排出二氧化碳的。

迷你实验 2

认识因果关系

运动会影响新陈代谢吗？ 发生在人体细胞中的绝大多数化学反应构成了新陈代谢的主要内容。在这个实验中，你将探究运动会对循环系统和呼吸系统产生何种影响，并推断这又将如何影响新陈代谢。

实验步骤

1. 阅读并完成实验室安全表。
2. 记录10个同学每分钟心跳的次数和呼吸的次数。
3. 让这10个同学原地走5分钟。结束后，记录每个人每分钟的心跳及呼吸次数。
4. 在这些同学休息5分钟之后，让他们原地慢跑或者快走五分钟。然后记录每个人每分钟的心跳及呼吸次数。
5. 将结果画在坐标绘图纸上，横轴表示每分钟的呼吸次数，纵轴表示每分钟的心跳次数。

分析

1. **解释** 心率和呼吸次数这两个因变量之间有什么关系？
2. **得出结论** 运动是否会影响新陈代谢？为什么？
3. **提出假设** 为什么即使一些学生走路或者慢跑的时间相同，他们每分钟的心跳次数和呼吸次数也是不一样的。

图解气体交换

图 34–14
气体在肺部以及人体的组织细胞中进行交换。

在肺部，吸入的氧气进入毛细血管并被运输到体细胞中。二氧化碳离开毛细血管，然后从肺部被呼出。

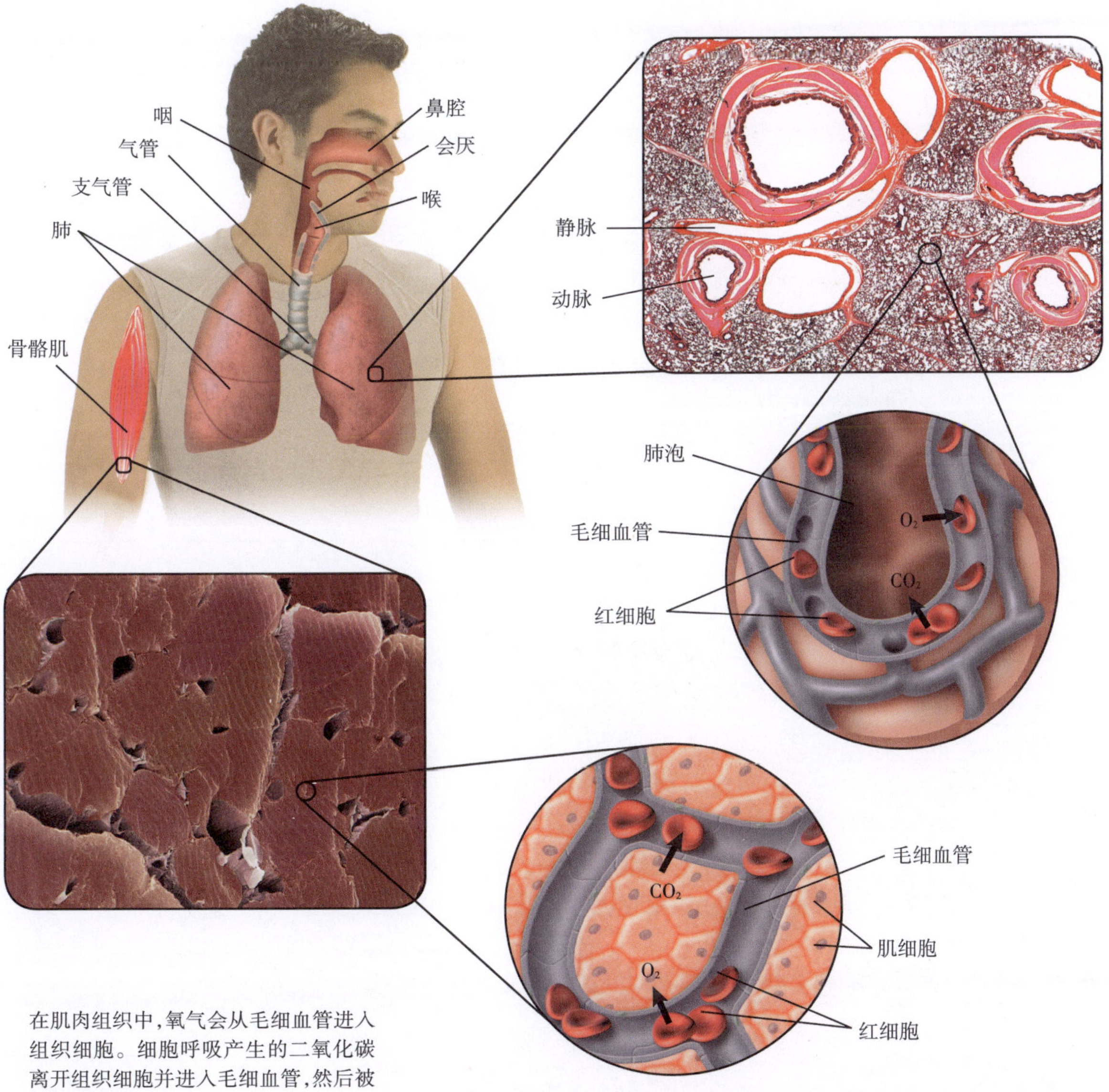

在肌肉组织中，氧气会从毛细血管进入组织细胞。细胞呼吸产生的二氧化碳离开组织细胞并进入毛细血管，然后被运送至肺部。

表34-2	常见的呼吸疾病
肺部疾病	简要说明
哮喘	呼吸道发炎，细支气管收缩
支气管炎	呼吸道感染，使人咳嗽并产生黏液
肺气肿	肺泡破裂，导致通过肺泡毛细血管进行气体交换所需的表面积减少
肺炎	肺部感染，使得肺泡堆积黏液
肺结核	某种特定的细菌感染了肺部，减弱了肺泡周围毛细血管的弹性，因此减少了空气与血液之间有效的气体交换
肺癌	肺部组织中不可控制的细胞增长会导致长期咳嗽、呼吸短促、哮喘或肺气肿，并且可能导致死亡

呼吸疾病

一些疾病会使呼吸系统感染、发炎，如**表34-2**所示。这些疾病会对组织造成损害，减弱气管和肺泡的功能。当这些组织受到损害时，呼吸就会变得困难。吸烟也会使呼吸组织慢性发炎，并且阻碍细胞进行新陈代谢。另外，有过敏反应的人暴露在像花粉这样能在空气中传播的物质中时，也会产生一些呼吸问题。

第2节 测评

要点梳理

- 位于肺部的肺泡是呼吸系统和循环系统之间进行气体交换的场所。
- 空气流动的途径始于口腔或鼻腔，止于肺泡。
- 吸气和呼气是将空气吸入以及排出的两个过程。
- 呼吸疾病会阻碍呼吸作用。

要点理解

1. 主要概念 **识别** 呼吸系统的主要功能。
2. **区分** 内呼吸和外呼吸。
3. **说明** 空气从鼻腔通道到血流中的流动途径。
4. **描述** 吸气和呼气的机制。
5. **推断** 呼吸系统如何弥补循环系统疾病带来的问题。
6. **描述** 呼吸系统的三种疾病。

批判性思维

7. **提出假设** 空气在到达肺泡之前变得温暖湿润，这能带来哪些好处？

生物中的 数学

8. 肺部肺泡组织的表面积大约为70平方米，比皮肤的表面积要大40多倍。那么，皮肤的表面积大约是多少呢？

第3节

本节预览

核心问题

- 人体中肾的功能是什么?
- 废物从肾小囊到尿道的排泄过程要经历哪些步骤?
- 肾脏中过滤和重吸收的区别是什么?

术语回顾

pH:溶液酸碱度的衡量标准。

关键术语

肾
尿素

排泄系统

主要概念 肾通过排出人体中的废物和多余的水分以及维持血液的pH来维持人体稳态。

联系实际 假设你正在整理你的卧室,你先把大件物品以外的所有东西移到走廊。然后你只把卧室中需要的东西搬回来,把不需要的东西放在走廊,以便日后处置。这个过程与肾过滤血液中的物质十分相似。

排泄系统的组成部分

人体会收集代谢产生的废物,如毒素、排泄物和二氧化碳。排泄系统会将这些毒素和废物从人体中排出。另外,排泄系统也会调节人体中的水盐含量,维持血液的pH。所有这些功能都有助于维持人体稳态。

排泄系统的组成部分包括肺、皮肤和肾,如**图34-15**所示。肺部主要排出二氧化碳。皮肤主要排出多余的水分和盐。但是,肾才是人体最主要的排泄器官。

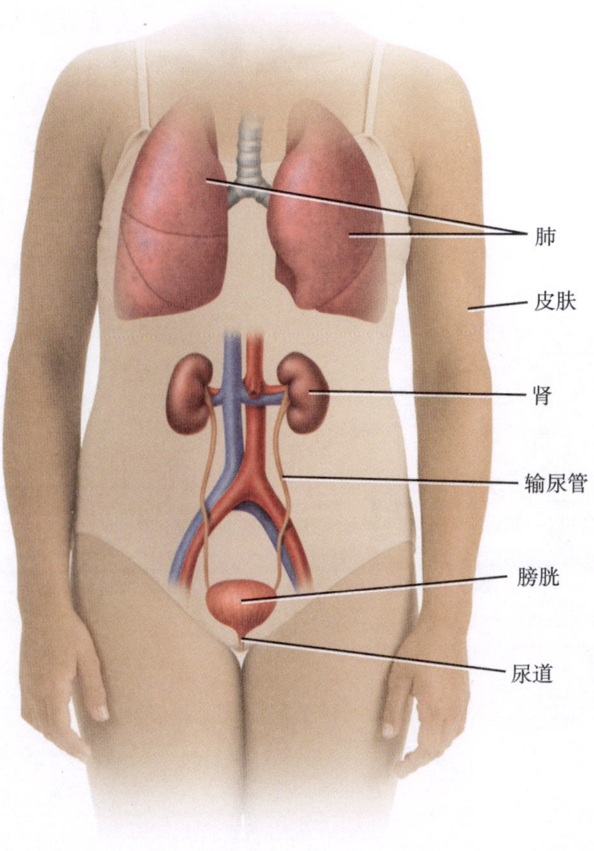

图34-15 排泄器官共同协作,将人体的废物排出。这些器官包括肺、皮肤和肾。

肾

如**图34–16**所示，**肾(kidney)**是两个形状像豆子一样的器官，它们可以过滤血液中的废物、水分和盐。肾被划分为两个不同的区域，如**图34–16**所示。肾的表面部分叫作肾皮质，内部区域叫作肾髓质。这两个部分都含有微管道和血管。肾的中央部分称为肾盂，负责收集尿液。请参考**图34–16**，了解肾主要由哪些部分组成。

肾单位的过滤作用 每个肾都包含大约100万个过滤单位，称作肾单位。血液通过一条被肾小球缠绕着的长长的管道进入每个肾单位。肾小球的四周包绕着一种叫作肾小囊的结构。

肾动脉将营养物质和代谢废物运送至肾，之后肾动脉就会分支成更小的血管，并最终到达肾小球中极细的毛细血管。毛细血管的管壁非常薄，但血流压力较高。由于这一压力，水及一些溶解在水中的物质，如含氮废物**尿素(urea)**，就会通过毛细血管壁渗出，进入肾小囊。红细胞和蛋白质等体积较大的分子不能从肾小球中滤过，所以留在了血液中。

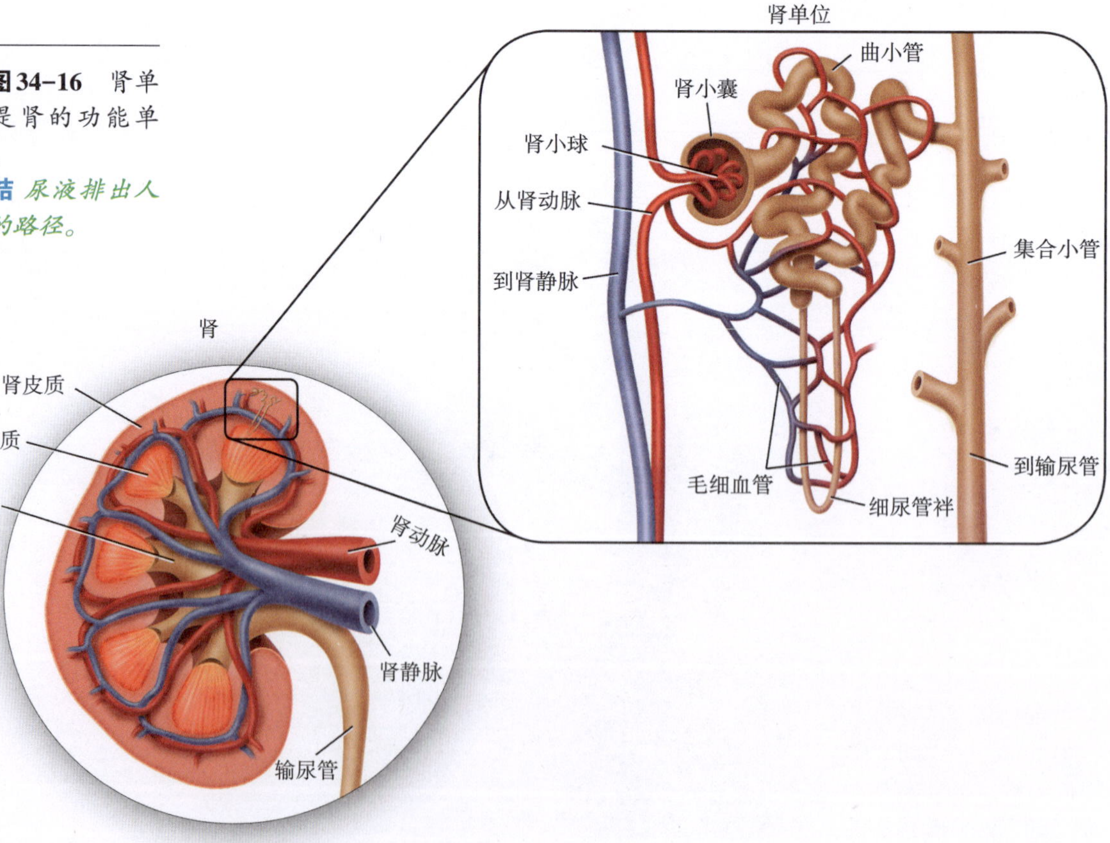

■ **图34–16** 肾单位是肾的功能单位。

总结 *尿液排出人体的路径。*

重吸收和尿的形成 肾小囊中收集的滤液会流过肾小管。肾小管由曲小管、细尿管袢和集合小管组成，如**图34-16**所示。很多流失的水分和有用的物质，比如葡萄糖和矿物质，会被围绕在肾小管周围的毛细血管再次吸收。这一过程称为重吸收。同时，毛细血管中多余的液体和有毒物质会进入集合小管。这些人体排泄物就叫作尿液。尿液通过输尿管离开肾，如**图34-16**所示。然后尿就会被储存在膀胱中，并通过尿道排出体外。

成人的肾每天大约过滤180升血液，但是只产生约1.5升尿。过滤和重吸收需要消耗大量的能量。尽管肾的质量大约只占人体的1%，但是它们消耗了人体所吸入氧气的20%～25%，以满足它们对能量的需求。

链接化学 肾通过调节人体的酸碱平衡维持血液的正常pH。我们之前学过，当人体中氢离子(H^+)含量过高时，pH就会降低。当血液pH过低时，肾会通过分泌氢离子和氨进入肾小管来提高人体的pH水平。肾也可以通过再次吸收缓冲液来降低人体的pH水平。因为人体的代谢过程所需的pH为6.5～7.5，所以肾就通过将pH水平保持在正常范围内来维持体内稳态。

与生物学相关的职业

泌尿科医生 泌尿科医生是指掌握男女泌尿系统专业知识的医生。他们的主要职责包括检查病人体证、进行实验测试、分析测试结果和检查结果以及医治损伤和疾病。

数据分析实验

基于真实的数据*

解释数据

极端情况如何影响人体平均每天的失水量？ 人体通过消化道吸收所需的水分。人体主要有三条流失水分的途径：通过肾排尿、人体排汗以及通过肺部排出。

批判性思维

1. **识别** 正常温度下使人体流失水分的主要器官是什么？
2. **提出假设** 为什么在运动时，通过出汗流失的水分要比通过排尿流失的水分多？
3. **计算** 右表中的三种情况下水分流失的比例。

数据和观察

表格显示了正常温度、高温以及大量运动情况下水分流失的数据。

人体平均每天的失水量(毫升)

器官	正常温度	高温	大量运动
肾	1500	1400	750
皮肤	450	1800	5000
肺	450	350	650

*数据来源：Beers, M. 2003. *The Merck Manual of Medical Information, Second Edition* West Point, PA.: Merck & Co. Inc.

■ **图34-17** 肾结石是由钙等矿物质构成的固体物质。

术语

阻碍

制约……的功能或者行为。

血液中的蛋白质浓度会阻碍人体器官生成更多的同类蛋白质。

肾疾病

有时候肾功能可能会因为感染或者疾病而受到阻碍或损害。肾功能受到损害时，人体就不能排出代谢废物，内部稳态就会被扰乱。

感染 肾感染的病症包括发烧、风寒以及中背部至下背部疼痛。肾感染通常从膀胱感染开始，然后蔓延到肾。肾梗死也会引起感染。如果感染得不到恰当的治疗，肾就会受到损伤，其功能可能会受到永久性损害。一般来说，抗生素对于治疗细菌性感染十分有效。

肾炎 另外一个常见于肾的问题就是肾炎。肾炎一般是由肾小球炎症或者肿痛引起的，如**表34–3**所示。很多原因都会导致肾小球炎症或肿痛，比如当血流中的大分子卡在了肾小球中。肾炎的病症包括血尿、人体组织肿胀和蛋白尿。如果肾炎不能自愈，病人就需要通过特定的饮食或处方药来治疗。

肾结石 肾结石是另外一种类型的肾病，如**表34–3**和**图34–17**所示。肾结石是一种形成于肾的像含钙化合物一般的结晶状固体。肾结石会引起剧烈疼痛。大的肾结石可以通过超声波粉碎成小块结石，然后排出人体。在一些情况下，大的结石可能需要通过手术才能移除。

人体其他疾病也会对肾造成损害。糖尿病和高血压是两种最常见的损害肾功能、导致肾衰竭的疾病。另外，一些处方药和违禁药物的使用也会损害肾。

表34–3 常见的排泄系统疾病

排泄疾病	简要说明
肾炎	肾小球炎症可以导致整个肾发炎。如果不进行治疗，肾炎会引起肾衰竭
肾结石	肾中形成的固体沉积物可能会通过尿液排出人体。较大的肾结石会堵塞尿流或刺激尿路内壁，引发感染
尿路堵塞	先天畸形会堵塞正常的尿流。如果不治疗，尿路堵塞就会对肾造成永久性的伤害
多囊性肾病	这是一种遗传病。患者肾内会长出很多充液囊肿。该病会损害肾功能，甚至导致肾衰竭
肾癌	细胞不可控地，通常会先从肾小管内的细胞开始。这会引起血尿或肾结石。癌细胞扩散时，还会影响其他器官，致人死亡

肾治疗

在肾衰竭变得明显之前，大部分肾功能可能已经丧失了。如果肾病得不到有效治疗，人体内的代谢废物就会堆积，导致癫痫、昏迷甚至死亡。现代医学为受损的肾功能或完全的肾衰竭提供了两种可能的治疗方法：透析和肾移植。

透析 在透析过程中，人工肾会帮助病人过滤其血液中的代谢废物和毒素。透析有两种不同的类型，**图34–18**解释了其中一种透析类型。血液会通过一台暂时用来过滤和清洁血液的机器。然后，过滤后的血液会流回病人的身体中。整个过程会持续3～4小时，病人每周需要做三次这样的透析。

在第二种透析类型中，患者腹部的薄膜（可简称腹膜）担当起了人工肾的作用。透析液会通过与人体相连的一根小管注射进腹腔内，患者体内含有的代谢废物和多余的水分会透过腹膜进入透析液里。之后可将含有代谢废物和多余水分的透析液从腹腔中导流出来。这一过程持续30～40分钟，病人需要每天都做这种类型的透析。

肾移植 肾移植是将捐献者健康的肾移植进患者身体的手术。类固醇和环孢菌素这样的药物能用来防止排异反应。环孢菌素是一种专门给受移植者准备的药物，有助于防止器官排斥。很多肾移植患者也需要降压药等来防止感染。

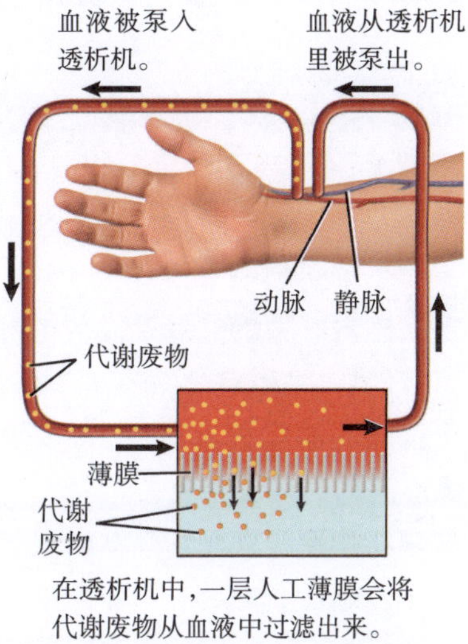

图34–18 透析是用来过滤病人血液中的代谢废物和毒素的。

第3节 测评

要点梳理

- 肾是人体主要的排泄器官。
- 肾单位是肾中独立的过滤单元。
- 过滤之后，水和重要的物质会被重新吸收进入血液。
- 肾会产生一种叫作尿的代谢废物。

要点理解

1. 主要概念 **解释**肾如何有助于维持人体稳态。
2. **绘图**表示代谢废物从肾小囊到尿道的排泄过程。
3. **对比与比对**肾单位中的过滤和重吸收作用。
4. **识别**三种类型的肾疾病。

批判性思维

5. **提出假设** 为什么肾功能衰竭后，如果不进行透析，人就会死亡？

科技 写作

6. 探究高蛋白饮食对排泄系统产生的影响，并以公益广告的形式来总结你的研究发现。

生物中的 数学

7. 计算人体每周产生的尿量。

生物学前沿

组织工程心脏

托马斯·马蒂森（Thomas Matthiesen），组织工程师，芝加哥，伊利诺伊州

心脏病是一个全球杀手，全世界超过2200万人患有心脏病。对于很多患有心脏衰竭的人而言，唯一的治疗方法就是心脏移植。但是，由于捐赠的器官极其短缺，大多数病人在等待健康心脏的时候就会死去。

科学能构建器官吗？ 在组织工程学这个相对而言较新的领域，科学家们正研究在实验室里培养新的人体组织的方法。他们希望通过组合支架和干细胞来生成新的人体组织。几乎在任何生物组织中都存在蛋白质支架，它是生物组织形状和结构的基础，也为生物组织提供了支撑。这个支架是细胞外基质的主要组成成分，它使细胞能够正常排列和运作。迄今为止，科学家已经通过堆积塑料薄片或者聚合物薄片制作出了支架，并把它们覆盖在细胞上。通过这种方法，科学家们成功制造了小血管、中空器官和二维心肌补片。

2008年，哈拉尔德·奥特医生和他的同事们发表了一篇文章，关于老鼠心脏的细胞外基质如何通过清洁剂灌注去细胞化处理的方法分离出来（**图34-19**）。这种技术能移除死尸器官中所有的细胞成分，但是同时能使其血管系统和三维结构保持完整。之后，动脉和静脉可以将营养物质传递到细胞中，细胞又可以通过再细胞化这一过程被安置到基质中。

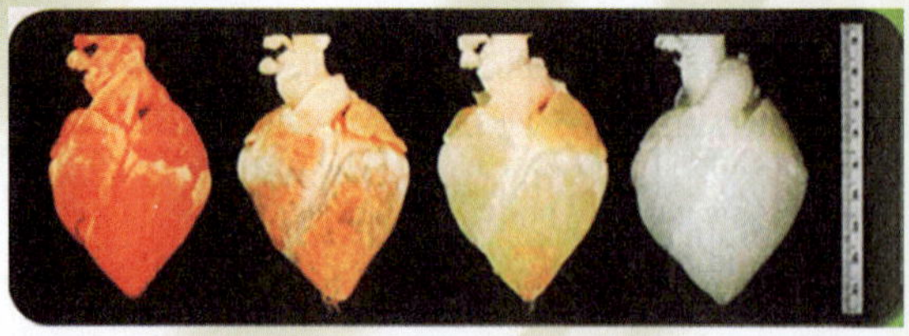

图34-19 清洁剂灌注去细胞化处理：最左边的图片是一颗刚从一只20千克的猪身上分离出来的心脏。随着时间的变化，细胞慢慢被移除，只剩下去细胞化的细胞外基质（最右边）。图中的比例尺以厘米为单位。拍摄：托马斯·马蒂森

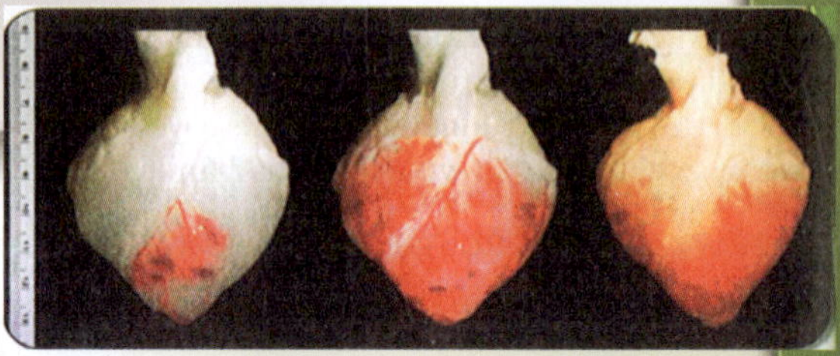

图34-20 整颗心脏再细胞化：左边和中间的这两张图描绘了细胞刚刚被放入图34-19所示的去细胞化的心脏基质中的情景。7天后，再细胞化仍在进行中（最右边图）。图中的比例尺以厘米为单位。拍摄：托马斯·马蒂森和沙玛。

一个重要的里程碑 2006年4月10日，奥特和马蒂森第一次发现，当他们把未成熟的心肌细胞放回细胞外基质并且开始传递营养物质和少量电荷时，这个再细胞化的心脏竟然开始跳动了！这些生物兼容性支架使利用病人自己的干细胞来制造出一个为其量身定制的器官成为可能。

这表明病人的免疫系统不会将通过生物工程制造出来的器官当作外来物体并对其产生排异反应。

展望未来，组织工程学为人类提供了很多希望，但同时还有很多不确定性。要想让细胞、支架和生物反应器的功能尽可能优化，科学家必须在接下去几年内进一步研发这一技术。

科技 写作

研究 探究器官捐赠的短缺状况，尤其是心脏捐赠的情况。怎样的器官才符合捐赠要求并能被移植？

生物实验室

网络：做出积极健康的选择

背景：遗传和生活方式的选择都会影响人们的健康状况。要想达到最佳的健康水平，我们需要在很多方面做出明智的选择，包括运动、营养、药物使用、压力管理等。由于人体系统通过共同运作才能维持人体稳态，当其中一个系统发生变化时，人体健康就会受到影响。在这个实验中，你将设计一份报告，主要是关于“特定的健康选择将对人体系统的功能产生什么影响”。

问题：生活方式的选择如何影响循环系统、呼吸系统和排泄系统的功能？

实验器材

选择适合你设计的报告的材料。这些材料可能包括：学校图书馆或教室内的资源。

设计与实施实验

1. 阅读并完成实验室安全表。
2. 列出你想在报告中涵盖的信息大纲。这些信息需要包括特定的健康选择如何影响呼吸系统、循环系统和排泄系统。
3. 使用你在本章实验中收集的资源和数据来判断特定的健康选择对人体产生的影响。
4. 选择一种报告媒介，比如多媒体、视频、海报或小册子。你选择的媒介要能吸引特定的受众。
5. 与你的目标受众分享你的报告。如果这实现起来有点困难，那就与你的同班同学或学校里的其他人分享你的报告。
6. 使用教师提供的评估标准来评价你所设计的报告的有效性。

实验分析和结论

1. **描述** 你设计的报告的目标受众是谁？你要如何修改你报告所包含的信息来锁定这些受众？
2. **总结** 确定你的报告中最重要的观点。
3. **解释** 你所描述的健康选择对不同的人体系统将会产生何种影响？
4. **评价** 你认为你的报告将会对你的目标受众产生影响吗？请解释。
5. **反思** 如何才能提高你的报告的有效性？

社区参与

设计 从你的报告中选择一个或多个有助于健康的行为。设计一份调查问卷来收集你的目标受众对这些行为的选择。如果可能，借助网络向你所在社区的居民发放问卷，并收集数据。

第34章 复习指南

内容聚焦 稳态 循环系统、呼吸系统和排泄系统通过调节血液的pH以及人体内代谢废物和氧气的含量来维持生命所需的条件。

大概念 这些系统共同协作，通过给人体细胞输送营养物质并排出人体中的代谢废物来维持稳态。

第1节 循环系统

动脉
毛细血管
静脉
瓣膜
心脏
起搏点
血浆
红细胞
血小板
白细胞
动脉硬化

主要概念 循环系统通过血液把氧气等重要物质运送到人体的各个细胞，并将细胞中的二氧化碳等代谢废物排出。

- 血管能在人体内运送重要的物质。
- 心脏上半部分由两个心房组成，下半部分由两个心室组成。
- 心脏将含氧量低的血液泵入肺部，并将含氧量高的血液泵至全身。
- 血液由血浆、红细胞、白细胞和血小板组成。
- 血液有四种类型：A型、B型、AB型和O型。

第2节 呼吸系统

呼吸
外呼吸
内呼吸
气管
支气管
肺
肺泡

主要概念 呼吸系统的主要功能是负责空气与血液以及血液与人体细胞之间的氧气和二氧化碳的交换。

- 位于肺部的肺泡是呼吸系统和循环系统之间进行气体交换的场所。
- 空气流动的途径始于口腔或鼻腔，止于肺泡。
- 吸气和呼气是将空气吸入以及排出的两个过程。
- 呼吸疾病会阻碍呼吸作用。

第3节 排泄系统

肾
尿素

主要概念 肾通过排出人体中的废物和多余的水分以及维持血液的pH来维持人体稳态。

- 肾是人体主要的排泄器官。
- 肾单位是肾中独立的过滤单元。
- 过滤之后，水和重要物质会被重新吸收进入血液。
- 肾会产生一种叫作尿的代谢废物。

第34章 测评

第1节

术语回顾

将下列定义与“复习指南”中的术语匹配起来。

1. 运输含氧量高的血液的血管
2. 与血管修复有关
3. 刺激心脏收缩

要点理解

4. 血液会通过(　　)离开心脏。

　A. 主动脉　　B. 毛细血管

　C. 肺　　D. 肺静脉

根据下图，回答第5题和第6题。

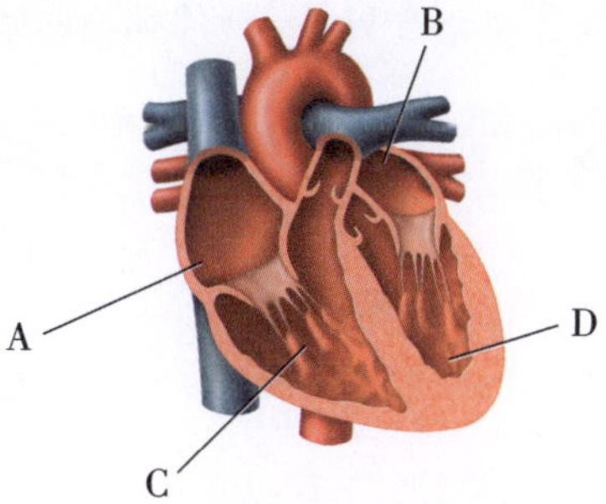

5. 上图中代表右心室的是(　　)。

　A. A　　B. B

　C. C　　D. D

6. 含氧量高的血液会先进入(　　)。

　A. A　　B. B

　C. C　　D. D

7. 如果一个A型血的青少年在一次车祸中受伤，需要输血，那么他可以接受的血液类型是(　　)。

　A. A型血

　B. A型血或者O型血

　C. AB型血

　D. O型血

8. 循环系统中的单向瓣膜位于(　　)。

　A. 动脉　　B. 静脉

　C. 毛细血管　　D. 白细胞

9. 当你手上被划开一道口子，血液中的(　　)能积极抵抗可能引发的疾病。

　A. 血浆　　B. 红细胞

　C. 血小板　　D. 白细胞

回答问题

10. 主要概念　区别心房和心室的功能。

根据下图，回答第11题。

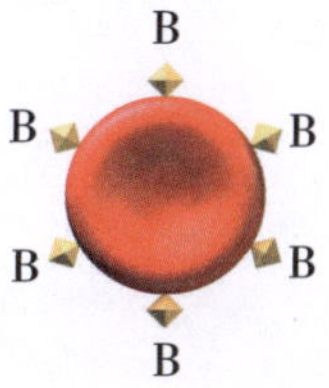

11. **简要回答**　一个人的血型如上图所示。那么他在输血过程中可以接受哪种类型的血液？请解释。

批判性思维

12. **提出假设**　心脏内含有两个泵血系统，比起两个分开的泵血器官，心脏这样的结构有哪些好处？

13. **推论**　在A型、B型、AB型和O型血中，哪种血型在紧急情况下对医务人员而言是最有价值的？请解释原因。

第2节

术语回顾

使用“复习指南”中的术语来回答以下问题。

14. 外呼吸发生在哪个结构中？

15. 血液和人体细胞之间的气体交换称为什么？

16. 空气流经的哪一部分属于气管的分支？

要点理解

根据下图，回答第17题和第18题。

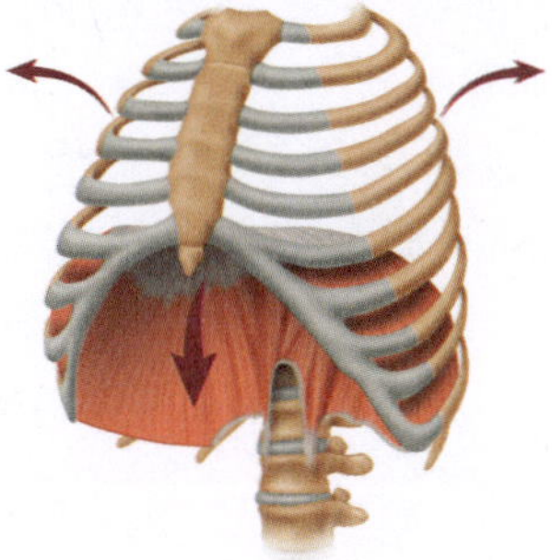

17. 上图代表(　　)过程。

A. 吸气

B. 呼气

C. 细胞呼吸

D. 过滤作用

18. 当肌肉收缩时，上图中会下移的结构是(　　)。

A. 支气管

B. 膈

C. 咽

D. 肋骨

19. 下列过程发生在腿部的组织内的是(　　)。

A. 过滤作用　**B.** 呼吸

C. 外呼吸　**D.** 内呼吸

20. 下列过程会由膈上移引起的是(　　)。

A. 细胞呼吸　**B.** 呼气

C. 吸气　**D.** 内呼吸

21. 下列气体是人体中大多数细胞都需要的是(　　)。

A. 硫　**B.** 氢气

C. 二氧化碳　**D.** 氧气

22. 如果一个人每分钟呼吸12次，那么他一天大约要呼吸(　　)。

A. 1000次

B. 10000次

C. 17000次

D. 1000000次

回答问题

23. 简要回答 区分哮喘、支气管炎和肺气肿。

根据下图，回答第24题。

24. 简要回答 描述上图所示结构的功能。在人体哪一部位能找到这些结构？

批判性思维

25. 主要概念 **提出假设** 在运动时，相比于正常速率的呼吸，深呼吸能带来什么好处？

第3节

术语回顾

复习“复习指南”中的术语。使用这些术语回答以下问题。

26. 肾单位位于哪里？

27. 尿液中能发现哪些代谢废物？

要点理解

28. 细尿管袢位于(　　)。

A. 肾小管　**B.** 肾小球

C. 肾小囊　**D.** 尿道

29. 内容聚焦 稳态 下列肾功能可以保存人体中水分的是(　　)。

A. 吸收　**B.** 重吸收

C. 过滤作用　**D.** 呼吸

30. 以下过程能使葡萄糖重新返回血液中的是(　　)。

A. 排泄　**B.** 重吸收

C. 过滤作用　**D.** 呼气

根据下表，回答第31～33题。

肾中一些物质的重吸收			
化学物质	通过肾过滤的总量（克/天）	通过肾排出的总量（克/天）	过滤后被重吸收的百分比（每天）
葡萄糖	180	0	100
尿素	46.8	23.4	50
蛋白质	1.8	1.8	0

31. 根据上表的数据可知，肾每天会重吸收（　　）尿素。

A. 0.5克　　**B.** 23.4克

C. 46.8克　　**D.** 50.0克

32. 根据上表数据可知，肾中的葡萄糖（　　）。

A. 被重吸收进血液

B. 被永久地从血液中过滤掉了

C. 在肾中起到肌酸酐的作用

D. 在肾中起到尿素的作用

33. 蛋白质不会被肾单位过滤掉的原因是（　　）。

A. 集合管道太小了

B. 蛋白质不能被过滤

C. 蛋白质从来没有进入过肾单位

D. 蛋白质被肾单位重吸收了

回答问题

34. 主要概念　解释肾中过滤作用和重吸收的区别。

35. **开放式回答**　推测为什么肾需要那么多能量才能运作。

批判性思维

36. **与生物学相关的职业**　制作一张问题表，列出人们可能会问泌尿科医生的一些泌尿系统问题。

总结性测评

37. 大概念　循环系统和呼吸系统会向人体细胞传递什么重要物质？为什么这些物质非常重要？列举人体通过排泄系统排出的两种代谢废物。

38. 科技 **写作**　循环系统就像你的家乡、你所在的城市或郊区的公路系统一样。请再为循环系统构想一个类比。

资料分析题

下表比较了五个实验对象的体内循环状况（五个实验对象的体重、年龄、性别都是一样的）。实验对象A的所有数据都在正常范围之内，但其他四个对象的数据都不是很正常。

实验对象	血液中的血红蛋白（Hb）含量（Hb/100毫升血液）	动脉血液中的氧气含量（毫升O_2/100毫升血液）	静脉血液中的氧气含量（毫升O_2/100毫升血液）
A	15	19	15
B	15	15	12
C	8	9.5	6.5
D	16	20	13
E	15	19	18

数据来源：Macey, R. 1968. *Human Physiology*. Englewood Cliffs, NJ: Prentice Hall.

39. 哪个实验对象可能正在遭受饮食性缺铁的困扰？请解释。

40. 哪个实验对象可能居住在高海拔、大气含氧量低的区域？请解释。

标准化测试

选择题

1. 当肌动蛋白被朝向肌节中心拉动时，骨骼肌(　　)。
   A. 会收缩
   B. 会生长
   C. 会舒张
   D. 会拉伸

根据下图，回答第2题和第3题。

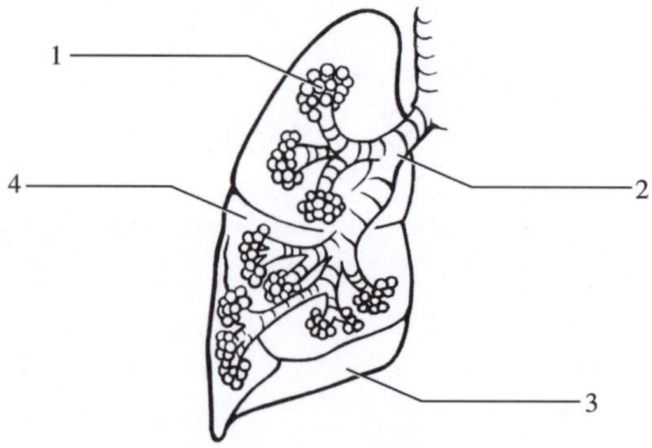

2. 呼吸系统的(　　)部分含有过滤空气中颗粒物质的毛发。
   A. 1
   B. 2
   C. 3
   D. 4

3. 气体交换发生在上图中的(　　)位置。
   A. 1
   B. 2
   C. 3
   D. 4

4. 下列是操作性条件反射的例子的是(　　)。
   A. 当一只狗听到铃声时，它会流口水
   B. 一匹马渐渐地习惯了街上的噪声
   C. 一个新生儿会对出生后第一次见到的动物产生感情
   D. 一只老鼠学会了通过拉动杠杆来获取食物

5. 下列属于育幼行为的是(　　)。
   A. 群体中的某只动物发现了一个捕食者，然后警告了群体中的其他动物
   B. 一只雌猩猩照顾了它的幼崽三年
   C. 一只雄性孔雀在一只雌性孔雀面前开屏
   D. 一只松鼠对另一只松鼠吱吱叫，以赶走它

使用下表，回答第6题。

肌肉类型	功能
骨骼肌	与骨骼相连，它会收缩紧绷，使肢体运动
平滑肌	排列在中空器官内，比如胃、肠、膀胱和子宫内
心肌	

6. 上表中没有功能描述的肌肉类型位于(　　)。
   A. 心脏
   B. 肾
   C. 血管
   D. 淋巴管

7. 下列属于副交感神经刺激下的结果的是(　　)。
   A. 心率降低
   B. 黏液生成减少
   C. 消化活动增加
   D. 瞳孔扩大

8. 下列特征与哺乳动物的恒温状态直接相关的是(　　)。
   A. 四腔心脏
   B. 高代谢率
   C. 产奶量
   D. 羽毛中的信号装置

简答题

根据下图，回答第9题和第10题。

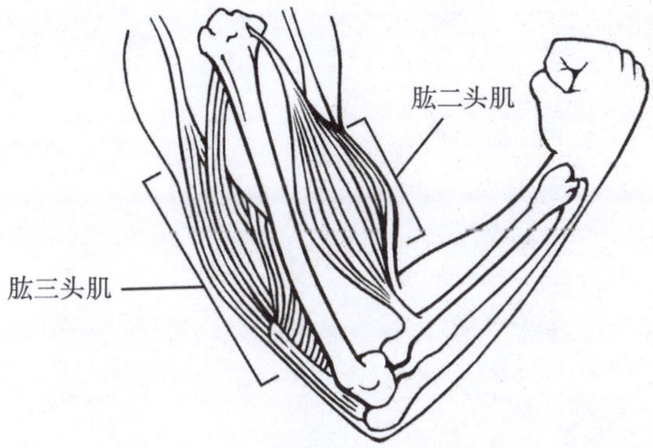

9. 描述肱二头肌和肱三头肌是如何使手臂运动的。
10. 解释为什么肌肉总是以拮抗组排列。
11. 一些药物会增加神经突触中多巴胺的含量。列举其中的一种药物，并说明多巴胺含量升高与该药物对人体产生的副作用有何关联？
12. 使用表格梳理关于自主神经系统和躯体神经系统的知识。在表格中列出反应的类型以及受影响的系统，并举一例说明。
13. 单孔目动物是在某些方面与爬行动物相类似的哺乳动物。将单孔目动物的特征中与爬行动物或哺乳动物相类似的那些进行分类。
14. 肌萎缩侧索硬化（ALS）是一种极其罕见的疾病，它会使人体内的运动神经元失去髓鞘。你认为ALS患者在患病初期有哪些病症？
15. 解释肾单位如何过滤血液。

开放题

根据下图，回答第16题。

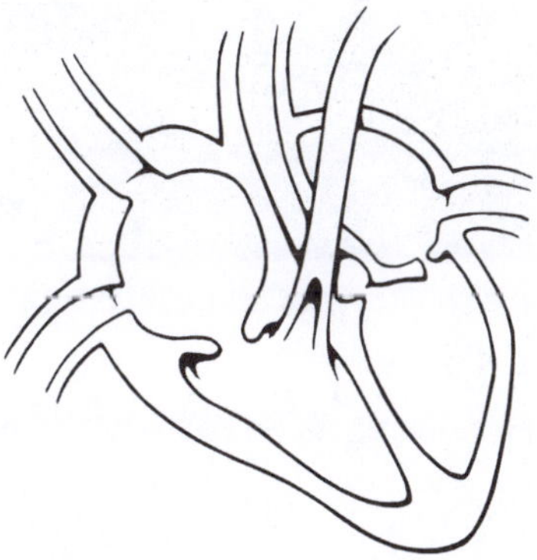

16. 上图显示了哺乳动物的四腔心脏。写一段说明，解释四腔心脏在含氧血的循环过程中的作用。
17. 对比植物的顶端分生组织和侧生分生组织。
18. 显微镜的诞生使科学家能发现以前从来没见过的成百上千的微生物组织。使用这个例子来区分技术的进步与科学的进步，并以书面报告的形式呈现出来。

论述题

人体神经系统由一系列复杂的自主反应、不自主反应以及活动组成。这些不同类型的反应随着人类的进化而进化，以更好地帮助人类生存。

利用上文中的信息，以论文的形式回答下列问题。

19. 根据你所知道的不同类型的神经系统反应，写一篇有条理的论文来解释人体中不同类型的非自主反应对人类生存起到何种作用。

考点提示																			
测试题号	1	2	3	4	5	6	7	8	9	10	11	12	13	14	15	16	17	18	19
对应章节	32.3	34.2	34.2	31.1	31.2	32.3	33.2	30.1	32.3	32.3	33.4	33.2	22.1	33.1	34.3	30.2	22.1	1.2	33.2

第35章

消化系统和内分泌系统

起步实验

胃蛋白酶如何帮助消化?

胃里的酸性消化液中含有胃蛋白酶。在这个实验中,你将探究胃蛋白酶在消化过程中的作用。

步骤

1. 阅读并完成实验室安全表。
2. 准备三支试管,并分别标上标签。
   A:15 mL水
   B:10 mL水、5 mL盐酸
   C:5 mL水、5 mL盐酸、5 mL胃蛋白酶溶液
3. 用小刀将煮熟鸡蛋的蛋白切成豌豆粒大小。
4. 在三支试管中加入等量的蛋白。预测各支试管的消化相对量。
5. 将试管置于孵化器内一夜,温度保持在37 ℃,第二天记录观察结果。

分析

根据消化量排列三支试管。根据观察结果,描述胃蛋白酶及pH在消化蛋白质中的作用。

折叠式学习卡

制作一张如下图所示的折叠表格,使用这张表格来记录关于激素的笔记。

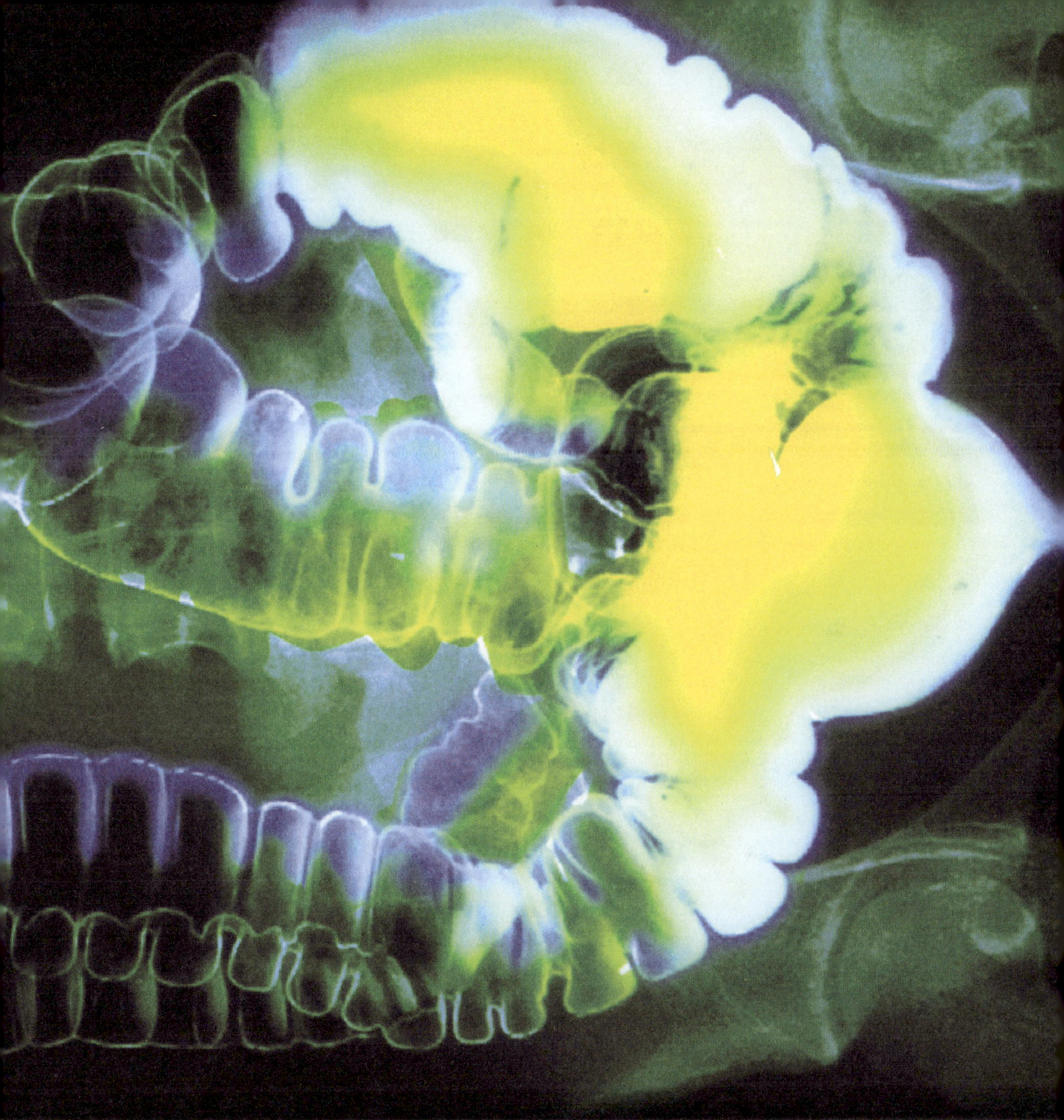

内容聚焦 稳态

内分泌系统中的负反馈能维持人体稳态。

大概念 消化系统通过分解食物来为人体提供能量和营养物质。内分泌系统能够产生调节人体功能的激素。

第1节

消化系统

本节预览

核心问题

- 消化系统有哪三个主要功能?
- 消化系统由哪些结构组成?它们的功能分别是什么?
- 什么是化学消化?

术语回顾

营养物质:食物最重要的组成成分,能够为人体的生长和机体功能提供能量与物质。

关键术语

机械消化
化学消化
淀粉酶
食管
蠕动
胃蛋白酶
小肠
肝
绒毛
大肠

主要概念 **消化系统能够分解食物,以便人体吸收其中的营养物质。**

联系实际 在人的平均生命周期里,大约有45吨食物会通过人体的消化系统。这些食物需要穿过长约9米的消化道。当食物通过这条长长的管道时,会发生什么呢?

消化系统的功能

消化系统有三个主要的功能。首先,消化系统能够摄取食物;然后将其分解,以便人体吸收其中的营养物质;最后,消化系统会排出不能被消化的物质。请参考**图35–1**和**图35–2**学习消化系统的结构和功能。

消化 假设周五晚上,你和朋友相约去吃比萨。你咬了一口比萨,然后开始咀嚼。接下来,你的身体将会如何消化这片比萨呢?

机械消化(mechanical digestion)包括咀嚼食物,将其分解成更小的部分。机械消化也包括胃中平滑肌的运动以及小肠搅拌食物。**化学消化(chemical digestion)**包括食物中的大分子被酶分解为更小的物质这一过程,这些小的物质能被人体细胞吸收。酶是能加速生物反应的蛋白质,当你咀嚼比萨时,唾液中的**淀粉酶(amylase)**就开始将淀粉分解为糖类,这就是一种化学分解。

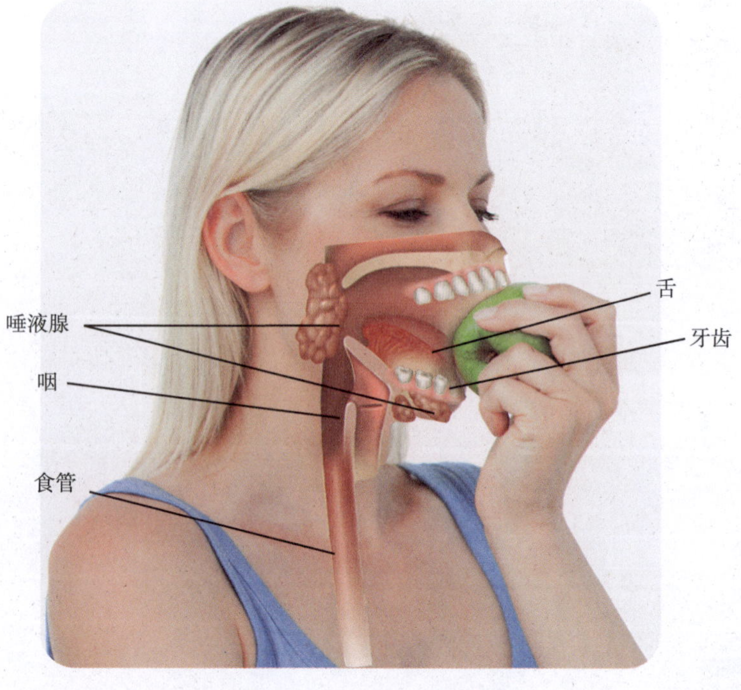

■ **图35–1** 机械消化始于口腔。唾液腺分泌唾液,使食物保持湿润,开始化学分解过程。食物通过咽进入食管中。

食管 当舌头把咀嚼过的食物推到口腔的后部时，就会刺激吞咽反射的发生。食物被舌头推入食管的上部。**食管（esophagus）**是连接咽和胃的一根肌肉管道，如**图35-2**所示。食管壁上排列着平滑肌，它们通过有节奏的**蠕动（peristalsis）**使食物在消化系统中移动。蠕动发生在整个消化道中。即使一个人倒立着，食物也照样能够由食道朝着胃移动。

当人在吞咽食物的时候，会厌这一小片软骨是盖住气管的。如果这个开口没有闭上，食物就会进入气管，使人呛咳。人体会通过咳嗽反射尝试着将食物排出，防止其进入肺部。

当食物离开食管，它就会通过括约肌这种环形肌肉进入胃。位于食管和胃之间的括约肌是贲门括约肌。胃壁由三层重叠的平滑肌组成，它们都与机械消化有关。当肌肉收缩时，它们会进一步磨碎食物，并将它们与胃内壁上的腺体产生的分泌物混合在一起。

链接化学 我们之前学过，pH是用来衡量溶液的酸碱度的。胃内部的环境呈很强的酸性。胃腺分泌酸性溶液，将胃内部环境的pH降低到2左右，这与柠檬汁的酸度差不多。如果位于胃上端的括约肌有任何渗漏，胃酸就可能会返回食管，引起常见的“胃灼热”。

胃内部的酸性环境有利于**胃蛋白酶（pepsin）**的活动。胃蛋白酶是一种帮助分解蛋白质的酶。位于胃内壁的细胞能够分解黏液来保护胃免受胃蛋白酶和其内部酸性环境的伤害。尽管大部分吸收发生在小肠内，但是像酒精、阿司匹林这样的物质会被排列在胃内壁的细胞吸收。当胃空置时，它的容量大约是50毫升。而当胃充满食物时，它的容量可以扩张到2～4升。

胃壁肌肉层能够收缩并推动食物继续在消化道中移动。**图35-3**展示了小肠内部的蠕动过程。

阅读检测 **比较** 发生在口腔中的消化和发生在胃内部的消化。

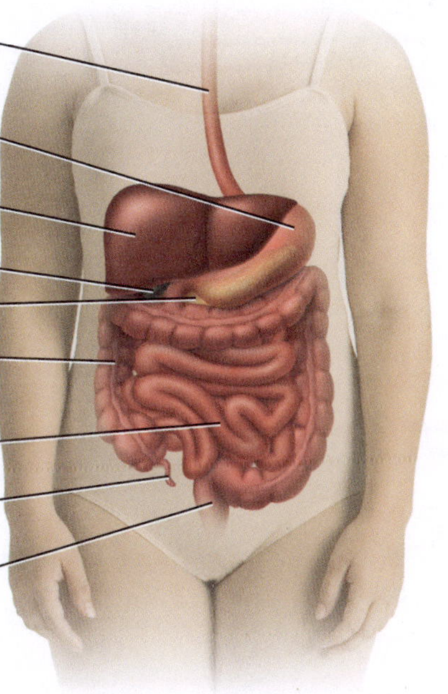

图35-2 食管从咽延伸至胃，大约长25厘米。
描述 为什么人类被归为体腔动物？

图35-3 在蠕动过程中，消化道管壁中的平滑肌会收缩。

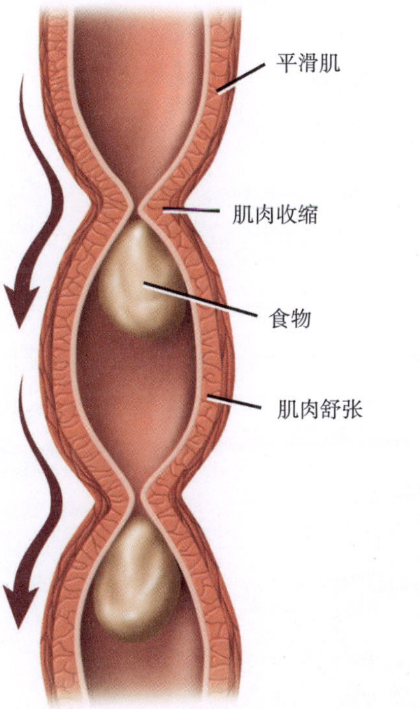

■ **图35-4** 小肠的化学消化取决于肝、胰和胆囊的活动。

讨论 *化学消化过程中这些器官的重要性。*

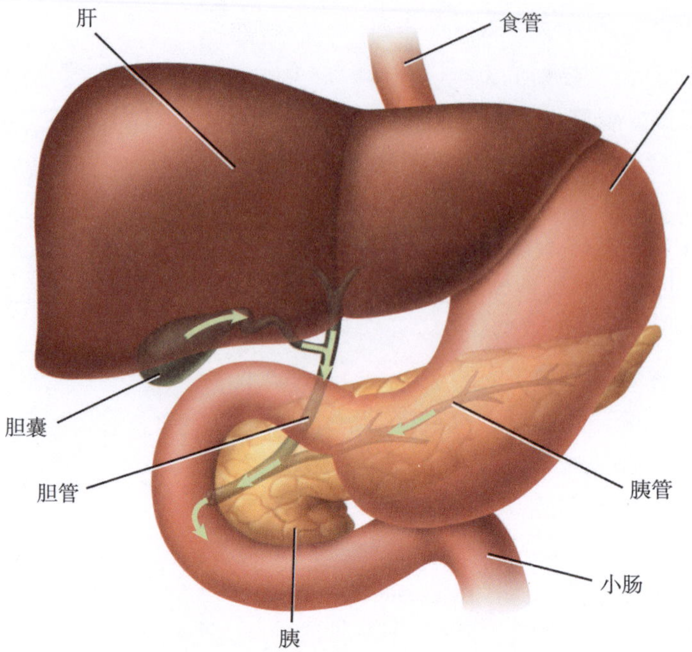

学习小贴士

排序 与同伴合作，利用笔记复习消化系统中各个器官的排列顺序。然后，不看笔记，尝试复述这些器官的顺序。同伴之间通过相互提问促进深度学习。

小肠 **小肠(small intestine)**大约长7米，是消化道中最长的部分。它之所以叫作小肠，是因为相比于直径为6.5厘米的大肠，它的直径只有2.5厘米。小肠管壁中的平滑肌会继续促进机械消化，并通过蠕动进一步让食物在消化道中移动。

小肠中的化学消化取决于三个附属器官——胰、肝和胆囊，如**图35-4**所示。胰有两个主要功能，第一是分泌消化糖类、蛋白质和脂肪的酶；第二就是分泌激素，这将会在本节后面学习。胰通过分泌一种碱性液体将小肠内部的pH提高到7左右，这为酶的活动创造了有利的环境。

肝(liver)是人体内最大的器官。它能分泌帮助分解脂肪的胆汁。肝脏每天能分泌大约1升胆汁，多余的胆汁会被储存在胆囊中，需要时再进入小肠。**图35-5**中显示的胆结石是一种在胆囊中形成的胆固醇结晶。

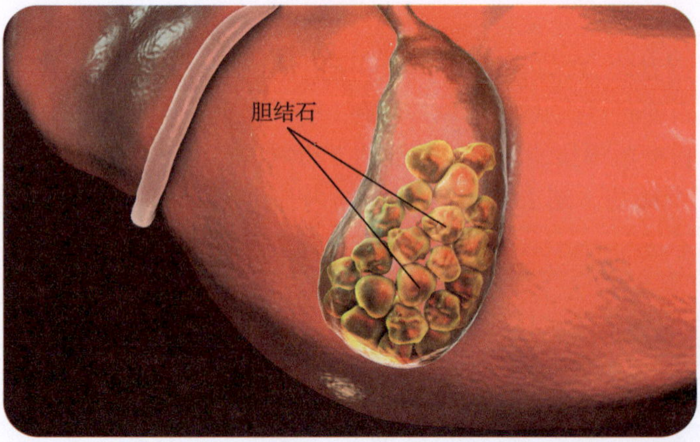

■ **图35-5** 胆结石会阻碍胆汁的流动。注意这个胆囊的核磁共振图像中的胆结石。

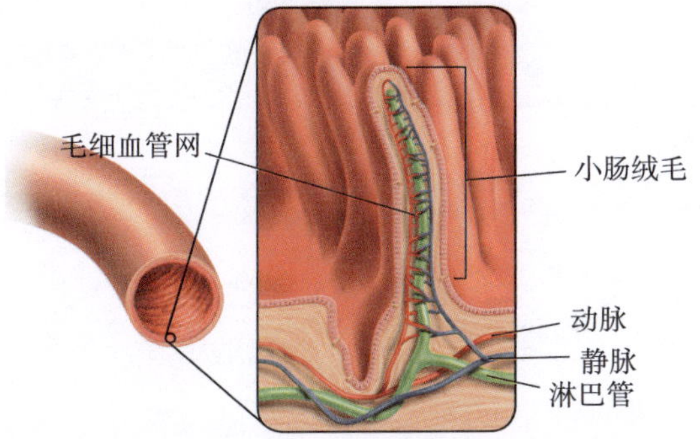

■ **图 35-6** 小肠绒毛是排列在小肠内壁上的细指状延伸物。营养物质扩散进入绒毛中的毛细血管内，然后通过血液循环到达人体各处的细胞。

化学消化以及食物中的营养物质从小肠进入血液这两个过程都必须经过**绒毛(villus)**这个细指状结构。如**图 35-6** 所示，小肠绒毛极大地增加了小肠的内表面积，使得小肠的表面积如同一个网球场一样大。

请根据**图 35-1** 和**图 35-2**，回顾食物在消化系统中的运动。消化过程一旦完成，剩下的呈现半流体状态的食物，即食糜，就会进入大肠中。食糜由不能被消化或不能被小肠绒毛吸收的物质组成。

迷你实验 1

探究脂肪的消化

胆汁和胰液会对消化产生什么影响？ 脂肪不溶于水，人体通过分泌胆汁来解决这一问题。胆汁是一种能消化脂肪的化学物质，并且有助于脂肪分子与小肠中的水溶液混合。在本次实验中，你将探究脂肪的分解。

步骤

1. 阅读并完成实验室安全表。
2. 熟悉实验步骤并且建立一份数据表。
3. 将3支试管标上号码。在每根试管中滴入5毫升植物油和8～10滴酚酞试剂，然后摇晃。如果试管中的液体没有变成粉红色，再一滴一滴地加入氢氧化钠溶液，直至试管中的液体变成粉红色。
4. 在一个250毫升容量的烧杯中加入125毫升水，并加热至40℃左右。
5. 按如下步骤操作，然后用塞子将试管口封住。
   试管A：加入5毫升蒸馏水，少量胆汁；
   试管B：加入5毫升胰液，少量胆汁；
   试管C：加入5毫升胰液。
6. 摇晃试管，混合试管中的物质，然后将它们轻轻地放置在烧杯中。记录下你观察到的现象。
7. 将试管中的物质倒入指定的容器中进行处理。

分析

1. **分析** 试管中颜色的变化表明了什么？是什么造成了这种变化？
2. **得出结论** 根据你的实验结果，得出结论。描述胆汁和胰液在消化过程中的作用。

表35-1	消化时间	
消化结构	主要功能	食物存在于该结构中的时间
口腔	机械消化和化学消化	5～30秒
食管	运输(吞咽)	10秒
胃	机械消化和化学消化	2～24小时
小肠	机械消化和化学消化	3～4小时
大肠	吸收水分	18小时～2天

大肠 **大肠(large intestine)**是消化道的末端部分，长约1.5米，包含结肠、直肠和一个小的囊状附属器官——阑尾。尽管目前的研究表明阑尾没有什么作用，但是如果它发炎或者肿胀，就会导致阑尾炎。如果阑尾发炎，就很有可能需要通过手术来将其摘除。

结肠中有一些有益细菌，这些细菌会生成可供人体利用的维生素K和维生素B。

结肠的主要作用是吸收食糜中的水分。不能被消化的食物就会变成食物残渣(粪便)。结肠蠕动将粪便送到直肠，使直肠管壁舒张。这个过程能使直肠中的括约肌舒张，然后粪便就会通过肛门排出体外。根据**表35-1**，复习消化系统中每个结构的功能以及消化过程中食物存在于该结构中的时间。

第1节 测评

要点梳理

- 消化系统有三个主要功能。
- 消化可以分为机械消化和化学消化。
- 大多数营养物质都是在小肠中被吸收的。
- 附属器官通过分泌酶和胆汁帮助消化。
- 结肠能吸收食糜中的水分。

要点理解

1. 主要概念 **描述**食物分解的过程。通过分解食物，其中的营养物质才能被人体吸收。
2. **分析**机械消化和化学消化的区别。解释为什么化学消化是人体所必需的。
3. **总结**消化系统的三个主要功能。
4. 如果小肠内壁没有绒毛，而是完全光滑，分析会产生什么结果。

批判性思维

5. **设计**一个实验来验证pH对于不同类型食物的消化过程产生的影响，并收集相关数据。

生物中的 数学

6. 一罐碳酸饮料大约含有354毫升液体。将其与空胃的容积进行比较，并给出一个比例。
7. **解释**为什么消化系统中的pH会发生变化。举例说明这些变化的重要性。

第2节

本节预览

核心问题

- 在不同强度的活动中，人体大约需要摄入多少热量才能维持正常的体重？
- 人体如何利用蛋白质、糖类和脂肪？
- 维生素和矿物质在维持人体稳态中扮演了什么角色？
- 你如何运用食物金字塔和食品标签来培养健康的饮食习惯？

术语回顾

氨基酸：蛋白质的基本组成单位。

关键术语

营养
维生素
矿物质

营养学

主要概念 **特定的营养物质对于人体功能的正常运行至关重要。**

联系实际 有句话这么说："健康是吃出来的。"你认为这句话是什么意思？大多数时候，你都能自由选择自己想吃的东西。但是，你的选择必然会带来一定的结果，因为你吃的东西会影响到你现在以及未来的健康。

热量

营养（nutrition）吸收是指人体摄入并且吸收食物中的营养成分的过程。食物为维持人体体重提供基本物质与能量。人体每天从食物中摄入的能量总量应不少于人体每天消耗的能量。

食物中所含的能量可用热量单位——焦耳（J）来衡量。将1 mL的水升高1℃，所需的能量即为4.2 J。一些含有脂肪的食物比另外一些含有更高的热量，一般说来，1 g脂肪所含的热量为37.8 J，而1 g碳水化合物或蛋白质所含的热量为16.8 J。**表35–2**比较了不同活动消耗的平均能量。

表35–2 活动和平均消耗的能量

活动	每小时消耗的能量（J）	活动	每小时消耗的能量（J）
棒球	1179	徒步旅行	2359
篮球	2359	曲棍球	2283
骑车	1004～1715	慢跑	3095～3847
越野滑雪	2927	滑冰	1255
橄榄球	2258	足球	2258

■ **图35-7** 你的身体每天都需要这些富含糖类的食物。

糖类

谷物、意大利面、土豆、草莓和米饭中都富含糖类。之前我们学过，葡萄糖、果糖等是存在于水果和糖果中的单糖。多糖是很长的糖链，如淀粉。**图35-7**所示的食物都有很高的淀粉含量，一些蔬菜也有较高的淀粉含量。

多糖能在消化道中被分解为单糖，单糖会被小肠中的绒毛吸收，然后进入毛细血管，并通过全身循环为细胞提供能量。多余的葡萄糖会以糖原的形式储存在肝脏中。纤维素，有时也叫作膳食纤维，是另一类存在于植物性食物中的多糖。尽管人体不能分解纤维素，但是它仍然非常重要，因为它有助于保持食物在消化道中移动，并且有助于排泄体内废物。麸、全麦面包和豆类中都含有丰富的纤维素。

阅读检测 **比较**单糖和多糖。

■ **图35-8** 一般的烹调方法会增加脂肪含量较低的食物中的饱和脂肪。这就是为什么相比黄油，橄榄油是更好的烹调选择。

脂肪

适量的脂肪是健康饮食的重要组成部分。脂肪是人体最集中的能量来源，也是人体的组成部分之一。脂肪也能保护一些内部器官，并通过提供能量、储存和运输某些维生素来维持人体内稳态。但是，并不是所有的脂肪都是有益的。

链接健康 之前我们学过，脂肪可以根据它们的化学结构被分为饱和脂肪和不饱和脂肪。肉类、芝士以及其他乳制品都是饱和脂肪的主要来源。饱和脂肪含量高的饮食可能会使人体内胆固醇的含量升高，引发一些心脏疾病。植物性食物是不饱和脂肪的主要来源。尽管过多摄取任何一类脂肪都可能会使体重增加，但是不饱和脂肪并不会引发心脏疾病。

一般来说，在室温下，饱和脂肪呈固体，不饱和脂肪呈液体。**图35-8**所示的橄榄油中饱和脂肪的含量要比黄油少，这就是为什么在室温下，橄榄油仍呈现液态。脂肪能在小肠中被消化，并且被分解成脂肪酸和甘油。脂肪酸通过小肠绒毛被吸收，通过血液在全身循环。

蛋白质

我们已经学过，蛋白质是所有细胞的基本组成部分，氨基酸是蛋白质的基本组成单位。酶、激素、神经递质和质膜受体只是人体中一部分重要的蛋白质。

在消化过程中，蛋白质会被分解成氨基酸。氨基酸进入血液并被运送到不同的体细胞中。这些体细胞通过蛋白质合成，将氨基酸组合成人体结构及功能所需的蛋白质。

人类需要20种不同的氨基酸来合成蛋白质，人体自身只能生成12种生命活动所需的氨基酸，另外8种重要的氨基酸必须从食物中摄取。动物产品，如肉类、鱼、家禽、鸡蛋和乳制品，含有这8种重要的氨基酸。蔬菜、水果和谷类中也含有氨基酸，但是没有任何一种植物性食物可以包含这8种重要的氨基酸。然而，某些特定的组合，如**图35–9**所示的豆类和大米这样的组合，就能提供人体所需的所有重要的氨基酸。

■ **图35–9** 豆类和大米这个组合能为人体提供所有重要的氨基酸。

解释 *为什么食用含有氨基酸的食物十分关键。*

我的晚盘

2005年，美国农业部公布了新的营养建议——"我的餐盘"，取代了1992年以来一直被认为是营养风向标的食物金字塔。**图35–10**展示了"我的餐盘"的其中一个版本。请注意图中橘色部分和绿色部分要比紫色部分和黄色部分的范围广。这个"餐盘"想要传递的信息是，相比于肉类和油脂的营养，人类更需要来自谷物和蔬菜的营养。

■ **图35–10** 美国农业部于2005年公布的"我的餐盘"能帮助你选择适合你的食物种类以及合适的食物量。

维生素和矿物质

除了糖类、脂肪和蛋白质之外，人体还需要维生素和矿物质才能正常运作。**维生素(vitamin)**是有机化合物，新陈代谢活动需要少量的维生素。很多维生素都有助于酶的正常运作。一些维生素能在体内合成。例如，维生素D是皮肤中的细胞生成的；一些B族维生素和维生素K是由生活在大肠内的细菌生成的。但人体无法生成足够的维生素，均衡的饮食能提供人体所需的维生素。一些维生素是脂溶性的，它们能被肝脏和人体脂肪组织少量吸收。其他维生素是水溶性的，不能在人体中储存。我们的饮食中应包含那些能提供维生素的食物。

矿物质(mineral)是一种无机化合物，人体通常把矿物质作为构建材料，它们通常也与新陈代谢活动相关。比如，生成血红蛋白需要铁这种矿物质。我们之前学过，氧气能与红细胞中的血红蛋白结合，并随着血流在全身循环。另外一种矿物质钙则是骨骼的重要组成成分。

维生素和矿物质都是健康饮食的重要组成部分。**表35-3**列出了一些重要的维生素和矿物质、它们的作用以及来源。人们可以在市面上买到一些维生素。但是，如果摄入的维生素的量超过每天所需的量，就可能会对人体造成伤害。这种情况下，就应该先咨询医生。

与生物学相关的职业

注册营养师 注册营养师通过告诉人们如何在饮食上做出健康的选择来帮人们解决各种各样的健康问题。

数据分析实验

基于真实的数据*

数据比较

食物上的标签可靠吗？在美国农业部人类营养学研究中心所做的一项研究中，科学家称量了99种包装出售的食物的质量。

数据和观察

表格对比了食物包装标签上所标的质量以及它们的实际质量。

食 物	标签上的质量（克）	实际质量（克）
谷物，带有葡萄干的麸片(1盒)	39	54.2
谷物，补充营养的烤谷物(1盒)	23	39.6
曲奇，巧克力夹心(1包)	57	67
迷你丹麦酥，苹果味(每份一块)	35	44.8
迷你甜甜圈，上面覆盖巧克力(4个)	100	116.5

*数据来源：Conway, J.M., D.G. Rhodes, and W.V. Rumpler. 2004. Commercial portion- controlled foods in research studies: how accurate are label weights? *Journal of the American Dietetic Association* 104: 1420–1424.

批判性思维

计算曲奇实际的质量与所标的质量相差的百分比。

表 35-3　**一些维生素和矿物质的主要作用**

维生素	在人体中的主要作用	可能的来源	矿物质	在人体中的主要作用
A	● 保护视力 ● 保护皮肤和骨骼的健康		Ca	● 加固牙齿和骨骼 ● 传导神经
D	● 骨骼和牙齿的健康		P	● 加固牙齿和骨骼
E	● 加固红细胞的质膜		Mg	● 合成蛋白质
B_2（核黄素）	● 加固红细胞的质膜		Fe	● 合成血红蛋白
叶酸	● 合成红细胞 ● 合成DNA和RNA		Cu	● 合成血红蛋白
B_1（硫胺素）	● 参与糖类代谢		Zn	● 愈合伤口
B_3（烟酸）	● 参与新陈代谢		Cl	● 维持水分平衡
B_6（吡哆醇）	● 参与氨基酸代谢		I	● 合成甲状腺激素
B_{12}	● 合成红细胞		Na	● 传导神经冲动 ● 平衡pH
C	● 合成胶原蛋白		K	● 传导神经冲动 ● 收缩肌肉

图 35-11 观察图中食品的营养成分表。

营养成分

每份总量：2杯（452 g）
每容器份量数：1

每份量			
总热量 140		脂肪热量	54
			每日量值百分比
总脂肪 8 g			12%
饱和脂肪			30%
胆固醇 20 mg			7%
钠 1640 mg			68%
总碳水化合物 22 g			7%
膳食纤维 5 g			20%
糖 5 g			
蛋白质 6 g			
维生素A	50%	维生素C	4%
钙	2%	铁	2%

* 每日量值百分比依照8 400 J的食量而定，
你个人的每日量值或许会略高或略低，在于
你对热量的需求而定：

	总热量	2,000	2,500
总脂肪	少于	65 g	80 g
饱和脂肪	少于	20 g	25 g
胆固醇	少于	300 mg	300 mg
钠	少于	2,400 mg	2,400 mg
总碳水化合物		300 g	375 g
纤维		25 g	30 g

每克热量：
脂肪 9 * 碳水化合物 4 * 蛋白质 4

营养标签

类似**图 35-11** 所示的商业化包装的食品都会提供营养标签，这些标签是基于每天的饮食标准，尤其有助于控制脂肪和钠的摄入。脂肪和钠都只能适量摄取。美国食品药品监督管理局规定食品标签需要列出以下信息：

- 食品名称
- 净重或净含量
- 制造商名称和地址、经销商或者包装商
- 原料
- 营养成分

第 2 节 测评

要点梳理

- 食物中的能量用焦耳来衡量。
- 营养物质的三种主要类别为糖类、脂肪和蛋白质。
- 糖类是人体能量的主要来源之一。
- 脂肪和蛋白质能为人体提供能量，并且是人体重要的组成部分。
- 维生素和矿物质对于正常的新陈代谢是必不可少的。
- 食物金字塔和食品标签是有助于你健康饮食的工具。

要点理解

1. 主要概念 **解释**维生素和矿物质在维持人体稳态过程中所起的作用。
2. **推荐**一些素食主义者应在其饮食中添加的营养物质。
3. **解释**为什么记录摄入以及消耗的能量对于维持人体的正常生命活动非常重要。

批判性思维

4. **总结** 通过记录你每天的饮食来总结你一天内摄入的能量。比较你每天摄入的能量和你每天消耗的能量。

科技写作

5. 为你所在学校的报纸写一篇短文，内容为关于平衡饮食所需的食物。

第3节

本节预览

核心问题

- 内分泌腺有哪些功能？
- 内分泌系统在维持人体稳态中起到什么作用？
- 人体中调节激素水平的反馈机制是什么？

术语回顾

稳态：以维持生命为目的的有机体内部环境的调节。

关键术语

内分泌腺
激素
垂体
甲状腺素
降钙素
甲状旁腺素
胰岛素
胰高血糖素
醛固酮
皮质醇
抗利尿激素

内分泌系统

主要概念 **激素反馈机制调节着人体内的各个系统。**

联系实际 在开车的时候，司机通常都会保持一个稳定的速度。当车速比正常速度快或慢的时候，发生车祸的概率就会升高。相似地，激素也必须维持在适当的水平才能维持人体稳态。

激素的作用

内分泌系统由一系列腺体组成，是人体的通信系统。**内分泌腺(endocrine gland)**能够分泌激素，然后这些激素释放进入血流中，传递到人体细胞内。**激素(hormone)**是作用于特定靶细胞和组织以使其产生特定反应的一种物质。根据不同的结构和作用机制，激素可以分为类固醇激素和非类固醇激素，非类固醇激素也叫氨基酸激素。

类固醇激素 雌性激素和睾丸激素是类固醇激素的两种类型。这两类激素都会影响人类的生殖系统。如**图35-12**所示，所有的类固醇激素都能促使靶细胞合成蛋白质。

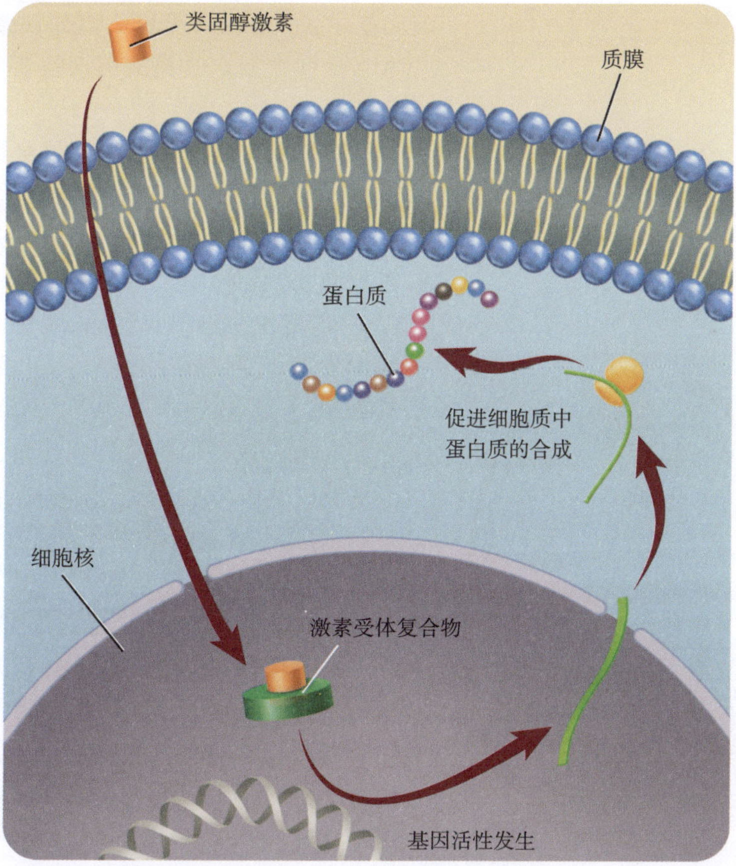

■ **图35-12** 类固醇激素穿过质膜，与细胞内的受体结合，然后促进蛋白质合成。

■ **图35-13** 氨基酸激素在进入细胞之前会与质膜上的受体相结合。

解释 *氨基酸激素和类固醇激素之间的区别。*

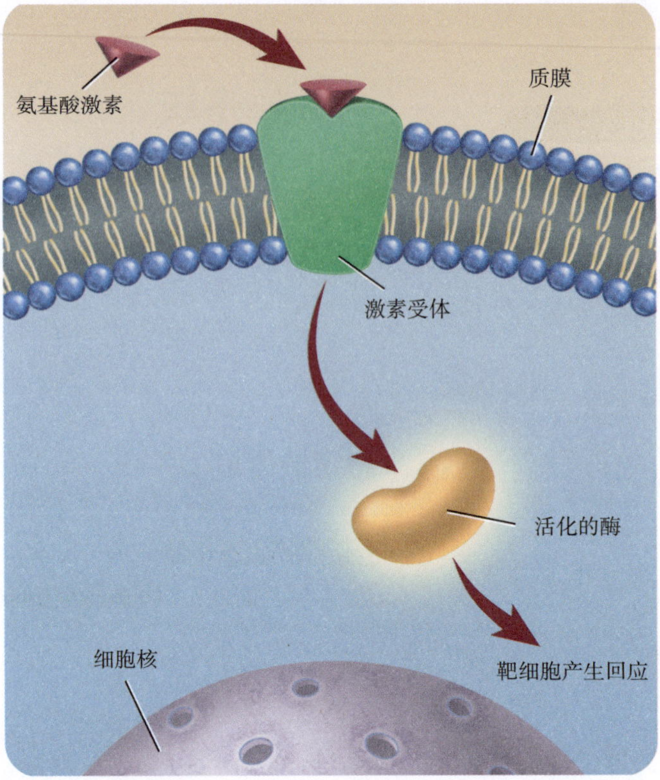

类固醇激素能溶解在油脂中,因此它们能穿过靶细胞的质膜进行扩散。一旦进入靶细胞,它们就会与细胞中的受体结合。然后激素与受体的复合物就能与细胞核中的DNA结合在一起,激活特定的基因。

氨基酸激素 胰岛素和生长激素是氨基酸激素的两种类型。顾名思义,这些激素是由氨基酸组成的。氨基酸激素必须与靶细胞质膜上的受体相结合,因为它们无法穿过质膜进行扩散。一旦激素与受体相结合,受体就能激活细胞内的酶。这通常会促进某个生化过程,并最终使细胞产生预期的反应,如**图35-13**所示。

■ **图35-14** 根据感知到的室内温度与设置温度之间的关系,恒温箱会打开或关闭。

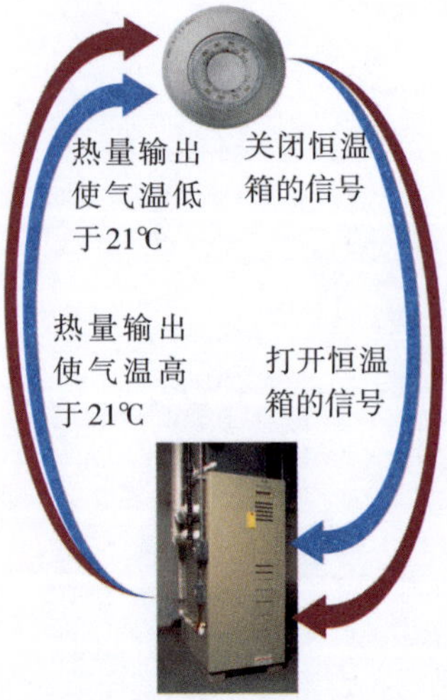

负反馈

人体稳态是通过一种叫作负反馈的内部反馈机制来维持的。当系统过度偏离它的设置点时,负反馈就能将系统恢复至设置点状态。于是,系统就能在特定范围内变化。你可能早就已经非常熟悉你家里的某个负反馈系统了,如**图35-14**所示。

比如,房内的温度可能一直维持在21℃左右。房里的恒温器能够感知温度。当温度下降至21℃以下的时候,恒温器就会给热源发送信号,使其开始运作,产生更多的热量。当温度上升至21℃以上的时候,恒温器会再一次给热源发送信号,使其停止运作。热源在室温下降至21℃以下之前都不会再运作。由于这个过程可以无限循环,所以负反馈常常被描绘成一个圆环。

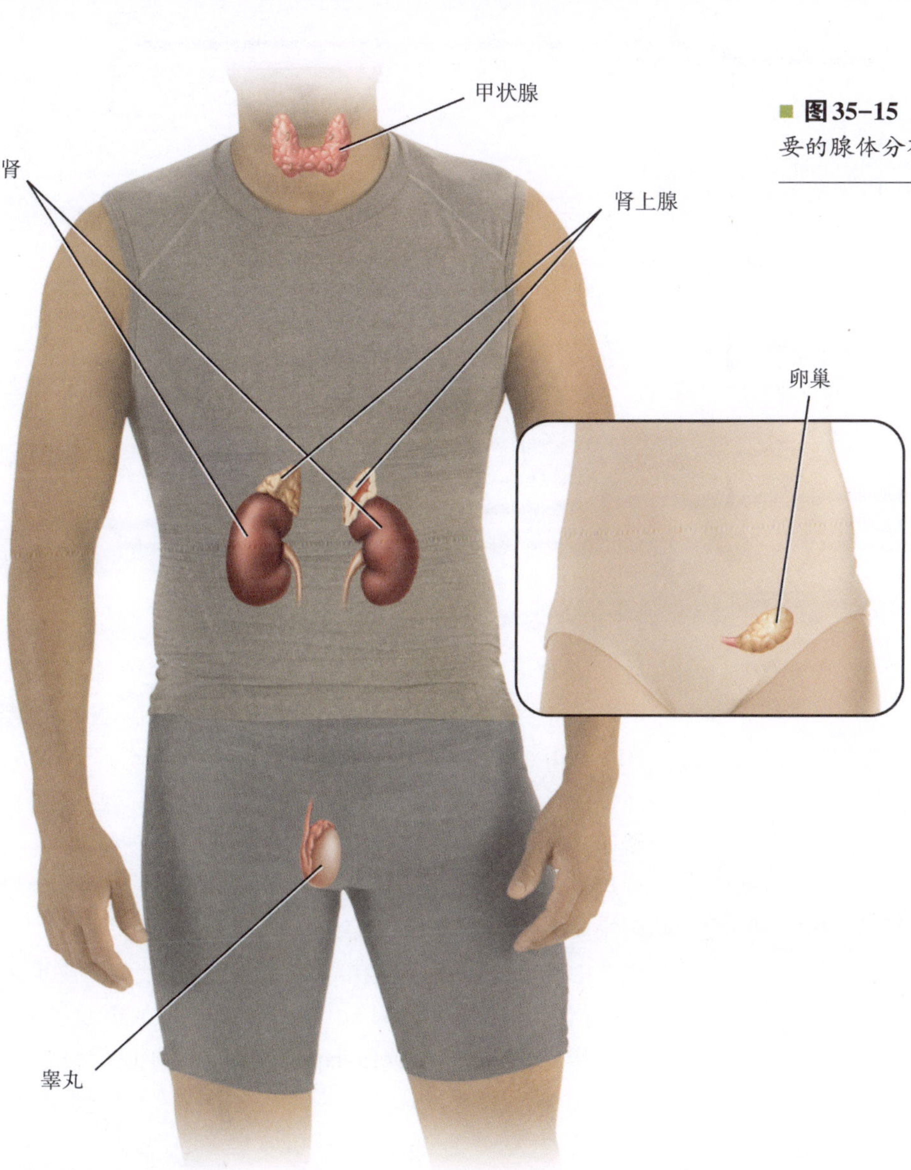

■ **图35-15** 内分泌系统主要的腺体分布在人体全身。

内分泌腺及其激素

如**图35-15**所示，内分泌系统包括所有能分泌激素的腺体，包括垂体、甲状腺、甲状旁腺、肾上腺、胰腺、卵巢、睾丸、松果体和胸腺。

垂体 垂体位于大脑下方，如**图35-16**所示。垂体有时候会被称为“主腺”，因为它能够调节人体的许多功能。尽管很小，但是它是最重要的内分泌腺。**垂体（pituitary gland）**分泌的激素不仅能调节人体功能，还能调节其他内分泌腺，如甲状腺、肾上腺、睾丸和卵巢。

一些垂体激素只作用于特定的组织而不作用于特定的器官。人类生长激素通过促进肌肉组织和骨组织中的细胞分裂来调节人体的身体发育。人类生长激素在幼儿期和青春期尤其活跃。

■ **图35-16** 垂体位于大脑下方。垂体的直径大约为1厘米，重0.5～1克。

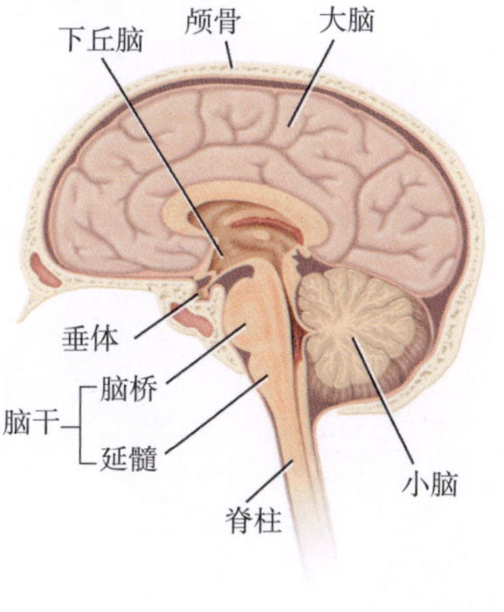

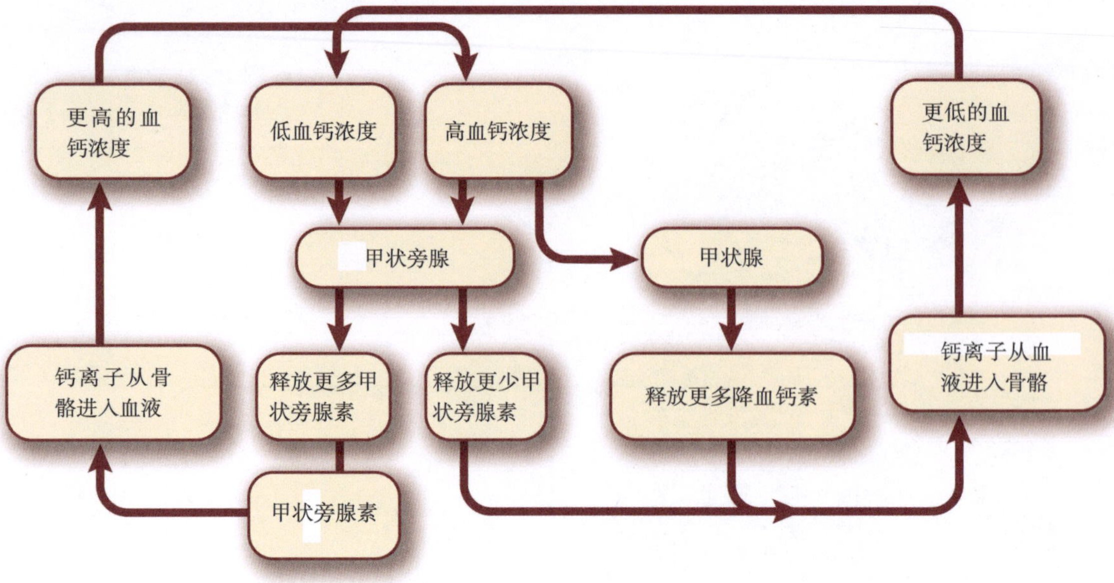

■ **图 35-17** 甲状旁腺素(PTH)和降钙素(CT)能调节血液内的钙含量。

解释 *PTH和CT是如何体现负反馈的。*

甲状腺和甲状旁腺 识别**图 35-17** 中的甲状腺和甲状旁腺。甲状腺能够分泌的一种激素就是甲状腺素。**甲状腺素(thyroxine)**与人类生长激素类似,它并不作用于特定的器官,而是促进人体细胞新陈代谢。甲状腺也能够分泌降钙素,**降钙素(calcitonin)**是负责人体内钙含量调节的一种激素。钙是一种对骨骼形成、血液凝结、神经传导和肌肉收缩都非常重要的矿物质。降钙素能给骨骼发送信号,使其增加钙吸收,以降低血液中的钙含量;它也能给肾脏发送信号,使其分泌更多的钙。

当血钙含量太低时,甲状旁腺就会增加甲状旁腺素的分泌。**甲状旁腺素(parathyroid hormone)**能促进骨骼释放钙,以提高血钙含量。甲状旁腺素的这种作用会促使肾脏重吸收更多的钙,肠道也会从食物中吸收更多的钙。甲状腺和甲状旁腺对血钙含量的作用是相反的。然而,当它们共同协作的时候,就能维持人体稳态。

阅读检测 **解释**为什么负反馈对于维持人体稳态是非常重要的。

胰腺 在第1节中,我们学过胰腺能够分泌一些消化糖类、蛋白质和脂肪的酶。胰腺也能够分泌胰岛素和胰高血糖素,这两种激素共同协作以维持人体稳态,如**图 35-18** 所示。当血糖含量太高时,胰腺就会分泌胰岛素。**胰岛素(insulin)**能够通知体细胞,尤其是肝细胞和肌细胞,使其加速将葡萄糖转化为储存在肝脏中的糖原。当血糖含量过低时,胰腺就会释放胰高血糖素。**胰高血糖素(glucagon)**能与肝细胞结合,使肝细胞将糖原转化为葡萄糖,并将葡萄糖释放到血液中。

■ **图 35-18** 胰高血糖素和胰岛素共同协作以维持血糖含量的平衡。

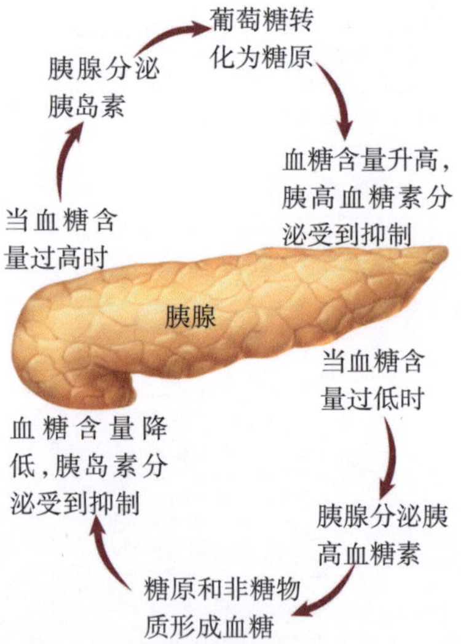

如果人体不能生成足够的胰岛素或不能正确使用胰岛素，就会导致糖尿病。Ⅰ型糖尿病通常出现在20多岁的人身上，当他们无法生成胰岛素时，就会导致Ⅰ型糖尿病。70%～80%被诊断患有糖尿病的人，都属于Ⅱ型糖尿病，他们的年龄通常在40岁左右。这类糖尿病是由于人体细胞对胰岛素变得不敏感所导致的。糖尿病的并发症包括冠心病，视网膜和神经损伤，酸中毒或血液pH过低。对于这两种糖尿病患者，必须监控他们的血糖含量并使其维持在适当水平以防止并发症。

肾上腺 请再次参考**图35-15**。肾上腺位于肾脏的上端，肾上腺的外层叫作皮质，能分泌类固醇激素醛固酮和糖皮质激素。**醛固酮(aldosterone)**主要影响肾脏功能，对重吸收钠离子起到重要作用。**皮质醇(cortisol)**能够提升血糖含量，并且能抑制炎症。

人体有各种应激机制，比如那些与神经系统的功能相关的机制以及应激反应。内分泌系统也与这些类型的反应相关。当在某一应激情况下，能量突然爆发时，肾上腺素就会急速上升。肾上腺的内层就会分泌肾上腺素和去甲肾上腺素。这些激素会增大心率、提高血压、加快呼吸、提升血糖水平，这些对于提高体细胞的活跃性都非常重要。

与生物学相关的职业

内分泌学家 内分泌学家研究能够分泌激素的腺体以及与这些腺体相关的疾病。

折叠式学习卡

把这节的知识填写到你的学习卡中。

迷你实验 2

模拟内分泌系统

激素是如何有助于人体维持稳态的？参加考试或跑步比赛这样的活动都会对你的身体有一定的影响。你的身体对这些要求的回应会使你的身体发生变化。内分泌系统和神经系统共同协作以确保人体内环境的稳定。

步骤

1. 阅读并完成实验室安全表。
2. 确定一个体育项目或一项活动。想一想当你准备参加这项活动、正在参加这项活动或活动后的恢复过程中，你的身体都会进行哪些活动。
3. 想象一下，你正在编写一个电脑程序，你的身体将会根据这个程序完成上述活动。将第二步中人体的各项活动进行排序。
4. 重新审视一下你的程序。插入一些步骤，在这些步骤中，内分泌系统可能会分泌激素来维持人体稳态。使用你已有的知识和可获得的资源来辨别参与维持稳态的激素。将人体对这些激素的反应也作为独立的步骤写进你的程序里。
5. 将你的程序与其他同学的程序进行比较。

分析

1. **批判性思维** 在与其他同学的程序进行比较时，你有没有发现一些激素同时出现在了很多同学设计的程序里。
2. **得出结论** 通过描述程序中出现的主要人体系统，说明内分泌系统所控制的人体功能的范围。

图解内分泌系统

图 35-19

下丘脑通过连接神经系统和内分泌系统来维持人体稳态。垂体能够根据人体需要分泌生长激素、抗利尿激素和催产素。垂体也能够分泌调节睾丸、卵巢、甲状腺和肾上腺的激素。

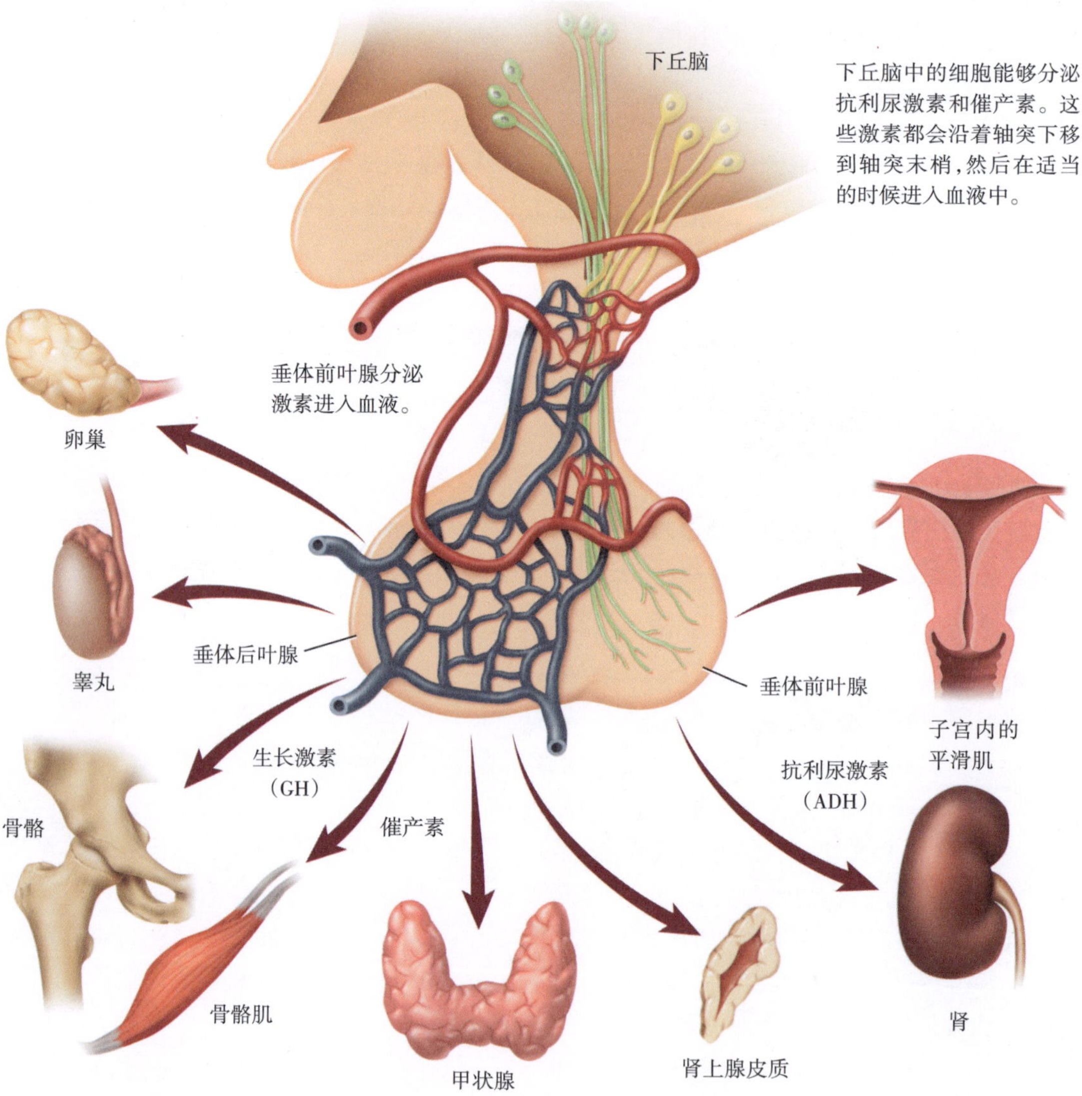

链接神经系统

神经系统和内分泌系统是相似的，因为它们都与调节人体活动、维持人体稳态相关。请参考**图35-19**，学习下丘脑在维持稳态中的作用。之前我们学过，下丘脑与人体稳态有极大的关联。下丘脑能分泌两种激素——催产素和抗利尿激素(ADH)。这两种激素都会沿着轴突传递并且储存在垂体的轴突末梢。

抗利尿激素(antidiuretic hormone，ADH)通过调节水分平衡来维持人体稳态。抗利尿激素能够影响肾脏中的集合小管。回想一下，在炎热的夏天，你在室外工作的情景。为了保持凉爽，出了很多汗，你有可能会脱水。这时，下丘脑中的细胞就会感知到你已经缺水了，此时你血液中的水分含量过低，下丘脑就会通过释放储存在垂体轴突中的抗利尿激素来进行回应。

如**图35-20**所示，抗利尿激素会沿着血液流入肾脏，然后与特定肾脏细胞中的受体相结合。这使肾脏重吸收更多的水分，并且减少尿液中的水分含量，以增加血液中的水分含量。如果一个人的血液中含有过多的水分，下丘脑就会减少抗利尿激素的释放，使尿液变稀。恶心和呕吐这两种会导致脱水现象的行为都会刺激人体分泌抗利尿激素。当失血量达到15%～20%时，人体也会释放抗利尿激素。

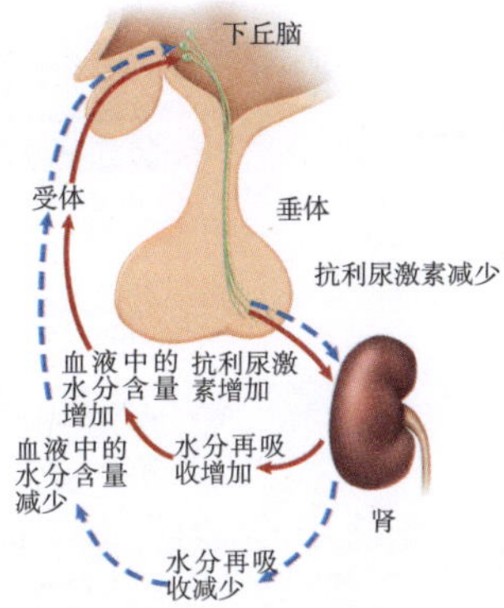

图35-20 抗利尿激素有助于调控血液中的水分含量。

第3节 测评

要点梳理

- 内分泌腺能分泌激素。
- 激素通过血液循环在全身传递。
- 激素可以分为类固醇激素和氨基酸激素。
- 激素水平会受到反馈机制的影响。
- 内分泌系统通过负反馈机制来维持人体稳态。

要点理解

1. 主要概念 **评估**为什么激素反馈机制被称为负反馈。
2. **预测**你会在什么时候发现人体血液中胰岛素的含量很高。什么时候人体血液中胰高血糖素的含量又会很高呢？
3. **解释**内分泌系统和神经系统是如何共同协作以维持人体稳态的。
4. **识别**并描述垂体、甲状腺、甲状旁腺、胰腺和肾上腺的功能。

批判性思维

5. **研究**碘对甲状腺功能起到至关重要的作用。在全世界范围内，胚胎时期和童年时期缺碘是导致智力发育迟缓的一个主要原因。然而，缺碘这种情况是可预防的。预测为什么缺碘可能导致智力发育迟缓或其他一些健康问题。探究人们已经采取了或正在采取哪些行为来减轻缺碘带来的危害。
6. **分析**为什么负反馈机制发生故障会导致有机体死亡。

生物学领域

法医病理学的工具和技术

职业:法医病理学家和法医毒理学家

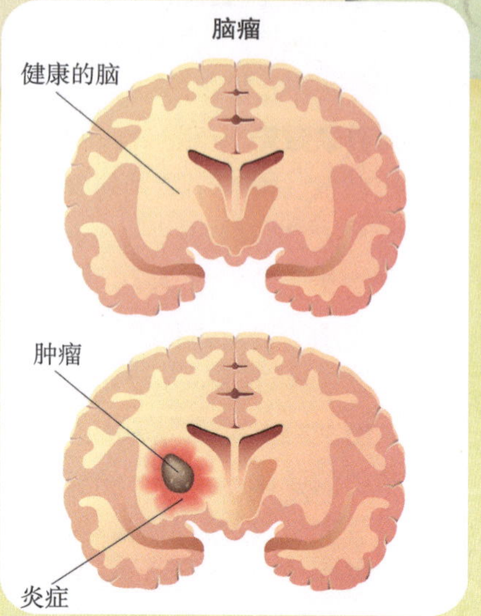

大脑切片可以用来诊断死因。

死人能说话吗?从某种角度而言,是可以的。尸体可以告诉我们很多有关死亡的信息。法医病理学家从尸体中收集相关数据,然后通过分析判定死因。法医病理学家使用一些工具、技术和科学方法来勾画出死者在生前的最后几小时可能经历的场景,并且推断其死亡的原因。

尸检线索 尸检的目的就是给尸体呈现出的特征做一份永久的合法记录。法医病理学家受过专业训练,能够调查突发的、预料之外的或暴力性的死亡。在尸检过程中,病理学家会检查肺、大脑、心脏、肝和胃,并称量这些器官的质量。他们会使用解剖刀从器官(如大脑)上切下一块薄片,制作如右上图所示的脑切片。这些切片通常会使用化学手段保存起来,防止进一步腐烂。

消化和死亡时间 尸检过程中,病理学家会检查受害者的胃部内容物。为什么这个步骤非常重要呢?因为在死亡的那一刻,就是消化停止的那一刻。病理学家可以根据胃部内容物的状况来估算死亡的时间。如果胃部是完全排空的,受害者很有可能是在吃饭后至少3小时死亡的。如果小肠也是空的,那就很有可能是在吃饭后至少10小时才死亡的。

胃部所含食物的类型能被辨别出来吗?在一些情况中,是可以的。扫描电子显微镜有助于识别食物分子。与已知的受害者死前最后食用的食物相符的胃部食物样本也有助于推断其死亡时间。

胃部内容物能揭示中毒情况 所有的有毒物质都可能与死亡相关。法医毒理学家是擅于辨别致死的外来化学物质的专家。

仅仅一份证据很难作为确证,于是法医病理学家会利用专业知识和技能发现一些特定的细节,这些细节累加起来,有时候就能描绘出死者在生前最后的几小时发生的故事。

科技 写作

分类广告 你所在的城市需要一位法医病理学家。为这份工作写一则招聘广告。广告中需包含申请者必需熟悉的技能和工作流程以及申请者应具备的通用技能和性格特征。

生物实验室

不同饼干的淀粉消化速率如何?

背景: 淀粉消化始于口腔中。唾液中的淀粉酶促进淀粉分解为糖分子。最小的糖分子就是葡萄糖,它是一种重要的能量来源。包括饼干在内的各种食物含有的淀粉量各不相同。在本次实验中,你将会比较消化几种不同类型的饼干中的淀粉所需的时间,然后判定每种饼干所含的淀粉量。

问题: 淀粉酶需要多长时间才能消化不同种类的饼干中所含的淀粉?

实验器材

不同种类的饼干	研钵和研磨棒
试管和试管架	滤纸
漏斗	天平
烧杯	本生喷灯或加热板
量筒	碘溶液
滴管	表面皿
淀粉酶溶液	玻璃刻度器或蜡笔

安全注意事项

警告:碘有刺激性并且会使皮肤染上颜色。

设计与实施实验

1. 阅读并完成实验室安全表。
2. 选择三种不同种类的饼干。设计一个实验来比较分解每块饼干中所含淀粉所需的时间。你将会使用淀粉酶来促进分解过程。碘是一种在遇到淀粉时会变成蓝色的化学指示剂,它将帮你判定淀粉完全分解的时间。
3. 建立一张数据表来记录你观察到的现象。
4. 与你的小组成员一起考虑以下几个问题,并适当修改你的实验方案。
   - 哪些因素要保持不变?
   - 你设立了对照实验吗?
   - 你如何判断每个样本内的淀粉完全消化了?
   - 你如何才能保持每种种类的饼干质量相等?
   - 你设计的表格能填充得下你的数据吗?
5. 在你开始实验之前,确保教师已经同意了你的实验方案。
6. 开展实验。
7. **整理和处置** 按照要求处理试管内的物质。清理并归还玻璃器皿和其他设备。在处理完这些化学物质和玻璃器皿之后,彻底地清洁双手。

实验分析和结论

1. **分析** 淀粉酶是如何影响饼干中的淀粉的?
2. **观察与推断** 哪种饼干中的淀粉消化得最快?这表明这块饼干中的淀粉含量与其他饼干有什么不同?
3. **批判性思维** 人体口腔内的哪些变化可能会影响淀粉酶的作用?
4. **误差分析** 你的实验过程中引入了不可控的变量了吗?

运用技能

设计一个实验 来判定不同的条件(比如不同的温度或pH)将如何影响淀粉酶消化某块饼干中淀粉的速率。

第35章 复习指南

内容聚焦 稳态 甲状腺、甲状旁腺、胰腺和肾上腺等腺体中的负反馈有助于维持人体稳态。

大概念 消化系统通过分解食物来为人体提供能量和营养物质。内分泌系统能够产生调节人体功能的激素。

第1节 消化系统

机械消化
化学消化
淀粉酶
食管
蠕动
胃蛋白酶
小肠
肝
绒毛
大肠

主要概念 **消化系统能够分解食物,以便人体吸收其中的营养物质。**

- 消化系统有三个主要功能。
- 消化可以分为机械消化和化学消化。
- 大多数营养物质都是在小肠中被吸收的。
- 附属器官通过分泌酶和胆汁来帮助消化。
- 结肠能吸收食糜中的水分。

第2节 营养学

营养
维生素
矿物质

主要概念 **特定的营养物质对于人体功能的正常运行至关重要。**

- 食物中的能量用卡路里来衡量。
- 营养物质的三种主要类别为糖类、脂肪和蛋白质。
- 糖类是人体能量的主要来源之一。
- 脂肪和蛋白质能为人体提供能量,并且是人体重要的组成部分。
- 维生素和矿物质对于正常的新陈代谢是必不可少的。
- 食物金字塔和食品标签是有助于你健康饮食的工具。

第3节 内分泌系统

内分泌腺
激素
垂体
甲状腺素
降钙素
甲状旁腺素
胰岛素
胰高血糖素
醛固酮
皮质醇
抗利尿激素

主要概念 **激素反馈机制调节着人体内的各个系统。**

- 内分泌腺能分泌激素。
- 激素通过血液循环在全身传递。
- 激素可以分为类固醇激素和氨基酸激素。
- 激素水平会受到反馈机制的影响。
- 内分泌系统通过负反馈机制来维持人体稳态。

第35章 测评

第1节

术语回顾

选出下列每组术语中不属于同一类的一个，并解释原因。

1. 食管、胰腺、大肠

2. 胃蛋白酶、糖原、葡萄糖

3. 胆汁、淀粉酶、蠕动

要点理解

4. 以下活动发生在胃部的是(　　)。

A. 大的脂肪分子被分解为更小的分子

B. 蛋白质被分解

C. 淀粉酶将淀粉分解为更小的糖分子

D. 胰岛素分泌以供小肠使用

5. 下表中(　　)包含的词汇符合下面这句话。1能够生产2，然后被分泌到3中。

行	1	2	3
A	肝	胆汁	小肠
B	胆囊	胃蛋白酶	胃
C	胰腺	酸	大肠
D	小肠绒毛	淀粉酶	口腔

A. A行

B. B行

C. C行

D. D行

6. 有一个人抱怨自己的消化问题，他不能很好地消化脂肪。造成这种情况可能的原因是(　　)。

A. 幽门括约肌被阻塞

B. 胆汁通道被阻塞

C. 此人分泌过多胆汁

D. 胃分泌过多胃酸

根据下图，回答第7题。

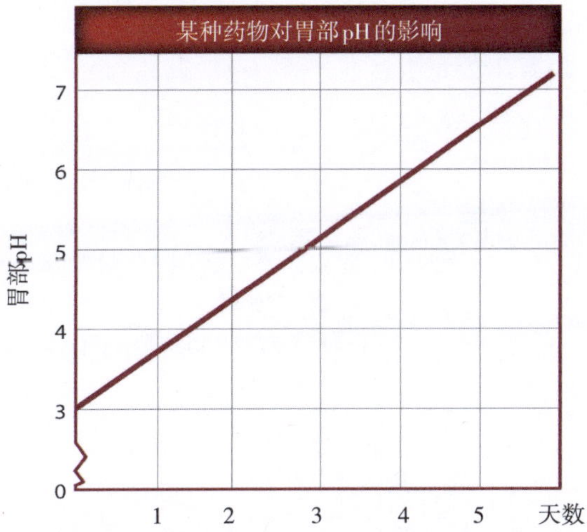

7. 一个人连续5天吃了此药物。下列后果可能是这种药物造成的是(　　)。

A. 胃蛋白酶将不能分解蛋白质

B. 淀粉酶将不能分解淀粉

C. 无法合成胆汁

D. 胰腺分泌的酶将不能正常起作用

回答问题

8. 简要回答 解释为什么"胃灼热"并不是一个准确的病症描述。

9. **主要概念** 参考**表35-1**，总结下列结构中发生的消化过程：口腔、大肠、胃、小肠和食管。

10. 开放式回答 为什么人即使没有胆囊也可以存活？假如胆囊会影响人的消化能力，请评估这一影响。

批判性思维

11. 解释 为什么药品生产商会在一些药片或药丸式的抗生素中添加维生素K？

12. 提出假设 在附属器官没有已知功能的情况下，为什么人类仍然还有阑尾？

第35章 测评

第2节

术语回顾

解释下列每组名词术语。

13. 营养吸收
14. 维生素
15. 热量

要点理解

16. 下列属于饱和脂肪特征的是(　　)。
  A. 室温下呈液态,存在于植物油中
  B. 大部分被大肠吸收
  C. 源自动物体,室温下呈现固态
  D. 能够降低人体中血胆固醇的含量
17. 下列糖类不能被人体分解,但能为你的饮食提供膳食纤维的是(　　)。
  A. 蔗糖　　B. 糖原
  C. 淀粉　　D. 纤维素
18. 下列胃内的组合物能够分解高蛋白食物的是(　　)。
  A. 低pH和胃蛋白酶　　B. 高pH和胆汁
  C. 高pH和胃蛋白酶　　D. 低pH和胆汁

根据下图,回答第19题。

营养成分
每份总量：2杯 (452 g)
每容器份量数：1

每份量	
总热量 140	脂肪热量 54
	每日量值百分比
总脂肪 8 g	12%
饱和脂肪	30%
胆固醇 20 mg	7%
钠 1640 mg	68%
总碳水化合物 22 g	7%
膳食纤维 5 g	20%
糖 5 g	
蛋白质 6 g	

维生素A	50%	维生素C	4%
钙	2%	铁	2%

* 每日量值百分比依照8 400 J的食量而定,
你个人的每日量值或许会略高或略低,在于
你对热量的需求而定:

	总热量	2,000	2,500
总脂肪	少于	65 g	80 g
饱和脂肪	少于	20 g	25 g
胆固醇	少于	300 mg	300 mg
钠	少于	2,400 mg	2,400 mg
总碳水化合物		300 g	375 g
纤维		25 g	30 g

每克热量:
脂肪 9 *　碳水化合物 4 *　蛋白质 4

19. 如果你吃了整份该食品,那么你摄入的饱和脂肪占建议摄入量的(　　)。
  A. 14%　　B. 5%　　C. 28%　　D. 35%

回答问题

20. **与生物学相关的职业**　根据营养学家的看法,低糖的饮食通常都是高脂肪和高蛋白的。评估如果长期摄入高脂肪和高蛋白的食物,会有哪些健康风险。
21. **主要概念**　除了摄入的食物不足之外,还有哪些因素可能会导致人体营养不良?

批判性思维

22. **解释** 为什么摄入纤维素含量高的饮食可能会降低患结肠癌的概率。
23. **推断** 肥胖率在美国已经至少连续30年稳步上升的原因。

第3节

术语回顾

解释下列每组名词术语的不同以及它们之间的关系。

24. 胰岛素、胰高血糖素
25. 雌性激素、生长激素
26. 皮质醇、肾上腺素

要点理解

根据下图,回答第27题。

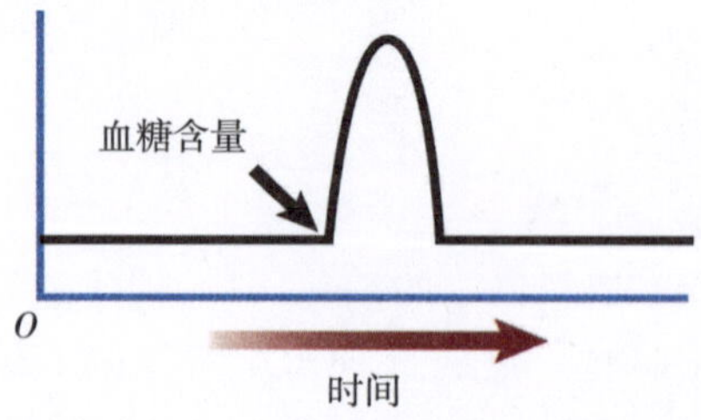

27. 上图显示了血糖含量在一段时间内的变化。下列激素可能会引起血糖含量骤升的是(　　)。
  A. 抗利尿激素　　B. 生长激素
  C. 胰高血糖素　　D. 胰岛素

28. 下列激素是从神经细胞而不是内分泌腺中释放出来的是(　　)。
A. 抗利尿激素和催产素
B. 生长激素和甲状腺素
C. 胰岛素和胰高血糖素
D. 去甲肾上腺素和肾上腺素

29. 下列激素的作用相互拮抗的是(　　)。
A. 降钙素和甲状旁腺素
B. 肾上腺素和去甲肾上腺素
C. 生长激素和甲状腺素
D. 醛固酮和皮质醇

根据下图,回答第30题。

30. 上图中人体内肾上腺素水平较高的是(　　)。
A. A图中的人　　B. B图中的人
C. 两个人都高　　D. 两个人都不高

回答问题

31. **内容聚焦 稳态** 人体内过量合成降钙素的直接后果是什么?

32. **简要回答** 分析长期使用皮质醇将会对人体抵抗感染的能力产生什么影响。

批判性思维

33. **主要概念** 利用平衡原理提出一个类比来描述降钙素和甲状旁腺素之间的关系。

34. **提出假设** 为什么通常都是注射胰岛素而不是口服胰岛素呢?

总结性测评

35. **大概念** 早饭是一天中最重要的一餐。请根据食物金字塔,设计一份平衡健康的早餐,并解释为什么营养物质对人体而言是十分重要。然后描述你吃早饭之后,发生在你消化系统和内分泌系统中的生命活动。为什么早饭如此重要呢?

36. **科技 写作** 写一篇短小的故事来描述食物在消化道中移动时发生的活动。提示:请确保包含了所有主要的营养物质。

DBQ 资料分析题

不同性别和年龄群体的预估能量需求

性别	年龄(岁)	适量运动	大量运动
女性	9~13	6400~8000 J	7200~8800 J
	14~18	8000 J	9600 J
	19~30	8000~8800 J	9600 J
	31~50	8000 J	8800 J
	51 +	7200 J	8000~8800 J
男性	9~13	7200~8800 J	8000~10400 J
	14~18	9600~11200 J	11200~12800 J
	19~30	10400~11200 J	12000 J
	31~50	9600~10400 J	11200~12000 J
	51 +	9600 J	9600~11200 J

数据来源:Dietary Guidelines for America 2005.

37. 根据表格来看,哪个性别群体需要更多能量?

38. 描述维持能量平衡所需的热量随年龄增长的变化趋势。

39. 为什么19~30岁这个年龄群体需要的能量最多?

标准化测试

选择题

1. 人体表皮中黑色素的作用是(　　)。

A. 保护组织免受紫外线辐射的伤害

B. 为血管提供支撑

C. 促进毛囊中毛发的生长

D. 使皮肤具有防水性,并保护皮肤表层

根据下图,回答第2题和第3题。

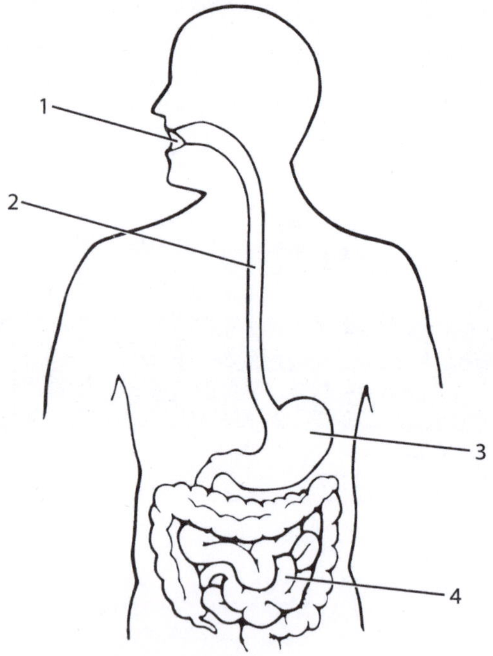

2. 化学消化和机械消化首先出现在消化系统的(　　)部分。

A. 1

B. 2

C. 3

D. 4

3. 当刺激到达阈值时,神经细胞中首先发生的活动是(　　)。

A. 质膜中的钾离子通道打开

B. 神经递质释放进入突触

C. 钠离子进入神经细胞

D. 细胞变成带负电荷状态

4. 骨骼中的脂肪在(　　)能被找到。

A. 骨密质

B. 骨细胞

C. 红骨髓

D. 黄骨髓

根据下图,回答第5题。

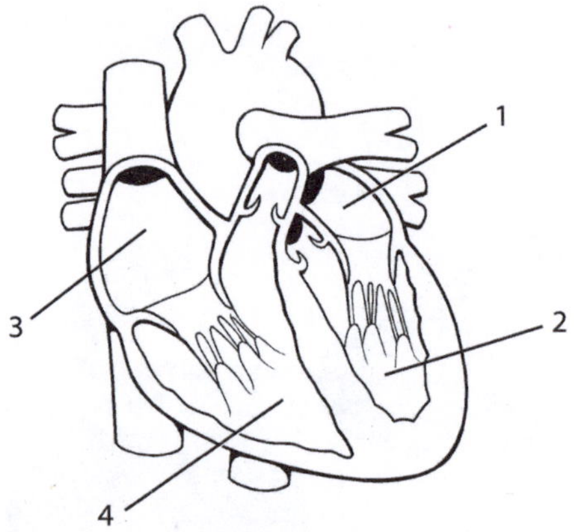

5. 当血流从头部和四肢返回心脏时,血液流经的途径是(　　)。

A. 1至2

B. 2至1

C. 3至4

D. 4至3

6. 下列描述了排泄系统中的滤过作用的是(　　)。

A. 血液进入肾单位,并且血液中多余的水分、废物被过滤

B. 尿液通过输尿管离开肾脏

C. 水分和营养物被重新吸收,进入血液

D. 水分与消化系统中过量的含氮废物一起形成尿液

简答题

根据下图，回答第7题和第8题。

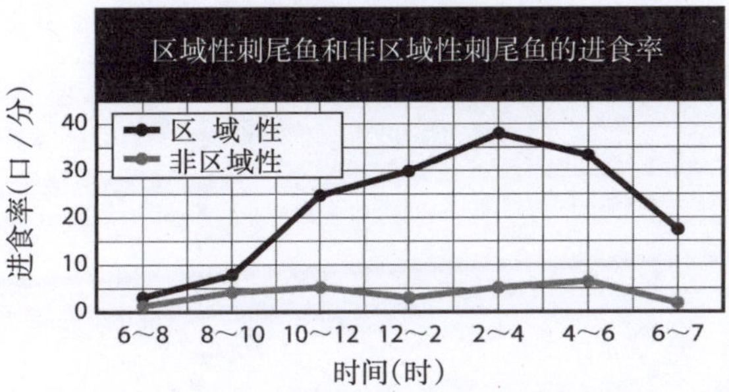

7. 对比与比对上图所示的鱼的进食行为。

8. 如果区域性刺尾鱼每年只在一个季节中有区域性行为，预测图表将会发生哪些变化。

9. 评估为什么不含蛋白质的饮食是不健康的。

10. 哺乳动物的幼崽喝母乳有哪两个好处？

11. 解释线虫动物和环节动物不同的身体结构是如何使它们能够运动的。

12. 如果一个人在极热的情况下锻炼，他体内含有钠离子和钾离子的盐分就会通过汗液流失。你认为锻炼过度会对神经系统造成什么影响？

13. 区分血液从心脏流向全身并返回心脏时流经的三种主要的血管。

开放题

14. 评价鱼鳔是如何帮助鱼在深水中生存的。

15. 评价高血压和肾损害之间存在的联系。

16. 说出交感神经刺激的三个组成部分，并解释它们如何有助于人类的生存。

论述题

人类需要在饮食中加入维生素C，因为它能提高免疫系统的功能并且预防维生素C缺乏病。维生素C是水溶性的，所以它不能在人体内储存。通常，刚生病的或已经生病的人都需要补充维生素C。有些人主张人体需要摄入高剂量的维生素C，有时甚至比建议的剂量高上千倍。他们有些人认为这十分有效，也有些人认为这一点作用也没有。医学研究人员不认为摄入高剂量的维生素C能起到有效作用。然而，基本上所有的医学研究人员都同意在短期内摄入大剂量的维生素C对人体不会造成伤害。

利用上文中的信息，以论文的形式回答下列问题。

17. 提出一个假设来解释在感冒时服用大剂量的维生素C是否有用。提出检验这个假设的一种方法。

考点提示

测试题号	1	2	3	4	5	6	7	8	9	10	11	12	13	14	15	16	17
对应章节	32.1	35.1	33.1	32.2	34.1	34.3	31.1	31.1	35.2	30.1	25.3	33.1	34.1	28.2	34.3	33.2	35.2

第36章

生殖和发育

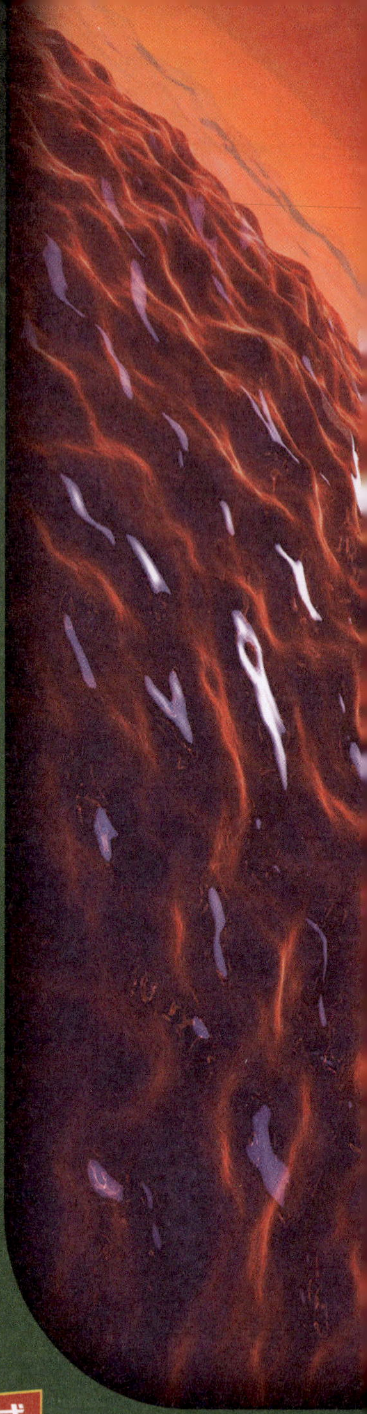

起步实验

生殖细胞的特征

生殖细胞的特征是如何有助于它们形成受精卵的？生殖过程遵循一个可预测的模式。生殖细胞的形成是生殖过程中至关重要的一步。精子和卵细胞的特征使得它们能在生殖过程中发挥各自的作用。在这个实验中，你将会探究生殖细胞的特征与功能之间的关系。

步骤

1. 阅读并完成实验室安全表。
2. 在显微镜下观察卵细胞装片，识别卵细胞的特征，并画出卵细胞。
3. 在显微镜下观察精子装片，识别精子特征，并画出精子。

分析

1. **对比与比对** 精细胞与卵细胞有何差异？
2. **识别** 你观察到哪些精细胞与卵细胞的结构及特征可能影响其在繁殖过程中的作用？

折叠式 学习卡

制作一张如图的两门式学习卡，使用这张学习卡来记录关于精子和卵细胞形成的笔记。

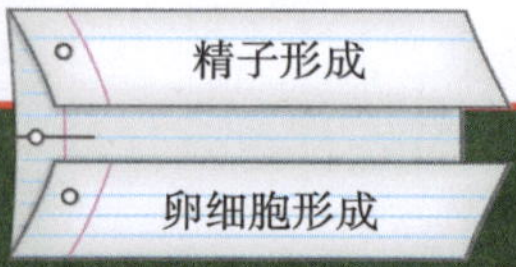

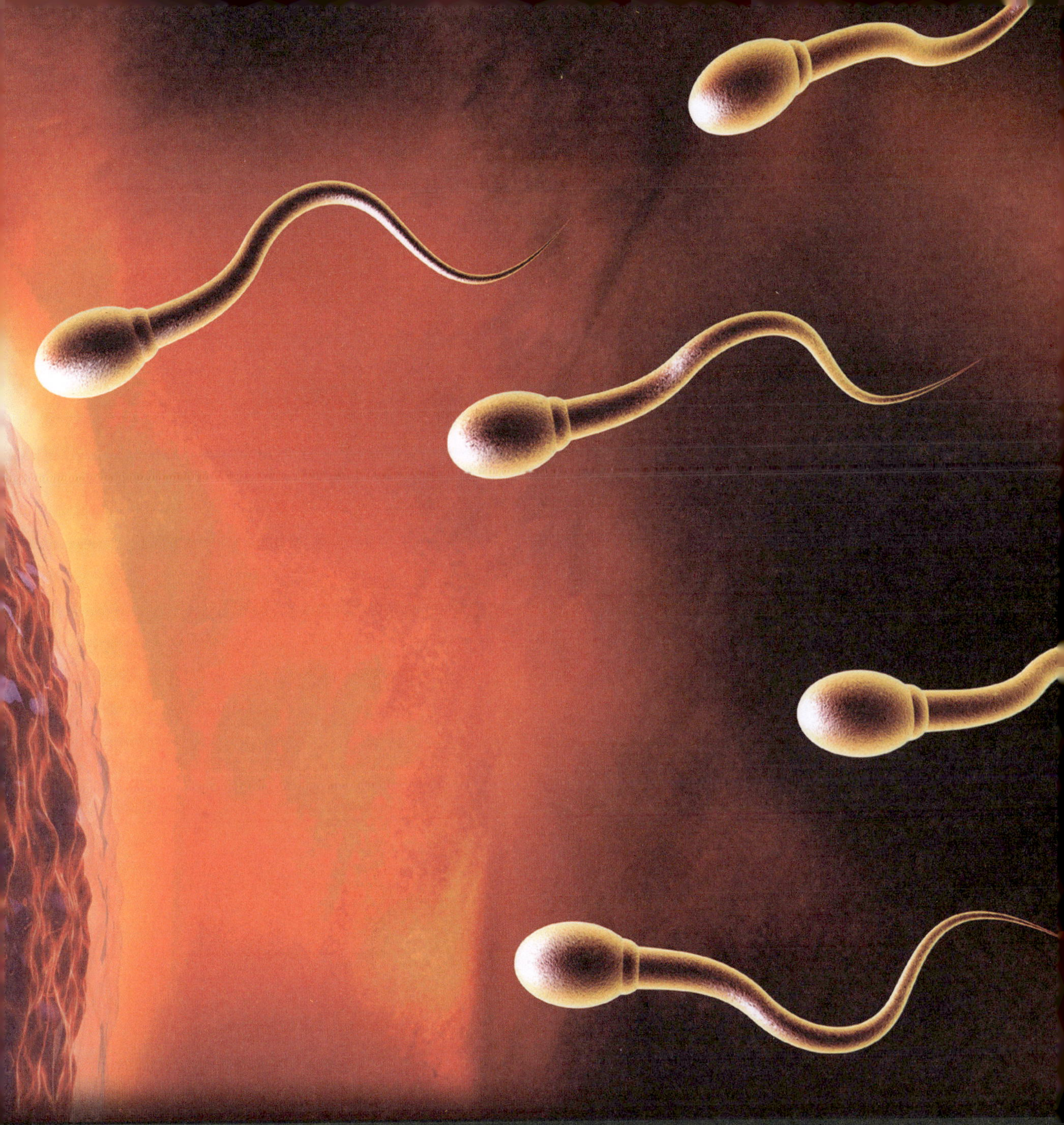

内容聚焦 演变

人体在一生中都在发生演变。

大概念 生殖过程涉及精子和卵细胞相互结合这一过程。

第1节

生殖系统

本节预览

核心问题

- 男性和女性生殖系统的结构和功能分别是什么?
- 激素如何调节男性和女性的生殖系统?
- 女性月经期间会发生哪些事情?

术语回顾

下丘脑:下丘脑连接内分泌系统和神经系统,它能控制垂体。

关键术语

生精小管
附睾
输精管
尿道
精液
青春期
卵母细胞
输卵管
月经周期
极体

主要《概念 **激素能够调节人体的生殖系统,包括配子的生成这一过程。**

联系实际 你可能注意过室温是如何通过影响恒温器,进而控制空调的活动的。如果室内很暖和,那么恒温器将不会使空调运作。类似地,人体内的雄激素和雌激素会影响人体的结构以及生殖活动。

男性生殖系统

生殖是确保物种延续的必经过程。人类生殖器官产生卵细胞和精子,然后形成胚胎,最后孕育出新生命。男、女生殖系统的器官、腺体和激素有助于达成这一结果。

图36-1展示了男性生殖系统的结构。男性生殖腺叫作睾丸,它位于体腔外的阴囊中。精子发育的环境温度要低于正常的体温。由于阴囊位于体腔外,温度要比正常体温低几度,这使精子有了适合发育的环境。

■ **图36-1** 男性生殖系统能在睾丸内产生精子。

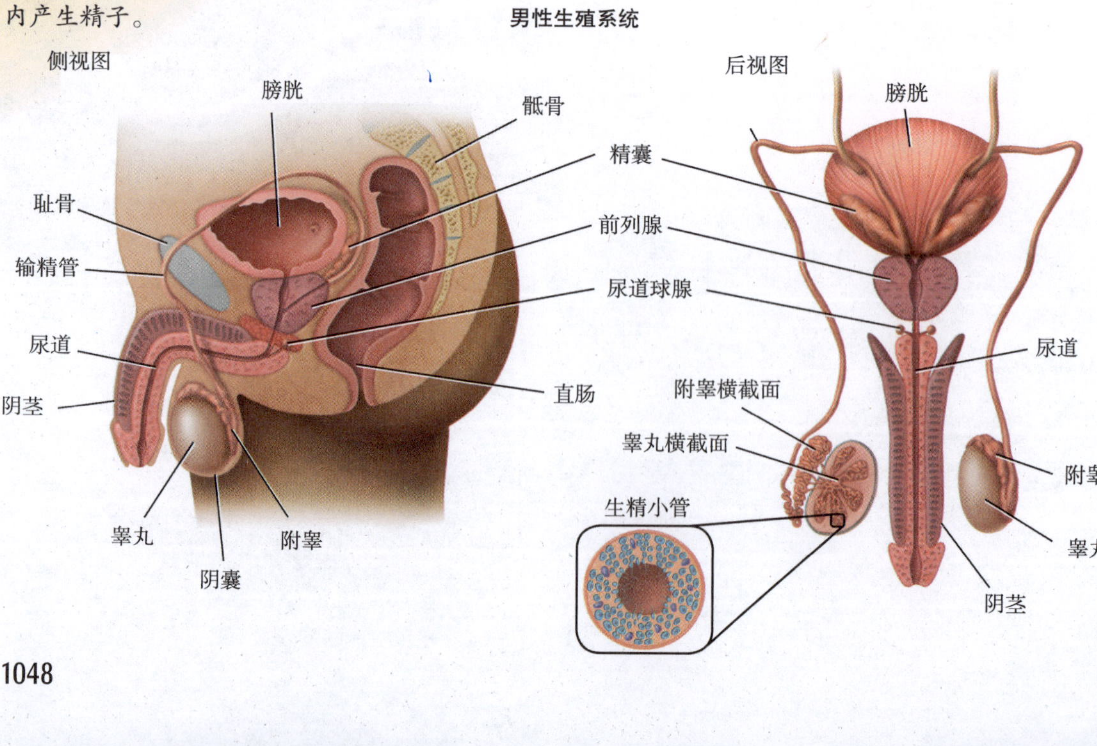

精子 男性生殖细胞叫作精子，产生于睾丸内。当你在学习男性生殖系统的结构时，请参照**图36-1**显示的精子游动的路径。精子在睾丸中的**生精小管(seminiferous tubule)**内形成，如**图36-2**所示。这些生精小管每天能生成100万～200万个精子。然后，精子会进入附睾这个位于睾丸上方的结构中，**附睾(epididymis)**是精子成熟并且储存精子的场所。当精子从附睾中释放出来，它们就会通过**输精管(vas deferens)**离开睾丸。男性有两条输精管，每条输精管连接一个睾丸。然后这两条输精管合并在一起进入**尿道(urethra)**。尿道能使精液和尿液通过阴茎排出人体。

精子需要在精液中才能存活足够长的时间来与卵细胞结合。**精液(semen)**是指包含精子、营养物质和其他男性生殖腺产生的液体的一种混合物。精囊产生大部分精液，精囊还分泌糖分，为精子提供能量、营养物质、蛋白质和酶。前列腺和尿道球腺能生成一种碱性溶液来中和精子在尿道或者女性生殖道中碰到的酸性物质。

雄激素 产生于睾丸中的睾酮是一种生成精子所必需的类固醇激素。睾酮还会影响**青春期(puberty)**男性第二性征的发育。在青春期，男性达到性成熟。男性的第二性征包括面部和胸部体毛的生长、肩膀变宽、肌肉发育和变声等。我们之前学过，喉咙中含有声带。由于男性的声带比女性长，所以男性的声音更低沉一些。在晚年，睾酮可能会导致男性发际线后退或者秃头。

三类激素会影响睾酮的生成。**图36-3**表明下丘脑能够产生一种释放激素——促性腺激素(GnRH)，并作用于垂体前叶。促性腺激素会增加卵泡刺激素(FSH)和黄体生成素(LH)的分泌。卵泡刺激素和黄体生成素都从垂体前叶中被释放出来，然后经过血液流进睾丸内。在睾丸中，卵泡刺激素促进精子的产生，黄体生成素则促进睾酮的形成和分泌。

雄激素受到从下丘脑开始的负反馈系统的调节。下丘脑和垂体前叶中的细胞能够感知到血液中升高的睾酮含量，进而减少黄体生成素和卵泡刺激素的生成。当血液中睾酮含量降低时，人体会产生更多的黄体生成素和卵泡刺激素，如**图36-3**所示。

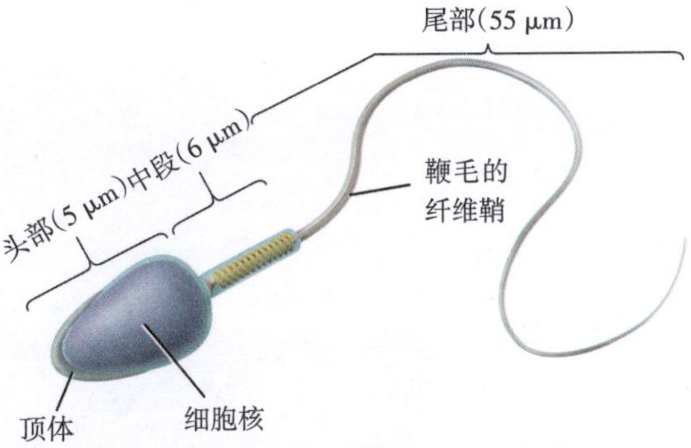

■ **图36-2** 精子是一个由头部、中段和尾部组成的鞭毛细胞。

识别 *在精子离开人体过程中，它们会经过或者遇到哪些结构？请按顺序说出。*

■ **图36-3** 下丘脑能生成一种释放激素——促性腺激素，该激素会进入脑垂体中。促性腺激素会影响黄体生成素和卵泡刺激素的生成速率。黄体生成素和卵泡刺激素的水平受到负反馈机制的调节。

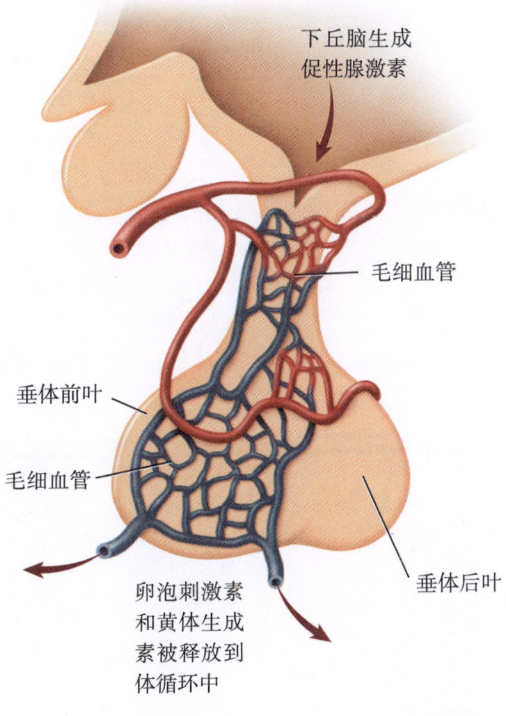

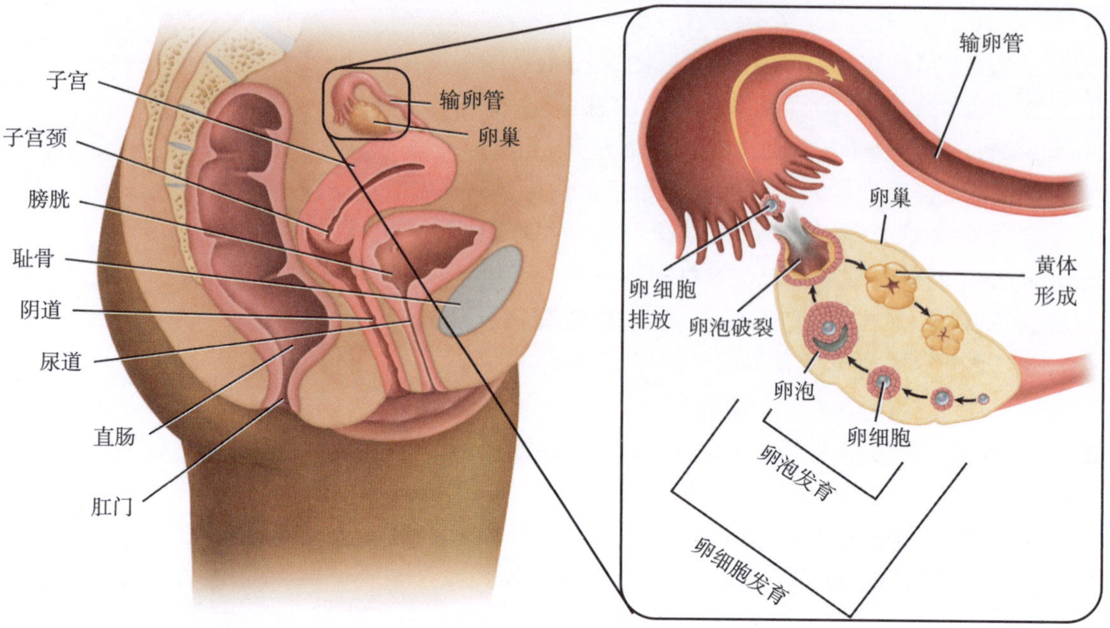

■ **图36-4**

左图：女性生殖系统的主要结构包括阴道、子宫和卵巢。

右图：在每个月经周期内，都有一个卵泡会完全成熟并释放一个卵细胞。然后，卵泡会变为黄体。

预测 *如果一个月经周期内有好几个卵泡发育成熟的话，会产生什么结果？*

女性生殖系统

女性生殖系统的主要功能是产生卵细胞，为卵细胞提供受精的场所并为胚胎提供发育的场所。请参考**图36-4**学习女性生殖系统的结构。

卵细胞 女性生殖细胞，即卵细胞，产生于卵巢中，如**图36-4**所示。卵巢大约有一个杏仁那么大。每个卵巢内都有**卵母细胞(oocyte)**，它们都是不成熟的卵细胞。大约每28天，卵母细胞就能发育成为一个卵细胞。卵细胞周围环绕着卵泡细胞，这些卵泡细胞为卵细胞提供保护和营养。

当卵细胞从卵巢中被释放出来，它就会沿着**输卵管(oviduct)**移动。输卵管是一根与子宫相连的小管。子宫跟人的拳头一般大，是胚胎发育的场所。位于子宫下面的子宫颈有一个通向阴道的狭窄开口，阴道与人体外相联。

雌激素 雌激素和孕酮是卵巢细胞产生的类固醇激素。女性的垂体前叶也能够产生黄体生成素和卵泡刺激素，它们会通过负反馈机制影响雌激素和孕酮水平。黄体生成素和卵泡刺激素对男性和女性有不同的作用。在青春期，雌激素上升会使女性乳房发育，臀部变宽以及脂肪组织增加。女性在青春期也会经历第一次**月经周期(menstrual cycle)**。之后这个周期每个月发生一次，它为女性怀孕做好准备。

生殖细胞的产生

位于睾丸或者卵巢内的一个细胞通过减数分裂就能形成4个生殖细胞，这些生殖细胞就叫作配子。男性从青春期开始，其体内的初级精母细胞每天都会生成精子。

女性体内卵细胞的产生与精子有所不同，如**图36-5**所示。女性在出生时，她体内所有的卵细胞都已经准备开始发育。女性在出生之前，其体内的遗传物质就已经在初级卵母细胞内完成复制，并且减数分裂这一过程停留在第一次减数分裂完成之前的状态。然后，从青春期开始女性每次来月经时，减数分裂会继续进行以形成卵母细胞。卵母细胞第一次减数分裂后会形成两个不均匀的结构，较小的那个叫作**极体(polar body)**。此时，染色体已经分离，但是细胞质的划分是不均衡的。卵母细胞中大多数的细胞质会被分配到最终发育成卵细胞的那个细胞中去，极体就会被降解。

在第二次减数分裂过程中，也会发生与上述过程相类似的活动。在第二次减数分裂的中期，有一个卵细胞会通过排卵这个过程穿破卵巢壁。第二次减数分裂直到受精后才能完成。然后，受精卵和第二个极体就会形成，如**图36-5**所示。第二个极体同样也会被降解。

因此，这两次减数分裂只产生了一个卵细胞，而不是四个。如果能形成四个卵细胞并且都在一个月经周期内排出，那么就可能会产生多胞胎的状况。

月经周期

女性月经周期的长度为23～35天，一般是28天。整个月经周期可以分为三个阶段：月经期、卵泡期和黄体期。

月经期 月经开始出现的那天就是经期的第一天。经血是血液、组织液、黏液和排列在子宫内的子宫内膜上皮细胞的混合物。如果卵细胞发生受精，胚胎就会在子宫内膜着床。由于胚胎需要氧气和营养物质，而子宫内膜能提供充足的血液，满足胚胎成长的需要。在月经过程中，子宫内膜的外层脱落会造成出血的状况。在这个过程中，给子宫内膜供血的血管也会破裂。在月经期第五天左右，子宫内膜内层就会开始修复，它随着周期进展会变得越来越厚。

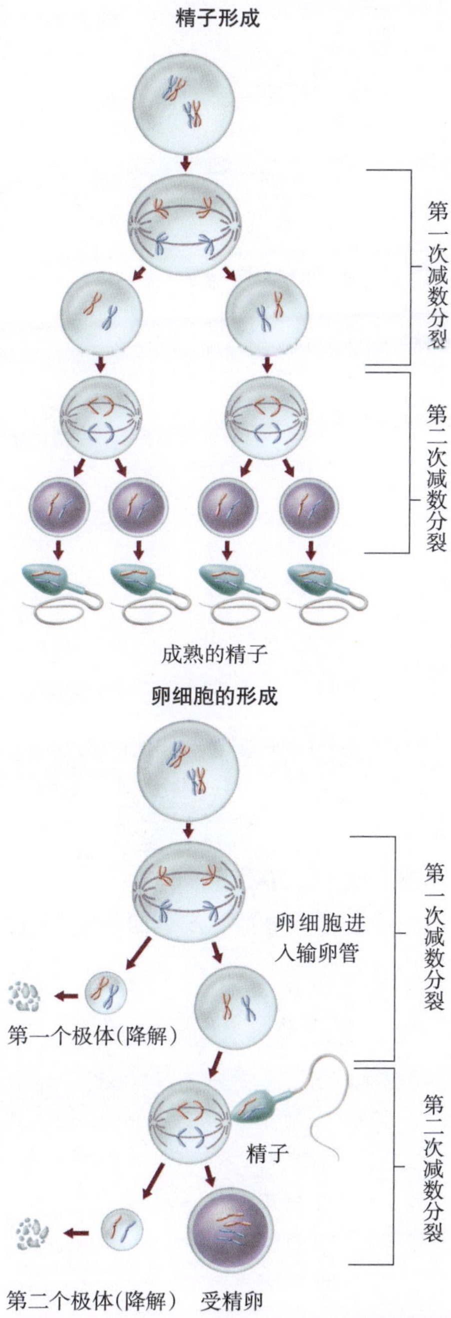

图36-5
上图：男性生殖细胞的产生与一般减数分裂的过程一致，因而生成很多精子。
下图：女性体内的减数分裂只会产生一个卵细胞。第二次减数分裂直到受精后才能完成。

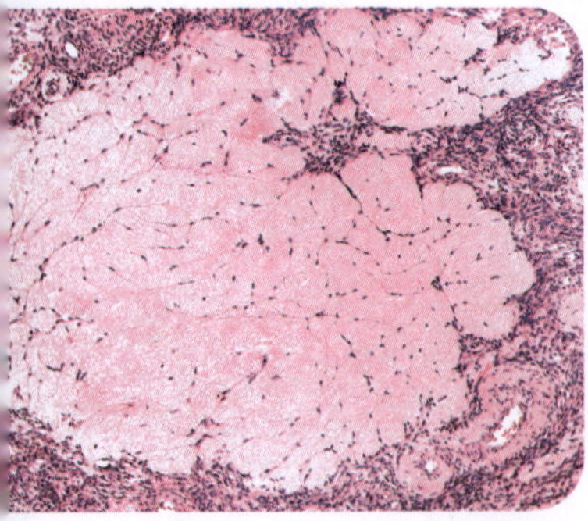

■ **图 36-6** 黄体能分泌孕酮和一些雌性激素。

卵泡期 在月经期间，由于激素水平发生变化，卵巢也会有所变化，如**表 36-1** 所示。在月经初期，当雌激素水平较低时，垂体前叶分泌的卵泡刺激素和黄体生成素会开始增加。这使得一些卵泡开始在卵巢内发育成熟。卵泡中的细胞开始产生雌激素和少量的孕酮。在每个卵泡内都有一个不成熟的卵细胞，就是卵母细胞。大约一周之后，通常发育的数个卵泡中只有一个会存活下来。这个卵泡就继续生长并且分泌雌激素，该过程使卵泡刺激素和黄体生成素维持在较低的水平。这其实就是负反馈的一个例子。

在大约第 12 天时，较高的雌性激素含量使得垂体前叶大量释放黄体生成素。快速大量释放出来的黄体生成激素造成卵泡破裂，然后女性就开始排卵了。

黄体期 排卵之后，卵泡细胞就会发生变化，然后卵泡会转变成黄体，如**图 36-6** 所示。随着月经周期继续发展，黄体就会慢慢地退化。黄体能产生大量的孕酮和一些雌激素，在负反馈作用下，使得黄体生成素和卵泡刺激素维持在较低的水平。我们前面学过，促卵泡激素和黄体生成激素能够刺激新的卵泡发育。但是，当这些激素水平较低时，新的卵泡暂时就不能发育成熟了。在月经周期的末期，黄体就会破裂，停止分泌孕酮和雌激素，这使孕酮和雌激素水平极速下降。由于激素水平下降，子宫内膜开始脱落，新月经周期的行经期就会开始。

迷你实验 1

模拟生殖细胞的产生

为什么减数分裂能产生四个精子，但是只能产生一个卵细胞？ 细胞质分裂的差异是导致男女减数分裂不同的主要原因。使用黏土模拟减数分裂过程中生殖细胞的产生过程。

步骤

1. 阅读并完成实验室安全表。
2. 选择两块颜色不同的黏土，一块代表初级精母细胞，另一块代表初级卵母细胞。
3. 使用初级精母细胞来模仿男性体内发生的减数分裂过程。
4. 从每个精子中拿掉半块黏土，并用一小块黏土为每个细胞加一条鞭毛，这个过程就代表精子的成熟。
5. 然后模拟女性体内的减数分裂过程。
6. 将其中的一个精子与分裂后产生的较大的卵细胞相结合。第二次减数分裂就开始了。

分析

1. **模拟** 将实验中涉及的每个过程都画下来。在图中标出以下物质：初级精母细胞和初级卵母细胞、卵细胞、精子、第一极体、第二极体、已受精的卵细胞、受精卵。
2. **解释** 在卵细胞的形成过程中，减数分裂时大多数细胞质集中于一个卵细胞有什么好处？

表36-1	月经周期阶段		
	月经期	卵泡期	黄体期
天数	1～5	6～14	15～28
卵巢活动	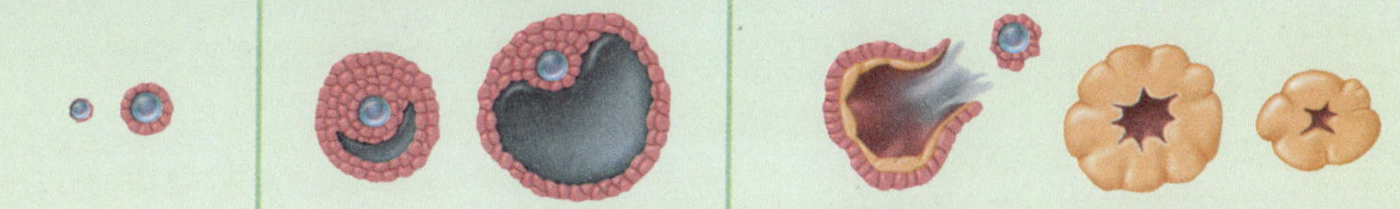		
激素水平 卵泡刺激素 黄体生成素 雌激素 孕酮	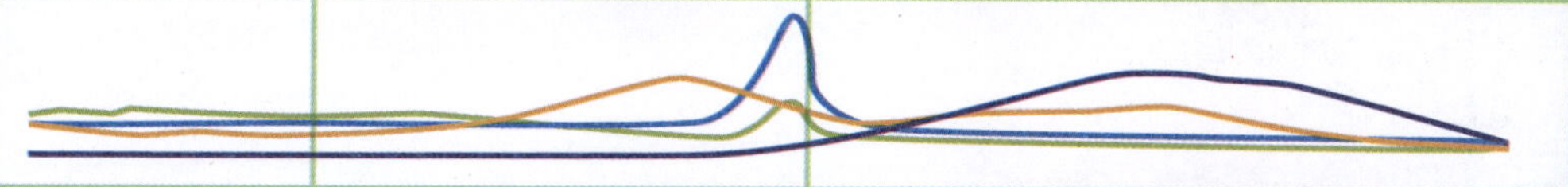		
子宫内膜	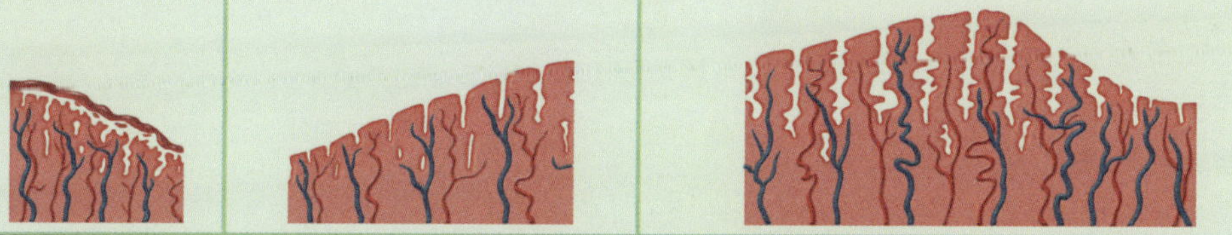		

如果卵细胞成功受精，那么女性体内不会发生新的月经周期，取而代之的是另一系列人体活动。在这种情况下，孕酮会维持在很高的水平，并且子宫内膜的供血量也会随之增加。黄体也不会退化，雌激素水平也会继续维持在较高的水平。子宫内膜会积聚油脂并且开始分泌一种营养物丰富的液体，为胚胎发育提供保障。

第1节 测评

要点梳理

- 男性和女性体内的激素水平受到负反馈机制的调节。
- 男性每天能产生数以百万计的精子。
- 男性和女性通过减数分裂生成的生殖细胞的数量不等。
- 女性有月经周期。
- 月经周期分为三个阶段：月经期、卵泡期和黄体期。

要点理解

1. 主要概念 **描述** 激素是如何调节精子和卵细胞的活动的。
2. **总结** 生殖系统的结构和功能。
3. **描述** 精液所含物质的来源及其重要性。
4. **解释** 在月经周期时，子宫内膜和卵巢内会发生哪些重要的人体活动。

批判性思维

5. **推断** 在大约第12天时，雌激素能使黄体生成激素释放量激增。根据负反馈模型，你觉得接下去会发生什么？

生物中的 数学

6. 假设一个女性12岁开始来月经，55岁月经停止。如果她从来没有怀孕过，并且她的月经周期平均为28天，那么她在生殖期内一共排了多少个卵细胞？

第2节

本节预览

核心问题

- 在受精后的第一周会发生什么?
- 胚胎发育期间,每隔三个月都会发生哪些重要变化?
- 月经期间,女性的激素水平会发生什么变化?

术语回顾

溶酶体:含有消化酶的细胞器。

关键术语

桑椹胚
胚泡
羊水

胚胎发育

主要《概念　一个人是从单个受精卵细胞发育成数万亿个具有特定功能的细胞的。

联系实际　正如一颗种子可以长成一朵美丽的花一样,复杂的人体也是由卵细胞与精子受精形成的单个细胞发育而来的。

受精

图36-7展示了精子与卵细胞结合的过程,这个过程也被称作受精。受精一般发生在卵巢旁边的输卵管的上端。人体的精子和卵细胞都是单倍体,均含有23条染色体。受精将精子与卵细胞的染色体结合到一起,使受精卵含有46条染色体。

在性交过程中,男性的阴茎在女性的阴道内射出精液,精液中的精子由此进入女性体内。一些精子在男性射精之前通过阴茎排出。也就是说,没有射精的性行为也会有精子排出,进而导致受精和怀孕。

精子在女性的生殖道内能生存48小时,但是未受精的卵细胞只能存活24小时。如果在排卵前几天或排卵后一天发生性行为的话,就有可能发生受精。总的来说,受精能成功发生的时间相对而言是较短的。但是,由于月经周期的长短会发生变化,排卵也随时可能会发生。

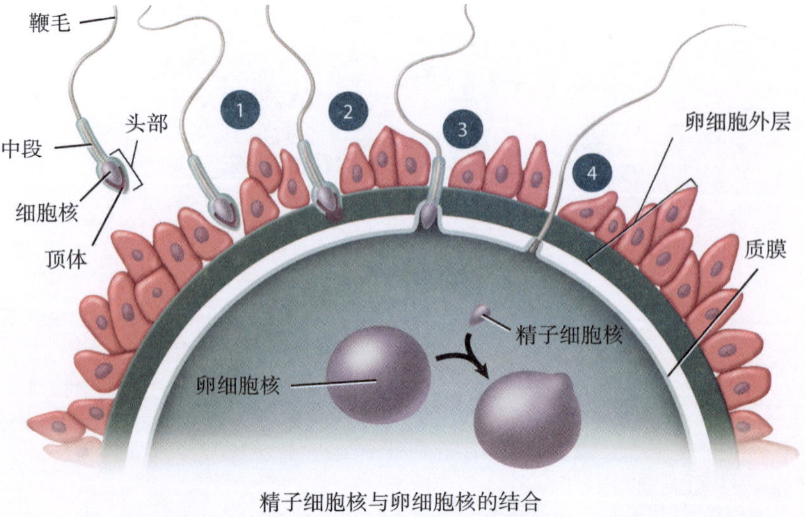

■ **图36-7**　尽管削弱围绕着卵细胞的屏障需要很多的精子,但是只有一个精子能成功使卵细胞受精(1~4步)。当精子细胞核与卵细胞核相结合时,受精就完成了。

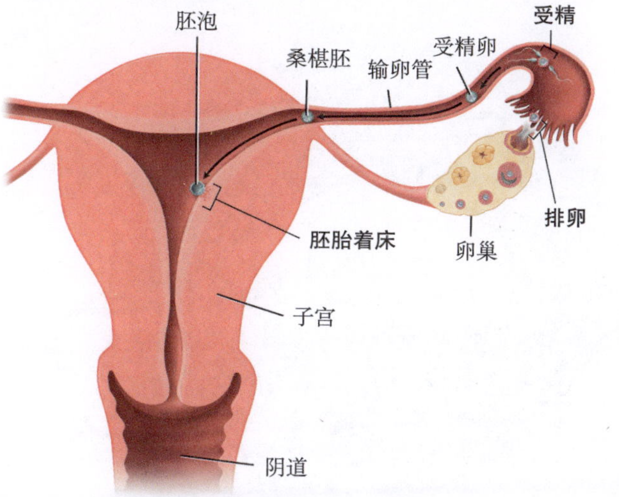

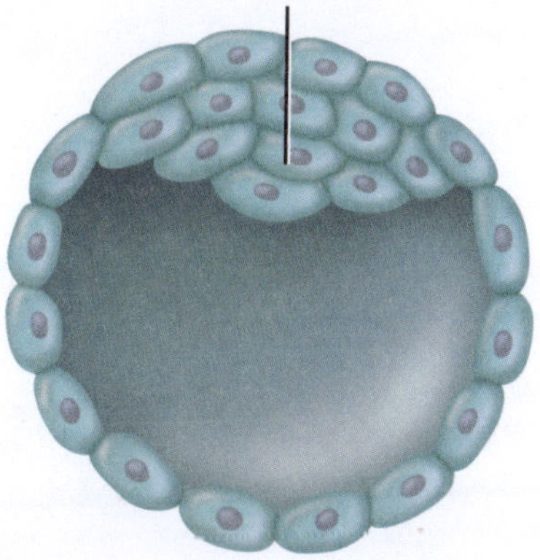

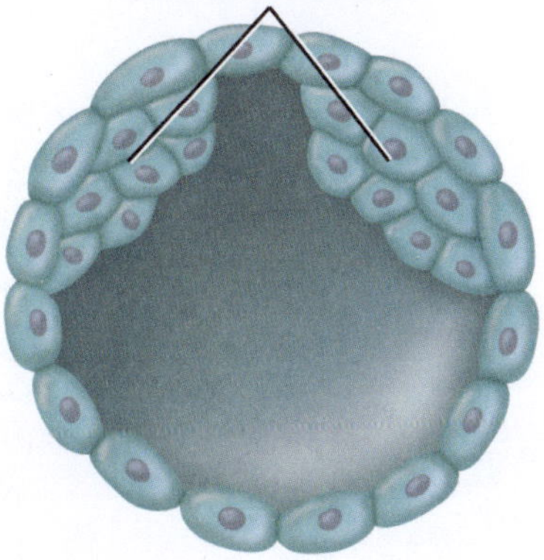

■ **图36-8**
左图：在人类发育的第一周，当受精卵沿着输卵管移动的时候，会发生很多变化。
右图：胚泡内的内细胞团会发育成胚胎（上图）。如果内细胞团分裂，那就可能形成一模一样的双胞胎（下图）。

在一次性生活中，约有3亿个精子进入女性体内。但是只有几百个精子能够成功地接触到卵细胞。很多精子在流出阴道之前就死亡了，有一些被白细胞消灭了，还有很多在向卵细胞移动的过程中死亡了。只有一颗精子能够使卵细胞受精，但这个过程中需要数百个精子共同参与。

链接化学 单个精子并不能穿透卵细胞外的质膜。我们之前学过溶酶体是含有消化酶的细胞器。请看**图36-7**，每个精子的顶部都是一种特殊的溶酶体，叫作顶体。当精子一起冲击卵细胞的时候，顶体内的酶就会削弱卵细胞的质膜。卵细胞的质膜就会慢慢变薄，直至一个精子穿透它。在精子穿透卵细胞之后，卵细胞会立刻形成一道屏障防止其他精子进入。

阅读检测 **解释**为什么受精需要数百个精子共同参与。

早期发育

图36-8展示了人类发育的第一周。随着平滑肌的收缩以及排列在输卵管内的纤毛的推进，受精卵沿着输卵管向子宫前进。在受精之后大约30小时，受精卵就会进行第一次有丝分裂。细胞分裂会一直进行，到第三天的时候，胚胎就会离开输卵管进入子宫内。这时的胚胎叫作**桑椹胚（morula）**，它是实心的细胞球。

在受精后第五天，桑椹胚就会发育成一个**胚泡（blastocyst）**，这时它已经变成一个空心的细胞球。在第六天左右，胚泡就会到达子宫内膜，并且在第10天在子宫内膜上实现着床。**图36-8**显示的胚泡还不是完全空心的。在胚泡内有一组叫作内细胞团的细胞。内细胞团最终会变成胚胎。有时候，内细胞团会发生分裂，那就可能会形成一模一样的双胞胎。

与生物学相关的职业

生殖内分泌学家 生殖内分泌学家是指那些接受过高级培训，能够治疗由生殖激素导致的不孕和紊乱等疾病的医生。生殖内分泌学家也进行科学研究。

■ **图 36–9** 胚胎外膜——羊膜、绒毛膜、卵黄囊和尿囊膜在人类发育过程中都是很重要的。

识别 *人体中卵黄囊的作用。*

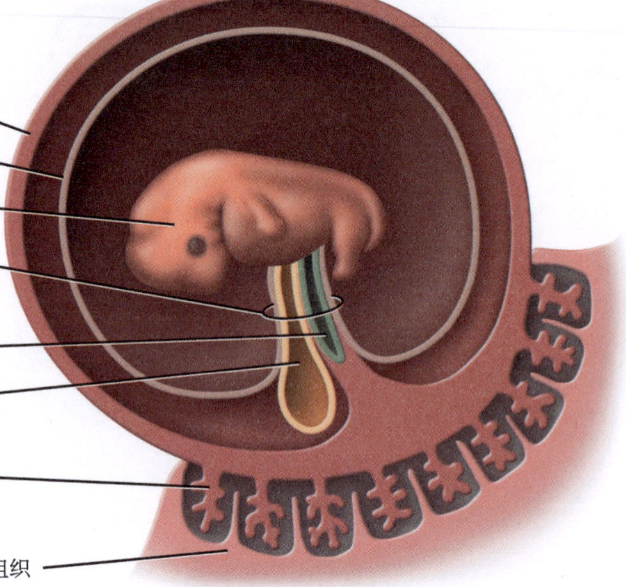

胚胎外膜 延伸到胚胎之外的膜就叫作胚胎外膜。你可能已经学过羊膜卵的发育以及这个过程是如何使动物不断地在陆地上繁衍的。发育中的胚胎会有**图 36–9** 所示的这些膜。但是由于人类和其他大多数哺乳动物都是在母体内发育的，故这些膜的作用有所不同。

在人类发育的早期，会形成四种胚胎外膜。它们是羊膜、绒毛膜、卵黄囊和尿囊膜，如**图 36–9** 所示。羊膜是一层较薄的膜，它形成了一个环绕着胚胎的囊。囊内是**羊水（amniotic fluid）**，能够保护胚胎，起到缓冲和隔离的作用。羊膜外是绒毛膜，它与羊膜一起，组成了胎盘。虽然人类的卵黄囊内不含任何卵黄，但它是胚胎红细胞形成的第一个场所。

胎盘 受精大约两周之后，绒毛膜上细指状的绒毛就会开始向子宫壁生长。此时胎盘也开始生长，它能为胚胎提供食物和氧气，同时排出废物。在第 10 周，胎盘就会完全形成。胎盘有两个表面：一层由绒毛膜组成的面向胚胎的胚胎组织，一层由子宫组织组成的母体组织。当胎盘完全形成时，直径为 15～20 厘米，厚约 2.5 厘米，重约 0.45 千克。含有血管的脐带是胚胎与母体之间联系的通道。**图 36–10** 展示了母体与胚胎之间的联系。

胎盘能够调节母体传递给胚胎的物质以及胚胎传递给母体的物质。氧气和营养物质能从母亲体内传递给胚胎。酒精、药物还有其他各种物质以及人类免疫缺陷病毒（HIV）也能够通过胎盘传递给发育中的胚胎。

胚胎会将代谢废物和二氧化碳传递到母亲体内。由于母体和胚胎都有自己独立的循环系统，因此血细胞并不能穿过胎盘。但是，母亲体内的抗体能传递给胚胎，这些抗体会一直保护新生儿直至其自身免疫系统能够发挥作用。

学习小贴士

时间轴 创造一条时间轴来表示人类从受精卵到成人这个发育过程。可使用平均时长表示不同的发展阶段。请在时间轴上标出每个发展阶段的主要特征。

图解胎盘

图 36–10
生长中的胎儿通过胎盘与母体交换营养物质和氧气，同时也通过胎盘排出废物。

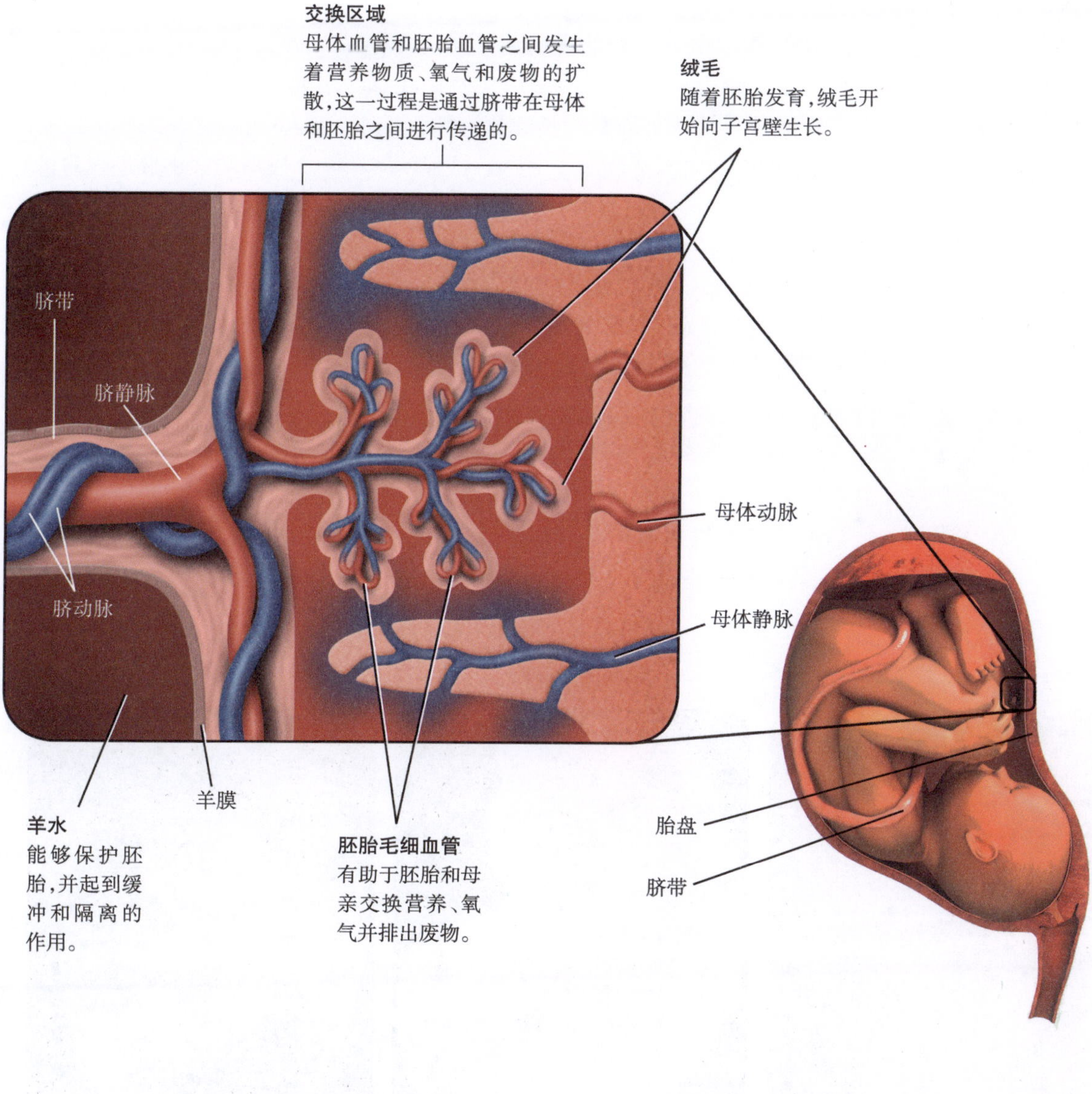

孕期的激素调节 在胚胎发育的第一周，胎盘就开始分泌人绒毛膜促性腺激素(hCG)，这一激素使得黄体能够继续存在。如果黄体保持活跃，孕酮就会维持在较高的水平。并且在较小的波动范围内，雌激素水平也会维持在较高的水平。我们在之前的章节中学过，孕酮水平下降会引发新一轮的月经周期。如果这些激素水平都维持在较高的水平，那么新的月经周期将不会发生。怀孕2～3个月时，胎盘将取代黄体分泌大量孕酮和雌激素，以保持怀孕状态。

阅读检测 **比较** 胎盘的两种功能。

胚胎发育的三个阶段

平均来说，胚胎发育从受精到出生大约需要266天。这个时间段可以被划分为三个阶段，每个阶段大约3个月。在这个过程中，会发生很多生命活动。受精卵会从单个细胞生长成含有数万亿细胞的婴儿。这些细胞会发育成有特殊功能的组织和器官。**图36-11**显示了第一个发展阶段中胚胎发育的不同过程。

妊娠初期 在妊娠的前三个月，所有的组织、器官和系统都开始形成。在此期间，胎儿最容易受到酒精、烟草、药物和环境污染物等其他环境因素的影响。在怀孕的前两周，母亲可能无法意识到自己已经怀孕了，因为本次月经周期还未结束。在这个阶段，如果缺少了特定的、重要的营养物质，可能会对发育中的胚胎造成无法逆转的伤害。**表36-2**列出了一些导致胎儿先天缺陷的重要原因。

怀孕满8周，胚胎就可以被称为胎儿了。其体内所有的器官系统都已经开始形成。在妊娠前三个月的末期，胎儿已经可以活动它的手臂、手指、脚趾，并能做出面部表情。指纹也开始出现。

图36-11 胚胎在妊娠的前三个月就会发育成胎儿。在第三个月末，胎儿已经可以做出一些小的活动了。

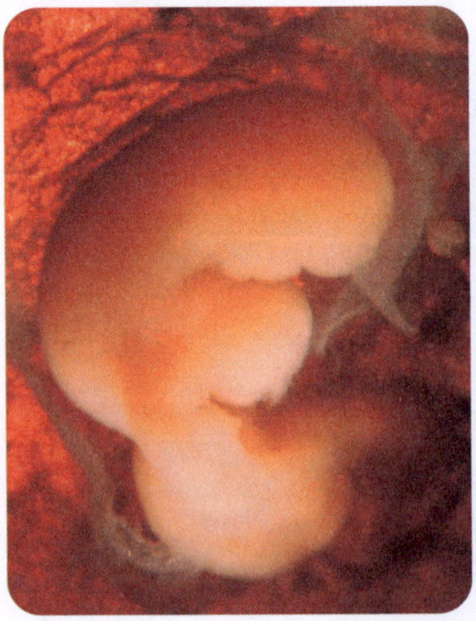
4周

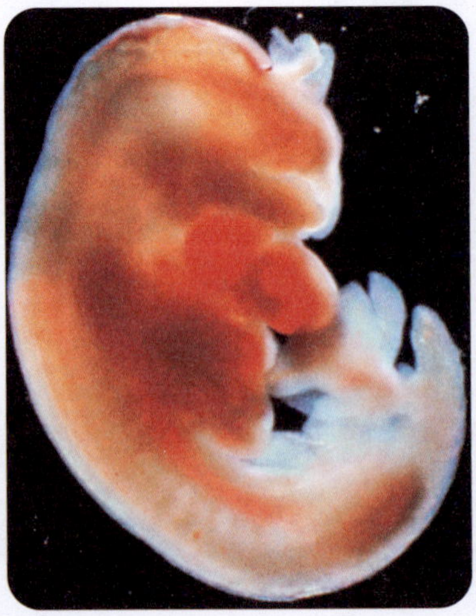
5～6周

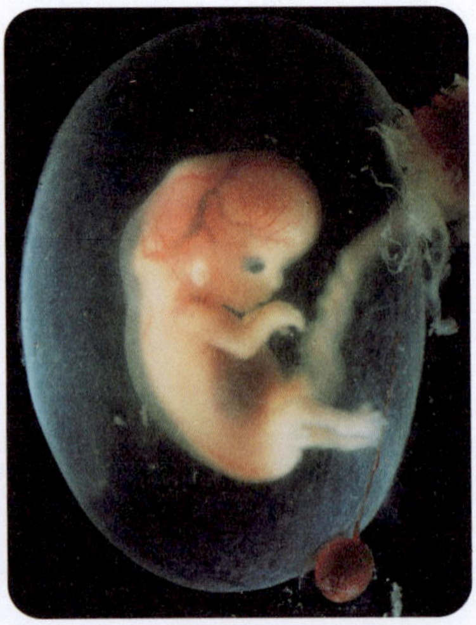
7～8周

表36-2	导致胎儿先天缺陷的原因
原因	缺陷
饮酒	● 智力发育迟缓
吸烟	● 早产、体重不足等
饮食中缺少叶酸	● 先天脑畸形(头和脑没有完全形成) ● 脊柱裂(脊柱的神经细胞外露,造成瘫痪)
可卡因	● 出生时体重较轻 ● 早产 ● 可能会造成永久性脑损伤和行为障碍
脱氧麻黄碱	● 早产 ● 极度易怒

妊娠中期 妊娠中期主要是胎儿成长的阶段。在18~20周,就可以用听诊器听到胎儿的心跳了。此时胎儿已经可以吸食自己的手指,并且能够打嗝了。母亲可能会感受到胎儿颤动或者轻轻地踢她的感觉。在这个阶段,胎儿的毛发一般都已形成,并且已经能够睁开眼睛了。在妊娠中期结束时,胎儿甚至已经能在医疗设备的帮助下在母亲的子宫外生存了。但是,存活的概率并不是很高。如果胎儿在这个阶段早产,它并不能维持恒定的体温,此时胎儿的肺也没有发育完整,所以很有可能会出现呼吸衰竭。另外,由于免疫系统不能完全发挥作用,胎儿很有可能会感染重病。

妊娠后期 在妊娠后期,胎儿仍然以较快的速率生长。此时脂肪会在胎儿的皮肤下堆积,使其出生后,就有与外界隔离的屏障。在这个阶段,母亲摄入足够的蛋白质是十分重要的,蛋白质对于胎儿脑部的快速生长至关重要。胎儿脑部新的神经细胞以25万个/分钟的速度增长。此时胎儿可能已经能对环境中的声音产生反应,比如音乐、母亲的声音等。

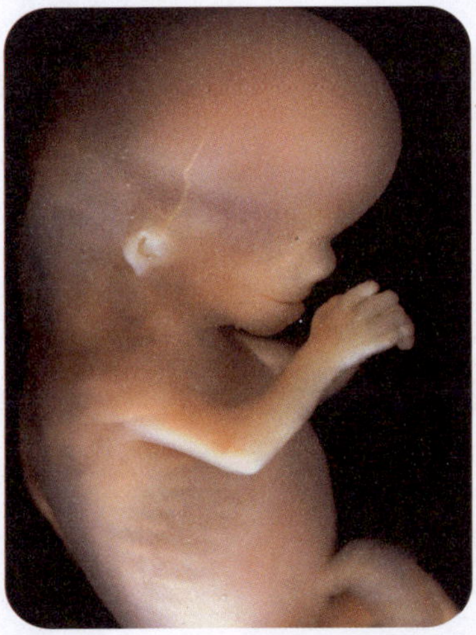

9~10周

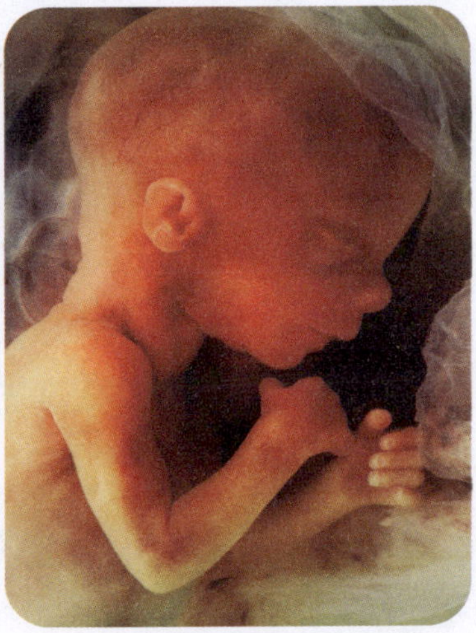

12周

■ **图36-12** 在羊膜穿刺术中，胎儿体内流出的液体和脱落的细胞从羊水中被取出来，然后进行分析。

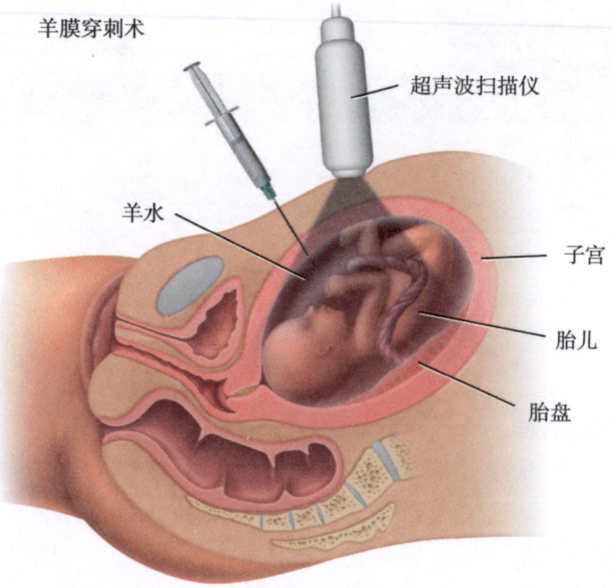

与生物学相关的职业

超声波技术员 生物学中也涉及一些专门的技术。超声波技术员能够获取超声波图像，供医生解读。

胎儿诊断

很多疾病在胎儿出生之前就能被诊断出来。尽早地诊断某些疾病能为胎儿提供更多的医学治疗，以提高其生命质量。

超声波 使用超声波是为胎儿诊断的一种常用方法，声波会从胎儿身上反弹回来，形成光学影像，可以通过显示屏观察到这些影像。超声波可以用来判断胎儿是否正常生长、胎儿在子宫内的位置等。

迷你实验 2

将人类早期发育阶段排序

在生命的前8周，胚胎会发生哪些变化？ 当精子进入卵细胞时，受精就开始了。然后，受精卵就会发生一些可预测的发展变化。细胞分裂使细胞数量不断增加，然后，这些细胞不断移动和排列，组成特定的器官，使细胞能够发挥特定的作用。

步骤

1. 参见**图36-11**中胚胎的图片。
2. 学习妊娠初期的相关图片。在这个发展阶段中，选择一个因素并追踪其发展过程。这个因素可以是胚胎的大小、胚胎结构的变化、特定器官或系统的发育或其他因素。
3. 制作一条时间轴，将你所选择的因素在妊娠初期的变化都画在这条时间轴上。

分析

1. **分析** 你制作的时间轴。辨别怀孕10周内与该因素相关的发育特点。
2. **总结** 在怀孕12周末的时候，你所观察的因素的发育状态。

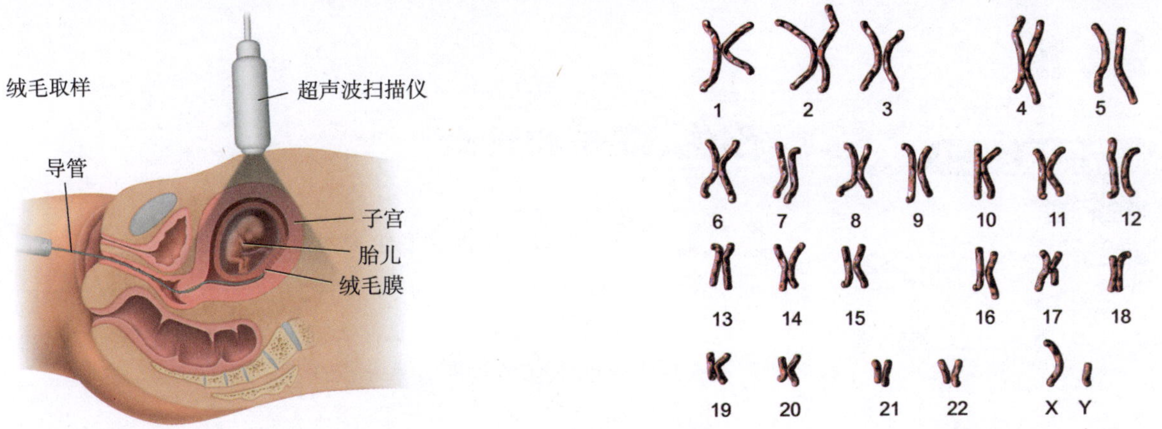

■ **图36-13**

左图： 绒毛取样包括以下两个过程：①将细胞从绒毛膜中提取出来；②进行分析。绒毛取样导致流产的风险极小。

右图： 分析染色体组型可以有助于对胎儿进行诊断。

羊膜穿刺术和绒毛取样 羊膜穿刺术和绒毛取样都属于产前诊断。羊膜穿刺术一般在妊娠中期进行。在羊膜穿刺过程中，会有一根针插入孕妇的腹部，如**图36-12**所示。从羊膜囊中提取液体，然后进行分析，医生能够根据这些液体测量出不同情况下酶的水平。胎儿细胞可以通过染色体组型或DNA分析来进行检测。之前我们学过，染色体组型是一张染色体成对排列的图，如**图36-13**所示，这对于诊断染色体数量异常或胎儿的性别有非常重要的价值。

绒毛取样通常在妊娠初期进行。在绒毛取样过程中，一根小导管会通过阴道和子宫颈插入母亲体内，如**图36-13**所示。绒毛中的细胞会被提取出来，然后进行染色体组型分析。绒毛细胞的染色体与胎儿细胞的染色体一致。

第2节 测评

要点梳理

- 受精是指卵细胞和精子结合的过程。
- 四种类型的胚胎外膜与人类胚胎息息相关。
- 胎盘能够调控胎儿与母亲之间的物质交换。
- 孕期的激素调节与月经周期时的激素调节不同。
- 孕期可以划分为三个阶段，每个阶段约三个月。
- 一些疾病在婴儿出生前就能被诊断出来。

要点理解

1. 主要概念 **描述**受精后第一周内受精卵发生的变化。
2. **描述**有缺陷的顶体将对受精过程产生何种影响。
3. **总结**每个妊娠阶段胚胎的发育状况，并制作一张概念图。
4. **对比与比对**孕期的激素调节与月经周期的激素调节。

批判性思维

科技 **写作**

5. 写一篇文章来解释人体胚胎外膜的作用，并将这些功能与其他动物胚胎外膜的功能进行比较。

生物中的 **数学**

6. 如果卵细胞在1月1日与精子结合，完成受精，请预测婴儿的预产期。

第3节

本节预览

核心问题

- 人在出生的三个阶段中，各会经历哪些事情？
- 人类从婴儿发育成成人要经历哪些阶段？
- 人类成长所必需的激素有哪些？

术语回顾

成长：有机体内生命物质的增加以及新结构的形成。

关键术语

分娩
扩张
娩出期
胎盘期
青少年期
婴儿期
成年期

出生、成长和衰老

主要概念 **人的一生都会发生发育变化。**

联系实际 通过翻看家庭相册，你能了解你从出生开始的成长与变化。你的骨骼、牙齿、眼睛和肌肉都在发生着变化。你甚至可以预测自己面部和身体结构即将发生的变化。

出生

出生通常分为三个阶段：扩张期、娩出期和胎盘期，如**图36–14**所示。在分娩开始之前，垂体后叶分泌催产素，使子宫壁的不随意肌收缩。这就是**分娩(labor)**的开端。

另一个预示着婴儿将要出生的征兆是宫颈**扩张(dilation)**或打开。子宫颈必须打开才能使胎儿离开子宫。然后，子宫收缩会变得越来越强烈和频繁，在这个阶段的某一时刻，羊膜囊就会破裂。羊水就会随着阴道排出，这就是通常所说的“羊水破裂”。

在接下去的几个小时甚至几天后，子宫颈会完全扩张，开口达到10厘米左右。此时子宫收缩已经变得非常强烈。在**娩出期(expulsion stage)**时，母亲会有意识地收缩其腹部肌肉，将子宫内的胎儿通过阴道推出，婴儿的头通常会先出来。当胎儿完全脱离母体时，脐带会被夹紧，然后剪断。留在新生儿身上的一小段脐带会很快干枯脱落，在腹部形成肚脐。

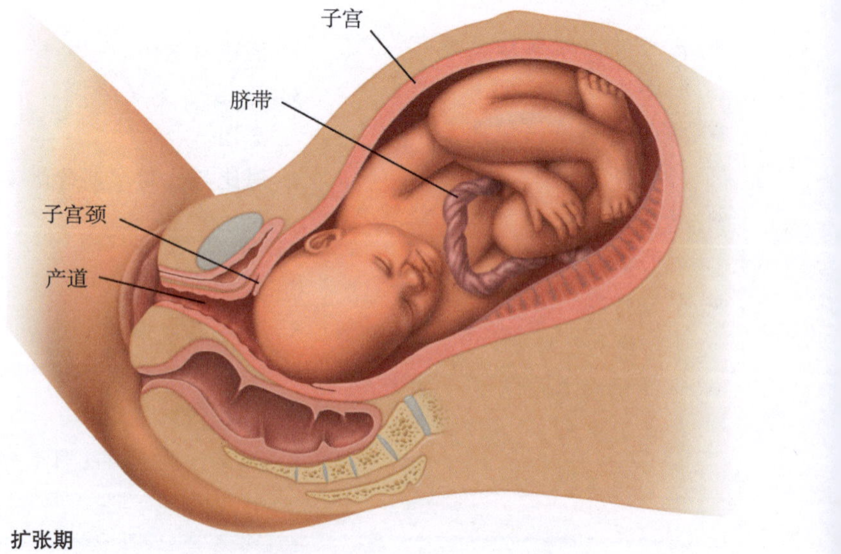

■ **图36–14** 注意出生的三个阶段。
扩张期：子宫收缩打开子宫颈。
娩出期：当胎儿在产道内移动时，会翻身，使娩出更为顺利。
胎盘期：胎盘和脐带被排出。
提出假设 *如果胎盘不能很快被排出体外，将会发生什么？*

在胎儿出生之后很短的时间内，胎盘与子宫分离，并与胚胎外膜一起离开母体。这就是出生过程中的**胎盘期（placental stage）**。

有时候，一些并发症会妨碍胎儿出生。在这种情况下，就需要将母亲的腹部及子宫切开，然后再将胎儿取出。这就叫作剖宫产。

在出生后的前4周，婴儿被叫作新生儿。新生儿的大小不一。但是，平均来说，新生儿重约3300克，长约51厘米。

阅读检测 **描述** 分娩每个阶段发生的重要的生命活动。

成长和衰老

在人的 生中，要经历很多的成长阶段。在你出生之后，你处于婴儿期。你现在处于一个主要的发育阶段，叫作**青少年期（adolescence）**。青少年期始于青春期，结束于成年期。

人类生长激素、甲状腺素和类固醇激素会影响人类的成长。当细胞通过有丝分裂复制增长时，人类生长激素会促进人体的绝大部分区域不断成长。这种激素通过提高蛋白质合成和脂肪代谢的速率来发挥作用。甲状腺分泌的甲状腺素能够增加身体的代谢速率，它对成长起着至关重要的作用。像雌激素和睾酮这样的类固醇激素对于成长也是十分重要的。之前我们学过，雄激素和雌激素会穿过质膜进入靶细胞的细胞核。这些激素能够激活特定的基因，以促进蛋白质的合成。从这一角度而言，雄激素能使细胞变大，雌激素在一定的程度上也能起到这一作用。

阅读检测 **总结**人类生长激素和甲状腺素的作用。

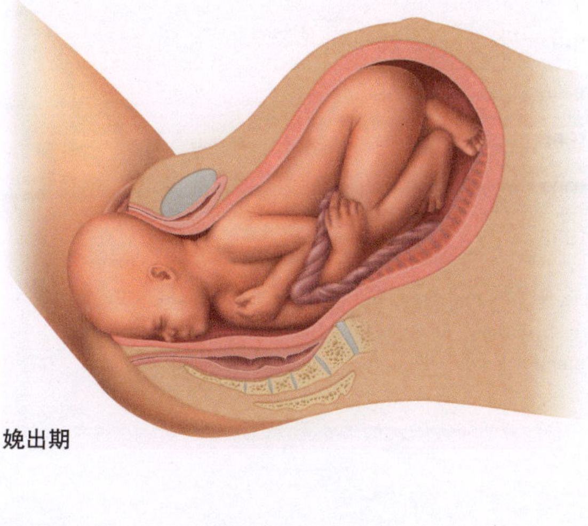

娩出期

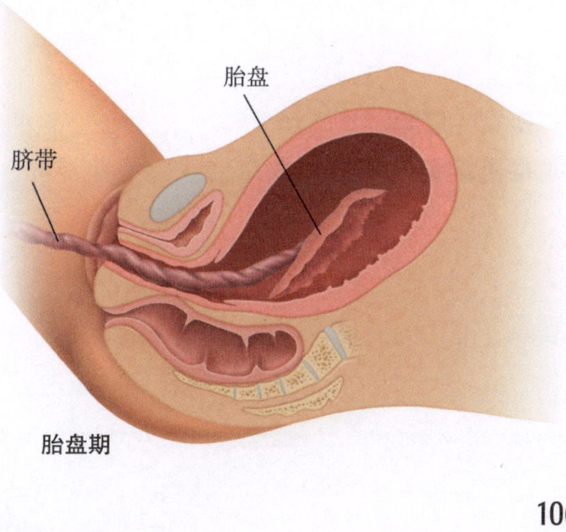

胎盘期

婴儿期 胎儿出生后的前两年被称为**婴儿期(infancy)**。婴儿在这两年会发生很多变化。他们会学习如何翻滚和爬行,如何抓住东西以及完成简单的任务。在第一年年末,婴儿很有可能已经学会走路,也可能会说出一些简单的词汇。前两年,婴儿的心智也会有极大的发育。

在第一年,婴儿一般都会长高25厘米左右,体重大约会变成出生时的3倍。第二年,婴儿的成长速度就会变慢。在青春期开始前,平均都会以每年6厘米的速度增高。

童年和青少年期 童年是处于婴儿期和青少年期之间的成长发育期。儿童的推理能力以及解决问题的能力在这个阶段会逐渐发展。青春期是青少年期的开端。青少年期是处于童年和成年期之间的成长期。女孩的青春期在8～13岁时开始,男孩的青春期在10～15岁时开始。

在青春期,除了激素发育和性发育之外,人体也会发生其他生理变化。青少年在这一时期内会快速增高,女孩可能会增高6～11厘米,男孩可能会增高7～13厘米。另外,女孩的臀部会变宽,腰会变得更细;男孩的肩膀一般来说都会变得更广阔。在青少年期结束时,人类的身体发育已经完成了,这就代表着**成年期(adulthood)**的开始。由于生理、情感和行为上的变化,青少年期和成年期的过渡很难界定。

数据分析实验

基于真实的数据*

得出结论

婴儿猝死综合征与吸烟有关吗? 研究者研究了每年每1000个婴儿的猝死综合征(SIDS)的发病率。这1000个婴儿中有的母亲在怀孕过程中有吸烟行为,有的没有。1994年,医生开始建议婴儿平躺着睡觉,以降低突发性的婴儿猝死综合征。使用这种表格来判断吸烟是如何影响婴儿猝死综合征发生率的。

婴儿猝死综合征死亡率

年份	母亲在怀孕时有吸烟行为	母亲在怀孕时没有吸烟行为
1989	3.21	1.33
1990	2.96	1.34
1991	3.32	1.72
1992	2.93	1.41
1993	3.28	1.17
1994	1.65	0.79
1995	2.19	0.65
1996	1.61	0.82
1997	3.21	0.64
1998	1.80	0.37

*数据来源:Anderson, M.E., et al. 2005. Sudden Infant Death Syndrome and prenatal maternal smoking: rising attributed risk in the Back to Sleep era. *BMC Medicine* 3: 4.

批判性思维

得出结论 这些数据如何显示一些婴儿猝死综合征病例可能与吸烟相关。

成年期 现在有一些关于人类为什么衰老的理论。科学家们都赞同当人衰老的时候，人体会发生很多变化，如**图36-15**所示。衰老最明显的征兆可能就是人体生理的变化，比如由于色素分泌减少，头发变灰或者变白等。另外，由于脊柱内的椎间盘随着衰老而变平，人可能会变矮2厘米左右。其他的一些变化包括肌肉质量减少，总体新陈代谢变慢，以及心脏泵血功能减弱。同时，皮肤也会失去弹性，感觉功能也可能在一定程度上减弱。女性的生育能力随着绝经期的到来而结束。男性的生精能力也逐渐减弱。

尽管衰老会带来一些可能的挑战，但是很多人在变老时，生理和心理都维持着活跃的状态。一些年老的人甚至会开始新的事业。安娜·玛丽·罗伯森·摩西(Anna Mary Rovertson Moses)，就是众所周知的摩西奶奶，在她快80岁的时候，成了著名的艺术家。

■ **图36-15** 这些照片显示了一个人在人生不同阶段的样子。

总结 *成年期发生的变化。*

第3节 测评

要点梳理

- 人的一生要经历很多发展变化。
- 出生过程包含三个阶段。
- 一些激素的水平会影响人类成长。
- 人类出生后的第一年是用来学习动作技能和快速成长的。
- 青春期会造成人体很多变化，成年后人体还会不断发生变化。

要点理解

1. 主要概念 **绘制**一张图来解释人类成长和衰老过程中出现的主要变化。
2. **识别** 两个能表明孕妇将要分娩的征兆。
3. **说出** 人类出生时三个阶段内发生的生命活动。
4. **描述** 人类生长激素是如何促使人成长的。

批判性思维

5. **提出假设** 世界上最高的人罗伯特·瓦德罗(Robert Wadlow)在他22岁去世的时候，身高272厘米，体重220千克。他出生的时候和普通的新生儿没什么区别。但是，他的垂体前叶上长了一颗肿瘤。提出一个假设来解释为什么这颗肿瘤导致他变得那么高。
6. **推断** 你认为科学家是如何判断先天缺陷是由哪种物质引发的？

生物与社会

人类生长激素(HGH)决定人的高矮

特里(Terry)是一个身高为157.5厘米的高中学生。过去两年里,他都没有继续长高。特里的爸爸身高为190.5厘米,其他三个兄弟都在177.8厘米及以上。特里看起来并不介意自己的身高,或者说他并不觉得自己的身高有什么问题。但是他妈妈总觉得特里会因为身高而在体育运动上有劣势。她建议特里吃一些生长激素来增高。她认为生长激素可能会使特里在运动方面甚至整个人生变得更加成功。特里应该怎么办?

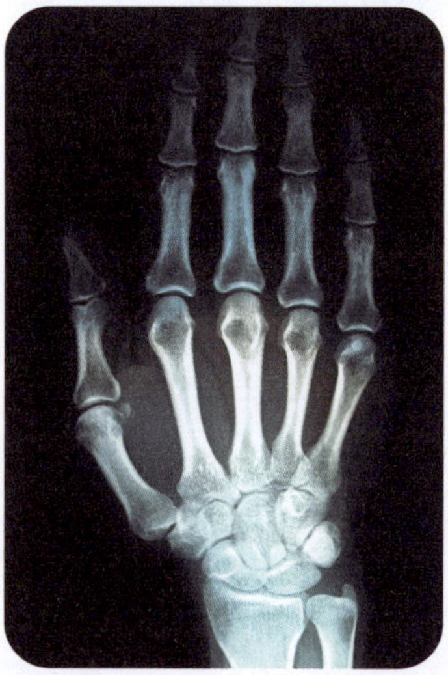

图中所示卵形骨骼是人的生长板,也就是骨骼生长的地方。如果生长板消失了,那么生长也就停止了。

人类生长激素是什么?

人类生长激素是一种由垂体分泌的、存在于大脑中的蛋白质。在青少年成长阶段,体内含有很多人类生长激素。一般来说,缺少人类生长激素的儿童就被认为是患了垂体性侏儒症,他们的身高一般不会超过135厘米。

HGH治疗是什么?

患有垂体性侏儒症的人可以在青少年期注射人工合成的人类生长激素来增高。注射的第一年,他们能增高10~12厘米。但是接下去几年,身高增长会一点点减慢。2003年,美国食品药品监督管理局批准那些身体健康的,但是预估成年后的身高小于等于160厘米的男性或成年后的身高小于等于149.9厘米的女性可以接受人类生长激素治疗。对于这些儿童而言,人类生长激素治疗能使他们在成年之前平均增长4~7厘米。人们可以使用X射线来判定儿童的骨骼年龄以及他们的生长潜力。

治疗与提高

有时候,医生可以用人类生长激素来医治那些较矮但是想要变得更高或更强壮的运动员。但是,这类治疗并不常见。有时候运动员会通过非法渠道获取人类生长激素药物以提高他们的运动成绩。这样的运动员会被重罚或取消资格,因为运动员一般来说是不允许服用这类药物的。

有些药店出售人类生长激素补充片剂,但是这些片剂中的人类生长激素含量低于百分之一。很多科学研究都表明,这些人类生长激素补充片剂对长高没有太大作用。只有注射人类生长激素才能有效地增高并增强人体新陈代谢。

生物学中的 辩论

辩论 当一个青少年由于外观原因或运动原因对他(或她)的身高感到不满时,他(或她)能够接受人类生长激素治疗吗?请考虑特里的情况,他对于使用人类生长激素增高这种做法感到很有压力。请另外展开一些关于人类生长激素和人类生长激素治疗的研究。

生物实验室

网络：超声波影像是如何用来追踪胎儿发育的？

背景：超声波是一种医学成像技术，它使用高频率的声波及其回声来生成人体体内的影像。尽管现行的超声波影像都是二维标准的，但是现在已经有一些技术能生成三维和四维甚至动态的胎儿影像了。

问题：超声波影像是如何用来测量胎儿的特点以及发育情况的？

实验器材

可联网的电脑

有标号的显示不同发育阶段的胚胎及胎儿的超声波影像

显示胚胎和胎儿处于未知发育阶段的超声波影像

设计与实施实验

1. 阅读并完成实验室安全表。
2. 使用网络查看从妊娠中期至怀孕40周过程中胎儿发育的状况。并使用这些信息完成你在**迷你实验2**中创建的发育时间轴。
3. 研究教师所提供的处在可鉴别发育阶段的胎儿的超声波影像。将这些影像与你的时间轴进行比较，并辨别出尽可能多的特点。在你研究影像的时候，选择一个你想要进一步探究的身体结构。
4. 研究教师所提供的处在不可鉴别发育阶段的胎儿的超声波影像。使用你的时间轴以及你学过的知识来判断胎儿可能所处的发育阶段。从你选择的身体系统的发育情况寻找相关线索。

实验分析和结论

1. **数据分析**　发育中的胚胎或胎儿在哪一个阶段变化最快？

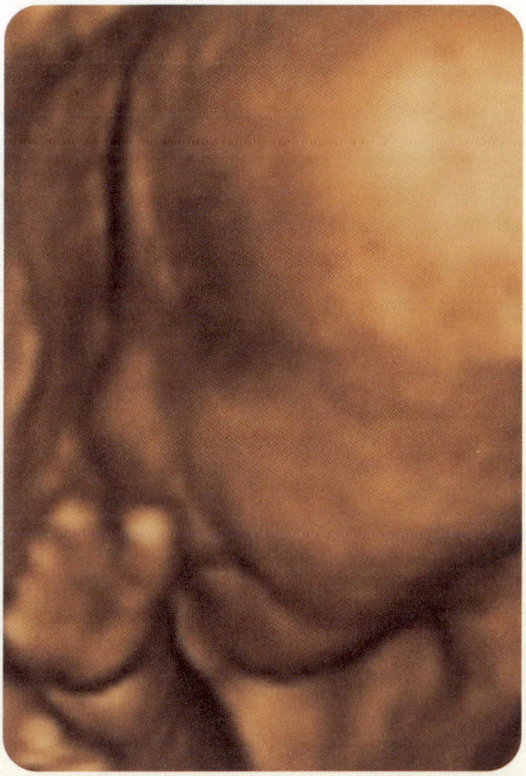

2. **分析**　哪些生理特征最有助于判定胎儿的发育水平？请解释。
3. **比较**　二维和三维的超声波影像有什么区别？哪类影像最容易解读？
4. **批判性思维**　四维影像具有哪些优点？
5. **误差分析**　你对于胎儿发育阶段的判断有多准确？应如何提高你的判断准确性？

科技 写作

海报环节　制作一张流程图来解释生殖过程。该过程从生殖细胞的形成开始，一直到胎儿发育成熟为止。

第36章 复习指南

内容聚焦 演变 一旦受精发生，人类的生长和发育就会包括身体结构以及发育过程的不断演变。

大概念 生殖过程涉及精子和卵细胞相互结合这一过程。

第1节 生殖系统

生精小管
附睾
输精管
尿道
精液
青春期
卵母细胞
输卵管
月经周期
极体

主要概念 激素能够调节人体的生殖系统，包括配子的生成这一过程。

- 男性和女性体内的激素水平受到负反馈机制的调节。
- 男性每天能产生数以百万计的精子。
- 男性和女性通过减数分裂生成的生殖细胞数量不等。
- 女性有月经周期。
- 月经周期分为三个阶段：月经期、卵泡期和黄体期。

第2节 胚胎发育

桑椹胚
胚泡
羊水

主要概念 一个人是从单个受精卵细胞发育成数万亿个具有特定功能的细胞的。

- 受精是指卵细胞和精子结合的过程。
- 四种类型的胚胎外膜与人类胚胎息息相关。
- 胎盘能够调控胎儿与母体之间的物质交换。
- 孕期的激素调节与月经周期时的激素调节不同。
- 孕期可以划分为三个阶段，每个阶段的三个月。
- 一些疾病在婴儿出生前就能被诊断出来。

第3节 出生、成长和衰老

分娩
扩张
娩出期
胎盘期
青少年期
婴儿期
成年期

主要概念 人的一生都会发生发育变化。

- 人的一生要经历很多发展变化。
- 出生过程包含三个阶段。
- 一些激素的水平会影响人类成长。
- 人类出生后的第一年是用来学习动作技能和快速成长的。
- 青春期会造成人体很多变化，成年后人体还会不断发生变化。

第36章 测评

第1节

术语回顾

解释下列每组名词术语间的区别及它们之间的关系。

1. 尿道、精液
2. 卵母细胞、输卵管
3. 月经周期、极体

要点理解

4. 如果睾丸位于体腔内，将会发生的是(　　)。

   A. 由于温度过高，精子形成出现障碍

   B. 由于温暖的环境，睾酮水平上升

   C. 人体不再需要精囊

   D. 睾丸产生的激素将不能进入血液

根据下图，回答第5题和第6题。

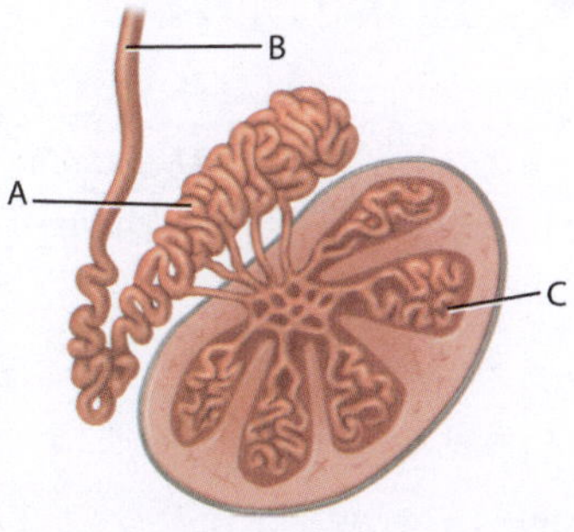

5. 下列发生在上图所示的C结构中的是(　　)。

   A. 精子储存并成熟　**B.** 精子生成

   C. 糖分分泌　**D.** 卵泡刺激素生成

6. 上图所示A结构的功能是(　　)。

   A. 储存精子并使其成熟

   B. 生成精子

   C. 分泌糖分

   D. 生成卵泡刺激素

回答问题

7. **简要回答**　为什么男性生殖腺的分泌物对精子十分重要？

8. **主要概念**　比较卵泡刺激素和黄体生成素在卵巢和睾丸内的作用。

9. **开放式回答**　女性体内通过分裂只能生成一个卵细胞和一些极体。这相对于生成4个卵细胞而言，有什么优点？

批判性思维

根据下图，回答第10题。

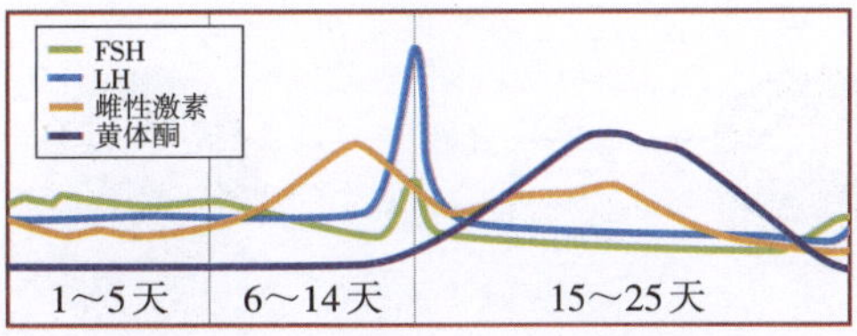

10. **因果分析**　根据你学过的有关女性生殖周期内激素调控状况的知识，结合上图，从激素角度来解释为什么已经怀孕的女人在怀孕期间不可能再次怀孕？

11. **提出假设**　男性在他们出生时就已经具备了所有的生殖激素。提出一个假设来解释为什么青春期开始的时候，激素对人体才会有更大的影响。

第2节

术语回顾

请描述下列每组名词术语。

12. 桑椹胚
13. 囊胚
14. 羊水

要点理解

15. 受精发生在女性生殖系统的(　　)。

A. 子宫　**B.** 黄体

C. 阴道　**D.** 输卵管

16. 胚胎发育的正确顺序是(　　)。
A. 受精卵、囊胚、桑椹胚
B. 桑椹胚、受精卵、囊胚
C. 受精卵、桑椹胚、囊胚
D. 桑椹胚、囊胚、受精卵

17. 下列由胎盘产生的是(　　)。
A. 人类绒毛膜促性腺激素
B. 雌激素和孕酮
C. 催产素
D. 子宫内生长激素

根据下图,回答第18题。

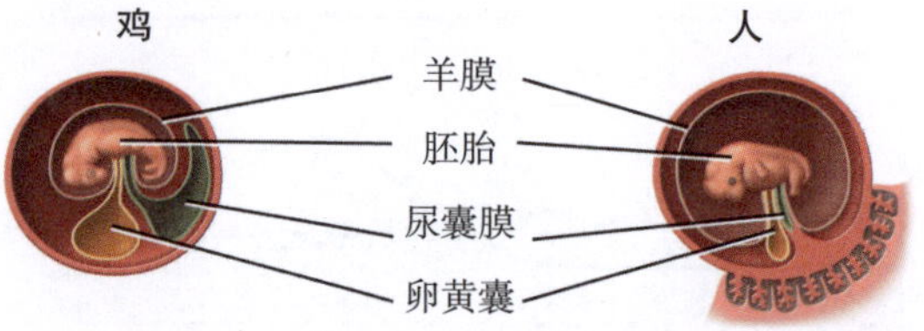

18. 如图所示,人类卵黄囊比鸡的卵黄囊小的原因是(　　)。
A. 人的卵黄转化成了肌肉
B. 鸡的卵黄能使胚胎保持温暖
C. 发育中的人从胎盘中获取营养
D. 卵黄对发育中的人体不起作用

19. 孕妇第一次感觉到胎儿移动的时间是(　　)。
A. 妊娠初期
B. 妊娠中期
C. 妊娠后期
D. 最后一个月

回答问题

20. **简要回答** 为什么子宫内膜在每个周期都要进行更新?

21. **与生物学相关的职业** 一些不孕不育的夫妻会去咨询生殖内分泌专家。哪些生物学方面的原因可能会导致不孕不育?

22. **主要概念** 为什么在妊娠初期酒精和药物对胚胎或者胎儿产生伤害最严重?

批判性思维

23. **对比与比对** 正常发育过程中内细胞团的分裂以及双胞胎发育过程中内细胞团的分裂。

24. **制作模型** 一位女性怀孕了,但是她体内的人绒毛膜促性腺激素含量不够。请提出一个可能的治疗方法来使孕妇体内的胚胎存活。

第3节

术语回顾

解释下列每组术语之间的区别及关系。

25. 分娩、胎盘期
26. 扩张、娩出
27. 青少年期、成年期

要点理解

28. 子宫颈完全扩张时,开口有(　　)。
A. 10 mm　　B. 10 cm
C. 2 cm　　D. 20 cm

29. 当孕妇告诉医生她羊水破了的时候,她想表达的是(　　)。
A. 她的羊膜囊破裂了
B. 她的膀胱感到很大压力
C. 她的卵黄囊破裂了
D. 她的胎盘漏了

根据下图,回答第30题和第31题。

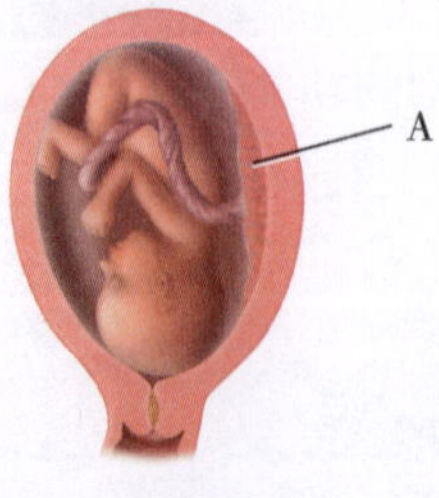

30. 上图A所示的结构是(　　)。
A. 子宫　　B. 胎儿
C. 胎盘　　D. 子宫颈

31. 在出生的(　　),A结构会离开女性身体。
   A. 第一个阶段
   B. 第二个阶段
   C. 第三个阶段
   D. 第四个阶段

32. 人的生长速率最快的阶段是(　　)。
   A. 婴儿期的第一年
   B. 青春期的第一年
   C. 青春期的第二年
   D. 成年期的第一年

回答问题

33. **开放式回答** 什么生物学原理可以用来解释女性会经历更年期并停止生成卵细胞,但是男性却可以一直生成精子?

34. **主要概念** 比较女性的青春期和男性的青春期。

批判性思维

根据下图,回答第36题。

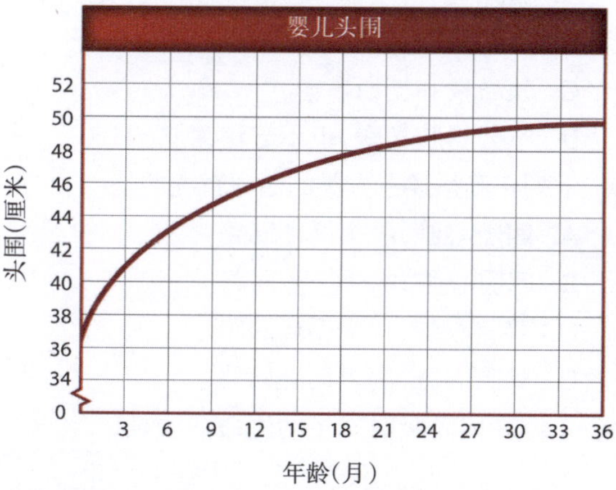

35. **演变** 上图所示的哪个阶段,婴儿的头围变化最快?

总结性测评

36. **大概念** 人类的生殖需要精子和卵细胞的结合。那么人类生殖的结果是什么?人类生殖的最终目标是什么?从一个科学的角度来回答这些问题。

37. **科技写作** 请为孕妇准备一本有关怀孕期间的健康和生活方式的小册子。小册子中需包括胎儿发育过程中的重要事件。

DBQ 资料分析题

为了降低新生儿的先天性大脑缺陷和脊柱缺陷,美国公共卫生署在1992年提出,怀孕期的女性应在她们的饮食中增加叶酸的含量。从1998年1月开始,美国食品和药物管理局要求所有的谷类制品都必须富含叶酸(1996年3月开始,有一段时间并没有强制的要求,厂家可自行选择)。

下表显示了1991年至2002年每10万个婴儿中患有先天无脑畸形的婴儿的比率,先天无脑畸形是一种头脑发育不完全的病症。

年份	比率	年份	比率
1991	18.38	1997	12.51
1992	12.79	1998	9.92
1993	13.50	1999	10.81
1994	10.97	2000	10.33
1995	11.71	2001	9.42
1996	11.96	2002	9.55

数据来源:Mathews, T.J. Trends in Spina Bifida and Anencephalus in the United States, 1991–2002. National Center for Health Statistics/Centers for Disease Control and Prevention/Department of Health and Human Services.

38. 制作一张图或表来展现这些数据,并描述你观察到的变量之间的关系。

39. 解释表格所显示的时间段内先天无脑畸形病例数量的总体趋势。

标准化测试

选择题

1. 动脉在循环系统中的作用是(　　)。
   A. 将血液运离心脏
   B. 将血液运送至心脏
   C. 给细胞提供营养
   D. 防止血液倒流

根据下图,回答第2题。

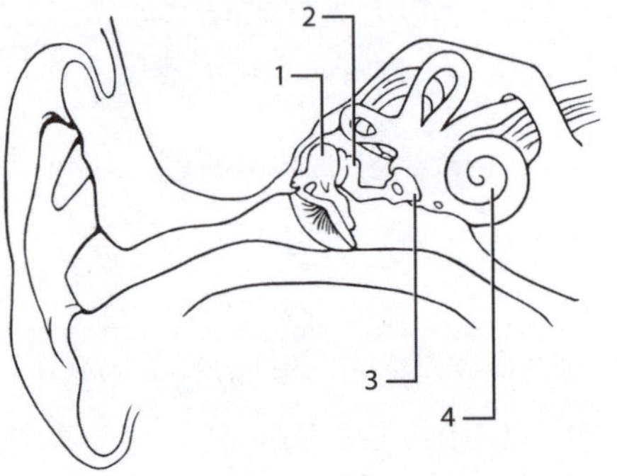

2. 上图结构(　　)包含了听觉神经感受器。
   A. 1
   B. 2
   C. 3
   D. 4
3. 激素在人体中所起的作用是(　　)。
   A. 它们起到反应催化剂的作用
   B. 它们能控制呼吸过程
   C. 它们有助于蛋白质合成
   D. 它们能调节很多人体功能
4. 人类在第一周发育的顺序是(　　)。
   A. 卵细胞→桑椹胚→囊胚→受精卵
   B. 卵细胞→受精卵→桑椹胚→囊胚
   C. 桑椹胚→囊胚→卵细胞→受精卵
   D. 桑椹胚→卵细胞→受精卵→囊胚
5. 肾的作用是(　　)。
   A. 排除血液中的二氧化碳
   B. 排出人体中未消化的食物
   C. 移除血液中过剩的水和废物
   D. 除掉血液中过剩的蛋白质

根据下图,回答第6题。

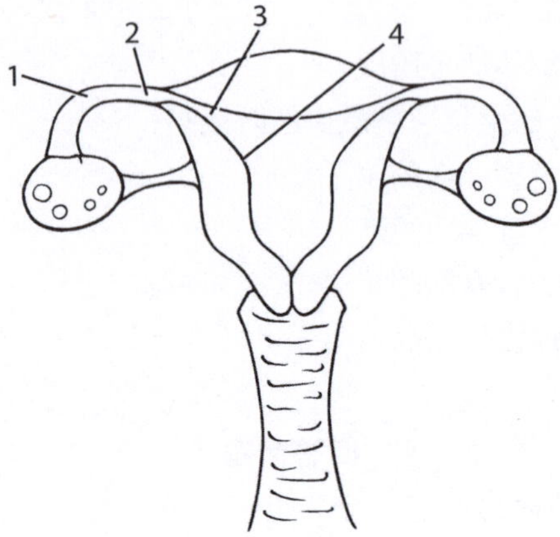

6. 受精发生在上图的结构(　　)中。
   A. 1
   B. 2
   C. 3
   D. 4
7. 当体内血糖含量过高时,胰腺将会分泌(　　)。
   A. 糖原
   B. 胰岛素
   C. 胰岛素和糖原
   D. 不分泌胰岛素,也不分泌糖原
8. 下列正确描述了人类的循环系统的是(　　)。
   A. 四腔心脏,一个循环回路
   B. 四腔心脏,两个循环回路
   C. 双腔心脏,一个循环回路
   D. 双腔心脏,两个循环回路
9. 人体在内呼吸时发生的生命活动是(　　)。
   A. 二氧化碳被用来从糖原中获取能量
   B. 气体在血液和空气之间进行交换
   C. 气体在血液和人体细胞之间进行交换
   D. 氧气被用来从糖原中获取能量

简答题

根据下图，回答第10题和第11题。

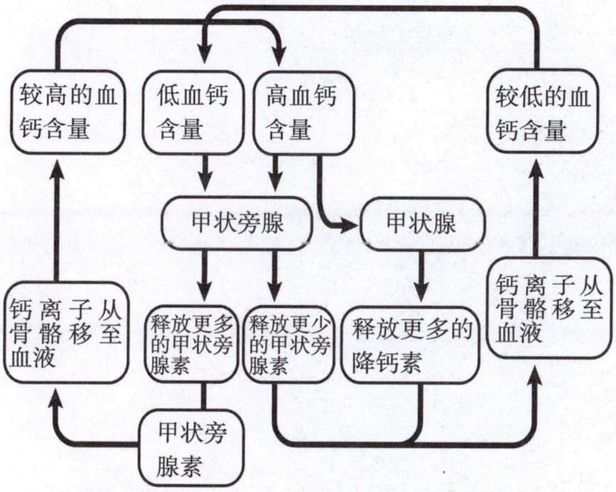

10. 评估甲状旁腺素是如何影响骨骼组织的。

11. 评价当一个人的甲状腺停止运作时，他（她）的血钙水平将受到什么影响。

12. 分析伊万·巴甫洛夫是如何使狗一听到铃声就开始分泌唾液的。

13. 评估为什么患有肺气肿的人在爬楼梯时会感到呼吸困难。

14. 说出并描述人类骨骼的两个组成部分，并对其进行评价。

15. 思考中耳和内耳的结构。推断为什么人们在听了一场音量超大的音乐会后，可能会经历暂时性听觉损失。

16. 解释小肠内的绒毛是如何影响吸收速率的。

开放题

17. 一个学生在阳光充足的房间内用一根未成熟的香蕉做了一个实验。他发现放在纸袋中的香蕉比放在盘子里的香蕉要熟得快。根据这个结果，这个学生能得出哪些结论？设计一种方案来改进这个实验。

18. 腿部的肌肉倾向于储存大量的糖原和脂肪。但是手臂的肌肉却不是这样。当人反复用到肌肉时，为什么手臂处的肌肉会疲劳得更快？

19. 不同的哺乳动物有不同的消化系统。解释反刍食草动物的消化系统和其他食草动物的消化系统的区别。

论述题

随着海拔升高，气压会逐渐降低。在海平面上，气压大约是760毫米汞柱。大气中的氧气含量大约为21%。在海拔3200米的地方，气压大约比海平面低30%，但氧气的含量是相同的。气压之所以不同，是因为气体分子随着海拔升高而分散开了。随着海拔继续上升，气压会持续降低。登山者在爬山的时候会面临低气压的问题。当登山者到达最高峰的顶端时，他们就需要氧气瓶来帮他们呼吸。

利用上文中的信息，以论文的形式回答下列问题。

20. 评价为什么呼吸氧气能使登山者爬得更高。

考点提示																				
测试题号	1	2	3	4	5	6	7	8	9	10	11	12	13	14	15	16	17	18	19	20
对应章节	34.1	33.3	35.1	36.2	34.3	36.2	35.3	34.3	34.2	35.3	35.3	31.1	34.2	32.2	33.3	35.1	1.3	32.3	30.2	34.2

第37章

免疫系统

起步实验

如何追踪感冒的传播路径?

感冒是由病原体引起的。病原体能在人与人之间传播。在这个实验中,你将会追踪感冒的传播路径。

步骤

1. 阅读并完成实验室安全表。
2. 设计一系列问题列表:症状、拥有同样症状的其他家庭成员与朋友、相关卫生预防措施。
3. 根据问题列表,采访班上同学。
4. 从采访中,收集感冒是通过哪些途径在同学、朋友或家人中间传播的相关数据。设计一张概念图,整理收集到的相关数据。

分析

1. **描述**你与其他同学的概念图在感冒症状方面有何不同。
2. **推断**感冒的传播可能有哪些不同的途径。

折叠式 学习卡

制作一张如图所示的多层折叠卡,并使用图中的标题来记录有关激素的笔记。

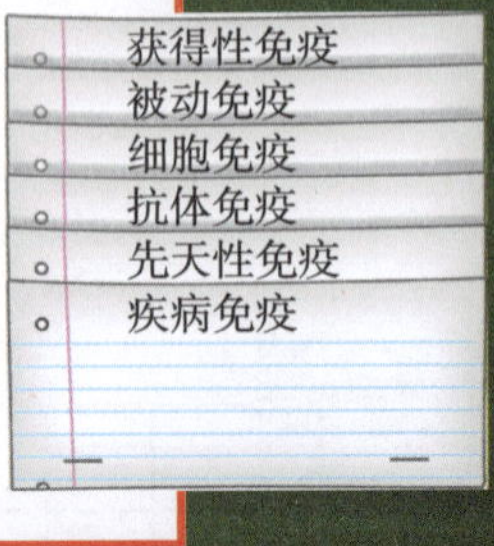

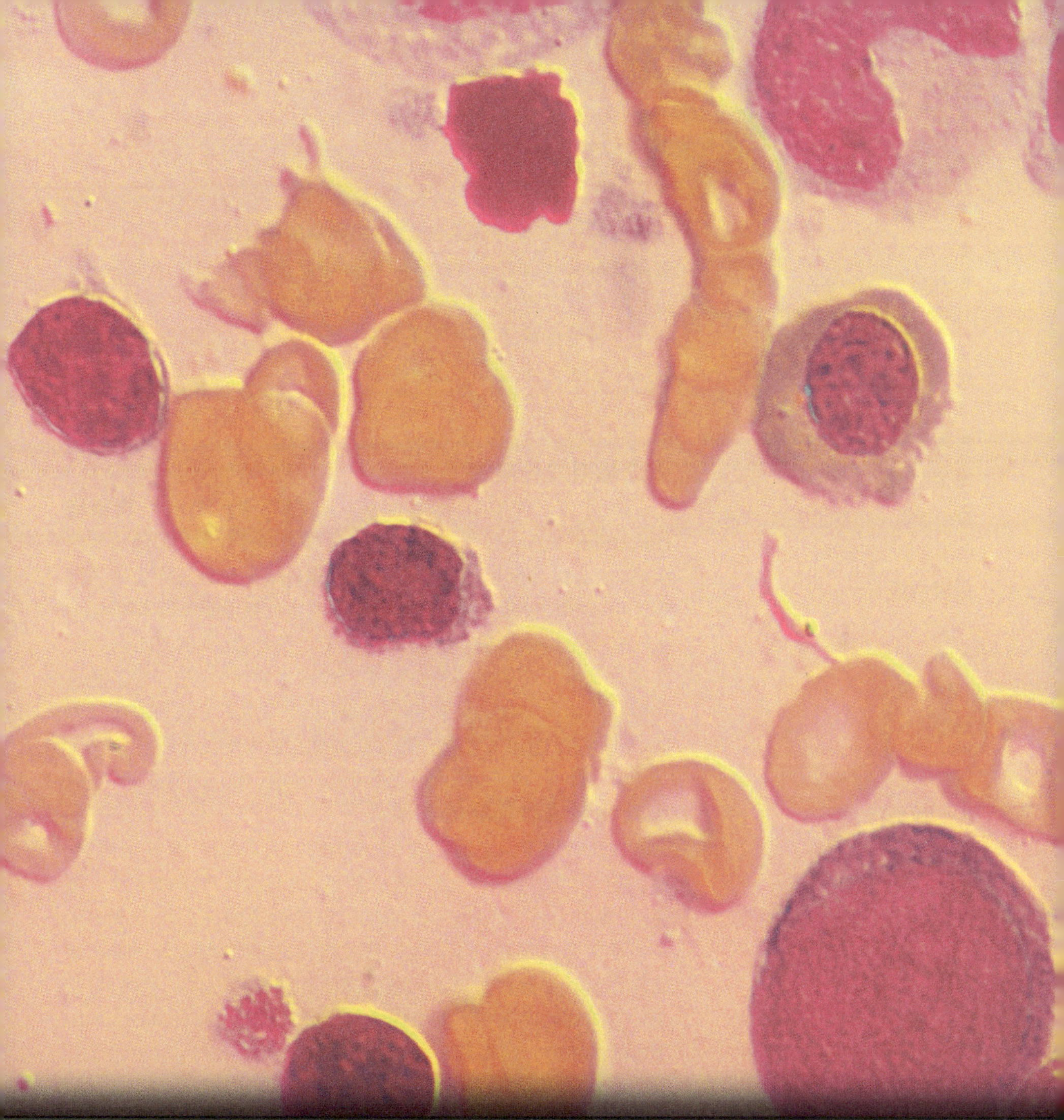

内容聚焦　科学探究

科学家通过研究和实验得知免疫系统是如何应对疾病的。

大概念　免疫系统保护人体免受病原体的感染。

第1节

本节预览

核心问题

- 科赫法则是什么?
- 疾病是如何传播的?宿主在疾病的传播过程中起了什么作用?
- 传染病的症状和治疗方法有哪些?
- 疾病模式有哪些?

术语回顾

原生动物:一种单细胞的、异养的类动物原生生物。

关键术语

传染病
病原体
科赫法则
宿主
地方性传染病
流行性传染病
大规模流行性传染病
抗生素

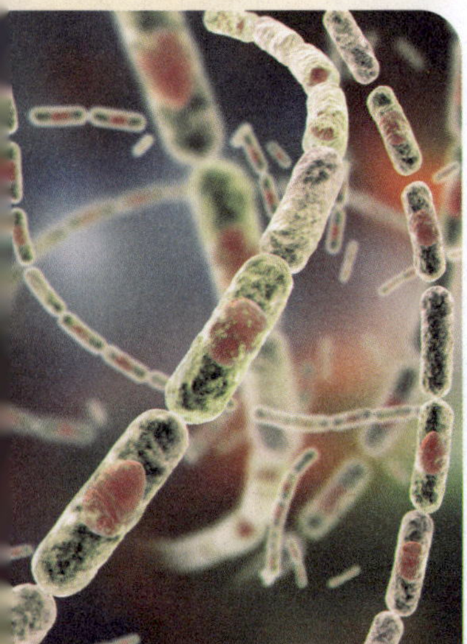

■ **图37-1** 这些杆菌引起了炭疽。

传染病

主要概念 **病原体通过人、动物和物品进行传播。**

联系实际 你的手上沾到过一些黏的东西吗?如果沾到过,当你的手触碰其他物体时,那些物体也会变得黏糊糊的。类似地,当你的手上沾上病毒后,病毒也会转移到你所触碰的物体上,当其他人接触了这些物体,他们就会感染这些病毒。

病原体引发传染病

感冒和足癣有什么共性?它们都属于传染病。**传染病(infectious disease)**是一种由能在生物体之间传递的病原体引起的疾病,它会扰乱生物体的稳态。**病原体(pathogen)**是传染病的源头,一些细菌、病毒、原生动物、真菌和寄生虫都可能成为病原体。

这些生物体的很多类型都存在于我们身边,有的并不会引起任何传染病。人体甚至还会得益于这些生物体,比如存在于肠道和生殖道内的某些细菌和原生动物,以及存在于皮肤的毛囊轴内的一些细菌。这些生物体能阻止病原体在体内生长与繁殖。

细菌病原说和科赫的实验

在显微镜发明之前,人们认为生病的人会传递“某些东西”给健康的人,使健康的人也生病。随后,科学家发现了微生物。路易·巴斯德(Louis Pasteur)证明空气中的微生物能在培养液中生长。凭借着这些知识和其他一些发现,医生和科学家开始提出细菌病原说。细菌病原说认为某些微生物属于病原体。然而,科学家一直无法明确地验证这个理论,直到罗伯特·科赫(Robert Koch)提出他的法则。

首个病原体的鉴别 19世纪晚期,德国医生罗伯特·科赫正在寻找炭疽的病因。炭疽是一种能感染牛、羊和人的致死性疾病。如**图37-1**所示,科赫从一头患炭疽而死的牛的血液中分离出了细菌。科赫在实验室培养这些细菌之后,将其注射入健康的牛体内,这些牛也相继患上了炭疽。然后,他又从新感染炭疽的牛的血液中分离出了该细菌,并在实验室中培养。这两次实验得到的培养物完全相同,这表明是同一类细菌使这些牛患病。因此,科赫证明他最初分离的细菌就是炭疽的病因。

阅读检测 **解释** 科赫是如何证明细菌病原说的正确性的。

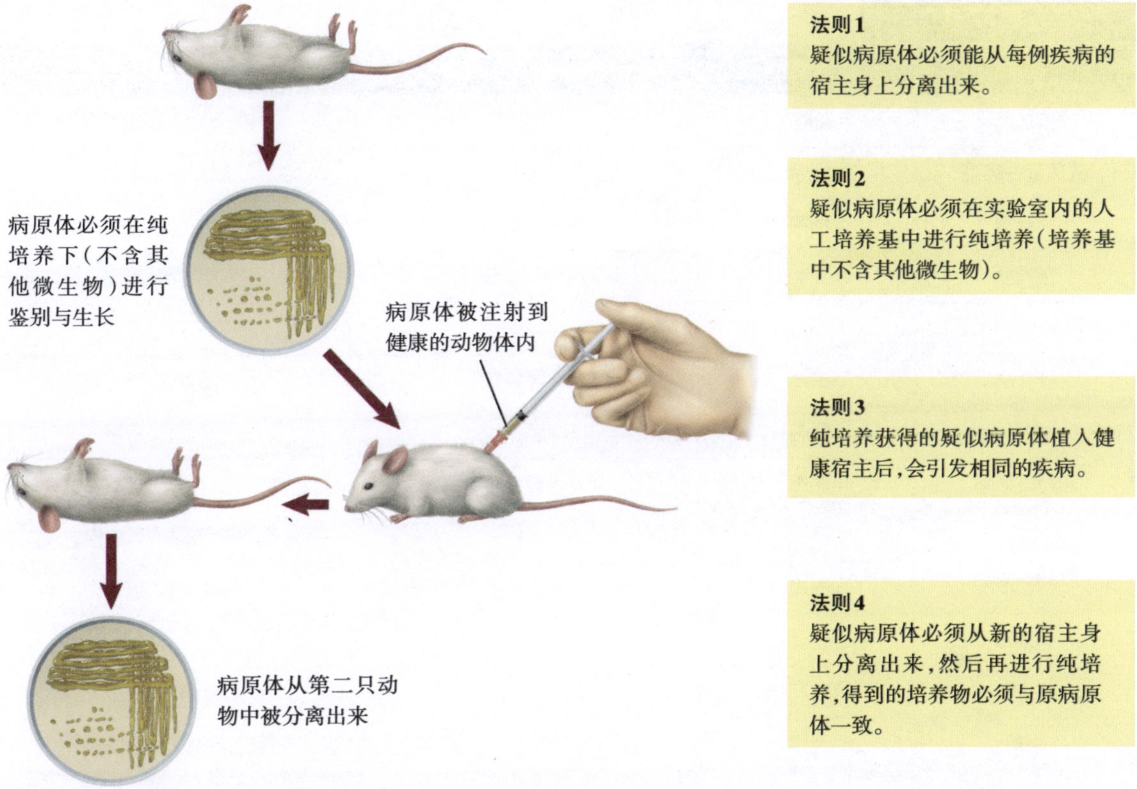

图 37–2 科赫法则证明某一特定的病原体会引发特定的疾病。**推断** *科赫第二次从宿主身上分离出相同的细菌证明了什么？*

科赫法则 柯赫建立并公布了他的实验步骤，这些实验步骤就是**科赫法则（koch's postulates）**。科赫法则能够证明微生物是疾病的病因。科赫的这些实验步骤现在也被用来鉴别某一特定的病原体是不是某一疾病的罪魁祸首。请跟随**图 37–2** 中的实验步骤来阅读科赫的四条法则。

法则 1：疑似病原体必须能从每例疾病的宿主身上分离出来。

法则 2：疑似病原体必须在实验室内的人工培养基中进行纯培养。纯培养是指在培养过程中除了疑似病原体之外，不含任何其他微生物的培养方式。

法则 3：纯培养获得的疑似病原体植入健康的宿主后，会引发相同的疾病。

法则 4：疑似病原体必须从新的宿主身上分离出来，然后再进行纯培养，得到的培养物必须与原病原体一致。

科赫法则也存在一些例外的情况。某些病原体，比如引起梅毒的病原体，无法在人工培养基的纯培养环境中生长。人工培养基是细菌生存和繁殖所必需的营养物质，病原体一般是在实验室中的人工培养基内生长的。同时，对于上述提到的某些不能在人工培养基内生长的病毒而言，就需要用到培养细胞。

学习小贴士

有目的的阅读 在阅读之前，预测如何将你学到的关于疾病的信息运用到你的日常生活中。快速浏览每节内容，重点关注加粗的标题来大致了解你将要学习的内容。

表 37-1	人类传染病		
疾病	病因	受感染的器官、系统	疾病是如何传播的
破伤风	细菌	神经系统	较深伤口触及土壤
链球菌性喉炎	细菌	呼吸系统	飞沫/直接接触
肺结核	细菌	呼吸系统	飞沫
莱姆病	细菌	骨骼和神经系统	病媒动物（壁虱）
水痘	病毒	皮肤	飞沫/直接接触
狂犬病	病毒	神经系统	动物咬伤
感冒	病毒	呼吸系统	飞沫/直接接触
流行性感冒	病毒	呼吸系统	飞沫/直接接触
乙型肝炎	病毒	肝	有体液交换的直接接触
西尼罗	病毒	神经系统	病媒动物（蚊子）
贾第虫	原生动物	消化道	受污染的水
疟疾	原生动物	血液和肝	病媒动物（蚊子）
足癣	真菌	皮肤	直接接触受污染的物品

疾病的传播

在大量与人类共存的微生物中，只有其中的少部分会引发疾病。病原体和疾病一样，也分为很多种。一些病原体可能会引发轻微的疾病，如感冒。一些病原体可能会引发严重的疾病，比如，脑膜炎这种影响大脑和脊髓外覆盖物的传染病。**表 37–1** 列出了一些你可能知道的人类传染病。

病原体的传播必须具备宿主和传播途径这两个条件。疾病**宿主（reservoir）**是环境中病原体的来源。宿主可以是动物、人类或没有生命的物体，如土壤。

人类宿主 人类是那些感染人类的病原体的主要宿主。他们会将病原体直接或间接地传递给其他人。很多人在得知自己患病之前就可能已经将病原体传递给其他宿主了。如果一个人没有显示出任何病症，却能够传递病原体，那么他就被称为携带者。引起感冒、流行性感冒（通常被称为流感）的病原体以及像人体免疫缺陷病毒（HIV）这样的能通过性传播的疾病，都能在患者意识到自己被感染之前就进行传播。

动物宿主 一些动物也是人类病原体的宿主。**表37-1**中所列的流行性感冒和狂犬病都属于动物将病原体传递给人类而引起的疾病。流行性感冒能够感染猪和各种不同的鸟类。狂犬病存在于家狗和很多野生动物身上，比如蝙蝠、狐狸、臭鼬和浣熊等。

其他宿主 一些通常存在于土壤中的病菌，比如破伤风杆菌，也会使人类患病。如果破伤风杆菌感染了人体中某个较深的伤口，就会引发严重的感染。在抗生素和疫苗发明之前，细菌对伤口的感染是战争中人类死亡的主要原因。

受污染的水或食物是另一种能使人类生病的病原体宿主。污水处理厂的主要目的之一就是安全处理人类的排泄物，防止水体受到污染，滋生病原体。使用受污染的水来种植农作物或做饭都会传递病原体。如果像苍蝇这样的昆虫接触了食品，也会造成污染。

病原体的传播 病原体主要通过四种方法传播给人类：直接接触、通过空气间接接触、通过触碰受污染的物品间接接触，或者通过携带病原体的生物体（病媒动物）传递。**图37-3**解释了病原体传递的一些途径。

直接接触 与其他人的直接接触是病原体传播的主要方式之一。像感冒、传染性单核细胞增多症（通常被称为"接吻病"）、疱疹以及性病这样的疾病都是由于直接接触病原体引起的。

与生物学相关的职业

流行病学家 流行病学家通过研究疾病模式来预防疾病并控制疾病的传播。流行病学家可能会追踪新型流感的传播，并且给公众提供一些安全方面的建议。

■ **图37-3** *疾病可以通过多种方式传播给人类。*

识别 *在不能避免接触的情况下，人类怎样才能防止感染疾病？*

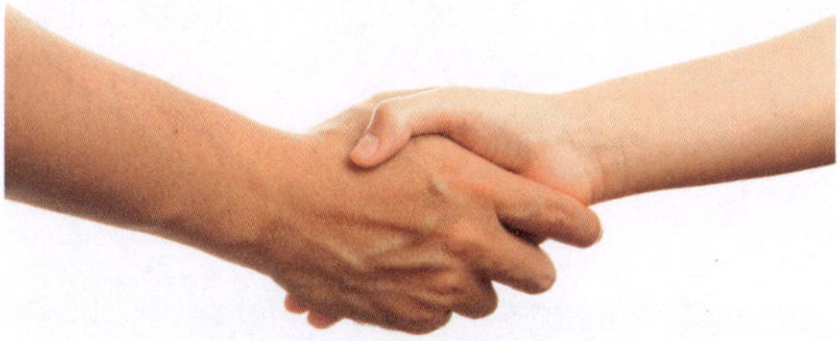

直接接触

通过空气间接接触

通过触碰受污染的物品间接接触

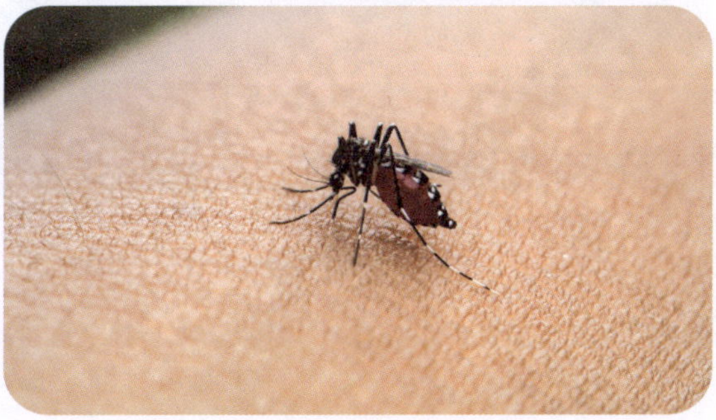

病媒动物

间接接触 一些病原体能通过空气传播。当患有传染病的人打喷嚏或咳嗽时,病原体就会随着极小的黏液飞沫传递。然后这些飞沫就会将病原体传递到另一个人或物上。

很多生物体生存于人类经常触摸的物体上。将盘子、器皿和厨房台面用清洁剂洗干净以及仔细地洗手都能预防疾病的传播。因此,为了预防疾病的传播,餐馆应当严格遵守各项食品卫生规定。

病媒动物 一些疾病能够通过病媒动物进行传播。最常见的病媒动物是节肢动物,包括蚊子、壁虱这样的吸血昆虫。**表37-1**中所列的莱姆病、疟疾和西尼罗病毒都是通过病媒动物传递给人类的。现在在美国流行的西尼罗病毒正是通过蚊子将其从马和其他哺乳动物身上传递到人身上的。苍蝇会先停落在像粪便这样受感染的东西上,然后再停落在人类接触的或食用的东西上,它们通过这种方式来传递病原体。

起步实验

回顾 根据你学过的关于疾病传播的知识,你将如何回答本章开头"起步实验"中的问题?

阅读检测 **描述** 疾病是如何传播给人类的。

疾病的症状

当你患了流感这样的疾病时,为什么嗓子会感到疼痛?为什么会咳嗽或打喷嚏?其实这些病原体,如流行性感冒病毒或细菌,早已经侵入了你的细胞。病毒在细胞内不断增殖,直到通过细胞外分泌或细胞破裂病毒才会离开细胞。因此,病毒会损伤人体组织,甚至会杀死一些细胞。当病原细菌侵入人体时,人体就会分泌一些有害的化学物质或毒素。毒素通过血液传递到全身,对人体的各个部分造成损害。

■ **图37-4**

免疫学的变化

几个世纪以来,科学家一直在努力研究人类的免疫系统。现如今,科学家正在研究如何抑制HIV这种侵害了全球4000多万人的免疫系统的病毒。

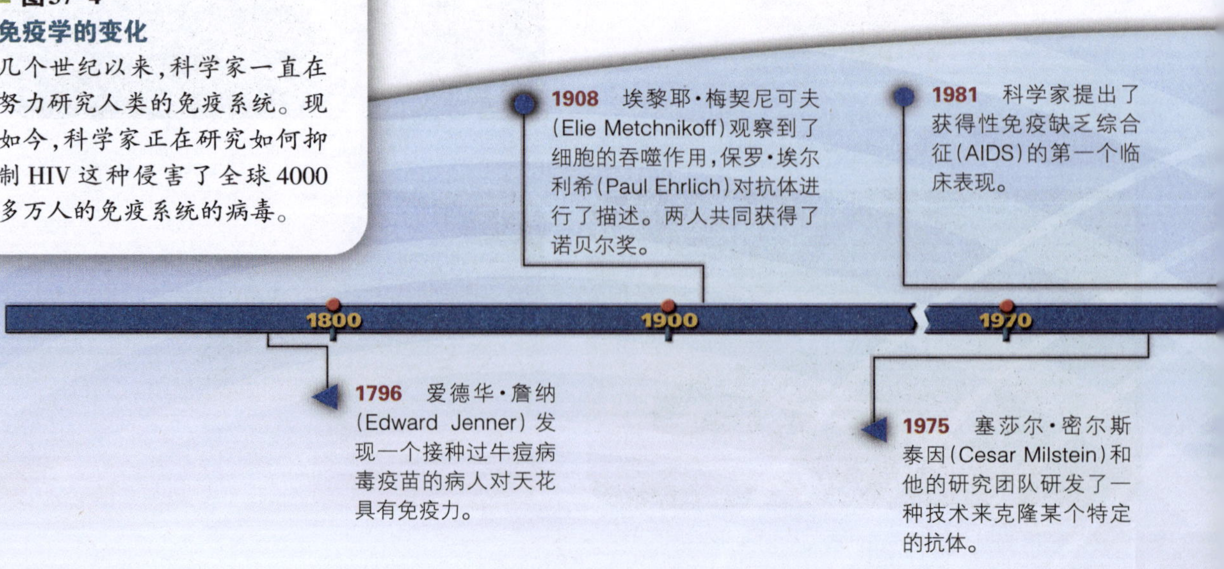

病原体产生的毒素会影响特定的器官系统。破伤风杆菌会产生一种有效毒素，造成随意肌痉挛。肉毒中毒这种疾病是由于人们食用了带有肉毒杆菌及其产生的毒素的食物而引起的。这种毒素会使神经瘫痪。肉毒杆菌产生的毒素即使在没有细菌存在的情况下也能使人类生病。

某些细菌、原生动物以及所有的病毒都能侵入人体细胞，并在细胞内生存，对其造成伤害。由于这些细胞被损坏，它们就可能死亡，使宿主产生一些病症。一些疾病的症状，比如咳嗽和打喷嚏，都是由免疫系统引发的，这节后面的内容将会讨论这一点。想要更详细地了解有关免疫系统的研究，请参考**图37-4**。

■ **图37-5** 美国疾病防治中心会公布疾病发病率的报告。

推断 *这些报告是如何帮助人们理解疾病模式的？*

疾病模式

随着疾病的爆发，人类发现了一些特定的疾病模式。像社区卫生部、美国疾病防治中心(CDC)和世界卫生组织(WHO)这样的机构不断地监控疾病的模式以控制其传播。总部位于佐治亚州亚特兰大的美国疾病防治中心会接受医生和诊所提供的信息，并且每周发布一个关于某些疾病发病率的报告，如**图37-5**所示。相似地，世界卫生组织也在监控着全球范围内的疾病发病率。

像普通感冒这样的疾病，被认为是**地方性疾病(endemic disease)**，因为它们只存在于某一地区的少数人身上。有时候，某种疾病会在一个区域内大规模爆发，并且对很多人造成困扰，这就形成了**流行性传染病(epidemic)**。如果一种流行性传染病在一个大的区域内广泛传播，比如在一个国家、一个大洲甚至在全球范围内传播，那么它就被称作**大规模流行性传染病(pandemic)**。

1985 黄以静(Flossie Wong-Staal)和她的团队克隆了HIV，使科学家能够通过实验来判断一个人有没有携带HIV。

2004 艾滋病感染成为撒哈拉以南非洲的一种大规模流行性传染病。那里只有全世界10%的人口，却存在全世界60%艾滋病感染病例。

1980 1990 2000

1984 吕克·蒙塔尼耶(Luc Montagnier)和罗伯特·加洛(Robert Gallo)宣布他们发现了引发AIDS的病毒。

1999 阿特丽斯·韩(Beatrice Hahn)提出假设，认为人类最有可能接触的是生存于赤道附近西非洲(west equatorial Africa)的一种猩猩种族所携带的HIV。

2009 使用靶向化疗和高效逆转录病毒疗法相结合的方法能够找出并且摧毁被HIV感染的细胞。

■ **图37–6** 青霉素这种广泛使用的抗生素是由青霉菌分泌产生的，图片中的橘子表面就生长着青霉菌。

判断 *为什么人类需要不同强度和种类的青霉素以及其他抗生素？*

治疗与抵抗疾病

医学专家可能会给患者开一些药物来帮助其抵抗疾病。**抗生素（antibiotic）**就是处方药的一种，它能杀死微生物或抑制其生长。青霉素是由青霉菌分泌产生的，如**图37–6**所示，青霉菌分泌的青霉素能杀死食物上的细菌。在第二次世界大战期间，青霉素被分离、提纯并首次使用在人身上。很多其他种类的真菌分泌物也被用作抗生素，比如红霉素、新霉素等。现在，制药公司已经研发出了人造抗生素。

化学药剂也能用来治疗由原生动物和真菌引发的疾病。一些抗病毒药物被用来治疗疱疹感染、老年群体中的流行性感冒以及艾滋病感染。当然，人体自身的防御系统——免疫系统能够抵御绝大多数病毒性疾病。

链接健康 在过去的60多年里，由于抗生素的广泛使用，使很多细菌对某些抗生素产生了抗药性。当产生有利变异的生物体生存、繁衍，并将这些变异传递给下一代时，自然选择就随之产生了。一个种群中的细菌可能会具有某种特征使它们能在某种抗生素出现的时候也能存活下来。这些可以抵抗抗生素的细菌能够快速繁殖并将变异传递下去。

迷你实验 1

测量病原体的传播

如何才能测量疾病的传播？探究哪些疾病可能会通过一些常见物品进行传播。

步骤

1. 阅读并完成实验室安全表。
2. 观察教师提供给你的物品。
3. 推断每个物品可能会将哪些疾病传播给人类（如果物品能够传播疾病的话）。
4. 评估每个物品将疾病传播给人类的可能性，并且设计一个量表来测量每个物品传播传染病的可能性。

分析

1. **识别** 你所拿到的物品可能会传播哪些类型的病原体以及每种病原体的传播途径。
2. **推断** 最有可能成为疾病宿主的物品。
3. **描述** 每种病原体可能形成的疾病模式。
4. **推断** 你将如何预防这些病原体引发的疾病。

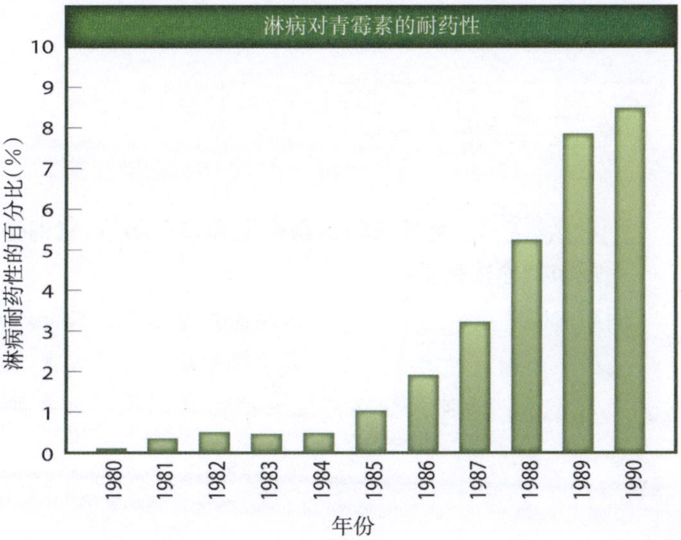

图 37–7 左图显示了美国在1980～1990年间淋病对青霉素的耐药性。

分析 *1980年至1990年淋病对青霉素的耐药性上升了多少百分比?*

病菌的耐药性是医学界共同面对的难题。比如,许多年来青霉素对于治疗淋病这种性病都极为有效。但是,现在大多数淋病菌的菌株都对青霉素产生了耐药性。那么,现在就需要新的方法来治疗淋病。**图 37–7** 中表明,随着细菌开始对抗生素产生耐药性,淋病的耐药性随之上升了。

葡萄球菌病的治疗也存在问题。这是一种会在高密度居住区进行传染的疾病,会导致皮肤感染、肺炎或者脑膜炎。这些葡萄球菌通常对很多现存的抗生素具有耐药性,因此很难治疗。

第 1 节 测评

要点梳理

- 细菌、病毒、原生动物和真菌这样的病原体都会引发传染病。
- 科赫法则证明了某种特定的病原体是如何引发某种特定的疾病的。
- 病原体存在于疾病宿主中,并且通过直接或者间接的方法传播给人类。
- 疾病的病症是由于病原体入侵使宿主免疫系统产生反应而引起的。
- 传染病的治疗包括使用抗生素和抗病毒药物。

要点理解

1. **主要概念** **比较**普通感冒和疟疾的传播模式。
2. **总结**细菌性传染病的一些病症。
3. **定义**传染病并写出传染病的三个例子。
4. **说明**兔子的细菌性传染病所体现出来的科赫法则,通过画组织图或概念图来完成这项任务。
5. **推断**为什么一个踩到脏钉子的人可能会感染破伤风杆菌。

批判性思维

6. **评价**以下场景:某个学生参观了一个宠物店,他在宠物店里看到了展示柜里的绿鹦鹉和玻璃缸中的鱼。但是两天后,这个学生发烧生病了,并且被诊断患上了鹦鹉热。在这个例子中,疾病的宿主可能是什么?疾病的传播路径可能是什么?
7. **评价** 在动物的食物中加入低含量的抗生素这一行为可能会对培养细菌的耐药性产生什么影响?

第2节

本节预览

核心问题

- 非特异性免疫和特异性免疫有哪些相同点和不同点?
- 淋巴系统的结构和功能是什么?
- B细胞和T细胞为什么那么重要?
- 被动免疫和主动免疫的区别是什么?

术语回顾

白细胞:一种较大的、有细胞核的血细胞,它在保护人体免受外来物质和微生物的伤害方面发挥重要作用。

关键术语

补体蛋白
干扰素
淋巴细胞
抗体
B细胞
辅助T细胞
细胞毒性T细胞
记忆细胞
疫苗接种

■ **图37-8** 这些细菌一般存在于人体皮肤中,并且能保护人体免受病原体的侵害。

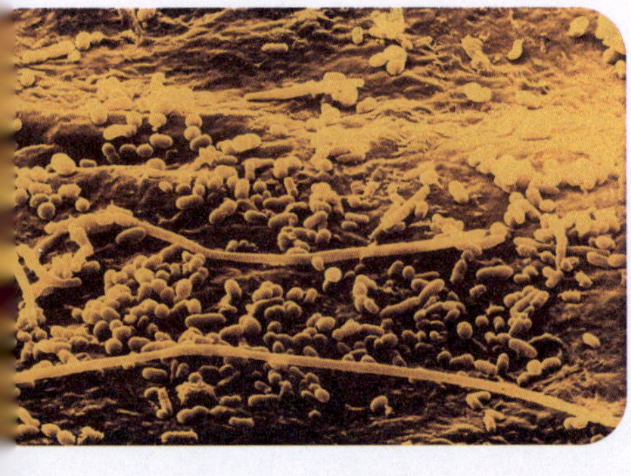

免疫系统

主要概念 免疫系统由两个主要部分组成,它们是非特异性免疫和特异性免疫。

联系实际 我们与许多潜在的病原体生活在一起,比如一些能引起疾病的细菌和病毒。正如碉堡保护城市免受攻击一般,免疫系统也能保护人体免受这些潜在病原体以及其他致病微生物的侵害。

非特异性免疫

出生时,人体的免疫系统就具备一些能够抵抗病原体的防御功能。由于这些免疫功能不针对任何特定的病原体,因此它们都属于非特异性免疫。它们能保护人体免受病原体的侵害。

非特异性免疫有助于人体预防疾病。在特异性免疫开始形成防线的时候,非特异性免疫也有助于减缓疾病的恶化。虽说特异性免疫是最有效的免疫反应,但非特异性免疫才是第一道防线。

屏障 如同碉堡有铜墙铁壁能抵御敌人一样,人体也需要屏障来抵御病原体。这些屏障存在于人体中可能被病原体入侵的区域。

皮肤屏障 人体的第一道重要防线就是完整的皮肤及其分泌物。皮肤含有很多活细胞,这些活细胞的表面覆盖着多层死细胞。这些死的皮肤细胞层形成屏障来保护皮肤免受微生物的侵害。很多与皮肤共存的细菌能够分解皮肤中的油脂来分泌酸性物质,以阻碍病原体的侵害。**图37-8**显示了一些存在于皮肤中的普通细菌,它们能保护皮肤免受病原体的攻击。

化学屏障 唾液、眼泪和鼻腔分泌物都含有溶菌酶。溶菌酶能分解细菌细胞壁,从而杀死病原体。

另外一种化学防御就是黏液,人体的很多内表面都能分泌黏液。这些黏液就像一个保护屏障,阻止细菌粘在人体内的上皮细胞上。排列在呼吸道中的纤毛通过摆动将粘在黏液中的细菌排出肺部。如果呼吸道被感染,人体就会分泌更多黏液。这些黏液会引发咳嗽和喷嚏,将受感染的黏液从人体中移除。

第三种化学防御就是胃分泌的盐酸。胃酸除了有消化作用之外,还能杀死很多食物中致病的微生物。

阅读检测 **对比与比对** 免疫系统中不同类型的屏障。

应对入侵的非特异性反应 即使敌人穿过了碉堡的铜墙铁壁，并不意味着防御已经结束了。相似地，人体还会形成非特异性反应来应对穿过屏障的病原体。

细胞防御 如果外来微生物进入人体，那么组成免疫系统的细胞就会保卫人体，如**表 37–2** 所示。细胞防御的其中一种方法就是吞噬作用。白细胞，尤其是嗜中性粒细胞和巨噬细胞，都属于吞噬细胞。之前我们学过，吞噬作用是指吞噬细胞包裹并内化外来微生物的一个过程。然后吞噬细胞的溶酶体会释放出消化酶和有害化学物质来摧毁微生物。

血浆中大约有 20 种蛋白质可以被称作补体蛋白。**补体蛋白（complement protein）**通过帮助吞噬细胞更好地与病原体结合并且激活吞噬细胞来促进吞噬作用的发生。如**图 37–9** 所示，有些补体蛋白会在入侵细胞的质膜上形成一个小孔，以摧毁病原体。

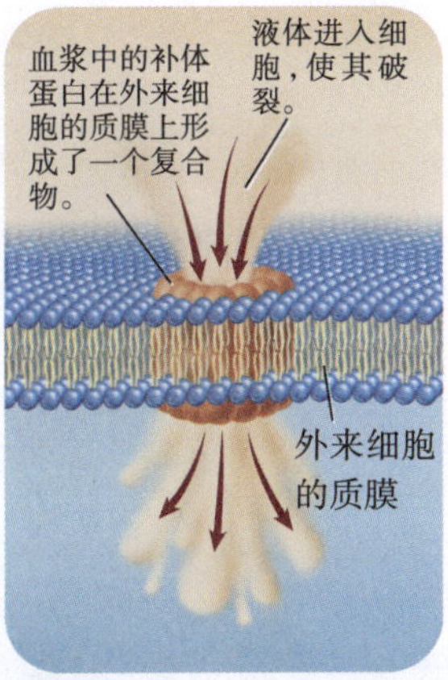

图 37–9 对于某些病原体而言，补体蛋白可以在被入侵的细胞的质膜上形成一个小孔。

干扰素 当病毒入侵人体时，另一种类型的细胞防御能起到防止病毒进一步扩散的作用。被病毒感染的细胞会分泌一种叫作**干扰素（interferon）**的蛋白质。干扰素能与相邻细胞结合，然后刺激这些细胞释放抗病毒蛋白质，防止病毒在这些细胞内复制增多。

炎症反应 另一种非特异性反应——炎症反应是一个较为复杂的过程，涉及很多化学物质和免疫细胞，它们都能增强免疫反应的效果。当病原体损害人体组织时，入侵生物和人体细胞都会释放化学物质。这些化学物质会攻击区域内的病原体，增加受感染区域的血流并增强血管的通透性，有利于白细胞进入受感染区域。该反应有助于白细胞在受感染区域内积聚。人们患传染病时感受到的一些疼痛、灼热和红肿，就是炎症反应的结果。

表 37–2 免疫系统的细胞

细胞类型	例子	功能
嗜中性粒细胞	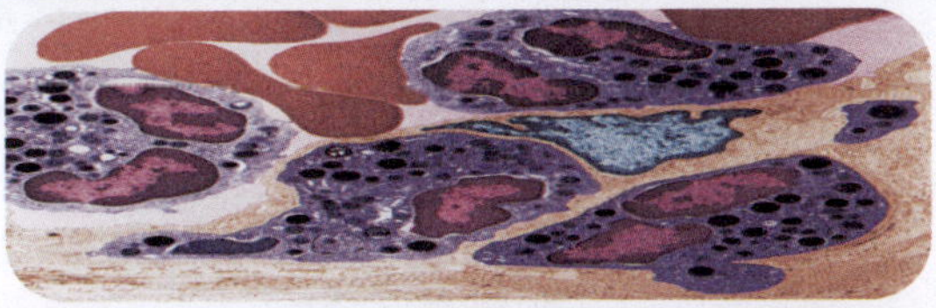	吞噬作用：吞噬细菌的血细胞
巨噬细胞		吞噬作用：吞噬细菌并移除死亡嗜中性粒细胞和其他废弃物的血细胞
淋巴细胞	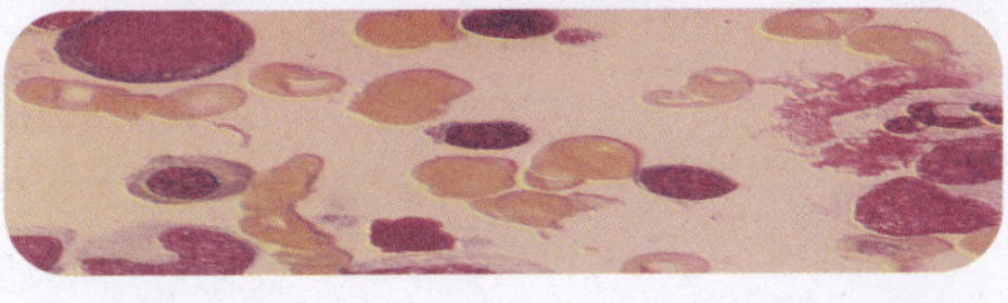	特异性免疫（生成抗体和杀死病原体）：生成抗体和其他化学物质的血细胞

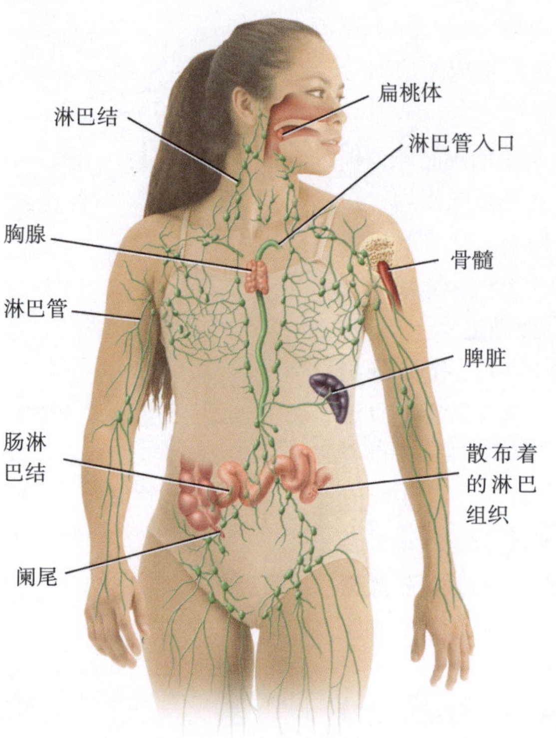

■ **图37-10** 淋巴系统包含与特异性免疫反应有关的器官。

识别 *T细胞在哪个器官内成熟?*

特异性免疫

病原体有时候会通过非特异性抵御机制。但是人体还有第二道防线可以抵抗这些病原体的攻击——那就是特异性免疫。特异性免疫更为有效,但是需要一定的时间才能建立。特异性免疫需要淋巴系统中的组织和器官的参与。

淋巴系统 如**图37-10**所示,淋巴系统所含的器官和细胞能够过滤淋巴和血液,并且能够摧毁外来微生物、吸收体内的脂肪。淋巴是从毛细血管中流出的液体,它能冲洗体细胞。这些液体在组织细胞之间循环,然后在淋巴管聚集,返回到心脏附近的静脉中。

淋巴器官 淋巴系统的器官包含淋巴组织、淋巴细胞、其他一些类型的细胞以及结缔组织。**淋巴细胞(lymphocyte)**是一种产生于红骨髓中的白细胞。淋巴器官包括淋巴结、扁桃体、脾脏、胸腺以及肠道、呼吸道、泌尿道和生殖道黏膜中的散布着的淋巴组织。

淋巴结能够过滤掉淋巴中的外来物质。扁桃体在鼻腔和口腔之间形成了一个由淋巴组织组成的保护环,这有助于阻挡鼻子和口中的细菌和其他有害物质。脾脏储存血液并且能够摧毁老化的红细胞。脾脏也含有能应对血液中的外来物质的淋巴组织。位于心脏上方的胸腺在激活T细胞这种淋巴细胞方面起到重要作用。T细胞在骨髓中生成,但却在胸腺中成熟。

B细胞反应

抗体(antibody)是由专门应对某种外来抗原的B淋巴细胞产生的蛋白质。抗原是一种外来的物质,它能引起免疫反应,抗体或T细胞能与之相结合。B淋巴细胞,常常被称为**B细胞(B cell)**,它位于所有的淋巴组织中,堪称抗体工厂。当一部分病原体通过巨噬细胞呈现出来时,B细胞就会生成抗体。参考**图37-11**,学习B细胞是如何被激活并生成抗体的。

图解特异性免疫反应

图 37–11

特异性免疫反应需要抗原、吞噬细胞、B 细胞、辅助 T 细胞和细胞毒性 T 细胞的参与。抗体介导反应需要 B 细胞和记忆 B 细胞产生的抗体的参与。细胞毒性 T 细胞反应能激活细胞毒性 T 细胞。

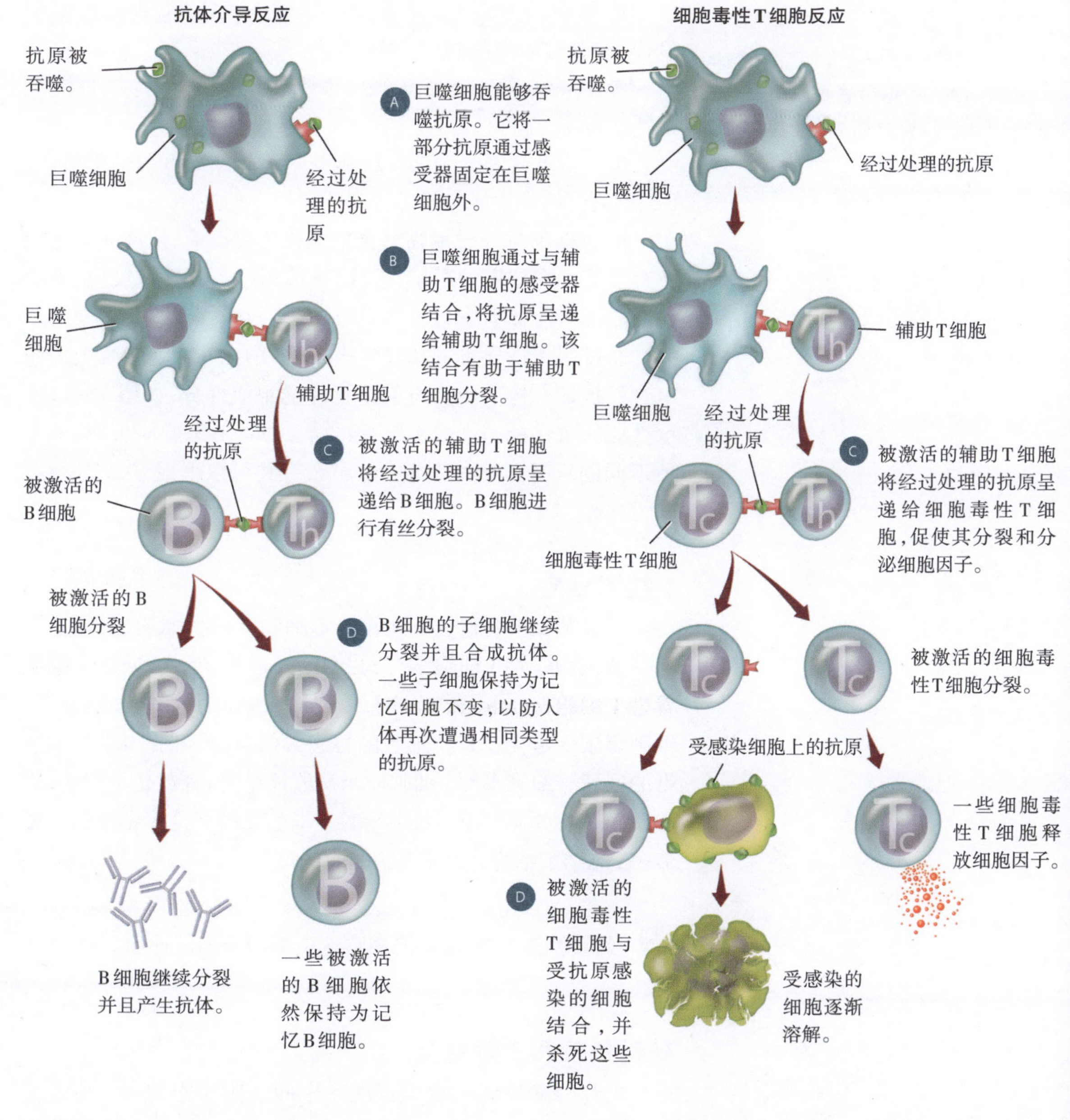

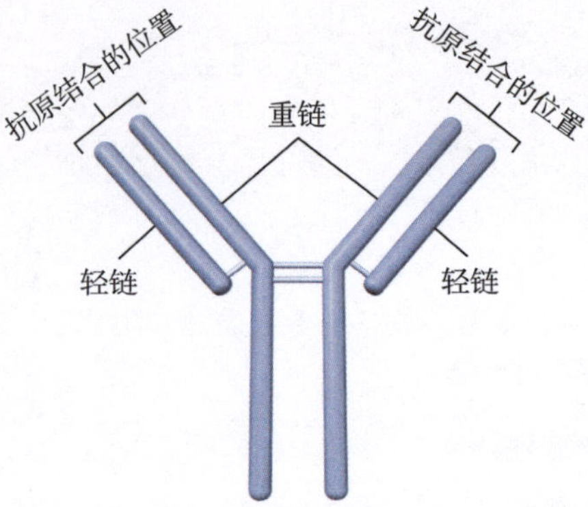

■ **图37-12** 抗体由重链和轻链这两种类型的蛋白链组成。

总结 *哪类细胞能生成抗体?*

当巨噬细胞包裹、内化并分解病原体时,它会从病原体中取下一部分,我们可以称其为经过处理的抗原,然后这个抗原就会呈现在巨噬细胞的质膜上,如**图37-11**所示。在淋巴细胞中,像淋巴结、巨噬细胞这样表面带有经过处理的抗原的部分会与**辅助T细胞(helper T cell)**相结合。这个过程会激活辅助T细胞。之所以称其为"辅助",是因为它能刺激B细胞以及其他类型的T细胞分泌抗体,帮助杀死微生物。

- 被激活的辅助T细胞不断繁殖、与经过处理的抗原结合,并且与B细胞结合在一起。
- 新的辅助T细胞继续与抗原和B细胞结合,并且进行繁殖。
- 一旦被激活的辅助T细胞与带有抗原的B细胞相结合,B细胞就开始产生能与某种特定抗原结合的抗体。
- 抗体通过与微生物结合来强化免疫反应,使这些微生物更容易受吞噬作用的影响;另外,抗体通过启动炎症反应,帮助加强非特异性反应。

通过运用指导重链和轻链合成的DNA,B细胞能产生多种组合的抗体。这些蛋白链就是抗体的组成部分,如**图37-12**所示。任何重链能与任何轻链相结合。如果B细胞能生成1.6万种不同的重链和1200种轻链,那么一共可以形成1920万种不同的抗体。

T细胞反应

一旦辅助T细胞被呈现在巨噬细胞上的抗原激活,它就会与一群细菌毒性T细胞结合,并激活这群细胞。被激活的**细胞毒性T细胞(cytotoxic T cell)**能破坏病原体,并释放细胞毒素。细胞毒素促进免疫系统细胞的分裂,并将免疫细胞聚集到受感染的区域。细胞毒性T细胞能与病原体结合,释放化学物质,攻击并破坏病原体。单个细胞毒性T细胞能破坏许多靶细胞。**图37-11**总结了细胞毒性T细胞的激活过程。

阅读检测 **总结** 淋巴细胞在免疫中起到的作用。

被动免疫和主动免疫

人体对病原体入侵第一次产生的反应叫作初次反应。比如,引发水痘的病原体入侵人体,非特异性免疫反应和特异性免疫反应最终会打败这个外来病毒,人体会清除这种病原体。

特异性免疫反应的其中一个结果就是会产生记忆B细胞和记忆T细胞。**记忆细胞(memory cell)**是一种生命周期较长的细胞,它们在初次免疫反应中就接触了抗原。如果人体再次被相同的病原体入侵,这些细胞就能很快产生反应。记忆细胞能在人体再次遭遇相同病原体的入侵时,降低疾病恶化的概率。

被动免疫 有时候人体需要临时性的保护来应对传染病。当其他人或动物产生的抗体转移到或被注射进人体时,就会产生这种临时性的保护。比如,母亲和孩子之间就会出现被动免疫。母亲产生的抗体通过胎盘传递给发育中的胎儿,或者通过母乳传递给婴儿。这些抗体会一直保护婴儿直至其自身免疫系统成熟。

在已经对特定的传染病产生免疫的人或动物身上培育出来的抗体可以用来治疗相同类型的传染病患者。这些抗体能通过注射进入这些传染病患者体内。被动免疫疗法可以用来治疗甲型肝炎、乙型肝炎、破伤风和狂犬病。抗体也可以用来治疗活性低的蛇毒和蝎毒。

主动免疫 当免疫系统接触过引发疾病的抗原,并且生成记忆细胞之后,人体就会产生主动免疫。患传染病或接种疫苗都能使人体产生主动免疫。**疫苗接种(immunization)**是有计划地让人体接触抗原,人体就会发生初次反应并生成免疫记忆细胞。**表37-3**列出了常见的疫苗。疫苗内含有死亡的或强度被减弱的病原体,它们无法致病。

大多数疫苗接种都会在首次接种之后两次刺激免疫系统。这样的多次接种能够加强免疫反应,进一步保护人体免受致病生物的侵害。

术语

被动的

非主动的

表37-3	常见疫苗	
疫苗	疾病	所含物质
百白破疫苗(DPT)	白喉(D)、破伤风(T)、百日咳(P)	D:灭活毒素,T:灭活毒素,P:灭活细菌
脊髓灰质炎减毒灭活疫苗	脊髓灰质炎	灭活病毒
腮腺炎联合疫苗(MMR)	麻疹、腮腺炎、风疹	所有三种灭活病毒
水痘疫苗	水痘	灭活病毒
B型流感嗜血杆菌疫苗(HIB)	B型流感嗜血杆菌	部分细菌细胞壁的表层物质
乙肝疫苗(HBV)	乙肝	病毒的亚单位

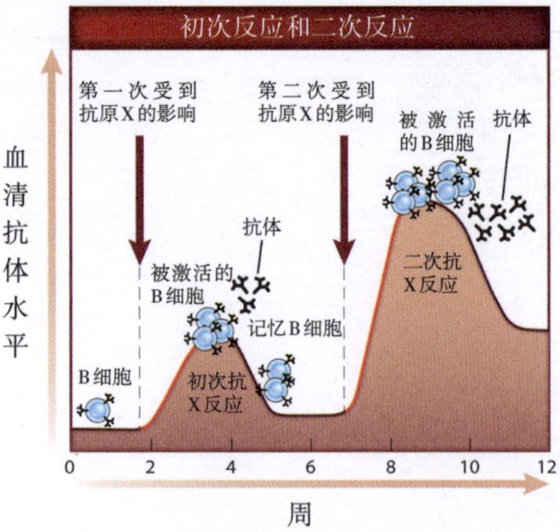

■ **图37–13** 该图显示了受到某一抗原影响时初次免疫反应和二次免疫反应的区别。

分析 *初次免疫反应和二次免疫反应的区别。*

为什么疫苗能有效预防疾病？二次免疫反应也就是人体第二次接触抗原时产生的反应使疫苗能有效预防疾病。如**图37–13**所示，人体应对抗原产生的二次反应与初次反应相比有很多不同的特点。首先，二次反应的速度要比初次反应快得多，正如图中用红色标注的更为陡峭的曲线所示。其次，二次反应的总体反应——包括B细胞反应和T细胞反应都更为强烈。最后，二次反应后的总体记忆持续的时间更长。

免疫系统缺陷

免疫系统有缺陷的人患传染病和一些癌症的概率会更高。一些疾病能够影响免疫系统的有效性。获得性免疫综合缺乏征(AIDS)就是由于人体被人类免疫缺陷病毒(HIV)感染而引起的。AIDS在全世界范围内都是一种很严重的健康疾病。

2006年，美国大约诊断出36828例AIDS病例，有14016个人死于AIDS。2007年，全球大约有3300万人被HIV感染。

数据分析实验

基于真实的数据*

得出结论

被动免疫疗法对治疗HIV感染有效吗？ HIV感染的标准疗法是抗病毒药物疗法。不幸的是，这些药物带来的副作用以及越来越普遍的耐药性病毒使在治疗HIV感染的过程中需要一些附加的疗法。被动免疫疗法就是现在科学家正在研究的一个领域。

数据和观察

右上图显示了HIV患者对被动免疫疗法产生的反应。每毫升血液中病毒载量的大小是衡量患者血液中病毒数量的指标。

批判性思维

1. **比较** 患者对被动免疫疗法产生的反应。
2. **解释** 研究者是否可以认为被动免疫疗法能对治疗HIV感染有效。

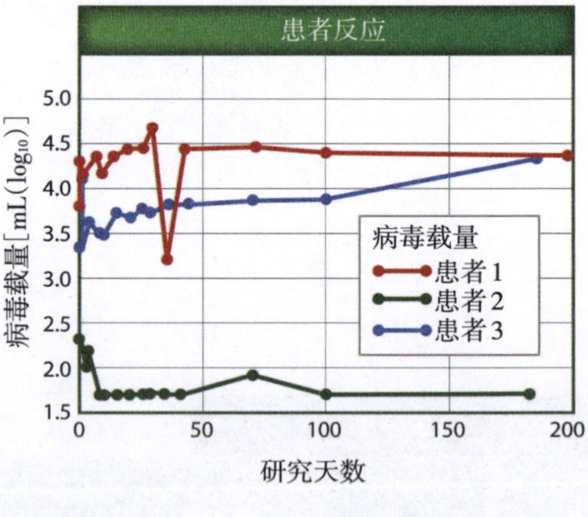

*数据来源：Stiegler G., et al. 2002. Antiviral activity of the neutralizing antibodies 2FS and 2F12 in asymptomatic HIV-1-infected humans: a phase I evaluation. *AIDS* 16: 2019–2025.

之前我们学过，辅助T细胞在特异性免疫中扮演着重要的角色。HIV主要感染辅助T细胞，这种细胞也叫$CD4^+$细胞，因为这些细胞在其质膜外有一个受体。医学专家根据这些受体来辨别$CD4^+$细胞，如**图37-14**所示。

HIV是一种会感染辅助T细胞的核糖核酸（RNA）病毒。然后辅助T细胞就会成为HIV工厂，生产并释放出新的病毒，感染其他辅助T细胞。随着时间的推移，受感染患者体内的辅助T细胞数量减少，其抵抗疾病的能力下降。一般而言，HIV感染在前6～12周内都属于早期阶段。在此期间，病毒会在辅助T细胞内不断复制增多。

HIV患者要忍受盗汗、发烧等症状，但是这些症状在8～10周后会逐渐减弱。之后，患者可能在长达10年的时间里都不会表现出什么症状，但能够通过性交和血液制品将病毒传给他人。HIV是一种继发性免疫缺陷病，患病就意味着一个健康的人的免疫系统出现了问题。如果不进行抗病毒药物治疗，患者通常会在感染HIV10年之后，由于再次感染另一种病原体而死亡。现存抗病毒疗法的目的在于控制HIV在人体内的复制。耐药菌株、药物副作用等都是患者面临的问题。研究者和医疗服务人员正在努力解决这些问题，继续研究有效的治疗方法，以更好地满足患者的需求。

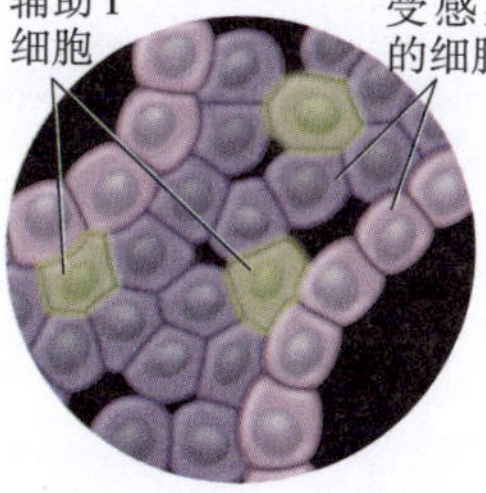

图37-14 辅助T细胞在其表面有受体，有助于在实验中将其识别出来。

第2节 测评

要点梳理

- 非特异性免疫反应包括皮肤屏障、分泌的化学物质和细胞的吞噬作用。
- 特异性免疫反应会激活B细胞和包括辅助T细胞、细胞毒性T细胞在内的T细胞，其中B细胞能产生抗体。
- 被动免疫涉及接收能够应对疾病的抗体这一过程。
- 主动免疫会产生抵抗疾病的免疫反应。
- HIV攻击辅助T细胞，造成免疫系统缺陷。

要点理解

1. 主要概念 **比较**特异性免疫反应和非特异性免疫反应。
2. **描述**激活抗体使其对抗原产生反应这一过程所涉及的步骤。
3. **识别**获取被动免疫和主动免疫的方法。
4. **描述**淋巴系统的结构和功能。
5. **推断**在HIV感染中，为什么辅助T细胞被破坏对于特异性免疫反应而言有毁灭性的后果。

批判性思维

6. **提出假设** 当HIV菌株突然变异，病毒复制药物不再有效时，会发生什么事情？
7. **评价** 严重的联合免疫缺陷疾病对出生时没有T细胞免疫的儿童会产生什么影响？

生物中的 **数学**

8. 抗体由两条轻蛋白链和两条重蛋白链组成。如果轻链的相对分子质量是25000，重链的相对分子质量是50000，那么一个抗体的相对分子质量是多少？

第3节

非传染性疾病

本节预览

核心问题

- 非传染性疾病有哪五种类型?
- 过敏原在过敏反应中起到什么作用?
- 过敏反应和过敏性休克的区别是什么?

术语回顾

癌症:由于环境因素的影响或细胞周期中酶的合成发生了变化,细胞发生不可控制地分裂。

关键术语

退化病
代谢疾病
过敏
过敏性休克

主要概念 **非传染性疾病包括遗传病、退化病、代谢疾病、癌症和炎性疾病。**

联系实际 你可能听到过你父母或祖父母抱怨他们的关节炎,这种疾病会引起骨骼和关节的疼痛。可能你有亲戚患有糖尿病,又或是曾经经历过癌症。你或你的朋友可能对灰尘、花粉或其他环境中的物质过敏。这些疾病都与病原体引起的传染病有所不同。

遗传病

并不是所有的疾病或人体紊乱都是由病原体引起的。有些疾病是由于人类遗传了有缺陷的基因引起的,比如白化病、镰状细胞贫血病、亨廷顿病以及血友病等。也有一些由于染色体数量异常引发的染色体病,比如唐氏综合征。但很多疾病病因很复杂,往往是由环境因素和遗传因素共同引起的。

冠状动脉疾病(CAD)就是由环境因素和遗传因素共同引起的一种疾病。这种心血管疾病会堵塞给心肌运送高含氧量血液的动脉,如**图37-15**所示。遗传因素会增加人类CAD的患病率。饮食这样的环境因素也会导致人们患上这种复杂的疾病。家族中有CAD患者的人比家族中没有CAD患者的人的发病率高2~7倍。但是,目前人们还不知道导致该疾病的确切的基因因素。

■ 图37-15 当血液无法流过冠状动脉时,比如像图中所示的患病的动脉,那么患者就可能突发心脏病甚至突然死亡。

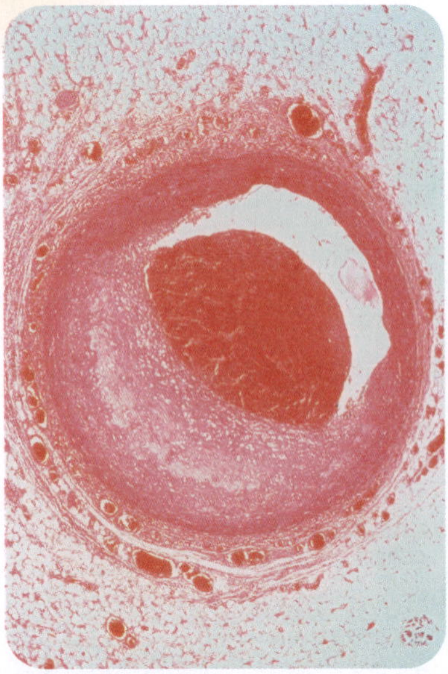

阅读检测 **总结** 导致冠状动脉疾病发生的因素。

退化病

一些被称为**退化病(degenerative disease)**的疾病是由于身体的某些部分磨损耗尽导致的。这可能由自然的老化造成。但是,有些退化病会在预期时间之前发生。比如,退化性关节炎,如果人们由于基因原因比较容易感染这种疾病或其关节磨损日益严重,就可能会提早患上退化性关节炎。退化性关节炎是一种很常见的疾病,到70岁时,大多数人都会患有这种疾病。几乎所有的脊椎动物都会患这种病。动脉硬化是另一种退化病。遗传因素是引发退化病的一个原因,因此,一些人可能由于遗传因素而更容易患上退化病。

代谢疾病

代谢疾病（metabolic disease）是由于人体生化过程发生错误而导致的。一些代谢疾病会使人体无法分解特定的氨基酸或无法调节人体的一些生命活动。当胰腺无法生成适宜的胰岛素时，葡萄糖就无法正常进入体细胞，这种情况被称为2型糖尿病。该病会使血糖含量变高，对包括肾脏、眼球视网膜在内的很多器官造成伤害。代谢疾病可能是由于遗传因素引起的，但也有可能与饮食有关。

癌症

癌症的典型特征是不正常的细胞生长。一般来说，人体中的调控分子控制着细胞周期的始末。如果这种控制消失了，那么不正常的细胞生长就可能造成各种不同类型的肿瘤，如**图37-16**所示。这些不正常的细胞会干扰正常的人体功能，并且传播至整个人体。癌症能发生在任何人体组织或器官中，包括血细胞在内。发生在血细胞中的癌症叫作白血病。遗传和环境因素都是导致癌症的原因。

链接历史 癌症是一种自古以来就影响人类健康的疾病。埃及木乃伊有患骨癌的迹象，古希腊科学家也曾描述过不同类型的癌症。中世纪的手写稿也已经提到过很多关于癌症的细节。

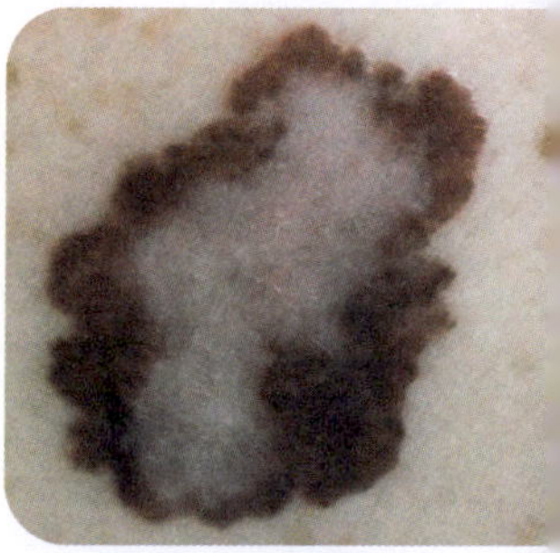

图37-16 癌症是由于人体细胞的异常分裂而导致的，它会导致肿瘤的形成，如图中所示的皮肤瘤。

推断 *为什么细胞不受控制地生长会对生命造成如此大的威胁。*

迷你实验 2

比较癌细胞和健康细胞

癌细胞和健康细胞在外观上有什么不同？ 观察并比较肝癌患者的肝细胞和健康的肝细胞。

步骤

1. 阅读并完成实验室安全表。
2. 把准备好的一片健康的人体肝细胞放置在显微镜上。

警告：千万不要触碰破损的显微镜载片或其他任何破损的玻璃材料。

3. 在不同的放大倍数下观察健康的肝细胞。
4. 画一幅图记录健康的肝细胞。
5. 使用准备好的一块癌症患者的肝细胞切片，重复步骤2至4。

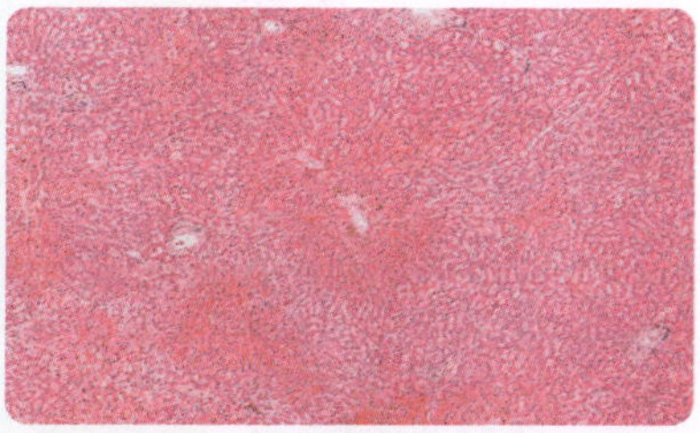

健康肝细胞

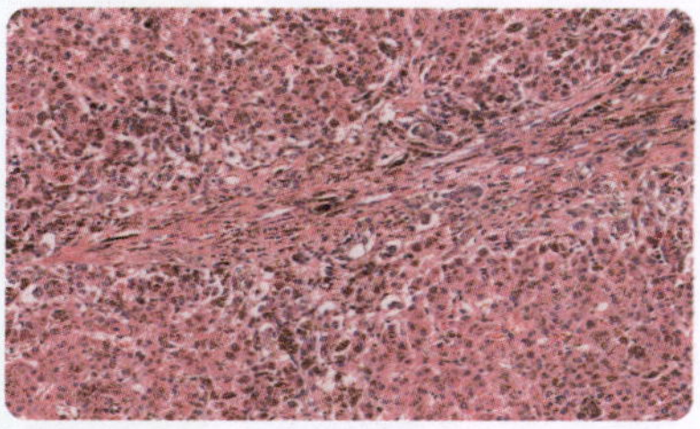

肝癌细胞

分析

1. **对比与比对** 健康肝细胞和癌性肝细胞的特点。
2. **推断** 为什么触摸一个被肝癌患者触摸过的东西不会有任何危险。
3. **描述** 癌症是如何扰乱人体稳态的。

炎性疾病

炎性疾病是人体对常见物质产生的一种炎症反应，比如，过敏和自身免疫。我们在第二节学过，传染病也会导致炎症反应。但是，传染病中的炎症反应会巩固免疫反应。那里所提到的炎症反应是由于免疫系统将细菌或其他微生物从人体移除而造成的。在炎性疾病中，炎症反应对人体并没有任何帮助。

过敏 一些人对环境中的抗原可能会产生异常反应。这种对环境中抗原产生的反应就叫作**过敏（allergy）**。这些抗原被称作过敏原，包括花粉、灰尘、尘螨和各种不同的食物，如**表 37–4** 所示。人们如果对某一过敏原变得敏感，就会产生局部的炎症反应，比如，眼睛肿胀发痒、鼻子堵塞、打喷嚏等，有时也会产生皮疹。这些都是由于某些白细胞释放的化学物质——组胺引起的。抗组胺药有助于减轻这些症状。

阅读检测 **解释** 过敏与免疫系统之间的关系。

表 37–4	常见过敏原	
过敏原	例子	描述
尘螨		尘螨存在于床垫、枕头和毛毯中。螨虫及其排泄物都是过敏原
花粉		每个国家不同的地区有不同的花粉季。人们可能会对一种或多种花粉产生反应。一个人对花粉过敏的时间可能从早春一直延续到晚秋
动物皮屑		皮屑是指皮肤的碎屑。猫和狗的皮屑引起的过敏最为常见。但是人们也会对鸟、仓鼠、兔子、老鼠和沙鼠这样的宠物过敏
花生		如果人们对花生过敏，就会产生过敏性反应。相比于其他过敏，花生过敏更有可能导致死亡
乳胶	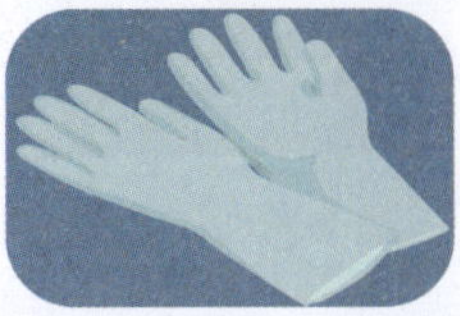	乳胶来自非洲和东南亚产的橡胶树的乳汁。乳胶过敏的确切原因目前还未知

对某种过敏原产生的严重过敏反应会导致**过敏性休克（anaphylactic shock）**，使组胺大量释放。在过敏性休克中，细支气管内的平滑肌收缩，限制肺部空气的流入及流出。

一些常见的能引起严重过敏反应的过敏原有蜜蜂蜇伤、青霉素、花生以及乳胶。对这些过敏原极度过敏的人如果接触了它们，就需要及时送医治疗，因为这些过敏反应都会危及生命。过敏和过敏反应都受遗传因素影响。

自身免疫 在免疫系统的发育过程中，它能逐渐不再攻击由人体自身产生的蛋白质。但是，一些人却形成了自身免疫，即对他们自己生成的蛋白质形成抗体，这将会损害他们自身的细胞。

图37–17 显示了一双患有类风湿性关节炎的手，这种关节炎患者体内的抗体会攻击其关节。需要注意的是，本节之前提到的退化性关节炎并不是由自身免疫导致的。

风湿热和狼疮是另外两种自身免疫疾病。风湿热是一种炎症，患者的抗体会攻击其心脏瓣膜。这会导致心脏瓣膜受损，那么心脏瓣膜在血液流经心脏时就会发生泄漏或不能正常关闭。患有狼疮的病人体内会形成自身抗体，攻击健康的人体组织。因此，患者的很多器官都很容易遭受人体自身免疫系统的攻击。

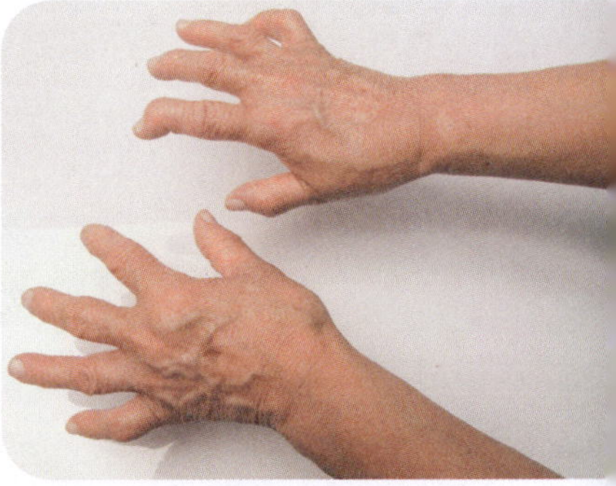

图37–17 这双手上巨大的球状突起和畸形是由类风湿性关节炎这种自身免疫疾病导致的。

第3节 测评

要点梳理

- 非传染性疾病通常是由遗传因素和环境因素共同引起的。
- 针对传染病产生的炎症反应能加强免疫反应，但是针对炎性疾病产生的炎症反应对人体没有任何帮助。
- 过敏是由于人体对环境中的过敏原产生过度的免疫反应而导致的。
- 过敏性休克是一种对某些过敏原产生的严重过敏反应。
- 自身免疫会对体细胞产生免疫反应。

要点理解

1. 主要概念 识别**图37–15**中的非传染性疾病的类型。
2. **解释** 过敏反应中过敏原的角色。
3. **区分** 以下疾病：镰状细胞贫血病、糖尿病、脊椎退化、自身免疫和白血病，注意在区分过程中使用本节所学的知识。

批判性思维

4. **提出假设** 矿工之所以会患上慢性支气管炎（支气管炎症），是由哪些因素造成的？
5. **设计方案** 设计一个方案，使那些对猫的皮屑过敏的小孩尽可能少地接触这种过敏原。

科技 写作

6. 设计一本小册子，解释过敏的各种症状并列出常见的过敏原。

生物学前沿

巴基球：一种治疗过敏的方法？

如果你闻花之后会打喷嚏或者吃了海鲜之后会生病，那你可能就有过敏反应。很多人都患有相同类型的过敏。

常见病　在美国，消费者每年都会花数百万美元购买鼻喷、药丸，注射药物，看医生来抵抗过敏。常见的过敏原包括食品、药物、动物血清、皮屑和乳胶等。过敏，尤其是食物过敏，在美国变得越来越常见。

一项研究　一项近期的研究发现了一种极小的碳球，给过敏患者带来了希望。巴克敏斯特富勒烯（简称巴基球）是大小为1～10纳米的球形笼，由60个碳原子组成。巴基球是1985年科学家使用激光蒸发石墨时发现的。

2007年，一项研究发现，巴基球在组织培育情况下以及老鼠体内都能够预防过敏反应。免疫系统通过释放组胺和其他化学物质来对过敏原产生反应。巴基球被认为可以防止过敏原刺激组胺产生反应。

人们通过增加化学侧基来增强一些巴基球的可溶性。肥大细胞这种人类免疫细胞能使用巴基球来治疗，但另一些免疫细胞却不能使用巴基球进行治疗。

当科学家将培养物暴露在类似于过敏原的分子下时，被巴基球治疗的培养物释放的组胺仅有原来的 $\frac{1}{50}$，并且巴基球抑制了其他30～40种与过敏反应相关的化学物质的释放。

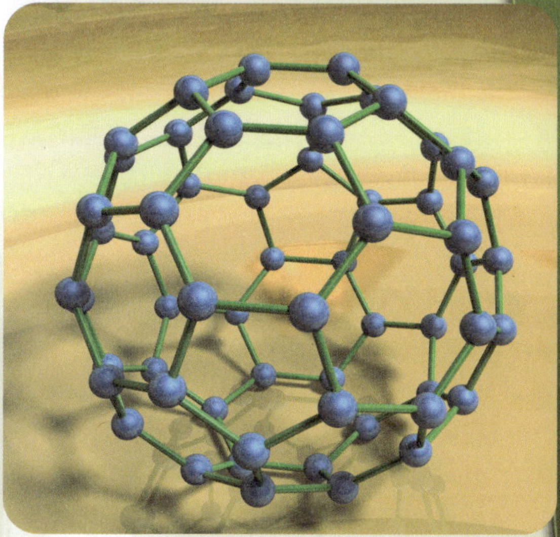

巴基球是一种类似于足球形状的碳原子球，将来它可能会为过敏患者减轻病痛。

注射了巴基球的老鼠在接触过敏原时，释放的组胺也更少。科学家还不能确定是什么促使肥大细胞释放组胺以及巴基球是如何阻碍过敏反应的。

科技 写作

研究巴基球以及其他新的过敏治疗方法。与同学一起设计一个有创意的方案，并与其他同学分享你们的研究发现。你们可以通过公益广告、新闻、海报等方式来分享你们的成果。

生物实验室

网络：如何找到“零号病人”？

背景：假设一种新的疾病——“手机炎症”已经入侵了你所在的学校。这种疾病的其中一个症状就是非常想在上课期间玩手机。“手机炎症”非常容易通过直接接触进行传播，并且人体对它没有先天性免疫力。你班上的一位同学患有这种疾病，是“零号病人”。“手机炎症”在你们班上不断传播，你需要做的就是追踪该疾病，防止这种“流行病”的扩散。

问题：你真的有可能追踪疾病并辨别“零号病人”吗？

实验器材

巴氏吸管（每组1根）

装有水并标号的试管，其中一支装有模拟的“手机炎症”病毒（每组1支）

试管架（每组1个）

小纸杯（每组1个）

铅笔和纸

测试指示器

安全注意事项

设计与实施实验

1. 阅读并完成实验室安全表。
2. 准备一张表格方便你记录下实验中所接触的物体。选择一支试管并记下试管的编号。
3. 使用巴氏吸管将试管中少量液体吸到纸杯里。
4. 教师把班级同学分为几个组。当你所在的组被点名时，你使用吸管吸取少量试管中的液体到组内其他一名成员的吸管中，他（她）也如此操作自己试管中的液体。
5. 在你的表格上记录与你交换的同学的信息。
6. 使用双手慢慢地转动试管来混合试管中的液体。每次点到你所在的组时，都重复步骤4。确保每次你都与组内不同的同学进行交换。
7. 当交换完成时，教师将会扮演流行病学家并使用测试指示器来判断谁患病了。
8. 以小组为单位分享信息，看看你能否辨别“零号病人”的身份。
9. 一旦每组都做出了假设，测试每个杯子中的初始液体，来找出到底谁是“零号病人”。
10. 归还试管。按照教师的指示处理其他使用过的实验材料。

实验分析和结论

1. **分析**　使用你收集的信息，为每个潜在的“零号病人”画一张图。使用箭头表示每个潜在的“零号病人”都感染了哪些同学。
2. **对比与比对**　本次模拟中“手机炎症”的传播与现实生活中疾病的传播有何相似之处？两者又有何不同之处？
3. **批判性思维**　如果在一个大课堂上进行本次模拟试验，为什么后来的交换中，疾病可能就不会再传播了？
4. **误差分析**　当你在辨别“零号病人”的身份时，你遇到了哪些困难？

交流

新闻广播　研究一种最近的流行病。为班级同学准备一次新闻广播，内容是关于流行病学家是如何寻找疾病源的。

第37章 复习指南

内容聚焦 科学探究 科赫法则是通过科学探究被发现的，它改变了诊断和治疗疾病的方法。

大概念 免疫系统保护人体免受病原体的感染。

第1节 传染病

传染病
病原体
科赫法则
宿主
地方性传染病
流行性传染病
大规模流行性传染病
抗生素

主要概念 **病原体通过人、动物和物品进行传播。**

- 细菌、病毒、原生动物和真菌这样的病原体都会引发传染病。
- 科赫法则证明了某种特定的病原体是如何引发某种特定的疾病的。
- 病原体存在于疾病宿主中，并且通过直接或间接的方法传播给人类。
- 疾病的病症是由于病原体入侵使宿主免疫系统产生反应而引起的。
- 传染病的治疗包括使用抗生素和抗病毒药物。

第2节 免疫系统

补体蛋白
干扰素
淋巴细胞
抗体
B细胞
辅助性T细胞
细胞毒性T细胞
记忆细胞
疫苗接种

主要概念 **免疫系统由两个主要部分组成，它们是非特异性免疫和特异性免疫。**

- 非特异性免疫反应包括皮肤屏障、分泌的化学物质和细胞的吞噬作用。
- 特异性免疫反应会激活B细胞和包括辅助性T细胞、细胞毒性T细胞在内的T细胞，其中B细胞能产生抗体。
- 被动免疫涉及接收能够应对疾病的抗体这一过程。
- 主动免疫会产生抵抗疾病的免疫反应。
- HIV攻击辅助性T细胞，造成免疫系统缺陷。

第3节 非传染性疾病

退化病
代谢疾病
过敏
过敏性休克

主要概念 **非传染性疾病包括遗传病、退化病、代谢疾病、癌症和炎性疾病。**

- 非传染性疾病通常是由遗传因素和环境因素共同引起的。
- 针对传染病产生的炎症反应能加强免疫反应，但是针对炎性疾病产生的炎症反应对人体没有任何帮助。
- 过敏是由于人体对环境中的过敏原产生过度的免疫反应而导致的。
- 过敏性休克是一种对某些过敏原产生的严重过敏反应。
- 自身免疫会对体细胞产生免疫反应。

第37章 测评

第1节

术语回顾

将下列定义与“复习指南”中的术语匹配起来。

1. ________是指引发传染病的物体。
2. 当一种疾病在某一特定区域内广泛传播时，这种疾病就被叫作________。
3. 致病生物的来源被称为________。

要点理解

4. 在美国，负责追踪疾病模式的是(　　)。
   A. 美国疾病防治中心
   B. 全国疾病中心
   C. 世界卫生组织
   D. 联合国
5. (　　)建立了一种方法来辨别某种特定的疾病是不是由微生物引起的。
   A. 科赫　　B. 萨根
   C. 胡克　　D. 孟德尔
6. 人类患上传染病的最常见的途径是(　　)。
   A. 接触受污染的水
   B. 被蚊子叮咬
   C. 接触生病的动物
   D. 接触受感染的人

根据下图，回答第7题。

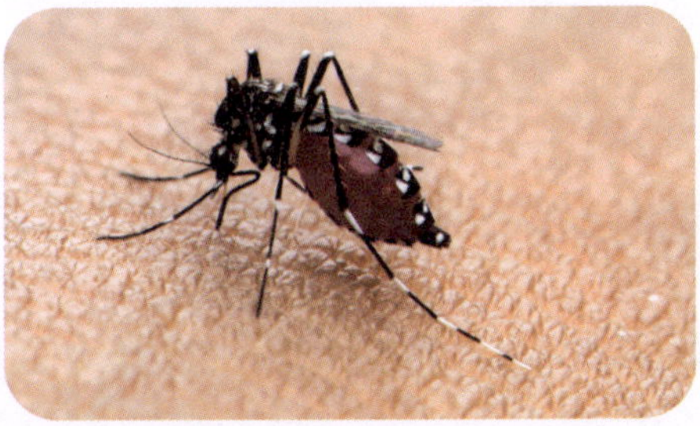

7. 上图显示的疾病传播的类型是(　　)。
   A. 直接接触　　B. 物体传播
   C. 空气传播　　D. 病媒动物传播

根据下图，回答第8题。

8. 由上图所示的生物体分泌的是(　　)。
   A. 炭疽　　B. 庆大霉素
   C. 流行性感冒病毒　　D. 青霉素

回答问题

9. **内容聚焦 科学探究** 解释你如何才能证明某种病菌引起了鼠类种群中的某种传染病。
10. **开放式回答** 解释美国疾病防治中心是如何判断一座城市出现了一种流行性疾病的。
11. **与生物学相关的职业** 假设你是校医院的护士。请向学生描述两种及以上的感冒病毒传播的途径。

批判性思维

12. **主要概念** 设计一个可行的计划来降低传染病在你所在的学校的传播率。
13. **评价** 为什么在细胞培养基中长大的病毒并不符合科赫法则。

第2节

术语回顾

在第14～16题中，将每个定义与“复习指南”中的术语匹配。

14. B细胞在应对抗原刺激时产生的一种化学物质。
15. 一种激活B细胞和细胞毒性T细胞的细胞。
16. 在包含B细胞和T细胞的骨髓中产生的一种白细胞。

第37章 测评

要点理解

根据下图,回答第17题和第18题。

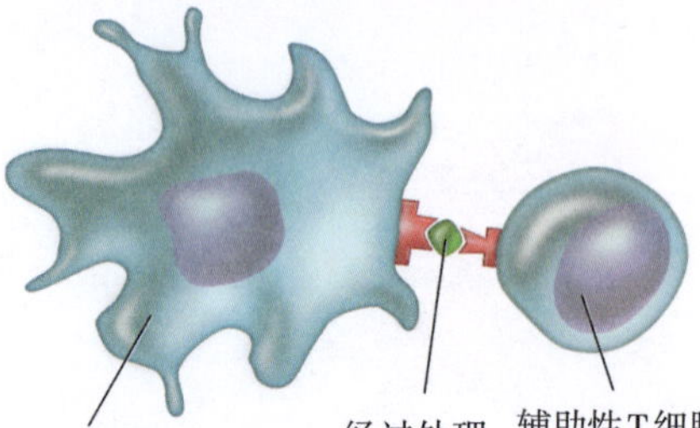

17. 上图显示了(　　)。

A. 基因免疫反应

B. 特异性免疫反应

C. 非特异性免疫反应

D. 激素免疫反应

18. 被激活的辅助性T细胞会将抗原呈递给(　　)。

A. 病原体　　**B.** B细胞

C. 骨髓　　**D.** 胸腺

19. 人体对传染病的第一道防线是(　　)。

A. 辅助性T细胞　　**B.** 皮肤

C. 抗体　　**D.** 吞噬作用

20. 免疫反应中,血浆内的补体蛋白的作用是(　　)。

A. 增强吞噬作用

B. 激活吞噬细胞

C. 加强对病原体的破坏

D. 以上所有作用

21. 淋巴细胞生成的位置是(　　)。

A. 骨髓　　**B.** 脾脏

C. 胸腺　　**D.** 淋巴结

回答问题

22. 简要回答　描述胸腺与免疫发育的关系。

23. 主要概念　评估为什么人体既需要非特异性免疫反应,也需要特异性免疫反应。

24. 开放式回答　提出一个假设来解释为什么要接种疫苗。

批判性思维

25. 排列破伤风杆菌引发人体产生抗体的相关事件的正确顺序。

26. 比较辅助性T细胞和细胞毒性T细胞在特异性免疫反应中的角色。

第3节

术语回顾

使用"复习指南"中的术语回答第27~29题。

27. 哪种类型的反应属于对蜜蜂蜇伤这样的过敏原产生的超敏反应?

28. 当人们对环境抗原产生异常反应时,将会出现哪类疾病?

29. 哪类疾病是由人体某些部分磨损耗尽而引起的?

要点理解

根据下图,回答第30题。

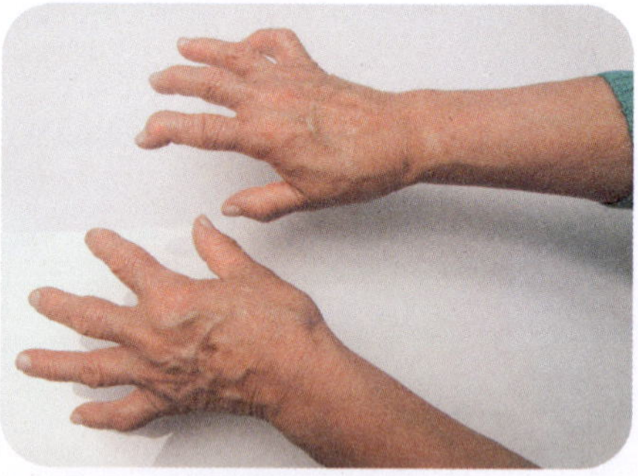

30. 上图显示的疾病是(　　)。

A. 破伤风

B. 类风湿性关节炎

C. 镰状细胞贫血病

D. 过敏

31. 下列被定义为人体生化过程中的一种问题的是(　　)。

A. 炎性疾病　　**B.** 代谢疾病

C. 退化病　　**D.** 癌症

32. 人体内释放的(　　)引发了大多数过敏症状。

A. 胰岛素　　B. 组胺

C. 过敏原　　D. 乙酰胆碱

33. 人们会对乳胶这样特定的过敏原产生危险的反应,并且发生过敏性休克。过敏性休克的结果是(　　)。

A. 呼吸困难　　B. 动脉硬化

C. 癫痫发作　　D. 关节炎

34. 在自身免疫中,会攻击人体自身蛋白质的是(　　)。

A. 抗原　　B. 抗体

C. 过敏原　　D. 抗组胺

回答问题

35. **简要回答** 描述过敏与普通感冒的不同点。

36. **简要回答** 当支气管中的平滑肌收缩,造成呼吸困难时,会对人体器官产生什么影响?

37. **简要回答** 评估为什么狼疮会对人体造成系统性问题。

批判性思维

38. **主要概念** 制作一张表格,列出每种类型的非传染性疾病,并给出一个例子。

根据下图,回答第39题。

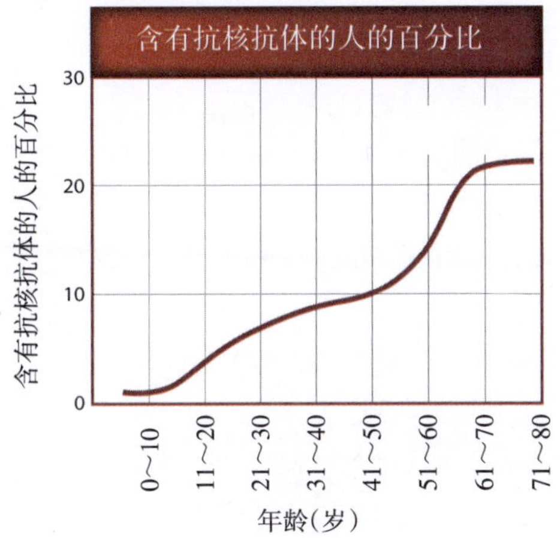

39. **总结**抗核抗体与年龄之间的关系。

总结性测评

40. **大概念** 你的一个朋友被诊断出患有水痘。描述你的身体是如何保护自己免受感染的,以及你应该做些什么来降低患这种病的概率。

41. 选择一种病原体,然后制作一张顺序图来显示每种类型的免疫是如何参与到预防或抵抗感染中去的。

42. **科技 写作** 建立一个类比来比较免疫系统和一个被相邻地区的入侵者攻击的城堡。

DBQ 资料分析题

下表显示了注射疫苗预防疾病感染的有效性。在使用疫苗之后,病例的数量大大减少。

疾病	一年中最多的病例数量	1999年美国的病例数量	百分比变化
麻疹	894134	60	－99.99%
流行性腮腺炎	152209	352	－99.77%
脊髓灰质炎	21269	0	－100.00%
破伤风	1560	33	－97.88%
乙型肝炎	26611	6495	－75.59%

数据来源:Mandell, G. L., et al. 1995. Principles and Practice of Infectious Diseases, 4th ed. Churchill Livingstone, and Centers for Disease Control and Prevention. 2000. *Morbidity and Mortality Weekly Report* 48: 1162–1192.

43. 自病例数最高的年份以来,哪类疾病的发生率发生了最大的变化?

44. 自从美国开始使用疫苗以来,破伤风发病率大大下降。解释为什么这种疾病不可能被根除。

标准化测试

选择题

1. 在消化系统中，多糖会被分解成(　　)。
   A. 氨基酸
   B. 脂肪酸
   C. 单糖
   D. 淀粉

根据下图，回答第2题和第3题。

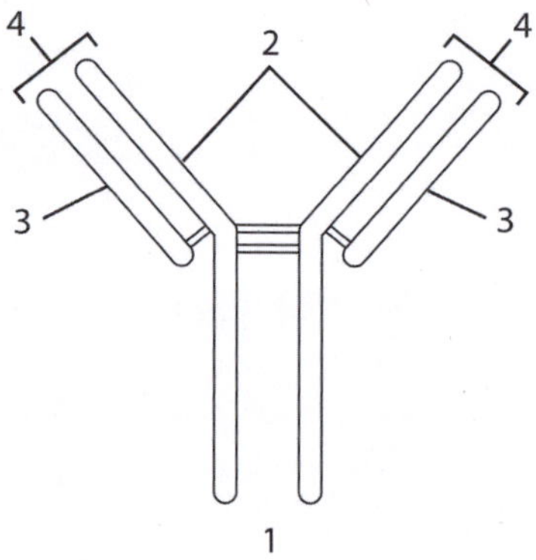

2. 上图显示了抗体的基本结构。上图中的(　　)相当于抗原结合点。
   A. 1　　B. 2
   C. 3　　D. 4

3. 上图中标号2和3对于抗体的形成十分重要的原因是(　　)。
   A. 它们能使大量抗体形成
   B. 它们由免疫系统中的T细胞生成
   C. 它们有助于减少形成的抗体数量
   D. 它们有助于刺激炎症反应

4. 女性青春期过程中，雌性激素的作用是(　　)。
   A. 它促使女性身体的发育
   B. 它促使卵细胞在卵巢中成熟
   C. 它促使减数分裂开始形成卵细胞
   D. 它促使卵巢释放成熟的卵细胞

5. 下列关于阑尾的描述正确的是(　　)。
   A. 它能吸收碳酸氢钠来中和体内的酸
   B. 它在消化系统中没有已知的功能
   C. 它有助于分解脂肪
   D. 它能分泌酸来帮助分解食物

根据下图，回答第6题。

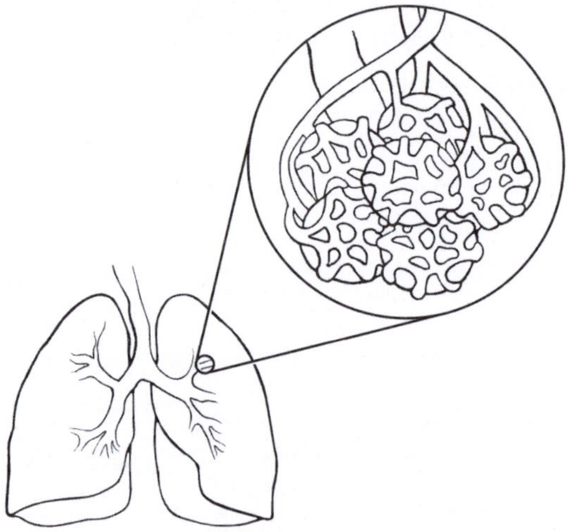

6. 下列发生在上图所示结构的血液中的是(　　)。
   A. 二氧化碳和氧气发生交换
   B. 二氧化碳和氧气保持不变
   C. 氮和二氧化碳发生交换
   D. 氮和二氧化碳保持不变

7. 青春期发生在(　　)的过渡期间。
   A. 青少年期到成年期
   B. 儿童期到青少年期
   C. 胎儿到婴儿
   D. 受精卵到胎儿

8. 激素在人体中的角色是(　　)。
   A. 充当反应催化剂
   B. 控制呼吸过程
   C. 帮助合成蛋白质
   D. 调节很多人体功能

简答题

根据下图，回答第9题和第10题。

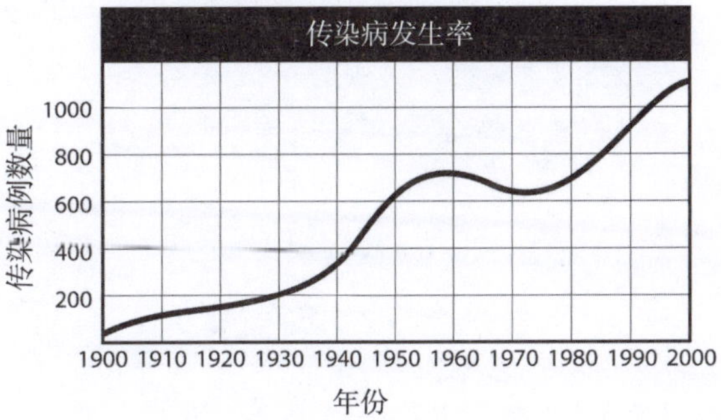

9. 上图显示的总体趋势是什么？

10. 哪两个原因使上图呈现这样的趋势？

11. 哪些特点可以将原生生物分为三类？

12. 描述分娩过程中宫颈扩张的过程。评价宫颈扩张为何如此重要。

13. 描述大肠的功能。

14. 为什么大多数爬行动物的呼吸系统都使其适应陆地生活？

15. 自生型扁形动物有一些独特的身体结构：眼点、神经节和感知化学刺激的耳郭。这些身体结构之间有什么关联？

开放题

16. 节肢动物大约从400百万年前就存在于陆地上了，并从几次大规模灭绝中幸存了下来。提出一个假设来解释为什么节肢动物能够成功地生存。

17. 比较在减数分裂过程中精细胞和卵细胞的生成过程。

论述题

1981年，马克·拉佩(Marc Lappe)在他的书《不会死的细菌》中写道："不幸的是，我们对自然世界开了个玩笑，我们控制了这些(自然)化学物质，使其变得更完美。但这一行为却改变了持续发展的国家的整个微生物的组成。现如今，之前从来没有存在过的微生物正在繁殖增多。我们选择了它们。有些微生物之前只会引发千分之一的人类疾病，但是现在却会引起千分之二甚至千分之三的人类疾病。我们使用抗生素改变了地球的整个表面。"

利用上文中的信息，以论文的形式回答下列问题。

18. 正如拉佩在1981年所预测的那样，很多新出现的疾病都对抗生素以及其他强效药具有耐药性。抗生素是把"地球的整个表面"变得更好呢还是更坏呢？用一篇论文来讨论目前使用的抗生素的优点和缺点。

考点提示

测试题号	1	2	3	4	5	6	7	8	9	10	11	12	13	14	15	16	17	18
对应章节	35.2	37.2	37.2	36.2	35.1	34.2	36.2	35.2	37.1	37.1	19.1	36.2	35.1	29.1	25.1	26.1	36.1	37.1

技能手册

致学生、家长/监护人

调查与实验是生物学的重要组成部分。学习实验技术有利于增强学生的实验水平，请使用《技能手册》学习实验技术的相关内容。实验安全对于成功进行调查与实验十分重要。本手册已列出实验安全基本原则。

本手册能帮助学生掌握解决问题的技巧，从而有利于学生从阅读、理解科学读物与科学数据中获得最大的收获。掌握如比较、数据分析、时间轴解读、流程图使用等技能有利于提高学生的成绩。

本手册可以为学生学习生物学提供帮助。

目录

科学探究与实验

探究与实验是科学知识的基础。本部分内容包括：实验安全、野外调查安全、数据收集、实验仪器与实验技术。虽然本部分并未覆盖所有在实验室中可能遇到的情况，但是你将会从中获得实用的知识，这些知识可以让探究与实验更容易获得成功。

实验安全

为了在实验探究的过程中保护自己及他人，请遵循以下安全指南。

完成实验室安全表

- 在进行科学探究前，请先完成实验室安全表。教师可从中得知你已经阅读了实验步骤，并做好了进行科学探究的准备。
- 在教师检查过实验室安全表后，若有必要，则做出修正，并在表格上签名。
- 利用实验室安全表，逐一准备实验步骤，并为自己的安全负责。

教师签名
签名日期

实验室安全表

姓名：________

日期：________

实验类型（请圈出）：起步实验/迷你实验

实验标题：________________

请仔细阅读整个实验并回答下列问题。教师在该表格上签名后，学生才能开始实验。

1. 此次科学探究的目的是什么？

____

____

2. 你将会与一位同学还是小组共同合作进行科学探究？________________

3. 该实验过程是不是由你自己设计的？请圈出： 是 否

4. 请描述出科学探究过程中必须遵守的实验安全步骤以及其他的安全警示。

____

____

5. 是否存在不理解的科学探究步骤或实验安全标志？请写下来。

____

____

事故预防

- 在实验室里，请佩戴化学防溅护目镜，而不是普通眼镜。护目镜应紧贴面部，防止液体进入眼睛。在实验开始前，请佩戴好护目镜，在整个实验、清理以及洗手的过程中，都要佩戴护目镜。
- 请按照教师的指示，穿好防护围裙，戴好手套。
- 在实验过程中，请勿用手触碰面部和嘴部。
- 在实验室里，请勿穿凉鞋或露趾鞋。
- 在进行实验前，请取下手上以及腕部的首饰，同时取下长项链等宽松的首饰，以防饰品卡在实验设备中。
- 请勿穿过于宽松的衣服，以免碰到其他物品。如果衣服过于宽松，请将衣服系紧。
- 请将长发束在头部后方，以免接触到明火或实验仪器。
- 在进行需要使用明火的实验前以及实验过程中，请勿使用发胶或其他易燃护发产品，因为这些产品为易燃物。
- 在实验室里，不准吃东西、喝水、嚼口香糖、化妆或抽烟。
- 在实验过程中，举止要合理。在实验室打闹容易引发事故，造成意外伤害。
- 如有任何过敏情况或任何其他健康状况可能影响你进行实验，请向教师报告。

遵守实验步骤

● 开始实验室科学探究前，请仔细阅读实验步骤。如不理解任何实验步骤，请提问。

● 回顾并理解所有有关科学探究的安全标志，可参考1108页的安全警示标志表。

● 在未得到教师的允许前，请勿擅自操作。

● 所有实验器材仅可用于实验操作。

● 在实验开始前，请取好实验所需的器材与材料，并将实验器材与实验材料搬到实验工作区域。

● 在取实验材料时，仅取实验所需分量的材料，切勿浪费。

● 科学探究结束后，若还剩下实验材料，向教师咨询，选择最恰当的方法回收或处置材料。

● 保持实验工作区域整洁。

● 在使用天平、显微镜、加热板、燃烧装置等实验仪器时，要学习并遵循其使用步骤。

● 在加热或冲洗试管或烧瓶等容器时，勿将管口或瓶口对着自己或他人。

● 请勿品尝、触摸或闻实验室中的任何化学药品或其他物质。

● 如果教师要求你闻容器中的物质，请用招气入鼻法，切勿将鼻子凑到容器口上方直接闻。

● 未经教师许可，不得自行替换实验材料清单中的化学药品或其他材料。

● 请勿将任何化学药品或实验材料带出实验室。

清理实验室

- 离开实验室前，请关闭所有的燃烧装置、气阀及水龙头，并切断所有电气设备的电源。
- 按照教师的指示，把所有仪器清理后，将仪器归还到指定位置。
- 合理处置所有实验材料。将一次性材料放入指定的容器中。未经教师许可，不得将液体直接倒入水槽内。
- 在结束每一次实验活动后，请先用温水和肥皂将手彻底洗净，然后再摘下护目镜。

实验室应急处理措施

- 在实验室中，不论发生任何事故，如起火、身体受伤、烫伤、电击、玻璃器皿破碎、化学药品泄漏等，都要立即向教师报告。
- 发生化学药品打翻、溅出等情况时，一般由教师处理。未经教师许可与指导，学生不得擅自处理。
- 了解灭火器、安全淋浴器、洗眼器、灭火毯、急救箱的所在位置。学会操作后，在紧急情况下，无须教师的批准，可以直接使用安全淋浴器、洗眼器和灭火毯。但是，灭火器和急救箱只能由教师使用，或者在十分危急的情况下，学生在征得教师同意后才可使用。
- 一般的化学药品接触到眼睛或皮肤时，请立即告诉教师，并用大量清水冲洗(有些药品除外)。
- 如有人受伤或生病，只能由专业医护人员或有急救执照的人员实施急救。

负责

教师无法预测实验室中每一个可能存在的安全隐患，也无法同时顾及实验室的每一处，因此你需要为自己的安全负责。下列内容几乎可适用于每一个科学实验室。

你必须：

- 熟悉并理解实验室的每一个安全标志。
- 为了安全起见，请遵照教师的一切指示，并确保自己了解所进行实验存在的相关危险。
- 能够说明实验目的。
- 能够说明或进行所有合理应急措施，如：
  - 在紧急情况下，如何组织实验室内人员撤离实验室；
  - 如何处理化学事故；
  - 如何处理突发火灾；
  - 如何安全进行科学探究；
  - 如何预测并应对某些安全隐患；
  - 如何恰当、安全地使用实验仪器。
- 了解安全设施的位置，并能在教师的指导下使用安全设施，如：
  - 灭火器，
  - 灭火毯，
  - 护眼设备(护目镜、安全眼镜、面罩)，
  - 洗眼器，
  - 安全淋浴器。
- 若对任何安全问题存有疑问，请在进行科学探究前向教师提出。

安全警示标志

在本书中，这些安全警示标志用于注明实验室和野外调查中所存在的潜在危险。学习并熟记每一个安全警示标志的含义。切记：实验结束后，要彻底洗净双手。

安全警示标志	危险	例子	预防措施	处理方法
废弃物	需遵循特殊处理步骤	某些化合物、具有生命的生物体	勿将此类材料投放到水槽或垃圾桶中	在教师的指导下处理废弃物
生物材料	生物体或其他对人体可能有害的生物材料	细菌、真菌、血液、新鲜组织、植物材料	避免皮肤直接接触，戴好口罩和手套	如果怀疑自己已经接触了这些物质，请告诉教师，并彻底洗净双手
极端温度	物体温度过高或过低，容易损伤皮肤	沸腾的液体、加热板、干冰、液氮	在处理时要采取恰当的保护措施	向教师寻求急救
锐器	容易刺破或割破皮肤的工具或玻璃器皿	剪刀、针、解剖刀、带尖端的工具、解剖探针、玻璃碎片	根据常识、遵循工具使用方法进行操作	向教师求救
烟雾	可能危害呼吸道的烟雾	氨气、丙酮、洗甲水、加热处理过的硫黄、樟脑丸	确保通风条件良好，不可直接嗅闻烟雾，佩戴口罩	离开受污染区域，并立即报告教师
电	电击或电灼伤可能导致的危险	接地不当、液体洒出、短路、电线裸露	请教师检查电器设备的设置。检查电线与器械的工作状况	请勿擅自解决电气问题，应立即报告教师
刺激物	可刺激皮肤与呼吸道黏膜的物质	花粉、樟脑丸、钢丝球、玻璃纤维、高锰酸钾	戴好防尘口罩和手套。处理这些物质时需格外小心	向教师求救
化学药品	可破坏组织或其他材料的化学物质	过氧化氢等漂白剂，硫酸、盐酸等强酸，氨水、氢氧化钠等碱液	戴好护目镜和手套，穿好防护围裙	立即用清水冲洗接触化学药品的部位，并立即报告教师
有毒物质	接触、吸入或吞咽有毒物质	水银、多种金属化合物、碘、植物一品红	听从教师的指导	使用后请彻底洗净双手，向教师求救
易燃物	明火能点燃易燃的化学药品、宽松的衣物或头发	酒精、煤油、高锰酸钾、头发、衣物	使用易燃化学药品时，远离明火与高温	立即报告教师，如果可行，使用消防安全设备
明火	使用明火可能导致火灾	头发、衣物、纸、合成材料	将长发束起，系紧宽松衣物。听从教师的指导进行点火与灭火	向教师求救

用眼安全 任何操作或观察科学活动的人员都必须佩戴护目镜

保护衣物 此标志用于表明一些物质会弄脏或点燃衣物

动物安全 此标志用于提醒注意实验动物与学生的安全

辐射 此标志用于表明实验使用了放射性物质

洗手 实验结束后，请先用肥皂与清水将手洗净，再摘下护目镜

野外调查安全

教师可能会组织进行野外调查，野外调查是一种在校内或校外进行的调查。尽管实验室安全指导的许多原则同样适用于野外调查，但是进行野外调查时存在一些需要特别注意的安全事项。

合作

- 至少与一名同学进行合作。
- 请勿脱离团体，不可单独行动或私下组成小组行动。
- 确保每一位小组成员理解并知道如何进行任务。如有必要，向教师询问清楚。
- 请确定小组成员在嘈杂环境或紧急情况下将采取的沟通方式。
- 教师或陪护人员应携带手机或对讲机。教师或陪护人员彼此之间应保持联系，同时他们也应与学校、应急救援人员保持联系。如有需要，确保让教师知道你需要帮助。

穿着合理

- 按照实验步骤，戴好护目镜和手套，穿好防护围裙。
- 擦好防晒霜，戴好帽子，以防晒伤。
- 穿长裤、长衣可以防止晒伤，防止蚊虫叮咬，防止被毒漆藤、毒葛等植物刮伤。

毒漆藤

毒葛

- 如有必要，可使用防虫喷雾或驱蚊膏。
- 请勿穿露趾或露跟的鞋，应穿鞋底粗糙的鞋子。
- 进行野外调查时，若要前往小溪、河流、湖泊或其他水域，请穿防水衣物。若有伤口，请勿下水。

考虑周边环境

- 请勿接近动物。
- 请勿饮用小溪、河湖或其他水域中的水。
- 请保护栖息地，勿从栖息地带走任何东西。用草图的形式画出你正在研究的生物。
- 请远离输电线。
- 请远离悬崖边缘。
- 请走有标记的路径。

遵守通用原则

- 像对待实验室调查一样，谨慎对待野外调查。进行野外调查时，不可打闹嬉戏。
- 应将急救箱带到野外调查地点。
- 野外调查结束后，应洗净双手。如果没有肥皂和水，可以使用醇基洗手液。

数据收集

生物学家会在多种调查中进行数据测量。

- 在进行热带雨林调查时，种群生物学家对树蛙的数量进行统计。
- 物理治疗家观察受伤膝盖的运动幅度。
- 微生物学家测量细菌的直径。

在本节中，你将会学到生物学家如何仔细进行数据测量。

请根据本节内容，设计和进行生物学实验。

准确度、精确度、误差

任何测量都会存在一定的误差，误差指的是测量值与真实值之间的差异。误差源于诸多因素，包括实验者、实验仪器、实验条件等。误差会影响测量的准确度与精确度。

- **准确度**(accuracy)：在实验或调查中，某一实验指标或性状的观测值与真实值的接近程度。
- **精确度**(precision)：在实验或调查中，一系列独立测量结果之间的接近程度。

请观察下图中的靶子，并设想食品科学家对样品质量进行三次测量。

- 实验设备安装恰当，测量技术优越：获得的数据准确且精确。
- 实验设备安装不当，测量技术优越：获得的数据精确但不准确。
- 实验设备安装不当，测量技术不佳：获得的数据不准确且不精确。

三个箭头齐聚靶心，这代表三次测量结果精准度高、准确度高。

三个箭头齐聚但远离靶心，这代表三次测量结果精确度高，但准确度低。

三个箭头分散且远离靶心，这代表三次测量结果精确度低、准确度低。

误差分析

设想流行病学家正在检测禽流感以何种方式从禽类传播给人类。数据收集已全部完成，流行病学家现在必须进行误差分析。误差分析是指发现并描述测量中误差来源的过程。

在生物学调查中，你将需要设想出可能存在的测量误差来源。思考如下问题：

- 是否对每一次测量结果都进行了一次以上的读数？
- 是否合理使用实验仪器？
- 是否客观？或者说是否主观地导致实验结果与自己的预期一致？

质量测量

三梁天平(Triple-Beam Balance)

三梁天平有一个秤盘与三支横杆,横杆上带有游码。横杆的一端设有指针,指针用于表示秤盘上物体的质量是否与横杆上显示的质量相等。

使用方法:

1. 确保使用前将天平归零:秤盘上没有物体且游码归零时,指针恰好指在零刻度上。

2. 将待测物体置于秤盘中央。

3. 游码一次移动一个刻度,先使用刻度最大的游码。若刻度最大的游码移动一个刻度,指针变为负,则使用刻度较小的游码。

4. 调整游码的位置,直到横杆平衡静止。将三个横杆上的读数相加,得出待测物体的质量。

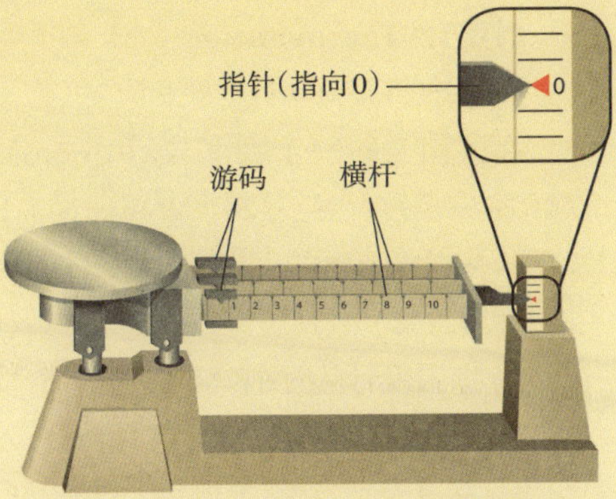

小贴士

使用称量船或称量纸时,请先确保将称量船或称量纸放在秤盘上后将指针归零,再将待测物质放入称量船或称量纸中。

体积测量

量筒(Graduated Cylinder)

使用量筒测量液体体积。

使用方法:

1. 读数时,请确保视线与量筒内液体表面保持水平。

2. 液体置于量筒内时,液体表面会稍稍弯曲,这个弯曲的表面称为弯月面(meniscus)。如右图所示,观察刻度时,视线与量筒内液体的凹液面的最低处保持水平,读出所取液体的体积数。

3. 液体体积有时会位于量筒的两条刻度线中间。在这种情况下,应该自行估算最终的测量结果。例如,凹液面恰好位于96毫升和97毫升之间,可将体积估读为96.5毫升。

4. 用量筒测量小型固体的体积:先往量筒中倒入一定量的水,记下量筒的示数。然后将固体放入量筒内,再次记下量筒的示数。量筒两次示数之差为固体的体积。

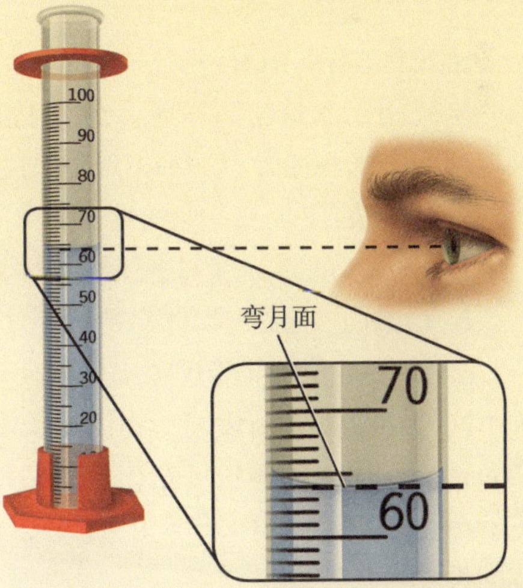

小贴士

请勿使用烧杯测量液体体积。烧杯用于盛液体、倾倒液体。为了防止液体溢出,请确保使用的烧杯容积为待盛液体体积的2倍左右。

温度测量

温度计(Thermometer)

实验中将使用单位为摄氏度(℃)的温度计来测量温度。温度计上的一个刻度表示1℃。人体正常平均温度为37℃,室内温度一般为20～25℃。如右图所示,水的凝固点为0℃,沸点为100℃。

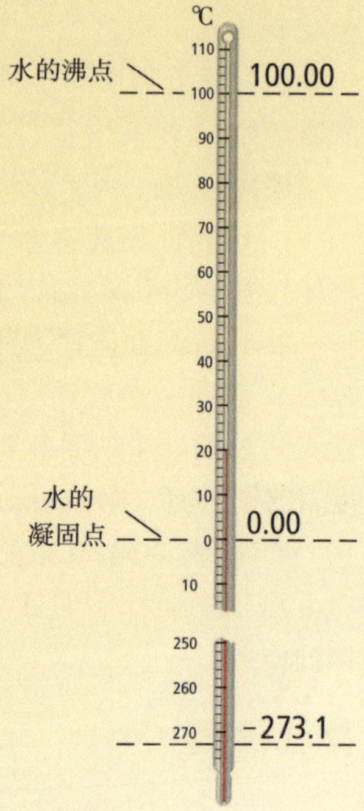

使用方法:

1. 将温度计置于样本内,等待30秒,再进行读数。

2. 读数时,视线要与温度计液柱的上表面相平。

3. 温度有时会位于温度计上的两个刻度之间。在这种情况下,应该自行估算最终的测量结果。例如,温度计液柱的上表面恰好位于50℃和51℃之间,可将温度估读为50.5℃。

4. 不要用手触碰盛样品容器的侧面或底端,这样可能会导致读数出现误差。

电子温度计(electronic thermometers),也叫探针温度计(temperature probes),用于测量一段时间内的温度或用于进行更精准的读数。

长度测量

米尺(Metric Ruler)

米尺用于测量物体长度。米尺上的每一个数字代表1厘米(cm)。厘米之间较小的刻度代表毫米(mm)。1米=100厘米,1厘米=10毫米。

使用方法:

1. 用米尺的零刻度对齐待测物体的一端。

2. 读数时,视线与物体保持水平。

3. 读数的准确度能反映出你所使用的测量工具及你的测量水平。下图表示使用两种不同的测量工具测量同一物体的长度。使用位于下方的测量工具时,物体长度为9到10 cm之间,应将物体长度精确到0.1 cm,因此估算该物体的长度为9.5 cm。使用位于上方的测量工具时,物体长度为9.4～9.5 cm,应将物体长度精确到0.01 cm,因此估算该物体的长度为9.45 cm。

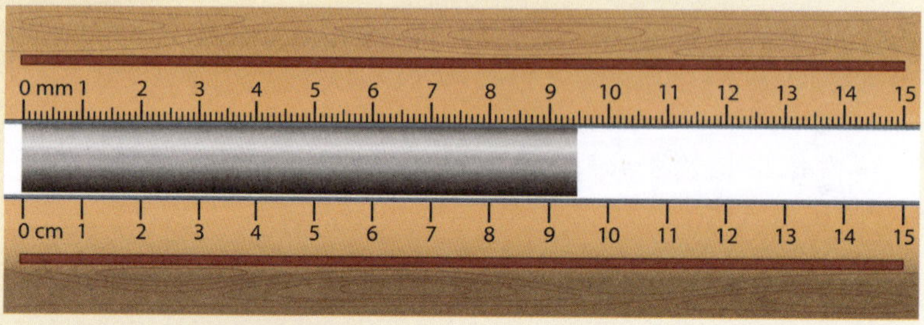

实验仪器与实验技术

本部分将探讨生物学实验中使用的常见实验仪器及实验技术。请先参考本页内容，再进行需要使用显微镜(microscopes)、层析法(chromatography)、凝胶电泳(gel electrophoresis)、指示剂(indicator)的实验。

复式显微镜

复式显微镜(compound microscopes)结构图解见下表。

1. 取镜时，一手握住镜臂，一手托住镜座。

2. 将显微镜放在实验台上，镜臂朝向自己。

3. 注视目镜，调节光圈，将其对准通光孔。

4. 把载玻片放在载物台上，使标本位于视野内。用压片夹将载玻片夹稳。

5. 先使用粗准焦螺旋和低倍物镜对焦。低倍物镜对焦成功后，换用高倍物镜，然后调节细准焦螺旋。

6. 存放显微镜。

复式显微镜结构图解

组成部分	功能
镜座	支撑显微镜
镜臂	移动显微镜
载物台	放置样本
压片夹	将载物玻璃片固定在载物台上
目镜	放大图像
物镜	放大图像
粗准焦螺旋	大旋钮，用于聚焦低倍物镜下的图像
细准焦螺旋	小旋钮，用于聚焦高倍物镜下的图像
光圈	控制穿过样本的光照明暗
光源	提供观察样本的光源

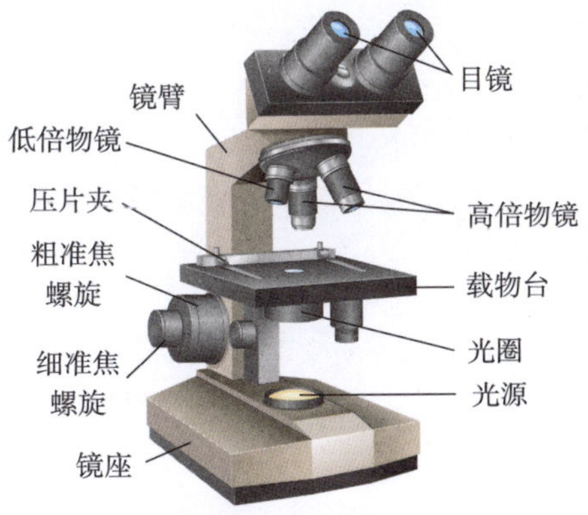

放大倍数计算

放大倍数(magnification)指被观察物体经显微镜放大后,人眼所看到的最终图像的大小与原物体大小的比值。物镜与目镜上带有乘号(×)标记的数字表示其放大倍数。

- 放大倍数为物镜和目镜放大倍数的乘积。
- 例如,目镜放大倍数为4×,低倍物镜放大倍数为10×,低倍物镜下的总放大倍数则为40×。使用相同的目镜与放大倍数为40×的高倍物镜,则高倍物镜下的总放大倍数为160×。

练习题1 目镜放大倍数为10×,低倍物镜放大倍数为40×,高倍物镜放大倍数为60×,请分别计算出低倍物镜与高倍物镜下的放大倍数。

视野面积计算

显微镜下看到的视线范围叫作视野(the field of view)。测量显微镜的视野面积时,使用的单位是微米(μm)。1毫米=1000微米。使用下列步骤计算视野,并算出显微镜下样本的直径。

低倍物镜下视野的直径 使用低倍物镜选择观察载玻片中的某个部分,如观察载玻片中的花粉粒所在位置。

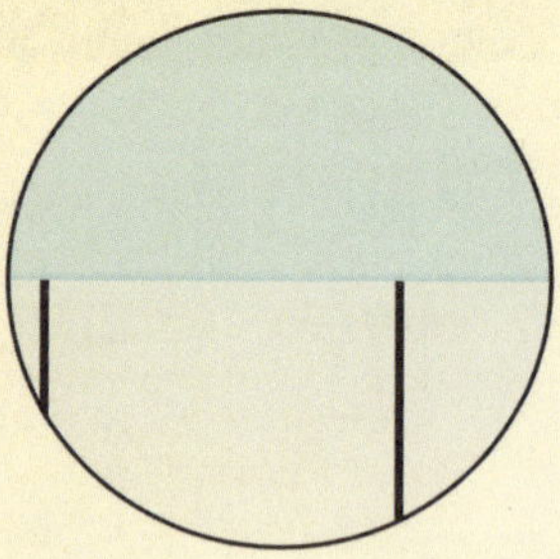

- 将透明塑料直尺上单位为毫米的刻度置于显微镜载物台的中心孔上。
- 使用低倍物镜观察,将直尺置于视野中心。
- 将单位为毫米的一个刻度线置于视野边缘。直尺两条刻度线之间的距离为1 mm,如右图所示。
- 估算低倍物镜下视野的直径,单位为毫米。使用换算系数$\frac{1000\ \mu m}{1\ mm}$计算直径,单位为微米。例如,直径估算为1.5 mm,视野范围为1500 μm。

$$1.5\ mm \times \frac{1000\ \mu m}{1\ mm} = 1500\ \mu m$$

高倍物镜下视野的直径 使用低倍物镜选取所观察的部分后，换用高倍物镜观察其细节，如单个花粉粒。

- 为了计算高倍物镜下视野的直径，先用高倍物镜的放大倍数除以低倍物镜的放大倍数。例如，先使用放大倍数为10×的低倍物镜，再换用放大倍数为40×的高倍物镜，则为：

$$\frac{40\times}{10\times}=4$$

- 然后，用低倍物镜下视野的直径(单位为微米)除以上一步得到的商，结果为高倍物镜下视野的直径(单位为微米)。高倍物镜下视野的直径则为：

$$\frac{1500\ \mu m}{4}=375\ \mu m$$

- 计算视野内单个样本直径前，先估算完整位于视野内样本的数量。然后用视野直径除以样本数量。在此例中，视野内有5个样本。样本直径为：

$$\frac{375\ \mu m}{5}=75\ \mu m$$

正在分裂的细胞

练习2 低倍物镜下视野的直径为720μm，低倍物镜放大倍数为10×，高倍物镜放大倍数为60×，视野内细胞数量为1，请算出右上图中正在分裂的细胞的宽度。

湿涂片制作

许多用于在显微镜下观察的载玻片都是湿涂片。因为这些载玻片上的样本是在水中准备或制作的，因此称为湿涂片。湿涂片的制作步骤如下。

1. 取一片干净的载玻片和盖玻片，在载玻片的中央滴一滴或两滴清水。

2. 如图甲所示，将样本浸入水滴中。

3. 用手从边缘将盖玻片拿起，请勿触碰盖玻片的表面，使盖玻片的一边先接触载玻片上的水滴。

4. 如图乙所示，缓缓将盖玻片放下，盖在水滴和样本上。

5. 请确保样本完全覆盖在水滴中。如果样本未完全覆盖在水滴中，移开盖玻片，往载玻片上加一两滴清水，再将盖玻片盖上。

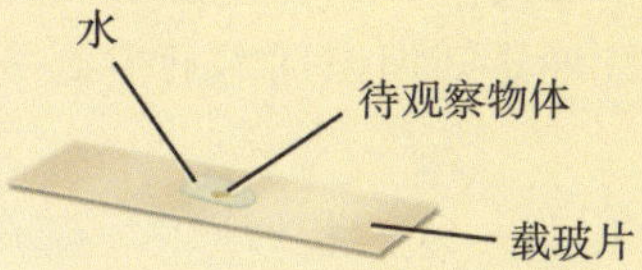

甲

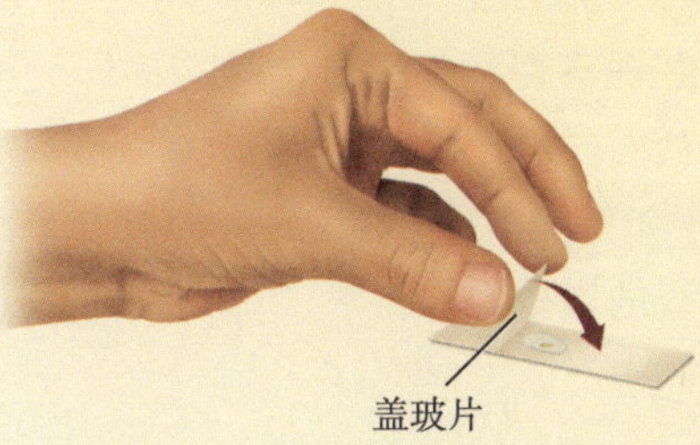

乙

染色

染色有利于更清楚地观察样本。染色剂可增强对比，强调某些特征。例如，使用碘酒作为染色剂将会使样本中的淀粉变成蓝色。下列步骤及右图演示了一种染色方法。

1. 按上页步骤准备一片湿涂片。

2. 从教师处领取染色剂，使用滴管在盖玻片的一端滴一滴染色剂。

3. 在盖玻片的另一端放置一张吸水纸。吸水纸将会在盖玻片下吸取染色剂，对样本进行染色。

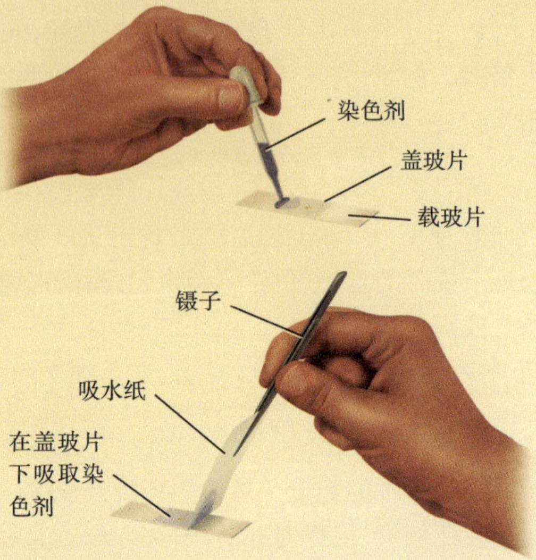

横切片制作

研究生物样本内部结构的基本方法之一就是暴露样本内部结构或通过对样本进行切割而暴露样本内部结构。从样本轴心的恰当角度对样本进行切割，从而获得切片。例如，下图所示的树干横切片就是在树干的恰当高度处以恰当角度切割而成。横切片揭露样本的微观组织，如下图所示的细菌细胞壁。

思考 按照下列步骤，利用日常材料，观察研究横切片。利用所学知识识别本书中更多的横切片图。

1. 取一块形状似原木、有不同颜色分层的蛋糕卷。样本轴心为蛋糕卷一端的中心与另一端中心的连线。

2. 将蛋糕卷放在一张蜡纸上，预测横切面是什么样子。

3. 从恰当的角度横切蛋糕卷，并观察切面。蛋糕卷的切面即为横截面。

4. 从本书中找出以相似方式获得的横截面图。

树干

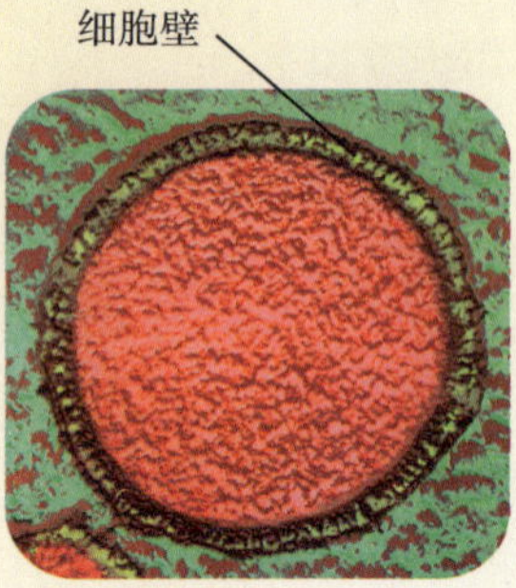

细菌

立体显微镜

立体显微镜(stereomicroscope),又名解剖显微镜(dissecting microscope),用于观察体积稍大、厚度稍厚、不透明的物体。上方和下方各有一个光源,分别从上下方对物体进行照明。与复合显微镜相比,立体显微镜的放大倍数更低;在立体显微镜下,物体仅放大10～15倍。

- 打开光源,将样本放在载物台上,使样本位于视野内。
- 使用调焦螺旋调焦。

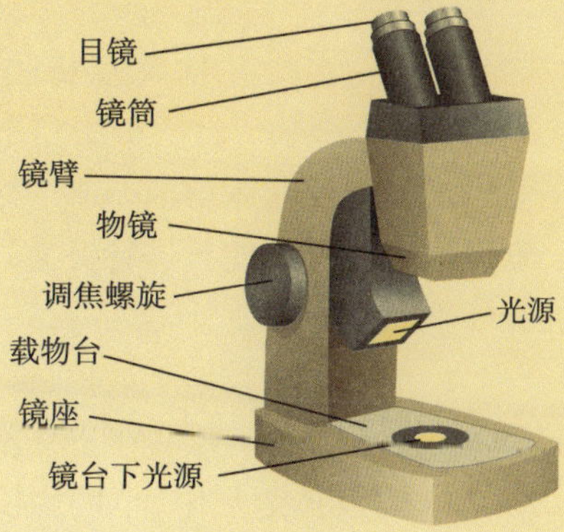

凝胶电泳

科学家基于分子的体积、电荷及形状的差异对分子混合物进行分离,该方法叫作凝胶电泳(gel electrophoresis)。凝胶电泳常用于分离DNA、RNA及蛋白质分子。

下列为凝胶电泳的通用指导原则。完整指南请进一步参考其他具体仪器的说明书。

1. 在使用凝胶电泳的过程中,科学家首先利用特殊的酶,依照特定核苷酸序列对DNA样本进行切割,再对DNA进行分析。

2. 如右图所示,半固体凝胶的一端有数个凹槽,切割过的DNA小样本在凹槽中备置。

3. 凝胶电泳槽的两个电极之间有电泳缓冲液,凝胶则位于电泳缓冲液中。两个电极与电源相接(图中未显示凝胶电泳槽与电极)。接入电流时,电泳缓冲液传导电流。与此同时,电流会在凝胶中移动。此时,凝胶电泳槽的一端带正电,另一端带负电。带负电荷的DNA片段向凝胶中带正电的一端移动。DNA片段长度越短,其在凝胶中移动的距离就越远。如图所示,DNA片段则会形成明显而独特的条带,便于研究。该过程也用于检验蛋白质的类型。从细胞中提取蛋白质,经化学物处理使其带负电。将处理过的蛋白质样本置于凝胶电泳槽中。接入电流时,蛋白质分子在凝胶中移动。基于蛋白质分子的大小、形状、电荷差异,对蛋白质分子进行分离。

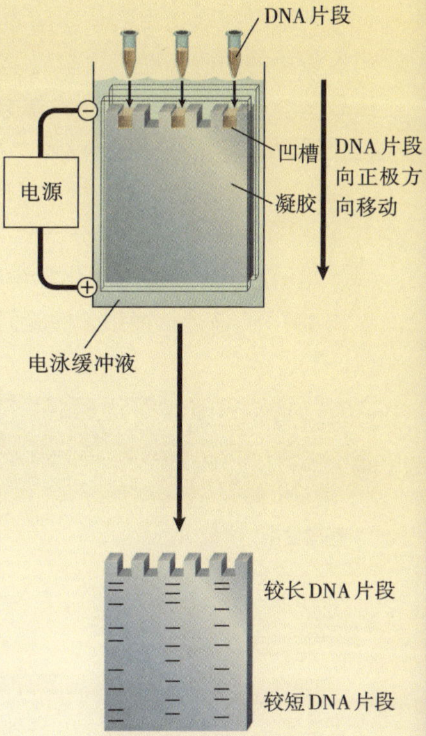

电泳结束后的凝胶

层析法

在生物实验室中，纸层析法(paper chromatography)常用于分离混合物。在层析法操作过程中，你需要一张层析滤纸或滤纸及液体溶剂。基于混合物中各物质在液体溶剂中溶解能力的差异进行分离。纸层析法的具体操作步骤如下。

1. 先将混合物溶于液体，再将其滴在滤纸上。

2. 将滤纸的一端置于液体溶剂中。

3. 在液体溶剂中，不同物质在滤纸表面移动的距离有所差异，混合物基于此开始分离。

例如，如右图所示，可以通过纸层析法分离叶子中的叶绿素。将叶绿素提取物点在滤纸的一端，将滤纸靠近叶绿素提取物的一端置于酒精中，酒精充当液体溶剂。酒精不能接触待分离的叶绿素提取物，应该位于其下方。

叶绿素提取物中的物质随着酒精向滤纸上方移动，溶解度较小的物质移动速度较慢，溶解度较大的物质移动速度较快。叶绿素中的不同物质会分别聚集在滤纸上的不同位置，从而实现分离。

指示剂

指示剂用于检验某种化学物质是否存在。下表列出了常用指示剂、该指示剂用于检验何种物质及其反应。

指示剂

指示剂	用于检验	反应
石蕊试纸	酸、碱	• 碱性溶液使红色石蕊试纸变蓝 • 酸性溶液使蓝色石蕊试纸变红
pH试纸	pH	• 将试纸颜色变化与标准色卡对比，估计溶液pH
溴百里酚蓝指示剂	二氧化碳	• 遇二氧化碳溶液变黄 • 清除二氧化碳后，溶液由黄变蓝
酚酞试液	碱性溶液	• 遇碱性溶液，酚酞试液由透明变成红色
本尼迪特试剂	加热条件下的单糖	• 遇高浓度糖，试剂由蓝变红 • 遇低浓度糖，试剂由蓝变黄
双缩脲溶液	蛋白质	• 溶液由淡蓝色变紫色
碘液	淀粉	• 溶液由深棕色变蓝黑色

比 较

为什么要学习这一技能?

假设你想买一个便携式MP3音乐播放器,你必须从三款MP3里选一个。在下决定前,你可能会对三款MP3的特征进行比较,如:价格、内存大小、音质、体积。在生物学学习中,你会经常比较不同生物体的结构与功能,你也会对不同时期的科学发现或科学事件进行比较。

技能学习

进行比较时,你会调查两个或两个以上的物体、小组、情况、事件或理论。进行比较前,你必须先决定要对比什么、将用哪个特征来对比事物,然后再识别出物体之间的异同点。

例如,可以对本页中两幅插图进行比较,比较动物细胞与植物细胞结构的差异。从图中可知,动物细胞与植物细胞都有一个细胞核。

实践

创建一个表格,标题为“动物细胞与植物细胞”。表格分为三栏,第一栏标题为“细胞结构”,第二栏标题为“动物细胞”,第三栏标题为“植物细胞”。将所有细胞结构列入第一栏。如果某一细胞特征在插图中可见,在表格中对应的细胞名称下打钩。完成表格后,请回答下列问题。

1. 对何物进行对比?如何对比?

2. 动物细胞与植物细胞具有哪些共同的细胞结构?

3. 哪些细胞结构是动物细胞独有的?哪些细胞结构是植物细胞独有的?

技能运用

比较第9章的**图9–10**,可以看到两幅关于植物细胞与动物细胞内细胞分裂的图片。仔细比较两幅图片,然后识别出植物细胞与动物细胞之间的异同点。

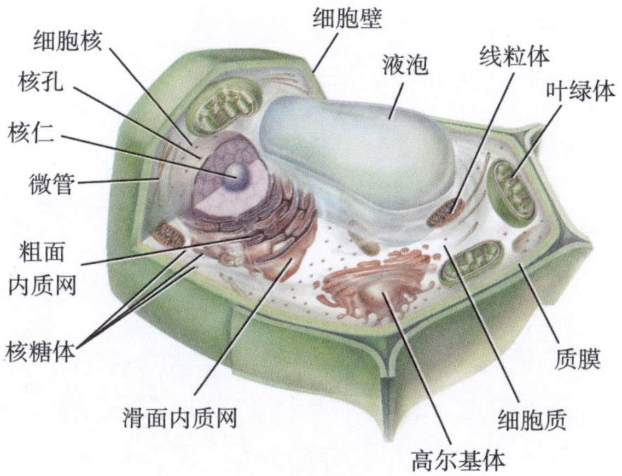

植物细胞

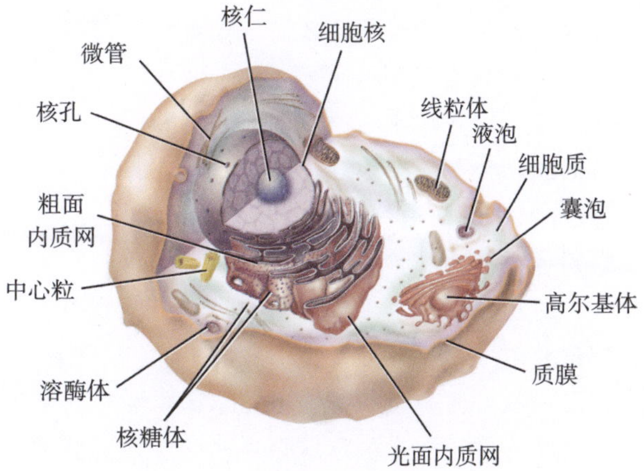

动物细胞

分析信息

为什么要学习这一技能?

分析或研究某物的各个部分,从而理解事物的整体,这是进行书面工作时辩证思考的一个方式。在判断哪个观点最重要时,分析信息的能力十分重要。

技能学习

按照下列步骤,分析信息:

- 识别出要讨论的话题。
- 观察信息是如何组织的——找出要点。
- 用自己的语言总结信息,基于自己对话题的理解与已知信息对话题进行陈述。

实践

阅读下列选自《国家地理》的文章,利用上述步骤分析信息并回答问题。

就如同儒勒·凡尔纳(Jules Verne)小说中描绘的场景一般,漆黑的太平洋深海处隐约出现一只巨大带触角的生物,然而这并不是科幻小说中的场景,而是现实中真切的场景。日本科学家首次拍摄到了野生大王乌贼(Architeuthis)的照片。

照片拍摄于北太平洋900米的海水中,照片中的大王乌贼身长约为8米。日本科学家将一根带饵的钓鱼线附在相机上,成功地吸引了大王乌贼。该科学家称,在大王乌贼挣脱鱼钩前,他们成功地拍到了500多张照片。在挣脱鱼钩时,一只大王乌贼的两只最长的触角受了伤,科学家也帮助其恢复了健康。

这一系列照片于2004年9月在日本小笠原群岛附近拍摄,照片显示大王乌贼正向鱼饵游去,并用一根触角将鱼饵卷住。东京国立科学博物馆的洼寺恒已和小笠原鲸鱼观察学会的森恭在《英国皇家学会会报B》报道了他们此次的观察。

"大王乌贼的捕食活动较此前猜测更为活跃,它使用其超长的触腕攻击、缠绕猎物,"研究者如是写道。他们还称,他们在深海处发现大王乌贼正在进食。即使是在白天,光也无法穿透深海海水。

乌贼专家马丁·科林斯(Martin Collins)来自位于英格兰剑桥的英国南极调查所(British Antarctic Survey),他尤为感兴趣的是这些照片可能提供关于大王乌贼在深海游泳及捕猎方式的线索。

马丁·科林斯称,巨型乌贼专家分为两个学派。"一个学派认为,(巨型乌贼)捕食活动不太活跃,它们只是在海中到处游荡,触角像鱼饵一样垂在身体下方任意摆动,捕捉遇到的猎物,"他说道。

"另一个学派认为,(巨型乌贼)捕食活动实际上相当活跃。支持此观点的一个新证据是:巨型乌贼是活跃的捕食者,可以游动得非常快。巨型乌贼努力挣脱(钓鱼线)也证明其行动有力、快速,"他补充道。

1. 本文讨论的话题是什么?
2. 本文的要点有哪些?
3. 总结本文信息,并基于所总结的信息与自身知识对信息进行分析。

技能运用

分析信息 分析一篇科学发现或科学技术方面的短文,如混合动力车。总结信息,并用自己的语言进行陈述。

综合信息

为什么要学习这一技能?

综合信息包括:收集各方面信息或不同时期的信息、整合分析信息、建立逻辑联系。为了撰写报告或进行课堂展示,学生常常需要收集各方面的数据,此时综合信息这一技能就显得尤为有用。

技能学习

按照下列步骤,综合信息:

- 筛选重要相关信息。
- 分析信息、关联信息。
- 获取新信息的同时,不断加强或改善信息间的联系。

假设你需要撰写一篇有关濒危物种的研究报告,那么你就需要整合所学知识,可以从细化有关想法和信息开始。可以利用下列表格,将有关信息分类。

然后,你可以选取一篇有关濒危物种的文章,如下所示。

表1　濒危物种数据

物种	2000年10月		2005年10月	
	美国	其他国家	美国	其他国家
哺乳动物	63	251	68	251
鸟类	78	175	77	175
爬行动物	14	64	14	64
两栖动物	10	8	12	8
鱼类	69	11	71	11
蛤蜊	61	2	62	2
蜗牛	20	1	24	1
昆虫	30	4	35	4
蛛形纲动物	6	0	12	0
甲壳纲动物	18	0	19	0

其他生物体的活动、气候与自然灾害可能改变生态系统的稳定性。自然的灭绝过程并不为科学家所担心,他们担心的是近年来灭绝速率不断上升。

近年来,灭绝速率不断上升,其中一个原因就是过度开采、过度使用具有经济价值的物种。

过去,过度开采曾是物种灭绝的首要原因。然而,今天造成物种灭绝的首要原因是栖息地遭到破坏或丧失。

多种方式可能导致物种丧失栖息地。如果某一栖息地遭到破坏,那么本土物种就可能需要重新寻找栖息地,也可能死亡。例如,人类在热带雨林地区伐木、种植农作物或建立牧场,用以代替热带雨林的本土植物。

实践

利用上述表格与文章回答下列问题。

1. 表格中显示了哪些信息?

2. 文章的主旨是什么?你从文章获取了哪些有关濒危动物的新信息?

3. 综合表格与文章中的信息,并利用自己所学的知识,你可以得出哪些有关保护濒危物种栖息地的结论?

技能运用

综合信息　从不同渠道找到两则关于同一话题的信息,并撰写一篇短篇报道。在报告中回答下列问题:每一则信息的主旨各是什么?两则信息分别是如何增进你对这一话题的理解的?两则信息是相互支持还是相互对立?你从两则信息中能够得出什么结论?

笔记记录及大纲撰写

为什么要学习这一技能?

加强记忆的最佳方式之一就是记笔记。记笔记，即简要有序地记录下信息，不仅有助于加强记忆，还能让学习变得更轻松。

技能学习

笔记记录有不同的风格，但是笔记都能够解释信息，并以合乎逻辑的方式排列信息。在阅读的过程中，识别并总结出主旨及支撑主旨的相关细节信息，并将其记录下来。用自己的语言记录信息，而非直接摘抄书中的原句。使用笔记卡片、个性速记法或用符号代替汉字对记笔记都能起到辅助作用。

记笔记的同时，撰写大纲也能起到辅助作用。撰写大纲时，首先通过阅读材料提取主旨内容。教材中的章节标题提供了有关主题的线索。找出副标题，将支撑主旨的细节信息记录在恰当的标题下。撰写大纲的基本模式如下所示：

主题
- Ⅰ. 观点一或项目一
  - A. 细节一
    - 1. 子细节
    - 2. 子细节
  - B. 细节二
- Ⅱ. 观点二或项目二
  - A. 细节一
  - B. 细节二
    - 1. 子细节
    - 2. 子细节
- Ⅲ. 观点三或项目三

实践

阅读下列选自《国家地理》的文章，利用上述步骤记录笔记或撰写大纲，并回答问题。

绘制30亿个“字母”的人类基因图谱帮助研究者更好地了解人类99.9%的DNA。所有的人类都具有99.9%相同的DNA，只有0.1%的DNA不同。国际人类基因组单体型图计划(the International HapMap Project)致力于对这0.1%的DNA进行基因图谱绘制，该计划旨在研究DNA变异。DNA变异控制遗传易感性，如环境毒素与遗传疾病。通过DNA密码的结构单位，即核苷酸(nucleotides)，研究者得以“解读”DNA密码。DNA的化学组成由字母A(腺嘌呤)、字母C(胞嘧啶)、字母G(鸟嘌呤)和字母T(胸腺嘧啶)标明。基因中单一字母变异称作单核苷酸多态性(single nucleotide polymorphisms，缩写SNPs)，其往往是众多基因疾病背后的罪魁祸首。例如，在血红蛋白中，基因中的字母A变异为字母T会导致镰状红细胞贫血病。

然而，大多数疾病并不是由单一基因变异导致的，而是由多个染色体上不同位置的连锁基因变异导致的。单体型(Haplotypes)是位于一组相互关联并以组为单位遗传的相邻SNPs。某些单体型对疾病有影响，如阿尔茨海默病、深部静脉栓塞、2型糖尿病、老年性黄斑变性、失明。

1. 本文的主题是什么?
2. 第一、第二、第三观点分别是什么?
3. 为每一个观点指出一个细节。
4. 为题3中的每一个细节指出一个次细节。

技能运用

笔记记录及大纲撰写　翻到第2章的第1节，利用转述法或速记法记笔记，或者撰写大纲。利用小节标题与次级标题协助大纲撰写，只利用自己的笔记对小节进行总结。

理解因果关系

为什么要学习这一技能?

为了理解某一事件,应该弄清楚事件是如何发生的。如果科学家对引起某一事件的原因不确定,他们通常会设计实验弄清楚因果。尽管可能找到现有的解释,但是进行实验能够确定事件的起因。理解因果关系能够有助于弄清楚事件的来龙去脉。

技能学习

人体能控制自身体温,从而维持适合生存的身体条件。运动使得体温升高,运动的结果是皮肤里的神经受到刺激。下图表示某一事件(原因)是如何引起另一事件(结果)的。

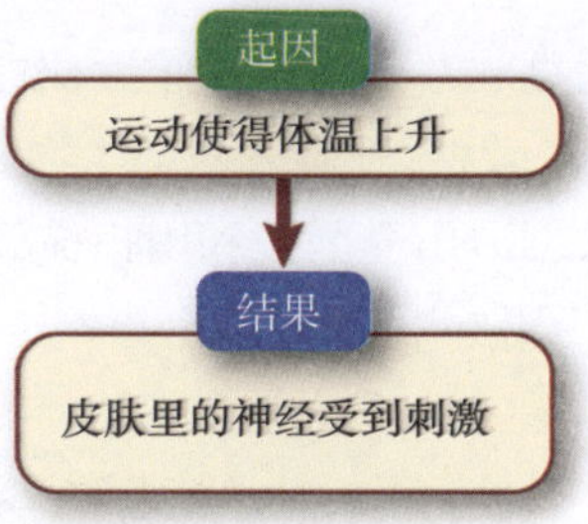

也可以从句子中的关键词看出因果关系,关键词如下:

因为	**原因是**
导致	**以致**
因而	**结果**
因此	**由于**
鉴于此原因	**由……造成**
因此	**为了**

请读下列例句。

“信息传递到了汗腺,从而发生排汗。”

在该例句中,原因是“信息得到传递”,因果关系关键词为“从而”,该关键词表示“排汗”为“信息得到传递”的结果。

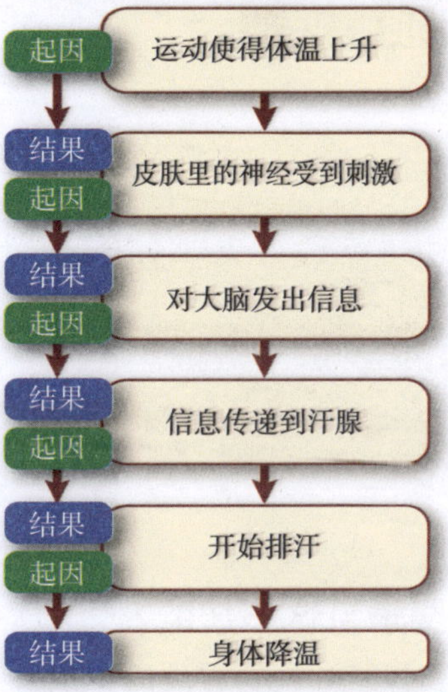

在一系列事件中,某个事件常常是另一个事件的起因。上方表格显示了运动导致体温上升及身体恢复稳态的一系列完整事件。

实践

仿照上图,新建一个图表,利用下列句子指出哪一事件为起因,哪一事件为结果。

1. 毛细胞通过在听觉神经中产生神经冲动,并将神经冲动传递给大脑做出反应。
2. 镫骨振动,从而导致前庭窗来回移动。
3. 声波进入外耳道,从而导致鼓膜振动。
4. 振动导致耳蜗内液体冲击毛细胞。
5. 振动穿过锤骨、砧骨及镫骨。

技能运用

理解因果关系 读一篇近期关于科学事件或科学发现的文章。判断出其中的原因和结果,并以图表的形式展现因果关系。

时间轴解读

■ 图7-1
显微镜
显微镜的发明，使得细胞学说得以快速发展并促进人们对细胞的进一步理解。

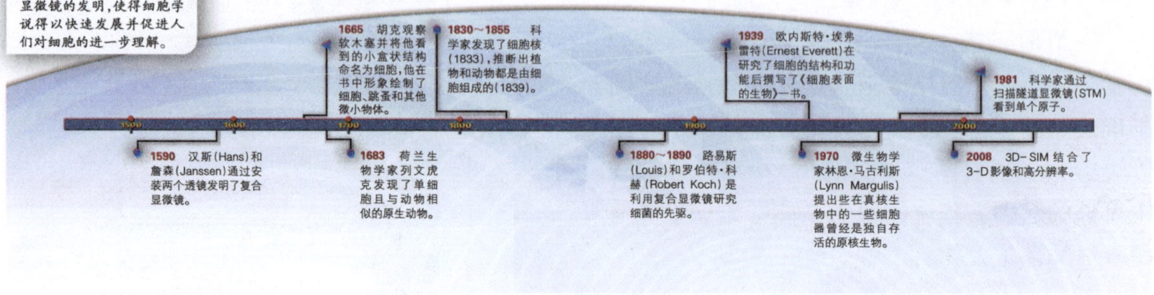

为什么要学习这一技能？

解读时间轴时，所看到的不仅仅是事件发生的时间，同时还能看到发生在该事件前后的事件。时间轴有助于拓展时间思维能力。较强的时间思维能力，即了解事件发生的时间与顺序，有利于帮助你观察事件之间的关系，也有利于帮助你理解事件的因果关系。

技能学习

时间轴是一个线性图表，列出了在具体时期发生的事件。时间轴两端的时间之差为时间段。例如，一条时间轴的一端为1910年，另一端为1920年，则该时间轴的时间段为10年。有的时间轴横跨好几个世纪。观察下列时间轴，其时间段为多长？

时间轴进一步划分为多个更小的部分，即时间间隔。在下列两条时间轴中，第一条时间轴的时间段为300年，每间隔100年为一个时间点。第二条时间轴的时间段为6年，每间隔2年为一个时间点。

实践

观察如上时间轴，并回答问题。

1. 该时间轴的时间段和时间间隔分别是多少？

2. 哪一位科学家是第一个用显微镜观察细胞的人？

3. 在胡克观察软木多少年后，欧内斯特·埃弗雷特编写了教材《细胞表面的生物》？

4. 首次创造出显微镜和用扫描隧道显微镜观察单个原子中间间隔了多少年？

技能运用

时间轴解读　有时候，显示在一条时间轴上的事件发生在同一时期，但属于不同的话题。本页上方的时间轴显示的是发生在1500年到2008年间与细胞相关的事件。将如上时间轴及时间抄写在一张纸上，然后使用不同的颜色往时间轴上添加发生在同一时期的与遗传学相关的事件。利用第三单元的相关章节内容进行辅助。

分析媒体资源

为什么要学习这一技能？

为了了解信息，人们使用各种各样的媒体资源，包括印刷媒体、广播媒体、电子媒体。近来，互联网成了一种尤具价值的研究工具，使用方便，信息丰富。无论使用哪种媒体资源收集信息，分析资源及判断资源是否准确可靠都十分重要。

技能学习

分析媒体资源时，需要考虑诸多问题。最重要的是检验媒体资源和内容的准确性。应该清楚标明作者、出版人和发行人，同时他们应该负责、可靠。分析印刷媒体或广播媒体时，思考下列问题：

- 是否为最新消息？
- 是否清楚信息来源？
- 是否使用了多方资源？
- 是否存在偏见观点？
- 信息是否展现了问题的正反两面？
- 是一手信息还是二手信息？

分析电子媒体时，除了上述问题外，还需思考下列问题：

- 作者是否可靠？作者身份是否明确？以.edu、.gov、.org结尾的网站更可靠，信息更可信。
- 网站上的事实是否可查证？
- 网站内的链接是否合适、是否为最新内容？
- 网站是否涵盖其他有用资源的链接？

实践

为了分析印刷媒体资源，选两篇文章，选择公众意见存在分歧的话题：一篇选自报纸，另一篇选自新闻杂志。回答下列问题。

1. 文章想要强调什么？文章是否表达清楚？文章中的事实是否可查证？
2. 文章是否偏向某一观点？文中如有证据不足的言论，请写下来。
3. 文章中使用的是一手信息还是二手信息？文章是否不偏不倚地阐明了正反两方的观点？
4. 从文章中可以找到多少信息来源？请列出来。

为了分析电子媒体，仔细阅读教师提供的链接表。从表中选择一个链接，阅读网站上的信息，并回答下列问题。

1. 网站的作者或发起人是谁？
2. 网站包括哪些链接？这些链接就网站讨论话题而言是否恰当？
3. 网站上的信息使用到了哪些资源？

技能运用

分析信息来源 想一想，国内公众目前对哪一个问题的意见存在分歧？利用多种媒体资源，读一读有关该话题的内容。哪个新闻来源更公正地阐述了该话题？哪个新闻来源上的信息最可靠？你是否能发现任何偏见？你是否能证实新闻来源的可靠性？

流程图

为什么要学习这一技能?

你在阅读本教材时,将会寻找重要观点或概念。组织观点概念的一个方法就是创建流程图(graphic organizer)。除了折叠式学习卡之外,在本教材中你还会发现许多其他的图形组织器。有的流程图展示的是时间发生的先后顺序,有的则是强调概念之间的关系。自行创建流程图,加强理解、记忆所读信息。

技能学习

事件链概念图(events chain concept map)描述的是事件发生的先后顺序,如发展过程的不同阶段。制作事件链概念图时,首先找出起始事件,然后按时间先后顺序排列事件,直到得到结果。

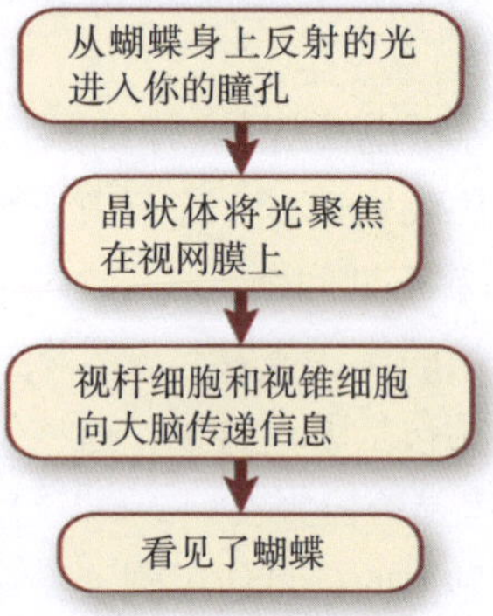

在环形概念图(cycle concept map)中,一系列的事件并不会产生一个最终结果。表面上看起来像终端的事件同时也是起始事件。因此,整个环形图不断循环重复。

体内血液流动

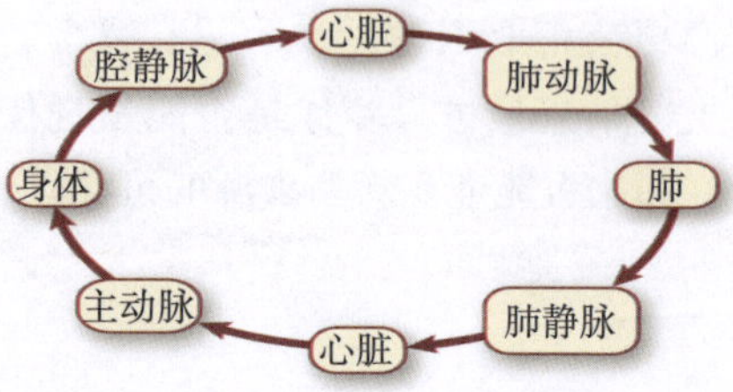

树形概念图(network tree concept map)以从总到分的顺序,展现了概念之间的关系。圆框之间连线上的词称为连接词(linking words),连接词描述的是概念之间的关系;概念与连接词可形成一个句子。

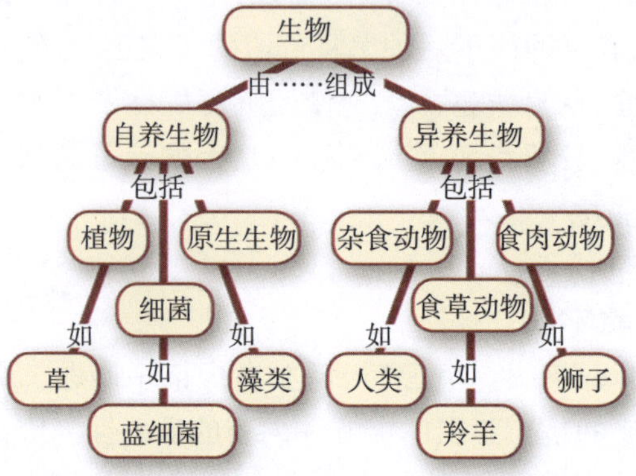

实践

1. 创建一个事件链概念图,描述听到铃声的过程。起始事件为声波进入外耳,终端事件为听到铃声。

2. 创建一个人类呼吸的环形概念图。确保该图完整地包括:表面上看起来像终端的事件同时也是起始事件。

3. 用如下词语创建一个树形概念图:生物群落、陆地生物群落、海洋生物群落、河口生物群落、淡水生物群落、沙漠、草地、温带森林、咸水、混合水、淡水、稀疏植物、草、阔叶树。用连接词描述概念之间的关系,可参考第3章。

技能运用

利用流程图 与伙伴合作:利用第3章的信息,创建一个自然演替的事件链概念图;利用第2章的信息,创建一个水循环的环形概念图;利用第3章的信息,创建一个动物的树形概念图,图中包括无脊椎动物、脊椎动物以及两者的特征和例子。

辩论技巧

新研究会带来新的科学信息。对于如何开展、解释、表达、交流研究，人们常常持对立观点。本教材中“生物与社会”一栏，提供了就近来存在争议的话题进行辩论的机会。如下是关于如何进行辩论的概述。

选择立场，进行调查

首先，选择一个至少有两种对立观点的科学话题。话题可源于时事、教材或者教师，话题可包括克隆人或环境问题。以肯定语气陈述话题，如“克隆人对社会有利。”

一位辩手将会同意该观点，其为正方；另一位辩手将会反对该观点，其为反方。以个人或小组为单位选择自己的立场，所选观点不一定代表个人观点。辩论的目的，是选出一个得到科学证据支持的有力论点。

选定立场后，通过调查来支持自己的观点，利用媒体中心或图书馆的资源找文章，或利用教材收集证据，支持论点。得到科学证据、专家观点及自己对该问题分析支持的观点为有力观点。同时，也需要调查反方观点。了解另一方可能提出什么观点有利于加强自己一方的证据。

进行辩论

教师会规定辩论的具体时间，在规定时间内陈述自己的观点。组织辩词，在规定时间内完成陈述：说明我方的观点、陈述证据分析、总结要点。尽量使论据多样化，辩词不应为一系列事实、朗读一篇新闻文章或陈述个人观点，而应有序地分析证据。谨记不可对对手进行人身攻击，仅就辩题进行辩论。将从全面表现、观点组织与思路发展、论据是否有力等方面对辩论进行评分。

其他角色

在辩论中，还有其他角色可供大家扮演，计时员就是其中一个。计时员记录辩手辩论的时间，并在时间快到的时候给辩手发出无声信号（通常为手势）。

另一角色为裁判。评判辩论时，需要观察许多重要因素：介绍（告诉观众辩手的立场）、强有力的证据（支持辩手论点）、组织。辩手辩论时需要语言清晰，声音响亮。辩论时，进行笔记记录有利于总结各方主要观点。然后，决定哪一个辩手的辩词最有力地支撑了自己论点。可以进行班级讨论，讨论辩论的优缺点，也可讨论关于辩题的其他观点。

通常，使用数字与单位表达可量化的实验数据。下列内容概述了常见的单位制，部分计算要用单位。

使用国际单位制测量

国际单位制（The International System of Measurement，缩写为IS）在全世界大多数地方都被公认为测量的标准。国际单位制包括7个基本单位，所有其他的测量单位都可由这7个基本单位推导出来。

表2 国际单位制的基本单位

测量	单位	符号
长度	米（Meter）	m
质量	千克（Kilogram）	kg
时间	秒（Second）	s
电流	安培（Ampere）	A
温度	开尔文（Kelvin）	K
物质数量	摩尔（Mole）	mol
发光强度	坎德拉（Candela）	cd

部分单位通过结合基础单位而得来。例如，体积单位由长度单位导出。一升（L）为一立方分米（$dm^3 = dm \times dm \times dm$）。密度单位（g/L）由质量单位（g）和体积单位（L）导出。单位乘以10的倍数，生成新的单位。例如，如果某一个基础单位乘以1000，那么新单位就带有前缀“千”（kilo-）。部分单位前缀见**表3**。

要将某一指定单位转换成10的其他倍数的单位，则需用该单位乘以换算系数。换算系数为等于1的系数。换算系数可使用**表3**中的等量而得来。例如，1 km=1000 m。由该等量可得到两个换算系数。

$$\frac{1000\ \text{m}}{1\ \text{km}}=1 \text{ 或 } \frac{1\ \text{km}}{1000\ \text{m}}=1$$

要将一单位转换成另一个10的倍数，选择分母中含该单位的换算系数。例如，将1千米换算成米，使用下列公式。

$$1\ \text{km}\times\frac{1\,000\ \text{m}}{1\ \text{km}}=1000\ \text{m}$$

一个单位可以通过乘以不同的换算系数，得到不同的单位。

表3 常见国际单位前缀

前缀	符号	等量
兆（mega）	M	1×10^6基本单位
千（kilo）	k	1×10^3个基本单位
百（hecto）	h	1×10^2个基本单位
十（deka）	da	1×10^1个基本单位
分（deci）	d	1×10^{-1}个基本单位
厘（centi）	c	1×10^{-2}个基本单位
毫（milli）	m	1×10^{-3}个基本单位
微（micro）	μ	1×10^{-6}个基本单位
毫微（nano）	n	1×10^{-9}个基本单位
皮/微微（pico）	p	1×10^{-12}个基本单位

习题1 如何将1000微米换算成千米？

温度换算

下列公式可用于换算华氏温度（Fahrenheit）和摄氏温度（Celsius）。注意，下列两个公式可以相互转化，因此只需记住其中一个公式即可。

由华氏温度转换成摄氏温度：

$$℃=\frac{(℉)-32}{1.8}$$

由摄氏温度转换成华氏温度：

$$℉=1.8(℃)+32$$

表格制作与使用

表格有利于整理数据，使数据解释变得更容易。表格包括如下几个部分：表格标题（描述表格内容）、行与列（区分与组织信息）、标题（描述每一行/列的信息）。

表4	运动对心率的影响	
脉搏测量	个体心率（次/分）	班级平均心率（次/分）
休息	73	72
运动结束	110	112
运动结束1分钟后	94	90
运动结束5分钟后	76	75

观察**表4**，你不仅需要筛选出具体的信息，如运动结束5分钟后的班级平均心率，还需要注意数据走势。

习题2 在运动结束1分钟后，运动是否对心率有影响？如何判断出来？就运动过程中及运动结束后，运动对心率有何影响，你可以得出什么结论？

图表制作与使用

科学家用表格组织数据后，常常会将数据展现在图表上。图表是一种展现变量之间关系的图，使得解释、分析数据变得更容易。科学中使用的三种基本图表为线性图（the line graph）、条形图（the bar graph）、扇形统计图（the circle graph）。

线性图 线性图用于表示两个变量之间的关系。横坐标轴上的为自变量，称为x轴。纵坐标轴上的为因变量，称为y轴。因变量（y）根据自变量（x）的改变而改变。

假设某一学校组织学生观察学校操场上鸟的数量。每天记录操场上鸟的数量，时长为四个月。计算出每个月鸟的平均数量，表格见下表。

表5	鸟的平均数量
时间（天数）	鸟的每日平均数量
30	24
60	27
90	30
120	32

要制作一张表格，记录一段时间内的鸟的平均数量，首先确定自变量与因变量。每一段时间内的鸟的平均数量为因变量，位于y轴。自变量即天数，位于x轴。

可用白纸或方格纸制图。在白纸上画一个格子，或在方格纸上一个方格周围画一个框。给图表命名，同时给每一条坐标轴命名，并带上单位。在下面的图表中，天数位于x轴。鸟的平均数量最小值为24只，最大值为32只，则可得知y轴上的数字至少得从24开始，最大数字要大于等于32。因此，可以设定y轴上的数字为20～40，间隔为4。

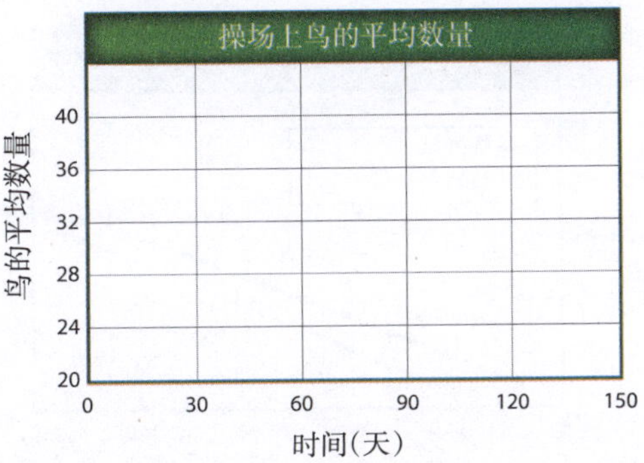

想象一条平行于x轴的直线与一条平行于y轴的直线相交，相交点的横坐标轴数值为30，纵坐标轴数值为24，在该处画上一个实心点，即第一个数据点。按照该步骤，将其他数据点画上。完成画点后，画一条最优拟合曲线。

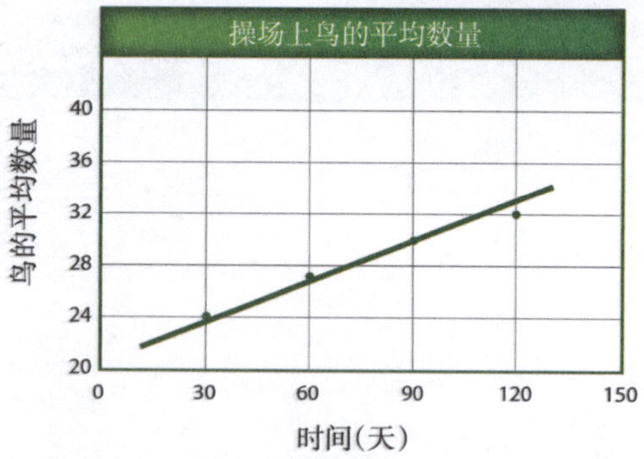

学生也记录了在学校操场上所观察到的羽毛为棕色的鸟的数量。经过计算，得知第一个月在操场上平均每天观察到21只羽毛为棕色的鸟，第二个月在操场上平均每天观察到24只羽毛为棕色的鸟，第三个月在操场上平均每天观察到28只羽毛为棕色的鸟，第四个月在操场上平均每天观察到30只羽毛为棕色的鸟。

如何比较所观察到的所有鸟类的数量与羽毛为棕色的鸟的数量？可将羽毛为棕色的鸟的数量与观察到的所有鸟类的数量画在同一张线性图上，但线性图中应该包括图例，解释说明不同的数据。

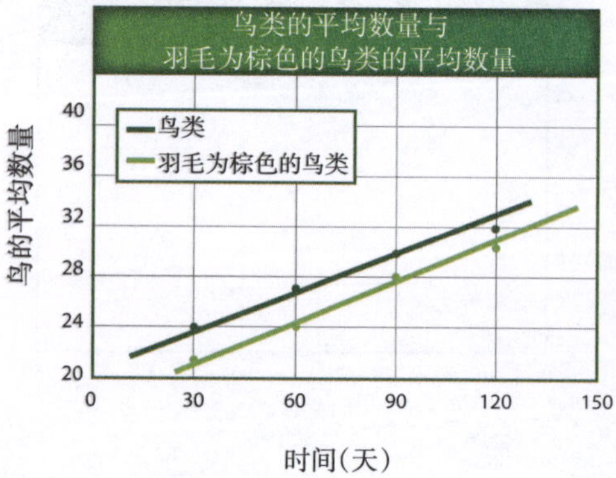

习题3 在第30天与第120天之间，所有鸟类的平均数量有什么变化？

习题4 在第120天时，羽毛为棕色的鸟的平均数量与所有鸟类的平均数量相比，有什么变化？

线性图斜率 直线斜率由直线上任意两点决定，斜率表示直线斜度。斜率的绝对值越大，直线越陡。斜率为从一点移动到另一点时，y坐标（纵坐标）与x坐标（横坐标）变化的比率。

下图显示了一条通过(5,4)和(9,6)两个点的直线。

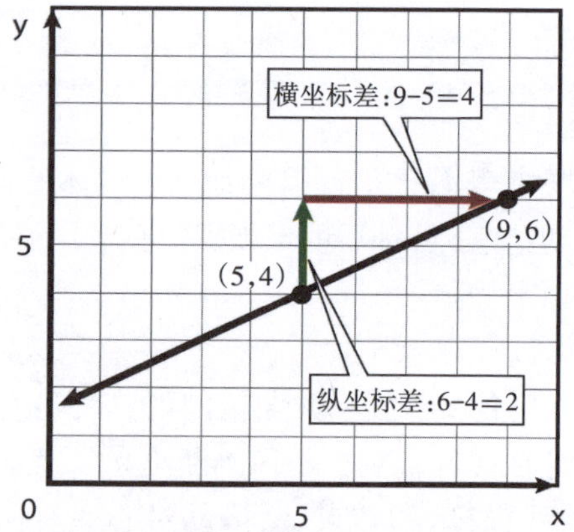

$$斜率=\frac{纵坐标差}{横坐标差}$$

$$=\frac{y坐标点变化}{x坐标点变化}$$

$$=\frac{6-4}{9-5}$$

$$=\frac{2}{4}=\frac{1}{2}$$

因此，该直线的斜率为$\frac{1}{2}$。

线性关系可以转化成方程式的形式。直线的方程式为：

$$y=mx+b$$

在该方程式中，y代表因变量，m为直线斜率，x代表自变量，b为y轴截距。y轴截距为直线与y轴相交的点。

线性和指数趋势 在生物学学习中，将数据图表化时，较常见的两种趋势为线性趋势（linear trends）和指数趋势（exponential trends）。线性趋势表明数据值连续上升或下降。指数趋势表明数据值上升或下降的速度加快。

在下图中，有两条直线，分别表示两个青蛙物种。两条直线都为上升型线性趋势。青蛙叫声频率随着温度上升而上升，且频率持续上升。

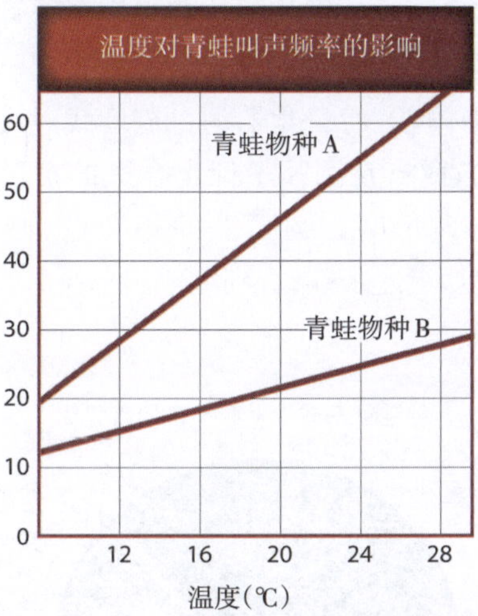

下方例子显示的是：在繁殖不受妨碍的情况下，老鼠数量的增长情况。最初，老鼠数量增长缓慢。然后，由于育龄老鼠数量增加，老鼠数量增长速度突然加快。注意，图中显示老鼠增长速度越来越快的曲线呈J形。J形曲线通常表示指数增长。

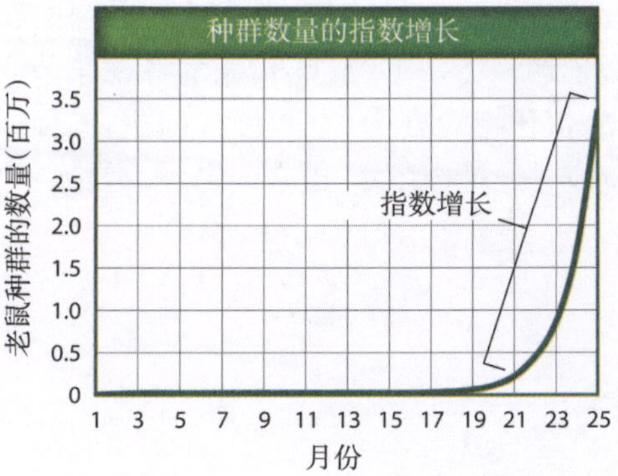

条形图 条形图中的一根直条表示一个类别，条形图对比各类数据。直条的长度与直条代表类别的频率有关。绘制条形图与绘制线性图一样，首先要建立起x轴和y轴。在条形图中，数据通过直条表示。

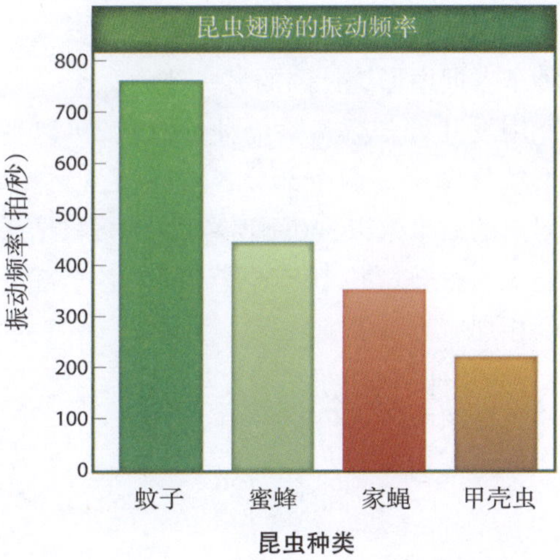

观察上图。昆虫种类为自变量，昆虫翅膀每秒振动频率为因变量。

条形图也可用于表示同一时期不同类别的多组数据。同时表示两组数据的条形图称为双条形图。双条形图中包含图例，说明哪种直条代表哪组数据。下方条形图即为双条形图。

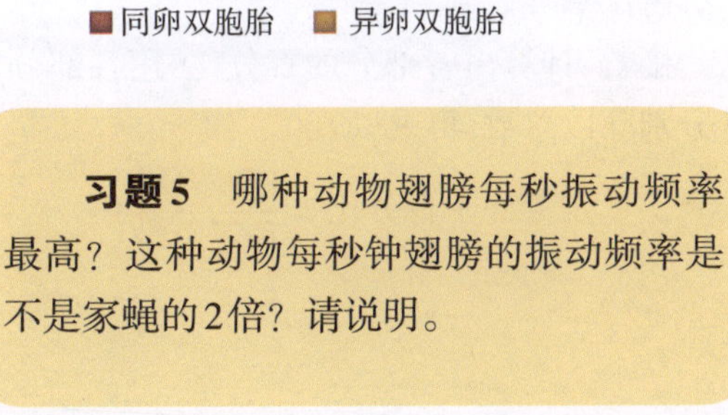

习题5 哪种动物翅膀每秒振动频率最高？这种动物每秒钟翅膀的振动频率是不是家蝇的2倍？请说明。

扇形统计图 在扇形统计图中，整个圆形分为数个扇形，各个扇形的总和为1。

假设需要利用扇形统计图表示一包种子中的发芽种子数量，首先需要确定种子总数及发芽种子占比。一共种下143颗种子，因此整个圆形代表的数值为143。其中，只有129颗种子发芽，发芽种子占据扇形统计图的一部分，未发芽的种子占据扇形统计图的另一部分。

用发芽种子数量除以种子总数，可以得知扇形统计图中的两个部分各占比多少。然后，用得出的结果乘以360（圆形为360°），将结果四舍五入为整数。整个扇形统计图的各个部分的角度相加应为360°。

$$\text{发芽种子在扇形统计图中所占角度}=\frac{\text{发芽种子}}{\text{种子总数}}$$

$$\text{除法}=\frac{129}{143}$$

$$\text{乘以圆的角度}=0.902\times360°$$
$$=324.72°$$

$$\text{接近整个圆的角度}=325°$$

$$\text{未发芽种子在扇形统计图中所占角度}=360°-325°$$
$$=35°$$

为完成扇形统计图，需要使用圆规与量角器。首先，用圆规画一个圆。

然后，从圆心出发向外画一条直线。将量角器的0°刻度线对准该条直线，画一个35°的角，并在圆弧上标出35°角与该圆的相交点。连接圆心与该相交点，画一条直线，该扇形为未发芽种子所占比率，圆中的剩余部分则为发芽种子所占比率。

接着，计算出各部分的百分比：用各部分数量分别除以总数，再乘以100。

$$\text{发芽种子百分比}=\frac{\text{发芽种子}}{\text{种子总数}}$$
$$=\frac{129}{143}$$

$$\text{乘以100，添上\%}=0.902\times100$$
$$=0.902$$
$$=90.2\%$$

$$\text{未发芽种子百分比}=100\%-90.2\%$$
$$=9.8\%$$

在扇形上分别标上百分比，给扇形统计图命名，完成扇形统计图。所完成扇形统计图应与下方扇形统计图相似。如果扇形统计图包含2个以上的部分，每一个部分都要在扇形统计图中得到体现。将量角器的0°刻度线对准上一条完成的直线，在圆弧上标出合适的角度。连接圆心与该角度在圆弧上的相交点，画一条直线。重复上述步骤，直到完成扇形统计图。

发芽种子与未发芽种子的百分比

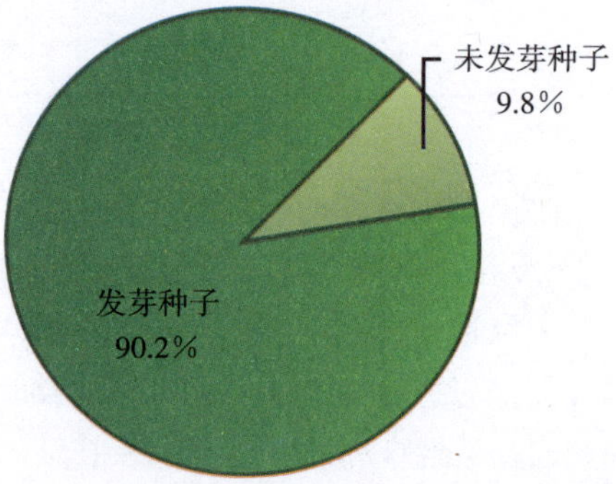

习题6 校园周围共有25种不同的花朵，创建一个扇形统计图，表示各种花朵颜色所占比率。其中，有两种黄色花、五种蓝紫色花、六种白色花，以及四种红色花。

元素周期表

化学名称 — 氢
原子序数 — 1
元素符号 — H
相对原子质量 — 1.008
物质状态

气体
液体
固体
人造元素

周期	IA 1	IIA 2	IIIB 3	IVB 4	VB 5	VIB 6	VIIB 7	VIII 8	9
1	氢 1 H 1.008								
2	锂 3 Li 6.941	铍 4 Be 9.012							
3	钠 11 Na 22.990	镁 12 Mg 24.305							
4	钾 19 K 39.098	钙 20 Ca 40.078	钪 21 Sc 44.956	钛 22 Ti 47.867	钒 23 V 50.942	铬 24 Cr 51.996	锰 25 Mn 54.938	铁 26 Fe 55.845	钴 27 Co 58.933
5	铷 37 Rb 85.468	锶 38 Sr 87.62	钇 39 Y 88.906	锆 40 Zr 91.224	铌 41 Nb 92.906	钼 42 Mo 95.94	锝 43 Tc (98)	钌 44 Ru 101.07	铑 45 Rh 102.906
6	铯 55 Cs 132.905	钡 56 Ba 137.327	镧 57 La 138.906	铪 72 Hf 178.49	钽 73 Ta 180.948	钨 74 W 183.84	铼 75 Re 186.207	锇 76 Os 190.23	铱 77 Ir 192.217
7	钫 87 Fr (223)	镭 88 Ra (226)	锕 89 Ac (227)	𬬻 104 Rf (261)	𬭊 105 Db (262)	𬭳 106 Sg (266)	𬭛 107 Bh (264)	𬭶 108 Hs (277)	鿏 109 Mt (268)

加括号的相对原子质量为该放射性元素的半衰期最长的同位素的质量数。

镧系	铈 58 Ce 140.116	镨 59 Pr 140.908	钕 60 Nd 144.24	钷 61 Pm (145)	钐 62 Sm 150.36	铕 63 Eu 151.964
锕系	钍 90 Th 232.038	镤 91 Pa 231.036	铀 92 U 238.029	镎 93 Np (237)	钚 94 Pu (244)	镅 95 Am (243)

金属
准金属
非金属
最新报道的

10	ⅠB 11	ⅡB 12	ⅢA 13	ⅣA 14	ⅤA 15	ⅥA 16	ⅦA 17	0 18
								氦 2 **He** 4.003
			硼 5 **B** 10.811	碳 6 **C** 12.011	氮 7 **N** 14.007	氧 8 **O** 15.999	氟 9 **F** 18.998	氖 10 **Ne** 20.180
			铝 13 **Al** 26.982	硅 14 **Si** 28.086	磷 15 **P** 30.974	硫 16 **S** 32.065	氯 17 **Cl** 35.453	氩 18 **Ar** 39.948
镍 28 **Ni** 58.693	铜 29 **Cu** 63.546	锌 30 **Zn** 65.39	镓 31 **Ga** 69.723	锗 32 **Ge** 72.64	砷 33 **As** 74.922	硒 34 **Se** 78.96	溴 35 **Br** 79.904	氪 36 **Kr** 83.80
钯 46 **Pd** 106.42	银 47 **Ag** 107.868	镉 48 **Cd** 112.411	铟 49 **In** 114.818	锡 50 **Sn** 118.710	锑 51 **Sb** 121.760	碲 52 **Te** 127.60	碘 53 **I** 126.904	氙 54 **Xe** 131.293
铂 78 **Pt** 195.078	金 79 **Au** 196.967	汞 80 **Hg** 200.59	铊 81 **Tl** 204.383	铅 82 **Pb** 207.2	铋 83 **Bi** 208.980	钋 84 **Po** (209)	砹 85 **At** (210)	氡 86 **Rn** (222)
鐽 110 **Ds** (281)	錀 111 **Rg** (272)	鎶 112 **Cn** (285)	鉨 113 **Nh** (284)	𫓧 114 **Fl** (289)	镆 115 **Mc** (288)	𫟷 116 **Lv** (293)	石田 117 **Ts** (294)	气奥 118 **Og** (294)

钆 64 **Gd** 157.25	铽 65 **Tb** 158.925	镝 66 **Dy** 162.50	钬 67 **Ho** 164.930	铒 68 **Er** 167.259	铥 69 **Tm** 168.934	镱 70 **Yb** 173.04	镥 71 **Lu** 174.967
锔 96 **Cm** (247)	锫 97 **Bk** (247)	锎 98 **Cf** (251)	锿 99 **Es** (252)	镄 100 **Fm** (257)	钔 101 **Md** (258)	锘 102 **No** (259)	铹 103 **Lr** (262)

版权说明

Alton Biggs, Whitney Crispen Hagins,etc.

Biology

ISBN: 978-0-07-894586-1

浙江省版权局著作权合同登记号：11-2017-41

图片版权说明

图书在版编目（CIP）数据

科学发现者. 生物 第二版 2023修订版 下册 / (美)
奥尔顿 · 比格斯 (Alton Biggs) 等著 ; 林静等译. --
杭州 : 浙江教育出版社, 2023.8 (2024.10重印)
ISBN 978-7-5722-6274-6

Ⅰ. ①科… Ⅱ. ①奥… ②林… Ⅲ. ①生物课—高中
—教学参考资料 Ⅳ. ①G634

中国国家版本馆CIP数据核字(2023)第140232号

美国高中主流理科教材

科学发现者

第二版　2023修订版

生物

[美] 奥尔顿·比格斯 等 著

林 静 王 燕 李红菊 马小凤 王 燚 傅梦媛 王淑卿 宋诗迎 译

生命的动力

Biology

The Dynamics of Life

指导手册

浙江教育出版社·杭州

目录

第 1 章

生命研究

P2　起步实验

分析

1. 答案将根据测试样本的不同而有所区别。学生可能会发现，定量观察，如质量和长度，在花生的辨认中最有帮助。颜色和形状在花生辨认中可能是最没有帮助的，除非这些特征在辨认的样品中是独特的。
2. 观察可以是定量的(基于直接测量)，也可以是定性的(描述物体某些无法测量的特性)。
3. 细节观察使学生能在一堆相似的花生中更容易辨认出其中一颗。生物学家在研究生物时要描述它们，细节观察的记录可以用于未来的研究。

第 1 节　生物学入门

P8　迷你实验 1

分析

1. 答案将根据学生们的预测和观察的不同而有所区别。
2. 可能的答案：有些物体是无生命的，但它们是由曾经有生命的物体制成的。

P10　第 1 节　测评

1. 答案应该包括以下特征中的四个：由一个或多个细胞组成、具有结构层次、能生长和发育、能繁殖、对刺激做出反应、需要能量、能维持稳态以及随着时间的推移，适应能力不断进化。
2. 因为细胞被认为是具有所有生命特征的最小单位。
3. 答案不唯一。可能的答案包括：理解生命的起源和发展史；学习生物体的结构，生物之间如何相互影响，生物如何进行生命活动；了解人类在保护自然环境和维持地球上的生命所扮演的角色。
4. 应激性是对刺激的一种反应。适应是一种遗传特性，是来自于一个物种随着时间的推移对环境因素的应激性而发生变化的结果。

第 2 节　科学本质

P14　数据分析实验

思考

1. Ⅱ级(共有 27 个样本)。
2. Ⅱ级具有三个及三个以上危险因素的比例最大，占 55.5%。

3.

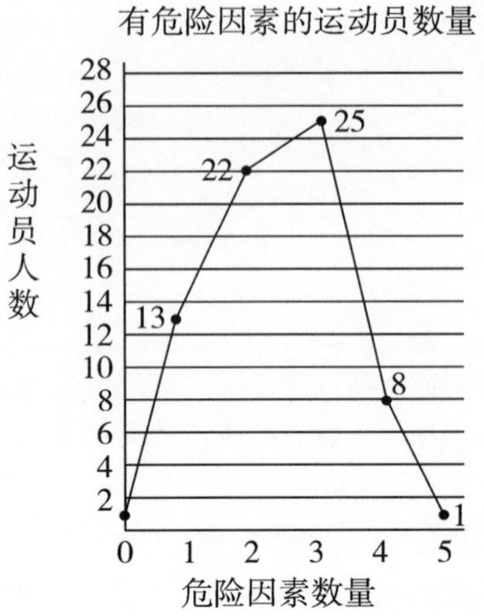

4. 答案可能有所不同，但应该包括减肥、健康饮食和监测他们的危险因素。

P15 第 2 节 测评

1. 科学探究具有提出可实验的问题，并利用证据给出这些问题答案的特性。
2. 科学是一种基于大量观察和实验的解释。
3. 科学是建立在有效调查的证据基础上的，这些证据可以被重现。伪科学使用科学术语，但它不是基于科学调查的证据。
4. 学生应指出，科学素养对于过滤他们所能获得的所有科学信息很重要。科学素养也有助于他们具备批判性思维能力。
5. 概念图会有所不同，但应该显示出科学依赖于证据、拓展的知识、挑战已存在的观点、质疑结果和实验要求。
6. 答案不唯一。文章应该解释科学依赖于证据，扩展的知识，挑战已存在的观点，缩小偏见，并包括同行评审。文章应该引用杰姬·布尔博士研究的例子。

第 3 节 科学方法

P19 迷你实验 2

实验分析

1. 该对照组为比较提供了基础。在这个实验中，我们将不同条件下完成迷宫所需的时间与坐在桌子前完成迷宫所需的时间进行了比较。
2. 否，你在第一次完成迷宫的同时获得了关于迷宫的知识，这可能会减少第二次完成迷宫所需的时间。虽然这个变量可以通过使用不同的同样难度水平的迷宫来消除，但使用不同的迷宫也会引入另一个变量到该实验中。

P21 第 3 节 测评

1. 生物学家可以用这个观点来形成一个假设，用一个实验来检验这个假设，分析来自这个实验的数据并发表分析报告。

2. 观察是一种直接收集数据的方法，而推断是根据收集的数据作出的假设。
3. 国际单位制之所以重要，是因为它们为科学家提供了一种通用的测量方法。使用通用的单位来记录测量结果，使得重复实验和交流结果更加容易。
4. 对照组是用来进行对比的，它没有自变量的处理。自变量是实验中被检测的因素，而因变量是由自变量的变化而产生或取决于自变量的变化。
5. 答案不唯一。实验设计应该体现出对对照组和自变量应用的理解，以及如何测量因变量。
6. 100 万毫克

P23　生物实验室

实验分析和结论

1. 答案不唯一。学生可以根据材料的可获得性，实施实验设计的便捷性，或感兴趣的领域来选择一个策略。
2. 答案不唯一。对照样本应是为所有实验组提供比较的样本。
3. 答案不唯一。学生应将实验组中花的保鲜时间与对照组中花的保鲜时间进行比较。
4. 答案不唯一。自变量的改变将会引起因变量的变化。
5. 答案会基于该假设提出的策略而有所不同。
6. 答案不唯一，但可能包括学生实验取材前，影响鲜花新鲜度的水温、日照和葡萄糖水平等变量。如何控制这些变量的想法各不相同，举个例子：在实验中使用定时人工照明，而不是依赖自然光。

P25—26　第 1 章　测评

第1节　术语回顾

1. 繁殖
2. 稳态
3. 生物学

要点理解

4. C
5. C

回答问题

6. 能量是生命的一个重要特征，因为它驱动着生物体的一切生命活动。没有能量来源，生物体就无法繁殖，无法维持稳态以及生长发育。

批判性思维

7. 每位科学家研究了生命特征的不同方面。

   古道尔花了数年时间研究黑猩猩的生长、发育和行为。

   德鲁利用他一生的时间研究如何在细胞水平上高效地储藏血液。

   乔瑞研究植物对光的敏感性以及植物生长受到的影响。

8. 应激性是生物体对环境刺激的短期反应。适应性是一种长期可遗传的改变，使生物体能够更好地适应环境生存。

第 2 节 术语回顾

9. 伦理标准

10. 理论

要点理解

11. D

12. D

回答问题

13. 科学是可实验的，随着新发现的出现，科学是开放的，可以修订、改变和发展的，要接受同行评审，并乐于接纳可以探究的新观点。伪科学往往建立在超自然的基础上，很少改变其最初的观点或想法，往往通过群体或个人来宣传自己的观点，而且没有研究验证。

批判性思维

14. 科学的特点是公正的调查和实验。

“科学家只通过实验来证明他们已经相信的想法”是伪科学的一个例子。

第 3 节 术语回顾

15. 数据是从所进行的观察中收集的。

16. 对照组是不给予或不暴露在检测因素下的一组实验对象，而实验组是被给予或暴露在检测因素下的一组实验对象。

17. 自变量是实验中被检测的因素，而因变量是产生或依赖于自变量的变化。

要点理解

18. A

19. C

回答问题

20. 人工喂食降低雌雄黑腿三趾鸥的能量消耗及新陈代谢率。

批判性思维

21. 答案不唯一。学生应该指出，一种通用的测量方法体系使得重复实验和交流结果更加容易。

22. 通过帮助学生设计问题来指导他们，这些问题的答案可以被统计出来。可以对答案进行评分，并将其转换为数值，以制成图表。

总结性测评

23. 答案不唯一。答案应该包括生物学的一个领域，如动物学、遗传学或生态学原理。学生应该表明，他们已经知道的和他们想知道的。

24. 千米

25. 小短文内容不唯一。

26. 20 米

27. 卡彻马克

P27　标准化测试

选择题

1. C

2. C

简答题

3. 答案不唯一。例如,全世界的科学家说多种语言,如果他们都使用相同的测量标准单位,就可以轻松而准确地对比测量结果。

开放题

4. 答案不唯一。可能包括以下的问题:这些动物生活在哪里?它们吃什么?这些动物相互捕食吗?它们是如何生活在一起的?如果一个种群消失了,会发生什么?

5. 科学假设和科学理论都是一种解释。

科学假设是对特定科学问题的一种试探性的、可验证的解释。科学假设通常是在探究实验完成之前陈述的。科学理论是对某一自然现象的解释,并且这一解释已经通过研究被反复验证和证实。

论述题

6. 答案不唯一。例如,学生们可能会讨论,意想不到的结果可能会带来理解上的重大进步,或启发出更多的问题和更多的实验方向。

第2章

生态学原理

P30　起步实验

分析

1. 许多果蝇因为食物耗尽而死亡。随着食物残渣和死果蝇的堆积，环境看起来受到了污染。
2. 不是，自然界的物质通过生态循环得到补充，而在果蝇容器里的物质是不断被消耗的。

第1节　生物体及其相互关系

P39　数据分析实验

批判性思维

1. 在22 ℃和26 ℃时，豆形虫的生长速度快于草履虫，而在30 ℃时草履虫生长速度快于豆形虫。
2. 在34℃条件下测试两种动物的增长率。

P40　第1节　测评

1. 生物因素是有生命的。非生物因素是没有生命的。
2. 答案会根据地点和学生的选择而有所不同。所有答案应包括以下层次：生物个体、种群、生物群落、生态系统、生物群系、生物圈。
3. 答案不唯一。例如，我的家人和我的狗。
4. 根据学生的选择，答案会有所不同。所有的答案都应该清楚地区分栖息地（一个地方）和生态位（一个角色）。
5. 实验不唯一。学生可以尝试确定绿藻为树懒提供了保护色，或者树懒为绿藻提供了栖息地。
6. 故事可能会有所不同，但是学生应该注意到来自动物界的各种各样的生物。

第2节　生态系统中的能量流动

P42　迷你实验1

分析

1. 植食动物：灰松鼠、蝗虫、草原田鼠、克氏原螯虾；肉食动物：红狐、浣熊；
   食腐动物：克氏原螯虾。
2. 从系统中移除白色橡树将会迫使其他动物，比如草原田鼠，去吃红三叶草，这样麝鼠可以吃的红三叶草就少了。此外，浣熊将不再有白色橡树可吃，所以他们可能会增加对麝鼠的捕食量。

P44　第 2 节　测评

1. 自养生物和异养生物都需要能量，但自养生物吸收太阳能或利用无机物中的能量来制造食物。异养生物通过吃其他生物来获取能量。
2. 草→斑马→狮子
3. 宠物狗是异养生物。狗也是杂食动物，因为市面上销售的狗粮包含动物和植物成分。
4. 由于太阳产生的能量越来越少，生产者捕获的能量将越来越少。消费者可以食用的生产者将会减少，可利用的生产者也会减少。肉食动物可以吃的食物将会减少。当太阳燃烧耗尽，系统就会停止运行。
5. 答案不唯一，但所有的食物网都应该包括生产者、植食动物、肉食动物和食腐动物。
6. 能量金字塔的最底层应该是草（100％的可用能量），其次是毛毛虫（10％的可用能量），虎甲（1％的可用能量），蜥蜴（0.1％的可用能量），蛇（0.01％的可用能量）和走鹃（0.001％的可用能量）。

第 3 节　物质循环

P48　迷你实验 2

分析

1. 这些样品可能含有不同量的硝酸盐，因为不同的水源受到不同程度的污染。
2. 农业活动和草坪维护。
3. 可能会导致人类健康出现问题。

P49　第 3 节　测评

1. 四类重要营养物质包括水、碳、氮和磷，具体循环过程见教材正文。
2. 答案不唯一，但应该清楚地说明两类物质循环是如何相互关联的，以及它们之间的差异。
3. 答案不唯一，但应该说明生物体获取营养物质的所有方式。
4. 在生物部分的循环中，磷从土壤传递到生产者，再从生产者传递到消费者。当生物体死亡时，分解者将磷返还到土壤中被重新利用。在非生物部分的循环中，磷来自被侵蚀的含磷岩石。磷进入土壤和地下水，形成沉积物，沉积物形成新的岩石。
5. 在控制变量的基础上，向草坪中添加不同量的肥料。合理的肥料使用量应该是使草坪生长得最好的用量。

P51　生物实验室

实验分析和结论

1. 让每个实验小组绘制他们的数据图，然后用所有实验小组的数据制作一个班级组合数据的表格和图像。
2. 通常，随着栖息地的扩大，不同物种的数量也会增加。
3. 只要是基于收集数据得出的合理结论均可。
4. 答案不唯一。鼓励学生分享改进实验的想法。相邻的实验组可能会注意到彼此具有很大差异的观察和结论。地球上的生命不是同类的拼凑，而是成群出现的。因此，即使是在这个实验中相邻的实验组发现的生命现象和结论，也可能有很大的差异。

5. 答案取决于收集到的数据。一般说来，随着栖息地的扩大，种群和物种多样性也在扩大，两者成正比。随着栖息地的扩大，它通常会变得更适合生物生存。
6. 从某个栖息地的特定生境收集到的观察和结果，可能不适用于其他栖息地的不同生境和状况。
7. 答案不唯一。例如，如果一个栖息地经历了大量的开发，结果可能会有很大的不同。

P53—55 第2章 测评

第1节 术语回顾

1. 栖息地
2. 种群
3. 生态系统

要点理解

4. B
5. B
6. C
7. A
8. B

回答问题

9. 栖息地是生物生存的地方。生态位是指生物在其生活环境中的角色。
10. 非生物因素(如温度和气候)将影响生物因素(如植被生长和水资源可利用量)。
11. 研究整个生物圈是极其困难的。在局部水平上研究种群、群落或者生态系统更容易，也更经济。

批判性思维

12. 学生的答案会根据他们选择的例子而有所不同。
    以蠕虫为食的白头翁和蠕虫之间存在捕食者—猎物的关系。
    白头翁可能会为了虫子而相互竞争。虱子可能寄生在白头翁的皮肤上。
13. 每一种生物都能从另一种生物获得好处，因为每一种生物都能提供另一种生物无法从自身得到的东西。

第2节 术语回顾

14. 术语描述的是不能自己制造食物的生物。
15. 术语描述了生态系统中能量流动的关系。
16. 术语描述了吃其他生物或腐烂生物碎屑的生物。
17. 术语描述了食物网的一部分。

要点理解

18. B
19. A
20. A

21. D

22. D

回答问题

23. 答案因地点而异,但应包括该地区的生物。

自养生物构成了所有食物网的基础,没有它们,食物网就会崩溃。

24. 食物网比食物链更复杂;食物网是更好地显示群落或生态系统能量流动的模型,因为可以显示更多的细节。

25. 略

批判性思维

26. 海报将根据你所生活的地区而有所不同。接受所有合理的食物网海报。

第 3 节　术语回顾

27. 营养物质

28. 固氮作用

29. 生物地球化学循环

要点理解

30. D

31. B

32. B

33. A

回答问题

34. 狐狸取食老鼠是客观事实。但同时,老鼠依靠生产者获取食物。

没有草,就不会有老鼠,因此也就不会有狐狸。

35. 碳原子可以形成不同的化合物,在进入大气循环之前,可以被一种生物利用,然后又被另一种生物利用,但碳原子既不能被创造也不会被消灭。

36. 分解者分解生物组织和生物体排出的废弃物,释放含氮化合物,而这些含氮化合物会被转化为其他含氮化合物或氮气。

批判性思维

37. 可以获得的磷含量会增加。含量的增加可以使植物生长得更快,动物繁殖力更高。

38. 分解者分解生物体,使生物体中的磷返回生态系统中。

总结性测评

39. 答案不唯一,但答案应该包括生物的名称,并确定光合作用如何影响食物网的前几个营养级获得能量。

40. 答案不唯一。要获得全部学分,学生应该能够正确使用至少三个术语,并能够解释本章中提出的一个原理。

41. 自养生物生产自己的食物,异养生物必须从其他生物那里获取食物。

42. 学生应该用尽可能多的关系来构建一个食物网。

43. 哥法地鼠龟藏在地洞里躲避火灾。地洞是有效的,因为它们是可以让生物远离火灾的地下避难所。

P56—57 标准化测试

选择题

1.C 2.B 3.C 4.D 5.A 6.B 7.B 8.A 9.B

简答题

10. 答案不唯一。

生物因素:蠕虫获得食物来源的生物体;与蠕虫争夺营养的生物体。

非生物因素:土壤含水量;土壤温度。

11. 答案不唯一。

A. 氮循环:土壤中的固氮细菌将空气中的氮转化为植物可吸收的一种形式。

B. 氧循环:蠕虫利用氧气进行呼吸。

C. 碳循环:当土壤中的动植物遗体分解时,二氧化碳气体被释放到大气中。

12. 在日常使用中,"理论"通常指的只是一个想法或对某事没有证据支持的解释。对科学家来说,"理论"是基于长期观察和实验支持的一种总结某一想法的方式。

13. 答案有所不同。一种答案是,科学知识随着新的发现而不断变化。

新的发现可能会改变科学家观察和解释的方式,从而使科学知识总量增长。

科学知识将继续增长,因为人类是充满好奇,而且我们并没有了解所有的事物。

14. 最终,森林里所有的生物都会死亡。如果没有分解者分解遗体并将营养物质返还土壤,植物和其他生物就无法生存。最终,大多数可利用的营养物质会被留存在死去的生物体中,而不再被活着的生物体所利用。

15. 答案不唯一。例如,"生物是如何生存的,它们生活在哪里,它们如何相互作用,它们如何与环境相互作用,以及它们起源于哪里"等问题。

16. 这幅图清楚地展示出蝙蝠翼和鸟类翼的结构是不同的,因此亲缘关系并不近。蝙蝠的翼在结构上更像人类的手臂,其外侧的多块骨头与人类手指的多块骨头相似,而鸟翼的外侧骨骼数量很少。

17. 答案不唯一。例如,一个实验设计是拍摄蝙蝠和鸟类飞行的影片。然后,通过对影片画面的图像分析,比较翼运动的幅度和频率等特性。

18. 答案有所不同,这取决于学生选择的物质或元素。例如,水是一个主题。水循环通过一个短期的循环,从水体蒸发,形成云,并以降水的形式落回地球。如果水被冻结在冰川或渗透到难以到达的地下,也可以进入一个长期的循环。长期循环中一部分的水是不能被人类用来饮用、洗澡、钓鱼等。唯一对人类有用的淡水是生物圈内的短期循环。

第 3 章

群落、生物群系和生态系统

P58 起步实验

分析

1. 答案不唯一，但应该向来自其他国家的人提及特有的植物和动物的例子。
2. 答案不唯一，但应包括所在的生物群落中演替的总结。学生应该阐述植物和树木的大小和数量。

第 1 节 群落生态学

P63 数据分析实验

批判性思维

1. 幼苗生物量的变化为负值，反映出幼苗生物量随着时间的推移而减少。
2. 通过添加土壤无脊椎动物，对演替后期植物生物量的积极影响最大，而对演替早期植物生物量的消极影响最大。

P64 第 1 节 测评

要点理解

1. 温度决定了北极熊的群落和生态系统。熊的食物来源和生理机能都适应了寒冷的温度。
2. 不适宜的因素可能限制某一种群数量和繁殖能力。一些对某一物种不利的因素可能对另一物种有利。
3. 在生理不耐受区发现的生物数量比在耐受区发现的少。
4. 次生演替。
5. 硬头鳟在有生存压力的区域的生长速度会更慢。
6. 提示：作图表示鲶鱼可以忍受 10℃～25℃的温度范围。

第 2 节 陆地生物群系

P66 迷你实验 1

分析

1. 单独评价图。学生应在赤道附近显示温暖的气候，在南北两极显示寒冷的气候。
2. 当你从太阳光产生最高温度的赤道向北或向南移动时，热浪以越来越倾斜的角度席卷地球，导致热量减少。

P73 第2节 测评

1. 学生应列出以下生物群系：苔原、北方森林、温带森林、温带林地和灌丛、温带草原、沙漠、热带草原、热带季雨林和热带雨林。
2. 非生物因素包括温度和降水量。
3. 赤道地区一般全年温暖，降水多和湿度大；温带地区有温暖到炎热的夏季，温和的冬季和季节性降水；极地地区气候严寒，夏季短暂而寒冷。
4. 温带草原在夏季由暖到热，有季节性降水。热带草原全年温暖，在雨季有更多的降雨。
5. 热带季雨林有不同的降雨模式，比温带森林更温暖，但两者都有落叶乔木。
6. 学生们的回答应该指出温暖的气候和丰富的降水为生物提供了更多的生态位。
7. 8.5 亿公顷；50 年。

第3节 水生生态系统

P77 迷你实验2

分析

1. 单独评估计划。学生应该提到，全面的研究和客观事实的表述是关键。确保学生对他们的计划有强有力的解释。
2. 由于必须考虑许多因素，涉及环境的因素很复杂，因此当涉及环境问题时，很难做出决定。

P81 第3节 测评

1. 深度，进入水的阳光量以及盐度。
2. 在全年都有水的池塘中生活的生物与在季节性有水的池塘中的物种会有很大的不同。例如，长寿的鱼无法在每年都会干涸的池塘中生存。其他物种，如昆虫和植物，可能既能在季节性有水的池塘中生存，也能在全年都有水的池塘中生存。
3. 河口是许多物种的繁殖地和保育室。
4. 透光带：阳光能够透过；无光带：无光、海洋暖流和寒流混合水温；深海底带：水最深和最冷的地方；底栖生物带：海底底部。
5. 深海底带的自养生物是化能自养细菌，透光带自养生物是光合藻类。
6. $290.25\ m^3/s$

P83 生物实验室

实验分析和结论

1. 提示：群落的每个组成部分都必须花时间建立起来，以便支持下一阶段加入的生物。
2. 答案将取决于学生的实验设计。最有可能的因变量将是生态系统的生存能力。自变量可以是植物的生命周期、阳光，或者其他一些可控制的变量。确保学生只有一个自变量。
3. 能，未密封的罐子作为实验组密封罐子的对照。
4. 我的池塘群落更小并且只含有微生物。

5. 如果设计是有效的，池塘就会蓬勃发展。如果设计有缺陷，池塘将明显衰落。不管结果如何，让学生提出改进设计的方法。

P85—87　第 3 章　测评

第 1 节　术语回顾

1. 顶极群落
2. 限制因素
3. 次生演替

要点理解

4. C
5. B
6. C
7. C
8. D

回答问题

9. 由于一些限制因素，如温度、虹鳟鱼处于有生理压力的区域。
10. 答案不唯一，但学生应该指出，次生演替会比初生演替发生得更快，并起始于不同的一群生物。
11. 限制因素限制了种群的繁殖、生存、数量及分布。耐受度的范围提供了限制因素如何影响种群的其他信息。

批判性的思维

12. 当栖息地受到干扰并开始向演替方向发展时，生物多样性就会增加，因为可能出现不止一个群落的物种。
13. 演替的群落具有稳定变化的植物和动物种群，而顶极群落的植物和动物种群具有稳态平衡。

第 2 节　术语回顾

14. 天气
15. 气候
16. 沙漠

要点理解

17. B
18. A
19. D
20. C
21. D

回答问题

22. 学生应描述热带雨林、热带季雨林或热带草原。

23. 区域变暖正在导致南极洲冰架的解体。随着温度升高,冰山阻止成年企鹅获得足够的食物来喂养幼企鹅。

批判性思维

24. 研究植物群落更容易,而且它们往往存在于相似的生物群系中。一个生物群系中的动物可能与远方同一生物群系中的动物有很大的不同。

25. 温带草原。

第 3 节　术语回顾

26. 河口

27. 透光带

28. 潮间带

要点理解

29. C

30. B

31. C

32. 光合自养生物依靠光获得能量。随着光照的减少,进行光合作用的浮游生物和其他自养生物的数量减少。

33. 河口是淡水和海水混合的低能量环境。许多食物链都是从碎屑开始的。由于环境的复杂,河口的多样性极高。

34. 答案不唯一,但学生们应指出,它们有适应极端环境的能力、有吸引猎物的生物发光能力,或者有发现从上层区域散落下来的死亡生物的能力。

35. 河水的水位会下降,河水的流量和含氧量也会下降。一些物种,如昆虫幼虫,可能会被推到它们的生理应激区,而另一些物种,如鲶鱼和鲤鱼,可能能够忍受这些变化,而没有明显的影响。

36. 潮汐对潮间带的影响要大得多,因为陆地在这种不断变化的环境中交替暴露和淹没。无论潮汐如何,透光带可以延伸至约 200 米的深度。

37. 答案将因选择的生物群落或生态系统而异。答案应包括对气候的参考,包括空气或水温和天气,它们决定了植被的生长类型,从而决定了动物的类型,还应参考限制因素,如饮用水和食物来源的数量。

38. 答案将取决于选择的生物群落,以及学生是否喜欢生活在生物群落中的生物。学生应提及非生物和生物因素。

39. 不含有大量脂质。如果树叶不是常绿的,就需要投入更多的能源。

40. LMA 较高的叶片含有大量的高能化合物,如木质素和脂质。为了从能源投入中获得回报,叶子的形态必须使其存活时间更长。

P88—89 标准化测试

选择题

1. A 2. D 3. A 4. B 5. D 6. C 7. C 8. C

简答题

9. 答案不唯一。

如下图：

A. 两者都有：地面在一年中的某些时期完全冻结；降水量不大。

B. 北方森林：乔木和灌木可以在土壤中生长；拥有短暂的夏天和寒冷的冬天。

C. 苔原：地表以下几厘米的永久冰冻土壤；只有根浅的植物才能生长。

10. 先锋物种会分解岩石，从而形成土壤，利于植物生长。最终，其他动物和植物可以在该地区生存。

11. 答案不唯一。举一个例子，人类有诸如胃、大脑和肺等一些器官，它们完成特殊的生理功能。人类也有执行特殊生理功能的系统，如消化、呼吸、运动和循环系统。人体协调器官和系统的活动以维持体内平衡。

12. 这是一种共生关系，特别是互利共生关系，因为两种生物都从相互作用中受益。

13. 透光区的动物是以光合作用植物或其他吃生产者的生物为食的动物。在无光区没有生产者，所以只有不依赖有生命的生产者或不依赖光的动物才能在那里生存。

14. 答案有所不同。

A. 园丁可以给土壤施用添加含氮物质的肥料。

B. 园丁可以种植固氮植物，如豆科植物。

15. 初生演替：只有在岩石分解成土壤、物种移入并建立平衡后，才能建立顶极群落。

次生演替：顶极群落可以更快地建立，因为土壤已经存在，允许生物和种子从周围地区进入。

16. 适应能力使一个物种得以生存并将基因传递给后代。

开放题

17. 在点 X，水可能比在点 Y 携带更多的沉积物，因为它流动得更快。有些种类的浮游植物可以生活在水中。点 X 处的水流动很快，因此它可能有较高的气体交换，这会影响生物是否能够在此生存。点 Y 缓慢流动的水允许更多的植物在溪流中生根，而不是在点 X。这也允许在那里形成更多的动物种群，因为它们不必承受快速的水流。在点 Y 处，水可能开始与海水混合，导致水流盐度更高。

18. 由于外来物种没有在同一地区进化，它可能缺乏在该生态系统生存的某些方面能力。当该生态系统的其他生物会吃掉这种生物时，这种关系可能是一种捕食关系。另一方面，本地生物并没有和外来生物一起进化，因此它们可能缺乏对付外来生物的防御机制，或者缺乏捕食外来生物的方法。外来生物可能会战胜本土生物，并在生态系统中取代它们。

论述题

19. 答案合理即可。一方可能会认为，森林大火是森林自然“生命”的一部分。如果森林被大火部分破坏，就会发生次生演替，最终形成一个顶极群落。从这个观点来看，森林大火应该在没有人为干预的情况下自然发生。另一方可能认为，人为干预使森林大火的发生比自然大火的破坏性小得多。大火破坏了自然栖息地，并且杀死了许多动物。另外，火是濒危物种或其他因素需要考虑的。因此，人类应该介入控制大火。

第 4 章
种群生态学

P90　起步实验

分析

1. 一个个体可以构成一个种群。种群由地理分布、密度和增长率来描述。这三个特征全部都可以适用于个体。
2. 答案不唯一。接受支持关系的任何答案。

第 1 节　种群动力学

P98　数据分析实验

批判性思维

1. 1994 年，感染支原体后美洲家朱雀种群数量迅速减少。1995 年和 1996 年，感染率达到 20％后，种群变化不大。
2. 当种群数量下降到某一特定密度时，寄生生物的影响就会减弱，因为当种群较小时，寄生生物不容易传播。
3. 有效，可以看出这种寄生生物以密度制约的方式限制了美洲家朱雀的种群数量。

P99　第 1 节　测评

1. 空间分布型描述了种群在其栖息地中的分布模式。种群密度是指单位面积内某种生物的个体数量。种群增长率是指某个种群的增长速度。
2. 环境容纳量表示环境能长期维持的种群个体的最多数量。限制因素控制种群中的个体数量，有时将其保持在或接近环境容纳量。
3. 答案不唯一，但应显示三种种群的分布型。
4. 外来物种可能会与本地物种竞争或捕食它们。
5. 学生的实验设计会有所不同，但应该从小范围内的少量果蝇开始，比如一个 500 毫升的装有一定量食物的烧瓶。然后统计种群数量，直到数量下降，再将数据绘制在图表上。
6. 新闻报道将有所不同，但应说明干旱等天气情况是非密度制约的因素。

第 2 节　人口

P101　迷你实验

分析

答案不唯一，但应包括种群的年龄结构，以及由于医药、农业和卫生等方面的进步而带来的种群健康和寿命的变化。

P105 第2节 测评

1. 在现代，人口经历了一个很长的滞后阶段，随后呈指数增长。
2. 稳定型国家年龄结构看起来就像一个长方形，缓慢增长型国家年龄结构看起来像一个中间有凸起的长方形，快速增长型国家年龄结构看起来像一个三角形，三角形底部在下面。
3. 种群呈指数增长可能会给环境带来压力。
4. 促成现代人口呈指数增长的因素包括工业时代的到来；卫生、医疗和药品的改善以及粮食产量提高。
5. 无论是发展中国家还是发达国家，疾病都可能导致许多人死亡，但在发展中国家的死亡人数甚至更多。就地球的人口增长而言，从长远来看，这可能不会产生太大的影响。
6. 图略。这个图表看起来是三角形的。这个国家正在经历快速增长（快速增长型）。

P107 生物实验室

实验分析和结论

1. 提示：当作图时，数据应显示出每株植物的平均生物量随着植物密度的增加而减少。如果学生计算出最佳趋势线的斜率，他们应该看到它是一个负数。这张图支持该假设。
2. 提示：该图应显示每个种群的总生物量随植物密度的增加而增加。如果以对数方式绘制，数据可能会显示出随着密度的增加，这种增加开始趋于平稳。
3. 人口增长随人口密度的增大将持续增长，直到遇到限制因素。
4. 误差来源包括：种子或收获的植物的错误计数；测量植物质量的方法错误；让植物在切割后存放太久，导致质量测量出现误差；通过不控制对资源的利用，让一个群体比另一个群体拥有优势。

P109—111 第4章 测评

第1节 术语回顾

1. 迁入率
2. 非密度制约因素
3. 环境容纳量

要点理解

4. C
5. A
6. D
7. B
8. B
9. A
10. B
11. C
12. A

回答问题

13. 11 头。

14. 人口密度约为 4200 万人/百万平方千米或 42 人/平方千米。

15. 当进行 k-生殖策略的动物数量接近环境容纳量时，它们的种群数量趋于缓慢。在这个时候，资源变得有限。

16. 答案不唯一。例如，洪水可能杀死仙人掌种群，或者冰冻可以杀死大量热带植物种群中的个体，如柠檬。

17. 答案不唯一。例如，一种足以杀死一个种群以减缓其种群增长的疾病，或者在沙漠中捕食杰克兔（北美野兔）种群的草原狼。

18. 随着种群的增长，种群密度增加，并且总资源基数减少。

批判性思维

19. 逻辑斯谛增长模型。

20. 奶牛的生殖策略是 k－生殖策略，因为它只生产少数后代，并投入时间、精力和资源，来确保后代达到生殖年龄。

21. 随机分布。

22. 米诺鱼、蜣螂、细菌

第 2 节　术语回顾

23. 人口零增长（ZPG）

24. 年龄结构

25. 人口统计学

要点理解

26. A

27. C

28. D

29. C

30. A

回答问题

31. 答案不唯一。接受任何有合理解释的答案。

32. 迁入率大于迁出率，因此该地区的种群数量继续增加。

33. 缓慢增长期。

批判性思维

34. 形状将更倾向为矩形或中间有凸起。

35. 这种年龄结构是快速增长型的人口的典型特征。如果没有足够的资源，这种快速增长可能会带来一些不利因素。一个优势是，育龄人口数量大意味着劳动力可能很大。

总结性测评

36. 答案不唯一，但应该包括：足够的食物，寄生虫和疾病等限制因素，空间可用性及环境容纳量的限制。

37. 答案不唯一。接受学生用逻辑推理支撑的任何回答。
38. 种群增长速度为 1.08。
39. 答案不唯一，但可能包括：降低捕鱼率以增加可用资源，或通过改变航道等方式限制对种群的威胁。

P112—113 标准化测试

选择题

1.A 2.D 3.B 4.A 5.D 6.D 7.B 8.C 9.A

简答题

10. 猞猁种群快速增长后，北美野兔的数量将迅速下降。
11. 如果猞猁找不到其他猎物，猞猁种群将迅速减少，并可能灭绝。
12. 答案不唯一。学生可以描述涉及疾病、营养不良或环境破坏的情况。学生应将忽视生物学的理解与不利影响联系起来。
13. 这两类因素都会影响种群增长。随着种群规模的增加，密度制约因素的影响会增加。非密度制约因素影响种群时，不考虑种群规模。
14. 这些生物在最适宜的温度范围繁衍生息。当温度超过最佳温度时，生物开始受到生理压力。随着温度持续攀升，生物开始死亡。一旦温度达到生物耐受之外的范围，所有生物个体都死亡。
15. 答案不唯一。例如，一个森林火灾可以杀死个体，破坏栖息地，并切断种群的食物来源。
16. 种群是一定区域内同种生物的全部个体。生态系统包括几个种群和影响种群的非生物因素，如温度、水的可用性和土壤类型。

开放题

17. 答案不唯一。与墨西哥男性人口相比，美国男性人口在所有年龄段的分布都更大。墨西哥处于生育年龄和生育前年龄的男性人数多于生育后年龄。
18. 温带森林在冬天变得寒冷，许多树木和植物叶子脱落了。如果动物在这几个月里冬眠，而不是花费精力狩猎和寻找食物，这可能会帮助它们更好地生存。这是一种更适合温带森林气候的适应。

论述题

19. 答案会有所不同。辩论者可能会提出技术有利或者有害任意一方的观点，并举例支持他们的立场。支持技术的一个理由是它使许多人受益。例如，用 X 射线进行的临床检查的发明为数百万人带来了健康。此外，手机的发明使人们能够轻松快速地进行交流。反对技术的一个论点是，它可能会产生不可预见的有害后果。DDT 作为杀虫剂的广泛使用导致许多鸟类死亡。在喷雾罐中使用氟氯化碳气体对臭氧层造成损害。接受逻辑推理支持的所有答案。

第 5 章

生物多样性及其保护

P114　起步实验

1. 接受任何合理的答案，用地球上生活的各种各样的生物来描述生物多样性。
2. 答案不唯一，但应该反映物种多样性与非生物因素和生物因素可以支持多种生命形式的环境之间的相关性。
3. 方法包括绘制栖息地的地图，进行密切观察，记录每种动物的数量。

第 1 节　生物多样性

P120　迷你实验 1

分析

1. 根据威胁的严重程度和目标，答案会有所不同。
2. 答案应遵循逻辑。

P121　第 1 节　测评

1. 生物多样性维持了一个健康的生物圈，并为人类提供了直接和间接的价值。
2. 基因多样性：物种基因库中的各种遗传变异；物种多样性：群落中不同物种的多样性；生态系统多样性：生物圈中的各种生态系统。
3. 保持生物多样性对人类有直接经济价值的原因是人类依靠各种物种获取食物、药品、衣物和住所。
4. 直接经济价值是显而易见的，并且通常是可以立刻识别的；间接经济价值不明显，或是事后被意识到。
5. 科学家已经对一小部分物种进行了药物分析。维护生物多样性对于保护可能会被证明有医学价值的物种非常重要。
6. 学生应提出保护生物多样性的措施，如重新种植一些植物物种，保持水源清洁。
7. 不足：保持不优良的性状；优势：增加了环境变化期间的生存机会。

第 2 节　生物多样性面临的威胁

P127　迷你实验 2

分析

1. 答案不唯一，大多数可能是本地物种。
2. 答案不唯一，一些外来入侵物种可能具有侵略性。
3. 答案不唯一，但在过去 200 年中，由于人类活动的影响，多样性指数可能发生了变化。

P128 第 2 节 测评

1. 包括物种灭绝、自然资源枯竭、过度开发、栖息地破坏、栖息地的干扰、生境碎片化以及污染。
2. 答案应强调，生物灭绝速度加快可能是人类活动造成的栖息地丧失。
3. 答案应明确说明提出的方式将如何保护生物多样性。
4. 过度捕杀长须鲸会改变食物网中生物之间的关系，从而影响整个生态系统。
5. 答案应该包括创建计划社区的具体步骤。这些步骤必须包括关于如何维持生物多样性的建议，同时认识到人类的干扰将无法消除。
6. 学生应解释他们提出的建议将如何减轻甚至消除已确定的威胁。

第 3 节 保护生物多样性

P131 数据分析实验

批判性思维

1. 南美洲北半部(亚马孙河流域)和中美洲。
2. 从加拿大向南美洲移动时，栖息鸟类的生物多样性会增加。
3. 答案不唯一，包括温度降低等非生物因素或食物供应减少等生物因素。

P135 第 3 节 测评

1. 可持续利用、建立自然保护区、建立碎片化栖息地之间的走廊、生物修复以及通过法律的颁布等。
2. 可再生资源是指那些被自然进程更新的速度快于其消耗速度的自然资源。不可再生资源是指地球上能找到的有限的资源或需要很长时间进行自然进程更新的资源。
3. 答案不唯一。可能的答案是：石油泄漏——可以引入微生物，将碳基燃料分解成二氧化碳。
4. 大面积自然保护区更难维持，但受边缘效应的影响较小。
5. 答案不唯一。提示：双方都应该被提及。

P137 生物实验室

实验分析和结论

1. 答案不唯一。这些方法很重要，因为它们旨在恢复选定的这块地带的生物多样性。
2. 答案不唯一。会，能受到影响的关键生物很可能是受到当地环境变化威胁最大的物种。
3. 答案不唯一。可能的负面影响包括也许会受到一些人的反对，或选定的这块地带受到用于未来公共用途的限制。
4. 答案因调查区域而异。
5. 生物多样性指数可能会增加。
6. 这一目标可能会也可能不会导致生物多样性的增加。因为将生态系统恢复到其自然状态是首要目标。

P139—141 第 5 章 测评

第 1 节 术语回顾

1. 灭绝
2. 生态系统多样性
3. 物种多样性

要点理解

4. B
5. B
6. B
7. C
8. A

回答问题

9. 佛罗里达州南部温和的气候提供了更广泛的栖息地。
10. 因为每个生态系统适合不同种类的生物生活。
11. 经济价值、审美价值和科学价值。
12. 多种类型的毛色使这种兔子能够在不同类型的环境中生存。

判断性思维

13. 一个人认为值得拥有的经济价值可能不会被另一个人以同样的眼光看待。
14. 答案不唯一，合理即可。

第 2 节 术语回顾

15. 这两个术语都指一个物种从地球生物圈中消失。背景灭绝是一个缓慢的过程，不会同时影响许多物种。大灭绝是一个相对快速的过程，导致大量物种灭绝。
16. 当一个生态系统被分成更小的部分时，两者都会发生。栖息地碎片化是一个实际的过程。边缘效应是沿栖息地碎片化边缘形成不同环境条件的结果。
17. 两者都可能导致生态系统的生物多样性减少。过度开发是过度利用一个物种的经济价值。外来物种入侵是有意或无意迁入到新栖息地的外来物种。

要点理解

18. B
19. C
20. B
21. A
22. A
23. C
24. C

回答问题

25. 濒临灭绝是因为有人猎杀犀牛来获得它们的角，角被用作药材。

批判性思维

26. 答案包括减少化肥、动物粪便和污水进入水体等方法。

27. 这种外来的昆虫将成为一种引进的物种，能够以牺牲本地物种为代价来建立生态系统。

第 3 节　术语回顾

28. 可再生资源
29. 特有物种
30. 生物修复
31. 不可再生资源

要点理解

32. A
33. D
34. A
35. A

回答问题

36. 保护区能够防止过度开发，减少栖息地破坏、污染或破碎化的机会。
37. 提示：生物修复涉及利用生物对一个地区有毒物质进行清除。

批判性思维

38. 自然资源的可持续利用，意味着自然资源将能够更新或根据循环的速度进行利用。
39. 答案不唯一，但应表明人口数量和生活水平的提高将对可再生资源造成额外压力。因此，越来越多的人将必须实施可持续利用。

总结性测评

40. 当栖息地被破坏时，生物多样性就会减少。栖息地的破坏可能导致物种灭绝。这会破坏食物网，从而破坏生态系统的稳定性。
41. 答案不唯一，合理即可。
42. 答案不唯一，鼓励创造性。
43. 学生应使用多种有关濒危动物或植物物种的现有参考资料。鼓励学生利用所学的基因多样性、物种多样性及生态系统多样性的知识，来评估该物种生存下来的可能性。

资料分析题

44. 自 20 世纪 80 年代以来，生物多样性一直在减少。
45. 所有这些都是灾难性事件，可能影响到任何物种和每一个生物。
46. 我们的子孙后代可能想知道，我们为什么不采取措施阻止生物多样性的丧失。

P142—143　标准化测评

选择题

1. C　2. A　3. D　4. D　5. C　6. D　7. D　8. C

简答题

9. 科学家应该更改假设或重复实验。

10. 实施实验：有些观察结果无法通过实验进行检验。

11. 死亡率在上升而出生率在下降，或者死亡率在上升而出生率没有变化。

12. 答案不唯一，例如：

①可再生资源：太阳能，因为总是有更多的更新，看上去是取之不尽用之不竭的太阳能供应。

②不可再生资源：矿藏，因为一旦使用，地球活动将无法更新矿藏。

13. 年龄结构图表示的人口信息是快速增长、缓慢增长、负增长。该图还显示了特定年龄段的人口百分比。

14. 如果姜是一种入侵植物，这意味着它没有天敌，可能繁殖很快。它可能会扼杀其他本地植物物种，从而导致这些植物物种的灭绝。由于夏威夷由岛屿组成，当外来物种被引入时，本地物种特别容易灭绝。

开放题

15. 积极影响：大面积保护区非常庞大，周围是缓冲地带，在缓冲地带能够可持续地利用资源。因此，这些保护区使鸟类能够比小面积保护区更好地生存。

消极的影响：这两个保护区是由未受保护的土地隔开的保护区，因此鸟类个体无法在保护区之间安全飞行。

16. 共生关系中的每一种生物都有另一方需要的特征。其他类型的共生关系包括一种更依赖于另一种生物。这些依赖性生物必须和它们的共生生物一起进化，否则它们将无法生存。

论述题

17. 答案不唯一。飓风等自然灾害会迫使人口迁移；疾病的爆发会使一部分人死亡；战争的爆发会导致部分人死亡；从战争中恢复的经济或归来的军队可以提高出生率；而从农村到城市就业的人可以改变部分人口的地理分布。

第 6 章

生物中的化学

P146　起步实验

分析

1. 影响因素可能包括质地、成分、味道等。
2. 答案因调查食品的类型而异。

第 1 节　原子　元素　化合物

P154　迷你实验 1

分析

1. 答案将基于检测的食物。学生能够发现蜂蜜和苹果含有葡萄糖。
2. 不可以，学生可能会得到阳性的结果，因为一些无糖食品含有天然果糖。

P155　第 1 节　测评

1. 第一能级有两个电子，第二能级有八个电子，第三能级有一个电子。
2. 一氧化碳不是原子，因为它由两种原子组成。CO 是一种分子。
3. 不是；CO 是由两个原子间的化学键形成的化合物。
4. 范德瓦耳斯力使得分子结合到一起。离子键是两个带相反电荷的原子之间的电荷吸引力。当电子共享时形成共价键。
5. 在其外层能级中只提供或吸收一个或两个电子的原子倾向于形成离子键。共价键通常是在原子需要两个或更多电子来使其能级达到饱和时形成的。
6. 5 个中子；中子数加上质子数，就得到了原子序数。

第 2 节　化学反应

P159　迷你实验 2

分析

1. 它们减缓或阻止苹果软组织与氧气的反应。
2. 餐馆人员应选择降低酶催化氧化能力的配方（例如柠檬汁降低 pH）。添加柠檬汁或其他酸性物质，可以防止苹果褐变，使苹果更加坚硬，并改善外观。

P160　第 2 节　测评

1. A 和 B 为反应物；AB 是生成物。
2. 图表应类似于图 15、16、17，其中发生了放热、吸热和催化反应。

3. 物质既不凭空产生或凭空消失，它只能改变存在形式。

4. 酶降低了发生化学反应所需的活化能。

5. 反应物：H_2O_2；产物：H_2O 和 O_2；$2H_2O_2 \rightarrow 2H_2O + 1O_2$

6. 图略。化学反应需要足够的活化能才能开始。

第 3 节　水和溶液

P164　数据分析实验 1

批判性思维

1. 测试的 pH 范围为 5～12，测试的温度范围为 30℃至 90℃。

2. 在 pH 为 10 和温度为 60℃时，酶活性最高。

3. 有效，因为该酶在高 pH（碱性）和高温下具有最高的活性。

P165　第 3 节　测评

1. 水增加和减少氢离子浓度的作用有助于维持生物体内环境的 pH。

2. 水分子为极性分子，氧具有比氢更强的吸引共用电子的能力，使氧的一端稍带负电荷，氢的一端稍带正电荷。带有正电荷或负电荷的分子（或离子）都容易与水结合。

3. pH 区域为：氯化氢低于 7；氢氧化钠大于 7；水为 7。

4. 溶液为均匀混合物（盐水）。悬浮液为不均匀混合物（油和醋制成的沙拉酱）。

5. 食用碱可以缓冲 H^+。它含有的氢氧根离子多于氢离子。

6. 增加氢离子浓度会降低 pH。

第 4 节　生命的构建物质

P169　数据分析实验2

批判性思维

1. 果胶：男性减少 50%，女性减少 33%；瓜尔豆胶：男性减少 75%，女性减少 50%；车前草：男性和女性减少 50%。

2. 可溶性纤维似乎能降低血液中胆固醇水平。

P171　第4节　测评

1. 不能，因为所有已知的生命形式都含有碳。

2. 糖类储存能量并提供支持；脂类储存能量，提供质膜的保护屏障；蛋白质运输物质，促进反应，形成结构骨架，产生激素传递信息；核酸储存和传递遗传信息。

3. 糖类：C，H，O；蛋白质类：C，N，O，H，S。

4. 蛋白质的功能取决于氨基酸的序列，该序列也决定了多肽如何折叠成三维结构。

5. 每种酶都有一个与特定底物结合的活性位点。当多肽折叠成特定的三维形状时，形成了该活性位点。

6. 绘图应为图 6—26 的变体。

P173 生物实验室

实验分析和结论

1. 温度升高将提高反应速率，直到酶在 70 ℃左右失活。酶的最适 pH 范围为 6～8。底物浓度的增加将提高反应速率，直到酶与底物饱和。
2. 图表将取决于测试的因素。温度数据图表将显示一条钟形曲线，最高温度约为 35 ℃。显示 pH 变化影响的图表也将呈钟形，并将在 pH 7 左右达到顶点。底物浓度的线形图应显示出随着酶的底物饱和，在趋于稳定之前，底物浓度应稳定增加。
3. 答案将取决于测试的因素和收集的数据。
4. 人类细胞中有过氧化物酶，它能将过氧化氢催化成水和氧，从而限制了这种化学物质清理伤口的价值。
5. 答案不唯一，但可能包括引入的多个变量或测量误差。

P175—177 第6章 测评

第 1 节 术语回顾

1. 电子带负电且围绕在原子核周围，而质子是存在于原子核中的带正电的粒子。
2. 当一个原子给另一个原子一个电子时形成离子键，而当两个原子共用一对电子时形成共价键。
3. 同位素是具有不同中子数的同一种元素。
4. 原子是中性的，而离子带正电荷或负电荷。

要点理解

5. C
6. A
7. C
8. D

回答问题

9. 放射性同位素是元素的一种存在形式，它具有不同数量的中子数和不稳定的核。它产生电离辐射来让自身稳定。这形成了一个不稳定的原子，当它裂解时会发射粒子。放射性同位素用于化疗、化石年代测定以及细胞分子(蛋白质、DNA、RNA等)的标记研究。
10. 最外层能级中的电子数。
11. 生物系统利用强的键形成小分子，弱的键形成高级结构(如将蛋白质组装成三维几何形状)。

批判性思维

12. 碳-14 的原子核有半数发生衰变时所需的时间。科学家们可以利用这种信息来确定含有碳化合物的物质的年代。
13. 范德瓦耳斯力比共价键更有利，因为范德瓦耳斯力很弱，它可以让壁虎通过反复分离和重新附着，而在光滑的表面爬行。

第 2 节　术语回顾

14. C

15. D

16. A

17. B

要点理解

18. C

19. A

20. B

回答问题

21. 它们进行反应的速率与不使用酶时的速率不同。

22. 温度、pH 和底物浓度均可增加、降低或丧失酶活性。

批判性思维

23. 在特定范围内的温度提高两种酶的反应速率。

24. 酶 A 在活细胞中的活性更强，因为酶 A 最适温度约为 37℃。

第 3 节　术语回顾

25. 溶液是一种混合物。

26. 缓冲液用于降低酸溶解在水中时电离出的氢离子浓度。这会降低 pH。

27. 用于测量酸(1～7)和碱(7～14)强度的酸碱度范围。

28. 溶质是溶解于溶剂中的物质。

29. 由于电子的不均匀分布，极性分子可以形成氢键。

要点理解

30. A

31. C

32. A

回答问题

33. 氢键对于生命体很重要，是因为氢键使得形成高级结构(蛋白质三级结构)成为可能，并允许分子间进行交流互动。

34. 当 HCl 溶解在水中时形成了 H^+ 和 Cl^-。由于 H^+ 浓度增加，溶液的 pH 将降低。

35. 缓冲液有助于维持细胞 pH 在 6.5 和 7.5 之间，这是大多数酶促反应和细胞代谢过程需要的条件。

批判性思维

36. 答案包括胃、肠道、血液、肺等。

37. 图表应绘制围绕钠离子和氯离子的极性的水分子。

第 4 节　术语回顾

38. 生物大分子

39. 氨基酸　肽键

40. 脂质

41. 核苷酸　相互连接形成核酸

要点理解

42. B

43. A

44. D

回答问题

45. 细胞既包含大分子又包含小分子的含碳化合物，因为大分子在细胞代谢过程中经常被分解，而小分子含碳化合物则需要合成耗尽的大分子。

46. 人体不含有能够消化某些复杂的分支多糖(如纤维素和几丁质)的酶。

批判性思维

47.

生物大分子	基本单元	生理功能	举例
蛋白质	氨基酸	参与细胞代谢过程	酶
糖类	单糖	提供能量	糖原淀粉
核酸	核苷酸	信息存储遗传密码	脱氧核糖核酸、核糖核酸
脂类	脂肪酸、甘油等	细胞膜成分	类固醇、脂肪

总结性测评

48. 图表应该类似于表6—1。原子的基本结构是质子和电子相互吸引的结果。

49. 描写应包括任务和实验材料。

资料分析题

50. 在这三种溶液中，叶片的淀粉总量始终高于蔗糖。

51. 海藻糖增加了叶片中的淀粉总量，几乎完全降低了蔗糖的总量。

P178—179　标准化测试

1. A　2. D　3. B　4. A　5. A　6. B　7. B　8. C

简答题

9. 没有缓冲液，人体细胞无法保持在适宜的 pH 范围内。这会影响人体稳态，因为许多细胞反应只能在一定的 pH 范围内发生。

10. 答案不唯一。答案包括以下内容。单质：O_2，氧气分子有两个相同类型的原子；化合物：CH_4，甲烷是由不同原子组成的分子。

11. 由于全年水温必须始终保持温暖，因此应为热带地区。因为水深不能太深，水必须是含盐的，所以应该是浅水区的海洋环境，可能靠近海岸。

12. 答案不唯一，但应该表现出对以下内容的理解，即物种多样性取决于拥有一个可以让许多不同物种生存的环境。例如，靠近热带的温暖气候与两极附近较冷地区相比，可能更适合多种多样的物种，甚至是彼此稍有不同的相似物种生存。

13. 答案不唯一。占比最大的年龄段的人可能是繁殖前期年龄的人和繁殖后期年龄的人。

14. 这确保了酶作用于特定化合物并参与特定反应。酶对它们催化的反应具有特异性，这使得生物体内的化学反应更快。

开放题

15. 假设和解决方案可能会有所不同。例如，这个问题可能是由湖泊的快速富营养化引起的。由于暴雨将更多的径流冲入湖中，更多的肥料和化学物质进入水中，促进了藻类的生长。藻类在生长和之后被分解的过程中会消耗掉湖中的氧气。鱼需要氧气，没有氧气它们就开始死亡。一种解决方案可以阻止径流进入湖中，清除湖中的藻类，或者装上水泵给水充氧，帮助鱼呼吸。

16. 科学家发现了组成原子的更小粒子：电子、质子和中子。这些部分可以从原子的剩余部分分割出来。例如，原子在放射性衰变过程中失去了核粒子。当原子形成共价键或离子键时，它们也会失去或共享电子。

17. 互利共生是一种共生关系，两种或两种以上的生物紧密地生活在一起，彼此互惠互利。构成地衣的真菌和藻类是互利共生的一个例子。

    共栖是一种共生关系，其中一种生物从这种关系中获益，而另一种生物既没有益处也没有害处。生长在树上的地衣就是共栖现象的一个例子。

    寄生是一种共生关系，其中一种生物受益于另一种生物。狗身上的蜱虫就是寄生的一个例子。例子可能会有所不同。

论述题

18. 尽管多聚体是大而复杂的分子，但其单体在细胞中很容易获得。在细胞中，类似的多聚体由数量有限的单体组成。例如，一些单糖被用来合成各种二糖、多糖、淀粉和纤维素。只有少数种类的核苷酸被用来制造 RNA 和 DNA 分子。因此，可以更容易地合成各种复杂分子，它们与相关的复杂分子共享单体部分。

第 7 章
细胞的结构与功能

P180　起步实验

分析

1. 接受所有合理的回答。学生们应该注意到所有的生物(除病毒)都有细胞。
2. 接受所有合理的回答。细胞的正式定义是“所有生命体(除病毒)的基本结构和功能单元。”

第 1 节　细胞的发现和细胞学说

P184　迷你实验 1

分析

接受任何合理的答案,其能够说明对细胞和细胞学说的理解。

P186　第 1 节　测评

1. 通过显微镜,科学家们已经能够了解细胞及其结构的更多细节。
2. 复合光学显微镜使用可见光和玻璃透镜。电子显微镜使用电子束和磁铁,其中扫描隧道显微镜可以用来观察活体标本。
3. 细胞是所有生物体结构的基本组成单元;所有的生物体都是由细胞组成的;所有的细胞都来自其他活细胞。
4. 质膜有助于控制物质进出细胞。细胞器在细胞内执行不同的生理功能。
5. 使用电子显微镜,你可以确定它们是否有明显的核结构。如果有,它将是一个真核细胞;如果没有,它将是一个原核细胞。
6. 30÷5=6×。放大倍数将扩大到 42×(6 乘以 7×)。

第 2 节　质膜

P189　数据分析实验 1

批判性思维

1. 谷氨酸盐的大量释放引发过多的钙流入细胞,从而导致一种破坏钙泵的酶的释放。
2. 在卒中发生过程中,降低神经细胞中的钙离子水平,将可以防止细胞内积累过多的钙,从而避免细胞死亡。

P190　第 2 节　测评

1. 质膜通过控制进出细胞的物质帮助细胞维持稳态。

2. 形成质膜的磷脂双分子层提供了细胞与周围环境隔开的屏障。

3. 图解应包括磷脂、蛋白质、糖类和胆固醇在膜中的正确分布。

4. 基本膜结构的分子为：磷脂；细胞特性的分子为：蛋白质和糖类；膜的流动性的分子为：胆固醇。

5. 增加膜中胆固醇的含量，会增加膜的流动。

6. 接受所有合理的答案。答案可能包括秋天的落叶或海滩上的各种贝壳。

第 3 节　细胞结构和细胞器

P194　数据分析实验 2

批判性思维

1. 两种复合体分别为目标复合物和未知靶标复合体。

2. 囊泡运输可能是被微管引导而穿过细胞质。

P200　第 3 节　测评

1. 细胞核含有 DNA 并控制蛋白质的合成。

2. 粗面内质网有核糖体附着，将蛋白质运送到其他细胞。滑面内质网参与合成复杂糖链和脂质。

3. 植物细胞没有溶酶体、中心体或纤毛，但具有动物细胞所含的所有其他细胞器。动物细胞没有叶绿体、细胞壁，也很少有植物细胞所拥有的液泡。

4. 答案不唯一，溶酶体可能参与毛毛虫组织的消化，从而使蝴蝶能够发育。

5. 评估学生的清单和概念图。接受所有合理的答案。

第 4 节　细胞运输

P203　迷你实验 2

分析

1. 接受所有合理的答案。

2. 在对照组的载玻片上，没有看到任何变化，因为细胞内外的水分子浓度几乎相同。因此，没有大量的水分子流入或流出细胞。然而，在实验组的载玻片上，细胞外的浓盐溶液中水分子数量远低于细胞内的水分子数量。因此，由于渗透作用，大量的水开始扩散出细胞，原生质体开始收缩远离细胞壁。

P207　第 4 节　测评

1. 列表和描述应包括扩散、渗透、主动运输、胞吞和胞吐。

2. 质膜具有选择透过性。细胞运输方式也可将物质运进和运出细胞。

3. 绘制的图像应表明动物细胞会膨胀和破裂。

4. 协助扩散利用浓度梯度运输物质，不需要细胞能量帮助小分子穿过质膜。主动运输需要能量，因为它逆着浓度梯度运输物质。

5. 将原生动物置于高渗溶液中可能会产生与泵活动相反的情形。

6. 答案有所不同，但类似于以下内容：磷脂双分子层是保障细胞边界的流动的结构。它提供了一种选择性渗透的流体屏障，允许物质通过扩散、协助扩散和主动运输而进出。

P209 生物实验室

实验分析和结论

1. 磷脂、酶、DNA 和脂肪分子都太大而无法通过半透膜。氧气和果糖应该很容易通过。

2. 载体蛋白和蛋白质泵有助于运输细胞中的分子。磷脂双分子层可以胞吞囊泡中一个或多个非常大的分子，使它们能够进出细胞。

3. 如果在装入某种溶液后未用蒸馏水彻底清洗渗透管的外部，部分溶液可能会留在其外部，并出现在烧杯中，而不会通过渗透管。接受所有合理的分析。

P211—213 第 7 章 测评

第 1 节 术语回顾

1. 质膜
2. 真核细胞
3. 细胞

要点理解

4. D
5. D
6. A

回答问题

7. 显微镜使科学家能够观察和研究比肉眼可见的更小的东西。技术先进的显微镜在原子水平上提供微观表面和结构的视图，从而有可能收集有关生物体结构和功能的详细信息。

8. 原核细胞和真核细胞都是生物体的基本结构单位。原核细胞没有特化的核结构；真核细胞含有特化的细胞核。

批判性思维

9. 光学显微镜在高分辨率下具有大范围的放大能力，不需要破坏或损毁检测标本。

10. 答案不唯一，但应说明该物质具有细胞壁或细胞膜，并符合细胞学说的内容。

第 2 节 术语回顾

11. 磷脂双分子层
12. 转运
13. 选择透过性

要点理解

14. A
15. C

回答问题

16. 质膜通过控制着进出细胞的物质，来维持着细胞的稳态。

17. 镶嵌是一种艺术作品，其中整体图像由许多其他材料的小单元构成，例如，瓷砖或其他图像。流动镶嵌模型用于描述细胞的表面，因为它由许多能够移动以形成整体的亚单位组成。

18. 在质膜中，亲水性的极性头位于外部，允许它们与细胞外的水环境相互作用。疏水性的非极性尾位于膜的内部，不与外部环境相互作用。

批判性思维

19. 细胞将不能继续维持稳态，最终会死亡。

20. 如果没有胆固醇，细胞质膜的流动性会降低，可能会阻碍重要的物质通过质膜。

第 3 节　术语回顾

21. 液泡

22. 核仁

23. 线粒体

24. 高尔基体

要点理解

25. C

26. B

27. B

回答问题

28. 细胞骨架只能用高分辨率的显微镜才能看到。

29. 线粒体将储存在食物分子中的能量转化为不同的能量，是直接能被细胞利用的储能物质(ATP)。叶绿体捕获光能并将其转化为化学能。这两种细胞器都依赖于巨大的膜表面积才能正常工作。

30. 如果液泡中含有代谢废物，与溶酶体相融合将能够降解它们。

批判性思维

31. 例子不唯一。大树细胞中的细胞壁支撑着整个植物，这样它就可以生长在其他植物之上，而这些植物的叶子不会阻挡它接受阳光。

32. 植物细胞需要更多的能量来逆重力运输水分。多出的线粒体提供这部分能量。

第 4 节　术语回顾

33. 主动运输需要消耗能量；协助扩散不需要。这两种方法都是物质进出细胞的方式。

34. 在胞吞作用中，细胞包围并吸收物质。在胞吐作用中，细胞排出物质。两者都涉及物质进出细胞。

35. 在高渗溶液中，细胞外溶液的浓度高于细胞内的浓度。在低渗溶液中，细胞内部溶液浓度更高。两者都能造成分子的跨膜运输。

要点理解

36. A

37. A

回答问题

38. 在主动运输中，物质逆浓度梯度转运，这个过程需要能量。

39. 高渗环境中的细胞往往会失水，因此高渗盐湖中的原生生物可能会采取更快地吸水方式以抵消流失的水分。

40. 细胞需要物质进出。各种形式的细胞运输将所需物质运进并运出废物和其他物质。这些活动有助于维持细胞稳态。

批判性思维

41. 氧气通过自由扩散穿过质膜进入细胞。

42. 盐度的增大会使植物细胞处于高渗环境中，使细胞脱水打破坏细胞的稳态。

总结性测评

43. 答案不唯一。细胞对于生物就像人类对于社会文明一样。人类有不同的工作使社会文明良好的运转，就像细胞专门为生命体执行某些功能一样。

44. 学生们必须设计一种阻止渗透发生的装置。

45. 答案不唯一。保证至少描述 5 种细胞器。

资料分析题

46. 如图中曲线所示，随着葡萄糖量的增加，扩散速率增加，直到达到最大速率维持不变。

47. 由于载体蛋白不能携带更多的葡萄糖，扩散速率趋于平稳；没有更多的载体可用于运输葡萄糖。

P214—215 **标准化测试**

选择题

1. B　2. B　3. D　4. C　5. C　6. C　7. C　8. D　9. D

简答题

10. 流程图中显示了可能的答案。

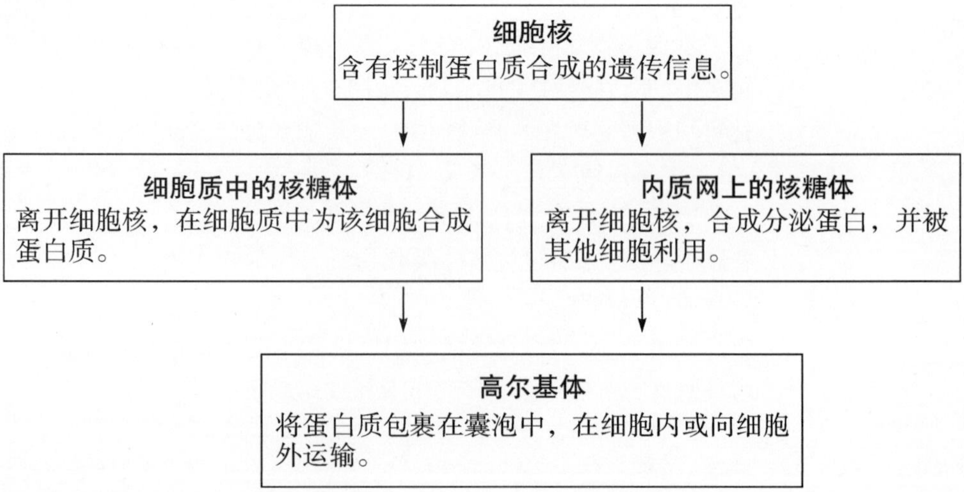

11. 糖类对能量的储存和提供结构支持很重要。脂质也能够储存能量，同时也是细胞

膜的主要成分。脂质还具有其他生理作用，如类固醇防止细胞水分散失。蛋白质运输物质，催化反应，也可以作为激素。核酸的主要功能是储存和传递遗传信息。

12. 水有带负电区域（氧原子周围）和带正电区域（氢原子周围）。这些带不同电荷的区域可以与其他极性带电分子形成弱键，使它们能够溶解在溶液中。

13. 氯原子在最外层能级上有 7 个电子。它是一个电子受体，因为它需要一个电子来填充它的最外层能级。钾原子的最外层能级只有一个电子，可以从中取出一个电子。因此，钾离子的最外层能级现在有 8 个电子。这些离子通过离子键结合在一起。

14. 选择透过性允许细胞控制进出细胞的物质。这意味着，即使浓度梯度似乎不会促进这些物质的运输，完成细胞生命活动所需的一定量的特定化合物也会进入细胞，代谢废物也会运出细胞。

15. 答案不唯一，但应体现出对可持续利用需要过程的理解。例如：虾是一种可再生的自然资源。如果人们捕到刚好足够的虾，使虾群能够繁衍生息，这就是对资源的可持续利用。

16. 因为它们含有无膜的细胞器，所以它们一定是最早进化的。大多数后来进化的细胞都含有具膜的细胞器，这是生物体更复杂的标志。

开放题

17. 在高渗溶液中，由于细胞外的溶质浓度较高，水会从细胞中流出，细胞会萎缩。在低渗溶液中，由于细胞外溶质浓度较低，水会进入细胞，细胞会膨胀或破裂。

18. 一个原因是直接经济价值并不总是一目了然的。生物在不同生态系统中的价值可能是未知的，因此只考虑已知事物的经济价值是没有远见的。此外，可能存在长期的间接经济价值——不可预测但具有重大效果的事物。此外，对生物多样性进行估价是困难的，仅仅考虑生物多样性的直接经济价值是不明智的。

19. 光学显微镜依靠物体反射的光来生成图像。因此，光学显微镜所能提供的放大倍数是有限的，因为在一定的放大倍数后，图像的分辨率不好。另一方面，电子显微镜根据通过物体的电子数量生成图像，这使得更大的放大率成为可能。它还允许对三维物体进行成像。

20. 转运蛋白对于水溶性物质很有用，因此避免其通过磷脂双分子层的极性部分。它们在物质逆浓度梯度运输的主动运输中也很重要。

论述题

21. 答案应该集中在申请生物发现专利的积极和消极影响，以及这将如何影响生物多样性上面。积极的影响可能包括以下方面：如果有涉及其内容的专利，物种可能会得到更好的保护；可以有组织地分享关于某些生物体用途的知识；投入大量资金了解某些生物体的益处的人，将能够从使用这些生物体中盈利。一些负面影响可能包括：利用生物多样性的专利体系可能仅限于有足够资金购买专利的人；如果生物的某些部分，如种子，获得了专利，农民可能很难负担得起；在生物获得专利后，某些人可能被排除在外，他们可能无法从中受益；如果只有专利生物一代代繁殖下去，可能会导致生物多样性的丧失。

第 8 章
细胞的能量

P216 起步实验

分析

1. 曲线图应显示，添加无水氯化钙之后，溶液温度升高。添加硫酸镁的溶液，温度随时间降低。
2. 当添加无水氯化钙溶液时，由于释放热能，发生了能量转化。当添加硫酸镁时，热能被吸收。

第 1 节　生物体如何获得能量

P220 迷你实验 1

颜色变化的预期结果：

试管内容物	处理	初始颜色	最终颜色
溴麝香草酚蓝溶液、二氧化碳、水生植物的小枝	黑暗	黄色	黄色
溴麝香草酚蓝溶液、二氧化碳、水生植物的小枝	光照	黄色	蓝色

分析

1. 用铝箔包住的试管（对照组）表明，植物只在光照下利用二氧化碳，因此能够进行光合作用。
2. 在光合作用中，植物吸收二氧化碳并利用光能将其转化为糖和氧气。植物和动物都进行细胞呼吸，利用氧气分解糖类，产生二氧化碳。这两个过程是相互依赖的。

P221 第 1 节　测评

1. 太阳能
2. 例如，储存在食物中的能量转化为化学能，然后当肌肉运动做功时转化为机械能。
3. 分解代谢途径将大分子分解成小分子。合成代谢途径由小分子形成大分子。
4. ATP 由 ADP 形成；能量储存在磷酸键中，当 ATP 水解为 ADP 时释放出来。
5. 热力学第一定律：能量不能凭空产生也不能凭空消失；在光合作用中，光能转化为化学能（储存在葡萄糖中）。

   热力学第二定律：系统从有序到无序是自然变化的。
6. 略。

第2节　光合作用

P223　迷你实验2

分析

1. 叶绿体的大小和形状从球形或椭圆形到不规则形状不等。叶绿体的颜色从浅绿色到深绿色不等，可以包含不同含量的叶绿素。
2. 不同植物的叶有不同类型的叶绿素，它们有不同的颜色，同时其他色素也有助于光合作用。

P227　第2节　测评

1. 光能转化为 ATP 和 NADPH 中的化学能，然后转化为葡萄糖中的化学能。
2. 叶绿体包含类囊体(进行光反应的场所)和基质(进行卡尔文循环的场所)。
3. 水产生的氢离子用于泵入 ATP 合成酶以及用于 ATP 的合成。
4. 6个二氧化碳分子和6个5碳化合物结合，产生12个3碳化合物。在 ATP 水解的帮助下，12个3碳化合物中的两个生成蔗糖；另外10个被转化成5碳化合物进入另一个循环。
5. 绘制的图表应显示出在类囊体膜上电子的移动。解释应该描述水如何提供电子和氢离子，并通过电子传递链追踪它们。
6. 增加光照强度和二氧化碳水平，能够提高光合作用速率。
7. 如果有足够的树木和其他植被可供利用，燃烧化石燃料引起的二氧化碳含量增加，应能增加光合作用的反应物。

第3节　细胞呼吸

P232　数据分析实验

批判性思维

1. 4小时后，病毒增加了乳酸的含量。
2. 8小时后，该病毒使乳酸含量增加约75%，ATP 产量减少约28%。
3. 因为 ATP 合成减少了。

P233　第3节　测评

1. 糖酵解将葡萄糖分解成两个更小的含碳化合物；三羧酸循环为电子传递提供电子；电子传递是细胞呼吸产生 ATP 最多的阶段。
2. 来自最初6个碳的葡萄糖分子的3个碳(丙酮酸)是一部分，另外3个碳(作为丙酮酸)进入一个独立的三羧酸循环。
3. 电子对从 NADH 和 $FADH_2$ 转移，将 ADP 转化为 ATP。
4. 在发酵过程中，NADH 为再生 ATP 和 NAD^+ 提供电子。

5. 第一阶段(糖酵解):4 个 ATP,2 个 NADH;第二阶段(三羧酸循环):2 个 ATP,8 个 NADH,$2FADH_2$;第三阶段(电子传递):32 个 ATP。开始糖酵解需要 2 个电子,因此糖酵解产生的 ATP 净产量为 2 个。
6. 乳酸发酵通过将丙酮酸转化为乳酸来补充 NAD^+ 的供应。酒精发酵将丙酮酸转化为乙醇和二氧化碳以补充 NAD^+。两者都在无氧条件下发生。

P235 生物实验室

实验分析和结论

1. 对照组可包括等量的水、碳酸氢钠溶液和白光。实验组变量可能是透过彩色玻璃纸的光的波长。
2. 答案将取决于学生如何测量氧气产量。测量光合作用速率是通过测量氧气的产量。
3. 图表应体现出在红光和紫光下有最大效率的光合作用,而在其他波长下几乎不进行光合作用。
4. 在红光和紫光下,光合速率最大。蓝色、绿色、黄色和橙色光线下应该很少或没有光合速率。
5. 答案将取决于数据和学生的预测。
6. 在烧杯中搅拌植物或植物的一部分浮出水面会影响氧气的产生。其他误差可能包括没有用玻璃纸完全覆盖灯泡或在试管顶部有空气残留。
7. 略。

P237—239 第 8 章 测评

第 1 节 术语回顾

1. 腺苷三磷酸(ATP)
2. 热力学
3. 能量
4. 新陈代谢
5. 光合作用

要点理解

6. D
7. B
8. D
9. A

回答问题

10. 自养生物通过吸收来自太阳的光能获得能量,而异养生物则通过摄取储存在食物中的化学能获得能量。
11. 可能的类比:在活细胞中,就像汽油用来保持汽车运转一样,ATP 用来维持正常的细胞生命过程。

批判性思维

12. 当 ATP 分解(水解)成 ADP 和磷酸基团时,能量从 ATP 中释放出来。

13. 合成代谢通过构建分子来储存能量,分解代谢通过分解分子释放能量。类比不唯一,但应表示出产物和反应物之间的关系。

第 2 节　术语回顾

14. 类囊体

15. 基粒

16. 色素

17. 卡尔文循环

要点理解

18. C

19. A

20. B

21. B

回答问题

22. 光反应阶段阳光被叶绿素吸收,产生 ATP 和 NADPH。非依赖光反应阶段(或卡尔文循环)产生的 ATP 和 NADPH 作为将二氧化碳转化为糖的动力。

23. 氢离子的产生对 ATP 的产生至关重要,因为它为 ATP 合成酶将 ADP 转化为 ATP 这一过程提供能量。

24. 卡尔文循环需要依赖于光反应提供的能量(ATP 和 NADPH)来生产糖。

批判性思维

25. 在 ATP 和糖合成过程中,氧气被释放到大气中,它不是自养生物利用的产物。

26. 失去森林将减少可进行光合作用的植被,从而减少释放到大气中的氧气,最终减少可用于细胞呼吸的氧气含量。

27. C4 途径:在卡尔文循环中将二氧化碳固定为四碳化合物,而不是三碳化合物;C4 植物的叶细胞中的结构发生了改变;帮助植物维持光合作用,同时最大限度地减少水分流失。

    CAM 光合作用:二氧化碳只有在夜间固定成有机化合物时才会进入叶子;白天,二氧化碳从这些化合物中释放出来,进入卡尔文循环;保证有足够的二氧化碳,同时最大限度地减少水分的流失。这两种途径都有助于植物在极端气候下生存。

第 3 节　术语回顾

28. 丙酮酸在三羧酸循环(TCA)或柠檬酸循环中分解为二氧化碳。

29. 厌氧过程发生在缺氧的条件下。

30. 两种发酵类型是乳酸发酵和酒精发酵。

31. 有氧呼吸需要氧气。

32. 葡萄糖在糖酵解过程中被分解。

要点理解

33. B

34. A

35. D

36. A

37. C

回答问题

38. NADH 和 $FADH_2$ 的氧化提供了电子传递链中利用的电子，它提供了运输氢离子并最终生成 ATP 所需的能量。

39. 电子传递链中的电子最早来自 NADH 和 $FADH_2$。电子的最终受体是与氢离子和氧离子结合形成水。

40. 运动后肌肉酸痛，是因为丙酮酸的发酵产生乳酸，其中丙酮酸是在氧气水平较低时产生的。

批判性思维

41. 二氧化碳中的氧原子来自葡萄糖，水中的氧原子来自大气中的氧气。

42. 有氧呼吸在形成 ATP 数量上更高效，因为三羧酸循环和电子传递链（两者都需要氧气）产生 32 个 ATP 分子，而糖酵解只产生 2 个 ATP 分子。

43. 光合作用：电子在类囊体膜上传递；细胞呼吸：电子沿着线粒体膜传递。

总结性测评

44. 答案应该包括光合作用和细胞呼吸的化学平衡式，并且应该解释这两个过程是相反的。

光合作用将二氧化碳和水转化为糖；细胞呼吸将这些糖转化为二氧化碳和水。

45. 文章应强调能量的转化，从光能开始。

46. 镉浓度的增加使得叶片大小、叶绿素含量和光合作用速率下降。

47. 最高浓度对叶片大小、叶绿素含量和光合作用速率三个因变量的影响最大。

48. 由于光反应和电子传递链非常相似，细胞呼吸可能下降。

P240—241 标准化测试

选择题

1. A　2. A　3. B　4. B　5. B　6. D　7. C　8. C　9. D

简答题

10. 1 是类囊体：光反应，第一阶段；2 是基质：卡尔文循环，第二阶段。

11. 类似之处：两者都是可透过的，允许物质进出细胞。不同之处：细胞壁不像质膜那样具有选择透过性；它只是多孔的结构。细胞壁的结构更加坚硬，因为它是由纤维素构成的，而不是像质膜的磷脂双分子层那样由“流动镶嵌模式”构成。

12. 能量储存在 ATP 分子的磷酸键中，就像弹簧一样。当磷酸基团被释放时，能量随着 ADP 的形成而释放。

13. 答案不唯一，这取决于学生选择的化合物。答案包括：

磷脂双分子层：在细胞内外形成一道屏障，因为水溶性物质不能轻易穿过它；

转运蛋白：即使是在逆浓度梯度条件下，允许某些物质进出细胞；

胆固醇：有助于质膜结构的构建，因此细胞保持形态。

14. 形成溶液或均一混合物。盐是溶质，水是溶剂。

15. 叶片中的细胞内叶绿体的含量最多，但植物的所有绿色部分都含有一些叶绿体。叶子是植物的一部分，光合作用在叶里产生供整株植物利用的糖。

16. 通过提高耐氧极限，长跑运动员可以通过有氧呼吸从肌肉中获得更多能量。这也可以让他们避免因无氧呼吸时乳酸的积累而感到疲劳、疼痛或酸胀感。

开放题

17. 蛋白质分解反应的开始及加快需要更多的能量。

蛋白质的消化需要更多的时间。因此，这个人很可能无法快速或完全消化蛋白质。

18. 线粒体。因为线粒体是在细胞中释放化学能的细胞器，能够逆浓度梯度泵出胃酸的细胞需要大量的能量。这些细胞可能比那些生命活动需要较少能量的细胞含有更多的线粒体。

论述题

19. 人体通过呼吸吸入细胞呼吸所需的氧气。二氧化碳是细胞呼吸的产物，通过呼气从体内释放。水是细胞呼吸的另一种产物。这些水中的一部分用于其他反应过程，多余的水通过出汗和呼气排出。

第9章
细胞增殖

P242 起步实验

分析

1. 答案因所观察的细胞的类型而异。植物细胞呈长方形；原生细胞可能有不同的形状，动物细胞可能是圆形或长方形。
2. 细胞具有不同的形状和结构，因为它们来自不同的生物体，在生物体内发挥不同的功能。病变细胞的形状与正常细胞不同。

第1节　细胞的生长

P245 迷你实验1

分析

1. 外形上：细胞变得太重；代谢上：有限的表面积不允许物质以足够高的速率进出。
2. 原因是具有更多数量的标准大小的细胞。

P247 第1节　测评

1. 当细胞体积增大时，营养物质和代谢废物通过质膜的运输以及细胞核对细胞内物质的控制变得困难。
2. 细胞间期、有丝分裂和胞质分离。
3. DNA在S期复制。
4. 细胞周期阶段的示意图应显示出细胞间期为最长阶段，描述应包括细胞核的分裂和胞质分离。
5. 当一个很大的细胞分裂成两个细胞时，表面积与体积的比值降低，增加了细胞存活的可能性。
6. $60000\mu m^2 : 1000000\mu m^3$ 或 $6 : 100$。具有此比值的细胞可能难以运输营养物质和代谢废物。

第2节　有丝分裂和胞质分离

P251 数据分析实验

批判性思维

1. 荧光染料染色使微管可被观察。
2. 绘图应说明附着在染色体上的微管片段缩短。

P252　第 2 节　测评

1. 有丝分裂是细胞核物质复制的过程。细胞必须经历胞质分离才能完成分裂。
2. 前期：核膜裂解，染色质浓缩；中期：染色体连接在纺锤丝上，沿细胞中部排列；后期：染色体移向细胞两极；末期：核膜重新形成和染色体解聚。
3. 图中的每个染色体带有着丝粒且都是独立的结构，形状类似于英文字母 X。
4. 前期
5. 胞质分离在动物细胞中是由于纤维丝收缩勒紧细胞质将其一分为二。在植物细胞中，两个细胞之间形成一个细胞板将细胞分成两个子细胞。
6. 答案不唯一。接受所有符合逻辑的假设，例如，如果微管运动被阻止，染色体将不能正常分离进入两个子细胞。
7. 128 个细胞。

第 3 节　细胞周期调控

P255　迷你实验 2

分析

1. 氧化锌完全阻挡阳光，因此它是一组对照实验，可以与其他防晒霜的效果进行比较。
2. SPF（阳光保护因子）值较高的防晒霜应能阻挡更多光线。SPF 值相同但活性成分不同的防晒霜之间可能存在差异。

P257　第 3 节　测评

1. 某些细胞周期蛋白通过启动或停止细胞周期过程来调控有丝分裂和细胞周期。
2. 癌细胞的细胞周期与正常细胞周期相比较短；癌细胞以不受限制的方式分裂。
3. 可能的答案包括：二手烟、紫外线辐射、石棉。
4. 在细胞凋亡过程中，细胞经历程序性死亡；只要补充必要的营养供给，癌细胞可以不受限制地进行生长和分裂。
5. 答案包括治疗疾病和治疗基因缺陷。
6. 胚胎干细胞存在于发育中的胚胎中，可以发育成多种细胞。成体干细胞存在于发育成熟的组织中。
7. 人患癌症和遗传病的概率可能更高。
8. 答案不唯一。宣传公告应包括所选致癌物质的相关信息。

P259　生物实验室

实验分析和结论

1. 如果对照板上平均有 100 个菌落，受阳光照射的平板上平均有 50 个菌落，则存活率为 50%。
2. 学生的图表应表明，涂有防晒霜的培养板的存活率高于未涂防晒霜的培养板。
3. 答案不唯一，但应考虑防晒霜的保护作用。

4. 可能的误差来源包括空气和皮肤中的真菌孢子和细菌污染；计数错误；事先将菌落暴露在阳光下。

P261—263 第9章 测评

第1节 术语回顾

1. 细胞间期
2. 有丝分裂
3. 细胞周期

要点理解

4. D
5. B
6. B
7. D
8. B

回答问题

9. 两者都是细胞存活所必需的。随着细胞变大，细胞核很难快速合成足够多的蛋白质来承担细胞生命活动，并快速运输分子到细胞周围。
10. 随着细胞的生长，表面积与体积之比减小。
11. 细胞活跃地合成蛋白质并执行其正常功能。复制 DNA 并为胞质分离做准备。

批判性思维

12. 在细胞间期，细胞不是处于“休息阶段”，而是产生蛋白质并执行细胞的正常功能。
13. 染色体是由 DNA 组成的。染色质是染色体的松弛状态。

第2节 术语回顾

14. 胞质分离
15. 前期
16. 中期
17. 后期
18. 末期

要点理解

19. D
20. C
21. B
22. A
23. 在间期的 G2 期，前期和中期。
24. 从这些细胞的第一行的左边开始，第一个细胞处于间期，第二个细胞处于前期，第三个细胞处于后期，第四个细胞处于中期，第五个细胞处于末期。
25. 在有丝分裂的末期，染色体到达细胞的两极，核膜重新形成，核仁重新出现，染色体解聚。

批判性思维

26. 细胞是植物细胞。

27. 6 小时。

第 3 节　术语回顾

28. 癌细胞进行的是不受控制和限制的生长和分裂，因为它们的基因发生了改变。

29. 细胞凋亡是细胞对 DNA 损伤的应答，能够导致细胞死亡。

30. 致癌物质是能引起癌症的物质。

要点理解

31. B

32. C

33. B

34. B

35. B

回答问题

36. 癌细胞具有不受限制的细胞分裂，它在间期所用的时间比正常细胞少。

37. 有丝分裂产生新细胞，而细胞凋亡导致细胞死亡。

批判性思维

38. 干细胞可以帮助脊髓中的神经再生，使瘫痪的人能够再次行走。

39. 缺乏周期蛋白将导致细胞周期的进程完全停止。

40. 答案不唯一，但可能包括避免辐射等致癌物质。

总结性测评

41. 细胞生长得太大而无法有效地完成细胞生命活动，如信息交流和物质运输。

42. 答案不唯一，但小短剧应该表达出对有丝分裂的理解。

43. 答案不唯一，但应包括特定的致癌物质及其对 DNA 的影响。

资料分析题

44. 随着年龄的增长，癌症的发生率在女性 72 岁和男性 77 岁之前不断增加，然后下降。

45. 因为随着年龄的增长，更多的细胞积累了基因突变。

46. 患癌症男性的诊断年龄通常较年轻，并且 70 岁后的诊断率高于女性。

47. 女性胰腺癌的诊断率开始下降的年龄为 72 岁，男性为 77 岁。

P264—265　标准化测试

选择题

1. C　2. A　3. D　4. C　5. D　6. A　7. B　8. D　9. A　10. D

简答题

11. 在细胞间期，细胞生长、行使细胞功能，并为有丝分裂的发生做好准备。这些生命活动表明细胞间期不是“休息”阶段。

12. 在这个检查点，细胞确认在有丝分裂之前已经完成了所有必要的活动，并且细胞已经准备好进入有丝分裂过程。

13. 有丝分裂需要更多的步骤，比胞质分离需要更长的时间。

14. 如果这种生物是一种能够从其他生物体获取能量的植物，这种设想是可能的。(答案可能包括食肉植物的例子，如捕蝇草，但这个回答不是必需的。)

15. 墨水：水溶性墨水会形成均一混合物或溶液，因为墨水在水中溶解均匀。非水溶性墨水会形成不均一混合物，因为墨水不会溶解，并且与水的混合不均匀。

卵石：一种不均一混合物，因为卵石不会溶解，与水的混合不均匀。

盐：均一混合物或溶液，因为盐在水中均匀溶解。

16. ATP 合酶通过类囊体膜泵出氢离子。二磷酸核酮糖羧化酶将 GAP 分子转化为二磷酸核酮糖(RuBP)分子。

17. 随着细胞的变大，细胞体积的增大比其表面积的增大快得多。这会导致表面积与体积之比会随着细胞的变大而减小。

开放题

18. 纺锤丝附着在染色单体上，并将它们拉到细胞的两极。如果没有纺锤丝，染色单体就不会精准地移向细胞两极。

19. 着丝粒是姐妹染色单体连接的位置。如果没有中心体，染色单体可能会被不均匀地分开。这将导致细胞的遗传物质不均等分，子细胞失去功能。

论述题

20. 答案不唯一，这取决于论文选定的动物细胞类型。但是，即使该假设没有表达出对动物细胞的完整理解，答案也应该表达出对不同细胞器所起作用的理解。举一个假设的例子：肌肉细胞比血细胞含有更多的线粒体，因为它们一直在利用能量完成躯体的运动。这可以通过获取这两种类型的细胞，在显微镜下观察它们来进行检验，以确定哪种细胞含有更多的线粒体。

第 10 章

有性生殖与遗传学

P268　起步实验

分析

1. 在减数分裂完成后发生细胞融合，细胞中的染色体数目加倍。

2. 为了保持染色体数不变，受精前细胞中的染色体数需要减半。

第 1 节　减数分裂

P274　数据分析实验

批判性思维

1. 很重要，不能产生 Cik1p 的酵母产生的单倍体细胞要少得多。

2. 不是，没有能力产生 Kar3p 的细胞仍然可以产生单倍体细胞。

3. 不是，在所研究的两种主要蛋白质中，Kar3p 似乎在减数分裂中不起作用。

P276　第 1 节　测评

1. 通过减数分裂，每个配子包含一半的染色体。

2. 减数分裂中期Ⅰ：同源染色体成对排列在细胞的“赤道”平面；
   有丝分裂中期：由两个姐妹染色单体组成的一条染色体排列在细胞的“赤道”平面。

3. 在减数分裂前期Ⅰ的联会期间，同源染色体紧密排列。

4. 图略。提示：图像应该体现对减数分裂Ⅰ和Ⅱ中染色体排列方式的理解。图像应显示减数分裂Ⅰ结束时两个子细胞各有 4 条染色体，减数分裂Ⅱ结束时四个子细胞各有 2 条染色体。

5. 在减数分裂过程中，同源染色体自由组合和非姐妹染色单体可以发生互换为其提供了大量的变异。有丝分裂则产生相同的细胞。

6. 维恩图应比较两者的相似性和差异性。

7. 答案不唯一，但应该是叙述性的，并描述减数分裂的过程以及该过程可能产生的结果。

第 2 节　孟德尔遗传学

P281　迷你实验 1

分析

1. 有耳垂和无耳垂

2. 表型：75％显性（有耳垂），25％隐性（无耳垂）；
   基因型：25％显性纯合子，50％杂合子，25％隐性纯合子

P282 第 2 节 测评

1. P 方阵应列举显性和隐性等位基因的可能组合。当一对中至少存在一个显性等位基因时，显性等位基因的表型将被表达。
2. 学生应用自己的话总结分离定律和自由组合定律，并各举一个例子。
3. 红眼∶粉眼＝1∶1
4. 孟德尔的工作揭示了基因是如何从一代传递到下一代的，以及基因型是如何影响表型的。孟德尔的工作开创了遗传学领域的研究，并开启了现代遗传学的研究。
5. 1/6；1/36 (1/6×1/6)；概率可以用来预测杂交的可能结果。

第 3 节 基因连锁和多倍体

P284 迷你实验 2

分析

1. 没有更多的信息不能确定一个基因在染色体上的位置，比如知道第三个基因的相对位置。
2. 可用的交叉频率数据越多，可以用来绘制染色体图谱的信息就越多。了解交叉频率有助于确定基因之间的距离。

P285 第 3 节 测评

1. 染色体交叉导致基因在染色体上交换而产生变异。
2. 图略。提示：两个子细胞的染色体上应该有 C 和 D，另外两个子细胞的染色体上应该有 c 和 d。
3. 培育出花朵较大、果实较大或具有其他理想特征的花朵。

批判性思维

4. A—10—C—15—D—5—B。
5. 多倍体育种使育种家培育出更理想的性状和具有商业价值的植物。
6. 答案不唯一，但应说明对“减数分裂的过程如何导致变异”的理解。

P287 生物实验室

实验分析和结论

1. 学生将观察每一组植物的颜色，并记录每组中不同颜色植物的数量。
2. 答案将取决于每组中种子的基因型。
3. 两个杂合亲本杂交产生的绿色植株和白色植株比例约为 3∶1。杂合亲本和纯合子白色亲本杂交产生的绿色植株和白色植株比例约为 1∶1。如果一个亲本植株是绿色纯合子，那么该组中的所有子代植株都是绿色的，并且无法确定第二个亲本的表型和基因型。
4. 答案因收集的数据而异。
5. 答案因收集的数据而异。
6. 答案因收集的数据而异。

7. 种子数量越多,可被收集的数据就越多,实验结果的分析就越准确。

P289—291　第 10 章　测评

第 1 节　术语回顾

1. 二倍体
2. 减数分裂
3. 染色单体发生互换

要点理解

4. B
5. D
6. D
7. C

回答问题

8. 配子是减数分裂产生的。在受精过程中,配子通过融合来恢复体细胞的染色体数目。
9. 接受任何符合逻辑的假设。这可能与植物细胞坚挺的正方形或长方形有关,在细胞中自然形成两极。

批判性地思考

10. 在减数分裂中期Ⅰ,不同物种的染色体将无法形成成对的同源染色体,因此骡子不能正常产生生殖细胞。
11. 学生们的答案可能不同,但可能包括了"雄蜂精子的产生不是通过染色体减半的典型减数分裂来实现的"这一观点。

第 2 节　术语回顾

12. 显性基因与隐性基因配对,可以隐藏隐性基因的效应。
13. 基因型表示个体的基因类型,而表型则表示个体的生理特征。

要点理解

14. B
15. A
16. C

回答问题

17. F_3 代的大多数猫都应该是非卷耳的。
18. 没有可能,每次受精作用都是一个独立的事件,就像每次掷的骰子一样。概率仍然是1∶2。

批判性思维

19. 有些长毛的母犬是纯合子,有些是杂合子。
20. 1/32

第 3 节　术语回顾

21. 多倍体

22. 基因重组

要点理解

23. A

24. C

25. B

26. B

回答问题

27. 减数分裂、互换以及精子和卵细胞的随机融合。

28. 接受任何可实行的答案。

29. 联锁在染色体上的基因在减数分裂期间一起移动，在中期Ⅰ染色体排列期间不随机分离。

批判性思维

30. 优点是人们想要的植物特性会被遗传。缺点是如果植物不发生变异，随着疾病等新问题的出现，植物可能无法存活。

31. 接受任何符合逻辑的假设。

总结性评价

32. 互换、突变、分离定律和自由组合定律则都是后代产生变异和多样性的方式。

33. 答案不唯一，但应包括对突破的详细描述以及该研究下一步要进行的项目。

34. 计划应包括确定哪些白羊是杂合子的方法；它们不应该再被饲养了。

35. 1∶1，花色∶无花色。

36. 为了确保异花杂交，孟德尔需要确保子代杂合子植物是他异花授粉的结果，而不是其他外来花粉干扰的结果。

37. 孟德尔培育植物进行试验的目的，是能够对豌豆植株性状的遗传方式提出假设。

P292—293 **标准化测试**

选择题

1. A　2. A　3. D　4. B　5. A　6. C　7. D　8. B　9. C

简答题

10. 互换发生在两条不同的染色体之间，但不发生在连接在一起的染色单体之间。此外，它发生在位于各自染色体相同位置的部分之间。例如，在B和H之间，在D和E之间，在C和F之间可能存在互换。只要它们符合互换的规律，可以接受所有合理的答案。

11. 互换可能发生在同源染色体联会期，即发生在前期Ⅰ。在这个阶段，染色体已经复制，但它们没有分离。当染色体紧密排列在一起时，就会发生互换。

12. CO_2 浓度的降低会减缓光合作用中卡尔文循环的过程。糖的合成速度会更慢，植物的生长速度也会更慢。

13. 减数分裂造成一个生物体产生的生殖细胞中有大量不同的基因组成，因为这些基因是彼此独立的，也因为这些细胞是单倍体，当它们与另一个生殖细胞（卵子或精子)结合时,会为遗传变异提供更多的机会。

14. 染色体复制,并形成两条附着在着丝粒上的染色单体。

15. 答案不唯一。可能的答案是减数分裂会发生两次分裂,原因是:首先,染色体分裂形成单倍体数量的染色体;然后,在第二次减数分裂中,发生的细胞分裂来分离染色单体。这使得减数分裂的产物是 4 个单倍体子细胞。如果没有两次分裂,子细胞中的染色单体数量将太多。

16. 环境中存在许多致癌物质,包括紫外线、X 射线、烟草烟雾和其他化学物质。

开放题

17. 该图显示的细胞是单倍体,因为它是生殖细胞。在受精过程中,它与另一个单倍体细胞($n=6$)结合形成一个二倍体($n=12$)。后代以二倍体的形式存在,拥有 12 条染色体。

18. 如果有丝分裂并不完全精确。产生的一个或两个子细胞可能无法行使正常的生理功能。

论述题

19. 答案不唯一。学生应选择并陈述一方,并为其观点提供支持。学生还可以为干细胞研究是否有利还是有风险提供支持的实例。

第 11 章
复杂遗传和人类遗传学

P294 起步实验

分析

1. 答案不唯一，但应该能让你对你的学生关于人类遗传的知识、背景和经历有所了解。识别并纠正所有的误解。
2. 了解人类遗传对于理解涉及遗传特征的法律、社会和道德问题是必要的。这些知识可以帮助人们做出一些健康决策。

第 1 节 人类遗传的基本模式

P300 迷你实验 1

分析

1. 通过系谱图，人们可以从一代跟踪到下一代遗传的特征。
2. 对于那些受不良性格影响的家庭，可以向他们提供关于未来孩子拥有这些性格的概率的建议。然而，仅从少数家庭成员获得的谱系信息可能不准确、不可靠或具有误导性。

P301 第 1 节 测评

1. 图略。提示：系谱图应显示父母均为携带者(一半深色一半浅色的填充符号)和他们所生的患有囊性纤维病的小孩(完全用深色填充符号)。
2. 隐性的遗传缺陷和显性的遗传缺陷。
3. 不能，由于白化病是隐性性状，因此白化病双亲所能拥有的唯一后代类型是白化病。
4. 父母双方都携带隐性基因，即基因型为 Tt。他们的符号应该是一半深色一半浅色的。他们的儿子基因型为 tt。他的符号应该完全用深色填充。
5. 1/4，1/16 (即 1/4 ×1/4)
6. 答案不唯一，可能包括：为什么这对夫妇想要检测囊性纤维化基因？两个家族都有囊性纤维化病史吗？

第 2 节 复杂的遗传模式

P303 数据分析实验

批判性思维

1. 20＋
2. 发热百分比以两岁以下者最高，20 岁以上者最低。一般说来，发热随着年龄的增长而减轻。

P310　第 2 节　测评

1. 不完全显性和共显性；孟德尔描述的遗传模式非常简单。
2. 异位显性发生在一个等位基因掩盖或隐藏另一个等位基因的表达的时候。它不同于显性遗传，因为一对等位基因中的隐性基因可能掩盖另一对等位基因的显性基因。
3. 双亲均为杂合子并且携带一个隐性 O(i)型基因。
4. 同卵双胞胎在遗传学上是完全一致的，因此相同的性状是遗传的，而不同的性状极有可能是环境影响的结果。
5. 镰状细胞病既有优势也有劣势。在杂合状态下，患者对疟疾具有抵抗性。在纯合状态下，患者患有严重的镰状细胞病。
6. 100%（父亲传递给后代一条 Y 染色体，母亲传递给后代一条具有正常视力基因的 X 染色体）。

第 3 节　染色体与人类遗传

P314　迷你实验 2

分析

1. 答案不唯一。例如：我们获得了拇指灵活的抽查人数者与拇指不灵活的抽查人数的比例。
2. 学生可能会提出进行 DNA 分析或绘制系谱图以确定显性性状。在抽样数量小的种群中，即使性状是隐性的，也可能更常见，这可能会导致学生误认为它们是显性性状。

P315　第 3 节　测评

1. 确定个体的性别，染色体组型是否具有正确数量的染色体，是否有多余的或缺失的染色体。
2. 端粒保护染色体。
3. 简图应体现对染色体不分离的理解。
4. 男性只接受一条 X 染色体和一条 Y 染色体，因此缺失的片段可能包含重要的基因。对于有两条 X 染色体的女性，一条 X 染色体的片段缺失可以由另一条 X 染色体弥补。
5. 答案应体现对染色体组型的理解，并绘制出个体的 3 号染色体有三条。
6. 好处：发现遗传问题；风险：对胎儿造成伤害。
7. 小短文应表示出对不分离现象的理解。小短文不包括对唐氏综合征的描述。

P317　生物实验室

实验分析和结论

1. 因为男性决定了人类子代的性别。
2. 在任何情况下，男性和女性子代的比率分别都有 50%的机会。
3. 为了得到这个结果，父母双方都必须有波浪发(Hh)。
4. 答案将取决于所选择的性状。

5. 两个组产生相似结果的概率非常低。这就需要每个组对于每个性状的每一次抛硬币的结果都是完全相同的。

P319—321 第 11 章 测评

第 1 节 术语回顾

1. 携带者
2. 系谱图

要点理解

3. D
4. C
5. D
6. B

回答问题

7. 软骨发育不全，一种由突变引起的显性遗传病。
8. 因为亨廷顿病是一种罕见的疾病，父亲的基因型可能是 Dd；他们每个孩子都有50%的概率成为 Dd，50%的概率成为 dd。

批判性思维

9. 因为氯离子不能扩散出细胞，水也不会跟着扩散出来，所以黏液比正常情况下要厚。

第 2 节 术语回顾

10. 不完全显性
11. 多基因性状
12. 伴性遗传

要点理解

13. A
14. B
15. C

回答问题

16. 决定是否有黑色素的显性等位基因 E 的隐性等位基因 e，可以隐藏决定黑色素有多黑的显性等位基因 B。
17. 不是，红绿色盲是连锁 X 染色体的伴性遗传，男性只有一条 X 染色体。
18. 会看到连续变异的表型，即看到每个表型之间的微小差异。

批判性思维

19. 人类家庭成员少，世代时间长，由于伦理原因无法在对照实验中进行研究。
20. 该性状受到强烈的遗传影响。

第 3 节 术语回顾

21. 端粒
22. 不分离现象

23. 染色体组型

要点理解

24. C

25. C

26. C

27. C

回答问题

28. 羊膜穿刺和胎儿绒毛取样均可生成图中的染色体组型。

29. 明显的面部特征、身材短小、心脏有缺陷且精神失常。

30. 因为不正常的染色体数目会导致致死的缺陷疾病。

批判性思维

31. 答案会有所不同，但可能包括：在细胞分裂过程中保护染色体和对抗细胞内一些氧化酶。

32. 由于女性通常会使一条 X 染色体失活，患有特纳综合征的女孩只有一条 X 染色体，而该条染色体具有色盲基因。

33. 会导致图解该细胞减数分裂期间出现不分离现象。

总结性测评

34. ABO 血型是多重等位基因和共显性的例子，而不是只由两个等位基因控制，其中一个基因占优势。如果 ABO 血型遵循孟德尔定律，那么只有两个等位基因(如 A 和 B)产生 3 种基因型(AA、AB、BB)和 2 种表型(A 型血、B 型血)。真实的血型遗传是复杂的，共有 3 个等位基因、9 种基因型和 4 种表型。

35. 血友病是一种连锁 X 染色体的隐性性状。

36. 发生了染色体不分离现象。

37. 文字描述和系谱图应体现出对所选择的疾病的理解。

38. 雄性受温度影响更多，因为在 31℃温度条件下雄性的平均翅长大于雌性。

P322—323 标准化测试

选择题

1. C　2. A　3. B　4. B　5. D　6. B　7. C　8. B　9. D

简答题

10. P 方阵表示了杂交的结果。

	Y	y
y	Yy	yy
y	Yy	yy

11. 纯合植株占总数的 50%。因为基因型为 yy 的植株为纯合植株。

12. 亨廷顿症的发病时间晚于大多数人生育孩子的年龄。所以虽然它是一种致命的疾病，但它可能要等到人们已经生育后代之后才会被发现。

13. 当细胞周期被破坏时，发生有丝分裂的时间会增加。细胞不受控制地进行分裂，由此产生的癌细胞聚集形成肿瘤。

14. 以下步骤是可以的，但学生可以通过将以下列出的一个或多个步骤组合在一起，以较少的步骤回答。

A. 在减数分裂Ⅱ期的细胞分裂过程中，姐妹染色单体开始分离。

B. 染色体分离不均等，导致不分离现象，一个配子获得多余的染色体。

C. 在卵子或精子中有一条多余染色体的配子，参与受精作用。

D. 由此产生的胚胎由三条染色体代替它的一对染色体：三体性。

15. 电子传递由两种膜完成。这一事实可能很重要，因为它可以为结构或起源的相似性提供证据。另一方面，两种膜执行相同功能的事实也可能是巧合。

16. 最简单的解释是，这种疾病是由于一对等位基因的不完全显性造成的。例如，该疾病可能是由隐性基因 h 引起的，隐性基因 h 在显性基因 H 的存在下部分表达。父母的基因型可能是 Hh，这使他们患上了轻度疾病。所生孩子的基因型为 hh，这使该后代患有严重症状的该病。

17. 举例可能会有所不同，但应该说出对三种多样性不同之处的理解。例如：物种多样性：在热带雨林地区，有各种各样的鸟类种群、开花植物等；遗传多样性：在种群中的乌鸦，有控制不同颜色羽毛的基因；生态系统多样性：当你周游世界时，你会发现支持不同生物种群的不同类型的生态系统。

开放题

18. 该图表示 TCA 或三羧酸循环，丙酮酸转化为乙酰辅酶 A，释放 CO_2 和 NADH。乙酰辅酶 A 和四碳化合物结合形成柠檬酸。柠檬酸进一步反应，释放 CO_2、NADH 和 $FADH_2$，并产生 ATP。柠檬酸最终转化为四碳化合物，结合下一个乙酰基团。

19. 微管提供结构支持并参与细胞内物质的运输，微管也有助于在有丝分裂中染色体的分离。没有微管的细胞可能其运输物质或进行有丝分裂的能力会降低。

论述题

20. 孟德尔会杂交白色和紫色植株，然后再杂交它们的子代。因为白色或紫色中有一种性状是隐性的，所以可以看出哪种性状在两个杂合子的杂交后代中最不常见。隐性性状在这种杂交中最不可能出现。论文中的回答应该详细解释所有可能的结果，以确定隐性性状和显性性状是如何被确定的。

第 12 章

分子遗传学

P324 起步实验

分析

1. 答案不唯一,时间线应该相似,因为所有学生使用相同的资料来源。
2. 答案不唯一,但学生们应该发现每位科学家的工作都依赖于之前其他科学家的实验结果。

第 1 节 DNA:遗传物质

P331 迷你实验 1

分析

1. DNA 分子结构类似有扶手的楼梯,扶手之间有横档,这些横档像螺旋的楼梯一样缠绕。
2. 糖和磷酸基代表扶手;含氮碱基代表台阶或横档。
3. 不同模型中的横档包含了代表遗传密码的不同排序的含氮碱基。除了同卵双生或同卵三胞胎以外,每个生物体都有自己独特的遗传密码。

P332 第 1 节 测评

1. 格里菲斯证明,细菌可以通过遗传物质的转移而发生转化;艾弗里证明 DNA 是转化因子。
2. 富兰克林的 51 号照片表示的是螺旋结构的特点。她的数据显示了两条链之间的距离。查格拉夫的数据暗示出碱基是如何配对的。
3. 绘制的片段应显示 C—G 和 A—T 碱基配对以及两条链的反向平行。
4. DNA 缠绕在组蛋白周围形成核小体,核小体聚集在一起形成染色质纤维,染色质纤维超螺旋形成染色体。
5. DNA 必须能够编码蛋白质并能够自我复制。
6. 他们使用放射性硫元素,是因为硫只存在于蛋白质中,使用放射性磷元素是因为磷只存在于 DNA 中。他们不可以改用碳或氧来进行,因为这些元素同时存在于 DNA 和蛋白质中。

第 2 节 DNA 的复制

P334 迷你实验 2

分析

1. 一条链(亲本链)来自原始 DNA 分子,占新合成的 DNA 双链的一半。

2. 核苷酸可能不会在新合成的 DNA 链中连接。DNA 连接酶完成核苷酸连接过程。
3. 碱基配对的位置。

P335 第 2 节 测评

1. 3′TACCCCGCG 5′
2. DNA 解旋酶是一种解开 DNA 双螺旋链的酶,DNA 聚合酶是一种在复制过程中合成新的 DNA 链的酶,DNA 连接酶是将 DNA 冈崎片段连接在一起的酶。
3. 绘图应显示前导链连续合成,而后随链是在以片段形式合成后再连接起来的。
4. 在真核细胞中,染色体的结构要复杂得多,而且染色体更大。真核细胞有许多复制起点,而原核生物只有一个。
5. 300 万对碱基

第 3 节 DNA、RNA 和蛋白质

P340 数据分析实验 1

批判性思维

1. 未经利福平处理的细菌和病毒 RNA 的荧光水平随时间增加而增多。
2. RNA 合成受到了抑制。
3. 利福平对大肠杆菌和耻垢分枝杆菌有很大影响。病毒 RNA 受到的是轻微影响。

P341 第 3 节 测评

1. RNA 由 DNA 的模板链合成,用于指导氨基酸连接形成蛋白质。
2. rRNA 是核糖体的主要成分,mRNA 携带 DNA 模板链的互补密码子到核糖体进行蛋白质的合成,tRNA 将氨基酸运输到核糖体进行蛋白质合成。
3. 密码子是 mRNA 中的三碱基密码。反密码子是 tRNA 上与 mRNA 密码子互补的三碱基序列。
4. mRNA 聚合酶在转录过程中启始 mRNA 合成。
5. 进一步的研究和实验使科学家了解了更多的信息,并进一步完善了这一假说。
6. $4\times4\times4\times4=4^4=256$

第 4 节 基因的调控和突变

P348 数据分析实验 2

批判性思维

1. 培养基中化合物的量越大,发生回补突变的概率越高。
2. A 是最强的诱变剂,产生最多的回补突变的菌落。

P349　第 4 节　测评

1. 基因调控通常确保 DNA 的精确复制，但偶尔会发生对表型有显著影响的突变。
2. 两种主要类型是：改变 DNA 正常结构的辐射以及化学物质。
3. 图解应该显示大肠杆菌的乳糖操纵子会诱导其乳糖消化酶的分泌。
4. 血红蛋白基因的点突变导致蛋白质异常折叠。
5. 在原核生物中，基因调控通常由操纵子控制；真核细胞的调控涉及许多调控基因。
6. 生物体的每个性状都对应两个等位基因。这两个基因同时都编码突变蛋白的概率极低，因此正常的等位基因通常会被表达，而隐性基因将遗传给后代。
7. 因为 DNA 聚合酶“校对”复制结果，存在修复系统以及 DNA 分子结构稳定。
8. 文章应该指出 Hox 基因调控动物发育的胚胎中的细胞分化过程。

P351　生物实验室

实验分析和结论

1. 答案不唯一。它看起来像悬着的白线。
2. 这是用物理的方式破坏细胞并释放其内容物。
3. 如果样本被污染，可能存在另一种生物的 DNA。

P353—355　第 12 章　测评

第 1 节　术语回顾

1. 双螺旋结构
2. 核小体

要点理解

3. B
4. A
5. C
6. A
7. C

回答问题

8. DNA 缠绕在组蛋白周围形成核小体，核小体缠绕形成染色质纤维。染色质纤维超螺旋形成染色体。
9. 富兰克林用 X 射线衍射技术拍摄了这张照片。圆圈显示 DNA“阶梯”轨道的螺旋形状。X 表示碱基配对的位置，形成螺旋阶梯的“横档”。

批判性思维

10. 通过对被杀死前的 S 型细菌的 DNA 进行放射性磷元素标记，当放射性 DNA 被 R 型细菌细胞吸收和整合时，人们就可以追踪它。
11. 他们会发现病毒中代代相传的是放射性硫元素，而不是 DNA 中的放射性磷元素。

第 2 节　术语回顾

12. DNA 聚合酶是催化 DNA 复制的酶。

13. 半保留复制是 DNA 自我复制的方法。

14. 冈崎片段是在后随链复制过程中产生的新的 DNA 短链。

要点理解

15. A

16. B

回答问题

17. DNA 解旋酶解开 DNA 双链，RNA 引发酶给每条 DNA 链加上了一个短的 RNA 引物，DNA 聚合酶催化相应的互补核苷酸添加到新的 DNA 链上，DNA 连接酶将冈崎片段连接在一起。

18. 该图应显示前导链和后随链，并标明 DNA 聚合酶、DNA 解旋酶、冈崎片段和 DNA 连接酶的部位。

批判性思维

19. 在细菌中，有一个复制起点，复制是双向的。在真核生物中，沿着 DNA 链有多个复制起点，因此这是一个真核细胞。

20. 真核细胞的染色体可以由多达一百万个碱基对组成，具有多个 DNA 复制起点使得复制可以在多个复制区域以更快的速度进行。

21. DNA 的一条链作为模板来合成互补的另一条链。互补链由互补的碱基构成。

第 3 节 术语回顾

22. mRNA 包含了来自 DNA 链的密码；tRNA 具有与 mRNA 链上的密码子相对应的反密码子。

23. RNA 聚合酶催化 mRNA 的转录，mRNA 包含了密码子，其在翻译过程中编码氨基酸序列。

24. 内含子是前体 mRNA 的一部分，它可以中断外显子中包含的密码。

要点理解

25. C

26. B

27. A

回答问题

28. 转录包括 DNA 的解链和与 DNA 模板链互补的 mRNA 链的合成。翻译包括从 mRNA 合成蛋白质，发生在细胞质中的核糖体上。在原核生物中，翻译和转录都发生在细胞质中，因为它们没有细胞核。在真核生物中，转录发生在细胞核中，翻译发生在细胞质中。在两者中，翻译都发生在核糖体上。

29. 霉菌孢子通过 X 射线照射而发生变异。如果突变的孢子不能在基本培养基上生长，从而明确它缺乏的是什么氨基酸。

批判性思维

30. 5“AUGCCAGUCAUC 3”；氨基酸序列：蛋氨酸(start)、脯氨酸、缬氨酸、异亮氨酸。

第 4 节　术语回顾

31. 操纵子

32. 基因调控

33. 突变

要点理解

34. D

35. C

36. B

回答问题

37. 色氨酸作为辅阻遏物，与无活性的阻遏蛋白相结合使其被激活，导致合成色氨酸所需的酶的合成被抑制。

38. RNA 干扰包括与 mRNA 结合并干扰其表达的小的 RNA 片段。

批判性思维

39. 对于许多的氨基酸，其第三个位置可能是任何一个碱基，第三个碱基的改变不会改变它编码的氨基酸种类。

40. 答案可能包括减少产生抑制酶的数量。增多的突变可能产生适应，从而增加在不断变化的环境条件下生存的机会。

总结性测评

41. 蛋白质合成的中心法则是 DNA 编码 RNA，RNA 指导蛋白质的合成。

42. 答案不唯一，但应包括一种情况，即科学家们利用团队合作来确定或回答一个常见的困惑、难题或探究活动。

43. 答案不唯一。学生应该为自己的观点进行论证。

资料分析题

44. 图中应显示楼梯的扶手是磷酸基与糖的结合。楼梯的阶梯是通过双键（氢键）配对的胸腺嘧啶与腺嘌呤，通过三键（氢键）配对的胞嘧啶与鸟嘌呤。

45. 胞嘧啶通过氢键与鸟嘌呤配对，胸腺嘧啶通过氢键与腺嘌呤配对。

46. 氢键可能断裂，母链作为合成新的子链的模板。

P356—357　标准化测试

选择题

1. A　2. A　3. C　4. A　5. D　6. A　7. C　8. C

简答题

9. 自由组合定律阐明的是在形成配子的减数分裂过程中，等位基因是随机分离的。因此，YyRr 的双基因杂交将产生 9∶3∶3∶1 的表型比，P 方阵如下：

	YR	Yr	yR	yr
YR	YYRR	YYRr	YyRR	YyRr
Yr	YYRr	YYrr	YyRr	Yyrr
yR	YyRR	YyRr	yyRR	yyRr
yr	YyRr	Yyrr	yyRr	yyrr

10. 答案不唯一,但应该表明技术和其对重新理解 DNA 的结构之间的联系。例如:X 射线衍射是一种拍摄分子结构照片的技术。富兰克林利用这项技术发现 DNA 分子具有双螺旋结构。

11. 仅发生在雌性动物身上的外部颜色的变化可能是由剂量补偿作用引起的。表达程度取决于雌性体内存在的等位基因数量。性染色体连锁的基因不太可能引起这种影响,除非这些基因在男性中不表达或是致死的。

12. 两种性状都是纯合的基因型为 RRYY,RRyy,rrYY 和 rryy。纯合基因型占总基因型的 25%。确定两种性状的子代纯合子百分比的最简单方法是列出一个 P 方阵。

13. 孟德尔的研究表明,遗传具有非常规律的模式,因此他提出了关于是什么导致这些模式的问题。

14. 这种生物的染色体组型含有 5 条染色体。单体性是指一对染色体中缺少一条染色体。该生物体的染色体数为 $2n=6$,即 6 条染色体。一条染色体的缺失将导致染色体组型中共有 5 条染色体。

15. 编码蛋白质时不需要的内含子被从 mRNA 序列中剪切出去。

16. 假设是对一种现象的特定研究问题的初步解释。一个假设必须是可验证的,以确定它是不是现象的有效解释。如果一个假设是不可验证的,它就不能得到证据的支持。

开放题

17. 这是一种与性别有关的疾病,致病基因是隐性的。它与性别有关,是因为该病本身在男性中出现的频率要高得多,而女性通常只是该病基因的携带者,这表明她们的第二条 X 染色体上有另一个占优势的基因,该基因覆盖了系谱图中推测到的致病基因。该家系中推测到的致病基因是隐性的,是因为它只能发生在从父母双方获得该致病基因的女性身上。

18. 脊髓中受损的神经无法通过细胞分裂而形成新的神经细胞来进行自我修复。这意味着脊髓受伤通常是永久性的。

19. 答案可能各不相同,但应该描述"沃森和克里克关于 DNA 结构的观点的发表,以及富兰克林关于 DNA 形状的发现的发表"是如何使双螺旋在科学界广为人知的。这反过来又使其他人有可能重复他们的发现,或者确定这些发现是否与有关 DNA 结构的其他证据保持一致。

论述题

20. 答案不唯一。学生应清楚地说明研究目的以及双胞胎参与的原因。例如,学生们可能会建议对一个健康问题进行研究。他们可以建议对由遗传和环境因素引起的疾病进行研究，如心脏病或糖尿病。该研究还可以涉及其他健康问题，例如行为特征的开发或复杂的身体特征，如身高和体重。同卵双胞胎可能对研究有用，因为他们在基因上是相同的。同卵双胞胎之间的差异可能来自环境因素，因为双胞胎之间没有遗传差异。另一方面，异卵双胞胎可以被纳入一项研究，以显示哪些性状受遗传因素的影响。异卵双胞胎在基因上是不同的，但在他们的成长过程中可能有相似的环境因素。因此，异卵双胞胎在双胞胎研究中也很有用。

第 13 章

遗传学和生物技术

P358　起步实验

分析

1. 扑克牌是成对排列的，因为基因通常是以成对的等位基因遗传的，从父母各获得一个等位基因。
2. 当剩余扑克牌的数量减少时，所选基因(扑克牌)的百分比增加。随着某一特定基因在种群中所占比例的增加，个体获得该基因的可能性也随之增加。

第 1 节　遗传学的应用

P361　迷你实验 1

分析

1. 这些预防措施确保没有其他花粉与百合花接触，因此，繁育者能判断出后代的基因组成。
2. 杂交百合是杂合子，当它自交时，产生的组合将是杂合子、显性纯合子和隐性纯合子。这些基因型将产生一些与杂交百合不同的表型。

P362　第 1 节　测评

1. 选择培育可以对农作物的生产产生积极影响，包括提高产量和质量，减少维护和不可食用作物的数量。然而，选择培育也是昂贵和耗时的。
2. 三种目的性状是：更长、更密的头发，发育成熟的速度更快，瘦肉产量增加；性状是通过杂交或同系繁殖传递到下一代的。
3. 同系繁殖和杂交都是为后代获得目的性状的方法。同系繁殖包括亲缘关系很近的繁殖。
4. 表型是一半的橙子有籽，一半没有籽。
5. 该母牛和公牛有着很近的亲缘关系，并且由于牛奶减产的性状都是隐性纯合的，因此不应该进行近交，因为“坏的”性状将遗传给所有后代。
6. 黑猫的基因型为 Bb。

第 2 节　DNA 技术

P365　迷你实验 2

分析

1. 答案将取决于环状 DNA 被切割的位置。如果环状 DNA 有 3 个切口，可能会产生两种重组质粒。
2. 剪刀代表了限制性内切核酸酶 EcoRⅠ，因为它们切割了包含有 GAATTC 序列的 DNA

片段。

P371　第 2 节　测评

1. 基因组 DNA 被限制性内切核酸酶剪切。分离出目的 DNA 片段。使用 DNA 连接酶将该 DNA 片段插入质粒(载体)。将含有目的 DNA 片段的质粒插入宿主细胞中,从而产生大量的重组质粒。
2. 质粒含有抗生素抗性基因,用于筛选哪些细菌细胞成功地被质粒转化。
3. 基因工程使得生产药物的来源更广泛以及减少对杀虫剂的使用来促进人类健康的。
4. 基因工程直接将一种生物体的 DNA 插入另一种生物体,而选择培育通过育种影响生物体的基因组。
5. 答案应该参考一部特定的电影,评估转基因生物的知识和生物技术的发展速度。
6. 一家公司可能合成 DNA 来掩盖个人基因组中的缺陷基因,并将其出售给使用药物的公司和个人。合成的 DNA 也可用于农业、农药、医药或化妆品领域。

第 3 节　人类基因组

P376　数据分析实验

批判性思维

1. 在 253 个斑点中,48 个是红色(比率为:19%),32 个是黄色(比率为:13%),173 个是绿色(比率为:68%)。
2. 黑色斑点出现在正常细胞或癌细胞中的特定基因未表达的时候。例如,这可能是一个只在胚胎发育过程中表达的基因。
3. 基于微阵列芯片,可以选择在前列腺癌细胞中表达较高或在正常细胞中表达较高的基因,可以将这些基因中的一个看作是能引起前列腺癌的基因进行研究。

P379　第 3 节　测评

1. 就像建筑蓝图一样,人类基因组包含构建生物体所需的所有信息。
2. DNA 指纹技术提高了识别罪犯和受害者的准确性,因为每个个体都具有独特的 DNA 片段位点图谱,这种图谱是在非编码区的 DNA 被分离后产生的。
3. 单体型图谱计划可以提高医生诊断疾病的能力,因为包含多个突变的基因组区域将与不同的疾病状态相关。因此,医生可以对患者 DNA 的特定区域进行排序,并确定患者是否易患特定的疾病。
4. 使用载体将具有功能的 DNA 传递给患者;目的是为疾病提供新的治疗方法和可能的治愈方法。
5. 人类基因组包含大量非编码 DNA,因为随着时间的推移,人类已经整合了来自其他生物体的 DNA,如病毒。
6. 1.6×10^{7} 个密码子。

P381 生物实验室

实验分析和结论

1. 学生的答案不唯一，但应得到证据的支持。
2. PCR 可用于扩增样本并复制数百万份提取的 DNA 分子。
3. 样本可能被其他来源的 DNA 污染。限制性内切核酸酶与 DNA 样本培养的温度可能不正确。如果电泳时间不够长，DNA 条带将无法完全地分离；如果电泳时间过长，所有的 DNA 条带都会移动到凝胶的底部。
4. 答案不唯一。学生的计划应包括改进 DNA 收集、样本处理或样本电泳的方法。

P383—385 第 13 章 测评

第 1 节 术语回顾

1. 测交
2. 同系繁殖

要点理解

3. B
4. C

回答问题

5. 杂种番茄植株被培育成具有两个亲本优良特性一种生物，每个亲本都有一个优良特性。因此，一个亲本生长更快，而另一个亲本抗虫草剂能力更强。
6. 多基因性状是指在选择培育中受多对等位基因影响的性状，具有目的性状的生物体被培育来传递这些性状。如果性状受多个基因影响，了解不同基因组合如何相互作用对于从杂交中获得目的性状很重要。
7. 选择培育的一些优势在于，植物和动物可以生长得更快，产生更多的后代（或果实），并且能够抵御细菌的侵染。选择培育的一些缺点是时间密集、费用昂贵，并且需要几代时间才能生产出具有目标性状的后代。

批判性思维

8. 野外很少有纯种动物，因为交配通常发生在远缘生物之间，后代的杂合子占比更多。
9. 如果对某一特定性状起作用的所有基因都已知，就能够利用测交来确定其基因型。在杂交中选择的一个生物体，其对于控制特定性状的所有基因都应该是隐性纯合的。

第 2 节 术语回顾

10. 基因工程
11. DNA 连接酶
12. 转化
13. 质粒

要点理解

14. A

15. B

16. A

回答问题

17. 生物对环境作出反应的重要基因，可能会因为基因工程而减少对其的自然选择，或导致产生具有意外表型的生物。

18. 所有的细菌菌落都会生长，但你无法确定哪些细胞携带了质粒。

19. 流程图包含聚合酶链式反应三个主要反应阶段：第一阶段是加热到高温以分离DNA模板的双链，第二阶段是冷却到允许引物结合到DNA模板互补区域的温度，第三阶段是延伸，DNA聚合酶将新的脱氧核苷酸连接到子链上。

批判性思维

20. (1)第三条条带

(2)第一条条带

(3)第二条条带

21. 最大片段(1633 bp)应最靠近凝胶的负极，其次是1400 bp片段、1108 bp片段、601 bp片段和257 bp片段(应位于凝胶的正极)。

22. (1)起始DNA是环状的，因为HindⅢ酶切只产生了一个片段。

(2)酶切位点图将显示EcoRⅠ位点之间的180度角，以及EcoRⅠ位点之间的HindⅢ位点，但与EcoRⅠ位点之间不足90度角。

第3节　术语回顾

23. 生物信息学

24. 单体型

要点理解

25. D

26. C

27. C

回答问题

28. 微阵列芯片可以同时分析整个基因组，但它们非常昂贵。

29. 药物基因组学将减少药物的副作用，允许疾病的筛查，并为医生提供更准确的药物剂量。

30. 人类基因组测序使科学家能够比较不同人群和患有特定疾病的人群的基因组序列，以寻找突变或多态性。

批判性思维

31. DNA测序技术可用于通过对患有特定疾病的人的DNA进行测序，并将该序列与未患有该疾病的人进行比较，来识别有缺陷的基因。

DNA芯片可用于比较患有和未患有该疾病的人的基因表达。

32. 学生的实验流程图应包括以下内容：提取DNA，然后PCR扩增DNA，接着使用限制性内切核酸酶酶切扩增的DNA，最后进行凝胶电泳。电泳目的条带应与从已知个体提取的DNA条带进行比较。

总结性测评

33. 随着人类基因组计划的完成，科学家们能够找到许多使人身体虚弱的疾病的基因来源。检测乳腺癌、阿尔茨海默病和其他遗传疾病的遗传易感性成为可能。这项工作也带来了新的治疗手段，如基因治疗和研制更好的药物。
34. 答案不唯一。文章应涉及真实的基因和真实的操作过程。
35. A个体被3和6叮咬，B个体被5叮咬，C个体被7叮咬。
36. 如果一个人生病，他们可以知道哪种蚊子传播了这种疾病。
37. 这项技术的一个缺点是多只蚊子可以叮咬一个人，因此很难确定传播病原体的蚊子。

P386—387 标准化测试

选择题

1.D 2.C 3.B 4.C 5.C 6.B 7.D 8.B

简答题

9. 答案从左到右依次如下：

①遗传了该致病基因的男性，因此患有该疾病。

②有一个致病基因但不表达该病的女性，她是携带者。

③有一个致病基因但不表达该病的女性，她是携带者。

④没有遗传该致病基因的男性，因此不患该病。

10. 构成人体的大多数蛋白质在所有人身上都是相同的。人类之间的基因差异非常小。
11. 血友病是由一种X染色体上携带的隐性基因导致的遗传病。父亲的基因型为X^hY，母亲的基因型是X^HX^h，他们生儿子的概率是0.5，他们生的孩子患有血友病的概率是0.5。他们生出患血友病的男孩的概率是$(0.5\times0.5)=0.25$，或25%。
12. 第一个主要过程是转录，发生在细胞核中。在转录过程中，信使RNA是以DNA上的碱基序列为模板合成的。第二个主要过程是翻译，它发生在细胞的细胞质中。在翻译过程中，以信使RNA的碱基序列为模板合成蛋白质。翻译结束时，形成了完整的多肽链。
13. 答案不唯一。答案包括：囊性纤维化是一种影响消化系统和呼吸系统的隐性遗传缺陷疾病。泰—萨克斯病是隐性遗传缺陷疾病，影响神经系统。亨廷顿病是显性遗传缺陷疾病，影响神经系统。
14. 要培育出纯种个体，必须确保只有编码目的性状的等位基因存在。考虑到，由于种群的等位基因频率以及某些等位基因可能被显性等位基因掩盖的情况，培育一个纯种可能需要经历好几代时间。
15. 嘌呤碱基：腺嘌呤、鸟嘌呤；嘧啶碱基：胞嘧啶、胸腺嘧啶。嘌呤嘧啶碱基配对能够将DNA链的两条单链连接在一起。腺嘌呤与胸腺嘧啶配对，鸟嘌呤与胞嘧啶配对。

开放题

16. 答案不唯一。下表展呈现了一个参考答案：

突变类型	新的序列
成倍	CGATTGTTGACGTTTTAGGAT
添加(移码)	CGAGTTGACGTTTTAGGAT

17. 在大气中有足够的二氧化碳进行光合作用之前，化学合成可能是制造有机物的唯一方法。此外，环境可能更有利于化学合成，因为大气中存在一些无机气体和化学物质。

18. 非编码序列是无法被读取的区域。任何试图解码基因组的人都必须确定哪些区域为非编码区域，哪些区域为编码区域。

19. 叶绿体和线粒体的结构都提供了大量的表面积。这一点很重要，因为进行光合作用的过程和分解糖类获得能量的过程均可以最大限度地利用更大的表面积进行反应。

论述题

20. 答案不唯一。一种可能是凝胶电泳过程花费了太长时间。因为它的时间太长，分离的条带完全脱离凝胶，因此无法观察它们的间距。这个问题可以通过第二次进行凝胶电泳过程来解决，时间是原来的一半。这样，所有形成条带的 DNA 片段可能仍处于凝胶中。

第 14 章

生命演化史

P390 起步实验

分析

1. 会，古生物学家可以根据化石遗迹推断动物的许多物理特征，包括大小、体重、身体结构和（坐立的）姿势、运动方式和一般食物来源。他们只能猜测颜色、身体覆盖物、代谢过程、后代，以及基于对生物体环境、栖息地或其他信息了解的一些社会行为。
2. 化石有助于识别与骨骼特征相关的生理特征，如长度、高度、身体结构和（坐立的）姿势以及运动方式。牙齿的形状为生物体的饮食信息提供了线索。

第 1 节 进化的化石证据

P396 迷你实验

分析

1. 答案不唯一。年代最古老的化石发现于最深层；年代最近的化石发现于离地表最近的地层。
2. 如果不同的岩层包含相同的化石材料，我会得出的结论为环境在很长一段时间内没有改变。如果某些岩层不重叠，我会寻找地层中的干扰物，并将地层与该地区的其他地点进行比较。

P400 第 1 节 测评

1. 化石记录显示了不同地质时期不同生物的出现。化石证明，随着时间的推移，物种已从单细胞生命形式转变为最复杂的形式。
2. 可能的答案是：生物体死亡，然后是快速掩埋，接着是更多的沉积物堆积和石化作用，最后发生侵蚀作用。
3. 相对年龄少于 6 万年的未经改变的材料可直接使用碳-14 测年。化石的年代判断依据一定要与紧密连接的火成岩或变质岩中的放射性同位素有关。
4. 地球早期的陆地环境很热，地球是熔岩。一旦坚硬的地壳形成，生命就可以开始。今天的陆地环境充满了动植物。
5. 物种大灭绝事件发生之前的许多化石将在该事件发生之后消失，新物种将出现。
6. 0.002%

第 2 节　生命的起源

P406　数据分析实验

批判性思维

1. 真核生物的细胞质，即宿主细胞，吞噬含有质体的藻类，并将其包围在囊泡中（吞噬作用）。随着时间的推移，囊泡的内容物变成了另一种质体。
2. 在图 14～17 中，真核生物获得了线粒体和叶绿体。二次内共生学说解释了其他质体是如何由原本不含它们的真核生物形成的。

P407　第 2 节　测评

1. 科学家无法检测任何其他的可能性，化学方法似乎最有可能。此外，科学家已经能够猜测从早期存在于地球上的物质中产生了必要的生物分子。
2. 自然发生说是指生命起源于非生命物质的观点。生源论认为只有生物才能产生生物。
3. 原核细胞的结构比真核细胞的结构简单。
4. 不可以，如果原核细胞在早期有核细胞（真核细胞）内共生，那么它们可能相互有益，最终进化成真核细胞。
5. 简单的有机分子由于由能源引起的化学反应而结合形成复杂的分子。最终，氨基酸和蛋白质在原始细胞中形成。RNA 可能先于 DNA 存在。原核细胞共生产生真核细胞。
6. 答案应该包括：线粒体和叶绿体的大小与原核生物大致相同，它们自己的 DNA 和核糖体与原核生物的 DNA 和核糖体相似。

P409　生物实验室

实验分析和结论

1. 答案不唯一。学生应总结实验步骤。巴斯德的实验使用的是无菌营养肉汤，而这个实验使用的是牛肉肉汤。我们的实验步骤还包括加热肉汤。
2. 与环境中的微生物接触的肉汤中有微生物的生长。
3. 验证支持实验的结果。同行评审过程检查错误实验步骤并排除偏见。
4. 如果生物体可以由非生命物质产生，那么微生物将在暴露于空气中的无菌肉汤和完全密封的无菌肉汤中均能生长。
5. 答案不唯一。无菌肉汤煮沸后可能已被污染。

P411—413　第 14 章　测评

第 1 节　术语回顾

1. 放射性测年法
2. 化石
3. 古生物学家

要点理解

4. C

5. A

6. D

7. A

8. D

9. B

10. D

回答问题

11. 地层叠覆律帮助他们对化石进行相对测年法。

12. 学生的类比会有所不同。一个可能的类比是时钟。

13. $\frac{65000000}{4600000000}\times 100=1.4\%$

批判性思维

14. 琥珀是松柏科植物树脂形成的化石，因此环境可能是一片森林。

15. 从他们选择的化石类别中获得的信息，如环境、饮食等。

16. 化石层的年代不能超过中生代。科学家应该看看这一岩层以下的其他岩层，来获取二叠纪生物大灭绝的信息。

第2节 术语回顾

17. 自然发生说

18. 内共生理论

要点理解

19. A

20. B

21. C

22. C

23. C

24. A

回答问题

25. 简单有机分子的形成。

26. 米勒—尤列实验表明，许多科学家假设的早期地球大气层的气体混合物可以产生有机分子。

27. 学生可以选择叶绿体或线粒体的证据。如果原因得到论证支持，就接受其中任何一个。

批判性思维

28. 简单有机分子的形成；复杂有机分子的形成；原始细胞的出现；遗传物质的形成；原核细胞；原核细胞的共生；真核细胞。

29. 雷迪表明多细胞生物不是自发产生的，巴斯德表明微生物也不是自发产生的。两者都有助于支持生源论。

30. 均含有热硫酸;一些古细菌能在这种环境条件下生存。

31. 氧气形成了臭氧层,保护地球免受大部分太阳辐射,为真核生物的进化铺平了道路。

32. 生物化学家可以确定线粒体 DNA 与原核 DNA 的相似程度。

33. 合理性是线粒体和叶绿体与原核细胞的相似性,局限性是没有早期生命的痕迹可以证明这一理论。

总结性测评

34. 内容应包括说明化石类型的知识和对这些化石提供信息的推理。

35. 答案将取决于学生讨论的假设。

36. 在南美洲和非洲大陆上发现的一种特定物种的化石有助于证明板块构造理论、大陆漂移理论和泛大陆。

37. 氨基酸的形成、遗传物质的产生和原始细胞的产生。

38. 放射性测年法为化石提供了一个特定的日期,而不是一个相对的日期。

39. 不,它不可能成为一个理论。理论不会成为规律,规律也不会成为理论。

40. 达尔文可能不会将蛋白质包含在“有机体”的范围内,因为它们不是活细胞。

41. 达尔文会支持这个理论,因为它表明真核生物是从更原始的生物进化而来的。

42. 达尔文这句话的含义可能是所有生物都是从一个更古老的生物进化而来的。

P414—415 **标准化测试**

选择题

1. B　2. C　3. C　4. D　5. B　6. A　7. A

简答题

8. 3′ ACATCTGTGTTAATG 5′

9. 当胸腺嘧啶形成二聚体时,相邻的胸腺嘧啶碱基将相互结合,而不是与其相应的碱基结合。这在 DNA 链中形成一个扭结,影响 DNA 的复制,并可能干扰该 DNA 片段的翻译。

10. 在石化化石中,内部的空间填充满了矿物质。在置换化石中,矿物晶体取代了生物体原有的组成物质。

11. 答案可能会有所不同,但应解释以下步骤。

    A. 将要复制的 DNA 片段与四种脱氧核苷酸混合,然后加热。

    B. 当混合物加热时,DNA 双链解螺旋;当它冷却时,DNA 与引物结合。

    C. DNA 聚合酶按顺序连接正确的脱氧核苷酸,以复制 DNA 片段。

    整个过程重复了很多次。

12. 氧与某些矿物反应生成氧化物。地球上发现的早期岩石不含氧化物,因此科学家推测原始大气中几乎没有氧气。

13.

酶	酶的作用
单链 DNA 分子准备开始复制。	
DNA 解旋酶	“解旋”或解开 DNA 双螺旋结构
RNA 引发酶	在每条 DNA 链的末端添加一小段 RNA
DNA 聚合酶	作为催化剂，从 3′端开始添加新的脱氧核糖核苷酸
DNA 连接酶	连接两个脱氧核苷酸片段
两条相同的 DNA 链形成。	

14. 限制酶是一种细菌酶，可以识别 DNA 中的短核苷酸序列，并在特定位点切割 DNA 分子。这些酶可以用来将大的 DNA 分子水解成较短的片段，也能将具有不同来源的 DNA 片段重新组装成具有 DNA 重组序列的大分子。限制酶是基因工程中的一个重要工具，因为它们使科学家能够制造新的 DNA 分子，从而制造出特定的蛋白质。

15. 根据地层叠覆律，较新的岩层位于较古老的岩层之上。通过了解化石来自哪个岩石层，古生物学家就知道化石形成的时间比其他地层的化石形成时间是早还是晚。

开放题

16. 在选择培育中，动物和植物的某些理想性状会遗传给下一代，从而影响后代的遗传组成。同样在基因工程中，特定性状的基因被插入生物体的遗传物质中，从而遗传给后代。

17. 人体内环境必须保持在一定的温度范围内才能进行正常的生命活动。保持体温在适当的范围内是保持内环境稳态的一部分。例如，出汗有助于防止人体过热。

论述题

18. 原癌基因导致细胞比正常情况下更容易分裂。抑癌基因导致细胞停止分裂甚至死亡。这些基因控制着细胞的繁殖和生长。基因控制某些蛋白质的合成，这些蛋白质可能参与细胞生长、分裂或死亡的信号传递。随着细胞的增殖，基因，特别是原癌基因，将被遗传到子细胞，这个过程将继续下去。在细胞分裂失控的情况下，这可能导致肿瘤的形成。

第 15 章

进化

P416　起步实验

分析

1. 答案不唯一。提示:1 号正方形不太可能在有 8 个红色正方形的 B 组中被选择。
2. 有 8 个红色正方形的 B 组中的 1 号正方形不太可能被吃掉,因为有更多的红色正方形供捕食者选择。

第 1 节　以自然选择为核心的达尔文进化理论

P420　数据分析实验 1

批判性思维

1. 最高含油量:22%;最低含油量:0%
2. 需要 110～120 代。

P422　第 1 节　测评

1. 达尔文在南美洲收集了化石,在加拉帕戈斯和其他地方收集了标本,并沿路线进行了观察。
2. 达尔文观察到,个体是可变异的,变异是可遗传的。他还意识到,随着时间的推移,人工选择可能导致物种的改变。
3. 生物具有过度繁殖的能力(例如,蜘蛛产下数百枚卵);种群中的个体具有多种多样的变异(例如,群体中的每匹马都是唯一的);变异是可遗传的(例如,子女与父母相似);增加生殖机会的变异将在下一代中更常见(例如,彩色羽毛在下一代鸟类中更为常见,它们使鸟类在寻找配偶方面成功率更高。)
4. 华莱士得出了与达尔文相同的结论。
5. 如果物种没有变异,进化就不会发生。
6. 答案不唯一,但应该体现达尔文对加拉帕戈斯群岛的了解。

第 2 节　进化的证据

P429　迷你实验

分析

1. 帝王蝶为深橙色,翅膀边缘有黑色纹理和一排白色斑点。总督蝴蝶的颜色图案与帝王蝶相同,只是翅膀底部有一条黑色横着的条纹。
2. 答案可能会有所不同,但鲜艳的颜色可以作为警告,展示对天敌的毒性。

P430 第2节 测评

1. 化石揭示了已灭绝物种和现存物种之间的相似性，包括一些具有主要种群特征的形态。
2. 它们表明有共同的祖先，与没有这些特征的个体相比，具有这些特征的个体具有更高的适应性。
3. 在不同物种中发现的复杂生物化学物质可能并不是独立进化的。因此，它们表示出具有共同的祖先。
4. 形态学证据以物种的解剖结构为研究中心，生化证据以物种的生物分子化学特性为研究中心。
5. 鸟类和恐龙有着共同的祖先。
6. 如果抗生素处方剂量不足，使某些细菌对该药物产生耐药性的变异，增加了遗传给下一代的机会，下一代将有更大比例的耐药细菌。

第3节 进化理论的发展

P435 数据分析实验2

1. 5%左右
2. 因为在整个研究期间，弗吉尼亚的大气污染量可能一直很低。

P441 第3节 测评

1. 遗传学、遗传漂变、间断平衡理论或其他合理答案。
2. 种群数量非常大、交配是随机的、没有迁入或迁出、不发生突变、不发生自然选择。
3. 答案应该包括一个隔离机制。
4. 适应性辐射或趋异进化。
5. 答案不唯一，但应包括一个变量和一些方式的交配计划。也许河的一边的雄性会与河的另一边的雌性交配。
6. 两个独立但最近分开的种群的繁殖率很低，但不是零。此外，学生可能会指出大部分或所有杂交后代都是不育的，或者染色体数量存在的微小差异。

P443 生物实验室

实验分析和结论

1. 要计算百分比，学生应将幸存下来的“镊子/钳子”数量除以成年个体中“镊子/钳子”的总数。答案因班级数据而不同。
2. 为了确定成年个体中产生的后代数量，学生应计算每组中“镊子/钳子”产生的后代数量，然后相加求和。
3. 为了计算种群比例，学生应该写下（后代“镊子”的数量）∶（后代“钳子”的数量）。答案因班级数据而不同。
4. 答案因班级数据而不同。如果存活率低，种群将不会持续存在；如果生育的后代相对较少，那么种群后代可能会随着世代的推移而减少。

5. 生育后代数量最多的种群最有可能随着时间的推移使种群数量增加。更容易获得食物的自身结构变异很可能通过存活的个体遗传给后代。

P445—447　第15章　测评

第1节　术语回顾

1. 进化
2. 人工选择
3. 自然选择

要点理解

4. A
5. B

回答问题

6. 学生的例子不唯一。每个种群都有不同的个体。具有最有利变异的个体在生存和繁殖方面更占优势。他们的变异类型最终成为种群中的大多数。
7. 两者都是进化的例子。然而，人工选择是由人类选择变异来定向进化的。当环境选择了要传递给下一代的变异时，则是自然选择来定向进化的。

批判性思维

8. 排序如下：
   1. 种群产生了具有遗传变异的个体。
   2. 种群过度繁殖。
   3. 在特定环境中具有有利变异的个体以更快的速度生存和繁殖。
   4. 随着时间的推移，有利的变异会增加。
9. 随着时间的推移，一些物种可能会通过进化来适应不断升高的温度。其他物种可能定期迁徙以在相同的气候条件下存活。如果不能适应，这些物种可能会灭绝。

第2节　术语回顾

10. 痕迹结构
11. 适应度
12. 拟态

要点理解

13. C
14. B
15. A
16. D
17. D

回答问题

18. 细胞色素C是一种酶，存在于许多不同且看似无关的物种的代谢系统中。因为这个分子是复杂的，它可能没有在这些物种中单独进化。结构上的相似性表明了拥有共同的祖先，而序列上的差异量是自上一个共同祖先分支的差异指数。

19. 结论是这些昆虫已经进化出对先前有效杀虫剂的抗性。
20. 化石出现在许多地方。这些化石中的一部分显示了主要种群之间的过渡联系。其他化石显示了灭绝物种和至今活着的物种之间的相似性。

批判性思维

21. 答案不唯一。实验应该拥有一个变量。它应该包括一些颜色模式的人工选择，应该由学生陈述。例如，学生可以选择一个垂直模式来伪装背景中的垂直杂草。
22. 适应性辐射或者是趋异进化。

第3节　术语回顾

23. 渐进主义
24. 同地物种形成
25. 遗传漂变

要点理解

26. A
27. C

回答问题

28. 许多种群很小，交配不是随机的，发生动物迁徙，并且会发生突变。
29. 肌肉最强壮的蛤蜊会存活下来并产下更多的后代，如果这种力量是遗传的，那么后代的肌肉会更强壮。如果更强壮的肌肉个体更多，随着时间的推移，这会导致种群朝着肌肉更大的方向进化。
30. 遗传漂变是规模小的种群基因频率随机变化的结果。自然选择是由环境条件决定的，因此绝对不是随机的。

批判性思维

31. 学生应在实验开始时绘制一个较宽的“钟形”曲线图。在实验结束时，应叠加一个较窄的“钟形”曲线，其平均值在中等棕色附近。Y轴应标记为总体大小或数量，X轴应标记为浅棕色到深棕色。
32. 这一过程可能是趋同进化。

总结性测评

33. 答案不唯一，但应该说明以下的理解，即生物体不能主动选择适应新的环境。具有优良性状的生物体将存活下来繁殖后代，并因此将其基因传递给后代。答案还应该描述新形成的生态位以及其中分布的生物类型。
34. 答案不唯一，但应该讲述船上的生命，发现的各种相似的生物化石，或者加拉帕戈斯群岛上的各种物种。
35. 学生的回答会有所不同，但可能包括猎豹或其他经历过遗传瓶颈的种群。该段文字应解释，在发生此类事件后，所有个体可能在基因上几乎完全相同。
36. 证据包括化石记录、比较胚胎学、比较生物化学、痕迹结构和同源结构。
37. 达尔文把他的理论建立在个体变异的基础上，这些变异是遗传的，存在于所有生物体中。
38. 基因（基因突变和作用模式）今天被认为是达尔文提出的内部变异的来源。

39. 树栖鸟类种群中的一些个体可能生来比其他成员的喙更长。喙长的鸟类比喙短的鸟类存活的更多，因为它们更适合在树皮下觅食。随着时间的推移，种群中大部分是长喙鸟类。

P448—449 标准化测试

选择题

1. C 2. B 3. D 4. D 5. D 6. A 7. D 8. A

简答题

9. 实验结果至少有三种可能：无氨基酸形成、不同氨基酸形成以及相同氨基酸形成。这将取决于所放入的气体类型。

10. 阳光中的紫外线或地表岩石中的放射性衰变。

11. 科学家可以从微生物中分离出编码所需蛋白质的 DNA。DNA 可以插入到一个质粒上，该质粒将被导入到一种特定细菌的细胞中。这种蛋白质将由细菌细胞产生并储存起来使用。

12. 积极结果：可以种植营养价值更高的植物；可以培育出对某些疾病或昆虫具有抗性的作物。消极结果：制造转基因植物所需的费用可能会使农业生产更加昂贵；新的转基因作物可能因为这些新基因而产生意想不到的遗传问题。

13. 过度繁殖解释了为什么在现存的一代生物中，后代总是比现有资源所能维持的个体数量多。因此，一定有一些方式（自然选择）让一些个体生存，而另一些个体（那些不太适应自然的个体）则无法生存。

14. 原始细胞将受益于线粒体的存在，因为线粒体产生细胞可以利用的更多能量。

开放题

15. 这幅图阐明了化石的形成。通常，当化石形成初期，动物死亡并被沉积物覆盖。随着沉积物层层堆积，残骸最终被包裹在岩石中。矿物质取代了骨骼的孔隙空间和生物体的坚硬部分。接着，随着时间的推移，侵蚀会导致化石暴露。

16. 动植物的遗骸必须在腐烂前迅速掩埋。在潮湿的环境中，遗骸比在干燥的环境中更容易被沉积物覆盖。

论述题

17. 其他行星可能具有与地球上某些极端环境相似的条件。如果科学家了解生活在这些极端环境中的古细菌，他们可能有更好的机会发现和了解其他行星上的生物。

第 16 章

灵长类动物的进化

P450　起步实验

分析

1. 相似特征包括眼睛前倾，手指灵巧细长，四肢灵活，姿势直立，面部轮廓清晰，耳朵小；不同之处包括毛发、手臂和腿的长度以及鼻子的结构。

2. 接受所有合理的回答：学生们可能会说灵长类动物更聪明，或者说它们有对生的拇指。

第 1 节　灵长类动物

P459　数据分析实验

批判性思维

1. 因为婴猴、懒猴和狐猴最先从早期的灵长类动物中分化出来。

2. 根据灵长类系谱图，可能发生在 280 万年以前。

3. 猿类。

P460　第 1 节　测评

1. 灵巧的动手能力，双目立体视觉，灵活移动的手臂，相对较大的大脑。

2. 灵活移动的肢体和善于抓握的手在树枝间移动时很有用。双目立体视觉有助于测量到下一树枝的距离。一胎只繁育一个或两个后代更容易四处活动。

3. 图表略。提示：第一个灵长类动物可能出现在距今 8500 万年左右。具有一个共同的祖先，新大陆的猴子从旧大陆的猴子和其他类人猿谱系中分化出来大约 3000 到 3500 万年。

4. 答案不唯一，但应该包括对原猴亚目和类人猿亚目的描述，包括类人猿。

5. 泛大陆的分离使新大陆的猴子能够独立于其他灵长类动物种群进化。

6. 50 万/35 亿×100＝1.43％

第 2 节　从人科动物到古人类

P464　迷你实验 1

分析

1. 拇指粘在手掌上没有参与时，完成每项任务需要更长的时间和更大的力气。

2. 有对生拇指使生命活动更容易完成，且所需时间更少。

P466　第 2 节　测评

1. 草原上的草随着森林的减少而进化。新的环境导致了古人类的迁徙。

2. 体形大，在灵长类动物中大脑和大脑占身体的比例都是最大，有独特的臼齿，无尾。

3. 两足行走，大脑较大，枕骨大孔位于颅骨的下方。

4. 答案不唯一，但应该表明普罗猿是最古老的原始人类化石之一，被认为是人类的祖先。古人类包括“古人类化石”中的各种属和种，由几个重要的化石代表，包括汤恩幼儿和露西。学生的答案中应包括傍人和人属。

5. 南猿是一种小型南方古猿，大脑相对较小，但是直立行走。南方古猿非洲种是后来的直立行走动物，它的大脑更大。

6. 大多数学生会指出，如果没有对新环境的适应，原始人族就不会进化。

7. 古人类

第 3 节　人类的祖先

P468　迷你实验 2

分析

1. 两百万年前之后；欧亚大陆

2. 爪哇人和尼安德特人；智人和尼安德特人。化石重叠表明这些物种共存。

P473　第 3 节　测评

1. 智人可能超越了该属其他的现存物种。

2. 能人的身材矮小，具有原始的面骨，与南方古猿相似。他们建造工具。他们胳膊很长，这可能有助于他们爬树。

3. 一旦人类从非洲迁移到亚洲，他们可能会跟着猎物穿过白令海峡陆桥进入北美洲。

4. 尼安德特人看起来完全是人类，但眉脊更大，身体比智人更强壮、更短。尼安德特人的脑体积有时比智人的大。

5. 属于尼安德特人。

6. 语言对交流很重要。它使人们能够把知识传给后代，并相互交流思想。语言还提供了一种身份感，并使得知识以文字的形式保存下来。

P475　生物实验室

实验分析和结论

1. 可以依据它的腿、骨盆、枕骨大孔的位置和脚。

2. 基于腿、骨盆和脚，它是一个独立行走的物种。

3. 这个神秘骨骼代表了非洲南方古猿，尤其是露西。

4. 正如科学家经常遇到的那样，学生们的结论可能会有所不同。

5. 这个实验让学生们理解了为什么黑猩猩不能直立站立很长时间的原因。

P477—479 第 16 章 测评

第 1 节 术语回顾

1. 卷尾
2. 夜行性
3. 双目视觉

要点理解

4. A
5. B
6. C
7. D

回答问题

8. 双目视觉使得深度感知成为可能，而彩色视觉提供更高的视觉敏锐度。两者都是对树上生活方式的重要适应。
9. 新大陆猴、旧大陆猴、亚洲猿、非洲猿和人类。

批判性思维

10. 在第一批灵长类动物进化之前，南极洲可能已经远离了其他大陆。
11. 新大陆猴

第 2 节 术语回顾

12. 南方古猿是 100 万～420 万年前生活在非洲的小型类人猿。
13. 两足动物直立行走。
14. 人科动物是灵长类中体形最大的，大脑占身体的比例也是最大的。

要点理解

15. A
16. D
17. C
18. C

回答问题

19. 傍人可能是从原始南方古猿进化而来的，可能不是人类的原始祖先。
20. 在双足行走灵长类动物中，枕骨大孔位于颅底。它位于灵长类和其他非双足行走动物的脊椎动物的头骨后部。

批判性思维

21. 双足行走可能是对新的热带草原环境的一种适应。
22. 生物化学证据，如线粒体 DNA，在确定分支的时间线方面是有作用的，因为这种 DNA 不经历重组。

第 3 节 术语回顾

23. 人属
24. 尼安德特人
25. 智人

要点理解

26. C

27. A

28. A

29. B

30. B

回答问题

31. 能人是人属最早的成员。在这个群体中首先进化一些特征,包括更大的大脑容积和更小的牙齿。

32. 火的使用使早期人类得以将活动范围扩展到气候寒冷的北方。没有火,他们就不可能在温带环境的严冬里生存。

33. 人类将继续改变,但这可能导致也可能不导致基因频率的改变,即可能会进化也可能不会。

批判性思维

34. 与核 DNA 不同,线粒体 DNA 随时间推移其变化不大。因此,在进化关系的研究中,线粒体 DNA 的变化可以更容易地绘制出来。

35. 答案不唯一。学生们可能认为,如果没有现代人的入侵,尼安德特人是不会灭绝的。

36. 弗洛勒斯人由于体型较小,可能在现代人到达弗洛勒斯后,他们仍一直隐藏在森林中。

总结性测评

37. 答案不唯一。可能的共有特征:对生的拇指,较长的妊娠期,对视觉的依赖。

    区别:越来越复杂的大脑,语言和文化的出现,身材更加苗条。

    这三条区别的重要性:使现代人拥有更高层次的思维过程,更多的交流沟通,以及更快更敏捷的行动。

38. 答案不唯一,合理即可。

39. 500 千克四足动物。

40. 是的。人类的腿更长,所以他们的步幅更大。

P480—481　标准化测试

选择题

1. A　2. B　3. D　4. D　5. A　6. D　7. A

简答题

8. 黑豚鼠的基因型为 BB 或 Bb。将其与一只白色豚鼠(bb)杂交,你可以观察到是否有后代是白色的。如果后代出现白色豚鼠,那么黑豚鼠的基因型为 Bb。可能的杂交结果如下表:

	B	B
b	Bb	Bb
b	Bb	Bb

	B	b
b	Bb	bb
b	Bb	bb

9. 适应的类型是拟态。第二只鸟的羽毛颜色模仿第一只鸟的颜色。第一只鸟的颜色是一种选择优势，它警告潜在的捕食者不要捕食具有这种颜色的鸟。据推测，潜在的捕食者学习不吃这种颜色的鸟类是因为它们有毒。第二只鸟的相似颜色也是一种选择优势。它误导了潜在的捕食者，使他们不再捕食具有这种颜色的鸟类。
10. 根据多地区假说，人类是从世界不同的地区的不同的人群进化而来的。走出非洲假说认为现代人是非洲人的后裔。这些人中的一部分移居到世界各地。
11. 马拉硫磷抗性的等位基因在蚊子种群中，这是种群的自然变异，是可遗传的。由于自然选择，该等位基因在种群中变得更多，因为它有助于提高蚊子的生存能力。
12. 大陆板块的碰撞将在两个以前孤立的大陆之间形成一条陆地通道。以前从未相遇的陆地物种将相遇。一些陆地物种将扩展到新大陆，并可能与其近缘物种杂交。一些陆地物种可能会灭绝。

开放题

13. 在不同的时代，还有其他一些类似人类的物种，这些物种生活在地球的不同地区。智人可能已经使其他物种灭绝，或者可能智人更适合生存。现代人最终从非洲传播或迁徙到世界各地。
14. 由于引起感染的细菌可能对所有抗生素都不耐药，因此同时使用多种抗生素可确保阻止感染，同时不会造成自然选择新的耐药细菌菌株的情况。

论述题

15. 化石记录揭示了一些生活在过去的生物遗迹。化石生物是有用的，因为它们可以与现存生物或化石记录中的其他生物进行比较。化石遗骸可以让科学家看到生物在进化史上某些时候发生的细微变化。化石记录的问题在于它并不包括所有现存的生物。要作为化石保存，一种生物必须在特定条件下死亡。在化石记录中通常没有发现不寻常的生物，如可能是联系两种不同物种的过渡生物。

第 17 章

生物多样性的分类

P482 起步实验

分析

1. 学生应在分类策略中找到相同点和不同点。
2. 答案不唯一，但任何能够避免可能混淆的修改都是有用的，如关于为什么一些生物被放在同一个分类中。

第 1 节 生物分类的历史

P488 迷你实验 1

分析

1. 答案取决于小组是如何组建的。
2. 要将未知生物的特征与各组的特征进行比较。
3. 如果分类系统根据特定的标准对各组生物进行细分，则分类系统可能更有效。

P489 第 1 节 测评

1. 它对生物进行分类，使研究生物和观察生物之间的关系变得更容易。
2. 答案应体现第 486 页列出的原则。
3. 亚里士多德的分类系统是建立在经常令人困惑的截然不同的特征之上的。林奈的分类系统基于可观察的特征，包括形态和行为。现代分类系统包括进化关系。
4. 真核生物、动物、脊索动物、哺乳动物、食肉动物、熊科、熊属、大熊猫
5. 故事应阐述生物学分类的应用。
6. 一个门的生物之间存在更高的生物多样性，因为它更有包容性，包含更多的生物。唯一的例外是只包含一个物种的门。
7. 分类学是进行物种分类的科学学科，系统分类学是研究过去和现在的生物多样性，重点是进化史。

第 2 节 现代生物分类系统

P494 数据分析实验

批判性思维

1. DNA 序列
2. 发现两个非洲象的遗传差异几乎达到了两个属之间的一半，这表明它们是两个不同的物种。

3. 形态学性状、生化性状和行为特征的差异。
4. 居住在森林中的非洲象(Loxodonta cyclotis)将面临灭绝的危险,它可能成为非洲象属中唯一的物种。

P498　第2节　测评

1. 由于生物学物种和系统发育学物种概念的应用,许多物种已经被重新分类了。
2. 形态学物种概念:基于物理特征;生物学物种概念:基于杂交和产生可育后代的能力;系统发育物种概念:基于进化史。
3. 形态学性状、生化性状、染色体组成和行为特征的比较。
4. 单细胞,多细胞,脊柱,四肢,毛发。
5. 不同的基因以不同的速度变异。
6. 可能的答案:树是一个合适的比喻,因为它的树干代表共同的祖先,而它的树枝可以用来展示现代生物的进化历史。
7. 他们有共同的祖先。

第3节　域和届

P500　迷你实验2

分析

1. 大多数细菌是三种基本形状中的一种:杆状(杆菌),球形(球菌)和螺旋形(螺旋菌)。
2. 答案将取决于观察的细菌样本。一些细菌以长链生长,而另一些则形成团块。
3. 这些数据可用于开发基于形态特征(如形状)的分类系统。

P503　第3节　测评

1. 细菌域只包括细菌界。古细菌域只包括古细菌界。真核域包含原生生物界、真菌界、植物界和动物界。
2. 参见表17—3。
3. 答案不唯一。一些原生生物的细胞壁含有纤维素。真菌的细胞壁通常由几丁质组成。
4. 动物界。
5. 生化研究表明,古细菌和细菌之间的区别就像它们与真核生物之间的区别一样。
6. 答案不唯一。在反对将病毒包括在内的论点中,学生可能会指出,病毒不是由细胞组成的,甚至不被认为是活的。在支持纳入的论点中,学生可以指出,他们拥有遗传物质,这是其他生命的共同特征。

P505　生物实验室

分析和结论

1. 祖征是他们所选择的种群中所有生物体所共有的特征。衍征是指仅由某些生物体或其中一个生物体共享的性状。

2. 学生应指出他们使用衍征来分离进化枝，共享衍征表示拥有更接近的祖先。
3. 为每个进化树上选择的外群会有所不同，但学生应表明他们理解外群代表具有分支祖先特征的生物体这一概念。
4. 学生的回答会有所不同。一些小组可能画出相同的进化树，但其他小组画出的进化树可能不同。他们可能会发现，尽管进化树看起来可能不同，但相同的生物体被一同放在一个分支中。
5. 如果一个同功结构被认为是同源的，那么两个生物将被认为比它们实际的关系更密切。

P507—509　第 17 章　测评

第 1 节　术语回顾

1. 双名法
2. 属
3. 生物分类法

要点理解

4. C
5. D
6. A

回答问题

7. 每个生物都有两个拉丁学名。第一个学名识别属，第二个学名识别物种的名称。
8. 海马是一个有歧义的名字，可能意味着这种生物和马之间存在某种关系。

批判性思维

9. 创建类别并将其组织成一个分类系统，使科学家更容易研究生物体并确定生物体之间的关系。

第 2 节　术语回顾

10. 系统发生学是一个物种的进化史。性状是一种遗传特征，在一个物种的不同个体中有所不同。
11. 进化树是代表一个物种或其他分类物种进化的分支图。分子钟是一个模型，利用它来比较不同物种 DNA 序列的差异，来估计物种从共同祖先分枝后进化的时间。

要点理解

12. C
13. A
14. B
15. B
16. B
17. D

回答问题

18. 如果科学家依据不同的特征，进化树就会不同。
19. 首先，必须确定进化树中要依据的特征，然后，这些特征按照与祖先外群相比的进化顺序以线性方式排列。最后，绘制一条线，将每个生物或类群与特征连接起来，产生一个分支。

20. 两种生物的生化特征越相似，它们之间的进化关系就越相近。

批判性思维

21. 神创物种概念是基于物理特征的比较。系统发生学物种的概念是由进化史决定的。

22. 分子钟应该与突变率相对一致的基因一起使用。在突变不太一致的情况下，分子钟可以与其他数据(化石记录)结合使用，以确立进化关系。

23. 形态特征，如羽毛和骨骼结构，被用作具有共同祖先的证据。

第 3 节　术语回顾

24. 原生动物

25. 古细菌

26. 真菌

要点理解

27. D

28. B

29. C

30. D

回答问题

31. 域是一个高于或包含一个或多个界的类别。域之间的根本差异比界之间的根本差异更大。

32. 古细菌域。

33. 将它们放在同一个域的论点，可以通过指出它们有更多的共同特征(如单细胞原核细胞，可以是异养的，也可以是自养的)而不是差异的特征(如细胞壁的组成)。反对这一观点的理由，可以通过指出古生物域的生物生活在极端环境中，因此是独一无二的。

    将它们置于相同或不同的域，不会影响生命系统发生树，因为原核生物仍然是最古老的生命形式。

批判性思维

34. 真菌、植物和动物是由原生生物最近的共同祖先进化而来的。

35. 它们不应该被放在同一个物种中，因为它们在自然界中不会杂交产生可育的后代。生物物种的概念要求生育后代。

总结性测评

36. 自亚里士多德时代以来，科学家发现了更多的物种。DNA 和遗传物质的发现也导致了更加复杂的分类系统。

37. 学生们可以对进化顺序进行排序，从细菌界生物体到单细胞原生生物，它们有一定结构的膜和细胞核，再到能够生活在恶劣环境中且没有细胞核的古细菌生物。

38. 蠑螈可能有不同的结构，或者更可能的是，观察到它的 DNA 或 RNA 序列与其他相似物种非常不同。

39. 它们有一个相近的共同祖先。

40. 昆虫。

41. 蜘蛛蟹

P510—511 标准化测试

选择题

1. A 2. D 3. C 4. D 5. D 6. A 7. A 8. A

简答题

9. 双目视觉:有助于深度的感知,对于爬树有帮助。眼睛视网膜中的视杆细胞和视锥细胞:具有色觉,对于白天寻找食物很有用。对生的拇指:可以让手更好地抓住食物,利于攀爬。

10. 分子钟可以显示 DNA 中与突变相关的变化,因此它们可以跟踪生物形态特征中可能没有显示出来的变化。此外,如果校准,它们提供了可能的时间线,而形态学特征通常无法提供。

11. 同源结构可能外观相似;他们来自同一个进化祖先。同功结构尽管它们可能看起来很相似,但是由不同的进化祖先发展而来的。

12. 优点一:直立行走可以让手臂自由地进行诸如获取食物、防御和筑房等活动,而不是只是步行。优点二:直立行走的进化使得类人猿行走时比四肢行走时看得更远。

13. 亚里士多德根据外表和行为的相似性对生物体进行分类。植物和动物的一个根本区别是植物不能运动,动物能运动。这种差异可能是他分类系统的基础,因为显微镜还没有发明,人们还没有意识到微生物。

14. “露西”是非洲南方古猿骨骼的昵称。骨骼相对完整,大约有 300 万年的历史。这具骨骼证明,在大脑体积变大之前,一群原始人具有两足行走的骨骼。

15. 生物的特征包括:①有一个或多个细胞,②具有结构层次,③能繁殖,④能生长和发育,⑤能对外界环境能作出反应,⑥保持内环境稳态,⑦利用能量,⑧随着时间的推移能够适应环境。岩石不具备任何这些特征,除了它具有结构层次,因为它由具有特定化学结构成分的矿物组成。

16. 一个营养级的能量约有 10%可用于下一个更高营养级的生物。

开放题

17. 答案不唯一,但应说明从诱变剂的使用到突变、氨基酸序列变化,再到合成蛋白质差异的途径。学生应给出突变可能发生的具体例子。例如,在序列开始处添加胸腺嘧啶核苷酸会导致移码突变,蛋白质中形成的第一个氨基酸会不同,该蛋白质不会具有像预期的那种功能,这可能会导致疾病或身体的某些功能失调。

18. 双名法有价值,因为用于命名的语言拉丁语永远不会改变。而且全世界的科学家都能理解这个名字。此外,生物体的通用名称常常令人困惑。其他答案也可以。

19. 答案不唯一。两种动物应该有相对较近的亲缘关系,比如蝙蝠和啮齿动物,或者两种蠕虫。科学家可以通过观察这两种生物的 DNA 序列，判断它们在基因水平上的差异，来测试相似的染色体特征。

论述题

20. 科学家可以通过观察 DNA 来确定它们之间的异同。一般认为，DNA 和结构较不复杂的生物体起源较早。

第 18 章

细菌与病毒

P514　起步实验

分析

1. 动物细胞具有真核细胞的特征，而细菌细胞具有原核细胞的特征。
2. 具有生命，动物细胞和细菌细胞都是生物，因为它们可以独立生存。

第 1 节　细菌

P519　迷你实验

分析

1. 答案不唯一。假设范例：细菌可能因其结构或形状的不同进行区别。
2. 答案不唯一。学生可能将球菌描述为圆形，杆菌描述为长条形，螺旋菌描述为螺旋形。

P524　第 1 节　测评

1. 示意图应包括细胞壁、质膜、荚膜等成分。
2. 这两个群体具有不同的生化性状和遗传组成，生活在不同的环境中。
3. 细菌单独形成内生孢子，可抵抗恶劣环境。随机基因突变使细菌种群能够适应新的条件。
4. 细菌在生态系统中能够促进营养物质循环利用。大肠杆菌产生维生素 K。一些细菌被用来制造抗生素或其他药物。
5. 原核生物的多样性局限于细胞水平，肉眼看不见。
6. 64 个。

第 2 节　病毒与朊病毒

P528　数据分析实验

批判性思维

1. 研究结果支持 DNA 是遗传物质的观点。大部分病毒 DNA 进入宿主，而大部分蛋白质留在细胞外。放射性 DNA 在细胞内进行复制。
2. 如果蛋白质和 DNA 都进入了细胞，这就不能为这个问题提供可能的解释。然而，和大多数数据一样，它为之后设计实验提供了可参考的信息。

P531　第 2 节　测评

1. 病毒导致受感染细胞产生更多病毒；朊病毒会导致细胞内的蛋白质发生变异，并错误地改变形状和功能。

2. 不同点：单疱疹病毒有 DNA；HIV 含有 RNA，HIV 含有逆转录酶。相同点：两者的遗传物质均进入宿主细胞核中。
3. 学生应提供类似于图 18－11 的示意图。
4. 屠宰牛的过程会将朊病毒释放到肉中。人类食用受感染的肉时，朊病毒会进入人的大脑。
5. 防止病毒附着于宿主细胞；阻止病毒复制过程；防止新病毒颗粒的最终组装。
6. 文章应指出，每次艾滋病毒复制时，都会形成一种遗传物质稍有不同的病毒，所以药物或疫苗可能变为无效。

P533 生物实验室

实验分析和结论

1. 结果将取决于使用的抗生素平板和细菌培养基。大多数抗生素平板应显示抑制区。未经处理的对照平板应无抑制区。
2. 不完成治疗的整个疗程可能会让存活下来的细菌反弹，使人再次生病，存活下来的细菌可能会对抗生素产生耐药性。
3. 答案不唯一。抗生素可能在琼脂培养基中起作用，但对人体不起作用。
4. 答案不唯一。误差的来源包括使用过期的抗生素平板、污染抗生素平板、由于未消毒的实验操作而污染细菌培养物，以及选择错误的抗生素平板。

P535—537 第 18 章 测评

第 1 节 术语回顾

1. 纤毛不属于细菌，因为它是某些细菌外表面的一些突起；荚膜和内生孢子涉及整个细菌(荚膜覆盖在细胞壁的外部；内生孢子是一个休眠的完整细胞)。

   内生孢子不属于该组合；因为它是一个休眠和完整的细胞，而荚膜和纤毛是指原核细胞的结构。
2. 固氮作用不属于该组合，因为二分裂和结合是繁殖的方法。
3. 固氮作用不属于该组合，因为它是活细胞的代谢过程，而不是物理结构。

要点理解

4. A
5. B
6. A
7. C
8. C
9. B
10. B

回答问题

11. 赞成的理由：细菌是生态系统中的分解者，分解碎屑并将营养物质返回到环境中。
12. 一些细菌形成内生孢子，对极端环境具有抵抗力。它们的快速繁殖和对某些类型抗生素的耐药性也使它们难以被损坏。
13. 主要论点基于化石记录，化石记录表明存在 35 亿年前的微小细胞。此外，某些细菌可以在早期地球的存在条件下生存。

批判性思维

14. 环境中可能没有任何氧气，限制了能够生存的生物体的类型。
15. 如果氮循环被打破，氮将被局限存在于生物的氨基酸中。
16. 原核生物有一个大型的环状 DNA、质粒、荚膜，外形通常是圆形、杆状或螺旋形的，细胞壁上有肽聚糖，它们依靠多种营养物质生存，几乎生活在地球上的任何地方。

第 2 节　术语回顾

17. 两者都是病毒复制过程。
18. 两者都会引发疾病。
19. 朊病毒是一种蛋白质；蛋白质衣壳是由蛋白质构成的。
20. 逆转录病毒是一种病毒。两者都含有蛋白质，而且都比细菌小。

要点理解

21. A
22. A
23. B
24. A
25. B
26. C
27. A

回答问题

28. 反对理由：病毒缺乏有生命的生物的许多特征。此外，细胞理论认为所有生物都是由细胞构成的；病毒是无细胞结构的。
29. 学生可能会认为隔离受感染的个体将隔离病毒，或者可能会认为隔离受感染者是不公平的。学生们还可能认为隔离感染者并不意味着病毒已经被隔，它可能会继续蔓延。
30. 反对理由：朊病毒是传染性蛋白质；没有蛋白质衣壳的病毒只是一种遗传物质。

批判性思维

31. 病毒核酸在溶原循环中进入宿主细胞核；一旦发生这种情况，影响 DNA 复制的药物可能对宿主细胞产生不利影响。发生溶菌性循环进行复制的病毒不涉及这种情况。
32. 病毒依赖宿主细胞进行复制。使用干扰病毒复制的药物也可能干扰宿主的新陈代谢。
33. 答案不唯一，但这项技术应该至少攻击病毒复制过程中的一个阶段(如吸附)。

34. 微生物学家、医生、食品科学家、病毒学家、细胞生物学家

总结性测评

35. 细菌和病毒都是导致疾病的原因，但某些类型的细菌和病毒都是无害的。细菌是细胞，有细胞壁；病毒没有。细菌和病毒都有遗传物质。
36. 主要区别应包括抗生素可用于治疗细菌感染，但不能用于治疗病毒感染。疫苗用于预防病毒感染。
37. HIV 病毒附着在宿主细胞上。病毒的 RNA 进入宿主细胞的细胞质中。逆转录酶沿着 RNA 模板合成 DNA。病毒的 DNA 进入宿主细胞核。病毒的 DNA 指导新病毒的复制。新病毒通过胞吐作用离开细胞。
38. 西班牙流感。
39. 与世界许多地方相比，美国有更好的医疗手段。
40. 人类群体中的遗传变异确保了某些个体具有多种性状的组合，使他们能够抵御病毒并存活下来。
41. 答案将根据所研究的流行病毒株而异。如果学生很难找到数据，请向世界卫生组织和疾病控制中心咨询。

P538—539 标准化测试

选择题

1. D 2. C 3. B 4. A 5. B 6. C 7. B 8. B 9. B

简答题

10. 有证据表明，这两种蚊子可以在自然环境中杂交并繁殖后代，这将支持这两种蚊子是一个物种的观点。
11. 基本形态为棒状(杆菌)、球形(球菌)和螺旋形(螺旋菌)。杆菌可以单独出现、成对出现或呈链状出现。球菌可以单独出现，成簇出现，或以扭曲链的形式出现。螺旋菌可能短而坚硬，也可能长而柔韧。
12. 神创物种概念是基于物种是彼此不同的和永恒不变的概念。生物被认为是不同的物种，这取决于它们与模式标本是否有差异。系统发育物种的概念是基于生物变化的想法。系统发育物种概念根据物种的进化历史和关系来定义物种。
13. 由于是两足直立行走，原始人能够行走更远的距离，甚至在树木较少的草原上生活。这种适应帮助灵长类从树居过渡到陆居。
14. 世代更替是关键特征。
15. 先天性特征：维管组织；获得性特征：具有心皮。

开放题

16. 细菌生活在豆类植物根部的根瘤中，在那里它们受到保护，免受土壤环境不利变化的影响。细菌将空气中的氮固定下来，并将其转化为植物可以利用的形式。
17. 豆类植物的根部有固氮菌。这一过程向土壤中添加了额外的氮，其存在可供随后在土壤中生长的作物使用。
18. 比对：两者都是有细胞壁的原核生物。

对比:细菌域:细胞壁含有肽聚糖。生物体存在于大多数环境中。

古细菌域:细胞壁不含肽聚糖。许多生物体都存在于极端环境中。

19. 抗生素对病毒无效,因为病毒不涉及抗生素影响的任何细胞生命活动。

论述题

20. 可以探讨的一个可能的辩论领域是原始人类物种的谱系和存在的不同物种的数量。

通过发现和分析更多的化石,特别是能明显证明原始人类物种完全不同或彼此相关的化石,可以探索这一地区。

第 19 章

原生生物

P540　起步实验

分析

1. 接受所有合理的答案。集思广益，为每一类原生生物制定一份特征列表。

2. 学生们应该能够推断出类似动物的原生生物具有能够运动和捕获食物的结构，而类似植物的原生生物具有能够制造有机物的结构。

第 1 节　原生生物简介

P544　数据分析实验 1

批判性思维

1. 直径约为 3×10^{-6}m。

2. 藻细胞位于植物细胞内。

P545　第 1 节　测评

1. 因为对于分类如此多样的原生生物，这是一个简单的方法。

2. 对照图 19－3 检查学生的图表。

3. 原生生物界对于所有不适合其他界的原生生物的分类是必要的。

4. 获取营养的方式；叶绿体或线粒体的存在与否。

5. 原生动物通过获得营养的方式来进行分类是一种方便和容易的方式，但不是最好的方式，因为它不考虑进化史。因此，具有相同营养模式的原生生物可能与具有不同营养模式的两种原生生物有着密切的关系，也可能与它们没有如此密切的关系。

第 2 节　原生生物-类生物原生生物

P549　数据分析实验 2

批判性思维

1. 向下的斜坡显示伸缩泡正在吸收水分。向上的斜坡显示伸缩泡正在排出水分。

2. 草履虫 A；曲线的斜坡显示它的伸缩泡正在排出水分。

P552　第 2 节　测评

1. 三种原生动物都是通过摄取其他生物来获取营养成分的。节肢动物的运动利用伪足，进行无性生殖。孢子虫运动依靠宿主的移动，具有无性生殖和有性生殖阶段并产生孢子；动鞭毛虫的运动利用鞭毛，繁殖需要宿主生物。

2. 学生的解释应包括细胞器如何帮助维持细胞内稳态。

3. 对照图 19－9 检查学生的图表。

4. 因为没有新的生物体的产生。

5. 学生写的小册子内应包括有关动鞭毛虫如何引起昏睡症的内容。

6. 所占比例约为 14%。

第 3 节　藻类-类植物原生生物

P558　迷你实验 1

分析

1. 例如：氧气气泡的产生表明光合作用正在发生。

2. 答案不唯一。藻类含有叶绿素并进行光合作用，藻类需要光进行光合作用。假设得到验证，如果把它们放在黑暗的地方，它们就会死亡。

3. 例如：叶绿体。

P560　第 3 节　测评

1. 因为它们合成自己所需的营养物质。

2. 硅藻能够进行光合作用，具有硅质构成的细胞壁；有些沟鞭藻能够进行光合作用，有些沟鞭藻是异养的，具有两条鞭毛，有些沟鞭藻可以生物性发光；裸藻能够进行光合作用，有些裸藻是异养的，具有眼点和鞭毛；金藻能够进行光合作用，有些金藻是异养的，有些金藻会形成群体。

3. 绿藻会被分解，但硅藻的硅质细胞壁不会被分解。

4. 便于接受阳光进行光合作用。

5. 实验应包括所需的材料、实验步骤和确定的自变量。

6. 次要光合色素使得藻类在深水中得以进行光合作用。

7. 学生写的公告应包括有关赤潮中存在致死性神经毒素的内容。

第 4 节　类真菌原生生物

P564　迷你实验 2

分析

1. 答案将取决于学生获得的黏菌标本类型。非细胞黏菌可能包含数千个游离在细胞质中的细胞核。细胞黏菌包含单个细胞。

2. 学生答案应指出它们结构上的相似性并解释原因。

3. 学生对其分类应具有科学的支持证据。

P565　第 4 节　测评

1. 类真菌原生生物从其他生物体吸收营养。

2. 非细胞黏菌经历细胞核分裂但细胞壁不形成的阶段。细胞黏菌以变形虫样细胞的形式度过大部分生活史。
3. 变形虫样细胞可以通过伪足运动。变形虫样细胞也可以在化学信号的作用下聚集，形成一个子实体。
4. 答案在形式上可能不同，但应该包括图 19—23 和图 19—24 中总结的内容。
5. 该生物体是一种真菌原生生物。
6. 设计实验应显示对非细胞黏菌的实验步骤和对其特性的理解。
7. 可能的答案是：在木椅上涂抹防腐剂以防止腐烂。
8. 阅读学生的小短文。学生们应该对饥荒作一个全面的描述。

P567　生物实验室

实验分析和结论

1. 原生动物不进行光合作用；他们必须摄取食物；它们的最外面是一层细胞膜。
2. 举例：原生动物对光有反应吗？
3. 学生应该重新阐述他们最初的假设。
4. 查看学生收集到的数据。
5. 接受有数据支持的结论。
6. 接受所有合理的结果。

P569—571　第 19 章　测评

第 1 节　术语回顾

1. 原生动物
2. 微孢子虫

要点理解

3. C
4. A
5. D
6. A
7. B

回答问题

8. 答案不唯一，但应包括能为原生生物提供生存条件的位置，如潮湿或含水的场所。
9. 他们获取营养的方式不同。类动物原生生物是异养的，可以吞食细菌、藻类或其他原生动物。类植物原生生物可以进行光合作用的，它们制造自己所需的食物。类真菌原生生物通过细胞壁吸收营养。

批判性思维

10. 原生生物的种群数量将会增加，因为它们在潮湿的环境中繁殖后代。

第 2 节　术语回顾

11. 细胞质形成的临时突起；变形虫

12. 收集细胞质中多余水分并将其排出体外的细胞结构;纤毛虫

13. 一个坚硬、多孔的表层,类似于外壳,包绕着质膜;放射虫

要点理解

14. A

15. B

16. C

回答问题

17. 白蚁无法分解木材,因为鞭毛虫帮助白蚁将木材分解成纤维素。

18. 两个草履虫接合在一起形成一个细胞质桥,然后互相交换新小核后再分离。

批判性思维

19. 答案举例:用杀虫剂控制蚊子数量,清除滋生蚊子的积水。

20. 答案不唯一。学生应该考虑到原生动物生活在富含水的环境中这一事实。

第 3 节　术语回顾

21. 世代交替

22. 群体

23. 生物性发光

要点理解

24. B

25. D

26. B

27. C

28. C

回答问题

29. 这些生物具有硬壳状结构,比其他藻类的软壳状结构更有可能形成化石。

30. 一直进行无性繁殖,将引起硅藻大小逐渐减小。通过有性生殖使其恢复。

31. 孢子体产生的孢子发育成为配子体。配子体然后产生配子,其将来发育成孢子体。

批判性思维

32. 淡水藻类往往是单细胞的,海产藻类既有单细胞的,也有多细胞的。

第 4 节　要点回顾

33. 原质团

34. 聚集素

要点理解

35. C

36. D

回答问题

37. 水霉利用菌丝包裹它们的食物,可以分解组织并通过细胞壁吸收营养。细胞黏菌在其生活史的大部分时间都作为单一的变形虫样细胞,通过细胞壁吸收营养。

38. 干旱或极端高温或低温。

批判性思维

39. 不可以，因为非细胞黏菌只由一个细胞组成。

总结性测评

40. 答案不唯一，但学生的方法应该反映出对“原生生物的生态分类方式”的理解，以及对“原生生物可能以系统进化方式分类”这一事实的认识。
41. 答案不唯一，学生对细胞器的选择应以科学为基础，并以逻辑论证为依据。
42. 原生动物界包括所有具有细胞核的单细胞生物，单细胞生物是一个由 200000 多个已知物种组成的群体。因此无法描述典型的原生生物。
43. 答案不唯一。说明文的描述应包括有关生物因素（如植物生命）和非生物因素（如含水量和温度）的信息。原生生物通常存在于潮湿或含有水的环境中。
44. 市政水利部门可使用该方法检测供水水体中的病原体。
45. 这项研究可用于检测世界各地的供水水质，包括发展中国家的供水水质，以预防疾病。
46. 这种检测方法可用于检测是否存在引起赤潮的甲藻，从而建立早期警报系统。

P572—573 标准化测试

选择题

1. B 2. D 3. A 4. C 5. D 6. B 7. B 8. D

简答题

9. 各部分名称是①鞭毛，②纤毛，③质膜，④DNA 或 RNA，⑤细胞壁，⑥荚膜。鞭毛引起运动。纤毛有助于将细胞附着到物体表面。质膜将细胞内的物质与其周围环境分隔开。DNA 或 RNA 是遗传物质。细胞壁是决定细胞形状的保护性结构。荚膜是一层黏性的保护外壳。
10. 答案不唯一。例如，一个典型的细菌被一层厚厚的具有保护功能的细胞壁包围着，细胞壁可以防止它被轻易压碎，并使它能够抵抗温度和压力的变化。
11. 你应该戴上护目镜保护眼睛，戴上手套避免被烧伤，穿上防护服以避免污渍和可能沾到的加热溶液。
12. 真菌是异养生物，而植物是自养生物。另一个答案是真菌的细胞壁含有几丁质，而植物细胞壁含有纤维素。也可以有其他不同的答案。
13. 答案不唯一。答案可能包括阻止 HIV 的复制，破坏逆转录酶，或者阻止 HIV 与白细胞的结合等。

开放题

14. 这个图支持间断平衡理论。数百万年来，不同种类的马在不同的时期进化。这可能是由于气候和环境的需要。在新物种出现的间隔期间，很少发生物种进化的改变。

论述题

15. 学生应论述细菌的快速繁殖率、有性繁殖过程中遗传物质的交换以及突变等，是如何导致抗生素耐药性细菌的快速产生。

第20章
真菌

P574　起步实验

分析

1. 真菌的大小、颜色、气味、基本结构和营养来源可能各不相同。
2. 大多数真菌似乎都会产生粉状物质(孢子)和菌丝。

第1节　什么是真菌

P580　迷你实验1

分析

1. 糖的利用率越高,酵母菌的繁殖能力越强。
2. 酵母菌可以通过无氧呼吸获得能量,因此,尽管生长可能会减慢,但在糖耗尽之前,酵母不会死亡。

P581　第1节　测评

1. 真菌是单细胞或多细胞,真菌是异养的,真菌具有菌丝体,有由几丁质组成的细胞壁。
2. 绘图应类似于图20—3。
3. 真菌在摄取食物之前先消化食物;动物通常先吃后消化。
4. 寄生真菌从宿主生物体内吸收营养。腐生真菌以遗体或有机垃圾为食。共生真菌与其他生物(如蓝藻或藻类)建立共生关系。
5. 出芽生殖:新细胞附着于母体细胞的同时进行发育;断裂生殖:菌丝体破碎分散,断裂的菌丝长成新的菌丝体;孢子生殖:单倍体细胞产生可传播的孢子。
6. 空气中的霉菌孢子会落在面包上。孢子将萌发出菌丝体,菌丝体将从面包中吸收营养。
7. 提示:文章应该指出,有些种类的真菌可能被用作杀虫剂,有些还可以在喷雾和粉剂中找到。

第2节　真菌的多样性

P583　迷你实验2

分析

1. 不加盐的面包片。
2. 是的,它减缓了霉菌的生长。
3. 学生的答案不唯一,但应包括渗透压或盐浓度的讨论。

P586 第2节 测评

1. 壶菌门，产生带鞭毛的孢子；陆生接合菌门，能进行有性繁殖和无性繁殖；
   子囊菌门，大多数是多细胞真菌，能进行有性生殖和无性生殖；担子菌门，大多数是陆生的。
2. 因为孢子散落在适宜的环境中并生长的概率很小。
3. 图画应类似于图20－10。
4. 它们没有表现出有性生殖阶段。
5. 子囊菌利用分生孢子梗产生无性孢子，担子菌利用担孢子产生有性孢子。
6. 答案不唯一。有机物不会被分解，而会堆积在森林中。植物的生长会受到抑制，因为营养物质不会循环。森林的结构和物种组成将发生变化。
7. 可以利用DNA分析。该物种很可能属于子囊菌门。

第3节 真菌生态学

P590 数据分析实验

批判性思维

1. 鳞芽数量增加1.139%；鳞芽质量增加22.9%
2. 其鳞芽的数量和质量均增加。
3. 要么盐会杀死真菌，要么让植物更具抵抗力。为了检验假设，接受所有合理的答案。

P591 第3节 测评

1. 真菌提供生长场所，藻类提供养料。
2. 地衣有助于固着土壤并固氮。
3. 答案不唯一，但应包括酶将物质分解成更小的分子。地衣多糖酶会将地衣分解成更容易吸收的物质。
4. 答案不唯一，但可能包括以下部分：

	有利影响	不利影响
农业生产	诱导作物生长	植物被真菌感染
医药价值	青霉素	造成真菌感染、产生毒素
制造食物	蘑菇，酿酒	储存食物上生长的霉菌

5. 答案不唯一，但学生应该考虑真菌的正面和负面影响。
6. 根据学生手的宽度不同，答案范围将在6～12年。

P593 生物实验室

实验分析和结论

1. 答案不唯一。自变量基于学生选择调查的环境因素，因变量是随时间变化的霉菌生长速率。

2. 答案不唯一。学生可能会描述不同样本的霉菌生长的差异。

3. 答案不唯一，但应包括学生在每次实验中保证相同条件的列表。

4. 答案不唯一。环境因素可能增加或减少霉菌的生长。

5. 答案将根据学生的假设而有所不同，但应包括支持的实验数据结果。

6. 当使用棉签将霉菌从食物转移到小杯子时，也会引入食物中的营养素。为了减少转移量，只应将有限数量的食物引入霉菌中。

P595—597　第 20 章　测评

第 1 节　术语回顾

1. 隔膜
2. 菌丝
3. 几丁质

要点理解

4. C
5. B
6. A
7. D
8. C

回答问题

9. 腐生性真菌是分解者，寄生性真菌从宿主中获取食物。

10. 菌丝构成菌丝体；它们是基本结构单位。

11. 答案不唯一，但可能包括使用过滤器、使用空调、创造干燥环境或建造一所新学校。检验假设的所有合理建议都可以被接受。

批判性思维

12. 菌丝中的营养物质流动得非常快。生长的力量用于增加细胞的长度，而不是直径。

13. 真菌依靠环境传播孢子，涉及风、水、动物等。

增加对动物的吸引力，如气味、颜色或味道，可能会对孢子传播有所帮助。结构的变化使其通过风和水运输，也是一个更容易传播孢子的因素。

第 2 节　术语回顾

14. 匍匐菌丝沿着食物表面延伸；假根能够进入食物内部并吸收营养。

15. 子囊孢子由子囊产生。

16. 两者都是子实体。担子果是指由菌丝体形成的子实体。担子是产生孢子的棒状菌丝。

要点理解

17. D
18. B
19. B

20. B

21. B

回答问题

22. 答案不唯一。学生最有可能描述接合菌、子囊菌或半知菌的繁殖。

23. 根据学生研究的物种不同,展示的图像也会有所不同。

24. 答案不唯一,但应包括含有几丁质的细胞壁、从环境中吸收营养物质以及分子学证据。

批判性思维

25. 看学生的实验设计,要运用科学的方法。

26. 学生应收集数据并计算百分比。

第3节 术语回顾

27. 地衣

28. 菌根

29. 指示生物

要点理解

30. C

31. D

32. C

回答问题

33. 真菌直接用于食品以及食物的种植和制造中。它们有助于清除环境中死去的动物和有机物质。

34. 地衣是苔原上的主要植被。它们还为草食动物提供食物。

批判性思维

35. 青霉素治愈了感染的受伤士兵,挽救了数千人的生命。青霉素作为一种药物,其价值被发现,这与对我们的世界产生重大影响的战争同时发生。

36. 实验设计应包括创建适当的实验变量和消除环境对实验影响的条件。

37. 根据学生需要的真菌学家专业化的领域不同,广告也会有所不同。

38. 学生们可能会找出保护他们所吃的真菌的生物。

39. 菌根可能已经能够分解养分,使无机物能够被植物根系吸收。为了证明这一观点,你可以寻找证据,证明当没有菌根时,植物会营养不良。

总结性测评

40. 物理特征:多细胞、棒状菌丝和子实体;获取营养的方式:寄生;繁殖方式:产孢子;分类:担子菌纲。

41. 答案不唯一,学生应该描述他们可能到达的地点,以及这些地点对他们的成长是有利还是不利的。

42. 大豆锈病在美国的分布可能是由风或动物传播的。

43. 利用有益的真菌来杀死有害的真菌。

44. 这种真菌会导致美国大豆产量下降。

P598—599 标准化测试

选择题

1. A　2. C　3. B　4. D　5. D　6. D　7. B　8. C

简答题

9. 变形虫有伪足，是细胞质的暂时延伸，允许变形虫运动。草履虫有纤毛，短毛状的结构允许它移动。锥虫有鞭毛，一种鞭毛状的长鞭状结构，促进生物体的生长。

10. 分类将取决于对其结构、食性和运动形式的观察。例如，单细胞生物被分类为原核生物或真核生物。假设该生物体是真核生物和异养生物，它可以归类为一种类似动物的原生动物。如果该生物体缺少纤毛或鞭毛，它可能是变形虫，变形虫能够在泥土等表面上运动。

11. 接受所有合乎逻辑的答案。技术无法阻止人们相互争斗。技术可以影响人类行为的某些方面，但不能改变人们的潜在动机。

12. 答案可能会有所不同。原生生物被归为一类，因为它们不是动物、植物或真菌。食性是用来划分原生生物三大类的主要特征。类似动物的原生生物是异养的。类似植物的原生生物是自养的。类似真菌的原生生物从其他生物体吸收营养。

13. 当两个不同配子型的菌丝融合时，每种类型配子中的单倍核被成对分离到单独的细胞中时，有性生殖开始。有性生殖的意义在于它允许子囊菌中遗传物质进行重组。

14. 答案不唯一，例如烘焙(酵母菌使面包发酵)、食用蘑菇(松露)和为食物提供调味品(可乐中的味道)。

开放题

15.

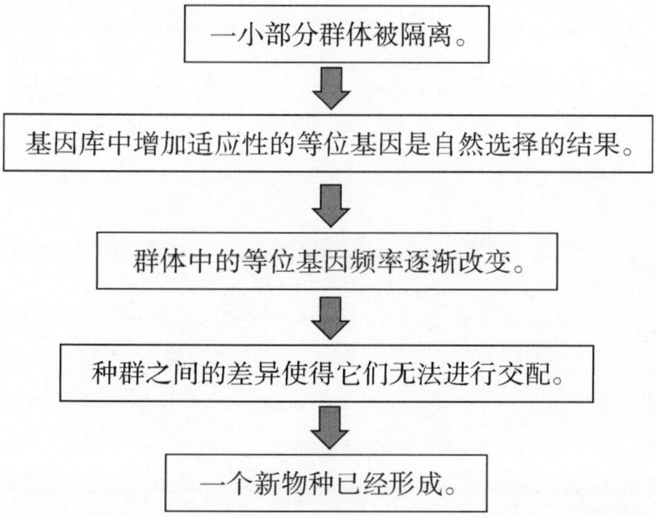

16. 菌根是植物根和某些真菌之间的共生关系。真菌帮助植物吸收水分和矿物质。真菌从植物中获得糖类和氨基酸。具有菌根关系的植物看起来更健康、更有生命活力。有些植物没有菌根就无法生存。

17. 因为病毒很小，它们很容易到达宿主细胞，并且很容易在宿主之间传播。在宿主细胞中，病毒可以快速地大量组装它们相对简单的结构。

论述题

18. 生活在水面以下的藻类很少或没有可获得的红光来进行光合作用。类胡萝卜素不吸收红光。它们可以吸收可用范围内的其他波长的光。这使某些藻类能够生活在更深的水中,同时还能获得能量。由于不同的藻类在不同的水平上生活状态良好,对如阳光和水中溶解的无机盐等资源的竞争减少了,所有不同的藻类都能较好地生存。

第21章
什么是植物

P602 起步实验

分析

1. 答案因学生列出的植物而异。
2. 答案因研究中选择的植物而异，但学生应认识到植物界存在物种多样性。
3. 学生应认识到树叶、花朵、花粉、果实和种子的存在与否可能随季节而变化。建议根据分子或者遗传特征进行分类。

第1节 植物的演化与适应

P605 迷你实验1

分析

1. 莴苣叶；是的，实验数据应该支持这一观察结果。
2. 失水最少的叶子角质层较厚。

P609 第1节 测评

1. 角质层、根系、维管组织、种子繁殖。
2. 因为植物和绿藻有许多共同的特性，如纤维素构成的细胞壁、叶绿素的类型和以淀粉形式储存营养物质。
3. 苔藓植物、有花植物、苔纲植物、石松纲植物、蕨纲植物、苏铁纲植物、买麻藤纲植物、银杏纲植物、松柏纲植物；石松纲植物和蕨纲植物是无种子维管植物。
4. 配子体(n)产生配子，孢子体($2n$)产生孢子。
5. 答案不唯一，但学生应指出脂质是疏水性的，因此会排斥水。
6. 维管组织提供了一种有效的运输水和营养物质的方法，因此植物不必依赖渗透和扩散。

第2节 非维管植物

P611 数据分析实验1

批判性思维

1. 蓝细菌接受含碳有机物，并可能受到植物的保护。
2. 答案应该包括一个实验步骤，该步骤可以探究在有或没有角苔纲植物的情况下蓝细菌的生长情况。

P612 第 2 节 测评

1. 苔藓是非维管的多细胞植物。配子体可以进行光合作用,但孢子体通常不能。配子体由孢子生长而来。繁殖需要潮湿条件。
2. 温度、水分含量、光照强度。
3. 角苔纲植物有像动物的角的孢子体。苔纲植物可以是叶状或茎叶状,并且有单细胞假根。
4. 用作燃料的泥炭;泥炭藓被用来保持土壤水分。
5. 渗透和扩散将水和营养物质短距离运输或从一个细胞运输到另一个细胞。因为苔藓依靠这两种方式来运输水分和营养物质,所以体积小并保持较低的表面积与体积比更有效。
6. 答案不唯一。大液泡可能会缩小,或者细胞可能会发生质壁分离。
7. 这三类植物通常生长在潮湿、阴暗的地方。藓纲植物生长在气候温和的地区,能在干燥的条件生存下来;苔纲植物的生活环境,可以从北极到热带。

第 3 节 无种子维管植物

P615 数据分析实验 2

批判性思维

1. 第二个模型
2. 被子植物提供了更多样的条件,例如更多的遮阴,这为蕨类植物的多样性提供了可能。

P616 第 3 节 测评

1. 学生制作的表格应包括:它们是真核生物、带有维管组织的多细胞生物;配子体由孢子体发育而来;存在孢子叶球。
2. 非维管植物主要是配子体和依赖配子体的小孢子体;维管植物以孢子体和小配子体为主,孢子体独立于配子体。
3. 小孢子体从配子体获得营养,直到它足够大,可以自己制造营养物质。
4. 答案不唯一。学生应提出在不同土壤中种植蕨类植物的实验设计。
5. 分支叶脉的优点是水分和营养物质可以在整个叶片中运输。
6. 接受所有合理的维恩图。维恩图应该反映出两者都是维管植物;孢子体在两者中均占优势;两者都有孢子叶结构。

第 4 节 种子植物

P620 迷你实验 2

分析

1. 分类标准应以松柏叶子的特征为基础。
2. 分类方法非常详细,包括所有叶片的特征。

P621　第 4 节　测评

1. 种子的存在形式可以为微小的胚提供营养和保护。
2. 两者都能产生种子；被子植物的种子是果实的一部分；裸子植物的种子不是。
3. 雄性球果是薄而干的结构，花粉释放后不久就会解体。雌性球果可以是浆果质、肉质或木质的，最终包含种子。
4. 苏铁纲植物、买麻藤纲植物、银杏纲植物、松柏纲植物。
5. 单子叶植物纲的种子有一片子叶；双子叶植物纲的种子有两片子叶。
6. 一年生植物在一年或更短的时间内完成它的生命周期。两年生植物在第二年生长期完成其生命周期。多年生植物的生命周期从几年到几个世纪不等。
7. 不会。落羽杉每年都会落叶。
8. 最大的松柏植物比最小的开花植物高 90000 倍。

P623　生物实验室

实验分析和结论

1. 答案因所选研究地区而异。学生们应该认识到树木的多样性可能相对较高，即使是在一个比较小的地区内。
2. 树木种类的特征应包括在分种检索表中，关键特征很可能与树叶类型和位置、树皮、花、果实和树木高矮有关。
3. 答案会因制作的分种检索表而异。
4. 答案不唯一。为关键的第一步骤选择不同的定义特征，以及缩小或扩大在特定步骤中确定的一个或多个特征的范围。

P625—627　第 21 章　测评

第 1 节　术语回顾

1. 种子
2. 维管组织
3. 气孔

要点理解

4. B
5. D
6. B
7. C

回答问题

8. 答案不唯一，包括一些浮在水面附近的适应性特征，以获得充足光照，并将根系固定在水底的基质中。
9. 答案不唯一，一些减少水分流失的适应性最为重要。

批判性思维

10. 答案不唯一，但学生应确定获得和保存水的适应性是最重要的，因为获得充足水分是陆地植物面临的主要问题。

第 2 节　术语回顾

11. 造句会有所不同，但应反映出叶状体苔具有的是肉质叶状结构，而不是叶状结构。

要点理解

12. D

13. D

回答问题

14. 孢子体从配子体获得支持和营养。

15. 描述会有所不同，但应包括潮湿环境。

批判性思维

16. 答案不唯一，但应包括各种来自多个地区的当地植物。

第 3 节　术语回顾

17. 孢子叶球

18. 根状茎

19. 附生植物

要点理解

20. A

21. A

22. D

23. D

回答问题

24. 蕨类植物以孢子体世代为主，是维管植物，并产生孢子。

25. 蕨纲植物：蕨类植物和木贼纲植物；以孢子体世代为主；有根状茎；有由维管组织构成的分支叶脉。

石松纲植物：球茎苔藓；以孢子体世代为主；有根、茎和体形较小且带鳞的叶状结构。

批判性思维

26. 因为这样孢子就很容易从孢子囊落到土壤中。

第 4 节　术语回顾

27. 子叶

28. 多年生植物

29. 球果

要点理解

30. C

31. D

32. C

回答问题

33. 孢子体可以保护配子体并提供营养。

34. 答案不唯一，但应包括花、果实、球果和叶形之间的差异。

批判性思维

35. 两者都是生殖周期的一部分，但球果产生种子，孢子叶球产生孢子。

36. 在寒冷的雪地，松柏植株比开花植物更为普遍，因为松柏植株特殊的叶子和树形使它们能够在这些条件下茁壮成长。松柏植株的叶子是针状或鳞片状的，具有厚厚的角质层和关闭的气孔以保存水分。它们下垂的枝条这一树形是对雪的适应。

总结性测评

37. 答案不唯一。角质层：减少水分过度蒸发；蕨纲植物。
    维管组织：更快地运输水分和养分；买麻藤纲植物。
    种子：胚受到保护，不受恶劣环境的影响；松柏纲植物。

38. 答案不唯一，确保故事内容的准确性。

39. 所有植物都有世代交替。它们在产生孢子的二倍孢子体世代和产生配子的单倍配子体世代之间交替。

40. 维管植物含有管状细胞，可以远距离运输水和营养物质，而非维管植物则依靠扩散和渗透来运输水和营养物质。

41. 进化树应该表明，苔纲植物比苔藓纲、角苔纲和其他维管植物更古老。

42. 由于这些内含子在苔纲和绿藻中不存在，但在所有其他陆生植物中都存在，这表明苔纲与藻类关系最为密切，可能是藻类和植物之间的过渡。

43. 答案不唯一，但学生们应该提到，如果已知内含子的序列，聚合酶链反应可以用来定位植物基因组中的内含子。

44. 提示：答案应更简单地重新阐述上述资料中的信息。

P628—629 标准化测试

选择题

1. A　2. C　3. D　4. B　5. B　6. D　7. C　8. C

简答题

9. 非维管植物的孢子体世代比无种子维管植物的孢子体世代短。

10. 变形虫有一层细胞膜和一层增厚的细胞质，称为细胞外质。与其他生物体一样，细胞膜控制物质进出细胞。细胞外质可能使伪足完成其运动。拥有两种结构的一个可能好处是，它们实现了功能的特殊化。

11. 蝙蝠的翅膀和猴子的手臂是同源结构。同源结构是不同物种中具有相同祖先的相似结构。所有哺乳动物，包括蝙蝠和猴子，都被认为拥有共同祖先。同源结构被认为是生物分类的重要特征，因为它们在相关物种之间表现出相似性。

12. 多细胞真菌的菌丝分布在一大片区域。菌丝产生并释放有助于分解周围有机物的酶，然后菌丝为真菌吸收营养。真菌可以通过分解菌丝生长的任何地方的有机物质来影响环境。

13. 图中标号 2 是进行光合作用的位置，共生的绿藻或蓝细菌为地衣提供食物。

14. 真菌提供了一个大的表面积来保留水分，它还能分解岩石表面，为真菌和绿藻的光合作用提供矿物质。光合生物为自身和真菌制造营养物质。

15. 孢子很小，很容易被风吹走。孢子为真菌提供了一个快速扩散到更大面积的区域，并进入有利生长环境的机会。这使真菌在繁殖方面具有适应性优势。

开放题

16. 头骨 A 更接近于现代人头骨的结构。头骨 A 更薄、头骨或颅骨长度更小、下巴更小、眉脊没有明显凹陷。

17. 草履虫和变形虫都是通过二分裂进行无性繁殖的，在此过程中，一个母细胞分裂成两个完全相同的子代。草履虫在接合过程中也会相互连接以交换遗传物质。

论述题

18. 因为马铃薯是主要的食物来源，到处都种植。马铃薯枯萎病产生了许多孢子，因为马铃薯田地彼此靠近，这些孢子很容易从一块马铃薯田地扩散到另一块马铃薯田地。如果农民轮作，焚烧受感染的植物，或种植各种作物，使马铃薯植株不那么密集，马铃薯枯萎病可能会减缓。

第 22 章
植物的结构与功能

P630　起步实验

分析

1. 大多数同学列出的结构应该包括叶、根和茎。
2. 学生的答案应显示内在的逻辑关系。例如，树叶有一个很大的表面积，以最大限度地暴露在阳光下。
3. 厚实的叶子储存营养物质，叶子存在防水角质层，肥大的根储存水分。接受所有合理的回答。

第 1 节　植物的细胞和组织

P634　迷你实验 1

分析

1. 学生将观察土豆切片上的薄壁组织细胞、芹菜茎切片上的厚角组织细胞和梨组织切片上的厚壁组织细胞。
2. 细胞类型不同，因为细胞来自不同的植物结构，具有不同的功能。土豆的主要功能是储存糖类，因此它主要由薄壁细胞组成。芹菜茎的主要功能是支撑，所以它含有许多厚角组织细胞。梨肉组织是一种包裹着种子的果皮，含有许多厚壁组织细胞，这些细胞导致果实的粗糙口感。

P638　第 1 节　测评

1. 分生组织包括顶端细胞、居间细胞和侧生细胞。保护组织包括表皮细胞，覆盖在植物的外表面。保卫细胞形成气孔。维管组织包括木质部，木质部由管胞和导管分子两种细胞组成。韧皮部由筛管节和伴胞组成。基本组织包括各种细胞。
2. 薄壁细胞：具有薄薄的细胞壁，成熟时保留有丝分裂能力；厚角细胞：细胞壁不均匀增厚，成熟时保留有丝分裂能力；厚壁细胞：具有非常厚的细胞壁，成熟时缺乏生物活性。
3. 根毛：根表皮细胞的延伸，增加吸水的表面积。
4. 维管形成层：在根和茎中产生新的运输细胞。
5. 管胞：较长的、末端凹陷的管状细胞；导管分子：由首尾相接的管状细胞组成。
6. 表格应以总结的方式识别每种组织类型。
7. 影响水和可溶解的物质的自由流动。
8. 打油诗应该科学准确。

第2节　根、茎和叶

P646　数据分析实验

批判性思维

1. 与对照植物相比，毛毛虫更喜欢十字花科植物。
2. 在对照组中，毛毛虫对完整叶子和切碎叶子的选择相同。毛毛虫对十字花科植物3完整叶子和切碎叶子的选择大致相同。毛虫对十字花科植物2的切碎叶子表现出些许的偏爱。毛虫对十字花科植物3的切碎叶子表现出极大的偏爱。
3. 答案不唯一。偏好的原因是这些植物的味道或营养价值使它们比其他植物更受青睐。

P647　第2节　测评

1. 根冠：保护和润滑根部组织的薄壁细胞；
   皮层：在根中参与物质贮存和运输的薄壁细胞；
   内皮层：一种叫作“凯氏带”的防水带形成的屏障，使水和溶解矿物质只能通过内皮层细胞。
2. 栅栏组织是叶片中一层紧密排列的细胞，大部分光合作用在这里进行。海绵组织是由松散排列的细胞组成。细胞之间的空隙允许水和气体在叶片中流动。
3. 刺是一种叶子形态结构的改变，保护叶子不被吃掉。多肉植物的叶子适于贮藏水分。
4. 学生分布图应包括图22－10和图22－11中的信息。
5. 气孔很重要，因为它们使氧气进入植物，二氧化碳和水蒸气从植物中排出。

第3节　植物激素与植物应答

P650　迷你实验2

分析

1. 必须刺激两根不同的毛刺，以使气孔关闭。气孔将在大约12小时后再次打开。
2. 学生可能会意识到一只活的昆虫会继续挣扎。这一运动将刺激更多的毛刺，导致叶子闭合更紧。

P651　第3节　测评

1. 植物激素是引起植物变化的化学物质。赤霉素和细胞分裂素引起细胞分裂。生长素和细胞分裂素引起细胞伸长。赤霉素促进种子萌发。乙烯促进水果成熟。
2. 向光性是植物对光的生长反应。向重力性是植物对重力的一种生长反应。向触性是植物对触摸的一种生长反应。
3. 向性运动是植物的生长反应，依赖于刺激的方向。感性运动是植物的一种不依赖于刺激方向的反应。
4. 学生建立的模型应显示生长素快速运输，且仅朝着远离产生生长素的方向运输。

5. 这句话有一些道理。一个因过度成熟而腐烂的苹果可能会产生足够的乙烯，导致周围的苹果过度成熟。那些过度成熟的苹果也会导致其他苹果腐烂。乙烯气体产生的级联效应最终可能影响到箩筐中的所有苹果。

P653 生物实验室

实验分析和结论

1. 如果矮生豌豆植物有赤霉酸受体，赤霉酸会使植物长高。
2. 这些矮生豌豆植株不能产生足够量的赤霉素。
3. 植物无法合成赤霉素，使得它们可能无法长得足够高，无法与其他植物竞争阳光。
4. 学生回答可能包括以下内容：测量赤霉素溶液浓度出现误差；喷雾出现偏差；测量高度出现错误；样本量不够大；光照、水分、温度等变量没有得到很好的控制。如果这些植物对赤霉素溶液没有反应，它们可能会发生影响植物赤霉素受体的突变。如果植物没有反应，学生应该设计一个实验来检验这个假设。

P655—657 第 22 章 测评

第 1 节 术语回顾

1. 厚壁组织细胞壁很厚，成熟时死亡；厚角组织细胞具有不均匀加厚的细胞壁，并且在成熟时有活性。
2. 木质部把水和其中溶解的矿物质运输到茎和叶。韧皮部把糖分和氨基酸等物质从植物的茎和叶运输到根部，也可以将物质从根运输到茎和叶。
3. 表皮覆盖在叶子外面。保卫细胞在表皮上形成气孔。

要点理解

4. C
5. A
6. D
7. A
8. C

回答问题

9. 图中所示的管胞和导管能够在整个植物中运输物质。
10. 根毛和毛状体都是表皮细胞的适应性进化，但根毛在根上，毛状体在叶上。
11. 保卫细胞和气孔通过控制每种物质的进出量，来控制叶片中的水分和气体含量。

批判性思维

12. 绘制的组织图应包含以下信息：分生组织中有三种细胞：顶端细胞、居间细胞和侧生细胞。在根、叶和茎中的分生组织由分裂迅速的细胞组成。有四种保护组织。表皮细胞覆盖在植物的外表面。保卫细胞形成气孔。毛状体是叶上的毛状突起。根毛很娇嫩，是根部表皮细胞的延伸。维管组织有两种类型：木质部和韧皮部。木质部由两种细胞组成，一种是末端凹陷的管状细胞，即管胞，另一种是首尾相接的管状细胞，即导管分子。韧皮部由两种细胞组成：筛管节（无核）和伴胞（有核）。

基本组织由不属于上述类别的其他各种细胞组成。这些细胞具有多种功能，构成了植物的大部分结构。

13. 表皮组织与人类皮肤的真皮组织相似，因为这两种组织都保护机体。然而，植物的表皮组织不同于人类皮肤，因为人类皮肤不含叶绿体或气孔。表皮组织对植物更有效，因为植物需要表皮组织来制造食物。人体皮肤对人体更有效，因为它具有柔韧性，并提供一种降温机制，帮助身体维持体内平衡。

第2节　术语回顾

14. 中柱鞘是内皮层内产生新侧根的组织。
15. 蒸腾作用有助于将水分通过植物拉动到叶子上，叶子通过叶柄附着在茎上。
16. 构成海绵组织的细胞是不规则的细胞，周围有空隙，而构成栅栏组织的细胞是紧密排列在一起的柱状细胞。

要点理解

17. B
18. D
19. D
20. D
21. C

回答问题

22. 答案不唯一，但应包括温度、干旱和风。
23. 内皮层细胞的凯氏带在根皮质内侧和维管组织之间形成防水屏障。物质进入维管组织的唯一途径是通过内皮层也包括通过半透膜。

批判性思维

24. 答案不唯一，但学生应该说明叶变态的情况，并将其与具体功能联系起来。
25. 由于双子叶植物茎有一个产生侧向生长的维管形成层，所以双子叶植物茎可以增加其周长而更粗。

第3节　术语回顾

26. 植物激素是植物一部分结构产生的化学物质，对植物的另一部分产生影响。生长素是一种植物激素。
27. 乙烯是一种影响果实成熟的气体。赤霉素是一种影响细胞分裂和种子萌发的液体。两者都是植物激素。
28. 向性运动取决于刺激的方向，而感性运动则不取决于刺激的方向。

要点理解

29. A
30. A
31. B
32. C
33. C

回答问题

34. 通过主动运输从一个细胞移动到另一个细胞，确保激素的作用将局限于植物的部分部位。如果激素通过维管组织运输，整个植物都会受到这种影响。

35. 因为生长素导致周围 pH 降低，酸使细胞壁变得松弛，细胞可以伸展或拉长。

36. 向性运动通常是由于细胞结构的变化，而感性运动通常是由于细胞的渗透压发生变化。

批判性思维

37. 答案不唯一，但应包括未经处理的对照组。

38. 答案不唯一，赤霉素促进种子发芽。

39. 答案不唯一，农民、科学家和消费者应该考虑使用激素对植物的影响。与牛奶行业的比较应该是合乎逻辑的和合理的。

总结性测评

40. 植物结构是为特定功能而形成的。每个细胞、组织等结构都有特定的用途，因此导致植物有特定的种类。例如，睡莲和仙人掌的根系区别很大，结构也不同。

41. 答案不唯一，但应包括感性运动。

42. 答案不唯一，学生写的激素应该以科学原理为基础。

43. 高温组是 0.22%，低温组是 0.38%。

44. 温度升高会增加生长中管胞的直径。

45. 温度升高导致管胞直径增大。直径较大的管胞比直径较小的管胞能输送更多的物质。

P658—659 标准化测试

选择题

1. C　2. A　3. A　4. B　5. D　6. A　7. C　8. C

简答题

9. A. 生殖结构

   B. 维管组织

10. 有隔膜菌丝有被称作隔膜的横壁，隔膜上有较大的孔。大的孔允许细胞质、营养物质、细胞器通过，有时还有细胞核在细胞之间移动。无隔膜菌丝没有任何横壁，因此所有的细胞质和细胞器都可以自由流动。无隔膜菌丝的细胞质比有隔膜菌丝更容易移动。

11. 一个假设是，当条件不适合制造营养物质时，储存过量营养的适应性进化使植物能够生存。这些情况可能包括干旱或寒冷天气。答案合理即可。

12.

一年生植物	两年生植物	多年生植物
发育起点是种子；只在一年的时间里存活和开花。	发育起点是种子；第二年开花。	发育起点是种子；每年开花；在寒冷的月份，只有地上部分会死亡。

13. 木质部将水和溶解的营养物质从根部输送到植物的各个部位。韧皮部在整个植物中运输溶解的糖分和其他有机物。

14. ①是自养生物，能自己制造营养物质；②具有维持结构的细胞壁；③有以淀粉形式储存的食物。

15. 叶片中的维管组织具有木质部和韧皮部，用于将水和矿物质营养转移到叶片中，并将糖分运出叶片。

开放题

16. 该细胞可能是真菌；因为它有细胞壁和液泡，但缺少叶绿体。它可能是根或茎内的植物细胞。因为它是真核细胞，所以不能是细菌或古细菌。它也不能是动物细胞，因为它有细胞壁。

17. 类囊体是一个堆叠的结构，这使它有很大的表面积。在类囊体的整个膜上，电子传递都在发生，产生 ATP 分子。堆叠结构使更多的电子转移反应的一次发生，最大限度地利用进入叶子的光能。

论述题

18. 答案应反映一个地区可以生长的植物种类，以及它们实际生长的时间。在热带或亚热带地区，许多植物一年四季都在生长，因此这是保持花园全年都有植物生长的一种方法。在温带地区，应该混种多年生和一年生植物。此外，除了只在特定时间开花的开花植物外，还应该有一些全年保持绿色的非落叶植物。

第 23 章

植物的繁殖

P660　起步实验

分析

1. 所有的植物都通过产生精子和卵细胞进行有性繁殖。其他答案将取决于学生观察到的情况。

2. 答案不唯一，但含有精子细胞核的花粉落在雌花的结构（柱头）顶部，使雌花的结构（胚珠）底部的卵细胞受精。

第 4 节　植物的繁殖导论

P666　迷你实验 1

分析

1. 球果的大小、形状、颜色、在树枝上的位置、鳞片的类型和形状以及鳞片的紧密程度各不相同。

2. 答案取决于观察的果球。合理即可。

P667　第 1 节　测评

1. 提示：孢子体（$2n$）时期和配子体（n）时期。

2. 营养繁殖是一种比有性繁殖更快的繁殖方法，营养繁殖只需要一个亲本。

3. 孢子体最初附着在配子体上发育，依靠配子体作为养分和支撑。

4. 两种植物的生命周期都包括孢子体和配子体。然而，孢子体世代在松柏植物生命周期中占主导地位，而配子体在苔藓植物生命周期中占主导地位。

5. 答案不唯一，但应包括分布仅限于潮湿的环境或气候。

第 5 节　花

P672　迷你实验 2

分析

1. 答案不唯一。学生应注意花的不同着生位置和数量。

2. 因为不同颜色的花瓣会吸引不同类型的传粉者。

3. 花的大小和形状及其结构的发育，是为了适应专门传粉的传粉者的大小和行为习惯。

P673　第 2 节　测评

1. 花萼通常保护花蕾，花瓣可以吸引传粉者并能为其提供降落的场所，雄蕊产生花粉，雌蕊包含一个或多个胚珠,将来发育成卵细胞。

2. 单子叶植物的花瓣通常是3的倍数,双子叶植物或真双子叶植物的花瓣通常是4或5的倍数。
3. 完全花具有花的四大结构。不完全花缺少一个或多个结构。
4. 短日照光周期。
5. 你可以通过使用人造光源来增加植物的光照时长。
6. 不完全花缺少一个或多个结构,因此单性花无法自花授粉。如果没有传粉者,单性花就会灭绝,这些花将无法产生种子。
7. 答案不唯一,但学生应正确描述花朵的结构。

第6节　被子植物

P678　数据分析实验

批判性思维

1. 大蒜芥降低了种子的发芽率。
2. 实验设计会有所不同,但应包括一个实验变量。学生分别在有苜蓿和无苜蓿的情况下种植各种种子,进行观察。

P679　第3节　测评

1. 示意图应类似于图23－13。
2. 单倍体小孢子由花药中特定细胞通过减数分裂产生,其细胞核进行有丝分裂,产生的2个细胞核成为生殖核和管核,小孢子外层形成一层厚厚的保护层(细胞壁)。
3. 阐述的图像应类似于图23－15中的双子叶植物的种子结构。
4. 当卵细胞和精子结合时,双受精提供了后代DNA的遗传重组。极核受精,产生的组织为发育中的胚胎提供营养。
5. 组织图会有所不同,但应包括动物、风或水的散布。
6. 答案不唯一,化学反应可以有效地防止不相容的花粉形成花粉管。
7. 参考图23－16来检查学生的答案。
8. 62%。

P681　生物实验室

实验分析和结论

1. 单子叶植物通常有3或6倍数的花瓣,叶中有平行的脉,茎中散布着维管束,还有纤维状(浓密)的根。双子叶植物通常有4或5倍数的花瓣,叶子上有网状脉,茎周围有维管束,主根很厚。
2. 答案不唯一,但应包括实验室中观察的材料。
3. 答案不唯一,观察的实验材料可能存在缺陷;一些结构可能已经脱落。

P683—685 第23章 测评

第1节 术语回顾

1. 小孢子
2. 原叶体
3. 营养繁殖

要点理解

4. C
5. B
6. D
7. D

回答问题

8. 参考图 23－4 确定学生完成的生命周期流程图中应包括的步骤。
9. 其优点是孢子体从配子体获得营养和支持。其中的一个缺点是孢子体的大小受到配子体提供的营养物质的限制。
10. 上图所示后代为克隆体，它们在基因组成上是相同的。

批判性思维

11. 答案不唯一。优势包括具有更大的遗传变异，劣势包括繁殖速度较慢。
12. 答案不唯一。受精卵从颈卵器释放的机制。

第2节 术语回顾

13. 雌蕊包含产生卵细胞的胚珠，雄蕊产生花粉粒。
14. 长日照植物在夜晚短的时候开花，短日照植物在夜晚长的时候开花。
15. 花瓣通常颜色鲜艳，用其来吸引传粉者。花萼通常较小，绿色，可以保护幼嫩的花蕾。

要点理解

16. A
17. A
18. A
19. C
20. C

回答问题

21. 实际上决定开花的因素是黑暗的时间，而不是光照的时间。
22. 答案不唯一，需要水来运输花粉的机制，比如漂浮的花粉。
23. 答案不唯一，因为适应性进化使传粉者更有可能被花吸引，或将花粉从一朵花转移到另一朵花，来增加授粉成功率。

批判性思维

24. 答案不唯一，但应包括一个实验变量。学生们可能会建议摆出一朵真花和一朵与其类似的假花，并统计每朵花上蝴蝶的数量。
25. 光周期现象有助于确保某一种植物在一年中的最佳时间开花，从而产生种子。

第 3 节 术语回顾

26. 对于一些植物，休眠是种子发芽前的一段不活跃期。发芽打破休眠。
27. 胚根是种子萌发并成为根时出现在种子外部的第一个结构。下胚轴是生长在地面上的植物的最近的一部分。
28. 极核由两个核组成，但胚乳是极核受精后发育成的组织。它是三倍体(3n)。

要点理解

29. D
30. A
31. D
32. C
33. B

回答问题

34. 种子和果实是由经过受精的花朵产生的。
35. 果实或种子的传播有助于确保新一代不会与亲本植株争夺阳光、空间和水。
36. 答案不唯一。当其他细胞核被分解时，它们会提供一些营养，或者胚珠有某种机制"选择最健康或最强大的细胞核"。
37. 胚根能够从环境中吸收水分和无机盐。

批判性思维

38. 对照组的发芽率最高，其次是种植在富含磷的土壤中的种子。土壤添加剂均未提高发芽率。
39. 设计的实验应该包括对照组，并应检测土壤添加剂不同的用量对发芽率的影响。

总结性测评

40. 世代交替，产生种子或者孢子，都需要来自太阳的能量，具有授粉的某种类型。
41. 答案不唯一，但短故事应该包含科学准确的信息。
42. 答案不唯一，有某种化学物质从短日照植物运输到中日照植物。
43. 答案不唯一，一种化学物质(或激素)可能会从接受临界期日照长度的短日照植物运输到长日照植物，从而刺激其开花。
44. 答案不唯一，但应包括将实验材料暴露在一系列逐渐变长的日照环境中。

P686—687 标准化测试

选择题

1. C 2. B 3. D 4. D 5. D 6. B 7. C 8. D

简答题

9. 面包上的霉菌会产生孢子，迅速传播到其他面包上。当一片受污染面包的菌丝接触到另一片面包时，霉菌也可能传播。
10. 它们通常只有几个细胞的厚度；它们很小，生长在靠近地面的地方，或者生长在任何能繁殖的物体表面上；它们通常出现在潮湿、阴凉的环境中。
11. 染色体数为 7 条，因为原叶体为单倍体配子体。

12. 由于非维管植物具有薄的假根和叶状结构，水和无机盐很容易从土壤或环境中被吸收进入植物。

13. 薄壁组织细胞的功能包括储存营养物质、进行光合作用、进行气体交换、保护、组织修复和更新。厚角组织细胞起到支持周围组织的作用。厚壁组织细胞具有运输物质和支持的功能。

14. 新大陆猴子和其他类人猿有一个共同的祖先，但新大陆猴子是分开进化的，因为板块运动导致大陆分开了，它们在地理上与其他灵长类动物分开。

15. 蒙大拿州的气候比佛罗里达州的气候冷得多。种子可能需要低温才能发芽。

开放题

16. 厚角组织细胞具有不均匀加厚的细胞壁。

17. 一个可能的答案是生活在水中的红树林具有特殊的根系适应能力，有助于为根系提供氧气。另一个答案是，许多植物如果在浸湿的土壤中保存太久就会死亡。

18. 市民可能关心生物多样性的间接经济价值。用住房取代部分或全部森林，将减少该地区的生物多样性。住宅开发可能会减少降雨径流的排水面积。因此，可能会引发洪水，造成财产损失。由此可以看出，市民们的担忧似乎是正确的。

19. 只有当父母双方都是携带者并且都将该基因传递给孩子时，孩子才可能患有囊性纤维病。这对夫妇应该明白，拥有囊性纤维病的家庭成员并不意味着他们俩都是携带者。即使其中一人是携带者，孩子也不可能有囊性纤维病，除非另一人也是携带者，并且孩子同时继承了这两个等位基因。

论述题

20. 当叶片中没有足够的水时，从保卫细胞扩散出的水多于进入保卫细胞的水。这导致保卫细胞改变其形状并将气孔关闭。关闭气孔的叶片可以减少水蒸发所带来的损失。

第24章

动物简介

P690　起步实验

分析

1. 答案取决于所选择的生物体，但可能包括有细胞膜且无细胞壁的细胞、嘴部、肠道和运动器官，如腿部。
2. 答案不唯一，但预测哪种生物是动物，应参考动物的特征。

第1节　动物的特征

P693　迷你实验1

分析

1. 水螅用触手捕捉并麻痹丰年虾。
2. 水环境的温度等。

P697　第1节　测评

1. 单细胞群体中细胞间的接近，为细胞粘连形成多细胞生物提供了条件。
2. 答案不唯一。无脊椎动物的外骨骼有助于保护内部组织等，使它们能够在水中和陆地上生存。
3. 肌肉和神经组织使动物能够运动。肌肉和神经系统越发达，运动就越复杂。
4. 绘图应显示出图24—5中的所有阶段。
5. 气球就像囊胚。通过挤压气球的一端来代表原肠胚的形成过程。图应正确标记胚胎发育的不同阶段。
6. 1.26×30厘米＝37.8厘米

第2节　动物的身体结构

P702　迷你实验2

分析

1. 水螅有消化管腔，但没有真正的体腔，是一种无脊椎动物。蚯蚓有体腔和消化道，是体腔动物。体腔的形成为更高效器官的形成提供了可能。
2. 蚯蚓有体腔，其运动比水螅更加复杂。

P704　第2节　测评

1. 身体的对称性是动物系统演化的一个重要分支点。动物的对称性使其能以某种方式进行移动。

2. 组织的发育、对称的存在和类型、体腔的存在和类型、体腔动物发育的类型、分节情况。

3. 不具有体腔——无体腔动物；体腔不完全由中胚层发育的——假体腔动物；体腔完全由中胚层发育而来的——体腔动物。

4. 原口动物：胚胎细胞的最终发育结果都不能改变，口是由原肠胚的第一个胚孔发育而来；后口动物：胚胎细胞的发育结果是可以被改变的，肛门由原肠胚的第一个胚孔发育而来。

5. 文章应该根据体腔的有无及类型对三种动物下定义。

第 3 节　海绵动物和刺胞动物

P714　数据分析实验

批判性思维

1. 在牙买加，珊瑚礁受到的破坏最严重。外堡礁的珊瑚礁受到的破坏最少。

2. 图略。

P715　第 3 节　测评

1. 这两种动物都是第一批发生进化的动物，因为均由内外两胚层构成，不具有中胚层，不具有两侧对称。

2. 海绵动物：不具有组织、不具有器官结构、没有对称性；刺胞动物：辐射对称，具有组织。

3. 海绵动物：不具有组织、具有变形细胞、能分泌骨针；刺胞动物：具有刺细胞、具有刺丝囊，有两种身体类型：水母体和水螅体。

4. 刺胞动物为其他海洋生物提供伪装、食物和保护。

5. 通过提供一个“鱼叉”来帮助捕获猎物，刺丝囊使刺胞动物更有效地进食，从而更好地生存。

6. 图略。水母占 2%，海葵和珊瑚占 62%，水螅占 27%，其他刺胞动物占 9%。水母的种类少，因为稳定开放的海洋环境可能没有那么大的环境压力促使其进化的发生。

P717　生物实验室

实验分析和结论

1. 动物一般无细胞壁，是异养的。

2. 定向运动、肠道的存在以及获取食物方面的其他适应。

3. 使用鞭毛、腿、鳍和身体进行运动。

4. 图片显示，该生物体是否同时有嘴和肛门，如果该动物有管状肠道，即具有假体腔或体腔，就有助于确定身体的平面。

5. 研究胚胎发育过程，以确定每种生物体是体腔动物还是假体腔动物。

P719—721 第24章 测评

第1节 术语回顾

1. 外骨骼
2. 囊胚
3. 雌雄同体

要点理解

4. A
5. C
6. A

回答问题

7. 答案不唯一。松鼠有爪子可以攀爬和抓住树，强壮的腿可以攀爬和跳跃，皮毛可以调节和保护体温，以坚果和浆果为食。
8. 答案不唯一，合理即可。

批判性思维

9. 胚胎特定部位的某些细胞和组织注定是身体的特定部位。Hox基因和其他机制影响胚胎中各种细胞的发育。
10. 肌肉、循环系统或排泄系统的发育不完全。

第2节 术语回顾

11. 左右对称：生物体可沿一个平面通过中心轴分为镜像的两半。
    辐射对称：生物体可沿多个平面通过中心轴分成大致相等的两半。
12. 腹侧：下侧；背侧：背部。
13. 真体腔：体腔完全由中胚层发育而来；假体腔：体腔部分由中胚层发育而来。

要点理解

14. B
15. A
16. B
17. D
18. D
19. B
20. B

回答问题

21. 学生应首先制作一个大的受精卵，将其分成2个、4个、8个等细胞，并将这些细胞做成一个空心球，将其推到一边，然后在两个胚层之间形成中胚层。他们应该明白囊胚不是一个中空的细胞球，而是充满液体的。
22. 非对称：招潮蟹，变形虫。左右对称：蝴蝶，甲虫。辐射对称：沙海胆，海星。

批判性思维

23. 左右对称可能是在左右对称动物和刺胞动物分化之前进化出来的。
24. 外骨骼保护动物，使它们不致变干，并防御天敌捕杀。分节使动物的肌肉分段从而能够更有效地运动。此外，每一个含有相似器官的节段都可能受到损伤，动物仍然可以利用其剩余的节段继续生存。

第 3 节　术语回顾

25. 骨针属于海绵；其他的术语与刺胞动物有关。
26. 刺丝囊是刺胞动物的特征；其他术语与海绵有关。
27. 海绵硬蛋白是一种海绵特征；其他的术语与刺胞动物有关。

要点理解

28. D
29. B
30. B
31. D
32. D

回答问题

33. 广告应表示需要一个开阔的海洋，有水母阶段可用的猎物和水螅阶段可用的物质。其他条件将有所不同。

批判性思维

34. 海绵和刺胞动物是第一个多细胞动物祖先的纽带。
35.

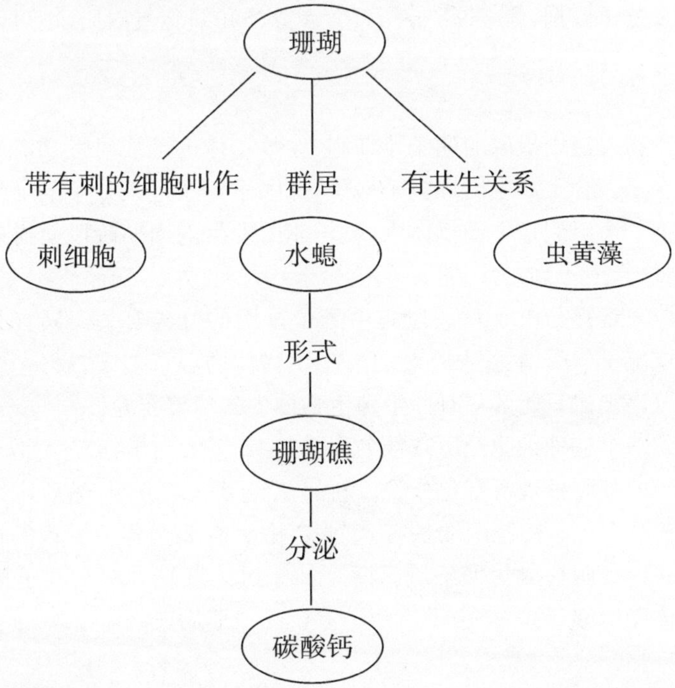

总结性测评

36. 答案不唯一，但应包括动物的体形、对称性以及它所具有的任何适应性。
37. 报纸评论应包括游客、珊瑚猎人和自然灾害对珊瑚礁的破坏。可以通过法律保护珊瑚礁免受人类破坏。可以做更多的研究来了解自然的影响，例如飓风对珊瑚礁的影响。

38. 在动物的头部区域。
39. 在动物的尾部区域。
40. 当负责尾巴发育的胚胎的不同部分被移植进入原肠胚的液体中时，从动物尾巴的前部到后部会形成新的组织，表明在胚胎中某些细胞表达自己的位置存在预定的梯度。

P722—723 标准化测试

选择题

1. D 2. D 3. B 4. C 5. C 6. D 7. D 8. A

简答题

9. 这个学生正在研究植物的向光性。向光性是植物生长对光的反应。
10. 琥珀中保存的化石和冷冻保存的化石最能显示软组织的信息。
11. 产生孢子的植物需要在配子体上包裹一层水，以便精子游动，使卵细胞受精。
12. 一棵树的年龄可以通过测量木本茎的年生长量来估计，每个年轮通常代表一年的生长量。图中的这棵树年龄大约已经15年了。
13. 颜色、花香、花的形态和花蜜。
14. 胚胎发育可以表现出相似性或紧密联系。解剖特征可以提供相似性或紧密联系的证据。分子数据，如DNA分子、RNA分子和细胞蛋白质，也可以显示相似性或紧密联系。

开放题

15. 从宿主动物血液中提取的配子母细胞，在蚊子体内形成雄性和雌性配子。配子融合形成合子。合子产生出许多子孢子，这些子孢子进入蚊子的唾液腺。通过唾液腺将子孢子注射到宿主动物体内，蚊子体内发生的周期阶段使得基因重组和产生感染形式（子孢子）成为可能。
16. 孟德尔分离定律与配子形成过程中等位基因的分离有关。只有有性繁殖的生物才能形成配子。受精过程中，来自一个生物体的配子与来自另一个生物体的配子结合。分离定律只能解释有性生殖生物体中的遗传变异。
17. 胚珠中的一个特殊细胞经历减数分裂，产生4个大孢子，3个大孢子解体。剩余一个大孢子的细胞核进行有丝分裂。新的核经历有丝分裂，然后每个核都经历有丝分裂形成8个核。细胞两端各有3个核，中心有2个称为极核的核。最靠近珠孔一端的一个细胞核成为卵细胞。两个精子进入胚珠。一个精子使卵细胞受精形成二倍体受精卵，另一个精子使两个极核受精形成三倍体组织。

论述题

18. 考古学家可以确定早期存在的地点，并找到它们被使用的日期。孢粉学家可以分析现场土壤中的花粉，获得当时生长在那里的作物类型的信息。花粉孢子还可以提供当时是否正在清理和耕种土地的信息。由于花粉孢子包含遗传信息，并且是特定物种所特有的，因此孢粉学家可以确定在这些地点发现的玉米类型，并研究玉米植物随时间的变化。通过与考古学家密切合作，可以确定花粉的变化年代。

第 25 章

蠕虫和软体动物

P724　起步实验

分析

1. 蚯蚓腹部感觉粗糙，背部感觉光滑。
2. 粗糙的一面有助于前进，它阻止蚯蚓向后运动，如果捕食者试图拉蚯蚓，蚯蚓可以利用粗糙的一面将自己固定在土壤上。
3. 观察到了刚毛。

第 1 节　扁形动物

P728　迷你实验 1

分析

1. 真涡虫：扁平、薄体，无节段；蚯蚓：有节的圆形身体。
2. 扁平的身体使其能够在岩石之间穿梭。黏液起到润滑作用，减少其利用身体下方汗毛进行滑动的阻力，有利肌肉收缩时的高速滑行。身体外部的黏液使它能够粘附在光滑的表面以适应快速流动的水流环境。

P730　第 1 节　测评

1. 薄薄的身体可以通过扩散获得氧气和营养。
2. 自生型扁形虫有嘴和消化道；寄生型扁形虫有钩子依附在宿主身上，消化系统退化或者消失。
3. 消化：涡虫有咽、口、消化道；吸虫消化道退化；绦虫没有消化结构，通过皮肤直接吸收食物。

   呼吸：涡虫靠扩散；吸虫靠扩散；绦虫靠扩散。

   运动：涡虫靠肌肉、纤毛；吸虫成虫不运动；绦虫没有运动结构。

   生殖：三组均为雌雄同体；涡虫也通过再生进行无性繁殖。
4. 将水及代谢废物排出体外；防止扁形动物体内产生积水现象。
5. 答案应包括作出假设、对照组、自变量和数据收集等实验设计。
6. 答案应包括适应性等。
7. 图略。具有左右对称的生物体利于器官发育，并便于运动。

第2节 线形动物和轮虫动物

P732 数据分析实验1

批判性思维

速度会较慢或可能无法向前运动。

P736 第2节 测评

1. 假体腔将排列着内胚层的肠与身体的其他部位分开，具有发育完善的消化道，有口和肛门。
2. 蛔虫：假体腔，有两个通向肠道的开口；扁蠕虫：有一个通向肠道的开口的无体腔动物
3. 肌肉贯穿全身；当一块肌肉收缩而另一块肌肉放松时，就会发生扭动移动。
4. 旋毛虫：烹调不当的猪肉；蛔虫和十二指肠虫：受污染的土壤；蛲虫：受污染的皮肤表面；丝虫：受感染的蚊子。
5. 答案不唯一，合理即可。
6. 略。

第3节 软体动物

P743 数据分析实验2

批判性思维

1. 选择红球的比例：85%；选择白球的比例：10%。
2. 选择红球的比例：5%；选择白球的比例：75%。
3. 可以；章鱼在观察受过训练的章鱼挑选白球之后，它们大多选择了白球。观察受过训练的章鱼挑选红球之后，它们大多选择了红球。

P744 第3节 测评

1. 腹足纲动物：通常有一个外壳，巨大的足位于腹侧面；双壳纲动物：拥有两个壳，能够过滤食物；头足纲动物：没有外壳，足位于头部，为手臂和有吸盘的触须。
2. 使其能够发育出更复杂的组织、器官和系统，如消化和循环系统。
3. 答案应该包括体腔和其他复杂器官系统。
4. 外套壳：保护内脏器官；黏液：保证其运动；肉足：挖洞和运动。
5. 答案不唯一。作出假设，有一个对照组，一个自变量，计划收集定量数据，并绘制图表。
6. 分叉检索表应以宽泛的功能开始，以特定的功能结束。

第 4 节　环节动物

P748　迷你实验 2

分析

1. 当每个体节血管中的肌肉收缩并将血液挤压到下一体节的血管时，血液流动。血液从后部(尾部)区域流向前部(头部)区域。
2. 答案不唯一。一般来说，尾部区域的血流速度范围为 24～32 拍/分钟。由于沿黑虫长度偶尔会降低血流速度，中部区域的血流速度约为 8～12 拍/分钟，头部区域的血流速度与中部相近甚至更低。

P751　第 4 节　测评

1. 使环节动物能够有一个刚性的肌肉支撑机体来进行有效的运动。分节可以实现专门化。
2. 蚯蚓：分节，有体腔和幼虫期；扁形动物：缺乏体腔，不分节；线形动物：未分节，有假体腔；三者都是左右对称的。
3. 寡毛纲动物是圆柱形的，感觉器官不发达，有体节，刚毛少，有生殖带和嘴。多毛纲动物头部有发达的感觉器官，有疣足，刚毛多，有体节。

   水蛭身体扁平，有吸盘，有体节，无刚毛。
4. 环状肌收缩并拉长体节。纵肌收缩，使体节恢复其原始形状。
5. 水将不能很容易地渗入土壤，所以植物可能会死亡。如果没有蚯蚓分解有机物，可能缺乏足够的无机盐。
6. 腹足纲动物和双壳纲动物有开放的循环系统。环节动物和头足纲动物有封闭的循环系统。
7. 水蛭唾液含有抗凝剂，有助于防止血液凝结。

P753　生物实验室

实验分析和结论

1. 自由生活的扁形虫波状运动。醋鳗有正弦或弯曲的运动。陆生蜗牛在足上产生有节奏的肌肉运动。分节的蠕虫有收缩的部分，推动它前进。
2. 自由生活的扁形虫形状及体壁的肌肉使得它上下弯曲移动成为可能。蛔虫的纵肌使得它们先向一个方向运动，然后向另一个方向运动。蜗牛的足是一块可以有节奏地收缩的大肌肉。一个分节的蠕虫有纵向和环状的肌肉一起发挥作用。
3. 黑虫的每一体节依次收缩，形成一个推动其前进的运动。
4. 当尾部受到刺激时，黑虫向前爬行。当在头部附近受到刺激时，它会向后爬行，使其在两个方向都能逃离危险。
5. 黑虫没有反向游动的机制。当在水中受到头部刺激时，它会转身朝相反方向游动。

P755—757 第 25 章 测评

第 1 节 术语回顾

1. 神经节
2. 咽
3. 头节

要点理解

4. C
5. C
6. A
7. D

回答问题

8. 如果药物在肠道停留的时间更长,可能会有更多的药物被吸收以对抗疾病。
9. 寄生虫可能只有一个宿主,中间阶段不需要水。当它离开身体时,它需要非常小,并且有一个保护外壳来防止它变干。

批判性思维

10. 学生应作出假设,有一个对照组,一个自变量,计划收集定量数据,并绘制图表。他们可能会假设涡虫会吃植物或某种肉。

第 2 节 术语回顾

11. 铃静力骨架
12. 旋毛虫病
13. 铃静力骨架

要点理解

14. A
15. B

回答问题

16. 绘图应包括所有阶段:奶牛吃掉被绦虫节片污染的草,绦虫通过肠壁钻入牛的肌肉。然后,未煮熟的牛肉被人吃掉。人被绦虫感染,成虫后端的孕节片,随寄主粪便排出或自动从肛门爬出。
17. 答案不唯一,但在生物学知识和地理上分布都应该是正确的。

批判性思维

18. 确保概念图从研究对象即线虫开始,该圆圈的分支可能表示生活方式的各个方面,这些分支是与生活方式相关的结构。
19. 将身体形状和结构与定义扁形虫和蛔虫的特征进行比较,如观察其移动方式:蛔虫以摆动方式移动。

第 3 节 术语回顾

20. 后肾管
21. 齿舌
22. 虹吸管

要点理解

23. A

24. B

25. B

26. C

回答问题

27. 答案不唯一。确保学生的检索表有成对的描述,这些描述以更广泛的类别开始,以更具体的特征结束。

批判性思维

28. 答案不唯一。作出假设,有一个对照组,一个自变量,计划收集定量数据,并绘制图表。一组实验可能是将大量斑马贻贝放在一个装有污水的水箱中,并测量贻贝清除污染所需的时间。

第 4 节　术语回顾

29. 砂囊

30. 虫引茧

31. 嗉囊

要点理解

32. C

33. B

回答问题

34. 例如:由于环境有更多的热量并且更加干燥,那些外层覆盖物较厚的蚯蚓可能更多的存活下来,繁殖出与自己相似的后代。

批判性思维

35. 接受学生做出合理假设的所有答案,提供一个逐步收集定量数据并包括对照的实验步骤。这可能是水蛭在进食时注入的一种化学物质同时也能减轻疼痛。

总结性测评

36. 寄生虫:绦虫,头节附着在宿主的肠壁上;水中生活的蠕虫:轮虫,纤毛轮结构推动它们在水中移动;土壤中生活的蠕虫:蚯蚓,刚毛将蚯蚓固定在土壤上。

37. 示意图应该标明腹足纲动物有一只巨大的足和一个壳(或没有壳),双壳纲动物有两个用铰链连接的壳,头足纲动物有触须。

38. 应进行合规的污水处理,对肉类进行烹调处理,在受感染的水域涉水时穿戴防护服。

39. 答案不唯一,但应包括水温的差异。确保学生在写作时使用他们所学到的有关软体动物栖息地的知识。

40. 大约占 75%~80%。

41. 涡虫。

P758—759 标准化测试

选择题

1.D 2.D 3.A 4.A 5.C 6.D 7.A 8.B

简答题

9.A 为种皮;B 为胚乳;C 为胚。

10.左侧种子属于单子叶植物的种子,因为它有较大的胚乳。右侧的种子有 2 片子叶,属于双子叶植物的种子。

11.它们有几种共同的身体结构,包括一层外套膜和一只肌肉发达的足,这种足进化成鱿鱼的触须。它们也有相似的消化系统以及相似的生殖过程。

12.也许,人们能做的最重要的事情就是努力了解珊瑚礁对生态的重要性。

13.原始特征:具有维管组织;衍生特征:具有心皮。

14.单倍体配子体与二倍体孢子体交替。单倍体配子体通过有丝分裂产生单倍体配子。配子在受精过程中结合产生二倍体合子,形成二倍体孢子体。二倍体孢子体通过减数分裂产生单倍体孢子。单倍体孢子发育为单倍体配子体。

15.细胞状黏菌聚集在一起形成产生孢子的子实体。这个过程是无性生殖。这种繁殖方式的益处在于,它发生在食物匮乏的时候,并帮助生物体形成孢子,在条件更有利的时候繁殖。

开放题

16.①分节动物的身体分为许多个体节,它们都可以执行相同或相似的功能,这一优势使它们能够更快、更有效地完成生命活动。

②分节动物的身体部位可以对刺激作出反应,使动物能够更快地作出反应。这种特性具有生存价值。

17.蚌是滤食者;与其他动物相比,毒素在它们的身体中积累更为明显。你可以收集蚌作为样本,然后测试它们是否含有你所感兴趣,想要研究的不同毒素。该结果可与从其他地区获得的蚌进行比较。

论述题

18.计划可能有所不同,但应说明蠕虫生命周期的某些方面与影响人类健康之间的明确联系。

例如,可以教育人们避免在没有适当保护的情况下,在可能受到污染的淡水中涉水或游泳。在一个特定的社区,可以开展一项运动,通过人工采集(如中国部分地区已经做的那样)或使用某种杀虫剂来消灭携带吸虫的蜗牛物种。同样,杀虫剂也可以用来杀死吸虫。最有效的计划可能是结合所有这些方法。

第 26 章

节肢动物

P760　起步实验

分析

1. 身体分节，有触角、眼睛、外骨骼和关节肢

2. 外骨骼坚硬，像盔甲一样包裹整个身体，为柔软的内部结构提供保护。

第 1 节　节肢动物的特征

P765　迷你实验 1

分析

1. 蚊子的口器由细长的针状刺和下面较厚的刺组成。雄性也有两个羽毛状的口器。小龙虾的口器很小，隐藏在头部下方。蝴蝶有一个长长的卷曲的舌（喙），螳螂有一个向内弯曲的长而厚的下颌。蜘蛛有弯曲的毒牙刺。

2. 蚊子的口器适合刺穿和吮吸。小龙虾的口器适合咀嚼小颗粒而不抓取食物，蝴蝶的细管伸出来吸食花蜜。螳螂的下颌咬住并咀嚼猎物。蜘蛛用尖牙刺穿猎物并释放毒液。

P769　第 1 节　测评

1. 分节和有关节肢保证了节肢动物有灵活而复杂的运动。坚固的外骨骼可减少水分流失并提供保护。

2. 即使节肢动物的外部身体由坚硬的外骨骼组成而比较僵硬，但是关节肢有关节且内附发达的肌肉，使附肢运动的灵活性增强。

3. 水生节肢动物使用鳃呼吸。陆地节肢动物，除了蜘蛛用书肺呼吸外，其他都用气管呼吸。

4. 节肢动物排泄废物效率降低，或者可能消耗过多的水，必须待在水源附近，否则就会死亡。

5. 模型可能的特征是：无翼；适于以草为食的口器；腿的发育适于在土壤中挖洞以躲避寒冷和捕食者；通过贴近地面的鼓膜收听声音。

6. 学生的每段文字不唯一。内容应包括关于信息素、昆虫视觉和昆虫听觉的信息。

第 2 节　节肢动物的多样性

P773　迷你实验 2

分析

1. 外骨骼、关节肢、左右对称和身体分节。

2. 甲壳纲动物身体分节成好几部分，体节和关节肢均较多；蜘蛛体短，不分节，仅分为两段，

八条腿，有尖牙或钳子；昆虫身体包含三个部分，六条腿，两个触角，通常有翅膀。

P774 第2节 测评

1. 甲壳纲动物。
2. 大多数甲壳纲动物是水生动物，而大多数蛛形纲动物是陆生动物。甲壳纲动物有两对触角和不同类型附肢，可以在水中捕食、行走、繁殖和游泳。蛛形纲动物没有触角，但有经过变异发育的附肢，可以在陆地上捕食、行走和繁殖。蜘蛛捕猎或结网以捕捉猎物。
3. 最前面的附肢变异发育成螯肢，起到尖牙或螯钳的作用。触肢用于感知和抓住猎物，雄性的触肢可用于繁殖。其他附肢用于行走。
4. 有螯肢，触肢，六对有关节的附肢。
5. 答案不唯一。接受任何基于科学事实的观点。大螯虾被认为是利用地球磁场来进行导航的。
6. 褐隐蛛可以被放在单独的透明盒子里，并被提供死的和活的猎物，看它们喜欢哪一种。褐隐蛛喜欢死猎物的数量应与喜欢活猎物的数量进行比较。

第3节 昆虫纲动物

P777 数据分析实验

批判性思维

1. 雄性对来自雌性翅膀的偏振光的反应比对非偏振光的反应更强烈。
2. 生活在森林中的蝴蝶有彩虹色的翅膀，可以反射穿过树叶的阳光。生活在草地上的蝴蝶会暴露在阳光下，彩虹色翅膀不是必要的。

P781 第3节 测评

1. 昆虫的外骨骼提供保护，防止它们在陆地上干死。昆虫的翅膀使它们能够长距离飞行，以此利用更多的食物来源和栖息地。昆虫的体积小，可以在风中和水里运动自如。昆虫产下大量的卵，因此有很多后代。昆虫还有各种各样的足、口器和感觉器官。
2. 身体由三个部分组成，三对足，通常有两对翅膀。
3. 经历完全变态的昆虫可以在不同阶段利用不同的食物资源。
4. 答案不唯一。接受所有科学的实验设计，其中包括一个对照组和收集定量数据的实验设计。

P783 生物实验室

实验分析和结论

1. 学生应利用他们对蛛形纲动物、昆虫纲动物和甲壳纲动物特征的原有知识，对采集的标本进行分类。
2. 答案不唯一，但学生应该绘制一个饼状图或条形图，描绘收集到的蛛形纲动物、甲壳纲动物、昆虫纲动物和未知微型节肢动物的百分比。
3. 答案不唯一。描述可能包括身体的颜色、足或触角的数量。

4. 答案不唯一。微型节肢动物在食物链中起着至关重要的作用，它们对许多陆地生态系统中有机物质的分解、必需营养物质的循环和土壤的形成有所帮助。
5. 答案不唯一。每个同学的土壤样本都不同，每个微型节肢动物样本也不同。学生们在对微型节肢动物进行分类时可能会关注其不同的特征。

P785—787　第 26 章　测评

第 1 节　术语回顾

1. 马氏管
2. 附肢
3. 头胸部

要点理解

4. C
5. B
6. D
7. D

回答问题

8. 略。
9. 遗传因素造成的；粉黄色的食物可以使外骨骼呈现不同的颜色。在某一特定地区，可能会有一种特定颜色的花的季节性开放，为具有该特定颜色的蝈蝈提供伪装；颜色可能是暂时的。

批判性思维

10. 园艺油会堵塞昆虫的气门，因此昆虫会窒息而死。
11. 花由甲虫授粉并完成繁殖过程，由于甲虫身体不能产生热量，因此植物为甲虫提供一个温暖的环境可以进行繁殖。

第 2 节　术语回顾

12. 在小龙虾、龙虾和螃蟹中，第一对足被称为螯足，其上有大大的爪钳。桡肢位于步足后面，用于生殖和在水中游动。
13. 螯肢是蛛形纲动物最前面的附肢，触肢是蛛形纲动物的第二对附肢。
14. 甲壳纲动物中的螯足和蛛形纲动物中的螯肢是两种动物中第一对经过变异发育以供进食的附肢。

要点理解

15. A
16. D
17. B
18. D
19. B

回答问题

20. 甲壳纲动物有不同类型的附肢,如步足、桡肢等,可以在水生栖息地的底部行走和游动。蛛形纲动物有附肢,只能在陆地上行走。一些甲壳纲动物的尾巴能够推动它们向后运动,而陆生蛛形纲动物则没有。
21. 甲壳类动物会很小,因为它们不蜕皮就不能生长。

批判性思维

22. 答案不唯一。有更加厚的覆盖外壳,以减少身体因热量而流失的水分,以及更小的身体,减少暴露于潜在水分流失的表面积。他们可以在靠近地面的角落里结网捕捉爬行的昆虫。
23. 螯足:捕捉并压碎食物;厚的外骨骼:保护身体;步足:沿着海底行走;
触角和眼睛:感知环境;桡肢:生殖和游泳。

第3节 术语回顾

24. 不完全变态不属于这一类,因为其他术语将用于描述完全变态的阶段。
25. 完全变态不属于这一类,因为其他术语是用来描述不完全变态的阶段。或者,可以排除"若虫"一词,因为其他术语与不完全或完全变态有关。
26. 等级不属于这一类,因为其他词是用来描述变态发育的阶段;等级描述了昆虫群体中执行特定任务的个体所组成的群体。

要点理解

27. D
28. B
29. C

回答问题

30. 最早出现的是三叶虫;最晚出现的是昆虫和甲壳纲动物。
31. 分节将出现在前面,因为所有节肢动物都是分节的。其次是螯肢和身体分成两部分,因为蛛形纲动物有螯肢和身体分成两部分,这一类先于甲壳纲动物和昆虫。因为甲壳纲动物和昆虫都有上颚,所以上颚将是最后出现。答案可能会有所不同,科学合理即可。

批判性思维

32. 答案不唯一,甲虫跟蚂蚁长得十分相似,可能会保护自己免于被某些不吃蚂蚁的捕食者捕食。也许蚂蚁不好吃,是因为它们产生了一些化学物质。
33. 答案不唯一。接受所有具有科学意义的设计,包括对照组,并制定收集数据的实验计划。学生们可能会假设蟋蟀鸣叫是在宣布它们的领地。他们可能会计划将有标记的蟋蟀引入水族馆,确定蟋蟀在某一特定区域停留的时间,并计算蟋蟀在某一特定区域特定时间内发出的唧唧声的次数。

总结性测评

34. 答案会因选择的节肢动物而异。来自竹节虫目的竹节虫。竹节虫有许多适应能力,包括改变颜色来伪装自己,能够脱掉和重新长出四肢来躲避捕食者,它们悬挂在树枝上模仿风时摇摆,它们是夜间活动的昆虫,以树叶为食。

35. 答案不唯一。解释疾病是如何传播的，并包括预防和治疗的新想法。

36. 后足的上部。

37. 足受到其他蝗虫的触碰，在拥挤的环境下，它们的足可能会被更多地触碰；或者，当某一地区不再有太多植被时，蝗虫可能会在寻找食物时移动得更多，从而接触到其他蝗虫的足。

P788—789　标准化测试

选择题

1. C　2. B　3. C　4. C　5. D　6. A　7. B　8. C　9. A

简答题

10. (A)气孔：气体交换的门户，(B)保卫细胞：控制气孔开合，(C)海绵组织：细胞排列疏松，允许气体在栅栏组织和气孔之间自由进出，细胞内含叶绿体，可进行光合作用，(D)栅栏组织：细胞排列整齐，含丰富叶绿体负责进行光合作用，(E)角质层：防水散失，(F)表皮：保护叶的内部组织。

11. 节肢动物不同于其他无脊椎动物，因为它们有外骨骼和有关节的附肢。

12. 受精卵：卵细胞受精时形成的新细胞。

    囊胚：受精卵细胞增殖时形成的充满液体的细胞球。

    原肠胚：囊胚中的一些细胞向内移动时形成一个两层细胞的囊。

13. 所有软体动物都有外套膜、肌肉发达的足、柔软的内部身体和有两个开口的消化系统。

14. 答案将因所选择进行比较的动物而异。昆虫有一个开放的循环系统，在昆虫体内，心脏通过血管将血液泵送到不同的组织。这些组织充满了血液，血液通过开放空间返回心脏。例如，在哺乳动物中，循环系统是封闭的。血液由心脏通过连续的血管泵送到身体的各个部位，然后返回心脏。

15. 根据这一理论，大的原核细胞吞噬了小的原核细胞。这些较小的原核细胞与较大的细胞共生。最终，这些细胞变成了一个单一的有机体。线粒体和叶绿体可能代表较小的原核细胞，成为较大细胞的一部分。如果线粒体和叶绿体的特征与原核细胞的特征比真核细胞的特征更相似，这种联系将得到支持。

16. 藻类产生海洋生物所需的大部分氧气。藻类是许多不同食物链的基本生物，因为它们从阳光中获取能量。如果没有藻类，海洋中的氧气将非常少，许多食物链将不存在。

开放题

17. 种子(位于右侧)的结构有助于其存活更长时间，包括储存的营养物质和厚厚的保护层。另一方面，孢子比种子轻，会被风吹得离母本植物更远。孢子可以长期休眠，除非条件适合生长，否则不会发芽。

18. 外骨骼的优势是坚韧且不透水。因此，外骨骼保护节肢动物免受伤害和水分流失。外骨骼的劣势是坚固且不灵活。

论述题

19. 根据学生讨论的珊瑚礁的需求，答案可能会有所不同。总的来说，采取措施减缓气候变暖，可以帮助珊瑚礁，因为它们必须生活在苛刻的温度范围内。因为其他生物依赖珊瑚，也有助于珊瑚的生存，保护这些生物可能是一个有用的方式。禁止或限制在珊瑚礁附近潜水、捕鱼和其他人类活动可能很重要，因为珊瑚礁非常脆弱。保持水的清洁，使与珊瑚共生的光合生物能够生存，这是一个可能的方式。

第27章
棘皮动物和无脊椎脊索动物

P790　起步实验

分析

1. 管足是小型、肌肉发达、充满液体的管道，末端是吸盘式结构。

2. 管足可用于将海星固定在物体上，便于移动和获取食物。

第1节　棘皮动物的特征

P793　迷你实验

分析

内骨骼、刺和叉棘起保护作用。

P801　第1节　测评

1. 内骨骼，辐射对称，水管系统，管足。

2. 水通过筛板被吸入，并通过石管进入环管，在环管进入辐管，最终到达管足。当壶腹的肌肉收缩时，水受到压力进入管足，管足就会伸长。在管足附着的表面上创建吸力。

3. 确保学生的素描图反映六类棘皮动物的基本形状。

4. 许多棘皮动物用管足摄食。例如，海星用管足撬开双壳类动物。海参的管足特化成触手来捕获食物。海星、海参和其他棘皮动物也用它们的管足爬行。

批判性思维

5. 虾的颜色使它能够躲藏在色彩斑斓的蛇尾的腕中，躲避捕食者。

6. 需要80个管足。

第2节　无脊椎索动物

P806　数据分析实验

批判性思维

D

P807　第2节　测评

1. 脊索，管状背神经索，咽囊，肛后尾，还有甲状腺。

2. 滤食的咽囊后来发育成鳃，在水中进行气体交换，在陆生脊索动物中发育成扁桃体和胸腺。

3. 文昌鱼：鱼形，无鳞，嘴周围有短触须；海鞘：囊状具向外和向内的出水管、进水管；它们都有脊索、神经索、咽囊和肛后尾。

4. 两者都有水管系统,使它们能够获得食物。
5. 答案不唯一。具有对照组和定量数据,接受科学合理的答案。
6. 八目鳗鱼类。
7. 两者都是滤食动物。海绵有两层细胞,没有组织、器官或系统的发育。海鞘有消化、循环、生殖和神经系统。

P809 生物实验室

实验分析和结论

1. 身体呈辐射对称,具有水管系统、内骨骼和简单神经系统。
2. 有性生殖:卵细胞和精子排入水中,在水中受精并发育成幼虫。无性繁殖:通过再生。
3. 棘皮动物幼体自由游动,两侧对称。自由游动的幼虫更容易避免被捕食者吃掉。自由游动的幼虫也可以远离父母的栖息地,扩大物种的范围,增加基因杂交的机会。
4. 答案将取决于所研究的棘皮动物类型。
5. 能。理由应该基于获得营养、躲避捕食者或生殖的能力。
6. 优点:通过网络获取信息方便。缺点:互联网上的信息可能不可靠,难以核实。

P811—813 第27章 测评

第1节 术语回顾

1. (1)管足是小的强健的、充满液体的管道,末端是吸盘式结构,用于棘皮动物的运动、摄食和呼吸。壶腹是管足另一端的肌囊结构。

   (2)筛板是一个类似滤网状的开口,通向水管系统。水管系统是一个充满液体的管道系统,这些管道共同工作,使棘皮动物能够运动并获取食物。

要点理解

2. A
3. B
4. C
5. D
6. A
7. C
8. A

回答问题

9. 18%~20%。
10. 科学家最近发现了它们。它们的种群密度目前不得而知。
11. 这些是棘皮动物或幼体棘皮动物的祖先,它们尚未具有所有棘皮动物的特征。
12. 答案不唯一。接受所有有科学意义的答案。海星的颜色比软体动物浅,因此可能不像深色贻贝那么吸收热量。

批判性思维

13. 海洋环境中有许多不同的地点，需要进行独特的适应性。沙钱不需要管足，因为它将身体埋在沙子中，过滤沙中的有机物颗粒以获取食物。

14. 答案不唯一。海胆被长的棘刺保护，免受捕食者的攻击。

第 2 节　术语回顾

15. 无脊椎脊索动物

16. 脊索

17. 咽囊

要点理解

18. D

19. D

20. A

21. B

22. C

23. A

24. B

25. B

26. B

回答问题

27. 海洋生态系统在温度、化学和其他因素方面比淡水生态系统更稳定。无脊椎脊索动物的适应性是特定于海洋因素的。

28. 以文昌鱼为食的动物会减少，以这些动物为食的动物也会减少，食物链也会改变。由于文昌鱼从沙子中滤食有机物，沙子可能不适合其他生物。

29. 因为它有脊柱。无脊椎脊索动物没有脊柱。

30. 均有肛后尾、管状被神经索、咽囊、脊索。

批判性思维

31. 幼虫可能具有成虫已丧失的特征。

32. 答案不唯一。确保学生找到有关新的化石和分子证据的数据信息。

总结性测评

33. 答案不唯一，但应包括以下一些证据，双侧对称、后口、内骨骼（管状背神经索、脊索、咽囊、肛后尾等发育过程中某一方面）以及可能的某种甲状腺早期形态。

34. 故事应该包括一个具体的适应性，以及他们的角色将如何利用这个适应性。

35. 海参很早就从其他棘皮动物中分离出来了。这种适应性是在海参与其他棘皮动物分离后进化而来的。

36. 示意画应类似于图 27－17。

37. 两侧对称。

38. 接受所有符合科学逻辑的答案。附加的腕发育形成更多的腕。

39. 大多数棘皮动物呈五部分辐射对称。

P814—815 标准化测试

选择题

1. B 2. A 3. B 4. C 5. B 6. B 7. A 8. A 9. B

简答题

10. 海绵通过滤食进行摄食。它通过入水孔吸收水分，然后从水中过滤食物。
11. 海星可以从部分再生出整个生物体。将海星切成碎片实际上可能会增加海星的数量。
12. 无脊椎脊索动物的两种类型具有不同的防御适应性。成年文昌鱼能游泳以躲避捕食者。然而，它们通常被埋在沙子里，以保护它们免受捕食者的伤害。海鞘是固定的，但它们可以喷射出一股水流来保护自己免受捕食者的伤害。这种防御适应性适合于大部分固着的成体生物体。
13. 答案不唯一。棘皮动物是后口动物，成体时具有辐射对称、内骨骼和水管系统。接受列出另一门主要特征的答案，并说明这些特征的对比情况。
14. 鲎［hòu］和蜘蛛都是螯肢亚门动物，而普通的螃蟹和龙虾则属于甲壳亚门。
15. 三叶虫作为该类群中的第一个分支之一，在非常靠近节肢动物基部的进化树的位置是合适的。

开放题

16. 棘皮动物和环节动物都有相似的身体特征——体腔。这意味着它们有一个充满液体的体腔。然而，它们是不同的，因为环节动物是原口动物，棘皮动物是后口动物。原口和后口具有不同的胚胎发育。在原口胚胎中，每个细胞的最终结果不能改变，但在后口胚胎中，细胞的最终结果可以改变。
17. 有丝分裂是在动物的所有体细胞中发生的一个过程，以复制正常细胞中的染色体。它是身体生长和更新的一部分。有丝分裂产生二倍体细胞。另一方面，减数分裂只在单倍体细胞形成时发生。在动物中，这些单倍体细胞是配子或性细胞。这些性细胞（卵子和精子）可以结合形成一个合子，这个合子生长成一个具有二倍体体细胞的生物体。因为它产生单倍体细胞。减数分裂比有丝分裂需要更多的分裂次数：首先成对的同源染色体分离，然后姐妹染色单体在另一个阶段分离。
18. 水生节肢动物已经具有陆上生活所需的许多特征。它们已经有了行走的足和保护它们的外骨骼。
19. 爪子越长，适应性就越强。例如，更长的爪子可能更适合抓住乌鸦吃的某种食物。除非爪子直接影响乌鸦的生存能力，否则这种特性不会受到自然选择的影响。它要么留在种群中，要么消失。

论述题

20. 答案不唯一。学生们可能会提出一些制约因素，如外骨骼的重量，因为它们的尺寸增加，以及需要更大的肌肉来移动。他们还可能指出呼吸系统和循环系统的效率不足以支持一种巨型节肢动物。

第 28 章

鱼类和两栖动物

P818　起步实验

分析

1. 提示：总结这些鱼类种群的主要外部特征差异。答案应基于图片中的外表差异。
2. 内部结构也是生物分类所需的特征，它们可以帮助科学家观察到的更多差异。

第 1 节　鱼类

P823　迷你实验

分析

1. 鱼头的范围是嘴尖到鳃盖后面的区域。躯干的范围是鳃盖与肛门之间的区域。尾巴的范围是从肛门开始的所有区域。
2. 与捕食者斗争时失去胸鳍，将导致该鱼失去稳定性以及在水中控制运动方向的能力。

P827　第 1 节　测评

1. 颌、成对的鱼鳍、鳃、单循环系统、鱼鳞。
2. 脊椎动物的脊柱由软骨或硬骨构成；在发育过程中，神经嵴发育成脊椎动物许多重要部位。
3. 当鱼类的颌进化时，它们可以吃更多种类的食物。因此，它们有了新的猎食范围。
4. 脊柱、颌、成对的鱼鳍、鱼鳞、获取氧气的鳃和单循环系统等。
5. 淡水中的水分子比鱼类组织中的水分子多，而盐水中的水分子则较少。
6. 雌鱼选择一个"高质量"的雄鱼，它善于从有限的环境中获得资源。
7. 侧线系统受损的鱼将无法察觉水的振动。

第 2 节　鱼的种类

P830　数据分析实验 1

批判性思维

1. 没有明显差异，红色和白色的肌肉几乎同时收缩。
2. 红色的肌肉在白色的肌肉之后收缩。

P833　第 2 节　测评

1. 无颌类是鳗鱼的形状，没有鱼鳞、成对的鳍和骨骼；软骨鱼的骨骼由软骨和碳酸钙组成，有盾鱼鳞；硬骨鱼有鳍和硬骨架的骨，常有鳔。

2. 辐鳍鱼：鳍有辐射状鳍条；肉鳍鱼：鳍有发达的肉质基部和连接处。
3. 无颌类：细长；软骨鱼：鱼雷形和流线形，或扁平形、椭圆形或圆形；硬骨鱼：圆形或流线形。
4. 无颌类；甲胄鱼，有骨质的头部保护和成对的鳍；有下颚、骨质骨骼和骨质头部保护的盾皮鱼；具有软骨骨骼的软骨类；具有辐射状鳍条的硬骨鱼。
5. 鱼鳞用于外部保护。较小的鱼类有由骨骼构成的栉鳞和圆鳞；较大的食肉鱼类有盾鳞。
6. 答案不唯一，可能包括热带地区可用于洄游和多样化的面积远大于温带地区。

第 3 节　两栖动物

P837　数据分析实验 2

批判性思维

1. 叫声频率随温度升高而增加。
2. 树蛙 A 的叫声频率以约 2.5∶1 的比率增加，树蛙 B 的叫声频率以约 1∶1 的比率增加。例如，树蛙 B 在 20℃时每秒产生约 22 次叫声，树蛙 A 在 20℃时每秒产生约 47 次叫声。
3. 树蛙的叫声应具有物种特异性，以便树蛙能够相互识别。

P841　第 3 节　测评

1. 鼻孔状结构、肺、鼓膜、较重的腿骨、强壮的肌肉系统、踝关节和腕关节、无腿或四条腿。
2. 水中浮力比陆地上空气浮力大；溶解在水中的氧气比陆地上少 20 倍；水保持热量。
3. 四足动物有脚和脚趾；踝关节和腕关节；髋骨与脊柱连接；腿骨较重；强壮的四肢、骨骼和肌肉系统；发育出肺。
4. 无尾目（青蛙和蟾蜍）没有尾巴和颈部，腿肌肉发达，适于跳跃；有尾目（蝾螈和疣螈）身体细长，有颈部和尾巴；无足目（蚓螈类）无腿，形似蚯蚓。
5. 离现在最近的是蛙和蟾蜍，最古老的是扇鳍鱼类。
6. 四肢可能由于基因缺陷而畸形，或者是因为一只动物捕杀了这只青蛙。

P843　生物实验室

实验分析和结论

1. 答案合理即可。答案应包括“是”或“否”以及解释。
2. 答案合理即可。答案应包括具体内容和解释。
3. 答案合理即可。变温动物必须保持稳定的体温，限制了其狩猎时间。
4. 这两种变温动物利用太阳及其周围环境来保持体温在一定范围的。

P845—847　第 28 章　测评

第 1 节　术语回顾

1. 产卵
2. 心房
3. 神经嵴

要点理解

4. B

5. D

6. B

7. C

回答问题

8. 由于地球75%的面积被海水覆盖，海水里的脊椎动物比陆地上的脊椎动物多是理所当然的。由于季节和气候的变化，海洋的环境比陆地更稳定。生活在海洋中的动物不会暴露在如此多的不利条件下。此外，脊椎动物最初在海洋中进化，在迁移到陆地之前，在那里已经形成了巨大的多样性。

9. 答案合理即可。

批判性思维

10. 雄性的蓝鳃太阳鱼可能只有有限的精力和能力来照顾数量有限的幼鱼。雄性的蓝鳃太阳鱼可能只关心自己的后代，以确保自己的基因遗传给下一代。

第 2 节　术语回顾

11. 四足动物

要点理解

12. C

13. A

14. D

回答问题

15. 确保学生画出以下鱼的身体结构：无颌类、软骨鱼（鲨鱼、鳐、魟）和硬骨鱼（肉鳍鱼、辐鳍鱼）。学生的草图应该表明无颌类是细长的；鲨鱼是鱼雷形状和流线型的；鳐/魟鱼是平的、椭圆形或圆形的；肉鳍鱼肌肉发达，身体圆润；辐鳍鱼通常是流线型的，有成对的鳍和尾。学生应解释颌骨、鱼鳞、骨骼和鳍，以及它们如何适应鱼类生活的环境。

批判性思维

16. 在自由流动的溪流中。

17. 在屏障物后的区域。

第 3 节　术语回顾

18. 泄殖腔

19. 鼓膜

20. 瞬膜

要点理解

21. C

22. A

23. C

24. A

回答问题

25. 绘图不唯一，但应说明水深度减少，致使卵暴露在紫外线下，从而增加真菌感染和畸形的风险。

26. 答案各不相同。确保学生讨论两栖动物的实际适应性情况，同时增加其他能够在寒冷条件下生存的想法。

27. 两栖动物通过各种感官对陆地生活相适应。

视觉：瞬膜在水下可以保护眼睛，也防止眼睛在陆地上过于干燥；声音：鼓膜帮助它们通过空气听见高亢的声音；触觉：皮肤中的化学感受器；味觉：舌头上的味蕾；嗅觉：鼻腔里有嗅黏膜。两栖动物也是变温动物，能够感知环境的温度。

批判性思维

28. 答案不唯一。学生们可能会假设蝌蚪聚集成群是为了保护自身。他们可能会计划在圈养的蝌蚪种群上“飞行”捕食性鸟类模型，并记录它们聚集所需的时间。

29. 答案将取决于学生的研究。确保广告包括生殖水源和潮湿的栖息地。

30. 共有4850种。四舍五入到最近的百分比：无尾目4200/4850或86.6%，有尾目500/4850或10.3%，蚓螈目150/4850或3%。

总结性测评

31. 答案可能有所不同，但应包括具体的相似性和差异性。

32. 在陆地上爬行意味着血液必须克服重力循环，而克服重力需要一个双环循环，使血液保持足够的压力在全身流动。

33. 答案不唯一。确保学生展示真实的科学和现实的解决方案。

34. 水深和胚胎成活率直接相关。水深值越大，成活率越高。

35. 答案不唯一，但应包括一个全球气候变化的例子，因为它涉及水深、紫外线和两栖动物在其自然栖息地繁殖或繁衍的能力。

P848—849 标准化测试

选择题

1.B 2.B 3.C 4.B 5.C 6.B 7.A 8.D 9.A

简答题

10. 蜗牛和章鱼都有外套膜。蜗牛的外套膜在它的壳内，它分泌制造硬壳所需的矿物质。章鱼的壳在体内。

11. 原核生物本身为异养生物提供了一个巨大的新能源，其基础是来自太阳的大量光能。

12. 脊索为动物提供支撑和肌肉附着。这使得动物可以左右摆动背部。

13. 鲨鱼有流线型的体形、强壮的肌肉、末端翘起的尾巴和尖尖的头部。流线型身体减小了阻力，强壮的肌肉使鲨鱼快速前进，翘起的尾巴为游泳运动提供了额外的推力和额外的旋转推力，尖头比钝头更容易通过水。

14. 文昌鱼和海鞘是无脊椎动物的脊索动物，它们都是滤食动物。海鞘是固着生物，文昌鱼很少活动，将身体埋进浅海的沙子中，这意味着它们必须从周围环境中获取食物。过滤摄食使这些生物体能够在不移动的情况下获得食物。

15. 鱼有鳞的外层保护，成对的鳍用于运动和平衡，鳃用于呼吸。对比特征将取决于选择的动物。例如，软体动物有一种称为外套膜的组织，在大多数物种中，这种组织产生一种保护壳。软体动物也有肌肉发达的足来运动，还有一个包含内脏的内脏团。

开放题

16. 内胚层

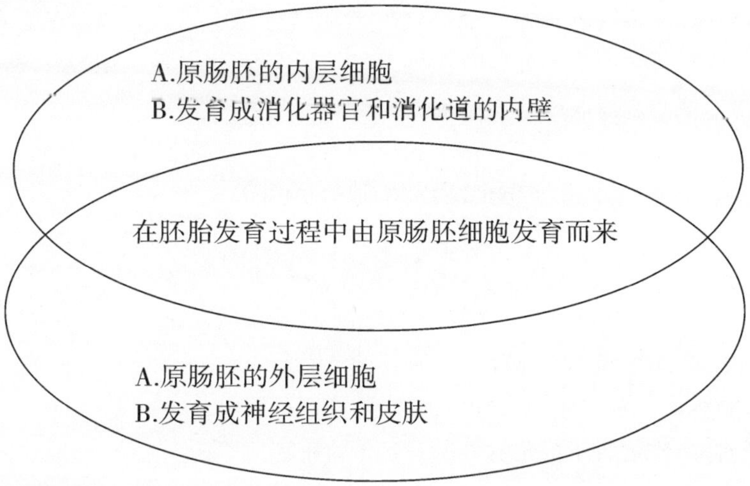

外胚层

内胚层和外胚层是相似的，因为它们都是在胚胎发育过程中从原肠胚的一部分发育而来的。主要区别在于它们在胚胎中的位置及形成的组织类型。

17. 部分自养生物利用光合作用将太阳能转化为葡萄糖中储存的化学能。然后，吃植物的异养生物吸收有机物中的化学能。在自养及异养生物体内的细胞呼吸过程中，葡萄糖中的能量随后转化为热能及 ATP 分子中的化学能。当 ATP 转变为 ADP 时，ATP 分子中的能量可以被释放出来，这些能量可以被用来为细胞生命活动提供能量。

18. 文昌鱼没有心脏，但其血液由收缩的血管泵送。被囊动物的心脏通过循环系统泵血。这两种生物都被归类为无脊椎动物脊索动物，因为成年文昌鱼具有脊索动物特征，而幼体被囊动物具有脊索动物特征。

19. 不完全变态可能更原始，因为它是两种发育中较简单的一个。在从幼虫到成虫的发育过程中，完全变态需要复杂的变化。

论述题

20. 答案不唯一。学生应讨论水管系统如何依赖于持续供水来起作用。他们还应该关注棘皮动物的幼虫阶段是自由游动的。他们还可能指出，许多棘皮动物是固着的或移动非常缓慢。学生应注意，海洋是棘皮动物适应的稳定环境。

第 29 章
爬行动物和鸟类

P850 起步实验

分析

1. 答案不唯一。大多数故事和传说都将鸟类和爬行动物拟人化。虽然这种对鸟类和爬行动物的描述在科学上是不准确的，但它通常是为了传达一种文化的象征或信仰体系。
2. 答案将根据他们选择改编的象征或传说而有所不同。

第 1 节 爬行动物

P859 数据分析实验

批判性思维

1. 恐龙在 10～20 岁之间的年龄段内，体重每年增加的最快。
2. 阿尔伯托龙；霸王龙
3. 霸王龙的骨骼比达斯布雷龙的骨骼有更多的血管。

P860 第 1 节 测评

1. 羊膜卵和干燥、覆盖鳞片的皮肤使爬行动物能够在陆地上生存。爬行动物的肺表面积比两栖动物的更大。爬行动物的心室部分分隔，但是鳄鱼的心室完全分隔。爬行动物的血压比两栖动物高，而且它们分泌尿酸。
2. 羊膜卵有坚硬的外壳和几层内膜。羊膜腔内充满液体，为胚胎发育提供水环境，卵壳防止卵在陆地上变干。
3. 接受任何合理的回答。答案可能包括有鳞目的一些动物看起来像喙头目的动物，但喙头目的动物有“第三只眼睛”。
4. 无颞孔类：眼眶后面没有颞孔；双颞孔类：每个眼眶后面有两个颞孔；合颞孔类：每个眼眶后面只有一个颞孔；大多数爬行动物是双颞孔类进化而来。
5. 模型应显示卵壳和羊膜（保护）、尿囊（贮藏废物）、卵黄囊（营养）和绒毛膜（保持胚胎充满液体并保证氧气进入）。
6. 约 9551 牛。

第 2 节 鸟类

P866 迷你实验

分析

1. 物种数量可能为 5～10 种。

2. 大多数鸟类可能是本地物种。

3. 学生可能会观察到同一物种。

4. 答案将取决于你所在的地区。在大多数情况下，居住在住宅附近的物种将不同于居住在商业建筑附近的物种。

P869　第2节　测评

1. 羽毛、翅膀、轻的骨骼、恒温、发达的气囊、四腔心脏等。

2. 正羽位于鸟的身体表面，由羽轴和分支出的羽小枝组成，通过羽小钩连接形成羽片，扇动空气，适用于飞翔。绒羽松软，位于正羽下面，有助于产生和保持温暖。

3. 呼吸系统为单向地进行空气循环。氧气被更有效地输送到血液中，使鸟类能够为飞行时的肌肉提供更多的能量。

4. 鸟类和大多数爬行动物形成羊膜卵，但鸟类卵坚硬，而爬行动物卵坚韧。

5. 鸮形目：夜间活动，两眼大，钩状喙，尖利的钩爪；雁形目：蹼足，圆喙。

6. 化石证据表明，一些恐龙的羽毛和其他骨骼结构与鸟类相似，且有中间类型。

7. 小脑：协调运动与平衡；视叶：协调视觉的输入；大脑中心区域：脑部处理中心；大脑皮层：智力。

8. 答案不唯一。接受一切有科学依据的假设。

P871　生物实验室

实验分析和结论

1. 答案不唯一，但可能包括爬行动物和鸟类如何移动、它们如何交配和繁殖、它们吃什么以及它们如何调节身体内部体温之间的差异。

2. 答案不唯一，但应关注模型中不符合动物需求的某些方面。

3. 答案不唯一，取决于所描述的物种，但可能包括动物善于寻找或捕获食物，或者它们能够成功繁殖后代，后代能够生存到性成熟。

P873—875　第29章　测评

第1节　术语回顾

1. 羊膜卵

2. 腹甲

3. 犁鼻器

4. 背甲

要点理解

5. A

6. B

7. B

8. B

回答问题

9. 答案不唯一。羊膜：保护胚胎，就像包裹在运输中的小雕像上的气泡膜；心室：将血液泵入身体，像一个自行车气泵；膀胱：像垃圾桶一样容纳尿酸废物；犁鼻器：感觉气味，就像侦查犯罪现场的化学探测器；龟壳和腹甲：保护海龟的贝壳，如头盔；肾脏：像咖啡过滤器一样过滤血液。

10. 答案不唯一。确保学生关键点由用于判断的成对语句组成。

批判性思维

11. 答案不唯一，合理即可。
12. 棕色四指石龙子的数量有所增加，马里亚纳蓝尾石龙子的数量有所减少。
13. 答案不唯一，引进的石龙子比本地的石龙子更具竞争力。
14. 它们很相似，但大多数爬行动物的心脏需要比大多数两栖动物的心脏更强大。
15. 接受任何合理的描述。插图应表明蛇数量减少。

第 2 节　术语回顾

16. 恒温动物利用自身代谢产生的热量维持体温相对恒定。绒羽将温暖的空气夹在鸟皮肤和羽毛之间，相当于隔热层。
17. 鸟类有正羽和绒羽。正羽覆盖了鸟类身体的大部分，用于飞行。绒羽提供隔热层，用于保温。
18. 尾脂腺使得鸟类将腺体中的油涂抹在其正羽上，相当于加了一层防水涂层。
19. 鸟类的胸骨和气囊都能适应飞行。较大的胸骨是支撑飞行的胸肌附着点。气囊是鸟类呼吸系统单向进行空气循环的一部分。该系统使鸟类有更多的氧气为飞行提供动力。

要点理解

20. D
21. B
22. A
23. A
24. C

回答问题

25. 迁徙性鸟类在房间里待更长的时间，试图找到原先放在那里的食物。迁徙性鸟类的长期记忆更好。

批判性思维

26. 大眼睛可以接受更多的光，而且这种鸟比小眼睛的鸟看得更清楚。因为鸣叫可能会吸引潜在的捕食者，所以鸟类能够看到潜在捕食者的接近是很重要的。
27. 这些恐龙可能是恒温的，蜷缩起来可能保存了体温。
28. 与吸热相关的高代谢率产生足够的 ATP 为飞行的肌肉提供动力；轻的骨骼很结实，但不会增加飞行的重量；较大的胸肌为飞行提供动力。
29. 肉类；撕扯作用。

总结性测评

30. 羊膜卵是对陆生生活最重要的适应，因为它保护胚胎，防止胚胎干燥。

31. 答案将基于学生的经验。

32. 影响最大是物种B；影响最小是物种E；物种B在注射相对较低的毒液剂量死亡率最高，物种E在注射相对较高的毒液剂量死亡率最低。

33. 因为毒液经常影响鳃部的肌肉，蛇咬伤会抑制鳃呼吸但不完全抑制鱼的呼吸，所以能通过皮肤呼吸的鱼类存活率较高。

P876—877 标准化测试

选择题

1. A 2. A 3. C 4. C 5. B 6. A 7. B 8. C

简答题

9. 水管系统的结构为(1)环管，(2)石管，(3)壶腹，(4)管足，(5)筛板。海星利用它的水管系统运动。管足有吸盘连接在物体表面上，海星随着肌肉的收缩而完成自我运动。

10. 海星将腕放在牡蛎的对侧。它通过水管系统的吸力将管足连接到牡蛎壳上。然后海星收缩它的肌肉。管脚足拉住牡蛎的两侧，迫使牡蛎张开。

11. 病毒需要在宿主细胞表面找到一个特定的受体位点，使它们能够进入宿主细胞。这对研究很重要的一个可能的原因是：大多数种类的病毒仅限于一种或几种宿主细胞。

12. 肉鳍鱼的鳍上有肉质基部和关节，类似于陆生脊椎动物。肉鳍鱼中的一种，叫肺鱼，具有肺。

13. 爬行动物在寒冷时会晒太阳以提高体温，如果太热就会在阴凉处降温或挖洞避暑。

14. 鸟类有强壮的肌肉来维持飞行。它们需要一个高效的呼吸系统为肌肉提供氧气。

15. 蝌蚪的尾巴变小后，开始长腿，尾巴最终消失。蝌蚪失去鳃后会发育出肺。

开放题

16. 青蛙有一个双循环系统和一个三腔心脏。双循环系统将血液分别输送至肺部、皮肤和身体其他部位。这使得缺氧血液和含氧血液得以分离。在三腔心脏中，含氧血液与缺氧血液部分分离。鱼有单循环系统和双室心脏。一个腔室接收血液，另一个将其泵出。双腔心脏比三腔心脏简单，但允许含血液氧和缺氧血液混合。

17. 回答应表明对遗传学/基因组学中的实验、发现或实验室技术的理解，这仅是因为技术的发展。例如，在高温下存在的细菌的发现，使人们有可能找到一种DNA聚合酶，这种聚合酶可用于PCR快速复制DNA，通过PCR过程进行实验室内DNA复制，改变了研究人员的工作方式。

论述题

18. 有大嘴的鱼能吃大的猎物或大块食物。大嘴让鱼吃得很快。嘴朝上的鱼是吃上面食物的一个优势，因为它们可以在保持游泳姿势的同时摄取食物。嘴位于前方让鱼在游泳时捕捉食物，因为它处于鱼可以看到食物的位置。小嘴非常适合啃食植物，因为需要咬一小口来帮助消化植物。

第 30 章

哺乳动物

P878　起步实验

分析

1. 乳腺分泌乳汁来哺育发育中的年幼子代。毛发能防止热量散失，使哺乳动物能够维持体温相对恒定。哺乳动物具有不同类型的牙齿，专为吃特定食物而特化出的。汗腺分泌汗液，蒸发并带走身体热量，以调节体温并维持身体的稳态等。
2. 答案不唯一。哺乳动物的体型从 100 吨（鲸鱼）到几克（鼩鼱）不等。哺乳动物的栖息地有极大的不同，从水生环境到沙漠再到极地地区。哺乳动物的许多身体特征也不同，如牙齿、四肢和毛发。它们表现出各种各样的行为。
3. 答案不唯一。不同类型的四肢，如翅膀和鳍，被用来分类蝙蝠和水生哺乳动物。特殊的牙齿用于对食肉动物和啮齿动物进行分类。马、鹿、河马和猪是根据蹄的结构进行分类。鼩、刺猬和鼹鼠是根据它们吃的食物来分类的。

第 1 节　哺乳动物的特征

P884　迷你实验

分析

1. 门齿锋利，通常用于撕咬和切割；犬齿是用来刺穿和撕裂食物的；前臼齿稍微尖一些，用于剪切和切碎食物；臼齿是扁平的，便于研磨和压碎。
2. 臼齿等。
3. 答案不唯一。食肉动物用犬齿和门齿咬住、抓住并杀死猎物。它们也用犬齿和门齿撕开猎物的肉。它们用前磨牙把大块肉切成小块，用磨牙把肉磨成颗粒。
4. 食肉动物因其撕裂肉体的能力而被归为一类。食虫动物被归为一类，因为它们的门齿是用来捕捉和刺杀昆虫的。啮齿类动物的门齿经过进化，从未停止生长，用于啃食。

P888　第 1 节　测评

1. 毛发、乳腺。
2. 哺乳动物是恒温的。毛发可以御寒，出汗和呼气有助于动物在高温下保持凉爽。
3. 答案不唯一。
4. 哺乳动物有吸收氧气的肺。膈肌收缩，使胸腔容积扩大，从而吸入大量空气。新的含氧血液由四腔心脏泵出，并与缺氧血液分开。大量的氧气可供细胞进行有氧呼吸。
5. 哺乳动物有膈肌，使它们能够吸气和呼气。鸟类通过前后气囊单向呼吸。
6. 牙齿的类型、数量和位置将确定其在食物链上的饮食和位置。

7. $65000x+25=70000x$

$25=5000x$

$x=\frac{1}{200}$ h

65000 m/h×(1/200 h)=325 m

第 2 节　哺乳动物的多样性

P895　数据分析实验

批判性思维

1. 船只的噪声干扰了鲸鱼的呼叫。
2. 随着船只噪声的增加，呼叫的持续时间增加。

P897　第 2 节　测评

1. 单孔类产卵。有袋类有育儿袋，用于幼体的发育。有胎盘类哺乳动物的幼仔在子宫中发育，从胎盘中获得营养。
2. 啮齿目。
3. 奇蹄目和偶蹄目动物都是有蹄哺乳动物和食草动物，都有适于咀嚼的特殊牙齿。奇蹄目动物有奇数个脚趾，偶蹄目动物有偶数个脚趾。
4. 化石证据表明，最早的哺乳动物可能起源于一些类似哺乳动物的爬行动物。这些生物体可能是恒温的，它们的四肢位于身体下方，头骨顶部有一对颞孔。
5. 鸭嘴兽可能会在浑水中捕猎，而在浑水中无法看到猎物。
6. 有袋类哺乳动物很好地适应环境。它们与有胎盘类哺乳动物占据相同的环境。它们的繁殖方式是成功的。

P899　生物实验室

实验分析和结论

1. 答案不唯一，但可能包括毛发、乳腺和牙齿。
2. 答案不唯一，但应包括学生研究中未包括的几种哺乳动物的名称。
3. 答案不唯一，但科学家可以根据牙齿、吃的食物种类或四肢形状对哺乳动物进行分类。
4. 答案不唯一，但可能包括厚厚的毛发和通过冬眠方式来度过寒冷的冬天，特殊的牙齿以获得当地食物，以及保护色。
5. 答案不唯一，但可能包括设置隐蔽观察点、使用各种食物吸引哺乳动物、在夜间观察那些夜间活动的哺乳动物以及设置树顶观察台。
6. 答案不唯一，但应包括对哪些动物识别错误以及研究结果不同的原因的解释。

P901—903 第30章 测评

第1节 术语回顾

1. 胎盘
2. 妊娠
3. 大脑皮层

要点理解

4. C
5. A
6. D
7. A
8. A
9. A

回答问题

10. 不同哺乳动物的乳汁中的不同含量的营养物质，为幼体提供不同水平的能量。所需能量由哺乳动物的代谢率和吸热率决定。
11. 鲸目动物和海牛目动物都是水生动物，都没有后肢，都有鳍；海牛往往是食草动物，鲸目动物可以是食肉动物或杂食动物，鲸目动物在水中移动很快。

批判性思维

12. 取两小块透明的玻璃，紫外线可自由通过它们。将液体放在一块玻璃上，并在玻璃后面放置对紫外线敏感的珠子。将另一块玻璃放在靠近它的地方，在这块玻璃后面放置同样多对紫外线敏感的珠子。在玻璃前放置紫外线灯10分钟。如果没有紫外线灯，请将装置暴露在室外光照射下。
13. 哺乳动物在野外生活的栖息地活动范围越大，其被圈养后，来回踱步的频率越高。

第2节 术语回顾

14. 有胎盘类哺乳动物
15. 兽孔类
16. 单孔类
17. 有袋类

要点理解

18. B
19. D
20. C
21. C
22. C

回答问题

23. 答案不唯一。
24. 答案不唯一，但可能取决于饮食、生活环境和毛发的适应性。
25. 辩论的论断不唯一，这取决于学生利用动物测试药物和化妆品的想法。

批判性思维

26. 哺乳动物可以捕获与恐龙不同的食物。此外，通过保持体形较小，它们很可能很容易躲开捕食性恐龙。

27. 答案将取决于选择的动物。

28. 答案将取决于选择的动物。

29. 随着出生时体重加倍所需天数的增加，乳汁中蛋白质的含量减少。

总结性测评

30. 描述将取决于选择的动物：雪豹：长且厚毛的大爪子，强壮的腿。

31. 确保学生描述已完成基因组测序的哺乳动物，如老鼠和狗，以及如何引导科学理解。他们还可能描述造成多种哺乳动物重新分类的 DNA 分析技术。

32. 在其他哺乳动物能听到声音的情况下，警觉时间占比最长。

33. 当地松鼠看到附近有捕食者时，它会发出超声波。捕食者不会听到，松鼠可以保持不被注意，同时仍然能提醒其他松鼠存在危险。

34. 55％－30％＝25％，具有 25％的差异。

P904—905 标准化测试

选择题

1. B 2. B 3. A 4. C 5. C 6. D

简答题

7. 答案会有所不同。接受所有合理的回答。

A. 靠近身体表面的血管可以扩张或收缩，从而向周围环境释放更多或更少的热量。

B. 哺乳动物会出汗或呼气，向周围环境释放热量和水分。

C. 哺乳动物会战栗，这是一种不自主的肌肉反应，在体内产生热量。

D. 身体上的毛发可以竖立起来，保持身体表面更多的热量。

8. 正羽覆盖鸟类的身体、翅膀和尾巴，它们使鸟的身体光滑、流线型。绒羽是在正羽下发现的柔软羽毛，它们能够留存空气，起到维持鸟类体温恒定的作用。

9. 答案会有所不同。接受所有合理的答案。

A. 母乳是含有蛋白质、脂肪和其他营养素的最佳混合物，适合动物适应环境和生长需要。

B. 幼体不必猎杀食物或寻找食物。

10. 鳄鱼是与恐龙亲缘关系最近的现代爬行动物，它们是分支上最接近恐龙的现代爬行动物。

11. 鸟类适应性很强，能较容易地在广阔的地区移动。它们已经适应了各种各样的栖息地，并且在食性方面变得非常特殊化。

12. 答案会有所不同。可能的答案包括以下几点。

A. 它们可以长得更高，有更好的光合作用，因为它们有维管组织。

B. 它们可以在没有水的情况下生存一段时间，因为维管组织利于它们储存部分水分。

开放题

13. 海参很早就从其他棘皮动物中分支出来，这种适应性特征是在海参与其他棘皮动物中分离出来后进化来的。

14. 鸟类的骨骼轻巧结实，它们的骨头是中空的，充满了空气。许多骨头融合在一起，使它们更结实等。

15. r-策略的种群快速地繁殖和增长。当条件有利时，种群数量迅速增加。k-策略的种群需要很长时间才能达到性成熟，并且增长缓慢。种群通常无法适应迅速变化的环境条件。

论述题

16. 答案不唯一。雄鸟和雌鸟可以互相帮助照顾后代，而只有雌性哺乳动物能够为它们的后代产奶。学生可以建议使用鸟类和哺乳动物成活率的观察作为检验假设的一种方法。

第 31 章
动物行为

P906　起步实验

分析

1. 鸟类应该在不同的条件下进行研究，因为它们在不同的生命活动中会有不同的行为，如领地行为不同于交配行为。
2. 争夺配偶、筑巢空间、食物和水。具有竞争优势的动物更有可能存活下来并繁衍后代。

第 1 节　基础行为

P912　迷你实验

分析

1. 答案不唯一，因为不同蚯蚓的反应可能不同。依据可关注蚯蚓的撤回反射是否减少了。
2. 因为所有的蚯蚓对触摸都表现出相同的撤回反射，这很可能是蚯蚓的先天行为。在它的自然生存环境中，如鸟类等捕食者可能会碰到蚯蚓，这种行为可以帮助蚯蚓逃脱。

P915　第 1 节　测评

1. 行为可以进化，因为它是基于基因的。进行有利行为的生物有更多机会活下来并进行繁殖，将它们的基因遗传给后代。
2. 内在刺激源于身体内部，例如当一个人饿的时候，胃部会发出咕噜声。外在刺激源于身体之外，比如有人叫你的名字。
3. 这两种行为都是由动物表现出来的。先天性行为是基于基因的，不受后天经验的影响。学习行为受后天经验的影响。
4. 一只老鼠穿过迷宫，在最后找到一块奶酪（操作性条件反射）；当一只猫听到车库门打开时，它跑去迎接主人（经典条件反射）。
5. 操作性条件反射
6. 答案应该包括让狗将其与对刺激作出的反应联系起来。

第 2 节　生态行为

P918　数据分析实验

批判性思维

1. 两条曲线分别显示了有领地和无领地的刺尾鲷随时间变化的进食率。
2. 具有领域的鱼类比不具有领域的鱼类更经常进食，有利于其生存和繁殖。
3. 保护领地的鱼类繁殖更成功，它们的基因遗传给后代的机会大；不保护领地的鱼类繁殖不那么成功，它们的基因遗传给后代的机会小。

P923 第2节 测评

1. 动物行为是在长期进化过程中形成的，对动物的生存和繁殖利大于弊。
2. 斗争行为是指同一物种的两个个体之间的威胁性或战斗性互动。例如，北极熊打斗或大角羊撞头斗争。
3. 育幼行为优势包括增加后代存活的机会，这意味着父母的基因仍保留在基因库中。其缺点包括需要输入父母的很多能量。
4. 信息素化学物质常在同一种群雄性和雌性之间传递与生殖准备相关的信息，有时有助于在同伴间警示危险。
5. 迁徙使动物能够找到食物来源和更好的气候条件。
6. 利他行为、求偶行为和竞争行为。
7. 21分钟。

P925 生物实验室

实验分析和结论

1. 表格应记录对照组与实验组数据，在比较分析表中数据的基础上，阐明发现。
2. 答案取决于实验结果。
3. 答案取决于假设。学生应该注意到，等足类动物在发光区域处于活跃状态，但在黑暗区域处于非活跃状态。
4. 生存行为，因为黑暗可能有助于保护它们免受捕食者的伤害；觅食行为；可能有生殖行为。
5. 学生应指出，单个等足类动物的水分散失多于拥挤在一起的种群。
6. 实验组和对照组之间或实验室暗侧和亮侧之间的温度差异、湿度差异、等足动物数量或光照强度。如果等足类动物生命活力低，它们可能对刺激反应不迅速或根本不发生反应。不同年龄或大小的等足类动物的反应可能也有所不同。

P927—929 第31章 测评

第1节 术语回顾

1. 固定行为模式
2. 经典条件反射
3. 印随行为
4. 习惯化
5. 操作性条件反射

要点理解

6. C
7. A
8. B

9. A

10. B

11. C

回答问题

12. 这两种行为都是一种学习行为，都涉及动物建立新联系的过程。当一只动物在两种不同的刺激物之间形成关联时，经典条件反射就发生了。操作性条件反射发生在动物对刺激做出的反应和惩罚或奖励形成联系时。

13. 科学家无法知道另一种动物在想什么，也无法与该动物交流来了解情况。

14. 动物行为的进化与自然选择直接相关；竞争中获胜生物体的行为是优势特征，胜利者有更多的机会存活并将其优势特征传给后代。

批判性思维

15. 筑巢行为是基于基因的。

第 2 节　术语回顾

17. 语言

18. 优势序位

19. 信息素

20. 斗争行为

要点理解

21. C

22. B

23. C

24. D

25. B

26. C

回答问题

27. 当动物建立种群是从最高到最低排序的分类方式时，就出现了优势序位。领域行为发生在动物试图建立和维持领土时，领域行为包括叫声警告、化学信号和打斗。

28. 生物钟紊乱。

批判性思维

29. 如果同胞存活下来，与牺牲个体相似的基因将保留在基因库中，并遗传给后代。

30. 雄性排名越高，交配次数越多。

31. 排名最高的个体可能比其他个体更强壮或更善于寻找食物。随着交配成功率的提高，这些基因可能会被更频繁地遗传。

32. 如果一种动物没有学会斗争行为，它可能无法获得足够的食物来维持生命。

33. 如果动物不再拥有学习能力，它可能在竞争中处于劣势。

34. 这两种方法都是成功的繁殖策略，因为它们在整个动物界都被使用。更多的精力可以花在大量产卵上，而更少的精力花在养育上，这可能会导致许多后代死亡，但有些后代会存活下来。产卵所花费的能量少，则产生的后代也更少。大量的能量被用于养育后代，增加它们的生存机会。许多鱼产大量的卵。人们在育幼行为上花费了大量的精力。

35. 在所看到的三种生物中，孔雀的生态行为最复杂。学生应该从他们以前的研究中认识到，鸟类的神经系统和感觉器官比蚯蚓或等足类动物的神经系统和感觉器官要发达得多。这一点，加上它们更发达的肌肉组织和其他系统，使得企鹅的行为方式比其他两种动物更为复杂。

36. 雄性C是最小的，将采取这种策略。这些个体足够小，可以躲在海绵中而不被较大的雄性发现。

37. 其他A大小的雄性；斗争行为。

总结性测评

38. 答案因所选动物而异。答案应包括有关动物生活的环境和栖息地以及动物的日常生活和生命活动的知识。

39. 当表现出利他主义行为时，一个个体可能会牺牲自己的生命，以使栖息地或群体中的其他个体能够生存。通过帮助同种个体生存，相同或相似的基因更有可能遗传给后代。

40. 大小在30至40毫米之间。

41. 10毫米的双壳类不能提供足够的热量，或者鸟类的喙太大，无法处理较小的双壳类。

42. 尝试戳开藤壶需要太多的能量，花费能量大于获取的能量。

P930—931 标准化测试

选择题

1. A 2. A 3. D 4. C 5. A 6. A 7. B 8. A

简答题

9. 下颌骨是由鳃弓进化而来的。随着下颌骨的强度和形状的改变，鱼的饮食也多样化了。下颌使鱼类能够抓住并压碎猎物，从而可以吃掉更大的猎物。

10. 通过迁徙，鸟类可以获得不同地方的食物来源和更适宜的栖息地。

11. 它们的代谢率很高，能够产生足够的热量，它们可以用毛皮或毛发来保暖。而且它们有一个四腔心脏，能够促进有效的血液循环，使体内的降温和升温机制更加有效。

12. 这两个循环系统都将营养物质带到身体的各个部位，并将废物带走。在开放式循环系统中，血液只需通过身体的开放空间泵送即可。在封闭的循环系统中，血管将血液从一个地方输送到另一个地方。

13. 啮齿目是哺乳动物中最大的目，包括河狸、花栗鼠、豚鼠、家鼠、田鼠和松鼠。兔形目包括野兔、鼠兔和家兔。两个目的动物都是食草动物。啮齿动物有两对长而锋利的牙齿，在它们的一生中不断生长。兔形目的牙齿在结构上与啮齿动物的牙齿不同，另一对门齿位于第一对门齿后方。

14. 具有优势序位将减少该地区同种个体间争斗消耗的能量，将其用于寻找食物、伴侣和照顾下一代。

开放题

15. 处于多雨或潮湿气候中的植物不会有适应能力，例如厚的角质层，以防止在干燥天气中水分流失。它们也缺乏储存水分的结构，过多的水分会通过蒸腾作用离开植物，植物可能会死亡。

16. 信息素是昆虫吸引伴侣的有效方法，因为信息素是特殊针对某一物种的，因此不会吸引其他生物。此外，信息素不依赖于视觉识别。利用信息素来吸引伴侣，也能让白天活动的昆虫留在隐蔽的地方，而不会暴露在捕食者面前。另一方面，信息素只在有限的区域范围有效。使用信息素引诱剂的昆虫只能在小范围内吸引潜在的伴侣。此外，强风也能驱散信息素。

论述题

17. 答案可能因学生想研究的环尾狐猴生活的不同方面而有所不同。问题应涉及本章所涵盖的哺乳动物特征，例如以下内容：环尾狐猴如何照顾它们的幼崽？什么样的环境条件影响环尾狐猴，是夜间活动还是白天活动？它们的行为与它们的饮食有什么关系？研究计划可以包括追踪环尾狐猴种群的日常生活方式，记录它们的交流方式，或者对它们的行为进行录像或录音。

第 32 章

皮肤系统、骨骼系统和肌肉系统

P934　起步实验

分析

从切口向下的第一个关节前的部分与人的上臂同源。从切口向下的第一个关节对应于人的手肘，下一个关节对应人的手腕，翅膀第二个关节后的部分与人的手同源。

第 1 节　皮肤系统

P938　迷你实验 1

分析

1. 毛囊。
2. 皮肤拥有韧性和弹性，因此当身体弯曲和转动时，它不会撕裂且易恢复正常状态。

P940　第 1 节　测评

1. 绘图应包括表皮和真皮。
2. 上皮组织：调节体温、合成维生素 D、防止水分过多流失和免受紫外线侵害；肌肉组织：毛发竖立和血管的收缩和扩张；结缔组织：弹性、营养和韧性；神经组织：对环境的感知。
3. 感受器对环境（温度和疼痛）作出反应。合成的维生素 D 提供了一种必需的营养物质。调节体温、防止紫外线辐射和防止外来物质的入侵对维持自身稳态至关重要。
4. 血液流出，凝聚成血块，再转变成血痂，血痂下方的皮肤细胞会开始增殖并填充伤口。
5. 一度灼伤：只涉及表皮，红肿；二度灼伤：涉及表皮层和真皮层，产生水疱、感觉疼痛、留下疤痕；三度灼伤：表皮层和真皮层皮肤受损，神经细胞和肌肉细胞受到伤害，皮肤功能严重丧失。
6. 注意短期和长期的具体益处。
7. 150 分钟。

第 2 节　骨骼系统

P945　迷你实验 2

分析

1. 起步实验绘图中还描绘了肌肉。本实验中绘制的图关注到了连接骨骼的韧带。
2. 为了形成杠杆并实现运动，肌肉必须附着在两块不同的骨骼上。
3. 白色；软骨。

P946　第 2 节　测评

1. 中轴骨骼：颅骨、脊椎骨、肋骨和胸骨，提供支撑和保护；四肢骨骼：手臂、手、腿部、脚、肩膀和臀部的骨骼，为血细胞形成及人体运动提供支持。
2. 红骨髓：红细胞、白细胞和血小板；黄骨髓：黄脂肪。
3. 骨形成和骨修复都需要成骨细胞和破骨细胞储存以及重新替代骨。
4. 骨骼首先可分为四肢骨骼或中轴骨骼的一部分。然后，每组中的骨骼将进一步分类为腿部、手臂、手、脚、颅骨或脊椎骨的一部分。
5. 在发育中的胎儿中，成骨细胞和破骨细胞不能正常运作，会导致胎儿畸形。在成年人中，会导致骨骼变弱以及磷和钙的缺乏相关的疾病，包括运动无力和肌肉功能障碍。
6. 骨密质密度高，位于骨骼的外层，具有保护骨骼的作用，在重要支撑的部位发挥重要功能；骨松质密度低，多孔，位于骨的深部，间隙内含骨髓，可产生血液的成分。

第 3 节　肌肉系统

P950　数据分析实验

批判性思维

1. 比目鱼肌收缩时间较长。眼轮匝肌运动快而短，不是耐力性肌肉，有更多的快速收缩纤维。
2. 能够移动头部、颈部和面部的肌肉中快缩肌纤维含量高。

P951　第 3 节　测评

1. 表格略。骨骼肌：多核，随意肌，覆盖在全身，与骨骼相连；
   平滑肌：单核，不随意肌，位于器官和血管内壁；
   心肌：细胞长，有分支，单核，不随意肌，位于心脏。
2. 随意肌：骨骼肌。不随意肌：平滑肌和心肌。
3. 需氧呼吸发生在氧气充足的情况下。乳酸发酵发生在氧气供应不足时，如剧烈运动时。
4. 慢缩肌富含线粒体、肌红蛋白，具有较强耐力，能更持久地抵抗疲劳。
5. 答案不唯一，但应包括将钙释放到肌原纤维中，并导致肌球蛋白和肌动蛋白之间形成横桥。

P953　生物实验室

实验分析和结论

1. 答案将取决于学生关于对鸡骨骼的印象。
2. 答案不唯一，但应包括学生在查看线索并找到骨骼后，他们会检查其他动物的骨骼以找到同源骨骼，根据形状、大小等特征进行比对。
3. 他们的答案随着这些附加信息而改变。
4. 相似点包括许多块骨骼的形状和相对大小。不同点包括人体骨骼比其他动物的骨骼大得多。

5. 猫和兔的骨骼与人体骨骼最相似。这个实验室里的所有动物都是脊椎动物，但猫、兔子和人类都是哺乳动物，在进化关系上更接近。

6. 答案不唯一，但会以学生的调查结果为基础。

P955—957 第32章 测评

第1节 术语回顾

1. 表皮是皮肤最外层的结构，它由上皮细胞组成，其主要目的是保护；真皮位于表皮正下方，它包含几种组织类型，包括执行多种功能的结缔组织、上皮组织、肌肉组织和神经组织。
2. 黑色素是一种能够吸光能的色素。它能保护皮肤免受紫外线的伤害。角蛋白是一种存在于表皮中的蛋白质，可防水并保护表皮内层的细胞和组织，也存在于毛发、指甲、鸟类的羽毛中。
3. 皮脂腺产生油性分泌物，位于毛囊底部。毛囊是真皮层生长毛发细胞的狭窄空洞。

要点理解

4. A
5. A
6. A
7. C
8. B

回答问题

9. 如果没有表皮，下面的细胞很容易受到环境因素和身体创伤的损害。
10. 如果真皮缺失或受损，身体将无法出汗，会感觉疼痛，维生素D合成将受损，热量保持将减少，真皮层下的组织将容易受到损伤。
11. 皮肤系统有助于调节体温，防止水分流失，感知环境变化，防止身体创伤和紫外线伤害。

批判性思维

12. 头发不含神经细胞或接受疼痛刺激的感受器。
13. 三度烧伤会破坏皮肤中的神经末梢。

第2节 术语回顾

14. 骨密质比骨松质密度大得多。
15. 肌腱将肌肉连接到骨骼上，韧带将骨骼连接到其他骨骼上。
16. 成骨细胞形成骨骼，破骨细胞分解骨细胞。

要点理解

17. B
18. A
19. B
20. B
21. C

22. C

23. A

回答问题

24. 它会削弱骨骼的力量,减少对骨骼的保护。

25. 成骨细胞形成骨骼,从而降低血钙浓度;破骨细胞分解骨骼,增加血钙浓度。

批判性思维

26. 应检查脚踝是否有骨骼、肌肉、肌腱和韧带的损伤。

27. 她的骨骼会抢夺自己和胎儿所需的钙,可能导致骨质疏松症。

第 3 节　术语回顾

28. 黑色素不属于同一类。它是一种色素。肌动蛋白和肌球蛋白是与肌肉收缩有关的蛋白质。

29. 快缩肌不属于同一类。心肌和平滑肌是三种主要肌肉类型中的两种。快缩肌是一种收缩速度快,但易疲劳的骨骼肌纤维。

30. 肌红蛋白不属于同一类,因为它是一种与氧气储存有关的分子。肌节和肌原纤维是肌纤维的一部分。

要点理解

31. C

32. C

33. C

回答问题

34. 骨骼肌呈条纹状,有多个细胞核;平滑肌细胞只有一个细胞核,没有条纹;心肌细胞呈条纹状,只有一个细胞核。

35. 肌球蛋白丝的前端的结构只能将肌动蛋白丝相互拉向对方。

批判性思维

36. 因为只有一种纤维的肌肉缺乏必要的多功能性。

总结性测评

37. 失去皮肤温度调节和感染保护都会缺失。

38. 关键点包括钙是骨骼的重要结构成分,是肌肉收缩所必需的,骨骼可以作为钙储存库。缺钙会导致骨质疏松和肌肉功能失常。

39. 大约 50%。

40. 吸入氧气。

P958—959　标准化测试

选择题

1. B　2. B　3. C　4. D　5. C　6. C　7. C　8. B

简答题

9. 全身呈 S 形的鱼会靠 S 形摆动整个身体。只能靠摆动尾巴的鱼只会以强烈的摆动尾巴的方式,推动鱼前进。

10. 人们会发现一条全身呈S形的鱼在岩石和海藻之间游动，因为它很容易在障碍物之间移动。
11. 蝴蝶经历完全变态发育。蝴蝶从卵开始。它以幼虫的形式孵化，进食并生长。它在蛹期吐茧，然后作为成年蝴蝶从茧中出来。蚱蜢经历不完全变态发育。蚱蜢从卵开始。它孵化成一个不成熟的若虫，没有发育完全的翅膀和生殖器官。若虫经过几次蜕皮，在蜕皮过程中，若虫变得越来越像成虫。最后的蜕皮会使得成年蚱蜢长有翅膀和生殖器官。
12. 它们使用听觉交流。因为它们用叫声来标记自己的领地，所以表现出交流行为和领域行为。
13. 胚胎软骨中被称为成骨细胞的细胞会形成骨。骨骼是通过一个称为骨生成的过程形成的，在此过程中，钙盐沉积在胶原蛋白纤维周围。
14. 这是一种后天习得的行为，是先天行为和黑猩猩过去经验相互作用的结果。这也可能是认知学习的一种形式。
15. 骨关节炎是一种由于软骨恶化引起的病症。类风湿性关节炎是一种导致关节肿胀和疼痛的关节炎症。接受其他可能的答案。

开放题

16. 鹰有一双前视的眼睛，两只眼睛都能聚焦在物体上，能估算物体的距离，能在远处看到猎物。鸽子头部两侧有眼睛，可以看到四周并注意捕食者。
17. 鹰有一个强壮的喙，用来撕开猎物的肉。鸽子有一个薄喙，可以叼起少量食物。

论述题

18. 鸟类的导航能力是与生俱来的行为。然而，鸟类必须学会路线才能知道它们要去哪里。一旦学会了路线，它们天生的导航能力就能引导它们在冬季和夏季之间来回穿梭。

第33章
神经系统

P960　起步实验

分析

被视为危险或引起疼痛的情况可能导致神经系统反应更快。

第1节　神经系统的结构

P965　迷你实验1

分析

答案将根据实验对象的回答而有所不同。与初始实验相比，实验对象的眨眼频率可能更高或更低，这取决于实验变量。

P967　第1节　测评

1. 网络和神经系统都是用于发送和接收信息的。网络使用计算机和数据线进行通信，神经系统利用神经元和神经递质进行交流。
2. 离子会自然地从高浓度区流向低浓度区。Na^+、K^+逆浓度梯度运输发生在神经元的细胞膜上，使离子集中在膜高浓度的一侧需要能量。
3. 不会。如果感觉神经元不向大脑传递电信号，人就不会感到烧伤的疼痛。
4. 接受所有合理的实验设计。学生的回答应表明理解实验是如何进行的，并应证明如何测试神经冲动传递速度。
5. 0.914米÷107米/秒＝0.0085秒

第2节　神经系统的组成

P970　数据分析实验1

批判性思维

1. 数据显示，教育水平较低、头围较小的修女更容易患痴呆症。
2. 更高的教育程度可能与更多的神经元连通性、神经元生长以及终生的精神刺激有关，从而降低患痴呆症的风险。
3. 修女们过着稳定、相对相似的生活，没有导致疾病的因素，如吸烟、饮酒或服用其他药物，而且她们不会经历与怀孕有关的身体变化。

P972　第2节　测评

1. 中枢神经系统由脑和脊髓组成。脑包括大脑、小脑和脑干等。脊髓是一条从大脑延伸至下背的神经柱。周围神经系统由神经束组成，这些神经束延伸到身体的各个部位，向中枢神经系统发送信息或将信息从中枢神经系统传出。

2. 这两个系统都是周围神经系统的一部分。躯体神经系统将感觉信息传递给中枢神经系统，并将指令从中枢神经系统传递给骨骼肌。自主神经系统将冲动从中枢神经系统传递到内部腺体或其他器官中。
3. 自主神经系统。这种反应很重要，因为它有助于人体对危险产生应激性。
4. 答案不唯一，但应表明身体放松时副交感神经作用最活跃。
5. 接受所有描述准确知识的故事。

第3节　感觉

P975　迷你实验2

分析

1. 第一次实验的准确率为100%。准确率可能在第二次实验中减少，然后在第三次实验中增加。所需时间可能在第二次实验中增加，然后在第三次实验中减少第二次实验与第一次实验形成对照，自变量为光照的明暗，第三次实验与第二次实验形成对照，自变量为是否进行昏暗光线下5分钟的适应。
2. 瞬目反射是一种比眼睛对低亮度环境的适应更有效、更快速的反应。

P976　第3节　测评

1. 学生绘图应包括图33－14中的所有结构（半规管除外），按从耳朵外侧到耳朵内侧的顺序排列，并描述每个结构的功能。
2. 角膜损伤时，光线进入眼睛可能会失真，导致大脑中形成的图像失真。
3. 感受器的多样性很重要，手指可以受到多种刺激。
4. 味觉来自口腔的感受器。嗅觉来自鼻腔的感受器。如果鼻腔通道被堵塞，大脑就无法获得识别特定香味的信息。味觉和嗅觉的组织效应消失，从而影响食物味道的形成。
5. 接受所有合理的实验设计。样品实验：选择一种具有独特口味的食物。用棉签，将其轻沾到舌头的每一个区域。记录每个区域可以感知到的味道。
6. 视觉和听觉是在大脑中实现的。失去这些感官但偶尔感知到光照或声音的人，可能正在体验一种大脑在没有刺激的情况下产生声音或图像的现象。

第4节　药物的效用

P980　数据分析实验2

略

P981　第4节　测评

1. 药物能使释放进入突触的神经递质的数量增加；阻塞树突上神经递质受体的部位；阻止

神经递质离开突触;药物能模仿神经递质的作用。

2. 可卡因和安非他命阻止多巴胺被重新吸收,因此多巴胺一直待在突触里。尼古丁会增加进入突触的多巴胺的数量。

3. 兴奋剂和镇静剂不是生物学上的作用机理互相矛盾的物质。常见的兴奋剂会增加多巴胺的水平,镇静剂可能根本不会影响多巴胺水平。

4. 接受所有合理的回答。例如:实验可以使用轻度放射性的药物。给药后,可以监测其传递速度。

P983 生物实验室

实验分析和结论

1. 数据可能显示列表中段的回忆率下降。列表上的第一个和最后一个单词的回忆率可能最高。

2. 略。

3. 答案不唯一。学生应将预测结果与采用该技术后计算的平均召回率进行比较。

4. 有些术语可能与学生有关系,使他们更容易记忆。第二个列表中的单词可能比第一个列表中的单词更短或更容易记住。

P985—987 第33章 测评

第1节 术语回顾

1. 反射弧;它不是神经元的一部分。

2. 细胞体;它不是两个神经元之间的空间的一部分。

3. 阈值;它不是有髓神经元的一部分。

要点理解

4. C

5. D

回答问题

6. 离子只能在结点处穿过膜。髓鞘隔离了膜的其余部分,因此细胞不需要使用能量来控制离子进出。

7. 每个神经元在轴突中接收信号,并通过树突传递信号,传递只有一个方向。神经是一束轴突,神经中有些轴突则可能是反向的。

批判性思维

8. 略。

第2节 术语回顾

9. 躯体神经系统;它不是自主神经系统的一部分。

10. 大脑;它不是脑干的一部分

11. 中枢神经系统;它不是周围神经系统的一部分。

要点理解

12. B

13. C

14. D

回答问题

15. 自主神经系统调节许多人体稳态所必需的不自主的反应。例如，自主神经系统调节呼吸，即使在你睡觉的时候，它还调节心跳和消化。

批判性思维

16. 学生们应该表现出一种理解，即我们使用我们所有的大脑。

17. 提高学习、处理文字、形成语言和保留记忆的能力。

第 3 节　术语回顾

18. 视杆细胞可感受弱光。视锥细胞提供有关颜色的信息。

19. 耳蜗是内耳中充满液体的管子。当声波引起耳蜗振动时，耳蜗内的毛细胞会使神经元向大脑发送有关声音的信息。半规管也是充满液体的结构，可感受人体位置和平衡的信息，它们有助于维持平衡。

20. 视网膜感知光照。味蕾感知食物中不同的化学物质，并将味觉信息传递给大脑。

要点理解

21. A

22. B

23. B

24. A

回答问题

25. 不利的。疼痛警告身体有危险。如果一个人感觉不到疼痛，可能会无法及时感知危险而受伤严重。

批判性思维

26. 因为身体习惯了恒定的压力。

27. 答案不唯一，但学生应该根据他们对感官的评价方式，给出合乎逻辑的答案。

第 4 节　术语回顾

28. 兴奋剂使人们更加警觉。镇静剂使人昏昏欲睡。两者都会影响中枢神经系统。

29. 耐药性是指身体适应某种药物的程度。成瘾在心理上和/或身体上对药物产生依赖。吸毒成瘾的人会建立对毒品的耐受性。

30. 多巴胺是一种与愉悦感有关的神经递质。药物是一种改变人体系统功能的物质。许多影响神经系统的药物改变多巴胺的水平。

要点理解

31. D

32. A

33. D

回答问题

34. 这意味着某人在身体上或心理上依赖药物。

35. 答案不唯一。一些学生可能会说此人可能患有抑郁症，或者身体运动的控制可能受到影响。

总结性测评

36. 当神经纤维和髓鞘受到损伤或损坏时，神经冲动就会失真或中断。这会导致各种症状，从四肢刺痛和麻木到瘫痪或失明等。

37. 答案不唯一，但应该涉及自主神经系统和应对危险的交感神经的反应，以及对恢复稳态的副交感神经的反应。

38. 答案不唯一，但应包括对他们开发的药物的描述，以及它们对身体的作用方式。答案还应该包括一个可以用来判断副作用的实验的简要总结。

39. 除了一些例外，是有联系的，随着体重的增加，大脑的质量也会增加。

40. 较大的动物需要质量更大的大脑来控制更多的肌肉和分布更广的系统。

P988—989 **标准化测试**

选择题

1. A 2. B 3. A 4. A 5. D 6. A 7. C 8. B

简答题

9. 门牙终身生长的动物(上图所示的动物)可能必须不断地啃咬植物。它可能是一只啮齿动物，咀嚼的东西会磨坏它的牙齿。下图所示的动物的朝前的牙齿更锋利，但这些牙齿不会继续生长。它可能需要锋利的牙齿来吃肉，但不需要像上图所示的动物那样啃食食物。这种动物可能是食肉动物。

10. 图2所示的动物牙齿更接近人类的牙齿，因为人类的牙齿不会无限期地生长，犬齿和臼齿非常适合咀嚼肉类。

11. 答案会有所不同，这取决于选择进行比较的生物。蜘蛛以网或其他方式捕捉猎物。它们用丝包裹猎物，然后向猎物分泌消化酶。当猎物消化后，蜘蛛会摄入已经分解的食物。一种可能用来进行比较的生物是蚱蜢。蚱蜢咀嚼树叶并在其身体内部消化系统中将其消化。蚱蜢的适应包括咀嚼口器和消化系统，消化系统可以处理树叶的成分，然后吸收营养。

12. 这种现象是耐药性增加。当一个人经常使用兴奋剂，如咖啡中的咖啡因，身体就会习惯这种兴奋剂，其效力会随着时间的推移而降低。因此，需要更多的兴奋剂才能产生最初的效果。

13. 配子体世代的雄配子体是花粉粒，雌配子体是胚囊，前者的精子和后者的卵细胞受精形成的受精卵发育成胚。它们在受精过程中结合形成种子。

开放题

14. 答案不唯一。雏鸟没有为布袋木偶留下印记，面包虫不是它们以前吃过的食物，或者布袋木偶在雏鸟看来不够真实。

15. 肌球蛋白和肌动蛋白相互连接。肌动蛋白被拉向肌节，导致肌肉收缩。

16. 环节动物有一个真正的体腔，它是一个完全由中胚层组成的体腔。其他蠕虫没有体腔或有一个假体腔。这种区别的重要性在于消化道和其他内脏能够在体腔内发育。

论述题

17. 经常活动的人在日常使用膝关节和髋关节时会承受很大的压力和负担。随着时间的推移,关节可能会磨损,可能需要通过手术进行置换。老年患者使用关节的时间比年轻患者长,因此他们更有可能磨损关节。

第 34 章

循环系统、呼吸系统和排泄系统

P990　起步实验

分析

1. 学生的流程图可能展示心跳加快、呼吸急促和出汗。
2. 身体系统反应与其在调整身体内部环境作用之间存在合理的联系。例如，增加呼吸频率比降低呼吸频率为身体提供更多的氧气和排出更多的二氧化碳。

第 1 节　循环系统

P996　迷你实验 1

分析

1. 对照组应为受试者休息时的血压读数。学生应尽可能保持多种因素不变，包括血压计的使用方式。自变量是受试者进行的运动，因变量是受试者的血压。
2. 答案应解释数据与假设的关系。

P999　第 1 节　测评

1. 循环系统为人体细胞运输氧气和营养物质，并排出或运走二氧化碳等废物。
2. 绘图将反映图 33－4 和图 33－6 的内容。
3. 动脉的内皮层比静脉的厚。静脉有瓣膜，动脉没有。
4. 血浆是血液的液体部分。红细胞为组织细胞运输氧气，把二氧化碳运走。白细胞保护身体免受细菌、病毒等入侵者的侵袭。血小板是帮助形成血凝块的细胞碎片。
5. 心脏可能会不规则地跳动。
6. 锻炼的人可以增强他们的心肌收缩能力。
7. 学生应将计数乘以 4，计算每分钟的心率。

第 2 节　呼吸系统

P1002　迷你实验 2

分析

1. 随着心率的增加，呼吸次数也会增加。
2. 运动确实影响新陈代谢。呼吸次数的增加表明消耗了更多的氧气，产生了更多的二氧化碳。
3. 不同的身体需要不同含量的氧气，心率和呼吸次数也不一样。

P1004 第2节 测评

1. 为身体提供氧气并排出二氧化碳。
2. 内呼吸是指血液与人体细胞之间的气体交换；外呼吸是指空气与血液之间的气体交换。
3. 空气通过鼻腔进入，向下经过咽、气管、支气管，穿过细支气管，进入肺泡，空气中的氧气通过毛细血管进入血液。
4. 当膈肌收缩时，横膈膜向下移动，胸腔扩大，空气被吸入肺部。当膈肌舒张时，横膈膜上升，胸腔收缩，空气被推出肺部。
5. 呼吸系统可能需要发挥更大的作用，以弥补循环系统疾病带来的某些问题。
6. 学生答案可包括表34—2中的肺部疾病。
7. 温暖湿润的空气有助于保持肺泡内壁湿润，并能够扩散气体。
8. 皮肤的表面积大约是1.75 m^2。

第3节 排泄系统

P1007 数据分析实验

批判性思维

1. 肾。
2. 身体通过出汗来降低自身体温并使其保持相对恒定。在大量的运动中，身体大量出汗加快肌肉中产生的热量散失。
3.

器官	正常温度	高温	大量运动
肾	62.5%	39%	12%
皮肤	18.75%	51%	78%
肺	18.75%	10%	10%

P1009 第3节 测评

1. 肾脏通过清除代谢废物、保存水分调节体内无机盐的含量和pH来帮助维持人体稳态。
2. 图表应包含图34—16中的信息。
3. 过滤是血液中除红细胞和蛋白质等体积较大的分子外，水、代谢废物、矿物质、葡萄糖等从肾小球渗出，进入肾小囊的过程。重吸收是将有用的物质（如葡萄糖和水）吸收回血液的过程。
4. 肾感染、肾炎和肾结石。
5. 肾功能衰竭可能导致死亡，因为没有肾脏，有毒代谢废物会在血液中堆积并毒害身体。
6. 学生可能会发现高蛋白饮食会导致肾结石和其他身体问题。公益广告应具有吸引力和信息量。
7. 1.5升/天×7天=10.5升

P1011　生物实验室

实验分析和结论

1—5. 提示：学生的演讲应展示扎实的研究技能和原创作品，组织良好，目标受众易于理解。下面的演示标题可能有助于您的评估。

评估要求	分值（分）	自我评估	目标受众成员评估
演示从一个主题到另一个主题流畅，易于理解。	10		
演示文稿包括提供视觉上吸引人的图表和照片。	10		
做出积极健康的选择，该演讲提供了有关其重要性的信息。	10		
该演示文稿传达了人体各个系统相互关联的本质。	10		
演讲中的信息对试图建立和/或遵循健康生活方式的人很有帮助。	10		

P1013—1015　第 34 章　测评

第 1 节　术语回顾

1. 动脉
2. 血小板
3. 起搏点

要点理解

4. A
5. C
6. B
7. B
8. B
9. D

回答问题

10. 心房接收流入心脏的血液，心室将血液从心脏泵出。
11. 患者只能接受 B 型或 O 型血。这是因为患者体内含有与带有 A 标记分子的细胞反应的抗体，这可能导致血细胞凝集。

批判性思维

12. 与两个分开的泵血器官相比，一个心脏有两个单独的泵血系统，能将含氧量高的血液与含氧量低的血液分开，提高血液运输氧气能力。
13. O 型血是最有价值的，因为所有其他血型的人都可以接受这种血型的血液。

第 2 节 术语回顾

14. 肺泡

15. 内呼吸

16. 支气管

要点理解

17. A

18. B

19. D

20. B

21. D

22. C

回答问题

23. 哮喘是由刺激引起支气管内壁收缩造成的。支气管炎是一种支气管感染。肺气肿是肺泡破裂而引起的功能障碍。

24. 这些结构排列在鼻腔通道和其他一些呼吸管中。鼻腔纤毛下的黏膜在吸收异物的同时,温暖和湿润空气。纤毛能捕获异物,使其不会进入肺部。

批判性思维

25. 深呼吸可以增加吸气量,能够更有效地进行气体交换,最终将需要的更多氧气输送到肌肉组织,并将更多的二氧化碳从肌肉组织中排出,从而使肌肉组织能够更有效地工作。

第 3 节 术语回顾

26. 肾

27. 尿素

要点理解

28. A

29. B

30. B

31. B

32. A

33. B

回答问题

34. 过滤作用从毛细血管中滤出血液中除红细胞、蛋白质等体积较大的分子外的水、代谢废物、矿物质、葡萄糖等。重吸收是将有用的物质再次吸收进入血液的过程。

35. 肾脏中有很多物质是从一侧运输到另一侧的主动运输。主动运输需要能量。

批判性思维

36. 问题不唯一,但应反映对泌尿和生殖健康的现实关切。

总结性测评

37. 呼吸系统和循环系统向人体细胞提供氧气和营养物质。氧气对细胞呼吸很重要；营养物质对获得能量和维持细胞功能很重要。排泄系统排出二氧化碳和多余的无机盐。
38. 答案可能包括将动脉和静脉与高速公路进行比较，将红细胞与汽车进行比较。
39. 最有可能是实验对象C，因为血液中的血红蛋白含量最低。
40. 最有可能是实验对象B，因为实验对象B动脉中血液的含氧量最低（实验对象C除外，其含氧量低是由于另一个原因）。

P1016—1017　标准化测试

选择题

1. A　2. B　3. A　4. D　5. B　6. A　7. A　8. B

简答题

9. 当肱二头肌收缩时，下臂向上移动。当肱三头肌收缩时，下臂向下拉伸。
10. 肌肉只有在收缩时才起作用。肌肉需要成对地相互作用以产生运动。
11. 略。
12.

	自主神经系统	躯体神经系统
反应类型	无意识的	有意识的和无意识的
受影响的系统	内脏器官和腺体	骨骼肌
实例	中枢神经系统向消化系统发送神经冲动以调节消化	跑步时，大脑发出信号使腿部肌肉收缩

13. 单孔类的爬行动物特征：产卵，而且体温比大多数哺乳动物都低。
单孔类的哺乳动物特征：身体上有毛发，以及为幼崽提供乳汁的乳腺。
14. 由于髓鞘对神经元起到绝缘作用，早期症状可能与肌肉失去控制有关，例如，行走、运动、拾起东西时出现问题。
15. 血液通过肾动脉进入肾单位。肾动脉进入肾脏并分支成越来越小的血管，最终形成毛细血管，毛细血管壁非常薄。结果，血液中溶解的水和营养物质，以及尿素等废物，通过毛细血管壁进入肾小囊。较大的分子和红细胞体积太大，无法通过毛细血管壁，因此留在血液中。

开放题

16. 血液从每个心房流入下方的心室，然后泵入肺部或全身各处。四腔心脏将含氧血液和缺氧血液分开，使得富含氧气的血液泵送到身体成为可能。
17. 这两种类型的分生组织都是植物中含有快速分裂细胞的区域。顶端分生组织发生在根和茎的顶端。这些组织使根和茎长得更长。侧生分生组织从侧面沿着根和茎。它们负责根和茎的侧向生长或直径的增加。
18. 显微镜的诞生是一项技术进步，因为显微镜是一种工具，可以用来观察肉眼看不见的微小物体。数百种微生物的发现是科学的一大进步，许多研究人员使用显微镜进行了观察。没有技术的进步，科学的进步就不可能发生。

论述题

19. 与“战斗或逃跑”反应有关的非自主反应在今天看来可能毫无用处，因为它们包括瞳孔扩张、消化系统活动减少和心率加快。在过去，当人类经常捕猎食物或处于捕食动物的危险中时，这些反应可能对生存有用。在今天的生活压力很大的环境中，这些反应通常不是人类所需要的，例如必须在其他人面前进行表演，这可能仍然会刺激“战斗或逃跑”反应。然而，其他非自主的反应包括使人从热炉子上跳开的反射。这种反应是有用的，因为它发生得比自主反应快得多。此外，整个器官系统的活动过程，如消化、呼吸和循环，都是由神经系统的非自主神经控制的。这种控制非常重要，以便这些系统能够持续地协同工作。

第 35 章
消化系统和内分泌系统

P1018　起步实验

分析

仅含水的试管 A 中蛋白质无明显变化。而含有盐酸和胃蛋白酶都能消化胃中的蛋白质，试管 C 显示最多的消化量。酸性条件及胃蛋白酶均能促使蛋白质的消化，胃蛋白酶能加速蛋白质的消化。

第 1 节　消化系统

P1023　迷你实验 1

分析

1. 试管中颜色变化表明溶液变酸。由于脂肪酸是通过分解脂肪产生的，因此溶液的 pH 降低。
2. 胆汁和胰液分解脂肪，如实验中的植物油。

P1024　第 1 节　测评

1. 消化从口腔中开始，在胃、小肠、大肠中依次继续。营养物质主要在小肠中被吸收，胃和大肠也具有一定的吸收功能。消化在大肠中结束，水在排便前被吸收。
2. 机械消化对食物进行机械加工，如口腔中的咀嚼，将食物磨成更小的颗粒。化学消化主要依赖于各种消化酶改变了食物的化学性质，产生可被细胞吸收的小分子物质。
3. 摄取食物，分解食物以吸收营养物质，以及排出不能被消化的物质。
4. 减少的表面积使得人们只能吸收较少的营养物质。
5. 向三个装有不同 pH 溶液的烧杯中添加等量的高糖食物。用高蛋白食物和高脂肪食物进行重复实验。
6. 空胃容积约 50 毫升；一罐碳酸饮料容积与空胃容积的比率约 7∶1
7. 胃腺将 pH 降低到 2 左右，这有助于胃蛋白酶将蛋白质进行化学消化。胰腺分泌一种碱性液体，将小肠的 pH 提高到 7 左右，这有助于肠道酶发挥作用。

第 2 节　营养学

P1028　数据分析实验

批判性思维

相差的百分比＝（实际的质量—所标的质量）/实际的质量×100％曲奇＝（67－57）/67×100％＝15％。

P1030 第 2 节 测评

1. 维生素有助于酶很好地发挥催化作用,矿物质被身体用作结构物质,维持渗透压,并参与重要的代谢功能。
2. 由于肉类和其他动物食物中含有 8 种人体无法自身合成的组成蛋白质的氨基酸,但没有任何一种植物性食物中可以包含这 8 种重要的氨基酸,因此素食者应添加提供这些必需氨基酸的食物,如大米和豆类。
3. 平衡摄入的能量和消耗的能量,维持体内有机物含量基本稳定,从而保证生化反应正常进行,维持成人体重的稳定。
4. 答案不唯一,但营养物质的数据和热量估算可上网获得。营养物质的数据也可以来自营养标签、食谱和其他资源。
5. 答案不唯一,但应包括平衡饮食的基本成分。学生可以根据本节中的食物金字塔给出答案。

第 3 节 内分泌系统

P1035 迷你实验 2

分析

1. 抗利尿激素、胰岛素、胰高血糖素、醛固酮、肾上腺素、去甲肾上腺素、甲状腺素、降钙素和甲状旁腺激素可能会被大多数学生写在设计的程序里面。各种活动都需要类似的身体反应,这些反应由相对较少的激素进行调节。
2. 程序中出现的人体系统可能包括神经系统、循环系统、运动系统、呼吸系统和排泄系统。内分泌系统对所有人体系统的功能起调节作用。

P1037 第 3 节 测评

1. 激素的调节方向与刺激相反,因此,反馈机制被描述为负反馈。
2. 当血糖浓度较高时,人体会分泌胰岛素。当血糖浓度较低时,人体会分泌胰高血糖素。
3. 这两种系统都有助于维持人体平衡。神经系统可控制内分泌系统,内分泌系统产生激素,也能影响神经系统。例如,下丘脑(大脑的一部分)分泌 ADH,它调节人体的水分平衡。
4. 垂体分泌的激素调节人体的许多功能以及调节其他内分泌腺。甲状腺分泌甲状腺激素、降钙素,前者促进新陈代谢,生长发育,后者降低血钙含量。甲状旁腺激素增加血钙含量。胰腺帮助消化并产生调节血糖浓度的激素。肾上腺激素分泌醛固酮、糖皮质激素、肾上腺素。醛固酮促进肾重吸收 Na^+,糖皮质激素提升血糖水平抑制炎症,肾上腺素可增大心率,提升血压,加快呼吸,提高血压浓度。
5. 碘缺乏会导致甲状腺素缺乏,会影响神经系统的正常发育,降低神经系统的兴奋性及新陈代谢速率。食用含碘食盐可以减轻这个问题。
6. 答案不唯一。例如:ADH 水分平衡调节的负反馈过程出现故障,可能导致致命的脱水情况。

P1039　生物实验室

实验分析和结论

1. 淀粉酶使淀粉水解。

2. 淀粉浓度最低的饼干需要的消化时间最少。

3. 不同口腔的 pH、温度和含有的化学物质可能不同。

4. 答案不唯一，但可以包括控制水温和每个样品中饼干的数量。

P1041—1043　第 35 章　测评

第 1 节　术语回顾

1. 胰腺；食物通过食道和大肠，而不能通过胰腺。

2. 胃蛋白酶；糖原和葡萄糖是能量储存分子；胃蛋白酶是一种消化酶。

3. 蠕动；胆汁和淀粉酶参与化学消化，蠕动是一个物理过程。

要点理解

4. B

5. A

6. B

7. A

回答问题

8. 胃灼热是由胃酸向上返回食道引起食管灼热，并不是胃本身灼热。

9. 口腔：物理消化（咀嚼）和化学消化（淀粉被分解成更小的分子）；大肠：重吸收水；胃：食物被分解成小块，蛋白质被分解；小肠：消化、吸收的主要场所，营养物质被细胞吸收；食道：食物从口腔流向胃的通道。

10. 胆囊是胆汁的储存器官。没有它，胆汁从肝脏直接流入小肠而不会被储存。通常对人消化食物的能力没有不良影响。

批判性思维

11. 生活在结肠中的细菌分泌维生素 K。如果抗生素杀死其中一些细菌细胞，可能会出现维生素 K 缺乏症。在抗生素中添加维生素 K 可以最大限度地减少缺乏的情况。

12. 答案不唯一，阑尾的存在是现代人类前身中较大的纤维素消化盲肠的进化“残存物”。

第 2 节　术语回顾

13. 吸收是人们摄取并吸收食物中营养成分的过程。

14. 维生素是人体新陈代谢所需的少量有机化合物，常作为酶的组成成分，在物质代谢中起重要作用。

15. 热量可用来测量食物中能量含量。

要点理解

16. C

17. D

18. A

19. D

回答问题

20. 蛋白质和脂肪含量高的饮食意味着大量食用动物制品；因此，饮食可能缺乏从水果和蔬菜中获得的营养物质。高脂肪饮食会导致心血管系统出现问题。

21. 食用缺乏蛋白质、维生素或矿物质等基本营养物质的食物也可能导致营养不良。

批判性思维

22. 高纤维饮食可保持食物在消化道中移动。如果饮食中含有致癌物质，可能会在有机会造成伤害之前将其清除。

23. 原因一是人们现在比 30 年前更不喜爱运动。现代的便利设施和室内工作导致了更久坐的生活方式。原因二可能是加工食品的供应，这些食品通常含有高热量和饱和脂肪。

第 3 节　术语回顾

24. 胰岛素和胰高血糖素的作用相反，但这两种激素都调节血糖浓度。

25. 两者对生长都很重要；这两种激素是由不同的内分泌腺产生的。

26. 这两种激素都能提高血糖浓度，但它们是由肾上腺的不同部位分泌的。

要点理解

27. C

28. A

29. A

30. B

回答问题

31. 人体内过量合成降钙素会降低血钙浓度。

32. 皮质醇抑制炎症，这是一种抵抗疾病的防御机制。长期使用皮质醇可能会降低一个人抵抗感染的能力。

批判性思维

33. 胰岛素和胰高血糖素都能调节血糖，但它们有相反的作用。当胰岛素浓度较高时，胰高血糖素浓度较低。降钙素和甲状旁腺激素在调节血钙浓度方面也是如此。

34. 胰岛素是一种蛋白质，因此胃里的胃蛋白酶会很快将其分解。

总结性测评

35. 答案不唯一。早餐应该包括各种营养物质。例如：炒蛋、全麦吐司和一杯牛奶；蛋白质是一种大分子物质，为人体合成蛋白质提供原料，碳水化合物能够快速提供能量，钙能增强牙齿和骨骼的强度。消化反应应包括口腔和胃的机械消化和化学消化，以及小肠和大肠的化学消化和吸收作用。内分泌反应可能包括甲状旁腺激素的释放，使小肠吸收更多的钙，或胰腺释放胰岛素，使人体细胞从血液中吸收葡萄糖。早餐为人体提供了一天中营养物质和热量的第一来源。

36. 答案不唯一，但应包括机械消化和化学消化过程、消化酶、pH 以及与糖类、脂肪、蛋白质、维生素和矿物质相关的消化道结构。

37. 男性。

38. 一般说来，从儿童时期到 20 岁出头，所消耗的能量需要增加。从 25 岁左右开始，能量消耗应该会减少。

39. 他们新陈代谢旺盛，倾向于消耗更多的热量。

P1044—1045 **标准化测试**

选择题

1. A 2. A 3. C 4. D 5. C 6. A

简答题

7. 答案不唯一。区域性刺尾鱼在白天表现出比非区域性刺尾鱼更高的进食率。区域性刺尾鱼类在下午 2 点到 4 点这段时间表现出极高的进食率，而非区域性刺尾鱼则表现出全天更为一致的进食率，但进食率较低。

8. 答案不唯一。在没有领域行为的季节，区域性刺尾鱼的摄食行为图与非区域性刺尾鱼的摄食行为图相似。

9. 需要饮食中的蛋白质来提供人体细胞用来制造人体蛋白质的氨基酸。没有蛋白质，生命活动无法正常进行，甚至不可能存在细胞。

10. 母乳是含有蛋白质、脂肪和其他营养物质的最佳混合物，以满足动物适应环境和自身生长的需要。幼崽不必捕猎食物或寻找食物。

11. 线虫动物在身体的某些肌肉收缩而其他肌肉放松时运动。它们靠这些肌肉收缩而蠕动。另一方面，环节动物在其节段中有环形肌肉，也有纵向肌肉。它们可以伸展身体，然后又恢复到原来的形状。它们也有刚毛，刚毛临时固定于地面以帮助运动。

12. 神经元需要钾离子和钠离子来传递动作电位。如果神经系统中没有足够的这些离子，就会影响神经系统的功能。锻炼可能会引发神经系统出现问题，如导致其失去协调，难以正确运动或感知物体。

13. 血液通过动脉离开心脏。动脉分支形成毛细血管。毛细血管重新聚集形成静脉，将血液返回心脏。

开放题

14. 鱼鳔是鱼用来保持浮力的充气囊。通过增加或减少鱼鳔中的气体量，从而控制鱼在水中深度。

15. 高血压会影响肾脏，因为它可能导致肾单位周围的毛细血管破裂。

16. 心率加快可在需要跑步或者逃跑时改善血液循环。消化系统功能的降低使得血液被引导到用于运动中的肌肉，而不是用来消化。瞳孔扩张可以改善视力，有助于应对紧急情况。交感神经刺激与“战斗或逃跑”综合征有关，因此它会引起变化，使身体做好应对紧急情况的准备。

论述题

17. 答案不唯一。一个假设是服用大剂量的维生素 C 对帮助人们迅速治愈感冒无效。这个假设可以通过双盲实验来验证。在实验中，患有感冒的参与者将被给予超大剂量的维生素 C 或安慰剂。超大剂量维生素 C 的负向结果将支持这一假设。

第 36 章
生殖和发育

P1046　起步实验

分析

1. 精子和卵细胞的形状和大小不同。精子细胞比卵细胞小，有三个不同的部分。卵子是圆形的，比精子大得多。
2. 精子的鞭状尾巴帮助它们游动到卵细胞的附近。卵细胞的大而圆的形状增加精子进入的概率。

第 1 节　生殖系统

P1052　迷你实验 1

分析

1. 学生绘图应准确描述模拟过程的步骤。
2. 将大部分细胞质集中在一个卵细胞中，为受精卵的快速生长提供了大量的营养物质和细胞器，如线粒体。

P1053　第 1 节　测评

1. FSH 和 LH 会受到包括睾酮、雌激素和孕酮的负反馈过程调节。FSH 促进精子的产生，FSH、LH 促进卵泡的发育及排卵。
2. 学生总结应包括图 36－1 和图 36－4 所示的所有结构和功能。
3. 糖分由精囊分泌，为精子提供能量。前列腺和尿道球腺产生碱性溶液，以中和精子在尿道和女性生殖道中可能碰到的任何酸性物质。
4. 子宫内膜排出血液、组织液、黏液和子宫内膜上皮细胞。大约五天后，子宫内膜开始自我修复。大约 12 天后，开始排卵。卵泡变成黄体，黄体产生大量的孕酮和一些雌激素。在周期的末期，黄体会破裂并停止产生激素。子宫内膜脱落，新月经周期重新开始。
5. 当雌激素水平升高时，黄体生成素水平会降低。
6. 559 个卵细胞(43 年×13 个周期/年)。

第 2 节　胚胎发育

P1060　迷你实验 2

分析

1. 答案因所选特征而异。
2. 答案不唯一，尽管此时所有器官系统都已形成，但在发育期剩余时间内发生的身体生长、新陈代谢、皮肤和肺部的变化对胎儿的生存至关重要。

P1061　第2节　测评

1. 受精卵以有丝分裂的方式进行分裂，成为桑椹胚。桑椹胚发育成空心的细胞球，即胚泡。
2. 卵细胞周围的屏障无法被穿透，受精也不会发生。
3. 概念图会有所不同，但许多图可能是线性的，因为发育是一个连续的过程。概念图应说明胚胎发育的三个阶段的主要发展情况。
4. 怀孕期间，孕酮和雌激素水平仍然很高，防止再次月经。在正常的月经周期中，孕酮和雌激素的水平在月经周期末期下降。
5. 应注意，人体有四种胚胎外膜：羊膜容纳胚胎周围的液体，绒毛膜和尿囊膜有助于形成胎盘，卵黄囊是胚胎红细胞形成的第一个场所。
6. 9月24日(闰年的9月23日)，基于266天的怀孕时间。

第3节　出生、成长和衰老

P1064　数据分析实验

批判性思维

虽然不吸烟母亲所生婴儿患婴儿猝死综合征的死亡率有所下降，但吸烟母亲所生婴儿患婴儿猝死综合征的死亡率仍然很高。

P1065　第3节　测评

1. 绘图应包括以下信息：婴儿期：发生很多变化，运动技能会发展，心智也有极大的发育；青春期：青春期开始，另一个快速成长期出现；成年期：肌肉质量可能会减少，人可能会变矮，新陈代谢减慢，感觉变迟钝。
2. 子宫收缩变得更加强烈和频繁；羊水破裂。
3. 扩张期：子宫颈打开，羊水从母体排出；娩出期：分娩婴儿；胎盘期：胎盘脱离母体。
4. 人类生长激素增加蛋白质产量，刺激细胞生长。
5. 肿瘤导致垂体前叶分泌过多的生长激素。
6. 研究人员追溯因果关系。当一个婴儿出生时有特定的先天缺陷，科学家收集有关母亲的信息。然后，他们寻找一个共同的联系，确定导致问题的因素。

P1067　生物实验室

实验分析和结论

1. 前八周是快速发展的时期：所有内部和外部结构都已形成。最大的尺寸变化发生在二三个月。
2. 答案不唯一。前八周的形态和结构、器官发育和身体特征的变化；二三个月大小的变化。

3. 粒状、扁平的二维图像更难解读;三维图像显示立体和细节的特征。
4. 四维影像具有以下优点:可以检测骨和骨骼的异常,可以实时观察动态过程,如更好地关联胎儿心脏发育和功能,总体胎儿健康状况,并可根据需要帮助活检更精确地进行。
5. 答案不唯一。学生可能会建议使用三维或四维图像从不同角度拍摄多幅相同特征的图像。

P1069—1071 第36章 测评

第1节 术语回顾

1. 尿道是一根管道,精液是一种液体。精液通过尿道排出。
2. 卵母细胞是未成熟的卵细胞,输卵管是通向子宫的管道。输卵管是允许卵细胞进入子宫的器官。
3. 月经周期包括女性身体内为怀孕做准备发生的所有变化,可分为三个阶段:月经期、卵泡期和黄体期。极体是减数分裂过程中形成的较小的细胞(较大的产物会变成卵细胞)。极体是在月经周期中形成的。

要点理解

4. A
5. B
6. A

回答问题

7. 生殖腺的分泌物包含了一种可以让精子有活足够长时间并增加受精成功率的混合物,其中含糖分,为精子提供能量。
8. 在女性体内,卵泡刺激素和黄体生成素影响卵母细胞发育。然后卵泡细胞产生雌激素和孕酮。黄体生成素变多导致排卵。在男性体内,卵泡刺激素刺激精子的形成;黄体生成素会促进睾酮的形成。
9. 原始细胞的细胞质更多地保存在一个细胞中,而不是在四个细胞中平均分配。这将糖分和其他物质浓缩到卵细胞中,有助于确保卵细胞的存活。每个周期释放一个卵细胞有助于防止多胞胎。

批判性思维

10. 孕酮和雌激素水平仍然很高,这会抑制黄体生成素和卵泡刺激素(负责卵泡发育和排卵)的产生。
11. 答案不唯一,但学生们应该建议某些因素一定会导致激素水平的变化。

第2节 术语回顾

12. 动物发育的早期阶段,是一个实心的细胞球。
13. 动物发育的早期阶段,是一个空心的细胞球。
14. 羊膜囊内起到缓冲、保护和隔离胚胎作用的液体。
15. D
16. C
17. B

18. C

19. B

回答问题

20. 子宫内膜是胚胎附着和植入的地方；重要的是要有一个新鲜的可以着床的组织层。

21. 精子数量低、精子缺陷或由于激素失衡导致排卵失败等。

22. 怀孕的前三个月是人体系统开始形成和发育功能的时候；妊娠初期破坏它们会对后期的发展产生不利影响。

批判性思维

23. 在正常发育过程中，内部细胞团的细胞分裂，但细胞团保持连接。在同卵双胞胎的发育过程中，内部细胞团分裂，每个细胞团均发育成一个个体。

24. 给妇女注射人绒毛膜促性腺激素或口服孕酮和雌激素。

第 3 节　术语回顾

25. 胚盘期是分娩的一个阶段，两者关系：包含关系。

26. 扩张发生在产前，娩出是婴儿的真实出生，两者关系：出生阶段。

27. 青少年期是成年期之前的阶段，两者关系：人生的阶段。

要点理解

28. B

29. A

30. C

31. C

32. A

回答问题

33. 略。

34. 青春期的男生的肩膀和女生的臀部会变得更宽，女生的乳房也会随之发育。它们都具有其他的第二性特征，比如身体，女生开始出现月经，男生开始产生精子。女生的青春期通常较早开始。

35. 从出生至前三个月。

总结性测评

36. 结果是：胎儿发育，婴儿出生；最终目标是：物种的延续。

37. 要制作小册子，学生可以使用本章中的一般信息以及来自诊所、医生和组织(如 Dimes March)的附加信息。

38. 学生应该用条形图或线形图绘制比率。

39. 先天无脑畸形病例的总体减少与叶酸摄入量的增加相对应。

P1072—1073　标准化测试

选择题

1. A　2. D　3. D　4. B　5. C　6. A　7. B　8. B　9. C

简答题

10. 甲状旁腺激素导致骨组织中钙和磷的释放，从而使骨质量减少，骨骼变脆弱。

11. 甲状腺通过两种激素（甲状旁腺激素和降钙素）的相反作用调节血液中的钙和磷水平。如果没有这些激素，血液中的钙水平会根据饮食和钙是否释放或沉积在骨骼中而上升或下降。

12. 巴甫洛夫摇铃，同时给了狗吃肉。重复这一过程后，巴甫洛夫一摇铃，这些狗就开始分泌唾液，因为它们把这种声音与吃肉联系在一起。

13. 肺气肿导致肺泡受损，因此气体交换受到影响。当人体在活动的时候，例如当一个人爬楼梯时，由于肺泡受损，需要更多的氧气；患者呼吸短促。

14. 中轴骨骼包括颅骨、脊椎骨、肋骨和胸骨。四肢骨骼包括手臂、手、腿部、脚、肩膀和臀部的骨骼。这种划分很重要的一个原因是，中轴骨骼保护大脑、心脏和肺等器官。四肢骨骼使人能够行走、跑步和做其他动作。

15. 中耳的一小部分非常敏感。如果振动太大，它们可能会被损坏，就像在一场吵闹的音乐会上一样。此外，巨大的声音产生的巨大振动可能会损坏耳蜗中的毛细胞。

16. 小肠内的绒毛增加了小肠的表面积，因此吸收更快。

开放题

17. 得出的结论是香蕉在密闭容器中比在露天条件下成熟得更快。改进实验的一个可能方案是把一些未成熟的香蕉放在一个不透明的袋子里，另一些未成熟的香蕉放在阳光充足的房间里的透明袋子里。两组香蕉的成熟率可以比较光照对成熟过程的影响。

18. 腿部肌肉储存大量能量物质，可根据需要迅速分解。手臂肌肉缺乏这种能量来源，因此比腿部肌肉疲劳更快。

19. 反刍食草动物与其他食草动物不同，它们有多个胃，能将部分消化的食物（反刍的食物）倒嚼并进一步分解，这使他们能够充分分解食物，从而从食物中获得更多营养物质。

论述题

20. 在海拔高处，空气非常稀薄，气压很低。呼吸氧气能使红细胞吸收所需的氧气并将其携带到全身，使身体正常运转。

第 37 章
免疫系统

P1074　起步实验

分析

1. 答案不唯一，但学生可以在概念图上使用不同颜色的圆圈或不同形状来区分不同类型的感冒。
2. 答案不唯一，共用水杯或吸入受感染者打喷嚏时的飞沫。

第 1 节　传染病

P1082　迷你实验 1

分析

1. 病毒、细菌、真菌和原生动物。
2. 池塘水、土壤和垃圾。
3. 学生的回答应反映出对疾病传播的理解。表 37－1 显示了许多病原体可能的来源。
4. 学生的回答应反映出对如何避免接触病原体的理解。良好的个人卫生、适当的食物准备和清洁的环境有助于预防与病原体的接触。

P1083　第 1 节　测评

1. 普通感冒通过直接接触、飞沫或通过物体传播，而疟疾则通过病媒动物传播。
2. 肌肉痉挛、咳嗽和打喷嚏。
3. 传染病是指可以从一个生物体传染给另一个生物体的疾病。例如流感、水痘、乙型肝炎。
4. 组织图或概念图应显示对科赫法则的理解，如图 37－2 所示。
5. 脏钉子带有破伤风细菌，踩到钉子可能会造成深部穿刺伤口，从而引起感染。
6. 疾病的宿主很可能是鹦鹉。学生可能通过吸入空气或触摸笼子而被鹦鹉感染。
7. 持续使用抗生素，可能导致抗药性病原体的繁殖。

第 2 节　免疫系统

P1090　数据分析实验

批判性思维

1. 对于患者 1，病毒数量急剧减少，但随后增加到原始测量值。对于患者 2，病毒数量减少并保持稳定。对于患者 3，病毒数量缓慢增加。
2. 需要进行更多的研究。被动免疫治疗对 3 名患者中的 1 名有效。

P1091 第2节 测评

1. 非特异性免疫反应不针对特定的病原体,如嗜中性粒细胞、巨噬细胞吞噬病原体,还有补体、干扰素等一些免疫活性物质参与;特异性免疫反应针对特定的病原体,主要由B细胞和T细胞参与。
2. 巨噬细胞吞噬并处理抗原,将一部分抗原呈递到细胞表面,并将其呈递给辅助性T细胞。辅助性T细胞识别已结合相同抗原的B细胞,并使其活化,从而开始产生抗体。
3. 被动免疫:抗体在一个生物体中产生,然后转移到另一个生物体中。主动免疫:抗体是在有疾病或已被免疫的生物体内产生的。
4. 淋巴系统由淋巴器官和淋巴细胞组成,淋巴器官包括胸腺、扁桃体、淋巴结等,主要包括B细胞、T细胞;淋巴系统的功能:过滤淋巴和血液,摧毁外来微生物;吸收体内的脂肪。
5. 当辅助性T细胞减少时,B细胞和T细胞参与的免疫反应均受损。
6. 更多的艾滋病毒感染者将发展成为艾滋病患者。
7. 儿童只有活跃的非特异性免疫,很少或没有特异性免疫。
8. 2×25,000+2×50,000=150,000

第3节 非传染性疾病

P1093 迷你实验2

分析

1. 癌性肝细胞的形状和大小会有所不同。它们的颜色可能较深,并可能形成漩涡状图案。健康肝细胞的颜色可能会更亮,大小和形状都会一致,并形成规则的格子状图案。
2. 癌症是一种非传染性疾病,不会通过物品间接接触传播。
3. 答案不唯一,发烧、疲惫和器官功能紊乱。癌细胞是生长失控,不再发挥正常功能的细胞。如果不加以控制,它们会迅速增殖并扩散到全身。

P1095 第3节 测评

1. 遗传病。
2. 过敏原是触发过敏的抗原。它们触发组胺的释放。
3. 镰状细胞贫血病:遗传病;糖尿病:代谢疾病;脊椎退化:退化病;自身免疫:炎性疾病;白血病:癌症。
4. 自身遗传、退化造成或炎症反应。
5. 如果孩子家里或托儿所有猫,可能需要将猫送走。
6. 过敏原可能包括花粉、尘螨和食物。症状可能包括眼睛发痒、鼻塞、打喷嚏和皮疹。

P1097 生物实验室

实验分析和结论

1. 每一个被感染并且只与其他被感染学生有过接触的学生都可能是“零号病人”。学生们应该为每个潜在“零号病人”绘制图表。

2.“手机炎症”的传播与现实生活中疾病的传播是相似的，因为这两种都涉及某种类型的接触以将病原体传播给他人。不同之处包括：没有学生对该疾病免疫，被“感染”的学生实际上没有生病，并且实际的病原体没有在液体中传播。

3. 当液体在人与人之间传递时，溶液变得越来越稀，最终会变得太稀，无法用指示剂进行测量。

4. 学生可能已经发现被认为感染的人不是因为过度稀释或液体交换不当。学生也可能忘记记录交换或记录交换出现错误。

P1099—1101　第 37 章　测评

第 1 节　术语回顾

1. 病原体

2. 流行性传染病

3. 宿主

要点理解

4. A

5. A

6. D

7. D

8. D

回答问题

9. 答案应表明对科赫法则的理解。

10. 疾病防治中心从我所在城市的医生和诊所接收信息，当人数急剧增加时，他们就会知道我所在城市正在发生流行性疾病。

11. 直接接触传播、黏液飞沫传播或通过物体（如共用的水杯）传播。

批判性思维

12. 对人们直接接触的区域进行消毒，如饮水机、门把手等。患传染病的学生将不被允许来学校。

13. 病毒是寄生生物。若其能繁殖，则培养基中宿主细胞，说明培养基不纯净。

第 2 节　术语回顾

14. 抗体

15. 辅助性 T 细胞

16. 淋巴细胞

要点理解

17. B

18. B

19. B

20. D

21. A

回答问题

22. T淋巴细胞(在骨髓中产生后)在胸腺中成熟。
23. 非特异性免疫系统防御很迅速。它在生物体进入人体后立即开始。特异性免疫反应更有效地保护身体免受特定病原体的侵害。
24. 接种疫苗可使人体产生针对特定病原体的记忆细胞,降低发病风险。

批判性思维

25. 吞噬细胞吞噬并处理来自破伤风细菌的抗原。吞噬细胞在其表面呈递一部分抗原,并将其呈递给辅助性T细胞。辅助性T细胞识别已结合相同抗原的B细胞,并激活B细胞形成浆细胞,产生破伤风杆菌的抗体。
26. 辅助性T细胞的作用是通过向B细胞和细胞毒性T细胞呈递经处理的抗原来激活它们。细胞毒性T细胞的作用是在被辅助性T细胞激活后释放细胞因子并杀死病原体。

第3节　术语回顾

27. 过敏性休克
28. 过敏
29. 退化病

要点理解

30. B
31. B
32. B
33. A
34. B

回答问题

35. 过敏是对无害物质的免疫反应。感冒是由病原体引起的。过敏的症状来自组胺的释放,组胺会导致流鼻涕和其他症状。感冒的症状来自杀死病原体的细胞和宿主的免疫系统利用黏液将病原体冲出。
36. 当支气管中的平滑肌收缩时,肺部可利用的空气就会减少。进入血液的氧气更少。人体组织和器官可能缺氧。
37. 狼疮是由抗核抗体引起的。由于所有的体细胞都有细胞核,抗体可以攻击任何类型的体细胞。

批判性思维

38. 该表格应包括遗传病、退化病、代谢疾病、癌症和炎性疾病,并举例说明。
39. 年龄越大,抗核抗体的发生率越高。

总结性测评

40. 身体最初受到非特异性免疫的保护,使用皮肤等屏障来防止任何病原体入侵。然后,如果病原体进入人体,特异性免疫旨在摧毁特定病原体。当我的朋友有传染性疾病时,我应避免与朋友接触,并擦拭的朋友可能直接接触的任何物体的表面。
41. 举例:引起普通感冒的病毒通过呼吸系统进入人体。包括唾液、鼻分泌物、黏液、纤毛和干扰素在内的非特异性免疫可阻止病毒感染人体。如果非特异性免疫失败了，抗体可作为特异性免疫过程的一部分产生。

42. 非特异性免疫和特异性免疫，并应提及淋巴系统和器官的不同部分。

43. 脊髓灰质炎

44. 破伤风杆菌是一种在土壤中发现的常见细菌。它将永远存在土壤中，且发病与否，还与感染病原体的量有关，免疫接种后仍有患病可能。

P1102—1103 标准化测试

选择题

1. C 2. D 3. A 4. A 5. B 6. A 7. B 8. D

简答题

9. 1900 年至 2000 年期间，报告的该传染病病例数量总体上不断增加。

10. ①报告系统可能在 21 世纪有所改进，因此该疾病更容易被识别，或更容易被上报。②可能是 20 世纪时某种病原体发生变异、传染性变强引起的。

11. 食性可作为用来分类原生生物三大类的主要特征。类动物原生生物是异养的，类植物原生生物是自养的，类真菌原生生物从其他生物体吸收营养物质。

12. 扩张期间，子宫颈打开，子宫收缩加剧。扩张帮助婴儿通过产道，而不扩张时，唯一能将婴儿从母亲体内取出的方法是切开母亲的子宫。

13. 大肠从食物残渣中吸收多余的水分。它含有能产生维生素 K 和一些维生素 B 的细菌。食物残渣被大肠从体内压缩和排出。

14. 爬行动物通过扩张和收缩胸腔和体壁来呼吸，使空气进出肺部。这是一种将氧气吸入肺部，将二氧化碳排出肺部的有效方法。这意味着他们有大量的氧气用于肌肉收缩。

15. 神经节是扁形虫神经系统的中心区域。扁形虫通过眼点和耳廓收集对周围环境反应的信息。

开放题

16. 节肢动物之所以成功地生存下来，是因为它们种类繁多，生活在许多不同的栖息地，繁殖迅速，或者食物利用效率高。

17. 在减数分裂过程中，分裂的结果是生殖细胞的形成，雄性产生四个生殖细胞，称为精子。雌性的生殖细胞是卵细胞。受精后形成第二极体。

论述题

18. 学生所采取的立场应得到有关抗生素和免疫系统的合理信息的支持。抗生素使对抗细菌造成的疾病成为可能，否则这些疾病可能无法被治疗。某些种类的抗生素很容易治疗感染。许多儿童疾病和其他严重疾病，如肺结核，都可以治愈。另一方面，抗生素被滥用。他们经常被开处方来治疗不必要的疾病。因此，某些疾病的抗生素耐药菌株已经形成。有些抗生素耐药的疾病不能用任何抗生素进行有效治疗，因此现在耐药的疾病比原来更危险。尽管抗生素的使用成本可能很低，但开发治疗抗生素耐药疾病的新药可能非常昂贵。

图书在版编目（CIP）数据

科学发现者. 生物 第二版 2023修订版 指导手册 / (美) 奥尔顿 · 比格斯 (Alton Biggs) 等著 ; 林静等译. -- 杭州 : 浙江教育出版社, 2023.8(2024.10重印)
ISBN 978-7-5722-6274-6

Ⅰ. ①科… Ⅱ. ①奥… ②林… Ⅲ. ①生物课－高中－教学参考资料 Ⅳ. ①G634

中国国家版本馆CIP数据核字(2023)第140233号

科学发现者 **生 物**（第二版2023修订版）

KEXUE FAXIAN ZHE SHENGWU(DI-ER BAN 2023 XIUDING BAN)

出版发行 浙江教育出版社(杭州市环城北路177号 电话:0571-88909722)
原 著 名 Biology
原 出 版 McGraw-Hill Education
翻　　译 林 静 王 燕 李红菊 马小凤 王 燚
傅梦媛 王淑卿 宋诗迎
审　　校 丁国莲 黄 伟 吴剑丙 徐建忠
责任编辑 赵英梅
封面设计 曾国兴
责任校对 何 奕
责任印务 陆 江

图文制作 杭州天一图文制作有限公司
印　　刷 杭州高腾印务有限公司
开　　本 787 mm × 1092 mm 1/16
印　　张 86.75
字　　数 2 274 000
版　　次 2023年8月第1版
印　　次 2024年10月第2次印刷
标准书号 ISBN 978-7-5722-6274-6
审 图 号 GS(2018)2291号
定　　价 350.00元(全四册)